中国社会科学院
民族学与人类学研究所
建所60周年
纪念文集（上 卷）

(2008~2018)

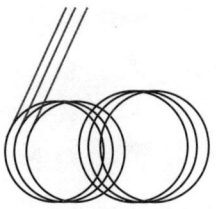

中国社会科学院民族学与人类学研究所　编

社会科学文献出版社
SOCIAL SCIENCES ACADEMIC PRESS(CHINA)

序　言

王延中

（中国社会科学院民族学与人类学研究所所长）

斗转星移，时光荏苒。2018 年中国社会科学院民族学与人类学研究所（原中国科学院民族研究所）迎来建所 60 周年。为庆祝民族学与人类学研究所成立 60 周年，百余位同仁提供了各自精选的代表性论文，经编辑组整理，汇编成册，共襄盛典。

中国作为历史悠久的统一的多民族国家，历来重视民族事务。中华人民共和国成立以来，党和国家高度重视民族工作和民族研究事业。为了更好开展 50 年代初期开始的中国少数民族语言和社会历史调查，经党中央批准，中国科学院先后成立了少数民族语言研究所（1956 年）和民族研究所（1958 年），作为负责调查研究的专业研究机构。1961 年中央决定两所合并，次年合并完成，以民族研究所为所名，由中国科学院和国家民族事务委员会双重领导。1977 年中国社会科学院成立，民族研究所改由中国社会科学院主管，更名为中国社会科学院民族研究所。2002 年，研究所更名为中国社会科学院民族学与人类学研究所，沿用至今。

60 年来，在党和国家英明领导下，在主管部门指导帮助下，在全国各地尤其是民族地区各级党委、政府和各族群众大力支持下，全所几代职工牢记使命，不畏艰苦，风雨兼程，砥砺前行，为坚持和弘扬中国特色马克思主义民族理论高举旗帜、坚守阵地，为党和国家民族工作和中国特色民族道路调查研究、贡献智慧，为新中国民族研究事业和建设民族学与人类学学术殿堂兢兢业业、著书立论。在服务党和国家民族工作和民族研究事业基础上，研究所先后涌现出众多耳熟能详、享誉海内外的学术大师和专家学者，一批批中青年学人在研究所浓厚学术氛围的滋养下不断发展，成长为学界中坚和骨干人才。根据不完全统计，全所科研人员出版学术论著、工具书、资料整理、教材等各类图书 2300 余种，发表学术论文、研究报告等约 12000 篇，完成民族学人类学影片 130 余部。改革开放 40 年来，全所有 300 余种科研成果获得国家级、省部级和院内外各类奖项，其中不乏学科奠基之作和产生重大学术影响力、决策影响力、社会影响力及国际影响力的精品力作。

短短 60 年，辉煌一甲子。民族研究所伴随中华人民共和国民族工作的创建和发展应运而生，在改革开放时代伴随科学的春天蓬勃发展，在中国特色社会主义新时代努力创造新的辉煌。习近平总书记在哲学社会科学座谈会上的讲话中指出：当代中国正经历着我国历史上最为广泛而深刻的社会变革，也正在进行着人类历史上最为宏大而独特的实践创新。这种前无古人的伟大实践，必将给理论创新、学术繁荣提供强大动力和广阔空间。习近平总书记在中国社会科学院建院 40 周年的贺信中进一步指出，哲学社会科学工作者要紧紧围绕坚持和发展中国特色社会主义，坚持马克思主义指导地位，贯彻"百花齐放、百家争鸣"方针，坚持为人民做学问理念，以研究我国改革发展稳定重大理论和实践问题为主攻方向，努力构建中国特色哲学社会科学学科体系、学术体系、话语体系，增强我国哲学社会科学国际影响力。这为研究所今后发展指明了前进方向。我们将以建所 60 周年为新的起点，坚持和弘扬前辈优良学风、作风和所风，高举新时代中国特色社会主义伟大旗帜，促进民族学与人类学学科体系、学术体系、话语体系创新和民族研究事业发展，为铸牢中华民族共同体意识，加强各民族交往交流交融，促进各民族共同团结奋斗、共同繁荣发展，实现中华民族伟大复兴的中国梦献计献策、贡献力量。

2018 年 9 月 3 日

目 录

上 卷

一

二

三

中　卷

四

下 卷

五

铸牢中华民族共同体意识
建设中华民族共同体

王延中

摘 要 本文回顾梳理了习近平新时代民族工作思想的创新发展。大力培育中华民族共同体意识、加强民族交往交流交融、促进民族团结、建设中华民族共同体构成了习近平新时代民族工作思想的主线。文章围绕党的十九大提出的"铸牢中华民族共同体意识"这个中心任务，阐述了铸牢中华民族共同体意识对维护国家统一、做好民族工作、决胜全面小康的重大意义，指出了推进中华民族共同体建设的思路，对做好相关工作提出了若干建议。

关键词 习近平新时代民族工作思想 中华民族 共同体意识

党的十九大报告明确提出："全面贯彻党的民族政策，深化民族团结进步教育，铸牢中华民族共同体意识，加强各民族交往交流交融，促进各民族像石榴籽一样紧紧抱在一起，共同团结奋斗、共同繁荣发展。"这是习近平新时代民族工作思想创新发展的集中概括，也是新时代民族工作必须坚持的指导思想和总方针。

一 铸牢中华民族共同体意识是新时代民族工作思想主旋律

作为统一的多民族国家，民族问题关系祖国统一、边疆稳固、人民团结、社会稳定和国家长治久安，党和政府历来高度重视民族工作。在长期革命、建设和改革开放的伟大实践中，中国共产党形成了系统地认识与解决民族问题的理论、政策和制度，探索出中国特色解决民族问题的正确道路。党的十八大以来，以习近平同志为核心的党中央在深刻分析把握我国经济社会发展进入新时代和民族工作实际状况的基础上，提出大力加强民族团结、培育中华民族共同体意识、推进民族工作创新发展的总体思路。大力培育中华民族共同体意识、加强各民族交往交流交融成为新时代民族工作思想的主基调和主旋律。

进入新世纪以来，我国民族工作面临许多新的问题和阶段性特征。习近平总书记形象地概括为五个并存：改革开放和社会主义市场经济带来的机遇和挑战并存，民族地区经济加快发展和发展低水平并存，国家对民族地区支持力度持续加大和民族地区基本公共服务能力建设仍然薄弱并存，各民族交往交流趋势增强和涉及民族因素的矛盾纠纷上升并存，反对民族分裂、宗教极端、暴力恐怖斗争成效显著和局部地区暴力恐怖活动活跃多发并存。这五个并存说明我国民族工作和民族地区发展稳定事业尽管成就巨大，但问题也十分突出。民族地区的发展稳定问题，尤其是 2008 年的拉萨"3·14"事件和 2009 年的乌鲁木齐"7·5"事件，对我国民族关系产生了很大的影响，也进一步引发了学术理论界关于调整完善我国民族理论政策的激烈讨论。在此情况下，如何看待我国的民族关系状况、如何在新的形势下推进我国民族工作和民族地区发展稳定，成为新一届中央领导集体亟待回答的重大理论和现实问题。在党的十八大之后到 2014 年中央民族工作会议召开之前，党中央、国务院围绕民族工作、民族地区发展稳定问题进行了大量调查研究，召开了 2 次中央政治局常委会议、5 次中央政治局会议、4 次国务院常务会议进行专题研究和工作部署。同时召开了第四次全国对口支援新疆工作会议、第二次中央新疆工作座谈会、对口支援西藏工作 20 周年电视电话会议等专题会议，为召开中央民族工作会议做好准备。

习近平总书记在调研工作、专题会议等场合发表了一系列讲话，做出很多重要批示。习近平总书记特别强调民族团结，大力呼吁培育中华民族共同体意识，特别重视中华民族命运共同体建设。党的十八大结束后不久，习近平总书记对西藏工作做出"治国必治边、治边先稳藏"的指示，边疆民族地区的发展稳定成为他关注的焦点问题。习近平在 2013 年 10 月给中央民族大学附属中学师生的回信中指出，"我国是统一的多民族国家。我国各族人民同呼吸、共命运、心连心的奋斗历程是中华民族强大凝聚力和非凡创造力的重要源泉"。他特别重视中华民族的凝聚力和各民族同呼吸、共命运、心连心的整体性，特别重视民族团结工作。2014 年 1 月，习近平赴内蒙古调研时强调"要始终高举民族团结旗帜，坚持和发扬各民族心连心、手拉手的好传统，深入开展民族团结进步宣传教育，精心做好民族工作"。2014 年 4 月，习近平在新疆考察时强调，"民族团结是发展进步的基石。汉族离不开少数民族，少数民族离不开汉族，少数民族之间也相互离不开"。2014 年 5 月，习近平在第二次中央新疆工作座谈会上指出，"要高举各民族大团结的旗帜，在各民族中牢固树立国家意识、公民意识、中华民族共同体意识，最大限度团结依靠各族群众，使每个民族、每个公民都为实现中华民族伟大复兴的中国梦贡献力量，共享祖国繁荣发展的成果。各民族要相互了解、相互尊重、相互包容、相互欣赏、相互学习、相互帮助，像石榴籽那样紧紧抱在一起"。在这次会议上他明确提出的"高举各民族大团结旗帜，牢固树立中华民族共同体意识"

思想，成为习近平民族工作思想的灵魂和主线。这些思想也成为即将召开的中央民族工作会议的指导思想。

习近平在 2014 年中央民族工作会议上的讲话是习近平新时代民族工作思想的集中体现，也是做好新形势下民族工作的部署和动员。会议从理论上归纳了中国特色解决民族问题的正确道路的八条经验：一是坚持中国共产党的领导，二是坚持中国特色社会主义道路，三是坚持维护祖国统一，四是坚持各民族一律平等，五是坚持和完善民族区域自治制度，六是坚持各民族团结奋斗、共同繁荣发展，七是坚持打牢中华民族共同体的思想基础，八是坚持依法治国。"八个坚持"是中国共产党关于民族问题基本理论、政策、制度、法律的集中概括，也是做好民族工作的根本遵循。会议还特别明确了中华民族与各民族的关系问题，那就是"中华民族和各民族是一个大家庭和家庭成员的关系"。56 个民族都是中华民族大家庭中平等的一员，但都不能把自己等同于或者自外于中华民族大家庭，都离不开中华民族大家庭。在第二次中央新疆工作座谈会和中央民族工作会议上，习近平总书记多次强调，"做好民族工作要坚定不移走中国特色解决民族问题的正确道路，让各族人民增强对伟大祖国的认同、对中华民族的认同、对中华文化的认同、对中国特色社会主义道路的认同"。同年 12 月，中共中央、国务院印发《关于加强和改进新形势下民族工作的意见》以具体指导新时期民族工作。该文件从坚定不移走中国特色解决民族问题的正确道路、围绕改善民生推进民族地区经济社会发展、促进各民族交往交流交融、构筑各民族共有精神家园、提高依法管理民族事务能力、加强党对民族工作的领导六个方面提出 25 条意见，并且进一步明确"坚持打牢中华民族共同体的思想基础"这个基本要求。中央民族工作会议关于中国特色解决民族问题的"八个坚持"，充分体现了继承性，但也有鲜明的时代特征。习近平既沿用了以前的大部分论述（七个坚持），又有大量新的阐发、解释和发展。同时，他还鲜明地提出了一个新表述：铸牢中华民族共同体意识。这个新表述至关重要，把"铸牢中华民族共同体意识"提到一个"前所未有的新高度"，成为新时代民族工作的主题和关键。有关部门也认为习近平民族工作思想的"主线是巩固和发展中华民族命运共同体"。① 这些认识是到位的。大力培育中华民族共同体意识、加强各民族交往交流交融成为新时代民族工作思想的主基调和主旋律。

2015 年 5 月，中央召开统战工作会议，颁布了关于统一战线工作的第一部党内法规《中国共产党统一战线工作条例（试行）》。该条例的颁布实施不仅促使统战工作进一步制度化、法制化、规范化，而且提出了不少新的论断。例如，关于民族工作从传统的"四个认同"调整为"五个认同"，增加了对中国共产党的认同，把民族宗教工

---

① 巴特尔：《在 2017 年全国民族主任会议上的讲话》，2017 年 12 月 22 日。

作的本质概括为"群众工作"等。2015 年 8 月，习近平在第六次中央西藏工作座谈会上强调指出，"必须全面正确贯彻党的民族政策和宗教政策，加强民族团结，不断增进各族群众对伟大祖国、中华民族、中华文化、中国共产党、中国特色社会主义的认同"。2015 年国庆节前夕，习近平接见到北京参加国庆活动的来自内蒙古、广西、西藏、宁夏、新疆 5 个自治区的 13 名基层民族团结优秀代表时指出，中华民族一家亲，同心共筑中国梦。我国 56 个民族都是中华民族大家庭的平等一员，共同构成了你中有我、我中有你、谁也离不开谁的中华民族命运共同体。实现中华民族伟大复兴的中国梦是各民族大家的梦，也是各民族自己的梦。中国共产党就是团结和带领各族人民向着中华民族伟大复兴、向着人民更加美好的生活一路前行。民族团结就是各族人民的生命线。各民族同胞要手足相亲、守望相助，一起做交流、培养、融洽感情的工作，增强各族群众对伟大祖国、中华民族、中华文化、中国共产党、中国特色社会主义的认同。习近平总书记不仅再次强调"五个认同"和民族团结的重要性，而且从"培育中华民族共同体意识"进一步提炼出了各民族是互相离不开的"中华民族命运共同体"。

大力培育中华民族共同体意识，铸牢中华民族一家亲的思想基础，建设中华民族命运共同体（习近平总书记还多次强调推进构筑人类命运共同体的思想）是新时代习近平总书记关于民族工作一脉相承、不断发展的思想精华，也是中国共产党新时代民族工作的理论主线和指导方针。2016 年召开的全国宗教工作会议、全国城市民族工作会议及相关会议就按照上述思想做出了新部署、提出了新要求。

2017 年 10 月召开的中共十九大，是在全面建成小康社会决胜阶段、中国特色社会主义发展关键时期召开的一次十分重要的大会。习近平总书记站在中华民族伟大复兴的高度，部署了决胜全面建成小康社会和建设中国特色社会主义现代化强国进程中的民族工作战略，把"全面贯彻党的民族政策，深化民族团结进步教育，铸牢中华民族共同体意识，加强各民族交往交流交融，促进各民族像石榴籽一样紧紧抱在一起，共同团结奋斗、共同繁荣发展"写入党的十九大报告，写入新修订的党章。从十八大之后提出积极培育中华民族共同体意识，到后来明确"铸牢"和牢固树立中华民族共同体意识，再到十九大报告特别强调"铸牢"中华民族共同体意识，这不是简单的词汇变化，充分体现了党中央新时代民族工作的新内涵和重大历史使命，是习近平新时代中国特色社会主义思想在民族工作领域的具体体现，也是改革开放以来各民族在政治、经济、社会、文化领域广泛交往交流交融、"你中有我、我中有你、谁也离不开谁"的命运共同体关系的深刻反映。党的十九大强调要铸牢中华民族共同体意识，就是要顺应这种形势，把加强各民族交往交流交融作为实现各民族大团结的金钥匙，让祖国每一寸土地都能成为各民族同胞共居的家园，让各民族同胞在中华民族大家庭中手足相亲、守望相助，努力实现"中华民族一家亲、同心共铸中国梦"的时代华章。党的十八大以来中央民族工作的理论和实践，指明了树立中华民族共同体意识和推进中华民族命运共同体建设的方向。党的十九大报告及新修订的党章，为铸牢中华民族共同体意识、推进中华民族一家亲工作进一步明确了指导思想。

二　充分认识铸牢中华民族共同体意识的重大意义

（一）铸牢中华民族共同体意识是习近平新时代民族工作思想创新发展的集中体现

党的十八大以来，习近平总书记高度重视民族工作，在强调认清民族关系的主流与末节、大力倡导民族团结方面提出了许多十分重要的论断，促进了新时代民族工作思想的创新发展。他指出，"民族团结是各族人民的生命线……各民族要相互了解、相互尊重、相互包容、相互欣赏、相互学习、相互帮助，像石榴籽那样紧紧抱在一起"，"各族干部群众都要像爱护自己的眼睛一样爱护民族团结、像珍视自己的生命一样珍视民族团结"，"要坚持民族区域自治制度，坚持统一和自治相结合、民族因素和区域因素相结合"，逐步完善民族政策。高度重视民族团结，大力培育中华民族共同体意识，无疑是习近平新时代民族工作思想的核心。习近平总书记关于民族工作创新发展的新理念、新举措，集中体现了党中央从中华民族的整体视角、从国家和全国各族人民根本利益出发的战略思想。新时代党和国家关于民族工作的一系列总体部署，包括援藏、援疆、民族地区脱贫攻坚等重点工作的开展，都聚焦在实现"民族团结一家亲、同心共筑中华梦"的伟大梦想和共同团结奋斗、共同繁荣发展的共同理想。习近平民族工作思想是习近平新时代中国特色社会主义思想的重要组成部分，必须予以高度重视和认真学习。

（二）铸牢中华民族共同体意识是建设中国特色社会主义伟大事业的内在要求

实现中华民族伟大复兴的中国梦，是中国近代以来中华民族最伟大的梦想，中国共产党一经成立就义无反顾地肩负起为中国人民谋幸福、为中华民族谋复兴、为全人类进步事业做贡献的历史使命。当前，中国特色社会主义进入新时代，中华民族迎来了从站起来、富起来到强起来的伟大飞跃，迎来了实现中华民族伟大复兴的光明前景。在新时代，全国各族人民、所有社会主义现代化事业的建设者和爱国者，都是实现中华民族伟大复兴中国梦的实践主体，必须紧密团结在中国共产党的领导下，牢固树立"四个自信"，牢固树立中华民族共同体意识，以高度自觉、自豪的心态和热情，积极主动投身建设中国特色社会主义事业的伟大实践。

（三）铸牢中华民族共同体意识是建设中华民族共同体的理论自觉和根本前提

民族是在一定的历史阶段形成的、具有若干共同特征的稳定的人们共同体。世界上大多数国家是多民族国家。一个国家的各民族都是比较稳定的人们共同体，同时这个国家的所有公民还共同组成了以该国国名命名的国家民族的共同体，这也是现代民族国家建构国家民族的普遍规律。中国历史上各个民族都是在多元一体的发展进程中逐步形成的，特别是一些人口规模比较大的民族。各个民族在历史上的交往交流交融过程中，不断形成了"你中有我、我中有你、你离不开我、我离不开你"的中华民族多元一体格局。在长时间的历史发展过程中，中华民族的主体部分在其自在的阶段就是一个实体。到了近代，全体中国人团结一致共同抵御帝国主义入侵，形成了中华民族的整体自觉。自近代以来，中华民族逐步成为一个自觉的实体。近代以来各种政治力量的理论和实践，进一步提升和增强了中华民族作为一个国家民族的实体性和整体性。中华人民共和国成立以来，中华民族作为 56 个民族的有机统一体，成为不可分割、谁也离不开谁的统一整体。从自在阶段到自觉阶段、从多元一体到中华民族共同体，中华民族始终是一个实实在在的实体，而非"虚体"、统称或共称。随着中华民族共同体意识的不断增强，中华民族的实体性、整体性将不断增强和牢固。

（四）中华民族共同体是中华民族成员和中国公民国族身份的集中概括

中华民族共同体的成员，一般都拥有与中华人民共和国国家主权或者国籍关联在一起的国民公民身份。公民的护照号是国家赋予的，拥有一个国家的国籍就意味着该个体自动获得国家公民身份或者国族身份。当今世界仍然处在民族国家时代，一般没有脱离国民身份的公民（无国籍人士、难民等除外）。拥有一个民族成员的身份与拥有一个国家公民（国民）身份并不是对立的。在我国，每个社会成员既拥有自己的民族身份，同时也是中华民族国民的天然成员，即中华人民共和国的公民。后一种身份本质上是每个中国公民对自身国族身份的表达，尤其是在国际交往中体现得更加明显。综观全球，一个国家的国民组成了统一的国家，这一国家的全体国民成为当代民族国家的基础和依托。在中华人民共和国，中华民族共同体是中国公民的国族（中华民族）身份的集中概括，国家为每个国民行使自己的公民权利提供了最根本的保障。同样，每个公民也必须同时担负起自己的国家责任，爱国主义是每个公民对国家应当履行的最基本义务。在建设中国特色社会主义事业中，国家通过宪法及法律法规依法保障每一个中国公民的合法权益和应尽义务，全体公民都是当家做主的主人翁和建设者。

（五）铸牢中华民族共同体意识为推进新时代中华民族建设提供了政治方向和理论指导

党的十九大报告再次重申中国共产党人的初心和使命，就是为中国人民谋幸福，为中华民族谋复兴、为人类进步事业做更大的贡献。中国共产党的初心充分体现了中国共产党人的民族复兴责任和促进人类共同进步的天下使命，其中着眼点和立足点依然是实现中华民族伟大复兴的中国梦。综观国内外两个大局，中华民族伟大复兴进程还面临众多的风险与挑战，其中敌对势力瓦解、分化、阻挠、破坏国家统一和主权完整的阴谋从未放弃，国内民族问题和边疆民族地区往往成为敌对势力阻挠、遏制中国发展崛起的利用工具。过去如此，今天依然如此。我们不仅要正确处理国内民族问题和各民族共同繁荣发展问题，不为敌对势力留下缝隙，更要加强民族团结工作，铸牢每个民族的成员同时也是中华民族成员的国族身份意识和中国公民身份意识。同与自己的民族身份关联在一起的民族身份意识一样，与自己的国族身份或者中国公民的身份密不可分的就是中华民族共同体意识。一个人的民族身份意识不是与生俱来的，同样他的中华民族共同体成员意识和中国公民意识也是需要教育和培养的。爱国主义教育、中华民族共同体意识教育一刻也不能疏忽，而且需要持续不断地开展行之有效的活动加以巩固。面对民族理论领域众多分歧和争论，应对现实敌对势力的干扰破坏，更需要从理论上进行正本清源，大力提倡和弘扬每个公民的中华民族成员意识，铸牢中华民族共同体意识，为推进新时代中华民族建设和爱国主义教育提供正确的政治方向和理论指导。

（六）铸牢中华民族共同体意识是增强五个认同、促进民族团结的情感依托和思想前提

"共同体"是描述群体而非个体的概念，共同性或共同意识是维系共同体群体性存续的关键因素。认同是团结的前提和基础，没有认同就没有团结，没有认同团结就缺乏根基和土壤。中国共产党强调民族团结是我们的生命线，就是基于我们虽然都是56个民族的成员，同时我们又都同属于中华民族大家庭（共同体）这样一个基本事实。民族是具有一定共同特征的稳定的人们共同体。各个民族都具有自己的共同体意识或者本民族自我意识，但是在一个国家内每个民族的成员都是国家的公民，也与自己的国家具有密不可分的国家共同体意识。与国家关联在一起的中华民族就是各民族的共同体和大家庭。中华民族共同体就是一个由56个民族组成的，有共同认同的血缘融通、流动交汇的有机体（自觉的实体和整体），是一个历经五千年风雨锻造而成的"多元一体"的命运共同体。中华民族共同体意识是对历史上中华各民族在政治、经济、文化方面交往交流交融的认同，是对56个民族同呼吸、共患难，"你中有我、我中有你、谁也离不开谁"的命运共同体认同，这种共同的心理认同，铸就了中华民族共同体意识，成为加强"五个认同"教育的共同心理基础和情感依托。56个民族水乳交融、唇齿相依、休戚相关、荣辱与共的观念和中华民族利益高于一切的思想，把各族人民紧紧团结在中华民族大家庭中。承认各民族是具有共同心理素质的稳定共同体与承认中华民族也是全体中国公民的共同体是不相矛盾的。中华民族共同体的成员与国外公民相比，不仅具有共同的国民身份、心理素质和民族国家意识，而且在制度、

政权、文化、利益等方面的共同性更强，即使跨境民族也无法比拟。因为与伟大祖国联系在一起的纽带是历史形成的、牢不可破的。这是民族国家时代的国家刚性、利益刚性、制度刚性决定的，任何民族和个人都难以超越。从过去的"四个认同"到党的十八大以来的"五个认同"，是中华民族在中国共产党领导下建设中华民族命运共同体的历史宿命。中国 56 个民族是在党的领导下经过民族识别、法律程序认定的共同体，中华民族更是宪法和党章确定的全体中国人的共同体。中华民族从自在的民族变成自觉、自强、自新的民族，变成了一个团结、统一、强大的屹立于世界民族之林的现代民族，已经成为中国各民族的普遍认同和根本归属。在这个根本认识基础上，铸牢中华民族共同体意识是增强"五个认同"、促进民族团结的情感依托、思想前提和文化归依。习近平在中央民族工作会议上强调："增强各族干部群众识别大是大非、抵御国内外敌对势力思想渗透的能力。加强中华民族大团结，长远和根本的是增强文化认同，建设各民族共有精神家园，积极培养中华民族共同体意识。"在我国这样一个多元一体的多民族国家，厘清处理好本民族自我意识和中华民族整体意识的关系十分重要。铸牢中华民族共同体意识，不是把中华民族认同与本民族认同对立起来，而是教育各族群众摆脱狭隘本民族自我认同束缚，共同构建中华民族整体认同、促进中华民族共同体建设。

三 推进中华民族共同体建设的思考与对策

（一）形成中华民族共同体理论自觉，建设新时代民族理论学科体系、学术体系和话语体系

民族工作是"五位一体"总体布局和"四个全面"战略布局的重要内容，涉及中华民族伟大复兴事业的各个领域、各条战线。党的十九大报告中"民族宗教工作创新推进"的提法，准确反映了党的十八大以来，以习近平同志为核心的党中央在民族、宗教工作方面形成的新理念新思想新战略。要从道路自信、理论自信的高度认识习近平民族工作思想创新发展的重要性和必要性，深入研究、系统阐述习近平新时代民族工作思想的创新发展的精神实质，推动形成新时代的民族理论体系。民族问题是一个复杂的社会现象，对民族问题的认识永远也不可能停止。中国共产党在革命、建设、改革开放各个历史时期的实践中，形成了既一脉相承又具有鲜明时代特征的民族理论和民族政策。目前学界占据主导地位的民族理论体系主要是各个历史时期（革命、建设、改革开放前 30 年）民族工作实践成果的总结和概括，对于党的十八大以来我国民族工作创新推进理论实践的总结提炼还不深入，尚未形成与习近平新时代思想精髓相适应的话语体系。不少观点和话语体系陈旧、理论与现实脱节现象十分严重，学术话语跟不上实践的创新。既不能准确反映我国民族工作所取得的新成就新进展，也不

能有效指导下一步的民族工作实践。这就要求学术界以深入学习党的十九大精神为契机，尽快形成与习近平新时代民族工作思想相适应的理论体系、学术体系、学科体系。

（二）大力推进"五个认同"教育，铸牢中华民族共同体意识的思想基础

习近平同志强调，推动民族工作要依靠两种力量，一种是物质力量，一种是精神力量。要解决好民族问题，物质方面的问题要解决好，精神方面的问题也要解决好，哪一方面的问题解决不好都会出更多的问题。当前解决精神层面问题的一项重要工作是大力推进"五个认同"教育。"五个认同"是维护国家统一、民族团结、社会稳定的思想基础，也是培育所有公民中华民族共同体意识、构筑中华民族共有精神家园的基石和底线。要大力加强马克思主义国家观、历史观、民族观、文化观、宗教观的教育，大力培训各级党员干部、知识分子和宗教界人士，广泛宣传教育群众。广泛深入持久地开展民族团结创建活动，教育国民牢固树立公民意识，让各族人民不仅要意识到自己的民族身份、地域身份、群体身份，更要树立自己的中华民族成员身份、公民身份、国民身份，把"五个认同"作为每个公民第一位的意识。

（三）切实改革民族工作方式方法，大力推进各民族交往交流交融的实际效果

民族宗教工作的本质是群众工作。各级党委、政府，特别是党和国家工作人员（干部），要时刻牢记自己的党的身份、干部身份、国家工作人员身份。要把自己作为党和政府的代言人，认真贯彻党和国家各项路线、方针、政策，多为民办实事、不与民争利，时刻牢记处理好干群关系就是做好群众工作的本质要求。认真研究民族宗教统战工作领域的新情况、新问题，坚持各级党政干部和知识分子的国家意识、政权意识、责任意识，切实改变按照民族划界，按照传统工作框架划界的狭隘思维和因循旧例的错误做法。切实把各族人民一视同仁地作为群众工作的对象，解决执政过程中为民执政的问题，而不能是为哪一个集团、哪一个群体服务。把握新时代民族工作新形势新特点，创新工作方式方法，进一步提升依法治理民族事务能力。借鉴国内外有效经验，扎实推进民族团结工作，深化细化各民族交往交流交融的具体举措。把民族团结工作纳入全国党和政府工作的大局，切实解决人口双向流动、多向流动过程中涉及民族因素问题的处理，按照是什么问题就按什么问题处理的原则，不能把涉及少数民族个体的事件上升为民族问题。推进嵌入式社区建设，推进少数民族在内地就业、流动的保障政策，构建各民族互相嵌入式社会结构和社区环境，让少数民族更好地融入城市，持续推进各民族交往交流交融。消除针对民族交往过程中各民族自然融合的理论顾虑和担忧，不断增强中华民族的共同性，铸牢中华民族共同体的社会基础。

（四）围绕"两个共同"目标，不失时机地完善民族宗教政策

民族区域自治制度是我国的一项基本政治制度，是中国特色解决民族问题的正确

道路的重要内容和制度保障，是我党民族政策的制度基础。要坚持统一和自治相结合、民族因素和区域因素相结合，把宪法和民族区域自治法落实好。世界上没有一劳永逸的政策体系，民族宗教政策也必须与时俱进。要坚持一切从实际出发、因地制宜、因时制宜，实事求是、与时俱进地改革完善民族宗教政策。高考加分、计划生育等牵涉较广的政策要不失时机地进行改革，调整政策要坚持公平公正公开，进行科学论证、严格评估，以减少某些过时政策的负面影响。地方政府和民族工作部门处在工作的第一线，要尊重地方的首创精神，不能动辄以"敏感"为由进行批评，甚至否定。通过政策法规的调整完善，最大限度地把各地区、各民族的党政干部、知识分子、人民群众团结到中华民族伟大复兴的事业中。

（五）妥善处理好民族多样性和中华民族整体性的关系问题

中国是一个多民族国家，从历史上看，各民族交往交流交融就是主流，最后汇集成占据世界人口相当比重的中华民族，同时又在内部保持着多种多样的民族、宗教和文化类型。作为多民族、多宗教、多文化的大国，历史上的执政者和先贤为我们留下的思想资源，我党在各个时期的实践中积累的丰富的理论和政策中都涉及了如何处理多样性和整体性、差异性和一致性的问题。多样性和整体性并不是相互矛盾、截然对立的，而是互为表里、互相促进的关系。在中华民族的多元一体格局中，多元组成一体，一体包括多元。"多"和"一"是不可分割的多元一体。习近平新时代中国特色社会主义思想体系中不仅继承了中华民族多元一体格局的整体表述，更进一步明确提出了"铸牢中华民族共同体意识""建设中华民族共有精神家园"等强化中华民族整体性的具体工作方向。作为国家层面的工作，必须明确中华民族整体性、一致性的发展趋势，在大力推动各民族交往交流交融过程中，强调各民族内在联系、共同体特征的增强，强化中华民族整体利益和共同利益。

（六）坚决反对民族利己主义、民粹主义和两种民族主义

民族平等和民族团结作为我国解决民族问题的政策原则，在宪法和有关法律中得到明确规定。各民族不论人口多少，经济社会发展程度高低，都是中华民族大家庭的平等一员，具有同等的地位，在国家政治和社会生活的各个方面，依法享有相同的权利，履行相同的义务。在中华民族这个大家庭内，不能以汉族代替中华民族，也不能将哪一个或者整体的少数民族和中华民族并列，更不能置身于中华民族之外。中国共产党一直重视反对两种民族主义，即大民族主义（尤其是大汉族主义）和狭隘地方民族主义。习近平总书记在中央民族工作会议上提出现阶段民族工作领域"五个并存"，在这一阶段，各种大民族主义和狭隘地方民族主义往往以"民粹主义""民族主义"的面目，以各种形式浮出水面，混淆视听，扰乱思想认识，动摇基本原则，形成或者

煽动集体情绪，这都不利于社会稳定，不利于团结全国各族人民聚焦于中国特色社会主义现代化建设事业，必须采取有效措施加以防范。必须强调宪法权威，维护每个公民的合法权益，坚决反对一切形式的民族利己主义和民族歧视。

原载于《民族研究》2018 年第 1 期

在和谐中体现文化活力　在富裕中彰显文化魅力

方　勇

摘　要　建设中国特色社会主义文化，是广大人民群众的共同事业。人民群众需要文化，文化更需要人民群众。文化创作的最深厚的源泉，存在于亿万人民群众的生活实践之中。兴庆区是宁夏回族自治区首府银川市的核心区，人口密集，文化底蕴丰厚，群众参与文化活动积极性高。兴庆区党委政府通过"三个机制"、"三个阵地"和"三支队伍"，展现了兴庆区的文化活力，彰显了兴庆区的文化魅力。

关键词　文化　文化事业　群众文化

宁夏回族自治区第十一次党代会指出，加快文化事业发展是建设和谐富裕新宁夏的强大动力。兴庆区作为自治区首府银川市的核心区，要按照自治区第十一次党代会精神的要求，通过建立推动群众文化发展的"三个机制"、夯实开展群众文化活动的"三个阵地"、打造编排群众文艺节目的"三支队伍"，努力提升城市文化软实力，在和谐中体现文化活力，在富裕中彰显文化魅力。

一　建立推动群众文化发展的三个机制

张毅书记指出，要大力发展公益性文化事业，为人民群众提供更多更好的精神文化食粮。推进群众文化的建设和发展，必须通过构建长效机制来促进群众文化蓬勃发展。第一，建立政策扶持机制。推动文化事业发展，必须提高群众文化建设的自觉性和坚定性，坚持政府主导型文化发展战略，突出重点，强化措施，形成文化发展合力。2012 年以来，兴庆区先后出台了"十二五"文化事业发展规划、加快文化产业发展的实施意见、打造"文化魅力区"方案、创建国家公共文化服务体系示范区方案等 5 个政策性文件。制定了《民间优秀文艺团队扶持办法》和城乡文化阵地建设有关意见，为今后五年群众文化事业的大发展、快发展奠定了坚实基础。第二，建立财政投入机制。推动群众文化事业必须要舍得投入。十七届六中全会提出，加大财政文化投入力度，建立健全财政文化投入稳定增长机制。为此，区委、区政府出台了每年按年财政收入2%的比例纳入文化事业发展专项资金的文件。对参加国内外有影响力的文化交流、展演、展览、比赛或政府组织的重大演出活动，给予一定资金支持，对获奖作品及个人按规定予以奖励；对被列为市级以上非物质文化遗产名录，进行产业化开发的项目，3年内每年按照销售或营业额的1‰给予奖励。2012年，兴庆区财政安排文化发展专项资金2000万元，用于文化宣传、规划编制、人才队伍建设、公益设施建设等，这个数字超过了过去五年文化投入的总和。第三，建立组织运行机制。建立有效的群众文化工作组织运行机制，实施保证基层群众文化建设的各项任务落到实处的有效手段。因此，在领导组织机制上，把基层群众文化建设列入各级基层党政组织的议事日程，在考核机制上，把基层群众文化建设作为精神文明建设的考核内容；在激励机制上，鼓励支持专兼职的基层文化工作者积极下基层为群众服务；在市场运作机制上，倡导基层群众文化部门适应市场经济形势，发展文化产业，实现社会效益和经济效益的"双赢"，为基层群众文化建设注入新的活力。2012年上半年，兴庆区共组织各种文艺演出近百场，参与人数达到15万人。一些街道书记表示，过去文化工作是软任务，现在却成了硬指标，虽然有了工作压力，但也有了干好文化工作的动力。

二　夯实开展群众文化活动的三个阵地

群众文化场地、设施是开展群众文化活动，传播先进文化的重要阵地。加强群众文化事业发展，文化场地、设施建设是根本和基础。第一，举办基层文化的"网格化"阵地。文化活动场所的"少、小、散、差"是困扰基层群众文化发展的一个重要问题。为此，区委、区政府制定了乡镇（街道）文化活动中心、村（社区）文化活动室（大院、活动中心）建设规划方案，加强了基层文化阵地的网络化建设，着力打造市民"十五分钟文化活动圈"。规划建设了总建筑面积均在5000平方米的图书馆、文化馆，建成了面积均在300平方米以上的通贵乡、掌政镇文化站和面积2000平方米以上的大新镇文化站，建成了乡镇、街道达标公共电子阅览室7个，社区标准配置公共电子阅览室42个，60平方米以上行政村文化活动室达到32个，社区文化活动室达到64个。通过资源整合建设，为辖区群众开展文化活动打造了坚实平台，创造了良好条件。第二，展示城市广场文化的"普及化"阵地。加强对城市广场文化的正确引导，积极组织开展丰富多彩、健康向上的群众文化活动，把城市广场建设成为"没有围墙的剧场"。区委、区政府策划组织的群众文化艺术节系列活动，采取小分散、大集中的形式，每周在辖区的南门广场、海宝公园、玉皇阁广场组织开展文艺演出，引领兴庆区广场文化特色，充分展示兴庆区校园文化、企业文化、社区文化、乡村文化、农民工文化的风采。每年的广场演出近200场，参与演员近万人次，观众达到数十万人次。一位来银川参加"书博会"的台湾客人说，从城市街头广场参加文化活动的市民可以看出，银川这个城市很有活力。第三，体现专业文化的"大众化"阵地。兴庆区拥有一定数量的专业文化活动场所，这是群众文化场所的有益补充。专业文化活动场所从提高阵地活动质量、档次入手，不断增强节目的影响力和辐射力，将最新内容、最新形势、最新节目、最新动态传播给群众，在推动群众文化事业发展中显示出示范性、导向性和先进性的作用。兴庆区富宁街秦韵乐艺术团成立以来，为群众义务演出 500 多场，观众达 40 万人（次），自创的节目《戏曲票友颂和谐》获得西北五省区戏曲演唱会最佳表演奖。银川西塔剧院用市场化的运作模式引进经典作品，演出了十余部经典儿童舞台剧，让经典文艺走向了基层，走向了大众。

三　打造编排群众文艺节目的三支队伍

群众文化事业的科学发展，必须有一支规模宏大、结构合理、素质优良的文化队伍作保障。第一，群众文化队伍。群众文化事业是一项社会公益事业，群众文化活动的广泛开展需要市民群众的广泛参与。因此，群众文化业余队伍是开展群众文化活动和推进群众文化建设的主力军。兴庆区充分发挥文体爱好者的积极性，按照业余自愿、形式多样、健康有益的要求，组建了票友会、秧歌队、合唱团、戏曲、书画协会、武术、健美操等 46 个群众性社团，吸引居民积极参与文化活动，使更多的文化骨干由参与者转变为组织者、由组织者转变为推动者，使群众文化队伍的力量不断壮大，在提高群众文化素养、普及文化知识方面的社会公益作用得到了有效发挥。第二，专业文化工作者队伍。专业文化工作者队伍担负着文化建设的组织、管理和指导，直接关系到群众文化事业的繁荣发展。为此，兴庆区配齐了乡镇、街道、社区文化站专职人员，乡镇、街道文化站配备 2～3 名专兼职人员，社区、村配备 1 名专兼职文化工作者，确保城乡文化工作机构健全、人员到位、待遇落实。建立了兴庆区文化人才资源库，从大学生村干部、支教大学生中选拔优秀人才充实到乡镇、社区文化站。同时，重视发现和培养基层乡土文化能人，完善聘用补偿（补贴）机制，促进他们健康发展，扩大了文化专业工作者队伍的范围。兴庆区掌政镇农民艺术团，经过多年发展已培养 500 多名农村文艺人才。艺术团设有秧歌队、武术队、文艺队、书画协会及摩托车协会。编排创作秦腔、小品、喜剧、快板、歌舞等群众喜闻乐见的节目，将欢乐送到军营、社区、工地、学校。参加全国首届农民文化艺术演出，获得一个金穗奖和两个银穗奖。团长王清海认为，农民文艺队能坚持这多年，最重要的就是培养乡村文化领头人。第三，中小学生文化队伍。文化塑造青少年，青少年创造文化。在大众传媒快速发展和社会生活方式深刻变革的今天，文化对青少年的思想观念、价值取向和行为方式影响越来越深刻。因此，加强群众文化建设必须把青少年作为主体。兴庆区在组织好中小学校校园文化活动的同时，按照区委引领社会风气好转的要求，组织中小学生积极打造健康文艺节目，每到周末轮流组织参与兴庆区的广场文艺演出。在积极参与社区、广场的文化活动的过程中，形成了一支队伍庞大的中小学生群众文化队伍，实现了学校、家庭、社会的互动，带动了社会风气的好转。广大中小学生在参与过程中展示了特长，陶冶了情操，愉悦了身心，增长了见识。

原载于《学习与宣传》2012 年第 7 期

从"科学的民俗研究"到"实践的民俗学"

尹虎彬

摘　要　民俗学由以往关注理论和方法论的范式转换，转向价值论的探讨，更加关注的是人的现实生活世界，这反映出民俗学作为学科所面临的理论和现实的双重困境。因此，实践的民俗学正在成为一种选择。

关键词　民俗学　范式转换　生活实践　价值论

晚近中国民俗者提出民俗学"回归生活实践"的理论命题，即要求关注人类实践理性的合目的性。民俗学由研究传统的民俗学样式转向研究作为"日常生活"的文化，研究它如何成为"公共文化"的一部分。在政府主导的遗产保护背景下，民俗学界提出由"生活革命"引发"中华民族的美丽乡愁"，由"非遗"带来"浪漫的怀旧情绪"等提法。这些问题又引发另外的疑虑："日常生活"到底用什么方法来研究？"日常生活"与"民俗"如何区分？追问"日常生活"的中国民俗学当下的困境是什么？民俗学研究对象发生了怎样的变化？本文所谓民俗学历史和方法，主要是指 19 世纪民族主义运动和宏大理论的建构，以及 19 世纪和 20 世纪关于民俗的科学研究的开始。由上述问题可以探讨民俗研究的范围，探讨民俗何以要作为一个领域来进行研究？民俗学是否成其为一个研究领域？谁有兴趣来对此进行研究？为了民俗学的未来发展，我们需要了解民俗学研究的现状是什么？最近的趋势和争论是什么？要回答这些问题，我们需要做方法论的比较，关注民俗文化与现实世界，关注本真，关注已有的争论和新的争论，走向新的综合。长久以来，人们习惯于按照"科学的民俗研究"这样一个思路来探讨民俗学的一些基本问题。但是，随着本体论的转向，以往那些传统的宏大理论的权威性遭到怀疑，人们开始反思学科存在的前提，人们所关注的不再仅仅局限于民俗是什么，民俗学并不是因为研究对象是民俗才成为民俗学的。由民俗而生发的价值或意义不是民俗本身自然而言赋予的，而是人类的社会实践。

一 作为研究对象的民俗

工业革命引发社会变迁催生了现代意义上的人文社会科学。民俗学便是这些新兴学问之一，它是历史科学，是关于人的科学。民俗学作为一门学科，自有其历史和方法。传统的民俗学作为学科存在的基本条件，是建立在一种科学的基本假设基础上的。民俗学作为常规科学遵循各种范例，基于一个共同的本体论、假设、方法论规则和规范、研究目的、研究标准。

"科学的民俗研究"的基本前提是民俗的对象化、客观化和概念化，这是由学者构建的。民俗的对象化源于现代性。民俗代表特定时空的过去，被称为"遗留物"。传统与现代的二元对立观念构建了一个历史进步的叙述，民俗学从这种叙述中构建了自己的研究对象。民俗学发端于工业革命的起源地英国，受进化论影响，强调传统。泰勒（E. B. Tylor，1832－1917）在《原始文化》里第一次使用"遗留物"这个词。弗雷泽（J. Frazer，1854－1941）《金枝》（1890）显示原始草木植物崇拜残余在现代农民中的存在。安德鲁·兰（A. Lang，1844－1912）把民俗学称为"遗留物"的科学。对人类学家安德鲁·兰和泰勒来说，文化进化学说不仅解释了口头传承的起源，而且为划分风俗、信仰诸种族的习俗惯制，以及编写人类历史发展史提供了框架。在《原始文化》中，泰勒从人类早期到欧洲农民的信仰和习俗惯制，从孩童的歌谣和游戏，去追寻口头传承遗留的踪迹。[①] 在 19 世纪的文化进化论的学说中，对于起源问题的回答，涉及关于社会发展阶段的假设。围绕民俗、传统、传承、文化等问题，民俗研究领域出现了浪漫主义的民族主义、文化进化论、太阳神话论、历史－地理学方法、年代－地域假设、史诗法则、神话－仪式学派、形态学方法、口头程式理论、结构主义方法论、象征的解释、结构主义的解释学、心理分析、民族志诗学、表演理论、女权论、本真性等理论和方法，其中，民族主义在民族国家时代始终没有退出历史舞台。

作为一门学科，目前的民俗学被上述理论关注的范围所界定，此外就是民俗生活学者的一般社会学和历史理论；很少有民俗学家会将他们的工作限定在单一的理论方法上。民俗理论来源于，或者至少密切地联系于其他许多领域的理论发展，比如说人类学、社会学、语言学、文学批评、心理学和历史学。[②]

传承性和集体性作为民俗的本质性特征，由于其普遍性而被概念化，民俗成为象征性的符号，成为特定集团保持内部凝聚力和作为社会实体持续存在的保证。作为民

---

① 〔美〕罗斯玛丽·列维·朱姆沃尔特：《口头传统研究方法纵谈》，《民族文学研究》2000 年增刊，第 75～94 页。

② Thomas A. Burns, "Folkloristics: A Conception of Theory," *Folk Groups and Folklore Genres: A Reader*, Elliott O-ring, editor, Utah State University Press, 1989: 1－2.

众的知识，民俗由于其人民性而不断地被提升和提炼，日益成为整个民族的象征，成为民族共同体获得历史合法性的手段或工具。民俗学伴随民族国家时代的到来而产生，也与民族国家的历史命运相联系。在 18~19 世纪之交的欧洲，民族主义建构了民俗学，民俗学也在某种程度上建构了民族主义。学者对民俗学的兴趣扎根于民族主义的动机。孟德斯鸠《论法的精神》提出法律的民族特性和非普泛性。这正如每一个民族都要发展自己的语言、艺术、文学、宗教、习俗、法律，它们都是民族精神的表达，这不仅对民族的统一有利，而且对整个文明有利。维科（Giambattista Vico，1668 - 1744）曾经提出神话即历史的观点。赫尔德（Johann Herder，1744 - 1803）认为要以民间诗歌来唤起失去的民族灵魂，学习民间诗歌以追溯过去的历史。在德国，民俗学的性质明确为一门对单一民族文化进行研究的学科，是一门研究本民族文化的自我认识的学科，强调血统和文化的单一性。赫尔德种植的民族主义学说被许多欠发达的东欧、中欧民族所接受。在这些地区民族与国家不重合，许多民族尚未获得独立。民族主义的一个理念就是对于民族国家的绝对忠诚，国家民族至上。民族国家的建设是以过去的传统与精神为基础。斯拉夫民族如波兰、塞尔维亚、克罗地亚、匈牙利等，提倡泛斯拉夫主义。北欧诸民族如挪威、丹麦、芬兰，都对本民族的文化遗产进行了挖掘。总之，浪漫主义的民族主义者们研究了过去的文化遗留。亚洲和非洲的民族独立运动也有类似性。这些都涉及民俗学与独立民族国家建设的历史正当性。[①]

在当代世界学术舞台上，控制话语权的基本途径就是不断地推出新的学术"大词"。在民俗学领域，学界公认的这种更迭是在 20 世纪 70 年代出现的从文本研究转向民族志导向的语境研究，以及后来在美国盛行的表演理论或者被称为行为科学的"新民俗学"。"新民俗学"追随者们开始质疑对这些特定的文化和社区的浪漫主义的观念，试图去证实非主流的文化实践的整体性和有效性。这种转换发生在某些关键词的使用上，比如民俗学的新的术语（事件、经验、文本、构造和语境）。民俗学研究遵循哲学、社会学和人类学中的语言学转向而建立的理论前提，启发了许多民俗学家进行重新思考：社会生活是在交流实践中构建的，被称为民俗的东西是在社会生活的完成中对特定的交流方式的情境使用。民俗学家对于那些在交流环境中民俗的实际做法的操作性定义是"小团体的艺术交流"。这种偏离这门学科的关键术语"传统"，偏离"传播、变异和分布"的转变似乎在表明：民俗学已经发生了一种范式的转变。[②]

---

① William A. Wilson, "Herder, Folklore and Romantic Nationalism," *Folk Groups and Folklore Genres: A Reader*, Elliott Oring editor, Utah State University Press, 1989, pp. 21 - 38.

② Reimund Kvideland eds., *Folklore Processed: In Honour of Lauri Honko on His 60s Birthday*, 6th March 1992, Helsinki Studia Fennica, pp. 32 - 38.

从 20 世纪中叶兴盛的结构主义方法，包括普洛普的形态学方法、奥利克的史诗法则，都属于文本模式的研究，这些 20 世纪发展起来的民俗学理论，上承阿尔奈、汤普森的芬兰历史－地理学方法，以及民族志诗学的方法，都与结构主义深深地纠缠在一起。近 20 年来，民俗学经历全球化时代，其导向作用推动了人类非物质文化遗产和口头传统研究。尽管非物质文化遗产和口头传统是学术"大词"，但是，它们并不构成新的宏大理论。自 20 世纪 90 年代以来，许多民俗学家对学科的未来表示担忧。这门学科还没有产生全新的革命性理论。

与此同时，民俗学的宏大理论或本质主义被解构，正如丹麦民俗学者本特·霍尔贝克（Bengt Holbek）对族群认同、传统与现代进行反思。霍尔贝克认为，默认假设（tacit assumptions）把民间等同于一个理想的实体。霍尔贝克认为没有理由利用民俗作国家的辩解，因为某种民俗的认同与国境无关。"国家"来自学者，而非民间。他还指出，学者们对想象共同体的关注，如民族、族群、地方社区和职业群体，已经自觉不自觉地拘泥于社会学范式而不敢越雷池一步，不加分析地认为群体内部民俗是集体认同的基础。① "民族本真性"是民族国家时代的民族主义者的文化理想。近 20 年的中国思想界，试图发现中国特殊的"民族本真性"。②文化本真性的观念认为，民族文化从来便如此，也会永远存下去，可以区分夷狄、聚内化外。民俗学、民族学的传统理论是为建构民族国家文化和精神基础服务的。民族主义与民俗学是孪生兄弟，两者相互建构了彼此。

当今时代仍然处于民族国家时代，爱国主义是天经地义的。"民族本真性"是民族国家时代的民族主义者的文化理想。但是，对于实现现代性而言，它是手段，不是终极目的。中国现代民族主义者克服了中国儒家传统的"天下"观念，即整个价值世界和文明化的社会概念，建构了新型现代国家的政治制度，它要求界限清晰的疆土、组成国家共同体的人民和足以维护独立的武装力量。"天下"被"国家"所取代是一种进步，但是，并非就此一劳永逸。③ 现代性是西方资本主义发展过程中对自身传统不断提炼的结果，它与自己的历史一脉相承。相对于中国民间传统这种内生性的文化而言，现代性是异质的、外来的，它在中国需要异地再植，现代性需要适应多元传统。这种悖论表现在人们在处理民族国家之间的关系时，坚持民族主义传统立场，在对待一国内政时主张现代性为现代民族国家服务。

---

① Pertti Anttonen，"Notes on Lauri Honko's Discussion on Paradigms in the History of Folklore Studies，"*Network for the Folklore Fellows*，No. 33，December，2007，pp. 12 - 13，16 - 21.

② 许纪霖：《普世文明，还是中国价值？——近十年中国的历史主义思潮》，《开放时代》2010 年第 5 期。

③ 〔美〕列文森：《儒教中国及其现代命运》，郑大华等译，中国社会科学出版社，2000 年，第 186 页。

现代性不可逆转，现代性本身有其两面性。对于现代性的问题，个人主义强调个人的自由和自主，在政治领域中强调每个国家的主权，它一定程度上削弱了人与社会的传统延续性，削弱了人与自然的关系，削弱了我们对于公正的理解。民俗学追问现代性，证明民俗学者不再满足于一般性的学理探索，被更大的问题，即价值论的焦虑所纠缠，这种焦虑由以上非此即彼的二元论的悖论陷阱所造成。传统的哲学社会科学关注的是个人与社会、个人和群体如何整合，那么现在是人类和自然的问题，人的终极关怀即宗教信仰问题，即个人、自然、社会、天道或者上帝，这就需要全面综合的思维习惯，需要多重的视域。处于伦理转向的中国民俗学，当下的困境是什么？民俗学的宏大理论被解构：本质被现象取代，客观被主观所取代，对象化的实在被精神世界取代，集体被个体所取代。民俗学和民族学传统理论关于文化的定义受到挑战：一是新的文化定义的流动性和取代性，二是全球的文化流动。

人类学和民俗学的传统理论强调文化的集体、传统、认同特征，即关注"性质的世界"。传统理论将文化看作"一个完整、独立、有界限和统一的结构"和"具有物体实在性的现象"。这里的文化概念不仅仅是一个人类学的理论术语，它也成为政治和社会制度化的一个象征即现代民族国家的文化和精神的基础。换句话说，关于集体、文化和空间三位一体的观念已经演变为现代民族学和人类学的理论话语。① 民族共同性的历史内涵，包括地域、社会、语言、心理的同一性被解构。历史被"日常生活"化，"民族本真性"因为"文化本真性"被解构。"本真的文化"是当地人感受的、体验的、实践着的、具有历史性的日常生活。②

在社会学家看来，传统社会里的民俗经由一系列现代国家体制的运作，可以进入现代市民社会，成为人们共享的文化。典型的例子是"非物质文化遗产"工作。这个工作就是从日常生活中发现公共文化的过程，民俗已经在大量提供公共文化了。③ 过去被称作属于民众的、民间的、地方性的民俗事象，现在就像进城的农民上了城市户口一样，进入了国家非物质文化遗产名录，由此进入了现代世界的竞争舞台。这时，原来的那个民俗事象经过精英政治、法律（联合国教科文和国家及各级政府的非物质遗产法）制度的检验，成为民族国家的代表作品，与国家利益交织在一起，这个过程凝结了创造性劳动，它的享用范围已经超越了民族国家的范围。但是，事情也不是这样

---

① 徐鹏：《民族民俗研究中关键术语的晚期现代化演变——以欧洲民族民俗研究为视角》，《台州学院学报》2011 年第 2 期；杨成：《去俄罗斯化、在地化与国际化：后苏联时期中亚新独立国家个体与集体身份的生成和巩固路径解析》，《俄罗斯研究》2012 年第 5 期。

② 刘晓春：《文化本真性：从本质论到建构论——"遗产主义"时代的观念启蒙》，《民俗研究》2013 年第 4 期。

③ 高丙中：《中国民俗学的新时代：开创公民日常生活的文化科学》，《民俗研究》2015 年第 1 期。

简单。转型社会走向多元化是大家承认的事实。一些现代性要素并不能从本土传统中廉价地转化，它一定是从外部输入的，就如同非物质文化遗产这个新生事物一样，它并不是本土的传统。

"非物质文化遗产"的拥有者，即民俗之民，他们是相对于知识分子、政府官员、企业家群体等社会精英的一个社会阶层，显然代表不了全体公民，因此他们的文化也不可能简单地称为全民共享的文化。民俗的遗产化不会廉价地成为"公共文化"。民俗是自下而上的，非遗是自上而下的，前者的主角是民众，后者是政府。民俗在中国历史上历来被看作是受到等级、优劣等观念支配的。这正如明清时代国家正祀与民间信仰的区别，后者强调神的灵验，前者强调等级以秉承古代礼制。官方通过赐额、封号、建庙等方式，将民间宗教纳入官方的体系。中国道教的发展也是以不断吸收民间俗信神灵的方式发展的；同时，国家通过赐额、敕建的方式控制道教，这已经是定制，非常严格。① 民俗一旦进入非遗领域，它就不再属于日常生活领域了。"非遗"既然脱离"日常生活"，它又如何变成"公共文化"？毋宁说是政府更多地控制了文化。民俗学界倾向于把"遗产化"看作一种历史性的、社会性的文化实践，认为"遗产化"具有相当久远的"传统"。关于"非遗"的国际公约与各国具体实践相结合，也可以成为一种历史上已经存在的权力对文化的控制。在近两个世纪以来，几乎所有具有独立民族意识的民族都对民间传统的搜集、整理、研究和展示产生浓厚的兴趣。民间文学经过搜集整理以文本化的方式成为国家的文学，按照现代民俗学的分类体系被保存在博物馆、档案馆和大学等现代组织机构里。民俗学也在随着现代学术的兴起和发展而不断生产本领域的知识。在民族国家时代，风靡世界的"非物质文化遗产"工作，经由民俗学专家介入，由联合国教科文组织成员国授权，秉承科学的、普遍化和合理化基本理念，日益成为一种国际社会普遍接受的制度。

民俗学作为常规科学遵循各种范例，即人们所说的传统的民俗学，收藏或古物学家的兴趣成为今日世界各地民俗档案馆的肇始，民间收藏至今方兴未艾，数字档案馆正在世界各地出现；今天的世界仍然是民族国家时代，民俗学充斥了民族国家话语。民俗学与其他学科并无不同，它具有传承有序的学科脉络，这是由制度化的教育来完成的。科学的民俗学是现代性的产物，古典思想的神圣性早已被工具理性祛魅，科学假设需要经验的现实来验证，知识的生产是以学科来划分的，分析是依靠清晰的术语来表述的。但是，它背后是西方文明的强势和霸权，它否认了非西方学术的民族性和继承性。

二　作为社会实践的民俗

晚近的人文社会科学研究，出现了理性回归生活世界的趋向，即纷纷转向文化研

---

① 赵世瑜：《国家正祀与民间信仰的互动》，《北京师范大学》（社科版）1998 年第 6 期。

究。文化，成为这个时代人文社会科学的思想主题，也是一个重要的维度，文化本身具有整体性、实践性、结构性和政治性，传统的形而上学受到拒斥。与之伴随，哲学经历了本体论范式、认识论范式和文化论范式的更迭。哲学直面"生活世界"，以求重获新生。① 在认识论和本体论的前提发生转变之后，人文学术开始关注社会生活的研究，而不是普遍的结构。后现代主义追求文化上的异质性和多元性：对实证主义的普遍性、启蒙思想的信仰、绝对真理、普遍结构、宏大叙事的怀疑。学者们反思他们自己是如何通过话语来"发明"其研究对象的。文化研究的任务是从现象学的角度描述这个社会实践。

日常生活转向日益成为人文社会科学的一个趋向。社会学研究从"国家与社会"向"制度与生活"的视角转换，其目的是找寻民情变动的机理，以期把握我国现代国家建设的总体性脉络。在社会学研究中，"生活"指社会人的日常活动，既包括各种权宜性生产的利益、权力和权利诉求及生活策略和技术，又指涉相对例行化的民情和习惯法。②

民俗学从"民俗"到"生活世界"的转向，标志了学术研究的伦理转向，从科学主义转向价值论。传统的民俗学认为，民俗之民，民俗之俗，谓之民俗。作为民，有与生俱来的个人背景要素，也有后天习得（包括经验、知识和表达类）的文化。与人的后天经验、知识和表达有关系的有形物被称作物质文化。民俗学的民俗作为一种文化关注"过去"，即时间长河中的变化，即历史的维度。民俗学的"现在"是与历史勾连的现在。生活世界理论把历史这一历时维度悬置起来，认为过去已经被"日常化"。③ 关于民俗的认识，人们根据文明社会的社会分层观念，即等级观念，甚至根据阶级社会的观念而划分了阶级。在中国，人们根据中国历史和社会发展的实际将中国文化划分为不同的层次。为了适应实践的民俗学，民俗需要重新定义。民俗不必与农民的传统、社会的下层或粗俗的阶级、文盲、口头形态、集体性或其他任何过去被视为"传统的"民俗的基本特征、资格和要求的东西有关。从这个意义上说，"民众"和"民俗"的概念被现代化了。"民众"定义的现代化使学者的注意力集中在歌手、讲述者和其他的个人表演者身上。

在文化哲学那里，民俗中的"民"，已经被转换为"人"，活生生的"人"。作为民，与生俱来的根源意识是由这样一些基本要素决定的，即族群、语言、性别、年龄、地域、阶层和信仰，这些都在塑造每一个活生生的个人。以文化哲学来看作为文化现

---

① 衣俊卿：《理性向生活世界的回归——20 世纪哲学的一个重要转向》，《中国社会科学》1994 年第 2 期。
② 肖瑛：《从"国家与社会"到"制度与生活"：中国社会变迁研究的视角转换》，《中国社会科学》2014 年第 9 期。
③ 〔日〕岛村恭则：《フォークロア研究とは何か》，《日本民俗学》2014 年第 5 期。

象的民俗，则会更多地关注民俗内涵中人性的要素。民俗，按照通常意义上的民俗学定义，其中的绝大多数要素属于日常生活范畴。日常生活研究标志了人文学术正在继续以文化研究为导向，民俗学作为哲学社会科学的一个领域，汲取文化哲学的理论方法来提升研究思想高度，厚植学术底蕴。民俗学研究的文化，是当下的文化，只是这种文化的观念有别于传统的理解。在现象学的民俗观念看来，民俗是主观的表达、直接被给予的经验、理所当然的日常。民俗由客观的、对象化的、认识论的，还原为主体的、现象学的、存在主义的、生活世界的即整体的文化。民俗学是"生活世界"的科学，实际上也是一门先验科学或超越论的科学，不再是实证主义意义上的客观科学。① 民俗学家吕微从自由意志的角度，从实践理性给予民间文化的复兴找到了先验的、绝对的、合乎人性至善的理由。②

民俗学回归生活世界意味着伦理转向，探讨价值论问题；另一方面也标志着思维方式的变化，民俗学从关注文化空间的"村落"，转向生活世界的"家园"，民俗学更加关注人性和人的精神世界。③ 中国历史研究中的村落已经有千年历史，主要涉及人们的生产生活和精神需要。村落即自然聚落，由世居村民组成社区。北方村落主要人工物是提供旱作灌溉的水井和神灵与祭祀场所庙宇。生活世界理论体现了更加广阔的人文关怀，是关于人的存在的整体观照，包含了人之所以为人的许多基本属性：自然（生理）、社会、历史、文化、心理（情感）、精神、超验世界等。作为中国人世界观体系的本土化表达、生活世界的整体性和主体性表达，家园是一个类似哲学意义上"生活世界"的概念。家园是一个整体性思考人类的生活世界并强调其中全部内涵的概念。这些内涵在海德格尔看来，包含了"天、地、神、人"。④ 生活世界理论倡导者要求恢复个人作为主体的自由意志。这也反映了西方哲学范式从"实在论"范式向"价值论"范式的转变。

价值论范式转向的实质，就是要从"实在论"思维范式中解放出来，走向一种立足于人的价值性活动的哲学思维，进入价值论所面对和关注的人的现实生活世界。但是，存在主义仅仅从个人的自我意识和心理体验出发去寻求价值产生之内在根源，忽视人与社会实践活动的现实性和整体性。实际上也未能实现对"价值"问题的真实理解。因此，回到社会历史现场才能够实现思辨的有效性。

---

① 吕微：《民间文学－民俗学研究中的"性质世界"、"意义世界"与"生活世界"——重新解读歌谣周刊的"两个目的"》，《民间文化论坛》2013 年第 3 期。
② 吕微：《民俗学：一门伟大的学科——从学术反思到实践科学的历史与逻辑的研究》，中国社会科学出版社，2015，第 272～298 页。
③ 户晓辉：《返回爱与自由的生活世界——纯粹民间文学关键词的哲学阐释》，江苏人民出版社，2010，第 380 页。
④ 李晓非、朱晓阳：《作为社会学人类学概念的"家园"》，《兰州学刊》2015 年第 1 期。

民俗学从范式论到价值论转向表明人文学术直面生活世界谋求理论的突破或摆脱困境。从民俗到民俗的遗产化，从民俗之民到活生生的个人，从民俗文化到生活世界，从作为文化空间的村落到生活世界的家园，民俗学这些关键词的转换，预示了它从"实在论"范式向"价值论"转换。民俗学关注理论和方法论的变迁，转向价值论的探讨，更加关注人的生活世界。这证明了中国民俗学正在回归"五四"精神的起点：民俗学是艺术的、科学的和政治的。民俗学与其他人文学术一样，根据时代要求转向伦理和价值。专门化的民俗学，单一性的方法和理论，可以探讨学理性的问题，就像认同理论可以建构族群认同一样，但这不足以解决需要文、史、哲共同解决的问题，比如传统何以复兴、是否真正复兴的问题，转型国家的文化选择问题，这些问题需要全面综合的思维。民俗学从民俗文化研究转向关注生活世界，融入人文学术的大视野，要求它必须有广泛的适应性。

民俗学具有一般人文学术的共同属性，它是关于人和人性的科学，人之复杂性表现在欲望、情感、需求、动机、目的等意识，它们关乎道德和善恶。精神则是超越的、至善的，包含了信仰和精神世界。超验世界是意志或者实践理性的必要假设。从轴心文明时代起，人们以理智和道德的方式来面对这个世界。但是，传统中国作为政治、宗教、家族社会一体化的文明共同体、天地君亲师的价值传递通道，历史上官府垄断了对于超越性合理化价值进行解释的权利，也垄断了对于社会不合理现象进行否认的权利。[①] 民俗学存在的先决条件是什么？它是否需要一种超越性的纯粹思辨来为自己设定一个先决条件？这种思辨是否可能为学科设定一个终极目的？

From Scientific Study of Folklore to Folkloristics of Practice

Abstract：The folkloristics in recent China has experienced its turn from paradigm shift to the discussion of values, the researchers pay more attention to the real world of human life, all of which reflect the dual predicament of folkloristcs as a discipline in theory and reality. Therefore, the folkloristics of practice is becoming an option.

Keywords：Folkloristics　Paradigm Shift　Life Practice　Value theory

原载于《中央民族大学学报》2017 年第 3 期

---

① 吕微：《民间文学：现代中国民众的道德政治反抗：欧达伟中国民众思想史论对于定县秧歌选的研究之研究》，《民俗研究》2001 年第 2 期。

中华民族多元一体格局的语言观

道 布

摘 要 本文运用费孝通先生的"中华民族多元一体格局"理论，研究少数民族的语言文字使用问题，从语言关系、语言政策、民族教育体系、双语人才与中华民族文化等方面进行阐述。

关键词 中华民族 多元一体 语言 文字 教育 文化 双语

"中华民族多元一体格局"这个理论是费孝通先生首先提出来的。[①] 这是一个大理论。费先生对我国学术界多年来研究中华文明的起源和演化、研究中国境内各民族的形成和发展、研究中国民族关系的史实和发展规律所取得的丰硕成果，进行综合和概括，构建了"中华民族多元一体格局"的理论。

这个理论从中国实际出发，真实、准确地刻画出自古以来中华民族形成和发展的轨迹，深刻、鲜明地阐释了"中华民族多元一体格局"的本质和特点。[②] 这是中国民族研究领域中理论创新的一个重要成果。

这个理论成果不但得到学术界的广泛认同，在讨论中不断丰富、完善，而且对推动民族工作中现实问题的研究，增强中华民族凝聚力，促进民族大团结，也有非常重要的意义。

我觉得，"中华民族多元一体格局"这个理论，在研究中国各民族的语言文字使用问题上也是适用的。

运用这个理论所提供的研究视角，考察我国少数民族的语言文字使用问题，可能会让我们把问题看得更全面一些、更审慎一些、更切合实际一些，对于全面贯彻执行党和国家的民族政策是有好处的。

---

① 参阅邸永君《民族学名家十人谈》，《陈连开先生访谈录》，民族出版社，2009，第 68～69 页。
② 参阅费孝通主编《中华民族多元一体格局》（修订本），中央民族大学出版社，2003。

一

尽管中国境内的语言系属问题至今仍然在讨论中，不同的观点各抒己见，尚无定论①，但是，从宏观上说，中国境内的语言，在起源上是多元的，恐怕是不争的事实。各个民族的语言各有自己的传统和特点，各有自己的使用范围也是没有异议的。这就是"多元一体格局"当中的"多元"。这是一方面。

另一方面，从古代到现在，中国境内的少数民族，除了使用自己的语言文字以外，又都在不同的范围里和不同的程度上，使用汉语和汉字。② 这是因为中国很早以来就形成了以汉族为主体，多民族交错聚居和互相杂居的局面。汉族和少数民族之间，少数民族和少数民族之间，长期密切交往，在各个少数民族当中都自然而然地出现了或多或少的双语人（甚至多语人）。有的民族还曾经有意识地派遣子弟到汉族地区学习汉文。③ 在历史上形成的不平衡的双语环境中，少数民族的双语人在总量和比例上，都要比汉族的双语人高得多。④ 这也反映了少数民族自古以来学习汉语文的积极性。在一些没有本民族文字的少数民族当中，人们出于现实生活的需要，经常使用汉字。他们很自然地把汉字视为自己的文字，用汉字进行书面交际，用汉字进行教育，用汉字进行文化活动，用汉字进行经济活动和政治活动。即使是历史上曾经创制过本民族文字的一些少数民族（例如契丹、女真、党项，等等），也都同时使用汉字。也就是说，在我们这个多民族组成的大家庭里，长期以来，汉族和少数民族在语言文字的使用上，存在着很强的一致性和普遍性。这种一致性或者说普遍性，就表现在汉语和汉字一向是我国各族人民通用的交际工具。这就是在语言文字使用上"多元一体格局"当中的"一体"。"多元"和"一体"是两个互相依存的方面，相辅相成，形成一种和谐的语言关系。这是中国语言生活的一大特色，也是中国语言生活的本质所在。忽视中国各民族之间早已存在的这种和谐的语言关系，片面地强调某个方面，夸大某些情况，是不符合实际的，是不妥当的。

---

① 参阅孙宏开、胡增益、黄行主编《中国的语言》所载《汉藏语系》《阿尔泰语系》等篇，商务印书馆，2007。

② 关于匈奴人使用汉字的情况，参阅翁独健主编《中国民族关系史纲要》，中国社会科学出版社，2001，第114～115页。关于魏晋南北朝时期汉语逐渐成为北方诸民族的通用语言的情况，参阅该书第271页。关于元朝时期北方少数民族人士使用汉文的情况，参阅该书第579页。关于清朝满族使用汉文的情况，参阅该书第708～710页。关于历史上少数民族掌握汉语的情况，还可参阅徐世璇《濒危语言研究》，中央民族大学出版社，2001，第235～236页。

③ 参阅《中国民族关系史纲要》，第354页。

④ 参阅黄行《中国少数民族语言活力研究》，中央民族大学出版社，2000，第60～61页，表2－8；徐世璇：《濒危语言研究》，第237～238页所载图表。

二

"多元一体"的语言关系，在我国宪法中得到充分保障。这就是宪法第四条规定的"各民族都有使用和发展自己的语言文字的自由"和第十九条规定的"国家推广全国通用的普通话"。这两款规定有机地结合起来，就是我们国家在语言文字使用问题上的基本政策。① 前一款规定保障了各民族都有选择使用符合自己需要的语言文字的自由，各个民族的语言文字都受到应有的尊重。不分民族，人人都在语言文字的使用上享有平等的权利和充分的自由。这种权利和自由既可以从民族群体的角度去理解，也可以从每个民族成员个人的角度去理解。这一款规定反映的是"多元一体格局"当中"多元"的现实。后一款规定肯定了普通话作为当代中国全国通用语言的实际地位。事实上，每个少数民族都有学习使用普通话的要求，也都有相当多的人通过各种途径学会了普通话。所以，这一款规定反映的是"多元一体格局"中"一体"这个历史发展大趋势。应该说，我国的语言政策是符合国情，顺应民意，得到各族人民普遍拥护的。

在社会出现重大变革的时候，语言文字的使用范围和使用程度，往往会受到人们现实利益的驱动，发生相应的变化，在语言关系上和语言态度上出现一些不太协调的现象。② 这是可以理解的。但是，我国语言文字使用上的"多元一体格局"是不会改变的。在当前和今后相当长的时期里，少数民族语言文字仍然有它一定的使用空间，仍然具有不同程度的活力。要继续发挥少数民族语言文字的社会交际功能、民族象征功能、文化承载功能和智力开发功能，让少数民族语言文字为建设中国特色社会主义和谐社会更好地服务下去。同时，也要根据各地具体情况，实事求是地做好学习汉语文的安排，把学好汉语文跟使用好少数民族语言文字结合起来，作为维护民族团结、加强中华民族凝聚力、促进各民族共同繁荣发展的重要纽带。

三

当前少数民族地区的发展，要以经济建设为中心，这是毫无疑义的。同时也要大力发展各项社会事业，促进社会的全面进步。科学发展观要求"以人为本"。在各项社会事业中，教育事业的发展，对提高少数民族自身素质有十分重要的意义。在少数民族地区教育事业中，使用本民族语言文字教学有其独特的地位和作用。在一些不通汉语的少数民族聚居区，在儿童入学前只掌握母语的情况下，启蒙阶段使用本民族语言

---

① 参阅《中华人民共和国国家通用语言文字法学习读本》，语文出版社，2001，第14页。
② 参阅马戎《根据就业市场需求调整西部地区双语教育体系》，《中国社会科学报》2009年9月29日第8版（教育学）。

教学是必要的。① 应该根据实际情况，因地制宜地开展双语教学，充分发挥少数民族语言文字的教育功能。对于少数民族学生来说，提高母语的使用水平也是素质教育的重要组成部分。因为在需要使用本民族语言文字的场合，不具备相应的能力是不行的。所以，应该继续抓好本民族语言文字的教学。同时，也要看到汉语文的使用，在较高教育层次上，在现代科学技术领域中，具有明显的优势。不掌握汉语文是很难进入高等院校大部分系科和现代科学技术领域的。不掌握汉语文，就是在城镇的一般行业中就业，也会遇到困难。② 因此，在少数民族地区，根据实际需要，通过双语教育体制，培养民汉兼通的各种人才，就成为当务之急。这是"多元一体格局"的语言关系在民族地区教育体系中的表现。双语教育的必要性和重要性毋庸赘言。双语教育是得到多数人支持的。问题在于要认真研究办好双语教育必须解决的各种实际问题。③ 相信在有关部门的努力下，困难一定会克服，少数民族地区的双语教育一定会越办越好。

四

中华民族的文化也是"多元一体"的。中华民族极具兼容性和凝聚力。不同区系的文化通过不断的组合、重组，逐渐形成"多元一体的格局"。④ 我国 56 个民族，都有悠久的历史，都是我国古代民族直接的或间接的继续和发展。⑤ 他们各有自己的传统文化，同时又在交往中彼此接近和相互吸收，不断充实和发展自己的文化。⑥ 时至今日，很多文化现象已经是中国各民族共同拥有的集体财富，你中有我，我中有你，"多元一体"。在中国这个多民族大家庭里，各个民族各具特色的文化汇聚到一起，各擅其美，交相辉映，多姿多彩，蔚为壮观。在这方面，各民族当中双语人才所起的作用，值得大书特书。少数民族当中的双语人才不但在各民族之间的文化交流上起过桥梁作用，在引进汉族和其他兄弟民族的优秀文化上起过推动作用，而且在丰富发展各民族共同拥有的中华民族文化上，也做出过杰出的贡献。⑦

通过双语机制，中华民族培养了一大批民汉兼通的双文化人才。依靠各民族当中的双语双文化人才，发展了中华民族的共同文化财富。通过共同文化财富的积累，又为增强中华民族的亲和力和凝聚力提供了丰富的营养。这是中华民族蓬勃发展、兴旺发达的一条通途。

---

① 参阅《重视少数民族语言文字的使用和发展，为建设有中国特色社会主义服务》，《道布文集》，世纪出版集团上海辞书出版社，2005，第 265～266 页。

② 参阅前引马戎《根据就业市场需求调整西部地区双语教育体系》。

③ 参阅前引马戎《根据就业市场需求调整西部地区双语教育体系》。

④ 苏秉琦：《中国文明起源新探》，生活·读书·新知三联书店，1999，第 98 页。

⑤ 参阅《中国民族关系史纲要》，第 1 页。

⑥ 参阅《中国民族关系史纲要》，第 499～500 页。

⑦ 参阅《中国民族关系史纲要》，第 574～582 页。

总之，中华民族在语言文字使用上的"多元一体格局"，内涵丰富，意义深远，值得我们认真研究。上述浅见，囿于个人见闻，难免有不周全、不妥当之处，希望方家不吝赐教。

参考文献

费孝通主编《中华民族多元一体格局》（修订本），中央民族大学出版社，2003。

黄行：《中国少数民族语言活力研究》，中央民族大学出版社，2000。

马戎：《根据就业市场需求调整西部地区双语教育体系》，《中国社会科学报》2009年9月29日第8版（教育学）。

苏秉琦：《中国文明起源新探》，生活·读书·新知三联书店，1999。

孙宏开、胡增益、黄行主编：《中国的语言》，商务印书馆，2007。

翁独键主编《中国民族关系史纲要》，中国社会科学出版社，2001。

徐世璇：《濒危语言研究》，中央民族大学出版社，2001。

"中国语言生活状况报告"课题组编《中国语言生活状况报告（2008）》，商务印书馆，2009。

《中华人民共和国国家通用语言文字法学习读本》，语文出版社，2001。

Abstract

In light of the theory "the Pluralistic and Unity in Configuration of the Chinese Nation" proposed by the late Mr. Fei Xiaotong, this paper studies the issues relating to the use of the ethnic minority languages and writings in China, ranging from language relationship, language policy, ethnic educational system, bilingual personnel as well as the Chinese national culture.

原载于《民族语文》2010年第2期

汉藏语系历史类型学研究中的一些问题[*]

孙宏开

一　背景

汉藏语系假设是一个历史语言学范畴，一个延续了几个世纪而又没有定论的学术热点。在 18 世纪国际历史比较语言学发展起来以后，首先对印欧语系的论证取得了一定的成功，与此同时，由西方语言学家提出汉藏语系假设。汉藏语系假设是指分布在中国南方以及相邻的东南亚人群使用的数百种语言，有可能在历史上同出一源，是 6000~8000 年前同一母语分化的结果。这个假设从提出到开始系统论证，虽然经过了十多代语言学家的艰苦努力，有数十个国家的专家学者前赴后继地开展研究，发表的专著及论文已不计其数，但对汉藏语系的内涵和外延至今仍然众说纷纭，莫衷一是。

由于汉藏语系语言文献大大少于印欧语系，它所包括的语言有的至今仍然没有进行系统而又深入的调查研究，因此，直至今天，汉藏语系仍然是一个没有完全解开的谜团。从外延看，汉藏语系究竟包括哪些语族，学术界仍然意见不一致。基本上有 3 种主要的分类意见。第一，20 世纪 30 年代，著名华裔语言学家李方桂提出，汉藏语系包括 4 个语族，即汉语、侗台语、苗瑶语、藏缅语，这一观点得到国内罗常培、傅懋勣、马学良等老一辈语言学家的支持，中国境内多数学者基本持这一观点，辞海、大百科全书基本上采用这一学术观点。第二，70 年代美国学者白保罗、马提索夫等提出

---

[*] 本文的思路首先于 2010 年 6 月在台湾召开的 21 世纪汉藏语理论方法国际研讨会上提及，得到会议讲评者的肯定。草稿写成后 8 月在银川中国民族语言学会第 10 届学术年会上宣读过要旨。2010 年 9 月，又在巴黎法国科学院东亚语言所以同一主题做过讲演，该所所长罗端和社科院民族所黄行研究员等提出了宝贵意见。文章修改后于 2010 年 10 月 16 日，在瑞典隆德大学召开的第 43 届国际汉藏语会议上宣读，引起热烈讨论。加州大学马提索夫教授、中央民族大学戴庆厦教授、香港大学丁思志博士等在会上提出了许多宝贵意见，特此致谢！

汉藏语系仅包括汉、藏缅两个语族，把李方桂划分在汉藏语系中的侗台、苗瑶两个语族归入澳泰语系，这一观点得到欧美多数语言学家的赞同，在中国也得到部分学者的支持。第三，20 世纪 90 年代以来，法国学者沙加尔提出南岛语（澳泰语系中的一个语族）和汉语有亲缘关系，中国学者邢公畹、郑张尚芳、潘悟云等支持这一观点，并进一步提出把南岛语、汉藏语、南亚语归为一个大语系，称华澳语系。此外还有一些其他意见，如俄罗斯学者认为北高加索一带的语言也与汉语有发生学关系；加拿大学者认为汉语与英语也有发生学关系等。

从内涵看，汉藏语系的特点是什么，哪些可以看作汉藏语系的特点？产生上述分歧观点的原因是非常复杂的，从客观上讲，这些语族内部的一致性已经得到学术界的肯定，但语言集团（语族）之间却存在着很大的差异，它们分化的年代十分久远，以至于难以加以测算和确定，构拟他们的原始面貌更是难上加难。从主观上讲，6 个语言集团共包括了数百种结构类型极不相同的语言，持不同观点的学者学术背景不同，各自掌握的第二手语言资料面和深度不同，再加上研究的基础和方法不同，出现这样或那样的分歧应该是非常自然的。此外对汉藏语系语言研究不深，还没有来得及进行比较深入的历史比较研究，对同源词的认定有不同意见，因此全面开展汉藏语系语言的深入调查研究，进行汉藏语同源关系的历史比较研究，通过比较，找到各语言语音演变的脉络和各语言之间的语音对应关系，区分同源词和借词，找出一批比较确凿的同源词，是解决分歧意见的关键之一。

同时，此项研究的意义还在于对上古汉语的构拟、汉语史的研究、汉藏语史乃至史前史的研究产生重大的影响，并丰富和发展历史比较语言学的理论和方法。

二　出发点

为了寻找适合汉藏语系研究的比较方法，论证可能存在的同源关系，邢公畹提出了深层语义对应比较法；陈保亚提出核心词阶曲线的比较法，检验汉藏语系哪些语言集团有同源关系；丁邦新则反对，他的《汉藏系语言研究法的检讨》（2000）对上述方法提出了质疑；也有的学者提出词族对应比较法等。

为了探讨或寻找论证汉藏语系各语族的语言哪些可能有同源关系，我们提出汉藏语系历史类型学的命题，是根据我们长期开展汉藏语系各具体语言历史演变的脉络中悟出的一个道理，也就是语言的类型不是一成不变的，有一些亲缘关系（包括一些差异很大的方言）很密切的语言，它们的类型在一定的历史阶段发生了改变，有时候甚至变得面目全非。相反，一些不一定有亲缘关系的语言，或者亲缘关系很远的语言，由于分布地域的接近，它们的类型特点往往会向同一个方向靠拢，这就是语言结构类型的区域趋同。本文要讨论的主题是前者，即有同源关系的语言，在长期历史演变的过程中，它们的语音、语法、词汇结构发生了巨大的变化，但是从它们的变化过程和脉络中可以发现它们原来的面貌是基本上一样的，或者是相同的。

汉藏语系历史类型学的命题由音节结构类型、语法结构类型、语序类型和语义分化和改变的历史演变等许多专题研究所组成。

有关此问题的研究，本人曾经发表过相关的文章，如《藏缅语语法结构类型的历史演变》连载于《民族语文》1992 年第 5、6 期；后来又以"原始汉藏语音节结构构拟的理论思考"为副题讨论过复辅音、单辅音系统，介音等问题，分别刊登在《民族语文》1999 年第 6 期，2001 年第 1、6 期。

如果汉藏语系是一群有亲缘关系的语言，它们在分化以前或者分化过程中，语言结构的基本类型是一致的，或者说是相同或相近的。后来由于分化时间久远，各自演变得面目全非了，那么通过我们的研究，把语音结构演变的脉络搞清楚了，把各种语言类型转换的过程和原因弄清楚了，把各种语法范畴的语法化过程弄清楚了，不同方言、语言、语支、语族不管是平行发展也好，共同创新也好，由于语言接触引起的区域趋同演变也好，构拟不同层次的汉藏语系语言各类特点（包括同源词和形态标记）或总体特点也就有了一个方向，有了一个主心骨，构拟原始形式也就是顺理成章的事情了。我们把这种研究语言结构类型演变的课题称为历史类型学。它应该是语言发生学分类研究的一个重要的补充，对于原始共同语的构拟尤其是同源词的认定和构拟也会起到一定的补充作用。

三 论证的两个方面

论证历史类型学包括原始遗存和共同创新两个方面，这也是语言分类的最基本原则。找到原始遗存，证明它们有共同的来源；找到共同创新，说明它们有相似的发展轨迹。

这两个方面有许多时候有交叉，难以区分。特别是面对许多语言相关或相近的事实，来龙去脉还没有搞清楚的时候，往往很难认定哪些是原始遗存，哪些是共同创新。或者说由于研究者站在不同的角度看问题，难以确定它是创新还是原始遗留。

下面就我个人已经认识到的一些语言现象，举例性地提出一些问题，开展讨论，以抛砖引玉。

（一）原始遗存问题

这实际上涉及我们对原始汉藏语的面貌怎样看的问题。下面也仅仅举例性质地列出一些可能是原始汉藏语的遗存，一共列出 8 个问题。有的问题中间可能还包括一些小问题。这些问题没有定论，可以进一步讨论。

1. 音节结构问题

原始汉藏语的音节结构是什么样的？从目前汉藏语系语言的音节特点来看，除了上述 6 个语言集团中的南岛语以外，基本上都是单音节的词根语，每一个音节基本上都有一个意义，多音节的单纯词是极少数。那么，它们的原始形式是否是单音节的呢？或者像有的学者认为的是一个半音节的或是多（双）音节的？有的人主张藏文的前加字、上加字都是带元音的，后来元音脱落，成为复辅音。持这种主张的学者，他们的观点认为原始汉藏语都是多音节的。我个人认为原始汉藏语系语言的音节应该是由一个音核加上音节前的辅音丛和音节后的辅音丛构成。可能音节前的辅音丛比音节后的辅音丛更复杂，有可能是 3~4 个辅音结合在一起的复辅音丛。

另外一种观点认为人类语言一开始发出的声音应该是一个个简单的音节，不可能有复辅音丛，后来一些连续的音节，脱落了元音，留下的辅音构成复辅音丛。这种说法也许有一定道理。问题是发展到原始汉藏语系形成阶段，估计也就是距今 6000~8000 年之间，那个时候汉藏语系的音节面貌是一个个简单的音节，还是已经形成了复辅音丛？我个人的意见是后者，而不是前者。这就是汉藏语系语言音节的原始类型区别于其他语系之所在。

2. 复辅音问题

这个问题涉及音节起始的辅音丛问题，上一节已经有了一些讨论。这里涉及的核心问题是原始汉藏语形成以后是否有复辅音？有什么样结构的复辅音？复辅音在演变过程中产生了哪些"副产品"？这些都是需要搞清楚的问题。关于这个问题我过去已经有一些文章讨论过了，这里不再重复。但是有一个问题一直到现在仍然存在着相当大的分歧，就是复辅音的来源问题。一种观点认为复辅音全部来源于有意义的词缀（构词和构形）[①]。美国学者马提索夫过去也持这一观点。他构拟的汉藏语、藏缅语同源词的音节起始部分都用短横隔开的，他称呼这些辅音音素都是前缀（prefix）。近几年他似乎有些改变，虽然仍然用 P 来代表他，但是他用了前置辅音（pre – initial）这个名称，内涵就完全不同了。我也是主张要区分前缀和前置辅音的。因为构拟原始汉藏语的时候，前缀不是词根的一部分，不需要构拟，而复辅音的前置辅音是词根的一部分，构拟同源词的时候是一定要构拟的。但是难题是怎样区分词缀和复辅音的前置辅音。我在《原始汉藏语的复辅音问题》一文中提出了区分的 6 条原则，2010 年在台湾开"21 世纪汉藏语系专题研讨会"时，加了一条，一共 7 条。（1）前缀是有意义的语素，复辅音的前置辅音是词根的一部分，它是没有意义的。（2）在一些语言里，前缀和词根之间的关系比较松散，在它们之间是可以插入其他语法成分的；而复辅音的前置辅

---

① 见张济川《藏语词族研究——古代藏族如何丰富发展他们的词汇》，社会科学文献出版社，2009。

音和基本辅音之间结合得比较紧，它不能插入任何其他成分。（3）前缀的变化只对语法意义和语法形式产生影响，对词根的语音基本上不产生影响（个别单音素的词缀在一定条件下有可能对词根的语音产生影响，如［s-］前缀等）；复辅音的前置辅音则不同，在一定条件下，它会对词根的语音发生多方面的影响，例如可能对它的音高（声调）产生影响，或对音节的松紧、长短产生影响，等等。（4）前缀比较活跃，往往出现在一类词或同类语法意义的词形变化之中，在需要的时候，它可以经常被其他词缀替换，也可以从一个词上移动到另一个词上表示类似的语法意义；而复辅音的前置辅音则不同，它不能离开基本辅音而从音节的某个部位游离到另一个音节的某个部位。（5）前缀可能是音节的也可能是音素的，一般来说，成音节的居多；而复辅音的前置辅音没有成音节的。（6）前缀可以添加在与自己相同发音部位和发音方法的词根前面，例如嘉绒语里的使动前缀［s-］，既可加在词根声母为［s-］的动词前面表示使动，也可加在使动的前缀［s-］的前面，表示双重使动；而复辅音中的前置辅音则不能和自己发音部位以及发音方法相同的基本辅音相结合。（7）前缀由于语法范畴的消失对词根的影响小，或者不产生影响，而复辅音前置辅音消失过程中会或多或少对词根产生影响或留下痕迹。当然，说是这么说，但到具体的语言里，区分前缀和复辅音的前置辅音仍然存在一定困难。

3. 辅音格局问题

原始汉藏语的辅音格局涉及发音部位和方法两个方面。从发音部位看，涉及原始汉藏语是否有小舌部位的塞音和擦音问题。现在的问题是上述 6 个语言集团在语族层次的构拟都出现了小舌部位的塞音和擦音。其中包括侗台语（梁敏、张均如的《侗台语族概论》）、苗瑶语（王辅世、毛宗武的《苗瑶语古音构拟》）、南岛语（何大安、杨秀芳的《南岛语与台湾南岛语》）、上古汉语（潘悟云的《喉音考》）等都论证了小舌音问题。我也主张原始藏缅语族语言里有小舌音，因为存古较多的羌语支语言全都有小舌音[①]。那么，现在的问题是这些活着的语言里存在的小舌音以及各家构拟的小舌音难道都是天上掉下来的吗？一点事实根据都没有吗？

从发音方法看，主要涉及塞音分多少套的问题。是二分（清、浊）、三分（清、浊、清送气）还是四分（清、浊各有送气）？大量语言事实表明，塞辅音分清浊应该是原始汉藏语系的主要特点。后来一些语言浊辅音消失了，变成清辅音或清送气辅音，这在汉藏语系一些语言里是常见的现象。至于清送气辅音，虽然它是汉藏语系的一个共同创新（这一点后面还会讨论），但它不是原始形式，主要是浊辅音在一定条件下变化而来。也有一些清辅音在复辅音前置辅音脱落过程中，对它产生影响而变成送气的。

---

① 详情请参阅本人起草的《藏缅语语音和词汇》（中国社会科学出版社，1991）一书的导论第 25～31 页。

在不同的汉藏语系语言里，送气塞音的产生有早有晚，早的也许有两千多年的历史或许更早，晚的直到现在送气辅音在语音系统中没有音位价值的语言仍然不是个别的。至于浊送气辅音，虽然在汉藏语系少数语言里有重要的音位价值，但是它毕竟是少数，而且后起痕迹十分明显。

4. 后置辅音问题

在汉藏语系语言里，不能够小看音节起首复辅音的后置辅音①，它虽然数量不多，但十分重要，它是汉藏语系语音结构的一个重要特点，是构成塞擦音和复元音的一个重要来源。研究好了后置辅音的演变，就能够解释目前汉藏语系许多语言里语音结构的差异、变化。有人把后置辅音叫作流音、介音或其他，这无关紧要。只要都明白所指就可以了。

复辅音的后置辅音有多少个？2 个（[l]、[r]）还是 4 个（[l]、[r]、[w]、[j]）？除了边音 [l] 和颤音 [r] 外，是否还有擦音 [s]？半元音 [w]、[j] 是否原始汉藏语就有的，还是后起的？后置辅音的演变规则是怎样的？由它构成的复辅音系统是否能够看作汉藏语的一个共同的原始证据？关于这个问题我有比较系统的论述②。

与此相关的是有人说汉藏语有中缀。这是与后置辅音有密切关系的问题，能否论证？是所有的 [l]、[r] 都是中缀，还是部分是？它与后置辅音是否要加以区别？这是一个很难论证的问题，至少现存语言里没有确凿的证据说明 [l]、[r] 有中缀语法意义。

5. 结尾辅音问题

原始汉藏语的音节有相同类型的结尾辅音 [p]、[t]、[k]、[m]、[n]、[ŋ]，它几乎仍然残存在上述 6 个语言集团的某些语言或方言里，尤其是汉语、藏缅语、侗台语、苗瑶语里。首先，它是不是原始汉藏语的共同类型特征？其次，它的历史演变给现代语言或方言带来哪些影响？上古、中古汉语产生的声韵调理论与原始汉藏语语音结构的类型特征是否有密切关系？为什么这个理论不适合其他语系的语音系统分析？准确回答了上述问题，我们就对原始汉藏语的音节结构类型有了一个正确的认识。

有人构拟了上古汉语有清浊两套塞音做结尾辅音。再往上推，原始汉藏语是否有清浊两套，现在没有确凿证据。有些藏缅语族语言里存在清浊两套结尾辅音，但经过研究，明显是由于构词或构形形成的后起语音现象，不能够作为构拟原始汉藏语的证据。

---

① 关于复辅音后置辅音的研究，请参阅拙作《藏缅语复辅音研究》（英文），载美国《藏缅区域语言学》第 9 卷第 1 分册，1986，第 1 ~ 21 页。汉文稿载《民族语文论坛》1999 年 12 月《三月三》增刊，第 32 ~ 50 页。

② 《原始汉藏语中的介音问题 —关于原始汉藏语音节结构构拟的理论思考之三》，第 34 届国际汉藏语会议论文，刊载于《民族语文》2001 年第 6 期，第 1 ~ 12 页。

结尾辅音除了上面说的 6 个以外还有哪些？藏文和部分藏缅语族语言里残存着 [r]、[l]、[s] 等结尾辅音，这些结尾辅音是不是原始汉藏语系语言所共有的，值得讨论。但是有一些学者认为，汉语的去声来源于上古汉语带 [s] 结尾辅音，虽然这种说法有许多例外，但基本上默认了原始汉语有 [s] 结尾辅音，只不过后来脱落了。那么其他两个 [r]、[l] 结尾辅音呢？从一些学者的上古汉语构拟中我们已经看到端倪。因此原始汉藏语有这 3 个结尾辅音看来是完全可能的。

结尾辅音是否有复辅音，这是另一个未决的难题。我们仅仅在藏文的重后加字以及少数藏缅语族语言里发现结尾复辅音。《藏语词族研究》的作者基本上认为这些重后加字是形态成分（张济川，2009，第 354～357 页），如果像音节起首复辅音那样，假设这些结尾复辅音是原始汉藏语的残存的话，那么究竟有哪些？藏文的重后加字以及具体语言里的结尾复辅音是有意的后缀还是词根的一部分，或者二者兼而有之？藏缅语族里肯定有许多形态辅音做结尾辅音，如人称标记、命令式标记、使动标记、名物化标记等，但是像重后加字那样的结尾辅音还是极少数。如果二者都有的话，那么是否要区分结尾辅音和后缀就是我们必须面对的问题。

6. 元音格局问题

原始汉藏语音节的主要元音有多少？有哪些？一直是有很大分歧的问题。李方桂构拟的上古汉语的元音系统是 [i]、[u]、[a]、[ə] 4 个。也有的人构拟了 6 个：[i]、[u]、[e]、[o]、[a]、[ə]（或 [ɯ]）[①]，那么再往上推，原始汉藏语系有多少呢？是 4 个，6 个还是更多？依据是什么？

7. 基本语序问题

原始汉藏语是 SVO 还是 SOV？汉语和藏缅语的同源关系已经被大多数汉藏语研究专家所肯定，它们的原始语序不可能杂乱无章。那么基本语序哪个是原始形式？谁后来改变了？怎样改变的？与此相关的一系列语序问题需要加以解释：其中最大的问题是 SVO 语言的介词语序是前置的，而 SOV 语言相类似语法意义的结构助词的语序是后置的。这两种不同的语序哪一个改变了原始形式，怎样改变的？改变的过程是怎样发生的？动因是什么？等等。

8. 其他问题

哪些语法范畴能够构拟到原始汉藏语？现在的汉语被认为是形态匮乏的语言，难道史前的汉语也是这样的吗？与它有同源关系的数百种藏缅语族语言，它们分化的年代已经有数千年，有不少的语言现在仍然有丰富的词缀，表达丰富的语法范畴，而且它们的一致性和同源关系是毋庸置疑的。它们和汉语之间有一大批同源词，可是语法

[①] 详情请参阅丁邦新、孙宏开主编《汉藏语同源词研究》卷一，广西民族出版社，2001，第 170～172 页。

类型上却大相径庭。因此人们开始怀疑上古汉语也许有类似藏缅语族相同的词缀和形态变化。那么哪些问题可以构拟到原始汉藏语呢？下面的几个问题是怀疑的重点。

（1）动词的使动问题。藏缅语族语言动词的使动虽然表现形式多种多样，但是可以构拟到语族层次，这已经是藏缅语族界学者形成的共识[①]。近来也有不少学者讨论上古汉语的使动问题，但是藏缅语族的使动与汉语是否有起源上的共性，则存在两种不同意见。因为从汉藏语到上古汉语毕竟还有一段很长的历史，这期间汉语发生了哪些演变，没有确凿证据，难以服人。

（2）代词化问题。这个问题是从藏缅语族语言里提出来的。在藏缅语族里，代词化问题主要表现在动词的人称一致关系和名词的人称领属关系这两个相关的语法范畴上。前者在藏缅语族里分布很广，在藏缅语族 10 个语支里几乎都可以找到它们的影子，有的语言十分活跃，有的语言仅仅是残存。名词的人称领属则分布较窄，在藏缅语族语言里多数是残存[②]，但是我们从比较中发现，广泛分布在亲属称谓名词前面的词头 [a]，如阿哥、阿妹、阿姐、阿舅早先是人称领属第一人称的词头在今天各民族口语中的遗存，直到现在上海话中的"我们"（阿拉）的第一音节"阿"仍然有第一人称的含义[③]。这种类型学上的相似性难道与发生学没有一点关系?! 为什么现在汉藏语系里那么多语言和方言的亲属称谓名词前都要用"阿"词头来表示亲热、关系接近等附加意义。

（3）疑问语素问题。这个问题最早也是从藏缅语族语言里提出来的。我们发现，几乎所有藏缅语族语言的疑问代词，包括"谁""什么""哪里""多少""怎样"等，几乎大多数都是与汉语有同源关系并表示疑问的词族"何、可、阿"等语素有关，并由它构成一系列疑问代词的。这个语素有点像英语中的"wh"（who、what、when、where、which……）语素，由它构成了多个疑问代词。

这个语素在汉藏语系许多语言里还可以做动词或形容词的词头表示疑问[④]。如吴语上海话里的"阿去"（去吗?）、"阿来"（来吗?）、"阿好"（好吗?）、"阿滑"（滑吗?）。吴语张家港市沙上话则用"可"做词头，但读成不送气清音。

原始汉藏语系的语法现象还能够构拟哪些形式？已经初步论证的形式是否站得住？都需要进一步讨论。与此相关的问题是原始汉藏语究竟是形态贫乏的语言，还是有丰

---

① 详情请参阅拙作《论藏缅语中动词的使动范畴》，载《民族语文》1998 年第 6 期。英文稿载美国《藏缅区域语言学》第 22 卷第 1 期。

② 详情请参阅拙作《我国部分藏缅语中名词的人称领属范畴》，载《中央民族学院学报》1984 年第 1 期。

③ 详情请参阅拙作《关于汉藏语系里的代词化现象——一个语法化的实例》，载《东方语言学》上海教育出版社，2008。

④ 详情请参阅拙作《藏缅语疑问方式试析——兼论汉语、藏缅语特指问句的构成和来源》，《民族语文》1995 年第 5 期。《汉藏语系里的一个疑问语素》，载《庆祝〈中国语文〉创刊 50 周年学术论文集》，商务印书馆，2004，第 254～262 页。

富形态变化的语言，二者必居其一。因为现存的汉藏语系语言有形态非常丰富的语言，也有形态非常不发达的语言。如果原始汉藏语系语言是形态不丰富的语言，那么现在广泛分布在中国西部包括喜马拉雅南部数百种藏缅语族的丰富形态是从哪里来的？如果藏缅语族的丰富形态是原始汉藏语的遗存，那么与藏缅语族有亲缘关系的汉语，形态哪里去了呢？

（二）共同创新问题

是指汉藏语新出现的语言现象。共同创新被学术界认为是语言分类的主要依据。这里有一个机制问题。为什么汉藏语要共同创新这些语言现象？这个机制仅仅是类型学的问题，还是与发生学有一定关系？

1. 声调问题

汉藏语共同创新了声调。声调产生的机制有语音学的解释，也有音系学的解释，两者的关联还需要进一步讨论。但是，从已经掌握的大量事实说明，声调是以单音节词根语作为基本条件形成的。音系学的解释是 3 个主要因素形成的：一是音节基本辅音的清浊改变；二是音节复辅音前置辅音的性质改变或脱落；三是音节结尾辅音性质的改变和脱落。在不同的语言里，上述 3 个因素哪个首先起作用有所不同，因此造成了汉藏语系语言声调产生机制的十分复杂的原因。

2. 送气清塞音问题

汉藏语系绝大部分语言都有送气清塞音和塞擦音，形成清、浊、清送气 3 三分或清、清送气两分的语音格局，这在其他语系中是不多见的。由于历史演变不平衡，只有极少数语言至今仍然没有送气音，保留较原始的清浊两分格局。送气音可能是后起（创新）的语音现象，这已经被学术界所公认。汉藏语系语言产生送气音的机制是类似或相同的，这一点有大量语言事实作依据。送气音应该被看作本语系所特有的语音现象。

3. 塞擦音问题

塞擦音是汉藏语的一个共同特点，是汉藏语系特有的语音现象，国际语音学会甚至不把汉藏语系大量存在的塞擦音放在国际音标表里。在汉藏语系各具体的语言里，塞擦音最多有 5 套，即舌尖前、卷舌、舌叶、舌面前、舌面中。其次 4 套、3 套、2 套、1 套的都有。由于有的语言有丰富的塞擦音，包括清、浊和清送气，形成了非常复杂的单辅音系统。塞擦音是汉藏语共同创新的语音现象，它产生的机制有多种，但是最主要的是复辅音后置辅音对基本辅音影响的结果。也有其他来源[1]。

---

[1] 详情请参阅本人起草的《藏缅语语音和词汇》（中国社会科学出版社，1991）一书的导论第 20~25 页。

4. 复元音问题

汉藏语系语言有前响、后响和三合 3 类复元音，大体由 [i]、[u]、[y] 介音或韵尾构成，少数语言还有 [ɯ] 介音或韵尾。各语言的复元音发展不平衡，由介音或韵尾构成的复元音有多有少，但都是后起的语音现象。共同创新复元音是汉藏语系的一个重要特点，它与汉藏语的音节结构构成密切相关，产生的机制也大同小异。

5. 量词问题

《辞海》《大百科全书·民族卷》的汉藏语系条目下，都把量词作为一个重要特点。没有哪个语系的语言有汉藏语那么丰富的量词，量词在大部分汉藏语系语言里有重要的语法作用。但量词也是后起的一个词类，汉藏语内部量词的产生和发展很不平衡，数量有多有少，作用有大有小，直到现在有一些语言的量词仍然不十分发达。量词的产生和发展与汉藏语单音节词根语有密切关系。我们从不同语言量词发展的不平衡性和阶段性特征可以悟出它产生的机制和发展的途径①，但仍然有一些问题有待于进一步论证。

6. 重叠语法形式问题

汉藏语系语言有丰富的构词和构形重叠形式，这种形式几乎渗透到所有的词类里。重叠形式的核心语法意义基本上是表达量的增值，但是在不同的语言里，在不同的发展阶段内容有所转移和分化。重叠形式在不同语言里的活跃程度也有所不同。重叠的机制与汉藏语系语言为单音节词根语有直接关系，多音节语很难用大量重叠方式来构词和构形。

与此相关的是汉藏语里有丰富的四音联绵词，它是由重叠形式派生出来的，后来成为汉藏语系语言的一个重要构词特点和表达语言丰富形象思维的一种手段②。

以上是举例性质地列出一些语音、语法方面的问题。可能还有许多没有提到的，希望大家补充纠正。

四　余论

汉藏语的同源关系主要依靠有语音对应规律的同源词和同源形态的论证。但是历史类型学的讨论是否可以作为一个补充，或者说一种论证思路，一种方法论，从一个侧面说明汉藏语系特点的发展过程。上面提到的问题仍然有许多需要深入，需要大家加以关心。这里仅仅提出一些思路和线索，还不是系统研究，欢迎批评指正。有几个问题值得讨论：

---

① 详情请参阅拙作《藏缅语量词用法比较——兼论量词发展的阶段层次》，《中国语言学报》1989 年第 3 卷。
② 详情请参阅拙作《论藏缅语的语法形式》，《民族语文》1996 年第 2 期。

1. 语言的类型会经常改变，尤其是剧烈的社会变革时期，会影响到语言的迅速变化。但是语言类型的改变也是不平衡的，有的语言变化快，有的语言变化慢，因此我们有时候能够从一些亲缘关系比较近的语言里发现一个链状的类型演变过程。这不仅增强了我们对类型演变的研究，也增加了推算原始母语的语言结构类型的可能性的信心。

2. 这个命题的提出仍然是一个假设，需要一个一个问题去证明，而且每一个问题都会涉及或需要一大堆语言事实来支撑。本文是议论性质的，基本上没有给出任何例证，但本文讨论的问题都是以专题研究为基础的，有的是别人做的，有的是我自己做的，随文注明了出处。我坚信，随着汉藏语系历史比较研究的深入，随着语言事实的挖掘不断取得新成果，随着专题研究的一步步深入，解决这些问题指日可待。

3. 为了论证和检验已经提出的汉藏语系同源词的假设，我们完成了一个大型数据库，包括了上述 6 个语言集团（汉语、侗台语、苗瑶语、藏缅语、南岛语、南亚语）共 360 多种语言和方言约 80 万条数据的词汇语音数据库。希望对汉藏语系同源关系的研究起到验证、推动和促进作用。

4. 讨论汉藏语系历史类型学有一个前提，就是您必须指出这些语言的使用者，一定有共同的历史渊源关系，不管是接触也好，同源也罢，至少在历史学、人类学、考古学、基因学等方面有许多相关的线索证明它们相关。而且要说清楚它们的历史层次，也就是一定要有语言年代学的概念。

5. 中国学者创造了语音系统的声韵调分析方法，这是结合汉藏语系语言音节结构特点尤其是汉语中上古音系构拟的一个独创。但是它是否适合原始汉藏语的构拟系统，值得在实践中进一步检验。

参考文献

陈其光：《汉藏语声调探源》，《民族语文》1994 年第 2 期。

黄布凡：《古藏语动词的形态》，《民族语文》1981 年第 3 期。

黄行：《论语言的系统状态和语言类型》，《民族语文》1998 年第 3 期。

江荻：《20 世纪的历史语言学》，《中国社会科学》2000 年第 4 期。

江荻：《论声调的起源和声调产生的机制》，《民族语文》1998 年第 5 期。

潘悟云：《喉音考》，《民族语文》1997 年第 5 期。

潘悟云：《汉藏语中的次要音节》，《中国语言学的新拓展》，香港城市大学出版社，1999。

潘悟云、冯蒸：《汉语音韵研究概述》，丁邦新、孙宏开主编《汉藏语同源词研究》（一），广西民族出版社，2000。

孙宏开：《藏缅语语音和词汇》，中国社会科学出版社，1991。

孙宏开：《论藏缅语语法结构类型的历史演变》，《民族语文》1992 年第 5、6 期。

孙宏开：《藏缅语疑问方式试析——兼论汉语、藏缅语特指问句的构成和来源》，《民族语文》1995 年第 5 期。

孙宏开：《原始汉藏语的复辅音问题（关于汉藏语音节结构构拟的理论思考之一》，《民族语文》1999 年第 6 期。

孙宏开：《原始汉藏语的辅音系统（关于汉藏语音节结构构拟的理论思考之二）——纪念王力先生一百周年语言学学术国际研讨会论文》，《民族语文》2001 年第 1 期。

孙宏开：《原始汉藏语中的介音问题——关于原始汉藏语音节结构构拟的理论思考之三》，《民族语文》2001 年第 6 期。

孙宏开：《论藏缅语中动词的使动范畴》，《民族语文》1998 年第 6 期。英文稿载美国《藏缅区域语言学》第 22 卷第 1 期。

孙宏开：《关于汉藏语系里的代词化现象——一个语法化的实例》，《东方语言学》，上海教育出版社，2008。

孙艳：《汉藏语四音格研究》，民族出版社，2005。

邢公畹：《汉藏语系研究和中国考古学》，《民族语文》1996 年第 4 期。

徐世璇：《汉藏语言的语音屈折构词现象》，《民族语文》1996 年第 3 期。

张济川：《藏语词族研究》，社会科学文献出版社，2009。

张均如：《壮侗语族塞擦音的产生和发展》，《民族语文》1983 年第 1 期。

原载于《语言研究》2011 年第 1 期

略论"一带一路"与新疆

——兼谈新时期我国的民族工作

杜荣坤

摘 要 本文以新疆维吾尔自治区成立 60 周年为切入点，论述了自治区的成立来之不易，是与两种倾向进行较量的结果。而 60 年来新疆社会经济的快速发展，既印证了民族区域自治制度的正确性，是我国解决民族问题的基本政策及伟大创举，又为新疆发挥独特的区域优势、打造成"丝绸之路经济带"核心区提供了雄厚的物质条件和人文基础。为了实现"一带一路"愿景，我们必须搞好民族工作，加强民族团结，使边疆地区长治久安，国防巩固稳定。因而本文在论述习近平同志于第四次全国民族工作会议讲话精神的基础上，指出我国民族问题迄今并未得到彻底解决，事实上，历史造成的经济方面的不平等仍然存在。故当前加速少数民族地区物质和精神文明建设、走经济跨越式发展道路是十分正确和必要的。

关键词 新疆 "一带一路" 经济 民族

2015 年是新疆维吾尔自治区成立 60 周年，并且是西藏自治区成立 50 周年。这两个自治区成立数十年间，在中国共产党的领导下，政治、经济、文化、社会和生态等诸多方面都取得了很大成就，社会面貌发生了翻天覆地的变化。2015 年新疆维吾尔自治区乃至全国都进行了大规模的欢庆活动。自治区之成立及其所取得的成就代表了新中国成立后我国民族工作之辉煌成就，充分反映了新中国成立以来我国民族工作经历了两个黄金时期，即毛泽东时代的黄金时期，邓小平、江泽民、胡锦涛时代的黄金时期，并正在进入第三个黄金时期。

笔者长期从事新疆问题之研究，下面以新疆地区为例略做讨论。

一 新疆维吾尔自治区的成立来之不易

1955 年 10 月 1 日，新疆维吾尔自治区正式成立，截至 2015 年已 60 周年，这是一个意义深远、值得纪念庆贺的日子，是来之不易的。说其来之不易，不仅是从一般意义上讲，而且于新疆实现民族区域自治制度在当时是经过了一番激烈斗争才得以实现的。此制度在苏联没有实行过，在 20 世纪建立的整个社会主义阵营亦未实行过，只有新中国实行了民族区域自治制度。它是马克思主义和我国民族问题实际情况相结合之产物，是毛泽东思想的一项创举，是我国解决民族问题的基本政治制度之一。但是，在当时它并非为所有人所接受，阻力主要来自两个方面：一是有些人认为，既然新疆自古以来就是中国领土的一部分，新疆维吾尔族人民是中国多民族家庭成员之一，全国就应实行统一政策，不分彼此，不应分自治民族和非自治民族，实行民族区域自治政策，而给予他们特殊的民族自治权利和优惠政策及倾斜政策，认为这使其他民族吃亏了。有些人则认为，此制度是向苏联学习，照搬苏联模式。其实这是一种误解。二是由于新疆毗邻苏联及其所属加盟共和国，受它们的影响比较深，故在新疆少数民族知识分子中，有一部分人甚至包括少数领导干部在内，要求效法苏联的国家体制，在新疆实行加盟共和国制或联邦制。他们认为，中国和苏联都属于无产阶级革命取得胜利的国家，都是社会主义国家，那么在中国亦应实行这种制度。此论提出后当即遭到新疆各族劳动人民的坚决反对和批驳，此论及其活动才有所收敛。

中国实行的民族区域自治制度与苏联实行的加盟共和国制和联邦制是有本质区别的。中国和苏联虽同属社会主义国家，但由于国情不同，对民族问题处理的原则、方式和政策也就不一样。如果在中国实行加盟共和国制或联邦制，这无异于把新疆作为一个独立的国家从中国分裂出去，这是中国人民包括新疆各族人民绝对不能接受的。中国的民族区域自治制度与苏联的加盟共和国制或联邦制是两种完全不同的模式，苏联根据其国情实行民族自决制，中国根据自己的国情实行民族区域自治制，这是无可非议的。

在新疆实行民族区域自治主要考虑到新疆的历史情况、民族分布、人口结构比例以及新疆民族地区的政治、经济、社会、文化等诸多因素的特点和需要，而赋予新疆少数民族必要的和应有的民族区域自治权利，既维护了祖国的统一和民族的团结与边疆的安全稳定，亦有利于全国及新疆地区社会主义革命和社会主义建设的发展，这是中国解决民族问题的一项伟大创举。因此，我们今天来总结和研究新疆维吾尔自治区的成立及其所取得之成就，不仅具有一般的意义，更具有深远的历史意义、政治意义和理论学术价值。

二 60 年来新疆社会经济的发展

新疆面积为 160 万平方千米，约占中国国土总面积的 1/6，与 8 个国家接壤，有

5600 余千米边界线，位于欧亚大陆中心，是中国陆地面积最大的省级行政区。新疆自然条件多样，各种资源（包括气候资源、地理资源、生态资源、民族资源、旅游资源等）很丰富，具有发展农业、畜牧业、手工业、工业等行业的优越条件。但是在 1949 年新中国成立前，新疆大部分地区却给人一种贫瘠荒凉的印象。

新中国成立前新疆处于前资本主义社会形态（究竟是何种具体的社会形态存在着分歧，只好先这样提。依据 20 世纪 60 年代自治区党委政研室的调查，有学者认为新中国成立前新疆处于半封建半资本主义社会），经济很落后，几乎没有现代工业，仅有的还是清代开采所遗留下来的零星矿窑。这些矿窑设备陈旧，操作原始，产量极低。还有一些极为粗放的手工业作坊和一些落后的、规模很小的商业机构。交通方面亦极为落后，1955 年自治区成立时，还不通火车，至 1958 年中国科学院民族研究所成立并组织了一百多人到新疆进行社会历史大调查时，仍未通火车，农牧区之间的交通工具主要是骆驼、马。当时，由北京去新疆只能坐火车到甘肃柳园，再乘军车到乌鲁木齐，在路上要走三天。如去南疆喀什一带调查，还要继续坐七天车。到喀什后去和田地区调查，又要坐三天车。总之，由北京到南疆和田调查，前后需要花十几天。若下牧区调查，另要骑马或骆驼走好几天，路途遥远，十分辛苦。

新疆维吾尔自治区成立后得到历届中央政府的关心和重视。在实施西部大开发战略中，中央以新疆为重点，多次发文和召开新疆工作会议，研究新疆问题并做出重要指示。近几年，先后两次召开新疆工作会议，对新疆经济跨越式发展及社会稳定的问题做出重要指示和决定。60 余年来，在国家和兄弟省份的大力支持帮助下，在自治区历届党委和政府的精心组织领导下，新疆各族人民及生产建设兵团广大战士发扬了艰苦奋斗、奋发图强和开拓创新的精神，在政治、经济、文化、社会、生态等方面都取得了很大成就，各族人民的生活有了较大提高，新疆已今非昔比，其变化主要表现如下。

第一，生产总值飞速增长。根据有关部门统计资料，1955 年自治区成立时，新疆的生产总值只有 12.3 亿元，截至 2014 年，新疆的生产总值已增长到 9273.46 亿元，较 1955 年增长 752.9 倍，排除价格因素，为 115.6 倍。人均生产总值已由 1955 年的 98 美元上升至 2014 年的 7032 美元。人均年收入也大幅增长，2014 年城镇居民人均可支配收入为 21881 元，比 1978 年增长 67.6 倍；农村居民人均收入为 8114 元，比 1978 年增长 67.2 倍。

第二，农业经济大发展。农业是广大农牧民赖以生存和生活不断改善的物质基础，是国家经济发展的基础。60 年来，自治区首先大力抓农业经济的发展，除积极组织农牧民精耕细作、改善经营管理、不断提高单位面积产量外，采取挖井开渠、兴修水利、实行机械化操作等多种措施，大规模地开荒造田，变戈壁、盐碱地为绿洲，取得很大成就。经过几个"五年计划"的实施，粮食生产得到快速发展。1955年新疆粮食总产量只有147.02万吨，截至2014年，总产量已增长到1414.47万吨，增加了近8.7倍。特别是在农业经济方面，自治区进行了彻底的农业生产改革，改变了过去"以粮为纲"的单一结构生产方式，实施以发展特色农业、优势农业为主的多种农业经济发展战略，大力发展具有民族和地区特色且具有优势和竞争力的瓜果园艺业等农产品种植业及其加工业，这就大大促进了新疆农村经济的发展。以新疆特色产业棉花生产为例，由于新疆的自然条件和气候条件等适于种植棉花，棉花属国家一级品牌，经济效益高，总产、单产和外调均居全国之首，很受国内外欢迎，被大量收购，且价格较高，使农民收入大幅度增加，生活得到很大改善，亦有利于新疆纺织工业的发展。1955年新疆棉花产量只有2.51万吨，随着播种面积的不断扩大，2014年，棉花产量已达到451万吨，增长了178.7倍。2014年新疆的纺织生产规模达到760万枚纱锭。

第三，畜牧业生产大幅增长。经过几个"五年计划"的实施，畜牧业生产条件不断得到改善，使新疆的畜牧业生产大幅增长，截至2014年，新疆各类大牲畜总量已达到575.88万头，比1955年的402.90万头增长42.9%。新疆畜产品加工业的生产水平已处于全国和国际优势地位。

第四，建立了完整的现代工业体系。工业在国民经济发展中居主导地位，要想彻底改变过去新疆经济落后的面貌，发展经济、振兴新疆，使新疆跨入先进地区的行列，还要依靠工业经济的发展。60年来，新疆在国家和兄弟省份的大力支援和帮助下，在制订和实施的几个"五年计划"中，又大力发展工业经济。在现代化工业方面，建立起以石油、冶金、煤炭、有色金属、机电、化学、纺织、制糖等为主的完整的现代工业体系。特别是关系到新疆经济命脉的水利、交通、能源、通信等基础设施建设，已得到全面的蓬勃发展。

第五，改变了落后的交通面貌。交通是国民经济发展动脉，现在新疆不仅开通了火车，还建立了以乌鲁木齐市为中心的交通网络，火车已通到伊犁地区和南疆偏西的喀什、和田等地，并与中亚邻国相接。公路亦已在新疆畅通无阻、四通八达，公路里程现已超过17万公里。新疆的航运事业也得到不断发展，在南、北疆都开通了航线，并向国外发展，建立了多条国际航线。据相关报道，新疆是全国拥有航线最长、支线机场数量最多的省份，有17个机场，联通171条航线。已连接62个国内城市、31个海外大城市，并正在不断增加，成为中国连接中亚和西亚的中转站。目前新疆已建成以国家级经济开发特区为载体，以境内外展洽会为平台，以口岸贸易为依托，以铁路、公路、航空为通道的全方位对外开放格局。

第六，60 年来，随着新疆社会经济的发展，新疆的文化、教育、科技、卫生、体育等也得到全面发展，这有力地推动和促进了新疆社会经济向更高水平的调整发展。

三 "一带一路"与新疆

2013 年 9 月和 2015 年 4 月，习近平同志根据国内外经济发展形势，不失时机地在造访中亚哈萨克斯坦和东南亚印度尼西亚期间提出愿与各国联合建立"丝绸之路经济带"和进一步发展"海上丝绸之路"的构想。习近平之后在国内外有关会议上多次进一步谈到新倡议，引起了世界轰动，得到了世界各国和我国各族人民的好评与积极响应。2015 年 3 月，国家发展和改革委员会、外交部、商务部联合发布了《推动共建丝绸之路经济带和 21 世纪海上丝绸之路的愿景与行动》，公布了"丝绸之路经济带"的基本构想和实现途径。"丝绸之路经济带"是我国古代丝绸之路的延伸和发展，是经由我国沿边民族地区伸展到新疆周边中亚、南亚、西亚诸国，与欧洲经济圈和亚太经济圈衔接，而"丝绸之路经济带"的中心是在我国的新疆与福建，辐射范围很广，包括我国西部大部分地区和南方沿海诸多民族地区及其相邻国家，其辐射范围达到 60 多个国家，涵盖世界 30 多亿人口。因此，"丝绸之路经济带"对我国民族地区，特别是新疆地区、福建沿海地区，以及广西、云南等民族地区创造了有利的发展条件。政府发布的战略计划对新疆的发展提出了具体要求，要"发挥独特的区位优势，将新疆打造成丝绸之路经济带核心区"。故"一带一路"倡议对我国西部地区，特别是新疆地区加速经济、文化、社会、生态等方面的大发展是最好之契机。在国家实施此项倡议的指导下，新疆发展远景将可以逐步实现。据相关报道，新疆维吾尔自治区党委书记张春贤同志已为新疆描绘出一片鼓舞人心的前景，那就是在经济发展过程中，"新疆将加快建设'丝绸之路经济带'上的重要交通枢纽、商贸物流、文化科教中心和区域性金融中心、医疗服务中心，着力打造'丝绸之路经济带'核心区：一是打通向西通道，拓展发展空间；二是深化全方位开放，增强发展活力；三是密切人文交流，夯实民心相通基础；四是加强安全合作，维护地区和平稳定"。

要实现"丝绸之路经济带"计划，关键是要充分发展新疆的交通事业，建成区域性交通的综合交通运输体系。未来新疆将会是一个主要的中转枢纽港，这样才能为中国和中亚各国开辟新的合作空间，才能充分发挥新疆的战略地位和作用。现在新疆维吾尔自治区政府已积极投入大通道的建设，据相关报道，新疆有望在未来七八年内形成三条国际铁路大通道，其中中吉乌铁路和中巴铁路即将全面开工，预计于"十三五"期间建成，建成后将全面向西开放。此三大通道，即北通道、中通道和南通道，又将分别从新疆直达连云港、上海港、防城港、北海港、秦皇岛港等多个港口和口岸，这些通道的建设与开通将迎来新的铁路建设高潮，不仅为已经掀起大发展热潮的新疆注入提速发展的动力，而且为"丝绸之路经济带"之发展与繁荣起着重要作用。

必须指出的是任何事物的发展都是在曲折中前进而非一帆风顺的，要将发展倡议的计划变成现实一定会遇到很多困难、挫折和意想不到的事件。故作为社会科学工作者和研究新疆问题的学者，我们一定要有充分的思想准备，一定要有忧患意识，预见到这些困难和问题，我们有责任去调查研究，收集新情况，研究新问题，解决新问题，提出对策性建议，为实现国家"丝绸之路经济带"的目标和加速新疆社会经济的发展，实现新疆长治久安，做出自己应有的贡献。"丝绸之路经济带"计划之实施为我们提供了一系列的研究课题，为我们今后研究新疆问题指明了方向。此问题将作为我们研究新疆的重点之一。

笔者认为当前至少有两大方面的问题值得大家来探讨，我们应认真研究，提出对策性意见，为党和国家及自治区领导们决策时提供参考。

第一，关于"丝绸之路经济带"建设问题研究。关注"丝绸之路经济带"作为国家发展计划的现实意义、政治意义和理论学术价值，"丝绸之路经济带"对加速新疆社会经济发展的作用和影响，"丝绸之路经济带"实现途径问题研究。

第二，古代"丝绸之路"与"丝绸之路经济带"有何异同点的研究，包括通商目的、通商范围、交通、通商手段、贸易内容和通商途径、民族关系、国际关系等。

"丝绸之路经济带"是古代丝绸之路的延伸和发展，它与历史上之丝绸之路既有共同点，又有差别，且差别很大。

"丝绸之路经济带"在许多方面与古丝绸之路都有不同之处。如在经营目的上，古丝绸之路一方面是为满足封建王朝统治阶级的需要；另一方面亦是个体经营，自负盈亏，互相竞争。而今之"丝绸之路经济带"，通商目的是进行相互合作，实现共建双赢和多赢，目的性质不一样。又如在通商范围方面，古丝绸之路主要是中国四省区（陕西、甘肃、宁夏、新疆）和中亚南亚几国，而今之"丝绸之路经济带"几乎涉及中国西部之大部分及中亚、南亚、西亚乃至欧洲及非洲诸国，涉及我国南方福建沿海民族地区和广西、云南及毗邻的东南亚诸国，辐射范围达 60 多个国家。再如在通商之商品，古丝绸之路主要是丝绸、瓷器、茶叶、香料、药材、珠宝、金银器等，而今之经济带主要是以能源为中心并涉及资金、技术、人才和信息。交通方面也有不同，古丝绸之路主要靠驼马队运输货物，而今经济带之发展，驼马队已完全为快速、高效的公路、铁路、飞机以及网络平台所替代。此外，对国内外民族关系和对外关系、中西文化交流等研究，都关系到"丝绸之路经济带"发展计划之实现（含能否实现）和发展问题等。

由于"丝绸之路经济带"之通商包括国内各省和相邻国家，故有关课题研究不仅仅限于新疆，而且要进行多学科、多专业、多地区、多国家等综合协作研究，这就需要各级学术单位统一组织协作，才能完成国家交给的任务。

四　对我国今后民族工作的体会

2014 年 9 月，中央召开第四次民族工作会议（亦即习近平担任国家主席之后的首届民族工作会议），习近平同志就我国当前民族问题和民族工作做了重要报告。笔者认为会议起到了承前启后、开拓创新的作用，可以说具有划时代的意义。习近平同志从我国多民族国家历史演进的规律和国情出发，强调民族问题和民族工作在我国的重要性、长期性和迫切性，并通过正面论述，有针对性地对当前我国民族问题和民族工作方面所存在的一些模糊认识和错误思想进行了澄清，充分肯定了新中国成立 60 多年来党和政府在解决我国民族问题理论和政策方面的正确性，中国特色解决民族问题道路的正确性，以及我国民族工作所取得的伟大成就；全面论述和深刻分析了我国民族工作所面临的国内外形势和新特征；论述了新时期解决好民族问题和做好民族工作的大政方针、目标任务、实现途径及诸多举措；提出了很多新问题、新思想、新理论、新见解。该报告融理论性、思想性、政策性与法制性于一体，是新时期做好民族工作的纲领性文献，具有重要的战略意义。

近几年来，社会上和学术界，包括民族学界的一些学者，提出一些需引起我们注意的言论。如一些人认为应以西方民族学理论来取代我国的马克思主义民族问题理论；有人认为应取消"中华民族"的提法；还有人认为 20 世纪 50～60 年代制定的民族政策，包括民族区域自治政策，已不适用于今天的新形势，在新时期应予以废止，政府应重新制定新的民族政策；等等。在这次民族工作会议上，习近平同志针对这些问题做了必要的澄清和正面的论述。

习近平同志从我国多民族国家演进的规律和国情出发，指出多民族是我国的一大特色，亦是我国发展的一大有利因素。他指出，在我国，各民族共同缔造了祖国的历史和文化，造就了我国民族之间的"三个离不开"，形成了"你中有我，我中有你，谁也离不开谁"的多元一体格局。中华民族和各民族的关系是一个大家庭和家庭成员的关系，各民族之间的关系是一个大家庭里不同成员的关系。处理好民族问题、做好民族工作是关系到国家稳固和边疆稳定的大事，是关系到民族团结和社会稳定的大事，是关系到国家长治久安和中华民族繁荣昌盛的大事。这里有两点值得我们关注：第一，习近平同志强调了民族问题在我国存在的长期性和解决民族问题、做好民族工作的重要性与迫切性，在实现"两个一百年"目标后，民族问题还会继续存在，故我们在任何时候都不应该忽视它；第二，我们要时刻牢记国情，即我国不仅是一个多民族国家，而且是一个在历史上长期形成的统一的多民族国家，是一个"多元一体"格局的多民族国家。习近平同志指出的这一点很重要，这是我国区别于世界上其他国家的主要标志。仅是多民族国家还不足以说明问题，因为今天世界上大多数国家是多民族国家，单一民族国家是少数。我国历史是按照一条多民族且具有多元一体格局的规律而发展的，从历史上看，我国与世界上某些多民族大国具有不同的发展特点。历史上出现过的大国，如罗马帝国，虽有过一时的统一，但最后还是分裂为很多独立的国家。而我国多民族历史之发展，虽然也出现过分裂时期，但总的发展趋势是"三个离不开"，是一次又一次走向统一，由小统一到大的统一，由局部割据政权之统一到全国的统一。至清代前期，最后奠定了今天我国多民族、多元一体大家庭的雄姿伟貌。

习近平同志的报告充分肯定了新中国成立后的60多年中党和政府解决我国民族问题理论和方针政策的正确性，中国特色解决民族问题道路的正确性，充分肯定了我国民族工作所取得的伟大成就。习近平同志在报告中明确指出：民族区域自治制度是我国的一项基本政治制度，是中国特色解决民族问题的正确道路。他在充分肯定我国的民族政策和民族区域自治政策的同时，亦清晰地指出：当前我国正面临着新情况和新的阶段性特征，需要从实际出发，开拓创新。并指出，在具体做法上需注意顶层设计要缜密，政策统筹要到位，工作部署要稳健，要强化对祖国、中华民族、中国文化、中国特色社会主义道路等的认同。在讲到民族区域自治制度的重要性时，他强调要坚持民族因素和区域因素相结合，把宪法和民族区域自治法的规定落实好，关键是要帮助自治地方发展经济，改善民生。这就意味着，当前不是取消民族区域自治政策，去另外制定新的民族政策，而是在原有政策已取得的成就的基础上，做好上述一系列工作，使民族区域自治政策进一步完善和发展。

习近平同志的报告强调当前民族地区必须加快发展，要实现跨越式的发展。根据我国"三个离不开"的国情，中国的现代化建设离不开民族地区的现代化建设，民族地区的现代化建设亦离不开全中国的现代化建设，二者是相辅相成、缺一不可的。会议在充分肯定新中国成立以来民族地区所取得的巨大成就的同时，亦指出了当前民族地区发展存在的困难和问题，当前民族地区要想同全国一道实现全面建成小康社会的目标，难度较大，必须加快发展，实现跨越式发展。这一分析完全符合我国和民族地区的实际情况。新中国成立以来，特别是我国进入以发展经济为中心和实行改革开放以来，民族地区的经济、文化、社会、生态等发展取得了很大成就，各族人民的生活水平有了很大提高，少数民族地区的面貌发生了翻天覆地的变化，与过去不可同日而语。但是，民族问题迄今并未得到彻底解决，历史上所造成的经济发展不均衡依然存在。有些民族地区生产力落后，经济基础薄弱，在交通、能源、技术、资金等诸多方面都还落后于中原地区和沿海地区，如不采取积极措施，将会影响到民族地区乃至全国社会、经济的发展，故当前加速民族经济发展、走跨越式发展道路是十分必要和正确的。民族工作会议还提出，支持民族地区加速发展经济是中央的基本方针，要同时发挥中央、发达地区、民族地区的积极性；要深化改革，充分调动广大干部和群众的积极性与创造性，把政策动力和内生潜力结合起来；要激发市场活力，不断释放民族地方的发展潜力；要充分发挥本地资源优势，抓好重点设施建设，解决好"路"和"水"的问题；要加强基础设施、扶贫开发、城镇化和生态建设。会议还提出要紧扣民生抓发展，抓教育，抓就业，抓民生，促进社会公平，加强对口支援和帮扶；要把改善民生放在首位。会议强调，要想解决好民族问题，除改善物质条件外，还要改善精神状态，要使爱国主义和核心价值观教育深入人心。总之，会议提出了一系列加快民族发展的计划和举措，内容全面而具体，对民族地区实现加快发展和跨越式发展将会起到促进和推动作用。

有关加快发展和跨越式发展的问题，归结为一点，实际上是指经济发展速度问题。前几年，我国强调经济高速发展，GDP 指数达到 11%，虽然有其积极的一面，但也带来了一些负面影响。经济的高速发展使全国国民经济各部门发展不平衡，导致许多原材料和能源供不应求，产品质量降低，物价飞涨，货币贬值。新一届党和国家领导人注意到了这个问题，改变了高速发展战略，实现了稳中求进的新局面，使 GDP 指数由 11% 左右降为 7% 左右，我国经济整体上已趋于正常发展的状况。全国的情况虽是如此，但对于民族地区来说，则另当别论。民族地区要想加快发展和实行跨越式发展，不应效法全国把 GDP 指数降为 7%，而应根据本地区原来的基础和实际情况，尽可能地超过此速度，奋起直追，才能逐步赶上全国经济发展水平。那么，民族地区的 GDP 指数要超过多少才算合适呢？这已有先例可资证明，新疆维吾尔自治区的发展即为一例。新疆地区的 GDP 指数已达到 10%，其经济发展水平名列全国第十，值得全国其他民族地区学习和借鉴。

总之，第四次民族工作会议和习近平同志的报告中我们要学习的内容和方面很多，不胜枚举。正如这次会议所指出的："习近平的重要讲话，是站在全局和战略的高度，系统阐述了民族工作的方向和道路，理论和政策，制度和法律，工作和实践等重大问题，思想上的深刻性、政策上的鲜明性非常突出，是做好新形势下民族工作的纲领性文献。"笔者相信，我国民族问题之解决和民族工作之开展，在经历了毛泽东时代的第一个黄金时期和邓小平、江泽民、胡锦涛时代的第二个黄金时期后，在新时期第四次民族工作会议纲领性文献的指引下，定将迎来第三个黄金时期。

原载于《西北民族论丛》第 14 辑，社会科学文献出版社，2016

西安事变前后张学良与蒋介石的恩恩怨怨*

张友坤

摘　要　西安事变前，张学良与蒋介石在一系列政治事件中进行合作，在东北易帜及中原大战中，张学良对维护国家统一及巩固国民党政权做出了重大贡献。"九一八"事变后，尤其是"西安事变"爆发前后，蒋张矛盾达到了不可调和的地步，是否联共抗日是其纷争的矛盾核心。张学良替蒋介石背负了"不抵抗"的恶名，也为发动"西安事变"付出了巨大牺牲，不愧为伟大的爱国者。

关键词　西安事变　张学良　蒋介石　纷争

伟大的爱国者张学良，从小就是一个爱国狂。他一贯秉承"兄弟阋于墙，外御其侮"的古训，息内争，御外侮。在其经历的重大政治事件中，与他和蒋介石直接有关的，就有"东北易帜"、"武装调停中原大战"、"九一八"事变和震惊中外的"西安事变"。张的上述所为，不是他的穷途末路，败降来归，而是其"息争御侮"思想的具体表现。他想帮助蒋介石统一国家，巩固政权，以便对抗日本侵略者。

（一）张助蒋有功，蒋待张不薄。张执行蒋的不抵抗主义丢失东北，守土有责；为顾全大局，辞职下野，替蒋介石背上"不抵抗将军"的恶名，遭国人唾骂

1930 年，在国民党三届"四中全会上，蒋介石特别介绍张学良加入国民党，列席会议。……他（指张学良）连夜致电东北军政要员：'学良此次来国府，受到蒋主席极为热忱之欢迎，规格之高，实出学良之想象，望各界静候佳音，学良将赐福于民众。'"① 他荣获中华民国陆海空军副司令职务后，与蒋结盟，参与"剿共"内战。这

---

*　此文发表于 2017 年吉林省社会科学院出版的《学问》第 1 期（第 41～46 页），原名为《西安事变前后张学良与蒋介石的恩恩怨怨》，发表时改为《西安事变前后张学良与蒋介石的纷争》并对原文极个别字句有所删改。

①　王维礼、范广杰：《蒋介石和张学良》，吉林文史出版社，1994，第 94 页。

恰恰为日本发动并扩大侵华战争提供了方便，这是张学良事先没有想到的。

"九一八"事变爆发，张学良执行蒋介石的不抵抗命令，丢失东北，守土有责。蒋介石逼张下野，替蒋背上"不抵抗将军"的恶名。对此，张学良十分不满而又无可奈何！如若不信，请看史实：

1. 1931 年 7 月 1 日，日本制造万宝事件，11 日，蒋介石致电张学良："日本阴险狡猾，现非抗日之时，希督饬所部，切勿使民众发生轨外行动。张即电东北政委会饬对日不能开战，只能据理以争，并须制止民众反日运动。"①

2. 7 月 12 日，蒋介石自江西致电张学良，略谓："若发生全国排日运动，恐被共产党利用，对中日纷争会更增加纷乱，故须抑制排日运动，宜隐忍自重，以待时机。张复电同意努力隐忍自重，勿使日本乘其间隙。"②

3. 7 月 23 日，蒋介石发表《告全国同胞书》通电："……不先消除赤匪，恢复民族元气，则不能御侮，不先消除叛逆完成国家之统一，则不能攘外……对帝国主义的侵略则以纪律之行动誓死抗议之，内对赤匪、与叛徒之叛乱，则以有组织之努力扑灭之。"至此，"攘外必先安内"之谬论正式出笼。③

4. 7 月下旬，"东北形势日趋紧张，张学良又派王树翰赴南京向蒋介石请示。蒋指示不必惊慌，有九国公约及国际联盟，日本不能强占我领土。万一进攻，也不可抵抗，以免事件扩大，处理困难"④。

5. 8 月 16 日，"蒋介石致电张学良：'无论日本军队此后如何在东北寻衅，我方应予不抵抗，力避冲突，吾兄万勿呈一时之愤，置国家民族于不顾。'（时称'铣电'）张旋即电令东北各军负责长官一体遵照执行"⑤。

6. 8 月 19 日，"鉴于中村事件披露，恐有不肖之徒，鼓动是非，特电辽宁当局，务加注意保护日侨。当局当即饬公安局及各县一体照办"⑥。

7. 9 月 6 日，张学良致电驻沈阳北大营王以哲旅长："中日关系现甚严重，我军与日军相处须格外谨慎。无论受如何挑衅，俱应忍耐，不准冲突，以免事端。"⑦致电臧式毅、荣臻："对日人，无论其如何寻事，我方务须万分容忍，不可与之反抗，致酿事端，即希迅速命令各属，切实注意为要。"⑧"致电张作相：'我国遵守非战公约，不准

① 张友坤、钱进、李学群：《张学良年谱》（修订版），社会科学文献出版社，2009，第 394～395 页。
② 张友坤、钱进、李学群：《张学良年谱》（修订版），社会科学文献出版社，2009，第 395 页。
③ 雷云峰：《中共中央与八年抗战》，陕西人民出版社，1996，第 22～23 页。
④ 张友坤、钱进、李学群：《张学良年谱》（修订版），社会科学文献出版社，2009，第 398 页。
⑤ 张友坤、钱进、李学群：《张学良年谱》（修订版），社会科学文献出版社，2009，第 400 页。
⑥ 张友坤、钱进、李学群：《张学良年谱》（修订版），社会科学文献出版社，2009，第 400 页。
⑦ 张友坤、钱进、李学群：《张学良年谱》（修订版），社会科学文献出版社，2009，第 402 页。
⑧ 张友坤、钱进、李学群：《张学良年谱》（修订版），社会科学文献出版社，2009，第 400 页。

衅自我开。'"①

8. 9 月 14 日，"蒋介石致电张学良称：内忧外患交迫，时局重大，中日诸问题，务须稳健处理。"②

9. 9 月 18 日，爆发震惊中外的"九一八"事变。当日，"蒋介石正乘军舰由南京抵九江，准备对红军进行第三次'围剿'，闻讯后立即返回南京。19 日，蒋密电张学良：'沈阳日军行动，可作为地方事件，望力避冲突，以免事态扩大，一切对日交涉，听候中央处理'"③。

10. 9 月 22 日，"蒋介石在南京市党部党员大会上作'一致奋起，共救危亡'的演讲，仍然乞怜于国际联盟，坚持不抵抗主义。他说：'我国民众此刻必须上下一致，先以公理对强权，以和平对野蛮，忍痛含悲，暂取逆来顺受态度，以待国联公理之判断。'蒋又嘱咐万福麟和鲍文樾说：'你们回去告诉汉卿（张学良，字汉卿），现在他一切要听我的决定，万不可自作主张，千万要忍辱负重，顾及全局。'接着，负责监视张学良是否抵抗日军的宋子文向蒋介石报告说：'张副司令已命令我方军队将枪械收藏于兵械库，切勿还枪报复矣'"④。

以上事实，足以说明，"九一八"事变前后，蒋介石对于日本的军事挑衅和野蛮侵略，一再屈辱忍让，是不抵抗主义的始作俑者，张学良则是一个执行者。

热河失守后，张学良十分焦虑。1933 年 3 月上旬，他电召其部属吕正操连夜赶往北平，询问前方战况。据吕回忆："他（指张学良）问，你看我们的力量怎样，能不能打？我说，我部据守长城各口，在喇嘛洞子就打了胜仗，喜峰口失而复得，士气高昂。眼下日军后方阵地空虚，没有设防，我们完全可以打！他听后当即表示，不惜一切收复热河，并命令我立即赶回前线，转告何柱国、缪徵流、孙德荃三位旅长：'准备反攻！东北军全部拼上，也要打到底！'……"⑤并说他要去面见蒋介石，请命抗日。

3 月 9 日下午 4 时，蒋介石抵保定车站，邀张登车相见。蒋说："接你电请辞职，知你诚意。现全国舆论沸腾，攻击我们两人。我与你同舟共命，若不先下去一人，以息全国愤怒浪潮，难免同遭灭顶，你看谁先下去好？"张答："当然我先下去。"蒋说："我同意你辞职，待机会再起用你。一切善后，可按你的意见办，可与子文商量。"张辞出后，蒋即返石家庄。

是日午夜，张学良乘专车返回北平。在专车上他伏枕大哭。随后又在前来劝他的王

---

① 张友坤、钱进、李学群：《张学良年谱》（修订版），社会科学文献出版社，2009，第 400 页。
② 张友坤、钱进、李学群：《张学良年谱》（修订版），社会科学文献出版社，2009，第 403 页。
③ 张魁堂：《张学良传》，东方出版社，1981，第 82 页。
④ 严如平、郑则民：《蒋介石传稿》，中华书局，1992，第 248 页。
⑤ 吕正操：《吕正操回忆录》，解放军出版社，2004，第 24～25 页。

卓然、端纳面前，突然一跃而起，仰天狂笑，急拉端纳和王卓然坐在他的床上。……张说：我是闹着玩，吓唬你们呢。当王陪张回到顺承王府（今全国政协所在地）时，王问张，蒋要副司令马上飞上海，你想想我可帮助你做些什么准备工作？张沉思一下说："老王，你看我放弃兵权和地盘，象丢掉破鞋一样。别的军人能办到吗？但是中日问题，蒋先生以和为主，还不知演变到什么地步。人家骂我不抵抗，我也不辩。但是下野后，天知道我这不抵抗的罪名要背到哪天呢，我记得仿佛林肯有几句话，说人民是欺骗不了的，你替我查查原文，最好能马上译出来给我。"王进屋翻参考书，查出原文是这三句话，译文是："你可以欺骗全体人民于一时，或欺骗部分人民于永久，但不能欺骗全体人民于永久。"① 这充分说明他辞职下野，不是诚心自愿，而是被逼的。

（二）张学良、杨虎城为停止内战，共同抗日，发动"西安事变"，付出了巨大牺牲

在民族危机、国事危殆之秋，张、杨受中共抗日民族统一战线理论与政策的感召，加之张学良在"剿共"战场上的三次惨败；在全国要求抗日救亡的群众运动浪潮不断高涨和局部抗战的推动下，他们毅然发动"西安事变"，逼迫蒋介石停止内战，联共抗日。张在蒋以领袖人格担保，口头承诺六项政治条件，不作书面保证的情况下，不顾杨虎城的阻拦，也未告诉中共代表周恩来，就急速送蒋回京，并于到达南京的当天就给蒋写了请罪书。在被幽禁后，为和平解决"西安事变"继续发挥任何党派与个人都不能替代的特殊作用，对此，毛泽东有很高的评价。

毛泽东说："西安事变中，国内一部分人极力挑拨内战，内战危险是很严重的，如果没有十二月二十五日张汉卿送蒋介石先生回京一举，如果不依照蒋介石先生处置西安事变的善后办法，则和平解决就不可能，兵连祸结，不知要弄到什么地步。必然给日本一个最好的侵略机会，中国也许因此亡国，至少也要受到极大损害。"② 这既肯定了张送蒋回京的意义，又肯定了蒋处置"西安事变"善后的办法（即三分军事、七分政治）是正确的。

然而，心胸狭窄、睚眦必报的蒋介石却背信弃义，于是年 12 月 31 日，判处张学良10 年有期徒刑，次年 1 月 4 日，将张特赦后，交军事委员会严加管束，使张学良失去人身自由达半个世纪之久，可谓爱国获罪，千古奇冤！杨虎城的夫人谢葆真被折磨病死狱中，重庆解放前夕，蒋介石又将杨虎城及其幼子拯中、女儿拯贵残杀于重庆戴公馆，血溅渝州，震惊中华！蒋之心肠，何其毒也！

张学良在公开的口述历史中，敞开心扉。"宣泄其积压 50 多年的愤懑、怒气与怨

① 张友坤、钱进、李学群编《张学良年谱（修订版）》，社会科学文献出版社，2009，第 468 页。
② 中央档案馆：《中国共产党关于西安事变档案史料选编》，中国档案出版社，1997，第 385 页。

气，痛贬蒋介石的人格与事业。称蒋在近代史上的作为只有北伐和建立黄埔军校（黄埔军校还是在苏联和中共的帮助下建立的——笔者注），对抗日、对台湾都没有贡献，晚年的思想像袁世凯，想做皇帝，但魄力不如袁……称蒋介石是'白粉知己'，……少帅对蒋几乎没有一句好话，这显然是少帅整部口述历史记录最突出也是最令人瞩目的一点。"① 蒋介石没有中心思想、不讲诚信、爱听小话、用奴才不用人才，耍滑头、玩儿阴谋、爱吹牛、一斧两砍、买办政治等。

张学良说："你要说他（指蒋介石）有个中心思想？没有的。那中心思想就是我，就是他自己。我怎么能得这个权益，我就得。原来我对蒋先生很尊重，后来就不尊重了，不尊重的原因就是他完全是自我主义。……他就是唯我独尊的主义。唯我的利益独尊，不能说是唯我独尊。"②

"跟日本人合作来剿共，那日本也反对共产党啊，我对这件事非常不满。……蒋先生这个人呀，当时我没说，后来我对这个人不大佩服。他是一斧子两砍呐（访者：一箭双雕）。他有这种思想。后来那个时候，也不光我们，一般的杂牌军，不是中央的正式军队。原来我尽心尽意帮他忙，后来我对他失望了。"③

"那么我后来就怀疑了，我现在可以公开，我怀疑蒋先生很有意思利用共产党，利用我们剿共来消灭我们的军队。明白？真正跟共产党打仗，不是真正中央军队，都是所谓我们杂牌，不是所谓嫡系军队。那么这问题，我认为蒋先生对政治上运用，比方说我们东北军，我带的军队，我很注重的，那去剿共，两个师全灭。蒋先生真把两个师补了，那就不同了。他后来一点不管，你消灭就消灭了。"④

"别人很难跟他妥协，他要拿定了主意，很难要他改变。我知道他，他对共产党很奇怪，一定要把共产党消灭。为这种事情，我也跟他辩论过。他问我你为什么这样说，为这事他很看不起我。我说你不能把共产党消灭，你消灭不了。他问我为什么？因为我们背后的老百姓没有他们背后的老百姓多，他不承认我的话对。

……蒋先生这个人呀，他甚至有这个思想——我就是皇帝。他真有这个意思，在他心里头，'我是应当人家尊重我的'。换句话，人一定要服从我的，要不服从我的，都是叛徒，所以他这个人把自己看成我就是皇帝。

……所以呀，他手下的人王新衡说：'蒋先生这个人他不使用人才，他使用奴才。'

---

① 林博文：《少帅痛贬蒋介石——张学良口述历史正式公开》，台湾《中国时报》2002 年 6 月 7 日。

② 哥伦比亚大学"毅荻书斋"存藏《张学良口述历史（访谈实录）》第 6 卷，当代中国出版社，2014，第 1712 页。

③ 哥伦比亚大学"毅荻书斋"存藏《张学良口述历史（访谈实录）》第 6 卷，当代中国出版社，2014，第 1709～1710 页。

④ 哥伦比亚大学"毅荻书斋"存藏《张学良口述历史（访谈实录）》第 1 卷，当代中国出版社，2014，第 301 页。

说蒋先生手底下真是奴才不少，像是何应钦的那种人，我是不会用的，那都是奴才呀。他骂何应钦：'你把军衣脱了，你走开。'他要是说我这么一句话，我马上就走。

……拿部下当奴才这样用，所以蒋先生手底下谁是人才？没人才，可是蒋经国就不同了。"①

张学良说："我给你分辨什么叫奴才人才。这么讲吧，说一个人才，他自己有一定的人格，他不一定给你当奴才。

"当奴才就是我要你怎么的你就怎么的，要好处就是这样。真正做事的人，我不一定要好处，我是要做事的。你比方说，蒋先生底下的人，有几个跟他像我跟他那么争的人？很少，像吵架一样。我总说笑话，蒋先生拿我当扔也扔不了，捧又捧不得，蒋先生讨厌我，是因为我不是那么样顺从的。有时候蒋先生甚至说，是我指挥你还是你指挥我？因为我希望他那么办，所以吵架。你比方说'安内攘外'，我们俩吵得很厉害。我们最要紧的意见之争就是这个，他是'先安内后攘外'，就为这个，我是'攘外安内'。你安不了内，只有攘外，才能安内，就是争这个。

"……这个问题呀，是个人出发点不同。先说我，我主要的敌人是日本人。共产党跟我们争，那还是中国人。他（指蒋）是认为日本人可以合作，但是共产党是他主要的敌人。问题在这儿，是这样，个人看法不同。所以，我后来不能跟他在一块堆儿工作，也就是因此。我认为共产党是中国人，他认为在中国能够夺取他政权的人，只有共产党。我就不同，夺权也好，不夺权也好，他（共产党）是中国人。换句话，这是我说的，你的政权也许还有旁人也能夺去，你能防得了？但蒋先生认为，他的第一位的敌人是共产党，不但是中国共产党，外国共产党也是这样。他对共产主义是不能容忍的。他顽固至极，中国传统的思想顽固着呢，对共产党不能容忍，这是我们很大的一个分歧。"②

张学良说："我和蒋先生两个人的意见起冲突就在这上。我主张联共抗日，他主张剿共完了再抗日，问题在这儿。我跟他说共产党永远消灭不了。他不懂这个他就倒霉呀！"③

张学良："蒋先生一句话，把我说火了。学生要见蒋介石，我把学生挡住了。我对学生讲了，'我可以代表你们去见蒋先生，另一方面，我也可以代表蒋先生跟你们讲。'蒋介石骂我，'你这个人是两面的人，你又代表学生，又代表我……你到底是谁？你到

① 哥伦比亚大学"毅荻书斋"存藏《张学良口述历史（访谈实录）》第6卷，当代中国出版社，2014，第1710页。
② 哥伦比亚大学"毅荻书斋"存藏《张学良口述历史（访谈实录）》第2卷，当代中国出版社，2014，第353~354页。
③ 哥伦比亚大学"毅荻书斋"存藏《张学良口述历史（访谈实录）》第2卷，当代中国出版社，2014，第656页。

底是站在哪方面?'，第二句话把我说火了。他说'你让他们来，我会开机关枪打他们。'我心想你机关枪不敢打日本人，你敢打学生。我心里火了。当时我心里想，你能开机关枪打学生，我也能开机关枪打你。

"这一句话把我说火了。他把我说火了，他也看出我的态度忽然变了，他也许知道我要搞什么名堂。"①

"我是当年开始时，我现在可以说，我忠心耿耿啊。中央说的话，我是完全服从，照样做。后来我发现这不对呀！……人家那时说我傻瓜一样，我忠心耿耿那样去做。可是结果你不是这样子，所以中国有句话'君视臣如草芥，臣视君如寇仇。'短时间可以，长时间谁也不从你。所以这种待人的法子不会成功，只会失败。要紧的是待人以诚。我们做事情一定要诚，不要用手腕。……

"那时我没有路可走了，只有跟日本打，拼命就是了，没法子。否则就当亡国奴，就两条路，一个是自己个儿决死斗争，一个就是自己个儿当亡国奴，你不肯当亡国奴那你就打日本。……

"我就看中国不统一，没法子，非要统一不可，自己还在内战怎能攘外？我和蒋先生两个人，可以说思想是一致的，但是，一个反，一个正。那蒋先生就是安内攘外，我就跟蒋先生说：我们现在安内呀，没能安完，这内不能安，只有攘外才能安内。"②

"蒋先生那时认为，他的第一位的敌人是共产党，不但中国共产党，还有外国的。那么他对共产主义是不能忍受的。他完全是顽固的中国传统思想，那共产党（他）不能容忍，这个是我们很大的一个争议（端纳曾说，蒋介石就像一头骡子，很难说服他。——笔者注）。

"他说张某人小事聪明，大事糊涂。他说我大事糊涂，我自己想，他之所以说我这个大事，我判断，好像就是，你都不顾你自己了，你那么搞就让共产党胜利了，你就没有啦。他大概有这个意思，我想。他说大事糊涂，在什么地方我还不知道。后来我们两个人就没法合作了，就不合作了。"③

"蒋先生和宋子文不和，他不信任他（访者：可是他在西安的时候，他可是非常器重宋子文）那是利用他，蒋先生这个人是这样，我用你的时候我就千方百计地恭维你。对我也是这样，蒋先生用我的时候，他就拼命地说好话。他不要你，就不要你，蒋先

---

① 哥伦比亚大学"毅荻书斋"存藏《张学良口述历史（访谈实录）》第 3 卷，当代中国出版社，2014，第 788 页。
② 哥伦比亚大学"毅荻书斋"存藏《张学良口述历史（访谈实录）》第 3 卷，当代中国出版社，2014，第 909～911 页。
③ 哥伦比亚大学"毅荻书斋"存藏《张学良口述历史（访谈实录）》第 6 卷，当代中国出版社，2014，第 1741 页。

生这个人向来如此。"①

张学良："内战，我不干了，说什么我都不干，我宁可叛变，我那时候也等于叛变。你跟日本打，我打！你和共产党打，我不干，我不打了。现在西安事变，你道是什么？共产党我不打；你打日本我打。不打共产党，我跟蒋先生说了，秘密就是四个字，翻过来调过去。蒋先生说是'安内攘外'，我是'攘外安内'，就是倒过来。所以我在蒋先生去世以后，我写有一副挽联："关怀之殷，情同骨肉；政见之争，宛若仇雠"，那蒋先生待我实在是好。……我这人呐，比如说西安事变，等于我叛变，那就是叛变呐。我上南京，把蒋先生送到南京，那我到南京，军法会审，可以把我枪毙，……我是军人，我负责任。我干的事儿我负责任。我这人是从来这样子，我干什么我负责任，我决不退却，我也决不推说这是他（人）干的，我从来没有这样，那是我的事儿。"②

"我现在已经老了，才说这个话，所以蒋先生对我相当认识，知道我是个不安定的人。（访者：这个'不安定'三个字有个新的解释……这样说起来，杨虎城当时你到南京去，他怎么个表示呢？）他很不愿意呀。（访者：你到南京去，本来是为了大义，为了停止内战。）我也是为了这件事情有个解决。我是把什么都想一想，蒋先生也是很为难的，到南京以后。假如我不送他回南京，不是这样做，他最后也只有'讨伐'这一说。……这一点我要说，蒋先生答应的事，他没反悔。头一样他不剿共了。原来他一定剿，后来不剿了。不但不剿，渐渐与共产党合作了。"③

"那蒋先生这个人呀，他失败也是这原因。他完全是宋儒过去的那种思想，很深入的。一个人做事情受他的思想支配，他是用这个办法对待一切。……所以呀，他有些地方可以说运用他的思想。那换到哪个时代，这个时代那宋儒的思想一点用都没有。我认为中国到现在都不能强，就是因为宋儒的思想。他那种思想，那就唯心论到头了。我自己研究过。这种思想在我看完全是落伍的玩意儿。那已是过去的玩意儿。换句话说，中国儒家的思想，儒家的哲学完全是一种做官的思想。不能说政治，政治还好，是做官。你怎么能做官？你怎么能当官僚呀？完全是这种思想，我是看不起他。……人家批评他（指蒋）吧，说他买办政治。他确实是这样，投机呀，就是我能利用我就利用，现得利呀！……那中心思想就是我，就是他自己。我怎么能得到这个权益，我就得。……后来我对他这个人失望了。我认为他一定失败，这样做法哪有不失败的。

---

① 哥伦比亚大学"毅荻书斋"存藏《张学良口述历史（访谈实录）》第3卷，当代中国出版社，2014，第925页。

② 哥伦比亚大学"毅荻书斋"存藏《张学良口述历史（访谈实录）》第1卷，当代中国出版社，2014，第122~123页。

③ 哥伦比亚大学"毅荻书斋"存藏《张学良口述历史（访谈实录）》第2卷，当代中国出版社，2014，第317页。

唯我独尊，而且也不考察考察外头是怎么一回事情。我跟蒋先生后来起冲突了。他用一句话把我说得恼火了。他哪有抗日，他没有抗日！他的日记都是假的。所以我讲蒋氏衰微，现在讲有什么——他什么都没有。那经国先生还稍微留下点东西。他留下什么？没有了。……这是个人不同，我当年，不能说他没有爱国思想，他爱自己的思想强于爱国。……我就说他是皇帝，他确实有点。他真可以做皇帝。他后来的思想呀，假设要写东西，不是我批评他，后来他的思想近似袁世凯，可是没有袁世凯那么大的魄力。袁世凯想当皇帝，他也想当皇帝。袁世凯总是个人物，不管他失败不失败，成败不足论英雄。那他没那么大的魄力，他也没有袁世凯那种能力。"①

"在他面前，我和何应钦两个人。当时他楼上的书房，只有我和何应钦不用通禀就可以进去。他的楼上书房是很秘密的，不能让人上他的楼。不但是何应钦，蒋先生的老部下当然嫉妒我。你是外来人，后来的，你怎么对蒋先生……我跟陈诚两个人是很对头的。陈诚最恨我，最讨厌我了。你是外来人，你……甚至压在我们头上。当然这也是应该的。我是外来的。他们都是底柱一般起来的，我是从东北来的。

蒋先生这个人，我这个人做事情对我部下很有诚意，他是利用人的，简单地说。后来慢慢地我也看明白了。那时杂牌军队，大家也看明白了。蒋先生这个人做事，也可以说蒋氏衰微了跟他这种做法有关。我说人呀，我不说蒋先生了，做事情怎么可以耍这种玩意儿，完全诚心诚意的，你就是失败了，你还是你。这种诡计多端那是没有用的。换句话，不是真诚待人呀。

蒋先生这种人，人家批评他买办政治，买办政治是什么意思？就是投机取巧。那么，还有蒋先生也是……唱戏的唱到诸葛亮斩马谡②，后来诸葛亮就哭了，为什么哭？他不是哭马谡，他哭先帝之言。他说先帝白帝城托孤的时候就告诉他……这段事儿虽然唱戏，但很有意思。人言过其实，好吹呀，不堪重用。吴佩孚、蒋先生好吹，你说三年计划几年成功？这不是吹吗？你真能成功吗？这种话，不是在政治上做事情说的。我说出的话就相当能兑现。说大话，就是欺骗人，就有欺骗的意思在里头。③

综上所述，足见张对蒋的不满，但他也说，到南京后蒋也没有说假话："蒋说，我不剿共了，我跟共产党合作。"张说，按照军纪他是应该被判死刑的，但蒋先生却对他很好。在他幽居期间，蒋介石也没有亏待他。多次得病都得到了及时治疗，并且生前一直拿着上将退休金。尤其是宋美龄与蒋经国还经常关照他，其在台北建房，都是蒋

---

① 哥伦比亚大学"毅荻书斋"存藏《张学良口述历史（访谈实录）》第 6 卷，当代中国出版社，2014，第 1711～1714 页。

② 小说《三国演义》描写诸葛亮斩马谡后，曾痛哭不已。属下问其故，他答以思其先帝临终遗言，曾谓："马谡言过其实，不可大用，君其察之！"此遗言亦见于《三国志》《资治通鉴》等正史记载。

③ 哥伦比亚大学"毅荻书斋"存藏《张学良口述历史（访谈实录）》第 6 卷，当代中国出版社，2014，第 1716～1717 页。

经国为他选择宅基地，建房后又送他一套家具。他们彼此通信，互赠礼品，私交感情之好世人皆知。张非常感谢宋美龄，称宋是"伟大的女性"。他听别人讲，宋曾对蒋介石讲："西安事变那件事，小家伙（指张学良）一不要钱、二不要权、三不要地盘，他要的是牺牲，你要对他不利（即伤害他），我就把在西安的一些事（即蒋在《西安半月记》中编的那些假话）公诸于世后，到美国去。"

当然，就蒋介石那种人，他要决心杀掉张学良，别人也是难以阻挡的。但是，他也要考虑杀张的利弊得失。张发动"西安事变"的初衷，是让他当全国的抗日领袖。张还形象地说，"西安事变"是为了擦亮蒋介石。如同一个电灯泡，我把它关了，好好把它擦擦，再把它开开，让它更亮。张学良送蒋返京，乃是为了维护蒋的威信，使他好做人、好做事、好领导抗日。张到达南京的当天就写了"请罪书"，一切由蒋介石摆布，对于蒋没有任何怨言，对于"西安事变"在蒋氏父子在世时绝不谈及，甚至在他写的有关书信中，吹捧蒋介石，不满共产党，骂自己糊涂，受了共产党的欺骗。从他在口述历史中"痛贬蒋介石的人格与事业"来看，上述的言论，都是不实之词、违心之言，此乃韬光养晦也。

质言之，张写给蒋的挽联："关怀之殷，情同骨肉；政见之争，宛若仇雠。"言简意赅地说明他们之间的关系的确是：剪不断，理还乱，恩恩怨怨数十年！

原载于《学问》2017年第1期，2017年11月14日该文又以《张学良谈蒋介石》为题，发表于"中国社科院哲学社会科学创新工程项目"内刊《世界社会主义研究动态》第136期（总第1806期）

中国历史上民族关系刍议

史金波

摘 要 在中国，民族关系始终处于重要地位。中华民族发展趋势是，各民族的交流越来越频繁，交往越来越密切，交融越来越明显。从统一和分裂看中国民族关系，在统一时期，无论是汉族还是少数民族为统治民族，都是中国的统一；在分裂时期，是同一个国家内的纷争。从历史上民族政策看民族关系，多种管理制度与多种类型的社会经济文化体制并存，保证了民族共聚于一个国家之内。历史上的民族政策适应了中国社会进步发展和民族交往日益频繁的需要，使中央政府与各民族的关系越益紧密，管理逐步趋向同一，共同性不断增加。历史上各民族交融随着时代的进步越来越显著。历史经验证明，各民族只有互相交流、互相吸收、互相依存才能促进各民族的进步和发展。

关键词 民族关系 政策 民族交融

中国作为一个多民族国家，在政治和社会生活中民族关系始终处于重要地位。多角度地分析历史上的民族关系，寻求规律性的认识，对分析当前的民族关系和民族问题，会有一定的借鉴作用。

一 从中华民族发展趋势看中国的民族关系

纵看历史，中华民族的形成和发展是一个长时期的历史过程。从中华民族发展的大趋势可以看到中国民族关系的历史演变。

中国古代的民族（或部族）很多，先后不啻数百个之多。中国传说时代华夏和九黎共存。商、周时期除华夏先民，还有戎、狄、羌人。春秋战国时期，华夏先民从黄河中下游向周边延伸，北方则有狄、戎、胡，南方有百濮、蛮、越，西方有羌、月氏、氐等。先秦时期华夏共同体基本形成，出现了"内诸夏而外夷狄"，"裔不谋夏，夷不乱华"，"用夏变夷"等思想。当时出现了"中国"与"四夷""五方之民"等观念。①

秦统一中原，华夏先民势力进一步扩大，秦汉时期汉族形成。当时扶余、匈奴、月氏、羌，都有较大势力。汉朝沟通西域，经营匈奴，征服西南夷，版图扩大，各民族密切交往。后南匈奴渐与汉族混同，东胡等族也渐衰亡。汉代强调夷、夏有别，发展了先秦"五方之民"的论述。司马迁在《史记》中以黄帝为诸夏共祖，将汉族和少数民族的历史看作一统政治秩序的组成部分，体现了民族大一统思想。②

三国魏晋时期，匈奴内迁，鲜卑南进，吐谷浑西移，形成少数民族大迁徙局面。十六国时期，有13个少数民族政权，有的已进入中原。南北朝时期，南朝辖中原和南方，北朝鲜卑族建立的北魏，匈奴、乌桓等民族式微。此时期第一次有了少数民族王朝的正史，南朝为晋室的延续，自诩正统所在，北朝占据中原，自以为中国。各王朝史家以本民族为正统。③

隋、唐统一中国，北制突厥，西连回纥，开丝绸之路；南和吐蕃，实行和亲。鲜卑、柔然逐渐消亡。唐初四夷宾服，唐太宗提出"自古皆贵中华，贱夷狄，朕独爱之如一，故其种落皆依朕如父母"④的主张，对各民族也有一定的包容性，体现出华夷一体思想。但唐代更多的士大夫坚持华夏正统论和华夷之别。隋唐时期所修正史立有民族列传，基本按东夷、南蛮、西戎、北狄记述各族历史，正史中的四夷体系化记述模式确立。⑤唐末五代藩镇割据，朝代更迭频仍，少数民族政权勃兴，契丹强大，吐蕃崛起，南诏建国，出现分立局面。

辽宋夏金时期汉族和少数民族王朝鼎立，同时还有回鹘、吐蕃、大理，形成了中国又一次政权分立时期。宋朝以正统自居，华夷之辨空前严格。辽、夏、金接近或进入中原地区后，都逐渐产生不自外于中国的华夏正统观念，也以中国正统自视。辽、宋"澶渊之盟"后，互称南北朝。⑥当时中国出现了多"中国"并存的现象。

蒙古族建立的蒙、元王朝，第一次出现了由少数民族掌握全国政权的局面。曾建立辽、夏、金王朝的契丹、党项、女真族逐渐消亡。元朝对历史上民族政权的评价较为开放，承认其正统地位。元朝对修撰前朝历史，将体例确定为"各国称号等事，准《南北史》"，"金、宋死节之臣，皆合立传，不须避忌"⑦，较前代的历史观念发生了很

---

① （清）阮文校刻：《十三经注疏》，《礼记》卷第12《王制》，中华书局，1980，第1338页。黄怀信、张懋镕、田旭东：《逸周书汇校集注》，上海古籍出版社，1995，第970～983页。

② 《史记》卷1《五帝本纪》，中华书局，1959，1959，第3～6页；卷130《太史公自序》，第3317～3318页。

③ 《魏书》卷1《序纪》，中华书局，1974，第1～17页；卷95《列传序》，第2042～2043页。

④ 《资治通鉴》卷198，太宗贞观二十一年，中华书局，1956，第6247页。

⑤ 《晋书》卷97《四夷传》，中华书局，1974，第2531页。《周书》卷1《文帝纪上》，中华书局，1971，第921页。

⑥ （元）马端临：《文献通考》卷346《四裔考》，浙江古籍出版社，1988。

⑦ 《辽史》"附录·三史凡例"，第1557页。

大变化和进步。

明朝并未完全统一中国。先是北方的蒙古，后是东北的女真，都对明朝构成威胁。明朝重视边患，突出"中华"地位。统治者为求政权的稳定，视"兴兵轻伐"为不祥。[①] 当时注重民族地方的管辖和治理，如对土司的设置与土司的管理，并通过总结"制夷"之道，总结处理民族问题的经验。

清朝又一次以少数民族统一中国，满族确认自己"为中国主"。[②] 康、雍、乾三朝发展至鼎盛，中后期政治僵化，文化专制，闭关锁国。鸦片战争后，中国进入半殖民地半封建社会，帝国主义对中国边疆少数民族地区进行领土蚕食、经济掠夺、文化渗透。晚清时一些学者开始从"中国"的角度撰述民族史，四夷成为"中国"之内的民族，初步形成"中华民族"是中国境内各民族共同称谓的思想。[③] 这是民族史观的巨大转变。

民国时期，孙中山在 1912 年《临时大总统宣言书》中提出："合汉、满、蒙、回、藏诸地为一国，则合汉、满、蒙、回、藏诸族为一人，是曰民族之统一"。抗日战争时期各民族救亡图存，共同抗日。这一时期出现多种以"中国民族史""中华民族史"为题的论著。

新中国成立后，实行各民族一律平等的政策和民族区域自治制度，坚持民族团结，发展少数民族地区经济文化事业，使用和发展少数民族语言文字，尊重少数民族风俗习惯，保护少数民族宗教信仰自由，注重培养少数民族干部，形成了"统一多民族国家""中华民族多元一体格局"等新的民族理论认识。

总之，在中国先后登上历史舞台的民族（部族）众多。随着社会的发展、进步和民族间的密切交流，民族的数量总的趋势是逐渐减少的。不仅是一些小的民族，即使一些在中国历史上有过重要影响的民族，如匈奴、东胡、鲜卑、柔然、羯、氐、渤海、契丹、党项、女真等也都消失了。一些民族延续下来，成为中华民族大家庭的成员，目前中国有 56 个民族。汉族不断吸附糅杂各民族成分，成为中国乃至世界上人口最多的民族。

中国历史发展脉络表明，各民族之间交流越来越频繁，交往越来越密切，交融越来越明显，关系越来越密切。人们对民族关系的认识由"华夏"和"四夷"的对立，到"华夏"范围不断扩大，"四夷"渐趋边缘化，再到中国包括所有民族，形成中华民族大家庭。

---

① （明）朱元璋：《皇明祖训》序，中华再造善本，2002。
② 《大义觉迷录》，《清史资料》第四辑，中华书局，1983，第 85 页。
③ 梁启超：《历史上中国民族之观察》，《新民丛报》杂志第 65、66 号，1905 年 3～4 月。杨度：《金铁主义说》，《中国新报》1907 年 5 月 20 日。

二 从统一和分裂看中国民族关系

中国的历史上，有统一，有分裂。《三国演义》开宗明义就写了一段精彩的论断："话说天下大势，合久必分，分久必合。"从中国历史来看，这个论断有深刻的道理。在中国五千年文明史中，历经多次战乱、分裂，但依然归为一统，主要是有中国特殊的文化传统。而世界历史上一些曾有强大势力和影响的国家，分裂、灭亡后再也不能恢复统一。中国有"合"的趋势，有强烈统一的理念。这种理念的基础是各地区、各民族之间越益紧密、难以分割的关系，使各民族对"中国"的认识不断升华。

"中国"作为一个历史叙述单元，有一个发展的过程，这与各民族的共同发展密切相关。"中国"的名义、"中国"的正统对各民族显得越来越重要。

南北朝时期"中国"已成为正统的代名词。《魏书》称北魏是"中国""皇魏""大魏"，并宣称魏乃"神州之上国"。历史上各王朝以金、木、水、火、土五德传承，是华夏正统观的重要内容。魏孝文帝下诏定德运为水德，[1] 是继承"中国"的重要标志。北魏称东晋为"僭晋"，称南朝宋、齐、梁为"岛夷"，从名义上标榜拓跋魏的正宗地位。而南朝正史则视北魏为"虏"。

辽宋夏金时期也是中国分裂时期，但各王朝都不自外于中国，争抢"中国"名义，并以"德运"之说维护自己的正统。宋受周禅，为火德。辽朝统治者在接受华夏文明后，"中国"意识逐步产生。辽兴宗重熙年间开始以北朝自称，道宗末年修成的《皇朝实录》"称辽为轩辕后"[2]，这是对中国传统的明确认同。辽承石晋的金德，称本朝为水德。西夏景宗立国称帝时向宋朝所上表章即蕴含正统意识，如"臣祖宗本出帝胄，当东晋之末运，创后魏之初基"。[3] 西夏也遵循"德运"之说，定为金德。金朝自熙宗改制后，汉化更趋明显。至海陵王时代，以华夏正统自居。金朝也持"德运"之说，原定金德，后更定为土德。[4] 辽宋夏金各朝自诩中国正统，"德运"分别为水、火、金、土，证明当时各朝虽主体民族不同，但都认同中国的帝统。宋与辽、金互称南北朝，实际上都承认是中国。西夏称东部的宋朝为"东汉"，称西部的吐蕃为"西羌"，也显示出自己的地位和各政权同属中国的思想。这一时期虽是各朝分立，但对中华民族政治和文化皆有高度共同认知。

元代依民族设置等级：蒙古人、色目人、汉人和南人。元代后期在居庸关云台门洞两侧镌刻佛经，使用了六种文字，分别为汉文、梵文、八思巴字、藏文、回鹘文、

---

① 《魏书》卷 108《礼志一》，中华书局，1974，第 2744～2745 页。
② 《辽史》卷 63《世表序》，中华书局，1974，第 949 页。
③ 《宋史》卷 485《夏国传》（上），中华书局，1974，第 13995～13996 页。
④ （金）佚名编《大金德运图说》，文渊阁《四库全书》本。

西夏文。汉人在元代民族地位低下，但汉文化代表主体、先进文化；梵文是佛经的原始文字，代表佛教文化；八思巴字代表主体民族蒙古族的文化；藏文、回鹘文、西夏文则代表了第二等级色目人的文化。此外，在敦煌的速来蛮西宁王碑、甘肃省永昌圣容寺附近的石壁上都有这六种文字镌刻的六字真言。这证明以上六种文字是当时政府认可、流行的文字。当时虽仍有大量契丹人和女真人，但其文字却无缘进入这些石刻之中，反映出这两个民族的政治、文化地位，折射出当时的民族关系。

总之，中国在发展过程中，无论与中原王朝分立的少数民族王朝，还是统一了全国的王朝，都力图接续中原王朝的正统，继承五行德运，认为自己是中国或中国的一部分。中国历史上的分立政权，实质往往不是民族之争，而是政权之争。中国历史上的统一，无论是汉族为统治民族，还是少数民族为统治民族，都是中国的统一。中国历史上的分裂，属于同一个国家内的纷争，是兄弟阋墙。

近代随着帝国主义列强对中国的侵略，有的分裂活动带有严重的外国干涉或操纵色彩。如日本侵华时期建立的伪满洲国、伪蒙疆联合自治政府，都是日本侵略者与汉奸勾结的傀儡政权。他们的分裂活动随着抗日战争的胜利而彻底破产。当代的"藏独""疆独"也无不受到外国势力的指使，应当引起全国各族人民特别是当地民族的高度警惕。当然，他们的分裂活动也一定会遭到彻底失败。

三 从历史上的民族政策看民族关系

民族政策是一个国家总政策的重要组成部分。中国历史上的民族政策本质上是不平等的、民族剥削和民族压迫的政策，但其中成功的民族政策对推动当时的社会进步，增强中华民族凝聚力，维护祖国的统一和发展民族地区的政治、经济、文化，也起到了积极的作用。

中国历史上对少数民族地区采取因俗而治的政策，后来演化成羁縻制度，宋代及以后又实行土司制度，明、清时期部分民族地区又实行改土归流。

羁縻制度是在少数民族地区设立特殊行政单位，保持原有的社会组织形式和管理机构，承认其首领的统治地位，在政治上隶属于中央王朝，并向朝廷朝贡。唐代在少数民族地区建立了一套完整的羁縻府州制度，在西北、南方等地列置羁縻都护府、都督府、州、县四级。当时先后设羁縻府州 800 多个，官职世袭。[①] 这是对民族地区"因俗而治"的又一次发展。唐代前期的民族政策，集历代成功的民族政策之大成，吸取了正反两个方面的经验教训，是我国民族政策的成熟发展时期。

土司制度是南宋及以后各朝在部分少数民族地区分封各族首领世袭土司官职，以

① 《新唐书》卷 43 《地理志七·下·羁縻州》，第 1119 页。

统治当地人民的一种政策。土司制度至明代达到兴盛。土司的职衔分武职和文职两种。① 土司"袭替必奉朝命，虽在万里外，皆赴阙受职"。②

无论是在羁縻制度下，还是在土司制度下，各民族地区的羁縻府、州名称和土司名称，皆以地域称名，基本不冠以民族名称。历史上各民族地区民族成分往往并不单一，随着时代的发展，民族地区中的民族成分越趋复杂，因此以地域命名能够更准确地反映实际情况。这种历史经验值得后世借鉴。

改土归流是明、清时期在部分少数民族地区实行的政策，即随着部分少数民族地区与汉族交往的增加，社会不断发展，在那里废除少数民族上层世袭府、州、县土官，改由朝廷任命的流官统治，实行和汉族地区相同的政治制度。清朝"至雍正初，而有改土归流之议"。③ 改土归流反映了当时民族地区的社会发展，顺应了各族人民经济、文化加强交往的大势，加强了边远地区和内地的联系，也强化了中央对边远地区的管理。

从中国历史上先后实行的民族政策看，多种类、多层次的管理制度与多种类型的社会经济文化体制并存，保证了中国政治、经济、文化有差异的民族共聚于一个国家之内，内聚形成了中国统一的格局。适当的民族政策能适应社会进步发展的客观需要，适应各民族之间交往日益频繁的需要，使各民族关系越益紧密，共同性不断增加。

四　历史上民族关系的主流和发展趋势

中国各民族人民都为祖国的缔造与发展做出了重要贡献。汉族在中国处于主体地位，对中国的形成与发展起了决定作用。汉族在与各民族的交往中，吸纳了很多民族的优长之处，融入了不少其他民族的成分，与各少数民族血肉相连。汉族分布地域广，人口最多，经济、文化发达，以其先进性、稳定性和强大的凝聚力，形成不可替代的重心地位，对中国历史的进程有核心和压舱石的重大作用。

少数民族在中国历史上也有着举足轻重的历史地位。少数民族开发了中国边疆地区。中国的陆地边疆，从北部、西部到南部，几乎都是少数民族繁衍、开发的地区。北方和西部的少数民族利用当地广袤草原的条件，发展了畜牧业。少数民族的骑射技术影响到中原地区，战国时期的"胡服骑射"就是从北方少数民族引进到赵国，并逐渐推广开来。④ 水稻的栽培产生于南方少数民族地区。很多少数民族把当地盛产的农作物品种和种植方法传播到全国各地。如高粱、花生、芝麻、蚕豆、棉花、麻、葱、蒜、

① 《明史》卷 76《职官五》，中华书局，1974，第 1875～1876 页。
② 《明史》卷 310《土司传》，中华书局，1974，第 7981 页。
③ 《清史稿》卷 512《土司一》，中华书局，1977，第 14204 页。
④ 《史记》卷 43《赵世家》，中华书局，1974，第 1806～1808 页。

黄瓜、胡萝卜、胡椒、苜蓿、葡萄、石榴等作物皆来自少数民族地区。不少民族的手工业皆有特色，有的流传到中原地区。日常须臾离不开的桌、椅等为少数民族发明。少数民族文化具有很高的成就，不断为中华民族文化注入新的血液。历史上一些少数民族陆续创制了 30 多种文字，记录了大量文献资料，成为我国文化宝藏中的重要组成部分。历史上少数民族宗教对全国宗教的发展演变起了重要作用。少数民族在更大的范围内传播中原地区的先进文化和科学技术，还在医学、印刷术、天文、历法、建筑等方面做出了卓越贡献。少数民族在保卫边疆方面起到了特殊的作用，特别是近代反抗帝国主义侵略的斗争中，各民族同仇敌忾抵御外国侵略者的英勇行为，可歌可泣。至今中国少数民族这种保卫边疆的作用仍显得十分重要。

中国各民族在长期共同发展中，形成了很多共性。随着时间的推移，各民族的共性不断增强。中华民族文化源远流长，在世界上独树一帜。历史上以儒学为主体的文化不仅覆盖着汉族地区，也浸润着各少数民族地区。汉族文化和各少数民族特色文化互相影响、交流、交融，形成了世界上独具特点、光辉灿烂的中华文明。各民族经过不断交往、迁徙、杂居、通婚等各种形式的交流，经济互相补充，文化互相学习，人员不断交融，形成你中有我、我中有你、团结进步、共同发展的局面。

对于中国历史上民族关系的主流，20 世纪 60 年代和 80 年代在学术界进行过两次认真的讨论。著名历史学家白寿彝教授认为：主流是"许多民族之间共同创造了我们的历史，各民族共同努力，不断地把中国历史推向前进"。[①] 著名历史学家翁独健教授认为："尽管历史上各民族间有友好交往，也有兵戎相见，历史上也曾不断出现过统一或分裂的局面，但各族间还是互相吸收、互相依存、逐步接近，共同缔造和发展了统一的多民族伟大祖国，促进了中国的发展，这才是历史上民族关系的主流。"[②] 1988 年著名社会学家费孝通发表《中华民族多元一体格局》的长篇演讲，论述了中华民族多元一体格局的形成过程，认为它的主流是由许许多多分散存在的民族单位，经过接触、混杂、联结和融合，同时也有分裂和消亡，形成我中有你、你中有我，而又具个性的多元统一体。在这个多元统一的格局中，华夏—汉民族是各民族凝聚的核心，把多元结合成一体。[③] 中华民族多元一体理论的提出，在学术界引起很大反响，并逐渐为学界所认同和接受。

历史上各民族之间的交往总在不间断地进行，交流越来越热络频繁，交融越来越显著，各民族之间从来没有严格的壁垒。世界历史的发展证明，民族在不断融合，民

① 白寿彝：《关于中国民族关系史上的几个问题》，《中国民族关系史研究》，中国社会科学出版社，1984。

② 翁独健：《在中国民族关系史研究学术座谈会闭幕会上的讲话》，《中国民族关系史研究》，中国社会科学版社出版，1984。

③ 费孝通：《中华民族多元一体格局》，《中华民族多元一体格局》，中央民族大学出版社，1989，第 1～2 页。

族越来越少，民族语言越来越少。中国历史经验证明，各民族只有互相交流、互相吸收、互相依存才能促进各民族的共同进步和发展。特别是当前迈向现代化的过程中，中国各民族更应加强、深化交流，提倡、促进各民族间经济、文化的合作，不能在民族间交流方面设置障碍。改革开放 30 多年的实践证明，这一时期是各民族快速发展的时期，也是各民族交往交流交融更为频繁的时期。

在建设有中国特色的社会主义新时期，各民族之间紧密团结，共同进步，共同发展，携手迈进小康社会，已成为各族人民的共同追求，实现中华民族的伟大复兴是各民族共同奋斗的目标。今后各民族还会有更加广泛、更为深刻的交往交流交融，互相吸收、互相依存、互相接近会更为显著，以达到更高层次的共同繁荣发展。

史学工作者在宣传正确的祖国观、历史观、民族观方面，负有重要责任。当前应该在民族平等的前提下，提倡增强中华民族一体的观念，在保护各少数民族传统文化的同时，要重视和加强中华民族文化的共性，强化祖国意识、公民意识，加强民族团结，进一步增强国家的凝聚力，促进各民族共同发展，大力改善民生，使国泰民安。

原载于《中国史研究》2017 年第 1 期

清代勘分中俄科塔边界大臣的
第一件察合台文文书及其相关问题研究

何星亮

摘　要　本文对清代钦命勘分中俄科塔边界大臣于光绪九年（1883）七月初六日给哈萨克部落头目所写的文书进行了较全面、深入的研究。本文首先对文书进行拉丁字母转写和中文翻译，其次结合调查资料和有关史料，对文书中提到的人名、地名、中俄边界谈判地点和中俄分界线进行考证，对研究中俄边界谈判和清政府的民族政策具有较高的学术价值。

关键词　中俄科塔边界　察合台文文书　谈判地点　分界线　额尔庆额　堆三伯特

1983 年 6 月，笔者在阿勒泰地委档案室发现清代钦命勘分中俄科塔边界大臣和卡伦侍卫写的哈萨克察合台、满、汉三种文字文书五件。五件文书均用毛笔缮写在宣纸上，保存者为便于收藏，按时间顺序，将之裱糊在一块长条花布上（原件现藏于新疆维吾尔自治区档案馆）。五件文书均写于光绪九年（1883）勘分中俄科塔边界前后，其中哈萨克察合台文两件，一件写于光绪九年七月初六日（1883 年 8 月 8 日），另一件写于同年七月二十七日（1883 年 8 月 29 日）；满文一件，写于光绪九年七月初七日（1883 年 8 月 9 日）；汉文一件，写于光绪九年八月初一日（1883 年 9 月 1 日）；汉、察合台两种文字合璧一件，写于光绪九年五月十一日（1883 年 6 月 15 日）。五件文书内容相关，但又不是同一文本的两种译本。五件文书内容均谈及当时所定中俄科塔边界，以及当时安置哈萨克族的有关情况和勘分边界前后的一些问题。

五件文书具有很高的价值，尤其是勘分中俄科塔边界大臣和卡伦侍卫所写的察合台文文书，价值更大。一是文书具有很高的语言文字价值。哈萨克族在清末民初之前，主要从事游牧，居无定所，留存至今的清代哈萨克族察合台文文献资料极少。据一些哈萨克学者称，这几件哈萨克察合台文文书 20 世纪 80 年代在中国尚属首次发现（前几年有些哈萨克族学者在故宫档案馆发现清代的哈萨克察合台文，但篇幅不长），当时国内也没有人研究哈萨克察合台文。清代的哈萨克察合台文不仅文字与现代哈萨克文差异较大，而且语法、词汇也有差异，这些都有助于研究察合台文与现代哈萨克文的关系。二是文书具有很高的历史价值，文书中所述的有些内容为有关条约为清实录和清季外交史料所无。这几件文书对于探析清末中俄边界划分与边境民族的迁移及清朝政府对边疆民族实行的民族政策颇有价值，对了解《中俄科塔界约》谈判前后事宜亦有较高的史料价值。

1983～1985 年，笔者对五件文书做了简单的拉丁字母转写和翻译，撰写并发表了《清代阿尔泰汉、哈、满五件文书译注》①一文。1995 年 12 月至 1996 年 12 月，笔者应日本东洋文库邀请，作为客座研究员赴东京从事研究一年，其间，对其中一件哈萨克察合台文文书做了研究，发表在日本大阪《内陆アジア言语の研究》第 7 期。②但以往的研究主要对文书进行转写、翻译和注释，对文书中提到的许多问题未做深入的分析和考证。随着大量资料的发现，有必要重新进行研究和考证。

本文结合有关史料和自己的调查资料，就钦差大臣于清光绪九年（1883）七月初六日写的第一件察合台文文书做了较为全面、深入的研究，并对与文书有关的问题做较深入的探讨。

一　文书基本情况

此件文书写于清朝光绪九年（1883）七月初六日，为笔者发现的两件哈萨克察合台文书中的第一件，也是当时勘分中俄科塔边界大臣给哈萨克族所写的第一件文书，是中俄勘分科塔边界大臣议定以阿拉克别克（Alqabek）河为两国新界的后两天、《中俄科塔界约》换约前四天所写。比第二件哈萨克察合台文文书早 21 天，比满文文书早 1 天，比汉文文书早 25 天。

文书以毛笔书写在宣纸上，纸长 32.2 厘米，宽 24.5 厘米。此件文书较第二件察合台文文书篇幅长，内容较丰富，也较有价值。字较第二件文书小，但较整齐，分左右两列。

文书左上方起首处盖有长方形大印一方，印文长三寸二分，阔二寸，上刻汉、满两种文字，汉文为：钦命勘分界务科布多帮办大臣之关防。满文为：Badarangga Doro i uyuchi aniya ilan biyai。汉译：光绪九年三月。

文书分两部分，前一部分是以钦命勘分中俄科塔边界大臣的名义发布；后一部分系勘界副代表、科布多帮办大臣额尔庆额（Erkege）的札谕。文书前一部分内容是：中国勘分中俄边界代表向大清国所属哈萨克扼要说明新定国界的主要分界点，以及新界两边的哈萨克人在限期内有选择归属国的自由，逾期不得任意迁徙。后一部分是：

---

①　《中央民族学院学报》1985 年第 3 期。

②　何星亮：《清代勘分中俄边界大臣的一件哈萨克察合台文文书研究》，日本大阪《内陆アジア语の研究》1997 年第 7 期。

科布多帮办大臣额尔庆额（Erkege）给居住于新界西边的哈萨克族部落头目堆三伯特（Düzmenbet）以赏封，并分给新界东面、大清国所属之游牧地，让其所属牧民自由选择归属国。当时堆三伯特所属部落居住在新界西边，额尔庆额写此札的主要目的是希望堆三伯特所属部落及其他哈萨克部落迁入新界东边大清国属地。

察合台文是以阿拉伯字母为基础的音素文字，是维吾尔（Uyghur）、哈萨克（Qazaq）、柯尔克孜（Kirghiz）、乌孜别克（Uzbek）等突厥（Türk）语诸民族及其他中亚民族，从 13 世纪至 20 世纪初共同使用的书面文字。因这种文字在蒙古察合台汗及其后裔统治的地区开始使用，故学术界称之为"察合台文"。

二 影印件

三　拉丁字母转写

笔者在发现哈萨克察合台文文书后，根据察合台文特点，以拉丁字母转写。由于此前中国国内尚未发现哈萨克察合台文，没有现成的转写规则可参考，笔者参考了有关维吾尔察合台文的转写规则，[①] 并结合哈萨克语的特点，作了相应的调整。维吾尔等族的察合台文字母一般有 32 个，而此文书字母只有 28 个。现把文书中的哈萨克察合台文和拉丁文对应字母列表如下：

ﺍ—a/e；ﻩ—ä；ﺏ—b；ﭖ—p；ﺕ—t；ﺝ—j；ﭺ—ch；ﺡ—h；ﺩ—d；ﺭ—r；ﺯ—z；ﺱ—s；ﺵ—sh；ﺹ—š；ﺽ—ẓ；ﻁ—ṭ；ﻉ—gh；ﻑ—f；ﻕ—q；ﻙ—k；ﻝ—l；ﻡ—m；ﻥ—n；ﮒ—ng；ﯗ—w；ﻭ—o/u/ö/ü；ﻯ—i/ï/y；ﻩ—h。

与其他察合台文一样，文书中的察合台文词中的元音 a/e 和 i/ï 常被省略不写，凡省略的元音字母，转写时加括号（ ）表示。

为便于阅读和注释，采用分句或分段转写的方式。

【1】Badur Ghudurn（ï）ng toqïzunchï yïldä yetinchi ayn（ï）ng altïnchï kündä jarlïq birlä yazïlghan h（a）ṭ dur.

【2】Boghdä Ejenhann（ï）ng jarlïghï birlä chïqqan j（e）r böl（ü）wkä chingšay ambï Qobdan（ï）ng q（a）ryatlï j（e）r elni biylewchi Kep Ambïn（ï）ng Aqhandan chïqqan Babkof jandïralnïng eki hann（ï）ng uluqlar Ṭarboghatayn（ï）ng El（i）w ghalday, Jung ghalday Qabä boyundä bas qosïp söylesip j（e）r bölip ṭoqtasqan jarlïghï dur.

【3】J（e）rn（i）ng bölük arasï: Alqab（e）kn（i）ng s（u）wgharï Ertüskä quyghan j（e）ri ḥ（a）m Altaydä Aqtas birlä chïghup, Q（ï）zïlachk（e）zeng Šaz Q（a）raqabdan ötüp, Aqqabän（ï）ng bas birlä asup, Küytünkä barup oqtaydï

【4】Emdi j（e）rdä oturghan el Q（a）zaqqä erökchä jarlïq b（e）rdi. Ejenhandï süyken Q（a）zaq Ejenhanghä q（a）raghan j（e）rkä k（e）lüp otursun; Aqhandï süyken Q（a）zaq Aqhanghä q（a）raghan j（e）rkä otursun. Ejenhanghä baramun d（e）ken Q（a）zaqdï Aqhann（ï）ng k（i）shisi oqtatmasun; Aqhanghä baramun d（e）ken Q（a）zaqdï Ejenhann（ï）ng k（i）shisi ṭoqtasqan d（e）p jarlïq qïlup Q（a）zaqqä erükli jarlïq b（e）rdük.

【5】Bu erükünchä jürmeki bir qïschä qïstawghä qonghanchä erükli bolsun. Onan k（e）yün emdi qaytup eki hann（ï）ng birün tastap birünä baramun d（e）sä, y（a）nä qachsä,

① 安瓦尔·巴依图尔：《察合台文和察合台文献》，中国民族古文字研究会编《中国民族古文字研究》，中国社会科学出版社，1984，第 114～126 页。

anï kirküzüp oqtatup urmalïq, ustap b（e）rüp basun chabušalïk d（e）p jarlïq boldï.

【6】Emdi osuluq bölken j（e）rd（e）n eki hanghä q（a）raghan ad（a）m ruhš（a）t qolundä kagh（a）zï bolmä, ol k（i）shi ustalup yazuqlï qïlalïq d（e）p jarlïq qïldïq.

【7】Bu jarlïq j（e）rni Ejenhanghä q（a）raghan el kä h（a）ṭ köterüp apshïrup charlaytughun h（a）ṭ dur.

【8】Ekinchi söz jarlïq Boghdä Ejenhann（ï）ng jarlïghï birlä chïqqan, el j（e）rni biylep, t（e）ksherüp bitiretughun chingšay ambï Qobdan（ï）ng Kep Ambïn（ï）ng jarlïghï.

【9】Yüzm（u）h（a）m（e）d, K（e）ngesbaydï qaytarduq. Ruhš（a）t jarlïq kagh（a）zïn b（e）rüp, ekinchi q（a）tarlïq q（ï）zïl m（a）rjan jingsä közli toto ghus jün chanchup, özüngä q（a）raghan qaryatlï j（e）rdeki elni biyle d（e）p ambï qïlup jarlïq. b（e）rdük.

【10】Ḥ（a）m elüng s（ï）yghanchä j（e）r b（e）relik d（e）p jarlïq b（e）rüldi. Tömenki ch（e）ti Alqab（e）k, jogharghï ch（e）ti Qabän（ï）ng s（u）wagharï Ejenhanghä q（a）raghan Oruqtï j（e）ri. Altayn（ï）ng ṭawïn jaylaw, dalasun qïstaw ekündük qïl d（e）p jarlïq qïlup j（e）r h（a）yran qïldïq.

【11】Bughandä sïymas köp elüng bolsä, ḥ（a）m taghïdä tilekenchä j（e）rüngdi b（e）rem（i）z. Qay j（e）rd（e）n tileseng erük özüngdä d（e）ken h（a）yran jarlïq bold.

【12】Emdi köngelüng Ejenhand süyken Q（a）zaq bolsang, Yüzm（u）h（a）m（e）d ambï barghan song, Ejenhanghä q（a）raghan j（e）rkä k（e）l. Erük özüngdä, k（e）lm（e）sengdä k（e）lsengdä žorlïq joq.

【13】Bu jarlïq kagh（a）zïmdä b（e）rüp amghamdï basïp, Yüzm（u）h（a）m（e）d, K（e）ngesbayghä qosup dungchem Abdolläb（e）kdi jiberdüm öz ornumä.

四 翻译注释

【1】Badur Ghudur：清代哈萨克语对"光绪"年号的称呼。源自满语"Badarangga Doro"。badarang 意为：兴旺的，兴隆的，昌盛的，繁荣的。doro 意为：道理，礼仪。[①]

---

① 羽田亨：《满和辞典》，台北学海出版社，1984，第 30 页，第 95 页；安双成主编《满汉大辞典》，辽宁民族出版社，1993，第 398 页，第 699 页。

toqïzunchï：第九，古代突厥语作 toquzïnch，① 现代哈萨克语作 toghzïnshï。yïl：（年），古代突厥语作 yïl，② 现代哈萨克语作 jïl。yetinch：第七，古代突厥语作 yetinch，③ 现代哈萨克语作 jetinshi。altïnchï：第六，古代突厥语作 altïnch，④ 现代哈萨克语作 altïnsh。toqïzunchï yïldï yetinchi ayn（ï）ng altïnchï kündä：在第九年第七月第六日。

jarlïq：古代突厥语作 yarlïgh，⑤ 现代哈萨克语作：jarlïq。此词一般译作"命令""谕旨"等。而清代上级对下级发布命令、指令的文书，一般称"札"，在科布多帮办大臣额尔庆额于八月初一日所写的汉文文书中也称"札"，故汉译文译作"札"。

birlä：古代突厥语作：birla 或 birlä。源自词根 bir（数词"一"）的派生动词（联合，一起），演变成为后置词，意为"和……一起""……之间""以……什么"，表示行为动作借以完成的工具或进行的方式等。在古代突厥碑文中多次出现，如阙特勤碑南面第 4 行：……tabghach bodun birlä "与唐朝人民一起"；第 17 行：Ichim Qaghan birlä…sülädimiz "笔者同笔者叔可汗一起征战"；北面第 1 行：……birlä Qushu tutuq birlä süngüshmish "与……，并和 Qushu 都督交战"。暾谷碑第 7 行：birla Iltäris Qaghan boluyïn……"同颉跌利施可汗一起"。在现代哈萨克语中，与 birlä 同一来源的有动词 birles－，意为联合、联结、合并，但没有后置词和助格的意义，仅仅是作为动词来使用。现一般以 pen（men/ben）代替察合台语和古代突厥语中的 birlä，为助格（工具格）附加成分，加在词干的后面，意义与 birlä 同。jarlïq birlä，意为：以命令的形式。

此段直译：光绪九年七月初六日，以命令的形式所写的文书。

【2】Boghdä Ejenhan：音译为"博格达艾坚汗"，意译为"神圣大清皇帝"，是清代哈萨克族对清朝皇帝的敬称，主要用于告示、谕旨等。Ejenhan 是清代哈萨克族对清朝皇帝的通称，由 Ejen 和 han 两个词构成。Ejen 来自满语"Ejen"，意为：主君，天子，主。⑥ Han 是古代突厥、蒙古等民族对部落或部族首领的称号。意为皇帝，王，大王，大部落酋长。据清代有关文书，多作"大清国大皇帝"或"大清皇帝"，故文书译文译作"大清皇帝"。

jarlïq birlä chïqqan：奉（大清皇帝之）命派出的。

chïq－：现代哈萨克语作 shïq－，意为：出，走出，出现，派出，来源。此为"派出"之意。jarlïq birlä chïqqan：奉（大清皇帝之）命派出的。

---

① Древнетюрский Словарь. Издательство Н АУКА，Ленинград，1969. с. 578. 为与本书的转写规则相一致，所引词汇的个别字母转写稍与该词典不同。以下均同，不再注明。

② Древнетюрский Словарь. с. 266.

③ Древнетюрский Словарь. с. 259.

④ Древнетюрский Словарь. с. 40.

⑤ Древнетюрский Словарь. с. 242.

⑥ 羽田亨：《满和辞典》，台北学海出版社，1984，第 108 页；安双成主编《满汉大辞典》，辽宁民族出版社，1993，第 994 页。

j（e）r bö l（ü）w：分地，划分地界。据额尔庆额的印章上的印文和八月初一日汉文文书，均作"勘分界务"，故此词译作"勘分界务"。

chingšay ambï：汉语"钦差大臣"的哈萨克语译名。chingšay 即钦 差的音译；ambï：官号，来自满语 amban，义为"大臣"。[1]

Qobda：地名，即科布多。源自蒙古语 Qobdo。

q（a）ryatlï：属于，从属于，管辖；elni：el 的宾格形式。el：人们，民众；氏族，部落；国家，祖国，故乡。古代突厥语作：el 或 il。在较早的突厥碑文中，多作 il，其意义主要是"国家"。如刻于 8 世纪初的暾谷碑文第 55 行：Il yämä，bodun yämä yoq ärtächi ärti "国家和人民都将灭亡"；第 56 行：Il yämä il boltï，bodun yämä bodun boltï "国家才成为国家，人民才成为人民"。在文书中，el 主要是"民众""部落"（参看 D 段）之意。biylewchi：现代哈萨克语作：biylewshi，有两种意义：一是统治者，操纵者，管理者；二是舞蹈者，跳舞的人。此为"统治者"。－ni 为宾格附加成分，表示动作的直接客体。q（a）ryatlï j（e）r elni biylewchi：管辖（科布多）地方和民众的统治者。

Kep Ambï：官号，意为帮办大臣。"Kep Ambï"来自满语 Hebey Amban。此词有两种意义，一是"议政大臣"；二是"参赞大臣"。[2] 但当时的科布多帮办大臣是清安，而写此文书的是科布多帮办大臣额尔庆额。查七月七日的满文文书，帮办大臣写作：aisilame baitai cihiyara amban，可能是此官号较复杂，不易记，故以较简单的参赞大臣的满语官号来称呼帮办大臣。帮办大臣是清代蒙古和新疆地区主管官的副职。据文书所盖印章印文"钦命勘分界务科布多帮办大臣额"，可知发布此文书的为额尔庆额（Erkege）。

Aqhandan chïqqan：从白汗处派来的。Aqhan 由 aq 和 han 两词构成，aq 意为：白，白色的。han 即古代哈萨克族对王、皇帝、首领的称呼。此指沙皇、俄国皇帝。可见清代哈萨克族称沙皇为"白汗"。据清代有关文书，一般作"俄国皇帝"。故文书中出现的"Aqhan"，汉译文均译作"俄国皇帝"。

Babkof jandïral：巴布阔福将军。Babkof，人名，俄文为"Бабков"。系勘分中俄科塔边界的俄国全权大臣巴布阔福的哈萨克语译音。

uluq：其原义为"大"，转义为：大臣，长官，官吏，首领，当权者。古代突厥语作：ulugh，[3] 如暾欲谷碑第 4～5 行：Yäti yüz kisig udïzïghma ulughï shad ärtï "率领这七百人的首领是'设'"。第 56 行：ulughï boltïm "成为首领"。现代哈萨克语作 ulïq。eki

---

① 羽田亨：《满和辞典》，台北学海出版社，1984，第 20 页。

② 羽田亨：《满和辞典》，台北学海出版社，1984，第 198 页。

③ Древнетюрский Словарь. с. 610.

hannïng uluqlar：两个汗（两国）的大臣们。

Ṭarboghatay：地名，现代哈萨克语作"Tarbaghatay"。清代译作"塔尔巴哈台"，即今新疆塔城地区。

El（i）w ghalday：刘噶赍达。ghalday：官号，源自满语，意为翼长。[①] 参看第五部分"有关人物考释"。

Jung ghalday：忠噶赍达。据分界大臣升泰当时的奏折，塔城派出的分界委员有刘宽和忠瑞等。故文书所称的"Jung ghalday"，当是指忠瑞。参看第五部分"有关人物考释"。

Qabä：现代哈萨克语作 Qaba，一般译作"哈巴"，即新疆阿勒泰地区的哈巴河。bas qosïp söylesip, j（e）r bölip ṭoqtasqan jarlïghï dur：头领聚集会谈，地界划分商定之后（所写）的命令。

中俄科塔边界谈判于光绪九年六月初旬开始，至七月初四日议定边界，[②]而此文书写于七月初六日，故文书称会商议定边界后所写之札。

【3】bölük：古代突厥语亦作 bölük，[③]现代哈萨克语作 bölik，其原意：分开的事物，部分；转义：界线，单个的。此为"分界线"之意。J（e）rn（i）ng bölük arasï：土地的分界线中点。

Alqab（e）kn（i）ng s（u）wagharï Ertüskä quyghan j（e）ri：意为：沿阿拉克别克河，至注入额尔济斯河的汇合处。

ḥ（a）m Altaydä Aqtas birlä chïghup：意为：以及沿着阿尔泰的阿克塔斯河而上。ḥ（a）m：察合台语。意为：和，与，同；又，再，还。

Q（ï）zïlachkezeng：地名，由三个词组成。qïzïl：为"红""红色的"，achï 为"硝土"，kezeng 为"山隘""关隘"，合言之意为"红硝土山隘"。Q（a）raqabä：河名。现代哈萨克语作"Qaraqaba"。qara 意为"黑"，"黑色的"。其意为"黑哈巴河"，Q（ï）zïlachïk（e）zeng, šaz, Q（a）raqabädan ötüp：过克森阿什奇克真山梁、萨斯山湾和喀拉哈巴河。

Aqqabä：河名和地名，此为河名，意为"白哈巴河"。

Küytün：山名，现一般译作"奎屯山"，清代文献多译作"奎峒山"，据称系蒙古语，意为"寒冷"。

【4】emdi：古代突厥语作：amtï。[④] 如阙特勤碑南面第 3 行：ol amtï ayïgh yoq "他

---

① 羽田亨：《满和辞典》，台北学海出版社，1984，第 154 页。
② 《分界大臣升泰等奏勘分科塔界务情形折》，《光绪条约》第十二，第 6 页。
③ Древнетюрский Словарь. с. 117－118.
④ Д ревнетюрский С ловарь. с. 42.

们现在都安居无事"。南面第 11 行：türk amtï bodun bäglär "突厥现在的人民和诸官"。现代哈萨克语作 endi。其义有二，一为：现在，现时，如今；二为：于是，那末，这样一来。此为第一义。

otur－：古代突厥语作 olur－，[1]现代哈萨克语作 otïr－，其意义有多种，一为：坐，坐下；二为乘，骑；三为居住；四为处在。此为第三义。j（e）rdä oturghan：在（这些）地方居住的。

el 有多种意义，此为"部落"之意。

Erökchä jarlïq b（e）rdi：给予特别的命令。

Ejenhandï 一词中的－dï 是宾格附加成分。süy－：爱，热爱；喜欢，爱好；亲吻。q（a）ra－：看，瞧，照看，朝着，属于，从属于，管辖。此为"属于"，"管辖"之意。Ejenhandï süyken Q（a）zaq Ejenhanghä q（a）raghan j（e）rkä k（e）lüp otursun：热爱艾坚汗（大清皇帝）的哈萨克到清朝皇帝管辖的地方来居住。

Aqhandï süyken Q（a）zaq Aqhanghä q（a）raghan j（e）rkä otursun：热爱白汗（俄国皇帝）的哈萨克到白汗管辖的地方去居住。此一句的语法形式与 E－1 相同。

Aqhann（ï）ng k（i）shisi：意即白汗的人，亦即俄国人。Ejenhangh baramun d（e）ken Q（a）zaqdï Aqhann（ï）ng k（i）shisi ṭoqtatmasun，意为：白汗（俄国皇帝）的人不得阻拦要去艾坚汗清朝皇帝）（属地的）哈萨克。

Aqhanghä baramun d（e）ken Q（a）zaqdï Ejenhann（ï）ng k（i）shisi ṭoqtatma-sun，意为：艾坚汗（清朝皇帝）的人不得阻拦要去白汗（俄国皇帝）（属地的）哈萨克。

d（e）p jarlïq qïlup Q（a）zaqqä erükli jarlïq b（e）rdük，意为：下达了（前面所说的）命令，并给予哈萨克人自由地（选择）的命令。

【5】bu：古代突厥语亦作 bu，[2] 现代哈萨克语作 bul。意为"这种"，"这一"之意。

erükünchä：自由地，任意地，随便地。

jürmeki：jür－的形式形动词，此词在句中作主语成分。

bir qïschä：现代哈萨克语作 bir qïssha，意为：一个冬天。

Qïstawghä qonghanchä，意为：住进冬牧场之前。

erükli bolsun，意为：有……自由。

Onan k（e）yün：此后，从那时之后。Onan k（e）yün emdi qaytup，意为：那么，

---

① Д ревнетюрский С ловарь. c. 366－367.
② Д ревнетюрский С ловарь. c. 119.

此后想要返回（原地）的话。

eki hann（ï）ng birün tastap birünä baramun d（e）sä，意为：想要抛弃两个汗中的一个汗（两国中的一国），到另一个汗（另一国）（所属的地方）去，即想由此国移入另一国。

y（a）nä：古代突厥语作 yemä，[①] 现代哈萨克语作 jäne，其意为：再，及，以及，还，还有。y（a）nä qachsä：以及想要逃跑的话。

anï 为 ol（他，她，它）的宾格形式，此与古代突厥语同，如暾欲谷碑第 21 行：anï yoqqïsalïm "让我们消灭他"；现代哈萨克语作 onï。anï kirküzüp oqtatup turmalïq：我们阻止他进入，不让他逗留。

ustap b（e）rüp，basun chabu šalïk，意为：我们把（他，她）捉拿，并送交（所属国）砍头。

d（e）p jarlüq boldï：意为：有（前面）所说的命令。

【6】Emdi osuluq bölken j（e）rd（e）n eki hanghä q（a）raghan ad（a）m，意为：这样一来，两个汗管辖的人从这分界线（经过）。

ruhš（a）t qolundä kagh（a）zï bolmä：如果手中没有许可证书的话。此证书即今所谓 "护照"。

ol k（i）shi ustalup yazuqlï qïlalïq：意为那人将被捉拿，并将被治罪。

d（e）p jarlïq qïldïq：我们下达了（前面）所说的命令。

【7】Bu jarlïk：这一命令。

Ejenhanghä q（a）raghan elkä h（a）t köterüp apshïrup，意为：交付这一文书，拿着它向艾坚汗（大清皇帝）管辖的民众传达（这一命令）。

charlaytughun h（a）ṭ dur，意为：（并把它）作为巡查地界的证书。

此段直译：拿着此文书向艾坚汗（大清皇帝）管辖的民众传达（这一命令），并将此文书作为巡查边界的凭证。

【8】ekinchi：古代突厥语作 ekindi 或 ekinti，[②]现代哈萨克语作 ekinshi，意为：第二。Ekinchi söz jarlïq：第二道命令。

Boghdä Ejenhann（ï）ng jarlïghï birlä chïqqan，意为：奉博格达艾坚汗（大清皇帝）之命派出的。

el j（e）rni biylep，t（e）ksherüp bitiretughun chingšay ambï Qobdan（ï）ng Kep Ambïn（ï）ng jarlïghï：此语意为：统治（科布多）地区和民众、勘查（边界）即将结

---

① Древнетюрский Словарь. с. 255.
② Древнетюрский Словарь. с. 168.

束后的钦差大臣——科布多帮办大臣的命令。

【9】Yüzm（u）kh（a）m（e）d, K（e）ngesbaydï qaytarduq，意为：我们让堆三伯特、肯艾斯巴依返回（原地）。关于堆三伯特的情况，参看第五部分"有关人物考释"。

K（e）ngesbay：人名，汉译"肯艾斯巴依"。从其名称来看，当系哈萨克族。其情不详，笔者在调查时，曾问及不少老人，均说不知有此人。

ruhš（a）t jarlïq kagh（a）zïn b（e）rïp：意为：给予允许（迁入大清国属地）的命令书。

ekinchi q（a）tarlïq，原意为：第二列，第二行。这里是"第二品"之意。qïzïl m（a）rjan：红珍珠，红珠子。jingsä：源自满语，汉译"顶戴""顶子"。系清代用以区别官员等级的帽饰。ekinchi q（a）tarlïq qïzïl m（a）rjan jingsä，意为：第二品的有红珍珠的顶戴。

qïzïl m（a）rjan，直译为红珍珠，红珠子。查《清史稿》，清代朝冠，珠有朝珠、东珠之分，而无红珠、蓝珠之别。唯有宝石才有红、蓝之称。如："镇国公朝冠，顶金龙二层，饰东珠五，上衔红宝石。辅国公朝冠，顶金龙二层，饰东珠四，上衔红宝石。"① 现代哈萨克语的宝石一词系外来语，可能当时尚无"宝石"一词，便用表珍珠之意的"marjan"以替代。故此词在汉译文中译作"红宝石"。

köz：眼，眼睛，孔。toto：鹦鹉。qus：鸟，鹰。jün：毛，羽毛。动词 chanch－：插上，刺入。közli toto ghus jün chanchup，意为：插上有眼的鹦鹉羽毛。

查《清史稿》，清代大臣的冠上插"孔雀花翎"。文书中之所以译作"鹦鹉羽毛"，可能是当时哈萨克语中尚无"孔雀"一词。又孔雀花翎有单眼、双眼、三眼之分。② 此词前面的修饰语"közli"（意为"有眼的"）为单数，故汉译文中译作"单眼孔雀花翎"。

öz：自己。özüng q（a）raghan qaryatli j（e）rdeki elni biyle：治理属于自己管辖地区的民众。

d（e）p ambï qïlup jarlïq b（e）rdük：意为：我们已经给予了（让你）作（前面所说的）大臣的命令。

【10】elüng：你的部落（民众）。动词 s（ï）y－：容纳，容（得下），放（得下）。Ḥ（a）m elüng s（ï）yghanchä j（e）r b（e）relik：此外，我们给予你的部落（民众）能够容纳得下的地方。

---

① 《清史稿》（536 卷本，以下同）卷 111，志 85，舆服二。

② 《清史稿》（536 卷本，以下同）卷 111，志 85，舆服二。

d（e）p jarlïq b（e）rüldi，意为：我们已经给予了（前面所说的）命令。

tömenki：下面的，下边的，下列的。ch（e）t：边，边缘，边际，边区。Alqab（e）k：河名。tömenki ch（e）ti Alqab（e）k，意为：下面的边在阿拉克别克河。

根据上下文，阿拉克别克河和哈巴河是两条东西并列的两条河，阿拉克别克河在哈巴河之西，故汉译文作：西边至阿拉克别克河。

jogharghï：上面的，上边的；高度，高等，高处。jogh arghï ch（e）ti Qabän（ï）ng s（u）wagharï，意为：上面的边在哈巴河。因哈巴河在阿拉克别克河之东，故汉译文作：东至哈巴河。

ẓoruq：现代哈萨克语作 jorïq，意为：征途，征战，行军。此词转意为：管辖的，统治的。Ejenhanghä q（a）raghan oruqtï j（e）ri，意为属于艾坚汗（大清皇帝）管辖的地方。

ṭaw：山。jaylaw：夏牧场，夏季草场，草原。dala：原野，田野，平川。qïstaw：冬牧场，冬季草场。ekündük：庄稼地，农田，耕地。qïl－：作，做。Altayn（ï）ng ṭawïn jaylaw, dalasun qïstaw ekündük qïl：阿尔泰山作夏牧场，平川作冬牧场和庄稼地。

h（a）yran，原意为：施舍，好处，优惠，优待；转义为"赏赐""恩赐"的意思。d（e）p jarlïq qïlup j（e）r h（a）yran qïldüq：我们做出了赏赐（前面所说的）土地的命令。

【11】bughandä：在这一方面，在这些地方。此指所分之地。亦即指西至阿拉克别克河、东至哈巴河之间的地方。sïymas：动词 sïy－（容纳）的否定形式。köp：很多。bolsä：动词 bol－（有，是）的第三人称假定式。Bughandä sïymas köp elüng bolsä，意为：如果你的部落很多，这些地方容纳不下。

taghï：再，还，又；dä：连接词；tagh dä，为"再次""再"之义。tile－为"希望""要求"等意。－em（i）z 为第一人称复数现在将来时形式。ḥ（a）m taghï dä tilekenchä j（e）rüngdi b（e）rem（i）z，意为：那么，我们将再给予你所希望的地方。

qay：哪些，哪里。erik：自由，任意。züngdä：在你自己。qay j（e）rd（e）n tileseng erük züngdä，意为你希望得到哪些地方，由你自由（选择）。

d（e）ken h（a）yran jarlïq boldï，意为：已经做出了（前面）所说的赏赐的命令。

【12】Emdi köngelüng Ejenhand süyken Q（a）zaq bolsang，意为：现在，如有心中热爱艾坚汗（大清皇帝）的哈萨克。

Yüzm（u）h（a）m（e）d Ambï barghan song：意为：堆三伯特大臣到达之后。

Ejenhanghä q（a）ragh an j（e）rkä k（e）l：意为：到艾坚汗管辖的地方来。

Erük özüngdä k（e）lm（e）seng dä k（e）lseng dä žorlïq joq：此语意为：来或不来，你自己自由决定，没有暴力（强迫）。

据堆三伯特之孙买依尔别克说，堆三伯特返归原地之后，所属部落全部迁入哈巴河县境内，哈巴河县境内的哈萨克，全都是当时迁入的。

【13】ṭamgha：现代哈萨克语作 tangba，意为：印章，标记，印记。因文书上所盖印章称"关防"。Bu jarlïq kagh（a）zïmd b（e）rüp ṭamghamdï basïp：故此译作"关防"。此语意为：给予这一命令书，并盖上（本大臣）的关防。

dungchem：是清代汉语"通事"（即翻译）的哈萨克语译音。Abdolläbek：人名，似为额尔庆额的翻译。

五　汉译文

光绪九年七月初六日之札。

奉大清皇帝之命，勘分界务钦差大臣和治理科布多地区与民众的统治者——科布多帮办大臣所率大清国之分界大臣，与俄国皇帝钦派之巴布阔福将军所率之分界大臣，以及塔尔巴哈台刘噶赉达和忠噶赉达，于哈巴河畔会商议定边界后发布本札谕。

中俄两国的分界线：阿拉克别克河至额尔济斯河汇合处（循阿拉克别克河上游），出阿勒泰山之阿克塔斯河口，过克森阿什奇克真山梁、萨斯山湾、喀拉哈巴河，循阿克哈巴河源而上至奎峒山。

现给予这些地方居住的哈萨克特别的札谕：愿归大清国之哈萨克来大清国属地；愿往大俄国之哈萨克到大俄国属地。大俄国之人不得阻拦愿来大清国之哈萨克；大清国之人也不应阻挡要往大俄国之哈萨克；哈萨克人可以自由选择。

此种随意迁移的自由，仅限一冬，在入冬牧场之前有这一自由。此后，欲归原地，或仍有愿由此国移入彼国常住者，以及逃离者，概不准允，不予收留。且一经捕获，即送交所属国斩首。

两国之民进出边界，若无证书，捕获治罪。

交付此札谕，向大清国属民传谕知之，并以此查询边界。

第二道札谕系奉大清皇帝之命，治理（科布多）地区和民众、勘分界务钦差大臣——科布多帮办大臣之札。

本大臣让堆三伯特、肯艾斯巴依返归原地，并给予允许（迁入的）札谕。赏堆三伯特二品顶戴、上衔红宝石、单眼孔雀花翎之冠，署大臣之职，以治理尔所辖之民。

此外，本大臣业已做出赏赐土地的谕令：给予尔之部落所能容纳之地。其地为西至阿拉克别克河，东至哈巴河之大清国所属之地。阿勒泰山地作夏牧场，平川作冬牧场和庄稼地。

本大臣还谕令：若尔之部落颇多，其地容纳不下，可再给予所需之地。恳请给予何地，任从选择。

堆三伯特大臣返归原地之后，若有愿归大清国之哈萨克，即来大清国属地。是否前来，听其所愿，绝不强迫。

现将此札谕盖上本大臣之关防，派通事（翻译）阿布都拉伯克代表本大臣，与堆三伯特、肯艾斯巴依一道前往宣谕此札。

六　文书中的人物考释

（一）额尔庆额

额尔庆额，满文名字为 Erkege。满族，字蔼堂，格何恩氏，满洲镶白旗人。以骁勇闻名，赐号法福灵阿巴图鲁（英雄）。曾授黑龙江副总管、凉州副都统。同治十三年（1874），奉命出关，佐左宗棠收复新疆。光绪三年（1877）为古城领队大臣。光绪六年（1880），署科布多帮办大臣。1883 年中俄科塔边界谈判时，清廷委派的勘分中俄科塔边界的全权代表为伊犁参赞大臣升泰，副代表为科布多帮办大臣额尔庆额。谈判期间，与升泰紧密合作，与俄官抗争，始得展地定界。新疆底定，晋头品秩。签订界约后，清廷任命额尔庆额为建立中俄科布多新界牌博的全权代表。光绪十二年（1886）为伊犁新设都统。光绪十三年为塔尔巴哈台参赞大臣。光绪十九年（1893）卒。《清史稿》有传。[①]

额尔庆额（Erkege）被正式委派为勘界副代表的时间是光绪八年（1882）七月，伊犁将军奏伊犁参赞大臣升泰因病回京，请旨派额尔庆额前往勘分科塔边界。《清德宗实录》：

> 光绪八年七月甲辰：谕军机大臣等：金顺奏伊犁参赞大臣升泰患病。恳请开缺，并起程回京日期；暨请派会办分界事宜，一面行知额尔庆额前往；各一折。览奏殊堪诧异。伊犁甫经收还，办理分界及善后各事宜关系何等重大，叠经谕令，妥慎筹办。金顺、升泰宜如何勉力和衷，期无遗误。如果金顺、升泰有意见不合之处，升泰尽可据实指陈，听候察夺。即使患病属实，恳请开缺，亦应自行陈奏，候旨遵行。乃竟咨请金顺代奏，擅自起程回京。金顺明知分界诸事正当吃紧，并不力为阻止，竟敢率行代奏，任令起程。即派额尔庆额，前往会办。…… 现在分界期迫，即将长顺、额尔庆额等，会同慎重办理，毋稍草率。[②]

---

① 《清史稿》卷461。
② 《清德宗实录》卷149，第15~16页。

清安、额尔庆额在光绪八年八月初三日的奏折中也谈到额尔庆额被任命为勘界大臣一事：

> 适于七月初五日接准伊犁将军金顺咨开西北边界，另选大员前往勘分，请旨饬下科布多办事大臣额尔庆额，就近会同俄官，将萨乌尔（Sawur）岭、奎峒（Küytün）等山边界，详细履勘，照约划分，以昭妥协，并钞稿咨会前来。①

据《中俄科塔界约》"清文译约"，额尔庆额（Erkege）当时的称号为：钦命科布多帮办大臣、副都统衔、法福灵阿巴图鲁。"俄文译约"的称号为：大清国特派分界大臣、科布多帮办大臣、副都统衔、法福灵阿巴图鲁。② 而此文书额尔庆额的称号为："勘分界务钦差大臣、治理科布多地区和民众的统治者——科布多帮办大臣"。

左宗棠曾在光绪元年（1875）的奏折《遵旨密陈片》中给予额尔庆额评价："额尔庆额虽性情莽，不甚晓事，然胆力尚优，如有以慰其心，未尝不可得其力也。"③

额尔庆额于光绪九年四月初三日，与伊犁参赞大臣升泰由科布多起程，四月二十五日行抵阿尔泰承化寺（在今阿勒泰市），五月十二日抵哈巴河会所。④ 六月初二日，两国分界大臣开始正式谈判。七月初四日，议定以阿拉克别克河为两国新界。⑤ 七月初十日，作为中国副代表在《中俄科塔界约》上签字画押。八月初四日，作为全权代表与俄使签定《中俄科布多新界牌博记》。⑥

（二）巴布阔福

原文为"Babkof jandïral"，Babkof 即"巴布阔福"的译音，jandïral 即"将军"。

巴布阔福系勘分中俄科塔边界的俄国全权大臣的哈萨克语译音。清代文献有"巴普考""博补考""巴布阔福"等多种译名，现中国学术界一般译作"巴布科夫"。《中俄科塔界约》作"巴布阔福"，⑦因此文书与中俄科塔界约有关，故其译名作"巴布阔福"。

巴布阔福生于 1827 年，卒于 1905 年。历任师参谋长、军团司令部作业部主任、军

---

① 《科布多办事大臣清安、额尔庆额等奏科布多边界复行勘分困难情形折》，《清季外交史料》（光绪朝）卷29，第 10 页。
② 《中俄科塔界约》，《光绪条约》第十二，第 10 页，第 14 页。
③ 左宗棠：《左宗棠全集》（奏稿六），第 196 页。
④ 《伊犁将军金顺升泰等奏行抵哈巴河与俄使晤商勘办折》，《清季外交史料》（光绪朝）卷34，第 8~9 页。
⑤ 《分界大臣升泰等奏勘分科塔界务情形折》，《光绪条约》第十二，第 4~6 页。
⑥ 参看《光绪条约》第十二、第十三。
⑦ 《中俄科塔界约》，《光绪条约》第十二，第 10 页。

区副参谋长、军区参谋长，并多次代理草原管区总督职务。1862 年起沙俄多次任命其为同大清国划分边界谈判代表。他竭力推行沙皇的侵略扩张政策，得到沙皇亚历山大二世的嘉奖和重用。他通过强迫清政府签订《中俄勘分西北界约记》、《科布多界约》和《中俄科塔界约》，步步高升，最后获步兵上将衔，故文书称其为巴布阔福将军。据《中俄科塔界约》"清文译约"，巴布阔福当时的官衔为：钦差分界大臣、总管鄂木斯克等省军务衙门大臣。"俄文译约"则作：大俄国特派分界大臣、统带马队、鄂木斯克省总兵。[①]

（三）堆三伯特

堆三伯特是五件文书的接受者，也是这五件文书中的关键性人物。哈萨克文书作：Yüzmukhamet；满文文书作：Ducembet。即五件文书中的额尔庆额所写的汉文文书中的"堆三伯特"，玛呢图噶图勒干卡伦侍卫富保所写的汉、察合台文文书中的"对遵伯特"。在伊犁将军金顺和额尔庆额等人合写的奏折中则作"推森伯特"，如他们在光绪九年十月的奏折中称：额尔庆额"嗣与俄官驰往勘分新界，竖立牌博，就传谕各哈目，有愿归俄者，并不留难；愿归中国者，自应择地安插，不令一夫失所。……斯时，该处哈目推森伯特（堆三伯特）噶子图列自愿具结，归入中国"[②]。

为了较全面地了解堆三伯特的情况，笔者曾于 1983 年在新疆哈巴河（Qaba）县加依勒玛（Jayïlma，意为"平原""河滩"）乡（当时称"公社"）阿克托别（Aqtöbe，意为"白色山坡"）村（当时称"大队"）访问堆三伯特之孙买依尔别克，了解其祖父堆三伯特的情况。据其孙称，堆三伯特的哈萨克名称应为"Düzmenbet"。Yüz 和 Düz 均为"一百"之意；mukhamet 是伊斯兰教创始人"穆罕默德"的名字，伊斯兰民族喜欢以其名命名。清代文献译其名作推森伯特、对遵伯特等，八月初一日汉文文书作"堆三伯特"，此据汉文文书译名。

堆三伯特系哈萨克中玉孜（Orta Jüz）乃曼（Nayman）部落中之喀喇克烈依（Qarakerey）部落中之加尔波勒德（Jarboldï）部落头目，曾参与中俄科布多界牌、鄂博的建立。关于堆三伯特的历史情况，史籍没有详细记载。据采访堆三伯特之孙买依尔别克（Meyirbek，1983 年 75 岁），笔者了解了一些堆三伯特及其亲属的情况。堆三伯特的祖父名卡赞（Qazan），其父名库莫热斯汗（Qumïrsqan）。堆三伯特有一子，名"托拉依额尔"（Torayghïr），即买依尔别克之父，在世时为台吉（Tayji）。[③] 买依尔别克七

---

① 《中俄科塔界约》，《光绪条约》第十二，第 10 页，第 14 页。
② 《伊犁将军金顺等奏择地安插蒙哈以资游牧片》，《清季外交史料》（光绪朝）卷 36，第 8~9 页。
③ 台吉：原为古代汉语"太子"的蒙古语译音，初仅用于皇子，后演化为一般蒙古贵族的称呼。新疆维吾尔、哈萨克亦借用此称呼贵族。清代成为蒙古族、维吾尔族、哈萨克族、藏族的一种爵号，由清政府赐封，在王、贝勒、贝子、公之下，多为部落头目。

八岁时，其父去世，承袭台吉爵位。据笔者调查，1912 年，北洋政府袁世凯曾封新疆阿尔泰地区 1 个郡王、2 个公、2 个贝子（Beysi）、12 个台吉（Tayji）、12 个乌库尔台（Ukïrday）①。20 世纪 50 年代前，管理哈巴河哈萨克族的是扎克热亚（Zäkriya）贝子，死后由其子沙黑多拉（Sahdolla）袭爵。沙黑多拉死后，由其子克依巴太（Qïybatay）袭爵。台吉有两个，一是沙黑多拉之次子、克依巴太之弟科克太（Köktay）台吉，管理哈巴河以西，别列则克（Bilezik）河以东地区。下辖两个乌库尔台。堆三伯特之孙买依尔别克台吉驻阿拉克别克地区，下辖两个乌库尔台，哈利别克（Qalïbek）乌库尔台驻别列则克地区以西，辖四个扎楞（Zalïng）②，四个藏根（Zanggi）③；哈生别克（Qasïnbek）乌库尔台驻别列则克河，辖两个扎楞，三个藏根。

据买依尔别克称，其祖父堆三伯特出生年、月不详，出生地点是阿拉克别克（Alqabek）河西岸，即今哈萨克斯坦境内。堆三伯特之父是库莫热斯汗，原为平民，后为喀孜。堆三伯特原有一个妻子，但只生了一个女孩。迁入新界东边即大清国属地之后，即帮助额尔庆额（Erkege）建立界牌、鄂博。中俄科塔边界划定之后，他率领所属一百多户哈萨克族迁入清政府所辖之地，即今阿拉克别克河以东地区。后来发展成 500 多户。堆三伯特与清代克烈部落四个部落头目即阿勒泰的马米（Mämir）贝子、布尔津县的玉木尔太（ömirtay）公、吉木乃县的哈斯木汗（Qasïmqan）公和哈巴河县的扎克热亚（Zäkriya）贝子，是同一时期的人。

堆三伯特有两个妻子，第一个妻子是哈萨克族，只生了一个女孩，没有生男孩。第二个妻子是蒙古族。据买依尔别克说，当时堆三伯特与蒙古族女子结婚是十分偶然并颇费周折。有一次，他到塔城参加边界谈判会议（可能是 1883 年 9 月 13 日签订的《中俄塔尔巴哈台北段牌博记》或 1863 年 9 月 21 日签订的《中俄塔尔巴哈台西南界约》），在去塔城的途中，认识了一个漂亮的蒙古族狩猎姑娘。两人一见钟情，情投意合。姑娘名"买尔根"（Mergen），意为"神箭手"。会议没开完，堆三伯特就带着她悄悄地回到哈巴河。当时蒙古族信仰喇嘛教，而哈萨克族信仰伊斯兰教。在当时，宗教不同是不准结婚的。而买尔根又是蒙古部落中十分有名的姑娘，其父母、亲属及该部落人都强烈反对她嫁给堆三伯特。他们拿着各种武器，骑马来到哈巴河。堆三伯特见势不妙，逃到别处去了。买尔根在亲属和同部落成员的强烈要求下，被迫回塔城。离开哈巴河时对堆三伯特的亲属说："如果我死了就回不来了，要是活着就一定回来。"后来，由于买尔根回到家后闹得很厉害，当时的塔尔巴哈台的清朝大臣（据说是蒙古族）出面调解。他把买尔根和堆三伯特都找来，问他们是否两相情愿。于是，塔尔巴

---

① 乌库尔台：清代哈萨克族官号，管辖 1～3 个扎楞（Zalïng），辖 500～5000 户，相当于副区长。
② 扎楞：清代哈萨克族官号，管辖 300～500 户，相当于乡长。
③ 藏根：清代哈萨克族官号，管辖 100～300 户，相当于村长。

哈台大臣让他们立了婚约。堆三伯特按照蒙古族的风俗，以 40 匹全身黑的黑马作为聘礼，婚礼也按蒙古族的习俗举行。婚后生了一个男孩，即托拉依额尔。

此件文书称："赏堆三伯特二品顶戴、上衔红宝石、单眼孔雀花翎之冠，署大臣之职，以治理尔所辖之民。"但汉文和满文文书未说署他为大臣，《清实录》等史籍也没有有关的记载。一般而言，各种大臣必须由皇帝任命，地方大臣只有建议权，而无任命权。

文书虽称署大臣之职，但未明言什么大臣。据《清史稿》记载：孔雀花翎有三眼、双眼、单眼之分，"凡孔雀翎，翎端三眼者，贝子戴之。二眼者，镇国公、辅国公、和硕额驸戴之。一眼者，内大臣，一、二、三、四等侍卫，前锋、护军各统领、参领，前锋侍卫，诸王府长吏（《光绪会典事例》卷三二八作'诸王府长史'）散骑郎，二等护卫，均得戴之。翎根并缀蓝翎。贝勒府司仪长，亲王以下二、三等护卫及前锋、亲军、护军校，均戴染蓝翎。"[①]从赏给堆三伯特的单眼孔雀花翎来看，似署其为内大臣之类的官职。

据文书保存者堆三伯特（Düzmenbet）之孙买依尔别克（meyirbek）称，堆三伯持去世后，其子托拉依额尔（Torayghïr，买依尔别克之父）袭职，文书亦由其保存。托拉依额尔死后，因买依尔别克年仅七八岁，故将文书交其妹夫（即买依尔别克的姑父）科利什巴依（Qïlïshbay）喀孜（Qazï，伊斯兰教宗教法官）保存。后来，中俄边界发生纠纷，科利什巴依即以文书与对方谈判。20 世纪 30 年代初，沙里福汗（Sharïphan，哈萨克族）任阿勒泰行政长，中苏又发生边界纠纷。于是沙里福汗把文书拿去勘查边界。

（四）刘噶赉达和忠噶赉达

（1）刘噶赉达

原文为"El（i）w ghalday"。Ghalday 为官号，源自满语，意为翼长。[②] 汉文史籍音译多作"噶赉达"，亦有"噶喇大""噶赖大"等译名。满文原文为"galaida"。gala 意为"手"，引申为一侧，一翼；i 为"的"；da 为"头目""首领"。合言之为"一翼之首领"。意译为官号时通常作"翼长""副总管"。

在哈萨克语中，"eliw"是数词"五十"。古代突厥语作 elig。[③] 笔者曾以为此人是哈萨克族，因为哈萨克族中有以数词为人名的。文书中谈到的两位噶赉达，当是塔城的分界委员，因升泰在奏折中多次谈到由塔城派来的分界委员。[④] 但从当时的情况来

① 《清史稿》卷 111，志 85，舆服二。

② 羽田亨：《满和辞典》，台北学海出版社，1984，第 154 页。

③ Древнетюрский Словарь. с. 170.

④ 《分界大臣升泰等奏议定新界互换图约折》，《光绪条约》第十二，第 9 页；《分界大臣升泰等奏议定塔属西南界址互换条约折》，《光绪条约》第十四，第 3~5 页。

看，塔城的哈萨克族大多是平定准噶尔之后迁入的，不可能在塔尔巴哈台任高职，也不可能任清政府委派的分界委员。从升泰等人当时的几件奏折来看，此人当是塔城分界委员、塔城营务处掌关防章京刘宽。升泰等在光绪九年七月中旬，科塔边界谈判结束并互换图约后的奏折中称：

> 奴才升泰现定本月十五日仍率同随营委员刘肇瑞暨伊犁满、汉文武员弁等，即由哈巴河拔营向西南分道前进，一渡额尔济斯河南，即为塔属地面，拟设立第一处界牌鄂博，以清科塔交界，而便日后派人查阅，并循照现定新界地名，顺道前往查勘，督饬塔城派来接分界务委员刘宽、忠瑞等会同逐段建设牌博，并暗埋碑记，以期一劳永逸，而昭妥协。①

升泰等在光绪九年九月初八日，在议定塔属西南界趾并互换条约后的奏折中又多次谈到刘宽："升泰即于（光绪九年八月）初七日驰抵塔城，初九日仍带同塔城委员、营务处掌关防章京刘宽，及随营委员刘肇瑞前往俄营，……"，"……督饬塔城委员刘宽等，照议定地名，会同俄官，同往建立牌博。"②在同年九月二十五日的奏折中再次谈至刘宽："……并派塔城委员刘宽等，带领弁兵，乘此雪未封山，督饬会同俄官噶必丹铁开米诺伏等前往，妥为建立（牌博）。"③

刘宽在 1883 年除参与《中俄科塔界约》的谈判外，还参与《中俄塔属西南界约》的谈判及界牌、鄂博的建立。光绪九年二月二十七日（1883 年 4 月 4 日）作为中国代表与俄国驻塔尔巴哈台领事巴拉喀什签订《中俄议定俄属商人贸易地址条约》④ 和《中俄议定两属缠头商民事宜条约》，⑤光绪十年十一月（1884 年 12 月）作为中国副代表与俄国签订了《中俄会订塔城哈萨克归附条约》。⑥ 关于刘宽的情况，史载不多。从升泰等人于光绪九年九月初八日所写的奏折中，可知刘宽的职位为塔尔巴哈台参赞大臣所属的"营务处掌关防章京（官号）"。⑦ 在《中俄议定俄属商人贸易地址条约》和《中俄议定两属缠头商民事宜条约》中，刘宽的职衔为：大清国钦差塔尔巴哈台参赞大臣所属总理营务处掌管关防章京办理通商主事衔刘宽。在《中俄会订塔城哈萨克归附条约》中，刘宽被称为：塔尔巴哈台参赞大臣衙门所属"总理营务处掌管关防章京承

---

① 《分界大臣升泰等奏议定新界互换图约折》，《光绪条约》第十二，第 9 页。
② 《分界大臣升泰等奏议定塔属西南界趾互换条约折》，《光绪条约》第十四，第 3~4 页。
③ 《分界大臣升泰等奏塔城西南界勘分完竣折》，《光绪条约》第十四，第 5 页。
④ 《中俄议定俄属商人贸易地址条约》，《光绪条约》第九，第 3~4 页。
⑤ 《中俄议定两属缠头商民事宜条约》，《光绪条约》第九，第 5~6 页。
⑥ 《中俄会订塔城哈萨克归附条约》，《光绪条约》第十八，第 5~9 页。
⑦ 《分界大臣升泰等奏议定塔属西南界趾互换折》，《光绪条约》第十四，第 3 页。

办夷务通商主事衔"。①

至于汉族的刘姓，为什么在文书中写作 Eliw？其原因有二：一是在哈萨克语中，有元音增加的现象。汉姓"刘"音为"liu"，哈萨克语没有这种字母拼写的形式，一般写作"liw"。在口语中，凡是以 l、r、w 起首的词，其前面要增加与原来第一个音节中的元音相适应的窄元音，如 laq（山羊羔）读作"ïlaq"；ruw（氏族，部落）读作"uruw"。所以刘（liw）在哈萨克语往往读作"iliw"或"eliw"。二是因为"eliw"意为"五十"，是哈萨克族最为熟悉的词语之一，容易记。至于为什么称塔城分界委员为"噶赉达"，而不以其实际官职称呼，可能是因为刘宽的实际职务太复杂，哈萨克族不了解，而"噶赉达"这一官号在清代哈萨克族人中较为熟悉。由于刘宽的具体职务还不能确定，所以译文就音译成"噶赉达"。

（2）忠噶赉达

原文为"Jung ghalday"，笔者初以为"Jung"是汉族"钟"姓的译音。而据当时的分界大臣升泰当时的奏折，塔城派出的分界委员有刘宽和忠瑞等。故文书所称的"Jung ghalday"，当是指忠瑞。关于忠瑞的情况，未见有较具体的记载。

（五）肯艾斯巴依和阿布都拉伯克

（1）肯艾斯巴依

原文为"K（e）ngesbay"，人名，从其名称来看，当系哈萨克族。其情不详，笔者在调查时，曾问及不少老人，均说不知有此人。可能是哈萨克乃曼部落的部落头目。

（2）阿布都拉伯克

原文为"Abdolläbek"，似为额尔庆额的翻译。满文文书作阿地勒伯克。维吾尔、哈萨克等族喜欢在自己的名字最后带"bek"（伯克）一词。b（e）k：旧官号，一般译作"伯克"。其义有二，一是对显贵或统治者的尊称；二是官号，意为"首领""统治者"。清代为南疆地方官吏或头人的称号，名目有 30 余种，形成伯克制度。此名始见于 8 世纪的突厥碑文。一说源自汉语的"伯"，一说源于波斯语。初译为"匐"，元代音译为"别""伯""毕"等。伯克原为世袭，清朝政府统一新疆后，改革伯克制度，废除世袭，实行政教分离，厘定品级。伯克任免升降，有定章。三品至五品伯克，由参赞大臣拟定，奏请皇帝补放；六品以下伯克，由各城驻扎大臣咨报参赞大臣补放。大伯克回避本城，小伯克回避本庄。光绪十三年（1887）正式废除伯克制。

七　中俄科塔边界谈判地点考释

关于此次《中俄科塔界约》谈判地点，《中俄科塔界约》清文译约称："在哈巴河

---

① 《中俄会订塔城哈萨克归附条约》，《光绪条约》第十八，第 5～9 页。

赛哩乌兰齐巴尔（Sayrï－aghula－shïbar）地方接晤会商"。俄文译约称："在萨雷乌连赤巴尔（Sarï－aghula－shïbar）自然界之喀巴（Qaba）河上平地会齐商定妥协"。①

当时的谈判地点"赛哩乌连齐巴尔"究竟在哈巴河什么地方？哈巴河县政府所在地为阿克齐，是否在该地会谈？从一些情况来看，当时谈判地不在阿克齐。其一是地名不同，《中俄科塔界约》明言在"在哈巴河赛哩乌兰齐巴尔（Sarï－aghula－shïbar）地方"，"赛哩"为蒙古语口语"šar"（书面语作"sira"）之译音，意为：黄，黄色。在突厥语诸族中，哈萨克、柯尔克孜、塔塔尔、撒拉等族谓"黄色"为"sarï"，维吾尔语作"sariq"，与蒙古语音近义同。"乌兰"为蒙古语口语"uul"或书面语"aghula"之译音，意为"山"。在蒙古语中，口语"šar－uul"，书面语"sira－aghula"，意即"黄山"。当时的地名可能是根据口语而译作汉语，故"赛哩乌兰"可能是蒙古语口语"šar uul"的对音。

shïbar 意为"花斑""色彩斑斓的""有麻子的"。合言之意为"黄山下的色彩斑斓的地方"，或"黄山下的有麻子的地方"。而阿克齐（Aqshiy），哈萨克语意为"白芨芨草"。当时哈巴河未设县，1930 年之前，阿克齐仅 30 多户人家居住。民国十九年（1930）设哈巴河县，驻该地。

此文书称科塔边界谈判在"Qabä boyundä"进行，即在"哈巴河畔"。此为探讨当时谈判的具体地点提供了新线索。

从谈判地点在"哈巴河畔"来看，其地也不可能在今日哈巴河县城阿克齐，因阿克齐离哈巴河较远，尚有 3 公里多路程，与文书中所称"在哈巴河畔"不相符。两国大臣会谈边界问题，人数众多，为取水方便，一般都在河边安营扎寨。

分界大臣升泰等于光绪九年（1883）四月初三日从科布多起程，"五月十二日先后行抵哈巴河会所，距俄营十余里驻扎"。至五月二十四日，俄国使臣"巴布阔福始带兵到哈巴河，在河岸旧日俄营住下"。②所谓"旧日俄营"，即光绪八年四五月间，沙俄为占据哈巴河，而在谈判前先后派兵七百余人驻扎哈巴河之地。③ 由此可知，俄国分界大臣亦在哈巴河岸安营扎寨。

在哈巴河现在的地名中，未见有"赛哩乌兰齐巴尔"一名，但有"齐巴尔"一名，现为哈巴河县一个乡的名称。从一些情况来看，当时的谈判会所在齐巴尔乡，证据如下。

---

① 《中俄科塔界约》，《光绪条约》第十二，第 11 页，第 14 页；《分界大臣升泰等奏勘分科塔界务情形折》，《光绪条约》第十二，第 5 页。
② 《伊犁将军金顺参赞大臣升泰等奏行抵哈巴河与俄使晤商勘界折》，《清季外交史料》（光绪朝）卷 34，第 8～9 页。
③ 《科布多办事大臣清安、额尔庆额奏俄兵入科先事筹备折》，《清季外交史料》（光绪朝）卷 27，第 39 页。

其一，"齐巴尔"即"赛哩乌兰齐巴尔"一名的简略，如前所述"赛哩乌兰"意为"黄色的山"，"赛哩乌兰齐巴尔"即"黄山下的齐巴尔"。而在哈巴河县较大的山中，山名带有 sarï（现在一般译作"萨尔"，旧有"赛哩""萨雷"等译，其意为"黄色"）的只有"萨尔喀木尔"（Sarïqamïr）一山。在哈萨克语中，qamïr 意为"和好的面团"，其山名意为"黄面团山"。此山在哈巴河县城北部，在齐巴尔乡管辖范围之内。山体为东西走向，面积约 30 平方公里。其主峰最高海拔 3083 米。野生动物有哈熊、狼、雪鸡等。因其山体由黄沙石组成，故山名冠之以"萨尔"（黄色）而作"萨尔喀木尔"。但此山名可能是后来的名称，在较早的时候通称为"黄山"（赛哩乌兰、萨雷乌连）。而"赛哩乌兰"为蒙古语，在 1883 年中俄分界之前，哈巴河地区主要是蒙古人居住的地方，故当时以蒙古语为其山名。中俄定界之后，大批哈萨克人涌入哈巴河，该地成了以哈萨克族为主的地区。而哈萨克族不愿再沿用蒙古人的山名，另以哈萨克语山名称呼之。蒙古语口语"šar"与哈萨克族"sarï"音声相近，意义均同。而蒙古语口语 uul 和书面语 aghula 为"山"之意，哈萨克语称山为"taw"。可能因其山像和好的面团，故以"萨尔喀木尔"称之。若此不误，则蒙古语之"赛哩乌兰"（黄山）与哈萨克语之"萨尔喀木尔"（黄面团山）为同一山的不同名称。因齐巴尔在此山的脚下，故当时蒙古语称之为"赛哩乌兰齐巴尔"。

其二，齐巴尔乡在哈巴河两岸，而该乡的齐巴尔村即在哈巴河旁边，萨尔喀莫尔山脚下，这正与文书中所述"在哈巴河畔"相合。

其三，1883 年中俄科塔边界谈判时间为阴历六月至七月间，正是牧民在夏牧场放牧时期，夏牧场多在高山上、山窝里或山脚下气候凉爽、水草丰茂之地。此时羊肥马壮，马奶、羊奶、驼奶多，牧民均喜欢在夏牧场举行盛大的集会和婚礼等。中俄两国官员在夏牧场或夏牧场附近会谈，一是气候较好，二是肉、乳等食物供给较方便。而两国官员及随从人员较多，需要在较大的夏牧场附近才能解决食物供给等问题。在玛呢图噶图勒干等卡伦侍卫富保 1883 年 5 月 11 日给哈萨克部落头目堆三伯特的哈萨克察合台文札谕中，让堆三伯特准备 500 只羊，以作为会谈人员肉食之用。而哈巴河地区最大的夏牧场之一便是萨尔喀木尔夏牧场，该山的阴坡生长茂密的红、白松树，阳坡生长茂盛的牧草，是齐巴尔乡良好的夏牧场，现在可牧放各类牲畜 10000 头左右。山峰北侧有小湖，面积约 0.2 平方公里。从这些情况来看，该地是当时哈巴河地区夏天最好的集会地点。

据上，笔者认为，当时中俄勘界大臣是在现在的哈巴河县萨尔喀木尔山下的齐巴尔会谈。

哈巴河县的齐巴尔乡位于哈巴河县城西北 7.5 公里，东与加依勒玛（Jayïlma）相接，西与库勒拜（Kölbay）隔河（哈巴河）相望，南接吉木乃县。南北长 72 公里，东西宽 8 公里，总面积 576 平方公里。因此地有毛柳、芨芨草、绣线菊等，地面片石较多，远看五颜六色、色彩斑斓，故称之为"齐巴尔"（Shïbar，意为"色彩斑斓的""有麻子的"）。该乡原系哈巴河公私合营牧场，1962 年建立。1971 年定名为哈巴河县齐巴尔牧场。1984 年改社建乡时定名为齐巴尔乡，乡政府驻齐巴尔村。

八　中俄科塔分界线考释

此件文书称，中俄的分界地点："中俄两国的分界线：阿拉克别克河至额尔济斯河汇合处，（循阿拉克别克河上游），出阿勒泰山之阿克塔斯河口，过克森阿什奇克真山梁、萨斯山湾、喀拉哈巴河，循阿克哈巴河源而上至奎峒山。"

文书中所述中俄分界点与《中俄科塔界约》基本相符，"清文译约"称：

> 现在两国所立新界：自赛哩乌兰（Sarï – aghula）岭之木斯岛（Muztaw, Muztag，一译"慕士塔格"，意为冰山）山西脚起，至乌勒昆乌拉斯图河源，循此河至迈哈布奇盖（Mayqapchaghay，意为"油山谷"）地方名"依森克拉得坟"，由此直循喀喇额尔济斯（Qaraertis）河而行，入阿拉克别克（Alqabek）河之额尔济斯（Ertis）河口上十里，归额尔济斯河湾南首，由此循喀喇额尔济斯河，至阿拉克别克河口，即过额尔济斯河，循阿拉克别克河上游，出山沿额奇克阿苏阿雅噶荒地而流至左右之阿克塔斯（Aqtas）河口。从此转东，直过克森阿什奇克真（Qïzïlashïkezeng）山梁，由博勒哲克（Bilezik）河左，至博勒哲克毕尔爱拉克巴什（Bileziktingbirayrïqbasï）河口，循博勒哲克之毕尔爱拉克巴什河上游而行，直出萨斯（šaz）山湾至该河之源，由此直至阿克哈巴（Aqqaba）、喀拉哈巴（Qaraqaba）两河交会之处。循阿克哈巴河上游而行至大阿勒泰（Altay）山岭来源，自此即归同治三年塔城所定旧界。其木斯岛山以西及阿克哈巴河源以东旧定边界应仍其旧，毋庸更改。[①]

"俄文译约"则称：

> 自木斯塔乌（Muztaw）雪山西边萨乌尔岭，由此岭下流之乌里昆乌拉斯特小河之源起，议立新界。顺此河而下，至麦噶普察盖（May-qapshaghay）自然界止；由此自然界向额贤戈里得谷，直往南末至黑伊尔特什（Qaraertis）河弓湾处，即阿勒喀别克（Alqabek）河口之上游五洋里（即中国十里——引者注）；再顺黑伊尔

[①]　《中俄科塔界约》，《光绪条约》第十二，第 11 页。

特什河下流作界，于阿勒喀别克河口，折往阿勒喀别克河而上，顺此河至其发源处，即业什克阿苏阿能阿雅格自然界之平地，其地在阿克塔斯小河之左。由此小河之口折往东，直过克则勒阿斯赤克则恩（Qïzïlashïkezeng）山之极高处，顺别列结克（Bilezik）河之流，与其左边别列结克腾贝尔爱雷克巴斯小河之流作界。自此顺别列结克腾贝尔爱雷克巴斯小河，往上至其河源，即萨兹（šaz）山沟。由此再顺阿克喀巴（Aqqaba）与喀喇喀巴（Qaraqaba）二河之流一直作界，再顺阿克喀巴河往上至其河源即大阿尔台（Altay）岭作界。此处接连一千八百六十四年即同治三年塔城和约所立、由以上所载之木斯塔乌山往西及阿克喀巴河源往东毋庸更改之界。[①]

此外，文书中所记之三个地点均为《中俄科布多新界牌博记》所记的三个牌博所在之地，文书中萨斯 šaz 为中俄科布多新界第一牌博，克森阿什奇克真（Qïzïlashïkezeng）山梁为第二牌博，阿克塔斯（Aqtas）为第三牌博。阿克哈巴（Aqqaba）河以原河为界未设牌博。《中俄科布多新界牌博记》：

> 今遵条约所定第一条，北界即大阿勒泰山岭，自岭西而出，由阿克哈巴河源起，遵河而行，左至喀拉哈巴（Qaraqaba）河口止。该阿克哈巴河原在高山之间，因水流甚急，分界大臣彼此商酌，毋庸在此建立牌博，即以原河为两国交界。自阿克哈巴、喀拉哈巴两河交会之处起，直行过山，即出萨斯山湾（此处因有塔木塔克坟，又曰塔木塔克萨斯），至伯勒哲克殷毕尔爱喇克巴什河源。此山湾中自西南而出，至小山之根，即于伯勒哲克殷毕尔爱喇克巴什河源之下游岸上，立萨斯第一牌博。……自阔破尔他斯索河口起，直向西方，过克森阿什奇克真山梁而行，自阿拉克别克（Alqabek）河之左至阿克塔斯河交会之处，因分边界起见，即于克森阿什奇克真山梁之上立克森阿什奇克真第二牌博。……过克森阿什奇索河（此河下游又名库木克第爱喇克）往东至阿拉克别克河（此河又名巴斯特□克特）左右之阿克塔斯河交会处，即于两河附近之喀喇托布山之高阜处，立阿克塔斯第三牌博。……阿克塔斯牌博系阿拉克别克河下游，先向西南，后向正南而行，直入喀拉额尔济斯河口，即于河口附近左岸上喀拉苏毕墅噶库马小山之上，立阿拉克别克第四牌博。[②]

---

① 《中俄科塔界约》，《光绪条约》第十二，第15页。
② 《中俄科布多新界牌博记》，《光绪条约》第十三，第7～8页。

九　分界后两国边民的归属问题考释

此件文书称："现给予这些地方居住的哈萨克特别的札谕：愿归大清国之哈萨克来大清国属地；愿往大俄国之哈萨克到大俄国属地。大俄国之人不得阻拦愿来大清国之哈萨克；大清国之人也不应阻挡要往大俄国之哈萨克；哈萨克人可以自由选择。"并称："此种随意迁移的自由，仅限一冬，在入冬牧场之前有这一自由。此后，欲归原地，或仍有愿由此国移入彼国常住者，以及逃离者，概不准允，不予收留。且一经捕获，即送交所属国斩首。"

关于新界两边原属大清国的哈萨克的归属问题，汉文文书和满文文书均有记述，《中俄科塔界约》记述较详，其第二条规定：

查阔济木博特（Qojambet，哈萨克乃曼部落之一）鄂陀克之哈萨克，从前为大清国所属，今此项哈萨克冬夏游牧之地，于此次定界后皆分入俄国。该哈萨克等应自换约之日起，予限一年，或愿仍居原处为俄国之民；或愿移入大清国为大清国之民外，其楚巴尔爱格尔（Shïbar‒ayghïr，哈萨克十二克烈部落之一）、真特式（Jäntekey，哈萨克十二克烈中最大的部落）两鄂陀克之哈萨克等，按今所定之界，冬牧为大清属地，而夏牧分入俄国，该哈萨克等，亦应一律予限一年，或愿如阔济木博特鄂陀克之哈萨克等为俄国之民，或移入大清国为大清国之民。并阔济木博特鄂陀克之哈萨克内，或有冬牧为大清属地，而夏牧分入俄国属地者，亦应一律听其所愿。现此约既已议定，其两边愿移人等迁移事宜，及所属新地指为伊等冬夏游牧之地，应自换约之日起，予限一年，将往居新地事宜，责成两国边界官办理，断不得逾限越界迁移。[①]

"俄文译约"第二条称：

哈萨克种类之阔热木别特（Qojambet，乃曼部落之一）人，至今为中国民，其冬牧、夏牧处所，有在按照此约退还俄国地内者，即自此约画押之日为始，予限一年，或愿留居俄国界内为俄国民，或愿移居中国界内为中国民，均听其便。至哈萨克种类之楚巴尔爱葛尔人（Shïbar‒ayghïr，十二克烈部落之一）与章特克依（Jäntekey，十二克烈部落之一）人，其冬牧有在中国界内，而夏牧在退还俄国地内者，亦准予限一年，听其移入俄国，与留居俄国为俄国民之阔热木别特人一

---

① 《中俄科塔界约》，《光绪条约》第十二，第 12 页。

律办理。其阔热木别特人之冬牧有在中国界内，而夏牧在俄国界内者，亦得按照此例办理。

按照此条上文所载，任听该哈萨克民等，由此国移入彼国为民，应由两国边界大臣妥为照料，安插地方，以便该民等有冬夏游牧之处。惟自此约画押之日为始，不得逾一年之限。倘逾此限，于新立之界，该哈萨克民等，仍有愿由此国移入彼国常住者，概不准许。[①]

由上可见，当时国界的概念已经很清楚，虽然同属一个民族，但分界后便分属不同的国民，必须遵守所在国的法律。

原载于《西域研究》2015 年第 7 期

---

① 《中俄科塔界约》，《光绪条约》第十二，第 15～16 页。

文化术语传播与语言相对性

黄 行

摘 要 文化术语是概念的语言指称，因此文化术语的交流传播会受所属语言的明显制约。汉语的历时相对性表现为古今词汇的不同，中西语言的共时相对性则表现为汉外词语的不对等。另外，词语翻译的语言流向事实上是不对称的，英语处于汉-英词语互相翻译的绝对强势地位，"政治、经济、社会、文化、自然、国家"等现代汉语的词语，往往兼有汉语的传统本义和来自西方语言意译的新义，因此会影响汉语文化术语的对外传播。

关键词 名词术语 文化传播 语言相对性

文化术语是概念的语言指称，因此文化术语的交流传播会受所属语言的明显制约。语言既具有历时演变的相对性，又具有共时传播的相对性。本文拟依此考察我国文化术语传播的现状，分析其存在的问题。

一 思想文化传播与语言相对性

1. 概念范畴的语言指称

由教育部、国家语委召集，中央编译局、中国外文局等十部委参与编写的"中华思想文化术语传播工程"，旨在"梳理反映中国传统文化特征和民族思维方式、体现中国核心价值的思想文化术语，用易于口头表达、交流的简练语言客观准确地予以诠释，在政府机构、社会组织、传播媒体等对外交往活动中，传播好中国声音，讲好中国故事，让世界更多了解中国国情、历史和文化"。工程所指"中华思想文化术语"（key concepts in Chinese thought and culture）的具体内涵是："由中华民族主体所创造或构建、凝聚、浓缩了的中华哲学思想、人文精神、思维方式、价值观念，以词或短语形式固化的概念和文化核心词。"[①]

---

① 《中华思想文化术语》编委会：《中华思想文化术语（1、2）》，外语教学与研究出版社，2015。

全国科学技术名词审定委员会组织开展的包括我国自然科学和哲学社会科学诸学科名词术语的规范和审定，"对支撑科技发展，保障语言健康，传承中华文化，促进社会进步，维护民族团结和国家统一有着不可替代的重要作用和意义"。该机构界定的"科技名词"（terms in sciences and technologies）也称为"术语"，"是专业领域中科学技术概念的语言指称，即科学技术概念在语言中的名称"。[①]

因此无论是文化核心词还是学科的专业术语，都是概念的语言指称或词和短语的固化形式。术语虽属语言中词汇的组成部分，却与一般词汇有较大区别。即为便于语言之间的信息交换，术语反映的是现代世界科学技术的通用概念，术语所指称的概念特征、概念关系、概念定义、概念体系、概念订名具有国际化和超语言性的特点。中国名词术语规范的国家标准实际上主要是基于汉语制订的，而汉语名词术语审订原则和方法又很大程度上参照了术语规范的国际标准，绝大多数现代汉语的科学技术术语是音译或意译的西方语言术语。这种做法的效果无疑可以促进不同国家语言之间的信息交换；但是术语规范化在提高语言信息交换效率的同时，也会对语言多样性的保持和语言的自主创新产生消极影响，因此语言规范和语言创新是需要平衡与协调的两种语言发展过程中同等重要的目标和趋势。[②] 特别是对哲学社会科学的专业术语来说，术语所反映的相关概念范畴与其指称语言的关系非常密切，术语的规范制定与交流传播也会受所属语言的明显制约。

2. 词语翻译的语言相对性

20 世纪 50 ~ 60 年代国际学术界曾兴起过"语言相对性"和"文化相对性"的思潮，这些思潮至今对语言学和民族学仍存在不同程度的影响。

语言相对性（linguistic relativity，又译"语言相对论""语言相对主义"）也称"萨丕尔－沃尔夫假说"（Sapir－Whorf hypothesis）。该假说认为思维的工具是语言，任何人对客观事物的认识和对客观现象的思维都是通过母语来进行的，即语言中有什么样的系统，对客观世界就有什么样的认识，乃至人的世界观都是由作为认知工具的语言决定的。具体研究视角诸如颜色范畴、亲属关系、植物分类、数位系统、运动事件、时间空间等范畴的研究都无一不表明，不同文化背景下语言对客观世界的范畴化是存在比较显著的差异的。沃尔夫所使用的"语言相对论"在强调观察者的立足点或参照系的重要性方面，与爱因斯坦的"物理相对论"有一定的可比性。[③]

就语言间的词语翻译传播而言，语言相对主义认为要面临词汇、语义、隐喻以及

① 全国科学技术名词审定委员会：《全国科学技术名词审定委员会科学技术名词审定原则及方法》，《科技名词审定工作参考资料》，2012。

② 黄行：《少数民族语言文字规范化问题》，第九届全国语言文字应用学术研讨会，湖北黄石，2015。

③ 姚小平：《人类语言学家沃尔夫的遗产——读〈论语言、思维和现实〉》，《外语教学与研究》2012 年第 1 期。

语境四个方面差异造成的困难与挑战。具体来说，不同的语言有不同的词汇，因此会以不同的方式对客观世界进行范畴化；不同的语言词语有不同的语义特征，即使语言之间相同的词语其义项构成也可能有较大差异；不同的语言以不同的方式使用词语的隐喻，即词语基本义以外的比喻义、引申义可能是千差万别的；在具体情境中，不同语言的语用方式也会影响言语者的思维方式。马林诺夫斯基的"逐行对照法"在技术层面上为困难的解决提供了可行方法，使得尽量准确而完整地翻译政治话语成为可能。[①]

下面以中外文学家、汉学家《红楼梦》书名不同的英译版本为例，来说明语言相对性对词语翻译的影响。

《红楼梦》书名之"红楼"一词含义丰富，表意很虚，原本只可意会，不可言传。如果一定要概括具体词义，书名至少涵盖了"红楼"的三个含义：（1）装饰奢华的楼房，指荣宁二府；（2）富贵人家女子的闺房，指潇湘馆；（3）娼馆，贾府败落之后，巧姐、史湘云、妙玉等一干女儿沦落风尘，符合全书万艳同悲、世事无常的悲剧幻灭的基调。《红楼梦》自 1830 年以来共有 9 个英译版本，其中最主要的书名译法为 *Dream of Red Chamber*，此外还有 *A Dream of Red Mansions*、*Chinese Poetry* 和 *The Story of the Stone*。"红楼"如果直译为 Red Chamber 或 Red Mansions 即"红色的楼"均没能传达"红楼"的完整内涵。英国汉学家霍克斯（David Hawks）深知"红楼"含义难以完整地翻译，于是放弃了"红楼梦"这个名字，而选择曹著的本名"石头记"译作 *The Story of the Stone*，避免了硬译"红楼"的困窘。[②]

再如该书第三十一回里"撕扇子作千金一笑，因麒麟伏白首双星"的第二小标题中的"麒麟"和"白首双星"在此处都有隐含的象征意义。即史湘云因麒麟（麒为雄，麟为雌）而做的"阴阳说"；"白首双星"特指牛郎和织女，暗喻宝玉跟史湘云在本书结局会有一段暮年再聚首的姻缘。这些中国传统文化中特有词语的隐喻义和语境义，是无法翻译为西方语言的。故无论杨宪益译为 unicorn suggest a match，还是霍克斯直接解释为 happy marriage，都不免有失原味。[③] 如进一步深究，即使汉语母语人对《红楼梦》社会文化寓意的理解也未必一致，即如鲁迅先生所言："单是命意，就因读者的眼光而有种种：经学家看见《易》，道学家看见淫，才子看见缠绵，革命家看见排满，流言家看见宫闱秘事……"

---

① 张馨元：《语言相对主义视角下的政治话语翻译》，《安徽师范大学学报》2015 年第 4 期。

② 裴钰：《〈红楼梦〉唯一正确的英文译名》，《21 世纪英文教育周报》2010 年 4 月 5 日。

③ 黄沐言：《语言相对主义视角下霍克斯与杨宪益〈红楼梦〉译本差异的文化因素》，《青春》2015 年 8 月上。

二 词语历时演变的相对性

索绪尔以来的现代语言学严格区分语言的共时系统和历时系统，从这个意义上说，不仅不同的语言之间存在相对性，不同时期同一语言也有相对性的问题。例如现代汉语词汇尽管与古代汉语的词汇有直接的继承关系，但是严格地说，古今汉语词汇所表达的概念范畴并不具有等值和等效的关系。这种语言历时系统的相对性表现为两个方面，一是古代汉语和现代汉语词汇系统的集合并不重合，即一些古语词消失了而一些新语词产生了；二是即使是形式相同的词语，古今汉语用以形成和表达概念的语义和语用并不具有同一性。

下面我们用这种理念来考察《中华思想文化术语传播工程》（以下称《文化术语》）刊布的中华思想文化术语的语言相对性，并以最权威的《现代汉语词典》（第6版）词条作为是否为现代汉语词语的确定标准。因为根据《现代汉语词典》一版前言，"这部《现代汉语词典》是以记录普通话语汇为主的中型词典，供中等以上文化程度的读者使用。词典中所收条目，包括字、词、词组、熟语、成语等，……一般语汇之外，也收了一些常见的方言词语、方言意义，不久以前还使用的旧词语、旧意义，现在书面上还常见的文言词语，以及某些习见的专门术语。"因此可以认为，词典所收录的词语为现代汉语的词语，而未收录者不是现代汉语的词语。

《文化术语》201个术语中《现代汉语词典》收录112个，即有56.2%的中华思想文化术语是古今传承的，而未收录的89个，即43.8%的文化术语是至少中等以上文化程度的汉语使用者不作为现代汉语所使用的词语。

1. 《现代汉语词典》未收的古代词语

《现代汉语词典》未收而《文化术语》中收录的双音节词有：隐秀、虚静、美刺、六义、讽喻、悲慨、直寻、有无、阴阳、雅俗、玄览、兴象、体用、体性、神思、镕裁、日新、良史、比德、辨体、辞达、非攻、刚柔、卦爻、画道、活法、妙悟、名实、取境、三玄、四端、兴寄、养民、知行、化工（画工）。

《现代汉语词典》未收而《文化术语》收录的三音节以上词语有：诗缘情；诗言志；赋比兴；史才三长；民惟邦本；六经皆史；自然英旨；紫之夺朱；有教无类；修齐治平；兴观群怨；协和万邦；文以载道；为政以德；顺天应人；人文化成；利用厚生；怀远以德；发愤著书；有德者必有言；信言不美，美言不信；象外之象，景外之景；声一无听，物一无文；厉与西施，道通为一；乐而不淫，哀而不伤；不学《诗》，无以言；形而上；形而下；安土重迁；别材别趣；唇亡齿寒；道法自然；法不阿贵；过犹不及；和而不同；厚德载物；画龙点睛；解衣盘礴；经世致用；境生象外；居安思危；开物成务；民胞物与；上善若水；神与物游；师出有名；天人合一；天人之分；温柔敦厚；吴越同舟；虚壹而静；止戈为武；化干戈为玉帛；诗中有画，画中有诗。

尽管"唇亡齿寒、和而不同、厚德载物、画龙点睛、居安思危"等词语作为成语仍常为现代人所用，但是按照历时词汇学标准，它们属仍在使用的古汉语词语而不是现代汉语词语。

2. 形式相同但语义和语用不同的词语

《现代汉语词典》收录的思想文化术语，许多是古今汉语通用并且字形完全相同的词语，但是古代汉语和现代汉语概念范畴的语义和语用并不具有同一性。下面举若干双音节词为例说明。

（1）自然

《文化术语》译作 naturalness，解释为：事物的本来状态，旨在与"人为"的意义相区别。哲学意义上的"自然"的概念，与常识性的"自然界"的概念不同，并举古汉语《老子·二十五篇》"道法自然"为引例。《现代汉语词典》中作为名词的"自然"只有"自然界"一个义项，即《文化术语》所称的"常识性概念"，或英语 nature、naturalness 之意译义。

（2）经济

《文化术语》译作 to govern and help the people，解释为：治理世事，救助百姓。"经世济民"的略语。近代以降，"经济"转指创造、转化、实现价值，满足人们物质文化生活需要的社会活动等。传统文献的引例为《范仲淹〈上仁宗答诏条陈十事〉》"……教以经济之业，取以经济之才，庶可救其不逮。"《现代汉语词典》中作为名词的"经济"有①经济学上指社会物质生产和再生产的活动；②个人生活用度；③（书面语）治理国家等义项。其中义项①和②为译自英语 economy 之义，义项③的书面语义为古汉语"经世济民"之传承。

（3）国家

《文化术语》译作 family - state / country，指古代指诸侯和大夫的领地，后演变指一国的全部疆域。近代以来，"国家"又指由一定疆域、人民和政权机构共同构成的政治实体。引例为《周易·系辞下》："君子安而不忘危，……，是以身安而国家可保也。"《现代汉语词典》"国家"的义项是"阶级统治的工具，是统治阶级对被统治阶级实行专政的暴力组织，主要由军队、警察、法庭、监狱等组成。国家是阶级矛盾不可调和的产物和表现，它随着阶级而产生，也将随着阶级的消灭而自行消亡"，基本等于英语 state / country 的词义，古代汉语的"指诸侯和大夫的领地"义已经不用。

（4）革命

《文化术语》译作 changing the mandate / revolution，本义为变革王命，犹言江山

易主、改朝换代，即推翻旧政权，建立新政权。近代以降，"革命"转指社会、政治、经济制度的重大变革。引例为《周易·象下》："汤武革命，顺乎天而应乎人。"《现代汉语词典》"革命"的基本义只指"被压迫阶级用暴力夺取政权，摧毁旧的腐朽的社会制度，建立新的进步的社会制度。革命破坏旧的生产关系，建立新的生产关系，解放生产力，推动社会的发展"，即英语 revolution 词义，而没有"变革王命"或 changing the mandate 之义。

（5）艺术

《文化术语》译作 art，原指儒家六艺及各种方术，后引申指艺术创作与审美活动。近代西方艺术学传入中国后，艺术成为人类主观精神与物态化作品相结合的技艺与创作，成为专门的学科，涵盖各类艺术。《现代汉语词典》"艺术"的基本义项是，用形象来反映现实但比现实有典型性的社会意识形态，包括文学、绘画、雕塑、建筑、音乐、舞蹈、戏剧、电影、曲艺等，相当于近代西方艺术学传入的 art（艺术）义。

（6）选举

《文化术语》译作 select and recommend，指自上而下的"选"和自下而上的"举"的官吏选用制度，是"人治""德政"理念的体现。《现代汉语词典》则指用投票或举手等表决方式选出代表或负责人，更接近英语 vote（选举）的词义。

（7）文明

《文化术语》译作 wenming（civilization），"文"指"人文"，指礼乐教化以及与此相关的有差等又有调和的社会秩序；"明"即光明、昌明、通达之义，指社会文治教化彰明昌盛的状态。《现代汉语词典》有：①文化；②社会发展到较高阶段和具有较高文化的；③旧时指有西方现代色彩的（风俗、习惯、事物）等义。显然是借英语 civilization（文明）的词义。

（8）政治

《文化术语》译作 decree and governance / politics，"政"指统治者规定的法令、制度、秩序；"治"指对百姓的管理、治理，是"政"的具体实施。近代以降，"政治"转指政府、政党、社会团体或个人在国内、国际事务中采取的政策、措施和行为等。《现代汉语词典》"政治"是指阶级、政党、社会团体和个人在国内及国际关系方面的活动。可见，古代汉语"政治"主要是 decree and governance（政令和治理）义，而现代汉语更多为 politics（政治）义。

三　词语共时传播的相对性

语言共时系统的相对性主要表现为语言之间接触、借用、传播等行为所反映的冲突和差异。语言之间词语的借用是十分普遍的现象，借词（loan word）可以丰富语言的词汇系统，并通过词汇进而丰富语言所指称的文化概念。词语借用传播的语言相对性问题主要表现在词语翻译借用的方式和流向方面。

1. 词语翻译借用的方式

借词的翻译通常有音译和意译两种方式。例如英语词 telephone 和 internet 翻译汉语，"德律风"和"因特网"为音译，"电话"和"互联网"即为意译。《文化术语》为推广传播中国思想文化概念而翻译汉语术语为英语的方式，采用意译的 150 条，音译的 47 条，还有 4 条半音译半意译。由于汉语与西方语言文字的差异太大，汉语通常是以意译借入西方语言的词语，而西方语言较多采用音译方式翻译汉语的词语。

（1）音译

文化术语的音译又分纯粹的音译和加意译注释的音译。

纯粹的音译例如：虚 xu、仁 ren、趣 qu、情 qing、理 li、德 de、中华 Zhonghua、有无 you and wu、阴阳 yin and yang、五行 wuxing、文气 wenqi、体用 ti and yong、华夏 Huaxia、人文化成 ren wen hua cheng、坤 kun、乾 qian、体 ti、刚柔 gang and rou、国体 guoti、人文 renwen；还有少数采用半音译半意译的方式，如：养气 cultivating *qi*、画道 *dao* of painting、道法自然 *dao* operates naturally、九州 nine *zhou*（regions）。显然纯音译的术语如果不通过释文和引例说明，其词义是不能直接表达和理解的。

之所以采用纯音译术语一般是因为该词语既无现成的外语词与之对档，又不能以简单短语诠释。例如术语"阴阳"的本义指物体对于日光的向背，引申为天地之间性质相反的两种气和两种最基本的矛盾势力或属性，如天阳地阴、君阳臣阴、夫阳妻阴、阳贵阴贱、阳主阴从等。汉语音韵学术语称浊音为阳、清音为阴，或称鼻音结尾韵母为阳、元音结尾韵母为阴。而在西方语言中，"阴阳"（male and female）属于语法的性范畴（gender category），如法语的阳性名词用冠词 le，阴性名词用冠词 la，和中国语言的"阴阳"所指不同，实难词对词地翻译。

因此为便于理解，多数音译的术语都会加上英语的注释。例如：社稷 sheji（gods of the earth and the five grains 土地神和五谷神），道 dao（way 道路），天 tian（heaven 天），元 yuan（origin 端始），中国 Zhongguo（China），中庸 zhongyong（golden mean 黄金分割），等等。

（2）意译

因为汉语的词和英语的词不具有等义性，因此完全以两种语言词对词意译的术语很少，这类意译词如：艺术 art、逍遥 carefree、混沌 chaos、辞达 expressiveness、王 king、学 learn、文学 literature、都 metropolis、自然 naturalness、义 righteousness、诚 sincerity、一 the one。由于汉 – 英语言之间没有基本义、隐喻义、语境义都等义的词，因此词对词的意译词必然存在语义转达交换的偏差和缺失。

如上所举，"艺术"原指儒家六艺及各种方术，这是所译英语词 art 所没有的语义；近代西方艺术学传入中国后，艺术成为人类主观精神与物态化作品相结合的技艺与创作，成为专门的学科，涵盖各类艺术，这后起的汉语词义才与 art 词义相符。

"逍遥"一词语出庄子文章之篇名，意指人的心灵可以超越于形体无法逃避、无可奈何的境遇之上，消除对于物的依赖，进而达到心灵的自由、无碍，这样的语义远较英语 carefree 一词的无忧无虑、不负责任之义更加深邃致远。

"一"《说文解字》释为"惟初太始道立于一，造分天地，化成万物"，即"一"的古汉语本义并非数词，而是指万物的本体或本原，天地未分之时的混沌状态；也指事物的统一性，与"多""两"相对，意在强调有差异或对立的事物之间的统一性，这与英语基本义为数词的 one 也大相径庭。

"都"作为汉语的"国都"义与英语的 metropolis（首府、大都会）词义部分重合，但汉语可用有无宗庙区分"都"与"邑"（有陈列祖先和前代君主牌位的宗庙的城叫作"都"，没有宗庙的叫作"邑"），即"都"有显示贵族统治者祭祀祖先的宗法制度的地位和标志义，是英语的 metropolis 一词所没有的。

古代汉语的词多为单音节，一字即一词，因此双音节或多音节术语基本是短语不是词，在翻译为英语时，也多采用双词或多词的短语相对译。如"四书"four books 指《论语》《孟子》《大学》《中庸》等四部儒家经典的合称；"五经"five classics 是《诗》《书》《礼》《易》《春秋》等五部儒家经典的合称；"八卦"eight trigrams 由"阳爻"和"阴爻"不同排列组合合成的一套符号系统，用以理解和阐发自然与社会的运行变化及其法则。

尽管短语翻译术语可能比词对词的翻译更加确切，但是语言之间词语的相对性差异仍然明显存在。例如以下词语即使采用短语的意译方式也很难传递汉语文化术语的准确含义。

"封建"（feudal system），意为封邦建国，指古代帝王将爵位、土地和人口分封给亲戚或功臣，让他们在封地内建国。古代中国中央集权制或专制帝制居于主导地位，而封建制则成为一种辅助性制度。汉语的"封建"与英语 feudal 一词反映的欧洲封建制度相差较大。

"科举"（the imperial civil examination system），通过分科考试选用官吏的制度，是隋朝以后 1300 年间中国最主要的"选举"方式，其对中国社会产生的极其深广的影响也是无法完整准确地翻译为英语的。

"风雅颂"（ballad, court hymn, and eulogy），《诗经》中三种依体裁与音乐对诗歌所分出的类型。"风雅"后来由诗歌体裁转喻为典雅与高雅的事物。

对于四字格类的文化术语，由于字词语素多，概念多，因此多用一个陈述的方式意译。例如："居安思危"：be on alert against potential danger when living in peace；"和而不同"：harmony but not uniformity；"唇亡齿寒"：once the lips are gone, the teeth will feel cold；"修齐治平"（"修身齐家治国平天下"之缩略）self-cultivation, family regulation, state governance, bringing peace to all under heaven；等等。

字面义和隐喻义差别大的术语常用多义方式意译。例如"海外"的字面义是 outside the four seas（四海之外），指代的是 overseas（国家疆域之外或国外）；"江山"的字面义是 rivers and mountains（河流和山岭），指代的是 country or state power（国家或国家权力）。

类似的多义意译式术语还有："干城" shield and fortress（盾与城）/ dukes and princes（喻诸侯，以及国家政权、理论主张等的捍卫者）；"形而上" what is above form（形体以上的事物）/ the metaphysical（元物质的、形而上学的）；"形而下" what is under form（形体以下的事物）/ the physical（物质的）；"画龙点睛" adding pupils to the eyes of a painted dragon（为画好的龙点上眼珠）/ rendering the final touch（在紧要处着墨）；"化干戈为玉帛" beat swords into plowshares（铸剑为犁）/ turn war into peace（变战争为和平）。

也有的多义意译是分列该术语的古义与今义。如"革命"古义是"变革天命"（changing the mandate），今义为现代的"革命"（revolution）义；"政治"古义是"法令和治理"（decree and governance），今义是现代意义的"政治"（politics）；"国家"古义是"家—国"（family-state），今义是"国家"（country）的英语意译义。

2. 词语翻译借用的流向

词语的翻译与借用实际是一种语言之间概念信息交换的过程，由于词语翻译的语言流向事实上是不对称的，即强势语言会向弱势语言输入更多的词语或概念。就汉语和英语的词语翻译借用和概念交换而言，英语处于绝对的强势地位。据统计，现代汉语 70% 的社会和人文科学方面的名词术语，是西方语言的借词，并且特别需要指出的是，汉语这类借词并非直接借自西语，而是先由日语翻译西语，再通过日语汉字词的形式传入中国的。①

（1）汉语借入的词语

词语的借用不仅可以借入原语言所没有的词项，同时也可能对已有词语的语义产生隐性的影响。例如上述《文化术语》的部分词语往往兼有传统的汉语本义和来自西语意译的新意。除上文列举的"政治""经济""革命""国家""艺术"等术语外，再举数例说明。

---

① 王彬彬：《隔在中西之间的日本——现代汉语中的日语"外来语"问题》，《上海文学》1998 年第 8 期。

"法治"的传统义是"主张君主通过制定并严格执行法令、规章来治理民众和国家（与'人治'相对）"；近代以降，"法治"因西学东渐而被赋予新的 rule by law（法律规则）义。

"人道"传统义为"为人之道，指人类社会必须遵循的行为规范（与'天道'相对）"，所以译作 way of man；近代以后，西学东渐，它演变为以尊重和关爱人的生命、幸福、尊严、自由、个性发展等为原则的行为规范和权利，相当于英语 humanity（人道、人文）义。

"人文"传统意指礼乐教化、典章制度，即诗书、礼乐、法度等精神文明的创造以及与之相关的既有差等又有调和的社会秩序，与"天文"（自然的运行状态和规律）相对，因无对等英语词语而音译作 renwen。近代以后，受西学影响，"人文"演变指人类社会的各种文化现象，也相当于英语 humanity（人道、人文）义。

（2）汉语借出的词语

汉语的词语和概念有多少通过借词翻译到英语等西方语言呢？据一项比较权威的调查统计，收词 60 多万的《牛津英语词典》正式收录的汉语借词仅 394 个。① 其中包括音译词 293 个，占总词量的 74%，意译词 84 个，占 21%，其余约 5% 为 galing ale（高良姜）、kaolin（高岭土）、tea（茶）、sinseh（先生）、Japan（日本）、macao（赌博游戏）、Tangut（西夏语/人）、hao（毫）、mandarin（中国柑橘）等间接借词，chop-chop（快快）、chop – stick（筷子）、pidgin（事务）、samshoo（三烧酒）等洋泾浜英语词，和 bing（茗）、latinxua（拉丁化）、moc – main（木棉）等废旧词。如按借词的词义类别划分，数量较多的有饮食（61 个）、族群语言名称（46 个）、政治思想宗教（41 个）、人物职务（34 个）、文化（29 个）、器物（26 个）、瓷器（20 个）等义类的借词。

中国传统思想文化方面的借词，如 confucian 儒家、tao 道教、wu – wei（道教的）无为、mohism 墨家学说、iching《易经》、t'aichi 太极（拳）、pa – kua 八卦、shen 神、p'o 魄、qi（哲学上的）气、te 德、ming 命（运）、li 礼、yang（阴）阳、yin 阴（阳）、feng – shui 风水、kungfu 功夫、qigong 气功、martialarts 或 wushu 武术等，皆可作为当前推广传播中国思想文化概念术语英语翻译的借词基础。

英语中的汉语借词多为从不同时期和不同方言借出的词语，因此形式和内容都非常多样化。如按借出年代统计。

16 世纪以前（1599 年以前）只有 8 个借词，即 galing ale 高良姜、cham（khan, han）可汗、Japan 日本、li 里、litchi 荔枝、typhoon 台风、Tangut 唐古特（西夏）语/

① 陈胜利：《〈牛津英语词典〉中的汉语借词数量研究》，《盐城师范学院学报》2013 年第 3 期。

人、bird's‒nest 燕窝（汤）。

17 世纪（1600～1699）有 25 个借词，例如 Formosan 台湾人/话、ginseng 人参、lü（音乐）律、tea 茶、monthly rose（tree）月季、Tang 唐朝、yang（阴）阳、yin 阴（阳）、chop‒stick 筷子等。

18 世纪（1700～1799）有 40 个借词，如 bohea 武夷茶、bing 茗、ketchup 番茄酱、kaolin 高岭土、petuntse 白墩子（白瓷土）、longan 龙眼、t'aichi 太极拳、tao 道教、ya-men 衙门、mandarin 中国柑橘、Peking 北京绸子、macao 赌博、feng‒shui 风水等。

19 世纪（1800～1899）的借词增加到 124 个，如 kowtow/kotow 磕头、pidgin 事务（pidgin 也有"洋泾浜"义）、chop‒chop 快快、paper tiger 纸老虎、confucian 儒家、p'o 魄、qi（哲学上的）气、kylin 麒麟、wu‒wei 无为（道教倡导的主张）、mohism 墨家学说、no can do 不能做、te 德等。

20 世纪上半叶（1900～1949）吸收汉语借词 114 个，如 Macanese 澳门人、chowmein 炒面、erhu 二胡、so‒na 唢呐、Pong 中国佬（蔑称）、subgum 什锦、kuomin-tang 国民党、martialarts 武术、tea egg 茶叶蛋、gow 鸦片（＜膏）、hutung 胡同、mah‒jong 麻将、Sun Yat‒senism 三民主义/国父思想、silk road/route 丝绸之路、kuo‒yü 国语、acupuncture point 穴位、money tree 摇钱树、long march 长征、worker peasant 工农、latinxua 拉丁化、zhuyinzimu 注音字母、moon cake 月饼、ganbei 干杯、labour hero 劳模、Yenan 延安时期的等。

20 世纪下半叶以来（1950 年以来）吸收汉语借词 83 个，如 Maoism 毛泽东思想（主义）、putonghua 普通话、brain washing 洗脑、minyuen 民运/民援、mant'ou 馒头、ganbu 干部、sanfan 三反（运动）、wufan 五反（运动）、rectification（campaign）整风运动、renminbi 人民币、reform through labour 劳改、ve‒tsin 味精、great leap forward 大跃进、the hundred flowers 百花齐放、tatzu‒pao 大字报、thousand‒year（‒old）egg 变蛋/松花蛋、splittism 分裂主义、walking on（or with）two legs 两条腿走路、pinyin 拼音、work point 工分、snake head 蛇头（专门组织非法偷渡从中谋财的人）、white terror 白色恐怖、capitalist road 资本主义道路、cultural revolution 文化大革命、red guard guard 红卫兵、struggle meeting 斗争会、capitalist roader 走资派、Mao（毛式）中山装、bare foot doctor 赤脚医生、pakpai 白牌车（香港非法出租车）、shaolin 少林（武术）、moon flask（抱）月瓶、gang of four 四人帮、qinghaosu 青蒿素（疟疾药）、taikonaut 太空人（宇航员）等。

英语中的汉语借词最大的特点就是词语的音、形、义极其不规范，可反映英美人在其母语中吸收汉语词语的价值取向。

由于借词来自不同时期和地域的汉语（旧借词主要出自闽南方言和粤方言），借词的语音系统非常混乱，如在清音浊音、送气与否、尖音团音、平舌翘舌、舌面舌根、元音－鼻音－塞音韵尾等汉语特色语音方面，既不分古今，又方音混杂；借词的翻译方式没有什么章法，采用音译还是意译相当随意；音译词的拼写也无序地兼用了威妥玛字母、国语罗马字、台湾通用拼音、台湾闽南语拼音、港澳粤语拼音等多套拼音系统，但是唯独没有或极少使用我国法定的《汉语拼音方案》，间接说明这些汉语借词并非从现代中国大陆借用；还吸收了 no can do 不能做（类似 long time no see 好久不见）、pidgin 事务（据说是中国人 business 的错误发音）、chopchop 快快、chop－stick 筷子、samshoo 三烧酒等洋泾浜式的英语词。

英语中汉语借词词义方面带有负面信息的词语过多，比如以下涉及中国地名和族群名的称谓。

Pong 是澳大利亚对中国人的蔑称"中国佬"，既因汉语词常会发"ong"音，也因英语词 pong 有"臭味"义；错误地诠释"中华"的词义，如"中"middle（empire，kingdom，land，nation），"中（国）"和"华"flowery（empire，kingdom，land，nation）"花（华）国"；用具有殖民色彩的 Formosan（福摩萨）指称台湾人/话，用歧视性的 Miaotse"苗子"指称苗族；某些中国地名的指代也显得不够恰当和贴切，如 Shanghai 上海鸡、Nankeen 南京布、Peking 北京绸子、Macao 赌博、Oopack 湖北红茶（＜湖北/Wubeg）、Honan 河南绸/瓷、Shantung 山东绸、Mandarin（本义是官方、官员、官话）中国柑橘，等等。

现代政治术语的汉语借词其负面信息更加明显，特别是新中国成立以后进入英语的词语。例如：brain washing 洗脑、minyuen 民运/民援、reform through labour 劳改、sanfan 三反（运动）、wufan 五反（运动）、great leap forward 大跃进、tatzu－pao 大字报、capitalist road 资本主义道路、cultural revolution 文化大革命、red guard 红卫兵、struggle meeting 斗争会、rectification（campaign）整风运动、capitalist roader 走资派、gang of four 四人帮等词语。

以上分析所列举的词例均选自最权威的英语词典《牛津英语词典》中近 400 个静态的汉语借词，即时英语媒体中正在动态意译和使用的中国相关词语，也显示出明显的负面信息倾向。例如 airpocalypse 空气末日、Beijing cough 北京咳、straight man cancer 直男癌、Peking pound 北京磅、Chinawood 中国坞、rotten women 腐女、leading dragon 领头龙、naked phenomen 裸现象、leftover women 剩女、budget husband 经济适用男、square dancing 广场舞等①，这些与中国当前诸如雾霾、腐败、土豪等负面现象相关的词语，一定程度反

① 《为了读懂中国，外媒造了哪些英文词汇?》，*ELLEMEN*《睿士》，新浪教育微博，2016，http://edu. sina. com. cn/kids/2016－01－04/doc－ifxncyar6275892. shtml。

映了西方媒体看待中国问题的倾向甚至偏见。

四 结语

本文以文化术语是概念的语言指称，文化术语的交流传播会受所属语言的明显制约的语言相对性观点，通过考察古今汉语词汇系统集合与同形异义词语的历时差异，及中西语言词语基本义、隐喻义、语境义转达交换的共时差异，说明拟定梳理、诠释、交流、传播中国传统文化特征和民族思维方式、体现中国核心价值的思想文化术语的"传播工程"，将面临一系列语言相对性的现象和问题。

比如中华思想文化术语第一批发布的 201 个词语中，有 89 个未收入权威的《现代汉语词典》，这就意味着这些词语所指称的思想文化范畴并不在现代汉语的语境下使用；而收入《现代汉语词典》的 112 个文化术语一般也兼有汉语传统的本义和来自西方语言意译的新义，相比之下，译自西方语言的词义正在取代其汉语本义而成为共时层面新的基本义。说明 20 世纪初期"国语运动"和"新文化运动"所提倡的汉语欧化取向，以及日语汉字形式的西方语言借词大规模进入汉语的实践，已经促使现代汉语的词汇基本脱离古代汉语而衍生为一种新的话语体系，这种情况无论对汉语母语人的语言文化传承，还是对汉语及其指称传统文化的国际传播，都将产生比较消极的影响。

词语翻译从意译、音译到直接使用西方语言的字母词，一定程度上可以代表汉语欧化或国际化的三个阶段。据有关专家的观察和搜集①，目前甚至在中国的官方场合都在十分普遍地使用以下英语缩略的字母词：WIFI（wireless fidelity）无线局域网、无线网络、无线上网；PM2.5（particulate matter 2.5）细颗粒物、可入肺颗粒物、可吸入颗粒物；PK（player killer）对决、单挑、一决高低；3D（three dimensional printing）三维打印；4G（the 4th generation communication system）第四代通信系统手机、第四代手机；APP（application）应用程序、应用软件；PPT（power point）文稿演示软件、幻灯片；GPS（global positioning system）全球定位系统；CEO（chief executive officer）首席执行官、行政总裁、总经理；POS（point of sale）销售点终端机、刷卡机；GDP（gross domestic product）国内生产总值，地区生产总值；CPI（consumer price index）消费者物价指数、居民消费价格指数；SUV（sport utility vehicle）多功能越野车、多功能运动车；DNA（deoxyribonucleic acid）脱氧核糖核酸、去氧核糖核酸；Logo 商标、徽标、标识或标志等。

这一现象对汉语的深刻影响在于，这些英语原文的缩略词基本没有合适的汉语词语可以替代和称说，其指称概念因与人们的现实生活密切相关而不得不经常使用，并

---

① 李学军：《中文里经常夹带的英文词和缩略语，你中招没？》，《参考消息》2016 年 3 月 4 日。

且使用者完全可以不知道这些英语词语的真正含义（比如 DNA 脱氧核糖核酸的专业术语义）而准确无误地在纯粹的汉语语境下使用。

中外文化交流的信息流向至少在词语翻译的层面是不对称的，即英语处于汉－英词语翻译和信息交换的绝对强势地位。尽管已借入英语的中国传统思想文化方面的词语，可作为当前传播中国思想文化术语英译的借词基础，但是与汉语中的英语借词相比数量太过悬殊，即使进入英语的汉语借词带有负面信息的词语所占比重甚高，且汉语借词的音、形、义都极不规范，也从某种角度反映出英美人在其母语中吸收汉语词语的态度和价值取向。

但是也应该看到，随着中国经济"硬实力"和国际影响力的增强，汉语的国际推广和国际影响也在不断增强。据悉总部设在美国得克萨斯州的"全球语言监督机构"曾发布报告称，自 1994 年以来加入英语的新词汇中，"中文借用词"数量独占鳌头，以 5% ~20% 的比例超过任何其他语言来源。该机构主席帕亚克表示："令人惊讶的是，由于中国经济增长的影响，中文对国际英语的冲击比英语国家还大。"[1] 维基百科和推特（Twitter）等国际通用平台是现今广为各种语言采用的数据和联系渠道，应当容许和鼓励利用全球通用平台增加汉语和其他语言的链接，借此提升汉语的枢纽地位和国际影响力。[2] 因此，目前方兴未艾的国际汉语传播热与国际通用传播平台，也为汉语所承载的中华思想文化传播，提供了前所未有的机遇。

原载于《文化软实力研究》2016 年第 1 期

---

[1] 于国宁：《这些年，我们"出口"的汉语词汇》，《人民日报》（海外版），2013 年 12 月 2 日第 5 版。

[2] 吴玉慈：《汉语的国际影响力怎么算出来的》，财新网，2015 年 2 月 26 日，http:// opinion. caixin. com/ 2015 - 02 - 26/100785663. html。

马克思恩格斯的民族主义观

王希恩

摘　要　马克思恩格斯时代的民族主义属于自由主义或民主主义阵营，因而他们明确的"民族主义"概念所指都没有将其纳入敌对范畴。马克思主义经典作家对于民族主义的完整立场是批判、借助和吸纳，这在马克思和恩格斯那里已表现得非常鲜明。他们对"狭隘的民族主义感情"和"利己的民族主义情绪"的批评，对"民族沙文主义"和"泛斯拉夫主义"的揭露和批判，对1848年革命、波兰、爱尔兰和亚洲民族运动的支持等，都贯穿着这一点。然而，无论批判还是借助吸纳始终都被经典作家置于无产阶级革命利益这个根本的立场之下。反对民族压迫，推动建立和维护统一的民族国家是19世纪中期欧洲资产阶级民主革命的中心环节，也是无产阶级革命的时代使命。马克思恩格斯一分为二对待民族主义的态度，绝不能视其为机会主义，因为马克思恩格斯关于民族主义的论述始终坚守的是无产阶级革命立场，也始终充溢着社会正义和人类道义。无产阶级可以与民族主义有合作、有借助，但绝不能丧失自己的立场、放弃根本的阶级利益，这在马克思恩格斯那里做得无可挑剔。

关键词　民族主义　马克思主义　民族运动　无产阶级革命

据安东尼·史密斯研究，西方最早使用"民族主义"这个词是在18世纪末期，1836年，英语中才首次出现"民族主义"。[①] 所以，身处19世纪的马克思恩格斯在其著作中对"民族主义"的使用并不频繁，也没有对这一概念做出过正式阐释。可能是因为这一点，一些西方学者就认为"在卡尔·马克思讨论的所有历史现象中，他对于民族主义、民族主义运动和民族国家的出现的考察是最不令人满意的"[②]。但事实上，

[①] 参见〔英〕安东尼·史密斯《民族主义：理论、意识形态、历史》，叶江译，上海世纪出版集团，2006，第6页。

[②] 华东师范大学当代中国马克思主义研究中心：《社会主义发展的历程研究》，上海人民出版社，2001，第369页引阿维纳日《走向一种社会主义的民族主义理论》，《异议》1990年。

马克思和恩格斯对涉及民族主义的现象、性质及其在无产阶级革命中的作用等论述非常丰富，确立了马克思主义在民族主义问题上的基本立场。近年来，国内有关这一问题的研究已陆续展开，论者所论各有所见。本文旨在从马克思恩格斯关于民族主义问题的基本观点上再抒管见。

一

早在马克思恩格斯的青年时代，"民族主义"就出现在他们的著述中，如 1841 年恩格斯在为德国文学家伊默曼的《回忆录》写的评述中讲道："正如伊默曼相当直率地指出的，他是为现代德国人，为那些同德国民族主义和世界主义这两个极端保持同样距离的人们写作的。他完全按现代的意义来理解民族并且提出了使命。"① 1852 年马克思在谈到英国"愈来愈感到需要一个新的反对党"时说，提出这个问题的有"所谓的民族政党"，而这个"民族政党"的成员也即"民族主义者"。② 正像我们现在所认识到的，马克思恩格斯在论及"民族主义"一词时，除了少部分之外，一般总是缀以一些负面意义的定语。如对于包括工人阶级在内的各国劳动群众的民族情绪常称之为"狭隘的民族主义感情"和"利己的民族主义情绪"，而对于民族主义代表人物的言行则称之为"虚假的民族主义""狂热的民族主义"等。1848 年 8 月至 9 月间，恩格斯在《新莱茵报》上连续发表评论文章，就法兰克福国民议会关于波兰问题的辩论做了集中评论，其中将为德国并吞波兰做辩护的发言斥之为"多数派的荒谬绝伦的民族主义谎言"③。巴黎公社期间，马克思曾在媒体上批驳资产阶级报刊对于第一国际和巴黎公社的污蔑，其中也讲道："马志尼一向反对工人运动。事实说明，马志尼带着他那套老式的共和主义思想，什么也没有懂得，什么也没有做成。他用他那套民族主义的口号使意大利走上了军事专制。他在自己想象中建立的国家，对他说来就是一切，而现实存在的社会对他说来毫无意义。人民越快地摆脱这种人就越好。"④ 马志尼是意大利著名的民族主义理论家和坚定的民主革命者，马克思对马志尼的批评在马克思主义对待民族主义的态度问题上很具代表性。

总的来看，马克思恩格斯对于明确的"民族主义"概念的使用，有的是针对工人阶级和劳动群众内部的不良民族情绪，有的是针对一些国家特定时期出现的"民族主义"政治派别，有的是指一些资产阶级革命代表人物的政治倾向，但都没有将其纳入

① 恩格斯：《伊默曼的〈回忆录〉》，《马克思恩格斯全集》第 41 卷，人民出版社，1982，第 169 页。
② 马克思：《建立新反对党的尝试》，《马克思恩格斯全集》第 8 卷，人民出版社，1961，第 440~441 页。
③ 恩格斯：《法兰克福关于波兰问题的辩论》，《马克思恩格斯全集》第 5 卷，人民出版社，1958，第 400、411、374 页等。
④ 《卡·马克思驳资产阶级报刊污蔑国际和巴黎公社的发言报道》，《马克思恩格斯全集·附录》第 17 卷，人民出版社，1963，第 680 页。

敌对的"反动势力"范畴。这是因为，马克思恩格斯时代的民族主义属于自由主义或民主主义阵营。在反对封建专制的政治斗争中，民族主义是自由主义的同盟军，是反抗外来压迫和争取民族独立的主要发动者和参与者。"在历史上，自由主义和民族主义曾结合得相当紧密。19 世纪中叶，民族主义曾是自由主义积极争取实现的目标之一"①。但是，民族主义的资产阶级属性以及在社会革命中表现出的消极面和保守性，决定了自一开始它就要被马克思恩格斯所批评和批判，成为他们倡导的无产阶级民族观的对立面。

二

与"民族主义"这个概念相近，马克思恩格斯的论述也涉及了另外一些相近概念及其问题，其中最值得重视的是"泛民族主义"和"沙文主义"。

在马克思恩格斯心目中，民族主义和泛民族主义是相通的。1869 年恩格斯在给马克思的一封信中曾讥讽具有泛民族主义倾向的巴枯宁，说他"以为可以在工人面前扮演一个世界主义的共产主义者，而在俄国人面前扮演一个狂热的民族主义者—泛斯拉夫主义者"②。这里恩格斯明确把"狂热的民族主义"和"泛斯拉夫主义"连在一块、视为一体。实际上，现代民族理论也是把包括泛斯拉夫主义在内的"泛民族主义"纳入广义的民族主义之内的。"泛民族主义"（macro - nationalism），又称"宏观民族主义"。基于该主张的"泛群运动（pan - movement）是一种政治 - 文化运动，旨在增进和加强具有共同或相近语言、相似文化、同一历史传统和地理邻接关系的民族的联合。这种运动主张民族（nation）要在世界不同的民族联合体（community of nations）范围内扩展"③。泛民族主义有着久远的历史，近现代历史上的泛斯拉夫主义、泛日耳曼主义、泛突厥主义、泛阿拉伯主义、泛非主义等都为世界历史留下了深刻的印记。

马克思恩格斯对泛民族主义问题论述很多，但主要集中在泛斯拉夫主义。19 世纪的泛斯拉夫主义者号召斯拉夫人实现"种族解放"，认为日耳曼民族和拉丁民族已经衰败，他们的辉煌已成为过去，而生气勃勃的斯拉夫人正在成为历史的主角；所有的斯拉夫人都有共同的过去，他们的生存有赖于他们政治上的统一。④ 然而，这一主张及其运动就其性质来说则是"反动的"，19 世纪中期前后，恩格斯就泛斯拉夫主义发表了一系列文章集中给予批判，包括《匈牙利的斗争》（1849 年 1 月）、《民主的泛斯拉夫主义》（1849 年 2 月）、《德国的革命和反革命》（1851 ~ 1852 年）和《德国的泛斯拉

① 〔以色列〕耶尔·塔米尔：《自由主义的民族主义》，陶东风译，上海世纪出版集团，2005，第 10 页。
② 《恩格斯致马克思》，《马克思恩格斯全集》第 32 卷，人民出版社，1974，第 334 页。
③ Louis L. Snyder：*Macro - Nationalisms：A History of the Pan - Movements*，London，1984，p. 5.
④ 参见 Louis L. Snyder：*Macro - Nationalisms：A History of the Pan - Movements*，London，1984，p. 7.

夫主义》（1855 年）等。在这些文章中，恩格斯对泛斯拉夫主义的内容、本质和目的等等作了深刻分析。他指出，泛斯拉夫主义是奥地利和土耳其的"一切弱小的斯拉夫民族为了反对奥地利的德国人、马扎尔人，可能也是为了反对土耳其人而结成的同盟"。"泛斯拉夫主义按其基本倾向来说，是要反对奥地利的革命分子，因此，它显然是反动的"。"泛斯拉夫主义的直接目的，是要建立一个由俄国统治的从厄尔士山脉和喀尔巴阡山脉直到黑海、爱琴海和亚得利亚海的斯拉夫国家"。而在这个"国家"中，并不存在什么共同的"斯拉夫的民族特征"，也不存在共同的"斯拉夫语"。所有这些民族都处在文明发展的极不相同的阶段上，有波希米亚相当发达的现代工业和文化，也有克罗地亚人和保加利亚人的几乎是游牧性质的野蛮状态。所以，这些民族的利益是极为对立的，泛斯拉夫主义的统一，不是纯粹的幻想，就是"俄国的鞭子"①。

恩格斯对泛斯拉夫主义的批判，是以涉及这一运动的民族在整个欧洲革命和发展中的作用来作为衡量标准的。由于泛斯拉夫主义代表旧的生产关系，站在欧洲革命运动的对立面，是俄国主导的欧洲大国争夺世界霸权的骗术，所以，它虽然也是民族运动，但却是反动的、必须加以揭露和遏制。"泛斯拉夫主义的浪潮，在德国和匈牙利的斯拉夫人地区，到处都掩盖着所有这些无数的小民族力求恢复独立的企图，到处都与欧洲的革命运动相冲突，同时，斯拉夫人虽然自称为自由而战，却总是（除了波兰的一部分民主派之外）站在专制主义和反动势力一边"。②"泛斯拉夫主义，这不仅仅是一种争取民族独立的运动；这是一种力图把一千年来历史所创造的一切东西化为乌有的运动；这是一种只有把土耳其、匈牙利和半个德国从欧洲地图上抹掉才能达到自己的目的，而在达到这个目的之后，又只有通过征服欧洲的办法才能保证自己的未来的运动"。③ 所以，泛斯拉夫主义形式上是斯拉夫民族争取"民族独立"的运动，却是反革命反民主的运动。在此，恩格斯树立了一个判断民族运动性质的标准，这就是看它是谁发动的，目标是什么？发动者代表新的生产关系，代表新时代的文明进步，就是革命的进步的，而不在于强弱大小，也不在于是在实施同化还是被同化。因为，参与泛斯拉夫主义的民族大多是小民族，是千百年来受德意志、匈牙利和土耳其统治和同化的民族，它们发起的运动也是企图摆脱奥匈帝国和土耳其帝国控制的民族运动，但由于这一运动的目的和趋向是和当时欧洲民主革命方向背道而驰的，所以就是反动的。

关于沙文主义与民族主义的关系，马克思曾作过定性，说"资产阶级的沙文主义只不过是一种虚假的装饰，它给资产阶级的种种无理要求罩上一件民族的外衣"。正因

---

① 恩格斯：《匈牙利的斗争》，《马克思恩格斯全集》第 6 卷，人民出版社，1960，第 200～202 页。
② 恩格斯：《德国的革命和反革命》，《马克思恩格斯文集》第 2 卷，人民出版社，2009，第 429～430 页。
③ 恩格斯：《德国和泛斯拉夫主义》，《马克思恩格斯全集》第 11 卷，人民出版社，1962，第 218～219 页。

为此，他也间或把沙文主义称为"民族沙文主义"①，所以，沙文主义仍然是民族主义的一种类型。马克思恩格斯对于沙文主义的集中批判，一是针对普法战争期间的法国，一是针对沙皇俄国。

发生于 1870～1871 年的普法战争是 19 世纪欧洲革命和国际关系史上的重大事件。战争以法国对普鲁士的进攻始，以普鲁士转守为攻，逼使法国投降割地赔款为终。期间法国诞生了世界上第一个无产阶级政权——巴黎公社，战后德意志和意大利完成了各自的民族统一。这些事件对欧洲和世界都产生了极为深远的历史影响。马克思恩格斯始终关注着这一事件的发展。战争开始不久，恩格斯就致信马克思，将战争的根源追究于法国的沙文主义："如果没有大批法国人的沙文主义，即资产者、小资产者、农民以及由波拿巴在大城市中所创造出来的、怀有帝国主义情绪的、欧斯曼的、出身于农民的建筑业无产阶级的沙文主义，巴登格是无法进行这场战争的。这种沙文主义不遭到打击，而且是彻底的打击，德国和法国之间就不可能实现和平。"② 巴黎公社建立后，马克思又对法国沙文主义的性质和表现做了深刻揭露：资产阶级的沙文主义"是用挑拨本国的生产者反对另一国生产者弟兄的办法以压服本国生产者的手段，是防止工人阶级的国际合作的手段，而这种合作是工人阶级解放的首要条件"。他认为"是资产阶级沙文主义者"肢解了法国。③ 事过十年之后的 1882 年，恩格斯又对法国沙文主义的产生原因做了反思，认为"1830—1848 年，有点共和主义色彩的国际主义寄希望于法国，认为它负有解放欧洲的使命，其结果，法国的沙文主义日益加强，以致法国解放世界的使命及其与此相联的领导运动的长子权利，直到现在还在步步妨碍着我们。而在国际中，法国人也把这个观点当做天经地义的东西来坚持。只有事变才能教育他们，而且还要天天教育他们——以及许多其他的人，使他们知道，只有在平等者之间才有可能进行国际合作，甚至平等者中间居首位者也只有在直接行动的条件下才是需要的"④。恩格斯在此认为，法国沙文主义源于拿破仑征服欧洲后在法国社会产生的"解放世界"的"领导"意识、"长子权利"意识。法国人给欧洲和世界带来了解放的希望，所以对别国的干涉、支配和侵犯都是"天经地义"的。这是大民族主义或民族主义霸权化的典型表现，是需要得到事实的教育才能克服的。显然，在马克思、恩格斯的笔下，法国沙文主义并不仅仅属于反动阶级或反革命阵营，而是包括资产者、小资产者、农民以及部分无产阶级"大批法国人"所共有的情绪。尽管它是资产阶级挑

---

① 《德国农民战争·1870 年第二版序言的补充》，《马克思恩格斯文集》第 2 卷，人民出版社，2009，第 216 页。

② 《恩格斯致马克思》，《马克思恩格斯文集》第 10 卷，人民出版社，2009，第 340～341 页。

③ 马克思：《法兰西内战》草稿，《马克思恩格斯全集》第 17 卷，人民出版社，1963，第 605～606 页。

④ 恩格斯：《恩格斯致卡尔·考茨基》，《马克思恩格斯文集》第 10 卷，人民出版社，2009，第 472 页。

拨工人阶级国际合作的工具，但沉浸其中的其他阶级包括无产阶级也是难辞其咎的。随拿破仑征服欧洲产生的"解放世界"的"领导"意识、"长子权利"意识是渗透在法兰西整个社会之中的。法兰西民族为它激发了自豪的情感，也为它付出了沉重的历史代价。马克思恩格斯在此揭示的教训，值得各民族尤其是有着和正有着"英雄业绩"的民族牢牢记取。

19 世纪的沙皇俄国是欧洲封建专制主义的堡垒，因此而始终受到马克思恩格斯的鞭挞，其中"沙文主义"也是对其对外扩张和建立殖民霸权的一种概括。恩格斯讲："到叶卡捷琳娜逝世的时候，俄国的领地已超过了最肆无忌惮的民族沙文主义所能要求的一切。凡是冠有俄罗斯名字的（少数奥地利的小俄罗斯人除外），都处在她的继承者的统治之下，这个继承者现在完全可以称自己为全俄罗斯的专制君主。俄国不仅夺得了出海口，而且在波罗的海和黑海都占领了广阔的滨海地区和许多港口。受俄国统治的不仅有芬兰人、鞑靼人和蒙古人，而且还有立陶宛人、瑞典人、波兰人和德国人。——还想要什么呢？对于任何其他民族来说，这是足够了。可是对于沙皇的外交来说（民族是不必考虑的），这只不过是为现在才得以开始的真正掠夺打好了基础。""整个俄国都热衷于沙皇的侵略政策；到处是沙文主义和泛斯拉夫主义"，"政府成年累月地在所有学校里培养这种沙文主义和泛斯拉夫主义"。[①]

从马克思恩格斯对沙文主义的批判来看，沙文主义主要发生在强势民族和大民族之中，这其实和后来列宁所批判的"大俄罗斯沙文主义"或大民族主义是一脉相承的。由此也可以讲，马克思恩格斯对沙文主义的批判是后来苏俄和中国等反对大民族主义的理论之源。当然，马克思恩格斯这里所论的沙文主义是发生在不同国家，或代表不同国家的民族的，这与后来主要是指国内不同民族之间的情况有所不同。但这并不影响这一理论的普适性和重大意义。

三

除开对于"民族主义"及相关概念的直接论述，马克思恩格斯对于民族主义论述更多是涉及这个领域的其他民族运动，包括欧洲 1848 年革命、波兰问题和爱尔兰问题等。

1848 年革命是欧洲大陆波及甚广、影响极为深远的资产阶级民主革命；因奥地利、德国、奥匈帝国及沙俄境内各自复杂的民族成分及相互关系，伴随这场社会革命的也是极为广泛的民族运动。马克思恩格斯亲历了这场革命，并通过《新莱茵报》对于革

---

① 恩格斯：《俄国沙皇政府的对外政策》，《马克思恩格斯文集》第 4 卷，人民出版社，2009，第 366、367、389 页。

命和民族运动及时做出评析和指导，其后仍不断地在此问题上做出论述。

还在 1848 年革命之初，马克思和恩格斯就为德国革命拟定了无产阶级的斗争纲领《共产党在德国的要求》，其中第一条就是推动建立一个统一的、不可分割的德意志共和国。① 因为消灭德国在经济和政治上的分散状态是德国进一步发展的必要条件。马克思和恩格斯创办的《新莱茵报》名义上是德国民主派的机关报，但却表现出了鲜明的无产阶级立场。这个报纸在报道、评论德国乃至欧洲革命的同时，也对当时的民族运动做了大量分析。1848 年革命期间，马克思恩格斯通过《新莱茵报》表达出来的民族思想是马克思主义民族理论的重要内容。在《法兰克福激进民主党和法兰克福左派的纲领》《〈阅报室〉报论莱茵省》等文章中，马克思和恩格斯反对把德国统一在普鲁士和奥地利的霸权之下，也反对建立像瑞士那样的联邦国家，而主张自上而下建立一个真正统一的民主国家。同时指出，德国统一是全欧洲的问题，只有同英国的反革命统治阶级和沙俄这个欧洲的反动势力进行斗争，德国才能达到统一。在《德国的对外政策》《丹麦和普鲁士的休战》《法兰克福关于波兰问题的辩论》《布拉格起义》等文章中，马克思恩格斯对革命中的波兰、捷克、匈牙利和意大利的民族解放运动也给予了明确支持。

当然，1848 年革命中的民族运动范围很广、成分非常复杂，并非都是得到马克思恩格斯肯定和支持的。在革命尚未结束的 1849 年恩格斯就讲：1848 年革命强迫欧洲的一切民族表明态度：是拥护这次革命，还是反对这次革命。其中，斯拉夫人无声无息，完全投入了反革命的怀抱；而忠实于自己以前的历史作用的德国人和马扎尔人则领导了运动。② 同样，马克思也讲，1848 年革命中的西班牙独立战争一开始，上层贵族和旧官员就失去了对资产阶级和人民的任何影响，背弃了资产阶级和人民。"看起来，整个运动与其说是拥护革命的，不如说是反对革命的"。③ 所以，在马克思主义经典作家看来，对于民族运动的性质是需要分析的，因为它们既有"革命"的，也有"反革命"的。同理，基于在这些民族运动中的作用，相关民族也就有了"革命"与"反革命"之分。

随着历史的发展和马克思主义理论的成熟，恩格斯在其晚年对 1848 年革命有了更为深刻的总结，他说："欧洲各民族的真诚的国际合作，只有当每个民族自己完全当家作主的时候才能实现。1848 年革命在无产阶级的旗帜下使无产阶级战士归根结底只做了资产阶级的工作，这次革命也通过自己的遗嘱执行人路易·波拿巴和俾斯麦实现了

---

① 参见马克思、恩格斯《共产党在德国的要求》，《马克思恩格斯全集》第 5 卷，人民出版社，1958，第 3 页。
② 参见恩格斯《民主的泛斯拉夫主义》，《马克思恩格斯全集》第 6 卷，人民出版社，1960，第 337 页。
③ 马克思：《革命的西班牙》，《马克思恩格斯全集》第 13 卷，人民出版社，1998，第 515 页。

意大利、德国和匈牙利的独立。"① "1848 年革命虽然不是社会主义革命，但它毕竟为社会主义革命扫清了道路，为这个革命准备了基础。最近 45 年来，资产阶级制度在各国引起了大工业的飞速发展，同时造成了人数众多的、紧密团结的、强大的无产阶级；这样它就产生了——正如《宣言》所说——它自身的掘墓人。不恢复每个民族的独立和统一，那就既不可能有无产阶级的国际联合，也不可能有各民族为达到共同目的而必须实行的和睦的与自觉的合作。试想想看，在 1848 年以前的政治条件下，哪能有意大利工人、匈牙利工人、德意志工人、波兰工人、俄罗斯工人的共同国际行动！"②

显然，恩格斯这里的评价放眼的是无产阶级革命的大视野，着眼的是无产阶级国际联合的大目标，于此就会看到资产阶级民族运动和无产阶级革命的必然联系，看到无产阶级对于民族主义运动应有的正确态度。

波兰问题和爱尔兰问题是马克思恩格斯关注最多的民族运动个案。

波兰地处欧洲地缘中枢，是欧洲大陆大国争霸以及革命与反革命两大势力斗争的前哨阵地。由此，近代以来的波兰民族命运多舛。1772 年至 1795 年，沙俄、奥地利和普鲁士三次瓜分，使波兰从地图上消失了 123 年。亡国以后的波兰人一直在为恢复自己的国家而斗争。1830 年波兰的起义者一度建立了民族政府，宣告了波兰的恢复；1846 年波兰人在克拉科夫和加里西亚再掀起义，成为 1848 年欧洲革命的序幕。这些革命和起义虽然最终归于失败，但彰显了波兰问题的意义。波兰由此成为东欧民主革命的策源地，在世界近代史上占有突出地位。19 世纪中叶以后，随着沙俄的衰败和欧洲无产阶级革命的高涨，1863 年波兰的起义又与国际工人运动结合在一起，继续在国际革命斗争中发挥重要作用。③ 正因为波兰问题和波兰民族在欧洲革命中的重要地位，马克思恩格斯对于波兰民族运动始终给予高度关注，做出了非常多的论述。从 19 世纪 40 年代直到恩格斯逝世之前的 90 年代，他们的文章仅在题目中专门论及波兰问题的就有《论波兰》《论波兰问题》《对波兰的重新瓜分》《法兰克福关于波兰问题的辩论》《伦敦德意志工人教育协会支援波兰的呼吁书》《工人阶级同波兰有什么关系》《在伦敦纪念波兰起义大会上的演说》《支持波兰》《在一八六三年波兰起义纪念会上的演说》《致日内瓦一八三〇年波兰革命五十周年纪念大会》《〈共产党宣言〉1892 年波兰文版序言》等十多篇，其他著述中论及波兰问题的就更多。这些论述成为他们关于民族主义认识的重要内容。

---

① 恩格斯为《共产党宣言》波兰文版写的序言，《马克思恩格斯文集》第 2 卷，人民出版社，2009，第 24 页。
② 恩格斯为《共产党宣言》意大利文版写的序言，《马克思恩格斯文集》第 2 卷，人民出版社，2009，第 25～26 页。
③ 参见程人乾《波兰民族解放运动在世界近代史上的地位》，《世界历史》1979 年第 3 期。

马克思恩格斯对波兰民族解放运动始终有很高的评价，1892 年恩格斯在谈到波兰问题的时候甚至讲，波兰"从 1792 年以来对革命所作的贡献比这三个国家（指意大利、德国和匈牙利）所作的全部贡献还要大"①。但是，恩格斯在 1851 年 5 月 23 日给马克思的信中却说了另外的一番话："我愈是思考历史，就愈是明白：波兰人是一个毫无希望的民族，它只是在俄国本身进入土地革命以前的时候有当工具的用处。在这之后，波兰就绝对不再有存在的理由。除了一些大胆的争吵不休的蠢事外，波兰人在历史上从来没有做过别的事。所以很难指出波兰在什么时候，甚至只是和俄国相比，曾经有效地代表过进步，或者做出过什么具有历史意义的事情。相反地，俄国和东方相比确实是进步的。俄国的统治，不管怎样卑鄙无耻，怎样带有种种斯拉夫的肮脏东西，但对于黑海、里海和中亚细亚，对于巴什基里亚人和鞑靼人，都是有文明作用的，而且俄国所接受的文化因素，特别是工业因素，也比具有小贵族懒惰本性的波兰多得多。……波兰从来不会同化异族的分子——城市里的德国人始终是德国人。但是俄国却很会把德国人和犹太人俄罗斯化，每个第二代的俄籍德国人都是明显的例子。甚至那里的犹太人也长出斯拉夫型的颧骨来。"② 这段话和马克思恩格斯在其他场合对波兰民族的赞美性评价完全相反，为此有学者不理解，甚至做出了另类的解释。其实早在 1914 年列宁也注意到了这段话，但却这样讲："马克思恩格斯对于任何民族问题都是采取严格的有批判的态度，认为这个问题只有相对的历史意义。例如 1851 年 5 月 23 日，恩格斯写信给马克思说，研究历史的结果使他对波兰问题得出了悲观的结论，波兰问题只有暂时的意义，即只是在俄国土地革命以前才有意义。波兰人在历史上所起的作用只是干了一些'大胆的蠢事'。……恩格斯不相信波兰贵族的起义会成功。可是这些非常英明的和有远见的思想，绝对没有妨碍恩格斯和马克思在 12 年以后，即俄国仍然处于沉睡状态而波兰已经沸腾起来的时候，又对波兰运动表示最深切的和热烈的同情。"③ 据此我们就可理解，波兰民族和民族运动也和其他事物一样，只有"相对的历史意义"。对马克思恩格斯的赞美或批评的理解，都应该从具体的历史背景出发，不应该绝对化。何况这段话也是恩格斯和马克思的私人信件，其中的一些表达应当置于具体的场景中去分析。一种观点在形成和巩固之前，发生认识上的曲折或对原有认识的怀疑否定都是很常见的现象，经典作家也不例外。所以不应对此作出过度解读。

自 12 世纪后期开始，爱尔兰就逐渐成为英国的最早殖民地，与英国存在深刻的民族矛盾。英国的殖民统治不断遭到爱尔兰人民的激烈反抗。19 世纪 50 年代起爱尔兰人

---

① 恩格斯为《共产党宣言》波兰文版写的序言，《马克思恩格斯文集》第 2 卷，人民出版社，2009，第 24 页。

② 《恩格斯致马克思》，《马克思恩格斯全集》第 27 卷，人民出版社，1972，第 285 页。

③ 列宁：《论民族自决权》，《列宁全集》第 25 卷，人民出版社，1988，第 264～265 页。

民争取独立的斗争出现高潮，在"爱尔兰革命同志会"（通称"芬尼亚党"）的领导下发动起义，同政府军战斗。① 爱尔兰的民族运动遭到了英国统治阶级的镇压，也引发了工人运动内部不同路线的激烈争论。与对待波兰问题一样，马克思恩格斯也对爱尔兰问题给予了很高的关注，为此写了诸如《英国工人阶级状况》、《爱尔兰的复仇》、《1867 年 12 月 16 日在伦敦德意志工人共产主义教育协会所作关于爱尔兰问题的报告的提纲》、《总委员会关于不列颠政府对囚禁的爱尔兰人的政策的决议草案》、《马克思致路德维希·库格曼》（1869 年 11 月 29 日）、《马克思致齐格弗里特·迈耶尔和奥古斯特·福格特》、《爱尔兰歌曲集代序》、《爱尔兰史》、《爱尔兰的警察恐怖》、《关于各爱尔兰支部和不列颠联合会委员会的相互关系》等大量文章以及书信。这些著述对爱尔兰的历史、文化特性、爱尔兰民族独立的策略、目标等问题做了深入探讨，其中爱尔兰民族运动和英国工人运动的关系的理论变化在马克思主义发展史上尤具启发性。起初马克思和恩格斯认为，爱尔兰的解放只有借助于英国无产阶级革命才能实现。没有英国工人阶级在本土给资产阶级以毁灭性打击，爱尔兰的独立是不可能完成的。而在1867 年后，他们对此作出了重要的修正，认为"杠杆一定要安放在爱尔兰"。不是在英国，只有在爱尔兰才能给英国统治阶级以决定性的打击，而这对于全世界的工人运动来说也是有决定意义的。②

随着工业革命的推进，西方资本主义加紧了对殖民地半殖民地的侵略。与欧洲民族运动相对应，19 世纪中期亚洲也掀起了反殖反封建的民族解放运动。对此，马克思恩格斯同样给予了高度关注，写了大量文章予以支持。在《英中冲突》《英人在华的残暴行动》《英人对华的新远征》《波斯和中国》等文中，他们强烈谴责英国殖民主义的侵略暴行，将中国人民在第二次鸦片战争和太平天国运动中的英勇抵抗赞为"这是一场保卫社稷和家园的战争，一场维护中华民族生存的人民战争"。并预言"过不了多少年，我们就会亲眼看到世界上最古老的帝国的垂死挣扎，看到整个亚洲新纪元的曙光"③。同样，马克思恩格斯也为 1857 年印度爆发的反英起义写了《印度军队中的起义》《来自印度的消息》《德里的攻占》《印度起义》等文章，叙述了起义的过程，分析了起义的性质、社会根源和失败的原因。而在《不列颠在印度的统治》《不列颠在印度统治的未来结果》中，马克思提出了英国殖民统治"充当了历史的不自觉的工具"；以及"野蛮的征服者"总会"被他们所征服的臣民的较高文明所征服"是"一条永恒的历史规律"的经典论断。

严格来讲，我们所讲的民族主义是近代以来围绕民族理念，以民族国家独立为核

---

① 参见梁守德等《民族解放运动史（1775—1945）》，北京大学出版社，1985，第 149、150 页。
② 参见庄福龄主编《马克思主义史》第 1 卷，人民出版社，1996，第 293 页。
③ 恩格斯：《波斯和中国》，《马克思恩格斯全集》第 16 卷，人民出版社，2003，第 146、148 页。

心的思潮和实践。马克思恩格斯亲历的 1848 年革命，波兰、爱尔兰的民族解放运动以及德意志和意大利的统一等都是典型的民族主义运动，美国独立战争和其后的拉丁美洲独立运动也有着同样的性质。而当时的中国和印度，尚没有产生现代意义上的民族理念，他们的斗争只是被压迫民族对侵略者的自发性反抗，和进入 20 世纪以后在孙中山、甘地领导下的两国真正的民族主义运动是有区别的。但就其反对民族压迫的性质以及与欧洲民族运动同时代的背景来说，马克思、恩格斯对这些民族反压迫斗争的论述也可视为他们民族主义认识的一部分。

四

马克思主义的产生和发展始终是与民族主义相伴而行的。从思想史的角度而言，民族主义是 18 世纪的启蒙思想家们探索人类进步的一个视角，在其历史发展中始终有着积极与消极、进步与反动的两重性。马克思主义经典作家对此有着清晰的辨别，对其消极性、反动性始终予以鞭挞和批判，而将其积极性和进步因素加以借助和吸纳。经典作家对于民族主义的完整立场是批判、借助和吸纳。[①] 这一立场在马克思和恩格斯那里已表现得非常鲜明。上述对"狭隘的民族主义感情"和"利己的民族主义情绪"的批评，对民族沙文主义和泛斯拉夫主义的揭露和批判，对 1848 年革命、波兰、爱尔兰和亚洲民族运动的支持等，都贯穿着这一点。然而，无论批判还是借助吸纳始终都被经典作家置于无产阶级革命利益这个更根本的立场之下。"我们应当为争取西欧无产阶级的解放而共同奋斗，应当使其他的一切都服从这个目的。"[②] 但由于无产阶级革命历史阶段的不同、不同国家和领域革命形势发展的不同，对于民族主义的态度也都表现出差异。仔细比较，同为经典作家的马克思、恩格斯与列宁、斯大林在对待民族主义的侧重点上是有所不同的。究其根本，是他们面临的革命阶段和形势不一样，所要实现的目标不一样。马克思恩格斯指导和参与的无产阶级革命显然属于初创期，当时的欧洲除了西欧几个国家之外，包括德国、意大利在内的中东欧国家整体上尚未完成资产阶级民主革命。在马克思、恩格斯看来，无产阶级必须彻底推翻资本主义制度才能获得自身的解放，但消灭资本主义不能靠保存封建主义来实现。所以资产阶级反对封建制度的革命是工人革命的前提。工人阶级不仅能够而且应当参加资产阶级民主革命。[③] 也就是说，这一时期无产阶级革命的主要任务不是去推翻尚没有完全取得统治地位的资产阶级，而是应当协助和推动资产阶级完成民主革命。无产阶级革命需在帮助

① 参见王希恩《批判、借助与吸纳——对马克思主义经典作家关于民族主义论述的再认识》，《民族研究》2007 年第 5 期。
② 恩格斯：《恩格斯致爱德华·伯恩斯坦》，《马克思恩格斯全集》第 35 卷，人民出版社，1971，第 272 页。
③ 参见庄福龄主编《马克思主义史》第 1 卷，人民出版社，1996，第 164 页。

资产阶级取得统治权过程之中和之后完成。

无产阶级革命的任务和目标是马克思恩格斯评价民族主义的根本出发点。其中，反对民族压迫，推动建立和维护统一的民族国家又是这一问题的中心环节。民族压迫本是阶级社会的常态，进入近代的欧洲更是充满了民族战争，由此造成的民族分裂领土纷争成为制约经济发展社会进步的巨大障碍。这也正是欧洲民主革命总是与争取民族独立和统一联系在一起的原因。而民族独立和统一的结果就是民族国家的恢复和建立。所谓"民族国家"就是由一个民族建立的国家。"一族一国"是民族主义的最高政治理想，也是民族主义的核心原则。"民族主义认为，民族和国家注定是连在一起的；哪一个没有对方都是不完整的，都是一场悲剧"。① 而民族国家又被马克思主义经典作家视为资本主义时期典型的正常的国家形式。只有民族国家，"才是欧洲占统治地位的资产阶级的正常政治组织，同时也是建立各民族协调的国际合作的必要先决条件，没有这种合作，无产阶级的统治是不可能存在的。"② 资产阶级的民主革命向来都与民族主义运动联系在一起，而建立民族国家又是其政治建构的必然要求。因此无产阶级对资产阶级民主革命的支持也必然要和对以建立民族国家为核心的民族主义运动的支持合为一体。在马克思的心目中，民主主义始终是无产阶级国家的必要条件。然而，民主主义如果不以民族为基础，不在民族国家范围内，就不能实现和运行。③

由此，马克思恩格斯必然要支持"民族之春"的 1848 年革命，支持德国"自上而下建立一个真正统一的民主国家"，支持波兰和爱尔兰为争取民族独立和解放的斗争。泛斯拉夫主义的政治理想也是要建立一个"民族"的国家。但这里的所谓"斯拉夫民族"只是基于某种文化和历史联系的幻影，是服务于沙俄大国霸权主义的工具，悖逆于欧洲民主革命的大潮流，因而只能遭到马克思、恩格斯的痛斥和鞭挞；而参与其中的那些民族理所当然地就会被视为"反动民族"。

维护和建立统一的民族国家，势必出现一个怎样理解多民族国家内不同民族的权利问题，恩格斯《工人阶级同波兰有什么关系？》一文因涉及这个问题而留下了诸多争议。该文内容非常丰富，中心观点是对所谓"民族原则"的批判。在恩格斯看来，这一"原则"虽然被路易 – 拿破仑所鼓吹，但发明者则是沙俄统治集团，其目的是分解波兰、实现"泛斯拉夫主义"霸权。文章首先阐明恢复波兰的统一是欧洲工人阶级政治纲领的重要组成部分，但"恢复波兰"决不意味着要承认"民族原则"。1815 年的维也纳条约使得德意志、意大利、波兰和匈牙利等欧洲国家四分五裂，从而使得"争取恢复民族统一就成了一切政治运动的第一步"，欧洲各大民族所享有的政治独立权利

① 〔英〕厄内斯特·盖尔纳：《民族与民族主义》，韩红译，中央编译出版社，2002，第 9 页。
② 恩格斯：《暴力在历史中的作用》，《马克思恩格斯全集》第 21 卷，人民出版社，1965，第 463 页。
③ 参见〔美〕海斯《现代民族主义演进史》，帕米尔等译，华东师范大学出版社，2005，第 203 页。

应该得到承认。而这时出现的"民族原则"却是一个"搅混水"的观点。"民族原则"（principle of nationlities）标榜："每一个民族都应当是自己命运的主宰，任何一个民族分离出去的每一个小部分部应当被允许与自己的伟大祖国合并——还有什么能比这更符合自由主义呢？只是请注意，现在说的已经不是 Nations［民族］，而是 Nationalities［民族］了。"所以，虽同是"民族"，却不是一个类别，将其搅在一块儿就会出现很多问题。恩格斯写道："欧洲没有一个国家不是不同的民族处于同一个政府管辖之下。苏格兰高地的盖尔人和威尔士人，按其民族来说，无疑地有别于英格兰人，然而，谁也不把这些早已消失了的民族的残余叫做民族，就如同不会把法国布列塔尼的克尔特居民叫做民族一样。此外，没有一条国家分界线是与民族的自然分界线，即语言的分界线相吻合的。法国境外有很多人，他们自己的母语是法语，同德意志境外也有许多人说德语的情况完全一样，这种情况看来肯定还在继续存在下去。欧洲最近一千年来所经历的复杂而缓慢的历史发展的自然结果是，差不多每一个大的民族都同它的本身的某些处于边远位置的部分分离，这些部分脱离了本民族的民族生活，多数情况下参加了某一其他民族的民族生活，以至不想再和本民族的主体合并了。瑞士和阿尔萨斯的德意志人不愿再合并于德意志，就像比利时和瑞士的法兰西人不愿在政治上再归附于法国。于是，政治上形成的各个不同的民族大都在其内部有了一些外来成分，这些外来成分构成了同邻邦的联系环节，从而使本来过于单一呆板的民族性格丰富多彩起来，这毕竟是一件大好事。"①

恩格斯的意思很明白，不能将"这些早已消失了的民族的残余叫做民族"，那些"根本没有历史而言，也没有创造历史所必需活力的民族"与那些有上千年历史"有生命力的大民族"不可等而视之。现在人们已经普遍注意到了这一论点的历史局限性，认为这是恩格斯没有注意到小民族反对民族压迫、争取独立斗争的趋势，甚至没有注意到它们的平等权利。这种看法肯定是有道理的，但如果我们从恩格斯写作此文的背景和当时无产阶级革命的主要任务来看，就会发现其中有很多的合理成分和启迪意义。因为首先，既然欧洲工人阶级要推动资产阶级革命的完成，就要坚定支持各国的民族独立，建立和维护统一的民族国家，但沙俄和路易－拿破仑鼓吹的"民族原则"是借各国"小民族"和"民族残余"伸张各自的"民族"权利分解国家的统一，继而纳入由沙俄主导的"泛斯拉夫主义"国家体系，这既有反动性又有欺骗性。因而加以揭露和批判绝对是正确的、必要的。否定泛斯拉夫主义必然要否定这些"小民族"的民族运动，也自然不能承认他们的所谓权利。波兰人民争取民族独立解放的斗争是欧洲民族主义运动的一面旗帜，与波兰民族独立运动相悖的"泛斯拉夫主义"及其理论支撑

---

① 恩格斯：《工人阶级同波兰有什么关系》，《马克思恩格斯全集》第21卷，人民出版社，2003，第232页。

的"民族原则"也是一种民族主义。恩格斯在此鲜明地表明了马克思主义对待两种不同民族主义的态度：前者予以支持、借助，后者予以批判、否定。其次，多民族国家中的"民族"的确是有很大差别的，像恩格斯提到的那些例子大多是主体在外，现今被称为"跨界民族"或"跨境民族"的族体。它们在历史上的不同时期来到他国，既与所在国的民族交融在一起，又与母国主体民族有着各种联系。对于这样的族体，包括"根本没有历史可言"人数极少的族体，是否也要赞同有"民族自决权"，或如"民族原则"提出的做"自己命运的主宰，被允许与自己的伟大祖国合并"？显然不能盲目赞同。因为这样做会产生怎样的后果是不言而喻的。我们现在看到了这样的问题，知道要对"民族"做出"世居""原著""移民""族群"等不同的分类，恩格斯比我们更早看到，也知道了应将"nations"和"nationalities"区别开来。对此，我们应该肯定其中的正面意义和理论启示，将之作为一份理论遗产多加珍惜才对，而不必过多挑剔。因为当代世界，在维护各民族平等的大原则下，如何根据不同情况公正地维护不同群体的权利，并不是已经得到解决的问题。何况，恩格斯晚年的认识已有变化，不但提出了"每个民族都必须获得独立，在自己的家里当家做主"①。还把这些"民族"的范围扩大到"全部所谓的东方问题"所涉及的马扎尔人、罗马尼亚人、塞尔维亚人、保加利亚人、阿尔纳乌特人、希腊人和土耳其人等。他说当俄国人民终结了沙皇政府的侵略政策，世界战争的全部危险消失以后，这些民族"将终于有可能不受外来的干涉而自己解决相互间的纠纷，划定自己的国界，按照自己的意见处理自己的内部事务"②。所以，在这个问题上，我们既要看到恩格斯原有观点的缺憾，也要看到后来的变化，持一种历史的和全面的观点。

此外，从上引可知，恩格斯在谈那些"跨界民族"的作用时，也谈到他们的存在增加了"同邻邦的联系"，使得"单一呆板的民族性格丰富多彩起来"。这一看法放到现在也都是很有价值的。

我们讲马克思恩格斯对待民族主义一分为二的态度，决不能视其为机会主义，因为我们看到，马克思恩格斯关于民族主义的论述始终坚守的是无产阶级革命立场，也始终充溢着社会正义和人类道义。他们始终对被压迫民族的斗争予以同情，对西方殖民统治给殖民地半殖民地造成的灾难予以强烈的谴责，而对被压迫人民的抵抗斗争给予真诚的声援和支持。同时我们也看到，尽管马克思恩格斯对于民族主义的进步性有着充分的肯定和支持，但在阶级和思想阵营上始终坚持的是无产阶级国际主义，对民族主义对工人阶级的侵蚀保持了高度的警惕。恩格斯申明：无论是法国人、德国人、

---

① 恩格斯：《暴力在历史中的作用》，《马克思恩格斯全集》第 21 卷，人民出版社，1965，第 463 页。

② 恩格斯：《俄国沙皇政府的对外政策》，《马克思恩格斯文集》第 4 卷，人民出版社，2009，第 390 页。

还是英国人，都不能单独赢得消灭资本主义的光荣。无产阶级的解放只能是国际的事业。[①] 每个民族与其他民族相比都具有自己的优点，因而反对民族偏见和民族利己主义，号召在无产阶级共同利益基础上的国际团结和民族团结。无产阶级可以与民族主义有合作、有借助，但绝不能丧失自己的立场、放弃根本的阶级利益，这在马克思恩格斯那里做得是无可挑剔的。

原载于《中国边疆史地研究》2017 年第 3 期

[①] 恩格斯：《恩格斯致保尔·拉法格》，《马克思恩格斯文集》第 10 卷，人民出版社，2009，第 656 页。

论少数民族流动人口的城市适应与融入

郑信哲

摘　要　随着强劲的人口流动大潮，我国少数民族人口流动也已形成一定规模。少数民族人口不断地从边远乡村、山寨涌入城市，使城市少数民族人口迅速增多。而少数民族人口由于语言、风俗习惯、宗教信仰等方面的特点及掌握生活技能方面的先天不足，他们在城市的境遇更加艰难，这为我们提出了少数民族流动人口如何在城市适应与发展的问题。本文正是要回应这个问题，概述了少数民族人口流动及城市少数民族流动人口的基本情况，在此基础上分析少数民族流动人口在城市的适应与融入现状，探讨了问题及其症结，提出了相应的对策建议。

关键词　城市　少数民族　适应　融入

一　问题的提起

自改革开放以来，我国的城市化进程逐渐加快，农村人口大量地流入城市，如今 2 亿多农村人口在各级城市打工经商，其中不乏少数民族人口。据不完全统计，如今在城市流动的少数民族人口达 1000 多万人。[①] 少数民族人口大量进入城市，使城市日益成为各民族人口相互交流、相互碰撞的热点地区，也使城市成为一个影响民族关系的敏感地区。例如，东南某省 2008～2010 年发生的民族方面各类纠纷矛盾中，80% 以上在城市。[②] 来自民族地区的少数民族人口，由于汉语言掌握水平不同，生活习俗、宗教信仰等方面存在许多差异，他们在城市适应与发展过程中表现出千差万别，遇到的问题和困难多于汉族流动人口。少数民族流动人口在城市的适应和融入是否顺利，不仅与他们本身在城市能否立足相关，而且关系到少数民族及其地区的发展与稳定。

---

① 张建松等：《让外出务工和学习的 1000 万少数民族群众尽快融入城市》，http://news.xinhuanet.com/politics/2011-02/11/c_121065171_3.htm（新华网）。

② 国家民委政策法规司：《全国城市民族工作座谈会交流材料汇编》，2010 年 12 月，第 61 页。

　　少数民族人口离开传统聚居地而走进陌生的城市，他们面临各种问题与困难。在城市，少数民族流动人口与众多的农民工一样，由于传统的城乡二元体制影响，尽管多年在城市工作居住，为所居城市的经济社会发展做出应有的贡献，但他们仍被排斥于城市体制外，不能享受城市居民待遇。而且，少数民族流动人口除了一般农民工遇到的共同性问题外，还由于其民族特点及其影响，他们在城市生活中遇到的问题与困难多于一般农民工，他们在城市适应与融入更加艰难。所以，我们说城市的农民工是一个弱势群体，而少数民族人口更属于弱势群体。

　　虽然，从人口流动规模上看，少数民族人口流入城市的比例不多，但少数民族人口所具有的特点及其与本民族、本民族地区的密切联系，他们在城市的适应与发展状况牵动着民族发展和民族关系，令人关注。那么，少数民族人口在城市的现状如何？他们在城市适应与发展中面临哪些问题？存在哪些影响民族关系的不利因素？他们对城市政府的诉求是什么？城市政府是如何应对的？这些都需要我们认真深入地探讨。

二　少数民族流动人口与城市民族工作

1. 城市中的少数民族流动人口

　　本文所讲的"少数民族流动人口"，主要是指进入城市经商打工的非当地城市户籍的少数民族人口。

　　传统上，我国少数民族人口大多居住于远离城市的边远乡村山寨，这里交通闭塞，与外界的联系不多，人们过着自给自足而相对平稳清苦的生活。改革开放以来，我国的人口流动现象日趋明显。首先是，大量的内地汉族农民不仅走向城市，而且也深入到少数民族地区经商打工，给少数民族地区带去日用产品和手工技术。据有关统计，早在1990年，仅浙江省流入少数民族聚居的八省区的人口约有10万人，占该省出省人数的12.5%。[①] 距离民族地区相对远的浙江省况且如此，距离民族地区比较近的省份流入民族地区的人数可想而知。

　　汉族流动人口给民族地区造成了较浓的商品经济氛围，他们的示范效应非常明显。例如，当时在民族地区经营日用百货和蔬菜、粮食、肉蛋等产品的第三产业和裁缝、修鞋、理发、家电修理等服务业市场均被外来经商的汉族流动人口所覆盖。汉族流动人口给民族地区经济生活带来很大影响，这种现象逐渐引起少数民族人口对外界的向往，唤醒了他们的商品意识观念，有力地促动了少数民族人口的对外流动。据报道，到1990年年底，边疆民族地区到东南沿海等发达地区经商务工的少数民族人口已有几

---

　　① 杨一星：《浅谈少数民族人口迁移》，《中国少数民族人口》1993年第1期。

十万名。①

20 世纪 90 年代，随着市场经济日趋活跃和东南沿海地区第二产业的兴盛，更多的少数民族人口离开传统民族聚集地到东南沿海地区经商打工，少数民族人口流动变得日趋活跃。少数民族人口从偏僻的农村、山寨涌入城市经商打工，城市少数民族人口日益增多。如今，少数民族人口流动，日益显露出其地域的广泛性和民族的多样性，也呈现出少数民族人口向城市流动的不可逆转性和常态化。例如深圳市坪山新区是一个重要工业开发区，据 2011 年 5 月统计，该区少数民族流动人口有 29758 名（包括少数外国人及港台人员），其比例占当地常住人口总数的 10%。这些少数民族流动人口中，由于地理因素等，西南少数民族人数虽占多数，但仍不乏其地域的广泛性，囊括了全国 31 个省区市。这里的各少数民族人口数量多少不一，有的少数民族人口超过 1 万人，有的只有 1 人，但民族成分多达 39 个；广州市海珠区凤阳街道是一个典型的城中村区域，辖区内各类企业超过 1.3 万家，大部分是中大型布匹市场（大小 41 个分场）产业链的组成及衍生企业。街道常住人口 24.4 万，其中流动人口 19.5 万。据 2012 年 4 月统计，该街道少数民族流动人口有 2188 人。少数民族流动人口人数不多，所占比例很低，但也具有民族多样性和地域广泛性，少数民族成分达 33 个，他们来自 23 个省区。②

随着少数民族人口大量进入城市，在各级城市少数民族人口中，除了当地户籍人口以外，非当地户籍少数民族人口愈益增多，并且逐渐成为所属城市少数民族人口的多数。据统计，2012 年，广州市少数民族人口近 64 万，其中非户籍少数民族人口约 56.7 万多人，而户籍人口只有 6.3 万多人；2011 年 3 月，深圳市少数民族 79.5 万人中，户籍人口仅为 5.2 万人，非户籍少数民族人口占 93% 以上；2010 年年底，上海市少数民族人口 27.6 万人，其中非户籍人口 17.8 万人，占少数民族人口总数的 64.5%；2010 年，宁波市少数民族流动人口 31.8 万人，占全市少数民族人口总数的 89%；③青岛市少数民族户籍人口仅 3.3 万名，而少数民族流动人口近 20 万。④

在城市，随着少数民族外来人口的增多，少数民族人口相对聚集分布的现象也比较明显，出现了少数民族相对聚居的街道社区等。例如，山东省青岛市百通花园小区是一个朝鲜族较为集中的社区，在 1000 多户中朝鲜族住户约 600 户⑤；江苏省南京市健

---

① 杨荆楚：《论改革开放中汉族和少数民族的关系问题》，《云南社会科学》1991 年第 1 期。

② 2012 年 6～7 月，笔者曾到深圳、广州、上海等地进行实地调研，相关数据资料系调研时所获，以下未注明出处的均同。

③ 国家民委政策法规司：《全国城市民族工作座谈会发言材料》，2010 年 12 月，第 14 页。

④ 同上，第 10 页。

⑤ 郑信哲、黄娜：《少数民族人口流动与城市民族教育问题探讨》，《中南民族大学学报》2010 年第 1 期，第 31 页。

园社区共有 3000 多户，其中少数民族有 450 户[1]；广西壮族自治区南宁市银海社区聚集了来自贵州、云南、新疆等省区的壮族、瑶族、侗族、布依族、维吾尔族、回族等 18 个少数民族人口，少数民族人口 35820 人，占总人口的 80%。[2]

少数民族人口大量流入城市，一方面给城市增添多元文化色彩，为城市文化多样性和广泛传播民族文化做出了贡献。另一方面，少数民族人口本身的观念意识得到很大转变，并且少数民族人口通过自己的辛勤劳动，不仅增加收入，改善生活，提高自身的生存质量，而且为家乡面貌的改变和民族地区的发展做出应有的贡献。当然，他们在城市面临的各种问题与困难也不少，其城市生存与适应状况不容乐观，这是城市民族工作面临的一个新的挑战。

2. 城市民族工作新特点

城市民族工作是针对城市居住的少数民族人口而展开的一项民族工作，其对象应该包括城市户籍和非城市户籍的少数民族人口。城市民族工作是我国民族工作的一个重要部分，1987 年以"中发 13 号文件"颁布的《关于民族工作几个重要问题的报告》中，第一次明确地提出城市民族工作概念。1993 年国务院批准发布的《城市民族工作条例》，则标志着我国城市民族工作进入一个确立相关法律法规的阶段。

传统上，城市民族工作的重点在于户籍少数民族人口，这里包括世居少数民族人口及少数民族迁移人口。改革开放以来，随着少数民族流动人口的大量出现，与少数民族流动人口伴随的问题也不断发生。尤其是，进入 21 世纪，随着城市少数民族流动人口数量日益增多，在许多城市少数民族人口中非户籍人口已占多数，关注和解决外来非户籍少数民族人口问题开始成为城市民族工作的一项重要任务。

针对新时期城市民族问题特点，城市民族工作加强了少数民族流动人口的管理和服务工作，出台了一些相关政策规定。各级城市政府积极探索，勇于实践，创出了一些适合本地实际的城市民族工作路径，推进民族工作社会化管理，为少数民族人口在城市的适应与发展服务，取得了一定的成就。下面，列举一些城市的民族工作实例：

例 1：进入新时期以来，上海市根据本地区少数民族情况，积极探索城市民族工作新途径，逐步打开了一条以促进少数民族人口融入城市、融入社会为目的，以社区、社团、社工为切入点，通过加强社区、社团和社工等"三社"联动机制，搭建来沪少数民族人员服务与管理平台，构筑"城市民族工作社会化"的城市民族工作的新格局。

例 2：武汉市不断深化少数民族流动人口工作的理论思考与实践探索，坚持真情服务和规范管理，帮助少数民族流动人口在城市的适应与发展。武汉市政府出台做好少

---

[1] 杨桦：《各地加强管理：让少数民族流动人口真正融入城市》，《人民政协报》2010 年 10 月 12 日。

[2] 全成程、何文鹏：《民族地区社区党建研究——以广西南宁市良庆区银海社区为例》，《党史文苑》2011 年 11 月下半月。

数民族流动人口工作的文件，提出"以人为本、适应需求、真情服务、依法管理"的工作要求，依法保障少数民族流动人口的各项合法权益。在少数民族流动人口工作中，确定"落地就管"原则，坚持服务和管理并举，坚持互利共赢，以确保少数民族流动人口"进得来、留得住、富得起"，开创了城市少数民族流动人口工作的新局面。

例 3：深圳市根据当地情况，在民族宗教事务、清真饮食管理、民族社团登记、少数民族子女中考加分等方面出台一系列政策规定，以实现少数民族工作管理规范化，如《深圳市工商行政管理局、深圳市人民政府民族宗教事务局关于加强清真餐饮业登记管理工作的通知》《深圳经济特区宗教事务条例》《深圳市民族宗教事务局非行政许可审批和登记实施办法》《关于做好 2009 年我市散居少数民族考生报考高中阶段学校有关工作的通知》《社会团体登记管理条例》等，推动新时期城市民族工作。

例 4：广州市针对外来少数民族人口增多，加强与民族地区的协作，从青海化隆民委、新疆民委和四川民委聘请少数民族干部来到广州进行挂职，以协助开展少数民族情况调研和处理涉及民族因素的矛盾和纠纷，取得积极效果。政府还着重打造少数民族人口较多的海珠区瑞宝街、越秀区光塔街为优秀社区，通过对先进单位的宣传带动了少数民族流动人口服务管理工作的创新发展。

例 5：青岛市逐步完善少数民族流动人口管理机制，明确由民族工作部门牵头，公安、民政、劳动、司法、计生、街道等各负其责、共同参与，形成全社会齐抓共管工作格局。做好少数民族流动人口工作，把社区民族工作的重心，从以少数民族常住人口为主，转移到少数民族常住人口与少数民族流动人口并重，把救助困难少数民族流动人口纳入社区服务重点，促进少数民族流动人口与社区居民之间互帮互敬。

三 少数民族流动人口在城市的适应与融入现状

"流动人口"是改革开放以后，在我国现行户籍制度下产生的一个特定概念，相对于流入地户籍人口而言。我国传统的户籍制度是将城市与农村分割开来，形成城乡二元体制，而流动人口作为这种体制的产物深受其苦，各种社会排斥限制了他们在城市的适应与融入。流入城市的少数民族人口作为流动人口大军的一支特殊群体，由于民族因素与发展不平衡等原因，他们的劣势更加凸显，他们在城市的适应与融入现状不容乐观。

城市少数民族人口可分户籍人口与非户籍人口，本文主要讨论非户籍少数民族人口，即外来少数民族人口的城市生存适应问题。少数民族人口在城市适应与融入过程中，由于受到诸如相关制度政策、不同文化沟通、当地居民认同、少数民族自身素质等多方面的限制，仍然面临着许多问题与困难。

所谓适应，是个体为了与环境取得和谐关系而产生的各种行为和心理变化。少数民族流动人口在城市的生存与适应，主要包括经济、社会及心理等三个方面，其中"经济层面的融入主要是城市就业和收入，也就是职业上的转换；社会层面的融入主要是社会交往范围的扩大化，生活方式、价值观念和行为举止方面的市民化；心理层面上的融入主要是自我认同和心理归属"①。

那么，少数民族流动人口在城市的适应现状如何呢？我们认为少数民族流动人口在城市的适应与融入正处于进行时，但从权益、职业、居住、生活、社交、教育、归属感等方面的实际看，阻碍其城市适应与融入的不利因素仍然不少。

从少数民族流动人口数量与分布看，虽然在数量上少数民族流动人口远远少于汉族流动人口，但是在城市少数民族人口中非户籍人口大都多于户籍人口，而且其比重逐渐提高。总体上，城市少数民族流动人口分布广泛，但比较集中于中心城市和大城市，呈现出散居中有所聚居之势。散居少数民族人口主要分布城市中心部，而相对聚居少数民族人口主要在城市近郊区。可见，不管从数量还是从分布看，少数民族流动人口城市适应与融入问题在城市民族工作中的位置越来越重要，但相比之下城市民族工作有所滞后。

在权益保障方面，由于少数民族流动人口户籍不在所居城市，不具有市民身份，他们几乎被排斥于当地各级政权系统，几乎没有机会参政议政，缺乏利益诉求渠道，他们的各项合法权益得不到有力保障。也就是，户籍制度及与之相关的政治权利、教育、卫生、社会福利和社会保障等体制，将少数民族流动人口完全排斥在城市体系之外，使之无法享受市民待遇。此外，由于少数民族流动人口自身素质相对较低，法律意识薄弱，几乎不知如何保障合法权益或维权。

在职业方面，少数民族流动人口基本属于自谋职业，行业包括国家所允许和所能从事的各种行业。其中，城市少数民族流动人口中大多分布于第三产业，他们或者经营民族风味餐饮，或者出售民族特色商品。例如，我们在北京就可以品尝傣味、苗味、藏味等西南民族的饮食和西北的回族、维吾尔族、蒙古族的风味饮食，也可以品尝朝鲜族、满族等东北民族的传统饮食。此外，少数民族流动人口中还有许多流动商贩，他们主要出售民族特色产品，如藏族的饰品和藏药、苗族的饰品和苗药、维吾尔族的切糕等。此外，也有一个不可忽视的一些少数民族人口从业群体，他们就是遍布东南沿海城市的拉面馆从业者。在城市，少数民族人口从事行业具有一定特色，但零散而没有形成规模。

从居住和收入看，少数民族流动人口大部分是在城市边缘地带找一些相对廉价的房屋租住，条件差，居住不稳定。他们的收入一般高于流出地乡村，但除了有正式职

---

① 李伟梁：《少数民族流动人口的城市融入》，《黑龙江民族丛刊》2010 年第 2 期。

业者收入相对稳定外，其余人工作和收入不稳定，而且其收入普遍低下。

从教育素质看，少数民族流动人口大多数来自边远乡村山寨，他们接受教育年限不多，文化水平较低，素质不高，还缺乏应有的技能培训和职业教育。此外，随父母流动的儿童，由于各种原因，许多孩子得不到正式教育，其教育状况也非常令人担忧。

从社交状况看，少数民族流动具有一定的群体性，其人口相对内聚，由于受文化背景、职业性质、居住状况和文化素质等因素所限，他们交往多限于老乡、亲戚、信仰圈等，与当地居民的接触交往并不多，交往圈相对狭小。

从城市认同和归属感看，少数民族流动人口虽然在城市呈现长居化趋势，但由于他们在城市适应与发展过程中，不仅遇到了各种制度障碍，而且也时常感受城市人的排除和歧视，加上他们自身交流内聚性等，他们对自己的未来充满不确定性，缺乏对所居城市的认同感和归属感。

此外，由于少数民族流动人口来自不同民族、不同地区，各民族的情况不同，其在城市的适应与发展程度也有所不同。他们在城市适应中遇到的问题及诉求，一些是带有共性的问题，一些是由于各少数民族情况不同而表现出一定的各自特殊性。

概括地说，如今少数民族流动人口在城市居住的长期化倾向比较明显。尽管许多少数民族流动人口所处境遇不很理想，但他们当中的很多人有意长期居住或定居。然而，由于相关制度所限和城市社会排斥弱化了他们对城市融入的意愿。某种意义上说，他们是被隔离于城市社会，城市政府的限制性政策、城市人的优越感和及对少数民族流动人口的排斥等，使少数民族流动人口很难真正融入城市主流社会之中，他们缺乏对所居城市的认同感和归属感，他们的城市适应与城市融入程度较低。

还有，少数民族流动人口自身的城市社会适应能力相对薄弱，也滞缓了其城市适应与融入进程。一个人的社会适应能力是反馈其综合素质能力高低的间接表现，是个体融入社会、接纳社会的能力。然而，少数民族流动人口由于受多种因素的限制，他们的城市社会适应能力具有先天不足，不论是基本劳动能力、选择并从事某种职业的能力等方面，还是不同文化的沟通能力、社会交往能力和用道德规范约束自己的能力等方面，他们都表现出相对的弱势。也就是说，少数民族流动人口自身的城市社会适应能力相对薄弱，是阻碍他们顺利实现城市适应和融入的重要因素之一。

四　问题及其症结

从现实看，少数民族人口在城市的处境不十分好，他们在就业与收入、民族教育与文化传承、社交及居住等方面，面临许多问题与困难，他们的城市适应和城市融入状况程度较低。造成少数民族人口城市适应与城市融入中的问题与困难之原因，可分主客观两个方面的因素。

客观上，是社会排斥等因素造成了少数民族人口城市适应和城市融入的困境。所谓社会排斥，主要是指某些个人、家庭或社群缺乏机会参与一些社会普遍认同的社会活动，被边缘化或隔离的系统性过程。[①] 社会排斥是多方面的，它涉及政治、经济、社会、文化等领域。

在我国，现有户籍制度形成的城乡二元体制是造成社会排斥的主因。户籍制度及其基础之上建立的城市各种制度，是包括少数民族人口在内的流动人口融入城市社会的制度性障碍。在现行户籍制度主导下，外来流动人口被排斥于城市制度之外，得不到如同城市居民的各项制度惠及。由于非当地城市户籍，少数民族流动人口在城市的政治参与、公共服务、社会福利与救济、民族教育与文化传承、建立民族社团等诸多方面的合法权益无法得到保障。在社会排斥中，城市社会的排外、歧视等虽然属于"弱排斥"，但也成为少数民族人口城市融入的一个障碍。可见，社会排斥是少数民族人口城市适应与融入的主要障碍。

此外，国家政策法规和行政管理方面的支持不充分，关于城市少数民族人口，尤其是针对少数民族流动人口的相关政策法规欠缺和不健全，相应政策措施跟不上，也是影响少数民族人口城市适应与融入的重要原因之一。

主观上，少数民族流动人口自身的城市社会适应能力相对薄弱，也滞缓了其城市适应与融入进程。少数民族流动人口自身存在许多不利因素，表现一种城市适应能力的不足。一个人的社会适应能力是反馈其综合素质能力高低的间接表现，是个体融入社会，接纳社会的能力。然而，少数民族流动人口大多来自相对落后的民族地区，由于受多种因素的限制，他们的城市社会适应能力具有许多先天不足，弱项突显。不论是基本劳动能力、选择并从事某种职业的能力等，还是不同文化的沟通能力、社会交往能力和用道德规范约束自己的能力等，他们都表现出相对的弱势。例如，他们的民族特性比较明显，形成民族内聚，限制了与他民族的交流沟通，社会交往面窄；他们接受教育程度较低，文化素质不高，适应能力差；他们汉语水平差，语言沟通不畅，也限制其交流沟通和就业；他们基本没有得到职业培训，就业能力不强等。这些因素，都限制了少数民族流动人口在城市适应和城市融入的进程。

在城市适应和城市融入过程中，除了各少数民族流动人口（由于这些人居住城市超过一定时间，也许称其为"流动人口"并不一定适合）遭遇的共同性问题以外，由于各个少数民族人口还带有本民族之烙印，他们在面临问题、困难及其诉求等方面，具有一定的特殊性。例如，信仰伊斯兰教的民族在流入地城市生活中，由于宗教信仰与饮食习俗等方面的特殊性，他们对清真饮食、宗教场所、墓地等方面的诉求更明显；

---

① 石彤：《性别排挤研究的理论意义》，《妇女研究论丛》2002 年第 4 期。

藏族、苗族、维吾尔族等流动人口中，经销民族手工艺品、本地区特产的人口相对不少，他们没有固定摊位，流动性强，故对于他们来说适应城市管理，取得相对稳定的经营场地最为急切；回族、撒拉族等人口中经营拉面馆的人比较多，他们遇到的更多问题是经营手续办理、场地租赁等方面的问题；而从朝鲜族遇到的问题与诉求看，更多的表现在民族教育机构、老人文化活动场所、民族民间社团等方面的诉求。

总之，由于受制度性障碍，城市社会应对准备、条件不足，城市居民的包容度不高和少数民族人口自身存在的一些缺陷等因素的限制，影响了少数民族人口在城市适应与城市融入。

五　对策建议

现实发展表明，我国城市化进程正在加快，人口流动日益频繁，少数民族人口大量流动至城市并长期居住已成为常态。这种现实，为我们提出怎样才能让进入城市的少数民族人口更好地实现城市适应与城市融入的问题。

少数民族人口的城市适应过程，也是城市社会接纳和适应少数民族人口的过程，这是一个双向适应过程。为了能够让少数民族人口在城市的顺利适应，需要从上到下的相关各方共同努力。这里所指从上到下的相关各方，应该包括中央政府、城市政府及城市社会和少数民族人口本身及流出地政府。

1. 从中央政府角度

现行的户籍制度及其基础上形成的政治参与、劳动就业、社会保障、教育、医疗、住房等方面的制度，是少数民族流动人口适应城市、融入城市的最主要的障碍。虽然，如今户籍制度有所松动，中央政府在相关制度、政策方面已经开始较多地关注流动人口问题，但远远跟不上城市流动人口的快速增加，显得相关制度、政策的滞后性。而一些地方性法规，由于缺乏上位法的支撑，很难实现应有的法律效用。也就是说，关于少数民族流动人口问题，如果中央政府没有一个明确的政策规定，地方城市政府便无据可循、无法适从。

鉴于此，一是进一步深化户籍制度改革，尽快实现城乡统一的人口登记管理；二是中央政府应该及早制定实施关于城市流动人口方面的政策法规，其中应包括强调少数民族流动人口的特殊性问题；三是及早制定关于城市少数民族权益保障和城市民族工作方面的政策规定；四是及时修改、充实现有的《城市民族工作条例》等相关政策法规。

2. 从地方城市政府角度

如今，在城市少数民族人口中，外来人口占多数的情况下，少数民族流动人口问题是城市政府必须直面的问题，少数民族流动人口能否顺利适应与融入城市与城市政府有直接的关系。城市政府不能一味地等待中央出台关于城市少数民族流动人口的相关政策规定，而应该主动承担责任，在少数民族流动人口管理和服务方面有所创新。

第一，提高对城市民族问题重要性的认识，加强城市民族工作。随着城市少数民族人口增多，城市民族问题愈益复杂敏感，城市民族工作愈益显得重要。城市各级领导部门对此应有清醒的认识，重视城市民族问题，加强城市民族工作。从各地城市民族工作情况看，哪个城市的主要领导重视民族问题，那里的民族工作相对做得好，否则相反。然而，城市民族工作不能只靠某个领导的重视，因为这是因人而异的。所以，要持之以恒地做好城市民族工作，需要制定相应的政策制度，由制度化来支撑才有可能实现。

第二，要扩展城市民族工作领域，将少数民族流动人口工作纳入其中。传统上，城市民族工作对象主要是户籍少数民族人口，这在过去几乎不存在人口流动前提下没有什么问题。但是，如今在许多城市中，不仅少数民族流动人口数量已经超过户籍人口，而且与少数民族流动人口相关的问题在城市民族问题中的分量变得越来越重。这种现实，要求我们必须扩展城市民族工作领域，把少数民族流动人口工作纳入城市民族工作领域，并且应将其视作一个城市民族工作的重点。

第三，城市及社区公共文化设施及场所，应向少数民族流动人口定期开放。在城市，随着少数民族人口的快速增长，少数民族民间社团组织逐渐增多，但这些少数民族民间团体的活动往往苦于没有场地。因为这些团体人员许多都是非当地户籍，他们的活动得不到城市及社区的支持，城市及社区的文化活动中心及场所都不能利用，对此他们深表失望。从我们调查看，一些地方，如广州、上海等地已经认识到少数民族流动人口工作的重要性，一些社区还专门建立少数民族文化活动中心；而一些城市及社区，有设施、有场地，但不为少数民族民间团体活动提供方便。可见，这是一个对少数民族流动人口的认识问题，也是一个是否重视城市民族工作的问题。可以想象，在一个城市能够组织少数民族民间团体，表明这些团体人员在所属城市居住有一定时间，他们虽然没有当地户籍，但应属于常住人口。城市及社区应该开放公共文化设施及场所，使其无论在哪里都能感受到党的民族政策的关怀和多民族大家庭的温暖。

另外，许多少数民族人口来自民族聚居地区，他们在民族聚居地较多地感受到党和国家民族政策的惠及，这与他们在流入地城市得到待遇形成较大反差。例如，类似组织单一民族社团及其活动在民族聚居地不成问题，实际上也不是问题，但在流入地城市却成为问题，处处受限，对此他们不理解。可见，提高城市政府及相关部门理解和执行民族政策水平，认真对待少数民族合理诉求，保障其各项合法权益，也是城市政府应该担当的责任之一。

3. 从城市社会角度

在现行户籍制度及其形成的城乡二元体制下，城乡之间长期隔离，造成了城市人与农村人之鸿沟，助长了城市人的优越感，这种现象在大城市尤为明显。城市人对外来人的排斥现象比较普遍，甚至还表现于青少年当中。据报道，广州市第六次羊城"小市长"竞选征文中，有小学生建议成立"外来人口管理委员会"以控制外来人口数量；还有小学生认为外来人口素质差，抹黑广州形象，提出亚运会期间要对外来人口进行"封闭式管理"。①

城市少数民族流动人口大都来自民族地区，加上不同的文化背景，城市社会对少数民族流动人口的不理解、排斥、歧视等较多地存在于公共空间及日常生活之中。所以，在城市各部门加强我国多民族的国情教育，加强马克思主义民族观和党的民族政策教育及多元文化教育，推进各民族之间相互理解、相互尊重、相互包容，为消除歧视，保证平等，实现少数民族人口顺利适应和融入城市创造良好的外部环境。

4. 从少数民族人口角度

城市少数民族流动人口大多来自偏僻乡村山寨，文化教育素质相对差，法律意识淡薄，汉语言沟通能力较差，几乎没有得到职业培训等都是他们的缺陷。流入城市的少数民族人口的这些先天不足，大大限制其在城市的顺利适应与发展。所以，各级政府应该通过多种渠道，加强少数民族流动人口的素质教育和职业技能培训，提高其文化素质和就业技能，树立遵纪守法观念，增强城市适应与城市融入能力。

5. 从流出地政府角度

一方面，少数民族流动人口对流出地经济社会的发展做出较大贡献，这是公认的事实。另一方面，少数民族流动人口本身存在的许多不利因素，是他们在城市适应与城市融入的主观障碍，其中许多是流动以前存在的，可以说是流出地的遗留问题。从这个角度说，流出地政府也应该更加关注少数民族流动人口。首先，加强当地基础教育普及，提高流出人员的文化素质；其次，加强人口流出前职业培训，提高其就业能力；最后，加强与流入地政府的联系，互通信息，协调解决流出人口在流入地面临的问题。

The Adaptation and Integration of Urban Ethnic Floating Population

Abstract：Nowadays there are more and more ethnic floating populations. They keep entering into cities from villages, which causes rapid increasing of urban ethnic population. Since

---

① 见《广州日报》2007 年 4 月 7 日。

the different language, customs and religions and lack of life skills, they live difficult life in city. It has become a big problem. This paper focuses on this problem. It first describes the basic situation of the urban ethnic floating population. Then it makes an analysis of current situation and find out the core problem and give suggestions.

Keywords：Urban　The Ethnic　Adaptation　Integration

原载于《中南民族大学学报》（人文社会科学版）2014 年第 1 期

党的十八大以来民族工作方法论创新发展研究[*]

孙　懿

摘　要　方法论问题始终是民族工作的一个重要问题。民族工作方法论的创新发展，是十八大以来民族工作创新发展重大成果的重要组成部分。民族工作方法论创新发展的一系列成果，体现了"四个全面"战略布局对民族工作发展的新要求，反映了我国民族团结进步事业发展的时代特征和民族工作的新特点。充分认识民族工作方法论创新发展的重大成果及其重要意义，是认识十八大以来以习近平同志为核心的党中央推动民族工作创新发展重大成果及重大意义的关键。

关键词　十八大　民族工作方法论　创新发展

方法论问题始终是民族工作的一个重要问题。我们党的民族工作方法论，是党的民族观在民族工作上的反映。从一定意义上看，民族工作方法论也是民族工作指导思想的具体体现，有什么样的民族工作指导思想，就会有什么样的民族工作方法论。党的十八大以来，以习近平同志为核心的党中央，从实现中华民族伟大复兴中国梦的时代要求出发，致力于民族团结进步事业新发展，作出了"四个全面"的战略部署，在新的形势下推动了民族工作方法论创新发展，方法论创新成为十八大以来民族工作创新发展的突出亮点之一，也是党的十八大以来民族工作实现全面发展的重要原因。全面认识、深刻把握党的十八大以来民族工作方法论创新发展的重大成果及其重要意义，对于我们深刻认识和把握十八大以来以习近平同志为核心的党中央关于民族工作的一系列重要论述和重大举措，深刻认识党中央关于民族工作的战略定力、根本原则、主要任务和基本要求，推动民族工作不断与时俱进，具有十分重大的意义。

---

　*　本文系国家民委 2016 年民族问题研究项目"党的十八大以来民族工作方法论创新发展研究"（项目编号：2016 - GMB - 002）成果之一。

一 党的十八大以来民族工作方法论创新发展的社会背景

十八大以来民族工作方法论实现创新发展有着深刻的社会背景，主要是：

1. 实现"两个一百年"奋斗目标、实现中华民族伟大复兴的中国梦，对民族团结进步事业提出了新的更高要求。2012 年 11 月 29 日，习近平总书记在参观《复兴之路》展览时发表重要讲话指出："实现中华民族伟大复兴，就是中华民族近代以来最伟大的梦想。"① 从此，实现"中国梦"成为中国发展的时代强音，各民族同心共筑中国梦成为民族团结进步事业的时代强音。实现伟大中国梦，必须凝聚起强大的中国力量。历史告诉我们，在中国，民族团结就是最强大的力量。加强民族团结，最大限度汇聚起实现中国梦的力量，是一项庞大的系统工程，涉及各个领域和众多方面。实现各民族共同繁荣进步，是加强民族团结最重要的途径之一，而促进各民族共同繁荣进步，对于民族地区而言，一方面需要充分发挥各民族干部群众的积极性创造性，另一方面又要加大国家和发达地区帮助扶持的力度。既要重视发挥好物质手段在促进民族团结进步方面的作用，又要重视发挥好精神手段在促进民族团结进步方面的作用。正如习近平总书记在中央民族工作会议上指出："解决民族问题，物质方面的问题要解决好，精神方面的问题也要解决好。"② 在实现中国梦的伟大进程中，还要始终注意处理好发展与稳定的关系，而单纯依靠发展并不能完全解决稳定问题，所以必须坚持物质和精神两手抓、两手都要硬。诸如此类的问题，都要求民族工作必须努力实现思想方法、实践途径等的创新和与时俱进，通过思想方法和实践途径的创新，推动民族团结进步事业迈上新台阶。

2. "四个全面"战略布局为民族工作方法论创新发展提供了强劲动力。十八大以来，以习近平同志为核心的党中央着眼于中国特色社会主义事业新的发展和实现"两个一百年"奋斗目标、实现中华民族伟大复兴中国梦，果断做出了全面建成小康社会、全面深化改革、全面依法治国、全面从严治党（即"四个全面"）的重大战略布局，为民族工作方法论创新发展提出了要求，指明了方向，提供了动力。首先，提出全面建成小康社会的目标，为民族地区提出了艰巨繁重的任务，民族地区加快发展的任务比任何时期都更加紧迫，民族地区实现加快发展需要采取更加有力的举措，实现思路及方法的创新。其次，全面深化改革，为民族事务治理体系和治理能力提出了更高要求，推动民族事务治理体系和治理能力现代化的任务比以往任何时候都更加紧迫。党的十八届三中全会指出："全面深化改革的目标是完善和发展中国特色社会主义制度，

① 习近平：《习近平谈治国理政》，外文出版社，2014。
② 国家民族事务委员会：《中央民族工作会议精神学习辅导读本》，民族出版社，2015，第 249 页。

推进国家治理体系和治理能力现代化。"① 民族事务治理是国家治理的重要内容，民族事务治理体系和治理能力现代化，是国家治理体系和治理能力现代化的重要组成部分。民族工作领域全面深化改革的目标，是发展和完善与中国特色社会主义事业发展要求相适应的体制机制，实现民族事务治理体系和治理能力现代化。实现民族事务领域全面深化改革的目标，必须实现民族工作方法论的创新，实现民族事务治理系统化、社会化、协同化和科学化。再次，全面依法治国，为民族事务治理手段和治理方式提出了更高要求。法治是国家治理的基本方式，也是民族事务治理最基本的手段。全面依法治国，要求全面依法治理民族事务，切实提升民族事务治理的法治化水平，实现民族事务治理法治化。最后，全面从严治党，为少数民族干部队伍、民族工作部门干部队伍建设提出了更高要求。习近平总书记在中央民族工作会议上强调指出："做好民族工作，关键在党、关键在人。"② 习近平总书记还强调："民族地区的好干部，既要做到信念坚定、为民服务、勤政务实、敢于担当、清正廉洁，还要做到明辨大是大非立场特别清醒，维护民族团结行为特别坚定，热爱各族群众的感情特别真诚。"③ 实现这些要求，必须推动干部队伍建设思想方法的创新。

3. 民族团结进步事业发展出现的新情况新问题新要求对民族工作提出了新的更高要求。2014 年召开的中央民族工作会议指出，在发展社会主义市场经济和实行对外开放的历史条件下，我国民族工作面临"五个并存"的阶段性特征，即改革开放和社会主义市场经济带来的机遇和挑战并存，民族地区经济加快发展势头和发展水平低并存，国家对民族地区支持力度持续加大和民族地区基本公共服务能力建设仍然薄弱并存，各民族交往交流交融趋势增强和涉及民族因素的矛盾纠纷上升并存，反对民族分裂、宗教极端、暴力恐怖斗争成效显著和局部地区暴力恐怖活动活跃多发并存。④ "五个并存"标志着我国民族工作也进入新的阶段。这一阶段民族工作的突出特点是各种矛盾相互交织，一些问题解决的难度更大，在方式方法上，单纯依靠一种方法往往解决不了问题，或效果不好，需要多方施策、多策并举、多管齐下，实现方法论的创新。

二 党的十八大以来民族工作方法论创新发展的主要体现

党的十八大以来，民族工作方法论创新发展成果丰硕，主要有：

1. 提出了"交心论"。党的十八大以来，习近平总书记反复强调民族工作重在交

---

① 《中共中央关于全面深化改革若干重大问题的决定》，人民出版社，2013，第 3 页。

② 新华社新闻通稿：《中央民族工作会议暨国务院第六次全国民族团结进步表彰大会在北京举行》，《人民日报》2014 年 9 月 30 日。

③ 国家民族事务委员会：《中央民族工作会议精神学习辅导读本》，民族出版社，2015，第 304 页。

④ 国家民族事务委员会：《中央民族工作会议精神学习辅导读本》，民族出版社，2015，第 58 页。

心，要将心比心，以心换心。他在中央民族工作会议上强调指出："做好民族工作，最关键的是搞好民族团结，最管用的是争取人心。"① 他在第六次中央西藏工作座谈会上强调："必须牢牢把握西藏社会的主要矛盾和特殊矛盾，把改善民生、凝聚人心作为经济社会发展的出发点和落脚点。"② 2014 年 12 月中共中央、国务院印发了《关于加强和改进新形势下民族工作的意见》，强调民族工作重在平时、重在交心。

2. 提出了"交融论"。各民族交往交流交融，是中华民族多元一体格局形成和发展的基础，也是我国社会主义民族关系发展的重要特征。促进各民族交往交流交融，对于实现各民族共同团结奋斗、共同繁荣发展的民族工作总目标意义重大。党的十八大以来，习近平总书记对进一步促进各民族交往交流交融有一系列精辟而深刻的论述。他在中央民族工作会议上强调，要加强各民族交往交流交融，尊重差异、包容多样，让各民族在中华民族大家庭中手足相亲、守望相助。习近平总书记在第二次中央新疆工作座谈会上强调，要加强各民族交往交流交融，部署和开展多种形式的共建工作，推进"双语"教育，推动建立各民族相互嵌入式的社会结构和社区环境，有序扩大新疆少数民族群众到内地接受教育、就业、居住的规模，促进各族群众在共同生产生活和工作学习中加深了解、增进感情。他在第六次中央西藏工作座谈会上，强调把坚定不移促进各民族交往交流交融，作为西藏工作的一项重大任务。习近平总书记在 2015 年国庆节之际会见基层民族团结优秀代表时强调："大家要行动起来，一起做交流、培养、融洽感情的工作，努力创造各族群众共居、共学、共事、共乐的社会条件，增强各族群众对伟大祖国、中华民族、中华文化、中国共产党、中国特色社会主义的认同，向着伟大理想去奋斗。"③

3. 提出了"差别论"。实施差别化政策，从来就是中国特色社会主义建设的重要方法，是提高国家治理能力的重要要求。党的十八大以来，习近平总书记多次强调要进一步完善对民族地区的差别化政策。他强调，民族地区群众困难多，困难群众多，同全国一道实现全面建设小康社会目标难度较大，必须加快发展，实现跨越式发展。他在第二次中央新疆工作座谈会上讲话时强调，对南疆发展，要从国家层面进行顶层设计，实行特殊政策，打破常规，特事特办。他在第六次西藏工作座谈会上强调，要在西藏和四省藏区继续实施特殊的财政、税收、投资、金融等政策。

4. 提出了"两手论"。党的十八大以来，习近平总书记多次阐述了民族工作坚持

---

① 新华社新闻通稿：《中央民族工作会议暨国务院第六次全国民族团结进步表彰大会在北京举行》，《人民日报》2014 年 9 月 30 日第 11 版。

② 马戎：《中国社会的另一类"二元结构"》，《北京大学学报》2010 年第 5 期。

③ 《习近平在会见基层民族团结优秀代表时强调中华民族一家亲，同心共筑中国梦》，《人民日报》2015 年 10 月 1 日。

物质和精神两手抓、两手都要硬的基本道理和基本要求。他强调："推动民族工作要依靠两种力量，一种是物质力量，一种是精神力量。经济发展、人民生活水平提高，并不会自然而然带来人们思想认识水平的提高。""解决好民族问题，物质方面的问题要解决好，精神方面的问题也要解决好。""民族工作要见物，更要见人。""加强中华民族大团结，长远和根本的是增强文化认同，建设各民族共有精神家园，积极培养中华民族共同体意识"。①

5. 提出了"欣赏论"。相互欣赏，是民族关系和谐的重要保障；懂得欣赏，是做好民族工作的重要方法。党的十八大以来，习近平总书记多次强调各民族要相互欣赏，相互学习。他在中央民族工作会议上强调，多民族是我国的一大特色，也是我国发展的一大有利因素。在新疆喀什考察时，总书记称赞喀什是一座文化底蕴很深的美丽城市。在云南昆明参观独龙族生产生活用品时，他称赞那些生产生活用品东西都是文化。在吉林延边考察时，他看到朝鲜族群众正伴着《红太阳照边疆》这首乐曲跳舞，热情称赞朝鲜族群众舞蹈跳得好，一招一式就是不一样，总书记的欣赏之情溢于言表。

6. 提出了"相互论"。做好民族工作，简而言之就是要处理好各民族之间的相互关系。党的十八大以来，习近平总书记多次阐述了新形势下我国各民族相互关系的基本内涵，强调各民族要相互了解、相互尊重、相互包容、相互欣赏、相互学习、相互帮助。"六个相互"中，相互了解、相互尊重是基础，相互包容、相互欣赏是条件，相互学习、相互帮助是途径，从而实现各民族和谐共处、亲如一家的目的。在第二次中央新疆工作座谈会上，习近平总书记强调各民族要相互了解、相互尊重、相互包容、相互欣赏、相互学习、相互帮助，像石榴籽那样紧紧抱在一起。在西藏工作座谈会上，习近平总书记强调要大力加强民族团结，促进各民族群众相互了解、相互帮助、相互欣赏、相互学习。

7. 提出了"持久论"。党的十八大以来，习近平总书记多次强调，民族工作要立足长远，多做打基础、利长远的工作，谋长久之策，行固本之举。第二次中央新疆工作座谈会把"长期建疆"、"依法治疆"和"团结稳疆"作为新疆工作三项重大原则。习近平总书记强调要将社会稳定和长治久安作为新疆工作总目标，强调做好新疆工作，必须坚持从全局高度，谋长远之策，行固本之举，建久安之势，成长久之治。他要求结合新疆形势充实和完善党的治疆方略，坚持长期建疆，多管齐下，久久为功，扎实做好打基础利长远的工作，为社会稳定和长治久安打下坚实基础。2013 年 3 月 9 日在与出席全国人大会议的西藏代表团全体代表座谈时，习近平强调，要坚定不移走有中国特色、西藏特点的发展路子，坚持不懈保障和改善民生，坚定不移巩固和发展民族

① 国家民族事务委员会：《中央民族工作会议精神学习辅导读本》，民族出版社，2015，第 249 页。

团结，积极构建维护稳定的长效机制，加快推进西藏跨越式发展和长治久安。

8. 提出了"法治论"。法治是民族关系健康发展的重要保障，也是民族事务治理的基本方法。习近平总书记在中央民族工作会议上强调，要用法律来保障民族团结，增强各族群众法律意识。他强调，法令行则国治，法令弛则国乱。"只有树立对法律的信仰，各族群众自觉按照法律办事，民族团结才有保障，民族关系才会牢固"。在第六次中央西藏工作座谈会上，习近平总书记强调："依法治藏、富民兴藏、长期建藏、凝聚人心、夯实基础，是党的十八大以后党中央提出的西藏工作重要原则。依法治藏，就是要维护宪法法律权威，坚持法律面前人人平等。"① 第二次中央新疆工作座谈会上，把"依法治疆"作为新疆工作的一项基本原则。

9. 提出了"关键论"。习近平总书记在中央民族工作会议上强调做好民族工作，关键在党、关键在人。他在第二次中央新疆工作座谈会上强调，做好新疆工作，关键是要发挥党总揽全局、协调各方的领导核心作用，全面加强和改进党的建设，为新疆社会稳定和长治久安提供坚强政治保障。要建设一支政治上强、能力上强、作风上强的高素质干部队伍。中共中央、国务院《关于加强和改进新形势下民族工作的意见》强调，要完善民族工作领导体制和工作机制；要加强干部队伍建设，大力培养、大胆选拔、充分信任、放手使用少数民族干部，培养长期在民族地区工作的汉族干部，保持干部队伍合理结构；要造就优秀知识分子队伍，重视民族地区知识分子特别是少数民族知识分子骨干培养；要加强基层组织和政权建设。

10. 提出了"精心论"。党的十八大以来，习近平总书记多次强调要精心做好民族工作。2014 年春节前夕在内蒙古考察时，习近平总书记强调要精心做好民族工作。他在中央民族工作会议上强调："从实际出发，顶层设计要缜密、政策统筹要到位、工作部署要稳妥。"② 他在第二次新疆工作座谈会上强调："要精心做好宗教工作，积极引导宗教与社会主义社会相适应，发挥好宗教界人士和信教群众在促进经济社会发展中的积极作用。"中共中央、国务院《关于加强和改进新形势下民族工作的意见》强调，要推进城市和散居地区民族工作制度化、规范化、精细化。

三 党的十八大以来民族工作方法论创新发展的重要意义

民族工作方法论的创新发展，是党的十八大以来民族工作理论与实践创新发展的重要体现和突出标志，具有重大的现实意义和深远的历史意义。

---

① 《习近平在中央第六次西藏工作座谈会上强调依法治藏富民兴藏长期建藏加快西藏全面建成小康社会步伐》，《人民日报》2015 年 8 月 25 日第 1 版。

② 《中央民族工作会议暨国务院第六次全国民族团结进步表彰大会在北京举行》，《人民日报》2014 年 9 月 30 日第 1 版。

第一，开辟了民族工作思想新境界。党的十八大以来，以习近平同志为核心的党中央，站在团结带领全国各族人民实现中华民族伟大复兴中国梦的新的历史起点上，以恢宏的政治气魄、坚定的担当精神、卓越的领导智慧，深入思考当代中华民族发展面临的复杂局势，深入研究当代中华民族发展难题，精心部署当代中华民族发展重大战略，精心汇聚当代中华民族发展强大力量，在总结历史、把握现实、面向未来的基础上，提出了一系列事关中华民族繁荣振兴、永续发展的重大战略举措。特别是在民族工作上，以强烈的使命意识、战略意识、责任意识和机遇意识，提出了许多正在对中华民族团结进步事业产生深远影响的新思想新观点新要求，开辟了党的民族工作发展新境界。

"欣赏论"在新的历史条件下把民族工作提到了一个新的境界。在传统"民族国家"（即一个民族一个国家）理念下，多民族往往被看成国家治理的负面因素，少数民族（非主体民族）往往被看成影响国家统一和社会稳定的潜在因素。在这样的观念下，少数民族往往被歧视，没有平等地位可言，更谈不上被认可、被欣赏。究其根本原因，是由于执政党的阶级局限性以及国家的社会制度等因素造成的。新中国成立后，在中国共产党领导下，我国少数民族取得了平等地位，各民族之间建立了平等、团结、互助、和谐的社会主义民族关系。在社会主义建设中，我国各民族各展所长，相互学习，取长补短，多民族的固有优势被逐渐地释放出来，有力地推动了社会发展。经过改革开放 30 多年的实践，我们进一步认识到了"多民族"的优势所在，"各美其美，美人之美，美美与共"正逐渐成为各族人民的自觉。特别是在国际比较中，我们进一步认识到了保护各民族的文化特色是保持世界多样性的重要条件，各民族文化上的差异并不必然导致民族矛盾。各民族之间完全可以在平等的基础上相互欣赏相互学习相互借鉴。实践证明，相互欣赏，是民族关系和谐的重要保障；懂得欣赏，是做好民族工作的重要方法。正是基于对长期历史经验的总结，党的十八大以来，习近平总书记多次强调各民族要相互欣赏，相互学习。他关于不把民族问题当麻烦的重要观点，就是要求人们应当以积极的态度对待民族问题，用欣赏的眼光看待民族差异。"欣赏论"的提出，表明我们党对中国特色解决民族问题的道路自信、理论自信、制度自信和文化自信达到了新高度。

与"欣赏论"紧密相连，国情认识上的"特色论"开辟了国情研究新境界。中央民族工作会议指出，多民族是我国的一大特色。这一特色的现实表现突出地体现在各民族政治上共同团结奋斗、经济上共同繁荣发展、文化上互相借鉴交融；这一特色的历史表现突出地体现在各民族共同开发了祖国的锦绣河山、广袤疆域，共同创造了悠久的中国历史、灿烂的中华文化；这一特色的基本载体就是分布上交错杂居、文化上兼收并蓄、经济上相互依存、情感上相互亲近，你中有我、我中有你，因你有我、因我有你的中华民族命运共同体。提出"特色论"的意义在于说明：当代中国的历史，就是一部各民族在中国共产党领导下共同团结奋斗、共同繁荣发展的历史；各民族共同团结奋斗、共同繁荣发展，就是当代中国竖比历史的最大特色、横比世界的最大特点。如果看不到多民族的特色，就谈不上真正了解当代中国。与"欣赏论"紧密相连的"优势论"同样开辟了民族工作新境界。中央民族工作会议指出，多民族是我国发展的一大有利因素。这种优势主要体现在：一是各民族以其独特的智慧开发了具有不同地理特征的区域，增强了中华民族内部经济上的互补性，提升了中华民族抗拒自然等灾害的能力。二是各民族发挥各自智慧，共同推动了中国以"大一统"为基本特征的历史发展。三是各民族共同创造、共同滋养、共同延续着多姿多彩的中华文明。

第二，推动了民族工作理论与实践新发展。党的十八大以来民族工作方法论创新发展，体现了以习近平同志为核心的党中央强烈的责任意识和担当意识。在这种强烈的责任意识和担当意识的推动下，我国民族工作在新的历史条件下实现了理论与实践的重大创新发展，突出表现在：

（1）"中华民族一家亲、同心共筑中国梦"成为民族工作时代强音。"中国梦"一经提出，立即在各民族中引起强烈共鸣。特别是 2015 年 9 月 30 日，习近平总书记邀请 5 个自治区的 13 名基层民族团结优秀代表到北京参加国庆活动，并在人民大会堂亲切会见代表们，提出"中华民族一家亲，同心共筑中国梦"的重要论断。"中华民族一家亲，同心共筑中国梦"成为民族工作时代强音。有关部门深入开展"中华民族一家亲"文化、卫生下基层活动，送书、送戏、送医到民族地区。"中华民族一家亲，同心共筑中国梦"成为汇聚民族团结力量的根本抓手。

（2）推动民族地区全面建成小康社会迈出重要步伐。习近平总书记等中央领导同志多次到民族地区调研。总书记在甘肃、湖南、云南、吉林、宁夏等省区的民族地区调研，反复强调"全面实现小康，一个民族也不能少"。习近平总书记等中央领导同志在国家民委关于加快自治州发展的调研报告上做出重要批示。为落实中央领导批示精神，国家民委分别于 2015 年和 2016 年召开了两次全国民族自治州全面小康经验交流现场会。2015 年，民族八省区经济增长保持良好态势，增速均高于全国 6.9% 的平均水平。"十二五"期间，五个自治区和云南、贵州、青海三个多民族省份的贫困人口从 5040 万人下降到 1813 万人，减少 3227 万人，贫困发生率从 34.1% 下降到 12.1%，降幅为 22 个百分点。

（3）促进各民族交往交流交融取得新进展。2014 年中央民族工作会议第一次对城市民族工作进行集中阐述，强调重点要做好少数民族流动人口服务管理，让城市更好接纳少数民族群众、让少数民族群众更好融入城市。2016 年 1 月召开了全国城市民族工作会议。俞正声做出重要批示，强调做好城市民族工作，是加强和改进新形势下民族工作和城市工作的重要内容；要全面贯彻中央民族工作会议和中央城市工作会议精神，坚持中国特色解决民族问题的正确道路，依法管理城市民族事务，以保障各民族合法权益为核心，以做好少数民族流动人口服务管理为重点，以推动建立相互嵌入的社会结构和社区环境为抓手，推进城市民族工作制度化、规范化、精细化。

（4）推动了民族团结进步创建活动新发展。有关部门牢牢抓住创建活动这个重要抓手，以创建工作创新带动民族团结进步事业发展，促进各民族守望相助、手足相亲。国家民委等有关部门组织全国民族团结进步模范事迹报告团赴 7 个省、自治区、直辖市巡回宣讲 14 场。在纪念抗日战争胜利 70 周年之际，国家民委党组发表《各族兄弟并肩御侮，中华民族光耀千秋》文章，阐述了中华民族命运共同体的特点和发展历程。第十届全国少数民族传统体育运动会，是中央民族工作会议之后的第一次全国民族体育盛会。有关部门贯彻中央要求，在筹备中更加突出加强各民族交往交流交融、增强中华民族共同体意识，从项目设置、运动员构成到活动策划，都做了许多改革创新。国家民委联合有关部门进一步做大了第三届百种优秀民族图书推荐活动、少数民族电影工程等老品牌，打造首届全国少数民族优秀声乐作品展演、少数民族冠军歌手争霸赛、"中华民族一家亲"大型美术创作工程等新品牌，为民族文化事业繁荣发展搭建了更加广阔的舞台。第五届全国少数民族文艺会演生动展现了中华文化的时代特点和内在发展规律，推动了各民族共有精神家园建设。

（5）推动了少数民族和民族地区干部工作理论与实践的发展。"三个特别"指出了民族地区干部队伍所处环境的特殊性。这种特殊性主要体现在：一是自然环境复杂多样，二是相对复杂的社会环境，三是相对特殊的工作环境。"三个特别"反映了民族地区干部队伍肩负使命的艰巨性。主要体现在：一是维护祖国统一的任务繁重。"维护祖国统一"这句话，在民族地区特别是反分裂斗争形势较为严峻的一些地区，绝不是一句空洞的口号。二是维护民族团结和社会稳定的任务繁重。我国的民族关系虽然已经进入以"五个并存"为基本特征的新常态，但影响民族关系健康发展的因素依然很多，特别是在边疆民族地区，因人口流动、资源开发等引发的涉及民族因素的矛盾纠纷依然处于多发频发状态。民族地区的干部既要当好民族团结进步事业的设计者，又要当好实践者和带头人。三是推动经济社会加快发展、实现各民族共同繁荣的任务十分艰巨。民族地区贫困人口多，贫困面大，脱贫难度大，是我国实现小康目标的难点所在。民族地区干部肩负着带领群众脱贫攻坚和实现全面小康双重繁重任务。"三个特别"阐明了民族地区干部队伍评价标准的科学性。主要体现在三个方面：一是体现了"德"的因素与"才"的因素的有机统一。要真正做到明辨大是大非立场特别清醒、维护民族团结行动特别坚定、热爱各族群众感情特别真诚，必须做到既有德又有才。二是体现了理论性与实践性的有机统一。用什么方法评价民族地区的干部是否优秀，方法、途径和标准都可以多种多样。最简单也是最管用的方法就是看他明辨大是大非立场是不是特别清醒、维护民族团结行动是不是特别坚定、热爱各族群众感情是不是特别真诚。三是体现了党性与人民性的有机统一。民族地区广大干部是党的事业的骨干，他们绝大多数都是共产党员，必须对党忠诚，遵守党纪，听党指挥。但另一方面，他们又需要把这种高度的政治思想觉悟和组织纪律性体现到为各族人民服务的各项具体工作中去，做到"三个特别"，正是干部体现好党性与人民性统一的途径。把"三个特别"作为评价民族地区干部的标准，不仅具备应有的思想高度，而且具有很强的可操作性。

第三，促进了民族事务治理整体水平提升，加快了民族事务治理体系和治理能力现代化进程。主要体现在三个方面：

一是增强了民族工作的战略思维。中央民族工作会议强调，做好民族工作要坚定不移走中国特色解决民族问题的正确道路，开拓创新，从实际出发，顶层设计要缜密、政策统筹要到位、工作部署要稳妥，让各族人民增强对伟大祖国的认同、对中华民族的认同、对中华文化的认同、对中国特色社会主义道路的认同。习近平总书记在第二次中央新疆工作座谈会上强调，做好新疆工作是全党全国的大事，必须从战略全局高度，谋长远之策，行固本之举，建久安之势，成长治之业。习近平在中央第六次西藏工作座谈会上发表重要讲话强调，西藏工作的着眼点和着力点必须放到维护祖国统一、加强民族团结上来，把实现社会局势的持续稳定、长期稳定、全面稳定作为硬任务，各方面工作统筹谋划、综合发力，牢牢掌握反分裂斗争主动权。二是增强了民族工作的法治思维。在中央民族工作会议上，习近平总书记强调用法律来保障民族团结，增强各族群众法律意识。强调要更加注重保障各民族合法权益，坚决纠正和杜绝歧视或变相歧视少数民族群众、伤害民族感情的言行。在第六次中央西藏工作座谈会上，习近平总书记强调，依法治藏、富民兴藏、长期建藏、凝聚人心、夯实基础，是党的十八大以后党中央提出的西藏工作重要原则。依法治藏，就是要维护宪法法律权威，坚持法律面前人人平等。在第二次中央新疆工作座谈会上，习近平总书记强调，处理宗教问题的基本原则，就是保护合法、制止非法、遏制极端、抵御渗透、打击犯罪。要依法保障信教群众正常宗教需求，尊重信教群众的习俗，稳步拓宽信教群众正确掌握宗教常识的合法渠道。三是进一步增强了民族工作的辩证思维。中央民族工作会议强调，支持民族地区加快经济社会发展，是中央的一项基本方针，要继续实施差别化政策措施。同时强调，解决好民族问题，物质方面的问题要解决好，精神方面的问题也要解决好。

总之，党的十八大以来民族工作方法论的创新发展，使全党全社会对民族工作重要性的认识显著提升，推动了民族事务治理体系和治理能力现代化水平的提高。

Study on Methodology Innovation and Development of Ethnic
Work since 18th CPC National Congress

Abstract：Methodology is always an important issue inethnicwork. Methodology of ethnic work has been innovated and developed and is also the remarkable achievement of ethnic work since 18th National Congress. What have innovated and developed on methodology not only reflect the new requests of Strategy of "Four Comprehensives" on ethnic work，but also embody characteristics of new era and ethnic work fornational unity and progress. To aware the significance of methodology innovation and development is the keypoint of fully understanding Xi Jinping as the core of the CPC central committee how to improve the ethnic work since 18th CPC National Congress.

Keywords：18th CPC National Congress　Methodology of the Ethnic Work　Innovation

原载于《中央民族大学学报》2017 年第 2 期

清王朝政治一体的细节：一年一度札萨克印的封启

周竞红

摘　要　清王朝时期蒙古各札萨克旗均在春节期间举行一年一度的札萨克印封启活动，这是清王朝政治一体的一个重要细节。这一活动不仅彰显了官印在王朝政治生活中的重要性，相关仪式也可以说是推动王朝政治认同的重要形式之一，历经数百年并成为一些旗重要的社会礼俗。

关键词　札萨克印　封启　政治仪式

"印"是"信"的依托和凭证，印信在人们生活一直伴演着重要角色，"官印"更是王朝中国经济政治生活中的一个重要细节。至清王朝雍正时期，朝廷进一步推动了铸印与王权力的神化，持印者要在开封印与受印时举行顶礼膜拜之仪，铸造时也需择吉日，以示对官印地位的尊崇。① 雍正帝称"印信乃一应事件凭据，不惟藩臬印信，即州县印信亦属紧要"②。各级政权的"印"是皇帝实现其治国理政意志的重要媒介物，关系王朝政治权力在不同层级的分配、使用的每一环节，一年一度的官印封启其实是一个全国性的重要政治仪式，更是王朝政治生活得以正常运转的重要细节。蒙古各札萨克印亦需举行一年一度的封启活动，是整个清王朝官印封启活动的重要组成部分，其间各札萨克旗均举行隆重的仪式，这不仅是各札萨克旗重大的政治庆典和政务活动，也是各旗与王朝政治一体的重要标志之一。

一　蒙古各部札萨克旗设置及授印

清王朝为强化对蒙古社会的政治统治，依据王朝政治需要和女真—满洲社会政治特征，在建构强大政权过程中，改造蒙古社会传统的部落政治关系，将各部封建上层

---

① 任万平：《清代官印制度综论》，《明清论丛》第 1 辑，紫禁城出版社，1999。
② 《清朝通典》卷 54《礼·嘉四》。

汗王、诺颜的利益以旗为单元分割和细化为不同利益集团，在制度上造成各旗王公直接效忠于王朝中央政府而不能发生相互的联合之势，以防其危及王朝中央统治的稳固。蒙古各部的札萨克旗最早设于天聪八年（1634），当时设置有敖汉、巴林、奈曼、札鲁特、四子部落、翁牛特、阿鲁科尔沁等，第二年又设置喀喇沁、土默特，崇德元年（1636）设置科尔沁各旗和札赉特、杜尔伯特、郭尔罗斯、喀喇沁等旗，就在这一年，王朝中央政府设置蒙古衙门，专理蒙古事务，两年后将其改为理藩院；至康熙九年（1670）漠南蒙古 24 部设置 49 旗，至此漠南蒙古设旗管制过程基本结束。

在获得漠南蒙古各部治权的同时，清王朝政治力量亦不断向喀尔喀蒙古各部渗透，这种压力也促成了喀尔喀各部与漠西卫拉特各部的联系，1640 年喀尔喀和卫拉特 26 名贵族举行盛大会盟，颁布《蒙古—卫拉特法典》，协调内部关系，以期与清王朝力量对抗。但是，经过康、雍、乾三代的政治军事攻势，喀尔喀各部也不断纳入盟旗制度轨道，顺治至康熙年间编旗 32 个，至乾隆朝增至 86 旗。雍、乾时期，青海蒙古和漠西卫拉特也逐次被征服，在青海设 28 旗，漠西设 34 旗。再加上西套卫拉特 2 旗，至乾隆中期，札萨克旗达 199 个。[1]

各札萨克旗的长官由蒙古贵族承担，"最初称管事贝勒或执政贝勒，1637 年出现扎萨克贝勒之称。1642 年以后其称呼逐渐固定为扎萨克（意为执政者）"[2]。蒙古各旗札萨克权限存在着一定的差别，漠南蒙古 49 旗称内札萨克，这些旗的札萨克有统率兵丁之权，喀尔喀、漠西卫拉特、青海和阿拉善、额济纳旗的扎萨克为外札萨克，无统兵权，受当地将军、大臣及参赞大臣节制。[3] 札萨克最重要的职责是管辖旗内的属民和土地，俨然"君国子民"，职位世袭。札萨克的职责是按照清廷所授予的权限，负责处理旗内行政，司法、赋税、徭役、牧场以及旗内官吏的任免等事务。[4] 在不断建立札萨克旗进程中，清王朝政府也颁发各札萨克旗印，如康熙三十六年（1697），置阿拉善旗，罗里被封为札萨克多罗贝勒，授札萨克印。清王朝在对各旗札萨克权力的封授中，札萨克印是重要的权力象征物，是札萨克权力地位合法性的重要标志物，又是其与王朝中央政府联系的信用凭证，比如，清初规定蒙古台吉每年进贡一次，四时均可，由该札萨克将台吉等职各贡物开载印文，进口时该官查明人数、贡物，亦用印文差绿旗步兵护送，其札萨克印文交稽查馆务官详勘。[5] 由于禁止私人贸易，康熙年规定仅有达赖

---

① 《蒙古民族通史》第 4 卷，内蒙古大学出版社，1991，第 219~220 页。
② 《蒙古民族通史》第 4 卷，内蒙古大学出版社，1991，第 34~35 页。
③ 《蒙古民族通史》第 4 卷，内蒙古大学出版社，1991，第 221 页。
④ 《蒙古民族通史》第 4 卷，内蒙古大学出版社，1991，第 220 页。
⑤ 赵云田：《清朝统治蒙古经济政策的几个问题》，《中国蒙古史学会论文选集》，内蒙古人民出版社，1987，第 332 页。

喇嘛和札萨克印信证明的，发给理藩院印票，方准贸易。[①]

据博物馆信息，现存清王朝康雍乾时期颁发的内蒙古各旗札萨克印有 10 余方，包括巴林右旗、翁牛特左旗、翁牛特右旗、阿鲁科尔沁旗、阿巴嘎右旗、阿巴哈纳尔左旗、苏尼特左旗、扎鲁特右旗、乌拉特前旗、鄂尔多斯左翼前旗、鄂尔多斯左翼后旗、鄂尔多斯右翼前旗、鄂尔多斯右翼中旗、鄂尔多斯右翼后旗、鄂尔多斯右翼前末旗，这些札萨克印均为银铜合金质，虎踞钮，方形印。通高 11 厘米、印边长 10.5 厘米、重量在 3600 ~ 4000 克不等。印文阳刻蒙、满两种文字，左满右蒙，译为"某旗札萨克之印"。印座侧面以满、蒙两种文字阴刻"康熙二十五年四月制"。鄂尔多斯部除右翼中旗为康熙二十五年颁造外，余几方印侧皆刻"乾隆元年制"等字样。[②] 四子王旗档案馆藏"管辖四子王旗札萨克印"，银质，虎钮，为康熙二十五年颁发，印文为满、蒙两种，宽长各 10.5 厘米，厚 2.2 厘米，通高 10.5 厘米，重 7.5 市斤。[③] 另有著者述及"管辖科尔沁左翼郭尔罗斯后旗札萨克印"，印面呈正方形，每边长 10.5 厘米，通高 11 厘米，印厚 2.5 厘米，银质，印文右为满文楷书，左为蒙文楷书，印侧右满文，左蒙文，译为"康熙二十五年四月"。[④]

新疆存有土尔扈特、和硕特各部的 11 颗官印，其中多为乾隆年间清政府颁给旧土尔扈特部以及和硕特部的官印，印皆为方形，印面边长 10.6 厘米，厚 3.1 厘米，虎钮。印文用满、蒙文。这些官印中有 1 枚汗印，3 枚盟长印，其余 7 枚皆为札萨克印，其中存于新疆维吾尔自治区博物馆的有"管理旧土尔扈特部南右旗札萨克之印""管理旧土尔扈特部南左旗札萨克之印""管理旧土尔扈特部南中旗札萨克之印""管理旧土尔扈特部东左旗札萨克之印""管理和硕特部左旗札萨克之印"，此外为乾隆四十年（1775）所颁授的"管理旧土尔扈特北部西旗札萨克之印"（存于新疆和布克赛尔蒙古自治县档案馆）、"管理和硕特部中旗札萨克之印"（存于新疆巴音郭楞蒙古自治州和硕县档案馆）。[⑤]

二　各旗札萨克印的封启活动

蒙古各札萨克旗的官印腊月"封印"，正月"开印"，这也是年复一年各旗政治生活中的重要仪式性活动，相延数百年而成俗，以至于后人记述蒙古社会生活时会将其记为传统礼俗。著名蒙古史学者田清波曾有文记述鄂尔多斯人的开印仪式，称"鄂尔多斯人不愿抛弃旧历"，在十二月（乌勒吉·萨拉，"冠毛月"）二十日举行"封印"。

---

① 〔日〕田山茂：《清代蒙古社会制度》，潘世宪译，商务印书馆，1987，第 225 页。
② 张彤：《屏藩朔漠护卫边陲——从官印述及清朝在内蒙古建置》，李铁柱主编《中国民族文博》第 1 辑，民族出版社，2006，第 233 页。
③ 盖山林：《蒙古族文物与考古研究》，辽宁民族出版社，1999，第 538 页。
④ 盖山林：《蒙古族文物与考古研究》，辽宁民族出版社，1999，第 531 页。
⑤ 曹锦炎：《古代玺印》，文物出版社，2002，第 200 ~ 201 页。

"与此相反，在正月（察干萨拉，'白月'）十九、二十或二十一日举行'开印会'，要选定吉日，召集五大贵族与旗的主要官员，仪式隆重，蒙古人把领主之印视为圣物。"① 晚清时期进入中国，1948 年才离开中国的田清波显然对鄂尔多斯札萨克旗的"封印""开印"仪式有着直接的观察，上文则是他发表于 1935 年的作品，此文对开印仪式的细节有着生动的描述："五大贵族与官吏于吉日参加开印会议，来到衙门（旗的行政中心），来到保存印之王爷宫殿。开印仪式举行时，王爷与所有到会官吏向大印作揖，在大印面前跪下，前额触地，到会的官吏代表全旗向王爷表示祝愿。"当然，这个仪式上少不了祝辞，祝辞中首先对"黄金家族"和成吉思汗的历史功绩予以回顾，而后则是对清朝皇帝和时任札萨克的赞颂与祝福，旗内贵族和各级官员按品级站立，给官印敬香、叩头。②

一些口述史类的资料从一个侧面提供某些信息，使我们得窥一些旗举行官印封启仪式的某些细节。

乌拉特后旗（东公旗）札萨克诺颜的福晋曾称，每年腊月二十八日召开封印会，会期一天，札萨克、协理、轮班政务仕官、师爷达日嘎、管家以及衙门附近的苏木章京等能来参加的均要参加。主要是将清朝赐予乌拉特东公旗的银质虎头大印取出来擦洗干净后，供奉在佛堂内，摆上整羊背等供品，点上长命酥油灯，与会官员叩头下拜完毕后，门上加锁、贴封条，将大印封存起来。但是，东公旗正月初三便开印，这与其他旗的开印时间相差较大，可能的情况是民初时，作为一个习俗已非清朝时期政治仪式那样严格遵守时间。东公旗的开印仪式还附有 2~3 天的会议，与会官员首先要到诺颜仓，向札萨克诺颜、福晋和公子、小姐及闲散王公献礼、叩头、拜年，并接受札萨克诺颜的款待。然后举行开印仪式。仪式上，札萨克诺颜带头向虎头大印和佛像行跪拜礼，燃香点佛灯，宣布从即日起例行公务，办理旗政大事。祝福在新的一年里万事大吉，一切如愿。然后，全体官员在衙门院内以新鲜都木（褪掉毛的整羊）为供品，点酥油灯叩头，敬献美酒，祭祀军旗，祝愿所向无敌，马到成功。接着，札萨克诺颜乘马，带领全体官员，手捧哈达和马奶酒，快马加鞭，绕衙门大院转三圈后，回府娱乐。之后，要研究处理中秋会议以来的遗留问题。③

乌拉特西公旗亦有每年腊月三十（二十九）封印和次年正月十八至二十一日之间择一吉日启印的记述，到启印时，全旗军政官员、12 个苏木的官使及 24 座寺庙的邛黑

① 〔美〕田清波：《鄂尔多斯人的开印仪式与祝词》，阿克瓦译，《内蒙古地方志通讯》1985 年第 1~2 期。
② 〔美〕田清波：《鄂尔多斯人的开印仪式与祝词》，阿克瓦译，《内蒙古地方志通讯》1985 年第 1~2 期。
③ 中国人民政治协商会议巴彦淖尔盟委员会文史资料委员会：《巴彦淖尔文史资料》第 14 辑，巴彦淖尔报社印刷厂，1993，第 132 页。

以上喇嘛都来参加。①

乌拉特中公旗在每年腊月二十日后，选择良辰吉日，将札萨克银质虎头大印放入檀香木制的木盒子内锁住、贴上红纸封条，并用黄色绸缎将其装饰好，点香祭祀，到次年正月二十前后选择一个吉日开启札萨克大印，衙门开始办理旗务。启印的那天清晨，从札萨克到各官吏穿着朝服，戴上顶戴花翎，以职位高低顺序排列在旗印殿前，依次进入旗印殿，并由札萨克亲自开锁将大印请出来，庄重地摆放到桌子上，供上奶食、圆饼及"秀斯"（即乌查）。然后以札萨克诺颜为首的众官吏们跪下向大印磕三次头，共贺启印，随后举行隆重的宴会。在札萨克诺颜面前放"卓玛"秀斯，其余官吏前放一般的秀斯，即全羊。酒宴进行中，六个苏木的章京两个两个地走过来向札萨克诺颜劝酒，磕头谢恩。酒宴后，札萨克诺颜还要为那些有功人员晋级封赏。②

茂明安旗府则每年腊月二十七举行封印仪式，将年内未了结的一切事务妥善解决或做出安排。封印期间，除特殊情况外，一般不理政务。正月二十七举行开印仪式，开印会上决定提任、调任、赏赐等重大旗务。仪式由札萨克亲自主持。③

准格尔旗从同治年间直至抗日战争期间，每年都举办开印、封印的楚格拉（大会）④，每年腊月二十封印，札萨克、东西协理、管旗章京、东西梅林等仕官参加封印会。届时，烧香点灯，把札萨克印封供起来，全体仕官休息，准备过年。正月二十，上述人员来到王府举行开印仪式。开印仪式完毕后，宣读任免令，然后旗官各司其职。准格尔旗的开印时间则在正月十五至二十之间，举行仪式之时，札萨克亲自打开印封，所有参加者在大印前作揖，下跪，头触地，叩头礼拜，到会官吏则要代表全旗向札萨克表示祝愿，礼毕，举行会议，研究解决封印后遗留下的一切事务和新的一年应处理的旗内政务。⑤

四子王旗每年农历腊月二十三祭灶节后召开封印会，封印时由札萨克王爷亲自将札萨克大印置入印盒，用一触就发出响声的锁子锁好，将印盒放入专用印橱内，外加五叉藏式铁锁（每叉有一把钥匙，共五把），用黄绸把铁锁包好，在打好的黄绸结上再用火蜡封签。然后，札萨克王爷率衙门及下属全体官员举行一跪三叩的端拜礼，后将封好的印橱交给王爷的哈腾（夫人）严加保管，钥匙分别由王爷和大协理（左协理）随身保存。仪式后有即席会议，总结一年来旗务得失，解决当年没有了结的事务。春节过后则有开印会，和硕衙门及下属各道朗、苏木官员给札萨克王爷拜年之际召开

---

① 乌兰察布盟委员会文史资料研究委员会编《乌兰察布文史资料》第11辑，1997，第312页。
② 乌兰察布盟委员会文史资料研究委员会编《乌兰察布文史资料》第11辑，1997，第316页。
③ 乌兰察布盟委员会文史资料研究委员会编《乌兰察布文史资料》第11辑，1997，第225页。
④ 《准格尔旗志》，内蒙古人民出版社，1993，第31页。
⑤ 中国人民政治协商会议内蒙古自治区委员会文史资料研究委员会编《内蒙古文史资料》第28辑，1987，第172页。

（俗称拜年会）。届时由王爷率众官吏端拜后，验明封签取出大印，大印算正式启封，然后将大印仍按原样封签，交给左右协理妥善保管。①

达尔罕贝勒旗（喀尔喀右翼旗）是每年农历腊月十九、二十、二十一日的某一天封印，正月十九、二十、二十一日的某一天启印。封印和启印的时间由札萨克贝勒确定，封印会 1 天，启印一般为 2 天，封印、启印时间提前在六月全旗大会上宣布。无论封印、启印都举行仪式，由东协理台吉为札萨克敬献哈达，宣布封、启印礼开始。旗府 6 位金肯（协理 2 名、安班 2 名、梅伦 2 名）和旗衙门、各苏木、艾玛克大小官员都来参加。旗内的"广福寺"朝克沁拉桑也派执事喇嘛前来庆贺，买卖商号老板也带礼品庆贺，并借此商定本年度绒毛收购价格。②

关于阿巴哈纳尔左旗封印、启印的记述信息：农历十二月末有关官员在红纸上写封条，贴在印箱上停止办公。到新年正月中旬选择吉日，开印烧香点佛灯，用煮熟的整羊和酒祭祀叩头，举行小型欢庆会后开始办公。这次集会还要赦免、释放、减刑犯人。③

科尔沁右翼前旗相关记载主要有关于十二月二十日封印，王府停止办公，来年正月启印办公的内容，但是，没有相关仪式的详细记述。④ 同一盟的郭尔罗斯前旗则有相关记述。齐王府（郭尔罗斯前旗札萨克，齐默特萨色木丕勒）的开印仪式则在阴历正月二十正午举行，在王府六进院内七间正堂前，一字横排十三张方桌，中间为一张大方桌，为主祭席，置一方形香炉，香火如炬，香烟缭绕，其他十二张桌分列两旁，桌上十二个雕花的特大型红木漆盘内，摆好全羊，雕有十二属相的十二樽酒器，满斟奶酒。齐王在主祭席前首先脱帽叩拜太阳，表示阳运上升，而后弹酒敬告天地，表示崇敬神佛，不忘祖先，祭辞中还对乾隆年间夺回札萨克大印有功而死的大黑马念念不忘。主祭后，掌印协理从印房中双手托出精制印匣，恭敬地放在祭桌上，然后众人一齐跪拜叩头。之后，协理将印匣捧到印务处盖印，有的盖在预制格式的公文上，也有的盖在空白奏折上。盖完印，即举行封印仪式，众人绕匣一周后，再捧回印房，待秋祭请出，仪式相同，时间在中秋节的后一天。⑤

翁牛特旗的相关信息只提到春季有"开印盒子"会（楚格拉），年末有"关印盒子"会，两次活动均与旗务相关，开印时要商定摊派全年的赋税和差役及处理旗内大事，封印会则要查点全年税役完成情况和处理当年旗内重大事务。届时旗公署官员和

① 乌兰察布盟委员会文史资料研究委员会编，《乌兰察布文史资料》第 11 辑，1997，第 18 页。
② 乌兰察布盟委员会文史资料研究委员会编，《乌兰察布文史资料》第 11 辑，1997，第 173 页。
③ 《锡林浩特市志》，内蒙古人民出版社，1999，第 384 页。
④ 王旺盛：《科尔沁右翼前旗 370 年》，内蒙古教育出版社，2008，第 27 页。
⑤ 苏赫巴鲁：《郭尔罗斯前旗札萨克齐默特色木丕勒史略》，《内蒙古文史资料》第 35 辑，内蒙古文史书店 1989 年发行，第 119～121 页。

地方官员均来参加，在王府外搭帐篷居住。①

上文所记述各旗的官印封启活动是遵从王朝政治统一部署并结合各旗务而进行的，仪式的规模与各旗札萨克的地位和发展程度相关，仪式的具体环节可能是清王朝札萨克印封启活动的遗风。

三　札萨克印封启制度依据与全国的官印封启活动

春节期间官印封启并非札萨克旗固有习俗，而是与中央王朝的政治制度设置和年俗相关。明王朝时就有各级官府于除夕封印，到次年正月初三日开始启用之制，称为开印（亦称开篆）。

清王朝执掌中央政权后，恢复并发展了明朝的封印制度，《清实录》载：顺治二年正月丁酉，"礼部奏言：凡遇上元节，应自十四日始，至十六日止，百官俱朝处三日，各衙门封印，不理事……"② 随着清王朝政治的巩固，封印时间延长，从相应的记载来看，至迟到康熙之时官印封启时间已从腊月始至正月过后，并已形成全国性的政治仪式。有记载称"京师大小官署，例于每年十二月之十九、二十和二十一三日之内，由钦天监选择吉期吉时，照例封印，颁示天下，一体遵行"③。"官署开印之期，必于正月十九、二十、二十一三日之内，由钦天监选择吉日吉时，先行知照，朝服行礼，开印之后，则照常办事矣"。④

清人日札亦记称"今世中外官，以每年十二月二十日封印，或十九，或二十一，要不出此三日。开印亦然。次年正月二十日开印，相沿既久，莫知所始"⑤。也就是说，清王朝中后期，官印的封启已是王朝官方的政治庆典性活动，这一活动有特定的仪式，这些仪式在一定程度上是政治权力神圣化的重要体现，一些地方志记载了这方面的信息，如《山西河曲县志》记称："每正月开印，十二月封印，皆遵照部行，钦天监择定时时，行礼仪，注开印与上任拜印同，封印跪叩同开印，惟标记印封，不呈押公座。"⑥

至晚清，对此有另外一种记述："每逢农历年底以前，各个有关防印信的衙门的主要官员都集合在一起，把官印供奉在正房当中的案桌上，率领全体人员对之叩头行礼，然后用写好的'封印大吉'红纸封条粘贴在印匣上面，为期一个月。封印之后，就表示不正式办公了，如有紧急文件，就在空白上写'开印补文'等字样。在封印以后，

---

① 翁牛特旗政协文史办：《翁牛特左旗末代王拉沁旺楚克》，《内蒙古文史资料》第35辑，内蒙古文史书店1989年发行，第191页。

② 《清世祖实录》卷13，第7页。

③ 徐珂编撰《清稗类钞》，中华书局，1984，第36页。

④ 徐珂编撰《清稗类钞》，中华书局，1984，第36页。

⑤ 周寿昌：《思益堂日札》，中华书局，2007，第99页。

⑥ （清）金福修、张兆魁等：《山西河曲县志》第2卷，同治十一年刻本，第80页。

有些衙门就在冲要街道上贴出告示，警告老百姓要安分守己，不准滋生事端。负地方治安责任的衙门，则开始派队在街上加紧巡逻，如同戒严一般。此外，还将街头乞丐、流民，抓送养济院，目的是想让统治阶级过个太平年。但是事实上，封印以后，地方上的盗窃案照例比平时多得多。因此北京居民在此期间都存着一番戒心，每天都不断有路劫、小偷、凶杀、强奸、斗殴、火警等案发生。那时候，过年算是一件大喜事，对特权阶级和有钱人却又像给他们遮上一层阴影，岁尾年初，他们出门都有些戒惧，生怕会出什么乱子。一直到过了新年（春节），各衙门开印，正式办公以后，才恢复正常。"①

国外传教士对开印仪式也曾有所记述："各级衙门的开印仪式大体上相同。在主印官以及所有部属在场的情况下揭掉封条，取出盛着印玺的匣子，放在大堂的案上。大堂里灯火通明，点上香烛。然后主印官走到案前，在礼生引导下，行三跪九叩大礼。长吏双手捧起印匣，高举过头，躬下身来，表达对主印官新年高升、衙门昌盛的祝愿。然后大印从匣中取出，放在案上，主印官再次三跪九叩。然后在一张写着'开印大吉'的红纸上盖四个印，把这张红纸贴在大堂的门上。各级衙门的开印仪式总是大放鞭炮。正月二十是衙门胥吏的盛大喜庆日子，午后和晚间总要演戏庆贺，常常在晚上结束时还要放冲天的礼炮。"②

除了内地各省和札萨克旗春节期间有官印封启仪式外，一些资料信息显示其他边远地区也有相同的仪式，如有记载称云南省潞江安抚司亦于农历腊月二十日举行封印仪式，红绸包印打封，备酒席祭之，正月二十日开印视事，③ 仪式时间在中央王朝规定的期限之内，仪式的具体环节则有了云南地方特色；傣族的土司衙门春节期间也有官印封启仪式，其开印仪式举行时还有傣剧上演。④ 20 世纪 50 年代进行的四川纳西族社会历史调查资料显示，那里也有官印的封启仪式，吉日要由师爷看，仪式中土司要遥拜中原的皇帝，以示土司对皇帝的忠诚。土司官服参加仪式，拜印、拜皇帝，上香，鸣大号，放九响礼炮等。⑤

四 札萨克印封启仪式的简要分析

札萨克印的封启仪式并非札萨克王爷的自我发明，事实上是清王朝维系政治一体诸多政治仪式的组成部分，尽管这一仪式还有其他社会功能，但是，仪式设置本

---

① 文安：《晚清述闻》，中国文史出版社，2004，第 7 页。

② 〔美〕卢公明：《中国人的社会生活（一个美国传教士的晚清福州见闻录）》，陈泽平译，福建人民出版社，2009，第 249 页。

③ 《德宏文史资料选辑》第 10 辑，德宏民族出版社，1997，第 287 页。

④ 金重：《神人交错的艺术——西南民间戏剧与宗教》，云南教育出版社，1995，第 229 页。

⑤ 《四川省纳西族社会历史调查》，四川省社会科学院出版社，1987，第 165 页。

身最突出的社会功能则在于显示其对王朝政治合法性的强调和各札萨克对中央政治权力的服从性，各札萨克正是在这一服从过程中，强化着自身在旗这个特定领地上的权威性。由于这一仪式早已沉寂于历史之中，今人只能见到一些零散的记述，或者曾经于民国时期参与过相关仪式者的回忆，这些信息为我们粗略分析这一仪式提供了基本素材。

札萨克印封启仪式举行有几个要素不可缺少。时间是各札萨克旗印封启仪式最基本要素。札萨克印的封启仪式与春节这样一个全社会性节庆礼俗相关，封印、启印活动事实上是王朝政府在春节期间政务暂时性中止的一个环节，全国统一行动，中央"颁示天下，一体遵行"①。"官署开印之期，必于正月十九、二十、二十一三日之内，由钦天监选择吉日吉时，先行知照，朝服行礼，开印之后，则照常办事矣"②。可见，仪式时间的选择并不是随意而行，而是由专门机构发布之后"一体遵行"，从上述各札萨克旗的信息中我们发现，大多数札萨克旗的官印封启活动均在这一时间段内，但是，各旗的信息记述者并未说明这一仪式的源起，也未明示这一仪式是王朝中央维系政治一体性重要政治仪式之一，由于相延数百年以至被视为各旗政治生活中的一项礼俗。从前文信息来看，不同旗的记述者可能记取的是不同年份的活动，因此，时间不尽一致，但均未超出王朝中央所规定的范畴，当然，这主要是由于各札萨克旗已遵从农历。此外，从相关信息来看，仪式在形成时期，可能还有时辰的要求，吉日吉时更符合当时权力神秘化的要求。到清末或民初，这一仪式似乎已演化为札萨克旗自身行政的礼俗，以至于直至抗战时期，有的旗还在固定的时间举行相应的仪式。

地点要素。与中央王朝或内地省份有官衙的状况不同，各旗札萨克印封启仪式举行的地点主要在各札萨克王府内举行。在当时的条件下，对于各札萨克旗而言，王府是本旗的政治中心，特别是清王朝中后期随着札萨克王府定居化，王府的政治经济中心地位加强，在各札萨克旗的社会生活中，唯一能与王府地位相抗的就是旗内的寺庙。至清末，漠南蒙古札萨克旗的大多数王府均已定居化，因此，札萨克王府成为本旗更为固定的政治经济活动中心。

仪式规程和符号要素。官印是这一仪式的核心符号，对于各札萨克王爷来说，官印是王朝中央对其权力的再确认和授予符号，也是其在本旗发号施令的权力合法性来源以及其与王朝政治一体性的重要象征物。对于中央王朝而言，各级官吏年复一年对官印的反复膜拜过程，事实上也是强化各札萨克王爷对王朝中央政权认同的过程。这一过程无须更多的说教。有研究者指出"政治仪式普遍存在于现代社会中，对权力的

① 徐珂编撰《清稗类钞》，中华书局，1984，第36页。
② 徐珂编撰《清稗类钞》，中华书局，1984，第36页。

生产和再生产，以及由各种权力关系所引发的合法性的构建或颠覆，都产生着巨大而隐蔽的影响。在各种政治仪式之权力策略的施行中，象征既是被激烈争夺的权威性资源，也是塑造和呈现政治文化及其价值理念的重要力量"①。从延续数百年的札萨克印的封启仪式来看，王朝政治治理下的社会并不缺少的政治仪式，一年一度的札萨克印封启仪式与全国官印封启仪式具有时间和功能上的一致性，同样与权力的生产和再生产相关，标志了王朝政治的一体性和权力秩序。此外，从上文可知，与其他地方官印封启仪式相较，札萨克旗官印封启仪式的核心议程大体一致，也就是说官印的封启仪式结构在全国具有一致性和政治性。虽然相隔千山万水，但是，各地的仪式程序都是围绕对官印的膜拜和对皇权的崇敬进行，核心程序是在三叩九拜中将官印封存或打开，随之则影响到政务的开展与暂时中断或重新开始。

仪式参加者的构成。参加札萨克印封启印仪式的成员主要是各札萨克旗的大大小小官吏和贵族，除了官印所具有的权力象征意义使这一活动具有政治性外，参加者的构成也标志了其政治性。在某种意义上这也是一次各札萨克旗统治阶层彰显权力和影响力的政治仪式，与各旗行政权力行使和政务相关，特别是仪式之后总有与旗务相关的会议，在各旗政治生活中属于重要政治庆典性活动，与此同时，由于与春节相关，又与民间的庆典活动巧妙地结合起来，成为王朝边疆与内地政治一体性的重要体现。

此外，从鄂尔多斯旗的仪式上的祝辞来看，清王朝政治在分化了蒙古各部力量的基础上，同时包容了蒙古社会传统政治资源的存在，使蒙古社会传统的"黄金家族"与清王朝政治结成一体。王朝仪式的规范并未对祝辞有细节的规定，因此，我们在鄂尔多斯旗的祝辞中看到其对圣主成吉思汗的赞颂，由于各旗札萨克均大多源于蒙古"黄金家族"，我们有理由相信大多数札萨克旗的仪式都会涉及相关内容。

与此同时，将世俗权力与宗教神性相结合，大大增加仪式庄严性和神圣性。各札萨克旗官印封启仪式虽然不是宗教仪式，但是并不缺少神圣性，我们看到在各旗的仪式中，穿札萨克王爷服官服参加仪式，烧香、点佛灯、献哈达、敬酒、敬献全羊等，都是世俗权力神圣化的手段，正是通过这些具体的行动，表达了札萨克王爷对皇权的服从和崇拜，也彰显着札萨克王爷对自身所拥有权威的强化和合法性。

总之，札萨克印的封启仪式源于各札萨克王爷与清王朝政治一体性的关联，是清王朝维系其大一统政治一体性众多政治仪式的一个细节，这一细节影响深远且广泛，以至于清王朝解体之后，各札萨克旗仍然举行这一仪式，将其内化为各旗政治生活相关的礼俗。内蒙古东西部各旗由于有不同的历史经历，在这一仪式延续状况

① 王海洲：《政治仪式的权力策略——基于象征理论与实践的政治学分析》，《浙江社会科学》2009 年第 7 期。

方面有一定的差别，分布于内蒙古东部的各旗由于经历了日本占领时期的旗政变革，官印的封启仪式未有持续的记载，而分布于西部的各旗，直至民国仍有官印封启仪式举行。

原载于《中央民族大学学报》2012 年第 4 期

民族国家：认识、分类、治理及其争议[*]

——改革开放四十年来讨论的背景与前景

陈建樾

摘　要　民族国家是国家形态的现代发展。在具体分类上，民族国家分为单一民族国家和多民族国家；民族国家的不同类型，决定了处理国内民族问题的不同路径和不同方向。中国从历史到现实都是一个统一的多民族国家，如何认识历史国情和现实国情，是近代以来如何建构现代国家的主要争议焦点，也是选择不同的基本政治制度和民族政策的分水岭。这一争论延续至今，并成为改革开放四十年间民族研究的主轴议题，因此对于统一多民族的国家治理、民族政策和未来方向，具有重要且关键的意义和价值。

关键词　民族国家　国家治理　民族政策

就中国而言，"统一的多民族国家"既是一个历史事实，也是一个现实存在。因此如何整顿和建置治理能力并进而使之现代化，就成为多民族国家的一个重要议题。纵观改革开放以来中国民族事务和相关理论研究的四十年历程，我们发现这一问题越来越呈现出凸显的趋势，并引致多学科的知识交锋。因而在这个意义上说，如何看待国情和怎样治理，其实构成了改革开放四十年来民族研究的主轴议题之一。

一　民族国家的分类及其国族规划

在马克思主义经典作家看来，任何共同体的发展都是基于利益的驱动，民族和国家也概莫能外，也正是在这个意义上，列宁明确地指出"利益'推动着民族的生活'"[①]。我们知道，民族是迄今为止人类社会当中最具稳定性的人类共同体之一；民族

* 本文系中国社会科学院创新工程项目"马克思主义与中国特色民族理论与政策创新研究"（2016MZSCX002）、云南省"民族团结进步理论与实践研究"协同创新项目（16YMDXT009）成果之一。

① 列宁：《黑格尔〈逻辑学〉一书辑要》（1914 年 9～12 月），《列宁全集》第 55 卷，人民出版社，1990，第 75 页。

的出现使散布在世界各个角落的人们开始在经济发展的基础上以语言、习俗等文化的纽带联系在一起并逐步成为稳定的人类集团。民族的发展、剩余劳动的出现和公共权力的建立使那些自在的民族突破血缘和地缘的羁绊步入了国家时代。用恩格斯的话来说，国家的出现表明在民族所处的多元社会内部出现了"不可调和而又无力摆脱"的矛盾和对立，"国家是承认：这个社会陷入了不可解决的自我矛盾，分裂为不可调和的对立面而又无法摆脱这些对立面"；而为了使这些对立的集团"不致在无谓的斗争中把自己和社会消灭，就需要有一种表面上凌驾于社会之上的力量，这种力量应当缓和冲突，把冲突保持在'秩序'的范围以内；这种从社会中产生但又自居于社会之上并且日益同社会脱离的力量，就是国家"。[①] 与其他共同体相比，国家更强调社会资源的合理配置、权威性分配和公共事务管理的专业化，也当且仅当有效地执行了这一公共管理职能的时候，国家才能够得以有效地维系和持久地存续。因此，恩格斯通过对波斯和印度历代国家政权经营管理河谷灌溉的个案研究强调指出："政治统治到处都是以执行某种社会职能为基础，而且政治统治只有在它执行了它的这种社会职能时才能持续下去。"[②]

迄今为止的民族国家，按其内部的民族构成，可以分为单一民族国家和多民族国家两个类型。早在 1926 年，吴文藻先生就明确地对此进行了分类："世倡民族自决之说，即主张一民族造成一国家者"，但"民族与国家结合，曰民族国家。民族国家，有单民族国家与多民族国家之分"；吴文藻先生进而指出，"一民族可以建一国家，却非必建一国家，诚以数个民族自由联合而结成大一统之多民族国家，倘其文明生活之密度，合作精神之强度，并不减于单民族国家，较之或且有过无不及，则多民族国家内团体生活之丰富浓厚，胜于单民族国家内之团体生活多矣"；"今之人舍本逐末，竟言一民族一国家之主义，而不明其最后之用意所在，宜其思想之混乱也。前谓一民族可以建一国家，却非一民族必建一国家，良有以也。吾且主张无数民族自由联合而结成大一统之民族国家，以其可为实现国际主义最稳健之途径。由个性而国性，由国性而人类性，实为修身齐家治国平天下之大道。万一无数民族，不能在此大一统之民族国家内，享同等之自由，则任何被虐待之民族，完全可以脱离其所属政邦之羁绊，而图谋独立与自由，另造一民族国家也。"[③]

与前现代国家相比，现代国家的出现自其伊始就与民族问题发生反应和作用。因此自近代以来，西方国家一直试图通过公民身份的制度安排将社会成员从"集群化"状态打碎到"原子化"的境地，继而通过一族一国的"国族建构"实现单一民族国家

① 恩格斯：《家庭、私有制和国家的起源》，《马克思恩格斯选集》第 4 卷，人民出版社，1985，第 170 页。
② 恩格斯：《反杜林论》，《马克思恩格斯选集》第 3 卷，人民出版社，1995，第 523 页。
③ 吴文藻：《民族与国家》（1926 年），《吴文藻人类学社会学研究文集》，民族出版社，1990，第 24、35 页。

的构建："致力于以'民族'为单位建构'国家'（事实上更多是以'国家为单位'建构'民族'），致力于创建内部共同体的个体化同一，消灭差异"①，在这种宣称具有普世意义的普遍主义的治理逻辑下，"民族国家普遍地通过破坏少数民族身上先前就存在的那种独特的民族观念而谋求建立共同的民族观念"②；由此使得"全体的人民断绝过去所有的一切地域、语言、宗教与社会的认同，而能以自由、平等、博爱的价值，缔造一新的'民族'"③。由此可见，国家的建构与国族的建构是一个一体两面、交互推动的历史进程。国家的建构本身就隐寓并推动着国族建构的内容，而国族的构建又巩固了国家的建构并推动着国家的发展。国家建构和国族构建其对外的面向都意在完成对"他者"的揖别，而在对内的面向则依据国情不同而有不同的发展历程。就单一民族国家而言，国家建构的完成与国族建构的实现几乎是同步达致，这意味着公民身份与国族身份的同步准入与同步确认；而在一个多民族国家中，始自国家建构的国族建构则是一个贯穿于从国家建构到国家发展全程的一个持续性的包容"他者"的历史进程，这个过程既是公民身份的确认过程，也是将主体民族之外的少数族裔纳入国族的确认过程。换句话说，单一民族国家与多民族国家在民族结构上有明显的不同，前者是一个民族与国家的同构，而后者则是一个"国族—民族"的双层架构。

集群且多元，是人类政治生活的一个基本样貌，但如何以及怎样组织和维系这个"集群且多元"的社会，则是一个重要的议题。根据联合国 1987 年的一项统计，国际上的 180 多个主权国家中有 3000～5000 个在人种、种族、宗教、语言和/或文化方面不同于其所在国家的多数人的少数人群体。④ 在 2000 年，全球 185 个成员国中有超过 7500 个种族团体和"少数化"社区，6700 种语言以及无数的宗教和信仰；有 22 亿人由于他们的思想、良心、宗教或信仰自由或由他们的种族身份成了歧视或受限制的受害者。⑤ 这一统计结果，意味着全世界绝大多数国家都不得不成为多民族国家，但在事实上，迄今为止的现代国家都以"民族国家"自诩，这在客观上决定了当今世界各国在国家建构进程中如何以及怎样处理具有多元性的民族事务，就成为国家何以

① 关凯：《传统与现代：民族政治的中国语境》，《西南民族大学学报》2018 年第 1 期。

② 〔加拿大〕威尔·金里卡：《少数的权利：民族主义、多元文化主义和公民》，邓红风译，上海译文出版社，2005，第 250 页。

③ Luccien Jaume：*Citizen and State under the French Revolution*，转引自蔡英文《公民身份的多重性——政治观念史的阐述》，刘擎主编《公共性与公民观》，江苏人民出版社，2006，第 88 页。

④ 〔奥〕曼弗雷德·诺瓦克：《民权公约评注——联合国〈公民权利和政治权利国际公约〉》上册，毕小青、孙世彦主译，夏勇审校，生活·读书·新知三联书店，2003，第 476 页。

⑤ Abdelfattah Amor：《种族歧视和宗教歧视：识别和措施》，联合国秘书长转交"反对种族主义、种族歧视、仇外心理和相关的不容忍现象世界会议"筹备委员会第一届会议《为筹备委员会和世界会议编写的报告、研究报告和其他文件》的附件，2000，日内瓦，联合国网站：http://www.un.org/chinese/events/racism/Aconf189pc1 - 7.pdf。

自处和怎样共处的重大问题。换言之，以"多数至上"为原则组织和建构的国家及其政府架构，如何在平等且不歧视的原则下对少数群体进行权益保护，不仅是任何一个多民族国家都不得不面对的问题，同时也是在国际上"自立于世界民族之林"所必须回应的正当性问题：联合国开发计划署就曾要求各国需要在其宪法、法律和机构中承认文化差异，"他们还需要拟定各种政策，确保特殊群体——不论是少数族群还是历来处于边际化状态的多数族群的利益不被多数群体或其他主宰群体所忽视或否决"。①

二　国民党人的民族国家观及其在多民族国家的治理逻辑

近现代中国的民族国家建构自其伊始就面临着单一民族国家的解决方案与多民族现况之间的取舍与争议；而效法欧美的"一族一国"模式建立民族国家并据以"图强保种"，则在政学两界"几成宗教"。② 一直到1948年，先后出任国家社会主义党、民主社会党和民盟领导人的政治活动家和哲学家张东荪还在《北大半月刊》上撰文指出，"中国自辛亥以前起，由清末以迄现在乃只是一个革命。……这个革命是隐然代表一个民族的潜伏性的根本要求。不拘有没有人知道这个要求是什么，亦不拘知道的人们究竟有多少，而这个要求本身却始终存在那里"，"据我个人的了解，这个要求……第一点可说是造成一个国族（nation–making），因为中国迄未完成为一个独立的民族；第二点可说是产业革命（industrial revolution），因为中国人今天的生活还在原始时代"。③

也就是在这样浩浩荡荡的"世界潮流"之下，孙中山主张将少数民族同化为一个民族，并据此建立"一族一国"的现代国家：早在1903年的檀香山演说时，孙中山已经完成了"汉族＝中华民族"的国族构想，而在辛亥革命的一周年纪念日，孙中山则明确地表明多民族的中国是一个"伟大之单一国"，"中国自广州北至满洲，自上海西迄国界，确为同一国家同一民族"。④ 在孙中山看来，将汉族改名为中华民族并借中华民族之名将各少数民族"合为一炉而冶之"是解决方案的核心："夫汉族光复，满清倾覆，不过只达到民族主义之一消极目的而已，从此当努力猛进，以达民族主义之积极目的也。积极目的为何？即汉族当牺牲其血统、历史与夫自尊自大之名称，与满、蒙、回、藏之人民相见于诚，合为一炉而冶之，以成一中华民族之新主义，如美利坚之合

---

① 联合国开发计划署：《2004 人类发展报告》，中国财政经济出版社，2004，第47页。

② 1907 年 4 月，杨度在致梁启超的函中说："此'排满革命'四字，所以应于社会程度，几成无理由之宗教也。"丁文江、赵丰田编《梁启超年谱长编》第 4 册，上海人民出版社，1983，第398页。

③ 张东荪：《从社会学家历史学家的话说起》（1948 年），转引自杨琥编《民国时期名人谈五四：历史记忆与历史解释（1919–1949）》，福建教育出版社，2011，第462页。

④ 孙中山：《中国之铁路计划与民生主义》（1912 年），《孙中山全集》第 2 卷，中华书局，1981，第487页。

黑白数十种之人民，而冶成一世界之冠之美利坚民族主义，斯为积极之目的也。"① 而在 1921 年，孙中山在对"党内同志"的演讲中也指出，"本党尚须在民族主义上做功夫，务使满、蒙、回、藏同化于我汉族，成一大民族主义的国家"。②

深受孙中山国族思想影响的傅斯年认为"中国之有民族的、文化的、疆域的统一，至汉武帝始全功，现在人曰汉人，曰汉学，土曰汉土，俱是最合理的名词，不是偶然的"，但与此同时中国又是一个"非一族一化"且"即一族一化之中亦非一俗"的多元性国度，傅斯年认为"文化之统一与否，与政治之统一与否互为因果；一统则兴者一宗，废者万家"③。由此出发，傅斯年针对日本侵华日军策动扶持的"华北自治运动"以及矢野仁一等日本学者的观点专门撰写了《东北史纲》④，并在 1935 年 12 月 15 日撰文指出"中华民族是整个的"："我们中华民族，说一种话，写一种字，据同一的文化，行同一伦理，俨然是一个家族……所以世界上的民族，我们最大；世界上的历史我们最长。这不是偶然，是当然。'中华民族是整个的'一句话，是历史的事实，更是现在的事实。"⑤ 不仅如此，傅斯年还致函给顾颉刚，要求他在主持《益世报·边疆》时"当尽力发挥'中华民族是一个'之大义，证明夷汉之为一家，并可以历史为证"；同时明确地指示："凡非专门刊物无普及性者，务以讨论地理、经济、土产、政情等为限，莫谈一切巧立名目之民族。"⑥ 正是在这样一个指示之下，顾颉刚于 1939 年 1 月 13 日在《益世报·边疆》上以《中华民族是一个》为题撰文强调中华民族已经凝结成为一个民族实体："凡是中国人都是中华民族——在中华民族之内我们绝不该再析出什么民族——从今以后大家应该留神使用'民族'这二字"；"我们从今以后要绝对郑重使用'民族'二字，我们对内没有什么民族之分，对外只有一个中华民族。"⑦

也正是在这一政学合谋的"思想工程"铺垫之下，国民党元老居正认为，"历史上

---

① 孙中山：《民族主义》（1919 年），《孙中山全集》第 5 卷，中华书局，1981，第 187～188 页。

② 孙中山：《在中国国民党本部特设驻粤办事处的演说》（1921 年），《孙中山全集》第 5 卷，1981，第 473～474 页。

③ 傅斯年：《与顾颉刚论古史书》（1924 - 1926 年），欧阳哲生主编《傅斯年全集》第 1 卷，湖南教育出版社，2003，第 469 页。

④ 详见陈建樾《傅斯年的民族观及其在〈东北史纲〉中的运用》，《满族研究》2012 年第 2、3 期。

⑤ 傅斯年：《中华民族是整个的》，《傅斯年全集》第 4 卷，湖南教育出版社，2003，第 125 页。

⑥ 傅斯年：《致顾颉刚》（1939 年），《傅斯年全集》第 7 卷，湖南教育出版社，2003，第 205 页。此函未具时间，《傅斯年全集》编者定为 1939 年。据湖南教育版《傅斯年全集》编者认为"具体日期不详"；马戎主编的《"中华民族是一个"》称，据王汎森等主编台湾版《傅斯年遗札》（台湾中研院历史语言研究所，2011），此文成于 1939 年 7 月 7 日（档案号 III：1197），但王汎森等主编的台湾版及大陆版《傅斯年遗札》，则原文落款时间均为"二月一日"，即 1939 年 2 月 1 日（档案号 I：147）。王汎森、潘光哲、吴正上主编《傅斯年遗札》第 2 卷，（台湾）中研院历史语言研究所，2011，第 853 页；王汎森、潘光哲、吴正上主编《傅斯年遗札》第 2 卷，社会科学文献出版社，2014，第 721 页。

⑦ 顾颉刚：《中华民族是一个》，《益世报·边疆》第 9 期，1939 年 2 月 13 日。

中华民族虽然是经过了无数次的分崩离析，可是自从辛亥革命成功，推翻满族的宰制政策以后，我们的国家，已经逐渐走到了民族的国家的境地。就现在国内的民族说，总数在四万万以上，而其中参杂的不过百余万蒙古人、百多万的满洲人、两百万的西藏人，和百余万的回族，而且这些民族，自满清推翻以后，各族和平相处，多数业已同化，所以就大体上讲，四万万人可以说是一个民族，同一血统、同一语言文字、同一风俗习惯，完全是一个民族"。① 这恰是蒋介石在《中国之命运》中所呈现的民族国家观念和治理思想的主旨。

孙中山、居正、蒋介石在民族国家观念上的思考，正如傅斯年所言乃是"一源一脉"；而这一脉，则来自对欧美民族国家治理经验的服膺和"亡国灭种"的恐惧："我们现在必须把欧洲的历史作我们的历史，欧洲的遗传作我们的遗传，欧洲的心术作我们的心术。这个叫做'螟蛉有子，蜾蠃负之'，就是说欧洲人有文明，我们负来，假如我们不这样干，结果却也是一个'螟蛉有子，蜾蠃负之'，就是说我们有土地，欧美人负去。这是郑康成解'言有国而不能治，则能治者将得之也'。"②

三　中国共产党人的国情认知与多民族国家治理逻辑

早在 1925 年，创党伊始的中国共产党人就注意到"一族一国"理论的重要性。在他们看来，"封建阶级及资产阶级的民族运动，乃立脚在一民族的一国家的利益上面，其实还是立脚在他们自己阶级的利益上面，这种民族主义（国家主义）的民族运动，包含着两个意义：一是反抗帝国主义的他民族侵略自己的民族，一是对外以拥护民族利益的名义压迫本国无产阶级，并且以拥护自己民族光荣的名义压迫弱小的民族，例如土耳其以大土耳其主义压迫其境内各小民族，中国以大中华民族口号同化蒙藏等藩属；前者固含世界革命性，后者乃是世界革命运动中之反动行为。"③ 而在长征途中，中共深刻地认识到了中国的多民族样貌，并在与地方党组织的互动中逐渐思考和凝练出基于多民族国情的国家建构思路。④

1931 年"九一八"事变后，中共中央在 9 月 22 日就结合日本国内的情况和台湾"原住民"反抗日本殖民统治的雾社事件，指出这是世界经济危机和日本国内"日益紧张和革命化"的必然结果，并认为"满洲事变对于中国事变发展的前途，将给予决定

---

① 居正：《民族的国家与民族的政党》，《益世周报》第二卷第 7、8 期合刊，1939 年 3 月 3 日。
② "傅斯年档案"I－433（1926 年），（台湾）中研院历史语言研究所，转引自王汎森《伯希和与傅斯年》，王汎森：《傅斯年：中国近代历史与政治中的个体生命》，王晓冰译，三联·读书·新知三联书店，2012，第 318 页。
③ 《对于民族革命之决议案》（1925 年 2 月），中央档案馆编《中共中央文件选集》第 4 册（1928），中共中央党校出版社，1989，第 330 页。
④ 详见陈建樾《互动与激荡：民族团结思想的提出与清晰化》，《西南民族大学学报》2017 年第 2 期。

性的影响"①。在这样的情势下，中国共产党一方面在党内党外揭露"国民党的'民族统一战线'"的本质②，另一方面从党内到党外有意识将包括少数民族在内的中国各民族统称为国族意义的"中国民族"③，这个后来改称为"中华民族"的概念，凸显出中共对于国家的多民族架构已经有了足够的思考和规划。

在《中国之命运》发表后两个月后，曾经参与"中华民族是一个"讨论的翦伯赞撰文指出："真正的中国史，是大汉族及其以外之中国境内其他诸种族的历史活动之总和。因此，研究中国史，首先应该抛弃那种以大汉族主义为中心之狭义的种族主义的立场，把自己超然于种族主义之外，用极客观的眼光，把大汉族及其以外之中国境内其他诸种族，都当作中国史构成的历史单位，从这些历史单位之各自的历史活动与其相互的历史交流中，看出中国史之全面的运动与全面的发展。"④

在 1935 年 8 月召开的沙窝会议上，中央政治局在会议决议中专门安排了"关于少数民族中党的基本方针"一节，其中指出"红军今后在中国的西北部活动也到处不能同少数民族脱离关系，因此争取少数民族在中国共产党与中国苏维埃政府领导之下，对于中国革命胜利前途有决定的意义"，并明确提出"马克思列宁史达林关于民族问题的理论与方法是我们解决少数民族问题的最可靠的武器。只有根据这种理论与方法，我们在工作上，才能有明确方针与路线，学习马克思列宁史达林关于民族问题的理论与方法，是目前我们全党的迫切任务"⑤。同年 9 月，红四方面军政治部在《红旗》附刊第一期上要求"尤其要重新严整不对的纪律，正确的执行对于少数民族的政策与肃清部队中违反群众利益任何最小的行为"⑥。到 1937 年，中共在《抗日救国十大纲领》中，进一步提出了"全国人民的总动员"和"抗日的民族团结"主张："动员蒙民回民及其他一切少数民族，在民族自决民族自治的原则下，共同抗日"；"建立全国各党各派各界各军的抗日民族统一战线，领导抗日战争，精诚团结，

① 《中共中央关于日本帝国主义强占满洲的决议》（1931 年 9 月 22 日），《中共中央文件选集》第 7 册（1931），第 417、420 页。

② 《由于工农红军冲破第三次"围剿"及革命危机逐渐成熟而产生的党的紧急任务》（1931 年 9 月 20 日中央决议案）、《中国共产党为日帝国主义抢占东三省第二次宣言》（1931 年 9 月 30 日），同上书第 407、426~427 页。

③ 《中央给苏区中央局第七号电——关于宪法原则要点》（1931 年 11 月 5 日）、《中国共产党中央委员会为目前时局告同志书》（1931 年 12 月 11 日），同上书第 493、547 页；《中国共产党对于时局的主张》（1932 年 1 月 1 日）、《中国共产党中央委员会为武装保卫中国革命告全国民众》（1932 年 1 月 27 日）、《中国共产党关于上海事件的斗争纲领》（1932 年 2 月 2 日），中央档案馆编《中共中央文件选集》第 8 册（1932），中共中央党校出版社，1989，第 5、95、100 页。

④ 翦伯赞：《怎样研究中国史》，（重庆）《学习与生活》第 10 卷第 5 期，1943 年 5 月。

⑤ 《中央关于一、四方面军会合后的政治形势与任务的决议》（1935 年 8 月 5 日），《中共中央文件选集》第 10 册（1934~1935），中共中央党校出版社，1989，第 534~536 页。

⑥ 《为争取南下每一战役的全部胜利而斗争！》（1935 年 9 月 10 日），中央档案馆编《红军长征史料选编》，学习出版社，1996，第 322 页。

共赴国难"。① 1938 年 10 月召开的中共六届六中全会根据毛泽东的政治报告提出"团结中华各民族（汉、满、蒙、回、藏、苗、瑶、夷、番等）为统一的力量，共同抗日图存"②；毛泽东在题为《论新阶段》的政治报告中将"团结各民族为一体"作为党的任务。③

在抗战期间，中国共产党及其领袖还对统一多民族国家的多民族架构提出了初步的厘定，并通过课本进行教育和宣传："我们中国是一个拥有四万万五千万人口的国家，差不多占了全世界人口的四分之一。在这四万万五千万人口中，十分之九为汉人；此外还有回人、蒙人、藏人、满人、苗人、夷人、黎人等许多少数民族，组成近代的中华民族。中国是一个多民族的国家，中华民族是代表中国境内各民族之总称，四万万五千万人民是共同祖国的同胞，是生死存亡利害一致的。"④ 这一厘定的关键，在于确定了中国是一个由多民族构成的国家，这个国家的所有民族共同构成了国族意义的中华民族，由此也继 1935 年瓦窑堡会议之后再次厘定了多民族中国的"国族—民族"架构，这与孙中山、蒋介石为代表的国民党人关于中国的"国族 = 民族 = 汉族"的认知完全不同⑤；也正是基于这种完全不同的认知，中国共产党由此不仅建构了与国民党人完全不同的民族理论，而且在未来国家建构和制度安排上也有完全不同的路径选择和制度安排：贾拓夫在 1940 年以《团结中华各族争取抗战建国的胜利》为题撰文指出："中华民族是由中国境内汉、满、蒙、回、藏、维吾尔、苗、瑶、夷、番各个民族组成的一个总体，因此中国抗战建国的澈底胜利，没有国内各个民族的积极参加，是没有最后保证的。"⑥ 李维汉也撰文提出："日本强盗的目的是灭亡全中华民族，也就是要灭亡中国境内一切民族。这样，为着挽救自己的生存，中国的各民族和各个社会阶层只有联合一致，坚持抗战……为着更进一步的团结抗战，必须具体的贯彻民族平等的原则，必须彻底根清大汉族主义，必须纠正狭隘的回族主义倾向。"⑦由此可见，中国共产党关于中国多民族架构的认知，与蒋介石的《中国之命运》完全不同："平日我们习用的所谓'中华民族'，事实上是指中华诸民族（或各民族）。我们中国是多民族的

① 《中国共产党抗日救国十大纲领》（1937 年 8 月 15 日），中共中央统战部编《民族问题文献汇编（1921.1 – 1949.9）》，中共中央党校出版社，1991，第 553 ~ 554 页。

② 转引自刘春《怎样团结蒙古民族抗日图存》（1940 年 3 月 20 日），同上书第 825 页。

③ 毛泽东：《论新阶段》（1938 年 10 月 12 – 14 日），同上书第 595 页。

④ 八路军政治部：《抗日战时政治课本》（1939 年 12 月），同上书第 808 页。

⑤ 详见陈建樾《国族观念与现代国家的建构：基于近代中国的考察》，《云南民族大学学报》2011 年第 5 期。

⑥ 关烽（贾拓夫）：《团结中华各族争取抗战建国的胜利》（1940 年 2 月），中共中央统战部编《民族问题文献汇编（1921.1 – 1949.9）》，中共中央党校出版社，1991，第 816 页。

⑦ 罗迈（李维汉）：《长期被压迫与长期奋斗的回回民族》（1940 年 4 月 30 日、5 月 15 日），同上书第 840 页。

国家"。① 由此可见，中国共产党的国家观、国族观和民族观是建构在对多民族国家的国情认知、对多民族国家的国族厘清和关于"国族－民族"架构规划这一基础之上的，因此这一国族观和民族观，不仅有效地凝聚了全国各民族一致抗日、共赴国难的共识，也在事实上成为建立统一的多民族社会主义国家和建构多元一体的国家制度架构的指导理念。

四　单一民族国家还是多民族国家：四十年民族理论研究的焦点议题

民族理论研究在改革开放四十年中的起步，与对"文革"期间在民族工作方面的反思、思想"纠偏"和民族政策的重申密不可分，而这实际上也开启了民族理论研究的新路程。以 1979 年边防工作会议为标志，这些"拨乱反正"的工作自其伊始就要求回到统一多民族国家的基本国情，要求"必须坚持理论联系实际，一切从实际出发的原则"，"必须坚持民族问题长期存在的观点"。② 在 1981 年召开的云南民族工作汇报会纪要中，中共中央明确地指出"中国是一个统一的多民族的大国"，"我们党一贯重视民族问题，以马克思列宁主义、毛泽东思想为指针，从我国的实际情况出发，制定和实行了民族平等、民族团结、民族区域自治、民族发展繁荣（包括稳妥的社会改革）等一系列正确的民族政策，创造和总结了一整套做好民族工作的经验"③。

在 1982 年制定的宪法中，明确规定"中华人民共和国是全国各族人民共同缔造的统一的多民族国家。平等、团结、互助的社会主义民族关系已经确立，并将继续加强。在维护民族团结的斗争中，要反对大民族主义，主要是大汉族主义，也要反对地方民族主义。国家尽一切努力，促进全国各民族的共同繁荣"；这个多民族国家的定位，在 1984 年制定的《民族区域自治法》当中得以再次确认："中华人民共和国是全国各民族人民共同缔造的统一的多民族国家。"1987 年，中共中央在批转民族工作几个重要问题的报告时再次明确指出，"我国是一个多民族国家，民族问题将长期存在，民族工作是党和国家整个工作的组成部分。民族平等、民族团结和各民族共同繁荣，是一个关系到国家命运的重大问题"；并要求"党的各级组织和全党同志一定要提高对民族问题的认识，切实解决存在的问题，发展当前的好形势，推动民族工作不断前进"④。

---

① 陈伯达：《评〈中国之命运〉》（1943 年 7 月 21 日），中共中央统战部编《民族问题文献汇编（1921.1 - 1949.9）》，中共中央党校出版社，1991，第 945 页。

② 转引自黄光学主编《当代中国的民族工作》上册，当代中国出版社，1993，第 162 页。

③ 《云南民族工作汇报会纪要（节录）》（1981 年 4 月 21 日），黄光学主编《当代中国的民族工作》下册，当代中国出版社，1993，第 519 页。

④ 《中共中央、国务院批转〈关于民族工作几个重要问题的报告〉的通知》（1987 年 4 月 17 日），《当代中国的民族工作》下册，第 547 页。

进入 21 世纪以后，苏联的解体及其由此引发的思考使得人们对民族问题在多民族国家的正当性产生了疑虑，这使得中国的民族理论研究由此进入了一个长达十年的理论"对战"。在一些学者看来，民族国家就是单一民族国家，于是一个多民族国家就是"非典型"的国家，因而使这个不正常的国家"典型化"，就成为一个世界性的治理难题；进而对应于多民族的中国，"在国家形态上，现代中国并不是典型的民族国家"①，于是建议对少数民族"文化化""去身份化"，并据此"提撕振拔"为实体民族的"中华民族"就成为"典型化"的解决方案。

2014 年召开的中央民族工作会议，不仅规划了中国民族工作的未来，也明确回应了中国是什么样的民族国家这一争论。在讲话的第一部分，习近平总书记就在标题中明确指出"要准确把握我们统一多民族国家的基本国情"。首先，多民族国家的形态是我国"古今之通义"；几千年来，中华民族始终追求团结统一，把这看作"天地之长经，古今之通义"。无论哪个民族建鼎称尊，建立的都是多民族国家，而且越是强盛的王朝吸纳的民族就越多。其次，中华民族是分布上交错杂居、文化上兼收并蓄、经济上相互依存、情感上相互亲近的多元一体：一体包含多元，多元组成一体，一体离不开多元，多元也离不开一体，一体是主线和方向，多元是要素和动力；有鉴于此，习近平代表跨进新时代的中国共产党明确继承了中国共产党的"国族—民族观"：中华民族和各民族的关系，形象地说，是一个大家庭和家庭成员的关系，各民族的关系是一个大家庭里不同成员的关系。也正是根据这样一个多民族的国情和多民族的民族国家形态，习近平依据马克思主义民族理论强调指出，民族问题的存在是一个长期历史现象，相应的，处理民族问题也是一个长期历史过程。处理好民族问题、做好民族工作，是关系祖国统一和边疆稳定的大事，是关系国家长治久安和中华民族繁荣昌盛的大事。事实证明，没有各民族团结奋斗，就没有国家发展、稳定、安全；没有国家发展、稳定、安全，也就没有各民族繁荣发展。那种把多民族当"包袱"，把民族问题当作"麻烦"，把少数民族当作"外人"，企图通过取消民族身份、忽略民族存在来一劳永逸解决民族问题的想法是行不通的。习近平还在讲话中明确要求，全党要牢记我国是统一的多民族国家这一基本国情，坚持把维护民族团结和国家统一作为各民族的最高利益，把各族人民智慧和力量最大限度凝聚起来，同心同德为实现"两个一百年"奋斗目标、实现中华民族伟大复兴的中国梦而奋斗。

改革开放四十年来民族理论的争论议题，其实是近代以来中国构建现代国家一直讨论和争论的焦点。改革开放四十年来的这一讨论，最为关键之处就在于如何和怎样

---

① 关凯：《传统与现代：民族政治的中国语境》，《西南民族大学学报》2018 年第 1 期。

认知国情并在此基础上如何以及怎样开放和改革的问题。国民党人的失败和共产党人的成功，在民族问题上已经有了历史的定论，但遗憾的是，在民族理论研究中却不断地"重返"那个结论未定的"历史现场"。

原载于《中央社会主义学院学报》2018 年第 1 期

论多民族国家精神共同体的建构及价值

马俊毅

摘　要　多民族国家的建构，除了具象的共同体的建构外，还要构建抽象的精神共同体。本文从共同性内涵和包容性内涵两大方面，论述了多民族国家精神共同体形成的政治哲学基础及其重要价值，并对其如何建构的路径进行分析。多民族国家精神共同体的共同性内涵包括：民族（nation）的精神；人民（people）的命运共同体意识；可共享的善的价值理念。包容性内涵包括：统一的多民族国家观；国格、族格、人格的涵括统一；包容差异的多元文化主义。融通共同性和包容性，多民族国家要以政治文明、法治、理性等精神包容传统的民族文化与精神，并实现民族精神共同体的现代性建构。作为多元一体的中华民族，要以社会主义核心价值观作为构建现代民族精神共同体的核心理念和连接纽带。

关键词　多民族国家　共有精神家园　精神共同体　核心价值观　国家认同

多民族国家的建构，除了具象的共同体的建构外，还要构建抽象的精神共同体。在现代多民族国家，一方面，现代国家的建成要求民族文化与精神经历现代性的转型、重构与整合；另一方面，国家与社会的多民族构成，又使得国家建构面临如何使多民族形成有机的团结的问题。学界以往有关民族精神的概念和理论，既可以指涉亚国家层次民族之民族精神，也可以指涉国家层次的民族精神，但民族精神还未专门与多民族国家层面上"共同体的建构"直接联系起来形成学术概念进行探讨。本文从现代多民族国家建构的理论视角，运用政治学"共同体"的概念，提出"多民族国家精神共同体"[①] 的

---

① 据目前了解的情况，"多民族国家精神共同体"的表述是笔者在本文首次提出，在之前的相关研究中，有关"民族精神"的论述较多，此外，常见的研究主题有"共同体精神""中华民族精神""民族精神家园"等。此外，德国哲学家斐迪南·滕尼斯（FerdinandTnnies）在其著作《共同体与社会》（林荣远译，商务印书馆1999年版）中曾使用"精神共同体"概念，由于滕尼斯所说的共同体是指"社区"，因此，其精神共同体也是局限在这个范畴之内，他认为，在血缘共同体、地域共同体之后形成精神共同体。"多民族国家民族精神共同体"未曾作为学术概念出现。

概念，阐释民族精神共同体与多民族国家共同体建构的关系，并在学理上进行深入探讨。

多民族国家精神共同体，就是在多民族国家国民中共同形成、并得到认同的观念中的国家。总的来说，笔者以为，多民族国家之具象和有形的强大体现在物质基础、疆域、支配力等方面，而其无形之强大则体现为精神共同体的强大。精神共同体的强大，除了具有文化意义上积极强健的民族精神、政治上一致的维护国家主权和国家利益的意识、爱国主义精神外，还涉及如何通过公民理性的培育、国家的现代性建构实践，如法律、制度、福利、教育体系等，以及塑造对多民族国家的认同问题，其中还必须包括国家通过包容多民族或者差异的文化群体的制度建构和实践过程塑造各个民族相互之间的团结，建构各民族对于国家的向心力，以及在这一过程中积淀形成的经验、共识和价值等。

有关民族精神的既往研究有些是从纯粹的民族文化角度进行，其侧重于将某个民族的文化、精神气质、价值观、共有意识和信仰、民族自我认同等进行归纳，据此还可以在不同的民族精神间进行对比。而在将民族与国家结合，对民族国家的民族精神的研究概括中，也主要趋向于概括和列举一些共同性的内涵，包括文化典籍、辉煌历史、英雄人物事迹等，但很少从政治学视角研究现代多民族国家如何直面多民族、多元文化，建构多民族精神共同体的路径及相关理论问题。

笔者以为，现代国家之 nation（国家民族）精神的建立，涉及国家建构的政治哲学和政治制度、路径，仅仅从文化意义或从共同性方面论述还显不足，尤其是在多民族国家，其涉及如何集多元为一体、建构更高层次的共同体及共同体精神，使得各个民族有机地团结为一体的问题，更为复杂和值得深入研究。因此，本文对多民族国家精神共同体形成的根源和重要价值进行哲学和政治学的解释，对于其形成机制进行学理上的深入分析，并从共同性与包容性内涵两个方面论述其结构、内容和建构过程。

一 观念中建构的多民族国家：多民族国家精神共同体

（一）多民族国家精神共同体与多民族国家的建构

共同体是指"一个拥有某种共同的价值观、规范和目标的实体，其中每个成员都把共同的目标当成自己的目标……共同体不仅仅是指一群人，它是一个整体"①。共同体除了在物质层面构建，还要从精神上层面构建。

首先，精神性因素在共同体中至关重要。共同体意味着具有共同的善、伦理风尚、

① 俞可平：《从权利政治学到公益政治学》，刘军宁等编《自由与社群》，三联书店，1998，第 75 页。

价值等。古希腊的城邦应该是人类较早的共同体，"一座城市……意味着由人们组成的政治共同体而不是一片领土"，① "精神性的共同因素如同发酵剂一样，催生着城邦成员的相互认同感"。② 当然，精神性的因素必须有相应的物质因素作为支撑和基石，即共同的利益基础。其次，共同体同时具有客观存在性和主观建构性。格兰蒂认为，"共同体"这个词实际上既指一种特殊的社会现象，又指称一种关于归属的概念，它表达的是"对意义、团结和集体行动的寻求"③。再次，共同体对于人类美德的养成、精神的归属具有特殊价值，因而在家庭、民族、地方等共同体之外，多民族国家需要构建更高层次的共同体，尤其是需要构建在价值、观念等精神方面能够有利于公民自觉认同的多民族国家精神共同体。

现代多民族国家精神共同体建构，涉及现代国家属性、国家凝聚力及有关国家认同的理论问题。关于现代国家性质和属性的界定，决定着建构国家共同体及共同体认同之路径。在如何构建强有力的国家，以及建立民众稳固的国家认同方面，传统的路径，一是强调文化的复兴、保护与认同；二是从国家的支配力和统治机器的角度，强调国家安全、维护稳定等。这在不同的国家都普遍存在并具有一定的合法性和有效性，尤其是后者与对于国家的韦伯式"支配性国家观念"直接相关。以上建立国家认同的物质基础、安全基础与文化基础是必需的，但仅有以上两个方面还不能完全实现对于国家在观念上、价值上的自觉认同。④

在政治学研究中，比较政治学家米格代尔是继韦伯之后关于国家著名的研究者，他认为，韦伯所说的支配性国家远远脱离了第三世界的实际，甚至许多发达国家都没有实现。因此，他提出了一个全新的国家定义："国家是一个权力的场域，其标志是使用暴力和威胁使用暴力，并为以下这两个方面所形塑：（1）一个领土具有凝聚性和控制力的、代表生活于领土之上的民众组织观念；（2）国家各个组成部分的实际实践。"⑤ 由此，米格代尔提出了一种过程导向的研究路径，即社会中的国家，以及建构国家与社会。他在关于国家为何不分裂，以及建构国家的研究中，提出了法律、公共仪式，公共领域中的非正式行为对于塑造国家观念、国家凝聚力，以及培植民众心理

---

① 〔英〕厄内斯特·巴克：《希腊政治理论：柏拉图及其前人》，吉林人民出版社，2003，第6页。
② 李义天：《共同体：内涵、意义与限度（前言）》，李天义主编《共同体与政治团结》（前言），社会科学文献出版社，2011，第10页。
③ Gerand Delanty, *Community*, Longdon: Routledge, 2003, p.3.
④ 实际上，由于缺乏进步、文明的理念和感召力，有些国家具有强大的支配力，但其维系国家的凝聚力依然是脆弱的。例如，一些专制国家，一旦专制的政府失控，国家和社会就成为各行其是的分离状况。
⑤ 〔美〕乔尔·S.米格代尔：《社会中的国家：国家与社会如何相互改变与相互构成》，李杨、郭一聪译，张长东校，江苏人民出版社，2013，第16页。

上对于国家的认同的重要作用。① 这也从一个方面揭示出国家的有效建构不仅是物质的，也是观念的。"为什么大多数国家没有分裂"，米格代尔指出了精神、观念对于国家凝聚力的重要性，他说，如同一句名言，"思维不会质疑心灵的理由"，"在理性计算之外，人类还有一个感性的领域，还存在对一些事物内在而不自觉的理解。对国家而言，仅仅依靠向人民提供服务和分配公共产品，不管是直接通过一个复杂的官僚系统还是通过间接的庇庸关系网，都不足以成为维持统一的坚实基础，国家维持统一的能力最终要建立在它们与人民的内心联系上"。"若能够在社会上创造一种价值，国家就会被自然化，国家消失或解体的想法则会变得不可想象"。②

在 2014 年中央民族工作会议上习近平指出，"民族工作不仅要见物，还要见人"，"要争取民心"，要"建设各民族共同的精神家园"，"积极培养中华民族共同体意识"。这实际上是从民族工作的角度，指出了加强各民族人民在精神的共同感、加强国家与人民的内心联系的重要性，提出了各族人民如同归属家园般在精神上认同和建构中华民族共同体的目标。这些论述包含着对于国家、民族在哲学、政治学上的深刻理解和远见卓识，对我国如何加强民族凝聚力、实现民族团结在理论上有新的突破、在实践上有深远意义。

那么，为了建构一个具有精神活力、在价值观念上具有强健生命的现代多民族国家共同体，我们应该探讨什么能够有助于各民族人民建立观念和精神上的国家，其具体内涵是什么，并着力构建之，使其成功建立"与人民的内心联系"、成为"一种价值"，从而使多民族国家具备一种无形之强大，这正是本文提出的"民族精神共同体"所要探讨的内容。

（二）多民族国家精神共同体的内涵及建构的必要性

笔者以为，多民族国家精神共同体的内容，一是多民族国家人民在道德、理念、价值观等方面形成的共享内容；二是在尊重多元的基础上，在各民族人民相互包容基础上形成的同呼吸、共命运的共同体意识；三是国家通过公平正义和法律、制度实践、社会建设等在观念和价值上得到各民族人民认同而形成的凝聚力。多民族国家精神共同

---

① 〔美〕乔尔·S. 米格代尔：《社会中的国家：国家与社会如何相互改变与相互构成》，李杨、郭一聪译，张长东校，江苏人民出版社，2013，第 155~174 页。实际上，法律、公共仪式，公共领域中的非正式行为这三个方面，也是米格代尔提出的有关建立国家与社会有机联系三个有效方法；笔者以为，从民族的角度来讲，这也是多民族国家加强与多民族社会有机联系的重要渠道。也就是说，比起单一民族国家，多民族国家社会的构成更为复杂和多元化，国家一方面要建立与社会的有机联系和良好协调，同时，更面临着与各民族的联系与沟通的命题。基于民族的法律、各民族共同组成国家的各类公共仪式的举行，以及对多元社会意见沟通协调等非正式行为的容纳等，将不断建立有关多民族国家的观念，维护各民族对国家的认同。

② 〔美〕乔尔·S. 米格代尔：《社会中的国家：国家与社会如何相互改变与相互构成》，李杨、郭一聪译，张长东校，江苏人民出版社，2013，第 174 页。

体构建的必要性体现在：

第一，民族精神共同体是凝聚国家、增强共同体认同意识和积极进取的强大动力源泉。多民族国家的共同体除了在物质层面构建，还要从精神层面上构建；一个多民族国家，缺乏精神共同体的建构是无法成为一个真正强大国家的。例如，从经济层面对国家观念的建构，主要有对国家富强、国运昌盛的自豪感与认同感，以及潜在的自身利益与国家利益的一致与共赢的认可及对前景的信心；在政治上，包括对宪法、政治制度、公平正义的国家治理体系的认同，以及在国家能够有效保障自身权益基础上建立的精神认同；在文化价值观上，包括对国家传统文化、公共文化、教育、核心价值观的认同；在心理结构的深层次上，应该包括国家的文化、精神理念、价值观是否能够与各民族、社群的文化具有包容性、协调性，而且相互之间是否能形成相互促进、共生共荣的正向关系，从而使得国家作为精神家园能够自然地成为各民族精神的共同体和灵魂的栖息地。无论是从政治、经济、文化层面，精神共同体的构建都代表着国家无形的力量。

第二，多民族国家普遍面临着建构和筑牢精神共同体的重要任务。尤其是当今世界范围内民族主义思潮上升，全球化的发展，使得文化、商品、信息、人员跨越国家界限在全球大规模和频繁流动，地区民族主义、宗族主义复兴，人们的认同结构更为复杂和多元化。传统国家的支配能力与管控能力都在受到挑战。这就使得国家除了在有形的支配力之外，还要在观念上形成凝聚力；国家除了传统的文化意义的民族精神激励和凝聚民众外，还要建立超越民族认同的共同体认同。相比民族精神，具有文化学与政治学双重含义的多民族国家精神共同体具有更丰富的结构和认同因素。这是因为，多民族国家的建构，包括经济、政治、文化各个层面，除了在物质层面构建经济共同体之外，还要构建政治共同体、文化共同体①与精神共同体。精神共同体建立在文化共同体与政治共同体的基础之上：精神共同体与文化共同体密不可分，一个民族的精神蕴含于其文化体系中，凝聚和体现了文化主体性特色的信仰、思维方式、文化心理结构、价值理念等；精神共同体与政治共同体亦有一定联系，因为多民族国家的政治共同体，采取的政治制度、治理理念与政治运行过程，是塑造公民文化、公民品格以及公民对于共同体认同的重要环境。为了筑牢精神共同体，必须从经济、政治、文化等各个方面，塑造观念上正面、强大、具有凝聚力和认同价值的国家，同时，将其中所包含的核心价值贯彻于国家治理，社会、社区的建设，学校教育和公民理性的培养方面，以不断筑牢对国家的共同体意识。

---

① 文化共同体是指多民族国家往往建立在历史上一定时期内形成的文明体的基础之上，在既有的文化体系之上，通过国民教育继承原有的文化体系、习俗等，并且与现代文明融汇整合，形成现有的文化体系和基本的文化认同。

第三，多民族国家精神共同体能够包容多元为一体。在多民族国家，各民族共有的精神家园必须是能够容纳和包容多元为一体的。各民族共有精神家园的提出，实际上在强调构建民族精神共同体时，在共同性内涵之外，还要容纳、涵括和体现多民族国家多元和丰富的民族群体，使得各民族的文化、精神等都能容纳、生长并用以涵养、培育和最终形成国民共同的精神认同载体。民族精神共同体的建构，除了以上共有精神家园的内容外，还强调通过国家公平正义的政治制度，以及国家治理的现代化和民主化，使得国家实现现代转型，各民族形成命运共同体，并在此基础上形成具有生机与活力的多民族国家共同体。

由上可知，多民族国家的精神共同体之形成，既需要共同性内涵的融汇积淀，还需要包容性内涵的涵养生长，本文将分别论之；同时，通过这两大方面内涵的深入分析，从理论上揭示现代多民族国家建构进程中，民族精神共同体形成的政治哲学基础、形成过程、价值和建构路径。

二 多民族国家精神共同体共同性内涵

（一）Nation（民族）的精神

作为 Nation 的精神是建构多民族国家共同性内涵的重要方面，其在内部体现为国家是必须具有"共有"精神的；而在外部，就体现为文化自信、民族自信、精神独立的质的规定性，即此 nation 非彼 nation 之内容特色。多民族国家精神共同体的共同性内涵必须有特定的民族精神，如中华民族精神，美利坚民族精神，法兰西民族精神。这种国家民族的精神的共同性体现在：第一，其必须是各民族共同缔造并认同的；第二，其形成的来源，除了共同的地域、历史、文化交融之外，还包括各民族在共同建构现代国家的奋斗经历中所凝聚和积淀的精神价值，包括共同的奋斗经历、积极向上的理念、理论共识、经验等。例如，习近平在中央民族工作会议的讲话，就是"着眼中华文明源远流长的发展史、中华民族始终追求团结统一的奋斗史"，从而"深刻指出加强中华民族大团结、构筑各民族共有精神家园的方向和路径"。[①]

1. 现代多民族国家在共同的历史、文化进程和国家构建过程形成的精神文化上的特性、共识及民族凝聚力，是民族精神的重要内涵。

民族精神共同体的共同性内涵之一是民族精神，其也构成了一个民族国家的灵魂。由于本文所探讨的民族精神共同体对应的是国家层面，因此，其所指为 nation；即构建了现代国家的民族精神，而非血缘和文化意义上的民族精神。以下，将结合缘起于西

---

① 参见人民日报评论员《筑牢中华民族共同体的思想基础——二论学习贯彻习近平中央民族工作会议重要讲话精神》，《人民日报》2014 年 10 月 10 日。

方，但推演至全球的现代民族国家构建的过程，对多民族国家精神共同体共同性内涵的重要构成因素——nation（国家民族）的精神及其形成根源——进行学理上的阐释。以往的研究，学界多从文化、价值观、凝聚力等方面直接列举，较少阐释其形成的哲学渊源。

关于 nation，有两种解读，一种是现代主义的观点，认为它是一个完全现代的产物，是一个纯粹的政治共同体。另外一种是族群象征主义的解释，"族群—象征主义"注重研究民族的历史性，民族的族群基础及其文化特征，特别强调民族的重要历史地位和持久的生命力。该理论认为，虽然 nation 是政治性的，是政治共同体，但其是建立在具有历史渊源、文化的族群基础之上。因此研究民族必须从长时段的历史文化着手，而族群恰恰就根植于悠久的历史文化之中。① 笔者十分赞同"族群—象征主义"的观点。族群象征主义视角下的民族理论，可对民族精神的普遍存在性进行解读，即所有民族都具有民族精神，而这种民族精神的来源既有历史文化性，又有政治性。虽然 nation 具有人为的建构性，但无论是单一民族国家还是多民族国家的构建，都是基于一定的具有历史联系的地理环境、人口、文明或文化、族群的范围上进行的；"族群"成为建构国家的重要资源，也意味着国家具有民族性。这一点，正如勒南认为："nation 是一个灵魂，一种精神原则。有两样东西构成了这个灵魂、这种精神原则，这两样东西实际上可以合为一体。一样东西存在于过去，另一样存在于当下。一样东西是共同拥有的丰富记忆遗产；另一样是当下的同意、想要共同生活的愿望、继续发扬共有遗产的意志。"② 笔者以为，"共同拥有的丰富记忆"就体现了 nation 的历史性、文化和民族特性，这很明显是 nation 精神内涵形成的历史文化基础。笔者曾以历史分析的方法对于中华民族的形成进行过研究，认为在考察目前我国作为 nation 的国家层次的民族时，要认识到，我国目前的 nation 也具有历史渊源、现实法理的政治共同体，③ 也就是说，中华民族是一个具有深厚渊源的历史文化、文明载体，虽然在近代才出现中华民族这一称号，但其承载着几千年的历史文化、各个民族文化的交融共荣，历史传承，以及在中华大地上的朝代更迭、家国剧变，分分合合中逐渐演变、形成统一的多民族国家的形态，成为近现代"中国"或者说"中华"的历史基础。而类似勒南所说"当下的同意、想要共同生活的愿望、继续发扬共有遗产的意志"，则往往体现了现代民族国家建构过程中在民族精神上的自觉构建，这种自觉的意志最终以契约化和行动化得以实践，

---

① 参见叶江《当代西方的两种民族理论——兼评安东尼·史密斯的民族（nation）理论》，《中国社会科学》2002 年第 1 期。

② Ernest Renan, Qu'est-ce qu'une Nation? LE MOT ET LE RESTE, 2010, p.26, 29, 32.

③ 马俊毅：《论族元：关于当今中国亚国家层次民族概念及其英译的新思考（一）——"族元"概念的学术初探》，《广西民族研究》2013 年第 1 期。

这实质上就是类似费孝通所说的中华民族从"自在"转向"自觉"的过程。

实际上，笔者以为，民族精神从以下相互递进三个层面上可以得到完整理解。首先，无论是何种类型的族（如族群、族元①、民族），都是在长期的历史积淀中发展而成的，都形成了独特的属于该民族的气质、精神、文化风俗、价值观、伦理等，人们普遍以"民族精神"称之。也就是说，民族精神往往首先是来源于民族长期的历史积淀与文化积累；其次，当民族要建立国家时，民族精神又与国家利益联系起来。王希恩指出："民族精神概念的提出是西方民族主义理论形成过程中的一个重要成果，并且从一开始就与对国家利益的追求和推崇联系了起来。"② 再次，民族精神也是动态发展和具有复合结构的。这在多民族国家构建的过程中体现出来。黑格尔指出，"民族的宗教、民族的政体、民族的伦理、民族的立法、民族的风俗、甚至民族的科学、艺术和机械的技术，都具有民族精神的标记。"③

实际上当我们论述民族精神时，可以将以上三个层面的民族精神都涵括起来；当然，能够涵括三者于一体的民族精神就是本文所要论证的 nation 层面的民族精神，而不是亚国家层次的民族精神。nation 的精神共同体是包含了族性意义上民族精神，同时又超越了其内容，具有类似黑格尔所说的更丰富的内涵，以及更复杂的结构。

综上，nation 之历史渊源、文化特性与精神内涵是客观存在，是形成每个 nation 的灵魂、特性与凝聚力的源泉，民族形成的历史文化基础是民族精神共同体的重要来源。nation 的精神内涵对于爱国主义具有重要价值，爱国不仅是爱一个政治共同体，同时建立在文化认同、精神认同基础上的爱国才具有持久的生命力。有一些观点指出，在我国可以将 nation 翻译为国族，这样似乎能够解决各民族的国家认同问题，以及关于在我国，民族在中华民族与各民族两个层面共同使用的困境。实际上，由于忽略了民族国家建构中民族精神共同体的重要存在，因此相比 nation，"国族"之称呼虚化了民族的多样性。④ 如果将中华民族译为国族，则意味着 nation 被抽离了精神，那么，作为政治共同体的中华民族只是各民族政治集合的"容器"，缺乏文化、历史、精神上的有机联系，这就使得现代的政治共同体，缺乏了历史联系和民族的生命力。

2. 基于民族在文化、历史、精神上的有机联系，在传统帝国向现代多民族国家转型及其建构进程中形成了 nation 特定的建构路径，这一民族精神内涵是特定国家爱国主

---

① 中文的民族具有多重含义，包括族群等非国家层次的民族和国家层次民族（Nation）等多重含义。笔者曾提出中国亚层次的民族应称为族元 national - ethnic unit，以便区别于 Nation 及 ethnic group。参见马俊毅《论族元：关于当今中国亚国家层次民族概念及其英译的新思考（一）——"族元"概念的学术初探》，《广西民族研究》2013 年第 1 期。

② 王希恩：《关于民族精神的几点分析》，《民族研究》2003 年第 4 期。

③ 参见〔德〕黑格尔《历史哲学》，王造时译，第 79 页。

④ 〔法〕卢梭：《社会契约论》，何兆武译，商务印书馆，2003。

义和国家认同的重要内容。

在不同的国家，通过现代国家的建构方式，如果政治整合所建立的只是一个抽象的政治共同体，诸如法兰西、英吉利 nation 都只是被视作国族，中华民族也被称作国族，那么，每个不同的 nation 失去了其所依托的历史、文化、伦理等的差异性和丰富性，其国家建构的道路也不会成功。

以上得知，一方面，nation 具有的精神内涵，避免国家认同的建构趋于抽象，凭借丰盈、深厚的历史记忆、文化而产生的文化和精神的认同路径不能被虚化；另一方面，在不同的国家，不同的历史文化脉络中，会产生多样化的nation 的建构路径，以及民族认同的建构实践。如果想象一种"普世化"的模式进行建构，就会产生与独特的国情、历史渊源、文化的违和。总之，多民族国家在历史文化上的紧密联系，以及在长期的实践中形成的共同性文化，以及在此基础上建构现代国家的实践独特的路径，形成的共识、历史经验和健康向上、卓越的价值理念都成为多民族国家精神共同体的组成部分。如果没有这些特定内容，精神共同体难以构建，纯粹的政治共同体的建构缺少激情和凝聚力，爱国主义也将失去精神引领和文化导引。

（二）多民族国家民族精神共同体之 people 的命运共同体意识

民族意识与民族精神实际上具有密切联系，因此在一些场景和学术讨论中经常将其放在一个层面论述，甚至混同。但作为多民族国家精神共同体组成部分的人民的命运共同体意识，与民族意识有所不同。第一，民族意识往往与政治共同体意识不一致，例如，多民族国家的亚层次的民族意识，与整个 nation 层面的命运共同体意识是不同的。第二，作为现代多民族国家的精神共同体，又与历史上前现代多民族封建帝国的命运共同体意识有所不同，在封建社会，国家是属于皇权所有，"普天之下，莫非王土，率土之滨，莫非王臣"，君主虽或有"以民为本"思想，国家亦有"为万民请命"的大臣、保家卫国的英雄。但是，国家由皇权、国土、臣民构成，在皇权专制和严格的等级制下，构成国家的民众还不能称之为人民，也还无法建立一个人人平等的、以people 为基础的民族命运共同体，更遑论将不同民族的人民包容并构建起命运共同体意识。

近代资产阶级运动以来，兴起了构建民族国家的浪潮，并向全世界推演。打破了神权、王权、贵族等阶层的藩篱，具有同一民族身份的人民成为国家的主体。在一族一国的国家，nation/state/people 基本上在边界上具有重合性，而在多民族国家，也要在构建 state 的同时，对于 nation 进行边界和内涵上的界定。

那么，在多民族构建过程中，人民有效的团结是否需要精神上的共同体呢？对自由、平等的追求、自治自决的意识，以及革命斗争中累积的共同的经历、英雄人物、事迹，各民族共同奋斗与建国的历史，这些，逐渐打造了作为 people 的命运共同体。

在勒南关于 nation 的论述中，他还指出，nation "过去拥有共同的荣耀，当下拥有共同的意志；一起做过伟大的事情，并且还想急需做下去，这些就是成为一族人民的主要条件"。笔者以为，勒南所说 "当下拥有共同的意志，一起做过伟大的事情，还想急需做下去" 体现了作为现代政治共同体的过程中人民的命运共同体形成过程，其无疑也是 nation 精神内涵形成的重要过程。

作为命运共同体 people，其之所以有别于前 nation 时代国家的 "臣民"，核心在于人民主权。也就是说，一个 nation 的精神共同体的形成，既有来自文化历史渊源和民族伦理的内容，更不能缺少对现代政治共同体的共同认同，而这种认同建立在通过主权在民，使得人民对于该政治共同体有着 "自愿" 的认同。这也是作为现代国家民族精神共同体与前现代之国家认同或民族精神的本质区别。现代国家的特点在于政治文明、民主，通过宪法、法律的制定与实施，依法治国，"将权力关进制度的牢笼"，唯有如此，才能得到人民的认同，形成人民命运共同体。这使得现代国家成为有史以来所有政治共同体中最为稳定、强大的，也是与个人生活发生着最深刻联系的共同体。

然而，相比单一民族的现代国家，现代多民族国家命运共同体的形成和建构除了共同的历史、革命的进程，人民主权的形成之外，在多民族国家形成之后，还面临着如何容纳多民族于一体、形成多民族命运共同体意识的问题。大力推行主流民族的认同，将损害命运共同体意识，而一味采取多元文化主义，"可以营造和平的表象"，"但不一定带来积极的合作"。因此，必须在各民族之上建立一种 "超民族认同"。然而，许多国家在建构超民族认同的过程中往往 "按照主流民族的特征来构造这种认同"，为此，威尔·金利卡提出了 "共同分享的民族认同" 这一理念，其策略是在多民族国家内，尽可能地在各民族之间发现共同的价值目标。[①] 这些价值和目标是存在的，正如威廉·A. 盖尔斯敦认为，即使是主张最多元化价值的现代人，也需要作为政治共同体的国家为其提供公共生活的框架和公共秩序。[②] 除了尽可能地发现共同的价值目标，泰勒认为，实现 "共同分享的民族认同"，就 "必须容纳各群体成员认同国家的不同方式"[③]。关于这一点，笔者以为，现代多民族国家要整合各族人民形成命运共同体，在政治文明的范畴内，还要包含族际政治文明[④]的理念、制度、机制和措施，才能够包容、凝聚各民族于一体，使得各个民族、每个公民相互之间形成在精神上息息相通，

---

① 参见 Will Kymlicka, *Identity Politics in Multination States*, Prepared for UNIDEM Seminar, Chrisnau, July, 2003。

② 参见〔美〕威廉·A. 盖尔斯敦《自由多元主义：政治理论与实践中的价值多元主义》，佟德志、庞金友译，江苏人民出版社，2005，第 88 页。

③ Charles Taylor, "Shared and Divergent Values," in Ronald Watts and D. Brown（eds.）, *Options for a new Canada*, Toronto: University of Toronto Press, 1991.

④ 参见马俊毅《论族际政治文明与我国民族区域自治制度的政治优势》，《兰州学刊》2014 年第 4 期。

守望相助①的命运共同体意识。这是民族精神共同体的建构的必由路径。

（三）多民族国家精神共同体"善"的价值理念

马克思曾经指出，"每个民族都在某些方面优越于其他民族"。在 nation 的形成过程中，民族的悠久的历史、灿烂的文化，包括宗教、典章制度，思想家、英雄人物的精神遗产等构建了民族的自豪感，是形成民族精神的重要内容。在以往有关民族精神的论述中，对于以上内容多从民族自信、自尊、自豪方面论述，较少从治理的角度进行。实际上，现代国家民族精神共同体对于国家的治理具有重要价值，而这种价值就在于精神共同体中形成的普遍认可的"善"（good）。

"善"是道德哲学和政治哲学中的核心概念，"善"有着民族性，由于每个民族、文化的不同，产生了不同文化体系下的道德伦理原则。这些原则中的善代表着人类、或者说社群对于"什么是好生活"的理解，因而也与政治文化、政治理想、政治文明的形成具有密切联系，同时也使得政治治理能够顺利进行。不同的文化会产生不同形式的"善"，为人类文明的发展做出贡献。某些"善"又有普适性，"有一些善属于基本的善，因为它们构成了任何一种值得选择的人类生活观念的组成部分。这些善被剥夺，就等于强迫人们去忍受生存的深重罪恶。所有得体的政治制度都会尽量使这种剥夺的频率和范围最小化"。②

随着人类政治文明的发展，政治不再是研究统御之术，而是要像道德哲学一样，研究什么是"善"的政治。进入现代社会以来，民主、公平、正义等成为政治哲学的基本要义，因此，任何民族、国家只要宣称其所构建的是现代国家，那么，其关于"善"的政治理念中都必须包含着以上的基本要素。然而，由于不同国家的历史、民族、文化不同，以及进入现代国家的路径不同，每个国家也都在探索着适合自己的"善治"的理念。这一理念，是将人类追求正义公正的"善"与本民族的"善"的资源和结合，并融汇为民族精神共同体的有机组成部分，才能充分建立其多民族国家的理论自信、制度自信和道路自信。

例如，中华民族在长期的历史发展中形成了共同的善。有"天下为公"的政治理想；儒家的仁治思想；以德治国的理念，体现为"礼义廉耻，国之四维"；还有"自强不息、厚德载物的思想，支撑着中华民族生生不息，薪火相传③；等等。同时，我国历史上就是一个多民族的国家，各个民族形成了许多优秀的传统文化，其中既有优秀

---

① 习近平在 2014 年中央民族工作会议上指出，"要加强各民族交往交流交融，尊重差异、包容多样，让各民族在中华民族大家庭中手足相亲、守望相助"。

② 参见〔美〕威廉·A. 盖尔斯敦《自由多元主义：政治理论与实践中的价值多元主义》，佟德志、庞金友译，江苏人民出版社，2005，第 87 页。

③ 参见人民日报评论员《筑牢中华民族共同体的思想基础——二论学习贯彻习近平中央民族工作会议重要讲话精神》，《人民日报》2014 年 10 月 10 日。

的文化资源、伦理道德，也有有利于善治的传统经验、法律制度和政治理念，凝聚而成为中华文化的组成部分。例如，著名的法学家张晋藩指出，"中华法系是集各族法律智慧共同缔造的"，他研究指出，在华夏族创制法律之前三苗就已经制定了法律，成为中华法律的萌芽，少数民族的习惯法、民间法，如彝族、羌族的律法，以及"苗例"、藏族法文化等都构成了中华法文化的组成部分。①

我国在进入现代多民族国家后，建立了民族区域自治制度，实际上，多层级民族区域自治地方的建立，多重复合的地域空间结构以及各民族文化的繁荣发展，使得各种"善"都保留下来，成为中华民族精神成长和国家治理的有效资源，保持了民族精神共同体的健康成长。总之，现代多民族国家必须成功构建出基于自身国情、民情的关于国家政治制度、政治治理的价值理念，这一价值理念包含着各民族在统一多民族国家的历史发展和政治实践中贡献、整合形成的政治文化以及多民族国家制度资源中"善"的成果，也包含着人类在政治文明方面的先进成果。在社会主义中国，目前共同的"善"除了继承中华民族优秀的传统文化资源外，还体现为社会主义核心价值观。综上，能够形成共识、得到各族人民认同的"善"是多民族国家精神共同体的重要组成部分。

三　多民族国家精神共同体的构成：包容性内涵

习近平在 2014 年中央民族工作会议上指出："要加强各民族交往交流交融，尊重差异、包容多样，让各民族在中华民族大家庭中手足相亲、守望相助。"这说明，包容性内涵是民族精神共同体的重要特征和内容。

（一）统一的多民族国家国情观

现代多民族国家民族精神共同体，从国民心理认同的角度来讲，实际上与在民众"观念中的国家"密切联系。因此，现代国家的建构实践中，对于 nation 的观念、形象，政府通过在宪法、学校课程、历史撰写、国家象征物、仪式等方面进行反复展现和强化，从而建立起国民对民族、国家的正确认同。然而，在多民族国家中，还面临着一个有关国家观念的重要问题，即国家是包容性的还是同质性的，这对于各民族是否能够成功建构起民族精神共同体至关重要。多民族国家必须建立共同性的联系，但同样需要包容性的内涵。现代民族国家通过媒体、政府组织系统、国民教育体系、官方语言、公民社会等，成为与社会和个人生活联系最为密切的国家形式，同质化也成为现代社会的一大特点。如果不采取特定的措施，多民族国家的少数民族人民面临着在建构国家形象的话语体系之外，成为沉默的少数。长此以往，在大多数民众的心

---

① 参见张晋藩《多元一体的法文化：中华法系凝结着少数民族的法律智慧》，《民族研究》2011 年第 5 期。

中，国家的形象会与某个"人口多数的民族"或所谓"主体民族"联系在一起。

多民族国家必须是包容性的，而不能是同化主义的。受到"一族一国"理念的影响，许多国家在国家建立之初，无法正确面对国家多元化差异群体，往往借"国家"之名，推行某个主体民族的文化、价值观，甚至在政治、经济文化教育上有意识地对其他民族进行排斥、压制等。这无疑会造成被排斥民族在认同上对于国家的疏离，难以形成多民族国家的精神共同体。

西方自由主义国家曾长期忽视少数民族权利，甚至实施排斥、同化、驱逐少数人的政策措施，但随着社会进步，诸如自治、少数的权利、多元文化主义、肯定性行动等形式各样的制度、政策和融入性、包容性的措施在改变着这种情况。然而，要使民众形成对于多元社会的正确认识，就必须建立起正确的多民族国家的观念。

习近平总书记在 2014 年中央民族工作会议指出，"引导各族群众牢固树立正确的祖国观、历史观、民族观"，"全党要牢记我国是统一的多民族国家这一基本国情，坚持把维护民族团结和国家统一作为各民族最高利益"。"祖国观、历史观、民族观"，三者紧密联系在一起，说明正确的国家观念与如何认识历史、如何认识民族国情紧密联系在一起；同时，正确的民族观念也与我国统一多民族国家的历史观紧密联系，这三观必须同时正确地建立，才能使得民众建立一致的、正确的"观念中的国家"，这是民族精神共同体得以建立的重要基础。在这次会议上，习近平还指出："各民族共同开发了祖国的锦绣河山、广袤疆域，共同创造了悠久的中国历史、灿烂的中华文化"；"形成了你中有我、我中有你，谁也离不开谁"的中华民族多元一体格局；"中华民族和各民族的关系，是一个大家庭和家庭成员的关系，各民族的关系，是一个大家庭里不同成员的关系"。综上，只有正确认识多民族国家的历史和现实，才可能建立起观念中正确的多民族国家，这对于统一的多民族国家精神共同体的形成至关重要。

笔者以为，建立正确的祖国观、历史观、民族观，最重要的一是对于多民族国家的历史、各民族共同建构国家的实践的承认；二是在宪法中明确国家多民族的结构，并通过制度、政策的依法实施进行落实；三是要通过学校教育体系形成统一的多民族国家共同体意识。

（二）多元一体的文化认同与价值观

当今世界，民族或者多民族国家依然是主要的国家形式。现代国家的认同与合法性基本上包括经济、政治、文化三个方面，经济上，要构建强大的可持续增长的国民经济体系和经济体，使得国民的生活逐步改善和提高；政治上要通过宪法和法律，建立民主、公平、正义的制度，保障公民各项权利民众能够参与国家治理，共享权力；文化方面，要建设和繁荣传统文化，同时使得其文化得到创新与发展、具有现代性，可以为现代公民、现代市场经济塑造合格的公民，同时又要将各个民族、族群的文化容纳其中，共生共荣，使得各民族都可以将国家作为文化的归属，灵魂的家园。

文化是民族精神共同体的重要载体，多民族国家精神共同体所依托的文化不能是由处于人口多数的民族的文化构成，而是需要多民族文化共同构成；同时，还要包括长期在历史上形成的得到融会贯通、对于各个民族来说都已经广泛接受的共有文化内容。因此，在中央民族工作会议上，习近平对这两个方面进行了论述，"加强中华民族大团结，长远和根本的是增强文化认同，建设各民族共有精神家园"，"弘扬和保护各民族传统文化，要去粗取精、推陈出新，努力实现创造性转化和创新性发展"。中华民族的文化这一共同体是指各民族在长期的历史发展中，文化上交流交融，形成了内容丰富、博大精深的中华文化，其中包含着各民族在长期的历史发展中共同创造的文化精粹；而中华民族的精神共同体正是孕育于长期的历史发展形成的文化体系之中，包涵着各民族文化和精神中的精华。文化结构既要有一体性，又要体现多元性，既要大力弘扬、推广国家官方通用语言，使得共有文化成为加强各民族交往、交流、交融的连接纽带与共享内容，又要包容、繁荣、发展各民族的多元文化，使得各民族文化能够在包容的机制和环境中健康成长，"大力传承和弘扬民族文化，为民族地区发展提供强大精神动力"。①

（三）国格、族格、人格之涵括统一

族裔、族属是一种较为久远的共同体，族性在各个民族的人身上都有所体现，对于"族"的认同是构成人的自我认同的重要组成部分。在人类历史的早期阶段，国家的形成要略晚于族的形成，但在长期的历史发展过程中，族与国家相互纠合发展，互相形塑。因此，人们对于国家的认同，往往与对于形成国家的民族的认同是结合在一起的，但是这两种认同有区别而不能相互替代。第一，在单一民族国家，当构成国家的人民与构成民族的人民边界重合，对于民族的认同与国家的认同重合性较高；但是，对于国家的认同除了对于国家的民族、历史渊源、国土的认同外；还要包括对国家的建构、合法性、政府、国家治理、宪法等的政治认同。二者依然是有区别的。第二，在多民族国家，国家层次的民族之下，还有亚层次民族，那么，民族认同包括对亚层次及国家层次民族的认同两个面向；国家认同依然包括对多民族构成的政治共同体的政治认同。第三，现代国家的根本特征在于民权，即国家的权力来源于人民，国家的根本职能在于保障人民的权利、包括人对于安全、尊严、幸福生活等各方面的权利，多民族国家的合法性和认同基础必须要包括国家对公民个体权利的有效保障。

综上，多民族国家精神共同体的构成，包括以爱国主义为核心的、对于国家的价值、权利、尊严的认同与维护，包括对以各民族平等为核心的对于民族权利和尊严的

---

① 参见张晋藩《多元一体的法文化：中华法系凝结着少数民族的法律智慧》，《民族研究》2011 年第 5 期。

认同与维护，包括以人人平等为核心的对于个体权利、尊严的认同与维护。这三者缺一不可，相互支撑。观念中的多民族国家，精神影像中的多民族国家因国格、族格、人格的三重统一将形成一个稳定的认同结构而永续存在。

四　结语

综上，本文从共同性内涵与包容性内涵论述了多民族国家精神共同体的内容、结构和建构路径。民族精神共同体的建构、稳固和强大，对于多民族国家意义重大。中国是一个比较典型的多民族国家，民族团结对于社会的稳定团结、国家的发展强大十分重要。在 2014 年 9 月召开的中央民族工作会议上，习近平总书记强调，"解决好民族问题，物质方面的问题要解决好，精神方面的问题也要解决好"；提出"加强中华民族大团结，长远和根本的是增强文化认同，建设各民族共有精神家园，积极培养中华民族共同体意识"。强调要把"建设各民族共同的精神家园作为战略任务来抓"[①]。笔者以为，如果从多民族国家建构的角度来看，"精神方面的问题也要解决好""各民族共有的精神家园"等内容，强调了对于多民族国家共同体中所包含的较为抽象的精神要素的重要性；同时，共同的精神家园具有精神上的共同认同和归属地之义，可以看作是对民族精神共同体的比喻。笔者以为，中华民族精神共同体既有共同性内涵，亦有包容性内涵，这两大方面缺一不可，而社会主义核心价值观能够贯通共同性内涵与包容性内涵，是塑造现代中华民族精神共同体的链接纽带与核心价值。成功建构现代民族精神共同体，对于中华民族的伟大复兴具有重要意义。

原载于《中央民族大学学报》2015 年第 6 期

---

① 参见《中央民族工作会议暨国务院第六次民族团结进步表彰大会在北京举行》，《人民日报》2015 年 9 月 30 日。

陕甘宁边区民族立法实践研究

刘 玲

摘 要 本文探讨了陕甘宁边区民族立法实践的理论、政策依据和现实依据；通过对具体立法进程及内容的呈现，研究了边区政府时期中国共产党民族政策的制度化、法律化的探索与实践情况；分析、总结了边区民族立法的特色、经验及不足，充分肯定其历史意义。陕甘宁边区的民族立法实践，是中国共产党推进中国民族民主革命进程中，建构平等和团结的民族关系、解决民族问题、进行制度和法律建设的伟大探索，是当时边区人民政府民主政治建设的重要组成部分，为新中国的民族法制建设提供了最基本的经验。

关键词 陕甘宁边区 民族立法 民族平等 民族区域自治

在中国法制史和中国近现代史研究中，陕甘宁边区的研究备受重视。目前国内关于陕甘宁边区立法的研究主要集中在抗日战争时期，涉及宏观和微观两个层面：在宏观层面涉及立法基本原则、指导思想、法制创新和人权保障等内容；在微观层面涉及宪法、组织法、行政法、土地法、刑法、经济法、婚姻家庭法等相关部门法的讨论。已有的研究中鲜见民族立法的专门论述，与民族立法相关的研究内容多散见于民族学、历史学、政治学、法学论著中，只是在介绍新民主主义革命时期的民族立法时涉及陕甘宁边区的相关情况①，迄今尚未有专门研究陕甘宁边区民族立法的著述公开发表。

本文探讨了陕甘宁边区民族立法实践的政策、理论依据和现实依据，通过对具体立法进程和内容的呈现，研究边区政府时期中国共产党民族政策的制度化、法律化的探索与实践情况，分析、总结其经验和不足，充分肯定了陕甘宁边区民族立法的历史

---

① 参见杨永华《陕甘宁边区法制史稿：宪法、政权组织法篇》，陕西人民出版社，1992；张希坡主编《中国法制史通史：第十卷——新民主主义政权》，法律出版社，1999；张晋藩主编《中国法制史》，中国政法大学出版社，1999；王天玺：《民族法概论》，云南人民出版社，1988；李鸣：《新中国民族法制史论》，九州出版社，2010；彭谦：《中国民族立法制度研究》，中央民族大学出版社，2008；等等。

地位及其影响。

一 陕甘宁边区民族立法的理论、政策依据和现实依据

陕甘宁边区民族立法实践有其特定的理论基础和现实依据，是中国共产党对建党以后处理民族关系和民族问题的理论探索和实践经验的总结，也是对马克思主义民族平等原则制度保障的进一步探索。

（一）陕甘宁边区民族立法的理论、政策依据

中国共产党在陕甘宁边区民族立法实践的主要理论依据是马克思主义关于无产阶级革命中的民族平等原则。马克思主义认为，各民族的完全平等和自愿联合是确保全世界无产者和被压迫民族联合的根本条件之一。列宁通过领导十月革命和建立苏维埃政权，进一步发展了马克思主义民族平等原则，并提出"社会民主党要求颁布一项全国性的法律，以保护国内任何地方的任何少数民族的权利。根据这项法律，凡人口占多数的民族企图用来为自己建立民族特权或缩小少数民族的权利（在教育事业、使用某种语言、预算等方面）的任何措施，应当一律宣布无效，谁实行这种措施，谁就应当受到惩罚"①。在谈到民族平等和少数民族权利的保障时，列宁指出："保障少数民族权利同完全平等的原则是分不开的"，"保障少数民族权利问题，只有在不背离平等原则的彻底的民主国家中，通过颁布全国性的法律才有可能得到解决。"②苏俄和苏联保障民族平等权益的法制实践也为边区政府提供了重要的国际经验。

以毛泽东为代表的第一代中国共产党人，从中国民族问题的具体实际出发，针对民族地区的革命及其与中国革命的关系，提出："民族压迫基于民族的剥削，推翻了这个民族剥削制度，民族的自由联合就代替民族的压迫。然而这只有中国苏维埃政权的彻底胜利才有可能，赞助中国苏维埃政权取得全国范围内的胜利，同样是各个少数民族的责任。"③这一思想表明，少数民族反对民族压迫的解放斗争与党所领导的反帝反封建革命紧密相关，是中国革命的有机组成部分。中国革命的彻底胜利需要少数民族争取民族解放斗争的支持，少数民族争取民族解放的意愿只有在中国革命彻底胜利中才能实现。这一思想的提出，"不仅奠定了融汇少数民族争取民族解放的运动于中国革命洪流和在抗日战争时期建立最广泛的民族统一战线的理论基础，而且也指明了党在新民主主义革命阶段民族工作的基本方针和少数民族内部革命有别于汉族地区革命进程、

---

① 列宁：《民族问题纲领》，《列宁全集》第 23 卷，人民出版社，1990，第 332 页。
② 列宁：《关于民族问题的批评意见》，《列宁全集》第 24 卷，人民出版社，1990，第 145 ~ 148 页。
③ 毛泽东：《中华苏维埃共和国中央执行委员会与人民委员会第二次全国苏维埃代表大会的报告》，中共中央统战部编《民族问题文献汇编》，中共中央党校出版社，1991，第 211 页。

策略和方式的基本原则。"①

根据建立抗日民族统一战线的总方针，党中央进一步明确了民族工作的方针、政策和任务，这成为中国共产党结合中国实际情况创造性运用马克思主义民族理论解决中国民族问题的转折点。这一转折以中国共产党六届六中全会为标志。毛泽东在题为《论新阶段》的工作报告中就党的民族工作任务和民族政策作了详细阐述。他指出："我们的抗日民族统一战线，不但是国内各个党派各个阶级的，而且是国内各个民族的。针对着敌人已经进行并还将加强进行分裂我国内各少数民族的诡计，当前的……任务，就在于团结各民族为一体，共同对付日寇。为此目的，必须注意下述各点：第一，允许蒙、回、藏、苗、瑶、彝、番各民族与汉族有平等权利，在共同的对日原则之下，有自己管理自己事务之权，同时与汉族联合建立统一的国家。第二，各少数民族与汉族杂居的地方，当地政府须设置由当地少数民族人员组成的委员会，作为省县政府的一部门，管理和他们有关事务，调节各族间的关系，在省县政府委员中应有他们的位置。第三，尊重各少数民族的文化、宗教、习惯，不但不应强迫他们学汉文汉语，而且应赞助他们发展用各族自己言语文字的文化教育。第四，纠正存在着的大汉族主义，提倡汉人用平等态度和各族接触，使日益亲善密切起来，同时禁止任何对他们带侮辱性与轻视性的言语，文字，与行动。上述政策，一方面，各少数民族应自己团结起来争取实现，一方面应由政府自动实施，才能彻底改善国内各族的相互关系，真正达到团结对外之目的，怀柔羁縻的老办法是行不通了的。"②

在抗日民族统一战线的总方针和中国共产党民族政策原则指导下，1940 年 4 月和 7 月中共中央西北工作委员会先后拟定《关于回回民族问题的提纲》和《关于抗战中蒙古民族问题的提纲》，具体规定了中国共产党对蒙古回民族的基本政策，这两个文件的内容可总结如下：启发并提高蒙古、回民族坚决抗日的认识和决心；蒙古、回民族在政治上应与汉族享有平等的权利，在共同抗日的原则下，允许蒙古、回民族有管理自己事务之权；保障蒙古、回人民有言论、出版、集会、结社之自由；尊重蒙古、回民族的风俗、习惯、宗教、语言、文字；帮助蒙古、回民族建立抗日武装部队，帮助其改善人民生活和实施抗战教育，扶助其发展农业手工业生产；改善各民族间的关系，巩固抗日团结；蒙古、回民族与汉族及国内各民族在平等原则之下共同联合抗日，并实现建立统一的三民主义的新共和国的目的。③ 这两个提纲经中央书记处批准，成为指

---

① 郝时远：《中国共产党怎样解决民族问题》，江西人民出版社，2011，第 59 页。

② 毛泽东：《论新阶段》，中央档案馆编《中共中央文件选集》第十一册（1936～1938），中共中央党校出版社，1991，第 619～620 页。

③ 参见《关于回回民族问题的提纲》《关于抗战中蒙古民族问题的提纲》，中共中央统战部编《民族问题文献汇编》，第 648～667 页。

导当时民族工作的纲领性文件。

（二）陕甘宁边区民族立法的现实依据

抗日战争，使中国陷入生死存亡的历史时刻，"空前的民族危机使一切阶级、阶层的目的、愿望和要求都在保卫中华民族生存的总目标下统一起来。革命高潮本身就采取了民族运动的形式"。①与蒋介石国民党"攘外必先安内"的政策造成离心离德的效果相反，中国共产党提出的"全民族统一战线"政策成为凝聚中华民族力量的一面旗帜。"西安事变"和平解决以后，以国共合作为基础的抗日民族统一战线正式形成。而扩大和巩固抗日民族统一战线，使之真正成为全民族的抗日统一战线，是作为全民族解放运动的抗日战争本质的、内在的要求。

作为无产阶级政党，中国共产党自成立之日起就把解决中国的民族问题作为自己的历史使命，解决民族问题也是其建构新型国家的重要内容之一。中国共产党在经历了一些民族地区的革命动员和红军长征等后，对中国民族问题的构成和现实有了更为深刻的认知。边区政府主张依据民族平等原则，实行蒙古、回民族的自治和尊重蒙古、回民族的宗教信仰与风俗习惯等政策措施。但是，当时边区政府治下只有近 200 万人口，其中的少数民族人口比重极为有限，边区境内的少数民族主要是回族，还有为数不多的蒙古族。"据 1941 年统计，有回族 352 户，1393 人"，此外，"到延安求学、参加革命的回、蒙、藏、苗、瑶、满等各民族青年和进步人士也有百余人"。②尽管边区少数民族人口不多，但影响颇大，在日寇大肆分裂国内各少数民族的严重形势下，作为西北屏障的陕甘宁边区坚决贯彻民族平等原则，使西北及全国各族人民从陕甘宁边区看到了本民族解放的真正道路，从而为巩固抗日民族统一战线，为全国将近两千万少数民族实现民族解放与民族平等奠定了基础。边区政府的主张不仅仅是为了解决边区境内的民族问题，而且是面对全国多民族构成的现实情况提出的主张，对非边区政府治理区域的各民族具有重要的感召力。这一主张是中国共产党从民族平等民族团结原则出发，面对中华民族危亡实际探索其"民族自决"原则下"民族自治"向统一国家政权条件下"民族区域自治"转型的初步成果；更是在中国共产党人团结蒙古、回等少数民族，共同反对日本帝国主义的侵略，求得中华民族的独立解放，同时反对国内民族压迫，求得各民族平等团结的理论成果。正是这一成果成为边区民族立法的现实依据。

二 陕甘宁边区的民族立法实践

中国共产党在陕甘宁边区积极推进民主政治建设，制定、颁布和实施了大量的民

---

① 王维礼：《中日战争 15 年及其他》，中央文献出版社，2000，第 16 页。
② 郭林：《我国民族区域自治的雏形——陕甘宁边区的民族区域自治》，《民族研究》1987 年第 5 期。

族法规，进行了民族法制建设的伟大实践。这是中国新民主主义革命的法制实践，也是整个中国革命与建设事业的重要组成部分。这些早期的民族法规，为新中国建立后的民族区域自治法制建设奠定了基础。

（一）有关保障民族平等和民族区域自治的规定

从 1937 年到 1946 年，中国共产党以马克思主义理论为指导，结合中国革命和边区的实际情况，进行民主政权建设，制定了一系列施政纲领和宪法性法规，这些法规中都有关于民族问题的相关规定。

1937 年 11 月，《中国共产党陕甘宁特区委员会在民主的普选活动中所提出的特区政府施政纲领》① 规定："帮助蒙回民族实行民族自决，联合蒙民回民及其他一切少数民族，在民族自决和民族自治的原则下共同抗日。"②此时边区民族政策的立足点是中华民族与日本帝国主义的矛盾，提出联合少数民族共同抗日的正确主张，但这个纲领性文件没有涉及边区各民族关系问题，具有一定的局限性。

1939 年 1 月 17 日召开的陕甘宁边区第一届参议会通过了《陕甘宁边区抗战时期施政纲领》（1939 年 4 月 4 日公布），作为抗战时期边区"一切工作之准绳"。该纲领在民族政策的表述上更为全面、具体，包括："（四）实现蒙回民族在政治上、经济上与汉族的平等权利，依据民族平等的原则，联合蒙回民族共同抗日。（五）尊重蒙回民族之信仰、宗教、文化、风俗、习惯，并扶助其文化的发展。"③该纲领明确规定了民族平等原则，为指导边区民族工作、处理民族问题提供了依据，也奠定了日后新中国民族政策的基本原则；尊重少数民族宗教信仰与风俗习惯，扶助其文化发展等内容成为开展民族工作的基本政策依据。④ 这一纲领兼顾了民族解放和民族平等的双重要求，在表述方面去掉了"民族自决和民族自治""及其他一切少数民族"等词句，这一方面表明中国共产党逐渐放弃了用民族自决原则解决民族问题的思路，另一方面由于边区少数民族绝大多数为蒙古、回民族，这样规定使得施政纲领的针对性更强。

1941 年 5 月，中共边区中央局根据形势发展的实际需要，提出新的《陕甘宁边区施政纲领》，经中央政治局批准，于 5 月 1 日公布并广泛征求意见（因而又称《五一施

---

① 1937 年 9 月 22 日，国民党中央通讯社发表《中国共产党为公布国共合作宣言》。蒋介石于 23 日在庐山发表谈话，实际承认了中国共产党合法地位，以国共合作为基础的抗日民族统一战线正式形成，边区政府直接受国民政府的管辖。1937 年 11 月，国民政府将陕甘宁边区政府改成陕甘宁特区政府。1937 年 11 月 10 日，边区政府发出《关于同意各级政府名称的通令》，决定陕甘宁边区政府改名为陕甘宁特区政府。1938 年 1 月，陕甘宁特区政府复改名为陕甘宁边区政府。参见陕西省档案馆编《陕甘宁边区政府大事记》，中国档案出版社，1990，第 7、12 页。

② 《中国共产党陕甘宁特区委员会在民主的普选活动中所提出的特区政府施政纲领》，中共中央统战部编《民族问题文献汇编》，第 578 页。

③ 《陕甘宁边区抗战时期施政纲领（摘录）》，中共中央统战部编《民族问题文献汇编》，第 622 页。

④ 参见王东仓、石瑾《极具特色的陕甘宁边区民族政策》，《兰州学刊》2010 年第 3 期。

政纲领》），同年 11 月正式提交边区第二届参议会。在第二届参议会闭幕后，陕甘宁边区政府于 1942 年 1 月 1 日发布《陕甘宁边区政府布告》，宣布参议会全部接受了《五一施政纲领》，并一致决议把它"作为政府今后的施政纲领"。① 该纲领在民族政策的表述上只有一条，即："（十七）依据民族平等原则，实行蒙回民族与汉族在政治、经济、文化上的平等权利，建立蒙回民族的自治区，尊重蒙回民族的宗教信仰与风俗习惯。"② 其行文虽然简单，但具有高度的概括性：在坚持民族平等原则的基础上，扩大了民族平等权利的范围（增加了文化权利），并明确提出了建立民族自治区的可行方案。

为了保障边区人民的人民、参政议政权和自由权，边区政府于 1942 年 2 月 2 日公布施行《陕甘宁边区保障人权财权条例》，规定："边区一切抗日人民，不分民族、阶级、党派、性别、职业与宗教，都有言论、出版、集会、结社、迁徙及思想、信仰之自由，并享有平等之民主权利。"③ 这使得包括少数民族在内的边区人民的权利保障有了法律依据。

抗战胜利后，中国共产党领导解放区军民和全国人民，为建立新中国而斗争。一方面，力图通过和平斗争，改变国民党政府的独裁统治，实现国家的民主改造；另一方面，积极把解放区建设成为全国的民主模范区。为此，在与国民党达成停战协定及召开全国政治协商会议之后，于 1946 年 4 月 23 日和 10 月 28 日分别制定了《陕甘宁边区宪法原则》和《陕甘宁边区自治宪法草案（修正稿）》。《陕甘宁边区宪法原则》是在陕甘宁边区第三届参议会第一次代表大会通过的，它明确规定："边区各少数民族，在居住集中地区，得划成民族区，组织民族自治政权，在不与省宪抵触原则下，得订立自治法规。"④《陕甘宁边区宪法原则》的重要意义在于，它第一次明确提出了"自治法规"的概念，这就"使民族区域自治，虽然是局部的，但毕竟是以立法的形式确定下来"⑤。民族区域自治与其他一些基本的法律准则，共同"确立了新民主主义宪政的基本模式"⑥。

《陕甘宁边区自治宪法草案（修正稿）》分"总纲""人民之权利义务""陕甘宁边区政府""县乡民主自治""少数民族""选举制度""经济与财政""文化教育与卫生""宪法之施行修正及解释"等九部分，共七十二条。该宪法草案从国家基本制度、公民权利、国家机构组成等方面确立了解放区政治经济文化生活的基本法律准则，无

---

① 《陕甘宁边区政府布告》，陕西省档案局编《陕甘宁边区法律法规汇编》，陕西出版集团三秦出版社 2010，第 6 页。

② 《陕甘宁边区施政纲领（摘录）》，中共中央统战部编《民族问题文献汇编》，第 678 页。

③ 《陕甘宁边区保障人权财权条例》，陕西省档案局编《陕甘宁边区法律法规汇编》，第 7 页。

④ 《陕甘宁边区宪法原则（摘录）》，中共中央统战部编《民族问题文献汇编》，第 1047 页。

⑤ 李资源：《中国共产党民族工作史》，广西人民出版社，2001，第 159 页。

⑥ 韩大梅：《〈陕甘宁边区宪法原则〉论析》，《中共中央党校学报》2004 年第 1 期。

论从体例还是内容上都更接近于现代宪法。有关民族事务的规定，除了规定民族平等外，还在担任公职和议会常务委员会人选中强调了少数民族权益①，同时专设"少数民族"一章对民族自治、少数民族权利和选举权益予以明确规定。第五章"少数民族"包括三个条文：第四十七条，"聚居于边区境内一定区域之少数民族，设立民族自治区，其区域相当于县者，适用县自治之规定，相当于乡者，适用乡自治之规定"。第四十八条，"少数民族有权使用其民族语言、文字，保持其信仰、风俗及办理其民族文化教育与人民自卫事业。为促进少数民族经济与文化之发展，各级政府应予以必要之帮助"。第四十九条，"少数民族得单独进行民族选举，并可减低其居民人数比额及扩大其选举单位，使其能选出参加各级议会之代表。少数民族应有代表参加边区行政委员会"。② 根据该宪法草案，边区境内聚居少数民族之自治机关享有"在不违反宪法的前提下制定自治法，不违反边区法令的前提下制定单行法规以及制定乡自治公约的权利"③。这就将《陕甘宁边区宪法原则》中规定的"自治法规"予以细化。至此，以立法权为核心的自治权基本规定渐趋完备。

从上述法规的沿革中可以看出，随着中国革命的发展和各项工作的深入，中国共产党对国内民族问题的考察日渐透彻和全面，思路日益清晰。抗日战争爆发后，民族自决和联邦制的设想逐步让位于民族区域自治，在立法方面的体现就是在民族平等的前提下，强调以自治权为主，逐渐形成和确立民族区域自治的各项制度。

（二）有关少数民族选举权的规定

陕甘宁边区实行"普遍、直接、平等、无记名"的选举，使各级政权在民主选举的基础上建立起来，从而奠定了民主政权的基础。为提高少数民族的政治地位，陕甘宁边区在历次选举条例的制定和修订中，都给予少数民族充分的参政议政机会，保证他们的政治权利。少数民族有自己的特殊利益，应该进行单独的民族选举，为了充分保障其选举权益，陕甘宁边区各项选举法规在对法定选举人数作出一般规定后，针对少数民族人口较少情况作出特殊规定。同时，为了方便选举，对少数民族选举委员会和选举区域等作了专门规定。

---

① 该宪法草案第九条第一款规定："陕甘宁边区人民，有服公职之权利。不因民族、阶级、党派或性别等关系有所歧视。"第十九条第二款规定："从议员中按每县一人及少数民族二人选举常务委员，在议会休会期间组织常务委员会。"参见《陕甘宁边区自治宪法草案（修正稿）》，陕西省档案局编《陕甘宁边区法律法规汇编》，第 20、21 页。

② 《陕甘宁边区自治宪法草案（修正稿）》，陕西省档案局编《陕甘宁边区法律法规汇编》，第 24 页。

③ 该宪法草案第四章"县乡民主自治"第四十三条规定："县自治法由县议会制定之，但不得与边区宪法相抵触。县议会在不违反边区法令之下，得制定单行法规。"第四十三条规定："乡为地方自治之基础，得制定乡自治公约。"第五章"少数民族"第四十七条规定："聚居于边区境内一定区域之少数民族，设立民族自治区，其区域相当于县者，适用县自治之规定，相当于乡者，适用乡自治之规定。"参见《陕甘宁边区自治宪法草案（修正稿）》，陕西省档案局编《陕甘宁边区法律法规汇编》，第 23～24 页。

《陕甘宁边区选举条例》（1939 年 2 月陕甘宁边区第一届参议会通过）第八条规定："在选举区域内，如有少数民族……其人数不足各级参议会选举法定人数五分之一者，参加区域选举，有法定人数五分之一以上者，单独进行该民族居民之选举，得选出正式议员一人。"①

《陕甘宁边区各级选举委员会组织规程》（1941 年 2 月 7 日）中对少数民族选举委员会作出专门规定："有少数民族进行单独选举的地区，选举委员会须有少数民族人员参加，并于必要时，得设立少数民族的选举委员会，从少数民族中提出委员人选……呈请政府聘任组织之。"②

《陕甘宁边区各级参议会选举条例》（1941 年 11 月边区第二届参议会修正通过，1942 年 4 月边区政府公布）对少数民族选举做了更为详尽的规定："在边区境内少数民族的选举如下：一、已达各级参议会选举居民法定人数的，以法定比例单独进行民族选举。二、不足法定人数，而已达乡市选举五分之一，县市选举五分之一，边区选举八分之一的居民，亦得单独进行民族选举，选出各该级参议会参议员一人。三、不足第二款所述各级选举居民人数的，参加区域选举，与一般居民同。四、少数民族选举，得以各级参议会的地区为选举单位，不受第三章选举单位的限制。"③ 这就使得少数民族选举不受一般选区划分的限制，分散居住于各地的少数民族可以联合起来进行选举，更大程度上实现了少数民族的政治权利。该条例在 1944 年 12 月边区第二届参议会第二次大会修正通过，将第二款修改为"不足法定人数而已达乡市选举五分之一、县市选举五分之一、边区选举十分之一居民，亦得单独进行民族选举，选出各该级参议会参议员一人"④，放宽了选举比例，最大限度满足少数民族民众的民主需求。

《陕甘宁边区各级选举委员会组织规程》⑤ 中对选举委员会中少数民族的人数进行了规定，增加了少数民族选举的可操作性："有少数民族参加选举的地区，选举委员会得有少数民族人员参加。少数民族进行单独选举之地区，得设立少数民族选举委员会，由少数民族中提出委员人选五人至九人……呈请上级政府聘任组织之。"⑥

（三）有关民族工作机构及职权的规定

陕甘宁边区政府成立初期，民族工作具体事务由边区政府民政厅第三科负责，未

---

① 《陕甘宁边区选举条例》，陕西省档案局编《陕甘宁边区法律法规汇编》，第 3 页。
② 《陕甘宁边区各级选举委员会组织规程》，陕西省档案局编《陕甘宁边区法律法规汇编》，第 64 页。
③ 《陕甘宁边区各级参议会选举条例》，陕西省档案局编《陕甘宁边区法律法规汇编》，第 47 页。
④ 《陕甘宁边区各级参议会选举条例》，陕西省档案局编《陕甘宁边区法律法规汇编》，第 55 页。
⑤ 该件无颁发日期，此件系根据 1944 年 12 月陕甘宁边区第二届参议会第二次会议通过的《陕甘宁边区各级参议会选举条例》第八条制定，故它的颁发时间当在 1944 年 12 月或 12 月以后。参见韩延龙、常兆儒编《中国新民主主义革命时期根据地法制文献选编》第一卷，中国社会科学出版社，1981，第 250 页编者注。
⑥ 韩延龙、常兆儒编《中国新民主主义革命时期根据地法制文献选编》第一卷，第 252 页。

设立专门的民族工作机构。为健全民族工作机构，边区政府根据党的六中全会决议精神和边区施政纲领，于 1941 年 10 月 25 日成立了陕甘宁边区政府民族事务委员会，成为组织和领导边区民族工作的专门机构。任命赵通儒、谢觉哉、刘景范、拉素（蒙古）、马生福（回）5 人为民族事务委员会委员，赵通儒为主任委员。1942 年，边区政府在陇东分区专署、关中分区专署、三边分区靖边县政府设立民族事务科，在曲子、环县、镇原等县政府的第一科设民族事务科员一人，并派出一些少数民族干部到上述专署、县工作。1945 年 3 月 10 日，八路军留守部队一部进驻三边分区与伊克昭盟接壤的城川后，边区政府又设立了民委城川办事处，有工作人员 20 名，开展边境地区的民族工作。民族事务委员会的成立和民族工作机构的健全，为开展边区民族工作提供了有力的组织保证。

1939 年 4 月 4 日公布的《陕甘宁边区政府组织条例》中规定，边区政府设下列各厅、部、处：秘书处，民政厅，财政厅，教育厅，建设厅，保安司令部，保安处，审计处等。该条例未明确规定民族事务的管理部门，只是在民政厅的职权中规定了"礼俗、宗教事项"。[1] 1941 年《陕甘宁边区政府组织条例草案修正案》[2] 延续了 1939 年组织条例的机构设置和职权划分模式。

直到 1949 年 4 月 9 日陕甘宁边区参议会常驻议员会、政府委员会联席会议通过的《陕甘宁边区政府暂行组织规程》中才增设了"边区少数民族事务委员会"，并将其职能规定如下：少数民族事务委员会掌管下列事项：一、关于西北少数民族问题之研究及方针政策之拟议事项。二、关于边区境内蒙、回各民族自治区之政治经济文化教育卫生等项建设之研究拟议计划事项。三、关于边区蒙、回各民族团体之指导事项。四、其他有关少数民族事务之事项。[3]

1941 年 10 月 25 日，边区政府民族事务委员会首次例会上通过的该会暂行组织大纲草案中明确规定，民委的工作任务就是管理"关于边区境内回蒙等各民族区域自治事宜"，"关于边区境内回蒙等各民族自治区之政治、自卫、经济、文化、教育、卫生等建设事宜"，以及其他民族工作相关事宜。[4]这样，民族区域自治就被作为边区政权建设的一项重要工作，不仅以法律形式规定下来，而且从组织上得到了保证，并进入付诸实施的新阶段。

---

① 参见《陕甘宁边区政府组织条例》，陕西省档案局编《陕甘宁边区法律法规汇编》，第 26～28 页。
② 参见《陕甘宁边区政府组织条例草案修正案》，陕西省档案局编《陕甘宁边区法律法规汇编》，第 29～32 页。
③ 参见《陕甘宁边区政府暂行组织规程》，陕西省档案局编《陕甘宁边区法律法规汇编》，第 33～37 页。
④ 参见《陕甘宁边区政府民族事务委员会暂行组织大纲草案》，中共中央统战部编《民族问题文献汇编》，第 934 页。

（四）有关少数民族婚姻制度的规定

边区政府在《修正陕甘宁边区婚姻暂行条例》（1944 年 3 月颁布）中规定实行婚姻自愿原则和一夫一妻制的原则后，又规定：少数民族婚姻，在遵照本条例原则下，得尊重其习惯法。① 1946 年 4 月 23 日陕甘宁边区第三届参议会第一次会议通过的《陕甘宁边区婚姻条例》中在规定婚姻自愿、一夫一妻制以及禁止强迫、包办及买卖婚姻后，又规定：少数民族婚姻，在不违反本条例之规定下，得尊重其习惯。② 这就在保证基本原则的前提下为保障少数民族习惯法的效力奠定了法律基础。

（五）陕甘宁边区民族立法的局限性

作为成长中的革命政权的民族法制实践，陕甘宁边区在立法结构、立法权限、立法形式等方面都不可避免地具有局限性。

关于立法结构：边区民族立法中有关保障民族平等和民族区域自治的法规 6 件（其中人权法规 1 件），有关少数民族选举权的法规 5 件，有关民族工作机构及职权的法规 5 件，有关少数民族婚姻制度的法规 3 件。这些立法除婚姻法规外，均属于政权建设、基本政治制度建设，属于公法范畴。笔者在论述中从立法内容上对上述法规进行了区分，但如果严格从法理角度分析，这些法规都属于宪法性法规（唯一的例外是婚姻法规）。这表明，在战争环境下，在全国皆为半殖民地半封建社会，而只是在边区范围内实行新民主主义政治实践的形势下，边区民族立法关注更多的是政权建设和民主政治制度的完善，而在经济领域、社会领域以及程序法领域的立法则较少涉及少数民族权益。

关于立法权限：陕甘宁边区民族立法的立法权限规定并不统一。以选举法规为例，陕甘宁边区选举条例共有 5 件，其中《陕甘宁边区选举条例》（1939 年 2 月）规定，"本条例修改及解释之权，属于边区参议会"。③ 1941 年 11 月的《陕甘宁边区各级参议会选举条例》中只规定了"本条例修改之权，属于边区参议会"④，并未规定解释权。1944 年《陕甘宁边区各级参议会选举条例》规定："本条例修改及解释之权，属于边区参议会。如在闭会期间有急需解释者由边区参议会常驻委员会解释之。"1944 年 12 月以后的《陕甘宁边区各级选举委员会组织规程》则规定："本规程如有未尽事宜，由边区选举委员会提出，经边区政府修改之。"⑤

关于新旧法效力问题：边区立法中有多件法规名称重复，这些法规制定于不同时

---

① 参见《修正陕甘宁边区婚姻暂行条例》，陕西省档案局编《陕甘宁边区法律法规汇编》，第 537 页。
② 参见《陕甘宁边区婚姻条例》，陕西省档案局编《陕甘宁边区法律法规汇编》，第 539 页。
③ 《陕甘宁边区选举条例》，陕西省档案局编《陕甘宁边区法律法规汇编》，第 4 页。
④ 《陕甘宁边区各级参议会选举条例》，陕西省档案局编《陕甘宁边区法律法规汇编》，第 48 页。
⑤ 韩延龙、常兆儒编《中国新民主主义革命时期根据地法制文献选编》第一卷，第 253 页。

期，但对新旧法之间的效力问题并没有明确规定，这样的立法会使民众在适用法律时无所适从。在笔者所掌握的法规文献中，只有《修正陕甘宁边区婚姻暂行条例》（1944年3月）规定了新旧法效力问题："本条例颁布之后，1939年4月4日公布之《陕甘宁边区婚姻条例》即行作废。"[①] 而随后的《陕甘宁边区婚姻条例》[②]（1946年4月），并未规定之前婚姻条例的效力问题。

关于立法形式：有的法规有明确的章节条款，如《陕甘宁边区选举条例》（1939年2月）和《陕甘宁边区参议会组织条例》（1939年1月）；有的法规则只以条文形式规定，如《陕甘宁边区政府组织条例》（1939年4月）、《陕甘宁边区保障人权财权条例》（1942年2月）；有的法规没有使用正规条文的方式，只简单地用"一""二"这样的序数符号加以表现，如《陕甘宁边区宪法原则》（1946年4月）。即使是同一类型的法规，在前后修订时都会采取不同的形式。在宪法法规中，施政纲领、宪法原则未使用正规条文形式，直到《陕甘宁边区自治宪法草案（修正稿）》才具有法律的形式。在婚姻法规中，1939年《陕甘宁边区婚姻条例》中包括总则、结婚、离婚、婚姻与子女及财产关系和附则等，而1944年颁布的《修正陕甘宁边区婚姻暂行条例》和1946年的《陕甘宁边区婚姻条例》则直接以条文一体贯之。

以上从学理角度分析陕甘宁边区民族立法在内容和形式上的不成熟和不完善，以使我们的观察更为全面。但我们要铭记边区在建立健全民主政治制度方面所做的贡献，要肯定边区在日寇入侵中华、部分国民党军队对边区的包围和不断侵扰的情形下坚持民族立法所做的努力，也要了解民族立法的完善需要和平稳定的政治环境，民众完备的法律知识和观念以及丰富的民族工作经验。

三 陕甘宁边区民族立法特色及历史意义

（一）陕甘宁边区的立法机构设置

依据1939年2月边区第一届参议会通过的《陕甘宁边区各级参议会组织条例》和《陕甘宁边区政府组织条例》，陕甘宁边区的立法权力主要由参议会和边区政府掌握，在立法实践中，一项法规的出台通常经边区参议会通过后，由边区政府公布施行。边区政府对于边区行政事务可以颁发命令、制定边区单行条例及规程，但对于增加人民负担、限制人民自由，确定行政规划及重要行政设施等事项需要由边区参议会进行核准或追认。[③]

---

① 《修正陕甘宁边区婚姻暂行条例》，陕西省档案局编《陕甘宁边区法律法规汇编》，第538页。
② 参见《陕甘宁边区婚姻条例》，陕西省档案局编《陕甘宁边区法律法规汇编》，第539页
③ 参见《陕甘宁边区政府组织条例》，陕西省档案局编《陕甘宁边区法律法规汇编》，第26页。

在当时，在政府和参议会间的关系上存在有不明确的认识。"一般情况下，边区政府和县政府与边区参议会和县参议会，是平行的而不是隶属关系，只是在参议会召开期间，参议会才成为最高权力机关，参议会闭会后，政府就成了最高政权机关"。①从形式上来看，边区最高权力机构是边区参议会，但其常设机构在参议会闭会期间只是一个监督和建议性的机构，此时的边区政府可以自行决定重大事务、颁布单行法规，而参议会的常驻机关对此无审查、变更和撤销之权。这时，"由参议会选举出来的边区政府或县政府实质上成为当地的最高权力机关"。②

客观地来讲，在当时的战争环境下，参议会的正常召开是非常困难的（陕甘宁边区参议会总共有三届，召开过四次大会），而一些重大决策及法令又需要及时作出。因此，授权政府成为最高权力机关，进行权力的适当集中是必要和可行的。《陕甘宁边区简政实施纲要》（1943 年 3 月边区政府第三次政府委员会通过）对此有明确说明："边区的参议会固然不是苏维埃时代的工农代表会议，但也不是三权分立的外国议会制，它的人民代表会议，是各级政权的最高权力机关。各级政府必须遵守和执行参议会的决议，并对它负责。但在参议会闭幕期间，由参议会选出的政府就是代表人民的行政最高权力机关。参议会常设委员会对政府只负监督其执行参议会决议的责任；同时，此种监督，不可了解为一般的制约作用。"③值得注意的是，边区多次采用参议会常驻会与政府委员会联席会议的形式，作出有关重大决策，制定和颁布一些法律。

（二）陕甘宁边区民族立法的立法模式

考察陕甘宁边区民族立法实践，我们发现很多法规都是由政策转化而来，从某种程度上说这是边区民族立法的一大特色。根据地法制不会自发产生，它须以执政的中国共产党的纲领、路线、方针和政策为指导，是党的纲领、路线、方针和政策的具体体现，这是新民主主义法制的性质决定的。不仅如此，"由于根据地法制与党的纲领、路线、方针和政策性质相同、内容相近，因此，在法律制度不完备或缺乏相应的法律规定的某些时候，党的纲领、路线、方针和政策也就具有了法律效力，这在战争环境下是不可避免的"。④ 陕甘宁边区的民族立法即是如此，为了取得抗战胜利和巩固边区政权，开拓中国民族关系新局面，中国共产党制定了一系列旨在团结少数民族共同抗日的政策。为确保政策内容的实践性和影响力，边区政府促进了政策的制度化和法律化的进程，这也成为当时民族立法的基本路径。

抗战时期是中国共产党民族政策逐渐成形的时期，建立在民族政策基础上的民族

---

① 王永祥：《戊戌以来的中国政治制度》，南开大学出版社，1991，第 248 页。
② 宋金寿、李忠全：《陕甘宁边区政权建设史》，陕西人民出版社，1990，第 502 页。
③ 《陕甘宁边区简政实施纲要》，陕西省档案局编《陕甘宁边区法律法规汇编》，第 13 页。
④ 张晋藩主编《中国法制史》，中国政法大学出版社，1999，第 515 页。

区域自治法律制度也已有了初步实践。一方面是中国共产党的民族理论政策化。1938年召开的六届六中全会，提出各少数民族"与汉族有平等权利，在共同对日原则之下，有自己管理自己事务之权，同时与汉族联合建立统一的国家"。这是中国共产党的民族理论政策化的早期实践。另一方面是民族政策的制度化和法律化实践。随着边区政府政权的建立和稳定，民族平等和团结的理论主张在实践中得到应用，民族区域自治成为民族平等和团结原则的重要体现。1940年编写的《关于回回民族问题的提纲》和《关于抗战中蒙古民族问题的提纲》具体规定了中国共产党对蒙古、回民族的基本政策，为民族政策的制度化提供了重要条件；而《陕甘宁边区施政纲领》《陕甘宁边区各级参议会选举条例》《陕甘宁边区保障人权财权条例》等法规，对少数民族与汉族的平等权利和少数民族自治权利做出了明确规定，推进了民族政策法律化的探索。

民族区域自治制度在新民主主义革命和建设历程中经历了中国共产党的民族平等团结理论政策化、民族政策制度化和法律化的转换。[1] 陕甘宁边区的民族立法实践活动，推动了民族区域自治从理论构想到政策实施的发展，并为之提供法律保障机制，为探索制度创新创造条件。

（三）陕甘宁边区民族立法的历史意义

陕甘宁边区是土地革命时期中国共产党保留下来的唯一一块革命根据地，是红军长征的落脚点和团结全国各民族人民抗日的出发点，它横跨了土地革命、抗日战争和解放战争三个历史阶段，形成了工农民主政权、抗日民主政权和人民民主政权三种政权模式。陕北革命根据地的建立，特别是党中央到达陕北，以及陕甘宁边区新民主主义政权的建立，改变了边区历史上长期存在的民族歧视、民族压迫的民族关系，"依据民族平等的原则，联合蒙、回民族共同抗日"，"实行蒙、回民族与汉族在政治、经济、文化上的平等权利"成为边区政府民族工作的施政纲领。在民族平等的基本原则下，中国共产党主张少数民族有管理自己内部地方性事务的权利，这是实现民族平等的必要条件和有效途径。1941年，陕甘宁边区第二届参议会后，为确保边区内少数民族的平等地位，充分发挥他们参加边区建设的积极性，保证蒙古、回民族按照自己经济、文化特点发展经济和文化事业，根据边区内少数民族大杂居小聚居的分布情况，边区政府将民族自治与区域自治结合起来，实行民族区域自治，"建立蒙、回民族的自治区"。陕甘宁边区"是一个民主的抗日根据地，它把抗日战争与民主制度结合起来，以民主制度的普遍实行去争取抗日战争的胜利"。[2] 在边区，新民主主义的政治、经济、

---

[1] 参见吴仕民《新形势下贯彻实施〈民族区域自治法〉若干问题研究》，《民族工作研究》2004年第4期。

[2] 中共中央文献研究室编《毛泽东年谱》中卷，人民出版社，1993，第79页。

文化、教育和军事纲领得到了充分的贯彻和实施，使边区成为"民主中国的模型"①。

陕甘宁边区的民族立法探索，是我国新民主主义革命民族立法史上的一个承上启下的重要发展阶段。它对前一阶段民族法制中的积极因素加以吸收，对错误之处加以扬弃，把马克思列宁主义解决民族问题的原理创造性地运用于我国的革命实践，使得民族区域自治的思想日益完善，民族区域自治法制建设的经验更加成熟。抗日战争爆发后，随着"中华民族"这个体现着中国境内各民族凝聚力的正确概念的获得，民族自决和联邦制的设想逐步让位于民族区域自治，民族立法内容也随之发生了变化，逐步改变了建立联邦国家的设想，在国内民族问题上，以强调自治权为主，逐步形成民族区域自治的理念。

陕甘宁边区的民族立法在民族平等和民族区域自治、少数民族选举权、民族工作机构及职权和少数民族婚姻制度等方面具体保障了少数民族权益，经过近 13 年的不断发展，初步形成了新民主主义政权的民族法律法规体系，为新中国民族法制建设积累了丰富经验。陕甘宁边区曾被当作新中国的"试验田"，中国共产党革命时期的很多政策包括法律法规，都是在陕甘宁边区首先提出、试行，并取得经验后，再推广到其他的根据地。② 这一直接的渊源关系使得边区的某些法律理念和立法模式成为一种重要经验，为中华人民共和国新型民族关系建构的法律制度建设提供了重要借鉴。

原载于《民族研究》2012 年第 3 期

---

① 毛泽东：《论联合政府》，《毛泽东选集》第三卷，人民出版社 1991 年版，第 1045 页。
② 毛泽东曾将延安比作英国的伦敦。对此，李维汉解释说，作为英国首都的伦敦，它的政策影响着英国的众多殖民地。中国当时也有很多根据地，根据地当然不是殖民地，但需要一个"首都"作为政策中心。毛主席所说的"延安好比英国的伦敦"，是要求陕甘宁边区在执行党的政策中带个头，自觉承担试验、推广、完善政策的任务。参见李维汉《回忆与研究》，中共党史资料出版社，1986，第 499 页。

苏联特殊类型族体
（新的历史性人们共同体）——苏维埃民族

阮西湖

1961 年 10 月赫鲁晓夫在苏共第二十二次代表大会上作报告宣称："在苏联形成了具有共同特征、不同民族的新的历史性人们共同体——苏维埃民族。"

勃列日涅夫在《论苏维埃社会主义共和国联盟四十年》一文中进一步发挥了赫鲁晓夫的论点，他说："由于过去半个世纪所发生的深刻和全面的社会政治变革，我们的社会已提高到一个崭新的水平……正如苏共第二十四次代表大会所指出的，新的历史性人们共同体——苏维埃民族已在我国成为现实。"他在苏共二十四大的总结报告中还把这一"共同体"说成是苏共中央工作的出发点，他说："我党及其中央委员会进行这项工作的出发点过去是现在仍是；我国已经建成发达的社会主义社会，并逐步向共产主义社会发展，我国是一个代表全国人民利益与意志的国家。我们这里形成了新的历史性人们共同体——苏维埃民族，其基础是以工人阶级为主导，以工人、农民和知识分子为联盟的各民族和部族的牢不可破的友谊。"更重要的是，新的历史性人们共同体——苏维埃民族载入 1977 年苏联宪法。可见，新的历史性人们共同体不仅是理论问题，而且还是政策问题，因此有必要对这个理论进行研究和介绍。根据我们从苏联报刊上收集的材料，苏维埃民族有以下几个特点。

（一）十月革命的胜利和苏联社会主义的建成，是形成苏维埃民族这一历史性多民族人们共同体的决定性条件

世界上将近 5000 个民族的形成过程是从氏族到部落到民族，而且是经过漫长的历史过程。而苏维埃民族的形成是人为的，而且充满了政治色彩。正如 1976 年出版的《伟大的苏联人民》一书中所说的"伟大的十月社会主义革命开辟了人类历史上的新纪元，把俄国各民族从社会压迫和民族压迫下解救出来；这就为苏维埃民族这个崭新的历史性人们共同体的形成奠定了基础"。1972 年出版的《多民族的苏维埃国家》一书谈到了苏维埃民族形成的条件："十月革命的胜利和苏联社会主义的建成，是形成苏维埃

民族这一新的历史性多民族人们共同体的决定性条件。同时，这个共同体的形成，也受到其他一系列因素的影响，有些因素是由社会主义制度的性质本身决定的，有些则是由我国解决民族问题的特点决定的。"

（二）苏维埃民族形成分为三个阶段，第一阶段从十月革命起到社会主义共和国的形成，第二阶段经济和文化发展到了更高水平，第三阶段从 20 世纪 70 年代起到发达社会主义。

无论是亚洲、欧洲、非洲、美洲、大洋洲等，其民族形成过程都随着一般的族体规律循序演进的，但是苏维埃民族的演进过程却是跟着苏联革命步伐短暂地、跳跃式地前进。根据苏联媒体的报道，苏维埃民族形成有三个阶段。

第一阶段（从十月革命开始）通过改造苏联各个民族和部族的各个方面，形成了统一的经济基础，确立了社会主义经济体系；把马克思列宁主义思想原则渗入到苏联人的意识中，在苏维埃民族的心目中确立了生气勃勃的爱国主义热情，各民族之间兄弟般的联合形成了苏维埃社会主义共和国联盟。

第二阶段是历史性共同体进一步发展的阶段，在这一阶段社会主义经济体系得到了巩固，各族人民兄弟般的友谊进一步加强，各共和国在经济和文化上的发展达到了更高的水平。

第三阶段（从 70 年代起进入第三阶段），在这一阶段，在发达的社会主义条件下，苏维埃民族在为建设共产主义而奋斗。

（三）民族是稳定的共同体，不受政权更迭的影响，然而苏维埃民族却随着政权的建立而形成，又随政权的消失而消失。

一般来说，民族形成以后就成为稳定的人们共同体，它不受政权更迭的影响，如欧洲的法兰西人、英吉利人、瓦隆人、佛拉芒人、捷克人、斯洛伐克人、俄罗斯人、乌克兰人，非洲的马夸人、聪加人等，现举两个民族为例。

第二次世界大战以后，欧洲德国分为东德和西德，当时东德的日耳曼人成立了由共产党领导的社会主义国家，日耳曼民族尚存，20 世纪末东德与西德合并，东德又回到资本主义社会，日耳曼民族依然存在。在亚洲朝鲜半岛，朝鲜人在日本殖民统治下是朝鲜族，第二次世界大战以后朝鲜分为南北朝鲜，建立了两个不同的政治制度，北朝鲜人和南朝鲜人依然是一个民族，即朝鲜族。

从这两个例子中可看出，民族是稳定的共同体，它不受任何政治制度的影响。然而苏维埃民族却截然不同，当苏联解体后，苏维埃民族便消失了。由此可见，苏联新的历史性人们共同体——苏维埃民族是政治族体，它严重依赖于政治，它随着苏联十月革命的胜利而形成，又随着苏维埃政权的解体而消失。因此笔者认为苏维埃民族是一种特殊类型的族体，而不是正常的"族体"，是与众不同的"族体"。

（四）在苏维埃民族内，强制推广俄语，鼓励造成"一个民族，一种语言"

苏联是一个多民族的国家，各民族都有自己的语言，总共有 130 种语言，各民族语言分属于印欧语系（占苏联总人口的 80.2%），阿尔泰语系（占 15.4%），高加索语系（占 2.8%）和乌拉尔语系（占 1.7%）。语言是划分民族的重要标志，但是，由于苏联当局在全国大力推广俄语，推行语言同化政策，使俄语成为全体非俄罗斯族居民的第二民族语言。在苏联社会主义建设的实践中，各民族之间的交际语言是俄语，即苏联最大的民族共同体——俄罗斯民族的语言，以俄语为母语的人（据 1977 年普查）约有 1.54 亿人（其中俄罗斯人占 1.374 亿以上），经常以俄语作为第二语言的人有 6100 万人。熟练掌握俄语的人占苏联总人口的 82%，使用双语的人日益增多。在苏维埃民族内强制推广俄语，其目的是让苏联各民族互相合作，并促进各民族间的接近。

在大力推广俄语的同时，苏联学术刊物还大力歌颂俄语的伟大作用，以求达到如 1964 年出版的《苏联人口的民族组成》一书中所说的作用："在苏联，民族的合并和混合是发展中的一个因素，它鼓励造成一个民族，一种语言"。1965 年第 5 期的《苏联民族学》杂志把俄语说成是极其丰富的语言，是民族作家细腻地表达思想与情感的语言。在 1974 年第 12 期的《哲学问题》里也看到大力歌颂俄语的话语，如："俄语是苏联各族人民在经济、社会、政治和文化合作过程中进行民族交往的重要手段。它被公正地称作各族人民友好与兄弟情谊的语言。俄语能使苏联各族人民了解俄罗斯民族的丰富文化及其有全世界意义的成就。它是使苏维埃民族和社会主义国家人民的文化互相丰富的强大手段，是形成吸取了我国各民族文化最宝贵的特征、传统和优异成就的共产主义新文化的强大手段。"

（五）在苏维埃民族内宣扬和歌颂俄罗斯民族

在苏共领导人中间，最早歌颂俄罗斯民族是斯拉夫民族的救星和对国家建设做出丰功伟绩的领导人，恐怕是赫鲁晓夫，他曾经说，"俄罗斯人灭亡了，那么其他一切斯拉夫人也要灭亡"。

勃列日涅夫在苏共二十四大总结报告中进一步颂扬俄罗斯民族："我国各大小民族，首先是伟大的俄罗斯民族，在走上社会主义道路、享有平等权利的各族人民组成的强大联盟的成立、巩固和发展中，发挥了自己的作用。俄罗斯民族的革命毅力、忘我精神、勤劳和深厚的民族友爱精神，当之无愧地博得了我们社会主义祖国各族人民衷心的尊敬。"在庆祝十月革命六十周年大会上，白共第一书记马谢罗夫在报告中大力赞扬俄罗斯人民，他说："我们对伟大的俄罗斯人民的感激是无止境的，俄罗斯人民作为前所未有的新的历史性人们共同体——苏维埃民族的众所公认的核心，正在光荣地和极其负责地履行这一崇高的使命，为全面加强我们多民族的社会主义国家的事业作出真正无法估量的贡献"。

（六）在苏维埃民族内推行民族接近，减少民族数目

根据 1970 年的人口统计，苏联非俄罗斯民族有 118 个，非俄罗斯民族人口占苏联总人口的将近一半，他们分布在苏联波罗的海沿岸、堪察加半岛、南高加索以及西部和南部地区，油田矿产丰富，对苏联国防建设非常有利，但是苏联对这些非俄罗斯民族采取民族接近政策，使比较小的部族与比较大的民族逐渐发生接近和融合。

例如，在中亚细亚，逐渐与塔吉克民族接近并改用塔吉克语的，有雅格诺布人以及帕米尔地区的一些小民族——雅兹古连人、鲁尚人、舒格南人、瓦罕人等。中亚细亚的阿拉伯人、维吾尔人以及其他少数民族，也与乌兹别克人和塔吉克人接近，丧失自己的民族特性。

又如，在达格斯坦就有大小数十个操高加索语系诸语的民族共同体。那里的许多小部族，如来兹人、戈多别林人和赫瓦尔申人等，都变成了达格斯坦自治共和国的较大的民族共和体，即拥有 50 多万人口的阿瓦尔族。

由此可近，民族接近政策使小部族与比较大的民族融和，因而减少了民族数量，使各个小民族丧失自己的特性。

（七）非俄罗斯民族的反抗以及从理论上批驳导致苏维埃民族失败

苏联新的历史性人们共同体——苏维埃民族理论的宣传和在这个理论指导下的错误政策引起了非俄罗斯民族的强烈不满，这些不满表现在哈萨克地区的民族骚乱、波罗的海沿海沿岸地区的游行、鞑靼人问题、苏军中的民族歧视以及侵阿战争中苏军塔吉克族士兵的兵变和炸毁弹药库等。

由于苏联当局在苏维埃民族理论指导下强制推行俄语，波罗的海三国主体民族语言受到歧视，导致这三个主体民族语言受到破坏。例如 1988 年第 12 期的《拉脱维亚共产党人》杂志介绍在拉脱维亚使用俄语和拉脱维亚语情况，"拉脱维亚人掌握俄语已超过 80%，而居住在拉脱维亚的其他民族居民，只有 25% 人懂拉脱维亚语"，从而造成了拉脱维亚共和国语言环境的矛盾现象和复杂情况，在社会生活的各个领域中，拉脱维亚语受到了严重排斥，如在机关和企业里，那些直接为居民服务的企业和工作人员不懂拉脱维亚语，文件和公文都用俄语书写，这种情况严重破坏拉脱维亚语的社会功能。在物质生活和精神生活的 13 个比较重要的方面，拉脱维亚语使用只占 5.6%，从而造成拉脱维亚人的不满与抗议，引起了社会动乱，导致了非俄罗斯民族的离心倾向，这种离心倾向在波罗的海沿岸三国难以得到控制，因为那里的党、政府和人民的独立观点是一致的。

在 20 世纪 60~80 年代，在乌克兰反抗斗争中最突出的反抗是反对俄罗斯化，他们反对所谓的"新的历史性人们共同体"。乌克兰人不会自愿同化，也不会因为苏联学者鼓吹所谓"部族、民族"的概念逐渐让位于苏维埃民族这个概念，而甘愿做苏维埃民族。他们不承认自己属于苏维埃民族这个新的历史性人们共同体。关于这一点，乌克兰作家久巴说得很清楚："所谓单一的苏联民族或单一的苏维埃民族，是一个假想的单一民族或无民族的结合体，是从心理上给俄罗斯民族找出根据，替它辩护。"

正因为非俄罗斯民族的不满、反抗、斗争和从理论上批驳，使苏维埃民族彻底失败。

（八）结束语：错误的判断和大俄罗斯主义环境是苏维埃民族产生的原因

从上面介绍的情况可以看出，赫鲁晓夫提出的苏维埃民族理论是错误的，脱离了苏联当时的社会发展情况。那么，作为第一个社会主义国家的大党，为什么会出现这样大的错误？其原因是赫鲁晓夫在 1961 年 10 月提出"共产主义建成论"，宣布"到 1980 年苏联将基本上建成共产主义"。新的历史性人们共同体就是基于"共产主义建成论"而提出来的，但当时的苏联社会并没有像赫鲁晓夫所预料的那样达到共产主义社会。因此，新的历史性人们共同体乃是"左"的产物，脱离了苏联当时的社会发展情况。

与此同时，在苏联的环境下也存在大俄罗斯主义思想。20 世纪 60 年代提出的苏维埃民族理论和大俄罗斯主义结合在一起，使苏维埃民族理论变成了具有俄罗斯化色彩浓厚的苏维埃民族理论。这种理论的失败乃是必然结果。

赫鲁晓夫下台以后，他的继任者没有改弦更张，继续坚持苏维埃民族理论，造成苏维埃民族理论彻底失败。

原载于《人类学在中国的创新与发展回顾》，民族出版社，2016

"民族"辨

王明甫

提起"民族"二字，甚至会使人联想到弗晰逻辑的问题。在我国，"民族"一词虽属平常，且已沿用成习，但是，由于我们用这两个字几乎译替了马克思主义经典著作中除氏族、部落、部落联盟以外所有称谓人们共同体的术语，以及与表述人们共同体有关的一些学术用语，诸如 nation、populus、people、Volk、народность、nationality 和 ethnos 等，于是摆在我们面前的一系列所谓"民族"，实际上已经成为一个彼此界限不清的弗晰集合。

为了解决这样一个弗晰难题，几十年来，我国的一些学者和专家发表了大量著述，提出了不少精辟的见解，不断推进了我国民族理论的深入研究。然而，不无遗憾的是，直到现在许多问题仍然纠缠不清，结果似乎都难以令人感到满意。

笔者认为，解决这个问题的关键，仍应回过头来，原原本本地根据经典著作中较为集中涉及人们共同体历史发展演变的篇章，紧紧掌握住人们共同体发展序列这条基线，尽量运用经典作家自己的有关论述，真正分辨清经典著作中有关人们共同体的那些不同术语的不同含义、不同术语的相同含义以及相同术语在不同历史发展阶段上以至不同场合时的不同含义，特别是那些被我们一律有意称作"民族"的术语的原义。只有在此基础上认真检验我们过去在这些译称上的得失，以消除由于误用术语概念而造成理论上的混乱，才能更好地理解和掌握马克思主义民族理论中关于人们共同体发展的基本规律。

为此，笔者乃不揣梼昧，试作《"民族"辨》，略抒一己之见，愿聆读者指教。

一 氏族社会的组织体系

为了弄清人们共同体的由来，需要追溯到古老的氏族社会。世所公认，美国著名进步科学家路易斯·亨利·摩尔根（1818－1881）的名著《古代社会》一书，在这方面为我们提供了丰富而系统的材料。摩尔根正式提出把人类的史前史划分为蒙昧时代和野蛮时代两大时代，每一时代又分为低级阶段、中级阶段和高级阶段，构成了史前人类文化顺序相承的六个阶段。按照摩尔根的理论，人类最初以人身关系为基础的氏族社会，始于蒙昧时代，历经整个野蛮时代的三个阶段，一直持续到以财产和地域关系为基础的政治社会建立时为止。他认为："从澳大利亚人和波利尼西亚人开始，继之以美洲的印第安人部落，而终止于希腊人和罗马人，这些部落为人类进步过程的六大期分别提供了最高范例。"因此，"如果将他们的经验合到一起，其全部内容正好体现了人类由中级蒙昧社会到古代文明终止之时的全部经验"①。摩尔根就是先从氏族组织的原始形态着手，再就先进的氏族社会探究氏族组织顺序相承的变迁，从而向我们揭示了氏族的本质及其对部落的关系，氏族组织的变化以及引起变化的原因，解开了古代希腊人、罗马人上古历史之谜，阐明了国家发生以前原始时代社会组织的基本特征和发展规律的。

马克思和恩格斯对摩尔根的学说给予了高度的评价。马克思于 1881 年 5 月到 1882 年 2 月中旬，对摩尔根的《古代社会》一书作了详细的摘录，同时写下了许多批注，整理出《摩尔根〈古代社会〉一书摘要》（以下简称《摘要》），准备用唯物史观来阐发摩尔根的研究成果。不幸的是，马克思没有来得及写出这样的著作就于 1883 年 3 月与世长辞了。恩格斯为了"在某种程度上执行遗言"，于 1884 年 3~5 月间，在马克思逝世一周年之际，完成了《家庭、私有制和国家的起源》（以下简称《起源》）这部著作，终于使摩尔根的研究成果得到了马克思主义的科学阐述。恩格斯在该书第一版的序言中写道："摩尔根在美国，以他自己的方式，重新发现了四十年前马克思所发现的唯物主义历史观，并且以此为指导，在把野蛮时代和文明时代加以对比的时候，在主要点上得出了与马克思相同的结果。"②

马克思和恩格斯在阐述摩尔根的研究成果时，都有自己的补充和发展，使之成为更加完整的科学体系，这一点是毫无疑义的。但是，在对史前文化发展阶段的划分以及对氏族社会组织的描述上，还是肯定并采用了摩尔根的理论，包括他所使用的某些术语，其中特别是包括了我们所常见的 nation 和 populus 以及与此有关的 people、Volk 这些术语，因此，我们就有可能对照马克思、恩格斯和摩尔根的这三部密切相关的著作，弄清这些术语的含义，从而把握其概念，正确理解经典著作中关于原始氏族社会的社会组织（我们现在已经用来作为人们共同体的称谓）的基本发展规律。

（一）氏族社会发展的五个阶段

摩尔根在他的《古代社会》一书中，首先明确了美洲印第安人社会的组织体系，

---

① 摩尔根：《古代社会》，杨东莼、马雍、马巨译，商务印书馆，1981，第 15 页。以下引文均见此译本，只注书名和中文版页数。

② 《马克思恩格斯选集》第 4 卷，第 1 页。

然后以此为基本依据，进一步阐明了有着共同规律但又处于不同发展阶段的先进氏族社会，其中特别是希腊人和罗马人的氏族社会的组织体系。它们分别是：

印第安人：第一，氏族；第二，胞族；第三，部落；第四，confederacy。

希腊人：第一，氏族；第二，胞族；第三，部落；第四，nation。

罗马人：第一，氏族；第二，库里亚（即胞族）；第三，部落；第四，populus。①

上述三种社会组织体系的前三项都是互相对应的。这是因为氏族"是一切野蛮人所共有的制度"，所以，"上古时代希腊人和罗马人的氏族、胞族和部落的全部社会组织，跟美洲印第安人的组织极其相似"。② 因此，本文对这三项通用的术语略而不谈。只是第四项彼此有所不同：美洲印第安人是 confederacy，希腊人是 nation，罗马人是 populus。我们已经知道，confederacy 就是"部落联盟"，那么，nation 和 populus 究竟又标志什么呢？它们是不是就如同我们所惯常译称的一律代表所谓"民族"呢？

为了弄清这个问题，让我们首先抛开先入为主的臆见，暂时把 nation 和 populus 的传统译称搁置一旁而保持其原文，然后单独把美洲印第安人的"部落联盟"和希腊人的 nation、罗马人的 populus 做一番比较，进而搞清 nation 和 populus 在这里的真正含义。

先谈美洲印第安人的情况。我们知道，氏族在绝大多数场合下，都是从普那路亚家庭中直接发生的。"氏族一旦成为社会单位，那末差不多以不可克服的必然性（因为这是极其自然的）从这种单位中发展出氏族、胞族及部落的全部组织。"③ 摩尔根就是在美洲易洛魁人中间生活了近四十年，终于发现了氏族的本质的。北美印第安人，当他们被发现的时候，按照氏族社会的发展序列，都还没有超过部落的阶段，其中只有易洛魁人已经进入亲属部落的联盟阶段。根据摩尔根的介绍，易洛魁人的"永世联盟"是在公元 1400～1450 年间组成的。当时易洛魁人的五个独立的部落——塞纳卡、卡尤加、奥嫩多加、欧奈达和摩霍克，以打鱼、捕猎和原始园艺为生，住在大半用栅栏防卫起来的村落中，人数不超过两万。他们所占居的领域彼此毗连，所操方言属同一种语言，可以互相交往和了解。同时，在五个部落中有若干共同的氏族，这些共同的氏族是从同一个氏族分出来的分支。这种同宗氏族的存在，以及语言的相通，为组成联盟提供了天然的、赖以巩固的基础。以"长屋"（亦有译作"长宫"的）为其象征的易洛魁联盟，由联盟议事会（酋长大会）和最高军事首长（"大战士"）统一管理。虽

---

① 见《古代社会》中文版第 65～66 页，亦分别见该书目录第二编第二一五章，第八、九章和第十一、十二章的标题。其中 confederacy、nation 和 populus 即摩尔根在相应位置上使用的原文，中文本（包括《摘要》）分别译作"部落联盟"、"民族"和"民族"。

② 恩格斯：《家庭、私有制和国家的起源》，《马克思恩格斯选集》第 4 卷，第 80 页。

③ 《马克思恩格斯选集》第 4 卷，第 92 页。

然易洛魁联盟 "比之单个部落的氏族社会要复杂得多，但它仍然清清楚楚地是一个氏族社会"，① 是 "尚未越过野蛮时代低级阶段的印第安人所曾达到的最进步的组织"。② 因此，摩尔根列出的美洲印第安人氏族社会组织体系的最后一个组织，就是由亲属部落发展而成的 "部落联盟"，即 confederacy。同时，摩尔根还指出：美洲印第安人的这种亲属部落联盟，是 "趋向于 nation 形成的过程中的一个阶段"。③ 这就告诉我们，在当时的条件下，美洲印第安人尚未发展成为 nation；而所谓 nation 乃是氏族社会中继 "部落联盟" 之后的又一个发展阶段。

那么，在古代社会里，有没有发展到 nation 的范例呢？当然有。不但有，我们还可以较为具体地描绘出这种 nation 的形态以资识别，这就是希腊人的氏族社会和与之相类似的罗马人社会。

我们知道，在希腊人还没有来到希腊半岛、地中海东岸及其附近地区和群岛上之前，该地区是被皮拉斯基人以及其他同一源流的人所占据的，后来这些先住民先后被后到的希腊人所同化或者被迫他迁。关于皮拉斯基人和希腊人，摩尔根指出：他们同样地组成氏族、胞族（多利安人中间可能没有）和部落，而 "希腊人则更通过合并而结成 nation"。④

对于希腊人中通过合并而结成的 nation，通常多以雅典人为例。具体说来，由四个雅典部落（格勒温特、霍普内特、伊基科尔和阿尔加德）在阿提卡联合而成的社会，就叫作一个 nation，不再以 "部落联盟" 称之。这四个雅典部落，每一个部落由三个胞族组成，每一个胞族由三十个氏族组成，故在阿提卡共有四个部落、十二个胞族、三百六十个氏族。他们操同一种方言，占居同一块领地，联合在一起构成一个氏族社会组织，由氏族酋长议事会（bulé）、人民大会（agora）和军事首长（Basileus，即巴赛勒斯）统一管理。

那么，是不是在雅典人当中从来就没有存在过 "部落联盟" 阶段呢？不是的。关于雅典人的这种 nation 的形成问题，摩尔根依据史料是这样推断的："雅典人的四个部落似乎在合并以前曾有过联盟，当他们受到其他部落的压力而集中于一个领域内以后才开始合并。"⑤ 由此可见，在称之为 notion 的这种氏族组织形成之前，同样是经历过 "部落联盟" 阶段的，只是当希腊人走上历史舞台之际，人们看到的并不是如同美洲印第安人的那种 "部落联盟"，而是已经打破了部落乡土的局限性，几个部落联合在一个

① 《古代社会》，第 131 页。
② 《马克思恩格斯选集》第 4 卷，第 90 页。
③ 《古代社会》，第 131 页。
④ 《古代社会》，第 217 页。
⑤ 《古代社会》，第 220 页。

共同的领域之内了，同时它们的组织结构也有了很大的发展。这就是希腊人氏族社会组织发展序列上的第四个阶段：notion。

由此不难看出，希腊人的这种被称为 nation 的氏族社会与美洲印第安人的"部落联盟"的一个最显著的区别就在于：后者参加联盟的各部落分占各自的一块领土，而前者参加联合的各部落则占居一个共同的领域。换句话说，几个部落联合在一个共同领域之内，由于"在语言中再也没有别的术语能表达这个产物"，[1] 就姑且以 notion 相称了。这就是长期以来未见有人真正认真去辨识，却只顾一味津津乐道的所谓"民族"。其实它根本不是人们头脑里所臆想的"民族"，因为这种社会虽然是扩大了，但就其性质而言，正如摩尔根和马克思所指出的，也只不过是"象部落一样的一个更复杂些的复本而已"。[2]

斯巴达的三个多利安人部落（希莱、潘菲利和迪曼）的情况，与阿提卡的四个雅典人部落的情况大体相同，就不赘述了。

现在，让我们再来看一看罗马人的情况。自称为 Populus Romanus 的罗马人也处于与雅典人非常类似的制度之下。根据摩尔根在《古代社会》一书中的描述，拉丁人及与其相同的部落作为一支人进入意大利半岛时，他们至少早就发展到中级野蛮社会了；而当他们开始登上历史舞台之际，则已进入野蛮社会的高级阶段。在公元前 753 年左右由罗木卢斯（Romulus，亦译罗慕洛）领导罗马建城以前，关于拉丁诸部落传说时代的历史，比起希腊人更为缺乏，对于他们是如何从一个低级状态进至高级状态的，详情已无从知晓。只知到了罗木卢斯时代，他们已经由于分化而形成了三十个独立的部落，并且这些部落已结成联盟。但是，这种联盟的性质，不过是一种攻守同盟，也就是说，是一种亲属部落间的联盟，它"常因暂时的紧急需要而结成，随着这一需要的消失即告解散"。[3] 这种较为松散的攻守同盟，同美洲印第安人的联盟一样，是不足以倾向形成为像希腊人的那种 notion 的。

从罗木卢斯开始，他率先占据了帕拉丁山一个古代旧城堡，收容并联合了附近台伯河两岸地区一百个拉丁氏族，组成第一个部落，即腊姆尼部。然后，又与前来进攻的萨宾人议和，并联合为一个集体。后来萨宾人的氏族也增至一百之数，占据奎令纳尔山和卡庇托尔山，于是就组成了第二个部落，即梯铁部。第三个部落的组成较为复杂。罗木卢斯的第二代继承人屠卢斯·贺斯提留斯攻下了拉丁人的阿尔巴城，将该城的全体居民迁至罗马，被安置在塞利安山。屠卢斯的继承人安库斯·马尔丘斯攻下了拉丁人的波利托里乌姆城，也按成规将其居民倾迁罗马，被安置在阿宛丁山。不久以

---

① 《古代社会》，第 221 页。这种社会组织一般都有一个共同的称谓。

② 《古代社会》，第 243 页，参见《摘要》，第 176 页。

③ 《马克思恩格斯选集》第 4 卷，第 89 页。

后，特利尼城和菲卡纳城的居民又被征服迁来罗马，也被安置在阿宛丁山。这些新增加的氏族就成为第三个部落的基础，即卢策瑞部。这个部落的氏族开始并不满额，直到罗木卢斯的第四代继承人塔尔昆纽斯·普利斯库斯（亦译塔克文·普利斯库）时期才补足一百个氏族之数，其中有些新氏族是埃特鲁里亚人。上述这样三个部落联合于罗马而构成的氏族社会，就是罗马人氏族社会组织发展序列上第四个阶段的 populus。

从罗木卢斯开始到塔尔昆纽斯·普利斯库斯，罗马人历经五代人的努力，用了大约一百年的时间，把为数庞大的氏族集中在一个新建的城市里，置于一个管理机构之下。罗马人以十个氏族组成一个库里亚（curia，相当于胞族），十个库里亚组成一个部落，因此罗马氏族社会是由三个部落、三十个胞族、三百个氏族组成的。他们是由罗木卢斯组织起来的，所以自称为 Populus Romanus。摩尔根就据此把罗马人氏族社会发展的这个最后阶段称为 populus，同时还指出它就相当于雅典人的 nation。[1]

罗马人在 populus 阶段实行的也是三权管理制度，即由酋长会议（senate，元老院）、人民大会（comitia curiata，库里亚大会）和最高军事统帅（rex，勒克斯）共同管理全氏族社会。这种组织使罗马人很快就超越意大利其他部落之上，称雄于整个意大利半岛。但是，作为发展阶段来说，摩尔根指出："他们组成了一个氏族社会，如是而已。"[2]

至此，我们不但大体弄清了美洲印第安人的"部落联盟"、希腊人的 nation 和罗马人的 populus 的某些具体情况，同时也明确了无论是 nation 抑或 populus，不过是氏族社会的一个高级发展阶段，按发展序列来讲，它乃是在"部落联盟"之后出现的"部落联合"。

其实，摩尔根在《古代社会》一书的开头部分，就对氏族社会的组织体系有过一个总括性的介绍，他写道：

> 在古代，构成（一个）people or nation（populus）的有氏族、胞族、部落以及部落联盟，它们是顺序相承的几个阶段。后来，同一地域的部落组成一个 nntion，从而取代了各自独占一方的几个部落的联合。这就是古代社会从氏族出现以后长期保持的组织形式，它在古代社会中基本上是普遍流行的；在希腊人和罗马人当中，直到文明发展以后，这种组织依然存在。[3]

必须指出，对于摩尔根的这个理论体系，马克思和恩格斯都是充分予以肯定的。

---

[1] 参见《古代社会》，第 220～221 页。
[2] 《古代社会》，第 307 页。
[3] 参见《古代社会》，第 6 页。

思格斯在《起源》一书第一版序言中所讲的"摩尔根的伟大的功绩",主要就在于此。① 马克思在《摘要》一书中的下面这段论述中,除去摘录了摩尔根的相同论述外,还特意加上了自己的评语。他写道:

> 在氏族制度盛行的地方——而且是在政治社会建立以前——,我们发现 peoples or nations 都是组成氏族社会,而没有超出这一范围。"国家还不存在"。因为氏族这种组织单位在本质上是民主的,所以由氏族组成的胞族、由胞族组成的部落,以及由部落联盟或由部落的融合(比联盟更高级的发展形态)〔如罗马的三个罗马人部落、阿提喀的四个雅典人部落,斯巴达的三个多利安人部落;他们都定居在一个共同的地域上〕所组成的氏族社会,也必然是民主的。②

问题已然很明显,populus 也就是 nation,马克思也根据摩尔根的提法把它们合称为"people or notion",指的是定居在一个共同地域上的诸部落组成的氏族社会,是一种比部落联盟更高级的发展形态,即"部落联合"(coalescing of tribes,引文作"部落的融合"是译法不同的问题)。过去,在理论界似乎只存在一种固定的提法,即氏族社会包括氏族、胞族、部落和部落联盟四个阶段,认为从部落联盟,甚至从部落便发展成为所谓"民族"。这很可能是一种误解。就氏族社会的发展规律而言,如上所述,在部落联盟之后,还存在一个部落联合阶段。因此,氏族社会的组织体系,实际上是包括五个阶段:氏族、胞族、部落、部落联盟和部落联合。这就是氏族社会的全部经验总合。由于人们只惯于把 nation、populus 以及 people、Volk 这些词不分时代、阶段地一律称之为"民族"或者"族",长期以来就使氏族社会的这个最后阶段变得模糊不清了。

(二)"部落联合"就是英雄时代军事民主制阶段

高级野蛮社会的"部落联合",不是一个可有可无的阶段,恰恰相反,它是在人类社会发展上一个必须经历的、极关紧要的进步阶段,只有通过这个阶段才能最后形成国家。正如恩格斯所指出的:"一切文化民族都在这个时期经历了自己的英雄时代"。③

我们知道,关于蒙昧、野蛮和文明三个时代的划分法,在18世纪后期至19世纪前期早已有人以不同形式提出过,但是严格以生产技能发展为依据的分期法则是摩尔根提出来的,经过马克思的《摘要》和恩格斯的《起源》系统阐发,特别是经过恩格斯

---

① 见《马克思恩格斯选集》第4卷,第2页。
② 《摘要》,第76~77页。参见《古代社会》,第66页。
③ 《马克思恩格斯选集》第4卷,第159页。

的补充和关于经济方面论证的"全部重新改写"，① 才确立了科学的原始社会史。他们之间彼此相通的有关论述，对于我们了解和认识高级野蛮社会的"部落联合"，即 nation 或 populus 的特征和性质，提供了充分的理论根据。

按照恩格斯的论述，野蛮社会的高级阶段是以铁矿的冶炼开始的，这个时期生产的进步，要比过去一切阶段的总和还要来得丰富。"英雄时代的希腊人、罗马建立前不久的各意大利部落、塔西陀时代的德意志人、海盗时代的诺曼人，都属于这阶段。"②

这个阶段有许多与前不同，同时又是承前启后的特征。

从语言方面来讲，如果说处于低级野蛮社会部落的"全体部落成员操同一种方言"，③ 也就是说，"每一个部落必定具有一种独用的方言"；④ 处于中级野蛮社会部落联盟的"联盟的成员各自操同一语系的各种方言"；⑤ 那么，到了高级野蛮社会的"部落联合"阶段，例如希腊人部落，由于"集中在一个狭小的地域内，便倾向于遏制方言的差异；其后出现书面语和文字，即进一步倾向于消灭这种差异了"。⑥

从居住形式方面来讲，如果说在初级野蛮社会开始出现木屋和用木栅围起来的村落；在中级野蛮社会出现用砖或石头造成的类似碉堡的群居宅院；那么，到了高级野蛮社会，在人类的经历中则首次出现了由有雉堞和炮楼的城墙围绕起来的城市。⑦

当然，还有其他方面的种种发展变化，特别是经济方面的重要发展变化。然而颇富识别价值的，是氏族社会政府观念（也有称作"管理观念"或"政治观念"）的发展。按照摩尔根的理论，人类的政府观念始于蒙昧时代组织氏族之时，到进入文明时代建立政治社会为止，表现出三大进展阶段。第一个阶段是由氏族选举产生的酋长会议所代表的部落政府，称为"一权政府"，流行于野蛮时代低级阶段，如印第安人部落的酋长会议。第二个阶段是由酋长会议和军事首领平行组成的"两权分立政府"，前者管理民政，后者执掌军务。这种管理形式在野蛮时代低级阶段的部落组成联盟以后开始出现，而到野蛮时代的中级阶段才开始确立，如易洛魁人五个部落结成联盟后出现的酋长会议和"大战士"。第三个阶段是由酋长会议、人民大会和最高军事统帅为代表的"三权并立政府"，这种管理形式出现于进入野蛮时代高级阶段的部落中，荷马时代的希腊部落和罗木卢斯时代的罗马部落，如前所述，就是这个阶段的范例。⑧

关于前面提到的希腊人"部落联合"组织体制中的"巴赛勒斯"（Basileus），在部

---

① 《马克思恩格斯选集》第 4 卷，第 3 页。
② 《马克思恩格斯选集》第 4 卷，第 22 页。目前认为有的民族和地区早在青铜时代即已存在英雄时代。
③ 《古代社会》，第 65 页。
④ 《古代社会》，第 241 页。参见《马克思恩格斯选集》第 4 卷，第 100 页。
⑤ 《古代社会》，第 65 页。
⑥ 《古代社会》，第 241 页。参见《马克思恩格斯选集》第 4 卷，第 100 页。
⑦ 参见《马克思恩格斯选集》第 4 卷，第 20、22 页；《古代社会》，第 257 页。
⑧ 参见《摘要》第 107～108 页；《古代社会》，第 116～117 页、第 257 页。

落阶段就有这个职称，叫作"部落巴赛勒斯"，相当于由诸胞族组成的部落的最高酋长，主要职能是主持祭祀，并兼有司法（规定不详）之权。希腊人正规使用这个名称的时候，是指三权并立政府中"参加联合的四个部落的军事总指挥官"。① 这是希腊部落联合组成 nation 时，"级别最高、权力最大、地位最重要的一个职位"，② 除军事外，还兼领祭司和司法之权，成为希腊当时社会制度下政府的一个显著的象征，因此，希腊的著述者们就以"巴赛勒亚"（Basileia）来标志当时的希腊政府。

不过，关于"巴赛勒斯"和"巴赛勒亚"，摩尔根当初就指出许多著作家把它们分别译作"国王"和"王国"完全是一种误解，"古代雅典人的巴赛勒亚同近代的王国或君主政治毫无相似之处"。③ 同时，根据"部落巴赛勒斯"来看，如果把每一个巴赛勒斯都称为"国王"，那么，四个部落就有四个"国王"，而它们又同受另一个"国王"的统治，这不但从道理上讲不通，就是从当时氏族社会的民主性质与政府的组织形式上来讲也是水火不容的。因此，摩尔根主张对所谓"国王"这样的误称应当弃而不用，就以其原始语言"巴赛勒斯"称之，同时，摩尔根还把"巴赛勒亚"定义为"军事民主制"。④ 这便是"军事民主制"一词的由来。

马克思是赞同摩尔根的见解的。他写道："简言之，希腊著作家用来表示荷马所说的王权的 basileia 一词（因为这一权力的主要特征是军事的统帅），在同时存在议事会和人民大会的情况下，其意不过是军事民主制而已。"⑤

关于罗马人的 populus 政府中"勒克斯"的职能、产生方法及其性质，恩格斯写道："他完全相当于希腊的巴赛勒斯，但决不象蒙森所描述的那样几乎是专制君主"；"他同样也是军事首长、最高祭司和某些法庭的审判长"；"他不掌握民政方面的权力"；同时，"勒克斯的职位不是世袭的"，也是由提名选举产生的。因此，恩格斯指出："象英雄时代的希腊人一样，罗马人在所谓王时代也生活在一种以氏族、胞族和部落为基础，并从它们当中发展起来的军事民主制之下。"⑥

此外，恩格斯在对克尔特人和日耳曼人的氏族社会进行独到的研究后，同样得出结论：在德意志人部落联合中，"也有过象英雄时代的希腊人和所谓王政时代的罗马人

---

① 《古代社会》，第 242 页。
② 《古代社会》，第 249 页。
③ 《古代社会》，第 246 页。
④ 参见《古代社会》，第 248 页。
⑤ 转引自《马克思恩格斯选集》第 4 卷，第 103 页；译文误将 basileia（巴赛勒亚）译作"巴赛勒斯"。参见《摘要》，第 180 页。
⑥ 以上引文见《马克思恩格斯选集》第 4 卷，第 123～124 页。此段引文中称"王时代"，同书第 142 页作"王政时代"，二者译法宜统一。

那样的制度，即人民大会、氏族首长议事会和企图获得真正王权的军事首长"。① 我们知道，从恺撒的《高卢战记》到塔西陀的《日耳曼尼亚志》150 年间，德意志人由开始定居到完全定居，由部落联盟到部落联合，由野蛮时代的中级阶段进到了高级阶段。上述三权分立制度就是与完全定居后的高级野蛮社会相适应的，德意志人无疑也"在这个时期经历了自己的英雄时代"。

问题已然清楚，人们对经典著作中的英雄时代、军事民主制这些提法可能是相当熟悉的；殊不知，被称为 nation 或者 populus 的这个高级野蛮社会的"部落联合"阶段，也就是英雄时代军事民主制阶段。我们根据前面介绍过的希腊人的 nation 和罗马人的 populus 的三权并立体制，以及马克思、恩格斯和摩尔根关于军事民主制的论述，理所当然地应该把希腊人的 nation 和"巴赛勒亚"，罗马人的 populus 以及"勒克斯"的设置，与英雄时代即军事民主制联系在一起。nation、populus、英雄时代、军事民主制，同是高级野蛮社会"部落联合"阶段的不同称谓和时代、制度特征的具体表达。正如恩格斯所指出的："这是氏族制度下一般所能达到的最发达的制度；这是野蛮时代高级阶段的模范制度。只要社会一越出这一制度所适用的界限，氏族制度的末日就来到了；它就被炸毁，由国家来代替了。"②

笔者愿意在这里附带指出，只有在上述意义上来理解恩格斯提出的"从部落发展成了 nation 和国家"③ 这个论断中的 nation 一词的含义，才是合理的。如果把这里的 nation 硬译解为"民族"，就顿使恩格斯的原话面貌全非；如果部分地使用这句话，说成是"从部落发展成为民族"，并以之立论，更难免有断章取义之嫌，而且左支右绌，难以自圆其说。因此，笔者始终认为，"从部落发展成为民族"之说恐怕不是马克思主义所固有的民族理论。

（三）关于 nation、populus、people、Volk 等词用法问题的一些探讨

不可否认，在马克思、恩格斯与摩尔根之间，在他们的著作中，仅就 nation、populus 以及 people、Volk 等词的用法来讲，确实也存在着某些不同。但是，对此应作具体分析。总的说来，马克思的《摘要》与摩尔根的《古代社会》两书，由于前者的大量内容是摘录后者，因此可以说用词基本上是一致的；而恩格斯在《起源》一书中的用词则表现有自己的特点。然而，无论如何，他们之间的这种不同决不是不可理解的，不可统一的；相反，仔细分析起来，尽管他们彼此之间存在着某些相异之处，但本质精神则是一致的。下面仅就这几个用词问题，试作一些探讨。

---

① 《马克思恩格斯选集》第 4 卷，第 142 页。恩格斯在《起源》一书 1884 年第一版序言中提到："关于克尔特人和德意志人的章节，基本上是属于我的"（《马克思恩格斯选集》第 4 卷，第 3 页）。
② 《马克思恩格斯选集》第 4 卷，第 142 页。
③ 《马克思恩格斯选集》第 3 卷，第 515 页。

第一，让我们先从《古代社会》一书谈起。

关于 nation 这个词，摩尔根在《古代社会》一书中曾有过一段提示性的论述，他写道：

> 印第安人的许多部落，虽然人数都有限，但因各有其专用的方言，各有其分据的领土，所以使人们曾以 nation 一词称之。然而，严格地说来，"部落"和"nation"并不等同。在氏族制度下，nation 尚未兴起；要等到同一个政府联合的各部落已经合并为一体（one people），就象阿提卡的雅典人四个部落的合并、斯巴达的多利安人三个部落的合并、罗马拉丁人和萨宾人三个部落的合并那样，才有 nation 兴起。组织联盟（confederacy）的条件是各个不同领土范围内的独立部落；但合并作用（coalescence）却以更高级的方式将它们结合于同一领域之中，虽则各氏族和各部落的地方分离倾向仍将续继存在。部落联盟与 nation 最为近似，但却非绝对等同。凡是存在氏族组织的地方，其一系列组织机构所产生的一切名称都需要予以精确的叙述。①

从以上提示中，我们不难得出如下一些看法。

1. nation 这个词确实是一个容易被误解的词。它原本具有这样一种带有普遍性的含义：只要是占据一块地域并同操一种语言（即使是部落方言）的人们所构成的一个共同体，一般便称之为一个 nation。唯其如此，有的人便把印第安人的"部落"也称之为 nation。

2. 摩尔根指出，"部落"与"nation"并不等同；"部落联盟"虽然与它并非绝对等同，但最为近似。摩尔根科学地把分居在各个不同领土上的独立部落所组成的联盟（confederacy）称为"部落联盟"，而把"比联盟更高级的发展形态"（马克思语，见前引文），即几个部落共居于同一领域之中，在一个政府管理之下结合为一个 people 的合并或联合（coalescence），称之为 nation。这便是 nation 一词在氏族社会组织中的特殊含义。摩尔根就是在这个意义上使用 nation 这个词的，特别是以之称谓希腊人的"部落联合"。我们发现，马克思和恩格斯在他们的著述中，在论及国家出现以前的氏族社会发展阶段时，同样也是在这个意义上使用 nation 这个词的。

3. 正是由于 nation 这个词容易并且已经出现使用上的混乱，所以摩尔根特意强调对氏族社会一系列组织机构所产生的术语精确叙述的必要性，其目的不外是正确识别其所代表的不同发展阶段，以保持理论体系的科学性与完整性。这无异提醒我们，那

---

① 《古代社会》，第 102 页。

种不认真分析具体发展阶段，一概以"民族"而论的做法，未免失当。

摩尔根在《古代社会》一书中，对于与希腊部落处于相同阶段的罗马部落使用了 populus 这个术语。它虽然与 nation 这个词含义相等，但是相比而言，摩尔根在笔下时而流露出他对 populus 这个称谓的赞赏与偏爱，其中明显的地方就有三处。例如，在开始介绍罗马的联合诸部落形成一个氏族社会的集团时，摩尔根就提到："早期罗马人称自己为 Populus Romanus，这是十分恰当的。"① 当联系到对于希腊部落联合而构成的氏族社会没有适当表达的术语时，他又指出："罗马人处于与此非常类似的制度下，他们自称为 Populus Romanus，这是很恰当的称呼。"② 最后，在具体描述罗马部落联合组成的氏族社会时，摩尔根进一步肯定："因为他们是由罗木卢斯（Romulus）组织起来的，所以他们自称为 Populus Romanus，这是十分正确的。"③ 这里给人的印象几乎是，nation 这个词算不上称谓"部落联合"这种组织形式的一个恰当术语，但是这又并不影响它作为氏族社会最高发展阶段的一个称谓的意义。

关于 Populus Romanus 本身的含义已如上述，但对这个词的翻译在我国并不统一，起码可以见到三种译法：《摘要》和《古代社会》的中译本都把它称作"罗马民族"；《起源》的中译本则采取"构成罗马人民，即 Populus Romanus"④ 的形式，基本上保持原文不译，实际上已经赋予它以"罗马人民"的含义（当 populus 单独出现时，亦只用原文）；《世界上古史纲》则按其所处发展阶段，称之为"罗马人公社"或"罗马公社"。⑤ 在这三种译法中，笔者认为，把 populus 理解为普通意义上的"人"或者"人民"是无可厚非的，它实际上与英文中的 people 或者德文中的 Volk 词义相通；把 Populus Romanus 理解为"罗马人公社"无疑也是正确的，因为他们发展的后期已处于由农业公社进入城市公社阶段，并逐步向城市国家（城邦）过渡，也就是处于象马克思所说的由人类原生社会形态的最后阶段向次生形态的过渡阶段；唯有把这里的 populus 称为"民族"则颇感缺乏理论根据。如笔者在前面所论证过的，由三个部落联合而成的 Populus Romanus，实际上是氏族社会"部落联合"阶段罗马人的自称。

第二，然后我们再来看一看《摘要》一书。

我们知道，马克思的《摘要》一书是以英文为主，夹用德文、拉丁文写成的，由于是详细摘录，在主要术语的使用上不妨说基本上与摩尔根《古代社会》一书一致。笔者曾经把根据俄文版翻译过来的《摘要》中译本中出现"民族"、"族"、"人民"以

---

① 《古代社会》，第 66 页。
② 《古代社会》，第 221 页。
③ 《古代社会》，第 307 页。
④ 参见《马克思恩格斯选集》第 4 卷，第 122、124 页。
⑤ 参见《世界上古史纲》人民出版社，1979，上册第 30 页，下册第 83、220 页。

及"居民"、"国民"等 49 处地方，与马克思的原著①进行了对照，结果如下：

原文是 nation（包括 natio 等同义词）而译作"民族"的 25 处；

原文是 people 而译作"民族"的 5 处，译作"人民"的 1 处，译作"居民"的 1 处，译作"统一的整体"的 1 处；

原文是"people or nation"而译作"族或民族"的 2 处（4 处次），译作"人民或民族"的 1 处（2 处次），译作"各民族"的 1 处；

原文是 populus 而译作"民族"的 2 处，译作"国民"的 2 处；

原文是 Volk 而译作"民族"的 4 处，译作"人民"的 1 处。

此外尚有原文是 nation，被俄译本改作 племя，因而译作"部落"的 1 处；原文是 gentes，被俄译本改作 народ，因而译作"族"的 1 处。

当然，对多义词采取不同译法是完全正常的，有时也是非常必要的。但作为专用术语，译称则应保持基本固定亦属理所当然。不过，从上述列举的情况来看，也反映了我们一般对这几个词的译法上存在的几个问题：其一，主要倾向是把它们都译作"民族"，而并不推敲其具体含义；其二，什么地方应按普通名词翻译，什么地方应按专用名词翻译，表现把握不定，经常出现介乎二者之间的含糊或混合译法；其三，有一些讹误是由不同文种的译本和中文的不同译法造成的。即以 nation 为例，如前所述，这个词按作者的原意乃指"部落联合"，译成"民族"已属不当，何况有时它实际上是指"部落"或"部落联盟"，如果也一味译作"民族"，就更加令人难以理喻了。例如马克思在《摘要》一书的《人类其他部落中的氏族》一章中引用塔西陀《日耳曼尼亚志》中的几节话以后，作了这样的评语："'natio'一词在这一段文字里应该是指部落联盟"；"这里所谈的'nationes'，乃是各个不同的有近亲关系的部落或单纯是指部落而言"。② 把这里的 natio、nationes 一律译作"民族"，其不正确是十分明显的。就此看来，在《摘要》一书中出现的 25 个 nation 这个词，很可能没有一处是可以理解为"民族"的。

同样，people 这个词作为氏族社会晚期社会组织的专用术语，其义与 nation 相同，《摘要》一书中的 4 处"people or nation"的用法就是明证。因此这里的 people 也就是 populus。同是这样一个词，当它在专用意义上使用时，却将其时而译作"族"，时而译作"人民"或"各民族"（尽管原文是复数形式），显然是对原词义把握不定所致。

至于《摘要》俄译本中将所谓"中立民族"（Neutral Nation）一词改作"中立部落"（нейтральное племя）③ 是否有当的问题，也是值得商榷的。我们知道，所谓

---

① 据 L. Krader 编 *The Ethnological Notebooks of Karl Marx*，荷兰·阿森，1974。

② 《摘要》，第 234～235 页。

③ 参见《摘要》，第 103、110、119、124、126 页。

"Neutral Nation" 乃是指 17 世纪居住在伊利湖北岸的几个与易洛魁人血缘相近的印第安部落所组成的联盟，在 1651～1655 年同伊利部落一起先后被易洛魁人所征服。"Neutral Nation" 这个称号本是法国殖民者加给这个联盟的。[①] 可见这里的 Nation 是指亲属部落之间的那种较为松散的联盟，既非 "民族"，也不是 "部落"。这个词，在《起源》一书的俄译本中仍作 нейтральную нацию"，与恩格斯的《起源》德文原著以及马克思的《摘要》和摩尔根的《古代社会》[②] 英文原著的用词保持一致。在这里我们又看到，同是俄文版的经典著作，马克思的《摘要》与恩格斯的《起源》这两部书在同一个用词上就出现了不一致；而对于这种不一致的地方，在中译本中无论是把它译作 "中立民族" 还是 "中立部落"，又都不完全符合原意。因此我们不难想见，所谓经典著作中用词混乱或者说不统一的提法，恐怕在相当程度上（当然不能说是全部）并非都是经典作家本身之过。

此外，笔者愿意指出，还有一个与 nation 和 people 密切相关的用词：coalesce，也是不可忽视的。我们在《摘要》一书中可以发现，凡是论及各自占领独立领土的部落由分散居处走向共居一个共同领域之内的时候，都是使用 coalesce 这个动词表述其结合的，例如："coalescing of tribes"，[③] "coalesce into one people"，[④] "coalesced into a nation"[⑤] 等；少数场合在等同的含义上还出现过与 confederacy（部落联盟）相对比的 "coalescence" 这种名词形式。不可否认，coalesce 这个词本身当然是多义的，但是它在《摘要》的原著中又是一个比较统一的固定用词，在这种情况下，我们又不宜过于将其随意引申使用。在现在的不同的中译本中，我们看到对这个词的译法是多种多样的，诸如 "合并"、"结合"、"融合"、"溶合"、"联合" 以及 "合并作用"，等等。这样一来，在脱离原文的情况下，读者就难以正确地理解并分析判断出部落与 nation（包括在相同意义上的 people、populus、Volk 等）之间到底是 "合并"，是 "结合"，是 "融合" 或 "溶合"，还是 "联合" 的关系了。

笔者认为，正是由于我们对这个词的译法不够统一和稳定，nation 和 people 等概念也就明确和突出不起来，以至于或多或少地影响了我们对 nation、people 这些专用术语的正确理解。笔者在本文中由于引用不同译本中不同章节里的原话，并需就这些引文

---

① 参见《马克思恩格斯选集》第 4 卷，第 93 页、第 532 页注释 81。
② 参见《古代社会》，第 108、151 页。
③ 如 "……由部落联盟或由部落的融合（比联盟更高级的发展形态）……" 句中的 "部落的融合"（见《摘要》，第 76 页）。
④ 如 "只有当结合在一个政府之下的部落融合为一个统一的整体时" 句中的 "融合为一个统一的整体"（见《摘要》，第 96 页）；又如 "……在提秀斯时代，四个部落已溶合成一个民族" 句中的 "溶合成一个民族"（见《摘要》，第 184 页）。
⑤ 如 "……例如雅典和斯巴达的部落，合并成一个民族时……" 句中的 "合并成一个民族"（见《摘要》，第 176 页）。

加以阐述，因而也难以达到用词用语的统一。但是，笔者也尽量表达了个人将这个词理解为"联合"的倾向，并将氏族社会的最高发展阶段直呼为"部落联合"。因为笔者考虑到，由相对分散的独立部落组成的部落联盟发展到共居于同一领域时，各部落仍保持相对的独立性，"各氏族和各部落的地方分离倾向仍将继续存在"（见前引文），部落仍然保存下来，有人考证凯克罗普斯的十二个城就是组成 nation 的四个雅典部落的十二个胞族的单独住地，① 所以笔者认为将这种结合方式称为"联合"更为恰当。同时，这种"联合"的方式可能更加符合人类社会发展早期阶段上那种自然而然产生的渐变状态以及民主性质，也就是说当几个部落联合在一起时，不可能立即就构成打破部落界限的"合并"，更不会只要联合在一起就马上出现部落的"融合"或"溶合"。另外，在历史著作中，把希腊的那种以一个城市公社为中心，与周围的农村公社或者较小城市公社互相结合的过程，用"塞诺西辛"（synoecism，源于希腊语 synoikis-mos)② 这个术语来表示，这个词本身也是"联合"之意，可作佐证。因此，把氏族社会的 nation 称为"部落联合"是可行的。这也如同把氏族社会的 confederacy 称作"部落联盟"的道理一样；因为我们如果一定要把国家尚未出现时的氏族社会的 nation 称作"民族"的话，那么在此之前的 confederacy 似乎也可称为"邦联"了。这显然是令人啼笑皆非的。

第三，让我们来理解一下恩格斯对 Nation 和 Volk 的用法。

恩格斯的《起源》一书是用德文写的，因此与 nation 和 people 相对应的词分别是 Narian 和 Volk。对这两个词的用法，《起源》一书自有不同的特点，给人印象最深的是作者很可能是有意尽量避免使用"Nation"这个词。从以下几点就可以看出这个倾向。

1. 调整了章节的标题。我们把《古代社会》、《摘要》和《起源》三部著作摆在一起对照一下目录就可以发现，在《古代社会》和《摘要》两书中，对希腊人和罗马人分别是按氏族、胞族、部落和 nation 或 populus 的序列以及"政治社会"列出编、章的标题的，而恩格斯在《起源》一书中则只分别用"氏族"和"国家"两个部分列题。首先在标题中就避开了 nation 和 populus 这两个用词。

2. 在《古代社会》和《摘要》两书中，作为氏族社会发展高级阶段的 nation 一词，可以说是所在多有。恩格斯在《起源》一书中则只在关键时一用，而真正在《古代社会》和《摘要》两书所确立的那种专用术语意义上使用这个词，应该说首推"这

---

① 参见《马克思恩格斯选集》第 4 卷，第 105 页。
② 参见《世界上古史纲》，人民出版社，1979，上册第 25 页，下册第 46、83、137 页。

样就朝 Nation 的形成跨出了第一步"① 这一处。从中我们可以窥出，尽管恩格斯少用 Nation 一词，却与《摘要》和《古代社会》的立论保持一致。

3. 我们知道，在《古代社会》和《摘要》两书中，nation 一词是特意用作专指希腊人氏族社会的最后一个阶段的，如《古代社会》一书指出："我们由此可以得出结论如下：希腊人在李库尔古斯和梭伦以前，其社会组织只有四个阶段（氏族、胞族、部落、nation），这四个阶段在古代社会中几乎是很普遍的。"② 《摘要》一书也指出："可见在来克古士和梭伦的时代以前，社会组织已经有了四个阶段：氏族、胞族、部落和 nation。"③ 而恩格斯在《起源》的《希腊人的氏族》这一章的开头却采取了另一种叙述方法，他写道：希腊人，以及皮拉斯基人等，"在史前时代，就已经按照美洲人的那种有机的序列——氏族、胞族、部落、部落联盟组织起来了。"④ 同时作了这样的补充：处于英雄时代的希腊人，与上述美洲部落之间，"横着差不多整整两个很大的发展时期"。⑤ 不难看出，恩格斯在他的论述中，肯定了希腊人在史前时代就已经历过了"部落联盟"（原文为"Bund yon Stämmen"），而他们出现在历史舞台上时，已经进入野蛮社会的高级阶段。恩格斯的论述不但避开了 Notion 这个用词，同时又准确地描述了希腊人当时已处于"部落联合"阶段，这与《摘要》和《古代社会》两书的根本提法并无二致。

4. 我们已经知道，在《摘要》和《古代社会》两书中，对部落联合在同一领域之内时，或称之为 nation，或称之为 populus，或称之为 people，或以"people or nation"称之，含义虽然相同，却多少显得有些混乱，而且不认真辨识就易于产生误解。而恩格斯在《起源》一书中，凡遇此类问题，一律避免交替混合用词，不用 Notion，只用 Volk，这样就做到了用词统一，而且与摩尔根的推崇 populus（认为罗马人自称 Populus Romanus 是正确而又恰当的）和马克思的属意于 people（在"people or notion"这个并称中，也把 people 放在前位）精神一致。例如：

在讲到阿提卡的三个雅典人部落联合时，恩格斯写道："相邻的各部落的单纯的联盟，已经由这些部落融合为统一的 Volk 所代替了。"⑥

关于古日耳曼人部落，恩格斯有这样的描述："在联合为 Volk 的德意志各部落中，

---

① 《马克思恩格斯选集》第 4 卷，第 89 页。恩格斯的这句话是针对易洛魁人的那种亲属部落从分散状态又重新结合为巩固的联盟而讲的。我们可以在摩尔根《古代社会》一书中找到这句话的原型，即"联盟是趋向于 nation 形成的过程中的一个阶段"（见《古代社会》，第 131 页）。

② 《古代社会》，第 243 页。

③ 《摘要》，第 176 页。

④ 《马克思恩格斯选集》第 4 卷，第 95 页。

⑤ 《马克思恩格斯选集》第 4 卷，第 95 页。

⑥ 《马克思恩格斯选集》第 4 卷，第 106 页。

也有过象英雄时代的希腊人和所谓王政时代罗马人那样的制度"。①

在《野蛮时代和文明时代》这一章中，恩格斯在作理论概括时指出："亲属部落的联盟，到处都成为必要的了；不久，各亲属部落的溶合，从而各个部落领土溶合为一个 Yolk 的共同领土，也成为必要的了。"②

5. 我们已经知道，在《摘要》和《古代社会》两书中，"部落联盟"用的是 confederacy 这个词，或者以"confederacy of tribes"来表述。至于"部落联合"，除了出现过 coalescence 这个用词和"coalescing of tribes"这种表述方式外，多被 nation 这个词所代替了。恩格斯在《起源》一书中，既然有意避免使用 Nation 这个词，同时又不可避免地要具体涉及"部落联盟"和"部落联合"这两种组织形式或发展阶段，在这种情况下，笔者发现，恩格斯是以"Bund von Stämmen"（或单纯用 Bund）和"Stämmebundes"这两种方式交替称谓的。这两个词都可译作"部落联盟"，因此我们在《起源》的中译本中只能见到"部落联盟"一种形式。然而，恩格斯在书中对野蛮时代的高级阶段和军事民主制均有深刻而具体的论述，这点是十分明确的，所以不能说是没有"部落联合"这一阶段的存在，至少，不用 Nation 还有 Volk 在。同时，这又恰好从另一个角度告诉我们，所谓 Nation 并非是什么近代意义上的"民族"，它是与"部落联盟"最为近似的一种组织形式，对它与"部落联盟"的具体区别是需要用文字来加以论述和分析的，而无需处处均以 Nation 呼之，以尽量避免出现由于对这个词的误解而带来的混乱。

（四）简短的结语

综上所述，我们对原始社会的社会组织体系以及专用术语问题，可做如下简单归纳：

1. 从马克思、恩格斯到摩尔根，关于原始氏族社会社会组织体系的基本立论完全一致，其序列为：氏族、胞族、部落、部落联盟和部落联合。我们已将前四种社会组织迳作人们共同体的称谓，因此，第五种社会组织"部落联合"也不应例外。

2. "部落联合"与野蛮社会的高级阶段，英雄时代、军事民主制、巴赛勒亚以及农业公社等属同一范畴。

3. nation 和 people，以及不同语言文字的对应词，作为论述原始氏族社会社会组织的专用术语，概念相同，即同指"部落联合"，作人们共同体的称谓时亦应如是。

4. 与此同时，不能排除 people（及其不同语言文字的对应词）作为普通用词，其义当在"人"与"人民"之间，而有些外文著述中的 nation 这个词系指"部落"，特

---

① 《马克思恩格斯选集》第 4 卷，第 142 页。
② 《马克思恩格斯选集》第 4 卷，第 160 页。

别是指"部落联盟"。

二　阶级社会的人们共同体

处于氏族社会高级阶段，因而也是趋向氏族解体阶段的"部落联合"，即原始社会的 nation，并不是凝固不变的共同体。伴随着经济的发展，社会的分工，阶级的分裂，国家的产生，在向阶级社会逐步过渡，以及在尔后的阶级社会里，人们共同体经历了曲折复杂的分解与组合的过程，发生了质的变化，产生了新的形态。

为了进一步弄清进入阶级社会人们共同体的发展变化，更好地理解马克思主义关于民族理论的某些基本概念，我们仍然只好结合欧洲社会历史的发展，看一看马克思主义经典作家究竟是如何根据欧洲的经验概括阶级社会人们共同体的发展规律的。

（一）由血缘组织到地缘组织，阶级社会新的人们共同体的形成与发展

如前所述，氏族制度是以氏族或部落成员共同生活在纯粹由他们居住的同一地区为前提的。然而，当这种闭关自守的社会本身出现了杂居，继而由于战争俘虏或其他因素出现了大量外来移民的混入，特别是当这种外来的居民成为社会的一种不可忽视的力量，而依靠血缘维系的氏族社会又无能容纳他们的时候，氏族组织就要开始让位于地域组织，而后者终于成为形成阶级社会新的人们共同体的前提，延续了人们共同体的向前发展。

让我们还是先从希腊人谈起。英雄时代阿提卡的四个雅典人部落，从有文字的历史时候起，土地已成私有财产。由于地产的买卖，由于农业和手工业、商业和航海业分工的进一步发展，氏族、胞族和部落的成员很快就都杂居起来；同时在他们的居住地区之内，还涌入了大量移民，氏族制度机关的正常活动因之而被扰乱。在提修斯充任巴赛勒斯时，针对这个现实进行了改革，在雅典设立了总议事会作为中央管理机构，只要是雅典公民，不分部落内的成员还是氏族外的移民，一概分为贵族（Eupatridae）、农民（Geomori）和手工业者（Demiurgi）三个阶级，从此跨出了摧毁氏族制度的第一步。后来，在早于第一次奥林比亚（公元前 776 年）巴赛勒斯的职位即已废除，改设执政官（archon）以代之。据知，在梭伦（公元前 594 年）担任执政官之前，就已经设置了诺克拉里（naukraria，相当于"乡区"），每个部落设立十二个诺克拉里，组成一个"叁一区"（trittyes，相当于"州"）。整个阿提卡四个部落共有四十八个诺克拉里，按规定每个诺克拉里提供一只战船（配备武器和船员）和两名骑士的兵役，这样就第一次不依亲属集团而依共同居住的地区，为了共同目的来划分居民。同时，梭伦还第一次不按照职业而按财产的多寡，把人民划分为四个阶级。到了克利斯提尼时代（公元前 509 年），完全撤了以氏族和胞族为基础的四个旧部落，全阿提卡被划分为一百个自治区，称为"德莫"（deme）；十个德莫构成一个"部落"。"但是这种部落和

过去的血族部落（Ortsstamm）不同，现在它被叫做地区部落（Geschlechtsstamm）。"①这样就终以地域结合的体系代替了由人身结合的递进体系，在人类历史上创立了以地域和财产为基础的第二种社会组织形式，由此而导致雅典国家的产生。

在罗马人那里，也出现了相似的情况。罗马人从罗木卢斯时代（公元前754～717年，罗马建立1～37年）起，经历了约两百多年，到了塞尔维乌斯·土利乌斯时代（约公元前578～534年，罗马建立176～220年）。这位罗马军事民主制第六代勒克斯仿照希腊梭伦立法进行改革，按照人民的财产多寡划分为六个阶级，把每一个阶级划分为若干百人团，不分populus还是平民，只有服兵役的人才能参加新的人民大会，即"百人团大会"（comitia centuriata），每一个百人团在百人团大会中有一票之权。这样就以新组成的"百人团大会"取代了原来以血缘关系为基础的"库里亚大会"；而"库里亚和构成它们的各氏族，象在雅典一样，就降为纯粹私人的宗教的团体"，苟延残喘了很久。②同时，还设立了四个"地区部落"，各居罗马城的四分之一，以排除三个旧的血族部落，彻底破坏了以个人血缘关系为基础的古代社会制度，代之以"新的、以地域划分和财产差别为基础的真正的国家制度"，③导致公元前509年罗马共和国的建立。

在此后的历史中，出现了"罗马的世界霸权的刨子，刨削地中海盆地的所有地区"达数百年之久。④凡在希腊语没有进行抵抗的地方，一切语言都不得不让位于拉丁语；高卢人、伊比利亚人、利古里亚人、诺里克人之间的差别都不复存在，"他们都变成罗马人（Römer）了"。⑤罗马国家成为把他们联结起来的唯一纽带。

随后的历史，便是罗马国家成了"最凶恶的敌人和压迫者"，⑥世界霸权帝国的中心。而经常发生的大规模的奴隶、隶农起义，又有力地动摇了罗马奴隶制的基础，加之日耳曼"蛮族"的入侵，促使西罗马帝国的加速灭亡，从而结束了西欧的奴隶社会。

我们知道，古代日耳曼人约自公元前五世纪起就分布在斯堪的纳维亚南部、日德兰半岛、波罗的海和北海南岸，南至多瑙河流域，西迄莱茵河、东抵维斯杜拉河一带地区。塔西陀的《日耳曼尼亚志》记叙了公元一世纪时日耳曼人各个不同部落的情况，指出日耳曼人"是诸部落中最先越过莱茵河侵犯高卢人的那一支佟古累人（Tungri）的旧名，后来就成为全部落和部落联盟的通称"。⑦公元四世纪时，原来由中国北方西迁

---

① 《马克思恩格斯选集》第4卷，第113页。
② 参见《马克思恩格斯选集》第4卷，第125～126页。
③ 《马克思恩格斯选集》第4卷，第126页。
④ 《马克思恩格斯选集》第4卷，第144页。
⑤ 《马克思恩格斯选集》第4卷，第144页。
⑥ 《马克思恩格斯选集》第4卷，第144页。
⑦ 见塔西陀《日耳曼尼亚志》，马雍译，商务印书馆，1959，第56页。

至中亚一带的一支匈奴人继续西进，里海一带受到攻击的东哥特人和西哥特人依次西迁，引起了欧洲连锁反应的所谓"民族大迁徙"，东、西两支的部分日耳曼人于公元四至五世纪与斯拉夫人以及罗马奴隶、隶农联合，终于在公元 476 年推翻了西罗马帝国。

日耳曼人"把罗马人从他们自己的国家里解放了出来"，"他们便强夺了罗马人全部土地的三分之二来自己分配"。① 这样一来，"氏族在自己的村落里定居愈久，德意志人和罗马人愈是逐渐融合，亲属性质的联系就愈让位于地区性质的联系"，"氏族消失在马尔克公社中了"。正如恩格斯所指出的：在马尔克公社保存下来的法国北部、英国、德国以及斯堪的纳维亚，"氏族组织不知不觉地变成了地区组织，因而才能够和国家相适应"。②

日耳曼人在"民族大迁徙"过程中，在罗马帝国的土地上建立了一系列所谓"蛮族"国家，著名的有西哥特王国、法兰克王国、苏维汇王国、汪达尔王国、勃艮第王国、东哥特王国、伦巴德王国，以及后来在七世纪初，盎格鲁-撒克逊人和朱特人最后击败了大不列颠岛上的土著克尔特人而建立的七王国，等等。一般来说，这些国家存在的时间都不长；其中只有法兰克王国国势最强，立国最久。从五世纪到九世纪，法兰克王国在被占领的罗马土地上大力推行封建化，终于使封建制代替了奴隶制，而自身处于氏族社会解体阶段的日耳曼人，未曾经过奴隶社会便进入了封建社会，后来的法兰西、德意志和意大利就是由法兰克王国分裂后逐渐形成的。同时，遍布西欧、北欧的日耳曼人各支与克尔特人以及当地其他原住民长期结合，成为近代德意志、奥地利、卢森堡、荷兰、英吉利、丹麦、瑞典、挪威等民族的祖先。

针对人们共同体在阶级社会里的发展演变，恩格斯对于公元五至九世纪欧洲中世纪史的这个前期阶段下了这样的结语："不论这四百年看起来多么象白白度过，可是留下了一个重大的成果：这就是一些 moderne Nationalitäten，亦即西欧人类为了未来的历史而实现新的形成和新的组合。"③

不难看出，恩格斯在这里所说的新形成和新组合的 Nationalität，指的就是继氏族社会之后，历经奴隶社会并进入封建社会的人们共同体。

我们如果把恩格斯在《起源》一书中的这个结语，与恩格斯继《起源》一书之后，于同年即 1884 年年底完成的另一篇著作《论封建制度的瓦解和民族国家的产生》贯串起来，便可以进一步明确从封建社会解体到资本主义上升时期人们共同体的发展演变。恩格斯在后面这篇著作中，几乎可以说是紧接前文，指出这种新的 Nationalität 是从中世纪早期的各族人民混合中逐渐发展起来的，而这一发展过程，就是"大多数

---

① 《马克思恩格斯选集》第 4 卷，第 147 页。
② 《马克思恩格斯选集》第 4 卷，第 147～148 页。
③ 《马克思恩格斯选集》第 4 卷，第 151～152 页。

罗马旧行省内的被征服者即农民和市民，把胜利者即日耳曼统治者同化了"。① 同时，恩格斯还指出：一旦划分为语族，"很自然，这些语族就成了建立国家的一定基础，Nationalitäten 开始向 Nation 发展"。② 所以，"虽然在整个中世纪时期，语言的分界线和国家的分界线远不相符"，而"日益明显日益自觉地建立民族国家（Nationale Staaten）的趋向，是中世纪进步的最重要杠杆之一"。③

显然，恩格斯在这里所说的由中世纪的 Nationalität 发展而形成的 Nation，已经不再是原始社会高级阶段的"部落联合"，而是资本主义上升时期所形成的人们共同体"民族"了。正如列宁在《卡尔·马克思》一文中所指出的："民族（нации）是社会发展的资产阶级时代的必然产物和必然形式。"④

如果我们进一步把恩格斯的这些论述，与斯大林于 1950 年所发表的《马克思主义和语言学问题》联系起来，便可以清楚地看到他们之间关于资本主义上升时期民族形成理论的一致性。斯大林在他的著作中指出：奴隶时代和中世纪时代的帝国，例如居鲁士和亚历山大大帝、恺撒和查理大帝等所建立的帝国，因为没有自己的经济基础，而是暂时的、不巩固的军事行政的联合，所以它们不可能有整个帝国统一的语言。而组成这些帝国的部落和 народ ность 是各有自己的经济基础，各有自己早已形成的语言的，对其他方言、土语来讲，它们的统一的和共同的语言占着统治地位。"往后，随着资本主义的出现、封建割据的消灭和民族市场的形成，народность 就发展成为 нация，而 народность 的语言也就发展成为 нация 的语言。"⑤ 无疑，斯大林这里所说的 нация 与恩格斯的 Nation 一致，当然指的是资产阶级民族，也就是他早于 1913 年在《马克思主义和民族问题》这篇著作中所定义的"民族"。

写到这里，可以这样说，我们无需再花费多大气力，只消把阶级社会这两大类人们共同体与前面讲的氏族社会的五个阶段的人们共同体衔接起来，人们共同体的全部序列及其相互之间的联系也就一览无余地摆在我们的面前，同时也就不会因为经典著作中缺乏这方面的专著而认为是不可解决或者是可以随意解释的了。而斯大林关于"氏族—部落—部族—民族"的提法，应视为人们共同体发展序列的概括表述，同时也提示了这个序列的延续性。

（二）阶级社会人们共同体的称谓问题

困难而复杂化了的是我国关于 народность 和 Nationalität 这两个术语的争议问题。

① 《马克思恩格斯全集》第 21 卷，第 451 页。
② 《马克思恩格斯全集》第 21 卷，第 452 页。
③ 《马克思恩格斯全集》第 21 卷，第 452 页。
④ 列宁：《卡尔·马克思》，《列宁全集》第 21 卷，第 53 页。
⑤ 斯大林：《马克思主义和语言学问题》，《斯大林文选》（下），人民出版社，1962，第 526～527 页。

这里主要有两个方面的问题：一个是斯大林和恩格斯用词不同的问题，另一个是这两个词，特别是 народность 的译称问题。

关于前一个问题，笔者认为，尽管俄文中本有与 Nationalität 相对应的词，尽管斯大林在其他著作中，例如在《马克思主义和民族问题》一书中，曾经把东欧国家的人们共同体和被排挤到次要地位的人们共同体称之为 национальность，但是在前引他的晚期作品中，在与恩格斯所论述的相同问题上，既然已经在 Nationalität 这个用词的相应位置上肯定地用使了 народность 这个词，那么，在人们共同体的历史发展序列上二者属同一个阶段殆无疑义，而我们所要集中解决的正是这个序列上的专用术语问题。关于这两个用词在现实理论中的某些区别，留待后面再讲。

至于后一个问题，在我国主要有三种不同意见：一种是主张把它直接译作"部族"，一种是主张把它译作"〔资本主义以前的〕民族（народность）"；一种是主张把它译作"民族（нарздность）"。此外，还有把它译作"早期民族"的，可暂时先不去谈它。

不难看出，上面三种主要译法中，后两种译法中文的中心词实际上都是"民族"，这本身就难以避免与已经译作"民族"的资本主义时期的 нация 和误译成"民族"的原始社会的 nation 混为一谈。同时，在本来是一个专用术语的前面外加定语、后面附加原文的办法，不仅是不符合翻译体例，恐怕也未必符合经典著作的原义。而在实际使用当中，不但可以说是根本行不通，而且对不懂原文的人来说也难以起到应有的作用，且不说这里的所谓"资本主义以前"还不明确是否包括原始氏族社会。因此，笔者认为，根本的办法还是应当把 народность 这个专用术语译成一个与 нация 有所区别的专用词，使人一望即知其二者不同。这个道理其实也并不复杂，因为如果二者同是"民族"，经典作家不会用不同的术语来表达，如果真的需要附加说明，经典著作本身也必然是不会无所表述的。令人百思不解的倒是这样一种现象：对原始社会，或者说国家出现之前的 nation，经典著作中本有大量具体的说明与解释，全然不去理会；相反，对于经典著作中一个本已无需另作解释，且已较为明确的用词，却只见笔墨往还，累牍连篇。

"部族"一词是否可用的问题，当然是可以探讨的。不过，也有一种现象颇为引人深思：使用这个词虽然带有某种"风险"，但是直到今天仍一直为学术界和宣传界所沿用，在报刊杂志、文章著述中屡见不鲜，相反，关于 народность 一词的统一译法问题，在时隔 21 年之后的今天，却只能在斯大林的一篇著作中觅得唯一的孤例。这种现象，可以毫不夸张地说，多少反映了这个问题在理论上、思想上和实践上并未得到真正解决。

笔者认为，"部族"这个词本身并非绝对不可以继续使用的。然而需要指出的是，人们对"部族"一词已经耳熟能详了,都知道它是来源于我国史书上的用语,所谓"部落为部,氏族为族",故而合称之曰"部族"。如此说来,问题也很明显,"部族"一词本应相当于原始氏族社会的人们共同体的称谓,以之称谓阶级社会的人们共同体,不仅十分勉强,而且可以说是张冠李戴,有失准确。因此,如果继续使用这个词,应当唯陈言之务去,可以考虑在"从部落到民族之间的阶级社会人们共同体简称部族"这样一个命题上,使用"部族"这个经过改造的术语。不过,平心而论,如果需要的话,把"部族"一词仍依其原义用作原始氏族社会人们共同体的总称,才称得上是得其所哉。

还有一个问题也是不可回避的。众所周知,在原始社会到资本主义社会之间,横隔着奴隶社会和封建社会两大社会发展历史时期,却只有"部族"这样一个人们共同体的称谓,无论如何也稍嫌笼统了一些。那末,问题应当如何解决呢?

的确,我们发现在经典著作中,无论是恩格斯还是斯大林,在"部落"与"民族"之间的阶级社会人们共同体,只有相当于"部族"这样一个用词。这种现象究竟在理论上有什么意义,如何来区分奴隶社会与封建社会两种社会的人们共同体的异同,依然是一个值得深入探讨的问题。国外的学术界也曾经试图启用另外一个术语所谓"德莫斯"(demos)作为奴隶社会人们共同体的称谓,而以相当于"部族"的词专指封建社会的人们共同体。前面已经介绍过,在古希腊的阿提卡,取代四个旧氏族部落的地区部落就是由"德莫"(deme)构成的。"demos"在希腊语中即"平民"之意,专指古希腊城邦的平民。这个意见虽有一定道理,但至今未见得到公认。窃以为经典作家既然以 Nationalität 或者 народность 一个用词称谓进入阶级社会后到资本主义上升时期以前这一历史阶段的人们共同体,如果必须加以区别的话,分别称之为"奴隶制部族"和"封建制部族"是可行的。因为,无独有偶,大家都知道,同是 нация 后来也是一分为二的,斯大林自己又把它区分为"资产阶级民族"和"社会主义民族"两种类型了。

然而,即使如此,仍然还有一个如何摆好 народность 和 Nationolität 这两个用词的关系问题。德文的 Nationalität 也就是英文的 nationality,俄文中同样也有一个对应词 национальность,它除了像前面所讲的作为专用术语相当于"部族"外,又通常在国际交往中指"国籍",在国内范围指"族籍"。这很有可能就是在俄文中逐渐仍将与这个词相对应的词留作在这种意义上使用,而另以 народность 作为"部族"专称的原因之一。其实,在现实理论中,作为表述人们共同体的用语,nationality(德、俄文对应词亦同)的适用范围更为广泛,它既包括"部族",也包括"民族",成为阶级社会人们共同体的总称。就是我国通常所说的"中国有五十六个民族""民族学院""民族研究所""民族事务委员会"等词语,其中的"民族"二字,也都是相当于 nationality 一词，并非 nation 或 мация。当然，"中华民族"作为一个总体称谓理应不在此例。因此，相对而言，nationality 这个词与我们平常惯用的"民族"一词较为接近。为了解决概念模糊、用词不专的问题，我们应否把"民族"这个译称留作阶级社会人们共同体的总称，而对资本主义上升时期形成的 nation 或 нация 另择它称，以使不同的称谓各有限定的包涵，从而避免人为的混乱，不是绝对不可考虑的。

三 关于"现代民族"问题

所谓"现代民族"的提法，不仅是一个称谓的问题，而且也涉及民族理论的问题，因此有必要单独提出来加以辨析。

本来，按道理讲，我们把斯大林所定义的资本主义上升时期所形成的 нация 专门称作"民族"，应该说是专一和稳定的了，其实也并不尽然。正是由于"民族"一词兼称过多过泛，遂使本来较为单纯的一个用词也复杂化起来。据笔者所知，对这个词的译称，除了使用"民族"二字之外，至少还可以举出三种不同的形式：一是"民族（nation 或 нация）"；二是"〔资本主义时期的〕民族（нация）"；三是"现代民族"。

第一种形式，为了明确和负责起见，在"民族"二字之后附加原文是无可非议的。但．是，这种形式大都只是在介绍经典著作或译介国外文章时一用，难以在任何场合、任何文章中采用。因此一旦脱离原文，仍然会出现彼亦"民族"，此亦"民族"，不好弄清究竟是哪种含义上的"民族"。

第二种形式，显然是出于解决所谓 народность 的问题，捎带把 нация 也"戴帽穿鞋"了。而这种做法，今天也已成为孤例，公开的只是在我国于 1971 年出版的斯大林 1950 年发表的《马克思主义和语言学问题》一书中可以见到，就是放到斯大林的其他有关著作中也未必行得通。譬如说，如果按照斯大林在 1929 年所写的《民族问题和列宁主义》一文的提法来理解 нация 这个词，恐怕只有改称为"〔资本主义时期的和社会主义的〕民族（нация）"才真正能够称得起是比较全面地表达出斯大林的原意。据信，这个第二种形式的主要理论根据来自斯大林 1913 年所写的著作《马克思主义和民族问题》，认为斯大林所用的 нация 只是指"资本主义时期的民族"，这无疑是正确的。可是，事隔 16 年，十月革命早已成功，斯大林在他 1929 年所写的著作中对自己在革命前所提出的理论已经做了必要的补充和发展，нация 的含义有了扩延，于理也不应置之不顾。因此，当我们回过头来再品评这种解决方式时，就益觉其多少有一点就事论事的权宜味道了。

第三种形式实际上是一种变通形式，就是说当 нация 与 народность 同时出现时，为了使二者区别开来，在不肯把后者译作"部族"的情况下，便将其称为"早期民族"，而将前者称为"现代民族"了。这种形式的出现，也可以说是从一个侧面反映出了第二种形式在实践当中所遇到的困难。

现在的问题还不仅限于在译称的不统一上面，真正的混乱在于根据"现代民族"的提法进而导引出一种似是而非的理论，即肯定"现代民族"有两种类型：资产阶级民族和社会主义民族。

有什么理由说这种理论似是而非呢？不是列宁和斯大林都曾经有过关于所谓"现代民族"的论述吗？难道这里面还有什么问题不行？

笔者认为，按照历史学分期来讲，"近代"属于资产阶级革命时期的范畴，"现代"属于社会主义革命时期的范畴，因此，作为社会科学的一个专用术语，"现代民族"的内含根本不可能包容两种性质截然不同的两类民族。上述提法，明显存在着概念上和理论上的混乱。

无需否认，列宁和斯大林确实都有过关于所谓"现代民族"的论述，我们甚至还不妨在这里摘引几条重要的论述以资研讨。

第一，列宁在 1913 年 10～12 月所写的《关于民族问题的批评意见》一文中曾经指出："每一个现代民族中，都有两个民族。每一种民族文化中，都有两种民族文化。"[1]

第二，在 1921 年 3 月斯大林提交俄共（布）第十次代表大会讨论并经党中央批准的提纲：《论党在民族问题方面的当前任务》中，第一个问题的头一句话就明确提到："现代民族是一定时代即资本主义上升时代的产物。"[2]

第三，斯大林在 1929 年 8 月 18 日第一次刊印的《民族问题和列宁主义》一文中也写道："有一些民族是在资本主义上升时代发展起来的，当时资产阶级打破封建主义和封建割据局面而把民族集合为一体，并使它凝固起来了。这就是所谓'现代'民族。"[3] 在这同一篇文章中，斯大林在引用了列宁在《什么是"人民之友"以及他们如何攻击社会民主主义者？》一文中论述民族产生问题时批判民粹派分子米海洛夫斯基的那段著名的话以后，紧接着又指出："所谓'现代'民族产生的情形就是如此。"[4]

然而，我们如果把"现代民族的两种类型：资产阶级民族和社会主义民族"这个论断，放到上面列宁和斯大林的论述中加以检验的话，情况就大不一样了。因为，如果把这个论断套入列宁所讲的话中，就成为每一个社会主义民族也都有两个民族了；如果把这个论断套入斯大林所讲的话中，则社会主义民族也成为资本主义上升时代的产物了。可见这个论断是根本站不住脚的。

---

① 《列宁全集》第 20 卷，第 15 页。
② 《斯大林全集》第 5 卷，第 141 页。
③ 《斯大林全集》第 11 卷，第 288 页。
④ 《斯大林全集》第 11 卷，第 290 页。

那么，问题究竟在哪里呢？依笔者愚见，问题就出在"现代"这两个字的身上。

我不知道读过斯大林的《民族问题和列宁主义》这篇文章的同志是否已经注意到，斯大林在他的著作中两次出现"现代民族"的地方，都是把"现代"一词加上了引号，并在这个带引号的"现代"二字之前添了"所谓"一语的，成为"Это——так называеьые《совре менные》нации"这样一句话，据此，我们就把它译成："这就是所谓'现代'民族"。既然如此，我们就理应考虑一下斯大林在行文中的这个细微变化意味着什么，而不应再一味去生搬硬套。

列宁和斯大林著作中的"现代"一词，原文都是современные，相当于英文的contemporary。这个词虽然有"现代的"含义，例如在英文中，"现代史"便称作"Contemporary History"；但是它还具有"当代的"、"当今的"以及"同时代的"这类普通含义。在俄文中，"现代史"是另外一种称法，叫做"Новейщая История"。由此可见，列宁和斯大林所用的俄文современные只具有普通含义。列宁远在1913年所说的"современные нации"明显指的是当时的"当代民族"，并非"现代史"这种含义上的"现代民族"，因为列宁当时所处的"当代"十月革命的炮声尚未打响，还没有出现"现代"的新纪元。尽管这个词语在十月革命胜利之后还沿用了一段时间，但是到了1929年，毕竟是早已时过境迁，关于世界历史分期的新体系已经确立，所以斯大林再论述同一个问题时，既需要照顾过去用词的延续性，同时又要避免发生误解，因此在文字上做一些处理，采取"这就是所谓现代'（应译解为"当代"）民族"这样的句式以作隐含说明，是必要而恰当的。当初列宁讲的"当代民族"指的正是资产阶级民族，列宁完全没有错。后来斯大林又把它称之为"所谓'当代'民族"，也是无可非议的。问题在于我们有些同志把列宁和斯大林所说的"当代"错认为是"现代"，而且又把这种误解下的"现代民族"划分为两种类型，使用科学用语又不重视其科学性，于是便把译称上的混乱转嫁到理论方面上来了。

其实，斯大林在《民族问题和列宁主义》一文中虽然发展了他的理论，也只是提到"民族"（нация）分为两种类型，即资产阶级民族和社会主义民族"两种民族类型"，并没有说过"所谓'现代'民族"分为两种类型。斯大林还曾把社会主义民族称为"新式民族"，资产阶级民族称为"旧式民族"，而且指出社会主义民族和"旧式民族即资产阶级民族根本不同"。[①] 有鉴于此，我们如果一定要归纳斯大林的这个理论，也只能说"民族分为两种类型"；如果一定要按历史时期来区分资产阶级民族和社会主义民族的话，只能把前者称为"近代民族"，后者称为"现代民族"，庶几符合斯大林的原意。

---

① 《斯大林全集》第11卷，第290～292页。

于此可见，"现代民族"一词是不宜套用在 нация 身上的，因而把 народность 称为"早期民族"是否有当的问题也就自不待言了。

四 "ethnos"应与"民族"相区别

最后还应该谈一下 ethnos 的问题，因为它也是一个与表述人们共同体有密切关系的用词。

ethnos（俄文为 этнос）这个词来源于古希腊文 εδνος，它与 people、Volk、народ 这些词有相通的含义，基本上是"人"、"族"这一类意思。但是在开始启用这个词的时候，用意似乎还要更广些。根据笔者的理解，当人们对世界上各种类型的人们共同体、种族共同体以至同源的文化、语言集团进行研究和描述的时候，往往需要有一个概括性的称谓，于是 ethnos 这个希腊字便被用来充当这个囊括古今、包容全球一切族体和文化集团的统称，成为当前国际间一个共同的科学用语。但是，在我国，对待这个词则带有侧重专指人们共同体的倾向。因此，尽管在许多外文词典中至今仍把它注释为"人种""种族"，而在实际上人们已经习惯把它只视为"民族"了。我们现在所用的"民族学"一词，就是由它与"logy"组合而成，叫作"Ethnology"。

关于 ethnos 的定义，一时还难以找到权威定论，笔者在这里只准备介绍苏联学术界的一些解释和定义供读者参考。

этнос（этническая общность）是一种历史形成的特殊的人们社会集团，是其集体存在的特殊形式。这种共同体是通过自然历史途径形成与发展的，它不以组成它的个别人的意志为转移，千百年来靠自我再生产保持稳定的存在。

因此，этнос 定义可以表述为：在一定地域内历史上形成的，具有相对稳定的共同语言与文化特点，意识到自己的统一和有别于其他类似集团（自我意识），并有明确的自我称谓的人们集合体。[①]

此外，还有一种提法可做注脚，即把 ethnos 的定义概括为一句话："ethnos 是一个有着某些固定特征的复杂而又变动着的生物社会体系。"[②]

我们即使撇开 ethnos 本身的含义不谈，仅从作为称谓人们共同体的总括性的术语的角度来看，ethnos 与 nationality 二者之间也是有区别的。大体上说来，前者可以泛指氏族、部落、部族、民族各种类型的人们共同体，而后者一般只是指进入阶级社会的人们共同体，即主要是指部族和民族。例如，上述引文的作者之一，苏联科学院民族

[①] Ю. В. 勃罗姆列伊、В. И. 科兹洛夫：《民族过程是一项研究课题》，《苏联现代民族过程》第一章"概述"，莫斯科，1975。载《民族译丛》1979 年第 2 期第 32、33 页，杨允译。

[②] Л. Л. 维克托罗娃：《世界蒙古族概述》，《蒙古人：民族起源与文化渊源》，苏联科学出版社东方文献总编辑部出版，莫斯科，1980。载《民族译丛》1983 年第 4 期第 52 页，陈弘法译。

研究所现任所长 Ю. В. 勃罗姆列伊在《苏联民族学》杂志 1982 年第 2 期和第 6 期上，分别发表了两篇论述所谓民族过程的文章，一篇是《当前世界民族过程的基本趋向》，一篇是《苏联民族过程的基本趋向》。这两篇文章中的同是"民族过程"一语，前者用的是"этнических процессов"，而后者用的则是"национальных процессов"，从中可以看出用词的不同。然而，一旦译成中文，就再也见不到二者之间细微却又富于学术理论性的差别了。

现任我们一般对待 ethnos 这个术语，基本上如同对待 nation 一样，笼统地把它也认作是"民族"。这样一来，我们在原始社会最高发展阶段的 nation、进入阶级社会的народность 和 нация 以及可以作为一种共同称谓的 nationality 之外，又增添了另一类"民族"——ethnos。如果再加上以它的形容词 ethnic 组合而成的一系列复合词组，问题就更加复杂了。

因此，ethnos 的译称问题，同样是一个不容忽视的问题。

实际上，ethnos 就是 ethnic community，因而它是一个表述一种共同体的用语。在我国目前的大量译述中，按照一般习惯，都把后者译作"民族共同体"，有时也译作"族共同体"。有的同志则主张将 ethnos 径称为"族体"。笔者也认为，对于 ethnos 确实需要有一个精当的译称以与"民族"相区别。否则，由于术语概念的混同而造成理论上的混乱便无从避免，误将属于氏族社会的各类人们共同体均行纳入"民族"的范畴而无所觉察，漫令马克思主义民族理论中并不存在的所谓"广义民族"的外延随意扩展，徒使"民族"本身的科学含义更加惝恍迷离。

五 结束语

根据马克思主义民族理论的基本原理，从原始氏族社会到当前阶级社会，人们共同体的发展是一个顺序相承的动态发展序列。我们在弄清并区别马克思主义经典著作中用于人们共同体的不同术语的不同含义之后，便可以较为清醒地看出人们共同体发展的阶段性，从而了解人们共同体发展历史的基本规律。而人们共同体的发展历史，基本上又是与人类社会的发展历史相适应的，因此，我们可以把人们共同体发展的基本序列如下。

原始社会		奴隶社会	封建社会	资本主义社会	社会主义社会
氏族—胞族—部落—部落联盟—部落联合 ——			部族	——————	民族

（英文）gens—phratry—tribe—confederacy—nation（people）—nationality—nation

（德文）Gens—Phratrie—Stamm—Stämmebundes—Nation（Volk）—Nationalität—Nation

（俄文）род—фратрия—союэ племен—нация（народ）—народность—нация

这就是本文按既定的课题所得到的初步结论。

　　然而，问题并没有就此结束。因为虽然我们已经将这个动态发展序列上的后面三项，即"部落联合"、"部族"和"民族"区别开来了，但是，如果我们对这个发展序列的两个重要的理论表述用语，即作为阶级社会人们共同体的总称，可以概括部族和民族两类人们共同体的 nationality（非序列中的），和作为原始社会和阶级社会人们共同体的统称，可以概括从氏族到民族各类人们共同体的 ethnos，仍以"民族"相称，那末，无论是在理论阐述和发展理论方面，还是在对国外著述的译介和对外学术交流等方面，依然会遇到重重困难。因此，如何解决这两个理论表述用语问题，仍然是一个不容回避的问题。而对这两个理论表述用语的解决，笔者认为，必须结合人们共同体的发展序列，通盘考虑，统筹安排，选定最佳方案，才能收到较为理想的结果。

　　至于人们共同体发展规律的普遍性与特殊性问题，统一性与多样性问题，阶段性与过渡性问题，以及发展阶段的延续性与中断性和可超性问题等，都是需要结合实际，认真分析研究，在理论上加以深入探讨的问题。所有这些关系到学习、继承和发展马克思主义民族理论重大课题的研究工作，也只有在解决基本理论概念的基础上，方期获得长足进展。

原载于《民族研究》1983 年第 6 期

略辨"土著"与"原住民"

姜德顺

摘　要　联合国关注并着手处理土著问题已40多年。在联合国官方文件中,核心概念及对应词语"indigenous peoples"至少有"土著人民"和"土著民族"两个汉译名在同时并用。此外,在我国学术界以至一般媒体中,还存在着"土著"与"原住民"的混用。对于这一现象,有必要厘清头绪。为此,本文拟从语源、使用者范围、指涉范围宽狭度三方面,对于上述这两个语词予以简略语义辨析。

关键词　土著　原住民　语义辨析

2007年9月在第61届联合国大会上通过了《土著人民权利宣言》。① 该宣言所涵盖的那一类群体,并非汉语传统定义之"土著"即一般意义上的"世代居住本地的人"。就全球意义上而言,该群体在相关汉语文献中早期称为"土人",后来又称为"土著民族""土著人",有时也简称为"土著";在局部范围,例如在台湾各界则往往称为"原住民",其他地区人士偶尔也套用该用法。

自1970年联合国有关机构开始关注土著问题迄今40多年间,对"土著民"(indigenous peoples)这一概念的定义,尚无正式定论,而现在引用最多的就是一个工作定义,即"科沃定义"。这一定义之对象是土著的社群、族民和民族(indigenous communities, peoples and nations)②,明确提到尚未被入侵及殖民之前的社会,并提出历史连续性、非主宰、文化模式、祖传领土、族裔认同这几个定义土著族民之因素。

从20世纪70年代初期起,尤其是从1986年在联合国土著居民工作组第五届会议

---

① 在联合国官方报道中也使用另一个译名《联合国土著民族权利宣言》,详见"联合国网站新闻中心"和"联合国电台"网页上的相关文字报道,载 http://www.un.org/chinese/News/fullstorynews.asp? NewsID = 8459;http://www.unmultimedia.org/radio/chinese/detail/117425.html。

② 笔者在此把复数"peoples"译为"族民"而非"人民",更不是"民族",是鉴于全球约5000个土著群体,按人类学、民族学传统而言,可归属于从氏族、部落、部族、部落联合,一直到族群、民族,以至到种族的各种"单元"或"容器"里。

上开始起草以土著民为受益者的权利宣言以来,直至 2006 年在人权理事会通过该宣言草案第三稿时,对于几个核心词语的定义,包括对复数"peoples"与单数"people"这两个词语的义涵和用法,出现了相当复杂的局面。在宣言草案形成三个稿本的 20 多年间,始终屡屡引起争议①,以致联合国大会通过的"United Nations Declaration on the Rights of Indigenous Peoples",有两个不同的联合国官方公布的中文译名《联合国土著人民权利宣言》和《联合国土著民族权利宣言》。

众所周知,在汉语中,"人民"与"民族"具有不同义涵。因此,上述联合国宣言的两个汉译名会引起不同的见解。而在我国有关学术界,目前不仅遇到这一难题,而且出现了另一个独特的语义纠结,即存在着"土著"(及其若干同源词)与"原住民"(以及"原住民族")混用的现象。② 为了厘清头绪,对于可能出现类似于百年前现代意义之"民族"一词开始在我国使用之后,引起诸多争议,并使纷乱遗留至今的局面。本文拟从语源、使用者范围、指涉范围宽狭度三方面,对于"土著"与"原住民"这两个语词予以简略语义辨析。涉及法理及国际法范畴之问题,为另一专攻之术业,不拟在本文中混述。

一 汉语"土著"一词以及相关概念

"土著"是中国的一个本土词语,指世代居住于某个地方的本地人。现在常用的两部权威辞书《词源》和《辞海》中,对"土著"一词都有释义③,在此不予赘述。

《康熙字典》的"著"字条下,也收有一些有关土著的记载,即"前汉·张骞传""身毒国在大夏东南,其俗土著"。随后注释,"师古注""土著,谓有城郭常居,不随畜牧移徙"。还有记载为"后汉·李忠传""流民占著者五万余口"。

中国史籍中对"土著"有许多记载。例如在"二十五史"中,自《史记》以降直至《清史稿》,历代迭有记述。笔者 6 年前通过查对南开大学制作的"《二十五史》全文检索系统(网络版)",很方便地就能"按图索骥"找到。检索到的情况是,其中,除了《陈书》《北齐书》《新五代史》之外,其余 22 部史书当中都有关于"土著"的记载。其中,少的有一两条;多的比如《明史》《清史稿》,各有十几条。这些史书中的"土著",一些是指世代居住在某地的人,并无族体学(ethnology)涵义,比如《南

---

① 此种争议之事例不胜枚举。而且,即使在联合国一些文件的中文版中,各个文件里对该两词的译写,甚至对同一个词的译写,也不完全一致,例如把"indigenous people"译为"土著人"和"土著人民",把"indigenous peoples"译为"土著人民"和"土著民族"。本文中凡属不是直接引用联合国中文版文件的情况,笔者均按自己的理解而处理。

② 台湾出版中文译名为《联合国原住民权利宣言》,从而使这样一部很重要的法律文件,连同上文所述两个译名,一名三译。

③ 详见《辞源》,商务印书馆 1983,第 585 页;《辞海》(1979 年版缩印本),上海辞书出版社 1980,第 511 页;1999,第 1400 页。

齐书》卷一四，志第六，"州郡志上·青州"条目下："流荒之民，郡县虚置，至于分居土著，盖无几焉"，就是如此；但有些则是明确地指称世代居住于某个地区的某族，含有族体学意义，例如"天子既闻大宛及大夏、安息之属皆大国，多奇物，土著，颇与中国同业，而兵弱，贵汉财物"（《史记》卷一二三，《大宛列传》第六三）；"西域诸国大率土著"（《汉书》卷九六上，《西域传》第六十六上），等等。

"土著"虽然是一个古老的语词，但是，现在中国学术界比较通用的"土著民族"一词，一般是指"世代居住于本地区的民族。西方资产阶级学者以此称呼世代居住在殖民地半殖民地的民族，沿用至今"；"（他们）……在资本主义上升时期，曾遭受殖民主义者的残酷剥削、奴役和屠杀"。① 或者说，这一词义上的"土著民族"，基本上是指北美洲、南美洲、大洋洲全境以及撒哈拉以南非洲地区的最早居民的世代后裔。

二 "土著"与"原住民"之区别

尽管"土著"与"原住民"这两个语词目前显得似乎没有明确区分，但并非不可细致辨析：它们各自语源不同，使用者范围不同，而且所指涉范围宽狭度各异。以下即从这三方面着眼予以讨论。

1. 语源。在我国的《辞源》《辞海》中，均无"原住、原住民"词条。就其词源而言，"原住民"本是一个日语词语。这一词语是在甲午战争后台湾被割让给日本，随之才出现在台湾，被当地人直接取用其汉文原样而进入台湾的汉语词汇中，并于后来逐渐为使用汉语（华语、中文）的其他地区若干人士（包括学者和一般民间人士）套用，以至再后来在更广大地区与"土著"一词混用。为了不冲淡本文主题，兹不做过多考证。②

据查对常见辞书，日语之"原住民"（日语假名［音读］为"げんじゅうみん"）一词是由无单独义项而用于组词之汉字"原"（日语假名为"げん"，而具有单独义项的"原"字之假名［训读］为"はら"，意思是平原、原野）和词语"住民"（假名［音读］为"じゅうみん"，意思是居民）组合而成。日语中另有一个词语"土着"（假名［音读］为"どちゃく"），意思正是土著、定居（在某地）；用该词组成的短语有"土着の住民"，意思是土著居民；老户；本地人。③

另外，日语对译英语相关词语时，也是"原住"与"土着"并用的。例如，在《新英和大辞典》（岩崎民平、河村重治郎编，东京，研究社，1960）里，相关词条的

---

① 陈永龄主编《民族词典》，上海辞书出版社，1987，第 34 页。

② 更主要是局限于笔者仅粗通日语，力薄难以直接阅读较有深度的日语文献，况且并非专研台湾问题者，从而对于这方面专门著述路径生疏，故未敢妄议，谨做简略辨析，以期抛砖引玉。

③ 参见刘文祥等编《简明日汉词典》，商务印书馆，1984，第 205、319、539、624 页。

释义分别为：

aborigines n. pl. 1. 原住民，土民（primitive inhabitants）；

aboriginal adj. 1. 原始の；原生の，土着の；2.〔植〕自生の；3. 土着民の。①

indigene n. 土人，土着の人，原住民（native）；

indigenous adj. 土着の，（土地）固有の，國産の（native, autochthonous）。②

需要强调的是，我国大陆权威辞书中未收入日语之"原住"和"住民"词语。另外，日语中有以"居"字组成的"居住""居留""居所"等与汉语近义的汉字词语，以至"居合""居并""居座""居睡"等难以从汉语直接解读而颇显奇特的汉字词语，但并无"居民"一词，因而在指涉"居民"这一概念时，日语所用汉字词语为"住民"。而在台湾，人们套用"住民"一词，甚至派生出"住民自决"（resident self-determination）这一概念及词语。

而以上日语里的汉字"着"，是汉语汉字"著"（原读音 zhuó，后读音变为 zhù）的俗字，即"著"为本字，意为"接触、放置"。③

2. 使用范围。就使用者范围而言，在我国学术界和普通传媒中，一直到 20 世纪 80 年代中后期，基本上都是用"土著"这一词语及其同源同义词语指称相关概念。但是，近 20 年来，尤其本世纪以来，先是在学术界，后来则发展到在一般人群中，逐渐使用"原住民"一词，甚至在新闻传媒中还出现了套用"原住民"的赘语词"原住居民"，从而出现较多的"土著"与"原住民"混用现象。

为了确切验证，笔者于 2010 年 11 月，联网"中国知网"，选用其中的中国学术期刊网络出版总库、中国年鉴网络出版总库、中国博士学位论文全文数据库、中国优秀硕士学位论文全文数据库、中国重要会议论文全文数据库、中国重要报纸全文数据库、中国图书全文数据库、中国期刊全文数据库共 8 个数据库，分别从全文、题名、主题、关键词 4 种检索途径，以"原住民"与"土著"为检索词，以数据库所收录文献开始之 1915 年初，至 2010 年第三季度结束时之 9 月 30 日，作为检索对象时间范围，进行检索。

现以上述 4 种检索途径当中，该两个检索词各自出现均为最多、检索途径为全文的检索结果为例，予以说明。从 1915 年 1 月 1 日至 1980 年 12 月 31 日，出现"原住民"者 98 篇，"土著"者 1660 篇，后者为前者 16.94 倍；1981 年 1 月 1 日至 1989 年 12 月 31 日，出现"原住民"者 296 篇，"土著"者 7427 篇，后者为前者 25.1 倍；1990 年 1 月 1 日至 1999 年 12 月 31 日，出现"原住民"者 1350 篇，"土著"者 17722

① New English‐Japanese Dictionary on Bilingual Principles, Tokyo, Kenkyasha, 1960, p. 5.

② New English‐Japanese Dictionary on Bilingual Principles, Tokyo, Kenkyasha, 1960, p. 908.

③ 见《辞海》（1979 年版缩印本），上海辞书出版社，1980，第 588、1924 页。

篇，后者为前者 13.13 倍；2000 年 1 月 1 日至 2010 年 9 月 30 日，出现 "原住民"者 16374 篇，"土著"者 65662 篇，后者为前者 4.91 倍。1915 年 1 月 1 日至 2010 年 9 月 30 日共约 96 年总计，在全文检索途径中，出现 "原住民"者 18118 篇，"土著"者 92471 篇，后者为前者 5.1 倍。①

这一检索结果已验证笔者上述关于 20 世纪 80 年代中后期之前，我国学术界和普通传媒讨论和报道有关问题时，基本上都是使用 "土著"一词这种印象。其中的历史背景在于，1987 年 10 月，台湾当局开放民众赴大陆探亲②，自此，台海两岸各界来往日渐密切，于是 "原住民"一词也在台海西岸日益多见。

其实，即便此前我国学术界和普通传媒中使用 "原住民"一词较少，也有其历史及地理渊源，这可从上述依全文检索途径所检索的结果中，抽取其中以 "原住民"为检索词所检索的从 1915 年初至 1980 年底所得结果之 98 篇，再按文献出版来源检索途径进行检索，予以验证。

后一检索所得结果表明：在 1980 年年底之前的近 65 年里，在全文文献中，含有 "原住民"一词之文章，发表在《南洋问题资料译丛》上 32 篇，约占总数 1/3；《南洋资料译丛》发表 30 篇，《南洋问题资料》发表 2 篇，以上三刊合计 64 篇，约占总数 2/3。而该三刊实为同一刊物，即 1957 年创刊、今刊名为《南洋资料译丛》（现为厦门大学南洋研究院主办）之季刊。其余则以发表于《东南亚研究资料》（今《东南亚研究》双月刊，现为暨南大学东南亚研究所主办）者占大多数，共 12 篇。上述 4 种刊物上合计发表 76 篇，占总数之 78%。而《南洋资料译丛》等三刊和《东南亚研究资料》之主办机构地近台湾，且该四刊所发表上述 76 篇文章中，相当大一部分为译自日语之译文。这种情况，既与历史背景吻合，也包含明显的地缘因素。

上述 98 篇文章当中其余 22 篇则分别发表于《厦门大学学报》等 17 种刊物上。而且，所有 98 篇当中，96 篇发表于 20 世纪 50 年代及以后，之前所发表者仅有《考古》1 篇（1935 年 6 月 15 日）和《地理学报》1 篇（1935 年 3 月 2 日，这是此项检索中最早见刊者）。

关于 "原住民"一词在台湾的情况，笔者于 2011 年 10 月以电子邮件专门向一位熟识的台湾朋友石开明先生请教。他所来电子邮件回复说：他从小就生长在原住民较平地人多的山地乡（台湾南投县仁爱乡），与原住民有些接触。该乡位于台湾中央山脉，海拔高度最高达三千多米。在他印象中，小时候常有原住民到他所在那个村里打零工，做些田间的农活，他和本村的人们通常都把这些来打零工的人叫做 "山胞"，偶

---

① 详见姜德顺《联合国处理土著问题史概》，四川人民出版社，2012，第 57～59 页。
② 参见《台湾当局被迫开放岛内民众赴大陆探亲》，详见 http://www.china.com.cn/chinese/zta/440737.htm。

而会称"高山族"。

关于"原住民"一词的开始使用时间以及在台湾的使用者范围,石开明先生说得相当具体、详备:

但我从小一直都未听过"原住民"一词,一直到进入《联合报》工作后,才由媒体得知不能再叫"山胞"或"高山族",要称"原住民"……现在一般民众都使用"原住民",已几乎听不到"山胞"或"高山族"了。我认为"原住民"一词在台湾能普遍使用,与20世纪70年代以后的台湾内部政治有关,特别是涉及"台湾人""外省人"的族群政治权力斗争,当"台湾人"说"外省人"是外来政权时,当"台湾人"说他们才是这片土地的主人时,激发了"山胞"的政治意识,"山胞"这时跳出来说,他们才是这片土地真正的主人,他们才是这片土地的"原住民"。全台湾原住民仅约30万人,但少数民族问题在道德上却是备受重视的,以汉人为多的台湾社会必须予以尊重。目前在台湾,"原住民"一词一般老百姓都在使用,但没有人使用"土著"。原住民族委员会(简称"原民会")成立于1996年12月,在此之前主要媒体均已使用"原住民"一词。①

而据台湾学者一项研究,在作者所调查的《中国时报》《联合报》等12家报纸中,于1988至1995共8年里,共发表了有关报道168篇。其中,首次举行大规模原住民"还我土地运动"的那年即1988年报道最多,达93篇(占55.4%);第二次举行该运动的1989年所做报道达34篇(占20.2%),次多;再次之则是第三次举行该运动的1993年,亦即联合国举行"土著人民国际十年"的那年,报道了24篇(占14.3%)。就各报在报道中所用称谓而言,这8年间都使用了"原住民"一词;在1988至1993年这6年里,这些报纸中都有使用"山胞"这一称谓的情况;而"山胞"与"原住民"并用的情况只出现在1988年、1989年这两年,1994年、1995年则再未使用"山胞",只使用"原住民"。②

3. 指涉宽狭度。再从确切所指范围来看,自台湾日据时代一直到目前为台湾各界普遍用语之"原住民",是指台湾的"泰雅、赛夏、布农、邹、鲁凯、排湾、卑南、阿美、雅美、邵、噶玛兰等11个已获认定的少数民族"③,即新中国所称的"高山族"。然而,尽管"早在新中国成立前夕,特指台湾的'原住民'一词就出现在新华社电讯稿的编者按当中",具体而言是1949年9月4日《人民日报》第4版刊登的一条新华

---

① 石开明,1983~1987年就读大学,1992年10月进入《联合报》,1995年11月转任该报大陆新闻中心记者直至2004年7月离开该报社。笔者与石开明先生自1997年3月份在北京见面从而相识起,多年来在北京多次会晤。石开明先生所来电邮不仅讲述了他本人的实际体会,还提供了下文中所引用的两件台湾学者研究成果(王嵩音文和汪明辉文,均为pdf文件)。谨此致谢。

② 参见王嵩音《台湾原住民还我土地运动之媒体再现》,该文为石开明先生所提供之pdf文件,原无页次。

③ 陈建樾:《台湾"原住民"历史与政策研究》,社会科学文献出版社,2009,第1页。

社消息《台盟高山族盟员田富达表示，高山族人民坚决斗争抗击美帝侵台阴谋》中，其编者按中出现过"高山民族是台湾的原住民"这样的表述①，但是，在新中国，直到20 世纪 80 年代中后期之前，"原住民"一词却十分罕见于报刊及其他传媒中，踪迹难觅。

在中国大陆，长期以来都是使用"土著"一词，讨论和报道有关问题。更为重要的是，"土著"一词是联合国系统各机构和组织在指涉有关概念及问题时，在所有有关文件当中，其对应中文（汉语）版本的正式用语。众所周知，1971 年 10 月联合国大会第 26 届会议通过第 2758 号决议以来，"一个中国"的原则在联合国得以确立。相应地，根据《中华人民共和国国家通用语言文字法》第二条明确规定，我国的"国家通用语言文字是普通话和规范汉字"，因而在联合国系统，中华人民共和国使用的全国通用语言——普通话和规范汉字，自此成为联合国文件的中文版本用语。

巧合的是，国际范围的土著民运动起始于 20 世纪 70 年代中期，几乎在同期，土著问题被纳入联合国的视域而得到密切关注。因此，最迟从那时以来，在联合国有关问题的文件中，绝大多数情况下都是用"土著"以及"土著人民""土著民族"等，仅在极个别情况下会出现"原住民"一词。兹举一例：在联合国多语种检索中，能找到一个"亚洲原住民组织"②。但是，这种情况在联合国系统极少见。

台湾"原住民"的正名活动，受 70 年代中期兴起于国际上的土著民运动影响而起步。1957 年国际劳工组织《关于保护与融合独立国家中的土著和其他部落及半部落居民的公约》（第 107 号公约）（*Convention Concerning the Protection and Integration of Indigenous and Other Tribal and Semi - Tribal Populations in Independent Countries*，ILO No. 107），形成了专门针对土著权利的第一个国际标准。第 107 号公约被 70 年代兴起的国际土著运动批评为带有同化色彩，国际劳工组织遂于 1989 年通过了《关于独立国家中土著和部落人民的公约》（第 169 号公约）（*Convention concerning Indigenous and Tribal Peoples in Independent Countries*，ILO No. 169），去除了原来版本中所含对土著的同化色彩，取代了第 107 号公约。国际劳工组织的这两个公约为土著权利设立了基本的法律框架。此外，据有关学者论著，联合国教科文组织于 1981 年通过的《圣何塞宣言》、一些土著民组织于 1977 年通过的《西半球土著人保护原则宣言》和 1984 年通过的《土著人权利原则宣言》，以及 1962 年台湾批准加入国际劳工组织第 107 号公约，举凡

---

① 陈建樾：《台湾"原住民"历史与政策研究》，社会科学文献出版社，2009，第 7 页。
② 这是 1988 年开始构思而准备成立的一个组织，其反映印度、缅甸、泰国、老挝、马来西亚、中国台湾省以及菲律宾的土著民的要求，目的是加强亚洲土著民之间的合作和团结，该区域性组织于 1992 年 4 月在曼谷召开第一届大会，通过了章程。详见"Asia Indigenous Peoples Pact"，载 http://unterm. un. org/DGAACS/unterm. nsf/WebView/908668B06FF0789B85256DEC00533324？OpenDocument。

这些，为"台湾'原住民'提供了争取自身合法权利的法源基础"①。据台湾学者另一项专门研究，1983 年台湾开始有人发起后来称为"原住民运动"的活动，提倡高山族自觉运动，其目的在于"激发高山族的自觉奋起"及"力倡高山族团结"；就称谓而言，1984 年才开始有人主张以"原住民"取代"高山族"与"少数民族"。② 1984 年 12 月 29 日，在台北马偕医院成立了"台湾原住民权利促进会"（简称"原权会"），这是首个以"原住民"冠名的组织，其英文名称为"Alliance of Taiwan Aborigines"（汉语译名为"台湾原住民联盟"）。该组织成立后，首先以"原住民"取代原来称谓"山胞"。1987 年 1 月 27 日，"原权会"改称"原著民族权利促进会"，并发表"原住民族权利宣言"。③

另据一位美国学者的论文中称，1984 年，台湾原住民联盟成立后，频繁参与土著民国际集会。该联盟的目标是在 9 个主要土著群体当中，协调政治行动；其所关注的问题是土地权利和土地使用，政治地位及诉求，文化保护和文化自治，经济机会，对成年妇女和女童的性别剥削，以及正名。台湾当局于 1994 年修改了有关法规，消除了原来所用"山胞""山地同胞"的说法，改用"原住民"，并于 1996 年成立了"原住民委员会"。原住民联盟曾在联合国土著居民工作组对核心概念及词语"indigenous peoples"进行过争论，对联合国把该词语中译为"土著人民"发难，认为该译法带有"原始的"或"文化水平低下的"义涵，并竭力要求联合国改而采纳 *"yuanzu minzu"*（原住民族）或 *"yuanzu min"*（原住民）的译法。④

类似于"土著""土著人民"这种译法，其实早在联合国成立之初的一些文件中，以至于 1919 年成立的国际劳工组织于 20 世纪 20、30 年代进行的调研活动中，都曾使用过。而那时候，根本还没发生"原住民运动"。自中华人民共和国恢复在联合国的合法席位以来，这种译法也一直得到我国政府的支持。另外，如前所述，"土著"一词本无歧视意味，硬要往"原始""文化水平低下"去挂钩，或许有些牵强，亦不乏自卑心理作祟。现代汉语中含有先进与落后这层意义的"洋"与"土"这对词语，是鸦片战争之后才出现的引申义，只要回顾清代中叶之前的"西洋""南洋""东洋"诸词语之涵义，不难感悟此种演变。而与"住民""原住民"有些瓜葛的"住民自决"，其因由及意味反倒值得推敲。

---

① 参见陈建樾《台湾"原住民"历史与政策研究》，社会科学文献出版社，2009，第 55 页。另外，关于国际土著民运动与台湾"原住民"运动之间的互动，是颇为庞大的另一个专门论域，有关论著也有不少，但因其并非本文主旨，故而在此予以细述。

② 参见汪明辉《台湾原住民运动的回顾与展望》，石开明先生所提供之 pdf 文件，第 8、9 页。

③ 参见同上，第 12、14、16 页。

④ 参见 Benedict Kingsbury, "Indigenous Peoples," in International Law: A Constructivist Approach to the Asian Controversy, *The American Journal of International Law*, Vol. 92, No. 3, July 1998, pp. 431 – 432。

综上所述，对于混用"原住民"一词，应保持头脑清醒，必须注意严格区分场合和语境。

Abstract：In more than 40 years history of dealing with aboriginal issues in the U. N. , the key concept and its language used in U. N. documentation 'indigenous peoples' has been translated into two Chinese words：native people（*Tuzhurenmin*）and native ethnic groups（*Tuzhuminzu*）. In addition，the phenomenon of mixing up 'native'（*Tuzhu*）and 'indigenous'（*Yuanzhumin*）confused Chinese academics and the medias for a long time. This paper tries to distinguish the above two usages by simplified semantic analysis in three ways：the origin，the scope of the users，and the extend of the references.

原载于《世界民族》2012 年第 6 期，略有改动

特殊的机制、普遍的权利

——少数民族权利保护正当性辨析[*]

王建娥

摘 要 "少数民族"不是一个单纯反映数量关系的自然概念，而是现代民族国家话语体系中的一个专门术语，具有深刻的政治蕴含。少数民族的权利不是什么特殊的权利，而是现代世界所有政治社会成员都应该享有的基本权利。少数民族权利保护之所以正当而且必要，是因为在以少数服从多数的传统政治理念和实践中，少数民族正当的权利诉求往往被淹没在多数民族的人口优势中而无法得到伸张和实现。正是为了矫正以往政治过程中发生的这种不公正现象，现代世界才创造了少数民族权利保护的概念和制度，这样一种特殊的保护制度只有放在这样的历史大前提下才具有正当性。同时也要认识到，在任何情况下，少数民族的自治权利都不是绝对的无限的，而是相对的有度的。这个度就是民族的自治必须建立在民族平等的基础上，在服从国家法律的大前提下，不能背离公民平等这个最基本的人权原则。如果这个关系处理不好，就会抵消民族区域自治和各种倾斜政策的正面作用，在民族成员之间造成负面影响。多民族国家对此应该有所警惕。

关键词 多民族国家 少数民族 少数民族权利 少数民族权利保护

一 少数民族概念的政治属性及其联系

少数民族这个概念是民族国家时代的产物。少数民族不是一个自然形成的单纯反映数量关系的孤立概念，而是多民族国家这个话语体系中的一个专门术语。反映一个国家多个民族这个政治现实。威尔·金里卡认为，"少数民族是在欧洲发明出来的一个词，指那些在过去五个世纪在动荡的欧洲国家创立过程中遭遇失败的欧洲民族，他们的故土被合并进（整体或部分）更大的相邻欧洲人统治的国家。在欧洲从混乱的帝国、王国、公国向现代民族国家转变的过程中，少数民族是积极参与者。然而，他们或者没有建立起自己的国家（如加泰罗尼亚人的情形），或者发现自己处于错误的边界，它们与邻近母国（kin - state）的关系被切断了（像丹麦和意大利的德意志人）"。①

从族际政治关系看，并不是所有人口占少数的民族都可以称之为少数民族。有些民族虽然在人口上占多数，但是在国家的政治权力结构中却享受不到应该有的权利，处于受支配受压迫的地位，因而仍然属于少数民族的范畴。比如，种族隔离时代的南非非白人群体②，英国统治时期的爱尔兰人，还有比利时的佛兰德斯人。威尔·金里卡在他的文章中写道，"佛兰德斯人在数量上占优势，但他们在历史上屈从于说法语的精英们，因此常常被视为'少数群体'，这一少数群体用来指涉其被统治地位，而不是数量上的多数"。"少数民族"作为一个政治学概念，具有一定的政治规定性，体现着一个民族在国家中的地位和权利，属于族际政治理论与实践的范畴。同时它也表明，民族认同在该社会中已经具有了合法性。

"少数民族"一词取代了中世纪的"外族"、"异族"、"外国人"和"异端"这样一些词汇，进入 20 世纪的政治话语体系，是与以下几个因素相联系的。

一是国家和主权观念的变化，以及人权观念的兴起。当人们用"少数"这个修辞性概念来描述自治共同体中的这一部分人口时，它至少表示出这一群体与其相对的多数人具有同样的构成意义，属于同一政治共同体的成员，具有同等的国民身份，在理论上拥有与多数人一样的法律地位，同等的自由和人权。诚如民族（nation）一词包含着启蒙时代的社会民主、公民平等等政治意蕴一样，少数民族一词同样包含了这种新的时代意义。

二是代议制民主和普选权进入了现代政治理论和实践。少数与多数原本是一个纯粹量的概念，这个量的概念与政治发生联系的媒介，就是政治过程中的票决制。在政治制度史上，数量关系进入政治过程的前提和途径是选举。古代雅典如此，现代国家的选举亦如此。因此，政治领域的少数与多数，与普选权的实施有直接的关系。只有人民成为国家主权的载体，人民的意志进入了国家的政治决策过程，数量关系才开始具有了政治的意义。在前现代的传统社会，被统治者是没有权利的臣民。统治者们并不在乎其臣属在文化上的差异，只有在人民主权观念进入现代政治实践、人民的同意成为政治合法性的唯一来源、在民选过程中获得制度化的多数同意成为入主国家权力机构唯一途径的前提下，少数与多数的概念才具有了政治意义。少数民族作为有表达权的公民的一部分，也才成为具有政治意义的现代词汇，进入了现代政治理论和社会

① 威尔·金里卡：《少数群体权利的国际化》，天津师范大学主办《政治思想史》季刊 2010 年第 2 期，第 156 页，页下注 3。

② 南非非白人群体占总人口的 85% 以上，但是在 20 世纪 90 年代前的种族主义统治下，他们在法律上享受不到平等的公民权利，因而也被划入"社会学上的少数民族"（sociological minority）的范畴。See Martin N. Marger, *Race and Ethnic Relations—American and Global Perspectives*, eighth edition, Wadsworth, 2009, p. 31.

科学的研究领域。

三是民族国家兴起、欧洲政治版图的重划以及欧洲政治话语的变动。第一次世界大战以后，在三大帝国解体声中诞生的众多新国家，都存在着大量的异族人口。如何定义各国境内的这些人口，保护他们的正当权利，成为当时欧洲政治关注的一个热点问题。"少数民族"这一概念便应运而生。

二 少数民族权利保护的由来和范畴

少数民族概念的出现，在时间上不早于 20 世纪初。在此之前，欧洲社会对生活在特定疆域之内但不属于当地民族的具有异质文化和语言属性的居民，如商贾、旅行者和流亡者，都还称作外国人。在奠定 19 世纪欧洲政治格局的三大条约即 1815 年的"维也纳和约"、1856 年的"巴黎和约"以及 1878 年的"柏林条约"中，当提到迁移到外国的人口的权利和安全问题时，都没有用"少数民族"这个概念，更没有提及语言和文化的权利。

直到第一次世界大战前后，才正式出现了少数民族这个词，特指那些在语言宗教或文化上与一国中的主体民族不同的群体。而作为 20 世纪族际政治中最重要的一个概念的少数民族权利保护一词的首次出现，则是在一战以后欧洲政治秩序的重建过程中。

第一次世界大战后，欧洲的政治格局发生了极大的变化。波兰、捷克和南斯拉夫等一系列新建国家出现在欧洲的政治舞台，欧洲旧有的国家版图被重划。其中最突出的就是德国边界的重划所引起的人口归属变化。在由战胜方协约国主导的战后政治安排中，战败的德国大片土地和大量人口被分割到不同的国家。根据巴黎和会签署的各项协议，约 600 万德意志人被分割在波兰、捷克斯洛伐克和其他国家。这些人口构成了当时欧洲许多国家少数民族的一个重要部分，并产生了这些人在新国家中的权利及其保护的新问题。为此，巴黎和会上特别成立了一个由美国、英国、法国、意大利和日本代表组成的处理新建国家问题的委员会，起草了专门责成波兰和捷克斯洛伐克等国家保护从德国获得土地上的少数民族权利的条款。1919 年 6 月 28 日协约国与波兰签署的"波兰少数民族条约"（Polish Minority Treaty），责成波兰保证"一视同仁地保护境内所有居民的生命和自由，无论其出生地、民族、语言、种族和宗教"，所有波兰人都在法律上享有平等公民身份，少数民族可以在商业、出版、法庭和私人交往等领域自由使用自己的语言等。为此，在巴黎和会上成立的国际联盟，还设立了一个少数民族事务部，专门处理少数民族的事务。① 从 1919 年到 1923 年，协约国和人口中包含少

---

① Fink Carole, "The League of Nations and the Minorities Question," *World Affairs*, Spring 1995, Vol. 157, p. 197.

数民族的国家达成了 14 个协议，规定如何对待少数民族。这些国家包括波兰、捷克斯洛伐克、南斯拉夫、罗马尼亚、希腊、奥地利、匈牙利、保加利亚、土耳其、芬兰、阿尔巴尼亚、立陶宛、拉脱维亚和爱沙尼亚。少数民族权利保护是被提上了欧洲的政治议程，在国际上也产生了一种处理少数民族问题的新方法。

历史地看，国联少数民族权利保护政策的出台，在很大程度上是胜利者为了保证他们重划的欧洲版图而制定的。国联对少数民族权利的保护，也基本是一种安抚性的，为了最低限度地稳定巩固少数民族的现状，避免少数民族的不满和反抗破坏国联谋划的世界秩序。在后来的欧洲历史进程中，国联的保护政策也和国联本身的橡皮图章性质一样，没有产生什么实际的效果。但是，少数民族这个概念以及少数民族权利保护的主张，却作为一种政治观念留存下来，并且穿越了历史，成长为一个政治法律概念，成为现代国际法、国家理论和政治学说中的一个重要内容。少数民族问题，少数民族和主体民族的关系也成为民族国家时代国内政治生活的一个典型内容，对现代国家的政治发展产生深远的影响。

在中国，公民意义上的民族（nation）一词是 19 世纪末 20 世纪初从日本转译过来的。[①] 具有同样政治意义和构成意义的少数民族一词在中国的应用应该更晚，大约在 20 世纪 20 年代以后。[②] 当时，该词作为一种描述性用语，出现在中国共产党早期的一些文献中，用它来指称汉族以外的其他民族。这种使用方法与中国共产党所主张的"少数民族是中华民族不可分割的一部分"的国家观有着直接的联系。[③]

从法律史的角度看，少数民族作为一个法律词语，不早于 20 世纪 30 年代。有学者研究指出，最早在国际法文献中对少数民族概念做出界定的，是在 1930 年 7 月 31 日国联常设国际法院对保加利亚和希腊之间有关少数民族迁移中的争执问题的咨询意见中。该文献最早对少数民族概念做出定义，"在特定国家或地域生活的具有自己的种族、宗教、语言和传统的人群，基于种族、宗教、语言和传统的认同，其成员团结一致，主张保护其传统、维持其礼拜形式、保证按照他们种族的精神和传统教育和培养子孙后

---

① 有学者提出，将民与族连在一起使用的"民族"一词，在中国古籍中既已存在，如邸永君教授的"民族一词见于南齐书"。但是，将平等和公民权利等政治内容包含在其中的新的"民族"（nation）概念，是在法国革命后兴起的。清末民初由梁启超从日本转译而来，是可考可信的。

② 笔者曾在非常有限范围内对该词的使用时间进行过不很深入的考证，并且请教过一些专门研究中国民族问题的专家，他们的意见也是如此。

③ 如 1926 年中共中央针对当时西北军的工作给刘伯坚的信中写道，"冯军在甘肃，对回民须有适当的政策，不损害这些少数民族在政治上、经济上的生存权利，使他们乐意帮助冯军"。同年 12 月 5 日，中央局在关于全国的形势及党的策略的报告中提出，"尊重蒙、回少数民族的利益，以引导他们参加全国反军阀、反帝国主义的斗争"。这是目前可以见到的最早使用少数民族一词的文献。《中共中央关予西北军工作给刘伯坚的信》，载中共中央统战部编《民族问题文献汇编》，中共中央党校出版社，1991，第 46、49 页。

代，并互相提供帮助"。①

1966 年联合国大会通过的《公民权利和政治权力国际公约》第 27 条，就是专门为保护少数民族权利制定的条款。1977 年，联合国人权委员会防止歧视和保护少数民族委员会特别专员弗兰西斯克·卡波托蒂对少数民族做了以下的定义："少数民族是指在数量上与一个国家的其他人口相比处于劣势，处于非支配地位的群体，其成员作为该国国民，具有与其他人口不同种族、宗教或语言特征，并且表现出保有其文化、传统、宗教或语言的团结意识。"②

当代西方多元文化主义和少数民族权利保护理论，通常对少数民族作三种规范性划分：即（a）土著人（indigenous peoples），指由外来移民建立的移民国家中的原住民；（b）世居少数民族（national minorities），指本土国家中的世居少数民族；（c）移民（immigrant groups），指全球化时代国际人口流动带来的与居住国人口不同的移民少数民族。目前，少数民族权利保护的国际法也倾向于对少数民族进行这样的分类，并且有专门针对三种少数民族权利保护的法律文献。比如专门针对土著人的联合国土著人权利宣言（UN Draft Declaration on the Rights of Indigenous Peoples），专门针对地域性少数民族的欧洲理事会少数民族权利保护框架协议（Council of Europe's Framework Convention for the Protection of National Minorities），以及联合国移民权利保护协议（UN's Convention on the Rights of All Migrant Workers）等。③

三　少数民族权利保护的本质

少数民族是作为与主体民族相对的社会集团而存在的。二者的共生共存是当代世界多民族国家的重要特征。少数民族与主体民族的概念，体现的是一种权利关系，这种权利关系，既是多民族国家内民族问题的渊薮，也是民族问题的主要内容。与多民族国家内的主体民族相比，少数民族所指称的这部分人口，具有体质、文化、宗教、习俗等方面的差异，其文化特性、宗教习俗和生活方式的保持和发展，需要一定的政治空间。而保护构成这些民族的文化、保护他们正常发展所需要的空间，是多民族国家的正当职责。作为共同的政治社会的构成部分，少数民族理所当然地拥有在同一社会中追求自己平等地位和利益的权利，拥有参与国家政治决策和公共生活的权利，有

---

① UN Doc. E \ EN. 4 \ Sub. 2 \ 384 \ Rev. 1. Para. 21. See F . Capotorti, Study on the rights belonging to ethnic, religious and linguistic minorities, UN sub commission on prevention of Discrimination and Protection of Minorities, (1979). 转引自吴双全《少数人权力的国际保护》，中国社会科学出版社，2010，第 15 页。

② UN Doc. E \ EN. 4 \ Sub. 2 \ 384 \ Rev. 1. Para. 568. See F . Capotorti, Study on the rights belonging to ethnic, religious and linguistic minorities, UN sub commission on prevention of Discrimination and Protection of Minorities, 1979. 参见吴双全《少数人权力的国际保护》，中国社会科学出版社，2010，第 17 页。

③ Kymlicka, Will, He, Baogang (Ed.) Print publication date: 2005, Published to Oxford Scholarship Online: February 2006, Print ISBN – 13: 978 – 0 – 19 – 927762 – 9, doi: 10. 1093/0199277621. 001. 0001, p. 11.

选择自己的语言发展自己的文化的权利。所有这些权利，都包含在公民平等权利的范畴之中。

因此，从抽象的理论意义上说，少数民族的权利是当代世界通行的基本权利，是所有政治社会成员都平等享有的无差别的权利。但是，在现实社会中，政治过程中通行的少数服从多数的公共决策规则，使人口基数相对较小的种族、语言和宗教上的少数民族在国家公共决策过程中处于一种"天然劣势"，"他们在对其幸福和尊严至关重要的事务上永远处于被多数人击败的地位"；"多数民族总是可以赢得确定官方语言和宗教、制定与少数人基本价值观和信仰相反的政策的权力"。① 而少数民族保护自己的文化和语言，发展自己经济的正当的权利和诉求，很容易被多数民族的人口优势所淹没，所遏制，无法得到平等伸张的机会。诚如韦思·诺曼（Wayne Norman）所说，在现代国家民族建构过程中，恰恰是那些建立在自由主义的正义原则基础上的政策如全民教育、全民健康保险、财富再分配、政治平等，等等。这些确实具有民族建构性质的政策，却很可能在偏向多民族国家中的主体民族或某一少数民族。② 更严重的是，由于各种各样的历史原因，许多国家的少数民族根本没有参与国家政治生活的渠道，不能进入正常的政治过程，更遑论平等地表达自己的意愿和诉求。这种理论和现实彼此相悖的内在矛盾，促进了人们对少数民族权利的关注，基于公民平等观念的少数民族权利保护，成为 20 世纪多民族国家话语体系中的一个醒目命题。少数民族权利保护的理论和实践，成为现代政治法律的一个重要内容，体现出现代国家与其公民之间关系的本质。

所谓少数民族的权利，就是基于《世界人权宣言》《公民权利和政治权利国际公约》《经济、社会、文化权利国际公约》等一系列国际人权文献，获得国际社会一致认可的那些人人都享有的普遍权利，也是联合国宪章中所阐明的那些原则：所有民族都有平等的民族自决权，所有民族都有权在不受外部干预的情况下自行决定其政治地位、追求其在经济、社会和文化上的发展。当代世界各国的国情不一，少数民族权利保护政策的现实和内容也不一样，但是大体上都没有脱离这个范畴。所谓少数民族的权利，归根结底是建立在人的基本权利基础之上的普遍权利，而绝不是特殊的额外的权利。这个命题的前提仍然是法律面前人人平等。谁都不能享受特权。少数民族权利保护原则，归根结底保护的是少数民族在现行国家之内实现和其他民族一样的平等公民权利的机会和空间。要求民族的平等，不是要求小民族集团和大民族集团享有同等份额的

---

① Norman, Wayne, Negotiating Nationalism, Nation - Building, Federalism, and Secession in the Multinational State. Print publication date: 2006, Published to Oxford Scholarship Online: September 2006, Print ISBN - 13: 978 - 0 - 19 - 829335 - 4, doi: 10. 1093/0198293356. 001. 0001. p. 145.

② Ibid., pp. 52 - 54.

资源和权力，而是要求消除社会生活中存在的大民族主义，培育一种彼此平等、互相尊重的新型民族关系和公民意识，消解大民族对小民族那种高高在上、屈尊俯就的优越感。消除大民族对小民族的歧视和压迫。

因此，少数民族权利保护是一种特殊的机制，它所保护的是在通行"少数服从多数原则"的社会条件下容易被多数人忽视或侵犯的普遍的公民权利，而不是在公民权利以外的任何特殊权利。少数民族权利保护的途径是在票决制等传统的决策机制之外，另辟蹊径创造其他新的机制，在国家的法律和制度中制定专门的条款、设计专门的制度，对少数民族的权利进行保护，保证少数民族能够在多数民族占据表决优势的情况下，依然能行使自己正当的权利，避免简单绝对的、不加限制和修正的票决制可能会使民主决策制度变成简单的人口统计学，损害少数民族原本应该享受的基本权利。当代政治实践中的许多制度和机制，诸如非均衡性民族联邦制、民族区域自治制、协商民主制、特殊代表制、非比例代表制、平等参与机制、双向制衡机制等，这些特殊的机制，都属于这个范畴。当代各国制定的各种少数民族权利保护政策，虽然内容形式上各有特色，但都是为此目的而制定的。这种特殊的制度和渠道，既是对代议制民主制度的补充，也是对机械僵硬的票决制程序的修正，而不是对公民权利平等原则的背离。在少数民族聚居地区实行区域自治，使少数民族在诸如语言、文化、教育等敏感的法律问题上享有自治权力，从而保护少数民族不受多数民族的强制，同时也不必违反多数原则，把自己的意志强加在多数民族身上。这样一种民族区域自治制度是对传统民主理论潜在缺陷的一种创造性的弥补，也是对历史上一元民族建构模式弊端的必要矫正。

四　少数民族权利保护的政策与实践

在理论上，人们很容易接受联合国宪章阐明的少数民族权利保护这个原则，各国也会在宪法中重申这些原则。但是，在实践上，要使联合国宪章和各国宪法及法律文本中制定的保护政策真正落到实处，转化为广大民众自觉的行为，往往并不是那么容易的，还有许多艰巨工作要做。由于对少数民族权利保护的本质和意义认识不足，也由于大民族主义思维定式和传统的根深蒂固，人们在国内民族关系处理和少数民族权利保护，以及民族自治权利的落实上，很难形成真正的共识。甚至在学术界，对国家应采取何种民族政策亦存在着深刻的分歧。这些分歧集中表现在政治承认、制度设计和政策实践三个方面。

第一，多民族国家的建立和存在，本身就彰显着少数民族一词的构成意义，意味着国家的共享性质。但是在政治领域，是否应该承认少数民族的存在及其权利，在很多国家都存在争议。近年来，国内外学术界普遍存在这样一种观点，认为在政治上承认少数民族的存在，并且在法律上确认其地位，就会在社会中划出多个集团，人为地制造分离的因素，不利于社会的整合与团结。现代国家的建构应该强化国民的公民意识，强调公民对国家的认同，淡化民族意识。与其强调民族平等，不如强调公民平等，用公民权利概念取代民族权利概念；国内有学者认为，20 世纪 50 年代中国的民族大调查，以及随后的民族自治区域的设立，就起到了强化社会边界、阻碍社会整合的负面作用。

这种观点的偏颇之处在于：其一，社会分野不是因为你承认了它就存在，不承认就不存在。承认少数民族的存在，承认少数民族的权利，首先体现的是对历史和既有的社会现状的尊重，是一种现实客观的态度。20 世纪 50 年代中国的民族大调查实际上属于国情调查的一种，目的是便于国家在掌握基本国情的基础上制订计划。现代多民族国家中的族际关系的处理，必须建立在对历史遗产的了解和尊重的基础之上，必须包含现实主义的利益权衡，如果连这个事实都不能承认，哪里还谈得上基于现实的理性选择？其二，这种观点隐含着一种将国家和公民置于少数民族之上或与少数民族对立的地位的二元对立思维模式。如果我们对国家和公民进行一个解构，就会发现这种二元对立思维模式是谬误的。其三，如果国家与少数民族的利益没有深刻的一致性，国家不能代表少数民族的利益，那么这种国家就不能成其为多民族国家，它对少数民族的统治也就没有合法性；少数民族利益本身就寓于国家利益之中。少数民族的发展与国家的发展是一致的。这中间不存在二元对立的关系。另外，公民权利是一个抽象的概念，它和少数民族权利不是对立的，而是统一的。少数民族成员是公民的一部分，其所拥有的选择自己文化、认同自己族群的权利是公民权利最基本的组成部分。"每个人都有自己的族性。族性隐含在每个人的身上，而不是在群体或政治实体身上"。[1] 从这个意义上说，少数民族的权利实现了，公民权利也就实现了。把少数民族权利放到与公民权利对立的地位，反映出根深蒂固的大民族主义思维定式依然影响着人们对少数民族公民本体地位的理解。

第二，多民族国家是否应该设计诸如民族区域自治这类特殊的制度来包容文化多样性？自民族区域自治制度问世以来，无论国内或国外，都不断有人对民族自治提出质疑，认为民族自治会起到疏离社会的作用，会隔离、阻碍民族间的交往，最终导致自治民族走向独立，从而使多民族国家分崩离析。

对这种观点的回答，是与"承认的政治"相联系的。"承认的政治"中的承认是一种互动行为：国家承认少数民族的存在及其集体权利的合法性，少数民族承认国家

---

① Wayne Norman, Negotiating Nationalism, Nation - Building, Federalism, and Secession in the Multinational State, Print publication date：2006, Published to Oxford Scholarship Online：September 2006, p. 59.

的政治合法性。既然承认少数民族的存在，承认少数民族有认同自己文化、选择和保护自己生活方式的权利，那么现代国家就有义务为少数民族的文化发展和存续提供必要的政治空间。民族区域自治制度就是保护少数民族存续的一种最普通的方式。它是在族群边界既已存在的历史条件下，公平对待多元社会所有民族、民族文化及其生活方式不被主体民族所强制、所同化、所排斥的一种制度性安排。加拿大学者韦恩·诺曼曾这样说，"主体民族利用他们对国家机器和大众媒体的掌握，在从来就不经得全体国民同意的情况下同化少数民族的行为，本身就是不公平的，甚至是非正义的。因为在实行多数票原则并且有一个占主导地位的民族文化集团的中央集权国家，国家机构在实施这样的同化计划时几乎不可能失败。因此，一个明显的解决方式就是同意少数民族以控制制度机构（如学校、电视网络等）的方式来实行自治"。[1]

多民族国家的框架设计只有将少数民族地区包容到其政治结构之中，才能形成制度化的凝聚力。给予国内各个民族集团充分的自治和承认的政治设计，不仅能够促进国家的繁荣、稳定和公正，而且会起到防止少数民族分离的作用。20 世纪 30~40 年代蒙古民族主义的消解过程就充分说明了这一点。加拿大通过非均衡的联邦制，给予魁北克自治地位，从而缓和了张力的事例，也是证明。

近年来，国内学界关于民族区域自治是否必要的讨论中出现了另一种观点，即中国的民族区域自治制度实行了多年，现代化和城市化的发展已经打破了原有的居住格局，既有的民族区域自治制度已经不符合现实的需要，因此有必要对此进行修正，实行第二代民族政策。像美国那样，不对族群（种族）实体进行法律、政治等实体方面的认可和标识，不给予族群（种族）集团以法律上的承认，不容许任何一个族群生活在一块属于自己的历史疆域内，而是"千方百计通过国籍法、移民法、英语教育、立法、司法、行政、传媒等公共政策和法律，着力构建一个不分来源、不分族群、不分宗教的统一的美利坚民族（American nation）和美国人（American）身份"[2]。

这里，我们且不说这些观念是对美国历史的一种误读和简单化，割裂了像美国这样的移民国家与殖民主义体系之间的联系，割裂了制度政策与历史结构和社会现实之间的联系，仅就这种观念的提出是否符合中国目前的国情，做一简要的分析。

从 1947 年内蒙古第一个民族自治区成立到今天，民族区域自治制度已经实行了半个多世纪之久。这期间，中国社会发生了翻天覆地的变化。现代化、城市化和工业化的进程加剧了人口流动，在某种程度上打乱了原有的地域和社会联系。从这个角度出

---

① Wayne Norman，Negotiating Nationalism，Nation – Building，Federalism，and Secession in the Multinational State，Print publication date：2006，Published to Oxford Scholarship Online：September，2006，pp. 57 – 59.

② 胡鞍钢、胡联合：《第二代民族政策：促进民族交融一体和繁荣一体》，《新疆师范大学学报》（哲学社会科学版）2011 年第 5 期。

发，现行的民族政策的确有重新审视和评价之必要。但是，当我们提出这样或那样的与时俱进的对策建议的时候，我们首先要做的是对国情的重新调查，对实际情况的真实掌握。看一看现代化带来的社会流动在多大程度上改变了少数民族聚居区的人口状况，构成民族区域自治制度的社会结构背景是否发生了根本的改变？然后我们才能够确定传统的民族区域自治制度是否能够涵盖这些新的变革和新的情况；是否能够应对现代化和城市化过程中少数民族聚居状况的改变所带来的新的问题；既有的民族政策的适应性和针对性是否已经发生了变化；是否需要对既有民族政策进行必要的调整，哪些是已经过时了的、落后于形势发展、不利于国家和社会团结进步的内容，需要革除；哪些内容经历了历史和实践的检验被认为是正确的东西，在今天仍然还有意义；哪些在历史上曾经产生过积极的影响，但是随着时代的变化，已经失去其意义，可以退出政策体系；时代的发展和变革带来的新问题，需要我们开辟新的思路，在传统的民族政策以外创造新的机制加以解决；等等。比如创造一些新的城市管理的办法，适应流动人口社会管理的新挑战，解决分散状态下的少数民族移民的权力保护和文化适应问题，避免像韶关那样的事情再发生。这些紧要和迫切的问题，需要引起人们的高度重视，认真思考找到相应的解决应对之道。

第三，少数民族语言教育以及对少数民族成员和地区的倾斜优惠政策是否合理？要厘清这个问题，让我们首先来看看少数民族语言权利保护是否正当。语言是交往的工具，也是民族文化的最显性特征，除了承载一个民族的文化特性外，语言最重要的功能还是交际。任何民族之间的交往都需要通过语言，理解他者的语言是交往沟通的重要前提。在经济全球化、社会城市化的大背景下，进入市场和城市的少数民族需要有交流的能力，掌握通用语言既是一种实际的生存技能，也是无法逃避的社会性职责。没有这个语言技能，不仅无法进入共同的社会生活，也会使个人失去很多就业机会，更会阻碍少数民族对当今先进科学技术的接受和使用。从这个意义上说，学习通用语言关系到民族的生存发展和进步。在中国，学习汉语和普通话，进行汉语和少数民族语言的双语教学是必要的，这就如同我们改革开放，学习国外的先进科学技术有必要学习外语一样。

但是，在谈双语教学、民汉合校这些问题时，首先需要审视我们在倡导这些政策时的出发点，是否立足于民族平等的原则，是否做到了对民族意愿的充分尊重，是否考虑到了民族的情感和少数民族文化的发展。其次，我们还需要作深入的社会调查，了解现代化、城市化的进程在何种程度上改变了边缘民族地区的社会结构，是否还存在着少数民族聚集、生活中仍然使用少数民族语言、没有被现代化的人口流动改变的民族地区。在那些传统的农业社会依然存在，以少数民族语言为母语的社区也依然存在的地区，实行双语教育应该掌握怎样的一个"度"，即在哪些地方应该实行双语教育，怎样实行双语教育，从何时开始对儿童实行双语教育，以及双语教育中的母语比重、民族语言和汉语课程之间的课时比例和主副地位，等等。这些问题牵涉很多学科，关涉母语对儿童智力情感发育的作用，语言的功能和双语教育的目的等多个方面，必须进行更具体更细致的研究。生硬地用一句"国民必须使用通用语言"来应对少数民族的语言文化要求，对少数民族地区的语言教育实行强制性地一刀切，不仅不能取得语言教育应有的社会效果，甚至会严重地阻碍儿童心智的发展，造成儿童的厌学心理，进而延滞少数民族地区的科技文化发展水平，更会严重地伤害民族感情，给民族关系造成极其恶劣的影响。站在换位思考的角度来审视这种强制推行汉语的观点和政策，就会发现它是多么的生硬和武断，其中包含了怎样的大民族主义的话语霸权。

此外，人们对教育领域民族政策实践最有争议之处，是在被称为"国考"的高考加分政策上。教育公平意味着机会公平。对少数民族考生适当的增加分数，或相应地降低分数标准，是否挑战了教育公平的底线，破坏了机会平等的原则？无论是理论界还是民众对这个问题一直都有争议。

那么，我们对这个问题也进行一下解构分析。目前中国的高考制度，通行的是以汉语为媒介的考试。这种统一的考试，看似对所有学生都很公平，但是认真分析起来，却存在着事实上的不平等。因为对以汉语为母语的学生来讲，已经占了很大的先机和优势；而对那些从小到大都以少数民族语言为母语的学生来说，在参加以汉语为媒介的考试的时候，处于一种自然的劣势。给这样的少数民族考生一定的分数照顾，不仅没有触犯教育公平的底线，反而彰显了真正的公正和机会平等。人们之所以对这个政策提出质疑，更多的是因为这个政策在实践过程中发生的畸变，诸如以权谋私，权钱交易等。当然也存在着政策执行过程中的僵硬理解，受惠对象和标准制定难以确定等具体操作上的困难和问题。

结　语

"少数民族"不是一个单纯反映数量关系的自然概念，而是现代民族国家话语体系中的一个专门术语，具有深刻的政治蕴含。"少数民族"这一概念和少数民族权利及其保护，都必须放在多民族国家的场景中理解。少数民族的权利不是什么特殊的权利，而是现代世界所有政治社会成员都应该享有的基本权利。少数民族权利保护之所以正当而且必要，是因为在以少数服从多数的传统政治理念和实践中，少数民族正当的权利诉求往往被淹没在多数民族的人口优势中而无法得到伸张和实现。正是为了矫正以往政治过程中发生的这种不公正现象，现代世界才创造了少数民族权利保护的概念和制度，这样一种特殊的保护制度只有放在这样的历史大前提下才具有正当性。

从实践角度理解各国少数民族权利保护政策，首先需要理解观念原则与社会现实之间的差距。罗伯特·达尔说过，高度的社会和经济平等是民主政治的一个先决条件。但是在由于各种历史的现实的原因而存在着社会经济文化不平等的情况下，通过专门的制度安排将政治资源在所有群体之间分散，特别是分配给弱势群体，则无疑有利于消除或减轻既存的社会不平等和社会极端的分化。① 民族区域自治和各项优惠等政策，都只有在这种不理想的历史和社会文本中才具有合理性，也才是可行的、有效的缓解张力、创造共存的方式。从平等地对待共同体每一个集团、善待国内所有民族的角度看，多民族国家关心少数民族的发展，改善边远地区少数民族的经济状况，给予少数民族地区及少数民族成员一些政策上的优惠和倾斜，是缩小既存的民族和地区差距，使每一个民族都能够分享发展的经济社会成果的正当举措，也是多民族国家内在凝聚力的正当来源。

当然，民族区域自治制度以及针对少数民族的各项优惠倾斜政策的实施，也都有其局限性，实施的不好也会产生不能轻易忽视的负面作用。比如，制定一个自治单位保护少数民族的同时，也可能又会使该自治单位中的其他民族成员处于一种少数地位，从而产生他们的权利如何保护的新问题。对一些人的优惠政策可能就对另外的一些人是一种逆向的歧视。这一点国内外学术界都已经有人注意到。加拿大学者威尔·金里卡在谈到少数民族权利时就指出，民主国家在给予少数民族集体权利之前，必须建立起完善的制度，保护所有公民平等的权利。没有完善的公民平等权利保护，少数民族也可能利用其集体权利否认居住在少数民族自治地区内的其他民族成员的平等权利和机会。② 对此，另一位加拿大学者韦恩·诺曼认为，需要创造一些其他的政策和制度解决这类问题，减轻这些制度和政策的副作用。这些观点都是很中肯的。在任何情况下，少数民族的自治权利都不是绝对的无限的，而是相对的有度的。这个度就是民族的自治必须建立在民族平等的基础上，在服从国家法律的大前提下，不能背离公民平等这个最基本的人权原则。如果这个关系处理不好，就会抵消民族区域自治和各种倾斜政策的正面作用，在民族成员之间造成负面影响。多民族国家对此也应该有所警惕。

原载于《西北师大学报》（社会科学版）2015 年第 4 期

---

① 罗伯特·A. 达尔：《现代政治分析》，中国人民大学出版社，2012，第 121 页。
② Kymlicka，Will，He，Baogang（Ed.）Print publication date：2005，Published to Oxford Scholarship Online：February 2006，Print ISBN－13：978－0－19－927762－9，doi：10.1093/0199277621.001.0001，Introduction，p. 10.

民族主义与多元文化政策

——20世纪中后期欧洲族裔民族主义理论观点评析

刘　泓

摘　要　曾经备受西方人推崇的多元文化政策究竟出了什么问题？多元文化政策是否已经走到了尽头？如何认识欧洲国家今天出现的相关现实？本文通过对20世纪后半期欧洲族裔民族主义理论与实践的分析，试图说明民族主义一直是欧洲最强大的政治力量。多元文化政策如同20世纪后半期欧洲出现的族裔民族主义理论与实践一样，都是民族国家从其族体利益出发，对治理政策的一种调整、改革。而当这些调整、改革不再适合其族体利益发展时，民族国家通常会改变政策取向。

关键词　民族主义　族裔民族主义　多元文化政策

从2010年下半年开始，德国、英国、法国、荷兰等欧洲国家的领导人相继宣布本国多元文化政策失败。欧洲理事会秘书长亚格兰在接受英国《金融时报》采访时表示支持这些国家的判断，并发出警告："多元文化政策对国家安全会造成威胁。"对此，有人惊恐，有人不安，有人迷惑。

曾经备受西方人推崇的多元文化政策究竟出了什么问题？多元文化政策是否已经走到了尽头？如何认识欧洲国家今天出现的相关现实？本文试图通过对20世纪后半期欧洲族裔民族主义理论与实践的分析，说明民族主义一直是欧洲最强大的政治力量，多元文化政策如同20世纪后半期欧洲出现的族裔民族主义理论与实践一样，都是民族国家从其族体利益出发，对治理政策的一种调整、改革。

自1648年《威斯特法里亚和约》问世以来的300多年间，民族主义所表现出来的生命力和影响力已经为人们所熟知。但是，"族裔民族主义"（Ethno - nationalism）一词迄今为止尚未被学者普遍认识和广泛应用。

20世纪中后期的欧洲"民族主义"有别于"民族主义"的最初状态，即发轫于17世纪的西欧，以民族国家为诉求的社会、政治和文化运动。它通常关注的是族类共同体（Ethnic Community）成员作为主权国家公民所能够享有的"自治"权利，而未能达到建立现代民族国家的层面。其相关理论因此被称为"族裔民族主义理论"①。

我们所以选取这个题目，主要基于三点考虑。一是迄今为止专门研究"20 世纪中后期西方族裔民族主义理论"的著述并不多见；现有研究成果在谈到相关内容时，通常表现出认识上的偏差。作为当今世界引人注目的政治文化现象，"民族主义"思潮及其实践已成为人文学者关注的一个热点。近年来，西方学者从宏观上探讨民族主义的定义、历史起源、性质和表现形式等方面的研究成果相继问世，但有关"西方民族主义理论"的研究大多集中在近代和自 20 世纪末以来这两个时间段上，在涉及 20 世纪中后期的有关问题时或一带而过或避而不谈。② 国内学者则习惯将相关内容划归为"民族主义"范畴，统而论之。二是中外学者对这一时期欧洲族裔民族主义运动的重视程度相对于它在世界"民族主义"发展历史中的重要地位而言是不相称的。在 20 世纪的民族主义发展进程中，中后期是一个特殊时期。一方面，两次世界大战让世人看到民族主义极端发展的后果并由此对它产生恐惧和厌恶的心理；另一方面，民族主义思潮和运动在战后初年表现出的"平静"状态，使很多人乐观地认为民族主义已成为昨天。欧洲族裔民族主义运动为什么在这个时期逐渐兴起且在 20 世纪末期呈高涨态势？为什么面对逐渐兴起的西欧族裔民族主义运动，一些人备感惊异，不知所措？为什么欧洲人曾频频称道的多元文化政策竟然被官方宣布失败了？如果不能客观认识这段历史，就难以应对上述问题。而只有历史地、客观地把握这些问题，才能进一步认识西方民族主义的理论与历史，分析民族主义的现实与未来，探讨民族主义、多元文化主义与国际关系的互动。三是"族裔民族主义"这一概念突出了"民族主义"的"族性"（Ethnicity）意义或曰"族类"属性。它可以比较客观地体现当时欧洲"族裔"实践的实质和发展态势。

本文的基本思路是，通过对 20 世纪中后期欧洲族裔民族主义理论学派及其基本观点的评析，揭示当时族裔民族主义理念和实践日渐兴盛的史实，分析相关理论观点的症结及其产生原因，从而为人们比较客观地认识相关历史，理解欧洲多元文化政策的时效性提供一个平台。

一　主要学派及其基本观点

战后，从事民族主义研究的欧洲学者基本可分为两大派别，即"退化派"和"消亡派"。

---

① Walk Corner, "The Politics of Ethnonationalism," *Journal of International Affairs*, No1.（1973）. pp. 1 – 21.

② 参见 "Nation – Building and Nation Development," ed. Karl Deutsch and William Foltz, New York, 1966。

在"退化派"看来，战后的欧洲①处于"后民族时代"。他们认为战前欧洲人狂热追求本民族"原生意义"的举措，已被充当"欧洲人"的超国家理念所取代。发生在北爱尔兰等地的冲突属宗教而非民族冲突，而布列塔尼、苏格兰等地的"民众"运动为"地区或地方主义"运动。为兑现新的"欧洲认同"，欧洲人已普遍接受了传统政治结构的转变，建构民族国家替代品的方案已被设计完毕。一些欧洲人相信，他们的后代有一天可能都会将自己的民族认同定位于欧洲人。

"消亡派"则认为战后的欧洲处于"民族国家时代"。政治疆域内只含单一族体的欧洲国家，或"成功"同化了与其本身完全不同的族类共同体，如比利时、法兰西、西班牙、瑞士和英国；或其本身就是由具有同一民族意识的国民所组成的政治统一体，如德意志和意大利。其实现同化境内异族人口的途径有二：或谋求心理性同化（如英、法、西三国），或对文化差异、特别是语言差异持宽容态度（如比利时和瑞士）。该学派对西欧人的建国"经验"给予了高度的估价。他们认为现代化的演进过程以及由此招致的对不发达群体的"社会调动"，是西欧国家成功完成"同化"的根源。② 在他们看来，如果说康沃尔人、苏格兰人和威尔士人已成为不列颠人，巴斯克人、加泰隆人和加利西亚人已成为西班牙人，弗拉芒人和瓦隆人已成为比利时人，为什么伊博人、豪萨人和约鲁巴人不应成为尼日利亚人？俾路支人、孟加拉人、普什图人和信德人不应成为巴基斯坦人？③

20世纪中后期，族裔民族主义运动在一直被西方人视为其族体意识根本不存在的几个民族集团中兴起后，上述学派提出若干理论来阐释这种让其"难以预料"的社会现象。其中具有一定影响的理论包括以下四种。一是经济、文化或政治权利剥夺理论。其认为20世纪中后期族裔民族主义运动的兴起，是由于一些民族的经济、文化或政治权利受到剥夺的结果。二是社会反常理论。其认为随着现代化程度的加深，疏远人性、道德渐丧的社会群体情感在一些少数民族中表现得日益强烈，导致了"部落主义"的回归。三是边缘化影响理论。其认为在一系列"核心—边缘"关系中，社会主流对那些"自信（边缘）"的民族集团进行了"边缘化影响"，产生了所谓"边缘类型"。四是主体民族优势丧失理论。其认为欧洲（特别是西欧）国家个体战后已丧失了在全球范围的威望，失去民族自豪感的是不列颠人、法兰西人，而非苏格兰人和布列塔尼人。那些民族自豪感相对高涨的族裔集团，为给本集团获得更多权利而努力的意志和行动比以往表现得更为坚决。

---

① 西方学者普遍认为，"欧洲"不包括苏联和东欧社会主义国家，本文的"欧洲"概念借用此理念。

② 参见 "Nation – Building and Nation Development," ed. Karl Deutsch and William Foltz, New York, 1966。

③ Charles Lerche and Abdul Said, *Concepts of International Politics*, Prentice – Hall, 1970, p. 274.

二 欧洲族裔民族主义实践

如何认识、评价上述理论观点？西方学者的意见不尽相同。总的说，褒者占主流。我们认为，上述观点有值得肯定的因素，因为相关学者认识到了战后欧洲"民族主义"理念与实践的变化，并且试图通过理论阐释来反映这种变化。但更为重要的是，应该阐明他们的结论是难以经受住实践的检验和理论推敲的，属于缺乏事实与科学理论依据的学术观点。

事实表明，民族主义理想在战前曾催生了诸多欧洲民族－国家，但其诞生与民族自治、自决过程的结束和民族主义的消亡并不具有因果关系。从某种意义上说，成立于 1918 年的塞尔维亚、克罗地亚和斯洛文尼亚王国（后更名为南斯拉夫）可谓一大进步。然而，这却使克族和塞族走向民族自决的步伐比其作为奥匈帝国臣民时更大了。曾经遍及非洲和亚洲的"分离主义运动"提醒人们，只要没有完成民族自决，任何想要阻止民族自决意识发展的企图都易受到挑战。20 世纪后期，克罗地亚人和塞尔维亚人、斯洛文尼亚人和捷克人，马扎尔人与罗马尼亚人，阿尔巴尼亚人、斯洛文尼亚人、马其顿人、保加利亚人和罗马尼亚人之间的紧张关系已经公开化。虽然，一战后和平条约的设计者们坚信，可以对民族主义抱负的发展做出种种限制，但是"巴尔干化"使得民族主义情绪很久以来一直困扰着这一地区。

20 世纪中后期，欧洲国家的民族特性依然彰显。[1] 西欧诸国接连出现的民族冲突使人们看到，欧洲"民族国家"并非由单一民族组成。苏格兰和威尔士民族主义运动的复兴，发生在弗拉芒人与瓦隆人、南提洛尔德意志人与罗马人、巴斯克人与马德里人、北爱尔兰的爱尔兰人与非爱尔兰人及瑞士伯尔尼行政区操法语族群与操德语族群之间的冲突都是有力的例证。另外，一些民族的自治情绪也在与日俱增，像西班牙的加泰罗尼亚人、加利西亚人，法国的阿尔萨斯人、巴斯克人、布列塔尼人和科西嘉人，意大利的斯洛文尼亚人，奥地利的克罗地亚人和斯洛文尼亚人，法罗群岛上的挪威裔居民，丹（麦）属格陵兰的因纽特人。

西方学者在阐释欧洲国家的民族构成时，常常会忽略除主体民族之外少数民族的存在。比如他们认为，法兰西民族与国家是同义语，其文化与国籍相重合，少数民族为犹太人、吉卜赛人和外籍人。1973 年，有人因提醒人们关注发生在布列塔尼的民族骚动而受到众人的批判。但两个月后，法国政府受到来自布列塔尼、巴斯克和科西嘉民族自治力量的威胁。[2]

---

① 参见 Arnold Rose, *Migrants in Europe*, University of Minnesota, 1969。

② Collette Guillaumin, "The Popular Press and Ethnic Pluralism: The Situation in France," *International Social Science Journal*, 22/1971, pp. 576 – 593.

可见，"欧洲处于民族国家时代"的理论是缺乏事实依据的。透过复杂的历史表象我们可以看到，族裔民族主义理念和实践在战后的欧洲从未"退化"或"消亡"过。首先，"退化派""消亡派"的观点忽视了相关的史实，即 20 世纪中后期西方族裔民族主义行动实为 17 世纪以来民族主义运动发展的自然延伸。法国大革命使得"人民主权论"深入欧洲民心。① 欧洲人坚信，事物发展的自然属性决定了"异族统治为非法"。希特勒在描写其"母国"时指出：我们国家只有雅利安人拥有"引导本族人民走向最高层次的自由"②。19 世纪 20 年代，希腊人争取民族独立的斗争，30 年代瓦隆人和弗拉芒人的解放斗争，60 ~ 70 年代德意联盟的建立，以及 1878 ~ 1944 年罗马尼亚等 15 个欧洲国家的建立，都是这种情感推动的结果。二战后的初期，西欧许多民族主义运动的发展因面临诸多问题而呈和缓态势，但"和缓"并不等同于或意味着"退化"或"消亡"。阿尔萨斯三个致力于地方自治的政党在 1928 年已获 40% 选票，但在战后初期却比较和缓，20 世纪 70 年代又开始活跃。二战后初年，南提洛尔人、弗拉芒人和布列塔尼人的相关实践也呈和缓状态：部分领导人曾与纳粹合作，使人们对运动的合理性产生怀疑；而这些人在战后或逃或亡，以致群龙缺首。③ 总的说来，凡此种种均在 20 世纪 60 ~ 70 年代基本得以解决。其次，对欧洲乃至西方而言，战后即使要给极端民族主义下发讣告也为时尚早。法兰西人、荷兰人和丹麦人等所创造的和平氛围，使得部分学者确信，极端民族主义已被欧洲人乃至西方人远远抛开。事实上，不能否认的是，极端民族主义势力很容易在曾极度追求民族利益的民族中抬头。比如德意志人，战后他们对自己在战争中的行为进行了反思，把曾经放纵的"激情"置放到"潘多拉盒"中。④ 但是，当战争的痛苦从人们的记忆中消退时，当纳粹主义和德国民族主义的生长成为必然之势时，当战后人们取得的物质和文化成就中吸纳了德国人成就的光彩时，当老一辈德国人认为他们的赎罪和放弃战争的誓言历时已久时，当战后新生代相信他们不可能为父辈在战争中犯下的罪行接受责备时，谁能断定德国极端民族主义重现的条件无法具备呢？再比如日本，战后，政府要人（不顾世界舆论的谴责）频频参拜"靖国神社"，屡次制造"教科书"事件，以各种借口拒付战争赔款……致力于和平发展的人们，难道不应从中得到警示吗？

---

① Konstantin Symons - Symonolewicz , *Nationalism - Movements* , Maplewood Press, 1970, p. 4.

② 参见 Walker Connor, "Self - Determination : The New Phrase," *World Politics*, 20 （Oct. 1967），特别是 pp. 40 - 43。

③ 有关欧洲族裔民族主义发展的详细内容可参见 Walker Connor, "The Politics of Ethnonationalism," *Journal of international Affairs*, 27, no. 1 (1973), pp. 5 - 11。

④ 参见 William Bluhm, *Building an Austrian Nation*, Yale University Press, 1973; Gordon Munro, *Two Germanies: A Lasting Solution to the German Question*, Ph. D. Diss. , Claremont Graduate School, 1972。

三 欧洲族裔民族主义理论的误区

从研究方法上说，"退化派"和"消亡派"均忽视了通过历史的视角、运用比较的方法分析问题的意义。

那些将 20 世纪中后期欧洲族裔民族主义呼声的高涨视为史无前例的学者，没能注意到先前的历史上已经发生了诸多类似事件。比如，20 世纪 30 年代西班牙的巴斯克人、加泰罗尼亚人和加利西亚人投票决定实行自治。一战后，南提洛尔的德意志人力争将本民族祖居地归并意大利，但随之受到希特勒的蛊惑，决定放弃并离开家园到第三帝国定居，二战结束后，该地区又成为族裔民族主义运动较早复兴的地区。此外，希特勒还曾与弗拉芒和布列塔尼的极端民族主义分子勾结。而墨索里尼求助的对象则是科西嘉人。二战期间，分离主义运动在撒丁岛和西西里都表现得比较活跃；法裔加拿大人也纷纷起来参加"反英战争"；为得到斯洛伐克人和克罗地亚人的支持，希特勒分别为其从捷克人和塞尔维亚人手中夺得了自治权；面对德国对苏联的侵略，乌克兰人、克里木半岛的塔塔尔人和其他一些非俄罗斯民族均做出自治的举动。战后初年，人们对"民族主义"理念及其实践的漠视与冷淡，表面上中断了民族主义运动发展的连续性，事实上，这也许可以解释为族裔民族主义在当时尚未发育成熟。

通过历史的视角、运用比较的方法分析可以看到，欧洲民族主义理念与实践在当时并非具备"退化"或"消亡"的条件。首先，族裔民族主义运动发展具备了从量变到质变的条件。事实上，实现"现代化"对于战前"原生态"民族而言实属勉为其难。战前，相对闭塞的交通和通信条件使少数民族的自我满足感得到保护。在他们看来，布列塔尼人的文化未曾受到法兰西人的侵犯；爱丁堡属脱离于伦敦的世界。而大多数瓦隆人和弗拉芒人很少与其他民族交往。二战后，这些民族间交往的性质和强度与战前相比的确发生了变化。越来越多的西方的少数民族意识到其族性意义因族际交往的加强受到了挑战。布列塔尼人"从广播和电视节目中发现，他们是布列塔尼的一部分。而从前他们认为自己只属于所居住的某个较小区域和行政单位"[1]。其次，族裔民族主义理念的传播获得了便捷的途径。工业革命成果为人们进行超越民族边界的交往提供了便捷条件。工业革命本身不属于民族主义和国际主义范畴，它关注的核心内容是机械和材料，但对于各种思想的传播而言，工业革命为其提供了较为便捷的方式和更多的机会。不应否认的是，当新的工业机械被用于实践国际主义目的时，它甚至

---

[1] Suzanne Berger, "Bretons, Basques, Scots, and other European Nations," *Journal of Interdisciplinary History*, Summer, 1972, pp. 170–171.

更多地被用于实现民族主义的理想；工业革命丰富多彩的国际主义成果对于民族主义的发展具有重要的促进作用。

大体说来，两派的理论误区主要包括如下三个方面的内容。

（1）由于术语混淆而导致的对于"族裔民族主义"概念和现象的误解。

在西方文献中，人们倾向于将"民族（Nation）"和"国家（State）"两个词语交替使用。作为民族或国家意义的一种延伸，民族性（Nationality）和民族主义（Nationalism）都用于描述对国家的忠诚，而不是对作为民族的族裔集团（Ethnonational Group）的忠诚，因而需要找到一个词语描述对民族的忠诚。由此，一方面导致了族裔民族主义"代用品"的问世，比如次民族忠诚（Subnational Loyalty），族类多元主义（Ethnic Pluralism）、地区主义（Regionalism）以及"地方主义"（Sectionalism）等；另一方面，"民族主义"与"族裔民族主义"被看成不相干的现象，"地区主义"或"地方主义"与"族裔民族主义"被混为一谈，"族裔民族主义"概念及其现象被人误解。"退化派"、"消亡派"的观点都是在此基础上产生的。

"族裔民族主义"与"地区主义"或"地方主义"具有本质的不同。后者会随着现代化不断拉近一国内地区间的距离而逐渐消失，其特性在于既可指发生在一国内部的地方主义运动，也可指超国家整合。将发生在某一民族之中的"族裔民族主义"看作是"地区或地方主义"的认识，源自民族主义的消亡是现代化进步表现的理念。将族裔民族主义运动均冠名为"地区主义"或"地方主义"运动，实际上是将不同性质的现象混为一谈。20世纪70年代以后，随着旨在分权的"地区主义""地方主义"运动的开展，发生在西欧国家的族裔民族主义运动通常被指称为同类性质的运动。

当然，族裔民族主义也不同于民族主义。民族主义的目标是建立国家，而族裔民族主义属于"民族忠诚"范畴。德意志人等在近代发动的民族主义运动，与20世纪后半期兴起的西欧族裔民族主义运动具有本质的不同。在联合王国，广义的不列颠民族（Nation）与更加具体的英吉利族（Nationality）、威尔士族和苏格兰族在现实中并不存在激烈的冲突。① 但是两者又不是截然分开的，族裔民族主义是民族主义的自然延伸。比如1960～1970年发生在巴斯克等地的族裔民族主义行动，实际上是300多年来民族主义运动发展的自然延伸。

民族主义与地区或地方主义亦不能混为一谈。地区或地方主义与民众对国家的忠诚是可以共存的。而将国家的合法性与族性联系起来的民族主义理念，与某一民族对

---

① 参见 Dankwart Rustow，"*Nation*" *in the International Encyclopedia of the Social Sciences*，NewYork：Macmillan，1968。

被异族所统治国家的忠诚是不兼容的。

如果将这些概念混同起来，则难以认识族裔民族主义的性质、发展态势和动因。这样，把 20 世纪中后期视为欧洲民族主义"退化期"或"消亡期"，将这一时期西方族裔民族主义运动高涨的原因仅仅归结为"经济、文化权利剥夺"等问题就是很自然的事情了。

（2）对民族冲突原因与西欧民族自决运动"示范效应"的错解。

如果发展中国家人民注定要重复西欧人的建国经历，这种"连接"学说的理论基础是什么？若是根据建国时间做出判断的话，阿富汗等国为何未被视作未来主权国家的发展模式？所以，问题的关键在于开始或完成现代化的先后。若此结论成立，"现代化必然导致民族同化"或"西欧人建立的国家注定不会被同化"的推论则应顺理成章。

事实证明，现代化对族际关系的影响并非一定体现为"同化模式"。现代化水平的提高所招致的国家内部地区间交往程度的加强，在缓解民族冲突程度的同时，也更易于促使民族间原有分歧的积聚和加强。因此，应将不同民族的文化同质程度和彼此交往范围统一起来加以理解。在单一民族国家中，确实可将"民族主义与社会交往"联系起来，而"民族主义与非社会性交往"则更适于表述多民族国家的内部关系。伴随现代化而来的地区性交往的加强，正规教育及民族自治知识的普及，使少数民族的自觉性得以加强，其自治实践得到鞭策。受民族分离主义倾向的激发，克什米尔人给印度政府制造了难以驾驭的问题，而克什米尔的独立又难以不激发印度其他民族的自治行动。至于西欧人建立的国家注定不应被同化的论点，显然更加缺少科学依据。

认定发展中国家各族人民必然要重复西欧民族的建国经历，无论从理论上还是从实践上都是行不通的。一个民族争取自决权利的经历对其他民族影响程度的大小取决于许多因素。一是时间。一般说来，所引用例证的发生时间距引用者生活的时代越近，其激励作用越强。二是亲近性。一般说来，所引用例证的发生地点距引用者生活的地点越近，其影响力越大。三是有关祖先关系的传说。被示范者感到与示范者的亲缘关系越近，"示范效应"越强。四是人口数量和领土面积的可比性。五是两个民族是否曾同时受制于一主。比如，当某国的一块海外殖民地获得自由时，其前宗主国内其他少数民族从中受到的影响，要远远大于该事件对其他国家的海外领地的影响。当然，诸因素叠加在一起，"示范作用"便可得到强化。爱尔兰的独立从上述五方面对苏格兰人和威尔士人产生了示范效应，从前四方面对布列塔尼人产生了示范效应，从前两方面对巴斯克人产生了示范效应。

20 世纪西欧民族自决运动的实际影响主要体现在两个方面。其一，用事实证明民族的人口规模与自决能力并非成正比。挪威的独立可视作里程碑，因挪威人口少于加泰罗尼亚和苏格兰。爱尔兰的解放又迈进一步。冰岛的独立再次证明，人数少并非民族获得独立的障碍。其二，"异族统治为非法统治"的理念在列强海外属地的迅猛传播，最终导致了殖民时代的终结。亚非拉国家非殖民化的完成在欧洲被压迫的民族中也引起了强烈的反响："为何达喀尔、布拉扎维、阿尔及尔、蒙特利尔观念不应在布雷斯特、斯特拉斯堡和敦刻尔克发展起来？"[①]

（3）对民族冲突根本原因的误判。

两派认定，语言或宗教权利的不平等是民族冲突的根本原因。将布列塔尼、北爱尔兰等地的冲突视为宗教斗争就是一例。据一家媒体披露，致力于布列塔尼自治的天主教徒帮助爱尔兰共和军运送武器。[②] 该报道从布列塔尼人的天主教信仰出发追索事发的宗教根源，未涉及布列塔尼人与爱尔兰人共有的祖先关系和民族认同意识的作用，双方关系因此被直接定性为宗教关系。然而，这类冲突的宗教性却遇到一系列非宗教性个案的挑战。《纽约时报》曾发表过对一位北爱清教领袖所做的专访，被访者对其民族归属的解答是："我不知道我是什么人。人们说我是英国人。英国人却把我当成二等公民。我认为自己不是爱尔兰人而是一个北爱尔兰人。"[③] 可见，将民族冲突的根本原因仅仅归结为语言或宗教权利的不平等是不客观的。

我们认为，相关理论阐释，有些是经不住历史事实检验的，有些是前后矛盾的，有些则因缺乏量化说明而使人难以信服。"文化剥夺理论"的非客观性是显而易见的。比如，巴斯克族裔民族主义运动在 20 世纪中后期的西欧广为人知，但巴斯克人对于使用、教授自己的语言兴趣索然。弗兰德人、威尔士人、苏格兰人、爱尔兰人也都不同程度地存在类似的情况。[④] 可说明"经济剥夺理论"局限性的例子也不胜枚举。比如，巴斯克人、加泰隆人要富于卡斯蒂利亚人，克罗地亚人和斯洛文尼亚人要富于塞尔维亚人。1958～1968 年，弗兰德人从"比利时方式"的投资中获得了巨大利润，但其族裔民族主义实践在同期反而日渐发展起来。[⑤] 有些理论观点的前后矛盾是显而易见的。例如"社会反常"理论，一方面指出现代社会的颓废状态淹没了远离主流社会的"边缘"群体；另一方面又强调，人性渐丧的现代社会群体情感在一些少数民族中表现得

---

① Oriol Pi – Sunyer, ed. , *The Limits of Integration*: *Ethnicity and Nationalism in Modern Europe*, The University of Massachussetts Department of Anthropology, 1971, pp. 77 – 100.

② *The Reply from a Puritan Leader*, Associate Press , 30 January, 1975.

③ *New York Times*, 16 November, 1974.

④ Joseph Rudolph, "The Belgian Front Democratique des Bruxellois Francophones – Rassemblement Wallon," *Political Science Association*, 9 November, 1973.

⑤ Joseph Rudolph, "前引文"。

日益强烈的结果导致了"部落主义"的回归。[1]"边缘化影响理论""主体民族优势丧失理论"因缺乏量化说明而使人难以信服。"边缘化""主体民族优势丧失"具体指什么？它们达到怎样的程度才会产生相关的影响？上述理论没能对这类问题做出量化说明，其可信性自然会让人怀疑。

四 民族主义、族裔民族主义与多元文化主义

20 世纪中后期的欧洲族裔民族主义理论观点的确存有值得肯定的因素，主要表现在相关学者认识到了战后世界"民族主义"理念与实践的变化，并且试图通过自己的理论阐释来反映这种变化。但其诸种症结也是不容忽视的。

民族主义思想最初诞生于法国，后逐渐被世界各民族认识和接受。其历史并非全部由偶发、突发事件构成，在纷繁的表象背后存在诸多演变规律。其理念和实践在战后乃至今天的欧洲并未"退化"或"消亡"，其能量亦未全部释放完毕。在多元文化政策下，移民问题、种族融合问题在诸多欧洲国家不仅没能得到解决，而且还越来越凸显。民族国家从其本能出发必然要寻找解决问题的新路径。

族裔民族主义和多元文化主义可以视为欧洲民族主义的演进步伐。20 世纪中后期欧洲族裔民族主义理念和实践的发展，以及多元文化政策的实施与调整，都是 17 世纪以来民族主义力量不断扩展的过程，相关事件的发生发展是能够做出预测的。

现代化对民族主义发展速度的影响要远远超过对其主旨的影响。事实上，它催化了 20 世纪后半期西方族裔民族主义运动的发展。不同民族间的联系越密切，就越容易在经济、政治、军事和文化等方面形成同盟。随着社会交往媒介革命性变化的开始，"主权在民"思想迅速普及并深入人心。这一点有助于我们理解战后民族自治思想之所以能迅速传播的原因。

通过历史的视角和比较的方法研究民族主义是非常必要的。只有了解民族主义的发展历史，并对其不同表现形式进行比较研究，才能客观认识与把握现实存在的民族主义的影响和发展态势。著名民族主义问题专家考恩曾强调指出，如果要研究某个（几个）民族主义运动，首先要考察历史上发生过的以及在其他国家（地区）正在发生的诸多民族主义运动。[2]

学术思想大多难免存在这样或那样的不足，并非所有的相关西方理论都有助于我们客观理解民族主义现象。即使我们能够相对客观地把握民族主义发展史，仍然难以

① Juan Linz, "Easily State – Building and Late Peripheral Nationalisms against the State," in the UNESCO, Conference on Nation – Building, Normandy, August 1970, pp. 85 – 86.

② 参见 Hans Kohn, *The Ideal of Nationalism*: *A Study of Its Origins and Background*, Macmillan, 1944, pp. 52 – 61; Hans Kohn, *Nationalism*: *Its Meaning and History*, Princeton, 1965; Verso, 1998, pp. 21 – 39。

通过预测其未来发展方向来消除其固有的危险。但是对民族主义发展态势的正确评估，可为人们做出更加准确的预测提供更大的可能性，至少可以帮助人们在面对民族主义的种种表现时，保持一种客观而冷静的心态。

原载于《马克思主义与现实》2012 年第 4 期

多元文化主义视阈下的少数民族权利问题

周少青

摘　要　历史地看，多元文化主义一开始就与少数民族争取平等权利的要求密切相关。当前关于多元文化主义与少数民族权利的研究有两个特点，一是并不严格区分多元文化主义的不同维度；二是往往把多元文化主义仅视为少数民族的权利理论，没有从多民族国家构建的角度理解多元文化主义的重要意义。本文认为，多元文化主义至少存在于事实、理论、意识形态、政策和价值理念五个维度，每个维度下的"少数民族权利"都呈现出不同的面相，具有不同的意义和效果。少数民族权利保护与多民族国家构建是同一个历史过程的两个方面。多元文化主义不仅仅是少数民族的权利理论，它也是多民族国家构建的重要理论支点。

关键词　多元文化主义　少数民族权利　价值理念　多民族国家构建

目前国内外研究多元文化主义与少数民族权利关系的成果较多。学者们多从综合的、宏大的或抽象的角度对多元文化主义进行阐述，研究视野涉及政治哲学、社会学、民族学、政治学等学科。这些研究有两个特点，一是并不严格区分多元文化主义的不同维度；二是往往把多元文化主义仅视为少数民族的权利理论，没有从多民族国家构建的角度理解多元文化主义的重要意义。本文认为，多元文化主义至少存在于事实、理论、意识形态、政策和价值理念五个维度，每个维度下的"少数民族权利"都呈现出不同的面相，具有不同的意义和效果；少数民族权利保护与多民族国家构建是同一个历史过程的两个方面。如果说单一性的同质文化曾经是民族—国家事实上的合法性基础和社会团结的重要资源的话，那么，多元文化主义则是多民族国家的合法性基础和社会团结的重要资源。多元文化主义理念将从两个方向（民族分离主义和大民族主义）防范对多民族国家的侵害。多元文化主义是多民族国家构建过程中极其重要的价值理念支撑。

一 多元文化主义的历史缘起

历史地看，多元文化主义的出现与少数民（种）族要求保存群体文化特性的平等权利密切相关。19世纪末、20世纪初，由于美国工业化对劳动力需求的激增，大批来自东南欧的移民涌向美国。为了使这些出生于本土外的移民尽快熟悉和适应美国人的生活方式，融入美国社会，美国社会各界（包括社会工作部门、各级政府部门、私人团体等）掀起了规模宏大的"美国化"运动（Americanization）。随着一战的爆发和美国的参战，这场运动由生活方式的认同，逐渐向美国国家认同和效忠的深度发展，最终，在国内外炽热的民族主义激发下，形成了强大的一元化——美国化潮流。

在此历史过程中，美国犹太裔伊斯雷尔·赞格威尔（Israel Zangwill）在其剧作中借人物之口提出了著名的"熔炉论"。熔炉论的基本观点是：美国是欧洲各民族文明"熔化"和再生的大熔炉；美国的"环境"，包括语言、政治制度、风俗习惯、文化传统等，可以将来自不同国家的人锻造成具有"同样品质和理想的人"。总之，熔炉论要求来自东南欧国家的各民族（族裔）和文化群体放弃其民族（文化）特性，全面融入美利坚民族（American nation）。

熔炉论风行一时，面对美国社会普遍存在的忽视移民文化特性及其相关权利的社会现象，同样是犹太裔的美国学者霍勒斯·卡伦（Horace Meyer Kallen）针锋相对地提出了反熔炉、反同化的多元文化主义。卡伦说，他的多元文化主义与"美国化"、"同化"、"标准化"和"三K化"（Kultur Klux Klan）形成鲜明的对比。他认为，把大熔炉作为美国形象是一种"幻觉"，"大熔炉与民主的和谐是一个陷阱"。熔炉论的本质就是美国化，就是同化。美国化"意味着要接受英语，接受美国人的衣着和言谈举止，接受美国人的政治态度；意味着众多血统的归一和通过神奇的同化，将犹太人、斯拉夫人、波兰人、法国人、德国人、印度人、斯堪的纳维亚人统统变成在背景、传统、价值观和精神面貌方面与英国殖民者盎格鲁–撒克逊的后代相似的美国人"。

卡伦认为，"人们可以在较大或较小程度上改变他们的衣服，他们的政治思想，他们的妻子，他们的宗教，他们的处世哲学，但他们不能改变他们的祖父"。将人们连接成一个个社会群体的"祖先和家庭纽带"是一种命运，而不是一种选择，在卡伦看来，族群身份具有基因继承性和不可更改性。因此，在美国这样一个由多族群组成的国家，要想实现各族群人民的和谐相处，就必须尊重差异、保持各族群的文化。

卡伦特别强调"民主"在捍卫多元文化主义、保护少数族群权利中的作用。在《美国的文化与民主：美国人群体精神的研究》一书的引言中，卡伦指出，多元文化主义只有在民主社会中才有可能存在。民主社会鼓励个性发展，引导他们形成一种自由与合作的伙伴关系。多元文化主义是一个真正民主社会不可或缺的东西。

卡伦进一步论证到，真正的民主应该使人自由保持族性，而不是消解人的族性。美国精神应该是"所有民族间的民主"（democracy of nationalities），而不是某个主要民族统治或支配其他（少数）民族。美国社会应该是"各族文化的联邦"，应该是能够奏出"文明的交响乐"的"人类管弦乐组曲"。他做了形象的阐述：在一个乐团中，每一种乐器都有它基于不同质料和形式的特定的音色和音调；每一种乐器在整个交响乐中都有它适当的主题与旋律。在社会中，每一族群都是一种天然的乐器，它的精神和文化就是它的主题和旋律，它们的谐音、非谐音和不谐和弦造就了文明的交响乐。

卡伦是在（多）民族国家框架内第一个系统提出并论证多元文化主义的学者。他的多元文化主义理论以族群文化差异的事实为依据，以民主的价值理念为依托，提出了各民族权利一律平等的朴素权利学说。虽然，由于时代的局限性，卡伦的多元文化主义理论不可避免地存在着欧洲文明中心论、男权中心主义和漠视黑人权利等缺陷，但他所开启的争取少数民族平等权利的多元文化主义直接影响和启蒙了美国白人少数民族的权利意识，并继而为美国的"有色"少数民族及其他国家的少数民族争取平等权利的运动提供了强大的理论武器。20 世纪 70 年代以来，伴随着世界范围内移民的不断增加和各国的少数民族权利运动，卡伦的多元文化主义被重新提起，引起了世界范围内的广泛关注。

二　多元文化主义的多重维度及其镜像下的少数民族权利

以上我们可以看出，多元文化主义一开始就与少数民族争取平等权利的要求密切相关。这一特定的历史"元背景"，深刻地影响了多元文化主义发展的历史轨迹。

20 世纪 80 年代尤其是 90 年代以来，围绕多元文化主义与少数民族权利保护问题，国内外学术界展开了激烈的交锋（金利卡称之为"多元文化主义战争"），大概形成了拥护派、反对派和"符号派"三派。拥护多元文化主义的人认为，人是文化环境（传统）的产物，少数民族的文化是少数民族群体的认同基础，也是他们的生存和发展之本。在"公民国家"的构建过程中，国家有义务承认和尊重少数民族的特殊文化，给予这种差异性文化以差异性的公民权利和自由，以平衡多数民族文化建国的历史事实和现状，从而建立一个公正的多民族国家和社会。反对多元文化主义的人则认为，现代国家以普遍的公民平等主义立国，公民在国家政治和社会生活中享有"无差别的"权利和自由，赋予少数民族特殊的权利和自由，会强化其差异性和特性，从而影响公民国家的整合，甚至破坏社会的团结与稳定。"符号派"也可称之为"名拥实否派"，这一派的特点是在宏大叙事层面或名义上支持多元文化主义，一旦涉及具体的政策制定或实践层面，就表现出明显的否定倾向。

值得注意的是，上述三派并不严格区分多元文化主义的不同维度，他们关于多元文化主义的"战争"在很大程度上是一场混战。这极大地影响了关于多元文化主义争论的意义和效果。笔者认为，多元文化主义至少存在于事实、理论、意识形态、政策和价值理念五个维度，每个维度下的"少数民族权利"都呈现出不同的面相，具有不同的意义和效果。限于篇幅，以下简要论及。

（一）事实维度下的多元文化主义："无诉求的权利"

事实维度下的多元文化主义主要是一个描述性概念，它表明随着（多）民族国家的形成和世界范围内移民的大量流动，一个异质的多民族（族群）、多文化、多语言、多宗教的多元文化社会形成。在此维度上，多元文化主义，正如托多罗夫所评说的那样，既不是一种灵丹妙药，也不是一种威胁，而只是现今国家中的一种现实。换言之，事实维度的多元文化主义只是一种"现实存在"，而不是对多元文化社会的一种"规范性反应"。

事实维度多元文化主义表明：第一，在全球化的条件下，任何特定国家或地区的多数族群或宗教文化群体，都有可能在另外一些国家和地区成为族群、宗教或文化上的少数群体。第二，事实维度的多元文化主义并不要求政府将保护少数民族的权利作为追求目标。换句话说，事实维度的多元文化主义并不必然导致少数民族权利。关于后者，遭到了一些左翼人士和理论家的批评。

（二）理论维度下的多元文化主义："书本上的权利"

理论维度下的多元文化主义是一个十分复杂的现象。与此相应，此维度下的少数民族权利也呈现出复杂、多变的面相。

按照多元文化主义倡导的权利性质划分，多元文化主义可分为硬多元文化主义（hard multiculturalism）和软多元文化主义（mild multiculturalism）。硬多元文化主义认为"政治的目的就是为了确认群体差异"，它坚持在公共领域中承认和保护少数民族的群体权利。而软多元文化主义则倾向于将少数民族基于身份差异的权利，理解为一种私人权利（反对国家将其纳入公共领域）。从权利保护的具体内容来看，硬多元文化主义侧重于政治代表权。

按照是否实质性地坚持多元文化主义的价值观，多元文化主义可分为实质多元文化主义（thick multiculturalism）和形式多元文化主义（thin multiculturalism）。实质多元文化主义坚持少数民族文化的独特性，反对主流文化的渗透或同化；形式多元文化主义则坚持主流民族的同化主义。与此相适应，前者强调一种比较全面的少数民族群体权利，后者则倾向于用自由主义的个人权利来代替这种权利。

按照对多元文化价值承认的程度划分，多元文化主义可以分为强势多元文化主义（strong multiculturalism）和弱势多元文化主义（weak multicuhuralism）。前者全面承认差异的价值，后者则只承认有限差异的价值，由此对应的少数民族权利也有很大的不同。

需要说明的是，目前关于多元文化主义理论流派的划分很多，其所关联的少数民族权利也是大相径庭。以下以激进的多元文化主义、自由多元文化主义、社群主义的多元文化主义和保守的多元文化主义的四分法为线索，简要探讨一下理论维度的多元文化主义所关联的少数民族权利问题。

激进的多元文化主义以后现代的反主流、去中心化和文化相对主义为价值依托，主张多元的认同、差异的政治和"平等的对待"。其代表人物玛丽·杨认为，普遍主义的公民理想和观念实际上是建立在优势（族）群体自我认同的基础之上。优势（族）群体有意无意地把自己基于特定经验和文化的价值取向普遍化、中性化，其结果造成"文化上的帝国主义"（cultural imperialism）。激进的多元文化主义者认为主体族群的认同和少数族群的认同在性质上是无差别的。认为，"所有的认同都应看作是一种合成物，是多样的、不稳定的、排他的"。激进的多元文化主义者主张："承认少数群体的文化身份与多数文化具有相同的意义和地位，珍惜多元文化并存的现实，将它视为国家的共同资产和力量，并根据差异原则和少数群体的文化特点区别对待，赋予少数群体以更多的文化权利，使他们能够有效参与国家的政治经济生活，同时也能发展和享用自己的文化传统"；赋予少数群体差异的公民权利意味着国家不仅要"保障每一个公民平等权利，而且为了承认和包容少数群体和团体的特殊认同和需求，还要赋予少数群体以差异的公民身份"，即"根据其不同的文化身份而赋予其不同的权利"。

激进多元文化主义试图通过差异的公民身份，矫正自由主义的普遍主义公民观所造成的不公正，从而实现少数群体与多数群体的"真正平等"和"平等对待"，为此他们设计了"群体代表权"等制度。在激进多元文化主义那里，少数民族的文化差异和由此导致的差异权利本身就是"可欲的"（desirable），就是差异政治的目的之所在。激进多元文化主义视阈下的少数民族权利，是一种"全面的"、"持久的"及与主流民族"对等"的权利体系。也正是因为这种"全面的"和"对等的"权利主张，激进多元文化主义下的少数民族权利往往被视为一种权利的乌托邦。自由多元文化主义是自由主义的个人权利和多元文化主义的群体权利调和的产物。自由主义在坚持自由主义的个人主义的同时，重视群体（文化）对实现个人权利的影响。自由多元文化主义的著名代表人物金利卡认为，"个人选择依赖于一种社会文化的存在，这种文化是由语言和历史决定的，大多数人对自己的文化都有一种强烈的归属感"，少数民族的"语言、习俗和认同至少要给予某种形式的公开承认和支持，这不但同包括个人自律的重要性在内的基本自由民主原则一致，更是这些原则的要求"。"在多元文化的国家里，一种完全公正的理论不仅应该包括属于各种群体的个人拥有的一般权利，而且也应包括属于某种差异群体的权利"。金利卡反对自由主义国家"中立"的观点，认为在民族的建构过程中，国家总是支持某种特殊的文化（主流文化），这样就导致少数民族文化处于劣势地位。从上述观点出发，金利卡提出了自由多元文化主义的少数民族权利要求：自治权利（self-government rights）、多族类权利（polyethnic rights）和特别代表权利（special representation rights）。其中，自治权利适用于民族群体（national group），多族类权利主要适用于移民及族裔群体（immigrants and ethnic groups），特别代表权利则同时适用于两类群体。金利卡继而认为，移民对族类权利和代表权的要求，"首先是要求被接纳，要求完全归属更大的社会。将此视为是对稳定和团结的威胁是不合理的，往往反映出对于这些群体的无知和不宽容"。而民族群体的"自治权利的确对社会团结构成危害"，因为"认为自己是更大国家中的一个独特民族的意识，是一种潜在的不稳定……否认自治权利也会造成不稳定，因为这会引起怨恨，甚至分离"。

自由多元文化主义在少数民族权利的理论建构方面，有较出色的发挥和设想。其关于少数民族权利的最大特点是，通过公民权利的平等确立了少数民族成员个人的平等地位；通过承认少数民族的集体权利而给予不同民族（族群）在宪政框架内的平等地位。

同自由多元文化主义一样，社群主义的多元文化主义本质上也是一种调和的多元文化主义理论。所不同的是，调和的是激进多元文化主义与所谓的程序自由主义。社群主义的多元文化主义代表人查尔斯·泰勒认为，"差异的政治"在强调差异（特殊性）的同时，忽视了普遍主义的平等原则，放弃了启蒙的平等理想；而程序自由主义则在强调普遍平等主义的同时，抹杀了不同族群之间的差异和实际地位的不平等。泰勒通过论证"承认的政治"等思想和主张，找到了一种试图超越二者偏颇价值观的"第三条道路"，即"温和的自由主义"。温和的自由主义的特点是既承认差异，又坚持平等。总体上看，社群主义的多元文化主义与自由多元文化主义有着相似的少数民族权利观，尽管两者依托的具体理论有着较大的差别。

保守的多元文化主义是指自由主义的保守派和传统的保守派对多元文化主义的态度。面对多元文化主义提出的群体权利要求，自由主义的保守派坚持传统的个人权利优位和国家中立的观点，认为少数民族的群体权利属于私域（结社自由），反对将其引入公共领域。传统的保守派则据守传统的价值观，认为多元文化主义破坏社会团结和国家的认同。尤其是在美国，传统的保守派坚守美国的价值和信念，反对双语教育，主张以"熔炉"同化少数民族。保守的多元文化主义实际上是反多元文化主义，其从根本价值观上排斥少数民族权利。

以上简单分析了四种形式的多元文化主义理论及其影响下的少数民族权利问题。需要说明的是，所谓四种形式的多元文化主义的划分，完全只有"工具性"的意义，即为了叙述的简便。实际上在每种形式的多元文化主义内部，都存在着不同、甚至相反的少数民族权利观。

（三）意识形态维度下的多元文化主义："虚幻的权利"

自 20 世纪初出现以来，多元文化主义在意识形态层面经历了巨大的发展和急剧的扩张。在其初始阶段（卡伦时代），多元文化主义主要是一种反抗的意识形态，其针对的对象是同化或美国化。20 世纪 90 年代以来，多元文化主义逐渐发展成一种超级意识形态：不仅成为黑人、土著人、移民等少数民族或族群的斗争武器，而且亦变成妇女、同性恋者、性自由者以及其他有特殊癖好者的精神武器；不仅成为少数民族权利斗争的动员工具，而且日益成为女权运动、同性恋权利和性自由权利，以及其他特殊生活方式喜好者的合法性护符。意识形态维度的多元文化主义为其追随者或信仰者提供了世界"是如何"和"该如何"的图景，号召他们积极行动起来。在权利诉求方面，意识形态维度下的多元文化主义不仅主张完全平等的政治权利（包括承认和被承认的权利、参与的权利、选举和被选举的权利等），特殊优惠的经济、社会权利（包括资源权、就业权、受教育权的倾斜和相关社会福利的增加等），而且要求教育文化方面的平等权利（如改写民族国家的教科书以加入少数民族的文化和历史贡献，媒体和宣传方面改善少数民族形象、树立少数民族的经典人物形象等）。一些多元文化主义者甚至提出改变官方语言、公共节假日和各种国家象征中的主流民族符号等，以按照各民族完全平等的原则重塑国家。

特别值得注意的是，意识形态维度下的多元文化主义已经形成一整套的信念和原则以及具体主张，他们借助于"一种具有理解性的想象"，将自己绘制的有关权力（利）划分、社会秩序和社会结构安排的蓝图，推向自己的受众，使他们成为"良好社会"和"理想秩序"的积极追随者。

意识形态维度下的多元文化主义主张一种各民族（族群）"平起平坐"的少数民族权利，这种"高贵的谎言"不仅无济于少数民族权利问题的解决，而且激起了另一种"高贵的谎言"，这种谎言宣称，多元文化主义威胁国家统一和社会团结，将造成社会的离心和国家的分裂。在后者的持续宣传和压力下，许多国家和地区的少数民族权利保护事业陷入困境。

（四）政策维度下的多元文化主义："行动中的权利"

从法社会学的角度看，政策维度下的多元文化主义是一种"行动中的多元文化主义"，它所体现的少数民族权利保护（标准）也相应成为一种"行动中的法"。继 1971 年加拿大正式宣布实施多元文化主义政策后，瑞典、澳大利亚等国也先后开始实施多元文化政策。进入 20 世纪 80 年代以后，欧洲诸国，如德国、英国、法国、荷兰、比利时等为解决经济发展高峰期引进的外籍劳工与本国人的矛盾问题,也部分地采纳了多元文化主义政策。在美国,受 20 世纪 60 年代民权运动后多元文化主义思潮的广泛影响,地方政府(州)和教育机构也实行了一定程度的多元文化主义。

由于各国的情况不同,所实施的多元文化主义政策在系统性、侧重点和价值导向方面有着很大的不同。一般说来,"新世界"国家,如加拿大、澳大利亚的多元文化主义政策多形成了比较完整的体系和结构。从受益的少数民族的范围来看,不仅土著民族、少数族裔移民被纳入了"文化承认"的范围,而且一些大的民族如法裔加拿大人也被予以政策上的正式承认,例如,魁北克甚至被正式承认为"独特社会"。从这些国家政策涉及的内容来看,一般包括了国家对少数民族的承认与帮助,消除歧视与社会平等,多元文化主义教育,多元文化主义经费,多元文化主义专门机构和其他政府部门,行政和司法救济,等等。从少数民族实际享有的权利来看,土著人不仅取得了基于土地权利和历史上不公正待遇的补偿,而且享受到一定形式的自治权利;其他少数族裔也在政治参与、经济发展、文化承认、大众传播和社会福利等方面享受到一定的权利和自由。

新世界中的美国是多元文化主义政策方面的一个特例。美国没有明确的多元文化主义政策,其多元文化主义政策多镶嵌在自由多元主义和个人权利的自由主义框架之中。在美国,少数民族通过"肯定性行动"享受到一定的权利和自由。

欧洲诸国(不包括东欧和南欧的多数国家)多元文化政策的一个共同特点是,在允许移民保留自己文化特性和传统的同时,通过社团、社区社会工作等途径为移民的社会融入提供帮助。挪威等国的萨米人在民族自治方面也争取到一定权利。

总体上看,通过多元文化主义政策的实施,上述各国的少数民族获得一定的实际权利和自由。这些权利和自由,对于缓解和改善这些国家紧张的民(种)族关系,具有重要作用。但同时也要看到,由于这些政策背后不同的历史动机和一些国家恒强的大民族主义势力,由这些政策所催生的"行动中的权利"始终处于一种极不确定的状态。近期以来,一些主要欧洲国家(德国、英国、法国、荷兰)的首脑及政要相继宣布多元文化主义政策已"彻底失败"或"死亡",就是明显的例证。在美国,赋予少数民族一定权利的"肯定性行动"一直面临着合法性危机。

(五)价值理念维度下的多元文化主义:"观念中的权利"

与上述维度中的多元文化主义追求"独立的"理论或政策体系不同,价值理念维度下的多元文化主义主要是一种"观念",一种价值观,内容大致包括平等、正义、尊重差异和包容(宽容)等。追求平等是多元文化主义产生的原初动机。卡伦多元文化主义思想的一个主要特点是用民主原则来阐发各民族平等思想,认为民主应该有利于保持每个民族的族性,而不是相反。在他那里,民主意味着各民族的共存与平等。卡伦认为每一种文化都同等珍贵，差异必须得到尊重。

卡伦之后，多元文化主义的许多代表人物都从不同的侧面阐述了多元文化主义所蕴含的平等、正义、尊重差异和包容（宽容）等价值理念，如泰勒的"承认的政治"，沃泽尔的"复合平等论"，塔米尔的"多元民族主义思想"，玛丽·杨的"差异的政治"，以及金利卡的"多元文化的公民身份"，甚至格莱泽的"现在我们都是多元文化主义者"等，虽然这些理论在具体构建和价值动机方面存在着不同甚至冲突，但在平等、正义、尊重差异和包容（宽容）等价值理念方面却存在着很强的一致性。

从发生学的角度来看，多元文化主义价值理念的产生有着复杂的历史背景和理论渊源。

从历史背景的角度来看，（文化内的）多元文化主义具有反种族主义（白人中心主义），反文化压迫、歧视和排斥的重要作用，它是一国内处于劣势的少数民族争取平等权利的重要精神武器。英国学者 C. W. 沃特森在总结和梳理多元文化主义时指出："多元文化主义首先是一种文化观。多元文化主义认为没有任何一种文化比其他文化更为优秀，也不存在一种超然的标准可以证明这样一种正当性，可以把自己的标准强加于其他文化。多元文化主义的核心是承认文化的多样性，承认文化之间的平等和相互影响。其次，多元文化主义是一种历史观。多元文化主义关注少数民族和弱势群体，强调历史经验的多元性。多元文化主义认为一个国家的历史和传统，是多民族的不同经历相互渗透的结果。再次，多元文化主义是一种教育理念。多元文化主义认为传统教育对非主流文化的排斥必须得到修正，学校必须帮助学生消除对其他文化的误解和歧视以及对文化冲突的恐惧，学会了解、尊重和欣赏其他文化。最后，多元文化主义是一种公共政策。这种政策认为所有人在社会、经济、文化和政治上机会平等，禁止任何以种族、民族或民族文化起源、肤色、宗教和其他因素为理由的歧视。多元文化主义强调种族平等和宗教宽容，其最终目的并非文化平等而是社会平等。在这个意义上，多元文化主义也是一种意识形态、一种价值观，其功能在于动员社会力量，推动社会改革，追求不同群体中文化和物质上的繁荣以及人类本身的自由和尊严。"沃特森对文化内多元文化主义的价值功用做了权威总结。（文化间的）多元文化主义则具有反帝国主义、殖民主义和争取民族解放的重要功能，它是国家间处于被压迫地位的民族（国家）争取自决权的重要动员工具。

从理论渊源来看，多元文化主义兼具有后现代主义、自由主义、社群主义甚至保守主义的一些理论因子（素）。后现代主义反对元叙事和普遍主义，主张"解中心、消结构、消边界"的价值多元主义；自由主义反对思想和文化上的专制和僵化，极其重视多元主义的价值；社群主义倡导社群（族群）的平等和多元；保守主义注重传统的个人自由（因而作为个人选择背景的群体文化具有了重要意义），等等。这些政治哲学流派的价值因子构成或凝结成多元文化主义的重要价值理念：平等、正义、尊重差异和包容（宽容）。

实际上，正是在多元文化主义的价值理念维度，社群主义、自由主义、多元文化主义甚至保守主义达成了基本共识。这种共识不仅使它们共存于多元文化主义这一大的框架之下，而且为现代多民族国家的构建制度和实践提供了比较充分的"重叠共识"，也正是在这个意义上，本文把价值理念维度的多元文化主义称为"观念中的权利"。

三　多元文化主义：少数民族权利保护与多民族国家构建过程中的共同价值理念

少数民族权利保护与多民族国家构建是同一个历史过程的两个方面。多元文化主义的价值理念不仅与少数民族权利保护有关，也与多民族国家的构建密切相关。长期以来，人们更倾向于把多元文化主义仅仅视为有关少数民族（权利）的思想、理论和意识形态，而不愿或不能看到它在多民族国家构建中的重要作用。

多元文化主义的价值理念是（多）民族国家（形态）发展到一定阶段的产物。如果说自由主义的单一性的同质化价值理念曾经是民族—国家事实上的合法性基础和社会团结的重要资源的话，那么，多元文化主义的平等、正义、尊重差异和包容（宽容）价值理念则是现代多民族国家的合法性基础和社会团结的重要资源。这一理念反映了人们对（民族）国家的观念发生了历史性变化，"从一种文化、一个民族、一个国家的传统排斥性的民族国家转变到接受多种族裔、多样文化共存于一个国家的多民族国家的理念"。这种理念的变化，反映了现代世界体系的一个阶段性变化，以及现代世界体系的政治、经济、文化之间的相互影响、彼此渗透。从历史时序上看，它的出现表明，"在从领土边界上确立民族国家的基本轮廓的现代世界体系的形成过程基本结束之后，民族自决和民族自治这些在确立民族国家外部边界和内部政治结构方面曾经发挥重要作用的观念政策，已经不足以应对全球性的经济交往和人口流动带来的族裔文化多样性和由此而来的各种社会问题"。多元文化主义已然成为（多）民族国家整合各民族或族群的新的价值理念，其核心是在平等、正义、尊重差异和包（宽）容的基础上，实现各民族或族群的和谐相处和国家共同体的整合。

与一元化、同质化论者的看法相反，多元文化主义（价值理念）不是一种"促分"的价值观，而是一套"促合（和）"的价值理念。多元文化主义价值理念的提出表明，在当前的世界体系下，一国内的少数民族或族群在不必通过分治或分离的条件下，就能实现对国家权力的分享和对主流文化的平等参与。多元文化主义价值理念的提出，解决了一元同化条件下主流民族同少数民族的长期对立，为从两个方向（民族分离主义和大民族主义）上防范对多民族国家的侵害，提供了强大的价值理念支撑。

就多元文化主义价值理念所涉及的具体内容——平等、正义、尊重差异和包（宽）容——来看，多元文化主义是可以"超越时空"的。

需要说明的是，多元文化主义的价值理念并不具有"溯及既往"的个性，它不必也不可能从"源头上"重新配置国家权力和重新分配少数民族对主流文化的影响力；多元文化主义的价值理念也不具有"解构"现实主流文化的潜力和倾向，它的提出毋宁说是少数民族为融入主流社会争取更公平的条件。与"人民主权""民主""法治"等价值理念一样，多元文化主义的价值理念是现代多民族国家构建中的基本价值理念。

按照哈贝马斯的理解，多元文化主义是在"正义""平等""尊重差异""包（宽）容"等原则的指引下，引领各民族将自己的文化传统与"宪法原则"结合起来，从而形成一种公共的"政治文化"，这一文化是形成多民族国家"宪法爱国主义"的坚实基础。当然，如何设计出体现这一价值理念的制度和机制，则是需要我们认真考虑的。

原载于《民族研究》2012 年第 1 期

南非的肯定性行动评析

于　红

摘　要　长期的种族主义统治导致了南非严重的不平等。种族隔离制废除后，不同种族之间仍存在巨大差距，黑人的社会发展水平远远低于白人。南非非国大政府为了消除种族隔离制的影响，纠正历史上的不公正，通过法律化的途径实施肯定性行动。肯定性行动虽然取得一定成效，但并未实现预期目标，白人主导的经济结构仍然未有根本性改变。与此同时，黑人内部差距不断扩大，南非依旧是一个高度不平等的国家。

关键词　南非　肯定性行动　平等

肯定性行动是对历史上因遭受歧视和剥夺等不公正待遇而处于弱势的社会群体实施的扶持和优惠性政策，旨在促进消除歧视，为弱势群体创造平等发展的机遇，最终目标是建立一个更公正、平等和多样性的社会。多元族裔和多元文化的国家实施肯定性行动政策，以纠正历史上的不公正现象，对弱势群体进行补偿，消弭族裔冲突，化解社会矛盾。南非长期以来的种族主义统治导致了黑人与白人在政治、经济、社会等方面巨大的不平等。1994 年后执政的非国大政府为了改变黑人在经济和社会领域的弱势地位，克服种族隔离制的社会遗产，消除种族歧视，实现南非的社会转型，实施了肯定性行动。肯定性行动在南非取得一定成效，但同时也带来不少社会问题。更重要的是，肯定性行动并没有使南非社会变得更加平等，黑人内部之间的差距不断扩大，南非依旧是一个高度不平等的国家。本文将对南非肯定性行动的背景、政策、效果和社会影响进行评析。

一　背景与思想认识

从 1652 年殖民者踏上南非的土地以来，南非经历了三个半世纪的白人种族主义统治。1910 年南非联邦建立后，用统一的国家机器将种族主义制度扩展到全国。1948年，代表阿非利卡人利益的国民党政府上台，通过一系列立法和政策将种族隔离制完整系统化，将种族主义统治推向了极致。

南非的种族歧视是制度化、法律化的，白人种族主义政权利用国家权力在政治、经济、文化教育等所有的社会领域对黑人进行全方位的歧视和剥夺，黑人没有通行和居住的自由，无缘接受良好的教育，无法获得土地、积累财富，不能从事技能水平高的高收入工作，被置于社会底层难以翻身。种族主义统治导致了白人南非与非白人南非之间的分裂和对立。"白人南非"经济发达，生活条件优越，居民享受各种特权，"非白人南非"更像是殖民地，贫困落后，遭受种族主义压迫。

在经济方面，白人把持了南非的经济命脉，在 1990 年，黑人人均占有土地的数量仅为白人的 0.31%。工矿业和制造业的产权、管理权和技术控制权均由白人掌控，几乎所有的南非企业都由白人投资者所有，由白人经理进行管理。黑人所有的资本在约翰内斯堡股票交易所市值中所占的份额不足 1%。在社会方面，根据 1994 年的联合国人文发展报告，南非的人文发展指数得分为 0.65，在 174 个国家中排名第 93 位。但是，南非黑人与白人的人文发展差距却异常悬殊，以至于如果黑人与白人各构成一个国家，黑人的人文发展指数仅为 0.462，在世界上排名第 123 位，仅高于刚果，而南非白人的发展指数得分为 0.878，在世界上排名第 24 位，居于西班牙之后。白人的预期寿命为 73 岁，黑人仅为 60 岁，白人可供支配的人均收入是黑人平均收入的 7.5 倍。1995 年，58% 的南非人口、68% 的黑人生活在贫困线以下，而白人的贫困率仅为 0.6%。[①]

黑人民族主义政党非洲人国民大会（简称非国大，African National Congress of South Africa）成立后一直承诺废除种族主义统治，实现南非的社会经济转型，保障城市和农村贫苦大众的利益。在 20 世纪 80 年代中期，非国大就将肯定性行动政策提上了日程，在上台执政前更进一步将其纳入行动纲领中。曼德拉在 1991 年 7 月非国大全国代表大会的闭幕式上发表演讲，明确指出"我们要开始着手建立有效机制，确保将肯定性行动变为积极的现实"[②]。1994 年，在南非历史上首次不分种族的全民大选中，非国大以绝对优势获胜，建立了种族平等的民主新南非。黑人大众对非国大政府寄予厚望，迫切要求改变不平等、不公平的社会现状。

为实现各个种族在经济和社会领域的平等，政府着手推出肯定性行动。非国大的网站在题名为《肯定性行动与新宪法》的政策文献（1994 年 4 月 15 日）中指出，"南非的不平等是数代人以来蓄意的国家行为的结果"，"我们不希望用一种形式的不公正

[①] Simon Stacey, "Social Justice, Transitional Justice, and Political Transformation in South Africa," in Michael Reisch (ed.), *The Routledge International Handbook of Social Justice*, New York: Routledge, 2014, p. 94.

[②] Nelson Mandela, "Closing address at the 48th National Conference of the African National Congress," http://www.mandela.gov.za/mandela_speeches/1991/910706_ancclose.htm.

取代另外一种。我们的目标是以一种新式的、有效的、有原则的方式应对过去造成的分裂和不平等"。"肯定性行动的本质是采取特别举措保证黑人、妇女以及在过去受到不公正歧视的群体，在生活中能够有真正的机会。它意味着采取措施使他们得以克服一直横亘于前的障碍，充分发展其能力，收到与其努力相适应的回报。"①

南非实施肯定性行动主要基于三个方面的考虑。首先，在政治方面，种族隔离制结束后，如果不采取有效举措满足广大黑人民众改变严重不平等的社会现状的迫切要求，就会失去合法性基础，民众将会受到民粹主义主张的吸引，导致政治上的不稳定。

其次，在经济方面，黑人大众长期遭受剥夺和歧视，得不到公平发展的机会，对经济发展也产生了严重的负面影响。黑人消费水平低下，导致南非国内市场狭窄。过去歧视性的教育制度造成了长期困扰南非的结构性失业问题：一方面，失业率居高不下，另一方面，技术人员和管理人员严重短缺。非国大希望通过实施肯定性行动来消除阻碍经济增长的掣肘因素，优化生产要素的配置，激发黑人被压抑的创新和企业家精神，促进经济发展。

第三，在社会方面，种族隔离制虽被废除，却并不能消除种族主义话语和种族主义刻板印象。殖民征服和种族主义统治使白人种族主义霸权在南非深深地扎下了根。即便在黑人当中，也存在着歧视黑人的现象。例如，不少黑人不愿接受黑人上司的管理，不愿与黑人同事共事，等等。黑人即使具备良好的教育背景和技能素质，却仍有可能因种族偏见而无法获得好工作。肯定性行动着力改变工作场所和高等教育领域种族严重失衡的状况，有助于纠正种族主义的社会影响。

正如非国大的政策文献指出的，"肯定性行动不仅仅是做正确的事情，而是一个事关生死存亡的问题"。"如果实施得当，肯定性行动将有助于将民族团结在一起，为每个人提供福惠。如果推行得不好，将会重新撒播怨恨，损害经济，破坏社会和平。如果不实施肯定性行动，这个国家将会处于落后、分裂状态"。"问题不在于是否应当采取肯定性行动，而在于怎样以有原则、有效率的最佳方式来实施这一政策。"②

二　法律依据及其实践

在南非政府正式实施肯定性行动政策前，部分私营企业已经采取了一些自愿的纠正性举措，以改变种族不平等的现状。这些零散的、性质各异的举措不足以满足多年来一直遭受排斥和贬抑的黑人主体居民的期望。非国大执政后，首先通过法律化的途

①　African National Congress Policy document，" Affirmative Action and the New Constitution," http://www. anc. org. za/show. php？id = 283#.

②　African National Congress Policy document，" Affirmative Action and the New Constitution," http://www. anc. org. za/show. php？id = 283#.

径推行肯定性行动，就具体落实来说，主要体现在经济和教育领域。

（一）宪法依据

不平等是后种族隔离制时代的南非面临的最大挑战。历史上南非将践踏人的尊严和平等的种族主义统治推向了极致，因而 1996 年颁布的南非现行宪法对平等予以了特别的关注。宪法《人权法案》的第一项权利就是平等权。正如克雷格勒法官指出的，"鉴于我们特有的历史以及对未来的展望，宪法的起草以平等作为其核心，平等是南非宪法的焦点和组织原则"。① 南非宪法对平等的阐释超越了传统自由主义的平等观念，将形式平等与实质平等融为一体，从宪法高度上为实施肯定性行动铺平了道路。

南非宪法第二章《人权法案》第九条对平等进行了阐释：（1）每个人在法律面前都是平等的，有权受到法律平等的保护。（2）平等包括充分、平等地享有所有的权利和自由。为了促进平等的实现，可以采取立法或其他举措保护或促进因遭受不公正的歧视而处于不利地位的个人或某类人的发展。（3）国家可基于下列一个或多个原因直接或间接差别对待（discriminate）② 任何人，这些原因包括种族、性别、妊娠、婚姻状况、族类或社会出身、肤色、性取向、年龄、残疾、宗教、良知、信仰、文化、语言、出生，这种区别对待并不是不公平的。③

南非宪法体现了形式平等与实质平等的统一。第 9 条第 1 款体现了形式的平等，第 2、3 款则体现了实质的平等，并表明国家有权促进实现实质的平等。自启蒙时代起，西方主流的政治、社会哲学理论对于平等的理解就是形式化的。形式平等强调机会平等，即保障每个人有同等的机会参与社会生活，其结果取决于自由竞争的结果。19 世纪后半叶至 20 世纪，随着自由资本主义的弊端日益暴露，人们逐渐认识到形式平等的局限性，纯粹的形式平等实际上很可能掩盖了现实的不平等。也正是在这个时期，关于实质平等的理论和实践逐渐为人们所关注。实质的平等关注于结果的平等，并主张国家有义务和责任补救或纠正现实存在的不平等，缩小不同个人或群体之间的差距。

在涉及宪法的平等条款的案例中，奥雷根（O'Regan）法官这样阐释和论述平等的权利，"种族隔离制政策在法律上和现实中对黑人人民在社会生活的所有领域都进行系统的歧视……这种可怕的制度所造成的深深的伤口仍旧可以在我们的社会中见到。

---

① The Constitutional Court of South Africa, "Case CCT 11/96, President of the Republic of South Africa v Hugo (1997) 6 BCLR 708（CC），" para. 74, http://www. saflii. org. za/za/cases/ZACC/1997/4. pdf（南非宪法法庭，"96 年 11 月案例，南非共和国总统对雨果的判决，第 74 段）。

② Discriminate 一词有"差别对待"和"歧视"的含义，"差别对待"是中性的，而"歧视"具有明显的贬义，有损于被歧视对象的人格尊严。南非宪法区分了公平的差别对待和不公平的差别对待，后者才具有歧视的性质。文中将"discriminate"一词统一译为"差别对待"。

③ Constitution of The Republic of South Africa（No. 108 of 1996），sec. 9, http://www. gov. za/documents/constitution/1996/a108 – 96. pdf.

在阐释平等条款时，需要从这一历史出发，考虑到其持续存在的遗产的影响"。① 正是从历史背景出发，南非宪法没有将平等简单地解读为权利的平等，平等的条款不仅仅被用来禁止歧视，也用以纠正种族歧视的后果和影响。种族主义统治导致了不同族裔之间在经济和社会领域的巨大差距，一视同仁地对待所有人的形式平等无法满足消除种族主义遗产、实现民主转型的需要，不足以在南非社会实现真正的平等，因此需要诉诸实质平等的理念。

南非宪法的起草者们对肯定性行动在美国等国引发的争论非常清楚，为了避免日后出现大批关于逆向歧视的争端和诉讼，明确地将旨在纠正和改善弱势人群不利境遇的差别对待——即肯定性行动，作为宪法平等条款的组成部分，并指出这种差别对待并不是不公平的，从而为实施肯定性行动提供了宪法支持。

除了从实质平等的角度阐释平等，为肯定性行动奠定合法性基础外，南非宪法还有其他条款直接涉及肯定性行动，对日后制定肯定性行动相关法律和政策具有重要指导意义。第十章《公共管理》第195条第1款i项规定，公共管理部门必须广泛地代表南非人民，人员的雇用和管理是以能力、客观性、公正性以及纠正过去的不平衡以实现广泛代表性的需要为基础的。这一条款明确要求在公共管理部门（一个重要的就业领域）纠正过去的不平等，且人员构成需广泛代表南非人民，为日后实施肯定性行动确定了目标和标准。宪法第十三章《财政》第217条第2款b项规定，政府机构或其他国家法律确定的机关单位在采购商品或服务时可以保护或促进因遭受不公平的歧视而处于弱势地位的个人或某类人的利益。第3款（2001年通过的修正案）规定国家立法必须制定该政策得以实施的框架。② 这一条款使政府采购和招标成为践行肯定性行动的另外一项重要内容。

（二）经济领域的肯定性行动

南非的肯定性行动主要涉及经济和教育等领域。其中，经济领域是实践肯定性行动的重心所在，涉及就业、资产所有权和政府采购等方面。为此，南非政府制定了两部专项立法，构成肯定性行动的两大支柱。

1.《就业公平法》③。南非在1998年通过了《就业公平法》，旨在消除就业领域的不公平歧视。《就业公平法》要求每一个雇主都必须采取措施，通过消除就业政策与实践方面的歧视促进工作场所的平等，并特别指出肯定性行动或是基于某项工作的内在

① The Constitutional Court of South Africa, "Case CCT 11/96, Brink v Kitshoff, BCLR 752 (15 May 1996)," para 40, http://www.saflii.org/za/cases/ZACC/1996/9.pdf.
② Constitution of The Republic of South Africa (No. 108 of 1996), sec. 216, http://www.gov.za/documents/constitution/1996/a108-96.pdf.
③ Employment Equity Act, No. 55 of 1998, http://www.labour.gov.za/DOL/downloads/legislation/acts/employment-equity/Act%20-%20Employment%20Equity.pdf.

要求而实行的差别对待不构成歧视。当雇员与雇主发生纠纷时，被指控有不公平歧视行为的雇主需证明其行为是公平的。这种对强势一方进行"有罪推定"的做法和原则，实际上体现了对弱势一方的保护。

《就业公平法》第三章关于肯定性行动的部分是法案的重点。肯定性行动的适用范围仅限于指定雇主。指定雇主需针对指定群体，实施肯定性行动的相关措施。指定雇主指的是雇佣员工人数在 50 人以上以及年营业额达到或超过该法案为各行业设定的标准的雇主、受集体协议约束的雇主、市政当局、政府机构，但不包括国防部门、国家情报机构和秘密部门。此外，非指定雇主也可申请以指定雇主的身份自愿执行肯定行动措施。指定群体指的是黑人、妇女和残障人士，其中，黑人是对非裔、有色人和印裔的统称。肯定性行动是旨在保证指定群体中拥有合格资质的人拥有平等的就业机遇、在指定雇主所有职业类别和职业等级中有公平合理的代表性的举措。所谓合格资质包括正式文凭、前期学习、相关经验或在合理时间内获得胜任该项工作所需技能的能力，凡符合上述一项或几项的要求，即可认定为具有合格资质。

雇主需实施的肯定性行动措施包括以下几方面：识别现存的就业障碍，制订应对举措，其中包括对指定群体成员造成不利影响的歧视；在平等尊重所有人尊严的基础上深化工作场所的多元化措施；对指定群体的成员做出合理的通融，以保证他们享有平等的机遇，在指定雇主的工作场所（包括所有的专业类别和层级）有公平的代表性，发展指定群体成员的能力，对其进行适当的培训，增强其技能水平。肯定性行动措施包括优惠对待和数额目标，但数额目标并不等同于配额制。值得注意的是，《就业公平法》第 42 条规定，实施肯定性行动并不要求指定雇主实施对指定群体以外的成员的发展、续聘或升迁构成绝对障碍的就业政策或措施，这在一定程度上对非指定群体（白人）的利益有所保障，避免构成逆向歧视。

具体而言，指定雇主必须采取合理步骤与代表雇员的工会或雇员本人或其指定的代表进行协商，收集雇佣政策、相关惯例、程序以及工作环境方面的信息，对其进行分析，以明确对指定群体产生不利影响的就业障碍。相关分析必须包括：在每个工作类别和层级上指定群体的就业分布概况，以明确指定群体成员在该雇主的员工构成中比例低下的程度。雇主根据分析制定并实施就业公平计划，计划需阐明每年实现的目标；肯定性行动措施；在每个工作类别和层级上指定群体成员的数额目标、时间表和实现上述目标所采取的策略；计划的期限；解决实施该项计划引发的任何纠纷的内部程序；监控、评估计划实施情况以及是否取得合理进展的程序；负责监控、实施就业公平计划的人员。雇主需要向劳工部汇报就业平等计划的实施进展情况。报告中的信息被记录下来作为就业公平委员会编纂就业公平进展报告的资料。如果雇员之间存在不成比例的报酬差距，指定雇主须采取措施以逐步减少差距。劳工部有权向雇主派遣视察员做实地考察，对雇主的报告内容进行核对。未能遵守《就业公平法》规定的雇主将依据具体情况被课以 50 万至 90 万兰特的罚款。

2. 《黑人经济振兴法》。非国大政府一直力图改变白人主导的经济结构，创造有利于提升黑人经济地位、振兴黑人经济力量的环境，1994 年执政之初就制定了"黑人经济振兴政策"（Black Economic Empowerment），即 BEE 政策。"黑人经济振兴政策"的实施可分为两个阶段，第一阶段是 1994 ~ 1999 年，侧重于实现资产向黑人的转移和吸纳黑人进入董事会。白人企业为了适应南非的变革，自愿将股份低价卖给黑人，主要是有政治背景的黑人。出售股份的公司常常主动提供贷款，购买者用红利和增长的股价来偿付。1998 年的金融危机使购买股份的黑人负债累累，BEE 政策遭受重创。

由于这一阶段的 BEE 政策仅仅使少数有权势的黑人受益，因而遭到了不少批评。为此，南非政府遂对 BEE 政策进行调整，2003 年 11 月议会通过了《广义的黑人经济振兴法》，2004 年 1 月正式生效。《广义的黑人经济振兴法》的目标群体是黑人，也就是历史上的弱势群体，包括非裔、印裔和有色人。2008 年 5 月南非高等法院做出裁决，华裔也被包括在黑人之列。不同于《就业公平法》，白人女性和残疾人不属于受益的目标群体。根据该法案，"广义的黑人经济振兴"指通过统一、多元的社会经济战略实现所有黑人的经济振兴。发展战略包括但不限于：增加管理、拥有和控制企业及生产性资产的黑人数量；促进共同体、工人、合作社及其他集体企业拥有和管理企业和生产性资产；人力资源和技能发展；在所有的就业类别和就业层次上实现公平的代表性；优惠采购；投资黑人所有和管理的企业。[①] 法案授权贸易和工业部编写发布《良好行为规范》，以便为黑人经济振兴进程提供指导方针。

南非政府在实施 BEE 政策的同时，各行业组织也依据自身特点，制订适合本行业的 BEE 章程，拟定行业 BEE 规划。石油和液体燃料部门、矿业部门分别在 2000 年、2002 年制定了 BEE 章程。章程中列出了具体的目标，例如矿业 BEE 章程规定在 5 年内，矿业公司的产权 15% 由黑人所有，管理人员的 40% 是黑人。在 10 年内，黑人所有的股份至少达到 26%，企业需帮助筹集资金以实现资产转移的目标。南非政府在此基础上通过了《矿产和石油发展法》。法案重新确立了政府对矿产资源的所有权，为实现 BEE 目标，授权政府批准颁发行业许可证。随着农业、旅游业、建筑业和信息通信技术业的 BEE 章程获得政府批准，BEE 政策逐步渗透到南非的各行业系统中。

2006 年末，南非贸易和工业部发布了《良好行为规范》，2007 年 2 月 9 日正式颁布实施。《规范》规定用积分卡来评估企业在 BEE 方面的得分，判断企业是否符合

---

① Broad – Based Black Economic Empowerment Act（No. 53 of 2003）http://www. saflii. org/za/legis/consol_act/bbeea2003311. pdf.

BEE 的要求。政府采购、公有与私营部门的合作关系、出售政府所有的企业、申请行业经营许可证及其他相关的经济活动，都需要考虑企业的 BEE 身份。规范的执行期为 10 年，制定了中期目标和最终目标，10 年后将由贸易和工业部进行修订。

积分卡由三项主要内容构成，即直接振兴、人力资源发展和间接振兴。每一项下面又包括更为具体的指标。直接振兴在积分卡上的权重为 30%，包括所有权和管理控制两方面，所有权的权重为 20%，管理控制通过黑人在管理层、和董事会所占的比例来衡量，权重为 10%。人力资源发展的总权重为 30%，包括技能发展和就业公平两个组成部分，权重各占 15%。间接振兴的总权重为 40%，包括优惠采购、企业发展和经济社会发展三部分。优惠采购指从 BEE 公司购买的产品或服务，旨在促进黑人企业的发展，权重为 20%；企业发展指促进黑人所有企业发展的举措，包括贷款或经营方面的支持，权重为 15%；社会经济发展指对黑人社区发展做出的资金或其他方面的贡献，权重为 5%。在提高黑人妇女经济地位方面得分低的企业在其他评估项上的得分会随之减少，而表现优异的企业会得到额外的得分。规范适用于年营业额超过 3500 万兰特的企业，年营业额在 500 万~3500 万兰特之间的小型企业须从积分卡的 7 项内容中选择 4 项，以核定其 BEE 等级。年营业额在 500 万兰特以下的微型企业可不执行，自动具有级别较低的 BEE 身份，新成立或合并的企业在第一年被划为微型企业。[①]

政府各部门国有企业及其他公立机构都必须执行 BEE 法案，只能从 BEE 公司购买产品或服务，除了少数特殊的情况外，例如某一领域没有具备 BEE 身份的供货商。这一举措促使与政府交易的企业力争在 BEE 积分卡上取得高分。因为积分卡上包含了优惠采购指标，这些企业又促使供货企业成为 BEE 企业，从而一级级推动所有的企业都被纳入到 BEE 政策的影响之下。不具备 BEE 身份的企业不会受到罚金或其他形式的处罚，但势必会对其经营产生不利的影响。

（三）教育领域的肯定性行动

相比经济领域，南非政府在教育领域的肯定性行动力度要小得多。南非政府在教育方面的肯定性行动主要体现在高等教育领域。

在法律政策方面，1997 年的高等教育法第 37 条关于公立教育机构的招生政策第 3 款规定，公立高等教育机构必须采取适当举措纠正过去的不平等，可以以任何方式并非不公平的区别对待。[②] 1997 年的《高等教育白皮书》称政府将重新分配对高等教育

---

① Department of Trade and Industry, " Broad – Based Black Economic Empowerment Act 53/2003: Codes of Good Practice on Black Economic Empowerment," Government Notice No. 112, 2007. http://www.bbbee.com/files/Financial% 20Services% 20Sector% 20Code – Government% 20Gazette% 2035914. pdf.

② Higher Education Act（No. 101 of 1997）, sec, 37, http://www.education.gov.za/LinkClick.aspx? fileticket = JjbyP0XMPJs% 3d&tabid = 188&mid = 498.

的公共补贴以影响教育机构的学生族裔构成，增加弱势群体的学生的公共资助。

在种族隔离制时期，白人高校与非白人院校之间存在巨大的差距，为此，非国大政府着力增加白人大学的黑人学生数量，并缩小白人大学与非白人院校之间的差距。根据 2001 年的《国家高等教育计划》，南非政府对高等院校进行重组，将 21 所大学和 15 所技术院校合并为 11 所普通大学、6 所综合大学、6 所技术大学和 2 所国立高等教育学院，高等院校的数目从 1995 年的 36 所降至 2004 年的 29 所，2005 年又降至 25 所。官方不再区分黑人大学与白人大学，但实际上高校之间仍然存在很大差距。

在高等教育招生方面，南非的大学在民主转型时期保留了自我管理和自主招生的权利，政府授权大学自行制定纠正种族不平等的方案，并对此提供资助。南非最好的大学开普敦大学在招生政策中明确提出要纠正过去的不平等，努力在学生构成方面反映南非人口的多元性。为此，开普敦大学在招生时确定了不同族裔的学生数额以及录取分数标准。2012 年医学系录取分数分别为黑人 534 分；华裔 660 分；有色人 578 分；印裔和白人均为 700 分。[1] 在这一政策的影响下，开普敦大学医学系的非裔学生已经达到了学生总数的 70%。[2] 南非的其他大学，特别是以往的白人大学，也都制定了具有肯定性行动性质的招生政策。

三 效果与评价

肯定性行动的实施在南非社会产生很大的影响，但总体来说，这一政策并未成功地实现其预期目标。肯定性行动虽在目标领域取得了一定成效，但白人主导的经济结构仍未有根本性改变。与此同时，肯定性行动的负面影响不断显现出来，招致了广泛的批评。

（一）肯定性行动的收效

1. 在就业领域，黑人在管理和专业职位上的就业比例有所增长，但并未改变白人主导的局面，与在就业领域实现各族裔与其人口比例相应的代表性的预期目标相距甚远。在公共部门，黑人在高级职位上的就业大幅度增加，但在私营部门进展不大。根据南非就业公平委员会 1999～2001 年的报告，在最高的管理岗位，非裔占 6%，有色人占 3%，印裔占 4%，白人占 87%；在高级管理岗位，非裔占 8%，有色人占 5%，印裔占 5%，白人占 81%；在专业技术职位上，非裔占 33%，有色人占 5%，印裔占

---

[1] "UCT's racial admission requirements 2012," http://www.politicsweb.co.za/politicsweb/view/politicsweb/en/page71619?oid = 241283&sn = Detail.

[2] Andile Makholwa, "UCT policy: right of admission reserved," http://www.financialmail.co.za/coverstory/2014/01/23/uct - policy - right - of - admission - reserved.

6%，白人占 56%。① 在实行肯定性行动 15 年后，在最高管理层，非裔的比例增至 19.8%，有色人的比例增至 5.1%，印裔的比例增至 8.4%，白人的比例降至 62.7%；在高级管理岗位，非裔的比例增至 23%，有色人的比例增至 7%，印裔的比例增至 10.1%，白人的比例降至 57%；在专业技术和中层管理岗位，黑人的比例增至 38.4%，有色人的比例增至 9.6%，印裔的比例增至 9.4%，白人的比例降至 40.2%。② 而根据南非统计局 2013 年第三季度的资料，非裔经济活动人口的比例为 75.2%，有色人为 10.6%，印裔为 3.1%，白人为 10.8%，显然黑人在高级职位上的比例仍然大大低于其人口比例。

就业公平政策在公共部门执行的效果显著。根据南非团结工会进行的研究，非裔在公共部门的比例为 74.8%，有色人为 10.8%，均与其在 2012 年第四季度南非经济活动人口中所占的比例相等，印裔的比例为 2.2%，比其相应比例低一个百分点（3.2%），白人为 12.2%，比其相应比例高一个百分点（11.2%）。③ 根据就业委员会的报告，2013 年非裔在各级政府部门和国有企业的最高管理层的比例分别为 69.3% 和 49.4%，在高级管理职位上的比例分别为 62.8% 和 45.1%。④ 公共服务和行政部长斯苏鲁在 2013 年 6 月回答议会的问题时称"公共服务部门已经实现了种族的转型，反映出南非的人口构成状况"。⑤ 但是在私有部门、非营利组织和教育机构的高级职位上，白人主导的局面仍然未有很大改观。2013 年，白人在私有部门的最高管理职位上的比例为 69.6%，在高级管理职位上的比例为 62%。⑥

2. 在高等教育领域，黑人学生的入学人数有了较大幅度的增长。2010 年公立高校在校学生中非裔的人数为 59.6 万，有色人为 5.82 万，印裔为 5.45 万，白人为 17.83 万，其中非裔学生人数比 1995 年的 28.7 万增长了 107.6%，在学生总数中所占的比例达到了 67.2%。但是，南非的高等教育领域仍然存在着显著的族际不平等。白人学生的入学率可以与发达国家比肩，印裔学生的入学率与白人不相上下，非裔学生的入学率虽有较大增长，但也只有大约 13% 的非裔学生能够上大学，仅为白人学生的 1/4 左右。此外，从就学的院校类型分析，种族之间的差距更为明显。非裔学生就读的院校

①　Commission for Employment Equity, "Commission for Employment Equity Report 1999 – 2001," http://www. labour. gov. za/DOL/downloads/documents/annual – reports/employment – equity/1999 – 2001/Cover. pdf.

②　Commission for Employment Equity, "14 th Commission for Employment Equity Annual Report, 2013～2014," http://www. labour. gov. za/DOL/downloads/documents/annual – reports/employment – equity/2013 – 2014/14ceereport_part1. pdf.

③　Solidarity Research Institute, "Transformation in the public service," 18 March 2014, http://www. solidarityresearch. co. za/wp – content/uploads/2014/03/2014 – 03 – 17 – Transformation – National – Departments – ENG. pdf.

④　Commission for Employment Equity, "14 th Commission for Employment Equity Annual Report, 2013 – 2014".

⑤　Solidarity Research Institute, "Transformation in the public service," 18 March 2014.

⑥　Commission for Employment Equity, "14 th Commission for Employment Equity Annual Report, 2013 – 2014".

仍以二、三流大学为主，就读一流大学的人数较少，在南非最好的研究导向型大学中所占的比例最小。在研究生等高级人才层次种族间的差距更为明显。这对于非裔未来一代精英的发展来说是非常不利的。初等和中等教育水平低且教育资源分配的严重不平等是造成这种现象的主要原因。此外，黑人学生的毕业率也远远低于白人学生，能够如期完成学业顺利毕业的学生寥寥无几。在4年制的专业学术学位课程中，黑人学生在商务/管理专业的毕业率为33%，白人为83%；在工程专业，黑人的毕业率为32%，白人为64%；在语言专业，黑人的毕业率为26%，白人为65%；在法律专业，黑人的毕业率为21%，白人为48%。根据开普敦大学和兰德大学的资料，黑人与白人的毕业率基本上相差20个百分点以上，特别是在科学、工程和技术领域更为突出。[①]

3. 不同种族之间的不平等有所纠正，但种族内部的不平等加剧。根据南非统计局2011年公布的数据，在过去的10年里，非裔是收入增长最快的族裔，从2001年的人均年收入22522兰特增长为2011年的60613兰特，增长了169.12%，扣除通货膨胀因素（77.5%），大约增长了91.62%。同期白人的人均年收入增长了88.38%，扣除通货膨胀因素，实际增长了10.88%。在2000年，南非黑人平均收入水平是白人的15%，而到了2011年，黑人的平均收入达到了白人的40%。[②] 能够衡量集团之间与集团内部不平等状况的泰尔指数显示，南非不同集团之间的收入差异从1993年的61%降至2012年的35%，种族之间的不平等大幅度缩小。在1994年后，黑人的收入不断增长，其中受过良好教育的黑人从中获益最多，他们能够抓住向上的社会流动机遇，黑人中产阶级和高收入阶层迅速增长。在过去的15年中，黑人在南非最富有的10%和20%人口中所占的比例显著增加。黑人中产阶级从1993年的30万增加到2012年的300万，在中产阶级中所占的比例从11%升至41%。黑人中产阶级的崛起在很大程度上是肯定性行动的结果。公务员是黑人中产阶级的重要组成部分，在南非收入最高的黑人中，近40%就职于政府部门。

在黑人中产阶级迅速发展的同时，底层大众的贫困状况仍然十分严峻。在2011年，南非仍有2300万人生活在贫困线以下，占总人口的45.5%，其中极端贫困人口占总人口的20.2%。[③] 黑人内部的不平等急剧拉大，贫困人口与中产阶级的收入差距越来

---

① Glen Fisher, Ian Scott, "The Role of Higher Education in Closing The Skills Gap in South Africa, Closing the Skills and Technology Gap in South Africa Project, Background Paper3," The World Bank Human Development Group, Africa Region, October 2011, http://www.glenfisher.ca/downloads/files/Higher% 20Education% 20in% 20SA.pdf.

② Statistics South Africa, "Census 2011 Statistical release - P0301.4," http://www.statssa.gov.za/Publications/P03014/P030142011.pdf.

③ Statistics South Africa, "Poverty Trends in South Africa: An Examination of Absolute Poverty between 2006 and 2011," http://beta2.statssa.gov.za/publications/Report-03-10-06/Report-03-10-06March2014.pdf.

越大，黑人内部的基尼系数已经高达 0.66。① 白人内部的收入差距也呈增长趋势。虽然大多数白人现在的收入水平高于种族隔离制结束的时期，但是在高昂的学费、医疗支出和安全支出的影响下，白人收入实际上增长相对缓慢，白人成为南非收入增长最缓慢的族裔。贫困和受教育程度不高的白人丧失了在种族隔离制时期享有的就业保护和社会福利补贴，其境遇每况愈下。

目前的南非仍然是一个高度不平等的国家。1993 年，南非人均收入基尼系数为 0.67，② 2006 年升至 0.72，2009 年降为 0.70。2011 年，南非基尼系数为 0.69，最贫困的 20% 人口在全部消费支出中所占的份额仅为 4.3%，而最富有的 20% 人口的份额则为 61.3%。③

（二）对肯定性行动的评价

肯定性行动实施以来，人们这一政策的必要性和合理性并没有太多争议，南非社会各界对此基本达成共识。即使是反映白人精英声音的《商务日报》也称肯定性行动的立法是"针对历史性的不公平和当代政治压力的法案，这些如果得不到纠正和解决，将会导致经济的不稳定"。④ 但是，肯定性行动的具体政策和实施路径招致了广泛的批评。批评者来自左右两个阵营，既有前总统德克勒克这样的白人领袖，也有前总统姆贝基的胞弟、著名企业家和公知莫莱茨·姆贝基（Moeletsi Mbeki）。左右双方都一致声称当前的肯定性行动只惠及了一小撮有政治关系的黑人精英，真正的弱势群体不仅无法从中获益，反而因肯定性行动的负面影响而受到伤害，底层的贫困人口更甚。

德克勒克发表演讲称肯定性行动政策是建立在种族基础上的歧视，背离了制宪谈判中达成的宪法原则，与民族和解的精神更是背道而驰。德克勒克称当初在制宪谈判中，包括非国大在内的各方都接受宪法第 9 条第 2 款要求的是一种"软式的肯定性行动"（soft form of affirmative action），侧重于教育培训和"投入"，而不是种族配额或"结果"。"从来没有过关于强加人口代表性的谈判"，而且也没有打算"仅仅出于种族的考虑而任用不具备适合资质的人"。与之相反，人们普遍同意"最重要、最有效的肯定性行动方式是通过提供高质量的教育，创造就业机会"⑤。

对肯定性行动的批评主要集中在以下几方面。

---

① Servaas van der Berg, "South Africa will Remain a Hugely Unequal Society for a Long Time," http://theconversati-on.com/south - africa - will - remain - a - hugely - unequal - society - for - a - long - time - 25949.

② F. Bastagali, C. Coady, and S. Gupta, "Income inequality and fiscal policy," IMF Staff Discussion Notes, 28 June 2012, http://www.imf.org. .

③ Statistics South Africa, "Poverty Trends in South Africa: An Examination of Absolute Poverty between 2006 and 2011".

④ Kate Dunn, "Mandela Hits White Wealth," http://www.csmonitor.com/1998/0226/022698. intl. intl. 6. html.

⑤ Anthea Jeffery, "The Constitution and the Equality Clause," FW de Klerk Foundation Conference onUniting Behind the Constitution, https://www.givengain.com/cause_data/images/2137/UnitingPublication.pdf.

（1）《就业公平法》的实施导致公共服务质量下降。南非公共服务部门实施肯定性行动的力度最大，其不顾弱势群体资质技能水平较低的现实，片面追求人员构成符合南非各族裔人口比例，导致公共服务领域人员素质不符合要求或缺乏经验。许多政府部门的职位因为没有符合资质的目标群体的人员应征而虚位以待。政府部门，特别是许多小城镇市政服务水平极为低下，严重影响到当地的居民生活。大多数政府机构不能保存像样的财务记录，实现有效审计，因而不得不斥巨资聘请外来的顾问完成应当由公务员自己完成的工作。根据世界银行的评估，南非政府的效率指数不断下滑，从1996 年的 0.88 降至 2012 年的 0.33。[1]

（2）BEE 政策导致腐败盛行。BEE 赋予政府很大的权利通过采购招标等形式干预企业运营，为腐败的滋生创造了温床。莫莱茨·姆贝基将 BEE 称为"合法的腐败"[2]。南非星报在 2012 年 8 月 28 日题名为《我们为什么宰政府》的一文中指出，具备 BEE资质的公司常常需要贿赂政府官员，因而不得不向政府提供质次价高的商品或服务。9名黑人商人匿名告诉星报他们需要向政府官员支付回扣，否则就会因各种莫名其妙的理由被排斥在数千万兰特的合同之外。回扣一般占合同价值总额的 5% ~ 10%，或是占总利润的 50% 左右，表现为多种形式：现金、昂贵的礼品、与政治人物以及政府人员的配偶或亲属签订分包合同等。此外，他们还需向非国大、非国大青年联盟、南非共产党，甚至是在某个省份或城市掌权的反对党定期捐献巨额资金。非国大的秘书长曼塔施对政府的投标制度提出质疑，称 BEE 公司必须"停止将政府当成摇钱树，提供质次价高的产品"。曼塔施称黑人所有的公司建造学校的价格比正常情况下高出 2 倍以上。[3] 根据透明国际的清廉指数报告，南非的排名从 2000 年的第 34 位下滑到 2008 年的第 54 位，2013 年南非的清廉指数得分 42 分，在 175 个国家中排名第 72 位。

（3）肯定性行动不利于培育锐意进取、勇于创新的黑人企业家精神，对南非的经济增长以及黑人实现真正的振兴产生消极影响。肯定性行动在一定程度上助长了黑人自视为种族主义的受害者而认为理应获得补偿的弱者心理和急功近利的心态。BEE 的制度设计侧重于实现财富转移，而不是鼓励黑人自己创造价值。南非黑人企业家、国家非洲人商务联合会创始人及会长理查德·马珀尼亚认为 BEE 不利于创造培育企业家精神的社会氛围，应当对其进行反思并摈斥之，称"青年人青睐 BEE 文化，创业需要

---

① The World Bank, "South Africa Government Effectiveness," http://info. worldbank. org/governance/wgi/index. aspx#home.

② Johann Redelinghuys, "Black Economic (Dis) Empowerment: It's Time to Rethink Our Strategy," http://www. dailymaverick. co. za/opinionista/2013 - 05 - 13 - black - economic - disempowerment - its - time - to - rethink - our - strategy/.

③ Piet. Rampedi, "Why We Rip off State," The Star, August 28 2012, http://www. iol. co. za/the - star/why - we - rip - off - state - 1. 1370745#. U_tUNXDSP6k.

时间，也许长达数十年，才能取得成果，但一些青年希望今天就拥有一切"①。莫莱茨·姆贝基称，"BEE 告诉黑人，你不必建立你自己的企业，你无须承担风险，白人会给你工作，分给你公司的股份"。② BEE 政策使得南非出现了一种"投标企业家"（tenderpreneur）③ 文化，毒化了商业环境，不利于创造一个能够促进新兴的黑人企业发展的环境。

（4）肯定性行动导致族际关系紧张。白人受肯定性行动影响最大，对这一政策最为不满。印裔和有色人相对于占人口 79% 的非裔来说，在白人统治下虽然也受到歧视，但处境要好于非裔，受教育水平和人口素质都比较高，在肯定性行动实施后受惠颇多，在高校招生和就业中达到了各自的人口比例后反而受限于肯定性行动政策，故而频频抱怨因为自己不够黑而受到歧视。有色人在西开普省占劳动力人口的 55%，但只占全国人口的 11%。如果西开普省的有色人限额被确定为 11%，就会导致有色人的就业困难。南非前劳工部总干事和就业公平委员会主席曼伊称"有色人过多地集中在西开普省对他们不利，他们应当到南非其他地方去"。非国大元老级人物、前财长和总统府计划部部长雷弗·曼努埃尔（有色人）发表公开信，对曼伊进行了猛烈的抨击，称其言论有悖宪法，在道德上也应当受到谴责。"以数字方式理解肯定性行动使人变成了数字，人们被当作物品一样对待。在某个地方某种类型的人供过于求，而在其他地方又供不应求"。"这些言论使你成为维沃尔德式（南非前总统，种族隔离制构建者）的种族主义者，与种族隔离制的心态没有两样。鉴于你在发表此言论时任劳工部总干事，而且就业公平法是在你任职期间修订的，我感觉你的种族主义已经渗透到政府最高层。"④ 西开普省惩教署的有色人职员克里斯托·法伯瑞称："我的事业不是由我做什么决定的，而是由我的肤色决定的。我感觉像这个国家的二等公民。"⑤

四 对肯定性行动的反思

南非是世界上少数几个针对多数群体实施肯定性行动的国家之一。黑人在政治上占有的绝对优势使南非得以通过法律化、制度化的途径强力推行肯定性行动。但是，肯定性行动的制度设计偏向于目标群体的上层，这让本已占据较多社会资源、在社会

① Destiny Reporter, "Maponya：'BEE Killing Entrepreneurship," http：//www. destinyman. com/2013/09/30/black-economic – empowerment – killing – entrepreneurship/.

② Rebecca Harrison, "Moeletsi Mbeki：Black Empowerment has Failed," Mails and Guardian, 19 Jun, 2009, http：//mg. co. za/article/2009 – 06 – 19 – moeletsi – mbeki – black – empowerment – has – failed.

③ "投标企业家"（tenderpreneur）是由 tendering（投标）和 entrepreneur（企业家）两个词构成的合成词，南非星报将"投标企业家"描述为拥有良好的政治关系，通过政府投标发财致富的人。

④ Trevor Manuel, "Open Letter to Jimmy Manyi," The Star, March 2 2011, http：//www. iol. co. za/news/politics/trevor – manuel – s – open – letter – to – jimmy – manyi – 1. 1034606#. VAVTMbKBSuo.

⑤ Cilleste van der Walt, " What do They Say about Affirmative Action?" https：//solidariteit. co. za/en/15192/.

流动的阶梯上处于相对有利地位的黑人因而能够坐收其利，而处于社会底层、亟须优惠政策扶持的弱势人群虽对肯定性行动抱有很大的期望，但却无缘从中受益。因而，肯定性行动的一个结果就是扩大了黑人群体内部的不平等，这也成为南非肯定性行动为人诟病最多之处。

南非共产党曾在 1993 年第三季撰文指出，"肯定性行动不应当是提升个人，通常是黑人，特别是非裔，到管理岗位，或拥有股份资产，使个别黑人分享资本主义的一杯羹。肯定性行动应当主要是对历史上受压迫的社会群体和阶级的振兴和赋权，是集体性的振兴，而不是对个体的提升。肯定性行动是将道路和电力扩展到边缘化的农村社区，是发展广泛的、由国家管理的基础卫生体系，对全国所有儿童实行免费的十年义务制教育，是为所有的老年人提供平等的养老金，是为我们国家数百万的失业人口创造就业机会"。"肯定性行动不应当仅仅强调种族压迫，而是应当包括阶级和性别压迫以及城乡之间巨大的不平等。宪法赋予所有南非人形式上的平等的权利并不会终结长期以来的种族、阶级和性别压迫，同样，打造一个黑人中产阶级也不会实现这一目标。"①

从本质上说，肯定性行动是基于公平、正义原则对社会不平等的纠正。社会不平等往往是多个维度的，可能是种族的、族裔的、文化的、语言的，也可能是性别的、阶级的或其他方面的，抑或是多个维度相互叠加的。在某一群体内部，其成员之间在出身、教育、财富、可资利用的社会资源、社会流动等方面也存在巨大的差异性。社会现实的复杂性决定了旨在纠正社会不平等的肯定性行动在确定目标群体方面很难有精确的靶向性，往往同时存在目标群体对象范围设定得过大和过小的问题。

肯定性行动体现了人类社会对社会公正的不倦追求，但它不是完美的社会政策，更不是绝对公正的。南非政府最初的设想是好的，但不够周全，急功近利没有长远的眼光和全局性的思维。在目标群体的设定上就有瑕疵，只考虑就业人口，而忽视了就业预备军的情况。

就南非而言，肯定性行动需要和教育、减贫、发展基础设施等众多其他的社会政策结合起来，以更好地纠正社会不平等。正如《反思 BEE 政策》一书的作者卡吉尔（Cargill）指出的，教育是南非肯定性行动的阿喀琉斯之踵②，成为阻碍黑人向上层社会流动的玻璃屋顶。南非基础教育质量之低令人瞠目。曼德拉被引用最多的名言就是

---

① African Communist Journal Extracts: "Affirmative Action Time for a Class Approach," No. 134, 1993, http://www. nelsonmandela. org/omalley/index. php/site/q/03lv02424/04lv02730/05lv03005/06lv03006/07lv03068/08lv03069. htm.

② Nompumelelo Sibalukhulu, "BEE Alone can't Break the Vicious Circle," Mails and Guardian, 06 JUL 2012, http://mg. co. za/article/2012 - 07 - 05 - bee - alone - cant - break - the - vicious - circle/.

"教育是你能改变世界的最有利的武器"。历届非国大政府对教育的投入并不少，教育占政府财政支出的 20%，但由于种族隔离制时期"班图教育"制度历史遗产的影响，至今南非的教育水平低下且教育资源的分配严重不平等。除了少数来自富有家庭的学生外，绝大多数南非学生都不具备与其就学年级相应的阅读、书写和计算能力，相当于功能性的文盲。就教育成果而言，南非的教育水平低于许多低收入的非洲国家，甚至不如津巴布韦。根据世界经济论坛的《全球竞争力报告》（2113～2014），在 148 个国家中，南非教育制度的质量排名第 146 位，基础教育质量排名第 133 位，数学和科学教育质量排名第 148 位。[1] 如此糟糕的基础教育对贫困人口来说影响最大，白人或黑人的上层可以上水平高的私立学校，但底层的居民却被剥夺了摆脱贫困、改变命运的希望和机会。

教育成为阻碍肯定性行动实施的最大障碍。如今，南非社会最大的分野已经不是种族，而是财富和阶级。根据南非公正与和解学院 2013 年的《和解晴雨表》调查报告显示，认为收入是南非最主要的分裂根源的人最多（占受访者的 27.9%），种族退居到第四位（14.6%）。[2] 在同等教育程度的人群中，就业和收入方面的种族差异已经不明显。从这方面来说，肯定性行动还是卓有成效的。但是，教育制度的质量导致高素质的黑人的数量仍然偏低，这也是私有部门管理和技术职位上黑人比例长期徘徊不前的症结所在。肯定性行动的目的在于消除歧视，为遭受不公正待遇而处于弱势的群体创造发展机遇，以避免其陷于不利的社会境遇中难以破壁。因此，肯定性行动应当侧重于提高目标群体的能力和素质，使其能够与其他群体进行公平的竞争，凭借自己的能力实现向上的社会流动。当然在弱势群体素质较低的情况下做出适当的通融和调整也是肯定性行动的题中应有之义。

肯定性行动作为对某一弱势社会群体实施的优惠、扶持性的社会政策，不应当是永久性的，否则就会演变为特权和不平等，有悖于追求社会公正平等的初衷。更为重要的是，肯定性行动需衡量利弊得失，适时地进行调整。长达数百年的种族主义统治在南非社会造成的巨大的鸿沟能否填平，南非的肯定性行动实践将做出回答。

Abstract：The extensive and systemic inequality between different races in South Africa due to the long term racist rule still exists in the post-Apartheid era, which led to the blacks lag far behind the whites in social development. In order to eliminate the ill effects of the A-

---

[1] Klaus Schwab, "The Global Competitiveness Report 2013 – 2014," World Economic Forum, p. 347, http://www3. weforum. org/docs/WEF_GlobalCompetitivenessReport_2013 – 14. pdf.

[2] Kim Wale, "SA Reconciliation Barometer Survey: 2013 Report," The Institute for Justice and Reconciliation, http://reconciliationbarometer. org/wp – content/uploads/2013/12/IJR – Barometer – Report – 2013 – 22Nov1635. pdf.

partheid and to correct the historical injustice, the ANC government has implemented affirmative action through legalization, which achieved certain effects in increasing the significance of the disadvantaged groups in targeted areas, but failed to meet the expectation of transforming the white-dominated economic order in South Africa. Along with the growing inequality within the Black, South Africa remains a hugely unequal society.

原载于《世界民族》2014 年第 6 期

面临挑战的"单一不可分"原则[*]

——基于法国《查理周刊》恐怖袭击事件的反思

陈玉瑶

摘　要　《查理周刊》恐怖袭击事件后，法国总统奥朗德反复强调团结，而社会团结的实现需要切实有效的民族整合手段。在法兰西民族的建立和建构过程中，国家、民族和人民总是以"单一不可分"的形象对内和对外宣示，它同时也是指导民族整合的基本原则和目标。历史上，该原则的确成功地塑造了现代法兰西民族，但是通过强制手段实现的同质化并没有抹杀掉本土科西嘉人的特殊性，随着法国分权制行政体制的确立，科西嘉人的特殊性诉求得以在行政—法律框架内提出和解决，"单一不可分"的法兰西人民与科西嘉人民的概念之冲突被暂时搁置。但是随着二战后新移民，尤其是来自北非三国的穆斯林移民的到来，法国社会呈现了无可否认的异质性现实。在"单一不可分"原则的指导下，法国政府处理移民问题的对策是，强化固有的价值观认同，辅以社会政策层面的有限帮扶。在法治国家的制度性建设方面愈发成熟的法兰西需要认识到，宪政体制的核心与关键仍在于宪法的设计理念是否科学合理，"单一不可分"原则需要从宪法角度重新认识和阐释。

关键词　单一不可分　共和国价值观　文化多样性　多元文化主义

"9·11"事件后法国《世界报》曾刊出醒目标题《我们都是美国人》。^① 2015 年新年伊始，《我们都是查理》再次成为法国报纸（《解放报》）的醒目标题……

---

* 本文为 2014 年国家社会科学基金青年项目："法兰西民族—国家研究——理论争论与实际建构"（项目编号：14CMZ023）以及中国社会科学院民族所创新工程项目："民族政治学：民族问题与民族政策的国别研究及其经验教训借鉴"的阶段性成果。

① Jonathan Baker：《谁是恐怖主义：当恐怖主义遇上反恐战争》，张舜芬译，台北，书林出版社，2005，第 17 页。

2015 年 1 月 7 日，法国讽刺漫画《查理周刊》位于巴黎的办公室遭到袭击，造成至少 12 人死亡，多人重伤。这恐怕是继 2005 年巴黎骚乱之后，发生在法国的最骇人听闻的事件了。事发后，法国政界与各大媒体一致将此次事件定性为"恐怖袭击"。这起恐怖袭击以及后续的"劫持人质事件"、反恐大游行、有关"我是查理"和"我不是查理"的争辩、言论自由与宗教信仰的讨论……使巴黎成了名副其实的"世界的首都"。

1 月 7 日袭击事件后，欧洲多国相继展开了反恐行动。欧洲联盟多名官员 1 月 13 日警告，可能多达 5000 名欧洲国家的公民已经加入极端组织。① 另据《费加罗报》同一天报道，《查理周刊》事件发生后，针对穆斯林的一些极端行为也呈现频发趋势，截至 13 日，已经出现 54 起反穆斯林行为，其中 21 起使用了金属子弹玩具枪或石膏粉投掷弹，33 起是可视为"威胁"的冒犯行为。另外，在东部一地区（Aix - les Bains）一清真寺被纵火。在科西嘉岛，一处伊斯兰教徒做礼拜的大厅内，出现了"阿拉伯人出去"（Les Arabes dehors）的标语，还有一处穆斯林建筑也被纵火……这些警示足以让我们确定，不仅穆斯林群体中有极端分子，法兰西主流社会中同样不乏极端主义者。

这两股对立势力的共同点在于，双方都坚信自己的主张和行为是正当的。而"如果人们坚持一定要得到他们认为有权得到的任何东西，文明就会让路给战火"②。因此，原本存在于不同国家、地区之间的价值观冲突，已经进入某些社会的内部了。当社会内部已经不仅限于"分裂"，而是呈现为"冲突"状态，那么这个社会距离"团结"的目标就更远一步。《查理周刊》恐怖袭击事件发生后，法国总统奥朗德表达了坚决打击恐怖主义的决心，并反复强调："让我们团结起来！"这是呼吁，更是目标。社会团结不仅需要人民万众一心、同仇敌忾，还需要国家层面的整合手段去弥合社会分裂乃至冲突。这就是现代国家 - 民族建构的核心任务：民族整合（intégration nationale）面临的重大课题。

法国大革命以来，在民族整合方面，建立"单一不可分"（Une et indivisible，也可以译为"一个和不可分"）的共和国（République）、民族（nation）和人民（peuple），既是法兰西国家 - 民族的目标，也是它在整合异质性和多样性时的指导原则。该原则得到绝大多数政权的认可，并被明确写入它们的宪法中，因此才成为法兰西人倍加珍

---

① 《5000 欧洲公民加入极端组织》：http://difang. gmw. cn/newspaper/2015 - 01/15/content_103751882. htm （2015 - 01 -22）。

② 〔美〕保罗·海恩等：《经济学的思维方式》，史晨主译，世界图书出版公司，2012，第 200 页。

视的共和国价值观①之一。该原则是怎样产生的，经过两个多世纪的国情变迁，它还能作为解决当今法兰西社会分裂问题的灵丹妙药吗？

一 最初的原则："单一不可分"的人民、民族和国家

在法国历史学界，把中世纪结束到法国大革命爆发（15 世纪末至 1789 年）称为"旧制度"时期。这段时期的社会特点是，贵族、教士阶层不劳作、不缴税，却坐享诸多特权。而辛勤的资产阶级（是当时社会中第三等级的主体，也是社会中的平民）却要替享有免税权的人交税，而且还要承受国王因财政困难而不断增加的赋税。

鉴于旧制度时期等级社会的深刻不平等，意图结束专制统治的革命者，对卢梭描绘的人类社会理想状态深信不疑，也无限向往。后者的"人民主权"（souveraineté populaire）观念既提供了使"臣民"变为"公民"的可能性，又提供了合法性。根据卢梭的契约原理，公民需要聚合为一个集体，因为公民身份只能在一种集体性自决实践中才能够实现。最终，这个集体被西耶斯及其革命盟友命名为"民族"（nation）。从此，"人民主权"也顺理成章地变为"民族主权"（souveraineté nationale）。

"单一不可分"的立国原则正是来源于人们对"主权"的认知。首次系统讨论主权本质的是让·博丹（Jean Bodin），他将主权定义为国家绝对的和永久的权力。② 博丹之后，从 17 世纪开始，一些政治思想家，尤其是约翰内斯·阿尔色修斯（Johannaes Althusius）和于格·格老秀斯（Hugo Grotius）等人，都对主权有过较为深入的思考和研究。他们虽然对主权的拥有者是谁这个问题存在分歧，但是主权本身完整和不可分却是他们一个共识。③

卢梭也是这样认识主权的，他认为人民是一个集体，只有这个集体拥有完整的主权，人民之中的任何一部分或任何个人都不能行使主权，所以主权不可分，人民作为

---

① "共和国价值观"是反复出现于法国公共生活领域的一个核心术语，在《查理周刊》恐怖袭击事件后，在各种舆论、报道中，该术语更是大有"怎强强调都不为过"之势。实际上，共和国价值观是法国大革命之后，在国家—民族建构过程中产生过重大影响、具有核心重要性的一系列政治理念、原则的集合，法国官方是这样界定的：法兰西共和国的基本原则是"自由、平等、博爱"，它们体现于公民不可剥夺的各种政治、社会权利中，集中体现于法国宪法的第一条："法兰西是单一、不可分、世俗的、民主的和社会的共和国"（其中的"社会的"是对平等原则的宣示，旨在增进社会凝聚，改善处境不利者的条件）；2003 年宪法修订后，加入一条"实行分权制"（organisation décentralisée）的共和国原则；2008 年宪法修订时又增加一条"议员任期与职责方面男女平等"的原则。参见法国立法与行政信息局主办，"公共生活"网站："法兰西共和国基本原则是什么？"：http://www. vie - publique. fr/decouverte - institutions/institutions/veme - republique/heritages/quels - sont - principes - fondamentaux - republique - francaise. html（2015 - 01 - 21）。

② François DE SMET, Le mythe de la souveraineté. Du Corps au Contrat social, Bruxelles - Fernelmont, E. M. E. , 2011, p. 42, p. 45.

③ 参见〔美〕小查尔斯·爱德华·梅里亚姆《卢梭以来的主权学说史》，毕洪海译，法律出版社，2006，第 5、15、17 页。

一个集体存在也不可分。在《社会契约论》中，作者专门谈到了主权的不可分割问题。大革命时期，主权的拥有者变为民族，所以民族也是"单一和不可分的"，而民族所依托的国家实体——共和国，自然也是一个和不可分的。

由此，人民、民族、国家"三位一体"观念，也就是古典的"一个人民，一个民族，一个国家"民族主义理论便顺理成章地成立了，它们不仅是单一的，而且还都是不可分的。人民不可分是基于人民之中的一部分不能行使主权而言；从人民到民族的话语转变，只是卢梭和西耶斯对同一个集合体的不同称呼，名称改变，实质却并无二致，因而民族也是一个整体，具有不可分的特点；国家是人民和民族赖以维持的有形依托，所以最终是国家的（而不是人民或民族的）不可分原则被明文载入革命以来的绝大多数宪法中。"共和国是单一和不可分的"这句话实际上是上述"三位一体"理念的宣示，即共和国所承载的人民和民族不可分，它远远超过一般意义上的领土不可分割含义。因此，追根溯源，我们可以认为，人民、民族、国家的"单一不可分"都是从主权维度演绎出的推论。

这种思想充分体现在革命早期的宪法中。1791年宪法第3章第1条明确规定："主权是单一、不可分、不可转让、不因时效而消灭的。它属于民族，无论是人民中的一部分还是任何个人都不得主张对主权的行使"；第2章第1条规定："王国（Royaume）是单一和不可分的……"[1] 1793年宪法中对主权也有同样的宣示，"主权属于人民；它是单一和不可分的"；关于国家，则明确规定："法兰西共和国是单一和不可分的。"[2] 由此，"单一不可分"成了最初的民族原则，也是共和国价值观的核心原则之一。但值得注意的是，1848年的第二共和国宪法只规定了"法兰西共和国是民主的、单一和不可分的"，关于主权的相关宣示已经消失。[3] 如今的法兰西第五共和国宪法中，关于主权也不再有"单一和不可分"的宣示。

二 内部挑战与行政—法律框架内的解决

法国历史学家也承认，大革命前的法兰西，社会文化异质性十分明显。"旧制度时期，人民完全被排除在政治生活之外，语言与习俗的多样性对于君主体制而言并不构成一个问题"[4]，这种统治理念使得法兰西直到18世纪末期仍然像一幅杂拼画一样，各

---

① 法国国民议会官方网站：《1791年宪法》，http://www. assemblee – nationale. fr/histoire/constitutions/constitu-tion – de – 1791. asp（2014 – 3 – 19）。

② 法国国民议会官方网站：《1793年宪法》，http://www. assemblee – nationale. fr/histoire/constitutions/constitu-tion – de – 1793 – an1. asp（2014 – 3 – 19）。

③ 法国国民议会官方网站：《1848年宪法》，http://www. assemblee – nationale. fr/histoire/constitutions/constitu-tion – deuxieme – republique. asp（2014 – 3 – 19）。

④ Gérard Noiriel, Population, immigration et identité nationale en France XIXe – XXe siècle, Hachette, 1992, p. 94.

地区拥有不同的风俗和方言。

现代法兰西民族建立之后，在长达两个世纪的国家—民族建构过程中，公民与国家之间通过民主的推动作用，建立起越来越紧密的关系。大革命时代形成的雅各宾强权意识形态①则通过这种互动关系将一套政治精英阶层制定的标准文化强加到公民社会中，而教育、语言统一措施既是这种强力意志的结果，也反过来巩固了这种普遍主义的公民文化，增强了公民的民族认同。

"单一不可分"原则终于在 19 世纪末期成为现实，共同文化和民族认同催生了以语言、文化方面的同质性为标准的法兰西民族。这一阶段强制同化的目标群体是生活在这片六边形土地上的所有地区和所有群体，无论它们原来拥有何种语言、文化和区域特殊性。因此，大革命之后的国家—民族整合也并非不伴有冲突。"冲突问题之所以不曾存在，并不是因为对'法国化'进程的抵触极少以集体形式呈现，而是由于雅各宾国家意识形态的强权作用，致使档案中没有留下任何集体抵触痕迹。"②

随着民主社会的逐步完善，对强制的文化同化政策的集体抵触无法避免地在 1970 年前后出现了：布列塔尼人、巴斯克人、科西嘉人纷纷要求国家承认并保护他们的特殊文化。其中，科西嘉人的自治诉求以及独立运动最为强烈，在该地区甚至出现了极端分离主义组织：科西嘉民族解放阵线（Front de Libération Nationale de la Corse，缩写为 FLNC，1976 年成立）。

科西嘉岛位于法国东南部的地中海上，距离法国尼斯市 170 公里，距意大利半岛 84 公里，岛面积仅占法国领土总面积的 1.6%。由于战略位置重要，该岛一直被大国觊觎。13 世纪末期至 18 世纪，热那亚人的统治深刻地影响了该岛社会生活的各个方面。在 1755 年至 1769 年该岛还一度建立了独立国家。1768 年，热那亚共和国通过《凡尔赛条约》将科西嘉岛的管理权让与觊觎已久的法国。③

自法国大革命以来，在公民权利平等原则的指导下，科西嘉人的特殊性历来被政府视为地区差异，而科西嘉人则认为是民族（people）的差异，并基于自身的历史文化特殊性向中央政府提出了多种权利诉求。

但是法国政府的回应是：只承认作为个体的科西嘉人的权利，不承认作为 "peo-

---

① 法国大革命一举扫除了封建式中央集权制的地方管理体制和制度，确定法兰西是 "单一和不可分" 的共和国，建立了新的中央集权的政治和行政管理体制，统一领导和管理地方政府。新的地方管理体制和制度取消了关卡，统一了税收，打通了商品和贸易渠道，大大促进了法国经济的发展。新的地方管理体制和制度也使法兰西语言和文化逐渐普及，地方风俗习惯逐渐缩小，种族逐渐同化，从而加速了法国政治统一，促进了法兰西民族的最后形成。今天，人们把这种体制和制度称为 "雅各宾传统" "雅各宾精神" "雅各宾主义" "雅各宾制度"，等等。参见吴国庆《当代各国政治体制：法国》，兰州大学出版社，1998，第 70～71 页。

② Gérard Noiriel, état, Nation et Immigration, Gallimard, 2005, p. 127.

③ 参见拙文《法国的科西嘉民族问题》，《世界民族》2013 年第 5 期。

ple"的科西嘉人的权利,因为法兰西 people 是"单一不可分"的。"因此,法国政府对 1966 年的《联合国公民权利和政治权利国际公约》第 27 条作了保留,而它直到现在仍是保障少数民族权利的唯一普遍有效的法律基础。法国不想适用这一条,理由是在法国没有少数民族。"①

1991 年,中央政府与科西嘉地方代表经过审慎的协商讨论,提交了《科西嘉行政区身份法案》,但宪法委员会在法案通过几天后就废除了其中的第 1 条,即:

> 法兰西共和国确保作为法兰西人民(*le peuple français*)组成部分的"科西嘉人民(*le peuple corse*)"所组建的现有的历史和文化团体拥有保护其文化独特性以及捍卫其特殊的经济社会利益的权利。这些与岛屿特性相关的权利要尊重国家统一,在共和国宪法、法律及现有成文法允许范围内行使。

法国的宪法委员会负责各种法律、规范的合宪性审查工作,该条款未被通过的理由便是,"科西嘉人民"这一说法存在争议:对一些人来说,这一概念有悖于一个"单一不可分的共和国"原则;另一些人认为,它会引起布列塔尼人、阿尔萨斯人、加泰罗尼亚人、巴斯克人也提出同样的要求。

既不承认科西嘉人是少数民族,也不承认科西嘉人民的集体存在,那么科西嘉的独立问题是如何解决的呢?这要归功于法国的分权制行政体制改革。

很多人认为,法兰西共和国是一个单一制中央集权型国家。历史上的法国的确是一个以中央集权著称的国家,但那是 20 世纪 80 年代以前的法国,现在的法兰西第五共和国是一个政治上实行单一制,行政上实行地方分权制的国家。1980 年以后,政府启动了一系列地方分权改革方案。

在地方分权改革进程中,科西嘉的特殊地理、历史与文化使其地位始终有别于法国大陆的其他地区。1982 年 3 月 2 日和 7 月 30 日颁布的法律,是法国地方分权改革的开端,中央政府的监管被取消,由较轻的监督代替。鉴于科西嘉岛以独立为目标的自治呼声愈发高涨,该法律赋予科西嘉一个特殊大区身份,为科西嘉设立了管辖权(compétence)范围较广阔的科西嘉议会,而法国大陆其他大区直到 1986 年才拥有这些管辖权。法律同时规定,科西嘉大区的组织形式要充分考虑当地的地理与历史特殊性。

在后来的改革中,科西嘉于 1992 年获得特别地方领土单位(collectivité territoriale à statut particulier)身份,2000 年至 2002 年中央政府与科西嘉议会经过谈判,于 2002

---

① 〔瑞士〕尼考尔·托佩尔韦恩:《宪政的理念》,聂资鲁、罗智勇、蔡岱松译,李存捧校,中国方正出版社,2009,第 9 页。

年 1 月 22 日颁布法律进一步扩大了科西嘉的原有管辖权，尤其强调促进其在文化、岛屿特性方面的发展。①

到 2003 年，法国参众议院联席会议通过了宪法修正案，对 20 世纪 80 年代以来的地方分权化进程从宪法角度予以"正名"：在宪法第一条中加入了共和国的行政组织结构为"分权式"（décentralisé）。经过一系列的改革，法国形成了大区（région）、省（département）、市镇（commune）三类地方领土单位（collectivités territoriales 或 collectivités locales，又译作"地方团体"）格局。

地方领土单位的设立与地方分权进程是密切相关的。在从宪法角度赋予地方领土单位新的管辖权之前，它们可以被理解为"地方行政区"，但当它们拥有新的管辖权以后，它们就不仅是国家的一类行政区划（但不同于中央集权制下的行政区概念），还是像国家一样但又不同于国家的、以国内某一地域为构成基础的公法②法人（personnes morales de droit public）了。

这种公法法人与集权制下国家行政区的区别在于，在中央集权制下，国家为了行政事务的合理执行，把全国划分为不同的行政区域，但所有的区域都是执行国家行政的单位，没有独立的法律人格。但当法律承认某个地方的公务不是国家的公务时，就意味着承认这个地方是和国家不同的实体，可以独立地享受权利和负担义务，和国家一样是一个公法法人。③

根据法国宪法第 72 条第 3 款的规定，"地方领土单位在法律规定的范围内进行自由地自我管理。地方领土单位只拥有行政管辖权（compétences administratives），不被允许拥有国家管辖权（compétences étatiques），例如颁布法律（loi）或自治条例，也不被允许享有司法权限或处理国际关系事务的专属管辖权"。④ 所谓"自由地自我管理"，在具体操作上是指，大区、省、市镇，每一类地方领土单位的事务均由民选的议会和议会主席管理，体现"民选民治"的原则，中央不再派驻代表担任地方行政首脑职务。

法国的各个市镇、省、大区虽然规模不同，但都享有平等的公法法人身份，而宪法第 72 条第 1 款特别规定，科西嘉是唯一一个"具有特殊地位"的地方领土单位。科

---

① 参见法国"公共生活"官方网站：《科西嘉拥有什么样的身份？》，http://www. vie - publique. fr/decouverte-institutions/institutions/collectivites - territoriales/categories - collectivites - territoriales/quel - est - statut - corse. html（2015 - 01 - 24）。

② 法国法律体系中，通常将调整国家机关相互关系的法律，以及国家机关与私人关系的法律称为公法，而将调整私人相互关系的法律称为私法。张莉：《当代法国公法——制度、学说与判例》，中国政法大学出版社，2013，第 2 页。

③ 王名扬：《法国行政法》，中国政法大学出版社，1989，第 43～44 页。

④ 参见法国"公共生活"官方网站：《何谓地方领土单位？》，http://www. vie - publique. fr/decouverte - institutions/institutions/collectivites - territoriales/categories - collectivites - territoriales/qu - est - ce - qu - collectivite-territoriale - ou - collectivite - locale. html（2014 - 06 - 30）。

西嘉人的特殊诉求（基于历史、文化和地理方面的独特性）从此可以通过行政 – 法律体系，在宪政框架下加以提出和寻求解决。法国官方虽然在名义上没有承认科西嘉作为少数民族或人民的存在，但是在实际行动中（国家分权体制改革）却已经承认并充分考虑了其特殊性。但这种特殊待遇是针对科西嘉岛，而不是针对科西嘉人民，也就是说只具有地区指向，不具有群体指向。当然一些要求独立的民族主义组织并没有接受这种解决办法，但不接受的意见不是主流。

从宪法高度规定"特别对待"，在行政 – 法律体系规定具体操作细则，通过这些途径，科西嘉问题实际上最终被限定在了"一个和不可分"的共和国与人民的大框架内加以解决。科西嘉问题的解决，说明"单一不可分"原则是法国处理异质性群体方面的最大前提，在中央政府与异质性群体就该原则达成一致的条件下，特殊语言、文化、历史等问题才有望找到出路。

实际上，科西嘉案例的特点可以归纳为"认同共和国价值观前提下的语言、文化异质性"问题。如果说科西嘉人给"单一不可分"原则带来的只是一次"有惊无险"的挑战，那么移民问题则是文化、族裔多样性给该原则带来的更为艰巨的难题。

三 移民带来的新挑战

在法兰西土地上，从来不乏外来者，在 19 世纪末以前，外籍人甚至没有作为一个社会类别出现，但今天，与移民相关的各种问题都成了法兰西政治生活中的大事。

（一）20 世纪 70 年代以前，移民是"有功"群体

在法国移民进程方面，一战后和二战后分别出现的两次大规模移民引进特别值得关注。两次世界大战是对法兰西的重创，劳动市场均在战后出现了严重的供需失衡。引入移民劳动力是当时的社会经济发展需要。

在一战后的十年内，"两百万外国人被召唤到法国领土上，移民劳工数量上升到三百万时就占到了总人口的 7% 还多，在工人阶级中的比重则是 15%。比这些粗算的数字还值得注意的是，这些外国劳工分布在法国工业的战略要位部门"。[1] 这一时期引进的移民群体主要来自中东欧国家，以斯拉夫人为主体，包括波兰人、捷克人、南斯拉夫人、俄罗斯人、奥地利人、匈牙利人。[2]

20 世纪 30 年代，曾出现过一次经济危机。移民劳工，尤其是新来的单身者被大批遣返。但是，在重工业领域，外籍劳工仍然为数最多。因为如果该领域中的移民也要大批遣返的话，那么法国一些重要的工业分支机构就要停滞、消失。一战以来，由于

---

[1] Gérard Noiriel, état, Nation et Immigration, Gallimard, 2005, p. 111.
[2] 参见拙文《法国移民问题探析》，《法国研究》2014 年第 3 期。

雇主们制定了稳定职工群体的政策，大工业领域的工人阶级再生产变成了现实，而此前，这一直是一件异常艰难的事。到 20 世纪 30 年代，工人队伍中的第二代已经成长起来，他们大部分都是 20 世纪 20 年代移民的后代。在矿业、化工、钢铁冶金业领域，第二代工人阶级逐渐成长起来，成为日后直至 20 世纪 60 年代法国工业发展的支柱。①

二战后，法国再次大规模引入劳工移民。但是这一次的移民群体在族裔构成方面与上一次存在较大差异：以来自法国前殖民地国家，尤其是被法国人称为马格里布三国的穆斯林群体为主。他们的到来，使得上述第二代工人得以向技术工人职位进军。新移民仅从事更为低级的、无技术含量的工作。可以说，法国工业能在当时取得了世界一流地位，移民功不可没。此外，移民也有利推动法国本土劳动力向更具上升价值的产业部门转移。

（二）20 世纪 80 年代以后，移民是"问题"群体

1974 年，经济危机再次爆发。法国政府开始严格限制入境移民的数量。同时，20 世纪 70 年代也成为法国移民政策和移民进程方面较为关键的一个时间节点：20 世纪 70 年代以前，进入法国的主要是经济移民，单身男性是其中的主力军，他们被当作劳动力引进，并且被定位于不满足定居法国条件的群体。② 但是 1976 年时，法国左派政党上台，颁布了一项家庭团聚政策，允许移民以"家庭生活"权利为由将他们的亲属接到法国生活。由此，尽管政府出台了严格的移民入境政策，但是入境移民的数量还是逐年递增。③

从此以后，移民的构成及其动机都出现了变化：更多的是妇女以及家庭移民，这意味着他们将在法国安家落户。移民的来源地也呈现出了多元化现象，尤其是来自非洲、土耳其以及中国的移民大量增加。

移民的身份由"客人"变成"邻居"后，各种问题接踵而至。20 世纪 80 年代初，是二战后移民后代成长起来的时期，移民出身的青年人在城市中大量涌现，成为一个不可忽视的群体。当他们需要工作时，这时的法兰西社会已经不能向他们提供充足的工作岗位。他们之中的很多人已经是法兰西公民，但在与本地法兰西人的社会竞争中，却明显处于劣势。他们希望能享受到与本地法兰西公民同等的待遇，并为自身的不平等处境发出呼吁，以唤起主流社会的注意。移民问题，更确切地说是移民出身的法兰西人的社会融入问题，也由此成为法国政治生活的核心议题。

---

① 参见 Gérard Noiriel, état, Nation et Immigration, Gallimard, 2005, pp. 113 – 114。
② 参见法国立法与行政信息局主办，"公共生活"网站，《移民与融入》，http://www. vie – publique. fr/politiques – publiques/politique – immigration/immigres – cite/（2013 – 4 – 19）。
③ 参见拙文《法国移民问题探析》，《法国研究》2014 年第 3 期。

(三) 穆斯林移民成为"众矢之的"

根据法国国家数据与经济研究所(INSEE)的统计,2011 年,法国移民人数为 5605000 人,占全国总人口的 8.6%,这些移民中,年龄在 25 至 54 岁的群体,占移民群体总数的 55%。[①]

从这些移民的来源国可以看出,来自北非国家、土耳其的穆斯林移民显然比重较大。"一般认为,法国有 400 万~500 万穆斯林,几乎是法国总人口的 1/10,其中近一半的人已是法国公民。在这个以天主教徒为主的国家里,穆斯林的人数已经超过了新教徒和犹太教徒,伊斯兰教已经成为法国的第二大宗教。"[②] 显然,通过将 2011 年法国移民总数官方统计结果(约 560 万)与估算的穆斯林群体数量进行对比,我们可以认为,生活在法兰西的近 500 万穆斯林中,既包括新近移民也包括移民后代。

1989 年起,围绕"是否允许学生在校园穿戴纱巾"的大讨论、2005 年的巴黎骚乱、加上这一次的恐怖袭击,所有矛头都在直接指向穆斯林群体。而这一群体在法国也并未切身感受到法国主流社会释放出的"包容"信号,尽管它同样是共和主义价值观之一。相反,他们的境遇,在他们自身以及旁观者的眼中,却是"一边被整合,一边被排斥"。连出身移民的儿童都在抱怨:"我不喜欢住在法国,每个人都是种族主义者,他们看你一眼就不会再喜欢你了。"[③]

可见,对立与冲突情绪已沦为法兰西主流社会与穆斯林群体之间的关系基调,远不是包容与尊重。所以,事关穆斯林移民的问题才会变得愈发敏感和尖锐。事态发展到今天导致的结果就是,除社会职业和地位方面的差距之外,法国的社会分裂问题还增加了"文化分裂"、"族裔分裂"以及"地理分裂",因为原籍法国的工人不再像工业大发展时期那样,与移民工人居住在一起了[④],移民聚居区与祖籍法兰西人的居住区的区隔和差别已经成为不可否认的现实。

移民的出现,使得法兰西社会的异质性已经成为无可否认的事实,对族裔、文化多样性的处理不当,导致社会分裂问题以复杂的多重面相呈现。从这个逻辑上讲,社会分裂是社会文化多样性的一个后果,但更应该强调的是,后者绝不是前者的直接原因。如何治理文化的多样性,是对政府执政能力的一项重要考验。对文化多样性管理得当,它就是全社会的财富;管理不当,它就有可能成为问题与麻烦的来源。那么法国政府是如何处理文化多样性问题的?指导法兰西国家—民族整合的"单一不可分"

① 法国国家数据与经济研究所官方网站:《2011 年法国外籍人与移民人口》: http://www.insee.fr/fr/themes/tableau.asp? reg_id = 0&ref_id = NATTEF02162 (2015 - 01 - 12)。

② 魏秀春:《'文明冲突'还是种族主义?——试析法国政府的穆斯林移民政策》,《世界民族》2007 年第 5 期。

③ 《欧洲时报》网:《外籍老师:法国一边鼓励融入 一边排外》, http://www.cnfrance.com (2012 - 12 - 04)。

④ 参见 Gérard Noiriel, Etat, Nation et Immigration, Gallimard, 2005, 第六、七章。

原则还能否作为整合多元文化社会的灵丹妙药？

四 承认文化多样性，否认多元文化主义治理方式

在法国，没有任何人否认一般意义上的多样性：这里有富人、有穷人；有黑人、有白人；有男人、有女人……任何一个领域都无法摆脱多样化法则的统治。[①] 但是一旦在政治领域涉及多样化问题，尤其是涉及对多元文化社会的承认问题，便立刻会引起很大争议。因为它稍有不慎就会与现代法兰西的立国原则："单一不可分"相抵牾。因此，法国官方在治理多样性的制度设计上从未正式做出多元文化主义（multicultural-isme）选择，也从未将这个术语应用于本国社会。2010 年，德国总理默克尔认为德国试图建立一个战后多元文化社会的努力完全失败了；2011 年，英国首相卡梅伦宣布业已执行 30 年的多元文化主义政策是个失败；同年，法国总统萨科齐的说法只是"多元文化主义是个失败"，他还补充说，法国尊重差异，但来到法国的移民必须认可法国所崇尚的价值观。

实际上，多元文化主义这个词具有多重含义，可从描述性及规范性两个层面加以界定。"作为描述性的词，它意指一个社会中因为有多种民族群体，因而有文化上的歧异（diversity）与各自的集体认同。……作为规范性概念，则多元文化主义表现为对于文化歧异的尊重与肯定态度，它认为不同的文化群体，都有权受到主流社会的认可及尊重。"[②] 因为"只要文化认同是人之尊严所不可分割的一部分，它就会被配附以一种公众承认的需要"[③]。然而，当代法国社会的异质性已经是无可否认的事实，拒绝多元文化主义，如何协调"单一不可分"与社会的异质性？对此，法国官方只承认自身是一个存在"文化多样性"的社会。有意思的是，这种"文化多样性"概念的政治宣示，并不是基于对自身社会异质性的认识，而是源于与其他国家在经济领域中的利益博弈。

1986 年 9 月在乌拉圭举行了关贸总协定部长级会议，决定进行一场旨在全面改革多边贸易体制的新一轮谈判，也就是"乌拉圭回合谈判"。在谈判过程中，当时的欧共体国家提出，将"文化例外"（exception culturelle）作为一项特殊条款，使欧洲国家可以此名义拥有视听产品方面的自由政策。而它们的真实目的，在于免受美国文化产业

① Smaïn LAACHER, Le retour de la race, Contre les statistiques ethniques, La notion de diversité ou comment dépolitiser le politique, 转引自：Haut Conseil à l'Intégration, "Une culture ouverte dans une République indivisible. Les choix de l'intégration culturelle", Version 10 octobre 2012, p. 27 - 28。
② 海伍德（Andrew Heywood）：《政治的意识形态》，陈思贤译，台北，五南图书，2009，第 304 页。
③ Gérard Ze Mendo, La citoyenneté différenciée, une approche comparée des modèles d'intégration américain et français, éditions Connaissances et Savoirs, Paris, 2011, p. 10.

的冲击，保护本国的文化产业。[1]

但是，由于没能争取到多数国家的支持，这一协定最初并没有出现"文化例外"的条款。以法国为首的欧共体国家断然拒绝走上视听产品自由化道路。为了争取更多的支持，最初提出这一原则的法国，从1994年起与加拿大共同推出了一个新战略：文化特殊性应以"文化多样性"的名义加以保护。为了使自己的特殊文化身份诉求得以实现，它们围绕"保护多样性"观念组建论据。这种方法使它们成功联合了一批与此有利益关涉的国家。[2]

在这一过程中，法国的论证逻辑可以简要归结为：因为人类的文化多样性是有价值的，所以以法兰西文化是世界多样文化中的一元为由，请求国际社会对其加以保护（尤其是在文化产品贸易领域）是正当要求。

2001年10月15日，联合国教科文组织第31届全体大会在巴黎举行，法国前任总统希拉克在开幕式致辞中指出：当今世界是一个文化多样的世界，每个民族都为丰富全人类的文化贡献了自己的力量，每种民族文化都是全人类共同的财富，然而全球化推动下产生的标准化趋势已经成为文化的碾压机（laminoir），应对这种文化标准化威胁的办法，就是文化多样性。因此各种文化有权以其文化特殊性名义要求保护。[3] 后来这一概念也得到了联合国教科文组织的认可，后者于当年通过了《文化多样性世界宣言》（Déclaration universelle sur la diversité culturelle）。

那么，法国官方承认的"文化多样性"（diversité culturelle）概念指的是什么呢？它是指，"群体、社会借以表达自身文化的形式多种多样。这些表达（expressions）在群体内部、社会内部及群体与社会之间相互传递。文化多样性不仅表现在人类文化遗产本身的多种形式中（这些形式由于文化表达的多种多样才得以丰富和传达），而且还表现在文化表达方面的艺术创造、生产、传播、推广和享受其中之乐趣的多种形式中，无论使用怎样的方法和技术"。[4] 该定义与联合国教科文组织认定的"文化多样性"概念一致。

实际上，该定义可以简要概括为以下两点：第一，群体或社会的文化遗产本身的多样；第二，表达这些文化遗产的方式多样。那么，我们可以发现，该定义实际上与多元文化主义的描述性定义——"一个社会中因为有多种民族群体，因而有文化上的

---

[1] 参见肖云上《法国为什么要实行文化保护主义》，《法国研究》2000年第1期。

[2] Haut Conseil à l'Intégration, "Une culture ouverte dans une République indivisible. Les choix de l'intégration culturelle", Version 10 octobre 2012, pp. 9 – 10.

[3] 联合国教科文组织第31届全体大会上法国前任总统希拉克的开幕式致辞：http://www.jacqueschirac - asso. fr/fr/wp - content/uploads/2010/04/UNESCO - 15_10_01. pdf（2015 - 02 - 07）。

[4] Haut Conseil à l'Intégration, "Une culture ouverte dans une République indivisible. Les choix de l'intégration culturelle", Version 10 octobre 2012, p. 8.

歧异（diversity）与各自的集体认同"存在很大相关性，即多元文化主义必然包含文化多样的事实。

除描述性定义外，多元文化主义一词还表达了一种规范性含义，我们可以将后者理解为"处理文化多样性的态度与方式"。由此，我们可以在本文的讨论框架内将这种"处理文化多样性的态度与方式"归纳为以下两种："多元文化主义"方式与"法兰西"方式（通常被称为"共和模式"）。

总的来讲，多元文化主义方式对文化多样事实的回应是"对于文化歧异的尊重与肯定态度"，"认为不同的文化群体，都有权受到主流社会的认可及尊重"。而在具体实践中，"多元文化主义"方式根据各国历史基础、现实国情的不同而拥有不同的落实途径，所以美国、加拿大、南非等国家的多元文化主义政策在设计理念和实施方式上是不同的。而法国在对待文化多样性问题上，由于受制于单一民族尤其是人民不可分原则，所以小心翼翼地回避多元文化主义方式提出的"文化群体"问题，这恐怕是法国官方否定多元文化主义的根本原因。在否定多元文化主义治理方式之后，法国是如何处理"单一不可分"原则与"文化多样性"事实之间的张力呢？

五 处理文化多样性的"法兰西"方式：强化价值观认同与社会政策上的有限帮扶

在国际层面提出文化多样性概念的同时，法国也开始在国内公开承认法兰西是一个文化多样的社会。法国官方的前后变化表现为：20 世纪 70 年代以前，文化被视为一个脱离国家背景的普遍性事物，少数者的文化，通常指代的是地区文化或移民文化，而这类文化只有极少数人感兴趣，往往被视作"民俗"。1982 年，左派政府成立了"交融文化关系发展办事处"（Agence pour le développement des Relations Interculturelles，ADRI），旨在促进移民以及移民出身的人群的社会、职业融入，力图通过所有途径促成文化间的对话和交流。也就是说，直到此时，移民的文化刚开始被当作"文化"对待。

那么，对于多种文化共存于同一社会的事实，如何看待，如何处理？希拉克在2001 年那次开幕式讲话中也提到了这个问题。他认为尊重他者非常重要，"我们生活在一个个开放而又多元的社会中，在这样的社会中，他者既是我们的邻居，又是我们的复本，时而表现出差异，时而与我们相似。与这样的他者相处，应该制定出共同生活的准则。任何现成的办法都将无法适用。这是所有社会都需面对的一项巨大挑战"。希拉克认为，完成这一任务，需要开放思想、信任、想象力、责任感，等等，目的是不破坏社会团结，让各种信念、主张、宗教都能和平共存，使所有人尊重和分享自由与包容的价值观，没有这些将不可能共同生活。①

由此可以看出，在希拉克看来，文化多样不是问题，问题在于如何"制定出共同生活的准则"。因此，处理文化多样性的"法兰西"方式就是抛开文化，集中应对生活准则，即价值观问题。因为"符合某个人、某个集体所秉持的理想的所有规则和行为准则之集合"就是价值观②。

但是一般认为，文化与价值观是密不可分的。对此，法国如何看待？通过进一步探寻，我们发现，法国公认的文化定义是："作为某一社会特点的结构与智力、艺术等表现形式的集合。"③ 这种文化定义与价值观无涉。而且在 2001 年召开的联合国教科文组织第 31 届全体大会《会刊》中，与会者特别强调，"文化应被视为某一社会或社会群体与众不同的精神与物质特点、智力与情感特点的集合，不包含艺术与文学、生活方式、与他人共同生活的方式、价值观体系、传统和信仰"。④

由于认为文化与价值观不存在相关性，所以法国官方的做法可以归结为：文化上承认差异群体的特殊性（但这种特殊性不受法律保护），但更强调对主流社会价值观的认同，"在法律上承认，但文化特殊性不受法律保护"表现为，当穆斯林群体因其宗教文化特殊性而受到歧视和排斥，并据此提起诉讼时，他们一定会败诉。因为主流社会的法律将这种特殊性严格限定在了私人空间内，之所以遭到他者的歧视和排斥，是因为这种特殊性彰显于公共场合，违背了主流价值观。

1989 年"头巾"事件中校方的回应："请家长尊重学校的世俗性原则"⑤、萨科齐的讲话："法国尊重差异，但来到法国的移民必须认可法国所崇尚的价值观"，以及 1 月 7 日恐怖袭击事件后，主流媒体第一时间的表态："单一不可分、包容、世俗、社会的共和国比以往任何时候都更应被加以肯定"⑥，都在表明这种要求异质性群体认同法兰西价值观的强势态度。只不过这种强势是借着某种责任感的宣示而表达出来，这与亨廷顿的论调有异曲同工之妙："美国和西方的未来取决于美国人再次确认他们对西方文明的责任。在美国国内，这意味着拒绝造成分裂的多元文化主义的诱人号召。"⑦

---

① 联合国教科文组织第 31 届全体大会上法国前任总统希拉克的开幕式致辞：http://www. jacqueschirac - as-so. fr/fr/wp - content/uploads/2010/04/UNESCO - 15_10_01. pdf, p. 6（2015 - 02 - 07）。

② 《拉鲁斯法汉双解词典》，外语教学与研究出版社，2001，1993，第 492 页。

③ 《拉鲁斯法汉双解词典》，外语教学与研究出版社，2001，1993，第 492 页。

④ 参见联合国教科文组织第 31 届全体大会《会刊》，转引自：Haut Conseil à l' Intégration, "Une culture ou-verte dans une République indivisible. Les choix de l' intégration culturelle", Version 10 octobre 2012, p. 12。

⑤ 实际上，当初之所以提出世俗性原则，是出于反抗、摆脱天主教教权对政权的干涉之目的。

⑥ 《〈查理周刊〉：沉痛中的媒体奋起反抗"野蛮行径"》，http://www. tv5monde. com/cms/chaine - francophone/info/p - 1911 - s4 - z40 - lg - Charlie. htm? &rub = 1&xml = newsmlmmd. urn. newsml. afp. com. 20150108. 9aa406ef. 7b4b. 4f7c. 99d3. 3cd9554f7930. xml（2014 - 01 - 08）。

⑦ 〔美〕塞缪尔·亨廷顿：《文明的冲突与世界秩序的重建》，周琪、刘绯、张立平、王圆译，新华出版社，2010，第 282 页。

但是，在文化差异之外，移民群体还承受着由于自身特殊性而带来的不平等境遇。对此，政府则主要从促进平等的角度着手解决。法国官方一再强调，政府制定政策的逻辑，是遵循"平等"原则，而不是"少数人"原则，即由于他们处于"不平等"的境遇才享受到政策优待，而不是因为他们是"少数人"。

于是，20 世纪 80 年代国家推出了一系列"城市政策"（la politique de la ville），其中包含了明显向移民人群倾斜的优惠措施。一直延续至今的"优先教育地区"（zones d'éducation prioritaires，ZEP）政策是其中较为突出的一项，它旨在通过给予移民出身的学生比重大的学校更多的辅助性手段来遏制该群体的学业失败现象。该政策的主要目标群体虽然是移民，但是政策的地区指向具有更高的重要性，这就意味着该地区的所有儿童，无论是否出身移民，都可享受到这种政策优惠。

2005 年，希拉克政府成立"反歧视与促平等高级公署"（Haute Autorité de Lutte contre les Discriminations et pour l'égalité，缩写为 HALDE），巴黎骚乱后又建立了"国家促进社会团结与机会平等处"（l'agence nationale pour la cohésion sociale et l'égalité des chances，缩写为 ACSÉ）等等，各种有关促进移民融入的机构、政策，如雨后春笋般涌现。

我们承认，促进社会公平、公民平等，应是一个不计族类差别的过程。在这种意义上，倾斜性政策只具有地区指向，不针对某个群体的做法具有其合理性。但是在促进平等方面，法国始终固守的是一种形式平等理念。所有倾斜性政策旨在促进被帮助人提升自身竞争能力，让他们具备与主流社会的竞争者同样的资质，而不是像南非那样坚定地推行体现"逆向歧视"的"肯定性行动"[1]。之所以只能停留在形式平等，是因为稍有不慎，纠正不平等的做法就会滑向美国、南非式具有群体指向性的"逆向歧视"，这种做法不仅有悖于共和国的平等原则，也对人们"单一不可分"原则构成了威胁。

如果说整合的目的是催生民族归属感[2]，那么法国坚持认为，它可以通过强化全体公民对共和国价值观的认同，社会、经济、政治上促进某种形式平等的办法来实现民族认同，增进社会团结。然而殊不知，这种强势同化的姿态，只是在"固守"法兰西原有的价值观，早已背离了希拉克所说的"制定"（inventer）共同生活的准则。

多元文化主义强调对异质性群体的尊重与承认，并对此做出有利于差异文化发展的积极回应，其预设是，国家提供这些保护可以换来差异群体的认同和效忠。但是多

---

① 南非的"逆向歧视"（"肯定性行动"）是被明确写入宪法的国家治理原则。参见于红《南非的肯定性行动评析》，《世界民族》2014 年第 6 期。

② Muriel Rambour，"Les mutations de l'Etat – nation en Europe. Réflexions sur les concepts de multination et de patriotisme constitutionnel"，Pôle Sud，No. 14，2001.

元文化主义弱化甚至缺少对共同价值观（尤其是共同生活方面的行为准则）的倡导和界定，一味地强调和固化差异将无法避免民族内部不同文化群体之间的矛盾和冲突。简单来说，这种"重差异，轻共性（统一）"的理念本身是有缺陷的，法国官方放弃多元文化主义治理方式有其道理所在。因此，希拉克在 2001 年提出的"制定共同生活的准则"的做法是有一定道理的。但法国当下的问题在于，虽然界定和强调了一种共同价值观，但这是接收社会单方的价值观，接收社会并没有为早已成为自己成员的异质性群体预留出任何制度空间和组织空间，使后者能平等地表达他们对制定共同价值观的意见和看法。而一旦打造这种制度和组织空间，那么势必意味着承认差异群体的集体存在，"人民不可分"原则将被打破。如果说"重差异，轻共性"有问题，那么法国现在奉行的"重共性，轻差异"原则同样不可取。

六　结论

在以上分析中我们看到，"单一不可分"信条最初是通过雅各宾强权之手予以推行落实的，是精英阶层推行的政治理念与实践对整个法兰西在语言文化和价值观两方面的同化。19 世纪末期，这种同化政策的确获得了值得称道的成功，表现为整个法兰西在语言、文化上的同质化。

但是，在后来的国家—民族建构进程中，我们也看到，强权意识形态并没有将科西嘉人的特殊性完全"同化"掉。对于这种特殊性，法国政府是在分权制行政体制改革过程中，从行政—法律角度予以承认和加以解决的，由于有了这个解决办法，法兰西人民"单一不可分"原则与科西嘉人民的概念之间存在的矛盾被暂时搁置。

移民与科西嘉人的异质性有所不同，后者有历史上形成的地域作为依托，而移民群体则没有。这就意味着他们更难使自身诉求得到有分量的合理伸张，在主流社会面前更显弱势。面对移民，尤其是穆斯林群体的异质性，法国主流社会再次回归到一种强势的"同化"姿态：坚决捍卫共和国价值观，要求异质性群体认同主流社会的行为准则。强调共和国、民族和人民的"单一不可分"，是对古典民族主义理论者的"一个民族、一个国家"理念不打折扣的贯彻。如果说在民族—国家时代，强调民族和国家的"单一不可分"仍然是时代的主流，那么不可否认的社会异质性则是对"人民不可分"原则的公然挑战。坚守"单一人民"原则，就是不承认少数群体有权保持他们自身的文化特色，不相信不同的文化群体可以在同一个社会中和平、和谐共存。拒绝多元文化主义治理方式也就成为必然选择。

民主社会发展到今天，法治国家建设的必要性已经成为普遍共识。如果说科西嘉人是这种转型的受益者的话，那么理论上，其他异质性群体也应该可以成为"法治国家"发展的受惠人。但是，事实上，从穆斯林移民"头巾事件"的败诉案中，我们可以看到，异质性文化并不属于法兰西法治国家体系的保障范围，之所以没有纳入法律保障范围，是因为宪法条文中规定了共和国"单一不可分"原则。但是，对于法兰西而言，无论主流社会多么不喜欢社会的多样性事实，现有证据都在断然表明：支持此前那些崇高原则的社会现实已经不复存在，再也不能忽视、回避少数群体的集体存在了。

在法律是否需要固守的问题上，美国著名法学家卡多佐早已给出答案："我们仍需牢记：法律的确定性并非追求的唯一价值；实现它可能会付出过高的代价；法律永远静止不动与永远不断变动同样危险；妥协是法律成长的原则中很重要的一条。"[①] 因此，尽管法国在法治国家的制度设计、运行和监督体系上都已经愈发完善，但是宪政体制的核心与关键仍在于宪法的设计理念是否科学合理。人民的单一必然导致团结，多样的文化群体就无法和谐共存吗？人们真的无法找到"既维护统一，又注重差异"的办法吗？"单一不可分"原则需要从宪法角度重新认识和阐释。

原载于《世界民族》2015 年第 3 期

---

① 〔美〕本杰明·N. 卡多佐：《法律的成长　法律科学的悖论》，董炯、彭冰译，法律出版社，2002，第 12 页。

身份的政治学[*]

——西双版纳傣族基督徒的身份研究

艾菊红

摘 要 西双版纳傣族主要信仰南传上座部佛教，但有一部分傣族却信仰基督教。这部分信仰基督教的傣族主要是被傣族主流社会所排斥的边缘群体：麻风病人和披巴鬼。目前在西双版纳傣族地区，信仰基督教的依然是这两类群体的后代。他们在傣族社会是蒙受着污名的群体，被傣族社会排斥成为社会的边缘群体。但是归信基督教却赋予了他们一个新的身份：基督徒，成为普世基督教世界中的一分子。因而对这群被边缘化的傣族来说，基督教在相当程度上起到了去污名化的作用。也就是说，这群被边缘化的傣族借助基督教这一外来力量管理他们受损的身份，从而借以去污名化，这是一种身份的政治学。

关键词 傣族 基督教 污名 身份的政治学

西双版纳傣族主要信仰南传上座部佛教，其社会生活的方方面面，大到村寨乃至社区的公共活动，小到每家每户的日常生活，以及人生的重要关口都离不开佛教。正因为长期受到佛教的浸润，傣族的社会文化，乃至其精神气质都打上了深深的佛教烙印，以至于有学者认为，佛教是西双版纳傣族文化的重要核心之一。[①] 但是就在佛教氛围如此浓厚的地区，却有一部分傣族接受了基督教信仰。20 世纪初，基督教由美国北长老会传教士从泰国北部传到西双版纳地区，在今西双版纳州首府景洪市建立了教会，将基督教带入傣族地区，随即有一部分傣族接受了基督教信仰，成为基督徒。这部分接受基督教信仰的傣族主要由两类人构成，一部分是罹患麻风病等传染性疾病的人；

---

* 本文为社科基金项目［项目编号（10BZJ004）］"少数民族基督教信仰与民族认同和国家认同"的阶段性成果。

① 黄惠焜：《人类的文化遗产》，高立士《西双版纳傣族传统灌溉与环保研究·序》，云南民族出版社，1999。

另一部分是被傣族传统社会认为是被某种不洁净的污鬼附身的人，傣语称为"披巴"[①]，"披"是傣语鬼的意思，"巴"是鬼的名字，是傣族认为最恶的一种鬼，汉语根据音译称为"披巴鬼"。目前在西双版纳傣族地区信仰基督教的主要是这两类群体的后代，绝大部分集中在三个傣族村寨，其中一个是麻风寨 X 寨，两个是披巴鬼寨，M 寨和 L 寨。[②]

一 基督教传入西双版纳及发展概况

1917 年，美国北长老会派 Dr. Mason 和 Mr. Beebe 等四人在西双版纳开设传教点，得到当时西双版纳首领召片领以及普思殖边总办柯树勋的认可，在澜沧江边划给他们一片土地，用以建教堂和医院、学校等。[③] 传教士带来了药品以及一些医疗设施，一边为贫病交加无所依靠的人们提供住宿和食品、医疗等服务，同时也想办法减免他们的苛捐杂税；一边传播基督教教义。由于基督教宣扬世上无鬼，唯有耶稣是独一的真神，相信耶稣，灵魂就能得拯救，并在死后可以升入天堂，这吸引了不少被村寨驱逐在外的麻风病人和被视为是"披巴鬼"的人。传教士们在离教堂几公里的"藤燕"（即灌木林）建了几栋瓦房，收留并诊治麻风病人，形成了一个麻风病人聚居的村寨 Y 寨。而在教堂附近，则聚居了一批所谓的"披巴鬼"，也渐渐形成一个村寨 M 寨，因为居住的多是被诬为披巴鬼的人家，所以也被称为"披巴鬼"寨。到抗战初期，这个村寨约有 40 户人家、120 多人。最开始的福音就逐渐在这些傣族社会的边缘群体——麻风病人和披巴鬼中传播，他们成为西双版纳第一批基督徒。这些传教士学会了傣语和傣文，在泰国传教士和傣族信徒的帮助下，将圣经翻译成傣文[④]，使傣族信徒有了自己的圣经。随着这些传教士的不断跟进，在勐海和勐宽等地也相继开设了诊所、学校。到抗战初期，西双版纳的基督徒约有 300 多人。

抗战爆发后，传教士相继回国。到 1942 年，最后一批传教士撤离西双版纳，西双版纳的傣族基督教就开始了自己的发展道路，因为缺乏人手和相应的人才，医院和学校逐渐停办，只有教会还在继续运转。1952 年，教堂被政府收回，作为工作队的驻地。之后教会活动转入傣族信众家中，到 1957 年活动完全停止，一直到 20 世纪 80 年代才逐渐恢复。

---

① "披巴"是傣语的音译，很多研究者把这两个字写作"琵琶"，为了不引起歧义，本文用"披巴"两个字。
② 为了隐私的缘故，这几个村寨分别以字母代替。
③ William Clifton Dodd, Tai Race: Elder Brothers of Chinese, Whiter Lotus Co Ltd. 1997, p. 182. 根据刊载于《西双版纳文史资料（第五辑）》（云南民族出版社，1989，第 212～216 页）刀金祥所撰写的《基督教传入西双版纳》一文记载，第一批美国传教士是 1920 年到达西双版纳，但笔者在调查时根据一些报告人的报告，美国传教士在西双版纳建立传教点的时间是 1917 年。以下关于美国传教士在西双版纳傣族的传教历史大多根据刀文整理而成。
④ 当时传教士所翻译的圣经使用的是老傣文，只翻译出了新约，并没有旧约。

20 世纪 80 年代以后，西双版纳基督教首先在景洪市以东 40 公里的 L 寨恢复。L 寨也是一个披巴鬼寨，1937 年建寨，当时有 7 户被诬为"披巴鬼"的人家在 L 寨建寨。传教士也随之来到 L 寨进行牧养，并在现在教堂所在的位置盖了一座茅草房作为教堂。就这样除了 M 寨之外又有一个"披巴鬼"的村寨建立了，很多被诬为"披巴鬼"的人家听闻就纷纷迁来。到 1942 年，传教士离开的时候，L 寨有 15 户人家。到 1950 年，L 寨已经是一个拥有近 50 户人家的大寨子了。因为 L 寨建寨之初就是基督徒建立的，所以凡是愿意搬迁来的傣族，只要改信基督教，就可以搬来，因而凡是搬迁来的披巴鬼人家都信了基督教。L 寨的基督教信仰也于 50 年代中断，80 年代随着宗教政策的放开，基督教信仰恢复，并在原来教堂的位置重新修建了一座教堂。至今这座村寨号称全寨信仰基督教，有专门的长老和执事负责。

M 寨基督教的恢复大约在 1987 年前后，与 L 寨的时间相仿，但两寨是各自独立恢复的。因为城市扩张，M 寨已经被包围在景洪城内，所以到 M 寨教堂参与教会活动的不单单是 M 寨的傣族，绝大部分是居住在景洪城区及附近的汉族和其他少数民族。因为信徒人数增加，一个教堂不能满足需要，因而另外修建了一座教堂，成为分别独立运作的两个教会，且都不再是单纯的傣族教会。

X 寨位于景洪西部约 30 公里，是一个麻风病人聚居的村寨，一部分人是由原来传教士建立的 Y 寨人搬迁来的。传教士走后，由于 Y 寨的麻风病人逐渐搬离，所以 X 寨代替 Y 寨成了一个新的麻风寨。尽管 X 寨也有一些在传教士带领下接受基督教信仰的信徒，但 50 年代以后长久中断。直到 1995 年前后，M 寨到 X 寨传福音，带领 X 寨重新接受了基督教信仰。如今 X 寨也是一个号称全寨信仰基督教的村寨，有一座教堂，也是一个独立的教会。

目前西双版纳绝大部分的傣族基督教都集中在这三个村寨，这三个村寨也自认为是全寨都信仰基督教，并与其他傣族村寨刻意保持着这种身份上的差异。

二 麻风病与披巴鬼：被傣族社会边缘化的人群

西双版纳地区地处亚热带，气候湿热，自古就是烟瘴之地，所以麻风病也比较常见。在过去的年代这种病无法治愈，而且麻风病人的身体和面部常常溃烂，病症令人恐怖，加之又会传染，所以在傣族村寨一旦得了麻风病，病人甚至全家都会被逐出村寨，严重者甚至连居住的房屋和人一起被烧掉。因此很多麻风病患者都被赶出村寨，在村寨外面流浪，亲戚朋友不与之来往，致使生活困苦无依，贫病交加直至悲惨地死去。这是被傣族社会极为边缘化的一群人。

披巴鬼是傣族认为最恶的一种鬼，会附在人身上，凡被"披巴"附身的人就成了"披巴鬼"。人们认为"披巴鬼"会作祟村寨，为人们带来疾病和灾祸，这和西南地区各民族中普遍流传的"巫蛊"基本类似。"蛊"在我国古代就有流传，所谓的"蛊"其实有两种类型，一种是疾病，被认为是"中蛊"；还有一种就是与巫术相关的蛊，蓄蛊之人会放蛊害人，令人生病甚至死亡，所以民间极为畏惧蛊，并将所谓的放蛊之人处以极重的处罚。《魏书》卷一一一《刑罚志》："神中，诏司徒崔浩定律令，为蛊毒者，男女皆斩，而焚其。"在傣族社会人们认定谁是披巴鬼有很强的任意性，如果有人连续高烧不退，胡言乱语，或者在昏迷中做出令人惊异的行为，无法控制时，就认为一定是有"披巴"在捣乱，对于病人就要严加逼问，若病人在昏迷之中说出某人的名字，那么这个人就被认定是披巴鬼。还有一些人到过某个村寨，或某人家中，之后这个村寨或者这个人家中有人生病或者出现异常，那么这个人也会被认为是披巴鬼。总之被认定为是披巴鬼是非常任意的事情，太漂亮、太丑、过穷、过富都有可能成为披巴鬼，有些甚至就是被无端陷害。一旦被认定为是披巴鬼，与麻风病患者一样，轻则被逐出村寨，重则房屋被烧毁，人也被烧死。在 20 世纪 50 年代之前，西双版纳傣族地区被诬为披巴鬼的人很多，几乎每个村寨都有，而且还不止一人。即便是在 21 世纪的今天，被诬为披巴鬼的案例仍时有发生。① 这部分所谓的披巴鬼也和麻风病人一样，成了村寨之外无所依靠的流浪者。

在傣族的观念中，内与外的观念非常清楚，家庭与家庭、村寨与村寨、勐与勐之间有着严格和明显的二元区分。凡是内部的，就是洁净的、美好的，而家庭、村寨和勐之外的就是危险的、不洁的。② 所以生人不可进入一个家庭的内室，即便是已经出嫁的女儿或者上门到其他人家的儿子回到自己家中也不例外，因为他们已是"外人"。祭祀寨神或者勐神一定要封寨封勐，外寨或者外勐的人不可进入。傣族常常用草绳和白色棉线将自己家的房屋、村寨围起来，意味着把污鬼和不洁全部挡在家庭和村寨之外，凡送鬼也是将之送到村寨范围之外。正是这样内/外与洁净/污秽的对应区隔，在傣族社会中，把麻风病人和披巴鬼驱逐出村寨，所构筑的是一个严格的洁净和污秽的空间区隔，从而将洁净的"我群"和污秽的"他群"进行区分，构筑起一个自我群体内部的认同界线。这和王明珂先生的毒药猫理论有些类似的地方，对于披巴鬼等的驱赶和残害实际上是"内心深处潜伏着对一层层外在异族世界的恐惧与敌意"③，一直由家庭延伸到村寨、勐，再到勐以外，其实内在的含义是强化一个群体在内部认同，维持着自身的边界与秩序的稳定。因而凡是被赶出村寨的人，就意味着在身份上脱离了村寨群体，不再是村寨的成员。因而也就失去了土地，失去了亲戚与朋友，失去了邻里之

---

① 如《云南法制报》2003 年 7 月 3 日刊登一起驱赶披巴鬼的事件，《驱赶"琵琶鬼"的背后——勐海县紧急制止一起迷信引发的过激事件》。邓启耀在其《中国巫蛊考察》一书中也记载了很多当代的案例。
② 艾菊红：《水在傣族人心目中的象征意义及二元分类结构》，《云南社会科学》2008 年第 3 期。
③ 王明珂：《羌在汉藏之间：一个华夏边缘的历史人类学研究》，台湾联经出版事业，2003，第 125 页。

间的互助，这在傣族这个重视社会组织关系的社会中，是一件极为悲惨的事情。[1] 更为重要的是，他们连进入佛寺的资格也没有了，因而不能做赕，也就意味着不仅在今生他们没有盼望，甚至死后与来生也都没有盼望。因为在傣族人的观念中，今生的好日子是前世赕下的，所以傣族人的一生要不停地赕，为自己，为来世，为后代赕下足够的财物，有赕的人才会有幸福的人生。因而被佛寺抛弃，这对于傣族是更为可怕的事情，这就意味着死后就成了孤魂野鬼，没有赕，也没有超度，来世更是不可想象。所以脱离了傣族村寨的麻风病人和披巴鬼，在肉体上过的是极为困苦的生活，在精神上更是没有任何慰藉。可以说他们是被傣族社会所极为边缘化的群体，他们只能在村寨之外的荒野存身。

三　受损身份的管理

欧文·戈夫曼（Erving Goffman）在对污名（stigma）的研究中，提出污名一词指的是"一种令人大大丢脸的特征"[2]，这种特征包括在其所属文化中不被接受的状况、属性、品质、特点或行为，因而使被污名化的人区别于其他人，随之而产生了羞愧、耻辱乃至犯罪感。戈夫曼还进一步指出三种不同的污名：对身体的厌恶，比如身体残疾，疾病；个人品质的污点，如精神疾病、吸毒及同性恋；以及种族、民族和宗教等相关的群体污名等。[3] 凡是蒙受污名的人或者群体，其身份是受损的。麻风病人和披巴鬼正是由于疾病和莫名的精神上的污名，从而受到整个傣族社会的隔离和歧视。在这种状况下，这些麻风病人和披巴鬼也认同其社会所加给他们的这种污名，生活在污名的阴影之下，身心都承受着巨大的压力。当基督教传到西双版纳地区，告诉他们耶稣爱他们，并且真正地给予他们关心和帮助的时候，这些被抛弃的人群，得到了接纳和关爱，并且在基督教信仰中，他们得以摆脱污名，从而可以过一个有尊严的生活。因而他们很快就接受了基督教信仰，成为基督徒。借着基督教的信仰，他们重新找到了尊严和生活的意义。这种状况不仅在 20 世纪 50 年代之前如此，即使在 21 世纪的今天依然如此。在如今的傣族社会，对于麻风病人和披巴鬼的歧视和偏见也依然存在。笔者在调查的时候，很多好心人劝笔者，在麻风寨吃东西的时候一定要小心，并介绍一些技巧，比如可以吃鸡蛋等带皮的食物。还有些人直接跟笔者说，他们不敢去麻风寨，也不会在麻风寨吃任何东西。而对于披巴鬼这种属于观念上的污名，尽管在 20 世纪 50

---

[1] 傣族传统社会非常类似于马克思笔下的东方农村公社，人是依附在村寨中，成为一个村寨的成员就会获得土地；反之，离开村寨也就失去了土地。当然这种社会形态和傣族的内外二元观念是相互影响的，这需要另外撰文深入分析。

[2] 欧文·戈夫曼（Erving Goffman）：《污名：受损身份管理札记》，宋立宏译，商务印书馆，2009，第 3 页。

[3] 同上，第 5 页。

年代民主改革之后，政府三令五申不许任意污蔑别人为披巴鬼，也不许对被污为披巴鬼的人进行歧视和迫害，而且正式出台相关的政策和法规，但这种事情一直都在发生。直到如今，尽管其他傣族村寨和披巴鬼寨的日常交往相对比较正常，但通婚还是不能被人们接受，绝大部分傣族对于披巴鬼所抱的态度是不可不信也不可全信。也就是说无论是麻风寨还是披巴鬼寨，他们都还在承受着麻风病和披巴鬼的污名。这是这群傣族接受基督教信仰，并在佛教信仰的包围中能够保持自己的信仰，即使经历了 30 多年的中断，依然能够恢复的原因。更进一步来说，信仰基督教使原本单个的蒙受污名的个体有了集体的归属感，在这样的群体当中，他们构成一个自卫的避风港，作为蒙受同样污名的个体，他们在这样的群体中是相同的和平等的，在某种程度上来说，基督教成为塑造他们群体共同意识的工具。也就是说这些蒙受污名的人，他们并没有就此甘心，而是想方设法地以各种技巧来管理让自己丢脸的信息，希望能做个与其他人相同的人，即常人（normals），也就是管理自己的受损身份，其中的做法很多，比如说残疾人或者病人接受治疗，而某种特定污名的人结成"群体"，塑造出成员的意识形态，即他们的牢骚，他们的期盼，他们的政治。[①] 那么基督教的传入恰恰就为这些麻风病人和披巴鬼提供了这种契机，他们以此来摆脱在傣族社会被污名化的状态。

第一，他们刻意彰显他们的基督徒身份，无论是 M 寨，还是 L 寨和 X 寨，他们都会强调自己的信仰和其他傣族不同。L 寨分为新寨和老寨，原本在老寨入口修建了一座十字架，后来政府出于种种原因，让他们把这个十字架移到了教堂旁边，但是新寨入口处的十字架依然存在。他们说，其他信仰佛教的村寨都有一个佛教的标志，他们信仰基督教也要搞一个基督教的标志才行。在这三个村寨中，很多人家的房屋上都会有一个十字架的标志，有些还非常醒目，家家户户的门上或者房屋里面都会贴有十字架的画或者符号。他们特别强调，节庆活动中，他们受其他村寨亲戚朋友的邀请前去做客，但从不参与他们的赕佛等宗教活动。而且在宴席上，他们绝不会上百旺和剁生这两道菜[②]，这是傣族宴席上最主要的两道菜，如果宴席上没有这两道菜，那么似乎就不能称为宴席。但是作为基督徒是不能吃血的，所以这三个村寨的人如果摆设宴席，是不会有这两道菜的。如果去其他村寨参加宴席，也不吃这两道菜的。他们一再强调这是因为基督教信仰的缘故，他们的亲戚朋友也理解，只要他们参加的宴席，就不再上这两道菜。

第二，他们非常夸耀自己的基督徒身份，他们认为基督教信仰使他们不仅不比其

---

① 欧文·戈夫曼：《污名：受损身份管理札记》，第 35 页。
② 百旺是生血，拌上各种香料做成的；剁生有很多种，宴席上常见的是牛肉剁生，就是把生肉剁得非常碎，拌上各种香料做成。这两道菜是傣族宴席上最重要的两道菜。

他傣族村寨差，相反他们因为有基督教信仰，反而比那些"正常的"傣族村寨更好。特别是 X 寨，他们认为是因为接受了基督教，他们的生活发生了颠覆性的变化。首当其冲的就是麻风病渐渐痊愈了。其实麻风病 1996 年之前，也就是他们集体接受基督教信仰之前就已经得到了极大的改观，20 世纪 80 年代，政府组织麻风病医疗队在 X 寨进行治疗，到 1996 年他们接受基督教信仰的时候，绝大部分麻风病人已经痊愈。然而他们还是把麻风病的痊愈归结为是基督教信仰所带来的极大好处。而且接受基督教信仰之后，他们村寨通了电，通了公路。经济收入成倍增长，以前因为 X 寨是一个与世隔绝的村寨，水田少，荒山多，所以经济极为困顿。90 年代初他们开始在荒山上种植橡胶树，因为荒山多，相应的橡胶树也比其他村寨种得多。橡胶树产胶需要 7~8 年，也就是到 1996 年他们接受基督教信仰之后，橡胶开始有收益。因为橡胶树比其他村寨多，所以经济条件大为改观，成为远近闻名的富裕村，不仅仅盖起漂亮的小洋楼，而且半数以上的人家都买了私家汽车，他们将经济条件的改观也归结为信了基督教之后所带来的好处。他们还特别强调，因为信仰基督教麻风寨没有偷盗等行为，因而被评为西双版纳州景洪市的文明村，村长还特意把文明村的牌匾拿给笔者看。最为重要的是，他们接受基督教信仰之后，原来不与他们来往的亲戚朋友也争相和他们来往，用他们自己的话来讲就是"天天都要来"，而且原本不相识的人也要和他们交朋友，甚至年纪不同的人也要结成老庚。[①] 有一位妇女的访谈非常能说明问题："（以前人们见到我们就喊）麻风来了，麻风来了，不敢给我们饭吃了，有一些（人）嘛拿石头要敲。现在嘛……亲戚啦，朋友啦，老庚啦……好啦都来了。原来亲戚朋友不想认我们，嫌我们脏。信耶稣嘛最（拉长音强调）好了……人嘛人是不偷多少，一般是没有偷多少。一年比一年好过。"[②] 其实在 X 寨类似的话听到很多，几乎每个人都会跟笔者讲述几乎一样的话。他们认为这些变化都是信了基督教所带来的，所以他们深以信仰基督教为荣。

第三，他们刻意保持与其他傣族村寨的边界。尽管他们和其他村寨的日常交往比较正常，也会"打老庚"，但是却和他们保持着一定的距离。这三个傣族村寨都不过傣族传统的节日：傣历新年（即泼水节）、关门节和开门节，取而代之的是复活节和圣诞节。尽管泼水节会由政府组织，要求各个村寨都必须参加并安排出节目，但是这三个傣族村寨不参加有宗教意味的活动，比如赕佛等活动。自己在村寨内并不会因为泼水节而特意组织活动，因为这不是"他们的节日"。在基督教信仰中断的那段时期，这三

---

① 老庚就是指年纪相同的人结为朋友。麻风寨的人说，因为他们信了耶稣之后，病好了，经济条件也大为改观，所以即使年龄不同的外寨甚至外族的人也一定要和他们结成老庚，以此来表明他们受欢迎的程度。

② 2011 年 10 月 4 日，X 寨一位 60 岁老年妇女访谈，这位妇女是她妈妈得了麻风病，原本是在传教士建立的麻风病救助站也就是最初的麻风村居住，1958 年搬迁到 X 寨。

个傣族村寨是任何节日都不过的，因为傣族的这三个节日都是宗教含义很浓的节日，特别是关门节和开门节。当然还有一个原因就是他们是被傣族社会所抛弃的群体，不过这些节日也是他们边缘化的标志。当基督教恢复以后，他们也就按照自己的信仰来过节日，因而每年的圣诞节就成了他们最为重要的节日，以节日来表明他们与其他傣族村寨的不同。原本傣族传统社会生活中凡是需要佛教的地方，他们也都统统以基督教的形式代替，或者取消。他们也表露出对于佛教的不认可，他们认为佛教是拜偶像的，他们不会到佛寺去，参与任何佛教的活动。比如婚礼完全采用西式婚礼，在教堂举办，由牧师证婚，完全取代了傣族传统的婚礼请村寨的老人拴线祝福的仪式。上新房是傣族生活中很重要的活动，传统傣族上新房需要僧人的参与，并举行一系列的宗教仪式，在这些信仰基督教的村寨，取而代之的是请教会的负责人和信徒到家中祷告，完全抛弃了传统的仪式。诸如此类的活动无不表明他们是信仰基督教的傣族，和其他信仰佛教的傣族不同。

第四，既渴望被傣族社会接纳和认可，也交织着鄙视和排斥。前面论述麻风寨 X 寨的人津津乐道他们信了基督教之后，原本不和他们来往的亲戚朋友甚至是陌生人都愿意和他们来往。但是作为披巴鬼寨的 L 寨情况却不同，笔者在调研时，并没有披巴鬼寨的人向笔者讲述他们信基督教之后，村寨发生了什么不可思议的变化，其他村寨的傣族并没有因为他们信仰基督教而接纳他们，反而将他们信仰的基督教也污名化，说基督教是披巴鬼信仰的宗教。依然不与他们通婚，而且还常常有歧视。最严重的是 2006 年，L 寨的年轻人在街上和邻近一个傣族村寨 J 寨的年轻人发生口角，J 寨的年轻人骂他们是披巴鬼，结果两寨年轻人群殴，造成 J 寨和附近另一个村寨各有一名年轻人死亡的严重后果，L 寨一个年轻人因此被判入狱服刑三年。似乎披巴鬼寨的傣族基督徒并没有因为信仰基督教而在傣族社会摆脱污名，在 L 寨和 M 寨都能深切地感受到披巴鬼的污名还依然是笼罩在他们头上的一片阴霾。尽管他们特别强调自己的基督徒身份，以此来强调他们与其他傣族的不同，并且鄙视信仰佛教的傣族，说他们是拜偶像和信鬼的，而且在死后要下地狱，是不得救的蒙昧的群体。正如他们所说的他们与其他傣族村寨"一个看不起一个"[①]。尽管如此，他们还是希望能够摆脱披巴鬼的污名，得到正常傣族社会的接纳。戈夫曼也讨论到蒙受相同污名的人结成群体，塑造群体意识，并且"鄙视那个拒绝他的社会，而这只有用那个社会关于自尊、尊严和独立的概念才能理解"[②]（his disdain for a society that rejects him can be understood only in terms of that society's conception of pride, dignity, and independence）。因而无论是 X 寨对自己基督徒

① 2011 年 9 月 24 日，M 寨一位 73 岁老妈妈的访谈。这位老人的母亲在她还未出生以前被污为披巴鬼，原村寨的人要烧死她，她连夜从村寨中逃了出来，后来到 M 寨落脚。老妈妈是在 M 寨出生的。

② 欧文·戈夫曼：《污名：受损身份管理札记》，第 155 页。

身份夸耀也好，还是 L 和 M 寨对其他傣族村寨的鄙视，其中都包含着渴望被"正常"傣族社会接纳和认可的需要，也就是在傣族社会中去污名化。

第五，得到傣族以外的基督教世界的认可和接纳。因为基督教是一个普世的宗教信仰，因而西双版纳傣族的基督教也必然会和外地的教会有联系，特别是泰国等东南亚国家的教会，这样这些傣族基督徒所面对的就不仅仅是傣族社会，甚至不局限在中国的范围，而是面对整个的基督教世界，这是一个更大的范围。基督教传入西双版纳地区是由美国长老会在泰国的宣教中心负责的，因而目前泰国长老会依然在关注西双版纳的教会。在 80 年代初中国刚刚改革开放以来，原来在西双版纳传教的传教士后代就来过西双版纳。后来泰国的教会也不断派人来到西双版纳帮助这里的教会，现在 M 寨的两个教堂，以及 X 寨的教堂都是在泰国教会的资助下建起来的。而且泰国教会不断邀请西双版纳的傣族基督徒参观泰国教会，并帮助培训传道人，目前西双版纳各个教会的负责人和传道人基本上都在泰国接受过或长或短的培训。其他国家和地区比如韩国、新加坡等的教会以及海外的 NGO 组织等也时常和西双版纳的教会有联系。近几年也不断有内地汉族的信徒和传道人来到西双版纳地区，服侍西双版纳的教会。所以西双版纳的傣族基督徒所面对的是一个更大范围的基督徒群体，他们是基督教会的一分子，在这样一个群体中他们是被接纳和认可的。所以在笔者调研过程中，几乎所有的傣族基督徒都称基督徒的身份是他们的第一重要的身份，而相比较而言，傣族的身份并不那么重要。

相对于傣族社会来说，这些傣族基督徒是一群被污名化的群体，因而是傣族社会的边缘群体，但是相对于整个基督教世界来说，他们又是基督教会这个大群体中的成员。正是基督教这一外来宗教力量，使这群蒙受污名的人得以找到自己被接纳承认的群体，使他们摆脱在傣族社会中所蒙受的污名，并得到"上帝国度中的子民"这一荣耀的身份。

四　结语与讨论

对于宗教皈依的讨论，有很多种理论，而傣族这部分归信基督教的群体很显然符合所谓的"短缺"理论。[①] 特别是他们被傣族社会边缘化，面对着经济、生理、认同、精神等等的短缺，他们渴望被承认、接纳，渴望着有人格的尊严和平等。当他们面对基督教的接纳和承认时，他们的短缺得到了满足，基督教成为他们在这个世界中的救命稻草，是基督教给了他们生活的希望，接受基督教信仰也就成为必然。特别重要的

---

① 参看托马斯·F. 奥戴、珍尼特·奥戴·阿维德《宗教社会学》，刘润忠等译，中国社会科学出版社，1990，第 11 页。

是基督教不仅接纳他们，并且使他们去污名化，从原来的麻风病人和披巴鬼变成"上帝国度荣耀的子民"，这种身份的变化是颠覆性的，这是他们接受并在佛教的包围中坚持基督教信仰的根本原因。

我们看到在傣族基督教徒与傣族社会和普世基督教世界之间存在微妙的互动关系：麻风病人和披巴鬼因被傣族社会抛弃，而成为基督教徒，基督教是他们摆脱污名的外来力量。但对于"正常的"傣族社会来说，因为麻风病人和披巴鬼是被污名化的人，所以被这群蒙受污名的人所接受的信仰，也被污名化，因而基督教是披巴鬼和麻风病人信的宗教，不是"正常的"傣族所信仰的。因而对于"正常的"傣族社会来说，信仰不同更成了他们与这群傣族基督教徒的区隔标志。也就是说在人们的意识中，这群信仰基督教的傣族是一群和他们不一样的傣族。这也正是为什么基督教在傣族地区近一百年的历史，始终没有走出麻风病人和披巴鬼的群体。反过来，被"正常"傣族社会所污名化的傣族基督徒，也污名化"正常的"傣族群体，因为他们是不得救的，是拜偶像和迷信的。也就是说，被污名化的这群人，反过来借助外来的力量污名化施污名者，以此来达到将自己的污名去除的目的。需要强调的是麻风病人和披巴鬼这两个群体尽管都是借助基督教去污名化、管理他们受损的身份的，但是表现却不相同。麻风病人特别强调他们信仰基督教之后所带来的种种好处，强调他们被"正常的"傣族社会所接纳和认可，尽管这不一定是"正常的"傣族社会的看法，但是在他们的心理上他们已经被"正常的"傣族社会所接纳和认可，因而是摆脱了污名的。也就是说他们是被原来施予他们污名的社会和基督教群体所接纳和承认的。但是披巴鬼则不同，他们并没有认为基督教信仰使"正常的"傣族社会接纳他们，反而因为披巴鬼的污名，使基督教也蒙受了污名，因为他们摆脱污名的表现是出于对"正常的"傣族社会的鄙视和排斥，和他们刻意保持着边界。这两种不同的去污名化的表现形式或许和他们蒙受污名的原因不同有关。麻风病的污名是一种有形的污名，当病痊愈之后，这种污名的程度也会减轻，甚至会消失。但是披巴鬼的污名却是无形的、是精神上的，这种污名是存在于人们意识之中的，因而这是一个社会文化背景的原因，但不管怎样，这两种不同的去污名化表现形式最后都表现为对于基督教的坚持和持守。麻风寨的傣族基督徒会认为他们现在已经摆脱了污名，而污名的摆脱，完全得益于信仰基督教，是基督教使他们摆脱了污名，所以他们非常乐意和开心地将基督徒的身份作为标签，以此来表明他们通过信仰基督教摆脱了污名。而披巴鬼寨的基督教徒则认为是基督教给予了他们一定的身份，无论"正常的"傣族社会如何污名他们，但是基督教接纳他们，外面的基督徒接纳他们，因而基督徒是他们最重要的身份。这就需要我们特别关注，原本在傣族社会中作为危险排除机制的污名，以此来作为认同的标志，如今在基督教这一外来力量的介入下，宗教认同成为不同傣族群体区隔的标志。①

　　身份的政治学其实所关注的就是蒙受污名者的内部群体与外部群体以及"常人"社会之间的关系互动。污名不是仅仅存在于一些少数群体当中，相反任何群体或者个人都有可能被污名化，正如我们前面看到的，傣族基督徒对于信仰佛教傣族社会的污名化，佛教傣族社会对于基督教的污名化。"常人"和"蒙受污名者"之间，与其说是两极对立关系，不如说是一个连续体的两端而已。② 也就是说身份的政治学所提供给我们的不仅仅是对傣族这一部分蒙受污名者归信和坚持基督教信仰有一定的解释能力，③ 最关键的是可以给我们提供一个对待不同群体，以及群体之间冲突和对立的新视角，需要考虑更多的社会文化背景，以及不同群体之间如何认同的问题。特别是宗教信仰常常是一个群体认同的重要标志之一，而且由于宗教信仰不同而造成的身份认同上的差异，常常会导致一个地区或者族群之间的摩擦和冲突。在本项研究中，我们已经清楚地看到，由于傣族社会在保障自己社会的边缘和身份认同的机制下，对于麻风病人和所谓的"披巴鬼"进行排斥，而这些边缘群体借助基督教的力量得以去污名化，并借助基督教的力量重新构筑自己的身份，并与传统的傣族社会进行区分，在和谐相处的过程中，也有摩擦和冲突。本文的目的在于从一个地区的个案研究，来彰显宗教在社会身份的构筑中所起到的重要作用。

原载于《世界宗教研究》2014 年第 4 期

---

① 需要关注的是并非所有的傣族基督徒都很清楚基督教的教义，很多人对于信什么宗教持无所谓的态度，在信基督教的村寨就信基督教，在信佛教的村寨就信佛教，也就是说无论是什么宗教提供给他们的是一种身份上的承认和接纳，使他们可以去污名化，基督教在这时恰巧就起到了这样的作用。如果这时是其他的宗教，很难说是不是他们也会成为另外宗教的信徒。但为什么是基督教起到了这种作用？这是一个需要深入讨论的问题，因为本文篇幅有限，不做深入探讨。

② 欧文·戈夫曼：《污名：受损身份管理札记》，译后小记。

③ 污名的受损身份管理理论尽管在解释麻风病人和披巴鬼归信和坚持基督教方面很有说服力，但是现在有越来越多的非麻风病人和披巴鬼傣族接受基督教信仰，用这些理论来解释他们的归信和对基督教的坚持就显得无力。这需要我们进一步地进行研究和探讨。

国族整合的未竟之旅：
从印度东北部到印度本部

吴晓黎

摘　要　本文从国族整合的角度来看待以新德里为代表的印度本部都市中东北部年轻移民的经验。印度独立后东北部边疆的政治整合并不平顺，武装叛乱直到20世纪90年代后期才基本得到遏制。21世纪初以来，东北部边疆的年轻人大量进入印度本部的都市寻找高等教育与工作机会。他们因为不同的种族面貌与文化在印度本部城市遭受歧视，而在他们反歧视的集体行动和话语中，一个重要内容是对印度国族身份的理性确认。与此同时，东北部移民群体与印度主流社会的情感距离仍然显著存在。他们的经验既呈现了印度国族整合的进展也表露了它的问题。

关键词　国族整合　印度东北部　种族歧视　多样性中的统一

国族整合概念与印度的国族整合问题

在二战之后的反殖民 – 民族解放运动浪潮中，亚非拉诞生了大量新国家，它们都以西欧的民族 – 国家为范型，成为现代国际体系中的国族（nations），尽管西欧范型意义上文化同质的单一民族完全不是这些国家的现实。正是在20世纪50～70年代美国主导的对这些新兴国家政治发展的比较政治学（后来扩展到对西欧自身的民族 – 国家形成的研究）以及人类学研究中，国族整合（national integration）、国族建设（nation – building）成为研究议题之一，它们同时也是新兴国家长久以来面对的一个重要的现实议题。

国族整合和国族建设这两个常常被互换使用的词暗示了国族的人为创制和不稳定性质，暗示了国家对国土边界之内那些差异性的人群和文化达成一种有序存在状态的希冀，而这并不是二战后独立的亚非拉国家的特殊议题。对于本文采用的国族整合概念，不同的论述者有不完全一致的界定，本文暂且定义为一国之内多元性的群体彼此理顺关系并理顺与国家的关系，确立起对国家/国族这一政治共同体的归属感的过程。这个多元性的群体在不同的国家可能呈现为不同的构成。国族整合是一个过程的概念，也是一个程度的概念。如果说多元群体间的和谐、团结和国族凝聚力是国族整合的高阶目标，那么，群体在国家之内的安顿（不寻求分离）、群体之间的和平共存、不发生暴力冲突可以算是一个基本目标。国族整合源出于已经置身于现代民族-国家体系中的国家理性：如此，国家自身的存在才能获得更牢靠的根基；另外，社会的稳定与和谐本身也是值得追求的价值。因此，国族整合主要是一项国家政治议题。

相对于相似的国族整合任务，不同国家的具体国情、所采取的国族整合路径、策略及其效果也都各有差异，是一个值得比较研究的领域。笔者关注的印度是一个极端多元的社会，印度的国族整合的进路被概括在"多样性中的统一"这一国族话语中：在包容多样性中达成统一。一个偏向中央集权的联邦制，在一个宗教信仰深厚的社会未对国族身份赋予特定宗教内容、试图与所有宗教保持平等距离的世俗主义，宪法对多元文化身份的承认，一定程度上的法律多元主义（不同宗教群体各有自己的私法）——这些都是印度建国之初确立的包容多样性的基本制度框架。然而多样性与统一之间的平衡的达成不是有了制度框架就一劳永逸地解决了问题，它们之间的张力会一直存在，随现实变动的格局而消长，呈现不同的样貌。印度独立之后经历的语言邦运动、不同群体和地区的政治自主性运动乃至分离运动，都曾给印度的国族整合造成或短或长的危机。在解决这些危机的过程中印度中央政府所表现的包容性和弹性是印度国族整合经验的重要组成部分，但不是事情的全部。

在印度国族整合的大题目中，印度东北部的整合是一个重要篇章，本文在此不拟对这一复杂的历史过程进行具体分析。本文处理的只是东北部整合进印度的长长的过程延续到当下这一节点时发生的事情，具体地说，是21世纪初以来大量东北部年轻人来到印度本部都市工作和学习这一现象，他们在日常生活中遭遇歧视的负面经验以及他们的回应。本文的经验材料主要来自笔者于2012年8月至2013年7月在德里访学期间与东北部学生的接触、访谈，以及媒体报道。

印度"东北部"与印度"本部"

印度媒体和学术文章中广泛使用的"东北部人"（northeast people，north-easterners），源于"东北部"作为一个行政管理概念的确立，它的历史并不长。1947年印度独立前夕，英属印度的东北地区包含了东孟加拉省和阿萨姆省，曼尼普尔和特里普拉两个土邦，以及毗邻不丹、中国和缅甸的"东北边疆地带"（North East Frontier Tracts）。印巴分治，东孟加拉成为巴基斯坦的一部分，1971年独立为孟加拉国。在印度的部分，是阿萨姆邦和曼尼普尔、特里普拉两个中央直辖区。20世纪60年代以来由于阿萨姆的山地部落围绕政治自主性的一系列运动，以及中印边境之战所凸显的这一地区在国防安全中的地位，印度国会通过了不少法案，以便在该地创造新的行政单位或改变已有单位的地位。1971 年的《东北部地区（重组）法案》［North Eastern Area (Reorganization) Act］和旨在促进国家安全与地区发展的"东北部理事会"（North Eastern Council）的成立，标志着"东北部"作为一个"重要的行政管理概念"正式确立。[①] 在阿萨姆邦之外，包含在东北部概念中的其他单位都陆续获得了完全的邦的地位：原阿萨姆邦部落聚居的山区从部落自治区域最终升级为四个部落占主体的邦——那加兰邦（1963）、梅加拉亚邦（1972）、"阿鲁那恰尔邦"[②]（1975）、米佐拉姆邦（1987），曼尼普尔和特里普拉也从中央直辖区上升为邦。喜马拉雅山南麓的锡金王国 1975 年并入印度成为一个邦，2002 年加入了印度中央政府下属的"东北部理事会"。根据 2011 年的人口普查数据，东北部人口约 4500 多万，占印度总人口的 3.77%。[③]

东北部的独特身份，在与另一个相对使用的词中表达出来："mainland India"，姑译为"印度本部"。这个如今在媒体和学术文章中都广泛使用的词，据称是东北部人首先用来指印度的其他地区的，无疑，它表达了东北部地区类似离岛的孤立之感。确实，从地图上看，东北部印度是一个孤悬的三角：印巴分治使东北部只剩一条细走廊连接到印度本部。这极大地影响到东北部地区内部以及与印度本部之间的交通、通信和市场联系，带来经济的后退，以及更深刻的心理后果。

东北部与印度本部的距离，还体现在历史经验上。历史上，这一地区不曾纳入任何印度王朝的版图，它成为印度的一部分完全是英国殖民统治的附带结果，而英国殖民势力在这一地区，一是进入较晚，二是其控制也是不完全的，特别是被英国人称为"部落"的群体居住的、占过半地域的山区，未完全整合进殖民系统，殖民时期泛印度的反殖民主义运动在山区影响也很小。从宗教上来说，直到印度独立之时，印度教的影响只局限在布拉马普特拉河、曼尼普尔河等河谷地区和山脚，而在山区，基督教的传播在殖民时代取得了重要进展。世居东北部的本土居民基本都属于蒙古人种，在语言、族群和文化上与东南亚和中国西南更有亲缘关系。并不奇怪，对一些族群而言，独立的印度对于英印帝国版图的继承远不是理所当然的。印度独立之后的年代里，东北部地区因为持续的"叛乱"（insurgency）——印度政治语汇中指武装对抗国家权威的词——而著称。可以说，独立后印度国家对东北部的政治整合是不平顺的。简言之，

---

① B. P. Singh, *The Problem of Change: A Study of Northeast India*, New Delhi: Oxford University Press, 1987, p. 8.

② "阿鲁那恰尔邦"在中印有争议的边界地区成立，包含了印度实际控制而中国声明拥有主权的藏南地区，中国对该邦地位不予承认。

③ 据 2011 年最新统计数据，参见印度政府网站的相关数据：http://www.censusindia.gov.in。

印度中央政府的举措，一方面是对叛乱进行武力镇压，另一方面，是在联邦制的范围内赋予相关族群政治自主性，通过修宪成立新邦（尽管它们在财政上都不能自给），以及与主要武装派别达成和解协议或停火协议。自 20 世纪 80 年代后期开始，印度中央政府又试图通过增加发展投资赢得民心。20 世纪 90 年代后期以来，东北部的武装叛乱大部分得到了遏制。不过直到今天，曼尼普尔、阿萨姆、那加兰等地仍不大太平，存在着活跃程度不尽相同的地下武装派别。东北部是印度在族群和语言构成上最复杂的地区，有 270 多个族群，他们不仅存在着习俗与文化差异，也存在历史经验的差异。在独立印度的东北部行政管理概念之下，并不存在东北部人的统一身份认同与团结，在这一地区占有主导地位的是族裔民族主义和族群身份政治。

实际上，不是所有来自行政管理意义上的东北部的人都是蒙古人种——自殖民时代以来，大量从印度次大陆来的移民和跨族群通婚，至少已使得布拉马普特拉河谷成为一个种族混杂的地区。而在蒙古人种族与文化的意义上被使用的东北部概念，还应包含西孟加拉邦的北孟加拉和大吉岭山区。在当下的印度都市，东北部人作为一个有意义的身份范畴被使用源于两个因素：21 世纪以来，来自东北部的年轻人在印度大都市的可见存在；这一移民群体共享的负面经验也在反过来塑造某种共同的身份意识，即使回到家乡这一身份就失去意义。

人口流动：从东北部到印度本部

东北部从纳入殖民国家结构以来，作为地广人稀的边疆地带，就是次大陆大规模移民的目的地。但在部落集中的山区，自殖民政府一直延续下来的一系列保护性区别对待政策，限制了外来移民的渗透。

东北部向印度本部的反向移民，是 21 世纪初才引起人们注意的新现象。根据民间组织"东北部支持中心及热线"（North East Support Center & Helpline）的统计[1]，2005 年来自东北部印度的内部移民约有 34000 人，2010 年，这个数字增加到 414850 人，5 年间增加了 11 倍。其中，48%，也就是约 20 万人选择了新德里及周边——他们大多在高中毕业后离开家乡，除了进入大学继续学业的，大部分人在零售、服务行业工作，这使他们在城市生活中的可见度很高。

关于移民的研究通常从"推"与"拉"两方面来理解人们的选择。东北部的青年来到印度本部的都市，一是来上大学，二是来找工作。高等教育基础设施严重不足、经济欠发展和缺乏工作机会，是年轻人走出东北部的"推"的因素。与此同时，或许更重要的是"拉"的因素：印度自 20 世纪 90 年代初以来的经济自由化改革，

---

[1]　NESCH, North - East Migration and Challenges in National Cities（M），Delhi：NESCH, 2011：10.

刺激了城市经济尤其是第三产业的蓬勃发展，也提高了年轻人通过更高教育获得更好的工作的预期。我在新德里接触过的东北部大学生，几乎都是家族中第一代外出求学的人。就像印度其他地方来的大学生一样，毕业后考上中央政府的公务员是很多人的梦想。

在大学和公共部门之外，来到德里及周边的东北部年轻人主要在零售和服务行业找到了工作，包括印度在经济全球化中得到快速发展的外包服务中心。我接触的东北部学生以及一些媒体文章，都谈到了东北部青年相比印度本部人在这方面的优势：他们像东亚、东南亚人的长相使他们带有一种异国情调，印度日益壮大的中产阶级的消费场所都更愿意雇佣他们；在东北部尤其部落占主体的邦，英语是沟通语言，中学多以英语作为教学媒介语言，因此东北部学生一般英语不错，藏缅语族的母语也使他们的英语口语相比之下更少"印度口音"，为西方消费者服务的外包服务中心喜欢雇佣他们；他们西化的服饰，时尚的外表，不拘礼节和随和的态度使他们在接待、旅游行业获得成功。[1] 一些劳动力中介机构甚至亲自到东北部去进行招聘。

作为印度人：历史记忆、现实与日常经验

我曾在社交网站上看到南印的大学里的南印年轻人谈到来自东北部的同学，有句话让我印象深刻："他们总是一副苦大仇深的样子。"这一善意的调侃在某种意义上道出了东北部学生的一种心理状态，只不过，调侃者未必清楚这背后的具体历史记忆。比如说，很少人知道印度中央政府曾经派空军轰炸自己的城镇与村庄——1966 年在对付米佐叛乱时。由于对印度政府救灾的极度失望，因大饥荒自救而成立的"米佐民族饥荒阵线"（Mizo National Famine Front）在饥荒过去后改名为米佐民族阵线（Mizo National Front），举起了独立建国的大旗。轰炸之后，印度军队为了便于监控米佐村民，使米佐民族军无处得到庇护，还强行使村民大规模搬迁到类似集中营的"保护和进步村"。印度军队的这一招，学的是英国殖民者对付殖民地反叛的经验。[2] 直到今天，米佐母亲吓唬不听话的小孩时还会说："别吵吵，不然'呙'（Vai）（米佐话中指来自印度本部的印度人）就会来把你绑走。"[3]

在 1986 年米佐民族阵线与印度中央政府签署和平协议之后，新的米佐拉姆邦实现了持续的和平。在今天，你可以听到来自米佐社群的与历史和解的声音，就像这位名

---

[1] C. Balagopal, "Northeast Migrants Succeed at Vocations — This Makes Them Targets," *The Times of India*, March 5, 2014.

[2] Abheek Barman, "Air Attacks in Mizoram, 1966—Our Dirty, Little Secret," *Economic Times*, Feb. 19, 2013.

[3] Kima, "A Historical and Cultural Perspective on what People of Mizoram Think about India," April 13, 2014, http://sevensistersproject.org/2014/04/13/historical-cultural-perspective-mizoram-think-india/#comment-378.

为基玛①的博客作者一直以来的努力：尝试与本部印度社会进行沟通，让后者理解包括米佐人在内的东北部人的历史与现实经验。在他看来，米佐人从一开始就是认同独立的印度国家的，是印度国家不把他们当自己人；现在则是印度社会因为他们不同的种族外貌不把他们当自己人。②

东北部不同族群的经验和心态也是有差异的。正读博士的诺尼来自曼尼普尔，他曾跟我说起"令许多曼尼普尔人至今耿耿于怀"的那一段历史：英国殖民者撤出印度时，曼尼普尔已经有自己的立宪法案，确立了以原曼尼普尔土邦王公为行政首脑、有民选议会的民主政府形式，而在 1949 年，王公被印度政府召唤到西隆（Shillong，时为印度阿萨姆邦首府），在与民选议会隔绝的情况下，签署了加入印度联邦的条约。在诺尼口中，王公是被迫签署这样一个条约的。实际上，1949 年的这一条约的有效性和合法性，在 80 年代后期至 90 年代成为曼尼普尔社会的一个热点争论问题。而这自然是跟当时的社会与政治现实相关，这里的现实最重要的是《武装力量（特殊权力）法案》［Armed Forces（Special Powers）Act］在曼尼普尔的实施和滥用。

赋予武装力量特殊权力的法案是英国殖民者在 20 世纪 40 年代的首创，用以对付印度民族主义运动。③ 50 年代那加人的反叛造成阿萨姆山区的持续动荡并蔓延到曼尼普尔，为了应对这一局势，印度政府于 1958 年通过了《武装力量（阿萨姆和曼尼普尔）特殊权力条例》［Armed Forces（Assam and Manipur）Special Powers Ordinance］，同年"条例"被更名为"法案"。它的核心，是在被宣布为"动乱地区"（disturbed areas）的地方，赋予了军队和安全人员非同寻常的权力。在实践中，军队和安全人员勿须任何法律程序就可以进行搜查、逮捕以至处决，在这一法律实施的地方，都造成了滥用，造成了对平民大量的任意拘禁、行刑、强奸、假造"武装遭遇"等人权灾难。④ 诺尼说，在东北部，曼尼普尔是重灾区，在这里军队和该法案是最受憎恨的对象，也是直到今天的抗议运动的对象。被称为"曼尼普尔的铁娘子"的人权活动分子依拉姆·沙

① 基玛（Kima），米佐人，出生于米佐拉姆，1992 年小学三年级时来到了泰米尔纳度邦并在那里长大，现居孟买，是一位有影响的博客作者。博客地址：http://mizohican. blogspot. in/。

② Kima, "A Historical and Cultural Perspective on what People of Mizoram Think about India," April 13, 2014, http://sevensistersproject. org/2014/04/13/historical – cultural – perspective – mizoram – think – india/#comment – 378.

③ 最早的法案是《武装力量（特殊权力）条例，1942》［（THE）ARMED FORCES（SPECIAL POWERS）OR-DINANCE, 1942］, http://indianarmy. nic. in/Site/RTI/rti/MML/MML VOLUME 3/CHAPTER_01/452. htm。

④ 关于这一法案的制定历史、内容和它在曼尼普尔造成的人权灾难，参见几个人权组织合写的报告：RE-DRESS, UK；Asian Human Rights Commission, Hong Kong, & Human Rights Alert, Manipur, India, "The Armed Forces（Special Powers）Act 1958 in Manipur and Other States of the Northeast of India: Sanctioning Repression in Violation of India's Human Rights Obligation," http://www. humanrights. asia/resources/journals – magazines/arti-cle2/1003/the – armed – forces – special – powers – act – 1958 – in – manipur – and – other – states – of – the – northeast – of – india – sanctioning – repression – in – violation – of – india2019s – human – rights – obligations。

米拉（Irom Sharmila），自 2000 年开始为了这一法律的废除连续绝食抗议至今，她一直被警察强制鼻饲。

与印度国家的这些经验遭际使诺尼不能无保留地拥抱自己的印度公民身份，对于印度身份，他的态度可以概括为："是的，但是……"这种不情愿的态度，我也在某些那加学生身上看到。

与来到德里才学了些印地语的诺尼不同，来自"阿鲁那恰尔"的阿黛说一口流利的印地语。她告诉我，在她上学的寄宿学校，老师是从印度北部印地语地区来的，上课的媒介语言和来自不同部落的学生之间交流所用都是印地语。"阿鲁那恰尔"是南亚语言最丰富的地区，分布着众多的部落群体，没有称得上主体的语言和族群，也没有成气候的内生的政治运动。"阿鲁那恰尔"从 1972 年成为"中央直辖区"，到 1987 年升格为"邦"，主要是印度中央政府基于地缘政治考虑的举措。"阿鲁那恰尔"的居民一般说来没有经历与印度国家的紧张冲突关系。另一方面，印度民族主义取向的民间团体，如 1977 年成立的韦韦卡南达[1]教团（Vivekananda Kendra），最早的活动就是在这一边远的喜马拉雅地区开办"韦韦卡南达教团学校"（Vivekananda Kendra Vidyalayas）。如今"韦韦卡南达教团学校"在"阿鲁那恰尔"已经有了 34 所。[2] 阿黛所上的，正是其中一所。她说父母送她进这样的学校，首先是因为它的教学质量好。学校的另一个特色是印度古典文化教育。最大的印度教民族主义组织"国民志愿团"（Rashtriya Swayamsevak Sangh）在"阿鲁那恰尔"也有影响，它的主要活动是帮助改造部落信仰，让其归属于印度教。阿黛的家庭属于信仰佛教的部落，她说她家人都参加了一个仪式成为印度教徒。印度人身份在阿黛那里，并没有携带历史与记忆的阴影。

诺尼与阿黛，虽然在对印度国家和印度公民身份的态度上有所差异，他们的个人目标是相同的：毕业之后在新德里或其他印度大城市工作。他们还有一点也是相似的：在如新德里这样的印度大城市的日常经验。

东北部蒙古人种的年轻人来到印度本部的城市，第一个冲击就是发现自己因为面貌跟周围人存在直观差异而被另眼看待，在街头市井被加以贬损性的称呼。印度本部自身是一个种族混杂的地方，但印欧语系的北印人、达罗毗图语系的南印人和一些澳亚语系的部落，尽管存在肤色浅深等差异，都是人们常识中确定的"印度人"，而蒙古人种不是。对于后者，在北部印度，最常用的贬称是"秦基"（Chinki/Chinky）。这个 19 世纪后期英语世界对中国劳工的贬称，在印度被用来称东北部人、尼泊尔人、藏人，

---

① Swami Vivekananda（1863 - 1902），是促进了印度教在现代印度的复兴并使之在 19 世纪末成为世界宗教的一个关键人物。

② "Vivekananda Kendra Vidyalayas," http://www.vivekanandakendra.org/english/vivekananda - kendra - vidyalayas.

以至任何蒙古人种面孔的人。被人看不顺眼的还有东北部人的衣着打扮。东北部年轻女性穿的服装被认为是西化的，而印度本部的年轻女性，大部分还是穿印度本土服装。在德里地铁的女士车厢里，这种对比很显眼。东北部的年轻男性，尤其那些90后，爱留染有颜色的韩式发型。他们爱时尚，而他们的时尚感觉来自韩国流行文化。[1] 这与印度本部以宝莱坞为中心的流行文化形成了距离。

那加女学生基姆曾愤愤不平地跟我说，东北部女性比较自由独立，所以那么多人出来上学、工作，她自己是为此自豪的，而从印度保守的主流社会的角度，就觉得她们交往上随便，道德上可疑。对于东北部女性的这种偏见，不仅存在于一般市井，也同样存在于政府或专业机构的办公室。[2] 基姆的抱怨还有，在日常生活中，无论租房，还是坐摩的，别人一看她的样子，就会抬高价格。这些日常遭遇背后，是印度主流社会的种族、文化偏见与东北部群体作为中下阶层移民的弱势地位的彼此强化。一篇报纸文章曾谈到新德里当地人对东北部人的脸谱化印象：随时随地喝酒，晚回，随便的性事；没有父母家人的保护，因此，房东可以随意解除租约，摩的司机可以要高价，店员、当地人可以当面戏弄、言辞侮辱。[3]

有东北部人总结说，对于蒙古人种的歧视，北印比西印更为丑陋、粗野。[4] 这话也适用于北印与南印的对比。实际上，东北部移民在印度本部受到的"种族歧视"已在近年开始成为报章话题。印度社会存在着各种各样的歧视，最成系统的当然是种姓歧视，但种族歧视的话题此前很少出现。

东北部年轻人来到印度本部，日常经验告诉他们，且不论他们自己如何看待，他们的印度人身份从另一端来看也不是理所当然的：他们的种族、文化让他们被视为陌生人或外国人。[5]

东北部移民群体反歧视的集体行动与话语

对于发生在街头市井的日常性歧视和骚扰，作为个体的东北部移民一般选择忍受

---

[1] 韩国大众文化在印度东北部的流行是一个很有趣的现象，本文限于篇幅不能展开。

[2] Sangheeta Barooah Pisharoty, "Life as the 'Other'," *The Hindu*, Feb. 22, 2014.

[3] Ayesha Arvind and Heena Kausar, "Racist Attacks on the Rise: Frightened North – East Migrants Ponder Return to Home States as Delhi Violence Worsens," Feb. 11, 2014, http://www. dailymail. co. uk/indiahome/indianews/article – 2557122/Racist – attacks – rise – Frightened – North – East – migrants – ponder – return – home – states – Delhi – violence – worsens. html.

[4] Karina N. Gianani, "Is India No Country for People from North – Eastern States?" http://www. mid – day. com/articles/is – india – no – country – for – people – from – north – eastern – states/15081090.

[5] 德里大学社会学教师的调查显示，多数本部印度人认为东北部人从种族上让他们觉得是陌生人或外国人，代表了未开化和原始的社群。他的调查还显示，本部印度人认为自己的男性在身体上和男性气概上更强。Dr. Kamei Aphun, "India's North East Looking Less or More India," Feb. 12, 2014, http://e – pao. net/epSubPageExtractor. asp? src = news section. opinions. Opinion on Racial Discrimination. India North East Looking less India or looking more India By Kamei Aphun.

和忽略，实际上，如果你回击，很可能引发进一步的羞辱甚至暴力。

东北部移民作为群体，还有组织化的回应方式。在德里的大学里，来自东北部的各个族群都建立了自己的学生会，以及跨族群的邦一级以至东北部地区性的组织。除了在各自大学组织文化和节庆活动，他们的一个行动重点，是与行政和警察机构联系与合作，让政府与警察增加对东北部人遭受的歧视和暴力的敏感——成就之一，是2011 年内务部宣布使用"秦基"这样的仇恨言辞最高可以处 5 年监禁，尽管这一惩罚措施从来没有真正实施过。[1] 面向学生和非学生群体的，如前文提到的"东北部支持中心及热线"，则帮助移民处理各种困难和问题包括讨薪。一个比较新的组织是 2012 年在孟买、德里和班加罗尔成立的"东北部印度形象管理者"（North East India Image Managers）。这一组织的成立是基于如下的认识：针对东北部人的种族歧视可能是有意的也可能是无意的，但它的根源是无知，这只能通过更好的沟通来消除。因此，该组织把向印度本部社会介绍东北部作为自己的任务。他们指出，对于东北部的无知不仅普遍存在于普通印度人之中，正式出版的知识性书籍中关于东北部的地理和文化事实也多数是错误的，荒谬的事情很多。[2]

东北部移民群体的公共抗议是最近几年凸显出来的一种重要的回应方式。2014 年1 月 29 日，在新德里一个市场，来自东北部"阿鲁那恰尔邦"的 19 岁学生尼度·塔尼亚姆，因反驳一个店员对他外表与染了的头发的嘲笑，被后者及其他店员围殴，尼度第二天因内伤死亡。[3] 这一暴力事件在接下来的时间里，就引发了印度多个城市东北部群体的街头抗议风潮。在东北部移民群体中，就像在其他移民群体中一样，受过或正在接受高等教育的专业人士和高校学生是最有政治意识的，他们也是诸多公共行动的主体。在主要是这两个群体参加的、为尼度的死而在印度各地举行的蜡烛聚会和游行抗议中，除了要求正义和谴责东北部人歧视的标语之外，还有不少这样的标语："印度人，不是秦基""一个印度人应该长什么样子？""我们不是外人，我们是印度人""要求全国课程纳入东北部内容"，等等。[4] 这里表达的对印度国族身份的肯定以及国族整合的愿望，在东北部移民群体近十年的反种族歧视的集体行动和话语中是一个重要的内容。

---

[1] Dr. Kamei Aphun, "India's North East: Looking Less India or Looking More India？" Feb. 12, 2014, http://e - pao. net/epSubPageExtractor. asp？ src = news section. opinions. Opinion on Racial Discrimination. India North East Looking less India or looking more India By Kamei Aphun.

[2] Karina N. Gianani, "Is India No Country for People from North - Eastern States？" Feb. 9, 2014, http://www. mid - day. com/articles/is - india - no - country - for - people - from - north - eastern - states/15081090.

[3] "Arunachal MLA's Son 'Beaten to Death', Anger Spills Over," *Times of India*（N）, Jan 31, 2014.

[4] Karina N. Gianani, "Is India No Country for People from North - Eastern States？" Feb. 9, 2014, http://www. mid-day. com/articles/is - india - no - country - for - people - from - north - eastern - states/15081090.

国族：理性确认与情感距离

东北部移民群体在近十年反种族歧视的集体行动和话语中表达的对国族身份的确认，在几个方面都是有意味的。首先，东北部群体遭遇到的歧视与印度其他群体受到的歧视相比，特殊之处在于其中涉及对他们国族身份的质疑。这迫使东北部群体更切近地意识到国族身份问题。其次，对蒙古人种的歧视并不等同于对东北部人的歧视，比如说，大量从尼泊尔来到印度打工的、同属蒙古人种的尼泊尔人遭受的歧视和暴力，就被国族身份的话语排除了出去。国族身份的话语，使反种族歧视的合法性不仅仅建立在一个普泛的人权原则上，更建立在国族作为特定的情感共同体的更牢靠的基础上，后者的有效性与排他性关联在一起。一位来自特里普拉的说唱歌手自述的经历正好可以作为注脚。2007 年这位歌手刚来到德里没几天，受到两个当地青年的攻击，被刺了数刀，那两个人一边讨论要不要把他结果了。一个说："他是尼泊尔人，干掉得了。"他澄清自己来自特里普拉，这两人听到后态度立转，把他扶了起来，往他胸前伤口上贴了创可贴，甚至跟他说如果有什么需要可以来找他们。[1]

再次，东北部人在抗议种族歧视时公开表达的肯定印度国族身份的态度，对于印度主流社会，也是一个新的信息。主流社会的一般印度人注意到东北部，多半是在负面新闻中：武装叛乱与分离运动，族群暴力，等等。有论者指出，本部印度人对东北部的态度是矛盾的：一方面是对这一地区有可能从印度分离的深刻的不安全感，另一方面，他们同样深刻地感到，那里的人从文化和种族上从未归属于印度。[2] 因此，当东北部年轻人向媒体镜头抱怨他们在德里和孟买被当作外国人对待时，像下面这位来自印度本部的有识之士就表达了他的欣慰：他在《印度斯坦时报》的博客栏目中叙述了 20 世纪 80 年代他的米佐女朋友和同伴，那个时候来到本部印度上大学的少数东北部人，如何乐意被当地人当作外国人，他们更愿意保持距离，并不想成为印度人的一部分。而现在，他看到东北部年轻人想要被看作印度人。[3] 尽管我们可以说"被当作外国人对待"的内容在这两个例子中是不同的，但东北部年轻人对印度国族身份、公民身份的态度确实发生了重要的转变，哪怕不是所有人。

探究这种转变需要更细致的民族志研究，本文在此只能勾勒一些线索：我们恐怕

[1] Karina N. Gianani, "Is India No Country for People from North - Eastern States?" Feb. 9, 2014, http://www.mid-day.com/articles/is - india - no - country - for - people - from - north - eastern - states/15081090 Thangkhanlal Ngaihte, "Northeast and the Fraught Question of Racism in India," March 6, 2014 http://www.ipcs.org/article/india/northeast - and - the - fraught - question - of - racism - in - india - 4324.html.

[2] Thangkhanlal Ngaihte, "Northeast and the Fraught Question of Racism in India," March 6, 2014 http://www.ipcs.org/article/india/northeast - and - the - fraught - question - of - racism - in - india - 4324.html.

[3] Vir Sanghvi, "From the North - east to the Heart of India," *Hindustan Times* (N), May 4, 2012, http://blogs.hindustantimes.com/medium - term/? p = 479.

不能忽略这一代人在东北部家乡的成长经验，在有些地方，他们在暴力之后的和平年代成长，在另一些地方，分离/独立运动走向颓势、为自我生存而消耗着自己的道德合法性；我们也不应忽略全球化时代深刻塑造了这一代人对（中产阶级）好生活样貌的想象，而印度本部都市意味着机遇，与它们相比，年轻人眼中的东北部绝大多数地方"发展滞后""治理水平偏低"。① 德里的东北部年轻移民的经验里存在着某种吊诡：他们因为种族与文化获得某些就业领域的青睐，又因为同一特质而在街头、市井遭受歧视、骚扰。从另一方面来说，在绝大多数情况下，他们在印度本部都市的负面经验，并没能阻止他们继续留下来，也没能阻止更多的东北部年轻人继续到来——为了更好的个人前途。可以说，在其他因素之外，当经济与就业已经把他们整合进主流社会的一体化市场和国家系统之中，他们获得了更为积极地看待印度公民身份和国族身份的动力，而印度国族身份也成为他们反对歧视的更具情感效力的正当性来源。

东北部移民群体在反歧视的话语和行动中表达的对印度国族身份的肯定，可以看作是一个理性的确认，在东北部整合进印度的过程中也是一个标志性进展。而这一国族整合过程的前景，还要看印度本部社会的回应——这里的"社会"是大众社会，是民情，不是英文媒体上发表支援东北部群体言论的自由知识分子能全部代表的。当下的问题发生在社会与情感的层面，这都不是国家的政治举措或政策规划可以短期奏效的。一方面，改变无知与文化偏见涉及一个长期的社会化的过程；另一方面，在快速城市化、社会变动加剧的印度，对东北部移民的歧视与暴力还联系着阶级结构的因素，这就如某些评论者说的，"东北部移民在印度城市职业上的成功使他们成为攻击目标"。② 在和我的私人邮件交流中，诺尼也很悲观："更多的接触和向上流动只是带来了更多（对东北部人）的憎恨。"状况确实不可能立刻改变。因此，即便在公共抗议中表达了对印度国族身份的确认，东北部移民群体与印度主流社会的情感距离仍然显著存在。政治经济利益支配人们的理性考量，而情感有自己独立的来源，比如说，记忆与日常经验。在东北部移民的例子里，负面的历史记忆或日常经验，正是导致疏离感的原因。历史无法改变，努力方向只能是和解，而和解需要现实的条件与动力。建立在社会互动之上的日常经验领域，则面临消除因差异而产生的偏见、因阶级结构导致的冲突等长期而困难的任务。

结　语

印度本部都市的东北部移民经验既呈现了印度国族整合的进展也表露了它的问题。

---

① 我接触到东北部学生中，只有锡金邦的学生对自己家乡的发展和治理表示"还不错"。

② Eram Agha, "Northeast Migrants Succeed at Vocations — This Makes Them Targets: C. Balagopal," *The Times of India*, Mar. 5, 2014.

印度独立之后 60 多年的时间里，东北部经历了动荡到相对的和平的历程，如今，东北部年轻人对印度本部都市的向往、对印度国族身份和公民身份的态度转变，无疑标志着东北部整合进印度政治共同体的重要进展。在其他因素之外，这一代人改变的希冀和印度意味着的机遇，使年轻移民获得了更为积极地看待印度公民身份和国族身份的动力，而印度国族身份也成为他们反对歧视的更具情感效力的正当性来源。另一方面，针对他们的种族歧视与偏见的存在又标示了主流社会与他们之间的距离，东北部群体对于印度国族身份的理性确认，也并不意味着同时伴随情感上的拥抱。

就国族整合的多重维度而言，当下的问题发生在社会与情感的层面。印度国家在对多元群体的政治整合方面表现了极大的弹性和包容性也取得了相当成就，但各群体在社会与情感层面的整合则一向是其软肋。我们或许可以预期，随着时间的推移东北部移民的印度人身份问题对印度主流社会可能不再是突出问题；这并不意味着歧视与偏见的消失，只是它变成了一个内部问题，就像许多其他群体的问题一样。

但即便国族的社会和情感整合不是自上而下的政策措施可以短期奏效的，这并不意味着国家就无所作为。国家能做的是消除障碍。在本文的例子里，《武装力量（特殊权力）法案》，对于许多东北部人就是从情感上归属于印度国族共同体的障碍。就主流社会对东北部的无知与偏见而言，印度国家的公共教育与传播也负有重要责任。当然，印度国家也并非毫无建树，它发挥了作用的地方都与公民社会相关：一是开放出公民社会的空间，在这里东北部群体可以组织起来表达自己的诉求，包括与政府机构的合作，也包括抗议示威。这也是东北部群体与印度主流社会通过各种媒体尝试沟通并寻求和解的空间。二是及时回应公民社会中凝聚起来的意见和诉求，比如尼度事件之后，在东北部民间团体和政治领导人的呼吁下，印度中央政府已经同意，将东北部的地理、本地人的历史、传统与文化纳入统一的中学教材。① 正是这一表达空间和互动渠道的存在，使东北部群体能够发挥主体性，主动助推国族整合。

最后，东北部移民群体的经验提供了一个检讨"多样性中的统一"的印度国族话语的机会。"多样性中的统一"作为国族话语是一个关于文化的话语。在当代印度，文化的多样性是一个可见的也得到了制度保障的现实，关键是统一性如何理解。对此有两个阐释方向，一个指向历史，如尼赫鲁的《印度的发现》所代表的，在漫长的历史中多种文化在印度地域空间中不断发生混合而形成了一个复合的文化。② 可与这个复合文化相提并论而又更可感的，就是人们常识中的"印度性"。蒙古人种的东北部群体在种族面貌、生活方式和价值系统——免受种姓伦理的影响——上，都超出了民间关于

---

① IANS, "Soon, Northeast History, Culture in Textbooks," *The Hindu*, Feb. 21, 2014.
② 〔印〕尼赫鲁：《印度的发现》，齐文译，世界知识出版社，1956。

"印度性"的常识辨识范围。统一性的另一个阐释方向指向现代：真正称得上印度的国族文化的，是以板球、宝莱坞电影为代表的现代大众文化。这已成为印度的某种社会共识。在这方面东北部仍然存在着相当的落差。因此，东北部群体给印度通行的国族话语带来了真正的挑战：必须重新思考统一性的基础。

原载于《中央民族大学学报》2015 年第 4 期

对西方学界"ethnohistory"一词的历史考察[*]

刘海涛

摘 要 ethnohistory 是 ethno 类学术概念中的重要一员，也是目前备受关注的西方"历史人类学"概念群中的重要一员，是研究西方"历史人类学"难以绕开的重要维度。本文以西方学界在不同历史时期对 ethnohistory 的释义为视角，从这一侧面来揭示其特点与内涵，对理解 ethno 类学术概念，认识西方"历史人类学"及澄清国内学界在翻译和使用 ethnohistory 中存在的问题有着重要助益。

关键词 ethnohistory 西方 "历史人类学"

一 引言

与 ethnography、ethnology、ethnic group 等一样，ethnohistory 是 ethno 类学术概念中的重要一员；与 historical anthropology 等一样，ethnohistory 也是目前备受关注的西方"历史人类学"概念群中的重要一员，是深入研究西方"历史人类学"难以绕开的重要维度。

国内学界对 ethnography、ethnology、ethnic group、historical anthropology 等概念已有较多了解和研究，取得了不少成果。[①] 相对而言，有关 ethnohistory 的探讨则处于零星介

---

[*] 本文系中国社会科学院青年科研启动基金项目"国外'历史人类学'研究的历史与现状"的阶段性研究成果。

① 国内一些相关词典对 ethnography、ethnology 已做出解释和界说，尽管存在一定的分歧。参见《中国大百科全书》编辑委员会编《中国大百科全书》（民族卷），中国大百科全书出版社，1986，第 321～326 页；陈永龄主编《民族词典》，上海辞书出版社，1987，第 345、346 页；陈国强主编《简明文化人类学词典》，浙江人民出版社，1990，第 158、159 页。有关 ethnic group 的研讨，国内也有很多，代表性研究可参见郝时远《对西方学界有关族群（ethnic group）释义的辨析》，《广西民族学院学报》2002 年第 4 期，等等。关于 historical anthropology 的讨论，可参见刘海涛《西方"历史人类学"研究》（中国社会科学院研究生院博士学位论文，2007）导论中的有关论述。

绍、简单触及的层面。① 另外，需着重指出的是，国内学界在涉及 ethnohistory、nation history、nationalities history 等相关概念的翻译及使用问题上，缺乏统一认识，存在着混杂多样的现象。国内的民族学人类学界，一般将 ethnohistory 译为"民族历史学"②、"民族史"③，也有学者将之与西方"历史人类学"对等看待。④ 国内的世界史学界，有学者把 ethnohistory 译为"人种历史学"，⑤也有学者将 nation history 与"民族史"（"民族史学"）等量齐观。⑥ 此外，国内的民族史学界，对"民族史"（"民族史学"）一般有两种英译方式：其一，history of nationalities 或 nationalities history。如，"中国民族史"被译为"history of Chinese nationalities"，⑦"中国民族史学会"被译为"Chinese Association of Nationalities History"。⑧ 其二，ethnic history 或 ethnohistory。如系列丛书《中国历代民族史》（社会科学文献出版社 2007 年版）的书名被译为 Series of Chinese Ethnic History in Past Dynasties。在郝时远、罗贤佑主编的《蒙元史暨民族史论集》（社会科学文献出版社 2006 年版）中，用 ethnohistory 来表达"民族史"。

下面以西方学界在不同历史时期对 ethnohistory 的释义为视角，从这一侧面深入揭示 ethnohistory 的特征与内涵，目的在于进一步加深对 ethno 类学术概念和西方"历史人类学"的理解，以及从根源上认识上述翻译和使用中存在的问题。

二 ethnohistory 一词的演化、发展

西方学界，尤其是美国的人类学界，早在 20 世纪初就已使用 ethnohistory 一词，并相应做出了有关的理论诠释及经验研究。百余年来，ethnohistory 的内涵不断流变，西方学界对 ethnohistory 的释义也变动不居，在不同的历史阶段表现出了不同的特点。本

① 近些年来，尤其是 2000 年以来，国内的一些民族学人类学学者，在讨论历史人类学以及人类学与历史学的关系时，曾简要涉及 ethnohistory。参见黄应贵《历史与文化：对于"历史人类学"之我见》，《历史人类学学刊》第 2 卷第 2 期，2004 年 10 月；庄孔韶：《历史人类学》，庄孔韶主编《人类学通论》，山西教育出版社，2004，第 454～455 页；张小军：《历史的人类学化与人类学的历史化：兼论被史学"抢注"的历史人类学》，《历史人类学学刊》第 1 卷第 1 期，2003 年 4 月；刘海涛：《西方人类学"历史化"的动因分析：以美国"民族历史学"的影响为中心》，《中南民族大学学报》2009 年第 1 期等。从目前公开发表的主要研究成果来看，可以说，国内学界对 ethnohistory 一词尚乏足够的关注与研究。
② 参见黄应贵《历史与文化：对于"历史人类学"之我见》，《历史人类学学刊》第 2 卷第 2 期，2004。
③ 参见庄孔韶《历史人类学》，庄孔韶主编《人类学通论》，第 454～455 页；张小军《历史的人类学化与人类学的历史化：兼论被史学"抢注"的历史人类学》，《历史人类学学刊》第 1 卷第 1 期，2003。
④ 可参见刘海涛《美国"民族历史学"研究》（中国社会科学院博士后出站报告，2009）导论及结语中的有关论述。
⑤ 参见张友伦《美国西进运动探要》，人民出版社，2005，第 80 页。
⑥ 参见徐波《西方史学中的民族史传统》，《社会科学研究》2004 年第 5 期；徐波：《文艺复兴时期法国民族史学研究》，四川人民出版社，2006。
⑦ 参见《中国大百科全书》编辑委员会编《中国大百科全书》（民族卷），第 543 页。
⑧ 参见《中国大百科全书》编辑委员会编《中国大百科全书》（民族卷），第 549 页。

文从历史阶段的明确划分①切入，对西方学界关于 ethnohistory 一词的释义进行考察和梳理，以揭示 ethnohistory 演化、发展的内涵。

（一）原初使用阶段（20 世纪上半叶）

不少西方学者认为，ethnohistory 不是一种新的研究方法或研究领域。实际上，它与民族学学科本身的历史一样久远。早在民族学肇始的 19 世纪，一些学者就开始利用档案证据来帮助解释民族志或考古学材料。第二次世界大战以来，所谓从事 ethnohistory 研究的学者们逐渐对自己的工作有了自我认识，ethnohistory 研究得以强化。这些学者有意识地研究土著族群的变化，或者批判性地意识到"出于民族志的目的而使用历史证据"。可见，ethnohistory 研究的意义是逐渐显示出的，二战后 ethnohistory 才称得上是一个相对新的学术现象。②"不管研究者的学术背景是来自民族学，还是来自历史学，都会承认这一点。"③可以说，上述见解有一定的代表性，已基本为西方学界所认可。

较早使用 ethnohistory 一词的，当推美国人类学家博阿斯（Franz Boas）的学生威斯勒（Clark Wissler）。④ 1909 年，威斯勒在引介系列报告《大纽约区和哈得逊下游地区的印地安人》时，使用了"ethno historical"："从整体上而言，一般的史前文化重构，所依靠的就是所获得的'ethno historical'数据和考古学数据的联合，但是，这种方法被证明是徒劳的，因为它没有找到古代的地方证据，也没有指示出继承下来的或当今的文化类型。"⑤

威斯勒所使用的"ethno historical"，实际上关涉的是一种研究方法类型，即由曾经长住某一地区的族群的相关民族志之重构组成，并力求将文化数据整合进历史叙述之中。它体现了纽约地区印第安族群研究中的一种方法论特色——利用整合到早期历史叙述中的民族学数据和考古挖掘数据，来建构一个有关原始文化的综合描述。⑥ 换言

---

① 这里的阶段划分，建立在笔者对相关材料整理分析的基础之上，可供讨论。

② 参见 Nancy Oestreich Lurie，"Ethnohistory: An Ethnological Point of View," *Ethnohistory*, Vol. 8, No. 1 (Winter, 1961)。

③ Ronald Spores, "Ethnohistory in Middle Age: An Assessment and a Call for Action," *Ethnohistory*, Vol. 25, No. 3 (Summer, 1978).

④ 目前尚不能考证 ethnohistory 是由威斯勒最早提出的，但可以说明威斯勒是较早使用此概念的代表性学者之一。参见 David A. Baerreis, "The Ethnohistoric Approach and Archaeology," *Ethnohistory*, Vol. 8, No. 1. (Winter, 1961); Shepard Krech Ⅲ, "The State of Ethnohistory," *Annual Review of Anthropology*, Vol. 20. (1991); Shepard Krech III, "Ethnohistory," in David Levinson and Melvin Ember, eds., *Encyclopedia of Cultural Anthropology*, New York: Henry Holt and Company, 1996, Volume2, p. 423。

⑤ Clark Wissler, ed., The Indians of Greater New York and the Lower Hudson, Anthropological Papers, American Museum of Natural History, vol. 3, New York, 1909, p. xiii (Introduction).

⑥ 参见 David A. Baerreis, "The Ethnohistoric Approach and Archaeology," *Ethnohistory*, Vol. 8, No. 1 (Winter, 1961)。

之，威斯勒所言的"ethno historical"，就是"纪实"档案（documentary）的同义语。当然，这种档案并不是由当地土著族群提供的。这种研究，无论是对当时的民族学家还是史学家，都是一样的，即主要利用档案资源来讨论"他者"（这里主要指以北美印第安人为代表的原始土著族群）的过去。①

总之，20 世纪初威斯勒所使用和诠释的 ethnohistory，代表的是一种研究类型：除与民族学有着不可分割的联系外，与考古学也有一定的关联，与原始族群史前文化的重建息息相关，突出展示了当时民族学中出现的一种与史学方法进行联姻的倾向。20世纪上半叶，由于西方学界，尤其是当时以博阿斯为首的美国人类学界对其并不赞赏，此类研究一直发展缓慢。可以说，这一时期，无论是与 ethnohistory 相关的经验研究，还是对 ethnohistory 的理论阐释，都处于原初使用阶段。

（二）初步共识阶段（20 世纪 50 年代）

西方学界首次对 ethnohistory 展开系统阐释，是在 20 世纪 50 年代，即与 ethnohistory 相关经验研究的突显相伴而生。1954 年，美国女人类学家沃格林（Erminie W. Voegelin）在刚刚创刊的 *Ethnohistory* 第 1 卷（创刊卷）第 2 期上，发表专题研讨文章，对当时日渐突显的 ethnohistory 经验研究进行总结，首次对 ethnohistory 一词进行系统阐释，给出了其操作性界定（a working definition of ethnohistory）："以最早的书面记录为基础，从时间向前发展的角度，研究原始社会的认同、区域、接触、运动、成员、文化动力等问题。"同时，她把"具有历史思想的民族学家（historically minded ethnologists）称为民族史学家（ethnohistorian）"②。这种界定，与 20 世纪 50 年代明确刊载在 *Ethnohistory* 有关卷期扉页上的研究宗旨——*Ethnohistory* 期刊将致力于"最早的在档案历史中研究原始族群（尤其是美国印第安人）的文化和运动"、"最早的原始族群文化和运动的档案史研究，以及与之相关的更为广阔的问题"③——基本上是一致的。因此，有学者指出，沃格林的操作性界定，是这一时期 *Ethnohistory* 期刊宗旨的一种"精确化"。④ 可以说，沃格林的界定，与 20 世纪初威斯勒的见解不无相近之处，即都把研究的目光锁定在原始族群文化上，均重视档案等书面材料的使用。在一定意义讲，沃格林的界定是对威斯勒见解的延续、扩展及具体化。

在此期间，还有一些学者对当时的 ethnohistory 经验研究进行了总结，从不同层面阐释 ethnohistory 的含义。达克（Philip Dark）撰文指出："ethnohistory 关心的是整个文

① 参见 Shepard Krech III, "The State of Ethnohistory," *Annual Review of Anthropology*, Vol. 20 (1991)。
② 参见 Erminie W. Voegelin, "An Ethnohistorian's Viewpoint," *Ethnohistory*, Vol. 1, No. 2 (Nov., 1954)。
③ 参见 *Ethnohistory* 1955 年卷、1957 年卷有关期的扉页。
④ 参见 James Axtell, "The Ethnohistory of Early America: A Review Essay," *The William and Mary Quarterly*, 3rd Ser., Vol. 35, No. 1 (Jan., 1978)。

化，包括空间上和时间上的，作为一种发展的实体，受限于族群单元的持续，受限于合适数据的获得……ethnohistory 研究的单元是族群，使用的方法是一种文化术语中的族群分析。这种分析，是一种兼具共时和历时文化模式的统一体（continuum）。在实践中这就是从整体来说的 ethnohistories 和从局部或某一方面来说的 ethnohistorical studies 的特征。"①尤勒（Robert C. Euler）则认为："尽管分析或者仅仅记录一种历史叙述的数据可以是一种族群的历史，但还不能成为 ethnohistory，直到涉及了文化过程的理论，以图处理各种有关的全部历史数据。"②

这一时期，还有不少类似的解释。尤勒在总结此阶段有关 ethnohistory 一词释义的特点时曾明确指出："ethnohistory（应该）是对文化或文化过程理解的一种发展，靠历史性的协议，即通过时间来分析人类集团的行为。它基于现代民族志调查的范畴，更适于超越那些由作者本人发起的分析。这种界定并不能令人满意，但实际上已经构成了那个时代（20 世纪 50 年代）这些研究者从事研究、构建方法论和理论假设的基础。"③

总的来看，20 世纪 50 年代西方学界对 ethnohistory 一词的释义（即最早的系统阐释），虽存在一些具体方面的区别，但基本形成了这一时期关于 ethnohistory 的初步共识：ethnohistory 是隶属于民族学范畴中的学术概念，主要关注原始族群，代表着一种新的民族学方法，即通过增加历史视角对传统的民族志田野调查方法加以补充和完善（如，田野调查中注重使用档案等历史证据，共时与历时研究相结合，注重文化过程理论的应用等）。

（三）传统共识阶段（20 世纪 60～70 年代）

随着 ethnohistory 经验研究的增多与深入，西方学界对 ethnohistory 的释义也越来越多样化。1960 年，在"美国印第安民族史协会"（the American Indian Ethnohistoric Conference）第八届年会上，专门召开了关于 ethnohistory 概念的学术研讨会。与会者分别从各自学科出发，对 ethnohistory 的含义及与相关学科的关系进行了多层面揭示。

民俗学家多尔森（Richard Dorson）认为："在美国印第安人研究中，民间传说资源被加入到 ethnohistory 资源中来，如此设计的 ethnohistory 的功能在于，为美国历史中

---

① Philip Dark, "Methods of Synthesis in Ethnohistory," *Ethnohistory*, Vol. 4, No. 3（Summer, 1957）在达克看来，ethnohistories 和 ethnohistorical studies 是不同的。前者是从整体来说的，后者是针对局部或某一方面而言的。

② Robert C. Euler, "Ethnographic Methodology: A Tri – Chronic Study in Culture Change, Informant Reliability, and Validity from the Southern Paiute," in Carroll L. Riley and Walter W. Taylor, eds., *American Historical Anthropology: Essays in Honor of Leslie Spier*, Carbondale: Southern Illinois University Press, 1967, p. 67. 该文是作者在美国人类学联合会（American Anthropological Association）1959 年年会上的一篇参会论文。后经简要修改收入了上述论文集中。

③ Robert C. Euler, "Ethnohistory in the United States," *Ethnohistory*, Vol. 19, No. 3（Summer, 1972）.

隐藏的得不到正式表达的族群提供了一种档案史。"①历史学家沃什布恩（Wilcomb Washburn）指出："正是 ethnohistory 这种方法，将事实和对事实的感知从研究中区分开来，因此，只有 ethnohistory 才能称之为一种'全面'的历史学（history 'in the round'）……ethnohistory 是一种过程，一种方法，而不是一个严格意义上的有着固定边界和严格入口要求的学科……它在于将历史学家的谨慎准确和社会科学家的想象和理论联合起来。"②考古学家贝雷斯（David Baerreis）强调："ethnohistory 并不是一种新的学科，近来的一些研究虽自称 ethnohistory，但在实质上与考古学中长期使用的方法论整合在一起……考古学中 ethnohistory 方法的性质在于，它集中在档案资源的使用与考古挖掘所获数据的结合上……对考古学而言，ethnohistory 方法在根本上是一种与有关人类文化史的广阔叙述联系在一起的研究方式。"③民族学家卢里（Nancy Oestreich Lurie）则认为："民族学家所使用的 ethnohistory，不是一种新的方法或新的研究领域。它和民族学一样久远，只是近年来民族学家才清楚意识到这种研究方式。尽管使用档案文献证据的研究方式源自历史学家，但从事 ethnohistory 的研究者们也开发出了自己的技术。他们使用档案文献证据的目的多种多样，不止于文化涵化和播化等层面的历史关怀。"④

在 *Ethnohistory* 1961 年卷第 3 期上，有 3 篇文章（均出自民族学家之手）专门对上述 1960 年的概念研讨会进行了评论，同时也表达了文章作者各自对 ethnohistory 的看法。这些出自民族学家的文章，摒弃民族学学科边界，从多学科视角来关注和解释处于方法层面的 ethnohistory。利科克（Eleanor Leacock）认为，不应该太多考虑 ethnohistory 概念，而应注意澄清 ethnohistory 方法；ethnohistory 并不需要为其合法性进行辩护，它源自历史学和民族学领域，能把二者更好地联系起来，重要之处在于从事 ethnohistory 研究的学者们应更为关注一般的理论。尤尔斯（John C. Ewers）强调，考古学、民族学、民俗学、历史学都对 ethnohistory 事业的发展做出了重要贡献：对 ethnohistory 而言，并不存在单一的方法，而是田野调查，图书馆和博物馆调查等方法的联合。做一个彻底的 ethnohistory 研究，就要使用上述所有的这些技术方法，尽管这有着较大困难。没有哪一项 ethnohistory 研究能把传统史学从传统民族学和部族史（tribal history）中分离开来，所有相关的研究材料也如档案材料一样应该接受批判。未来的 ethnohistory 研究，将产生一个"彻底的、精巧平衡的历史学"（thorough, delicately balanced history），

---

① Richard M. Dorson, "Ethnohistory and Ethnic Folklore," *Ethnohistory*, Vol. 8, No. 1 (Winter, 1961).

② Wilcomb E. Washburn, "Ethnohistory: History 'in the Round'," *Ethnohistory*, Vol. 8, No. 1 (Winter, 1961).

③ David A. Baerreis, "The Ethnohistoric Approach and Archaeology," *Ethnohistory*, Vol. 8, No. 1 (Winter, 1961).

④ Nancy Oestreich Lurie, "Ethnohistory: An Ethnological Point of View," *Ethnohistory*, Vol. 8, No. 1 (Winter, 1961).

能充分开发出上述所有 ethnohistory 研究方法的潜在价值。在瓦伦丁（Charles A. Valentine）看来，ethnohistory 最大的潜力在于历史证据和民族志证据之间的密切整合，它的一种重要方法论类型就在于田野技术、档案研究之间系统规划的轮换。①

以此次研讨会为契机，西方学者对 ethnohistory 的阐释，日渐扩展，不再如 20 世纪上半叶和 50 年代那样多局限于民族学学科的狭小视野之中。一方面，"无论是民族学家、历史学家、民俗学家还是考古学家，一般都承认，ethnohistory 在于使用历史的档案和方法来获得有关文化变化的性质和原因的知识，但这种知识由民族学的概念和范畴来界定"；另一方面，"尽管上述界定有民族学家的专制性，但没有理由由此相信 ethnohistory 就是排他性的民族学或者文化人类学的亚学科。同样，也有理由把 ethnohistory 视为文化史学，或者沃什布恩所说的'全面'的历史学（history 'in the round'）"。② "不管人们是把 ethnohistory 视为文化史（史学的分支学科），还是文化人类学的一个亚学科，都承认 ethnohistory 的出现，代表着民族学和历史学等学科的联姻，代表着史学的历时性和民族学的共时性的统一，意味着可以为了自己的目的而使用对方学科的方法。"③

此期间还有很多学者，如芬顿（William N. Fenton）、卡马克（Robert M. Carmack）、怀利（Kenneth C. Wylie）、施韦因（Karl H. Schwerin）、斯波思（Ronald Spores）、特里杰（Bruce G. Trigger）等，也提出了各自的解释，尽管侧重点不尽一致，但基本支持上述观点。④ 由此，西方学界逐渐在 20 世纪 60~70 年代形成了有关 ethnohistory 的传统共识。

1968 年，科恩（Bernard S. Cohn）在为《国际社会科学百科全书》撰写词条 Ethnohistory 时明确指出："ethnohistory 意味着依靠档案、口述和考古学资源，以及社会人类学的洞察力和概念框架，对一些非欧土著族群进行历史研究，这些研究试图重构土

① 参见 Eleanor Leacock, John C. Ewers, Charles A. Valentine, "Symposium on the Concept of Ethnohistory - Comment," *Ethnohistory*, Vol. 8, No. 1（Winter, 1961）.

② James Axtell, "The Ethnohistory of Early America: A Review Essay," *The William and Mary Quarterly*, 3rd Ser., Vol. 35, No. 1（Jan., 1978）.

③ James Axtell, "Ethnohistory: An Historian's Viewpoint," *Ethnohistory*, Vol. 26, No. 1（Winter, 1979）.

④ 参见 William N. Fenton, "Ethnohistory and Its Problems," *Ethnohistory*, Vol. 9, No. 1（Winter, 1962）; William N. Fenton, "Field Work, Museum Studies, and Ethnohistorical Research," *Ethnohistory*, Vol. 13, No. 1/2（Winter - Spring, 1966）; Robert M. Carmack, "Ethnohistory: A Review of Its Development, Definitions, Methods, and Aims," *Annual Review of Anthropology*, Vol. 1（1972）; Kenneth C. Wylie, "The Uses and Misuses of Ethnohistory," *Journal of Interdisciplinary History*, Vol. 3, No. 4（Spring, 1973）; Karl H. Schwerin, "The Future of Ethnohistory," *Ethnohistory*, Vol. 23, No. 4（Autumn, 1976）; Ronald Spores, "Ethnohistory in Middle Age: An Assessment and a Call for Action," *Ethnohistory*, Vol. 25, No. 3（Summer, 1978）; Ronald Spores, "New World Ethnohistory and Archaeology, 1970 - 1980," *Annual Review of Anthropology*, Vol. 9（1980）; Bruce G. Trigger, "Ethnohistory: Problems and Prospects," *Ethnohistory*, Vol. 29, No. 1（Winter, 1982）.

著族群与欧洲发生碰撞前与后的历史。"①这种界定表明，"ethnohistory 是（研究）一般为传统民族学家所关注的人们的历史……民族学家使用 ethnohistory 时，认为它依赖于书面档案（即从狭义上来使用历史概念），而历史学家倾向于使用这个标签来研究过去的缺乏书面记录的社会（即从广义上来使用历史概念）；在本质上，民族学家将 ethnohistory 视为使用非民族学的证据（即历史档案），而出于人类学家的目的；在本质上，历史学家将 ethnohistory 视为使用非历史学的证据（即民族学材料），而出于历史学家的目的"。②

上述解释，与 20 世纪 60 年代 *Ethnohistory* 期刊上所展示的新宗旨（相对于 20 世纪 50 年代创刊时期的宗旨而言）也是相互对应的。如 *Ethnohistory*1968 年卷的各期扉页上就明确表示，ethnohistory "与一般的文化史和过程相联系，与各个层次的社会文化人群组织的特殊历史相联系，尤其强调世界各地的原始族群和农民"。

可以说，形成于 20 世纪 60～70 年代的上述传统共识，基本代表了这一时期西方学界关于 ethnohistory 的主流观点，即不再如 20 世纪 50 年代那样将 ethnohistory 完全隶属于民族学范畴之中，而把它视为通过民族学、历史学方法的互补来研究一般为传统民族学家所关注的人们的历史。时至今日，这种见解仍然受到不少西方学者的支持，成为西方学界有关 ethnohistory 释义中的一种主要代表类型，一直产生着不容忽视的影响。

（四）对传统共识的反思与新的主流释义阶段（20 世纪 70～90 年代）

20 世纪 60～70 年代形成的有关 ethnohistory 的传统共识，实际上一直处于不断深化和调整的过程之中。这种状况，可从 70～80 年代 *Ethnohistory* 期刊宗旨不断调整和变化上得到一定程度的反映。1978 年，*Ethnohistory* 在各期扉页上明确刊行了新的研究宗旨，对 1968 年以来的期刊宗旨进行了调整："这是一部季刊，包括文章、原始档案和评论，与一般的文化史和过程相联系，与各个层次的社会文化人群组织的特殊历史相联系，尤其强调世界各地的非工业化人群。"1982 年又修正为"这是一部季刊，涉及世界各地族群（ethnic peoples）的文化史"；1984 年又改为"这是一部季刊，涉及世界各地文化和社会的过去，强调档案和田野材料的使用以及历史编纂（historiography）和人类学方法"。

在不断调整与深化的过程之中，学者们的认识也日益深入。他们追根溯源、批判

---

① Bernard S. Cohn, "Ethnohistory," in David L. Sills, ed., *International Encyclopedia of the Social Sciences*, New York: The Free Press, 1968, Volume 5, p. 440.

② William C. Sturtevant, "Anthropology, History, and Ethnohistory," *Ethnohistory*, Vol. 13, No. 1/2（Winter - Spring, 1966）. 这是斯特蒂文特对这一时期西方学界释义的一种总结。对于斯特蒂文特个人而言，并不赞成这样的观点，即他对上述 ethnohistory 的传统共识持批判态度。斯特蒂文特的个人见解，详见下文。

反思，并给出了新的释义。这些反思及新的释义，对 20 世纪 60 ~ 70 年代的传统共识产生了不小的冲击。值得注意的是，反思与新的释义自 60 年代就已逐步开始。

从词源上看，ethnohistory 中的前缀 ethno，正如民族志（ethnography）、民族学（ethnology）、族群（ethnic group）中的一样，源自希腊语 ethnos。希腊语中的 ethnos，一般被用以指称原始族群、野蛮人（barbarian），即"他者"（the Other）。此类含义被保留进上述英文词汇之中。ethnohistory 中的 ethno 不仅依然含有此类意指，还增添了"少数族群"（minority）的含义，成为"另类"族群的标识。① 然而，许多西方学者在忽视甚至是漠视这个根本性、本质性问题的前提下，就开始使用和解释 ethnohistory。如："ethnohistory 是（研究）一般为传统民族学人类学家所关注的人们的历史"，② "很多自我描述（self - described）的 ethnohistory，都是传统的编年体式的叙述历史，唯一区别就是加上了 ethno，即集中于传统上民族学人类学家感兴趣的地区"。③ 此类形成于 20 世纪 60 ~ 70 年代的传统共识，由于缺少对 ethnohistory 词源本质的反思，日渐遭到批判。

非洲学家简·范西纳（Jan Vansina）认为，文明社会的历史与未开化社会的历史没有什么差别，并不需要用历史学和 ethnohistory 来分别对待。布伦斯维格（Henri Brunschwig）把 ethnohistory 视为一种野草，公开表示没有不存在历史的民族，没有书面历史的民族并不意味着他们没有历史，因此，构造和使用 ethnohistory 这个术语，对所谓未开化社会而言本身就是一种伤害。德尚（Hubert Deschamps）指出，在原始的意义上使用 ethnohistory，对非洲人来说，暗含着不公正的种族歧视思想。在凯琦看来，ethnohistory 对其研究者而言，一直是一个令人忧虑不安的"贫乏"而"苍白"的术语。近年来，还有学者对 ethnohistory 以"救世主"身份（patronizing）出现④等相关问题，表现出了新的忧虑。⑤

反思与批判的同时，有关 ethnohistory 新的释义也纷纷出现。其中，最有代表性的

---

① 参见 Shepard Krech III, "The State of Ethnohistory," *Annual Review of Anthropology*, Vol. 20（1991）；Shepard Krech III, "Ethnohistory," in David Levinson and Melvin Ember, eds., *Encyclopedia of Cultural Anthropology*, New York：Herry Holt and Compary, 1996, Volume 2, p. 425。

② William C. Sturtevant, "Anthropology, History, and Ethnohistory," *Ethnohistory*, Vol. 13, No. 1/2（Winter - Spring, 1966）.

③ Shepard Krech III, "Ethnohistory," in David Levinson and Melvin Ember, eds., *Encyclopedia of Cultural Anthropology*, p. 425.

④ 如前面介绍过的多尔森的观点："在美国印第安人研究中，民间传说资源被加入到 ethnohistory 资源中来，如此设计的 ethnohistory 的功能在于，为美国历史中隐藏的得不到正式表达的族群提供了一种档案史。"这种观点，以"救世主"的身份为"他者"说话，依然没有摆脱将"他者"视为"另类"的传统观念，因而也受到了批判。

⑤ 参见 Shepard Krech III, "The State of Ethnohistory," *Annual Review of Anthropology*, Vol. 20.（1991）；Shepard Krech III, "Ethnohistory," in David Levinson and Melvin Ember, eds., *Encyclopedia of Cultural Anthropology*, p. 425。

就是"过去认知"说，或者"历史意识"（historical consciousness）说。

1964 年，斯特蒂文特（W. C. Sturtevant）在《民族科学研究》（Studies in Ethno-science）一文中，从认知人类学的角度，对"民族志"（ethnography）、"民族植物学"（ethnobotany）、"民族科学"（ethnoscience）等概念进行了诠释，并把 ethnohistory 与这些概念在相同意义上来使用。他指出，"民族志"的目标便是发现制约某一社会的观念模式，揭示该社会对物质和社会宇宙分类的特定途径；"民族植物学"就是植物世界的特定的文化概念，而不是一般意义上的按照学界的分类原则对植物进行描述；"民族科学"是一种普遍的民族志方法，它集中研究人的认知结构。从上述认知人类学的角度出发，斯特蒂文特指出，"ethnohistory 就是某一特定文化的负荷者有关过去的观念，而不是指一般意义上所认为的原始族群（'野蛮人'）的历史"。在斯特蒂文特看来，eth-no 即指"某一特定文化的知识和认知体系"，而不再含有词源上的"野蛮人""原始族群""他者"等含义。[1]

1974 年，弗格森（Raymond D. Fogelson）在重构切罗基人（Cherokees）及其他北美土著的文化和历史世界时，曾"气愤"地构造了"ethno‑ethnohistory"这一词汇。[2]弗格森认为，"历史意识"（historical consciousness）的特殊形式，在西方主要由书面档案来承担；这种承担，对 ethnohistory 而言，具有特殊的认识论上的两难困境——怎样说明所谓没有历史的人们（一般指缺乏档案文献的人们）的历史？不能简单地认为他们缺乏历史意识，因为所有的人们都拥有对过去的感觉，不管从西方人的观点来看某些族群对过去的感觉是多么的例外和特殊。理解非西方的历史，不仅需要生产档案，扩展由档案所构成的概念，也需要努力理解历史意识和话语（historical consciousness and discourse）的相异形式（alien forms）。由此，为了强调与突出 eth-no，为了凸显为西方所忽视的"他者"历史以及"他者"在历史建构中的能动性，弗格森"气愤"地指出，他所提出的"ethno‑ethnohistorical approach"是必要的。这种方法坚持要认真研究土著历史理论，将这些理论放在土著叙述、土著仪式之中，或者更为一般的土著哲学和土著世界观之中。内含于这种方法中的一个假设就是，事件可以被验证、界定和评价，要根据不同的文化传统相应赋予事件以不同的理解。[3]

---

[1] 参见 William C. Sturtevant，"Studies in Ethnoscience," *American Anthropologist*, New Series, Vol. 66, No. 3, Part 2: Transcultural Studies in Cognition（Jun., 1964）。

[2] 参见 Raymond D. Fogelson, "On the Varieties of Indian History: Sequoyah and Traveller Bird," *Journal of Ethnic Studies* 2, 1974。在该文中弗格森提出了 ethno‑ethnohistory 概念。

[3] 参见 Raymond D. Fogelson, "On the Varieties of Indian History: Sequoyah and Traveller Bird," *Journal of Ethnic Studies* 2, 1974; Raymond D. Fogelson, "The Ethnohistory of Events and Nonevents," *Ethnohistory*, Vol. 36, No. 2（Spring, 1989）.

当时，很多对小规模社会感兴趣的学者，都同意弗格森将 ethnohistory 当作 ethno - ethnohistory 的重要性，认识到"在本质上，把 historia 用 res gestarum 来注释是有问题的（problematizing historia res gestarum）"①，即"在本质上，历史研究作为对过去事情的客观描述是有问题的"。② 在弗格森的影响下，萨林斯（Marshall Sahlins）、罗萨多（Renato Rosaldo）和普莱斯（Richard Price）等学者的一些研究，开始转向了 ethno - ethnohistory 这种研究取向。③ ethno - ethnohistory 的提出，体现了西方学界开始关注"他者"的历史意识（historical consciousness），注意考察"他者"有关过去的认知方式，不再特意强调客观历史。由此，有西方学者（萨林斯等）甚至认为，这种认识无论对传统的民族学还是传统的历史学，都构成了根本性冲击。④

1985 年，席费林（Edward Schiefflin）和耶韦特（Deborah Gewertz）对 ethnohistory 的本质曾给出了一种深具影响力和代表性的解释："在过去，ethnohistory 主要利用文献或考古材料来建构。对历史学家（及许多人类学家）来说，传统上 ethnohistory 指的是替没有文字书写历史的族群重建历史……这种观念虽然不能说不对，也是不适当的……ethnohistory 最根本的是要考虑到当地人自己对事件是怎么构成的看法，以及他们从文化角度建构过去的方式。"⑤

总之，无论是斯特蒂文特所阐明的"ethnohistory 就是某一特定文化的负荷者有关过去的观念，而不是指一般意义上所认为的原始族群（'野蛮人'）的历史"；还是弗格森为了凸显"他者"在历史建构中的能动作用，特意构造出 ethno - ethnohistory 来强调指出的"理解非西方的历史，不仅需要档案，扩展由档案所构成的概念，也需要努力理解历史意识和话语的相异形式……要根据不同的文化传统相应赋予事件以不同的理解"；或是席费林和耶韦特所揭示的"ethnohistory 最根本的是要考虑到当地人自己对事件是怎么构成的看法，以及他们从文化角度建构过去的方式"，这些可统称为所谓"过去认知"说（"历史意识"说）的观点，充分彰显出西方学界对 ethnohistory 的诠释，与 20 世纪 60 ~ 70 年代的传统共识（即把 ethnohistory 视为研究一般为传统民族学

---

① Shepard Krech Ⅲ, "The State of Ethnohistory," *Annual Review of Anthropology*, Vol. 20（1991）.

② "historia"是拉丁文，即英文中的 history，源自西方史学之父希罗多德（Herodotus），其中一义指对过去的研究，即历史研究。参见杨豫《西方史学史》，江西人民出版社 1993 年版，第 6 页。"res gestarum"也是拉丁文，指人类过去客观的经历和存在，即指人类所做的事情。参见杨豫《西方史学史》，第 4 页。因此，"在本质上，把 historia 用 res gestarum 来注释是有问题的（problematizing historia res gestarum）"，即是说，"在本质上，历史研究作为对过去事情的客观描述是有问题的"。

③ 参见 Shepard Krech Ⅲ, "Ethnohistory," in David Levinson and Melvin Ember, eds., *Encyclopedia of Cultural Anthropology*, p. 426。

④ 参见 Marshall Sahlins, "Goodby to Tristes Tropes: Ethnography in the Context of Modern World History," *The Journal of Modern History*, Vol. 65, No. 1（Mar., 1993）。

⑤ Gewertz, Deborah & Edward Schieffelin, eds., *History and Ethnohistory in Papua New Guinea*, University of Sydney Press, Sydney, 1985, p. 3.（Introduction）

家所关注的人们的历史）已有很大的不同，是对 20 世纪上半叶以来西方学者在 ethno-history 研究中一直强调"由非土著提供的档案证据"的重要修正，也是西方学者在对 ethnohistory 进行经验研究以及在此基础上进行释义的过程中取得的最为重要的创见之一。这成为萨林斯"历史人类学"（historical anthropology）思想体系的重要理论基础。[①] 在这些西方学者看来，ethnohistory 的出现，标志着历史不仅仅是西方学者笔下的历史；"他者"也是有历史的，以自己特殊的文化方式建构出自己的历史。由此，不仅揭示了"他者"在历史建构中的能动性，冲击了"客观历史"说，还深入批判了西方中心论。

上述见解，即"过去认知"说（"历史意识"说），在对 20 世纪 60～70 年代有关 ethnohistory 的传统共识进行批判的同时，逐渐在 80～90 年代成为新的主流释义，成为西方学界关于 ethnohistory 释义中的又一种主要代表类型，至今发挥着不可替代的重要作用。

三 ethnohistory 一词的特点、内涵及反思

综上所述，ethnohistory 的历史源头虽与民族学（ethnology）一样悠长，但在二战后才日渐凸显繁盛，逐渐为人们所认可和关注。战后以来，越来越多的西方学者对它表现出了浓厚的兴趣，在做出相关经验研究的同时，也进行着理论层面的总结与诠释。这些诠释，虽然在每一历史阶段达成了一定的共识，但就西方学者对 ethnohistory 的总体认知来看，明显存在不少分歧。就某一学者的见解而言，可能并不限于一种解释方式，并可能随着时代的发展而发生变化。总之，共识是相对的，也是不断流变的。综合各个历史发展阶段，西方学界对 ethnohistory 一词所形成的既有一定共识又存在不少分歧的诠释，可分为如下代表性的几类。[②]

1. 方法说。即，将 ethnohistory 视为二战后出现的一种新的研究方法。持这种观点的学者较多。当然，他们对这种新的研究方法也存在不同认识。有学者（威斯勒、沃格林、达克、多宾斯、尤勒、卢里、卡马克等）认为，它是民族学中出现的一种新方法。有学者（多尔森等）认为，它是历史学中的新方法。有学者（以沃什布恩、利科克、瓦伦丁、芬顿、怀利、斯波思、阿克斯特尔、凯琦等为代表）认为它标志着民族

[①] 黄应贵指出，"在美国鲍亚士历史学派理论的影响下，有关被研究民族的历史之探讨，一直是民族历史学（ethnohistory）的工作。虽然，民族历史学在人类学的发展史上，并没有重要的成就与影响力，但其悠久的研究领域，终究累积出一些具理论意涵而属抽象层次的研究提纲，成为历史人类学形成与发展的重要源泉之一。……但这些想法，必须等到萨林斯发展出文化结构论的理论观点来处理库克船长造访夏威夷所发生的一连串事件，才开花结果"。参见黄应贵《历史与文化：对于"历史人类学"之我见》，《历史人类学学刊》第 2 卷第 2 期，2004 年 10 月。有关的深入讨论，需另文专论。

[②] 这里对上一部分中有关学者的见解进行类型总结。这些见解的出处，限于篇幅，不再一一重复列出。

学方法与历史学方法的联合，有学者（贝雷斯）认为它标志着民族学方法与考古学方法的联合，也有学者（尤尔斯、特里杰）认为它标志着多种有关学科（历史学、殖民史、民族学、民俗学、考古学等）方法的联合。还有学者（以达克为代表）认为，它是一种分析方法，这种方法兼具共时和历时分析的特点。

2. 学科说。即，将 ethnohistory 视为二战后出现的一种新的学科。持这种观点的学者较少，一般只是认可它是一种分支学科。有学者（芬顿、施韦恩）认为，它既可看做文化人类学的一个分支学科，也可看作历史学的一个分支学科。有学者（以沃什布恩为代表）认为，它可以是历史学的一个分支学科。有学者（以特里杰为代表）认为，它可以是人类学的一个分支学科。

多数学者（以沃什布恩、芬顿、卡马克、凯琦为代表）则明确指出，它不是一门相对独立的学科。也有个别学者（阿克斯特尔）有着更为极端的见解，认为它不仅不是一个独立学科，甚至不是一个分支学科。

3. 研究取向说。即，把 ethnohistory 视为二战后新的研究取向。其一，以科恩为代表的很多西方学者认为，ethnohistory 意味着依靠档案、口述和考古学资源，以及社会人类学的洞察力和概念框架，对一些非欧土著族群进行历史研究，以图重构土著族群与欧洲发生碰撞前与后的历史。这种研究取向所涵括的具体内容，即20世纪60～70年代以来西方学界在对 ethnohistory 进行释义的过程中形成的传统共识。其二，斯特蒂文特、弗格森、萨林斯、席费林和耶韦特等学者认为，ethnohistory 意味着对原始族群有关过去的认知方式的研究、即对原始族群的历史意识（historical consciousness）的研究，并不代表对一般意义上所认为的原始族群历史进行考察。这种研究取向所包含的具体内容，即20世纪60～70年代以来西方学界对 ethnohistory 进行反思的主要成果，并逐渐在80～90年代成为 ethnohistory 新的主流释义。

4. 研究范式说。即，把 ethnohistory 视为二战后新的研究范式（paradigm）。持这种观点的学者（以萨林斯等为代表）并不多见。他们认为，这种新的研究范式，无论是对传统的民族学，还是对传统的历史学，都构成了根本性的冲击。

可以说，ethnohistory 经验研究的出现，二战后特别是80年代以来的新发展，不管在方法上还是概念和理论上，均对西方史学、民族学人类学产生了一定的影响。但很多西方学者并不认可这是一种根本性冲击，目前尚难视之为一种新的研究范式。

西方学界对 ethnohistory 的认知和诠释，种类多样，从整体上折射出了 ethnohistory 流变性与多义性的特点。它既可从民族学人类学的角度来理解，即"为了获得有关文化变化的性质和原因的知识"①，"为了努力寻找有效的文化和社会规则"②；也可从历史学的角度来解释，被看作一种"彻底的、精巧平衡的历史学"（thorough，delicately balanced history）③，一种"'全面的'历史学"（history 'in the round'）④；也可同时从民族学人类学、历史学的角度来把握，"是处于时间维度中的人类学或者由人类学概念所供给的历史学"⑤。它既指"研究一般由传统民族学家所关注的人们的历史"，也指"对原始族群有关过去的认知方式进行研究"。

另外，西方学者对 ethnohistory 的释义，也存在基本共识的一面，由此折射出了 ethnohistory 的共性特点。无论是民族学家还是历史学家的释义，也无论是 20 世纪 50 年代的初步共识，还是 60～70 年代的传统共识，或是对传统共识的反思并逐渐在 80～90 年代占主导的新的主流释义，都不反对把 ethnohistory 视为一种新的研究方法。他们都主张用跨学科的眼光来看待 ethnohistory，强调了从田野、档案馆、博物馆等多处采纳数据的必要性，同时也都认可了 ethnohistory 在研究方法上的价值。民族学家利科克曾明确指出，不应该太多考虑 ethnohistory 概念，而应该注意澄清 ethnohistory 方法，应该同意沃什布恩把 ethnohistory 视为一种过程和方法，而不是拥有固定边界和严格入门要求的严格意义上的学科。⑥ 凯琦也认为："就 20 世纪大部分时间而言，有关 ethnohistory 的构成能基本达成共识。目前这种共识不再保存，除了认可 ethnohistory 是一种方法而不是一个学科。"⑦凯琦还指出："今天，ethnohistory 的名称受到质疑，因为 ethnos 本身的含义受到怀疑，而不是因为它的方法论受到怀疑"，⑧ "来自历史学的'谨慎准确'、来自人类学的'想象和理论'以及'由民族学概念和范畴所界定'的文化——这些方法论技术和智力力量在 ethnohistory 中可以理想地完美融合在一起"。⑨

---

① James Axtell，"The Ethnohistory of Early America：A Review Essay，" *The William and Mary Quarterly*，3rd Ser.，Vol. 35，No. 1（Jan.，1978）；James Axtell，"Ethnohistory：An Historian's Viewpoint，" *Ethnohistory*，Vol. 26，No. 1（Winter，1979）.

② Nancy Oestreich Lurie，"Ethnohistory：An Ethnological Point of View，" *Ethnohistory*，Vol. 8，No. 1（Winter，1961）.

③ John C. Ewers，"Symposium on the Concept of Ethnohistory – Comment，" *Ethnohistory*，Vol. 8，No. 3（Summer，1961）.

④ Wilcomb E. Washburn，"Ethnohistory：History 'in the Round'，" *Ethnohistory*，Vol. 8，No. 1（Winter，1961）

⑤ Shepard Krech Ⅲ，"The State of Ethnohistory，" *Annual Review of Anthropology*，Vol. 20（1991）.

⑥ 参见 Eleanor Leacock，"Symposium on the Concept of Ethnohistory – Comment，" *Ethnohistory*，Vol. 8，No. 3（Summer，1961）。

⑦ Shepard Krech Ⅲ，"Ethnohistory，" in David Levinson and Melvin Ember，eds.，*Encyclopedia of Cultural Anthropology*，p. 422.

⑧ Shepard Krech Ⅲ，"Ethnohistory，" in David Levinson and Melvin Ember，eds.，*Encyclopedia of Cultural Anthropology*，p. 428.

⑨ Shepard Krech Ⅲ，"Ethnohistory，" in David Levinson and Melvin Ember，eds.，*Encyclopedia of Cultural Anthropology*，pp. 423 – 424.

从上述西方学者在不同历史阶段对 ethnohistory 所做的释义来看，ethnohistory 既是一个植根于民族学学科，萌生于民族学学科边际，与民族学有着一样悠长历史源头的学术概念，又是一种二战后才凸显于民族学和历史学等学科中间地带的新兴学术现象，体现了战后以来西方民族学与历史学互相趋近的新的发展态势。处于发展与流变过程之中的 ethnohistory，成为一种内涵丰富广泛的标识符号，既代表着新的研究方法、涵盖着多种研究取向、体现着研究范式的转换，又难以用单一的方法、取向或范式来界说；它既有学科的特点，又不是一门独立学科，是一种兼有学科、方法、取向、范式等多重特点的复合型和过渡型学术现象。

根据以上的总结可知，ethnohistory 与目前备受学界关注的含义多样、学科归属不定的西方"历史人类学"有一定的相似之处。揭示 ethnohistory 的特点与内涵，有助于深入认识西方"历史人类学"。将 ethnohistory 译为"历史人类学"，即把二者对等看待，有一定的道理，但往往要受限于特定的语言环境。[①] 若将 ethnohistory 与我国的有着相对清晰学科边界的民族历史学或民族史学学科（隶属于历史学范畴）进行比较，不难看出，二者有着明显的不同。因此，将 ethnohistory 与我国民族史学界通用的"民族史"、"民族史学"或"民族历史学"进行互译，或者将它们在相同的意义上使用，实际上不甚准确。

通过上面的有关论述还可清楚看到，将 ethnohistory 译为"人种历史学"是一种明显偏离 ethnohistory 内涵的翻译方式。此外，将我国的"民族史"（"民族史学"）译为 history of nationalities 或 nationalities history，以及将 nation history 与"民族史"（"民族史学"）对等使用，也需要做出必要的说明，即需要指出在何种层次、何种意义上来翻译和使用，否则容易引发争议。

关于汉语中的"民族史"、"民族史学"或"民族历史学"怎样译为英文才恰当，而 ethnohistory 又如何准确译成汉语，是一个仍需国内学界进一步深入研究的问题。[②] 本文对西方学界关于 ethnohistory 的释义进行历史考察，并由此揭示 ethnohistory 的流变性与多样性内涵，其中的一个重要意义在于抛砖引玉，明确继续研讨 ethnohistory 相关翻译问题的必要性，以引起国内学界的广泛关注。

A Historical Research about the Concept of "Ethnohistory" in the Western Academia

Abstract：Ethnohistory is not only one of the most important members in a group of con-

---

① 关于 ethnohistory 与西方"历史人类学"之间渊源联系及西方"历史人类学"内涵的深入探究，需另文专论。

② 也正是基于这种考虑，本文除个别难以绕开的地方外，未对 ethnohistory 进行翻译。凡少数几处给出翻译的，为避免歧义，均旁注了其英文形式。如，民族史学家（ethnohistorian）、"美国印第安民族史协会"（the American Indian Ethnohistoric Conference）等。

cepts serving ethno – as the prefix, but also a significant member in the concepts involved in western historical anthropology noticed by the present academia, also the indispensable dimension in the study of western historical anthropology. The paper discovers the traits and connotations of ethnohistory through liquidating the explanations for ethnohistory from western scholars in order to deeply understand the concepts serving ethno – as the prefix and the concepts involved in western historical anthropology, as well as to thoroughly clarify the questions in the Chinese scholars' translation and usage of ethnohistory.

Keywords：Ethnohistory　Western Historical Anthropology　Western Academia

原载于《民族研究》2011 年第 2 期

谁是 MOSO（摩沙）？

——论古摩沙的分化与"纳系族群"的认同及识别问题

木仕华

摘　要　MOSO（摩沙）渊源于汉晋时期摩沙夷的族裔集团，20 世纪 50 年代后归属于纳西族、藏族、蒙古族的"纳系族群"，"纳系族群"是在国家行为的民族识别过程中形成的，由于缺乏跨省区的协商知会机制，遗留下历史问题，即同一族群在不同省区被识别为截然不同的民族，现今在一定程度上影响了相关族群的现实发展和诸多权利的实现，同时引发了社会各界对少数民族历史文化的误读和扭曲。解决这一历史问题，需要各方在平等友好的前提下，实事求是，在尊重历史、尊重各族群之间差异性的前提下，兼顾考虑各族群的政治、经济、文化权利及其他实际利益，从国家、民族（族群）到个人平等的地位来考量。

关键词　MOSO（摩沙）　"纳系族群"　族群认同　民族识别　协商知会机制

一　谁是 MOSO 问题的缘起

摩沙、摩挲、麽些、摩梭（读音皆为 Mosuo）本是汉语文献中用以指称，自汉晋以降，分布于现今藏彝走廊中滇川藏交角区域的"纳系族群"（The Nahomologous Ethnic group）的他称。[①] 20 世纪 50 年代民族识别时，以"纳系族群"中人口居多数的自称纳喜的族群自称成为所有的族称"纳系族群"正式法定族称，废止了以往汉语文献中的"摩沙、摩挲、麽些、摩梭"等他称的族称，其结果引发或促成了"纳系族群"

[①] 笔者在 2007 年丽江文化研究会、纳西文化研究会成立大会上首次提出以文化和族群认同为基础的"纳系族群"这一概念，后在 2007 年 9 月青海西宁举行的海峡两岸学术研讨会上作了进一步的阐述，本文中的族群所指为民族之下的次级分类，包括纳、纳喜、纳日、纳恒、舒幸、汝卡、玛丽马萨、纳罕、拉仍、纳木义等 11 个族群。

内部就族称问题的争议和申述。[1]

"摩梭"一词，实际上渊源于汉文史籍中对滇川藏交角区域"摩沙夷"遗裔族群集团的他称"麽些""磨些""摩娑""獏猣""末些""獏猣"的译写方式的传承，本来是个泛称，包括众多族群和亚族群，但在现今的语境中，人为的强调和纳人、纳日人的母系制的扬名鹊起而成为他们独有的专称，俨然忘却了"摩梭"这一称呼的历史源流和实际内涵、外延。在永宁一侧使用此词，旨在区分纳喜人同纳人和纳日人的差异，以及对纳人、纳日人归属"纳西族"的合法性的质疑和认同度的区分，强调纳人和纳日人不是纳西人的支系。纳人研究者中，施传刚强调摩梭一说，据说是为了与纳西区别开来。而蔡华、翁乃群则强调"名从其主"的主位观念故用"纳"和"纳日"来指称其研究对象[2]，相比较而言，后者的做法更合乎"名从其主"的事实。任乃强曰："摩些为云南北境之一大民族。分布地以丽江为中心，北至阿墩子，西至维西、康普、叶枝，东至永北、滇蒗皆是。西康之盐井、得荣等县，亦每有之。""摩些为康滇间最大亦最优秀之民族也。些读如娑，英文作 MOSO，法文作 MOSSO，美人骆克称之为 Nashi（NaKhi）。"[3] 任乃强的解释较准确，只是需要附带说明摩些不仅仅包含 Nashi 一员，尚包括众多的族群。

云南境内"纳"人倾向于使用汉语的他称"摩梭"来称呼本族群，四川境内的"纳"人则反对用汉语的他称"摩梭"来称呼本族群，认为有歧视意。据笔者的调查所知，"摩梭"一词的使用和接受的范围非常有限，仅在云南省境内的纳人、纳日人中通用和被强调，在泸沽湖对岸四川省境内识别为蒙古族的纳日地区对"摩梭"一词则不认同。他们虽承认现实的民族识别中被识别为蒙古族，身份证也填的是蒙古族，但对"纳"和"纳人"及"纳若"的称呼则是无一例外地认同，不敢有任何的亵渎和否认，可以得知"纳"和"纳人"及"纳若"是他们心目中最神圣的自称和最根本的认同标记。也即"纳系族群"的族群性是由"Na（纳）"来维系和界定的，纳人借此形成主观上的族群内向的我群认同的根基和对外的排他性的异己感。因此，施传刚所谓："Na（纳）"和任何带"Na（纳）"字的名称都不可取，因为这些名称可能被用来说明他们确实是纳西族的一个支系。纳西的意思本来就是纳人，如果在国外的学术著作中

---

[1] 宁蒗县人大代表曾在全国五届、六届、七届人大会议上，多次以关于要求识别"摩梭族"为议案向大会进行反映，特别是在全国七届一次人大会上，关于"摩梭族"问题被作为云南省人大代表团的提案。

[2] SHIH CHUAN – KANG，"The Yongning Moso: Sexual Union, Household Organization, and Gender and Ethnicity in a Matrilineal Duolocal Society in Southwest China." Ph. D. diss., Stanford Univ, 1993. Cai Hua, *A Society without Fathers or Husbands: The Na of China*, New York: Zone Books, 2001. Naiqun Weng, "The Mother House: The Symbolism and Practice of Gender among the Naze in Southwest China." Ph. D. Diss. N. Y.: University of Rochester, 1993.

[3] 任乃强：《西康图经·民俗篇》，《任乃强藏学文集》，中国藏学出版社，2009，第 445、209 页。

也把他们称为"纳人"或者"纳"，势必破坏他们争取单一民族的不懈努力。① 这种为了达到单列民族的目的而人为否认"纳系族群"共有的认同标记和亲缘关系的做法也未必是实事求是的态度，理应在求同存异的前提下，分析同和异的因素及背景，求取各方均能认可的方式应对族群名称问题的纠葛和误解。

"麽些"或"摩娑"是汉文献传统的称呼，方国瑜曾指出："麽些之些字，当时音读如娑，至今称其族为摩梭，英文译作 MOSO，法文译作 MOSSO，是知其族之名称，自古未改也。"② 关于"摩梭"的本义，方国瑜、和志武认为，摩沙之"沙"，即纳西语之 tsho^{31}，意为"人"或"族"，摩沙即摩族，以"牦"得名，认为与牦牛羌有关。③ 宁蒗县境内民间人士有的用彝语解释"摩梭"，称"摩梭"实际上是彝语："摩苏"意为：大军人。傅于尧认为："摩沙"与今之纳西语（包括东部和西部方言）之 mesee 一语读音相近。其汉文译之为"不知"。余疑古代内地汉族学者问及"摩沙"居民之族属时，因不认识汉语，便回答"不知"，于是乎，古代汉族学者误以为"摩沙"为族称。④ 此种说法看似合理，实则与事实与音理不符。《华阳国志》所载的族群，不止摩沙一族，尚有其他族群，但均未被记为"不知道族"，何以唯独摩沙一名有如此意义和处理，可知"不知道"的解释欠周全。

至于在不同历史时期汉文文献中摩沙、摩挲、麽些、摩梭之后附加"羌""夷""蛮""狄"等族群分类标记，是表明当时的条件下汉人对"纳系族群"的认知水平和分类标准的变化，是对"纳系族群"的他者分类系统。

二 "纳系族群"的民族识别问题

由于历史的原因，川滇交界区域"纳系族群"的识别和认同问题一直是国家和学术界未能做出明确识别和定论的老大难问题。1962 年四川省民族志调查组，关于《盐源木里的"蒙族"识别调查小结》认为："根据我们访问 1952 年前后在左所和永宁工作过的同志所得材料，改称'蒙族'是个别上层搞出来的。他们拟将盐源、木里和宁蒗县'摩梭'改称'蒙族'建立至少相当于县一级自治单位，从而利用各种合法的机会和民间传说在人民群众中进行活动。"该识别调查小组经过对民族名称、历史、语言文字、经济生活、社会组织和风俗习惯等方面进行调查和分析研究，认为盐源木里的

---

① 施传刚：《关于摩梭研究的成长与争议的批判性评论》，载林超民《民族学评论》第 2 辑，云南大学出版社，2005，第 20 页。

② 方国瑜：《麽些民族考》，《民族学研究集刊》1944 年第 4 期。

③ 方国瑜、和志武：《纳西族的渊源、迁徙和分布》，《民族研究》1979 年第 2 期。

④ 傅于尧：《滇川交界区域"五所四司三马头"历史文化研究》，载木仕华主编《丽江木氏土司与滇川藏交角区域历史文化研讨会论文集》，中国藏学出版社，2008，第 318 页。

"蒙族"不是蒙古族，而是纳西族的一个支系，应该改称纳西族。[①] 李绍明的《论川滇边境纳日人的族属问题》第一次客观指出纳日人中虽渗入了蒙古人的血统，但却不是蒙古人，其族源即汉晋时出现的摩沙夷。古麼些人分为两支，其中一支即纳日，居于川滇边境，是为东部；另一支即纳西居于滇西北丽江一带，是为西部。他主张两支人之间既有同源关系，也有区别的界限，但也是和睦相处，因此认为在考虑纳日人的民族成分时，必须在充分尊重纳日人民群众意愿的情况下，通过纳日、纳西两个支系广大群众的充分协商，以确定其族称。[②] 李绍明的论述，关照了蒙古族说历史政治背景的史实，即确有蒙古人融入纳日人中，但已纳日化。为作为弱势族群的纳日在与强势族群的纳喜之间就族源及"纳系族群"内的地位的争执作出评判，两者均为古摩沙夷的分支，辩驳了以往纳人为纳喜的支系一说的不合理性。

作为"纳系族群"在民族识别中确定族称的重要依据，方国瑜的说法堪称代表："近代纳西族居住在祖国西南金沙江上游地带，称谓复杂，一般说来东部称为麼些，西部称为纳西；见于史籍记录则通称麼些，现在已确定'纳西'为共同族名。从本民族自称来说，西部自称 naqxi（纳西），东部自称 naq（纳）或 naqssee（纳日）。按：xi（西）或 ssee（日）之意为"人"或"族"，而以 naq（纳）为专名，na（纳）的取意为'大'，名从其主，称为 naxi，'纳西'是正确的，至于麼些为他称，见于记录无定字，约有 20 种同音异字的不同写法，且含有侮蔑，应该废除。"[③] 但方国瑜的上述观点在东部的"纳系族群"中却未得到认可和呼应，甚至有干涉纳日人族源和祖源、族称的记忆、诠释的权利之嫌。因此，引发出滇川两省对纳人识别的迥然不同的结果。

民族识别是国家语境中的政府行为，是根据国家定义下的民族标准的框架内，兼顾主体性和客体性的法定意义的国家认证行为，具有政治和法律意义的固定性特征。这与地域性的语境中民间的文化意义的主位认同有着本质的区别。因此民族的演变过程是民族学研究的一项长期任务。既然民族共同体在不断演变之中，则民族识别的研究也是我国民族学的一项长期任务。[④]

近来也有学者将遗传学方法引入"纳系族群"族源研究，对纳人及居住于云南的纳西族、藏族、白族、彝族和普米族 6 个群体线粒体 DNA 第一高变区、Y 染色体上的 13 个 SNP 和 8 个 STR 位点进行了基因分型，结果显示摩梭人相对缺乏南方民族特异的 Y 染色体类型，而 mtDNA 具有南北双重特征。主成分分析和分子系统学分析进一步表明，摩梭人的父系遗传结构与云南藏族最接近，而母系遗传结构最接近丽江纳西族，

---

① 方国瑜、和志武：《纳西族的渊源、迁徙和分布》，《民族研究》1979 年第 2 期。
② 李绍明：《论川滇边境纳日人的族属问题》，《社会科学研究》1983 年第 1 期。
③ 方国瑜为其旧著《麼些民族考》（《民族学研究集刊》，1944 年第 4 期）所写的跋语，1978 年 7 月 14 日记。
④ 李绍明：《我国民族识别的回顾与前瞻》，《思想战线》1998 年第 1 期。

提示其父系和母系基因库具有不同的来源。摩梭人特殊的母系社会结构可能是导致其母系、父系遗传结构存在明显差异的原因之一。[①] 这又牵扯族群作为一个人群分类的社会文化单位范畴，它的基础固然强调血缘上的真实或文化基础上的共同体想象的关联，但更多强调文化相似性及主观的认同感，并在一个共同认同的族名下拥有团体感。因此，需要谨慎应对族群是"文化体（集团）"，还是"政治体"或"血缘体（集团）"的问题，DNA 不失为思考研究的维度，但需要与政治、文化等因素一并考量，谨慎考虑其结论，毕竟作为有文化和社会属性的人群来说，本质上不同于一般意义的动物群体的属性和特征，亦即族群的人类生物性本质与社会性本质孰个重要的问题。族群归属与身份的确认是基于个人的宣称和认同，而不是血缘或生物性的发生谱系关系。这种基于生物遗传的内涵、血缘或先天的族群性特征理当不是最具支配性的认同和族源依据。

"纳系族群"在识别过后留下诸多悬而未决的历史遗留问题，其中有诸多层面的因素。"纳系族群"中的精英们过分考虑人口的"名从其主"，忽视了"纳系族群"人口相对较少族群的具体意见和认同要素。在确定族称时未能兼顾历史上约定俗成的"纳系族群"共同认可的认同标记"纳"，而人为强调我是人口主体、主干；你是支系、旁支，必须服从。纳日的意见未能被充分考虑和吸收，其结果导致"纳系族群"在识别成民族的过程中分崩离析。族称定名采取人口为主的"名从其主"说，影响了"纳系族群"各成员的很多方面，"纳西"之称，对"纳系族群"的非"纳系族群"产生了离心的驱动力。云南一侧的"纳""纳日"族群则依凭文化特征，主要是婚姻家庭形态特征的独特性，同时坚持使用旧有的共同他称"摩梭"，展开持续不断的识别为单一民族的努力。"纳系族群"的民族识别，云南以 1949 年后的政治因素为主导；而四川强调 1959 年民主改革后的社会文化因素。"纳系族群"民族识别过程中，纳日人和纳人的意见未能得到充分重视。

1984 年四川省人民政府批准木里、盐源两县成立 4 个蒙古族乡。云南省人大常委会也在 1990 年 4 月 27 日召开的七届十一次会议上通过了《宁蒗彝族自治县自治条例》，其中将纳人确定为"摩梭人"为合法称谓。但两省的有关部门并未知会对方，更谈不上与"纳系族群"代表协商、沟通协调。两省各行其政的结果，均未能出台纳和纳日族别、族称问题的统一解决方案。诚如李星星指出："问题的焦点在于，自认蒙古族的'纳日人'拒绝'摩梭'族称，自认'摩梭族'的'纳日人'则反对为蒙古族，而双方又坚持彼此为同族。此外，蒙古族作为国家确认的 55 个少数民族之一，部分

---

① 文波、石宏等：《Y 染色体、线粒体 DNA 多态性与云南宁蒗摩梭人的族源研究》，《中国科学》（C 辑）2003 年第 4 期。

'纳日'人归并入蒙古族，已得到四川省政府的正式认可，不存在重新承认单一民族的问题。而'摩梭'人虽得到云南省的正式认可，却不在国家确认的 55 个少数民族之列，新增族称有待解决。"[①]

川滇两省"纳系族群"的精英文化、政治背景各异，对历史上遗留于该区域的藏族蒙古族的军政力量对纳人历史的影响也各异，历史记忆有别，其结果也在一定程度上左右了民族识别，分处川滇两省的"纳系族群"在认同方面难以达成一致性。如盐源、木里等地的纳日（汝）被识别为蒙古族也有着一些历史背景因素，虽然施传刚等学者认为将纳日（汝）称为"蒙古族"是该族群的所有名称中最成问题的一个[②]，但历史上，自 1253 年忽必烈南征大理始即有关联。到明洪武二十五年（1392）后建昌卫指挥使月鲁帖木儿在川西南发动多次叛乱，参与者既有蒙古族月鲁帖木儿所部，也有麽些土酋贾哈拉，后为明廷平定，押赴南京诛伏[③]，可知麽些与蒙古族间通婚往来，政治上亦互为呼应，关系十分密切。明末清初蒙古族和硕特部势力对藏彝走廊区域，包括"纳系族群"在内的各民族势力的压倒性全面冲击，影响甚为深刻。纳日人[④]自认蒙古族的作法历久不断，到民国时期依旧十分凸显，可知"蒙古族"的说法也并非空穴来风，盐源民间亦流传"八月十五杀鞑子""百灵庙和百灵太子"的故事。如民国的《川康边政资料辑要·盐源》"木里记"中载曰："摩娑族。摩娑系元室裔，为蒙古族。盖从征军士于元室瓦解后之流寓者。一说摩娑即麽些、摩沙之族，属西南夷，于隋唐之世，已见于史册。""《华阳国志》：'定筰县在越嶲郡西，渡泸水，宾刚徼，曰摩沙夷。'今云南西北部，亦有摩些，故以摩些即摩娑也。考摩些、摩娑、摩沙，于音为近，殆系一族而三称者也。"[⑤]

可知盐源木里境内的纳日人是归属与古摩沙族系后裔，还是蒙古族的族属问题争议由来久远，争议不断，模棱两可，不是 1949 年后才出现的问题。如果盐源、木里的纳日族群的直接先民为 13 世纪南下的蒙古军队后裔，那么与盐源当地历史和世居民族之间的历史关联就需要割裂。最典型的例子是盐源盐矿的发现者是哪一个族群的问题。历史文献记载证明，"纳系族群"的先民远在忽必烈的蒙古大军南征前一千多年即已定

① 李星星：《川滇纳日人族称问题的由来与现状》，载杨尚孔、白郎《四川纳西族与纳文化研究》，中国文联出版社，2006，第 20 页。
② 施传刚：《关于摩梭研究的成长与争议的批判性评论》，载林超民《民族学评论》第 2 辑，云南大学出版社，2005，第 20 页。
③ 有关史实参见《明太祖实录》卷 217；《明史·四川土司传》，上海书店出版社，1990。
④ 四川纳日人主要分布于川滇结合部的四川盐边县、盐源县瓜别区大坡蒙古族乡（1984 年设立）、左所区泸沽湖镇（1984～1992 年为沿海蒙古族乡）、木里县屋脚、项脚两个蒙古族乡（1984 年设立）以及博瓦乡、列瓦乡、桃巴乡等地，婚姻家庭形态类型复杂，既有母系家庭和所谓走婚，也有严格的一夫一妻制的父系家庭。信仰达巴教和藏传佛教格鲁派，少数人信仰本教和东巴教，四川省识别为蒙古族。
⑤ 国民政府军事委员会委员长成都行辕第一处：《川康边政资料辑要·盐源》，1940。

居盐源。盐源县盐业开发相当久远，据李绍明、李星星的研究表明，战国时期开始，秦将张若取道于此，就与盐业开发有关。[①] 汉代设定筰县，《汉书》卷 28 上《地理志》说："定筰，出盐，都尉治。"唐属南诏辖境，宋时羁縻之域，后为大理国所据。元朝至元十四年（1277），立盐井千户，是为盐源盐业兴盛之期。唐朝中期盐源古摩沙夷发现盐矿，并掌握制盐与铸盐锅技术，生产食盐，使盐源成为唐代兵家必争之地。

盐源县境内盐的发现与盐业的起源与"纳系族群"密切相关，这是不争的历史事实，但今人如果不顾历史记载和"纳系族群"的族源及族称，一味强调"纳系族群"与蒙古族之间的关联，则盐源"摩梭千年闰盐古都"的历史、"摩梭女儿国"等旅游宣传词与 13 世纪蒙古族征大理抵盐源的史实就出现悖论，盐源的盐业史也就与"纳系族群"无涉，可知纳日族群识别为蒙古族尚有许多问题需要破解求证。

关于纳木义人族属的识别问题，从汉文史料看，纳木义人的历史与古摩沙夷有直接的关联，如《蛮书》曰："台登城西有西望川。行一百五十里入曲罗。泸水从北来，至曲罗萦回三曲。每曲中间皆有麽些部落，以其负阻深险承上莫能讨攻。""萦回三曲"之地正是今冕宁县境内。何耀华指出："纳木依源出于汉晋时代的摩沙夷。由于纳木依是融合于西番的麽些人，所以直到今天，我们还发现纳木依与麽些人有非同一般的关系。纳木日（又称蒙族，居于盐源、木里等县）为纳西族的一支。"[②] 无论从地理分布，以及其文化特征和族群性而言，纳木义与"纳系族群"其他成员之间的关联也是十分凸显的。龙西江也认为，邛部川是昔日麽些人的居地，说明至少在元以前，甘洛越西一带有麽些人居住。且从现今甘洛越西的尔苏人的"沙巴文"明显受到纳西族先民麽些人东巴文影响这一点，可证明邛部五姓乌蛮是纳木依的先民麽些人，越西甘洛的尔苏人被彝族驱赶西迁九龙木里，纳木依先民——居于甘洛越西的麽些，无疑也被驱赶而西迁冕宁。[③] 另据《邛巂野录》载："三渡水在（冕宁）县西二百里，源出牦牛西南麽梭夷境，麽梭于冬春之日，用气皮袋乘人，从窝卜（今窝卜乡）、水墨岩（今棉沙湾乡）、赶到底（即坎到底）三处过河，故名三渡水。自古来用船只，雍正五年剿抚麽梭，修造船只渡过汉土官兵，平服儿斯（今锦屏乡）等堡"，此处的麽些即指今冕宁一带纳木义人，纳木义人与西番诸部融汇，但到清末依旧被《冕宁县志》记为"玀猡"与唐代的称谓"麽些"一脉相承。由于 20 世纪 50 年代民族识别过程中行政区划和当时各种因素的综合影响，纳木义未能与"纳系族群"的各成员之间达成共识和认

① 李绍明，李星星：《麽些闰盐古道》，《玉振金声探东巴》，社会科学文献出版社，2002，第 2 页。
② 何耀华：《川西南藏族史初探》，《中国西南历史民族学论集》，云南人民出版社，1988，第 89 页。
③ 龙西江：《凉山州境内的西番及渊源探讨》（下），《西藏研究》1991 年第 3 期。

同，九龙和冕宁、盐源等地的纳木义人与木里的纳木日人识别为藏族①，成为川西南杂散居地区藏族的重要构成之一，未有重新识别的诉求。因此，没有成为"纳系族群"识别的主要问题之一，加上仅分布于四川省境内，没有跨省协调问题，只是在"纳系族群"历史文化研究中作为为古摩沙族裔的重要构成成员，纳木义必然与"纳系族群"各成员的历史文化相关联。

三 "纳系族群"的族群认同问题

新近纳人的本土学者开始发出自己的声音和历史陈述，也不再是说纳喜和纳及纳日水火不相容，而是更加客观理性地看待"纳系族群"各成员的同源同宗关系，这也是"纳系族群"认同的新变化，可知认同是随情境而变迁的、主观的、流动的，而非僵化。纳人学者杨建国指出：摩梭划为纳西也好，确认为摩梭人也罢，纳日、纳西共同源于牦牛夷，因而摩梭文化与纳西文化同根同源，先后之差。纳西与摩梭千百年来不但在政治经济文化文学艺术商贸等方面的密切联系，而且在婚姻方面也有姻亲关系。纳西摩梭原本同根同源。② 这是对以往刻意地，人为强调和曲解"纳系族群"历史文化关系的纠偏之辞。历经民族识别的 50 年以后，"纳系族群"各成员对纳人之间历史源流关系的认知、族群认同的变化，是自然的也是应该有的变化，固化地局限于以往的分类模式和边界，不足以应对多元复杂的族群认同关系和社会的发展。

"纳系族群"在服饰、宗教、语言、历史记忆、创世纪、婚丧民俗、成丁仪式、送魂路线、原乡认同、宇宙观、斯日系统（根骨系统)、歌舞、节日等社会文化都有着同源的同质性。由于学界对"纳系族群"历史文化深层关联的研究较少，未看到表象差异之下的底层文化的同质性，认知局限于"纳系族群"成员间的共时格局中物质文化和婚姻家庭形态层面上的小异，而不知其历史源流、精神、制度文化同源观念层面的大同的内容，限定于狭小的时空中，思考基础浅薄，忽视其历史纵深及其背后更广阔的区域性甚至国际性因素。

与"纳系族群"成员间彼此熟悉且密切往来的民族的语言中对"纳系族群"各群体的称呼是一致的③，这也可以从他者的视角证明这一族系的密切和同源关系。以藏族为例，按照藏族历史传统中的地域和族系及人群的分类标准，"纳系族群"在藏族历史学家的著作中被称为 vjang vjang - pa。与卫藏藏族、安多藏族、康巴藏族等都被视为是

---

① 据李绍明先生生前为笔者讲述，20 世纪 50 年代在昆明举行纳西族识别讨论会时，纳木义人的代表亦在被邀请之列，只因当时无成昆铁路，适逢雨季，交通遇堵，未能参加，后被识别为藏族。

② 杨建国：《藏着的摩梭史——母系家园最后的薤蔓玫瑰》，云南人民出版社，2009，第 29 页。

③ 对"纳系族群"各成员，白语称 $mo^{31}so^{31}xo^{33}$ 或 $mo^{31}tsho^{31}$；普米语称 $nya^{31}mv^{33}$；傈僳语称 $lo^{33}mu^{31}$；藏语称 vjang 或彝语称 $mo^{33}suo^{33}$。

藏系人群群体，他们的认同边界以共同的居住区域和经济生活活动；信仰藏传佛教或苯教系统的地域性传统宗教为其间联系的纽带；外加吐蕃帝国以降的密切军政关系和历史记忆为凭借。

"纳西族的支系摩梭人"一说通常被非纳喜的"纳系族群"成员认为有矮化其他成员的嫌疑。摩梭本为他称，但日益人为强化后，成为族群名称和对抗认同的符号和工具，而自称却被隐匿且不为世人所知，如果任其延续，许多历史事实和族群的真实性将被异化和扭曲。而这种混乱，最受害者当推自称纳喜的族群。因被识别为蒙古族的纳日人、拉仍人尚可以与世界英雄、一代天骄成吉思汗的族群和伟大历史攀上关系，延续和续写其历史；同样地，被识别为藏族的纳木义、纳木汝（日）等族群则可以与吐蕃帝国、松赞干布及藏民族连上关系，续写其宏大的历史。而源于古摩沙夷的纳喜人则既无法与藏族和蒙古族的历史叙述牵上关系，同时因历史上共同祖宗摩梭的帽子只归属于泸沽湖云南一侧的永宁、拉伯等地自称纳人而失去了历史的源头，成为不知从何而来，没有历史渊源的族群；成为"纳系族群"中的只有 50 年历史的人口最多的族群，丧失了对自身族源的诠释权。纳喜和纳日之间互不承认并强调两者之间的差异，实质上是两个族群在民族范畴中的族称和认同问题异议的表现形式而已，需要在互相协商、彼此尊重的前提下，梳理明确历史渊源和分化关系。

鉴于这些族群内部有不少族群之间有建构"纳族"的意愿，并认为"纳"具有"大"与"尊贵"的双重含义，"西""日""汝"之意皆为"人"或"族"，笔者提出用"纳系族群"（The Na homologous Ethnic group）这一术语指称这些目前在中国 56 民族体系中分别被识别归属于纳西族、藏族、蒙古族的诸多族群，"纳系族群"这一概念旨在兼顾历时源流和共时格局的前提下，参照"族系""民系"的做法，指明"纳系族群"所包括的族群成员并非一个，而且成员间是同源的关系，没有主观的强调主干和支系，上位和下位的区分，尽可能在比较平等、客观的语境中讨论他们的历史发展轨迹，族群建构进程，文化影响和分化差异的背景及推动力；揭示这些族群的文化传统和精神文化气质特征的同与异，及其与周边民族或族群的互动中的文化传播与交流。承认和尊重历史上的同源关系和现实的共时格局中归属不同民族的客观事实，充分关照"纳系族群"内部文化的同质性和地域差异性，促进族群和谐、民族团结。最近几年，在以往研究纳人婚姻家庭著作中惯用"纳西族"的民族学家严汝娴、宋兆麟等也开始改用"摩梭"指称以往他们称为"永宁纳西族"或纳和纳日的族群①，似乎也宣示在学术层面的研讨中，他们对这些族群的共时关系的新见解，而不再僵化地恪守于

---

① 如严汝娴、宋兆麟《永宁纳西族的母系制》（云南人民出版社，1983）及严汝娴新近问世的《摩梭母系制再研究》（云南人民出版社，2009），可以为明证。

民族这一族群的分类模式和分类界限中，自限困境。

众所周知，族群的历史绝非可以作简单的因果解释，如果欲求达到因果解释的层次，我们必须先分清"主观的"恰当以及"因果的"恰当，才能使我们在做任何一项论断时不至于走向偏颇。因此，"纳系族群"的认同与识别问题关键是他们怎么看很重要，而"纳系族群"怎么说亦不可不考量，否则难免会走到狭隘的民族或族群自我中心主义的排他性的立场上来，造成不必要的误解和纠纷。尽量在"纳系族群"中找出"客观性"与"主观性"之间寻求平衡的可能。

揭示"纳系族群"形成过程及背景与共时格局关系，来重新认识古今各种纳文化的历史源流与文化表征的缘起，以求深化我们对于共有历史的认知。"纳系族群"与古摩沙夷的关联当是历史事实，而共同的自称称谓"Na"则是共同的历史记忆与认同的外化特征。而自称称谓"Na"则代表当代纳人所相信、认同的"纳系族群"共享的共性表征，作为思考"纳系族群"与现在与过去的关系的关键性文化符号。"纳系族群"的各群之间自古以来就一直联系不断，姻娅婚媾，文化政治经济宗教诸方面均有交流，并非隔绝或阻断往来的关系，由于外人的误解，有意强调，虚构出了许多匪夷所思的差异、界限和敌视，这些想象都不是现实格局中的实情。实际上在一个家庭中夫为纳日，妻为纳喜的家庭也十分常见。文化和自称、族籍的差异绝不是他们交往的障碍，不宜想象地夸大"纳系族群"内部的差异，应实事求是地分析共同和差异的真实内涵。

在具体的迁徙和发展中，"纳系族群"面对的问题和周边族群的政治力量有别，周边族群的文化各异、宗教传统、文字文献传统、气质禀赋、居住地域的地理条件复杂纷呈。历史上"纳系族群"彼此间"酋寨星列，互不统摄"的政治格局，决定了其社会无法出现统一并凌驾于各族群之上的政治领袖和众心所向的城邦和政治中心。这有别于曾经拥有过各种性质、形态的国家和民族，如吐蕃帝国、蒙古帝国。"纳系族群"各群体在共时格局中风俗习惯、婚姻家庭，社会结构以至服饰饮食有别，但在分化前后都保持了一些十分重要的共有的文化基因和认同的核心标记。

"纳系族群"的西部区域受汉文化的影响深刻；而在东部区域则受藏文化的濡染明显。就眼下而言，"纳系族群"的民间百姓依旧按传统的分类体系，称丽江纳西人为"英古喜"，称永宁纳人为"吕喜"，称盐源纳人为"霍喜"，不在乎识别为纳西族、蒙古族或藏族。这也在一定程度上说明"纳系族群"有地域性的差异和文化上的若干差异，但各成员之间没有另外专门的族群名称称谓，而以所居地域来指称彼此，亦是他们之间有"我群"认同感的另一种认同表达方式。

与此相应，"纳系族群"各成员的文化人、精英、学者大都能在求同存异、尊重历史、正视现实、换位思考的前提下，兼顾地域性与当下性的问题，都能够心平气和地坐在一起讨论共同的历史源流关系和思考应对如何实现现实面临的政治、经济、文化诸方面权利问题，分析制约影响社会发展的诸多因素，而不再是互相指责、上访、提交提案等方式解决民族识别遗留的问题。随着纳人学者群体的成长，开始独立思考族群性问题，分析汉、藏、纳、彝诸民族多文种的历史文献，寻绎纳人共享的历史记忆，开始冲破"他们无法表述自己，他们必须被别人表述"① 的历史，并自信地指出："研究纳人文化的他族学者们无一人掌握摩梭语，其中的误读、误写、误解，在所难免。"②"纳系族群"内部的认同度，对共同历史的认识，对共享的认同标记的认证度都有超乎以往的新观。虽然现实中，各族群归属于纳西族、藏族、蒙古族等民族范畴的分类系统中。但各成员之间的和谐、彼此尊重、强调同根同源同宗的认知得到正视，强调注重现实"纳系族群"东部与西部的发展差距，而不是沉溺于强化婚姻家庭形态的差异。尤其是国家针对少数民族的优惠政策、旅游、民族区域自治、水电开发移民、人口政策、文化遗产保护、民族文化的再生产、纳文化传统的再中心化过程、共有的纳文化特质研究成果的有效传播等，也对纳系族群的族群性和认同建设、认同实践产生了全新的影响③，这是良好的趋势，与国家倡导的公民社会建设和民族团结的宗旨相符。这也表明在民族识别和族群认同问题的研究和实践，自然也有变通的问题。在说到"变通"的问题上，这不仅涉及理论依据的"变通"，即斯大林模式在中国的本土化，也牵涉民族识别的具体工作上的"变通"，需要充分兼顾地方上的利益，也就是说有一种地方具体工作上的考虑，因为民族识别不是一种纯学术的活动，它关系到大局的问题，关系到整个中华民族的组成和团结的问题。④ 我们理当正视这些新情况和新问题，重视族群作为能动性的人们共同体，合理应对其历史过程中的所有变动情形。

"纳系族群"不是被发明或想象和人为建构的产物，而是"纳系族群"历史文化发展进程中的结果。"纳系族群"的本质既非纯属原始发生，也不完全属于后天人为主观感受之表达，而是介乎二者之间。"纳系族群"是由其先民及后裔按历史传承及共有文化联结而成，必然有其历史源流、发展脉络、认同动机与背景。未来的研究如能在"纳系族群"互动共生上多多着力，则可知族群不是固定的，会随着不同的历史文化和政治经济背景的变化而流动、变迁、整合或消失、或勃兴。

四 结语

综上可知，摩沙、摩挲、麽些、摩梭是汉文献中对"纳系族群"的统称，是一个

---

① 《马克思恩格斯选集》第 1 卷，人民出版社，1972，第 603 页。

② 曹建平：《发出摩梭自己的声音》，"本土视野·摩梭文化"丛书序言，

③ "滇川藏交角区域'纳系族群'民间文化保护论坛""滇川藏交角区域'纳系族群'历史文化研究学术恳谈会"等得以召开，纳西族全国人大代表提交的"东巴/达巴文化生态保护区"提案堪为例证。

④ 李绍明讲述，彭文斌整理《本土化的中国民族识别——李绍明美国西雅图华盛顿大学讲座》（一），《西南民族大学学报》（人文社科版）2009 年第 12 期。

涵盖各族群成员的总概念，而且是他称，不仅仅专指泸沽湖一侧的纳人。因此，回答谁是 MOSO？准确的当是现今滇川藏交角区域分别归属纳西族、蒙古族、藏族的"纳系族群"，他们共享的认同核心标记为"纳（Na）"。为了政治上的利益和国家优惠政策，而否认"纳系族群"内部共有的历史文化和认同标记的做法，未必可取。"纳系族群"内部的文化和地域差异亦不容否认，但共享的历史文化内容也不可以人为区分强化、抹杀。

"纳系族群"作为内部既有关联，又有差异的族群集团，由于族群认同建构的差异，民族识别遗留下来许多悬而未决的问题，制约了"纳系族群"现实权利的实现和历史文化研究视野的拓展和深化，需要各方在平等友好的前提下，强调求同存异，实事求是，尊重历史，面向未来，促进"纳系族群"的内部和解，切实依据国家政策法律，维护其实际权益。在尊重各族群之间差异性的前提下，兼顾考虑各族群的文化政治、经济、文化权利及其他实际利益。

引发认同差异的因素有多种，政治和政府的层面和民族识别，有别于民间的社会生活中的族群认同。涉及民族自治地方的自治民族和非自治民族的权益的保障协调问题。中国语境中讨论中国境内各民族及族群的历史文化、认同问题和识别标准，需要参考西方学者的原生论或工具论，却不可能完全参照西方的模式或建构论来套解。尤其需要重视各民族中族群这间民间文化传统中的分类模式和认同标准，各民族文字文献中的历史记载。特别是历历可考于今日民族的研究依旧有重要参证价值。民族与族群之争是基于传统史观与现代民族观的不同理念之别，要达到兼容，也需要尊重差异，包容多元。唯有如此，方能应对历史和现实的链条中复杂多样而又不失共性的族群问题及其在具有悠久历史和幅员广大的中国多元一体共时民族格局中复杂多样的认同实践，有利于民族团结和政治整合。

原载于《思想战线》2010 年第 3 期

澳大利亚足球运动中的族群政治

杨春宇

摘　要　澳大利亚的足球运动源于英国，在第二次世界大战后的移民潮中得到迅猛发展，并激发了与族群政治相关的一些社会问题。本文利用澳大利亚学者的研究成果和田野资料，梳理了这一过程以及与之相关的族群、公民身份、性别等议题，展现出足球的族群政治背后的社会背景，并探讨了移民对西方多元文化主义的挑战。这一案例折射出的相关经验和问题值得中国借鉴。

关键词　澳大利亚　足球　族群政治　多元文化主义

体育与族群之间的关系，在国内一般被归入"民族体育"的范畴内来研究，重点在于各种少数民族传统体育项目的社会功能和文化价值。而在西方国家，相关议题多半归属于体育社会学和族群认同等研究领域，沿着皮埃尔·布迪厄、诺伯特·埃利亚斯等社会学大家的经典论述，已经发展出了一系列成熟的概念和理论框架，不但论及与体育相关的社会变迁、文化展演、族群认同和全球化等议题，而且对于社会学和人类学的一般理论也有所贡献，可以说，构成了一个重要的研究领域和分支学科。

在中外研究关注点差异的背后是不同的国情和文化背景。首先是不同的民族构成，中国的少数民族主要是世居民族，"民族"概念基本不涉及外来移民。而西方国家由于殖民和社会流动的原因，外来移民构成了各种"族群"的大多数，这种情况在美洲和大洋洲各国表现得尤为明显。体育运动受此背景影响，往往不仅是民族文化的载体，还折射出各民族的政治认同。

其次是"体育"这一文化现象的现代渊源。"Sport"这一术语严格来说对应的中文词汇是"竞技"而非"体育"，强调的是对抗性和制度性的一面。在西方现代化进程中，"Sport"不但负担起了塑造公民体魄、意志和纪律性的责任，而且以其高度的对抗性和复杂的组织比赛规则成为西方社会规训和宇宙观的缩影。因此跟中文背景下与"休闲""锻炼"等概念相关的"体育"研究不同，研究 Sport 也就是研究西方现代化的进程，比较容易与一般社会理论的议题挂起钩来。[1]

澳大利亚学者对足球与族群政治之间关系的论述，正是展现西方社会科学研究体育的一个好例子。通过这一案例，我们不但可以看到一个移民社会的变迁和全球化的过程，更可以看到多元文化主义内在的张力。考虑到近年来随着中国国际地位的上升，移民不断增加，由此造成的新型民族问题日益凸显，这些经验对我们不无借鉴的价值。

一 从"英国球"到"外国球"

虽然是英联邦的重要成员国之一，起源于英国的现代足球运动（Soccer）却并非澳大利亚足球的主流。在澳大利亚流行的足球（Football）共有四种：橄榄球联合会（Rugby Union）、橄榄球联盟（Rugby League）、澳式足球（Australian Football，20 世纪 80 年代以前叫 Australian Rules）和英式足球（Soccer）。

在新南威尔士和昆士兰，橄榄球联合会和橄榄球联盟最为流行，联合会在新南威尔士的地位最高，联盟次之。[2] 这两种运动风格都比较强悍，在四种"足球"中对抗是最激烈的。澳式足球比较强调灵活性和速度，对抗性稍弱于橄榄球，但是球员防护少，风险也颇高。相比较起来，足球是最为文雅的，身体接触少，对抗程度相对较弱。所以现在少儿足球和女子足球发展很快。从地域分布上看，足球在每个州都是第二流行的广义足球项目，其中相对而言，在新南威尔士和昆士兰要比在其他地方更流行些。[3]

所有这四类看似风马牛不相及的运动，在英语国家的人看来都是广义的足球，只是规则不同，参加的阶层不同，筹办的组织不同而已。在英语国家有句谚语："足球是野蛮人玩的绅士运动，联合会是绅士玩的野蛮人运动，联盟是野蛮人玩的野蛮人运动。"意思是足球踢起来很绅士，可热衷此道的却是工人阶级，橄榄球是一项野蛮的运动，一开始却是贵族把持的，后来才因为下层阶级的加入而分裂开来。[4]

在英联邦体育史上，有个颇有意思的现象：现代足球是在英国成型的，是英国的第一运动，可是在许多重要的英联邦国家（或英联邦的旧成员国）里，如美国、加拿大、南非、印度、新西兰和澳大利亚，足球却都不是最受欢迎的运动。这种现象形成的原因与上述历史有关，且不说美国，连澳大利亚和新西兰这些殖民地都是在现代足球形成之前就已经存在了，而且他们在继承足球原始形态的基础上都发展出了有地方特色的"足球"，在美国是美式足球（或曰美式橄榄球），在澳洲则是澳式足球，第一

---

[1] 为尊重约定俗成的翻译习惯，下文中还是用"体育"一词来对应"Sport"。

[2] Mosely, Philip and Bill Murray, "Soccer," in Wray Vamplew and Brian Stoddart, eds., *Sport in Australia: A Social History*, New York: Cambridge University Press, 1994, pp. 213-230.

[3] Mosely, Philip and Bill Murray, "Soccer," in Wray Vamplew and Brian Stoddart, eds., *Sport in Australia: A Social History*, New York: Cambridge University Press, 1994, pp. 213-230.

[4] 下文中的"足球"，如非特殊注明，对应的还是英式足球（Soccer）。

份澳式足球规则的出版仅仅比足球规则在伦敦的正式成型晚三年。^① 有了这些本地竞争者之后，留给足球的空间就相对有限。所以现在澳大利亚体育版图上复杂的"足球"分布与排名其实是与英国殖民历史紧密联系在一起的。

澳大利亚有史以来的第一场足球比赛据说于 1880 年在悉尼举行。当时来澳的英国移民，如果出身于英国私立学校的，多半玩橄榄球，而工人阶级则更青睐足球。在当时新南威尔士的金矿和煤矿的矿工群体中，足球曾经风行一时，成为工余时间受欢迎的消遣。

在 1929 年，新南威尔士的足球组织经历了一场分裂，一方是老一代的管理者，他们赞成基于地区的联赛方式，认为自己考虑的是这项运动的整体利益，而另一方是新来的英国移民，他们认为自己俱乐部的水平较强，于是分裂出去成立了一个新南威尔士州足球联盟（NSWSSL），最终这个新的实体取代了旧有的组织。^② 可以说，这个时代已经奠定了澳大利亚足球发展史上主要矛盾的基调，那就是新旧移民之间的冲突，以及基于地区的俱乐部与基于移民团体的俱乐部之间的冲突。只是这个时候的澳大利亚基本上还是英国移民的天下，所以这些矛盾还没有凸现出来而已。

第二次世界大战以后，遭日军战火波及的澳大利亚政府痛感人口不足对国力的影响，制定了资助移民以充实国力的政策。种族主义的眼光当时主导了移民的优先权，首先是英国人，其次是西欧和北欧，再次才考虑东欧与南欧那些卷发、肤色偏黑的白种人。当时的欧洲满目疮痍，众多移民为澳大利亚伸出的橄榄枝所吸引。到 1963 年年底，总共有将近 200 万新移民来到澳大利亚，其中将近一半的移民来自英国，剩下的移民中，意大利人最多，其次是希腊人、荷兰人、南斯拉夫人以及其他 20 个国家的移民。新移民多半在工厂里充当劳工^③。

与白澳政策配合的是民族同化政策，新移民都被要求说英语，采取"澳大利亚生活方式"，这种同化的理想可以从当时颇受欢迎的一本小说《他们是一群怪人》（They Are a Weird Mob）中看出来，约翰·奥格雷迪在小说中虚构了一名意大利拉丁裔移民尼诺·卡洛塔，他并没有遭遇到预想中的歧视。

> 尽管一开始澳大利亚俚语给他带来不少困难，但是很快那些粗犷的悉尼工人就把它看作是跟自己处于平等地位的伙伴。他学会了畅饮啤酒，欣赏澳式足球，

---

① Mosely, Philip and Bill Murray, "Soccer," in Wray Vamplew and Brian Stoddart, eds., *Sport in Australia: A Social History*, New York: Cambridge University Press, 1994, pp. 213 – 230.

② Mosely, Philip and Bill Murray, "Soccer," in Wray Vamplew and Brian Stoddart, eds., *Sport in Australia: A Social History*, New York: Cambridge University Press, 1994, pp. 213 – 230.

③ 杰弗里·博尔顿：《澳大利亚历史 1942 – 1988》，李尧译，北京出版社，1993，第 117 页。

最终和一位当地姑娘幸福地结为夫妻。他的意大利同胞坚持用意大利语跟他交谈时，他直摇脑袋。（笔者有修改）[1]

这样的理想虽然生动，却把民族融合过程想得太过容易，事实上问题并不如此简单。移民政策的出发点本来是为了满足澳大利亚对劳动力的需要，所以是互利互惠的事，而同化政策显然只考虑到了主人的困难，却没有考虑到客人的困难，要求移民完全抛弃自己的文化传统，彻底认同当地人主要从英国继承来的生活方式，这实际上是很难办到的。

当时移民首选的英语国家目的地是美国和加拿大，其次才是澳大利亚和新西兰，因为在他们眼中，北美是一片繁荣富庶的地方，而澳洲则是毒虫怪兽横行的世界[2]，不过来澳大利亚的花费要求比去美加便宜。带着战争创伤来到这里的新移民一般都得度过一段艰苦岁月，在国家急需劳动力的地方工作一段时间，这些地方多半地处偏僻，而且工作繁重，经济地位较低。澳洲的体育史家罗伊·海曾指出，战后东欧和南欧的移民在澳洲的境况很有几分类似西欧国家工业革命之后离开乡村或半城市社区进入工厂的第一代工人，都面临着重建身份和社会纽带的困境。[3] 即使在入籍之后，他们也要面对文化上的压力，在同化政策下，许多移民选择了艰难的融入过程，还有许多移民选择的是继续留在移民社团里，保持自己在文化与人际关系上与母国的纽带。与当年在工业革命后进入大城市的工人一样，他们选择了足球作为自己的避风港。

二 移民文化的堡垒

澳洲足球在战后获得了突飞猛进的发展，这得说多半拜欧洲移民所赐。这些移民来到人地生疏的他乡，工作之余需要休闲，但玩不惯当地风行的澳式足球和橄榄球，于是把家乡流行的英式足球当作主要消遣。因为外国球员大量加入，其中不乏好手，移民很快就成为澳洲足坛的一支重要力量。也正是在这一时期，足球在澳大利亚有了个别号，叫作"外国球"（wogball）。

足球俱乐部是当年许多移民社区的文化堡垒与社交中心，人们不但可以在这里寻求实际的帮助，还能找到感情上的慰藉，在异国他乡找到些许故乡的感觉。所以尽管

---

① 杰弗里·博尔顿：《澳大利亚历史 1942—1988》，李尧译，1993，第 118 页。

② Roy Hay, "British Football, Wogball or the World Game? Towards a Social History of Victoria Soccer," in John O' Hara, ed., *Ethnicity and Soccer in Australia*, Campbelltown NSW: Australian Society for Sports History Incorporated., 76, 1994, pp. 44 - 79. Roy Hay, "Black (Yellow or Green) Bastards: Soccer Refereeing in Australia: A Much Maligned Profession," *Sporting Tradition*, vol. 15, no. 2, May, 4, 1999.

③ Roy Hay, British Football, "Wogball or the World Game? Towards a Social History of Victoria Soccer," in John O' Hara, ed., *Ethnicity and Soccer in Australia*, Campbelltown NSW: Australian Society for Sports History Incorporated, 1994, pp. 44 - 79.

许多媒体将移民组织的足球俱乐部视为抗拒同化、制造分裂的场所，今天的体育史家却认为，这些俱乐部至少缓冲了移民的疏离感，有利于他们度过最初的艰难岁月。[①] 即使是散居的移民，也可以通过周末加入俱乐部的活动来寻求归属感，可以说，是足球让族群成了生活世界中活生生的存在，而不再仅仅是移民记忆中的一个概念，不再仅仅是一个想象的共同体。[②] 而对于移民中的精英来说，体育俱乐部也是个有用的组织，一是可以向政府显示移民社区的凝聚力，另一方面也是他们参与政治的一个台阶。

在澳大利亚，可以说直到 20 世纪 90 年代之前，足球一直是一项靠移民支持的运动。与轻易就能融入主流的英国人相比，"二战"后到来的东欧和南欧移民有着迥然不同的文化传统，他们感到了保存和延续自己的文化传统需要做出特别的努力，作为社区的中心，足球俱乐部在某种程度上承担了这种使命。在 20 世纪 90 年代对悉尼的克罗地亚足球俱乐部所做的民族志研究中，社会学家约翰·休森（John Hughson）生动地展现了二代与三代移民青少年球迷（或曰足球流氓）群体"蓝色坏男孩"（Bad Blue Boys，简称 BBB）对父辈文化的传承。他们本着一种民粹主义的态度继承了父辈从克罗地亚乡村带来的父权主义和民族主义，自认为比那些背弃了祖宗传统的同辈精英更为高贵。在赛场上，他们行纳粹礼[③]，高唱克罗地亚民族歌曲，用休森的话来说，这些仪式是在以足球为载体对族群传统实现"神奇的复原"（magic recovery）。[④]

俱乐部形成后，各国移民的队伍开始通过加入联赛或友谊赛的方式与澳大利亚本地球队展开了对抗，这种比赛在大多数情况下是友好的，但是在大的政治经济背景下，也不可避免地带上了族群之间竞争的色彩。移民在工厂里遭受的不公正待遇往往会在赛场上发泄出来，战胜本地球队代表着移民群体的一种胜利，代表着他们一旦获得公平竞争的机会，就不但不弱于，而且还会胜过本地人，使他们得以一吐在同化政策下积累的怨气。[⑤] 有人曾提及，在有些极端的情况下，移民队甚至不介意使用作弊的手段

---

① Roy Hay, "British Football, Wogball or the World Game? Towards a Social History of Victoria Soccer," in John O'Hara, ed., *Ethnicity and Soccer in Australia*, Campbelltown NSW: Australian Society for Sports History Incorporated, 1994, pp. 44 – 79.

② Roy Jones, and Philip Moore, "'He Only has Eyes for Poms': Soccer, Ethnicity and Locality, Perth, W. A.," in John O'Hara, ed., *Ethnicity and Soccer in Australia*, Campbelltown NSW: Australian Society for Sports History Incorporated, 1994, pp. 16 – 32.

③ 这引起了当地媒体的反感，但休森指出他们其实并不是在向纳粹，而是在向自己的民族英雄安特·帕维利奇（Ante Pavelic）致敬。

④ John Hughson, "The Bad Blue Boys and the 'Magical Recovery' of John Clarke," in Richard Giulianotti and Gary Armstrong, eds., *Entering the Field: New Perspectives on World Football*, Oxford: Berg, 1997, pp. 239 – 260.

⑤ Wray Vamplew, "Austrlians and Sport," in Wray Vamplew and Brian Stoddart, eds., *Sport in Australia: A Social History*, New York: Cambridge University Press, 1994, pp. 1 – 18. Rob Lynch, "Disorder on the Sidelines of Australian Sport," *Sporting Traditions: The Journal of the Australian Society for Sports History*, vol. 8, no. 1, Nov., 1991, pp. 50 – 75.

来获胜，以提高社区的民族认同。① 在战后的一段时期，移民与本地队之间的矛盾在双方都积累了一些对立情绪。

这些对立情绪体现在组织上，1957 年，以奥地利人和犹太人俱乐部为首的一些悉尼的族群俱乐部不满原先的新南威尔士州足球联盟基于地域的组队传统和晋级规则，独立出来成立了新南威尔士足球俱乐部联盟（NSWFSC）。尽管当时的全国组织澳大利亚足球协会（ASFA）不赞成他们这样做，但是最终它也没能抵挡住之后各州足球组织的分裂，当昆士兰和南澳在 1961 年也成立了新的足球协会之后，新成立的各州协会在同年 11 月宣布成立新的澳大利亚足球协会（ASF）。这个组织最终取代了旧的组织，成为全澳大利亚统一的足球组织机构，直至今日。这些俱乐部的独立一部分是出于经济原因，因为它们认为自己水平较高，理应获得较多的门票收入，而本地球队要求比赛收入平分；一部分是出于理念的不同，据说移民俱乐部比较注重胜负，不像英国移民和本地俱乐部那样注重少儿足球的发展和基础设施建设。②

在移民俱乐部与本地俱乐部的对立情绪背后，除了政治经济的原因之外，文化上的因素同样重要。在"二战"以前，其他国家移民尚未大批来到时，澳大利亚的足球水平不高，风格主要是追随英式，以建立在充沛体力基础上的凶猛拼抢为主，注重团体配合。这跟广义足球里其他类型运动的精神其实是一脉相承的，都注重整体的力量，强调个人服从团体需要，强调牺牲精神和强硬的作风。新来的（尤其是南欧）移民们却不是这样，他们脚法更为细腻，而且善于玩些隐蔽得很好的小花招，例如假摔、拉扯球衫、背后铲人等等，还会当面吐唾沫，让英裔澳大利亚人觉得很是气不过。反过来说，欧陆球员，尤其是那些技术很好的球员也很头疼英国式的野蛮拼抢。③ 而且当时裁判水平不高，外来裁判与本地裁判的风格也不尽相同，本地裁判往往判罚更为宽容，对身体接触、碰撞中的犯规倾向于视而不见，而欧陆来的裁判就会很注意，这就可能引起双方对于判罚公正性的争议。其中最容易引起争议的一项或许是，英裔球员认为可以在对方守门员持球站立时，用肩膀将其连人带球撞入网内，而欧陆球员则对待守门员就要文雅得多，他们强烈反对这么做。④ 诸如此类的摩擦或许都不算大事，但是日

① Roy Hay, "British Football, Wogball or The World Game? Towards a Social History of Victoria Soccer," in John O'Hara, ed., *Ethnicity and Soccer in Australia*, Campbelltown NSW: Australian Society for Sports History Incorporated, 1994, pp. 44 – 79.

② Mosely, Philip and Bill Murray, "Soccer," in Wray Vamplew and Brian Stoddart, eds., *Sport in Australia: A Social History*, New York: Cambridge University Press, 1994, pp. 213 – 30.

③ Philip Mosely, and Bill Murray, "Soccer," in Wray Vamplew and Brian Stoddart, eds, *Sport in Australia: A Social History*, New York: Cambridge University Press, 1994, pp. 213 – 30; Rob Lynch, "Disorder on the Sidelines of Australian Sport," *Sporting Traditions: The Journal of the Australian Society for Sports History*, vol. 8, no. 1, Nov, 1991, pp. 50 – 75.

④ Roy Hay, "Black (Yellow or Green) Bastards: Soccer Refereeing in Australia: A Much Maligned Profession," *Sporting Tradition*, vol. 15, no. 2, May, 1999.

积月累，双方在对方心目中的刻板印象却在一天天形成。

或许对英裔与欧陆裔移民之间的这种矛盾总结得最好的还是莫斯利和玛瑞：

> 英裔澳大利亚人与欧洲人在足球风格上还有文化鸿沟，前者喜欢更注重体力、拼抢凶猛的比赛，后者青睐更文明的、讲究技巧的比赛，这种风格被前者斥之为"娘娘腔"。最明显的就是对待守门员的态度了：澳大利亚人讲究公平竞赛，欧陆人讲究神圣不可侵犯。场外在比赛管理过程中，文化差异同样明显，更保守的英裔澳大利亚人想把钱均分；而那些实际上最能挣钱的俱乐部（总是欧陆人的俱乐部）却想自己把钱留下。结果就是它们与全国协会的一系列分裂举动，形成了今日管理澳大利亚足球的那些联盟。[①]

居然有个神圣不可侵犯的守门员，这大概是把足球与橄榄球视为同源运动的英裔澳大利亚球员所不可想象的，在橄榄球里可没有这一说，甚至根本就没有守门员。足球在澳大利亚人心目中大概也象征了旧世界的一种等级秩序，与"人人平等"的澳大利亚梦格格不入。

三　澳大利亚足球中的欧洲政治

欧陆移民俱乐部与英澳俱乐部之间的争执一直存在，不过相对而言不那么激烈，影响也只限于体育界。对媒体而言，更有新闻价值的消息是欧陆移民球队之间更为火爆的对抗。这种对抗的主要原因来自移民母国的政治斗争，例如南斯拉夫、塞尔维亚与克罗地亚之间的矛盾，以及马其顿与希腊之间的纠纷。双方支持者在足球赛场上互相谩骂，有时酿成斗殴，在广播电视传媒的大肆渲染下，这种污名的影响到今天还依然存在于澳大利亚。

南斯拉夫内部的民族争端由来已久，但是在"二战"后的移民潮到来以前，并没有在移民社区内激起太多的民族情绪。或许是因为"二战"的伤痕激发了民族间的矛盾，新的南斯拉夫各族移民在到达澳大利亚之后开始建立起自己的圈子，彼此之间的民族矛盾在异国他乡慢慢酝酿起来。20世纪50年代，克罗地亚人在澳大利亚各地组织起了足球俱乐部（阿德雷德1952，墨尔本1953，吉隆1954，布里斯本1955），悉尼的俱乐部成立于1957年，足球俱乐部开始成为克罗地亚人的一个平台，借以表达在其他渠道难以传达的政治诉求。由于"二战"中曾受到克罗地亚人的伤害，塞尔维亚人对

---

① Philip Mosely and Bill Murray, "Soccer," in Wray Vamplew and Brian Stoddart, eds., *Sport in Australia*: *A Social History*, New York: Cambridge University Press, 1994, pp. 213 – 230.

这种诉求十分反感，更不用说那些拥护南斯拉夫的其他族群俱乐部了。

从 20 世纪 60 年代开始，这些族群俱乐部开始在地方联赛中遭遇，1961 年发生在悉尼"南斯拉夫人"（Yugal）俱乐部与"克罗地亚"俱乐部之间的第一次比赛就引发了球迷之间的冲突，两个俱乐部都受到了主办方的警告。此后在 1963 年和 1964 年又发生了几起球场骚乱，双方球迷的对抗甚至延伸到了赛场之外，鉴于事态严重，新南威尔士足球联盟禁止俱乐部在 1966 年的赛季中使用"克罗地亚"为名，然而即使更名为"亚得利亚地下铁"，该发生的斗殴依旧发生。① 在墨尔本，克罗地亚队与南斯拉夫队、塞尔维亚队的遭遇也引发了类似的冲突。

同样对立的族群还包括马其顿人和希腊人。南斯拉夫解体后，希腊人认为自己才是马其顿的真正后裔，对邻邦编造历史窃取了这个光辉的名字十分不满，所以在双方遭遇的赛场上也时常发生冲突。1992 年 2 月，在希腊裔刚刚抗议过马其顿独立建国之后一天，"海德堡亚历山大"与"普雷斯顿马其顿"就在联赛中遭遇了，尽管因为前者的抵制，实际上只有 4000 名观众到场，还是爆发了冲突，起因是一位希腊裔牧师称马其顿人为"巴尔干人"。牧师遭到暴打，警方出动了直升机和警犬才恢复了秩序，冲突中有 9 名观众和 11 名警察受伤。②

类似的冲突还有很多，英裔澳大利亚人十分厌恶这些斗争，认为移民不应该把母国的政治带到澳大利亚来，以至于人们提起足球来就会想起那些他们分不清区别的族群和搞不明原委的矛盾。到 20 世纪 90 年代前为止，在人们的想象中足球仿佛已经变成了纯粹的少数民族运动，二战之前英国人发展足球的历史已经被晚近的记忆所模糊了。而对英裔足球爱好者来说，尽管移民对足球的贡献是个事实，但他们更喜欢强调移民带来的混乱，最常提起的就是 1960 年 4 月至 1963 年 7 月间，因为布拉格俱乐部拒付转会费，澳大利亚足球被 FIFA 下令禁止参加国际比赛这一事实，尽管英国足球流氓活动在 20 世纪六七十年代的兴起使他们也羞于再提足球在英国人的管理下就会正常运转之类的论调，但还是觉得澳大利亚的情况比较特殊，因为是被族群政治搞乱了。

四 迈向"世界运动"

面对足球运动影响日益下降这一问题，各州足球协会想了很多办法，基本都围绕着削弱族群色彩这一点来展开。一开始的措施是消极应对，比如把两个对头分到不同的组比赛，可是这样也还是不能防止他们在决赛中遭遇。后来官方禁止双方在赛场中

---

① Philip Mosely, "Balkan Politics in Australian Soccer," in John O'Hara, ed., *Ethnicity and Soccer in Australia*, Campbelltown NSW: Australian Society for Sports History Incorporated, 1994.

② Loring M. Danforth, "Is the 'World Game' an 'Ethnic Game' or an 'Aussie Game'? Narrating the Nation in Australian Soccer," *American Ethnologist*, vol. 28, no. 2, May, 2001, pp. 363 - 87.

打出民族旗帜，可是热情的民族主义者依然会在脸上画上国旗的图案，穿上有民族标志的服装入场。还有一个办法是禁止俱乐部的名称中带有族群名称，企图从根本上消除移民对俱乐部的认同，这样的做法起到了一定的效果，却并不能阻挡真正支持者的热情，况且俱乐部也不一定就俯首听命。

最终，根本性的转变是由俱乐部自身推动的。进入20世纪90年代以后，澳大利亚移民的源头从欧洲转到了亚洲，以前被白澳政策认为是不可接受的亚洲人种现在在多元文化主义政策的大气氛下大量进入澳大利亚，尽管限制颇多，还是在90年代逐渐取代了欧陆移民，成为移民的主力。随着老一代欧陆移民渐渐老去，二代和三代移民对母国的认同逐渐淡漠，移民对足球俱乐部的社区归属感曾在很长一段时间内给俱乐部提供了充足的财政支持，但是随着南斯拉夫内战的爆发，许多移民的捐款转而流向了欧洲，甚至有些已经入籍的人径直回国参战。少数族群足球俱乐部开始感受到危机，谋求向地方寻求支持。许多俱乐部在这一时期都采取了"地名加族名"的命名方式，如我们在上面看到的三支墨尔本市球队的命名即是如此。这种举措有一定风险，运作得好的话可以左右逢源，否则难免两面吃亏。传统的支持者认为俱乐部背叛了他们，而地方议会以及其他的捐赠者则坚决要求去掉族群的名字，以改变人们对足球的成见，维持俱乐部向所有人开放、一视同仁的形象。最终后者的影响力还是战胜了前者，在笔者到达堪培拉的时候，可以从名字上辨别出族群身份的俱乐部已经只有两个：冈伽林尤文图斯（意大利）和白鹰（塞尔维亚），如果不是有人指点，很难知道"堪培拉足球俱乐部队"其实隶属于克罗地亚俱乐部，也有族裔背景。①

但这只是对外人而言，对于许多欧陆移民及其后裔来说，要放弃对支持多年的俱乐部的拥护还是件很困难的事，即使是在族群名称完全从队名中消失后也是如此。当然，俱乐部也不愿放弃他们的支持。休森在他的研究中指出，即使"悉尼克罗地亚队"改成了"悉尼联队"，克罗地亚人依旧是球迷的中坚力量，而且他们自有办法来应对"去族裔"的后果。"蓝色坏男孩"们将"联合（United）"一词中的"U"绘在黑底的旗帜上，不过代表的是"乌斯塔西（Ustashi）"，"二战"中帕维利奇领导下的法西斯军团（Hughson1997）。他们用克罗地亚国旗上的红白蓝三色代表自己的天主教信仰，在外人眼中却像是在代表新教的英国。②

洛林·丹佛斯一针见血地指出，在欧陆移民足球俱乐部里发生的这个变化是个悖

---

① 杨春宇：《平等竞争——从少儿足球竞赛看澳大利亚社会平等主义的再生产》，谢立中主编《海外民族志与中国社会科学》，社会科学文献出版社，2010。

② John Hughson, "'We Are Red, White and Blue, We Are Catholic, Why Aren't You?': Religion and Soccer Subculture Symbolism," in Tara Magdalinski and Timothy J. L. Chandler, eds., *With God on Their Side: Sport in the Service of Religion*, London: Routledge, 2002.

谬的现象。在政府推行同化政策的 20 世纪五六十年代，足球俱乐部顶住各方压力，将自身发展成了移民的文化堡垒，甚至还突破了联赛的限制，通过互相联合取代了形成了新的全国性组织，取代了原来英裔移民一统天下的局面，成为欧陆移民的骄傲。在政府奉行多元文化政策的 20 世纪 90 年代，俱乐部却开始淡化甚至否认自己的族群色彩，积极向以英裔澳大利亚人为主的地方社区靠拢。如果说前者证明了欧陆移民民族认同感的强大的话，后者大概就只能证明多元文化政策的不足了，丹佛斯引用了"澳大利亚人口与族裔事务委员会"对多元文化政策的声明：

> 在公共场合，因为与私人领域有根本的不同……只能承认一套法规，一套政治经济制度……允许每个文化群体自由发展其自己的法规、政治制度和实践将威胁到澳大利亚作为一个团结的民族存在。[1]

他同意《错误的身份》的作者的质疑：多元文化到底要的是什么"多元"？政府的多元文化政策实际上是把"文化"的概念缩小了，等同于民俗、遗产和传统。[2] 这基本上符合西方启蒙以来对于"理性"和"文化"的二分，即理性是普遍的人性，而文化只是花边和装饰，是旧时代留下的包袱，如果处理不当的话会妨碍理性的发挥。所以基于理性建立的制度应该成为公共领域的唯一平台，而文化则是一种私人的事务。所以"多元文化"所说的文化与文化人类学所说的文化并不一样，不是包括宇宙观、组织、制度和观念的一个整体，也不是一个流动的、充满了生造性的意义世界，倒是更接近 80 年代以来兴起的多元文化主义和跨文化主义，倾向于刻板和孤立的文化观，而在人类学里面，这类文化观早就已经得到了比较彻底的反思。

步入 90 年代以后，在族群足球俱乐部去族裔化的同时，英裔澳大利亚人对于足球的观念也在发生改变。在战后到 90 年代之前，主流社会对"外国球"基本上抱一种贬斥的态度。理由有三，一是因为族裔政治引起的骚乱，这一点在上面已经谈过了，或许他们最终害怕的是被新移民排挤出自己的国家，休森曾提及，悉尼的一个英裔澳大利亚人在克罗地亚队的主场上感觉自己"像是自己国家里的陌生人一样"[3]；二是对足球的发展威胁到其他运动传统优势地位的忧虑，在澳式足球最流行的墨尔本，1958 年

① Loring M. Danforth, "Is the 'World Game' an 'Ethnic Game' or an 'Aussie Game'? Narrating the Nation in Australian Soccer," *American Ethnologist*, vol. 28, no. 2, May, 2001, pp. 363 – 87.

② Loring M. Danforth, "Is the 'World Game' an 'Ethnic Game' or an 'Aussie Game'? Narrating the Nation in Australian Soccer," *American Ethnologist*, vol. 28, no. 2, May, 2001, pp. 363 – 87.

③ John Hughson, "'We Are Red, White and Blue, We Are Catholic, Why Aren't You?': Religion and Soccer Sub-culture Symbolism," in Tara Magdalinski and Timothy J. L. Chandler, eds., *With God on Their Side: Sport in the Service of Religion*, London: Routledge, 2002.

一个足球俱乐部想租用一片长期由澳式足球俱乐部使用的议会运动场，市议员的答复是"让他们去阴沟里玩吧"。;① 三是足球本身较弱的对抗性让人质疑足球运动员的男子汉气概，尤其在欧陆风格进入之后就更是如此。不过这最后一项看起来更像是个借口。正如澳大利亚的足球英雄，曾经作为队长把"袋鼠队"带入 1974 年世界杯的约翰尼·沃伦（Johnny Warren）所作自传的书名《小妞、外国佬和娘娘腔》② 一样，足球在澳大利亚曾一度顶着众多的污名。③ 然而随着澳大利亚足球水平的提高，效力于英超的澳籍球员逐渐增多，同时随着民间对外交往加强，澳大利亚人正在发现足球作为世界第一运动的魅力。约翰尼·沃伦为足球大声呼吁：

> 我们知道澳大利亚人喜爱赢家。至少人家是这么告诉我的。我们喜欢世界冠军。我不想贬低其他的运动或者体育项目，但是最好的板球国家也不过有大概四五个对手。橄榄球联合会和橄榄球联盟也是如此，澳式足球的范围就更窄了……要赢得世界杯，我们得击败 203 个国家，足球在很多国家可是国民运动、人民的宗教、大众的热情所在……所以我们为什么要拒绝它？说"足球是项很好的运动，真的需要技巧，不过澳大利亚人就是不玩它"呢？④

可以说，足球在澳大利亚正在摆脱多年来的污名，作为一项"世界运动"进入人们的视野，赢得越来越多的爱好者。2005 年，澳大利亚新任的足协主席弗兰克·洛维聘请了曾任橄榄球联盟执行官德约翰·奥尼尔，开辟了新的澳大利亚足球超级联赛。精彩的新联赛吸引了众多体育爱好者，共有 3.2 万名观众到场观看了阿德莱德队与悉尼 FC 队的决赛，盛况空前。在 2006 年世界杯进入八强之后，这种热情进一步高涨。在笔者田野工作所在地堪培拉，如果把各个年龄段都算上的话，现在足球已经是当之无愧的第一运动。

值得注意的是，这种热情的背后并不单纯是一个"融入世界"的朴素愿望在起作用，它与澳大利亚在世界舞台上寻找自身民族定位的努力分不开，也与媒体和商业对体育的介入有密切联系。此外，后殖民社会与消费主义也是谈论足球时必须注意的一个基本语境。丹佛斯指出，在完成了去族裔化过程后，现在墨尔本的足球俱乐部已经

---

① Philip Mosely and Bill Murray, "Soccer," in Wray Vamplew and Brian Stoddart, eds., *Sport in Australia: A Social History*, New York: Cambridge University Press, 1994, pp. 213 – 230.

② "Sheilas, Wogs and Poofters" 是澳洲俚语，沃伦用这些词语是为了讽刺澳大利亚人对足球的偏见。

③ Johnny Warren, *Sheilas, Wogs and Poofters: An Incomplete Biography of Johnny Warren and Soccer in Australia*, Sydney: Random House Australia Pty Ltd., 2001.

④ John Hughson, "'We Are Red, White and Blue, We Are Catholic, Why Aren't You?': Religion and Soccer Subculture Symbolism," in Tara Magdalinski and Timothy J. L. Chandler, eds., *With God on Their Side: Sport in the Service of Religion*, London: Routledge, 2002, p. xxv.

完全是以地域为基础了，至少在名称上无从辨别。可是在进入 21 世纪时又出现了新的动向，传统上有少数族裔支持的俱乐部又开始把自己的这段历史重新包装之后拿出来宣传，也就是说，在完成了向主流的靠拢之后，俱乐部重新发现了族性的价值，只是这一次的标榜不再是为了吸引移民的忠诚，而纯粹是为了标榜自己作为文化商品的独特性。[①]

五 结语

从以英国移民及其后裔为主的建国方案，到吸纳了欧洲各国移民的"白澳政策"，再到包容亚洲移民的多元文化主义，澳大利亚社会从地方（provincial）殖民社会逐渐演变为一个多元文化的后工业社会。一代一代的移民来到这里，贡献了自己青春和热情，逐步融入成为当地社会的一分子。现代足球本来是一项发源于英国的体育运动，却是在欧陆移民的带动下才真正在澳大利亚普及开来，其地位在当地的多种"足球"中逐步提升，成为堪与其他热门项目匹敌的流行运动。足球既是英国的骄傲，也是欧陆移民的乡愁，既是少数族群文化的堡垒，也是全球化了的世界运动，既是发酵政治冲突的温床，也是传播平等和友情的方舟。看似象征了"世界大同"的全球第一运动——足球，在澳大利亚可谓走过了一条坎坷起伏的长路，展开其中纠结的种种议题，几乎就是一部澳大利亚社会的发展史。

如上文所言，在社会科学昌明的澳大利亚，学者是这一进程的最佳观察者，他们的研究综合了历史学、社会学和人类学等不同进路，揭示出了足球与族群、政治、性别和经济之间千丝万缕的关系，提出了许多富有启发性的观点。而近些年来，也有国内学者运用民族志方法研究了澳大利亚的少儿足球俱乐部。[②] 文化多元主义能否解决今日西方社会的困境？全球化背景下，依赖于民族国家的公民身份该向何处去？在学者们的努力下，澳大利亚足球中的族群政治无疑为社会科学探讨这些问题提供了一个极好的案例。

原载于《中央民族大学学报》2015 年第 4 期

---

① Loring M. Danforth, "Is the 'World Game' an 'Ethnic Game' or an 'Aussie Game'?" *Narrating the Nation in Australian Soccer in American Ethnologist*, vol. 28, no. 2, May, 2001, pp. 363－387.

② 杨春宇：《平等及其边界：澳大利亚首都地区民间组织的文化实践》，北京大学社会学系博士学位论文，2007。

回族清真寺建筑文化研究

孙　嫱

摘　要　本文梳理了中国回族清真寺建筑的历史发展脉络及不同时期的建筑文化特点，并以牛街清真寺为个案，对建筑格局、内部装饰等进行细致分析。本文认为，兼具统一性与多元性是群体及其文化最为突出的特点。伊斯兰教作为他们共同的宗教信仰是其维护族群特点、保持群体内部社会文化统一性的基础；回族族源的多元性及其人口分布的广泛性，又使其社会文化必然具有多样性的特点，这种特点在回族建筑当中便得到了充分的体现。

关键词　回族　清真寺　建筑文化

回族，又称回回民族，是中国已识别的 55 个少数民族中人口较多、地域分布最广的民族，也是中国 10 个普遍信仰伊斯兰教的少数民族之一。早在公元 7 世纪中叶，已有波斯和阿拉伯商人经海路和陆路来到中国的广州、泉州等沿海城市以及内地的长安、开封等地经商、定居。但直到公元 13 世纪，伴随着成吉思汗及其继承者的西征，才有大批中亚、波斯、阿拉伯地区的人们随军东迁，继东西交通大开之后，亦有许多穆斯林商人纷纷东来。这些信仰伊斯兰教，被官方通称为"回回"的群体便成为回族的主要外来族源。明代，仍有中亚等地各族穆斯林入附中原，被安置定居，也成为回族族源的一部分。而在此过程中，东来的穆斯林与中国的汉族、蒙古族、维吾尔族等不断通婚、融合，逐渐在中国这片土地上形成了一个新的民族共同体——回族，并绵延至今。

由此可见，兼具统一性与多元性是这一群体及其文化最为突出的特点。一方面，伊斯兰教作为他们共同的宗教信仰是其维护族群边界，保持群体内部社会文化统一性的基础；另一方面，回族族源的多元性及其人口分布的广泛性，又使其社会文化必然具有多样性的特点。这种特点在回族建筑中得到了充分的体现。

追溯历史可以看到，伴随着回族这一群体的产生与发展，回族建筑也经历了一个不断变化的过程。首先，它是伊斯兰文化与中国传统文化互动融合的产物。其次，由于中国不同地域自然地理环境、社会人文环境的巨大差异，散落在大江南北的回族建筑必然受到当地生活环境、生产条件，以及其他民族文化的影响，从而呈现出极为丰富的形态。再次，历史上的一场场社会及思想领域的改革洗礼也给回族建筑打上了不同时代的烙印，使其呈现出一种动态的丰富性。因此可以说，回族建筑是纵横交错的时空中不同思想碰撞、不同文化互动的产物。

本文主体分为两部分，第一部分梳理中国回族清真寺建筑的历史发展脉络及不同时期的建筑文化特点；第二部分以牛街清真寺为个案，进一步对建筑格局、内部装饰等进行细致分析。在此基础上提出，回族清真寺所呈现的建筑文化特点是不同文化互动与交融的结果，体现了伊斯兰文化的包容性与生命力，更深蕴着回族展现于其文化中恒久不变的生存智慧。

一　时空变迁中的回族清真寺建筑

在笔者不断寻访回族建筑的过程中，常常听到这样的话，"我们回族无论定居在哪里，第一件事就是要盖一座清真寺"。这不仅表明了伊斯兰文化在回族文化中的突出地位，同时也凸显出清真寺在回族建筑中的重要地位。

在中国历史上，回族的祖先最早可以追溯到唐宋时期在中国侨居的穆斯林"蕃客"。唐宋是中国封建社会对外高度开放的时期，李唐王朝与西亚阿拉伯人建立的"大食国"，在政治、经济、文化领域保持着频繁往来。有许多穆斯林商人留居中国，受到唐宋政府的礼遇和优待，甚至划拨出专门的"蕃坊"，供其集中居住。在蕃坊内，他们可以修建清真寺，并按照自己的信仰和习俗生活。但这一时期的清真寺保留下来的并不多，最有代表性的是广州怀圣寺内的光塔、泉州的清净寺。这些建筑都较完整地保持着当时阿拉伯帝国的建筑风貌。怀圣寺光塔为砖砌圆柱形，内设两道旋梯相对而上，这种建筑形制和工艺与同时期的中国塔式建筑完全不同。泉州清净寺遗存的建筑全部为石砌，大门为典型的阿拉伯拱形石门，大门与礼拜大殿前后紧邻，完全不同于中国传统的庭院布局。

元代，穆斯林来华人数剧增，他们中绝大多数是士兵、农民和工匠，也有商人、宗教人士和学者，他们分布广泛，遍及全国，史书中即有"元时回回遍天下"[①]的说法。此时的穆斯林已不再是侨居的"蕃客"，而是纯粹的移民，他们从此世代在中华大地上繁衍生息。加之元朝统治者亦提倡伊斯兰教，许多汉人和蒙古人甚至部分蒙古军队都改信了伊斯兰教，这一时期，可以说是伊斯兰教在中国大规模传播的"黄金时

①　《明史·西域传》。

期"。伊斯兰文化与中国传统文化的碰撞与融合不可避免地悄然发生。与此相伴的，清真寺等宗教建筑亦有"遍天下"之势，且其中不乏一些名寺，如杭州真教寺、北京牛街礼拜寺、河北定县清真寺、松江清真寺等都是这一时期始建、扩建或重修的。如今虽已难寻保存完整的元代清真寺，却可从史书碑记和留存的零散古迹中，大体归纳当时清真寺的风貌。其突出特点是开始吸收融合一些中国传统建筑的技法和风格，使清真寺建筑兼具中国传统建筑和阿拉伯建筑的特色。具体体现在以下三方面。

第一，在下方上圆的建筑中，四角内部的制作工艺上，已经开始使用中国传统的砖砌斗拱法。即虽然保留了阿拉伯穹顶的造型，但技术已经本土化了。如河北定县清真寺后窑殿内部，就保留了元代的砖斗拱，斗拱出三跳，偷心，用来过渡和支撑上部的半圆砖砌穹顶。

第二，礼拜大殿主体已完全采用中国传统建筑。继续以河北定县清真寺为例，在其殿前，至今仍立有明代复刻石碑一通，内容为元至正八年所撰重建礼拜寺碑记，首先记述了重建清真寺的经过，从碑文中可以看出，新建的大殿雕梁画栋、朱扉、藻棁、华彩，显然已经是中国传统的木结构建筑。

第三，有些清真寺的局部依然较好保持着阿拉伯风格。如元代至大三年（1310）重修的泉州艾苏哈卜清真寺，石制正门顶部为阿拉伯式尖拱造型，两侧柱顶石上雕刻着卷云纹图案，尖拱内的三方双侧弧形石刻组成了门楣，上刻阿拉伯语经文。这座大门无论从材质、造型、结构、图案到阿拉伯文书法装饰，几乎与中世纪阿拉伯、波斯地区流行的传统清真寺建筑相同。

一般认为，明代是回族作为一个统一体正式形成的时期。明朝的统治者一方面大力提倡儒家的伦理道德和封建礼制，对少数民族推行同化政策；另一方面对佛教、道教、伊斯兰教也很重视。明太祖朱元璋制定了两项相关的政策：一是禁止少数民族内部通婚。如史料载："凡蒙古、色目人，听与中国人为婚姻，不许本类自相嫁娶。"[①] 二是禁胡语、胡服、胡姓。这些都在客观上加快了回回人与汉族的融合，以及回回人对汉文化的吸收与认同。明代回回人一方面与汉族通婚、讲汉语、穿汉服，接受中国儒家文化；另一方面始终坚守着伊斯兰教信仰。

这一时期，随着人口的增加，回族清真寺的数量也大幅增长，特别是出现了许多敕建清真寺。由于明代开国功臣和各朝文武官员中有很多回族，因此明朝历代君主对伊斯兰教也保持尊重，并敕建了许多清真寺。朱元璋称帝不久，就在南京三山街和西安子午巷各敕建清真寺一座，并亲撰《至圣百字赞》赐予清真寺，后来被雕刻在全国各地清真寺的显要位置，有些保存至今。此外，明代首都由南京迁至北京，由于政治

---

① 《大明律集解附例》。

中心的北移，以及明中后期频频实行海禁，回族也开始沿交通要道向北方特别是西北地区迁移，相应的清真寺也多分布于此。明中叶回族著名教育家胡登州首创经堂教育，在清真寺内讲授经卷，回族讲经堂建筑也应运而生，一般设于清真寺内，开始流行于陕西，后推广至全国，逐渐成为中国回族清真寺内建筑固定的组成部分。

就清真寺建筑而言，这一时期从布局、造型、装饰到材料、技术，都发生了巨大的变化，形成了独具中国特色的伊斯兰建筑。具体有以下三个特点。

第一，清真寺总体布局院落化，中轴对称，层院递进，喜用门坊分割院落空间，如此显示建筑物的尊贵地位，并通过地势高低的变化突出礼拜大殿的核心作用。注重院内的自然景观，喜用花草树木、亭台水榭加以点缀，给庄严肃穆的宗教庭院平添了几分自然之趣，更加至清至净。

第二，清真寺内建筑完全采用中国木结构宫殿式建筑的造型，歇山、硬山、攒尖顶巧妙组合，飞檐、斗拱、鸱吻、雀替随处可见，半圆形的穹顶已不复见，或取消或被攒尖造型取代。如嘉庆年间重修的上海松江清真寺，便将后窑殿元代的半圆拱顶，变为中国式的重檐十字脊屋顶。

第三，建筑装饰突出伊斯兰文化，同时吸收了许多中国传统文化特色，尤其开始注重砖雕装饰。伊斯兰文化主要体现在阿拉伯经文、蔓藤花卉、几何纹样的使用上，在梁柱墙壁上也使用了中国文化中喜闻乐见的牡丹、荷花等花卉团。此外，在中国封建皇权和传统文化的影响下，许多敕建的清真寺都出现了龙凤等动物的吉祥图案。

清代是回族发展较快的时期，人口数量在前代的基础上大幅增长，尤其在西北、西南地区最为明显。从地域分布来看"大分散、小集中"的特点更加明显，而小集中的"小"也是相对而言，很多城市中出现了规模较大，人口十分密集的回族聚居区，为适应人口的快速增长，聚居点的清真寺数量也随之增长。如西安回坊当时的规模已不下数千家，清真寺的数量也达 7 座之多。再如南京城内道光年间清真寺数量已达 48 座。除城市之外，回族聚居村落的数量也十分可观。陕西渭河两岸回族村庄随处可见。甘、宁、青一带也是如此，"宁夏至平凉千里，尽系回庄"。[①]

自明以来逐渐形成的中国回族清真寺建筑，在清代发展至鼎盛阶段，已完全自成一体，拥有自身特有的形制。具有如下特征。

第一，建筑布局完整，无论大小，基本采用中国传统建筑的四合院制式。更加注意院落的空间分割，每一进院落建筑的功能更加细化，分工明确。尤其注意细节部分的完整性，如对门前照壁、八字墙的重视。

第二，清真寺内从大殿、大门、邦克楼到其他配房，都采用大木作结构。整座大

---

① 刘致平：《中国伊斯兰教建筑》，新疆人民出版社，1984，第 8 页。

殿均大木起脊，后窑殿亦是如此，屋顶造型变化丰富，特别是后窑殿顶造型灵活多样，内部藻井结构精致，自成一景，壁龛处则做向外突出的立体圆拱或方形造型。为解决坊民数量的不断增加的问题，礼拜大殿多采用勾连搭技术，增加大殿纵深的面积。一般由卷棚、中殿和后窑殿组成。中殿纵深的间数，也就是起脊的数量依具体需要而定。其平面呈矩形、工字形、凸字形不等。除此之外，最值得一提的就是木结构邦克楼的发展。邦克楼多为亭阁式，下部为四方形，各面开一拱门，上面为六角形，与佛、道教的四角或八角相区别。有的自成一体，有的则建在门楼之上。

第三，寺内殿外注重自然环境的营造，灵活地采用吉祥动物图案、中国传统花卉图案、博古图案等。殿内则融合了中阿装饰技艺，以匾额、砖雕、木雕、彩绘等手法突出阿拉伯经文装饰。

第四，拱北建筑都是地道的中国传统建筑，修建上力求华丽壮观，尤其是砖雕、木雕在拱北装饰中的地位举足轻重，从布局、建筑到装饰都十分讲究。

从鸦片战争爆发到新中国成立前的百余年间，由于帝国主义的侵略，中国沦为半殖民地半封建社会。战乱频频，社会动荡，人民的生命财产都遭受了前所未有的损失。回族建筑同样遭受重创，许多清真寺毁于战乱。以南京城为例，太平天国时期清真寺共 24 座，清政府攻陷南京城以后，只剩下残破的 7 座。虽有新建，但规模、工艺都大不如前。但随着西方现代建筑技术的传入，出现了一些钢筋混凝土结构的层楼式清真寺。到了民国时期，东南沿海地区的清真寺也开始吸收西方建筑中的一些元素，穹顶造型亦以新的方式重新出现在回族建筑当中。反倒是西北地区在回族建筑本土化方面仍有一些发展。一方面，门宦制度进一步发展，许多教主和宗教上层人士在当地拥有相当势力，为进一步发展壮大，新建了许多规模宏大的道堂，与礼拜殿、厢房等组成庞大的建筑群。另一方面，西北回族中一些政治精英，也大兴土木，修建了许多清真寺，通过宗教扩大自己的影响。最为典型的就是甘肃临夏的回族八坊，"河州三马"及其马氏家族成员在这里大量建造公馆、住宅和清真寺。这一时期，坊内建有 12 座清真寺，被后人称为"八坊十二古寺"。总之，这一时期的回族建筑呈现区域性的不平衡，东部地区总体势弱，西部地区略有发展。西方现代建筑技术开始对回族建筑产生影响。

新中国成立后，在民族大团结和尊重少数民族风俗习惯等方针的指引下，许多清真寺得到修缮和保护，特别是部分历经沧桑的古寺，还被各级政府列为文物保护单位。但在此后的"文化大革命"中，由于受极左思想的影响，许多回族建筑特别是宗教建筑遭受严重破坏或被彻底拆毁。一部分因为被收为公用而侥幸逃过一劫。"文革"结束后，国家落实民族宗教政策，回族建筑再次迎来了一个新的发展时期。[①]

---

① 凌明、世愉、杨林：《回族美术史稿》，《新美术》1992 年第 2 期。

纵观回族清真寺建筑演变发展的过程，便可从一个侧面清晰地看到回族先民如何将伊斯兰教传入中国，并不断地适应、采借中国传统文化，通过融合与再创造的方式实现回族伊斯兰文化的本土化与在地化。不仅如此，这一过程在时间和空间上都体现出极强的多样性。从时间来看，不同朝代统治者对伊斯兰教在华态度的差异，导致具体政策的不同，并在很大程度上影响伊斯兰教本土化的过程，因此对伊斯兰教本土化过程的理解应该是历时性的。此外，中国地域文化的多样性使伊斯兰教在面对中国主流社会文化背景的同时，也必然会面对丰富的地域性文化，并采取不同的本地化策略，从而实现真正的落地生根。因此，动态性与多样性也是理解中国回族伊斯兰文化的重要维度。

二 牛街清真寺个案

牛街清真寺坐落于北京市西城区广安门内牛街上，是历史上京城四大官寺之一①，也是北京规模最大、历史最久的一座清真寺。牛街位于北京的外城，也就是内城外的东南面，是回族最为集中的地方。

牛街清真寺以所在街道命名。辽宋时期，牛街所在的这片区域有许多果园和菜园，如今的枣林街、樱桃园和南菜园这些街道名称，都是从那时沿用下来的。相传，牛街为"榴街"的谐音，正是一大片石榴园的所在地。由于地势较高，故也称岗上。关于牛街清真寺的始建缘起，史料上说法不一。其中有一种说法是，960 年前后，一位名叫革瓦默定的阿拉伯"筛海"携子来京传教，其子纳苏鲁丁品行甚佳，而且有特异功能，对钱财官爵毫无兴趣，一心为清真寺掌教。他对皇帝说燕京这块地方以后必将是个兴隆之地，希望能够在此修建一座清真寺。皇帝对此大加赞赏，恩准其在京城南郊建寺，即今日的牛街清真寺。

据《北京牛街岗上礼拜寺志》记载，牛街清真寺创建于 966 年（辽圣宗十三年、北宋至道二年），牛街清真寺为辽代入仕的阿拉伯学者纳苏鲁丁所创建。明宣德二年（1427）扩建，明正统七年（1442）整修。明成化十年（1474），都指挥詹升题请名号，奉敕赐名"礼拜寺"，故有"明寺"之称。清康熙三十五年（1696）又按原样进行大规模修葺，总共经历 8 次修缮扩建。中华人民共和国成立后，1955 年，国家曾对牛街清真寺进行过修缮，但是在"文革"期间，礼拜寺遭到严重的人为破坏，被迫关闭。1979 年，政府拨款 40 多万元以及大量黄金对礼拜寺进行全面彻底的修复，一年之后，牛街清真寺以崭新的面貌复出。从此，这里成了接待国际穆斯林友人，进行国际友好往来的重要场所。此外，北京市宣武区（后并入西城区）伊斯兰

---

① 城区内四座官寺：牛街礼拜寺、东四清真寺、锦什坊街永寿寺、安定门内二条胡同法明寺。

教协会和北京穆斯林建设牛街基金会均设在寺内。1988 年列为国家重点文物保护单位。

就整体而言，古寺为典型的中轴对称布局，但局部较为特殊。通常，此类古寺的整体朝向一般与大殿一致，即坐西朝东，大门东开，由大门进入穿过数进院落到达西端的礼拜大殿。而这座寺整体坐东朝西，大门西开，设在与礼拜大殿西壁相隔不远处，牌坊门与大殿之间仅设一座望月楼作为过渡。这主要是因为礼拜朝向的规定，大殿必须坐西朝东，而由于地势所限，寺门只能开在礼拜大殿的西面，于是便形成了今天的格局。过去人们礼拜时，都从西经小桥、牌坊门，穿过望月楼，迎面是大殿西面围墙，于是分南北两侧，穿过两孔月亮门，经大殿两侧甬道，折转来到殿前，形成了这种特殊的格局，民间将其形象地称为"狮子倒回头""珍珠倒卷帘"。现在，大寺在南面侧院另开大门，平时人们都由此出入，原来的路线已不再使用。

古寺占地面积 6000 多平方米，建筑面积 3000 多平方米，由礼拜殿、望月楼、宣礼楼、讲堂、碑亭、对厅、沐浴室等组成。寺内古建筑均采用中国传统木结构形式，但在主要建筑物的细部，则运用了大量富有伊斯兰文化特色的建筑装饰元素。与牌坊门隔街相对有一座大影壁，长 40 米，高 5 米，汉白玉底座，大块水磨青砖镶面。牌坊门一大两小共三间，两侧带八字墙。门前朱漆木栅之内小桥流水，意境颇佳。正门在望月楼下，这种门楼兼作望月楼或邦克楼的手法在古寺中较为常见。楼高 10 米，为六角形双层亭式楼阁，顶部天花以菱形分割，亦成六角形。斗拱一斗三升，重檐歇山顶，覆有上黄下绿琉璃瓦，周围有窗扇，窗外绕以走廊。大门后隔一道院墙，便是礼拜殿，由于有院墙相隔，且现在不再使用，大殿两侧甬道显得更加幽静、肃穆。

大殿总面积 600 平方米，由 3 个勾连搭式屋顶和 1 座六角形攒尖顶亭式建筑组成，前有抱厦，左右有围廊，整座大殿虽谈不上雄伟，却质朴厚重、古意盎然。大殿起初面积很小，后主要经明清两代不断扩建、修整，才形成了今天的规模。相传，宋代初建时，只有后窑殿和面阔、进深各 3 间的方形大殿。明弘治九年（1496），在礼拜殿向东接出一座大殿；康熙年间，再向东接出 3 间抱厦，使大殿结构更加完整。此次修缮完毕之后，康熙皇帝赐"敕赐礼拜寺"匾额一块，至今仍存于寺内。殿面阔 5 间，东西 3 进共 42 间，纵深 30 余米，殿内可供千余人礼拜。18 根立柱间做成 21 个尖拱造型，上书阿拉伯文《古兰经》及赞圣词句。天花梁柱上以粉贴金绘成番莲等阿拉伯植物图案。殿内墙壁、门楣等处皆饰以各种书法体的《古兰经》文。大殿顶部天花板上绘有赞词及真主的 99 个尊名。后窑殿为六角攒尖顶建筑，两壁镶有阿拉伯文书法镂空木雕门小窗，笔法苍劲。西壁为牌楼式壁龛，梁柱庑殿顶，下为须弥座，左右略呈八字墙式。中间全部饰以不同体例的金色《古兰经》文。与一般古寺大殿相区别，整个大殿内部用色完全突破了伊斯兰教传统，无论是立柱还是柱间拱形坎门都是用朱红大漆，所刻经文皆以金箔贴面，整座大殿富丽堂皇。

大殿前正中为宣礼楼，为歇山重檐方亭式建筑。相传由坎马丁之子马哈木始于宋熙宁年间（1068～1077）所建，前身为尊经阁，后改为宣礼楼。殿前左右两侧对称建有两座碑亭，右亭始建于明弘治元年（1487），内为"万历岁次丑仲春重修碑记"，此碑是关于古寺建筑历史最重要的碑记。左亭始建于明弘治九年（1496），内为"大明弘治九年岁次丙辰礼拜寺增修碑记"，但碑文风化严重，字迹大多无法辨认。寺内东侧与大殿、宣礼楼成依次排列有对厅 7 间，始建于明正统七年（1442），是聚会议事之所。

男、女水房位于大殿南面侧院中，供穆斯林大、小净之用，男水房上额书有"涤虑处"字样，告诫人们不仅要洗净身体，更应涤除心中杂念，洁净心灵。东南跨院内有两座"筛海坟"，坟前立有阿拉伯文墓碑两通。据碑文载，坟中所埋为宋末元初来华讲学，无常于该寺的两位波斯长老，一位名为穆罕默德·本·艾哈迈德，卒于元至元十七年（1280）；另一位名阿里，卒于元至元二十年（1283）。

寺内最为著名的建筑装饰当数寺门前大影壁上的"四无图"玉石浮雕。这部作品出自明代前期，图高 80 厘米、宽 35 厘米，图上绘有钟、如意、棋盘和香炉等。虽然整幅图不大，却寓意深长。这幅浮雕图内四种物件各有所指，"钟"通"忠"，如意的"意"通"义"，"棋"通"齐"，香炉的"香"通"襄"，这四个字合起来就是"忠义齐襄"，即忠义双全的意思。封建社会提倡上尽忠，下结义，这样才能功成名就，这幅浮雕用四件事物很好地概括了这个意思，可见设计者的良苦用心。另外，大多数人认为图中的钟、如意、棋盘、香炉四件东西与穆斯林没有任何关系，这也是"四无图"得名的原因。"一无"是"有钟无人敲"，穆斯林每天以太阳的高度来认定晨、晌、晡、昏、宵五个时间，做五次礼拜，根本不靠敲钟报时，所以清真寺内没有钟，即使有，也只不过是个摆设罢了。"二无"是"有玉无人佩"，如意自古为宝，玉如意更是富贵的象征，自然是人人倾心，渴望拥有，但是穆斯林的教义是，今生富贵与否都由真主定然，假如没有富贵命，一味地过分争取，浪费时间，倒不如多花点精力做善功，因而也无须佩戴玉。"三无"是"有棋无人下"，真主鼓励教徒们自力更生，靠自己的双手吃饭，在闲暇的时候也不能懒惰，要主动到清真寺去做礼拜，不要总是赏花下棋放纵自己。"四无"是"有炉无香烧"，清真寺并不像佛寺道观内总是烟雾缭绕，让人有轻飘飘的感觉，礼拜寺的香火主要是用来"闻香"的，真正做礼拜时是不点香的，所以香炉也就没什么用处了。"四无图"构图古朴简练，意境深远，令人回味无穷。钟、如意、棋盘和香炉都是中国传统建筑雕刻装饰中喜闻乐见的题材，用来传达其常见于佛、道等宗教场所中，亦有其蕴含的特殊含义，此处虽雕有四物，却被建造者赋予新的内涵，借以表达伊斯兰教对教众的警醒与忠告，可谓巧妙。

无论是中轴对称又灵活变通的"狮子倒回头"还是朱红的大殿内饰，无论是"四无图"还是水房委婉深刻的名称"涤虑处",都传达着回族先民认同与和谐的智慧表达。毫无疑问,在伊斯兰教初入当地时,采借、融合当地人所熟悉和遵从的主流文化符号能够得到更大的接纳和认同空间。将中国传统文化象征符号纳入伊斯兰文化体系中,在很大程度上体现了这种信仰形态及其持有者在异文化背景下获得生存空间的策略。通过对当地主流文化的认同与适应,伊斯兰教被异文化社会所接纳,从而赢得较为宽松的发展环境。而那些被伊斯兰文化所采借与再造的文化符号,在历史的长河中逐渐被人们从它的母体中剥离出来,赋予其新的伊斯兰文化的意涵,使含义抽象化、象征普遍化,从而形成一种融会伊斯兰文化和当地文化的新意义符号。这些符号体现在当地人信仰的方方面面,很多内容可能已经被人们所忘却,然而在当地回族清真寺建筑及各种装饰中保存了大量被新创造的文化符号。从这些符号中,我们似乎清晰地看到伊斯兰文化和当地文化交流融合的精彩过程,也为其中闪耀的回族民间智慧所折服。

三 结语

正如民族学、人类学的研究表明,不同文化的交流互动不仅会促进文化要素的传播,还可能生成新的更具生命力的文化特征,从而引领文化变迁的方向。回族建筑文化的发展历程便为我们展示了文化变迁的这一特点。经过前文对回族宗教建筑在中国总体的发展脉络梳理,以及对个案牛街清真寺的深度分析,我们可以发现,在回族宗教建筑发展背后蕴藏着一种回族内部代代相承的文化精神。正是这种精神指引着这个群体在纷繁复杂的社会中,既保持自我又能够与时俱进,从而通过本土化的方式不断拓展自己的生存空间。在笔者看来,这种文化精神核心正是一种生存的智慧,这种生存智慧至少有以下三个特点。

首先,它是不同文化相互博弈的产物。一种文化在与其他文化相遇时,往往更容易产生自觉意识。当来自穆斯林世界的回族先祖们踏上中国这片土地,伊斯兰文化与中国传统文化便不可避免地发生了碰撞,他们面临的第一要务就是如何在新的环境中生存下来。尽管外来的回族先祖们坚守了很多伊斯兰的文化特质,但面对中国本土文化深厚的根基和强势的地位,他们意识到融合两种文化的必要性。因而,对于他们而言,既有妥协又有坚持,既要吸收又要甄别,积极地适应才是保持自身并谋求发展的明智之举。然而,积极适应并不代表自愿被同化,在此二者之间达成一种互融共存的状态实则是一种高深的智慧。

其次,它是一种恒久不变的精神内核。无论时空如何变幻,这种智慧都赋予回族文化强大的生命力。一种文化要想生存,就要不断改变以适应社会大环境的变化;但一种文化要想长远的发展,却一定要在融入社会、与时俱进的同时保持自己的个性,这才是其能够经受时间考验、立于不败之地的前提。任何一种文化只有具有自己鲜明的个性，才能以不变应万变，才能在万变中保持不变。无论是古代的封建帝国还是现代的民族国家，这种生存智慧正是回族文化能够不断在适应中发展的根本保障。

最后，它使回族文化具有强大的包容性和旺盛的创造力。回族建筑中除具有伊斯兰文化、中国社会主流文化的种种特征外，还体现着丰富的地域性特征和其他少数民族的文化特点。之所以称为智慧，其中重要的一点就是它善于吸收其他文化之精华。这种吸收绝不是简单的拿来主义，而是拿来后经过消化与重新加工，赋予其新的内涵，成为自我表达的一种工具和途径。这一过程本身就是一种文化的创造。

原载于何星亮主编《宗教信仰与民族文化》（第 10 辑），社会科学文献出版社，2018

应对不公平的策略选择与民族地区社会治理

宁亚芳

摘　要　本文以应对不公平的策略选择为分析视角，从理论上归纳了应对不公平的4种策略，即自我被动忍受、被动依赖外力、主动借助外力和自我直接参与。实证检验表明，民族地区受访者选择主动借助外力的人数占比最高。年龄、性别、受教育程度、户籍、政治面貌、社会经济地位、其他民族好友数、社会公平感认知、民族政策满意度等是受访者策略选择的显著影响因素。基于公民参与能力提升和治理主体有序互动两大路径：本文提出了改善民族地区社会治理的五点政策启示。即提升民族工作的法治化水平，创新城市民族工作方法，提升民族政策的公平性，增强女性参与能力，提升民族地区和个体发展能力。

关键词　社会公平　社会治理　策略选择　民族地区

一　问题的提出

党的十八大报告提出了"在改善民生和创新管理中加强社会建设"的目标，十八届三中全会《决定》则明确将"推进国家治理体系和治理能力的现代化"确定为全面深化改革的总目标。民族地区作为社会治理的重要实践场域，其社会治理是实现国家治理体系和治理能力现代化目标的重要组成部分。在"四个全面"战略布局和"十三五"规划纲要的部署下，民族工作体制机制的完善与效果提升、全面建成小康社会目标的实现、"五位一体"建设的协调推进，都须紧密围绕社会治理的推进与创新。社会治理为上述目标的实现提供了理论支撑和技术进路。

从社会建设、社会管理到国家治理和社会治理，体现了党中央治国理政战略中更加强调了多元治理主体的依法有序参与和社会公平目标的实现。社会治理以实现和维护群众权利为核心，发挥多元治理主体的作用，针对国家治理中的社会问题，完善社会福利，保障改善民生，化解社会矛盾，促进社会公平，推动社会有序和谐发展的过程。① 社会治理理论使公平正义实现了三大方面的理论突破和实践创新，即创新经济机会公平、社会机会公平、政治机会公平的合理配置。② 从社会治理的作用机理来看，依法治理是前提、治理主体的有序互动是保障、社会公平和谐是目标。就改革的边际效应而言，社会治理给民族地区带来的边际效应更大。目前，有一些研究关注了民族地区社会治理。一方面，这些研究论述了民族地区社会治理的重要性和特殊性。例如，区位表征与文化差异等使得民族地区社会治理工作呈现复杂态势并出现诸多棘手问题③，经济发展、宗教信仰、地缘政治、文化教育、技术扩散等都属于边疆民族地区社会治理面临的特殊性制约。④ 另一方面，学者们也讨论了民族地区各级政府、社会组织、市场等在创新社会治理中的作用方向和边界。例如，有研究分析了云南边疆民族地区社会组织发展的特殊性，提出了激发社会组织活力的 8 条建议。⑤ 有人从县域视角提出了社会治理中政府应深化转换职能、健全"县乡村三级结构"等建议。⑥ 还有人从公民参与的视角建议加强民族地区公民教育、消除公民参与的冷漠心理，为公民参与提供制度平台。⑦

已有研究更多从宏观上关注了加强民族地区社会治理"为什么"和"怎么办"两个问题，缺乏从社会个体的角度分析其在社会治理活动中的认知和行为策略，从而提出更具针对性的建议。本文尝试从分析社会治理与社会公平的关系出发，阐述公民应对不公平的策略选择与改善社会治理效果之间的逻辑关系。基于上述理论分析，本文使用了国家社科基金特别委托项目暨中国社会科学院创新工程重大专项"21 世纪初中国少数民族地区经济社会发展综合调查"的问卷数据分析当前民族地区公民应对不公平的策略选择，并建立模型分析其影响因素，最后还将讨论提升民族地区社会治理效果的启示。

二 应对不公平的策略选择：社会治理的一种分析视角

（一）社会治理是实现社会公平的动态过程

无论是全球治理委员会对社会治理的定义，还是党的十八届三中全会《决定》对创新社会治理的阐述，社会公平始终是一个关键词。社会治理通过实现参与主体多元

---

① 姜晓萍：《国家治理现代化进程中的社会治理体制创新》，《中国行政管理》2014 年第 1 期，第 24 页。

② 李战刚：《公平正义与社会治理理论创新》，《科学社会主义》2014 年第 1 期，第 40 页。

③ 王刚：《民族地区社会治理问题论纲》，《青海民族研究》2016 年第 1 期，第 108 页。

④ 高瑛、饶旭鹏：《民族地区的社会治理与社会建设：现状、问题与对策——基于甘南藏区的研究》，《民族论坛》2016 年第 4 期，第 23 页。朱懿、韩勇：《扎根理论视域下边疆民族地区社会治理创新研究——基于新疆维吾尔自治区的实证分析》，《西南民族大学学报》（人文社会科学版）2016 年第 7 期，第 35 页。

⑤ 马国芳：《社会治理进程中云南边疆民族地区社会组织活力研究》，《云南社会科学》2015 年第 6 期，第 152~157 页。

⑥ 杨刚：《民族地区社会治理中政府作用的县域视角分析——基于大理市的研究》，《民族论坛》2016 年第 6 期，第 8~11 页。

⑦ 龙丽波：《公民参与视域下民族地区社会治理路径》，《中共云南省委党校学报》2016 年第 2 期，第 168~172 页。

化、参与秩序法治化、治理手段现代化来推动各方利益的协调与公共利益的实现，最终都是为了使全社会达到社会公平和谐的状态。根据党的十八届三中全会《决定》的阐述，全面深化改革的总目标之一是推进国家治理体系和治理能力现代化，要让发展成果更多更公平惠及全体人民，紧紧围绕更好保障和改善民生、促进社会公平正义深化社会体制改革，加快形成科学有效的社会治理体制。① 社会治理理论的提出，本质上标志着各个参与主体实现和维护合法利益的方式更加趋于法治化、民主化、公平化。社会治理在面临多元化利益诉求时，只有构建公平正义的社会利益分配机制和公共资源共享机制，才能有效协调各种社会关系，化解社会矛盾，让发展的成果更多更公平地惠及全体人民，保障普通公民平等参与现代化过程，构建起点公平、机会公平、结果公平的社会治理体制。②

社会治理作为一个调节利益和社会关系的动态过程，其自身也是一个实现起点公平、维护程序公平、促进结果公平的过程。社会治理中的起点公平表现为多元治理主体针对具体社会问题进行参商时的身份是平等的，各方以民主、平等、合作的方式就具体事项或问题的解决提出建设性的意见。社会治理中的程序公平则不仅表现为治理主体平等共决的有序互动关系有明确的法律保障，也表现为各方在参与治理具体问题时的方式、措施更加法治化。社会治理中的结果公平则在上述起点公平和程序公平的基础上尽可能地得到实现和维护。可以说，社会治理不仅是将社会公平的价值理念进一步深入人心，更重要的是将会促进社会公平的措施法治化、现代化。

（二）不公平对社会治理主体有序互动的影响

社会治理对起点公平的维护对于随后多元治理主体的公平有序互动以及结果公平的实现起着最基础的作用，而治理主体在治理过程和治理结果中是否受到公平对待、是否得到预期的公平结果，则会影响社会治理的良性运行。在治理主体产生了不公平感的情况下，其应对不公平的策略选择首先将影响其对社会治理结果的认同，进而影响治理主体间的信任程度，最后则影响其在新的社会治理活动中的参与、合作程度。社会治理从多元治理主体的参与到公平结果的产生是一个循环，治理主体的公平感认知与应对不公平的策略选择在这一循环中起着关键作用。

一般而言，社会治理的主体主要是政府、市场、非政府组织、公民。但在社会问题的解决和公共利益的维护中，政府与公民依然是最主要的两大互动主体；社会组织参与决策、解决问题和担当压力集团的作用逐步加强；市场在社会治理中也依然从优

---

① 新华社：《授权发布：中共中央关于全面深化改革若干重大问题的决定》，新华网，http://news. xinhua-net. com/politics/2013－11/15/c_118164235. htm。

② 姜晓萍：《国家治理现代化进程中的社会治理体制创新》，《中国行政管理》2014 年第 1 期，第 24 页。

化资源配置、提升员工福利、参与公益事业等方面发挥着作用。政府与公民之所以是社会治理最主要的两大互动主体，其原因在于：第一，我国的社会治理内涵决定了政府与公民的有序互动在多元治理主体有序互动中的重要性。中国特色社会治理的主要任务是反映群众诉求，规范社会行为，协调社会关系，调解利益格局，化解社会矛盾，解决社会问题，增强社会活力。① 第二，社会治理维护公共利益和促进社会公平的目标要依托于制度法规和社会政策。一方面，各项惠农资金、扶持措施、社会福利服务的有效递送都需要制度法规和社会政策的保障。另一方面，也只有制度法规和社会政策才能建构起公民对政府的信任。因此，从公民参与互动的视角来探析社会治理能力提升更具现实意义和针对性。有学者指出，重视公民参与对创新民族地区社会治理和提高民族地区政府治理的有效性意义重大，应使公民参与成为民族地区常态化的社会治理模式。②

那么，公民在遇到不公平时会采取哪些策略呢？本文尝试从依据力量的类型和行动意愿的强度两个维度归纳公民应对不公平的四类策略。

第一种是自我被动忍受。即面对不公平时，公民被动的从自身寻求心理上的安慰。具体表现为被动忍受，或者寻求宗教/信仰上的安慰。宗教/信仰上的安慰是少数民族社会成员应对不公平的重要策略之一，这与少数民族宗教信仰人数占比高（部分民族属于全民信教）密切相关。公民采取自我被动忍受的方式来应对不公平时，对社会治理的影响仅仅表现于短时间内个别公民的不参与，并不能对问题的解决起到促进作用。

第二种是被动依赖外力。该策略背后主要是受"自然有人管"的心理影响，公民往往只是寄希望于他人或者有关机构会自动解决其不公平问题。由于采取这一策略的人并没有积极地表达诉求并参与社会治理，在一定程度上反而会掩盖不公平问题，造成社会治理主体互动共决中的信息不对称。

第三种是主动借助外力。在这一策略中，公民积极主动寻求外部力量的介入来帮助解决面临的不公平问题。这些外部力量包括非正式渠道下的托人/找关系，正式渠道下的向政府/干部反映（如纪委部门），以及其他的第三方组织。其他第三方组织主要分为传统型组织，如宗族、宗教组织，通常具有调停裁决的功能；现代型组织，如媒体、社区组织和非营利组织，通常扮演监督机构、压力集团、维权机构等角色。在这一策略中，治理主体明显趋于多元化，使得具体社会问题的解决思路更接近于社会治理的逻辑。

第四种是自我直接参与。这一策略最显著的特征就是公民本人积极参与维权抗争行动。具体包括依法诉讼、上访或游行、暴力抗争。这三种方式对社会治理多元主体有序互动的影响各不相同。其中依法诉讼是当前依法治国背景下社会治理中的主要期

---

① 韩庆祥：《为什么要创新社会治理体制》，《光明日报》2013 年 12 月 12 日第 1 版。
② 龙丽波：《公民参与视域下民族地区社会治理路径》，《中共云南省委党校学报》2016 年第 2 期，第 168 页。

望方式之一。而上访或游行这种方式背后反映的是治理主体间并未形成有序互动共决的关系。暴力抗争则是治理主体间互动关系最紧张、最极端的一种。

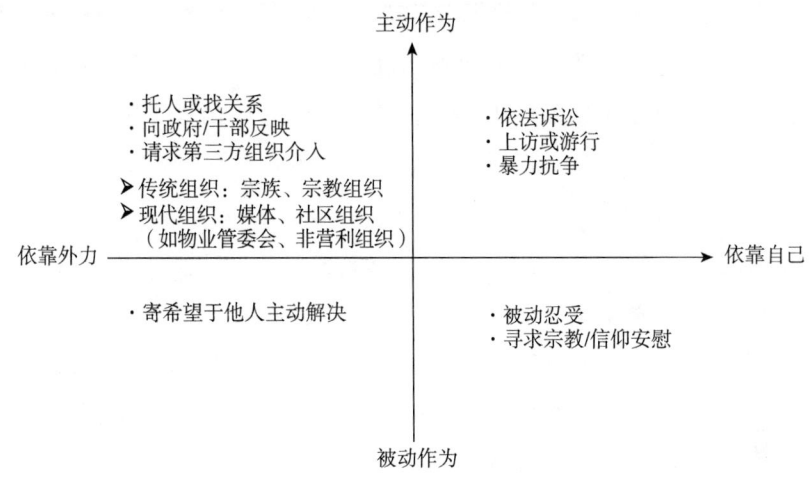

图1　公民应对不公平的策略类型

（三）研究假设的提出

公民选择不同应对策略会使社会治理中形成不同的治理主体互动关系格局，以及对社会公平状态的实现产生不同方向和不同程度的影响。那么，民族地区居民在遇到不公平时会倾向于采取哪种应对策略呢？以及有哪些因素会影响他们的策略选择呢？这是本文要重点回答的问题。

社会个体在遭遇不公平后形成应对策略，除了依赖于其不公平感的产生及强弱程度，还跟其自身个体特征、行动能力（如调用各类资源的能力）、社会环境等密切相关。因此本文将从受访者个人特征、社会公平感的认知、行动能力、社会环境等方面探索影响因素，并提出如下假设。

假设1：城镇化的加速推进使民族地区社会成员采取主动措施应对不公平遭遇的意愿越来越强。

民族地区城镇化的加速，一方面加速了本地经济社会发展，但同时也使地区间、城乡间、不同收入群体间的经济水平和发展条件差距扩大，横向和纵向的不公平感不断增强。另一方面则加速了民族地区人口的跨区域流动，对外交流的增强使民族地区社会成员解决不公平问题时在观念上更加前卫、行动上更加积极。此外，城镇化过程中基本公共服务均等化的推进，实现了通信和互联网更加深入基层，这也为民族地区公民应对不公平的行动力的增强提供了物质保障。

假设2：宗教信仰对民族地区社会成员的不公感忍受度和应对策略的选择具有显著影响。

宗教信仰对族群及其个体的价值观念、思维方式和行为方式均产生着重要影响。

我国少数民族社会成员中信教或者具有本民族原始信仰的人数较多，甚至一些民族（如藏族、傣族、布朗族）属于全民信教；汉族也有人信仰不同宗教。伴随着宗教在社会联结、道德教化、心理调适、社会调节等功能的发挥[①]，宗教信仰能够使信徒们更加宽容，对不公平的感知和采取行动方面不会过于敏感。正如人类学家威廉·哈维兰指出，宗教通过教义教规也可以维持社会秩序。[②] 但不可忽略的是，尽管宗教能够让信徒在不公平面前有更强的忍受度，但同时也意味着这部分人不会积极参与到社会治理多元治理主体的有序互动中来。

假设 3：依法治国理念的不断深入和法治政府建设的推进，越来越多的民族地区社会成员将通过法律途径解决不公平问题。

依法治国是我国"四个全面"战略布局的重要内容，建设法治政府也是十八届三中全会明确提出的政府转变职能的重要目标之一。提升民族工作的法治水平也成为当前民族地区经济社会发展的重要任务。依法维护各民族合法利益，实现民族间、地区间的公平早已成为各民族群众的强烈诉求。因此，随着各级党委、政府落实"法治政府"的力度加大，法律将越来越成为民族地区社会成员维护社会公平的主要措施。

假设 4：民族地区社会组织的发展，为社会成员应对不公平提供了更多元的手段、更大的空间。

民族地区社会组织的发展表现为三个方面，一是民间组织成立注册的放宽，使民族地区包括公益组织在内的一系列社会组织快速发展。二是城镇化使民族地区的城镇诞生了很多社区、街道等组织单元，物业管委会、街道办、居委会等成为居民维权的新型组织。三是民族地区城乡间一些诸如协会、专业合作社在发挥组织文娱活动和生产经营等功能的同时，也成为帮助会员维权的新"代言人"。正是这些社会组织的快速发展，使民族地区社会成员表达诉求、维护权益的平台更多、方式更加多样。

三　民族地区公民应对不公平的策略选择及其影响因素

（一）数据选择及基本情况

本文使用的数据来自国家社科基金特别委托项目暨中国社会科学院创新工程重大专项"21 世纪初中国少数民族地区经济社会发展综合调查"于 2013、2014、2015 年在蒙、吉、浙、鄂、桂、琼、川、黔、滇、藏、甘、青、宁和新 14 个省、自治区的 48 个市、县、区进行的城乡家庭问卷调查。调查对象采用分层随机抽样方法产生。在调查

---

① 李大健：《民族地区构建和谐社会的宗教学思考——全面了解宗教功能、正确认识宗教特点、依法管理宗教事务》，《黑龙江民族丛刊》2011 年第 6 期，第 184 页。

② 李莉：《建设和谐社会中的宗教角色》，《中国宗教》2013 年第 4 期，第 47 页。

市、县、区内，参照城乡不同经济发展状况（高、中、低）和民族人口分布状况，分别选取调查的城镇和乡村社区，根据当地的城镇化率确定被调查住户的城乡划分，在确定的社区或行政村层面对住户进行随机等距抽样选定具体样本①，每个调查点的问卷规模为 400～500 份。3 年间，共获得 18609 份家庭问卷，涵盖 50 个民族。2013～2015 年的问卷数分别为 6536、7341 和 4732 份。出于扩充样本容量的考虑，本文将 3 年的调查数据合并成一个混合横截面数据，因每年的抽样家庭完全随机且不同，因此从数据结构和性质上来讲，合并数据进行描述统计和回归分析在统计学上是有意义的。

按照理论分析框架，本文将问卷相应问题的 17 个选项进行了适当归并，并将归并后的 12 项具体策略方式合并成理论分析中的 4 种策略，以方便进行影响因素分析。总体而言，主动借助外力的占比最高，为 45.4%；这意味着受访者在社会治理过程中，积极寻求其他治理主体的参与和帮助的意愿较强。其次为自我被动忍受的占比较高，为 32.7%。究其原因可能是多方面的，例如民族地区公民的法治观念总体上不强；以前的"强政府、弱个人"的政府 – 公民互动关系也会抑制公民在面临不公平时采取积极行动的意愿。受访者采取自我直接参与和被动依赖外力的人数占比不高，分别仅为 19.5% 和 2.4%。

表 1　受访者应对不公平的策略描述统计　（N = 17383）

单位：%

类型	策略	频次	有效百分比
自我被动忍受型	无能为力，只有忍受	5185	29.8
	没解决办法，但可寻求宗教安慰	503	2.9
被动依赖外力型	不用自己关心，有别人会管	416	2.4
主动借助外力型	找当地政府/干部反映	4137	23.8
	寻求社区组织等解决	2200	12.7
	托人（亲友）和找关系	796	4.6
	在媒体上反映	719	4.1
	找宗族	21	0.1
	找宗教组织	11	0.1
自我直接参与型	依法诉讼	2680	15.4
	上访和游行示威	674	3.9
	暴力抗争	41	0.2
合计		17383	100.0

注：缺失值为 1226 个，占个案量的 6.6%。

———————————

① 王延中、丁赛：《2013 年调查问卷分析·综合卷》，中国社会科学出版社，2015，第 3～5 页。

（二）操作化与测量

本文在研究假设中提出，受访者的个人特征、社会公平感的认知状况、行动能力、社会环境等方面的因素对受访者的策略选择会产生潜在影响。应对不公平的策略选择是本研究的因变量。在自变量中，选取了受访者的年龄、性别、民族、受教育水平、职业类型、户籍、政治面貌、宗教信仰作为个人特征的代理变量。社会经济地位、其他民族好友数则作为行动能力的代理变量。受访者社会经济地位状况会直接影响其对各类资源的可及度和调用程度，进而影响其在解决不公平问题时的实际行动能力。既包括自我的参与程度，也包括对外力的借助范围。而其他民族好友数之所以能作为代理变量，是考虑到受访者拥有其他民族好友数越多，背后折射出的是该个体主动与其他民族个体交往交流的意愿强烈，其社会交往能力往往更强、观念更加开放，因而在遇到不公平遭遇时，往往会更加积极地寻求外力的帮助。公平感认知状况会直接影响受访者社会治理的参与程度和参与方式，因此本研究将其纳入自变量的范围，并用社会总体公平感评价作为其代理变量。

表 2　变量的描述统计

变量类别		变量名	定义	样本量	均值	标准差
因变量		应对不公平的策略选择	1 = 自我被动忍受，2 = 被动依赖外力，3 = 主动借助外力，4 = 自我直接参与	17383	2.5	1.138
自变量	个人特征	年龄	1 = 29 岁及以下，2 = 30 - 39 岁，3 = 40 - 49 岁，4 = 50 - 59 岁，5 = 60 岁及以上	18370	2.9	1.308
		性别	0 = 女，1 = 男	18443	0.6	0.496
		民族	0 = 少数民族，1 = 汉族	18379	0.3	0.449
		受教育水平	0 = 未上学，1 = 小学，2 = 初中，3 = 高中，4 = 大学及以上	18408	1.9	1.283
		职业	1 = 机关事业单位人员，2 = 专业技术人员，3 = 商业、服务业人员，4 = 农林牧渔水利生产人员，5 = 其他	18609	3.8	1.310
		户籍	0 = 非农业，1 = 农业	18441	0.6	0.478
		政治面貌	0 = 非中共党员，1 = 中共党员	18388	0.2	0.393
		宗教信仰	0 = 无宗教信仰，1 = 有宗教信仰	17764	0.4	0.497
	行动能力	社会经济地位	1 = 下，2 = 中下，3 = 中，4 = 中上，5 = 上	17303	2.5	0.933
		其他民族好友数	0 = 无，1 = 1 个，2 = 2 个，3 = 3 个及以上	17749	1.8	1.371
	公平感认知	社会总体公平感	1 = 很不公平，2 = 不太公平，3 = 一般，4 = 比较公平，5 = 很公平	17869	3.8	0.937
	社会环境	民族政策满意度	0 = 不满意，1 = 一般，2 = 满意	18268	1.7	0.593
		干群间冲突	1 = 严重，2 = 一般，3 = 不严重	18444	2.5	0.787
		民族间冲突	1 = 严重，2 = 一般，3 = 不严重	18456	2.6	0.678
		城乡居民间冲突	1 = 严重，2 = 一般，3 = 不严重	18455	2.6	0.728

此外，社会环境也会影响受访者应对不公平的策略选择。社会环境的好坏一方面取决于制度、政策是否公平落实，另一方面则取决于各个社会群体间的关系是否和谐，是否能在社会治理过程中形成良性互动合作关系。民族政策是民族地区各大制度和政策中影响力最大的政策，不仅影响着民族地区和少数民族经济社会发展的速度与水平，也影响着民族关系状况。因此，本研究以民族政策满意度作为社会环境中政策层面的代理变量。此外，民族地区社会治理主体的互动关系中，干部与群众、不同民族之间、城乡居民之间往往在地区发展和收入水平差距、政策落实程度与参与度等方面存在诸多的纠纷或不公平现象。这些群体间的关系状况也会影响受访者的策略选择。因此，本研究选择干群间、民族间、城乡居民间的冲突程度作为社会环境中社会群体间关系的代理变量。

（三）分析策略、结果与解释

由于因变量为 4 分类变量，因此本文采用多元无序 logistic 回归模型来分析受访者选择应对不公平的策略的影响因素，经使用 SPSS21.0 处理后的模型结果如表 3 所示。模型结果得到了如下发现。

1. 女性选择自我被动忍受的概率更高。女性选择主动借助外力和自我直接参与的概率与选择自我被动忍受概率之比，分别是男性的 0.866 倍和 0.848 倍，概率比均小于 1。民族地区的女性是贫困发生率最高的群体之一，其在家庭分工、就业和收入、社会交往和社会资源的获取方面处于相对劣势，这种劣势使女性在面临不公平遭遇时，往往趋于保守而倾向于被动处理。

2. 年轻受访者选择主动借助外力的概率更高。年龄因素仅在受访者选择主动借助外力与自我被动忍受的概率比较中具有显著影响。在控制其他变量不变的情况下，年龄层次提高 1 个单位，受访者选择主动借助外力与自我被动忍受的概率之比将降低 0.908 倍。这在一定程度上证实了研究假设 1 的成立。城镇化使民族地区城乡教育资源配置的差距逐步缩小，年轻人受教育水平不断提升。一方面，这一群体求学或外出务工的需求使其流动性增强；另一方面，知识水平的提升也使年轻人对法律、政策的了解程度更加全面。加之互联网越发普及，年轻人更有可能通过法律诉讼或寻求第三方组织来解决不公平问题。实际上，受教育水平在模型中的结果也印证了这一解释。在控制其他变量不变的情况下，受教育水平层次每提高 1 个单位，受访者选择主动借助外力和自我直接参与的概率与选择自我被动忍受的概率之比，分别将提高 1.107 倍和 1.264 倍。受教育水平越高，受访者自我参与的程度就越深。

3. 民族类别不具有统计学意义上的显著影响。这意味着，在其他条件一致的情况下，民族地区汉族和少数民族在应对不公平的策略选择上差异并不明显。21 世纪以来，民族地区参与全球化和现代化进程的程度持续加深，少数民族和民族地区汉族在这一过程中共同面临着社会转型和经济结构转变，越来越面临着相同的社会问题与矛盾。在问题的解决与利益博弈过程中，民族间应对不公平的策略选择的差异也逐步在缩小。

4. 户籍是影响受访者选择自我直接参与的显著影响因素。城镇居民受访者选择自我直接参与的概率与选择自我被动忍受的概率之比，是农村居民在这两种策略上的概率之比的 1. 396 倍。城镇居民受访者更倾向于选择主动型策略。尽管户籍类别影响城镇居民受访者选择主动借助外力概率不具备统计学意义，但总体上也表现出了选择主动借助外力的概率更高的特点。这一发现较好地印证了本文提出的研究假设 1。城镇化的加速，使民族地区"熟人社会"的空间在缩减，而以社区、小区等为单元的"陌生人社会"空间扩大。在遭遇不公平时，通过借助外力或自己走法律诉讼程序的需求也越来越强。加之城镇地区依法治国理念普及度更高、法律资源可及性更高，城镇居民选择主动型策略应对不公平的概率确实要高于农村居民。

5. 政治面貌是影响受访者策略选择的显著影响因素。非共产党员受访者选择主动借助外力和自我直接参与的概率分别与选择自我被动忍受的概率比值，分别是共产党员受访者上述两类策略概率比值的 0. 703 倍和 0. 755 倍。共产党员受访者选择主动型策略的概率相对更高。这可能从两个方面得到解释，一是党员的思想觉悟更高，面对不公平时主动寻求解决的动机更强。二是党员主动学习法律和政策的积极性更强、机会更多，对政策内容的熟悉程度高也促使其在处理不公平问题时更倾向于主动。

6. 宗教信仰状况仅对受访者选择主动借助外力时具有显著的影响。无宗教信仰的受访者选择主动借助外力的概率与选择自我被动忍受的概率之比，是有宗教信仰受访者在上述两种策略概率比值的 1. 135 倍。有宗教信仰受访者选择自我被动忍受的概率更高，这一发现在一定程度上证实了研究假设 2 的成立。

7. 职业类别并未对受访者选择应对不公平的策略概率形成一致的显著性影响。但在主动借助外力型策略的选择中，与职业类别不明受访者相比，机关事业单位受访者更倾向于选择主动借助外力（概率比 = 1. 217），而从事农林牧渔水利生产的受访者更倾向于选择自我被动忍受（概率比 = 0. 896）。这在一定程度上意味着，对法律和政策熟悉程度越高的职业受访者，采取主动型策略的概率更高。

表 3　应对不公平的策略选择的影响因素的多元无序 logistic 回归模型

自变量	被动依赖外力型		主动借助外力型		自我直接参与型	
	系数	概率比	系数	概率比	系数	概率比
性别						
女	-. 095（. 118）	. 910	-. 144 ** （. 042）	. 866	-. 165 ** （. 053）	. 848

续表

自变量	被动依赖外力型		主动借助外力型		自我直接参与型	
	系数	概率比	系数	概率比	系数	概率比
年龄	-.088 (.049)	.916	-.097 ** (.017)	.908	-.038 (.022)	.963
民族						
少数民族	-.086 (.154)	.918	-.064 (.052)	.938	-.021 (.065)	.979
户籍						
非农业	-.180 (.163)	.835	.052 (.053)	1.053	.334 ** (.065)	1.396
政治面貌						
非中共党员	-.307 (.165)	.736	-.352 ** (.060)	.703	-.281 ** (.072)	.755
宗教信仰						
无宗教信仰	-.249 (.130)	.780	.126 ** (.047)	1.135	-.100 (.058)	.905
受教育水平	-.003 (.063)	.997	.102 ** (.022)	1.107	.234 ** (.028)	1.264
职业类别						
机关事业单位人员	.078 (.258)	1.082	.197 * (.083)	1.217	-.132 (.100)	.876
专业技术人员	.557 * (.242)	1.746	-.179 (.097)	.836	-.016 (.111)	.984
商业、服务业人员	-.083 (.217)	.921	.113 (.065)	1.120	.150 (.079)	1.162
农林牧渔水利生产人员	.467 ** (.145)	1.595	-.110 * (.051)	.896	-.061 (.067)	.941
社会经济地位水平	.142 * (.064)	1.153	.157 ** (.022)	1.170	.246 ** (.028)	1.279
其他民族好友数	.184 ** (.044)	1.202	.042 ** (.015)	1.043	.200 ** (.020)	1.221
社会总体公平感	.231 ** (.065)	1.260	.308 ** (.023)	1.361	.266 ** (.029)	1.305
民族政策满意度	.003 (.099)	1.003	.192 ** (.035)	1.212	.231 ** (.046)	1.260
干群间冲突	.222 ** (.082)	1.249	.271 ** (.028)	1.311	.178 ** (.036)	1.195
民族间冲突	-.207 * (.094)	.813	.048 (.035)	1.049	.023 (.044)	1.024
城乡居民间冲突	-.023 (.090)	.977	-.181 ** (.031)	.835	.096 * (.042)	1.100
截距	-3.492 ** (.494)		-1.500 ** (.174)		-3.717 ** (.226)	

模型拟合信息：-2 倍对数似然值 = 27747.323，Chi = 1436.415（p = 0.000）。伪 R 方值情况：Cox 和 Snell = 0.099，Nagelkerke = 0.110，McFadden = 0.046

注：（1）因变量的参照类别是自我被动忍受型策略；自变量的参考类别分别是：性别 = 男、民族 = 汉族、受教育水平 = 大学及以上、职业类别 = 其他、户籍 = 农业、政治面貌 = 中共党员、宗教信仰 = 有宗教信仰。（2）括号内的数字为标准误；（3）＊表示 p < 0.05、＊＊表示 p < 0.01。

8. 行动能力强的受访者，选择被动型策略的概率更低。在与选择自我被动忍受的概率比较中，社会经济地位水平和其他民族好友数每提升 1 个单位，受访者选择其他 3 种策略的概率与选择自我被动忍受的概率之比均大于 1。这意味着，受访者社会经济地位越高、其他民族好友数越多，就越倾向于选择主动型策略。这一发现也证实了本文选取其作为受访者行动能力的代理变量时基于的逻辑。

9. 对社会公平感评价越高的受访者，选择主动型应对策略的概率也相对更高。这意味着社会公平的程度与应对不公平策略的选择有良性互促关系。受访者社会公平感越强，在面临不公平遭遇，也会更积极地参与问题的解决。这一发现恰好印证了本文的理论分析逻辑——社会公平是社会治理的目标，同样也是提升社会治理水平的路径。

10. 社会环境同样也是受访者应对不公平策略选择的显著影响因素。从受访者选择其他 3 类策略的概率与选择自我被动忍受概率的概率比来看，认为民族政策满意度越高，干群间、民族间、城乡居民间冲突越不严重的受访者，选择主动型策略的概率相对更高（系数为正时，概率比均大于 1；系数为负时，概率比均小于 1）。但值得注意的是，在主动借助外力和自我直接参与的策略选择中，民族间冲突程度没有统计学意义上的显著影响，但概率比仍然在一定程度上能说明，民族间冲突越不严重，受访者处理不公平问题的积极性更强，自我参与的程度越深。

四　提升民族地区社会治理能力的启示

研究表明，民族地区受访者应对不公平时，选择主动型应对策略的人数占比近七成。而影响因素分析发现，个人特征、行动能力、社会公平感认知与社会环境等的影响，折射出了从个人、社会以及政策等角度来推动民族地区社会治理多元主体互动趋向良性有序的思路。尽管受访者面临的不公平，有可能是因社会个体间的纠纷矛盾所引起，也有可能是某项制度或政策实施存在偏差或扭曲所引起。但从矛盾纠纷和社会问题解决的角度来看，本质上反映的是政府、社会、市场、公民等主体间互动关系的失序。这种失序是社会治理重点关注的内容。

民族地区社会治理效果的实现，要充分考虑到民族地区的城镇化特征，以及在参与现代化进程中出现的不公平问题，但也要从完善民族工作的角度来寻找提升民族地区社会治理能力的思路。总体而言，需要从提升公民参与能力和构建多元治理主体有序互动两大路径完善民族地区社会治理。

第一，提升民族工作的法治化水平。一方面，受访者选择自我直接参与依法诉讼的人数占比仅为 15.4%，仍然偏低；另一方面，在主动借助外力的具体方式中，找当地政府/干部反映和寻求社区组织等解决占比均在 10% 以上，这对民族地区干部依法行政和第三方组织合法规范地参与社会治理提出了迫切要求。具体而言，一是要从制度层面依法落实包括《民族区域自治法》在内的民族政策，严格从法治角度强化法律制度和其他民族政策在扶持发展、调解纠纷等方面的权威性。二是要通过培训增强民族地区干部依法行政的意识和能力，确保民族政策和其他社会政策不只是停留在"法制"层面，而真正做到"法治"。三是提升民族地区公民对法律资源的可及度、便捷度。不仅要充分利用"七五"普法活动加强民族地区农村依法治国、依法维权意识的宣传和教育，而且要提升政府和公检法部门等双语（甚至多语）服务群众的硬件和能力。让民族地区公民更加愿意也有能力依靠法律化解矛盾纠纷和维护合法权益。

第二，创新民族地区城市民族工作的机制和方法。当前民族地区城镇化的加速使各族人口务工性流动也在加速，城市人口的民族构成更加多元，城市中单一民族形成的"小聚居"或多民族形成的混居式社区在增多。尽管这一方面促进了各民族的交往交流交融，但另一方面也导致不同宗教信仰和民族文化公民间的利益纠纷呈增长趋势。调查也表明，在主动借助外力的具体方式中，宗族和宗教组织已不再是受访者解决不公平问题的诉求主体，而寻求社区组织等解决不公平问题的占比超过了常用的托人找关系、上访等。这些都对由不同民族社会成员构成的"陌生人"城市或社区的民族工作提出了期待和挑战。从民族工作视角来促进社会治理和社会公平，关键是要在依法治理的基础上，建设包容性强的社区和消除民族歧视。具体需要做到依法保障各民族的平等就业权；保障公平参与社区和城市建设、公平享受公共服务的权利；加强流动人口的服务，尤其要高度重视多语服务和卫计、社会保障权益跨区域无缝衔接的服务。此外，要重点以城市社区为单位，在保障各民族的宗教信仰和民族文化节日等需求方面提供公共空间和便利条件，保障各民族社会成员精神需求的实现。

第三，以民族因素与地区因素相结合提升民族政策的公平性。民族地区人口流动的加速导致了少数民族社会成员的日常居住区域发生了变化，这也使得民族政策运行的政策环境发生了变化，是当前我国民族政策需要不断完善的基础性致因。各民族社会成员生活环境和发展条件、能力的改善，意味着当前民族政策既要考虑某一个民族的整体经济社会发展状况，也要考虑流动后各民族单个社会成员实际发展能力的改变，以此来确保具体的民族政策项目的扶持是促进公平而非拉大差距。具体而言，一是要从社会治理政策体系的视角来完善民族政策。换言之，充分考虑民族政策的内容与其他诸如扶贫开发政策、社会保障政策、区域发展政策等的协同整合，使民族政策扶持发展和缩小差距的作用充分发挥。二是强化民族政策对少数民族人口跨区域流动的应对性。三是高度重视民族教育和少数民族干部的培养。模型分析表明，教育对民族地区社会成员参与社会治理的意愿、行动能力都有积极影响。通过民族教育和干部培训的加强，可以使干部和群众都更加理性高效地参与社会治理。实际上，民族地区教育水平的提升，更深远的意义在于可以减少一些不公平问题的产生，进而减轻民族地区社会治理的压力。

第四，增强民族地区女性的社会治理参与能力。在城镇化进程中，农村劳动力的流动与转移也使民族地区面临严峻的留守人员问题。留守妇女是留守人员中的主要群体，她们在照顾留守老人和儿童方面发挥着积极作用，应当成为民族地区农村社会治理的重要参与主体。但研究表明，女性在选择应对不公平的策略时更加被动、保守。民族地区农村留守妇女承担社会治理的任务与其实际参与能力存在显著的差距。这种差距将直接影响民族地区农村的社会治理。因此，建议包括扶贫开发政策在内的各项扶持政策的实施，以及村委会、村民小组、基层党组织建设，还有农村新型经营主体（专业合作社、家庭农场）的发展，要高度重视激发女性在具体公共事务、矛盾纠纷化解的参与积极性，并尊重她们的主体性和意见建议。

第五，提升民族地区经济社会发展水平和公共服务均等化水平。改善民族地区社会治理效果，既要从解决问题的方法上想办法，也要从减少社会不公平问题的角度着力。实际上，当前民族地区社会治理取得优良效果，从根本上离不开民族地区和少数民族社会成员个体发展能力的提升。社会治理问题的产生，在很大程度上正是由于社会成员间收入和社会地位差距大，地区间和城乡间发展差距大，社会政策对政策受众发展能力提升的实际影响不平等等原因所致。因此，借助 2020 年全面建成小康社会和"一带一路"倡议，使民族地区抓住改革前沿阵地和桥头堡的机遇，进一步强化精准扶贫成效和发挥新型城镇化在促进城乡基本公共服务均等化上的优势，缩小民族地区与其他地区间、不同民族间的发展差距。

Strategy Choice to Deal with Unfairness and Social Governance in Chinese Ethnic Areas

Abstract: with the perspective about strategy choice to deal with unfairness, this paper theoretically summarized four strategy choices, specifically including self – passive stand, passive – dependent external force, seek outside help and self – direct involvement. Empirical tests showed that seek outside help has the highest proportion of ethnic areas respondents. The following factors has a significant impact on the respondents' strategy choice, specifically including age, sex, education, household register, political Status, socioeconomic status, the number of friends of other ethnic group, evaluation of social justice, satisfaction of ethnic policy. Based on paths to enhance the participation ability and orderly interaction between different governance subjects, this paper has presented five policy implications to improve social governance in Chinese ethnic areas.

Keywords: Social Justice　Social Governance　Strategy Choice　Ethnic areas

原载于《西南民族大学学报》2017 年第 1 期

体认摩梭母系制

严汝娴

摘　要　笔者对摩梭母系制调研，是在近半个世纪里反复深入实地调查，又不断进行提炼探索的过程，至今笔者仍在思考有关的问题，且认为对客观实际的调研永远没有终点。

关键词　摩梭　母系制　母系亲族　实名制住户调查

笔者从事摩梭母系制的调查研究已近半个世纪。这是一个通过多次实地调查不断加深理解和认识的过程。如今摩梭母系制已经成为中国民族研究的热点，作为较早从事该研究的人，我感到与大家分享我们的经历和认识是很有意义的。

一　研究母系制的体验

1. 进入"女儿国"

在 20 世纪中叶民族大调查的环境中，我开始对摩梭母系制的研究并与摩梭人民结下了不解之缘。那时民族工作与其他各种工作一样，大都是领导分配，个人服从，自主选择的余地很小。我到永宁调查摩梭的母系制是自己要求的结果，所以我至今都感到十分庆幸。

我于 1954 年毕业于云南大学历史系民族史专业，被分配到中央民族学院工作。当时正值民族识别、民族调查等一系列大规模的民族工作相继展开，急需用人之际，我还没有赴京报到就被安排留在云南就地参加民族识别工作。这项工作完成之后才到中央民族学院任教。此后的全国民族大调查从 1956 年到 1964 年延续了八年之久。在此期间，我曾从事过多项工作。先是留在北京编辑 16 个省组的《调查通讯》；几经申请，又到云南参与了红河哈尼族自治州概况的编写工作。1961 年，北京清理阶级队伍，我的丈夫刘尧汉早已被内定为"托派"[①] 反革命，自然成了清理的对象，必须离开北京。

---

① 即托洛茨基派。

领导要求我与他离婚以划清界限，这样我和孩子仍可留京。我认为"托派"需是留苏的老党员，刘连党员都不是，此罪名不能成立，于是决定全家离京。到云南调查组后，我们接到的第一项任务是修改哈尼族简史稿。我们全力以赴投入工作，在 1962 年草拟成书，交给领导审阅。这时，我恳请领导允许我们去调查摩梭人的母系制。

调查摩梭人的母系制是我早已向往的课题。我对女人当家作主的社会充满理想和兴趣，又从前人的著述中了解到在川滇交界的泸沽湖地区有这样的情况，一直希望能去调查。但是民族大调查基本上是以社会发展阶段论来选择重点的。比如说，佤族、独龙族是作为原始社会的代表，彝族是奴隶社会的代表，藏族和傣族是封建领主制的代表，白族和纳西族则是封建地主制的代表，等等。摩梭由于其母系制应属原始社会而其政治制度则为封建领主制，故不具备受关注的典型性，因而未受重视，没有被领导选择为调查的重点。

而我则认为母系制是一种稀有的结构，不论它处于社会发展的任何阶段上，都应该抓紧调查。在我们较好地完成了上级交给的任务后，我试着向领导提出去调查摩梭人的请求和缘由。由于我丈夫的历史问题，我原不敢奢望自己的请求能得到批准。云南调查组的两位领导都是有水平的老干部，他们看了我要求调查的报告后不久就批准了我的请求，并且鼓励我丈夫好好工作。这使我们对摩梭母系制的探索成为可能。领导对我们唯一的告诫是必须节约开支，因为这是一次计划外的调查，没有预算。于是，我们不顾家庭的困难，临时请到一位邻居，千恩万谢把三个未成年的幼儿①拜托她照料，就匆匆向云南西部进发。那时的交通状况与今天无法相比，从丽江下汽车以后就只能步行了。我们在崇山峻岭中跋涉了整整十天才来到泸沽湖畔。当那一泓清澈秀丽的湖水突然展现在面前，真让人有步入仙境的感觉。我们终于来到比想象中的女儿国还美的地方，旅途的劳顿显得微不足道，即将展开的调查更是让我们兴奋不已。

2. 实名制逐户调查

经当地干部的介绍，我们得以了解永宁区摩梭人的大致情况，因而首先选择了摩梭人比例高并离政治中心较远的温泉乡为调查点。多年民族调查的经验使我们在初步接触摩梭人的家户后便发现它与其他我们所见过和读过的是如此不同。其社会组织结构、家户内的亲属构成、家户间的亲属网络、两性交往、经济关系、村寨组织等许多方面均是我们以往的经历中不曾有过的鲜活生动的母系制实例。我们感到无比兴奋，强烈意识到把这些极其罕见的情况全面如实记录下来的重要性。我们所住的村落并不是很大，因此，对全村的摩梭人口和家户进行逐门逐户的调查是可行的。为了给

---

① 严汝娴：《民族大调查：难忘的岁月》，载揣振宇主编《伟大的起点——新中国民族大调查纪念文集》，中国社会科学出版社，2007，第 111～112 页。

世人特别是后来的研究者留下一份真实的、经得起时间考验的资料，我们拟采用实名制来表述摩梭的家户人员结构、代际关系、母子关系和成年人的两性交往方式。这个想法不仅得到当地干部和群众的支持，也与共同调查的同事取得了共识。为节省开支，我们没有住过旅馆，没有进过饭店，始终是住在摩梭老乡家里。由于当时是困难时期，粮食定量，开始我们不便要求在老乡家里搭伙，曾自己做饭。很快他们就主动邀请我们入伙，让我们喜出望外。这不仅省时，伙食的质量也超过我们自己的安排。

虽然我们的工作条件相当艰苦，心情却非常愉快，效率也比较高。我们住在摩梭人家，摩梭人的男性都多少能讲汉语，妇女则多不能。我学过语言学，在民族识别中曾负责调查彝族支系"普拉"人的语言。但考虑到时间紧，任务重，我没有条件从学语言开始，就请了一位能帮助沟通的老乡任向导和翻译。我们白天走家串户，晚上在煤油灯下写报告。我们用过的最好的办公桌是从老乡家借来的小桌子，有时就只有一块木板。我发现用绳子把木板挂在房梁上当桌子要比直接把木板放在腿上好用得多。县里带来的纸用完了，就在当地买小学生用的纸，纸质极其粗糙。每修改一遍就得重抄一遍，但我们还是不厌其烦地修改和抄写，还编制了详尽的表格。就这样我们写下了近50万字的调查报告，并于离开永宁前将调查报告和胶卷交给詹承绪同志。我们的调查报告一年后就内部铅印出版了。

多年以后，实名制逐户调查的优越性得到了证实。后来的研究者开始他们的调查时可以根据我们的记录找到线索、建立联系，一方面从宏观的角度观察摩梭母系制的发展延续，另一方面从微观的角度了解具体人物及其后代生活和观念的变化。特别令人鼓舞的是2006年我第八次到永宁调查时，得知摩梭知识分子和干部也以我们的调查为基础从事对自己群体活动的记录和研究。

3. 关于摩梭母系制调查研究的感受

我们的论坛有若干篇论文涉及摩梭母系制研究的方方面面，把这看作某种程度上受我们早期研究的影响可能不算过分。我们进入永宁地区时，那里的流动人口非常少。经过"大跃进"和人民公社，全国进入三年困难时期，处于调整状态，藏族马帮已近绝迹。我们观察到的基本上是摩梭内部的社会结构和两性交往的方式。我们不但为摩梭的家户结构、生活方式特别是两性关系所深深吸引，而且对摩梭人特别是摩梭女人落落大方、从容开放的性格印象深刻。我丈夫当时被内定为历史反革命，清除出北京，受到的歧视和压力相当重。由于同样的原因，他的工资也比同等资历的同事少得多。我有母亲和三个孩子需要养活，所以我们的经济状况是捉襟见肘，十分窘迫。摩梭老乡不但痛痛快快地回答我们的问题，支持我们的工作，而且亲切自然地关心我们的生活。看到我们两个人做饭不易，既缺食物又没时间，就慷慨地邀我们到他们家里搭伙吃饭。在三年困难时期，我们在摩梭人家中享受到与其家户成员同样的一天一片猪膘肉的待遇，亲身感受到母系制社会组织应对自然灾害的能力及其女家长的持家有方和对每个成员无条件的呵护。这对我们的心灵也是极大的慰藉，我们在这里体验到家的温暖与安全。

我发现向摩梭乡亲了解情况及与他们交朋友都很容易。他们知道汉族和很多其他的民族实行一夫一妻制，其社会组织和两性关系都与他们不同，但这并不影响他们给我们介绍他们的生活方式和两性交往。只要我们遵守他们的社会行为规范，比如说，不在家里火塘边或异性母系亲属在场的情况下谈论有关性的话题，似乎什么都可以谈。这一点我们是十分注意的。

摩梭人的两性交往是通过男性对女性的走访来实现的。居住方式也由此决定，青壮年男子在自己家中没有卧室。如果不能到阿夏（即女友）家过夜便只能睡自家的草楼或自谋宿处。瓦拉片村熊巴是一位老单身汉，每到晚上，他的家自然成了单身男子们的休闲之所。我们有时造访这里，倾听他们热闹地议论妇女的长相、能力、为人处世等等。他们对我毫不避讳。我对女性进行访谈时，她们也很坦然地讲述自己的交友经历。有的摩梭朋友更是经常告诉我谁来访问了她，带来什么礼物，谈了什么话题……在以后的随访中，当年为我们提供过材料的干部和群众还是一如既往的热情和真诚。有的人在我们调查时还是年幼的孩子，在 2006 年我再访瓦拉片村时，有的还依稀记得我们的访问。他们感谢我们记录下他们的历史，纷纷自报近年的人员变化，让我们续写谱系。有的人买了我们的调查报告并在此基础上开展自己的研究。

有人指责我们的调查报告招致了摩梭人的灾难，使他们在政治运动中遭受攻击和诋毁。我想指出的是，一份研究成果被他人用来做什么是研究者本身无法控制的。"文革"中摩梭人民的灾难是全国人民灾难的一部分。在永宁地区强制实行一夫一妻制的时候，我们作为民族研究人员也被剥夺了从事专业研究的权利，下放农村劳动。一位外国人类学家指出，我们的调查报告较为真实全面地介绍了摩梭人的社会组织和文化风俗，吸引了许多人对这个地区和这个群体的关注和兴趣，越来越多的人进入这个曾经十分偏僻的地方。

开始于 1978 年的经济改革给全中国，也给摩梭人的生活带来了巨大的变化。泸沽湖的旅游逐渐成为当地摩梭人的主要收入来源。摩梭地区从一个相对闭塞的社区变成一个每天接待大批国内外游客的旅游景点。摩梭社会的方方面面也已经成为人类学及其他社会科学和人文学科研究及书写的热门。每年都有文人学者在摩梭地区采风或者做田野调查，每年都有新人加入这个行列。数十年与外界越来越频繁的交往导致了摩梭社会的许多变化，自然也反映在摩梭人的物质生活和思想意识上。今天的研究者通过参与观察和个案访谈所获取的资料跟我们在 20 世纪 60 年代记录下来的很不一样。这正说明了历时研究和对比研究的重要性。

二 对永宁摩梭母系制的认识

1. 以母系为核心的纯母系血亲结构

（1）纯母系血亲结构的构成

在永宁摩梭社区典型的生产生活单位只包括以母亲为核心的纯母系亲属。如阿古瓦（村）工充家，阿格是达布（家长），在一起生活的有她的母祖（母亲的母亲）、母亲、姨母、舅舅、姊妹、兄弟和姊妹们的子女。从表面看起来这户人家就像"四世同堂"的男女老少，但内部成员之间的关系却大不相同。每一个人都是跟自己的母亲、母亲的兄弟姊妹、自己的兄弟姊妹和姊妹们的孩子生活在一起，也就是说，家户成员完全是靠母系血缘纽带联系在一起的。这样的生产生活单位中没有父亲和丈夫的一席之地。男性在家中的角色是舅舅、兄弟和儿子。因此称这样的组织为家庭是不恰当的。我将其称为母系亲族，因为这是我能找到的最能表述其性质和特点的名称。虽然现实生活中两性之间的关系如阿夏异居、阿夏同居和结婚同时并存，但是在我们首先调查的温泉乡，阿夏异居占大多数。并且，在追溯历史时，我们发现只要有可能，两性结合的关系都会向阿夏异居转化或者说回归。也就是说，母系亲族是当地摩梭人主导的和首选的家户结构和生活单位。

（2）两性关系与居住形式

由于母系亲族是主导的和首选的家户结构和生活单位，两性之间的结合便只能采取走访的方式，即不是走访决定母系亲族作为生活单位，而是母系亲族这种生活实体选择走访为两性结合的形式。建立此种关系的男女双方互称"阿夏"，意思是"共宿"的朋友，这是个私下的昵称，不能登大雅之堂。双方只是性伴侣，不是夫妻。早年我们曾将此种关系称为"阿注婚姻"。现在反思这种称呼是错误的。后来又用当地对"阿夏"的汉译"走婚"一词，现在看来也不妥。仍以用"走访"、"走访制"和"阿夏异居"为宜。建立阿夏关系，无须举行仪式，无须社会认可。唯一的条件是双方乐意与对方发生性关系。在永宁的摩梭人中表现为女方居住的走访，这种走访制通过房屋的建筑和分配形式固定下来。如我们在以前的著作中描述过的，在母系亲族的共同家户中，老年妇女带着孩子们住在正房，老舅舅和当喇嘛的男性住经堂，成年女子每人有自己的单间，而青壮年男子在自己家中却没有固定的住处。可以说，青壮年男子的床铺应该在他们阿夏的房间里，能住多久则取决于双方的自由选择。

（3）变通与补充

如前所述，纯母系亲族虽然是主导的却不是唯一的生活单位；女方居住的走访也不是唯一的两性结合方式。我们看到的还有阿夏同居，招赘和结婚。而这些方式往往是由于某些方面的条件限制了阿夏异居，退而求其次的选择。比如说，女阿夏的家里劳动力不足或没有兄弟；也可能是男阿夏的家里没有姊妹，因而缺乏女继承人。前者除了在纯母系血亲结构中加入了常住的男性姻亲成分以外，其他方面仍然保持了母系的特点，即孩子为母系亲族共有，谱系以母女传承。而且，男性姻亲的入住并不形成定制。一旦后代中男女比例合适，劳力自足，便又回到女方居住的走访。当然娶妻会引起家户结构的变化，特别是少数由于赶马经商等原因积累了财富的男子，娶妻并自任家长，从而导致男权膨胀，这是另一种情况。

用历史的眼光看，最耐人寻味的可能仍然要算结婚。除土司和当权司沛世代嫁娶形成了父系传承外，一般人户的男娶，虽说是女子嫁到了男家，实行了男方居住的固定专偶婚姻，但婚生子女的血缘却是接续到母方的亲族而非父方的。若干年后，待到父亲去世，留下的还是一个纯母系血统的亲族。男子与别人家的一样，白天跟姊妹们一起劳动，夜晚与阿夏交颈同眠。足见得永宁摩梭的母系制具有顽强的生命力。摩梭人对这种制度的认同也是根深蒂固，历经沧桑鲜因外部的压力而放弃。

走访的情况则相反，"文革"中走访制在不发口粮的高压下，即被迅速改变了。因为亲族的母亲们，采取男子"出嫁"策略来应对，结果不仅维护了亲族的正常运转，且在政策放松时又敞开大门接纳男子们重返亲族的怀抱，重温走访的生活。特殊历史条件的考验再次证明，不是走访决定母系制，而是母系制呵护和选择了走访。

2. 永宁摩梭母系制与外部社会政治经济制度的互动

受社会发展阶段论的影响，过去的民族调查总是竭力把各个民族群体与某个社会发展阶段联系起来，如佤族是原始社会，凉山彝族是奴隶社会等。我们也曾按这个模式把 1956 年前的摩梭社会划归封建领主制。通过历时性的观察，我们认识到一个族群的生活组织与其所处的社会政治制度并无必然的联系。这个生活组织会产生一些变更，发展某种策略去适应外部的环境以求生存。摩梭便是一个很好的例证。

（1）封建朝廷推行的土司制

明代在摩梭地区正式建立了土司制度。由于土司的职位必须由嫡子继承，自明初，第一任土司卜都格吉已实行父子相承。这也涉及当权的贵族司沛等级。可是这样的改变没有影响到一般老百姓，甚至连土司家的小姐也难以约束。她们依然接受阿夏的走访，而且并不在乎阿夏的身份是否与自己门当户对。清朝的改土归流没有波及永宁的摩梭土司，国民政府似乎也没有对摩梭采取什么行动，所以永宁土司直到 1956 年民主改革才被废除。摩梭百姓的生活单位也与明清时代没有多大的区别。政治运动和经济发展对摩梭群众生活方式和文化传统的挑战主要发生在新中国成立以后的几十年里。

（2）民主改革和"文革"的影响

民主改革时号召摩梭党员带头结婚。一些党员干部响应党的号召建立了家庭。许多人的家庭一直维持到现在，特别是那些离开了农村的干部。

"文革"期间，当时的云南省革委会主任把摩梭的走访制称为"资本主义尾巴"，亲自带着省妇联主任到永宁来割这个尾巴，强迫所有适龄的人男婚女嫁，不服从的人不发口粮。这一招很厉害。老妈妈只好忍痛把儿子送出门，留下女儿在家中招女婿，因为女儿毕竟是母系亲族的根。这一段经历至今还是人们心中挥之不去的辛酸回忆。当时，家家户户舅离甥散，十分凄凉。政策放松之后，多数出嫁的男子又纷纷回到母亲家中，恢复了过去的走访生活，重新投入母系亲族的温暖怀抱。

（3）改革开放后的市场经济

最大的变化可能是改革开放以后市场经济带来的。永宁特别是泸沽湖畔的大小洛水村和里格村由于其秀美的自然风光和别具一格的文化风俗吸引了大量中外游客，成为全国著名的旅游景点。过去闻所未闻的旅游业成为摩梭农民的主要产业，旅游收入使他们迅速富裕起来。沿湖而居的人家不仅纷纷把自己原有的房子扩建改建成旅馆，而且新建成许多设备现代的旅店。为了均衡收入，村里规定每户人家只能有一个人参与划船这样的旅游项目。于是，过去不分家的大户现在分成几个小户，以便提高参与高收入旅游项目的机会。后来虽对新分户不允许再计入划船之类项目，但当地旅游业带动的其他赚钱门路还是吸引着外地人到此落户，并促使本地大家户分户经营，所以现在已很难见到十多口人乃至几十口人的摩梭大家户了。

城市兴办民族特色的主题公园，为显示公园反映真实的民族生活，往往招募摩梭青年男女去表演。几年之后返回家乡的女青年或没有建立起走访生活的习惯，或对男方比较挑剔，两性交往和生儿育女都发生了一些新问题。

三 关注摩梭母系制的前景

许多人认为母系制有利于社会的和谐，我们也看到，在这样的制度下的确是：财产共有，子女共育；老有所养，幼有所教，母亲们对亲族成员关怀备至，男女都有充分的自由选择自己的伴侣。由于家户人口较多，且人人尽责，又有责任心极强的女家长操持，使一般成员生活压力小，男人不必事业有成；女人也不一定要生儿育女。人们心情舒畅，很少发生冲突。一些外国学者，特别是女权主义学者对摩梭社会的制度和风气赞不绝口，认为这是他们梦寐以求的理想国。可是此种制度为什么只在极小的范围存在？

永宁的摩梭地区如今已经是非常开放的地方了。为了提供更多的商品和服务以增加收入，摩梭人的家户规模和生活方式发生了许多变化。同时，母系制的旗帜比过去任何时候都打得更鲜明，口号也喊得更响亮。因为它已经成了一个品牌，一个卖点。这个时期的母系制有什么特点？商品经济是否会导致母系制传统某些方面的变质？这些都是关心摩梭母系制的人们，特别是研究母系制的学者们应继续关注、继续研究的课题。

Experiencing and Understanding the Matrilineal System of the Moso

Abstract：My career of studying the Moso matrilineal system is a continuing process of in-depth field research and constant exploration and refinement. I have never stopped pondering the relevant issues, and I believe that the research into objective realities is never ending.

Keywords：Moso　Matrilineal System　Matrilineal Lineage　Real-Name Door-to-Door Investigation

原载于瞿明安、施传刚主编《多样性与变迁：婚姻家庭的跨文化研究》，知识产权出版社，2011

对母系氏族制及婚姻家庭的几点思考

王承权

摘　要　很多民族（尽管不是一切民族）都曾经历过由母系氏族向父系氏族发展的历史阶段。母系民族经历过早、中、晚发展三期，呈现出不同的类型。母系民族社会，男女地位平等，一般不存在母权，仅个别族群有可能发展为母权制。母系民族被父系民族取代后，开创了男尊女卑的两性关系史。

随着历史的发展，对"婚姻"一词要有一个涵盖面较广的界定。对于历史遗留下来的婚姻家庭问题和男女两性之间不平等问题，需要政府积极作为和专家学者以及每个国人共同努力加以解决。

关键词　母系民族　父系民族　两合氏族　母权制　父权制　婚姻定义

早在 2000 多年前，伟大诗人屈原在《天问》里提出这样的问题："遂古之初，谁传道之？""阴阳三合，何本何化？"换成现在的说法就是："谁能考察出天地未分、浑沌无垠之初的情况？天、地、人三合成德，那阴阳、男女又以什么为本源，是怎样化生出来的呢？"许多学者对这些问题进行过长期的探索，答案各式各样，归纳起来，不外两种说法。

其一，上帝造人的唯心论说。《圣经·创世记》称，上帝先用尘土造出人类始祖亚当，然后又取其一条肋骨造出夏娃，配给他做妻子，并将他们安置在伊甸园里。夫妻二人因违背上帝禁令，偷食能知善恶的禁果，于是被上帝逐出伊甸园，到世上繁衍出了人类。在 19 世纪中叶以前，西方学者受这个传说和基督教的圣灵"发自圣父"思想的束缚，因而普遍认为，人类社会一开始便是一夫一妻制的父权社会。[①] 在中国，也传说由"上帝"用泥土捏出了人类，但这个"上帝"系一女性，名叫"女娲"。在其他

---

① C. A. 托卡列夫：《外国民族学史》，汤正方译，中国社会科学出版社，1983，第 49、108、117、161、195、293 页；摩尔根：《古代社会》上册，杨东纯译，商务印书馆，1977，第 62、66 页。

民间传说和史籍里，还说太古之时，社会上无君臣上下之别，也无夫妻匹配之婚，人们结群而居，只知有母，不知有父，存在"女子国""女国""东女国"等等。关于母祖的传说不只中国有，文明古国亚述和巴比伦的创世史诗《埃努玛——埃利什》中讲道：当天宇和大地尚未形成之时，已经出现了提亚玛特女神和阿普苏男神。提亚玛特女神死后，她的尸体一分为二，一半造天，一半造地，从此才创造出了相称的世界。另一则神话又说，天地形成后，世上没有人类，诸神前去向玛米——母神阿鲁之求助，请她造人。阿鲁之用众神所杀的另外一些神的血和肉，拌上泥土，造出了人类。[1] 随着近代科学的发展，以及人类学、考古学、民族学研究取得的成果，使中西方治学严谨的学者们，对上帝造人说已逐渐持否定态度。其实，剥除其神话外衣，我们就不难看出，《圣经·创世记》神话，代表父权社会在先的观点，中国的女娲神话，则表述了母系社会先于父系社会的思想。两种神话各自形成于不同的历史时期，反映着不同地区人群经过的社会发展阶段。

其二，从猿到人的进化论说。这一理论的形成和系统化，应归功于达尔文、赫胥黎、巴霍芬、摩尔根和恩格斯等人。他们认为，猿类为寻找食物和生存，由于攀援的需要，渐渐形成手与脚的分工，从而进化为直立行走的猿人。当猿人学会制造第一件木制或石制工具之时起，人类社会第一个人们共同体——原始群便诞生了。随着生产技术的发展，社会的进步，人类社会的组织结构也随之递变演进，由原始群—血缘家族—母系氏族公社—父系氏族公社—农村公社—国家出现。与之相适应，婚姻家庭形态由原始杂交—血缘婚—普那路亚群婚—对偶婚——夫一妻婚。中外学者对从猿到人的观点，普遍表示赞同，而对直线进化论、原始杂交、血缘婚等说法，多持批判态度；至于是母系先于父系还是父系先于母系，则长期争论不休，至今未取得共识。笔者认为，对于这些问题，不宜简单地肯定或者否定。在探讨人类社会或婚姻家庭发展演变的规律时，既要注意一般性的普遍规律，又须区分个别的特殊情况。当代新发现的大量材料充分表明，分布在地球上不同地区的人群，无论在遂古还是现代，由于自然地理条件不同，其社会发展、经济形态、文化习俗和思想意识等，必然存在明显的差异，不可能为一种模式，一个样板。唯有一点大体相同，那就是人类的生产技术和经济文化水平，的确是由低级向高级发展的，社会和婚姻家庭形态，也是随着技术和经济的进步而在不断调适和演变的。之所以说大体相同，是因为有个别的族群受天灾、战争等的影响，或生存环境的变迁，原有的技术和文化不同程度地遭到破坏，出现过局部的倒退。就人类社会发展演进的过程而言，从横向看，有其多样性，非单一的直线性；

---

[1] 塞·诺·克雷默：《世界古代神话》，魏庆征译，华夏出版社，1989，第 101 ~ 102 页。

从纵向看，有其阶段性和一定的规律性，并非杂乱无章，不可认知。①

当代人以自己辛勤的劳动，卓越的智慧，在改造客观世界、创建美好未来的同时，也在不断发掘、认识人类社会的过去。而在人类历史发展的长河中，那多姿多彩、迷离扑朔的史前史，特别是氏族制度和原始的婚姻家庭，因多无文字记载显得更加神秘朦胧，同时引起不少学者探讨这一问题的兴趣。笔者不揣愚驽，近年在搜集资料的基础上，对其中的母系氏族制及其婚俗也做了一些研究，并将自己的一得之见撰成文章②，逐渐形成了如下一些观点。

古代的氏族制度和原始的婚姻家庭形态，距今已比较遥远，许多问题学术界长期存在争论。在这里，只能首先就几个主要问题谈一点看法。

第一，每个民族不一定都经历过母系氏族阶段。根据已知的神话传说、考古发掘、文献记载和民族学资料，当今世界上的不少民族，历史上大多经过母系氏族向父系氏族发展的阶段，只有个别地区的族群，因为条件特殊，由原始群直接进入了父系氏族，或演变为地方性外婚制集团，没有经过母系氏族，如尼日尔的游牧民族沃达贝人，印度的牧牛民族图达人，刚果的采集狩猎民族埃菲俾格米人等。③ 这是因为最古老的氏族是两合氏族，此一时期实行氏族外婚制，亲属制属于类分式，既有母系，也有父系。但生母能够确认，生父无法确知，加上采集狩猎经济的游动性，使原始人群为了谋生的需要，多半由妇女和儿童组成比较稳定和相对定居的集体，而让男子外出行猎，过着较妇女更为流动的生活。其时的原始人群，经常受到疾病、自然灾害和凶禽猛兽的袭击，寿命仅有 30 岁左右。为了族群的生存和兴盛，对能生儿育女、增殖人口的妇女，必然由衷地尊重，并产生了对生殖的崇拜，于是，人们更重视母系血亲的观念便自然萌发起来。当然并不排除某些特别有利于男子的渔捞人群，或弓箭已比较进步的狩猎人群，由男女共同组成生产与生活单位，并以两合氏族组织的形式定居或游动，从而为不经过母系氏族公社而发展成父系氏族创造了条件。

第二，母系氏族存在若干种类型，不同族群具有自己的特色，而且出现的时间早迟不一。有些民族的母系制出现于旧石器时代中期，距今一二十万年，已在六七千年前过渡到父系氏族社会。有的民族或部落，至今尚停留在母系氏族制或母系向父系过渡的阶段。属于后者的氏族或部落尽管为数不多，但不仅我国有活生生的实例，在亚

---

① 王承权：《从我国民间传说看母系氏族社会》，《广西民族研究》1992 年第 3 期；王承权：《关于母系氏族公社之探讨》，《思想战线》1987 年第 4 期；王承权：《论母系氏族公社向父系氏族公社过渡的几个问题》，《民族学研究》第 2 辑，民族出版社，1981。

② 参见上注。

③ 《民族译丛》1984 年第 5 期，第 46～47 页；乔治·穆达克：《我们当代的原始民族》，四川民族研究所，1980 年印行，第 85 页；《民族译丛》1981 年第 6 期，第 53 页；葛公尚、曹枫编译《非洲狩猎民族游牧民族》，中国社会科学院民族研究所，1982 年印行。

洲、非洲、美洲和大洋洲也仍然保留着。① 换句话说，母系氏族在发展阶段上有早、中、晚期之分，各个族群因主客观条件的差异，可能各自在不同的发展阶段上便向父系氏族过渡，个别地区甚至以变异的形态残存于阶级社会里，由此呈现出不同的母系氏族类型。

第三，在母系氏族社会，男女地位平等，一般不存在母权，仅个别族群有可能发展为母权制。中外考古资料证实，生活在旧石器时代中、晚期母系氏族社会里的人群，以采集狩猎为生，过着依赖大自然的攫取经济生活。氏族内除婴幼儿和丧失劳动能力的老人外，其余男女成员都必须为寻找食物奔忙。人们当天寻找食物当天消费，不可能有剩余之物，亦不知储存或以丰补歉之法。人人须毫无私心，各尽所能，共同生产，共同消费，实行原始共产制的分配原则，以求得生存和保证内部不产生矛盾与斗争。这一时期，妇女因在采集食物、安排生活、负责管理宿营地、为氏族增殖人口等方面作出的重大贡献，在氏族内起着重要作用。而男性从事的狩猎生产，因具有不稳定性，加之人们对男子在生育方面的作用尚无认识，使男性的价值未能充分发现和发挥。但他们作为全氏族肉食的供应者和安全的保卫者，同一图腾或同一始祖母的后裔，互相有着血缘关系，也自然赢得每个妇女的尊敬。男女在社会上处于平等的地位，不存在由妇女主宰一切的母权。所以，母系氏族社会男女两性之间的平等关系，乃是由生产中的作用和以母系血缘为基础所决定的。到新石器时代中晚期，某些族群在特殊历史条件下，其母系氏族得到充分发展，男子普遍实行从妻居婚。进入妻方的男子，在妻方氏族内孤立无援，地位相对较低。只有在这个时候，才有利于母权的产生，个别族群才有可能发展为母权制。

第四，母系氏族被父系氏族取代，开创了男尊女卑的两性关系史，此一演变首先发生于家庭内部。人类社会是由男女两个半边组合的整体，两性之间的分工与结合，才不断推动社会前进，描绘出物质生产和自身生产一幅幅精彩的历史画卷。而由母系氏族转变到父系氏族，则破坏了母系氏族时期两性的平等与和睦，代之以尊卑与贵贱。这个转化始于婚姻家庭的演变。大体说来，婚姻家庭的演变经历过二合氏族外群婚、多边氏族外群婚、访宿式对偶婚、从母居对偶婚、从父居对偶婚、抢婚、服役婚、一妻多夫婚、一夫多妻婚、不落夫家婚、一夫一妻婚等多种形式。它们在不同的民族或部落的演进过程中，表现各不相同：有的阶段性清楚，递变渐进，前后自然衔接；有的在同一时期里多种形态并存；有的又比较简单划一，有的受外族影响，出现某些变异或突变等等。与之相适应，婚礼婚仪也是异彩纷呈，各具独特的奇趣和魅力。这一

---

① 参见乔治·彼得·穆达克《我们当代的原始民族》，童恩正译，四川省民族研究所，1980 年印行；卫惠林《阿美族的母系氏族与母系世系群》，载中研院编《民族学研究集刊》第 12 期，1961 年；C. A. 托卡列夫等主编《澳大利亚和大洋洲各族人民》，李毅夫等译，三联书店，1980。

切表明，一方面，在母系氏族制和母系向父系过渡时期，人类的家庭形态和婚姻习俗是多种多样的；另一方面，婚姻发展到从夫居的一夫一妻婚以后，妇女便逐步处于被压迫被歧视的地位。

第五，对婚姻一词要有一个涵盖面较广的界定。什么是婚姻？中外学者们迄今尚未完全取得共识，仅自19世纪以来，人类学家就下过多种定义，其中芬兰韦斯特马克的《人类婚姻简史》影响较大。他认为，婚姻是"得到习俗或法律承认的一男或数男与一女或数女相结合的关系，并包括他们在婚配期间相互所具有的以及他们对所生子女所具有的一定的权利和义务"[1]。通俗些说，所谓婚姻，必须包含两个要素：一是男女双方实行同居，并有生育子女的意图；二是夫妻之间、父母与子女之间存在经济关系和有相互供养的权利与义务。苏联学者与此观点基本相同，《苏联大百科全书》指出："婚姻是两性关系赖以调节、子女在社会中的地位赖以确定的男女两性间的结合。"[2] 英国马林橎斯基（又译马林诺夫斯基）又增加了一个条件："结婚须有一种礼仪认可的特殊形式。"[3] 在我国古代，对婚姻有特定的解释。20世纪50年代之前，学者们大多以前述三个要素作为区别婚姻与非婚两性关系的标尺。近几十年来，越来越多的人类学资料表明，上述定义只适用于大多数文明国家和民族，不能涵盖各个时代或同一时代各种人们共同体所存在的婚配关系。例如，原始社会前期的两合氏族群婚，夫妻双方就各自在本氏族内与母亲、姐妹共同生产和生活，男子仅仅在节日或规定时期内与女子过两性生活。这种定期交配的夫妻关系，实际上是一种超地域、超经济的婚姻。又如，苏丹的努尔人，有地位的老妇可以娶一位少女为妻，该少女与任何情人所生的子女，在法律上都承认老妇为"父亲"。[4] 埃及欧奎喀伊柔族有一种婚姻，当丈夫只能付聘礼的一小部分时，他仅有与妻子过性生活的权利，而不能得到子女，其子女在法律上归妻方的监护人。[5] 当代有些国家，还有以不生育子女为条件结婚的丁克家庭。再如南印度的简·库鲁姆巴尔人[6]、美国西部的喀罗人[7]、中国云南永宁的摩梭人、彝族支系阿细人等等，都存在无须举行婚礼仪式而为社会习惯所认可和保护的婚姻。此外，当今西方的同性恋婚，埃及西瓦绿洲存在生理正常的男子聘娶少男的变异同性婚[8]，也在局部地区被认为是合法的。以上种种事例，若用前述三个要素衡量，均不能称之为婚姻，同时也否认在原始社会的相当长时期内存在婚姻。这显然与实际不符。

① 韦斯特马克：《人类婚姻简史》，刘小幸、李彬译，商务印书馆，1992，第1页。
② 《苏联大百科全书》，人民出版社，1953，"婚姻"条。
③ 马林橎斯基：《两性社会学》，李安宅译，上海人民出版社，2003，第198页。
④ 基辛：《当代文化人类学》下册，于嘉云、张恭启译，台北巨流图书公司，1981，第362、410页。
⑤ 基辛：《当代文化人类学》下册，于嘉云、张恭启译，台北巨流图书公司，1981，第411页。
⑥ 《民族译丛》1983年第6期，第64页。
⑦ 《我们当代的原始民族》，四川民族研究所，1980，第175页。
⑧ 基辛：《当代文化人类学》下册，于嘉云、张恭启译，台北巨流图书公司，1981，第412页。

我认为，婚姻一词应有一个涵盖面较广而又比较恰当的界定，这就是：婚姻，是在一定时代和遵循一定社会规范、两性或同性之间或长或短的结合，由女子生育子女，并为社会所承认的一种关系。它本质上是一种特殊的社会关系。如此概括，既适用于原始社会的集团婚，也适用于现代的个体婚；既能包括夫妻同居的婚姻关系，也可容纳夫妻异居和那些得到社会承认的变异婚姻。

第六，不同历史发展阶段的人们共同体，有各自认可的性道德。就实质而言，性道德是国家或社会群体对两性关系的行为规范，主要目的有二：一是保证国家、民族或某一群体顺利地进行物质生产和人类自身的生产；二是满足个人生理和心理的需要。其标准以该社会的习惯法或成文法为准绳，无固定不变的模式，并随着不同时代、不同群体的不同需求而进行调适或改变。在原始社会的旧石器时代早、中期，人类多数群体实行血族内群婚或氏族外婚，那时的女子，有与男子平等的婚权。一个女子，是一列兄弟或若干男性之妻；一个男子，是一列姐妹或若干女性之夫。在这些群体内，独占行为和排他性的性妒忌，被认为是不道德的。而进入阶级社会的一夫一妻制阶段，丈夫要求妻子严守贞操，以求生育嫡亲子女继承财产。女子若与第三者发生性行为，就被视为违法或不道德，将受到习惯法或成文法的惩处。中世纪的西方社会，受基督教影响，婚姻具有不可离异性，提出离婚者会受到谴责。但骑士和贵妇们的偷情，却备受文人学士们讴歌，留下了不少赞美骑士之爱的名著。在中国的汉族社会里，人们受宋明理学和封建伦理的影响，对任何已婚女子偷食禁果，均予以严惩，轻则休弃，重则处死，女子成为社会贱民；但对偷情狎妓的男子，却十分宽容。

当代社会变化很快，婚姻家庭处在不断调适之中，性的道德标准亦是如此。如 20 世纪六七十年代，西方青年人高呼性解放，无论已婚、未婚男女，若严守贞操，会被视为顽固、保守、缺乏情趣和不懂生活，从而为某些异性所轻视或唾弃；相反，性生活随便的人，反被异性视为活泼开朗、风流潇洒、多情浪漫而备受赞赏。人们随意放浪形骸、不守婚姻契约的结果，导致艾滋病肆虐，未婚母亲增多，家庭破碎，弃儿和反常儿童有增无减。贪图短暂欢愉的人们，终于尝到了自己酿造的毒酒。有的人已开始清醒，并振臂高呼："回归家庭！""挽救家庭！"美国女大学生甚至成立"妇女贞操会"，入会女青年们宣誓在婚前要严守贞操。在中国，情况则与西方不大相同，尽管在城镇地区的绝大多数人，已实现恋爱婚姻自由、一夫一妻和男女平等，但是，数千年形成的封建包办婚、买卖婚、男尊女卑等余毒，尚须继续清除。与此同时，在商品经济和资本主义意识形态的影响下，婚姻关系中的拜金主义、试婚、非婚同居、婚外恋等日益增多，性的道德观念在发生变化。在某些农村和部分边疆少数民族地区，整个婚姻关系已有较大改变，然而传统的婚姻习俗仍残留下来。如藏、门巴、珞巴等民族，在通行一夫一妻婚制的同时，一妻多夫和一夫多妻还占有一定的比例；在云南永宁纳西族和部分普米族中，暮合朝离的初期对偶婚继续为社会所认可；部分傣、布朗、景颇、苗、瑶、畲、哈尼、壮、侗、布依、鄂温克、鄂伦春等民族，有的允许男女青年婚前享有性自由；有的民族对不落夫家期间的已婚少妇，给予未婚姑娘同样的待遇等等。这些民族的性道德标准，现在和过去相比，变化就不是太大。上述事实一方面说明，性道德随着婚姻形式的演变而变化，另一方面说明，在不同民族、不同历史时期、不同地域的人们中，性道德并非只有一个标准，在这个民族中认为非礼的关系，在那个民族中却是符合道德的；在甲地被严禁的行为，在乙地却是许可的风俗。总之，任何一种婚姻形式或两性关系的产生，都有各种主客观原因，必须进行认真的、科学的探讨，不应简单地给予肯定或否定、褒赞或批判。

最后，还有一点需要说明，众所周知，婚姻家庭与每个人息息相关，同经济基础紧密相联，它随着社会的发展而不断发生变化。在当今整个地球上，母系氏族制和与之相适应的婚姻家庭形态，已不可能大量存在。但是，即使是在经济比较发达的部分西方国家，也还保留着诸如抢婚、从妻居婚、对偶婚等古代婚俗的残余。而在发展中国家，在我们统一的多民族的中国，前面所述诸种家庭形态和婚姻习俗，还程度不同地和一夫一妻制并存于现代社会里。[①]

自党的十一届三中全会尤其是十八大以来，我国社会已取得巨大进步，各民族地区物质生产和精神文化繁荣昌盛，举世瞩目。但历史遗留下来的婚姻家庭问题和男女两性之间不平等问题，依然需要政府的积极作为，需要人类学、社会学、民族学者们，以及每个国人共同努力。让我们在创新、协调、绿色、开放、共享的新发展理念指导下，深入调查研究各民族婚姻家庭的现况，认真贯彻《中华人民共和国宪法》和《中华人民共和国婚姻法》，把我国各民族的婚姻家庭早日建设成爱国敬业、自由平等、互敬互爱、健康向上的一夫一妻制社会主义新型家庭，进而从经济、政治、文化、社会、生态文明建设的总体布局出发，稳步地、创造性地建成文明、和谐、富裕的小康社会。

---

① 参见严汝娴主编《中国少数民族婚姻家庭》，中国妇女出版社，1986。

论吐蕃奴隶社会中的封建制萌芽

张江华

摘　要　关于存在于 7 世纪初至 9 世纪中期的吐蕃政权的社会性质,学界多有研究,但观点不一,有"奴隶社会"说、"封建社会"说等。本文基于奴隶社会和农奴社会的基本特征和吐蕃时期留下的资料说明,吐蕃时期既不是一个纯粹的奴隶社会,也不是完全的封建社会,而是奴隶社会向封建农奴社会的过渡时期。

关键词　吐蕃时期　社会性质　奴隶社会　农奴社会　封建制萌芽

吐蕃政权存在于 7 世纪初至 9 世纪中期,关于它的社会性质已经有较多研究。有"奴隶社会"说,如王静如先生的《关于吐蕃国家时期的社会性质问题》和常风玄先生的《古藏文文献中所见奴隶的社会地位与历史作用》为其代表[1],认为吐蕃是完全的奴隶社会。另有"封建社会"说,如黄奋生先生在《藏族史略》中认定吐蕃是"领主经济的庄园制度"[2];仁青先生在《吐蕃法律初探》中,认为是"封建生产关系尚不十分发达的领主封建制"[3];陈庆英先生在《从敦煌出土账簿文书看吐蕃王朝的经济制度》中,认为是"封建社会的早期阶段"[4]。笔者认为,吐蕃时期既不是一个纯粹的奴隶社会,也不是完全的封建社会,而是奴隶社会向封建农奴社会的过渡时期。在这个社会里既有奴隶制的浓厚特征,又有封建制萌芽,处于一种变动状态。时间愈往后,封建制的特征愈益明显。"吐蕃封建化过程以经济方面的重大变革而言,此时似已开始。"[5]

要说明吐蕃奴隶制社会中已经存在封建制萌芽,我们需要从理论上明确奴隶社会和农奴社会的根本区别和它们之间的联系。

---

[1]　分别载中央民族学院研究部编《中国民族问题研究集刊》(内部刊物)第五集(1956 年 12 月)和中国西南民族学会编《藏族学术讨论会论文集》(西藏人民出版社,1984)。

[2]　黄奋生编著《藏族史略》,民族出版社,1985,第 62 页。

[3]　《吐蕃法律初探》,载《西藏封建农奴制研究论文选》,中国藏学出版社,1991,第 437 ~ 438 页。

[4]　《陈庆英藏学论文集》(上),中国藏学出版社,2006,第 102 ~ 103 页。

[5]　王忠:《新唐书吐蕃传笺证》,科学出版社,1958,第 37 页。

奴隶制生产关系的基础是奴隶主占有一切生产资料和完全占有奴隶人身，在奴隶主的所有财产中，奴隶是最重要的，奴隶是社会财富的主要创造者。奴隶被看成会说话的"工具"，奴隶主可以对奴隶驱使、买卖，甚至殉葬。在世界古代史中，奴隶制国家最突出的特征是奴隶被物化，典型的奴隶社会还有奴隶市场。

农奴社会属封建社会范畴，其生产关系的基础是各个等级的封建领主层层占有以土地为主的生产资料。农奴没有土地，领主划出小片土地给农奴使用，称为份地，是农奴为领主劳动的条件。农奴要生存，只得"自愿"为封建领主所束缚。农奴的份地和不完全自由的身份成为两条捆绑他们的绳索。正如联合国《废止奴隶制、奴隶贩卖及类似奴隶制之制度与习俗补充公约》（1956 年）为农奴制下的定义："农奴制，即土地承担人受法律、习惯或契约之拘束须在他人所有之土地居住及劳作，并向该一他人提供有偿或无偿之若干固定劳务，而不能变更其身份。"①

用上述两种不同社会性质的基本特征来衡量，吐蕃时期留下的资料说明，在奴隶社会里，已经存在封建农奴制的萌芽。这两种依次更迭的社会发展，前一社会孕育着新的社会因素，后一社会包含前一社会的残余。吐蕃社会正是奴隶社会向封建社会的萌芽时期。

一　吐蕃奴隶制社会中的新因素——隶农的出现

奴隶社会在西藏经过长期发展，吐蕃王朝建立之前，各地已经形成以若干大家族为主的奴隶主地方势力。公元 6 世纪末，松赞干布之父囊日论赞征服了各部，他拥有了支配所属地区土地和人民的最高所有权。囊日论赞亲自封赏采邑和奴户给归顺自己的地方势力。"于是，娘氏、韦氏、农氏将森波杰（埔邦松）之政权悉数献与赞普悉补野氏之手中矣！后，囊日论赞亲自分赐勋臣，赏赐娘·曾古者为念·几松之堡寨布瓦及其奴隶 1500 户；赏赐韦·义策者为线氏撒格之土地及墨竹地方奴隶 1500 户。赏赐农·准保者为其长兄农氏奴隶 1500 户。赏赐蔡邦纳森者为温地方孟氏堡寨、奴隶 300 户。"② 赞普任娘氏、韦氏、农氏和蔡邦氏四家为论钦——大臣，他们成为所封城堡和周围土地和奴户的占有者。囊日论赞还分别颁给有功之臣显示不同地位的金银铜铁等金属告身。在赞普之下，形成了功臣之间高低不同的等级关系。

封予功臣的奴隶都是按户计算的，说明这些奴隶是有家庭的，他们并不是被链条锁起来的那种典型奴隶。奴隶主驱使这些有家庭的奴隶劳动，就要有维持他们劳动的生活来源，即有家庭经济。他们的身份超出了奴隶的范畴，属于隶农。隶农的出现，

---

① 转引自董云虎等编著《世界人权约法总览》，四川人民出版社，1991，第 1107 页。
② 王尧、陈践译注《敦煌本土蕃历史文书》，民族出版社，1980，第 132 页。以下简称《敦煌本土蕃历史文书》。

说明在奴隶社会的土壤里，出现了农奴制经济的萌芽。

马克思对奴隶和隶农作了理论上的比较，大意是：奴隶完全是用他人的生产条件来劳动，而隶农则有少量的生产条件，有自己经营的小块土地。为主人进行无偿的劳役和履行进贡义务，形成制度。奴隶和隶农的共同点是，有人身的依附关系，有人身被当作附属物定牢在土地上的制度。马克思说这是严格的隶农制度。① 由此可见，隶农就是奴隶社会里，人身束缚有所松动的小块土地耕种者。

上述囊日论赞当政时期数量众多以千百计的奴户，是否有小块土地耕种？从下述间接资料可以得到说明。囊日论赞因内部斗争中毒去世，众臣拥戴 13 岁的松赞干布在仓促中继赞普位。随后迁都逻西，建立起吐蕃王朝。松赞干布的内外政策与他父亲的大政方针应该是一脉相承的。也就是说，初建的吐蕃社会经济基础和上层建筑不会因松赞干布的执政而发生剧烈变化。对被征服地区的统治策略和经济政策前后应是一致的，管理奴隶的方法也应相同。

史载，松赞干布继位后对其所征服的东、南和北方属部在经济上采取征税的办法进行管理，"南巴财库王、尼婆罗铜王、苏毗铁王、及门地娱乐王。……他们搜集赋税上献"②。吐蕃东北新征服地区"迫使唐人及吐谷浑人，岁输贡赋。由此，首次将吐谷浑人收归辖下"③。又，松赞干布的大相禄东赞在位时期，在吐谷浑所辖的罗布地区进一步进行田制改革，"兔年夏，划小罗布王田为五种亩数，按耕田人（每户）人数多少加以分配。依据主权与田作惯例，劳力情况应登记于（户主）名下。有势力者不许多占田地或围圈空地，任何一小块田都要按（每户）人数多少分配。不许荒废田业和破坏田界。此五种亩数的田都树立界标，有违制占田、破坏田界或使田业荒废者，将剥夺其田业，没收其庄稼，并按情节轻重治罪。各户耕田人的人数造成总册，交到日城长官处，凡有阴谋叛乱、破坏水利、反抗官府、图谋侵夺等事，一律按本城旧法律治罪"。④ 这几条材料说明，松赞干布及大相在其征服的地区实行的是按户均田、征收赋税的办法，封建的土地制度特征明显。由此反推，相去不远的松赞干布之父王当政时，被征服地区也应该是这套政策。这个反推如果成立，上述数百、数千家奴隶的管理，应是采用"分给"土地，征收赋税的政策。这就突破了奴隶主用皮鞭监督奴隶劳动的办法，至少在奴隶占有的小块土地上不必进行直接监督了，因为奴隶在"自己的"土地上耕种，收成越好对小家庭越有利，可以激发他们劳动的积极性。由此说明，奴隶

① 参见马克思《资本论》第 3 卷（2009 年 4 月再版），郭大力、王亚南译，上海三联书店，1938，第 6 篇，第 47 章劳动地租。
② 巴卧·祖拉陈瓦：《贤者喜宴》，黄颢摘译，《西藏民族学院学报》1981 年第 1 期，第 10 页。
③ 参见《敦煌本土蕃历史文书》，第 140 页。
④ 王忠译自新疆发现之吐蕃文书，载王忠《新唐书吐蕃传签证》，科学出版社，1958，第 37 页。

制生产关系在松赞干布继位前已经开始变化，土地经营管理制度中带有了"租佃"性质，因而从奴隶中分化出了隶农来。当然人身占有和依附关系仍然存在，"他们还不是自由的，但是他们的身份却不同于奴隶。这是隐蔽在奴隶社会内部的封建依附关系"①。他们就是农奴的前身，由此开始出现了新的生产关系——农奴制的萌芽。

松赞干布是临危受命，其时初创的吐蕃政权正遭受空前危机。已经臣服于吐蕃的地方势力工布、达布、娘部和苏毗首领起兵反叛，企图摆脱赞普的统治，以达到否定赞普对吐蕃百姓和土地的最高所有权。在严峻的形势下，松赞干布采用武的和文的手段平息叛乱。对于已经归顺的部落首领，只要向吐蕃王廷承担赋税，就不剥夺他们原有的产业，并可维持原有的势力范围。赞普使用了带有封建色彩的赋税制度来维系对各头人的控制，将全吐蕃土地划分为他的直属区和地方管理区，"有 31 个地区是由库氏和聂氏等父系亲属的 25 位首领长期管理"，被称为"采邑境界"。② 由此，赞普对百姓和土地的最高所有权得到巩固。

对于吐蕃的社会特点，著名藏学家王尧先生在对大量吐蕃时期的古藏文的翻译、解读和研究中认识到，吐蕃的奴隶"有自己的家（或称帐），平时也有自己经营的一小块地，但人身隶属的关系表明他们是奴隶。战争时期，他们又是当然的战斗人员和后勤人员，由他们组成军队，听从担任各级军官的奴隶主的指挥"③。在另一处他又说，奴隶"虽然对主人有人身隶属关系，但不能买卖或杀害；比较自由，有自己的家并少量土地和简单的生产工具；人身隶属关系作为主要特征，这些人大部是由被征服的部落、氏族充当的。吐蕃的奴隶制就是建立在这种基础上的社会"。④ 这些事实，说明吐蕃奴隶社会中，部分"奴隶"已经不是被绳索捆绑的那种奴隶，他们不能被买卖或杀害，有自己的家，有小块地，甚至是主人的战士，只剩下与主人的"人身隶属关系"了。这些人的身份显然已经超出了奴隶的范畴，应该是新的社会成分——隶农。

吐蕃从奴隶制向封建农奴制的过渡，与人类社会的历史发展具有共同的规律。试与西欧历史作一比较。由奴隶到隶农的出现乃至封建社会的产生，这一变化过程在西欧的社会发展史中也曾出现过。这里对罗马奴隶制的发展做一简要叙述。公元前 6 世纪后期罗马形成奴隶制国家，公元前 3 世纪至公元前 2 世纪罗马不断发动侵略战争，扩大了领土范围，广泛使用奴隶，经济发展。公元前 1 世纪后期罗马进入帝国时代，至公元 3 世纪，罗马帝国的版图最大，东达幼发拉底河，南至非洲北部，西至大不列颠，北到波兰多瑙河一带。也在这时，奴隶制发生危机，原来那种奴隶被铁链锁住、

像牲口那样被出卖的行径，遭到奴隶们的反抗，轻则怠工，重则武力反抗。奴隶主不得不让步，对奴隶的统治方式进行了调整，放松严酷的人身占有关系，采用土地束缚奴隶。于是出现了奴隶主将原来直接经营的大庄园土地分成小块租给奴隶，以家庭为单位耕种。奴隶减少了皮鞭下的劳动，并有了微弱的家庭经济。奴隶可自行在小块土地上耕作，对土地的使用权可以继承，向奴隶主交纳一定量的租赋，这就形成了新的生产关系的萌芽——隶农，西欧中世纪农奴的先驱。公元 4 世纪末，统治者将帝国分成两部分，东罗马帝国以拜占庭（君士坦丁堡）为都城，以防止社会发展滞后的"蛮族"入侵。[①] 罗马帝国其余部分仍然以罗马为都城，称西罗马帝国。这时西罗马社会危机愈加严重，在此背景下，日耳曼等外族先后入侵，冲击了奴隶制度。公元 476 年，西罗马帝国灭亡。罗马人与各地民族融合，成为欧洲近代各民族的先民，同时在这片土地上，产生了若干具有全新的封建生产关系的王国，从此西欧进入封建的中世纪社会长达一千多年，直至近代资本主义的产生。

通过比较可以认定，承认以家庭为单位耕种土地，征收赋税，是封建经济制度的重要特征。吐蕃与西罗马灭亡前的状况大同小异，只是在时间上，吐蕃奴隶制向农奴制过渡比西罗马 5 世纪末封建制度的形成晚 400 余年。

二　从吐蕃"大事记"看封建制的萌芽

据王尧、陈践二位教授在《敦煌本吐蕃历史文书》的前言中介绍，1907～1908 年，英国人斯坦因和法国人伯希和先后从我国敦煌盗走的藏文写卷 5000 卷左右。包括吐蕃大事纪年、赞普传记和世系、小邦邦伯家臣等内容。这些藏文写卷是吐蕃人当时的记录，是了解吐蕃历史、社会和经济制度的最可靠、最权威的信实资料，对汉文资料起到了纠谬、补缺和印证的作用。

其中"大事记"记录了从 650 年（唐高宗永徽元年）到 763 年（唐代宗广德元年）一百余年的 113 条资料。涉及从吐蕃的第三代赞普芒松芒赞在位初期到第六代赞普赤松德赞在位前期的历史。从现有资料的时间跨度看，占了吐蕃政权存在时期约一半，涵盖了吐蕃最强盛的大部分时间。从这些材料的字里行间，涉及封建经济性质最重要的征税制度及其他相关制度的，约占 30%。本文梳理、汇集了此期间的相关资料，按相关赞普在位期间所做大事做一简要分析。

第三代赞普芒松芒赞（650～676 年，唐高宗永徽元年至仪凤元年）在位期间，大事记所记载的与经济制度有关的大事有：

653 年，赞普驻于辗噶尔，大论东赞于"祜"定牛腿税（肉类赋税）。达延莽布支

---

① 参见阿尔德伯特等《欧洲史》，蔡鸿滨等译，海南出版社，2002，第 136 页。

征收农田赋税；

654 年，大论东赞于蒙布赛拉宗集会。区分"桂""庸"（即区分武士及奴隶阶级，此说见于《贤者喜宴》），为大料集（即征发户丁、粮草劳役等）而使作户口清查。

656 年，赞普驻于美尔盖，大论东赞于"仄木"之玛尔地方征收牛腿税。

662 年，赞普巡临驻跸于工、祜等地。大论东赞于土贺尔地方征集香雄之供亿。

669 年，赞普驻于悉立之都那，吐谷浑部前来致礼，征其入贡赋税。

673 年，赞普……仲夏至孙波河……行牧区大料集。冬，（赞普）牙帐巡临"襄"之"让噶园"，于"董"之虎苑集会议盟，以征集后备军事征集青壮户丁。

674 年，赞普……于"拉克"之"布穷"集会议盟。点验红册（军丁名册）。

675 年，春，赞普至"谐辛"，夏，驻于泥婆罗。大论赞聂于"欣木"之"孤兰"，征集香雄之大料集。①

从上述材料可以看到，这个时期为了征税和其他征发，十分重视清查户口和阶级阶层的区分。首先，吐蕃已经实行分别征收农业税和牧业税的制度，说明吐蕃时期已经有了独立从事农业和畜牧业或农牧兼营的个体经济。奴隶主不是直接占有他们的劳动成果。"牛腿税"即牧业税，是按所养牲畜的多少征收，以牛腿为税额计算单位，多少头牛交 1 腿，多长时间缴纳 1 次，记载不明。牧民所养牲畜不止有牛，还有马、羊。马比牛价值高，羊比牛价值小，估计应有一个折算的办法。其次，在吐蕃社会的阶级构成里，除奴隶主和奴隶以外，还有既不是奴隶主，也不是奴隶的人和户。通过清理户口，搞清楚不同阶级或阶层的人口和户数，以便于征发劳役和兵丁。服役的人口中，不但有奴隶，也有"户丁"，和"桂"。户丁与奴隶是有区别的，他们有家，经济和社会地位略高于奴隶，即隶农，桂是武士，地位又高一些。最后，吐蕃时期是"全民皆兵"，建立了适合出征的兵丁名册。

第四代赞普赤都松（676～704 年，唐高宗仪凤元年至周·武后长安四年）在位期间，经济和行政制度方面所做的大事有如下记载：

687 年，赞普驻于辗噶尔，冬，定大藏之地亩税赋。

690 年，夏，赞普驻于泥婆罗。大论钦陵于武佑之擦登，开始清查"后备"之名册。冬，赞普驻于"温"之"阿噶园"垄达延与大论钦陵于藏之"林噶园"集会议盟，立大藏之"红册"。噶尔·没陵藏顿与巴曹·野赞通宝二人征收腰如之地亩赋税。

691 年，赞普……至查那。清理土地赋税并统计绝户数字。冬，于畿曲河流域之"查玛塘"，集会议盟，乃依红册征集兵丁。

692 年，赞普……于"畿"之林任园集会议盟，立红册木牍。多斯麻之冬会于甲

---

① 653～675 年的资料引自《敦煌本吐蕃历史文书》，第 101～104 页。

木细噶尔举行，收苏毗部（孙波）之关卡税。

693 年，赞普……于董"畿之虎园"集会议盟，任命"五百"夫长。冬，于桑松园集会议盟。任命大藏之牧户（长官）。

699 年，冬，赞普驻于"兑"之"玛尔玛"。封赐忠心耿正文书，并颁赏物品。……于"哲"之"鸟园"内，清查获罪家族之财产。[①]

从这几条资料可以看到赞普在税收、征兵和官员管理方面的施政措施：其一，在税收方面，清理户口名册，进一步完善按地亩征收赋税的制度，对于周边各族部，如香雄、吐谷浑，强制他们像缴赋税那样到吐蕃朝贡。征收腰如的农业税和苏毗的关卡税。其二，在军队建设方面，清理兵源名册，并按名册征兵。其三，在基层官员权限方面，任命农区的官员五百夫长——能管 500 人及其所生活的地域，在被称为大藏的牧区亦任命了类似官员。还褒奖忠臣，给予物质奖励。对罪臣实行株连之法，抄查没收全家族财产。

第五代赞普赤德祖赞（704~754 年，周·武后长安四年至唐玄宗天宝十三年）在位期间，经济和行政制度方面所做大事有如下记载：

707 年，改五百长为千夫长。

708 年，夏季会盟由大论乞力徐于赤帕塘召集之。统计查对禁军之红册木牍。……多思麻之会盟事，于若达之娘布召集之。对"平民"征集黄金赋税颇多。

709 年，征调腰茹牧户大料集。……统计、清查"茹拉"之红册木牍。

713 年，赞普驻于墨竹之潜塘。……任命五百长，划定夏季牧场与冬季牧场。

717 年，大论乞力徐于甲木西噶尔地方召集多思麻冬季会议议盟。统计清查"岸本"所属之户口（册）。

718 年，赞普驻于泥婆罗。……达布王立红册木牍。冬，赞普驻于扎玛牙帐。征三茹之王田全部地亩赋税、草税。

719 年，夏，赞普驻于泥婆罗。……征集三茹王田之土地赋税、草料赋税。……冬季会盟……征集羊同与玛儿之青壮兵丁，埃·芒夏木达则布征集大藏之王田土地贡赋。

720 年，赞普驻于董之虎园……集会议盟。征集大藏之王田全部土地贡赋。冬……派定尚论往大藏地征集马料。

721 年，冬，赞普驻于札玛牙帐……建立"岸"及大河上下全部大红册木牍。

722 年，冬，赞普驻于札玛……清查统计宫廷费用之盈亏数字。

723 年，夏，赞普驻于泥婆罗……放逐岸本朗卓·聂赞恭禄与森奇没陵赞蒙穷二人……（将二人）财产转赐予论绮力心儿及尚·绮力涅门松二人。

---

① 687~699 年的资料引自《敦煌本土蕃历史文书》，第 106~108 页。

726 年，冬，赞普驻于札玛牙帐。宣布岸本由八员减为四员之缩编制度。……集会议盟，订立岸本之职权，征宫廷直属户赋税。

734 年，冬，牙帐驻于札玛之翁布园，于岛儿集会议盟，征集吐谷浑之青壮兵丁。

735 年，夏，赞普牙帐驻于"准"之芒岱垅，于五祐，四骑队由赞普检阅，征抽丁壮。

743 年，冬，赞普驻于札玛牙帐，大征集"畿"地各部"桂""庸"之户丁。

744 年，冬，牙帐驻于札玛……由大论穷桑、论·结桑二人集冬会议盟，进行征兵点兵大料集，将赞普之令从红册木牍移入黄纸册。又，征四茹之大料集。

746 年，冬会议盟。大料集四茹之牧场、草料。依赞普诏令：将东岱（千户所）列乌套那地方之差役负担者另行拨出。大论以下各官员均申誓言，严切诏告，减轻庶民黔首之负担。又，征四茹牧场之大料集，收集已摊派之一切奴户之赋税。[1]

赤德祖赞在位 50 年，在官制改革、矿产（黄金）税的开征、全面统计户口、设立官田、征集武士、对官员建立奖惩制度、减轻奴隶、隶农赋税等方面，政绩突出。第一，改革官制，改部分五百夫长为千夫长，以扩大管辖人数和范围。吐蕃百夫长、千夫长的官制对吐蕃以后的藏族社会的官制产生了重要的影响。在改革官制的同时，由政府出面划定冬、夏不同季节的牧场，可见那时放牧不是盲目进行的，已经认识到随气候的变化而逐水草放牧对牲畜长膘的重要性，说明牧业生产水平的提高。第二，在征收赋税的种类方面，不仅有牧业税（牛腿）、农业税（粮食和草料），还有矿产税（黄金）。当时的黄金开采比较普遍，但方法十分原始，主要是比较容易淘取的沙金，一般是将淘金作为一种副业进行的，淘金者并没有脱离农牧业生产。第三，多次清查、统计包括雅鲁藏布江上下游及其他各处户口，估计当时多用木简制成册簿，称为"红册木牍"。赞普的命令则在红册木牍记录后还抄入更珍贵的黄纸册中。第四、王田-官府田和宫廷直属户的出现。"茹"为吐蕃军事和行政单位，松赞干布时划分为五茹[2]，先在腰茹征集兵丁和粮草，后又在三个茹的官府直属土地上征收粮、草税。在官府直属地上有隶农，租给土地让他们耕种，向他们征收赋税。还有宫廷直属户，即宫廷直属隶农。赞普还先后在吐谷浑、羊同、畿雪等地征集武士和壮丁，并举行阅兵仪式。第五，清理财政、奖励和惩处罪臣。对吐蕃宫廷收支进行清理，没收罪臣财产给对赞普有功之臣。第六，赞普在命令官员征收赋税的同时，也要求官员对隶农的负担不要过重。这是多少具有一点封建色彩的开明统治者才能想到的。

第六代赞普赤松德赞（755~797 年，唐玄宗天宝十四年至唐德宗贞元十三年）在

① 707~746 年的资料引自《敦煌本吐蕃历史文书》，第 110~118 页。

② 原为四茹：卫茹-中翼，今拉萨为中心；腰茹-左翼，今乃东为中心；叶茹-右翼，后藏雅鲁藏布江北，今南木林县为中心；茹拉，后藏今萨迦县为中心。加上苏毗茹为五茹。

位时期，"大事记"只留下了他执政前期的业绩，另有赞普传记的记载，综合起来亦可窥见赤松德赞的业绩：

755 年，以兵力捕杀谋害父王之元凶。于每一千户所任命三"千夫长"职。迁出末氏、朗氏之奴户，令二人偿命。………清点朗氏、末氏获罪者之财产。

756 年，清查朗氏、末氏之财产尾数。……论·墀桑、尚东赞与阁罗凤三人以兵陷巂州，孜基以下尽为抚服，收归属民。

758 年，多思麻之夏季会盟……统计各地资产数字。……冬季会盟……亦统计资产数字。

762 年，冬，牙帐驻于甲尔之江浦……以唐人岁输之绢缯分赐各地千户长以上官员。①

上述资料说明了如下事实：其一，赤松德赞之父赤德祖赞被末氏、朗氏两家族出生的大臣所弑。赞普继位后捕杀其元凶，并连续两年抄没罪臣及家族财产。其二，征伐巂州，将该地民众收为属民，又统计吐蕃在各地的财产。其三，武力掠夺和征收赋税是吐蕃财产的两个来源。早在赤德祖赞时期，"唐地财富丰饶，于西部（上）聚集之财宝贮之于瓜州者，均在吐蕃攻陷之后截获，是故，赞普得以获大量财物，民庶、黔首普遍均能穿着唐人上好绢帛"②。另据赞普传记载，赤松德赞时，趁唐朝内乱兴兵东征，于公元 763 年攻陷长安，大肆劫掠 15 日而去。又西征于阗，南征白蛮南诏等国，"天下之别部国王均纳贡赋，小邦收抚为编氓……并征其贡赋。其后，南诏王阁罗凤亦前来致礼，列为直属蕃部民户，征贡赋，并委以往昔旧时之职"③。吐蕃对于武力占领的地区，臣服的官员照旧供职，又令百姓交丝绸之类财物以充赋税。可见吐蕃赞普在交替使用奴隶制的掠夺和封建性质征税的办法获得财产。赞普赤松德赞设牙帐于江浦时，用绢丝赐予千户长以上的官员。

三 从法律和政权管理制度看封建制的萌芽

吐蕃在松赞干布当政时期，制定了"吐蕃基础三十六制"。其中有六大法典、六大商议原则、六级褒奖、六种标志、六种告身、六种勇饰。内容有行政区域界限，官员的地位和职责，奖励有功臣民的等级划分。有做人的道德规范，敬强护弱，抑制豪强，惩恶扬善的规定。有农牧业和度量衡等。这是一个原始的综合性的国家管理制度和对官民的道德要求，规定虽然说不上是科学意义上的法律，但它体现了赞普昂扬向上，积极进取的精神，表现出吐蕃社会的进步发展，其意义是显而易见的。

---

① 755~762 年资料引自《敦煌本土蕃历史文书》，第 119~121 页。

② 《敦煌本土蕃历史文书》，第 141 页。

③ 《敦煌本土蕃历史文书》，第 144 页。

在内容中，还有社会阶层的划分。第一，豪奴千户，即武士，为赞普指挥作战，有奴隶和财产。全吐蕃共有 61 个豪奴千户，每个豪奴千户拥有 1000 兵（民）。第二、驯奴，即庶民。包括小王、奴隶、再奴隶三个等级。小王又分为九王、七牧、六匠和五商。九王即九小邦，各有势力范围，各有奴隶、土地和牲畜。七牧，即直接为赞普服役和为政府经营牧业、管理牧民的头人。他们分工细致而明确，分管牧马人、牧牛人、牧山羊人、牧绵羊人、牧驴人、牧狗人和养猪人。六匠，即管理手工业的头人，手工业者的分工亦细，有铁匠、剑匠、铠甲匠、弓匠、鞍匠和天师。五商，即商品流通的组织者，分别管理来自不同地区的专营商人：汉地茶商、突厥玉商、吐谷浑刀商，丹玛帛商和兰地盐商。他们都要向赞普承担赋税、劳役，进献礼品。① 这些不同阶层、不同分工和不同职业的人员中，有管理者和个体劳动者，他们不是奴隶。在奴隶中又分为奴隶和再奴隶，形成一个多阶层的社会，可见吐蕃并不是一个纯粹的奴隶社会。

吐蕃时期有关道德的法律，细化为法律十五条、七大法律、道德规范十六条，形成法律与道德规范混合不分的状态。在"不杀生法"中肯定人是有"命价"的，杀人致死的称为死命价，受伤者称为活命价。无理杀人、伤人一方要按照法律赔偿命价，命价的高低视被害者的经济和社会地位不同而定。在"偷盗法"中规定偷盗君臣财物赔偿原物的 80 倍，偷盗庶民的财物赔偿 8 倍。在"禁邪淫法"中规定：私通者，割其肢，贬为奴隶，流放边地。② 从这几条规定可以看出，在吐蕃社会里有为数不少的非奴隶群体，他们是划分等级的，统治者的社会地位高，所以命价高。一般庶民，社会地位低，命价就低。他们犯邪淫之罪就要"贬为奴隶"，可见他们原来并不是奴隶。赞普赤松德赞时期，大臣聂·达赞顿素"用法律公平处理内部案件，杀人者赔偿命价。在这之前吐蕃没有赔偿命价的制度，从这时开始制定了这一制度"③。

在吐蕃的单行法律《狩猎伤人赔偿律》中，规定了不同身份、等级的人的"命价"。"大藏和王室民户，所有武士及与之命价相同之人，被一切庸和蛮貊之人，因徒等因狩猎射中，无论死亡与否，放箭人起誓，非因挟仇故意伤害，可由辩护人 12 人连同本人 13 人共同起誓，如情况属实……查明实情受害人中间死亡，赔偿命价银 150 两，由受害人左证人平分。无佐证人则全归受害人。受害人中箭未亡，赔偿医药、食品银 30 两。由受害人佐证人平分。""王室民户一切（庸）及尚伦和百姓之耕奴、蛮貊因徒等人，被尚伦黄铜告身以下和与之命价相同之人，因狩猎射中……如受害人中箭身

---

① 参见《西藏通史》，第 51、55~57 页。
② 参见《西藏通史》，第 66~67 页。
③ 参见达仓宗巴·班觉桑布《汉藏史集》，陈庆英译，西藏人民出版社，1986，第 137 页。

亡，赔偿命价银 200 两。……若受害人中箭未死，赔偿 100 两。"① 从理论上说，奴隶是奴隶主的"财产"，如果受到侵害，奴隶主作为"财产"的拥有者，就要向施害者索要赔偿，赔偿的数额就是奴隶的命价。而上面的资料表明，因受伤害得到命价赔偿的是受害者本人，说明他们不是奴隶身份。其中的大藏，似基层农事管理人员。蛮貊为南方边陲的蔑称，蛮貊之人即南方边陲居民。囚徒为战俘，庸和耕奴即类似农奴的隶农，他们是社会的最底层，但不是奴隶。吐蕃实行命价赔偿时，命价由黄金支付，以衡器的"钱"为计算单位。②

大臣聂·达赞顿素，在抓牧业生产方面成绩卓著，被誉为七良臣之一。他首倡夏季割饲草晒干，为冬季储备。规定每一民户至少要养马、犏牛、乳牛、黄牛，每种不得少于 1 头（匹）。③ 从这则有关牧业生产的记载可以看出，牧民中有个体经营户，大臣代表赞普对他们的牧业生产提出了十分具体的要求。如果他们是完全的奴隶，就不可能有家庭经济，赞普提出的牲口饲养品种和数量之类的规定，也就不会针对他们了。

对吐蕃时期的所有制，在法律中没有明文记载。但是在吐蕃遗存的碑刻中，一些"敕授""盟誓之诏书"和赞普对新建寺庙的优惠政策一类的记载中，却能反映所有制的状况。吐蕃时期，赞普是最高统治者，"溥天之下，莫非王土；率土之滨，莫非王臣"。记录赞普之命的碑刻资料，实际可以起吐蕃法律的作用。从以下两条材料可以看出，赞普对一切土地（包括耕地和草场），连同土地上的人民有最高的所有权，而臣民只有占有权和使用权，即领有权。

赞普赤松德赞在位时期，曾立"雪·多仁乞玛"碑（恩兰·达札路恭纪功碑），这是一块以赞普对臣下盟誓形式的诏书。以表彰重臣达札路恭攻入唐都城长安的功绩，并规定对其子孙及亲族的优待条件。其中规定，达札路恭之后代"子孙某代或因绝嗣，其所属奴隶、土地牲畜决不由（赞普）没收，而定举以畀其近亲兄弟一支。论达札路恭之子孙后代，当其手执盟誓文书……不没收其银字告身。……论达札路恭之远祖'悉腊'之子孙凡具能力者，其奉养决不减少，亦不变更。……子孙后代手中所掌管之奴隶、土地、牧场、草料、园林等等一切所有，永不没收，亦不减少，他人不得抢夺。若彼等自家不愿再管时，不拘其（血统）远近，贤与不孝，亦不更换而畀予焉"④。盟文一再强调对已经奖励的告身、一切财产永不没收，不变更。这说明赞普是有向受奖者没收、变更（增加和减少）土地权力的，这里说"永不没收"，是给受奖者吃"定

① 王尧、陈践译注《敦煌吐蕃文献选》，转引自仁钦《吐蕃法律初探》，载《西藏封建农奴制研究论文选》，中国藏学出版社，1991，第 437 页。
② 参见《西藏通史》，第 128 页。
③ 参见《西藏通史》，第 129 页。
④ 《吐蕃金石录》，第 83 页。引文中告身，等级标志，按质地珍贵程度分：玉、金、银、颇罗弥（次级玉）、铜、铁 6 种。每种又分大小两种，共 12 级。

心丸"。受奖者若不想再占有这些财产了，可给自己的远亲，但要由赞普"畀予焉"。这一切从反面说明赞普是所有财产的最高所有者。

在赤祖德赞赞普在位期间，赞普外戚蔡邦氏立"蔡邦氏江浦建寺碑"于拉萨堆龙德庆县西部江浦寺。江浦寺毁，碑尚存，已移至距江浦寺遗址附近之楚布寺内。该碑文记有"为仰报赞普之恩卷，迴向赞普陛下之功德，广为祝祷延福，乃于堆垄之江浦，建神殿，立三保之所依处，敬事四部比丘等众，作为供养顺缘之奴隶、农田、牧场及供物、财产、牲畜等项，一应备齐……。作为寺产之民户及产业之上，不征赋税、不征徭役、不取租庸、罚金等项。颁诏敕授寺产属民户之文书。……今后，倘聂多子嗣断绝，一切所辖之地土、所领之属民，赞普不再收回，并不转赐他人，均增赐为此神殿之供养顺缘。如此颁诏矣"①。这段文字将赐予新建之江浦寺财产的原因、种类、优惠政策和将来寺主可能发生变化的政策，都表达得明明白白。其中对财产的权属问题，说明寺产的所有权属赞普，江浦寺只有使用权。所以才有"赞普不再收回，并不转赐他人"的承诺。

通过吐蕃迁都逻西前隶农的出现，吐蕃人留下的"大事记"中记载的具有封建性质的措施、制度，以及吐蕃法律体现出的超出奴隶社会的制度，充分说明吐蕃社会生产关系的复杂状态，它不仅有奴隶制的特征，也孕育着若干封建制因素。这些因素的存在，正是西藏进入封建农奴社会的前奏。

原载于郝时远、格勒主编《纪念柳陞祺先生百年诞辰暨藏族历史文化论集》，中国藏学出版社，2008

---

① 《吐蕃金石录》，第180页。

国家语境下的"民族"认同与地方语境下的"族群"认同[*]

——以藏彝走廊为例

翁乃群

摘　要　1953 年中华人民共和国第一次人口普查时，共有 400 多个自报族称。从 20 世纪 50 年代新中国成立初期到 70 年代末，人民共和国最高立法机构全国人民代表大会共认定了除主体民族汉族之外的 55 个少数民族。此后，中国大陆民族学与人类学学界关于"族群认同"的研究只限于国家语境下的"民族认同"研究。大量的田野志表明，除了在国家语境下的 56 个民族认同实践之外，在中国还存在大量的、从未间断的以地方语境为主要背景的"族群认同"实践。国家语境下的"民族认同"与地方语境下的"族群认同"既相互区别，但又往往交互作用。本文作者试图通过自己的田野和文献研究经验，将族群认同研究回归到人类学对"他"者社会文化的基本研究，即从以往"客位"的识别视角回归到族群"己－他"分类体系的社会文化研究。笔者相信通过这样的探讨将加深人们对族群认同在中国的国家和地方语境下的实践及其社会文化意义的理解，达到对其普遍性意义的认识。

关键词　民族　族群认同　藏彝走廊

一　关于族群（ethnic group）、民族（nation）与民族国家（nation-state）

本文所用"族群"一词系英文"ethnic group"的中译文。"族群"指的是有主体性认同的社会群体。他们相互之间认为有着共同的祖先和血缘谱系，有着共同的历史，操讲共同语言、遵行共同文化和习俗，或信仰共同宗教，以及有着相同行为和生物特质。

---

[*]　本文系基于笔者 2008 年 10 月在南京大学举办的第三届"中国社会与中国研究"国际学术研讨会上发表的题为"国家和地方语境下的族群认同"论文（载周晓虹、谢曙光主编《中国研究》2009 年春季卷，社会科学文献出版社，2010，第 120～139 页）修改而成。

他们也可以被其他族群视为具有共同语言、共同文化习俗和宗教信仰，以及行为和生物特质的群体。韦伯（Weber, M.）认为，"族群"是指"那些由于体质类型，或习俗，或上述两者，或由于有着共同的被殖民统治和迁徙的记忆，乐于相信有着共同祖先的主观信仰的人群。这种信仰对于群体的形成是非常重要的，而与其是否存在客观的血缘关系毫无相干"［Weber（1922）1978：389］。

1950 年联合国教科文组织发表了包括有当时法国人类学家列维·斯特劳斯（Levi-Strauss, C.）、英国生物进化论学家和人文学家赫胥黎（Huxley, J.）、瑞典经济学家古纳尔·迈尔达（Mydral, G.）等世界著名学者共同签署的"种族问题"报告。该报告建议"各种国家的、宗教的、地域的、语言的和文化的群体并非必然与种族群体相一致的；这些群体的文化特征并没有显示与种族特征有遗传基因的联系。当'种族'被运用于流行用语时，通常都会犯上述类似的严重错误，因此当说及人种（human races）时最好完全不用'种族'（race）一词，而用'族群'（ethnic groups）"（Metraux 1950：142 – 145）。"Ethnic group"成为欧美社会人文学科的流行术语，则是在 20 世纪 60 年代之后。

著名挪威人类学家巴特（Barth, F.）认为"族性"（ethnicity）是关涉文化差异的社会组织问题，而不只是可以被观察或经验的文化差异本身。族群认同（ethnic identity）是己群和他群互动中相互归类的事宜，而不是研究者基于自己构划的某一群体"文化"建构的结果。重要的是，所谓文化特点是与"己群"和"他群"边界界定的事宜相关联。固然文化被社会主体用于族群认同和行为的表述，但研究者不应由此认为这些文化是不变的且可以作为区分两个族群文化差异的特定标志。他指出，社会组织是需要经历人为过程和竞争的，文化是赋有变化的和流动的特性。因此，在承认关涉族群和其他社会关系中的文化具有相对稳定性的同时，也需要对这些文化的变化给予解析（Barth, 1998：5 – 7）。族群成员身份是由与社会相关的因素，而不是由其他因素引起的表面"客观"差异来决定的。鉴于此，族群研究首先需要关注的是界定族群的社会边界，而不是它的文化事项。族群间持续的接触不仅造就了认同的标准和区分的符号，而且也构造出结构化的互动。正是后者使族群间文化差异得以长期持续。

其实，与"族群"分类体系一样，"民族"（nation/nationality）也是基于社会文化的，具有主观认同意义的人类群体分类体系。安德森（Anderson, B.）认为大量的研究表明，对"民族"（nation）、"民族性"（nationality）和"民族主义"（nationalism）是难以下定义的。经过大量的研究，英语世界里的著名自由主义历史和社会人文学家瑟顿 – 华生（Seton – Watson, H.）得出的结论是："没有'民族'的科学定义。"他认为此种现象从过去到现在一直如此（Anderson 1991：3；Seton – Watson 1977）。

大多数人类学家和历史学家同意戈尔纳（Gellner, E.）和安德森的观点，认为

"民族"和"民族主义"是 17 世纪现代国家制度，即资本主义国家制度建立时期的产物。"民族"的建构是与现代国家的建构相关联的，往往被密切地与地域边界联系在一起。而民族主义的出现是与资本主义的发展相联系，构成了民族国家产生的重要意识形态背景（Gellner 1983；Anderson 1991）。某种意义上说，"民族"，至少在欧美，是被赋予现代国家政治形式意义的"族群"。安德森认为，从人类学学理看"民族"是"想象的政治共同体"。它的被想象既包括固有的有限性，又包括固有的独立自主权（Anderson 1991：5-6）。而"民族"独立自主权概念是产生于法国启蒙运动和大革命时代。这是因为在那个时代所谓神授的等级制王朝的合法性被摧毁了（Anderson 1991：7）。现代"民族-国家"的建立，强化了国家的边界。居住在"家园"（homeland）疆界内的被赋予了"民族"（nationality）的身份，而居住在该国家疆界之外邻国的，有着同一文化认同的群体，则是该邻国的"族群"（ethnic group）。因此，19 世纪的现代国家往往是通过声称代表"民族"以证明其政治合法性。

欧美社会人文学界对于"民族"构建了"（现代）国家"，或"（现代）国家"构建了"民族"存在争论。在一些民族主义者看来，"民族"先于"（现代）国家"出现。与此相反，另一些持"现代化理论"的民族主义者则认为"民族"认同在很大程度上是政府政策的结果，即政府通过对已有的国家进行统一，以及现代化建立现代民族国家。一些历史学家指出，在诸如英国、葡萄牙和荷兰共和国等欧洲国家，"现代民族"出现之前就已出现相对统一的国家及共同认同的意识。

英国历史学家霍布斯邦（Hobsbawm, E.）认为法国人（法兰西民族）后于法国出现。法兰西民族形成于 19 世纪后期，即发生德莱弗斯（Dreyfus, A.）事件时期。法国创造了法兰西民族，而不是法兰西民族主义创造了法国。1789 年法国革命时期，只有一半法国人民讲法语，其中有百分之十二三讲的法语很粗浅。正是法国政府将不同方言或语言统一为法语。通过征兵和 19 世纪 80 年代"第三共和"关于公共规定的法律制定，当政政府为民族认同的建构创造了条件。霍布斯邦指出，意大利统一时期操意大利语的意大利人还不到一半（Hobsbawm 1992）。

早在 30 年前，科诺尔（Connor, W.）就指出只有单一族群的国家，即理论上的"民族-国家"是鲜有的。他认为在世界上像葡萄牙和冰岛的，真正意义上的"民族-国家"不超过 12 个。格尔兹（Geertz, C.）指出几乎所有"新国家"（二战后成立的国家——笔者注）和大多数"老国家"（欧美国家——笔者注）都不符合上述"民族国家"的特征。在当下世界，要寻求一个文化上一体的，自主独立的政治共同体是越来越难（Geertz 2004：578）。很显然，即使在"民族-国家"理念起源的欧洲，"民族-国家"也从来没有成为普遍的事实。

二　当代中国语境下的"民族"

近年来中国学术界对"民族"问题再次掀起了新的一轮讨论。虽然这一轮讨论着眼于国情的发展变化，以及推进建设具有中国特色现代社会主义国家的需要，同时也和中国学术界在该问题研究的推进和深入有着密切的关系。无疑也与全球政治、经济和文化的发展变化，以及学术研究和话语的相应发展变化相关联。其中非常重要的是国际上"族群"（ethnic group）术语使用的日益广泛，以及该术语在中国改革开放后的被引入和使用问题（王明甫 1983；阮西湖 1998；翟胜德 1999；石奕龙 1999；周大鸣 2001；郝时远 2002a，2002b，2002c，2002d，2003a，2003b；徐杰舜 2002；纳日碧力戈 2003；兰林友 2003；范可 2003；马戎 2004，2006，2009；陈建樾 2005）。这也是在中国发生巨大经济和社会转型，族群间原有存在的经济、社会文化和自然生态环境的差异导致的在社会转型过程的经济和社会发展的不平衡和差异，以及包括旅游业的迅猛发展和各种民族文化加速市场化的背景下出现的。

众所周知，中国是一个多"民族"国家。自 1953 开展民族识别工作以来至 1979 年，全国人民代表大会共认定了 56 个民族。在 20 世纪 50 年代上半期，根据 1953 年全国第一次人口普查自报的 400 多个族称中确认了包括汉、满、回、蒙古、藏、维吾尔、壮、傣、苗、瑶、彝、哈萨克、达斡尔、俄罗斯等 39 个民族。之后到 60 年代中期，又新确认了 15 个少数民族。后来到 1979 年又先后认定了珞巴和基诺两个少数民族。至此除了主体民族汉族以外，共认定了 55 个少数民族：蒙古、回、藏、维吾尔、满、壮、彝、苗、瑶、傣、侗、布依、水、仡佬、仫佬、京、土家、羌、白、纳西、普米、傈僳、景颇、怒、独龙、阿昌、布朗、哈尼、佤、基诺、拉祜、德昂、赫哲、达斡尔、哈萨克、锡伯、柯尔克孜、乌孜别克、塔吉克、塔塔尔、俄罗斯、土、裕固、东乡、保安、撒拉、黎、畲、毛南、珞巴、门巴、朝鲜、鄂伦春、鄂温克和高山。

中国的民族识别是以斯大林的"民族"定义为理论指导，但在实践层次上则没有教条地套用其定义，而是结合中国的具体历史和社会实际进行了调适。虽然一些西方学者认为中国的"民族"概念不能对等于欧美"nation"的概念，但不能否认斯大林的"民族"定义其渊源应和近代以来欧洲逐步形成的资本主义发展阶段的"民族"（nation）和相应的"民族 – 国家"（nation – state）理念及其实践相对应（费孝通 1980：147 – 162；林耀华 1984：1 – 5；李绍明 1998：31 – 36；黄光学，施联朱 1995）。如果说斯大林的"民族"定义是指由近代逐步发展，而进入资本主义阶段形成的，以现代国家政治语境为背景的"族群"，很显然绝大多数被认定的中国少数民族并未进入这一社会发展阶段。至少在民族识别之前这些未进入这一社会发展阶段的"民族"，即构成后来被识别或归类为这些民族的，分别具有不同族称的"族群"，其各自的认同分类体系更多的是基于"文化性"意义的，而不是"政治性"意义的差异。其"政治性"意义的差异绝大多数是在地方语境下的，而不是在国家语境下的。绝大多数中国少数民族在"民族识别"之前，只有口说语言，而没有自己的文字，更没有"印刷语言"（print-language）。部分有文字的，也只是被少数宗教师所掌握。按照安德森"印刷语言"是构成现代"民族"的重要前提（Anderson 1991：67－82），中国认定的绝大多数少数民族"民族"也还未形成具有政治意义的"民族"（nation）。

在清末民初，当中国进入建立现代国家的历史时期，孙中山先生就提出了"五族共和"的政纲。虽然在当时清王朝版图内，居住的族群远远超出"汉、满、回、蒙、藏"五族，但至少它提出了一个建立现代多民族国家的政纲。很显然不能不说这是根据中国历史和当时国情，以及参照欧美现代资本主义"民族－国家"学说，推翻清王朝，抵抗西方和东洋列强瓜分企图，建立现代国家革命目标和实践的重要内容。中国共产党在抗战时期的延安就将民族平等问题纳入革命统一战线的政策和实践。在建立新中国的过程中，进而提出建立一个各民族平等的人民共和国，并努力通过在国家最高的权力和立法机构——全国人民代表大会和各党各界各民族参政议政的最高机构人民政治协商会议中包括每一个被认定民族的各自代表。该制度与民族区域自治制度一起被用作为充分体现中国是一个多民族平等的现代国家。

与中国现代国家建构理念和实践的政治过程相适应的，包括民族学、人类学、社会学和语言学等多学科综合的学术研究，便是 20 世纪 30 年代兴起的"边政学"，以及解放后的民族识别和民族研究工作（王铭铭 1999，2000）。民族识别成为解放初，现代国家建设过程中一项重要且极为急迫完成的政治任务。它也就成为解放后，中国民族学者为国家建设服务，或说参与新中国建设的首项任务（李绍明 1998：31）。

毋庸置疑，这些政治制度的建设以及中华人民共和国成立以后的民族识别工作，是以近代以来欧美现代资本主义国家建立过程中所创造出来的"民族－国家"理念和实践作为重要的历史参照。众所周知，中国的疆域主要是继承了清王朝的遗产。在现代国家建立过程中，如何实现帝国留下疆域内多族群的国情和现代国家民族平等理念的相结合，并使中华人民共和国成为包括疆域内所有民族的合法性政治代表，是新中国成立初期当务之急的重要任务。

1988 年夏季费孝通发表了"中华民族的多元一体格局"，阐述了他对"中华民族"历史构建的见解。这是费孝通通过对中国的国情，以及思考基于欧洲经验的现代"民族－国家"理论而"大胆"提出来的不同于西方的中国范式。"中华民族作为一个自觉的民族实体，是近百年来中国和西方列强对抗中出现的，但作为一个自在的民族实体则是几千年的历史"（费孝通 1989：1）。他认为，"它（中华民族多元一体格局的形成过程）的主流是由许许多多分散孤立存在的民族单位，经过接触、混杂、联结和融合，同时也有分裂和消亡，形成一个你来我去、我来你去，我中有你、你中有我，而又各具个性的多元统一体"（费孝通 1989）。在他看来这是世界各地带有普遍性的民族形成过程。一方面他通过考古和历史文献及其相关的研究资料阐述了几千年来中华民族的独特历史进程。另一方面他又认为中国现代民族与现代国家的构建过程与世界各国现代民族的形成有着共同性。

早在 1926 年曾为费孝通老师的吴文藻就发表了《民族与国家》一文。在该文中他对"民族"和"国家"的概念作了中、西定义的历史追溯。他基于西方理论，结合中国本有的"民族思想"，以及对历史和当时国情的反思，对现代"民族"、"国家"和"政邦"的关系进行了阐释。他认为，"……民族性之真正要求，非独立也，乃自由也，自由其目的也，独立其手段也，非为独立而独立也，乃为自由而独立也，今之人舍本逐末，竟言一民族一国家之主义，而不明其最后之用意所在，宜其思想之混乱也。前谓一民族可以建一国家，却非一民族必建一国家，良有以也。吾且主张无数民族自由联合而结成大一统之民族国家，以其可为实现国际主义最稳健之途径，由个性而国性，由国性而人类性，实为修身齐家治国平天下之大道。万一无数民族，不能在此大一统之民族国家内，享受同等之自由，则任何被虐待之民族，完全可以脱离其所属政邦之羁绊，而图谋独立与自由，另造一民族国家也"（王铭铭 1999，2000；吴文藻 1990：19 - 36）。他最后总结道："……民族与国家应有之区别曰：民族乃一种文化精神，不含政治意味，国家乃一种政治组织，备有文化基础。民族者，里也，国家者，表也。民族精神，实赖国家组织以保存而发扬之。民族跨越文化，不复为民族；国家脱离政治，不成其为国家。民族跨越文化，作政治上之表示，则进为国家；国家脱离政治。失政治上之地位，则退为民族。民族与国家应有之区别，即以有无政治上之统一为断。至于二者相互间应有之关系，亦大略尽于此矣。"很显然，费孝通"中华民族多元一体"的论述，与吴文藻的上述论述存在共通的学理思考。值得指出的是，在中国语境下这个源自西方的"民族"（nation）概念不论在学术领域还是国家政治领域中都被深深打上了中国的"特色"。不过人们也应该注意到，具有"国家特色"的"民族"概念现象，在南亚和东南亚的许多国家是带有普遍性的。

三　当下中国语境下的"族群"

就中国国情来说，"族群"有"广义"和"狭义"之分。就广义来说，它既包括国家语境下的"民族"，也包括地方语境下的具有主体性认同意义的"社会文化共同体"。从"狭义"来说，"族群"是指在地方语境下具有主体性认同的"文化共同体"。在国家认定的 56 个民族中，绝大多数都包括多个"族群"。"族群"是指在地方日常生活中具有主体性认同意义的社会文化群体，而"民族"是国家语境下，结合"族群"

分类体系下识别认定的社会文化再次归类构建的，被赋予政治性意义的社会文化共同体。

1953 年当全国开展第一次人口普查时，各地所报的"族称"有 400 多个。虽然其中有一些族称被认定为"民族"的名称，但绝大多数则只保留作为自称的意义。当一个在地方语境下具有社会文化意义的"族称"在国家族群分类体系中没有被认定，认同该族称的人们便需要在国家认定的民族分类体系中做一个认同选择，或被识别归类。不论是认同选择还是被识别归类均可以被视为民族的现代建构过程。值得指出的是，其中基于地方语境的认同"族称"通常并不因此而失去其社会文化意义。与其相应的文化认同及其实践，至少在相当长的一段历史时期内会继续代代相传。这些现象一方面增加了中国族群认同过程的复杂性，另一方面也造成在国家语境下的民族识别工作至今仍存在一些未解决和待进一步识别的余留问题。（费孝通 1980：147－162；林耀华 1984：1－5；李绍明 2002）

美国人类学家郝瑞（Harrel，S.）对中国学界运用的"民族"和"族群"概念做了辨析，认为虽然两个概念均为舶来品，但在引入中国后两者的内涵和外延与西欧、北美的"nationality"和"ethnic group"概念均有明显的不同。他将中国的"民族"概念与西欧/北美的"ethnic group"概念作了比较，指出前者的概念是源自斯大林的"民族"定义，并根据中国国情作了调适，成了中国独有的"minzu"概念（Harrell，2001）。西欧/北美的"ethnic group"是基于地方性语境，而中国的"民族"是基于国家语境；前者基于"平民百姓"的视角，后者基于"精英"的视角；前者是基于"主位"（emic），后者基于"客位"（etic）；前者强调的是主体性，后者是客体性；前者是"流动的"，后者是"固定的"（〔美〕郝瑞 2002：6：36－40）。他认为中国的"民族"与西方的"nation/nationality"不能对译，即它们是不同的概念。这样的分析比较显然存在一定的局限性：第一，不论对"ethnic group"在西欧/北美的定义或"minzu"在中国的定义均缺乏做进一步的时空比较分析，而是将它们视为同质的，不变的。第二，在两个概念的上述比较分析中只见到简单的二元对立，而忽视了随着时空的变化，"平民百姓"与"精英"、"主位"与"客位"、"主体性"与"客体性"、"流动的"与"固定的"的二元对立均有发生互动和相互转换的可能性。第三，虽然由于主体性作用，即"本土化"的结果，中国的"民族"概念作为西方"nation"的直接对应词存在一定的问题，它们之间有明显的区别，但不论是清末民初起先由日本引入西方"民族"（nation）的概念，或中华人民共和国成立以后由苏联引入的基于斯大林定义的"民族"，均与 17 世纪西方出现现代国家制度建设过程中产生的"nation"概念有着渊源的关系。斯大林的"民族"定义，也是和西欧近代具有现代国家意义的"nation"及其相应的"nation－state"概念有着密切的联系。大量历史事实表明，"民族"概念是自 19 世纪末，20 世纪初在中国推翻旧的政治统治制度，建立现代国家政治制度过程中，参照西方"nation"及其相应的"nation‒state"概念而被引入的。但应该指出，郝瑞对两个概念的上述二元比较分析对中国的"族群"研究是有很大启发意义的。正如前面所述，新中国成立以来主要基于国家语境下的"民族识别"的"族群"分类体系，即 56 个民族，并没有致使地方语境下基于"主位"视角的"族群"分类体系，如1953 年第一次人口普查所报的 400 多个族称全部消失，或失去其社会文化意义。大部分"族群"自称至今仍在地方语境下具有重要的社会文化意义，对地方社会文化生活起着重要作用。因此，在深入研究国家语境下的"民族"发展过程中，对地方性语境下的"族群"认同是不容忽视的。地方性语境下的"族群"认同，继续对现代中国各民族的发展过程起着不容忽视的作用。

四　国家和地方语境下的"族群"认同

20 世纪 80 年代中、后期，云南省丽江地区宁蒗彝族自治县永宁区自称"纳/纳日"，在国家民族识别过程中被划归纳西族的族群就极力要求认定为单一民族，族称为"摩梭"。1990 年 4 月云南省人大的七届十一次会议上通过批准了《宁蒗彝族自治县自治条例》。在同年 10 月正式颁布的该条例将上述自称"纳日"的族群确认为摩梭人。至今云南省境内自称"纳日"的族群并没有被全国人大常委会和国家民委认定为"纳西"族之外独立的单一民族（云南省宁蒗彝族自治县志编纂委员会 1993：176）。而居住在四川一侧，有着同一"纳/纳日"自称的族群则自解放初期，就沿用了该族群一些上层人士的认同选择被识别为蒙古族。虽然 20 世纪 60 年代初四川省志民族志调查组，以及后来 70 年代末四川省民委民族识别组都曾对该族群的族属问题进行过调查，但在该族群内部关于族称的协商工作未曾进行过，至今仍沿用原来"蒙古族"的族称。在1982 年全国第三次人口普查时，四川省境内的这一部分族群人口都统一划为蒙古族。随后 1984 年在该地区开展由公社改制为乡、镇的过程中，分别有四个公社成立了四个蒙古族乡（盐源县左所区沿海蒙古族乡、瓜别区大坡蒙古族乡；木里藏族自治县屋脚蒙古族乡、项脚蒙古族乡）（李绍明 1986：279‒290；《盐源县志》编纂委员会 2000：1091‒1093）。

当笔者 1987 年秋至 1989 年秋期间在川滇边境纳日人聚居区域开展田野研究时，在访谈一些县、乡以及村组干部过程中就听到许多涉及族群认同的上述两种截然不同的观点。在泸沽湖云南一侧笔者对改称"摩梭人"的诉求未听到不同意见。在四川一侧的族群内部则对蒙古族认同有着截然不同的意见。虽然在其精英层中的多数人有较强烈的蒙古族认同，但同时也听到不同的意见。值得指出的是，同一纳日自称族群存在的上述两种截然不同的族群认同，是基于当时不同的地方语境。在与提出"摩梭"族称诉求的纳日精英交流中，他们强调纳日族群是与以丽江为中心的自称纳西的族群在文化习俗方面的不同，以及语言的不相通（中国语言学者认为它们之间的差异，并非语言差异，而只是方言差异）。同时不时表露由于将他们划归纳西族，他们族群的社会文化利益没能得到充分的表达。而四川一侧同为自称"纳日"族群的精英则更多强调的是他们为元朝蒙古族的后裔。此说的历史背景正如李绍明所指与元初忽必烈南征，途经"麽些""西番"之地，当地土酋降附，以及明初元平章月鲁铁木儿率部先降后叛被镇压，少数余部流寓当地，融入"麽些""西番"之中有关（李绍明 1986）。民国时期的盐源政府撰写的文献和曾在 20 世纪 20 年代至 40 年代末长期在中国滇西北的丽江和川西南木里地区开展植物学和社会文化研究的美国学者洛克（Rock，J.）所著的 *The Ancient Na – Khi Kingdom of Southwest China*（中国西南的古纳西王国），以及曾于 1942 年到永宁开展调查的李霖灿撰写的著述中（李霖灿 1984：249 – 258），均提到永宁麽些土司系蒙古族后裔。

20 世纪 80 年代中期四川省几个纳日人集中分布地区成立了蒙古乡。当时，内蒙古自治区的有些盟、市有关部门或曾派代表出席这些蒙古乡的成立大会或发去贺电。由内蒙古来参加蒙古乡成立大会的代表在探望了同胞族人之时，还曾邀请该地区自称"纳日"的"蒙古族"同胞派代表回"故乡"参观访问。由于这些自称"纳日"的"蒙古族"操的是被语言学者划为汉藏语系藏缅语族彝语支的纳西语东部方言，而不是阿尔泰语系蒙古语族语言，为此 1987 年木里县曾派数位年轻"纳日"教师到呼和浩特蒙文专科学校学习蒙语和蒙文。20 世纪 90 年代初，当上述"纳日"年轻教师从内蒙古学成回到木里后曾在州、县相关部门组织下举办数期的蒙文扫盲教师班。由于被划归"蒙古族"的四川纳日族群的社会文化与内蒙古蒙古族的社会文化有较大的差异，四川纳日族群缺乏操讲与世代通行的"纳若（纳日语）"完全不同的蒙古语的社会文化环境和动力，致使蒙古语文扫盲工作不仅难以广泛推广，也不能持续下去，结果成效几近乌有。

除了纳日土司声称为蒙古后裔外，已故纳西著名学者方国瑜认为木氏后裔附会蒙古原籍，始于清朝嘉庆年间，目的"系得清统治者之重视"（方国瑜 1984：475 – 476）。他的上述推断是根据对《木氏宦谱》及其别本的考据，以及关于清嘉庆七年云贵总督觉罗琅玕率兵镇压以维西傈僳族恒乍绷为首的抗清统治起义时，曾见到一和姓墓地古塔周壁刻有蒙古文，由此断言墓地所有家户为蒙古籍，与满族至亲，因此对该家户加以厚待，而后该和姓家户改姓元的记载。

在泸沽湖畔南岸的一个跨川、滇省界的纳日村落，户口归属四川的纳日村户其成员被划定为蒙古族，而户口归属云南的纳日村户其族属则划定为"摩梭人"。于是出现了一种怪现象：本来由同一个纳日家户分出来的两个家户，虽然族群自称同为"纳日"，但因为户口分别归属两个不同的省份，其成员的族属则分属为"蒙古族"和

"摩梭人"两个不同的"民族"身份。自 20 世纪 90 年代末以来随着旅游业的迅速发展，泸沽湖四川一侧的纳日族群内部有越来越多人对蒙古族认同产生怀疑。泸沽湖云南一侧的纳日村落，凭借"母系制"和"摩梭人"的品牌吸引了到该地区旅游的大部分旅客，赢得了该地区旅游产业收入的绝大部分。这显然是四川"纳日"村民重新审视他们"蒙古族"认同的当下重要诱因。[①]

而川滇藏彝走廊一带声称为蒙古后裔的族群并非"纳日""纳西"所独有。木里县被识别为藏族的，自称为"普米"的族群其原土司家族也同样声称为蒙古后裔。这些均与元初蒙古兵南征大理途经该地区时，当地包括"麽些""西番"等土酋纷纷降附蒙军，并率领其所属随元兵南征的历史，以及后来元末、明初以月鲁铁木尔为首驻守该地区残余元兵先降后反明军，被镇压后流散民间不无密切关系。[②] 正如方国瑜分析的，木氏附会蒙古原籍当在清朝，分布在川滇边境雅砻江和金沙江流域的"摩挲"和"西番"土酋（五所四司及木里土司）声称为蒙古后裔也应是在明后的清王朝时期。自清雍正七年木里大喇嘛六藏涂都授封木里按抚司以来，居住木里白碉的，被认为据有蒙古血统的八尔家族成为木里土司的世袭贵族。此后的木里大喇嘛均由该家族子孙出家为僧后承袭。由于大喇嘛不得结婚，其继承者通常为其兄弟之子或其兄弟。当大喇嘛没有兄弟之子或兄弟时，则由其姐妹之子继承（《木里藏族自治县概况》编写组 1985：68 - 72）；另关于木里大喇嘛世袭家族八尔家原籍为蒙古族之说，可参见 Rock, J. *The Ancient Na - khi Kingdom of Southwest China* 一书。正是经历了相似的历史事象，使"摩挲"和"西番"土酋曾经有着同样的族群认同。不过，以上方国瑜和李绍明的论述以及大量的田野志研究表明，这些认同是政治而非文化所然。在文化和语言实践上，他们与"蒙古"认同是南辕北辙的。而在木里原土司八尔家的族属也早已改为藏族。

自 20 世纪 90 年代末，继云南丽江在纳西族知识精英的引领下掀起振兴以"东巴文化"为代表的纳西"传统文化"的活动之后，同在该地区与纳西族世代互依共存的普米族，特别是其知识精英也在纳西振兴"传统文化"活动的影响下，积极筹划和实践复兴普米传统文化的各种活动。他们深入开展普米历史和社会文化研究的工作，以图努力"完成普米族从自然到自觉"的发展过程（杨道群 2002：1 - 3；胡镜明、胡文明 2002：1 - 10 ）。经多年的筹备 2001 年初他们成立了"普米文化研究室"。2002 年出版了《普米研究文集》。在进入新千年以后，在宁蒗彝族自治县和四川木里藏族自治县的一些以自称"普米"村民为主的村落里，与丽江纳西族振兴"东巴文化"一样，几经包括藏、汉和现代"文明"洗礼，早已衰败的普米"安吉"/"韩规"传统信仰又重

---

① 此外，包括住宿和交通等旅游设施发展的差异，以及地缘旅游经济等因素也是造成分属川、滇两省的"纳日"村落旅游业发展上存在明显差距的原因。

② 《元史·地理志》；明正德《云南志》卷十七《兀良合台专》；清光绪《永北直隶厅志》卷三"戎事"。

新兴起［威仑斯（Koen Wellens）2008：1－4；Wellens 2006］。就像 20 世纪 90 年代后期纳西精英纷纷从丽江边远地区，以及更加偏远的四川纳西村落那里邀请老东巴到他们在纳西古镇及其周边成立的"东巴文化传习所"传承"纳西东巴文化"那样，进入新千年以后，宁蒗县的普米精英也到更加偏远的木里县"普米"藏族村落里聘请"安吉"／"韩规"祭师到他们村落里，主持"安吉"／"韩规"祭师的传习班。与此同时，推动普米村民重新恢复被视为承载和标示普米传统文化的各种"安吉"信仰活动——由安吉/韩规祭师主持的祭神（山神、水神）、祭祖、禳灾祛病、驱鬼，以及村落或家户内的各种节庆、婚丧等信仰仪式的实践活动。正是由于这些"普米传统文化实践"及其主角早已在这些宁蒗县的普米村落消失，所以新成立的传习班的传授人同样需要到与宁蒗相邻的更加偏远的四川省木里藏族自治县依吉乡"普米"藏族村落那里去邀请。

在木里藏族自治县的依吉、大坝等乡的"普米"藏族村民中，虽然自前两代人开始，各种安吉/韩规信仰活动急剧衰败，但它们并未完全停滞或消失。在自 20 世纪 90 年代下半期以来，它们又出现复苏和重新兴起。新一代的安吉/韩规祭师在数量上有明显的增加。在老祭师的传授下，新一代安吉/韩规主持仪式的能力得到了很大的提高。通过拜师和父子、叔侄或舅甥的传承，村落里重新出现年轻的安吉/韩规。村落或家户里，由安吉/韩规主持的祭水神、山神、祖先、亡灵、野鬼和各种神灵，以及人生和祛病禳灾的仪式也日益频繁。一些村落里还出现了被周边许多村落村民认为能够通神、佛的通灵人和"活佛"。这些有别于包括康巴藏族在内的周边其他族群的，并具有该地区普米社会文化特色的信仰活动，构成了他们当下族群认同的重要实践内容。[①] 近年来也由此出现了，云南普米族和四川"普米"藏族精英之间在"民族"认同上的争辩。

在藏彝走廊地区，类似上述族群认同争论的现象并非个别。这显然是与上千年来该走廊地区族群、军队、文化（包括语言、宗教）、技术和物的流动构成了"你来我去、我来你去，我中有你、你中有我"的历史景象有着密切的关系。虽然从历史本相不论当下的族群还是民族在血缘上或是文化上都是多源的和混杂的，但往往由于心理和政治策略需要，通过神话、信仰仪式和各种文化生产活动都被构建成一源共祖的后代和具有独特文化的。在现代国家语境下的"民族"建构过程中，上述历史本相则往往成为被遗忘或隐去的重要背景。从地方语境来看，羌族自称"尔玛"而不用羌族作为自称（王明珂 1997；2003；国家民委民族问题五种丛书编辑委员会 1981：289）。在羌族内依据"汉化"或"藏化"程度，存在认同差异。在地方语境上，彝族也有不同的自

---

① 2007 年春季笔者与同事木仕华、侯红蕊在木里县依吉乡做田野调查期间目睹了具有"普米文化特色"信仰活动的"复兴"。

称作为他们之间差异的表述（国家民委民族问题五种丛书编辑委员会 1981：297，普忠良 2002：56，巫达 2008：25 - 30，Harrell，1990：515 - 548，2001）。在中华人民共和国现代国家建构过程中，这些在语言、文化、宗教信仰和习俗上，以及或远至数千年或近到数百年的记忆历史上有着密切的联系的多个族群，在国家语境下被识别归类成不同的现代"民族"。其"民族性"得到了发展和加强。民族识别实际上是在国家语境下对具有文化共同体意义的族群赋予政治性的意义，并加以体现。具体地说，其最终目的就是试图通过国家建立的政治制度达到消除具有主体性认同的不同"文化共同体"之间存在的事实上不平等关系。

五　地方语境下的"他"族分类

在地方语境下，各民族自己的族群分类体系也会由于居住地域的不同而存在差异。譬如同为凉山地区的彝族，他们对"纳日"人的分类就存在着差异。在凉山的大部分地区将"纳日"人和自称"普米"的族群以及康巴藏族统称为"沃汝"，而盐源的彝族则与当地汉族一样称"纳日"为"摩梭"，而"沃汝"则主要指称"普米"和"康巴藏族"。① 由此可知，地方语境下的族群分类体系也是多元的，或说多层次的。上述彝族内部在族群分类体系上存在的差异，恰恰反映其地方性族群关系存在的时空差异。他们与"纳日"族群接触的时空差异是造成他们对纳日族群的分类差异的重要原因。

在川滇交界的盐源、宁蒗、木里县的"纳日"在谈及和分布在同一地区的"普米"的关系时经常以纳日语"伯 - 纳日吉格尼"来概括。"伯"系纳日对"普米"的称呼。该句的意思便是"普米、纳日一家人"。根据历史文献和在两个族群分布的盐源、宁蒗、木里县的田野考察，"纳日"与"普米"两族之间的关系是相依共存的。这一带的"普米"称"纳日"或"纳西"为"年木"，即"黑人"之意。源自自称的"普米"（帕米）族称，则为"白人"之意。从两族的普米语名称可以看出两者的相依共存关系。各自的认同是以对方的认同为前提的。田野调查及两族的神话和历史传说均充分表明两族之间的密切关系。在文化生活方面，两族群之间有着许多共同之处。在各自的"达巴"和"安吉/韩规"信仰中祭师所使用的法器，以及仪式中表述的时间和空间结构体系也是极为相似的。对此，笔者已有另文进行论述（翁乃群 2010：297 - 317）。曾在凉山彝族自治州和攀枝花市开展多年田野研究的美国人类学家郝瑞在谈及纳日和普米关系时，就视他们为表兄弟姐妹关系和偶尔的配偶关系（Harrell 2001：215）。有不少纳西和普米学者根据历史文献、神话传说、民间故事和田野志研究，对纳日和普米在历史上的密切关系都曾经有过涉及或论述。地方语境下的"他"族分类是研究

---

① 盐源县彝族对"纳日"的不同称呼系根据笔者与彝族学者马尔子交流所得。

民族或族群关系的重要内容，是研究者不容忽视的。

六　结语

20 世纪 80 年代初，当民族学、人类学和社会学在中国重新复苏时期，费孝通在总结反思中国学者以往的民族研究经验时指出，"过去的民族研究是按民族的单位孤立起来，分别地一个一个研究，在方法上固然有其长处，但是也有它的局限性"。他认为中华民族是"一个你来我去、我来你去，我中有你、你中有我，而又各具个性的多元统一体"。一个民族一个民族研究的局限性就是不能从中华民族这个整体来考察民族间的往来变动和相互影响的历史过程。由此他提出今后民族研究要进一步和宏观的研究配合起来。他指出中国的历史疆域内是存在着具有地域差异的棋盘格局：北部草原地区，东北角的高山森林区，西南角的青藏高原，藏彝走廊，云贵高原，南岭走廊，沿海地区和中原地区。他倡导的宏观研究就是从由上述不同地域构成的棋盘格局的演变，来看各个民族的过去和现在的情况，进行微型的调查。在笔者看来，很显然这是需要将这些研究既放到国家/皇朝语境下，也要放到地方/区域语境下去考察。

无疑人类学微观的经验研究偏好，成为开展中国研究，更加全面地认识中国社会"本相"的重要手段。同样在对中国"民族"概念和实践的研究中，不能只停留在国家的语境下，也需要关注地方的语境；不能只是停留在国家政治和制度层面上，也需要关注这些概念或族群分类体系在地方政治和制度层面，以及人们日常社会生活中的表述、社会文化意义和再生产实践。大量的田野志表明，除了在国家语境下的 56 个民族认同实践之外，在中国还存在着大量的、从未间断的以地方语境为主要背景的"族群认同"实践。国家语境下的"民族认同"与地方语境下的"族群认同"既相互区别，但又往往交互作用。通过人类学田野志研究和文献研究相结合，将族群认同研究回归到人类学对"他"者社会文化的基本研究，即从以往"客位"的识别视角回归到族群"己－他"分类体系的社会文化研究，有助于人们对族群认同在中国的国家和地方语境下的实践及其社会文化意义的深入理解，达到对其普遍性意义的认识。这些研究无疑对认识中国的民族发展过程是完全必要且不可或缺的。

参考文献

陈建樾

2005 "多民族国家和谐社会的构建与民族问题的解决　评民族问题的'去政治化'与'文化化'"，《世界民族》第 5 期。

范可

2003 "中西文语境的'族群'与'民族'"，《广西民族学院学报（哲学社会科学版)》第 4 期。

方国瑜

1984《云南史料目录概说》第一册，中华书局。

费孝通

1980 "关于中国民族的识别问题"，《中国社会科学》第 1 期，第 147～162 页。

1989 "中华民族的多元一体格局"，载于费孝通等著《中华民族多元一体格局》，中央民族学院出版社。

国家民委民族问题五种丛书编辑委员会

1981《中国少数民族》编写组，《中国少数民族》，人民出版社。

〔美〕郝瑞

2002 "再谈'民族'与'族群'——回应李绍明教授"，《民族研究》第 6 期，第 36～40 页。

郝时远

2002a "Ethnos（民族）和 Ethnic group（族群）的早期使用含义与应用"，《民族研究》第 4 期。

2002b "美国等西方国家社会裂变中的'认同群体'与 Ethnic group"，《世界民族》第 4 期。

2002c "对西方学界有关族群（ethnic group）释义的辨析"，《广西民族学院学报（哲学社会科学版）》第 4 期。

2002c "美国等西方国家应用 ethnic group 的实证分析"，《中南民族大学学报（人文社会科学版）》第 4 期。

2002d "中文语境中的'族群'及其应用泛化的检讨"，《思想战线》第 5 期。

2003a "论族群与族群认同理论"，《广西民族学院学报（哲学社会科学版）》第 3 期。

2003b "答'问难''族群'"，《广西民族学院学报（哲学社会科学版）》第 2 期。

胡镜明、胡文明

2002 "中国普米研究回顾与前瞻"，胡文明主编《普米研究文集》，云南民族出版社。

威仑斯（Koen Wellens）

2008 "中国西南地区的宗教、社区与人类学的真实性"，《西南民族大学学报》（人文社会科学版）第 204 期，第 1～4 页。

兰林友

2003 "论族群与族群认同理论"，《广西民族学院学报（哲学社会科学版）》第

3 期。

李霖灿

1984 "永宁土司世系"，载于李霖灿著《麽些研究论文集》，第 249～258 页，台北故宫博物院。

李绍明

1986 "论川滇边境纳日人的族属"，《新亚学术集刊》第 6 期。

1998 "中国民族识别的回顾与前瞻"，《思想战线》第 1 期，第 31～36 页。

2002 "中国民族识别的回顾与前瞻"，黄光学主编、施联珠副主编《中国的民族识别》，民族出版社。

林耀华

1984 "中国西南地区的民族识别"，《云南社会科学》第 2 期，第 1～5 页。

马戎

2004 "理解民族关系的新思路？——少数族群问题的'去政治化'"，《北京大学学报（哲学社会科学版）》第 6 期。

2006 "引用文献不能断章取义？——联合国开发计划署对印度'民族构建'的评价"，《中央民族大学学报（哲学社会科学版）》第 3 期。

2009 "当前中国民族问题的症结与出路"，《领导者》（双月刊）2 月号（总第 26 期）。

纳日碧力戈

2003 "'问难''族群'"，《广西民族学院学报（哲学社会科学版）》第 1 期。

潘蛟

2003 "'族群'及其相关概念在西方的流变"，《广西民族学院学报（哲学社会科学版）》第 5 期。

普忠良

2002 "彝族"，郝时远主编《中国少数民族分布图集》，中国地图出版社。

阮西湖

1998 "关于术语'族群'"，《世界民族》第 2 期。

石奕龙

1999 "'Ethnic Group'不能作为'民族'的英文对译"，《世界民族》第 4 期。

王明甫

1983 "'民族'辨"，《民族研究》第 6 期。

王明珂

1997 《华夏边缘：历史记忆与族群认同》，台北允晨文化公司。

2003 《羌在汉藏之间：一个华夏边缘的历史人类学研究》，台北联经。

王铭铭

1999 “民族与国家——从吴文藻的早期论述出发”，《云南民族学院学报（哲学社会科学版）》第 6 期。

2000《云南民族学院学报（哲学社会科学版）》第 1 期。

翁乃群

2010 “伯—纳日的共生、依存和认同互构关系：历史与现实”，载于袁晓文主编《藏彝走廊：文化多样性、族际互动与发展》（上），民族出版社。

巫达

2008《社会变迁与文化认同——凉山彝族的个案研究》，学林出版社。

吴文藻

1990 “民族与国家”，《吴文藻人类学社会学研究文集》，民族出版社，第 19 ~ 36 页。

徐杰舜

2002 “论族群与民族”，《民族研究》第 1 期。

《盐源县志》编纂委员会

2000《盐源县志》，四川民族出版社。

杨道群

2002 “序”，胡文明主编《普米研究文集》，云南民族出版社。

云南省宁蒗彝族自治县志编纂委员会编纂

1993《宁蒗彝族自治县志》，云南民族出版社。

翟胜德

1999 “‘民族’译谈”，《世界民族》第 2 期。

周大鸣

2001 “论族群与族群关系”，《广西民族学院学报（哲学社会科学版）》第 2 期。

Anderson，B.，

1991（1983）*Imagined Communities*，London，New York：Verso.

Barth，Fredrik

1998 “Preface，” in Fredrik Barth，ed.，*Ethnic Groups and Boundaries：The Social Organization of Culture Difference*. Waveland Press，Inc.

Geerze，C.

2004 “What is a State if it is Not a Sovereign?” *Current Anthropology*，Vol. 45，No. 5：577 - 593.

Gellner，Ernest

1983 *Nations and Nationalism*. Ithaca：Cornell University Press.

Harrell, S.

1990 "Ethnicity, Local Interests and the State：Yi Communities in Southwest China," in *Comparative Studies in Society and History*.

2001 *Ways of Being Ethnic in Southwest China*. Seattle and London：University of Washington Press.

Hobsbawm, E. ,

1992. *Nations and Nationalism since* 1780：*Programme, Myth, Reality*. 2nd ed. Cambridge University Press

Hobsbawm, E. & Terence Ranger

1992 *The Invention of Tradition*. Cambridge University Press.

Metraux, A.

1950 "United nations Economic and Security Council Statement by Experts on Problems of Race," in *American Anthropologist* 53 （1）：142 – 145.

Rock, J.

1948 *The Ancient Na – khi Kingdom of Southwest China*. Cambridge：Harvard University Press.

Seton – Watson, H.

1977 *Nations and States. An Enquiry into the Origins of Nations and the Politics of Nationalism*. Boulder, Colo. ；Westview Press.

Weber, M.

1978 ［1922］ *Economy and Society* . vol. 1, eds. Guenther Roth and Claus Wittich, trans. Ephraim Fischof. Berkeley：University of California Press。

Wellens, K.

2006 *Consecrating the Premi House*：*Ritual, Community and the State in the Borderlands of East Tibet*. Ph. D. dissertation Faculty of Arts, University of Oslo.

Abstract：There were more than 400 self – claimed ethnic groups in China when the PRC government took the first census in 1953. However, from early 1950s till late 1970s, the supreme legislative body of the PRC – the National People's Congress – identified only 55 non – Han *minzu*. Since then almost all the Chinese ethnological and anthropological researches of ethnic identities have focused on the *minzu* identities under the context of nation – state. Meanwhile, many ethnographic works have shown that, in addition to the identifying practice of the

56 *minzu* under the nation – state context, the identifying practice of ethnic groups in the local discourse has never ceased. Though the two kinds of practice are different from each other they are often intertwined. In this paper, based on fieldwork and textual research, the author would like to return to the mainstream approach of anthropology that clearly recognizes the working of ethnic identity as a body of knowledge about social and cultural others. In other words, instead of identifying the ethnicity of the group under study according to the *etic* view, the author take an *emic* view and investigate how people construct their own ethnicity through 'social organization of cultural difference'. By changing perspectives on ethnic identity research, the author believes, we would not only be able to understand better the reality but also socio – cultural implications of ethnic identification practices under both 'nationalness' and local contexts. Eventually, it will lead to a better grasp of the meaning of ethnic identification in general.

原载于韩敏、末成道南编《中国社会的家族、民族、国家的话语及其动态——东亚人类学者的理论探讨》, Senri Ethnological Studies 90, National Museum of Ethonology, Osaka, 2014

关于中国原始宗教研究的思考

孟慧英

摘　要　本研究是以马克思主义历史观中关于原始社会形态及其发展类型的假定为基本参照，提出在原始社会发展的框架内建立一个系统的中国原始宗教的分期体系，进而探讨中国原始宗教的起源、类型、形态、发展、变迁。

中国原始宗教研究针对的是中国历史上不同时期、不同族群在原始社会各个发展阶段中展现出来的宗教现象，无论考古发现还是民族调查都表明，中国原始宗教包含不同发展阶段和历史形态。由于中国原始社会历史延续的复杂性、原始文化类型的丰富性、原始文化演变方式的多样性，使得中国原始宗教现象时间跨度大、分布区域广，不相统属。

本研究认为：首先，中国原始宗教在发展形态上表现出的历史类型序列和历史类型的全面性使得我们能够对不同类型的现象群进行大体归类，这种归类的目的既有利于历时的形态分析，也适用于不同文化类型之间的比较，因此可以获得关于原始宗教的普遍化的理论认识。其次，根据地理环境和文化历史条件的制约作用，可以分析出不同区域不同民族原始文化及其发展的差异性。中国不同的原始宗教现象分别存在于不同时代、不同区域、不同民族，其中各个区域和族群宗教现象的发展变迁情况也多种多样。这就要求我们把不同类型的宗教文化现象经过具体深入的分析后，再纳入中国原始宗教文化的各个发展阶段，进行纵横交错的整体构思。再者，原始宗教活动是包括一切文化形式的综合表现，各种文化幼芽几乎无不包容在原始时代的宗教观察和宗教活动之中，因此原始宗教研究应该同各种文化——音乐、舞蹈、诗歌、神话、历史、哲学、科学等——联系起来进行探讨，这样有助于形成思想一贯，规模宏大，内容完整的中国原始宗教理论体系。

希望本研究提出的上述关于中国原始宗教综合系统研究的基本设想，对中国原始宗教综合系统研究的进一步发展有所启发。

关键词　原始社会　中国原始宗教　形态　类型　宗教与文化　原始宗教变迁

原始宗教是指原始社会中的宗教现象，它包括万物有灵信仰、灵魂观念、图腾信仰、自然崇拜、祖先信仰、神鬼信仰等一系列宗教观念和由此引发的各种巫术、祈祷、祭祀、禁忌等宗教行为，巫师、萨满、族长和一般氏族成员常常在为了个人和集体的宗教需要而举行的各种仪式中运用上述各种宗教行为。中国原始宗教研究的是中国原始社会的宗教现象，既然原始宗教依赖原始社会而存在，那么我们首先需要理解什么是原始社会。

一　关于原始社会的理解

原始宗教这个术语依据的是对原始社会文化类型的假定，根据进化论流行时代的一般理解，非西方人类社会不同的生活现实代表了人类种族早期的"原始"时代。关于原始文化类型，每个学者都有自己的独特看法。在文化比较中，学术界逐渐形成了一系列关于原始文化的参照术语，如原始对应文明，原始的口头语言对应文明的书写文字，原始社会的前工业状况对应工业社会的状况，原始共同社会对应发展起来的合作社会，原始社会机械稳定性对应后来社会的有机性稳定性，原始社会的神圣对应的是文明社会的世俗，原始身份社会对应后来的契约社会，原始社会传统价值理性应对文明社会的目的理性，等等。

我们知道，任何时代中的社会组织都包括相互关联、相互影响的各个生活部门，它是一个有机体。但生活的各个部门对社会生存和发展的影响的重要性却不相同。摩尔根在《古代社会》中认为，人类生活资料的获得手段及其发展程度是最重要的，并以此为依据把它们作为划分原始社会人类发展阶段性的标志，他将"古代社会"分为：1. 蒙昧期；2. 野蛮期；3. 文明期。

马克思、恩格斯对摩尔根《古代社会》中关于古代社会分期所采取的唯物主义历史观给予高度赞赏，同时也对摩尔根的原始社会学说存在的欠缺进行了批判和修改。这些在恩格斯的《家庭、私有制和国家的起源》中得到充分说明。马克思主义者认为，物质财富的生产是社会生活的基础，物质财富的生产方式可以决定社会制度的性质及人们的经济、政治和精神生活。马克思主义是以原始社会经济形态立场来研究原始社会的起源、发展、繁荣、衰退和解体以及它的发展规律。[①] 根据这样的方法，在研究作为社会意识形态的原始宗教之前，首先要分析的是原始社会的基本情况和发展问题。因为原始宗教是原始社会之产物。

马克思主义者对原始社会的发展问题进行过系统探讨。马克思主义认为，人猿揖

---

① 杨堃：《原始社会发展史》，北京师范大学出版社，1986，第 1 页。

别促进了原始社会的发生，从猿转变到人的标志是，手足分化和直立行走。恩格斯指出："这些猿类，大概首先由于它们的生活方式的影响，使手在攀援时从事和脚不同的活动，因而在平地上行走时就开始摆脱用手帮助的习惯，渐渐直立行走。这就完成了从猿转变到人的具有决定意义的一步。"① 这个阶段被学术界称为"原始群"时期。

原始群阶段还没有任何社会组织形式，随之而来的血缘家族公社则进入了社会组织阶段。马克思曾经指出，"由血缘家族所指明的社会状态，证明以前（在原始群）有一种杂交状态存在……一俟原始群为了生计而分成小集团，它就脱离杂交状态而形成血缘家族；血缘家族是第一个社会组织形式"②。这时的人类已经懂得用天然的木石做劳动工具，开始制造石器和用火。

继血缘家族公社之后兴起的是氏族公社。恩格斯在论述普那路亚家庭时把不同集团之间的婚姻禁忌看作氏族集团诞生的标志。在普那路亚群婚家庭阶段，不仅排除了父母和子女之间相互的性交关系，就是对于姐妹和兄弟也排除了这种关系，只有不同集团的男女之间才可以通婚。"自一切兄弟和姐妹间，甚至母方最远的旁系亲属间的性交关系的禁例一经确立，上述的集团便转化为氏族了。"③ 恩格斯把这个转变当作人类进步的重要标志，指出"这一进步的影响有多么强大，可以由氏族的建立来作证明；氏族就是由这一进步直接引起的"④。原始社会氏族制度是随着直立人进入智人阶段发生的，这个阶段发生在距今二三十万年，旧石器时代中晚期的很多遗迹展示着氏族阶段的生活状况。

最早的氏族社会以母系血缘关系为纽带，建立在血缘关系上的社会组织也是基本的生产活动组织。此时人类的石器制作技术由简单到复杂，工具器形开始多样化，石器的进一步加工与作用专门、单一的石器也大量出现。这个阶段狩猎、采集是人们的主要生产活动，许多大型动物骨骸被大量、大批发现，另外还发现了狩猎使用的矛、标枪、弹丸以及狩猎和生活使用的火，这些都说明这个阶段狩猎经济发展迅速。当然由于动物活动的季节性，一年之中人们还需要依靠采集、捕鱼来补充食物来源，因此这个阶段的遗址中还发现了大量的水中生物的骨骼化石。

这个时代的古人类有了居所，进入相对稳定的居住阶段，出现了居住洞穴和居室建筑以及建筑群。这个阶段出现了母系氏族墓葬、女雕像和动物像。从一些建筑群遗址来看，当时人类已经出现氏族组织，特别是出现许多妇女雕像，这些与母系氏族社

---

① 恩格斯：《自然辩证法》，《马克思恩格斯选集》第 3 卷，人民出版社，1972，第 508 页。
② 参见克拉德（L. Krader）《马克思的哲学笔记》（*The Ethnological Notebooks of Karl Marx*），荷兰，Assen，1974，第 108 页。见于林耀华主编《原始社会史》，中华书局，1984，第 27 页。
③ 恩格斯：《家庭、私有制和国家的起源》，人民出版社，1972，第 39 页。
④ 恩格斯：《家庭、私有制和国家的起源》，人民出版社，1972，第 35 页。

会有关。根据民族学提供的例证，母系社会是以母方共同祖先的血缘关系组成的社会组织，实行原始共产主义经济制度，生产资料和产品共有，共同劳动，平均分配。在这个社会制度中女性占据领导地位，氏族的世系依据母亲计算，氏族成员之间禁止通婚，男子从妻居，财产的继承实行母系继承制，等等。

随着生产的发展，男子在农、牧业中逐渐取代妇女而占据主导地位，掌握着谋生手段，从而也就掌握了更多的社会财富，丈夫在家庭中的地位随之提高。妇女在社会生产中的作用，逐渐为非社会性的、日益增多的家务劳动所代替。在这种情况下，原来的、母权制的原则，和男子在社会生产和生活中的作用、地位都不相适应了。[1] 于是男子"产生了利用这个增强了的地位来改变传统的继承制度使之有利于子女的意图"[2]。这种"希望把财富传给子女的想法导致把世系由女系过渡到男系时，这时便第一次奠定了父权的坚固基础"[3]。从此，氏族男性成员的子女都留在本氏族内，女性成员的子女则再也不属于母亲的氏族，而转到父亲的氏族中去。按女子计算世系的制度，终于为男性世系制度所代替。

在父系氏族社会，特别是早期，维系氏族制度的血缘纽带仍然明显地存在，生产力的发展尚未达到突破血缘纽带的高度，从而决定了这一时期的社会制度如氏族、部落组织，仍然受血缘纽带所支配。随着父系氏族社会的建立，父系家族公社，或称家长制家庭公社，父系大家族，便成为基本的社会结构。在父系家族公社中，逐渐分化出个体家庭来，这些小家庭由过去的消费单位转变为社会的生产单位了。在社会生产中，集体劳动逐渐向分散的个体劳动转化了。[4] 这种分散的个体劳动所带来的社会影响是划时代的。马克思说："最重要的还是私人占有的泉源——小土地劳动。它是牲畜、货币、有时甚至奴隶或农奴等动产积累的基础。……它把别的因素带进来，引起公社内部各种利益和私欲的冲突，这种冲突，首先会破坏耕地的公有制，然后会破坏森林、牧场、荒地等等的公有制；一旦这些东西变成了私有制的公社附属物，也就会逐渐变成私有了。"[5]

个体劳动和私人占有的产生，导致公社成员间贫富分化和阶级萌芽，使维系公社统一体的血缘纽带逐渐失去作用。生产力的继续发展，导致新的社会组织和生产关系的出现，这就是农村公社的产生。它"既然是原生的社会形态的最后阶段，所以它同时也是向次生的形态过渡的阶段，即以公有制为基础的社会向以私有制为基

---

① 林耀华主编《原始社会史》，中华书局，1984，第 323、324 页。

② 恩格斯：《家庭、私有制和国家的起源》，人民出版社，1972，第 52 页。

③ 马克思：《摩尔根〈古代社会〉一书摘要》，人民出版社，1965，第 38 页。

④ 参见林耀华主编《原始社会史》，中华书局，1984，第 323、333、353 页。

⑤ 马克思：《给维·伊·查苏利奇的复信草稿》，《马克思恩格斯全集》第 19 卷，人民出版社，1963，第 450 页。

础的社会的过渡。不言而喻，次生的形态包括建立在奴隶制上和农奴制上的一系列社会"①。

马克思主义关于原始社会形态阶段的划分，不仅提出了唯物主义的历史发展逻辑，也概括了原始社会各个发展阶段的具体形态，为我们解释原始宗教发展提供了科学分期的基础，提供了判断原始宗教具体历史形态的参照。当然我们不能教条地理解马克思主义著作中的原始社会阶段划分，世界上的民族很多，某些民族的原始社会发展道路也会有特殊的进程和表现方式，这要具体情况具体分析。比如杨堃教授的研究证明：父系氏族不是普遍存在的。因此，在这一阶段，可能仅有父系家庭公社与部落公社。②这里我们并不论证杨堃教授的观点正确与否，事实上在我国学者对于原始社会分期和每个发展阶段特点的看法上分歧和争论一直在持续。我们说，一切发展规律，均不能没有例外。考古学在发展，民族学调查在深入，我们遇到的新问题很多，我们会根据越来越多的材料基础对不同地区和民族的原始社会实际发展过程作出恰当的判断，由此丰富和发展马克思主义的原始社会学说。

二 中国原始社会的复杂性

几十年来，中国原始宗教整体研究之所以难以进展，最大的难题就是中国原始宗教系统十分复杂。原始宗教是原始时代的文化现象，而中国的原始时代在中国历史上始终处于错综复杂的历史格局之中。

1. 中国原始文化历史延续的复杂性

中国自古就是一个多元文化地区，新石器时代以来考古发现的原始宗教迹象充分显现了中国原始文化的多样性。同时即使在新石器时代那样的原始时期，中国不同区域文化发展的不平衡性就已经展现。我国的新石器时代，文化的遗址或遗存虽然遍布全国各个民族地区，但已出现了多个先进的文化系统，如黄河流域的仰韶文化和在此基础上发展起来的河南、陕西、山西、河北龙山文化，大汶口文化和在此基础上发展起来的山东龙山文化，马家窑文化和在此基础上发展起来的半山、马厂及其附近的其他新石器文化，长江流域的河姆渡文化、马家浜文化和在它们基础上发展起来的良渚文化、印纹陶文化等，大溪文化和屈家岭文化，东北地区的新乐下层文化、富河文化和红山文化，以及北方和西北方广泛分布的以细石器居多的新石器文化。在这几大新石器文化系统中，作为夏族或华夏族原始文化的仰韶文化和龙山文化，则处于比较先

---

① 马克思：《给维·伊·查苏利奇的复信草稿》，《马克思恩格斯全集》第 19 卷，人民出版社，1963，第 450 页。
② 杨堃：《原始社会发展史》，北京师范大学出版社，1986，第 210、221 页。

进的状态，且在各种新石器文化中分布最广。[①]

新石器时代的这种多元文化与文化之间发展不平衡状况一直延续下来。当夏族于公元前 21 世纪开始建立夏朝和从原始制进入阶级制、从野蛮时代进入文明时代的时候，我国其他民族仍处于原始时代的氏族部落状态。当夏族经过夏朝发展为商、周比较发达的奴隶社会的时候，我国虽有个别民族也进入了奴隶制，但大部分仍处于原始社会。当夏族于春秋战国之时从奴隶制发展为封建制的时候，我国其他民族中除个别也向封建制发展外，大部分仍处于奴隶制和原始制的社会状态。当夏族或汉族经过秦汉到了隋唐封建制度发展到鼎盛时期的时候，我国少数民族有的进入封建制，有的进入奴隶制，还有相当部分仍处于原始状态。宋元以后，汉族封建社会转入后期和没落期，开始出现了资本主义的某些成分或者萌芽，我国相当部分民族也逐步与汉族社会接近，但仍有很大一部分处于奴隶制、农奴制以及原始社会。直到中华人民共和国成立以前，我国社会发展仍存在不平衡，汉族和相当部分少数民族进入了半殖民地半封建的社会，但仍有部分少数民族处于奴隶制（如大凉山彝族）、农奴制（如藏族和傣族等）和原始社会的末期或从原始社会向阶级社会过渡的阶段（如北方的赫哲、鄂伦春、鄂温克，南方的独龙、怒、傈僳、景颇、佤、黎等族的一部分）。[②] 因此我们常常看到，一些很早就出现在历史记载中的民族宗教现象，要比后来民族调查发现的同类现象处于更高的发展阶段，民族宗教现象记录的时间早晚并不代表原始宗教发展水平的高低。比如突厥部落的毗伽可汗（在位时间公元 716～734 年）时期记录，突厥人信仰"腾格里、乌弥（Oumay）和神圣的地—水"，乌弥是突厥人的三大主神之一，她也是儿童保护神。而在 20 世纪 50 年代的鄂温克族中间，与突厥人乌弥信仰同属一个系统的乌麦神还有浓厚的图腾崇拜色彩，作为氏族树上的鸟，它是和繁育、护婴相关的氏族守护神灵。所以我们必须在不同历史时期宗教现象记录的背后，发现与它相关的社会信息，由此确定与它相应的社会发展水平。

总之，在漫长的历史进展中，中国各个民族虽然处在同一个历史时期，但社会发展水平差异很大。有的建立过国家或地方政权，有的却处于氏族部落公社时代。仅就社会经济形态来看，20 世纪 50 年代以前，中国少数民族主要有四个类型。第一种是封建地主所有制，主要是那些与汉族交往密切的民族，如满、回、壮、朝鲜以及蒙古、彝、黎等族的大部分及藏族的一部分。第二种是封建领主制，包括大部分藏族，部分傣、维吾尔、彝、纳西等民族。第三种是奴隶制，基本上保留在四川和云南大小凉山地区的部分彝族中。第四种是保留有浓厚的原始公社制残余，这主要不同程度地存在

---

① 田继周等：《少数民族与中华文化》，上海人民出版社，1996，第 21 页。

② 田继周等：《少数民族与中华文化》，上海人民出版社，1996，第 22 页。

于云南边疆山区的独龙、怒、傈僳、佤、布朗、基诺、景颇、拉祜、德昂、哈尼，西藏的珞巴，中东南地区的瑶，海南岛的黎，内蒙古和黑龙江地区的鄂温克、鄂伦春，台湾的高山等民族之中（有的只是其中的一部分）。这种处于不同历史发展阶段上的民族所信仰的宗教必然呈现多种形态，比如西南各民族的宗教信仰有原始宗教、佛教、道教、伊斯兰教、基督教等，其中佛教又分南传上座部佛教、藏传佛教和汉传佛教，呈现出多元化的宗教文化现象。①

中国的这种民族多元化发展不相同步的历史状况使得中国的原始文化不仅存在于遥远的史前社会，也贯穿于不同的历史时代。在整个中国历史发展中那些处于相对滞后的原始族群内，始终延续着原始文化传统。一方面，中国历史悠久，文化灿烂，是世界上重要的文明发源地之一。从遥远的旧石器时代、新石器时代到铜石并用时代的长期发展过程中经历了它的原始时代；另一方面，中国民族众多，在中国大多数地区的社会发展进入阶级社会之后，在不同历史时期内，还存在着处于原始社会发展阶段的少数族群；直到中华人民共和国成立之前，还有若干少数民族处于这个历史阶段的晚期，保留着浓厚的原始社会文化。所以中国原始宗教研究不仅包括史前阶段的宗教现象，也应包括后期仍处于原始社会的各个少数民族的宗教现象。中国各民族信奉的原始宗教，时间跨度很大，其间诸多的内容绝非同一时期的产物。所以说，中国原始宗教并非一个统一的宗教形式，而是相互分离的不同时代、不同地区、不同民族的原始宗教现象的总称。

2. 中国原始文化类型的丰富性

中国的原始宗教不仅是中国宗教文化发展史的初期形态，而且由于地区、民族的多样性，具体存在的原始宗教也是多种多样的。

中国现在有 56 个民族，每一个民族的传统宗教文化和这些民族各自的发展史一样都有很深的渊源。这种渊源与他们的生存环境有直接关系。在比较长的历史时期内各个民族都有相对稳定的居住区域。比如藏族主要分布在海拔 3000～4000 米西藏高原及与之相连的滇、川横断山脉地区，那里气候高寒，区域辽阔。门巴、珞巴族主要分布在西藏自治区东南部喜马拉雅山南麓温暖河谷地区。彝、傈僳、普米、怒、羌、独龙、白、纳西等民族主要分布在海拔 1800～3000 米的滇、川横断山脉及其南延地区，气候随海拔呈立体状分布，差异很大。土家族主要分布在重庆市长江以南与川、湘、黔等省交界山区。苗族主要分布在重庆、四川南部、云南东部地区，傣、壮、水、布依、哈尼、拉祜、瑶，阿昌、德昂、布朗、基诺、景颇等民族主要分布在海拔 500～1500 米

---

① 宋蜀华、陈克进主编《中国民族概论》，中国民族大学出版社，2003，第 162、182 页。

的滇南、滇西南河谷或平坝区，气候则比较温热。[①]

不同地区的生态环境造就了与之相应的、具有鲜明地域特点的原始文化，形成了不同民族文化的特殊性。芮逸夫先生曾经根据《后汉书·南蛮西南夷列传》、《华阳国志·南中志》、《魏书·僚传》、《北史·僚传》、《太平御览》卷 796 引《永昌郡传》、张华《博物志》等，总结出公元 6 世纪以前百越后裔的僚族的文化要素 27 条，即 1. 水底刺捕鱼类，2. 畜犬（或兼畜猪），3. 纺织兰干细布，4. 鼻饮，5. 食人，6. 拔牙为饰，7. 居住干栏，8. 以铜爨熟食，9. 铜镜，10. 以戈、戟、刀为武器，11. 长者世袭为王，12. 买卖人口为奴，13. 以狗为交易计值标准，14. 报怨相攻击，15. 七月而产，16. 临水生儿置水中验浮沉以定取弃，17. 依长幼次第命名，18. 以奴婢为聘，19. 竖棺埋葬，20. 畏鬼神，21. 信巫祝，22. 多禁忌，23. 祀人头，24. 吹角，25. 击鼓，26. 鼓簧，27. 好相杀害，不避亲属。[②] 由此可见一方水土养育一方人的文化，各民族的文化都是在某一相对稳定的生态环境中经过漫长历史形成的。

各个民族文化特性不仅与生态环境有关，还与其自身传承的文化传统有关。中国当代少数民族与历史上的古老民族有着难以割断的文化联系。比如中国南方是一个多民族地区。先秦典籍中南方民族被泛称或统称为南蛮。在南蛮族群中，又可区分为几大族系，一为濮或称"百濮"，分布于今湖北、湖南、贵州以及四川、云南等地；一为越或称"百越"，分布于今浙江、江西、广东、广西、海南并与濮交错居于湖南、贵州、云南；一为氐羌族系或族支，与濮、越等交错居于四川、贵州和云南，一为孟高棉族系，居于云南澜沧江和怒江中下游。[③] 所谓"百蛮""百濮""百越""百夷"的记载，概括了古代民族族群的复杂情况。"百"言其多，"蛮""濮""越""夷"则是指不同的族系。自后汉经南北朝到隋唐，在原"百越"居住地出现了山越、俚、乌浒、僚、俚僚、峒蛮、溪蛮等族称；在原"百濮"和"南蛮"之地出现了板楯蛮、武陵蛮、长沙蛮、陵零蛮、江夏蛮、五水蛮、沔水蛮、莫瑶、僚、峒蛮、溪峒蛮等族称；在原西南夷居住地出现了哀牢夷、柯蛮、僚、氐、羌、叟、爨、乌蛮、白蛮、金齿、银齿、黑齿、望、朴子蛮、阿昌等族称。我国南方复杂的族系和族称中，经过长期的发展，特别是经过唐朝后期、宋、元，遂形成了较为固定和具有专一族称的苗、瑶、壮、仡佬、畲、黎、和泥（哈尼）、罗罗（彝）、么些（纳西）、栗粟、倮黑（拉祜）、民家（白）、怒、俅（独龙）、摆夷（傣）、仲家（布依）、蒲蛮（佤德语文的布朗、佤、德昂三族）等民族。其中虽然有些族与今之民族称谓有所变化，但作为族群的群

---

① 宋蜀华、陈克进主编《中国民族概论》，中国民族大学出版社，2003，第 632～633 页。

② 芮逸夫：《僚人考》，载《中国民族及其文化论稿》上册，台北艺文印书馆，1972，第 249～293 页。

③ 田继周等：《少数民族与中华文化》，上海人民出版社，1996，第 723 页。

体已经形成了。[①]

许多学者针对古代民族的发展演变提出了当代各个民族的来源。比如"蛮——苗瑶族系"。苗瑶族系的先民是三苗后裔的一部分，先秦统称为蛮，支派颇多。汉代有长沙——武陵蛮，是当今中国苗、瑶、畲族的先民。"闽濮、躶濮——佤、德昂、布朗族系"，在西汉哀牢中有闽濮、躶濮等部，隋唐时称为濮子蛮（朴子蛮），是今中国云南佤、德昂、布朗三个操南亚语系孟——高棉语族语言民族的先民。"百越——壮、侗等族系"，先秦及秦汉百越在今长江下游及岭南、云贵乃至中南半岛广泛分布。其中春秋晚叶在长江下游兴起的吴、越曾争霸于中原，至战国已经华化。秦汉时分为东瓯、闽越、南越、西瓯、骆越诸部分，南北朝隋唐时又有俚、僚（佬）等泛称。现今汉藏语系中的壮侗语族所属的各个民族是秦汉百越苗裔，分布在岭南及云贵广大地区。"氐羌——藏、彝等族族系"，氐羌的先民及氐羌诸部南下到川西北及云贵高原发展的过程，新石器时代已经开始，秦汉以来不断继续，今属汉藏语系藏缅语族的云贵川各民族，大体都是以南下诸氐羌为部落为核心并吸收涵化多种成分形成的民族。唐宋时期，这一族系中的强部曾建立南诏和大理等西南边疆王朝。[②]

原始宗教存在于不同的文化背景，体现了不同的文化传统。因此我们有满－通古斯语族各个民族的萨满教，蒙古族的博教，纳西族的东巴教，藏族的本教等，几乎每个民族都有自己独特的原始宗教。因此我们认为，由于民族文化的多样性，中国原始宗教是多个，而不是一个。

3. 中国原始文化演变方式的多样性

中国各个民族在原始社会发展到阶级社会的过程中，有过各种各样的经历。中国北方的萨满文化区域十分广阔，这个地区千百年来始终是北方各民族生息活动的摇篮，是他们创造历史和文化的巨大舞台。在这个舞台上，他们既叱咤风云，又过往匆匆；一方面大起大落，另一方面又交相迭起。民族的分合、地域的交替、称谓的演变、民族的消失等各种状况不断出现。北方民族的关系纵横交错，错综复杂。春秋战国时期，燕、赵长城以北为匈奴，往东为东胡、夫余、肃慎，往西为乌孙、月氏等族的广大活动地域。匈奴兴起于公元前三世纪，诞生地在今内蒙古自治区大青山一带，是我国第一个建立起奴隶制度国家的边疆民族。它是在吸收殷周以来周围的各北方民族的基础上发展起来的。其控地东尽辽河，西达葱岭，北至贝加尔湖，南抵长城。匈奴衰落于公元一世纪。至东汉、三国到西晋，南匈奴和乌桓人已居塞内，原居东北的鲜卑则大规模南迁与西进，尽居匈奴故地，与部分匈奴、丁零、乌桓和汉人等融合成更强大的

① 田继周等：《少数民族与中华文化》，上海人民出版社，1996，第 724 页。

② 陈连开主编《中国民族史纲要》，中国财政经济出版社，1999，第 10～11 页。

族体。其后拓跋鲜卑统一了北部中国，开创了我国历史上的南北朝格局。陈、齐、周时期，突厥大振，所辖领域北至北海南北五六千里，西至西海（咸海），东西万余里。勿吉、契丹、库莫奚等族还据有东北的大片领域。西北的吐谷浑人居于甘、青地带的广袤土地，东至四川，西达新疆东南部，北界黄河，南至积石山。唐朝自天宝年间起，大漠南北回纥人兴起，取代了突厥。唐亡以后，契丹人建立辽王朝，疆域"东至于海"，"西至金山"（阿尔泰山），北至今贝加尔湖以南，南至今天津和内蒙古阿拉善盟巴丹吉林沙漠一带。它与北宋对峙，统治中国北部 200 多年。12 世纪初女真建立金国，以淮水为界与南宋对峙，统治中国北部 120 年。元、明、清三代全国的三次大统一，主要是由蒙古族和满族完成的。清世祖定都北京，逐步统一全国，疆域不断扩展，历经几十年的平定准噶尔的战事之后，终于建成了中国历史上最大版图的封建帝国，统治全国 276 年。[①] 在北方地区，历史上出现了不同少数民族建立的国家政权，有的出现较早，有的出现较晚。不同时期在历史上占主导地位的北方民族政治文化对萨满教的影响是巨大的，国家上层统治者对萨满教的利用与改造，是推动萨满教演变的强大力量，它促使萨满教沿着国家政治化的轨道滑行，逐渐形成了萨满教与政治结合的文化特色。

中国南方民族原始社会的发展演变情况更为复杂，因而原始宗教的发展情况多种多样。有的民族在进入阶级社会的过程中逐渐形成了专业巫师，发展出巫师培训、巫师身份认定的制度，巫师们撰写、传授大量的经典和巫术技术，走上了职业化、半职业化的发展道路；有的民族随着地方政权的建立，高等级身份的巫师参与到各种政治管理部门，成为统治阶级成员和社会贵族，其所利用的宗教文化已经代表了阶级社会的意识形态；有的民族则在向阶级社会迈进中由于受到外部文化冲击，其原始文化遭遇了突变，外来的基督教、佛教、天主教等文化直接影响了原始信仰，由此很多民族改变了原始信仰传统，改信了其他宗教。

中国原始社会变迁的复杂性使得原始宗教演变研究的困难增加，这些情况要求我们必须全面考虑各种引起原始文化变迁的复杂因素，发现其中的共同性和差异性，总结原始文化变迁的规律。

三 关于中国原始宗教综合系统研究的设想

综上所述，中国原始社会存在的经历多重而复杂，中国原始社会的文化类型多种又多样，中国原始社会的变迁具体又不同。面对如此复杂的中国原始宗教现象，我们

---

① 参见吴金《北方民族文化发展的历史轨迹》，载王叔磐主编《北方民族文化遗产研究文集》，内蒙古教育出版社，1995。

必须对不同类型的现象群进行大体归类。我们分类的目标在于，使其既有利于历时的形态分析，也适于不同文化类型之间的比较。我们发现，根据某种普遍化理解来划分出一些研究对象组别，进行分组研究，是一个很有意义的构想。这样便于我们理解不同组别之间的差异性，同时我们还要运用比较方法，获得关于原始宗教的普遍化理论认识。

中国原始宗教研究的资料来源主要是考古发现、历史记载和民族调查。从考古学方面来说，我们认识原始人类的信仰状况所根据的是实物的史料。这些实物史料的宗教意义和历史价值需要参照关于实物的时代判断和关于与实物相关的其他考古信息的综合掌握。我们需要依据一切现有的考古资料，通过重现远古的原始社会生活，来获得关于其信仰状况的理解。从民族学来说，现存的残余原始社会生活现象是我们研究所依据的"活化石"，作为活着的资料，自然要比考古资料丰富、完备、真实可信。但活化石不可能完全代表古人类生活情况，它们不可能完全相同，我们需要尽可能地准确把握其中的异同，在一定条件和程度上相互参照。根据考古学的材料特点，应将它作为一个单独的组别进行探讨，说明考古学方面发现的远古时代中国原始社会中的原始宗教状况，从根源上把握中华原始文化的源头，以便认识在原始文化基础上的中华文化发展走向。

中国 56 个民族的文化都有自己的历史和自身的特点，而我们不可能对每一民族的原始文化都进行分述。我们面临的问题是，既要充分考虑不同文化类型之间的区别性，又要对这些类型进行大体的划分，把它们纳入一个相对具有区别性的分析范畴，以便进行宏观的关于中国原始宗教的完整构思。我国地区广阔，普遍存在着地区性、民族性的文化差别。如果从更为宏观的视野来看待这些区别的话，我们更看中地理环境因素，因为它对于文化的影响更大。中国各个民族居住的地理环境都有自己的特点，这些民族居住地区之间的环境差别相对于中国南北方之间的环境差别来说自然小得多。一般来说，中国南北两方在原始文化上的差异大于和它们同属一个区域之间的民族差异。这种差异的形成主要是来自地理生态环境的影响和民族发展道路的制约。不同的地理环境决定不同的生产生活方式，从生产和经济形态来讲，我国自古以来就区分为两种经济类型，一是以农业为主的经济，二是以畜牧业为主的经济。相比较而言，北方半干旱地区渔猎生活持续得更长久，较大规模的畜牧业出现得较早。南方温润气候中的人们从事采集业以至种植业更早，发展得也快一些。因此，"在中国由史前时代向历史时代转变的关键时期里，人类的不同族群居住在如此不同的生态条件之中，其生产方式、社会制度、宗教信仰、风俗习惯自然会表现出显著的差异"[1]。

---

[1] 童恩正：《中国北方与南方古代文明发展轨迹之异同》，《新华文摘》1994 年第 11 期，第 64 页。

我国有些学者正在致力于中国南北方差异的比较研究，他们对中国北方和南方两种经济类型影响下的文化现象从很多方面进行比较。比如对生活方式差异的研究。南方的"农业是离不开土地的，特别是发展了灌溉农业，水利的建设更使农民不能抛井离乡，当人口增长便又新开垦荒地，使分布区日益扩大。而北方游牧经济则反之，牲口靠在地面上自然生长的草得到食物，牲口在草地上移动，游牧民族靠牲口得到皮、毛、肉、乳等生活资料。游牧民族行动比较迅速，集散容易"。在民族发展方式上，南北两方的民族也不一样。"作为'征服者'入主中原的北方少数民族，在汉族先进的经济和文化'熔炉'中被汉化，如南匈奴、鲜卑、羯、氐、羌、乌桓、突厥（进入中原者）、契丹、女真、党项中的绝大部分融入汉族。而南方的民族融合，则是由于汉族人民受北方游牧民族的南下侵迫，一次又一次地南迁，在南方广泛地与当地少数民族杂居，相互影响，许多少数民族融入汉族，也同时有少数汉族'夷化'变成少数民族。"①

这种比较提醒我们，在研究中国原始宗教过程中应该充分注意不同区域之间的差异，这种差异的产生不但与区域性的生态环境有关，也与不同地区民族文化发展的特点有关。由于地理环境的影响，中国北方民族萨满教主要以狩猎和游牧生活为表达信仰的基础，他们的神灵和祭祀活动主要与猎物丰收、牲畜疾病、自然灾害等方面的焦虑相关。南方民族原始宗教与刀耕火种生产方式相适应，他们的原始宗教最为关心的是农业方面的收获、灾害问题，因此普遍实行农时祭祀，信仰与农业生产相关的各种神灵、鬼怪，并由此产生大量的祭祀和巫术活动。北方民族的游猎和游牧生活居无定所，因此没有南方民族农耕生活中那种普遍的寨神信仰和祭祀活动。北方民族在社会发展方式上和南方民族也不一致。北方民族那些建立过国家政权的少数民族，在进入国家建设时期都曾经利用萨满教信仰传统，因此他们的萨满教经历过国家化的剧烈演变。南方一些民族在原始信仰进入阶级社会后，其演变主要发生在职业化的巫师方面，比如北方民族萨满就不像南方一些民族巫师那样拥有大量的经书。

如果从地理环境和文化历史条件制约来看原始宗教，南方各个民族（包括南方历史上的原始民族，当代我国境内汉藏语系的藏缅语族各个民族、壮侗语族各个民族、苗瑶语族各个民族，南亚语系孟高棉语族的各个民族）的原始宗教有着很多相似之处，大体上可以用"南方民族巫术宗教"来涵盖；而北方民族（包括阿尔泰语系各个民族中的古代原始民族，也包括现代突厥语族各个民族、蒙古语族各个民族、满－通古斯语族各个民族）的原始宗教既有共同的信仰类型，也呈现出萨满教历史演变的不同层次，可以用北方民族萨满教来统称。因此，应将北方民族萨满教和南方民族的巫术宗

---

① 徐杰舜：《中国古代南北民族关系史比较研究断想》，《思想战线》1988 年第 1 期，第 56 页。

教作为两个具有代表性的系统来专门讨论。关于北方民族萨满教和南方民族巫术宗教的研究，对于更好地全面了解中国原始宗教存在和发展的共同性，展示不同的时代、地域和民族的特殊性有所增益。

在这里我们要说明一下关于南北方原始宗教的不同称呼问题。萨满教和巫术宗教虽然名称各异，但并没有本质的不同。之所以称呼北方民族的原始宗教为萨满教是因为这种称谓有一个漫长的学术传统。在学术史上，无论萨满教的调查还是萨满教的研究都源于北方民族的原始宗教，人们把北方地区类似的原始宗教现象都叫作萨满教，尽管这些民族内的巫师不都叫萨满，而是各有不同称呼。随着研究的推进，人们已经认识到，所谓萨满教式的巫术宗教不仅仅存在于北方，而且是存在世界各地。但由于学术传统所限，人们还是习惯以萨满教称呼北方民族的"所有"的原始宗教。

在原始宗教研究的学术历史中，许多学者都试图在巫术和宗教中寻找区别。一般认为，巫术是企图通过某些技术性行为控制大自然以及所有外界事物；而宗教则是企图通过某些仪式、祭祀等求得神的怜悯和帮助。人们会借助巫术去强迫或压制神灵，而不是像宗教那样去取悦和讨好它们。我们在中国原始宗教中看到的是，几乎每个民族都在利用这两种方法进行各种信仰活动。为了实现其愿望，人们一方面用祈祷和奉献祭品来求得神灵的赐福；同时又求助于各种巫术手段，希望这些也许能带来所盼望的结果而不必求助于鬼神。这种把宗教和巫术结合在一起，祭司和巫师的职能混合在一起的情况是中国原始宗教的特点，因此中国原始宗教可称作巫术宗教。

原始社会不是静止的社会形态，它有自己的起源、发展和变迁过程，其中的原始宗教也必然符合这些规律。根据马克思主义的唯物史观，分析原始宗教的正确方法是把它与特殊的经济生活和生态环境、社会关系联系起来。社会存在决定社会意识，宗教作为意识形态它是社会存在的派生物。马克思、恩格斯在《德意志意识形态》中提出过一个观点：宗教本身没有自己的历史，宗教的发展为客观的社会条件所决定。马克思还在《〈政治经济学〉序言》中说：宗教和法律、政治、艺术、哲学等社会意识一样，随着生产关系和经济基础的变更而变化。他们大体上是认为，宗教的形式和形态是由社会的形态所决定的，也是随着社会形态的变化而变化的。

恩格斯强调，一切宗教都是从各民族的社会政治条件中产生，并随着这些条件的演变而演变。在以血缘关系为社会结构之纽带的古代社会里，最初的宗教观念是由每个有血统关系的部落和民族所共有，故原始部落社会的宗教表现为自发的部落宗教。民族集团的神都是民族的保护神，神的存废决定于民族的盛衰，这样的宗教是民族宗教。随着世界性帝国的形成，为适应于它的需要，便出现了取代民族宗教的世界宗教。①

---

① 参见吕大吉《西方宗教学说史》，中国社会科学出版社，1994，第 575~576 页。

恩格斯提出的宗教发展图式有其事实基础，但并非我们必须套用的样板。事实上，世界各个民族的宗教发展方式是相当丰富、复杂的。我们所要汲取的是用历史唯物主义方法，从宏观上对宗教形态的历史演变做整体性的把握。

中国原始宗教历史漫长，包含诸多不同的发展阶段，它使我们对原始宗教的连续性研究方面有着得天独厚的优势。原始宗教作为原始社会不同发展阶段的社会意识，总是与它所依存并服务于其中的社会形态相适应。社会形态是发展的，无论史前人类还是中国各个民族都先后经历了从母系氏族社会到父系氏族社会或家庭公社、部落社会，乃至国家社会等不同发展阶段。与之相适应的原始宗教也随之形成了不同发展阶段的更替形态。中国原始宗教在发展形态上表现的历史类型序列和历史类型的全面性，在国际上十分罕见。这个研究应通过原始社会背景下各个时期、各个民族的具体事实去分析原始宗教现象和它的发展过程，探讨它的发展规律。无论考古发现还是民族调查都表明，中国原始宗教包含不同发展阶段和历史形态。这种状况要求我们把不同类型的宗教文化现象经过具体深入的分析后，纳入中国原始宗教文化的各个发展阶段，进行纵横交错的整体构思。我们应在原始社会发展的框架内，建立一个系统的中国原始宗教的分期体系，探讨中国原始宗教的起源、发展与变迁。

研究原始文化的学者们一般都认为，在原始生活中，宗教与科学、音乐、诗歌、舞蹈，神话和历史是错综复杂地交织在一起的。原始宗教活动是包括所有这一切文化形式的综合表现。在原始社会里，原始宗教需要利用各种文化手段表现自己，同时各种文化方面也经常需要原始宗教作为自己的支柱或元素参与到自身的形式中来。因此我们看到，在原始社会，各种文化的幼芽几乎无不包容在原始人的宗教观念和宗教活动之中。原始人的各种文化形式无不打上宗教的印记，从宗教观念汲取所需要的营养，通过宗教活动来展现自己的存在，并由之而取得自己的表现形式。原始宗教对各种文化形式产生和发展的影响，乃至对整个中华文化发展的影响，也是应关注的方面。这种将原始宗教研究同各门文化学科联系起来的探讨，有利于开拓原始宗教研究的新领域，有助于形成一个思想一贯，规模宏大，内容完整的中国原始宗教理论体系。

在学术研究界，对于中国原始宗教的综合、系统研究尚缺乏深入、细致的探讨。在新中国成立之前，有些学者开始对一些少数民族地区的原始性宗教文化进行过调查，写出过一些描述性的调查报告，其中也有初步的分析研究。但从内容上看，还不够深入与系统，理论综合尚付阙如。改革开放以来，很多学者都投入到原始宗教调查中来，形成了蓬勃的田野考察热潮，许多学者在调查的基础上，对某个地区、某个民族或原始宗教的某种现象、某个特殊问题，进行了充分的探讨，并有数量可观的调查和研究著作出版。但是目前为止仍没有关于中国原始宗教的综合、系统研究，无疑是一个缺憾。如果我们不抓紧去做这项开创性的工作，那就有违时代赋予的学术责任。为此，我们应志于这项学术事业，尽己所能来努力进行一次把中国原始宗教作为整体系统化研究的学术尝试。

原载于《西北民族研究》2009 年第 3 期

宗教扩大化与民众生活的相关性

王晓丽

摘　要　宗教扩大化是近些年在国内出现的一种社会现象，由于其在民间已经对民众的生活产生了一定的影响，同时，极端宗教思想也乘机钻宗教扩大化的空子，挤占合法宗教的空间和话语权，争夺合法宗教的信众，干扰正常的社会秩序。因此，基于关注宗教活动变化的现实状况，提出宗教扩大化的概念，并根据其对民众生活产生负面影响的具体分析，是本研究的核心内容。本文是将合法宗教（包括合法教派）和极端宗教思想分开来讲（事实上它们原本也不是同一个教派），就是为了便于理解，宪法中是如何确定合法宗教（包括合法教派）在社会中的位置和作用的，而极端宗教思想的非法渗透，不仅对社会产生不良影响，同样也是对合法宗教本身的一种侵害。本文所提出的宗教扩大化是相对于合法宗教超出了其规定在场空间和本身赋有的修身职能而言的，是专指宗教在场的扩大化和宗教职能的扩大化。宗教扩大化对民众生活所涉及的影响，主要表现在公民权利、民族与宗教的关系、制度、法规等广泛的层面。因此，对这一现象进行深入的调查、分析和理论研究是十分必要的。

关键词　宗教扩大化　宗教在场　合法宗教

政府是依靠政治制度而非社会势力来治理国家的，国家机器是党执政所依托的行政附属部分。政治理论与发展理论，是国家实施改革动员，政治制度化的方法和公共秩序的基石，是面对多元文化并存、经济条件有限、市场格局求变的情况下，实现国家稳定、共产党长期执政的重要策略。我国虽然存在多种宗教共生的社会现象（境内合法存在的有五种宗教），各种宗教以团体形式登记存在，地位平等，和谐共处，自主办理教务。但是，宗教从来不是国家制度的一部分，也从来不属于国家机器，甚至不是任何管理层面使用的理论指导工具。作为可控的社会意识形态，国家允许宗教的存在，是对公民权利和公民个人精神需求的尊重和保护，而不是因为崇尚宗教。宗教种类，以及宗教组织、宗教活动，是被局限在国家宪法、制度、法律框架之下的范畴里，是限定在"公民信仰自由"的尺度之内，是以不侵害公民权利、不影响社会稳定、不妨碍国家制度通行为前提的意识现象和社会组织。

《中华人民共和国宪法》第 36 条规定："中华人民共和国公民有宗教信仰自由。""任何国家机关、社会团体和个人不得强制公民信仰宗教或者不信仰宗教，不得歧视信仰宗教的公民和不信仰宗教的公民。""国家保护正常的宗教活动。""任何人不得利用宗教进行破坏社会秩序、损害公民身体健康、妨碍国家教育制度的活动。""宗教团体和宗教事务不受外国势力的支配。"这里将宗教的社会位置、权限，以及活动范围，都作了明确的规定，是五种宗教在中国境内合法化存在的标准。

社会上总有一种倾向，认为宗教问题是一个敏感问题，不敢碰，不能碰，事实上，这是自己将宗教神秘化了。宗教本身不是问题，而是社会存在的意识形态和信仰形式之一，是一种在国家制度监管之下的、在规定场合可行使规定职能的、信众参与的、公开的信仰模式。问题出在近些年，其组织和活动超越了法律和制度规定的职权范围，出现了一些宗教扩大化的现象，表现为宗教在场的扩大化和宗教职能的扩大化。加之，宗教极端思想趁开放之机渗透进来，在有些地区传播和非法活动，甚至挤占合法宗教的活动空间，导致宗教扩大化在社会上呈现出越来越多的负面现象，直接影响到社会的正常秩序和百姓的正常生活，有些还影响到地方的稳定和发展，已经对社会和民众的生活造成一定的侵害，这才是问题所在，需要引起我们的高度重视。负面影响的存在是事实，挑战是公开的，没有理由将其当作敏感、神秘的事物而回避。出现问题就必须解决，久拖不决，定为后患。

一 宗教扩大化对民众生活的影响

我们在调查中了解到社会中存在的一些现象，如有些地方少数民族干部反映，在工作期间，作为党员干部，自己信仰的是共产主义和忠诚于党的事业，做到了不信教。但是，退休之后，他们往往又会在信教与不信教之间产生一些疑虑。因为，社会上出现对不信教者的"六不"传言，即对不信教的少数民族同志，"见面不说祝福语；有事不帮忙；有病不看望；年节不拜访；死后不送葬；相互不结亲"①等说法，担心自己过世后，不能顺利葬入本民族的公共墓地，而且自己的家庭或子女可能会受到歧视，给生活和工作带来不便。同时，近些年一些地方出现的家庭式传教活动的存在，给社会稳定带来很大的隐患。例如，每个获得不同方式传教的信众，都认为自己才是正宗的，歧视和排斥其他传教方式的信众。我们在调研时，曾亲眼观察到来自不同传教方式的同一宗教的普通教民，因强调自己的正宗性，相互争吵到不能在同一空间相容的情景。

---

① 说法来源：调研时，据当地同志调研时搜集到的情况。

还有人利用宗教教义里的某些内容作为借口，对抗国家的婚姻法和计划生育政策，非法拥有多妻，导致无户口的非婚生子女大量增加，给今后孩子上学、工作造成极大的困难，也给家庭、社会的安定造成极大的威胁。

这些现象产生的根源，事实上是需要警惕多元化的意识形态空间，缺少社会主导思想引导所造成的结果。非社会主流思想的宣传看上去是软传播，但在社会运行中，它真实的作用却是对民主社会的存在和正常的社会秩序，构成强硬的破坏性冲击。不对它实施监控和抵制，它同样也会瓦解社会的公共精神，而政府的权威性、法律和制度的有效性就会遭到破坏，公民享用的社会秩序和政府执政的公务水平就要被削弱，社会基层面的不稳定因素必然会增加。

从存在的现象分析看，造成这些问题的因素除了境外宗教极端势力的非法活动和非法传播外，近些年国内出现了宗教扩大化的现象，以至于将宗教的影响直接触及国家法律、制度、政策的层面，妨碍公民的正常生活，不能不说是问题的主要成因。更为潜在的危害是，外在过度强调信众的教民身份，从意识上强化信众个人身份的单一化，掩盖或模糊信众个人拥有的公民身份和公民权利（或淡化和排斥公民的其他社会身份）；在内在层面则强化信众遵从"宗教生活高于一切"的意识，从而禁锢普通信众拥有的俗性生活自由，混淆宗教与民族的区别，用放大的宗教信徒的身份来替代信众对国家的认同和对传统文化、民族文化的认同，导致公民的权利、国家法律、社会制度的保护作用，以及对民族的优惠政策，因宗教的干涉而遭侵犯。这种不正常的现象，正从社会底层向整个社会翻动，在意识领域里不仅是在争夺群众，变相地剥夺公民"信仰自由"的权利，而且对社会的基本面形成了控制态势。尤其是宗教极端的渗透和肆意活动，追逐的目标是力图将民族与宗教捆绑在一起，甚至将宗教覆盖在民族与民族文化之上，用追捧"极端"的方式，取代宗教教义的整体内容和宗教的修身功能，甚至取代合法宗教的话语权，压制民族文化的存在和发展，完全摒弃信众的公民身份，用宗教阻隔民族与国家、社会、民族自身发展的联系，甚至破坏多民族地区世代传承的各民族之间融洽、和谐的共生关系，直接干扰现代制度的正常实施，这样的行为违反了宪法的规定，体现的不是发展，而是倒退。

二　宗教的扩大化引起的宗教职能的潜变

宗教的扩大化一是指宗教在场的扩大化，二是指宗教职能的扩大化，从而导致来自宗教对普通民众社会生活的干预扩大。

1. 宗教在场的扩大化

宗教在场指宗教本身在一个规定的合法的时空中实施其职能和组织宗教活动，而宗教在场的扩大化是指宗教性活动脱离了宗教场所，在任意空间中出现，对其他社会公共空间和社会活动渗透、挤占或干预。宗教通常由三部分构成：宗教信仰本身（包括教名、崇拜偶像、教义、宗教故事等）、宗教组织［包括神职人员、神职机构、宗教建筑（这是宗教在场的合法空间）等］、宗教活动［包括在宗教建筑里举行的祭祀、礼拜（宣讲教义、修功）、宗教节日庆典、祭奠宗教内的重大事件等］——这些是宗教职能的主要表现形式）。尽管宗教通常宣传的是"神，无所不在、无所不能"的经言，然而，宗教在场的主要空间，还是在寺院等宗教合法的活动场所里，而不是在其他社会空间里。

任何一个现代国家，都不是由一个公共的社会空间构成，而是存在多种社会公共空间，这些社会公共空间是实现民众公共利益的不同侧面。越是具备完善、稳定的政治制度，政府为民众提供的公共空间就越多，而民众享用公共利益的机会也就越多。同时，各个社会公共空间不仅拥有自行的规则，又保持着相互间的距离和秩序。如经济空间、工作空间、生活空间、教育空间，包括宗教空间等公共空间的存在，都有着自行的在场内容、存在模式和发展规律，它们按照自有的空间规则、规律和相互协调的秩序运行，以保障整个社会的存在和稳定。

而除了宗教空间之外，其他公共空间都不是宗教在场的空间，如果这些空间被宗教极端的非法活动挤占和宗教在场，或者说宗教渗透这些社会公共空间，导致的是不合法的秩序强行挤占合法秩序的空间，必然会影响、搅乱和破坏这些空间的自有秩序。例如，宗教挤占现代市场空间，那么在市场运行中，是遵循宗教秩序呢？还是遵循经济秩序呢？公民的经济利益如何保障呢？同样，如果宗教挤占教育空间，在教学中需要按照知识的逻辑关系实行教育呢？还是按照宗教的秩序实行教育呢？国家教育体系培养的目标又是什么呢？公民接受现代知识体系的权益谁来保证呢？而民族发展、社会发展、国家发展、公民的日常生活，需要有合法、合理的各类公共空间秩序的保障，需要宪法、法律和国家制度的保护，需要政策和各种空间规则的协调。破坏合法的公共秩序，就无法保障公民的各项权利，也无法保障地方的安全和稳定。

宗教在场的扩大化，事实上是将公民个人的"信仰自由"混淆为"宗教自由"，这是违背国家宪法、违背国家宗教政策的违法行为。"信仰自由"与"宗教自由"是在具体法律法规框架下的事实行为，但它们有着本质的区别。信仰什么是国家赋予公民精神依托的一种自由选择权，属于公民的个人权利；而哪种宗教的哪种教派可以存在、以什么方式存在、宗教组织的职能范围是什么，则是由国家代表公众利益来选择、并以法律和政策的方式来具体规定的国家权利，这个权利不是属于个人，也不属于某个社会团体，并且，这个权利不是可以挑战、松懈、动摇或被取代的。（这里有两个概念需要说明：第一，任何一种宗教，包括它所属的某个教派，必须通过正式登记，获得国家认可，取得合法身份后，才可在这个国家内传教和活动。国家没有引进或者没有认可的宗教或宗教派别，通过民间或其他渠道渗透进来，从事传播和活动，就是非法的。这是区分合法宗教和非法宗教的基本条件，并且，遵守这个规则在任何现代国家内概莫能外。第二，凡是以反人类、残害生命、破坏社会秩序、侵害公共利益等为目的的意识活动和组织，就是邪教。邪教不仅是违法的，而且是任何一个国家都不能容忍其存在的严打对象。）同时，"宗教自由"是有前提的，必须是在获得合法身份之后并自觉遵守法律的前提下，才可谈其自由。"宗教自由"通常指两个方面的内容：一是指不论哪一种合法宗教的活动，都是按照各自的教义和传教方式以及教派内部的规范来进行，并不以其他宗教或其他意识形态的内容为参照。二是合法宗教在合法的空间里，可以对任何一个民族的个人传教，不会因为信教者的民族属性不同而改变教义和崇拜偶像，也不会因为信仰同一宗教而改变信众个人的民族属性。作为社会意识形态之一的宗教，与所有的其他社会意识形态一样，不仅仅是在社会主义国家，在任何国家里都是要接受法律和制度的监管，不是放任其随意存在和随意在场的，这是因为在世界历史上，它曾有过冲破法律和制度防线、破坏社会正常秩序的事实和作用，因此，宗教扩大化现象必须引起社会的足够重视和警惕。

2. 宗教基本职能的扩大化与职能潜变

任何一种宗教，在不同的时期，不同的国家制度中，表现为拥有不同的职能范围。特别是在现代国家中，相对于欧洲中世纪政教合一的宗教组织对信众、对国家的控制而言，今天的宗教组织职能是在国家制度之下或制度管理之下，有限的范围之内发挥一定的职能。

宗教本身并不能自行实施其职能，宗教的基本职能是由宗教组织实施和执行的，而宗教组织是隶属于国家管辖的社会团体之一。与任何社会团体一样，宗教组织的职能权限不是无限的，而是有一定的权限范围。宗教职能的权限，涵盖在宪法、法律、制度规定的框架之内，而不是大于或超越宪法、法律、制度的框架对信众和信众的生活实施控制的作用，或者站在制度的对立面，与公民的权利和利益形成对峙。社会主义国家里，宗教组织所拥有的职能范围为：宣传爱国、和平、团结，维护基本信仰、功修制度，引导合法的宗教活动，建立与社会提倡的公共道德学说相结合的教诲形式，在保障公民权利不受侵害的前提下，对公民个人进行一般的修身教化。这样的基本职能，与宗教本身和宗教教义并不相悖，恰恰是宗教得以传导和涵养的条件。

至于在一般民俗活动中有宗教人士到场，这并不是宗教活动，而是助兴行为，其本身的意义与宗教无关，既不是某一宗教的礼仪，也不是宗教教义的部分，更不是宗教内容的延伸。例如，出生礼、婚丧嫁娶的礼仪等，与宗教本身并无相关性，它们是信教和不信教民众共同享用、参与的民俗活动的组成部分。宗教人士参与其中，只是对民间俗事活动的助兴。但是，如果刻意扩大这些民间俗事活动为宗教活动的延伸，或用宗教禁忌来限制民族民间的俗事活动，甚至有意牵强地将其解释为宗教行为的一种，从而约束和控制包括不信教民众的民俗行为本身，这就超越了宗教的职能和权限，或者说是扩大了宗教职能范围，干涉和操控了普通信众的俗性生活和一般公民的生活方式。

这种利用对宗教的过度解释，将意识活动转化为对信众的实际操控权，并将其权限延伸到了抵制社会制度层面，干涉公民的日常生活，直接侵害公民权利，就是宗教职能的扩大化。宗教职能扩大化的潜在功效是：默许了宗教在国家法规之外拥有特权。在不断强化教民身份的同时，导致宗教的基本职能发生质的转变，即宗教职能从一般的修身功能，向干涉民权的方向渐进，这是社会主义制度所不允许的，是宪法明确限制的。必须适度发挥宗教的职能，从实现现代化的角度出发，从认可现代社会崇尚文化多元、民主、平等和文明的理念出发，正面宣传宗教与现代社会的关系，正面宣传宗教与国家的关系，用现有的宗教管理体系，教育信众正确信教，宗教团体和宗教人士自觉实施合法宗教职能，坚守爱国尊教的信仰规范。

三　宗教扩大化在社会上显现出的负面影响

宗教扩大化是从社会行为上表现出来的，其负面影响也要从社会现象上去考察。

1. 宗教扩大化将民族与宗教等同

社会上曾存在"全民信教"的说法。这里的"全民"是指某一个民族的全体成员。依这个说法，似乎谈宗教就是谈民族，谈民族就是谈宗教，或者说是将宗教信仰覆盖在某个民族之上，由此认为，民族中的每个人都应该是天生的教民。事实上这是一种公开的宗教扩大化的言论，是对群众有意识的误导，因为它简单地将民族与宗教捆绑在一起。

认同标准的规定不同，使得民族和宗教的涵盖范畴不同，民族是民族，宗教是宗教，界限明确，是分属于不同属性的两个社会团体。"全民信教"，它不仅极大地混淆了民族与宗教之间的界限，篡改了宗教的意识形态属性和民族的社会属性的不同特点，而且亵渎了宗教的神圣性，模糊了宗教是需要后天学习、认知、修功和觉悟的意识领域。任何一个人，从他将要出生的那一时刻起，不需要确定他信仰什么，就可以确定他的民族身份，这是普遍认同的社会规则。而一个人是否信教，不仅需要具备认知能力、个人选择阶段，还需要有一个接受传教、领悟教义的过程。即便是某一个民族所有的成年人，都在后天的学习里选择信仰同一种宗教，至少他们的孩子是不信教的，没有人一出生就能选择信教。说"全民信教"难道还需要否定孩子们的民族身份吗？没有谁可以是天生的教民，没有天生的教民，哪来的"全民信教"呢？同时，说"全民信教"，等于先行剥夺了其民族全体成员的信仰选择权，直接侵害了公民权利。因为，不论属于那个民族的人，他的基本身份都是国家公民，而宪法规定的公民权利之一，就是信仰自由，这个权利和公民的其他权利一样，是受到法律保护的。

信仰哪种宗教不是划分民族的条件，不是确立一个民族的标志；也没有哪个民族可以代表某种宗教，或成为宗教的代言人。民族文化不是宗教信仰和宗教教义的翻版，任何一种宗教信仰和宗教教义也不能取代民族和民族文化的存在。

宗教信仰没有民族限制，没有种族限制，在一种宗教信仰内部，只有教民与教民、教派与教派之间的关系，没有民族、种族的划分。但是，不论一个民族中有多少人信教，宗教也不能取代这个民族的存在，不能取代这种民族文化的存在。民族与宗教各自有各自的文化标准，各自保持着各自的特征和划分界限，各自有各自的活动范围，各自有各自的发展道路，各自有各自的存在方式。将宗教与民族捆绑在一起，无非为了排斥异族、排斥不信教的群众。更为重要的是，这样的捆绑，消弭了一个民族存在的意义和社会位置，将民族的存在淹没在宗教的存在之中，实际上是将这个民族与社会的关系改变为宗教与社会的关系，将本民族与其他民族之间的关系改变为宗教教民与其他民族的关系，将本民族的社会话语权让位于宗教，把本民族随国家一起向现代化发展的夙愿，转移到为某种宗教教义的奋斗，削弱了本民族对国家的认同，削弱了本民族对社会的认同，剥夺了本民族成员选择和了解多种意识形态内容的权利，破坏了本民族与其他民族之间共存共生和相互交流的基础。这种做法违背了本民族人民中大多数人的意愿，超越了宪法所给予宗教的权限，不适合社会主义国家中各民族和睦共存、繁荣发展的现实要求。

2. 宗教扩大化对公民多重身份的排斥

现代社会的多民族国家，每个公民除了具备公民身份外，还具有多重身份，如，某个公民同时也是某个民族的成员，也可能还是某个学校的教员或公司的职员、社会工作者、国家公务员、普通劳动者等多重复合身份，也包括可能是某种宗教的信众或是无神论者的身份，甚至还有可能承担着社会义工的角色。在国家内部，普通公民拥有多重身份是现代社会中的普遍现象，并且是受到国家制度和法律认可、尊重和保护的内容，同时也是社会各个阶层认同和接受的现实。

同时，任何一个普通公民都平等地拥有多重身份下的多种权利，

除了具有自由选择信教和不信教的基本权利外，还有生存的权利，享有民族优惠政策的权利，有受教育的权利，有劳动的权利，在法律规定的年龄里有自由恋爱、结婚生育的权利，有选举权与被选举权，有参与各种社会活动的权利等法律所赋予和保护的公民权利。自觉遵守、维护国家制度和法律对这些权利的保护，是公民的责任和义务。

宗教的扩大化，导致信众在任意空间和任意时间里被不断地强化着教民身份和教

民对宗教的义务，不断地淡化其对社会、家庭所承担的责任和义务，用所谓净化信众身份的宣传，迫使信众的社会身份趋向单一。而身份的单一，必然导致普通公民个人拥有的权利缩小，参与社会工作和社会活动的机会减少；责任的单一，又会影响社会关系的绝对化，形成单边的教民身份面对繁复的社会关系，这不仅束缚了信众个人生活和社会生活的多元化，割裂了信众个人与本民族文化之间的联系，而且不利于民族文化的传承和发展。事实上，在社会生活中身份越单一，被操控的可能性越大；身份越趋于多重，公民的权利就越容易被实现，公民个人越容易享用公共利益。民众个人身份的多重，是调节社会关系的润滑剂，是实现公共空间社会关系平等的条件，是民众之间在日常生活中和睦交往的基础。"信仰自由"包括拥有某种信仰的同时，不影响拥有多种社会身份的自由，因为，普通信众不是专职的神职人员。当然，专职的神职人员是自愿放弃其他社会身份，专门服务于宗教的人，即便如此，他们也必须是守法的公民。因此，信教不等于放弃公民身份，不等于放弃公民的基本权利和其他的附属权利，普通民众信仰宗教，不等于放弃社会身份的多重，不等于放弃承担的社会责任和义务。宗教也不能因为信众获得了教民身份，便由此剥夺或变相剥夺信众的公民身份、信众的民族身份、信众的社会身份，不能以教民身份排斥和不认可其他社会身份的存在。

3. 宗教扩大化对婚姻法的干预

制度和法律是维护和协调社会秩序的基本措施，是实现公民权益的基本保障。宗教的扩大化，必然会影响信众的社会生活，从而产生对法律的干预。如在一些地区的某种宗教信众中，出现事实上的多妻和非婚生子女增多的现象，这是对婚姻法和计划生育政策的公开抵制。我们是一夫一妻制的现代法治国家，婚姻法是维护社会伦理秩序谐调、家庭稳定、男女权利平等的保障，任何形式的多妻，都是法规不允许的非法行为。同时，公民的信仰自由是在法律框架内个人选择信仰的自由，信教不是对抗法律的理由，不是用以抵制法规和制度的借口。更为明确的是，宗教的教义不是法规，经文教义里有与法律条文不相符合的内容（比如某宗教教义里对多妻的提法），公民理当自觉以遵守法律规定来规避之，这也是公民应尽的基本责任和义务。非法多妻的行为，从事实上讲，就是破坏法规、破坏公共秩序的活动之一，是对女性的公开歧视，是对男女平等的挑战。非婚生且无户口登记的子女，给社会、家庭带来的隐患，是不言而喻的。因为，他们的存在是公开的，而他们的社会身份和家庭身份却是隐性的、残缺的，这对他们的入托、上学、与人相处、心理健康等，以至于将来的工作都会产生困难，势必会成为不稳定的因素。

必须强调，宗教提供的一般性服务是教人修身的，宗教教义不是作为法规的对立物产生的，也不能成为法律和制度的对立物，而应该成为法律和制度落实的辅助体系。

教民不是可以超越法律和制度的特殊公民，更不能利用宗教的某些教义作为保护伞，掩盖其不合法的行为。公民的所有行为必须以自觉遵守国家法规为前提，这是维护社会秩序和社会稳定、保障社会正常、健康运行的唯一通道。

4. 宗教扩大化对丧葬制度的干预

我国是多民族国家，在少数民族中实行多种葬制并行的优惠政策，是政府尊重少数民族习俗，保护少数民族利益的重要措施之一。例如土葬，就是为少数民族特别规定和实施的一种葬制，它同天葬、水葬、火葬、风葬、树葬，以及二次葬等一样，具有制度层面的权益保障和政策高度尊重、维护民族传统和民族利益的作用。

土葬有多种形式，在民族公共墓地内安葬，则是一些少数民族恪守和传承的一种葬俗，也是政府在土葬政策中给予认可，并予一定协助的习俗。如，按照民族习俗的要求，划定民族专用的公共墓地的地点、占地面积等。同时，在葬礼上的一些特殊需要，政策上也给予优惠保障，即便是在国家经济困难时期，也从来没有减少对这些特殊需要的供给。

这里需要强调的是：葬制属于国家制度之一，而国家制度是协调社会秩序、保证社会稳定、促进社会发展的基本条件。制度所规定的内容（如教育、养老、丧葬、救治等）是第一位要保障的，制度提供的权益是面对具体受益者——普通公民的。换句话说，实行什么样的丧葬制度是针对民族传统习俗内容而言，不是对宗教而言；遵守什么形式的葬俗是少数民族传统文化的内容之一。因为，信仰同一宗教的不同民族，是不能葬在同一个公共墓地内的；而都是实行土葬的民族，不一定信仰相同的宗教，可见，公共墓地是划给民族使用的，不是划给宗教使用的。公共墓地的存在，是少数民族公共利益的一种需求和体现，凡属于该少数民族的成员，故去之后，都有平等使用公共墓地的权利。

葬礼是葬俗的衍生形式，葬俗是民俗的内容之一，而民俗是民族生活中形成的非文字规则，是民族生活特有的认同系统。葬礼不是宗教的衍生形式，也不属于宗教职能的部分。不同的民族通过不同的葬礼仪式，寄托生者对故去者的追思，表达对故去者的怀念和尊敬，却不能将葬礼仪式附加为宗教教义。宗教是神圣的，宗教教义不是由民间民俗活动的内容随意添加而成的，当然，也不能滥用宗教教义去解释民间民俗活动。任何对教义的感悟和个人修功的深化，都不是为了给某个俗事活动释疑或添加注解的。例如，宗教人士参与葬礼的过程不是宗教在场的过程，不是提供宗教性的修功、传教、供奉神灵、宗教祭祀等服务，而是向普通民众提供一般性的服务，是按照生者的要求，辅助和丰富生者对故去者的追忆和祈愿，用诵经的方式，协同生者送故去者最后一程。其服务主题是明确的，仪式上的主体和客体是确定的生者与故去者，与宗教本身无关，这一点是不能混淆的。

虽然，日常生活中说起来，没有人会把葬礼当作宗教礼仪来对待，似乎这是一个简单的道理。但是，不诵经便不能顺利安葬，或者将宗教仪式延伸为葬礼中的重要环节，有意将普通的葬礼渲染上宗教色彩，就不能不说是宗教扩大化的表现形式之一。这样做的结果是导致不信教的生者与故去者，不仅在葬礼上会同时受到冷遇和歧视，连故去者进入公共墓地也成为一件不能顺理成章的困难事情。这意味着墓地变成宗教管控的地方，把宗教仪式当作墓地的附加"岗哨"，而要顺利通过这道"岗哨"就必须信教，这无疑是将信仰自由的权利围堵在公墓的大门外，是宗教在扩大化的状态下，干预国家的丧葬制度，借用人生的最后一个需求，来要求人们放弃信仰自由的权利。

葬制的正确执行，保障每个少数民族的故去者，拥有在葬礼上获得相同尊敬和礼遇的权利，拥有平等享用公共墓地的权利，将影响民族优惠政策的顺利落实，解除民族干部和不信教群众的后顾之忧，保障民族干部队伍的稳定，保证多民族地区的社会稳定，保障信教和不信教民众之间的和谐共处。

5. 对民族文化的干预

每一种宗教都有存在产生各种教派（包括极端主义思想）的可能，因为，宗教是要正宗还是要存在；如何正确理解、解释、宣讲宗教教义才是合理适度的解读；特别是面对现代社会的发展和进步，什么样的宗教释读更能适合信众的心理需求，更能跟上社会变迁的需要，更能成为社会容纳的价值观，一直是宗教内部思考和争论的问题。因此，各国在选择可存在的宗教种类时，也会同时选择与本国国家理念相匹配的宗教派别，避免因选择过多的派别而引发信众意识上的混乱。由于宗教极端思想与社会发展的不可融合性，通常情况下，没有哪个现代国家会宽容其在本国的存在和活动。

合法宗教教派与极端宗教思想在教义解释和对待民族文化的态度上有很大的不同，对信众的约束力也不同：例如，合法宗教教派与极端宗教在信仰层级上存在着变数，前者是自愿信仰，后者是被束缚式信仰；在对待民族文化时，前者是认同民族文化存在的同时，结合民族文化的内容传播教义，目标是民族文化与宗教教义的传播共存。后者则是用被极端化的宗教要求挑剔民族文化的内容，排斥民族文化和割裂民族文化，目的是用极端宗教思想替代民族文化。宗教扩大化的结果，极易被极端宗教思想钻空子，利用和挤占合法宗教的传播领域，传播极端思潮，成为信众识别宗教合法与非法的障碍。

少数民族的民族文化，与世界上所有的民族文化一样，拥有极为丰富的内容，它涵盖了许多方面，如文学、语言、音乐（包括乐器）、医药、天文、歌舞、手工工艺、陶器、农具、建筑、地毯、丝织、雕塑、绘画、服饰、饮食等，不仅绚丽多彩，具有鲜明的民族特色，还是民族历史、民族发展和民族个性的深厚积淀，是民族的财富，是民族传统的记忆，是民族情感的表达方式，是民族的骄傲。民族文化是民族认同的最重要基础，是能够代表民族特征的主要标志，同时，民族文化需要不间断地传承才能真正得到保护和发展。民族文化是人们劳动和生活的反映，一种民族文化的内容，大多是该民族独有的。

一种宗教，特别是一种世界宗教，是不同种族的人、不同民族的人都可以共同信仰的内容，拥有共同的宗教生活方式，吟诵同一个经文教义。宗教教义会有一些内容渗透到不同民族的文化和民族习俗之中，逐渐成为该民族民间生活的内容之一，成为该民族内部信教和不信教群众共同遵守的民约。但是，这些民约此时已经不同于宗教教义，其依据具体的生活条件和生活经验，发展和充实了非常丰富的内涵，并将其转化为民族文化的组成部分。同时，这种传导方式并不是逆向的，宗教可以通过教民向民族文化中传导某个理念，民族文化却不会通过教民的身份转化为宗教的教义条文，不可能成为一种宗教的信仰范式，宗教也不会按照哪个民族文化的内容改变原初状态。

由此可见，不论是性质还是功能上的区别，决定了宗教与民族文化是不能相互替代的，也是无法相互取代的。但是，存在宗教对民族文化的干预，特别是宗教极端思想的渗透，对民族文化的排斥，或贬低、无视民族文化的存在，甚至出现提出用宗教思想取代民族文化教育、挤占现代社会核心价值理念教育的言论。

比如，在南疆一些地区，渗透进来的宗教激进主义在百姓的日常生活中，刻意渲染和扩大宗教极端氛围，干扰百姓的文化活动，甚至出现禁止民族音乐、传统歌舞的娱乐活动，无视民族文化在百姓生活中的需求和作用。表面上是在引导教民禁欲，实际上不仅割断了民族与本民族文化的联系和传承，而且用极端主义推崇的宗教绝对性和唯一性，将民族文化的存在和继承逼向绝境，借宗教极端之手阻止民族的进步和发展。

再如，有些维吾尔族妇女不再穿着艳丽的民族服饰，取而代之的是阿拉伯式的黑罩袍。[①] 穿着什么样的外衣，对社会、对民族、对民族自尊本身并无大碍，但是，刻意将它作为政治工具来使用，或模仿或强迫穿着某种象征性的服饰，向社会释放其政治意图，那就需要另当别论了。

　　哈萨克斯坦总统纳扎尔巴耶夫先后在多个场合表达了如下观点："我坚决反对哈萨克斯坦妇女穿着阿拉伯黑罩袍。我们民族历史上从未出现过黑罩袍，它不是我们宗教传统的一部分。"他还说："哈萨克斯坦妇女穿上黑罩袍是错误的，我们不能因为自身是穆斯林就回到中世纪，我们支持穆斯林的未来，但我们有自己的

---

① 哈尔克木、张霞：《多样性的伊斯兰文化正面性挑战》，2013 年 10 月 29 日，见亚心网。

方式。"①

宗教极端思想不仅对民族文化进行渗透，刻意在信教与不信教群众之间，划割出清晰的界限，还要对信众的生活加以限制。如，维吾尔族是个热情、真诚的民族，日常生活中相互走动互相关心是普遍现象。但是，宗教极端分子则要求教民与不信教的同胞减少联系，甚至生病时不去医院探望；民族节日期间，教民不去不信教人家里拜访。熟人相互见面，即便是与其他民族的熟人打招呼，如果不说宗教用语打招呼，就会被歧视。年轻人谈对象，信教的一方首先要过问对方家是否信教，不信教就不结亲等现象。在民族内部有意制造裂痕、隔阂，人为地划小圈子，歧视和排斥不信教的同胞。

经济的增长要求文化的现代化，文化的现代化要求有效的政治权威支持，而有效的权威又必须植根于一个统一的国家共同体中。不管试图使用什么样的方法分裂民族、分裂国家，最终导致的必然是文化的停滞、经济的下滑、社会秩序的混乱，人民生活水平的降低，这样的教训在世界历史和现实中是太多了。

6. 对教育的干预

宗教与教育的分离，是为了保障国家教育制度和国民教育计划的落实，保证国民素质与社会发展相匹配，是国家实现现代化的必要措施，是对公民受教育权利的保护。中国与世界许多国家一样，实行宗教与教育分离的原则，在国民教育中，不对学生进行宗教教育是明确的规定。然而，宗教极端思想之手，目前正在向孩子和学校渗透。

根据群众举报，某市公安局侦破一起非法教经点一儿童被非法学经人员殴打致死案件。② 除了对学生灌输宗教思想和宗教极端思想之外，对于从事教育工作的老师、校长等人员，他们也不放过。如，"以麦某为首的团伙受宗教极端思想的影响，认为'阿校长向学生说：人是由猴子变的。这种说法与宗教的旨意相违背'。在其煽动下，团伙成员将校长夫妇残忍杀害"③。显然，国家教育体系本身和规定的正常教育内容，是与宗教极端思想不相容的，是宗教极端思想反对的目标。老师是执行教学任务、传授知识的主体，杀害老师及其家属，使用恐怖和暴力阻止教学工作的正常进行，暴露了宗教极端主义对教育制度的干扰，就是要使宗教高于教育、宗教高于制度、宗教高于公民利益、宗教高于生命、宗教高于一切的思想，妄图用对宗教教义的极端化、唯一化的传播替换知识、文化、科学的传授。

接受国民基础教育，是民众获得幸福生活的重要方法之一，是国家、民族获得在

---

① 哈尔克木、张霞：《多样性的伊斯兰文化正面性挑战》，2013 年 10 月 29 日，见亚心网。
② 资料来源：内部材料。
③ 资料来源：内部材料。

现代社会可持续发展的基本条件，是提升科技水平、提升国家实力、提升国民素质不可或缺的手段。破坏和干扰教育制度、教育环境和教学秩序，是对国家和民族的根基实施攻击，其影响和破坏力是不能小觑的。

四　回归宗教的理性空间

1. 对于宗教扩大化的现象和影响，必须有高度的警觉，因为它关系到群众跟什么人、走什么道路的问题。

改革开放的同时，是夹带进来许多我国原来没有的思想意识，在国内许多地方，也有民间信仰活动扩张的现象，甚至出现了无神论和宗教信仰之间庞大的信神不信教的第三类人群。但是，我们不接受对国家建设、经济发展、社会稳定、文化繁荣构成威胁和诋毁的意识形态的引入，不容忍腐蚀民众意识、鼓吹宗教极端思想、煽动分裂、抵制改革、破坏制度、搅乱公共秩序的异端邪说的存在和渗透。我们始终坚持爱国、团结、文明、进步等带有中华民族文化积淀的社会意识形态和价值理念，保持同心同德、共同建设共同繁荣、共同奋斗共同发展的中华民族一体化的传统，张扬奉献、勤勉、创新、实干的中华民族的优良品德，坚定不移地跟共产党走中国特色社会主义道路。

任由宗教扩大化的事实和倾向存在，合法宗教缺乏自律，就会出现极端宗教思想钻空子把控群众、摆布民众的状况，从意识上削弱国家的权威性，削弱国家的话语主导权。同时，分裂势力也会乘机钻进来，借助宗教作为幌子，诽谤社会主义制度，夸大改革开放进行中出现的问题，抵制国家法律、法规、政策的落实，借用宗教之口排斥异教排斥异族，蛊惑人心，拉拢群众，割裂本民族对中华民族和国家的认同，甚至使用恐怖暴力手段，达到分裂的目的，这对国家、对社会危害极大。容忍宗教扩大化的存在和泛滥，是目前民族地区宗教极端思想活动猖獗、社会治安不稳定、频发多种问题的内在原因之一。

2. 不能再用鸵鸟式的处置方式默许宗教扩大化的泛滥，要公开地指出宗教扩大化对社会的危害性，并对宗教扩大化的部分，持续地、有效地进行清场。不论是教育环境，还是人们的生活环境，需要恢复制度在场、法律在场的公共秩序，而宗教需要回归到自己的理性空间。

宗教必须按照国家政策的尺度活动，必须在国家规定的框架内存在，不可越界或擅自解释政策、法规的内容，更不能随意扩大宗教在场和宗教的职能，不得干涉国家制度的正常实施，不得变相削弱制度和法规的执行效率。严格禁止一些国外的教派思想向我国境内渗透，保障我国现有的宗教教派的合法地位不受侵占，保护规定的宗教和信仰秩序不受破坏。

我们正在进行的现代化制度，具备吸纳民众进入体制的能力，具备引导民众自觉参与维护制度、参与改革的能力。因此，要制止宗教扩大化的蔓延和摧毁宗教极端思想的渗透，防止分裂分子借机活动，需要动员的不仅是国家力量，还要动员全体民众，包括动员合法的宗教组织等社会力量，积极参与到摆脱宗教极端思想的控制中来，参与到与宗教极端分子分清界限的立场上来，参与到自觉维护国家制度的落实、宗教必须遵守国家法律的认同上来。

宗教扩大化，特别是宗教极端思想钻合法宗教空子的事实给我们的教训是：给公众对改革有所准备的机会和时间，未必与变革的"有效性"和改革的进度有关。改革中出现的间歇，不仅可以被用来为下一步的改革做积极的准备，同样也能被其他社会组织利用来作为公开消减改革成果的机会。因此，改革中的任何时机和间歇都是不能松弛和放任的，特别是对意识形态领域的重视，是使得改革顺利、健康地推进和提升改革机遇的关键。

3. 利用媒体公开地、正面地谈宗教与民族、宗教与文化的关系，公开地讲解公民个人的信仰自由与宗教组织职能范围的区别，从概念和宣传上树立起每个人的基本身份是国家公民的意识，让群众熟知公民的权利、责任和义务，了解自己在社会生活中拥有多重身份的现实意义。

国家为什么要制定个人信仰自由与宗教按照法规管理的两条线制度，就是要让公民与宗教、民族与宗教、社会与宗教之间，保持一个合理的距离，这对社会稳定、各种社会关系的平衡是有益的。

社会文化和政治机构之间的关系是辩证的。社会文化的关键性职能就是增加公共权威在人们心中普遍存在的相互信任。相反，社会文化中缺乏提供对公共权威的信任，将给公共制度的建立带来极大的阻碍。如果我们将宗教作为社会文化的一种内容，它现阶段的职能，更多的是提供"一般性的服务"职能，着眼于教化信众个人的修身养性。宗教与制度、法律、政策等的相互关系，就是帮助民众获得对政府机构的信任，对制度、法律、政策的自觉遵守和维护，对社会的发展尽义务，这与宗教的初衷是不相悖的。但是，随意扩大宗教的职能，或者超越了宗教的基本职能，触及民族、民众生活、制度、法律等层面，乃至刻意强化教民身份，甚至要用"净化教民身份"来摆脱信众对国家归属感、民族归属感的认知，促使教民放弃公民权利和义务，就会使宗教的职能转化成社会制度和优惠政策落实的障碍，成为国家制度的绊脚石。相信，这不是宗教存在的目的。

4. 强化自我管理的约束力，完善对宗教管理的制度细则。

不是宗教活动的场合却有宗教在场干涉，不是宗教管的事物而来自宗教的意见却占据主导，以及地下讲经、外来教派的渗透等非法活动等，对这些现象没有准确的是否合法的定位，就难做到处置有力。而最有力、成本最低的社会建构就是制度的完善，因此，制定管理细则，并在合法的宗教场所张贴这些细则的明文规定，禁止非法宗教的渗透，就成为必要的措施。同时，宗教通过对照细则，能够提高自律的水平，降低宗教出现扩大化的可能；信众通过制度细则也能明确修功的目的、范畴和内容，了解宗教与教民的关系，以及自己如何正当使用信仰自由权。

政府制度具有道德和结构两个范畴。道德需要有信赖，信赖则源于结构的稳定和有效，结构能否稳定和有效又取决于存在一个规范化和制度化的行为方式。创建政府制度的能力就是创建公共利益的能力，保障制度的通行也是保障民众获得公共利益的前提。公共利益是兼顾每一个个人利益的集合，制度是维护与促进公共福利和民众利益以及维护国家稳定与社会平衡发展的倡导者。一个拥有高度制度化管理机构和程序的社会，能更好地阐明和实现其民众的公共利益。公共利益又是增强政府机构权威性的因素，它是民众的利益，也是政府机构的利益，是政府组织实现管理制度化所创造和带给民众的最为普遍被接受和期盼的东西。

完善宗教管理细则，不仅是现代社会发展的要求，是制度的执行力度和执行畅通的补充，也是民众明确的享用信仰自由权利的需要，体现的是制度利益与民众信仰需要的一致性。如果没有强有力的政府制度和执行通畅的制度体系，社会便缺乏去确定和实现自己共同利益的手段，而任何破坏和阻碍制度通行的行为，不论它来自哪里，都是对民众公共利益的侵害。通过国家制度的落实，把社会、文化和法制的改革施行于社会，社会稳定、法制健全、公民平等的模式才是实现中国特色社会主义现代化的最有效顺序。

Research on Relationship between Religious Expansion and the People's Daily Lives

Abstract：Religious expansion is a social phenomenon appearing in China in recent years. Because it has already influenced people's daily lives to some extent, and at the same time, the extreme religious thoughts have also seized the opportunity to take advantage of the loopholes in the religious expansion, occupied the space and discourse power of legitimate religion, scrambled for believers of legitimate religion, as well as interfered with the normal social order. Therefore, this research is focusing on the initiation of the concept Religious Expansion, on the basis of the reality of religious activities' changes, and also the specific analysis of the negative effects on people's daily lives caused by the religious expansion. In this article, the author separates the legitimate religion (including legitimate denomination) from the extreme religious thought（in fact they are not the same denomination）, in order to facilitate the understanding how the constitution defines the position and role of the legitimate religion（including legitimate denomination）in the society, and the illegal penetration of extreme religious thoughts does not only cause a negative influence on society, but also violate the legitimate religion itself.

In this article, the Religious Expansion refers specifically to religious expansion in presence and religious function's expansion, and this concept is relative to legitimate religion which is beyond its space in presence and its own functions of cultivating one's morality. The influence on the people's daily lives mainly appear in a wide range of perspectives, which include the civil rights, the relationship between Minzu and religion, institutions, laws and regulations. Therefore, further deeply investigating, analyzing, and theoretically studying the current phenomenon are very necessary.

原载于《青海民族研究》2014 年第 4 期

理论创新：人类学民族学学科发展的新进路[*]

陈英初

摘　要　本文就人类学民族学理论及其分支学科的基础理论创新作了简要的论述。以例证形式提出了人类学民族学哲学理论缺失、"田野调查"研究范式老化及我国生态人类学研究的重心等问题。文章认为，上述问题的存在，充分证明了人类学民族学及其分支学科的基础理论研究跟不上当下社会所面临的理论需求和指导。文章指出，学科的基础理论创新是学术的一个增长点，是促进人类学民族学创新的新路径。

关键词　人类学民族学　理论创新　学科发展

理论是学术思想的最高形式。理论创新是科学发展的本质特征，自然也是人类学民族学发展的本质特征。人类学民族学作为研究人类社会文化的一门综合性学科，与许多学科有着极其密切的联系，它本质上的"跨学科性"，当然不可避免地分化出一些独立研究领域或共同研究题材的分支学科，这是科学发展到一定历史阶段认识论的必然，其理论创新，作为学科构建系统中的重要组成部分，应该从现存的理论和今后各分支学科的发展趋势上去考虑。

一般认为，人类学民族学理论体系包括基础理论和一般理论两个方面。

基础理论涉及人类学民族学定义；人类学民族学研究对象、范围和方法；其他相邻学科，如历史学、语言学、考古学与人类学民族学关系的理论；人类学民族学其他分支学科，如历史民族学、考古民族学、经济民族学、社会民族学、政治民族学、语言民族学、地理民族学等学科的理论构建及其同人类学民族学主体学科关系的理论。另外，还有人类学民族学学科体系建设等其他理论。

一般理论涉及民族起源、形成和发展理论；社会形态理论；社会制度和家庭婚姻

＊　本文部分内容曾在 2012 年 11 月 "第二届亚洲人类学民族论坛" 上宣读。

理论以及民族物质文化和精神文化的形成、发展、变化的理论和观点等。[①]

也有学者认为，人类学民族学理论分三类：一是宏观理论，如人类学中的进化理论、传播理论、功能理论、结构理论；二是中观理论，如人类学中的婚姻家庭理论、亲属制度理论、国家形成理论；三是微观理论，认为一个归纳经验现象、两个变量之间关系的命题就是一个微观理论。[②]

以上这些理论归纳起来，有些属于哲学、社会科学范畴，少数则属于自然科学。它们都有各自不同的特点和发展规律，或是处于两个学科的交汇地带；或是相关学科外延部分的交叉、渗透或融合，构建起一个学术共同体，一直支撑着以下几个方面的重点研究：对社会制度的研究，对社会组织和政治制度的研究，对宗教信仰的研究，对社会文化的研究，对原始社会史的研究，对种族的研究，对民族分布的研究，对民族迁徙、相互同化、相互融合的研究，等等。

近些年来，由于人类学民族学基础理论的支持，其研究方向逐渐转向新时期的社会热点问题，诸如新时期民族理论与民族政策研究、民族地区儿童和青少年研究、农民工城市化和市民化研究、城市化进程中少数民族流动人口研究、民族地区生态环境研究、民族地区非物质文化遗产研究、边疆地区民族研究、少数民族权益研究、少数民族女性研究与性别文化研究、少数民族社会保障问题研究、民族地区戒烟和艾滋病防治研究、民族地区突发性事件的应对机制及重大灾害后重建研究、周边国家民族问题及国外民族志的研究等。对于上述研究，我们不应该把它仅仅看成传统研究的惯性延伸，而应该看作一些学者在不脱离人类学民族学的主要旨趣——描述文化现象和理论诠释的同时，致力于推动人类学民族学的专业知识应用于社会重大现实问题的解决。这当中触及一些分支学科的文理交融，是加强各学科对同一问题的不同思考和解决方法，改变学科分割状况，鼓励以问题为导向打破学科壁垒和解决跨学科问题的最佳路径。因此，哲学社会科学在引领社会变革及推动自身理论创新的要求上亦显得更加突出，尤其是跨学科互用互证地融合创新已成为促进我国人类学民族学学科发展的新路径。

面对本学科及相邻、相近、相关分支学科的大量新旧内容，需要我们不断地去认识、掌握、提炼，形成自己的学术话语。有学者指出，人类学民族学学术创新包括理论创新、方法创新、观点创新。笔者认同这种提法。笔者认为，理论的形成对学术的发展起反哺作用，两者的完善与发展相辅相成。理论的产生要做到逻辑自洽，尽量减少内在矛盾，并能够提供新的解释力。而目前的人类学民族学一般理论和基础理论都

---

① 陈英初：《关于中国民族学学科建设的几点看法》，《贵州民族研究》1998 年第 4 期。

② 何星亮：《关于中国人类学民族学学术创新的若干问题》，《思想战线》2012 年第 4 期。

显得跟不上时代发展要求，这表现在有些基础理论阙如；有些理论研究与应用分割运行；有些理论套路简单。这在很大程度上影响着人类学民族学推进自主理论创新，严重妨碍学科理论水平的提升及学术实践的可持续发展，特举以下三个例子为证。

例证1：人类学民族学哲学缺失

在讨论这一问题前，我们先回顾一下形形色色的哲学定义，大致可归纳为以下几种：爱智义、逻辑义、世界观义……。爱智义在古希腊意味着"爱智的学问"，是指通过对某些具体问题的"追思"，以获得智慧；逻辑义是狭义的哲学概念，古希腊亦称"逻各斯"；世界观义则是19世纪通行的"哲学就是世界观"的说法，这种说法今天依然根深蒂固。哲学与世界观看起来有差别，但关系密切，必定回避不了"哲学是世界观的学问这一命题"。随着时代的演进，当今"哲学"涵盖宽泛，大致分为中国哲学、西方哲学和马克思主义哲学等，其功能也有所不同。中国哲学重视对人生观和宇宙观的感悟与塑造；西方哲学关注思辨精神，主流坚持逻辑分析传统；马克思主义哲学就其归属和指向而言，与现代哲学发展走向具有高度的契合性，它注重对世界的认识和改造，其基本内容是辩证唯物主义和历史唯物主义。总体上说，哲学作为人类自我意识的宏观大理论，其特有的存在方式及其对"事情"判定方式的独到之处，体现了人类思维的追求，根植于人的反思、批判与超越本性。从这种意义上讲，哲学无处不在，无时不有，它既是人类精神世界的精华，也是一个民族理论思维的基本内核，它的禀性之一就是对时代主题给予关注，以便在理论与实践的思辨性竞合中修炼、提升合理的判断。

英国哲学家伯特兰·罗素说："要了解一个时代或一个民族，我们必须了解它的哲学。"20世纪初，阿尔伯特·爱因斯坦等科学家在量子力学创立过程中对其原理和方法论方面所涉及的"物理实在"、"自然的因果性"、"空间和时间"以及对于观察与理论之间关系的理解等问题的争论，也已经不单纯是从物理学的角度，而更像是一场哲学争论。科学巨匠们如此这般地执意将物理学研究延伸至哲学领域，恰恰说明是其研究的内在需要。自然科学领域况且如此，在世界观和方法论上，我们社会科学更离不开哲学。特别是当前，坚持马克思主义哲学是时代和国情的要求。应该看到，当下学界对马克思主义哲学的研究同样活跃，尤其是马克思主义经济哲学思想资源的挖掘及其当代意义的阐释相当热门。

综合以上事例，笔者认为，对于人类学民族学而言，哲学是魂，人类学民族学是根，没有哲学思想内涵的人类学民族学是不存在的。应该看到，丰富的马克思主义哲学思想散见于我国人类学民族学学术体系中，其思想资源主要是通过对社会生活各种现象的观察与研究，去发现其本质和规律，为研究社会发展提供重要的方法论。今天，站在新的历史阶段和新的历史起点上，我们结合人类学民族学现实问题的研究重新温习马克思主义社会发展理论，自然会有新的视角和关注点。与传统马克思主义哲学解释人类社会纷繁事项方式相比，人类学民族学的一些理论、概念、问题等一般具有直接的现实性，而马克思主义哲学则具有基本的概括性，是对多门学科的再抽象。可以说，人类学民族学与马克思主义哲学对话是现实与思想的对话。如果能够运用马克思主义哲学的基本理论来推导、验证人类学民族学理论，使其哲学化，不仅能够使人类学民族学整体特质随之丰盈，还能扩大马克思主义哲学理论研究视野，为理解马克思主义哲学的性质提供启发，同时也能够以此作为切入点，一方面反思人类学民族学理论发展的困境，另一方面也可以为超越困境提供思想储备，以便更好地拓展人类学民族学理论与实践的深度和广度，使其发展成为人类学民族学的一门分支学科——人类学民族学哲学。由此而论，在马克思主义哲学体系中，如果能够努力创造出具有中国特色的人类学民族学哲学学派，用人类学民族学哲学构筑人类学民族学的学术思想基础，并由此构建起人类学民族学哲学的理论原点①和研究的逻辑起点②的学术平台，并作为一种马克思主义哲学的理解范式，对于人类学民族学今后可持续发展具有重要意义。这是因为，当代人类学民族学的发展更需要哲学的直接介入。从认识论层面，人类学民族学注重实践，往往以问题为先导而缺乏抽象的说明作为其研究的核心或主题；从方法论层面，人类学民族学追求实证、量化标准而遑论自身的理论问题。人类学民族学哲学如果能够在上述两个层面上作为一种实践哲学，发挥其对人类学民族学在概念、意识、规律以及与其他学科的同一性等问题的澄清作用，其原则上所要求的是持续地置理论于鲜活的实践之中，并随着实践的深入而不断地吸收新的经验，以便更新理论，而不是简单地把它看成纯粹理论概念的演绎，这无疑为人类学民族学理论和操作层面上的科学化提供了重要途径。这既存在着构建一个新理论体系的学术需要，也存在着解决工作中碰到问题的实际需要。换言之，人类学民族学哲学兼具实践价值和评判功能，其主要特征应该是：通过一些具有世界观和方法论问题的研究，致力于发现规律性的认识；提供对人类学民族学理论和实践进行哲学反思的平台，探讨人类学民族学哲学的主要功能；以期对人类学民族学的逻辑、方法、模式的探讨，构建一种

---

① 笔者认为，人类学民族学哲学的理论原点，即马克思主义哲学与人类学民族学两个坐标系统之坐标轴的交点，构成两者间内在逻辑联系。厘清理论原点，我们才能进一步探讨诸如马克思主义哲学与人类学民族学的关系、田野调查理论等一些学理问题。或许，人类学民族学哲学的理论原点见仁见智。但笔者认定，构建起人类学民族学与马克思主义哲学两者契合的理论原点，人类学民族学哲学才能真正融化出新的理论。

② 关于人类学民族学哲学研究的逻辑起点的探讨，笔者以为，应从揭示马克思主义哲学与人类学民族学双向契合的源头入手，找出两者互动的本源，揭示其中内在联系。

实践理论的可能与边界；增加人类学民族学社会实践的理性重建，展示人类学民族学哲学的基本旨趣；坚持对人类学民族学的实践、经验、理论、假设等给予评价，并为这些问题提供合理的解释和说明则是人类学民族学哲学的研究目标。只有这样，才能整体提升我们的学术境界，深入探讨人类学民族学的发展规律与趋势，基本了解人类学民族学基础理论的形成与演变，尽快厘清人类学民族学的概念界定①，不断追问人类学民族学的时代背景和哲学背景。这对于推动哲学与人类学民族学的因果关系问题的思考以及保持传统人类学民族学的思维风格也极具积极意义，它既能使我们研究中的思维线索清晰，也能清除我们实践中的主观性和随意性，还能在人类学民族学调查与研究中转换视角，不断地完善马克思主义哲学体系的研究范式，使其成为一个新的学术增长点。在这一点上，我曾在《民族学通讯》第 122 期上，就民族学哲学的研究对象、目的和方法等做过提纲式的刍议。②

例证 2："田野调查"研究范式老化

"田野调查"是人类学民族学理论产生的基石，人类学民族学的理论也应该在田野调查中得到提升和总结。

真正的"问题"来自社会矛盾。作为一名人类学民族学工作者，要注意"问题意识"，面对的问题是现实的，回答问题的方式是理论的，这就要求我们尽量长期在一个地方进行实地调查，尽量融入当地社会，与不同阶层、性别、年龄、信仰的人群接触，对关注的事项进行观察与思考，详细了解一个地方或一个社会群体的生存状态，以"非我"来论述"我"③，这是人类学民族学的优势所在。但是，我们不愿意看到的是，我们虽然没有脱离田野，可我们的田野实践并没有真正实现由民族调查向人类学民族学调查的转变。例如，当今的"田野调查"，有些还在沿用当年那种对特定民族做叙事式描述的研究模式，它所呈现的主要是纯粹的"客观"描述。少数研究成果甚至还在"炒"《五种丛书》的研究体例，在先前老课题的模式上兜圈子，有意无意地让人看出一种抄袭的游丝，这种没有创新

---

① 在国际学术界，学科名称和学科归属最为混乱的要算是人类学与民族学了。我国的情况也可谓兄弟阋于墙。国际上，人类学、民族学和社会学平行并列。我国有关部门在学科分类上把民族学和社会学划为一级学科，人类学则是社会学属下的二级学科。民族学与人类学都研究民族，不同国家使用名称不同，如美国称人类学，苏联称民族学。虽然民族学、人类学在研究民族方面相一致，但人类学还从生物学角度研究人类的起源和进化，分为生物人类学和社会人类学，而社会人类学与民族学研究内容相同。有学者认为，当代中国民族学与人类学或称人类学民族学，存在研究内容过于宽泛、学科界限模糊、学科名称纠葛、学科地位不清等问题，很有可能丧失自己的特点。因此，这就更需要我们从人类学民族学哲学角度廓清，以期制定一些超越具体内容的公共标准（尽管公共标准要比自然科学复杂），以弱化或消除分歧。

② 陈英初：《民族学哲学刍议》，中国民族学学会编《民族学通讯》第 122 期。

③ 王铭铭：《非我与我》，福建教育出版社，2000。

的陈陈相因，对学科发展没有多大补益。还应该指出的是，有些田野的研究时段基本上属于历史学的研究问题——"过去"，只注重事件发生的时间序列，强调事件的历史性，过多地采用文献和历史考证方法研究问题，引用现实田野素材非常有限。而当代人类学民族学田野调查除了非常注重尝试对现实现象进行的客观性说明外，还非常注重文化的"深描"及意义的阐释，总是对现实变化中的人与事怀有浓厚兴趣，常关心的问题是我们如何突破自身的研究手段，来认识当今社会的文化及其变迁。例如，20 世纪 50 年代之前，人类学民族学家只关注有边界的人类群体及其文化系统，"民族"是其最主要的研究单位。20 世纪 90 年代以后，我国逐渐处于由农业社会向工业社会的转型过程中，现代化元素涌入我国乡村社会。由于市场因素渗入，农民们挣脱了土地的束缚，人与人之间的关联模式及农民的价值观念迥异于过去。现今农村问题的落脚点并不是生存问题，而是发展和消亡问题。从农村城镇化发展速度上看，多数农民"田夫野老"式的生活方式将从"田园时代"进入"都市时代"。到 2030 年，我国城镇化率可能会达到 70%。[1] 那时的"田野"，或被称作"身边的田野"，而现在的"田野"，或被称作"远方的田野"。

通过以上事例，不难发现，随着时代的发展，人类学民族学出现了质疑田野工作中的时态性、客观性与科学性的声音。我们应该承认，人类学民族学研究成果的质量考量，除了同田野工作时间的长与短、调查地点的生与熟、观察事物的粗与细，以及撰写者对问题的认识水平有密切关系外，方法论上也存在重要因素。可以认为，"田野调查"的研究范式跟不上时代要求，其研究成果的偏颇之处在所难免。简言之，当前人类学民族学的研究方法除了一般方法外，还包括建立范式。所谓"范式"，从本质上讲是包括理论体系和方法体系的研究模型，它是研究问题、观察问题、解决问题时所使用的一套相对固定的分析框架，是由美国哲学家托马斯·库恩于 1962 年在其《科学革命的结构》一书中提出的概念，它已成为近几十年来自然科学和社会科学的重要概念。"范式"在库恩那里，内容丰富，包括了在一个相对稳定的时期科学工作者所共同信奉和共同遵守并奉为圭臬的重要科学原理和科学方法。然而，我们还是知道了以牛顿物理学为代表的近代自然科学诞生的一次革命，即从亚里士多德的科学范式转变到伽利略——牛顿范式的结果。因此，在社会科学界，人类学民族学田野调查的研究范式也不能是一成不变的学术规范和理解范式，它的研究范式应当随着某些问题的探讨

---

[1] 李培林：《城市化与我国新成长阶段——我国城市化发展战略研究报告》，中国社会科学院社会政法学部创新工程研究报告（第 1 期）。

而不断变换模式。这是因为，田野调查往往是对同一问题研究视角的不断变更，更是对不同相关问题的连续探讨。随着时间的推移和调查的深入，我们会发现，当一种研究范式持续到一定阶段已经欠缺完善，必须探讨、表征新的研究范式，这不仅影响到田野调查的研究范式，也影响到田野调查新的理论范式产生。由此而论，要想摆脱前人窠臼，更新人类学民族学田野调查的理论范式，首先应该在人类学民族学田野调查的研究范式上不囿于以前的框架，在不断地借鉴和融合现代理念及其他成分的基础上，实现自身伦理的提升与优化，尽量用新的研究视角思考问题。因此，在研究范式上，除了通过深入参与观察特定人群（俗称"蹲点"）来获得对客观事物认识的实证性研究外，还应该尽量掌握多种不同的研究方法。例如，当代社会科学研究的后实证范式中，研究方法多以量化分析为主，其理论依据为自然科学方法论。因此，人类学民族学应该更多地使用"定量方法"，在以往文字叙述的基础上，进一步重视定量数据的收集（如人口普查、问卷式调查、成绩测试），采用移动、多点、多元的田野调查方法来横向比较社会人群中的差异性，也可以采用广泛用于社会科学中的"多方验证法"，尽情地表达人文思考。

例证 3：生态人类学研究重心还需强化

"生态"一词最早用于人们对生物学领域的研究。50 多年前，西方国家就提出了生态德育，如今已步入规范化和系统化阶段。学界关于生态的探讨在哲学、史学、法学等领域也从未停息，特别是 20 世纪 70～80 年代，生态学作为生物科学领域中的子科学得到了快速发展。生态学研究的对象是生物个体、生态系统、生物种群等有机体与环境之间相互作用的规律，其分析原理和研究方法早已被各门科学所采纳，有些已成为某些学科发展的新路径。在生态学方法的推动下，一些新兴学科，如生态经济学、生态心理学、认知生态学、历史生态学、生态人类学等亦应运而生，有的渐趋成熟。近年来，随着我国经济、社会的快速发展，资源与生态环境研究也成为经济建设中一项有价值的基本诉求，自然也成为国内学界关注的热点。比如，为人们所熟知的我国生态经济学，始于 20 世纪 80 年代，30多年来得到了迅速发展。目前学界对"生态经济"的内涵存在 3 种不同的认识：①它是一种生态型的经济类型。②它是一种"生态与经济协调"的指导思想。③它是由生态学和经济学交叉结合形成的新兴边缘学科。[①] 从中我们不难看出，生态经济学的这些理论是为"生态与经济协调"这一生态经济学核心理论的建立和"生态型经济"的实现提供理论基础和具体实践的一种居于领先地位的理论和理论

---

① 王松霈：《生态经济学为可持续发展提供理论基础》，《中国人口资源与环境》2003 年第 2 期。

体系，正在我国经济社会可持续发展中发挥着重要的指导作用。还值得一提的是，20 世纪 90 年代之后，一些关注生态政治和生态社会主义运动的学者开始认真发掘马克思主义中所蕴含的生态思想。自此，较为活跃的生态学马克思主义研究异军突起。生态学马克思主义者在探讨生态问题时，有别于西方生态中心论和人类中心论的生态文明理论，强调以历史唯物主义作为理论工具来解决当代生态危机，比西方其他绿色思潮具有更大的优势，其理论的侧重点不是停留在人与自然辩证关系层面，而是将人与自然的关系问题提升至人与人的关系层面及社会制度的层面上来研究分析。[①] 他们明确宣称自己的生态学是"反对资本主义的生态学"，指出资本主义制度和生产方式是当代生态危机产生的根源，只有诉诸社会主义，才能从根本上解决生态问题。然而，由于生态学马克思主义者是站在小资产阶级立场上，这就决定了他们分析和批判资本主义社会生态问题的所有努力是很有限的。[②] 尽管如此，生态学马克思主义的理论探讨还是对我们进一步拓展和深化马克思现代性理论和推进当前的马克思主义生态学研究具有重要的理论价值和现实启迪作用。

从以上事例中，我们不难看到，生态经济学和生态学马克思主义研究都有各自的研究重心和较为完善的理论框架。相比起来，虽然源于西方并已拥有 150 多年历史的人类学于 20 世纪初被引入我国，在当时就已经开始了对社会关系与生态环境相互作用关系的研究，并于 20 世纪 60 年代发展成为文化人类学的一门分支学科——生态人类学，可现有的理论还存在着短板，除了引用目前比较主流的基本理论"二元制衡论"，认为：从终极意义上讲，人类社会的存在所导致的生态问题，都是地球生命体系与人类社会两大体系并存、互动、延续、派生的结果。除此之外，余下的有关理论则显得有些庞杂，或是明显缺乏主导性理论，或是基本理论存在偏颇。就好比盛行于 20 世纪 50 年代的由美国学者 J. H. 斯图尔德借用生态学的研究视角及方法提出的"文化生态学"，现在已经没有多少学者赞同他的主张，转而采纳了文化和环境可以互动的主张。

有学者认为，目前的人类学民族学研究可以分为两大块，一块是文化，另一块是生态；或者分为三大块，一块是思想观念，一块是社会结构，再一块就是生态环境。可见生态研究的学术地位。对于这样一门人文学科，厘清其学理，关系到学科的基本定位和未来发展趋向，而目前我国生态人类学需要认识的问题是：能否凸显学科自身的特点和优势，在学科本位意识与学科融合趋势的张力中，深入人类学与生态学的交

---

① 陈学明：《"生态马克思主义"对于我们建设生态文明的启示》，《复旦学报》（社会科学报）2008 年第 4 期。
② 苏庆华：《生态文明与社会主义》，《思想战线》2012 年第 1 期。

汇地带，在学理上构建起新的理论框架，真正认识到，生态观念来源于神话传说、宗教信仰、禁忌习俗、乡规民约、习惯法、生产方式等文化形态；认识到，生态人类学是研究生态文明及生态文化发展和生存规律的学科。对于这个问题，笔者有以下两点愚见。

其一，就"生态文明"而言，对其重视并展开研究，标志着生态人类学在研究人与自然关系上的彻悟。"如何解决当代生态危机和建设生态文明，关键在于实现人类生态价值观的变革……对这个问题的看法关涉到如何看待生态文明的本质。"① 单从生态价值观来说，西方生态中心论和人类中心论的生态文明理论虽然存在对立或差别，但它们都把生态价值观的变革和重建看作是建设生态文明的关键。而对上述问题的回答恰恰也是我国生态人类学研究的问题。笔者认为，我国生态人类学要超越人与自然关系的对立，确立整体主义生态价值观。这就要求我们用生态有机整体意识的思维方式来指导研究，启发人们以生态整体利益自觉主动地限制超越生态系统承载能力的物质欲求；在探寻人类充分享有开发利用自然资源权利的同时，提出保障自然资源合理开发的建议或意见，努力把保护生态系统的完整、稳定、平衡和持续存在的观念变成人们的价值追求。为此，其研究重点或理论侧重点应该放在生态价值观视域下人类生产、生活过程中的"文化"现象和由此而产生的后果等问题上。应该承认，生态文明意味着经济增长和生态改善并重，这当然是一个多学科共同研究的课题。但对于生态人类学而言，生态文明是其研究的重心。生态文明从文化历程角度考察，是人类获利于自然和还利于自然过程中的文化表白，这种文化介入是自觉或不自觉进行的。生态人类学研究在审视客观世界的同时，自觉探究生态文明现象，使其促进更新生态文化，达到人与自然始终保持和谐统一。例如，发展生态农业是目前我国生态文明建设中的重点。生态农业中的"文化因素"应该是我们学术上所关心的内容，从这方面展开研究，既可以少有疑义地证明我国生态人类学学科自身存在的合法性，又可以以此为基础，加深对生态人类学基本概念的理解和基本理论的挖掘，不断梳理和拓展我们的研究空间，使生态学和人类学的研究视角有机地结合起来。

其二，从"生态文化"角度讲，文化生态学作为人类学生态研究的发端，同时也就有了人类生态学研究的意义。"从文化生态学到生态人类学，标志着人类学的生态研究，从人类主位到人类与自然互为主位的变化……。在文化生态学时期，人与环境的互动以及人类与自然的互动，是以人类文化为主位的互动。到了生态人类学时期，这种互动就成了双方互据主位、互为主体、互为主导、互为宗旨的一种平衡的共生。"②

---

① 王雨辰：《生态学马克思主义对生态文明的三点启示》，《中国社会科学报》2011 年 8 月 30 日。
② 袁鼎生：《美生人类学的生成》，《广西民族大学学报》（哲学社会科学版）2012 年第 4 期。

笔者认为，无论哪个时期，文化本是人类与非人动物之自然生存状态的超越，而人与自然则具有"社会的人"和"自然的社会"双重属性。作为"社会的人"，不论怎样，文化因素始终决定其在生存中的主导作用。作为"自然的社会"（可以理解为纯自然和社会两者的结合），亦离不开社会文化的渲染。也就是说，无论是人类保护自然，利用自然，还是破坏自然，自然界一经人类参与立刻就被打上"文化"的烙印。自然界中，人的存在是社会发展各种条件所依托的根本，由此所产生的各种文化是人与自然界发生效应的各种行为。"文化"从另一个角度讲，是一种传统的存在，是知识、认识引发人类行为的含金量，人类生活中面对自然的一举一动都应该看作是文化的传承。例如，举世闻名的广西龙胜各族自治县境内的龙脊梯田，上溯元代，下迄清朝，是当地民族生存意愿和共同文化心理的集中表现，堪称稻作文化的典范。谁都知道，它并不是原生态自然景观，而是人化生态的悉心再造。龙脊梯田除了核心内涵是以水稻种植为手段，提供人们粮食为目的之外，所折射的人类在经年累月劳作过程中不断积淀形成的文化形态，就不是每个人都知道的了。对此，我们不想追随斯图尔德文化生态学"文化决定环境"观点的骥尾，只想从生态人类学角度认证：人与在人类涉足下的自然界仍然是一种非平衡的共生，即使存在着平衡共生，对于宇宙运行而言，也是暂时的平衡，它的被打破，有时作用于带有人类文化色彩的行为；有时作用于大自然对生态本源的影响。由此证明，"人类带有文化色彩的行为"不仅是文化人类学研究的命题，也是生态人类学研究的重心之一。因为，"人类今天所面临的全球性生态危机，起因不在生态系统自身，而在于我们的文化系统。全球气候变暖、生态环境破坏的深层次原因在于建立在现代性基础上的人的'无限性'和'绝对理性'支配下的社会发展方式和发展理念"[①]。我们要从生态角度研究"人类带有文化色彩的行为"，重点审视其在人类生态危机中深层次的文化因素，深挖其研究视角中"与人有关"的现象。只有找出生态系统中人与自然耦合运行的文化特点，才能真正克服人与自然的矛盾。

学术观点的价值在于启发性。以上这些例证，充分地证明了人类学民族学一些基础理论研究，特别是一些分支学科的基础理论研究，明显跟不上当下社会转型中所面临的理论需求和指导，已经成为学科发展的桎梏。众所周知，人类学民族学是内涵深邃、外延广泛的学科，其学科定位是一个依赖于不断自我反思、自我更新的门类。这就需要我们对人类学民族学的学科建设及其分支学科的发展关系有一个清醒而充分的认识，要真正认识到，当今的人类学民族学并非价值无涉，它不仅是以文化、社会的结构性与相对性来合理化人类社会的现实，在差异性社会的价值多元对话中不断地增进共识，更要从认识水平和技术手段上证明造成社会现实与变迁过程中发生的微观情

---

① 薛勇民、王继创：《低碳发展蕴含生态价值取向》，《中国社会科学报》2011 年 10 月 11 日。

境，并借此对现实有所反思。因此，人类学民族学的理论创新，应当同其各个分支学科的理论协同创新紧密结合，不断注重理论研究与现实研究的融合，以现实问题作为理论研究的导向，从问题入手加强理论研究，以理论的发掘和积累引导研究方向，并逐渐向对人类学民族学的学术实践有帮助作用的方向转化，这样才能增强人类学民族学研究的社会价值取向，使人类学民族学研究成果在我们的社会生活中具有直接意义，能够接受生活的拷问。

应该承认，现存的人类学民族学多数理论是经得起实践检验的，它们具有浓厚的中国情愫，我们必须坚持。我们也应该承认，西方人类学自传入中国那天起，就开始了与中国的结合，在不断的"本土化"过程中，不仅研究内容是本土的，研究方法、理论体系上也逐渐表现出本国文化的特征，已经进入一个"具有自己的世界性影响的本土学派"① 时期。但是也不可否认，国外人类学民族学发轫于"异文化"研究，就是在今天的学术环境里，西方的话语体系、学术规范和评价机制仍然占据强势地位，这就使得国内有些学者对西方理论产生了依赖，存在"超越本土中心"去"复归人类学整体世界观"的倾向，导致只是从西方的理论中搬出"问题"来研究，不去探索自己的理论。笔者认为，理论创新中，单一学术引进模式没有前途，如果我们毫无批判地依傍于西方的一些学术思潮，一味为他们的理论"填空格""做脚注"，将会影响理论创新的健康发展。应该认识到，现存的西方理论和概念是西方学界用西方的科学方法观察西方社会现象的产物，不是中国实践与经验的研究意识，用它的逻辑一致性来解释中国社会现象时，这种逻辑一致性就可能出现偏差。因此，面对与西方各种学术思潮的思想交锋，我们既要保持能够有与西方沟通或契合的概念和理论，使其可以在世界范围内进行交流；又要在理论与实践的梳理中摈弃一些西方的概念和理论，坚持以我们自己的理论概念与理论模式为本位，来观察和研究中国的问题。

Theoretical Innovation：A New Approach to Develop the Disciplines of Anthropology & Ethnology

Abstract：In this paper, the author made a brief discourse on the basic theoretical innovation of Chinese anthropology & ethnology and their subdisciplines. Then he cited some example about the problems of Chinese anthropology & ethnology, such as missing of philosophical theory, aging fieldwork research paradigm, research center of ecological anthropology, etc. The presence of the above problems has fully proved the basic theoretical research of an-

① 杨圣敏：《中国高校哲学社会科学发展报告（1978—2008）：民族学卷》，广西师范大学出版社，2008。

thropology & ethnology and their subdisciplines significantly behind the theory needs facing the moment of social transformation and guidance. The basic theoretical innovation of the disciplines is a new academic growth, and a new path to promote theoretical innovation of anthropology & ethnology.

Keywords：Chinese Anthropology & Ethnology　Theoretical Innovation

原载于《广西民族研究》2013 年第 1 期

韩国华侨社会的形成、变迁及特征

王淑玲

摘　要　本文系统探讨了近百年来韩国华侨社会的形成、变迁及特征，从政府对华侨的关注及政策的改进、中韩民间经济贸易关系的加速发展、韩国华侨扩大对外交流的努力、华侨学校的再兴等方面阐述了中、韩建交后韩国华侨社会的变化，指出中、韩两国人民的相互移居对两国的未来发展有着重要的影响。

关键词　韩国　华侨社会　华侨特征

中国与朝鲜半岛山水相连，与韩国一衣带水。自古以来，两国人民就友好相处，往来不断，互通有无。历史上，中、韩人民相互迁徙十分频繁，有时规模很大，对两国的经济、文化产生了难以估量的影响。随着世界经济一体化和两国交往的发展两国人民相互移居的现象仍将存续，并将继续对两国的未来发展产生重要影响。

一　韩国华侨社会的形成

中国人移居外国的历史，虽有数千年，但冠以正式"华侨"之名称，则是近百年的事。朝鲜半岛是中国人通过陆路最早抵达并侨居的地方，溯其历史已有数千年，如将当年迁居于朝鲜半岛的祖先称为华侨的话，那么朝鲜半岛的华侨史最为悠久。笔者拟就近百年来朝鲜半岛（韩国）华侨社会的形成、变迁及特征作一简述。

从韩国境内的外籍人数来看，华侨人口一直高居首位，华侨与韩国历史紧密相联。1840 年鸦片战争及后来签订的《南京条约》为中国近代史的开端。1876 年朝鲜与日本签订《江华条约》，拉开了朝鲜近代史的序幕。1910 年朝鲜被日本吞并，完全沦为日本的殖民地。1911 年辛亥革命推翻了清王朝，建立了民主共和政体的中华民国。这一历史阶段又分为两个时期。

第一个时期是 1840 年至 1894 年，这一时期，中国仍为宗主国，朝鲜为藩属，两国保持着宗藩关系，中国在朝鲜拥有强大的政治势力和一定的经济势力，甚至在一定时期（1884～1894 年）里操纵了朝鲜的内政外交，中国人大批移入朝鲜，其社会地位较高，经济力量增长很快。1882 年，朝鲜爆发士兵起义，史称"壬午兵变"。起义的士兵杀死日本人教官，处决王公大臣，并冲入王宫，捉拿闵妃。闵妃化装逃至忠清道。朝鲜高宗皇帝求救于清政府，8 月 9 日，清朝派北洋水师提督丁汝昌率舰赴朝，8 月 20日，又派广东水师提督吴长庆率舰赴朝。清军抵朝后，即拘捕大院君，镇压起义士兵，协助平息了这次兵变。① 当时，清政府用 5 艘船把 3000 多名中国士兵由烟台运往朝鲜，随清军到韩国的还有 40 余名中国商人，其中许多人在韩国长期住了下来，成为华侨。据《山东侨务志》记载，1883 年由山东进入朝鲜的华侨共 209 人，到 1886 年激增至3661 人。"壬午兵变"后，清政府与朝鲜签订了《中国朝鲜商民水陆贸易章程》②，双方可在对方已开口岸派驻商务委员，以照料本国商民。中国商民还可在朝鲜享有治外法权，可在朝鲜经商，并享有低税优惠。两国渔民可在两国相邻的海域自由捕鱼，两国边民也可通过陆路自由往来交易，废除了一些过去限制边民往来的禁令。这自然大大有利于中、韩贸易的发展，也有利于中国人向朝鲜移居。1887 年，清政府任命吴长庆随员袁世凯任总理朝鲜商务，袁世凯干练精明，恪尽职守。在他的领导下，华侨商务迎来第一个繁盛时期。据日本朝鲜总督府统计，到 1922 年，旅朝华侨人数已达30000 多人。③

第二个时期是 1895 年至 1910 年，1894 年中日甲午战争爆发，清廷战败，被迫与日本签订《马关条约》。《马关条约》规定："中国认明朝鲜国确为完全无缺之独立自主，故有亏损独立自主体制，即如该国向中国所修贡献典礼等，嗣后全行废绝。"④ 中国与朝鲜的宗藩关系废除后，中国在朝鲜的政治势力完全被逐出，朝鲜华侨的社会、政治地位降低，经济实力亦开始受制。

日本于 1910 年吞并朝鲜，在朝鲜实行残酷的殖民统治，终于引发 1919 年的"三·一"反日大起义。此后日本在朝鲜一度被迫实行"文明政治"，直至 1931 年发动侵略中国东北的九一八事变。朝鲜华侨在这一时期里，人口增加，经济实力亦有发展。日本帝国主义为进一步侵略中国和其他亚洲国家，加重了对朝鲜的压迫与剥削，使之成为日本发动侵略战争的军事基地。日本为加速推行对中国的蚕食、侵略政策，还煞费苦心地挑拨中、朝两国人民的关系，宣传诱迫韩国人仇视华侨，鼓动风潮，制造事端，甚至借故在群山、仁川等地发动排华流血事件，使侨商损失惨重。旅朝华侨颠沛

---

① 《朝鲜华侨史》，中国华侨出版公司，1991，第 141 页。
② 中国第二历史档案馆存档，案卷号 468：（2）55。
③ 《韩国华侨志》，台北出版社，1958，第 49 页。
④ 《国际条约大全（1872—1916）》，世界知识出版社，1986，卷 9。

流离，往返于中、朝之间。1931 年 7 月，日本在中国吉林省策划了万宝山事件①，挑起东北的朝侨与中国百姓之间的冲突，煽动朝鲜排华风潮。朝鲜排华风潮席卷整个朝鲜半岛，华侨死伤无数，财产损失殆尽，大批华侨被迫回国。后来，由于朝鲜各界的努力和华侨的克制，排华风潮逐渐平息，朝鲜华侨社会渐渐恢复安定，大批回国的华侨于 1932 年开始陆续返回朝鲜，到 1936 年抗日战争爆发前夕，旅朝华侨总人数增至65000 余人。七七事变爆发后，日本对中国发动全面侵略，旅朝华侨再次遭受歧视与迫害，华侨又大批离朝返中，剩下来的不过 20000 余人。总之，在日本侵华战争期间，朝鲜华侨的处境每况愈下。在中国抗日期间，由于华北沦陷，南京撤守，华侨又复陆续返朝，虽不断遭受日警的拘捕和严刑拷打，甚至杀害，但到日本投降的 1945 年，朝鲜的华侨仍有 40000 人左右。②

第二次世界大战后至今，由于朝鲜半岛分裂，韩国当局对华侨入境实行限制政策，使华侨人数增长不快。战前旅朝的华侨中，很多人在韩国住一两年即回中国一次，然而第二次世界大战结束后，韩国华侨与中国之间，自然地断绝了往来，因而韩国华侨人口无形之中出现了冻结。1950 年 6 月朝鲜战争爆发后，部分韩国华侨迁回中国定居，据 1954 年 12 月留韩华侨自治联合总会的调查，韩国华侨人口只剩下 22090 人。朝鲜战争停止后，韩国当局制定了外侨入境管制政策，中国人移居韩国很困难，唯华侨人口自然增加，到 1970 年韩国华侨总人数为 33361 人。③

近二十余年，韩国当局对华侨实施了更加严厉的限制政策，在各方面造成华侨与韩国公民之间的不平等，如对华侨购置房产进行限制，华侨深感在韩国居住不易。这期间每年都有不少华侨移民他国。

二　韩国华侨的特征

根据韩国法务部的统计，截至 2006 年末，在韩国的华侨人数为 40811 人，其中，来自中国台湾的华侨有 25864 人。韩国华侨的人口数量的确不多，就作用而言，对居住国的影响十分有限。将其置于世界华侨、华人中来论，韩国华侨既不能与被称为"钱财库"的东南亚华侨、华人相提并论，也不能与被誉为"人才库"的美、欧华侨、华人同日而语。然而，从历史学和社会学的角度来看，韩国华侨社会不失为一个独具特色的华侨社会，韩国华侨首先揭开了中国人通过陆路移居海外的序幕。长期以来，他们在与韩国人民友好相处的同时，依然保持着浓厚的民族语言、文化特色，其文化认同母国化程度之高在世界华侨、华人社会中名列前茅。20 世纪 70 年代末，世界各国

---

① 《华声报》1989 年 11 月 4 日。
② 杨昭全、孙玉梅：《朝鲜华侨史》，中国华侨出版公司，1991，第 302 页。
③ 韩国经济计划院调查统计局：《总人口及住宅调查》，1970。

的华侨学校几乎均已完成了当地化的进程，而韩国的华侨学校则未被当地化，且其覆盖率之高堪称世界之首。与占世界华侨、华人总人数 90% 以上的东南亚华侨、华人相比，韩国华侨的政治认同依然母国化，且其骨干侨团也尚未像世界诸国那样实现当地化。

韩国华侨有以下几个特点。

1. 保持中华文化传统。韩国华侨在衣食住行、婚丧礼节、宗教信仰、风俗习惯、历法时令及使用汉语等方面，都与中国同胞没有多大差别。他们对儒家思想奉行不悖，重视伦理道德，妇女重节操，年轻人尊师重道，讲究礼仪。他们逢年过节的习俗也与中国相同。每逢春节，老幼着新衣，各店皆停业，爆竹与锣鼓齐鸣，高跷、龙灯等到处欢舞。吃春酒的风气在韩国华侨社会中也颇为盛行。韩国华侨虽身居异国，但心向祖国，当年他们出国并无定居在韩国作永久移民的打算，而是希望挣一笔钱后重返故里。这种心理使他们在异域保持着浓厚的乡土之情和强烈的宗族观念。另外，韩国华侨不易加入韩国国籍，这也是他们认同中国的一个原因。移居韩国的华侨虽有百年数代了，但加入韩国籍的人所占比例很小。如今，绝大多数韩国华侨虽然都在韩国出生、长大，但不是韩国公民，持有的仍然是中国护照，具有中国公民身份。

2. 韩国华侨多为山东籍，占 90%。河北籍占 3.5%，东北三省籍约占 2%。此外，还有广东籍、湖北籍的，但为数极少。故有人说："韩国华侨社会是山东同胞独占天下。"[1] 据传自元代起，有一位孔子第 56 代孙，自山东曲阜随使来到高丽，后来因故留居，没有返回山东，其后子孙繁衍历 640 年，传 30 代，至今韩国华侨中的孔子后裔已有第 86 代。再加上山东人多地少，近、现代灾荒、战乱频繁，山东人素有"闯关东、走外乡"的习惯，有相当一部分人则利用山东与韩国之间的交通便利来到了韩国，这些皆是韩国华侨山东籍人士居多、齐鲁民风浓郁的原因。

3. 韩国华侨多集中于大都市。韩国华侨和日本华侨的人口分布情况相似，在乡镇中虽有一些，但多集中在几个大城市。韩国华侨最多的地方是汉城（今首尔）、釜山、大邱和仁川四大都市，合计人数共占韩国华侨总人数的 64.7%。朝鲜战争以前，以汉城的华侨最多，朝鲜战争爆发后，汉城、仁川的华侨大多逃往大邱、釜山，战后，逃难华侨返回汉城、仁川重整旧业的较多，但迄今仍留居釜山者为数也不少，原因是汉城、仁川一带遭战争破坏严重，居住的问题不易解决，尤其是仁川华侨，在战后贸易中心南移之后（仁川为军港，商船不能停靠），更无回仁川的念头。因此，朝鲜战争以后，华侨人数以釜山为最多。[2]

4. 重视对子女的教育。20 世纪 60 年代韩国华侨仅 30000 多人，但学生近 10000

---

① 杨昭全、孙玉梅：《朝鲜华侨史》，第 132～134 页。

② 朱慧玲：《东北亚地区侨情概述》，《八桂侨刊》2002 年第 3 期。

人，约占当时华侨总人数的1/3。华侨成立学校，全系自立，有钱出钱，有力出力，成立后选出董事会运营。韩国华侨的子女绝大多数在华侨学校就读。截至1994年10月，韩国正式登录的华侨中学有4所，分别在汉城、釜山、仁川和大邱，华侨小学有29所，华侨学校的教师共有204人，学生人数达3000余人。在各国华侨、华人中，韩国华侨的汉文化教育普及程度堪称世界之首。规模最大的韩国华侨学校是汉城华侨中学，有学生1000余人，教师47人，仁川、釜山、大邱的华侨中学也分别有学生285人、293人和155人。华侨小学中，规模最大的是汉城华侨小学，有学生600人，教师25人。此外，仁川华侨小学有学生231人，釜山华侨小学有学生170人、光州华侨小学和大邱华侨小学分别有学生89人。韩国华侨中学的高中毕业生在20世纪70年代可被保送到中国台湾读大学，后来改为联合考试，近些年中国台湾都给韩国华侨学生留有一定的录取名额，考试时可照顾20分。韩国承认中国台湾的学历。从前几年的情况来看，华侨子女高中毕业后50%～60%到中国台湾读大学或大学预科班，大学毕业后，多数移居美国或其他国家。[①]

5. 韩国华侨社会组织健全，并订有明确完备的章程及制度。韩国各地皆有华侨协会组织，目前，韩国登记在案的华侨协会共有36个，起骨干作用的有汉城华侨协会、釜山华侨协会、大邱华侨协会和大田华侨协会。汉城华侨协会是韩国最大的华侨协会，现任会长是杨同生先生。汉城华侨协会的组织机构比较健全，有固定的办公地点和运营经费，有专职工作人员，所辖区域内有华侨8400余人。釜山华侨协会的现任会长是谭道温先生，有副会长5人，专职工作人员4名，所辖区域内有华侨2300余人。大邱华侨协会的现任会长是从培臣先生，有专职工作人员2名，所辖区域内有华侨2000人。大田华侨协会的现任会长是高禄升先生，所辖区域内有华侨700人，该协会不向会员收取会费，一切经济开支由会长个人负担。[②]

三 韩国政府对在韩外国侨民的限制政策

第二次世界大战结束后，以"三八线"为界，朝鲜半岛被分为南、北两个部分。1950年，朝鲜战争爆发，当地经济更加凋敝。在当时那种冷战的国际格局下，中、韩没有建立外交关系，韩国完全失去了从中国大陆前往的新华侨的补充，旅韩华侨人数急剧下降。过去，许多华侨依靠在中、韩两国间从事贸易来维持生计，但朝鲜战争爆发后这类经济活动全部停止了。这时，韩国政府还对在韩国的华侨实行了诸多限制政策，使华侨的发展陷入十分困难的境地，例如，韩国独立后的第一任总统李承晚在执

---

① 张兆理：《韩国华侨教育》，台北世界文化出版社，1960，第43页。
② 据2009年韩国华侨总协会会长邱元仁先生的介绍。

政期间立法规定外侨在韩国只能从事一般商业活动，不得拥有土地、山林等资源，不能以独立资本开设工厂和不动产事业，不能办报，如从事出版业则须以韩国人名义登记并由他们担当发行人，大学的医学、法律等学科限制外国侨民的就读人数。[①] 中、韩建交前，韩国基本上沿用了李承晚执政时期制定的限制外国侨民发展的基本政策。虽然韩国未公开采取过排华的政策，但其实行的各项措施对华侨的发展不利，如扶助韩国人采用菜圃温室设备，使经营菜圃的华侨无法与韩国人竞争而不得不转业；受过高等教育的华侨不易在韩国的中高层机构工作，华侨感觉无发展前途；经营进出口贸易的华侨不易从韩国银行得到贷款，营业受到限制。

韩国华侨的经济发展在很大程度上受限于 1968 年 7 月 3 日公布的《外国人土地法》。[②] 此法规定：在韩外国人每户只限购住宅、店铺一栋，合计面积不得超过 200 坪（1 坪 ＝ 3．3 平方米），如单独作为店铺，则不得超过 50 坪；旅韩华侨在规定范围内获得土地所有权后，只限自用，不得出租；在 1968 年 7 月 3 日《外国人土地法》公布以前取得的土地，如面积超过规定者，则须设法出让；在《外国人土地法》公布以前取得的 200 坪以上的土地，不得变更原有的用途。此外，韩国华侨无权像韩国公民一样通过抽签来取得购买公寓的资格。这对华侨的生存与发展均构成了障碍。韩国独立后严格控制以永久居住为目的的外国侨民进入或滞留韩国，并以有条件地许可外国人入籍的方式严格控制了在韩外国人的入籍。韩国采用父系血缘主义原则，若韩国男性与华侨女性结婚，则所生子女可自然获得韩国国籍；反之，若华侨男性与韩国女性结婚，则所生子女为中国国籍。根据韩国的法律，华人必须接受 6 年义务教育，义务教育完成后可进入华侨中学。韩国对其境内外国人加入韩国籍的控制十分严格，获准入籍者为数不多。申请入籍者必须具备一定的经济实力，对韩国有所贡献，具有大学学历，掌握韩国语言（必须通过考试），忠诚于韩国，向韩国政府提供 20 多种个人资料，还必须由两个副科长以上的韩国公务员做担保，考察一年后才可获批准。

四　中韩建交后韩国华侨社会地位的变化

随着中国改革开放的深化，中国经济的迅速发展，中国国际地位的大幅度提高，中国在韩国的形象也大为提升。在中、韩建交后的 18 年间，中韩贸易额急速增长。1979 年中韩贸易额仅 1900 万美元，到 1994 年为 117．2 亿美元，1995 年超过 150 亿美元，1996 年达到 200 亿美元。1996 年与 1979 年相比，17 年间双边贸易额增长了 1000 多倍。1993 年以来，中国一直是韩国仅次于美、日的第三大贸易伙伴国，韩国是中国

---

① 慕德政：《南朝鲜华侨近况》（下），《全国侨联动态》1991 年第 2 期。
② 〔韩〕《外国人土地法》、《大法典》，法典出版社，1968。

仅次于日、美、欧盟的第四大贸易伙伴。① 华侨在其中扮演了相当重要的角色。随着中、韩友好关系的发展，人员往来和经济、文化交流迅速活跃起来，韩国政府对在韩外侨（主要是华侨）各方面的政策规定也做了相应的调整。

1. 国籍取得的简单化。韩国《国籍法》于 1997 年进行了修改，新的《国籍法》停止采用过去的父系血缘主义原则，改为采用父母两系血缘主义原则。这给在韩外侨（主要是华侨）提供了更多取得韩国国籍的机会。首先，依靠出生取得国籍的情况发生了变化。父母双方只要有一方是韩国人，子女就可以取得韩国国籍，而之前只有在父亲是韩国人的情况下，子女才可以取得韩国国籍。鉴于华侨与韩国人通婚的特点，华侨男子与韩国女子结婚的占绝大多数，所以这给华侨后代取得韩国国籍提供了很大的便利。其次，依靠结婚取得国籍的情况也发生了变化。根据过去的《国籍法》与韩国男子结婚的外国女性，在结婚的同时，自动取得韩国国籍，而与韩国女子结婚的外国男性，则需要在韩国连续居住 3 年以上，得到法务部长官的批准后才能取得韩国国籍，而根据新的《国籍法》与韩国公民结婚的外国男性或女性，只要在韩国居住 2 年以上，并得到法务部长官的批准都可以取得韩国国籍。新《国籍法》的实施，使在韩华侨特别是华侨后代取得韩国国籍变得容易了许多。

2. 永久居住权的赋予。1999 年，韩国国会通过了有关《出入境管理法》修改问题的决议，对于包括华侨、华人在内的长期在韩居住但不愿加入韩国国籍的外国人，签证的延长期由之前每 3 年一次改为每 5 年一次。2002 年，国会通过议案，给予在韩国居住 5 年以上的外国人永久居住权，凡是拥有 F—2 签证的在韩华侨只要在韩国居住 5 年以上，均可申请永久居住权。这样，华侨省去了每 5 年一次申请延长签证的麻烦。此外，拥有永久居住权之后，韩国华侨在房产的取得、保有、使用，健康保险制度、退休金制度以及升学等方面都与韩国公民享有同等的权利。截至 2005 年，拥有永久居住权的外国人共计 11239 人，其中 11003 人为华侨。②

3. 地方选举权的赋予。从 1999 年金大中执政时期开始，是否赋予长期居住在韩国的外国人地方参政权这个问题就成为社会讨论的热点。2005 年韩国《公职选举法》修改后，2006 年 5 月地方选举时，史无前例地赋予了长期居住在韩国的外国人选举权，以选举日为准凡是取得永久居住权 3 年以上、年满 19 岁的外国人都享有投票选举权。参加这次选举的外国人的选票共计 6579 票，其中华侨的选票有 6511 票。有华侨感叹说："地方选举权的赋予使我们找到了人生的理由。"③

---

① 邵继勇：《中日韩贸易关系与东北亚地区经济合作》，《中日韩三国关系与东北亚的和平发展国际学术讨论会论文集》，1997，第 333 页。

② http://www. immigration. go. kr.

③ 郭颖超：《浅析中韩建交之后韩国政府的对华侨政策》，《学术探讨》2009 年第 4 期。

4. 经济制约的缓解。韩国自李承晚执政以后，对于在韩国的外国人的经济活动一直采取压制政策，其中对华侨打击最大的就是《外国人土地法》对于华侨使用土地的种种限制，使得韩国华侨失去了安身立命的根本。1998 年，金融危机席卷韩国，当时的金大中政府急于引进外资缓解韩国的危机，积极改善韩国国内的投资环境，在很短的时间内取消了很多对外国人在韩国投资的限制条款，其中包括对于外国人投资领域限制的取消、对于外国人进入股市限制的取消等。特别是从 1998 年 6 月开始，新的《外国人土地法》开始实行，过去限制外国人拥有土地的种种条款都被废除了。虽然其目的是吸引外资，但在客观上为以外国人身份生活在韩国的华侨的经济发展活动提供了很大的便利。

5. 华侨学校待遇的改善。1999 年，韩国政府修正外国人教育制度，对华侨学校的界定从之前的"外国人团体"变为"各种学校"，华侨学校得到了韩国政府的承认。20世纪七八十年代，随着韩国华侨的大量移民，华侨学生人数锐减，一直依靠学生缴纳的学杂费勉强维持的华侨学校陷入了经济困境，而由于得不到韩国政府的承认，在1999 年之前，华侨学校不具有学校的主体资格，所以也享受不到政府在税收方面的各种优惠，从而更加剧了财政困难。1999 年华侨学校被韩国政府承认后，华侨学校在财产税、附加价值税等很多方面得到了减税的优惠，在某种程度上缓解了经济困难。

总之，中、韩建交后特别是 1998 年金融危机后，韩国政府对在韩华侨的限制政策得到了很大程度的缓解，在韩华侨迎来了新的发展机会。2005 年，第八届世界华商大会在韩国成功召开，在韩华侨以崭新的面貌出现在世界华人、华侨的大舞台上。

Abstract：This paper makes a systematic examination on the formation, evolution, and features of Chinese society in South Korea in the past 100 years, and elaborates changes in Chinese society after China and South Korea established diplomatic relations in the following aspects：Chinese government's concerns about overseas Chinese and its policy improvements; the rapid growth of private trade between the two countries; Korean Chinese efforts to expand foreign exchanges; the revival of Chinese schools. The paper points out that the intermigration of the two peoples will have great impact on the future development of the two countries.

原载于《世界民族》2011 年第 5 期

中国萨满教研究百年回眸

色　音　乌云格日勒

摘　要　从善之民国三年（1914）发表在《地学杂志》第六期上的《萨满教》一文算起，中国的萨满教研究已走过了百年的历程。萨满文化是民间文化的综合体，是一个综合性的研究对象，涉及诸多学科，研究的内容涉及历史学、民族学、人类学、宗教学，民间文学、民俗学、音乐学、舞蹈学、美术学、哲学、心理学、生理学、医学、考古学、社会学、语言学等诸多学科或研究领域。本文系统梳理了中国萨满教研究百年历程，并对相关论著进行了文献计量学分析。

关键词　萨满文化　萨满教研究　百年历程　文献计量学

一　中国萨满教研究的缘起

在中国古文献和地方志中有关萨满的资料比较丰富。学术界一般认为，中国关于萨满的最早记录见于南宋人徐梦莘的《三朝北盟会编》中。该文献中有"珊蛮者，女真语巫妪也，以其通变如神"的记载。《金史》中则称作"撒卯"或"撒牟"。清代的史书中大量出现有关萨满的记载。清代何秋涛的著作《朔方备乘》中有"降神之巫曰萨麻"等记载。清代文献中关于萨满的记载以满族萨满为主。姚元之撰《竹叶亭杂记》载："满洲跳神，有一等人专习跳舞、讽诵祝文者，名曰'萨吗'，亦满洲人。"《满洲祭神祭天典礼》记载："祭祀用萨莫读祝词降神献牲俎皆会祝。"

清末民初的历史文献和地方志中有关萨满的记载更为全面详细。《清史稿》卷八五《礼四》载："乾隆三十六年，定春秋骟马致祭，萨满叩头。萨满者，赞祀也。"《桦川县志》载："萨妈，一名萨满，莫详所自始。"[①] 西清《黑龙江外记》记载："达呼尔病，必曰祖宗见怪，召萨玛跳神禳之。萨玛，巫觋也，其跳神法，萨玛击太平鼓作歌，

---

①　郑士纯修、朱衣点纂《桦川县志》卷六，民国十七年版。

病者亲族和之。"还有一些地方志着重记录了萨满的巫仪、祭祀方式等内容 。

中国史籍中所出现的珊蛮、撒卯、撒牟、萨麻、萨吗、萨莫、萨妈、萨玛、萨魔、萨满，显然都是"萨满"一词在不同时代、不同地区、不同民族中的音读并由汉字音译记录下来的具有"巫"这一含义的民俗词语。民国之前的不同文献对"萨满"的记载并不统一，而且还没有出现"萨满教"这一概念术语。目前我们所能查到的"萨满教"概念的最早记载见于善之在民国三年出版的《地学杂志》第六期上发表的《萨满教》一文。该文内容如下：

"萨满教不知所自始。西伯利亚及满洲蒙古之土人多信奉之。余尝研究其教旨。盖与佛氏之默宗相似。疑所谓萨满者，特沙门之转音耳。今之迷信于此者，以雅古德人索伦人达呼尔人鄂伦春人为甚。北盟录云金人称女巫为萨满。或称珊蛮。盖金源时代已有此教矣。然萨满术师不如佛之禅师，耶之神甫，得人崇敬。但以巫医卜筮诸小术敛取财物而已。

萨满之言天神云。天有七层。其主神即上帝，统治无量数世界，具无量数智慧。不现形体，不著迹象，居于最高之天界。以下诸天，则百神以次居之。善神曰亚伊，恶魔曰亚巴绥。人之灵魂，亦各因其善恶而别其阶级，或从诸神居天堂，或堕入无间地狱。

萨满教又立三界。上界云巴尔兰由尔查，即天堂也。中界云额尔士伊都，即现世也。下界云叶尔羌珠几牙几，即地狱也。上界为诸神所居。下界为恶魔所居。中界尝为净地，今则人类繁殖于此。

魔鬼主罚罪人，其威稜覆遍人世。上帝恐其过虐，则遣诸神时时省察之，防止其恶行。故萨满之术师，为人祷于上帝，以求庇护。然术师又为魔鬼之奴隶，住于中界而通于上下界。盖其祖先在地狱中，以子孙为魔王之侍者。故凡操是术者，各有系统。而不许外人搀入。术师既侍魔王，故凡有建白，皆可与魔王直接。凡人之疾病，萨满辄谓是人梦寐之际，神魂飞越，为魔王所捕得。若久而不释，则其人必死。萨满之术师为之请于魔王，魔王释之，其病始愈。病愈之后，则索取报酬，谓以完献魔鬼之愿也。其人或死，则云其灵魂虽未为魔鬼所捕获，而迷失路径，至不能归。又云人死之时，魔鬼捕其灵魂，巡回于其生前所经历之地，所至辄行罚焉。此巡回时须至魔鬼所凭之十字架而止。故奉信其术者，其眷属欲减其刑罚，为之造作木形十字架于屋边。或坟次。又自坟次归家。死魔往往踪人之后。然死魔畏火，故炽火于门前一一超而过之。又取死人之衣以火焚之，亦以驱逐死魔，使不敢隐伏其中。其诞妄不经如此。"①

民国六年（1917）商务印书馆出版的《清稗类钞》（徐珂汇辑）中收录了善之的

---

① 善之：《萨满教》，《地学杂志》1914 年（大中华民国三年）第六期，第 5 页。

《萨满教》一文，但文字表述略有不同。

善之民国三年（1914）发表在《地学杂志》第六期上的《萨满教》一文是中国学界第一篇关于萨满教的学术文章，之前的文献记载都是简短的描述性记录，缺乏学术研究所应具备的分析、考证和阐述。1925 年前后，周作人在研究中国国民思想和民间宗教的相关文章中谈到了萨满教的一些问题，并发表了《萨满教的礼教思想》一文。周作人在 1926 年发表的《乡村的道教思想》一文以及后来发表的《关于祭神迎会》《回丧与买水》等文章中认为，中国道教信仰主要是由混合了儒教的祭祀、佛教的轮回报应教条而构成，但其源流是往昔流行于西伯利亚和满洲、朝鲜东北亚各地的萨满教。[①]

凌纯声于 1930 年在赫哲族地区进行扎实的田野调查收集了不少萨满教资料，1934 年正式出版了《松花江下游的赫哲族》。该书成为中国民族学、人类学界在 1935 年至 1945 年边疆民族调查中的范本。凌纯声采用人类学、民族学与历史文献学视野交汇的方法，并贯穿其萨满与巫、萨满仪式与萨满故事考察等篇章中。[②] 从此开创了中国民族学、人类学界运用规范的民族志方法研究萨满教的学术传统。

二 中华人民共和国成立后的萨满教研究

如上所述，在中国浩繁的历史文献中对多民族萨满教现象的记载较多。但是，中国对萨满教的科学研究相对于俄罗斯等欧洲国家这方面的研究却起步很晚。在整个 20 世纪上半叶，除了凌纯声先生对赫哲族萨满教的研究外，并无其他系统的研究成果问世。其原因很大程度上是中国民族学研究尚处于初始阶段，研究机构和人员都很少，而且从 20 世纪 30 年代末期举国进入抗日战争阶段，人文社会科学事业的发展难以推进。

1949 年中华人民共和国成立以后，从 20 世纪 50 年代初期开始由国家推动的少数民族社会历史调查，为整个民族学研究的学科发展、专业人员培养奠定了基础。在这一延续了近 10 年的全国性田野调查工作中，萨满教研究也成为少数民族社会历史调查的内容之一。不过，当时主要处于资料收集阶段，并没有开展有关萨满教的专题性研究。研究萨满教的相关成果只是在 20 世纪 60 年代中期开始编纂，后来陆续公开印刷、出版的《中国少数民族简史》丛书的基础——白皮书——中有所涉及。而 1966～1976 年，中国又陷入了"文化大革命"的十年动乱之中，包括民族学在内的所有人文社会科学事业都处于停滞状态。

---

① 张时高、范桥编《周作人散文》第一集，中国广播电视出版社，1992，第 518～519 页。
② 萧梅：《不该忘却的里程碑——〈松花江下游的赫哲族〉》，《中国音乐》2003 年第 4 期。

从 1977 年开始，中国的人文社会科学界随着中国社会科学院的成立开始进入迅速发展时期。民族学研究也得到了恢复和发展。在萨满教研究方面，中国的学者开始通过翻译和学术交流了解到国外有关萨满教研究的信息和学术成就。在这方面，中国社会科学院民族研究所（后改为中国社会科学院民族学与人类学研究所）和内蒙古大学蒙古史研究室所做的工作是值得称赞的。① 这些译介工作，对中国民族学界的萨满教研究起到了重要的推动作用。

进入 20 世纪 80 年代以后，中国民族学界的萨满教研究形成了专业化发展的趋势，除大量的学术论文相继发表外，一些学术著作也纷纷面市。其中有代表性的包括贺·宝音巴图的《蒙古萨满教事略》（1984），秋浦主编的《萨满教研究》（1985），吉林省民族研究所编的《萨满教文化研究》（1988），乌丙安的《神秘的萨满世界》（1989）。在这些著作中，中国学者开始形成萨满教研究的一些思想体系和学术特点。例如，在《萨满教研究》一书中，作者将萨满教起源、发展的理论主要集中于宗教观念演进的模式上，依据自然崇拜、图腾崇拜、祖先崇拜、多神教向一神教的过渡来区分萨满教不同的发展阶段。在《神秘的萨满世界》一书中，作者则把萨满教作为典型的原始宗教形态，从文化渊源的角度加以研究。同时，在众多的论文中，也反映出从事萨满教研究的学者们不同的学术价值取向。宗教哲学研究方面，如乌兰察夫的《蒙古族原始宗教观念初探》（1986），富育光的《论萨满教的天穹观》和《萨满教天穹观念初考》（1987），色音的《试论蒙古族原始宗教－萨满教》（1987）等；历史学研究方面，如伍韧的《萨满教的演变和没落》（1981），吕光天的《论蒙古族和满族萨满教消亡的历史条件》（1981），孟慧英的《论〈尼山萨满〉的历史性质》（1987），程迅的《蒙古萨满教与唐王征东》（1988）等；民间文学和民俗学方面的研究，如贺灵的《锡伯族〈萨满歌〉初探》（1987），郎樱的《〈玛纳斯〉与萨满文化》（1987）和《北方民族鹰神话与萨满文化》（1988），色音的《蒙古萨满教巫祝传说的历史演变》（1988），汪玢玲的《萨满教与伊玛堪》（1988），富育光的《满族萨满教星祭俗考》（1988）等。当然，作为萨满教研究的主流学术取向还是以宗教学研究最为突出。而运用比较研究的方法对不同民族的萨满巫俗进行研究也开始引起学界的注意，如张云的《西藏苯教与北方萨满教的比较研究》（1988），朗樱的《西北突厥民族的萨满教遗俗》（1988），伍韧的《萨满教中的"萨满"》（1982），贺灵的《锡伯族〈萨满歌〉与满族〈尼山萨

---

① 例如，中国社会科学院民族研究所前后把策·达赖的《蒙古萨满教简史》（丁师浩译，1978），土耳其学者阿布杜卡迪尔·伊南的《萨满教今昔》（1979 年油印）、苏联学者阿列克谢耶夫的《西伯利亚突厥语系民族萨满教》（孙运来译）、波兰学者尼斡拉滋的《西伯利亚各民族之萨满教》（金启宗译，1978）等书翻译成中文作为内部资料编印；内蒙古大学蒙古史研究所也把道尔吉·班札洛夫的《黑教或称蒙古人的萨满教》、德国波恩大学教授海希西的《蒙古宗教》、苏联学者 M. 密海洛夫的《布里亚特萨满教研究史》等书翻译成中文编入了《蒙古史研究参考资料》的各辑里；等等。

满〉》（1988）等，在运用平行比较和影响比较等方法方面进行了有益的尝试。

需要指出的是，20 世纪 80 年代初开始，有关萨满教的专题性调查也陆续展开，许多新鲜的萨满教资料得以发现、发掘，在此基础上一大批考察报告相继问世。例如，1980 年中国社会科学院满都尔图、夏之乾教授在新疆地区进行了多民族的萨满教调查，所完成的《察布查尔锡伯族的萨满教》调查报告，成为中国民族学界首次介绍锡伯族萨满教情况的成果，它为后来的锡伯族萨满文化发掘和研究奠定了基础。1987 年，几位锡伯族学者将发现的手抄于 1884 年的"萨满歌"翻译成汉文公布于世。这篇材料不仅引起了学术界的高度重视，也推动了锡伯族萨满教研究的深入开展。1986 年，白翠英等研究人员在内蒙古科尔沁地区进行了萨满教考察，通过录像和录音等方式对 30 多位蒙古博（萨满）的调查和采访，以形象的方式首次将内蒙古东部地区蒙古博的残留现象公之于众，从一个侧面反映了蒙古族的萨满教遗迹。在此期间，五六十年代开展的少数民族社会历史调查的成果也陆续出版，其中如《赫哲族社会历史调查》（1987）、《鄂温克族社会历史调查》（1986）、《达斡尔族社会历史调查》（1985）等原始资料的刊布，为这个时期萨满教研究的发展提供了珍贵的资料基础。

随着中国改革开放的发展和社会变迁，萨满教研究在不断开阔理论视野的基础上，也特别重视对日益趋向于消失的萨满教现象进行实地调查和资料搜集以及整理刊布。例如，20 世纪 70 年代末以来，在满族民间发现了一批主要由萨满和栽立（萨满助手）书写、保存的满语萨满文本，这在国内外学术界引起了强烈反响。萨满文本是萨满祭祀活动所依托的样本，比较集中、完整地展现着萨满教最核心的内容，囊括了在一般调查中萨满们守口如瓶的关于神灵、神界的完整观念，详细记述了满族萨满教仪式的内容和过程。各氏族的神本几乎都经历了从口传到本传的漫长过程，其中文化积累深厚，内涵丰富，是萨满文化史上罕见的珍品和奇迹。萨满文本的保存方式使得这批材料实实在在，真实可靠，科学价值很高。学者们对这些文本进行了认真翻译和研究，并陆续使其刊布于世，如宋和平著《满族萨满神歌译注》（1993），石光伟、刘厚生著《满族萨满跳神研究》（1992），宋和平、孟慧英著《满族萨满文本研究》（1998）。郝时远先生在《中国的民族学与萨满教研究》一文中指出："这些译本和相关评介、研究成果的出版，为推动萨满教研究的发展起到了重要作用。"[①]

20 世纪 90 年代以来，中国的萨满教研究进入了一个日益走向成熟的时期。其标志主要表现为以下几个方面。

首先，萨满教研究在民族学、宗教学、历史学、民俗学和民间文学等多学科中不

---

① 郝时远：《中国的民族学与萨满教研究》，载金香、色音主编《萨满信仰与民族文化》，中国社会科学出版社，2009，第 8 页。

仅成为普遍关注的热点，而且对萨满教的研究在个案研究的基础上更加系统化和具有综合性。如刘小萌、定宜庄的《萨满教与东北民族》（1990），孟慧英的《尘封的偶像——萨满教观念研究》（2000），孟慧英的《中国北方民族萨满教》（2000），这些方面的研究，在推进萨满教系统性研究和构建理论框架上都是值得肯定的。

其次，萨满教研究的田野调查工作广泛开展，深入各少数民族地区进行全面的资料收集成为研究者共同的选择。这方面的工作除了传统的访谈和民间文献的搜集外，也扩展到对萨满教文物的收集和保护。其中包括实物、实景照片、典型的萨满教仪式的录制、萨满服装、器物等珍贵文物搜集。在这方面，以富育光为代表的吉林萨满教考察组取得的成果最为突出，他们的考察收获不仅充实了有关地区的博物馆，而且在一些著作中得以刊布和介绍，如富育光的《萨满教与神话》（1990）、富育光与孟慧英的《满族萨满教研究》（1991）、富育光与王宏刚的《萨满教女神》（1995），富育光的《萨满论》（2000），等等。此外，中国社会科学院民族研究所（2002 年更名为中国社会科学院民族学与人类学研究所）也搜集到达斡尔族民间仅存的一套萨满服。

再次，萨满教研究在国内外的学术交流与合作方面更加开放，除了参加国际学术会议等交流外，中外学者合作考察和开展国际性的萨满教研究也取得一定成果。例如，1992 年，满都尔图陪同几位意大利学者对维吾尔族、哈萨克族、柯尔克孜族的萨满教进行了实地考察。这两次考察的成果集中发表在中国社会科学院民族研究所编的《民族文化习俗及萨满教调查报告》（1993）一书，如《哈萨克族萨满教调查》《维吾尔、哈萨克、柯尔克孜族萨满教调查》等。又如色音的《东北亚的萨满教》一书，则将萨满教研究从中国北方扩展到整个东北亚地区，通过对这一地区萨满教的综合性研究，为萨满教研究的区域性、国际性、民族性的交流与合作展开了一个新的视野。

最后，在注重北方地区满－通古斯、蒙古和突厥民族萨满教研究的基础上，对南方的萨满教调查研究也相继展开，为南北方的比较研究创造条件。一些学者认为，南方民族中彝族的苏尼、纳西族的桑尼、羌族的端公颇似北方民族的萨满。而藏族的萨满教指藏族的原始宗教，或称原始苯教，被认为是萨满教在藏族地区的一种变异形态。这方面的研究虽然尚未形成规模，但是这种尝试正在成为中国萨满教研究领域扩展的新的学术生长点。

三　中国萨满教研究文献信息计量分析

从善之民国三年（1914）发表在《地学杂志》第六期上的《萨满教》一文算起，中国的萨满教研究已走过了百年的历程。萨满文化研究具有多学科性，这是由萨满文化的特点决定的，和它诞生的背景密不可分。萨满文化是民间文化的综合体，是一个综合性的研究对象，涉及诸多学科。近些年来，萨满文化吸引着越来越多的来自不同学科学者的倾心投入，研究的内容涉及历史学、民族学、人类学、宗教学，民间文学、神话学、民俗学、音乐学、舞蹈学、美术学、哲学、自然科学、心理学、生理学、医学、考古学、社会学、语言学、法学、政治学、预测学、人体科学等诸多学科或研究领域。① 不仅如此，有学者还将萨满文化研究拓展到人类文明史的广阔领域，将萨满文化资料与文献学、考古学、神话学资料相结合，探索人类文明起源的轨迹及其模式。萨满文化的实证资料和研究成果还广为其他学科所用，成为其他学科探索相关问题的佐证。萨满教的研究一向是在国际人文学科理论发展的大背景下不断开展的，由于这个学科资源丰厚，现象形态复杂，来自不同方面的研究始终不断。近年来中国学界兴起了一股萨满教研究热。具体表现在以下三个方面。

一是在国内召开了几次规格较高的萨满文化研究论坛和国际学术研讨会。其中第二届萨满文化论坛、中国（吉林）国际萨满文化论坛和第 11 届国际萨满文化研讨会暨世界仪式人类学高级论坛很有学术影响。

2011 年 9 月 5 日，作为第二届中国长春·东北亚文化艺术周文化论坛的重要活动之一，中国·吉林第二届萨满文化研究论坛在长春宾馆举行，共邀请到国内外著名萨满文化及民俗文化专家 40 余位。本届论坛的主题是对萨满文化研究的意义和方向以及萨满文化的保护和传承等问题进行探讨。论坛上，与会专家围绕如何挖掘、传承、保护萨满文化进行了深入的学术交流和研讨。专家们一致认为，吉林省是世界公认的萨满文化的重要发源地之一，是萨满文化遗存保留最完整、内容最丰富的地区之一。吉林省至今仍保留着较完整的萨满器物、神谕、活态萨满祭祀仪式等。这既是吉林省宝贵的文化遗产，也是世界非物质文化的精华。论坛后，与会专家学者现场观摩了吉林省萨满文化遗存及萨满原生态祭祀展演，全方位了解了吉林省萨满文化的发展历程。

2012 年 9 月 2 日，作为第三届中国长春·东北亚文化艺术周的重要活动之一，中国·吉林第三届萨满文化研究论坛在长春开幕。来自国内外的 30 余位萨满文化及民俗文化专家齐聚一堂，畅所欲言，针对本届论坛的主题"南方民族民间信仰、北方萨满文化的特色以及南北方民间信仰的比较研究"进行了深入探讨和学术交流。中国（吉林）国际萨满文化论坛，由中国民间文艺家协会、吉林省萨满文化协会联合主办。论坛旨在搭建萨满文化学术交流平台，进一步加强国内外萨满文化的学术交流，不断提升萨满文化的理论研究水平，挖掘、保护和传承萨满文化遗存，彰显吉林地域文化，

---

① 张洪江：《萨满文化的现实价值》，http://jlrbszb. chinajilin. com. cn/html/2012 – 01/19/content_27271. htmdiv = –1。

促进吉林文化产业的发展。本届论坛除邀请了内地著名专家学者外，还吸引了国际萨满学会主席霍柏尔以及奥地利医学人类学会会长达格玛艾格尼等国际萨满文化界知名专家学者。这些专家也分别从不同角度做了有关萨满文化研究方面的主题发言。论坛上，与会专家们一致认为，萨满文化研究是为了文化的传承。当前，保护和传承萨满文化已经成为一个世界性课题。吉林省是萨满文化的重要发源地之一，也是目前世界上萨满文化遗存比较丰富和完整的区域，至今仍保留着较完整的萨满器物和活态萨满祭祀仪式等，这既是吉林省宝贵的文化遗产，也是世界非物质文化的精华。近年来，吉林省的萨满文化研究一直受到国内外萨满文化专家、学者的青睐与瞩目。2012 年 9 月 3 日，各国专家还参观了萨满文化研究基地，观摩吉林省萨满文化遗存及萨满原生态祭祀展演，进一步了解了吉林省萨满文化的发展历程，以期形成一系列新的萨满文化学术研究成果。

2013 年 9 月 7 日，第 11 届国际萨满文化研讨会暨世界仪式人类学高级论坛，在贵州师范学院开幕。来自匈牙利、蒙古国、美国、瑞典、英国、德国、俄罗斯、意大利、希腊、奥地利、丹麦等国家和地区的 134 名专家学者参会。本届研讨会暨论坛以"全球化世界变迁中的传统仪式与心灵和谐"为主题，设置了 4 个分会场、18 场专题分论坛。研讨会期间，国际萨满学会中国南方研究中心在贵州师范学院挂牌。在贵州这个萨满文化丰富的区域召开此次国际学术研讨会，具有重要意义，它将极大地推动贵州以萨满文化为代表的人类学的深入研究，推动贵州多民族文化的国际性交流。

二是研究队伍不断壮大、培养了大批青年学者。据统计分析[①]，截止到 2014 年年底，国内公开出版的萨满教研究专著共有约 160 部，署名成果 160 部，署名作者共 239 人次，其中署名集体作者的有 6 部，共 150 位作者是较稳定的研究萨满教的专家。其中作者独立撰写专著 90 部，专著独立完成率达到 56.25%，合作专著 69 部，合著率达到 43.12%。说明在萨满教研究中，学者个人独立研究稍多，合作研究偏少。其中，孟慧英、王宏刚、郭淑云、富育光、色音、赵志忠、刘厚生、吴凤玲、黄任远、苑杰、乌丙安、宋和平、关小云、傅英仁、迪木拉提·奥迈尔等 15 位学者，每人独立或参与撰写有关专著 3 部或 3 部以上，共撰写 91 部有关萨满教的研究专著，占专著总数的 56.87%。他们在各自专门研究领域进行深入系统的研究，研究成果颇丰，除专著外，绝大多数作者有大量的有关萨满教的学术论文，是长期从事该研究领域的专家。以上高产作者已成为我国萨满教研究领域的核心作者。通过关注这些著者的研究方向和研究重点，我们可以把握该领域的研究现状和未来发展前景。

---

① 乌云格日勒：《中国萨满教文献信息计量分析》，中国社会科学院民族学与人类学研究所重点课题结项报告，2013 年 12 月。

　　通过统计分析发现，著者大多属于民族学和人类学研究领域的研究者，少部分作者是艺术研究领域的学者。多数著者几乎都工作在民族学与人类学研究单位和民族院校，他们能够专心致力于萨满教研究领域，不断开创着萨满教研究的新局面。

　　三是萨满教研究成果逐年增多，研究水平明显提高。期刊文献的数量在很大程度上反映该学科领域的研究水平和发展程度。以 1914～2012 年公开发表的有关萨满教研究中文期刊论文为数据源，据不完全统计，共有 1603 篇（其中 41 篇是年鉴论文）有关萨满教研究的论文在中国 386 种期刊上发表。尤其，2000～2010 年的 10 年之内共有 717 篇有关萨满教研究论文在全国各地的学术杂志上发表，这表明萨满教研究进入空前活跃的崭新阶段。2010～2012 年共 201 篇关于萨满教研究期刊论文在各学术期刊上发表。有关萨满教研究综述等纵横研究类型较多。

　　在有关萨满教研究的学术论文中博士、硕士学位论文占一定比例，据不完全统计共有 37 所高校的 116 名博士、硕士完成 116 篇学位论文。[①] 2000～2012 年研究萨满教的学位论文具有逐年上升的态势，请见萨满教研究学位论文年度统计（表 1）。

表 1　萨满教研究学位论文年度统计

年份	论文数	比例（共 116 篇）
2000 年	1	0.80%
2002 年	1	0.80%
2003 年	1	0.80%
2004 年	7	6.00%
2005 年	7	6.00%
2006 年	8	6.90%
2007 年	12	10.30%
2008 年	15	12.90%
2009 年	17	14.70%
2010 年	17	14.70%
2011 年	23	19.80%
2012 年	34	29.30%

　　从表 1 看，2000 年有关萨满教研究的学位论文开始出现，到 2003 年，每年各有 1 篇萨满教研究的学位论文，各占总数的 0.8%；2004 年开始迅速增长，连续两年各有萨满教研究学位论文 7 篇，各占总数的 6.0%；2006 年增加到 8 篇学位论文，占总数的

　　① 乌云格日勒：《中国萨满教文献信息计量分析》，中国社会科学院民族学与人类学研究所重点课题结项报告，2013 年 12 月。

6.9%；2007 年达到 12 篇学位论文，占总数的 10.3%；2008 年达到 15 篇学位论文，占总数的 12.9%；2009 年和 2010 年达到各 17 篇学位论文，各占总数的 14.7%；2011 年显著增长，达到 23 篇论文，占总数的 19.8%；2012 年有关萨满教研究学位论文数达到迄今为止的最高水平，达到 34 篇，占总数的 29.3%。

以 1934 年至 2014 年公开出版的有关萨满教研究专著为数据源，采用文献计量学方法对国内萨满教研究专著的出版年份进行统计分析得知，1934～2014 年共出版 160 部有关萨满教研究专著。请见图 1。

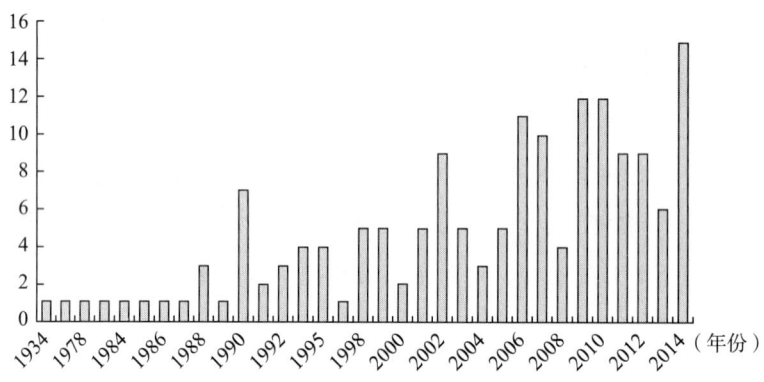

图 1　萨满教研究专著出版年份分布

从图 1 可看出，我国萨满教研究专著总体呈波浪式上升趋势。2009 年和 2014 年是萨满教研究的丰收年。我国萨满教研究进入迅速发展期，与相关丛书的出版有很大关系。比如，北方民族丛书、当代中国宗教研究精选丛书、满学与清史研究书系、满族文化研究丛书、民族调查研究丛书、萨满文化研究丛书、新疆少数民族民间信仰与民族社会研究丛书、中国民间口头与非物质文化遗产推介丛书、中国少数民族非物质文化遗产研究系列萨满文化丛书、中国少数民族宗教与文化丛书、中央音乐学院现代远程音乐教育丛书、科尔沁文化丛书等系列丛书的推出，给萨满教研究出版物的涌现创造了很好的机遇。

20 世纪 90 年代中期以来，中国萨满教研究在学科知识的综合、研究方法的多样和理论探索的开放等方面进入了一个新的发展阶段。进入这一阶段以后，研究者越来越意识到，萨满教作为人类社会的一种古老现象，它不仅在世界各地的现实生活中仍有程度不同的保留，而且它所展示的神秘世界并没有被现代人全面和深刻理解。所以，中国民族学界从事萨满教研究的学者虽然已经在很多方面取得了成绩，但是在构建一种解读萨满教这样神秘而普通的民间信仰现象的普适性理论框架方面却刚刚起步，而与此相关的一系列难题仍摆在他们面前。

如上所述，中国的萨满教文化资源是十分丰富的。对这一资源的保护、发掘和研究，已经成为民族学、人类学、宗教学、民俗学和艺术学等相关学科十分重视的热门领域。今后，中国的萨满教研究在吸收和借鉴国外学术界理论、方法等方面成果的同时，需要立足于中国的萨满教历史与现状，通过多学科的协同创新，构建自己的理论体系，从而为国际萨满教研究作出应有的贡献。

原载于《世界宗教文化》2016 年第 1 期

加拿大土著民族的汗屋仪式

彭雪芳

摘　要　汗屋仪式是美洲印第安人满足精神需求、治疗心身疾病与传承民族文化的重要方式。19 世纪至 20 世纪上半叶，由于殖民统治与同化教育，印第安人所有的传统宗教仪式都被禁止。随着全球化背景下土著民族文化复兴运动的蓬勃发展，汗屋仪式逐渐在美洲流行开来。本文通过在加拿大的城市与农村参与汗屋仪式的亲身经历，结合相关的文献资料与访谈，描述与分析该仪式的内容及社会文化内涵，探索处于社会边缘的土著民族如何通过传统信仰仪式的实践传承民族文化、加强民族认同。

关键词　汗屋仪式　宗教信仰　教育方式　民族认同

汗屋仪式（Sweat Lodge Ceremony）是北美洲印第安人具有重要宗教意义的一种桑拿浴仪式。在欧洲人踏上美洲大陆之前，汗屋仪式已有几百年的历史了。印第安人通过举行汗屋仪式来满足他们的精神需求，治疗身心创伤。欧洲移民来到美洲之后，与土著人发生了强烈的文化冲突。在欧洲人看来，汗屋仪式是愚昧、野蛮的、不健康的，他们甚至把印第安人的传统宗教视为"邪恶"。此外，欧洲殖民者还担心印第安人的宗教文化所具有的民族凝聚力不利于他们的统治。基督教传教士为了使印第安人改变信仰，鼓动政府把这些传统仪式宣布为不合法。1876 年，加拿大议会通过《印第安法》，对印第安人的汗屋仪式、太阳舞及其他传统宗教加以禁止。一些土著人因坚持举行汗屋仪式而受到处罚或被送进监狱。[①] 直到 20 世纪下半叶，这些带有种族歧视的法令才停止执行。欧洲人实施的殖民统治与同化教育，导致了许多土著民族失去了他们的语言与文化、本土信仰与核心价值观，使土著民族的传统文化遭到了极大的破坏。

---

① 参见 Joseph Bruchac, *The Native American Sweat Lodge*, The Crossing Press, Freedom, 1993, p. 28.

一　汗屋仪式的复兴

在后殖民时代，随着全球化背景下土著民族文化复兴运动的蓬勃发展，加拿大土著民族发起了争取和维护自身权益的运动，文化寻根的热情日益高涨。他们意识到，民族文化的传承是构建民族认同的最佳途径，符合实际需求的教育方式是民族生存与发展的一把钥匙。在许多保留地，民族语言与传统文化成为社区成员学习的重要内容。如今，汗屋仪式在保留地重新加以实践。

20 世纪 60 年代以来，许多土著居民为了寻找更好的教育与工作机会，离开保留地，移居到城市中。许多土著人挣扎在社会的边缘，陷入了受教育程度低、失业率高、生存质量差、犯罪率高的困境。为了使土著民族摆脱生存困境，更好地了解悠久的民族历史，重视传统文化知识，加强民族认同感与自豪感，加拿大城市中的一些大学、中学与小学都将汗屋仪式作为土著传统文化教育的一种途径，定期举行汗屋仪式。

汗屋仪式也在监狱与精神病院实践。例如，萨斯喀彻温省土著人口大约占全省总人口的 3%，但监狱里 70% 的犯人都是土著人，其中又以男性占大多数。土著长老经常到监狱为犯人举行汗屋仪式，通过传统仪式给予犯人精神安慰，帮助他们解决心理问题，使他们看到自身的价值，恢复信心。一些犯人经过汗屋仪式的洗礼后，表示要改邪归正。近年来，萨斯喀彻温省一直设有帮助土著人戒毒、戒酒的项目，土著长老通过传统仪式对酗酒者与吸毒者进行精神的、情绪的、心智的及身体的综合治疗。如今，在各类涉及土著民族的项目中，汗屋仪式已成为不可缺少的内容。

随着新萨满主义在西方国家的流行，土著人传统的治疗方式也引起了人们极大的兴趣，出现了一些专门为非土著医生学习汗屋仪式的治疗功能而举行的仪式。作为土著民族宝贵的文化资源，汗屋仪式在一些旅游地区也对游客开放。汗屋仪式的复兴有利于土著人强化身份认同，重塑核心价值观，传承土著知识，逐步摆脱殖民化教育的影响。

二　北美学者对汗屋仪式的研究及本文的研究视角

北美学者曾对印第安人的汗屋仪式做过大量研究，美国学者布鲁查克对美国各印第安民族汗屋仪式的历史和治疗功能做过研究，认为汗屋仪式在印第安文化中具有重要的象征意义及实际作用。[1] 另一位美国学者巴克对印第安拉科塔人的汗屋仪式进行了深入的研究，指出汗屋仪式参与者在相似的环境里一起经历了心灵的洗礼，道德的升华，身体的治疗。近年来，拉科塔人还广泛利用汗屋仪式进行戒毒、戒酒的治疗。

[1]　参见 Joseph Bruchac, *The Native American Sweat Lodge*, The Crossing Press, Freedom, 1993。

加拿大学者赫伯对居住在加拿大萨斯喀彻温省北部的德内（Dene）人进行研究。他的研究涉及了汗屋仪式的历史与汗屋的构建，也提到了当地人利用汗屋仪式进行治疗的功能。他在书中描述道："无论人们患了某种小病，还是得了致命的癌症，都要举行汗屋仪式，来增强战胜病魔的信心。许多事实证明了它的有效性。例如：一个患有胸部疾病的小孩，已不能呼吸，医生说他活不了多久了。家人就把他带入汗屋进行治疗，后来他病愈了。"①

另一位加拿大医疗人类学家瓦尔德拉姆通过对土著长老及囚犯的访谈资料进行分析研究，提出通过汗屋仪式对监狱犯人进行精神治疗的问题。他发现，许多土著囚犯正是在监狱里，平生第一次参与汗屋仪式，接触传统的精神信仰。作者认为，灵魂崇拜不仅是一种宗教，也是一种治疗的方式，即医疗人类学家所谓"象征性治疗"。瓦尔德拉姆还探讨了如何利用土著民族的宗教信仰，对在监狱中服刑的土著人进行有效的改造，并加强其民族认同。②

上述学者对印第安人汗屋仪式的研究，都包含了医疗人类学的视角。然而，他们几乎没有涉及汗屋仪式在教育中所发挥的作用。治疗与教育是实践汗屋仪式的两大功能。笔者通过调查发现，在加拿大，采用西方教育模式或将西方与土著教育模式相结合的学校里，汗屋仪式的教育功能更加明显。为此，笔者在前人研究的基础上，通过亲身参与汗屋仪式的经历及对土著社区、学校的实地调查，试图以教育人类学的视角来分析处于社会边缘的土著人如何通过汗屋仪式的实践来传承民族文化，构建民族认同，增强民族凝聚力。

教育人类学是一门运用人类学知识研究教育与人类发展的学科。教育人类学关注在复杂的文化背景中人的发展和文化传递等方面的问题。所谓文化传递，既包括某一群体内文化的代代传递，也包括一个群体向另一个群体的跨文化传递。在土著人的传统社会里，通常对青少年采取非正规的教育方式来传递文化知识与核心价值观，学习方式灵活多样，包括参与仪式、听故事、玩游戏、唱歌跳舞等。人们在生产与生活的过程中培养良好的品德，锻炼强健的体魄，学习掌握狩猎、捕鱼的技巧及农业耕作的技术，了解与祖先的精神世界沟通的方式。土著教育模式注重培养受教育者身体的、情感的、心智的、精神的全面发展。汗屋仪式包含了物质的、精神的、社会的、自然的要素，其功能就是将这些要素融为一体，体现的整体性与土著教育的世界观与方法论相吻合。因而，汗屋仪式是土著传统教育的一种重要方式。

---

① 参见 Robert Wesley Heber，Chipewyan Ethno - Adaptations：Identity Expression for Chipewyan Indians of Northern Saskatchewan，PHD Dissertation at University of Manitoba，1989，p. 248。

② 参见 James Burgess Waldram，*The Way of the Pipe*：*Aboriginal Spirituality and Symbolic Healing in Canadian Prisons*，The Roadview Press，1997，pp. 91 - 98。

教育人类学的研究方法很多，从不同民族、不同文化背景的角度分析研究教育问题的跨文化比较研究与田野调查研究，是最基本的研究方法。

三 大学校园的汗屋仪式

2007 年 1 月 至 10 月，笔者得到中加两国政府合作开展的"中加学者交换项目"的资助，作为访问学者分别在加拿大不列颠哥伦比亚大学和第一民族大学从事土著教育的研究。在加拿大期间，笔者走访了不列颠哥伦比亚省及萨斯喀彻温省的 8 个保留地及加拿大西部地区涉及土著教育的 10 多所大学、中学及小学，访问了多名土著长老、社区成员、家长、学生、教育工作者，并有机会参与土著民族传统的汗屋仪式。

在加拿大许多城市的学校，学校教材几乎没有涉及土著民族的历史与文化，大多数教师是非土著人，对土著的传统文化缺乏深刻的理解，与土著学生无法沟通，学生对教学内容也不感兴趣，辍学率高。为了使土著与非土著学生有机会学习与了解印第安人的传统宗教信仰，加拿大一些大学（如不列颠哥伦比亚大学、萨斯喀彻温大学、第一民族大学等）的土著项目中，都保留了汗屋仪式，

笔者第一次参加汗屋仪式是在不列颠哥伦比亚大学（UBC）土著文化中心，这是一座融合了传统与现代的土著建筑。屋顶是用雪松板覆盖，大厅里高大的柱子上雕刻有乌鸦的图案，乌鸦在土著文化中象征着智慧与创造力。这座独具特色的建筑也叫"长屋"，为学生营造了土著传统文化的学习环境。土著文化中心经常举行汗屋仪式，通常由该中心聘请的长老或土著工作者主持。2007 年 2 月 2 日，笔者参加了在土著文化中心举行的汗屋仪式。

汗屋仪式是神圣的，有一定的禁忌，如男人在参加仪式前四天要戒酒及麻醉品；妇女在月经期不能参与这个仪式，但可以参加聚餐宴会；参与者双膝跪着爬进汗屋后，可以在屋里从左到右移动，但最好不要碰到屋子的侧面；参与者可以要求得到受过祝福的药材，但不能碰别人的物品和摆放在祭坛上的东西。每一位参与者都要表现出对汗屋、祖先、主持人、看守火种者、其他参与者及自身的尊重。人们来参加仪式时，往往都带些烟草或茶叶、棉布、草药等，作为礼物献给汗屋。

那天，参与这个仪式的有 10 名女性、6 个男子。除笔者外，还有该中心的工作人员、本校的大学生、研究生，以及居住在温哥华的土著人。大多数参与者已多次来这里参加汗屋仪式。有一个第一次来参加仪式的女学生告诉笔者：她父亲是欧洲人，母亲是印第安人，她属于梅第人。由于从小生活在城市，她没有机会接触土著文化，也不会说土著语言，很想通过参加汗屋仪式来感受土著民族的传统文化。另一位印第安人参与者也给笔者留下了深刻的影响，她是土著中心的女长老，已有 73 岁。幼年时期，在寄宿学校所经历的种族歧视使她深感丧失民族文化的痛苦。如今，她经常奔波

于大学、中学及土著社区，积极向年轻一代传授土著语言与传统文化。同时，她也是不列颠哥伦比亚大学教育系四年级的学生。她说，年轻时为了照顾家庭，没有上大学。现在，儿孙满堂的她无论如何也要完成接受高等教育的心愿。她的身上折射出土著民族不屈不挠、奋发向上的精神。

我发现，在参与者中也有因纽特人。尽管汗屋仪式是属于印第安人的传统宗教，因纽特人有他们自己的传统仪式，但都市中，来自不同文化背景、处于社会边缘的土著人，都有成为第一民族的诉求。[①] 汗屋仪式的历史悠久，分布广泛，影响较大，所以，非印第安人常常与印第安人一起实践汗屋仪式，从中汲取精神力量，为获得第一民族的认同与权利而奋斗，其意义超越了某一民族自我认同的范围。汗屋仪式体现了土著社会大联盟的功能。

汗屋仪式在长屋后面的草坪上搭建的两个小棚屋里举行。下午 3 点左右，一些参与人员开始了仪式前的准备工作。男子们把木头砍成块，置于两个小屋前方的大坑中。小屋里挖有一个火坑，坑中堆积了前一次仪式所使用的石头。一位早到的女学生先把火坑里的石头搬出来，7 块摆成一排，在每一块石头上撒一些烟草，然后把这些石头搬到木块上砌成堆。三位妇女在长屋里将一些草药装进一个个小袋子。笔者也参与搬石头、装草药引燃火焰等工作。准备工作就绪，几位土著妇女一边吸烟，一边聊天，等候其他人的到来。烟草在土著文化中有着特殊的意义。土著男女都很喜欢，在大学工作的知识女性也不例外。

傍晚，参与者陆续到齐后，大家开始搭建屋子。由于经常在这里举行仪式，汗屋的框架已固定在草坪上。人们先在框架内的地面上铺上一些雪松树枝，然后把棉被、毯子搭在框架上，把这个框架捂得严严实实的，再把装有草药、烟草的小布袋放在屋外火坑边的祭坛上。一位男性长者先在熊熊燃烧的火坑前用民族语言吟诵、祈祷，然后，男女参与者换上适宜的衣服后分别进入不同的屋子。我们进入汗屋之前，组织者站在屋子门口用雪松树枝在每个人身上扫一下，以示净身。然后，她用土著语言低声说话，表示向神灵请示。稍后妇女们逐个跪着爬进屋里，大家围着火坑坐下，双脚并拢，放于左侧或右侧。这次仪式，男女要分别在不同的屋子举行。

我们进到黑暗、狭窄的空间里，需要几分钟才适应。仪式在静静的、暖洋洋的屋里开始了。在外面看守火种者是一位中年妇女，负责看护火种、木材、石头、水及其

---

① 加拿大土著人包括印第安人、因纽特人和梅第人。印第安人有的有身份，有的无身份。有身份的印第安人是指那些在官方登记处注册过的、在印第安人法令管理下的印第安人。有身份的印第安人自称"第一民族"，以表明他们是最早居住美洲大陆的主人。从文化人类学的视角来看：有身份的印第安人与无身份的印第安人在文化上没有区别。现在，通常用"第一民族"泛指所有的印第安人；偶尔也有人用"第一民族"泛指所有的土著人。

他一些物品。当她用铁锹把几块烧得红通通的石头放进屋内的火坑里时，大家一起说"欢迎祖先"，这些石头被视为祖先，表示祖先已经进入屋子，来与大家一起分享他们的智慧与力量。传统的方式是用鹿角挖石头，然后把石头集中在火坑的中心。主持人在滚烫的石头上撒一些烟草、甘草、鼠尾草、雪松等祭品，顿时溅起了很多小火星，空气中散发出一阵阵芳香。燃烧的烟雾升向天空，将参与者的祈祷带给上苍。水洒在石头上立即产生一股强烈的气流，冲向屋子的每个角落，空气很呛，我们用毛巾捂着鼻子。人们在屋里击鼓、唱歌、祈祷。接着，每个人按顺时针方向，轮流为自己和家人祈福。每一轮结束后，参与者既可以继续待在屋里休息，也可以出去喝水喝茶，透一透气。整个过程共有 4 轮，其中有一轮是思考"我是谁，我为何在这里"，目的在于通过仪式帮助参与者解除身份困惑，加强族群认同意识。

由于参与者来自不同的民族，很多人又不会说民族语言，因此在屋里祈祷与交流时经常使用英语。汗屋是一个敞开心扉的地方，一个人进入汗屋后，不应该把烦恼与痛苦埋藏在心里。在仪式中，每个人都要通过与祖先的精神沟通，获得克服困难的勇气与信心。当参与者为其他人祈祷时，又获得了一种与周围人群和谐相处的感觉。祈祷仪式结束后，每个人浑身都湿漉漉的，大家跪着爬出汗屋的门，呼吸新鲜空气，到长屋里的浴室冲洗身体。

参与者沐浴之后，一个个红光满面，精神焕发，来到长屋内充满浓郁风情的漂亮大厅里会餐、聊天，度过快乐的时光。有的参与者按传统方式带来食物与大家分享，土著文化中心也准备了足够的食物与饮料，大家尽情地享用。汗屋里的祈祷过程充满了神圣庄严的气氛，而离开汗屋后的会餐则是一种轻松、愉快的社交聚会。

整个仪式过程是祭祀性与世俗性的结合。人们在晚餐会上结交新朋友，会见老朋友，增进友谊，交流经验，互相帮助与鼓励。鉴于糖尿病、心脏病在土著人中发病率较高，健康及修身养性的话题也是大家交谈的内容。汗屋仪式给了生活在都市里的土著人一种精神寄托，以传统的方式排解了生活及精神上的双重压力。

四　农村保留地的汗屋仪式

如今，加拿大西部的许多土著社区都会举行汗屋仪式。居住在萨斯喀彻温省德内第一民族保留地的成员也在努力继承祖先遗留的这笔精神财富。

2007 年 6 月初的一个清晨，我们乘车从风景秀丽的草原城市萨斯卡通出发，向位于萨斯喀彻温省北部布法罗流域德内人保留地驶去。有 3000 多德内人居住在萨省北部的四个社区。经过 6 个多小时的行程，我们到达了布法罗德内人保留地。这几天正是萨斯喀彻温省土著人庆祝与政府签订条约的日子。布法罗流域的第一民族在湖边宽广的草坪上举行了庆祝活动，暑假中的孩子们相聚在一起，开展各种有趣的活动。一些人家在湖边搭起帐篷，安营扎寨，与亲朋好友共度快乐时光。我们来到草坪上，德内人热情地招呼我们品尝烤鹿肉。他们从事驯鹿的历史已有几千年了，驯鹿在其经济生活中起着重要的作用，德内人与驯鹿的关系贯穿于他们的社会经济与精神文化中。

在保留地期间，德内朋友邀请我们参加了传统的汗屋仪式。由于殖民者实施的同化政策，

汗屋仪式在这里已失传多年。直到 20 世纪 80 年代初期，一个德内人从平原地区克里族那里学习与掌握汗屋仪式后将其传入布法罗流域。克里族是加拿大土著民族中人口最多、分布最广的民族。这些年来，克里族的语言文化对那些深受殖民主义的同化而失去本民族文化的土著民族的影响力不断增强。[1] 汗屋仪式传入布法罗德内人保留地时，罗马天主教在当地有很强的势力，因此，一些作为虔诚的天主教徒的德内人来主持汗屋仪式时，并不想冒犯教会神职人员与其他教徒。同时，他们也认为这是一种精神力量的更新，自己是受上帝的指派来帮助同族人获得更好的生活，因此，汗屋仪式包括了基督教崇拜的特点，并允许外人参加。然而，有的汗屋仪式则严格遵循传统，仅限于土著人参与。[2]

虽然在当地的历史文献中并没有关于汗屋仪式的记载，但是布法罗流域的土著人却认为汗屋仪式可能是他们宝贵的文化遗产，因为他们提到在狄龙（Dillon）保留地附近有一个坑里发现了经加热开裂的石头，这表明它是早期的人类在这里举行汗屋仪式的遗址，很可能是早期居住在丘吉尔流域的克里族留下来的。[3]

那天，参加这个汗屋仪式的有 5 名男子，两名女性，即笔者与一位来自卡尔加里的白人妇女。在不列颠哥伦比亚大学校园举行的仪式，男女分别在不同的屋子，这次则不分性别，同处一个屋子。在不列颠哥伦比亚大学校园，屋子的框架是固定不动的，但每次举行仪式时都要重新搭建屋顶；在这里，汗屋搭建在固定的房子里，随时都可以使用，在寒冷的气候里十分方便。由此推测，当地人可能经常举行汗屋仪式。这个比较固定的汗屋与美洲一些地方的建筑有些类似，但它仅仅用于举行仪式。而据布鲁查克说，"加利福尼里亚及北极某些地区的汗屋在没有加热的时候可以用作普通的住房，它们既是独立的，也是固定住宅的一部分。墨西哥玛雅人的汗屋也是固定的，每家院子里都有用石头与泥土砌成的汗屋"[4]。这类屋子除举行仪式外，还有别的用途。

当我们到达现场时，德内朋友早已做好了准备工作，他们把木头砍成块，置于火

---

① 参见彭雪芳《加拿大西部城市土著教育状况的分析研究》，《广西民族大学学报》2009 年第 1 期，第 83 页。

② 参见 Robert Wesley Heber，Chipewyan Ethno‐Adaptations：Identity Expression for Chipewyan Indians of Northern Saskatchewan，PHD Dissertation at University of Manitoba，1989，p. 246。

③ 参见 Robert Wesley Heber，Chipewyan Ethno‐Adaptations：Identity Expression for Chipewyan Indians of Northern Saskatchewan，PHD Dissertation at University of Manitoba，1989，p. 243。

④ Joseph Bruchac，*The Native American Sweat Lodge*，The Crossing Press，Freedom，1993，p. 33.

坑中。在这里，点火时不用报纸或其他助燃物，以保持其纯洁。近年来，保留地的成员举行汗屋仪式时，都要尽量遵循传统的方式。仪式中最重要的礼节是尊重仪式主持人。汗屋仪式主持人通常由德高望重的人担当，他们经常把自己视为人类与神灵之间的沟通者，能在参与者与祖先灵魂之间架起一道桥梁。有的汗屋仪式由萨满巫师主持。巫师在印第安人的灵魂崇拜仪式中的作用是非常重要的，尤其是在奥布吉民族摇晃帐篷的仪式中。这次汗屋仪式的主持人叫斯塔，他曾多次参与组织宣传本民族传统文化及争取社区合法利益的活动，奔波于社区与城市之间。笔者在萨斯喀彻温大学举办的土著文化展示活动中就见过他。

有的汗屋仪式安静地进行，有的则要唱歌、喊口号、击鼓或发出其他的声音。这次仪式属于后者。我们进屋围成圈坐下后，火种看护者就把烧热的石头放进火坑里。主持人斯塔一边往火坑里撒甘草与烟草，一边用鹰的羽毛把烟雾扇到四周，以净化参与者。每当鼓声响起，大家就唱起赞歌，向神灵祈祷，诉说心愿，祈求祖先保佑自己、家人及族人幸福安康，使大家远离疾病、酗酒、吸毒、暴力与贫穷。伸手不见五指的黑暗，使浑身湿透的热气，以及庄严的鼓声、歌声，营造了令人肃然起敬的气氛。记得那天，那位第一次参加汗屋仪式的白人妇女被这种情景以及德内朋友真诚的友谊感动得热泪盈眶、泣不成声。笔者虽然只有过一次参与汗屋仪式的经历，但也还是受到极大的心灵震撼。

仪式举行过程中，假如有人想休息一下或不能忍受，就按事先的约定发出信号，掀开门帘出去。每一轮的长度依参与者祈祷的时间长短而定。仪式的程序与内容与前一次在不列颠哥伦比亚校园所经历的大同小异，整个过程共有五轮。

文化寻根是土著民族全球化背景下追求自我认同的一种表现形式。如今，德内人正逐渐从基督教回归到传统的宗教信仰。汗屋仪式在布法罗流域的实践是加拿大土著民族文化复兴的组成部分。

五 汗屋仪式的社会文化内涵

笔者通过两次参与汗屋仪式的亲身体验及一些访谈，结合相关的文献资料，试图对汗屋仪式的社会文化内涵进行分析。

(一) 禁忌的启示

如前所述，男子在参加仪式前四天必须戒酒及麻醉品，妇女在月经期不能参与祭祀仪式。使用刺激神经、麻痹大脑的药物被认为违背了汗屋仪式净化身心、洗涤灵魂的精神信仰。由于土著男子涉及酗酒、吸毒的犯罪率较高，因此，人们就通过汗屋仪式的禁忌规则及其所蕴藏的精神力量，来增强他们控制欲望的意志力。事实说明，这也是一种行之有效的方法。

关于月经期妇女不能参与汗屋仪式的原因，笔者曾向两位不同性别、不同民族（其中一位是土著，另一位是非土著）的学者请教：这种禁忌是否与行经期妇女被认为"不洁"有关？他们都对这种说法予以否定，而是认为妇女在月经期具有所谓"超常的力量"，所以不能参加汗屋仪式，同样也不能参加其他的传统祭祀仪式。但有些印第安民族允许月经期妇女在完成净化屋子的程序后进入汗屋。

世界上许多民族对行经期妇女都有各种禁忌与制约。例如：国外一些文献中就有印第安人关于"月经不洁"的看法。美国学者巴克提到，女孩在来月经之前被认为是纯洁的，因此在进入青春期前没有必要参加汗屋仪式。[①] 在中国的一些彝族地区，妇女在月经期被视为"肮脏的、不洁的"，人们担心她们污染河水，禁止其跨越河流。这种观念往往把妇女经期正常的流血现象与恐惧和死亡的观念联系起来，认为经血会带来极其可怕的后果，进而把所有与经血有任何关系的人和物都看成"不洁的"。[②]

关于月经期妇女不能参与汗屋仪式的原因，笔者认为，月经期妇女具有"超常精神力量"的解释似乎更合理一些。它反映出早期人类对妇女来月经、生孩子等生理现象不理解，将其神秘化，于是在涉及精神信仰的祭祀活动中，为避免发生精神力量的冲撞与消耗，故而采取某种回避措施。这种对"超常精神力量"的认知具有正面的、积极的意义。而月经期妇女是"肮脏的、不洁的"观点，则可能是基督教传入后，受到异文化的影响而衍变出来的一种负面认知。不同民族对妇女生理特征的不同认识形成了不同的心理特征，这些心理因素在人们的成长历程中也许会起到积极的或消极的暗示作用。一些印第安人认为，由于妇女定期来月经，因此她们比男人更能净化自身。

（二）象征符号的寓意

汗屋仪式作为一种信仰，它所表达的含义通过汗屋的构造及举行仪式中一系列的象征符号表现出来。

汗屋的结构因地方不同而呈现差异。屋子的框架用数十棵柳树条编成圆形或椭圆形。汗屋大小不等，直径 2～6 米，高 1～1.5 米。传统上，当地人将水牛皮或其他兽皮覆盖在框架上，围成一个黑暗的、密封的屋子。由于地理环境的不同，覆盖物所使用的材料还包括雪松木板、树皮以及灯芯草编制的席子。有的汗屋是在河岸边或者池塘边的山坡上挖出来的，屋子的覆盖物就是泥土。现在，正如笔者两次所见到的那样，许多地方普遍使用厚厚的毯子、棉被、帆布、塑料制品覆盖屋顶。

不管过去还是现在，也无论屋子的构造及覆盖物有什么变化，汗屋在印第安各民

---

① 参见 Raymond A. Bucko, *The Lakota Ritual of the Sweat Lodge: History and Contemporary Practice*, The University of Nebraska Press, Lincoln and London, 1998, p. 202。

② 参见李金莲、朱和双《论中国少数民族的月经禁忌与女性民俗》，《楚雄师范学院学报》2005 年第 5 期，第 14 页。

族文化中的象征意义几乎是相同的。汗屋象征着母亲的子宫，被视为孕育人类的地方。进入屋里就意味着再现来到人间的情形；离开屋子，则意味着获得重生。汗屋也是祭祀和分担苦难的地方。热的蒸汽代表着参与者的苦难。人在神圣的汗屋里经历磨难，离开汗屋后就不会再受苦受难

汗屋的门很低，不仅防止热气从里面散发，更是教育人们要懂得谦卑。屋门方向的选择以个人的判断为准。大多数汗屋的门面向东方或西方，有的面向南方，但没有面向北方的。笔者两次所看到的屋门都是面向东方。东方是太阳升起的方向，代表着智慧与文明。有的地方门朝东，表示他们的祖先来自东方。加拿大西部的一些印第安人认为，他们的祖先是从位于东边的美国某地迁来的。

汗屋仪式还反映了印第安人对宇宙的认识。在屋子中央放置滚烫的石头的火坑，象征着宇宙中心；送进汗屋里经加热的石头被视为人类的祖先。① 土著人认为，地球与石头具有长久不衰的生命力。汗屋的石头更是为当地人所崇奉。当土著人为汗屋收集石头的时候，他们知道应该选择什么样的石头，并在所收集的石头上撒一些烟草表示祭奠。仪式中所使用的岩石，加热时不易破碎。

汗屋仪式通常有四轮。每一轮代表不同的方向及相关的要素。第一轮代表东方与空气，空气象征着思想与交流；第二轮代表西方与水，水象征着梦想与认知；第三轮代表北方与大地，大地给予人类生存的养分；第四轮代表南方与火，火激起人们的热情与斗志。大地、空气、水与火这些要素是人类生存的物质基础。在仪式的过程中，参与者都有机会对人类生存的这些要素进行思考，并不断进行深刻的自我反省。

汗屋仪式象征符号的意义既不是固定不变，也不是普遍的，这就给人们留下了大的解释空间。不同的汗屋仪式主持者对此也会有不同的解释。

（三）祭品的联想

汗屋是神圣祈祷的地方，烟草、甘草、鼠尾草、雪松、鹿角、烟斗、草药袋、鹰头及羽毛等祭品不可缺少。汗屋仪式使用的每一件东西都来自地球母亲，它使人们想起与大地所有生命的联系。汗屋仪式包含了动植物崇拜。在德内人的文化中，乌鸦受到人们尊重与敬畏；对于克里人来说，熊是具有治疗功能的动物精灵。鹰是土著民族中最神圣的一种动物。鹰有高超的飞翔技术，它在天空翱翔，将人们的祈祷带给上苍；鹰有很强的生存本领，具有人类所欣赏的强壮、敏捷、勇敢与智慧。因此，鹰头及羽毛在土著民族重要的仪式中是不可缺少的。鹰崇拜与狩猎民族的经济生计有关，它也是萨满教的基本特征。信奉萨满教的民族几乎都有关于鹰的神话传说以及对鹰的各种

---

① 参见 Raymond A. Bucko, *The Lakota Ritual of the Sweat Lodge：History and Contemporary Practice*, The University of Nebraska Press, Lincoln and London, 1998, p. 203。

禁忌。中国的满族、赫哲族、鄂温克族、蒙古族、哈萨克族、彝族等民族都有鹰崇拜。

参与者在仪式过程中通过接触祭品来了解人类与动植物的密切联系，学会与自然界保持和谐关系。随着现代工业的发展，环境污染逐渐成为土著社区面临的严重问题。土著人将环境保护视为一项神圣的使命。有人担心：如果撒在石头上的甘草、雪松及其他植物祭品受到污染后，积聚在里面的化学成分燃烧后会变成空气中的毒素，参与者在封闭的狭小空间里可能会吸入这些毒素，导致危险的疾病，尽管目前还没有见到这方面的报道。

结　语

关于汗屋仪式的起源，不同的土著民族有不同的传说。在搭建屋子与举行仪式的细节方面，各民族也有细微的差别。但是汗屋仪式的基本内容都是相似的。汗屋是人们向祖先祈祷、与祖先的灵魂世界进行沟通的地方。汗屋象征着母亲的子宫，孕育着生命，给予人们智慧与力量。

汗屋仪式属于万物有灵的原始自然宗教，该仪式包含了社会与自然、物质及精神的因素，这些因素之间是互相关联的，因此分析汗屋仪式的社会文化功能需要整体观的视角。汗屋仪式包含了教育、治疗、文化传承、社会联盟、民族认同等多种功能。人们可以从汗屋仪式中了解土著民族的价值观及传统习俗，思考自己与家庭、社区、民族、自然界及"神"的联系。这个仪式目的之一就是倡导人们与社会和谐相处、保持精神愉快、不忘祖先的教诲。

今天，对许多印第安人来说，包括汗屋仪式在内的信仰与实践是民族认同的重要组成部分。民族认同是一个民族存在与发展的基础。宗教信仰的实践是民族维系与发展的重要特征。汗屋仪式在传承土著民族文化，巩固土著社会联盟，构建民族认同方面，都发挥着重要的作用。

原载于《民族研究》2009 年第 3 期

谁的文化，谁的认同

刘正爱

引 言

20 世纪初，在五四运动的浪潮中，中国知识分子高举科学与民主的大旗，掀起了一场除旧迎新的文化运动。大约一个世纪后，新一轮的"文化运动"在非物质文化遗产保护之名义下拉开了序幕。不同的是，在 20 世纪的那场运动中，旧的、传统的东西被视为科学与民主的绊脚石，被当成了封建迷信，成为革命的对象。而在今天这场政府主导的声势浩大的文化运动中，人们竭力要保护的恰恰包含了许多"新文化运动"以来一直被中国知识精英和官方所唾弃的"旧的"文化或"传统"。[①] 诚然，新文化运动发生的背后有着复杂的历史和社会背景，非只言片语所能概括，但仅就对待传统文化的态度而言，它与当今文化遗产保护运动的向度是截然相反的。尽管一个世纪前的所谓传统文化未必能与今天的"传统文化"完全画等号，但我们依然可以肯定的是，面对旧的东西，前一个是趋于舍弃和破坏，后一个是趋于拯救和保护。虽然 20 世纪初的那场运动影响至今，科学主义话语仍占据主流，但人们对待旧文化的态度却在逐步发生改变。

我们不禁要问，是什么使中国在近一个世纪的时间里，对旧文化的态度发生了如此巨大的变化？我想，这与全球范围内政治、经济环境的变化有着密切的联系。全球化浪潮除了加速各种文化在全球范围内的流通和交融外，还导致了另外一个后果，那就是地方主义的兴起和新一轮民族主义的抬头。在此背景下，文化在趋于均质化的同时，也朝着相反的方向，即特殊化的方向发展。

前川启治在谈及日本开国后"近代化"进程中的文化状况时，引用丸山真男的两段话来说明，日本一方面为适应西欧做出了种种文化融合的努力，另一方面相对于西欧有意识地进行了文化创造。

[①] 虽然封建迷信的话语犹在，但范围已经大大地缩小。

儒教和佛教以及与这两者"交融"后所发展的神道，或者江户时代的国学等常常被称为传统思想，并与明治以后大量流入的欧洲思想成为对照。区别这两种思想本身并无过错，相反是有意义的。然而用传统和非传统的范畴来区分两者却会导致严重的误解。我们所吸收的外来思想已经以各种形式渗透到我们的生活方式和意识当中，并在我们的文化中打下了深深的烙印，在此意义上，源自欧洲的思想已经"传统化"了。即便它是一种翻译思想，抑或误译思想，也在某种程度上形塑了我们的思考框架。若将我们的思考和思维方式分解成各种不同要素并追溯其谱系，我们最终会发现在我们的历史中留下足迹的种种思想碎片——佛教的、儒教的、萨满教的以及西欧的。问题是这些不同要素杂然相处，相互间的逻辑关系和各自的位置仍不甚明了。①

很明显，开国就是结束日本江户时期的锁国政策，向国际社会开放自己。前川认为，作为政治思想家，丸山虽主要论及思想层面上的开放，但近代西欧文明来势凶猛，其影响早已渗透到普通民众的日常生活当中，故可以说是一种文化融合。但各种不同要素间的关系却尚不明确。②

"开国一词包含两方面内容，即将自己向外即向国际社会开放的同时，面向国际社会，将自身定位为国家＝统一国家。这一双向课题是亚洲'落后'地区的共同命运。而在 19 世纪，只有日本没有被此命运所压倒，自主开拓了这条既面向国际社会又建立现代国家的道路。"③

一方面，欧美文化如潮水般地涌入人们的日常生活；另一方面，外来文化的影响激发了日本的国家意识和民族意识，在大政奉还及废除幕府制度后，日本重新创建了天皇制，接着又创造出以天皇为首的国民意识，形成自上而下的国民国家。前川将这种对外部社会的反应称为传统主义。一方面是对外来文化的接受与适应，另一方面是有意识的文化创造，两者并行而不悖，但它不是一个现象的两个方面，而是两个层次不同的文化现象。明治时期日本的这种有政治、有目的的文化创造，在西方文化进入日本的初期表现出极端的欧化主义。鹿鸣馆时代所代表的欧化政策全盘否定了早前的"传统文化"，全方位引进欧美制度、风俗习惯以及生活方式，并试图极力加以模仿。值得回味的是，原本是意识形态层面上的短期的文化现象，却在此后逐步扩展到生活层面，且持续至今。前川试图以此说明，当今的所谓日本文化，是江户时期的文化和欧美文化融合的产物。而所谓江户时期酿成的文化，又是奈良、平安时期或更早时期逐渐从中国引进的、早已融合了的文化。由此，前川抛出一个疑问，到底有没有独特

---

① 〔日〕丸山真男：《日本的思想》（岩波新书），东京，岩波书店，1957，第 8～10 页。
② 〔日〕前川启治：《文化の構築——接合と操作》，《民族学研究》1997 年第 4 期，第 617 页。
③ 〔日〕丸山真男：《日本的思想》（岩波新书），东京，岩波书店，1957，第 10 页。

的日本文化?①

说到此处，我们不妨反观一下中国近一百年来的历史。虽然中日两国在现代化发展进程上有着各自的特点，但近代以来，我们对西方文化所采取的姿态在逻辑上与邻邦有着惊人的相似之处。可以说，"全盘反传统""全盘西化"的五四运动，同时也是一场在新的国际环境下重新定位自我、寻求自我意识的民族主义运动。② 而在本土文化与外来文化的融合上，中国的情况似乎比日本还要复杂。撇开外来文化的因素，中国自古就在其内部包含了诸多的文化要素。因此，我们似乎更加有理由提出疑问，到底有没有一个独特（或者"纯粹"）的中国文化？其实，前川讨论日本明治维新以来的文化状况，其目的就在于提出一个更加本质且重要的问题，即到底有没有一个纯粹的日本文化？这一问题说到底是一个有关文化本质主义的问题。因此我们也可以此类推，提出很多相同或类似的问题，比如，到底有没有一个纯粹的满族文化、白族文化、客家文化，等等。如果回答是否定的，那么为什么这些群体还要主张本质性的文化呢？其中到底蕴含着什么样的人类学思想？众所周知，国际人类学界早在20世纪70年代末就开始讨论此类问题，虽说尚未有一个明确的答案，但反思性的学术讨论毕竟为人类学提供了丰富的思想资源，也使人类学家变得更加成熟。而在中国，这些问题仍属于一个当下的问题。相信今日中国的种种文化现象也将为人类学家（民俗学家）提供丰富的理论和思想资源。

一 丧失式叙事（narrative of entropic）与文化本质主义

列维－斯特劳斯在《忧郁的热带》中对已经失去或行将失去的当地文化发出了一声长长的叹息，叹息中自然包含了一种无奈和惋惜。克利福德（James Clifford）认为，《忧郁的热带》中的均质化与丧失式的宏伟叙事，虽然在诉说一种无法避免的悲惨事实，但那是以欧洲中心主义为前提的。③ 这种话语背后隐藏的含义是：过去曾经有过"纯粹的文化"，现在因受到外界影响而正在消失。④ 这种被克利福德和太田好信称为"丧失式叙事"的话语为19世纪以后的人类学家所普遍持有。而"纯粹文化"的概念长期以来一直就是人类学理论的大前提。

清水昭俊对此做过精辟的论述：人类学家将调查对象的社会和文化与外界对它们

① 〔日〕前川启治：《文化の構築——接合と操作》，《民族学研究》1997年第4期，第617～618页。
② 关于五四运动的文化与政治意义参见周展安《二十世纪中国的文化与政治——以"五四"为场域的反思》，http://wen.org.cn/modules/article/view.article.php/c18/1419。关于五四运动的思想分析参见林毓生《中国意识的危机》，穆善培译，贵州人民出版社，1986，第335～336页。
③ 〔日〕詹姆斯·克利福德：《文化の窮状——二十世紀の民族誌、文学、芸術》，人文书院，2003，第29页（James Clifford, *The Predicament of Culture: Twentieth-Century Ethnography, Literature, and Art*）。
④ 〔日〕太田好信：《文化の客体化——観光をとおした文化とアイデンティティの創造》，《民族学研究》1993年第4期，第386页。

的影响分别作为不同的东西加以分析性区分。外界的影响不属于该社会和文化的组成部分，而是一个附加的外在因素。去掉外部影响的那一部分，才是该社会和文化的"真品"。近代人类学家在其经验主义背后预设了如下先验论式的方程式。

固有的社会、文化，它的衰退 + 外部影响 = 调查地的社会、文化及其现状

根据上述方程式进行区分的结果是，许多在实地调查基础上写成的民族志都遵循了一定的模式，即去除田野中所观察到的外部因素，重新构成一个传统社会和文化的图像。即使顺便提到调查当时的现状，也只是在"接触后发生变化"的范畴内加以描述。① 这意味着，外来文化的影响是一种杂音，既然是杂音，就应该剔除，以保持文化的"纯真性"。文化一旦发生了变化，也就失去了它的价值，没有价值的文化自然意味着它的"消亡"。这里显然包含了一种价值判断，即"原汁原味"的为善和夹杂新成分变了味的为恶。

值得一提的是，因为变化而"失去价值"的文化常常是指非西方的，确切说是土著（或原住民）的文化，而西方文化却不在此范围内。相反，西方文化无论怎样变化都是一种进步，是可喜的。殊不知，人类学家想方设法要挽救的文化之所以发生变化，之所以即将消失，恰恰是他们所属文明（或社会主流文化）冲击的结果。他们带着一种乡愁，试图寻找那"美好的过去"，他们希望时光永远停留在那一刻，那些"土著人"永远保持一种"淳朴与善良"。但是，他们自己生活的世界却在日新月异地发生着变化。②

其实，外界影响所导致的当地社会的变化，早在 20 世纪 20 年代就有人看在眼里了。马凌诺斯基（另译作马林诺夫斯基）在《西太平洋的航海者》前言中写道：

民族学正处在一个即使不是悲剧性的也是十分尴尬的境地。正当它整理好作坊，打造好工具，准备不日开工时，它要研究的材料却无可挽回地急剧消散了。当科学的田野民族学方法和目标初具规模，当训练有素的人们踏上征程，去研究未开化区域的居民时，他们却在我们眼前渐渐地消失了。……尽管目前尚有一大批土著社区可供科学研究，但在一两代人之内，他们或他们的文化实际上就要消

---

① 〔日〕清水昭俊：《永遠の未開文化と周辺民族——西欧近代人類学史点描》，《国立民族学博物館研究报告》第 17 卷第 3 号，1993，第 428～429 页。

② 我们或许可以换一个语境说出同样的道理来。比如，多民族国家中主流文化与少数群体之间、一个社会中城市与乡村之间也存在类似的情况，而且至今仍在继续。

亡。时间紧迫，任务繁重，急需大量的精力投入。①

可见，马氏早已注意到了调查对象的社会与文化因外界影响而急剧改变的事实。正因为如此，他呼吁在它们完全消失之前，要尽快将其完整地记录下来。我们看到，许多人类学家的经典民族志作品中所描述的世界，都是没有外来文化影响而自成体系的文化图景。不过，尽管在 1922 年出版的《西太平洋的航海者》中，马氏也较少提及外来文化与当地文化接触的状况，但熟知当地情况的他或许切身体会到了外来影响是不可忽视的。1929 年以后，马氏开始多次撰文强调要把握文化接触的现实。他认为殖民地变化的动态是两种文化（欧洲和非洲）的接触过程，文化接触后发生的变化属于一种文化变迁，人类学家应该更多地去研究变化的事实，好好地把握现在，而不只是一味地根据现在来还原过去。② 在那个时代，能够克服文化本质主义或拯救式（salvage）人类学的束缚而进行逼近现实的研究，是一件极其难得的事情。然而，正如清水昭俊所指出的那样，极具讽刺意味的是，马凌诺斯基的这个尝试是与以间接统治为目的的"实用性人类学"同步进行的，他的这些努力都是为了帮助英国殖民政府更好地进行殖民地统治。③

其实，人类学家挽救文化的想法本身并没有太多的过错，人类学方法论意义上的文化相对主义虽然也基于一种本质主义，但方法论的相对主义可以帮助人类学家与内在化的本民族中心主义认识框架保持一定的距离，以便更好地理解异文化。④ 问题在于这种拯救式人类学的背后常常隐含一种自我中心式的文化本质主义。从思想层面而言，这种本质主义将文化差异绝对化，设定一个非此即彼的简单对立模式，即一方面是"文明"的、"先进"的，另一方面是"野蛮"的、"落后"的，而且它因"文明"而即将消失。肩负"拯救重任"的人类学家为了自己所属的"文明"，试图从"即将消失的"人群那里接收并占有当地人保持到最后的那一点点文化遗产。清水昭俊称这种看似同情当地人的做法（拯救式人类学）其实是对文化的殖民地式掠夺。⑤ 后文将提

① 〔英〕马凌诺斯基：《西太平洋的航海者》，梁永佳、李绍明译，高丙中校，华夏出版社，2002，前言第 1 页。

② B. Malinowski, "Practical anthtopology," 1929, *Africa* 2 (1)：22 – 38；B. Malinowski, "Introductory Essay on the Anthropology of Changing African Cultures," in L. Mair ed., *Methods of Study of Culture Contact in Africa* (*International African Institute Memorandum XV*), 1938, Oxford：Oxford University Press；B. Malinowski, "The Present State of Studies in Culture Contact：Some Comments on an American Approach," *Africa*, 1939, 12：27 – 48. 在此感谢清水昭俊教授提供相关线索并提供上述文章复印件。

③ 〔日〕清水昭俊：《序：植民地的状况と人類学》，青木保等编《思想化される周辺世界》，东京，岩波书店，1996，第 11 页。

④ 关于文化相对主义的详细论述参见 M. J. Herskovits, "Tender and Tough-minded Anthropology and the Study of Values in Culture," *Southwestern Journal of Anthropology*, 1951, 7：22 – 31.

⑤ 〔日〕清水昭俊：《序：植民地的状况と人類学》，青木保等编《思想化される周辺世界》，东京，岩波书店，1996，第 9～13 页。

到，虽然我们的调查对象本身有时也会选择本质主义的路径来主张自己的文化，但两者性质并不完全相同。前者包含了政治性与不平衡的权力关系，它不顾及当地人的感受，将自身的价值强加于对方，否定调查对象的主体性；后者则是当地人主动做出的选择，虽然这种选择有时具有一定的策略性，但它却表达了当地人的主观愿望，是主体性的体现。

二 生成式叙事（narrative of emergence）与文化的客体化

与丧失式叙事相反的是生成式叙事，它主张文化不存在消失与否的问题，在外部的影响下，生活实践者积极地吸收外来文化要素，在变化中不断生成新的文化[①]，这种将文化视为动态的观点反映了一个非本质主义的立场。非本质主义将当地人的实践看作一个文化的创造过程，积极地加以肯定。

文化创造在日常生活中几乎每天都在发生，我们不妨将文化创造分为无意识的和有意识的。无意识的文化创造是指在日常生活中、在外来文化或内部其他因素的影响下，实践者不自觉地将各种因素杂糅在一起，组成一种不同于以往的新的实践。这种文化创造通常不是为了展示给外人，而是一种自在的生活实践；有意识的文化创造是指生活实践者在某种目的的驱使下，有意地创造出一种新的文化，以此主张自身文化的"传统性"或"本真性"。在此，文化变成一种可操作的对象或可利用的工具，它往往跟认同政治联系在一起。比如，一个国家内部的少数群体在主流群体同化和排斥的攻势下，试图寻找或重新发现本民族文化的根源，通过各种努力，创造出所谓的民族传统或真正的民族文化。另一种情况是，国家为了更好地彰显民族政策，鼓励各少数民族展示本民族的文化传统，而少数民族也愿意利用这样的机会为自身谋取相应的利益。这种文化创造在观光场域中较为明显。有意识、有目的的文化创造最初是为了展示给他人看的，但时间久了，有些文化因素有可能会渐渐地融入他们的日常生活，从而变成无意识的、自在的文化实践。因此，有意识的文化创造和无意识的文化创造在一定条件下是相互转换的。

需要强调的是，有意识的文化创造采取的恰恰是文化本质主义的立场。它强调文化的"本真性"和"纯粹性"。我们经常会看到某一个群体或政体（少数民族或主流群体甚或国家）声称其文化是"自古以来就有"的，并以某种象征性符号来表达他们"本质性"的文化。例如，客家的土楼、满族的宫廷文化、彝族的泼水节、苗族的银饰、"中华民族"的龙，等等。这种实践层面的反本质主义时常令刚刚摆

---

① 〔日〕太田好信：《文化の客体化——観光をとおした文化とアイデンティティの創造》，《民族学研究》1993 年第 4 期，第 386～387 页。

脱本质主义束缚的人类学家感到困惑。

太田好信将文化作为可操作的对象来加以重新创造的现象称为"文化的客体化"①。关于文化客体化，自 20 世纪 70 年代末以来就在人类学界展开了讨论。我们在此借用前川启治的分类，将有关文化客体化的讨论分为原理性客体化论和操作性客体化论。② 原理性客体化论的代表是美国的人类学家瓦格纳（R. Wagner）。他以人类学家初进田野遭遇文化冲击的例子来阐释文化创造（发明）的原理。例如，人类学家进入田野，面对的是完全不同的环境，当他遇到文化冲击而感觉不适，但又只能委身其境，将差异作为一个实实在在的现象（实体）来面对（客体化）的时候，当地的"文化"才会在他面前显现出来，他才能在全新的环境中"看到"他自己。换言之，文化并非原本就在那里，而是人类学家通过异文化体验"发明"出来的，作为客观不变的实体的文化概念，只不过是帮助人类学家发明和理解文化的一种"支撑"而已。而这种发明（invention）并不一定只发生在田野工作中，当某种"异域的"或"外来的"一系列惯习（convention）与自身的惯习发生关联时，这种发明随时随地都有可能发生。惯习通过不断地创造来保持其连续性，并通过实际的行为而得以重新创造。③ 若按此原理类推，那么不仅是人类学家，其调查对象也可通过同样的原理，通过遭遇外部世界而创造出文化来。当地社会的人们不仅是人类学家客体化的对象，而且他们自身也可作为一个主体将外部世界（或人类学家）客体化。若将惯习视为一种结构，那么这种结构会通过行为者或发明者而得到改变。不过这种变化不是有意识的或操作层面的改变，而是无意识的、宇宙观意义上的革新。④ 这一观点与笔者在上文阐述的无意识的文化创造不谋而合。

而操作性客体化论更多强调的是政治性。若按前川启治的定义，太田好信所谓文化客体化显然属于操作性客体化。前川认为，操作性客体化是指有意识地、操作性地创造"文化"的过程。该过程包含了在当下的语境中解释过去，也包含了选择过去的要素并在当下的语境中赋予其新的含义。⑤ 我们通常看到的多半是这种政治性较强的文化客体化现象，而这一现象告诉我们，讲述文化已经不再是人类学家的特权，他们的调查对象也会根据自己的需要来讲述并操作文化。

---

① 〔日〕太田好信：《文化の客体化——観光をとおした文化とアイデンティティの創造》，《民族学研究》1993 年第 4 期，第 383～410 页；D. Handler，"On Sociocultural Discontinuity: Nationalism and Cultural Objectification in Quebec," *Current Anthropology*，1984，25（1）：55–71；〔日〕前川启治：《文化の構築——接合と操作》，《民族学研究》1997 年第 4 期，第616～642 页。

② 〔日〕前川启治：《文化の構築——接合と操作》，《民族学研究》1997 年第 4 期，第 616～642 页。

③ 〔美〕瓦格纳（Roy Wagner）：《文化のインベンション》（*The Invention of Culture*），山崎美惠、谷口佳子译，东京，玉川大学出版部，2000，第 10～36 页。

④ 〔日〕前川启治：《文化の構築——接合と操作》，《民族学研究》1997 年第 4 期，第 621 页。

⑤ 〔日〕前川启治：《文化の構築——接合と操作》，《民族学研究》1997 年第 4 期，第 621 页。

　　根据中国国内的情况，我们可将操作性客体化过程分为以下三种情况：一是对"传统"的选择①，二是借用或创造传统，三是颠覆传统。第一种情况是，在众多的文化要素中，操作主体根据当下的需要，从延续至今的生活中遴选出具代表性的部分加以宣扬和利用。需要指出的是，即便选择原有的文化要素，在客体化的语境中，其原有的意涵也会常常发生改变。换言之，当自在的文化变为可操作的文化时，文化经历了一个从无意识状态到某种程度的有意识状态的转变。例如，客家土楼（围楼）本来是出于防御目的而建造的，但是，当这种独特的建筑从生活场景中被选择作为"传统"的时候，在新的语境中，它的意涵也随之发生了变化。据调查，广东、广西、台湾的客家地区建起许多新的土楼，以此彰显客家人的独特性。②

　　第二种情况包括以下三方面：（1）某群体借用另一个群体的某种文化要素或借用（选择）地方性文化要素，经过转写后成为该群体的"传统"；（2）新旧结合的混合式"传统"创造；（3）从无到有的全新的"传统"创造。创造主体往往会根据外部（国家或其他群体）对他们的想象或期待来创造自己的"传统"。

　　第三种情况，即"传统的颠覆"（inversion of tradition），则是对传统明显的否定。这种否定不仅存在于弱势群体对主流群体的反抗或斗争抑或策略性的适应中，同时也存在于面对强大的西方文明，亚洲各国应对外来文化的过程中。引言中所提到的日本"鹿鸣馆"以及中国的五四文化运动均可归于此类。③

　　前川引用汉森（Hanson）的话指出，操作性客体化论有它的局限性，即从操作性客体化的观点进行政治文化分析或短期话语政治分析固然重要，但由于过分强调文化的故意操作性，从而造成目前与当地社会的文化主义和传统主义格格不入的局面。④ 上述观点不无道理，无论是有意识的，还是无意识的，文化或传统的确是创造出来的。而面对种种政治主张，需要强调身份认同时，创造者们宁愿相信他们所创造的文化（传统）是"真的"，所有那些在外人看来是建构的、"伪造"的东西，于实践者而言是真真切切的事实。因此，在讨论它的操作层面时，不能简单地否定当地人的主体性，而是应该将它放在一个历史的脉络中，从长时段的角度，将其作为文化连续性的一部分来分析。这样，操作性客体化论便可以克服它的局限，与原理性客体化论一道，帮助我们更好地理解文化产生的机制。

---

① 文化的客体化常常以"传统"的形式出现，故在此暂且假设"传统"与文化含义相同。

② 感谢大阪国立民族学博物馆河合洋尚提供此线索。

③ 关于"传统的颠覆"讨论参照 N. Thomas, *Entangled Object*, Harvard University, 1996：223；〔日〕前川启治：《文化の構築——接合と操作》，《民族学研究》1997 年第 4 期，第 631～632 页。

④ 〔日〕前川启治：《文化の構築——接合と操作》，《民族学研究》1997 年第 4 期，第 630 页。

三 回到当下——非物质文化遗产保护运动中的思想与理论困境

上述问题促使我们去思考以下几点问题。在当今国内文化保护运动中，如何界定需要保护的"传统文化"？"传统文化"由谁来界定？是我们（学者抑或政府）还是他们（实践者）？界定的标准又是什么？若按上述"传统"选择的说法，在众多的文化要素中，何种要素被选为"传统"来加以保护？选择的主体又是谁？这一系列问题既是作者面临的实际问题，也是人类学（民俗学）需要思考的深层理论问题。

联合国教科文组织《保护非物质文化遗产公约》（以下简称《公约》）中规定："非物质文化遗产是被各社区、群体，有时是个人，视为其文化遗产组成部分的各种社会实践、观念表述、表现方式、知识、技能，以及与之有关的工具、实物、手工艺品和文化场所。这种非物质文化遗产代代相传，被不同社区和群体在适应周围环境和自然的过程中和与其历史的互动中不断地再创造，为他们提供持续的认同感，增强对文化多样性和人类创造力的尊重。"（着重号为笔者所加）

可见，从《公约》的上述内容来看，它承认文化和传统是在历史长河中不断生成、不断创造的。那么，哪一个时段的文化和传统才算是需要保护的遗产？于实践者而言，生活场域的所有文化，无论新的还是旧的，都具有同等价值，包括外部界定者认为的所谓无用或糟粕的东西。而这些都有可能为他们提供持续认同感。由于《公约》在这一点上界定较为模糊，在具体操作层面，只能由各个国家根据本国情况制定更详细的规则。于是，情况就变得更为复杂。

公约中提到的文化多样性是为了尊重各个不同群体的文化价值，但是"文化多样性"的理念应该建立在警醒和反思文化概念所具有的压迫性的基础之上。否则，以"文化多样性"理念为基础的多文化主义就会陷入一个"误区"，因为它隐蔽了"尊重差异"的平台。① 松田素二认为，在没有任何平台的情况下，相互尊重差异是不可能的。比如在一个国家，甲文化主张本文化的优越性并希望抹杀乙文化，而乙文化也采取同样立场，在这种情况下让双方互相尊重则不太可能。更上一层，须有一个能够控制各种差异并行使裁决权力的东西，而这个东西通常与民族国家（nation state）的权力核心紧紧地联系在一起，是国家事先拥有的规范或信念构成了隐藏在背后的仲裁者的平台。②

因此，文化多样性或多文化主义常常会受到国家意识形态的控制。这一点很好地表现在下面一段话中："我们保护的是具有历史、文化、科学价值和珍贵、濒危的非物

---

① 〔日〕松田素二：《日常人類学宣言——生活世界の深層へ/から》，东京，世界思想社，2009，第30页。
② 〔日〕松田素二：《日常人類学宣言——生活世界の深層へ/から》，东京，世界思想社，2009，第30页。

质文化遗产，这些非物质文化遗产要有利于增强中华民族的文化认同，有利于维护国家统一和民族团结，有利于促进社会和谐。"① 而哪些是属于具有历史、文化、科学价值和珍贵、濒危的非物质文化遗产，哪些有利于增进中华民族的文化认同，有利于维护国家统一和民族团结，有利于促进社会和谐，则全凭专家学者和政府相关部门来判断。因此，非物质文化遗产保护中文化多样性的体现是建立在符合上述理念的基础之上的。

由此看来，政府关于保护什么和不保护什么，其选择和界定的标准应该说是比较明确的。上文提到的是需要保护的，而下面这段话则为我们提供了政府不保护什么的想法："我们不保护民俗和民间信仰中那些落后、消极的因素。我们要充分发挥专家学者的作用，对包括民俗、民间信仰在内的非物质文化遗产进行具体研究，取其精华，弃其糟粕，促进具有历史、文化和科学价值的非物质文化遗产得以延续和传承。"② 我们看到，在非物质文化遗产保护工程中，虽不能否定其中也有实践者的主体表达，但界定的主体主要还是学者（地方精英、人类学家、民俗学家）和政府（地方政府、国家相关部门）。因此，纳入非物质文化遗产保护范围的"文化"更多的是学者界定、政府承认的文化。

但是，生活实践者们也绝不甘于被动接受。很多时候，他们会反过来利用学者和政府的话语，根据学者们的期待和想象表演甚至创造出"原汁原味"或"原生态"的文化以期得到学者和政府的青睐。而当一切（申请非遗）尘埃落定，当学者或相关部门官员离开之后，生活中的他们该怎么作为还是怎么作为。比如，某地被列入非物质文化遗产名录的小磨香油，生产工艺中使用的是现代化的机械设备，而不是申报书上写的石磨。摆在磨坊里的石磨，不过是用来展示给外人的一个道具而已。类似情况比比皆是。

几年之后，学者们发现，他们原本想抢救和保护的许多"原汁原味"的东西非但未能保持原样，反而"被撕得七零八碎"。在有些地方，被列为保护项目的，由于限定传承人、利益分配或碎片化保护等原因变得"不伦不类"。学者们所期待的本真性常常因此而落空。而那些未被列入项目的，仍保持着自在发展的状态，人们日复一日，年复一年，顺应着自然规律，保持、改变、创造并实践着他们的文化。这里没有学者光顾，没有政府的"监督指导"，没有围绕传承人的指定而导致的亲朋邻里间的不睦。

在某些地区，（非）物质文化遗产与旅游开发结合起来，他们常常以（非）物质文化遗产的名义打造旅游品牌，吸引游客。在这里，文化作为商品，作为可操作的对

---

① 文化部部长蔡武在非物质文化遗产保护工作部际联席会议上的讲话（2010 年 11 月 24 日）。
② 文化部部长蔡武在非物质文化遗产保护工作部际联席会议上的讲话（2010 年 11 月 24 日）。

象，成为强调群体认同或地方认同的有力依据。面对到处"伪造"、到处"胡编乱造"的情况，学者们时而愤慨、时而叹息。笔者在别处曾经讨论过，观光场域是文化或历史在短时间内得以形成的最有效的场所，一旦形成之后，重新建构起来的历史与文化将脱离观光场域，开始具有普遍意义。在这里，市场逻辑起着主导作用，因此以新的方式重新生成的历史与文化也深受市场逻辑的影响，包括建筑物在内的所有展品都要求附带有商品价值。在这里，本真性和商品性这个二元对立式的讨论是没有任何意义的。① 而且，这些"伪造的"建筑、"假的"风俗习惯，在若干年后完全可能由"假"变"真"，从观光场域走进人们的日常生活。如果我们抛弃文化本质主义的立场（尽管当地人采取的是本质论式的表述），将它视为文化生成的一个过程，也许就会变得心平气和了。

一些仪式和仪礼，原本是民间信仰中的有机组成部分，但由于受进化论和国家意识形态的影响，那些被认为是封建、落后、迷信、糟粕的成分需要剔除之后才能列入保护范围，以致离开文化土壤的保护对象逐渐失去生命力。这也是许多专家呼吁要整体性保护的原因。② 而国家也陆续出台相关政策，设立国家级民族民间文化生态保护实验区，以期文化遗产能在一个更大的文化生态中得到保护。③ 尽管如此，非物质文化遗产保护工程中的种种问题似乎仍未得到有效解决。问题到底出在哪里？仅就民间信仰中的仪式而言，国家若不彻底改变对民间信仰的政策环境，亦即，如果不调整上文提到的"尊重差异"的平台，就无法彻底摆脱碎片化保护的困境。不过，我们看到，同样是民间信仰，妈祖信仰所受到的厚遇多少会让人们感到一丝的欣慰。但是，令许多学者为难的是，他们没有办法给所有的民间信仰戴上一个冠冕堂皇的帽子，使其符合"有利于维护国家统一和民族团结，有利于促进社会和谐"的目的。

面对生活实践者的种种文化创造，学者需要反思自己的文化本质主义立场，将文化视为不断生成的、动态的、变化的。同时也要理解并尊重实践者在文化客体化过程中表现的本质主义立场。生活毕竟是属于他们的。在谴责他们之前，我们首先要想到，他们之所以强调文化的本质性（固有不变的）和本真性（真实的），很大程度上是为了迎合学者、官员或游客们对他们所抱有的本质主义（或不负责任的浪漫主义）想象。

由此，我们该思考如何理解文化认同的问题了。如果说在文化的界定上存在主体性问题，文化的客体化有原理性和可操作性之分，那么，认同也存在同样的问题。原

① 刘正爱：《观光场域中历史与文化的重构》，《思想战线》2007 年第 3 期，第 2～9 页。
② 关于对非物质文化遗产进行整体性保护的想法参见刘魁立《非物质文化遗产及其保护的整体性原则》，《广西师范学院学报》2004 年第 25 卷第 4 期，第 1～8 页。
③ 张松：《文化生态的区域性保护策略探讨——以徽州文化生态保护区为例》，《同济大学学报》2009 年第 3 期，第 27～35 页。

本是无意识的所作所为，即日常生活实践中的自在的惯习，一经学者和政府界定为（传统）文化，便开始产生实践者有意识的认同。无意识也就无所谓认同，认同是在关系中产生的，认同只有遇到他者时才会有所显现。就此意义而言，文化和认同都是生活实践者和外部他者关系的产物。认同有不同层面、不同层次。因此，谈到认同的时候，要区分认同的主体。比如，谈及国家认同或文化认同时要区分是谁的国家认同、谁的文化认同。①

最后需要强调的是，本质主义本身并无过错，问题在于是否清醒地认识到本质主义所包含的种种立场。国家层面的本质主义容易导致狭隘的民族主义，学者层面的本质主义常常忽视了调查对象的主体性，而生活实践者（调查对象）的本质主义则是对上述两种本质主义的策略性回应，它往往与认同政治联系在一起。

尾声——回归日常、回归实践

随着全球化与后现代的到来，更多的人走出国门去体验异文化，回到家乡后，他们带着各自的体验向亲朋好友讲述他们的故事。文化，曾经给人类学带来了荣光，也带来了无尽的烦恼。与殖民地、新殖民地统治的共犯关系，与种族主义的共谋关系，民族志描述中的男性优先主义、现实主义表象的骗局等，面对种种质疑，人类学逃过了一次又一次的危机。如今，文化概念在全世界泛滥，这个原本是人类学的专利产品，已经不再是它的专属，人类学与文化的"蜜月"也已宣告结束。为了摆脱均质化和一元化的文化本质主义陷阱，人类学几度反思，甚至试图放弃文化概念，另辟蹊径，寻找一个可替代的分析工具。20 世纪 80 年代以后，人类学的核心主题开始转向个人（self）和主体（subject），包括以罗萨尔多为代表的创伤性人类学。但是这些新的尝试很快被同行们所质疑，现如今，人类学又开始重新回归文化，通过修正文化概念，达到文化概念重生的目的。② 在这个摆脱—修正—回归文化概念的过程中，人类学家意识到当今泛滥的文化概念与人类学的文化议题属于完全不同的层次。这些在媒体、政府宣传、群众团体申诉书中频繁登场的文化概念恰恰是人类学因本质主义嫌疑一度想放弃的无时间的、固定的、静态的和本质的文化概念。③ 因此，修正派主张要纠正文化概念的误用和乱用。④ 但是，上文中我们谈到，实践层面的文化概念常常带有政治性，本质主义在政治主张面前代表的是正义的立场。否定了它，就等于否定了生活实践者的

---

① 因篇幅所限，认同问题留待以后再详细讨论。

② 松田素二对该过程做了很好的梳理并进行了详细的分析。参见《日常人類学宣言——生活世界の深層へ／から》，东京，世界思想社，2009，第 27～53 页。

③ 〔日〕松田素二：《日常人類学宣言——生活世界の深層へ／から》，东京，世界思想社，2009，第 37 页。

④ C. Brumann, "Writing for Culture：Why a Successful Concept Should Not Be Discarded," *Current Anthropology*, 1999，40（supplement）.

主体性，陷入另外一个错误的陷阱。这是因为人类学当初反思本质主义的目的就是挽回调查对象（当地社会）的尊严，赋予他们自己讲述文化的权利。因此，有必要区分谁是本质化的主体，要看清其中是否隐含着权利的不平等。

忽视现实层面的讨论只会是一场空论，尽管人类学家做过许多尝试，但是均难以摆脱理论与现实脱节的困境。本质主义的性质是固化，建构主义的性质是漂移不定，如何超越两者相互对立的局面，超越非此即彼的二元论模式，答案或许就在常被人们所忽视的日常生活中，在承载着文化的历史脉络中。

原载于《民俗研究》2013 年第 1 期

基督教冲击下的萨米文化变迁

吴凤玲

摘　要　萨米人在基督教冲击下的文化变迁，构成了萨米人文化变迁一个重要特点，它是我们认识由于强势文化影响而造成的文化涵化的一个极佳的例证。本文在萨米人萨满文化与基督教文化之间的互动历史中来探讨处于弱势的萨米文化如何变迁，以期更深入地认识文化变迁理论。

关键词　萨米人　基督教　文化变迁　涵化

萨米人（Sami）是居住在北欧斯堪的纳维亚半岛北部和俄罗斯科拉半岛的一个群体，分属于挪威、瑞典、芬兰和俄罗斯四国。在亚欧大陆北部的地理环境和北极地区的生态环境中，萨米人发展了独特的狩猎采集和放牧驯鹿的生计方式，以及与之相适应的萨满文化传统。在漫长的历史中，这种生计方式和萨满文化传统经历了变迁。

文化变迁的动力可能来自文化群体内部的发展，也可能来自群体外部的异文化的影响，这种异文化影响下的变迁也被称为"涵化"。《简明文化人类学词典》中对涵化的定义是"两种或两种以上的文化相互接触、影响、发生变迁的过程。文化涵化的前提是'文化接触'。通过一段时间的相互影响，可以使接触的双方都发生一定的变化。其结果一般有自愿接受的'顺涵化'（positive acculturation）和被迫接受的'逆涵化'（negative acculturation），即对抗涵化"[1]。童恩正先生对涵化的解释是"当一个社会与另一个经济文化上都比较强大的社会接触时，这个较弱小的社会经常要被迫接受较强大的社会的很多文化要素，这种由于两个社会的强弱关系而产生的广泛的文化假借过程即称为涵化"[2]。这个定义进一步强调涵化是发生在强弱对比鲜明的两种社会之间。

萨米人作为亚欧大陆北部萨满教核心分布区的一个组成部分，其萨满文化既有这

---

①　陈国强主编《简明文化人类学词典》，浙江人民出版社，1990，第93~94页。

②　黄淑娉、龚佩华：《文化人类学理论方法研究》，广东高等教育出版社，2004，第226页。

个区域的共性，也有自身的特殊性。这种特殊性与它在基督教的强势冲击下所经历的文化变迁密切相关。从 13 世纪或者更早基督教进入萨米人地区开始，到 18 世纪萨米人最终放弃萨满教信仰而成为基督徒为止，萨米人萨满教被基督教涵化的过程长达 7～8 个世纪，其中尤以 17～18 世纪中叶最为剧烈。萨米人萨满教被基督教涵化的过程构成了萨米人文化变迁的一个重要组成部分，是我们认识由于外力影响而造成的文化变迁的一个极佳的例证。在萨满教研究界，大多数学者的研究都是从文化群体的内部探讨其萨满教的特征及其与文化整体的整合，多为偏于静态的研究，而关注萨满文化变迁的动态研究比较少见。本文对萨米人萨满教与基督教互动进而涵化的历史过程的探讨，将从萨满文化变迁的动态视角更好地诠释文化变迁理论。

需要指出的是，萨米人的不同文化群体在受基督教影响和保持本土宗教的程度上是不同的。随着萨米人的生计方式由渔猎和采集转向大规模放牧驯鹿和在其他斯堪的纳维亚群体的影响下定居务农，萨米人分化为务农和定居的农区萨米人、饲养驯鹿但定居的森林萨米人和放牧驯鹿的驯鹿萨米人。前两者受到教会和周围信奉基督教的斯堪的纳维亚邻人的影响更多，其宗教文化的涵化过程更为急剧和彻底。文献对这一部分萨米人的记述不多。驯鹿萨米人则因为更多地保留了萨米人的文化传统，尤其是萨满文化传统，从而在基督教的冲击下经历了持续而典型的涵化过程，并在 17 世纪和 18 世纪的教会和法庭记录等历史文献中获得大量记述。因此这里探讨的萨米人主要是指驯鹿萨米人，关注的是他们在这段历史中本土宗教与基督教的融合和涵化情况。

一 基督教向萨米人的传播

基督教向萨米人的传播，在不同的历史时期以不同的教派为主导。根据文献，在 13 世纪初或更早，天主教的修道士就开始在市场等地点接触萨米人，这些地点通常也是后来建立教堂的地方。天主教会最初沿着挪威的海岸建立教堂，服务于那里的非萨米人。在 13 世纪中期，第一个教堂在特罗姆瑟建成，其拉丁文的名称为"在异教徒中心地区的圣母玛利亚教堂"（*ecclesia sancta Maria de Trums iuxta paganos*），服务于非萨米人和萨米人。此类教堂的建立使挪威的萨米人要比瑞典和芬兰的萨米人更早地进入基督教的宣教体系。有资料表明，修道士进入传教的地区，是以免罪的承诺人和另一种宗教师的身份，进入萨米人的家庭中去接触他们。

基督教的路德宗随着马丁·路德的宗教改革于 1529 年创立于德国，这一新宗派的建立，标志着基督教新教的诞生。大约在 16 世纪上半叶，随着北欧各国的国王陆续接受基督教路德宗并确立其为国教，基督教作为一种强有力的外来宗教，在国家政权的支持下，开始在斯堪的纳维亚半岛全面传播。萨米人则以 1603 年萨米人地区最早的教堂的建立为标志开始了被整合进教会的基督教化过程。

在 17 世纪上半叶，瑞典和挪威的当权者和教会对萨米人中存在的"异教信仰"问题更加敏感，开始在萨米人的汇集地点修建更多的教堂，传教活动日益活跃。萨米人按要求每年必须在教堂附近停留若干周，以便于接受基督教的信仰。经过几个世纪的基督教的教化熏陶，萨米人已经被整合进了教会组织，他们的受洗、结婚和葬礼均按照基督教的礼仪，虽然他们中的很多人一年中只在冬季到市场的时候见一次或两次牧师。

然而，在被纳入教会组织的同时，相当一部分萨米人还在坚持传统的宗教习俗，还在使用鼓和古老的献祭场所，直到 18 世纪初这种情况还在不同的萨米人居住区被一部分萨米人继续保持着。为了让萨米人彻底放弃本土的宗教信仰和习俗，而不仅仅是死记硬背基督教的教义和参加教堂的某些仪式，在 17 世纪末，一个旨在让萨米人放弃非基督教信仰的宣传和强迫运动开始了。

二 基督教方面对萨米宗教的基本态度和措施

在基督教向异族传播的过程中，其典型的做法是采用暴力手段反对他们的传统宗教并破坏其圣地和神圣对象。相比在世界其他地区的传教情况，这样的方法用在萨米人身上的程度要轻一些，但是惩罚和亵渎神圣仍旧是基督教方面的主要方法。

笔者发现，以暴力威胁来劝告萨米人放弃本土宗教习惯和使用暴力惩罚继续本土信仰实践的萨米人，是在政府司法的框架下发生的。在挪威和瑞典两国，萨米人被要求与王国内的其他居民一样遵守同样的法律。在整个阶段，挪威和瑞典两都运用威胁和惩罚作为迫使萨米人放弃本土宗教而转向基督教信仰的手段。

在挪威学者霍堪·日德翁的《鼓的时代的终结》一书中，作者以约克莫克（Jokkmokk）[①] 的萨米人为例，通过对 17 世纪和 18 世纪约克莫克地区法庭记录的分析，归纳和总结了萨米人会受到惩罚的几种原因。他提到，"受到惩罚的原因主要有三个：第一，从事'迷信'和'巫术'活动；第二，去教堂的次数没有达到规定数目；第三，拒绝将孩子送到可以在基督教信仰方面给予指导的学校。惩罚由地区法院实施，同时有很多萨米人列席为陪审团成员"[②]。

除了利用惩罚的手段迫使萨米人放弃本土宗教信仰外，教会方面使用的另一个方法就是没收萨米人本土信仰的重要器具和象征物——萨米鼓和其他神圣物品，烧毁和亵渎萨米人的圣地，希望通过此举根除他们的信仰和仪式。

在这一过程中，萨米人不得不交出他们的鼓。例如，在 1671 年的冬天，在芬兰北

---

① 约克莫克为瑞典北博滕省的一个自治市，是瑞典萨米人的文化重镇。

② Håkan Rydving, *The End of Drum - Time：Religious Change among the Lule Saami, 1670's - 1740's*, Almqvist & Wiksell International, 1993, p. 56.

部的凯米（Kemi）地区，许多"巫师被发现"，他们被迫交出他们的鼓，由于这些鼓非常宽大，不方便运送，所以被当场烧掉。在历史记录中，有一个名叫爱克森（Aikie Aikiesson）的萨米人因为拒绝交出他的鼓而被判处死刑，但是他在对他行刑之前就死掉了，因此当局失掉了利用这一判决杀一儆百的机会。在17世纪80年代的后期，在瑞典和芬兰，对鼓的搜寻更为强硬和彻底，萨米人必须将手中的鼓交到地区法院，对于拥有和使用鼓的人的惩罚也更为严厉。1686年在一个对于"拉普马克的崇拜形式的记述"中，海讷桑德（Härnösand）[①] 宗教法院写道：如果发现有人进行国家禁止并必将惩罚的粗鄙的偶像崇拜，那么对这个人实施惩罚可以起到对其他人有效的警示作用，那些拉普人因为害怕已经在发抖。[②]

除了这些严厉的威胁和惩罚手段，当局还施行了相互揭发的措施，两者相结合产生了相当明显的效果：萨米人不再敢逃避去教堂，不得不遵守各种规定——至少在传教士或某些可能告发他们的人的面前是如此。因此传教士成为很多萨米人害怕的对象，其害怕的程度，我们从一些萨米人对传教士的谣言中可见一斑。其中一则提到，有一个传教士会把萨米人送到格陵兰岛，或送到土耳其给土耳其人当食物；另一则提到某个传教士不论去哪里都带着刽子手；还有一则提到，有两个传教士到萨米人中间，实际上是为了给正在与俄国交战的瑞典招募士兵。[③] 我们看到，在这个过程中越来越多的萨米人把基督教看作自己的事情，成为揭发和告发的主力军，那些拥有鼓和进行献祭的人要想不被发现，已经越来越难。

三 萨米人对基督教的态度

在基督教向萨米人地区传播的过程中，萨米人表现出非常复杂的心态和文化行为，从他们的表现中我们不难理解在强势的外来宗教文化的压制下，一个弱小文化持有者的本能反应以及不得不应对的主动或被动的文化选择。

在萨米人初遇基督教的阶段，萨米人的态度更多的是一种漠视态度。萨米人的本土宗教萨满教是萨米人在北极地区恶劣的生存环境下自发产生的一种信仰与祭祀体系，是与其生产、生活和社会组织有机结合在一起的一种文化制度。对于萨米人来说，外来宗教基督教是与其原来的信仰体系迥异的一套新的信仰体系，在观念和认识上存在

---

① 海讷桑德是位于瑞典东中部海岸地区的一个港口城市，隶属于西诺尔兰省。

② 参见 Håkan Rydving, "The Sami Drums and the Religious Encounter in the 17th and 18th Centuries," in Tore Ahlbäck and Jan Bergman, eds., *The Saami Shaman Drum: Based on Paper Read at the Symposium on the Saami Shaman Drum Held at Åbo, Finland on the19th – 20th of August 1988*, Donner Institute for Research in Religious and Cultural History, Åbo, Finland, Stockholm, Sweden: Almqvist & Wiksell International, 1991, p. 30。

③ Håkan Rydving, *The End of Drum – Time: Religious Change among the Lule Saami,1670's – 1740's*, Almqvist & Wiksell International, 1993, p. 59.

巨大差异。同时，由于初期的传教士们大多不懂萨米语，因此基督教在萨米人中传播的收效并不显著。萨米人的漠视态度，迫使基督教会转变策略，开始采取更多的暴力手段强迫萨米人皈信基督教。

面对基督教咄咄逼人的进攻，萨米人采取了一些应对措施，以维护自己的本土宗教传统。一方面，面对有官方法律支持背景的强势宗教，萨米人被迫加入基督教会的组织体系中，参加教堂的活动，遵从基督教的相关礼仪，有些人也在潜移默化中接受了基督教的上帝和其他教义。另一方面，他们也进行法庭抗争和辩护，随着这种努力的失败，他们便采取了对基督教的消极接受和迎合的态度，借此迷惑教会，分散教会对于其本土宗教实践的关注，以期获得继续实践和传承本土宗教的空间。这种表现的主要方式有以下几点。

第一，通过躲避与教会的接触而进行消极的抵抗。针对基督教要求的必须去教堂达到一定次数的义务和必须将家中的男孩送到学校接受基督教指导的义务，很多萨米人选择在传教士从来不涉足的边界高山中逗留更长时间，有人甚至待上好几年。还有一些挪威的萨米人为了躲避基督教的逼迫，跨越边境搬到瑞典，去到那里寻求宁静。这样的做法对于以放牧为生计的萨米人来说，一度是可行的，因为他们每年都要跨越瑞典和挪威两国边界在山地和平原进行季节性迁徙。不过，随着挪威和瑞典两国教会方面的共同协作，以及萨米人内部的揭发报告体系的建立，最终也是徒劳的。

第二，面对教会，主要是传教士，对本土宗教专家诺艾迪（noadi，即萨满）的审问，诺艾迪们通过各种策略尽可能保全更多的本土宗教知识的秘密。被教会召集的诺艾迪可能没有被判死刑的威胁，但是审问是强制的，他们不可能抵制这种强制性询问，不过他们也有自己的策略，比如在交代的过程中故意隐瞒一些本土宗教知识。在每次询问之后，这些诺艾迪们都被强迫去诅咒他们的神灵，传教士们希望通过这种方式迫使他们宣布同传统宗教的决裂。针对传教士们的企图，在这个最后的诅咒环节，诺艾迪们总是表现得很灵活，比如他们只是诅咒那些并不重要的对象，或在诅咒中使用一些双关词来代替萨米神灵的名字，由此化解了困境。有"萨米人的使徒"之称的传教士托马斯·万·韦斯滕（Thomas Von Westen）① 在很长一段时间内，由于对萨米人的知识有限，因此诺艾迪们通过这些手段很容易地将他糊弄过去。但是，随着追随他的那些新皈信的充满了热情的萨米人基督徒的出现和增多，这样的

---

① 托马斯·万·韦斯滕（Thomas Von Westen, 1682－1727），挪威传教士，曾在很多萨米人地区传教，在促进萨米人皈信基督教的过程中发挥着十分重要的作用，因此被称为"萨米人的使徒"。他充分利用其他传教士提供的信息，撰写了很多关于萨米人本土宗教的手稿，虽然这些手稿大部分都没有保存下来，但保存下来的一小部分有着很高的学术研究价值。

方式也失去了效力。[1]

第三，将萨满教的宗教实践转为不易被教会和萨米基督徒发现的地下活动。针对教会对萨米鼓的收缴，一些萨米人将鼓藏到人迹罕至的高山。在不同的萨米地区，根据教会控制程度的不同，萨米人的表现也不一样。有些萨米人只能秘密地进行本土宗教实践，有些萨米人"不得不进入藏匿鼓的时代"。事实上，不同地区的萨米人接踵进入了藏匿鼓的时代，凯米地区是17世纪60年代，皮特（Piteå）[2]地区是17世纪90年代，于默奥（Ume）[3]地区是18世纪20年代。再后来，不仅要在教会方面前隐藏鼓，而且还要在族人面前隐藏，以防被揭发。[4]同时隐秘的还有献祭等仪式活动，它们同样必须秘密进行，以防被告发给政府和教会。

四　萨米人为维护本土宗教所作的抗辩

面对基督教强迫萨米人放弃本土宗教的命令以及其相应的惩罚措施，萨米人也曾经以理据争，他们从宗教传统对于萨米人的重要意义出发，进行了旨在维护这种传统的抗辩。在所有维护本土宗教的抗辩中，从经济角度出发的抗辩是最为重要的，对于萨米人来说，本土宗教在采集、渔猎和驯鹿放牧方面有直接的意义和价值，而基督教对于萨米人的生产生活没针对性的价值，这是它最薄弱的环节。

献祭活动对于保证经济繁荣的意义是萨米人在抗辩中一直强调的。萨米人指出，放牧驯鹿群、狩猎和采集等重要生计活动的顺利和成功需要借助献祭活动，因为只有将这些活动纳入神灵的保佑之中才能够成功。当传教士格兰（Olaus Graan）向一位萨米人询问，他放在某献祭地点的一个鸟形西伊德[5]是期待得到什么时，他回答道："驯鹿群会兴旺，捕鱼和捕鸟会成功。"在皮特地区，某些萨米人被问及为什么在秋季丰收节进行献祭，他们答道必须按照他们祖先的规定给土地献祭，这样他们才不会生病，他们的驯鹿也不会在夏季生脚病，同时还会给他们的公驯鹿提供食物，使它们有力量交配，这样畜群才会繁殖和扩大。他们给雷神献祭，是因为希望自己和他们的驯鹿群不会遭受闪电和其他邪恶东西的袭击，吸取乌黑浓密云层中出现的雷声会带给草地苔

① Håkan Rydving, *The End of Drum - Time：Religious Change among the Lule Saami*, 1670's - 1740's , Almqvist & Wiksell International, 1993, p. 60.
② 皮特为瑞典北部北博滕省的一个自治市。
③ 于默奥为瑞典北部西博滕地区的一个城市，也是瑞典北部最大的城市。
④ 参见 Håkan Rydving, "The Sami Drums and the Religious Encounter in the 17th and 18th Centuries," in Tore Ahlbäck and Jan Bergman, eds., *The Saami Shaman Drum：Based on Paper Read at the Symposium on the Saami Shaman Drum Held at Åbo*, *Finland on the 19 th -20 th of August 1988* , Donner Institute for Research in Religious and Cultural History, Åbo, Finland, Stockholm, Sweden：Almqvist & Wiksell International, 1991, pp. 33 - 34.
⑤ 在作为献祭地点的圣地，通常有石头或木质的偶像作为神灵的象征，称作西伊德（siejdde）。这些石头只有少量的人工雕饰，更多的还是因为它们本身的形状而被人们选择用作西伊德。

藓和驯鹿生长所需要的雨水。①

鼓占卜对于预言萨米人经济活动很重要，人们借助鼓占卜的结果决定他们在经济活动中采取怎样的实际行动，保证生产生活的顺利进行。在一个地区法院，一位性格温和的老者解释说他使用鼓是为了获得好运气，是要了解在到森林里去捕猎和捕鱼之前降临在他们身上的是好运还是噩运。在尤卡夏维（Jukkasjärvi）②，萨米人解释的使用鼓的理由是，他们"直到今天都只是单纯地遵循祖先留下来的古老习俗，利用鼓来获得好运"。在约克莫克，萨米人"迄今都在使用鼓，不过他们说他们并没有用它来做任何邪恶的事情，只是希望用它来预见将在他们身上发生什么好的或坏的事情，例如他们到森林中狩猎或渔猎会有什么结果，他们的畜群将会怎样，等等"。③

面对教会对萨米鼓的收缴和对使用鼓的人的惩罚，萨米人还对使用鼓的目的提供了一种"罗盘"说法，即鼓只是作为一种罗盘，它在森林狩猎和驯鹿群的迁徙中有作用，它服务于其与大自然和地理环境密切联系在一起的经济活动，因此对它的使用应当被允许。据记载，一位名叫奥洛夫·斯卓尔森（Olof Sjulsson）的法官，他来自南部萨米地区的韦伯斯滕郡（Vapsten），曾于 1688 年写了一封请愿书，请求给予萨米人使用鼓的权利。④

萨米人还从社会角度提出抗辩，强调本土宗教是祖先保留下来的传统，是萨米人的社会得以延续的根本，失去了它，萨米人社会也会发生动摇。例如，在皮特地区传教的牧师诺尔汝思（Noræus））向萨米人宣教，要求他们放弃本土的宗教习俗，一个名叫索尔森（Amund Thorson）的萨米人和他在教堂外面的同伴对他说，他们很反感他的布道，并告诉他，他们将永远不会放弃祖先的习俗。索尔森在坚决地表白这番态度之前还曾生气地告诉这位牧师，他的祖父和父亲遵循传统的习俗，他们生活得非常好，如果按照牧师诺尔汝思的说法，坚持本土宗教习俗而不相信基督教的上帝的人们将在死后下地狱，若他的父亲去了地狱受苦，那么他也能忍受他父亲受到的惩罚。⑤

除了经济和社会的需求外，萨米人的抗辩还从本土宗教本身出发，强调不能放弃

---

① Håkan Rydving, "The Sami Drums and the Religious Encounter in the 17th and 18th Centuries," in Tore Ahlbäck and Jan Bergman, eds., *The Saami Shaman Drum: Based on Paper Read at the Symposium on the Saami Shaman Drum Held at Åbo, Finland on the19th – 20th of August 1988*, Donner Institute for Research in Religious and Cultural History, Åbo, Finland, Stockholm, Sweden: Almqvist & Wiksell International, 1991, p. 31.

② 尤卡夏维为瑞典最北部的城市、隶属于北博滕省的基律纳市下辖的一个村。

③ 参见 Håkan Rydving, "The Sami Drums and the Religious Encounter in the 17th and 18th Centuries," in Tore Ahlbäck and Jan Bergman, eds., *The Saami Shaman Drum: Based on Paper Read at the Symposium on the Saami Shaman Drum Held at Åbo, Finland on the19th – 20th of August 1988*, Donner Institute for Research in Religious and Cultural History, Åbo, Finland, Stockholm, Sweden: Almqvist & Wiksell International, 1991, p. 31.

④ 同上。

⑤ Håkan Rydving, *The End of Drum – Time Religious Change among the Lule Saami, 1670's – 1740's*, Almqvist & Wiksell International, 1993, p. 86.

传统宗教。在萨米人的本土宗教传统中，梦的幻象非常重要，因为人们认为死者会出现在生者的梦里，文献材料中记述，为了支持本土宗教，在18世纪20年代末，葛家杜姆（Gájddom）的某些萨米人声称，至上神（Värálda ráde）向他们显现，要求人们在一定时间段内进行献祭，否则这个世界将走向末路。"一个好的天使"也曾向一个吕勒奥（Luleå）[①] 萨米人显现，并要求他不要听从托马斯·万·韦斯滕的传教。[②]

从17世纪末到18世纪中叶，萨米人的本土宗教与基督教的很多对抗都集中在萨米鼓上。基督教会大量地收缴和毁掉萨米鼓，萨米人一方面拒绝交出萨米鼓，捍卫使用鼓的权利，一方面又在强压之下由公开的反抗转为藏匿萨米鼓和秘密使用萨米鼓。萨米鼓也因此成为萨米人抵抗基督教化的象征。"对于萨米人来说，鼓代表着他们受到威胁的文化，代表着对基督教霸权的抵抗，保留传统价值的努力，即'好的东西'必须被保留。"[③] 我们可以从当时的法庭记录的描述中充分了解这种对抗。根据保存的记录，皮特萨米人的抵抗是最为直接的。1682年2月在阿尔耶普卢格（Arjeplog）[④] 法庭开庭过程中，皮特萨米人展开了抗议，他们拒绝放弃他们祖先留下来的习俗，并宣称他们还将继续用鼓召唤他们的神灵。这样的辩论无疑是不同寻常的，因为如此直言不讳的直接对抗的情形在萨米人与基督教遭遇的过程中只发生在非常个别的情况下。同样，用武力来保护鼓的情形也只发生在极个别的情况下：当传教士诺尔汝思收走了一个萨米人的鼓后，在他返回的路上受到萨米人的攻击，鼓也被追回。[⑤]

五 基督教与萨米宗教的融合与涵化

在长期的基督教统治下，不论出于主动还是出于被动，萨米人开始深入接触基督教，了解基督教，并将基督教的部分内容融入自己的观念体系和实践中，萨米人的宗教观念呈现出基督教观念与本土宗教观念并存和交织的情况。

1. 仪式空间上的变化

在萨米人的传统生活中，宗教仪式活动渗透到个人、家庭和群体生活的各个方面。

---

① 吕勒奥为瑞典北部北博滕省的一个自治市，同时也是北博滕省的首府

② Håkan Rydving, *The End of Drum – Time*: *Religious Change among the Lule Saami*,1670's – 1740's , Almqvist & Wiksell International, 1993, pp. 87 – 88.

③ Håkan Rydving, "The Sami Drums and the Religious Encounter in the 17th and 18th Centuries," in Tore Ahlbäck and Jan Bergman, eds. , *The Saami Shaman Drum*: *Based on Paper Read at the Symposium on the Saami Shaman Drum Held at Åbo*, *Finland on the*19th – 20th of August 1988 , Donner Institute for Research in Religious and Cultural History, Åbo, Finland, Stockholm, Sweden: Almqvist & Wiksell International, 1991, p. 29.

④ 阿尔耶普卢格为瑞典北部北博滕省的一个自治市。

⑤ Håkan Rydving, "The Sami Drums and the Religious Encounter in the 17th and 18th Centuries," in Tore Ahlbäck and Jan Bergman, eds. , *The Saami Shaman Drum*: *Based on Paper Read at the Symposium on the Saami Shaman Drum Held at Åbo*, *Finland on the*19th – 20th of August 1988 , Donner Institute for Research in Religious and Cultural History, Åbo, Finland, Stockholm, Sweden: Almqvist & Wiksell International, 1991, p. 30.

与个人相关的有在出生、成年、结婚和死亡等重大转折时刻的转换仪式，以及在生病、遭遇不幸时举行的危机仪式。与家庭有关的有在家屋内举行的献祭祈福仪式，与家庭的生产和生活相关的危机仪式，以及在固定时间和非固定时间举行的献祭和祈福仪式。与群体生活相关的有群体性的危机仪式和群体性的献祭和祈福仪式，这种仪式通常在每年规定的日期范围内举行，也被称为历时性的节日。这些仪式分布在不同的仪式空间，在基督教侵入以后，这些仪式的空间和时间发生了相应的改变。

萨米人众多的本土宗教仪式分布在不同等级的空间内，例如在吕勒奥萨米人中间，第一等级的仪式空间是整个社群或其他社群的人们来举行献祭的圣地；第二等级的仪式空间是那些沿循着同一迁徙路线或在同样的湖泊中捕鱼的人们，即属于同一个工作群体“西伊达”的家庭使用的圣地；第三等级的仪式空间是在帐篷附近或内部，是家庭举行日常仪式的地方。

第一等级的仪式空间通常很少，在本土宗教的背景下，每个社区有一个或两个献祭地点为这个层面的仪式空间；在基督教的层面，每个教区至少有一个教堂或一两个礼拜堂。在基督教不断推进的过程中，基督教的教堂和礼拜堂逐渐取代萨米人本土宗教的第一等级的主要献祭地点。

第二等级的仪式空间包括共同采集、渔猎和共同迁徙放牧驯鹿的“西伊达”群体所利用的领地内的许多圣地，此外每个家庭还有自己的献祭山，在迁徙中经过此地时，这个家庭要在那里献祭。而在这个层面，没有基督教的圣地与这些地点相对应。

第三等级的仪式空间为萨米家庭所住的帐篷的内部或周围。尽管第一和第二等级的仪式空间的圣地类型很重要，但是日常的宗教仪式并不是在那里举行，而是在第三等级的仪式空间。与前两种类型的圣地不同，帐篷内部或周围的圣地并不固定在某个地方，而是帐篷在哪里建立，圣地就相应的在哪里。这个层面的仪式空间在很长一段时间后才被基督教所替代。学校建立以后，那些在学校接受了基督教教育的孩子们便开始了对大人们的进行传统宗教仪式的质疑，加之后来的传道活动进入家庭，基督教的某些礼仪和紧急洗礼也会在家庭中进行。

随着越来越多的萨米人放弃本土宗教，第三等级的仪式也被基督教仪式所替代。但是，有些第二等级的圣地仍被使用，此外还有不断确立的用于举行本土宗教仪式的新地点。不过，任何一个想继续献祭给祖先神灵们的萨米人，都必须防备那些努力阻止他们进行这些实践的当局的人。因此本土宗教的仪式多在牧师足迹罕至的山脊处进行，同时，还要冒着一旦被族人和妇女（她们与新宗教的联系要比与旧宗教密切得多）发现，就报告给当局的风险。

三个不同等级的仪式空间与不同的仪式类型之间并无必然的对应关系。至少危机和转换仪式，可以在不止一类的仪式空间举行。这种模式与基督教的模式形成强烈对照，因为所有的基督教仪式都要以一个地点为中心，那就是教堂。历时性的仪式是否在第一等级主要的献祭地点举行并不一定，它们很可能会在第二等级的仪式空间举行，例如每年 9 月底的秋季大庆典；也可能是在第三等级的仪式空间举行，例如 12 月的洛塔（Ruohtta）庆典。危机仪式可以在三个等级中的任何一个等级举行，它取决于危机的种类，如果危机影响的只是个人或单个家庭，那么祭台会在帐篷的后面或在一个中间等级的献祭地点。如果危机影响的是大一些的社会单位，必要的献祭将在第一等级的主要献祭点举行。转换仪式在本土宗教的层面都在帐篷内或帐篷周围举行，而基督教的转换仪式和其他类型的仪式，都在教堂举行。①

萨米人本土宗教仪式空间的变化，突出反映了本土宗教在与基督教遭遇后经历的变化过程。驯鹿萨米人的季节性迁徙使移动性成为本土宗教的一个特性，萨米人的仪式空间因此遍布其迁徙范围的地理空间中，出现了诸多不同层次的圣地。随着基督教渐居主导地位，宗教仪式空间日益集中到教堂，其所在区域同时也是萨米人与非萨米人进行接触和经济交换的地点。不过在基督教的强制力无法和不易触及的地理空间，本土宗教的仪式空间依然在不同程度地、隐蔽地发挥作用。

2. 命名仪式

与许多文化一样，萨米人的孩子也要通过一个命名仪式来获得社会身份。在基督教的冲击下，萨米人的命名仪式也打上了基督教与传统信仰互相竞争的印记。

在 17 世纪，吕勒奥萨米人参加萨满教和基督教两种宗教仪式，其命名、结婚和葬礼等仪式都是按照基督教的方式来进行的，萨米人对这些基督教仪式的参与程度很高，连牧师们也认为萨米人已经是基督徒。就命名仪式而言，基督教对于萨米人的影响相当大，大多数萨米人，甚至包括诺艾迪们都让他们的孩子接受洗礼。然而，在很长时间内，当地的牧师并不知道这个基督教的命名仪式，事实上，只是作为一个复杂的萨米人命名庆典中的一个仪式环节发挥作用。

根据相对详细的南部萨米地区的材料，我们可以归纳出这个仪式的几个步骤：第一，母亲向生育神（Saaraahka）祈求，生育神通过一位出现在母亲梦中的过世的人告诉她，孩子未来将沿用这位死者的名字；或者是孩子的父亲以及其他人利用鼓或其他的占卜用具来确定孩子的名字；或者孩子的父母向某位诺艾迪询问孩子该起的名字。第二，到教堂进行基督教的注水仪式（用基督教的术语称就是洗礼），通过这一仪式，孩子获得了一个斯堪的纳维亚的名字。第三，从基督教仪式回家后父母带孩子举办萨米人的命名仪式，这个仪式包括两个部分：第一步，通常由一个女孩或妇女将在教会

---

① 本节关于仪式空间的变化的内容，详见 Håkan Rydving, *The End of Drum - Time*：*Religious Change among the Lule Saami*, 1670's - 1740's , Almqvist & Wiksell International, 1993, pp. 93 - 108。

获得的斯堪的纳维亚名字洗掉，她给孩子一个戒指（sjiele），或者一个黄铜或银质的装饰品，这是孩子已经从基督教的洗礼中解脱出来的证据。当这个斯堪的纳维亚名字被洗掉后，在萨米人中间它就不再使用，如果用这个名字称呼他人则被视为对他的冒犯，不过在与斯堪的纳维亚人打交道的场合萨米人还是用这个名字。第二步，由孩子的母亲（或其他妇女）实施注水仪式，将神灵给予的萨米名字赐予孩子，人们不会将这个名字透露给非萨米人。在为孩子进行注水仪式的同时，孩子的父亲负责必要的献祭。此外，与这个命名仪式相联系，孩子也获得了一个特定的兽形守护神"姓名鱼"。

在北部地区萨米人的材料中也记述了这样的命名仪式，萨米人说，孩子在基督教的命名仪式后总是出现生病或哭闹的情况，因此萨米人的命名仪式必不可少。给予孩子的萨米名字是一个死者的名字，这个名字在这个家庭里传承，孩子接受了这个名字，将和过去同样也使用过这个名字的先辈们一样，成为一个聪明的诺艾迪、猎手、渔夫或家庭主妇。不过与南部地区萨米人的情况不同的是，这个萨米人的命名仪式不是由一位妇女主持，而是由一位诺艾迪主持。

在吕勒奥萨米人地区，材料显示只有在孩子接受了基督教的洗礼之后生病或哭闹不止时，才需要一个新的萨米名字。而在南部萨米的材料中，萨米人的命名仪式与孩子的健康状况无关，是在洗礼之后都会有的仪式。还有一点不同是，在吕勒奥萨米人的材料中，"姓名鱼"只会给予男孩，女孩则没有。

萨米人的命名仪式在实现一个婴儿从没有身份的存在物转变为一个有身份的家庭和群体成员的作用上，与其他文化的命名仪式无异，都是作为转换仪式发挥作用，所不同的是，萨米人的命名仪式包含了本土宗教和基督教两个平行的命名环节。

萨米人通过命名仪式有了自己的名字后，在其一生中还可以有重新命名仪式来更换原有的名字，用以改变与这个名字相关的身份。这个重新命名仪式可以帮助我们认识在萨米人的文化中名字与身份的密切关系。在与基督教相遭遇的时代，这些仪式为萨米人同时具有萨米人和斯堪的纳维亚人的双重身份发挥着重要意义。

在萨米人的世界中，一个人可以通过改换名字来改变身份，帮助实现这一目标的仪式，从基督教的角度经常称为"萨米人的再洗礼"。当一个孩童接受了萨米人的姓名之后，其姓名与身份便结合在一起，但是这种结合又有着很大的风险：这个姓名和身份可能对于这个孩童是不好的。这种不好的征兆会在他的生活中或早或晚地表现出来，如孩子会生病，遇到意外或不能很好从事自己的职业（如放牧驯鹿）。当发生这些情况，人们通常会认为这个孩子有了一个错误的身份，在这个仪式上，旧的名字和身份被洗掉，重新命名的仪式在人的一生中可以进行几次，即使是一个老人也可以重新命名。托马斯·万·韦斯滕指出，他曾经遇到过一些萨米人在 70 多岁时还重新使用一个新名字，甚至有的人一生更换了 4 次名字，不过这一仪式更多的还是给孩童举行。[①]

在基督教的改造过程中，萨米人不得不融入基督教的仪式中，但是在命名仪式上，他们还是巧妙地利用了本土宗教中名字与身份的关联，一方面，接受教会的洗礼，获得一个斯堪的纳维亚的名字，并将这个名字用于在斯堪的纳维亚的世界中生存所必要的场合中；另一方面，通过萨米人的命名仪式，将斯堪的纳维亚名字的效力去除，重新赋予孩童一个萨米人的名字，以此来体现其在萨米人文化中的身份。"这两个名字代表着身份的变换和身份认同，正是有了这双重的名字，两个宗教世界的界限变得更清晰，才使一个人同时存在于萨米人的世界和斯堪的纳维亚人的世界变得更容易。不过，当本土的体系变得越来越衰弱，基督教的体系占据主导地位时，命名仪式的社会和宗教功能也随之发生彻底改变。"[②]

小 结

基督教冲击下的萨米文化变迁，为我们展示了一个在外来强势文化影响下的弱势文化变迁的实例，为我们更好地认识文化涵化现象提供了很多有益的启示：

首先，涵化的前提是两种文化的长期接触。萨米人长达 6～7 个世纪的基督教化过程是其文化发生改变的历史基础，基督教文化的漫长推行和压迫政策，使一代又一代的萨米人逐渐远离了自己的古老传统，后代萨米人不断汲取前辈留下的各种文化适应经验，形成了一条萨米人独有的文化涵化道路，于是产生了上述种种现象和结果。

其次，在涵化的不同阶段，文化接触的方式不同，所产生的结果也不同。在基督教最初接触萨米人的阶段，基督教采取温和的传教形式，在萨米人中间产生的影响力和影响面都很有限。一方面萨米人对基督教持漠视态度，另一方面他们也受到了基督教的某些观念和仪式的影响，但并未毁坏萨满教传统的根基。17 和 18 世纪上半叶，基督教与国家政权结合在一起强力推进基督教，在基督教的控制和惩罚下，尽管萨米人与基督教对抗了一个多世纪，最终还是被基督教所涵化。

再次，在强势的外来文化影响下，文化的涵化是必然的。基督教在萨米人中间强力推进的阶段，暴力和强压是这一阶段最为常见的手段，为了提高传教的效果，更快地取代萨满教这个竞争对手，基督教方面也在不断尝试了解这个对手，如传教士们对萨米人本土宗教专家的询问并非单纯地了解另一种相异的宗教知识，而是服务于让萨米人放弃本土信仰而改信基督教的目的。基督教号召传教士学习萨米语，到后来它还

---

① 本节关于命名仪式的内容，详见 Håkan Rydving, *The End of Drum – Time：Religious Change among the Lule Saami*, *1670's – 1740's*，Almqvist & Wiksell International，1993，pp. 115 – 127。

② Håkan Rydving, *The End of Drum – Time：Religious Change among the Lule Saami*, *1670's – 1740's*，Almqvist & Wiksell International，1993，p. 127.

培养萨米传道者，特别是政府强令萨米人的孩童到基督教的学校接受教育，无异于釜底抽薪，从根本上让传统宗教无以为继。面对基督教的步步进逼，萨米人进行了维护本土宗教的抗辩，采取了对基督教消极的迎合等策略，但都阻止不了传统文化的衰退和变异，上述论及的仪式时间和空间上的变化以及命名仪式都表现出在基督教势力下的萨米文化的挣扎，以及通过文化融合改变困境的化解方式。

最后，文化涵化通常表现为在强势的异文化影响下一个群体整体性的文化变迁，但是在涵化过程中，群体中不同的个体和群属的反应却不尽相同。面对基督教的压制，萨米人因个体、群属不同而不乏多样性的反应：在基督教的强压之下，有藏匿鼓和继续祭祀圣地的人，也有向基督教告发族人的人。就不同人群而言，妇女、儿童、青年乃至不同地区的萨米人，对基督教带来的变迁的反应和态度，以及在其中的作为也不同。关注这些丰富的表现无疑将深化我们对于文化涵化过程的理解。

Abstract

Sami cultural changes occurred under the impact of Christianity's authority suppresses, it is an admirable illustration for our understanding of the cultural changes caused by the influence of strong external culture. Based on the Sami interactive history between the Shaman culture and Christian culture, this paper explores how vulnerable Sami cultural change in order to further understand the theories of cultural change.

原载于《世界民族》2014 年第 1 期

满族萨满教艺术的存续性与民族
文化产业融合发展研究

宋小飞

摘　要　满族萨满教艺术是萨满教信仰观念的外化形态和表现形式。满族萨满教艺术作为人类进程中的一种思想文化表现，它不仅反映了人们对客观物质世界的认识，它还反映了人们早期时代的审美意识和审美追求，是我们探索满族先民及后代审美心理的线索之一。在提倡要弘扬传统优秀文化，深入挖掘民族传统文化和特色地域文化的丰厚资源的今天，如何确保萨满教艺术文化可持续发展是值得我们深思的问题。本文运用文化产业理论论证萨满教艺术文化产业化的意义，进而论证两者融合发展的路径。

关键词　全球化　民族文化产业　满族萨满教艺术

全球化的今天，伴随着经济全球化进程，思想文化在全球范围内也开始逐渐地进行相互交流与影响，这种全球化使得政治、经济、文化等各个方面开始延展并且紧密又迅速地迎合与反映当今世界的瞬息万变。全球化的语境下，无论是像基督教一样的世界宗教还是像萨满教一样的民俗宗教①，正如卓新平所说："在科技发展、信息革命推动下人类社会全方位进入向全球化的氛围中，宗教并没有消沉、退隐，而是更加活跃、突出。各宗教之间及其内部正呈现出保守与革新共在、衰落与复兴相继、冲突与和解并存、竞争与合作同行的多元景观。"② 满族萨满教在当代社会转型过程中，在与全球化时代同步过程中，也开始发生一些嬗变，呈现了一些新的发展态势，本文关注的核心问题即在全球化语境下看满族萨满教艺术与民族文化产业融合发展的可持续未来走向。

---

① 所谓民俗宗教笔者认为最重要的一点就是它存在于民众的日常生活中，它以家庭、家族、族群等组织为传承机体，详见宋小飞《萨满教美术的艺术民俗学解析》，社会科学文献出版社，2014，第 228~229 页。
② 卓新平：《全球化与当代宗教》，《中国宗教研究年鉴》（2001—2002），宗教文化出版社，2003，第 33 页。

一 满族萨满教艺术的存续性

满族萨满教艺术是萨满教与艺术相结合的产物，它是人类思想进程中的一种文化表现，反映着人们对客观世界的一种认识，也反映着满族民众的审美意识与审美思想，是我们认识与探索满族先民及其后代审美思想的线索之一。满族萨满教艺术是满族民众精神世界与物质世界结合的产物。满族萨满教利用艺术具象化、生动化的表现形式宣传萨满教，将许多萨满教思想转化为广大民众能深切领会和感受的形式，满族萨满教艺术是满族民众以萨满教观念为创作依据，通过萨满教的神服、绘画、音乐、舞蹈、神歌、剪纸等艺术形式表达宗教情感，增强宗教氛围和民众的信仰，强化民众的信教心理和信教情感，从而能够促进萨满教教化功能。黑格尔曾说："宗教往往利用艺术，来使我们更好地感到宗教的真理，或是用图像来说明宗教真理以便于想象。"① 满族萨满教也正是利用艺术来宣扬和传播自己的宗教，从而使得萨满教艺术也开始得到大范围的使用。萨满教和艺术本属于两种不同的文化，但是产生了如此亲密的关系，萨满教艺术使得萨满教得到延续和发展。

萨满教文化存活于民众生活之中，民众是萨满教文化的持有者，随着社会的发展，萨满教文化在不断改变，对于像萨满教这样的民族文化，我们应该注意其在全球化语境下的传承走向。从满族萨满教艺术的成分分析，萨满教的宗教意义固然重要，艺术成分当然是其附属，但也是不可分离的，正是它的附属才能使萨满教信仰的影响力更加强大，也是通过萨满教才能突出萨满教艺术的审美性与表现性，产生艺术价值，这也是它存在的意义所在。笔者认为满族萨满教艺术的存续性主要表现在以下几点。

第一，萨满教和艺术的不可分离性。萨满教艺术总体上表达的虚幻性和象征性比较多，它营造一种宗教氛围，去影响现实社会中的民众，所以，它是虚幻与现实并存。萨满教的宗教性和艺术的美感结合起到宣传宗教思想及美学理想的作用。萨满教和艺术不可分离，彼此相互依存，萨满教通过艺术表现自己的宗教张力，萨满教利用萨满教观念影响现实中的人们，创造萨满教艺术的人也是通过萨满教观念创造萨满教器物，这种艺术创造已经超过简单的视觉需求，更多的是带有功利内容，在萨满教神服、神帽上的一些图案，除却艺术审美功能外，还有实际的功用性，创造者简单地用示意图的方式让民众能够通过图像表象感知萨满教的神圣性，从而进入神圣的氛围中，萨满的神力依靠萨满器物上的各种图案获取，从而达到一种祈祷保佑的目的。

第二，萨满教艺术延展了萨满教的生命力。最初人类信奉萨满教是出于对未知世界的恐惧和追求对生命的保护，害怕外界对生命造成摧残与破坏，对生命有着强烈的

① 〔德〕黑格尔：《美学》第一卷，商务印书馆，1997，第105页。

保护欲；在原始生态环境恶劣的情况下，生命是其中的重要主题之一。萨满教艺术中展现的一些美就是源于对生命的热爱，仪式之中与之外所使用的器物也是有着这样的内容体现。

位于黑龙江江畔萨卡奇·阿粱和卡利诺夫卡村、结雅河和乌苏里江畔的舍列麦季耶沃村附近的岩画，都生动地表现了先民的生活方面，其中先民们的萨满教信仰崇拜内容非常丰富。苏联学者奥克拉德尼科娃著的《西伯利亚的萨满岩画》就是反映萨满为氏族祈求多产多育和虔诚的祖先崇拜祭礼。① 宗教中，难免会出现生殖崇拜的内容，这显示着人类对生命繁衍的强烈诉求。旧石器晚期遗址发现有三件石雕女性神偶，其中两件神偶突出女性特有的丰乳和健康而硕大的阴部，是对人类种的繁衍观念的高扬。② 在发掘孔东新石器时代村落遗址的一栋房舍时，发现精心雕制的男性生殖器状的石棒。在沿海州也发现有做得很像的男性生殖器像，这就证明该地区各部落对男性生殖器崇拜有所传播，证明存在着对自然的创造力和对男性生产原动力的崇拜。③ 宗教和艺术就是这样以各自的方式表达了人类生存的意义。"宗教艺术正是把艺术与宗教相糅合，用以解释人类生存的意义、表达人们生存渴望和生命意识的一种精神生活的表达形式。"④

萨满教艺术的存续性还体现在萨满教艺术为萨满教服务从而能够延展萨满教生命力。萨满教艺术作为萨满教和艺术相结合的方式，它不仅仅是将美呈现给民众，还将人的信念也寄托在萨满教艺术上，为了满足人们的信念产生的一种宗教信仰，萨满教艺术形式表达的审美可以将对对象的信仰直接呈现，萨满教艺术是通过萨满教而具有美感的。无论是萨满教舞蹈、萨满教绘画还是萨满教其他器物，在信教民众眼中不单是一种艺术形式，它是宗教的一部分内容，是特殊的审美对象，也正是这种特殊的萨满教部分内容，对萨满教的传播及延续有着强大的推动作用。在信仰萨满教的信念基础上，民众从萨满教剪纸、萨满教神服、神帽、萨满教绘画中体悟到一种神圣又神秘的美感，所以，萨满教艺术突出的审美特性也表现在对信仰对象的信仰和认同中。

第三，萨满教艺术中的艺术象征性与审美想象，体现了满族民众的审美创造性和审美价值。萨满教与艺术相辅相成，萨满教利用艺术宣传其信仰，进而自然地利用艺术进行大胆想象。"象征是通过某一特定的具体形象来表现与之相近或相似的概念、思想和感情。象征形象由于反复使用，便逐渐带上了相对稳定的象征意义。"⑤ 有学者认

① 富育光：《萨满艺术论》，学苑出版社，2009，第 23 页。
② 富育光：《萨满艺术论》，学苑出版社，2009，第 23 页。
③ 富育光：《萨满艺术论》，学苑出版社，2009，第 27 页。
④ 蒋述卓：《宗教艺术论》，文化艺术出版社，2005，第 11 页。
⑤ 童庆炳《文学理论教程》，高等教育出版社，1998，第 240 页。

为，"所有的艺术都是象征性的"①。还有的学者认为原始艺术本义就是象征。"原始社会的精神世界比现在要狭窄的多，但却充满了神秘离奇的色彩和奇特的形象。他们有自己的逻辑和认识方法。当时的上层建筑明显地依赖经济基础，必然产生与生产水平相应的思想、观念和意识……它包括互为矛盾又互为渗透的两个方面：一方面是朴素的自然观——围绕着生存和生产必需的自然知识，通过事物调节、选择、适应的过程逐步积累的经验，对原始经济的发展、原始人类的生存繁衍，都起过重要的作用。另一方面是神秘的自然观……他们认为有一种'超自然力'主宰整个物质世界和每个人以及集体的命运，它既无形又有形，往往附着在某些物体身上或自然现象中。……这些崇拜对象以及巫术法器的装饰、必然以象征性的图形、符号或色彩来表现。"②

从人类的思维方式上看，萨满教和艺术是运用了想象及象征而建立的认知，从而建立人类对萨满教世界的认知，萨满教艺术中的想象和象征，是人类萨满教思维的反映，想象和象征在萨满教艺术体验及传达方面都有着重要地位，在整个艺术创作思维活动中，也都是在想象和象征中进行的。想象是人类精神思想的外在形式之一，在萨满教思想中表现很明显。想象和萨满教相结合，使得萨满教对艺术进行了大胆的想象，自然体现了一种审美创造性和审美价值。萨满教神话中的自然女神舜安波妈妈，民众就对其进行了大胆想象，神话中讲："舜安波妈妈，即太阳尊母，身披光毛火发，毛发有九天那么长，所以光线能一直垂到大地。它的光毛能照化大地，也能让大地燃烧，她住在九天之中，天天在疾跑着，把生命和精灵很快送到大地。世上的第一位女萨满也是她送来的。她让鹰神妈妈哺育她成为神威无敌的大萨满。所以，女萨满是太阳的女儿，神鹰是其乳娘，女萨满身上的镜饰便是太阳光毛火发的闪现。"③ 舜安波妈妈的形象是满族民众想象的。他们为了塑造她，发挥自己极致的想象力。这种艺术的描写本身就具有审美意义，它创造的故事意境也具有艺术化和理想化的色彩。这一创造性的想象是满族民众审美理想的一种反映，也是对现实的一种超越。萨满教艺术对它创造的对象有一定的审美价值。这和宗教艺术中现实性和世俗性所体现出来的审美价值并无矛盾，它们共同构成了宗教艺术审美的复杂性与多样性。④

第四，萨满教艺术装饰性与功用性并存。萨满教艺术从产生之日起，就具有一定的装饰性，这在萨满教的祖先神画像、萨满服饰、萨满刺绣等方面体现得尤为明显。萨满教艺术的装饰性，不可能游离于萨满教之外。萨满教的一些思想观念在仪式之中或之外都起着直接或间接的作用，器物上的图案有着一定的装饰作用，但是也并不只

---

① 鲁道夫·阿恩海姆《艺术与视知觉》，中国社会科学出版社，1984，第633页。
② 诸葛铠：《裂变中的传承》，重庆大学出版社，2007，第119页。
③ 富育光、王宏刚：《萨满教女神》，辽宁人民出版社，1995，第87页。
④ 蒋述卓：《宗教艺术论》，文化艺术出版社，2005，第13页。

是简单的装饰作用，它还有一定的功用性。比如萨满神帽前的流苏，民间多称为帽帘，外人看起来花花绿绿的煞是好看，但是实际上这流苏起着遮面的作用，是护己、保卫神灵的遮面用具。

第五，萨满教艺术对民众起着领悟与进入作用，这是产生萨满教艺术审美的前提。萨满教不是让人简单地信仰万物有灵观念，而是需要让人通过情感，认知体验和人类本身同超自然实体的关系而信仰。而信仰萨满教需要民众内在修行，获取内心体验，这种信仰本身是建立在心理情感之上的。民众对萨满教的认识多一点，就会对萨满教艺术有更深层次的领悟，萨满教艺术并不只是满足民众现实世界的感官享受，它也是民众精神上的需求与体验，在领悟体验的过程中，民众才能感受美的存在，所以，萨满教艺术对于民众心理体验和情感的要求，也是它与世俗艺术的区别之一。

以上几个方面笔者简要地说明了满族萨满教艺术的存续性。在全球化语境下，这种需要民众传承的传统文化形式会随着时代变迁而逐渐淹没在民众文化记忆里，所以，它更需要我们珍视它、传承它。近年来，中国提出了保护非物质文化遗产，也有人提出要保护世界文化多样性，要对人类的创造力活动予以尊重。保护满族萨满教艺术，保护我国多民族的人类文化多样性，对于人类的可持续发展具有重要意义。

满族萨满教艺术在民间以活态形式存在，因为受到外界干扰，其发展趋势必将受到很大影响，其生存与传承面临很大挑战。在东北吉林和黑龙江地区目前萨满教保存还算较好，其他地方的萨满教可能逐步在消失。当一个民族的文化基因被改变，其民族性格势必也会受到影响，最终可能导致本民族文化消亡。非物质文化遗产的保护是能够让民族文化得到延续和发展，满族萨满教艺术作为活态文化的一种，我们有必要且有意识地对其进行保护才能延续其文化深邃的内涵与意义。如果不加以保护，那我们势必要失去一种文化形态，也失去一种民族文化的智慧与灵魂。

二 民族文化产业下的满族萨满教艺术

满族萨满教艺术有着强盛的发展动力，作为有着丰富的文化资源的民族要想发展文化产业，就要合理利用民族文化的特性，使民族文化能够与文化产业融合得更加密切、有效，能够使民族文化资源优势转向产业优势。

（一）萨满教艺术与民族文化产业

文化产业的概念目前在学术界并没有统一的界定。但学术界普遍比较认可的是法兰克福学派的马克斯·霍克海默和阿多诺最先提出的"文化产业"概念。这里指的是文化的商品产业化。在我国比较认同的文化产业概念是，文化产业一方面就其产品性质而言是向消费者提供精神产品或服务的行业，另一方面就其经营性质而言是生产、再生产、储存以及分配文化产品和服务的一系列生产活动。总体来说，文化产业包含两个方面的属性，一个是文化，另一个是产业，既是精神文化产品，又有文化属性。

少数民族文化具有民族性和地域性特征，随着社会经济发展，少数民族文化越来越受到重视，少数民族文化是当前社会发展的一种文化态势。民族文化产业是民族文化产业化的一种过程，因为民族文化的差异性及形成的复杂性，民族文化产业也呈现多面性。民族文化产业应该更加注重实践性，文化产业理论为文化传承提供了一个可分析的整体架构。我们运用文化产业理论看待萨满教文化时便可知道萨满教的变化实际上是一个动态的、不断再生的过程，当我们用这种观点来看待这个问题时，便不再对其为何是这样或那样的变化产生怀疑。对于文化与个人及社会的关系，我们不应该否认社会和文化对人的作用，文化是人的产物，但同时文化对人也产生影响，两者相互影响、相互适应。

作为以萨满教艺术为文化运营资本的民族文化产业，它是把萨满教艺术作为民族传统文化的一个卖点，萨满教文化成为投资者开发利用的文化资源，人们会利用一些以萨满教为主的仪式、舞蹈、节日等，做成服务地方经济发展的一种运营形式，这不仅能带动经济发展，还能带动传统文化复兴。我国实行市场经济，尽管政策一直在转变，但是基本政策变化并未偏离轨道。20 世纪 80 年代以来，学术界和民众都开始高度关注萨满教这样的传统文化，沉寂了许久的萨满教开始成为人们关注的焦点。进入2000 年后，随着文化旅游业的兴起，很多传统文化成为人们用以宣传的文化资本对象，人们不再以"愚昧、落后"等字眼形容，而是用文化多样性代替。民族传统文化成为发展经济的"诱饵"被引入市场后，必然会对民族传统文化本身产生些许影响。

目前，在吉林省伊通、黑龙江省阿城的五泉山都有萨满教文化遗存，在这些地区有萨满民俗博物馆、满族风情园等，它们以萨满教为主的器物以静态形式展现给大众，以萨满教跳神仪式为主的动态形式展演给大众，投资者利用这些开始开发旅游文化市场，让萨满教及萨满教艺术以活态形式展现在民众生活中。

其实，很多国家和地区的萨满教已经成为历史化石，但我国的满族、蒙古族、达斡尔族等的萨满教仍有频繁活动，其中不仅有家族内部的祭祀活动，还有商业展演的活动，在五泉山这样的旅游景区，民族传统文化的投资者就是利用萨满教进行一些文化创新活动，展演给民众，将萨满教艺术植入商业中，从而起到一种社会效应，一方面让萨满教艺术得以传承，另一方面让自己的商业投资有卖点。从笔者在吉林和黑龙江调查的民俗旅游景点看，它们往往以萨满教民俗文化为辅，而以观光为主，民众在观光旅游的同时能看到萨满教跳神，仪式祭祀及以萨满教为题材的各种艺术品，如绘画、剪纸、刺绣等，但是萨满教展演的深度内涵并未被挖掘和展示出来。政府和主办方的意图就是运用萨满教作为品牌营销的卖点，当然也想让更多的人了解喜欢萨满教，想让自己的民族文化被认识、被传承，在景点中有很多展现萨满教文化特色的活动，比如黑龙江阿城的五泉山，景区内还有满族先祖女真人用过的石器、陶器、铁器等，有远古先民在萨满教祭祀中的神像，冬季有萨满祈福活动、萨满心理咨询、满族射箭、全猪宴等活动，他们是把萨满教作为一个民族品牌来做，这样能吸引喜欢"猎奇"的民众，民众也出于一种"好奇""看热闹"心理前往旅游景点，在这个过程中，逐渐了解了萨满教文化。

当民族传统文化被市场经济介入，传统文化势必要遵循市场规律，受市场控制，市场为能获取最大利润，便对民族传统文化进行包装、加工、提取，从而被市场主导的民族传统文化便被包装成符合民众消费心理的新的文化，它被开发、被展演、被仪式化、被舞台化了。市场经济给民族传统文化带来利弊皆有的影响，一方面市场经济给民族传统文化带来了生机和活力，很多的民族传统文化正是通过民族文化产业的挖掘才被更多的人知悉，这也是一种抢救传统文化的方式；另一方面，民族传统文化被展演、被搬上舞台后，这种文化已然和传统意义上的文化有些许差别，这或许是由好几类人推动而成的一种新的文化，也就是说，我们的传统文化、本土文化还健在，但是经过一些"改良"已然"变味"，尤其是现在大众媒体的介入使得原有文化失去本真性，更多的是具有"表演"性。

现如今，很多地区都在搞民族文化产业，这对传统民族文化冲击很大，很多学者也提出了要保护传统文化的建议，但是民族文化本身就具有变异性，如何保护似乎无论是学者还是地方文化精英或民族文化传承人均感到困惑，因为对于传统文化都希望能够被保护且能够向世人展现他们的民族传统文化，他们对本民族文化有诠释的权威，也是与外界沟通的主要桥梁，但是他们又害怕本民族文化一旦被开发之后，变得面目全非，从而失去文化本真性。文化持有者的价值取向与心理认同也会对文化产生方向性的影响，因此，我们似乎可以用文化产业理论对民族传统文化传承有一个合理且全面的解释。

（二）萨满教艺术未来

传统民族文化遭遇现代化、文化产业化，这其实也是为传统文化研究提供了新的视角和维度，传统文化的传承，文化产业化是很好的路径之一。以民族文化产业为背景，讨论民族传统文化相关各种问题，分析其未来走向问题，对于像萨满教艺术一样的民族传统文化，其未来的发展与走向非常值得关注。萨满教"是一种流传广泛的地方性知识形式"，我们看待这种文化，有必要整体性看待人类大环境中的文化，要对这些民族传统文化重新界定和思考其对人类的意义和价值。

现代化的侵入使得我们已经驶进了一个高速发展的时代，很多物质侵入到我们生活中的方方面面，我们的精神领域似乎也被侵入，很多人习惯用表面眼光看世界，对神似乎已经遗忘或非常不屑。作为以萨满教开发出来的萨满教剪纸、萨满教绘画、萨满教旅游等，这些是人们还没有全部忘记的人类的精神文化，应该是人类大脑中精神的觉醒，萨满教艺术中体现的求生、辟邪等观念也成为萨满教艺术审美观念中的重要思想，萨满教艺术深受这种观念的影响。

萨满教艺术有自己的艺术哲学，其艺术哲学理念支配和影响萨满教艺术活动，这种艺术哲学具有深刻的审美内涵，是民众从生命本身出发形成的具有深度尊重生命尊重宗教的基本。萨满教对万物的认识与实践，都体现在萨满教艺术创造中，它也给予了萨满教艺术一些灵性和感悟。关于萨满教艺术的未来走向，利奥塔在《后现代与公正游戏》中论及当下的社会、知识状态时曾说："如果不根据现在把事件的涌流定位的话，是不可能判定已发生的（proteron，先前的）和随后发生的（husteron，后来的）事件之间的区别的。但是，抓住这样的'现在'几乎是不可能的，因为它被我们所谓的意识流、生命、东西、事件等等的过程拖走了——它不停的离去。因此要以同一的方式抓住像'现在'这样的东西，总是既太早又太晚。'太晚'意味在'离去'、消失上的过度，'太早'意味着在到来上的过度。关于证明是同一的意图，抓住和证明'此时此刻'正是失去本身的'实在'的计划。"① 利奥塔实际上认为萨满教未来持有艰难性。我们在分析全球化语境下多元文化的发展及其复杂的走向时，其实也是需要持谨慎态度的。

第一，开发民族传统文化旅游业带动民族民间工艺品，以满族萨满教为基点的旅游业转向商业化，出现以萨满教为卖点的旅游景观，串联着以萨满教为基础的旅游纪念品的发展，且这些是带有民俗文化特色的民俗宗教工艺品。这些变化从围绕消费者的不同层次、群体多元性向更加个性化及艺术化方向发展。很多文化旅游景观为了展示自己传统文化的纯正，增加自己的文化卖点，会展示自己得到的国际或国内权威机构认证的证书。面对民族文化艺术品的制作及民俗文化展演则会更加满足客户个体需求，并且运用地方性知识，再吸纳当代社会中流行元素充实、补充本民族传统文化之不足。

第二，发挥民俗宗教资源优势，实施文化品牌战略。民俗宗教有自己独特的优势，满族萨满教艺术是萨满教的衍生物，其附属于萨满教并随着萨满教地方性民俗生活发展，在民众的现实生活中，文化系统是一个整体，它会随着国家大的宏观文化政策的实施而发生变化，传统文化的建构会与地方节庆活动、祭祀活动等连接起来。现代化过程中，因为地区文化的差异与变异，外来文化的影响等都会使民俗生活民族文化发生变化。发生变化是必然，大众流行文化的侵入，可能还会使民族文化丧失传统，甚至最后消亡。例如，满族汉军旗萨满教的玛琥面具都已经不再是人们自己制作的了，

---

① 〔法〕利奥塔：《后现代与公正游戏》，谈瀛洲译，上海人民出版社，1997，第 154 页。

而是在市场上买的小孩面具。这些多元的民族文化，在国家开始要求兴起与复兴之时，就已经打破原有传统的传承与发展模式，取而代之的是在现代化和全球化的趋势下，接纳着现代与后现代的因素，对传统文化不断地解构与消费。

虽然民族文化产业有自己独特的优势，但是以满族萨满教为题材的文化资源利用率和商品转化率实际并不高，民族文化产品缺少实际的精神文化内涵与艺术创作。要想推进萨满教文化产业的快速发展，最关键的还是要根据实际情况，扬长避短，发挥优势。根据满族萨满教文化资源进行系统性的挖掘和整合利用，充实民族文化旅游资源，逐步形成以少数民族文化、宗教文化、民俗旅游等为宣传展示的内容，从而形成以满族萨满教文化产品为主导的文化市场。

打造萨满教民俗宗教文化品牌战略，首先要充分利用萨满教民俗宗教的特色文化资源，其次要与市场建立密切联系，推动萨满教产业发展，让以萨满教为主的已形成的一些文化产品充分占领市场。文化产业必然是要求产业要有竞争力元素，这就涉及这个产业是否有自己的文化品牌。如果我们对萨满教的民族文化资源能够有效地开发和宣传的话，推出自己的品牌，那就能增加自己的文化竞争力，在民族文化产业方面也能推动其快速发展。

第三，创新发展萨满教文化产业。发展民族文化产业，需提高创新理念，不断学习一些先进的产业经营经验，针对自己的民族文化资源进行改革创新之路。切勿针对萨满教文化产业模式进行复制粘贴，例如，吉林建立了萨满教博物馆，黑龙江地区也复制。针对民族文化资源不仅要有内容上的创新，形式上也要有创新。对于以萨满教为题材的手工艺品要突出表现其观赏性，萨满教为题材的手工艺品等目前在市场上占的份额还很小，若想要发展民族文化，必要时要有针对性地开展培训班，组织人专门学习传承民族传统文化知识。

结　语

把满族萨满教艺术与民族产业融合起来，民族文化产业是繁荣萨满教艺术的一个新路径。当然，目前有很多地区已经注意到了这一方法，也使用了不同的举措。对于满族萨满教文化及艺术的未来走向，笔者认为把传统文化和民族文化产业融合发展是个很好的方向，但是也有两个方面值得我们注意：第一，过于注重经济利益，将民族传统文化作为实现经济利益的手段。这就会使萨满教艺术成为经济利益驱使下的奴隶。第二，失去传统文化的本真性，更多的是文化的随意性，过度消费、过度使用萨满教艺术，随意添加或减少文化元素，萨满教艺术不再有原文化的内涵。上述两个方面，会出现损害萨满教艺术的因素，但是在现代社会中，政府主导和推动使地方性文化知识成为地方发展的文化资本，无论它是否有过多的伤害因素，在开放的背景下，如果把萨满教文化及艺术的存续性和未来文明建设或是民族文化产业联系起来，似乎是一种战略眼光，是一条可行的发展路径，也让我们看到它的光明未来。只要民族文化产业这个主体躯干发展起来，强健体魄、血脉畅通，民族文化也就有了旺盛的生命力，也就能够永久地延续下去。

原载于《世界宗教文化》2016 年第 2 期

中国社会科学院
民族学与人类学研究所
建所60周年
纪念文集（中 卷）

（2008~2018）

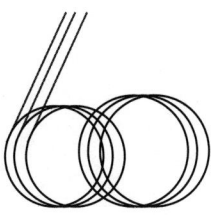

中国社会科学院民族学与人类学研究所　编

社会科学文献出版社

SOCIAL SCIENCES ACADEMIC PRESS(CHINA)

目 录

上 卷

一

二

三

中 卷

四

下 卷

五

从学术上拯救"原生态"和"本真性"概念*

韩成艳

摘　要　"原生态"和"本真性"是中国非物质文化遗产保护的实践与学术中发挥重要作用又广受批评的两个关键概念。通过概念史的梳理，寻求建立一种把它们界定为一对姐妹关系的认识框架，以关系论取代原子论、以过程论取代本质论、以对话取代独断，澄清这对概念在非物质文化遗产保护中的真实功能和意义要点，使这对概念更有条件发挥积极的理论价值。

关键词　原生态　本真性　非物质文化遗产

文化遗产的认定与保护是多方面、多主体合作的过程，需要借助一系列理论工具达成共识，其中，"原生态"和"本真性"（authenticity，或译为"真实性""原真性"）就是两个既广为使用又广受批评的基本概念。通过对学术史文献的检讨，在民俗、民间文化、非物质文化遗产的研究中，"原生态"显然是一个诞生于中国本土学术土壤的概念，直至 2000 年后，这一概念已经是"邻家有女初长成"之时，"本真性"才开始被中国学者尝试性地用于非物质文化遗产保护的实务工作和学术研究。"原生态"和"本真性"在中国因非物质文化遗产保护而因缘际会，在被逐渐广泛应用的过程中形成一种互补共生的关系，其间始终不乏文章针对这对概念本身或相关理念进行反思和质疑。因此，在当下的学术研究和文化实践中，对于这组概念的运用陷入了无从规避又心存疑忌的两难境地。因此，本文尝试从学术史和发生学的角度，对这两个概念及其功能进行阐述和界定，将其在学术上从大量的质疑中拯救起来，使得理论知识更好地为中国非物质文化遗产保护实践提供积极的专业支持。

---

* 本文是韩成艳主持的国家社科基金项目"非物质文化遗产的社区保护及县域实践研究"的课题成果，特此说明。

一 原生态概念在中国学界的形成

联合国教科文组织颁布的《保护非物质文化遗产公约》并没有使用本真性概念，但是从这个文化遗产保护项目进入中国之初，本真性的理念就一直发挥着基本理论的作用。确保遗产项目处于原有状态是文化遗产保护工作中"虽不能至，心向往之"的理想状态，能否确保遗产项目处于原有状态则是判断保护工作得失成败的参照标准。"本真性"在中国语境中就是表达这种保护理念或理想尺度的一个概念。

在中国的非物质文化遗产保护语境中，本真性的理念不仅以"本真性"的概念形态出现，而且惯与"原生态"的概念联袂登场，二者或隐或显地呈现为互注、互文关系，可谓中国非物质文化遗产保护实践与学术讨论中的一对姊妹概念。这两个概念的关联已经受到学界同仁的关注①，但是它们何以形同姐妹，如何相遇又如何互动发生作用，其内在逻辑和作用机制至今并未得到明确阐述，这与学界对这对概念产生和内涵理解存在忽视和误解有直接关系。笔者以为，将其视为一对姊妹概念，并非说二者均为由非物质文化遗产保护运动所孕育催生的产儿，而意在强调它们是在这场运动中义结金兰的姊妹。如果回溯一下它们在中文语境的历史，它们的结义性质就很清楚了。

2004 年，即全国人大批准中国加入联合国教科文组织的《保护非物质文化遗产公约》这一年，"原生态"和"本真性"开始在保护非物质文化遗产的讨论中流行起来。但是，2004 年最多只是这两个概念"义结金兰"的时间，却不是它们在中文世界面世的时间，当时"本真性"在中文学界刚刚出现，而"原生态"俨然已经是一个热词。

"原生态"成为热词得益于"原生态音乐"这个新时尚在中国的强力传播。中国音乐学界与媒体传播中的"原生态"并非外来语的翻译，而是转自中国神话学界已经讨论十多年的概念与理念。自"原生态音乐"向前追溯，我们可以发现早在 1986 年"原生态神话"就已经是神话学界的新概念，"原生神话"则在 1984 年就已经在使用，而其中的理念则可以追至袁珂在 1982 年发表的关于广义神话的论述。

中国的神话学最初是关于古文献资料的神话学，因为学者们相信神话是文明早期的产物，以夸父逐日、精卫填海之类所代表的先秦文献所记的文物发明、神奇故事为代表，所以中国神话就是中国古神话。这种观点可以茅盾解放前的著作为代表②。改革开放后神话学重新恢复，这一观点则可以冯天瑜的著作为代表③。袁珂原本也是这样界

① 刘晓春：《谁的原生态？为何本真性——非物质文化遗产语境下的原生态现象分析》，《学术研究》2008 年第 2 期。

② 玄珠（茅盾）：《中国神话研究 ABC》，世界书局，1929。

③ 冯天瑜：《上古神话纵横谈》，上海文艺出版社，1983。

定神话，在其 1950 年至 1970 年代末出版的神话选集中所收录的神话都是古神话[①]，均出自诸如先秦诸子、《山海经》等各种古籍。后来，他受到中国少数民族神话研究学者的影响，考虑到接受多民族现实生活中传承的神话的必要性，提出了"广义神话"的概念，让中国神话不再只是一种死人现象、不再局限于文字资料，从而包含民族地区活态传承的神话。[②]

中国少数民族神话研究者们并不都满意袁珂这种广义神话的认知，因为其根本上依然以古籍神话为中心，附带论及少数民族神话，没有给予活态神话足够的重视。黄惠焜在 1984 年进一步提出了"原生神话"的概念，认为应该把神话分为三期，即原生神话、次生神话和现代神话。他说，"原生神话又叫自然神话或蒙昧神话，其产生是基于对自然的恐惧"，其特征和要素包括：承认自然是人的绝对主宰、相信神是人的亲戚和朋友、相信血缘道德、口头流传等；而次生神话是英雄神话或父权神话，产生于野蛮时代的高级阶段到资本主义之前的时期；之后产生的神话则是现代神话。[③] 他认为"原生神话是神话的本源"[④]。黄惠焜提出"原生神话"的概念，打破了以文献时间为参照的分期，采取以神话内容为依据的分期，让富有人与自然关系的原始思想的民族地区活态神话在神话学中处于最重要的地位。这一概念的提出得益于学者个人在民族地区对活态神话的关注，同时深刻影响了他人乃至学界对此类神话的调查与采录，在全国广泛开展的民间文学集成工作就把这一类类神话包括进来了[⑤]，从而为民族地区活态神话的大量采录提供了可能性。[⑥]

原生神话的概念很快就有了改进版，被"原生态神话"取而代之，在 1986 年后者就进入神话学的研究文章。[⑦] 在这篇文章中，武世珍用"原生态神话"指原始社会产生的神话，似乎与黄惠焜的"原生神话"是同样的意思。但是，"原生态"的表达方式具有双重的优点：第一，数千年前特定语境下的原始时代神话毕竟不同于当代少数民族的神话，以活态传承之名便将两者等同无疑不够准确，因此这个概念应该包含类型、形态的意义，"原生态"是更为准确的用词；第二，"原生态"显然比"原生"更富于学术意涵，也更有转用的学术潜力。

后来，陈建宪的相关研究完成了形态学的转变，既使神话学的形态学得到系统表述，也使"原生态"成为具有一般的形态描述的衍生或扩张能力。陈建宪认为，随着

---

① 参见袁珂《中国古代神话》，商务印书馆，1950；《古神话选释》，人民文学出版社，1979。
② 袁珂：《从狭义的神话到广义的神话》，《社会科学战线》1982 年第 4 期；《再论广义神话》，《民间文学论坛》1984 年第 3 期。
③ 黄惠焜：《论神话》，《民族文学研究》1984 年第 4 期，第 121～124 页。
④ 黄惠焜：《再论原生神话》，《云南民族学院学报》1984 年第 2 期，第 26 页。
⑤ 中国民间文学集成总编委会办公室编《中国民间文学集成工作手册》，1987 年 7 月，第 71 页。
⑥ 如云南省民间文学集成办公室编《纳西族东巴文学集成·祭天古歌》，中国民间文艺出版社，1988。
⑦ 武世珍：《神话研究的对象和范围——评现行"广义神话"论的广义性》，《西北师大学报》1986 年第 3 期。

神话定义的调整与范围的扩大，神话就不再是一个历史的概念，而是一个当代现实的概念；对于当代存在的神话，可以用一组概念进行形态的分类，它们以原生态神话、再生态神话、新生态神话、衍生态神话等四种形态存在。[①] 我们在此无须细究这四种形态的具体界定，只是就其对原生态神话的界定来说，他是用"类"和"类型"的概念将"原始氏族公社时期及其以前的初民所创作和讲述的神话"与中国当代一些少数民族仍然传承着的相似神话一起归入原生态的。最为关键的是，他提出"原生态神话的典型形态是神话故事与宗教巫术、祭仪、族谱、风俗、生产、生活、音乐、歌舞等等混融一团"[②]。这一表述明确指出了原生态神话与其他社会、文化因素具有不可割裂的密切联系，因为它们实际上是一个整体。这就为"原生态"的概念使用从神话类型转向其他文化现象的类型提供了转机：既然可以说"原生态神话"，似乎也就可以说"原生态音乐""原生态歌舞"，如此等等。而一旦"原生态"可以作如此延伸使用的时候，它本身就成了一个相对独立的学术概念。

"原生"一词内涵侧重于"历时的原点"，而"原生态"则是将其包含的时间原点的意涵转化为类型的意义，从而使其基本意义超越时间的约束，在理论上获得了可以被广泛使用的潜力。也就是说，"原生"受固定的时空约束，离开了这个时空就不是它自身了；而"原生态"指"原生"所具有但是已经抽象化了的性质、概括了的形态，即使换一个时空仍然是有效的。这个关键区别已经包含在神话学的论述中，但是并未得到清楚自觉的辨析，以致这个区别的意义在后来的使用中虽一直发挥作用，却仍有人不断混淆"原生"与"原生态"的这个核心区别。"原生民歌"只能指原有生活之中的民歌，如果同样的民歌在比赛的舞台上唱，就不能说是"原生民歌"，只能说"原生态民歌"。"原生态民歌"既可以指生活中的、自然状态的民歌，也可以指这种民歌出现在其他情境或语境之中的状态。

正是借助了非物质文化遗产保护的强劲力量，"原生态"才得到从神话学用语提升到跨学科、多学科概念的机会，其中标志性的事件就是音乐类非物质文化遗产的保护活动所造就的公共传播契机。

第一届"中国南北民歌擂台赛"于 2002 年在浙江仙居举办，这是由文化部民族民间文艺发展中心组织的一项全国性民歌演唱比赛，其设计的时间框架是每两年举办一次。2004 年在山西左权举办的第二届擂台赛，才在名称中加注"原生态"而成为"中国南北（原生态）民歌擂台赛"[③]。在此之前，音乐学界谈及类似的意思，通常采用

---

① 陈建宪：《试论神话的定义与形态》，《黄淮学刊》1995 年第 4 期。

② 陈建宪：《试论神话的定义与形态》，《黄淮学刊》1995 年第 4 期，第 55～56 页。

③ 其宗旨为：抢救、挖掘、整理、繁荣原生态民歌，为中国原生态民歌的展示提供舞台，促进各民族间音乐的广泛交流与发展。

"原汁原味"之类的说法，如郭建民、赵世兰在 2002 年成稿，2004 年才发表的文章用"土""洋"对比，"中国传统民族声乐艺术那原汁儿原味儿、味儿浓味儿厚、乡音乡情、意犹未尽的回归"等说法，"原生态"的概念呼之欲出，却始终付诸阙如。① 然而到了时隔两年的 2004 年，音乐学界已经开始大谈"原生态"了，当年的《艺术评论》第 10 期发表了几位权威音乐学家的观点，对"原生态"概念的适用性予以肯定。中国艺术研究院音乐学研究所原所长乔建中教授认为，原生态是一个保护民族传统的理想主义概念，"二十多年来，民族民间音乐的集成工作、地方政府对于传统节日的恢复、中国民族民间文化保护试点工程、中央电视台的西部民歌大赛、此次的南北民歌擂台赛等等工作都是在推行对'原生态'民间艺术进行保护的理念"②。显然，从 2004 年以民歌为中心的音乐学界已经同时在演唱活动与学术讨论中大量采用原生态概念，再到 2006 年中央电视台第十二届青年歌手大奖赛新增"原生态"组，这个概念的传播达到非常广的范围。③

"原生态"从神话学中脱胎而出，成为一个可以独立运用的学术概念，其间它在音乐学界的推广只是第一波有规模的测验，事实证明这是一个有力量的概念。其实，同样是在 2004 年，多学科的民族文化研究也开始大量采用"原生态"。在 2004 年 8 月 19～21 日由云南大学在云龙县召开的"中西部山区民族原生态文化学术研讨会"上，60 多篇参会论文中就有 20 篇在标题中使用"原生态文化"④。吴仕民曾给这个概念下了定义说："所谓原生态文化，是指文化的一种初始的、质朴的、更贴近艺术源头的状态。"⑤ 我们可以据此给"原生态"一个基本的定义：原生态是指具有初始属性、贴近该文化的源头的一种状态。从原生态神话到原生态民歌、原生态舞蹈、原生态戏剧，再到原生态民族文化⑥，"原生态"显然已经成为一个被赋予特定含义并被寄予解释信度的学术概念。等到 2009 年初《原生态民族文化学刊》在贵州凯里学院创刊，可以说是"原生态"和"原生态文化"被现行学术与出版体制所认可的一个标志。

二　本真性概念在中国遗产保护中的引入

就目前而言，当国际非物质文化遗产保护在 2000 年后进入中国时，中国学界已经储备的关于原生态（文化）的概念与理念为这些新兴的公共事业准备了最核心的学术

---

① 郭建民、赵世兰：《六十年来中国民族声乐艺术"土"、"洋"关系的微妙变化》，《黄钟》2004 年第 2 期。
② 参见刘晓真《专家谈原生态民歌》，《艺术评论》2004 年第 10 期，第 33～34 页。
③ 徐乐娜：《青歌赛新增"原生态"组引发的思考》，《中央音乐学院学报》2007 年第 1 期。
④ 金少萍：《"中西部山区民族原生态文化学术研讨会"综述》，《思想战线》2004 年第 6 期。
⑤ 吴仕民：《原生态文化撷谈：兼谈少数民族传统文化的保护与发展》，《西南民族大学学报》2006 年第 11 期，第 1 页。
⑥ 傅丽：《赣南原生态客家文化保护初探：从中村傩舞看客家原生态文化》，《江西社会科学》2005 年第 12 期；张云平：《原生态文化的界定与保护》，《云南民族大学学报》2006 年第 4 期。

资源，而后来引入的本真性概念一方面固然是与国际理论接轨的表现，另一方面则弥补了原生态概念的不足。"原生态"是中国学界为非物质文化遗产保护进入中国做的概念准备，"本真性"是这个知识群体为提升非物质文化遗产保护的专业性、国际性而引入的通用学术概念。原生态与本真性概念的配合使非物质文化遗产保护这项国际社会的公共事业同时具有中国特色和国际规范。

中国非物质文化遗产保护所依赖的专家群体以民俗学学者、民族学学者和艺术学学者为主，其中，民俗学学者发挥着主要的理论建设作用。把本真性概念引入中国非物质文化遗产保护的，是民俗学界。几乎就在原生态概念大肆流行的同时，民俗学界针对民俗与现代国家的文化关系、针对活态文化遗产的变与不变的问题开始采用本真性概念。在 2003 年 11 月纪念中国民俗学会成立二十周年研讨会上，高丙中的会议发言使用了"本真性"概念，他的博士生赵玉燕专文评介了本迪克丝以本真性概念为中心对于民俗学发展史的解释，使该概念成为会议讨论现代民俗传承与非物质文化遗产保护的一个亮点[1]。时任中国民俗学会会长的刘魁立教授次年发表非物质文化遗产保护的理论反思的文章，把本真性作为理论问题之一[2]。他此时认为本真性是一个可用的理论概念，但是尚没有顾得上给这个概念下定义。

对于非物质文化遗产研究的理论建设来说，2008 年是一个具有标志性成果的年份。刘晓春发表文章把原生态与本真性相提并论，点明了这两个基本概念的姊妹关系[3]。高丙中发表文章阐明非物质文化遗产项目成为代表作进入名录，即为经过再次命名成为公共文化[4]。高丙中的论述看起来似乎与原生态、本真性没有直接的联系，其实它们的内在联系在今天看来是非常清楚的：民族民间文化在其自在状态是无关原生态和本真性概念的，恰恰是它们被置于另外的关系与情境中，才有用原生态来标示它们与原来的存在状态的关系的必要，才有用本真性来衡量它们在变中是否保持不变的必要，这就是高丙中把非物质文化遗产代表作视为公共文化的论述所指涉的先后两种存在状态的叠加现象。

在接下来的几年，从非物质文化遗产保护的角度使用本真性概念的文章纷纷出现，在理论检讨和个案研究上各擅所长。刘魁立在 2010 年发表的理论文章中综合民俗学界在参与非物质文化遗产保护中的经验与认识，对这个概念给出了明确的定义。他说，

---

[1] 高丙中的《民间、人民、公民：民俗学与现代中国的关键范畴》、赵玉燕的《另一种眼光：读瑞吉纳·本迪克的〈对本真性的追寻——民俗学的形成〉》均为"纪念中国民俗学会成立二十周年研讨会"会议论文，2003 年 11 月 22~23 日，北京。其中，高丙中的发言以原标题发表在《西北民族研究》2015 年第 2 期，对本真性的使用见该杂志第 146~147 页。

[2] 刘魁立：《关于非物质文化遗产保护的若干理论反思》，《民间文化论坛》2004 年第 4 期，第 54 页。

[3] 刘晓春：《谁的原生态？为何本真性——非物质文化遗产语境下的原生态现象分析》，《学术研究》2008 年第 2 期。

[4] 高丙中：《作为公共文化的非物质文化遗产》，《文艺研究》2008 年第 2 期。

本真性"是指一事物仍然是它自身的那种专有属性,是衡量一种事物不是他种事物或者没有蜕变、转化为他种事物的一种规定性尺度"①。王霄冰也发表了多篇针对本真性的个案研究的第一篇②。笔者在 2011 年结合自己对于赫哲族伊玛堪的经验研究,也开始参与对于本真性概念的适用性的讨论③。此后,相关的文章更加多了起来。

民俗学者把本真性概念运用到非物质文化遗产的研究上,是受益于三个文献来源。其一,许多民俗学者是研究文学出身的,对德国哲学家和文艺批评家本雅明的本真性概念是熟知的④。本雅明分析了绘画、雕塑、戏剧等古典艺术的创作与欣赏对本真性的依赖,而以照相、电影为代表的在现代机械介入后形成的艺术与欣赏方式没有给本真性保留位置,以机械复制方式生产的现代艺术压倒传统时代的艺术而流行的过程,就是展览价值全面取代崇拜价值的过程⑤。其二,德国民俗学者瑞吉娜·本迪克丝在 1997 年用英文出版专著,用本真性的追寻来解释民俗学在世界的兴起⑥。其三,本真性概念是国际物质文化遗产保护工作从 1964 年在意大利通过的《国际古迹保护与修复宪章》(即《威尼斯宪章》)就正式采用的概念,1972 年通过的联合国教科文组织《保护世界文化和自然遗产公约》把本真性和完整性列为指导原则,并给出了实践性的建议。中国的古建保护与城市规划专家虽然早先已经对这些信息进行过介绍,但是结合中国的保护实践进行研究的文章实际上在 2003 年之后才面世。其中开拓性的学者是古建保护专家阮仪三⑦和人文地理学者谢凝高等人⑧。他们的研究开启了本行业学者对本真性(他们分别采用"原真性""真实性"的中文)的适用性的研究,也启发非物质文化遗产研究的学者如何兼顾这个概念的通用性与非物质文化遗产的针对性。

这三个文献来源对本真性的定位是不同的。本雅明在一般艺术的现代变革中发现了本真性在现代的逐渐失落,本迪克丝在民俗学对现代国家建设的作用中发现民族民间文化提供了宝贵的认同资源,国家的建设与民间文化的传承、民族自我的本真性的维护是同一个增长的过程。同样是现代过程,本真性在本雅明那里是失落的过程,在

---

① 刘魁立:《非物质文化遗产的共享性、本真性与人类文化多样性发展》,《山东社会科学》2010 年第 3 期,第 26 页。

② 王霄冰:《试论非物质文化遗产本真性的衡量标准——以祭孔大典为例》,《文化遗产》2010 年第 4 期。

③ 韩成艳:《论非物质文化遗产"本真性"的评估标准——以赫哲族"伊玛堪"为例》,《贵州民族研究》2011 年第 2 期。

④ 本雅明:《机械复制时代的艺术作品》(完成于 1935 年),中文译文载《启迪:本雅明文选》,汉娜·阿伦特编,张旭东、王斑译,三联书店,2008。

⑤ 本雅明:《机械复制时代的艺术作品》第 4～7 节,载《启迪:本雅明文选》,汉娜·阿伦特编,张旭东、王斑译,三联书店,2008。

⑥ Regina Bendix, *In Search of Authenticity: The Formation of Folklore Studies*, The University of Wisconsin Press, 1997。

⑦ 阮仪三、林林:《文化遗产保护的原真性原则》,《同济大学学报》2003 年第 2 期。

⑧ 张成渝、谢凝高:《"真实性和完整性"原则与世界遗产保护》,《北京大学学报》2003 年第 2 期。

本迪克丝那里是维护的过程。而国际文物古建保护的文献提供的是解决文化保护问题的实施规范与技术要求。如果把这三个文献来源的贡献理顺为对于非物质文化遗产保护有益的东西，我们可以尝试这样一种表述：面对传统文化艺术用本真性检验的若干宝贵要素的丧失，人类需要从社会中发现尚在流传的活态传统文化作为各种民族、社群的本真性的代表，维持其活力，并用历史连续性和自我一致性的本真性尺度评估、矫正各种保护与传承措施的得失，使这些代表性的文化项目能够真正传承下去，维护人类文化的多样性。

三 原生态和本真性概念的姊妹关系

原生态和本真性的概念在中国的使用大概分为两种倾向，在非物质文化遗产保护的实践领域，实务者大都从正面使用这对概念肯定特定项目的独特价值；在非物质文化遗产保护的学术领域，研究者大都从批评的角度看待这两个概念，其中，完全正面论述的是少数，认识到其局限性而主要是肯定的也是少数，认识到其实际作用而主要是质疑的是多数。这种倾向与物质文化遗产保护领域学者的态度非常不同，他们基本上都是以完全正面的态度使用本真性概念。这里的两组反差值得我们进一步琢磨。我们当然可以继续与物质文化遗产领域专家的心态不一样，也可以继续质疑实务者，但是，是否也可以尝试调整心态，以另一种建设性的方式为实务者提供澄清概念困扰的理论服务呢？

理论工作对于实务工作的服务应该有两种路径，其一是提供理论工具，其二则是提供理论工具运用的批评意见。最初，是因为理论工作提供了原生态、本真性的概念工具，实务工作者才在各种申报书中采用这两个概念肯定特定项目的价值，在各种决策中证明自己的判断、决定的正确。显然，这两个概念的使用遭遇了诸多问题，引起了各种批评，造成了对这两个概念的质疑或否定意见。实际上，这种处境需要的是新一个层次的理论建设，也就是通过改造这两个概念的方式以改善它们的适用性的理论建设。物质文化遗产保护领域对于"本真性"概念的使用能够是积极正面的，恰恰是因为该领域的专家对这个概念进行了适时的修正。《威尼斯宪章》（1964）和《保护世界文化和自然遗产公约》（1972）的"本真性"要求保持古建的原貌原状，当然包括原材料的不可更动。这对于欧洲为主的石材建筑来说容易做到，但是，对于东方为主的木材建筑来说就是问题。于是世界遗产委员会第 18 次会议通过了《奈良文件》（1994）接受地方差异，让原来的"苛求"不再影响东方遗产的本真性评估。阮仪三对这个概念在中国的运用又进行了有针对性的分析，因为他认为，"文化遗产原真性（本真性）的架构是一个开放的、融合的、发展的体系"[①]。这个领域的专家对于本真性概

---

① 阮仪三、林林：《文化遗产保护的原真性原则》，《同济大学学报》2003 年第 2 期，第 5 页。

念的运用更多地发挥了理论指导的作用，固然是因为该领域的规范文件对"本真性"有明文规定，但是我们也应该承认，他们的积极作用也是源于他们不断的理论改进。

本文意在发掘原生态和本真性概念对于非物质文化遗产保护的适用性，试图对它们的真实作用给予一个清楚的陈述。我们的陈述建立在一个基本的认识之上，这就是：原生态和本真性是中国非物质文化遗产保护实践的一对姊妹概念，这种亲和的、天然合作的关系一直都体现在实际工作中，现在是该我们在理论上予以明确陈述的时候了。

如果把原生态和本真性作为一对姊妹关系的概念来思考，所谓非物质文化遗产保护，就是"发现原生态文化，保持其本真性"的系统工作。中国的非物质文化遗产保护实践主要包括普查、四级名录建设、代表性传承人命名、传承机制与传承基地建设，用原生态和本真性把这些步骤串联起来就是：通过普查发现原生态文化，通过名录确认原生态文化中的重点保护项目，然后创造条件（传承机制与传承基地建设）确保选中的原生态文化项目保持本真性，其中，如果能够发现项目的代表性传承人，以他们为中心进行项目的传承，项目的本真性更好监测、评估，其传承更好予以保障。

非物质文化遗产保护的前提工作是发现非物质文化遗产候选项目。通常认为非物质文化遗产是活态文化，是现实生活中的文化，是日常生活中的文化，可是，现实的日常生活中的活态文化却是无以穷尽的，人们如何在其中界定非物质文化遗产候选项目呢？这里必须有支持达成共识的概念，这就是原生态的概念。它通过普查与申报的多方合作程序发挥作用，使较多的项目被发现，进而挑选特定的项目提出申报，就该项目如何是一个独特的项目、何以具有代表性做出陈述，请专家委员会和上级文化主管部门审核、接受纳入非物质文化遗产代表作名录。文化部在 2006 年至 2009 年前后在全国调动千军万马，开展非物质文化遗产普查，获得 87 万条项目线索。经过培训的调查人员到村社和街道访问，被调查对象讲述、展示自己的文化项目，而对于调查员来说，一些项目能够被登记，就在于它们被判定为"本地的或本地特色的民族民间文化"，这实际上是文化的原生态观念的运用。对于这个环节与原生态概念的关系，苑利和顾军的文章曾经指出，非物质文化遗产普查、申报的实质是依据原生态对于项目的评价，结果是将那些已经被严重改造过的、不具有原生态性质的项目剔除出去，而将原生度和优秀度都较高的项目列入代表作名录①。

普查、申报和评审是需要原生态和本真性概念一起发挥作用的。原生态的理念帮助参与的各方共同判断这是一个当地（社区或民族）的遗产项目，但是申报哪一个，却需要明确哪一个项目（最）能够在一个大社会的文化平台代表这个地方或社群。这

---

① 苑利、顾军：《非物质文化遗产普查申报工作需要注意的几个问题》，《原生态民族文化学刊》2009 年第 3 期；《非物质文化遗产项目普查申报的五项原则》，《温州大学学报》2010 年第 1 期。

就是本迪克丝所论述的本真性概念发挥作用的环节，即确定什么项目能够代表这个地方或社群的自我。这几个相互依托的步骤都是多方合作的过程：普查需要调查员与本地文化实践者配合，申报需要文化项目的持有人群与地方文化主管部门配合，评审既是一个专家组与申报方的沟通过程，也是专家组成员之间的协商过程。所有的合作都依赖共同的价值与尺度，其中，原生态与本真性各自的作用、相互契合所发挥的共同作用，都是显而易见的。

原生态在保护实践中发挥了基本概念的作用，但是许多学者对这个概念的认识包含着误解，其中关键的是把"原生态文化"误等于"原生文化"。如前所述，当"原生态神话"从"原生神话"脱胎出来的时候，原来的发生学概念就转化为形态学概念，而当"原生态民歌"被提出来的时候，恰恰表明言说的语境已经不在原来的"自然"环境，而在新的环境，如向外开放的、公共的竞赛场所。"原生态"恰恰表明不是原生，而是说，虽不是原生却保有原生的（基本）属性或形态。石奕龙曾经指出，采用"民族传统文化"来指称前现代文化形态，比生造一个没有指称对象的"原生态文化"概念更恰当①。高小康认为，我们实际上不可能单纯以"原汁原味"的原生态保护标准解决非物质文化遗产的传承和发展问题。文化传统可以在当代文化环境中继续转换生成②。他们的否定如果是针对"原生文化"就是比较准确的，而"原生态文化"恰恰是创造出来用于代表、衡量不断转换生成却仍然保持内在的连续性与一致性的那种传统文化的。一些学者即使肯定原生态（文化）概念的积极功能，也不一定是基于对这个概念的准确理解。张云平建议以一种宽容的态度包容原生态文化概念的模糊性，承认原生态文化存在的现实合理性③。这个概念不可替代的作用不是在于概念的模糊性，恰恰在于它的明确定位与功能是为自在状态的生活文化进入开放的、公共的空间提供了理论支撑。

申报各级非物质文化遗产代表作名录，都需要在申报书中提供该项目的保护规划，承诺保护责任方将投入什么，采取什么措施，保证项目的可持续传承；特别要承诺如何发挥代表性传承人的作用（如下一代传承人的培养、项目进校园、参加公共展示等宣传活动）。许多申报书都会承诺保护项目的原生态，保持项目的本真性。专家评审、上级文化主管部门确定申报项目入选各级代表作名录，就意味着该项目的申报书所列的规划成为双方同意的契约，后续的督查与评估涉及两个方面，一方面核查规划的执行（履约评估），一方面评估各种保护措施与行动对于项目传承的效果（效果评估）。

---

① 石奕龙：《浅谈民族传统文化保护的若干问题》，《中央民族大学学报》（哲学社会科学版）2005 年第 1 期。
② 高小康：《非物质文化遗产保护是否只能临终关怀》，《探索与争鸣》2007 年第 7 期；《非物质文化遗产：保护与利用的再思考》，《探索与争鸣》2008 年第 4 期。
③ 张云平：《原生态文化的界定及其保护》，《云南民族大学学报》（哲学社会科学版）2006 年第 4 期。

因为代表作项目都是活态文化，必然都有各种适应性的或创新性的变化，那么，评估的实质就是判定该项目是否在各种变化中保持了它的独特性，或者说是否历经变化却仍然保持了自身特性的连续性。这就是本真性概念作为衡量尺度发挥功能的环节。在活态中保持稳定性，在变中保持不变，这就表明非物质文化遗产代表作在传承中保持了自己的本真性。

相对来说，因为有国际民俗学界比较细致的理论建设，本真性概念在非物质文化遗产保护中的运用得到较多学者的积极肯定。中国学者把握了运用本真性概念的真谛，即用以判断维持文化遗产历时的动态同一性。出于对文化活态性的强调，刘魁立认为非物质文化遗产的"本真性"应该是文化遗产在历时演进中形成并保持的同一性，"是衡量一种事物不是他种事物或者没有蜕变、转化为他种事物的一种规定性尺度"[1]。在宋俊华看来，因为文化的活态流动性，文化的原生态很难把握。不过，非物质文化遗产确有一种"让其成为自身的相对稳定的东西"，这是本真性概念所针对的现象[2]。

在保护实践中采用本真性进行内部评估和外部评估，都不应该是独断性的，而常常是协商性的。学界充分认识到对本真性评判要尊重文化主体的自主性。通过观察浙江衢州一个村落的"九华立春祭"，王霄冰发现尽管有地方政府、新闻媒体、知识精英参与立春祭祀仪式的恢复以及非物质文化遗产项目的申报，但并不能简单地将其视为民俗主义的伪民俗而否认其本真性，因为确有一个活跃的民间传承主体即村民群体的存在，村民始终担任主角，祭祀仪式面向当地人生活的定位并没有改变，如此，非物质文化遗产的本真和活态传承就可以得到保证[3]。与此相似，笔者在赫哲族"伊玛堪"传承的曲折经历中发现，项目诸要素的存亡只是衡量本真性的一个方面，另一方面又要以"文化负荷者"的判断和选择为依据，要透过文化持有人的文化认同诉求来理解文化的活态变异，再做本真性存续的判断[4]。行政督察和第三方评估在充分考虑项目实践主体的认知的前提下运用本真性对项目传承的成功与失败进行评判，其实都是某种意义上的协商。非物质文化遗产保护的各个环节都是多方参与的，因此，毫不奇怪，协商性体现在原生态和本真性概念使用的各个环节。

四 结果与讨论

本文所针对的现象是原生态和本真性概念一方面被广泛运用、一方面被广泛质疑

---

① 刘魁立：《非物质文化遗产的共享性、本真性与人类文化多样性发展》，《山东社会科学》2010 年第 3 期。

② 宋俊华：《非物质文化遗产传承人的若干理论与实践问题》，《思想战线》2012 年第 6 期。

③ 王霄冰：《民俗文化的遗产化、本真性和传承主体问题——以浙江衢州"九华立春祭"为中心的考察》，《民俗研究》2012 年第 6 期。

④ 韩成艳：《论非物质文化遗产"本真性"的评估标准——以赫哲族"伊玛堪"为例》，《贵州民族研究》2011 年第 2 期；袁年兴：《文化的人本寓意与非物质文化遗产的本真性》，《中国人民大学学报》2011 年第 2 期。

的矛盾。本文通过对这两个概念在中文学术中的意义生成与使用语境的发掘，肯定它们是在中国非物质文化遗产保护实践中所结成的一对姊妹概念。我们将其作为一对具有内在联系的概念看待，能够佐证中国非物质文化遗产保护在理论上是国际规范与中国创新的结合。这一保护实践不能简单地看作一项从国际社会外来的工程，而要看到它所包含的中国本土学术的重要渊源。

非物质文化遗产保护的代表作名录建设是把开放性与公共性赋予原本处于沉寂的自在状态的文化传统项目，使之成为一种被正式承认的公共文化。这一目标在原生态概念的生成过程中就逐渐确定了：神话学从完全脱离生活文化的文献之学到附带兼及民族地区的活态文化的学术，再到把这些活态文化作为同样重要甚至更主要的调查研究对象，这就是广义神话、原生神话到原生态神话的概念演进方向；原生态的概念在自在的文化传统与公共文化之间的转化搭建了过渡的桥梁。原生态概念的生成已经具备了让原本被轻视、无视的文化现象进入特定的话语体系，成为被关注的对象的基本功能。非物质文化遗产保护发挥了它的既有功能，并与本真性概念相配合，使完整的选择机制得到理念支撑，是特定的文化项目能够被承认是实践群体或民族的文化自我的代表，能够被确认是大社会的文化多样性的代表，因而被列入各个代表作名录。

原生态和本真性作为理念和评价尺度使非物质文化遗产保护的多方主体能够在对话、讨论、协商中具有共同的基础，它们各自的功能和相互配合的功能都是不可替代的。因此，运用这对概念进行判断的方式不能是独断性的，而应该是协商性的，是多主体之间的对话。学术界对此的一些模糊认识、矛盾认识甚至误解可能源于认识方法的局限。提醒我们需要澄清看待它们的功能的认识框架。

原生态，可以指一个原生的点，但是主要是指突破原生情境的事物；例如原生态文化，固然可以指真实生活中的文化原貌，但是主要是指来自生活真实的文化进入其他话语或情境的情况。本真性，是一个在活态中确认稳定性、在变化中确认连续性与一致性的概念。人们讨论文化的本真性，不是谈静态的文化。它们都是用以认识时空变动的过程的概念，都是被用来在流动性、变化中辨识传承性的工具。因此，原生态和本真性概念不是基于本质论的，而是基于过程论的。

原载于《广西民族大学学报》2015 年第 6 期

"一带一路"视野下的中蒙宗教文化交流

乌云格日勒

一 草原丝绸之路与"一带一路"建设

"丝绸之路"除西域、南海路之外，还有一条欧亚草原路，早期输入古希腊罗马的中国丝绸，主要是从这条路上西传出去的。一般认为，自西汉时起中西交通主要有两条路线：一是经西域、中亚、西亚的陆路，即闻名中外的"丝绸之路"；一是自广州出发由海上经东南亚诸国、印度的海路。也有人将两者统称为"丝绸之路"，一为"海上丝路"，一为"陆上丝路"。

古代主要的中西交通路，除了人们所常提的南海路、西域路这两条路线外，还有一条"欧亚草原路"。自古代起，由于地理环境关系，从蒙古高原直到中亚细亚是游牧民族的主要生活区域。历史上的丝绸之路经济包含四条古通道。作为古丝绸之路四条通道之一的草原丝绸之路，是连接古代亚欧大陆的重要通道，是古丝绸之路的重要组成部分，曾经对东西方之间的商贸、文化交流发挥了重要作用。

2013 年 9 月和 10 月，国家主席习近平在访问哈萨克斯坦和印度尼西亚时分别提出了建设"丝绸之路经济带"和"21 世纪海上丝绸之路"的倡议，并在党的十八届三中全会中进一步明确。在 2014 年 11 月召开的 APEC 峰会期间，中国政府发起建设的亚洲基础设施投资银行和丝路基金使得"一带一路"在亚洲各国逐渐达成共识。"一带一路"建设的再度兴起是国家进一步扩大对外开放的全新布局，也是构筑新时期国家安全体系的重要内容。"一带一路"建设并不仅仅是传统意义上的通道建设，而且是旨在通过政策沟通、道路联通、贸易畅通、货币流通、民心相通的"互通互联"，构建起一个紧密联系、活跃共生的大经济区。一方面将实现与国内相关区域经济发展战略的对接，为沿线省份和地区带来新的发展机遇，缩小区域差距，推动区域经济协调发展；另一方面将促进亚太经济圈与欧洲经济圈的沟通，将亚欧大陆打造成潜力巨大的经济发展走廊。① 我国提出"一带一路"发展战略，其核心就是要进一步深化沿线区域合作共赢、推动沿线地区共同繁荣发展。草原丝绸之路经济带建设是"一带一路"建设的重要组成部分，它位于"一带一路"的北端，是连接中国内地和俄罗斯、蒙古国及欧洲腹地的重要节点。内蒙古地处我国正北方，在"一带一路"倡议以及"中俄蒙经济走廊"建设中占据特殊重要地位。作为国家向北开放的桥头堡和"中俄蒙经济走廊"建设节点省份，在加快整个"一带一路"建设的时代背景下，内蒙古自治区的地位和作用也被赋予更多的含义和任务。

"一带一路"建设的实施，给我国跨界民族的发展带来了前所未有的机遇。"我国与 14 个国家接壤，有陆地边界线 2.2 万公里，其中 1.9 万多公里在少数民族地区，全国有 34 个民族跨境而居，总人口约为 6600 万人。"②"在当今世界上，像这样同一个民族生活在若干国家，一个国家包括若干民族的现象相当普遍。作为一个特殊的社会群体，这些跨境民族分属于不同的国家，却有着共同的血缘文化联系，民族同宗、文化同流、信仰大体相同。"③ 跨界民族与周边国家长期以来进行密切的经济、文化交流，为加快发展我国与周边国家的经贸文化交流与合作奠定了良好的基础。"一带一路"经济圈"覆盖约 44 亿人口，经济总量约 21 万亿美元，分别占全球的 63% 和 29%"④。庞大的经贸交流关系将有助于促进区域内国家之间的文化交流与民间交往。内蒙古自治区的主体民族蒙古族是跨境民族，在"一带一路"建设中具有独特的优越性。在"一带一路"建设中可以发挥居住在国境两侧"跨境民族"在人文历史纽带和民族文化认同方面的优势，"提升边境省区对境外国家的经济和文化影响力，发展跨境贸易和劳务输出，振兴我国边境省区经济"⑤。国境两边居住的人群，"在祖先血缘、语言宗教、文化传统方面来说有可能具有相同特征"⑥。

以锡林郭勒盟的蒙古族为例，位于内蒙古自治区中部，与京津冀经济圈最近的锡林郭勒牧区，"拥有中蒙边境线 1103 公里，与天津港、曹妃甸港约为 400 公里，锦州港、绥中港约 550 公里，是国家'一带一路'建设的重要辐射区。锡林郭勒盟地缘和文化优势是向北开放的重要支撑，国际性常年开放的二连浩特和朱恩嘎达布其口岸将成为陆港经济带和中蒙俄经济走廊中心区，也是欧亚经济板块的中枢链接点，跨境经济合作将成为口岸发展的强劲动力"⑦。锡林郭勒盟与蒙古国山水相连，与蒙古国南

---

① 任宗泽、石英、白宽犁：《丝绸之路经济带发展报告（2014）》，社会科学文献出版社，2014，第 1～4 页。
② 谢念亲：《跨境民族：血肪相亲的异国人》，《世界知识》2013 年第 23 期。
③ 谢念亲：《跨境民族：血肪相亲的异国人》，《世界知识》2013 年第 23 期。
④ 龚雯、田俊荣、王珂：《新丝路：通向共同繁荣》，《人民日报》2014 年 6 月 30 日。
⑤ 周建新：《中越中老跨国民族及其族群关系研究》，民族出版社，2002，第 10 页。
⑥ 马戎：《如何认识"跨境民族"》，《民族社会学研究通讯》第 220 期，2016 年 11 月 30 日。
⑦ 韩柱、特格西比力格：《"一带一路"背景下锡林郭勒盟向北开放定位与思路研究》，《丝绸之路经济带建设与民族地区文化产业发展学术研讨会论文集》，西宁，2016 年 8 月，第 116 页。

部、东部省区交往源远流长，蒙古族同根同祖，语言文化相通，民族风俗相同，人民感情深厚。锡林郭勒盟地缘和文化优势为深化中蒙合作、促进向北开放形成了长期稳定和独特有力的支撑。主动融入"一带一路"建设，充分利用蒙古族这一跨境民族优势，积极推进与蒙古国的经济、文化交流，加快建设与蒙古国公路铁路互联互通，不断加强与蒙古国多领域合作是锡林郭勒牧区构建创新型、开放型经济格局的重要途径。

"一带一路"建设为中蒙两国的经济发展和人文交流创造了良好的国际环境和机遇，拓展了草原丝绸之路的经济文化内涵，草原丝绸之路沿线积淀丰厚的历史遗产和宗教文化，正在成为"一带一路"建设的文化基石和人文资源。学术界认为，"一带一路"的建设"是个非常复杂的系统工程，尤其历史的积淀和当今的处境，既是政治经济战略的范畴，也是文化战略的领域，其中一个重要因素就是对其宗教情况的了解和评估。我们回顾宗教沿丝绸之路进入中国的史实，正是提醒人们这些宗教在古今处境中都会对中国产生重要影响，值得我们高度重视"。[1] 应该"把宗教力作为我国对外发展战略中一种特殊形态的文化软实力，发挥它在对外发展战略中的特殊作用"。[2]

蒙古族作为跨界民族，拥有双重文化背景，既熟悉中国文化，又熟知蒙古国的文化。有效利用好蒙古民族的宗教文化资源，将有助于进一步促进我国与蒙古国的全面交流，促进中国文化走出去。蒙古民族的宗教文化在中蒙文化交流中可以起到积极的文化中介作用。

二　中蒙宗教文化交流的历史渊源与当下进展

中国明朝之际，藏传佛教传入蒙古地区。蒙古地区藏传佛教的后弘期主要始自俺达汗时期，"藏传佛教在蒙古地区的再度兴起，由于土默特阿勒坦汗西征青海和藏土及南征明朝，再次接续了中断二百余年的蒙古与西藏的紧密关系"。[3] 由于清政府一系的列扶持政策，蒙藏地区形成达赖喇嘛、班禅、哲布尊丹巴、章嘉呼图克图成为黄教最大的四大活佛系统。在清王朝的刻意提倡和保护下，格鲁派的影响深入蒙古地区，渗透到蒙古族文化的各个领域。

1586 年由外喀尔喀土谢图汗、阿巴岱汗在哈喇和林（蒙古汗国古都）建成额尔德尼召，"这是现今蒙古国领土内的第一座喇嘛庙，其寺院面积为 0.16 平方公里，为正方形，四周土围墙上有 90 个佛塔。寺院建成一年后，招收了第一批喇嘛。阿巴岱汗皈

---

① 卓新平：《"一带一路"上的宗教历史积淀与现实处境》，《中国宗教》2015 年第 6 期。
② 郑筱筠：《东南亚宗教对我国对外发展战略的影响》，《中国民族报》2014 年 11 月 30 日。
③ 乔吉：《蒙古佛教史》，内蒙古出版社，2008，第 8 页。

依喇嘛教后，曾经亲自朝见达赖喇嘛三世。此后，喇嘛教开始在蒙古地区流行起来"。①现在，额尔德尼召已被列为博物馆，是蒙古国重要的历史古迹，仍香火不断。

现代蒙古国居民的宗教信仰曾经历了曲折的过程。蒙古人民共和国建立以后，包括藏传佛教在内的宗教活动，在苏联实施的宗教政策的影响下，曾长期被取缔和禁止，很多寺庙也遭受损毁。甘丹寺虽因其历史文化价值而得以保留，并在 1950 年被列为博物馆，但不得举行宗教活动。1985 年以后，蒙古国内的宗教活动逐步得到恢复，其中包括修复满兹召等寺庙，甘丹寺也重新成为重要的宗教活动场所。②

自 2013 年中蒙两国签署《中蒙战略伙伴关系中长期发展纲要》以来，中蒙两国间的人文交流也日益频繁。以宗教文化的交流为例，2014 年 6 月 13 日雍和宫向蒙古国捐赠弥勒佛像仪式在乌兰巴托举行。中国驻蒙古国大使王小龙在致辞中表示，"此次弥勒大佛捐赠及迎请仪式，是两国宗教界的盛事，不仅密切了两国宗教界的联系，更为两国人民友好交往打下了坚实的基础"。③ 2015 年 7 月 16 日至 18 日，应中国佛教协会邀请，以蒙古国佛教协会会长达木丁苏伦·纳策格道尔吉为团长的蒙古国佛教代表团一行 8 人到内蒙古参访交流。"达木丁苏伦·纳策格道尔吉对内蒙古佛教协会的热情接待表示感谢。他表示，十分钦佩中国政府的宗教信仰自由政策，此次蒙古国佛教代表团来内蒙古访问意义重大，为中蒙佛教界在未来广泛交流搭建了友好往来的平台。蒙古国与内蒙古不仅是朋友，还是亲戚，希望蒙古国与内蒙古佛教界加强交流合作，不断增进中蒙两国佛教四众弟子的友谊，为弘法利生作出不懈努力。"④

由国务院新闻办公室组织的中国藏文化交流团于 2016 年 8 月 21 日至 23 日访问蒙古国。访问期间，交流团在蒙古国首都乌兰巴托同蒙古国媒体代表、蒙古国国立大学、蒙古国科学院专家及当地藏传佛教界人士进行了深入交流，向各界介绍和阐释了中国西藏经济、社会、文化发展成就和民族宗教政策，全国宗教工作会议的重要精神，中国根据自己国情和西藏特点保护、传承西藏文化的成功做法。蒙方对交流团介绍的信息表现出浓厚兴趣，表达了进一步交流合作的愿望，并希望有机会到西藏参观访问。交流团团长、中国社会科学院民族学与人类学研究所所长王延中表示，蒙古国是"一带一路"沿线的重要国家，"中蒙在文化和宗教等领域有着广泛的联系，继续开展宗教等人文领域的交流，有利于加强中蒙双方的互相理解，有利于深化两国友好关系"。⑤

---

① 郝时远、杜世伟：《列国志·蒙古》，社会科学文献出版社，2007，第 33 页。
② 郝时远、杜世伟：《列国志·蒙古》，社会科学文献出版社，2007，第 34 页。
③ 《中蒙佛教盛事雍和宫向蒙古国捐赠 21 米弥勒像》，人民网，2014 年 6 月 16 日。（阅读时间：2016 年 12 月 2 日）
④ 《蒙古国佛教代表团来内蒙古访问》，正北方网，2015 年 7 月 21 日，http://www.northnews.cn/2015/0721/1977389.shtml。（阅读时间：2016 年 12 月 2 日）
⑤ 《中国藏文化交流团访问蒙古国》，中国文明网，http://www.wenming.cn/wmzh_pd/jj_wmzh/201608/t20160823_3615421.stml。（阅读时间：2016 年 12 月 2 日）

蒙古国佛教协会主席那策克道尔吉说："蒙中在佛教文化上有很多共通点，两国在佛教领域有着广泛的交流合作空间，反对一些个人为了私利打着宗教的旗号从事干涉政治、破坏和平的行为。"① 蒙古国达希乔依伦寺住持、世界佛教协会副主席丹巴扎布表示，自己去过西藏，"了解西藏的宗教政策。这些政策是完全合理的，国家之间应该相互尊重，反对西方国家一些不负责任的涉藏言论"。② 可见，此次中国藏文化交流团访问蒙古国对宣传我国民族政策和宗教政策起到了很好的作用，同时在涉藏问题上征得有利于我国的国际话语权起到了重要作用。

2016 年 9 月 26 日，邢海明大使会见了正在蒙古国访问的中国佛教协会代表团一行。代表团由中国佛教协会副会长赵九九任团长，团员还包括山西五台山、甘肃拉卜楞寺、内蒙古呼和浩特大昭寺、藏语系高级佛学院等多位高僧。赵九九介绍了访问有关情况。邢海明大使表示，"当前中蒙关系发展顺利，两国高层交往密切，双边关系正处于历史最好时期。加强中蒙人文交流是两国元首达成的重要共识，宗教交流是人文交流的重要组成部分，希望中国佛协代表团以此访为契机，进一步增强中蒙佛教界间的友谊，增进两国人民相互理解，为促进中蒙关系发展作出积极贡献"。③ 赵九九团长表示"宗教交流对促进人文交往具有积极意义。中国佛教协会代表团将与蒙古佛教界深入交流，加深彼此间了解，增进两国宗教界及民众间感情，为中蒙关系增砖添瓦"。④

在"一带一路"沿线国家中，蒙古国在涉藏问题上具有特殊重要性，因此一定要高度重视蒙古国政界和宗教界在涉藏问题、达赖集团方面的舆情、言论和活动动态。达赖从 1979 年开始前后 9 次访问蒙古国。2016 年十四世达赖"窜访"蒙古国对中蒙关系产生了一些负面影响。据媒体报道，"近日，蒙方不顾中方多次劝阻，执意邀请十四世达赖'窜访'蒙古国，中方对此表示强烈不满和坚决反对"⑤。这次达赖"窜访"蒙古国的过程中，甘丹寺发挥了特殊作用。甘丹寺位于乌兰巴托市西北郊的山丘上。始建于 1664 年，原是一个可移动的小型庙宇，到 1838 年扩建为蒙古地区的一个佛教中心，它由五座寺庙组成，寺周围砌有砖墙，设南、西、东三个门，构成了一个庞大的

---

① 《中国藏文化交流团访问蒙古国》，中国文明网，http://www.wenming.cn/wmzh_pd/jj_wmzh/201608/t20160823_3615421.stml。（阅读时间：2016 年 12 月 2 日）

② 《中国藏文化交流团访问蒙古国》，中国文明网，http://www.wenming.cn/wmzh_pd/jj_wmzh/201608/t20160823_3615421.stml。（阅读时间：2016 年 12 月 2 日）

③ 《刑海明大使会见中国佛教协会代表团》，http://www.fmprc.gov.cn/ce/cemn/chn/sghd/t1402143.htm. 中华人民共和国驻蒙古国大使馆。（阅读时间：2016 年 12 月 2 日）

④ 《刑海明大使会见中国佛教协会代表团》，http://www.fmprc.gov.cn/ce/cemn/chn/sghd/t1402143.htm. 中华人民共和国驻蒙古国大使馆。（阅读时间：2016 年 12 月 2 日）

⑤ 《外交部发言人耿爽就十四世达赖窜访蒙古答记者问》，http://www.fmprc.gov.cn/web/fyrbt_673021/t1416912.shtml。（阅读时间：2016 年 12 月 2 日）

古建筑群。由于最后四代哲布尊丹巴的府邸都设在这里，甘登寺成为蒙古国政教关系史的见证者。现在甘丹寺仍为蒙古国佛教活动中心。20 世纪 90 年代以后，蒙古社会变迁中的重要特点之一即是藏传佛教的复兴。其中甘丹寺成为当代蒙古国最重要的宗教场所，也是重要的宗教名胜古迹之一。

目前，蒙古国内香火最旺盛的寺庙就是甘丹寺（库仑伊克召），它是蒙古国内最大的佛教寺庙。2016 年十四世达赖"窜访"蒙古国期间甘丹寺扮演了特殊角色。我们应高度重视甘丹寺在蒙古国的特殊地位和作用，通过一些积极主动的宗教文化交流和公共外交途径，加强中蒙佛教界之间的交流、沟通和对话，有效消除十四世达赖"窜访"蒙古国对我国所产生的负面、消极影响。当下，对我国来说开展以达赖"窜访"蒙古国这一问题为主题，规避今后宗教风险为目标的中蒙预防性外交是很有必要的。

三 "一带一路"视野下的中蒙宗教文化交流愿景

蒙古国是"一带一路"沿线国家之一，"一带一路"建设"可以与蒙古国正推动的诸多政策改革实现有效对接，中蒙两国可在诸多具体领域开展务实和深度合作"。[1] 2013 年 10 月，中蒙两国签署了《中蒙战略伙伴关系中长期发展纲要》；2014 年 8 月 22 日，国家主席习近平结束了对蒙古国为期两天的国事访问后回到北京。习近平主席此次"走亲戚式"访问有划时代意义，"为中蒙关系今后发展绘制了新蓝图，必将进一步推进两国在政治、经济、人文等各方面合作，对两国关系未来产生直接、深远的影响"[2]。2014 年 8 月，两国联合发布了《中蒙关于建立和发展全面战略伙伴关系的联合宣言》。两大纲领性文件明确提出，双方将"全面提升中蒙务实合作的规模、质量和水平"。[3] 目前，中蒙战略伙伴关系的历史积淀和现实基础已具备。

在"一带一路"建设框架下提出的中蒙俄经济走廊建设，是中国政府结合三国合作发展空间巨大的现实状况所提出的重要构想，旨在通过丝绸之路经济带、俄罗斯跨欧亚大铁路、蒙古国草原之路的对接，打造一条贯通三国、横跨亚欧大陆的合作新通道，为各国共同发展搭建新平台。在中蒙俄经济走廊建设中，蒙古国的"桥梁作用"举足轻重。2014 年 9 月 11 日，国家主席习近平同俄罗斯总统普京、蒙古国总统额勒贝格道尔吉举行中俄蒙三国元首首次会晤，提出把丝绸之路经济带同俄罗斯跨欧亚大铁路、蒙古国草原之路进行对接，共同打造中蒙俄经济走廊的倡议。2015 年 7 月 9 日，中国国家主席习近平同俄罗斯总统普京、蒙古国总统额勒贝格道尔吉举行中俄蒙元首

---

① 郭业洲主编《"一带一路"跨境通道建设研究报告》(2016)，社会科学文献出版社，2016，第 32 页。
② 《为中蒙关系发展绘制新蓝图——专家解读习近平主席蒙古国之行》，http://news. xinhuanet. com/world/2014 - 08/23/c_1112196325. htm，新华网，2014 年 8 月 23 日。(阅读时间：2016 年 12 月 2 日)
③ 《中华人民共和国和蒙古国关于建立和发展全面战略伙伴关系的联合宣言》，《人民日报》2014 年 9 月 5 日。

第二次会晤，就将中方丝绸之路经济带倡议、蒙方"草原之路"倡议、俄方跨欧亚运输大通道倡议进行对接达成重要共识，批准了《中华人民共和国、俄罗斯联邦、蒙古国发展三方合作中期路线图》。"启动中蒙俄经济走廊建设是三国发展战略高度契合的结果"。① 目前，中蒙关系已提升至"全面战略伙伴关系"，这明确了两国合作的发展方向，为中蒙两国全面合作打下了政治互信基础和制度建设基础。

对中蒙两国间的人文交流而言，宗教文化占据重要地位。由于藏传佛教格鲁派为蒙古国的国教，其重要性更为突出。蒙古国居民中，约有 90% 以上信奉藏传佛教；信仰伊斯兰教的穆斯林约占人口的 4%。20 世纪 90 年代以来，蒙古国的藏传佛教呈复兴之势。蒙古国宪法第九条规定：在蒙古国，国家尊重宗教，宗教崇尚国家。为更好地协调国家与宗教的关系，蒙古国于 1993 年颁布《国家与寺庙关系法》②。该法规定藏传佛教为国教，同时声明：信仰或不信仰任何宗教属于个人的信念，禁止从事将公民按宗教信仰不同，或是以信仰或不信仰宗教进行排斥、歧视和分化的活动。这就从法律上保障了居民的宗教信仰自由。该法第四条还规定：国家从崇尚蒙古国人民的和睦和文化历史传统出发，尊重佛教在蒙古国的主导地位，但这并不妨碍公民信仰其他宗教。这一条款虽然引起了一些新传入蒙古国的宗教如基督教派的不满，但与佛教和平相处多年的蒙古国内的伊斯兰教信徒并没有提出质疑。在蒙古国，现有多种宗教，佛教和伊斯兰教属于蒙古国的传统宗教，而 20 世纪 90 年代之后传入蒙古国的宗教属于非传统宗教。目前的宗教矛盾主要表现在传统宗教与非传统宗教之间。

在"一带一路"倡议背景下，国家层面上开始重视公共外交的重要性。中国公共外交要以中华文化中历史悠久、能量强大的宗教为资源，传播中国智慧、讲述中国故事、发出中国声音，使中国公共外交更加深入人心。宗教是地缘政治中的软实力，宗教发展现状是公共外交的重要内容。在开展公共外交时要关注宗教的地缘政治影响。在全球化背景下，宗教外交越来越受到重视。宗教外交，又称神祇外交，简单地讲，就是一种"以信仰为基础的外交"或是宗教在国际关系中的互动，即以宗教价值观为核心，追求一种宗教关怀或宗教目的并在其中有意识地因应自身国家利益的外交形态。目前，中国学界对宗教外交的权威定义是："宗教外交系指一个国家的中央政府以特定的宗教价值观念为指导，通过职业外交官直接实施、授权或者委托各种宗教组织实施的外交行为以及默许宗教组织开展的针对另一个国家政府的游说活动。"③ 这一定义中包括了宗教外交的主体（具有浓厚的政治考虑）、客体（宗教组织或教民）、目的（促

① 王浩：《蒙古国"草原之路"倡议解析》，载内蒙古自治区发展研究中心编《2016 中蒙俄智库国际论坛论文集》，呼和浩特，2016 年 9 月，第 177 页。
② 郝时远、杜世伟：《列国志·蒙古》，社会科学文献出版社，2007，第 33 页。
③ 仪名海、郝江东等：《战略策略技巧：多种外交形态透视》，清华大学出版社，2012，第 402 页。

进宗教"福音"的传扬以及国家利益的实现）等。在当今全球化与碎片化比翼齐飞的态势下"宗教外交作为一国政府打国际牌获取政权合法性和支持度的工具，以及构建国家软实力的重要举措，势将方兴未艾"①。著名学者卓新平在《关于宗教与文化战略关系的思考》一文中提出，"我们在当今错综复杂的世界局势中要想守住人类可能共存的底线，使宗教争取在世界和平中发挥其建设性功能，起到更为积极的作用，就必须解放思想，调整思路，做到整体思维、涵摄兼容"。②

在今后的中蒙两国交流中，中国公共外交需要借助藏传佛教有效促进中蒙关系。中国外交既要重视与蒙古国政府的交流和合作，还要研究蒙古国社会中宗教的地位和作用，通过宗教资源开展公共外交，为拓展中蒙双边关系创造条件。

中蒙两国间历史上形成的民族和宗教渊源难以完全分割。发挥宗教的"亲缘"作用，中蒙两国间开展人文交流和民间公共外交很有必要。以地缘关系、亲缘关系为纽带的跨境民族可以成为宗教力的民间外交主体。中蒙两国间历史上形成的宗教跨境传播，跨地域发展的平台，可称为当下中蒙两国间积极开展多渠道公共外交的国际性平台。

最近内蒙古自治区已确定向北开放战略，在未来几年，内蒙古自治区将贯彻落实国家"一带一路"倡议和向北开放战略，加快与俄蒙互联互通公路通道建设，对俄蒙将重点推进两条出海通道、三条能源通道和三条旅游通道建设。在"一带一路"建设和向北开放战略实施进程中，我们应当坚持文化先行，通过进一步深化与蒙古国的文化交流与合作，促进两国间区域合作，实现共同发展，让命运共同体意识在沿线国家落地生根。文化的影响力超越时空，跨越国界。文化交流是民心工程、未来工程，潜移默化、润物无声。我们在"一带一路"建设和向北开放战略实施进程中，要积极发挥文化的桥梁作用和引领作用，加强中蒙两国间各领域、各阶层、各宗教信仰的交流交往，努力实现两国的全方位交流与合作。其中，应重点挖掘和开发佛教文化资源，开展中蒙人文交流和民间公共外交活动。这有助于夯实我国同蒙古国合作的民意基础。跨境民族文化的传播容易形成地缘文化的认同。两国关系亲不亲，关键在于民心。民心的亲近无疑将对国家之间的外交、政治、经济、文化等各领域产生显著影响。佛教的慈悲、智慧、平等观念，在信奉佛教的民众占大多数的国家之间，能够引起的共鸣则尤为广泛与深入。由于民心的作用，佛教文化交流将会对中蒙两国间的关系产生一系列的促进作用。通过佛教文化开展人文交流和公共外交具有民间信众基础，会有明显的社会文化效益。在经济建设层面，还可以基于《中蒙战略伙伴关系中长期发展纲

---

① 仪名海、郝江东等：《战略策略技巧：多种外交形态透视》，清华大学出版社，2012，第 406 页。

② 卓新平：《关于宗教与文化战略关系的思考》，《雍和宫》2016 年第 1 期。

要》中具体合作框架,打造中蒙跨境宗教旅游精品线路,这样更能有效推动中国"一带一路"建设和蒙古国"草原之路"规划的务实对接。这样,中蒙两国间的宗教事务与世俗事务才能够产生更加密切的良性互动。

原载于《世界宗教文化》2017 年第 2 期

現代における定住モンゴル族の春節に関する研究

——中国黒龍江省ドルブットモンゴル族自治県の布村を事例として

趙月梅

1　はじめに

　　現在、中国では旧正月（旧暦の正月）のことを "春節" と呼ばれ、最も重要な年中行事と位置づけられている。中国モンゴル族も盛大に旧正月を祝っており、モンゴル語でtsagaan sar（白い月の意）、または中国語で "春節" と呼ばれている。

　　tsagaan sarに関して、波・少布は、古代ではtsagaan sarは季節が変わり、牛乳が豊饒になる年始の9月（旧暦）を指すが、これはフビライ・カーンの「中国の暦」の採用により、年始は1月（旧暦）に移されたが、tsagaan sarで年始の月を命名する伝統を残したため、1月（「旧暦）のことをtsagaan sarで命名してきた、と述べている（波 2007：208 – 209）。つまり、年始を意味するtsagaan sarは、フビライ・カーンの「中国の暦」の採用により、本来の9月（旧暦）から1月（旧暦）に移ったとしている。

　　このようなモンゴル族の年始の月の移動は、必ずその春節行事に影響を与えたと考えられる。実際、モンゴル族は旧暦8月末・9月初に当たる時期に "蒙古年"[①]を行っていた時代があったとする説がある（波 2007：208 – 209）。しかし、現代ではほとんどその行事を行っている事例は見つけられない。一方、旧暦1月を年始と見な

[①]　波（2007：224）によると、モンゴル族は旧暦の8月28日に "蒙古年" を行う習俗があった。モンゴル族は "草木紀年" に基づいて、以前から旧暦の8月を年末、旧暦の9月1日を新年と考えてきた。これは元の「中国の暦」の採用によって廃棄されたことがなく、1月の新年と同時に存在していた。この日、乳製品を中心に行事を行うが、特に新鮮な馬の乳で天を祭祀する。しかし、マルコ・ポーロの遊記を記録した（愛宕訳注 1970：224 – 225）によると、陽暦の9月28日（旧暦の8月28日前後にあたる）には、フビライ・カーンの誕生日を祝う饗宴で、臣属たちが正服をまとって各地から集まり、カーンの幸福と健康を祈願している。"蒙古年" に関しては、ほとんど言及していない。

す春節に関して、『東方見聞録』に、「カーンより以下その国人のすべてが、余裕の
ない者は別として、老幼男女を問わず白い衣装をつけるのが習慣となっている」と
述べられている（愛宕訳注 1970：226）。

　上述した内容に基づいて、元に至るまでのモンゴル族春節の変遷を概括するな
らば、旧暦 9 月を年始と認める時代があった可能性があるが、フビライ・カーンの
「中国の暦」の採用により、旧暦 1 月が年の初めとされるようになった。ただし、モ
ンゴル族が年始の月をtsagaan sarと呼び、白色で幸福を象徴する傾向が見られる点は
以前から一貫している。

　しかし現在、モンゴル族各地域の春節行事には生業方式および生活環境の変遷
にしたがい、大きな変化が見られ、とくに、モンゴル族の定住地域では、周辺漢族
による農耕文化の影響を深く受けている。

　本稿は中国黒龍江省ドルブットモンゴル族自治県の布村①を事例として、村落社
会におけるドルブットモンゴル族の春節の現状を報告するとともに、その特徴およ
び変遷要因を明らかにすることを目的とする。これは、ドルブットモンゴル族の社
会変遷に繋がる重要な研究課題になると考えられる。さらに、定住化に巻き込まれ
た中国各地域のモンゴル族の春節研究を進めるうえで、重要な参考資料を提供する
ものと思われる。具体的には、以下の四つの課題を設定する。第一に、ドルブット
モンゴル族自治県の形成プロセスを述べる。第二に、布村の概況を紹介する。第三
に、布村の春節を検討する。第四に、布村春節の特徴およびその変遷要因を明らか
にする。

2　ドルブットモンゴル族自治県の形成プロセス

　現在、ドルブットモンゴル族自治県は中国の黒龍江省大慶市に属し、そこに生
活しているモンゴル族は「ドルブットモンゴル族」と呼ばれている。

　「ドルブット」はモンゴル語のduruv（数字の4を指す）の複数を表し、歴史上で
はモンゴル族の部落の名前である。黒龍江における「ドルブット部」は、チンギス
・カンの弟のハブト・ハサル（哈布図哈薩爾）の第 14 代孫のクィモンケハスハラ
（奎蒙克哈斯哈喇）の後裔を中心として形成された（波 2006：1）。1648（順治 5）
年に、「ドルブット部」は清の管理下に置かれ、呼称を「ドルブット旗②」に変更を

① 布村の正式名称は "布和崗子村（bù hé gāng zi cūn）" で、本研究では省略して「布村」と呼ぶ。
② 「旗」は、清、民国時代のドルブット地域の最高政権で、管理範囲は現在中国の行政　単位の県の レ ベ
　ルとほぼ同じである。

余儀なくされ、内モンゴルのジーリム盟の所属となり、6 個のノタク①と59 個のアイル②を管理させられることになった。また1686（康熙 25）年から、清政府はドルブット旗に宿駅を建て始め、さらに、1904（光緒 30）年に「蒙地開墾」政策を実施した。これは、漢族及び他の少数民族の移入と、ドルブットモンゴル族の定住スピードを加速させることとなった。1912 年、中華民国成立により、ドルブット旗は"民国政府蒙藏委員会和東北行政委員会蒙旗処"の管理によって黒龍江省③の所属となり、8 個の族（範囲はノタクと同じ）と114 個の屯を管理させられた。1956 年から「ドルブット旗」は「ドルブットモンゴル族自治県」として今に至っている（杜爾伯特蒙古族自治県地方誌編纂委員会 1996：42－43；波 2006：38）。

　　上述したような歴史的変遷のなかで、ドルブットモンゴル族の社会生活には大きな変化がもたらされた。とくに、清の「蒙地開墾」政策の実施によって、彼らの定住スピードが加速された一方、漢族との接触も激しくなってきた。現在、衣、住から見れば、ドルブットモンゴル族の服装と住宅は、周りの漢族と相違が見られない。食では骨付き肉、ミルク、お酒を好む傾向が見られ、遊牧生活の趣を残す。また、言語面では、「ドルブットモンゴル族同士のコミュニケーション手段は多様であり、日常的に、中国語、モンゴル族コミュニティー言語（DMCL)④、モンゴル語の三種類の言語を使用し、場面や相手に合わせて使用言語を選ぶことになる。フォーマルな場面での使用言語は中国語となっており、中国語は共通語として用いられている」（包 2011：385）。さらに、「何民族か」と聞かれると、「モンゴル族」と誇りをもちながら答える人が多く、1978 年から国家が実施した「少数民族優遇政策」⑤の浸透に伴い、ドルブットモンゴル族がほかの民族と通婚する場合、次世代の子供をモンゴル族として戸籍に登録する意識が強くなってきた。2014 年 5 月、全県総人口約 25.2 万のうち、モンゴル族は18.2％を占めている。⑥

---

① 波（2006：4）によると、「ノタク」は、血縁関係（父系）をもとにする社会と経済の基本単位で、固定遊牧地を持っている集団を指す。

② 波（2006：3－4）によると、明朝以前の「アイル」は、一つの家庭あるいは幾つかの家庭連合で、自由に遊牧する方式を指す。その後、明朝末期、主に清朝に入って以降、「アイル」は「ノタク」の基礎単位となり、固定遊牧地を持ちながらノタクの管理を受けている。

③ 杜爾伯特蒙古族自治県地方誌編纂委員会（1996：42－43）によると、ドルブット旗は1934～1946 年に龍江省、1946～1949 年の間では嫩江省の管理を受けて、1949 年に嫩江省が黒龍江に合併されたことにしたがい、再び黒龍江省の管理を受け取った歴史時代があった。

④ 包（2011：1）によると、「DMCL」はモンゴル語と中国語の要素から構成されるドルブットモンゴル族のコミュニティー言語を指す。

⑤ 温都日娜（2007：133）によると、「少数民族優遇政策」とは、進学、就職、生育或いは昇進する場合、少数民族の構成員は漢族より優先に選抜される政策を指す。これはおもに1978 年に行われた中国共産党の「十一次三中全会」によって確定した。

⑥ http：//www.drbt.gov.cn/qygk/lsyg/index.html 2014/9/28 取得

3 布村概況

布村は黒龍江省ドルブットモンゴル族自治県のケルタイ（克爾台）郷に属している。総人口は179 人のうち、モンゴル族が約 71.5％、漢族が約 26.3％、満族は約2.2％を占めている。また、教育レベルから見ると、村内では大学卒業者が約 3.9％、高校卒業者が約 2.8％、中学校卒業者が約 44.7％、小学校卒業者が約 42.5％、非識字者が約 6.1％を占めている。さらに、戸籍登録に基づいて家族の移住経緯を考察すると、全戸数 59 戸のうち、村内では先住世帯が50 戸①あり、移入世帯が9 戸②あることがわかる。家族構成からみると、複合家族が10 世帯、核家族が49 世帯になっているが、村内では3 ~ 4 世代を経過している世帯が多い。③

布村の由来に関して、第 1 戸包氏の放牧生活を営むことにより始まり、ついで白氏と王氏もここに移住した後、旗内モンゴル族と漢族も次々に入植するようになったという人がいる。④ これは、また鹿の意味をもつbogというモンゴル村名によって考察できる。波によると、清の時代では、ドルブットモンゴル族は鹿の出没場所に屯を建てる習俗があった（波 2006：140）という。したがって、布村は「屯」として、遅くとも清の時代には形成されていたことが分かる。また、村内北方に位置する大オボー⑤は、bayan oboo⑥と呼ばれて、清朝のドルブット第十一ノタクオボーの遺跡と重なっている（波 2006：364）。さらに、前述したように、1648（順治 5）年からドルブット旗は6 個のノタクと59 個のアイルを設立したが、布村はこの59 個のアイルに含まれているため、1648 年にすでに形成されていたと推測できる（波 2006：4 – 5，38）。

---

① 本研究の「先住世帯」とは、本村で生まれ、生活してきた世帯主によって形成された世帯を指す。また世帯主の結婚相手の出身地によって、先住世帯の50 戸を、村内通婚の10 世帯、ケルタィ郷 内通婚の13 世帯、ドルブット自治県内通婚の8 世帯、黒龍江省内通婚の 6 世帯と黒龍江省以外 通婚の13 世帯に分けられる。

② 本研究の「移入世帯」とは、夫婦とも本村生まれではなく、他の地区で戸籍登録をした後、布村 に移入した世帯を指す。この移入世帯の9 戸を、またモンゴル族の1 世帯（吉林省）、満族の1 世帯（黒龍江省内）、漢族の7 世帯（県内 2、黒龍江省内、1 山東省 4）に分けられる。

③ 2010 ~ 2014 年まで布村で行った、筆者の家族に関するフィールドワーク資料に基づいて統計 したものである。

④ 現在布村在住のBXさんへの取材内容（2010. 2. 12）によると、BXさんは第 1 戸包氏（包は "孛 児只斤" 姓の略称で、モンゴル皇嗣の氏である）の直系子孫である。しかし、BXさんは6 代以 内に限っての祖先の名前を覚えている。BXさんによると、白氏はモンゴル族で、もともとは包 氏の使用人であった。また、王氏は始めて布村に入植した漢族であるが、新中国成立より若干 前に布村から出たと言われている。現在布村在住のBXさんへの取材（2010. 2. 12）より。

⑤ オボーは山や丘の頂上、あるいは平原や川のほとりに建てられた土あるいは石積みの築壇である。

⑥ bayan obooは豊饒を象徴しているオボーの名前である。

　　自然資源では、布村はウユル（"烏裕爾"）川に恵まれたため、牧草地育成には優位であった。しかし「文革」時、1997 年、2009 年の三回に渡って開墾活動を行い、全村落面積約 25，000 畝のうち、約 1426 畝の畑と約 10，000 畝の水田を開拓した。また、2002 年には、国の "防風固沙（風と流砂を防ぐ）" 政策に応じて、地方政府の支援によって村内の畑を全て林地に転換した。現在、村内牧草地の面積は約 8，000 畝で、総面積の32％を占めている。村内の宅地は、住宅用地、村学校、オボーに分けられるが、面積は約 1，500 ㎡で、総面積の6％を占める。[①]

　　生業方式の場合、牧畜業は依然として布村の重要な生業方式であるが、開墾活動によって村人は徐々に農業を営むようになってきた。それ以外には、漁業、商売などを営む家族も見られる。2014 年 2 月まで、牧畜業だけを営む世帯は13 戸で約 22％、農業だけを営む世帯は10 戸で約 17％、牧畜業と農業や、農業と漁業など二つ以上の兼業は29 戸[②]で約 49％、出稼ぎや商売だけを営む世帯は7 戸[③]で約 12％となっている。家畜の種類は、乳牛、羊、ヤギ、ロバ、豚、家禽などが見られ、乳牛と羊は市場出荷用として、重視されている。2014 年 2 月に行った筆者の調査によると、全村で乳牛は108 頭、羊は136 匹が飼われている。自用畑作物[④]として、トウモロコシ、ひまわり、大豆、白菜、大根などが栽培されている一方、市場出荷用のために稲作をする農家も見られる。

　　言語の使用から見ると、布村ではごく少数の老人は流暢なモンゴル語が話せるため、話し相手に合わせて、モンゴル語、中国語とDMCLを選ぶことになる。モンゴル語を一部習得した中年モンゴル族は、中国語とDMCLを話せる場合が多い。それ以外に、モンゴル語を理解できても話せない・完全にモンゴル語が分からない一部の若者と子供は、漢族と同様に中国語を使用している。つまり、布村はドルブットモンゴル族自治県の大環境とほぼ一致しており、中国語を共通語にしている。

　　以上、村落の人口・家族概況、成立時期、面積とその割合、村人の生業・職業、言語使用状況の視点から、布村を紹介した。では、上述したような発展背景のもとで、布村の春節はどのように伝承されてきたのか。この問題を明らかにするため、以下 4 章では、布村の春節の現状、特徴および変遷要因に関して検討する。

---

①　現在布村在住のZYさんへの取材（2010.2.1）より。
②　牧畜業と農業を共に営む世帯は16 戸、農業と漁業を共に営む世帯は2 戸、牧畜業と漁業を共に 営む世帯は4 戸で、牧畜業、農業、漁業を共に営む世帯は5 戸、牧畜業と商売を共に営む世帯は 2 戸である。
③　出稼ぎをしている世帯は6 戸、商売だけを営む世帯は1 戸である。
④　布村では畑を林地に転換したため、作物を住宅前の菜園に栽培している。

4　布村の春節

　　昔々名前が"年"という妖怪がいた。"年"の性格が非常に凶暴で、人間
と家畜を食べるのを好んだ。普段、彼はずっと海の底に隠れているが、毎年最
後の夜になると出てきて、夜明けになるとまた海に戻っていた。だから、その
日を"年関"という。"年関"の夜、皆"年"に襲われないように、ドアをち
ゃんと閉めて家族全員で食事する。翌日、家族以外の人の吉凶を確認するため、
お互いに挨拶に行く。"年"が光と音を恐れるので、人々には火と爆竹を燃やす
習俗があった。[1]

　　これは、筆者が2014年2月におこなった春節調査での「年の物語」の記録であ
る。ここから読み取れることは、布村の春節は家族安定と吉凶を確認することにあ
る。これは内モンゴルに伝承する、神様が妖怪を降伏させたことを祝う"年的伝
説"[2] とは異なっている。一方、漢族には布村とほぼ同じように、家内安全および五
穀豊穣を祈願することを目的にする"年的伝説"[3] が見られる。布村の「年の物語」
を、上述した内モンゴルの"年的伝説"と漢族の"年的伝説"と比較して考察した
結果、布村の「年の物語」は漢族からの影響を深く受けていることがわかる。では、
現在、布村の春節は具体的にどのような形で表象されているのか。以下筆者が
2010～2014年の間では布村で行った春節フィールド調査に基づき考察する。
　　まず、"春節"自体に関しては、中国社会科学院語言研究所詞典編輯室編
（1996：201）によると、"農暦正月初一，是我国伝統的節日，也指正月初一以後的幾
天（旧暦一月一日は我が国の伝統春節であるが、また旧暦一月一日以後の数日を指
す）"のように説明している。しかし、春節は民俗行事として、その準備がほぼ旧暦

---

[1]　インフォーマントの使用言語は中国語で、原文は以下の通り。"很久很久以前啊，有一箇叫'年'的妖
怪，它性格残暴，愛喫人和牲畜。平時吧，它就躲在海底，可是一到毎年的最後一天它就跑出来，天亮了
就又回到海裡。所以這天叫做'年関'。'年関'的晩上，大家為了不被'年'喫掉，都関好門，一家人
坐在一起喫飯。第二天為了確認有没有人被'年'喫掉的事児，相互串門児打招呼。這箇'年'，因為怕
光和声児，所以就有了点火放砲児的習俗。"現在布村在住のGYさんへの取材（2014.1.30）より。

[2]　邢莉（2010：188-189）によれば、ホルチン左翼中旗宝龍山鎮では人々は「神様が'年'という妖怪
を降伏させたことを祝うために、春節を行っている」という伝説が伝承されているという。劉紅波
（2011：8）によれば、内モンゴルの呼和浩特土黙特地区では、同様に「神様が妖怪を降伏させたこと
を祝うために春節を行っている」という伝説が伝承されている。

[3]　葛雲（2013：83-84）と莫福山ほか（1992：60-61）は、"年"は性格が非常に残酷な妖怪で、365日
目の夜になると、人畜を食べ、田園を壊すために出てくるものである。人々は"年"の被害にあわな
いように、早めに食事を用意し、火を消していた。ある年、人の赤色の飾り物と音によって、"年"が
逃げてしまった。その後、年末年始になるたびに、人々は春聯を貼り、赤色の服装を買い、爆竹を燃や
すことで家内安全、五穀豊穣を祈るようになった、と指摘している。

十二月から始まり、一月に入っても関連行事が続くのは一般的である。現在、布村の春節は、準備期間を含め、旧暦 12 月の shineleh gahai alah（新年のために豚を殺すこと）から、旧暦 2 月 2 日までの、tsagaan sar us haichilbal nagch uhuh（正月に髪を切ると叔父が死ぬ）というタブーの解除によって終了すると言われている。[①] 以下は、食、特有の事物、新年の訪問、祭祀活動およびタブーの視点からその現状を述べる。

4.1 食

ドルブットモンゴル族の春節の食に関して、波は、年末に豚、羊を殺し、冷凍食品を作る習俗、また一年の最後日の午後に行う "団円飯"、深夜の "子夜年飯" と翌朝の家族内の新年挨拶と共に行う "新年飯"、さらに村人の間に行う "年禧飯" の4つを紹介している（波 2007：210 – 211）。布村の場合、春節の食事には shineleh gahai alah、hulduu bansh barih（冷凍餃子を作ること）、bituunii budaa（一年の最後日の食）がある。"年禧飯" は、また春節行事の「新年の訪問」と関連性があるため後に詳述する。

4.1.1 shineleh gahai alah

布村では、旧暦 12 月に入ると新年を迎えるために豚を殺す行事を行うが、これを shineleh gahai alah、または中国語で "殺年猪（shā nián zhū）" と呼んでいる。これには人が単に豚肉を摂ることだけではなく、様々な民俗特徴が見られる。まず、豚を殺す前、家の世帯主は期日を決めなくてはならないが、他家の期日と重ならないよう、また村の男たちの都合がよい日に決める。そのため、shineleh gahai alah は村落の男を中心として行っていることが分かる。また、gahai alah hun（豚を殺す専門の屠殺者）は40～50 代の男で、彼には4、5 人の男たちが手助けをする。時間帯は、午前中の9～10 時頃に集中している。豚を殺す直前に、世帯主が豚に餌を与えた後、豚を小屋から追い出して、gahai alah hun および手伝いの男たちが庭のなかで豚を殺す。家族の家畜財産を失うことがないように、必ず豚の頭を家に向け安置し、女性の近づくことと、複数回で屠殺することを禁忌とする。屠殺後、男たちは豚の毛を抜いて、その身体と内臓を解体する。

その一方、主婦たちは厨房で湯を沸かし、午後の食事を用意する。午後 2～3 時になると、豚に関連した仕事がほぼ終了し、彼らは他の村落の男たちと一緒に世帯主の家で食事をともにする。その食べ物は豚肉を中心材料にした gahain mahnii shul

---

① 現在布村在住の ZW さんへの取材（2014. 2. 2）より。

（豚のスペアリブスープに豚肉、豚の血と酸菜①を入れて作ったおかず）、gahain mah
（煮た豚肉に醤油を付けて食べるおかず）、gahain tsos（豚の血を味付けた後豚の腸に
入れて、蒸した後、炒めて食べるあるいはそのままで食べるおかず）、gahain elgenii
huiten nogoo（豚の肝を煮て千切りにし、人参と白菜と和えたおかず）などである。
しかし、女性と子供はほとんど男たちと一緒にその場で食事をしない。新年の豚を
殺した家族は、必ず自分の豚肉を近隣の人たちに贈る。このように、旧暦の12月か
ら、布村の各家族は次々にshineleh gahai alahを行い、お互いに新年の食べ物および食
事の用意が始まったことを伝え合う。

　布村と同じように、中国東北部の漢族も年末に豚を殺す習俗がある。しかし布
村の場合、shineleh gahai alahというモンゴル語の特定呼称がある。さらに、そのga-
hain mahnii shulはモンゴル族のhonin mahnii shulと関連性があると波は指摘している。②
ドルブットモンゴル族は他の地方のモンゴル族と同じく、以前から旧暦5月13日頃
にオボー祭祀を行い、honin mahnii shulを食べる習俗がある。このhonin mahnii shulは、
羊肉のスープに粟を加えて、オボー祭祀が終わった後、その場において村落全員で
食べる粥である。この粥はオボーに供える羊丸ごと一匹と同じように神様の食べ物
で、それを食べると一年間家族と家畜の安全が保護できると考えられている。作り
方からみれば、honin mahnii shulとgahain mahnii shulはほぼ同じで、その材料だけに差
異が見られる。さらに、現在の布村のshineleh gahai alahの食事では、豚のスペアリブ
がおかずとして出てこないことは、上述したモンゴル族のオボー祭祀に関わるhonin
mahnii shulの食べ方と関連性があるだろう。

4.1.2　hulduu bansh barih

　布村ではhulduu bansh barihがshineleh gahai alahより少し遅れた時期に行われる。
これは村内女性たちの協力によって、各家族が春節時期で食べるすべての餃子を一
晩、二晩で作り、冷凍しておくことを指す。村内ではhulduu bansh barihのことを、中
国語で"包凍餃子"とも呼ぶ。餃子の具はおもに肉（豚肉、羊肉、牛肉）と野菜
（"酸菜"、白菜、大根）の合わせたものである。布村のhulduu bansh barihは、最低10
人くらいの女が集まり、粉と具をこねる者1人、餃子の皮を作る者2、3人、その他
は具を皮に包む者、というように仕事を分担する。餃子づくりが終わった後、皆で
その場で春節の初めての餃子を味わう。布村のhulduu bansh barihは、中国東北地方の
漢族とほぼ同じで、村人は豚肉と"酸菜"の具を好み、漢族と同じように餃子のな

---

① "酸菜"とは白菜に塩を少量で漬け込み、甕に入れて発酵させたものを指す。"酸菜"は中国東 北地方
独特の食べ物である。
② 現在黒龍江省ハルビン市在住のBSさんへの取材（2014.2.7）より。

かに硬貨と糸を入れ、金運と健康を願う。この食事習俗には東北の地域性と漢化傾向が強く見られるといえる。

4.1.3　bituunii budaa

旧暦 12 月の最終日に食べる食事は、布村ではbituunii budaaと呼ばれ、中国語で"年夜飯"という場合もある。これには一年の最後の日に、家族全員で食事するという意味を含んでいるため、波（2007：210）が"団円飯"[①] の語で記録している。布村の場合、bituunii budaaは"団円飯"と比べると遅い時間帯に行われ、午後 4 ~ 5 時から夜の7 ~ 8 時まで続けられる。この最終日の食事は、白飯と豚の骨付き肉およびスペアリブのスープ[②]を中心として準備されるが、日付が変わる0 時に神様を迎えるために、二回目のbituunii budaaを準備する。波（2007：210）には、炒め物と水餃子を中心とした"子夜年飯"が記録されているが、これは布村の二回目のbituunii budaa に相当すると思われる。現在、布村では第二回目のbituunii budaaを整える時、料理の数はモンゴル族にとって縁起の良いとされる奇数の3、5、7、9などではなく、漢族と同様に偶数の6、8、10、12などが好まれている。[③] さらに、食材の鶏・魚・セロリは、漢族と同様に、中国語の"鶏 jī"が"吉 jí"と、"有魚 yǒu yú"（魚がある）が"有余 yǒu yú"（あまりがある、たくさんの財をもたらされる）と、"芹 qín"（セロリ）が"勤 qín"（勤勉）と同音・近音であることで縁起が良いとされているため、漢化の傾向が見て取れる。

　その他、布村では正月一日の朝、朝食時に家族全員が集まり、年長者および世帯主が新年の祝詞を唱える習俗がある。このような朝食は、波（2007：210 – 211）の指摘と一致して、布村では"新年飯"と呼ばれている。現在、布村の"新年飯"は前夜の二回目のbituunii budaaとほぼ同じである。このため、前夜の二回目のbituunii budaaを省略し、神、新年を迎えるための祝いの食事は、"新年飯"だけとする家庭が増えてきた。"新年飯"は、年が新たに始まったことを意味し、これからの一年間も「生活安定」、「家庭和睦」となるように、という村人たちの祈願が含まれてい

---

① 波（2007：210）によると、ドルブットモンゴル族は一年の最後の日の昼頃（ある部落は午後 三時に行う）に、家族全員で（出かけた人もできるだけ家に戻らなけらばならない）今年最後 の食事をする習俗があるという。この食事では必ず骨付き肉を食べるが、羊がない農耕地域で はその代りに豚のスペアリブを食べ、食事の際、祖父母以下の亡くなった先祖への皿と箸を用 意して、皆一緒に 春節を迎えていることを表す、という。しかし、布村では祖父母以下の先 祖の皿と箸を用意する習俗は見られなかった。

② "酸菜"あるいは干したインゲンを入れたスペアリブのスープを指す。

③ 布村では、6が中国語の"順"と、8が中国語の"発"と、10が中国語の"十全十美"と、12 が中国語の"十全十美＋好事成双"の意味を象徴するため縁起が良いとされている。現在布村在住のZWさんへの取材（2014.1.30）より。

る。さらに、3日の蒙古餡餅、7日のうどん、15日の糯団子（"元宵"）を食べることで、この祈願をさらに強調していると考えられる。

4.2 春節特有の事物

食事以外に、春節の雰囲気は、また特有の事物によっても感じ取られる。ここでは、おもに"春聯（児）"とpuujing（爆竹）を中心として考察する。

4.2.1 "春聯"

布村では、正月を祝うため、門口に祝詞を書いた赤い紙——"春聯"を貼るが、その時期は、旧暦12月28日～30日の間である。"春聯"は、先秦時代の漢族に先駆的形態が見られ（"桃符"①、"宜春"②）、唐代に固定化し、宋代に普及したと言われている（張海楠2012：39）。一方、モンゴル族は以前遊牧生活を営んでいたため、移動性が高いゲルを利用したが、門に鍵あるいは厄払いの絵を貼る習俗はなかった。彼らは頸および物にzangia（ラマからもらう経が唱えられた赤色の細い布）を結んで、家内安全と家畜豊饒を祈願していた。現在モンゴル族の春節における"春聯"の習俗は、漢族の影響を受けた結果だと考えられる。その影響程度によって、モンゴル語で表すhos uyanga③と、中国語の"春聯"の二つの形に分けられる。ドルブットモンゴル族は早くに定住したため、中国語の"春聯"を用いている。2014年の布村モンゴル族春節では、各モンゴル家族は漢族と同様に、春節で門、倉庫、家畜の小屋、車、甕などに春聯を貼っている。

4.2.2 puujing

「爆竹」は、布村ではpuujingあるいは"鞭炮"と呼ぶ。現在、布村のモンゴル族は漢族と同様に、春節のpuujingを厄払い効果がある物として、好んで使用する。そのうえ、彼らはまたpuujingを神様と関連がある物として考えている。たとえば、旧暦12月23日、布村のモンゴル族はかまど祭祀を行う時、puujingを燃やしている。さらに、年の最後の日、祖先の墓前で祭祀を行う時に、puujingを燃やす。その理由は、"想用鞭炮（puujing）声，把我們的事児伝達給神霊（爆竹の音で自分たちのことを神様に伝えたい）"からだと言う。④ これはモンゴル族の自然信仰、とくに雷神信仰と

---

① 古代人は桃人（桃木を材料にして彫刻した人の像）或いは桃符（桃木の板に人の画像を描いて 桃人に替えるものである。この呼び方は後漢時代に形成されたという）に厄払い機能があると 信じて、家の門に桃木を飾る習俗がある。
② 張海楠（2012：39）によると、宜春はまた"宜春貼"と呼ばれて、春節祭りの時家の 門に飾る 書付物をさしている。
③ 愛知県名古屋市在住のBJさんへの取材（2014.10.2）によると、現在、内モンゴルの赤峰、通遼、興安盟、錫林郭勒盟などの地域では、春節にhos uyangaを貼る習俗が見られる、とのことである。
④ 現在布村在住のZWさんへの取材（2014.1.30）より。

関係が深いと考えられる。『蒙韃備録』にモンゴル族は "其俗最敬天地，毎事必称天，聞雷声則恐懼，不敢行師，日天叫也（その習俗において人々は天と地を最も敬い崇拝し、何事があっても必ず天に問う、雷鳴を聞くと恐懼して、兵を挙げるのを憚る、天が叫んでいるという）" とある。[1] つまり、雷は神の使者で、雷音は人々が天神の指示を判断する手がかりになっている。とくに、ドルブットモンゴル族には、厄払いのために毎年旧暦 4 月の半ば頃に雷神を祭祀する習俗があった（波 2007：258）。したがって、上述したモンゴル族の「雷は天の声」という伝統的な意識と、村人の「puujingの音」によって自分自身の情報を神様に伝えようとする意識は通底していると考えられる。これは、モンゴル族の異文化接触のなかで、漢文化を自文化と適合させた一つの証拠である。

4.3　新年の訪問

布村の場合、以前から春節でお互いに挨拶し、贈り物を交換する習俗がある。現在、この習俗はおもに新年の一日と二日に集中している。

4.3.1　「一日の村内の年始回り」

新年の一日の朝、布村の男性たちは村内では、年下が年上に "拝年"[2] する活動を行っている。"拝年" する時、年下の男性が必ず新年の贈り物を持って、年上の方がその贈り物の返礼として食事を準備する。波（2007：211）は正月一日の食事会 "年禧飯"[3] を記録しているが、布村ではこの呼び方を知る人はほとんどいない。年下の男性から用意される贈り物はおもに酒、菓子、茶、果物で、その後の食事は餃子と鶏、魚、肉のおかずが主である。その贈り物と食事の準備には、個人の社会的地位、名誉および双方の親疎関係によって差異が見られる。一方、子供たちも一日に村内で挨拶回りをする。彼らは贈り物を持たず、年長者あるいは親戚の所で叩頭し、祝詞を唱えてもらった後、食事はせず、飴またはお年玉をもらって自分の家に帰る。親は子供のもらう飴とお年玉によって、自分の子の挨拶行為および村内の評価を判断する。このような「一日の村内の年始回り」は、おもに村内の男性および子供を中心として行われている。

4.3.2　「二日の村外からの娘の里帰り」

布村では「二日の村外からの娘の里帰り」は「一日の村内の年始回り」と異な

---

① 『蒙韃備録』（『百部叢書集成』之四『古今說海』〔藝文印書館，1966〕所収、道光元年〔1821〕酉山堂重刊本影印）「祭祀」条。

② 帽子をとり、お辞儀した後、握手をする。

③ 波（2007：211）によると、"年禧飯" は、最後に訪れた家に何十人、何百人かが集まって、羊丸ごと一匹を食べ、飲酒し、歌を歌うなどの娯楽活動を行うことを指す。布村の場合、十何人くらい集まって、食事後に歌を歌う活動が見られるという。

り、主に家族内の贈答および食事を指す。正月二日になると、嫁いだ娘たちができるだけ家族と一緒に実家に戻り、自分の親に新年の贈り物を渡し（親が亡くなった場合、兄に贈る）、その返礼として親は娘に、幸せな一年を願う祝福を伝え、一緒に食事をする習俗がある。その贈り物は基本的には衣類、酒、茶、肉、米、果物などである。これはまた親たちにとっては村落社会における地位と名誉に関わる重要な行事ともいえる。現在の布村では、二日に娘から贈り物を貰わない親はほとんどいない。「二日の村外からの娘の里帰り」は、春節という特別な時間空間のなかで、嫁いだ娘たちの恩返しの意識を表す一種類の「新年の訪問」活動としてとらえられる。

4.4 祭祀およびタブー

春節は神や神霊と関連があるため、「聖の区間」として日常生活から切り取られる。人々は日常から非日常である「聖の区間」に移動するために、祭祀儀礼を通じて神と交信し、各種のタブーによって自分自身を浄化する。布村の場合、これは"祭竈神"、tsaas shataah（一種の祖先祭祀儀礼で、後述する）、"祭天"および「春節と関連性がある言語・行為のタブー」によって考察できる。

4.4.1 "祭竈神"

"祭竈神"はかまどの神を祭祀することを指している。現在、布村のモンゴル族は漢族と同様に、旧暦の12月23日にかまどの神を祭る儀礼を行っている。具体的には、下記のような内容である。

旧暦の23日、つまり小正月の日の夜、大体8、9時頃に、主人は台所のかまどでかまどの神を天に送る。線香を3本焚いて、キビ飯、ナツメ、砂糖を供える。粘りがある甘い物でかまど神の口の自由を奪えば、彼は天に昇って良いことだけを報告し、悪口をいわない。"竈王爺本姓張，騎着馬挎着槍，上天言好事，下界保平安（かまど神の本姓は張で、馬に跨り銃を引っ提げ、天に昇って良いことを報告し、世の安全を守ってくださる）。"と唱える。今では、いい大学に進学できるように、子を授かるように、財がもたらされるようにと祈願する人もいる。最後に、家族全員でかまどに向かって叩頭する。①

---

① インフォーマントの使用言語は中国語で、原文は以下の通り。"臘月二十三過小年児那天児的晩上，八九点鐘的様児吧，俺家裡人（男人）就得給厨房燥 坑那塊児送竈王爺（竈神）上天。得上三炷香，還得擺上黄米飯、大棗和白糖。得用又粘又 甜的東西把竈王爺的嘴給粘上，讓他上天只説好話不説壊話，還得念叨：'竈王爺本姓張，騎着馬挎著槍，上天言好事，下界保平安。'現在也有念叨考好大学、生児子、発財什麼的 人，最後全家人給燥坑磕頭。"布村在住のBJさんへの電話インタビュー調査（2014.9.27）による。

　　ドルブットモンゴル族には、遊牧の時代、「かまどの神」ではないが、「外の火」あるいは「移動の火」を祭る習俗があった（波 2007：236 - 237）。漢族の「かまどは祖先の寄宿場所で、子孫繁栄、家内安全を保護する神火」という考え方が、このような火を神聖視し、祭る習俗と重なり、ドルブットモンゴル族の定住化にしたがい、受容されていったと考えられる。

4.4.2　tsaas shataah

　　布村では一年の最後の日に、祖先の墓地に行き、供物を焚く儀礼を行う習俗があり、tulsh shataahまたは中国語で"焼紙"と呼ばれる。を指す。この日になると、各家庭の女たちは朝から先祖のために小さな水餃子と、午後のできたての"年夜飯"の一部分、新しい酒・茶・煙草と紙銭を準備しなければならない。供物の準備が完了したら、世帯主は子孫（未婚女性も参加できる）たちを連れて先祖たちの墓に行く。具体的には、下記のように行う。

　　まず地面に蒙古包と同じような円型を描いて、西南方に向いて門を開けておく。その後、世帯主は爆竹を燃やして自分たちのことを先祖に知らせた後、死者を慰める祝詞を唱えながら供え物を円型のなかで燃やす。[1]

　　その理由に関しては、"祖先和活着的人一様，也過年（先祖も生きている人と同じように春節を行っている）"[2] と信じられていることによる。布村のtsaas shataahは、ドルブットモンゴル族の伝統的なやり方と細かい点で差異が見られる。波は、地面に描かれた蒙古包の門は東南方を向き、それは太陽の光を迎える意味を含んでいるとする（波 2006：369）が、現在布村では、地面に描かれた蒙古包の門を西南方に向け、また円型の外に供物の一部分を撒いている。その原因は、西南方を極楽世界の入口と考え、さらに地獄伝説の影響により、先祖への春節の贈り物が順調に届くように、ほかの餓鬼に賄賂を贈るため、といわれている。[3]

4.4.3　"祭天"

　　"祭天"は天を祭祀する儀礼を指し、布村のモンゴル族は、tenger tahihとも呼び、以前から正月一日に天を祭祀する儀礼を行う習俗があった。しかし現在では、おも

---

[1]　インフォーマントの使用言語は中国語で、原文は以下の通り。"先在地上画一箇跟蒙古包差不多形状的円圏児，在西南方開箇当門児。然後放炮児，告訴 他（祖先）大夥児来的事児，完了辺説一些好話 。" 布村在住のZWさんへの取材（2014.1.30）より。

[2]　布村在住のZWさんへの取材（2014.1.30）より。

[3]　布村在住のZWさんへの取材（2014.1.30）より。

に子を授かりたい家族を中心として行われている。具体的には、下記のように行われる。

　　庭に机を置いて線香を焚き、また机に肉、乳製品、酒などを供え、さらに机の前で火を燃やし、家族全員が叩頭する。同時に年長者あるいは世帯主が、空に向かって酒を撒きながら、子を授かるための祝詞を唱え、天の神に感謝しつつ祈願をする。①

このような子を授かりたい家族以外、布村においては春節に合わせて"祭天"儀礼を行う家族はほとんどいない。これは、現代化・都市化によるもの、また"祭天"儀礼そのものの複雑な構造が、儀礼の消滅を引き起こしているのではないかと考えられる。

それ以外に、布村では、以前はhudgunqin（"浩得格欽"）、"黒灰節"、mur gargaah（"開路節"）の春節祭祀行事があったが、「文革」後はhudgunqinと"黒灰節"が衰退し、近年はmur gargaahを行う家族もほとんどいなくなってきたとのことである。②

4.4.4　春節と関連性がある言語・行為のタブー

(1) 言語タブー：おもに春節の時、「死」、「鬼」、「薬」に関わる言葉と、「罵る言葉」を言わない。子供たちは村内の大人と会う時必ず声をかける。その代りに、大人たちは子供に褒める言葉を言う。大人たちは互いに新年の挨拶をする時、下品な言葉を言わないように慎む。tsaas shataah 儀礼を行う時、不吉な言葉を言わないように注意する、などがある。(2) 行為タブー：年の最後日と新年一日のゴミを外に出さない。旧暦一日に、髪を洗わない、薬を飲まない。旧暦一日から五日まで、針仕事、物の貸し借り、喧嘩はしない。旧暦二月二日まで髪を切らない③。このような現在における布村の春節に見られる言語・行為のタブーを、波（2007：211）に記された

---

① インフォーマントの使用言語は中国語で、原文は以下の通り。
"先在院児裡擺箇桌子上香，再供上肉，奶製品，還有酒啥的。在桌子的前面点上一堆火，一家老小都過来磕頭。男主人還得一辺朝著天灑酒，一辺念叨想要孩子的詞児，表達自己感謝天和想要孩子的心願。"現在布村在住のBJさんへの電話インタビュー調査（2014.9.27）による。
② 波・少布（2007：211–214）と現在布村在住のTJさんへの取材（2014.1.30 現地調査/2014.10.2 電話インタビュー調査）によると以下の通りである。mur gargaahは、新年の二日に占いによって今年の吉の方向を決めた後、人々は馬あるいは馬車、歩くなどの形で村外に行く。そこで火を燃やし、祝詞を唱え、供物を焚くことによって今年の交通安全を祈願する習俗を指す。hudgunqin は、正月の13 から15 日まで、村人は仮面を被って村落の各世帯を訪問して踊る習俗である。"黒灰節"は五穀豊穣を祈るために、正月の16 日の朝、村人がお互いに顔に黒いかまどの灰を塗る習俗を指す。
③ 現在布村在住のBJさんへの取材（2014.2.1）より。

"破五"①、また近隣漢族の春節タブーと比較して考察すると、近隣漢族村落（西北方の扎朗格村）の春節タブーとかなり重なっていることがわかる。② これは、現在におけるドルブットモンゴル族の村落生活のなかで、蒙漢文化の融合が激しく起こっていることを物語っている。

5　布村「春節」の特徴および変遷要因

　以上、ドルブットモンゴル族自治県の形成プロセスおよび布村の概況に基づいて、現代における布村の春節行事の現状を報告してきた。その特徴は、モンゴル族の伝統春節行事内容を一部継承していることである。これは、布村モンゴル族の民族意識と関係が深いと考えられる。現在、布村では総人口 179 人のうち、モンゴル族が約 71.5% を占めており、その内訳は全戸数 59 戸のうち、モンゴル族の家族は46 戸である。さらに、異民族と結婚する場合も、次世代の子供をモンゴル族として戸籍に登録するようになっている。族内婚姻を重視することは、次世代の子供の民族意識を育成し、モンゴル族の文化を継承する重要な土台となっている。モンゴル族の文化の継承という観点では、一回目のbituunii budaa、一日に行う男性たちの"拝年"活動、子を授かるための"祭天"などが、漢族と異なる例としてあげられる。また、言語の使用からは、話し相手の状況に合わせて、中国語、モンゴル語、DMCLのいずれかを使用しているが、彼らの間ではDMCLを使用する傾向が見られる。民族性を有して継承されてきた事象に関しては、モンゴル語で表す傾向が強い。そのため、春節に関しては、布村では中国語の"春節"、"殺年猪"、"包凍餃子"と比べると、モンゴル語のtsagaan sar、shineleh gahai alah、hulduu bansh barihの呼称が、より好んで使用されている。

　また、現代における布村の春節には、一部の近隣漢族の春節内容との共通点が見られるが、これは、布村の社会・文化環境、漢族の移入および蒙・漢通婚数の増加現象と関係が深いと考えられる。布村は二つのモンゴル村落と二つの漢族村落に囲まれている。布村は西北に位置する漢族村落の扎朗格村（Zhā láng gé）と緊密な関係をもつ。行政区画上では、布村は扎朗格村の村委員会の管理を受けてきた。また、かつては扎朗格村を通らなければ布村の村人が県、省に行けない時代があり、扎朗格村は布村にとって重要な交通連結地であった。布村と扎朗格村の婚姻関係の結びつきも緊密で、おもに布村のモンゴル族女性が扎朗格村に嫁ぐ形で維持されてき

----

① 　波（2007：211）によると、新年旧暦の1～5日の間では、女性たちの針仕事、米を蒸すこと、外 の仕事、訪問、物の貸し借りを禁じる習俗があるという。

② 　現在扎朗格村在住のMZさんへの取材（2014.2.4）より。

た。そのため、周辺の他の村落と比べると、布村のモンゴル族と扎朗格村の漢族の接触は、より頻繁で緊密であったととらえられる。したがって、両村の蒙漢民族間の異文化接触は深化していると言える。おもにモンゴル族の民族文化が漢族文化を積極的に吸収しているために、布村の春節には、漢族の習俗と同じような事象が存在するものと思われる。たとえば、布村の「年の物語」、"春聯"、"祭竈神"、「春節と関連性がある言語・行為のタブー」は扎朗格村のやり方と同様である。

さらに、漢族の移入および村内蒙・漢通婚数の増加が、春節に影響を与えた結果、その漢化が促進されたと考えられる。布村の家族形成プロセスに基づくと、蒙・漢通婚は1980年前後から始まったものである。具体的に述べると、1979～1989年では、蒙・漢通婚家族が3戸、漢・蒙通婚家族が1戸であった。1989～1999年では、蒙・漢通婚家族が2戸、漢・蒙通婚家族が1戸であるが、さらに1999～現在（2014年）までは、蒙・漢通婚の家族は11戸となっている。① このような蒙・漢通婚によって形成された家族そのものは、蒙漢文化融合の事例の一つで、布村のモンゴル族たちの漢族文化を受け入れる重要な担い手の役割を果たしたため、布村モンゴル族の生活に深い影響を与えたといえる。したがって、布村の春節には漢族からの影響を受け入れ易い傾向が見られる。

6　おわりに

本稿は、布村春節を事例として、現代村落社会におけるドルブットモンゴル族の春節現状、特徴および変遷要因を明らかにすることであった。その現状を考察した結果を、以下のようにまとめた。

1. 布村の「年の物語」は、蒙・漢文化の比較研究視点から見ると、漢族からの影響を深く受けていることが分かる。

2. 布村の春節の食では、shineleh gahai alah、hulduu bansh barih、bituunii budaaが取り上げられる。(1) shineleh gahai alahに見られるgahain mahnii shulはモンゴル族のho-nin mahnii shul との関連性が捉えられる。(2) hulduu bansh barihに目立った漢化特徴が現されている。(3) bituunii budaaは二回に分かれているが、一回目のbituunii budaaは"団円飯"とほぼ同じで、二回目のbituunii budaaは"新年飯"と融合する場合もあり、料理の数と食材は中国語で縁起が良いとされるものを重視している。

3. 布村の春節の「特有の事物」には、おもに"春聯"とpuujingが取り上げられ

---

① 筆者の2010～2014年まで布村で行った家族に関するフィールドワーク資料に基づいて統計したものである。

る。(1) "春聯" のやり方は周囲漢族と同様である。(2) puujing 利用の目的を見ると、漢族と同じように厄払いのために使う以外に、また「自分たちのことを神様に伝える」ために使う場合がある。

　4. 布村の春節の「新年の訪問」を「一日の村内の年始回り」と「二日の村外からの娘の里帰り」に分けることができる。(1)「一日の村内の年始回り」は、村内男性と子供を中心として、年下が年上に "拝年" する活動で現されている。(2)「二日の村外からの娘の里帰り」は、嫁いだ娘たちの親への恩返しの意識を表す一つの新年の訪問活動と考えられる。

　5. 布村の春節の祭祀およびタブーには、"祭竈神"、tsaas shataah、" 祭天" および「春節と関連性がある言語・行為のタブー」があった。(1) "祭竈神" と「春節と関連性がある言語・行為のタブー」は、近隣の漢族習俗との相似性が見られる。(2) tsaas shataah と "祭天" は、村内ではモンゴル語の呼び方と伝統儀礼の一部を保持してきたが、現在では漢族の儀礼の一部を取り入れ、中国語の名称も併用している。

　現代における布村の春節は、ドルブットモンゴル族の春節変遷を表す一つの事例である。これに基づいて、現代におけるドルブットモンゴル族の春節特徴を考察すると、モンゴル族の伝統春節行事内容が一部継承されている一方で、近隣漢族の春節内容の一部と共通している、ということが大きな特徴である。「伝統が一部継承されている」特徴は、モンゴル家族の家庭伝承とモンゴル語の使用によって維持されているものと思われる。「近隣漢族と共通している」特徴は、ドルブットモンゴル族の「遊牧から定住への転換」という社会変遷の影響により形成されたと考えられる。定住のため、ドルブットモンゴル族と漢族の文化接触がより激しくなり、日常生活ばかりでなく、春節にもそれと連動した変容が見られる。したがって、遊牧生活を営んでいるモンゴル族の春節と比べると、漢化傾向が顕著に見られる。さらに、ドルブットモンゴル族の春節は一部の内容が淘汰され、また新たな内容の一部が加わっている、という複雑な特徴も見出される。これは、布村春節の zangia、hudgun-qin、"黒灰節" などの伝統習俗の消滅と、祈願によって "祭竈神" の祝詞を自由に変化させること、"祭灶神" と tsaas shataah 儀礼に「puujing を燃やして自分たちのことを神様に伝える」など、適合性と柔軟性をもって変化させていった事例から観察できる。

　したがって、現代におけるドルブットモンゴル族の春節は、「伝統モンゴル族春節」でも「漢族春節」でもない、遊牧文化と農耕文化の隙間に位置づけられる現代性と地域性を有する祭りと位置づけられる。これは、「遊牧」と「定住」の繋がりを把握する重要な入口であり、さらに現代における他の地域のモンゴル族の春節研究を進めるうえで、参考価値がある一例と言えるだろう。

引用文献

日本語

温都日娜．2007．『多民族混住地域における民族意識の再創造：モンゴル族と漢族の族際婚姻に関する社会学的研究』溪水社．

包聯群．2011．『言語接触と言語変異——中国黒龍江省ドルブットモンゴル族コミュニティー言語を事例として——』現代図書．

マルコ・ポーロ・愛宕松男（訳注）．1970．『東方見聞録1（全2巻）』平凡社．

中国語

波・少布（主編）・何学娟（副主編）．2006．『黒龍江杜爾伯特蒙古族辞典』民族出版社．

波・少布．2007．『黒龍江蒙古族文化』哈爾浜教育出版社．

杜爾伯特蒙古族自治県地方誌編纂委員会．2006．『杜爾伯特蒙古族自治県誌』黒龍江人民出版社．

莫福山等．1992．『中国民間節日詞典』北京労働出版社．

葛雲．2013．「従文字訓詁的角度弁春節起源与年獣伝説」『閩江学院学報』34：83－86．

劉紅波．2011．「近代土黙特地区蒙古族与漢族節日習俗比較研究」内蒙古師範大学社会学学院2011年度碩士学位論文

邢莉．2010．「蒙古族過年習俗的変遷」『西北民族研究』65：185－196．

張海楠．2012．「春節民俗流源考」『甘粛広播電視大学学報』22：37－40．

中国社会科学院語言研究所詞典編輯室（編）．1996．『現代漢語詞典（修訂本）』商務印書館．

参考にしたURL

杜爾伯特県政府．2014．「杜爾伯特蒙古族自治県歴史沿革」（2014年9月28日取得、http://www.drbt.gov.cn/qygk/lsyg/index.html）

A Study on the Spring Festival of Modern Settled Mongolians：
The Case of Bu Village in the Dörbed Mongol Autonomous County of Heilongjiang, China

Abstract ：Since ancient times, Mongolians have had the same custom of celebrating the Spring Festival as other Chinese ethnic groups. This custom has changed obviously with the shifting from nomadic to settled society. Especially, the Spring Festival of Dörbed Mongolian living in Heilongjiang Province is characterized by complexity, due to the frequent interactions with farming culture during their long history of settlement. This study investigates the present situation of the Spring Festival in the Bu Village, Dörbed Mongolian Autonomous County, Heilongjiang Province. It demonstrates that the Spring Festival of Dörbed Mongolians not only inherited part from the Mongolian traditional Spring Festival customs, but also is partly influenced by the Han'sone. As a more complex representation of ethnical culture, it represents some prominent features of modernity and regionality.

原载于名古屋大学大学院国際開発研究科国際コミュニ ケーション専攻 kyklos：国際交流論集 12 号，2015 年 3 月，第 17～32 页

人类学民族学研究范式的转变：
从"差序格局"到"社会结构转型"*

张继焦

摘　要　中国人类学民族学界自费孝通 2005 年辞世之后，似乎进入了一个没有大师引领的时代。虽然 2009 年举办了一场世界性学术盛会，但是，学科发展出现了严重的理论危机。因理论创新不足，这些年几乎没有出现任何重要的学术突破。本文认为，从费孝通的"差序格局"理论到李培林的"社会结构转型"理论，不但标志着"结构－功能论"正在从古典研究范式发展成为新古典研究范式，而且导致人类学民族学的研究范式出现了重大转变。本文通过观察中国的城市化、工业化、市场化与思考中国经济社会结构转型，提出了"伞式社会"和"蜂窝式社会"两个新概念，进一步夯实了"社会结构转型"研究范式。人类学民族学正在形成的新型研究范式——"社会结构转型"，既有本土特色又与西方学术接轨，有利于讲好中国故事，形成中国特色的理论和学派。总之，中国学者应有道路自信、理论自信。

关键词　人类学　民族学　研究范式　差序格局　社会结构转型

一　问题的提出

大约 7 年前（2009 年），一场世界性学术盛会——国际人类学与民族学联合会第十六届世界大会在中国云南省的昆明市成功举办。这是人类学民族学从西方传入中国百年之后，第一次举行规模达 5000 多人的全球大会，实现了中国人类学民族学界的百年梦想。4 年前，笔者在总结这届史无前例的世界大会之后曾指出：在这届世界大会上，中国第四代到第八代五个世代的学者和学子集体亮相，其中第五代学者的成熟表现和

---

* 本文是中国社会科学院民族学与人类学研究所创新工程项目（2013—2015）——"城市民族问题调查研究"的阶段性成果。

第六代学者的新锐气息最为突出。[1] 这是否意味着中国人类学民族学群体在国际学术界崭露头角了呢？一年之后（2010 年），身为人类学民族学界第五代学者，北京的高校和科研单位的几位领导人，为纪念林耀华和费孝通两位第二代学者 100 周年诞辰召开了几场学术纪念会。参会的同行在台面上都踊跃发言、积极交流，而人们的内心里似乎藏着一句话："大师已去，来者为谁？"[2] 这句话虽然已藏在大家心中有一些年了，但直到今天还没有人公开地说出来。

然而，没有学术大师引领的中国人类学民族学如何实现学术创新和学科发展呢？中国人类学民族学是否需要转变研究范式来谋求新的学术成长呢？

二　研究范式的转变：从"差序格局"到"社会结构转型"

1. "差序格局"理论及其影响

20 世纪初期，当西方人类学民族学的"结构 - 功能"理论（简称"结构 - 功能论"）处于主流学派的时期，促发了我国一些学者对中国社会结构的思考。因为社会科学的核心词是"社会"，中国学者最为基础的思考是：中国社会的结构是什么样的，这种社会结构有什么功能？因此，费孝通先生于 1948 年提出了"差序格局"概念，用来描述和分析中国这个农业国家乡村社会的典型结构和功能。费先生指出，在中国传统乡村社会，任何一个人和别人所联系成的社会关系，就像石子投入水中所形成的一圈圈水波纹的样子，由里向外推出去，越推越远，也越推越薄，水波纹的远近厚薄可以类似于村民以自己为中心所形成的远近亲疏的社会关系。[3] 我们可以把中国传统农村社会，简称为"差序格局"社会。

与费孝通的理论类似，日本人类学家中根千枝（Nakane Chie）在"差序格局"理论提出约 20 年之后，也提出了一种关于日本社会的结构和功能的理论，将日本称为"纵式社会"。她于 1967 年发表的《纵式社会中的人们关系》，不仅是一本用"结构 - 功能"理论分析日本社会的著作，也是一本风靡一时的畅销书。[4] 中根千枝认为，日本社会的特征是纵向式的人际社会关系，就是一种居于一定的场所、以个人与个人之间的上下关系为主的社会关系。在当时的日本，"纵式社会"理论不但激发起日本内外学者的研究热情，而且成为人们广泛谈论的话题。

---

[1]　1970 年代出生的第七代学人，年轻有为，个别人在这次世界大会上显示出了"未来之星"的潜质；1980 年代出生的第八代学子，作为一个庞大的研究生群体，构成了这次世界大课堂里的"忠实学生"。

[2]　张继焦：《从第 16 届世界大会，看中国人类学民族学的现状与发展趋势》，载黄忠彩、张继焦主编《世界的盛会　丰硕的成果——国际人类学与民族学联合会第十六届大会最新学术成果概述》，知识产权出版社，2012，第 93～112 页。

[3]　费孝通：《乡土中国》，上海观察社初版本，1948，第 22～30 页。

[4]　〔日〕中根千枝：《纵向社会的人际关系》（1967），陈成译，东尔校，商务印书馆，1994。中根千枝：《纵式社会的人际关系》，讲谈社，1967。

在"差序格局"理论提出之后的近 70 年（1948～2016）里，国内外学者都将其视为不容置疑的经典理论，用来探讨中国传统社会的结构与功能。笔者不甘于固守成规，企图对"差序格局"理论有所发展和丰富，曾经在 10 多年前，在检讨了这种理论在中国当代城市的适用性之后，试图将"差序格局"理论从"农村版"发展为"城市版"。①

2. "社会结构转型"理论的产生背景、主要内容及其影响

（1）"社会结构转型"理论形成的时代背景和学科基础

1980 年代以来，一大批前社会主义国家（如苏联、东欧各国等）和中国等发生了一系列的重大社会变革，其根本特点就是从计划经济（亦称"再分配经济"）向市场经济的转型，引起了国内外学者的大量关注和探讨。

在前社会主义国家发生变革之前，极权主义范式②和现代化范式③是支配西方社会科学界对苏联、东欧国家等进行研究的两种主要研究范式。然而，面对这些国家经济社会转型的现实时，这两种范式都显示出明显的解释力不足。美国社会学家倪志伟（Victor Nee）于 1989 年提出了"市场转型"理论。④ 于是，出现了一种新的研究范式——新制度主义范式。⑤ 此后，国内外一批新制度主义社会学者对中国的市场转型也提出了一些有学术影响的论点。譬如：中国社会学家李培林于 1992 年开创性地提出了"社会结构转型"理论（或称"另一只看不见的手"理论）⑥；斯坦福大学政治学系教授戴慕珍（Jean Oi）从 1992 年到 1999 年发表了一系列的论文，形成了"地方法团主

---

① 张继焦：《差序格局：从"乡村版"到"城市版"——以迁移者的城市就业为例》，《民族研究》2004 第 6 期。

② 此论点认为，极权社会有两个非常特殊的特征：（1）第一个特征涉及政党与其支持者之间纽带的性质。在作为资本主义另一极的极权主义看来，政党与支持者之间是一种事本主义的、意识形态性的，以意识形态为基础的关系。即使在革命成功以后，意识形态取向仍是社会动员的基本手段。（2）第二个特征可以称为社会的原子化。这种社会不强调区别私人领域和公共领域的合法性，凡是直接妨碍执政目标实现的社会纽带均消失了。"原子化大众"的存在，不仅为维持权力所必需，而且可以确保毫无障碍地对群众进行总体性动员。

③ 此观点认为，在社会主义革命以后，一旦政权得到巩固，社会主义社会就必然致力于经济发展。这种增长要求实现现代化和引进现代技术，而工业化和现代科学技术又要求有一套相应的现代价值观和制度，从而导致社会主义制度结构的变迁。现代化的过程将以自己的必然逻辑使社会主义国家按照西方发达国家的模式对自己进行重建。

④ Victor Nee. 1989, "A Theory of Market Transition: From Redistribution to Market." *American Sociological Review*, Vol. 54.

⑤ 此研究范式弥补了极权主义范式和现代化范式两种旧范式忽视制度的缺陷，同时又要与凡伯伦和康芒斯等人在 20 世纪早期倡导的制度主义区别开来，所以被统称为"新制度主义范式"。

⑥ 李培林：《"另一只看不见的手"——社会结构转型》，《中国社会科学》1992 年第 5 期。此文后来被翻译成英文，发表在英文版的《中国社会科学》上，Li, Peilin. 1994, "Another Invisible Hand: Structural Transition in Society." *Social Science in China*, Vol. 1, pp. 85-94.

义"理论①；斯坦福大学社会学系的中国问题专家、戴慕珍教授的丈夫魏昂德（Andrew G. Walder）于 1995 年撰文阐述了"政府即厂商"的理论②；美国社会学会前副会长、杜克大学社会学系教授林南（Nan Lin）也在 1995 年发表论文论述了"地方市场社会主义"理论③。

2015 年，笔者比较分析了 1980 年代以来国际社会科学的两大学术思潮：社会学的新制度主义和人类学民族学的后现代主义。中国学者在这两大国际学术思潮中的参与和贡献是不同的。中国人类学民族学者在国际人类学民族学的后现代主义中的主要角色是翻译西方著作，介绍西方理论，其中个别中青年学者不但自己成了西方后现代主义的传播者和追随者，而且带着自己的博士研究生和一些年轻后学也成了跟风一族。这些中国人类学民族学者及其门徒在国际后现代主义人类学的学术舞台上虽然充当着配角或跟班，却以此为荣，因为他们自认为在引领学术的潮流。然而，中国社会学者在国际的新制度主义社会学中虽然不是发起者和倡导人，但是，一些中国学者和美国华裔学者形成了一股重要的学术力量，他们分别充当着主要的思想贡献者（如李培林、李路路等）、推动者（如边燕杰、周雪光、周飞舟、张继焦、渠敬东等）、批评者（如孙立平）等④。在新制度主义关于"市场转型"理论的影响下，笔者不但从社会结构和制度变迁两个层面来动态分析非正式制度的特性及其功能⑤，还曾探讨了经济文化类型从"原生态型"到"市场型"的转变。⑥ 概言之，在国际的后现代主义人类学和新制度主义社会学两大思潮中，中国人类学民族学者和中国社会学者的地位和作用是不

---

① Oi, Jean. 1992, "Fiscal Reform and the Economic Foundation of Local State Corporatism in China." *World Politics* 45 (1); 1995, "The Role of the Local State in China's Transitional Economy." *China Quarterly*, 144; 1998, "The Evolution of Local State Corporatism." in Andrew Walder, eds., *Zouping in Transition: The Process of Reform in Rural North China*. Cambridge, Mass: Harvard University Press; 1999, "Local State Corporatism." in Jean C. Oi, eds., *Rural China Takes Off: Institutional Foundations of Economic Reform*. Berkeley: University of California Press.

② Walder, Andrew. 1995, "Local Governments As Industrial Firms." *American Journal of Sociology* 101 (2): 268 – 269.

③ Lin, Nan. 1995, "Local Market Socialism: Local Corporatism in Action in Rural China." *Theory and Society* 24 (3).

④ 参见李路路《社会资本与私营企业家——中国社会结构转型的特殊动力》，《社会学研究》1995 第 6 期；李路路《论"单位"研究》，《社会学研究》2002 第 5 期；边燕杰、张文宏《经济体制、社会网络与职业流动》，《中国社会科学》2001 年第 2 期；周雪光：《"关系产权"产权制度的一个社会学解释》，《社会学研究》2005 第 2 期；周飞舟《分税制十年：制度及其影响》，《中国社会科学》2006 年第 6 期；周飞舟《锦标赛体制》，《社会学研究》2009 年第 3 期；渠敬东《坚持结构分析和机制分析相结合的学科视角，处理现代中国社会转型中的大问题》，《社会学研究》2007 年第 2 期；孙立平《社会主义研究中的新制度主义理论》，《战略与管理》1997 年第 5 期。

⑤ 张继焦：《非正式制度、资源配置与制度变迁》，《社会科学战线》1999 年第 1 期；张继焦：《市场化中的非正式制度》，文物出版社，1999，第 50～56 页。

⑥ 张继焦：《经济文化类型：从"原生态型"到"市场型"——对中国少数民族城市移民的新探讨》，《思想战线》2010 年第 1 期。

同的，中国学者在国际新制度主义理论中有一定的学术贡献和应有的地位，其作用是不可忽视的。最近一些年，中国有一批人类学民族学家，如杨圣敏、周大鸣、何明、范可、高丙中、麻国庆、赵旭东等①，富有学科使命感和责任感，对民族研究的危机、民族志方法论等进行了有益的探索。但是，中国人类学民族学的学科现状就像是扶不起的阿斗，让同行们深深地感到恨铁不成钢。对此，笔者觉得，中国人类学民族学要想摆脱学科的边缘地位成为显学，应该改变目前总是在本学科知识内原地打转的现状，向已经与国际同步发展的社会学取经，积极地吸取新制度主义中有价值的营养。②

（2）"社会结构转型"理论的主要内容及其影响

最近一些年，中国社会科学界对中国市场转型与经济社会结构转型的关系，进行了一些有学术价值的探讨，但是，至今在国际学术界形成较大影响的成果还不够多。我们应该思考：如何从对中国社会的事实描述提炼出一些概念、使理论水平有所提升，甚至实现研究范式的转变。

早在 24 年（1992 年）之前，李培林就首次提出了"社会结构转型"理论，其基本命题主要体现在被称为"社会结构转型三论"的三篇论文中。李培林认为，在中国快速的经济发展和社会转型时期，影响资源配置和经济发展的力量，除了国家干预这只有形的手和市场调节这只无形的手之外，还存在着第三只手，那就是另一只看不见的手——中国社会结构转型。他指出，社会结构具有相当大的空间和变动弹性。人们的风俗习惯、行为方式、道德伦理、价值观念，以及社会上的利益格局和运行机制等在发生结构性变动时，会形成一种巨大的、潜在的力量。社会结构转型不仅推动着社会发展，而且会从深层次上影响着资源配置的实际方式、产业结构的调整方向和经济体制改革的方向。③ 这一理论引导我们深刻地认识自 1980 年代改革开放以来中国在市场转型条件下所发生的社会结构转型及其影响；这一理论对中国社会科学界有很大的影响。④

---

① 参见杨圣敏《当前民族学人类学研究中的几个问题》，《广西民族大学学报》（哲学社会科学版）2012 年第 1 期；周大鸣《关于中国族群研究的若干问题》，《广西民族大学学报》（哲学社会科学版）2009 年第 2 期；何明《民族研究的危机及其破解——学科认同、学者信任和学术体制的视角》，《清华大学学报》（哲学社会科学版）2016 年第 1 期；范可《"自我的他者化"——关于本土田野实践的思考》，《云南民族大学学报》（哲学社会科学版）2011 年第 6 期；高丙中《民族志发展的三个时代》，《广西民族学院学报》（哲学社会科学版）2006 年第 3 期；麻国庆《文化、族群与社会：环南中国海区域研究发凡》，《民族研究》2012 年第 2 期；赵旭东《线索民族志：民族志叙事的新范式》，《民族研究》2015 年第 1 期。

② 张继焦：《当代人类学社会学理论的比较分析：后现代主义，还是新制度主义》，《中南民族大学学报》2015 年第 5 期。

③ 李培林：《"另一只看不见的手"——社会结构转型》，《中国社会科学》1992 年第 5 期；《再论"另一只看不见的手"》，《社会学研究》1994 年第 1 期；《中国社会结构转型对资源配置方式的影响》，《中国社会科学》1995 第 1 期。

④ 张继焦：《市场化中的非正式制度》，文物出版社，1999 年，第 15～18 页；臧得顺：《中国社会结构转型：理论与实证——对一个师承性学派研究成果的谱系考察》，《思想战线》2011 年第 4 期。

3. 研究范式的转变："结构－功能论"从"古典"到"新古典"

长期以来，西方学术界之所以俯视包括中国在内的非西方学术界，其一是因为我们只会事实陈述而没有自己的学科理论和学术思想，我们的研究只是在为他们的理论提升提供各种原始材料；其二是因为中国有一些学者崇洋媚外，奉欧美学术理论为尊，跟在西方学者的理论后面做学问，没有基于中国本土的独立思考；其三是因为我们的很多学术成果跟世界学术话语接不上轨，这些土产的学术成就和理论或像自产自销的土特产品，或像是只在中国通行的"内部粮票"，还没有发展成为国际通用的"货币"。

据了解，在最近几年中国社会学界有一股重返古典风气。[①] 笔者认为，中国学界之所以重温古典社会学理论，因为中国学者正在面临着与欧美学者 20 世纪初期所经历的巨大社会转型类似的情况：中国正处于一个经济社会结构的全面转型期，即从农业社会向工业社会（工业化）、乡村社会向城镇社会（城市化）、自然经济或计划经济向市场经济（市场化）的转型，中国学者需要从西方古典理论中吸取养分，需要探求欧美经典理论的适应性。

对任何一门学科来说，"范式"（paradigm）[②] 都是一个核心概念。比如，社会学、人类学、民族学三门学科的研究范式由各自不同的独特观察角度、基本假设、概念体系和研究方式等构成。要实现研究范式的转变是相当不容易的，需要相当复杂的系统思维，只有学术大师可以担当此重任。二流的学者可以做一些补充、发展和完善；三流的学者奉之为真理，拿来就用，不做任何创新。

在当前中国社会学、人类学、民族学的理论体系和研究范式中，"社会结构转型"理论散发出了独特而耀眼的光芒，已经推动了社会学研究范式的改变，正在推动人类学民族学的研究范式转变：从古典"结构－功能论"向新古典"结构－功能论"转变。

第一，在探讨中国社会方面，从 68 年前费孝通的"差序格局"理论到 24 年前李培林的"社会结构转型"理论，标志着"结构－功能论"从"古典"发展到了"新古典"。以前，费孝通那一代中国学者的学术成就，可以说是借用欧洲"结构－功能论"，对中国社会结构进行深入探究，形成了"中国版"的"结构－功能论"。现在，李培林这一代中国学者的学术贡献，已经不再是借用欧洲"结构－功能论"而已，而是对西方古典"结构－功能论"的创新和发展，已形成了一种与西方古典理论不同的新古

---

① 信息来源：2015 年 6 月笔者前往上海大学，拜访肖瑛（《社会》杂志编辑部主任、副主编），了解当前社会学理论动向时得知。比如，近些年，历史社会学这个分支学科的成果比较多，学术影响也较大。

② "paradigms"一词来自希腊文，原意是语言学的词源，词根，后来引申为范式、规范、模式、模型、范例等含义。著名科学史大师托马斯·塞缪尔·库恩（Thomas Sammual Kuhn）（1922－1996）在《必要的张力：科学研究的传统和变革》（1959）一文中首次引进"范式"这个概念。后来，他又在《科学革命的结构》（1962）一书中对它作了许多发挥，侧重于把"范式"和"常规科学"这两个概念联系起来进行分析。范式转移（paradigm shift）这个名词最早出现于此书中。参见 Kuhn, Thomas Sammual. 1962, The *Structure of Scientific Revolutions*（1st ed.）. University of Chicago Press。

典理论，不但适用于中国，而且可能适用于一些后发的发展中国家。

第二，在剖析社会结构方面，与费孝通的"差序格局"理论侧重于社会结构的细描和静态分析不同，李培林的"社会结构转型"理论不仅有对社会结构的描述，也有对社会结构的功能解析；不但有静态解释，也有动态解剖；尤其是，此论点大胆而创新，一改人们通常持有的"经济决定社会"的固有观念，揭示了社会结构可以主动发挥作用的功能，指出了社会结构可以影响经济发展。这种打破陈规的观点在国内外学术理论中都非同凡响，不但对社会学有冲击力，而且对经济学的常规观点也有一定的冲击力。

第三，从知识结构和知识运用来看，与费孝通的"差序格局"理论主要采用社会学、人类学的知识不同，李培林的"社会结构转型"理论除了使用社会学知识之外，还广泛吸收了经济学、政治学、管理学等多个学科的知识。这一方面说明任何一个学者建构一种理论都需要一定的理论储备，另一方面也说明整个社会科学在不断进步，费孝通那一代学者与李培林这一代学者的理论贡献是不同的，但两者具有一定的累积性，后者比前者需要更为丰富的多学科知识、需要更为宏观和广阔的学术视野。

第四，从研究对象和研究内容来看，费孝通的"差序格局"理论的主要研究对象是中国传统乡村的社会结构，属于传统社会研究范畴；其主要研究内容是乡村社会中以人际关系为主的社会结构，这只是整个大社会结构中的一部分（至少广大的城市社会不在费孝通的研究范围里），可称之为小社会研究或小型社会结构研究；李培林的"社会结构转型"理论不但超越了普通社会学以基于人际关系的社会结构作为主要研究对象的常规，而且颠覆了西方经济学的个人主义和利己主义假设，站在更为整体而宏观（包括城市与农村、政府与企业）的层面将国家、市场和社会联为一个整体，来审视整个大的社会结构，不但仔细分析了中国的社会结构转型和市场转型之间的关系，而且还对中国整个社会结构转型及其影响进行了深入探究，属于当代现实社会研究，具有很强的针对性和明显的现代性。

第五，从学术贡献和学术影响力来看，费孝通的"差序格局"理论的学术贡献主要在中国，是中国社会学家提出的不多的几个概念之一；作为关于中国传统农村社会的一个权威理论，对中国社会学同仁的影响很大，也在一定程度上影响了一些外国（特别是西方）学者和学生对中国的看法。李培林的"社会结构转型"理论，不但是对中国学术的贡献，也是一种对包括西方在内的全球社会学界的学术贡献；此理论不但在社会学、人类学界有较大的影响，而且在经济学、政治学界也有一些知音；此理论不但加强了社会学自身的理论建设，也大大增强社会学与经济学、政治学等学科对话能力。

从上文的分析中，我们可以看出，从以费孝通的"差序格局"理论为代表的古典

"结构－功能论"，转变为以李培林的"社会结构转型"理论为代表的新古典"结构－功能论"，李培林在研究对象和研究内容、知识结构和知识运用、剖析社会结构、探讨中国社会、学术贡献和学术影响力等多个方面，都超过了费孝通，形成了特有的基本假设、观察视角、概念体系和研究方法等，使得中国社会学出现了一种新的研究范式。

4. 研究范式转型：社会学已经发生，人类学、民族学令人期待

长期以来（特别是改革开放 30 多年来），中国社会学、人类学、民族学界有不少同仁总是怀着一种自愧不如西方的心理，一直都在追逐西方的学术思潮。最近这些年，中国社会学界反思古典理论的学风，是可取的，说明中国学者的理论自信正在增强。从西方经济学理论的发展历史中，我们既可以看到各种理论不断翻新，也可以看到有时会出现从古典经济学到新古典经济学的回归与进步。与此类似，中国学者对西方社会学、人类学、民族学的各种理论，既可以是模仿学习，也可以是推陈出新，提出基于中国本土但对全世界都有学术价值的新古典理论或全新的理论。从 1990 年代下半叶开始，中国社会学界逐渐形成了一些自成一体的理论学说。[①] 其中，"社会结构转型"理论是一种在宏观层面具有系统性、革新性的理论体系。这种理论不但是一种从"古典"到"新古典"的创新性理论，而且也引发了社会学（甚至社会科学）研究范式的转变，标志着新古典"结构－功能论"的形成。然而，经过 100 多年的发展，当今中国人类学、民族学的研究范式是否发生了转型？这是令人期待的事情。

三 进一步夯实"社会结构转型"研究范式：提出"伞式社会"到"蜂窝式社会"两个概念

最近约 40 年（1978~2016 年）以来，中国经济社会发生了翻天覆地的变迁。其中，2010 年中国经济总量超过日本，成为仅次于美国的世界第二大经济体。由此，我们提出了一个基本的问题：中国大规模的变迁与经济社会结构有什么关系呢？在"社会结构转型"理论框架下，笔者于 2014 年和 2015 年先后提出了"伞式社会"到"蜂窝式社会"一对（两个）概念。"伞式社会"用于解析"政府"主导的资源配置和经济社会发展，"蜂窝式社会"用于分析"民间"自我开展的资源配置和对经济社会发展的影响，两者不但共同构成了中国的社会结构，而且作为"另一只看不见的手"的两个重要组成部分，分别进行着资源配置和推动着经济社会的发展。

---

① 1994~1997 年，笔者在中国社会科学院社会学研究所攻读博士学位的期间。时任所长陆学艺老师曾对我们同一届的五位博士生（陈光金、龚维斌、陈阿江、陈昕、张继焦等）说：1980 年代以来，中国社会学的理论发展分三步走，第一步是翻译、介绍、学习西方理论（1980 年代），第二步是吸收、模仿西方理论（到 1990 年代上半叶），第三步是逐渐形成中国自己的社会学理论（从 1995 年开始）。现在（1996 年），我们已经走了两步半了，即将形成自己的理论。

1. "伞式社会" 概念的提出及其解释力

之所以要提出"伞式社会"这个概念，主要源自笔者跟日本学者渡边欣雄的三次学术交往。[①] 中国未来"全面深化改革"的目标和方向是市场或市场主体充当"运动员"和起决定性作用，政府主要充当"裁判员"的角色。过去30多年来，中国的经济社会结构发生了巨大转型，推动中国的经济崛起主要力量之一却是：政府主导之下基于各级政府与各级国有企业之间的关系而展开的资源配置。中央政府与国字号国有企业、地方政府与当地国有企业的关系依然是原有的"庇护"与"被庇护"伞式关系，在"官本位"和属地管理体制下形成了大大小小的、各种各样的伞式关系。[②] 比如，2013年，笔者对处于工业化和城市化双重过程的凯里市进行了调研之后发现，市场化改革之后，凯里市政府与有关企业也形成了三种主要的庇护伞。比如：对下属企业是一种"父爱式庇护"、对合资企业是一种"亲戚式庇护"、对私营企业是一种"朋友式庇护"。这种伞式关系对资源配置与经济社会发展产生了巨大的影响。

对中国的政府与企业这种紧密的伞式关系，美国学者提出了"政府即厂商论"[③]。这种论点的不足之处在于，只说出了中国属地管理的一些表面现象，并没有说清道明中国社会结构的本质特征及其运行机制。在中国，以政府为主，为何会形成"伞式"的社会结构与功能呢？笔者认为：第一，从中央到各地的各级政府之所以掌控那些与国计民生相关行业（如金融银行、通信、铁路公路等）的主要国有企业，一方面可以主要依靠这些国有企业，进行资源配置和推动经济发展；另一方面这些大大小小的国有企业，也是中国共产党的执政基础。正如中国道路派代表人物之一，中信集团原董事长、党委书记孔丹曾说的：国企实际成了中共的执政基础。[④] 而曾经的社会主义国家带头大哥——苏联，之所以在1989年开始出现解体，主要原因之一是执政党丧失了国有企业这个经济基础。由于受美国自由经济思潮的影响，苏联允许大型国有企业实行

---

① 2011年11月，在日本国立民族学博物馆举行了一个主题为"全球化/地方化中的文化传承"的国际会议。当时我在加拿大多伦多大学访学，受邀从多伦多来到大阪参会，提交了题目为《"老字号"企业——中国企业都"富不过三代"吗?》的论文。在宣读论文之后，渡边欣雄在评议之后，向笔者提问："研究中国的老字号企业，您为何采用的是欧美企业研究的理论和学术词汇？您能不能运用中国自己的理论和术语分析中国的老字号?"一年之后（2012年11月），我再度来到日本国立民族学博物馆，参加了一个主题为"中国的社会与民族"的会议，参会论文《从企业与政府的关系，看"中华老字号"企业的发展——对鹤年堂、同仁堂两家企业的比较研究》。在这次会议上，我还是未能提出中国本土自己的概念。又过了一年，到2013年11月，笔者单位跟日本国立民族学博物馆合作交流，移师北京，在中国社会科学院民族学与人类学研究所召开的"中日学术研讨会"上，我提交了题目为《伞型社会：观察中国社会的一个新概念》的论文，首次提出"伞型社会"的概念。

② 张继焦：《"伞式社会"——观察中国经济社会结构转型的一个新概念》，《思想战线》2014年第4期。

③ 此观点认为：政府与企业的关系类似于一个工厂或公司内部的结构关系，即政府作为所有者，类似于一个公司中的董事长，而企业的管理者则类似于厂长或车间主任的角色。参见 Walder, Andrew. 1995, "Local Governments as Industrial Firms." *American Journal of Sociology* 101（2）：268-269。

④ 商灏：《水皮对话 | 孔丹：我是实事求是派，我是中国道路派》，《华夏时报》2015年2月1日。

私有化，使得本国执政党逐渐地失去了执政基础。第二，从中央到地方的各级政府与其下属的各级各类（中央级、省级、市级、县级等）国有企业的关系，是一种管理与被管理、支持与被支持的关系，可以称之为一种看不见的"伞式"关系，我们的党和政府就像是这把伞的伞把，既是伞的核心，也是伞的支撑。在中国特色社会主义市场经济的初级阶段，这把看不见的伞，把政府与企业、市场联系起来了。特别是，在市场失灵的情况下，党和政府既可为企业遮风避雨，也可以为企业保驾护航。然而，在西方资本主义国家，其政党和政府都被大财团、大公司、大资本家所操控。由于我们的党和政府掌握着大量国有企业作为执政的基础，在中国整个经济社会的发展过程中，党和政府都处于主导和控制的地位；对中国的发展方向，党和政府是可控的，我们党的路线方针和政策可以很好地执行，不会出现很大的偏离。这种"中国式发展"不但极大地避免了资本主义社会可能出现的无序竞争和市场混乱，而且可以避免出现苏联和东欧等各个前社会主义国家因国有企业私有化，执政党失去执政的经济基础，而出现的解体风潮和颜色革命。这就是我们党和政府可以自信地探索中国特色社会主义的道路和制度，所依托的坚实的经济基础（国有企业）和社会结构基础（"伞式"关系）。第三，根据世界各个发展中国家的历史经验，这些后发国家在经济腾飞的初期，政府都发挥了主导性的作用，市场的作用相对较小。中国作为世界上最大的发展中国家，在社会主义市场经济的初级阶段，市场化程度不够高，市场这只手的作用不太明显，政府这只看得见的手不但地位较高，也会发挥较大的作用。第四，我们应该清醒地认识到，党和政府与国有企业的"伞式"关系，有其有利的一面：在社会主义市场经济的初级阶段，在市场失灵或市场化不够发达的条件下，可以集中有限的资源和资金办大事，发挥一定的作用；也有不利的一面，诸如政企不分、官商勾结、贪污腐败等。自 1990 年代以来，特别是 2001 年中国加入 WTO 之后，党和政府有关部门一直致力于搞政企分开、国有企业改革、惩治腐败、依法治国等，并且已经取得了明显的成效。

2. "蜂窝式社会"概念的提出及其解释力

与官方的"伞式社会"不同，民间社会是一种"蜂窝式社会"，因为普通百姓就好像勤劳的"蜜蜂"，他们的生活就像甜蜜的"蜂巢"。其特点主要有：第一，在巨大的社会结构中，每一个普通老百姓既不是一个一个单独的个体，也不是生活在孤岛上的个人，他们是通过相互联系来谋求生活的，各位老百姓之间的联系会像蜜蜂那样一起共同构建起一个蜂窝。很多时候，这些"蜂窝"多表现为以某个家庭或家族为中心构成一个关系网或交往圈，即大家互帮互助、共同分享市场转型的红利，共同构建起一个互惠共赢的网络。第二，每一个看不见的关系网或交往圈虽然各不相同，但是，它们都还有另一个共同的特点，即每一个"蜂窝"都有一个"蜂王"带领着或多或少的"工蜂"，不断地在窝外辛劳地采集花粉，回到窝内与自己伙伴一起共同建筑属于大家的"蜂窝"。第三，普通老百姓自发地形成的这些大大小小的"草根"关系网或交往圈（"蜂窝"），通常以家庭伦理为基础，以传统道德和风俗习惯为常用的行为规范，形成了一些影响市场资源配置和经济社会发展的民间机制。第四，普通老百姓的这些各式各样的关系网或交往圈（"蜂窝"），虽然是看不见的或无形的，但是，它们已成为非官方经济社会结构中的一部分。[①] 中国的经济结构是以公有经济为主的混合型结构，其中包含了私营、中外合资等多种经济成分。全国工商联 2014 年 2 月 28 日公布的数据显示，2013 年中国民营经济贡献的 GDP 总量超过 60%。全国至少有 19 个省级行政区的贡献超过 50%，其中广东省超过了 80%。[②] 中国个体私营劳动者协会 2015 年 10 月 26 日发布的《中国个体私营经济与就业关系研究报告》显示，个体私营经济正在成为我国吸纳就业的主渠道，从业人员从 1990 年的 2263 万人，增加到 2014 年的 2.5 亿人，增长了 10 倍。[③]

国内外学者所谓"权贵经济论"[④] 的缺点在于，只看到了中国经济发展过程中极少数贪官污吏利用手中职权中饱私囊的丑恶现象，却没有看到中国还有很多像杨善洲、孔繁森、李林森、游从文、涂红刚等廉政干部；只看到了各级政府和国营经济中存在的官商勾结和贪污腐败现象，却没有看到许许多多普通老百姓积极地参与到市场经济的大潮中，勤劳致富。"蜂窝式社会"既是经济社会结构中另一个主要特征，也是"中国式发展"所依托的广泛而强大的群众基础。

3. 新常态下深化改革和社会结构转型的方向

基于中国社会经济结构的特点，在社会主义市场经济的初级阶段，党和政府不但可以利用"政府"这只看得见的手和"市场"这只看不见的手进行资源配置，而且可以利用"另一只看不见的手"（如"伞式"关系和"蜂窝式"关系）从整体上贯彻执行党和政府的路线方针和政策、主导资源配置和调控经济社会的发展方向。

如今，中国经济经过 30 多年的发展已经进入了"新常态"，改革开放已经进入全面深化的新阶段，这对政府与企业的"伞式"关系模式提出了新的挑战。党的十八届三中全会已将市场在资源配置中的作用提高到"决定性"的高度，充分显示出今后主要由市场或市场主体充当"运动员"，政府的主要角色则是充当"裁判员"，从而厘清了政府与市场的行为边界。在这种时代背景下，如何更科学地认识原有的政府与企业

---

① 张继焦：《"蜂窝式社会"——观察中国经济社会转型的另一个新概念》，《思想战线》2015 年第 3 期。
② 信息来源：全国工商联 2014 年 2 月 28 日公布的数据，新华网记者孙铁翔采集。
③ 信息来源：2015 年 10 月 26 日中国个体私营劳动者协会对外发布的《中国个体私营经济与就业关系研究报告》，新华网记者高敬采集。
④ 陈伯君：《"权贵经济"从何而来》，《人民论坛》杂志 2010 年 9 月刊（总第 303 期）；邢少文：《中国正在走向权贵市场经济？——专访中欧国际工商学院经济学和金融学教授许小年》，《南风窗》2010 年第 18 期。

之间"伞式"关系，既要看到它的现实合理性，更要看到它的历史局限性，以更好地发挥其合理因素的推动作用，限制以至杜绝其负面影响，并推动其向更加科学、合理的方向转化，以进一步优化各项社会资源的配置，是一个亟待认真解决的重大问题，需要政府、企业以及其他相关方面深入思考，通盘设计，妥善处理。"中国式发展"的伟大实践，有力地驳斥了西方学者所持"政府即厂商论"的片面性和真实性。

如今，中央政府提出"大众创业、万众创新"的号召，这个发展战略与我国老百姓勤劳致富的"蜂窝式"社会结构特点，非常吻合，既可以扩大就业、增加居民收入，平民百姓在创造财富的过程中，还可以实现精神追求和自身价值，有利于促进社会纵向流动和公平正义。事实胜于雄辩，广大普通老百姓像蜜蜂般在市场经济的大花海中辛勤劳作的事实，也反驳了西方学者所持"权贵经济论"的不实之词。

四 总结：研究范式的转变与人类学民族学的理论自信

长期以来，国内一些人类学民族学研究者依靠对民族地区落后状况和少数民族不好处境的悲情叙述，虽然获得了各种项目和各种好处，掌握了大量来自田野调查的第一手材料，却缺乏深入的学理探讨和理论提升。如今，人类学民族学传入中国一百多年之后，虽然我们于 2009 年兴办了一场世界性的学术盛会，取得了一定的成绩，但是，在人类学民族学的学科理论创新方面，我们依然站在了时代的十字路口，不知前路在何方。

1. 探索中国特色的人类学民族学理论和学派

每一个学者（特别是年轻学人）在成长的过程中，都要经历在本学科理论体系中遨游之后必须做出自己的学术选择的时候。俗话说："男怕选错行，女怕嫁错郎。"为了思考学科的发展前途，同时也是为了个人的发展前途，20 多年前（1990 年代初），作为一位新入行的年轻人，笔者曾经连续撰写和发表了一组三篇论文，探讨人类学民族学的现状和发展前途。[1] 10 多年前，笔者曾指出人类学方法的特点、不足和改进方向，探索新的发展路径。[2]

2015 年，笔者通过对人类学的后现代主义和社会学的新制度主义两大学术思潮（前者偏人文，后者偏社科）的比较和分析，得出了八点主要评述或感想，并指出：后现代主义人类学基于对民族志科学性的反思，注重研究者自身的解释能力，提倡人文情怀和小范围研究方法，重大的现实经济社会问题并非其关注的重点，使得人类学民

---

① 张继焦：《中外人类学和民族学的比较分析——略谈我国人类学和民族学的研究和发展》，《云南社会科学》1992 年第 1 期；张继焦：《当代西方人类学发展的四种趋势》，《民族研究动态》1991 年第 5 期；张继焦：《人类学在第三世界》，《民族研究动态》1990 年第 3 期。
② 张继焦：《人类学方法的特点、不足和改进方向》，《民族研究》2002 年第 5 期。

族学处于边缘学科的地位；中国人类学民族学要想走出边缘成为显学，应该向社会学取经，更多地吸取新制度主义的理论养分，更多地对当今重大的经济社会问题进行实证研究。[1]

在"社会结构转型"指导下，当代中国人类学民族学以城市化、工业化、市场化作为主要内容[2]，已经形成了新的研究范式，这不但意味着中国人类学民族学发展出现了局部突破，而且意味着中国学者跟在西方学者屁股后面亦步亦趋做学问方式的时代的结束，更意味着中国学者正在引领世界人类学民族学进行第四次革命[3]。在本文，笔者从新制度主义的视角，在李培林的"社会结构转型"研究范式下，在费孝通的"差序格局"基础上，提出了"伞式社会"和"蜂窝式社会"这一对新概念，这是我观察中国的城市化、工业化、市场化与思考中国经济社会结构转型提出的。"伞式社会"和"蜂窝式社会"是社会学人类学民族学的一对新概念，希望能够抛砖引玉，让我们新一代学者共同努力，形成中国特色的理论和学派。

2. 讲好中国故事：坚定中国的道路自信、理论自信

西方国家并不像我们想象的那么强、那么好，西方学者的观点也并非皆为普世理论。中国正在从一个贫穷落后的弱国逐渐发展成为一个中等发达的大国，在全世界的地位和作用也越来越重要。英国学者弗里德曼（Maurice Freedman）曾指出，人类学对中国社会的传统研究不乏事实材料，应该通过系统性的重组，将民族志和历史材料结合起来进行深入分析，形成一些表述清晰的理论观点。[4] 最近，中国有几个知名学者提出的"社会科学中的中国文化自主性"[5]、"中国学术界不能只是引进"[6]、"中国学界为西方话语打工的时代终结了"[7] 等观点，令国内学界感到非常振奋。

新一轮的工业化（农业社会向工业社会）、城市化（乡村社会向城镇社会）、市场化（自然经济或计划经济向市场经济），已经从东部沿海地区来到了西部边疆民族地

---

[1] 张继焦：《当代人类学社会学理论的比较分析：后现代主义，还是新制度主义》，《中南民族大学学报》2015 年第 5 期。

[2] 张继焦：《企业人类学的角度：如何看待新一轮的工业化、市场化、城市化》，《创新》2015 年第 2 期。

[3] 人类学的第一次革命是对原始民族的研究，第二次革命是对农民社会的研究，第三次革命是对都市社会的研究（都市人类学），第四次革命是对现代各类企业的研究（企业人类学）。1989 年开始至今 26 年时间里，我参加了 1970 年代起源于欧美的第三次革命（都市人类学）；2009 年开始，我带领一些国内外同行，开展了第四次革命（企业人类学）。

[4] Freedman, Maurice. 1963, "A Chinese Phase in Social Anthropology," in *British Journal of Sociology*, 14. 1：1～19；Skinner, G. William. (ed.), 1979, *The Study of Chinese Society：Essays by Maurice Freedman*, Stanford：Stanford University Press. pp. 417–419.

[5] 参见渠敬东《社会科学中的中国文化自主性》（据 2005 年 11 月 5、6 两日在广州番禺举办"第二届开放时代论坛"，集中讨论"中国学术的文化自主性"的会议录音整理，经重新删节编排而成）。《开放时代》2006 年第 1 期。

[6] 参见林毅夫《中国学术界不能只是引进》，《金融时报》中文网 2014 年 8 月 13 日。

[7] 参见张维为《中国学界为西方话语"打工"的时代终结了》，观察者网 2016 年 3 月 4 日。

区。中西部地区正在发生的经济社会结构全面转型（城市化、工业化、市场化），已经摆到了我们人类学民族学研究者的面前，我们不得不去面对、不得不去思考和研究。比如，我们 2013 年曾在凯里市进行了调研。这个苗族主要聚居地区，不但是中国的欠发达地区之一，也是中国新一轮工业化、城市化、市场化等的发展之地，包含着中国未来发展的巨大空间和潜力。因此，我们可以探讨这个发生在中国民族地区的新一轮经济社会转型，多少可以为探讨"中国式经济社会转型"的理论，提供一个实证的研究案例。[①] 中国（包括民族地区和少数民族）的经济社会转型必有自己的运行规律，值得我们提升到一定的理论，我们应该有中国人的理论自信。对民族地区城市化、工业化、市场化的探讨，不但意味着中国人类学民族学发展出现局部突破，而且意味着中国和世界人类学民族学正在进行的第四次革命。[②]

中国经济社会结构转型（城市化、工业化、市场化）作为人类历史上的一场伟大实践，给了我们人类学民族学研究者肥沃的土壤和丰富的养分。中国人类学民族学的研究范式正在从"差序格局"模式转变为"社会结构转型"模式，正在从古典"结构－功能论"模式转变为新古典"结构－功能论"模式。中国人类学民族学的研究不能只停留在事实描写阶段，我们可以基于本土的调研与思考，提出既本土又与西方接轨的新理论，讲好中国故事，形成中国特色的理论和学派，在世界学术舞台发出中国自己的声音，争得国际学术话语权。中国式发展必有自己的运行规律，值得我们人类学民族学提升到一定的理论，我们应该有中国人的道路自信、理论自信。

原载于《西北师大学报》（社会科学版）2016 年第 3 期

---

① 凯里调研组成员：除了中国社会科学院民族学与人类学研究所的三位同志、本院社会学所一位博士生之外，还邀请了贵州省社会科学院、上海社会科学院、云南省社会科学院、贵州大学、贵州师范大学等外单位学者参与。

② 张继焦：《企业人类学：作为一门世界性的前沿学科》，《杭州师范大学学报》（社会科学版）2014 年第 4 期；张继焦：《企业人类学：学科体系建设、发展现状与未来前景》，《杭州师范大学学报》（社会科学版）2015 年第 4 期。

加拿大华人新移民文化认同的人类学思考

杜倩萍

摘　要　加拿大华人华侨现约有150万人，是该国最大的少数族裔。他们一方面积极适应在加拿大的新生活，学习当地的语言文化、风土人情，努力融入加拿大多元文化社会；另一方面，中国传统文化以及祖居国的迅速发展，依然对他们的生活产生很大影响。例如，儒家文化所构建的独特伦理道德观，重视子女的中文学习及中华传统文化教育，中医中药在日常生活中的使用，有选择地保留传统风俗习惯，等等。这些华人新移民在加拿大文化和中华文化双重熏陶下，逐渐构建起独特的"加拿大华人"之双重文化认同。

关键词　加拿大　华人新移民　人类学思考　文化认同

国际移民的身份和文化认同，往往受到祖居国和移居国的双重影响。那么，加拿大华人新移民又是如何既在积极学习移居国文化、努力融入当地社会的同时，选择性地保留祖邦故土民族文化精华和核心价值呢？笔者从文化人类学的视角，选择从中国大陆移居加拿大不超过10年的新移民群体为主要研究对象，运用田野调研资料进行实证分析，对这个新移民群体双重文化认同的主要原因、表现和特点等进行探索。也许，这对进一步理解当今社会的民族迁徙和融合问题的研究有所裨益。

一　从人类学角度看文化认同

从1858年起，来自中国的移民持续不断地移居加拿大。加拿大统计局截至2015年3月公布的统计数字显示，在加拿大3571万[①]人口中华人华侨约150多万[②]。成为加拿

---

① 加拿大统计局官方网站，Statistics Canada ：http://www. statcan. gc. ca/daily – quotidien/150318/dq150318c – eng. htm？HPA。

② 加拿大驻华大使馆官方网站，http://www. canadainternational. gc. ca/china – chine/highlights – faits/2015/ CanadawelcomedrecordnumbersfromChinain2014. aspx？lang = zh – cn。

大最大的少数族裔居民，中文也成为继英语、法语后加拿大的第三大语言。19 世纪末20 世纪初，大多数华人移民来自贫穷、偏僻的乡下，因此他们来到加拿大后只能从事繁重的体力劳动工作，并承受着加拿大社会结构性的种族主义歧视和迫害①，生活在贫困、孤独且与加拿大主流社会相隔绝的环境里。

然而，自 1986 年始，加拿大政府为补充其自身资本和人才的缺口，实施了"投资移民计划"，再加上以前实行的"技术移民计划"，鼓励国外的富裕阶层和专业人士移居加拿大②。大批来自中国大陆、香港、台湾，以及新加坡、马来西亚等地较富裕而受过高等教育的华人移民迁徙到加拿大。经过一定年限，这些移民中的大多数都较好地融入加拿大社会生活中。同时，他们在日常生活中也往往保留自己传统的生活方式和文化习俗。从人类学角度来看，他们常常在两种模式中寻求平衡：一方面渴望尽快融入加拿大所谓"欧式"主流文化氛围中；另一方面保留对"故国"的思念和文化传承。③ 因此，加拿大华人希望通过各种途径把"两个世界"、多元文化及彼此各异的价值观和意识形态有机地结合起来。

作为一名从中国大陆来的求学者，笔者在加拿大安大略省多伦多市和伦敦市④遇到了不少华人新移民。他们中大多数人是从中国大陆通过"技术移民计划"和"投资移民计划"移居到加拿大不超过 10 年的华人。因此，他们很难定义自己是纯粹的"加拿大人"，而与中国彻底切断联系。一方面，他们非常积极地靠近加拿大的主流文化，除了认真学习当地的语言、历史、文化外，许多人还经常出入基督教堂，甚至经过受洗后，成为基督徒。与此同时，中国传统文化和儒家思想依然对他们的日常生活和价值观有很大的影响。值得注意的是，儒家思想中的许多概念和基督教的教义有所不同，甚至存在冲突，而他们却能把二者有机地结合起来。

乍一看，这些现象似乎是一个典型的少数民族渴望融入加拿大主流文化的独立案例。人类学家威廉姆斯·罗斯博瑞（William Roseberry）曾经指出，研究文化现象必须考虑其所在的物质社会环境。社会中的经济和政治上的不平等，可导致不同文化之间关系的变化和转换，并影响整个社会秩序⑤。所以，我在研究加拿大华人移民文化认同

---

① Wickberg, Edgar, 1982. *From China to Canada: A History of the Chinese Communities in Canada.* Toronto: McClelland and Stewart Ltd. , pp. 24 – 25.

② Bramadat, Paul, and David Seljak, 2005. *Religion and Ethnicity in Canada.* Toronto: Pearson Education Canada Inc. , pp. 89 – 92; Li, Peter S. , 1988. *The Chinese in Canada.* Toronto: Oxford University Press, pp. 111 – 125.

③ Tu, Weiming, 1994a. *The Living Tree: The Changing Meaning of Being Chinese Today.* Stanford CA: Stanford University Press, pp. 39 – 40, 52.

④ 这里的伦敦市不是指英国首都，而是位于加拿大安大略省的一座森林城市，又称小伦敦，为加拿大第十大城市，距多伦多市大约 2 个小时车程。

⑤ Roseberry, William, 1989. *Anthropologies and Histories: Essays in Culture, History and Political Economy.* London: Rutgers University Press, pp. 11 – 12.

的现象时，将其放在加拿大社会的政治、经济、文化，甚至历史的多重因素中探讨。本文将涉及移民及定居的经历对文化认同的种种影响，更具体地说，笔者将观察并分析加拿大安大略省西南部华人新移民如何在加拿大"西方"文化和中国传统文化的影响下，构建其独特的"加拿大华人"的双重文化认同的过程。在研究中，也会涉及加拿大社会中所谓"文化认同"之政治学，即指"非白人"族裔如何在西方的社会和文化环境中，有"选择"地建构他们的身份和文化认同。

（一）理论回顾

不少人类学家和社会学家对移民和文化认同等问题进行了理论阐述，笔者拟在前人研究的基础上，将与本文有关的几个观点加以简单的概括。

1. 文化内涵

人类学家格尔兹指出，"文化应该被定义成一种呈现社会约定俗成的含义代码，就像文学文本可以被直译一样，这是因为文化的这些含义是在个体间互动中创造出来并进行传播的"[1]。罗斯博瑞则认为"文化进程不可避免地受到所在社会政治经济因素的影响"[2]。

2. 文化及文化认同的可变性

人类学家詹姆斯·克里夫德指出，任何研究移民群体的学者，必须理解"文化认同"的全球性和可变性。[3] 从移居的角度来看，文化将通过日常的生活和实践，来展现其适应性和协调性。许多中国学者也发表了自己的看法。例如，杜维明教授等认为，文化认同从来不是固定的，而是不断地被创造和改变的，因此文化认同是永远不会被定格或完成的。"文化"这个概念迫使观察者去探索移民群体离开源文化，与在外国文化相互构建中的真实进程。并迫使观察者去追踪移民过程的世俗路线和历史路线，从而论证"文化认同"与移民过程的经历有关[4]。学者刘海明（Liu Haiming 音译）关于在南加州的张氏家族的研究表明，移民并不意味着与过去断绝来往，而是一种超越国界的新生活的开始[5]。学者苏洪军（Su Hongjun 音译）描述了 4 位中国移民及其家庭试图将他们的中国文化底蕴融入美国文化传统时所面临的种族、经济和文化逆境。苏教

① Geertz, Clifford, 1973. *The Interpretation of Cultures: Selected Essays by Clifford Geertz.* New York: Basic Books, pp. 5, 9.

② Roseberry, William, 1989. *Anthropologies and Histories: Essays in Culture, History and Political Economy.* London: Rutgers University Press, pp. 53 – 54.

③ Clifford, James, 1997. *Routes: Travel and Translation in the Late Twentieth Century.* Cambridge: Harvard University Press, pp. 5 – 7.

④ Tu, Weiming, 1994a. *The Living Tree: The Changing Meaning of Being Chinese Today,* Stanford CA: Stanford University Press, p. 19; Chow, Claire S., 1998. *Learing Deep Water.* New York: A Dutton Book, pp. 24 – 26.

⑤ Liu, Haiming, 1992. "The Trans – Pacific Family: A Case Study of Sam Chang's Family History," *Ameasia Journal* 18: 1 – 34.

授认为这一过程导致很多移民形成了一种可变的国际化观点①。

3. 离散理论

离散理论是一门分支学科，在社会科学中越来越受重视，特别是在有关移民和难民的学术研究中。"离散"一词字面意义是"种子的散布"，最初指两千年前从巴比伦被流放后居住在巴勒斯坦以外的犹太人②。然而，由于"将移民概念化……有助于我们观察正在进行中的移民浪潮、分析其源头、监测移民浪潮的变化以及观察移民浪潮如何同时影响祖居国地和定居国"③，因此离散理论与本文研究密切相关。离散理论不仅应该致力于"传统移民"（亚美尼亚人、希腊人和犹太人）的历史、文化和政治多学科探讨，还应致力于过去几十年中发生的所有跨国移民现象。④ 此外，鉴于文化、政治和经济这些不同因素不能被排斥在外，因此，对移民社区的研究应将政治经济学和人类学等多学科结合起来，以调查和分析文化、政治和经济发展过程是如何影响移民社区的⑤。

总之，海外华人的"文化认同"受到祖居国和移居国文化的双重影响，而这种影响有时是矛盾的，甚至是对立的。因此，这导致海外华人被定义为有着复杂文化认同取向的流散性、过渡性群体⑥。

（二）方法论

为能使用多学科的研究方法来讨论这种社会现象的复杂特性。笔者曾查阅大量的民族志资料来回顾华人的移民史。同时通过近数年的参与式观察，对多伦多和小伦敦的 200 多名移民进行了问卷调查，并对来自 36 个家庭的 89 人进行了个人访谈。每次面谈最少持续 1 个小时，最长的可达 3 个小时，然后对资料进行综合的人类学分析。通过这些受访者对自身移民和定居经历的"深层描述"⑦，笔者也试图了解这些移民者对加拿大多元文化社会的个人理解。另外，笔者还使用互联网访问加拿大的门户网站及

---

① Su，H.，1996. Strangers within Our Gates：A Study of Four First – generation Chinese Immigrant Men's Autobiographies，1930s – 1940s（Asian Americans）. Unpublished doctoral dissertation. University of Iowa.

② Tu，Weiming，1994a. *The Living Tree：The Changing Meaning of Being Chinese Today*. Stanford CA：Stanford University Press，p. 19.

③ Tian，Guang，1999. *Chinese – Canadians，Canadian – Chinese：Coping and Adapting in North America*. Lewison NY：Edwin Mellen Press，p. 21.

④ Tu，Weiming，1994a. *The Living Tree：The Changing Meaning of Being Chinese Today*. Stanford CA：Stanford University Press，p. 13.

⑤ Roseberry，William，1989. *Anthropologies and Histories：Essays in Culture，History and Political Economy*. London：Rutgers University Press，p. 43.

⑥ McKeown，Adam，1999. "Conceptualizing Chinese Diasporas，1842 to 1949. " *The Journal of Asian Studies*，Vol. 58，No. 2：306 – 337.

⑦ Geertz，Clifford，1973. *The Interpretation of Cultures：Selected Essays by Clifford Geertz*. New York：Basic Books，pp. 5，9.

数据库来全面掌握加拿大社会与华人群体的资料和信息，以求建构关于"文化认同"的理论、观点和细节。

如前所说，笔者来自中国大陆，并同时掌握普通话和英语，因此常被华人移民当作所谓"自己人"，可以与他们在一个亲密且舒适的环境中聊家常和谈论个人想法。不过有时也因为自身中国公民和非基督徒的身份，会被教堂里的华人当作"局外人"而有所顾忌。但正因为如此，笔者能以"间质性视角"①，与被访者建立一种"紧密且有距离感的空间"，使我们能进行开放和相互尊重的沟通②。在访谈中，笔者之目的不是随意对受访者的"文化认同"下定义，而是试图通过华人移民的生活细节，了解他们对自己身份和文化认同的理解，从而扩展成对整个社会文化整合和适应性的探讨。

二 加拿大华人新移民群体双重文化认同的实证分析

加拿大凭借稳定的生活状态、多元文化的社会环境、较低的犯罪率，吸引成千上万的中国移民到此定居、生活和学习。随着时间的推移，每个人都会受到加拿大境内主流的英国或法国的价值观和意识形态的影响。但包括华人移民在内的各国移民都竭力保持部分独特的传统文化和生活方式。在这一部分，我将集中讨论华人新移民群体如何有选择地保留他们的价值观和传统文化，以构建其独特的"加拿大华人"的身份和文化认同。

（一）多元文化的加拿大社会

首先，简要地介绍一下多元文化的加拿大社会。多元文化主义由皮埃尔·特鲁多（Pierre Trudeau）的自由党政府于1971年提出，并在若干年后于1988年正式写入法律。多元文化主义也指在加拿大社会中与文化、种族和宗教有关的"多元化"的广大公众传统。③ 官方的"多元文化主义"是以四个一般性原则为基础的：

- 地位上的平等：各民族一律平等；
- 强调加拿大的身份：民族文化多元化为加拿大身份的本质；
- 选择的可能性：选择一种最好的生活方式是塑造社会的一个积极因素；
- 保护民权和人权：任何加拿大居民都不应该因其民族血统、种族、文化、语言

---

① Perloff, Marjorie, 1998. "Cultural Liminality/Aesthetic Closure? The 'Interstitial Perspective' of Homi Bhabha'," http://wings. buffalo. edu/epc/authors/perloff/bhabha. html: 1.

② Geertz, Clifford, 1988. *Works and Lives: The Anthropologist as Author*. Stanford CA: Stanford University Press, p. 16.

③ Bramadat, Paul and David Seljak, 2005. *Religion and Ethnicity in Canada*. Toronto: Pearson Education Canada Inc., pp. 89 – 92; Li, Peter S., 1988. *The Chinese in Canada*. Toronto: Oxford University Press, p. 9.

或宗教而受到歧视①。

理论上讲，多元文化主义似乎否定在加拿大存在所谓"官方"文化。因此，应将其指导原则视为一种在加拿大社会中，与少数族裔群体利益相关的，并经过"国家认可的"多样性的形式。从某种程度上来说，多元文化主义似乎对很多加拿大华人来说是有利的，因为一些少数族裔群体把多元文化政策当成工具来寻求经济机会和消除在就业、教育、住房和司法方面所受到的歧视。此外，多元文化主义能够通过一些在整体上增强少数族裔群体自尊的方式，来弘扬文化多样性以提高社会容忍度②。不过，应该指出的是，其多元文化政策也有不足之处，社会上仍然存在种族偏见和暗流。

（二）保持中国传统文化

一般情况下，像大多数的少数族裔群体一样，许多华人移民在适应加拿大环境的同时，在不同程度上通过许多方法保持并传承自身的许多文化传统。例如，一名受访者表示：

> 我一半是加拿大人，一半是中国人。在我很小的时候，我母亲教我一些传统价值观，比如诚实、说真话，为家人承担责任等等。我家至今保持着一些中国的传统，比如过春节、元宵节、中秋节等传统节日。我也入乡随俗，过加拿大的圣诞节和感恩节。我知道如何使用筷子，但我更喜欢使用刀叉。我同时遵守加拿大和中国的礼仪。（Sunny，女，22 岁，伦敦）

加拿大华人的身份体现了华人和加拿大之间一种创造性的平衡关系，同时还产生了一些新的习俗③。通过研究和分析那些赋予这些习俗以生命力的价值观和意识形态，来探讨如何随着时间的推移，能创造性地确定、发展和维护这种特殊的"平衡"。

1. 构建富有特色的家庭伦理道德观

对华人影响最大的哲学就是儒家思想，在其影响之下，华人新移民家庭往往保留特有的伦理道德观。儒家思想强调责任、自律、孝道、和谐、重视家庭；强调恰当的社会关系、教育、忠诚、尊重权威以及相互合作等④。因此华人一般非常重视家庭，而移居海外往往使家庭更加团结和亲密，以便在面临困难时可彼此依靠。一位调查对象

---

① McLeod, Keith A., 1983. "Multicultural education: A Decade of Development." In *Two Nations*, *Many Cultures*: *Ethnic Groups in Canada*. J. L. Elliot, ed. pp. 243 - 259. Scarborough: Prentice - Hall, p. 179.

② Allahar, Anton L. and James E Cote, 1998. *Richer and Poorer*: *The Structure of Inequality in Canada*, Toronto: J. Lorimer, p. 79.

③ Isajiw, Wsevolod W., 1999. *Understanding Diversity*: *Ethnicity and Race in the Canadian Context*, Toronto: Thompson Educational Publishing, p. 196.

④ Confucius, 1994. *The Analects*. Beijing: Wen Hua Press.

曾告诉我：

> 移民的过程确实使我和家人更亲密。我在 8 岁来到加拿大，现在 17 岁。移民后，我妈妈又生了弟弟，他现在 7 岁了。我父亲因为经商常常要回中国。所以在我家房子里，我们不是父母和两个孩子，我们是一个成年女性和两个孩子。有时我觉得我是妈妈的伴侣。当她感到孤独时，我陪她聊天；当她遇到困难时，我安慰她。在加拿大，我觉得父母给了我更多的自由，当然在一定的界限之内。（苏珊，17 岁，伦敦）

儒家思想鼓励人与人之间相互信任和宽容，并与他人建立良好的社会关系，这对于移居加拿大的华人移民也很重要。在加拿大这种多元文化的社会当中，即使是家庭成员也可能来自不同的种族、文化背景或宗教，所以彼此间如何和谐相处就至关重要。

> 我女儿的丈夫是白人，他们两年半前结婚。六个月前我来到加拿大探亲。开始的时候，相处得有些不愉快。我的女婿不喜欢我烹饪中国食物，因为气味太浓了。另一方面，我不习惯吃西餐，所以第一个月里感到没有胃口。由于对某些白人的偏见，我先开始与他保持距离。但一家人毕竟要生活在一起，这么生分总是很别扭。我决定迈出第一步，在之后的相处中，我尽量与他多交流，有时给他看一些带有英文字幕介绍中国的画册。并开始学习做西餐，减少生活小事中的摩擦。在接触中，我渐渐发现女婿是一个温暖的人。他要我女儿教他一些中文，这样他可以用汉语和我对话。他的汉语真的很不好，但我知道他已尽力了。他经常在周末和假期带女儿和我出去野营。有时他还特意从餐厅为我买来中餐。我们相处越来越融洽。（芸芝，女，65 岁，多伦多）

2. 有些华人新移民价值观呈保守性倾向

早期的华人移民由于种种原因极少参与到加拿大的政治和社会事务中去，他们遵守传统的中庸之道，不愿意对公共事件发表公开的评论。但新移民群体则大多不一样，他们往往不满足于在专业方面取得成功，更愿意在社会和政治事务中发表自己的意见。当然，随着华人移民数量的增多，教育水平的提高，经济地位的增强，加拿大各个政党也开始重视并积极争取"华人选票"。这些为华人积极参与公共事务提供了一个有利的背景。不过，在田野调查过程中，笔者发现有些华人新移民往往具有比较保守的价值观。例如，他们对一些敏感的社会议题，像同性恋合法化、大麻合法化等持否定的态度，对加拿大社会经常发生的罢工等行为持批评态度。

正如前面所说的那样，儒家思想注重家庭观念，认为家庭是生育和扶养子女的温馨而安全的场所。同时，道教认为自然界和人类社会的顺利发展，是阴阳两种力量相互支撑、相互作用的结果。而男人和女人就是阳和阴的代表。只有这二者相互结合，产生后代，才能使人类社会顺利发展下去。而加拿大社会的"同性恋婚姻合法化"运动冲击了这一底线。很多人认为承认并宽容社会上的同性恋现象是一回事，但是从立法上保证同性恋婚者的各项权益，把同性恋婚姻和一夫一妻制提到同样的位置又是另一回事。同性恋不仅引起了加拿大内部所谓"保守的基督教势力"的不满，对华人移民来说也是一种破坏"正确和正常"生活方式的行为。所以，华人社区组织和华人教堂曾多次在多伦多和温哥华等地组织"反同性婚姻合法化"的游行。

另一个导致华人保守价值观的原因是对"剧烈"社会变化的担心。儒家思想主张在人际关系或国家与公民的关系中维持严格的秩序①。对于统治阶级的过度反抗会导致破坏和动乱。而对于新移民来说，社会的和谐稳定是他们开始新生活的必要条件。所以我所接触到的不少新移民在处理冲突时往往选择妥协或隐忍，而不是反抗。因而，他们对可能破坏经济发展和社会秩序的行为，例如罢工，便非常反感。

> 如果罢工经常发生，可能会重创经济。假如经济状况变糟了，像我这样的新移民总是第一个被解雇的人。现在我每个月必须支付住房抵押贷款。所以如果我失去了工作，我的生活就完了……此外，有时甚至学校里的老师也会停止工作。对我来说，这真是不负责任的行为，孩子们可能因此不能得到应有的教育。（彼得，男，38 岁，多伦多）

这好像解释了为什么"反华"的加拿大保守党哈勃政府在近两次大选中却可以持续得到华人社区的大量选票。抛开政治因素而言，保守党所倡导的所谓"回归加拿大传统价值"的理念，与华人社会存在的保守价值观似乎是相一致的。

3. 重视子女教育和中文学习

儒家思想的另一要点就是鼓励和提倡学习。许多华人移民在移居加拿大后，即使不熟悉加拿大的教育制度和体系，仍然为他们的孩子寻求最好的教育机会。很多人刚刚来到加拿大，他们并没有专门为孩子的教育存款或购买教育保险。但对于大多数华人父母来讲，他们愿意为了孩子们的教育做出经济上的牺牲。认为作为家长的责任之一，应确保孩子能得到良好的教育，以保障孩子们的未来。

---

① Tu，Weiming，1994b. *A Confucian Life in America Princeton*. NJ：Films for the Humanities & Sciences，pp. 2 – 6.

我全家来加拿大已经三年了。由于种种原因，父母一直找不到一份好的或"专业"的工作。他们在一家面包店工作，每小时 11 加币的工资。两年前，我被多伦多大学录取了，但由于没有足够的学费，我的整个家庭承受了很大的压力。不过，父亲告诉我，"不要担心钱。我和你妈妈可以再做一份兼职，放心入学吧"。当然，我不想成为家庭的负担。我宁愿休学一年或申请学生贷款。但我深深感激我父母的爱和支持。幸运的是，后来得到了全额奖学金，而且我还可以在暑假打工赚钱。（多伦多，杰西，女，19 岁）

尽管大多数华人家长为孩子们提供良好教育的目的是让第二代更好、更容易地融入加拿大社会生活中，但儒家思想中家庭责任感的观念也是促使他们这么做的原动力之一。从某种角度来说，这种努力把儒家思想中的一些观念带入整合到加拿大社会生活的进程中去，形成了"社会化的双重原动力"①。

华人新移民和其他刚移居到加拿大的少数族裔一样，往往最重视英语或法语的学习，但他们也深知学习中文的重要性。就像一位受访者说的那样：

语言是自我认同重要的一部分，作为一名华人怎么可能不会汉语，我的孩子们必须学中文。（杰克，男，35 岁，多伦多）

学者佛勒伦斯也指出："语言是维持一个群体独特身份的重要组成部分，它使这一群体的成员分享共同的经历和文化，并共同反抗来自主流社会的压力，增加了为争取更多的社会权力和资源之竞争力，同时也保护自身的文化和身份认同。"② 许多华人社区的非政府组织为学习中文提供了各种平台。例如许多华人教堂开设了各种层次的中文学习班，以教授第二代华人学中文，说普通话和广东话。但是中文并不是非常容易学的语言，从语法、读音到书写都很复杂，第二代的孩子往往把学习汉语当作一种沉重的负担。但在华人社区和华人教堂开设的学习班中，第二代华人移民孩子总能多多少少学到一些中文。

中文学校给我带来了温馨美好的回忆。每个星期五晚上我都去教堂开办的中文班去学习。在那里我不仅学习了一种语言，还对父母亲的文化更加了解，并结

---

① Isajiw，Wsevolod W. , 1999. *Understanding Diversity*：*Ethnicity and Race in the Canadian Context.* Toronto：Thompson Educational Publishing, p. 193.

② Fleras，Augie，1992. *Multiculturalism in Canada ：The Challenge of Diversity.* Scarborough：Nelson Canada, pp. 147，149.

交了许多亲密的朋友，他们中有一些刚从中国来的。我们互相交流彼此的经历，互相学习语言，有时还一起观赏中国电影，聆听中国音乐，度过了美好的时光。（桑尼，女，20 岁，伦敦）

此外，中国经济的蓬勃发展也给海外的中文学习提供一个强劲的原动力。就像笔者一个朋友的孩子说的："我的父母一直鼓励我学习中文，特别是去年我们全家回到大陆度过了一个愉快的暑假，我们都意识到作为一个中英两种语言都精通的人，会在未来得到更多的机会。"

华人社区非政府组织和华人教堂开办的学习班，不仅教授第二代甚至第三代孩子学习中文，还讲授中国历史、中国绘画、中国传统乐曲，甚至中医中药知识，所以算得上是继承中国传统文化，了解中国发展现状的传播中心。

4. 中医中药和中餐

中医中药是中华传统文化另一重要组成部分。中医的起源与道教的思想有很大关系。传统中医源于一种信念，即个体（微观世界）被视为大自然各种力量不可分割的一部分。医生通过对人体内部状况和外界环境的细致观察，总结出一套诊断与治疗的精密复杂体系。简而言之，就是使气（即能量）在身体中可以顺畅流动，以确保身体的正常运转。

许多华人在移居加拿大后继续服用中药，他们认为中药虽然比西药疗效慢，但原料取自天然，副作用小，对于感冒、咳嗽、过敏、骨折及一些妇科疾病都有很好的疗效。在中国，无论是中医还是西医都被承认，它们属于独立的两个体系，但相互配合。与西方国家不同，中国的医生在治疗患者时，主张中西医相结合，以达到最好的治疗效果。但在加拿大，目前中医和中药并没有得到官方的正式许可，所以华人移民生病时会到西医诊所治疗。然而，很多华人都有一些关于中医中药的知识，因此当患有感冒、咳嗽这种小病时，他们常常服用从国内带来的成品中药，例如感冒清颗粒、板蓝根或同仁堂的一些药剂，效果往往非常好。在部分华人社区中，还会有一些民间中医院提供针灸、按摩等服务。

我相信中医，从小到大我一直服用中药。虽然中医在加拿大并不被正式承认，但是中医毕竟是经过几千年的案例积累形成的一种治疗体系，所以对很多病症有很好的效果。（海伦，女，32 岁，多伦多）

从北京到多伦多做访问学者的刘医生也表达了自己对中医的看法：

当人们到西医诊所去治疗，医生会首先进行测试，并根据结果分类，同类的病人会被推荐使用同样的药品和治疗手段，从而去除疾病。但传统中医是针对个人的身体状况。医生会长期观察每个病人，并追踪和分析其临床的变化，有针对性地开出药方。而且，中医疗法和中药副作用小，对于术后病人和慢性病患者的疗效更明显。

在这种情况下，华人新移民继续使用中医和中药就并不是奇怪的事了。尤其是在大多伦多地区，中医服务和中药比较容易得到，所以中医仍然在华人新移民群体的生活中占有重要地位。

由于医药和饮食被认为属于同根同源，中餐也成为传统文化中的一部分。饮食中搭配均衡的菜肴对维持最佳健康状态至关重要。此外，华人花费大量时间与他人一起准备和享用餐食，也颇具社会价值。一位母亲表示：

> 我教我的女儿如何做中餐，如何做中式点心，比如粽子和我妈妈教我的其他东西。我教他们这些，这样他们就不会丢失中国烹饪这一部分传统。（杰西卡，女，43 岁，伦敦）

中餐在传统庆典和节日中同样扮演着重要的角色。比如，在农历新年之际，全家要准备一顿丰盛的大餐以迎接春节的到来，之后共同参加若干活动，在欢乐的家庭氛围中闲谈玩乐。在加拿大这类国家中，春节对第二代和第三代华裔来说，是一个了解风俗习惯，加强人际沟通，展示尊崇传统文化的好时机。

三 结语

许多中国移民在加拿大社会中依然保持许多中国传统文化、信仰和道德观。他们试图将自己的价值观与加拿大主流社会的"欧式"文化结合起来，构建一个独特但多元的文化认同。如一位受访者所说的：

> 如果你问我是谁？我想说作为一名华人，有时可能要承受痛苦和焦虑，因为现在我生活的社会和文化环境与我过去的大不相同。但我努力把这些转化为积极的因素。现在，华人的身份让我看到了自己的独特性和多样性，所以我很高兴称自己为"加拿大华人"，而非仅仅是"加拿大"人。（露丝·张，女，32 岁，多伦多人）

正如前面所说的，笔者的研究对象主要是近年来从中国大陆移居加拿大不超过 10 年的新移民群体。对于这一群体来说，他们在中国生活的记忆对其建立"加拿大华人"的身份和文化认同仍有很大的影响。一方面，为了尽快融入加拿大主流社会，他们主动吸收西方文化的各类元素，例如参加教堂及当地节庆活动，积极投身于加拿大的政治和社会事件中去。另一方面，这些新移民也有选择地保留和继承中国的传统文化。例如，儒家思想构建出华人新移民家庭独特的伦理道德观；传统中医和中药在日常生活中的使用；重视孩子的中文教育及中华文化传承；等等。

总而言之，这些华人新移民通过平衡中西不同的价值观、信仰和意识形态，在加拿大本土文化和中国传统文化的双重熏陶下，构建其独特而多元的"加拿大华人"的身份和文化认同[①]。正是这种双重的文化认同，使他们与祖居国仍保有千丝万缕的联系，从而能为中华的振兴及优秀文化在海外的传播作出贡献。

参考文献

Allahar, Anton L. and James E. Cote

1998. *Richer and Poorer*：*The Structure of Inequality in Canada.* Toronto：J. Lorimer.

Bramadat, Paul and David Seljak

2005. *Religion and Ethnicity in Canada.* Toronto：Pearson Education Canada Inc.

Chow, Claire S.

1998. *Learing Deep Water.* New York：A Dutton Book.

Clifford, James

1997. *Routes*：*Travel and Translation in the Late Twentieth Century.*

Cambridge：Harvard University Press.

Confucius

1994. *The Analects.* Beijing：Wen Hua Press.

Fleras, Augie

1992. *Multiculturalism in Canada*：*The Challenge of Diversity.* Scarborough：Nelson Canada.

Geertz, Clifford

1973. *The Interpretation of Cultures*：*Selected Essays by Clifford Geertz.* New York：Basic

---

① Isajiw，Wsevolod W. , 1999. *Understanding Diversity*：*Ethnicity and Race in the Canadian Context.* Toronto：Thompson Educational Publishing, p. 171.

Books.

1988. *Works and Lives: The Anthropologist as Author.* Stanford CA: Stanford University Press.

Haley, George T., Chin Tiong Tan, and Usha C. V. Haley

1998. *New Asian Emperors: The Overseas Chinese, Their Strategies and Competitive Advantages.* Oxford: Butterworth – Heinemann, Linacre House, Jordan Hill.

Isajiw, Wsevolod W.

1999. *Understanding Diversity: Ethnicity and Race in the Canadian Context.*

Toronto: Thompson Educational Publishing.

Li, Peter S.

1988. *The Chinese in Canada.* Toronto: Oxford University Press.

Liu, Haiming

1992. "The Trans – Pacific Family: A Case Study of Sam Chang's Family History."

Ameasia Journal 18.

McLeod, Keith A.

1983. "Multicultural Education: A Decade of Development." In *Two Nations, Many Cultures: Ethnic Groups in Canada.* J. L. Elliot, ed. pp. 243 – 259. Scarborough: Prentice – Hall.

Perloff, Marjorie

1998. Cultural Liminality/Aesthetic Closure? The 'Interstitial Perspective' of Homi Bhabha. < http://wings. buffalo. edu/epc/authors/perloff/bhabha. html >.

Roseberry, William

1989. *Anthropologies and Histories: Essays in Culture, History and Political Economy.* London: Rutgers University Press.

Su, H.

1996. Strangers within Our Gates: A Study of Four First – generation Chinese Immigrant Men's Autobiographies, 1930s – 1940s (Asian Americans). Unpublished doctoral dissertation. University of Iowa.

Thompson, Laurence G.

1989. *Chinese Religion: An Introduction.* Belmont CA: Wadsworth.

Tian, Guang

1999. *Chinese – Canadians, Canadian – Chinese: Coping and Adapting in North America.* Lewison NY: Edwin Mellen Press.

Tu，Weiming

1994a. *The Living Tree：The Changing Meaning of Being Chinese Today*. Stanford CA：Stanford University Press.

1994b. *A Confucian Life in America*. Princeton，NJ：Films for the Humanities & Sciences.

2006. "Toward a Dialogical Civilization：Identity，Difference and Harmony. "
< http：//www. beijingforum. org/en/ShowArticle. asp？ ArticleID = 250 >.

Wickberg，Edgar

1982. *From China to Canada：A History of the Chinese Communities in Canada*.
Toronto：McClelland and Stewart Ltd.

An Anthropological Thinking on the Cultural Identity among
New Chinese Immigrants in Canada

Abstract：This study focuses on the people ，who immigrated from mainland China to Canada，and have lived in Canada for less than ten years；therefore most of them do not solely identify themselves as either Chinese or Canadian. On the one hand，the newcomers enjoy their new lives in multicultural Canada. On the other hand，the Chinese traditional culture and the rapid development of China still affect the lives of new immigrants in many ways. For examples：establishing the unique moral values influenced by Confucian philosophy；taking traditional Chinese medicines in daily life；paying great attention to Chinese language learning of their Children and so on. From the several perspectives above，the paper attempts to explore how the Chinese new immigrants constructing their "Chinese Canadians" identities under the influences of Chinese traditional culture and Western social environment.

Keywords：Canada　New Chinese Immigrants　Anthropological Thinking　Cultural Identity

原载于《云南社会科学》2015 年第 3 期

"十二五"时期民族地区社会发展报告[*]

薛 品

摘 要 本报告利用民族地区省级宏观统计数据，从科学、教育、卫生、就业、社会保障、城镇化、民族关系与居民主观感受等方面展现"十二五"时期我国民族地区社会建设与社会发展方面取得的重大成就和进展，并对民族地区发展所面临的各种困难，如科教资源短缺、人力资本不足、城镇化水平低、人口红利面临消失等问题进行了深入分析。从加大财政转移支付、加快新型工业化与城镇化、促进科学教育事业发展以及促进民族地区卫生事业发展等方面对进一步促进民族地区社会发展提出了相关政策和建议。

关键词 民族地区 社会发展 小康社会

社会发展程度是一个社会文明程度的重要体现，是全面建成小康社会的重要手段和主要目标。目前，我国人均国民收入已经达到较高水平，但经济发展水平的提高并不必然带来社会发展程度的提高。我国区域间社会发展水平差距较大，虽然在"十二五"时期民族地区社会事业得到全面发展，但相比东部发达地区，仍然处于较为落后的水平。在党的十七大提出把社会建设作为我国社会主义现代化建设"五位一体"战略重要组成部分的基础上，十八届五中全会进一步提出，到 2020 年确保如期全面建成小康社会的奋斗目标，并提出"创新、协调、绿色、开放、共享"五大发展理念，明确"完善区域政策，促进各地区协调发展、协同发展、共同发展"，"坚持把改善民生、凝聚人心作为经济社会发展的出发点和落脚点"，"推进经济社会协调发展、走向全面小康"。

本报告拟利用省级层面的宏观统计数据，系统总结"十二五"时期民族地区社会发展的经验，分析民族地区社会发展面临的挑战和困难，并在此基础上，提出相关的

---

* 本文系中国社会科学院民族学与人类学研究所张继焦研究员主持的创新课题"多民族国家的社会治理"的阶段性成果。

对策和建议。

一　民族地区社会事业取得的进展

（一）科技、教育、卫生等社会事业继续发展

第一，民族地区科技事业进步较大，但总体水平仍然偏低。民族地区 R&D 人员全时当量[①]近几年连年增长，绝对数字从 2010 年 12.3 万人年增加到 2013 年的 16 万人年，年均增长率达到 9.2%（见表1）；R&D 经费支出也有较大幅度增加，绝对支出从 2010 年的 250.3 亿元增加到 2013 年的 434.3 亿元，年均增长率高达 20.2%。

表1　2010～2013 年民族八省区 R&D 人员全时当量与 R&D 经费支出

	R&D 人员全时当量（万人年）	R&D 经费支出（亿元）
2010 年	12.3	250.3
2011 年	13.8	320.6
2012 年	15.0	381.9
2013 年	16.0	434.3
2010～2013 年年均增长率（%）	9.2	20.2

资料来源：《中国科技统计年鉴》（2011～2014）。

民族地区科研水平相对较为落后，民族地区技术市场成交额较低，近几年民族八省区技术市场成交额占全国比重均不足 5%，而东部 10 省（市）占比为民族八省区的几十倍（如表2所示）。技术市场成交额与地区产业发展水平、科技资源丰富程度和科研水平、创新水平均有密切关系，民族地区这一指标水平较低，综合反映出民族地区在产业发展、科技资源和科研创新水平等方面仍存在较大不足。

表2　2011～2014 年民族八省区与东部 10 省（市）技术市场成交额比较

地区	2011 年	2012 年	2013 年	2014 年
全国成交额（亿元）	4763.6	6437.1	7469.1	8577.2
东部 10 省（市）占全国比重（%）	71.8	66.6	67.7	63.9
民族八省区占全国比重（%）	1.7	3	1.8	1.5

资料来源：《中国统计年鉴 2015》。

第二，民族地区教育事业有较快发展，但教育资源和师资力量仍无法和东部地区相提并论。"十二五"时期民族地区教育事业有了长足发展，除小学阶段以外，其他阶

---

① R&D 人员全时当量，指全时人员数加非全时人员按工作量折算为全时人员数的综合。为国际上比较科技人力投入而制定的可比指标。有关说明见《中国统计年鉴 2015》第 690 页。

段各类专职教师年增长率均远远高于全国数字（如表3所示）。其中，高等学校和普通高中专职教师增长率尤其明显，每年增长率均在5%左右。在中等职业教育阶段，民族八省区的中等职业学校专职教师数在全国相应数字连年下降的趋势下稳步增长，保持较高发展水平。初中教师数量的变化也有类似趋势，在全国下降趋势下民族地区四年来一直保持增长。由于全国推行的"撤点并校"行动以及我国人口结构中学龄人群比例的下降，民族八省区近几年小学师资力量有所波动，从2012年到2013年变动尤为明显，专职教师减少了3个百分点，但到2014年，该趋势得以扭转，民族八省区小学专职教师数又有一定增加比例。

表3　2011～2014年民族八省区各类学校专职教师数年增长率（％）

	高等学校专职教师数增长率		普通高中专职教师数增长率		中等职业学校专职教师数年增长率		初中专职教师数年增长率		普通小学专职教师数年增长率	
	全国	民族八省区	全国	民族八省区	全国	民族八省区	全国	民族八省区	全国	民族八省区
2011～2012年	3.4	4.1	2.4	5.8	-0.8	1.7	-0.6	0.8	-0.3	-0.1
2012～2013年	4.0	5.8	2.1	6.4	-2.2	0.8	-0.7	0.4	0.02	-3.0
2013～2014年	2.5	4.7	2.1	5.8	-0.7	2.3	0.2	1.0	0.9	2.1

资料来源：依据《中国统计年鉴》（2012～2015）中的数据整理计算而得。

　　虽然近几年民族地区高等教育和中等职业教育教师数稳定增长，但民族地区教育事业发展在许多方面仍然落后于全国平均水平和经济水平较为发达的东部地区。2014年统计数据显示，民族地区各级学校生师比呈现明显的"两端优化、中间落后"趋势（见表4），小学和高等学校生师比均低于东部地区和全国平均水平，但初中、普通高中和中等职业学校生师比仍然高于东部地区和全国平均水平，从时间趋势来看，民族地区小学、初中和高中师生比均比2011年明显下降[①]，师资力量有了明显改善，但中等职业教育阶段教师资源依然匮乏，生师比远远高于东部地区和全国平均水平。

表4　2014年各地区各级普通学校生师比（教师数＝1）

地区	小学	初中	普通高中	中等职业学校	普通高校
东部地区	16.5	11.8	12.0	19.5	17.4
民族八省区	16.3	14.0	15.0	26.8	17.1
全国平均	16.8	12.6	14.4	21.3	17.7

资料来源：《中国统计年鉴2015》。

---

① 王延中、宁亚芳：《民族地区社会发展报告》，载《民族发展蓝皮书——中国民族发展报告（2015）》，社会科学文献出版社，2015，第192页。

与 2010 年相比，包括民族八省区在内的西部 12 省（区、市）合计的高等教育资源在 2013 年有了很大提高，学校数从 564 个增加到 610 个，招生数从 153.4 万增加到 169.2 万，在校学生数从 502.7 万增加到 594.1 万，毕业生从 123.4 万人增加到 143.8 万人①，但仍然远远低于 2013 年东部 10 省（市）合计（见表 5）。

表 5　2013 年西部地区与东部地区高等教育资源差距比较

指标	西部 12 省（区、市）合计	西部 12 省（区、市）占全国比重（%）	东部 10 省（市）合计	东部 10 省（市）占全国比重（%）
学校数（个）	610	24.5	969	38.9
招生数（万人）	169.2	24.2	274.1	39.2
在校学生数（万人）	594.1	24.1	972.3	39.4
毕业生数（万人）	143.8	22.5	257.8	40.4

注：东部 10 省（市）包括北京、天津、河北、上海、江苏、浙江、福建、山东、广东和海南。本报告其余部分所提东部 10 省（市）均与此处相同。西部 12 省（区、市）包括重庆市、四川省、广西壮族自治区、贵州省、云南省、陕西省、甘肃省、内蒙古自治区、宁夏回族自治区、新疆维吾尔自治区、青海省、西藏省等。

资料来源：《中国区域经济统计年鉴 2014》。

第三，民族地区卫生事业发展保持较快增速。民族八省区卫生机构数、卫生技术人员数和卫生机构床位总数 2011～2014 年年增长率大部分指标高于全国增长率（其中，民族八省区 2012～2013 年卫生机构数增速低于全国水平，另外卫生机构床位数民族八省区 2011～2012 年增速与全国持平）。卫生技术人员数和机构床位总数的增长尤为可观（如表 6 所示）。

表 6　2011～2014 年卫生事业发展情况——年增长率（%）

	卫生机构数年增长率		卫生技术人员数年增长率		卫生机构床位总数年增长率	
	全国	民族八省区	全国	民族八省区	全国	民族八省区
2011～2012 年	-0.4	2.1	7.6	8.2	10.9	10.9
2012～2013 年	2.5	2.2	8.0	11.4	8.0	10.7
2013～2014 年	0.7	0.9	5.3	6.9	6.8	7.3

资料来源：依据《中国统计年鉴》（2012～2015）中的数据整理计算而得。

"十二五"时期，民族地区医疗卫生服务均等化水平逐年进步。从 2011 年到 2014 年，民族地区每千人口卫生技术人员数持续增长，且与全国水平差距呈缩小趋势（见表 7）。2014 年民族八省区每千人口卫生技术人员数达到 5.4 人，全国为 5.6 人，相差

---

① 2010 年数据见《中国区域经济统计年鉴 2011》。

0.2 人；而 2011 年相应的差别为 0.3 人，从 2011 年到 2014 年差别在缩小。

表 7　2011～2014 年医疗卫生服务均等化进展——每千人口卫生技术人员数（人）

	全国	民族八省区
2011	4.6	4.3
2012	4.9	4.6
2013	5.3	5.0
2014	5.6	5.4

资料来源：《中国统计年鉴 2015》。

民族八省区近几年卫生事业发展速度较快，但从横向比较来看，与东部地区仍存在较大差距（见表 8）。卫生机构数西部和东部总量基本持平，但包括民族八省区在内的西部 12 省（区、市）无论在卫生技术人员数还是卫生机构床位数方面，合计量都远远低于东部 10 省（市）。

表 8　2014 年西部地区与东部地区卫生事业发展水平比较

指标	西部 12 省（区、市）合计	西部 12 省（区、市）占全国比重（%）	东部 10 省（市）合计	东部 10 省（市）占全国比重（%）
卫生机构数（个）	312533	31.8	319062	32.5
卫生技术人员数（人）	2017208	26.6	3091987	40.7
卫生机构床位数（万张）	190.0	28.8	235.5	35.7

资料来源：《中国统计年鉴 2015》。

（二）就业的产业分布更趋合理，社会保障覆盖范围扩大，城镇化水平有了明显提升

"十二五"时期前三年，民族地区就业结构持续优化；以三次产业就业人数所占比例来看，从 2011 年到 2013 年，第一产业就业人员所占比例逐年下降，第二和第三产业就业比例则逐年增加（见表 9）；但就业结构与全国相比仍存在较大差异，第一产业就业比例仍高于全国水平 20 多个百分点，且就业人员所占比例过半，高于第二产业和第三产业从业人员比例之和。民族八省区第二产业和第三产业就业人员比例远低于全国水平。第二产业和第三产业都是国民经济的重要组成部分，并能反映一个地区的技术水平和经济发展水平，民族八省区第二产业和第三产业就业人员比例过低，从侧面反映民族八省区第二产业和第三产业发展水平较低产业结构仍需继续优化。

表 9　民族八省区及全国就业人数的产业分布（%）

	民族八省区按产业分所占比重			全国按产业分所占比重		
	第一产业	第二产业	第三产业	第一产业	第二产业	第三产业
2011	55.3	15.8	28.9	34.8	29.5	35.7
2012	54.2	16	30	33.6	30.3	36.1
2013	52.5	16.3	31.2	31.4	30.1	38.5

资料来源：《中国统计年鉴 2015》和民族八省区统计年鉴 2012～2014 年相关数据整理计算得来。

西部地区与东部地区就业结构上的产业差异也同时反映在不同产业对地区生产总值的贡献上（见表10），民族八省区就业人员超过半数集中在第一产业，但民族地区第一产业贡献的地区生产总值较低，远低于第二产业和第三产业对地区生产总值的贡献，包括民族八省区在内的西部 12 省（区、市）2014 年第一产业地区生产总值远低于第二和第三产业地区生产总值，占全国生产总值的比例也远远低于东部 10 省（市）。

表 10　2014 年西部地区与东部地区三大产业的地区生产总值比较

单位：亿元，%

产业	西部 12 省（区、市）合计	西部 12 省（区、市）占全国比重	东部 10 省（市）合计	东部 10 省（市）占全国比重
第一产业	16432.8	28.2	20131.6	34.5
第二产业	65440.5	20.4	159086.0	49.6
第三产业	56226.5	18.4	170883.3	55.9

资料来源：《中国统计年鉴 2015》。

"十二五"时期，民族地区社会保障事业财政投入连年增长，从 2011 年到 2014 年西部 12 省（区、市）保持 13.1% 的年均增长率（见表11），这一增长率高于东部地区水平和全国水平，同时也高于一般财政性预算支出的年均增长率（西部地区为 12.3%）。

表 11　西部 12 省（区、市）和东部 10 省（市）社会保障和就业财政支出及一般财政性预算支出

单位：亿元，%

	社会保障和就业财政支出			一般财政性预算支出		
	全国	东部	西部	全国	东部	西部
2011	10606.9	3469.6	3319.9	92733.7	37249.6	27396.7
2012	11999.8	3960.9	3753.7	107188.3	42093.1	32269.1
2013	13849.7	4508.7	4319.9	119740.3	47369.8	35564.2
2014	15269.0	4959.2	4801.6	129215.5	51378.5	38796.7
2011～2014 年年均增长率	12.9	12.6	13.1	11.7	11.3	12.3

"十二五"时期,民族八省区社会保障和就业财政支出占一般财政性预算支出的比重低于全国各级地方政府总体水平,不过相比而言,这一比重高于东部10省(市)(见表12)。

表12　民族八省区和东部10省(市)社会保障和就业财政支出占一般财政性预算支出比重(%)

地区	2011	2012	2013	2014
全国地方政府	11.4	11.2	11.6	11.8
民族八省区	11	10.6	10.9	11.1
东部10省(市)	9.3	9.4	9.5	9.7

资料来源:根据《中国统计年鉴》(2012~2015)数据整理计算得来。

民族地区近年来社会保险参与情况不断改善,参保人数不断增加,社保覆盖面越来越广泛(见表13)。"十二五"时期,城镇基本医疗保险参保人数保持6.8%的年均增长率,城镇职工基本养老保险参保人数保持5.5%的年均增长率,城乡居民社会养老保险也有4.1%的年均增长率;新型农村合作医疗保险参保人数年均增长率为0.6%,不过,这一增速低于2003~2011年的年均增长率(2.8%)[①]。工伤保险、失业保险和生育保险参保人数都有较大幅度增长。

表13　民族八省区社会保险参与情况(万人)

	城镇基本医疗保险参保人数	城镇职工基本养老保险参保人数	新型农村合作医疗保险参保人数	城乡居民社会养老保险	工伤保险参保人数	失业保险参保人数	生育保险参保人数
2011	4592.6	2206.7	13729.5	–	1325.5	1217.6	1271.8
2012	5146	2347.8	13818.7	6753.3	1516.2	1268.9	1390.3
2013	5486.8	2480.9	13870.1	7163.8	1647	1309.2	1492.8
2014	5601.4	2593.9	13984.5	7315.9	1724.6	1339.6	1544.9
年均增长率(%)	6.8	5.5	0.6	4.1	9.2	3.2	6.7

注:2010年开始试点新型农村社会养老保险,从2012年开始城乡居民社会养老保险合并进行统计,但2011年尚未合并,故表格中没有2011年数据。

资料来源:依据《中国统计年鉴》(2012~2015)相关数据计算得来。

民族地区社会救助事业水平有了显著提高,贫困人群基本生活得到有力保障,2011~2013年,民族八省区城镇居民最低生活保障待遇水平年均增长率较高,除了宁夏、西藏和贵州三省区,其他五省区增长率超过全国水平;并且增长率也远远超过

① 郝时远等主编《中国民族发展报告2015》,社会科学文献出版社,2015,第197页。

2007～2010 年年均增长率（见表 14）；不过，应该看到，民族八省区城镇居民最低生活保障绝对水平仍存在较大分化，除了西藏和内蒙古两个自治区，其他六省区城镇居民最低生活保障水平与全国水平还有较大差距。

表 14 民族八省区城镇居民最低生活保障待遇水平

单位：元/（月·人），%

	全国水平	内蒙古	广西	贵州	云南	青海	宁夏	新疆	西藏
2011 年	287.6	343.5	241.3	270.9	248.3	235.8	244.3	200.4	355.8
2012 年	330.1	407.7	270.5	308	284.4	310.8	252.5	261	399.7
2013 年	373.3	460.3	334.7	347.6	323.9	330.8	287.6	300.4	432.4
2011～2013 年年均增长率	13.9	15.8	17.8	13.3	14.2	18.4	8.5	22.4	10.2
2007～2010 年年均增长率	10.3	8.5	19.4	11.5	8.9	5.2	7.8	5.3	8.7

资料来源：《中国社会统计年鉴》（2007～2014）。

我国正处在工业化、城镇化的推进过程中，产业升级仍然有空间，而新型城镇化是最大的内需，尤其对于民族地区而言。2006～2014 年，民族地区城镇化率提升较快，但与全国水平差距仍然较大，除内蒙古自治区城镇化率一直高于全国水平以外，其他七个省区均远远低于全国水平，其中西藏自治区城镇化率水平最低，仅有 25.8%（见表 15）。

表 15 民族八省区城镇化率（%）

	2006	2010	2011	2012	2013	2014
全国	44.3	50.0	51.3	52.6	53.7	54.8
内蒙古	48.6	55.5	56.6	57.7	58.7	59.5
宁夏	43.0	47.9	49.8	50.7	52.0	53.6
青海	39.3	44.7	46.2	47.4	48.5	49.8
新疆	37.9	43.0	43.5	44.0	44.5	46.1
广西	34.6	40.0	41.8	43.5	44.8	46.0
云南	30.5	34.7	36.8	39.3	40.5	41.7
贵州	27.5	33.8	35.0	36.4	37.8	40.0
西藏	21.1	22.7	22.7	22.8	23.7	25.8
上海	88.7	89.3	89.3	89.3	89.6	89.6

资料来源：《中国统计年鉴 2015》，表中城镇化率为常住人口城镇化率。

（三）民族关系与居民主观感受基本面良好

本报告利用一份针对民族地区的调查数据发现[①]，总体而言，居民对不同时期全国和本地民族关系的判断有几个特点。第一，从对本地民族关系状况了解的比例更高（同时，表示说不清的比例也更低）；第二，从不同历史时期来看，对2001年以来民族关系状况了解比例更高（同时，表示说不清的比例也更低）；第三，无论是对全国民族关系的判断还是本地民族关系的判断，居民对民族关系的好评判断均随时间推移而增加；第四，对不同时期的民族关系判断，居民均认为本地民族关系好于全国范围内的民族关系。民族地区居民认为改革开放前、改革开放至2000年、2001年以来全国范围内各民族间关系很好/较好的比例分别为：39.4%、53.2%、63.3%；民族地区居民认为改革开放前、改革开放至2000年、2001年以来当地各民族间关系很好/较好的比例分别为：47.8%、63.9%、73.5%（如表16所示）。

表16　民族地区居民对不同时期民族关系判断（%）

		很好/较好	一般	不太好/很不好	说不清	合计	样本量
不同时期全国民族关系评价	改革开放前	39.4	23.1	7.6	30.0	100	5560
	改革开放至2000年	53.2	28.2	1.9	16.7	100	5561
	2001年以来	63.3	20.7	4.1	11.9	100	5557
不同时期本地民族关系评价	改革开放前	47.8	21.7	6.8	23.6	100	5548
	改革开放至2000年	63.9	23.8	1.9	10.4	100	5549
	2001年以来	73.5	17.6	3.1	5.8	100	5550

资料来源：21世纪初少数民族地区经济社会发展综合调查2014年调查数据。

对于民族地区各民族居民相互之间的交往意愿，数据发现，无论是汉族居民与其他少数民族的交往意愿，还是少数民族与汉族或其他少数民族的交往意愿，各民族的交往意愿均呈现相似的模式：都表现为更愿意和其他民族居民聊天、成为邻居、一起工作和成为亲密朋友（愿意比例均超过80%），但在涉及结为亲家时，愿意比例都大幅度下降（愿意比例均低于70%）。汉族居民愿意与少数民族聊天、成为邻居、一起工作、成为亲密朋友和结为亲家等的比例分别为：93.2%、91.9%、92.5%、86.6%、61.8%。少数民族居民愿意与汉族居民各类交往的比例分别是91.7%、88.6%、

---

① 该数据来自中国社会科学院民族学与人类学研究所于2013年、2014年实施的中国社会科学院创新工程重大专项"21世纪初中国少数民族地区经济社会发展综合调查"数据，调查涉及内蒙古、新疆、云南、贵州、甘肃、青海、宁夏、四川、西藏、浙江、湖北、吉林、广西等省份，本研究使用其中民族八省区数据。

90.6%、86.3%、57.9%；愿意与其他少数民族各类交往的比例分别是 91.4%、89.4%、90.2%、86.4%、58.6%（见表 17 和表 18）。

表 17　汉族居民与其他民族交往的意愿（%）

	很愿意	不愿意	合计	样本量
a. 聊天	93.2	6.8	100	2751
b. 成为邻居	91.9	8.1	100	2733
c. 一起工作	92.5	7.5	100	2723
d. 成为亲密朋友	86.6	13.4	100	2708
e. 结为亲家	61.8	38.2	100	2612

资料来源：21 世纪初少数民族地区经济社会发展综合调查 2013 年、2014 年调查数据。

表 18　少数民族居民与其他民族交往的意愿（%）

		很愿意	不愿意	合计	样本量
少数民族与汉族居民交往意愿	a. 聊天	91.7	8.3	100	9113
	b. 成为邻居	88.6	11.4	100	9080
	c. 一起工作	90.6	9.4	100	9083
	d. 成为亲密朋友	86.3	13.7	100	8985
	e. 结为亲家	57.9	42.1	100	8583
		很愿意	不愿意	合计	样本量
少数民族居民与其他少数民族居民交往意愿	a. 聊天	91.4	8.6	100	8470
	b. 成为邻居	89.4	10.6	100	8458
	c. 一起工作	90.2	9.8	100	8447
	d. 成为亲密朋友	86.4	13.6	100	8382
	e. 结为亲家	58.6	41.4	100	7904

资料来源：21 世纪初少数民族地区经济社会发展综合调查 2013 年、2014 年调查数据。

从实际的交往行为来看，民族地区居民大部分都有关系较好的其他民族朋友，只有 33.5% 一个最好的其他民族朋友都没有，但有 52.8% 有三个以上较好其他民族朋友（见表 19）。

表 19　民族地区居民拥有较好的其他民族朋友数量（%）

三个以上	两个	一个	一个都没有	合计	样本量
52.8	8.4	5.3	33.5	100.0	11202

资料来源：21 世纪初少数民族地区经济社会发展综合调查 2013 年、2014 年调查数据。

总体而言，居民感到生活压力较大的比例为 53.5%，居民生活中各方面的压力情况排在前几位的包括经济压力（77.3%）、个人发展（48.7%）、医疗/健康压力（47.7%）、孩子教育压力（47.3%）、住房压力（41.0%）。（如表20所示）

表20　民族地区居民生活中的压力（%）

	压力很大/有压力	压力很小	没有这方面压力	合计	样本量
经济压力	77.3	14.0	8.7	100	11708
个人发展	48.7	24.5	26.8	100	11624
医疗/健康压力	47.7	28.3	24.0	100	11644
孩子教育压力	47.3	20.2	32.5	100	11652
住房压力	41.0	23.0	36.0	100	11667
人情往来压力	33.1	30.7	36.3	100	11623
赡养父母的压力	29.5	21.7	48.8	100	11626
婚姻生活压力	15.1	20.0	64.8	100	11596
总体的社会生活压力	53.5	31.4	15.2	100	11490

资料来源：21世纪初少数民族地区经济社会发展综合调查2013年、2014年调查数据。

在安全感方面，调查询问了民族地区居民总体的社会安全感和具体的安全感问题，包括人身安全、个人和家庭财产安全、人身自由、劳动安全、医疗安全、生态环境安全、个人信息隐私安全、交通安全和食品安全等九个方面。在总体的社会安全感方面民族地区居民87.5%表示感到安全（见表21）。在具体的安全感方面，居民在人身安全（90.3%）、个人和家庭财产安全（89.8%）、人身自由（89.2%）、劳动安全（83.5%）、生态环境安全（81.0%）等五个方面有安全感的比例均超过80%；居民对个人信息隐私安全、医疗安全、交通安全和食品安全等四个方面安全感低于80%，有安全感的比例分别是：79.5%、79.4%、77.1%、72.0%。居民对食品安全的安全感在九个具体项目中有安全感的比例最低。

表21　民族地区居民生活中的安全感（%）

	安全	不安全	不确定	合计	样本量
人身安全	90.3	6.6	3.1	100	11652
个人和家庭财产安全	89.8	7.5	2.7	100	11665
人身自由	89.2	5.2	5.6	100	11624
劳动安全	83.5	8.5	8.0	100	11623
生态环境安全	81.0	10.1	8.9	100	11633
个人信息、隐私安全	79.5	9.7	10.7	100	11631
医疗安全	79.4	14.8	5.8	100	11646

续表

	安全	不安全	不确定	合计	样本量
交通安全	77.1	17.2	5.7	100	11648
食品安全	72.0	21.6	6.4	100	11643
总体上的社会安全状况	87.5	7.6	5.0	100	11524

资料来源：21 世纪初少数民族地区经济社会发展综合调查 2013 年、2014 年调查数据。

民族地区居民对当前生活水平评价颇高，76.3% 认为与 5 年前相比生活水平上升了，仅有 1.9% 认为当前生活水平与 5 年前相比下降了。展望未来，民族地区居民表现出更强的信心和乐观，其中 86.1% 认为与当前生活水平相比，未来 5 年生活水平会上升，表示下降的仅有 3.7%。另外有 16.6% 无法判断当前生活水平与 5 年前相比变化情况，但几乎所有居民都对未来生活水平变化有明显预期，仅有 1.8% 表示不好说（见表 22）。

表 22　民族地区居民对当前生活水平和未来变化预期（%）

	上升	没有变化	下降	不好说	合计	样本量
与 5 年前相比生活水平变化情况	76.3	5.2	1.9	16.6	100	11700
未来 5 年生活水平变化预期	86.1	8.4	3.7	1.8	100	11665

资料来源：21 世纪初少数民族地区经济社会发展综合调查 2013 年、2014 年调查数据。

二　民族地区社会发展中面临的困难与挑战

进入"十二五"时期以来，民族地区经济发展水平有了突飞猛进的提高，尽管从全国范围来看，经济增速进入"新常态"模式，但民族地区经济增速仍快于全国平均增速，以西藏为例，2014 年和 2015 年 GDP 增速均领跑全国[1]。但在经济水平飞速发展的同时，民族地区的社会发展水平并没有相应地高速提升，其面临的困难和挑战主要如下。

（一）人口预期寿命偏低，健康状况与国内其他地区有较大差距

除广西外，民族七省区居民健康状况与全国平均水平相差较大，2010 年全国居民预期寿命为 74.83 岁，民族八省区只有广西超过这一水平，其他省区均低于该水平。其中，青海、云南和西藏远低于这一水平，发达地区上海市的预期寿命为 80.26 岁，民族地区与预期寿命最高的上海市差异更大（如表 23 所示）。

---

[1]　西藏 GDP 增速 2014 年为 10.8%，2015 年为 11%，并已经连续 23 年保持两位数增长。

表 23　民族八省区居民预期寿命

地区	1990 年预期寿命（岁）			2010 年预期寿命（岁）		
	合计	男	女	合计	男	女
总计	68.55	66.84	70.47	74.83	72.38	77.37
上海	74.9	72.77	77.02	80.26	78.2	82.44
广西	68.72	67.17	70.34	75.11	71.77	79.05
内蒙古	65.68	64.47	67.22	74.44	72.04	77.27
宁夏	66.94	65.95	68.05	73.38	71.31	75.71
新疆	63.59	61.95	63.26	72.35	70.3	74.86
贵州	64.29	63.04	65.63	71.1	68.43	74.11
青海	60.57	59.29	61.96	69.96	68.11	72.07
云南	63.49	62.08	64.98	69.54	67.06	72.43
西藏	59.64	57.64	61.57	68.17	66.33	70.07

资料来源：《中国卫生和计划生育统计年鉴2015》。

（二）人口年龄结构不合理，人口红利渐趋消失

社会发展最终要靠人来实现，人口的年龄结构和抚养比影响经济发展和社会发展水平，即人口红利。所谓"人口红利"，是指一个国家的劳动年龄人口占总人口比重较大，抚养率比较低，为经济发展创造了有利的人口条件，整个国家的经济呈高储蓄、高投资和高增长的局面。"红利"在很多情况下和"债务"是相对应的[①]。民族地区劳动力结构不平衡，除了内蒙古和青海、宁夏三省区外，其他五省区处于劳动力年龄段的人口比例均低于全国平均水平；从历史趋势来看，除贵州、青海、宁夏、云南四省区，其他四省区处于劳动力年龄段的人口比例从 2010 年以来均呈下降趋势，此外，与全国趋势一致，民族八省区 65 岁以上人口所占比例则从 1990 年以来一直呈增加趋势（见表 24）。

表 24　民族八省区人口年龄结构

	1990 年			2010 年			2014 年		
	0~14 岁	15~64 岁	65 岁以上	0~14 岁	15~64 岁	65 岁以上	0~14 岁	15~64 岁	65 岁以上
全国	22.9	70.1	7	16.6	74.5	8.9	16.5	73.4	10.1
内蒙古	21.3	73.4	5.4	14.1	78.3	7.6	13.6	77.1	9.3
青海	26.6	69.1	4.3	20.9	72.8	6.3	18.3	74.6	7.1
宁夏	28.4	67.2	4.5	21.5	72.1	6.4	19.7	73.5	6.8

---

① 蔡昉：《人口转变、人口红利与刘易斯转折点》，《经济研究》2010 年第 4 期。

续表

	1990 年			2010 年			2014 年		
	0~14 岁	15~64 岁	65 岁以上	0~14 岁	15~64 岁	65 岁以上	0~14 岁	15~64 岁	65 岁以上
云南	26	68	6	20.7	71.6	7.6	19.0	72.3	8.7
新疆	27.3	68.2	4.5	20.8	73	6.2	21.1	72.0	6.9
西藏	31.2	64.3	4.5	24.4	70.5	5.1	24.6	69.9	5.5
贵州	30.3	63.9	5.8	25.2	66.2	8.6	22.1	68.7	9.2
广西	26.2	66.6	7.1	21.7	69.1	9.2	21.9	68.6	9.5

资料来源：《中国卫生和计划生育统计年鉴 2015》《中国统计年鉴 2015》。

（三）教育、科技资源较少，劳动力素质偏低，女性文盲比例高

民族地区教育资源较少，与全国平均水平有明显差距，并远远低于全国最好水平。从各级学校生师比来看，除内蒙古、西藏和新疆三省份以外，其他五省区小学生师比高于全国平均水平（见表25），初中、高中、中等职业学校和普通高校均存在类似趋势。其中，中等职业学校师资力量尤为薄弱，亟待补充。基础教育、技术教育和高等教育等不同教育阶段均有重要的培养目标，以中等职业学校为代表的技术培训教育对民族地区发展有不可忽视的作用，各阶段师资力量的匮乏对民族地区各层次人才的培养质量有负面影响。

表 25　2014 年民族八省区各级普通学校生师比（教师数 = 1）

	普通小学	初中	普通高中	中等职业学校	普通高校
全国	16.78	12.57	14.44	21.34	17.68
内蒙古	12.09	11.02	14.4	15.83	18.17
广西	19.87	16.56	17.33	38.33	17.87
贵州	17.96	17.29	18	33.32	17.93
云南	16.94	15.49	15.53	23.02	18.84
西藏	14.56	13.08	12.64	17.11	13.93
青海	18.28	13.81	14.19	31.5	15.36
宁夏	17.65	14.59	15.92	33.09	17.01
新疆	13.39	10.47	12.25	22.26	17.72
全国最低生师比	11.26	9.3	8.41	8.55	13.93

民族地区教育资源缺少，不但体现在师资力量匮乏方面，还体现在中高素质人才的缺少方面，民族地区受过中等及以上教育人口的比例较低，15 岁及以上文盲人口比例较高（见表26）。民族八省区 6 岁及以上人口中，高中学历比例全部低于全国平均水平，除新疆和青海外，其他六省区居民大专及以上学历比例均低于全国平均水平，其

中，云南和西藏与全国水平悬殊。另外，除新疆、内蒙古和广西外，其他五省区 15 岁及以上人口中文盲比例较高，尤以贵州、青海和西藏三省区为甚。

民族地区女性文盲比例偏高。15 岁及以上人口文盲比例全国为 7.4%，民族地区除了新疆、内蒙古和广西外，其他五省区均高于全国水平，西藏、青海、贵州、云南、宁夏五省区 15 岁及以上人口文盲比例分别是：48.02%、17.51%、15.9%、11.97% 和 11.72%，西藏自治区文盲比例远远高于其他省区。教育的性别差异不仅影响社会公平正义，还影响经济发展水平[①]；民族地区要全面建成小康社会，人才素质必须得到大幅提升，其中，提高民族地区女性的教育程度应是重要的工作内容。

表26 2014 年民族八省区不同学历人口比例（%）

	6 岁及以上人口		15 岁及以上人口文盲比例		
	高中	大专及以上	合计	男性	女性
全国	16.7	11.5	4.92	2.5	7.4
新疆	14.9	13.2	3.25	2.4	4.14
青海	12.1	12.8	13.12	8.7	17.51
内蒙古	16.0	10.9	4.66	2.6	6.76
宁夏	14.2	10.7	8.05	4.5	11.72
贵州	10.4	10.4	11.11	6.4	15.9
广西	15.5	8.0	3.6	1.3	6.04
云南	9.9	6.8	8.23	4.6	11.97
西藏	4.0	2.6	39.93	31.9	48.02

资料来源：《中国统计年鉴 2015》。

民族地区科技研发投入的人力资源和研究经费严重偏少，科技事业发展水平较为低下，民族地区发展动力存在明显的内在不足（见表27 和表28）。以 R&D 人员全时当量作为指标测算各地区研发人员数量，包括民族八省区在内的西部十二省区占全国比重近年来均只有 13% 左右，而东部 10 省市比重近年来一直超过 60%。研发人员数量存在明显的地区差异，民族地区研发人员数量严重不足。研究经费方面，从 2010 年到 2013 年民族八省区在内的西部十二省区 R&D 经费支出占全国比重一直低于 4%，而东部地区 R&D 经费支出占全国比重一直在 60% 以上。民族八省区与东部地区在研发经费方面的差距也较大。

---

① 王鸿雁、赵泉：《性别平等与经济增长理论综述》，《经济师》2006 年第 11 期。

表 27　2010～2013 年西部八省区与东部地区研发人员比较

地区	2010 年	2011 年	2012 年	2013 年
R&D 人员全时当量（万人年）	255.4	288.3	324.7	353.3
东部地区占全国比重（%）	66.2	67.0	64.8	64.7
民族八省区占全国比重（%）	13.3	12.3	12.3	12.5

注：东部地区 2010～2011 年指东部 10 省（市）加辽宁省共 11 个省（市）。2012～2013 年未纳入辽宁，同前述东部 10 省（市）一致。

资料来源：《中国科技统计年鉴》（2011～2014）。

表 28　2010～2013 年民族八省区与东部地区研发投入比较

地区	2010 年	2011 年	2012 年	2013 年
全国 R&D 经费支出（亿元）	7062.6	8687.0	10298.4	11846.6
东部地区占全国比重（%）	70.61	71.17	67.01	66.89
民族八省区占全国比重（%）	3.54	3.69	3.71	3.67

资料来源：《中国科技统计年鉴》（2011～2014）。

民族地区教育资源缺少、受过中等和高等教育人口比例偏低以及科研投入的人力资源和经费资源偏少最终导致科学技术的研发水平也远远低于东部地区（见表29）。三种专利申请授权数、R&D 项目数（项）占全国的比重都远远低于东部地区。

表 29　2014 年民族八省区科学技术研发水平

	三种专利申请授权数（件）	R&D 项目数（项）
全国	1209402	342507
东部地区	852433	234573
东部地区占全国比重（%）	70.5	68.5
民族八省区	75633	11528
民族八省区占全国比重（%）	6.3	3.4

资料来源：《中国统计年鉴 2015》。

三　民族地区全面建成小康社会在社会发展方面应该注意的问题

"十二五"以来，民族地区社会发展事业取得长足进展，但也存在许多方面困难。根据十八届五中全会精神，民族地区在"十三五"时期加快社会发展，完成全面建成小康社会攻坚任务，应该注意以下方面的问题。

（一）继续加大对民族地区财政转移支付的力度，促进基本公共服务均等化

财政转移支付应有重点，国家财政基本建设支出应主要用于西部民族地区基础设

施建设和基础产业建设，调整投资的重点和优先次序，重点增加公共服务投资与人力资本投资；严格确定公共物品的优先财政支出领域，将交通设施、通信设施、城市基础设施、水利与防洪设施、基础教育、公共卫生、计划生育、环境保护、扶贫等作为首选投资部门，提高教育、卫生、计划生育、扶贫、环境保护等公共开支占财政支出的比重。[①]

要实施城乡一体化发展战略，促进基本公共服务均等化，加快推进城镇基本公共服务常住人口全覆盖和区域人口一体化，大力发展建设农村基本公共服务，促使城市文明和基本公共服务向农村居民扩展，逐步缩小城乡差距。

（二）加速推进工业化与城镇化，缩小城乡差距，积极开展应对人口老龄化行动

第一，坚持工业园区建设，迎接产业转移，发展本地资源开发与高新技术产业。资源开发中注意环境保护与吸收当地居民就业。[②] 第二，大力扶持和发展民族手工业、特色旅游业，把发展经济与保护民族文化、促进剩余劳动力转移结合起来，带动当地少数民族参与现代经济。第三，依托民族地区的中心城市，尤其是县城、中心乡镇及工业园区积极稳妥推进城镇化。第四、促进人口均衡发展，利用各种措施改善人口结构。

（三）大力发展科学技术事业、教育事业与人才培养

第一，大力实施科技扶贫计划，优秀的科技资源和教育资源、师资力量要向民族地区倾斜，提高民族地区的科技水平、教育水平和人才素质，进而提高民族地区发展的内生动力。大力发展职业技术教育，尤其要向民族地区引进更多职业技术教育方面的师资力量，培养与产业结构升级相配套的专门技术人才。提高教育质量，推动义务教育均衡发展，加强基础教育工作，尤其是在少数民族集中的区域要把义务教育落到实处，努力提升教育质量和效果。第二，应将人才政策的重点置于造就本地急需的社会工作人才、农村实用人才、高技能人才和不断优化的党政管理人才队伍建设上，将本地培养与外部引进相结合，在强本固基的基础上，改善人才队伍状况。[③]

（四）促进民族地区卫生事业发展

重点是加强医疗基础设施建设和医疗人才队伍建设。[④] 要加强对民族地区医疗基

---

① 胡鞍钢、温军：《社会发展优先：西部民族地区新的追赶战略》，《民族研究》2001 年第 3 期，第 12 ~ 23、106 页。

② 王延中、龙远蔚、扎洛、吴兴旺、王剑峰：《加快民族地区小康社会建设的挑战、问题及对策（下）》，《广西民族研究》2015 年第 5 期，第 1 ~ 10 页。

③ 王延中等：《加快民族地区小康社会建设的挑战、问题及对策（下）》，《广西民族研究》2015 年第 5 期。

④ 吴小红：《民族地区医疗卫生事业发展困境与突破》，《贵州民族研究》2015 年第 2 期，第 46 ~ 49 页。

础设施的建设和加大对医疗设备的投入，减少民族地区同东部发达地区在医疗卫生领域中的差距。另外，要加快卫技人才队伍建设，抓好从业人员培训，建立人才流动机制。

原载于《青海民族研究》2016 年第 3 期

超越家庭的可能：历史人类学视野下的互助养老

——以太监、自梳女为例

方静文

摘　要　老年人的身心健康取决于养老条件，家庭养老至今乃为中国最主要的养老方式。然而随着人口老龄化、家庭小型化、城市化进程的推进，"空巢家庭"的数量日益增多，老年人生活危机凸显，以家庭为主的养老方式在中国越来越难以为继。为此，我们需要思考中国人的养老是否有超越家庭的可能。鉴于历史上并非所有中国人都有赖以养老的子嗣和家庭，太监和自梳女互助养老的晚年生活经历，可以为我们提供超越家庭养老可能性的借鉴。

关键词　太监　自梳女　互助养老

引　子

作为中国社会最重要的组织方式，家一直是中国人养老的依托。中国式的家庭养老，曾被费孝通先生比喻为"反馈模式"，亲代有抚育子代的责任，子代有赡养亲代的义务，正所谓"养儿防老，积谷防饥"。相比"反馈模式"，费孝通认为，西方养老方式属于"接力模式"，每一代都有抚育下一代的责任，却没有赡养上一代的义务，子女成年后像燕子一样"离巢"，核心家庭由此变成"空巢"家庭。[①] 这种一度被中国人视为晚景凄凉的生活状况，却在如今的中国成了现实。目前，中国城镇的空巢家庭已过五成，农村留守老人已近四成。[②]

---

① 费孝通：《家庭结构变动中的老年赡养问题》，《北京大学学报》（哲学社会科学版）1983 年第 3 期。

② 石永红、卫敏丽：《李立国：落实优惠政策、推动社会力量参与养老服务》，新华网，2010 年 11 月 7 日，http://news.xinhuanet.com/society/2010－11/07/c_13595132.htm，2015 年 3 月 14 日访问。

若对照家庭养老的三大基本内容，即经济赡养、生活照料和精神安慰①，对于空巢老人而言，因为子代不在身边，至少生活照料首先会变得困难，天伦之乐作为精神慰藉的一个重要方面也会难以实现。换言之，家庭养老似乎显得独木难支，老年人如何安享晚年已经成为一个亟待解决的问题。面对此种现实，我们需要思考：养老是否有超越家庭的可能？

当下，中国学界关于超越家庭养老可能性的讨论，通常放在社区养老和机构养老的话语之中展开。前者指老年人居住地的基层组织，或有过工作关系的单位为老年人提供的辅助性养老服务，后者则指为不能自理的老年人提供长期护理服务的养老院制度。但笔者提出的养老超越家庭的可能性则是指，来自老年群体自身并发生在老年人之间的互助养老方式。探讨互助养老的可行性，将丰富学界对养老途径多元化的理解，且可以将老年人的主体性和能动性纳入我们对养老问题的反思之中。笔者对互助养老的研究从中国历史文献开始，最终转向当代中外互助养老实践。在本文中，笔者将集中分析中国历史上的宦官和自梳女互助养老的经历和意义。

太监的互助养老方式

太监，根据其生理特征、工作环境、工作性质等又有“阉人”“内臣”“宦官”等诸多称谓。太监在中国历史上长期存在，自秦代开始，直至辛亥革命之后，伴随帝制的覆灭才最终消失。② 同所有人一样，太监有一个生养之家，但是他们一般幼年就离开这个家进宫服役，一生的大部分时光都在皇宫中度过，直到年老体弱、无法继续服役的时候，才出宫养老。

除去少数进宫前已经结婚生子和极少数有权有势的太监在出宫后娶妻并通过收养、过继的方式建立家庭之外，多数普通太监无法建立起自己的小家庭，子代反哺式的家庭养老也因而难以实现。同时，因为离家太久，加上净了身，没有子嗣，有违“身体发肤，受之父母，不敢毁伤，孝之始也”和“不孝有三，无后为大”等祖训，太监被视为不孝且有违伦常，所以死后也往往不被其一生中唯一的家——生养之家所接受，无法葬入祖坟，有家难回。

一位太监回顾自己当年对年迈光景的忧虑：

> 当太监的都是贫寒人出身，你在宫里呆上几十年，你的家也许早就没处找了，而且有的太监从小就被人拐出来，连自己也不知道家乡住处在哪儿，到老了往哪

---

① 张敏杰：《论“家庭养老”模式》，《浙江学刊》1987 年第 3 期。

② 参见李新伟等《宦官的历史》，中国文史出版社，2006。

儿找避风的地方呢。而且我们从小伤了身子，在宫里什么手艺也学不到，真是手无缚鸡之力，肚子里没有半点才学，吃惯了靠人养活的饭，就是没有老残，也无术谋生啊。①

没有自己的家和子嗣，唯一的生养之家又回不去，太监的晚年生活于是成了一个问题：谁来为他们养老送终？作为皇家的奴仆，朝廷承担了一部分为太监养生送死的责任，专门设置了一些官方机构，如安乐堂、净乐堂和恩济庄。根据刘若愚《酌中志》的描述，明代设有安乐堂和净乐堂，安乐堂类似疗养院，是安置身染疾病的宦官的地方，他们在这里接受治疗，若痊愈，则"销假供职"，继续回宫当差；若不幸病故，又无亲属，便由专门负责送终的太监送往净乐堂焚化。② 到了清代，还有御赐的太监坟地——恩济庄。③

朝廷设立的这些养老埋葬之所，救助的对象多是贫穷、疾病和无亲朋好友可以依靠的太监，且救助力度与国力强弱相关。所以，太监并不一味依赖朝廷，而是积极自助。他们未雨绸缪，在尚在宫中服役的时候就开始积蓄资财，为日后的养老做准备，寻觅晚年的栖身之所，这其中最常见的莫过于寺庙。正如太监张修德等人所说，太监们自幼进宫，原来的家或者已经不复存在，或者有家难回，又缺乏谋生之术，"只有把所谓尘世之外的寺庙，当做苟延残年的所在了"④。

根据不同朝代信奉的宗教不同，太监养老的寺庙性质也有所区别。如明代崇佛之风兴盛，内廷太监多信佛，在北京西山营建了一个大规模的佛寺群体，明人王廷相《西山行》云："西山三百七十寺，正德年中内臣作。"⑤ 到了清代，尤其是晚清，太监多皈依道教，所以道观也成了太监养老之所。据统计，至清末民国，北京周边的"太监庙"达33座之多。⑥ 著名的"太监庙"有北长街万寿兴隆寺、西山黑山护国寺、北海东夹道素云观、地安门娘娘庙胡同鸿恩观、蓝靛厂立马关帝庙、巴沟村裕华庵、青龙桥金山宝藏寺等等。⑦

据清末时期曾任黑山护国寺主持的大太监信修明记叙：

清代太监养老组织有二：一是当和尚或当老道；一是加入养老义会。太监之

① 张修德等：《清宫太监回忆录》，载信修明等《太监谈往录》，紫禁城出版社，2010，第242页。
② 刘若愚：《酌中志》卷之16内府衙门职掌，北京古籍出版社，1994，第124页。
③ 鲁琪、刘精义：《清代太监恩济庄茔地》，《故宫博物院院刊》1979年第3期。
④ 张修德等：《清宫太监回忆录》，载信修明等《太监谈往录》，紫禁城出版社，2010，第242页。
⑤ 转引自程恭让《明代太监与佛教关系考述（下）》，《首都师范大学学报》（社会科学版）2002年第4期。
⑥ 张雪松：《清代以来的太监庙探析》，《清史研究》2009年第4期。
⑦ 〔日〕寺尾善雄：《宦官史话》，王仲涛译，商务印书馆，2011；赵立贤：《我所接触过的太监们》，《纵横》1994年第6期。

有信念者，差不多皆在寺观中挂一和尚、道士名，积蓄资财，作老来归宿之准备。有志者联合同类多人，创建自主之庙观，开山传派，延长本门之香烟，结宗传代，故旧都寺庙，多与太监有关系。其纯粹养老者，庙亦有二：一在北平市北长街万寿兴隆寺；一在平西黑山护国寺。①

可见，有的太监原本信奉佛教或道教，年轻时便积攒钱财，晚年便到寺庙道观养老；另外有一些人选择不出家，结成"太监养老义会"。这种纯粹在寺院养老的举动既可能是个体行为，也可能是集体行为。养老义会是孤苦无依的太监结成的互帮互助的组织，年老时相互照顾和扶持。正如信修明所说："凡为太监者，无贵贱皆苦人，所以有养老义会之设。"②

历史文献显示，养老义会多依托寺庙，如万寿兴隆寺太监养老义依托京城万寿兴隆寺而设。据乾隆二十六年（1761 年）所立"万寿兴隆寺养老义会碑记"云：

因行僧宽素与内监官宦接交，每见老景衰病之秋，其困苦颠连而无所告。今有同志乐善者，愿与行僧结一善缘，就依本寺，建立养老义会，每人各出三十金，交纳常住，以作功德事，用其养老送死之规，自有条约，然入此会需要僧俗一体，彼此相谅，后来者继续乐善不患无人，而此举者自不朽矣。③

除了京城，作为曾经的都城，南京也发现此类养老义会组织，如 2001 年雨花台曾出土明代"南京司礼监等衙门太监等官义会碑"④。可见，太监养老义会是比较流行的养老组织。养老义会的常见组织形式是所谓"兄弟庙"⑤，即入会者需交纳一定的会费，方可在年老后入寺养老，上述万寿兴隆寺和黑山护国寺皆是如此：

此二寺之庙规相同，住持皆由公推，凡入会者，须有人介绍。若入庙，尚须品行端正，纳入会费银二十两。三年后，准进庙食宿。死亡有棺，为作佛事，葬于公地，春秋祭扫。后死者送先死者，较亲族有过焉。⑥

---

① 信修明：《老太监的回忆》，北京燕山出版社，1992，第 139～140 页。
② 信修明：《老太监的回忆》，北京燕山出版社，1992，第 139 页。
③ 转引自张雪松《清代以来的太监庙探析》，《清史研究》2009 年第 4 期。
④ 龚巨平：《〈南京司礼监等衙门太监等官义会碑〉考释》，《郑和研究》2013 年第 4 期。
⑤ 贾英华：《末代太监孙耀庭传》，人民文学出版社，2004，第 210 页。
⑥ 信修明：《老太监的回忆》，北京燕山出版社，1992，第 140 页。

太监到寺庙养老还有一种形式，称为"子孙缘"。① 所谓"子孙缘"，即无需缴纳任何费用，年轻者照顾年老者，后死者为先死者送终，形成接力式的互助。这类寺庙往往依靠有权势太监的捐赠或者发起的募捐，以刘承印为例：刘承印原名刘多生，曾任宫内的太监二总管，他拜了白云观方丈张宗璿为师，不仅做了白云观的方丈，还由龙门派创立了分支霍山派。许多太监追随他入了道教，除了他在宫内的地位和影响之外，还与他采用"子孙缘"的组织形式分不开。刘承印曾经募捐白银 2.1 万余两，用于建庙、购置庙产和庙内的日常支出。② 所以，太监们非但入道不用交钱，而且年老出宫之后，若无处安身，生活无着，还可在寺庙中养老。③

太监选择寺庙，除了生前的栖身和照料，还与死后的归属和祭拜有关。中国历史上自南北朝开始就出现了"功德寺"，亦称坟寺，是佛教和道教与儒家孝道相结合的产物。④ 在坟的附近建寺，由寺中僧人代替子孙守坟祭祖，所谓"以田养寺、以寺安僧、以僧祭祖"。明代以后，庶人建祠堂开始合法，祭祖多从功德寺移至祠堂，但坟墓和寺院相依的形式在太监这里得到保留。⑤ 在崇佛的明代，"京师附近的寺院往往成为宦官安度晚年与托付寿藏的重要场所。可以说，不论是生前还是死后，宦官都无法摆脱对佛教与佛寺的依赖"。⑥

到了清代，龚景瀚在《游大慧寺记》也有这样的记载："余客居京师无事，间与友人薄游京城之外，而环城之四野，往往有佛寺，宏阔壮丽，奇伟不可胜计。询之，皆阉人之葬地也。阉人既卜葬于此，乃更创立大寺于其旁，使浮屠者居之，以为其守冢之人。"⑦ 清末，恩济庄等处 16 个寺庙共有 3000 多座宦官坟墓。⑧

许多太监出宫后将寺庙作为养老之所，或出家成为信徒，或加入以寺庙为依托的养老互助组织——养老义会，食宿均在寺庙，死后则埋葬在寺庙附近的坟地中，并由同伴好友或寺中僧人负责春秋祭扫。究其原因，刘若愚认为："中官最信因果，好佛者众，其坟必僧寺也。"⑨ 笔者认为，太监此举虽与信仰有关，但也颇有些无奈的意味。坟与寺的相依，能够同时解决生前归属和身后祭拜的问题，乃是太监们选择寺庙结成

---

① 贾英华：《末代太监孙耀庭传》，人民文学出版社，2004，第 225 页。
② 李新伟等：《宦官的历史》，中国文史出版社，2006；李光：《清季的太监》，载中国人民政治协商会议全国委员会文史资料委员会《晚清宫廷生活见闻》，中国文史出版社，2000。
③ 贾英华：《末代太监孙耀庭传》，人民文学出版社，2004。
④ 汪圣铎：《宋代的功德寺浅论》，《许昌师专学报》1992 年第 3 期。
⑤ 张小军：《"文治复兴"与礼制变革——祠堂之制和祖先之礼的个案研究》，《清华大学学报》（哲学社会科学版）2012 年第 2 期；张雪松：《清代以来的太监庙探析》，《清史研究》2009 年第 4 期。
⑥ 李军：《养老与寿藏：明代宦官崇奉佛教的一个侧面》，《福建论坛》（人文社会科学版）2014 年第 1 期。
⑦ 周家楣：《光绪顺天府志》之《京师志十七·寺观二》，转引自龚景瀚《游大慧寺记》，北京古籍出版社，1987，第 548 页。
⑧ 〔日〕寺尾善雄：《宦官史话》，王仲涛译，商务印书馆，2011，第 124 页。
⑨ 刘若愚：《酌中志》卷之 22 "见闻琐事杂记"，北京古籍出版社，1994，第 200 页。

养老义会的重要原因。换言之，太监与寺院之间的联系除了信仰原因之外，还有养老和死后依托的现实需求。

自梳女的互助养老方式

自梳女，是矢志终身不嫁、独身终老的女性，她们通过"自梳"，即由"发辫"改梳为"发髻"的仪式向世人宣告这一决定，因而得名。"自梳"风俗，确切起源于何时已经难以考证，但自 19 世纪初至 20 世纪初近一个世纪中，曾在珠江三角洲尤其是广东顺德、番禺、中山、南海一带盛行，有的村子甚至出现数年无一人出嫁的局面。[①]

梳起后，自梳女的居住及其与生养之家的关系存在地区差异，有的自梳女被允许继续在生养之家居住，用劳作为生养之家的经济做贡献；但在有的地方，即便是这种经济上的贡献也不足以保证自梳女在生养之家居住的权利，倘若不被家人如兄弟之妻所接受，自梳女就不能留在生养之家；而在那些自梳女被作为出嫁女儿对待的地方，自梳女平时可以住在生养之家，但逢年过节必须离开。[②]

那些不被允许住在生养之家的自梳女，当然也包括为了更大的自由而自愿离开生养之家的自梳女，她们通常的去处是"姑婆屋"。同广东地区广泛分布的为年轻女性社交而设的"妹仔屋"不同，"姑婆屋"不能建在家族土地上，甚至不能建在村里；而且，进入"姑婆屋"需要缴纳一定的费用，或兴建时出资或在已经建成的姑婆屋"投银""买位"。[③]

上述在生养之家居住的限制，在自梳女生前存在程度上的和地区性的差异，但对其终老和死后的限制却是普遍的，即自梳女在年老、临终时必须离开生养之家，另寻住处，死后，其神主牌也不能摆在生养之家。因为"无主"的自梳女的灵魂被认为有潜在的危险，可能给生养之家带来厄运。[④] 这种风俗实有渊源，在父系继嗣的社会中，女性依附男性而存在，所谓"在家从父，出嫁从夫，夫死从子"，但就死后的归宿而言，除了招赘婚即招婿上门，女人不能在父亲的家里即生养之家过世和被祭祀，而只

① Marjorie Topley，"Marriage Resistance in Rural Kwangtung，" in M. Wolf and R. Witke，eds.，*Women in Chinese Society*，Stanford：Stanford University Press，1975；陈通曾等：《自梳女与不落家》，载中国人民政治协商会议广东省委员会文史资料研究委员会《广东风情录》，广东人民出版社，1987。

② Janice E. Stockard，*Daughters of the Canton Delta：Marriage Patterns and Economic Strategies in South China，1860 - 1930*，Hong Kong：Hong Kong University Press，1992.

③ Janice E. Stockard，*Daughters of the Canton Delta：Marriage Patterns and Economic Strategies in South China，1860 - 1930*，Hong Kong：Hong Kong University Press，1992，pp. 86 - 87；徐靖捷：《走进西樵自梳女》，广西师范大学出版社，2012，第 35 页。

④ Janice E. Stockard，*Daughters of the Canton Delta：Marriage Patterns and Economic Strategies in South China，1860 - 1930*，Hong Kong：Hong Kong University Press，1992，p. 82.

能经由婚姻成为夫家的成员并在那里接受子孙的祭拜。[1]

易辫而髻象征着一个女人少女时代的结束，为人妇的开始，也意味着她从此在娘家之外有了另一个家，即夫家；而自梳女通过自行梳起，虽然象征性地完成了"婚嫁"，却是"嫁"给自己，所以没有夫家。不能在生养之家终老，又没有"夫家"，自梳女晚年和死后灵魂以及神主牌的安置便成了问题，解决的办法有着时空差异，但"金兰之家"——"姑婆屋"是自梳女普遍倾向的选择。[2] 除了自年轻时就一直在"姑婆屋"居住生活的自梳女，许多年轻时住在生养之家帮补家庭的自梳女，也会预先在"姑婆屋""投银""买位"，等到年老体弱时入住。对此，《顺德妇女生活》一文有如下描述：

> 间或有仍在家里吃和住的，但因世俗有一种习惯，女子嫁了是绝对不能在家里终世的，自梳也和嫁了一般，所以她们组合多人，科银置一间屋，预备着终世时的退步的地方。这些屋叫做"姑婆屋"，也是女子同性恋爱的结合场和辞世的归宿地。[3]

关于自梳女在姑婆屋的晚年生活，一位黎姓自梳女回忆：

> 以前自梳女不准在家里死的，去斋堂梳起就是为了在那里买一个位，死的时候就去斋堂死。年轻的时候能走能跑，就不去，到了不能走不能跑的时候，就去那里，那里也有人做饭，关系好的自梳女也互相帮忙，有钱就请人照顾，没钱就自己照顾自己。[4]

这种姐妹间的互助也表现在死后的供奉上：

> 凡此等人之死，不得居于祖屋，以为不祥，且死后，虽有兄弟，亦不往有承继之习，至升天时，奉诸祠中（顺德各乡皆有姑婆祠，专安置此等人之神主），每逢春秋二祭，联群结队往祠祭祀，生有所居，死有所祭。[5]

---

① Arthur P. Wolf：《神·鬼·祖先》，张珣译，《思与言》1997 年第 3 期。

② Janice E. Stockard, *Daughters of the Canton Delta*: *Marriage Patterns and Economic Strategies in South China*, 1860 - 1930, Hong Kong: Hong Kong University Press, 1992, p. 85.

③ 转引自李宁利《自梳女的"婚嫁"象征》，《民族研究》2004 年第 5 期。

④ 徐靖捷：《走进西樵自梳女》，广西师范大学出版社，2012，第 127 页。

⑤ 转引自李宁利《自梳女的"婚嫁"象征》，《民族研究》2004 年第 5 期。

除了依靠金兰姐妹，也有的自梳女会选择收继"子嗣"或"徒弟"。具体而言，又有三种常见的方式，一是收养与自己没有血缘关系的孩子；二是过继亲属（一般是自己兄弟）的孩子；第三种方式被称为"择继"，指的是一位自梳女选择比自己年轻的自梳女作为自己的"女儿"或称"徒弟"，后者要担负起为前者养生送死的责任。[1]

当自梳女"徒弟"的人，事师必须唯孝唯敬；师傅有疾病，必须躬侍汤药；师傅去世后，必须上孝着服，承担殓葬、立（神）主供奉、春秋祭扫等义务。而师傅遗下的金钱、衣物、房屋等一切资财，亦统由"徒弟"继承。自梳女之"收徒"，纯为解决晚年生活的依靠与身后的祭祀而设，不一定有若何特殊的技艺可传，故没有一定财产的自梳女，便没有"收徒"的资格。[2]

在"姑婆屋"之外，"嫁神主牌"也是应对死后归宿问题的一种办法。所谓"嫁神主牌"，指的是自梳女找死去的男人出嫁，以冥婚的方式成为死者妻子，以便将来可以老死夫家。支撑此等做法的主要原因大致有两个：一是有的自梳女没有在"姑婆屋""买位"的经济能力，或者当地根本没有"姑婆屋"，也就无从"买位"。二是自梳女的父母认为即便是形式上的"夫家"，也比将亡灵留在"姑婆屋"内祭拜更好。[3] 到近代，长居娘家不祥和不能在娘家过世的风俗已不复存，回到生养之家安享晚年成为最后一代自梳女的选择。如 20 世纪 50 年代建成的顺德"冰玉堂"，原本是在新加坡的自梳女为了回乡养老而集资兴建的安养院，但建成后并没有几个自梳女住在其中，多数反而与子侄同住。[4]

结　论

太监与自梳女，性别不同，职业各异，但存共同点，都有一个生养之家。这个生养之家是太监和自梳女一生中唯一真正意义上的家，因为在随后的日子里，他们并未走上"男大当婚，女大当嫁"之路，而是没有婚姻，没有子嗣，未能在生养之家之外建立自己的家庭，所以子代反哺亲代的传统家庭养老对于他们而言不能实现。同时，

[1]　何燕珊：《自梳女的三个家》，北京师范大学，未刊稿。

[2]　陈逦曾等：《自梳女与不落家》，载中国人民政治协商会议广东省委员会文史资料研究委员会《广东风情录》，广东人民出版社，1987，第 35 页。

[3]　Janice E. Stockard, *Daughters of the Canton Delta: Marriage Patterns and Economic Strategies in South China*, 1860-1930, Hong Kong: Hong Kong University Press, 1992, pp. 92-94.

[4]　叶汉明：《地方文化的性别视角：华南宗族社会与自梳风俗》，载《主体的追寻——中国妇女史研究析论》，香港教育图书公司，1999。

由于种种现实原因和文化习俗的要求，在年老之后，他们也往往无法回到生养之家终老。没有自己的家，又不能回生养之家，这就使得他们在晚年成了无家者，他们的养老送终也成了一个问题。

为此，太监和自梳女，积极寻找终老之所。太监以寺庙为依托，成立太监养老义会；而自梳女以"姑婆屋"为依托，结成金兰会，借助于地缘、业缘等既有的熟人关系，结成了师徒和金兰姐妹等拟亲属关系。一旦寺庙或"姑婆屋"变成"兄弟之家"或"姐妹之家"，参与者可以相互扶持，由年轻者照顾年老者，由后死者送先死者并负责春秋祭扫。这种做法将家庭关系加以延伸，将家庭或家族生活中发展出来的人际关系模式推广到更为广阔的社会关系中，可被视为类家族主义的典型表现。[1] 从拟亲属关系到类家族，"家"之形式所以重要，是因为中国人对于无家的恐惧不仅源于生前的无人照料，更在于对死后无人祭拜的担忧。逝去的人也有日常生活的需要，也需要有人"照料"，即供奉，否则会成为孤魂野鬼。[2] 没有子嗣的太监和自梳女何尝不想获得相应的祭祀，从而摆脱孤魂野鬼的命运。

太监和自梳女的经历表明，养老的概念包括生前的照料，也包括身后的供奉，生有所养，死有所祭，才算是圆满，正如《孝经》要求："孝子之事亲也，居则致其敬，养则致其乐，病则致其忧，丧则致其哀，祭则致其严，五者备矣，然后能事亲。"[3] 不过，这些构拟的"终老之家"虽有"家"的形式，但其实质却是群体的自助和群体内部的互助。

回到本文开头提出的问题，如果对照家庭养老的三大基本内容，即经济支持、生活照料和精神慰藉，抛开经济支持不说，单就生活照料和精神慰藉而言，可以在以寺庙为依托的"兄弟之家"和以"姑婆屋"为依托的"姐妹之家"中通过互助的方式实现。对太监和自梳女等无家者而言，互助养老包括同代人之间的互助，如"师兄弟"和"金兰姐妹"关系所体现的；也包括接力式的互助，如师徒关系所表现出的。

在此意义上讲，史料提供的养老超越家庭的可能性线索之一即互助式养老。这种历史文献记载的可能性，目前在一部分中国城乡社区内正在得以再现。例如，一部分大城市为探索多元养老途径，已建立了"爱心时间银行"，以每次奉献 1 小时的社区服务时间换取每次 1 小时的养老服务时间作为运行方式，为城市老年人之间的互助养老提供机构化载体。又如，一部分乡村正在建立"互助幸福院"，以集体建院，自我保

---

① 庄孔韶、方静文：《从组织文化到作为文化的组织——一支人类学研究团队的学理线索》，《浙江大学学报》（人文社会科学版）2012 年第 5 期。

② 〔美〕许烺光：《中国人与美国人》，徐隆德译，台北南天书局，2007。

③ 孔丘：《孝经》纪孝行章第 10，中国纺织出版社，2007，第 108 页。

障，互助服务的管理方式，鼓励留守老人和邻里之间互助养老的新风尚。虽然大多数中国老年人有子嗣，但依靠家庭和子女养老的空间越来越窄，所以互助养老不失为可以同社区养老及机构养老并行的辅助养老途径。

原载于《思想战线》2015 年第 4 期

"学者电影"的主张与逻辑

庞　涛

摘　要　"学者电影"是一种主张和学术价值取向，是应对影像民族志结构性问题提出的。它源于新浪潮"作者电影"的某些特质。实际上是强调影视人类学作品的独立学术人格和学者主体性，并在此基础上反思传统影像民族志方法和人类学电影制作方式，提倡影像民族志撰写方式的多样化和作者化。

关键词　人类学电影　学者电影　作者电影　后现代　主体性

人们在讨论影像民族志以及民族志电影的问题时一般要参照书写民族志，以当代人类学民族学的方法和理论来梳理影视人类学（Visual Anthropology）的问题以及探讨发展途径。影像民族志作为影视人类学的主要研究方法是由民族志作为人类学特有的研究方法对应而来的（这种对应虽然在学科缘起、定位和功能上有偏差，但至少在逻辑上是说得通的），而民族志电影或人类学电影则作为影视人类学主要的撰写作品形式展现（民族志影片与人类学影片是一定程度上可以互换的概念，或者说使用这两个词语，人们都明白其同一指向，尽管有些学者指出认识方法上的微小差异）。但文本民族志的兴趣与问题不一定也是影像民族志的兴趣与问题，或者说影像民族志有它特有的问题，而这些"独有的"问题往往因它独有的撰写和表达方式"影视手段"而来。就像后现代主义影响下民族志写作的文学转向一样，影像民族志方法自然与影像和视觉的方法和理论产生关联，"非虚构"和"纪实"等实际上是影视方法的分类，"视觉隐喻""叙事心理"等也是来源于影视或视觉的概念和理论。那么人类学电影目前面临的主要问题是什么？不管是文学或诗化的写作还是电影化的写作，问题是民族志写作的主体是不是需要强调。书面人类学（Written Anthropology）作为较成熟学科的写作是以文本作为意义表达形式的，但同样以文字作为思想和观念表达的文学创作，它的创作主体－文学作者往往不会把以认知为目的的人类学领域纳入自己的视野。1998 年 12 月，杰伊·茹比（Jay Ruby）在美国坦普尔大学召开的美国人类学学会"看文化：视觉交流的人类学"研讨会上专门阐述了"民族志电影之死"（The Death of Ethnographic Film）这一论题。他认为很多的民族志电影是关于不同文化的纪录片，而不是人类学知识建构的形象化表达。在我国，在今年（2014 年）3 月由文化部组织的"中国少数民族节日影像志"论坛上，有中国传媒大学研究纪录片的教师认为，既然学者也承认很多人文纪录片具有人类学价值，那所谓人类学影片就应交给专业纪录片工作者去制作，因为他们更专业。这两个例子都指向一个问题，即人类学电影的制作主体是谁，或者说影像民族志应由谁来撰写的问题。由此我们也开始关注所谓影视人类学研究泛化的问题。有学者认为人类学电影泛化是与生俱来的问题，也是制约学科发展的主要问题。

在我国，影视人类学面临的情况更为复杂。当前影像民族志发展的呈现以下一些现象：（1）中国影视人类学研究队部迅速扩大，作品数量增长迅速，当下影视人类学热度较高，也是被频繁提及的时髦名称。但与此不相称的是作品质量增长缓慢，高质量作品还是较少出现。人类学影片作为学术研究方法和表达手段还是力不从心。（2）作为所谓学术影片的作者与作为学术论文的作者，两者互不交集或呈现渐行渐远的趋势，非学术背景的影片作者更积极地介入人类学影片拍摄制作中。而许多人类学学者，往往丢掉了其受过的训练，在影片中完全体现不出某种学术关切，或者也没有体现出纪录片的价值取向，只能沦为资料。（3）现实功利的倾向。把追求人类学影片的社会影响力和经济效益当作主要目标。（4）人类学影片泛学术化问题还是经常被提起，与大众媒体关系不清不楚。围绕着人类学影片的各种超学术诉求很多，有些作者只是把所谓影视人类学当作包装手段和推销的方式，而没有把它当作认知的方法和资源。这被嗤为中国特色的大众媒体与影视人类学的机会主义媾和现象，表现为喜欢贴上学术标签的媒体作品。

以上现象可以分为两类问题：一类是由影像表达方式引起的民族志撰写主体多元化现象造成的泛学术化倾向。另一类也是源于影像志特有的影像化表达方式，表现为影像志对超越现象描述深入表达学术观点理解文化内涵的表达面临阐释性表述困难。泛学术化这种观点不被一些学者接受，他们认为泛化说是对发展影视人类学方法的尝试的贬损。但我认为发展影视人类学不是通过模糊影视人类学学科特征和人类学影片制作主体来实现的。大卫·麦克道格也指出，"茹比提出的关键观点，至今仍然有效：视觉人类学必须学习去变成人类学影片，而非关于人类学的影片（1975：109）。太多的文化人类学影片落入第二种分类，虽然提到人类学，但对于人类学知识却没有直接贡献"①。现在的问题在于，为什么会有那么多所谓人类学影片会落入"关于人类学的

---

① 〔澳〕大卫·麦克道格：《迈向跨文化电影》，李慧芳、黄燕祺译，台北麦田出版社，2006，第 103 页。

影片"的分类。

一 影像民族志的结构性问题源于其特殊的撰写方式

人们形象化地形容影视人类学的主要问题是："诱惑太多，能力不足。"实质上就是两大类问题，即影像民族志撰写主体模糊和影像民族志对超越现象描述的阐释性表述困难，这两个问题在文本型民族志方法上不明显，原因就在于"影像化"表达方式上，即是由影像民族志自身结构原因带来的原生性问题，结构性问题不能通过去结构方式来解决，民族志影片和人类学影片不能靠附加阐释文本的方式来达成表达，否则作品只能沦为文本研究对象和资料，影视人类学也就没有学科价值了。应对这些问题就需分析其内在形成的原因来加以克服。

相对于文本人类学，以影像方法作为撰写方式的影像民族志与传统影视领域交集较多，作为传播领域的媒介形式，影视方法一般受发达的消费市场刺激而发展较快，学术的影像表达必然学习借鉴纪录片等非虚构类影像形式来发展自己的表达方式。另外，处于市场化进程中的较边缘的纪录片作者，为消解市场和生存的强大压力，急于在影片的内容和思想上挖掘深度。影视人类学的"影视"属性关联的几个词语：文化、影视、纪录片、视觉、媒体等，每个背后都有大量相关知识的拥有者，他们中很多人本能地意识到"影视人类学"这门"学问"与自己也许能产生某种关联。如是，很多人都参与到界定"影视人类学"和"人类学影片"的工作中。而这些"相关者"往往在社会影响力上有更大的话语权，正像杰伊·茹比（Jay Ruby）所指出的，"民族志电影一直是被那些将自己当作是业余人类学家的纪录片摄制者们所主导的领域（1991：4）"[①]。

但这种泛学术化倾向是结构性因素造成的，不应归于非学术作者对人类学知识的向往与好奇。影像表达比文字表达更容易在当今信息环境下造成更大的社会影响力，也就是说具有更强势的话语地位，通常人类学影片比学术论文更容易产生社会影响。而人们存在追求强势话语表达的内在动力，一些学者向往在大众媒体特别是在纪录片领域有所成就也是基于这种"表达情结"。但是这种跨界式的行为到底是左右逢源的机会主义还是能成为促进人类学电影和人文纪录影片发展的动力呢？相比文化人类学者，影视文化人类学学者面临着来自大众媒介的强力牵引，容易迷失学术追求，强调独立的学术人格和学者主体性对人类学电影作者来说就非常重要了。"杰伊·茹比等视觉人类学者对民族志电影现状产生了一种忧思：人们过多地强调了影像作品的艺术性和商业性，从而将民族志电影的人类学内涵置于不顾。正因如此，很少有民族志电影能够在

---

① 〔美〕莎伦·谢尔曼：《记录我们自己：电影、录像与文化》，张举文等译，华中师范大学出版社，2011，第35页。

人类学发展的理论对话中起到至关重要的作用。"①

  书写人类学面对文学显然就坦然许多，因为人类语言文字和文学经过数千年的演进，特别是经历文艺复兴运动后早已进入相对稳定阶段，人类学也发展成为比较成熟的学科，两者边界是有共识的，所以跨界不是一个常见的表述，取而代之的是作者身份的转换。而影视形式的发展不过百余年，特别是影视人类学作为学科出现才是近几十年的事，两者都在摸索完善自己的体系和方法，试图扩展自己的领域和地盘，所以有所交集是必然的。但到底是写作和表达方式的交集还是思想和认知方式的交集则需要深入讨论，因为作为认知的知识体系是自成体系并具有排他性的，杂乱的诉求和多元的知识混杂如何能形成有效的认知方法？这种跨界能否对双方的知识体系都有所贡献也是需要讨论的，比较容易得到赞同的说法是：人类学方法确实可以拓展文化纪录片的视野和提供不同的观察角度，而纪录片在影视表达方式上为民族志影片提供表达手段。但这并不是同一层次的交流，人类学是否会在纪录片领域挖掘认识论方面的价值？当我们跨界去展示我们的知识时，对方有没有相应的准备来消化理解我们所展示的知识？人类学学生接受多年的学习和训练而习得的知识理念，能否通过几句话就被同样花费长时间建立了自己知识体系的各种大众的、媒体的或独立的纪录片作者所接受、理解和掌握？也许这种讨论放在人类学学者群里讨论是没有意义的，他们也不理解这个不是问题的问题。当越来越多的影视人类学专门研究机构出现，并且汇集了不同知识结构和背景的研究者时，这个问题就成为问题了。

  民族志影片为人诟病的另外一个问题就是很多作品质量低下，表现在内容和表达形式上的低质量。为什么对一个文化事项的影像描述，不同的作者，假定他们都基于类似的假定，但带给观者的印象却有"表面"或"深刻"的不同观感？衍生出有代表性的两派：一派认为影视人类学没有认识论的价值，影像只能服务于文本概括性工作。另一派则认为影像具备独立的深刻表达能力，它在某些领域甚至超越文本的表达的能力。在我看来，第一派观点是由于学者对影像表达能力掌握的差异而得出的某种"偏见"。但这种偏见也确实反映了影像民族志作者驾驭影像表达手段能力的不足。大量的由学者制作的资料性影片，这类作品之所以没有形成完整的人类学影片，是因为影视表达对于大多数学者来说仍是无法逾越的障碍，而相当一部分学者并没有意识到这个障碍的存在，他们以为人类学电影能做的仅此而已，更多的阐释和详细展示文化的应交由文本进行。正像两派都引用格尔茨的"深描"说，哈斯崔普（Kirsten Hastrup）认为，与人类学撰写相比，电影只是"浅描"而不是"深描"（thick description，借用格尔茨语）。而克利福德·格尔兹（Clifford Geertz）的解释人类学及其"深描"理论的提

---

  ① 朱靖江：《论当代人类学影像民族志的发展趋势》，《世界民族》2011 年第 6 期。

出即是学界对传统田野工作和民族志撰述进行反思的结果之一。其"对文化的分析不是一种寻求规律的实验科学，而是一种探求意义的解释科学"。[①] 代表着从重视宏大理论建构向重视文化表述的转变。而对于熟练掌握影视表达手段的人类学家，全息式地对文化行为进行描述，进而进行深入和微观的描写，再通过蒙太奇等叙事方法对其中的文化信息进行"编译"，可以达到"深厚而浓重"的描写。实际上格尔茨的阐释人类学等理论在后现代主义语境下恰恰是影视人类学的理论支撑和影像民族志的方法源泉。所以研究影像表述性问题是影视人类学发展的重要课题。

二 成为影像民族志价值取向的"学者电影"主张

一些学者研究解决影像民族志结构性问题的方法，常见的方法是制定标准和范式，试图规定判断民族志影片的标准来约束民族志写作。杰伊·茹比（Jay Ruby）和卡尔·海德（Karl G. Heider）就是这样的学者。杰伊·茹比提出的标准是："用来判断一部电影是否为'民族志'电影的标准是：是否成功地提出了人类学的问题，是否源于民族志研究，是否有田野工作者参加到电影摄制的决策过程中（1991：4）。"[②] 茹比同时呼吁："人类学者应退出常规纪录片电影的制作和流通领域（如电影节、电视台等），用对待学术著作的态度进行纯学术性的拍摄与交流活动，以冀让视觉人类学及民族志电影在人类学的学科体系内获得更为主流的地位。"[③] 但茹比等学者花费大量精力建立的精细化"框架"实际上是限制式方式，这种面对大量庞杂的关于文化的纪录片的实际意义和可操作性有多大？并且它本身漏洞也不少，经不起质疑。在当代学术界的反制度反规范的思潮影响下，这种条款式的限制性描述也难以得到广泛的认同，同时也束缚住了影视人类学发展自己方法论的途径。我们认为与其限制问题出现的可能性，不如提倡某种有共识的学术价值取向来反思影像民族志的结构性问题，在包容各种观点的同时发展自己的方法。

由于人类学电影或民族志电影与传统影视手段关系紧密，表达方法也取之于传统媒体手段，所以影视界的各种思潮也可为我所用。法国"新浪潮"电影运动中"作者电影"的某些气质和追求可借鉴。"作者电影"是一种高度肯定导演个性、贬抑流俗化创作现象的"作者"理论，是对高度工业化的好莱坞式的影片制作模式和过于迎合观众趣味的倾向的反动。人类学影片的问题产生于参与者多元和表述能力不足，通过强调"学者"是民族志影片的建构主体，明确民族志的撰写者的独立的单纯的学术诉求，

---

① 〔美〕克利福德·格尔茨：《文化的解释》，韩莉译，译林出版社，1999，第5页。

② 〔美〕莎伦·谢尔曼：《记录我们自己：电影、录像与文化》，张举文等译，华中师范大学出版社，2011，第35页。

③ 朱靖江：《论当代人类学影像民族志的发展趋势》，《世界民族》2011年第6期，第46页。

排斥非学术因素（哪怕它标榜为有学术价值），来应对主体多元化带来的诉求多元问题。同时，撰写影像民族志的"学者"在表达行为上更接近建构影视作品的"作者"，所以在独立学术人格基础上建构影视表达的"作者"行为与"作者电影"论在气质和价值取向上是相近的。我们借用"作者电影"论提出了"学者电影"的主张。学术影片虽不同于艺术影片，但学术影片的作者往往更需要这种独立精神。"学者电影"这个主张主要通过以下几个方面的描述体现。

（1）"学者电影"是主张，而不是"由学者制作的电影"，是借鉴新浪潮"作者电影"的某些特质而来的。实际上是强调作者的独立学术人格和学者主体性，贬抑向强势话语体系和世俗趋附的功利倾向，以及由此带来的对追求学术表达的迷失。

（2）主张学者电影是为了解除对作品表达方式的束缚，反思经典民族志电影的表达局限，鼓励学者为学术表达而不拘泥于传统的或约定俗成的表达方式。寻找适于理解和解释人类社会文化的更好方法，这些可归结为后现代主义思潮在影像民族志方法上的体现。

（3）以作品内容来判断是不是学术作品，不如从制作源头或是制作诉求目的去判断来得简单，也就不必纠缠于对作品客观性、真实性、学术性等传统问题的争论而裹步不前。

（4）主张学者电影并不排斥对社会生活的贡献。学术影片的社会影响力和商业价值，不会因为制作的市场化倾向而必然产生作用。为影响力和商业目的去制作学术作品，可能会缺乏特质和质量。学者电影对学术价值的坚持以及对创作表达的追求，使作品具备独特性和排他性，市场自然会给你留出空间。

（5）以学者电影主张为取向的人类学影片制作，不会是人类学影片最主要的模式，但应成为影视人类学的学术主流，是学科发展理论和方法的基础，是在人类学的学科体系内获得更为主流的地位并在方法上开展建设性平等对话的支撑。

"学者电影"应该是一种学术价值取向，它强调学者主体论（作者论）和学术独立性，反对迎合强势媒体和主流的话语体系，反对模仿商业化、工业化的制作流程和方法。是与经典影像民族志唱反调的新流派，它抵制在影视人类学和人类学电影制作上的泛学术化倾向，同时鼓励学者为学术表达而不拘泥于传统的或约定俗成的表达方式，像写作论文一样建构影像志。这实际上是后现代主义在影视人类学中的积极影响，为的是寻求新的人类学影片和影像民族志的写作范式。再有，"学者电影"也有构建独有的叙事流派影响社会生活的企图心。所以"学者电影"不是某种学术作品类型，而是主张、共识、观念和理想，是在反思和质疑传统人类学理论和影像民族志方法中形成自身理论的企图和尝试。所以也可以说，"学者电影"是人类学影片"作者论"的代名词。

三 "学者电影" 主张的逻辑和特征

在对"学者电影"主张进行概括描述后，我们需要再深入讨论这个主张的合理性，否则只是一厢情愿式的话语。首先，我们为什么要在"人类学电影"概念上发展所谓的"学者电影"主张，是不是多此一举的画蛇添足？"人类型电影"或"民族志电影"是指影视人类学重要的学术研究成果的形式，即影像民族志活动建构的形象化表达，主要是以非虚构的影片形式呈现的（实际上包含了所有超文本表达形式）。而"学者电影"是一种关于学术价值取向的主张，但确实也包含了形成某种叙事流派的可能性。影视人类学发展的困境是直到现在关于学科的定位、研究对象和理论体系也没有形成共识，影视民族志方法在影视人类学（视觉人类学）研究中处在什么样的地位作用也有争论。这就关乎"民族志电影"的定位问题，很多人把"民族志电影"看作一个社会的文化模式的"体现者"，目前很多关于文化的影片作者都以此观点为依据，认为自己的作品应该是"人类学民族志影片"。但保罗·基奥齐指出其问题："布里加德认为，如果我们接受通常使用的民族志电影的概念，更准确地说，就是只强调超乎可资运用的各种正式'定义'之上，并且使民族志电影这一概念能为所有人接受的那种特征，则必须把'民族志电影'看作一个社会的文化模式的'体现者'。如果接受这种观点，我们就会发现，所有的电影，或在形式上，或在内容上，或在形式和内容两方面，都具有'民族志电影'的特征。毫无疑问，这是一个有趣的观点。我不想先入为主地反对这样一种观点，即甚至商业电影（无论是纪录片还是故事片）也能'体现'某种文化模式——常常是导演所隶属的社会的文化模式。然而，这种包罗万象的概括似乎毫无用处：不但没能解决任何问题，反而使那些有可能使用民族志影片的人产生了思想混乱。"① 这也是为什么杰伊·茹比要多次指出这种大而化之的定义对人类学的民族志工作的影响，强调民族志影片是人类学知识建构的形象化表达。

那么那些人文纪录片的人类学价值体现在何处呢，大卫·麦克道格认为："纪录片不同形式应该可以回答人类学不同目的之问题。纪录片里有很多表现和自我反映的问题，是今天的人类学最关切的。"但他同时指出："考虑到视觉人类学的未来，什么样的电影适合现在的人类学兴趣，又是什么样的电影潜质可以鼓励人类学发展新的兴趣。许多人对以纪录片形式传达的视觉人类学，其实还是有所疑虑的。纪录片常因为是一种单独支配的霸权形式而被摒除。"② 最终这个选择和判断的工作是需要人类学家来完成。影视人类学的主体还是人类学学者构建的学术体系，而不是由人类学家和电影文

---

① 〔意〕保罗·基奥齐：《民族志电影的起源》，知寒译，《民族译丛》1991 年第 1 期，第 41 页。
② 〔澳〕大卫·麦克道格：《迈向跨文化电影》，李慧芳、黄燕祺译，台北麦田出版社，2006，第 114 页。

化工作者共同构建的知识体系，纪录片导演不能代替我们决定影视人类学的兴趣所在，以及如何发展人类学新的兴趣。人类学影片与纪录片的关系，就像文本人类学写作的文学化尝试不表示文学可代替人类学研究一样。

我们可以接受沃尔特·戈德施米特提出的定义："民族志影片是向属于一种文化的人们解释属于另一种文化的人们的行为。"[①] 这个定义明确指出跨文化"解释"行为是关键所在。克利福德·格尔茨更进一步指出："人类学著述本身即是解释，并且是第二和第三等级的解释。"[②] 这样我们就可以再补充细化，人类学影片是建立在人类学知识体系上的，向属于一种文化的人们解释属于另一种文化的人们的行为，因为我们认为民族志影片的作者是实施"解释"的行为者，他当然需要具备一定的知识系统来完成这种解释或阐释。而许多文化纪录片的作者显然不具备深层次阐释或解释文化意义的知识和动机，所以"学者电影"强调学者主体性的目的在于指出影视人类学的目的并不仅仅是"呈现文化模式"。

我们概括传统影像民族志特征有以下几点：（1）强调作者的人类学训练背景和观察分析能力；（2）强调真实、客观、完整性的纪实性影像描述社会文化模式；（3）强调非虚构的影视叙事方法；（4）强调田野工作和人类学问题的提出。

长期以来，影像民族志被一些传统经典问题所羁系，关于真实性、客观性这样的讨论，就不时被提起。还有"学术与非学术，学术与创作，学术与艺术，绝对真实与相对真实，虚构与非虚构，表象真实与意义真实的讨论等"。这些问题到底是不是人类学所关心的主要问题？我们可不可以不再纠缠这些争论，专心于人类学电影作为方法和工具认知世界的过程？

近年来，"人类学者们正在对自己的学科进行全面的反思。这主要体现于对以往写作范式的不满以及在人类学理解界限方面所表现出的张力"[③]。传统影视人类学也已成为后现代主义反思的对象，它们质疑传统影像民族志的客观性（包括田野客观和叙事客观），表现出从重视宏大理论转向文化表述。"学者电影"就是这种转向在人类学影片方法上的体现。主张"学者电影"是为了解除对作品表达方式的束缚，反思经典民族志电影的表达局限，鼓励学者为学术表达而不拘泥于传统的或约定俗成的表达方式。寻找适于理解和解释人类社会的更好方法。我们希望"学者电影"能体现出这几个特征：（1）反映被观察者的内心世界，形成关于"人观"的民族志；（2）包含多种声音

---

① 〔美〕沃尔特·戈德施莱特：《民族志电影：定义和解释》，收入美国伊利诺伊大学保罗·霍金斯教授论文集《影视人类学原理》，1975 年。

② 〔美〕克利福德·格尔茨：《文化的解释》，韩莉译，译林出版社，2014，第 19 页。

③ 〔美〕大卫·麦克道格：《影视人类学——人类学的扩展》，胡鸿保、姜振华译，《南阳师范学院学报》2003 年第 8 期。

的对话模式，而非单向的表达；（3）影像民族志写作方式的多样化，突破非虚构的 Documentary 的限制，Docu – Drama 甚至 Drama 等均可用于构建表达；（4）在影片中体现人类学的文化批评。

影视人类学还面临强大的像大众媒体和商业趋势的张力，与非学术媒体希望向人类学汲取知识和思想源泉不同，我们一些学者却迷恋大众媒介的话语地位。所以我们经常有意无意地强调人文纪录片的人类学资料价值，而忽略了人类学影片或影像民族志在方法上应该在一个共同的平台上开展对话。非学者或者主要是纪录片作者与学者在对人类学方法反思的一点上属于不同的知识体系。正像关于民族志写作的艺术化或诗化的讨论，其本质并不是向艺术界靠拢，而是表达方式的创新。而很多纪录片作者只是希望向人类学索取灵感或芝麻开门式的秘诀，实质上仍是把自己作为向观众提供精神消费品的制作者。

"学者电影"也有进入大众媒体话语体系向社会进行跨文化展示的企图，带有文化阐释特征和深刻表现力的这类人类学影片冠以类型化的名称"学者电影"有利于在面向社会的媒体形式中占有一席之地，并且会唤起部分层次的观众的观影自省和深度认识非主体文化的兴趣，"学者电影"这个名称已经让他们充满换个视角看世界的期待，即看看学者如何看我们似乎已经熟悉的世界。"人类学电影"由于其广泛的包容性，难以和其他非虚构的人文纪录片形式划分边界，也就难以使它类型化。我们没有接受过相关教育的观众，没有这个知识和意愿去区分他们。观众选择好莱坞类电影去视听消遣，选择新浪潮电影去"阅读"，选择"纪录片"去"认识"，也应该会选择"学者电影"去"理解"。当然你要有一个鲜明的分类"标签"，来指引人们做出选择。

"学者电影"不是人类学学者自娱自乐的小天地，在人类学影片里彰显自己的特征，为的是让人一眼能识别它关注它，同时也是由于它对内容和表达的追求，容易造就高质量的作品，这里的高质量是指内容的深刻和高水平的影视表达。这样也就理所当然地在商业化的影视市场占有一席之地。所以"学者电影"虽然排斥迎合市场的商业化制作，但市场会自然地给予回报，因为市场自有其规律。很多人类学电影只是给学者、人类学专业的学生观看，或是在社会历史和民族学博物馆等特定场合给参观者观看，而"学者电影"应该在更广泛的范围传播，它应给人们搭起一个在深切认识我们社会的基础上进一步审视我们文化意义的途径。

最后我们再次概括一下"学者电影"。"学者电影"不是某种影片类型，而是一种学术价值取向；是强调学者主体论（作者论）和学术独立性，反对迎合强势媒体和主流的话语体系，反对模仿商业化工业化的制作流程和方法的创作观念；是与经典影像民族志唱反调的新流派，它抵制在影视人类学和人类学电影制作上的泛学术化倾向，同时鼓励学者为学术表达而不拘泥于传统的或约定俗成的表达方式，像作者写作一样建构影像志民族志作品。这实际上是后现代主义对影视人类学的建设性影响，目的是寻求新的人类学影片和影像民族志的写作范式。再有，"学者电影"也有构建独有的叙事流派影响社会生活的企图心。所以"学者电影"不是某种学术作品类型，而是主张、共识、观念和理想组成的一个学术话语体系，是在反思和质疑传统人类学理论和影像民族志方法中形成自身理论的企图和尝试。所以也可以说，"学者电影"是人类学影片"作者论"的代名词。

原载于《西南民族大学学报》（人文社会科学版）2015 年第 1 期

民族医药的制度创业：苗侗医药及其理论探讨*

张小敏

摘　要　制度研究是社会科学研究中的一个重要主题。民族医药在多元化、多层级的中国医疗服务行业组织场域内，处于制度化起步阶段，尚待完善。由于民族医药制度的断层和断档，在医师准入制度规范化过程中遭遇制度矛盾的冲击，其合法性受到了挑战。制度创业给这部分宝贵的民族传统医药文化资源的生存和发展带来了转机。本文用制度创业理论，对发生在贵州黔东南苗族侗族自治州的民族医药制度创业案例进行以下几个方面分析：创业动因、创业过程、创业者和制度创业效果；通过对民族医药制度创业案例的分析，回答民族医药所处的制度化阶段和制度化程度问题。本文指出完善民族医药的各项政策法规等制度，对当今民族医药传承和发展、对民族医药产业发展有着迫切的重要性。

关键词　民族医药　制度创业　苗侗医药

一　问题的提出及研究意义

（一）问题的提出

在贵州省黔东南州，民族医药①产业已成为当地新的经济增长点。截至 2010 年底，

---

* 原计划论文包括两个部分：第一个部分为凯里市的卫生事业发展状况，第二个部分为民族医药。由于写作时间有限，在凯里子课题主持人张继焦的建议下，集中写作民族医药这部分。在论文写作和修改过程中，得到凯里子课题主持人从理论、分析框架、论文结构到论文题目等多方面的指导和建议，在此表示感谢！本文作者参加了中国社会科学院创新工程项目"少数民族经济社会综合调查"子项目"凯里经济社会综合调查"，分别于 2013 年 6 月 18～28 日、8 月 4～26 日在凯里就民族医药专题进行调研。由于民族医药在整个黔东南州是一个重要的医药文化特色，所以根据实际情况，调研地区主要集中在凯里，也延伸到州内其他地方，如镇远等。在此感谢黔东南州所有接受采访的专家、民族医生，感谢提供资料的各部门及民族医药界的人士！

① 民族医药，是指我国各少数民族维护健康以及预防、诊断、改善或治疗身心疾病方面所使用的种种以不同民族文化所特有的理论、信仰经验为基础的知识、技能和实践。民族医药是对我国各少数民族传统医药的统称。包括藏药药、蒙医药、维医药等 55 个少数民族的传统医药。民族医药是中国医疗资源宝贵的特色，是中国传统医药的重要组成部分，是建立在初级卫生保健基础上公平的、可及的卫生系统的组成部分。传统医药，是根据世界卫生组织 2008 年通过的《北京宣言》的定义，是在维护健康以及预防、诊断、改善或治疗身心疾病方面使用的以不同文化固有的、可解释的或不可解释的理论、信仰和经验为基础的知识、技能和实践总和，是包括中医、印度和阿拉伯医学在内的各种传统医学系统和各种民间疗法的统称。

自主研制开发的道地苗药制剂 13 个，有苗药生产企业 6 家，以苗侗医药为主的民族医药产业实现产值 1.2 亿元。① 据估算，在贵州，苗药产业在 2010 年大约创造了 80 亿元的产值，在整个中成药制药产业中，苗药实则占了 60%。②

民族医药产业快速发展的源泉在哪里？"连许多贵州人都不知道，不少在贵州风生水起的药厂，原本都是靠着苗族民间验方起家，在验方的基础上，依据现代制药技术和国家标准，研制成'新苗药'。"③

贵州人对自己的民族医药不甚了解，更不用说贵州之外的人了。大家对对苗侗医药的认知非常有限，有个同事知道笔者去调研苗侗医药，提了几个问题："苗侗医药好吗？有效吗？"我回答："好啊。有些方面很有效啊。"她接着问："既然好，既然有效，为什么我们都不知道呢？为什么不推广呢？"

这是一个非常聪明的问题。这个问题只有从制度研究的角度才能得到充分的解答，因为后面的两个问题一个指向了民族医药的认知合法性问题，另一个指向了苗侗医药所处的制度化阶段问题：它处于制度化的初期阶段、理论化阶段，还是扩散阶段？

本文将通过分析贵州苗侗医药制度创业案例，回答以下问题：苗侗医药制度创业（贵州黔东南州民族民间医生资格认定）的动因是什么，谁是制度创业者，制度创业者有哪些特质，制度创业过程如何，取得了怎样的效果。通过对这些问题的回答，我们可以找到关于苗侗医药制度化问题的答案。

（二）研究主题、研究意义

1. 研究主题

民族医药是我国传统医药（Traditional Chinese Medicine）的组成部分。谈起民族医药资源，人们提到得最多的是民族药材资源；在民族地区的赶超式发展中，民族医药产业被企业、政府寄予很高的希望。然而，与民族医药资源和民族医药产业相关的民族医生资源，却容易被忽视。民族医生大多在民间行医，文化程度不高，多数无法通过医师资格考试。而正是这些民族民间医生，在中西医匮乏的民族地区偏僻山区治病救人；正是这些民族民间医生，在行医过程中通过拜师学习、交流等形式，积累和传承民族药材的知识，这些民族医药的地方知识中，包括一些很有疗效的方子，以秘方的形式保存下来。这些民族药材的知识、这些秘方，在民族医药产业的发展中，将是新药开发的源泉，产业突破的机会。但是在单一标准的执业医师规范化制和制度化的

---

① 《苗侗医药产业成为地方新经济增长点》，《中国中医药报》，http://www. cntcmvideo. com/zgzyyb/html/2010－12/10/content_42070. htm（阅读时间：2013 年 6 月 29 日）。

② 石毅：《苗医药不只是传说》，http://www. dfdaily. com/html/8755/2012/2/11/741106. shtml（阅读时间：2013 年 6 月 15 日）。

③ 石毅：《苗医药不只是传说》，http://www. dfdaily. com/html/8755/2012/2/11/741106. shtml（阅读时间：2013 年 6 月 15 日）。

背景下，他们中的大部分不能合法行医，民族医药知识的传承有可能就此中断。本文的研究关注民间民族医生的制度化生存，通过贵州黔东南州的案例，探讨制度创业对民族医药各方面，如民族医生、民族医院、民族医药产业等，保护和发展的重要性。

2. 研究意义

(1) 现实意义

本文的初衷是做一个真正有用的研究。第一，希望研究对地方政府发展思路有借鉴参考之用。在调研、写作过程中，我们不断思考的问题是：在黔东南州、州府凯里市发挥后发优势，如火如荼地展开工业化、城镇化、信息化、农业现代化的过程中，黔东南州丰富的民族医药资源、民族医药人才资源，能发挥什么作用。本文从制度变迁角度，找到民族医药发展中的问题根结，指出以制度创业为契机，将推动民族医药制度化进程，促进民族医药的规范化管理，真正推动民族医药事业和产业的发展，从而有利于民族医药资源得到充分利用，使民族医药发展融入黔东南州未来的发展中。第二，希望通过对苗侗医药的研究，对当前热点问题提出自己的思考，比如本文通过对比中医案例，揭示中医组织同形的制度化遭遇和制度创新的迫切性。第三，对落实民族政策、民族工作实践提出了思考。指出民族地区领导只有深入群众、了解群众的需求、本着为群众服务的精神，才能有胆识和动力进行制度创业，赢得群众的信任、拥护和支持。

(2) 理论意义

本研究的主要分析框架采用了制度创业理论，在民族医药主题的研究中属于首次，为制度创业理论增加了新的研究领域。第一，综合运用了制度创业理论的不同分析框架，从创业动因、创业过程、创业者到创业效果，对案例进行了详尽的分析。第二，本文运用多学科理论，如制度主义、医学社会学、医学人类学等，是另一个亮点。第三，以中医制度化过程中的遭遇作为对照，跳出了民族地区看民族医药的制度化，突出了制度化变迁的不同时空、不同层次和不同境遇，也是本文的一个新的突破。

二 理论回顾[①]、分析框架和资料来源

(一) 理论回顾

1. 制度创业理论

制度研究在社会科学的各个学科都存在，经济学、政治学和社会学三个学科都分

[①] 在本文的写作过程中，经过了艰苦的理论寻找过程：面对超过 50 小时的录音整理出的近 20 万字的采访文字，由于希望自己的研究既能对民族医药有用，又能对当地的经济发展有用，最早计划运用产业化的理论框架进行研究，准备在以下四个理论中选择一个分析框架：波特五力分析模型、波士顿矩阵、SOWT 分析模型、价值链管理，用来分析民族医药产业化的竞争力状况；在这些理论中，初步决定用（转下页注）

别有自己的新制度主义学派。制度学派关注组织与制度环境的关系，认为一个组织必须适应环境才能生存；组织不仅面对技术环境，该环境要求组织以"效率最大化"原则组织生产（经济学视角），而且面对着制度环境——一个组织所处的法律制度、文化背景、社会规范、观念制度等为人们广为接受的社会事实（社会学视角），它要求组织服从"合法性"机制。制度理论假设制度规则和社会规范是一种隐性的大众认同，通过合法性机制束缚着组织和个体的行为。[①]

从组织理论来看，任何企业都要通过获得国家的承认登记、社会的认同，取得合法性以谋求生存和发展。组织的合法性来源或基础可以分为四种：规制合法性要求组织行为符合国家的法律法规，行业和企业内部规范、规则；有效性基础要求组织获得一定的利润或价值交换；社会规范基础要求组织的利益与社会价值、一定的文化、信仰保持一致，其产品和宣传不能逾越社会道德；社会参与基础要求组织在追求利润的过程中承担一个社会团体对社会的应尽责任，如文化引导、赈灾募捐、对社会问题的回应等。[②]

组织社会学新制度主义学派最重要的研究者包括迈耶，罗恩、朱克、迪玛奇奥、鲍威尔、斯科特等。他们从制度的产生、维持、扩散与变革等不同的环节提出了新制度主义的重要概念与研究命题。制度理论关注制度对组织过程的塑造，强调合法性机制的结果是组织趋同。

"制度创业"：制度创业指的是这样一些行动主体的活动，他们关注特定的制度安

（接上页注①） SOWT 分析方法，因为笔者曾采用这个方法分析过一个拥有国家级非物质文化遗产的民营中医诊所；然而，在开始写作论文提纲并研读访谈内容时，发现研究民族医药产业化这个论题不如研究民族医药制度更切题、更紧迫，因此转而寻找其他理论，这时"新经济社会学"的制度主义理论进入视野；之后，涉猎制度主义合法性理论、组织社会学、医学人类学、医学社会学、中西医医学史、知识人类学、知识社会学理论，甚至公共物品理论，从中进行再度选择。原计划论文包括两个部分，第一个部分为凯里市的卫生事业发展状况，第二个部分为民族医药。第二轮理论框架的选择结果是初步决定采用制度主义合法性理论研究民族医药，主要采用医学社会学理论分析凯里市的卫生事业发展状况。在课题组组长张继焦的建议下，放弃了凯里市卫生状况这个部分，集中精力完成民族医药这部分的写作。

在仔细学习合法性理论过程中，仍觉得不够切合案例，于是沿着这个线索继续寻找，直到找到制度创业理论（又称制度创新理论）。这个理论用于调研中的一个典型案例十分贴切，关键是运用制度创新的分析框架，我们的理论探讨可以从凯里的案例扩展到民族医药，更扩展到传统医药（中医＋民族医药），还能在更大范围内扩展到中国的整个医疗服务场域（西医＋中医＋民族医），甚至与美国的医疗制度、医疗体制改革联系起来，说明在医疗体制改革过程中，推进传统医药的制度化建设的重要意义。这个理论寻找过程历时半年之久，直到 2013 年底，课题组在北京召开撰稿交流会时仍然没有确定下来。那时，一些课题成员的论文已经完成。在理论的寻找过程中，我得到了很多朋友，如课题组组长张继焦，大学同学郭波，同事雷亮中，课题组成员邢启顺、胡叠泉等的帮助。他们从不同角度给我提出建议，给了我很多的启发，也促使我涉猎上述不同学科的理论。在此表示衷心感谢！

① J. W. Meyer, B. Rowan, "Institutionalized Organizations: Formal Structure as Myth and Ceremony," *American Journal of Sociology*, No. 2, Sep., 1977, pp. 340 - 363.

② 戴鑫：《政治合法性与组织合法性理论比较研究》，《北京理工大学学报》（社会科学版）2010 年第 6 期。

排，利用资源来创造新的制度或者改变现行制度①。制度创业者"创造新的价值体系，把不同制度的功能联系在一起"②。"制度创业"（institutional entrepreneurship）理论结合了组织社会学新制度主义理论与管理学的创业研究理论，主要研究制度的变迁，回答"制度是怎样产生的"这个问题。

制度创业研究必须回答赛奥和科瑞德（Seo and Creed）所说的"能动性嵌入悖论"（paradox of embedded agency）问题：既然制度创业者的观念和能动性都已嵌入制度之中，那么，他们怎么还能构建新的制度，推动制度变迁呢？因此，制度创业研究遵循探究制度创业的驱动因素（动因）、发现并分析谁更有可能成为制度创业者、刻画制度创业过程的逻辑来进行。③

组织场域是分析制度创业的一个重要范畴。组织合法性来源于利益相关者的评判，组织内部、外部利益相关者的评判标准或者模式必须保持一致，才能获得组织合法性。组织的这些内部、外部利益相关者及其评判标准形成一个类似磁场之类的东西对组织施加影响，构成组织所赖以生存的"组织场域"。组织场域作为一种分析单位，既关注到竞争性的组织、相互影响的组织网络，又关注了相关行动者的整体性④，把社会层次、国家层次上的宏观结构联系起来。

2. 医学人类学

民族医学是医学人类学研究的最重要领域，指相对于现代医学的生物医学的非西方社会关于健康、疾病与治疗的所有观念与实践。早期人类学家称这些医学为"原始医学"，后来称其为"民间医学"、"传统医学"、替代性医学。人类学家试图发掘文化内部的观点，研究主题包括民族医药学、萨满、替代性治疗、医学多元等。最近对中国民族医学的人类学研究成果有赖立里、冯珠娣的《规范知识与再造知识——以壮族医药的发掘整理为例》⑤。冯珠娣、艾里克、赖立里的《文化人类学研究与中医》⑥ 介绍了文化人类学与中医（文中对中医没有界定，但根据上下文判断指的是狭义的中医概念）研究相关的基本概念、具体运用方法和代表性研究，认为医学人类学研究对中医来说较有意义的是对西医的批判，主要有三点：医患关系、患病经历、西医过高的

---

① 方世建、孙薇：《制度创业：经典模型回顾、理论综合与研究展望》，《外国经济与管理》2012 年第 8 期。

② R. Garud, S. Jain, and A. Kumaraswamy, "Institutional Entrepreneurship in the Sponsorship of Common Techno-logical Standards: The Case of Sun Microsystems and Java," *Academy of Management Journal*, 2002, Vol. 45, No. 1, pp. 196 – 214.

③ 张铭、胡祖光：《组织分析中的制度创业研究述评》，《外国经济与管理》2010 年第 2 期。

④ Paul J. *DiMaggio* and Walter W. Powell, "The Iron Cage Revisited: Institutional Isomorphism and Collective Ra-tionalilty in Organizational Fields," *American Sociological Review*, No. 2, April, 1983, pp. 147 – 160.

⑤ 赖立里、冯珠娣：《规范知识与再造知识——以壮族医药的发掘整理为例》，《开放时代》2013 年第 1 期。

⑥ 冯珠娣、艾里克、赖立里：《文化人类学研究与中医》，《北京中医药大学学报》2001 年第 6 期。

权威性。贺霆将法国的中医实践与国内的中医实践进行比较，寻找背后不同的文化规则：法国的中医实践体现的文化规则是"文化相似受罚—相异得奖"，鼓励传统医学不与现代医学雷同，尽量保持其传统的操作方法；在中国正好相反，文化规则为"相似得奖—相异受罚"，即鼓励中医采用现代医学的做法。[①] 谭厚锋编著的《病有所医的回望——贵州民族医药卫生事业发展历程》提供了贵州民族自治州、县的医药卫生事业发展状况、民族医药特点、民族医药教育、民族医药资源调查与研究等方面丰富的资料。[②]

3. 医学社会学

医学社会学运用社会学视角、理论和方法研究健康与疾病观念和实践的社会原因和社会后果，主要研究领域包括健康和疾病的社会层面、卫生服务人员及其服务对象的社会行为、卫生组织和制度的社会功能、卫生服务的社会类型等等。在广泛的医学社会学研究主题中，对治疗的选择、变化的社会中的医生（如政府的规范措施，变化中的医患关系、医生的去专业化）等将与本文的研究相关。

（二）分析框架

本文将运用制度创业的理论，以中医的制度变迁为参照，结合贵州苗侗民族医药案例，从组织场域特点、制度创业的动因、制度创业过程、制度创业者、制度创业效果几个方面，对一个自治州级的民族医药制度创业案例进行了分析。

在制度创业动因的分析中，采用了两种分析框架。用格林伍德（Greenwood）的理论——他把外部冲击视为制度创业的首要因素——来分析民族医药制度创业的外部原因：《职业医师法》的颁布和实施对民族医师行医资格的冲击。用赛奥和科瑞德的理论，分析苗侗民族医药制度创业的内因。赛奥和科瑞德提出了制度变革的矛盾统一性，认为行动主体的实践活动与组织的制度化是一个互为因果、相互作用的循环过程。场域内部的制度矛盾是场域制度化过程中产生的一种副产品，制度创业归因于场域内部的制度矛盾。多层级多元化组织场域容易引发制度矛盾，从而引起制度变迁的动力；分析引起民族医药制度创新的内部原因是民族医药制度、体制的断层和不完善。本文还运用合法性与效率的矛盾分析了中医制度化过程中出现的问题，以此作为民族医药制度化的参照案例，希望从中吸取经验教训。

（三）资料来源

在研究中，采用了文献研究、深度访谈、参与观察、拍摄等调查方法，获得有关的资料。

---

① 贺霆：《中医在法国——探讨在西方进行人类学研究的方法》，《中国人类学评论》第 1 辑。
② 谭厚锋：《病有所医的回望——贵州民族医药卫生事业发展历程》，电子科技大学，2011。

笔者分别于 2013 年 6 月、8 月同凯里项目调查组的成员一起，在贵州凯里进行田野调研。根据调研的访谈整理的访谈文字近 20 万字，拍摄了凯里民族鲜药市场、民族医生行医场景等视频素材。

通过田野调研充分了解黔东南州苗侗民族医药制度创业①的各个环节。田野调查情况概述如下：去黔东南州州府凯里调研之前进行了前期调研，两次访问了中国民族医药学会前会长，了解到黔东南州民族医药人才、民族医药资源和独创的民族民间医生地方行医资格考试的政策等情况；在黔东南州及凯里市调研时，访谈了各级卫生部门（如州、市卫生局，市疾控中心，2 家乡医院院长），从他们那里了解了凯里医疗卫生的总体情况；走访了理论制度创新的核心成员，即推动民族民间医生地方资格考试的三位带头人（他们为当时的州卫生局、州民族医药研究所、州科协负责人），了解"民族民间医生地方资格考试"政策出台、实施、结果的情况；走访了黔东南州民族医院、民族医生、民族医药企业（包括十多位优秀苗侗民族医生，3 家公立民族医院院长，4 家民营民族医院院长，1 家民族制药厂老总等），了解民族医药产业发展现状。

通过文献研究的方法，尝试运用制度创业理论，分析地方政策的创新实践。文献研究中结合了组织社会学制度创业理论、医学人类学、医学社会学、医学史、产业化理论等，是多学科的研究方法。

三 制度创业及其过程：对苗侗医药的分析

（一）苗侗医药的基本情况

黔东南州是以苗族、侗族为主体的多民族聚居区，历史上形成了独特的苗族侗族等少数民族医药文化和医疗实践。2008 年 6 月 14 日第二批国家级非物质文化遗产名录中，苗医药（黔东南州雷山县）、侗医药（黔东南州）、瑶族医药（黔东南州从江县）入选。

黔东南州林区中药材资源十分丰富，是贵州省的药材主产区。全州共有药材资源 2831 种，其中，药用植物 2656 种，占全国药用植物的 25.4%，占贵州省的 67.7%。全国普查的 363 种重点中药材中，黔东南州有 328 种，占 90.35%。② 难怪当地少数民族拥有"天生一病，地有一药"这样独特的疾病治疗的信念，认为每种疾病一定有一种药物能治愈它。

---

① 制度创业：新制度学派研究制度变迁的一个概念，英文为"institutional entrepreneurship"，多数学者译为"制度创业"，如尹珏林、张玉利、张铭、胡祖光，项国鹏、迟考勋、薛红志、杨俊、曾楚宏、朱仁宏、李青、潘锦臻等；也有学者译为"制度创新"，如李新春、何轩、陈文婷等；也有人把它译成"制度变革"和"制度创业者精神"。

② 资料来源："第一届中国·贵州·黔东南苗侗医药产业发展论坛在凯里开幕"，金黔在线－贵州日报，http://gzrb.gog.com.cn/system/2010/12/09/010969909.shtml（阅读时间：2013 年 6 月 25 日）。

黔东南州不仅民族药材资源丰富，而且民族医药人才众多。据 1982 年对全州剑河、天柱等 11 县 56 个区 358 个公社的苗族侗族医药调查，11 个县有苗侗等民族医生 3960 余人。其中，专业行医 2020 余人，业余行医 1940 余人。3900 名民族医生，绝大多数为民间医生，这个数字，超过了 1982 年黔东南州西医医疗机构中县、区级单位人员的总和（分别为 1624、1784，二者相加为 3408）。[1] 据知情专业人士估计，全州有一技之长的民族医人数近 6000 人。[2]

我国各少数民族的传统医药存在形式有三类，大多数以民间形式存在：第一类，纳入国家医疗体制之中的民族医院（如傣医院、藏医院、彝医院等）和民族医科室；第二类，民族医个体诊所；第三类，散在于民间处于"地下"状态"兼职"医生。[3] 个体诊所和兼职民间医生人数最多。主要以民间形式存在的民族医疗资源，通常被统计数字忽略。少数民族医药的价值未能得到充分的重视，许多民族医学的医疗资源未能纳入国家医疗体制之中。

根据 1982 年贵州省卫生厅的调研报告，民族民间医生为医疗卫生事业做出了不小的贡献：

全省 2000 多名专业民族医、草药医，每年治疗 700 多万人次；2.5 万多名业余民族医、草药医每年治病 300 多万人次。他们的工作量，达到了县以上各级各类医院和工业及其他部门医疗机构诊疗任务的总和。此外，还有 20 多万有一技之长的人员，也为群众防治疾病做了大量工作。[4]

最近黔东南州的相关调查表明，农村基层仍然需要民间的土医生：

2013 年在剑河调查，和病人交谈，说看中医、草医有没有？病人说看中医要走 100 里，到乡医院几十里路，幸好有草医救我们的命。现在农村非常需要土医生。如被蛇咬，一般草医先处理，到县医院就迟了，雷公山蛇医很多，病人多，

---

① 黔东南苗族侗族自治州地方志编纂委员会：《黔东南州西医医疗机构床位人员统计表（1949—1991）》，《黔东南苗族侗族自治州志卫生志》，贵州人民出版社，1993，第 29 页。

② 资料来源："贵州省名医，原黔东南州民族医药研究所所长龙运光访谈"，访谈时间：2013 年 8 月 21 日，访谈地点：凯里市便民民族医院门诊。

③ 王志红、向芯慰：《少数民族传统医药文化的保护、传承和发展思考》，《云南中医学院学报》2012 年第 2 期。

④ 资料来源："诸国本提供复印资料"：贵州省卫生厅："民族医、草药医是一支不可忽视的力量"，1982 年 6 月 23 日。

烧伤，跌伤，有时一味药，解决问题。①

我们对黔东南州9县市402名农民、乡镇干部和居民进行了问卷调查，其中农民211人，乡镇干部和居民191人。有70%的农民，38.7%的乡镇干部和乡镇居民把当地苗族民间医师作为就医第一选择。综合指标选择苗族民间医师作为就医第一选择的达55.22%，超过半数的民众把当地苗族医师作为就医第一选择。对于治疗疑难杂症，选择苗族民间医生的占38.2%；选择乡镇医院的占19.8%；选择县级以上的占42%。农村民众的医疗取向调查表明，苗族民间医师在农村医疗健康工作中起到了十分重要的作用。②

1998年我国《执业医师法》出台后，在民族地区多数以民间医生的形态传承的民族医资源面临医师资格认证问题。此时，案例中的苗侗医药还没有纳入国家级的民族医生资格考试制度中。③ 很多民间行医的民族医生因为"非法行医"受到工商部门和药监局执法大队等行政管理部门的查处。

对民族民间医生是打击还是纳入制度进行规范？黔东南州的地方主管部门联合民族医药研究机构进行了主动积极的探索，希望把这些苗侗民族医生纳入规范化的制度化管理中。

2005年9月，贵州黔东南苗族侗族自治州卫生局举办了第一批民族民间医生考试考核，该州98名民族民间医生经过自治州各县卫生局的推荐，参加了考试。其中55名合格并取得了《民族医医师执业证书》；2008年1月，第二批民族民间医生考试考核在黔东南州举办，197人参加了考试，130名考试合格并取得《民族医医师执业证书》。④

针对民族民间医生行医资格的政策实践有一定的开创性质：这个政策实践发生在苗侗民族医药还没有纳入全国的民族医考试之前，黔东南苗族侗族自治州率先进行了民族民间医生培训和地方行医资格考试，并为考试合格的民族民间医生颁发《民族医医师执业证书》，准许他们在本人户籍所在地⑤行医（类型为民族医）。解决了民族民间医生的合法行医问题。这在全国是首例。这场制度创业是怎么发生的呢？以下从这场制度创业的动因、过程、主体和效果几个方面对这个案例进行分析。

---

① 资料来源：录音访谈。访谈对象：原州民族医药研究所龙所长，访谈人：张小敏，访谈时间：2013年8月11日，访谈地点：便民民族医门诊部。
② 张厚良：《农村医疗与苗族民间医师合法化问题研究》，《亚太传统医药》2006年第8期。
③ 中医医师资格考试分为中医专业、中西医结合专业、民族医专业三类，其中，民族医又含蒙医、藏医、维医、傣医、朝医、壮医等民族医专业。
④ 在调查期间，黔东南州第三批民族民间医生的资格考试正在筹备中。
⑤ 最初行医范围为凯里市，后来扩大到黔东南州。

（二）苗侗民族医药制度创业的动因

1. 理论基础

格林伍德等把外部冲击视为导致制度创业的首要因素。[1] 本文用外部冲击震荡理论来分析苗侗民族医药制度创业的外部原因或导火线——我国《执业医师法》的颁布实施；用赛奥和科瑞德的理论[2]，分析了苗侗民族医药制度创业的内因。赛奥和科瑞德认为，制度创业是制度化过程中矛盾运动的一个环节，归因于场域内部的制度矛盾，矛盾的来源有四种：合法性与效率之间的矛盾、组织趋同与环境适应性之间的矛盾、制度间的不兼容性（如遵从某特定层次的制度可能带来与其他层次制度安排的不兼容）以及利益错位。场域内部的制度矛盾会增强行动主体的变革意识，调动他们的主观能动性，从而促使他们去克服制度规则与逻辑的约束并从事制度变革活动。

2. 民族医药处于多元化、多层级的医疗服务组织场域之中

赛奥和科瑞德将制度创业归因于场域内部的制度矛盾，认为多层级、多元化的复杂组织场域在制度化过程中，容易引发制度矛盾。本研究将中国医疗服务业看作一个组织场域，这是一个多元化的组织场域。按照不同的医疗体系，可分为以现代生物医学为主的西医组织和理论上以传统医药为主的中医、民族医组织。按照医疗机构所有制性质，分为民办和公办医疗机构。民办医疗机构也称民营医疗机构，指非政府举办的医疗机构。本文主要关注中国医疗服务组织场域中的一个子系统——民族医药组织，包括民族医医生、民族医医院，以及与他们密切相关的利益相关者，如民族地区地方政府、民族医药学术机构等，以及它们之间的互动关系。

这个多元化的组织场域中，各个子场域处于不同的位置。西医处于中心位置，主导地位。传统医药从各个方面看，处于次要和从属的地位。

比如，西医机构与传统医药机构相比，无论从机构数、床位数还是从执业人数等各个指标看，均占据了主体地位。例如，2011 年全国卫生机构中中医机构所占比例仅为 4.01%，全国中医药人员占全国卫生技术人员比例仅为 6.79%。

从国家对中西医的补贴看，也是不平衡的。对西医的补贴占了绝大部分的比例。例如，2011 年中医机构财政拨款 194.73 亿元，仅占医疗机构财政拨款 3062.05 亿元的 6.36%。[3]

传统医药服务机构内部，也具有多元化和发展不平衡的特点。传统医药服务机构

[1] R. Greenwood, R. Suddaby, and C. R. Hinings, "Theorizing Change: The Role of Professional Associations in the Transformation of Institutionalized Fields," *Academy of Management Journal*, 2002, Vol. 45, No. 1. pp. 58 - 80.

[2] M. G. Seo, W. E. D. Creed, "Institutional Contradictions, Praxis and Institutional Change: A Dialectical Perspective," *Academy of Management Review*, 2002, Vol. 27, No. 2.

[3] 资料来源：国家中医药管理局："2011 年中医药统计分析提要报告" http://www.satcm.gov.cn/web2010/zhengwugongkai/jihuaguihua/jihuazongjie/2012 - 09 - 28/16486.html（阅读时间：2013 年 7 月 11 日）。

以中医院为主，民族医院仅占少数。例如，2011 年全国中医类（即传统医药类）医院总共 3308 个，包括中医医院 2831 个，占传统医药类医院的 86%；中西医结合医院 277 个，占传统医药类医院的 8%；民族医院 200 个，仅占传统医药类医院总数的 6%。[①]

民族医和中医不同之处及治疗特点在于：

> 民族医、草药医与中医同出一源，民族医、草药医是中医的基础，中医是民族医、草药医的发展，都是人民群众长期与疾病作斗争的经验总结。他们的医疗技术和经验，主要靠家传和师承，通过"口传心授，脚踏手指"或"偷师学艺""方药对换"等方式沿袭下来。治疗工具比较简单，多采用铜针、瓦针、灸针、丝针、糖药针、铜刀、竹罐、牛角罐等，有些这采用挑刺、放血、割脂、结扎、推拿、按摩、刮痧等治疗方法。用药剂量上无统一标准，采取一把、一握、一撮等经验取量法。用药只区分有毒与无毒，讲究寒、热、甘、苦、补、泻及活血、祛风等。由于经济条件，文化水平和生活习惯的不同，民族医、草药医都具有地方性特点。[②]

中西医的不平衡，体现在大众在就医的选择方面，呈现出这个先后顺序：首先选择西医，西医看不好再找中医，中医看不好，再找民族医。

就是在民族医药子场域内部，同样存在多元化和发展不平衡的特点。

各少数民族民族医药知识的规范化程度处于不同的阶段，一些已有成熟的理论和著述，一些还没有整理成文字，尚待形成理论。

> 有 35 个民族的医药被发掘整理成文字，其中 19 个民族都有分量不等的医学专著、水平不一的临床活力和比较丰富的药物资源，它们是藏、蒙、维、傣、壮、苗、瑶、彝、侗、土家、朝、回、哈萨克、畲、布依、仡佬、拉祜、羌和水族；有些民族的医学资源有独特之处，如海南省的黎族、云南的白族和哈尼族，也有待于进一步地发掘整理；其他的现在还是依靠口头的传承，这些民族一般人口少、经历落后、处于边缘地区、与外界的接触不是非常地密切，加上语言和习俗的障碍，因此调查和整理很困难。现代化的冲击下，他们的医药传统面临着失传，这

---

① 资料来源：国家中医药管理局："2011 年中医药统计分析提要报告" http://www.satcm.gov.cn/web2010/zhengwugongkai/jihuaguihua/jihuazongjie/2012-09-28/16486.html（阅读时间：2013 年 7 月 11 日）。

② 资料来源：诸国本提供复印资料：贵州省卫生厅："民族医、草药医是一支不可忽视的力量"，一九八二年六月二十三日。

676 \ 中国社会科学院民族学与人类学研究所建所 60 周年纪念文集（2008～2018）

几乎是所有的传统医药面临的一个普遍性的困境。[①]

理论体系和治疗体系发展较完善的藏医、蒙医、维医已纳入国家中医（民族医）考试体系中[②]，也最早建立医院。至 2003 年，我国有藏医医院 55 个，蒙医医院 41 个，维吾尔医医院 35 个，傣医医院 1 个，其他民族医医院 25 个。

经过民族医药研究者的努力，苗侗医药已经拥有较完整的理论体系，但是尚未进入国家的中医（民族医）考试体系。苗侗医药立法工作也正在进行中。

所以，中国医疗服务行业是一个多层级的多元化组织场域，西医、中医、民族医分别处于这个场域的不同层级和位置。西医（现代医学）占据了场域顶层。中国现代医疗体系制度化的过程，是以西医为主的制度化过程。中医（作为传统医学的代表）处于第二层的中心位置，民间民族医处于第二层的边缘位置。理解中国医疗服务组织场域的多元化、多层级的复杂性，对理解场域整体制度化过程对传统医药子场域的负面影响，即外部不经济性，以及由此导致的传统医药子场域对制度创新的迫切需求具有重要的意义。

3. 《执业医师法》的颁布和实施是引发苗侗民族医药制度创业的外部动因；内部制度不完善是引发苗侗民族医药制度创业的内因

民间医学常常被看做前科学历史阶段的治疗方法的孑遗。不过，民间治疗仍然顽强地存在于现代社会，这种情况存在的主要原因似乎是人们对专业医学的不满，以及生物医学执业者和特定患者之间的文化鸿沟。这些患者通常属于低收入人群，他们可能把民间医学当做一种资源，因为它代表了一个关于怎样治疗疾病的知识体系，而这一知识整体是从他们的家庭和民族群体的历史中发展出来的。[③]

（1）《执业医师法》实施后的冲击：《执业医师法》和之前颁布的扶持民族医药政策的制度逻辑不同。

在我国针对现代医学模式进行的制度化过程中，由于中国医疗服务组织场域是一个多层级、多元化的复杂组织场域，容易引发制度矛盾。我国医疗服务组织场域的制度矛盾，一为针对不同层次子场域的制度逻辑的冲突，二为场域内部合法性与效率的矛盾。

[①] 诸国本：《民族医药要理性发展》，39 健康网 2008－8－5，http://news. 39. net/qwfb/rwft/088/5/585550. html。

[②] 2010 年增设壮医、朝医和傣医考试。资料来源：郑慧：《医师资格考试明起报名增设壮医、朝医和傣医考试》，http://www. chinanews. com/edu－edu－zgks/news/2010/02－21/2129191. shtml。

[③] 威廉·考克汉姆：《医学社会学》（第 11 版），高永平、杨渤彦译，中国人民大学出版社，2012。

　　新中国成立以后，我国十分重视少数民族传统医药的法律保护。国家制定了扶持发展传统医药的政策、法律和法规①，民族医药走上发展之路。

　　其中最早的文件是 1951 年 12 月 1 日实施的《全国少数民族卫生工作方案》，该方案明确指出："对于对草药土方治病之民族医，应尽量团结与提高。"

　　对民族医药发展最重要的法律是宪法和民族区域自治法。1982 年颁布的《中华人民共和国宪法》第 21 条规定："国家发展医疗卫生事业，发展现代医药和我国传统医药。"1984 年 5 月 31 日通过的《中华人民共和国民族区域自治法》第 40 条规定："民族自治地方的自治机关，自主地决定本地方的医疗卫生事业的发展规划，发展现代医药和民族传统医药。"其他政策也充分肯定了民族医药在医疗卫生事业中的地位和作用，并且指出要加大投入、保护、发展和扶持民族医药学。②

　　民族医药的主体存在民间。在民间医药方面，新中国成立以来，制定了民间医药相关政策，以促进民间医药知识的规范化，主要的成就体现在加强民间秘方验方的收集、挖掘与整理，成立民间医药相关研究机构与社团、解决民间医师执业等方面。③

　　1980 年，卫生部颁布了《关于允许个体开业行医问题的请示报告》，对民间医生，包括民族民间医生个体开业行医问题，提出了较全面的政策方针和管理措施。报告出台的背景是，改革开放后，全国各地个体行医现象重新增多起来，还有继续增加的趋势，亟须对这种情况出台政策进行管理。

　　这是一个对个体行医进行管理的十分重要的、务实的报告。该报告分析了个体开业人员的类型，其中包括"这些年社会上出现的一些自称祖传中医或专治某种疾病的人，以及职工或待业青年中的业余医药爱好者"，行医方式："一是自己挂牌看病或在药店坐堂；二是由街道组织管理的个体开业行医；三是在集市上摆摊看病，流动行医。"报告明确指出，应该遵照卫生部 1963 年发布的《关于开业医生暂行管理办法》的规定，继续允许个体开业行医合法存在。报告还肯定了个体开业行医、集体所有制办医是对国家办医的一种补充，并制定了对个体开业行医的管理原则：

---

① 张树兴、许青青：《我国少数民族传统医药的法律保护研究》，《云南民族大学学报》（哲学社会科学版）2011 年第 1 期；任小巧：《我国民族医药相关政策现状及发展战略思考》，《中国民族医药杂志》2012 年第 6 期。

② 1984 年 11 月 23 日国务院办公厅转发卫生部、国家民族事务委员会《关于加强全国民族医药工作的几点意见》，充分肯定了民族医药在医疗卫生事业中的地位和作用；1997 年 1 月 15 日中共中央、国务院《关于卫生改革与发展的决定》指出："各民族医药是中华民族传统医药的组成部分，要努力发掘、整理、总结、提高，充分发挥其保护各族人民健康的作用。"2002 年 10 月 19 日，中共中央、国务院《关于进一步加强农村卫生工作的决定》指出："要认真发掘、整理和推广民族医药技术。"2005 年 5 月 31 日国务院颁布的《实施〈中华人民共和国民族区域自治法〉若干规定》第 26 条指出："各级人民政府加大对民族医药事业的投入，保护、发展和扶持民族医药学，提高各民族的健康水平。"

③ 李海燕、沈志祥：《建国以来我国民间医药相关政策研究》，《中医药管理杂志》2010 年第 8 期。

我们对个体开业行医既要放宽政策，允许合法存在，又要严格进行管理。制订管理办法的着眼点，一是对病人有利，二是真正把他们当作一支力量来使用。在做法上，不要一刀切，不要强求一律，应当允许各地根据实际情况，因地制宜。①

报告中提到要解决无证的但确实有一技之长人员或有独特专长的民间医生的行医资格：

对于一部分散在民间，多年为群众诊病，确有一技之长或独特专长，在群众中有一定影响的非专业人员，各市（区）、县卫生行政部门也要在解决上述人员开业问题以后，在调查研究摸清情况的基础上，逐步通过考核、鉴定，解决他们在当地行医的问题。

但是，保护和发展传统医药的政策，与中国现代医疗行业进一步制度化的法律法规产生冲突。其中突出的是《中华人民共和国执业医师法》与之前民间医生开业行医政策不兼容。按照法律冲突时上位法优先原则，过去扶持民族医药的管理办法、报告自动失效。

《中华人民共和国执业医师法》（简称《执业医师法》）于 1999 年 5 月 1 日起施行，是新中国成立后第一部规范医师执业活动的法律，这部法律的制定和实施对于规范医师执业活动，打击黑诊所的非法行医起到了非常积极的作用。通过规范医学教育，建立高学历、高度专业化的医师队伍，也是美国 19 世纪赶超欧洲的关键。但是，《执业医师法》在现实执行过程中，也出现了很多问题，相关的研究也很多。比如，当前在各种具体法规、政策、制度、措施中，存在不符合中国传统医药规律甚至带有歧视性的规定，用西医的标准考录中医执业医师，按照西医医院的模式审批中医院，用西药的理论、标准和方法来评审中药等。②

如执业医师法出台后，中医（含民族医）中师承和确有专长人员考试中的西医内容占了考试内容的一半，对民族医生通过考试非常不利，直到 12 年后，2010 年，才取

---

① 人民日报网络版：国务院法规（1980）："关于允许个体开业行医问题的请示报告"，卫生部颁布，http://www.people.com.cn/item/flfgk/gwyfg/1980/407102198005.html（阅读时间：2013 年 5 月 25 日）。

② 邓勇、魏荣宇：《民族医药的法律保护问题——以苗药现状为视角》，《中国现代中药》2008 年 7 月第 10 卷增刊；孟雨、吕兆丰等：《乡村医生执业的法律困境与对策》，《医学与社会》2012 年第 9 期；王岳：《对修订〈中华人民共和国执业医师法〉的建议》，《中国医院管理》2004 年第 12 期；张传友：《我国〈执业医师法〉中存在的缺陷及修改建议》，《中国医院管理》2004 年第 9 期；杨帆、贾红英：《我国执业医师法现存问题的调查分析》，《中华医院管理杂志》2008 年第 7 期；等等。

消了中医（含民族医）中师承和确有专长人员考试中的西医内容。

按照执业医师法第十一条规定，民族医师资格可以通过考试取得，但执业医师法出台时，大多数民族自治地方并没有建立起这样的资格考试制度。而统一的执业医师考试门槛较高，对广大农村的乡村医生和民族民间医生来说，能够通过的寥寥无几。没有医师或助理医师资格，根据《执业医师法》关于非法行医的条款，他们行医的合法性遭到了动摇。

《执业医师法》的实施给民族医药带来了很大的冲击。由于对城乡医师采用统一标准进行管理，大量存在于民间的民族医师失去执业资格，不能合法执业，这会造成对民间医疗资源的浪费，加重农村医师缺乏的问题。

> 据统计，截止到 2003 年底，全国有卫生机构 83733 个，卫生队伍总数 4826592 人。其中民族医医院 157 个，实有床位 58293 张，人员总数 8712 人。另外还有民族医诊所 359 个，人员总数 673 人。以上医院加诊所的人员总数共 9385 人。壮、苗、瑶、彝、土家、侗等民族医药人员则基本上都在民间。这个队伍现在已经大大缩减，而且还在锐减之中。[①]

调研地贵州省的民族医生资源因此缩水：

> 目前，在贵州省仅有 9 所民族中医医院，10 个民族特色医药专科；另一方面贵州省从事民族药研发工作的人才为数不多，全省仅有 4200 名民族医药从业人员，《中华人民共和国执行医师法》颁布以后，全省有 3000 多名拥有一技之长的少数民族民间医生失去了执业资格，不能从事医疗活动。[②]

执业医师法出台后，是怎样具体地影响到民族医生的呢？卫生行政等部门开始对"无证行医"进行卫生执法。这是 2003 年贵州一家主流报纸对田野调研地区黔东南州州府凯里一个传统民族鲜药市场进行行政执法的报道：

> 金黔在线讯 近日，黔东南州药监局与州公安、工商、卫生、经贸等部门联合开展专项监督检查活动，重点整治城乡集贸市场违规经营中药行为。
> 在对凯里市红梅街地产药材交易市场的突击检查中，在 8 家经销门店和摊点

① 诸国本：《民族医药与社会保健》，《医药世界》2004 年第 9 期。
② 卯寅、张遵东：《苗药文化与贵州省少数民族制药业发展探析》，《贵阳市委党校学报》2012 年第 3 期。

里共查获无证经营的中药饮片 500 余种，其中还有毒性中药材和国家重点保护的野生动植物药材，药监执法人员按规定当场给予查封。[①]

报纸中提到的"凯里市红梅街"位于凯里营盘坡的一条小弄堂，距离州委和州府都很近，紧邻凯里老街。民族医生的诊所主要集中在老街和红梅街。每到周六红梅街就变成热闹的民族鲜药集市，远近闻名。黔东南州各县的民间医生都来药市赶集。鲜药集市上，潜伏着一些民族制药厂的研发人员，他们花很多时间跟这里的民间医生和药贩攀谈，寻找新药开发的线索。

在两次田野调查中，调研者多次穿行在熙熙攘攘的鲜药市场，学习认药，也多次访谈了这条街上开诊所的民族医生。

在红梅街上开诊所行医的仫佬族罗医生，10 岁开始跟爷爷学医，后来跟了一个盲人师父学医，还在全国各地到处拜师学习，看病很诚实。他只有小学文化，17 岁就出师独立行医，是个典型的民族民间医生。在州卫生局前局长和民族医药研究所前所长开列的一个供采访的优秀民族医生的名单中，他是其中一个。罗医生对 2003 年和 2006 年两次药监局执法大队没收药材的行动，至今心理还存有阴影：

> 我在凯里市遭过两次，一次是把治病的牌子搜去了。他们说不是我们来搜你，是那些诊所看到你们有生意了，同行嫉妒举报的。这些事很寒心，说是无证行医，非法行医。好像是 2003 年那年来搜得很严重。对面一个老头子，他年纪太大了，这个老人拿刀拼，就没拿（没收）他的药。我家的药最多，100 多味药全搜走，药酒，包括一个好的独角莲，七叶一枝花，都拿走。他们（别人家的）的就提了外面两袋（药材）就算了，我家的一点一点地从（中药）柜子里全搜走了。[②]

在 2003 年报纸报道的那次行动中，罗医生最心疼的是被没收了的 100 多味药。这次行动中留下一份药品检查记录。他因为无证行医，上了电视，成为电视新闻上的反面典型。因为这两次打击行动，跟他一起行医的弟弟一气之下，转行做了建筑行业。

有了执业医师法和医疗机构管理法这两块挡箭牌，民族医生行医在竞争中影响到公立医院的利益，也会被取缔：

---

① 吴祖荣：《凯里一药材市场查封 500 种无证经营中药》，《贵州都市报》2003 年 9 月 20 日，http://gzdsb. gog. com. cn/system/2003/09/20/000466049. shtml（阅读时间：2013 年 7 月 2 日）。

② 资料来源：录音访谈。访谈对象：罗医生，访谈人：张小敏，访谈时间：2013 年 8 月 9 日，访谈地点：罗医生红梅街的诊所。

天柱县有一个侗医，他家几十年来都是在西医院隔壁，租了一个房子搞侗药诊所。到 2008 年，这个西医院向卫生局控告他，说抢了他们的生意，县卫生局就下文取缔了。①

在民族医地位低下的这种情况下，即使合法运行的民族医医院，在竞争中也会受到不公正的对待：

现在卫生局偏向于国营医院，对私营医院根本看不起，观念还没转变过来，有很多政策是偏向国营医院的，不管民营医院。其实民营医院给国家减少很多负担，人员就业不需要国家付工资，自己挣钱自己付。国家政策应私营（医院）和国营（医院）一样对待，不要上税，比如我在凯里开的医院，租的房子税务局要地皮费，发票要收税，管理费。7.5%、区别很大，是没有扶持私营医院的。上边的政策已经有倾向性，政策也在慢慢来，但是要往下做，是有阻力的，一些私营医院做得好，公立医院就会告状，就去查，去闹事，就会破坏私立医院的名声，公立医院与民营医院有些摩擦，但这是一个阶段，以后慢慢会好，竞争会公平一点，现在公立医院垄断，政府还护着它，政府要我们不要离公立医院太近，怕影响到公立医院，给公立医院带来压力。②

执业医师法实行后，如果没有完善民族医生师带徒政策和过渡性的民族医生准入政策，将对民族医药的传承带来不利影响：

老民族医带徒弟要有政策。如果没政策的话，文化基础差，但是祖传的东西非常多，要让他上升理论肯定上升不了多少，如果再按照国家出台的 52 号文件师带徒文件，跟师 5 年可以参加执业医师证考试，（但是由于考试内容和文化基础两方面原因）永远也考不上。比如说民族医带了 3～5 年，经过相关考试，合格后应给予执业许可证。没有这个政策以后，民族医更不愿意带，年轻人就更不愿意学。③

---

① 资料来源：录音访谈。访谈对象：原州科协张主任，访谈人：张小敏，访谈时间：2013 年 8 月 15 日，访谈地点：凯里民族风情园产业园区。

② 资料来源：录音访谈。访谈对象：镇远县红十字民族骨伤科医院龙院长，访谈人：张小敏，访谈时间：2013 年 8 月 13 日，访谈地点：镇远县红十字民族骨伤科医院。

③ 资料来源：录音访谈。访谈对象：原州民族医药研究所龙所长，访谈人：张小敏，访谈时间：2013 年 8 月 11 日，访谈地点：便民民族医门诊部。

中国民族医药学会，成立于 1994 年 2 月 18 日，是经民政部批准，由各民族医药工作者、管理工作者以及相关单位专家自愿结成的全国性、非营利性社会团体，是党和政府联系广大民族医药工作者的桥梁和纽带。业务主管单位为国家中医药管理局。[①] 学会的其中一个职能是向党和政府如实反映民族医药工作者的意见和诉求，依法维护会员的合法权益。截至 2004 年底，中国民族医药学会收到全国各地民族医大量来信，要求给予民族医合法行医的政策。在一期群众来信专辑中，该学会的通讯发表特约评论员文章指出：

近两年来，我们收到各地民族民间医药人员的大量来信，反映他们的行医资格被取缔，新的考试录用制度又偏于西医，有的地方根本没有组织过民族医的考试，或者推说除了藏、蒙、维医以外，国家没有其他民族医考试等等。总之，在医学科学现代化的大潮中，一些行政主管部门认为民族医"不科学"、"没有用"、"太落后"不符合国家颁布的《执业医师法》和《医疗机构管理条例》，于是"合法"地把它们取缔了。这样，老的被取缔，新的出不来，民族医药的根苗从此断绝。中央、国务院要求"民族医药充分发挥其保护各族人民健康的作用"也就成了一句空话。[②]

（2）执业医师法与保护传统医学，尤其是民族医药政策出现冲突，是激发制度创业的外部原因，引发制度创业的内部原因是长期以来我国民族医药政策法规还不健全，体制不健全，存在着制度和体制的断层、空挡和不完善的问题，使民族医药的继承发扬失去应有的法律保障。[③]

第一，民族医药立法不完善。

1982 年颁布的《中华人民共和国宪法》第 21 条规定："国家发展医疗卫生事业，发展现代医药和我国传统医药。"1984 年 5 月 31 日通过的《中华人民共和国民族区域自治法》第 40 条规定："民族自治地方的自治机关，自主地决定本地方的医疗卫生事业的发展规划，发展现代医药和民族传统医药。"

民族医药管理条例是依照《中医药管理条例》制定，用来规范民族医药事业发展和管理的。我国仅有 5 个民族自治区和省级行政区目前进行了民族医药立法工作：《四

---

① 资料来源：中国民族医药学会官网，http://www.cmam.org.cn/info.aspx？sysno=180（阅读时间：2013 年 12 月 21 日）。

② 本刊特约评论员：给民族医药以一席之地，"群众来信摘编"专辑，《中国民族医药通讯》2004 年 12 月 31 日第 12 期（总 84 期）。

③ 以下资料来源：诸国本：《尊重民族自治权利　振兴民族传统医药》，《中国中医药报》2005 年 7 月 4 日，http://www.100md.com（阅读时间：2012 年 12 月 20 日）。

川省中医条例》于 1997 年 2 月 21 日通过并颁布实施，条例所称中医，包含了民族医在内（指中医、中西医结合和民族医）。内蒙古自治区于 2001 年 2 月 12 日颁布并实施了《内蒙古蒙医中医条例》；青海省于 2002 年 6 月 1 日颁布实施了《青海省发展中医藏医蒙医条例》，于 2002 年 10 月 1 日颁布实施了《青海省发展中药藏药蒙药条例》，广西壮族自治区 2008 年《广西壮族自治区发展中医药壮医药条例》，西藏自治区于 2008 年开始推动《西藏自治区发展藏医药条例》立法。

在我国 30 个民族自治州，120 个民族自治县（旗）中，民族医药立法工作落实的屈指可数：如青海玉树藏族自治州于 1995 年 11 月 1 日颁布实施了《玉树藏族自治州藏医药管理条例》；甘肃省甘南自治州于 2001 年 8 月 28 日颁布实施了《甘肃省甘南藏族自治州发展藏医药条例》等。①

例如，规范民族医医疗机构的管理条例空缺。《医疗机构管理条例实施细则》"附则"第 86 条规定：传统医药（包括中医、民族医）医疗机构的管理权、制定法规权属于地方相关部门："各省、自治区、直辖市根据条例和细则结合当地的实际情况，制定实施办法。实施办法中有关中医、中西结合、民族医医疗机构的条款，由省、自治区、直辖市中医（药）行政部门拟订。"但是制定传统医药（包括中医、民族医）医疗机构管理条例这个工作目前没有完成，至今还没有一个民族自治地方针对民族医医疗机构拟订过这样的实施办法和条款。

执业医师法明确规定，国家实行医师资格考试制度。但由于该制度考试对学历规定严格，长期以来考试内容偏重西医，使长期生活在边远贫困山区的民族医生，虽确有专长却无法取得执业医师资格；由于民族医药组织内部发展不均衡的原因，仅有蒙、藏、维、傣、壮医药纳入国家规定的民族医执业范围，其他民族医药被排斥在医师执业范围之外，对全面扶持和发展民族医药不利。

传统医药知识产权的激励机制尚待探索。现行的知识产权保护手段，如执业医师法、商标法、专利法、文物保护法、著作权法、商业秘密法等法律制度，不论从制度设计还是具体规定方面，都难以充分保护民族医药知识产权。如专利法对传统医药的保护存在着以下漏洞：专利法对传统医药理论知识不能提供有效保护、对中药（民族药）复方发明缺乏有效保护、成本过大等等。②

　　不利的是，中药复方这些发明专利的技术方案被公开后，有可能为国外企业开发新药提供更多的信息源，他们有可能就中药复方中的某种成分经分析和研究

---

① 调研期间，黔东南州民族医药条例《黔东南苗族侗族自治州保护和发展苗医药侗医药》草案已成文，正在促进立法中。
② 黄旭东：《贵州民族民间医药知识产权保护研究》，《贵州社会科学》2006 年第 2 期。

发现其特殊功效，并就这种成分申请专利。美国国立卫生研究院新药筛选中心就有 6 个机器人每天不停地筛选中草药，每筛选出一个新成分，经测序后就注册申请专利，而如果我们对这种中药复方进行二次开发涉及该有效成分时，还必须经过该有效成分的专利权人的许可。因此，现行的专利保护制度有可能造成中药复方产品在申请专利后，不仅不能提高反而降低了该产品在国际市场上的竞争力。①

探索并制定专门针对传统医药的知识产权保护法律法规，对民族医药的继承、发展，对民族医药产业的扶持和培育都十分重要。相关的研究很丰富，不再赘述。②

第二，管理体制不健全。

规范民族医医疗机构的法律，法律、法规需要完善，而落实法律、法规的体制也需要健全，否则就形成了好政策难落地的局面：

> 中医药管理体制不健全是导致相关政策在基层难以落实的重要原因。目前我国中医药管理职能薄弱，机构设置堪称"高位截瘫"，地级市和县级中医药管理力量薄弱甚至缺失。据国家中医药管理局政策与法规司副司长桑滨生介绍，全国只有 15 个省区市设立了副厅级中医药管理局；全国 280 多个地级市中仅有 54 个成立了中医药管理局，不少地级市连中医科也没有；许多县甚至没有专人负责中医药工作。中医药管理机构在省级以下就"断了腿"，导致相关政策措施很难贯彻落实到基层。③

在管理体制不健全的情况下，由于某些民族医药没有县级以上的医疗机构，民族医生无处参加考核考试，无法通过考核考试获得行医资格。《传统医学师承和确有专长人员医师资格考核考试暂行办法》④ 第 14 条规定："考核机构是经县级以上中医（药）主管部门指定的县级以上中医、民族医医疗机构。"主管部门缺位，考核就无从组织，民族医生考核考试办法就无法落实。

综上所述，我国医疗服务行业组织具有多元化、各类组织发展阶段不同的特点，

---

① 黄旭东：《贵州民族民间医药知识产权保护研究》，《贵州社会科学》2006 年第 2 期。

② 袁涛忠、龙运光、杨晓琼等：《贵州雷公山地区苗族医药传承的现况及对策》，《中国民族医药杂志》2009 年第 6 期；王志红、向芯蔚：《少数民族传统医药文化的保护、传承和发展思考》，《云南中医药学报》2012 年第 2 期；吴晶、李欣：《国外天然药物专利政策分析及对我国中药保护的启示》，《中草药》2010 年第 11 期；任小巧：《我国民族医药相关政策现状及发展战略思考》，《中国民族医药杂志》2012 年第 6 期；秦力：《新疆少数民族传统医药知识产权法律保护》，《重庆科技学院学报》（社会科学版）2011 年第 22 期；宋歌、刘剑锋：《我国民间医药相关政策法规现状研究》，《中国医药导报》2012 年第 25 期。

③ 《"中西医并重"未有效执行发展要上升为国家战略》，《经济参考报》2013 年 3 月 29 日。

④ 卫生部 1999 年 7 月 23 日颁布实施，2007 年废止。

政策法规不健全的主要问题来自无差别的制度标准。民族医药法律法规的制度创业需求很迫切，亟待解决。

（3）讨论：民族医药制度化过程中，需要避免中医制度化过程中"西医化"的弯路。

近现代医院引入中国，传统医学行医模式受到冲击，传统医学的合法性不断受到质疑，不得不通过"组织趋同"即现在所谓"西医化"的方式争取合法性。西医化带来合法性和近期效益的同时，也带来自身优势的部分丧失、效率降低、远期的适应性降低。

在制度化初期，传统医学——中医、民族医努力向西医靠拢以获得合法性，如建立消毒制度、设立医院等等；但是，由于中西医属于截然不同的两种医学体系，在获得合法性的同时，中医也部分放弃了自己的特色，被人诟病。贺霆研究得出结论：中医本土实践中体现出的文化规则："相异得奖相同受罚"——在中医实践中鼓励学习西医的做法——实际上源于中医在获得合法性的过程中的"组织趋同"过程。

中医制度化过程中，中医机构不是壮大，反而减少。同在传统医药行列的中医，其"西医化"和"边缘化"是令中医界最为困扰的问题。有人对中医院总结了一句话："所有的中医院都是中西医结合医院。"或许这句话太绝对，但是从制度变迁的角度来看，形成如今的状况，的确反映了中医在制度化过程中的遭遇。

> 根据 2003 年底出版的《全国中医药统计摘编》，截至 2002 年底，全国的行政县中，只有 66% 的县有中医院，而西医院平均每个县有 4.45 个；中国拥有卫生机构 85705 个，其中中医医疗机构仅有 3801 家。到 2006 年，中医医疗机构的数字已下降到 3009 家。
>
> 据全国政协"加强基层中医药能力建设"调研组 2012 年的调查，基层医疗卫生机构普遍存在中医科室条件差、中医诊疗设备配备严重不足的问题。全国仍有 24.4% 的社区卫生服务中心、33.5% 的乡镇卫生院、48.4% 的社区卫生服务站、42.5% 的村卫生室不能提供中医药服务。

中医不进反退，源自中医制度化过程中合法性与效率的矛盾，提示中医制度创业迫在眉睫。

西医西方医术是舶来品，最早出现在 17 世纪末，由西方传教士带入中国。西医医院进入中国仅是 19 世纪的事情。而传统医药的代表中医药，早已具有成熟的理论体系和治疗体系，已经在中国存在了几千年。中国贫病、落后和成为半殖民地的教训，使民国时期的精英人士认同"德先生""赛先生"，选择性地认同"科学主义"的西医，而歧视和排斥传统中医。中医遭遇西医，其传统的认知合法性开始受到挑战。这类的历史事件有：

> 1912 年民国成立后，由于西方文化在卫生和教育系统占据主导地位，西医得到了很大发展，相反中医却受到了歧视。在教育方面，北洋政府时期公布的《学校系统令》，只列有西医学西药学，根本没有提及中医中药。[①]

又如 1929 年南京政府中央卫生委员会通过"废止中医中药"议案。

再如国民政府卫生部不让中医称"医院"的历史事件：

> 1929 年 4 月，国民政府卫生部公布了《管理医院规则》，规定"凡以治疗为目的设置病床收容病人者为医院"，要求所有医院呈报登记，另对医院设置传染病室者作了具体规定。当时上海、浙江均提出中医医院可否注册的问题，卫生部答复说："《医院管理规则》系专指医师设立之医院，并不包括中医医院在内。按中医向来习惯及治疗方法，既无设立医院之先例，亦无设立医院之必要，该省如有特殊情形，设有中医医院者，即斟酌地方情形，拟定单行章程，呈候核定，暂资管理可也。"将管理权下放各地。据此上海市制定了《管理中医院暂行规则及注册规则》，但在呈报时，卫生部将规则中的"医院"二字改为"医室"，并增添"消毒方法应遵照该管卫生官署所规定者施行之"一语。这一做法带有歧视色彩，再次激起全国中医药团体的抗议声浪。[②]

这是西医在中国开始制度化的一幕。这也是西医制度作为当时的先进样板，在世界范围内扩散的中国版本的故事开端。而对以中医为代表的中国传统医药而言，则开始努力学习西医制度以便得到认可之路。

这样的过程，在医保制度实行的时候，再一次重演。2002～2003 年，在黔东南州，两所中医院被西医院兼并[③]：丹寨中医院被丹寨县人民医院兼并，镇远中医院被镇远县人民医院兼并。而各地的人民医院，名为综合医院，实际上是各地最权威、以西医体系为主的医院。新一轮的组织同形上演，究其原因是医疗服务定价制度的不匹配，导

---

① 郑洪：《近代创设中医医院的历史回顾》，《现代医院》2009 年第 3 期。
② 郑洪：《近代创设中医医院的历史回顾》，《现代医院》2009 年第 3 期。
③ 黔东南州的医保制度开始于 1999 年。见"国务院关于建立城镇职工基本医疗保险制度的决定（国发〔1998〕44 号）"，http://www.qdn.gov.cn/page.jsp?urltype=news.NewsContentUrl&wbnewsid=62047&wbtreeid=10513。

致中医组织在把医院推向市场的医改过程中，不向西医靠拢就无法生存：

> 实行医保后，有很多中医治病方法，如推拿、按摩都不能报销、很多中成药没有进入医保目录，中成药、汤剂限制价格；医院工资自己找，所有医院开支都得自己找，中医院没办法，维持不下去。被兼并的这两所中医院是以中医为主，没有西医；其他中医院看到形势不对，西医也上，中医在上，才维持下去。外科手术不开展，其他检查设备没钱买，就生存不下去，县里不承担这部分开支。后来有些中医院筹备得比较早，该手术的手术，该输液的输液，该做大型检查的想办法去买。那段时间对各县、各地区的中医科只保留门诊，留两医生看看病。所有病房、病床全部撤，建制也撤，所以刚实行医保制度时，地方上实际上有废止中医的做法。①

在多样化的医疗体系下，由于缺乏容纳多样化体系的制度，导致在医疗服务组织场域制度化过程中，中医为寻求合法性、生存下去，不得不牺牲效率，这样的结果是，中西医各方面的差距呈剪刀差形式增大。

> 中医近年的不景气状况还反映在中医就诊人数急剧减少上。2001 年国家中医药局组织的《中国中医医疗服务需求与利用研究》显示，中国年患病人次 42 亿人次，就诊 39 亿人次。其中，西医治疗 26 亿人次，占 67%；中医和中西医结合治疗共 13 亿人次，占 33%。几年后中医就诊人次又急剧下降。根据《中国中医药报》2006 年的报道，同样是国家中医药局的统计，全国中医医院年诊疗人次已经降到 2.34 亿人次，加上综合医院中医科年门诊的 5851 万人次，两者合计不到 3 亿人次。②

中医在制度化过程的不同时期，为取得合法性，不得不放弃中医治疗的特色，长远的结果是效率下降，发展受到束缚，规模不增反减。所以，在民族医药制度化的过程中，应该从中医的案例吸取教训，一定要保持民族医药的特色，既不能"中医化"，也不能"西医化"。保证中国传统医药多元一体的格局，相互促进和发展。

---

① 资料来源：录音访谈。访谈对象：原州民族医药研究所龙所长，访谈人：张小敏，访谈时间：2013 年 8 月 11 日，访谈地点：便民民族医门诊部。

② 李杨、梁晶：《中医现状调查：再次面临考验》，《中国新闻周刊》2007 年 1 月 22 日，http://www.chinanews.com/jk/yxzz/news/2007/01 - 22/858837.shtml（阅读时间：2013 年 5 月 14 日）。

（三） 苗侗医药的制度创业主体

制度创业主体的研究目的，是要找出谁更容易发起制度创业。制度创业理论认为，制度创业者可分为组织和个人两种情况。理论界用社会地位、个人特质等分析个人制度创业者的特点。

贵州苗侗医药案例中的制度创业主体是组织创业。根据上文对制度创业动因的分析，传统医疗服务组织场域制度创业的动因，从外部矛盾看，是合法性与效率的矛盾、制度逻辑不同造成的不兼容性；从内部原因看，是由于制度和体制的断层、不完善造成的。根据外因通过内因起作用的原理，我们认为，主要应该通过解决内部原因（制度和体制断层和断档），来推动制度化进程、完善传统医药管理制度。而完善传统医药制度的主体，根据相关法律，应该各级行政机关。如，由全国各省、自治区、直辖市的行政机关，依据《中华人民共和国中医药条例》"附则"规定，出台"民族医药条例"、由全国各省、自治区、直辖市的行政机关，根据《医疗机构管理条例实施细则》"附则"第 86 条，拟定实施办法中有关中医、中西结合、民族医医疗机构的条款；由县级以上中医（药）、民族医药主管部门，依据《传统医学师承和确有专长人员医师资格考核考试暂行办法》第 14 条规定，负责指定民族医生考核机构，等等。从贵州苗侗医药制度创业的案例看，各级行政机构团结和联合相关研究机构、行业部门共同进行制度创业，是一个可取的经验。

在贵州苗侗医药案例中，黔东南州卫生局、民族医药研究所等相关机构是组织创业者。组织创业者的带头人有什么样的特质，才促成了黔东南州民族民间医生资格考试政策的成功实施？

普遍认为，只有那些对少数民族有感情、经常深入民族地方农村的少数民族干部，才能体察少数民族地区的民情、乡情，尊重他们的文化传统，有魄力完成制度创业并承担风险。从黔东南案例看，这个判断是正确的。

如领导这次制度创业的"三剑客"——黔东南州卫生局前任局长金先生，仫佬族；黔东南州民族医药研究所前所长龙先生，侗族；州科协前主任张先生，苗族——他们都对民族医药文化有深厚的感情。

金局长 1978 年 10 月毕业于遵义医学院医学系。是西医眼科专家，在白内障复明工作中国做出突出成绩，1999 年享受贵州省人民政府特殊津贴。2001 年至 2010 年任黔东南州卫生局党组书记、局长。他虽然从事西医，但身为仫佬族，对家乡民族医药地方知识很有认同感。

> 我们是本地的土著民族，从小就受到当地民族文化的熏陶；第二是对家乡、对父母、对祖辈这种文化的传承是很有感情的，热爱家乡。有句土语说，千好万

好不如自己的家好。

上了医学院后，有什么病才知道看什么西医，回来工作之后才知道什么病掏什么药。采草药我们叫掏点什么草，肚子疼我们叫发痧，磨点"地苦胆"来吃，喝下去就好了，就是胃痉挛。还有什么眼睛痛、咳嗽或者肺结核，肺结核我们叫"蛊"，咳嗽咳了很久不好，咳出血了，我们叫有蛊了，就要去掏那个比较苦的小树熬水，那个水是黄黄的喝，还有那个刺梨的根，还有那个茅草的根，白芨打碎磨成粉，与百合粉一起。我们知道很多草药，"不怕你生疱生疮，只怕你认不到九里光"，只要认得九里光，生疮过敏啊用这些一洗就好了。我们感冒的时候，感冒了要发汗，发汗干什么，吃辣椒，弄点很辣的辣椒吃下去后，用被子焐起来，睡一觉起来一身汗，然后用热水冲一下就好了，鼻子就通气了。我们这里还有一种用鼎罐做熟的饭，趁热舀上一碗饭，倒些酒，吃下去睡一觉，发一身汗就解决问题。对小孩感冒啊这些就拿一块姜烧烫包在脚板心上……①

龙所长毕业于贵阳中医学院医疗系，贵州省名医。他多次参与培训民族医的工作，如 2005 年 12 月参加了州卫生局举办的全州民族医从业许可培训班，主讲民族医药概论知识；2008 年 1 月主持完成了州卫生局举办的全州民族医从业许可培训班的组织管理、授课内容、课程安排以及授课老师的确定、理论考试、技能考核等全部工作，亲自编写民族医药讲授内容及讲课。主持研发了多种民族新药和自用制剂，如"枫荷除痹液"产品（2004 年已升为国标药，由贵州安平民族制药厂生产销售，每产值已达千万元）。龙所长积极扶持民间民族医生，在州民族医药研究所门诊部开办了侗族医药专科、苗族医药专科、蜂医学疗法专科、侗医骨髓炎专科，在龙所长和金局长扶持下，天柱县开办了天柱侗医精神病专科医院等专病专科。

龙所长因从小就跟随伯父学习侗族医药知识，从上山认药、采药、跟随伯父为民诊病施药，以后又拜师学习，从部队退伍回来后一直应用侗医药方法技术为民疗疾，对民族医药十分热爱。为了传承家族和师父传授的侗医药技术方药，放弃了在州中医院担任副院长和竞选院长的丰厚条件，主动要求调到当时条件极差、经费非常困难的黔东南州民族医药研究所，专门从事民族医药的挖掘整理研究工作。他经常深入乡村，对民族地区农村需要民间草医的现状十分了解：

2013 年在剑河调查，和病人交谈，说看中医、草医有没有？病人说看中医要

---

① 资料来源：录音访谈。访谈对象：州卫生局前任局长金局长，访谈人：张小敏，访谈时间：2013 年 8 月 6 日，访谈地点：黔东南州卫生局。

走 100 里，到乡医院要走几十里路，幸好有草医救我们的命。现在农村非常需要土医生。如被蛇咬，一般草医先处理，不然等到县医院就迟了，雷公山蛇很多，病人多，烧伤，跌伤等急症，有时草医仅用一味药，就解决问题。[①]

金局长 2000 年下基层为老百姓做白内障复明手术，足迹遍及贵州所有的县市。这个经历，是他作为州卫生局领导的独特之处。这样，由于他的专业，他能经常接触民族地区基层，对民族地区尤其是农村缺医少药的情况、对民族地区民族民间医生在当地的作用都产生切身体会。

张局长 2001 年至 2007 年担任黔东南州科技局局长和中药办的主任，主要是抓中药材基地的发展。对黔东南州的中药材产业和苗医药的情况非常了解，目前是一家民营苗药开发公司的董事长。

由于对家乡的感情，再加上有了长期深入基层的经历，既了解群众的需要，又了解民族医生的贡献，"三剑客"才有内心的动力，依据国家的法律法规，结合民族自治州地方自治条例，大胆探索，勇于实践，探索开展自治州区域内确有一技之长的民族民间传统医生通过培训、考试考核合格，允许在户籍所在地执业的尝试。通过这个政策创业实践，他们一起扶持了黔东南州内确有一技之长的民族民间医生，并扶持起来几所民营民族医院，使他们在更高的平台走上发展的道路。

上面的三位正好都是少数民族。是否只有少数民族干部才能做到热爱基层的群众，为群众做事吗？当然并不是。民族地区的干部，无论汉族还是少数民族，只要能够深入基层，了解基层群众的需求，就能够发现问题，敢做敢当，在完善和落实民族政策的制度创业活动中成为领头人。红军长征途中开创性制定民族政策并得到少数民族的拥护和支持，就是一个例证。[②]

（四）苗侗医药的制度创业过程

1. 理论基础

在制度变迁研究中，格林伍德、萨德贝和希宁斯（Greenwood，Suddaby & Hinings）

---

① 资料来源：原黔东南州民族医药研究所龙所长的录音访谈，访谈人：张小敏，访谈时间：2013 年 8 月 11 日。访谈地点：凯里，便民民族医门诊部。

② 这个体会来自笔者 2009 年至 2013 年参与的统战部委托课题《红色记忆——藏族群众支持与参加红军长征史录》。这个课题带给笔者最大的启示是：红军长征经过少数民族地区，为什么能受到本来并不富裕的各族人民人力物力的支持和拥护？原因是红军长征经过少数民族地区的过程中，开创性地制定并不断完善了党的民族政策，并且从领导到士兵，都能够严格执行民族政策：尊重少数民族文化、宗教、风俗、语言文字，统一战线工作做得好，与各阶层少数民族平等接触、沟通。正确的民族政策得到严格的执行，是取得少数民族群众的支持的重要原因。红军长征中民族政策的发展过程，也是党的一个成功的制度创业范例，是我党民族工作的一个成功典范。给民族医药事业的启示是，好的政策应该得到严格的落实和执行。

把成熟场域制度创业过程分为六个阶段：（社会重大事件、外来技术、管制、改革等带来的）震荡、去制度化、前制度化、理论化、扩散化、加强制度化等。[①] 迟考勋将这六个阶段概括为建立变革基础、理论化新制度及推广新制度三个阶段。建立变革基础包括了感受场域震荡、介绍新思想并初步形成新的制度框架；理论化的任务是阐述现有制度的缺陷或甚至失败之处，针对性地提出解决方案，并对解决方案进行合法性解释。推广新制度阶段指新制度成型之后，需要在不同范围内推广，包括组织场域内部的扩散、加强制度化——即更大范围的制度推广两个阶段，并由此获得认知合法性。[②]

中国的现代医学体系制度化过程，实际上也是全球范围内现代医学制度跨国扩散的一部分。传统医药、民间医药基本的法规政策是在我国现行医药卫生制度框架之下，因此，首先应遵循《执业医师法》《医疗机构管理条例》《药品管理法》《中医药条例》等构成基本的医药卫生法律法规。而这些法律法规的出台和实施，表明我国现代医疗制度处于推广阶段，这些行业规范性制度在医疗服务组织场域内推广，推广范围从正式医疗机构，扩散到民间医疗机构等，覆盖整个多元化的医疗服务场域。

以下采用制度创业过程理论，展现制度创业过程，分析民族医药所处的制度化阶段，分析其制度化程度。

2. 苗侗医药的制度创业过程

（1）苗侗医药制度创业，处于建立了变革基础、初步形成了新制度的阶段。在这个阶段，民族医药子场域感受到由于行业新制度带来的场域震荡、制度创业者出场动员各种资源，初步形成新的制度框架。

①感受场域震荡。在黔东南州民族民间医生资格考试制度创业的案例中，震荡来自国家为促进医疗服务行业专业化出台并实施的执业医师准入制度：《执业医师法》。

> 自从 1999 年 5 月 1 日起《中华人民共和国执业医师法》颁布实施后，全国各地反响较大，主要原因是《执业医师法》中对民族民间医生行医许可的有关问题没有明确的规定。既然是卫生法律法规，各地卫生执法部门就该遵照执行，所以对没有行医资格的民族民间医生行医的行为，都视为非法行医予以取缔，一律不准行医，这种做法不但引起了民族民间医生的茫然（一夜之间，千百年传承下来的民族医药技术和方药遭到无辜的封杀，实在是想不通），而且引起了广大民众不理解等矛盾。针对这种情况，我们卫生行政主管部门，如何正确认识民族民间医生在少数民族地区的地位和作用，如何解决好民族民间医生行医许可的难点，是

---

① R. Greenwood, R. Suddaby, and C. R. Hinings, "Theorizing Change: The Role of Professional Associations in the Transformation of Institutionalized Fields," *Academy of Management Journal*, No. 1, 2002, pp. 58 - 80.

② 迟考勋：《转型经济中民营企业制度创业机制的探索性案例研究》，博士学位论文，浙江工商大学，2012。

关系到党和国家民族政策的贯彻落实，对民族医药是否要扶持发展，对广大民众需要民族医药服务是否应当满足的问题。①

②去制度化、前制度化阶段。在去制度化阶段，黔东南州卫生局等机构抓住变革机会引发局部创业；在前制度化阶段，州卫生局组织动员各种资源形成新制度方案。

20 世纪 80 年代以来黔东南州及临近地区苗侗医药等民族医药知识正规化建设是完成去制度化和前制度化的重要条件。

在国家号召整理发掘民族医药资源的基础上，经过一大批民族医药研究学者的努力，民族医药著作相继出版，结束了贵州地区民族医药仅靠口传心授的传承历史，民族医药知识的生产走向正规化，民族医药学科理论开始建立。出版的相关著作有苗族医学著作 19 部，如 1984 年出版《中国民族药志》、1988 年黔东南州民族医药研究所陆科阂等同志主编的我国第一部苗族药专著《苗族药物集》、1992 年关祥祖编著的《苗族医药学》、1996 年陈士奎等编著的《中国传统医学概览》、1999 年包骏等的《贵州苗族医药研究与开发》、2001 年汪毅主编的《中国苗药彩色图集》、贵州省中医院杜江教授组织编写的六本一套"苗医药系列本科教材"；田华咏等编著的《中国苗医史》、欧志安等在杂志上发表的一系列研究文章；侗族医药著作 9 部，包括龙运光著《侗医吴定元小儿推拿经验》、陆科闽 1992 年著《侗族医学》、萧成纹 2004 年编著《侗族医药探秘》、龙运光、萧成纹、吴国勇、邓星煌主编的《中国侗族医药》、吴国生、陆中午等编著的《侗药大观》、龙文忠、张果果、曾向东等编著的《侗乡药膳》、龙运光、袁涛忠主编的《侗族常用药物图鉴》和《侗族药物方剂学》、邓星煌、萧成纹等编著的《湖南世居少数民族医药宝典》等，发表民族医药论文 100 多篇，初步总结了苗族、侗族医药的基本理论及临床经验，结束了苗族侗族医药无文字记载的历史，为深入研究和发展苗族侗族等民族医药理论及民族医药文化提供了依据，为民族医药产业化提供了理论基础。

民族医药研究机构和民族医药临床机构的建立，也为制度变革提供了专业资源。1984 年 4 月，黔东南苗族侗族自治州民族医药研究所由黔东南州人民政府批准成立。之后，其他的研究机构和医院陆续成立。这些民族医药研究、临床医学机构成立后，做了以下几方面的工作。第一，苗族侗族医药理论研究取得很大成果，相关著述很多。民族医药工作者在民族医药资源调查中搜集、整理了苗族、侗族医药史料，编辑出版了《苗族药物集》《侗族医学》《侗医吴定元小儿推拿经验》《苗族医学》等民族医药

---

① 资料来源：贵州百科信息网词条："黔东南苗族侗族自治州民族医药研究所"，http://gz.zwbk.org/MyLem-maShow.aspx? lid = 5606（阅读时间：2013 年 8 月 30 日）。

专著，发表民族医药论文 100 多篇，完成国家中医药管理局下达的《侗族药物方剂学》课题。第二，团结民族医生，如从民间聘请民族医生，开设民族医特色专科门诊，如侗医学专科、蜂疗专科、骨髓炎专科等，临床疗效显著，更好地服务了患者。第三，开发研究民族药，如枫荷除痹液、益肺止咳胶囊、金龙含片、龋齿宁口服液、蕲蛇药酒等，有些药品已由地方标准升为国标药，经药厂生产投放市场。第四，创建了全国首个苗族侗族药物标本库，收藏有全州药物标本 2500 多种，制作药物标本 14000 多份，并以实物标本，图表文字的形式，直观展现黔东南丰富中药、民族药资源的分布，资源的生态环境，资源蕴藏等情况。

组织制度创业者——州卫生局、州民族医药研究所等相关机构，应用国家制定的相关法律，初步形成了黔东南州民族民间医生资格考试制度解决方案。

> 要规范他们确实很难，我们想尽了很多办法来规范。过去我们医政科科长是个比较聪明的人，问：这帮人怎么办，你们不管，工商、技术监督局都要去赶他们，你们让不让他们赶？大家讨论过几次。让不让他们赶，不让，凭什么？《医师法》出来，他们不是执业医师，不能行医。那怎么办，就得给他们名分，不是所有的都给，是要对好的给，不好的不给。①

为了达到既能规范管理民族民间医生执业（这与《执业医师法》的宗旨是一致的），又能解决好黔东南州各县、市、区民族民间医生行医许可问题两方面的效果，黔东南州卫生局联合民族医药研究所等相关部门，根据《中华人民共和国宪法》第二十一条关于"国家发展医疗卫生事业，发展现代医药和我国传统医药"和《中华人民共和国民族区域自治法》第四十条关于"民族自治地方的自治机关自主决定本地方的医疗卫生事业的发展规划，发展现代医药和民族传统医药"，以及《贵州省实施〈医疗机构管理条例〉办法》第十条关于"在民间行医多年的民族医，中草医及确有一技之长者，经地、州（市）以上卫生行政部门考核认可后，可在户籍所在地申请设置医疗机构"等有关法律和文件规定，撰写专题报告，提交州卫生局向州人民政府报告，提出了对全州各地确有专长的民族民间医生进行培训、考核考试，对考试合格者允许在户籍所在地设置民族医疗诊所的解决方案。②

新制度初步形成。黔东南州卫生局提交的申请报告得到上级批准，相关行政部门

---

① 资料来源：录音访谈。访谈对象：州卫生局前任局长金局长，访谈人：张小敏，访谈时间：2013 年 8 月 6 日，访谈地点：黔东南州卫生局。

② 内容参考了对州卫生局前任局长金局长、原州民族医药研究所龙所长的录音访谈，访谈人：张小敏，访谈时间：2013 年 8 月 6 日，2013 年 8 月 11 日。访谈地点：黔东南州卫生局、便民民族医门诊部。

与民族医药机构和研究部门通力合作，分别于 2005 年和 2008 年实施了两次民族民间医生培训及资格考试。

  州卫生局和相关机构根据《传统医师和确有专长人员医师资格考核考试办法》第十四条关于"考核机构是经上级主管部门批准的县级以上民族医疗机构"的规定，指定州民族医药研究所、州中医院、和州人民医院中医科，抽出具有中医副主任医师资格的 8 名人员组成考核考试小组，负责拟定考核内容，考试范围以及具体实施办法。考核考试结束后，由州卫生局最后审定，结果有 55 名合格，发给《医疗机构执业许可证》，允许在本地从事医疗活动。从 2006 年上半年开始我们对这批获得"地方粮票"的民族医生做回访调查时，各地群众反映很好。民族医生工作起来信心十足，医疗责任心强，依法行医意识增强了，对振兴民族民间医药的热情非常高涨。当地卫生行政管理部门反映，这种做法既合法又有利于医疗市场秩序和管理。实践证明，我们这种做法，是行之有效的，对于继承弘扬和发展民族医药事业是十分有利的举措。①

（2）理论化阶段：理论化阶段的任务是证明制度的优越性和正当性，在制度创业中被认为是标志制度创业成功的最重要阶段。理论化阶段完成，标志着制度化成功。

传统医学（包括中医和民族医）的理论化阶段仍然没有完成，其认知合法性还屡次受到挑战（如"取缔中医"的呼声）。这表明传统医学尚未取得制度化成功。完善传统医学制度，推进民族医学制度化进程，使西医、中医、民族医在医疗服务中各自发挥自己应有的贡献，是当今理论界的迫切任务。

理论化指的不仅仅是知识正规化，知识的体系和医学体系的完善，更重要的是在前者基础上，这些知识要素向更大范围的社会和大众传播，促进社会和大众认知、认同其优点和益处。最终目的是获得"认知合法性"。

西医完成了它的理论化阶段。医学科学的发展，以及它对新发明新技术的兼收并蓄，使它在全球获得广泛的"科学"和"先进"的认可，树立了似乎不可动摇的权威性。西医制度也在全球范围内得到扩散。

中医目前正处于向国内大众推广中医理念和治疗特点的阶段。很多电视健康节目都用了中医故事，中医医生去推广中医治病理念。这些推广，将有利于改变对中医的认知，驳斥一些人打着"科学"的旗号嚷嚷"取缔中医"的论调，促进大众就医选择

---

① 资料来源：贵州百科信息网，"黔东南州民族医药研究所"词条，http://gz.zwbk.org/MyLemmaShow.aspx?lid=5606（阅读时间：2013 年 9 月 20 日）。

时，更多的人能考虑采用中医治病。但这些个案性的知识推广，仍需提高到理论高度的有分量的文章，促进大众和医疗服务场域对传统医学合法性的认知和认同，更重要的是，促进卫生部门领导对民族医、中医的认知和认同，在制定制度时改变偏见。

学术界也在探讨和尝试。如北京大学哲学系的楼宇烈教授，用"生生之学"的概念来阐述传统文化的哲学，以及中医的医疗和养生理念；老中医娄少昆，将中医理性分为以内经思维为代表的有意识理性和以经方思维为代表的方证辨证思维，他用"无意识理性"和人类学家克洛德·列维·斯特劳斯在其著作《野性思维》中提出的"野性思维"来命名。

> 克洛德·列维．斯特劳斯认为未开化人类的野性思维，具有具体性与整体性思维的特点。野性思维与开化人的抽象性思维一样，都是有秩序的。野性思维也能够对经验进行极其详细的总结归类。所以这两种思维的区别与不同，不是分属野蛮与文明或是初级与高级这两种等级不同的思维方式，而是人类历史上始终存在的两种互相平行发展、各司不同文化职能、互相补充互相渗透的思维方式。野性思维，它是人类文化的源头。①

中医理论化阶段尚未完成，还没有完全建立认知合法性。体现在临床医学实践中，表现为主动放弃或被迫放弃中医治疗的特色。

> 深夜，急诊室来了一位40多岁的危重病人。经诊断，病人患了心肌梗和脑血栓。值班大夫们赶紧采用融栓、改善心肌供血、营养心肌等西医抢救手段。
>
> 正在这时，一位上级大夫刚巧到急诊室巡诊，见状对值班大夫说，"你们怎么能这么抢救呢？我们是中医院，应该用中医的办法"。接着，他命令值班大夫立刻停止使用西医抢救手段，改用在内关穴扎针的办法。值班大夫只好遵照这位上级医生的指示，改用中医手段。
>
> 可这位上级大夫刚一离开急诊室，值班大夫就立刻拔下病人内关穴的针，重新把心电图等仪器推回来，给病人打点滴融栓，改回原来的西医抢救手段。他们一边抢救病人，一边埋怨那位上级大夫添乱。
>
> 这是几年前发生在北京一家三级甲等中医医院的真实一幕，也是近年来中医尴尬现状的写照。②

---

① 娄少昆：《漫谈伤寒论中的方证》，http://blog. tianya. cn/blogger/post_read. asp？ BlogID = 626306&PostID = 32294736（阅读时间：2011 年 10 月 2 日）。

② 李杨、梁晶：《中医现状调查》，《中国新闻周刊》2007 年第 3 期。

中医在救命的急诊方面能有作为吗？一些中医界人士给出了自己的答案。李可老大夫运用中医药，治疗了大量危急重症，他把这方面的经验和思考集中在《李可老中医急危重症疑难病经验专辑》这本书。在《字里藏医》一书中，徐文兵大夫也给出了用古方治疗阑尾炎急症的案例，患者因此避免了手术的巨大费用和痛苦。

在流行病防治方面，传统医药也被迫退出正规治疗。如肺结核在全球有死灰复燃之势，我国的正规治疗方案，是利福平、异烟肼等组成的四联疗法。虽然中医和民族医药都有治疗抗药性肺结核的很多临床案例，但是从制度上，中医和民族医药并没有被纳入肺结核正规治疗程序之中：西部地区是肺结核病的高发区，黔东南州民族医药研究院用从民间得的方子"疗肺散"等苗药治疗肺结核病，尤其适用于初发病人、难治性结核、用一二线药疗效不好、胃肠道反应大、肝功损害、视神经损坏的情况，适用于糖尿病合并肺结核，艾滋病合并肺结核的情况。治疗期为 3 个月至半年后，病人症状改善，体力增加。治疗几千例以上。但是 2004～2005 年国家对结核病归口管理后，中医民族医机构的肺结核病人、病源受到限制。[1] 凯里的民族医生杨大夫，运用自创的民族药方"结核散"，治愈了几百例肺结核，疗效达到 90%[2]。

中医的理论化任务没有完成，民族医药的理论化阶段更是落后于中医。虽然有宪法、民族区域自治法等法律的保障，民族医药知识的生产也走向正规化，但大众的眼里，由于西医认知已经根深蒂固，从就医选择上看，群众在就医中，西医是首选，西医不治才会选择中医，中医不治，才会选择民族医——民族医药"落后""土"的印象仍然没有得到改变。所以民族医药的理念、理论、优势和特点仍需在全国范围进行推广和宣传，以促进大众的认知，以获得"认知合法性"，使局部制度化成功扩散到全国，完成制度化的任务。

　　长期以来，由于历史上的种种原因，社会上形成了一种轻视、歧视和鄙薄民族医、草药医的错误倾向。过去，在"左"的错误影响下，卫生部门对民族医、草药医的作用认识不足，在方针政策上、业务工作中存在着不少问题，本来是我省卫生工作的优势。但谁也不去过问，得不到应有的重视和发展，长期处于自生自灭状态。目前，全省集体和全民性质的民族医、草药医机构为数不多。在全省

---

① 资料来源：原州民族医药研究所龙所长的录音访谈，访谈人：张小敏，访谈时间：2013 年 8 月 11 日，访谈地点：便民民族医门诊部。"黔东南州民族医药研究院郭院长"，访谈人：张小敏，访谈时间：2013 年 8 月 22 日，访谈地点：黔东南州民族医药研究院。

② 杨大夫于 2009 年为该药申请专利，2011 年得到专利权。资料来源："民族医杨武松录音访谈"，访谈人：张小敏，访谈时间：2013 年 8 月 22 日，访谈地点：贵州省凯里市红梅街 1 号草药堂。

国家卫生人员六万多人中，仅有草药医十人，集体所有制卫生人员一万六千多人中，只有草药医一百零九人、有些地方不允许国家和集体单位人员在草药医机构看病报销。民族医、草药医人员开业，一度受到限制。已经在国家的、集体性质机构中工作的草药医人员，在政治待遇、技术晋升、评定工资上还不能做到与其他卫生技术人员一视同仁。甚至个别地方，因出身不好和不愿献出秘方而受到错误处理。[①]

这样，从制度创业阶段来看，黔东南州初步完成了民族民间医生资格考试制度创业，但是，这次制度创业仍是州级政府的局部制度创业，虽然其他民族地方也到黔东南州学习这次制度创业经验，但还没有在其他地区进行推广的案例；黔东南州如何持续稳定地实施好这一制度，效果怎样，还要看相关行政部门今后落实这一制度的具体做法和细节。民族医药理论化还需要加强；传统医药制度化的阶段还处在理论化未完成阶段，尚未进入制度推广和加强制度化的阶段，仍需建立一个更长远的制度、在全国范围内得到推广，使新制度的好处更广大地惠及全国各地的民族民间医生和求医治病的群众。

（五）苗侗医药的制度创业成果

苗侗医制度创业案例所取得的成果有：185 名民族民间医生取得《民族医医师执业证书》，在黔东南州范围内合法行医，其中涌现出一批疗效好的优秀医生；在州卫生局和州民族医药研究所的扶持和支持下，民间民族医院从无到有，涌现出了像苗蒸堂民族医院、黔东南苗侗医院、镇远龙华湘红十字医院、天柱精神病医院等优秀的特色专科民族医院，为缓解群众看病难做出了很大的贡献。以下简要介绍其中部分民族医院的成就[②]。

1. 苗蒸堂民族医院

创办人杨汉梅，2010 年获"凯里市十佳女性""黔东南巾帼创业带头人"等称号。杨汉梅原来是一名下岗女工，伯父是苗医。2002 年开始她跟伯父学习熏蒸疗法，2006 年创办"凯里市苗族草药熏疗养生堂"，2008 年贵州经历凝冻天气时，参加了州里举办的"确有专长的无学历的中医（民族民间）从业人员资格认定"的培训和考试考核，获得民族医执业许可。2008 年注册"贵州苗珍堂生物科技有限公司"，2009 年苗蒸堂成为"苗蒸堂民族医诊所"的民族医疗机构，2010 年注册成立"黔东南苗蒸堂民

---

① 贵州省卫生厅："民族医、草药医是一支不可忽视的力量"（一九八二年六月二十三日）。

② 以下资料资源：录音访谈及访谈人提供的文字资料，以及龙运光、萧成纹等主编《中国侗族医药》，中国古籍出版社，2011。

族医院"作为公司的临床机构。目前，公司已经成为一家集中草药种植、民族医药研制开发、保健美容咨询服务、土特产品销售、民族工艺品及佩戴用品的开发销售为一体的民营企业。苗蒸堂民族医院运用苗族独特的熏蒸疗法，一共治愈了 5 万多名患者，其中妇女产后疾病（妇女月子病）及风湿骨病类占 70%，其他的疾病占 30%。先后解决了 120 多名大中专毕业生和失业人员的就业。六年来免费义诊 300 余次，无偿给无钱治病的患者治疗 500 人次，累计为患者减免治疗费近 10 万元。现有授权专利 6 件，授权商标 5 件，正在申报的商标和专利一共有 15 件。拥有产品研发科技人员 20 人，临床机构中医技术人员和后勤人员 30 多人。

2. 黔东南苗侗民族医院

黔东南苗侗民族医院是凯里的最大一所民营民族医院，也是黔东南最有专科特色的民族医院。院长吴增堂于 2005 年第一批获得"州民间民族医执业许可"，2007 年创建该院。吴增堂父子采用家传的医术，治疗特色为骨伤、骨髓炎、骨结核、股骨头坏死、肾病、慢性肾炎、肾病综合征等。医院从创建起不断发展扩大：2007 年员工 7、8 人，2008 年员工 10 多人，2009 年员工 20 多人，2010 年员工 30 人，到 2013 年，员工达到 60~70 人，住院床位达到 80 张。住院病人每月 100 多个，一年收治 1300~1400 个病人，来医院治病的很多病人，曾在省内外各大医院治疗，效果不好，这样的情况下转到苗侗民族医院的。黔东南苗侗民族医院是民营医院，住院费较便宜，平均住一天院床位费和治疗费花 200 元、300 元；而在州医院、市医院每天需花 1000 - 2000 元。但即使是这样，前来治病的一些经济极其困难的农村群众，新农合报销部分之外，自付的部分根本拿不出来。这家民营的民族医药在这样的情况下，主动承担起企业的社会责任：医院投资了几百万，有钱也治，没钱也治。这么多年来，每年优惠老百姓上百万元：每年 30% 利润，从中拿出 20% 帮扶老百姓，利润下降到 10%。[①]

3. 镇远县红十字骨伤科民族医院

拥有六代相传的骨伤科治疗技术，1991 年在自己家开办了龙华湘骨伤民族医诊所，由于医技精湛、治愈率高，收费低廉，骨伤患者纷纷慕名而来，在州卫生局和民族医药研究所的共同支持下，2006 年经黔东南州卫生局审核、镇远县卫生局批准，成立了龙华湘骨伤科民族医院，建成了镇远县目前唯一一所花园式的民族医院，2011 年 11 月 15 日更名为镇远县红十字骨伤科民族医院。就业人员由 3 人增加到现在的 54 人（医师 22 人，护士 24 人，内勤人员 8 人），缓解了社会就业压力。年均救治病人数 2000 多人次，年营业额 600 多万元。有两所分院：2009 年 4 月在玉屏县开设了"龙华湘骨伤科

---

① 详情见中国广播网"没钱也能看病贵州一医院推行采草药抵账制"，2009 - 11 - 04 14：47，http：//china. cnr. cn/gdgg/200911/t20091104_505578080. html。

门诊部"，2011 年 3 月扩建为"玉屏县龙华湘骨伤科医院"，2010 年 11 月 16 日在凯里开办"黔东南骨伤医院"。三所医院共有职工 110 人。医院主持的"苗药骨安康剂型研究"科研课题成果被镇远县人民政府授予"科学进步二等奖"。

以下是在病房采访的几个病人的情况。从他们的病例上，确实可以看到民族医药和传承的民族医技术的确让本来治疗效果不好的病人看到了希望。[①]

病人 1：因车祸断腿。曾在一家被私人承包的军区医院治疗，花费 12 万元；效果不好，转而在一家医学院的医院治疗，花费 4 万元；效果仍然不好，伤腿面临截肢。家人打听到这家医院，转而求治，力图保住伤腿。这家民族骨科医院的方案是把原来接骨的部分断掉，重新接上，这样，虽然腿会变瘸，但是能保住已经在病变的腿。

病人 2：四川民工，在玉屏修高速铁路时，右手中指被卷进喷浆电动机，断了筋。在这里治疗了 20 天，已消炎，在好转中。他说工地上的工友受了伤，老板都送到这家医院。

病人 3：附近村子的一个农民，干农活时伤了脚踝，在医院经过手法复位，目前打着石膏。医院还用自己的外敷草药给患者换药。

病人 4：一个贵州小伙儿，在东莞打工，2 个月前骑摩托车与小车相撞，断了小腿；在东莞一家大医院治疗，这家医院虽然条件好、设备好，但伤口却不见好转，皮肤也开始腐烂，医生结论是必须截肢。这个小伙儿的亲戚知道镇远红十字骨伤科民族医院，打电话问了大夫这里的大夫说能治，不必截肢。小伙儿从东莞包车回来的，12 小时花了 5000 元车费。现在伤口已经快长好了。他的感受是在东莞那边越治越糟糕，在这里越治越好。采访中，从东莞转院的年轻病人妻子带着欣喜的笑容，给我看她手机上存的老公伤口的照片，我看着她的手机，看到的却是排球场上救球手接球的图像——是的，有些时候，这些不为人知的民族医药就是现代化医院的救球手。很多病人辗转求治于民营的民族医院时，家里的积蓄已经花得差不多了。这些民营的民族医院，经常面对的也是这样的一些病人。

除了扶持优秀的民族医生以开诊所的形式行医，扶持有实力有传承的优秀民族医生创办民营民族医院，给予这些医院政策上的支持，让这些优秀的民营民族医院进入新农合之外，黔东南州卫生局和州民族医药研究所[②]也在探索新的方式，比如让民间民族医生与公立医院合作，民间民族医生进入公立医院，公立医院给他们提供门诊空间，按医生劳动的多少给一定比例的提成，把一些优秀的医生集中在一起。凯里市苗医中医院、黔东南州民族医药研究院都以这样的坐堂医方式，汇集了一批有名的民间民族

---

① 资料来源：录音访谈。访谈对象：镇远红十字骨伤科民族医院病人，访谈人：张小敏，访谈时间：2013 年 8 月 13 日，访谈地点：医院住院病房。

② 2012 年 6 月，黔东南州民族医药研究所升为黔东南州民族医药研究院。

医生。

四　结语

中国共产党第十八届中央委员会第三次全体会议公报指出，全面深化改革的总目标是："让一切劳动、知识、技术、管理、资本的活力竞相迸发，让一切创造社会财富的源泉充分涌流，让发展成果更多更公平惠及全体人民。"

黔东南州位处中国西南，是费孝通生前一直关心的西部地区之一。"志在富民"的费老晚年对西部地区的"贫穷"和"富裕"有了不同于以往的认识，他反思到"我以前只看到西部贫穷的一面，没有看到她是有那么丰富的人文资源是可以开发和利用的"。所以他提出应该把西部大开发和保护、开发西部人文资源结合起来①。他继关注西部"吃饱穿暖"问题后，提出的另一个研究问题："富了以后怎么办"。费老认为，在第一、第二产业主导的社会，人们重视物质消费，在第三产业为主导的社会，人们将重视文化艺术、体育的消费，因此文化产业将和高新技术产业一起，"成为经济社会发展的巨大动力。"②

2013 年我们的"凯里社会经济综合调查"就是在黔东南州和凯里市这样快速发展转型的背景下进行的。对于政府和企业都关心的、对地方经济发展有重要意义的民族医药产业化问题而言，政策（制度）因素，和资源要素、市场要素、科研创新要素一起，是构成产业化要素的重要方面。我们希望，民族医药文化、民族药材资源和民族医生资源，成为黔东南州、凯里市经济发展的新的动力源泉。

而传统医药在小城镇中发挥经济带头羊的作用，成为城镇化的地方特色，已经不只是推论或期待。如湖南浏阳社港镇，由家传民间骨科名医盘活了镇医院，每年吸引了 60 万流动人口。随着人流、物流、资金流汇集，社港依靠中医正骨特色，加速小城镇建设：建起了 23 层的商贸楼，12 层的中医骨科大楼，骨伤科医院年收入突破 1.2 亿元。③

从苗侗民族医药分析中，我们认识到：

第一，在医疗服务场域内，存在着多样化的组织形式。不同层次的制度冲突，如传统医学与现代医学，传统医学中中医与民族医的发展阶段不平衡的现实，使制度创业的可能性和需求较大。

第二，贵州苗侗医药制度创业者与群众紧密联系，了解地方群众诉求和民情，是

---

① 费孝通：《有关保护、开发西部人文资源的思考》，《广西民族学院学报》（哲学社会科学版）2005 年第 3 期，第 2～5 页；《西部开发中的文化资源问题》，《文艺研究》2001 年第 4 期。
② 费孝通：《西部开发中的文化资源问题》，《文艺研究》2001 年第 4 期。
③ 阳建段美菊：《浏阳，这里的小城镇为何这样火》，新华社《高管信息·湖南领导参考》2014 年 3 月 31 日。

他们担当起制度创业重担的原因。

第三，贵州苗侗医药制度创业仍处于制度初步形成的阶段，还没有完全制度化，属于地方层面的局部创新，仍然需要其他方面的制度创新进行配合，如传统医药知识产权保护、国家层面的制度支持，从而全面推动全国的民族医药资源走向既有利于资源的保护和继承，又有利于产业化发展的方向。

第四，医疗卫生发展方向不能单单为了追求产业的利润，也不能单单发展高度专业化的现代医学，而应该包括民族医药、中医药在内的传统医药的共同发展，这样，我国的医疗卫生事业才能健康发展。对中国来说，应该创造制度条件，充分发挥传统医药（包括中医和民族医）的作用，使医疗服务组织多元化。

原载于王延中主编、张继焦分册主编《中国民族地区经济社会调查报告（凯里市卷）》，中国社会科学出版社，2015

影像民族志：人类学知识生产过程与实践

雷亮中

摘　要　影视方法正在更加广泛而深入地运用于人类学和其他社会科学研究。影像民族志不仅仅是记录、描述文化的载体，也是人类理解世界的重要方式之一。本文从方法论角度讨论了影像民族志在异质性表达、默会知识与跨文化理解、非语言社会行为研究、知识的分享以及干预社会行动等诸多方面的重要作用与实践。

关键词　影像民族志　影视方法　人类学知识

影像民族志：一种研究方法

民族志是一种写作文本，也是人类学独一无二的研究方法。[1]　人类学家以田野工作基础上的民族志研究对人类社会进行描述研究，并通过文化的描述来理解并解释不同社会文化，提出理论见解。沃尔特·戈德施米特（Walter Goldschmidt）认为："拍摄人们在没有面对摄像机的情况下通常所做的事情，从而向属于一种文化的人们解释属于另一种文化的人们的行为，这种电影就是民族志电影。"[2]　影像民族志能否成为人类学的重要研究方法？长期以来，影视人类学家一直努力扩展影像方法的研究空间。格罗斯（Larry Gross）、沃思（Sol Worth）、茹比（Jay Ruby）、查尔芬（Richard Chalfen）等人在 20 世纪 70 年代发表的著作中就提出了影视人类学包含三条线索：把影视技术作为研究方法、非语言行为的研究、影视作品分析和影视展示。英国影视人类学家马库斯·班克斯（Marcus Banks）也将影像化的研究方法分成三个方面：影像表现（通过影像制作来研究社会）；研究已经存在的影像材料（通过研究影像获取社会相关信息）；在制作影像

---

①　Martyn Hammersley and Paul Atkinson, *Ethnography*: *Principles in Practice*, second edition, Routledge, 1995, p. 1.

②　〔意〕保罗·基奥齐：《民族志电影的起源》，知寒译，《民族译丛》1991 年第 1 期。

时和研究对象合作。[1]

然而，作为一种跨学科作品形式，影像民族志很难用传统的方式进行简单的归类和定义。长期以来，学术界对于影像民族志或民族志电影的定义、作用、地位存在诸多争议。杰沃斯（I. C. Jarvie）认为影片只是辅助性的记录工具，大多数影视民族志电影对人类学的理论说明不足，对于以电影作为科学的人类学传达工具之价值深表怀疑。[2] 在以"科学""客观"与"真实"为取向的传统民族志的影响下，民族志电影为了取得学术合法性，也强调自己在"客观地"记录人类社会文化方面的作用，以符合人类学科学研究这一目标。在这方面，德国哥廷根科学电影研究所的宗旨、理论和实践十分具有代表性。他们将拍摄作为表现社会的客观手段，而不是人为的主观经验。科学电影研究所的创始人戈特哈德·沃尔夫（Gotthardt Wolf）教授依照"将电影摄影学用作研究工具，其次将成果用于教学目的"[3] 的宗旨，主张将影视手段作为收集记录文化现象，尤其是那些耳闻笔录所不易表达的社会文化内容，以满足文化研究之需。

影视人类学家杰伊·茹比则强调民族志影片作为一种研究方法的重要性。在 1998 年美国人类学学会"看文化：视觉交流的人类学"研讨会上，茹比提出了"民族志电影之死"这一话题，即当下的民族志电影更多地成为关于不同文化的纪录片，而不是人类学建构知识的形象化表达。因而，尽管这些影片被用于教学，但游离于人类学核心圈之外。民族志电影与人类学相分离，如同心理影片之于心理学、历史的电影之于历史学。有志于使用电影媒介来传递他们的田野研究结果和见解的人类学家必须超越传统民族志影片和纪录片模式，发现一种合适的方式以达到形象传递人类学知识的目的。[4] 因此，本文试图从影像民族志（民族志电影）在人类学知识建构和实践方面的独特作用来阐述影像民族志作为一种方法在人类学研究中的运用和实践。

从语言到图像：人类学的影视表达

20 世纪初"语言学转向"（linguistic turn）成为西方哲学与传统哲学之区别与转换的关键。这一转向构成了认识论哲学基础，即从关注世界本身转而关注我们以什么样的方式理解世界。尽管语言对于人类学研究的影响和意义不仅仅是在语言学转向之后，但人类学的"语言学转向"促进了"语言学模式"在社会文化行为模式分析中的广泛运用。其中，最为重要的是结构主义人类学、符号－认知人类学、阐释人类学等人类

---

① Sarah Pink, *Doing Visual Anthropology: Images, Media and Representation in Research*, London: SAGE Publications, 2001, p. 30.

② Javie, "The Problem of the Ethnographic Real," *Current Anthropology*, 24 (1983): 313 – 325.

③ 杜荣坤、肖锋主编《影视人类学国际学术讨论会（北京）论文集》，四川民族出版社，1998，第 19 页。

④ Jay Ruby, The Death of Ethnographic Film [OL], http://astro. ocis. temple. edu/ ~ ruby/aaa/ruby. html.

学理论流派以及更加注重表征的后现代主义人类学。

1992 年，托马斯·米歇尔在《艺术论坛》中首次提到"图像转向"（pictorial turn）并于 1994 年出版《图像理论——视觉再现与语言再现文集》，探讨了元图像、图像与文本、图像与公共领域，提出了图像理论。就某种意义而言，"图像转向"是对以语言学作为认识世界基础的一次挑战。"图像转向……是对图像的一种后语言学的、后符号学的重新发现，将其看作是视觉、机器、制度、话语、身体和比喻复杂的互动。"① 他也强调图像的自我指涉能力能像语言一样具有重要认识论意义。②

米歇尔的"图像转向"是一次建立不同于"语言文字认知世界方法"的尝试。尽管，在文字符号出现之前，图像（如岩画）曾经作为重要的人类理解和表达世界的方式。书写文化出现之后，语言文字成为主流，图像等文化方式则为附属。米歇尔把图像表征模式纳入学科研究的视野，其可能的意义在于：观看行为（spectatorship）可能与阅读的诸种形式（解密、解码、阐释等）是同等深奥的问题，而基于文本性的模式恐怕难以充分阐释视觉经验或"视觉识读能力"。③ 在米歇尔看来，观看与阅读（视觉图像与语言文本）之间并没有本质层面上的对立，而是需要思考图像表征与语言表征的差异性，并强调人文学科需要更加重视这种差异性。他提出应该有"对图像的一种后语言学、后符号学的再发现"。④ 同样，罗兰·巴特在分析摄影时也提出了一组类似的概念："知面"（Studium）与"刺点"（Punctum）。⑤

影视人类学学者也不断探索不同于文字符号的影视表达方式。大卫·麦克道格（David MacDougall）提出田野工作者可通过运用视觉媒介反思人类学所涉及的原理。⑥ 杰伊·茹比也积极倡导人类学应发展出一种能够超越文字力量、理解世界的视觉语言，诸如爱森斯坦和戈达尔（Godard）所试图制作的革命性的电影，而不仅仅是关于革命的电影。同样，人类学家应当制作人类学的电影而不是关于人类学的电影。⑦ 这种人类学电影也是大卫·麦克道格一直所号召的重新思考人类学认知分类，其基于从"单

---

① 〔美〕W. J. T. 米歇尔：《图像理论——视觉再现与语言再现文集》，陈永国译，北京大学出版社，2006，第 6 页。
② 〔美〕W. J. T. 米歇尔：《图像理论——视觉再现与语言再现文集》，陈永国译，北京大学出版社，2006，第 25～71 页。
③ 〔美〕W. J. T. 米歇尔：《图像理论——视觉再现与语言再现文集》，陈永国译，北京大学出版社，2006。
④ 鲍栋：《图像时代与异质艺术——重建艺术解放叙事》，硕士学位论文，四川美术学院，2006，第 17 页。
⑤ 〔美〕罗兰·巴特：《明室》，赵克非译，文化艺术出版社，2003。
⑥ David MacDougall, "The Visual in Anthropology," in *Rethinking Visual Anthropology*, Marcus Banks and Howard Morphy, eds. , London: New Haven Press, 1997, pp. 276 - 295.
⑦ Jay Ruby, "Is an Ethnographic Film a Filmic Ethnography?" *Studies in the Anthropology of Visual Communication*, 2（1975）：104 - 111.

词—句子"的书写人类学传统思维向基于"形象—序列"的人类学思维的转变。① 影视人类学不是对书面人类学的简单替代，必须树立有利于人类学整体发展的另类客体和方法论。② 麦克道格认为视觉媒体可以采用"暗示、形象共鸣、认同和视觉的转换"等影像叙事策略，并以此建构影视人类学的知识基础。"用伯特兰·罗素（Bertrand Russell）的话来说，视觉媒体使人能够用'熟知'而不是描述的形式建构知识。细节能被详尽地表现而不会因概括而牺牲，就好像用文字组织诗歌一样，电影能够抓住一个完整的文化背景，而不会使之支离破碎。隐喻几乎总是存在的，它用感情、行动和思维把环境与对象连接起来。这样，视觉媒体提供了感知别人的途径，它不像纯粹的文字表达，需要'心理的或动觉的'以及解释的种种反应。"③ 相对于书写民族志，影像民族志更具开放的特性。超乎作者设计之外的非理性、无逻辑的莫名感动也会引起观者的共鸣。某一场景或文化碎片甚至一个表情也会产生"激发"观众的作用。应用性的禁毒示范片《虎日》④ 使用了叙述性认同和描述的现实主义策略，通过一系列丰富的文化仪式场景来解释历史文化资本如何在当下场景中被激活以及其中所渗透的各种文化力量。其中，影视语言通过隐喻、共鸣、认同和视觉的转换，即用人们通常熟知的方式建构知识体系。因此，视觉媒体提供了感知别人的途径。2002 年 6 月至 7 月，《虎日》在丽江地区电视台连续播放了一个星期，在公众中收到了意想不到的禁毒戒毒宣传效果。彝族同胞尤其激动，有的甚至落下了眼泪。⑤

当然，不同于语言文本认知表征体系长于同质性描述，视觉认知和表征系统擅长于异质性表达。麦奎尔（Scott McQuire）和卢瑞（Celia Lury）不仅把照片当作特殊社会文化环境的产物，也作为一种改变理解和观看方式的力量。麦奎尔强调影像的混杂性和模糊性，认为它是主体性和客体性的共同表现。这也是 20 世纪 70 年代人类学家面对影像时难以取舍的矛盾心态所在。⑥ 卢瑞认为影像不仅牵涉民族志实践和现代性话语，也涉及我们对于作为民族志主体的个体理解。卢瑞指出，"照片不仅是再现，也教

① David MacDougall, "The Visual in Anthropology," in *Rethinking Visual Anthropology*, Marcus Banks and Howard Morphy, eds., London: New Haven Press, 1997, p. 292.

② 戴维·麦克道尔：《影视人类学——人类学的扩展》，胡鸿保、姜振华译，《南阳师范学院学报》（社会科学版）2003 年第 8 期。

③ Paul Henley：《民族志电影：技术，实践和人类学理论》，吕卓红译，载《人类学经典导读》，中国人民大学出版社，2008。

④ David MacDougall, "The Visual in Anthropology," in *Rethinking Visual Anthropology*, Marcus Banks and Howard Morphy, eds., London: New Haven Press, 1997.

⑤ 庄孔韶：《"虎日"的人类学发现与实践——兼论〈虎日〉影视人类学片的应用新方向》，《广西民族研究》2005 年第 2 期。

⑥ Sarah Pink, *Doing Visual Anthropology: Images, Media and Representation in Research*, London: SAGE Publications, 2001, p. 13.

导我们观看的方法"，并且这种观看方法也转变了当代人的自我理解。[①]

默会知识与跨文化影像阐释

传统实证主义将知识看成静态的、客观的，认为知识都是明确的、可表达的。相对于显性、科学逻辑性知识而言，人类社会还存在一种只可意会不可言传的知识，是一种经常使用却又不能通过语言文字符号予以清晰表达或直接传递的知识，这就是迈克尔·波兰尼（Micheal Polanyi）在其《个体知识》中提出的"默会的知识"。[②] 波兰尼指出，默会知识本质上是一种理解力，是一种领会、把握经验，重组经验的能力。默会知识存在于实践之中，它与个性、经验以及所处的情景交织在一起，只能在行动中展现并被觉察、被意会。默会知识具有难以捉摸、含糊不清、不易保存、传递、掌握和分享等特点。同时，波兰尼主张"默会向度的优先性原则"，认为"所有的知识不是默会知识就是根植于默会知识"，我们无法找到一种在默会知识之外的知识。

人们生活的意义世界以共识性、情境性存在于共享知识群体之中，并成为群体成员互动、沟通、交往的前提。对生活世界的默会知识的认识促使人类学对于社会文化行为深描诠释时需要洞察对行动者而言心照不宣的普遍意涵。这就要求在逻辑主义的实证研究之外，人类学的田野研究方法将涉及"默会认知"。从而实现人类学"对于文化的分析不是一种寻求规律的实验科学，而是一种探求意义的解释科学"[③]。对此，人类学家格尔茨（Cliffard Geertz）提出了深描阐释方法。深描基于对文化的仔细描述以呈现不同文化情境下的意义差异性。"人类学的特有之处是挖掘带有文化底色的人性本质，那些情感、象征、隐喻、自觉、信仰等人类特性并非完全能由科学所解释。"[④] 在这一方面，人类学的影像方法有其独特的作用。彼得·罗伊佐斯（Peter Loizos）认为："影视作为一种研究手段……它使得田野调查更加方便，践行格尔茨所主张的'深描'，可以呈现语言、语气以及生动的面部表情，甚至是人类学家与报道人之间难以捉摸的关系，这些都是人类学家通过书写所无法完全表现的内容。"[⑤] 民族志影片的深描可以通过影片的丰富文化脉络（context - enrichment）方式实现。首先，民族志影片的镜头自身包含了书写民族志所忽略或难以言说的文化信息。影像的视听手段拾取了丰富的实证知识之外的内容，比如活动的氛围、谈话的语境等。这些通过镜头呈现的信息也

① Sarah Pink, *Doing Visual Anthropology: Images, Media and Representation in Research*, London: SAGE Publications, 2001, p. 13.

② 〔英〕波兰尼:《个人知识》，许泽民译，贵州人民出版社，2000。

③ 〔美〕克利福德·格尔茨:《文化的解释》，韩莉译，译林出版社，1999，p. 5.

④ 庄孔韶:《影视影像摄制的人类学研究定位》，载《影视人类学国际学术讨论会（北京）论文集》，四川民族出版社，1998，第 151~152 页。

⑤ Peter Loizos, "Admissible Evidence? Film in Anthropology," in Peter Ian Crawford and David Turton, eds., *Film as Ethnography*, Manchester: Manchester University Press, 1992, pp. 60 - 61.

是人类学文化深描的重要信息。其次，影像民族志制作者也可以通过画面安排、镜头运用、剪辑手法等来表现行动者、事件、环境等不同内容，并对意义进行深入文化的阐释和分析。

此外，大卫·麦克道格指出影像的跨文化能力，即通过影像所揭示的人类共同的经验，跨越文化藩篱。他认为，"影像能揭示社会成员的生活经验，而田野工作者的亲身体验（包括视觉感受与看到的事物）也往往走在人类学的叙述之前。在此，影像的表达如同波兰尼所言，是一种默会知识——即我们对于知道的事情（主体的'样貌'）多于'我们能说的'"。① 并且，由于影视人类学的跨学科性使得影像具有超越学科限制的能力，民族志影片描述的世界包括了"物理的、社会的与美学的相互交织，甚至连社会互动与其展演也在其中"。影像的这种特质让其在文化阐释和展现上有着流动性和多样性色彩。因此，麦克道格将民族志电影作为一种跨文化的产物。所谓跨文化有两种含义：一是真正跨越文化的界限，了解和体认另一种文化；二是否认这种界限的存在（所谓跨文化，即超越文化的限制，横跨文化的疆界）。文化的界限会因人们与陌生的异文化建立起来的文化感情纽带而消失。② 因此影像研究方法的跨文化特色表明联结自我与他人的跨主体的意识，也表明不同文化群体之间能够借此联结彼此的共同经验。

非语言社会行为研究的影像认知

早在 1974 年，茹比和查尔芬专门就指出影视人类学方法在人类学对于人类非语言交流形式的研究方面，包括收集和分析的影视技术以及影视媒体展现等方面具有特殊价值。③ 随着影像技术的发展，人类学家可以进行非语言交流的复杂分析。例如，他们使用摄像来检验社会互动中的非语言文化暗示，包括互动者的距离、姿势、面部表情、眼神交流等确定交流信息。比如艾伯特·E. 谢弗伦（Albert E. Scheflen）和亚当·肯顿（Adam Kendon）分析录像记录以讨论区域安排与人类行为之间关系。人类学家马文·哈里斯（Marvin Harns）也对人类学研究中使用录像技术感兴趣，他在纽约进行了一项关于两种文化家庭形式尤其是家庭的权力结构研究，并使用关于家庭日常活动的录像记录进行分析。④ 影像方法可以在以下几个方面运用于人类学等行为学科：允许以延长的时间方法记录自然环境下的复杂行为；专业化训练使得影像可以达到科学的严密性，

---

① 大卫·马杜格：《迈向跨文化电影：大卫·马杜格的影像实践》，李惠芳、黄燕祺译，台北麦田出版，2006，第 8 页。

② 大卫·马杜格：《迈向跨文化电影：大卫·马杜格的影像实践》，李惠芳、黄燕祺译，台北麦田出版，2006，第 8、327 ~ 369 页。

③ Sarah Pink, *The Future of Visual Anthropology*: *Engaging the Sense*, London and New York：Routledge, 2006.

④ 〔美〕保罗·霍金斯：《影视人类学原理》，王筑生等译，云南大学出版社，2001，第 232 ~ 233 页。

为后来研究保留观察活动的机会，提高研究的质量和可信度；借助影像，各方研究参与者（研究对象、研究人员、观看者）可以互相激发进一步阐述的范围；影像可以建立抽象概念以及推断结果。[①] 约翰·考利尔和麦尔孔·考利尔指出："对社会程序和社会事件的影像记录能够给我们提供社会互动、社会结构关系的形式及其动力结构的视界。在这样的记录过程中照相机的价值在于它能够即时地捕捉到这些程序的细节，把它们完好封存起来以待后来对其不同主体内涵之间的关系进行缜密定义和研究。而这些隐含其间的内在关系如没有这种（机器）的有效记录和观察，往往会逃离我们的感知世界。"[②] 因此，影视研究方法可在交流行为、空间关系、姿势等跨文化研究等传统研究领域，推进对空间、行为、表情等可视文化事项的深入研究。

另外，人类学开始对非传统议题，包括身体的现象学、经验、感觉、情绪等非语言事项产生浓厚的兴趣。影视手法通过感觉、情感、象征、隐喻以及认知时空转换（包括熟悉与陌生的转换），成为人类学研究非语言行为的另一重要途径。莎拉·平克（Sarah Pink）提出了人类学应该重视对视觉经验、知识和图像的研究，原因是它们与其他感官经验、知识和表现手法之间存在十分重要而微妙的关系。[③] 麦克道格影片在对杜恩学校的研究中探讨了视觉和触觉之间关系。1989 年，斯托勒（Stoller）和奥克斯（Cheryl Olkes）在《民族志事物的味道》（*The Taste of Ethnographic Things*）中指出民族志学者可从他们自身在田野调查中的感官经验来获得知识。豪斯曾抱怨人类学过于强调文本地位压抑了人类学对感觉的兴趣。他认为 20 世纪 80 年代所谓后现代民族志批判，其对于文本的反思反而进一步将人们的注意力从感觉经验转移。他指出人类学本可以更多地依靠身体和感觉的体验，代替那些对撰写类型的操弄。人类学家也开始从事更加广泛的研究，包括身体、现象学和经验问题的研究。1997 年，斯托勒的实验民族志作品《感觉的学问》（*Sensuous Scholarship*）专门关注感觉所体现的经验，探索如何在书写文本中表现出这种自我反思性的新方法。斯托勒认为影视作品为我们提供了另一种表现感觉经验及其特征的手段，与文字相比，它能告诉我们很多新的东西，并且具有打开"直接通往中枢神经的大门"，在"观众和社会行动者之间创造出了各种心理和身体主体间性的形式"。不过，与此同时，他也指出了声音和视频媒介在表现感觉经验上存在的不足。同样，平克也认为单纯电影或录像还不足以表现复杂的人类感觉经验，提出需要从理论和民族志两个层面继续探索，把文字和视觉影像结合起来表现感觉经验，制作出多媒体文本，同时运用隐喻和逻辑推理来从人类学的角度分析感觉经验、知识和记忆。她指出："摄像机是一种更加适合表现感觉的研究方法。但是，不

① 〔美〕保罗·霍金斯：《影视人类学原理》，王筑生等译，云南大学出版社，2001，第 221～222 页。
② 王海龙：《人类学电影》，上海文艺出版社，2002，第 171 页。
③ Sarah Pink, *The Future of Visual Anthropology*: *Engaging the Sense*, London and New York: Routledge, 2006.

管是直接观察、如实记录一种文化演出，还是通过访谈，与被访者互动来制作影片，当用视频来呈现感觉经验（民族志纪录片）时，我们都会同时依靠视觉隐喻、声音和语言表述来呈现感觉和情绪经验。"①

此外，影像方法在展现其他非语言的视觉情感方面有其独特的优势。胡台丽在影片《爱恋排湾笛》② 中实践了被摄文化主体的美学感觉如何在影片中呈现的问题。她在拍摄时考虑了排湾文化与影像美学的关系，即排湾族人对影像是否有其独特的美学观。在前期的调查中，她发现排湾族人对于服饰和影像的确有特殊的偏好。胡台丽认为他们喜欢看舞会中的盛装，因为服饰的纹样有着丰富的意义，是极重要的文化表征与展演特色，他们看影像是在看对他们有意义的符号。他们喜欢以理想的方式装扮与演出。特殊的美学观使得他们对于照相和录像极为偏爱。而此美学观是深植在排湾族人的传说与传统纹饰所蕴含的哀思情感与美感之中。③

知识分享与主张中的影像表达

法国杰出的影视人类学家让·鲁什（Jean Rouch）从 20 世纪初的两位先驱吉加·维尔托夫（Dziga Vertov）和弗莱贺提（Robert Flaherty）的思想之中汲取灵感。从维尔托夫那里让·鲁什看到了摄影机的力量：通过它可以到达研究对象的内心世界。"维尔托夫的'电影眼'是有生命的摄影机，摄制影片者要随摄影机进入'电影恍惚状态'（cine‐trance），他不再只是他自己，而是一个机械眼伴随着一个电子耳，真正地进入被摄对象的世界。"④ 而这正是他所追求的并非客观的"真实"而是经过摄制者主观选取的"真实"。让·鲁什从拉哈迪的影片中学习到了以摄影机与拍摄对象互动和分享的经验，从而开启了"分享人类学"的大门，使影视人类学有可能成为影响人类学理论和思想的一门学问。这两个思想的结晶是《夏日纪事》。影片反映了法国人在阿尔及利亚独立战争时的思想和心理状态。影片的第一部分是作者大胆地"介入"并积极参加拍摄对象的讨论，从而揭露巴黎市民平时不宜显露的内心世界；第二部分则是作者将素材放给拍摄对象看，与拍摄对象讨论和评估影片的镜头；第三部分是作者在巴黎的博物馆面前向人们介绍影片的镜头。该片不仅将巴黎市民内心的心态和想法表现得淋漓尽致，而且开辟了与拍摄对象分享影片和共享沟通欢乐的新天地。这些思想在他较

---

① Sarah Pink, *The Future of Visual Anthropology*: *Engaging the Sense*, London and New York: Routledge, 2006, pp. 41 – 59.

② 大卫·马杜格:《迈向跨文化电影：大卫·马杜格的影像实践》，李惠芳、黄燕祺译，台北麦田出版，2006.

③ 胡台丽:《笛的哀思：排湾族情感与美感初探》，载胡台丽、许木柱、叶光辉主编《情感、情绪与文化：台湾社会的文化心理研究》，台北中研院民族学研究所，2002，第 49～85 页。

④ 胡台丽:《民族志电影之投影：兼论台湾人类学影像实验》，《中央研究院民族学研究所集刊》，1991：(71)，189.

早的一部作品《疯狂主人》中也有所体现。"《疯狂主人》一片包含鲁什拍摄与旁白时无意识心灵运作的面相，将多种元素并置，产生令人惶惑的综合体，也因此刺激新的思想，向'真实'与'理性'挑战。"① 无形的社会关系都包含于视觉之中。总之，让·鲁什的影片已经超越了认定"客观""真实"的单向度把握，摆脱了"科学"的束缚，肯定了人类学家以影视手段对文化建构的作用以及表现了人类学家、摄影师共同对人性、伦理、价值、政治、权力的关注②，达成分享、人性的人类学的理想。

"我们误以为它就是真相，结果发现只不过是另一种影像。"③ 胡台丽感于民族志电影的现状，同时在让·鲁什"分享人类学"的思想影响下，她投身于台湾影视人类学的新实践。她与胡道明一同拍摄了《兰屿观点》一片，体现了他们的拍摄主张，进行了"多面向"成功实践。从此，"兰屿观点"不仅仅是片名，而且成为一种拍摄主张。④ 并且，她与其他人的合作成果沉浸于当地人的观点和互动之中。在影片的叙事上，尝试了融于拍摄事物的节奏，如在《矮人祭之歌》中影片的形式特点与祭歌交相呼应，"展现了赛夏族人与矮人之间错综复杂的情感联系，以及透过矮人祭整合涤清内部以化解族群危机的努力"⑤，并成功地促使和刺激当地人思考与反省。

影像行动的力量：研究的深入与反馈

人类学能够对社会有用的期望与人类学本身的历史一样久远。⑥ 人类学知识被广泛运用于公共卫生、医学、营养学、法医学、商业、扶贫等诸多领域，产生了积极影响。影像所具有的参与性、公共性，使之可被运用于应用和行动领域。早在殖民地时期，电影就被运用于应用人类学领域，成为殖民地电影的起源。⑦ 此后，人类学家罗宾森（Soctt S. Robinson）和学生用人类学影片记录墨西哥南部一个大型水力发电水库的建造过程，从影片制作到主张关注即将被淹没的良田和家园的农民处境，将参与观察结合影视记录，并最终走向权力主张。⑧ 影像参与人类学应用展现了影像方法在参与性动员和社会干预方面的实践。如查尔芬从 20 世纪 70 年代开始应用影视人类学从事健康方面

---

① 胡台丽：《民族志电影之投影：兼论台湾人类学影像实验》，《中央研究院民族学研究所集刊》，1991：（71），190。

② 庄孔韶：《文化与性灵》，湖北教育出版社，2001，第 126 页。

③ 胡台丽：《民族志电影之投影：兼论台湾人类学影像实验》，《中央研究院民族学研究所集刊》，1991：（71）。

④ 张江华、李德君等：《影视人类学概论》，社会科学文献出版社，2000，第 226 页。

⑤ 胡台丽：《民族志电影之投影：兼论台湾人类学影像实验》，《中央研究院民族学研究所集刊》，1991：（71），198。

⑥ R. Firth, "Engagement and Detachment: Reflections on Applying Social Anthropology to Social Affairs," *Human Organization*, 40 (1981): 193 – 201.

⑦ 〔美〕保罗·霍金斯：《影视人类学原理》，王筑生等编译，云南大学出版社，2001，第 11 页。

⑧ Michael C. Howard：《文化人类学》，李茂兴、蓝美华译，台北弘智文化事业有限公司，1997，第 663 页。

的研究。一方面，影视人类学实践过程及其成果具有形成舆论的潜能，这种潜能可以引导社会干预；另一方面，随着影视媒体和技术的普及，人类学影像方法跨越学科限制，运用到学术界之外的公共部门、工业和非政府组织以及其他社区活动项目。在中国，人类学家应用影视方式积极涉入公共卫生、扶贫、环境保护、教育改革、乡村发展以及文化遗产保护等应用研究项目。

影视人类学家平克的研究表明在商业、非政府组织、公共部门和社区基础上的影视创新应用并不是简单来自人类学的应用研究做出的努力。应用的和学术的影视人类学之间存在重大的不同，它们有不同的大纲、目标和方法论，但也有着相同点：首要的是，它们都采用人类学的理论，尽管某些方法论实践存在必然的差异，它们都倾向于基于同样的原则（如自我反思、合作和参与）。尤其要指出的是，就像学院派影视人类学家一样，从事应用研究的人们也在忙着研究和交流关于他者的经验。影视人类学具备了更为公众的形象，担负起我们被赋予的责任，促进公共人类学的发展，对公众关注的议题进行评论和干预。[1]

具体而言，影像方法在人类学行动计划中有着以下几方面的运用：①文化记录和保存。伴随着人类大型基本建设而从事地方文化保护性行动，影像方法（包括照片、摄像、多媒体技术）可以为保存和展示社会文化变迁过程提供重要的方法。庄孔韶研究团队以影视、影像手段设计三峡文化遗产保护的记录和保存，"其中，文化遗产资料的存档、办博物馆和出版社刊、砖头影集、录像带和视频光盘，将是三峡中华文化遗产保护的几类重要成果形式"[2]。为此，项目小组规划了30部涉及民族民俗文物、传统生活方式、技艺、工艺过程和文化展示等方面的录像片计划，可惜后来由于三峡文物保护资金未能到位而没有进行。[3] ②影像赋权和行动。20世纪70年代后期以来，"原住民影像运动"在全球范围内开展，原住民影像运动通过由原住民自己拍摄制作社区影像的方式获得了表达自身文化观点、立场的机会，并由此主张自己的各项权利。③影像社会干预即通过影像来达到影响、改变特定人群的目标。庄孔韶等人完成的"虎日"彝族的戒毒仪式影视作品《虎日》通过人类学家切入原本属于自然科学的医学领域，利用文化的力量战胜"吸毒"这种生物成瘾性，从而解决当地吸毒和艾滋病蔓延问题。该片通过一系列丰富的文化仪式场景来解释历史文化资本如何被激活以及其中所渗透的各种文化力量，从而达到扩大受益者的目的。因此，他认为在提升参与者，"激活"传统文化，并"唤起"观者的意义之火时，视觉展现出了独特魅力，这必然

① Sarah Pink, *The Future of Visual Anthropology: Engaging the Sense*, London and New York: Routledge, 2006.
② 庄孔韶：《文化与性灵》，湖北教育出版社，2001，第59页。
③ 庄孔韶：《文化与性灵》，湖北教育出版社，2001，第59页。

导致我们对视觉表现倾以更大热情和关注。① 此后，该项目团队还制作了一系列关于公共卫生项目及艾滋病防治方面的影片。这样视觉方式被纳入人类学的应用范畴之中，体现了人类学的行动原则。此外，亦有制作扶贫纪录片的实践，如森·罗斯曼制作反映非洲艾滋孤儿的影片《密不可分》（*I Am Because We Are*）②，用以呼吁和引发社会广泛关注和积极参与。④影像社会行动。如日本纪录片工作者小川绅介影片所拍摄的反映成田机场土地征收与农民的抗争的影片，英国著名的电影关于劳工议题，运用影像述说各地劳工不公平待遇。此外，台湾亦有诸如《贡寮，你好吗？》等环境运动纪录片尝试，影片除了扮演着沟通社会运动与一般民众之间桥梁的角色之外，也将摄影机这样一种具有侵略性的工具，转变为一个温柔革命的武器。③

小　结

影视方法正在持续广泛运用于人类学和其他社会科学研究。受益于新媒体普及和人类学界对影视认识程度加深，越来越多的人类学家带着照相机和摄像机奔赴田野，尝试新的阐释和描绘尝试。影像民族志不仅仅是一种人类学研究手段和载体，更是一种研究文化的方法。一方面，原来习惯于文字书写的人类学家在自己田野研究中普遍使用影视方法和媒介，开始寻找将图像和文本结合起来的各种途径。而且，越来越多的人类学家意识到影视表现长于传递一些人类经验并将观众"带回"田野现场。因此，人类学在经验、感觉和现象学等研究中更加关注影视方法所发挥的积极作用。另一方面，影视作为一种合作式的知识生产过程为人类学提供更多的可能性。影像不仅包括图画、摄影、摄像、电影，也包括艺术、超媒体、多媒体等新影视。同时，影像不仅是创新资料的媒介，也是重要的研究对象。平克提出了影视人类学所处的一系列相互联系的关键背景：影视民族志的研究和展示被广泛地应用于跨越社会人文学科的"影视"分支学科；主流人类学新的理论需求和转型使影视手段作为方法论和分析对象已获得学界的认可；重新评价图像和作品所完美展现出来的人类经验，以及借由感觉人类学的新进展对视觉和其他感觉之间的关系进行分析；数字录像和超媒体技术为影视人类学家开拓新的实践空间；影视研究和展示手法也越来越多地运用于应用人类学领域。④ 影像——观看方式作为人类理解世界的重要方式，既不是对文字系统的模仿，也不是对它的简单替代。从而，影像民族志作为一种人类学研究方法，对于文化异质性

---

① 庄孔韶：《"虎日"的人类学发现与实践——兼论〈虎日〉影视人类学片的应用新方向》，《广西民族研究》2005 年第 2 期。

② 周野：《扶贫纪录片创作方法探究》，《中国电视记录》2012 年第 5 期。

③ 郭玉敏：《贡寮，你好吗？一部纪录反核运动的纪录片》，《文化窗口》2005 年 5 月号。

④ Sarah Pink, *The Future of Visual Anthropology*: *Engaging the Sense*, London and New York: Routledge, 2006.

的表述，默会知识与跨文化影像阐述、非语言社会行为影像认知、人类学知识的分享与主张以及社会行动等诸方面有其自身独特的作用。作为人类学的一种研究方法影像民族志需要更多的学者去进一步思考影像与田野经验、理解、知识之间的关系，去探索如何实现民族志知识形象化传达，制作真正的人类学影片。

Ethnographic Film: The Knowledge Production and Practice in Anthropology

Abstract: Nowadays, the visual method has been applied in the research of Anthropology and other social sciences even more extensively and profoundly than ever before. Ethnographic film is used not only as a tool to record and describe cultures, but as an important means for man to comprehend the world. This paper discusses the role and practice of ethnographic film in expressing heterogeneity, interpreting tacit knowledge, realizing transcultural communication, studying non – verbal social action and sharing knowledge, as well as its application in Action Anthropology.

Keywords: Ethnographic Film   Visual Method   Anthropological Knowledge

原载于《西南民族大学学报》（人文社会科学版）2016 年第 11 期

时空视野下的人类学民族学田野工作

马 爽

摘 要 中国人类学民族学经过百年来的发展，各地学者在中国各民族地区开展了长期而艰苦的田野调查工作，文章认为只有在厘清不同时间维度和空间维度的田野调查情况的条件下才能进行全面的实证研究。在网络地理信息系统技术的支持下，以时空的视角研究中国人类学民族学田野调查状况，实现从宏观到微观、从历史到现实角度全面反映中国人类学、民族学田野工作脉络。文章在分析田野调查工作的信息组织模式的基础上，设计并实现了人类学民族学田野调查网络地理信息系统，通过联合国内外相关科研教学单位，长期收集整合学者的田野调查工作信息及成果，为国内外学者打造了开放式的田野调查研究共享平台。

关键词 人类学民族学 田野调查 地理信息系统 Google Maps API

从 1895 年严复的汉译本《天演论》在中国问世之日算起，民族学传入中国已经有了 100 多年的历史。从 1928 年开始，中央研究院社会科学研究所和历史语言研究所已开始系统地开展中国社会的实地调查。新中国成立后，由毛泽东主席倡议的中国少数民族社会历史调查从 1956 年开始至 1964 年结束，是中国历史上第一次有组织有计划的全国少数民族社会历史状况的科学调查，而新中国的民族研究事业，正是在那次史无前例的大规模民族调查过程中建立和发展起来的。从 20 世纪 90 年代起，中国大陆改革开放以后的快速发展所带来的各种社会问题大量涌现。政府和社会对民族学、人类学的研究更加重视，民族学界也积极参与到中国当前各种社会问题的调查研究中，获得了更快的发展。类似这种研究者深入实际或现场作系统的调查研究，从而获得第一手资料的方法，叫作田野调查方法，也可称为实地调查或现场调查。这种方法不仅是民族学的重要研究方法，也是许多学科所共同采用的方法。

一 人类学民族学田野调查工作存在的问题

中国人类学民族学经过百年来的发展，各地学者在我国各民族地区开展了长期而艰苦的田野调查工作，但是在田野调查准备阶段的资料采集工作、田野调查过程中的资料保存工作以及田野调查结束后的资料分析工作中由于种种限制均有些弊端或不便之处，以下分述之。

第一，大部分的田野调查工作是手工进行记录和整理，尚未实现数字化共享，各单位所记录的数据相对独立，导致同一田野调查点的不同调查项目进行了大量重复的基础性田野调查工作，造成时间和资源上的巨大浪费。而当研究人员试图查询某田野调查点的信息时，由于手工记录的纸质资料易丢失、过于繁杂且不利于长久保存，所以相关信息的留存和获取工作极为困难。因此，建立基于互联网的中国人类学民族学田野调查系统平台，提供便捷的中国民族学人类学田野工作数据采集、共享与查询功能，对田野工作者获取和保存田野调查资料工作来说是一个新思路和新方法。

第二，调查者的个人经验、语言掌握情况等诸多个体差异，以及自身与被调查者之间存在的各种复杂而微妙的互动关系，会对田野调查结果的表述造成一定偏差。因此，应建立统一的田野调查数据标准采集模型，尽量避免上述情况引起的结果偏差，以确保系统描述的客观真理性。

第三，百余年来，学术界已经积累了不少的经验，国内外人类学的回访研究也渐渐多起来，相信今后这类回访研究会更多，因为数代人类学家走过的田野点不计其数。在时间上和空间上经历过一个和多个巨大社会变故地点的回访工作，似乎更具有一些特定的意义。① 传统的田野跟踪调查工作的回访时间较为分散，历次调查的资料获取和对比分析方式耗时耗力。本文设想可以利用计算机技术实现对同一个田野调查点在不同时间点的历次调查数据进行定量对比分析研究，节省调查者的时间，使研究人员的精力放在定性研究上。

第四，中国共建立了 155 个民族区域自治地方，其中包括 5 个自治区、30 个自治州、120 个自治县（旗）。民族区域自治地方占我国总土地面积的 64%，人类学民族学田野工作具有分布地域广阔，空间地理特征鲜明的特点，采用地理信息技术以地图的方式汇总、展示中国人类学民族学田野调查状况，将使田野调查信息的共享和查询更加形象直观方便。研究人员还可以根据不同专题如人口、丧葬、曲艺、重点文物保护单位、语言、文化、建筑等地域分布直观的进行多种专题分析。

---

① 庄孔韶等：《时空穿行——中国乡村人类学世纪回访》，中国人民大学出版社，2004，第 490~493 页。

二 地理信息系统技术概述

随着计算机技术的迅速发展，地理信息系统（Geographic Information System，GIS）技术日趋成熟，应用领域也不断扩大和深入，凡使用到地图和需要处理空间数据的领域，都可以借助 GIS 技术，迅速、及时、准确地处理大量空间信息，并进行多要素综合分析和决策。

在因特网（Internet）迅速发展的今天，因特网与 GIS 结合的网络地理信息系统（Web GIS），成为 GIS 应用开发的主流。Web GIS 是在网络环境下的一种存储、处理和分析地理信息的计算机系统，它将 Web 信息服务与 GIS 技术相结合，基于因特网平台实现互联网环境下的空间信息管理、查询、分析等功能。从因特网任意一个节点，因特网用户可浏览 Web GIS 网站中的地理空间数据、制作专题图，以及进行各种地理空间检索和地理空间分析。Web GIS 有如下一些特点：全球化、网络化，方便使用，可视化，地图及信息的实时动态更新，基于 HTTP 协议的 B/S 模式的分布式 GIS 系统等，这些技术特点和优势让 Web GIS 给更多用户提供了使用 GIS 的机会。

三 GIS 在人类学民族学的应用现状

（一）GIS 在人类学民族学应用的国内研究

GIS 在国内人文社会科学方面已有了一定的应用，通过就 GIS 技术在国内人文社会科学中（包括旅游、经济、民族学、考古、历史等方面）的应用进行的调查来看，GIS 在人文社会科学中应用的学科分布不平衡，应用领域主要集中在旅游，而在民族学、考古学方面的研究寥寥可数，可见，基于 GIS 的人类学民族学方面的应用仍在起步阶段。

国内人类学民族学的 GIS 应用研究可以追溯到 2003 年，中国社会科学院民族学与人类学研究所郑玉玲（2003）[1] 利用 MapInfo 开发了单机版的基于 GIS 的民族多媒体信息系统，实现了中国少数民族及语言的全国分布图、历史疆域变迁图的多媒体展示及查询。近年来，关于 GIS 在人类学民族学方面的应用主要有以下一些实践：文化部民族民间文艺发展中心开发的"中国民族民间文化重要品种空间信息数据库"（2011）[2]，将中国民族民间文化资源与 GIS 技术相结合，利用田野调查过程中获取的 GPS 信息、照片资料、文献资料、文化遗产及景观等数据按照元数据的规范进行汇集与整理，构建了历史文化的地理空间数据库；中国藏学研究中心，中国测绘科学研究院和北京理

---

[1] 郑玉玲：《民族多媒体信息系统及其语言数据》，《民族语文》2003 年第 6 期，第 25～27 页。

[2] 李明、张刚：《中国民族民间文化重要品种空间信息数据库整编技术及实现方法》，《青海社会科学》2011 年第 4 期，第 148～152 页。

工大学共同建设的西藏地区寺庙管理三维地理信息系统（2011）①，该系统整合了拉萨市所有寺庙的地理分布、僧侣信息以及宗教活动、宗教文物等寺庙相关信息，并且在此基础上建立了寺院资源地理信息数据库。

中国社会科学院已开展了一些应用 GIS 技术于人类学民族学的项目。如在人类学分支领域考古学中，中国社会科学院考古研究所研发的田野考古 GIS 数据采集软件（2011）② 实现了实时对田野考古发掘中出现的遗迹和现象进行测绘及成图；又如中国社会科学综合地理信息服务平台（2008）③，该系统建设目标旨在基于 Web GIS 技术建立应用于人文社会科学的地理信息系统，以促进数据整合，探索大规模空间网络信息系统的建立和运作模式。

由此可见，GIS 技术在国内人类学民族学领域的应用虽然不多，但还是有不少科研单位在人类学民族学的不同分支领域（如民俗文化、宗教、考古）中进行了探索。主要应用包括：基于地图的人文现象的可视化展示和管理、田野调查空间地理信息的采集，以及基于空间分析的人文科学研究等。

（二）GIS 在人类学民族学应用的国外研究

国外 GIS 技术应用于民族学人类学领域的研究近十年来不断发展，研究主要包括以下几个方面。

在民俗研究方面，Amanda McMullan 在 "Roomto Rhyme" 项目中将 GIS 与民俗学相结合，利用 GIS 软件 Arc View 对 1900～1965 年北爱尔兰的 Sligo、Leitrim 等六个县的所有假面哑剧表演进行地理信息标记④，将过去和现在的地理分布及表演传统方面的变化做出了对比分析；在女性地理学研究方面，Mei - Po Kwan 在女性主义地理学研究⑤中将 GIS 技术与时间地理学、行为地理学等传统人文地理研究的理论与思想相结合，建立了活动密度图，更好地认识和利用了城市空间；在民族志研究方面，Jim Detwiler 在美国宾夕法尼亚州立大学的一个项目中提出了将 GIS 应用于民族志研究，并由此开发了可视化的民族志 GIS 应用系统。⑥

---

① 西藏地区寺庙管理地理信息系统建成．［2012 - 6 - 25］．http://news. cntv. cn/20110303/100238. shtml.

② 刘建国：《三维 GIS 技术支持的考古研究与遗址展示》，2011 第九届（2011）两岸三院信息技术与应用交流研讨会，2011：246 - 249。

③ 徐昂、杨东娴：《数据共享与学科交叉研究——浅析社科领域的 GIS 系统应用》，《地理信息世界》2011 年第 1 期，第 28～34 页。

④ Amanda McMullan, "Exploring the Irish Mumming Tradition with GIS," in Gregory John Ashworth, Brian J. Graham, *Senses of Place: Senses of Time*, England: Ashgate Publishing Limited, 2005, pp. 73 - 84.

⑤ Mei - Po Kwan, "Feminist Visualization: Re - Envisioning GIS as a Method in Feminist Geographic Research," *Annals of the Association of American Geographers*, 2002, 92（4）: 645 - 661.

⑥ Jim Detwiler, Development of a Custom GIS Application for Viewing Ethnographic Data（ESRI User Conference Presentation, 2004）.

由此可见，国外 GIS 技术在人类学民族学领域中（如民俗研究、女权主义研究、民族志研究等）也有了一定应用，主要包括基于地图的人文现象的可视化展示和管理、空间地理信息的采集、基于空间分析的人文科学研究等。

从国内外人类学民族学的 GIS 应用研究来看，将 GIS 技术用于人类学民族学田野调查系统的开发，已有一定的实践基础，具有充分的可行性。

四 人类学民族学田野调查系统设计

基于 Web GIS 的人类学民族学田野调查信息系统旨在建立一个网络化的开放式的 Web GIS 数据库系统，在地理信息系统技术的支持下，以时空的视角研究中国人类学民族学田野调查状况，借鉴前人田野调查的研究成果，对中国人类学、民族学田野工作形成综观认识；为国内外学者提供一套较为完整的田野工作数据库，便于研究人员按照田野地理分布、研究主题等进行检索，并及时分享同行的进展与成果；力求通过一段时间的持续积累，实现从宏观到微观、从历史到现实角度全面反映中国人类学、民族学田野工作脉络。参与本数据库信息收集和建设工作的单位，可通过这一平台上传本单位的田野工作及相关成果，并通过与其他单位的田野工作信息共享，促进专业交流，提升教学科研工作水平，增强田野调查工作效率。

本系统的使用者包括来自从事民族学人类学研究的各科研教学单位的学者和学生。主要工作流程为田野工作者将自己参与的田野调查工作的相关信息输入到本系统中，供其他民族学人类学的专家学者和学生检索分享。各单位录入的田野调查数据由各单位设审核员对本单位数据进行校对、规范及审核。各单位采集的田野调查数据只有通过单位审核员审核后才能被其他学者浏览查询。

田野工作者需要输入的田野调查信息包括：田野调查地理空间信息、多媒体信息（图片、音频和视频等）、田野调查时间、工作内容、归属项目（如项目名称、项目资金来源类型、项目责任单位、项目主持人、参加人等）、田野调查人、田野调查项目研究的成果（包括图书、期刊或会议论文等）。这些田野调查信息的输入可以利用中国人类学民族学项目数据库、中国人类学民族学机构数据库、中国民族学人类学专家学者数据库和中国地名数据库进行规范和半自动化计算机辅助录入。系统输出内容包括：田野调查的文本信息和地图可视化展示，以及统计报表，专题查询等。

本系统分为 5 个子系统：数据库查询浏览子系统、项目填报子系统、单位数据管理子系统、数据维护子系统、系统管理子系统。

本系统数据库包括系统辅助数据库、空间数据库、属性数据库和多媒体数据库。系统辅助数据库为系统基础数据库，存储大量已有的资源数据辅助用户录入，并结合用户录入的信息补充修改进行数据库的维护；空间数据库存储和管理具有地理坐标信息的各空间实体在计算机中的抽象，如田野工作的地理位置信息；属性数据库存储和管理与空间数据相关联的属性信息以及其他业务信息，如田野工作项目信息、主持人信息、成果信息等；多媒体数据库存储和管理系统中与空间数据关联的音频、视频、图片等多媒体资料。本系统将所有数据统一存储在大型关系型数据库 SQL Server 中进行管理。

五　人类学民族学田野调查系统实现

（一）田野调查信息查询功能

田野调查信息查询功能可在系统中对全部田野调查数据进行基于 Web GIS 的地图检索，通过输入项目名称、田野点位置、主持人、项目描述等条件进行组合查询并且定位到地图，同时可以通过调整地图的位置和比例尺找到所需区域（地点）的田野调查项目。如用户希望找到云南省所有研究节日的田野项目，可在项目名称中输入关键词"节日"，田野点位置选择"云南"，查询结果为 12 个田野点，其中一个田野点信息如图 1 所示。

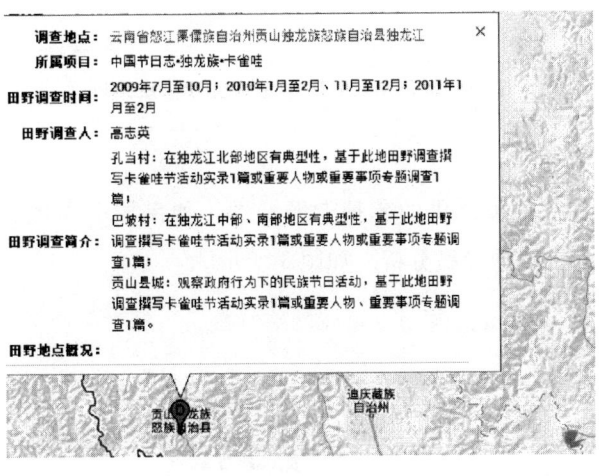

图 1　田野调查信息查询

（二）田野调查信息录入功能

田野调查信息采集包括田野调查项目信息、田野点信息、项目成果信息的录入。录入项目信息共采用 7 个辅助录入数据库，除中国行政区划数据库是与空间地理信息关联外，其余辅助数据库的实现方式均采用 Ajax 技术来实现。如在项目名称中输入"民族"将自动查询"中国人类学民族学项目数据库"中的相关项目，选择所需项目将自动获取所有项目信息。

田野调查信息录入功能中的田野点地理信息采集功能基于 Web GIS 实现，在田野点地理位置录入页面调入 Google Maps，提供用户直观方便地进行地理位置的查找和标注。用户在国外田野点的位置标注过程中可通过国家地区表选择国家或地区，系统根据用户选择的国家地区名自动在世界地图中定位到该国家或地区，用户在国内田野点的位置标注过程中可选择输入省区名、城市名、县区名（基于"中国行政区划数据库"辅助输入），系统根据地名自动定位到该区域的地图，然后用户可通过在地图上调整比例尺和位置，查找当时进行田野调查的具体位置进行准确标注，并可根据实际情况在地图和卫星两种视图中切换，同时系统将自动输出该标注地点的经纬度信息，实现基于地图的田野点可视化标注，如图 2 所示。

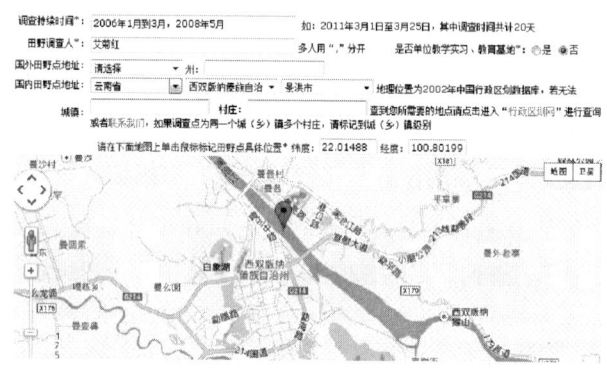

图 2 基于 WebGIS 的地理位置信息采集

（三）专题地图分析

研究人员可以根据系统提供的各种专题地图，如民族分布图、民族语言分布图、文化遗产图等进行多层次的专题分析。如图 3 所示。

图 3 文化遗产专题地图

六 总结与展望

本文在网络地理信息系统技术的支持下，以时空的视角研究中国人类学民族学田野调查状况，通过联合国内外相关科研教学单位，长期收集整合学者的田野调查工作信息及成果，为国内外学者打造了开放式的田野调查研究共享平台。现有来自 15 家人类学民族学相关科研院校的 63 位专家学者参与填报，已填报田野项目 96 个，田野点

116 个。系统的创新之处在于提供基于 Web 地图 "Google Maps" 的可视化田野点位置标注，可利用文本和地图两种方式进行查询，构建了 7 个基础数据库并采用 AJAX 技术实现快速辅助录入和数据规范，并且提供了各种专题地图已进行个性化研究。系统的特色之处在于基于地图的查询展示，以地图的方式综观性、可视化地展示了中国人类学、民族学田野工作状况，方便研究人员借鉴前人田野调查的研究成果，对中国人类学、民族学田野工作形成综观认识；为国内外学者提供一套较为完整的田野工作数据库，便于研究人员方便快捷地按照田野地理分布、研究主题等进行信息检索，并及时分享同行的进展与成果。本系统的开发建设，既对中国人类学民族学田野工作的发展有重要意义，又对 Web GIS 技术应用于民族学研究提供了一个新思路和方法，丰富了 Web GIS 技术在人类学民族学应用的实例和理论方法。

未来还将在以下几方面开展相关工作，例如运用更多的 Web GIS 地理空间分析功能进行田野工作的研究分析，以及结合 GPS 设备实现田野实地调查信息的实时采集和传输，结合遥感技术和云技术实现三维仿真的在线田野调查数据的采集和分析。

Design and Implement of Web GIS—based Anthropology and Ethnology Field Work System

Abstract：With in – depth development of the Internet technology and GIS（Geographical Information Systems）technology，Web GIS is now appearing as the main form of GIS applications. The Web GIS – based Anthropology and Ethnology Field Work System is developed to visually show the overview of Chinese anthropology and ethnology field work on the maps，and to provide a database platform for scholar that they can input their fieldwork data into database，and retrieval data through map or text retrival method，they also can share their achievement to each other. Now the Anthropology and Ethnology Field Work Database has 116 data items，which comes from 15 acadmic organizations. The system has achieved the expected goals.

Keywords：Anthropology & Ethnology　Field Work　Web GIS　Google Maps API

原载于《百色学院学报》2014 年第 3 期

宁夏回族自治区收入分配的民族差异及其变化

丁　赛

摘　要　本文依据 2006 年和 2011 年宁夏经济社会调查数据，对宁夏回族自治区农村、城镇家庭人均收入在回族与汉族之间的差异，汉族、回族内部收入差距以及 2006 年、2011 年的变动状况进行了分析研究。研究发现，宁夏农村、城市，以及农村和城市中的汉族和回族的收入差距在 2006～2011 年都明显扩大。利用基尼系数分解和泰尔指数分解后表明，农村汉族和回族居民的财产性收入和家庭经营净收入具有收入不平等的扩大效应。工资性收入和转移收入具有不平等的缩小效应。宁夏城镇中汉族和回族的工资性收入具有扩大家庭人均可支配收入不平等的效应。泰尔指数分解结果证实了宁夏城乡汉族和回族之间的收入差距对总的收入差距贡献非常小，汉族内部和回族内部的收入差距是形成宁夏城乡居民收入差距的主要原因。

关键词　回族　收入分配　民族差异　基尼系数　泰尔指数

经过 30 余年的改革开放，我国经济高速发展、城乡居民收入快速增长、人民生活水平显著提高。然而，收入差距却也呈现了全方位扩大的态势。不仅表现在城镇内部和农村内部，也表现在城乡之间和地区之间，更表现为全国范围内收入差距的持续攀升。[①] 十八大报告明确提出："要调整国民收入分配格局，加大再分配调节力度，着力解决收入分配差距较大问题，使发展成果更多更公平惠及全体人民，朝着共同富裕方向稳步前进。"从收入分配的角度看，一国内部不同民族之间存在收入差距已成为基本事实，由此而产生的社会摩擦和冲突也时有发生。例如，美国在 20 世纪 70 年代中期至 80 年代中期，黑人家庭户主与白人家庭户主的年收入差距不断扩大，二者的比值从

---

① 李实、史泰丽、别雍·古斯塔夫森主编《中国居民收入分配研究Ⅲ》，北京师范大学出版社，2008，第 3 页。

1976 年的 0. 63 下降至 1986 年的 0. 59。[1] 由于美国少数民族受教育程度和语言能力上的弱势导致的劳动力市场分割，从而表现为少数民族与白人的就业收入差距在近年不断扩大。[2] 世界银行研究报告也显示，拉丁美洲的玻利维亚、巴西和委内瑞拉等国家都存在不同程度的族别收入差距，且国内族际收入差距对全国总的收入差距的影响幅度都在 10% 以内。[3] 新加坡因实行了全国公平性的教育制度和公共房屋计划，从而使得不同民族之间的收入差距在 1980 ~ 1990 年明显缩小。[4] 中国存在民族问题，这不是什么讳莫如深的话题，而是由中国最重要的基本国情之一所决定的。[5] 综观 55 个少数民族、5 个自治区、30 个自治州、120 个自治县，不同民族、不同地区之间的收入差距是现实存在的。在我国全面建成小康社会的奋斗进程中，民族地区不同族别间的收入分配问题无疑应被予以更多的关注和研究。

一　研究文献回顾

对我国居民收入差距的研究是学界长期以来的热点和焦点之一，总体而言涉及了改革开放以来我国收入分配格局的变化及其特点，我国收入分配中存在的主要问题，对收入差距的扩大与收入分配不公问题的解释，以及如何缩小收入差距的学理和政策层面的探讨。

在民族学界，迄今为止限于微观家庭收入数据的缺乏，针对不同族别收入差距的实证研究尚不多见，国内外一些研究文献对民族间收入差距的解释更多的偏向于地区之间经济发展水平的差异。[6] 杨荆楚（1997）以国家统计局 1995 年城乡人均收入数据概论了"八五"期间，除广西和新疆外的西部民族地区和东部发达地区的收入差距不断扩大。[7] Bjorn Gustafsson and Li Shi（2003），利用 1988 年和 1995 年中国家庭收入调查（CHIP）数据研究得到，全国范围内的汉族和少数民族间的人均收入差距在 1988 ~ 1995 年是扩大的，但还是小于同期东西部地区之间人均收入差距的扩大幅度。造成汉

①　参见 Willam A. Darity, Jr. , Samuel Myers, Jr. , and Chanjin Chung, "Racial Earnings Disparities and Family Structure," *Southern Economic Journal*, Vol. 65, No. 1, July 1998。

②　参见 Judith K. Hellerstin and David Neumark, "Workplace Segregation in the United States: Race, Ethnicity and Skill," *The Review of Economics and Statisstics*, Vol. 90, No. 3 (Aug. , 2008), pp. 459 – 477。

③　参见 David de Ferranti, Guilermo E. Perry, Francisco H. G. Ferrira and Michale Walton, "Inequality in Latin America—Breaking with History?" *World Bank Latin American and Caribbean Studies*, 2004, p. 104。

④　参见 R. Quinn Moore, Ann Arbor, "Multiracialism and Eritocracy: Singapore's Approach to Race and Inequality," *Review of Social Economy*, Vol. LvⅢ, No. 3, September 2000.

⑤　郝时远：《全面正确贯彻落实党的民族政策——学习党的十八大报告的几点体会》，《民族研究》2013 年第 1 期。

⑥　参见丁赛《西部农村少数民族劳动力转移问题研究——基于民族地区农村微观数据》，中国社会科学出版社，2012，第 116 页。

⑦　参见杨荆楚《浅论缩小东西部发展差距加强汉族与少数民族的团结合作》，《民族研究》1997 年第 3 期。

族和少数民族收入差距的主要是地理环境不同和以往的历史原因。[①] 笔者也有三篇关于族别收入差距的著述，其一，以 2002 年中国家庭收入调查（CHIP）数据分析研究了全国 756 个汉族行政村和 151 个少数民族行政村之间的收入差距及其影响因素。主要发现为：少数民族村年人均纯收入较汉族村低 37.1%，较全国平均水平低 30.9%。少数民族村和汉族村的年人均纯收入差距在东北地区最小，其次是西北、西南地区。研究发现影响收入差距的最主要因素是行政村所在地区的经济发展程度。[②] 其二，利用中国社会科学院民族学与人类学研究所 2006 年宁夏回族自治区社会经济调查数据，对宁夏城镇劳动力市场中汉族和回族的就业收入进行分析研究后发现，两者之间的收入差距微乎其微，表明了在同一地区内部由民族因素带来的劳动力市场分割并没有导致明显的民族之间的收入差距。研究证实，如果在一个更大的区域内发现民族之间的收入差距，特别是汉族收入高于少数民族，那么这种差距主要是由不同地区的不同民族人口分布差异引起的。而且，长期以来政府实行的各种少数民族优惠政策使得回族身份不仅没有受到收入决定上的歧视，反而有助于其获得更高的收入报酬。[③] 其三，与李实和 Samuel Myers 利用 1995 年、2002 和 2007 年中国家庭收入调查（CHIP）数据，以民族和性别两个交叉视角分析研究城镇劳动力市场就业收入后发现，城镇少数民族与汉族之间的就业收入比值在 1995 年是 91.3%，在 2002 年缩小至 98.1%，而 2007 年又扩大至 87.4%。少数民族女性的就业收入波动是形成收入差距缩小至扩大的主要原因。[④]

同以往的研究成果相比，本文以五个自治区之一的宁夏回族自治区和第三大民族回族为研究对象，试图揭示 2006 年和 2011 年宁夏回族自治区农村、城镇家庭人均收入在回族与汉族之间的差异，给出相关的收入分配差距指数，阐述汉族、回族内部具体的收入差距和 2006～2011 年的变动状况。

二 研究数据来源

国内外对收入分配的分析研究，通常是以微观家庭收入数据为基础。从全国范围看，各民族呈现了大杂居、小聚居，相互交错居住的分布状况。西部五个少数民族自治区实行民族区域自治且民族人口相对集中，因而以自治区内的少数民族为收入分配

① 参见 Bjorn Gustafsson and Li Shi，"The Ethnic Minority – Majority Income Gap in Rural China during Transition," *Economic Development and Cultural Change*，Vol. 51，No. 4，July 2003。

② 参见丁赛《农村汉族和少数民族收入差异的经验分析》，《中国劳动经济学》2006 年第 4 期。

③ 参见丁赛《西部农村少数民族劳动力转移问题研究——基于民族地区农村微观数据》，中国社会科学出版社，2012，第 133 页。

④ 参见 Ding Sai, Li Shi and Samuel Myers "Inter – temporal Changes in Ethnic Urban Earnings Disparities in China," Li Shi, Hiroshi Sato and Terry Sicular, eds., *Rising Inequality in China：Challenge to Harmonious Society*，forthcoming, Cambridge University Press, pp. 653 – 696。

的研究对象就更具有代表性。

根据第五次全国人口普查统计，回族总人数为 9816805 人，是继壮族、满族之后的我国第三大少数民族，其中 19% 的回族人口居住在宁夏回族自治区。统计数据显示，宁夏回族自治区回族占全区总人口比重由 2006 年的 35.46%，略微上升至 2011 年的 35.76%。① 其城镇居民人均可支配收入 2006 年在全国排名第 26，2011 年排 24 位；农村居民家庭人均纯收入 2006 年和 2011 年都排 24 位②。城镇居民人均可支配收入和农村居民家庭人均纯收入在五个自治区中均排名第三，低于内蒙古、广西高于新疆和西藏。在经济发展方面，2006 年人均 GDP 排在全国 21 位，2011 年上升至 16 位，恰好也属于全国中间位置。

本文所采用的数据来自 2006 年中国社会科学院民族学与人类学研究所委托国家统计局宁夏调查总队，以及 2011 年中国社科院民族学与人类学研究所经济与社会发展研究室和中央民族大学经济学院共同委托国家统计局宁夏调查总队所做的宁夏回族自治区经济社会调查数据（以下简称宁夏经济社会调查数据）。两年的调查数据均在宁夏调查总队的大样本中抽取子样本，除 2011 年城镇样本没有包括石嘴山市外，宁夏回族自治区行政区划的全部五个市（银川市、石嘴山市、吴忠市、固原市、中卫市）都涵盖在内。表 1 给出的 2006 年和 2011 年具体调查样本分布可看出，宁夏回族较为集中的吴忠市、固原市和中卫市的农村抽样数量相对略多，尤其在 2011 年更为明显，其目的是增加调查样本中回族家庭和个人的比例。2006 年城乡调查样本中回族所占比例为 37.40%，2011 年上调至 45.13%，两者都高于当年宁夏实际回族人数比例。在样本量上，2011 年的调查样本较之 2006 年农村减少了 220 户，城镇减少了 300 户。虽然更大的样本规模会更好，但在资源给定的情况下，选择了在调查中增添全面而又精确的独立度量指标，获取所必需的详细信息。如课题组在 2011 年获取了全部家庭收入和支出的各个细项的具体内容，这使我们得以对收入分配各个构成项目进行更为细致的分析研究。

课题组选取 2006 年和 2011 年进行调查还有一个考虑，2006 年为"十一五"开局之年，五年后的 2011 年又恰是第十二个五年规划开始实施之日。以此两个时点对宁夏回族自治区汉族和回族的收入分配展开分析，不仅可清晰地了解宁夏回族自治区农村、城市中汉族和回族的收入分配状况和收入差距，还能揭示五年间收入分配和收入差距的具体变化情况。

---

① 参见宁夏回族自治区统计局、国家统计局宁夏调查总队编《宁夏统计年鉴 2007》，中国统计出版社，2007；《宁夏统计年鉴 2012》，中国统计出版社，2012。

② 参见国家统计局《中国统计摘要 2007》《中国统计摘要 2012》。

表 1　宁夏回族自治区调查样本分布

	农村				城镇		
	行政村样本量	家庭样本量	个人样本量	回族个人比例	家庭样本量	个人样本量	回族个人比例
2006 年							
银川市	20	200	798	52.88%	200	534	11.05%
石嘴山市	10	90	338	30.47%	150	433	7.16%
吴忠市	30	302	1404	35.61%	200	649	50.23%
固原市	38	378	1869	45.00%	150	506	43.48%
中卫市	22	220	990	39.70%	100	323	25.08%
合计	120	1190	5399	41.84%	800	2445	29.33%
2011 年							
银川市	12	120	483	32.51%	210	593	46.71
石嘴山市	10	100	328	29.88%	—	—	—
吴忠市	33	330	1364	47.21%	149	462	36.58%
固原市	32	320	1543	50.68%	100	332	51.51%
中卫市	10	100	500	47.60%	50	174	39.66%
合计	97	970	4218	45.50%	500	1561	43.95%

数据来源：2006 年和 2011 年宁夏经济社会调查数据。

三　城乡汉族与回族家庭人均收入比较

家庭是本文对收入估算的基本单位，同时以城镇居民家庭可支配收入和农村家庭纯收入作为分析收入差距的具体对象。根据国家统计局给出的定义，农村家庭纯收入指农村住户当年从各个来源得到的总收入相应地扣除所发生的费用后的收入总和。纯收入主要用于再生产投入和当年生活消费支出，也可用于储蓄和各种非义务性支出。[①] 城镇居民家庭可支配收入指被调查的城镇居民家庭成员得到的可用于最终消费支出和其他非义务性支出以及储蓄的总和，即居民家庭可以用来自由支配的收入。它是家庭总收入扣除交纳的个人所得税、个人交纳的社会保障支出以及记账补贴后的收入。

---

① 农村家庭纯收入的计算方法：纯收入＝总收入－家庭经营费用支出－税费支出－生产性固定资产折旧－赠送农村内部亲友；城镇居民家庭可支配收入的计算公式为：城镇居民家庭可支配收入＝家庭总收入－交纳的个人所得税－个人交纳的社会保障支出－记账补贴。

表2 宁夏回族自治区城乡居民人均收入情况

	2006 年	样本量	2011 年	样本量	实际增长幅度
农村					
家庭人均纯收入	2805.74	5315	5845.11	4218	57.13%
汉族家庭人均纯收入	2717.16	2270	6342.60	2170	76.07%
回族家庭人均纯收入	2720.38	2240	5367.67	1919	48.83%
汉族与回族的比值	1:1		1:0.85		
城市					
家庭人均可支配收入	8456.67	2445	16944.43	1542	60.56%
汉族家庭人均可支配收入	8990.57	1685	18499.13	818	64.89%
回族家庭人均可支配收入	7126.80	717	14627.59	668	64.47%
汉族与回族的比值	1:0.79		1:0.79		

数据来源：2006 年和 2011 年宁夏经济社会调查数据。

注：2006 年宁夏农村人均纯收入和城镇家庭人均可支配收入均以宁夏农村居民消费价格指数和城市居民消费价格指数进行调整后与 2011 年进行比较。

　　表 2 数据显示，宁夏回族的农村人均家庭纯收入在 2006 年与汉族几乎没有差异，但 2011 年回族明显低于汉族，相当于汉族家庭人均纯收入的 85%。城镇回族的家庭人均可支配收入都低于汉族，且 2006 年和 2011 年两者的比值没有变化。表 2 中收入实际增长幅度数据显示，2006～2011 年，宁夏城镇和农村总体的人均收入增幅差距不大，城镇中汉族和回族的收入增长幅度基本一致。而汉族和回族在农村的收入增长幅度明显不同，回族增长幅度相当于汉族的 64%，这也直接导致了 2011 年农村中汉族与回族有了 15 个百分点的收入差异。对照《宁夏统计年鉴》中公布的宁夏回族自治区农村家庭人均纯收入，2006 年统计数据是 2760.14 元，调查数据计算后得到的是 2805.74 元，两者误差为 1.7%。2011 年统计数据是 5410 元，调查数据计算结果是 5845.11 元，两者误差为 8%。城镇居民家庭人均可支配收入 2006 年统计数字是 9177.26 元，2011 年为 17578.92 元，调查数据计算结果均低于公布数据，误差分别是 7.9% 和 3.4%。出现上述误差主要源于：其一，统计数据的样本量大于调查数据。其二，为便于进行比较分析，调查抽样中农村回族居民比例 2006 年是 42%，2011 年 45%；城镇回族居民比例在 2006 年是 29%，2011 年扩大至 43%，均明显高于实际回族人口比例。因本研究着重于汉族与回族的收入分配比较，因而现有误差不影响最终结果。

表 3　2011 年宁夏回族自治区城乡居民人均收入构成情况①

	全体	比值（%）	汉族	比值（%）	回族	比值（%）	汉族与回族比值
农村家庭人均纯收入	5845.11	100	6342.60	100	5367.67	100	1：0.85
其中：工资性收入	2367.44	40.50	2594.51	40.91	2089.52	38.93	1：0.81
家庭经营纯收入	2997.03	51.27	3167.46	49.94	2893.24	53.90	1：0.91
财产性收入	98.87	1.69	147.18	2.32	49.95	0.93	1：0.34
转移性收入	381.77	6.53	433.45	6.83	334.96	6.24	1：0.77
样本量	4218		2170		1919		
城镇家庭人均可支配收入	16944.43	100	18499.13	100	14627.59	100	1：0.79
其中：工资性收入	11501.38	67.88	12078.10	65.29	10415.75	71.20	1：0.86
经营净收入	3125.57	18.45	4160.35	22.49	2107.39	14.41	1：0.51
财产性收入	119.88	0.71	171.13	0.93	66.98	0.46	1：0.39
转移性收入	2197.60	12.97	2089.55	11.30	2037.75	13.93	1：0.98
样本量	1541		818		668		

数据来源：2011 年宁夏经济社会调查数据。

国家统计局按收入的性质将家庭总收入划分为：工资性收入、家庭经营收入、财产性收入和转移性收入。农村家庭人均纯收入是按人口平均的纯收入水平，反映的是

① 根据国家统计局定义：农村家庭中工资性收入指农村住户成员受雇于单位或个人，靠出卖劳动而获得的收入。家庭经营净收入指农村住户以家庭为生产经营单位进行生产筹划和管理而获得的收入。农村住户家庭经营活动按行业划分为农业、林业、牧业、渔业、工业、建筑业、交通运输业邮电业、批发和零售贸易餐饮业、社会服务业、文教卫生业和其他家庭经营。财产性收入指金融资产或有形非生产性资产的所有者向其他机构单位提供资金或将有形非生产性资产供其支配，作为回报而从中获得的收入。转移性收入指农村住户和住户成员无须付出任何对应物而获得的货物、服务、资金或资产所有权等，不包括无偿提供的用于固定资本形成的资金。一般情况下，指农村住户在二次分配中的所有收入。见国家统计局制定《农村住户调查方案（2010 年统计年报和 2011 年定期报表）》，2010 年 9 月，第 33 页。
城镇家庭收入中工资性收入是指就业人员通过各种途径得到的全部劳动报酬，包括所从事主要职业的工资以及从事第二职业、其他兼职和零星劳动得到的其他劳动收入。经营性收入指家庭成员从事生产经营活动所获得的净收入。是全部生产经营收入中扣除生产成本和税金（但不扣除个人所得税）后所得的收入。财产性收入是指家庭拥有的动产（如银行存款、有价证券）、不动产（如房屋、土地等）所获得的收入。包括出让财产使用权所获得的利息、租金、专利收入；财产营运所获得的红利收入、财产增值收益等。转移收入指国家、单位、社会团体对居民家庭的各种转移支付和居民家庭间的收入转移。包括政府对个人收入转移的离退休金、失业救济金、赔偿等；单位对个人收入转移的辞退金、保险索赔、住房公积金、家庭间的赠送和赡养等。个人所得税指调查对象被扣缴的工资薪金所得、对企事业单位的承包经营承租经营所得、劳务报酬所得、稿酬所得、特许权使用费所得、利息股息红利所得、财产租赁所得、财产转让所得、偶然所得、经国务院财政部门确定征税的其他所得等个人所得的税款。生产税、消费税不在其内。社会保障支出指调查户家庭成员参加国家法律、法规规定的社会保障项目中由个人交纳的保障支出。不包括职工所在单位交纳的那部分社会保障金。见国家统计局城市社会经济调查司编《中国城镇住户调查手册》，2010 年 1 月，第 38～45 页。

一个地区或一个农户农村居民的平均收入水平。① 通过表 3 可看出，宁夏回族自治区农村家庭人均纯收入主要来源于家庭经营纯收入和工资性收入，财产性收入很低。无论汉族还是回族，家庭经营纯收入都高于工资性收入，回族家庭经营纯收入高出工资性收入 14.97 个百分点，汉族两者差距是 9.03 个百分点。汉族和回族在收入各项上的比值表明，农村回族各项收入都低于农村汉族，财产性收入上两者的差距最大，但因为财产收入在收入总和中的比例很低，不足 1% 所以影响不大。汉族在工资性收入上高出回族的绝对数额约为 505 元，占两者收入差距的 51.8%，这表明农村汉族从事家庭经营之外的非农劳动多于回族。

宁夏回族自治区城镇家庭人均可支配收入约 68% 来自工资性收入，其次是经营净收入和转移性收入，财产收入最低。经营净收入和工资收入两者的百分比占到了 86%，低于农村家庭人均纯收入中这两项的比值 4 个百分点。城镇回族家庭人均可支配收入占汉族家庭可支配收入比重为 79%，略低于农村 6 个百分点。和农村家庭经营净收入比例最大不同的是，城镇中工资性收入比例最大，城镇家庭财产收入上汉族和回族之间的差距较之农村更明显，回族的转移性收入在总收入中所占比例也高出汉族，汉族和回族在此项上的差距最小。

四 城乡汉族、回族收入差距及其解释

历史原因造成的各民族生产力发展水平不一的现状，是造成各民族在社会主义阶段的一定历史时期存在"事实上不平等"的原因，也是影响民族关系和谐发展的根本原因。② 2006 年和 2011 年宁夏经济社会调查数据显示，2006 年宁夏农村居民中有 84% 认为社会上的收入差距是不公平的，汉族居民该比例为 85%，回族居民该比例为 83%。2011 年，宁夏农村居民该比例下降为 79%，汉族居民持此观点的比例依然不变，但回族居民下降了 9 个百分点。在宁夏城市中，2006 年 86% 的宁夏城市居民认为社会上的收入差距是不公平的，汉族居民该比例为 88%，回族居民该比例是 78%。2011 年，宁夏城市居民持相同看法的比例降至 82%，汉族居民该比例较之 2006 年下降了 3 个百分点，回族居民该比例下降了 1 个百分点。总体上，绝大多数宁夏城市居民与农村居民、城市和农村的汉族与回族都认为收入差距存在不公平。

目前衡量、测度不平等的常用指标主要有三类：第一类是通过先验的选择性过程来界定的不平等，如基尼系数（Gini index）。根据洛伦兹曲线推导而来的基尼系数是判断收入分配公平程度的指标。该指标为比例数值，介于 0 和 1 之间，是国际上用来综

---

① 参见国家统计局《农村住户调查方案（2010 年统计年报和 2011 年定期报表）》，2010 年 9 月，第 34 页。

② 郝时远：《中国共产党怎样解决民族问题》，江西人民出版社，2011，第 141 页。

合考察居民内部收入分配差异状况的重要分析指标。第二类不平等测度指标体系是通过公理性方法推导出来的，泰尔指数（Theil index）就属于这类指标。泰尔指数作为衡量个人之间或者地区间收入差距（或不平等程度）的指标的最大优点是，它可以衡量组内差距和组间差距对总差距的贡献。泰尔指数和基尼系数之间具有一定的互补性，基尼系数的主要缺点是其对中间阶层收入的变化比对两端的变化敏感，而泰尔指数对上层收入水平的变化很明显。第三类是在福利经济学理论的基础上发展而来的，即依据社会福利函数来建立不平等指标[①]，这类指标统称为阿特金森指数（Atkinson index）。与该类指标体系相比，前两类指数隐含的假设是所有人的偏好都相同，从而完全根据收入水平的差异来评价收入分配。其优点是客观性且集中于收入差距的衡量，但对于社会福利评价几乎没有任何意义。

根据国内外学者的估计结果，我国农村收入差距高于城镇，利用国家统计局抽样调查数据，1978 年农村家庭人均收入的基尼系数被估计为 0.21～0.22 之间[②]；1995 年农村基尼系数为 0.34，2002 年上升到 0.364[③]，2007 年为 0.377。[④] 同样根据国家统计局住户数据，城镇家庭人均可支配收入的基尼系数由 1978 年的 0.16 下降到 1984 年的0.15[⑤]，2002 年基尼系数扩大至 0.32[⑥]，再至 2007 年的 0.339[⑦]。由于我国城乡经济发展的不均衡，全国基尼系数高于城市内部和农村内部的基尼系数。西南财经大学中国家庭金融调查在北京发布的报告显示，2010 年中国家庭的基尼系数为 0.61，大大高于0.44 的全球平均水平[⑧]。本文鉴于调查抽样中回族比例过高，虽然可以民族人口权数对总收入进行调整，并可以宁夏城乡人口数进行样本模拟后计算宁夏整体的收入分配状况，但这并不是本文关注的核心，本研究所考察的重点是宁夏回族自治区农村和城镇中汉族和回族的内部和相互之间的收入差距。

---

① 参见 A Atkinson，"On the Measurement of Inequality," *Journal of Economic Theory*，1970，2（4）：224 – 263。

② 国家统计局农村调查总队：《中国农民收入研究》，山西人民出版社，1987，第 5 页；国家统计局农村社会经济调查总队：《中国农村住户调查年鉴》，中国统计出版社，2001，第 29 页；唐平：《我国农村居民收入水平及差异的分析》，《管理世界》1995 年第 2 期。

③ 李实、赵人伟：《市场化改革与收入差距扩大》，《洪范评论》2007 年第 3 期。

④ Li Shi，Hiroshi Sato，and Terry Sicular，eds.，*Rising Inequality in China：Challenge to a Harmonious Society*，forthcoming，Cambridge University Press，p. 65.

⑤ 任才方、程学斌：《从城镇居民收入看分配差距》，《经济研究参考》1996 年第 157 期。

⑥ 李实、史泰丽、别雍·古斯塔夫森主编《中国居民收入分配研究Ⅲ》，北京师范大学出版社，2008，第 86 页。

⑦ Li Shi，Hiroshi Sato，and Terry Sicular，eds.，*Rising Inequality in China：Challenge to a Harmonious Society*，forthcoming，Cambridge University Press，p. 65.

⑧ 西南财经大学中国家庭金融调查与研究中心：《中国家庭收入不平等报告》，http://chfs. swufe. cn/。

表 4　宁夏回族自治区城乡居民收入分配差距

	基尼系数	泰尔指数	阿特金森指数
2006 年			
农村家庭人均纯收入	0.3908	0.3113	0.2338
农村汉族家庭人均纯收入	0.3600	0.2340	0.2037
农村回族家庭人均纯收入	0.4263	0.4214	0.2711
城市家庭人均可支配收入	0.3359	0.2037	0.1843
城市汉族家庭人均可支配收入	0.3297	0.1920	0.1747
城市回族家庭人均可支配收入	0.3364	0.2115	0.1907
2011 年			
农村家庭人均纯收入	0.4493	0.3946	0.2712
农村汉族家庭人均纯收入	0.4282	0.3036	0.2541
农村回族家庭人均纯收入	0.4620	0.5132	0.2946
城市家庭人均可支配收入	0.3890	0.2834	0.2596
城市汉族家庭人均可支配收入	0.3855	0.2965	0.2713
城市回族家庭人均可支配收入	0.3775	0.2358	0.2319

数据来源：2006 年和 2011 年宁夏经济社会调查数据。

　　表 4 中给出的三种衡量不平等指数在 2006 年和 2011 年的数值表明，2011 年与 2006 年相比，宁夏农村、城市以及农村和城市中的汉族和回族的收入差距都明显扩大。和全国一致的是，2006 年、2011 年宁夏的农村居民收入差距大于城市居民收入差距。2006 年和 2011 年农村中汉族内部的收入差距小于回族内部的收入差距，在城市是 2006 年汉族内部的收入差距小于回族内部的收入差距。2011 年则恰恰相反，汉族内部的收入差距大于回族内部的收入差距。以基尼系数为例，2006~2011 年，宁夏农村家庭人均纯收入的基尼系数扩大了 0.0585，增幅为 15%；宁夏城市家庭人均可支配收入的基尼系数扩大了 0.0531，增幅为 16%。宁夏农村汉族家庭人均纯收入的基尼系数扩大了 0.0682，增幅是 19%。相应的回族家庭人均纯收入基尼系数扩大了 0.0357，增幅是 8%，其收入差距的扩大速度明显低于汉族。宁夏城市汉族家庭人均可支配收入的基尼系数在两年间扩大了 0.0558，增长了 17%；城市回族家庭人均可支配收入的基尼系数扩大了 0.0411，增长了 12%，同农村一样也低于汉族收入差距的增长幅度。

表 5　汉族、回族城乡居民在城乡全体居民人均收入十等分组中的比例

	1	2	3	4	5	6	7	8	9	10	样本量
2006 年 农村汉族	9.39	7.91	9.20	8.64	9.29	10.48	10.31	11.59	12.18	11.00	2270

续表

	1	2	3	4	5	6	7	8	9	10	样本量
农村回族	10.67	12.59	11.25	12.01	10.94	9.55	9.64	8.44	7.05	7.86	2240
2011 年											
农村汉族	10.28	7.33	6.54	8.25	9.54	10.05	9.49	11.98	13.59	12.95	2170
农村回族	9.80	13.24	13.65	11.62	10.27	10.16	10.58	7.24	6.62	6.83	1919
2006 年											
城镇汉族	8.01	8.13	10.68	9.38	11.16	8.96	11.10	9.73	11.51	11.34	1685
城镇回族	15.20	15.06	8.51	10.60	8.23	11.16	8.23	10.46	6.97	5.58	717
2011 年											
城镇汉族	9.41	6.60	6.72	11.25	10.27	8.31	12.84	11.74	12.59	10.27	818
城镇回族	11.83	14.22	14.22	7.63	10.03	10.78	6.89	8.68	7.04	8.68	668

数据来源：2006 年和 2011 年宁夏经济社会调查数据。

将宁夏农村居民家庭人均纯收入和城镇居民家庭人均可支配收入进行由低到高十等分组后发现，宁夏农村中汉族 2006 和 2011 年在收入最低的第一、二组中比例约为 17%，而回族约 23%。收入最低的前五组中汉族的比例在 2006 年是 44%，2011 年是 41%，回族 2006 年是 57%，2011 年是 59%。这说明宁夏农村中汉族高收入人群比例略有增加，而回族则低收入人群略有增加，虽然各自增加的幅度并不显著。宁夏城镇的汉族在 2006 年和 2011 年位于收入最低前两组的比例均为 16%，而回族 2006 年为 30%，2011 年下降为 26%。收入最低的前五组中汉族比例下降了 3 个百分点，回族均为 58% 与农村情况基本一致。在收入最高的第 9 组和第 10 组，农村汉族的比例在 2006 年达到 23%，2011 年增至 27%；而回族居民却从 15% 下降至 13%。2006 年和 2011 年城镇汉族在收入最高的两组中的比例均为 23%，回族居民从 2006 年的 13%，增加到 18%。

在已知收入差距的基础上，利用不平等分解方法找出总体不平等的构成和原因，以便寻找相关政策以减少不平等是本文的又一重点。传统的分解方法通常可分为分项收入（或要素子成分）分解和人口分组（或子样本分解）。前者最好使用基尼系数，而后者最好采用泰尔指数。对于前一种分解方法，本文使用了最初由 Rao（1969）[①] 提出，后来又由 Pyatt，Chen 和 Fei（1980）[②] 进一步完善的分解公式。该公式表示为：

① V. M. Rao， "Two Decompositions of the Concentration Ratio," *Journal of the Royal Statistical Society*，1969（132）：418 - 425.

② G. Pyatt，C. N. Chen and J. Fei， "The Distribution of Income by Factor Components," *Quarterly Journal of Economics*，Vol. 95，1980，pp. 451 - 473.

$$G = \sum_{k}^{k} \frac{\mu_k}{\mu} C_k \qquad (1)$$

其中 μ_k 和 μ 是第 k 分项收入和总收入的均值，μ_k/μ 表示该分项收入在总收入中所占的份额，C_k 是第 k 分项收入的集中率[①]，G 是总收入的基尼系数。分项收入的集中率越高，意味着该项收入越是向富人集中。一般而言，如果一种分项收入的集中率高于总收入的基尼系数，则认为该项财产的分布对总财产的分布具有不平等效应（disequalising effect），反之则被认为具有平等效应（equalising effect）。那么，各种分项收入对总收入分布不平等的贡献率可以表示为

$$e_k = u_k C_k / G \qquad (2)$$

这里的 u_k 表示第 k 分项收入在总收入中所占的份额。

表6 宁夏回族自治区城乡收入构成的基尼系数分解结果

收入及其构成	全体			汉族			回族		
	收入构成比例（%）	基尼系数和集中率	各项收入对总差距的贡献（%）	收入构成比例（%）	基尼系数和集中率	各项收入对总差距的贡献（%）	收入构成比例	基尼系数和集中率	各项收入对总差距的贡献（%）
农村家庭人均纯收入	100	0.4493	100	100	0.4282	100	100	0.4620	100
其中：工资性收入	40.51	0.3735	33.67	40.91	0.3958	37.82	38.93	0.3411	28.74
家庭经营纯收入	51.27	0.5375	61.33	49.94	0.4814	56.16	53.90	0.5785	67.49
财产性收入	1.69	0.5679	2.15	2.32	0.5298	2.87	0.93	0.5900	1.19
转移性收入	6.53	0.1959	2.85	6.83	0.1977	3.15	6.24	0.1905	2.57
城镇家庭人均可支配收入	100	0.3890	100	100	0.3822	100	100	0.3780	100
其中：工资性收入	67.88	0.3984	69.52	65.29	0.3931	67.15	71.20	0.4093	77.10
经营净收入	18.45	0.3585	17.00	22.49	0.4403	25.90	14.41	0.1367	5.21
财产性收入	0.71	0.2043	0.39	0.93	0.1802	0.40	0.46	0.2137	0.26

[①] 集中率与基尼系数的差别有这样三点：第一，基尼系数是对总收入而言，集中率是对分项收入而言；第二，计算分项收入的集中率时，使用的是相同的计算公式，不同的是收入获得者仍是按其总收入而不是分项收入从高到低进行排序；第三，基尼系数的数值在 0～1 之间，而集中率的数值在 -1～1 之间。

续表

收入及其构成	全体			汉族			回族		
	收入构成比例（%）	基尼系数和集中率	各项收入对总差距的贡献（%）	收入构成比例（%）	基尼系数和集中率	各项收入对总差距的贡献（%）	收入构成比例	基尼系数和集中率	各项收入对总差距的贡献（%）
转移性收入	12.97	0.3898	13.09	11.30	0.2217	6.55	13.93	0.4731	17.43

数据来源：2006 年和 2011 年宁夏经济社会调查数据。

从表 6 中看出，宁夏农村居民的财产性收入的集中率最高为 0.5679，其次是家庭经营纯收入的集中率为 0.5375，两者都高于家庭人均纯收入基尼系数 0.4493，因而分布更加不平等。但因财产收入在收入总和中所占份额不到 2%，所以只解释了家庭人均纯收入分布不平等的 2.15%；而家庭经营纯收入在收入总和中占 51.27%，对家庭人均纯收入差距的贡献最大是 61.33%。工资性收入和转移收入的集中率都低于家庭人均纯收入基尼系数，对收入差距的贡献率为 33.67% 和 2.85%。宁夏农村的汉族与回族家庭纯收入分解后的收入分项也具有相同情况。宁夏城镇中汉族和回族的工资性收入集中率都高于家庭人均可支配收入的基尼系数，表明其工资性收入比家庭人均可支配收入的分布更加不平等。相应的汉族居民该项的解释力度是 67.15%，回族为 77.10%。城镇中汉族的经营净收入的集中率比工资性收入的集中率还要高，说明其分布较之工资性收入更不平等，但对总的收入差距的贡献位居第二为 25.9%。回族与汉族不同的是，经营净收入的集中率显著低于家庭人均可支配收入的基尼系数，具有缩小收入差距的效应，但仅解释了总收入差距的 5.21%；而转移性收入的集中率在收入各分项中是最高的，说明分布最不平等，其解释了总收入差距的 17.43%。

在研究不平等时，人们常需要分析总体不平等究竟在多大程度上缘于不同群组之间的差异（与之相对的是组内差异）。而且使用泰尔指数的优点是分解结果不取决于是先计算组间贡献还是组内贡献，而且所用权数的和为 1，当使用其他不平等指数时这些优点就会丢失。[①] 泰尔指数实际是一组参数不同的指数，本文只是使用了参数为 0 值的一个指数，它又被称为平均对数离差（MLD）。具体公式为：

$$I(y) = \frac{1}{n} \sum_{i}^{N} \log\left(\frac{y_i}{\mu}\right) \tag{3}$$

其中 y_i 为第 i 个人的收入，μ 为全部样本的收入的均值，n 为全部样本量。

根据 Shorrock（1984）的证明，MLD 指数可以分解为组内差距和组间差距，即可以

---

① A. Shorrocks, and G. Wan, "Spatial Decomposition of Inequality," *Journal of Economic Geography*, 2005, 5 (1): 59–82.

用以下公式表示为

$$I(y) = \sum_{g}^{k} \frac{n_g}{n} Ig + I(\mu_1 e_1, \cdots, \mu_k e_k) \tag{4}$$

其中 I_g 是第 g 组的组内差距，n_g 是第 g 组的样本量，μ_g 是第 g 组的收入均值，e_k 是一组数值为 1 的向量。由此可以看出，上式右边有两项组成，第一项是各个组内差距之和，第二项是组间差距。

表 7　2006 年和 2011 年城乡汉族与回族收入差距泰尔指数分解

农村	2006 年		2011 年	
	数值	百分比%	数值	百分比%
总体差距	0.3115	100	0.3753	100
组间差距	0.0005	0.16	0.0039	1.07
组内差距	0.3110	99.84	0.3713	98.93
其中：汉族组内差距	0.2340	44.27	0.2755	42.15
回族组内差距	0.4214	55.57	0.5005	56.78
城市				
总体差距	0.2075	100	0.2979	100
组间差距	0.0057	2.75	0.0068	2.28
组内差距	0.2018	97.25	0.2911	97.17
其中：汉族组内差距	0.1977	66.70	0.3125	57.74
回族组内差距	0.2115	30.55	0.2649	39.98

数据来源：2006 年和 2011 年宁夏经济社会调查数据。

表 7 将宁夏城乡居民分为汉族和回族两组人群，利用泰尔指数分解得到的结果表明，宁夏农村居民 2006 年总的收入差距有 99.84% 来自汉族和回族的内部收入差距，而回族内部收入差距对农村总的收入差距的贡献是 55.57%，高出汉族 11.1%；汉族和回族之间的收入差异对农村总的收入差距的贡献仅为 0.16%。2011 年，汉族和回族之间的收入差异对农村总的收入差距的贡献增至了 1.07%，汉族内部收入差异对总的收入差距的贡献下降了约 2 个百分点，而回族内部收入差异对农村总的收入差距的贡献略为上升至 56.78%。与农村不同，宁夏城镇居民的收入差距在 2006 年和 2011 年均有 97% 是来自汉族内部和回族内部的收入差异。城镇的汉族和回族之间收入差异对总的收入差距的贡献在 2006 年是 2.75%，2011 年略降至 2.28%，虽然比农村略高但依然对形成城镇居民收入差距的影响不大。与农村另一不同是，宁夏城镇回族的组内差距小于汉族组内差距，2006 年和 2011 年分别低于汉族 36.15% 和 17.76%。

五　主要发现和结论

本文利用 2006 年和 2011 年宁夏经济社会调查数据对宁夏城乡汉族、回族居民收入差距及其变化进行了实证性的经验分析，从中获得了一些有意义的分析结果。主要发现和结论如下。

其一，宁夏城乡汉族人均收入均高于回族。2006～2011 年，城镇汉族和回族的收入增幅基本一致，而农村回族人均家庭纯收入增长幅度相当于汉族的 64%，这也直接导致了 2011 年农村回族家庭人均纯收入低于汉族 15%。其二，2011 年调查数据计算结果揭示了宁夏城乡汉族与回族的家庭人均收入主要来源于工资性收入和经营净收入。在农村，经营净收入高于工资性收入；而在城市则是经营净收入低于工资性收入。这一结果是与农村以家庭为单位的生产方式相一致。其三，宁夏城乡居民人均收入的基尼系数、泰尔指数和阿特金森指数表明，宁夏农村、城市以及农村和城市中的汉族和回族的收入差距在 2006～2011 年都明显扩大，而且宁夏的农村居民收入差距大于城市居民收入差距。同时，2006 年和 2011 年农村中汉族内部的收入差距小于回族内部的收入差距。城镇中，2006 年汉族内部的收入差距小于回族内部的收入差距，2011 年则恰恰相反，汉族内部的收入差距大于回族内部的收入差距。其四，从宁夏城乡汉族、回族居民在收入十等分组中的分布情况可看出，有约 58% 的城乡回族居民位于收入最低的前五组中，而城乡汉族在最高两组的比例均明显高于城乡回族。其五，基尼系数分解结果证实，宁夏农村汉族和回族居民家庭中的财产性收入的集中率最高，其次是家庭经营纯收入，两者较之农村家庭人均纯收入的分布更加不平等。但因财产收入在收入总和中所占份额很低，其对家庭人均纯收入分布不平等的解释在 3% 之内。而家庭经营纯收入在收入总和中所占比例最高，对家庭人均纯收入不平等的贡献最大。工资性收入和转移收入的集中率都低于家庭人均纯收入基尼系数，因而具有缩小不平等的效应。宁夏城镇中汉族和回族居民家庭的工资性收入的基尼系数都高于家庭人均可支配收入的基尼系数，表明其工资性收入比家庭人均可支配收入的分布更加不平等，相应的汉族居民该项的解释力度是 67.15%，回族为 77.10%。其六，泰尔指数分解结果证实了，位于相同区域中的宁夏汉族与回族之间的收入差距几乎没有对总的收入差距产生影响。农村中 2006 年汉族与回族居民之间的收入差距仅为 0.16%，2011 年为 1.07%；城镇 2006 年为 2.75%，2011 年略微降至 2.28%。所以，汉族内部和回族内部的收入差距是形成宁夏城乡居民收入差距的主要原因。在农村，回族内部收入差距对总的收入差距的影响大于汉族但城镇却是汉族内部收入差距对总的收入差距影响大于回族。

同时，本文的研究结果具有一定的政策含义。基于基尼系数的分解结果说明，为缩小宁夏农村居民的收入差距，应鼓励劳动力，尤其是回族劳动力外出转移从事非农劳动以更多地获取工资性收入，同时政府也要加大对贫困人群的转移支付。针对城镇汉族和回族居民的工资性收入分布较之家庭人均可支配收入分布更不平等的分解结果，说明现实中部分国有垄断企业工资制度不合理导致部分人员工资畸高等不合理的收入分配格局亟待打破。

原载于《民族研究》2013 年第 3 期

农户满意度视角的民族地区农村扶贫开发绩效评价研究

——基于 2014 年民族地区大调查数据的分析*

刘小珉

摘 要 本文利用 2014 年民族地区大调查数据，采用路径分析法，在已有相关研究的基础上，构建了深入分析扶贫工作满意度的影响因素及其实现机制的理论框架和模式，基于农户满意度的角度，对民族地区农村扶贫开发绩效进行了实证研究。结果显示，仅有 60.8% 的被调查者对扶贫开发工作的总体状况持满意态度，表明当前民族地区农村扶贫开发绩效还有待提高。政府应按照精准扶贫原则在民族地区农村进一步实施扶贫工程，提高扶贫开发工作绩效，特别关照那些最需要国家扶贫工程实质帮助的贫困群体。

关键词 民族地区 扶贫开发工程 满意度 影响因素

一 问题的提出

为了实现 2020 年现行标准下的农村贫困人口全部脱贫，2015 年 11 月，中央召开扶贫工作会议，会议要求包括民族八省区在内的多个省区签订脱贫攻坚责任书。2016 年 2 月，中共中央办公厅、国务院办公厅印发了《省级党委和政府扶贫开发工作成效考核办法》（以下简称《考核办法》），主要用于考核中西部 22 个省、自治区、直辖市党委和政府扶贫开发工作的成效。《考核办法》公布了扶贫开发工作成效考核内容，并明确扶贫成效考核除了贫困人口数量、贫困群众收入等脱贫"硬指标"外，还包括一

* 本文系国家社科基金特别委托项目"21 世纪初中国少数民族地区经济社会发展综合调查"（项目编号：13@ZH001）、中国社会科学院民族学与人类学研究所民族经济研究室创新课题"民族地区全面脱贫与小康社会建设研究"的阶段性研究成果。

些群众认不认可、满不满意的"软指标"。①

应该说，《考核办法》把群众满意度纳入考核指标之列，一方面可以有效避免"数字脱贫""被脱贫"现象，另一方面可根据贫困群体对扶贫政策的满意度进行分析，找出影响满意度的主要因素，适时调整扶贫措施，更好地实施精准扶贫，从而提高扶贫政策实施成效。关键的问题是，满意度并不是一个简单的调查统计数据，而是有丰富的内涵。只有深入和全面地把握这些内涵，才能更好地发挥满意度调查的扶贫绩效评估作用。本文正是这样一项研究的尝试，以关于民族地区农村扶贫开发满意度调查数据为依据，考察不同扶贫开发项目的目标人群满意度，分析它们的影响因素，构建满意度研究的学理性框架，从而推进扶贫开发绩效满意度分析的精细化和精准化。

基于农户满意度的扶贫开发绩效评价，源于顾客满意度理论（Customer Satisfaction Index，CSI）。顾客满意度理论首先由美国学者正式提出，其后迅速在发达国家得到广泛应用，并被引入这些国家的政府绩效测评考核中。近年来，顾客满意度理论在中国公共品供给绩效评价研究领域中得到越来越广泛的应用，不少学者将这一理论引入政府绩效评估研究之中。② 一些学者开始用顾客满意度理论评估政府扶贫开发绩效。

刘红梅基于云南贫困地区实施的一系列扶贫项目，从农户角度对扶贫项目的满意度进行了评价，并就构成满意度的指标因子进行了权重分析。其研究结果表明，农户对扶贫项目的透明度及参与程度的要求最高，且项目对贫困地区基础设施的改善和对当地宗教文化习俗的影响都比项目所带来的经济和环境影响更重要。③

王宏杰、冯海峰、李东岳基于对湖北省松滋市 208 位农村居民的调查，考察了贫困地区农村人口对农业产业化扶贫政策的满意度。其分析结果显示，受教育年限和农业产业化扶贫政策对收入不平等程度改善的效果这两个因素，与松滋市农村贫困人口对农业产业化扶贫政策的满意度呈现显著的正向相关性。④

杨夏林基于对甘肃 399 户农户的调查，对农户参与贫困村互助资金试点项目的满意度进行了实证考察。他发现，农户入社后的收入变化、他们是否了解互助资金章程、资金占用费率、借款发放烦琐程度、贫困户认定、决策是否民主、财务是否透明、理

---

① 参见《22 省份扶贫考核引第三方评估》，《北京晨报》2016 年 2 月 17 日。

② 参见徐友浩、吴延兵《顾客满意度在政府绩效评估中的运用》，《天津大学学报》（社会科学版）2004 年第 4 期；曾莉《基于公众满意度导向的政府绩效评估》，《学术论坛》2006 年第 6 期；李燕凌、曾福生《农村公共品供给农民满意度及其影响因素分析》，《数量经济技术经济研究》2008 年第 8 期。

③ 参见刘红梅《影响云南农户对扶贫项目满意度的因子分析》，《昆明理工大学学报》（社会科学版）2010 年第 5 期。

④ 参见王宏杰、冯海峰、李东岳《贫困地区农村人口对农业产业化扶贫政策的满意度分析——基于湖北省松滋市 208 位农村居民的调查》，《老区建设》2015 年第 8 期。

事会监事会成员能力显著正向影响农户满意度；而农户经济特征显著负向影响其满意度，也就是说，农户收入水平越低，他们对试点项目的满意度越高；而户主年龄、户主文化程度和农户家庭人均收入等因素则无显著影响。①

从既有研究看，除了扶贫开发政策本身的效果之外，作为扶贫对象的个人特征、家庭状况，以及经济、社会、文化背景等因素都影响着相关扶贫开发项目的满意度。这些经验发现，对于进一步理解和把握扶贫目标人群对扶贫开发项目绩效的满意度的丰富而复杂的内涵，提供了很好的借鉴。当然，我们还注意到，不同的因素对农户扶贫满意度的影响过程是不同的，有些直接影响扶贫满意度，有些则需要通过中间变量发挥作用。现有的很多研究一般将这些因素作为直接影响扶贫满意度的因素来分析，没有区分影响扶贫满意度的直接因素与间接因素，因而很难更加深入地考察不同因素对扶贫满意度的影响过程或机制。本文将基于已有研究对于扶贫开发项目的目标人群满意度影响因素的发现，结合初步的理论和方法论思考，构建深入分析满意度的影响因素及其实现机制的理论框架和模式。首先根据相关研究识别影响满意度的直接因素和间接因素，结合最优尺度分析和路径分析方法，建构一个路径分析模型；一方面尝试从满意度角度对民族地区农村扶贫开发政策实施绩效进行评价研究，另一方面也对我们的分析理论、方法和模型进行初步检验。

二　研究策略与数据来源

（一）研究策略

根据笔者在民族地区进行田野调研时了解到的情况，国家在民族地区实施的扶贫开发政策，主要包括 6 个大类 15 个小类。

1. 移民搬迁工程。主要目的是通过把生态环境条件恶劣地区的农村居民搬迁到更适合人类生存发展的地方，来解决他们长期以来难以依靠本地和自身发展脱贫的问题。

2. 教育扶贫工程。主要目的是实质性提高民族地区农村贫困人口的受教育水平和素质，增强他们参与市场和获得更好发展机会的能力。具体包括"两免一补"政策、资助儿童入学和扫盲教育项目，以及教育扶贫项目。

3. 扶贫培训工程。主要目的是通过技术培训提高贫困农户家庭劳动力的技能素质和技术水平，增强他们在劳动力市场的竞争能力和创业能力，以及为相关技术推广创造有利条件，从而帮助贫困农村居民家庭走出贫困。具体包括扶贫培训工程（扶贫培

---

① 参见杨夏林《农户参与贫困村互助资金试点项目满意度的实证分析——基于对甘肃 399 户农户的调查》，《农村金融研究》2014 年第 4 期。

训项目)、技术推广及培训工程(技术推广及培训项目)。

4. 产业扶贫工程。主要目的是通过帮助贫困地区和贫困农户发展适合当地的产业项目,发展贫困地区和贫困农户经济,从而实现脱贫。具体包括扶贫工程生产项目,种植业、养殖业、林业扶贫金,退耕还林、还草补助工程、基本农田建设工程等项目。

5. 基础设施扶贫工程。主要目的是改善贫困地区基础设施状况,为贫困地区经济社会发展提供良好的基础条件。具体包括道路修建和改扩工程、电力设施建设工程、村村通工程(广播电视、道路、通信网络)。

6. 卫生健康扶贫工程。旨在通过开展系列化公益服务项目,推动中国基层及农村贫困地区的医疗卫生保健事业,缩小城乡居民的健康差距,改善弱势人群的生存质量,彰显"人人健康"的社会公平与公正,逐步消除因病致贫和因病返贫。具体包括卫生设施建设项目和人畜饮水工程。

本文的主要分析方法是路径分析。扶贫工作满意度评价研究的主要目的,从本质上说,就是要了解不同人群对扶贫开发工作的满意度评价,以及他们的满意度评价差异背后的成因。所谓"不同人群",归根结底是根据他们的各种相关的人口和社会特征来界定的,这些人口和社会特征就成为要引入分析的主要自变量,在路径分析中也叫初始变量。满意度评价主体(被访者)对扶贫开发工作的总体满意度评价,则是我们要研究的"因变量"。这种总体评价一般是基于评价主体对扶贫开发工作的总体印象,但同时也会通过他们对各项具体工程的评价(或印象)而影响他们的总体满意度评价,被访者对各大工程项目的满意度评价就成为所谓中间变量的理由所在。这样一种机理表明,采用路径分析方法是合适的。

运用这一方法,首先要识别和提炼相关自变量(初始变量),并根据理论和实践的逻辑确定不同变量之间的关系。根据已有的研究,以及运用定量数据进行初步观察,笔者发现,满意度评价主体所在的区域,他们的年龄、性别和健康状况,他们的受教育程度、民族身份、政治面貌和职业状况,以及他们家庭的人口规模和人均收入状况,构成对他们的扶贫开发工作总体满意度评价的初始变量。同时,这些初始变量还会通过对他们关于各项扶贫开发工程的满意度评价的影响来间接影响他们的总体满意度评价,后者也就是上述中间变量。受有关研究启发①,我们把民族地区农村居民对移民搬迁工程、教育扶贫工程、扶贫培训工程、产业扶贫工程、基础设施扶贫工程、卫生健康扶贫工程这6个大类工程的满意度评价作为中间变量。由此,我们构建总体分析框

---

① 参见王延中、江翠萍《农村居民医疗服务满意度影响因素分析》,《中国农村观察》2010年第4期;徐礼来、闻祯、崔胜辉《在城市生活垃圾产量影响因素研究的路径分析——以厦门市为例》,《环境科学学报》2013年第4期。

架如图 1 所示。

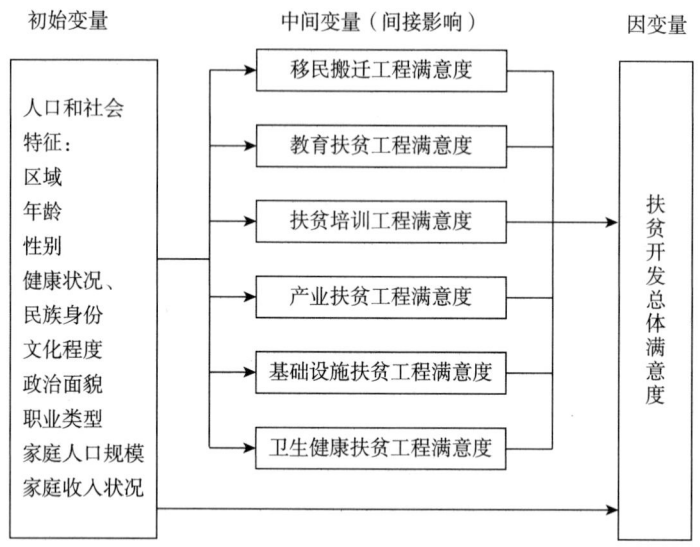

图 1　总体分析框架

在本文中，因变量是一个分类变量，在实际调查中设置的测量尺度为两级测量，即不满意与满意两个尺度，另外附加一个"不好说"的选项。在实际分析时，选择"不好说"这一答案的样本被舍弃，对答案"不满意"赋值 1，对"满意"赋值 2。对 6 个中间变量的测量，除了移民搬迁工程满意度外，其余均通过对一系列次级工程或项目的满意度测量的综合得分组成。① 调查对 6 大中间变量所包含的分项变量的测量采用五级测量尺度，即很不满意、不满意、一般、满意、很满意，按照 1 至 5 分给这五级测量尺度赋值。初始变量主要是被访者的个人社会、人口特征变量、家庭特征等，包括被调查者的年龄、性别、民族、文化程度、政治面貌、职业；家庭规模、家庭收入水平（收入按贫困与非贫困分类，并分别赋值 1，2）；家庭所处地域（分为西部民族县、中部民族县、东部民族县，按 1 到 3 分赋值）。

基于本文中因变量、初始变量、中间变量中有一些是分类变量（如职业）、无序多分类变量（如民族），结合研究的问题与实际变量类型，本文采用最优尺度回归（optimal scaling regression）模型进行分析。②

（二）数据来源

本文所使用的微观数据来自国家社科基金特别委托项目暨中国社会科学院创新工程

---

① 除了其中的移民搬迁工程在我们所使用的调查数据中有直接的绩效满意度评价外，其余 5 大项的绩效满意度是各大项之下的具体工程项目绩效满意度评分的均值。

② 参见张文彤、钟云飞编著《IBM SPSS 数据分析与挖掘实战案例精粹》，清华大学出版社，2013；卢子敏《浙江省养老机构服务人员工作满意度影响因素的最优尺度回归》，《经济师》2015 年第 2 期。

重大专项"21世纪初中国少数民族地区经济社会发展综合调查"于2014年在内蒙古、吉林、浙江、湖北、广西、四川、西藏、青海、宁夏和新疆10个省区的18个市县进行的城乡问卷调查（以下简称2014年"民族地区大调查"）。本文只采用其中的农业户口样本。由于本调查没有采取在全国所有民族地区县范围内随机抽样的方式，所以，本研究结果并不能推论民族地区总体，但希望能在一定程度上说明民族地区农村扶贫开发绩效的情况。

三　扶贫开发工程绩效满意度评价影响因素统计分析结果

（一）描述统计分析

1. 农村居民对扶贫政策实施绩效的整体满意度评价

从调查结果来看，民族地区农村居民对当前参与过的扶贫政策的整体效果满意度还不太高。具体而言，在4316位回答了满意情况的被访者中，表示"满意"的占60.8%，表示"不满意"的占10.6%，表示"不清楚"的占28.6%。也就是说，60%的被访者明确表示对其参与过的扶贫政策的整体效果表示满意，约40%的被访者持不满意或不清楚的态度。

2. 初始变量统计描述

表1报告的是初始变量的统计描述。由表1可知，在5018位农业户口被访者中（含以前为农业户口的居民户），84.7%的人位于西部的民族县，以30～59岁的中年人为主；男性比女性多12个百分点；少数民族比汉族多53个百分点；不健康的占11.6%多；中共党员占了14.1%；接近60%的被访者学历为小学至初中；接近50%的人主要从事农业生产；接近70%的被访者家庭人口为4人及以上。所有被调查户，基于调查时他们所报告的收入水平和当年农村贫困线，被划分为贫困户与非贫困户两类，其中贫困户所占比重略超20%。

表1　初始变量的统计描述

变量		赋值	频数	百分比（%）
区域	西部民族县	1	4251	84.7
	中部民族县	2	431	8.6
	东部民族县	3	336	6.7
年龄分组	16～29岁	1	750	15.0
	30～39岁	2	1034	20.7
	40～49岁	3	1322	26.5
	50～59岁	4	1007	20.2
	60岁及以上	5	884	17.7

续表

变量		赋值	频数	百分比（%）
性别	女性	1	2199	43.9
	男性	2	2805	56.1
民族	少数民族	1	3855	76.8
	汉族	2	1163	23.2
健康状况	不健康	1	579	11.6
	一般	2	1318	26.5
	健康	3	3084	61.9
政治面貌	非中共党员	1	4293	85.9
	中共党员	2	704	14.1
教育程度	未上学	1	1207	24.1
	小学至初中	2	2980	59.5
	高中	3	544	10.9
	大学及以上	4	277	5.5
主要职业	家务劳动等其他	1	711	15.5
	只是务农	2	2172	47.3
	兼业	3	911	19.8
	只从事非农工作	4	801	17.4
家庭规模	1 人户	1	141	2.9
	2 人户	2	537	10.9
	3 人户	3	865	17.6
	4 人及以上户	4	3379	68.7
收入状况	贫困户	1	822	20.7
	非贫困户	2	3153	79.3

注：本表中，由于部分变量存在缺失值，各变量的样本之和有可能不相等且不一定等于有效样本数（5018个）。以下各表中均存在这个问题。本文保留了有缺失值的个案记录，并在最优尺度回归中将缺失值样本纳入回归模型中。

3. 中间变量的统计描述

如上所述，在民族地区大体有 15 类扶贫开发工程或项目，这些工程和项目按性质可以被归纳为 6 个大类。首先描述被访者对 15 类具体工程或项目的绩效的满意度评价情况（参见表 2）。

总的来说，被访者对各项具体工程或项目的实施绩效的满意度都比较高。在 15 类工程中，平均评价得分最低的为 3.65 分（退耕还林、还草补助工程），考虑到最高评分（亦即满分）是 5 分，3.65 分相当于满分的 73%，也就是说，按百分制换算，退耕还林、还草补助工程的满意度评价得分为 73 分。平均评价得分最高的为 4.22 分（"两免一补"政策），同样，按百分制换算，"两免一补"政策的满意度评价水平达到84.4分，可以说是良好了。在全部15类工程中，按满意度评价平均得分排序，位列前五的工程项目为"两免一补"政策、村村通工程（广播电视、道路、通信网络）、教育扶贫项目、资助儿童入学和扫盲教育项目以及道路修建和改扩建工程；而排在后五位的项目包括技术推广、培训工程、人畜饮水工程、扶贫培训项目、移民搬迁工程以及退耕还林还草补助工程。

观察表2，有两个趋势值得注意。一是具有普惠性的工程项目获得的满意度评价相对较高，如位列第1的"两免一补"政策和位列第2的村村通工程等，满意度评价的平均得分超过4分（按百分制换算超过80分），另外，资助儿童入学和扫盲教育项目、道路修建和改扩建项目也具有较强的普惠性，因而它们的满意度评价得分也相对较高。这些项目一方面确实直接帮助贫困人口（如通过以工代赈的方式使贫困农户劳动力获得收入），另一方面一旦实施也能使工程所在地区的几乎所有人都得益（表明它们具有很强的多重正外部性）。二是满意度评价平均得分相对较低的扶贫开发项目，有两种情况，一种是表示很不满意、不满意的被访者比重较高，如被访者中对位列第10以后的几项工程或项目的实施绩效表示不满意或很不满意的人所占比重大都超过了10%，最高达到17.4%（人畜饮水工程）；另一种是感到一般的被访者所占比重较高，如被访者中表示感觉其绩效"一般"的人所占比例超过20%的工程或项目的平均得分，都排在了后五位。

表2　16类工程实施绩效满意度评估分布

单位：%，分

工程	很不满意	不满意	一般	满意	非常满意	平均得分	得分排序	样本
移民搬迁工程	0.9	9.1	24.6	49.5	16.0	3.71	13	1225
"两免一补"政策	0.1	3.1	5.6	56.3	34.8	4.22	1	3500
资助儿童入学和扫盲教育项目	0.7	6.0	15.0	59.6	18.8	3.90	4	1637
教育扶贫项目	0.6	6.9	9.7	58.0	25.0	4.00	3	2007
扶贫培训项目	1.0	9.9	23.7	47.6	17.8	3.71	13	1218
技术推广、培训工程	0.8	8.8	21.1	55.0	14.4	3.73	11	1515
扶贫工程生产项目	0.8	8.9	16.4	57.4	16.5	3.80	9	1879
种植业、养殖业、林业扶贫金	0.8	10.1	18.6	55.2	15.4	3.74	10	1308
基本农田建设工程	0.7	9.4	10.7	61.4	17.8	3.86	7	1774
退耕还林、还草补助工程	2.3	13.1	16.3	54.7	13.7	3.65	15	1868
道路修建和改扩工程	1.2	11.9	4.9	60.0	22.0	3.90	4	3393
电力设施建设工程	1.8	12.0	5.1	63.7	17.5	3.83	8	2718
村村通工程	0.5	6.9	4.1	59.3	29.3	4.10	2	3248

工程	很不满意	不满意	一般	满意	非常满意	平均得分	得分排序	样本
卫生设施建设项目	1.5	10.9	6.3	62.2	19.2	3.87	6	2328
人畜饮水工程	4.3	13.1	6.5	57.7	18.4	3.73	11	2613

表 3 报告的是 6 大中间变量的简单统计描述。总的来看，6 大类工程或项目绩效的被访者满意度评价的差异不是很大，最高的综合得分均值比最低的综合得分均值仅高出 6.7%。按百分制换算的综合得分，在 74 分到 80 分之间，接近良好的水平。从排序来看，仍然是本身的普惠性程度越高的项目，获得的满意度评价位序越高。

表 3　中间变量统计描述

	最小值	最大值	综合均值	按百分制换算的综合得分	综合排序
移民搬迁工程	1	5	3.71	74.2	6
教育扶贫工程	1	5	3.84	76.8	2
扶贫培训工程	1	5	3.75	75.0	5
产业扶贫工程	1	5	3.76	75.2	4
基础设施扶贫工程	1	5	3.96	79.2	1
卫生健康扶贫工程	1	5	3.81	76.2	3

（二）基于中间变量的农村扶贫开发工程总体满意度回归分析

按照研究策略，本文首先基于中间变量对扶贫开发工程总体满意度评价结果进行多元回归分析，模型的解释程度为 22.7%（见表 4），具有比较良好的拟合优度。分析结果表明，教育扶贫工程、基础设施扶贫工程、卫生健康扶贫工程评价没有通过显著性检验。[①] 移民搬迁工程满意度评价、扶贫培训工程满意度评价和产业扶贫工程满意度评价均通过了显著性检验，其中，影响最大的是扶贫培训工程满意度评价，其标准化回归系数为 0.316；其次是产业扶贫工程满意度评价，其标准化回归系数为 0.164；最后是移民搬迁工程满意度评价，其标准化回归系数是 0.039。因此，在后面的路径分析中，不再将教育扶贫工程、基础设施扶贫工程、卫生健康扶贫工程评价纳入回归模型中。

---

① 基础设施扶贫工程、教育扶贫工程、卫生健康扶贫工程对扶贫开发总体满意度评价的影响没有通过显著性检验，并不表示基础设施扶贫工程、教育扶贫工程、卫生健康扶贫工程不重要，而仅仅表示其对扶贫工程总体满意度评价分布没有产生具有统计显著性的影响。其原因可能是基础设施扶贫工程、教育扶贫工程、卫生健康扶贫工程均具有一定普惠性，受益的不仅仅是贫困户，贫困地区农村居民均普遍受益，因此其参与度与满意度均比较高，其对扶贫开发总体满意度评价的分布差异的影响就不显著了。

表 4   中间变量对扶贫开发满意度的多元回归分析

	非标准化系数	标准化系数
移民搬迁工程	0.019 *	0.039 *
教育扶贫工程	0.005	0.010
扶贫培训工程	0.158 ***	0.316 ***
产业扶贫工程	0.097 ***	0.164 ***
基础设施扶贫工程	0.038	0.062
卫生健康扶贫工程	0.003	0.006
常数项	0.817 ***	
F	20.384	
R²	0.20	

注：***、**、*分别表示 0.001、0.01 和 0.05 的显著性水平。

（三）初始变量对中间变量和因变量影响的多元回归分析

如上所述，本文所采用的多元回归方法是最优尺度回归分析。表 5 报告的是初始变量对中间变量和因变量影响的多元回归分析。可以看到，4 个回归模型均具有较好的拟合优度。初始变量对几个中间变量的解释程度都在 17% 以上；初始变量直接对因变量的解释程度为 15.5%，明显低于中间变量对因变量的解释程度。这表明，直接用初始变量解释因变量存在一定的缺陷，初始变量还通过中间变量来影响因变量。因此，前面的预设总体分析框架是合理的。从回归结果来看，其一，显著影响移民搬迁工程评价的初始变量为区域、民族、政治面貌、教育程度、主要职业、家庭人口规模、家庭人均收入水平。其二，显著影响扶贫培训工程满意度的初始变量为区域、年龄、性别、健康状况、政治面貌、教育程度、主要职业、家庭人口规模、家庭人均收入水平。其三，显著影响产业扶贫工程满意度的初始变量是区域、年龄、政治面貌、教育程度、家庭人口规模、主要职业、家庭人均收入水平。其四，显著直接影响扶贫开发满意度的初始变量为区域、年龄、民族、健康状况、政治面貌、教育程度、主要职业、家庭人口规模、家庭人均收入水平。

表 5   初始变量对中间变量和因变量影响的多元回归分析（标准化回归系数）

	中间变量			因变量
	移民搬迁工程满意度评价	扶贫培训工程满意度评价	产业扶贫工程满意度评价	扶贫开发工程总体满意度
区域	− 0.132 ***	0.161 ***	− 0.122 ***	− 0.049 ***
年龄	0.069	− 0.073 ***	− 0.055 ***	0.097 ***
性别	− 0.047	0.034 ***	0.055	− 0.023

续表

	中间变量			因变量
	移民搬迁工程满意度评价	扶贫培训工程满意度评价	产业扶贫工程满意度评价	扶贫开发工程总体满意度
民族	− 0.094 ***	− 0.004	0.039	− 0.068 ***
健康状况	0.064	0.044 ***	− 0.007	0.046 ***
政治面貌	0.016 ***	0.081 ***	− 0.057 ***	0.048 ***
教育程度	− 0.082 ***	0.065 ***	0.114 ***	0.053 ***
主要职业	− 0.077 ***	0.047 ***	− 0.067 ***	0.031 ***
家庭人口规模	− 0.144 ***	− 0.116 ***	− 0.141 ***	− 0.119 ***
家庭收入状况	− 0.087 ***	− 0.106 ***	− 0.144 ***	− 0.075 ***
F	15.224	15.266	18.856	11.113
R^2	0.176	0.176	0.194	0.155

注：*** 、** 、* 分别表示 0.001、0.01 和 0.05 的显著性水平。

（四）扶贫开发总体满意度评价影响因素的路径分析

在这里，我们将利用路径分析方法分析初始变量和中间变量对扶贫开发总体满意度的总影响。表 6 报告的是自变量对于因变量的影响过程。其中，间接影响 = 自变量对各个中间变量的标准化回归系数 × 该中间变量对因变量的标准化回归系数；总影响 = 间接影响 + 直接影响。也就是说，表 6 的结果是基于表 4 和表 5 而产生的。另外，根据表 5，显著性水平大于 5% 的标准化回归系数未纳入表 6 中。

表 6 基于初始变量和中间变量的扶贫开发总体满意度影响因素路径分析

	间接影响			直接影响	总影响
	移民搬迁工程满意度评价	扶贫培训工程满意度评价	产业扶贫工程满意度评价		
区域	− 0.0051	0.0509	− 0.0200	− 0.0490	− 0.0233
年龄	—	− 0.0231	− 0.0090	0.0970	0.0649
性别		0.0107			0.0107
民族	− 0.0037	—		− 0.0680	− 0.0717
健康状况	—	0.0139		0.0460	0.0599
政治面貌	0.0006	0.0256	− 0.0093	0.0480	0.0649
教育程度	0.0059	0.0205	0.0187	0.0530	0.0981
主要职业	− 0.0026	0.0149	− 0.0110	0.0310	0.0323
家庭人口规模	− 0.0203	− 0.0367	− 0.0231	− 0.1190	− 0.1991
家庭收入状况	− 0.0161	− 0.0335	− 0.0236	− 0.0750	− 0.1482

路径分析的结果表明，对扶贫开发满意度评价的总影响最大（根据路径系数的绝对值）的初始变量是家庭人口规模，其次是家庭收入状况，再次为教育程度；性别、区域和主要职业的总影响相对较小。下面做进一步的解释。

作为初始变量的区域因素加上三大类工程满意度评价，对扶贫开发工程总体满意度评价产生了负向的总影响，其中，区域因素的直接影响做出了最大的贡献；而在其间接影响中，通过扶贫培训工程满意度评价产生的影响是唯一正向的影响。综合来说，移民搬迁工程和产业扶贫工程更有利于西部地区民族县农村住户（包括贫困户，下同），而扶贫培训工程则更受东部地区民族县农村住户的欢迎。

年龄因素除了不存在通过移民搬迁工程满意度评价而对扶贫开发总体满意度评价产生显著影响之外，通过其余两大类工程对总体满意度评价产生了显著的负向间接影响，但是，该因素对总体满意度评价的显著正向直接影响则要大很多，也就是说，年龄较大的被访者总体上对整个扶贫开发工作更加满意。要进一步提升民族地区农村居民对扶贫开发工作的满意度，需要增强扶贫培训工程和产业扶贫工程对年龄较大人群，尤其是贫困人群的可及性和帮助。

性别因素对扶贫开发总体满意度评价没有显著的直接影响，并且只是通过扶贫培训工程满意度评价而产生不算很大的间接影响。由此可见，要消除性别因素的影响，关键在于增强扶贫培训工程对于女性的助益，这样也有助于进一步提高民族地区农村居民对扶贫开发工程的总体满意度。

民族因素既通过移民搬迁工程对扶贫开发工作总体满意度评价产生间接影响，也对后者有着直接影响，而且其直接影响远远大于其间接影响。其直接影响和间接影响都是负向的。也就是说，民族地区农村少数民族对扶贫工程的总体满意度评价明显高于汉族居民的满意度评价。总体上，在民族地区农村，少数民族居民比汉族居民更加贫困一些①，因此，一些扶贫项目会更多地向少数民族倾斜，少数民族受益也会更多，满意度评价也就更高。这种民族差异，恐怕是难以消除的，并且可能也不需要特意去消除这种差异，毕竟扶贫工程的帮助对象就是贫困人群。

健康状况因素对扶贫开发工作总体满意度评价存在直接显著正向影响，同时也仅仅通过扶贫培训工程产生间接显著正向影响。也就是说，健康状况好的被访者的满意度平均总体高于健康状况差的被访者的满意度评价。要消除这种差异，关键在于扶贫开发工程还要更多地考虑健康状况相对较差的人群的需要，给他们提供可及的帮助。

政治面貌因素既通过三大类工程对总体满意度评价产生间接影响，自身也有直接

①　参见丁赛《农村汉族和少数民族收入差异的经验分析》，《中国劳动经济学》2006年第4期；刘小珉《民族视角下的民族地区农村贫困问题比较研究——以广西、贵州、湖南为例》，《民族研究》2013年第4期。

影响。其中，只有通过产业扶贫工程产生的间接影响是负向的，其他间接影响和直接影响都是正向的，并且由此使得总影响也是正向的。总的来说，中共党员的满意度评价更加积极一些，这特别体现在其直接影响和通过扶贫培训工程满意度评价而产生的间接影响上。其背后的原因，还待进一步研究。

教育程度因素对被访者的扶贫开发工作满意评价，既具有显著的直接正向影响，也具有显著的间接正向影响。这表明，被访者的受教育程度越高，其对扶贫开发工作总体满意度评价的影响就越大。可以说，在各项扶贫开发工程或项目的实施过程中，受教育程度较高的受惠者可能处于更加有利的地位，或者他们对扶贫工作的理解和认知更多一些。

家庭人口规模因素对被访者的扶贫工作总体满意度评价的直接影响和间接影响都是显著的，并且其影响都是负向的。因此，总的来说，被访者家庭人口规模越大，他们对扶贫工作的总体满意度评价就越低。考虑到民族地区农村贫困户的家庭人口规模往往较大，他们对扶贫帮助的需求也会更大，在扶贫助益总量一定的情况下，家庭人口规模较大的农户的人均获益便可能低于他们的预期。另外，家庭人口规模较大的农户往往面临劳动力抚养系数较大的压力，一些针对劳动年龄人口的扶贫工程或项目对此类农户的有效帮助会小于家庭劳动力抚养系数较小的农户。

职业因素的直接影响和通过扶贫培训工程满意度评价产生的间接影响显著并且是正向的，而通过移民搬迁工程、产业扶贫工程满意度评价产生的间接影响也是显著的，但方向为负，其总影响则是正向的。这再次表明，移民搬迁和产业扶贫工程，对从事家务劳动和务农的被访者的帮助更大，而扶贫培训工程和产业扶贫工程对兼业被访者和非农就业被访者的帮助更大。这种差异在实际工作中可能很难消除，把各种不同目标人群指向的扶贫工程做好、做到位，都可以提高他们对扶贫工作的总体满意度评价。

家庭收入状况因素对扶贫工作总体满意度评价的直接影响和间接影响都是显著的，并且是负向的。也就是说，民族地区农村非贫困农户对扶贫工作的总体满意度评价普遍低于贫困农户的总体满意度评价。这是可以理解的。因为扶贫项目会向贫困农户倾斜，贫困农户受益也就会更多，满意度评价也会随之增加。

四 结论与建议

本文使用 2014 年民族地区大调查的农村居民家庭调查资料，运用路径分析法对当前民族地区农村居民的扶贫开发工作总体满意度评价的影响因素进行了定量分析。

总的来看，民族地区农村居民的扶贫开发满意度评价还不太高。对于扶贫开发工作的总体满意度评价，在全部被访者中，表示"满意"的人所占比重只有 60.8%，可以说是刚刚及格。运用路径分析模型考察扶贫工作总体满意度评价的影响因素的结果表明，所有纳入分析模型的"初始变量"，即被访者的主要人口和社会特征因素，都对扶贫工作总体满意度评价产生了显著的直接影响，并且通过 6 大扶贫工程的全部或部分对扶贫工作总体满意度评价产生了间接影响，从直接影响和间接影响之和所构成的总影响来看，绝对值最大的初始变量是家庭人口规模，其次是家庭人均收入状况，再次是被访者的受教育程度。这些结果与我们的日常观察是比较一致的，并且很好地诠释了这些因素影响扶贫工作总体满意度评价的方式和机理。

本研究的若干结果，具有比较明确的政策含义。习近平总书记 2013 年 11 月在湖南湘西考察时提出了"精准扶贫"战略。他表示，"在实际工作中，应对贫困村、贫困户进行精准化识别、针对性扶持、动态化管理，扶真贫、真扶贫"①。从更好地落实习近平总书记关于精准扶贫的精神出发，要进一步提高扶贫工作的社会满意度评价水平，需要针对不同人群的需要和他们的人口、社会特征，更加精细和精准地设计扶贫工程或项目并提高其实施绩效。

1. 要进一步做好各种既具有直接扶贫效果，又能产生普惠性影响的基础性扶贫工程或项目（包括基础设施扶贫工程、教育扶贫工程、卫生健康扶贫工程）。人们对这些项目的满意度评价相对较高，内部差异较小（以致其对扶贫工作总体满意度评价分布没有产生具有统计显著性的影响）。

2. 要针对年龄较大贫困人群，设计对他们具有更大可及性和助益性的扶贫工程或项目，使得他们中的贫困群体能够更加容易地从这样的工程或项目中获得实际的有助于他们脱贫的好处，从而消除年龄差异对扶贫工作总体满意度评价的各种影响。

3. 扶贫工程或项目的设计和实施，要融入社会性别视角。现有的一些扶贫工程或项目，对民族地区农村的贫困妇女来说，可能存在可及性问题或帮助她们脱贫的效果不够理想的问题。解决好这样的问题，必将有助于消除扶贫工作总体满意度评价的性别差异，从而提高总体满意度评价。

4. 扶贫工程或项目的设计和实施，要增强对于受教育程度较低目标人群的针对性。对于他们来说，对知识和技能储备以及理解能力的要求较高的项目或工程，存在着明显的可及性问题。他们的主要优势是他们的体力和吃苦耐劳精神。应当设计实施与他们具有的优势相适应的扶贫工程或项目，从而在帮助他们脱贫的过程中产生立竿见影的效果。

5. 扶贫工程或项目的设计和实施，要更多地关注在健康状况方面面临难题的目标人群。不仅要帮助他们改善健康状况，还要提供对于他们的参与来说是力所能及的工

---

① 参见刘永富《打赢全面建成小康社会的扶贫攻坚战——深入学习贯彻习近平同志关于扶贫开发的重要讲话精神》，《人民日报》2014 年 4 月 9 日。

程或项目，保证他们也能从扶贫工作中直接获益，这样可以缩小健康状况差异对总体满意度评价的影响。

6. 在设计和实施扶贫工程或项目时，要对家庭人口规模较大的农户给予充分的关注。这样的家庭往往有着较高的劳动力抚养系数，一些主要针对贫困农户劳动年龄人口的扶贫工程或项目，可能使这样的贫困农户处于相对劣势的境地，使得他们从中获得的有效帮助低于工程项目的预期或他们自己的预期，从而降低他们对扶贫工作的总体满意度评价。

原载于《民族研究》2016 年第 2 期

民族旅游与民族地区旅游业发展问题探讨

刘晓春

摘　要　民族地区旅游业是中国旅游产业"千军万马"中的"黑马",是中国旅游产业改革发展的"试验田",是边疆民族地区社会经济发展的"脊梁",是社会经济成长中的和谐"动力产业",是中国少数民族传统文化可持续发展的重要"基地",是打造具有丝绸之路特色的国际精品旅游线路和旅游产品的"前沿窗口",是中国56个民族守望相助、互守尊严的一面"旗帜"。论文以民族旅游与民族地区旅游业为研究议题,梳理和描述了民族地区旅游业的发展现状和战略格局。论述了发展民族地区旅游业的重要意义,阐述了民族地区旅游业的功能定位,针对民族旅游与民族地区旅游业发展中存在的问题,提出了相应的政策及建议。

关键词　民族旅游　民族地区旅游　发展现状　对策建议

一　民族地区旅游业发展概况①

民族地区是指民族九省区八州及相关民族自治县（旗）,其中民族九省区包括内蒙古自治区、宁夏回族自治区、新疆维吾尔自治区、广西壮族自治区、西藏自治区和少数民族人口较多的云南、贵州、青海、海南；民族八州包括吉林延边朝鲜族自治州、湖南湘西土家族苗族自治州、湖北恩施土家族苗族自治州、四川甘孜藏族自治州、凉山彝族自治州、阿坝藏族羌族自治州、甘肃临夏回族自治州、甘南藏族自治州。上述民族地区的总面积约占全国国土面积的63.9%,约占民族自治地方国土面积的89%,涵盖民族自治地方的绝大多数区域。

民族地区旅游业则是指包含旅游八要素的旅游收入、旅游人次、旅游住宿、旅游

---

① 中国人类学民族学研究会民族旅游专业委员会：《关于进一步推进民族地区旅游业发展的若干建议》,第五届中国民族旅游论坛资料汇编,2014。

餐饮、旅游交通、旅游购物、旅游景区、旅游娱乐、研学旅行、旅游健康服务等方面的综合性产业。

1. 民族地区旅游资源丰富，民族文化特色突出

民族地区面积约为 613 万平方公里，地域广阔，民族地区旅游资源的组合条件较好，品位高、精品多，蕴藏着我国乃至世界的独一无二的旅游资源，具有很高的垄断性。民族九省区有世界自然遗产、世界文化遗产共计 9 处。许多世界之最、中国之最及世界奇迹都分布在民族地区。被评出来的中国最美丽的地方中，10 个最美丽的名山在民族地区有 8 个，中国最美的六大冰川全部在民族地区，中国最美五大湖中民族地区有 3 个，中国最美六大瀑布民族地区有 5 个，中国最美六大草原全都在民族地区，中国最美十大峡谷中民族地区有 5 个，这些旅游资源保留了其原生性、自然性、独特性还有民族性，是发展旅游业得天独厚的旅游资源。其次，民族地区独特的民族建筑、民族服饰、民族美食、民族乐器、民族歌舞、民族医药以及民族地区独特的宗教信仰、语言、生活习惯和环境所形成的节日、婚丧及文化活动方面的不同习俗等民族文化特色突出，备受游客的关注和喜欢，具有很强的参与性与观赏性。

2. 民族地区旅游产业规模不断扩张，产业体系进一步健全和发展

2009 年民族九省区旅游接待人次为 4.4 亿人次，旅游总收入为 3284 亿元；2013 年，民族九省区旅游接待人次为 9.57 亿人次，比 2009 年增长了 117.5%，旅游总收入为 9330.13 亿元，比 2009 年增长了 184.1%。民族九省区的旅行社共有 3478 家，全国旅行社共有 26054 家，仅占全国的 13%，旅行社营业收入则占全国的 8%；五星级酒店 88 家，占全国的 11.91%，四星级酒店 371 家，占全国的 15.71%。民族九省区共有国家森林公园 147 个、国家自然保护区 102 个、国家地质公园 70 个、国家水利风景名胜区 115 个、国家级风景名胜区 44 个、5A 级景区 31 家。此外，民族文化旅游主题景区和民族村寨的产品形态由于承载着民族地方的历史记忆、生产生活智慧、文化艺术结晶和民族地域特色，一直维持着较高的市场吸引力，截止到 2014 年 10 月，分布在民族九省区的全国特色旅游景观名镇（村）37 个、全国休闲农业与乡村旅游示范县 26 个、全国休闲农业和乡村旅游示范点 71 个、中国传统村落 707 个、中国最美休闲乡村 25 个、中国美丽田园 34 个、中国重要农业文化遗产 12 个，分别占全国总量的 17.13%、22.22%、25.09%、45.44%、25.00%、24.29%、30.77%。

3. 民族地区旅游业产业地位迅速提升

改革开放以来，民族地区旅游产业经历了从无到有、从雏形走向成熟、从以发展入境旅游为主的事业型接待转型到入境、出境和国内旅游全面发展的历程，2000 年西部大开发至 2013 年，民族地区旅游产业发展迅速，其中贵州、西藏、海南旅游总收入占当地 GDP 的比重变化较大，贵州从 1.60% 上升至 29.61%，西藏从 4.31% 上升至

20.45%，海南从 0.09% 上升至 13.62%，内蒙古、广西、云南、青海的旅游总收入占当地 GDP 的比重较 2000 年增加了 5% ~ 7.5%，新疆和宁夏旅游总收入占当地 GDP 的比重增长相对较少，分别增长了 2.66% 和 1.42%。基于对民族地区旅游资源强吸引力、旅游市场需求旺盛的不断认识，以及旅游经济效益的不断凸显，旅游产业在当地国民经济中的地位也得到不断加强，旅游业先后作为民族地区的"支柱产业""战略性支柱产业"或"主导产业"来打造。

4. 民族地区旅游市场持续扩大

民族地区旅游市场在全国旅游市场中的份额体现出持续扩大的趋势，旅游人数、收入等指标占全国的比重总体上均在稳定提高。以 2008 年和 2013 年为例，民族九省区入境旅游人数从 281.5 万人次上升至 1936.1 万人次，占全国的比重从 9.76% 提高到 15%；民族九省区国际旅游收入从 80643.78 万美元上升至 620436.04 万美元，占全国的比重从 6.69% 提高到 12%；民族九省区国内旅游人数从 10432.82 万人次上升至 93799.65 万人次，占全国的比重从 21.8% 提高到 37.85%；民族九省区国内旅游收入从 410.72 亿元上升至 9118 亿元，占全国的比重从 30% 提高到 35.9%。

二 发展民族地区旅游业的意义和价值

1. 促进民族地区社会经济发展

（1）提高民族地区经济收入。旅游业是一个关联性较强的产业，它的行业带动性比较强，以旅游业为龙头的第三产业是民族地区地方财政的重要来源。内蒙古、广西、海南、贵州、云南、西藏 6 个省区的旅游业已成为省内新的经济增长点和促进自治区经济增长的动力产业，旅游收入在本省区 GDP 中所占比例超过 8%；青海、新疆两省旅游总收入在本省区 GDP 中所占比例超过 5%；宁夏的旅游总收入占本省 GDP 比例为 4.96%。

（2）提供社会就业岗位。截至 2013 年底，全国共有 10.6 万个乡村旅游特色村、180 多万个乡村旅游经营户，年接待游客 9.6 亿人次，年经营收入约 2800 亿元，直接从事乡村旅游的农民达 3000 多万人，占农村劳动力的 6.9%。这对于解决民族地区下岗失业人员再就业、安置新增劳动力就业以及进城务工农民的就业等，都是一个较好的渠道。

2. 促进民族地区文化传承和保护

旅游业在民族地区发展过程中承担着民族文化传承、创新和发展的使命和责任。根据对民族村旅游点文化表象研究发现，民族村寨在复杂的旅游带动下，文化正经历着变迁。虽然"台前"的表演或许已经失去了原真性，但也在某种程度上巩固了散落的文化，并通过节庆的形式将民歌文化传承和弘扬。浓郁的少数民俗文化风俗氛围对游客产生了极强的吸引力，有效推动了民族文化事业的发扬光大。

3. 促进民族团结与社会和谐稳定

通过旅游，可以使不同地区、不同国家、不同民族、不同宗教信仰的人增进互信、共识和谅解，从而有利于社会的和谐稳定发展。民族地区以旅游业为载体加强民族文化合作交流，对增进民族团结、促进社会和谐发展、兴边富民、拉动区域经济增长等方面都发挥了重要作用。

4. 社会贡献度大，旅游富民旺省效应明显

旅游产业的社会贡献度大，能够为地方带来经济效益，拉动就业，带动相关产业发展。而民族地区由于工业和高科技产业落后以及生态保护的需要等原因，旅游业往往成了当地发展民族经济的最佳实践，并常以"旅游扶贫"的形式作为脱贫致富的最佳载体。桂林理工大学吴忠军教授对农村居民在旅游发展过程中收入变动情况的研究成果显示：2012 年，广西休闲农业与乡村旅游就业人数近 100 万人，人均年收入达到 1.5 万元以上，人均年增收 1000 元以上，广西乡村旅游发展给当地农村居民带来的收入净增长了 8.80%。2012 年，云南鹤庆县新华村年人均旅游收入为 8.61 万元，广西阳朔县历村年人均旅游收入 7.91 万元、广西龙胜县平安壮寨年人均旅游收入 3.42 万元。

5. 促进相关理论研究和实证研究

随着民族地区旅游业的发展壮大，民族旅游与民族地区旅游经济研究成果突飞猛进，理论研究有所深化，实证研究得到进一步加强。以 2015 年为例，实证研究的论文主要有：张小林、孙玮、刘兰的《少数民族特色村寨体育文化旅游资源创意、开发研究——基于湘西德夯苗寨的调查研究》，《贵州民族研究》2015 年第 1 期；王群、孙沁的《少数民族特色村寨建设与旅游扶贫的互动关系研究——以吉首市德夯村为例》，《湖南社会主义学报》2015 年第 4 期；庾君芳的《产业转型背景下民族旅游社区参与维度及影响因子研究——以湘西凤凰县为例》，《2015 中国旅游科学年会论文集》（2015 年 6 月）；岑明仙的《浅析古镇旅游开发——以黔西南州鲁屯古镇为例》，《现代教育教学探索学术交流会论文集》（2015 年 6 月）；廖坤慧的《贵州民族地区红色旅游解说词翻译规范化研究》，《贵州民族研究》2015 年第 1 期；孔文迅的《浅谈伊犁州少数民族特色村寨发展——以伊宁市喀赞其民俗旅游区为例》，《北方文学》2015 年第 8 期；等等。庾君芳的《产业转型背景下民族旅游社区参与维度及影响因子研究——以湘西凤凰县为例》具有代表性。论文认为，民族旅游目的地社区是旅游资源的重要组成部分，社区居民是民族旅游开发的主人，也是最终受益人。论文以国内民族旅游目的地为研究对象，结合湘西凤凰县实地走访和调研，深入剖析了民族旅游社区无效参与的原因以及危害，认为滞后的观念和淡薄的民主意识、社区经济水平、管理理念以及相关政策保障体系五大因子影响居民参与；主张社区参与是实现民族旅游可持续发

展不可或缺的环节，并以地方政府、社区居民、开发商三个角色为切入点，提出助力民族社区有效参与旅游发展的对策，文中还开创性地提炼了民族社区参与旅游发展的八个维度。与此同时，各类论坛旨在以民族旅游理论研究支撑民族地区旅游改革发展，促进民族地区旅游产业转型升级，深化民族地区的对外开放和文化交流程度，开创经济发展、旅游富民、社会和谐、边疆稳定、民族团结的民族地区发展新格局。

三 民族地区旅游业存在的主要问题

我国的民族旅游研究经历了从单一的经济研究向生态、文化、社会等多个方面研究的发展过程。随着民族旅游研究的日趋深入，民族旅游发展中出现的问题给民族地区造成的负面影响受到了更多的关注。通过知识图谱对中国知网中以民族旅游为主题的文献进行可视化分析，发现民族旅游发展中的问题涉及民族文化、生态环境、开发机制以及学科建设等方面，而解决这些问题的关键就是要在发展与保护之间找到一个利益平衡点。[①]

1. 旅游产品结构单一，旅游业态老化。目前，民族地区旅游产品仍然以乡村旅游、观光旅游为主，休闲度假、健康养生、宿营地、研学旅游等专项旅游产品较少，尚处于待开发状态，旅游产品结构单一，旅游业态老化比较严重。截至 2013 年，民族地区的国家旅游度假区仅有 3 家、民族地区生态旅游产品占全国的 18.63%。

2. 旅游项目布局分散，处于粗放型开发模式。民族地区旅游项目和企业数量、规模、经营呈现"小、散、乱"的状态，经济效益不够理想。2013 年，民族地区国内旅游收入仅占全国的 12.1%。民族地区在招商引资、基础建设方面还缺乏重大项目和资金支撑。在一些边远地区，名胜古迹大部分没有开发利用，很多项目还在规划和建设中。[②]

3. 在民族地区，少数民族个体，甚至少数民族群体的利益得不到充分保障。在一些少数民族村寨存在这样一种现象，旅游业获得了长足的发展，而越来越多的当地人却被排挤在旅游发展之外，很少从旅游业的发展中获益。由于现有少数民族文化旅游开发一般是由地方政府实施管理，经营者（旅游公司）实施开发的模式，因此，管理者通过税收和其他费用获得收益，经营者通过门票、其他服务业得到收入。而少数民族个体或群体最多就是通过提供一点低附加值劳动来获取一点劳动报酬而已。[③] 与此同时，民族村寨被规划、被计划、被发展、被商业化的现象也时有发生，至于当地村民

---

① 江婕：《我国民族旅游发展问题研究综述》，《旅游研究》2015 年第 4 期。

② 吴忠军、钟珺、王佳果：《改革与发展——民族地区旅游业改革与创新的思考》，第五届中国民族旅游论坛论文集，2014。

③ 唐德彪、方磊：《少数民族文化旅游资源开发中的产权困境及制度构建》，《企业经济》2009 年第 1 期。

参与与否及其参与程度少有人考虑。

4. 做旅游难，难的是人才。在民族地区，大多旅游企业人气不足，专业技术人才短缺。中国旅游研究院《2013 年中国旅游业发展报告》统计显示，民族地区旅游专业人才水平低于 5 分，处于全国的中下水平。

5. 边境地区，旅游文化产品开发不足，民族工艺品生产没有形成规模，而且当地居民旅游创业意识非常薄弱。同时，民间工艺品生产出来以后市场销路很有限，卖不出去。与此同时，民族村寨的民族传统教育断层，民族语言传承后继乏人。民族村寨的发展不仅是经济的发展，文化资源的再生才是真正的发展。如何在传统基础上继承、持续、发展、再创文化资源，是一个值得深思的问题。

6. 民族地区旅游业发展中的制约因素较多，交通现状不容乐观。2013 年底，民族地区高速公路通车里程 19507.79 公里，铁路通车里程共 26541 公里，民用航空机场 68个，其中，内蒙古各项指标均居全国第一，西藏的铁路和公路通车里程则排名最后。总的来说，内蒙古、广西、云南、新疆、贵州的交通基础设施建设在民族地区中相对较好，但与全国相比，仍有很大差距。

四 民族地区旅游业发展的政策建议

1. 积极推动民族地区旅游发展上升为国家战略

2014 年，中国人类学民族学研究会民族旅游专业委员会，关于进一步推进民族地区旅游业发展的若干建议之一，即建议国家民委联合国家发改委、国家旅游局等部门积极推动发展民族地区旅游上升为国家战略，通过旅游产业发展促进民族地区社会经济发展、民族文化传承与保护、实现民族团结和社会稳定，成为"兴边富民"和"边疆稳定"的重要支撑。由国家民委牵头，联合国家发改委、国家旅游局等部门，共同组织调研，尽快出台纲领性政策文件《关于加快民族地区旅游业发展的指导意见》，进一步明确民族地区旅游发展的工作思路和方向，明确发展目标和任务，提出针对性强的政策保障措施。文件起草的前期研究由中国人类学民族研究会民族旅游专业委员会负责。

2. 建立部门联动领导机构，加强民族旅游发展的基础性研究工作

2014 年，中国人类学民族学研究会民族旅游专业委员会，关于进一步推进民族地区旅游业发展的若干建议之二，即建议国家民委和国家旅游局双方加强合作，把促进民族地区旅游业发展作为两部门的一项长期合作任务，建立共同领导机构和定期磋商机制。建议双方共同设立"民族地区旅游发展工作领导小组"及其办公室，指导民族地区旅游发展的相关工作。领导小组主要职责是协调和制定两部门关于推动民族地区旅游业发展的相关政策；争取相关项目专项资金支持，研究部署重大活动和具体工作

磋商。领导小组每年至少召开一次协调会，并不定期就相关工作进行研究磋商。编制研究报告和全国性发展规划以中国人类学民族研究会民族旅游专业委员会为依托，整合全国民族地区院校的民族旅游研究力量，对民族地区的旅游资源分布及开发情况、旅游产业发展情况、旅游人才培养情况进行全面调查研究。在此基础上形成《中国民族地区旅游发展研究报告》，同时尽快编制并印发《全国民族文化旅游发展规划》，明确未来发展思路、目标和措施。

3. 加强民族旅游标准制定，成立民族地区旅游发展专项资金

组织调研，总结民族地区发展经验，以标准化、品牌化推进民族旅游业发展，尽快研究制定中国民族文化旅游示范村、中国民族文化旅游示范基地、全国民族旅游示范县标准及评选办法，联合国家旅游局启动中国民族文化旅游示范创建工作，把示范村、示范基地、示范县的品牌创建活动作为引导和带动民族地区旅游持续、健康发展的重要手段。标准制定的前期研究由中国人类学民族研究会民族旅游专业委员会负责，待时机成熟后再升格为国家标准。向国务院争取设立民族地区旅游发展专项投资，加大对民族地区旅游业发展的政策资金支持。努力争取各级政府财政资金支持，把示范县、示范基地、特色民族旅游村寨作为重点支持对象。对民族旅游村寨和民族文化旅游景区的基础设施、服务设施、安全设施、环保设施建设和从业人员培训给予导向性的资金支持。

4. 充分认识民族村寨的旅游价值，利用科技手段研发新型模式

民族村寨的存在是我们这个世界难得的礼物，民族村寨本身就是一个智慧的学问，是中华民族自古以来为之骄傲的文化符号。民族村寨有着十分珍贵的历史价值、社会价值、文化价值、伦理道德价值、审美价值、生态价值和经济价值，它是人类精神文化和物质文化中不可缺少的重要组成部分，是世界文化遗产的重要内容之一。民族村寨开发的价值表现在城市化日益趋同的背景下，民族村寨还能以各种有形和无形的形式保持着自己的传统特色，显示现代社会不同的生活与生产方式。这是民族村寨作为旅游开发的主要依据，也是吸引游客的主要动力。民族村寨既是一个历史地理概念，又是重要的文化地理概念，同时也是一个经济地理概念。[①] 但在现代文明与新农村建设，以及城镇化的冲击下，民族村寨正面临严峻的挑战。最好的办法就是，将民族村寨"活"的社区作为保护与利用的对象，应用现代科技手段，研发相应利用技术及相应的产品，形成原生态文化旅游区，创建民族村寨文化旅游和科技融合新型模式。这不仅有利于旅游开发和保护，而且也有利于民族文化的合理利用，促进民族村寨的可持续发展。

---

① 刘晓春：《民族村寨旅游的思考》，《黑龙江民族丛刊》2013 年第 3 期。

5. 进一步推进民族旅游业的创新与发展

2014 年 11 月，陈耀先生在第五届中国民族旅游论坛会议上，就民族地区旅游业如何创新问题，提出了以下几点建议：（1）创新认识：发展民族旅游的目的不是愉悦游客，而是优化发展方式，让民族旅游的"主人"——该族的民众获得稳定的、可持续的利益；运用民族人文资源、展现民族文化特色、体现民族习俗风情给游客体验都是一种发展形式。旅游为了民族，不是民族为了旅游。（2）创新理念：在全球化旅游趋势中，在国际化旅游追求中，民族旅游需要以全球化理念定位市场、选择市场和创造需求，以民族化特色形成国际吸引力，以地方化的标准体现国际竞争力。（3）创新内容：保持活着的民族风情，探索从为游客提供民族风俗"表演"，到让游客体验民族生活方式。（4）创新形式：民族旅游点从旅游景区到旅游境区。旅游景区：以特定的景观为吸引物，以相对集中展现景观的区域为载体，提供配套设施和相应服务，主要收入靠"门票经济"的旅游区域；一个民族旅游景区，可以在也可以不在民族地区，如深圳中华民族风情村；旅游境区：拥有优越生态环境、优美景观环境、优雅文化环境、优质服务环境的全域型旅游区域，整体上以为游客提供多种消费形式而获取收入的旅游目的地。民族旅游境区只能形成在民族地区，即民族风情活在生活中。（5）创新运作：同国家战略结合，变边境边疆为开放改革的前沿。[①]

6. 构建旅游和谐发展理念

旅游业是当今世界上发展速度最快的产业，也是当今世界上最大的产业，它能促进人与自然、人与文化、人与人以及人与社会的和谐，能够促进和谐社会中不同群体、不同民族、不同产业之间的关系，从而能够促进整个社会的和谐发展，在构建和谐社会中有着重要的作用，是和谐社会中不可缺少的一个元素。[②] 和谐旅游是指构成旅游活动的各要素以及各要素之间处于和谐利用或相互协调状态的一种旅游发展模式。云南师范大学明庆忠教授指出，和谐旅游至少包括"六大和谐"：（1）旅游资源的和谐利用（即人与自然的和谐）；（2）发展目标的和谐；（3）游客与旅游企业；（4）旅游部门与旅游企业；（5）旅游企业之间；（6）旅游行业与全社会之间。[③]

7. 构建少数民族文化旅游资源开发产权制度，深化民族地区旅游业机制改革

在民族地区，如何保障民族旅游业收益分配的相对公平性，就需要建立和完善少数民族文化产权的法律体系，明确少数民族群体对当地文化产权的拥有权。针对少数民族文化产权的特殊性，建立合理的产权结构和产权评估体系，加强少数民族文化产权的申报工作。通过相应立法，保障当地少数民族群体的参与权和知情权。转变政府

---

① 陈耀：《民族地区旅游和民族旅游的创新推进》，第五届中国民族旅游论坛参会论文，2014。
② 曹新向：《和谐社会中的旅游价值观及其实现》，《生态经济》2006 年第 4 期。
③ 明庆忠：《云南旅游发展与和谐社会建设》，第五届中国民族旅游论坛参会论文，2014。

职能，建立高效的管理体制和监督机制，政府进一步简政放权，实现旅游产业改革、发展和管理三位一体，强化旅游主管部门职能。进一步深化旅游国有企业改革，推动民族地区旅游产业由传统服务业向现代服务业发展。建立多元融资渠道，完善投融资机制。

8. 完善旅游配套政策，推进民族地区旅游业的快速发展

在现有政策的基础上，在国家相关部门的指导下，在财政、金融、生态、资源管理、土地利用、沿边沿海开放和人才培养方面进行探索和试点。如土地政策，民族地区应针对本地区提出相应的旅游产业用地规划管控政策、农民利用集体土地参与旅游开发分享收益政策，等等。如大力发展入境旅游和边境旅游，争取在符合条件的地方实行口岸落地签证。如人才培养政策，深化民族地区旅游教育改革，加强民族旅游学科建设和对外交流合作。在旅游工种、旅游专业技术职称认定及相应待遇方面进行探索。

总之，民族旅游，可以启动新时代、新形势下的新思维，即守望相助。历史与现实表明：民族团结要靠各民族的主体参与，靠各民族语言共同发声拨动心灵之弦，靠各民族之间和万物万象之间的"以太"共享，靠互为环境的互守尊严。热爱祖国和民族，尊重历史传统和自然山川，友好互助，共建和谐家园——这就是各民族和睦共生之道。

原载于《黑龙江民族丛刊》2016 年第 4 期

民族学视野中的汉民族研究[*]

曾少聪

摘 要 我国是一个统一的多民族国家，汉民族是我国人口最多和分布范围最广的民族，它在中华民族多元一体格局的形成和发展过程中发挥着不可替代的作用。历史上，除了元代和清代等少数几个朝代外，汉族在我国的政治、经济、社会和文化等方面长期处于优势地位，与此同时，汉族在与少数民族几千年的密切交往中，已经形成了"汉族离不开少数民族，少数民族离不开汉族，各少数民族之间也相互离不开"的传统。我国民族学界有关汉民族研究，已取得比较丰硕的成果。本文阐述民族学视野中的汉民族研究，首先阐明从民族学视角研究汉民族的必要性，其次论述民族学视角下汉民族研究的主要方面，最后提出民族学视角下汉民族研究的几点思考。

关键词 中国 民族学 汉民族研究

我国民族学的汉民族研究，它指的是民族学和人类学的汉民族研究。杨堃在论述人类学与民族学的关系时指出："民族学在大体上则和英、美两国所说的'文化人类学'或'社会人类学'同属于一门学科。"[①] 在我国教育部颁发的学科目录中"民族学"为一级学科，"文化人类学"是民族学之下的二级学科，即我们通常所说的狭义民族学。要准确地界定民族学的汉民族研究很不容易，我们把受民族学教育并长期从事民族学教学和科研的学者撰写的有关汉民族研究的论著，视为民族学的汉民族研究成果，大家都容易接受。不过，有许多学者并没有受过民族学的教育，却长期在民族学的教学和科研机构工作，并从民族学的角度研究汉民族，我们很自然地把这些论著也

---

* 本文在 2012 年 10 月 8 日至 11 日，由中国社会科学院民族学与人类学研究所、中国民族学学会汉民族分会主办，中南民族大学承办的"汉民族学会年会暨荆楚文化学术研讨会"会议上宣读，会后做了一些修改。2013 年，笔者担任中国社会科学院创新工程项目"中华民族多元一体格局进程中的汉民族研究"的首席专家，此文是该项目阶段性成果之一。

① 杨堃：《民族学概论》，中国社会科学出版社，1984，第 6~7 页。

算作民族学的汉民族研究成果。至于个别外国华裔学者，他们长期在中国的教学和科研机构工作，在征得他本人同意的情况下，笔者也把他们的论著包括进来。[①]

本文主要谈三个问题。首先阐述从民族学的视角研究汉民族的必要性，其次论述我国民族学汉民族研究的主要方面，最后提出民族学视角下汉民族研究的几点思考。在这里需要特别说明的是由于笔者所知有限以及无法准确判断一些著作是否属于民族学的汉民族研究，因此难免挂一漏万，敬请学术界前辈包涵和指正。

一 从民族学的视角研究汉民族的必要性

我国是一个统一的多民族国家，2010 年第六次人口普查数据显示，我国汉族人口占 91.51%，少数民族人口占 8.49%。我国民族学研究的内容不仅要包括少数民族的研究，而且也要包括汉民族的研究。费孝通和林耀华指出："民族学的研究对象是包括一切民族在内的，在中国的范围里，不但要研究少数民族，也要研究汉族。"[②] 中国社会科学院原院长胡绳在第一届都市人类学国际会议上的讲话时指出："开展都市人类学研究，必须要研究汉族。对城市汉民族的研究，有助于深入研究少数民族，这两项任务是互相促进的。"[③] 中国社会科学院民族研究所原所长牙含章在《给全国汉民族学术讨论会的贺信》中指出："汉民族拥有九亿多人口，不仅是我国境内最大的民族，也是全世界最大的民族。因此，研究汉民族的问题，既有国内意义，也有国际意义。"[④]

虽然我国的学者很早就提出要加强汉民族的研究，但由于一些原因，汉民族研究一直未能引起民族学界的足够重视，以至于国家民委原主任李德洙指出："长期以来，我国民族学界没有把汉民族纳入民族学研究范围。更为遗憾的是我国最大的民族学研究机构——中国社会科学院民族研究所也没有把汉民族研究课题纳入规划。"[⑤] 学术界忽视汉民族研究主要有以下两个原因。第一，一些学者把中国通史等同于汉民族史。第二，新中国成立以来，我国民族工作者响应党和政府的号召，加强了对少数民族的研究，与此同时忽视了对汉民族的研究。[⑥]

20 世纪 80 年代，在费孝通、林耀华、牙含章、陈永龄等老一辈学者的支持下，中国社会科学院民族研究所、广西民族学院民族研究所、云南大学历史系、广西民族研

---

① 陈志明教授是马来西亚华人，他长期在香港中文大学人类学系和中山大学人类学系任教，征得他本人的同意，我们也介绍他的学术观点。
② 费孝通、林耀华：《中国民族学当前的任务》，民族出版社，1957。
③ 阮西湖：《都市人类学》，华夏出版社，1991，第 2 页。
④ 袁少芬、徐杰舜：《汉民族研究》第一辑，广西人民出版社，1989，第 1 页。
⑤ 李德洙：《中国都市人类学是一门理论与应用并重的学科》，载李德洙主编《走向世界的中国都市人类学》，中国物资出版社，1994，第 1 页。
⑥ 徐杰舜：《汉民族发展史》，四川民族出版社，1992，第 1-3 页。

究所、四川民族研究所等单位于 1987 年 6 月在广西南宁召开了"全国首届汉民族研究学术研讨会"，由此揭开了汉民族研究进入新阶段的序幕。1994 年，中国民族学会汉民族分会成立，该分会挂靠在中国社科院民族所，会长和秘书长长期由民族所的领导和研究人员担任。民族所和其他兄弟单位投入大量的人力和物力，组织全国汉民族研究的学术活动，已经召开国内和国际学术研讨会十多次，编辑和出版了十多部会议论文集①，推动了我国汉民族研究。

中国社会科学院组织实施哲学社会科学创新工程，民族学与人类学研究所领导和同人支持开展汉民族研究，通过整合所内民族学、人类学、语言学和民族经济等学科的力量，2013 年设置了"中华民族多元一体格局进程中的汉民族研究"创新工程项目②，以加强汉民族的研究。

二 民族学视角下汉民族研究的主要方面

关于我国汉民族研究的成果，已有历史学家和民族学家对它做了梳理。陈连开的《20 世纪汉民族研究概述》一文③，比较全面地评述了 20 世纪我国汉民族研究的情况。王东平在《中华文明起源和民族问题》一书中④，有专门一章探讨汉民族形成的问题，梳理了 20 世纪 50 年代关于汉民族形成的争鸣，60 年代以来民族形成问题的理论探索、新时期（指改革开放以后）以来汉民族形成的新探索。达力扎布主编的《中国民族史研究 60 年》一书⑤，在该书的第二章"汉民族形成研究"，主要谈 20 世纪 50~60 年代汉民族形成问题的讨论；70 年代末以来汉民族形成问题的新探索。李亦园比较全面地回顾了台湾汉民族研究的历程⑥。笔者认为，如果从民族学的视角来看，可以把以往的汉民族研究分为以下几个方面。

（一）中国民族史的汉民族研究

辛亥革命以前和以后的十年间，既是汉民族研究的发轫时期，也是中国学术界引进欧洲的学科理论与方法对中国自己民族进行研究的初始时期。代表人物有梁启超、

---

① 袁少芬、徐杰舜主编《汉民族研究》（第 1 辑），广西人民出版社，1989；袁少芬主编《汉民族地域文化研究》，广西人民出版社，1999；何光耀主编《汉民族的历史与发展》，岳麓书社，1998；吕良弼主编《中华文化与海峡两岸汉民族研究》，中国社会科学出版社，2002；陈祥辉等主编《澳门文化、汉文化、中华文化与 21 世纪》，澳门社会科学学会出版，2003；霍彦儒主编《炎帝与汉民族论集》，三秦出版社，2003；揣振宇等主编《汉文化、多元文化与西部大开发》，民族出版社，2005；王志民主编《齐鲁文化研究》，山东文艺出版社，2005；陈意初主编《河洛文化与汉民族散论》，河南人民出版社，2006；等等。
② "中华民族多元一体格局进程中的汉民族研究"创新工程项目，曾少聪研究员担任首席专家。
③ 陈连开：《20 世纪汉民族研究概述》，载袁少芬主编《汉族地域文化研究》，广西人民出版社，1999。
④ 王东平：《中华文明起源和民族问题》，百花洲文艺出版社，2004。
⑤ 达力扎布主编《中国民族史研究 60 年》，中央民族大学出版社，2010。
⑥ 李亦园：《台湾汉民族研究的回顾与前瞻》，载袁少芬主编《汉族地域文化研究》，广西人民出版社，1999，第 7~17 页。

孙中山、王桐龄和章太炎等。① 从 20 世纪 20 年代开始，历史学界和民族学界开展了比较系统的中国民族史的研究，据统计已经出版了数十本关于中国民族史的著作。② 不论是民族学家，还是历史学家，在阐述中华民族的形成和发展时，一定要谈到汉民族的形成和发展。例如人类学家林惠祥著的《中国民族史》一书③，第三章华夏系（汉族来源之一）、第四章东夷系（汉族来源之二）、第五章荆吴系（汉族来源之三）和第六章百越系（汉族来源之四），专门论述了汉民族的形成和发展。历史学家王桐龄著的《中国民族史》，第一章汉族胚胎时代、太古至唐虞三代；第二章汉族蜕化时代、东夷西戎南蛮北狄血统之加入、春秋战国；第三章汉族修养时代、汉族与匈奴之接触、汉族与乌孙之联合、秦汉；第四章汉族第二次蜕化时代、三国两晋南北朝；第五章汉族第二次修养时代、隋唐；第六章汉族第三次蜕化时代、五代及宋元；第七章汉族第三次修养时代、明；第八章汉族第四次蜕化时代、清。④ 上述的中国民族史有个共同的特点就是以汉民族的形成和发展为主线，对中国民族特别是汉族的发展进行分期，强调汉民族的形成和发展，吸收和同化了其他民族，使汉族不断壮大。同时也阐述汉族与少数民族在数千年的接触和交往过程中的相互影响。

近 20 年来，有关中华民族史、中华民族关系史、中华民族凝聚力的研究，都会涉及汉民族研究的内容。如王锺翰主编的《中国民族史》一书中，在相关章节中论述了

---

① 陈连开：《20 世纪汉民族研究概述》，载袁少芬主编《汉族地域文化研究》，广西人民出版社，1999，第 18 ~ 39 页。

② 中国民族史研究有以下重要的著作。王桐龄的《中国民族史》（北平文化学社，1928），常乃惪的《中国民族小史》（爱文书局，1928），张其钧的《中国民族志》（商务印书馆，1928），曹松叶的《中国人民史》（商务印书馆，1933），吕思勉的《中国民族史》（世界书局，1934）、《中国民族演进史》（上海亚细亚书局，1935）和《中国民族简史》（光华出版社，1948），宋文炳的《中国民族史》（中华书局，1935），林惠祥的《中国民族史》（商务印书馆，1939），杨向奎的《夏民族起于东方考》（禹贡学社，1936），刘思培的《中国民族志》（宁武南氏刘申叔先生遗书本，1936）、李广平的《中华民族发展史》（正义出版社，1941），张旭光的《中华民族发展史纲》（桂林文化供应社，1942），李震同的《中华民族的来源》（上海民众书局，1942），马精武的《中华民族的形成》（上海民众书局，1942），俞建华的《中国民族史》（国民出版社，1944），林炎的《中国民族的由来》（上海永祥印书馆，1945），施瑛的《中国民族讲话》（世界书局，1945），郭维屏的《中华民族发展史》（成都，1939），缪风林的《中国民族史》（中山大学，1949），藏渤鲸的《中华民族新论》（重庆商务印书馆，1946），刘揆黎的《中国民族史》（四川大学，1928—1929），吕振羽的《中国民族简史》（增订本，三联书店，1950），罗香林的《中国民族史》（台北中华文化出版事业委员会，1955），陈致平的《中华民族史话》（十一册，台北正中书局，1956），《历史研究》编辑部的《汉民族形成问题讨论集》（三联书店，1957），罗香林的《中国民族史》（中华文化出版事业社，1957），刘义棠的《中国边疆民族史》（台北中华书局，1969），王寒生的《中华民族新论》（台北龙华出版社，1970），胡耐安的《中国民族志》（台北商务印书馆，1964），吴主惠的《汉民族研究》（台北商务印书馆，1968 年第 1 版，1982 年第 2 版），刘义棠的《中国边疆民族史》（修订本，台北中华书局，1979 年第 3 版），徐杰舜的《汉民族历史和文化新探》（广西人民出版社，1985），等等。

③ 林惠祥：《中国民族史》，商务印书馆，1939。

④ 王桐龄：《中国民族史》，北平文化学社，1928 年第 1 版，1934 年影印版。王桐龄（1878 ~ 1953），我国现代著名的历史学家。

汉民族的形成。[①] 翁独健主编的《中国民族关系史纲要》详细讨论了汉族与少数民族的关系。[②] 卢勋和杨保隆主编的《中华民族凝聚力的形成与发展》，论述了汉民族与中华民族凝聚力的形成和发展[③]，白翠琴的《魏晋南北朝民族史》一书[④]，在第十三章"民族大融合及汉族的发展"，着重谈了三个问题，一是民族融合为汉民族注入大量的新鲜血液；二是汉民族吸取少数民族的精华，促进了汉族文化的发展；三是迁移流徙使汉族分布更为广泛、影响日趋扩大。何光岳的如"中华民族源流史丛书"，探讨中华民族以及汉民族的源流史。[⑤]

（二）汉民族形成问题研究

新中国成立以后，学术界开展了汉民族形成问题的讨论。关于汉民族的形成，大致有以下三种观点：第一，苏联学者叶菲莫夫认为中国民族（指汉民族）形成于 19 世纪与 20 世纪之间。[⑥] 第二，范文澜认为秦汉时代汉民族已经形成。[⑦] 范文澜的观点与我国有些历史学家的观点相同，例如抗战前吕思勉就持这种观点。[⑧] 第三，汉民族的形成应与中国资本主义萌芽的历史相吻合，因此有的学者认为资本主义的萌芽在明末清初，有的认为在唐宋时期，资本主义萌芽期也就是汉民族形成的历史时期。[⑨]

20 世纪 80 年代，民族学界积极参与汉民族形成问题的讨论。牙含章发表了系列论文和专著，如《建国以来民族理论战线的一场论战——从汉民族形成问题谈起》[⑩]《论民族》[⑪] 以及《民族形成问题研究》[⑫]，对汉民族的形成问题进行了深入的探讨。参与这场讨论的还有杨堃的《略论有关民族的几个问题》[⑬] 和《说民族与民族支系》[⑭]，以及孙青的《对斯大林民族定义的再认识》。[⑮]

① 王锺翰主编《中国民族史》（增订本），中国社会科学出版社，1994。
② 翁独健主编《中国民族关系史纲要》，中国社会科学出版社，1992。
③ 卢勋、杨保隆主编《中华民族凝聚力的形成与发展》，民族出版社，2000。
④ 白翠琴：《魏晋南北朝民族史》，四川人民出版社，1996。
⑤ 何光岳："中华民族源流史丛书"，已经出版多卷。
⑥ 叶菲莫夫：《论中国民族的形成》，苏联《历史问题》1953 年第 10 期，转载《民族问题译丛》1954 年第 2 辑。
⑦ 范文澜：《试论中国自秦汉时成为统一国家的原因》，《历史研究》1954 年第 4 期。
⑧ 吕思勉：《中国民族演进史》，上海亚西亚书局，1935，第 44 页。
⑨ 林征：《关于汉民族形成问题的讨论》，载历史研究所编辑部编《汉民族形成问题讨论集》，三联书店，第 255 页。
⑩ 牙含章、孙青：《建国以来民族理论战线的一场论战——从汉民族形成问题谈起》，《民族研究》1979 年第 2 期。
⑪ 牙含章：《论民族》，《民族研究》1982 年第 5 期。
⑫ 牙含章：《民族形成问题研究》，四川民族出版社，2000。
⑬ 杨堃：《略论有关民族的几个问题》，《云南社会科学》1982 年第 3 期。
⑭ 杨堃：《说民族与民族支系》，《中央民族学院学报》1984 年第 4 期。
⑮ 孙青：《对斯大林民族定义的再认识》，《民族研究》1986 年第 2 期。

徐杰舜在《汉民族发展史》一书中①，对汉民族的起源、形成、发展、特征和文化进行了比较详细的论述，并提出自己的一些见解。高凯军著的《论中华民族：从地域特点和长城的兴废看中华民族的起源、形成与发展》②，分为九个部分，其中有三个部分探讨汉民族的问题，即影响华夏族起源、形成和发展的几个重要因素；从秦汉的统一政策、措施看华夏向汉族的发展；先秦两汉时期华夏——汉族的心理和实体防线。李龙海《汉民族形成之研究》③，运用人类学和民族学的理论为指导，以文献典籍、甲骨文、考古材料为基本史料，并参之以体质人类学以及其他自然科学的相关成果，对汉民族形成过程中族群关系与族群认同、汉民族及其前身华夏族形成的时间，以及自然与人文生态在汉民族形成过程中的作用进行了探讨。

（三）中华民族多元一体的汉民族研究

1988 年，费孝通在香港中文大学宣读了《中华民族多元一体格局》的论文，提出了中华民族多元一体的观点。他指出："我将把中华民族这个词用来指现在中国疆域里具有民族认同的十一亿人民。它所包括的五十多个民族单位是多元的，中华民族是一体，他们虽然则都称'民族'，但层次不同。"④"汉族的形成是中华民族形成中的一个重要阶段，在多元一体的格局中产生了一个凝聚的核心。"⑤ 费孝通的观点引起学术界广泛的关注和进一步的讨论。贾敬颜通过"汉人"这一称谓含义的演变，说明汉族是在不同民族长期交往过程中，由多个民族汇合而成。⑥ 同时，他也阐述了历史上少数民族中的"汉人成分"。⑦

1990 年，由国家民委民族问题研究中心主办、费孝通主持的民族研究学术讨论会在北京召开，出席这次讨论会的国内外 40 多位学者各自阐明对中华民族多元一体格局的见解。⑧ 在谈到中华民族多元一体格局的形成和发展时，都离不开对汉民族的讨论。史金波在《从西夏看中华民族多元一体》一文中提出："党项族及其所建的西夏王朝，为西北局部地区的统一和发展，为中华民族多元一体格局的形成作出了贡献，同时也

---

① 徐杰舜：《汉民族发展史》，四川民族出版社，1992。
② 高凯军：《论中华民族：从地域特点和长城的兴废看中华民族的起源、形成与发展》，文物出版社，2010。
③ 李龙海：《汉民族形成之研究》，科学出版社，2010。
④ 费孝通：《中华民族的多元一体格局》，载费孝通等《中华民族多元一体格局》，中央民族学院出版社，1989，第 1 页。
⑤ 费孝通：《中华民族的多元一体格局》，载费孝通等《中华民族多元一体格局》，中央民族学院出版社，1989，第 8 页。
⑥ 贾敬颜：《"汉人"考》，载费孝通等《中华民族多元一体格局》，中央民族学院出版社，1989，第 137 页。
⑦ 贾敬颜：《历史上少数民族中的"汉人成分"》，载费孝通等《中华民族多元一体格局》，中央民族学院出版社，1989，第 159~177 页。
⑧ 陈连开：《怎样理解中华民族及其多元一体》（讨论综述），载费孝通主编《中华民族研究新探索》，中国社会科学出版社，1991，第 406 页。

为我们认识中华民族的形成和发展提供了一种典型的实证。"① 此外，史先生还指出："西夏是一个少数民族为主体的国家，又是一个多民族的王朝。主体民族党项羌，自称为'弥'，译成汉文为'番'。西夏所辖地区原是汉族和其他民族早就开发的地区。西夏境内汉族人口很多。在西夏境内往往番、汉并称。……可以说番、汉两族在西夏都处于重要地位。"② 白翠琴在《魏晋南北朝时期汉民族发展刍议》一文中，阐述了汉民族在与少数民族的接触中得到发展和壮大。她指出："实际上，魏晋南北朝时期是我国汉族发展的重要阶段。民族大迁徙和大融合给汉族注进了大量新鲜血液，而在融合过程中，汉族又汲取了少数民族文化精华，大大丰富了自身的物质及精神文化。同时，汉族人口分布较前广泛、合理，与其他民族一起，对恢复北方社会经济和开发江南共同作出了贡献，为隋唐的繁荣昌盛、汉族大发展奠定了基础。"③

（四）汉民族区域文化研究

我国是一个统一的多民族的国家，在历史发展长河中，各民族共同缔造了光辉灿烂的中华文化。汉文化作为我国传统文化的主体文化，在我国数千年的历史中产生了重要的影响和作用。杜荣坤指出："其文化（汉文化）思想观念，不仅为汉民族所继承，对大陆及台湾等少数民族亦产生深远的影响。汉民族传统文化源远流长，博大精深，其中包括由历史沿传下来的思想、道德、风俗、文学艺术、文物古迹、语言文学、各种制度及科学技术等等许多优秀东西，并且随着时代的需要，内容不断地丰富和发展。它对中华民族的形成和发展，曾起到积极的促进作用。"④

汉民族的区域文化，按汉语方言划分可以分为七大方言区，即北方方言区、吴语方言区、湘方言区、赣语方言、闽语方言区、粤语方言区、客家方言区。徐杰舜按地域划分，将汉文化分为华南、华东、华中、华北、东北、西北和西南七个地区，分别论述各区域汉民族的形成、发展和文化⑤；并围绕汉文化的特征展开讨论。⑥ 历史学家李学勤将东周列国划分为七个文化圈，即中原文化圈、北方文化圈、齐鲁文化圈、楚文化圈、吴越文化圈、巴蜀文化圈、秦文化圈。⑦

① 史金波：《从西夏看中华民族多元一体》，载费孝通主编《中华民族研究新探索》，中国社会科学出版社，1991，第 321 页。
② 史金波：《从西夏看中华民族多元一体》，载费孝通主编《中华民族研究新探索》，中国社会科学出版社，1991，第 317～318 页。
③ 白翠琴：《魏晋南北朝时期汉民族发展刍议》，载费孝通主编《中华民族研究新探索》，中国社会科学出版社，1991，第 254 页。
④ 杜荣坤：《加强汉文化研究，充分发挥其当代价值作用》，《中央民族大学学报》2001 年第 1 期；收入《中华文化与海峡两岸汉民族研究》，中国社会科学出版社，2002，第 727 页。
⑤ 徐杰舜主编《雪球——汉民族的人类学分析》，上海人民出版社，1999。
⑥ 徐杰舜：《汉民族历史和文化新探》，广西人民出版社，1985。
⑦ 李学勤：《东周与秦代文明》，文物出版社，1983。

总的来看，学术界对河洛文化、楚文化、齐鲁文化、客家文化和闽南文化研究得比较深入。例如客家文化研究已经形成了三个中心，梅州嘉应学院的客家学院、赣南师院的客家研究中心和台湾交通大学客家学院，这三个机构的学者分别出版了一系列有关客家文化研究的论著。美国学者劳格文主持的"客家传统社会丛书"，自 1996 年第 1 册问世以来，至 2005 年已经出版了 24 册。①

（五）汉民族社区研究

早在 20 世纪 30 ~ 40 年代，我国民族学、人类学和社会学界就开展对汉人社区的研究。比如费孝通的《江村经济》，杨庆坤的《山东的集市系统》、徐雍舜的《河北农村社区的诉讼》、黄石的《河北农民的风俗》、林耀华的《福建的一个氏族村》、廖泰初的《变动中的中国农村教育》②，以及胡庆军的《汉村与苗乡：从 20 世纪前期滇东汉村与川南苗乡传统看中国》等。③ 当时正在进行研究的还有李有义的"山西的土地制度"和郑安伦的"福建和海外地区移民的关系问题"。④

费孝通著的《江村经济》一书涉及的内容有以下几个方面：调查区域、家、财产与继承、亲属关系的扩展、户与村、生活、职业分化、劳作日程、农业、土地占有、蚕丝业、养羊与贩卖、贸易、资金、中国土地问题等方面。⑤ 林耀华的《金翼：中国家族制度的社会学研究》一书，林先生在他的序言中指出："这部书包含着我的亲身经验、我的家乡、我的家族历史。它是真实的，是东方乡村社会与家族体系的缩影；同时，这部书又汇集了社会学研究所必须的种种资料，展示了种种人际关系的网络——它是运用社会人类学调查研究方法的结果。"⑥ 有趣的是，费孝通和林耀华都是享誉海内外的民族学家和人类学家，他们成名作的田野调查点都在自己的家乡，也都是属于汉人社区。

20 世纪 80 年代，厦门大学人类学系在陈国强的带领下，对福建闽南惠东人和闽西客家人进行调查研究，出版了《崇武人类学调查》、《崇武大作村调查》和《惠东人研究》等专著。⑦ 庄孔韶著的《银翅：中国的地方社会与文化变迁》一书⑧，是根据林耀

---

① 参见〔法〕劳格文（John Lagerwey）主编《客家传统社会》（下册），中华书局，2005，第 957 ~ 977 页。
② 布·马林诺斯基：《序》（1938 年 10 月 15 日），载费孝通《江村——农民生活及其变迁》，敦煌文艺出版社，1997，第 8 页。
③ 胡庆军：《汉村与苗乡——从 20 世纪前期滇东汉村与川南苗乡传统看中国》，天津古籍出版社，2006。
④ 布·马林诺斯基：《序》（1938 年 10 月 15 日），载费孝通《江村——农民生活及其变迁》，敦煌文艺出版社，1997，第 8 页。
⑤ 费孝通《江村——农民生活及其变迁》，敦煌文艺出版社，1997。
⑥ 林耀华：《金翼：中国家族制度的社会学研究》，三联书店，2000，第 2 页。《金翼》于 1944 年在纽约印行。
⑦ 陈国强等主编《崇武人类学调查》，福建教育出版社，1990；陈国强等主编《崇武大作村调查》，福建教育出版社，1990；乔建、陈国强等主编《惠东人研究》，福建教育出版社，1992。
⑧ 庄孔韶：《银翅：中国的地方社会与文化变迁》，三联书店，2000。

华《金翼》一书所做的追踪调查与研究，该书探讨了中国福建黄村地方社会近 50 年的沧桑变化、人事更替和文化传承。周大鸣的《凤凰村的变迁》一书①，是根据美国学者葛学溥（D. H. Kulp）的《华南的乡村生活：广东凤凰村的家族主义社会学研究》一书所做的追踪调查与研究。② 周先生运用人类学的理论方法，全面展示了凤凰村 80 多年来的变迁，就一些人类学的核心问题与葛著进行了对话，并从中观和宏观的视野，分析了中国乡村社会传统文化复兴背后的深层次原因，探讨了乡村都市化的途径与方式。③ 有关汉人社区的研究还有王铭铭的《村落视野中的文化与权力：闽台三村五论》等著作。④

自 1965 年开始，台湾民族学界的一些学者转向汉民族研究，比如李亦园开始研究海外华人，王崧兴开始研究龟山岛汉人社会⑤，庄英章开始对汉人村落的研究。⑥ 以后又将研究领域从村落发展到区域的研究，即"浊水大肚"区域的研究。"浊大"计划全名为"台湾省浊水、大肚两溪流域自然与文化史科技研究计划"，由张光直教授主持，从 1972 年开始到 1975 年共执行了四年。该计划主要目的是希望探讨台湾中部浊水溪与大肚溪两流域之间不同生态环境下人们的适应方式。⑦

（六）汉民族海外移民研究

汉民族不仅在国内发展，而且在海外繁衍生息，而大部分海外华人是汉族的海外移民及其后裔。因此，海外华人研究理应是汉民族研究的一个重要组成部分。民族学的海外华人研究，如果把田汝康撰写的《沙捞越华人》一书的出版（1953 年）当作民族学家研究海外华人的起点，已经有 50 多年的历史。⑧ 不过，我国大陆民族学与人类学对汉民族在海外发展的研究还比较少见。鉴于中国大陆民族学界海外华人研究相对薄弱，1999 年，中国社会科学院民族研究所成立海外华人研究中心，2002 年该中心升格为"中国社会科学院海外华人研究中心"，同年中心召开了海外华人国际学术研讨

---

① 周大鸣：《凤凰村的变迁》，社会科学文献出版社，2006。
② 葛学溥（D. H. Kulp）：《华南的乡村生活：广东凤凰村的家族主义社会学研究》，美国哥伦比亚大学教育学院出版社，1925。中译本由周大鸣译，知识产权出版社，2006。
③ 杨小柳、何星亮：《人类学与中国乡村社会的百年变迁——周大鸣〈凤凰村的变迁〉评介》，《民族研究》2007 年第 5 期。
④ 王铭铭：《村落视野中的文化与权力：闽台三村五论》，三联书店，1997。
⑤ 王崧兴：《龟山岛——汉人渔村社会之研究》，"中央研究院"民族学研究所专刊之 13，1967。
⑥ 庄英章：《林圯埔：一个台湾市镇的社会经济发展史》，"中央研究院"民族学研究所，1977；《家族与婚姻：台湾北部两个闽客村落之研究》，"中央研究院"民族学研究所，1994。
⑦ 李亦园：《台湾汉民族研究的回顾与前瞻》，载袁少芬主编《汉族地域文化研究》，广西人民出版社，1999。
⑧ T'ian, Ju - K'ang, *The Chinese of Sarawak: A Study of Social Structure*, London: The London School of Economics and Political Science. Monographs on Social Anthropology, No. 12, 1953。2002 年 7 月，笔者在云南大学开会期间，特别去田汝康教授家拜访他，他告诉笔者他在英国伦敦大学政治经济学院修习人类学专业的情况，以及他在沙捞越华人社区做田野调查的一些情形。

会，并出版了郝时远主编的《华人研究论集》①；尔后曾少聪著的《漂泊与根植——当代东南亚华人族群关系研究》一书，也于 2004 年出版。②

与大陆相比，台湾和香港民族学界比较重视海外华人的研究。台湾"中央研究院"民族学研究所自 1962 年起，接受"中国东南亚学术研究计划委员会"之支持，开始从事华侨社会研究。③ 自此以后，"民族学研究所也始终以华侨社会研究为研究的重点之一"。在李亦园所长的推动下，该所出版"海外华人社会研究丛书"第一辑，共 13本。④《"中央研究院"民族学研究所集刊》也重视发表海外华人研究方面的论文，并出版海外华人研究的专著和资料汇编。⑤ 庄英章主持"客家族群互动：认同与文化运作"研究项目，主要探讨大陆、台湾与东南亚客家人的迁徙、认同和文化变迁等问题。在香港，陈志明主持的"大陆与东南亚闽南人研究"项目，着重讨论大陆和东南亚闽南人的问题，已出版两本论文集⑥，此外陈先生还主编有关马来西亚华人研究的论著。⑦

三 民族学视角下汉民族研究的几点思考

袁少芬指出：从民族学的角度去考虑，我国在汉民族研究方面存在三个问题。首先，把中国等同于汉族。其次，各学科对汉民族的研究代替了民族学的汉民族研究。其三，以少带多，即以少数民族研究代替汉民族研究。⑧ 她还提出加强汉民族研究的几点意见：一是联合调查，二是历史源流的比较，三是地域性比较研究，四是汉（族）与非汉（族）的比较研究，五是汉化与"少数民族化"的比较研究，六是"横向联

---

① 郝时远主编《海外华人研究论集》，中国社会科学出版社，2002。

② 曾少聪：《漂泊与根植——当代东南亚华人族群关系研究》，中国社会科学出版社，2005。

③ 李亦园、郭振羽：《海外华人社会研究丛书总序》，载吴燕和《巴布亚新几内亚华人百年史》（1880—1980），王维兰译，台北正中书局，1985，第 I 页。

④ 它们分别为：1. 李亦园等：《东南亚华人社会研究》（上册）；2. 李亦园等：《东南亚华人社会研究》（下册）；3. 李亦园：《一个移殖的市镇——马来亚华人市镇生活的调查研究》；4. 吴元黎主编、广树诚译《美国华人经济现状》；5. 郭振羽：《新加坡的语言与社会》；6. 吴元黎、吴春熙合著，陈永堦、杨宝安合译《海外华人与东南亚的经济发展》；7. 吴燕和著、王维兰译《巴布亚新几内亚华人百年史》（1880—1980）；8. 麦留芳著、张清江译《星马华人私会党的研究》；9. 陈约翰（John Chin）著、梁元生译《砂捞越华人史》；10. 廖建裕著、崔贵强译《爪哇土生华人的政治活动》（1917—1942）；11. Maurice Freedman著，郭振羽、罗伊菲合译《新加坡华人的家庭与婚姻》；12. 葛力克（Clarence Glick）著，吴燕和、王维兰合译《夏威夷的华裔移民》；13. James Loewen 著、何翠萍译《密西西比的华人》。在这 13 本书中，第 1、2 本为论文集，第 3 本和第 5 本分别为李亦园和郭振羽的专著，其余 9 本都是从英文翻译而成。参见李亦园、郭振羽《海外华人社会研究丛书总序》，载吴燕和著、王维兰译《巴布亚新几内亚华人百年史》（1880—1980），台北正中书局，1985，第 II ~ III 页。

⑤ 参见"中央研究院"民族学研究所编印《"中央研究院"民族学研究所出版品目录》，台北，1993。

⑥ 陈志明等主编《福建暨闽南研究文献选集》，香港中文大学香港亚太研究所，1999；陈志明等主编《传统与变迁：华南的认同和文化》，文津出版社，2000。

⑦ Lee Kam Hing and Tan Chee‑Beng，eds.，*The Chinese in Malaysia*，New York，Oxford University Press，2000.

⑧ 袁少芬：《浅议加强汉族的民族学研究》，袁少芬、徐杰舜主编《汉民族研究》第 1 辑，广西人民出版社，第 21 ~ 28 页。

合"，协同研究。① 袁少芬提出的汉民族研究强调比较和联合研究固然很重要，但她忽视了把汉民族作为一个民族实体等方面的研究。笔者认为从民族学的视角研究汉民族，应该加强以下几个方面的探讨。

（一）汉民族是一个民族实体

汉民族是中国 56 个民族中的一员，是一个民族实体。学界以往的研究通常把汉民族放在中国通史或朝代史里论述，较少将其作为一个民族实体来探讨；在研究汉民族与少数民族关系时，往往把汉族等同于朝廷和政府。事实上，汉民族只是一个民族，并不能代表朝廷或政府。

（二）汉民族与少数民族的关系

汉民族是我国人口最多、分布范围最广的民族，虽然在我国的政治、经济、社会和文化等方面处于优势地位，但是在与少数民族几千年的密切交往中，已经形成了"汉族离不开少数民族，少数民族离不开汉族，各少数民族之间也相互离不开"的传统。自改革开放以来，我国各民族人口流动规模和范围不断地扩大，汉族与少数民族的接触日益增多，也更为密切。它既是新时期我国汉族与少数民族关系的特点，也是汉民族研究的新课题。

（三）汉民族海外移民的历史与现状

汉民族不仅在国内发展，而且在海外繁衍生息。目前分布在世界各地的海外华人大约有 5000 万人，他们当中大部分是汉民族的海外移民及其后裔。因此，探讨汉民族不能忽视对汉民族海外移民的研究。我们必须加强海外华人在居住国发展、对祖籍国的贡献以及在中国走出去战略中海外华人的作用等方面的研究。海外华人有中华民族的血统，在文化上认同中华文化；但是他们已加入所在国的国籍，在政治上认同居住国。因此，在不危害海外华人在国外的发展，又不妨碍他们对中华民族的认同的情况下，对海外华人民族认同和与中国关系等问题，提出一个合理的解释。

（四）汉民族社区的田野调查

田野调查是民族学研究的基本方法，这是民族学区别于其他学科的重要标志。费孝通指出："我一向认为要解决具体问题必须从认清具体事实出发。对中国社会的正确认识应是解决怎样建设中国这个问题的必要前提。科学的知识来自实地的观察和系统的分析，也就是所说的'实事求是'。因此，实地调查具体社区里的人们生活是认识社会的入门之道。我从自己的实践中坚定了这种看法。"② 只有做深入的田野调查，才能

---

① 袁少芬：《浅议加强汉族的民族学研究》，载袁少芬、徐杰舜主编《汉民族研究》第 1 辑，广西人民出版社，第 21～28 页。

② 费孝通、张之毅：《云南三村》，社会科学文献出版社，2006，第 3 页。

深刻地了解和认识汉人社会，深化汉民族研究。

（五）从少数民族的视角看汉民族

对汉民族的研究，可从它的核心特征出发来理解其内在文化，也可从它与周边民族的接触来看其到底是怎样成为一个民族的，进而理解其文化特征。就汉文化而言，它是多元的，有很多民族，包括匈奴、鲜卑、氐、羌、突厥、契丹、女真、百越等民族与汉族有着密切的接触和互动，因此汉文化也是由汉族和这些少数民族的文化融合而成的。不管是历史上还是现在，汉民族与其他少数民族一直存在着互动，因此我们有必要从少数民族的视角来看汉民族。

四　结论

我国是一个统一的多民族的国家，汉族是我国人口最多的民族，也是世界人口最多的民族。我国民族学研究的内容不仅要包括少数民族的研究，而且也要包括汉民族的研究。本文回顾了民族学视角下汉民族研究的主要方面，即中华民族史的汉民族研究、汉民族形成问题的讨论、中华民族多元一体视角的汉民族研究、汉文化研究、汉民族社区研究和汉民族海外移民研究。从上述的回顾中我们可以看出，不论是民族学家还是历史学家，在探讨中华民族史时，都会涉及汉民族形成和发展这一问题。对汉民族的形成问题，学界仍有争议。而费孝通提出的中华民族多元一体格局和汉民族处于中华民族形成过程中的核心作用，得到学界的普遍接受。民族学界对汉民族区域文化研究、汉民族社区研究、汉民族海外移民历史与现状的研究，已经取得可喜的成绩，已有大批的研究成果面世。但是，有关汉民族研究仍有一些问题需要进一步探讨。

根据我国民族和民族关系的实际情况，以及我国民族学界汉民族研究的现状，我们提出加强汉民族研究的几点思考。首先需要把汉民族作为一个民族实体进行研究；其次重视当前汉族与少数民族关系新特点的研究；再次加强汉民族海外移民历史和现状的研究；其四加强汉民族社区的田野调查；最后从少数民族的视角来看汉民族，以期对汉民族有个更全面的认识。希望上述的几点想法，有助于深化民族学的汉民族研究。

原载于《云南民族大学学报》2014 年第 3 期。该文被人民大学复印报刊资料转载，《民族问题研究》2014 年第 7 期

非汉阈家族、宗族形制：东西方同有亲族理念

——兼论氏族、世系群、家族村落的非单一血亲性

周　泓

摘　要　家族是民族学人类学亲属制度的基本与核心范畴，宗族是国际汉学研究的基本观察单位和通用术语。本文以欧洲与内陆亚和中国诸族体大家族制度，补充非汉视域大家族形态；以边域跨域理念宗族补缺汉人宗族研究类型；兼论世系群、家族、宗族的非单一血亲性。西欧中世纪邦国分封制与皇室王族世袭制、裂变宗族理论、里弗斯与拉-布朗的地缘宗族观、埃文斯·普里查德和福蒂斯以世系群考察非洲无中央集权国家的政治组织、弗里德曼以新加坡华人社区调研华南、东南汉人乡村宗族，表明家族、宗族观念在西方历史亦存在；科瓦列夫斯基、柯思文等南欧、南北亚父系家族公社研究，马克思"亚细亚生产方式"的父系大家族公社基础，中国非汉族体大家族、家支谱系、皇族王室和世袭制，证明家族、宗族绝非只是汉人社会的亲缘组织。

关键词　东西方　非汉阈　世系群　宗族　家族

中国家族宗族研究主要在两大学科领域，即中国史学与汉学人类学，集中于其交叠的中国社会史与历史人类学。长期以来，与中国家族、宗族研究的乡村定势相并行，汉人大家族成为国际汉学宗族研究的固态，即如同乡村宗族成为中国宗族研究模式，汉人大家族亦成为汉学宗族研究传统，由中外汉学家称为中国文化的核心与根基。然而在欧洲，家族王朝、世袭贵族与其历史并续；在内陆亚及中国非汉族体社会，更依家族聚居并形态各具。即在汉域之外，宗统世系观念与制度同样深具历史意义，地位同等重要，亦是其王朝、皇室、世族与历史延伸的内在线索和传统贵族文化的根基，不应被家族宗族研究领域忽视。同时亚细亚家族村社形态的讨论中断，而此与俄罗斯

人村社及汉人宗族村庄有着比较研究的价值①和学理扩展的基础，存在宗族研究由具象到抽象的机制。华夏边域、中亚诸族的乡约家规系谱等家族村社要素，或有《朱子家礼》的元素，但其大家族理念并非汉人家族观念的移植，而是其原有的族体文化或由之生成的。

一 西方世袭家族与世系理念考析

(一) 西欧家族理念与中国宗族之异同

希罗多德《历史》记载斯基泰人的家长制对子女与家庭的绝对权威和幼子继承惯例②；家产和权力继承亦据文化传承能力而获得。③ 在古希腊雅典"古老殷富的家族和较贫的家族……形成对峙"，僭主政治④ "为的是压平豪族和大姓的权力"⑤。11 世纪立宗室于瑞士的大贵族哈布斯堡世家所建哈布斯堡王朝，是欧洲历史上最久的王朝（1273～1918），600 多年间持续与欧洲诸王室联姻，其世系分别统治日耳曼神圣罗马帝国、西班牙王国、奥地利帝国、奥匈帝国等。西、北欧均有王储，西方议会制上院基于贵族会议传统，贵族几乎世袭。英国自 8 世纪即有王室，至 1688 年确立君主立宪制，国王仍按世系原则传续，延续 60 多位君主，即世袭皇室家族。英联邦诸国皆以英王宗室联结。英国王子为剑桥世袭公爵。

10 世纪西撒克逊国王由贵族选举为王，其可由老国王的姬妾所生。⑥ 此违背世袭制传统原则。但盎格鲁－撒克逊各国的习惯法是，继位不一定由儿子甚或长子世袭，新王从老王的家族及亲属中选举。因此，王室继承并非都据父传子继之"父宗族"，而需具最初入据不列颠的萨克森人塞尔狄克"家族"或"亲属"血统。⑦ 11 世纪诺曼底贵族征服英国，欧洲大陆的土地分封制使后者完全封建化，英王封分领地一般属于领主家族所有。⑧ 所有封建朝诺曼王朝、安茹王朝、兰开斯特王朝、约克王朝、都铎王朝等都是皇室家族世袭。在几乎整个欧洲，王室的血统对封建合法性均十分重要，即使武力夺取王位也要与被推翻王朝有直接继承关系。如亨利一世是诺曼朝威廉一世之子；

---

① 此处致谢庄孔韶教授。

② 参见项英杰《中亚：马背上的文化》，浙江人民出版社，1998，第 20 页。

③ 王欣译《一件斯基泰祭祀器皿与传说》，《丝路游》1994 年第 10 期。

④ 僭主政治：古希腊城邦国家工商奴隶主贵族反对氏族奴隶主贵族的政治制度，形成雅典首席执行官贵族会议。

⑤ 黑格尔：《历史哲学》，三联书店，1956，第 304 页。

⑥ 〔英〕马姆斯伯里的威廉《英吉利国王行止录》，伦敦，1125；载（美）戴维·C. 道格拉斯主编《英国史文件集》第一卷，伦敦，1955，第 277 页。

⑦ 《盎格鲁－撒克逊编年史》，9～10 世纪手抄本；自钱乘旦《英国王权的发展及文化与社会内涵》，《历史研究》1991 年第 5 期。

⑧ 钱乘旦、陈晓律：《在传统与变革之间——英国文化模式溯源》，浙江人民出版社，1996，第 12 页。

安茹王朝战替诺曼朝，其创始者亨利二世是亨利一世的外孙；兰开斯特家族亨利四世推翻安茹王朝最后国王查理二世，是堂兄弟关系；兰开斯特王室与约克王室都是爱德华三世后代；亨利七世与兰开斯特家族为亲属关系。[①] 女王伊丽莎白二世第一顺位继承人查尔斯是其长子；第二顺位继承人是查尔斯王储长子威廉王子；第三顺位继承人是威廉王子长子乔治·亚历山大·路易斯王子（英国史上已有 6 位英王称为乔治，乔治一世于 1714～1727 年在位；现女王之父为乔治六世，亚历山大为女王名中字节，路易斯是威廉全名一节）；伊丽莎白二世第四顺位继承人为王诸查尔斯次子哈里亲王。王室世袭以世系亲族延续，是王权合法性的血统原则。当血统不足时借助神授世袭。威廉一世由诺曼底征服英吉利，祈求神授其次子继承王位："但求我的儿子威廉……神意让他继承王位。"[②] 英国贵族部分来自世袭的古代部族首领，部分来自君主封赐的战争功臣武士与"正派的有尊严的家族出身的人"[③]。14 世纪世袭贵族包括显贵和绅士，15 世纪绅士包含国王、王后和公、侯、伯、子、女、男五爵，16 世纪土地贵族（郡绅和乡绅）的郡绅构成上院主体，大都世袭，如第 13 代威文斯比勋爵、第 14 代德比伯爵。1711～1712 年英王安妮抗衡上院而册封 12 名新贵族。贵族整个家族可世代居住于自己的土地，并在该区经营商业，管理世代租用其土地的农户，行使家长式职权。[④] 16～18 世纪英国贵族庄园一般几千英亩，"乡村领地里，他们……俨然像一位小国君主"[⑤]。英剧《唐顿庄园》记述一个世袭公爵大家族。祖母因孙女下嫁一般职员不合贵族婚姻规范，有失家族传统体面，借助亲戚安排其成为新贵族成员。显见英国家族世系与贵族世袭理念。

对法国人而言，不论对于一个个体还是一个集团，血亲身份（同血兄弟，血缘联结）与确定其认定之制度被视为终不变易。[⑥] 法兰西自高卢征服既有世袭贵族，直至近代一直为法国社会第二等级。18 世纪下叶，法国蒙彼利埃市在领主时代的世家老家族绅士为贝希德卡拉 Beschi du Caila，德罗克费伊 de Roquefeuil，德蒙卡勒姆 de Montcalm，圣瓦尔桑 de Saint－Veran，德克鲁克德康第勒阿尔克 de la Croix de Candilhargues（卡斯特里 Castries 家族的一支），布里涅克德蒙塔尔诺德 Brignac de Montarnaud，拉韦尔涅德

① 亨利一世：《加冕宪章》，载卡尔·斯蒂芬森、弗雷德里克·乔治·马查姆编著《英国宪政史资料》第一卷，纽约，1972，第 48、73 页。
② W. E. Lunt, History of England, Cambridge University Press , 1946, p. 232；E. R. 埃尔顿：《都铎朝宪政》，剑桥大学，1978，第 19～20 页。
③ J. V. 贝克特：《英国的贵族》，伦敦，1986，第 95 页。（J. V. Becket, The Peerage of England, London, Nabu Press, 1986, p. 95.）
④ J. J. 巴格利：《德比伯爵 1485～1985》，伦敦，1985，第 72－73 页（J. J. Bagley, The Earl of Derby 1485－1985, The University of Michigan Press, 1985, pp. 72－73.）。此与钱杭认为欧洲以小宗世系为主体相悖。
⑤ 钱乘旦、陈晓律：《在传统与变革之间——英国文化模式溯源》，浙江人民出版社，1996，第 381、380 页。
⑥ 蔡华：《人思之人——文化科学与自然科学的统一性》，云南人民出版社，2009，第 28 页。

巴森 Lavergne de Montbasin，圣朱利安 Saint-Julien 等家族；袍服贵族中达 250 年的官职家族有格拉塞 Grasset，博科德 Bocaud，特莫雷 Remolet，迪舒 Duche，贝尔瓦勒 Belleval，儒贝尔特 Joubert，邦 Bon，马萨纳 Massannes，戴格尔费伊 Daigrefeuille，德伊德 Deyde 等；另，军旅家族勒卡拉 Le Caila、拉谢茨 la Chaize 和蒙卡勒姆 Montcalm 曾有四位御林军队长，其他家族曾产生诸多旅长、上尉、中校、圣路易骑士。[1]

英属北美十三州独立前，弗吉尼亚三大家族——鲁滨逊、伦道夫、理查德·亨利·李氏家族均是亲族集团，占据大多数议席。在哈得逊河域，利文斯顿和范伦塞勒两大家族占地约百万英亩；在曼哈顿岛，上千英亩的土地属于斯太夫森特、德兰西、贝阿德和德佩斯特家族；在纽约，政治党派始自利文斯顿派或称长老会派和德兰西派或称英国国教派两个豪族集团。在康涅狄格 2/3 的高级官职由古老家族姓氏担任。在新罕布什尔，温特沃斯家族裙带政治享名，参事会有温特沃斯总督的四个直系亲戚，五个亲戚与继任的侄子及其亲戚。[2] 美国总统"家族树"显示其 42 位总统自同一祖先。加州沃森维尔市蒙地维斯塔教会布里奇安妮·德亚维格侬与其祖母，研究美国历任总统"家族树"，发现除第 8 任总统马丁·范布伦是荷兰人后裔外，其他 42 位美国总统（时历 44 位，第 22 任和第 24 任是同一人格罗夫·克利弗兰），皆是同一祖先——英国 13 世纪签署《大宪章》的国王约翰的后裔。[3] 英王约翰在前任理查一世于 1199 年去世后，将王位继承者亲侄子不列颠尼亚瑟囚禁，然受到贵族阶层胁迫，于 1215 年签署限制君主王权的宪法性文件《自由大宪章》，此成为君主立宪制的基石。美国总统延承这一血统，可谓权力与自由结合的脉络沿袭。罗斯福、肯尼迪、布什均出于政界家族。杜邦、摩根、洛克菲勒、梅隆财团皆是家族集团。

德国李普雷（Le Play）《The European Working classes》研究欧洲家族与社区类型，对比传统家族与解体家族，分析家族与社区宗教、雇主、政府、学校制度的关联。[4] 说明家族在德国社会秩序及变迁中的位置。世纪初基于欧陆家族政策讨论，德国马普人类学研究所贺培伦（Patrick Heady）等研究欧盟项目"亲属关系与社会保障"，以演化论合作理论与欧洲 19 个区域民族志，分析亲属互助及其动因，亲缘机制与社会交融方式。

中世纪欧洲社会亦注重长子继承，英国贵族经商，普鲁士贵族从军，均由习惯法

---

[1] Joseph Berthele，"Etat et description de la vill de Montpellier fait en 1768"，第 15 章《贵族、居民的等级》，第 67~69 页，收于 Archives de la ville de Montpellier，1909，Ⅳ。

[2] （美）塞缪尔·E. 莫里森、亨利·康马杰、L. 威廉·爱德华：《美利坚共和国的成长》（一，上），南开大学历史系译，天津人民出版社，1975，第 266、271、274 页。

[3] 《现代快报》2012 年 8 月 7 日。

[4] Robert A. Nisbet，*The Sociological Tradition*，London：Heinemann，1967，pp. 101 – 103。

规定为"幼子"出往①，爵位的世袭留给长子。18 世纪英国仍实施长子继承法②，地产"由遗嘱或协议规定由某个子孙继承……长子继承法原则……无遗嘱，那么长子就自然地继承他所有的财产"。③ 且贵族为保证土地集中，长子的婚娶在绅士阶层内选择。18 世纪英国贵族长子的绅士阶层内结姻比例达 84%，19 世纪此婚姻比例仍达 82%。④ 地产一般绝大部分传给长子，很少一部分留给次子或幼子。长子为维系家族声誉，须传延家族土地，祖业，遗产（家族档案——族谱：祖先肖像、国家赠物、传家宝），家族姓氏世系（过继、收养、入赘男性改姓本族），父亲爵位。⑤ 一些家族因无男性继承人中断谱系（1700～1760 年格拉摩根有 40 个家族因无男继承人而消失，19 世纪后期出现臆造家谱和贵族资格现象）。⑥ 18 世纪末贵族衔号姓氏发生重大改变，大部分古老姓氏贵族家族逐渐消失。"由皮特先生（首相小皮特——笔者注）提名为男爵候选人的 78 人中，许多姓氏不被一般的历史学家知晓……地方档案中也很难发现。"⑦ 18 世纪法国人分祖产时，因继承人数目增加使下一代土地缩减，故地方实施长子继承制。农夫和贵族的继承制，一般均笃厚长子以避祖产分散。⑧

土地是传统英国家族社会地位的衡量，"是其他一切物质财富的基础……生活、流动和存在的权力"⑨。17～18 世纪英属北美业主和皇家领地宪章均规定，受封的土地只准世袭不能买卖，丧失土地即丧失贵族头衔。一个家族拥有的土地越多得到上升的机会越大。"对于一个英国的百万富翁，其将资产的一半购买一万英亩的土地，即使获取百分之一先令收益也值得。"⑩ 1883 年英国最大的四份地产全部为公爵拥有，其余十处 6 万英亩土地全部属于贵族。一万英亩以上的土地拥有者为 21 位公爵，19 位侯爵，74

---

① 参见伊丽莎白·沃特曼《工业革命中的欲求因素》，载 R. M. 哈特韦尔《英国工业革命的原因》，伦敦，1967，第 133 页。

② 约翰·坎农：《贵族世纪》，剑桥大学出版社，1984，第 12 页（John Cannon, Aristocratic Century: The Peerage of Eighteenth – century England, Cambridge University Press, 1984, p. 12）。

③ J. V. 贝克特：《英国的贵族》，伦敦，1986，第 88 页（J. V. Becket, The Peerage of England, London, Nabu Press, 1986, pp. 88, 43）。

④ D. M. 托马斯：《18 与 19 世纪英国贵族婚姻形式的社会起源》，剑桥大学出版社，1972，第 103 页（D. M. Thomas, The Social Origin of Nobility Marriage form in English18 – 19 Century, Cambridge University Press, 1972 年, pp. 103）。

⑤ 钱乘旦、陈晓律：《在传统与变革之间——英国文化模式溯源》，浙江人民出版社，1996，第 378～379 页。

⑥ John Cannon, Aristocratic Century: The Peerage of Eighteenth – century England, Cambridge University Press1984, pp. 19 – 21（约翰·坎农《贵族世纪》，剑桥大学出版社，1984，第 19～21 页）。

⑦ J. V. Becket, The Peerage of England, London, Nabu Press, 1986, p. 95（J. V. 贝克特：《英国的贵族》，伦敦，1986 年，第 95 页）。

⑧ Dupaquier, "Revolution francaise et revolution demographique," Pierre Guillaume and Jean – Pierre Poussou, De-mographie historique, Paris, 1970; Pierre Goubert, "Le Poids du monde rural," in Histore economique et sociale de la France, ed., Ernest Labrousse and Fernand Braudel, Paris, 1970, pp. 3 – 158.

⑨ （英）J. V. Becket, The Peerage of England, London, Nabu Press, 1986, p. 43（J. V. 贝克特：《英国的贵族》，伦敦，1986，第 43 页）。

⑩ 伦敦《经济学家》1870 年 6 月 16 日。

位伯爵，248 位男爵，64 位从男爵，仅 2 名骑士。[1] 伯爵为拥有 4 个男爵领地即 48000 英亩土地者。土地占有成为贵族身份最主要的构成。直至第一次世界大战，地产几乎仍然是唯一达到社会和政治上层的保证。它不仅代表财富，而且是持续稳定地拥有一份政治权利和参与统治的资格，是步入上层社会与权力核心者的保障。[2] 一些家族以婚娶有地产的女继承人或富商之女增加自己的土地，联姻成为增加地产的一种方式。土地超出商品范畴，它提供的是家族的社会地位。

祖业（seat）包括住宅、墓地和家族领地教堂，不可出售。18 世纪中期的法国，依靠祖产收益，属于自食其力者。[3] 世家土地出售是市场之外的交换，贵族甲把自己在远处的某些地产出售于贵族乙，乙则把自己在甲附近的地产出售给对方。[4]

联姻关切到家族经济和政治的巩固与上升，英国贵族联姻一般在贵族之间。英国议会于 1753 年以"哈德威克婚姻法"保证贵族家族集团内联姻的利益。18 世纪英国 81 位公爵的婚配对象仅有 5 位非绅士家族女子。继而与富商联姻的新贵族达 46%。新绅家族 59% 以联姻步入贵族阶层，旧绅士由联姻上升的为 20%。[5] 英国贵族议会和参议院实质以传统上层家族和新兴贵族为纽带[6]。贵族公学成为贵族、商人、银行家、律师、企业家子弟作为合格绅士、精英阶层及彼此交往的最佳途径。

在西方，家族 clan、家谱 genealogy、族系 Linleage，家产 property、家史 family history、家教 upbringing、父家族 patriarch – family 为英文通用词，欧裔美籍大多熟悉族谱图示符号（男 △ ♂，女 ○ ♀），熟练绘出家族系谱。从教堂至网络 family tree 流行。[7]

西欧的"宗族"观念不完全同于中国之"父党"，而是家族、亲族概念。既有父宗传观，又包含母戚、姻亲和女性，即女子有血统、世袭合法性。法国直系规则为双亲直系即双系制，血族直系包含祖（外祖）父母——曾（外曾）祖父母等等。而"婚姻的范围被禁止至血亲关系延伸到的地方。这一原则于 527 年或 531 年被托莱多的主教会议所记录；且在 721 年罗马的主教会议作为正式法律宣布"[8]。即婚姻被禁止的圈层与血族圈层完全覆盖或同一。于是，意味己身直系存在和包含血缘联结的、旁系血亲

① 钱乘旦、陈晓律：《在传统与变革之间——英国文化模式溯源》，浙江人民出版社，1996，第 367 页。

② 威廉·马歇尔《论英国的土地财富》，英国，1804，第 1 页。

③ 〔法〕罗伯特·达恩顿《屠猫记·法国文化史钩沉》，吕健忠译，新星出版社，2006，第 169 页。

④ John Cannon , Aristocratic Century: The Peerage of Eighteenth – century England, Cambridge University Press1984, pp. 15 – 18（约翰·坎农《贵族世纪》，剑桥大学出版社，1984，第 15～18 页）。

⑤ D. M. Thomas, The Social Origin of Nobility Marriage Form in English18 – 19 Century, Cambridge University Press, 1972, pp. 105 – 106（D. M. 托马斯：《18 与 19 世纪英国贵族婚姻形式的社会起源》，英国，1972，第 105～106 页）。

⑥ Christopher Morris, English Political Thoughts, Oxford University Press, 1953, p. 507.

⑦ 笔者于 2014 年 9～12 月在波士顿调查。

⑧ A. Esmein, Le Mariage en droit canonique, Paris, Librairie du Recueil sirey, 1929, p. 376.

规则参与支配亲族实践。17～18 世纪在法国师父的身份亦为世袭的特权，由夫传妻或父传子。① 又如 1554 年英王室玛丽与婚西班牙菲利普二世作女王；1688 年英王詹姆士二世女婿、荷兰执政威廉亲王，与妻子、詹姆士二世女儿玛丽一同继承英国王位。大部分地产的易手出自旁系继承，一是通过婚姻，二是缺少男性直系亲属的家族将地产转予女子。18 世纪英国贵族家庭中 1/3 的地产由女继承人掌握。18 世纪末与原贵族相联系的新贵族阶层形成，其一些与贵族女儿结婚，一些是贵族的外孙，一些是贵族的表弟，一些则与贵族姑妈血缘联结。② 1890 年荷兰国王威廉三世由其女儿威廉明娜继位；1948 年威廉明娜女王由其女儿朱莉安娜继位；1980 年朱莉安娜女王由其女贝娅特丽克丝继位。③ 女婿的爵位同样是妻子家族的荣誉。在俄罗斯与白俄罗斯姻戚裙带关系突出。

西欧既有的贵族世袭、继嗣、族产、谱系、联姻、声望观念，成为英国"摇椅"汉学家研究中国社会的模板和切入视角。因之中国宗族与西方大家族同被英译为 Linleage（世系群）。然其忽略了中国传统的父系宗桃之宗族与西方大家族概念（含女性世袭、旁系继承）之不同。中国早期"父之党为宗族"的宗亲观，确保父宗统与嫡庶、长幼、亲疏秩序，强调父系直系关系。《尔雅·释亲》列出己身以上四世至高祖、己身以下八世至云孙的十三代，突出宗族主干"大宗率小宗……成一宗统"理念④，有别于西学功能论构下的同居共财互利的亲族范畴。张小军区分中国古典"家"与宗族，家即家庭，含母亲宗系（母系宗族）⑤。

笔者认为，家族是家的扩大，含双系血亲。英文家族亦用 family，大家族用 extended family，即家族是家的延伸。宗族一般为单一父系家族，英文 patriarch - family，俄文 Патронимия。东欧称宗族为"父家族公社"、"父血缘集团"或"父姓氏集团"。而世系群 Linleage 基于姓氏，其含义"血统""宗系"在西方含女亲，非单系家族或宗族，即家族是家庭的扩伸，括双性血亲；中文宗族则是父系家族，指单一父系血亲；Linleage 含双性血亲，亦双系家族而不宜代指中国宗族。

埃文思·普里查德（E. E. Evans—Pritchard）和福蒂斯（Meyer Fortes）质疑功能主义普世"需求"论点，基于世系组织研究无中央集权国家的"非西方政治模型"。二者均基于裂变宗族制（the segmentary lineage system）：政治地域部落→父系继嗣氏族→

---

① 罗伯特·达恩顿：《屠猫记·法国文化史钩沉》，吕健忠译，新星出版社，2006，第 82 页。

② John Cannon, *Aristocratic Century: The Peerage of Eighteenth - century England*, Cambridge University Press, 1984, pp. 24 - 30（约翰·坎农《贵族世纪》，剑桥大学出版社，1984，第 24～30 页）。

③ 据新华社 2013 年 1 月 29 日电。

④ 《尔雅注疏》卷四《释亲·婚姻》，《十三经注疏》，中华书局，1980 年影印，第 2593 页；又见芮逸夫《九族制与尔雅释亲》，《中央研究院历史语言研究所辑刊》，1950：22，第 209 - 231 页。

⑤ 张小军：《家与宗族结构关系的再思考》，台北汉学研究中心《中国家庭及其伦理》研讨会论文集，1999 年 6 月，第 151 页。

宗族（大家族→家族→主干家庭）。普里查德以非洲努尔人社会结构的"地缘"和"血缘"性，表明与氏族权紧密相连的、集继嗣群体和地方组织合一的宗族范畴。[①]认为没有政府的社会可以地域和继嗣方法构造自己的政治秩序，强调里弗斯提出和布朗曾论析的地缘与血缘契合的宗族概念。福蒂思则突出宗族存在的非血亲因素，如空间距离、合作仪式、外婚制规则、通婚模式、邻里关系等[②]，它们均可构成裂变宗族。

弗里德曼质疑埃文思·普里查德和福蒂思宗族理论的前提是无政府、无国家，而有国家的中国社会宗族的存在则是非洲宗族模式的悖论。弗氏宗族理论成为汉学人类学和社会史所认同的学术论题。其《华南宗族组织》认为中国宗族基于共同祖先的认定与祖产的建立；祖产可在家族成员中分配，使宗族内分层，形成富绅家族；有能力的富绅家族，领导聚集宗族为一个团体。[③]《一个古老国家的政治》指出士绅立场的官方性，认为宗族精英或富绅发挥自己的政治经济保护作用，强化社区内聚力，使地方自主减少中央财政负担并稳定乡村[④]，是国家与宗族并存的机制。《社会学在中国》指出宗族和地方结合；控产为宗族的核心要素，使宗族成为血缘控产团体、地缘业缘控产机构和域外家族（即异地同宗）组织的"联络场"[⑤]，使地缘认同借助于宗族认同。弗氏分析的地域宗族或宗族村落具有族谱和共有地产，包括祖先崇拜、继嗣观念与制度、家族公产等。[⑥]弗氏提出中国"穷人家庭循环"与"富人家庭循环"分析模式：前者为夫妇－主干－夫妇，后者为夫妇－主干－联合－夫妇。Arthur Wolf 据台湾北部山区 11 个里的户籍分析，否定弗氏家庭循环二模式，认为中国农村家庭本身具有发展为大家庭潜力，大家庭形式非少数富有者专有。[⑦]

由上可知，西欧既有世族谱系、继嗣、世袭元素；族产分配与长子继承祖业原则；上层贵族与中小家族区别；世家大族的政治使命；世袭与姓氏和土地的结合；族缘姻缘与地产的联结；庄园世族的形态。然少见中国传统宗祧理念。此基于西方学者以西方世系大家族（linleage）对应中国中古时期大家族，却冠于中国古代"父之党""宗

---

① 埃文思－普里查德著、褚建芳译：《努尔人》，华夏出版社，2002。

② Meyer Fortes and E. E. Evans－Pritchard, *African Political Systems*, London and New York: International African Institute, 1940.

③ Maurice Freedman, *Lineage Organization in Southeastern China*, pp. 9, 156 – 159, London: The Athlone Press 1958.

④ Maurice Freedman, "The Politics of an Old State," in G. William Skinner, ed., *The Study of Chinese Society*, pp. 373 – 379, Stanford: Stanford University Press, 1979.

⑤ 科大卫：《告别华南研究》，华南研究会编辑委员会编《学步与超越》，香港文化创造出版社，2004，第 9、18 页。

⑥ Maurice Freedman, "Sociology in China: A Brief Survey," in G. William Skinner, ed., *The Study of Chinese Society*, Stanford: Stanford University Press, 1979, pp. 334 – 350.

⑦ 李亦园：《近代中国家庭的变迁》，《中央研究院民族学研究所集刊》1983 年第 54 期。

族”之名。诚然中国古典宗族亦不乏世系元素，而以中古后地域大家族①内涵冠于传统"宗族"之名，似西方认知、理论殖民的结果。

（二）俄罗斯家族村社形态

观念记忆集体意识和心态，具有坚实的根基——习俗、信仰、认知、术语，是思维现实、集体意识和研究者的出发点。② 拜占庭与斯堪的纳维亚文化南北相向影响俄罗斯，斯拉夫与内陆亚大土地制"家族公社"与村社地域宗族广泛存在。③ 别尔佳耶夫（Н. А. Бердяев）关于"俄罗斯的心灵地理"说指出，土地包围着人带给其安全感，集约劳作养成人们恭顺、服从的品质。④《现代俄语联想大词典》列举俄罗斯语言意识中占有重要地位的观念，Дом（家）位居榜首。⑤ 在波兰的文化和文学文本中此观念同样突出⑥，而在西班牙人的语言意识中其则居第十位（А. Т. Хроленко，2004：59）。⑦

俄语 Дом（家）除指居所 жилище、家庭 семья，还指家族 род、祭祀场所 храм、家族经济 хозяйство，包含神灵 духи（祖先灵魂 Чур、家族神 домовик），是灵魂筑造的有生命之物。Большой дом（大屋）是通过成年仪式、成为父系大家族正式成员的未婚男子共同居住的空间，也是保存圣物和祭祀之地，不允许外人和女性入内。家族 Род 即居住于同一 дом 者，从事共同祭拜和经济活动。⑧ 家族守护神被化身为最年长的家族成员，称 Незримый покровитель и тайный страж（看不见的庇护者和神秘的守卫），主体与 дом 合一（В. А. Маслова，2004：262）。神的居所成为人的庙宇，是俄罗斯人对宇宙结构的想象复制⑨，对文化与空间的相互模仿。⑩ В. Я. Пропп 以大量民族学人类学资料说明家宅的神圣性和仪式功能。⑪

东正教传入罗斯后，诸神灵信仰仍然植根民间，许多家族祷祝膜拜祖先之灵，家内中心位置，并列供奉诸神祇雕像与圣像；圣餐仪式、圣母祭拜画十字祈祷时，亦礼

---

① 见周泓《汉与非汉视域的宗族、家族研究阈径》，《广西民族研究》2012 年第 3 期。
② Ю. С. Степанов Константы，Словарь русской культуры，москва，Школа，1997：55.
③ Д. С. Лихочов，Раздумья О России，Пекин Университет，2003，с. 18，23.
④ Н. А. Бердяев，Истоки и смысл русского коммунизма. ，Москво. Наука，1990
⑤ Ю. Н. Королов，Ассоциативный тезаурус современного русского языка，Москва Флинта，1994，1996.
⑥《语言与文化中的家园》，波兰"民族语言学会议"文集，Польша，Щещин，1995 年 3 月。
⑦ Международная научная конференция "Национально - культурный компонент в тексте и языке"，《Дом》как один из ключевых концептов русской культуры，Минск，Белгосуниверситет，1999. 4.
⑧ Владимир Яковлевич Пропп，Морфология волшебной сказки：Москва，Лабиринт，. 2003.
⑨ Г. Гачев，Национальные Образы мира，Космо - Психологос，Москва，Прогресс - Культура，1995：38。
⑩ 参阅 А. Ситникова，Этимологоический словарь русского языка，Ростов - На - Дону，Феникс，2005.
⑪ Владимир Яковлевич Пропп，Исторические корин волшебной сказки：Таинственный лес. и Большой дом. Москва，Лабиринт，2005.

Род（祖先灵魂）→→Домовой（家族守护神–家族成员化身）→→Дом/храм（仪式空间–居住空间）

храм（仪式场域，祭祖与宗教仪式）

↑

Род（家族空间）—Дом（居住场域，聚族而居）

↓

хозяйство（经济场域，家族成员共同劳作）

　　　　　　　　　　↗ Род（家族场域，聚族而居）

Дом（居住空间）→ храм（仪式场域，祭祖与宗教仪式）

　　　　　　　　　　↘ хозяйство（经济场域，家族成员共同劳作）

拜生命始祖、家族与家宅的保护神 Род 和庇护家族、家庭与家园的女神 Рожаницы。[①]
中世纪观念中 земной дом 大地之家与 небесный дом 天国之家合一，敬畏神灵的仪式
空间更加与负载文化和情感内涵的空间合一，"家就是永生神的教会、真理的柱石和根
基"（提摩太前书 3∶15）。Дом 成为罗斯文化的深层结构符号，不论乡村或城市，它
象征着安全感[②]，"дом—моя крепость，избушка—свой простор"（家是我的城堡，自
己的天地）。因此，俄罗斯的 дом 亦把世界分为 внутреные（内部的）、свое（自己
的）、культурное（文化的）、спокойное（平和的）、безопасное（安全的）和
внешнее（外部的）、чужое（他人的）、хаотическое（混乱的）、враждебное（敌意
的）、опасное（危险的），"用田畴将自己的家围起，不要把外人引进去。不要让邪恶
的意志，侵犯儿子的花园和祖父的墓茔。即使遭受险恶的命运，祖先的橡树在高高仁
立"[③]。祖先陵墓和灵魂的喻指与家、祖业一起构成与外部有别的内部空间秩序、角色
规范，隐喻罗斯社会的生存方式和乡土理念。[④] 亦如 "кто дом не строил，Земли не
достоин，……Не будет землею（谁不建造家，就不配拥有土地……不会归入土地）"[⑤]。
在祖辈相传的土地上建立的祖屋、祖先墓地与后辈子孙族产一起形成俄罗斯文化连续
性的载体和象征。

中世纪罗斯各公国的王位继承是在已故王公的兄弟中产生。[⑥] 14 世纪莫斯科公国
谢苗大公（1340～1353）时讨论决定长子继承；德米特里·顿斯科伊大公（1362～
1389）与族人签订契约，放弃兄终弟及继承法，承认父传子继制度。[⑦] 父家长制男权是
罗斯家族历史的主要形态。中世纪的俄国，"上帝主宰沙皇，沙皇主宰国家，男人主宰

①　Крывелев И. А. История религий. Москва. 1976；Очерки по истории русского искусства. Москва，1957；
　　参见姚海《俄罗斯文化之路》，浙江人民出版社，1996，第 9 页。

②　Т. Фадеева，Образ и символ. Москва，Новалис，2004.

③　В. А. Маслова，Введение в когнитивную лингвистику. Мсква.，Флинта Наука，2004.

④　Ю. М. Лотман，Карамзин. Санект – Петербург，Искуссиво – СПБ，1997.

⑤　В. А. Маслова，Когнитивная лингвистика. Минск，тетра система，2004.

⑥　Насонов А. Н. Монголы и Русь. Москва – Леннинград，1940.

⑦　参见姚海《俄罗斯文化之路》，浙江人民出版社，1996，第 20 页。

家庭"。16 世纪的《治家格言》① 规定婚约一份由未婚夫或其父亲签字，一份由未婚妻的父亲签字，男主人有绝对权威惩罚女人，直至 18 世纪基本未改变。彼得一世的婚约改革对俄国农民几无影响，民间结亲过程由家长完成。在教堂，新娘要用头触新郎的靴子，以示服从家长，新郎则用衣角掩妻子②，以示私属。罗斯古代的世袭领地和 13 世纪后军功分封领地都是家族性的。17 世纪后军功领地和世袭领地融合，1714 年长子继承法规定，二者统称为不动产，为世袭领地。③ 家长式庄园主一般不允女农奴嫁与别人领地而要求本领地农奴相互通婚。④ 家庭的全部财产按男性一系继承，只有在儿子均亡的情况下，世袭和军功领地才能由女儿或其男性后代继承。据 1649 年法典，已故贵族的妻女只能得到庄园内"维持生活所必需的"一小块土地，且不得出卖和作为嫁妆。未生子的妇女，丈夫死后仅得到其丈夫向外族购买而非族人的 1/4 土地⑤，但妻子家族的陪嫁由其支配。18 世纪因维护贵族家族领地，俄罗斯据英国和法国法律制定长子继承法。贵族遗孀可继承其亡夫所有不动产，其死亡或出家地产归还丈夫家族最近的继承人，其改嫁则地产归还丈夫家族最年长的男人；且规定，无男性子嗣的贵族，可选定一个女儿作不动产继承人，其他女儿分得动产；无嗣地主家族，允许家族中最后一个男性把不动产给予其一个女性族亲，但后者必须使用前者的家族姓氏。⑥

传统的宗法制占据近代俄罗斯绝大多数乡村。即使 19 世纪农奴制改革后，农民总体仍是宗法制的主体，9/10 的农人仍保持农村公社（自然村一般由 4～80 家农户、20～500 人口组成）宗法共同体。⑦ 官方法律虽确认财产个人私有制，但村社农民的份地只能占有使用，实行定期重分份地和产品的村社所有制。村社代表村人同地主、其他村社和国家发生关系，组织宗教生活及合作，开办学校和医院。村长据传统习俗由村社长者经村民大会决议，纠纷按习惯法调解。村社实际是家族、家庭的自然延伸和扩大。在家庭中成员顺从家长的权力。19 世纪晚期，宗法制仍然是维系俄罗斯家族－

① Краткий очерк истории русской культуры с древнейших времен до 1917года. Леннинград Искусство，1967；Краснобаев Б. И. Русская культура второй половины XVII – начала XIX，М. 1983.

② Семенова Л. Н. Очерки истории быта и культурной жизни России，первая половина XVIII в. Москва Школа. 1982；参见姚海《俄罗斯文化之路》，浙江人民出版社，1996，第 97、90～91 页。

③ Буганов В. И. и др. Зволюция феодализма в России. Москва，1980；参见姚海《俄罗斯文化之路》，浙江人民出版社，1996，第 65 页。

④ Очерки русской культуры XVIII века. Москва，1985；参见姚海《俄罗斯文化之路》，浙江人民出版社，1996，第 94 页。

⑤ Очерки русской культуры XVII века. Москва，1979；参见姚海《俄罗斯文化之路》，浙江人民出版社，1996，第 99 页。

⑥ Ковальченко И. Д. и др. Передовая общественная мысль России и Западной Евроры в XIX в. Москва.，1980. 参见姚海《俄罗斯文化之路》，浙江人民出版社，1996，第 100 页。

⑦ Александров В. А. Сельская община в России（XVII – начала XIX вв）. Москва，1976；参见姚海《俄罗斯文化之路》，浙江人民出版社，1996，第 7（前言）、111、189、190 页。

村社－国家的社会根基。俄罗斯人类学家、社会学家和史学家 M. M. 科瓦列夫斯基
（1851－1916）的《古日耳曼的马尔克公社》、《中古晚期的英国社会制度》和《公社
土地所有制瓦解的原因、过程和结果》，分析由母系氏族过渡到宗法制的村社和宗法公
社（即"父系大家族"Патронимия，宗族）形式①，代表着俄罗斯有序的传统文化。
现代俄罗斯的村社形态仍然是"没有什么外人……所有人都是亲人……是兄弟姐妹，
一同经受历史命运，……一同建造别人不会给我们建造的家社"②。

20 世纪初斯托雷平改革时，村社制度对于农民的整个生活方式具有压倒一切的影
响，"这个制度在人民心目中已经根深蒂固……俄国农民喜欢大家同样相等的水平"③。
而且由于宗法自然经济受到资本商品经济冲击后采取了集约经营方式，无论地主土地
所有制和村社份地占有制，都未能被彻底消除。俄罗斯人习惯于以村社为单位的生活、
分配和村社内的劳作协助与习俗，而非小家庭行为规范。即以村社为大家庭，持续存
在着地域大家族及其公领域观念，如鞑靼大家族制。其为后来苏维埃集体主义理念与
实践的社会根基。

（三）俄罗斯与白俄罗斯家族"谱系树"

由于村社历史的家族性，俄罗斯延续着"家族谱系树"（Генеалогическое Древо）
传统。如罗曼诺夫王朝（Династии Романовых）宗族谱系主要为沙皇伊凡五世（Царь
Иван Ⅴ）、伊凡六世（Иванн Ⅵ）；彼得一世（Петр Ⅰ）－叶卡捷琳娜一世
（Екатерина Ⅰ）－彼得二世（Петр Ⅱ）、彼得三世（Петр Ⅲ）－叶卡捷琳娜二世
（Екатерина Ⅱ）、巴维尔一世（Павел Ⅰ）－亚历山大一世（Александр Ⅰ）－尼古拉一
世（НиколайⅠ）－亚历山大二世（АлександрⅡ）－亚历山大三世（Александр Ⅲ）－尼古
拉二世（НиколайⅡ）。

神职家族或神圣家族是宗教的与历史的人类学结合之点。俄罗斯与白俄罗斯神职
具有家族传教传统。神职人员（正教和天主教士、神甫、司祭、大司祭、主教、大主
教等）有家族职业传教之传承。明斯克拉图什科 Латушко 家族四代均任东正教神职。
第一代康斯坦丁·拉图什科 Константин Латушко 为神甫；第二代彼得·拉图什科
О. Петр Латушко 为司祭；第三代乔治·拉图什科 О. Георгий Латушко 和巴维尔·拉图
什科 О. Павел Латушко 为大司祭，尼基塔·拉图什科 О. Никита Латушко 为司祭；第
四代安德列·拉图什科 О. Андрей Латушко 为神甫，季莫费·拉图什科 Тимофей
Латушко 为教士；女婿马科西姆·拉戈维诺夫 О. Максим Логвинов 为神甫。第五代阿

---

① 参见姚海《俄罗斯文化之路》，浙江人民出版社，1996，第 259 页。

② Л. А. Трубиеа，Русская литература ⅩⅩ века. Москва，Флинта. Наука，1998.

③ Краснобаев Б. И. Основные черты новой русской культуры. Вопросы истории，1976，No. 9.

尔谢尼·拉图什科 Арсений Латушко 和米特罗叶朗·拉图什科 Митроеран Латушко 为
未成年教徒。其家族所有女性及外孙皆受正教洗礼。

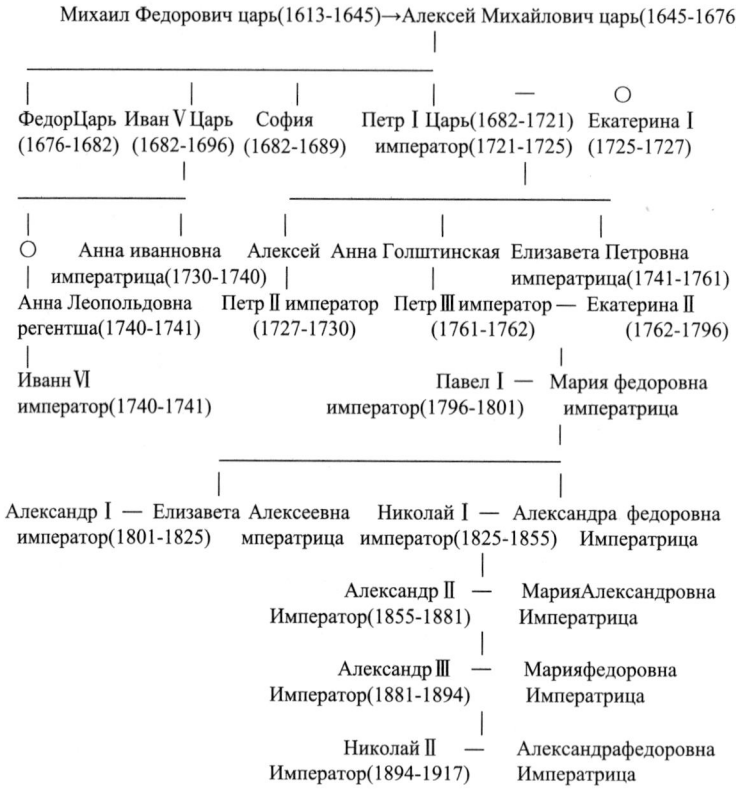

Генеалогическое Древо Династии Романовых[①]

罗斯正教具平民与国民质性。东正教父经常的教谕是：家庭是小教堂，教堂是大
家庭。东正教保护与延续家族伦理结构，具有民间法机质。东正教维护家庭婚姻。婚
礼由教堂典礼（Венчание）与政府登记（регистрация）、民间仪式（брак）构成；女
子出嫁与丈夫同姓、同信仰，婚约受到上帝保护；教士可成家，人性化，其后辈成为
教阶队伍的基础。公民的正教信奉以家庭为纽带传承，尤其是女性、长辈守时祭拜影
响着子孙。东正教与天主教入教途径大多以家族关系出生受洗或因于长辈信仰。明斯
克巴尔霍特科夫 Борхотков 家族，祖父 Борхотков Валера Сергеевич、祖母 Борхоткова
Светлана Александровна、姑奶 Борхоткова Татьяна Сергеевна、伯伯 Борхотков Игрь
Валериевич、姑姑 Борхоткова Катерина Валериевна、父亲 Борхотков Игорь Валериевич、
母亲 Борхоткова Инна Николаевна、兄弟 Борхотков Антон Игоревич 和 Борхотков

---

① 笔者由 О. Н. Котомин, Оформление, Дизаий, 2006 和 2010 年 7 月由莫斯科克里姆林宫抄录手稿梳理
绘制。

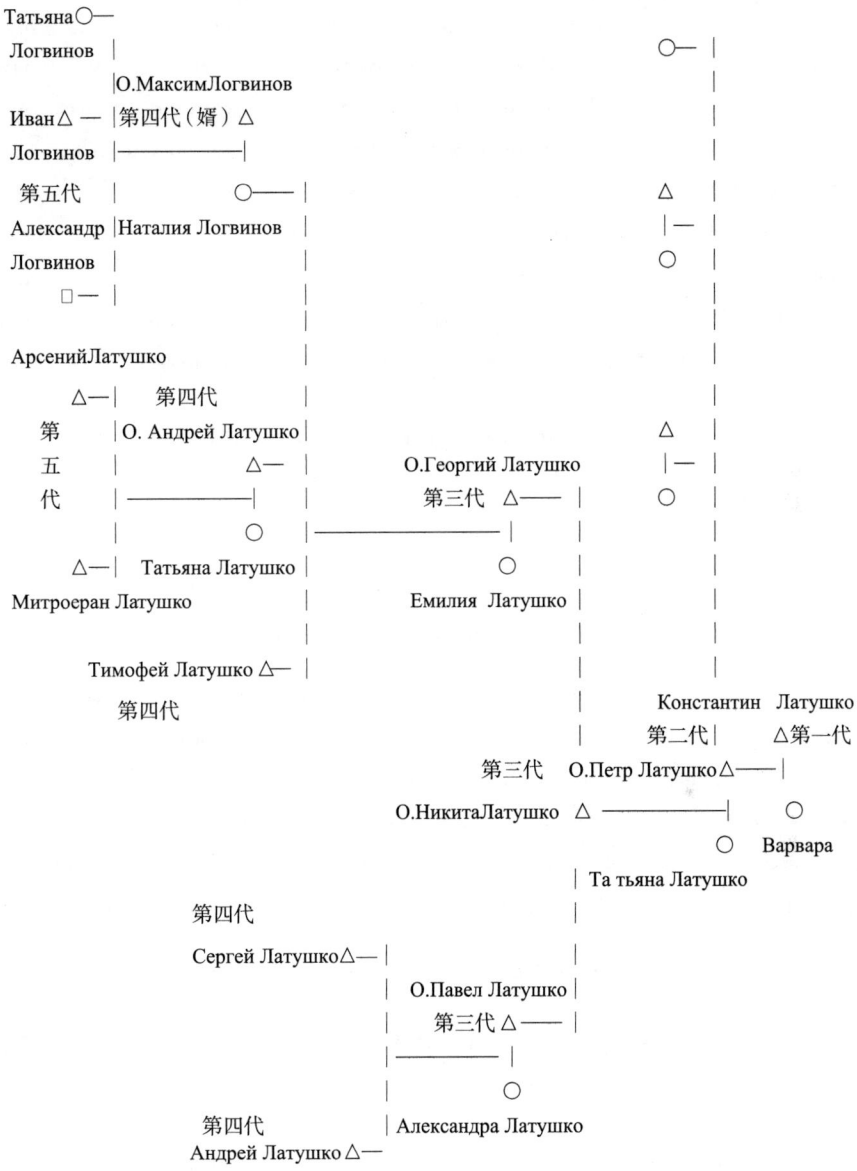

东正教神甫Латушко家族

笔者于2007年访谈明斯克Латушко祭司

Игрь Игоревич 都是东正教徒。明斯克什瓦拉兹基 Шваразкий 家族，外公 Шваразкий Кстантин、外婆 Шваразкая Клавдия Шего、舅舅 Шваразкий Николой Кстантинович、舅妈 Шваразкая Лидия、表哥 Шваразкий Сергей Николаевич、表姐 Шваразкая Наталия НиколеВича 均是天主教徒，而母亲 Микутина Валя Кстантиновича 随父亲 Микутин Леонед 为东正教徒。

东正教（православие）教徒 Борхотков 家族

Отец 父亲	Борхотков Игорь Валериевич	художник	православие
Мать 母亲	Борхоткова Инна Николаевна	поэт	православие
Сын 儿子	Борхотков Антон Игоревич	студент философии	православие
Сын 儿子	Борхотков Игрь Игоревич	студент художества	православие
Дедушка（по отцу）祖父	Борхотков Валера Сергеевич	музыкант	православие
Бабушка（по отцу）祖母	Борхоткова Светлана Александровна	врач	православие
Дядя（брат отца）叔伯	Борхотков Игрь Валериевич	на пенсию	православие
Тетя（сестра отца）姑姑	Борхоткова Катерина Валериевна	на пенсию	православие
Тетя отца（сестра дедушка）姑奶	Борхоткова Татьяна Сергеевна	на пенсию	православие

天主教（католичество）教徒 Шваразкий 家族

Дедушка（по мати）外婆	Шваразкий Кстантин	（умер）	католичество（в жизни）
Бабушка（по мати）外公	Шваразкая Клавдия Шего	78л. На пенсия	католичество
Отец 父	Микутин Леонед	50л. каректор	православие
Мать 母	Микутина Валя Кстантиновича	55л. Каректор	католичество →православие
Сын 儿子	Микутин Олег леонеданович	21г. Учитель	православие
Невеста 儿媳	Чжо Дин	29л. инструмент музыки	католичество
Дядя（брат мати）舅舅	Шваразкий Николой Кстантинович	51г. Строитель	католичество
Тетя（жена дяди）舅妈	Шваразкая Лидия	55л. Работника	православие
Брат（сын дяди）表哥	Шваразкий Сергей Николаевич	30л. Бизнез	православие
Сестра（дочи дяди）表姐	Шваразкая Наталия Николеыича	24г. Без работы（за мужем）	православие

以上二表出自笔者于 2006～2007 年在明斯克的调查

二 "亚细亚生产方式"基础：内陆亚与东南欧家族村社与父系大家族考述

中古和近代中亚实行农村公社、米尔克土地、氏族贵族土地所有制、封建土地所有制（此指土地相对占有权伊克塔—分封采邑）①，即村社所有制和地主所有制而非土地国有制。②

中亚斯拉夫人保留家族村社制度。1880 年代尼古拉·康斯坦丁诺维奇·罗曼诺夫

---

① Б. Г. Гафуров, Таджки, Древнейшая, древняя и средневековая история. москва, Наука, 1972, С. 364 - 367, 413 - 416.

② О. Д. Чекович, Из источник по истории Самаркан до ⅩⅤ в. —Из истории эпохи Улугбека. Ташкент, 1965；Сиасет - намэ. Книга о правлении вазира Ⅺ столетия Низам ал - Мулька. Перевод, введение в изучание памятника и примечания Б. Н. Заходера. М. - Л., 1949. с27. 34, 82.

大公至塔什干，与乌兹别克族长们（аксакали）合作建立村镇。乌克兰人家族在费尔干纳纳曼干等地建立自给型村镇。俄罗斯移民的小村庄基本亦是自给型，如库尔沙勒附近扬吉阿雷克、吉兰达、扎尔戈尔、伊利伊切夫卡、米尔扎基等俄罗斯族人村，乌克兰基辅族人村；克列斯季扬斯科耶村镇的俄罗斯奥尔洛夫族人村和乌克兰波尔塔瓦族人村。[①] 自给型村庄一般包括几户家庭，土地基本能够维持一家人生活，除各自拥有的土地外，还有公用地（牧场、林地、湖泊等），各家庭牲畜集中放牧，轮流作业，可购买或租赁土地。[②] 1914 年俄属中亚的俄罗斯族人村诸多是姓氏村。如斯列坚斯科耶乡即一个村庄斯列坚斯科耶（Сретенское）；斯帕斯卡亚（Спасская）乡有阿列克谢耶夫斯基（Алегсеевский）、斯拉维扬斯基（славяский）、萨姆索诺沃（Самсоново），罗曼诺夫斯基（Романновский），尼古拉耶夫斯基（Никодаевский）、上、下沃伦斯基（Волунский）等村。[③] 各乡村由独立的村社保持自己的管理方式，选举自己的机构与法官，村长有权惩罚犯错误的村民。[④] 村社农户份地和家庭私有地并行，许多村庄以村社土地所有制分给每户可经营的耕地、棉地、牧场、蜂场、湖河等。直至集体化前，村社仍保留自我管理、互助耕作诸多职能。[⑤] 1920 年代中亚俄罗斯人村社并于土著民村社[⑥]，即之前各自均是村社体制。村社组织成为集体农庄的基础形态。集体农庄不同族群多各选举同族人管理，似村社劳动组合。

乌兹别克斯坦社会仍保留传统的村落血亲"马哈利亚"体制。大家族意识居主导地位[⑦]，个人安全与权利和家族村社联结，村庄内部交往和信息的口头转达，族亲乡戚征求意见的非正式方式，选举首领时族长的决定性[⑧]，共同参加宗教仪式和馈赠、互助制度，家长制、继承性、家庭地位等皆保存传统规范和同族人职责，延续习惯法和亲族协作传统，各马哈利亚村庄成员在自己的礼拜场所讨论问题，非当地居民或其他部族无法融入其社会。村庄经济联结各家庭成员及其社会机会。村落仅提交官方机关各

① О. И. Брусина, Славяне в Средней Азии （《中亚斯拉夫人》），Этнические и социальные процессы, Конец XIX – конец XX века. Москва Наука, 2001, С. 4, 14；С. 269, ee Материал Полевой работы, 第 3А 集，с. 58, 130, 16, 45；第 1А 集，с. 160 – 161.；〔俄〕法姆切卡（А. П. Фомченко）《突厥斯坦边疆区的俄罗斯族人定居点》，塔什干，人民联盟文库，1983. С. 41.

② О. И. Брусина, Материал Полевой работы, 2А, с3 – 5, ee Славяне в Средней Азии, Москва Наука, 2001, с. 269.

③ 〔俄〕卡西莫夫（Н. Касимов）：《苦盏县俄罗斯族人村庄建立的进步意义》，杜尚别，1968，第 73 页。

④ 〔俄〕金兹布尔格（А. И. Гинзбург）：《突厥斯坦的俄罗斯族居民》，Москва，1991，с. 39 – 40.

⑤ 〔俄〕法姆切卡（А. П. Фомченко）：《突厥斯坦边疆区的俄罗斯族人定居点》，塔什干，人民联盟文库，1983. с. 79 – 80.

⑥ 《突厥斯坦行政区划资料》，塔什干，1922 年第 41 页；《乌兹别克区划资料》，撒马尔罕，1926 年第 1 册。

⑦ 〔乌兹别克〕阿里夫汉诺娃（З. Х. Арифханова）：《在乌兹别克斯坦人民恢复民族传统中马哈利亚的作用》《乌兹别克斯坦社会科学》，塔什干，1998 年第 7 期，第 25 页。

⑧ 〔塔吉克〕阿斯利季诺娃（А. А. Аслитдинова）：《在社会基层组织恢复和平——塔吉克斯坦调停进程》，杜尚别，1998，第 112 ~ 113 页。

种报表，为基层自治权力机关。① 中亚、西亚塔吉克、哈萨克、鞑靼人、土耳其人均有马哈利亚家族村落组织。

中亚俄罗斯村社和土著族民的帮工制度主要在族戚、乡亲内部②。在克列斯季扬斯科耶"居民……都是亲戚，是一个大家庭"；在斯拉维扬卡，"乌兹别克人……所有的亲戚总是在一起，互相帮助"③，重视村社牢固的亲属和亲族的家族联结，认为父辈、祖辈的出生地"是我们的故乡，我们的根，我们的亲人都埋葬在这里"④。中亚土著族民大多认为自己是氏族或家族村社的一分子，沿用本族习俗和非官方语言，非官方机制在许多情形下被正式承认。⑤ 中亚斯拉夫村社文化沿袭于村民"走访亲戚"，复活节同族祭祀。

科瓦列夫斯基于 1883、1885、1887 年至高加索实证当地大家族形态。格鲁吉亚卡尔达林人以"大火炉"喻家族公社；巴尔干、高加索以火炉灶喻父系大家族；亚美尼亚人父系家族公社"恩达尼克"意"住在一个屋顶下"；卡巴尔达人"乌耐伊赫斯"意"同住一间屋"；楚克奇人称父系亲族"同一种血液的人"；塞尔维亚人"扎德鲁嘎"意"合作的家族"，认为"每个农村就是一个大的扎德鲁嘎"。分家主要在父子间，兄弟几人各三代后裔组成家族公社；孙子结婚分出几个小的家族公社，数个核心家庭，几个住在一个区，另几个聚居一个区相互协助。扎德鲁嘎分家时家长同晚辈儿孙同份，得相等的一份，住房留给老人，长兄与父母同住；已故兄弟的孩子得到其父应该得到一份。巴尔干、高加索的兄弟公社⑥，一般由三代人组成较小规模的兄弟家族，其或因父辈无人，同一世代诸兄弟家族组合；或由各辈长子或幼子继嗣之外的诸兄弟家庭组成，或诸兄弟及其家属与诸堂兄弟及其家属分离。科瓦列夫斯基认为家族公社是早于村社的土地所有制古代形态，并揭示其亲族原则：土地使用与继承均以说明自己的亲族起源或在所有亲属成员中找到公认的根据为前提⑦，指出家族公社特点：共同生产与消费，为一个血缘与亲族集团，宗教崇拜的一致性。⑧ 南斯拉夫、保加利亚、塞尔维亚的扎德鲁嘎和高加索等地家族公社，成为民族学、历史学、社会学研究

---

① （乌兹别克）阿里夫汉诺娃（З. Х. Арифханова）：《在乌兹别克斯坦人民恢复民族传统中马哈利亚的作用》，《乌兹别克斯坦社会科学》，塔什干，1998 年第 7 期，第 26、28～31 页。

② 苏联科学院人类学和民族学博物馆藏，Т. В. 斯坦钮科维奇文献档案，卷宗 32，目录 1，第 2 件，第 27 页。

③ О. И. Брусина, Славяне в Средней Азии（《中亚斯拉夫人》），Этнические и социальные процессы, Конец ХIХ - конец ХХ века. Москва Наука, 2001, С. 207.

④ О. И. Брусина, Материал Полевой работы, 1В, С. 48; 1А, С. 46.

⑤ 〔俄〕布鲁西娜（О. И. Брусина）：《中亚新独立国家社会生活的行为举止准则和多民族社会问题——习惯法与法律多元论》，《习惯法与法律多元论委员会第 11 届国际代表大会材料》，莫斯科，1999，第 85 页。

⑥ 恩格斯：《家庭、私有制与国家的起源》，人民出版社，1972，第 56～57 页译作"胞族社"。

⑦ М. М. Ковалевский：Современный обычай и древний закон（《现代习俗与古代法》），Кобенхаген，1888，т1.

⑧ 马克思：《给维·伊·查苏里奇的复信草稿》，《史学译丛》1955 年第 3 期，第 23 页。

阶级社会不同文化形态的世界性资料。此外，阿拉伯世界亦然，如穆夫提家族，阿尔法家族，法提哈家族等。印度的种姓等级亦出于世系与世袭理念。历史上李氏朝鲜之宫中女子地位，大都取决于其家族的贵族地位或是否生下王子尤其是王世子。日本幕府将军往往与皇戚贵族联姻，辅政年幼大王的大王妃均须"垂帘听政"，即女子不具王朝世系与世袭的正统资格。可知中亚、西亚、东亚、南亚皆具父家族传统制度。

三　中国非汉族体家族公社与世系制考释

中国汉人宗族研究主要沿袭西欧汉学人类学宗族研究脉络；而非汉族体大家族研究主要延承中东欧历史民族学脉络，如梅因（H. S. Maine）《早期制度史讲义》（1875）的大家族研究，拉维莱（E. Laveleye）《所有制及其原始形态》（1875）的家庭、家族研究，帕聂科（Л. Б. Панек）《Следы родогого строя у мтиульцев》（"关于亲属制度的资料"1930），雷伯（E. M. Loeb）《Social Organization and the long House in Southeast Asia》（"南亚的社会组织和长屋"1947）；柯斯文（М. О. Косвен）《家庭公社与宗族》（1963），李鲍（F. M. Lebar）等南亚族群考察（1964）。

梅因据东欧增殖制认为"大家族是历来的小家庭增殖的结果"，即家庭→大家族[①]。拉维莱据比利时村解制认为：家族公社是村社瓦解的结果，即村社瓦解→家族。[②] 埃文斯·普里查德和福蒂斯据西欧裂变宗族制认为：氏族瓦解→宗族（世系群→家族）。林耀华、庄孔韶《父系家族公社形态研究》[③]，补正亨利·梅因等关于早期社会制度的认知，"传统的看法是：父权家族……是原始社会"家族"的典型形式"[④]。梅因"把大家族作为一种过渡形态置于所谓初期小家庭和比邻公社之间"[⑤]，即大家族和宗族由家庭增殖而非裂变而来[⑥]。该书对此作母系大家族（氏族）→父系大家族的补正论释。张小军以中国古典宗族质疑，"家""族"不是早期中国社会的宗族单位，均为古代区域组织单位或范围。宗族并非家的扩展。[⑦]

庄孔韶《父系家族公社形态研究散论》[⑧] 驳正梅因、拉维莱上述结论，及科瓦列夫斯基将家族公社作为早先制度形态对氏族制度的忽略[⑨]；对梅因"大家族是历来的小家

---

① H. S. Maine, Lectures on the Early History of Institutions（《早期制度史讲义》），London, John Murray 1875.

② М. О. Косвен, Семейная община и Патронимия, Москва, Восток, 1963.

③ 林耀华、庄孔韶：《父系家族公社形态研究》，青海人民出版社，1984。

④ 马克思：《摩尔根〈古代社会〉一书的摘要》，人民出版社，1965，第37页。

⑤ М. И. Ихилов, Большая семья и Патронимия у Горских Увреев（《山林欧罗巴人的大家庭和世系群》），СЭ，1950. 1.

⑥ Н. Л. Абазадзе, Семейная община у Грузина（《格鲁吉亚人的家庭公社》），СЭ，1954. 1.

⑦ 张小军：《家与宗族结构关系的再思考》，台北《中国家庭及其伦理》文集，1998，第155～157页。

⑧ 见林耀华、庄孔韶《父系家族公社形态研究》，青海人民出版社，1984，第118～150页。

⑨ 见林耀华、庄孔韶《父系家族公社形态研究》，青海人民出版社，1984，第144页。

庭增殖的结果"、科瓦列夫斯基"大家族由小家庭形态发展而来"、拉维莱"大家族由村社瓦解而来"以及柯思文等对早期村社的忽略予以更正，补充村社所有制形态；提出父系大家族不是大家族特有或典型形态，父权型不是大家族的惟一或最终路径；且针对国外学界的氏族、家族公社两种公有制并存。别里希茨（А. И. Перщиц）等以原始村社涵盖代替早期村社，补充"氏族－大家族－村社并存"的三元架构①。指出家族公社形态与村社形态并非割裂，大家族相对独立又是氏族和村社的一部分，而家庭私有制和村社公有制二重性则是典型村社的基本标志。柯思文忽略三种并存序列，科瓦列夫斯基《原始法权》和《家庭及所有制的起源和发展概论》中认定的"农村公社是从家庭公社中发展起来"之见解不完善。

庄孔韶《父系家族公社形态的平行与序列比较》②，梳理欧陆父系家族公社尤其是梅因、拉维莱、科瓦列夫斯基等对此的研究③；划分比较整体经济－父权型、多元经济－父权型、整体经济—民主型、多元经济－民主型家族公社形态，研析其独立与依存的二重质性，指出勃洛克（А. А. Блок）等平行比较的局限④，由比较史学的重要在于对比未纳入正史的某区域社会的进程、制度，强调文化与社会组织结构细部的民族学比较，提出后者有助于重拟历史与分析现时；而小型社区组织形态比较的有限性，不能导出一般意义的规律，故出现"父权型为家族公社一般形态"之偏误。其论证父权型不是民主型家族公社的必然归径；比较云南独龙族、基诺族、布朗族等诸家族公社、东北鄂伦春族及鄂温克族家族公社，与斯拉夫扎德鲁嘎家庭公社民主形态，指出家族公社平等传统与民主维系，对于阶级性村社具有历史人类学意义，揭示传统形态对阶层垄断不乏制约影响，奠定其汉人社会研究的历史人类学惟度。

林耀华、庄孔韶《父系家族公社形态研究》，区分南北内陆亚院落式、穹庐式、地窟式、西南中国栅栏长屋式家族公社类型；论析基诺族、独龙族、鄂伦春、鄂温克族公有、伙有与私有多元经济的民主－父权型大家族；独龙族和僜人的父系世系群与扩大家庭；独龙族妻姐妹婚、僜人之买妻和楚克奇人交换群婚等多妻制；鄂温克与独龙族的收养制和怒族、布朗族的养子为奴制；基诺、独龙、崩龙、布朗和鄂温克族长子、长老继承制；鄂伦春族、鄂温克族从乌力楞到撮罗子的分次析产制；基诺、独龙、鄂伦春族的共食制及其不同（基诺大家族粮仓同一、各户轮流做饭，独龙大家族由各户

① А. И. Перщиц：Первобытное общество, Основные проблемы развитии（《初民社会，演进的基础问题》），Москва，Восток，1975.
② 庄孔韶硕士学位论文，中央民族大学图书馆，1981。
③ М. М. Ковалевский：Современный обычай и древний закон（《现代习俗与古代法》），Кобенхаген，1888，т1.；М. О. Косвен：Семейная община и Патронимия（《家庭公社与世系群》），Москва，Восток，1963.
④ 勃洛克（Александр Александрович Блок）：《比较文学的新动向》，施康强译，《外国文学动态》1980 年第 11 期。

按期做饭而轮流储粮，鄂伦春族则按户分粮），布朗、基诺、独龙、崩龙、怒族和僜人的"长屋"居住结构意义。其认为世界民族志的干栏长屋式大家族、世系群，从新几内亚到东南亚和南亚至喜马拉雅中印边界都有分布记录。[①] 上述研析填补了科瓦列夫斯基、柯斯文等家族公社研究欧洲以外的论据。[②]

1960 年代前后的中国社会历史调查是亲属制度研究的重要成果。如林耀华等彝族家支制度考析。詹成绪、宋兆麟、严汝娴的纳西族母系家族研究表明，纳西族自元末明初形成父权制，土司系长子继承，清朝规定土司须由嗣子继承。[③] 藏族的房名与亲属关系相关，通过骨系反映亲属关系远近。藏族等西南诸族与台湾阿美等族的舅权历史地具有权威地位，系母系大家族过渡为父系大家族的突出形态。满族家族萨满祭祀和锡伯族家谱记载颇系统，是其历史遗产的重要组成，如定宜庄之满族"收继婚与家族""并后制与嫡庶"关系，"八旗制与族"等研究。[④] 锡伯族哈什胡里（韩）氏旧谱满、汉文分别修于同治十年和民国二年，谱序记："始祖雅奇布有二子，长子乌苏布，次子乌苏买"，"乌苏布一支移居白旗堡地方未入谱"，"乌苏买有二子，长子鄂尔布，次子鄂尔胡买。鄂尔布有三子，长子苏色，次子巴果牢，三子巴海；鄂尔胡买有二子，长子富尔塔，次子布得库"。自康熙三十七年裁汰锡伯佐领到乾隆二十年后"一体委用"之五世至十二世共 31 人（五世巴彦太，领催；雅吉，骁骑校；当卡吉，拔什库；塔木胡里，章京。六世嘎木，分得拔什库；沙锦，拔什库。七世音登保，章京；厄力嘎特、乌力克、乌力吉迪、巴都力、色英额拔什库；雅奇呐、阿力克善前锋。九世三十八、敏朱鲁章京；乌林布，拔什库。十世舒崇阿、六是九、富成、吉凌阿拔什库；佛喜、伊力哈春前锋。十二世永奎，拔什库），且记六世达尔扎"拨往伊犁"，八世瓦力海"徂往伊犁"。[⑤] 新疆有王府沿袭历史，如疏勒王、于阗王、龟兹王、莎车王等。清康熙后加封哈密亲亲王、库车亲王、吐鲁番郡王、阿克苏郡王，哈萨克郡王，蒙古汗王，温宿王、拜城公、和田公等，皆王族世袭。叶尔羌汗国王陵阿勒屯麻扎葬四十四位王

---

① 庄孔韶：《行旅悟道：人类学的思路与表现实践》，北京大学出版社，2009，第 344 页。

② М. М. Ковалевский: Закон и обычай на Кавказе《高加索法与习俗》，Кобенхаген，1889，Т2. М. О. Косвен: Этнография и История Кавказа（《高加索的民族志和历史》），Москва，Восток，1961；В. Миллр: Из области обычного права Карачаевцев（《来自卡拉恰耶夫人的习惯法领域》），ЭО，1902. 1. И. С. Вдовин: Из истории общественого строя Чукчей（《楚克奇人的社会历史制度》），СЭ，1948. 3. Р. Л. Харадзе: Структура семейной общины в Картли, Вопросы Этнография Кавказа（《卡尔特里家庭公社结构，高加索民族志问题》），Тбилиси，1952. 以及德国民族学家德普施（A. Dopsch）关于"欧洲家族公社普遍性"讨论，Weimar，1909。

③ 严汝娴、宋兆麟：《永宁纳西族的母系制》，1983；詹承绪：《永宁纳西族阿注婚和母系家庭》，云南人民出版社，1980，附录"永宁土司世系对照表""永宁土司家庭婚姻状况表"。

④ 定宜庄：《满族妇女的生活与婚姻制度》，北京大学出版社，1999，第一章~第二章；《辽东移民中的旗人社会》，上海社会科学出版社，2004，第二部分。

⑤ 那启明等主编《中国锡伯人》（上），辽宁民族出版社，2010，第 289~294 页。

族继承人。哈密王室统治哈密 233 年（1697～1930）。康熙三十五年哈密维王额贝都拉贡附清廷，次年额贝都拉遣子郭帕克缴献噶尔丹之子于清朝，受封一等札萨克达尔罕，成为清廷最早册封的维吾尔族首领。1709 年郭帕克袭职，1711 年郭帕克子额敏伯克袭职，晋封为镇国公，敕贝子号；1740 年额敏子玉素甫袭封镇国公，加封贝子；清廷平定天山南北和大小和卓之乱，玉素甫出兵，晋封为和硕贝勒和多罗郡王品级。1766 年其子伊萨克继王位；1780 年伊萨克子额尔德锡尔继位；1813 年其子伯锡尔袭爵，并因协助平定张格尔之乱晋封为郡王。1867 年伯锡尔子迈哈默特袭爵亲王。1878 年因其无子嗣，由女婿沙木胡索特继位。[①] 王族墓地存七、八世王合葬陵和九世王陵。"库车世袭回部亲王府"始自乾隆二十三年（1758）。米尔扎吾德（清史称鄂对）协清廷平定准噶尔和大小和卓之乱建功，封辅国公，旋封贝子，赐贝勒及王品第，民国继立其第十代王，袭封亲王。至第 12 代王达吾提·买合苏提，王府沿袭 255 年。[②]

古代匈奴人继承法的"四角六角"规定载于《后汉书》："其大臣贵者……皆单于子、弟次第当为单于者。"[③] 匈奴人的权、产继承循先子后弟原则，诸子中嫡、长优先继承父权。突厥人父系继承中父死子继与兄终弟及交替。突厥伊利可汗传位于子科罗，科罗传位于弟俟斤，俟斤传位于弟他钵，他钵由子庵罗继位。[④]

中国突厥语诸族的核心、主干家庭与扩大家庭并存。突厥游牧诸族（哈萨克、柯尔克孜族等）家庭代际一般二代，已婚子女分帐居，幼子继承；农耕族直系三代同住，成年子女立户自耕。回鹘汗国父系扩大家庭普遍。古突厥碑铭记转房制家庭，"吾母可敦、吾继母、吾姊、吾媳、吾女及彼一切未死者系成婢妾"[⑤]。古代西羌人收继婚，"父没则妻后母，兄亡则纳厘嫂，故国无鳏寡，种类繁炽"[⑥]。突厥诸族父权制，"父兄死，子弟妻其群母及嫂"，若无族人继娶，夫家做主改嫁外族。[⑦] 清代维吾尔、哈萨克、柯尔克孜人亦有族兄弟优先继娶权，"兄弟之妻，兄死弟及，弟死兄纳"[⑧]。19 世纪收继婚仍存在于民间，"把自己兄弟的孀妇人做妻子，这不仅是他的权力，也是他的义务"[⑨]。

回鹘贵族尚以文书形式限制大家庭分散："我屈瑟克得了重病，因可能会有好歹，故给我的妻子喜玲留遗书……管理我的儿子阿尔特迷失·喀雅、我的儿子库桑·阿三。

① （清）钟方《哈密志》，卷五十一。
② 笔者于 2012 年 9 月访谈新疆末代库车亲王达吾提·买合苏提。
③ 刘学铫：《匈奴史论》，台北，南天书局，1987，第 59 页。
④ 刘锡淦：《突厥汗国史》，新疆大学出版社，1996，第 32 页。
⑤ 《阙特勤碑文》，韩儒林译，自林幹编《突厥与回纥历史论文选集》（上），中华书局，1987，第 486 页。
⑥ （南宋）范晔编《后汉书·列传·西羌传》，卷八十七。
⑦ （唐）魏徵寿：《隋书·列传·北狄传·突厥》卷八十四；（唐）李延寿：《北史·列传·突厥传》卷九十九。
⑧ 苏尔德：《回疆志》，引自郭宏珍《突厥语诸族社会组织研究》，社会科学文献出版社，2008，第 43 页。
⑨ 吴妍春：《习惯法在丝绸之路古今各民族中的表现》，《新疆大学学报》2005 年第 3 期。

喀雅他们要是说‘……属于我们的，我们要拿走’，不能拿，不能符合。假如他们为了要拿走而制造纠纷，就得受到向陛下缴纳一锭金子、向皇子们各缴纳一锭银子、向内库缴纳一锭……一匹马的严重惩罚。……该遗嘱是我当着苏萨·喀雅都统……，桃花石·耶克、依克奇等我们族人（和）亲朋们（及）阿三的面立的。证人：依嘎，证人：汗·道人。凯森遵嘱而书。这个印是我（屈瑟克）的，这个印是我桃花石·耶克的，这个印是我阿三的。”① 在维护大家庭及其母亲地位和利益同时，家族成员承担连带债务，“我有什么好歹，就让我妻子准确如实地偿还”，或“将由我儿子（及他）家里的人共同如实地偿还”，或“由我弟弟如实地偿还”。②

回纥碑铭记“家庭成员还包括被父权制家长收为儿子的女婿”③，“我把跟我女婿塔普迷失（共同）有份的耕地……连同份额的文书，以八十锭中统宝钞卖给……，塔普迷失的兄弟、堂侄、叔伯无论谁都不得制造纠纷”④。回鹘王国时，过继、收养已普遍。“由于他没有子嗣，我把……儿子合法的（过继）给苏特帕赫作养子”⑤；“灵本唐人……因入回纥，为可汗养子，遂以可汗姓为药罗葛灵”⑥。哈萨克人“父业子受，无子者继亲族兄弟之子为后”⑦。古代黠嘎斯人家庭亦“养子和亲子……黑民……同公社人……儿子、女婿、儿媳”⑧。在收继婚制下，家奴所生子女亦可为养子并可继承家业，在法律、习俗上与亲生子同待。“把高昌阿体都统的名叫斌通的四十岁的契丹男子，因其通晓经书而以九锭钞买了下来，让他作为我薛赛大师（和）我妻子的大儿子料理我的家园。……我们死了就让他跟以新经、新恩为首的我的儿子们一道协商着维持我的家。如果他跟我的儿子们互不相容，斌通（也）不得被卖给我们家的任何人，而任其得以人身自由。”⑨

回鹘汗国扩大家庭财产在直系亲属内传递，“我的坐落在克屯克拉一带克孜克台尔格地方的、与我哥哥坎楚克共有的、有同等份额的三石土地……卖给了名叫库特鲁克·塔什（的人）”⑩。父死子均继而非男性长幼继承，“我将会分给那些儿子们同等份额的遗

---

① 李经纬：《吐鲁番回鹘文社会经济文书研究》，新疆人民出版社，1996，第296页。

② 李经纬：《吐鲁番回鹘文社会经济文书研究》，新疆人民出版社，1996，第130、164、155、160页。

③ 〔俄〕A. 伯恩什达姆：《6—8世纪鄂尔浑叶尼塞突厥社会经济制度》，杨讷译，新疆人民出版社，1997，第130页。

④ 李经纬：《吐鲁番回鹘文社会经济文书研究》，新疆人民出版社，1996，第100页。

⑤ 李经纬：《吐鲁番回鹘文社会经济文书研究》，新疆人民出版社，1996，第303页。

⑥ （后晋）沈昫《旧唐书》卷一九五“列传”之一四五“回纥传”，中华书局标点本，1956年。

⑦ （清）王树柟：《新疆礼俗志·哈萨克》，引自郭宏珍《突厥语诸族社会组织研究》，社会科学文献出版社，2008，第43～44页。

⑧ A. 伯恩什达姆：《6—8世纪鄂尔浑叶尼塞突厥社会经济制度》，杨讷译，新疆人民出版社，1997，第211页。

⑨ 李经纬：《吐鲁番回鹘文社会经济文书研究》，新疆人民出版社，1996，第41页。

⑩ 李经纬：《吐鲁番回鹘文社会经济文书研究》，新疆人民出版社，1996，第104页。

产"①。与西欧父系家族财产继承制相近，哈萨克、维吾尔等族，直亲女儿可以继承部分财产。哈萨克族"父死则均其财产，子与女共分之"；维吾尔族"有子者财产归子，其女与前妻之子得分子之半；无子有女者，财产归女；子女俱无者，不立嗣，抚他人之子，不得分财产，兄弟及亲戚均而分之；其妻无所出者，只分女所分财产之半；子先父母死，父母财产例不得及于其孙"。② 具体规定：丈夫的遗产，妻子继承 1/8，其余由丈夫的亲生子女分得；无子及父，母亲得 1/3，其余由同胞兄弟姐妹分得。无血亲，入赘女婿得 1/8，养子女无继承权，随嫁子女只有生母财产继承权。儿子的遗产，其父得 1/4，其余由其子女分得；无子女，则父得 2/3，母得 1/3，祖父财产，如无遗嘱无须给予孙。③

"喀喇汗王朝……氏族所有制观念从私法关系转移到国家法律领域。国家被认为是整个汗族的财产，分成许多封地，大封地又分成许多小封地。"④ 喀喇汗王朝汗族世系主要由长支和幼支组成，东、西喀喇汗王朝亦缘于这两支。长支（阿里系）第一代是萨图克汗的孙子、木萨汗的儿子阿布勒哈桑·阿里；第二代是阿里的四个儿子：阿赫马德（托干汗）、纳赛尔（阿尔斯兰伊利克）、曼苏尔（阿尔斯兰汗）和穆罕默德；第三代为纳赛尔的两个儿子：穆罕默德（阿尔普特勤）和伊扑拉欣（贝里特勤）。幼支（哈桑系）第一代是萨图克汗的孙子、苏莱曼的儿子哈桑；第二代是哈桑的三个儿子：玉素甫（卡迪尔汗）、阿赫马德（亦称托干汗）、阿里（阿里特勤）；第三代是玉素甫的三个儿子：苏莱曼、穆罕默德、马赫穆德和阿里的儿子玉素甫。⑤ 16～18 世纪中亚布哈拉和卓（圣裔）姓氏为：玛哈图木·阿扎木家族、赛义德阿塔家族、伊斯拉木赘巴依家族、阿赫拉尔家族。⑥

蒙古人亲属制度古代既有，如单词结构称谓高祖、曾祖，祖父、祖母、母舅、孙子、曾孙、嫂子、儿媳、女婿、侄子、外甥、表亲、堂亲、从亲等几十个；《蒙古秘史》补充记载 13 世纪蒙古人亲属称谓词祖宗、远祖、父母、伯父、叔父、亲家、娘家等约 23 个。⑦ 元代蒙古人出现"丈人"称谓⑧。蒙古人家族观念亦如基本旁系亲属称谓及其外延，如哥哥亦指称父亲兄弟，姐姐亦指称父母姐妹（姑、姨），弟弟亦指称侄

① 李经纬：《吐鲁番回鹘文社会经济文书研究》，新疆人民出版社，1996，第 303 页。
② 郭宏珍：《突厥语诸族社会组织研究》，社会科学文献出版社，2008，第 43～44 页。
③ 高其才：《中国习惯法论》，湖南出版社，1995，第 288 页。
④ В. В. Бартольд, Туркестан в эпоху Монгольскогонашествия. —сочнения, 第 1 卷，С. 330；История культурной жизни Туркестана. —Сочнения, I, С. 330；История культурной жизни Туркестана. —Сочнения, II. 1, С. 248, Москва, 1963.
⑤ 魏良弢：《喀喇汗王朝史 西辽史》，人民出版社，2010，第 74 页。
⑥ 〔苏〕阿赫美多夫：《16—18 世纪中亚历史地理文献》，塔什干，人民联盟文库，1985，第 117～118 页。
⑦ 孟和宝音：《〈蒙古秘史〉中亲属称谓词研究》，《蒙古语文》1996 年第 4 期。
⑧ 陈高华：《论元代的称谓习俗》，《浙江学刊》2000 年第 5 期。

子，妹妹亦指称侄女，媳妇可指称弟媳、儿媳、孙媳与其他姻亲女性晚辈亲属。① 与农业文化接触后，增加了伯母、姑母、舅母、姑夫、姨夫、姐夫、侄媳、侄女婿、表哥、表嫂等亲属称谓。蒙古族家产子女等份，嫡幼子继承家宅："长子所得的份额相应多于他子。幼子得其父住宅（牧民则得其帐篷及一切附属物，包括牛羊）"；"子女嫡庶不同，所分得财产不同……长妻所生子女，有较大优待和特权……正妻所生最小的儿子，随父母守家。女儿出嫁也有相当数量陪嫁"。②

13、14～15、16 世纪突厥蒙古化与蒙古突厥化时代，蒙古帝国统治的中亚、西亚诸汗国均有世系记载。曾统治波斯的成吉思汗家族首先皈依伊斯兰的合赞汗亲王世系上溯：阿儿浑汗－阿巴合汗－旭烈兀汗－拖雷汗－成吉思汗。统治河中地的察合台汗世系为：木阿秃干－也孙笃、哈剌－旭烈兀－穆巴里克－沙－阿鲁忽－八剌汗－伯吉；察合台汗后裔帖木儿汗的上溯世系：也速帖木儿－额布坚－笃哇彻辰－八剌合汗－也孙笃－木阿秃干－察合台汗。河中地窝阔台合汗后裔阿里苏丹上溯世系：穆罕默德－弗勒叠－宽督－笃哇彻辰－八剌合汗－也孙笃－木阿秃干－察合台汗；合赞苏丹汗－亚速儿－奥鲁克帖木儿－不合帖木儿－忽答海－不只－木阿秃干－察合台汗。曾统治河中的术赤汗之子昔班世系：成吉思汗－术赤－昔班－勒哈都儿－哲齐不花．巴答忽儿－蒙哥帖木儿－弗剌台－伊伯剌罕－帖木剌台赛克－阿巴儿·该耳－沙·不答苏丹－昔班尼汗－马合木苏丹－奥伯依都拉·阿布都剌汗·阿布尔穆米内。曾统治河中的术赤之子脱欢帖木儿世系：术赤汗－脱欢帖木儿－乌兹帖木儿－亦拜－秃木罕－忽鲁黑帖木儿·斡阑－帖木儿别克·斡阑－帖木儿呼罗黑汗－帖木儿苏丹－默合模汗－札瓦黑汗－忙吉思失剌黑苏丹－雅尔·默合模苏丹－札尼苏丹－丹·默合模苏丹－纳的儿·默合模汗－阿布都勒·阿齐兹汗。③ 统治克里木的脱欢帖木儿后裔：术赤汗－脱欢帖木儿－乌兹帖木儿－萨里察－昆杰克·斡阑－拖忽鲁·豁札·斡阑－秃亦·豁札·斡阑－脱塔迷失汗－札剌鲁丁，札巴儿拜读，库布客，客里木·拜的，依思肯特尔，阿布赛德，库出克，哈德尔拜。统治哈萨克地的脱欢帖木儿后裔：术赤汗－脱欢帖木儿－乌兹帖木儿－豁札－巴答忽儿·斡阑－兀鲁思汗－忽尤儿赤黑－巴哈黑汗－阿布·赛义德汗－亦阑赤，马合木，哈希姆，依的克，札尼失，罕巴儿，塔尼失，乌赛克，札兀克。16 世纪乌兹别克汗国必尔迪别克汗的上溯世系：札尼·伯克汗－乌兹别克汗－突塔忽汗－图答·忙古汗－忙哥帖木儿－脱欢－拔都－术赤－成吉思汗。17 世纪乌兹别克希瓦汗国阿布尔哈齐汗的上溯世系：阿剌伯·穆罕默德－哈只·穆罕默德－阿合台汗－阿米奈克汗－雅迪噶尔汗－帖木儿赤克－哈只·秃里－阿剌伯沙－符

① 曹道巴特尔：《语言接触所产生的蒙古族直系亲属称谓变异》，《满语研究》2004 年第 2 期。
② 田继周：《少数民族与中华文化》，上海人民出版社，1996，第 251 页。
③ 阿布尔－哈齐－把阿秃儿汗：《突厥世系》，罗贤佑译，中华书局，2005，第 72、145～147、175、172 页。

拉德－明·帖木儿汗－巴答·忽勒－术赤不花－巴阿秃儿－昔班汗－术赤汗－也速该·巴阿秃儿－巴儿坛汗－合不勒汗－屯必乃汗－伯升忽儿汗－海都汗－勃端察儿汗。[①]

笔者考证京城魏公村基于西域畏兀儿出仕蒙元而形成内地世家大族和大都畏兀村族邸与陵园。在此，家族荫叙成为畏兀人入仕元朝、充任重臣的政治文化机制。大德十一年元廷诏令："色目镇抚已殁，其子有能，依例用之。子幼，则取其兄弟之子有能者用之，俟其子长，即以其职还之。"[②] 蒙、元畏兀人，自父辈从征创元，多入侍皇宫、充宿卫，受到荫叙。其仕吏与功名者及朝廷重臣和宗教师者颇多，且多家族事朝即世功大族，如月儿思蛮事宪宗－子阿的迷失帖木儿世祖宿卫必阇兰－孙阿怜帖木儿荣禄大夫、翰林学士承旨－曾孙沙剌班中书平章政事；小云失脱忽怜与父从太祖征－子子丹侍世祖潜邸－孙剌真中书平章政事；剌真子察乃金紫光禄大夫、中书平章政事－孙亦辇真必阇赤，孙撒马笃中书参知政事，孙孛孛实河东宣慰使，亦辇真子中奉大夫、达鲁花赤；斡罗思－庆童父子为相；忽伦察宣慰使－子答里麻世礼刑部尚书；偰文质正议大夫－子偰哲笃工部尚书同枢密院事，子偰玉立泉州路达鲁花赤，子偰朝吾循州同知，子偰直坚清河县达鲁花赤，侄偰善着同知州事、翰林编修－孙偰伯僚宣政院断事官经历；迦鲁纳答思太子师、大司徒－子鲁明善中奉大夫、靖州路达鲁花赤；洁实弥尔荣禄大夫、宣政使－子速速资德大夫、行中书右丞；昔班父侍世祖潜邸－昔班藩府必阇赤长、户部尚书、宗正府札鲁忽赤、中书右丞、真定路达鲁花赤－子斡罗思密浙东宣慰使；孟速思侍世祖潜藩－子阿失帖木儿、帖木儿不花、买奴均翰林学士承旨，子月古不花礼部尚书、中书左丞－孙察牙孙行省左丞，孙别帖木儿庐州路达鲁花赤；布鲁海涯大都廉访使－子廉希宪中书平章政事，子阿鲁浑海牙广德路达鲁花赤，子廉希贡荣禄大夫－侄中都海牙（廉希贤）中议大夫、兵部尚书，阿鲁浑海牙子廉惠山海牙都转运使、行宣政院使、翰林学士承旨，廉希宪子廉恂资德大夫、中书平章政事，廉希宪子廉恒资德大夫、御史中丞；阿里海牙备王府宿卫、中书参知政事、中书右丞、中书平章政事－子忽必海涯资善大夫、行中书省左丞－孙小云石海牙两淮万户府达鲁花赤－曾孙也先海牙监州事、充内辅；阿鲁浑萨里真金宿卫、中书平章政事－子岳柱中奉大夫、道宣慰使、资善大夫、礼部尚书。[③] 元朝荫叙制度说明了蒙古人自身的宗族观念。蒙元的四大汗国即嫡系子侄分封。

蒙元荫叙出仕制度作为参与创元的畏兀儿人仕官入朝、充任重臣的文化空间和政治机制，表明家族制度，绝不仅是汉人社会的文化根基或核心，且是其他族体具有的

① 阿布尔－哈齐－把阿秃儿汗：《突厥世系》，罗贤佑译，中华书局，2005，第 170～171、167～169、278 页。
② （明）宋濂纂《元史》选举志，卷八十三，"选举三"，中华书局标点本，1957。
③ 周泓：《魏公村研究》，中国社会出版社，2009，第一章。

深层依托和信任链，为其扩展的内因和方式。族体的空间记忆资本与其历史上的政治地位系结。京城的边域土著族体虽往往位于京城中间圈或边缘圈，却以此形成其族民在都城聚集的中心和族属精英扩展的核心，构成边域世居族体和地方势力的精英与核心圈层。① 魏公村即畏兀、蒙古及汉人联姻的四大家族宅邸和陵园。包括布鲁海牙家族（叔父）阿里普–（父）布鲁海牙–（子）廉希宪（子廉洵–廉恒）–廉希贡–阿鲁浑海涯（子廉惠山海涯）–（甥孙）小云石海涯——四代人之宅邸；其族戚蒙速思（布鲁海牙亲家，廉希宪岳父）–阿失帖木儿（蒙速思子）–廉希宪（婿）之宅邸；阿里海涯（布鲁海牙亲家，小云石海涯祖）–小云石海涯（廉希宪甥）——四代人之陵园；阿台萨里孙、乞台萨里子–阿鲁浑萨里之祖孙陵地。② 此布鲁海牙、蒙速思和阿里海涯三大家族，以廉希宪与蒙速思（忽必烈皇后妹夫）之女结姻为纽带，廉希宪封为魏国公③。畏兀人具依傍水源（井、渠）聚居传统。上述三个畏兀大族均自高昌国庭州别失八里。原本的宗族观念使之在异地更保持聚族而居传统与家族墓地；且廉希宪三个女婿、蒙速思一妻、小云石海涯妻、阿里海涯妻、阿鲁浑萨里祖母、母、妻皆汉人，维系宗族观念，导致依高梁河水和畏兀大族世家陵墓为空间基础的畏兀人在京定居点魏公村。今喀什老城、伊宁、吐鲁番、哈密、库车、和田王府旧地仍多大族聚居。

另，蒙元与明由西域迁至燕都又移居湖南桃源的畏兀望族翦氏，其祖先高昌都督哈勒随成吉思汗西征创元，封为将军；哈勒后代哈勒·八十世袭官职，出任燕京总兵。继为朱明征镇南方，封太子太保、光禄大夫，赐姓名翦八士，晋为镇南定国将军，授职荆襄都督府都督。翦八士之子拜著封为荆襄都督府总兵，随父征战，晋封为靖边将军，加太子太傅衔，诰授光禄大夫。拜著之子袭职常德卫正指挥使，诰授中宪大夫。拜著后裔一直担任武官职。拜著子常黎的长子原狄、原狄长子成、成的长子祥，祥的长子锭、翦锭长子相，均以战功世袭常德卫正指挥史。明隆庆四年（1570），翦应朝应试获郡庠生，系"数进武卫之士"。清道光十三年（1833），翦如琰应试任湖广督标中营千总。翦八士后裔贡生1人、庠生40人。翦应举、翦嵩芬、翦山宽、翦山学（授兰翎知县）、翦山胜、翦恒魁（敕授文林廊）、翦恒珍、翦恒发（国子监太学生）、翦恒泰，翦敦劲、翦奎午（翦伯赞父）皆文人。清季翦山胜等排续翦氏宗族辈序：山体恒敦、万象凝英、传家以善、继绪其荣、敏慎修德、谦和佐仁、洪开泰运、丕振芳声、惟民光厚、景尔咸宁、克恭孝友、本立道生。翦伯赞父亲翦奎午，属"万"字辈，名"万效"，为八士第20代孙。翦伯赞辈名"象"，系八士第21代孙。翦氏一族，自祖辈哈勒职官袭十余代，自翦八士居中土历28代。维吾尔人家族世系理念亦见一斑。

---

① 周泓：《魏公村研究》，中国社会出版社，2009，结语。
② 周泓：《魏公村研究》，中国社会出版社，2009，第一章。
③ （元）赵孟頫：《全公神道碑铭》，载《松雪斋文集》卷七，元沈伯玉刊本。

与秦嬴氏、汉刘氏、隋杨氏、唐李氏、明朱氏王朝均宗室世袭相同，蒙元四大汗国和清王朝皆皇族承袭、宗统天下。边域跨域理念宗族[①]可补缺汉人宗族研究类型。

四　氏族、世系群、家族村落非单性血缘集团[②]

（一）世系群及氏族的亲缘双性

因劳动生产率提高，家族公社分化时的兄弟公社或男性长辈及其直系晚辈父宗族，渐排斥远亲、旁系，规模变小。说明原本包括旁系。南斯拉夫塞尔维亚人、罗斯人和中国农村亲属组织多为大家族、兄弟公社、五服九族、宗族房份，世系（含女亲）亲缘与生计相依存。巴尔干院落式家族公社通常 40～80 人，多的有 200～300 人。[③] 晚近方出现小家庭概念；没有村落之称，只称某家族公社。[④] 南斯拉夫扎德鲁嘎的含义是"合作的家族"，因传统上父死不分家，故兄弟公社亦指家族公社。保加利亚的家族公社一般为 250 人（80 个劳力）。[⑤] 保加利亚、塞尔维亚向土耳其注册的兄弟公社，"由最亲近的人（父母、儿女及女婿）组成……一个大家族"。"一座住宅中……包括姻亲。大的扎德鲁嘎形成院落。"[⑥] 一个扎德鲁嘎村落有数十个"克希查"（小房子），整个扎德鲁嘎在"克什塔"（大房子）共餐、议事、祭祀、娱乐。扎德鲁嘎分家时各小家庭均有一份。卡尔特里家族公社分化时，接受入赘女婿的妇女有权得到与兄弟相同的一份财产[⑦]。科瓦列夫斯基指出扎德鲁嘎家族公社为同一血缘与亲族集团。[⑧] 即家族村落、家族公社为双性亲缘而非父系男性血缘群体。

世系群是氏族分支，是同一祖先姓氏群体，"可以由氏族某支系迁徙后形成，亦可由一个父系大家族迁徙后繁衍而成"，或"大家族分化后各类家庭繁衍而成"；"可以由同祖先系列后裔的大家族组成，也可以由其后裔小家庭组成"[⑨]，包括一地域各同姓家庭，是亲族集团，包含女子、姻亲，形成家族村落及地域宗族。《周书·大聚篇》记"合旅同亲，以敬为长；饮食相约，兴弹相庸"。《毛诗正义》载："百室者，出必共洫

---

① 理念宗族，指非以物化符号表征而以宗祧归属认知联结的血统关系及实体。

② 钱杭认为亲族即血族（钱杭：《血缘与地域之间：中国历史上的联宗与联宗组织》，2011，第 269 页），笔者保留认同。窃以为血族为直系血亲，亲族含旁系、姻亲。

③ М. О. Косвен：Семейная община и патронимия. Москва, 1963.

④ 庄孔韶主编《人类学研究》（汉人社会研究专辑第一卷），知识产权出版社，2012，第 11 页。

⑤ Н. С. Дarby《南斯拉夫简史》（自古代至 1966 年），1976 年；С. С. Бобчев：Българската челядна Задрга в селашна и минало време，1907。

⑥ Жак Натан，Стопанска история на България，София，1955.

⑦ 哈拉泽（Р. Л. Харадзе）：《卡尔特里家庭社会结构，高加索民族志问题》，第比利斯，1952。

⑧ М. М. Ковалевский，Современный обычай и древний Закон. Т1. 参见林耀华、庄孔韶《父系家族公社形态研究》，青海人民出版社，1984，第 22～151 页。

⑨ 林耀华、庄孔韶：《父系家族公社形态研究》，青海人民出版社，1984，第 162、173 页。

间而耕，入必共族中而居，又有祭醑合醵之欢。"① 反映了同族同亲之祭祀、协助、共居。在此，不论同姓氏、血亲后裔、小家庭均不能排除女性宗系。周人既有母党、妻党、姻戚亲属。九族既包括本宗五服亲属亦含诸姻亲。金文《仪礼》载母、母弟、文姑、文妣、妇、王母、皇母、文母等亲属称谓②。周代五服九族包括高祖以下至玄孙的九世男性及其配偶，包含直系和旁系亲属③，属于非单纯宗族群体，是亲族协助的基体。《丧服经传》五服包含直的继母、慈母、庶子、庶孙、适妇、女子子，旁系的昆弟之子孙、从父昆弟子孙、从祖姊妹、从父姊妹。④《尔雅·释亲》宗亲关系包含己身之配偶；直系亲属之妣、庶母、王母、曾祖王母、高祖王母；旁系亲属之姊妹、世母、叔母、姑、从祖姑、从祖母、王姑、昆弟之子、高祖王姑、族祖王母、族曾王母。即世系群外延大于父血统宗族，包括无血缘关系的配偶亲族和有血缘关系的母党与妻党（甥、侄、姊妹之子、姊妹之孙、外孙、侄之孙）。⑤

宗族是直系血亲，父血统具正统性。布朗族"考公"意"一个血统"；鄂伦春族"乌力愣"意"子孙们"；独龙族长屋"皆木巴"为"父亲房屋"。独龙族每个尼勒（氏族）有若干支系，各支系形成自然村落"克恩"，每个克恩代表一个父世系群，系同一父系祖先及其后裔，一般由数个长屋（父系大家庭）组成。

家族村落具有含女子和姻戚的亲缘性，基于世系群是氏族的直接分衍。正如华琛（James L. Watson）认为，宗族有明确继嗣，氏族却不太清楚；宗族按血统接纳成员，氏族却非如此。⑥ 故经典进化论主张的"氏族、家族公社为血缘集团"不完全确切。西方和东南欧大家族基于世系群双血亲性。中国古典宗族"父之党"系单血缘团体，而地域宗族已非纯父党血缘集团。上古后、中古始，宗族以宗祠、族谱、祭田、学田、义庄等实体化拉伸，是国家政治、赋役、科举、法律、保甲、户籍制度整合之结果。⑦东西方"大家族"正是在此叠合。只是西方功能主义汉学研究的自身底印，疏忽或混淆了中古以前汉人宗族的宗祧孝悌形态。⑧

---

① （汉）毛亨传，郑玄笺，唐孔颖达疏《毛诗正义》，卷十九，阮元《十三经注疏》本，十九之四。

② 钱杭：《周代宗法制度史研究》，上海学林出版社，1991，第88~89页。

③ 杜靖：《九族与乡土》，中央民族大学2005年博士论文修订稿，第305页。

④ （周）《礼仪·丧服》，（东晋）王肃、孔伦、裴松之《仪礼·丧服经传》；〔日〕滋贺秀三《中国家族法原理》，东京创文社，1976年第二版，"论亲族"。

⑤ 郝懿行：《尔雅义疏》上四《释亲》，上海古籍出版社，1983，第606~619页；邵晋涵《尔雅正义》卷五《释亲》，续修《四库全书》，经部187册。

⑥ （美）华琛、华如璧（James L. Watson and Rubie. S Watson）：《中国宗族再研究：历史研究中的人类学观念》，《广东社会科学》1987年第2期。

⑦ 张小军：《家与宗族结构关系的再思考》，第151页，台北汉学研究中心《中国家庭及其伦理》研讨会论文集，1999年6月。

⑧ 见周泓《汉与非汉视域的宗族、家族研究阈径》，《广西民族研究》2012年第3期。

（二）社会形态兼存与大家族实态较之宗统组织的普适性

家族因血缘、祭祖和土地而附属氏族，或因御敌而与村社依存，亦相对独立。家族墓地包含于氏族墓群，然各家族公社墓区分明，外人不得入葬，标志其独立性。故家族公社过程与氏族公社同始终，亦与早期村社不悖。村社是家族私有与村社公有的结合。树林、水渠或氏族公有或村有。鄂温克族只有氏族才有萨满；氏族有猎区，氏族长领导各"乌力愣"首领，有权处置"乌力愣"成员。大家族共食同储，同生产消费或伙有共耕（氏族和父家族公社晚期分餐购地私有伙耕，长屋有小隔间小火塘）。继而氏族和家族的耕地、草场、公共建筑等归村社，但家族是经济实体。随之，私有私耕使村社与家族的职能更有效，村寨头人召集家族长会议，各家庭为基本经济单位。[1]即父系氏族与大家族亲缘体和村社地缘体共存。家庭私有制和村社公有制二重性为村社的基本标志。因之，民主型虽是早期家族公社质性，但家长制并非家族公社演化的唯一或必然途径，家族公社可保持经济的多样和民主传统。整体经济和多元经济民主均可成为解体的开端。每一个阶段终止时的类型并非自然发展的解体类型。父家长型只是一种可能，包括家族长与核心家庭家长分立的父权。[2] 个体小家庭、私有制出现，大家族并未终结；大家族分化后，诸较小家族以婚姻纽带扶持直至形成自立的新家族。早期家族公社形态扎德鲁嘎长存或渗透于阶级社会。基诺族龙帕寨长屋包括 27 个火塘和隔间。泰国北部雅木布端人的扩大家庭、主干家庭、核心家庭并存。[3] 独龙族大家族公有共耕、家庭伙有共耕、家庭私有并存。20 世纪初怒族公有地"帕辽"、伙有合种地和私有宅旁园地并存。基诺族家族公社地、几个家族公有共耕、几户伙有共耕、各户私耕地并存。布朗族、苦聪人分配小家庭土地，工具农具私有，灾荒时恢复大家族生产生活。撒拉人一个阿格乃（家族）至少有两个家庭（最多达 12 个），至扩大家族孔木散再衍生次级孔木散，土地分配据世系传承。如循化县街子村由尕勒莽和阿合莽的"六子之地"加之姻亲，形成六门八户（八庄）居于同一工（乡），尕勒莽的四个孙子与舅亲合称四房五族，表明宗族外戚作为本家的延伸。由上，男性血缘宗族只是一种亲缘阶段或类型（主要是父血统家族、兄弟胞社、主干家庭），而在较长时间，家族构成往往是世系群—双性血亲大家族、扩大家庭与核心家庭。

中国的九族五服同于西方世系群之含女亲。[4] 然 lineage 与中国古代宗族的根本不同在于，西方女性具可世袭的资格，而在父宗族（父至尊、夫至尊）序列，此则不为正统。中国由五服亲族（宗亲－姻亲，内亲－外亲）基核衍生的畿服制（甸服－侯

---

① 见周泓《汉与非汉视域的宗族、家族研究阈径》，《广西民族研究》2012 年第 3 期。

② 庄孔韶硕士学位论文，中央民族大学，1983。

③ F. M. Lebar et al., Ethnic Groups of Mainland Southeast Asia, New Maven, 1964.

④ 周泓：《汉与非汉视域的宗族、家族研究阈径》，《广西民族研究》2012 年第 3 期。

服－绥服－要服－荒服）所奠定的政治结构（朝贡体系）具历史文化意义。

西欧中世纪邦国分封封建等级（公－侯－伯－子－男爵）与皇室王族世袭制、裂变宗族理论、里弗斯与拉－布朗的地缘宗族观、埃文斯·普里查德和福蒂斯以世系群考察非洲无中央集权国家的政治组织、弗里德曼以新加坡华人社区调研华南东南汉人乡村宗族，列维·斯特劳斯欧洲加洛林王朝与英属哥伦比亚印第安社会双系并存研究[1]，表明宗族家族观念在西方历史亦存在；马克思"亚细亚生产方式"的父系家族公社基础、科瓦列夫斯基、柯斯文等南欧、南北亚父系家族公社研究，中国非汉族体家族公社、家支谱系、皇族王室和世袭制，证明家族宗族并非仅是汉人社会的亲缘组织。

中国宗亲观与欧洲继嗣制度存在叠合。上古中国"父之党"宗族不同于西方世系含姻亲继嗣；而《白虎通义》与《礼记》则显示，宗法制因祭祖而非血缘使然：祀先庙制，大宗宗子祭始祖，其庙百世不迁；小宗宗子祭父祖曾高四代，其庙宇五世则迁；[2] 宗统内每个男性成员与其配偶间无血缘关系；己身与所有旁系男性配偶间无血缘关系；所有男性成员配偶间无血缘关系。即祀祖而孝宗导引宗法。[3] 尤其自中古，世系组织与经济区域叠合为地域宗族。

东方家族公社和地域宗族村庄，与西方亲族理念合璧于人类共通的世系实践，亲缘实体构成宗统协作体系。正因此中国宗族同西方大家族英译为 Linleage（世系群）。然西学者忽视中国父系宗祧理念宗族与西方大家族概念（含女性世袭、旁系继承）之别，以功能论判断为同居共财互利质性。此基于西方学者以中国中古时期地域大家族对应西方中世纪世系大家族（linleage），却冠于古代"父之党""宗族"之名。西欧大家族与东方家族公社和地域宗族村庄吻合于世系群范畴。宗祠供奉父系主干祖辈，然地方惯称某家祠堂，即乡民以家族姓氏外延（括女性）而非宗族内涵聚居。[4] 《金翼》世家亦含诸亚房支和姻亲。日本东洋史、社会史研究中多用家族概念。北京西郊爨底下村乃周氏家族村落而非宗族村庄。宗族主要维系父血缘继嗣归属及其认知系统，而家族更是亲缘协作的组织实体或聚居交往常态。家族概念的普适性呈现出父系主干宗族的解构过程。

原载于《世界民族》2013 年第 2 期

---

[1] Claude Levi - Strauss, *The Elementary Structures of Kinship*, Beacon Press, 1971；Janet, Carsten and Stephen Hugh - Jones, *About The House Levi - Strauss and Beyond*, New York, 1995.

[2] 《白虎通义》卷三,《论五宗》;《礼记》"丧服小记";庄孔韶主编《人类学研究》第一卷,知识产权出版社, 2012 第 1 辑, 第 16~20 页.

[3] 林耀华:《义序的宗族研究》,三联书店, 2000, 第 72 页.

[4] 2012 年 12 月笔者调查广东省中山市南朗镇翠亨村、左埗村.

关于"西北民族走廊"研究中的几个问题

秦永章

摘 要 "西北民族走廊"是 20 世纪 80 年代由费孝通先生提出来的一个学术概念,它既是我国西北地区多民族迁徙往来的一个重要通道,也是我国西部一个重要文化传播带的交汇地和焦点区。因此,西北民族走廊研究具有重要的学术价值和现实意义。本文在界定"民族走廊"概念的基础上,对"西北民族走廊"的地理范围、地理及历史文化特点、研究思路等进行了初步的探讨。

关键词 西北民族走廊 地理特点 历史文化特点 研究思路

1980 年前后,已故著名民族学家、社会学家费孝通先生提出了"民族走廊"这一学术概念,认为中国的民族分布格局中,有"藏彝走廊""西北走廊""南岭走廊"三大民族走廊。此说很快得到了学术界的响应和认同,在我国民族学界,"民族走廊"研究尤其是"藏彝走廊"研究一直是一个比较活跃的研究领域,随之涌现出一批相关成果。然而,从目前的相关成果及表述中发现,民族走廊学说的理论虽已提出近 30 年,但是我们对我国民族走廊的探讨仍不够充分,尤其从民族走廊学的视角探讨"西北民族走廊"的研究比较薄弱。鉴于此,本文不揣浅陋,试就"西北民族走廊"研究中的几个问题作一粗浅的探讨,就教于同人。

一 西北民族走廊:概念与范围

所谓"民族走廊",顾名思义是指在一定的历史时期若干民族(或族群)因生计、避乱等原因,沿着一定的地理环境频繁迁徙往来和活动的一个带状地带或通道。因此,"民族走廊"至少包括两层含义:其一,是地理含义,指该区域在地理上呈"走廊"(或带状)形态,是一个地理通道;其二,即"人文"含义,指历史上该走廊内多民族迁徙往来和活动。

"民族走廊"的实体在我国早已有之,但把它作为一种民族学研究的视角提出来的则是费孝通先生。费先生是在 1978 年、1981 年和 1982 年有关民族问题的三次发言中逐步提出和完善"藏彝走廊""西北走廊""南岭走廊"等"民族走廊"概念的。① 费先生当时提出"民族走廊"这个民族学概念的初衷,是因为我国的民族学研究尚未完全打破省区界限,限于单一族别研究,缺乏跨学科的综合性研究,没有形成全国一盘棋的概念。因此,他提出要按照"历史形成的民族区域"进行整体研究。②

"西北民族走廊"是费孝通先生于 1982 年 5 月,在武汉社会学研究班和中南民族学院部分少数民族同志座谈会上首次提出来的,他指出中华民族聚居地区由六大板块和三大走廊构成的格局,其中六大板块是指北部草原区、东北高山森林区、青藏高原、云贵高原、沿海区、中原区;三大走廊是指西北民族走廊、藏彝走廊、南岭走廊,板块是以走廊相联结的。③

虽然,费孝通先生提出了"西北民族走廊"的概念,但是他对该走廊的地理范围未作明确的界定。因此,这里首先对费先生所称的"西北民族走廊"的地理范围稍作梳理。

费先生提出的上述三个走廊中,"南岭走廊"与"西北民族走廊"的关联度不大,在此不赘。与"西北民族走廊"相连的"藏彝走廊"的地理范围,依据费孝通先生的几次讲话精神,以及已故著名学者李绍明先生和其他学者的阐释,主要是指地理学上的横断山脉地区,即今四川、云南、西藏三省区毗邻地区由一系列北南走向的山系与河流所构成的高山峡谷区域;就行政区域而言,它主要包括四川的甘孜藏族自治州、阿坝藏族羌族自治州、凉山彝族自治州和攀枝花市,云南的迪庆藏族自治州、怒江傈僳族自治州和丽江市,西藏的昌都地区等地。④ 显然,"藏彝走廊"的范围无涉我国西北地区(也有学者提出藏彝走廊的北端为甘肃岷江流域)。

在上述 1982 年 5 月在武汉的座谈会上,费先生指出:

> 西北地区还有一条走廊,从甘肃沿"丝绸之路"到新疆。在这条走廊里,分布着土族、撒拉族、东乡族、保安族、裕固族等等,他们是夹在汉族、藏族、蒙古族、回族中间。有的信喇嘛教,有的信伊斯兰教;有的讲藏语,有的讲蒙古语,

---

① 1978 年 9 月在政协全国委员会民族组会议上的发言;1981 年月 12 月在中央民族学院民族研究所座谈会上的发言;1982 年 5 月在武汉社会学研究班及中南民族学院部分少数民族同志座谈会上的发言。这三次发言内容均经整理后发表,分别形成以下三篇论文:《关于我国的民族识别问题》,《中国社会科学》1980 年第 1 期;《民族社会学调查的尝试》,《中央民族学院学报》1982 年第 2 期;《谈深入开展民族调查问题》,《中南民族学院学报》1982 年第 3 期。

② 费孝通:《谈深入开展民族调查问题》,《中南民族学院学报》1982 年第 3 期。

③ 费孝通:《谈深入开展民族调查问题》,《中南民族学院学报》1982 年第 3 期。

④ 李绍明:《藏彝走廊民族历史文化》,民族出版社,2008,总序第 1 页。

有的讲突厥语，也是很复杂的，不容易处理。有些民族讲两种语言。①

从第一句分析，费先生这里的"西北民族走廊"是指以河西走廊为中心的丝绸之路，不过从费先生的后一句民族分布的阐述中可以看出，他所说的西北民族走廊里至少应该包括与河西走廊呈丁字形的"河湟"走廊，即处于今天甘肃、青海两省连接地带的"河湟地区"，因为，土族、撒拉族、东乡族、保安族是聚居于"河湟地区"的几个小民族。所以，费先生所说的"西北走廊"，除包括河西走廊外，还应包括古丝绸之路南线的河湟地区。河湟地区的民族分布状况，正如上述费先生所言。

20 世纪 80 年代中后期，费孝通先生多次深入甘青一带的西北民族走廊考察，进一步加深了他对这一条走廊民族社会状况的了解和认识，随后在他完成的一系列考察行记，如《临夏行》《海东行》《甘肃行》《定西篇》等中不时提到这条民族走廊，如 1985 年 8 月费先生赴甘南考察后，在其《甘南行》一文中又提出了"陇西走廊"的概念，云：

我这次从兰州去甘南是沿洮河，靠着陇西黄土高原西部边缘南下的。到合作就跨入了青藏高原的东界。紧接青藏高原的这一缕黄土地区出现了一条成分复杂，犬牙交错的民族地带，不妨称之为陇西走廊。在现有的分省地图上，这条走廊正是甘、青两省接壤地区，往南延伸便到云贵高原的六江流域。这里是对民族研究工作者具有吸引力的地区。②

费先生在其《临夏行》一文中亦云："我在〈甘南篇〉里称作'陇西走廊'。这条走廊沿着甘青两省边界，北起祁连山，南下四川，接上横断山脉的六江流域。民族成分颇为复杂。……这条陇西走廊是汉藏两族的分界，也是农牧两大经济区的桥梁。"③

费先生这里提出的"陇西走廊"，其地理范围应包括河湟、洮岷地区，陇西走廊南端则是连接藏彝走廊的六江流域，其东界无疑是陇山。

1997 年，费先生在其翻译的《甘肃土人的婚姻》一书的序中又提到了甘青边界的这条民族走廊，他说：

在一九五七年前，我从民族研究的实践中也曾看中过土族在内的处于甘肃、青海到四川西部的那一条民族走廊里的一些人数不多的小民族。这条民族走廊正

---

① 费孝通：《谈深入开展民族调查问题》，《中南民族学院学报》1982 年第 3 期。
② 费孝通：《甘南篇》，《费孝通文集》第 10 卷，群言出版社，1999，第 176~177 页。
③ 费孝通：《临夏行》，《费孝通文集》第 11 卷，群言出版社，第 113 页。

处在青藏高原东麓和横断山脉及中部平原之间的那一条从甘肃西北部沿祁连山脉向南延伸到沿甘肃边界和四川北部的狭长地带。在这里居住着一连串人数较少的民族，如裕固族、保安族、土族、东乡族、撒拉族以及羌族等。他们夹在汉族、藏族、蒙古族和回族等人数较多的大民族之间，他们的语言、宗教和生活方式都各自具有其特点，同时又和上述的较大民族有密切的联系。①

这里费先生虽然没有对"处于甘肃、青海到四川西部的那一条民族走廊"给出一个明确的名称，但这条走廊涵盖了上述的河西走廊和陇西走廊。

由上可见，费先生所提出的"西北民族走廊"是广义的，它由两条走廊构成，不仅包括从甘肃到新疆的这条历史上著名的东西向的民族走廊即"河西走廊"（亦可称作"河西民族走廊"），同时也包括与该走廊呈丁字形、从祁连山脉向南直至横断山区（即藏彝走廊地区）的呈南北向的"陇西走廊"。需要强调的是，"西北民族走廊"所指的只是一个人文地理区域而非严格的行政区划，因此不可能给出一个相当精确的范围，同时对其范围的确定很大程度上也只能是宜粗不宜细。

费先生提出的"西北民族走廊"的范围在今天的行政区划上属于甘肃、青海二省，因此，笔者以为这条走廊不妨称为"甘青民族走廊"，这样既可以进一步限定该走廊的地理范围，即限制在陕、甘、宁、青、新"西北五省区"的甘、青二省，把甘、青二省从"西北五省区"中剥离出来，让人一目了然，容易理解。其实费先生有时也把这条走廊称为"甘青间的民族走廊"②。

另外，关于"从甘肃南下到云南西陲"的民族走廊，迄今为止，学术界尚未有一个明确的、被大多数人接受的统一的名称。学者们从不同视角出发，称之为"汉藏走廊""氐羌走廊""藏彝走廊""羌藏走廊"等，不一而足。笔者以为，这些名称都有一定的局限性、片面性，不过相较而言，"汉藏走廊"更为确切和适宜一些，因为这条走廊处于黄土高原和青藏高原的连接地带，其两端世代居住着汉藏两大民族，东面是代表农耕文化的汉族，西面是代表高原游牧文化的藏族，此间交错分布着许多其他少数民族，因此，费先生也在他的文章中多次把这条走廊称为"汉、藏间的民族走廊"。"汉藏走廊"这一概念准确而简约地概括了该区域的地理及人文特点，它不仅是青藏高原与黄土高原的连接地带，同时也是农牧两种文化的过渡和分界地带。而且"汉藏走廊"称谓具有简约上口、约定俗成的特点。汉藏走廊由"西北民族走廊"和"藏彝走廊"南北两个走廊构成，这两个走廊可以各自构成一个具有不同特点的"历史民族区

---

① 许让神父：《甘肃土人的婚姻》，费孝通、王同惠译，辽宁教育出版社，1998。
② 费孝通：《青春作伴好还乡——为〈甘肃土人的婚姻〉中译本而写》，《费孝通文集》第 14 卷，群言出版社，第 181 页。

域"，同时也可合成一个具有共同特点的大的"历史民族区域"。

二 西北民族走廊：自然地理特点

西北民族走廊深居内陆腹地，自成一个内部体系完整的地理区位。从地缘上看，它属于山地高原区，处于我国地势的一、二级台阶，并且正好处于我国最大高原——黄土高原、最高高原——青藏高原和最干旱高原——内蒙古高原三大高原的边缘和交汇地带。走廊东部是黄土高原的组成部分，东北部又是内蒙古高原的组成部分，西部是青藏高原的组成部分。其地势西高东低，海拔高度从东到西呈阶梯状上升。就气候而言，西北民族走廊深居我国内陆，距海遥远，加之高山阻隔，海洋暖湿气流不易到达，因而干旱少雨，相对湿度小。这里大部分地方在全国气候区划内属温带季风气候，大陆性气候的特征非常明显，气候变化剧烈，因而经常出现霜冻、冰雹、风沙等自然灾害。但是，由于气候干旱，云量少，所以晴天日数多，太阳辐射强，日照时间长。就气温而言，冷热悬殊，冬寒夏凉，气温的年较差和日较差都较大。

"走廊"应是一种左右形成屏障的线性通道，而与线性垂直的方向则形成了较难通行的屏障，但这种屏障并非完全不可逾越。事实上，西北民族走廊众多的高山山脉都有许多山口，如河西走廊北侧的北山、合黎山、龙首山等诸山的结合处都有山口，成为诸山南北两边地域民族交往的通道；就是横亘在河西走廊南侧的祁连山脉，以其高大雄伟而被称为"天山"，但其中的缺口亦复不少，有阿尔金山口、扁都口等山口，还有党河、疏勒河、北大河等南北向的河流，都成为河西走廊与青海的通道。河湟走廊西部边界的日月山（属于祁连山脉），成为内地通往西藏的门户，是历史上著名的"唐蕃古道"的咽喉。西北走廊的这种特点为历史上该地区的诸多民族与外界的交流以及其他区域的民族迁入这一地区提供了条件。

西北走廊内部自成一体，形成一个独特的地理单元，但这并不意味着铁板一块，其地貌地形、气候类型等呈现出复杂多样性。由于祁连山等高大山脉纵横其间，黄河及其支流洮河、渭河、大夏河、清水河等曲折盘亘贯穿于这一地区，因此，这里形成了高山、盆地、湖泊、谷地相间分布的特点。黄河及其支流两岸的谷地，发育着丰沃的黄土台地，由于长期的农垦活动，植被稀疏，水土流失严重。河谷平原已开垦为农田，周边的土石山区有大面积的草甸草场，并有一定面积的天然林分布。荒漠、半荒漠植被和干燥土类广布成为西北走廊主要的植被形态。根据其自然地貌特征以及当地的经济类型，大致可以分成以下几个自然区域。

（1）河西走廊：处于青藏高原与内蒙古高原的分界线上，其地形特点为东南高、西北低，由东南向西北倾斜，大部海拔在 1000～2000 米之间。走廊北侧为马鬃山、合黎山和龙首山，绝大多数海拔在 2000～2500 之间，个别高峰达 3600 米；南侧是海拔四五千米的祁连山脉，山系西宽东窄，山峰海拔多在 4000 米以上。南、北山之间的走廊里绿洲、沙漠、戈壁、山地错落广布，沿河冲积平原形成武威、张掖、酒泉等大片绿洲。这里是中西陆路交通与东西民族走廊的咽喉之地，也是以汉民族为主的多民族杂居区。

（2）河湟谷地：青海东部（日月山以东）、甘肃西部（包括今天的兰州市及临夏州全境）。这里是黄土高原与青藏高原之间的过渡地带，是中原农业文化和草原牧业文化的结合部，也是历史上所谓"河湟地区"的核心区域。境内地貌以中低山、丘陵、谷地为主。海拔在 1650～4630 米之间。山脉主要由祁连山系西北、东南走向的山脉冷龙岭、达坂山、拉脊山三大山脉组成，水源丰富，黄河及其支流大通河、湟水等贯穿期间。气候相对温暖，宜耕宜牧，农业相对发达，一直是历史上骑马民族与农业民族追逐、争夺的地方，也是现在重要的多民族聚居区。

（3）甘南草原：地处青藏高原东北边缘、甘肃西南部，南与四川阿坝州相连，西南与青海黄南州、果洛州接壤，东面和北部与甘肃省之陇南、定西、临夏毗邻，总面积 4.5 万平方公里，它地形复杂，地势西高东低，平均海拔在 3000 米以上，年均降雨600～810 毫米，年平均气温 4℃，其中夏季平均气温 8～14℃。地貌可分高山草原区、高山森林区和低山丘陵区，其中高山草原占甘南州总面积的一半以上，以高寒阴湿的高寒草甸草原为主。这里水源丰富，河流纵横，黄河、白龙江、洮河、大夏河四条河流流经域内，河流切割轻微，曲流较多，自古以来这里的经济类型主要为畜牧业，同时是历史上北方游牧民族活动频繁及繁衍生息的地方。

（4）洮岷山区：该地区包括陇西和陇南部分地区，这里是青藏高原和秦岭山脉的一部分，黄河及其支流大夏河、黑河、洮河、长江支流白龙江等流经域内。陇西地区处于黄土高原西部，海拔 1700～2400 米；本区黄土覆盖深厚，丘陵起伏，地形破碎，植被稀少，水土流失严重，是洮河泥沙的主要来源区。流域内河道所经之地多为较宽广的河谷盆地，地势平缓，气候适宜，水源条件好，宜于发展农业，是本流域农业生产的精华地区。陇南山区是秦岭山脉的西延部分，西高东低，山高谷深，流水深切，重峦叠嶂，交通不便，海拔在 800 米到 3500 米之间，气候比较温和，以山地及河谷农业为主。历史上这一地区曾是古代氐羌民族活动的重要区域。

三 西北民族走廊：历史文化特点

西北民族走廊的历史文化独具特色，其最显著的特点表现在以下两个方面。

第一，西北民族走廊是"历史上形成的民族区域"，是多民族迁徙往来的重要通道。

适应西北民族走廊独特的地理环境，该走廊地带是历史上许多民族（族群）频繁往返迁徙，生灭兴衰，融汇互动的地区，是一个典型的"历史上形成的民族区域"。

早在史前时代，这里有许多不同的人们共同体繁衍生息，是中华史前文化与古代文明多元汇聚的重要区域。戎氏羌是该区域最早的古代民族，在中华民族形成的历史过程中，他们通过不断地、大规模地向四方迁徙、扩散，为汉族及其他许多少数民族提供了重要的族源成分和新鲜血液。秦汉以来，尤其是魏晋南北朝时期，东胡族系的匈奴、鲜卑诸部进入该地区，使这一地区各民族的聚合融汇过程空前加速，羌、匈奴及其他一些民族遂因民族大融合而逐渐从历史舞台上消失。到了隋唐时期，突厥族系民族和吐蕃民族在该地区的活动令人注目。除突厥族外，同一族系的沙陀人、粟特人、回鹘人也先后在这里留下了他们活动的足迹。唐代，吐蕃人的勃兴及其东向发展，给这里的民族格局带来了极大的影响。7 世纪中叶，吐蕃占领青藏高原东部以后，原来居住在这里的吐谷浑、党项等民族被迫东迁或内附。这些内迁者的大多数最终接受了汉族文化，逐渐融合到汉族之中。及至宋代，这里的民族关系主要是在汉、吐蕃、党项族之间进行。到了元明之际，这里除业已形成的汉、吐蕃、蒙古等民族外，又逐渐形成了回、撒拉、裕固、土、东乡、保安等新的民族共同体，为我国多民族大家庭增添了诸多新的成员。

该走廊地带各民族形成、发展的里程不尽相同，但他们是在不同历史时期各民族不断迁徙、相互融合混血的直接后裔。不同时期、不同民族、不同方向上的频繁而长期的民族迁徙活动，使该地区的民族分布呈现复杂化，形成交错杂居的局面。长期的交错杂居，致使各民族间不仅有政治、经济方面的来往，还有文化、血缘等方面的交融。在长期的历史流变过程中，有些民族消逝了，其成员融入其他民族，另一些留存下来的民族则不断吸收了大量其他民族的成分，因此，在该走廊每个民族的来源中，具有鲜明的"你中有我，我中有你"的特点。

第二，西北民族走廊是我国西部一个重要文化传播带的交汇地和焦点区，其历史文化具有典型的多元性和混融性特点。

西北民族走廊处于蒙古高原与青藏高原之间的河西走廊，既是中原通往西域的必经之地，也是连接欧亚大陆的咽喉要道。中原以儒家文化为主体的汉文化由此西渐，西方和西北少数民族文化由此东传。另外，黄土高原与青藏高原之间有陇西走廊，这里是我国历史上著名的"唐蕃古道"的必经之路，使这一地区成为连接祖国内地与我国西藏高原的重要桥梁。而且这里还是南北走向的藏彝民族走廊的北部起点。因此，这里作为多种文化的中转、过渡地带，成为中、西民族文化交汇、融合的"熔炉"，使该地区的文化显示出典型的多元、混融性特点。

民族构成的多元化，无疑也会带来民族文化的多元化。从宗教文化而言，这里有以汉族为代表的儒家文化、藏族为代表的藏传佛教文化、回族为代表的伊斯兰文化三大文化系统；从今天各民族的语言系属而言，这里有两大语系、8 种民族语言，有属于汉藏语系的汉语、藏语（藏缅语族），还有属于阿尔泰语系蒙古语族的土族语、东乡语、保安语、东部裕固语，属于阿尔泰语系突厥语族的撒拉语、西部裕固语等；从经济形态和生产方式来划分，这里有游牧文化、农耕文化、商业文化和手工业文化。由于农、牧经济的巨大差异，历史上这里的农牧民族之间形成了相互交流、相互依存的共生关系，因此，在该走廊内还形成了不少中介农、牧经济形态的贸易中心，如在河西走廊有"河西四镇"，在河湟洮岷走廊有河州（今甘肃临夏）、兰州、临洮、西宁、丹噶尔（今青海湟源）等。显然，这里是我国西部文化多元性体现得最集中的地区之一。由于多元文化的制约和平衡作用，加之各种文化互相包容，相互认同，各民族文化中具有鲜明的"你中有我，我中有你"特点，这成为历史上该走廊区域内几乎没有发生过大规模的民族文化冲突的重要原因之一。

四　西北民族走廊：研究意义与研究思路

对西北民族走廊的研究，具有重要的学术价值和现实意义。

（1）"民族走廊研究"是民族学研究的一个新的领域，也是一种新的民族研究方法、研究范式或者研究取向。因此，对西北民族走廊的研究将有助于"民族走廊学"学科的构建和发展，将我国的民族研究引向深入。

（2）通过对该走廊地带历史上多元民族互动和文化交融的研究，有助于深刻理解和领会费孝通先生提出的"中华民族多元一体格局"理论，有利于培养和树立中华民族整体意识，增强中华民族的凝聚力。

（3）有助于理解该地区多民族共同繁荣发展的历史与现实的必然性，有助于我们进一步探索我国"西部大开发"过程中所应遵循的某些规律和原则。

研究西北民族走廊的基本思路如下。

（1）费先生提出民族走廊概念的初衷是，中国的民族研究受行政区划的影响"各自为政"，缺乏一个全国民族大格局的视野以及宏观、全面、整体的观念，而中国民族分布的历史与现状却是跨区域的，因此费先生提出从"全国棋盘的格局"展开中国的民族研究的构想。因此，同样，我们研究西北民族走廊，必须打破行政区划的界限，必须有宏观的视野，必须具备全面与整体的观念。我们不能孤立地把西北民族走廊看作一个封闭的系统进行研究，而是要将其放在全国的民族走廊格局中进行研究，要关注它与藏彝走廊、南岭走廊乃至整个中国西部走廊之间的各种联系。即便是微观的研究也必须将其放在宏观的视野之中才能奏效，这是一个总的思路问题。

（2）民族走廊的研究要重视该走廊的地理学意义，探讨地理环境对该走廊的形成、发展所起的影响，尤其是对多民族的互动和交融所起的作用。相反，如果在西北民走廊的研究中忽略其地理学的意义，民族走廊研究必然会失去其独特性，将趋同于区域研究之中。另外，需要注意的是，"民族走廊"不仅仅是历史上少数民族活动的走廊，同时也是汉民族频繁活动的走廊，汉族在民族走廊的形成、发展中发挥了相当重要的作用，因此，在西北民族走廊研究中不能忽略对该走廊汉族的研究。

（3）需要跨学科综合研究。无论在历史上还是今天，西北民族走廊内民族众多，历史文化积淀丰厚，文化多样性和独特性显著，但是由于这里交通不便，加之相关这一地区的历史文献记载稀少，所以，西北民族走廊的历史积淀虽极为丰富但同时又是疑难问题最多的地区，这无疑给西北民族走廊研究造成了相当的难度。因此，多学科进行综合研究显得十分必要，只有利用历史学、民族学、人类学、语言学、考古学、宗教学、社会学、经济学、民俗学、历史地理学等相关学科的理论和方法进行跨学科、多视角的综合研究，才可能产生具有突破性和较高学术价值的研究成果，才可能将西北民族走廊研究引向深入。

（4）成立"民族走廊研究学会"，加强横向联系。在"中国民族学学会"下设立二级分会，即"中国民族走廊研究学会"，在此基础是设立三级分会，如"西北民族走廊研究会""藏彝走廊研究会""南岭走廊研究会"。要充分发挥学会的组织和桥梁作用，要加强学界的横向联系，开展各项学术研究和交流活动，以推动民族走廊学（说）研究的深入和发展。

（5）必须打破甘、青两省行政区划的界限。这包括两个方面的含义：第一，在研究的空间范围上，要打破甘、青两省的行政区划，要把甘青两省的走廊地带看作一个整体进行研究；第二，甘、青两省的研究学者之间要打破行政区划的限制，协同作战。因为甘、青两省的民族研究学者身居西北民族走廊的前线，无疑也是西北民族走廊研究的主力军，因此，为了取得令世人注目的研究成果，无论是两省的研究者，还是高校、科研院所等研究机构，要打破行政区划的限制，发挥同在学术及田野前线的优势，加强联系，进行协同作战显得尤为必要。

Research Issues about the North West Ethnic Corridor

Abstract：Northwest Ethnic Corridor is an academic concept proposed by Fei Xiaotong in 1980s. It is not only a critical channel for ethnic migration of northwestern area but also a joint and focus area for west culture exchange. Therefore, the research on northwest ethnic corridor has significant academic value and realistic meaning. This article based on defining the concept of Ethnic Corridor conducted a preliminary discussion on its geographic range, geographical and historical and cultural characteristics, research thinking.

Keywords：Northwest Ethnic Corridor　Geographical Characteristics　Historical and Cultural Characteristics　Research Thinking

原载于《西北民族研究》2013 年第 3 期

新时期西藏民生建设的实践特色与经验启示

王剑峰

摘　要　民生建设是新时期西藏党委政府凝聚人心、实现社会发展的重要手段。通过教育惠民、医疗惠民、充分就业，以及公共服务体系建设和社会保障体系的发展，西藏夯实了社会进步的民生基础，为创新社会治理，实现西藏社会稳定和长治久安奠定了坚实的基础。

关键词　西藏　民生建设　社会稳定

民生是社会发展的重要指标，是社会建设的重要内容，是社会治理的重要手段，也是西藏历届领导班子的主要关切。特别是中央第六次西藏工作座谈会强调"要牢牢把握改善民生、凝聚人心这个出发点和落脚点，大力推动西藏和四省藏区经济社会发展"①。党的十八大以来西藏自治区以推进和加强基本公共服务为抓手，把改善民生作为社会治理的重要手段，为西藏社会长期稳定夯实了物质基础、文化基础和心理基础。提供公共服务和递送公共产品不仅是一个政府的职责，也是政府实施治理的合法性的依据，更是凝聚人心的重要手段。西藏位于世界第三极的青藏高原，是一个以农牧业为主的少数民族自治地方，居民普遍信仰藏传佛教，与内地相比，经济社会发展在某种程度上表现出传统性与滞后性，少数的现代工业与多数的传统农牧业并存的局面。在这样一个地理、历史、文化传统都比较特殊，基础设施建设落后的区域，应该进行怎样的民生建设？党的十八大以来，西藏党委和政府以公共服务为突破口，立足西藏特点，大力推进民生建设。

一　教育惠民、为长期建藏积蓄人力资本

人力资本在经济社会发展中的作用已经得到经济学家的肯定和重视。一个经济体

---

① 《习近平在中央第六次西藏工作座谈会上的讲话》，http://jjckb.xinhuanet.com/2015 - 08/26/c_134554951.htm。

的人力资本的存量越高，其吸收新产品和新思想的能力就越强，内生的发展能力也就越强。教育既能促进个人的发展，提高劳动参与率，也能增强社会的凝聚力，提助社会实现整体性的进步。因此，教育向来被认为是构成人力资本的最重要内容，是决定不同发展水平的经济之间最终走向趋同的最重要的条件。西藏新一届领导班子高度重视教育作为生产力的作用，下大力气发展教育事业。

1. 农牧民子女免费教育全面覆盖，教育投入持续增长

目前，国家实施 9 年义务教育政策，西藏则根据自己的特殊条件，进一步把学前教育和高中教育纳入国家义务教育，建立 15 年免费义务教育体系。另外，从学前教育到高等教育亦有一整套正式的资助体系。主要举措包括：

（1）实施教育"三包"政策。从 2011 年开始，全区实行农牧区学前和高中阶段免费教育，免除范围包括学费、住宿费、杂费（简称"三包"），并免费提供教科书和定量作业本。2012 年自治区对城镇学前教育实行免费教育。从 2012 年秋季学期开始，自治区已全面实现义务教育"三包"政策，并延伸扩大到 15 年，在全区范围内建立起从学前到高中教育阶段的 15 年免费教育体系。2013 年教育"三包"政策补贴标准每年生均 2700 元，2014 年标准每年生均 2900 元，2015 年标准年生均 3000 元，2016 年提高至 3240 元。目前，义务教育"三包"政策已经涵盖从学前、小学、初中到高中各个阶段的农牧民家庭子女，以及部分城镇贫困家庭子女。

（2）所有农牧区义务教育阶段学生除享受"三包"政策以外，还享受学生营养改善计划和交通补贴。2016 年按照每个学生每天 4 元，全年 200 天的标准，就安排资金 3 亿元，受益学生逾 20 余万，覆盖面 100%。此外，农牧区中小学在校生还享受交通补贴，年生均补助 100 元。

（3）基础设施建设方面，高寒高海拔中小学实施"四有"工程，即有暖廊、有水井、有澡堂、有菜窖。仅 2016 年此项工作安排资金 1 个亿。

（4）实施高等教育和研究生教育资助计划。高等师范及农牧林水地矿类相关专业高校学生免费标准达每年生均 5600 元。全日制硕士、博士研究生资助计划专门针对家庭经济困难学生而设立，年资助标准 5000 元，同时实施研究生国家奖学金制度，年资助标准 20000 元。

教育惠民政策的推进依赖于财政投入的持续增加。"十二五"时期，西藏教育投入连续大幅增长。根据西藏教育厅提供的数据，2011 年、2012 年、2013 年、2014 年、2015 年财政性教育经费投入逐年递增，分别达到 80 亿、95.4 亿、110 亿、135 亿、157 亿。"三包"经费新增支出全部由自治区财政全额安排，仅 2014 年全区"三包"及助学金经费预计投入经费达 15.19 亿元，受惠学生达 56.10 万人。西藏在全国率先全面实现省域范围内 15 年免费教育，极大地推动了西藏教育发展，为传播现代科学文化，培养具有现代社会人才奠定了坚实的基础。

2. 各级各类教育发展速度不断提高

教育投入的增加，教育惠民政策的实施，有力推动了西藏各级各类教育的发展。

一是学前教育资源总量不断扩大。中央第五次西藏工作座谈会后，西藏全面启动实施学前双语教育工程。农牧区各乡镇小学设立两年学前双语幼儿园，城镇各地市、县单独设置学前三年双语教育幼儿园。2010～2013 年，新建改扩建 756 所双语幼儿园（含幼小一体项目、村级幼儿园、乡镇幼儿园、县级幼儿园维修改造项目、民办幼儿园等）。学前教育迅速普及，农牧区学前双语幼儿园大幅度增加，在园儿童大幅度增长，学前教育入园率大幅提升。截止到 2015 年，西藏学前教育入园率已近 61.5%。

二是义务教育普及程度大幅提升。2011 年通过国家"两基"验收。以"两基"目标全面实现为标志，西藏义务教育进入崭新的发展阶段。根据教育厅提供的数据，2013 年小学适龄儿童入学率、初中入学率和青壮年非文盲率分别达到 99.59%、98.75% 和 99.37%，比 2010 年提高了 0.39、0.55 和 0.57 个百分点。

三是普通高中教育加快普及。"十二五"规划实施以来，西藏加快普通高中建设步伐，不断调整优化布局，加强高中规范化建设，扩大高中优质教育资源，改善高中办学条件，实施新课程改革，普通高中办学规模不断扩大，办学条件水平和质量稳步提高。根据教育厅提供的数据，2014 年高中阶段毛入学率已达 72%。

四是现代职业教育体系初步建成。职业技术教育与生产力发展水平和就业结构密切相关。新一届西藏自治区党委和政府充分认识到职业教育对西藏各族群众就业和收入增长的正向作用，高度重视职教的发展，为各族青少年提供各类免费的职业技术教育。目前，西藏已建立涵盖区、市（地）、县的三层职业技术教育网络，各县均有职教中心，但办学规模不足，质量不高，办学效益有待提高。西藏充分利用援藏机制，借力内地中职教育的优势，自 2010 年开始举办内地西藏中职班，在很大程度上弥补了自身职业技术教育发展的不足。

五是高等教育稳步发展。西藏高等教育的发展，始终坚持"稳定规模、调整结构、提高质量"的工作方针，努力提高教育质量和人才培养水平，"211 工程"、基础设施、重点学科实验室、学位和专业建设以及人才培养等方面取得成效，高等学校综合实力正在加强，人才培养质量进一步提高。2013 年，全区高等教育毛入学率比 2010 年提高了 4 个百分点，专业设置本科专业、专科专业分别达到 142 个和 132 个，招收硕士研究生的学科专业达到 71 个；西藏大学民族学、中国语言文学和生态学获得博士学位授予权。

3. 教育改革持续进展，办学条件显著改善

改革是发展的动力和源泉。自 2011 年，自治区批准实施学前双语教育、义务教

育、推素质教育、职业教育、藏医药人才培养模式、高等学校创新人才培养模式和招生考试制度改革等方面的教育改革试点，其中学前双语教育和藏医药人才培养模式改革试点被列入国家教育改革试点项目。

办学条件是教育发展的物质基础，西藏自治区积极改善办学条件。据自治区教育厅提供的数据，截至 2013 年年底，全区各级各类学校占地面积 2959 万平方米，校舍面积 789 万平方米，图书资料达到 1263 万册，各级各类学校生活设施进一步完善。2013年，自治区投入 7000 万元进行中小学太阳能澡堂建设和高寒地区校舍暖廊建设。

教育信息化进程加快推进。西藏面积广大，交通条件滞后发展，教育信息化建设尤为必要。目前，各高校、中职学校建设了计算机网络教室和校园网，现代远程教育和电视终端收视基本覆盖全区中小学，基本实现校园各种信息系统的互通互连和数据共享。全区小学每百名学生拥有计算机 3.5 台，初中每百名学生拥有计算机 4.25 台，高中每百名学生拥有计算机 9.3 台。优质教育资源覆盖偏远基层学校，对实施教育改革、提高教育质量、推动均衡发展，起到了积极促进作用。

4. 双语教育体系不断完善，双语教育推广有序进展

西藏是一个以藏族占多数人口的自治地方。藏族有自己的语言、文字，以及一整套文化传统。如何使接受基础教育的藏族学生通过双语教学，培养和提高受教育者的认知能力，更快、更好地接受现代科学教育，在传承民族语言的同时熟练掌握国家通用的语言和文字，双语教育成为必然选择。

2011 年以来，自治区全面启动农牧区学前两年双语教育工程，编写出版系列双语幼儿读物；小学阶段藏语文和汉语文并举强化；初高中巩固藏语文课教学的同时，提高汉语授课水平；在西藏高校，藏语文基础课作为学生必修课，除藏族学生外，要求其他学生也要通过学习藏语文，具备基本的藏语文听说读写能力，同时开设藏医药、藏语言文学、藏族文化等相关专业授课内容。

2013 年年底，西藏还启动了西藏各族干部职工"双语教材"编写工作，部分教材已送审。

目前，全区从学前到高校均实行双语教学，所有藏族学生均接受双语教育，农牧区学前和小学阶段教师基本上都是双语教师，高校藏语文专业等相关专业已为社会培养了大量双语合格人才，为西藏各族群众跨文化交流提供了基础条件。

二 健康惠民：健全公共卫生体系建设

人口的健康水平是人文发展的一个组成部分。营养、健康和劳动能力及工作效率之间存在正向关系，从而间接影响家庭收入增长，成为致贫的一个重要因素。研究表明，从长远来看，提高贫困人口的营养水平，改善医疗条件，有助于社会的减贫脱贫，阻断贫困的代际传递，提升整体社会发展。西藏在公共卫生服务制度建设、体系建设、人才建设等方面实实在在地下了功夫，下大力气办了好事。

一是农牧区医疗制度持续完善，服务水平和效率不断提升。制度建设是现代公共卫生服务供给的必然要求。2013 年新颁发的《西藏自治区农牧区医疗管理办法》开始实施，为农牧区公共卫生事业的发展提供了制度保障。自此，农牧区医疗制度在全国率先实现全覆盖。此外，卫生厅与财政厅联合下发《关于城乡基层医疗卫生机构基本公共卫生服务考核与经费补助的指导意见》，制定了《关于提高公共卫生服务能力的意见》。

二是以项目建设为依托，完善公共卫生体系建设。项目建设是推进西藏公共卫生服务的有效抓手，公共卫生服务体系进一步完善。"十二五"期间，在国家的支持下，加大了全区较为薄弱的基层医疗卫生服务体系、精神卫生、基层医疗卫生管理系统、全科医师培养基地和精神卫生防治中心、食品安全风险、巡回医疗车、基本药物集中采购系统等投资力度。

据卫生厅提供的数据，2011～2014 年，申请国家下达卫生基建项目 480 个，落实投资 104972 万元，超过"十二五"规划投资 92518 万元。"十二五"期间，分别对全区 75 个县卫生服务中心、206 个乡镇卫生院实施了标准化建设；改扩建自治区人民医院、藏医院和 7 地市人民医院、藏医院、妇幼保健院；新建了自治区卫生监督局、第三人民医院、全科医生临床培养基地、拉萨和昌都地区精神卫生防治中心、72 个县卫生监督所、9 个社区卫生服务中心；实施了农村急救体系、农村巡回医疗、基层医疗卫生信息化建设项目；为乡镇卫生部门配备了救护车、流动健康服务车、农村巡回医疗车和卫生执法监督车等交通工具；为县、乡（镇）配备了基本医疗设备。"十二五"期间，基本实现了医改提出的县乡卫生服务中心业务用房基本达标、县疾控中心全覆盖、乡乡建有卫生院、村村有卫生室的目标。基本公共卫生服务人均经费财政补助标准从 2015 年人均 50 元提高到 2016 年的 55 元。

三是实施重大卫生惠民工程，把重大疾病纳入农牧民医疗保险制度。西藏将 22 种重大疾病和恶性肿瘤的化学治疗、慢性肾功能衰竭的透析治疗等 20 种特殊门诊病种纳入西藏自治区农牧民医疗制度重大疾病保障目录。此举基本阻断了广大农牧民群众因病致贫返贫问题。

四是实施居民健康宣传、健康体检建档计划，并延伸到寺庙。针对基层群众健康观念落后，健康知识缺乏的现实，西藏卫生部门积极探索健康宣传工作的思路和做法，宣传教育工作常态化，健康宣传资料入户率、居民健康知识知晓率、健康行为形成率大幅度提高。

2012 年开始在全区全面实施城乡居民免费健康体检、儿童先天性心脏病救治、白内障复明手术等重大卫生惠民工程。在西藏历史上第一次把在编僧尼纳入健康计划。至 2014 年，全区已对城乡居民和在编僧尼实施了两轮免费健康体检，并建立健康档案，建档率达到 95% 以上。

五是方便群众，提高效率。以往藏族农牧民群众由于健康观念滞后，有病时较少去正规医院就医。为了鼓励群众、方便群众去医院就诊，部分县实行辖区内医疗机构家庭账户"一卡通"。拉萨市在市、县两级医疗机构推行农牧民住院"先诊疗，后结算"的模式，定点医院免交住院押金，只承担自付的部分。日喀则、昌都、山南地区县级医疗机构基本实现了住院费用即时结报，日喀则地区十一个县基本实现地级医疗机构即时结报。那曲地区各县采取与各级医疗机构签订医疗服务协议，开通农牧民住院"绿色通道"，在乡镇政府设立"一站式便民服务中心"等措施，为农牧民医疗费用报销提供便利。

健康惠民工程的实施大大提高公共健康服务成效。全区以拉萨为中心，覆盖城乡的医疗卫生服务网络逐步健全完善，全区医疗卫生机构从 2010 年的 1352 个增加到 2013 年的 1413 个；床位数从 8838 张增加到 11038 张，每千人平均床位数从 2.94 张提高到 3.54 张；卫生人员总数从 2010 年 12269 人增加到 14335 人（其中卫生技术人员 11716 人），每千人卫生技术人员从 3.33 人人提高到 3.75 人。[1]

全区法定传染病总发病率和死亡率从 2010 年的 325.07/10 万和 1.03/10 万分别下降到 2013 年 269.25/10 万和 0.75/10 万。[2]

孕产妇和婴儿死亡率从 2010 年的 174.7/10 万和 20.69‰，分别下降到 2013 年的 154.51/10 万和 19.97‰。住院分娩率则从 2010 年的 53.57%，提高到 82.33%。[3]

"十二五"期间，卫生事业的长足发展，为保障西藏各族人民健康，促进西藏经济社会发展做出了贡献。

三　以现代公共文化服务引领人民群众的精神世界

文化的发展包含两个方面，一个是现代科学文化的推广、普及与发展，一个是民族传统文化的传承、保护与发展。近年来，西藏自治区党委和政府为推动西藏社会主义文化大发展大繁荣，加快实现重要的中华民族特色文化保护地建设目标，制定一系列加快西藏文化发展的优惠政策，加大投入，采取新举措，在加强传统文化的保护和传承的同时，有力推进现代文化的发展，西藏文化出现大发展、大繁荣的局面，为西藏社会稳定和长治久安提供了强大的精神动力、智力支持和思想基础。

---

[1]　西藏卫生厅提供数据。

[2]　西藏卫生厅提供数据

[3]　西藏卫生厅提供数据。

1. 加快文化设施建设，健全公共文化服务网络

"十二五"时期，西藏全面启动了七地市"三馆""一中心""一站"建设项目①，实施文化信息资源共享、文化下乡、公共文化设施免费开放等重大文化惠民工程，极大地推动了公共文化设施建设，有效丰富了群众文化生活。

公共文化服务支出稳增长。根据自治区文化厅提供的数据，"十一五"期间，全区文化事业累计投入 8 亿多；"十二五"期间，达到了 13 亿多，增长了 60%；文化保护经费投入由"十一五"期间的 5.7 亿元增加到"十二五"时期的 10 亿元。

公共文化服务设施日益完备。"十二五"期间，新建 3 个地区图书馆，2 个地区博物馆，2 个地区博物馆，74 个县综合文化活动中心，538 个乡镇综合文化站，1600 个文化广场，并配备了文化活动设备。"至 2015 年年底，西藏实现地市有图书馆、群艺馆和博物馆，县县有综合文化活动中心，乡乡有综合文化站，53% 的县民间艺术团有排练场所的目标，基本形成区地县乡四级公共文化设施网络。"②

公共文化设施免费开放，群众性文化活动丰富多彩。据文化厅数据，2011 年自治区全面启动了公共设施的免费开放工作，为此国家和自治区每年要投入财政经费 3000万元，受益群众达到 600 余万人次。2011～2013 年，全区各级文化部门组织开展大型群众文化活动 2000 余场，参与群众达到 160 余万人次，形成了拉萨雪顿节等群众性、常态化品牌文化活动 90 个。

此外，西藏实施了国家公共文化服务体系示范区创建工作，林芝示范区通过国家验收，山南后的第二批创建资格，为推进自治区公共文化服务体系建设积累了有益经验。

2. 激励文艺创作创新，优秀艺术作品日益丰富

近年来，自治区大力实施文艺精品战略工程，不断创作和推出弘扬主旋律、体现民族特点和时代精神的优秀文化产品，丰富人民群众精神文化需求。以每年创作推出一台精品剧目为目标，催生出歌舞晚会《珠穆朗玛》《天上西藏》《魅力西藏》，新编藏戏《朵雄的春天》《金色家园》，话剧《宗山魂》《扎西岗》《解放、解放》等一批优秀舞台艺术作品，带动了艺术创作全面发展，改编和推出舞台版传统藏戏《白玛文巴》和《诺桑王子》。其中《魅力西藏》《解放解放》《扎西岗》《金色家园》等剧目分别荣获"文华优秀剧目奖"、"文华剧目奖"、全国少数民族文艺汇演"金奖"、国家舞台艺术精品工程奖等奖项。同时积极组织参加全国艺术节、少数民族文艺汇演、十

---

① "三馆"即每个地市有图书馆、群众艺术馆、博物馆；"一中心"即每个县有县综合文化活动中心；"一站"及每个乡镇有综合文化站。

② 文化部网站，2016 – 05 – 30，http://www.mcprc.gov.cn/whzx/qgwhxxlb/xizang/201605/t20160530_462017.html。

八大优秀节目展演等重大文化艺术活动，充分宣传和展示了西藏文化保护和发展成果，有力扩大了西藏文化的影响力。近年自治区专业文艺团体和县民间艺术团创作节目96000余个，下乡演出2.1万场次，受益群众达到1400余万人次，全区乡村文艺演出队每年开展文艺演出7000余场。制作了120余万张优秀文艺剧目和文化产品光盘，免费发放到基层。

3. 加大文化遗产保护，优秀传统文化得到继承发展

近年来，自治区大力实施重点文物保护维修、非物质文化遗产保护和古籍保护工程，全面加强对自治区优秀传统文化的挖掘、继承、保护和传承，充分发挥文化遗产在爱国主义教育中的应用价值，有力推动了西藏文化的保护和发展。近年来，全面启动了"十二五"重点文物保护工程，对46项重点文物保护单位进行了维修。全面开展对藏戏、格萨尔、传统歌舞等重要非物质文化遗产的保护工作。对藏文文献典籍实施了全面普查，完成了全区50%的普查登陆工作。目前，全区有各类文物点4277处，其中世界文化遗产1处3点，国家重点文物保护单位55处，自治区级文物保护单位391处，市县级文物保护单位978处，国家历史文化名城3座。[①]"藏戏和格萨尔入选联合国人类非物质文化遗产名录，唐卡、藏纸等国家级非遗项目76个，国家级生产性保护示范基地4个，自治区级项目323个，代表性传习场所113处。"[②]

4. 以文化产业化为引导，初步形成特色文化品牌

近年来，自治区大力实施特色文化产业发展工程，积极打造特色文化产业品牌，不断提升文化对经济发展的贡献率。目前，全区文化企业发展到3000余家，从业人员3万余人。门类20余种。扶持命名了15家自治区级文化产业示范基地，2个文化企业被命名为国家级文化产业示范基地。组织近200家企业和单位参加了全国各类重大文化产业博览会，现场交易额近1.2亿。为推动旅游业发展，创作推出《文成公主》《幸福在路上》《寻找香巴拉》《喜马拉雅》等演艺剧目，并陆续投放市场，获得较好的社会和经济效益。成功举办了三届西藏唐卡艺术博览会，推动了唐卡文化产业化发展，全区近千名唐卡画师每年生产和销售高端唐卡总额达5000万元以上。

5. 文化市场监管有力，为社会稳定提供文化支撑

在加大公共文化服务供给的同时，近年来自治区大力实施文化市场安全工程，积极推动互联网上网服务营业场所的监控平台建设，有效地扼制潜在地危害国家安全的信息传播渠道。另外，西藏积极突进文化市场执法改革，成立区、地、县三级文化市场综合执法机构，加大行政执法力度。近年来，全区依法取缔32家违法违规的游戏和

---

① 拉萨文明网，2016 - 01 - 08，http：//ls. wenming. cn/14021/201601/t20160108_2259312. htm。

② 拉萨文明网，2016 - 01 - 08，http：//ls. wenming. cn/14021/201601/t20160108_2259312. htm。

娱乐场所，95 家违法经营企业，有力抵制了以十四世达赖喇嘛为核心的分裂势力通过文化市场领域对西藏进行文化渗透和文化蛊惑，有效净化了文化市场，维护了国家文化安全。同时，为了繁荣文化市场，满足人民的精神文化需求，对文化市场审批项目进行专项清理，取消、合并审批项目 4 个，制定 14 项 29 种行政审批业务指南。

6. 文化交流更趋广泛，文化影响力显著提升

近年来，西藏大力实施"西藏文化走出去"战略，积极组织文化遗产展览、文艺演出团队出境出国开展文化交流活动，充分展示了传统与现代交响辉映的当代西藏新文化，有力宣传了西藏文化保护和发展成果以及现代文化建设的新成就。据自治区党委宣传部提供的数据，仅 2014 年，先后组团出访印度、美国、意大利、尼泊尔，以及中国台湾等 50 多个国家和地区，"接待了 60 多个国家和地区的 2000 余名文化专家学者到西藏讲学、演出和举办展览"①。同时，在北京、上海、河南、四川、重庆等地的 80 多个城市开展文化交流近 200 余次，邀请重庆、浙江、福建、山东、陕西等 20 多个省市到西藏开展文化交流活动，促进了西藏和内地的文化交流，加深了边疆群众和内地群众的相互理解。

7. 文化机构和队伍不断完善，文化人才不断涌现

文化的大发展离不开两个因素：一是制度与机制；二是人，特别是优秀人才。近年来，西藏大力实施"人才兴文"战略，文化工作机构不断健全，专业和兼职文化队伍日益壮大。全区现有 10 个专业文艺团队、74 支县民间艺术团体、100 余支民间藏戏队、2446 支乡村业余文艺队，形成从国家到草根的文化机制建构，以满足人民群众多层次的精神文化需求。目前，全区文化系统共有专职工作人员（含民间艺术机构演员）近 4000 人，兼职队伍人数达到近 3 万人。组织全区性文化队伍培训近 200 期，受训人员达到 2 万余人次。

党的十八大以来，西藏在推进现代文化建设的同时，促进西藏传统文化的传承和保护，全区的文化工作取得了前所未有的重要成果。可以说，十八大以来的时期是西藏文化发展崭新的时期，是文化引领风尚、培育现代性、传播现代文明、推动文化发展和促进社会稳定作用得到有效发挥的时期，有力推动中华民族特色文化保护地建设，为实现西藏文化大繁荣奠定基础。

四 以充分就业增进人民福祉促进社会融入

就业是民生之本，衡量一个社会的经济增长是否惠及老百姓，其中一个重要指标就是是否实现了创造就业的经济增长，这对促进社会和人类发展具有重要作用。西藏

---

① 刘俊：《引导和支持西藏文化"走出去"》，《光明日报》2016 年 7 月 9 日，第 7 版。

历届领导班子都十分重视就业问题，把提高就业，尤其是地方群众的就业作为改善民生的重要手段，千方百计扩大就业，减少失业，取得明显效果。据西藏人社厅提供的数据，"十二五"时期，"五年累计实现城镇新增就业 16.9 万人，城镇登记失业率控制在 2.5% 以内，转移农牧区劳动力 467 万人次，实现劳务收入 108.8 亿元"。[1] 西藏促进就业举措多样，特色鲜明。

1. 依托"四送工程"，积极开展就业援助

通过送政策、送岗位、送服务、送技能为主要内容的"四送工程"，扩大就业规模。2013 年，自治区新增购买公益性岗位 7000 个，全部用于基层需求。[2]

2. 依托"四业工程"，实施社会综合治理

"以业育人、以业安人、以业管人、以业富人的"的"四业工程"，主要采取以政府投入为主导，以集体、企业、个人等投入为补充的多元化投入机制，对城乡居民的培训、就业、创业提供资金保障。例如 2013 年由中央财政支持社会团体参与的社会服务试点项目"扶贫面食店"及拉萨市"四业办"委托举办的"理发创业"示范项目，以不搞无市场的培训、不搞无岗位的培训、不搞无增收的培训为原则，学员对专业技能掌握合格率达到 100%，85% 以上的学生陆续参加了由自治区劳动就业服务局组织的技能鉴定，全部达标通过。这批受益人员创业店分布在拉萨市七县区，其中扶贫面食店 12 个，创业理发店 8 个。[3]

3. 多渠道实现青年群体全就业

新成长劳动力主要是青年人，因而新成长劳动力就业直接关乎劳动参与率和社会稳定问题。西藏高度重视藏族青年群体，千方百计解决他们的就业问题。具体就业做法是：（1）对于教育部属师范院校免费师范毕业生参加教育系统内双向选择，在教师岗位就业。（2）按照有关规定和协议安排就业的毕业生，由人社厅、公务员局和教育厅负责派遣。（3）对于双向选择、自主择业的高校毕业生，通过以下渠道帮助实现就业：一是通过公开考录充实基层公务员和基层事业单位工作人员、专业技术人员队伍；二是公开招募优秀毕业生进入"三支一扶"队伍；三是招募充当"西部计划"志愿者；四是一部分毕业生"专升本""本升硕"；五是进入驻藏中直单位就业，2013 年中央企业提供就业岗位 5239 个；六是通过招聘进入区内企业就业；七是通过就业援藏推荐毕业生区外就业，2013 年有 1500 多名西藏籍高校毕业生实现区外就业；八是通过以上渠道仍未就业的高校毕业生，推荐到公益性岗位就业，2013 年自治区新增购买公益

---

① 中国西藏新闻网，2016 - 02 - 17 日，http://www. chinatibetnews. com/xw/201602/t20160217_1075056. html。

② 据西藏人社厅提供的数据。

③ 据西藏人社厅提供的数据。

性岗位 7000 个。[①]

以上诸多措施，有力推动高校毕业生实现全就业，效果明显。自 2011 年以来，西藏籍应届高校毕业生基本实现全就业。这一目标的实现是各地市、各部门各负其责，协调配合，拓宽渠道，完善政策的结果。

4. 积极开展劳动技能培训，促进劳动力转移

针对 18～45 岁之间的青壮年农牧民，进行实用技术、劳动力转移、创业培训，并给予补助，补助标准从 250 元到 3000 元不等。另外鼓励边远农牧区劳动者参与，对于那曲、昌都、阿里地区农牧民技能培训补助标准相应地上浮 10%。2013 年，农牧区劳动力转移就业 45 万人、90 万人次，劳务收入突破 19 亿。全区共开办各类技能培训班 600 多期，培训劳动者 3 万多人次，其中有 2.5 万人实现近技能就业，培训就业率达到 80%。[②]

另外，为提高西藏农牧民合作组织法人代表的管理水平，加强各类农牧民合作组织能力建设，提高农牧民合作组织的经营水平，驾驭市场经济的能力，从 2013 年开始，每年举办两期农牧民合作组织政策与创业发展培训班。

西藏扩大就业的一系列措施产生积极的经济社会后果。今日的西藏切实做到了户户有门路、人人有活干、经常有收入。

五 以健全社会保障体系构筑社会稳定的安全网

社会保障制度是实现西藏和谐社会的根本保证，是缩小西藏贫富差距、避免两极分化的重要手段，社会保障体系建设在凝聚人心、促进公正，维护西藏社会稳定中发挥着重要作用。

1. 以农牧民为重点、覆盖寺院僧尼为特点的社会保障制度全面建立

近年来，西藏把加快推进社会保障体系建设作为民生建设的重要内容，取得突破性进展，已将绝大多数社会人群纳入社保范围。西藏社会保障制度建设的最大受益者是广大农牧民群众和僧尼群众。

2013 年《西藏自治区农牧区医疗管理办法》颁布实施，为农牧区公共卫生事业的发展提供了制度保障。自此，农牧区医疗制度在全国率先实现全覆盖。它不同于内地的最大特点就是以政府投入为主，建立在免费医疗政策基础上。2014 年，农牧区医疗制度政府财政补助标准为年人均 380 元，2016 年提高到 420 元。农牧区医疗报销补偿最高支付限额提高到农牧民年人均纯收入的 6 倍以上，且不低于 5 万元。以拉萨市为

---

① 据西藏人社厅提供的数据。

② 据西藏人社厅提供的数据。

例，参加农牧区医疗制度的农牧民只要缴费 20 多元，即可享受到一年最高 6 万元的报销保险。

农牧民大病医疗保险赔付和医疗救助则弥补新农合的报销不足问题，也就是说，一旦农牧民患大病发生高额医疗费用，农牧区医疗制度正常报销最高支付 6 万元之外，农牧民还可以申请大病医疗保险，赔付可高达 7 万元。农牧民大病医疗保险以财政投入为主，是农牧区医疗制度的拓展和延伸，是对农牧区医疗制度的有益补充，可以说是政府为西藏农牧民购买的商业医疗保险。这项制度自 2011 年实施以来，有效减轻了农牧民大病医疗费用负担，是西藏民生建设的重大成就之一。可以说，西藏农牧民因病返贫、因病致贫的情况已大为减少，为西藏精准扶贫做出巨大贡献。

西藏社会保障制度建设另一个特点就是把普通僧尼群众纳入养老保险、医疗保险，对于生活困难的僧尼，还可享受最低生活保障，这种"三位一体"社会保障制度的建立解决了僧侣的后顾之忧。早在 2011 年，西藏开始把寺庙在编僧尼纳入了城镇居民社会养老保险体系。2012 年正式出台《西藏自治区寺庙僧尼参加社会保险暂行办法》，进一步明确了西藏寺庙僧尼参加城镇居民社会养老保险。为此，西藏自治区财政每年补贴 1300 多万元。从 2015 年开始，西藏全面推进寺庙卫生室建设、僧医培养工作。2016 年城乡居民社会养老保险基础养老金待遇从 2015 年的月人均 140 元提高到 150 元。

西藏在全国率先建立了覆盖城乡居民的社会保险体系，五项社会保险均由西藏自治区级统筹，在西藏历史上首次实现社会保障制度全覆盖。

2. 城乡社会救助体系不断完善，城乡低保应保尽保

对于那些由于各种原因陷入贫困或者低收入状态的家庭，为维持其基本生活需求，保障其最低生活水平，国家或其他社会主体通过低保、孤儿和五保户供养、医疗救助等的形式给予社会救助。这对调节收入分配，实现社会公平，维护社会稳定有相当重要的作用。

随着西藏经济社会的不断发展和国家支持西藏发展的力度不断增加，最低生活保障标准也逐年提高。2011 年城镇居民最低生活保障标准每人每月 360 元，2016 年提高到 640 元；2011 年农村居民最低生活保障标准每人每年 1450 元，2016 年提高到 2550 元。

孤儿和五保户供养制度不断完善，标准逐年提高。截至 2013 年底，全区共有五保人员 14933 名，孤儿 5576 名。2013 年，区党委、政府出台了孤儿集中收养的意见，明确要求到 2015 年前，孤儿地市以上集中收养达到 100%，并逐步提高孤儿供养费用标准。目前孤儿标准根据地区类别每人每月 1000 元、1220 元、1400 元不等。2013 年五保集中供养率已逾 53%，供养标准提高到年人均 2900 元，安排了 23 个县的社会福利

院集中供养。截至 2013 年底，全区共有 10 个建成、在建和规划中的儿童福利院，新增床位 4477 张；新建五保供养机构 23 个。

此外，还有各种临时补贴制度安排。例如，2011 年出台了《西藏自治区社会救助和保障标准与物价上涨挂钩联动机制方案》，规定要依据物价指数变化及时向城乡低收入群体发放临时补贴。"三大节日"期间政府还给低收入困难群众发放一次性生活补贴。

5. 住房条件持续改善，基础设施建设延伸至寺庙

2006 年至 2013 年，西藏启动投资 278 亿的安居工程。截至 2013 年全区已有 46 万户、230 万农牧民住进的新房，农牧民人均居住面积达到 30.51 平方米。农村综合配套设施建设正在努力完善。累计解决 201 万农牧民的安全饮水问题。99.7% 乡镇、97.4% 的行政村通公路。广播和电视人口综合覆盖率分别达到 94.4% 和 95.5%，41.27 万农牧户实现"户户通"、1787 座寺庙实现"寺寺通"；乡镇通邮率达到 94.6%，完成 3500 个行政村人居环境建设，累计 23.6 万户农牧民用上清洁的沼气能源。

六　西藏民生建设的经验启示

一是正确发展与稳定的关系，着力改善民生，增加人民福祉。以往，各地在经济发展议题上考虑更多的是 GDP 增长，而"经济增长率与民生问题并不一定是必然联系的，只有当政府（经济）政策能够促进民生解决，经济增长才能够与百姓密切相关。人民关心的是民生问题，而政府应当解决人民关心的问题，政府的职责就是切实解决民生问题"[1]。自治区党委政府高度重视西藏民生发展，提出"以促进社会公平正义、增进人民福祉为出发点和落脚点"。民生是促进社会公正，增进人民福祉的重要手段。西藏自治区把保障民生、改善民生作为一切工作的出发点和落脚点，为长期建藏奠定基础，为长治久安凝聚人心。

二是一切为民着想，切实找到抓手，真抓实干。民生问题是人民群众最直接、最现实、最关心的利益问题。如何把群众的利益问题落到实处，新一届西藏党委和政府找到了有效的抓手。从 2012 年开始，西藏自治区党委和政府每年为西藏民生办"十件实事"，内容包括生产生活条件改善、扩大就业、增加城乡居民收入、稳控物价、社会保障、医疗保障、文化惠民、扶贫开发、防灾减灾和安全生产等。2013 年实施了 18 项民生补助政策，共投入 53 亿元，2014 年投入增加到 70 多亿。[2]

从改善居住条件的"安居工程"，到加强基础设施建设的"八到农家""九有工

---

[1]　胡鞍钢：《中国：民生与发展》，中国经济出版社，2008，第 5 页。

[2]　中国西藏网，2015–03–07，http://www.tibet.cn/news/index/xinwenfbh/201503/t20150307_2381207.htm。

程"、到实施十五年免费义务教育的育人政策、健康惠民政策以及社会保障全覆盖政策，再到满足各族群众精神文化需求的农村电影放映 2131 工程、广播电视户户通工程，这一系列抓手接地气、鼓人气、有目标、有实效，实实在在地让老百姓得好处、得实惠，夯实了基础，赢得了民心。一方面，这些措施大大改善了老百姓衣食住行等生产生活条件，另一方活跃了各族群众的文化生活，巩固了我党舆论宣传阵地，使基层群众能够及时了解党和政府的各项惠农政策，农牧民精神文明建设步入良性有序的发展道路。

三是努力探索一个能够包容共享、创造就业、具有西藏特点的经济增长模式。西藏充分认识到平衡发展与稳定、增长与环境两对关系的重要性，并敢于平衡、擅于平衡两对矛盾，审时度势地提出发展净土健康产业的战略，发展水、特色种植、特色养殖、民族手工业等产业，变短处为长处，变劣势为优势，充分利用地方自然资源、人力资源、人文资源的优势，同时最大限度地解决了当地群众的就业问题，促进了农牧民工资性收入和经营性收入的持续增长，稳定了城镇居民的失业率，实现了大中专毕业生的全就业。创造就业是世界性的难题。处在社会转型期的西藏，在创造就业方面做出了自己的尝试，而且取得了很大的成绩，为社会稳定的实现做出巨大贡献。

四是奋力推进公共服务均等化、公开化、透明化、无缝化。首先，公共服务向农牧区倾斜。西藏农牧区率先全国实行了 15 年免费义务教育，对学前教育农牧民子女实行生活补助、对义务教育和高中阶段全部农牧民子女实行"三包"政策。为解决农牧民区寄宿制中小学学生洗澡难、吃水难、吃菜难、取暖难问题，实施农村义务教育学校四有工程，即有澡堂、有饮用水、有菜窖、有暖廊。公共服务均等化也体现在援藏资金的使用上。2014 年自治区党委明确提出，"对口援藏资金的 80% 必须用于民生，援藏资金不能被用于建设楼堂馆所；援藏资金和项目必须落实向基层倾斜和向农牧区倾斜的'两个倾斜'"①。其次，公共服务延伸到寺庙。这是有史以来，僧尼群众第一次作为普通公民纳入国家的社会治理范畴，结束了寺庙和僧尼长期以来游离于国家治理之外的历史。寺庙九有工程结束寺庙过去没电、没水的历史。僧尼群众第一次享有国家基本的公民权利，例如养老保险、医疗保险、最低生活保障以及其他社会救助保障。这些措施使僧尼群众可以安心念经、修炼佛法，遵守法纪，同时，探索发挥宗教和宗教神职人员在社会治理中的作用，治理主体日益多元。最后，政府治理透明化、公开化，让权力在阳光下运行。通过强基惠民，下乡驻村等工作，让基层群众明白政府在做什么、怎样做，同时，也了解群众的需求，使政府的公共服务更具针对性，瞄准更准确，在实践上努力做到无缝隙的公共服务全覆盖。

---

① 中国西藏网，2014 - 09 - 01，http://www.tibet.cn/newzt/yuanzang/yzdt/201409/t20140901_2017590.htm。

　　2011 年以来的民生建设取得辉煌成就，为西藏长期稳定、持续稳定的社会治理目标的实现贡献奠定了坚实的基础。西藏党委和政府正在努力把西藏建设成一个劳有所得的充分就业型社会，一个学有所教的学习型社会，一个病有所医的健康型社会，一个居有定所的小康型社会。今日的西藏民生实现了从生存到发展的飞跃，实现了西藏各族人民生存权和发展权的双保障。今日的西藏群众，不仅享有自己的生存尊严，而且享有自我发展的能力、机会与权利。西藏地处世界屋脊的雪域高原，地广人稀，行政成本高、财政压力大。西藏之所以能够实现公共服务的有效供给和高效供给，这与中央政府加大对西藏的财政转移力度以及内地省份的援藏支持是密不可分的。西藏要在 2020 年全面建成小康社会，还面临着诸多压力和挑战，在今后的现代化建设道路上，更需要来自中央和全国的持续支持、加大支持。

原载于《贵州民族研究》2016 年 11 期

山水的"命运"*

——鄂西南清江流域发展中的"双重脱嵌"

舒 瑜

摘 要 清代以来鄂西南清江航运的兴盛促进了区域性船工组织的发育,并形成了经济活动与自然紧密贴合、区域社会网络与超区域体系密切衔接的流域社会。1980年代之后,清江梯级开发,大坝的修筑使得清江从自然"流域"转变成人工"库区"。伴随着清江航运的衰落、船工组织的解散,流域社会瓦解,原子化的村落和个体化的家户依赖对周遭山水的"资源化"开发,直接进入全球化市场体系,形成人对区域社会和自然的双重"脱嵌"。高山蔬菜种植和网箱养鱼作为两个典型案例,显示出双重"脱嵌"的生态后果和社会后果。清江流域的社会变迁为反思发展问题提供了新的启发。

关键词 流域社会 资源化 脱嵌

近年来,以"水利社会"为视角的区域社会史研究方兴未艾,人类学家王铭铭将"水利社会"界定为"以水利为中心延伸出来的区域性社会关系体系"①。流域社会作为"水利社会"的一种重要类型而备受关注,这方面的研究主要集中在某一流域内的诸多村落如何通过水力资源配置的制度安排、民间习俗的运行、象征体系的构建等得以形成一个区域性的社会关系体系。② 这些研究提醒我们,传统社会中,除了宗族、婚

---

* 本文为管彦波研究员主持的国家社科基金特别委托项目、中国社会科学院创新工程重大项目"21世纪初中国少数民族地区经济社会发展综合调查"[13(A)ZH001]子课题"21世纪初湖北长阳土家族自治县经济社会发展综合调查"的阶段性成果。文章的写作得到课题组负责人管彦波研究员、厦门大学张亚辉教授、中国政法大学杨清媚副教授的帮助,在此表示谢忱。

① 王铭铭:《"水利社会"的类型》,《读书》2004年第11期。

② 在历史学研究中,行龙针对河流、泉水、山洪、湖水四种水源形态,划分了"流域社会""泉域社会""洪灌社会""湖域社会"四种类型,以此作为分析工具进行水利社会史研究,参见行龙《从"治水社会"到"水利社会"》,《读书》2005年第8期;《"水利社会史"探源——兼论以水为中心的山西社会》,《山西大学学报》2008年第1期;等等。钱航、张俊峰等人针对库域型社会、泉域型社会进（转下页注）

姻、集市、行政等，流域也是一种重要的区域社会组织方式。那么，在现代化发展的冲击下，这种组织还能不能延续？如果发生改变，产生了哪些社会组织后果与生态后果？本文基于鄂西南清江流域长阳土家族自治县的历史文献和田野调查资料，试图从人类学视角，呈现和诠释一个流域社会在经历现代工程对自然的改造、全球化市场经济的冲击后，其社会组织、社会与自然的关系所发生的变化。

聚焦于现代化问题的发展研究已成为人类学的一个特定议题。在各种相关理论视角中[①]与本文最相关的是，作为一种知识系统的发展主义或现代化理论如何破坏了传统社会的知识系统和与此紧密相连的社会结构和社群生活。阿帕杜雷（A. Appadurai）引用印度西部一个叫娃迪（Vadi）农村的案例，指出现代化农业知识系统，对农村带来消极影响，不单是在物质上的，还包括对社群文化生活的破坏。娃迪农村传统以皮制水桶汲取井水，从事农业耕作。由于资源匮乏，农民大多要分享水井以及作为动力的耕牛，这是维系社群共同生活的一个重要基础。而现代化电力科技的引入不仅取代了畜力，同时也取代了农民根植于此的合作生活方式，结果不仅是降低了大部分并不富裕的农民承担风险的能力，同时更导致一种合作互助的生活价值的解体，而且这种对旧有社群合作生活的破坏，几乎是难以逆转的。阿帕杜雷更进一步指出，虽然现代科技农业会催生出新的社群合作方式，但这种新的合作只是策略性和工具性的，而非像原有的是一种强调合作互助的生活价值。[②]马格林（S. Marglin）通过对美国发起、在墨西哥推行的农业"绿色革命"的分析，指出高科技农业对传统农作物和生产方式的摧毁不仅是一场生态灾难，同时也彻底破坏了当地的社会结构。当农村旧有的社区组织解体之时，农业便由一种生活方式化约为一种生存手段，农民变成农业企业家和农工。马格林指出，现代科技知识系统往往想取代农民的知识系统获得垄断地位，把他们的文化社群生活，化约成纯技术性的问题，只剩下一种科学家或工程师的答案。在马格林看来，所有知识系统都必然嵌入社群生活之中，现代科学主义的最大问题，是想抽离于其特定的社会背景，成为凌驾一切的普遍真理。因此，保护农民或者原住民的非现代化知识系统，并非怀旧的浪漫主义，而是恢复或增加农民和原住民的知识和文

（接上页注①）　一步展开研究，参见钱杭《共同体理论视野下的湖湘水利集团——兼论"库域型"水利社会》，《中国社会科学》2008 年第 2 期；《库域型水利社会研究——萧山湘湖水利集团的兴与衰》，上海人民出版社，2009；张俊峰《明清时期介休水案与"泉域社会"分析》，《中国社会经济史研究》2006 年第 1 期；等等。人类学者张亚辉、张应强等从历史人类学的视角对水利社会、流域社会史做出论述，如张亚辉《水德配天——一个晋中水利社会的历史与道德》，民族出版社，2008；张应强《木材之流动：清代清水江下游地区的市场、权力与社会》，生活·读书·新知三联书店，2006。

①　参见杨清媚《人类学与发展：一个两难的话语》，《社会发展研究》2014 年第 1 期。

②　阿帕杜雷：《印度西部农村技术与价值的再生产》，载许宝强、汪晖主编《发展的幻象》，中央编译出版社，2001，第 205~244 页。

化生活选择的重要策略。①

上述研究表明，现代技术在传统农业社区中运用，不仅改变了生产手段，同时也改变了社会的组织方式和社群的知识、价值，社群的生活方式。这些分析为本文的研究提供了基本的启发，但是，首先，相比印度或者墨西哥的农村村社，中国传统的流域社会是更高级的社会组织层次（它是由流域中的许多村社和集镇构成的），不仅规模大得多，组织方式也复杂得多；其次，现代化对流域社会的冲击，并不仅限于现代技术的运用，更重要的是与技术运用相关但完全不同的跨区域甚至跨国的市场体系的强大力场。

此外，对于现代化如何冲击传统社群中的知识和价值，还有必要用象征人类学来深化前述发展人类学的分析。知识系统不仅是嵌入社群生活中、与人和人之间的关系相关，更是嵌入生态系统中、与社会和自然的关系相关。正如拉图尔（Bruno Latour）所指出的，前现代人都是一元论者，他们关注并着迷于自然与社会之间的关联，"通过将神性、人类、自然要素与概念充分地混合到一起，前现代人限制了这种混合在实践中的扩展。改变社会秩序，就必然意味着改变自然秩序，这使得前现代人不得不慎之又慎；反之亦然"②。然而，面对混合物，现代人必清理之、净化之、纯化之。现代人采取了二象之见：将人类的表征与非人类的表征永久地割裂开来，一边是社会，另一边是自然。在这个现代世界中，实验室里的科学研究以最典型的方式将自然对象化、客观化，自然变成无法发声却被赋予了意义的客体。③ 现代意义上的"生态"正是从混融的社会 - 自然关系中"脱嵌"出来的客体化的自然。葛兰言（Marcel Granet）通过对《诗经》的研究指出在上古的中国乡村已经形成以"山川"为圣地的年度节庆仪式。在上古中国人的观念中，山川的季节节律与君王之德行是同构的，山川之德表现为有序的自然节律，社会秩序与自然秩序是一致的。山川作为丰产的源泉，林木丰茂、物种繁衍、青年男女在此欢愉结合；反过来，季节节庆所激发出的生命力又重新充盈着山川。④ 基于此，本文正是要关注在传统流域社会解体的过程中，社会与自然关系如何发生变化，与此同时，社会内部自身的组织方式又出现了怎样的变化。

一　清江流域的航运史及船工组织

鄂西南的清江流域，是今土家族聚居的核心区之一，清江也被称作土家族的"母

---

① 马格林：《农民、种籽商和科学家：农业体系与知识体系》，载许宝强、汪晖主编《发展的幻象》，中央编译出版社，2001，第 245～339 页。

② 〔法〕拉图尔：《我们从未现代过——对称性人类学论集》，刘鹏、安涅思译，苏州大学出版社，2010，第 48 页。

③ 〔法〕拉图尔：《我们从未现代过——对称性人类学论集》，刘鹏、安涅思译，苏州大学出版社，2010，第 46～49 页。

④ 〔法〕葛兰言：《古代中国的节庆与歌谣》，赵丙祥、张宏明译，广西民族大学出版社，2005，第 166～167 页。

亲河"。清江流域居住的主要有土家、苗、侗等少数民族，聚居的土家族数量占优。苗、侗等其他少数民族是在清代"改土归流"前后陆续迁徙而来最后聚集于此。清江，古称夷水，又名盐水，因"水色清照十丈，分砂石"而得名。属长江水系，是长江中游湖北境内仅次于汉水的第二大支流。从湖北省利川市齐岳山以西的庙湾发源，其干流自西向东流经湖北利川、恩施、建始、巴东、长阳等县市，于宜都市注入长江，全长 425 公里，流域面积 1.67 万平方公里。清江干流分上、中、下游三段。上游为发源地至恩施城，属高山河型，河曲发育，河道蜿蜒于岩溶峡谷之中，伏流比比皆是。中游为恩施城至长阳县资丘镇，中游河段绝大部分流经深山峡谷之中，河道岸坡陡峭，是主要支流汇集河段，属于山地河型。下游为资丘镇至长江入口，属半山地河型。清江经巴东县于盐井寺西入长阳县境，流经渔峡口、枝柘坪、资丘、黄柏山、麻池、鸭子口、都镇湾、大堰、龙舟坪和磨市等乡镇，自西向东横贯县境 148 公里。

作为鄂西南地区最重要的水上通道，清江历史上一直是民族迁徙、人群流动的走廊，而大规模的航运主要是在清雍正"改土归流"之后得到长足发展。此前，以水运为依托的川盐外运的盐道、围绕市集贸易发展起来的商路以及官府驿道都对清江流域跨区域交通网络的形成起到奠基性的作用。[①]"改土归流"之后，大量汉族移民进入清江流域。有研究指出，这些汉族移民由政府统一安排，同一地区的移民多来自同一移民地，大多是以家族形式移居。清江流域各地移民以江西、湖南和湖北本省的移民为主。[②] 随着汉族移民与当地民族之间的接触日益频繁和商业贸易的发展，外来日用百货大量涌入，当地山货、土特产源源不断地输出，清江流域呈现出百货流通、商贾云集、市场繁忙的景象。

资丘是清江航运的终点，上下交通的咽喉，也是长阳商业贸易的中转站，而且还是鄂西恩施、鹤峰、巴东、建始、五峰等县进出口物资的集散地。鄂西地区的粮食、桐油、木油、皮油、中药材、猪毛杂皮、生漆、茶叶、斗纸等通过木筏或陆路运输集中在资丘，由资丘商号收购整装，再通过航运输送到外埠。而从外地输入的布匹、百货、食盐等，除销售县内居民以外，鄂西地区的其他商民，也是在资丘采购。航帆蔽空，商旅云集，繁华一时的资丘曾被称作"小汉口"。此外，巴山、磨市、鸭子口、津洋口、都镇湾、龙舟坪等成为清江沿岸的著名港口。

从清代到民国，清江干流可分段通航。资丘向王滩天然地把清江分成东、西两部

---

① 清江流域是川盐外运的重要环节，是川东一带的运盐之路和通向湘西北和江汉平原的盐转运之路的组成部分。川东所产盐经水运汇集四川忠县西沱镇（原名西界沱），经陆路过石柱（四川），翻越齐跃山脉到利川，经水运到恩施，从恩施经清江水运过长阳、宜昌，再经长江水运扩展至鄂中各地。参见莫晟《文化线路视域下的清江流域商路研究》，博士学位论文，华中师范大学，2012，第 49 页。

② 莫晟：《文化线路视域下的清江流域商路研究》，博士学位论文，华中师范大学，2012，第 24～26 页。

分,向王滩以下木帆船可以航行直达长江,称为"长水"运输;向王滩以上,因险滩阻隔,只能放木排,不通舟楫,唯有进行"一峡送一峡"的"短水"运输。民国《长阳县志》记载:

> 今各滩有峡船运载客货,一峡送一峡,名"短水"。其由大花坪直送向王滩者,名"长水",群视为利薮。盖清江自巴东县桃符口至县属招徕河入境,招徕以下至资丘,险滩有五:波索滩、龙翅滩(今改太平)、碓窝滩(此滩已平复)、有青洞滩、向王滩,俱难通舟楫。往者,巴东、施南土货,自桃符口上船,至波索滩起岸;毛坪上船,至青滩起岸;滩下上船,至太平滩起岸;滩下上船,至青洞滩起岸;滩下上船,至向王滩起岸;滩下上船,从此逐载至宜都出大江,凡各滩岸,俱土人世业,各设有峡船,接装货物,逐滩交卸,以取利资,名曰"短水",计波索滩起,向王滩止,陆路一百二十余里,峭壁崎岖,非一二日可至,水次舟楫,半日可到。嘉庆十一年,巴东人谭某,与本地人在大花坪开立埠头,另设船只,独揽自大花坪直送向王滩上,名曰"长水"。而短水遂鲜装运。青洞滩船户覃某等因"长水"专利,各据峡口相阻,以致构讼,旋断旋翻。二十四年,青滩等处埠头阻遏"长水"。谭某即纠众争斗,经官断,令长短水听客自便,各峡之船尚未满意,覃某等公议,各峡止容本地人为止,不复留巴东人入伙。其长水、短水合而为一,得利均分,请息立案,自此可免纷争互斗之患矣。①

从这段记载可知,长水运输得通航之便,被视为利薮,为大商人争相垄断,而短水运输因不能通航只能逐滩交卸、接装货物,俱为土人世业。但相比峭壁崎岖、翻山越岭的陆路,水路运输依然较为便捷。嘉庆年间,外地人独揽长水专利,本地船户各据峡口相阻,以致纷争不断、诉讼不息。最后当地船户达成公议:长水短水合而为一,得利均分,并只容许本地人经营,纷争得息。这条史料展现了清代中期清江流域航运图像的一个片段。

清江航运的兴起促进了区域性社会组织的发育,反过来区域性社会组织的发育成熟又保障了航运的顺畅进行。航运的发展需要调动整个流域的分工协作,各峡口各自为政、相互孤立的状态势必被打破。航道通畅的背后需要一套运作良好的社会组织作为支撑。资丘上游河段,短水运输"逐滩交卸"的特点,更是必然强化各滩船户之间的交互协作,否则这一接力的链条随时可能中断。一般来说,船工来自流域沿线的各个村落,多由成年男性构成,形成类似"兄弟会"的组织,他们在航行过程中风险共

---

① 陈丕显主修、陈金祥校勘《长阳县志》(民国二十五年纂修),方志出版社,2005,第75~76页。

担，患难与共，结成一个命运攸关的共同体，这个共同体内部有着明确的劳动分工、行业禁忌、祭祀仪轨以及劳作习俗，祭祀共同的行业神。[①] 从整个流域的社会组织来看，类似"兄弟会"的船工组织是最基本的组织单元。不同地域的船民们自发结成帮派，通常以通航江河或地域为界，大船帮下面有小船帮。船帮的首领多由当地权势人物担任，他们的职责是主持帮会、订立帮规、接洽业务、调解纠纷、安全监督、疏滩保航等。船帮如果要到对方码头停船起货，必先拜码头，相互商量。将流域沿线各埠头、峡口串联起来的区域性社会组织，例如民国时期形成的"长阳船业公会"[②]，它使得流域内不同埠头之间的交流协作成为可能。另外，还有围绕着航运事业而形成的商会、煤业公会[③]等行会组织相继建立。在这个航运组织体系中，层级越低内部联系越紧密，层级越高内部联系越趋松散。层级越低的组织内部，成员的同质性更高，更重要的是他们有一套共同的信仰、仪式和行为规范的塑造。因此，船工组织作为流域社会的组织内核，是最为稳定的，也是整个社会得以组织化的关键。

从这一社会组织的影响力和辐射范围来看，类似"兄弟会"的船工组织所关联的不仅仅是这些男性船工，还有他们每个人所牵附的家庭、家族以及村落。流域沿线的各个埠头修建与相邻村落社会紧密相连，例如，根据《公埠同施》碑记载，石板溪渡口始于明隆庆四年，民国元年由覃辅连领头修建码头，李家祠堂负责管理，士绅李益培具体负责，义渡田在枝柘坪。[④] 船工组织内部成员之间的互助关系，如婚丧嫁娶等仪式的互助、参与，使他们深度地牵涉进彼此的社会关系网络中。可以说，船工组织作为最稳定最紧密的组织内核，它带动的是整个流域沿线村落的关联与互动。

船工组织作为流域社会最基本的社会组织，具有涂尔干（Emile Durkheim）所说的

---

① 劳动分工上有驾长、梢手、号工及烧火之别，各司其职，享有不同的待遇。"驾长"在船工中地位最高，大型船上通常有前、后两个驾长。船工们有很多行业禁忌，遵循不成文的规则如"八不准"和"四不开航"。在日常用语中对翻、倒、沉、漂、打烂等字眼讳莫如深，在行船、泊岸和日常生活中也有不少忌语。清江船工号子根据行船的不同劳动，分成了竖梍号子、开头号子、摇橹号子、伸嵩号子、拉纤号子、收纤号子等几大类。相关研究可参见邓晓《川江流域的物产、木船与船工生活》，《重庆师范大学学报》（哲学社会科学版）2005 年第 4 期；《川江号子的文化内涵》，《中华文化论坛》2005 年第 1 期。

② 长阳船业公会最初成立于民国十三年（1924），其宗旨在于祛除河道积弊，维持船业运行。民国二十九年（1940）2 月，县政府为配合抗日战争，对船业公会进行了改组，建立了半军事化的团体组织，受军政双重领导。会址设在资丘镇东街头，会内设有常务理事、书记、会计、办事员、监事等若干人。下设事务所 3 个，办事处 6 个，分布在清江沿岸，管理进出口船只、各港口的货物登记和装卸秩序等。船舶装运货物，需要按照会章向船会缴纳会费和疏滩经费各 5%。船业公会有会员 445 人，船 445 只，船工 1126 人。参见《长阳土家族自治县交通志》编纂领导小组编《长阳交通志（1840—1989）》（内部资料）1990 年版，第 39 页。

③ 资丘商会于民国十一年（1922）成立，公举吕良炯、皮幼泉为正副会长。其宗旨在于开通商智，联络商情，改良商品；煤业公会于民国十五年（1926）成立，其宗旨在调查地质、改良工程、调处同业争端。参见陈丕显主修、陈金祥校勘《长阳县志》（民国二十五年纂修），第 164 页。

④ 参见《长阳土家族自治县交通志》编纂领导小组编《长阳交通志（1840—1989）》（内部资料）1990 年版，第 39 页。

法团（corporation）性质。在涂尔干看来，法团是伴随着城镇手工业兴起的，它既是一个具有道德纪律的职业群体，同时也是一个宗教社团，拥有各自特有的神灵和仪式。① 关于清江的传说和祭祀仪式正是由船工组织所承载的。今天，清江沿岸还流传着一首《向王天子开清江》的创世古歌："向王天子一支角，吹出一条清江河，声音高，洪水涨，声音低，洪水落，牛角弯，弯牛角，吹出一条拐拐弯弯的清江河。"② 船工代代传唱的《向王天子驾船歌》③ 清楚表明，船工们的行为不过是在重复实践向王天子最初造船、驾船的神圣行为。歌谣中的"向王天子"，被清江流域的船工尊为保护神，船工们在航行时形成一整套敬献向王天子的仪式。木帆船从资丘起航，顺江东下，每经过一道险滩，都要焚香放炮，祈求向王天子的护佑。

农历六月六为一年一度的"向王节"，专门祭祀向王天子。这天是清江船工一年中最隆重的节日。船工们都要停航靠港举行祭祀活动。当天清晨，在船头摆设祭宴，杀公鸡、母鸡各一只，煮熟以后，由驾长把整只的公鸡供奉在船头，母鸡供奉在船尾，公鸡的头朝船前，母鸡的头朝船尾。据说，船头的公鸡是敬献向王天子的，而船尾的母鸡则献给德济娘娘，因为船工相信"向王天子掌舵，德济娘娘拿艄"，前后都有神灵保驾，才能四季安康。船前船后两只献祭的整鸡摆好之后，再由驾长提着一只全红色的活公鸡走到船头，掐破最高的鸡冠尖，把鲜红的鸡血洒在船头和江水中。这时，焚香烧纸，鸣鞭放炮，全体船工在船头和船尾磕头，虔诚致祭。祭毕，船工们分享供品，把鸡头留给驾长，表示敬驾长；鸡翅和鸡胯子分给划挠的，表示敬副手，鸡的正身由烧火佬（炊事员）吃，预示四季食物充足。当天晚上，船工们还要在清江燃放河灯，顺江漂流，点点灯火，自西向东，蔚为壮观，表达船工对向王天子的哀思。这个仪式大致延续到20世纪50年代或者更晚一点，随着船工组织的解散而退出了历史舞台。④

明清时期，清江流域的长阳、巴东、建始、恩施、五峰等县都建有向王庙，仅长阳境内就曾有44座。民国《长阳县志》载："向王庙：一在县西二十里资丘，一在县西关外，一在县西六十里都镇湾。"⑤ 长阳向王庙多分布在清江沿岸，如昔日的港口资丘、鸭子口、渔峡口和龙舟坪等地。向王不仅供奉在向王庙，其他较大的庙里也会有向王塑像。可见，对向王的尊崇是整个清江流域区域性的文化现象。那么，这位备受

---

① 〔法〕涂尔干：《职业伦理与公民道德》，渠东、付德根译，梅非、渠东校，上海人民出版社，2000。
② 长阳土家族自治县民族文化研究会、长阳土家族自治县民族事务委员会：《廪君的传说》（内部资料）1995年版，第8页。
③ 长阳土家族自治县民族文化研究会、长阳土家族自治县民族事务委员会：《廪君的传说》（内部资料）1995年版，第82页。
④ 近年来，随着长阳旅游业的发展，祭祀向王天子的祭典又在各种仪式场合被重新操演。对仪式过程的描述综合了前人所收集的材料，参见长阳土家族自治县民族文化研究会《廪君的传说》，以及郑子华《廪君》，云南人民出版社，2008，第102～103页。
⑤ 陈丕显主修、陈金祥校勘《长阳县志》，（民国二十五年纂修），方志出版社，2005，第118页。

尊崇的向王究竟是何来历？

同治七年（1868）所立资丘向王庙碑记载："向王庙创自康熙年间……向王为古廪君，久沐神庥……"[1] 早在乾隆时期，当地著名的竹枝词诗人彭秋潭就曾写道："土船夷水射盐神，巴姓君王有旧闻。向王何许称天子，务相当年号廪君。"可见至少清代中期以来，"向王即廪君"的说法已经开始流行。然而，已有学者的研究表明：廪君与向王原本各有所指，只是到了清代才被人们等同起来。[2] 比如，明代嘉靖《归州全志》就载："向王庙，在州东，相传本州东阳人姓向名辅，隋大业初于所生之地显著灵异，人祀之。"[3] 乾隆《长阳县志》也提道："向王庙，在县西二里。向王本归州东阳人，名向辅，隋大业初，穿山凿石，屡著灵异，清江一带祀之。"根据这些地方文献，早在明代，向王信仰已经出现；且向王确有其人，正是归州（今秭归）人向辅，因开辟河道有功，屡著灵异，清江沿岸祀之。最晚到乾隆时期，关于向王身份来源的两种说法（"廪君说"和"向辅说"）开始并存，尔后，"廪君说"被广为接受并逐渐覆盖了"向辅说"。

潘光旦认为廪君传说是今巴人后裔土家族的起源传说。[4] 廪君的传说讲的是巴郡南蛮郡巴、樊、覃、相、郑等五姓约定通过掷剑和浮舟的比赛来推选君长，巴氏之子务相胜出，是为廪君。之后廪君带领五姓族人开疆拓土，射杀盐神、获取盐池、建立都城，死后化为白虎。廪君的传说可视为一个典型的"神圣王权"传说，他之所以能够成为五姓的王，是由于他拥有常人不具的神异禀赋——掷剑击中石穴，乘土船而不沉。向王被等同于廪君，实质是要抬高向王的位格，赋予他"神－王"的地位，清江的开辟因而被说成其巫术性力量的展现，即通过他的号角"吹"出了清水江：

> 巴姓部落越来越大，人越来越多，觉得这山里再难住得下了，便沿夷水向外处走。向王手拿一支牛角走在前边，一路不停地吹，吹山山崩，吹地地裂，吹到哪里，水涨到哪里，江水随牛角声的高低而起落。[5]

这个传说意在表明正是向王号角"吹"出的声音"制造"了清江的流水。王的巫术性力量开辟了清江，清江的生命力因而来源于王，其奔腾向前生生不息的力量正是

---

[1] 郑子华：《廪君》，云南人民出版社，2008，第100页。

[2] 龚浩群：《一个古老神话的再生与传承——湖北长阳廪君神话考察报告》，《中南民族大学学报》（人文社会科学版）2004年第2期。

[3] 转引自龚浩群《一个古老神话的再生与传承——湖北长阳廪君神话考察报告》。

[4] 潘光旦：《湘西北的"土家"与古代的巴人》，载潘乃谷、潘乃和选编《潘光旦选集》，光明日报出版社1999。

[5] 长阳土家族自治县民族文化研究会、长阳土家族自治县民族事务委员会：《廪君的传说》，第8页。

王的生命力之旺盛的表现。正如弗雷泽（James G. Frazer）所揭示的那样，王权社会的整体性正是通过"王"来体现的，社会的生命力依赖于王的生命力之旺盛。[1] 当清江被说成向王天子用牛角"吹"出来的，其本身就是王的生命力的体现，那么，社会的生命力就与汹涌澎湃的清江息息相关了。

清代以降，向王天子逐渐被等同于廪君，这个转变过程背后必定有着复杂的政治经济动因，其中最重要的原因应与清雍正十三年（1735）"改土归流"以后，"蛮不出境，汉不入峒"的禁令被解除所带来的族群关系变动和族群认同有关，具体原因本文暂不做分析。本文关注的是这个转变带来怎样的社会后果以及推动这个转变的社会力量究竟来源于哪里。向王主要被船工视为保护神[2]，祭祀向王的仪式也一直是由船工组织担纲的。向王从行业保护神变成整个社会的神－王，"向王天子"的说法广为传播，这个过程至少说明社会的转变，即航运已成为该社会的头等大事，围绕着清江水运形成的区域性社会关系体系正在成型。流域社会的整合过程同时伴随着区域性象征符号的构建，原本来自归州的向王作为地方神祇已经很难整合整个流域的信仰认同，必然被位格更高、覆盖面更广、影响更大的区域性神灵所取代，而在清江流域源远流长的廪君就成为最合适的选择。

在向王从行业保护神上升为整个社会神圣王权的过程中，船工组织也成为流域社会知识体系的主要担纲者，他们在流域内分工协作的一整套生产实践知识及其关于向王崇拜的仪式象征活动，构筑起流域社会的知识体系。

长阳的船运组织一直延续到 20 世纪 50 年代初期。1953 年废除了封建把头和行帮，组织民船申报户口，实行船舶定港定位，把民船运输纳入国家管理范围；在农业合作化高潮中，船工被组织成 5 个运输合作社。1958 年，5 个运输合作社合并为木帆船合作运输公司。几经更迭，2005 年长阳航运公司由集体所有制企业改制为有限责任公司。从 20 世纪 70 年代开始，随着陆路运输的发展，船舶运输因需多次转运，多次装卸，环节多、耗损大，费用一般高于公路运输，致使很多托运方弃水就陆，清江水运逐步退到次要位置。而后 1980 年代以来，受到高坝洲、隔河岩大坝修建的影响，清江货运业务日趋萧条，航运公司将主要运力转向长江运输，同时发展水上客运和旅游。

二 大坝的修筑：从流域到库区

从 1980 年代开始，清江干流梯级开发工程启动，特大型水库蓄水发电站陆续在长阳建成。随着隔河岩、高坝洲、水布垭三级水利枢纽工程的陆续建成，长阳县形成

---

[1] 〔英〕弗雷泽：《金枝》，徐育新、汪培基、张泽石译，刘魁立审校，新世界出版社，2006。

[2] 根据龚浩群对廪君神话流传情况的调查，关于廪君的传说主要流传于有文化的知识群体，大多数群众并不熟悉，而向王的传说则主要是由船工群体所传承的。

"一坝"（隔河岩大坝）"两库"（隔河岩库区、高坝洲库区）的新格局。隔河岩水利枢纽属清江梯级开发工程，是以发电为主，兼有防洪、航运、养殖、旅游等功能的特大型水利工程。1987 年 12 月工程截流，1993 年第一台水轮发电机组投产发电。

随着隔河岩、高坝洲水电站的兴建，两坝库水形成后，清江航道水深沿程加大，区间内的航道条件得到改善。隔河岩库区（隔河岩到石板溪）通航里程 94.5 公里，高坝洲库区（高坝洲到隔河岩大坝）44 公里。但从客观上来说，清江流域梯级开发使得原本畅通的河道被"两坝"（隔河岩大坝和高坝洲大坝）切断为三段库区水域，加之设计之初航道规划等级过低，过坝设施（升船机）设计不够合理，造成过坝通行能力低等因素，导致清江水运只能实现区间性通航。[①] 大坝的兴建使得原本从资丘以下可以"通江达海"的清江流域由此变成只能区间性通航的库区水域。航运业退居水利事业的次要地位，水力发电以及由此带来的库区渔业养殖、旅游观光业开始发展起来。

从流域到库区的变化，改变了水的形态以及山水的关系，昔日高山环绕、峡谷深切、江流湍急的态势化作高峡出平湖、百岛棋布的格局。这种变化从当地人对山水的感知中可见一斑：

> 站在鄂西清江边，昔日雄壮的清江号子已藏进历史的书页中，再也不见了。呈现在我眼前的，是一条碧绿的江水站在日光里顾盼生辉。那一份清澈、悠闲、素净、淡泊与深远，直惹得两岸的青山更加青翠。……再抬眼朝那些青山和山谷望去，那里除了淡淡的白云、飘飞的炊烟之外，也没见清江号子挂在任何地方。顿时，一种别样的情感就在我心里泛滥起来。那份曾经的雄壮、野性、张扬与阳刚，究竟到哪儿去了呢？我见过的清江号子是在上个世纪八十年代以前。那个时候的清江还是一匹脱缰的野马。无论是在高坝洲，还是隔河岩，或是招徕河，均没有筑闸。八百里清江只是任由它的性子，在山里野性地生长。尤其是到了暴雨季节，它的暴脾气就开始在山里怒吼，冲走房屋，淹没农田，甚至让河水改道。而到了冬季，它却又比幺姑娘还乖，只见一条细泓在山里蜿蜒。[②]

这段描述对比了大坝修筑前后水流状态的变化。大坝修筑之前的清江明显被描述成充满野性、变幻无常的形象与大坝建成之后的"悠闲""素净"的碧水青山形成鲜明的对比，似乎从一种野性豪迈的男性形象变成温柔驯良的女性形象。而作者感慨的正是"那份曾经的雄壮、野性、张扬与阳刚，究竟到哪儿去了"。隔河岩库区形成之后

---

① 参见湖北省港路勘测设计咨询有限公司《清江隔河岩库区干流及车溪河航道通航标准专题论证报告》（送审稿），2014 年。

② 陈孝荣：《消失的清江号子》，《北方文学》2013 年第 2 期，第 81 页。

的今天，在长阳著名的旅游景点及城市中心广场都能看到一座引人注目的雕塑，即廪君昂首阔步吹着弯弯的牛角号乘风破浪的形象。健硕有力的身躯，昂扬激越的姿态无不在展现一个充满野性生命力的王者形象。这一形象矗立在缓缓流淌的清江边显得别具意味。它无时无刻不在提醒着身栖于此的土家族儿女"向王天子吹号角，吹出一条清水江"的传说。

大坝建成之前的清江，属山溪性河流，河水补给主要依靠降水。季节性的降雨不均，直接影响水位和水量的变化，由此而导致水运相应变化，俗谚有"一场大雨江暴满，十个太阳滩搁船"之说。清江的航行充满了冒险，航道窄、险滩多，行船时常常要提防搁浅和触礁。"七滩八渔共九州，七十二滩上资丘"（"滩""渔"系指以此二字命名的险滩）正是航行艰险的写照。船工组织正是深嵌在这样的自然之中，凭借当时的工具和技术手段，人们并不能完全改造自然、支配自然。船工组织通过向王天子的信仰来与"未知"的自然达成联系，向王天子构成了这个社会的集体表征，这套集体表征的传说和仪式都是由船工组织来承载的。船工们的每一次实践都是在重复向王天子最初的"创造"。船工组织正是流域社会最基本的社会组织。

今天，清江水流的变化容易被直观感知，而船工组织的崩解对社会带来的影响却不轻易为人所知。首先是随着船工组织的崩解，联结流域社会的纽带断裂，流域内部变成原子化的村落；其次，航运的急速衰落与新兴陆路发展的滞后，致使长阳境内的交通运输方式发生巨大转变。当前长阳县域的道路交通呈现出外向型发展、内部交通条件严重滞后的局面：沪蓉高速，318 国道、宜（昌）万（州）铁路穿境而过，这让长阳与武汉、上海、广州等大城市的交通更加便利，但长阳境内的交通状况却令人担忧，县域内部交往的通畅性受到一定阻碍。

此外，最重要的还是新的生产和交换的方式出现及其所带来的知识体系的转变。

三 山水"资源化"与作为新型知识体系的现代农业

山和水构成了长阳基本的生态景观。位于鄂西清江中下游武陵山区的长阳，历史上的地貌被描述为"八山半水一分半田"，为典型的山区地形，山地为国土面积的主体。同时，地貌、气候、土壤、植被等都呈现出显著的立体型分布，人类的生计活动以及资源获取方式也随着这一垂直分布的特性而呈现出明显的生态适应性。由河谷区的农渔结合，过渡到低山的农林牧副结构，最后过渡到半高山以上地区的林牧结构。

在精细化的现代农业发展起来之前，长阳境内曾长期存在稻作农业、旱地农业以及刀耕火种并存的情况。民国《长阳县志》载："长阳偏僻小县，山坡多，平原少。计田亩若枝柘坪、椰坪、磨市，地势开拓，又得溪流灌溉，故多种稻；他处所有塝、墒诸地，则稻、粮兼种；至若山岭岗坡，则以黍、稷、麦、菽、薯、芋等为宜。……若垦殖，恒在深山穷谷，刀耕火耨，葘畬以养地力，与不易一易再易之法，俱称妙用。故籧车不致失望。"[1] 根据尹绍亭的研究，刀耕火种的土地利用方式看似粗放，实则包含着山地民族传统土地利用的系统知识和处理人与自然关系的智慧，这些传统知识包括土地分类的知识、轮歇周期的知识、种植物生长特性的知识等等。[2]

随着清江流域梯级开发、"一库、两坝"的形成，山与水的关系发生变化，水域面积增加、耕地减少，基本地貌被重新表述为"七山二水一分田"。过去，山是贫穷的象征，山区意味着穷困落后，如今，山成为致富的宝库。长阳县先后提出过"山上长阳"和"水上长阳"[3] 的思路来开发山水资源、发展特色经济。依托大坝建成后高峡出平湖、百岛棋布的山水景观，旅游观光业正在形成长阳的新兴产业。以"八百里清江美如画，三百里长阳似画廊"著称的"清江画廊"已成为长阳的城市名片。被"驯服"的清江以柔美秀丽的姿态成为供游客观赏的画廊。山水的资源化、审美化正是自然被对象化、客观化的典型表现。以下分别以"高山蔬菜种植"和"网箱养鱼"为例阐述长阳如何将山水"资源化"。

长阳县的高山蔬菜种植，始于 1986 年，经历了由小菜园到大基地，由小农户到大市场，从小生产到大产业的转变，实现从国内市场到国际市场的跨越，已逐渐走上了一条规模化、精细化、产业化的发展道路。目前全县共有高山蔬菜种植面积 50 万亩，连片 30 万亩，年产量 100 万吨，实现产值 20 多亿元，占全县农业总产值的 40% 以上。仅火烧坪乡高山蔬菜年总种植面积 8 万亩，基地面积 5 万亩，年产量 25 万吨，可实现产值 4 亿元，已带动全县 5 个乡镇发展高山蔬菜。[4] 高山蔬菜产业已成为长阳农业经济的重要支柱。过去被称为"高老荒"的火烧坪乡，如今依托高山蔬菜种植，找到脱贫致富的"金饭碗"。

高山蔬菜是在海拔 800～1800 米的高山上，依据气温垂直递减的原理，利用高海拔区域夏季自然冷凉的气候条件生产夏秋季上市的反季节蔬菜，以满足市场的需求。高山种菜古已有之，并非当代的发明，但传统的高山蔬菜是零星的、粗放的、山区农民自种自食的小规模栽培；品种也较为丰富，主要有马铃薯、魔芋、生姜、芸豆、山药、白菜、萝卜、山黄瓜以及野菜等。真正意义上的现代高山蔬菜（尤其是反季节蔬菜）

---

① 陈丕显主修、陈金祥校勘《长阳县志》，第 160 页。

② 尹绍亭：《远去的山火——人类学视野中的刀耕火种》，云南人民出版社，2008。

③ 自"八五"（1990～1995 年）以来，长阳提出"五山经济"（五山：高山无公害蔬菜、白山羊，半高山魔芋，低山茶果，山间根艺盆景）的构想；1993 年以后，为了充分利用大型水利工程所带来的人工湖等湿地资源，继"山上长阳"之后提出了"水上长阳"（水上长阳：在深度开发山上长阳的基础上，努力培植以水产养殖、水上旅游、水力发电、水上运输为主的"四水经济"）的战略构想。

④ 数据由火烧坪乡政府提供，2014 年 7 月。

规模化商品生产开始于 20 世纪 80 年代中期。以火烧坪乡为例，20 世纪 80 年代，火烧坪农民开始尝试栽种反季节蔬菜，收效甚佳。附近的粮田和荒山因此被菜地取代。蔬菜耕种面积迅速增长，最初仅有 200 亩，到了 1990 年已达 1 万亩，目前，火烧坪已形成连片基地 4.5 万亩的规模。

高山蔬菜依托于山，网箱养鱼仰赖于水。随着国家对清江流域的梯级开发，在长阳县境内形成了 13.6 万亩的优势库区水面，总库容达 43 亿立方米，库区内无工业污染，水体水质清澈、溶氧充足、酸碱度适中，长年水质达到《国家地表水环境质量标准》规定的 II 类水体水质标准，为发展水产业提供了优越条件。与此同时，库区水面的形成在全县淹没农田 8 万多亩，造成移民 3.7 万余人，长期以来，依靠发展水产养殖和从事渔业捕捞成为库区沿岸失地移民的主要收入来源。

截止到 2013 年底全县共有网箱养殖户 820 余户，有滤食型和精养型网箱 20214 只、约 40 万平方米，产量 11251 吨；围栏养殖 1000 万平方米，产量 6300 吨。清江水产养殖集中在淋湘溪、天池口、资丘、陈家坪、西湾、静安、巴山、厚浪沱、鸭子口、刘坪、高桥、樟木垒、平洛湖、巫岭山、沿市口、花桥、朱津滩、三口堰、芦溪、磨市、黄荆庄、柳津滩等水域。全县精养投饵性网箱 18 万 ㎡，全投饵或半投饵性鱼类产量 8500 吨。[①]

作为当前长阳山水资源利用的两个典型案例，高山蔬菜种植和网箱养鱼都是以现代农业知识体系为主导的一整套科学养殖实践，规模化、标准化、精细化、机械化的生产技术和经验通过农业专家、科技人员教授给农民。

对于高山蔬菜的生产，根据农产品质量安全监管的需要，长阳县配套了从选种、测土到深加工等各生产环节的技术[②]，并积极采用国际标准，对高山蔬菜等特色农产品制定农产品质量安全标准。利用各类农资连锁店、科技示范场、科技示范户开展农业技术推广服务，形成多层次的农技推广服务网络，县里提出"一户一名科技明白人"的目标，每年培训农业技术骨干近千人，培训农民 2 万多人次。如 2012 年，长阳县组织专班开展"测土配方施肥"培训，参加农民达 3000 多人次，辐射带动全县测土配方施肥 40 万亩。现代农业知识的推广还有另外一个重要途径就是强化县院（校）科技合作，长阳县与省内重点大学、科研机构等院所建立了长期合作关系，以县科技示范园为载体，引进新品种、新技术、新工艺，并对高山蔬菜无公害生产的农药及肥料控制，开展了联合攻关。

---

① 数据来自长阳县水产局，2014 年 7 月。
② 包括优良品种种植、测土配方、轻型简化栽培、秸秆综合利用、无公害农产品标准化生产、畜牧高产优质配套养殖、农业机械化配套应用、种子种苗繁育、节本增效生态农业综合利用、生物防治为主的病虫害综合防治、优质高效模式栽培、转化增值精深加工等 10 多项。

标准化的发展，依托于机械化的普及。长阳县通过开展"三牛"替换工程，大力推广微型耕机、插秧机、机动喷雾器等各类农业机械，提高农业机械应用水平；提高拖拉机、联合收割机的登记率和驾驶操作人员的持证率；请厂家技术人员对联合收割机进行检修，对驾驶员进行技术培训，对新购的联合收割机上牌办证，旧的进行年检，为原来使用拖拉机车牌的联合收割机更换专用车牌。到 2015 年，全县机耕、机播面积占到耕地面积的 80% 以上，机收面积占到总播面积的 30% 以上。

标准化、机械化的推广背后有强大的现代农业信息服务体系做支撑，长阳县在全省率先建立了县级农业信息网络，初步探索出了"五个到哪里"的现代农业科技推广新模式，即"板块基地建设到哪里，技术力量就倾注到哪里，基础设施就配套到哪里，龙头企业就联结到哪里，市场物流就畅通到哪里"；做到"技术服务到乡，公路硬化到村，沟渠灌溉到田，水肥利用到地"。

网箱养鱼同样需要依托技术的标准化。长阳县近年来大力推广在精养网箱外再进行套养的立体养殖技术和网箱养殖标准化生产技术；制定了《无公害清江鲫鱼质量控制措施》《清江库区网箱养殖技术操作规程》，以及根据国际国内市场水产品质量安全的最新标准制定《斑点叉尾鲴禁用药物清单》《斑点叉尾鲴建议用药物清单》，并将这些技术资料制成警示牌，逐一发放到户；与省内外科研单位联合开办渔业健康养殖和标准化生产培训班和现场会，同时组织县内水产专业技术人员，长年坚持在网箱养殖重点区域开展分片集中培训；各养殖户被要求每天据实填写《网箱养殖日志》，对每天的天气、水温、养殖鱼类健康状况、投入品使用情况等进行详细记载，主管部门不定期对网箱养殖日志填写情况进行抽查，对未按标准操作者进行处罚乃至限制市场准入。据当地统计，目前，全县水产标准化生产技术普及率达到 85%。

在现代农业体系中转型成功的家户多是家中青壮劳力迅速接受和掌握科学种植养殖技术并能敏锐洞察市场行情的新富群体。仍旧抱持着传统小农生产方式的老一代农民已经不能适应新的生产劳动，他们有关农家肥的施用知识、按节令生产的农作周期、套种混种等小规模的栽种方式都已经被前述充斥整个生产过程的各种标准化技术所取代。现在的农户能够依靠的只有各类技术人员、专家学者、种子商人、化肥商人来为他们解决栽培技术、施肥管理、选种播种的问题，他们的知识体系已经基本为现代农业知识所垄断。

四 山水资源化的生态与社会后果

山水成为被对象化的客体，成为被开发利用的资源，产生了越来越显著的生态后果与社会后果。

高山蔬菜种植在获得可观的经济收益的同时，生态问题也日益凸显出来。首先是加剧造成水土流失的危险。国家规定耕地与林地的坡度分界线为 25 度，但是由于高山蔬菜种植的经济效益突出，陡坡种菜甚至毁林开荒的现象依旧普遍，光头山已经出现，原本茂密的森林被连片的菜地所取代。一般来说，高山蔬菜的种植区域主要位于山顶平坦部位及低缓鞍部，陡坡上的土层遭逢降雨便会迅速流失。从维护山地生态系统的整体而言，其系统的稳定取决于植被保护，土壤颗粒依赖植物根系的固定来保持着水土平衡。蔬菜根系较浅，不像林木一样拥有发达的根系从而能够起到良好的水土保持作用。加之长阳特有的地质构造，土层原本较薄，保土能力较弱，易受侵蚀。高山蔬菜的规模化种植，极大地改变了高山区（海拔 1200 米以上）土地的利用方式，改造着高山的植被覆盖景观，对整个立体型山地生态系统的稳定构成潜在的威胁。高山区域本应是水土保持的重点区域，一旦高山区水土流失严重，它将严重地影响着整个生态系统的平衡。

其次是土壤污染的问题。由于普遍进行规模化种植，同一片土地连续种植同一种或同一类蔬菜，品种相对单一，连作问题严重；主要依靠化学肥料来为土壤补充营养，致使土壤环境恶化，陷入肥料施用越多，病害越频繁，防治越难，恢复难度越大的恶性循环中。过量施用氮肥，导致大部分土壤酸化较严重。[①] 另外，由于完整的产业链尚未形成，每年采收时节，大量的次品和下脚料腐烂在田间地头的景象随处可见，造成巨大污染。仅火烧坪乡一年产生的蔬菜废弃物就高达 10 万吨。规模化生产所使用的地膜，目前尚不能自然降解，每年产生的地膜废弃物也是非常可观的，且因地膜不易回收，大多只能进行焚烧处理。由于高山蔬菜种植基本在高山、中山区域，高山区土壤的污染物通过降水冲击必然影响到中山、低山和河谷地区。在污染治理方面，农村的面源污染是公认的比工业点源污染影响范围更大、治理更艰巨、投入更多的污染方式。高山蔬菜规模化种植所依赖的化肥、农药、地膜等的大量使用，以及生物废弃物未经处理的随意堆积，对生态环境造成的污染不可忽视。

最后，目前长阳县高山蔬菜的规模化、产业化发展主要是依靠不断扩大种植面积来实现的，但长阳特殊的资源环境对规模化、产业化的发展有着潜在的制约因素，最突出的是水源的问题。长阳的地质构造，以岩溶地质居多。这种地质环境蓄水能力原本就弱。以火烧坪乡为例，乡镇所在地的生活用水是依靠二级水泵从山腰处的源泉处提取，用水成本较高。蔬菜生产所需水量基本是依靠降水，遇到恶劣气候条件时，收成容易受到较大威胁。因此，在高山区水资源极为珍贵稀缺，这对该地区进一步发展蔬菜深加工等产业链的延伸产业建设构成深层次的制约。

---

① 覃江文、吴家元、向兵等：《湖北长阳高山蔬菜老区土地肥力现状评价与对策》，《中国蔬菜》2014 年第 3 期。

网箱养鱼对水质的污染主要来自投放的饵料、肥料、药剂以及鱼类的排泄物、底质释放等几个方面。[1] 网箱养鱼具有密集性强的特点，不仅要求投食间隔短，而且投饵量也很大，这就加速了水体的富营养化进程。未被食用的鱼饲料和粪便不仅污染了水体，而且会形成有机质淤积在水底。据统计，全县清江水域年投饵量在 15000 吨左右，年排放污染物为化学需氧量 918.9 吨、氨氮 133.73 吨、总氮 222.89 吨、总磷 53.49 吨。围栏围网养殖水域不同程度地存在畜禽粪便等直排现象。清江水质最差的是高坝洲库区下游，在南岸坪水域，柳津滩村有网箱 4200 多只，宜都市有网箱 8000 多只，网箱面积严重超标，水质污浊、悬浮物多，气味腥臭、能见度低，已成为清江水环境污染最直接的污染源。[2] 破坏水生生态系统的主要因素就是水体富营养化和水底有机质，它们在氧化过程中消耗掉水体中的大量氧气，危及对水生动物的生存，并且容易滋生藻类形成水华危害水体。

另外，库区水域面临着水生生物多样性保护的艰巨任务。隔河岩大坝和高坝洲大坝隔断了库区大部分鱼类的洄游通道，破坏了诸多鱼类的自然繁殖条件，鱼类资源由建坝前的 70 多种锐减到 45 种。在库区水域由人工生态系统向自然生态系统的转变过程中，原有自然物种起着决定性的作用。网箱养鱼引进的外来物种会破坏原有的食物链环节，影响自然生态系统平衡的建立。与此同时，网箱养鱼带来的分层沉积的有机质不仅对水域造成的污染，而且易导致某些自然物种的灭绝。[3]

库区不同于自然性的河流湖泊，养殖网箱多设在库湾相对静水区，残饵、排泄物和腐尸等会在养殖区及其周边形成污染区域，其污染浓度由网箱中心向外围递减。对于库区水域而言，蓄水后的库区水体水流速度放缓，导致水体稀释自净能力减弱，即便是在污染负荷不再增加的状态下，库区水体中污染物指标也将逐步增加。[4] 在这种情况下，规模化发展网箱养鱼的结果，必将加重水体富营养化，导致库区水域生态系统结构和功能的破坏。

一方面，现代农业生产方式造成了生态冲击，另一方面，这种生产方式及其知识和操作实践，也对传统社群的社会文化生活构成冲击。在高山蔬菜种植和网箱养鱼这两项现代农业科技体系主导的生产实践中，家户成为最基本的生产单位，国家的技术推广、资金扶持、信息支持都是以每个种养殖户为对象。"一户一名科技明白人"的技术推广目标，成为科技普及入户的基本方式。将家户联结在一起的机制并未真正运转

---

[1] 参见程素珍、许尚杰、刁汇文《水库网箱养鱼对水质的影响及防治对策》，《水利与建筑工程学报》2010 年第 1 期；刘潇波、郑志勇、高殿森《网箱养鱼对水环境影响研究及展望》，《北方环境》2004 年第 4 期。

[2] 本段数据资料来自长阳县政协调研课题组《关于清江流域水环境保护调研情况的报告》（讨论稿），2014 年。

[3] 熊洪林、王志坚：《网箱养鱼对三峡库区生态环境的潜在影响》，《黔南民族师范学院学报》2006 年第 6 期。

[4] 参见李晓、朱乾华、黄程等《三峡水库蓄水至 156 m 后网箱养鱼现状及对策》，《微量元素与健康研究》2009 年第 3 期。

起来，初创的合作社建设尚未将大多数社群团结在一起。家户独立化生产中的商业因素越来越大，而社群合作越来越少。由于规模化的经营，过去传统家户间相互"换工"的方式已经不能有效解决在短时间内完成大规模收获的效率问题，出钱雇工，甚至高价跨县雇工抢收的情况已经很普遍。以火烧坪乡为例，到了最繁忙的采收季节，甚至出现只能不断抬高工价才能请得到雇工的情况，工价连年增长，雇主叫苦不迭，为了及时完成大规模的抢收，种植户不得不投入更多的资金成本。目前，长阳高山蔬菜的产业化发展已经卷入全球化市场之中，外来资本陆续进入，种植已扩大到邻省的乡镇，社会问题初现端倪。家户生产规模越来越大，（通过租赁的方式，家户种植菜地最多的可达两百来亩）资金投入越来越多，成本越来越高，而市场风险越来越大。在面临市场大波动，损失惨重的情况下，菜农自杀的现象已开始出现。暴富之后的家庭矛盾、贫富分化等问题也凸显出来。在经济全球化的大背景下，资本在全球范围内自由流动，寻找可供开发的资源，这正是山水被对象化和资源化的大背景。

结语："双重"脱嵌"

今天长阳县高山蔬菜种植和网箱养鱼所带来的生态问题，不仅是过度开发造成的自然生态问题，更深一层看，也是社会与自然、区域社会与外部关系转变的复杂后果。

在依托航运孕育出来的流域社会，区域性的社会关系被有序地组织起来，借助与更大范围的社会体系进行物资交换的需要，在区域内部建立起层级分明的物资流动和社会组织网络，将整个流域的村落和集镇有机地结合在一起，我们不妨称之为超域体系与区域社会的"嵌合"①；与之相关的另一面，自然与社会也是彼此"嵌合"在一起的。航运组织的分工协作与自然河道的节奏有机结合在一起，形成节律性的"短水运输"与"长水运输"相衔接。从更深层次看，社会的活力与自然的生命力被视为同构的，清江的野性力量被等同于向王的生命活力，以向王崇拜为表征的一整套传说和仪式都在表明这一同构性。

此后人与自然关系的转变，与社会的组织方式变化有直接关系。流域社会原本构

---

① "嵌合"（embededness）是经济史和人类学家卡尔·波兰尼提出的概念，指的是在前市场经济社会中，经济活动与政治、宗教、社会等其他活动并未明确分化，或者虽然分化，但尚未形成一个自我调节、自我强化的体系，仍然从属于社会整体之需要的状态。与之对应，"脱嵌"（disembededness）意味着经济活动借助全面、彻底的市场体系而脱离社会的控制，并把人和土地都变成商品的状态。本文借用了这一对概念，但用法与波兰尼的原意不完全一致。我们同意波兰尼，认为经济活动和市场体系不应该完全自成一体，为了自身的运转和扩张而破坏和压迫社会；不过并不主张经济活动回到与其他活动不分化的状态，也不主张取消市场机制的价格调节和资源配置的作用。我们所说的嵌合状态，指的是经济活动的组织与社会联结、自然脉络相互纽结或者有某种同构性。波兰尼的用法参见刘阳对《大转型》一书的评论，刘阳：《从脱嵌到嵌合——评卡尔·波兰尼的社会思想》，载王铭铭主编《中国人类学评论》第 1 辑，世界图书出版公司，2007。

成一个区域性的资源、物资交换体系，生产和交换都紧紧贴合自然生态的脉络。航运实现了物资的远距离交换，它使得流域两端不同的社会－生态类型被有机勾连起来。清江正是处在云贵高原东缘与江汉平原的过渡地带，"药材、皮油、桐油、牛羊皮，载往汉口或由宜都洋庄收买转输；竹、木、斗纸往荆沙；煤则上至宜昌，下至沙市而止。苞谷、杂粮、酒酤等，县属流通，出境者少。兽皮、兽毛、蚕丝、山茶、竹木、果实、皆输出之货，不为专业。若输入品类，则盐、糖、色布、烟叶、杂粮、各种洋货、日用所需，为各市场必备之品"①。清江航运串联起来的正是高原与平原物资的交流与互补。在以应用大型工程技术和进入全球化市场体系为代表的现代化发展冲击下，这一交换体系被打破，区域性的贸易体系转变为原子化的村落和独立生产的家户直接与脱域的市场对接，长阳出产的高山蔬菜、清江鱼基本外销到武汉、上海、广州等周边大城市甚至出口海外，而不在本县域内销售。全球化市场体系诱迫原子化的村落和个体化的家户，以向内开发山水资源、依赖对周遭山水的"资源化"寻找生存之道。在"资源化"过程中，原本与经济活动和生产组织相贴合的自然，在规模化和标准化的生产组织和知识运用下，成为无差别的生产资料，失去了原先的节奏和脉络，变成了平面化、实体化的客体，从而与社会"脱嵌"。与此同时，在越来越多地卷入全球化市场、成为巨大的外部市场资源性商品供应地的过程中，长阳当地内部的贸易网络则进一步弱化，社会内部原本纽结在一起的纽带松散化，使得卷入全球化市场体系的村落和家户与市场体系之间的抽象性联系，反而要远远大于它们与本区域其他村落和家户之间的具体性联系。这种脱域体系（卷入其中的家户是其代表）与区域社会的"脱嵌"，跟社会和自然的脱嵌，二者相伴而行。

其实，在人类学文献中，并不缺乏对原住民的地方社会如何卷入世界资本主义市场体系的描述和讨论。西敏斯②、萨林斯③、陶西格④等人的研究都生动展示了地方社会如何被卷入世界贸易体系的过程，以及如何生发出地方本土的应对方式。西敏斯追溯了资本主义世界经济体系下糖在英国的"庶民化"过程，工业革命开拓了海外殖民地，作为宗主国的英国和加勒比海甘蔗种植园之间的世界经济体系开始形成，糖成为英帝国税收的重要来源，具有携带性的权力（carrying power），在这个政治经济的权力格局中，加勒比海地区被深刻地沦为原料产地和宗主国的附庸。陶西格在《南美洲的魔鬼与商品拜物教》中展示了南美洲种植园工人和矿工魔鬼崇拜的社会意义。魔鬼崇

① 陈丕显主修、陈金祥校勘《长阳县志》，第 163 页。
② Sidney Mintz, *Sweetness and Power: The Place of Sugar in Modern World*, Penguin Books USA Inc. 1986.
③ 萨林斯：《历史之岛》，蓝达居等译，上海人民出版社，2003。
④ Michael T. Taussig, *The Devil and Commodity Fetishism in South American*, The University of North Carolina Press, 1980.

拜正是当地乡民被整合进工人阶级队伍所经历异化过程中最生动形象的符号象征，这些新兴的工人阶级认为资本主义的生产是一种不对等的、自我毁灭性的生产，背离了人与自然之间互惠共存、循环延续的前资本主义生产方式，必然会导致土地的贫瘠和矿产的消亡。当地一直以来都有着各种仪式祭祀土地女神，直到殖民者入侵后才出现了魔鬼"帝欧"（Tio）的信仰。萨林斯没有迫不及待地证明日益扩张的世界体系如何一步步把殖民化、边缘化的人民变成"没有历史的人们"，他指出，"一部世界体系的历史必须发现隐遁于资本主义之中的文化"，他以泛太平洋地区作为观看"世界体系"本土性运作的舞台，他强调要从当地人的宇宙观来看待资本主义与本土文化之间双向作用的过程，在被卷入世界体系的过程中，地方社会本土应对的方式会被强烈地激发出来。

但在这些研究和讨论中，被资本主义体系冲击和殖民的对象大多是文明程度不高、社会组织简单的社会，而且对资本主义冲击的回应，大体上都只是在象征层面。我们这里讨论的清江流域则明显不同，在全球资本主义市场体系冲击之前，这里本身就是一个大的文明国家的一部分，曾依托前资本主义的市场体系形成了复杂而紧密的区域性经济和社会关联，而且，资本主义体系的冲击是在强有力的国家在场甚至着意推动的情形下发生的，有可能对资本主义体系冲击做出比简单社会有力得多的回应。费孝通在1930年代所描述的江村蚕丝业也面临着本土的传统手工业如何通过现代技术改良来面对世界市场问题。他关注到以费达生为代表的回乡士绅在丝业技术改革方面的活动以及他们在地方现代化事业中的作为。在费孝通看来，丝业改良活动中产生的运销合作社，正是地方的文化创造，地方社会新的知识群体的形成是有可能主动应对市场的。[①] 费孝通的讨论超出了前述人类学文献把对资本主义市场冲击的回应局限在象征领域的做法，体现出文明社会回应冲击时的能动性。

本文所描述的鄂西南清江流域的社会转型，是区域性的流域社会向原子化村落转型的过程，船工组织的消失和现代农业能手的出现，正是转型过程中社会知识更替的突出表现，船工组织作为流域社会最基本的社会组织，他们在流域内分工协作的一整套生产实践知识及其关于向王崇拜的仪式象征活动，构筑起流域社会的知识体系，向王天子－廪君的信仰和知识一直是整合流域社会的主要力量；而接受了现代理性知识和科学技术的现代农业能手，他们正在成长为这个社会新的知识群体。他们所参与的现代农业实践在带来经济高速增长的同时，也对传统社群的社会文化生活、社群价值以及生态环境构成巨大冲击。在被深刻卷入世界市场体系的过程中，这一新知识群体能否重建地方社会，充分发挥地方的主体性来应对市场，关系到当地发展的前景。

---

① 费孝通：《江村经济——中国农民的生活》，商务印书馆，2001。

本文对鄂西南清江流域的社会和生态变迁的描述和分析，目的不是重述一个原生态的地方社会如何受到世界资本主义市场体系冲击、其田园牧歌式的旧景致如何值得怀念的老故事，也没有强调地方社会的象征体系在冲击下发生了什么创造性的转化。而是想提出，传统流域社会依托超区域体系的经济活动来编织区域社会网络、使经济嵌入社会和自然的智慧和实践，在今天仍然具有启发意义：我们今天对世界市场的接纳和参与不应该是被动的，而是应该结合国家在场的力量、社会组织的参与以及当地人的能动性，在一定程度上重新组织经济活动，使其既能有效参与更大范围的市场分工，又能为重建村落层面和区域层面的社会互动、联结提供框架。

参考文献

阿帕杜莱：《印度西部农村技术与价值的再生产》，载许宝强、汪晖主编《发展的幻象》，中央编译出版社，2001。

波兰尼：《大转型——我们时代的政治与经济起源》，冯钢、刘阳译，浙江人民出版社，2007。

长阳土家族自治县民族文化研究会、长阳土家族自治县民族事务委员会：《廪君的传说》（内部资料），1995 年版。

《长阳土家族自治县交通志》编纂领导小组：《长阳交通志（1840—1989）》（内部资料），1990 年版。

陈丕显主修、陈金祥校勘《长阳县志》（民国二十五年纂修），方志出版社，2005。

陈孝荣：《消失的清江号子》，《北方文学》2013 年第 2 期。

程素珍、许尚杰、刁汇文：《水库网箱养鱼对水质的影响及防治对策》，《水利与建筑工程学报》2010 年第 1 期。

邓晓：《川江号子的文化内涵》，《中华文化论坛》2005 年第 1 期。

邓晓：《川江流域的物产、木船与船工生活》，《重庆师范大学学报》（哲学社会科学版）2005 年第 4 期。

费孝通：《江村经济——中国农民的生活》，戴可景译，商务印书馆，2001。

弗雷泽：《金枝》，徐育新、汪培基、张泽石译，刘魁立审校，新世界出版社，2006。

葛兰言：《古代中国的节庆与歌谣》，赵丙祥、张宏明译，广西民族大学出版社，2005。

龚浩群：《一个古老神话的再生与传承——湖北长阳廪君神话考察报告》，《中南民族大学学报》（人文社会学科版）2004 年第 2 期。

湖北省港路勘测设计咨询有限公司：《清江隔河岩库区干流及车溪河航道通航标准

专题论证报告》（送审稿），2014。

拉图尔：《我们从未现代过——对称性人类学论集》，刘鹏、安涅思译，苏州大学出版社，2014。

李晓、朱乾华、黄程等：《三峡水库蓄水至 156 m 后网箱养鱼现状及对策》，《微量元素与健康研究》2009 年第 3 期。

刘潇波、郑志勇、高殿森：《网箱养鱼对水环境影响研究及展望》，《北方环境》2004 年第 4 期。

刘阳：《从脱嵌到嵌合——评卡尔·波兰尼的社会思想》，载王铭铭主编《中国人类学评论》第 1 辑，世界图书出版公司，2007。

马格林：《农民、种籽商和科学家：农业体系与知识体系》，载许宝强、汪晖主编《发展的幻象》，中央编译出版社，2001。

莫晟：《文化线路视域下的清江流域商路研究》，博士学位论文，华中师范大学，2012。

潘光旦：《湘西北的"土家"与古代的巴人》，潘乃谷、潘乃和选编《潘光旦选集》，光明日报出版社，1999。

钱杭：《共同体理论视野下的湖湘水利集团——兼论"库域型"水利社会》，《中国社会科学》2008 年第 2 期。

钱杭：《库域型水利社会研究——萧山湘湖水利集团的兴与衰》，上海人民出版社，2009。

覃江文、吴家元、向兵等：《湖北长阳高山蔬菜老区土地肥力现状评价与对策》，《中国蔬菜》2014 年第 3 期。

萨林斯：《历史之岛》，蓝达居等译，上海人民出版社，2003；

涂尔干：《职业伦理与公民道德》，渠东、付德根译，梅非、渠东校，上海人民出版社，2000。

王铭铭：《"水利社会"类型》，《读书》2004 年第 11 期。

行龙：《从"治水社会"到"水利社会"》，《读书》2005 年第 8 期。

行龙：《"水利社会史"探源——兼论以水为中心的山西社会》，《山西大学学报》2008 年第 1 期。

熊洪林、王志坚：《网箱养鱼对三峡库区生态环境的潜在影响》，《黔南民族师范学院学报》2006 年第 6 期。

杨清媚：《人类学与发展：一个两难的话语》，《社会发展研究》2014 年第 1 期。

尹绍亭：《远去的山火——人类学视野中的刀耕火种》，云南人民出版社，2008。

张俊峰：《明清时期介休水案与"泉域社会"分析》，《中国社会经济史研究》2006

年第 1 期。

张亚辉：《水德配天——一个晋中水利社会的历史与道德》，民族出版社，2008。

张应强：《木材之流动：清代清水江下游地区的市场、权力与社会》，生活·读书·新知三联书店，2006。

郑子华：《廪君》，云南人民出版社，2008。

Sidney Mintz，*Sweetness and Power*：*The Place of Sugar in Modern World* ，Penguin Books USA Inc.，1986.

Michael Taussig，*The Devil and Commodity Fetishism in South American*，The University of North Carolina Press，1980.

原载于《社会发展研究》2015 年第 4 期，并被《中国人民大学复印报刊资料·社会学》2016 年第 6 期转载

世界文化遗产日本白川乡合掌造
聚落的保存发展之道

张　姗

摘　要　自 20 世纪 90 年代以来，随着中国工业化、城市化进程的加快和乡村旅游业的发展，针对古村落的研究开始受到重视。日本开始工业化和城市化的进程早于中国，日本岐阜县白川乡合掌造聚落的调查和研究是日本古村落研究、保护、开发的典型案例，正是在各方保护与研究的推动下，合掌造聚落才于 1995 年成功申报为联合国教科文组织公布的世界文化遗产。对合掌造聚落被发现、研究、保存和开发的过程以及对这一过程中存在的问题进行深入研究，可为我国古村落的研究、保护、开发提供有益的借鉴。

关键词　日本　合掌造聚落　古村落　世界文化遗产　保存发展

引　言

在中国，20 世纪 90 年代以后，随着城市化进程的加快和农村旅游的发展，古村落研究开始受到学者们的重视。在工业化和城市化开展更早的日本，这一研究被提前了 50 年，其中最为典型的案例便是日本岐阜县白川乡合掌造聚落。在各方保护与研究的推动下，白川乡合掌造聚落已于 1995 年被联合国教科文组织列为世界文化遗产。由于资料搜集及实地考察的难度，中国国内学界对于这一日本村落的了解及研究还较少，即便被提及，也往往只是作为一个"有名的"旅游景点。比如，尹绍亭《一个古老的日本村庄》（《人与自然》2001 年第 1 期）以游记的形式简略描写了白川乡，丁红《罕见的传统庶民建筑——日本白川乡合掌村》（《光明日报》2008 年 12 月 20 日）简介了白川乡的建筑，王继庆《中日古村落遗产旅游开发探析》（《第六届亚太学会年会暨学术讨论会文集》，2008 年）对白川乡的旅游模式有所涉及。日本学者对于白川乡的研究中，目前被翻译成中文的只有《世界遗产——白川乡的"记忆"》（才津佑美子著、徐琼译，载《民族遗产》第一辑，学苑出版社，2008）。因此，为了更好地了解白川乡合掌造聚落及其相关研究，本文在日本学界的研究成果基础上，试图通过对白川乡合掌造聚落保存发展之道的总结，对我国正在进行的古村落研究及保护有所帮助。

一　白川乡合掌造聚落的概况

白川乡合掌造聚落位于日本岐阜县西北部飞驒地区的大野郡白川村（东经 136°54′23″，北纬 36°16′18″），四面环山，村中有条庄川河从南向北流过。北与富山县、西与石川县相邻。整个村子南北 31km，东西 17km，面积约为 357km²。海拔从 351m（小白川）至 2702m（白山）不等。气候为"寒地多雨型"，年平均气温 11.2℃，年降水量为 2075mm，属于"特别豪雪地带"。[①]

在明治八年（1875 年）的"町村合并"（町指的是日本的地方行政单位，"町村"中的"町"大概等于中国的"镇"。目前日本城市中经常出现的"町"指城区中的区划，大概与中国的"巷""街""小区"等同）。以前，这一区域旧名白川乡。"町村合并"后，白川乡 42 个村子中的 23 个村子形成了现在的白川村，剩余的 18 个村子形成了莊川村（合并前的森茂村被合并到清见村，故合并后村子总数少了一个）。之后，由于电力开发而引起的征地、建造水坝、集体迁移等原因，白川村目前包括 16 个村子。因世界文化遗产而被人所熟知的"白川乡合掌造聚落"是指合掌造房屋保存数量最多、分布最为集中的白川村的荻町地区。[②]

合掌造（りがっしょうづくり）是日本一种特殊的民宅形式，特色是以茅草覆盖的木屋顶。呈人字形的屋顶如同双手合十，被称为"合掌"。和中国南方的很多木制建筑物一样，合掌造在兴建的过程中不用一颗钉子，完全依靠类似榫卯的构造及草绳连接，却十分牢固。由于白川乡地区属于"寒地多雨型"，斜坡式的人字形屋顶使雨水和积雪可以比较容易地滑落，特别是冬天不至于让大雪压垮房顶。同时，合掌型屋顶的结构又适应了江户中期盛行一时的养蚕业，屋内拓高为二至三层，上层供养蚕使用。但是这种建筑的缺点就是每隔一段时间就需要更换老朽的屋顶茅草，需要大量的人力。由于茅草品种（以前是コガヤ，现在是オオガヤ）的变化，以前需要每 60 年更换一次的屋顶，现在缩短到 20～40 年就需要更换一次。每户人家的屋顶翻修，都需要全村人的同心协力才能完成，这种合作方式称为"结"（ゆい）。过去，合掌造房屋并不只存在白川乡地区，并且不同地区的合掌造房屋的样式及屋顶茅草品种也并非完全一样。与日本其他地区的合掌造建筑相比，白川乡合掌造建筑有阁楼空间大、山墙为正三角

---

① 白川村官方网站［EB/OL］. http://shirakawa - go. org/.

② 〔日〕白川村史编さん纂委员会.『新编白川村史』［M］. 白川村，1998，上卷，10 - 12.

形两大特点。只是，随着日本工业化和城市化的进展，这样的建筑逐渐消失，保留较为集中并且最有代表性的就是白川乡。也正是作为日本传统建筑技术的代表，白川乡的合掌造聚落于 1995 年被列入世界文化遗产文录。

二　白川乡合掌造聚落的发现、研究、保存

（一）发现

白川乡合掌造建筑多修建于日本江户中期至昭和初期，最古老的房屋已有 300 多年的历史。和中国的许多"世外桃源"是被外国人发现后才引起国人关注一样，最早发现白川乡合掌造建筑之美并将他传播出去的也并非日本人。日本学者竹内芳太郎在 1923 年的《民宅》杂志上发表过《飞驒白川村的民宅》一文，但是当时并没有引起太多注意。1935 年德国建筑家布鲁诺·陶特（Bruno Taut）在做日本传统民居样式的调查时到达了白川乡，被白川乡合掌造房屋以及这里的风土人情所吸引，在其著作《日本美的再发现》中，高度称赞房屋建筑的合理性，向世人展示了合掌造房屋及其内部的"庶民"生活，称这是"在日本罕见，并且自己也从未见过的景色"。布鲁诺·陶特的高度评价不仅使得白川乡吸引了世界的目光，更重要的是他让日本人自己意识到了白川乡合掌造聚落的宝贵。日本的社会学家有贺喜左衞门说："我们应该深深地记住布鲁诺·陶特对白川民居的新发现，我们自己国家的民居研究者对我们的民居却视而不见，是应该感到羞愧的。"① 在此后的仅十余年内，从社会学、乡土史、民俗学、建筑史等角度关于白川乡的研究就陆续开展起来。这比我国 90 年代之后对古村落的关注与研究早了近半个世纪。

（二）研究

从 20 世纪 30 年代至今，日本学者关于白川乡聚落的研究论文及专著已有很多。其中，研究时间最早、成果最为丰富的是从建筑学、民俗学角度对合掌造房屋的研究以及从社会学、历史学角度对其'大家族制'的研究。

1. 合掌造房屋的研究

如前文所说，在布鲁诺·陶特之前，并没有日本学者注意到白川村的合掌造房屋，这和当时日本学界以"贵族文化"为研究对象有关。因此在某种程度上，对于白川村合掌房屋的关注与研究也标志着对"庶民文化"研究态度的转变。布鲁诺·陶特之后，在乡土史研究团体"飞驒考古土俗学会"的会刊《飞驒人》（『ひだびと』）上就开始陆续刊登有关白川村合掌造房屋的研究论文。其中包括富田令禾与三浦薫熊的论战：

---

① 〔日〕有賀喜左衞門.「タウト氏の観た白川村」[J].『ひだびと』飛驒考古土俗学会，1936：4-11.

前者主张"合掌造房屋并非只是延续了白川乡房屋风格，而是在原有的庑殿顶（寄栋造 よせむねづくり）房屋基础上演化而来"；后者主张"合掌造房屋是独立于悬山顶（切妻造きりづまづくり）、庑殿顶（寄栋造 よせむねづくり）之外，与当地"大家族制"相结合，继承延续白川乡房屋样式"。《飞驒人》的主编江马三枝子把会刊上与白川村相关的论文收集整理成论著《飞驒白川村》（1943 年初版），记载了合掌造房屋的建筑材料、修建过程及相关民俗。

第二次世界大战后，在此前的研究基础上，二川幸夫与伊藤郑而通过白川村与荘川村、五箇山民居的比较，从民俗学的角度介绍了白川村合掌造的房屋布局、家族生活。关野克与伊藤延男通过分析房屋布局、房顶结构，提出白川乡的合掌造房屋是五箇山、荘川两地区民居样式的混合体。岩田庆治从地理学、民俗学的角度以白川乡及附近的五箇山为研究对象，记载了在以合掌造房屋为舞台的衣食起居、农耕生产、养蚕、硝盐生产、和纸生产等山村生活。

2. "大家族制"的研究

在布鲁诺·陶特之前，有关白川村"大家族制"就在相关史料中有所记载。明治末期的地方志书《飞驒山川》中关于白川乡的记载中就有"这里独特的风俗是多人数合居"的论述。此书收录了 1888 年（明治 21 年）藤森峯三的有关白川乡大家族情况的论文原稿、1899 年（明治 32 年）高木正义的大家族详细事例及形成原因的论文原稿、1909 年（明治 42 年）岐阜县农会关于大家族构成的数据报告。其中，藤森峯三的报告还被翻译成了英文。[①] 需要指出的是，白川村的"大家族制"并非仅仅是普通意义上的一大家子人生活在一起，而且还具有母系社会的家族关系特征。家中除了长子拥有被家长认可的婚姻外，其他子女都不用结婚，自由交往。非长子的男方可以去交往的女方家住，两人的关系被称为 najimi（ナジミ），但不是夫妻。两人生下的孩子，无需其父亲承担抚育责任，而是由母亲所在家庭抚养长大。这种关系和中国云南泸沽湖的婚姻形态基本相似。

此后，关于白川村大家族制的形成时间、背景、原因、结构的研究及争论颇多，在这里就不一一列举。总结这些研究成果，《新编白川村史》中把这种大家族制的产生原因归结为土地数量过少造成的分家困难、养蚕纺丝业需要劳动力的确保等因素，并且认为这种大家族制主要存在于元禄期（1688～1703 年）至明治（1868～1912 年）后期。[②]

3. 白川乡合掌造聚落研究的其他视点

20 世纪 50 年代之后，由于在庄川河沿岸修建发电站和水库，合掌造房屋数量显著

---

① 〔日〕合田昭二·有本信昭.『白川郷：世界遺産の持続的保全への道』[C].ナカニシヤ出版，2004；5-8.
② 〔日〕白川村史編さん纂委員会.『新編白川村史』[M].白川村，1998；下卷：110-111.

减少。其后，快速发展的城市化、农村人口高龄化，以及大企业财团对白川乡山林、土地的购买更是加速了合掌造房屋的消逝与流失。再加之20世纪60年代便已经开始、1995年白川村被列入世界文化遗产后掀起的白川村旅游热潮，使得越来越多的学者把研究方向转为对白川乡合掌造聚落保护措施、旅游模式、发展方向等问题的探讨。这一阶段有关白川乡合掌造聚落的研究中，除了之前已经开展研究的民俗学、历史学、社会学、地理学外，还增加了林学、农业经济学、交通经济学、日本文学等学科的参与。

（三）保存

1. 村民的自发保护

如果说学者们的研究记录了白川乡合掌造聚落的历史、提供了合掌造聚落保护的方法、指明了合掌造聚落未来发展方向的话，那么始终参与到白川乡合掌造聚落历史变迁，真正决定合掌造聚落未来命运的还是生于斯长于斯的白川村村民。而历史也证明了，迈出白川乡合掌造建筑保护第一步的正是白川村村民自己。

二战之后，复原回乡的白川村青年以荻町区集会所（公民馆荻町分馆）为活动据点，致力于乡土才艺（民谣、狮子舞等）的传承与保护。为了确保白川村合掌造房屋屋顶更新所需的茅草来源，1963年，这些青年组成了"合掌保存组合"。这个组织的组成方式和理念为后来的"白川村荻町部落自然环境保护会"打下了基础。尽管如此，20世纪60年代白川村的合掌造房屋还是消减许多。除了被水库淹没、房屋毁坏、居民改造之外，还有不少合掌造房屋被外地人买走、移建作为博物馆、动物园的展品，旅游地的高级饭庄、餐厅、路边店等。这样的情况既让白川村村民意识到必须采取措施留住合掌造房屋，也使得他们开始重新认识合掌造房屋的价值。于是，由白川村荻町地区全民加入的"白川村荻町部落自然环境保护会"（以下称"保护会"）于1971年应运而生。当时，"保护会"由荻町地区的所有村民组成，平时由委员会负责运营。委员会由荻町地区七个小组的小组代表7名（每组1名）、地区妇人会代表2名、地区青年会代表1名以及商业代表4名（住宿业、餐饮业、特产销售业、一般零售业）组成。与此同时，经全体村民的同意后制定了《白川乡荻町集落自然环境保护居民宪章》（以下称《居民宪章》），从此拉开了白川乡合掌造房屋保护的序幕。宪章声明了白川乡荻町资源"不卖、不借、不毁坏"的保护原则，并制定了一些具体措施，比如，"建筑物的颜色必须统一为黑色或者黑褐色，不可以有与环境不协调的看板或者广告板，不可以砍伐村子周边的树林，不可以建设有损于村落景观的建筑"等。[①] 除了保护，委员会还致力于白川村荻町的旅游开发，特别是把合掌造民居作为家庭旅馆进行推广，因为提高当地村民的生活水平也是"保护会"的一个重要目标。

----

① 〔日〕合田昭二・有本信昭.『白川郷：世界遺産の持続的保全への道』〔C〕.ナカニシヤ出版，2004：72.

同样拥有合掌造建筑的五箇山地区的富山县平村相仓和平村菅沼于 1963 年成为国家级史迹。因此为了让白川村得到更多的保护经费，引起更多人的关注，借鉴五箇山的经验，白川村"保护会"开始向岐阜县文化科提出史迹认定申请书。虽然这次申请以合掌造房屋易引起火灾被拒绝，却让"保护会"得知了国家刚刚出台的"保护建造物群保存地区制度"。在全村居民的支持下，经过各部门的调查之后，1976 年白川村获町地区被选定为"重要传统建造物群保存地区"。在此之后，经过村民及各方力量的努力，白川村获町地区又于 1995 年被认定为"世界文化遗产"。自始至终，"保护会"都发挥了至关重要的作用。即便到今天，每月必开一次委员会、每年必开一次总会的"保护会"依旧是协调、解决白川乡合掌造房屋及景观环境等相关事务的主要力量。

2. 政府的政策支持与资金补助

虽然说保护白川乡合掌造聚落的先行者和主体是白川村村民，但是这与日本政府对文化遗产重视的大环境不无关系。前文已经提到，1976 年白川村获町地区被选定为"重要传统建造物群保存地区"得益于当时刚出台的"保护建造物群保存地区制度"。日本对于民居这种文化遗产的保护始于 1929 年的《国宝保存法》。但是当时 100 座被指定为国宝的建筑中，"纯粹的民居"只有 1 座。1950 年颁布的《文化财保护法》，把文化遗产分为三类："有形文化遗产""无形文化遗产""史迹名胜天然纪念物"。其中，民居作为有形文化遗产开始受到关注。1951 年通过都、道、府、县，日本在全国范围内开始了对民居的调查。对于比较重要的民居且相对集中的地区，"文化财保护委员会"又进行了预备调查。1954 年文部省公布了《文化财保护法部分修正案》（法律 132 号），把文化遗产分成"有形文化遗产""无形文化遗产""民俗资料""纪念物"四类。其中，定义为"衣食住、生产、信仰、岁时节令等风俗习惯以及相应的服装、器具、住宅等对理解我国国民生活的变迁不可或缺的事象"的"民俗资料"被单独列出来，可见其受重视程度得到进一步提高，而民居就恰好属于这样的"民俗资料"。1962 年，对各地民居的调查费用也开始计入国家预算。1975 年，再次修订后的《文化财保护法》把"民俗资料"改称为民俗文化遗产，民居开始被指定为重要的民俗文化遗产。[①] 这样，白川村合掌造聚落才能在向岐阜县文化科申请成为"国家史迹"未果的情况下，却被文化厅于 1976 年指定为"重要传统建造物群保存地区"。

白川乡获町地区被指定为"重要传统建造物群保存地区"后，除了获得期盼已久的政策支持外，最为实际的收获是从政府得到的财政补助。根据《白川村传统建造物群保存地区保存条例》，补助内容以合掌造房屋的屋顶茅草更换、轴部（建筑用语，指

① 才津佑美子著、徐琼译.《世界遗产——白川乡的"记忆"》[J].《民族遗产》（第一辑），2008：242.
王晓葵.《日本非物质文化遗产保护法规的演变及相关问题》[J].《文化遗产》，2008，（2），135.

从地基以上到屋檐以下的房屋骨架）修缮为主，除此之外还包括非合掌造房屋镀锌铁皮屋顶的粉刷（色调与合掌造房屋保持一致）、镀锌铁皮屋顶向茅草屋顶的恢复、说明展板的设置、防火设备的设置等。1976 年至 1981 年，主要以"防火设施"为重点。1981 年以后"合掌造房屋的屋顶茅草更换、轴部修缮"基本上占了财政补助内容的全部。购买茅草、木材、绳子、工具的材料费以及共事费，往往耗资较大。截止到 2001 年，屋顶翻新的合掌造房屋有 42 间，其中有一半房屋的每栋经费开支超过了 200 万日元。同时，得到轴部修缮的房屋有 24 间（其中 4 间也进行了茅草翻新），附属房屋 11 栋（其中 6 间进行了茅草翻新）。虽然由于房屋大小和损坏程度的不同，修缮费用不尽相同，但是花费最高的一间高达 2690 万日元。根据相关保护制度的规定，这些费用中的 90%（1981 年以前的标准为 70%）要由国家、县、村进行财政补助。因此政府资金的大力支持，是合掌造房屋可以保存至今的坚实后盾。

3. 社会资金的募集及管理

虽然 1981 年之后，政府对于白川乡合掌造房屋的翻新、修缮补助已经高达 90%，但是由于耗资数量较大，即使村民仅需承担剩余的 10%，也存在着一定的困难。幸好，在日本除了政府外，还有很多社会基金团体也非常重视民俗文化的传承保护工作。早在 1965 年，日本观光资源保护财团（ナショナル・トラスト）就把白川村的合掌造房屋列入补助名单，并从 1970 年开始，持续三年每年为白川村提供 60 万日元的保存补助金。尽管被列入"重要传统建造物群保存地区"后，政府补助的注入为合掌造房屋的保存提供了很大的保障，但并不是所有的相关支出都在补助范围之内，并且补助金额及标准和实际花费也有一定的出入，因此从社会上筹集更多的保护资金成为必需的事情。在 1987 年制定的《荻町传统建造物群保存地区保存基金条例》的基础上，1988 年成立的"白川乡合掌集落保存基金"（以下称为"合掌基金"）开始面向全国进行资金募集。基金的目标是 3 亿日元，待达到目标后，希望借助募集资金的利息进行白川村"修景事业"（景观修护事业）和合掌造房屋的保存。1994 年，虽然达到了这一目标，但是由于日本泡沫经济造成的低利率时代的到来，运营出现困难。恰在此时，白川村被列入世界文化遗产，于是合掌基金和政府补助一起成为"世界遗产白川乡合掌造保存财团"（以下称"合掌财团"）的成立基金。[①] 这也标志着白川乡合掌造房屋保护的企业法人化，管理更加专业与透明。

合掌财团的财政来源主要是政府补助、村中财政收入、基金利息与募集资金等。同时，受村中委托，他们还经营着村中的停车场。财团的工作内容分为以保存景观为

---

① 〔日〕高口爱.「伝統的的景観を継承する地域の景観管理能力に関する研究」〔D〕. 九州大学学位論文，2010：95 – 96.

目的的"保存事业"和确保财源的"信托事业"。前者主要为支出项目：包括"合掌造房屋的修缮""村中景观的维护""支持地方活动"（现在"保护会"的全部活动经费都由"合掌财团"提供），以及"调查普及事业"。后者主要是收入来源：包括经营村中停车场、景点管理处（であいの館）、"文化遗产建造物修理设计监理信托事业"、"世界遗产白川乡合掌造保存基金"等。现在财团的运营状况是收入大于支出，村民需承担的负担大为减轻，合掌造房屋保存有了比较稳定的资金保障。

4. 社会力量的支援、大众媒体的宣传

除了资金支持，白川乡合掌造聚落还受到了很多社会力量的关注与支援。1971 年发行的女文学家江夏美好的名作《最底层的女人》（「下々の女」）就引起了很多人对白川乡的关注；而江夏美好本人也对白川乡的发展提出了不少建议。除此之外，还有很多人更是直接参与到合掌造房屋修缮中。40 年之前，合掌造屋顶茅草的翻新，还都是由村中的"结"（ゆい）来完成。"结"是由全体村民都参加的共同体，村中一户人家的屋顶需要翻新茅草，在"结"的组织下，全村人同心协力方能完成。但是受城市化及人口高龄化影响，原来意义上的"结"这种村落共同体已经解体了。现在已经有了专门从事茅草翻新的工作人员，但是也依旧不乏全村总动员的例子。1997 年，村中的一家房顶翻新，前半面的翻新是请的专门工人进行了为期半个月的工作完成的，后半面是按照之前"结"的方式，召集了 250 人用一天的时间完成。其中包括白川中学的学生 80 人，日本观光资源保护财团募集的社会人士 20 人，当天负责做饭的妇女30～40 人。此后，日本 NHK（日本放送协会）电视台对村中计划通过"结"的方式更新房顶茅草的长濑家进行了为期 10 个月的跟踪拍摄，记录了整个准备过程以及当天 500 人一起参与屋顶翻新的盛况。这个名为《时隔 80 年的屋顶修葺——白川乡"结"的复活记录》的纪录片在 2001 年 5 月 19 日播出之后引起了很大的社会反响。这些或个人、或集体的关注与宣传，都为合掌造房屋的保存起到了促进作用。

三 白川村的现状、存在问题及未来发展方向

自 20 世纪 60 年代御母衣大坝修建以后，白川乡的旅游活动就逐渐开始了。70 年代随着"保护会"的旅游推广和白山超级林道（スーパー林道，"特定森林地域开发林道"的通称）的开通，游客开始大幅增加。1995 年被列入世界文化遗产后，游客数量从上一年的 70 万人激增到 120 万人，2000 年人数更是高达 176 万。在日本国内旅游业持续低迷的情况下，白川乡的旅游却是一路攀升。但是看似红火的旅游表面，并非不存在问题。比如，观光客人数虽然很多，但是 90% 的游客为"日归客"（日帰り客）即"当天去当天回"类型。并且，多数属于"路过型"（素通り）游客，在白川村逗留的时间较短，消费也较低。有关白川乡游客逗留时间的调查显示，14% 的为 1 个小

时、47% 的为 2 个小时、29% 的为 3 个小时。大部分游客到此只是为了看一眼所谓"世界文化遗产"，并不会进入如野外博物馆这样的旅游设施内。另外，由于白川乡属于"寒地多雨型"气候，年平均气温 11.2℃，所以游客往往都集中在 10 月。以 2000 年的数据为例，10 月的游客达到了 47 万，而 12 月的游客仅为 2 万。如此巨大的季节差别，就会造成地区内的旅游配套设施旺季不够，淡季又相对闲置的情况。而旅游旺季过多的游客，也对当地的环境及村民的生活造成了一定的破坏。[①]

基于白川乡现状，总结专家的指导意见，可以归纳为以下几点。

1. 对合掌造房屋进行持续有效的保护、修葺、移建

无论是被布鲁诺·陶特"发现"，还是被认定为日本"重要传统建造物群保存地区"及"世界文化遗产"，还是每年对过百万游客的吸引，白川村如此受到关注，根本原因还是它所拥有的"合掌造房屋"。因此，持续有效地保护合掌造房屋才是立村之道。这项工作具体来说，既包括对翻修房顶所需的茅草来源的保障，也包括对村中其他不协调建筑的拆除，还包括把荻町之外地区缺乏保护的合掌造房屋的移建以及对于已拆合掌造房屋旧材料的保管，更包括房屋修缮组织"结"的重新组织和维持。当然，这一切都需要"保护会"的组织协调、合掌财团的资金支持、建筑专家为代表的学者指导以及全体村民的参与。

2. 把白川村的自然环境转换为旅游资源

白川村拥有山林、河流、水田、旱地等多种自然资源，环境优美、民风淳朴，特别适于都市上班族休闲旅游。因此增加适当的配套旅游设施把这些自然资源转换成旅游资源，比如开展风景观赏、野外摄影、森林采摘、茅草收割等活动，以促进"日归型"游客向"滞在型"游客转变。

3. 发展与旅游相结合的"低成本、高产出"的有机农业

比如针对白川村的特色农作物——荞麦，设计一套可以让游客参与其中的荞麦种植、观光、收获、加工、销售方案。这样既可以由之前低收入的"观光型"旅游向高收入的"体验型"旅游转变，同时也可以解决农村劳动力不足的困难，一举两得。

4. 盘活已有的旅游设施，丰富村民的文化活动

白川村在 1972 年就用一些从其他地方移建到荻町的合掌屋建成了村立野外博物馆"白川村合掌村"（现在称为"民家园"），展示了一些反映白川乡及附近村落过去农业、养蚕、硝石生产的工具。但是由于目前游客多为"日归型""路过型"，所以很少有人进入"民家园"中参观。针对此现象，专家指出不能单纯地展示农具，而是要把所有的展示内容统一为同一环境下的产业文化遗产有机体。同时，还要把单纯的展示

---

① 〔日〕合田昭二·有本信昭.『白川郷：世界遺産の持続的な保全への道』〔C〕.ナカニシヤ出版，2004：94.

往可以让游客参与的"体验式"展览转变。除了实物改进外，进一步丰富村民的文艺活动及教育活动，如每年十月举行的白川浊酒节（どぶろく祭り），让游客更直接地接触、了解白川村的历史、文化。

四　启示

综观白川乡合掌造聚落的研究、保存、开发过程，可以为我国正在进行的古村落研究及保护带来以下几点启示。

（一）学者：开展多学科研究并做到有机整合

古村落的发现、研究、保护、开发都离不开专家学者的指导。并且，作为综合载体的古村落，对其进行多领域的研究必不可少。从我国目前的古村落研究情况来看，多学科综合研究这一点已经做到，但是缺乏有机的整合。很多学者往往只关注自己学科或者相邻学科的研究情况，对于跨越较大的学科研究不闻不问。当然，白川乡的研究也是分专业、分学科进行的，但是来自不同领域的学者会定期对各自的研究情况进行交流。比如《白川乡：保护世界遗产的可持续方法》（合田昭二・有本信昭『白川郷：世界遺産の持続の保全への道』，ナカニシヤ出版，2004 年）一书就是结合了地理学、林学、农业经济学、交通经济学、日本文学五个专业的研究成果，并且这些成果互有联系，并非只是并排罗列。白川乡之外的日本村落研究模式也往往如此。多学科、多专业的交流，相互提供研究资料，有利于开启新的研究角度。也只有在综合研究下的古村落才是一种包含着人与自然的有机整体，而不是零散的建筑、景观、民俗等。

（二）村民：既要培养其对古村落的自发保护意识，又要尊重民意，鼓励其自主管理与协调

和我国很多古村落都是在专家提倡、政府主持、村民被动参与的模式不同，白川乡村民从一开始就积极参与到合掌造房屋的保护及开发中。除此之外，无论是大部头的《白川村史》《新编白川村史》，还是信息齐全、图文并茂的白川村官方网站，都是白川人自己编纂、制作的。除了经济利益之外，这些更来源于他们发自内心的家园自豪感与责任感。在我国的一些古村落特别是经济比较落后的古村落中，受现实条件的局限，村民还无法意识到古村落的价值，也无法做到保护。因此，在提高村民经济生活水平的同时，培养他们的自发保护意识尤为重要，因为毕竟他们才是古村落的真正主人。

除了培养村民的保护意识外，还要充分尊重民意，鼓励其自主管理与协调。白川村每一项条款的制定、每一项决议的实施，都是在全村村民的一致同意下进行的。白川村申请"重要传统建造物群保存地区"认定时，村民中曾经有不同意见。因为一旦

被认定后，伴随政府财政支持而来的还有比《住民宪章》更为严格的一系列规章需要村民遵守。于是"保护会"委员会花了一年多的时间挨家挨户做工作，讲明申请利弊，最终取得村民的一致同意。从这件事情上我们可以看出：村民的内部管理和尊重村民的意见是非常重要的。即便现在白川乡已经被列为世界文化遗产，但是所有的开发、保护措施都是要以保障村民正常生活为底线，以提高其生活水平为目的进行的。

（三）政府：提供政策引导与资金支持，加快古村落保护的立法化

在上文的追溯中，我们可以看到在白川乡合掌造聚落的保护中，政府所起到的重要作用。特别是在我国，很多古村落村民经济收入还比较低的情况下，指望村民饿着肚子保护古村落是不现实的，因此政府财政部门应加大相关的经费投入，并采取措施鼓励个人、企业和社会团体对其进行捐赠。而这一切的进行，都应该是在法律保障的前提下。日本是最早制定非物质文化遗产保护法规的国家之一。早在1950年，日本政府就颁布了《文化财保护法》（日文的"文化财"即中文的"文化遗产"），随着民俗学研究的进展以及文化行政部门的政策调整，法规也进行了多次修改。在我国，1982年公布施行了《中华人民共和国文物保护法》，但目前还没有专门针对"文化遗产"的法律，《中华人民共和国文化遗产保护法》《非物质文化遗产保护法》《自然遗产保护法》还都在酝酿之中。在这些法律还未出台前，制订和完善文化遗产保护的地方性法规和管理规章，明确保护标准、目标及相关的法律责任就显得尤为重要。

（四）社会：通过宣传教育，让更多的人来关注、支持古村落的保护与发展

古村落的价值除了它所具有的实体展示性，更重要的是它体现了某个时期人类与环境的互动关系，是人类发展历史中的创造代表。从这个意义上来说，古村落特别是被列为世界文化遗产的古村落不只是村民的古村落，也是全人类的文化财富，因此保护、发展古村落需要所有人的关注与支持。无论是江夏美好这样的文学家，还是日本NHK电视台、那些身体力行投入合掌造房屋修葺中的志愿者，都是在以自己的方式参与到白川乡合掌造聚落保护之中。因此，要广泛动员全社会关心并支持古村落的保护工作，充分发挥新闻媒体和群众监督作用，把古村落保护置于全社会的监督和支持之下。

结　语

日本白川乡合掌造聚落自1935年被德国建筑家布鲁诺·陶特发现以来，截至本文写作时，其受到世人关注已经有75年的历史。虽然中日两国的古村落存在很多差异，但是也有着许多共同点。特别是由于地理环境的相似性，我国西南少数民族地区的村落与日本的村落有很多相同点，比如我国云南佤族的茅草屋就和日本合掌造房屋的建

筑材料和维护方式非常相似。我国的黔东南苗族、侗族村落现在也已经列入《中国世界文化遗产预备名单》。白川乡合掌造聚落保护中遇到的问题，很可能就是我国古村落保护中已经遇到或者以后会遇到的问题。因此，了解这些问题的产生和解决的经过，对我国的古村落保护工作有着很大的借鉴与预防作用。即便白川乡合掌造聚落已拥有75 年的研究历史，被列为世界文化遗产也有十余年，依然面临着许多有待解决的困难与问题。由此可见，在现代化的今天保存古村落是一项任重而道远的工作。因此，希望本文可以对我国方兴未艾的古村落研究、保护工作有所启发，对于正在如火如荼进行的古村落旅游有所借鉴。

Protection and Development of the World Cultural Heritage of Gassho – zukuri Village in Shirakawa – go of Japan

Abstract：Since the 1990s，with the quickened steps of industrialization and urbanization as well as village tourism in China，the studies on ancient villages have received more attention. Japan began its industrialization and urbanization earlier than China. It was the concerted efforts that successfully made Gassho – zukuri Village in Shirakawa – go listed on the UNESCO World Cultural Heritages in 1995，a typical case of Japan's research，protection and development of ancient villages，whose further studies will benefit the research，protection and development of ancient villages in China.

Keywords：Japan　Gassho – zukuri　Ancient Village　World Cultural Heritage　Protection and Development

原载于《云南民族大学学报》（哲学社会科学版）2012 年第 1 期

生态补偿理论研究进展及争论

——基于生态与社会关系的思考

范明明　李文军

摘　要　生态补偿的概念自提出便受到学界和政府决策者的广泛关注，并迅速成为近 20 年来生态保护的主要政策手段。虽然基于生态补偿的政策手段被大范围使用，但是生态补偿的相关理论却处于发展与争论的阶段，该理论的适用性及对现实问题的剖析在实践过程中备受质疑。本文梳理了生态补偿理论发展及构建的过程，将其总结为生态系统服务概念的提出、生态系统服务价值评估方法的建立以及生态系统服务市场机制的构建三个主要阶段。已有研究更多集中在生态补偿的具体实施层面，如补偿标准、补偿方式、效果评估等方面，但是对基础理论探讨不足。本文从生态补偿理论发展及构建的三个过程，综述了目前对生态补偿理论的讨论及争议，认为在处理"社会－生态"关系的核心问题上，尤其在一些长期依赖并利用自然资源的传统地区或者民族地区，目前学术界和政策决策者均对此问题缺乏深入的理解，这也是实践中生态补偿政策未达到理想效果的主要原因之一。最后，本文提出用"社会生态系统服务"一词代替目前所使用的"生态系统服务"，这一概念有助于在理论上避免忽视社会系统及社会与生态系统二者之间的关系，减少不当外部政策干预。

关键词　生态系统服务　生态补偿　社会生态系统

随着全球经济的迅速发展，各类生态系统受到了严重的损害，草地、森林、农田、河流和湖泊等人类赖以生存的生态系统均受到破坏，生物多样性明显下降，温室气体也在全球尺度上产生越来越广泛的影响。国际社会对生态系统保护的重视日益增强，经济手段成为解决生态与社会两个系统之间矛盾的重要途径。生态补偿正是在此背景下产生，在近十几年的时间内被迅速用于全球范围内。中国也正在逐步建立生态补偿机制，对生态保护起到了重要的作用。但生态补偿理论的相关研究在中国远落后于实践，这也是生态补偿效果未达到预期的重要原因之一。

一　生态补偿的发展与构建过程

国外相关研究中，生态补偿通常用 Payment for Ecosystem Services（简称 PES）一词，或者 Payment for Environmental Services（简称 PES），即生态系统/环境服务付费，其中前者的运用更为广泛。本文为与中国政策语境一致，均采用"生态补偿"一词。总体来看，生态补偿理论的发展与构建过程是基于以下三个阶段：生态系统服务概念的提出，生态系统服务价值评估方法的建立，以及生态系统服务市场机制的构建。

生态系统服务（Ecosystem Services，ESs）的概念最早产生于 20 世纪 70 年代，其最初的目的是将生态系统功能构建为人类可获益的服务，从而引起公众对于生态系统及生物多样性保护的关注。[1] 生态系统服务概念的提出，将不同尺度的社会系统与生态系统连接起来，并且强调了社会系统对生态系统的依赖性。在这一阶段，生态系统服务的概念仅是用于更加形象地表征生态系统功能，而并没有在生态保护的实践领域内产生重要的影响。[2]

从 20 世纪末期开始，尤其是 Costanza 等人[3]在《自然》（*Nature*）杂志上的文章首次评估了全球生态系统服务价值，将生态系统服务的价值评估研究推向生态经济学研究的前沿，具有里程碑的意义。随后的千年生态系统评估[4]、基于各国和各类生态系统的生态服务经济价值评估[5]，使生态系统的价值越来越多地以货币的形式体现在公众面前。生态系统功能非市场价值的货币化表示，引起了政策制订者对生态保护的极大关注，也为生态补偿在实际中的应用奠定了基础。

2000 年之后，在生态系统服务价值评估的基础上，生态补偿迅速成为生态系统及生物多样性保护的主要手段。[6] 生态补偿的逻辑是，在明晰产权的基础上，通过市场机制将生态系统服务货币化体现出来，可以促使资源使用者形成保护生态的激励和

① Westman, W., "How much are Nature's Services Worth?" *Science*, 1977, 197 (4307): 960 - 964.

② Norgaard, R. B., "Ecosystem Services: From Eye - opening Metaphor to Complexity Blinder," *Ecological Economics*, 2010, 69 (6): 1219 - 1227.

③ Costanza, R., "The Value of the World's Ecosystem Services and Natural Capital," *Nature*, 1997, 387 (6630): 253 - 260.

④ Millennium Ecosystem Assessment (MA), *Ecosystems and Human Well - being: The Assessment Series*, Washington, DC, Island Press, 2005.

⑤ 谢高地、鲁春霞、成升魁：《全球生态系统服务价值评估研究进展》，《资源科学》2001 年第 6 期；欧阳志云、郑华：《生态系统服务的生态学机制研究进展》，《生态学报》2009 年第 11 期。

⑥ Gómez - Baggethun, E., De Groot, P. L. Lomas, et al., "The History of Ecosystem Services in Economic Theory and Practice: From Early Notions to Markets and Payment Schemes," *Ecological Economics*, 2010, 69 (6): 1209 - 1218.

行为①。从理论上讲，生态补偿被当作一种保护生态系统的正面激励机制，通过生态系统服务的受益者向提供者支付费用，既能够鼓励资源使用者主动保护生态环境，同时使社会整体所获得的生态服务价值高于支付费用，因此政策实施具有成本效益②。

鉴于在理论分析上的诸多优势，生态补偿已经成为保护或者恢复生态系统功能的主要政策手段，被应用于森林生态系统服务、碳汇、生物多样性保护、流域生态系统服务等众多领域③，如哥斯达黎加的森林生态服务补偿体系、美洲国家的森林碳汇补偿体系、美国的流域生态补偿等。④ 综上所述，可以将生态补偿的发展过程总结为：通过生态系统服务的概念重构人和自然之间的关系，以货币化的衡量方式在社会活动中体现生态系统的价值，并最终将其纳入社会经济系统之中作为生态或者经济政策决策的依据。

二　生态补偿的概念及理论研究点

1. 生态补偿的概念

Wunder 提出了生态补偿的经典概念，即"生态补偿是建立在某一清晰界定的生态系统服务的基础上，提供者和购买者之间的自由交易，它包括五个方面：①自愿交易；② 对生态系统服务有清晰的定义；③存在至少一个买家；④存在至少一个生态系统服务提供者；⑤生态系统服务的有效提供"⑤。这一定义基于科斯经济学的基本理论解决外部性问题，强调了生态补偿的市场激励，生态系统服务的提供者和购买者之间进行

---

① Wunder, S., "Payments for Environmental Services: Some Nuts and Bolts," *Indonesia: CIFOR Occasional Paper* No. 42, 2005: 6, Engel, S., S. Pagiola, S. Wunder, "Designing Payments for Environmental Services in Theory and Practice: An Overview of the Issues," *Ecological Economics*, 2008, 65 (4): 663 – 674.

② Engel, S., S. Pagiola, S. Wunder, "Designing Payments for Environmental Services in Theory and Practice: An Overview of the Issues," *Ecological Economics*, 2008, 65 (4): 663 – 674; Farley, J., R. Costanza, "Payments for Ecosystem Services: From Local to Global," *Ecological Economics*, 2010, 69 (11): 2060 – 2068.

③ Landell – Mills, N., I. T. Porras, "Silver Bullet or Fools' Gold," *International Institute of Environment & Development*, London, 2002: 11.

④ Pagiola, S., J. Bishop, N. Landell – Mills, *Selling Forest Environmental Services: Market – based Mechanisms for Conservation and Development*, Earthscan, 2002; Asquith, N. M., M. T. Vargas, S. Wunder, "Selling Two Environmental Services: In – kind Payments for Bird Habitat and Watershed Protection in Los Negros, Bolivia," *Ecological Economics*, 2008, 65 (4): 675 – 684, Pagiola, S., "Payments for Environmental Services in Costa Rica," *Ecological Economics*, 2008, 65 (4): 712 – 724, Wunder, S., et al., "Decentralized Payments for Environmental Services: The Cases of Pimampiro and PROFAFOR in Ecuador," *Ecological Economics*, 2008, 65 (4): 685 – 698. Corbera, E., C. G. Soberanis, K. Brown, "Institutional Dimensions of Payments for Ecosystem Services: An Analysis of Mexico's Carbon Forestry Programme," *Ecological Economics*, 2009, 68 (3): 743 – 761. Frost, P. G. H., I. Bond, "The CAMPFIRE programme in Zimbabwe: Payments for Wildlife Services," *Ecological Economics*, 2008, 65 (4): 776 – 787. 靳乐山、李小云、左停：《生态环境服务付费的国际经验及其对中国的启示》，《生态经济》2007 年第 12 期。

⑤ Wunder, S., "Payments for Environmental Services: Some Nuts and Bolts," *Indonesia: CIFOR Occasional Paper* No. 42, 2005: 6.

自愿交易。[①]

  然而在实际操作过程之中，学者们发现 Wunder 所定义的纯粹市场机制过于理想，由于生态系统服务的外部性、生态过程及社会过程的复杂性，对于大多数的生态服务来说并不存在这样一个纯粹的市场。[②] 从生态系统服务生产的角度，由于气候、环境、人为干扰等多方面的作用，生态系统服务的提供具有很强的时空异质性和动态变化性，很难像其他商品一样保证稳定的供应[③]；从生态系统服务购买的角度，只有少数类似 CDM（Clean Development Mechanism，清洁发展机制）项目的交易受益者是直接的购买者，而如生物多样性、气候调节等服务，受益者往往数量众多，因此只能是政府或者一些机构组织成为唯一的购买者[④]；从价格形成的角度，生态系统服务的价格并不能由经典经济学的供给和需求来决定，而很大程度上受到政策、财政、政治等方面的影响。[⑤] Muradian[⑥] 从激励机制、交易方式和生态服务的类型等三个方面对概念提出质疑，并重新定义："在自然资源的管理过程中，为了使个人/集体的土地利用决策与社会利益达到一致，而在社会成员之间所进行的资源分配。"这一定义更加强调生态系统的可持续以及资源的正义分配，而不是将经济激励放在首位。[⑦] Vatn 从制度的角度进行分析，认为生态补偿虽然试图建立一种纯粹的市场机制，但是事实表明在此过程中，具体实施更加依赖社区或者国家的参与。[⑧] 而在我国，一般将生态补偿定义为以保护和可持续利用生态系统服务为目的，以经济手段为主调节相关者利益关系的制度安排。[⑨]

---

① Engel, S., S. Pagiola, S. Wunder, "Designing Payments for Environmental Services in Theory and Practice: An Overview of the Issues," *Ecological Economics*, 2008, 65 (4): 663 – 674.

② Muradian, R., L. Rival, "Between Markets and Hierarchies: The Challenge of Governing Ecosystem Services," *Ecosystem Services*, 2012, 1 (1): 93 – 100; Muradian, R., G. Froger, E. Garcia – Frapolli, et al., "Payments for Ecosystem Services and the Fatal Attraction of Win – Win Solutions," *Conservation Letters*, 2013, 6 (4): 274 – 279.

③ Fisher, B., R. K. Turner, P. Morling, "Defining and Classifying Ecosystem Services for Decision Making," *Ecological Economics*, 2009, 68 (3): 643 – 653.

④ Engel, S., S. Pagiola, S. Wunder, "Designing Payments for Environmental Services in Theory and Practice: An Overview of the Issues," *Ecological Economics*, 2008, 65 (4): 663 – 674; Muradian, R., L. Rival, "Between Markets and Hierarchies: The Challenge of Governing Ecosystem Services," *Ecosystem Services*, 2012, 1 (1): 93 – 100; Kemkes, R. J., J. Farley, C. J. Koliba, "Determining when Payments are an Effective Policy Approach to Ecosystem Service Provision," *Ecological Economics*, 2010, 69: 2069 – 2074.

⑤ Redford, K. H., "Payment for Ecosystem Services and the Challenge of Saving Nature," *Conservation Biology: The Journal of the Society for Conservation Biology*, 2009, 23 (4): 785 – 787.

⑥ Muradian, R., E. Corrbera, U. Pascual, et al., "Reconciling Theory and Practice: An Alternative Conceptual Framework for Understanding Payments for Environmental Services," *Ecological Economics*, 2010, 69 (6), 1202 – 1208.

⑦ Farley, J., R. Costanza, "Payments for Ecosystem Services: From Local to Global," *Ecological Economics*, 2010, 69 (11): 2060 – 2068.

⑧ Vatn, A., "An Institutional Analysis of Payments for Environmental Services," *Ecological Economics*, 2010, 69 (6): 1245 – 1252.

⑨ 中国生态补偿机制与政策研究课题组：《中国生态补偿机制与政策研究》，科学出版社，2007。

虽然各方学者对定义的侧重点有所不同，但是对于生态补偿的设计来说，可以总结为以下三个方面内容：①目标确定：所需的生态系统服务，即对于购买者/提供者来说，购买/提供的对象是清晰的；②利益相关者的确定：通过生态系统服务外部性的影响范围，确定参与的利益相关者，即生态系统服务的提供者和购买者；③实现途径：在生态系统服务提供者与购买者之间进行利益分配。

2. 生态补偿的理论研究点

现有生态补偿的主要研究热点包括生态补偿的标准、补偿过程中的交易成本、成本有效性与公平、可持续性等方面。

生态补偿的标准是生态补偿需要解决的基础问题，根据 Wunder 等人对于生态补偿的分析，当补偿的金额大于生态系统服务提供者的机会成本，小于生态系统服务本身的价值时，则可以同时对于购买者和提供者形成有效的激励。① 目前有关生态补偿标准的讨论主要集中在两个方面，一个是机会成本的确定，另一个是生态系统服务的价值评估。关于机会成本，补偿对象异质性及买卖双方的信息不对称两个问题，使得生态补偿的标准往往不能体现公平与效率。② 但由于机会成本的核算更为简便，目前绝大多数的生态补偿标准都属于基于机会成本的补偿，如尼加拉瓜草牧生态系统补偿依据最佳土地利用价值作为标准③，哥斯达黎加生态补偿项目用造林的机会成本作为标准④，我国的草场生态补偿政策则利用牧户的放牧损失作为标准。而对于生态系统服务的价值评估，目前的研究方法包括基于供求关系的直接市场法、替代市场法和假想市场法等。⑤

交易成本是生态补偿实践过程中需要考虑的核心问题，很大程度上决定了项目设计能否有效进行。在很多发展中国家，缺乏完整制度框架、明晰产权安排和利益分配

① Wunder, S., "Payments for Environmental Services: Some Nuts and Bolts," *Indonesia: CIFOR Occasional Paper* No. 42, 2005: 6; Engel, S., S. Pagiola, S. Wunder, "Designing Payments for Environmental Services in Theory and Practice: An Overview of the Issues," *Ecological Economics*, 2008, 65 (4): 663-674.

② Kosoy, N., M. Martinez-Tuna, R. Muradian, et al., "Payments for Environmental Services in Watersheds: Insights from a Comparative Study of Three Cases in Central America," *Ecological Economics*, 2007, 61 (3): 446-455; Ferraro, P. J., "Asymmetric Information and Contract Design for Payments for Environmental Services," *Ecological Economics*, 2008, 65 (4): 810-821.

③ Pagiola, S., E. Ramírez, J. Gobbi, et al., "Paying for the Environmental Services of Silvopastoral Practices in Nicaragua," *Ecological Economics*, 2007, 64 (2): 374-385.

④ Sánchez-Azofeifa, G. A., A. Pfaff, J. A. Robalino, et al., "Costa Rica's Payment for Environmental Services Program: Intention, Implementation, and Impact," *Conservation Biology the Journal of the Society for Conservation Biology*, 2007, 21 (5): 1165-1173.

⑤ 王燕、高吉喜、王金生等：《生态系统服务价值评估方法述评》，《中国人口·资源与环境》2013 年第 11 期；李晓光、苗鸿、郑华等：《生态补偿标准确定的主要方法及其应用》，《生态学报》2009 年第 8 期。

机制是生态补偿机制面临的主要问题。[1] 在这种情况下，如何降低政策执行过程中的交易成本需要重点考虑，研究表明在这些地区更多地依赖于社区参与和集体行动才能降低交易成本。[2] 因此，当社区层面被包含在生态系统服务提供者中时，生态补偿建立时的交易成本以及监督执行成本都能够得到有效的降低。[3]

成本有效性是政策开发和运用的重要标准，生态补偿政策作为全球性的环境政策工具，目的在于在资金约束条件下获取最大的环境收益/效益。成本有效性的研究需要明确两个方面，即生态系统服务的清晰定义及生态系统服务的价值评估标准。[4] 首先，生态系统服务在很多项目中难以明确定义，很多实践过程中采用土地利用方式的变化等同为生态系统服务的提供，导致理论的计算结果往往与实际保护效果相去甚远。[5] 与此同时，目前缺乏对生态系统服务的合理的核算与评估标准，因此导致补偿资金使用效率难以衡量，进而影响通过市场手段首先生态系统服务的有效供给。[6] 公平往往与上述的成本有效性同时成为研究学者的关注目标，尤其是生态补偿项目通常发生在发展相对落后的地区，在相关的研究中更加强调在公平前提下的成本有效性。[7]

能否通过生态补偿实现生态系统服务的长期有效供给是很多实践项目中面临的主要问题。生态补偿政策的可持续性主要受到几个方面的影响：①生态补偿项目的实施与生态效果之间的关系，如果在项目期内没有实现生态系统的改善或者效果不佳，那么从购买者角度则不愿意进行继续支付[8]；②生态补偿的实施方式，基于个体的补偿方式往往具有较低的交易成本和项目初期较高的接受程度，但是基于当地社区组织能力

① Wunder, S., S. Engel, S. Pagiola, "Taking Stock: A Comparative Analysis of Payments for Environmental Services Programs in Seveloped and Developing Countries," *Ecological Economics*, 2008, 65 (65): 834 - 852.

② Muradian, R., E. Corbera, U. Pascual, et al., "Reconciling Theory and Practice: An Alternative Conceptual Framework for Understanding Payments for Environmental Services," *Ecological Economics*, 2010, 69 (6), 1202 - 1208; Vatn, A., "An Institutional Analysis of Payments for Environmental Services," *Ecological Economics*, 2010, 69 (6): 1245 - 1252.

③ Corbera, E., K. Brown, W. N. Adger, "The Equity and Legitimacy of Markets for Ecosystem Services," *Development & Change*, 2007, 38 (4): 587 - 613

④ Kroeger, T., "The Quest for the 'Optimal' Payment for Environmental Services Program: Ambition Meets Reality, with Useful Lessons," *Forest Policy & Economics*, 2013, 37 (C): 65 - 74.

⑤ Kroeger, T., "The Quest for the "Optimal" Payment for Environmental Services Program: Ambition Meets Reality, with Useful Lessons," *Forest Policy & Economics*, 2013, 37 (C): 65 - 74. 李文华、张彪、谢高地：《中国生态系统服务研究的回顾与展望》，《自然资源学报》2009 年第 1 期。

⑥ Ferraro, P. J., "Asymmetric Information and Contract Design for Payments for Environmental Services," *Ecological Economics*, 2008, 65 (4): 810 - 821.

⑦ Gauvin, C., E. Uchida, S. Rozelle, et al., "Cost - Effectiveness of Payments for Ecosystem Services with Dual Goals of Environment and Poverty Alleviation," *Environmental Management*, 2010, 45 (3): 488 - 501; Gross-CAMP, N. D., A. Martin, S. Mcguire, et al., "Payments for Ecosystem Services in an African Protected Area: Exploring Issues of Legitimacy, Fairness, Equity and Effectiveness," *ORYX*, 2012, 46 (1): 24 - 33.

⑧ Ferraro, P. J., A. Kiss, "Ecology - Direct Payments to Conserve Biodiversity," *Science*, 2002, 298 (5599): 1718 - 1719.

建设的生态补偿，更容易得到本地居民的广泛理解和支持，形成保护生态的长效机制，提升补偿计划的可持续性①；③是否具有可替代性的生活方式或者资源，以保障当补偿项目停止的时候，资源使用者回归到原有的资源使用方式上。②

三　对生态补偿的理论争议

生态补偿的逻辑简单清晰，并且相比以往的生态保护手段，生态补偿有诸多优点：在制度设计上更加简单；对于购买者经济上更加有效；对于生态系统服务的提供者来说，增加现金流，生计方式多样化；可以为生态保护提供更多的资金来源。③ 但是，不少研究学者指出，正是因为这种处理社会和生态之间矛盾的简单化逻辑，生态补偿很多情况下并不能激励或者产生保护生态的行为，反而会对生态系统以及资源使用者造成更多的负面影响。从生态补偿的发展过程来看，生态系统服务概念的提出、生态系统服务的货币化价值评估以及生态补偿的具体实践中，都反映出如何理解社会和生态二者之间的关系，这种对于社会和生态系统关系的假设前提越来越受到众多学者的质疑。本文总结了对生态补偿质疑的相关观点，并将其总结为如下几点。

（1）生态系统服务与生态系统功能的区别

针对"生态系统服务"，一些学者认为这是一个"以人类为中心"的概念，忽略了其他非人类所需的生态系统功能，在生态补偿项目中往往要求明确的生态系统服务，这会使生态系统面临潜在的风险。④ 生态系统服务的产生最初是为了强调人类社会对生态系统的依赖性，生态系统服务往往是利于人类，积极的、正面的，但是实际上，洪水、疾病、火烧等对于生态系统功能的维持具有重要作用，而往往不纳入"生态系统服务"的范畴内。因此，在生态系统服务的概念之中，社会和生态系统之间大多数情况还是一种利用与被利用的关系，一方面可以被人类利用的被称为"服务"，另一方面这种服务会因为人类的利用而受到损害。

正如 Boyd 所说，生态系统服务是受益依赖的（benefit dependent），人们对受益的

---

① Engel, S. , S. Pagiola, S. Wunder, "Designing Payments for Environmental Services in Theory and Practice: An Overview of the Issues," *Ecological Economics*, 2008, 65（4）: 663 – 674; Farley, J. , R. Costanza, "Payments for Ecosystem Services: From Local to Global," *Ecological Economics*, 2010, 69（11）: 2060 – 2068.

② Pagiola, S. , E. Ramírez, J. Gobbi, et al. , "Paying for the Environmental Services of Silvopastoral Practices in Nicaragua," *Ecological Economics*, 2007, 64（2）: 374 – 385. 徐晋涛、陶然、徐志刚:《退耕还林: 成本有效性、结构调整效应与经济可持续性——基于西部三省农户调查的实证分析》,《经济学》2004 年第 4 期。

③ Pattanayak, S. K. , "Show Me the Money: Do Payments Supply Environmental Services in Developing Countries?" *Review of Environmental Economics and Policy*, 2010, 4（2）: 254 – 274.

④ Boyd, J. , B. Spencer, "What are Ecosystem Services? The Need for Standardized Environmental Accounting Units," *Ecological Economics*, 2007, 63（2）: 616 – 626.

偏好决定生系统态服务的范围。① 比如，一条河流既可以提供清洁的水源，也可以作为游憩的场所，还可以作为水电能源的来源，这些都是对人类有益的服务功能，而最终如何管理这条河流取决于人们更偏好哪一种服务。而不同的管理方式对生态系统所造成的影响显然是不同的。因此，生态系统服务并不是生态系统状态的客观体现，二者之间也没有直接的因果关系。但是，在生态补偿理论和应用的发展过程中，生态系统服务逐渐成为整个生态系统评价的指标，即生态系统服务的提供越多代表生态系统状态越理想。因此，当用经济手段激励仅人类所需的"生态系统服务"时，实际是在试图通过对有限的变量的控制来为人类提供稳定的服务。②

然而，成功控制单一变量极有可能导致系统在其他时空尺度变量的变化，从而对生态系统其他非人类需要的生态系统功能造成破坏③，以下一些案例也说明了追求单一或者某种生态系统服务对生态系统的影响。Peterson 等人通过模型模拟湖泊管理的时候发现，以淡水输出、灌溉、娱乐等生态服务为目标的管理模式，最终会导致该湖泊生态系统的崩溃④。再比如，在强调某些生态系统的碳汇功能时，人们将固碳能力强的单一物种取代了原有的生物多样性，虽然提高了碳汇的服务功能，却不利于整体系统的持续。⑤

（2）生态系统服务商品化对生态系统功能存在损害风险

在如何体现生态系统对于社会系统的贡献方面，将生态系统服务进行了货币化的衡量，并以此为依据进行社会决策。但与此同时，生态补偿将生态系统服务简化为单一的货币化价值，进行物质化、商品化的交易，忽略了生产生态系统服务的基础——生态系统功能，有可能造成生态系统功能的损害和生物多样性的丧失。⑥

以生态服务作为商品进行交换的模式，是一种"通过买卖进行保护"的逻辑，

---

① Boyd, J., B. Spencer, "What are Ecosystem Services? The Need for Standardized Environmental Accounting U-nits," *Ecological Economics*, 2007, 63（2）: 616 – 626.

② Redford, K. H., "Payment for Ecosystem Services and the Challenge of Saving Nature," *Conservation Biology : The Journal of the Society for Conservation Biology*, 2009, 23（4）: 785 – 787.

③ Holling, C. S., G. K. Meffe, "Command and Control and the Pathology of Natural Resource Management," *Conservation Biology*, 1996, 10（2）: 328 – 337.

④ Peterson, B. G. D., S. R. Carpenter, W. A. Brock, "Uncertainty and the Management of Multistate Ecosystems: An Apparently Rational Route to Collapse," *Ecology*, 2003, 84（6）: 1403 – 1411.

⑤ Chan, K. M. A., R. M. Pringle, J. Ranganathan, et al., "When Agendas Collide: Human Welfare and Biological Conservation," *Conservation Biology*, 2007, 21（1）: 59 – 68.

⑥ Muradian, R., L. Rival, "Between Markets and Hierarchies: The Challenge of Governing Ecosystem Services," *Ecosystem Services*, 2012, 1（1）: 93 – 100; Kosoy, N. A. S., E. Corbera, "Payments for Ecosystem Services as Commodity Fetishism," *Ecological Economics*, 2010, 69（6）: 1228 – 1236; Peterson, M. J., D. M. Hall, A. M. Feldpausch – Parker, et al., "Obscuring Ecosystem Function with Application of the Ecosystem Services Concept," *Conservation Biology*, 2010, 24（1）: 113 – 119; Gomez – Baggethun, E., M. Ruiz – Perez, "Economic Valuation and the Commodification of Ecosystem Services," *Progress in Physical Geography*, 2011, 35（5）: 613 – 628; Pokorny, B., J. Johnson, G. Medina, et al., "Market – based Conservation of the Amazonian Forests: Revisiting Win-Win expectations," *Geoforum*, 2012, 43（3）: 387 – 401.

这并不能触碰到生态问题产生的本质。目前，生态环境的破坏很大程度上是由于经济全球化对于货币资本积累的崇拜，以至于忽略了生态系统中其他非货币化的价值所导致的。① 因此，将生态服务作为商品进行交易的时候，难免又陷入资本积累的怪圈中，用货币去衡量生态系统服务的最大化生产，会造成新一轮的生态系统功能失衡。②

Peterson 等人③从马克思的政治经济学角度，深入分析了生态系统服务的商品化有可能造成对生态系统功能的破坏。马克思指出市场价格掩盖了劳动力以及其他资源对于商品的贡献。与此类似，当生态系统服务作为商品时，生态系统中的生物因素就成为劳动力。正如市场中的其他商品，生产的逻辑会掩盖"生态系统工人"和原材料的痕迹，对"生态系统工人"的忽视，以及用货币对其进行替代，与生态系统服务重构生态系统功能和生物多样性的初衷背道而驰。

生态系统服务的商品化过程简化了生态系统的内部组分和生态过程的复杂性，这种建立在不完全信息上的保护方式并不能达到目的。④在生态补偿的实施过程中，一般以对自然资源（或者土地）的产权明晰为前提，⑤ 以便于生态服务提供者和受益者之间的交易。从生态系统的角度，这种产权上的明晰将生态系统的功能和过程分割成了不同的交易单元，忽略了某一单元内的生态功能或者过程是依赖于其他单元实现的，人为的物理意义上的分割有可能增强某一种生态系统服务的供给，但是损害了生态系统的整体性。⑥ 如在欧盟的农业环境计划中，将农场主作为公共物品的提供者进行补偿，以此来保护生物多样性，但是基于农场尺度的个体补偿，并没有将景观作为整体进行管理，因此一些学者提出了"聚集奖励"（agglomeration bonus）的方式寻求重新整合个体牧场主的途径。⑦

① Pokorny, B., J. Johnson, G. Medina, et al., "Market – based Conservation of the Amazonian Forests: Revisiting Win-Win Expectations," *Geoforum*, 2012, 43（3）：387 – 401. 陈学明：《资本逻辑与生态危机》，《中国社会科学》2012 年第 11 期。

② Peterson, M. J., D. M. Hall, A. M. Feldpausch – Parker, et al., "Obscuring Ecosystem Function with Application of the Ecosystem Services Concept," *Conservation Biology*, 2010, 24（1）：113 – 119.

③ Peterson, M. J., D. M. Hall, A. M. Feldpausch – Parker, et al., "Obscuring Ecosystem Function with Application of the Ecosystem Services Concept," *Conservation Biology*, 2010, 24（1）：113 – 119.

④ Muradian, R., L. Rival, "Between Markets and Hierarchies: The Challenge of Governing Ecosystem Services," *Ecosystem Services*, 2012, 1（1）：93 – 100.

⑤ Vatn, A., "An Institutional Analysis of Payments for Environmental Services," *Ecological Economics*, 2010, 69（6）：1245 – 1252.

⑥ Kosoy, N. A. S., E. Corbera, "Payments for Ecosystem Services as Commodity Fetishism," *Ecological Economics*, 2010, 69（6）：1228 – 1236.

⑦ Parkhurst, G. M., J. F. Shogren, C. Bastian, et al., "Agglomeration Bonus: An Incentive Mechanism to Reunite Fragmented Habitat for Biodiversity Conservation," *Ecological Economics*, 2002, 41（2）：305 – 328; Admiraal, J. F., A. Wossink, W. T. D. Groot, et al., "More than Total Economic Value: How to Combine Economic Valuation of Biodiversity with Ecological Resilience," *Ecological Economics*, 2013, 89（4）：115 – 122.

（3）经济激励对个体内在保护机制的"挤出/挤入效应"

生态补偿试图通过经济激励的方式，使社会群体产生保护生态或者停止生态破坏的行为，但是基于市场机制的经济激励所造成的社会结果是复杂的，尤其对于一些依赖自然资源生存的社区，外部经济激励可能对原有内在的保护和利用机制造成"挤出效应"，影响生态保护的效果。[1] 在长期依赖自然资源为生的社区，其内部所形成的社会规范、宗教文化、制度安排等均与资源的保护和利用密切相关，一些案例研究也证实这些内在的正式与非正式的规则使得这些地区避免了公地悲剧，保持了生态系统的长期可持续性。[2]

动机	收益	来源	社会背景	制度背景
纯粹的利他主义	无	内部	自我标准	个人价值
一般的利他主义	自我形象/社会和谐			
公平/信任	自我形象/社会和谐			
他人认可	声誉			社会规范
互惠	一声还一报			
正式激励	金钱/避免惩罚	外部	社会标准	正式制度

图 1　公共物品提供的激励机制类别及特点[1]

根据保护动机内在性的强弱和收益特点，Reeson 等人将公共物品或者服务的提供动机分为纯粹的利他主义、一般的利他主义、公平和信任、他人的认可、互惠、正式激励，并通过实验模拟的方式验证了在已存在内在保护动机的人群中增加外部经济激励，存在

① Muradian, R., G. Froger, E. Garcia – Frapilli, et al., "Payments for Ecosystem Services and the Fatal Attraction of Win – Win Solutions," *Conservation Letters*, 2013, 6 (4): 274 – 279; Redford, K. H., "Payment for Ecosystem Services and the Challenge of Saving Nature," *Conservation Biology: The Journal of the Society for Conservation Biology*, 2009, 23 (4): 785 – 787. Gomez – Baggethun, E., M. Ruiz – Perez, "Economic Valuation and the Commodification of Ecosystem Services," *Progress in Physical Geography*, 2011, 35 (5): 613 – 628; Reeson, A., J. Tisdell, "When Good Incentives Go Bad: An Experimental Study of Institutions, Motivations and Crowding Out," Sydney Australian Agricultural and Resource Economics Society (AARES) 50th Annual Conference, 2006; Bowles, S., "Policies Designed for Self – interested Citizens may Undermine the Moral Sentiments: Evidence from Economic Experiments", *Science*, 2008, 320 (5883): 1605 – 1609; Kinzig, A. P., C. Perrings, F. S. Chapin, et al., "Paying for Ecosystem Services – Promise and Peril," *Science*, 2011, 334 (6056): 603 – 604, Fisher, J., "No Pay, No Care? A Case Study Exploring Motivations for Participation in Payments for Ecosystem Services in Uganda," *Oryx*, 2012, 46 (1): 45 – 54.

② 埃莉诺·奥斯特罗姆：《公共事务的治理之道》，上海三联书店，2000。

③ Reeson, A., J. Tisdell, "When Good Incentives Go Bad: An Experimental Study of Institutions, Motivations and Crowding Out," Sydney Australian Agricultural and Resource Economics Society (AARES) 50th Annual Conference, 2006.

挤出内部机制的效应,对生态保护产生长期的负面影响(见图1)①。Bowles 等人通过经济学实验的方式也证明了这一观点:市场机制鼓励竞争与个人主义,这种基于市场逻辑的制度能够塑造人的意识形态、价值观和行为方式,从而可能会破坏先前基于道德、文化、合作、互惠、社会关系的保护意愿等。② 内在机制嵌套在群体的社会生活中,具有持久性和自我约束能力,而现行的生态补偿激励往往来自社区外部,如政府、组织或者私人企业等,"挤出效应"会使得外部经济激励停止时,生态保护的行动无以为继,形成"no pay, no care"的现象。③ 有的学者也将其称为"补偿逻辑的困境",即只有当补偿金额越来越多的时候,保护生态并提供生态系统服务的行为才会持续。④

此外,将生态系统服务货币化并进行交易的过程,会形成复杂的社会响应,利益群体对于收益、公平、权力的感知变化会对生态保护的效果产生显著的影响。⑤ 在生态服务的价格制定、交易等过程中,一般生态服务的购买者(企业、组织或者政府)具有绝对优势的信息和话语权。在这种情况下所形成的补偿机制,会使生态服务的提供者产生抵抗、消极、愤怒、质疑等不确定的情绪化反应,导致不理想的生态保护效果。

四　研究评述

生态补偿的理论研究热点主要侧重在生态补偿的实施层面,如补偿标准如何确定、政策成本效益等。对于理论层面的争议,本文认为无论是社会系统还是生态系统,生态补偿在设计与实施的过程中需要了解目标系统的复杂性,并且意识到生态补偿机制简单逻辑背后的复杂社会生态系统关系。

生态补偿的有效实施有赖于两个层面问题的解决,首先是生态系统服务的生产问题,其次是生态系统服务的提供问题。第一个层面问题的解决,源于资源利用社区(通常是生态系统服务补偿对象)与生态系统之间的关系,取决于其内在的作用机制,这里我们称之为生态补偿需要解决的"一阶问题"。第二个层面问题的解决,需要进一步处理资源利用社区和外部社会之间的关系,即通过怎样的外部干预可以促使社区保持某种理想的利用资源的状态,这里称之为"二阶问题"。因此,生态补偿政策应该首

---

① Reeson, A., J. Tisdell, "When Good Incentives Go Bad: An Experimental Study of Institutions, Motivations and Crowding Out," *Sydney Australian Agricultural and Resource Economics Society (AARES) 50th Annual Conference*, 2006.

② Bowles, S., "Policies Designed for Self - interested Citizens may Undermine the Moral Sentiments: Evidence from Economic Experiments," *Science*, 2008, 320 (5883): 1605 - 1609.

③ Fisher, J., "No Pay, No Care? A Case Study Exploring Motivations for Participation in Payments for Ecosystem Services in Uganda," *Oryx*, 2012, 46 (1): 45 - 54.

④ Muradian, R., G. Froger, E. Garcia - Frapolli, et al., "Payments for Ecosystem Services and the Fatal Attraction of Win - Win Solutions," *Conservation Letters*, 2013, 6 (4): 274 - 279.

⑤ Kosoy, N. A. S., E. Corbera, "Payments for Ecosystem Services as Commodity Fetishism," *Ecological Economics*, 2010, 69 (6): 1228 - 1236.

先理解社会生态系统的内部作用机制，即目标社会生态系统如何产生所需的服务，然后通过外部经济激励的政策设计保持这种理想的状态，即解决二阶问题。但是，从目前生态补偿的研究热点来看，更多的学者关注的是二阶问题的解决方案，如补偿标准的确定，生态补偿成本效益等问题，而很少讨论其一阶问题。

生态补偿作为一种解决外部性的手段，经常会将外部性的解决转化为一种简单化的外部干预，尤其是当政府作为补偿方和资本相结合时，这种外部干预的弊端就会更加显著，其结果就是忽视目标社会生态系统的复杂性与差异性。[①] 这种不当外部干预通常的表现是采取"一刀切"的做法处理纷繁复杂的社会和生态问题，而缺乏对内部资源使用者、生态过程及其相互作用关系的剖析。因此，生态补偿的目标虽然是通过经济手段激励资源使用者的保护行为，但是实际上却往往因为这种外部不当干预的视角，导致目标系统不能够被完全理解，如上文提及的补偿标准、补偿方式、补偿时限和范围等等一般均由政府决定，补偿对象的参与程度很低。[②] 其结果通常是将目标系统内的关系和相互作用简单化，并可能导致与预期相反的效果。[③]

此外，现有关于生态补偿的争议一般局限在单纯的社会系统或者单纯的生态系统的讨论中，而缺乏将二者作为整体进行考虑。一直以来生态系统服务一般被理解为人类从生态系统所获得的直接或者间接的收益[④]，这一概念引起了人们对于生态保护的重视，同时人类活动也一直被视为生态系统服务受损的主要原因，因此生态政策往往过度关注人类对生态系统造成的负面影响。[⑤] 但实际上，纯自然的、无人类干扰的生态系统很少存在，人类活动直接影响生态系统的结构、功能和动态，关注以往长期的人类活动影响对生态系统的塑造过程，对于生态系统的保护同样重要。[⑥] 因此，越来越多的学者开始提出一些新的表述，如"文化景观生态系统服务"（cultural landscapes ecosys-

① 韩念勇：《草原的逻辑》，北京科学技术出版社，2011。

② Muradian, R., L. Rival, "Between Markets and Hierarchies: The Challenge of Governing Ecosystem Services," *Ecosystem Services*, 2012, 1 (1): 93 – 100; Kemkes, R. J., J. Farley, C. J. Koliba, "Determining when Payments are an Effective Policy Approach to Ecosystem Service Provision," *Ecological Economics*, 2010, 69: 2069 – 2074; Muradian, R., E. Corbera, U. Pascual, et al., "Reconciling Theory and Practice: An Alternative Conceptual Framework for Understanding Payments for Environmental Services," *Ecological Economics*, 2010, 69 (6), 1202 – 1208.

③ 斯科特：《国家的视角：那些试图改善人类状况的项目是如何失败的》，社会科学文献出版社，2004。

④ Millennium Ecosystem Assessment (MA), *Ecosystems and Human Well - being: The Assessment Series*, Washington, DC, Island Press, 2005.

⑤ Redman, C. L., J. M. Grover, L. H. Kuby, "Integrating Social Science into the Long - Term Ecological Research (LTER) Network: Social Dimensions of Ecological Change and Ecological Dimensions of Social Change," *Ecosystems*, 2004, 7 (2): 161 – 171.

⑥ Redman, C. L., J. M. Grover, L. H. Kuby, "Integrating Social Science into the Long - Term Ecological Research (LTER) Network: Social Dimensions of Ecological Change and Ecological Dimensions of Social Change," *Ecosystems*, 2004, 7 (2): 161 – 171.

tem services）、"社会生态服务"（social-ecological services），以表征人类活动对于生态系统服务产生的作用。[①]

基于以上认识和分析，本文认为采用"社会生态系统服务"一词代替目前所使用的"生态系统服务"，能够在理论上避免由于仅强调生态系统而忽视社会系统及二者之间的关系所导致的不当政策干预。"社会生态系统服务"（Social Ecological Systen Service）是指人类能够从某些特定的社会生态系统中所获得的直接或者间接的收益，如在草原地区千百年来形成的"人—草—畜"放牧业生产系统，山地民族刀耕火种的生产系统、哈尼族的梯田体系等，这些传统的社会生态系统都为所在地区提供了长期的可持续的社会、经济与生态收益。这一概念的提出，其目的不是否定传统生态系统服务的概念或者创造一个新的概念，而是通过此概念在生态补偿设计及实施的过程中对于认识和处理生态系统和社会系统之间关系，强调两个方面：第一，区别以往单纯强调人类对生态系统负面干扰的生态治理思路，突出人类的文化、经济活动、观念等在维持生态系统结构和过程的重要作用。第二，突出社会生态系统自身动态及对政策响应的复杂性，了解生态系统服务的内部机制，特别是社会及生态系统的相互作用关系。

如果以社会生态系统服务作为生态补偿的目标，必须了解社会生态系统的结构、反馈关系、相互作用机制。与单纯生态系统服务的补偿不同，以社会生态系统服务作为补偿的对象不是排除人为因素对生态系统的干扰，而是考虑如何维持人利用资源的活动，保持一种理想的人与自然的反馈状态，因此会形成不同的政策思路。对这一问题的深入探讨，有助于走出现有的政策误区，对接下来更大范围内的生态补偿政策提供新的视角。

Research Progress and Debate on the Theory of Payment for Ecosystem Services
—Based on the Relationship between Ecology and Society

Abstract：Payment for ecosystem services（PES）has been widely concerned by scholars and government policy makers, and quickly become the main means of ecological protection in the recent past 20 years. However, PES theory has not been studied enough, and the applicability of PES is still being questioned. This paper reviews the development and construction process of PES theory, and summarizes it as three main stages：the establishment of ecosystem

---

① Redman, C. L., J. M. Grover, L. H. Kuby, "Integrating Social Science into the Long – Term Ecological Research（LTER）Network：Social Dimensions of Ecological Change and Ecological Dimensions of Social Change," *Ecosystems*, 2004, 7（2）：161 – 171；Huntsinger, L., J. L. Oviedo, "Ecosystem Services are Social-ecological Services in a Traditional Pastoral System：The Case of California's Mediterranean Rangelands," *Ecology & Society*, 2014, 19（1）：8.

service concept, valuation of ecosystem services, and the construction of market mechanism of ecosystem service. Many researches focused on the specific implementation of PES, such as compensation standards, cost effectiveness, sustainability, etc. , but few is debated about the basic theory. This paper reviews the currently theoretical debate on PES, we suggest that existing academic Sield and policy makers are lack of in – depth understanding about relationship between society and ecology, especially in some area where local communities have long – term dependent natural resources. Based on this, this paper proposed the social ecological system service concept to replace the ecosystem services, which aim to avoid of neglect overall impacts on social ecological system caused by over – emphasis on ecological system.

Keywords：Ecosystem Services　Payment for Ecosystem Services　Social Ecological System

原载于《中国人口·资源与环境》2017 年第 3 期

民族地区城镇少数民族人口的就业分布与特征

——基于 CHES2011 数据的分析

马　骍

摘　要　族际就业差异一直是政府和学界关注的热点，观察新时期少数民族与汉族的就业分布及其特征，目的是为揭示民族地区经济社会发展现状、制定政策预案提供主要依据。本文利用 2011 年西部民族地区经济社会状况家庭调查数据（CHES2011），考察了少数民族与汉族在就业分布和就业特征方面的异同，发现当前我国民族地区城镇少数民族与汉族人口的就业差异逐渐缩小，但仍然存在一定的分割痕迹；从就业特征看，少数民族在劳动收入、劳动合同和社会保障以及职业流动等方面都呈现出了规律性特征。

关键词　民族地区　少数民族人口　就业分布　职业流动

就业是民生之本，良好的就业格局是社会发展的稳定器，解决少数民族就业问题、提高就业质量是民族地区全面建成小康社会的现实路径之一。在此背景下，对民族地区族际就业差异展开分析，特别是对城镇地区少数民族与汉族就业分布及特征现状进行系统梳理，对判定民族地区社会发展状况与演变态势，进而理解西部地区民族关系，寻求全面建成小康社会可行路径具有重要的意义。此外，对少数民族就业分布和就业质量的分析，还可以检验我国的民族政策是否对少数民族就业起到了积极的推动作用。本文利用 2011 年西部民族地区经济社会状况家庭调查数据（Chinese Household Ethnicity Survey 2011，简称 CHES2011），从多个维度对城镇少数民族与汉族就业差异展开比较分析，以期研究结论对制定相关政策具有一定的参考价值。

一　文献综述

我国少数民族在劳动力市场中形成的就业分布格局一直是国内外学者们关注的热

点。在新时期社会快速转型、区域经济发展不平衡问题日益凸显的背景下，对于民族地区劳动力市场发展，尤其是城镇少数民族人口就业机会获取及就业分布状况的研究不断增加，并形成了如下观点。

一方面，有研究者认为少数民族就业分布主要集中于低端职业，在劳动力市场中处于劣势地位。贝克林（Becquelin）研究发现，新疆少数民族与汉族在就业分布方面的职业层次差异非常明显。[①] 波文顿（Bovingdon）认为，这种就业分布的差异对于那些受过正规教育的当地少数民族青年而言更为突出，他们在现实中往往被排斥在高质量的工作岗位之外。[②] 乔德里（Chaudhuri）研究了新疆各民族的就业分布状况，发现汉族、回族和蒙古族更多地进入了收入较高的国有企事业单位，而维吾尔族等少数民族则大多从事农牧业。[③] 耶（Yeh）对西藏的研究发现，汉族在就业机会的获取和职业地位的提升方面处于有利地位。[④] 臧小伟发现，市场化改革扩大了少数民族在获取高层次国有部门岗位时与汉族的差距，从而使得少数民族在劳动市场上的劣势地位愈加明显。[⑤]

另一方面，有学者研究发现民族地区的少数民族与汉族在就业机会方面并没有出现上述的明显差异，因而就业分布也不存在明显不同。汉纳姆（Hannum）等人利用人口普查数据分析发现，新疆地区受过高等教育的少数民族与汉族在高层次职业获得过程中并无明显的差距，所谓族际就业机会的差距仅存在于中低端职业领域。[⑥] 萨特曼（Sautman）等人对城镇地区的研究也发现，藏族与汉族并不存在就业机会和分布方面明显的差距，在政府机构或者职级较高的职位方面，汉族人口并不占优势，他们往往更多地作为生产领域的蓝领工人或专业技术人员出现。具体而言，在西藏自治区内的汉族暂住人口主要经营小规模商业或服务业，并没有对当地少数民族的就业机会形成挤压，不存在就业分布的明显差异。而在自治区就业分布格局中，党政部门干部中藏族占了绝大部分，而且商业中也不乏富裕的藏族人口，所以他们才是民族地区经济社会发展的主要受益者。[⑦]

---

① 参见 Nicolas Becquelin, "Xinjiang in the Nineties," *The China Journal*, Vol. 44, 2000。

② 参见 Gardner Bovingdon, "The Not－So－Silent Majority," *Modern China*, Vol. 28, No. 1, 2002。

③ 参见 Debasish Chaudhuri, "A Survey of the Economic Situation in Xinjiang and Its Role in the Twenty－First Century," *China Report*, Vol. 41, No. 1, 2005。

④ 参见 Emily T. Yeh, "Tropes of Indolence and the Cultural Politics of Development in Lhasa, Tibet," *Annals of the Association of American Geographers*, Vol. 97, No. 3, 2007。

⑤ 参见 Xiaowei Zang, "Market Reforms and Han－Muslim Variation in Employment in the Chinese State Sector in a Chinese City," *World Development*, Vol. 36, No. 11, 2008。

⑥ 参见 Emily Hannum and Yu Xie, "Ethnic Stratification in Northwest China: Occupational Differences between Han Chinese and National Minorities in Xinjiang, 1982－1990," *Demography*, Vol. 35, No. 3, 1998。

⑦ Barry Sautman and Irene Eng, "Tibet: Development for Whom?" *China Information*, Vol. XV, No. 2, 2001。

最后，来自全国的宏微观数据研究指出，总体上看，少数民族群体与汉族的就业机会和就业分布中的职业等级层次有明显差距[1]，而且对于少数民族流动人口而言，从他们的流动特征和就业质量来看还存在明显的部门、行业和职业分割，他们中的大多数人分布于中低端行业。[2]

总之，既有研究大多通过翔实的数据检验了我国民族地区少数民族与汉族在就业分布方面的异同，但囿于所分析的民族区域往往过于狭小，仅针对某一个或某几个少数民族的分析结果，很难从结论上准确描述我国大部分民族地区的真实现状。基于此，本文将通过近年来在西部民族地区开展的微观调查数据，从更加直观的视角分析民族地区人口就业分布及特征现状，以期对这些地区少数民族就业的总体状况进行判定，为政策预案提供线索。本文将通过统计分析方法来揭示民族地区城镇少数民族人口的就业分布与特征。

二 数据来源及统计描述

（一）数据来源

本文数据来自 2011 年西部民族地区经济社会状况家庭调查数据（CHES2011）。该调查由中央民族大学经济学院和中国社会科学院民族学与人类学研究所民族经济研究室于 2012 年 6 月共同完成，共包含新疆维吾尔自治区、内蒙古自治区、宁夏回族自治区、广西壮族自治区、青海省、贵州省黔东南苗族侗族自治州和湖南省等七个地区。调查采用国家统计局的城乡分层随机抽样方法，强调对各个地区主体民族的家庭调查，问卷内容包含了就业等信息。CHES2011 数据覆盖了我国绝大部分民族地区和少数民族聚集区，样本分布面宽，代表性好，能够为研究民族地区经济社会问题提供充分的支撑。根据本文研究所需，笔者选择城镇地区的调查数据，总样本为 10062 个，剔除部分无效样本后的有效样本为 9921 个。

（二）样本的统计描述

笔者对七省区城镇个人加户数据的统计进行了描述。表 1 详细汇报了调查数据中各民族样本的分布情况。本文数据的总样本为 9921 个，其中少数民族为 4443 个，占比 44.78%；汉族为 5478 个，占比 55.22%。在少数民族群体中，回族、苗族、蒙古族、维吾尔族、侗族、壮族、土家族、哈萨克族、瑶族、藏族样本占比最多，其余少数民族较少，与我国民族人口的结构基本一致。性别方面，少数民族男性占 50.27%，女性占 49.73%；汉族男性的占比为 48.87%，略低于女性的 51.13%，总体上性别比平衡。

---

① 参见马戎《中国各族群之间的结构性差异》，《社会科学战线》2003 年第 4 期。
② 参见苏丽锋《少数民族人口流动特征及就业质量研究》，《民族研究》2015 年第 5 期。

另外，非农业户籍的少数民族占 86.68%，农业户籍的少数民族占13.32%；非农业户籍的汉族占 88.26%，农业户籍的汉族占 11.74%。可见，有更高比例的少数民族人口从农村流动到城镇居留就业。

表 1   样本统计描述一

类别	名称	样本量	占比%
少数民族	蒙古族	571	5.76
	回族	954	9.62
	藏族	127	1.28
	维吾尔族	500	5.04
	苗族	791	7.97
	彝族	3	0.03
	壮族	319	3.22
	布依族	28	0.28
	朝鲜族	2	0.02
	满族	39	0.39
	侗族	379	3.82
	瑶族	150	1.51
	白族	9	0.09
	土家族	268	2.70
	哈尼族	5	0.05
	哈萨克族	204	2.06
	傣族	1	0.01
	黎族	5	0.05
	傈僳族	1	0.01
	畲族	6	0.06
	高山族	7	0.07
	东乡族	9	0.09
	景颇族	6	0.06
	土族	29	0.29
	达斡尔族	4	0.04
	仫佬族	5	0.05
	撒拉族	4	0.04

续表

类别	名称	样本量	占比%
少数民族	仡佬族	2	0.02
	锡伯族	7	0.07
	乌孜别克族	1	0.01
	裕固族	2	0.02
	京族	4	0.04
	鄂伦春族	1	0.01
	总计	4443	44.78
汉族		5478	55.22
合计		9921	100%
性别	少数民族男性	2749	50.27
	少数民族女性	2720	49.73
	汉族男性	2233	48.87
	汉族女性	2336	51.13
户口	少数民族农户	569	13.32
	少数民族非农户	3703	86.68
	汉族农户	618	11.74
	汉族非农户	4647	88.26

表2　样本统计描述二

类别		样本量	均值	最小值	最大值
年龄	少数民族	4533	33.69078	0	99
	汉族	5436	38.44684	0	99
	少数民族劳动年龄人口	3392	38.03862	16	64
	汉族劳动年龄人口	4230	40.23475	16	64
受教育年限	少数民族	3428	9.975146	0	25
	汉族	4203	10.08456	0	26
家庭规模	少数民族	3953	4.156084	1	8
	汉族	5103	4.212228	1	8

　　表2进一步统计了年龄、受教育年限和家庭规模变量特征。全体口径的统计结果显示，少数民族人口的平均年龄为34岁，比汉族的38岁小4岁；对劳动年龄人口的统计分析则发现，该差距缩小为2岁。对数据的详细挖掘还发现，与汉族相比，少数民族16岁以下人口占比更高，而且在绝对数量上超过汉族，表明在城镇中少数民族年龄较小的人口更多；同时，在城镇中常住的少数民族农业户籍人口比例也更高。从劳动力工作搜寻的基本规律来看，从农村向城市流动的大多是较为年轻的劳动力及

其所携带的子女，所以我们可以判断，在城镇中常住的少数民族农业户籍人口基本都处在相对较小的年龄阶段，因而在总体上使得少数民族群体的平均年龄更低。少数民族总体年龄结构偏小和农业户籍人口占比较大的现实，表明在民族地区少数民族的人口流动逐渐趋于活跃，政府应该对适龄人口的教育、就业服务做出政策预案；而且要从推进民族地区新型城镇化角度出发，调整和制定新的适应当前特点的民族人口城镇化策略。①

三 就业分布比较分析

结合当前我国劳动力市场中的分割特点，本文从就业部门、行业、职业、单位规模四个方面逐一分析少数民族与汉族在就业分布方面的差异（见表3）。

（一）就业部门比较

从就业的部门来看，总体上少数民族与汉族就业的部门分布比较接近，大部分人集中于国有经济单位和城镇个体或私营企业，只有少部分人供职于城镇集体或其他经济单位，其他类型就业者只占总体的一小部分。具体来看，有50.93%的少数民族在国有经济单位就业，高于汉族的43.38%，而汉族在城镇集体、其他单位、个体和私营企业就业的比例略高于少数民族，但差异并不十分明显。民族就业优惠政策在政府管控的国有部门起到了积极的效果，但在市场化程度较高的个体和私营企业部门吸纳少数民族就业方面的影响效果不大。有研究发现，在民族地区，一方面，少数民族与汉族之间就业的不平等现象仅存在于私有部门；另一方面，汉族在国有企业单位就业机会上更有优势。② 但本文的发现则证明了少数民族在国有部门就业机会获取上高于汉族的事实，进一步揭示了民族政策的积极效应。

（二）行业比较

在行业方面，笔者对问卷中包含的所有19个行业类别都进行了统计，结果发现少数民族在公共管理和社会组织、教育等行业的就业比例比汉族高，而在制造业，交通运输、仓储和邮政业等领域低于汉族。在其他行业的分布情况是，少数民族在农林牧渔业，信息传输、计算机服务和软件业，住宿和餐饮业，科学研究、技术服务和地质勘探业，卫生、社会保障和社会福利业的就业比例略高；而汉族则在采矿业，电力、

---

① 新型城镇化的核心内容是人的城镇化，对于民族地区而言，还需要结合当地实际考虑促进民族交流交往交融。2014年召开的中央民族工作会议指出，要"准确把握新形势下民族问题、民族工作的特点和规律"，"让城市更好接纳少数民族群众，让少数民族群众更好融入城市"，为今后工作指明了方向。参见《中央民族工作会议暨国务院第六次全国民族团结进步表彰大会在北京举行》，人民网：http://politics.people.com.cn/n/2014/0930/c1024-25763359.html，2015年10月30日。关于家庭规模的统计结果表明，少数民族与汉族在城镇中居留所形成的家庭结构基本相似。

② 参见马忠才《中国西部劳动力市场的民族分层》，《社会学评论》2015年第1期。

燃气及煤的生产和供应业，批发和零售业，居民服务和其他服务业等行业的比例略高。总体上看，民族地区就业人员的行业分布平衡度较高，没有出现民族之间的明显差异。少数民族在公共管理和社会组织、教育等行业就业比例较高的事实，说明在我国民族地区城镇劳动力市场中，少数民族在体制内单位的就业方面具有一定优势，并没有出现比汉族就业分布更少的现象。笔者认为，少数民族人口在公共管理和社会组织、教育行业就业比例更高，不仅有利于劳动者获得更高的职业地位和良好的职业发展机会，更有利于民族地区社会治理、落实国家的民族政策，还能够从教育的代际传递过程中，更好地在传承民族文化的基础上，消除民族语言等因素带来的教育交流障碍，不断培养适应民族地区经济发展所需人才。

（三）职业比较

职业方面，从表 3 可知，少数民族人口在劳动力市场中的职业分布基本平衡，除生产、运输设备操作人员及有关人员比例低于汉族外，其他职业占比都略高于汉族。如果按照前述部分学者认为的我国民族地区经济发展相对滞后，少数民族人口人力资本水平偏低，那么在职业分布上必然会出现少数民族集中于低端职业的现实问题，但事实上我们可以清晰地发现，少数民族中国家机关党群组织、企事业单位负责人和专业技术人员的比例比汉族更高，这也再次佐证了少数民族的就业分布与汉族没有明显差异。

（四）不同规模单位的就业分布比较

进一步地，笔者从单位规模的视角来考察少数民族人口的就业分布。表 3 的分析结果说明，少数民族与汉族就业人员主要分布于人数在 11 人—50 人规模的单位，其次是 10 人及以下、51 人—100 人以上的单位，具有相似的分布规律。从具体的比例来看，少数民族有43.40%的人在 11 人—50 人的单位就业，比汉族的 34.84%更高，而在其他人数规模的单位中，少数民族则比汉族占比低。事实上，我们已经在前文的分析中发现汉族人口在采矿业，制造业，电力、燃气及煤的生产和供应业，建筑业，交通运输、仓储和邮政业的就业比例高于少数民族，而从单位就业人员数量来看，这些行业所对应的单位规模普遍比较大，因而汉族在上述单位就业的人数比例会高于少数民族。究其原因，笔者认为，一方面政府的就业优惠政策使得少数民族人口更多地集中于公共管理和社会组织、教育等规模相对较小的单位，因而可以说这种单位规模的就业分布特征体现了政策的积极效应；另一方面，这一结果表明从不考虑政府干预下的劳动力市场人才配置角度看，少数民族人口在单位获取方面依然存在选择面相对汉族略窄的问题。因此，培养更多类型的少数民族专业人才并提高他们的专业技能水平，应该逐渐成为该群体今后拓展择业范围的新动力。

表 3　少数民族人口就业的分布

		少数民族		汉族	
		数量	占比%	数量	占比%
部门	国有经济单位职工	1183	50.93	1281	43.38
	城镇集体经济单位职工	64	2.76	120	4.06
	其他经济类型单位职工	136	5.85	221	7.48
	城镇个体或私营企业主	304	13.09	472	15.98
	城镇个体或私营企业被雇者	341	14.68	477	16.15
	其他就业者	295	12.70	382	12.94
行业	农林牧渔业	135	5.96	154	5.23
	采矿业	9	0.40	39	1.33
	制造业	85	3.75	170	5.78
	电力、燃气及煤的生产和供应业	53	2.34	106	3.60
	建筑业	97	4.28	128	4.35
	交通运输、仓储和邮政业	150	6.62	262	8.90
	信息传输、计算机服务和软件业	44	1.94	50	1.70
	批发和零售业	260	11.47	377	12.81
	住宿和餐饮业	98	4.32	122	4.15
	金融业	45	1.99	75	2.55
	房地产业	15	0.66	21	0.71
	租赁和商务服务业	43	1.90	55	1.87
	科学研究、技术服务和地质勘探业	28	1.24	21	0.71
	水利、环境和公共设施管理业	32	1.41	44	1.50
	居民服务和其他服务业	243	10.72	326	11.08
	教育	224	9.89	255	8.66
	卫生、社会保障和社会福利业	115	5.08	139	4.72
	文化、体育和娱乐业	48	2.12	51	1.73
	公共管理和社会组织	541	23.87	548	18.62
职业	国家机关党群组织、企事业单位负责人	230	10.16	249	8.47
	专业技术人员	497	21.95	609	20.72
	办事人员和有关人员	599	26.46	755	25.69
	商业	391	17.27	479	16.30
	农林牧渔水利生产人员	39	1.72	56	1.91
	生产、运输设备操作人员及有关人员	167	7.38	327	11.13
	军人	6	0.27	3	0.10
	不便分类的其他从业人员	335	14.80	461	15.69

		少数民族		汉族	
		数量	占比%	数量	占比%
单位规模	10 人及以下	401	20.92	526	21.24
	11 人—50 人	832	43.40	863	34.84
	51 人—100 人	308	16.07	434	17.52
	101 人—250 人	198	10.33	295	11.91
	251 人—500 人	87	4.54	142	5.73
	501 人—1000 人	48	2.50	78	3.15
	1001 人以上	43	2.24	139	5.61

四 就业特征比较分析

就业分布反映职业获取的可能情况，但劳动者在其工作过程中的处境还必须通过与具体工作关系更为密切的就业特征来判断。因此下文将从工作时间、劳动收入、合同类型和社会保障及职业流动等方面进一步比较少数民族与汉族的就业差异，并对其规律性特点进行总结分析。

（一）工作时间特征

在平均意义上，少数民族劳动年龄人口的工作时间与汉族基本相同，表明在民族地区的劳动参与方面，少数民族与汉族没有明显差别（见表4）。在分性别的统计分析结果中，平均每天工作时间少数民族男性为 7.2 小时，少数民族女性为 6.2 小时；汉族男性为 7.6 小时，汉族女性为 6.6 小时，相差不大，考虑问卷设计中包含了上下班途中的时间，所以实际的参与工作时间差异会更小。工作时间是反映劳动参与状况的重要指标，少数民族人口的工作时间与汉族没有明显差别，表明在我国民族地区的族际劳动参与基本趋同，少数民族人口具有通过足够的劳动参与获取劳动收入的机会。女性在总体工作时间上少于男性，且民族内部性别之间、少数民族与汉族女性之间的差别都与我国总体上劳动时间的性别差异相近，没有出现女性工作时间过少、女性工作时间超过男性等特殊现象。

（二）劳动收入特征

劳动收入是衡量就业状况的最重要因素。根据调查数据中的劳动收入分类信息，笔者将工资性收入汇总并分性别进行统计分析（见表4）。在劳动收入方面，少数民族（3387 元）略低于汉族（4223 元），少数民族男性的年工资性收入比汉族男性少 314元，女性相比少 492 元，可见女性之间的差距比男性明显。虽然这种劳动收入的差异平均到每个月以后，并不十分明显，但对于劳动力市场来讲，观察这种差异的规律和原因是实施政策预案，营造公平的市场环境的必要前提。因此，笔者还对调查数据进行了收入分组的统计，结果发现，少数民族低收入组群体所占比例更高，而汉族则在高收入组中占比更高；分性别的结果也与此一致。这就进一步证明了在民族地区的劳动力市场中，存在一定的收入分割现象。所以从政策制定的角度考虑，实施针对少数民族的就业优惠政策，帮助他们实现在政府管控部门的就业，一方面是一种保护政策，但另一方面也不可避免地造成了不同部门劳动群体的收入差异。今后应该更多地从提高少数民族人口教育质量、拓展人才的专业种类、提高技能水平等角度入手，让他们获得更多在市场中广泛择业的能力和机会，提高劳动的收益。

表 4　工作时间、劳动收入比较

	类别	样本量	均值	最小值	最大值
每天工作时间	少数民族男性	1245	7.207068	0	20
	少数民族女性	1261	6.156384	0	18
	汉族男性	1632	7.63174	0	20
	汉族女性	1568	6.578616		20
年工资性收入	少数民族男性	1626	37723.63	0	186448
	少数民族女性	1761	37265.79	0	159209
	汉族男性	2107	38037.52	0	933944
	汉族女性	2116	37757.87	0	933944

（三）劳动合同与社会保险特征

劳动合同是就业的重要特征，与就业稳定性和工作岗位质量有关，同时还可以反映工作的基本类型。从表 5 的统计结果来看，民族地区人口就业过程中所签订的合同类型主要集中于固定职工和长期合同工，占到总体的多数，少数民族有 53.61% 的人属于国家干部和公务员等固定职工合同类型，比汉族的 47.85% 更高，而在其他类型的合同类型中，比汉族低。这一方面表明少数民族更多地从事比较稳定的工作，另一方面表明他们在就业分布方面还存在一定程度的政策依赖。从签订劳动合同的类型来看，当前时期在我国民族地区的城镇就业中少数民族人口表现出了较好的受劳动合同保护的新现状，不存在被汉族人口挤压的问题，而且在总体上看，没有签订劳动合同的比例也较低。

社会保险方面，少数民族参加城镇医疗保险的比例比汉族高，而在养老保险、失业保险和工伤保险方面的参保比例比汉族低。同时，大部分少数民族与汉族都没有参加社会保险，尤其是养老、失业和工伤保险。考虑到城镇调查中包含部分农业户口在城镇中居留就业的人口，他们大多参加农村合作医疗保险，而不是城镇医疗保险，所以实际上参加医疗保险的总体比例比表 6 中统计的结果高。具体来看，少数民族除了更高比例的人由单位负担城镇医疗保险外，自己购买医疗保险的人也很多，说明目前我国少数民族人口的医疗保险意识较强，国家应该在民族地区提供更加充足的医疗资源，保证民族地区的就医需求。

表 5　签订劳动合同的类型

类别	少数民族		汉族	
	样本量（个）	占比（％）	样本量（个）	占比（％）
固定职工（包括国家干部、公务员等）	1062	53.61	1200	47.85
长期合同工	287	14.49	436	17.38
短期或临时合同工	179	9.04	281	11.20
没有合同的员工	212	10.70	286	11.40
从事私营或个体经营人员	122	6.16	167	6.66
其他	119	6.01	138	5.50

表 6　参加社会保险情况

单位：%

参加类型	城镇医疗保险		养老保险		失业保险		工伤保险	
	少数民族	汉族	少数民族	汉族	少数民族	汉族	少数民族	汉族
单位负担	4.36	3.37	7.71	8.43	4.18	4.42	5.90	6.04
自己购买	35.43	30.81	8.01	11.52	1.32	0.99	0.35	0.48
单位与自己共付	4.27	4.77	11.57	15.42	8.05	11.01	3.27	11.09
没有	55.05	60.11	72.12	64.13	85.32	82.70	89.38	88.06
不知道	0.89	0.94	0.59	0.51	1.13	0.88	1.11	0.86

（四）职业流动特征

职业流动是劳动力市场不同群体就业特征的核心内容，有研究发现，劳动力职业流动与其经济地位的获得关系密切，[①] 所以分析少数民族人口的职业流动特点，并与汉族对比，可以更加深入地了解两类群体是否在经济地位获取方面存在差别。表 7 是基于少数民族和汉族样本合并的部门流动关系分析结果，观察可知，处在对角线上的人数占了多数，表明职业流动的部门依赖比较明显。例如，上一份工作是国有经济单位，那么其流动后依然在国有经济单位的可能性更大。这一特征符合职业流动的基本规律，

---

① 参见吴愈晓《劳动力市场分割、职业流动与城市劳动者经济地位获得的二元路径模式》，《中国社会科学》2011 年第 1 期。

由于在原有部门中所积累的人力资本和社会资本，包括专用性人力资本、通用性人力资本、在单位建立的社会网络和关系，只有在相同或相近部门求职或工作时才更容易得到有效利用和发挥，所以劳动者考虑职业流动的成本和收益后，往往选择与自己圈子接近、更能发挥自身专业技能优势的部门，这就形成了职业流动的部门依赖特征。[①]那么少数民族与汉族在这种路径依赖方面是否完全一样？笔者利用 Stata 统计软件计算了不同民族有工作变动经历的劳动者的职业相关性，发现少数民族上一份职业与最后一份职业的相关系数为 0.7682，汉族为 0.6102，少数民族相关性更高表明其职业流动的路径依赖更强。

表 7　部门流动关系分析

单位：个

部门名称及代码	对应部门的代码					
	1	2	3	4	5	6
国有经济单位职工（1）	66	4	3	5	3	5
城镇集体经济单位职工（2）	2	19	3	4	9	1
其他经济类型单位职工（3）	1	0	3	0	0	0
城镇个体或私营企业主（4）	2	0	0	10	1	1
城镇个体或私营企业被雇者（5）	1	0	1	17	3	22
其他就业者（6）	0	2	0	1	1	22
总体	71	26	9	21	31	32

这种较强依赖的职业流动路径特征，可能影响少数民族群体通过自由的职业流动实现收入改善的效果，因为有研究发现竞争充分的市场条件会使职业流动对劳动者收入获得的影响作用凸显，而市场分割则使职业流动对收入决定的影响作用受到显著扭曲。[②]目前来看，国有垄断部门与其他部门间还存在诸多市场分割的痕迹，尤其是体制性的因素使不同层级间的职业流动不对称，因而这种职业流动不能更好地发挥缩小行业间收入差距的作用。所以，对于少数民族群体而言，如何提高职业流动的自由度，更好地发挥职业流动缩小收入差距的作用，应该成为未来民族政策的着力点。

[①] 本文所述少数民族职业流动的路径依赖，可能更多地发挥着社会资本的作用。这种社会资本对人力资本的互补或替代会在一定程度上扭曲人力资本的信号作用，进一步固化其路径依赖，并导致就业机会不公平现象产生。

[②] 参见吕晓兰《职业流动视角下的收入决定研究》，博士学位论文，浙江大学，2014。

五 结论及政策建议

本文利用 2011 年西部民族地区经济社会状况家庭调查数据（CHES2011），直观地分析了城镇中的少数民族与汉族就业分布的差异，并厘定了少数民族人口目前所形成的就业特征。基本结论如下。

第一，少数民族在国有经济单位就业比例高于汉族，汉族则在其他部门就业的比例略高于少数民族，但差异并不明显。行业分布平衡度较高，民族之间没有出现明显差异，少数民族在公共管理和社会组织、教育等行业就业比例略高。少数民族与汉族在劳动力市场中的职业分布基本平衡，除生产、运输设备操作人员比例低于汉族外，其他职业占比都略高于汉族。在不同规模单位就业中，少数民族与汉族具有相似的分布规律，但少数民族更趋向于在规模中等偏下的单位就业。

第二，在平均意义上，少数民族劳动年龄人口的工作时间与汉族相近，劳动参与趋同。劳动收入方面，少数民族略低于汉族，女性之间的差距比男性明显。民族地区人口的就业合同类型主要集中于固定职工和长期合同工。少数民族参加城镇医疗保险的比例比汉族高，而养老保险、失业保险和工伤保险的参保比例比汉族低。民族地区人口在职业流动过程中的部门依赖比较明显，而少数民族职业流动的路径依赖比汉族更强。

由于新时期民族地区经济社会发展取得了长足进步，民族人口的就业选择出现了新的趋势，形成了新的特征，而且有别于国际国内学者既有研究的观点，因而本文的研究结论希望对制定相关政策具有新的参考价值。政策建议如下。

第一，结合当前现状构筑新的民族地区就业政策模式。政府要在民族地区经济社会发展规划上关注民族因素，注重相对应的制度设计；要注意对少数民族在劳动力市场中多元化就业选择的引导，实现不同部门、行业、职业就业的自由选择。

第二，增进各民族间经济互通，拓展少数民族就业空间。少数民族在国有经济部门以外的部门就业分布比例较低，揭示了该群体在劳动力市场中择业的能力不足，说明我国的民族优惠政策必须逐步灵活化，有区别地实行不同人力资本水平人口的差异化政策，扩展就业的空间，让少数民族有能力在不同规模单位实现自愿就业。

第三，从安置就业角度出发做好民族地区内部人口的城镇化工作。随着城镇化的快速推进，城乡劳动力在未来较长时期必然首先在民族地区内部流动，因而应该从安置就业的角度出发，将城镇化的工作重点放在民族地区内部，尤其是西部少数民族较为集中的省区，要有重点地在流入城市做好政策预案。

第四，继续加大少数民族地区教育投入，提高民族人口的劳动技能，增加职业流动的自由空间。本文研究发现，少数民族职业流动的路径依赖更强，可能影响他们通过自由的职业流动实现提高收入的目标，所以要在提高劳动力市场化程度的同时，加大通过教育提高人力资本的政策扶持力度。但目前我国少数民族地区经济相对落后，教育等公共资源的配置也比较薄弱，所以要加强民族地区的教育投入，发展职业教育，提高少数民族人口的技能水平，增加在个体、私企等就业岗位获取工作的能力。

原载于《民族研究》2016 年第 6 期

民族自治地方互联网发展调查与现状分析[*]

孔　敬

摘　要　对中国155个民族自治地方的行政和事业单位网站建设进行了调查，调查范围包括政府机关、教育、文化事业、医疗卫生、党建以及民族文字版网站等6个领域。在此调查基础上，引用中国互联网络信息中心、国家统计局和国家民族事务委员会的统计数据，对民族自治地方的互联网发展现状进行了阐述和分析，为研究制定民族地区网络信息化发展决策提供了重要依据。

关键词　民族自治地方　互联网发展水平　调查分析

1　引言

互联网发展水平是衡量一个国家和地区现代化水平的重要标志。我国民族自治地方的互联网发展状况对促进民族自治地方的经济、文化繁荣以及社会稳定发展等有重要意义。本文结合我国民族自治地方实际情况，提出了民族地区互联网发展评价指标体系。指标数据来源有两个方面：一是引用中国互联网络信息中心、国家统计局和国家民族事务委员会发表的官方统计数据；二是对我国民族自治地方的互联网信息建设的网络调查。依据评价指标体系，基于统计和调查数据，分析评估了民族自治地方互联网发展水平，对民族自治地方互联网发展的典型特征进行了分析，并提出对策建议。

2　民族自治地方互联网发展评价指标体系构建与获取

2.1　民族自治地方互联网发展水平指标体系构建

当前国际上最为著名的信息化测度是国际电信联盟（International Telecommunica-

---

[*]　本文系中国社会科学院国情调研项目"中国民族地区网络信息化调查研究"（项目编号：0800000075）研究成果之一。

tion Union，ITU）开发的信息化指标体系（ICT Development Index，IDI）[1]。本文基于 ITU 提出的信息化指标选取原则，并参考俞立平[2]、黄婷婷[3]等提出的互联网发展水平指标体系，提出了民族自治地方互联网发展水平评价指标体系。该指标体系包括互联网基础设施、互联网普及、互联网资源、互联网信息建设、互联网支撑环境和互联网应用等 6 个大类 3 个层级，共计 31 项分指标。指标体系及数据来源见表 1。

表 1　民族自治地方互联网发展指标体系

指标分类		指标项		数据来源	数据范围
一级	二级	序号	指标名称		
互联网络基础设施		1	互联网宽带接入端口	《中国统计年鉴》[4]	民族自治区
		2	光缆线路长度		
		3	移动电话交换机容量		
		4	移动电话普及率		
互联网普及		5	网民普及率	《中国互联网络发展状况统计报告》[5]	民族自治区
互联网资源		6	IPv4 地址		
		7	域名		
互联网信息建设	信息量	8	网站数		
		9	网页数		
		10	网页字节数		
	信息更新	11	网页更新周期率		
	文种多样性	12	网页编码类别		

---

[1] International Telecommunication Union，Measuring the Information Society：The ICT Development Index，International Telecommunication Union，2009.

[2] 俞立平：《中国互联网发展水平测度指标体系研究》，《中国流通经济》2005 年第 12 期，第 32～34 页。

[3] 黄婷婷、贾怀京：《基于 48 个国家的互联网发展水平研究》．［2013－12－26］．中国科技论文在线，http：//www. paper. edu. cn/releasepaper/content/201212－886。

[4] 《中国统计年鉴》（2007～2010）。

[5] 中国互联网络信息中心：《中国互联网络发展状况统计报告》（第 1－33 次）［R/OL］．［2014－08－20］．http：//www. cnnic. cn/hlwfzyj/hlwxzbg/hlwtjbg/。

续表

指标分类		指标项		数据来源	数据范围
一级	二级	序号	指标名称		
互联网支撑环境	经济	13	GDP	《中国民族统计年鉴》①、中国统计年鉴	民族自治区、自治州、自治县
		14	城乡人口比重		
	教育	15	初中以上教育水平人数		
	文化	16	文化馆		
		17	图书馆		
		18	人均藏书		
	卫生	19	医疗人员数		
		20	医院、卫生院床位数		
互联网应用	政府机关	21	人民政府网站信息量	本文调查	
		22	政府部门建网站率		
	教育单位	23	教育机关网站信息量		
		24	大学网站信息量		
		25	中学建网站率		
	文化事业	26	文化主管部门网站		
		27	文化事业单位建网站率		
	医疗卫生	28	卫生部门网站信息量		
		29	卫生机构建网站率		
	党建	30	党建网站信息量		
	民族文字	31	民族文字网站数		

2.2 抽样调查

调查区域范围包括自治区、自治州和自治县3个层级共155个自治地方，调查内容包括政府机关、教育、文化事业、医疗卫生、党建以及民族文字网站等6个领域的网站建设情况，共调查20000多个调查样本，最终整理有效调查数据18000多条。

3 调查结果与分析

3.1 民族自治区互联网发展历程

由互联网普及、互联网资源和互联网信息建设三大指标统计结果表明，1997～2014年我国5个民族自治区的互联网发展大致可分为4个阶段：萌芽阶段（1999年以前），起步阶段（2000～2002）、形成阶段（2003～2006）、发展阶段（2007～2014）。

---

① 《中国民族统计年鉴（2008）》，中国统计出版社，2009。

其网民数增长如图 1 所示。

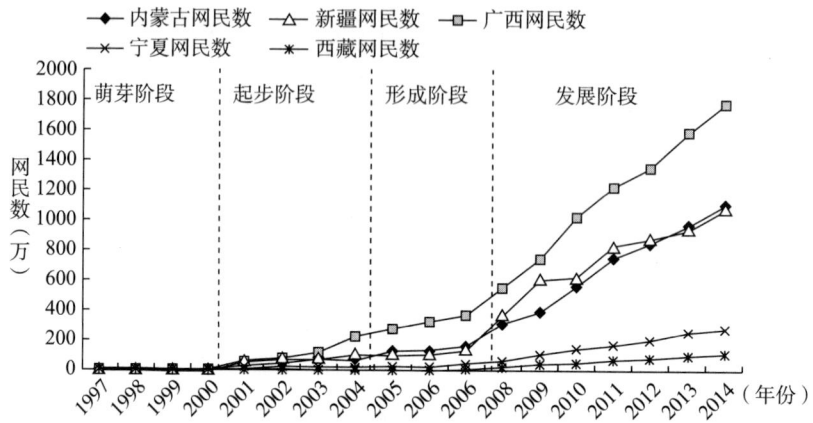

图 1 5 个民族自治区网民数发展趋势图 (1997~2014 年)

（1）萌芽阶段（1999 年以前）

萌芽阶段网民很少，各自治区网民数在万人以下，互联网普及率很低。除新疆外，其他各自治区网民增长率都不高。互联网资源拥有量也极少，至 1999 年年底，5 个自治区拥有域名总量不足 900 个，互联网信息建设处于试探性阶段。

（2）起步阶段（2000~2002）

互联网开始普及，网民快速增长，1999 年底，除西藏外，各民族自治区的网民数突破 1 万人，至 2002 年年底，多数自治区网民突破 50 万人，网民增长率较高。但互联网资源拥有量的增长较为缓慢。互联网信息建设开始起步，网站数逐年增长。

（3）形成阶段（2003~2006）

网民增长相对平缓，增长率下滑，部分自治区出现零增长，甚至负增长。各自治区的互联网增长率均 0.5% 左右，普及率增长缓慢。互联网资源拥有量增长较快，分别在 2003 年和 2006 年这两年出现飞跃增长。但互联网信息建设增长缓慢。

（4）发展阶段（2007 年至今）

互联网普及、资源拥有和信息建设方面全面发展。民族自治区互联网发展保持了较高的增长率，一直维持在 10% 以上（2009 年新疆网络管制特殊情况除外）。各自治区互联网普及率增长迅速，互联网资源域名拥有量和互联网信息建设快速增长，在 2008~2009 年达到峰值，2010 年开始回落，并保持平稳发展至今。

3.2 民族自治地方互联网发展现状与趋势

3.2.1 基于网络调查的民族自治地方互联网应用现状

我们对 155 个民族自治地方，从政府机关、教育单位、文化事业、医疗卫生、党建和民族文字等 6 个领域开展了互联网应用调查，调查内容包括网站建站率和信息量两个指标。结果表明，当前民族自治地方的互联网应用存在以下差异化现象。

（1）不同领域间的发展差异

民族自治地方不同领域间的互联网应用存在较大差异。以各级政府部门的网站建设为例，不同职能局间网站建设与应用的差异较大，体现出不同行业间互联网信息应用发展的不平衡。大致分3个层次。一是普及发展，如人民政府和高等院校。当前民族自治区、自治州和自治县人民政府广泛开展互联网信息建设，建网站率达90%以上；高等院校的建网站率近100%，信息开发利用不断开展。二是中等发展，如党建、文化事业单位和各级政府部门。自治区和自治州党建部门的建网站率均超过80%；图书馆、博物馆、报社、广播电台和电视等文化事业单位的建站率达50%以上。三是初级发展，如民族文字信息化和医疗卫生机构等。目前我国民族文字网站建设较为薄弱，以政府机关民族文字版网站的建设为例，目前仅有60多个民族文字网站，包括蒙文、维文、藏文、朝鲜文等。医疗卫生单位的网站建设无论在自治区、自治州还是自治县，都处于发展初期。相比政府机构、教育和文化领域，医疗卫生单位的互联网应用相对滞后。

（2）不同自治级别地区间的发展差距

互联网信息发布与应用已在民族自治区和自治州普遍发展，但在民族自治县这一层级的发展较为滞后。以人民政府机关为例，其建网站率在自治区、自治州两级已达100%，多数网站信息更新及时，但自治县人民政府机关则有少数未建网站，且绝大多数县的网站信息更新不良；又如党建部门的建网站站率在自治区、自治州两级均超过80%，而在民族自治县则尚有一半未建网站或信息更新情况较差，处于发展中阶段。

（3）不同区域间的发展差异

民族自治地方互联网应用呈现出区域发展不平衡现象，总体趋势是东部地区优于西部地区，北部地区优于南部地区。在5个民族自治区中，新疆、内蒙古、宁夏和广西在各方面发展差距不大，但西藏自治区与其他自治区有较大的差距。从30个自治州互联网应用发展水平的地域分布来看，吉林省和云南省所辖自治州的互联网应用较好于其他省区自治州。

（4）不同自治地方民族间的发展差异

从自治地方民族成分来看，藏族自治地方在自治区、自治州和自治县3个层级的网站建设都与其他民族自治地区存在较大差距，其他民族自治地方并未表现出明显的族别差异。

3.2.2　基于统计数据的民族自治地方互联网发展现状

基于统计数据进行分析的互联网发展指标包括互联网基础设施、互联网普及率、互联网资源和互联网信息建设。分析方法按照指标体系，逐层对下级指标运用SPSS软件采用 PCA 主成因分析法，浓缩信息生成各大类指标的综合指标值，然后使用系统聚类方法分析民族自治地方互联网在全国的发展水平和地位。数据采用 2011 年全国分省区统计数据，以便于同 2011 年 155 个民族自治地方的互联网应用调查比较，分析结果如下。

（1）互联网基础设施建设发展现状

民族八省区①的互联网基础设施建设总体处于全国中下水平，在全国排名分别为第 8、11、12、19、24、25、28 和 31 位。其中内蒙古发展较好处于中高水平；宁夏、新疆处于中等水平；青海处于中低水平；贵州、云南、广西和西藏位于全国最低水平之列。

（2）互联网普及率发展现状

民族八省区的互联网普及率在全国范围内总体居中偏下，但内部发展差异较大。发展水平相对较好的有新疆、青海、内蒙古和宁夏，互联网普及率（2013 年底）分别为 49%、47.8%、43.9%、43.7%，全国排名为第 9、11、16 和 18 位，均高于世界平均水平（42.3%）②，新疆、青海超过全国平均水平（45.8%）。广西、西藏、贵州和云南的互联网普及率分别为 37.9%、37.4%、32.9% 和 32.8%，低于世界平均水平，在全国排名较低，分列第 22、23、29 和 30 位。

（3）互联网资源发展现状

民族八省区拥有的互联网资源处于全国低水平，八省区加上甘肃省成为全国排名倒数的 9 个省区。IPv4 和域名拥有量全部名列全国低水平地区。从有限资源 IPv4 的拥有情况来看，5 个民族自治区占全国份额经历了逐渐增多，再逐渐减少的演变历程，近几年均呈下降趋势。可见在当前互联网基础资源的分配过程中，民族自治区处于缩减状态。域名的发展更凸显了这一变化趋势，五个自治区均于 2009～2010 年前后出现大幅增长与大幅降落现象。

（4）互联网信息建设发展现状

民族八省区互联网信息建设总体处于全国中下水平。在网站数和信息量上，5 个自治区在全国排名靠后，其中，西藏各项指标均为末位，与其他省区差距较大。从网站技术含量和信息更新来看，宁夏最好，在全国排名靠前，其次是广西，位列全国中等水平；最后是内蒙古、新疆和西藏。从信息编码看，汉、英文以外文种的网页比重排名中，新疆、内蒙古名列前茅，西藏则排名最后，可见在本民族语言使用较为广泛的新疆、内蒙古和西藏 3 个自治区中民族语言网页开发较多的是新疆，其次是内蒙古，

---

① 民族八省区是指少数民族人口相对集中的内蒙古、广西、西藏、宁夏、新疆 5 个自治区和贵州、云南、青海 3 个省。

② Miniwatts Marketing Group. World Internet users and population stats［EB/OL］. 2014.6.［2014－09－20］. http：//www. internetworldstats. com/stats. htm.

最少是西藏。

（5）互联网综合发展水平现状

对我国 31 个省区市互联网发展指标的 PCA 综合评分值采用系统聚类方法的分类结果显示，31 个省区市互联网发展水平可划分为 3 个层次 7 个子类，见表 2。

表 2 我国 31 个省区市互联网发展水平分类分级

互联网发展水平类型		地区
发达地区	一级	1. 北京
	二级	2. 上海、3. 广东、4. 浙江
	三级	5. 福建、6. 天津、7. 江苏、8. 辽宁
中等地区	一级	9. 山东、10. 海南、11. 河北、12. 宁夏、13. 陕西
	二级	14. 山西、15. 内蒙古、16. 重庆、17. 新疆、18. 湖北、19. 吉林
	三级	20. 四川、21. 黑龙江、22. 河南、23. 湖南、24. 安徽、25. 广西、26. 青海
低水平地区		27. 江西、28. 贵州、29. 云南、30. 甘肃、31. 西藏

分析结果表明，民族八省区均处于中等或低水平发展地区，5 个低水平发展地区中有 3 个属于民族八省区。排名靠后的 7 个省区中，民族八省区占了 5 个。

3.2.3 互联网支撑环境对互联网发展和应用的影响

互联网支持环境包括经济、教育、文化和医疗卫生 4 个子指标，各指标采用 PCA 主成因分析法，逐级浓缩信息生成综合指标值。由于数据呈正偏态分布，本文采用秩相关分析法，考查互联网支撑环境对互联网发展和应用的影响关系。

（1）基于全国 31 省区市数据的互联网发展影响分析

全国 31 个省区市数据分析结果表明，经济环境对互联网发展的影响最大，经济发展指数与互联网发展综合指数的相关系数达到 0.85，其次是教育、卫生和文化，相关系数分别为 0.721、0.681 和 0.642，见表 3。

表 3 互联网发展水平与互联网发展环境秩相关分析结果

相关性（Correlations）			互联网发展综合评分	经济发展	受教育水平	文化	卫生综合
秩相关分析（Spearman's RHO）	互联网发展综合评分	相关系数	1.000	.850 **	.721 **	.642 **	.681 **
		显著性（双侧）	.	.000	.000	.000	.000
		N	31	31	31	31	31

**. 在 0.01 水平（双侧）上显著相关。

*. 在 0.05 水平（双侧）上显著相关。

对互联网发展二级指标的进一步分析表明，从互联网基础设施和互联网普及率两个分项指标相关性来看，文化、经济、卫生和教育各环境因素对这两个分项指标都有较高的相关性。从互联网资源和互联网信息量两个分项指标来看，对其影响最大的是经济环境，其次是教育；文化和卫生环境与其相关系数不足 0.5，无明显相关性。可见从全国范围来看，经济和教育对互联网应用的发展有较大促进作用。

（2）基于 155 个民族自治地方数据的互联网发展、应用与环境影响分析

155 个民族自治地方的数据分析结果表明，民族自治地区互联网发展、应用与环境的影响关系呈现以下特点：同全国 31 个省区市呈现的互联网发展与经济发展水平呈正比的总体趋势相反，民族自治地方的互联网发展与其经济和城镇化发展水平并不一致，如新疆、宁夏和西藏网络信息化发展水平均高于其 GDP 和城镇化全国排名，而内蒙古网络信息化发展水平则落后其 GDP 发展水平。

3.3 典型性分析

综合来看，民族自治地方的互联网发展存在以下典型现象：一是相对于区域经济发展水平，民族自治区互联网普及率普遍偏高；二是新疆互联网发展远高于其区域经济发展水平；三是宁夏文化事业发展带动网络信息化发展模式；四是云南网络信息化建设规模化发展模式；五是西藏网络信息化发展不平衡问题。以下对这些典型特征作进一步分析。

（1）民族自治区互联网普及率高于经济发展水平成因分析

调查分析表明，除广西外，其余自治区互联网普及率普遍高于其经济发展水平。以西藏为例，统计报告中 2011 年西藏互联网普及率为 27.9%，但据我们 2011 年在西藏地区的实地调查来看，这显然比实际情况偏高。分析其主要原因有两个方面：一是除广西属于劳动力输出较多的省区外，其他民族自治区均不属于劳动力输出大省，特别是新疆、西藏都是劳动力输入省区。[①] 劳动力输出多的省区，有部分青壮年外出他省份工作，这部分潜在互联网用户的调查缺失并作为分母计算其普及率，导致了劳动力输出大省的普及率偏低，因而经济发展优于民族自治区的劳动力输出大省，如河南、安徽、四川等地的互联网普及率在全国排名落底，低于民族自治区。二是民族自治区电话普及率比其他省区低，且在西藏农村的多数人听不懂汉语，电话调查中这部分非互联网用户人群的调查缺失，造成民族自治区互联网普及率高于实际。

（2）新疆互联网发展高于经济发展水平的现象分析

新疆互联网整体发展水平高于其 GDP 和城镇化水平排位，排位提前了 4～5 位，特

---

① 田家官：《中国劳动力流动的经济学分析》，《经济学家》2003 年第 4 期，第 80～84 页。

别是其互联网普及水平排位为第 11 位，与第 24 位的 GDP 排名相比，远远高出其经济和城镇化发展水平，但人均 IPv4 和人均网页信息等软资源的建设则略低于其经济和城镇化发展水平，处于倒数第 4、5 名。在各级政府与党建网络信息建设方面，新疆也是5 个自治区中最好的，但在教育文化和卫生事业的网络信息建设方面，新疆排名则较落后。可见新疆网络信息化主要在硬件和政府层面上进行了大力推动，互联网信息化建设成效明显。但其世居民族的教育文化发展还需要提高，这是制约其全方位推动互联网信息化发展的瓶颈之一。

（3）宁夏文化事业发展促进网络信息化发展模式

宁夏网络信息化整体的发展水平高于其 GDP 发展水平排位，但低于其人均 GDP 和城镇化发展水平的全国排名。各级政府与党建网络信息建设方面，宁夏在 5 个自治区中排名第四，但在教育文化和卫生事业方面，宁夏的网络信息化建设水平在 5 个自治区中排名第一，与 GDP 和社会文化发展基本成正比。体现出文化事业发展对网站信息化建设发展的促进作用。

（4）云南网络信息化建设集约化模式

调查分析显示，云南省互联网信息化建设在其各自治州和自治县全面普及，这主要得益于其网站建设的集约化模式。以云南省所辖自治州和自治县的政府与事业单位的网站建设调查为例，云南省主要采用了网站集群建设模式，搭建了统一网站平台，促进了网络信息规模化发展，在资源共建共享、节省资金、降低维护成本方面有积极作用。

（5）西藏互联网发展差距的现实分析

西藏互联网发展的综合指标高于其 GDP、人均 GDP 和城镇化发展水平排位，排位提前了 4 位。这主要由于互联网普及率、人均 IPv4 等方面的排名优势提升了其综合排名，表明我国对西藏自治区互联网普及和基础建设的投入较为重视。但从信息内容建设方面来看，特别是实际调查结果表明，西藏自治区的经济发展和语言文化发展的较大差距以及信息化人才的不足，使得目前西藏的互联网信息化建设在多项指标上与其他民族自治区有较大差距。

4 对策建议

基于民族自治地方互联网发展的现状和典型性分析，本文对我国民族自治地方互联网发展提出以下建议。

第一，国家和民族自治地方各级政府应采取各种措施推动民族地区互联网发展，从顶层规划设计，加大互联网发展的软硬件投入，引导民族自治地方互联网的良性发展和自觉发展。

第二，深入推动民族自治地方经济发展，催化互联网发展。统计结果表明，经济发展与互联网发展水平基本成正比，特别在互联网基础设施建设上，经济发展的促进作用尤为突出。

第三，重点加大扶持民族自治地方互联网软资源建设。目前各民族自治区在互联网软资源建设方面，如 IPv4 地址和域名等，其拥有的资源水平相对较低，与东部发达地区有很大差距，应在 IP 地址、域名、网站开发和信息更新等软资源建设方面加大建设力度。

第四，构建网站建设集约化模式，该模式在资源共建共享、节省资金、降低维护成本方面有很大的优势，是快速高效的信息化发展途径，应大力在民族自治州、自治县推广网站集群建设模式，便于促进地区信息化建设规模化发展和信息的共建共享。

第五，大力提升民族自治区人民的文化教育素质。调查分析显示，对教育文化事业的重视与大力发展将带动教育文化和卫生事业网站信息化建设的发展，反之则成为制约其网络信息化发展的主要因素。

第六，加强民族自治地方信息化人才队伍建设。调查显示，不少民族地区已开发网站长期没有信息更新，网站技术水平较低，说明我国许多民族自治地方还未建立专门的信息化人才队伍。建立信息化人才队伍是民族自治地方网络信息化发展的基本保证。

第七，加强民族文字网站的开发建设与信息发布。我国目前民族文字网站的开发与信息发布虽然逐年增加，但与民族地区少数民族语言使用者的需求还有较大差距。应大力发展仍有较大用户群的现行民族文字的网站，繁荣少数民族精神文化生活，促进少数民族地区网络经济发展，提高少数民族人民的现代化生活水平。

Investigation and Analysis on the Development and Present Situation of Internet in National Autonomous Regions

Abstract: This paper investigates the official websites of government department and public institutions of 155 National Autonomous Regions in China. The survey scope includes government, education, culture, health, party building and national minority language script. Based on the result of investigation and the official Statistics of China Internet Network Information Center, National Bureau of Statistics of the People's Republic of China and State Ethnic Affairs Commission of the People's Republic of China, this paper explains and analyzes the present situation of internet development in National Autonomous Regions. It provides some important evidences for making policies of internet development in National Autonomous Regions.

Keywords：National Autonomous Regions　Internet Development　Investigation and Analysis

原载于《互联网天地》2015 年第 4 期

学校教育：城市少数民族移民社会发展的进路

——以柯桥新疆少数民族移民家庭子女教育的相关调查为基础

马　艳

摘　要　成规模的城市少数民族移民群体的发展通常都是基于特定的行业经济，其移民社会构建于特定行业经济基础之上，同时也因特定的行业经济而脱离当地社会，形成自我封闭的状态。不仅如此，根据母语是汉语还是少数民族语言，城市少数民族移民社会发展的封闭性和内在紧密性亦大相径庭。而这些都阻碍了其移民社会的整体发展。对柯桥新疆少数民族移民家庭子女教育的相关调查发现，尽管柯桥新疆少数民族移民家庭未成年学生在当地学校处于弱势的境地，但他们仍通过自己独特的方式重新组织价值体系、构建自我认同，为自我适应及移民社会发展构建出一条进路，同时也为自我的移民群体及移民社会发展谋求了可能的出路。

关键词　学校教育　城市少数民族　移民社会

在关注移民社会发展的一系列问题中，有一个是关于移民未成年子女的。确切地说，是移民未成年学生的教育问题，但是跨国移民未成年子女和国内少数民族移民未成年子女所面临的问题是不同的，以汉语为母语的少数民族移民的未成年子女和以民族语言为母语的少数民族未成年子女所面临的问题也是大相径庭。此外，在公立学校还是在民办学校读书，也都决定了他们面临着不同的问题。本文所聚焦的，是那些进入公立学校学习的我国东南沿海地区新疆少数民族移民家庭的未成年子女。

在柯桥新疆少数民族移民日常交往的诸多场合，有些问题是可以视而不见的。但在他们的未成年子女上课的教室里却不能对这些问题视而不见。问题首先产生于这些新疆少数民族未成年学生的适应过程。学校的场域在表面上看是一个向这些以民族语言为母语的少数民族学生灌输汉民族语言、文化和习惯的过程。但实际上，学校与这些少数民族学生之间的互动并非单线性的，在这个过程中，通过学校这个开放性的场域，作为第二代移民的新疆少数民族未成年学生在重新组织价值体系、构建自我认同的过程中，也为自我的移民社会发展构筑出一条进路。

一　柯桥社会环境与新疆少数民族移民社会

柯桥系原绍兴市绍兴县，2013 年 10 月撤县立区。现今的柯桥，拥有亚洲最大的轻纺专业市场，轻纺产品总销售额占全国的 1/3，全球每年有 1/4 的面料在此成交。

柯桥的纺织品商贸市场起步于中国改革开放伊始，发展速度很快，同时也极大地带动了地方经济发展。自 1988 年起，柯桥连续三届名列全国财政收入"十大财政县"行列。自 1991 年至今，柯桥一直被评为"中国农村综合实力百强县（市）"，并多次名列前 10 位。2012 年，又一次荣获"中国全面小康十大示范县市"称号。经过 30 多年的改革开放，柯桥已成为全国商贸市场大县，以及重要的国际纺织品贸易集散地。[①]

柯桥地方经济的迅速崛起对其社会环境产生了重大影响。其中，外来人口的大量迁入所造成的社会影响最为深刻，不仅使柯桥常住人口数量激增，而且使柯桥由传统单一的汉民族地区发展成为多民族多种宗教信仰混杂的地区。非官方资料显示，柯桥现有中外穆斯林近 2 万人，外国穆斯林以巴基斯坦人为主，包括印度、阿富汗、伊拉克、也门、埃及、伊朗等几十个国家地区的商人群体。国内穆斯林以新疆维吾尔族为主，还包括新疆的哈萨克族、乌孜别克族等民族，此外，还有为数不少的西北回族。目前，柯桥是我国少数民族散杂居地区外来新疆少数民族人口最为集中的县市之一。此外，每年往来新疆与柯桥间的新疆少数民族约几万人，他们中的大多数是经营布匹贸易的商人，也是最早来到浙江做生意的商人群体。

柯桥新疆少数民族群体从事的主要行业是外贸公司、货代公司、餐厅、超市、小商店和摊点，其社会生活主要围绕着贸易经济活动展开，其他服务业构成了以贸易经济活动为中心的辅助性行业。除此之外，不同于当地的其他国内少数民族移民群体，新疆少数民族由于受到语言的制约，与柯桥当地社会呈现显著的隔离状态，基于此，群体的内聚力亦更强，使得宗教活动构成了新疆少数民族群体生活的另一个中心，其宗教生活也被赋予了更加丰富的意涵。柯桥的新疆少数民族不仅重视每周五的主麻，平日里的五番拜也会尽力选择去礼拜点，尤其每天的昏礼[②]，基本上也是一天工作结束的时间，商人们喜欢做完礼拜后聚在礼拜点的新疆餐厅里就餐，在这个闲暇的间隙，他们会聊聊生意谈谈国际国内的新闻，放松心情的同时联络彼此的感情。

总的来看，柯桥新疆少数民族群体的社会生活是比较单调的，他们的经济生活分散于整个市场的各个角落，而宗教生活主要集中在两个礼拜点，一个是五洲大酒店七

---

① 数据来源：柯桥官方网站：http://www.zgkqw.com。

② 伊斯兰教五番拜之一，时间大概在日落至天边红霞散尽之际，又叫沙目。

楼的楼顶，其占地面积较大，主麻日一般有 1500 人参加聚礼，另一个礼拜点较小，在步行街的二楼，平日礼拜有 200 人左右，到了主麻日平日礼拜的人都会去五洲大酒店参加聚礼。在柯桥，新疆少数民族群体围绕着礼拜点构建出具有显著地域性民族性特质的移民"飞地"。在新疆人的礼拜点，主持宗教事务的阿訇是维吾尔族，卧尔兹用维吾尔语讲解，礼拜的民众也几乎没有新疆之外的其他少数民族。礼拜点仅供新疆少数民族男性使用，女性家眷活动的场景主要是家庭内部，在节假日也会同其他新疆少数民族家庭的家眷们聚会。除此之外，柯桥也不乏新疆少数民族开设的餐厅、特产商店和便利店。因此，柯桥的新疆少数民族第一代移民在自己群体的生活圈子里几乎可以满足生活上的一切需要。在柯桥，他们可以保持固有的民族语言、宗教习惯、生活方式以及民族服饰，基于此，构建出一个封闭的传统的移民社会。除此之外，当地的生产厂家、医院、学校等地也构成了柯桥新疆少数民族群体活动较为频繁的场域。但总的来看，柯桥新疆少数民族移民社会经历了近 30 年的发展，基本上形成了自成一体的独特的移民社会，不仅与当地社会的交往十分有限，与其他移民群体的交往也很少。

二　柯桥新疆少数民族家庭未成年子女教育现状

柯桥现有高中及以下教育机构 198 所，其中幼儿园 105 所、小学 65 所、初中 19 所、普通高中 8 所、特殊教育学校 1 所、职业高中 4 所。就读学生人数共计 12.4 万人，其中幼儿园 2.4 万人、小学 5 万人、初中 2.3 万人、普通高中 1.6 万人、职业高中 1.1 万人。截至 2015 年，在柯桥现有教育机构就读的新疆少数民族学生共计 70 人，其中幼儿园 8 人、小学 56 人、初中 3 人、高中 3 人。处于义务教育阶段的新疆少数民族学生共计 59 人。根据当地对义务教育阶段入学准入条件的规定，可以在柯桥接受当地义务教育的外来人口必须符合两个条件中的一条才可入学：一是在当地购房并入当地户籍的户籍人口可以按学区入学；二是符合《2015 年绍兴市柯桥区外来务工人员子女就学管理服务卡》（以下简称《服务卡》）准入条件的非户籍人口，符合 5 项入学条件的可以入学。根据《服务卡》的规定，2015 年要求在柯桥区义务教育阶段学校入学的外来务工人员子女，其父母或法定监护人应符合如下条件：（1）在柯桥有稳定职业（指与柯桥区用人单位签订劳动合同或取得工商营业执照一年及以上）；（2）在柯桥区具有相对固定住所（能提供有效的住宅租房证明或居住证明）；（3）在柯桥区取得《居住证》，或取得《临时居住证》一年及以上；（4）在柯桥区依法连续按月缴纳基本养老保险一年及以上（指于上一年度 8 月 31 日前已在柯桥区参保缴纳基本养老保险，且之后一直连续按月缴纳，补缴无效）；（5）无违法生育行为。上述《服务卡》规定的 5 项入学条件，其来源是根据《中华人民共和国义务教育法》第 12 条、《浙江省义务教育条例》第 12 条、《浙江省人民政府关于进一步加强和改进进城务工人员子女教育工作的意见》，以及《关于进一步做好外来务工人员子女就学工作的若干意见（试行）》等国家法律法规及相关地方法规。[①]

柯桥的新疆少数民族学生绝大部分集中在小学教育阶段，其中大部分学生又集中在轻纺城小学和实验小学两所当地大型公立学校，共计 30 多人，分布在从一年级到六年级的不同班级，学校通常的做法是将同年级的新疆少数民族学生分在不同的班级，以便为他们提供更好的汉语学习环境。从整体学习情况来看，90% 的新疆少数民族学生学习成绩处于班级的中下水平，仍有 10% 的学生可以达到中上水平；从年级分类来看，低年级（尤其是一、二年级）的学生学习成绩较低，高年级反而有学生学习成绩有所提高；从学习科目来看，大部分学生语文成绩偏低，尤其是作文水平普遍比较低，数学、体育等其他科目成绩处于中等水平。此外，新疆少数民族学生在校的纪律和品德方面表现较好，和同班同学及老师之间的关系都比较融洽，多数学生会积极主动地帮助老师和同学做一些日常性事务。在校的女生会保持一定的民族习惯装束，喜穿裙子和佩戴头巾。因学校不提供清真餐，新疆少数民族学生都选择回家吃午餐。每逢穆斯林和本民族的节日（如开斋节），或者星期五下午的主麻，多数学生会请假过节或去参加聚礼。

据两所小学相关负责人及部分班主任老师反映，针对在校的大部分新疆少数民族学生的教育主要存在两个问题：一是跟学生家长的沟通比较困难。学生家长很少与学校主动交流学生情况，学校如果请家长来校沟通学生情况，家长通常会找借口推辞或者由较年长的兄长代替父母出面来学校，造成学校很难掌握孩子家庭及在家情况，也很难向家长反映孩子在校情况；二是学校和学生家庭两方面都很难为学生提供汉语课程的补习，使学生们汉语水平很难快速提高。学校虽然了解新疆少数民族学生成绩较低的主要原因是语言障碍，但由于学生们中午回家吃饭，放学后老师还有很多公务要做，所以想找一些给学生们补习的时间比较困难。虽然学生家长们也都了解孩子们的语言困境，但很少有家长在课后为孩子想办法补习功课。

总的来看，与羁留柯桥的总人口数相比，柯桥新疆少数民族家庭的未成年子女就学率较低，突出表现在非义务教育阶段，如幼儿园阶段和高中阶段的学生人数很少。义务教育阶段学生的就学也主要集中在小学，占义务教育阶段总人数的 95%。除了入学条件限制使得一部分义务教育阶段的孩子返乡读书之外，总体上也表明新疆少数民族对子女教育的重视不够。由于大部分新疆少数民族学生不接受汉语环境的学前教育以及受文化濡化[②]的影响较深，使得他们面临着更严重的文化中断问题，表现为刚入学

---

① 资料来源：笔者根据调查编制。

② 指人在一生中通过学习而获得在其文化中的适应能力的过程（蒋广学、朱剑主编《世界文化辞典》，湖南出版社，1990，第 1080~1081 页。

的低年级学生学习成绩普遍偏低。受民族语言等因素的限制，新疆少数民族学生语文成绩偏低，不善于语言沟通，难以和老师同学进行深层次的交流，在一定程度上影响了他们跨文化交际的能力。从学生家长的角度了解到：大部分学生家长能够接受自己孩子低成绩的现实，主要原因是家里没有汉语言环境，语言困境使得孩子成绩偏低是没有办法的事情。家长们不愿意到学校找老师，主要是因为自己汉语很有限，孩子的情况很难说明白，同时也听不太明白老师们的话，去学校感觉很尴尬。所以如果家里有上初高中的兄长，通常会代替父母亲出面与学校沟通。

尽管学校和新疆少数民族家庭之间存在诸多的沟通问题，但学校和班主任老师还是尽力鼓励孩子们努力学习，在每学期的《学生素质报告手册》上，老师们对新疆少数民族学生的"道德认识""行为表现""操行评定等级"上基本上会给出"A"或"B"类的好评，在班主任寄语一栏也都会给出中肯的评价和鼓励，如以下两则"班主任寄语"。

这个学期，因为身体原因，你在家休息了大半个学期，老师非常开心看到回到学校里的你和同学们融洽相处。同时，老师也看到了你的求知欲加上进心。你知道吗？因为你的坚持，你还是同学们心目中的好榜样。

这是写给一个四年级维吾尔族男生的，他因腿伤手术在家休养了几个月，回到学校的第一天，老师和同学们为他举行了一个热烈而简短的欢迎会。在他休养期间，同学们对他的身体情况都很关心，经常有同学问老师他什么时候能回来上学。这个学生在班里学习成绩中上，数学成绩较好，语文成绩稍差。据班主任老师反映，该生跟同班同学相处得很融洽。

老师希望你在新学期里，能把书本当成"好朋友"，多写多读多看，记住"书籍是知识的源泉"。老师送你两颗心：信心和决心，望你能做到。

这是写给一个二年级哈萨克族女生的，她的学习成绩在班里偏低，在班里很少说话，但老师说"她总是很乐观，每天都带着微笑，对同学都很和气，同学有困难或是做值日，她都会积极地帮忙"。老师反映很喜欢这个少数民族小女孩，在语言学习上尽力帮助她，也鼓励同学们帮助她，但是学好汉语确实比较难也需要很多的时间。

从整体上看，柯桥新疆少数民族的未成年子女在学校处于弱势的境地。尤其刚入学不久的孩子们会面临文化中断带来的各种各样的困境，但从他们与老师和同学们之间的互动可见，虽然他们很难在学习成绩上取得显著的进步，但会努力改变自己在老师和同学们心目中的形象，通过多为班级、同学和老师做力所能及的事情，通过对集体的关心和虚心接受老师的指导，他们大多数获得了同学和老师的同情和理解。这些有效地缓解了他们的精神压力。此外，从家庭内部他们也能获取足够的支持和理解。大多数柯桥新疆少数民族家庭是多子家庭，有时一家会有不同年级的几个孩子，他们在家里可以组成学习上的互助小组，彼此帮助。孩子们的家长一方面了解孩子学习成绩偏低的主要原因是语言，另一方面他们从宗教教育出发对孩子们进行品德教育，同时鼓励孩子们学习上尽到力就好。因此，大部分在校读书的新疆少数民族未成年学生虽然学业不佳，但是精神上都比较乐观向上。也正因为他们在学校里共同的境遇，同校的新疆少数民族学生们彼此更加团结，每天中午放学回家吃饭都会结伴回家，下午放学后也会约定在学校附近的某个地点碰头，玩一会儿，聊聊天，然后结伴回家。在某种意义上，柯桥新疆少数民族未成年学生构成了一个特殊的群体，他们的认同是"我是新疆人"，但他们又意识到他们自己已经完全脱离了新疆人的生活环境。他们一方面努力学习课本知识、努力向自己的同学看齐，但同时他们又担心自己丢失了自己的民族和宗教。他们在学校里的真实境遇和心理历程是父母、老师和其他同学所不能体会的，他们要独自面对在学校遭遇的各种困境，同时也学会了相互慰藉。他们虽然弱小，却担当起沟通自身移民社会与当地社会桥梁的责任。

以上是柯桥新疆少数民族家庭子女在校状况的真实图景。现今的柯桥已是一个典型的多民族多元文化的移民社会，虽然整体上的社会环境表现得更为宽容接纳，但整个地方的文化教育环境却相对比较保守和传统，缺乏真正意义上的民族教育、跨文化教育。柯桥的新疆少数民族移民虽然是最早进入柯桥的移民群体，并且是当地最大的国内少数民族移民群体，但他们的外贸经济活动并没有融入当地社会经济文化生活当中去。大多数羁留柯桥的新疆少数民族已经开始想方设法让自己的子女适应当地社会、融入当地社会，在当地购房、办公司、开工厂，加入当地户籍，他们已经模模糊糊地意识到他们自己封闭的移民社会并不利于第二代的成长，而学校则是一条促进移民社会发展的进路。

三　学校教育主导的文化资本缺失与移民社会边缘化境地

总体上，柯桥的新疆少数民族群体是一个拥有一定经济资本优势的群体。最早来到柯桥做贸易的新疆少数民族商人们基本上都已经完成了最初的资本积累，拥有了较为稳定的经济基础。但是，经济资本的积累和经济地位的提高并没有改变柯桥新疆少数民族移民群体的社会地位，他们所处的社会层级和社会定位仍然是模糊的。为此，整个柯桥新疆少数民族商人群体做出了极大的努力，多年来，他们形成了一种高度自觉的内控机制，严格要求来柯桥谋生的每一位新疆少数民族同乡在社会活动和社会行为上自律。因此，柯桥的新疆少数民族群体是一个为当地社会所接纳的移民群体，既没有与当地社会发生过冲突，也没有发生过社会治安事件。这些努力为他们的经济活动提供了良好的社会环境，却无法打破群体与当地社会的文化隔膜。这种隔膜虽然对第一代商人群体的经济活动没有太大影响，却深深地影响到了下一代的成长。并且，随着羁留时间的延长，这种隔膜还表现出群体经济地位与社会地位的不匹配、群体自身为地方经济做出的贡献与不能充分享有地方公共资源之间的矛盾，对整个群体及其移民社会的发展造成了不良影响。

目前，柯桥新疆少数民族移民社会所存在的现实矛盾，是一种群体自身难以解决的矛盾。其产生的内在原因主要是柯桥新疆少数民族群体多年来积累起来的资本过于单一，换句话说，就是没有很好地将有利的经济资本转化为其他可资利用的有效资源和再生资本。在布尔迪厄看来，资本是一种以同一或扩大的形式获取生产利润的潜在能力、一种进行自身再生产的潜在能力。其中，经济资本是可以直接兑换成货币的资本形式，它可以制度化为产权形式；文化资本是一种表现行为者文化上有利或不利因素的资本形态，在特定条件下，可以转换为经济资本，而转换过程是以教育资质的形式制度化的；社会资本是指当一个人拥有某种持续性的关系网络时，这个由相互熟悉的人组成的关系网络就意味着他实际或潜在所拥有的资源。[1] 这三种资本形成了行动者在特定的场域中赖以凭借的资源。从资本的角度来看，拥有资本总量或运用资本进行再生产能力的不足是造成特定场域中弱势群体的主要原因。其中，经济资本的影响最明显但也最容易补偿，而文化资本和社会资本在空间上涉及"在场"与"缺场"因素的交叉影响，在时间上又具有代际传承的累积性，因而补偿更为困难，其对弱势群体的影响更为持久。[2]

在柯桥，新疆少数民族群体围绕着贸易活动及宗教活动构建了一个封闭的传统的移民社会，这个移民社会主要建立在一定的经济资本和以家庭教育为底色的文化资本的基础之上。不仅如此，柯桥新疆少数民族家庭教育的主要模式是一种完全脱离地方文化和汉语文化环境的民族文化及伊斯兰宗教教育。按照布尔迪厄的说法，参与社会再生产的不仅仅是经济资本，还有文化资本。[3] 而且社会结构也是可以再生产的，通过再生产，社会成员能够实现社会地位的家庭内代际传递。其再生产包括两种，一种是经济资本的再生产，这种生产是直接的，它以遗产的形式将上一代的私人财富传给下一代；另一种是文化资本的再生产，这种再生产是间接的，它需要通过学校教育这个

① 李全生：《布迪厄场域理论简析》，《烟台大学学报》（哲学社会科学版）2002 年第 2 期。
② 郭凯：《文化资本与教育场域——布迪厄教育思想述评》，《当代教育科学》2005 年第 16 期。
③ 布尔迪厄：《文化资本与社会炼金术——布尔迪厄访谈录》，包亚明译，上海人民出版社，1997，第 194 页。

中间环节，教育能够使不同等级的后代获得相应的机会。而文化资本的再生产一靠学前家庭教育，二靠学校教育。

对于柯桥新疆少数民族群体来说，虽然学校教育意味着与其民族宗教文化相背离的世俗教育，但客观现实使他们认识到，单单追求道德和民族文化意义上的教育是远远不够的，他们需要学校教育提供的务实的知识和学问。学校在很大程度上就构成了他们与当地社会交流互动的最重要的场域。而学校不是一个封闭的场域，学校构建了一个相对庞大的关系网络体系，在学校里，教师是学生社会资本的一个重要来源，并且通过教师的不断支持扩大学生们的社会关系网络，增加文化资本和社会资本。从这个意义层面上，文化资本和社会资本对于移民群体来说是谋求自身移民社会发展进路可资利用的重要资本和资源。

四 学校教育对城市少数民族移民社会发展的意涵

本研究中，柯桥新疆少数民族家庭中的成年人通常对自己位置的认识相对明确，父辈和成年兄长一般直接进入家庭企业内部工作，而母亲则承担起照顾家庭的责任。因此，受"危机感"影响最强烈的群体是家庭中的未成年子女。在本研究的案例中，一个9口人的柯桥维吾尔族家庭，在迁移柯桥之后，7个未成年子女中有6个分别进入当地的小学读书，仅有家里的大儿子在新疆读小学但未毕业，移居柯桥后由于汉语程度较低，学校没有合适的年级入学就辍学在家，之后他反复地经历过在新东方学校学习英语、自己做点小买卖、去乌鲁木齐民办职业学校学习英语、回柯桥在家族企业中帮忙等求学工作的历程，但始终无法找到自己的位置，明确自己的未来。

由此可见，移民未成年子女的环境适应是研究移民社会发展问题的核心。对此，M. 阿罗诺维茨指出：由于家庭和共同体所固有的行为规范和价值遭到破坏，从一种文化转移到另一种文化的人在行为方面发生功能障碍的可能性就会增大。如果移民未成年子女执着于他们自身的文化，那么就会遭到移居地社会的孤立和疏远[1]。另一方面，如果他们放弃自己的文化价值，那么就会被自己的文化拒绝和疏远。因此，该理论中有两个因素在移民未成年子女的环境适应问题上十分重要。一个是掌握语言所具有的意义，另一个就是学校所采取的应对策略。阿罗诺维茨将语言的掌握程度、教师所作评价的方式、小组和团体的参加程度、同伙伴间的亲密程度、家庭的适应障碍、涉及移民适应问题的调停机构或活动所发挥的作用列为关乎"移民未成年子女"的适应与认同问题的几个因素。其中不难看出，关于"移民未成年子女"环境适应问题，其焦点主要集中在未成年人直接接触的机构——学校内的生活上。对于"移民未成年子女"

---

① 〔日〕广田康生：《移民和城市》，马铭译，商务印书馆，2005，第79页。

来说，他们比其父母更加直接而迅速地进入这种社会适应过程。事实上，他们经常要充当自己家庭和当地社会间"联系人"的角色。这种状况一方面使他们在家庭中承担重大的责任，另一方面则加重了他们的精神负担，增加了他们的紧张感。在上述的案例中，家庭中的其余 6 个未成年子女中，有两个已就读高中，一个在当地的职高，一个在普通高中，他们都有着上大学的梦想，同时他们也已经担当起了家长的重任，不仅要照顾好其余 4 个还在就读小学的弟弟妹妹，还要在需要的时候代替父母去学校跟老师们沟通。当被问及他们最担心的事情是什么时，他们的回答是："最担心丢失自己的民族文化。"而当被问及今后是否想读大学时，一个回答："我最想读复旦大学。"另一个则回答："大学一定要读的，但上哪所大学还没想好！"

这一家庭案例在针对移民社会的研究中既具有特殊性，又具有普遍性。通过这个案例，我们可以从微观的视角进一步领悟学校教育在城市少数民族移民社会发展中的重要意涵——未成年子女问题将是我们研究移民社会不可忽视的一个核心问题，学校不仅构成了移民未成年子女直接迅速地适应羁留地社会的路径，而且也成为一个个移民家庭适应当地社会的重要途径。在对柯桥新疆少数民族移民社会的整体研究中，我们始终看到的是一个典型的经济"飞地"，一个封闭的社会团体，一个只通行维吾尔语的少数民族移民社会。直到我们走进当地的学校，看到了一个个与在家庭中完全不同的维吾尔族未成年学生的面孔，才开始确信——学校教育是城市少数民族社会发展进路这一事实。

原载于《民族研究》2015 年第 6 期

西部地区绿色发展的非技术创新系统研究

——一个多层治理的视角

蒋　尉

摘　要　作为我国生态文明建设的前沿阵地，西部地区的绿色发展尤为紧迫，而完善的非技术创新系统则是其必要条件。文章引入并扩展了 MLG 模型，通过案例比较，从多层治理的视角探求绿色发展的非技术创新系统。研究发现，有效的非技术创新系统可以激发地方政府之间的同级博弈并产生绿色偏好的逐级传导和扩散效应，从而驱动地方政府的战略及政策调整，增加绿色投入和提高效率。因此，构建非技术创新系统，完善其多层治理结构、匹配的干部考核机制，主动进行偏好干涉，实现系统的"绿色"转型，可增强西部地区绿色发展的有效性。

关键词　西部经济　多层治理（MLO）绿色发展　非技术创新　偏好干涉

绿色发展的概念可追溯到 David 和 Anil 等在《绿色经济蓝图》一书中提到的"可承受"的经济，即经济可持续发展，不因人类盲目追求经济增长而引发自然资源耗竭①；绿色发展强调"促成提高人类福祉和社会公平，同时显著降低环境风险，降低生态稀缺性的环境经济"②。随着工业化城镇化的进展，我国所面临绿色发展的挑战也日益严峻，对此，中共中央政治局于 2015 年先后审议通过了《关于加快推进生态文明建设的意见》《生态文明体制改革总体方案》，明确将"绿色化"作为生态文明建设的手

---

① David Pearce, Anil Markandya, and Edward Barbier, *Blueprint for a Green Economy*, London：Earthscan, 1989, pp. 110 – 113.

② TEEB（The Economics of Ecosystems and Biodiversity）, *The Economics of Ecosystems and Biodiversity*, edited by Pushpam Kumar, Washington, DC：Earthscan, 2010, pp. 3 – 5. 联合国环境署：《迈向绿色经济：通往可持续发展和消除贫困的各种途径——面向决策者的综合报告》（中文），www. unep. org/greeneconomy，登录时间：2015 年 11 月 21 日。

段和评判标准。① 西部地区是我国乃至整个亚洲的重要生态屏障②，是生态文明建设的前沿重阵，它也是我国生态系统最为脆弱的地区，因而西部地区的绿色发展更为紧迫，对于构建我国坚实的生态屏障有着特殊的意义。

一 文献综述与概念界定

对于我国西部地区的绿色发展，普遍认为，在技术层面和非技术层面均较东部地区落后。如曾贤刚、毕瑞亨（2014）分析了我国绿色经济发展状况，认为绿色经济发展良好的地区均位于我国东部，发展水平最低的 5 个地区位于西部③，分别为青海、云南、内蒙古、甘肃、贵州，均为少数民族聚居区；李清源提到西部地区系统性的绿色制度体系建设相对滞后④；王珂、秦成逊等认为，西部地区缺少完善的制度和机制来对企业的环境污染和无节制使用自然资源等外部非经济性行为进行制约⑤；刘纪远等提出西部地区的绿色发展措施应考虑当地社会经济发展及生态环境和自然资源保护两方面的现状条件，以及注重培育绿色产业⑥；张小红、王健从信息不对称和外部性的角度，剖析了绿色产业成长的需求困境、供给困境、竞争困境和资源环境保护困境，提出应积极培育绿色农产品市场、支持绿色农业科技创新。⑦

现有文献针对我国西部绿色发展的紧迫性、现状和面临的体制障碍等有较深入的研究，然而如何从非技术创新层面角度研究西部地区的绿色转型，则鲜有系统的论述，而这恰是西部地区所急需的。非技术创新（Non-technological Innovation，NTI）源自 Schumpeter 对创新的定义，他将创新分为产品、工艺、市场、原料配置和组织管理等五个方面。⑧ 之后创新又更明确地被切分为技术创新和非技术创新，即技术创新是包罗万象的产品和工艺创新，而非技术创新包括新的营销战略和管理技术或组织结构和运行机制的变化，涉及治理结构和运行体系的完善⑨；OECD 与欧盟统计署（2005）联合出版的《奥斯陆手册》中进一步阐述非技术创新对企业战略、内部管理和外部关系的作

---

① 新华社，《中共中央　国务院关于加快推进生态文明建设的意见》，http://news.xinhuanet.com/politics/2015-05/05/c_1115187518.htm，登录时间：2015 年 9 月 30 日。

② 欧阳志云、郑华：《生态系统服务的生态学机制研究进展》，《生态学报》2009 年第 11 期。

③ 曾贤刚、毕瑞亨：《绿色经济发展总体评价与区域差异分析》，《环境科学研究》2014 年第 12 期。

④ 李清源：《西部地区绿色经济发展实践与探讨》，《环境保护》2011 年第 9 期。

⑤ 王珂、秦成逊：《西部地区实现绿色发展的路径探析》，《经济问题探索》2013 年第 9 期。

⑥ 刘纪远、邓祥征、刘卫东等：《中国西部绿色发展概念框架》，《中国人口·资源与环境》2013 年第 10 期。

⑦ 张小红、王健：《浅析绿色农业产业成长困境与政策措施》，《产业经济》2014 年第 8 期。

⑧ J. Schumpeter, *The Theory of Economic Development*, Harvard University Press: Cambridge, MA, 1934, pp. 3-5.

⑨ F. Damanpour, W. M. Evan, "Organizational Innovation and Performance: The Problem of 'Organizational Lag'," *Administrative Science Quarterly*, 1984 (29): 392-409; N. Anderson, N. King, "Innovation in Organizations," *International Review of Industrial and Organizational Psychology*, 1993 (8): 1-34.

用①；Caroline Mothe（2012）论证了非技术创新在创新过程的不同阶段具有不同的影响力②；Schmidt（2007）等采用德国 CIS4 数据分析了非技术创新的决定因素，证明技术创新和非技术创新之间的密切联系以及后者的显著影响力③；刘伟、尹家绪等将非技术创新归纳为商业模式创新、管理创新、组织结构创新、文化创新、体制创新等方面④；金吾伦认为非技术创新在创新型国家建设中具有重大的意义。⑤ 显然，西部地区非技术创新层面的缺陷均可归结为 Schumpeter 创新定义的第五个方面，即"组织管理"创新，包括治理结构和运行体系的变化和完善。

调研发现，目前西部地区非技术创新层面的缺陷主要表现为：一是政策的形成缺少多维沟通和足够的公众参与，可操作性不强；二是政策传导偏差或缺乏因地制宜的本地化过程而未能兼容西部地区的生态文化和地方诉求，从而导致负面效应；三是政策实施缺乏科学的管理和监督机制，行为主体之间缺乏横向协调和对话机制，多头管理和无人问责并存；四是西部地区经济增长压力相对更大，干部考核体系尚未充分体现绿色发展和环境治理目标，挫伤了其投入绿色事业的热情；五是绿色发展成效和干部任职年限的矛盾，因绿色发展的业绩往往无法在地方干部有限的任职期间显示，从而影响地方干部的积极性。①绿色发展不仅仅涉及技术创新，更涉及治理能力及评价体系等非技术创新因素。上述五项缺陷较集中地反映出多层治理（Multi‐level Governance）体系的结构模糊和运作低效及其评价体系的滞后，这难免导致西部地区绿色发展的低效率，难以有效地激励和推动各种力量运用绿色技术以及实施相应的政策措施投入绿色发展。因此以 MLG 为框架，创建包括治理结构和评价体系在内的有效的非技术创新系统，对西部地区实现绿色发展具有积极的意义。

起源起欧洲一体化研究，是政治学与公共事务管理领域的重要理论，最初由 Liesbet Hoo ghe 和 Gary Marks 夫妇提出，本意旨在解析欧盟俄罗斯套娃式的以地域分层为基础的各级治理机构之间的组织创新和运行逻辑⑥，即"欧盟‐欧盟成员国‐州‐地

---

① Organization for Economic Co‐operation and Development（OECD），*Proposed Guidelines for Collecting and Interpreting Tchnological Innovation Data‐Oslo Manual*，second edition（OECD/EC/Eurostat，1996），pp. 31‐33.

② Caroline Mothe，Thuc Uyen Nguyen Thi，"The Link between Non‐technological Innovations and Technological Innovation，" *European Journal of Innovation Management*，2010（13）：313‐332.

③ T. Schmidt and C. Rammer，"Non‐technological and Technological Innovation：Strange Bedfellows？" *Working Paper* 07‐052，ZEW，Mannheim，2007.

④ 刘伟、尹家绪：《构筑信息时代的企业竞争力：企业信息化战略及其应用》，科学出版社，2004，第 1~3 页。

⑤ 金吾伦：《创新型国家建设中的非技术创新》，《光明日报》2007 年 11 月 13 日。

⑥ Simona Piattoni，"Multi‐level Governance：A Historical and Conceptual Analysis，" *Journal of European Integration*，2009，31（2）：163‐180. Gary，Marks，"Structural Policy and Multilevel Governance in the EC，" in Alan Cafruny and Glenda Rosenthal，eds.，*The State of the European Community*，Boulder Colorado：Lynne Rienner，1993，pp. 391‐411.

区－地方”等各级权力行为体之间的权力结构和连续协商体系，以及政治政策互动关系[1]。2000 年代初 MLG 进一步被概括为两种相对的类型：第一种类型（T1）是主权国家范畴内的多层治理，具有较强的稳定性；第二种类型（T2）是超主权范畴的多层治理，并且是问题导向的，随问题（往往是公共事务问题）的产生应运而生，随着问题的解决而不复存在。[2] MLG 是一种“柔性治理”（flexible governance）。其中的 T1 所构想的是纵向非交叉的、层次有限的治理，以“俄罗斯套娃”的结构形式呈现；T2 构想的是任务导向性的、横向交叉的，相对灵活的治理，数目较多而不定。Marks 夫妇认为，MLG 有助于将减缓气候变化等外部性问题内部化，达到更有效的治理效果。Ostrom、Keating 等指出，现代治理应该是通过有效的组织形式将治理权限从中央疏散到各级权力中心，由多个灵活交叉的地方治理机构来行使公共事务的治理权以增强政策有效性[3]，MLG 也因而成为现代治理的典型模式，它从研究欧盟的政治科学领域被延伸出来，成为公共政策研究领域的一个重要理论工具。[4]

本文将非技术创新系统界定为生态文明建设框架下驱动绿色发展的多层治理机制以及评价体系，引入并扩展了 MLG 模型，将西部地区的四川广元市作为目标案例，德阳、汉阳为参照案例，基于田野调查、问卷、访谈等手段，通过比较研究，从多层治理的视角来探讨西部地区绿色发展的非技术创新系统。

二 MLG 框架构建及案例选择

MLG 用于分析纵向不同层级以及横向不同组织等多种行为体之间的相互作用，以及由此形成的公共治理结构和运作机制。然而 MLG 是否可以从欧盟研究推及至我国西部地区绿色发展的非技术创新系统？对此，我们可以从研究对象的特征上考虑：从外部性问题如气候环境等治理机制的有效性上看，尽管多数时候欧盟因其复杂冗长的多方利益博弈而影响了速度，以至于产生了明显的效率损失，但是其政策的传导以及反

[1] T. Schmidt and C. Rammer，“Non - technological and Technological Innovation：Strange Bedfellows？”*Working Paper* 07 - 052，ZEW，Mannheim，2007.

[2] Liesbet Hooghe and Gary Marks，“Unravelling the Central State, but How？Types of Multi - level Governance，”*American Political Science Review*，2003，Vol. 97，No. 2：233 - 243.

[3] Elinor Ostrom，“Metropolitan Reform：Propositions Derived from Two Traditions，”*Social Science Quarterly*，1972（53）：474 - 493；Michael Keating，“Size, Efficiency and Democracy：Consolidation, Fragmentation, and Public Choice，” in David Judge and Gerry Stoker，eds.，*Theories of Urban Politics*，London：Sage，1995，pp. 117 - 134. David Lowery，“A Transactions Costs Model of Metropolitan Governance：Allocation versus Redistribution in Urban America，”*Journal of Public Administration Research and Theory*，2000（10）：49 - 78；Peters，B. Guy，and Jon Pierre，“Developments in Intergovernmental Relations：Towards Multi - Level Governance，”*Policy and Politics*，2000（29）：131 - 135.

[4] Gary Marks，“Structural Policy in the European Community ，” in Alberta Sbragia，ed.，*Europolitics：Institutions and Policy Making in the ‘New’ European Community*，Washington D. C.：The Brookings Institution，1992，pp. 191 - 224.

馈，各利益相关者之间的协调沟通等治理结构和运行机制可谓较成功的典范①，值得借鉴；从 MLG 理论的结构优势和适用性上看，MLG 优于分析存在多层次结构和多位互动的权力与权益行为体之间的博弈，如"欧盟—成员国—州—地区—县郡—社区"的多层级治理结构，以及其间错综复杂的利益关系。此外 MLG 框架还有助于清晰地表达各行为体之间在纵向与横向维度的责任与权益分割。因此，MLG 从分析欧盟的公共治理到我国西部的绿色发展，双方涉及的行政隶属关系不同，运行机制也存在巨大差异（如欧盟国家是以自下而上为主导，我国则以自上而下为主导），但层次结构和互动机制相似，即在治理结构、运行机制上是可比的，MLG 的纵横向二维分析优势可以充分发挥。因而 MLG 用于研究我国西部地区的绿色发展，分析纵向的层级互动以及横向不同利益相关者之间的协调和竞争是切合实际的技术路径。鉴于西部地区绿色发展的相关行政主体之间的纵横互动关系，包括不同利益集团之间、不同机构之间的协调沟通，均呈现多边和复杂的状态，显然 MLG 中的 T1 和 T2 无法单独作为分析框架，而需要合理的改进。对此，本文将结合环境政策的形成机制以及我国行政特点对 MLG 模型进行改进和扩展，将 T2 嵌入 T1，对 MLG 两种类型进行融合。需要指出的是，相对于 T2 最初表示的"问题导向性的权力结构及相互关系"，在此则更多地表现为横向的权力结构以及利益主体之间的互动关系 Th（T – horizontal）。相应的，T1 更确切的表述为稳定性的纵向互动关系 Tv（T – vertical），如图 1 所示。扩展的 MLG 模型可以简明地呈现绿色发展基于市级层面的治理结构，便于分析其中的博弈关系。

基于上述思路，本文根据我国的行政结构特点，确定盟/市级为基准层，建立 MLG 的 Tv 和 Th 二维结构模型。即在纵向层面，从国家—自治区—盟—旗/县—乡镇—社区—居民链条，分析"自上而下、自下而上"的政策传导、实施和反馈机制；从横向层面，解剖不同部门和机构，政府、企业、公民、NGO 等各利益相关者之间的沟通协调机制。在案例的选择上，笔者将四川省广元市选为目标案例，邻近的汉中市、德阳市为参考案例。四川广元市，位于川陕甘连接处，地处长江分支嘉陵江的上游，是我国西南重要的生态屏障。该市辖三区四县，其中有三个国家贫困县（区）。广元市主要产业为能源、金属、农副产品加工、建材、电子机械、旅游、职教等，其特色优势产业为天然气工业、烤烟、茶叶、林果。三次产业构成由 2005 年的 33.7:27.4:38.9 调整为 2010 年的 23.8:39.0:37.2，城镇化率为 31%，尚处于城镇化中期的起步阶段。该发展阶段决定了当地生产及消费增长引致的各类排放需求将处于增长态势。鉴于广元市属于西南偏远地区的中低发展水平城市，少数民族分布广泛，经济发展水平低（国家

---

① Liesbet Hooghe, and Gary Marks, "Unravelling the Central State, but How? Types of Multi – level Governance," in *American Political Science Review*, 2003, Vol. 97, No. 2: 233 – 243; A. Druckman, P. Bradley, et al., "Measuring Progress towards Carbon Reduction in the UK," *Ecological Economics*, 2008, 66 (4): 594 – 604.

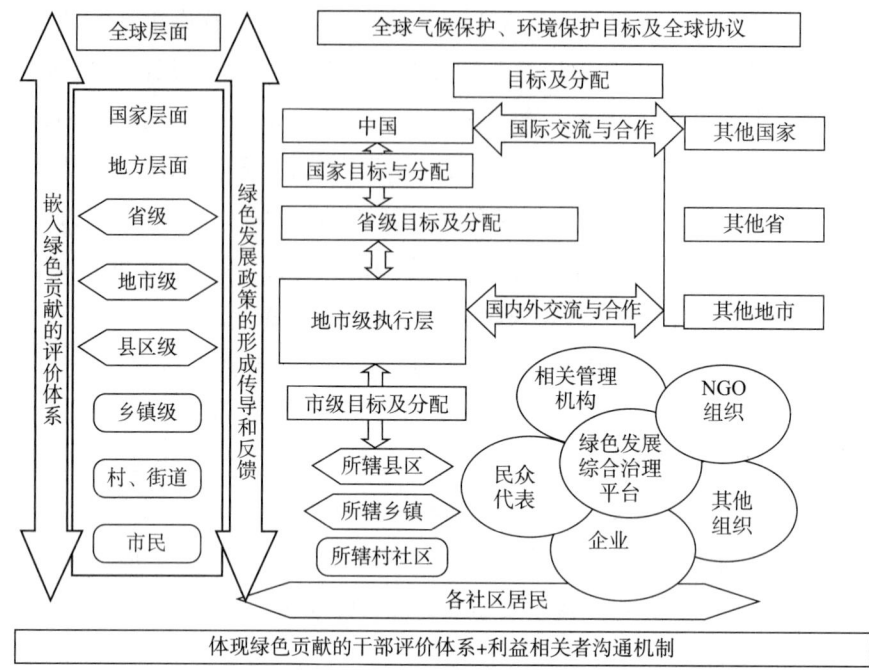

图 1　扩展的 MLG 理论模型

资料来源：作者自制。

贫困市），科技、资金和人才的储备和吸引力也相对不足，在西部地区具有很强的代表性。研究和总结该市绿色发展的非技术创新系统，可以对处于类似发展阶段的其他地市实现绿色转型提供借鉴。

笔者在 2008~2015 年对该市的绿色发展做了跟踪调研，主要手段为入户访谈、群组访谈、问卷调查等。除特别说明，文中的数据来源于调查的第一手资料，以及广元市、汉中市、德阳市和四川省的国民经济和社会发展年度公报和统计年鉴。

三　广元市绿色转型进展及非技术创新因素分析

（一）广元市绿色转型的进展

由于经济发展水平相对较低，广元市历来以在经济增长方面追赶省内其他地市为主要目标，直至 2008 年底，该市将战略重点转向绿色低碳发展，包括发展清洁能源、绿色建筑、绿色交通、低碳农业以及建设绿色低碳社区等途径。其中开发利用清洁能源、推广绿色交通（以天然气代替燃油，提倡城内自行车出行），普及户用沼气、测土配方施肥、发展花卉种植等，成为因地制宜的重点措施，而工业和服务业领域则实施节能减排和能源更新等技术手段。同时，当地不断调整治理结构和提高干部考核体系中绿色贡献的权重。

比较该市 2007 年以来绿色发展的核心数据，可以发现其绿色转型进展明显：从单位 GDP 能耗上看，广元市在 2007～2008 年，明显高于全国平均水平，其中由 2007 年的 1.43 吨标准煤/万元到 2008 年的 1.56。原因之一是，广元市属于 2008 年大地震的重灾区，2008 年当地集中了大量与灾后重建相关的如金属建材、水泥等高耗能产业，引发重建初期单位能耗的激增。2008 年之后逐年下降至 2013 年的 1.03，这期间减少了 27.97%，稍领先于地区下降幅度的均值 27.70%，也快于邻近地市德阳和汉中的 27.20% 和 22.89%，如图 2 所示。

在能源碳强度方面，广元市从 2007 年到 2012 年由 3.79 到 2.13 吨 CO_2/吨标准煤，5 年期间下降了 44%，反映了清洁能源使用比例的增加，能源结构的显著优化，这一下降幅度远远大于同期的全国平均水平。非化石能源的比重快速上升，原因是广元实施绿色发展战略后，相应加快了水电、太阳能、风能以及户用沼气等绿色能源的推广，2011 年全市在沼气可建范围内实现了 100% 的沼气入户使用。森林覆盖率也从 2007 年的 47.2% 增加至 2012 年的 54%，相当于地区均值的 1.5 倍，如图 3 所示。广元市于 2012 年底入选首批国家低碳城市。

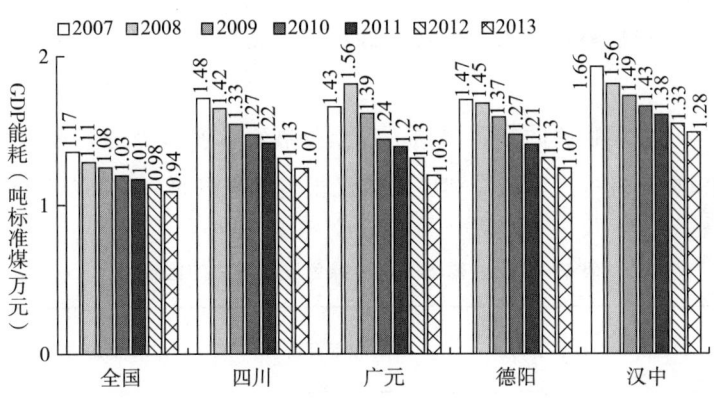

图 2　广元及邻近地市的单位 GDP 能耗比较（2007～2013），根据 2005 年价格计算。

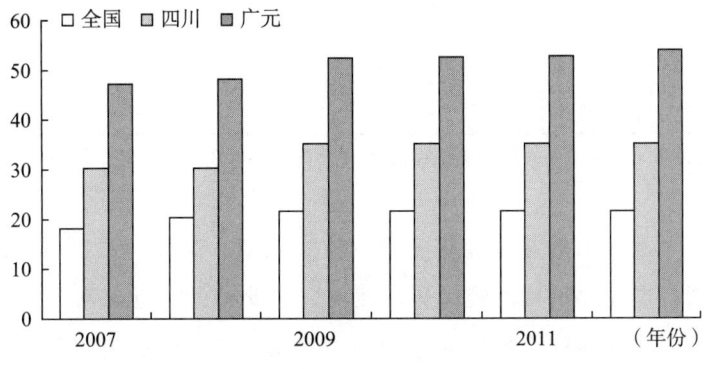

图 3　广元市森林覆盖率（2007～2012）

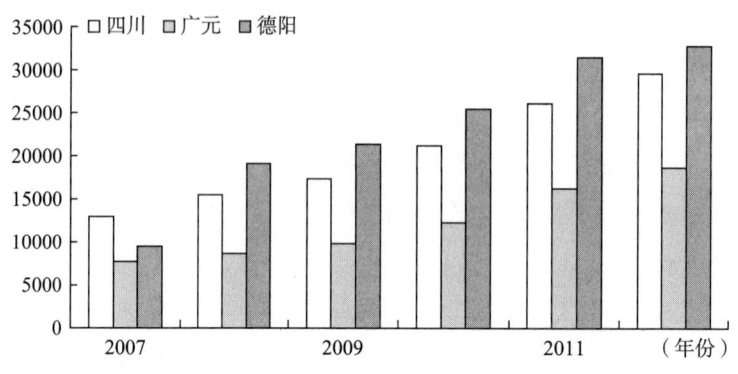

图 4　广元市人均 GDP（2007～2012）

资料来源：作者自制。

（二）广元市绿色转型的非技术创新因素

对广元市与参考城市的案例比较发现，在经济发展水平方面，广元人均 GDP 仅仅相当于地区均值的 2/3 左右，如图 4 所示。

在科技水平、绿色禀赋、人力资源、经济实力等绿色发展潜力方面，广元处于劣势，见表 1。

广元在与绿色发展相关的专利申请、民众受教育水平以及绿色能源投资方面也都落后于德阳和汉中，其中广元的专利申请数仅相当于德阳的 1/4，也低于汉中。

表 1　广元、德阳和汉中绿色发展潜力的比较①

	绿色发展的科技潜力			绿色能源潜力		碳汇潜力		绿色发展的经济支撑
	综合科技进步水平指数	专利申请数（个）	民众受教育水平（‰）	绿色能源投资（%）	绿色能源比例（%）	森林覆盖率（%）	增强碳汇的努力程度	绿色投资（百万元）
广元	40.4	548	49.97①	1.3	36.1	54	57	18.67
汉中	/	769	62.79②	1.4	/	58.18	65 + ③	22.61
德阳	60.96	2108	62.34④	2.91	/	38.5	50 + ⑤	35.94

注：清洁能源比例中包括天然气等化石能源在内，因而比图 2 - d 中的数值要大；①②③④⑤见文末注解。

可见，从三个地级市的综合经济实力、技术创新、资金、人力等绿色发展潜力的技术性因素上看，广元并不具比较优势。然而，与此相悖，近年来广元市绿色发展的主要指标却在四川省的前列，超过邻近的汉中和德阳市。因此值得分析其绿色转型背

---

① Jiang Wei, Could a Less Developed City Solve Its CO2 Emission Dilemma? Evidence from a Low Carbon Pilot City, *Chinese Journal of Urban and Environmental Studies*, Vol. 3, No. 1 (2015) 1550007.

后的非技术创新因素。

调研结果显示,在技术性条件落后的情景下,广元市逐步积累了包括治理结构和运行机制在内的非技术创新系统的优势,以四级指标体系表述为下表所示。

表 2　广元市绿色发展的非技术创新系统评价

一级指标	二级指标	三级指标	四级指标	单位	评价标准	广元市水平
绿色发展的非技术创新系统	绿色发展治理体系的完备性	治理机构设置的完备性	是否有专设机构	有/无	三项均有	专设低碳发展局
			是否有专职人员			有专职人员
			是否有领导团队			有领导小组
		机构的独立性和有效性	绿色治理平台独立性及行动能力	强/弱	对部门协调和监督的独立性和有效性	强(低碳局相对比较独立,但还是受到一定程度的牵制)
		绿色发展政策及工具的完备性	战略规划及政策措施是否完备	是/否	有完整的绿色发展战略及规划	从 2008 年底出台绿色发展战略,之后逐步完善规划
			绿色核算体系	有/无	具有能源清单、温室气体清单、绿色 GDP 核算	具有前两项
			干部考核体系是否体现绿色贡献	%	干部考核体系中绿色贡献的权重	3(2007) 5(2008) 12(2009) 15(2010) 19(2011) 19(2012)
	绿色发展运行机制的有效性	Tv 维度:纵向传导和反馈	政策传导和反馈是否顺畅	是/否	是	自上而下的政策传导与自下而上的建议反馈均较顺畅
			绿色发展相关政策措施的执行排序	位次	是否能够排在前三位以内	90% 以上的受访者表示排在第二位
			公众绿色发展意识		>75%	2(2008) 15(2009) 93(2010) 97(2011) 98(2012)
		Th 维度:横向交流和沟通	部门协调的充分性	%	达成一致的次数/需要协调的次数	历年均在 95% 以上
			绿色措施的听证会频率	%	听证会次数/出台措施总数	100% 听证会或者通过宣传栏公告
			非政府机构的参与程度	次数	对外交流与合作的次数	没有具体的数据,但是正常情况下能参与

资料来源:作者自制。

从绿色发展的治理体系上看，调查结果显示，广元市治理机构的设置较为完备。如在市发展改革委设有低碳发展局作为治理枢纽，设有专门人员，成立了市级绿色低碳发展领导小组，并且由市级主要领导担任组长。从市级一直到县、区、乡镇和村社区，均有专人负责纵向衔接，使政策传导和反馈的顺畅程度得以保证。同时绿色发展的政策及工具也相对较完善，2008 年底 2009 年初，当时低碳理念在周围地市并未被认可的条件下，该市以低碳发展作为与其他地市竞争的核心战略，形成完整的绿色低碳发展战略及规划。从广元市干部考核体系中绿色贡献的权重上看，2009 年出现拐点，如图 5 所示，2007 年仅占 3%，2009 年猛增至 12%，到 2011 年和 2012 年提高至 19%，实际权重和增长率均高于邻近市州。

低碳局作为绿色治理平台及治理体系的枢纽，是一个链接纵向维度和横向维度的枢纽，由于绿色低碳被确定为广元市的首要战略，因而被授予了较高的权威性和独立性，能够就某个绿色发展的议题组织定期和不定期的部门协调会进行讨论和沟通。访谈中发现，低碳发展局的行动能力可以超越市内的各平级机构，根据绿色低碳领导小组签署的政策监督全市相关机构和部门开展实施。在年终，低碳发展局有权限组织人员对实施的效果进行评估，结果计入组织部考核的计分系统，直接影响干部考评。从绿色核算体系上看，包括建立能源生产和消费统计体系、温室气体排放监测体系，以及绿色 GDP 核算体系等，以增强绿色目标的可量化、可监测、可考核性，对此，广元市只初步具备前两项，尚有欠缺。

从运行机制上看，根据调研结果，85% 以上的受访者对绿色发展的机构设置及运行效果表示满意，认为自上而下的政策传导和自下而上的政策建议和反馈都较顺畅。相应地，公民的绿色发展意识也成长较快。[⑥]在 2008 年的回收问卷中，仅有 2% 的答卷者表示了解绿色发展；2011 年、2012 年已经分别增加至 90% 和 93%；2013 年的绿色发展意识问卷调查结果显示，全市民众的普及率达到 98%，增长速度明显高于同期的汉阳和德阳，如图 6 所示。

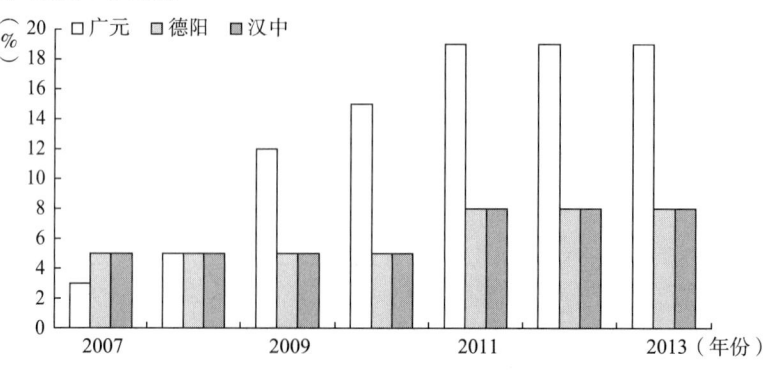

图 5　干部考核绿色权重的变动

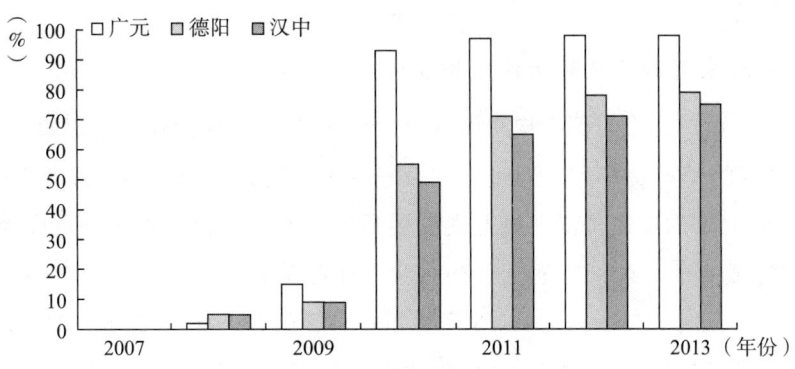

图 6　公众绿色低碳发展意识的变化

资料来源：作者自制。

此外，随着广元市干部考核体系中绿色贡献权重的上升，绿色发展的政策措施在相关政府的工作排序上，则由原先的末位跃升至优先位置。对此，广元 90% 以上的政府部门受访者表示，绿色发展的政策措施属于"优先执行项"，只有在与"社会安全稳定"发生冲突时，才会降到第二位次。从公众参与程度上看（我们在指标体系中以听证会的频率，即听证会次数占出台措施总数的比例来表述，达到 100% 表示完全的民众参与程度），问卷调查和访谈结果显示，尽管当地政府出台新的绿色措施都设有听证会，但是市民听众并不多。为此，当地政府将大部分听证会改为通过宣传栏公告形式公之于众，并在一定的期限内反馈（如两周时间）。80% 的受访者表示宣传栏公告的形式效果优于听证会。此外，对于非政府机构的政策参与程度，在调研中没有得到具体的数据，但是当地受访群众和曾经参与该市绿色发展项目的 WWF 官员一致表示，一般情况下能参与绿色发展的具体项目合作，可以开展研究工作，提出报告建议，对此，受访对象认为是有效参与。

从德阳、汉阳、广元三个城市的案例比较发现，尽管前两者的技术性条件具有比较优势，但在非技术创新层面尚未形成完善的治理结构，干部考核指标中绿色发展的权重不足以有效驱动干部的积极性。而后者则逐步形成了相对完善的非技术创新系统，其干部考核体系中绿色发展的贡献被赋予较高的权重，从而引致了绿色偏好的多米诺效应，使得绿色发展的相应政策从市级直至村和社区得以有效的传导、本地化和实施。这一非技术创新系统的优势在一定程度上弥补了它在技术性条件上的不足，促使其绿色发展超越了其他地市。

四　绿色发展的非技术创新系统构建

构建有效的非技术创新系统，完善其中的治理结构和运行机制，及时发挥偏好干涉的与扩散效应，同时进一步修正绿色发展的评价体系，可以有效驱动西部地区的绿色发展。

（一）非技术创新系统的构建及其偏好干涉效应

根据图 1，以广元市为例，构建以市级为基准层的 MLG 治理模型，如图 7 所示。

从纵向维度（Tv），广元市通过"国家—省—市"自上而下的"绿色偏好"传导，结合"自下而上"的反馈机制，以低碳发展局这一治理平台为枢纽，形成因地制宜的绿色政策，完成一个"政策本地化"的过程。在此基础上，绿色发展战略目标进一步分解，经过"广元市—7 个县区—238 个乡镇—村、街道—社区/企业—316.2 万市民"，由"自上而下"和"自下而上"的互动和协调机制达成绿色发展目标的一致性。同时，涵盖绿色贡献的干部考评机制逐层对从县区—乡镇—村—社区居委会等执行层进行偏好干涉，驱动各级机构优先执行绿色发展的政策措施。在此过程中，低碳发展局则继续发挥其在非技术创新系统中的枢纽作用，就绿色发展的相关问题在横向维度（Th）进一步组织协调。这一过程类似 T2 维度，即针对特定任务的，横向交叉的，相对灵活管辖权的整合，以链接不同部门和机构（如市内各专业职能机构、企业组织、民众代表、其他利益相关者），建立协调、对话和监督机制，并与国内科研机构，国内外环保机构开展交流与合作。Tv 和 Th 的这种有机组合形成了非技术创新系统的治理结构和运行机制。

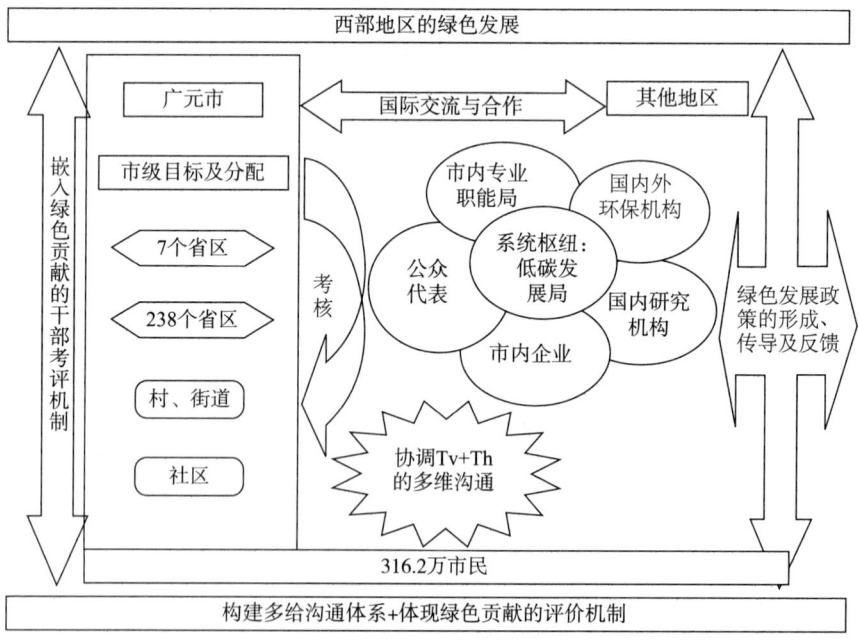

图 7　广元市绿色转型的非技术创新系统

非技术创新系统的运行逻辑是：当干部考核体系所涵盖的绿色贡献权重足够高时，非技术创新系统即发挥关键的偏好传导效应。如图 7 的曲面箭头所示，通过"考核指标"，地市级政府的政策偏好将通过非技术创新系统，由"地市—县/区—乡镇—村/街道—社区"自上而下逐级传导，以驱使下一级进行政策偏好调整，从而使得绿色发展的偏好显著扩散，在更广范围内有效提高地方决策层对绿色发展的积极性。访谈和问卷的结果一致显示，随着干部考核体系中绿色贡献权重的增加，绿色发展的执行积极性也相应提高，这从地方政府之间的博弈中可得以证实。鉴于目前绿色发展已经成为"十三五"规划的核心理念，可以推断，省级之间的博弈也会围绕着绿色发展展开。因而，当绿色发展成为省级政府的战略偏好，且绿色贡献在干部考核体系中获得更高权重（相对于经济发展贡献）的条件下，则从市级直到村社，各级政府也必将置绿色发展于优先执行的地位。

以对高税收高污染产业 C 的取舍为例，考察地市不同选择的潜在得失，可得到下述结果，如图 8 所示。

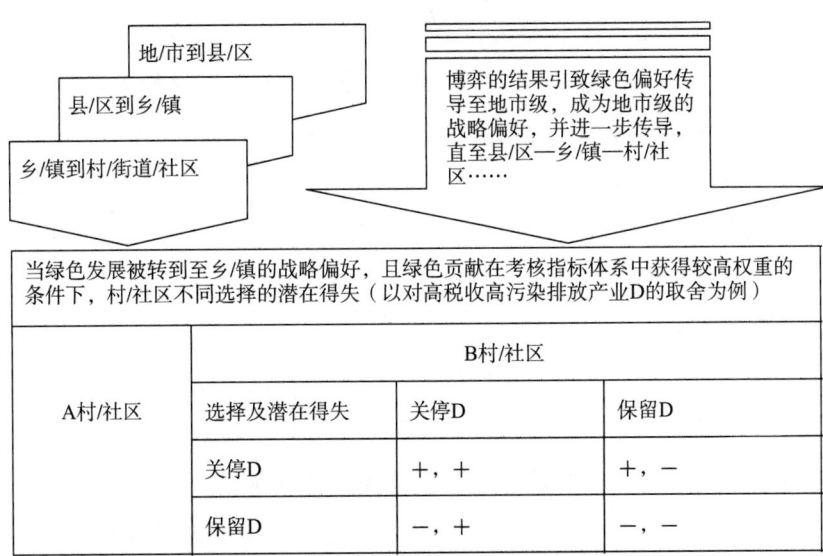

图 8　MLG 条件下绿色偏好传导的多米诺效应

资料来源：作者自制。

当 A 地/市和 B 地/市均选择关停 C 时，双方都将获得绿色贡献分，相关地方负责人将继续竞争晋升的机会；当 A 地/市选择关停，而 B 地/市选择保留时，前者将获得更理想的考核结果，后者将被淘汰。相反，当 A 地/市选择保留，而 B 地/市选择关停时，前者将被淘汰，后者将获得考核优势。当双方都选择保留时，均将面临淘汰。因此，A 和 B 都会理性地选择关停，从而将绿色发展作为地市的战略偏好优先执行，并且进一步向下一级传导至县/区……。同理，A 乡/镇与 B 乡/镇之间展开类似的博弈，结果传导至村和社区……直至绿色发展成为每个市民的核心理念和行动偏好。

上述可见，各级政府在同级层次上的博弈而引致的绿色偏好的传导可以波及更大的地域和行政范围，使得绿色发展最终成为西部地区的政策偏好和路径选择。条件是：当非技术创新系统得以完善，其中干部考核体系中的绿色贡献权重足够大，并且 Tv 和 Th 两个维度有机组合发挥作用的时候，绿色偏好传导的多米诺效应便从省到地市、到县区、直至社区各级得到了充分的分层传导和本地化，有效地驱动整个西部地区的绿色发展。

（二）基于非技术创新系统的绿色发展评价体系

在绿色发展的地方竞争中，评价体系是影响地方政府的政策行为与力度的核心因素，因而客观的评价体系有助于提高绿色发展的有效性。目前已有的绿色发展指标体系突出了绿色产出、消费、资源、绿色技术、环境质量等指标，技术性因素较受关注，而治理机制和评价体系等非技术因素未能得以充分表达。正因为如此，非技术创新系统的建设尚未获得地方足够的重视，导致绿色政策在形成、传导和实施都受到了制约，难以达到预期的效果。笔者在结合两者的基础上，参考中国社会科学院庄贵阳等、国家气候中心丁丁等的低碳城市评价体系[①]，以及北京师范大学李晓西等的绿色发展指标体系[②]，基于西部地区的经济社会发展状态，构建 MLG 结构下绿色发展评价体系的初步框架。如表 3 的四级指标体系所示，从技术层面和非技术层面评价绿色转型进展情况，其中突出了非技术创新变量的作用。

技术层面主要从生产、消费、基础设施、能源和环境质量方面体现绿色转型的进展状况，包括经济发展水平、低碳水平、绿色资源禀赋、绿色城市建设等。需指出的是，资源禀赋中考察的能源主要是体现清洁能源的拥有水平，而技术系统考察的能源内容，则重在反映碳脱钩水平（碳生产力）、可再生能源和非化石能源的利用水平。此

[①] 庄贵阳、潘家华、朱守先：《低碳经济的内涵及综合评价指标体系构建》，《经济学动态》2011 年第 1 期；丁丁、蔡蒙、付琳、杨秀：《基于指标体系的低碳试点城市评价》，《中国人口·资源与环境》2015 年第 10 期。

[②] 李晓西、刘一萌、宋涛：《人类绿色发展指数的测算》，《中国社会科学》2014 年第 6 期。

外还包括了绿色采购率、办公自动化建设、垃圾无害化处理率、绿色建筑水平和绿色交通水平等。

非技术创新系统层面主要考察绿色治理体系的完善程度及其运行机制的有效性。前者包括治理机构设置的完备性、专设机构的独立性和执行力、绿色发展政策及工具的完善程度。后者在 MLG 模型中则体现为纵向和横向两个维度：横向维度上，包括部门之间协调的充分性、绿色发展的社会公平程度和绿色参与的广泛度等；纵向维度上，包括绿色政策传导和反馈的顺畅与否、相关措施的执行排序、公众绿色发展意识的成长等。如发展规划、政策制定和任务的分解细化，干部考核体系中绿色贡献的权重，尤其关注绿色目标的完成情况是否融入县区—乡镇—村/居委会等各级领导干部的考核内容中，并且有相应的奖惩机制，以确保绿色政策的有效实施。

表3　绿色发展评价指标

一级指标	二级指标	三级指标	四级指标	单位	评价标准
技术性层面	经济支撑力	经济发展水平	人均 GDP	元/每人	> 地区均值
		绿色研发投入	绿色投入占地方 GDP 比重	%	> 地区均值
	低碳水平	能源强度	地区 GDP 能耗	吨 CO_2/万元	< 地区均值
		碳消费	相对人均碳排放	吨 CO_2/每人	相对人均碳排放（人均碳排放/全国平均水平）< 相对人均收入（人均收入/全国平均水平）
		能源碳强度	单位能源碳排放	吨 CO_2/吨标准煤	< 地区均值，并逐年递减
	绿色禀赋	非化石能源比重	非化石能源比重	%	> 地区均值
		森林覆盖率	森林覆盖率	%	> 地区均值
	绿色城市建设	绿色建筑水平	绿色建筑水平	/	高于国家建筑节能标准，且高于地区均值
		绿色交通水平	绿色交通水平	%	> 地区均值
		垃圾无害化处理率	垃圾无害化处理率	/	> 地区均值
		办公自动化建设	办公自动化建设	%	> 地区均值
		绿色采购率	绿色采购率	%	> 地区均值

续表

一级指标	二级指标	三级指标	四级指标	单位	评价标准
非技术性层面	绿色发展治理体系的完备性	治理机构设置的完备性	是否有专设机构	有/无	三项均有
			是否有专职人员		
			是否有领导团队		
		专设机构的独立性和执行力	绿色治理平台独立性及行动能力	强/弱	对部门协调和监督的独立性和有效性
		绿色发展政策及工具的完备性	战略规划及政策措施是否完备	是/否	有完整的绿色发展战略及规划
			绿色核算体系是否完善	有/无	具有能源清单、温室气体清单、绿色 GDP 核算
			创新驱动体系是否完善	有/无 %	基友专门机构负责 具有创新奖励机制 具有定期与不定期的推广和培训 相关人力、资本及技术投入占 GDP 比重
			干部考核体系是否体现绿色贡献	%	干部考核体系中绿色贡献的权重 >10%
	绿色发展运行机制的有效性	Tv 维度：纵向传导和反馈	政策传导和反馈是否顺畅	是/否	是
			绿色发展相关政策措施的执行排序	位次	是否能够排在前三位以内
			公众绿色发展意识		>75%
		Th 维度：横向交流和沟通	部门协调的充分性	%	达成一致的次数/需要协调的次数 >75%
			绿色措施的听证会频率	%	听证会次数/出台措施总数 >90%
			非政府机构的参与程度	次数	>地区均值

资料来源：作者自制。

五　主要结论及政策建议

（一）主要结论

根据在广元的田野调查和长期的数据跟踪，并结合与其他地市的比较，我们发现，市级政府通过完善治理结构和干部评价体系，发挥绿色偏好的多米诺效应，能够驱动从市级层面直至村/社区层面进行政策调整，并展开绿色竞争，从而产生正面的偏好干涉作用。同理，从省级到市级也是如此，各级政府在同级层次上的博弈又可引致绿色偏好波及更大的地域和行政范围，直至绿色发展最终成为整个西部地区乃至全国的政策偏好和路径选择。由此，构建和完善非技术创新系统有助于西部地区实现绿色共享。

（二）政策建议

1. 健全治理结构，提高政策有效性

以地市级政府为执行单位，可考虑在地方发改部门设置绿色治理平台为枢纽，根据绿色转型目标，正确研判自身的资源禀赋及外部条件，对目标进行细化切分，据此确定实现路径和相应的政策工具，完成政策本地化的二维建构过程，提高政策有效性和可操作性：纵向维度，通过绿色治理平台将初始政策实现从市—区—乡镇—社区—直至企业/居民链条式的流通，既包括"自上而下"的传导，也包括"自下而上"反馈；横向维度，明确绿色发展的参与主体和利益相关者，通过治理平台实现初始政策经由不同部门和机构，政府、企业、公民等各利益相关者之间的充分讨论而完善，实现利益主体的全方位参与，建立有效的协调、对话和监督机制，促进不同部门和利益相关者之间的互动交流，正确引导民众的绿色理念。

2. 完善评价体系，自上而下进行偏好干涉，增强绿色发展积极性

进行偏好干涉，即重点培养地方政府主要领导的绿色发展理念，增强其绿色执政能力；同时完善与治理结构相匹配的干部评价体系，实现地方政府考核体系定性和定量的"绿色"转型，通过逐级传导和同级扩散，由"GDP竞争"转向"绿色竞争"，提高地方决策层对绿色发展的积极性。偏好干涉成功的条件是：干部考核体系中的绿色贡献权重足够大；中央到地方各层级之间政策的传导、本地化和实施过程顺畅；绿色发展的各利益相关者之间可以有效沟通和协调。

偏好干涉成功的条件是：当且仅当非技术创新系统得以完善，即绿色发展治理体系相对完备并有效运行，Tv维度和Th维度有机组合发挥作用的同时，提高干部考核体系中绿色权重至足够大，则绿色偏好的多米诺效应便从省到地市、到县区、直至社区各级得到了充分的分层传导和本地化，有助于驱动整个西部地区的绿色发展。

3. 科学规划，以地市级为执行层，由非技术创新系统从宏观和微观层面驱动绿色转型

宏观层面，以地级市为绿色发展的执行枢纽，结合本地区的资源特征和经济社会发展水平，制定科学的绿色发展战略规划，完善与之匹配的法规政策等保障体系。行政与市场手段互相结合，推动西部地区绿色产业集群的形成和清洁能源体系的建立，同时促进绿色交通、绿色建筑和绿色采购的实施；发挥价格机制，通过地方价格补贴激励非化石能源的合理开发利用以及化石能源的高效、清洁利用。

微观层面，关注地方行业发展和企业运营，以国家标准为基准，参考国际行业水平，确定动态的地方行业标准，建立统一口径的行业绿色指标体系。同时关注绿色社区、低碳社区的建设，促进绿色理念在基层的认同。

4. 建立地方统一的绿色核算体系，增强绿色发展的透明度和可监控性

先以地级市为单位，建立统一的核算体系，包括完善能源生产和消费的统计体系和温室气体排放监测体系，做好能源消费和污染排放源的核查工作，以增强绿色发展目标的可量化、可报告、可监测、可评估以及可考核性，以便明确实施责任，为部门和企业的绩效考核体系提供参考。

5. 建立全国联网的干部绩效"一卡通"，消除地方干部的"短视"行为

全国联网的干部政绩考核制度，有助于实现对干部执政行为监管的可持续性和可计量——不因干部的地域或职位变动而中断政绩考核，使得任职变动不影响干部在原单位业绩和失误的评价积累。可以给每个干部建立一个全国联通的绩效卡，当干部 A 结束在 M 市的任职调往 N 市之后，M 市由他提出的政策所产生的业绩（如绿色发展带来的环境质量提高）继续记入干部 A 的绩效卡（同时，他的下任 B 如能有效执行，则也能获得一定的绩效加分，以便激励好政策的连续执行）；同理，由干部 A 在 M 地实施的坏政策所产生的不良后果，在他调动后，也依然计入 A 和 B 的绩效卡。这种绩效的终身追踪制将有助于增强行为主体的执政责任，消减原来因干部频繁调动而导致的"短视行为"，增强绿色发展的效率与效益。

注释

①与 GDP 可以给出即时统计数据不同，绿色发展综合效果的显现不是即时的（即便是空气质量指数能给出即时数据，但它无法代表不了综合效果），而是一个长期事业。

②第六次全国人口普查数据（广元），2013。

③第六次全国人口普查数据（汉中），2013。

④汉中生态建设指导意见，汉中市人民政府，2013 年 1 月。

⑤第六次全国人口普查数据（德阳），2013。

⑥笔者曾经在 2012 年 4 月经过坐落在利州区龙潭乡小山坡的村落，在入户访谈计划之外遇到一位 70 多岁的农民老先生，老先生没上过学，但非常专业地谈起当地的低碳发展和绿色产业。

On the Non – technological Innovation System for Green Development in Western China

—A Perspective of Multi – level Governance

Abstract：Green development is urgently required in Western China, a prominent area of ecological civilization construction where the national ecological barriers are located, in which an effective non – technological innovation system (NTI) runs as a prerequisite. This article explores an effective NTI system for green development based on the MLG theory. The main approaches are field investigation and cases comparison. The data is from focus group interview, questionnaire survey and statistics year book. It demonstrates that the NTI system could generate Domino effects on green preference both for diffusion at horizontal level and conduction at vertical levels, which will drive local governments to make their strategy adjustment in order to stimulate all possible groups to be engaged in green transition. Therefore, a green transition for local official – evaluation mechanism at quantitative and qualitative sides is critical needed. An effective NTI system with its green evaluation mechanism could interfere and adjust the local preference and then enhance the effectiveness and benefit of green development in Western China.

Keywords: MLG　Western China　Green Development　Non – Technological Innovation　Preference Intervene

原载于《西南民族大学学报》（人文社会科学版）2016 年第 9 期

三十年来我国民族图书馆事业的发展及理论的进步*

魏　忠

摘　要　本文回顾了改革开放以来我国民族图书馆事业取得的巨大成就，分析了其中存在的问题并提出解决的办法；同时展示了在此基础上发展起来的我国民族图书馆学理论的情况以及探讨的范围和最新的认识。

关键词　改革开放　少数民族　图书馆事业

民族图书馆一般是指我国少数民族地区的公共图书馆，以及具有民族研究和民族教育功能的专业图书馆和大专院校图书馆。

一　改革开放以来我国民族图书馆事业得到重要发展

（一）党和政府的重视是民族图书馆发展的重要条件

图书馆是"文化大革命"时期的重灾区，1980年5月，中央书记处听取了《图书馆工作汇报提纲》，对问题引起了重视。有关部门先后制定了中科院、高等学校和省（自治区、市）图书馆工作条例，从此三大类型图书馆工作有法可依，我国图书馆事业走上了健康发展的道路。

党和政府十分关心我国少数民族的图书馆事业，深入调查研究，采取一系列措施，做了大量的扶助和支持工作。1982年12月，国家民委、文化部和中国图书馆学会联合组成的少数民族地区图书馆事业调查组奔赴新疆，一个月期间调查了20个各种类型的图书馆，写出了调查报告，并建议召开全国性民族地区图书馆会议，以便搜集和了解全面情况。1983年7月，"全国少数民族地区图书馆工作座谈会"在北京召开，此举被认为是我国民族地区图书馆事业新纪元的开端。按照会议精神，1984年3月，中国图书馆学会成立了少数民族地区图书馆研究组，文化部、国家民委发出了《关于加强和

---

*　本文于2008年6月获"中国社会科学情报合作与创新论坛"优秀论文一等奖。

改善少数民族地区图书馆工作的意见》。同年 4 月，国家民委决定将北京民族文化宫图书馆改为面向全国的民族图书馆。1985 年 8 月，中国图书馆学会在新疆维吾尔自治区举行了首次"全国少数民族地区图书馆工作学术讨论会"。1996 年 1 月 10 日，西藏自治区图书馆开馆之际，中国图书馆学会批准成立了民族图书馆委员会，到 2006 年 6 月，该委员会已举行了 9 次全国民族地区图书馆学术研讨会。每次与会人员都撰写大量论文，并出有论文集，论文水平逐届提高，多方面反映了民族图书馆发展的状况。

（二）民族地区图书馆发展逐步赶上全国平均水平，状况大为改善

据中国民族图书馆 1989 年 1 月发布的统计数字，五大自治区中还有一家没有省级图书馆；民族地区的地市级图书馆有 49 个，占地市总数的 68%；县（旗）级图书馆 331 个，占县（旗）总数的 52%，这一数字远低于当时全国的平均水平。[①] 1989 年，全国县以上公共图书馆有 2512 所，占县制总数的 80%。[②] 1996 年 6 月 20 日，西藏自治区图书馆正式建成开馆，从此一举改变了西藏地区没有公共图书馆的历史，这也对民族地区图书馆事业的发展起到积极的推动作用。当时，民族地区还有 110 个县没有图书馆。进入 21 世纪，民族地区图书馆的发展明显加快了速度，2001 年底，民族地区的公共图书馆已达 670 个，占全国公共图书馆总数的 24%，全国人均 40 万人 1 个图书馆，在民族地区则是十几万人 1 个图书馆，高出全国人均占有率的 2.7 倍。[③] 当年，文化部明确提出"十五"期间要实现"县县有图书馆"的目标，国家计委则加大投入力度，从 2002 年到 2005 年每年安排中央预算内基建投资 1 亿元，帮助贫困地区实现这一目标。2007 年 12 月，国家发改委宣布，当年底，我国已有县级图书馆 2391 个，基本实现了县县有图书馆的目标。而民族地区在 2005 年底即实现了这一目标。

改革开放以来，以五大自治区为例，民族地区公共图书馆的大体情况如表 1、表 2[④] 所示。

表 1 各地区公共图书馆数量

单位：个

年份 地区	1978	1980	1990	1998	2004
内蒙古自治区	24	83	104	108	109
广西壮族自治区	84	87	90	94	96

---

① 中国民族图书馆编《中国少数民族图书馆概况》，民族出版社，1989，第 2 页。
② 杜克主编《当代中国的图书馆事业》，当代中国出版社，1995，第 57 页。
③ 中国民族年鉴编委会：《中国民族年鉴 2002》，中国民族年鉴编辑部，2003，第 173 页。
④ 李国新主编《中国图书馆年鉴 2005》，现代出版社，2006，第 626 页。

续表

地区 \ 年份	1978	1980	1990	1998	2004
西藏自治区				1	4
宁夏回族自治区	8	14	20	20	21
新疆维吾尔自治区	5	27	62	73	92

表 2　各地区公共图书馆平均购书经费

单位：万元

地区 \ 年份	1979	1980	1990	1998	2004
内蒙古自治区	0.3	0.3	0.5	0.6	0.8
广西壮族自治区	0.5	0.6	0.9	1.0	1.6
西藏自治区					
宁夏回族自治区	0.9	1.2	1.2	1.3	1.5
新疆维吾尔自治区	1.0	1.0	0.5	0.7	1.0

　　整个民族自治地方的公共图书馆，1981 年 331 个，1988 年 549 个，1991 年 561 个，1996 年 573 个，1997 年 596 个，1999 年 670 个，2003 年 566 个，2005 年 591 个。民族自治地方公共图书馆的从业人员，1981 年 2853 人，1988 年 6124 人，1991 年 6794 人，1996 年 7002 人，1997 年 7311 人，1999 年 7202 人，2003 年 7024 人，2005 年 9598 人。①

　　这些年民族地区的图书馆开展了大量工作，取得很好成绩，一些馆步入全国先进图书馆行列，如大理白族自治州图书馆，先后被文化部命名为"文明图书馆""一级图书馆""读者喜爱的图书馆"等，党和国家领导人、部委领导人相继来馆视察。内蒙古通辽市图书馆、吉林延边朝鲜族自治州图书馆、新疆克拉玛依图书馆等一些馆获文化部授予的"国家一级图书馆"称号。还有相当一批图书馆获得国家二级、三级图书馆称号。

　　2002 年 5 月西藏自治区图书馆学会成立，其他四个自治区在 1979 年即已成立图书馆学会，这些年各区的学会开展了大量工作，对民族地区图书馆的理论研究给予了有力推动。一些民族省区还创办了图书馆学刊物：如宁夏 1979 年创办的《图书馆理论与实践》（原名《宁夏图书馆通讯》），被评为全国优秀图书馆期刊，成为几届图书馆学科的核心期刊，受到全国同行的瞩目；内蒙古 1983 年创办了《内蒙古图书馆工作》（原名《图书工作通讯》）；广西 1980 年创办了《图书馆界》；新疆 1986 年创办了《新疆维吾尔自治区图书馆》（原名《新疆图书馆学会会刊》）。此外还有《青海图书馆》

---

① 《中国民族统计年鉴 2006》，民族出版社，2007，第 430～431 页。

《云南图书馆》《贵图学刊》等。原来只有内地一些大学设图书馆专业，现在一些民族院校也设立图书馆和信息管理专业，培养专业干部，这种素质较高，受到系统专业训练的人才不断增加，并源源不断进入民族地区图书馆的队伍中。

（三）存在的问题和思考

多年来民族图书馆界一直存在经费和人才两个老问题，近年，这两个问题在一定程度上得到了很大缓解。图书馆的发展有两条基本规律：一是它依据社会经济文化的发展而发展，二是它有自己内部的规律。改革开放初期，一些民族地区图书馆的购书经费只有几百元，有的县馆甚至无钱购书，只能订点报纸，这也和当时当地经济的不发达有关。现在是我国社会经济发展最好的时期，图书馆的面貌理应改观，一些图书馆表现了很强的实力。解决购书经费不足，目前也采取了多种办法，如上级专项拨款、接受捐助、组织图书支援各馆等。例如近年由文化部、财政部共同实施，国家图书馆具体承办的"送书下乡工程"，向 300 个国家扶贫县图书馆和 3000 个乡镇图书室，赠书 500 万册，财政部 2003～2005 年每年为此工程安排专项经费 2000 万元。再如多次实行的"国家图书馆西部援助计划"，2007 年 6 月，国图将下架的 30 万册图书支援了中西部地区的基层图书馆，来自新疆、贵州等地的代表接受了捐赠。今后，国家图书馆还将逐步把 1000 余种获得数字化版权的电子图书赠送给全国 2000 多个县级基层图书馆。还有些出版社、大型图书馆以及一些企业也在进行这种赠书活动，经费问题正在不断得到解决。另外图书馆加强自身建设，按规律办事，发挥创新精神，也是解决问题的重要条件，如有的图书馆积极为当地经济文化发展作贡献，取得较好的社会经济效益。人才问题也在发生变化，原来一些地方把素质、能力较差的人员安排到图书馆，越是贫困的县，通过关系挤进图书馆的人越多，而一些能干的人则先后离开图书馆，现在这种情况虽然还多少存在，但毕竟有越来越多的专业人员进入图书馆，在馆内起到骨干和核心的作用，民族地区图书馆的业务水平和服务能力都在不断提高。

民族地区图书馆的发展还有两个不平衡的问题，一个是城市、富裕地区和边远、贫困地区发展的不平衡；一个是专业和院校图书馆之间以及它们与公共图书馆发展的不平衡。对第一个不平衡问题，应注意联动和促进效应，以城市为中心辐射周边，带动边远地区。如地区图书馆的协作，1985 年，宁夏图书馆协作委员会在银川就通过了"协作委员会章程"，并产生了图协领导机构。还要注意富裕地区对贫困地区的对口支援，从长远来看，其实发展是互利的。第二个不平衡问题，民族专业和院校图书馆应注重研究和教育，以提高为主，公共图书馆以普及为主，侧重面不同，前者可作为民族图书馆行业的榜样，它与后者可以有帮助、交流甚至共享的关系。如中国民族图书馆、中国社科院民族所图书馆支援民族地区县馆图书，进行工作经验和学术交流，接待民族地区有特殊需要的人员来馆查阅文献等。文献资源共享也是现代图书馆发展的趋势，新信息环境下图书馆联盟与资源共建共享，即便在文化中心城市也是重要课题。如北京有民族特点的图书馆：中国民族图书馆、中国社科院民族所图书馆、中央民族大学图书馆、藏学研究中心图书馆等之间的联系和协作。让不同的差别能够互补，发展的不平衡成为前进的动力。

民族地区的图书馆如何适应群众需要也值得我们深思。公共图书馆是普及传播知识的重要媒介，现在这种媒介很多，如广播、电视、网络，他们会分流很多读者，图书馆的服务就要考虑自身的特点，如何适应当地群众的情况，使得馆藏内容、服务手段，内容陈旧、手段落后的图书馆肯定缺少吸引力。即便在贫困地区，同样是提供信息，当国家投资的图书馆为生存担忧时，可以看到民间的个体网吧却有着很强的吸引力和生命力，群众特别是青年的需求应该是我们认真分析的东西，图书馆提供给人们的精神产品本来就应该有娱乐的功能，计算机网络更有代表时代进步的特点，如果图书馆在这些地方频频落后，其生存的价值又体现在何处呢？应该在地方领导中达成这样的共识：图书馆代表一个地区的软实力，是社会文明程度的一个指标，同时反映一个地区群众的文化追求。哪里的社会经济文化发展了，那里的图书馆事业也要相应发展；如果图书馆事业发展不快，这个地区的文明程度也肯定不是很高。

二 民族图书馆理论的进步

（一）改革开放以来大批理论成果的出现

这些年发表了大量有关民族图书馆理论的文章，并出版了不少论著，一些文章和论著获得好评。如 2004 年 7 月，中国图书馆学会举办的第二届图书馆学、情报学学术成果评奖活动中，论文方面，阿华的《论藏文文献的开发和利用》，易雪梅、卢秀文的《西北历史文献概述》获一等奖；《广西公共图书馆的发展与策略》《论民族古籍的保护与开发》《试论民族地方文献数字化》《藏学重要文献史料述评》获三等奖。包金香主编的《蒙古文文献编目规则》获论著三等奖。这种民族图书馆论文、论著获奖的情况在其他场合还有很多，如民族图书馆研讨会、各专业期刊、中国社会科学情报学会等。

除了学术期刊上的文章，这些年还编有一些论文集，如 1992 年，包和平、李晓秋主编的《中国少数民族图书馆研究》，这是我国第一部民族图书馆学方面的论文集。1996 年，包和平、许斌主编的《中国民族图书馆理论与实践》，收录了 58 位作者的 60 篇论文，并以此书献给在中国召开的第 62 届国际图联（IFLA）大会。此后，中国民族图书馆编了论文集《民族图书馆学研究》（2002 年），《民族图书馆学研究》（二）（2004 年），《民族图书馆学研究》（三）（2006 年），分别收录了第七、八、九次全国民族地区图书馆学术研讨会的论文。

还有一些关于民族图书馆学的著作问世，关于图书馆方面的有：中国民族图书馆编的《中国少数民族图书馆概况》（1989），吉林图书馆学会编的《民族图书馆工作概论》（1991），刘维英、赵淑琴的《民族文献组织管理》（1998），包和平等主编的《民族图书馆学概论》（1999），包和平等著的《中国少数民族古籍管理学概论》（2006）。关于民族文献的有：贾春光等编的《民族古籍研究》（1987），乌谷著的《民族古籍学》（1994），吴肃民的《中国少数民族古籍概论》（1995），张公瑾主编的《民族古文献概览》（1997），李晋有等主编的《中国少数民族古籍论》（1—4）（1997—2001），李冬生主编的《新中国民族古籍工作》（1999），黄润华、史金波的《少数民族古籍版本》（2002），李杰的《中国少数民族文献探研》（2002），包和平等著的《中国少数民族文献学概论》（2004），魏忠编著的《中国的多种民族文字及文献》（2004），朱崇先主编的《中国少数民族古典文献学》（2005），赵令志编著的《中国民族历史文献学》（2006），德力格尔著的《少数民族文字文献开发利用与数字化管理》（2007）等。

图书馆工作者更是编辑了大量的目录索引，前期这些目录索引主要都是纸本型的，后来也有一些数据库问世。仅举几例，蒙古学有：阿·乌宁巴图编的《蒙古学论文资料索引（1910—1984）》（蒙古文）、《蒙古学论著索引（1985—1990）》（蒙古文），以及乌林花主编的《蒙古学蒙文论著索引（1991—1995）》。还有苏日娜，额尔德尼主编的《蒙古学论文资料索引（1949—1985）》和《蒙古学论著索引（1986—1995）》。藏学有：刘洪记，孙雨志编《中国藏学论文资料索引（1872—1995）》，永青巴姆编《中国藏学论文资料索引（1996—2004）》。民族学有魏忠编《中国民族学与人类学科文献目录索引汇编》（1904—2007）等。目前这种见于期刊、论文集、内部出版物、自编资料、论著附录以及正式出版物的，涉及民族学人类学学科各类文献的目录索引，有近千种。中国社科院民族所图书馆还开发有《民族研究文献信息数据库》，其他一些馆也开发有这类数据库。国家民委古籍办还主抓了《中国少数民族古籍总目提要》的编撰工作，得到各地区图书馆的大力配合，如今纳西族卷；白族卷；土族、撒拉族卷；东乡族、裕固族、保安族卷、满族卷已完成。一些图书馆开发自己的馆藏，做出了很好成绩，像中央民族大学图书馆先后完成的《中国少数民族古籍集成》（汉文版）、《中国少数民族旧期刊集成》等。

（二）民族图书馆学理论的发展

1. 理论的提出

20 世纪 80 年代初，就有提出建立民族图书馆学理论的文章发表，如 1980 年内蒙古《图书馆工作通讯》上发表的《应当开展民族图书馆学研究》，以后《内蒙古图书馆工作》1983 年、1984 年又相继发表了《民族图书馆学探讨会发言摘要》和《创立"民族图书馆学"理论是发展民族地区图书馆事业的战略任务》，这些文章表明民族图书馆学理论的研究已从自发阶段逐步过渡到自觉阶段，这一问题的提出，很快得到广大民族地区图书馆工作者的响应，一些探讨民族图书馆学理论性质的文章相继发表。这里最为积极的学者有包和平等人，发表了一系列文章，如《试论民族图书馆学的物质基础和理论基础》《民族图书馆学科研战略初探》《民族图书馆学的研究对象和任务》《民族图书馆学基础理论研究方法探讨》《少数民族地区图书馆研究中的比较方法初探》等①，还有《关于建立和发展民族图书馆学的几个问题》②。这些文章就建立民族图书馆学的必要性，这门学问的研究对象、内容和任务，它的性质及其研究方法等做了论述。

民族图书馆学应该是图书馆学的一个分支学科，它还与民族学、民族语言学、民族历史学、民族文献学等有密切联系。它有两个特点：一是覆盖了图书馆学的特殊领域，有自己的研究特点，它的理论进步和成熟也有待于图书馆理论的发展；二是它必须面对现实，一经出现就要研究民族图书馆的实际情况，做科学的分析和总结，回答现实提出的问题。

2. 民族图书馆学研究的主要问题

这些年来民族图书馆学的研究基本和民族地区图书馆事业的发展相一致，研究的基本是那里反映出来的问题。

（1）改革开放之初，很多文章都是谈论民族地区图书馆事业发展的。有全国性和一个地区的，如《我国的少数民族图书馆事业》《略论发展广西民族地区图书馆事业的几个问题》《试论我区（内蒙）图书馆事业的发展道路》《论民族地区图书馆事业的发展》《试析民族院校图书馆的发展战略》等，由于当时要了解和介绍情况，引起人们对民族图书馆事业发展的重视，所以这类文章较多。大都是谈自身的地位、作用、性质和任务，所做的大量工作，存在的问题，前景的规划等。

（2）有关民族图书馆工作的论述。这类文章也很多，大体有以下几方面情况：论述解决经费问题的，诸如能否开展有偿服务，如何创收，怎样以文补文，如何为当地经济发展服务等，特别是实行市场经济之后，这个问题一度很热。也有认为图书馆就是公益事业，应由国家拨款解决问题。2005 年，为落实"十一五规划精神"，中央发布了《关于进一步加强农村文化建设的意见》明确指出图书馆属于公益性文化事业单位，不得企业化或变相企业化，等等。有人认为要尽快出台《图书馆法》，将图书馆地

---

① 包和平、李晓秋主编《中国少数民族图书馆研究》，吉林省图书馆学会，1992，第 10～53、109、164～184 页。

② 包和平、许斌主编《中国民族图书馆理论与实践》，中国华侨出版社，1996，第 15～35、100～104、123～129 页。

位作用、建筑面积、资金投入、从业人员资质等列入法律条文，从根本上解决问题。①

很多文章都涉及解决图书馆从业人员的素质问题，包括人才队伍的建设，专业人员的待遇、职称、管理，人才的培养和多种能力的要求，对工作质量的认识分类，等等。

馆藏文献问题：强调突出民族文献的特点，包括重点收藏本地区民族文字的文献；记载本地区各民族历史文化情况的文献；不同载体的文献，包括音像资料、电子图书等；为当地群众所欢迎和需要的文献。

分类编目和目录学上：有关中图法中民族文献分类的问题，应使民族问题类目相对集中等；有关少数民族文献目录工作的问题，如少数民族文字文献著录标准化，编目与检索等；有使用计算机编目的问题，民族文字的使用等。这方面的研究向纵深发展，很多问题通过讨论正逐步解决和规范。

（3）关于民族文献的研究。对馆藏文献的认识、研究、开发、利用一直是图书馆工作的重要课题。这方面论著主要有以下几类：①对民族文献的界定，价值的认识，管理和整理工作。认识不到位确实会给工作带来很大疏漏，莎日娜的《西部地区民族古籍的保护与开发》②，已经谈到网络环境下对这一问题的解决办法，还有赵东的《中国国家博物馆图书馆的民族古籍保护工作》③都深入探讨了这一问题。②民族地区文献资源的搜集和共建共享。如韩志芬《论同江市图书馆赫哲族地方文献资源建设》就很有代表性，文献资源共建共享的优越性也逐渐成为民族地区图书馆的共识。③文献的开发利用。对民族文字文献如藏文、蒙古文等，专题文献如西夏学等，特定文献如某些专门文献的研究，系列文献如《中国少数民族古籍集成》等，对这类文献的开发以及文献的数字化等都有积极探讨。这些成果也日趋系统化和规模化，而且常常是一个地方几个馆协同作战。

（4）信息技术与数字化。现代信息技术的发展大大改变了人们的图书馆观念，这一趋势受到民族图书馆界的高度重视，在第八次全国民族地区图书馆学术研讨会上，收到很多这方面论文，如包和平、刘斌的《中国民族数字图书馆建设研究》，魏忠的《民族文字文献典籍的数字化工作》，钢山的《论合并后民族院校图书馆自动化、网络化建设》，胡京波的《我国民族地区图书馆数字资源建设的现状与对策》。第九次研讨会上则有王华北的《论少数民族古籍的数字化建设》等一批论文。这方面还有德力格尔的论著《少数民族文字文献开发利用与数字化管理》。探讨的问题有建立图书馆书目、文献数据库的；有民族文字文献、古籍数字化的；有网络环境下图书馆发展的；

---

① 中国图书馆学会编《县级图书馆生存发展启示录》，北京图书馆出版社，2006，第1、218～221页。
② 中国民族图书馆编《民族图书馆学研究》（二），辽宁民族出版社，2004，第67～73页。
③ 中国民族图书馆编《民族图书馆学研究》（三），辽宁民族出版社，2006，第356～362页。

有建立数字图书馆的。文章分别论述了民族地区图书馆利用现代信息技术实现自动化、数字化的特殊意义，它的难点和方法途径等。

（5）图书馆改革发展为现实服务的问题。这方面文章很多，表现了广大图书馆工作人员积极思考，适应时代大潮的精神风貌。改革发展方面有：学习科学发展观，加强民族地区文化产业的建设，体制改革，新信息环境下建设图书馆联盟的问题等。这方面较新的文章有杨长虹的《少数民族图书馆核心竞争力研究》① 等。为现实服务方面有：结合西部大开发发挥作用，为当地经济建设服务，为保护文化遗产发挥作用，为构建和谐社会发挥作用，网络环境下如何为多元的读者需要服务，等等。

改革开放以来，我国民族图书馆事业克服重重困难，保持着良好的发展势头。在此基础上产生的我国民族图书馆理论，一方面指导着这一伟大实践，另一方面也在接受着检验，不断进步和成熟，诚然目前它与国际先进水准还有一定差距，但这一理论从一开始就和我国的民族图书馆事业紧密相连，它也必将和这事业一起享有光明的未来。

About Our Ethnic Library Career's Development and
Theoretical Progress in the Past Thirty Years

Abstract：This treatise looks back on our ethnic library career's enormous achievements since reform and opening – up，analyzing problems in it and raising solving methods. What's more，the treatise also shows our ethnic library academic theoretical situation as well as the range and the latest cognition based on the achievements.

Keywords：Reform and Opening – up　Minority Nationality　Career of Library

原载于《图书馆界》2009 年第 1 期，后收入《图书馆、情报与文献学研究的新视野（2）——中国社会科学情报学会 2008 年学术年会论文集》，中国书籍出版社，2010

---

① 中国社会科学情报学会编《情报资料工作》（2008 年增刊），第 14～16 页。

清代西藏政教合一制时期噶厦与达赖喇章经济关系

李凤珍

摘 要 西藏封建领主经济源于吐蕃奴隶制崩溃后，历经僧俗领主结合形成地方割据势力。元朝在此基础上分封始推行领主土地占有制。至清朝确立三大领主土地占有制，实行以达赖喇章和噶厦组成政教合一体制，加强喇章在政府中的权势。清以中央集权制将喇章的政治、经济纳入噶厦内，实施政治上统一经济上一体化。

关键词 噶厦 喇章 强佐 喇恰 孜恰 噶丹颇章

一 西藏封建领主及其土地占有制的形成

封建领主所有制是封建社会的基础。西藏封建领主经济的形成是了解噶厦与喇章经济关系的铺垫。西藏封建领主土地所有制是从吐蕃奴隶制崩溃后，由其王族后裔、大臣及农奴奴隶分化出的小土地私有者，他们占有土地，始向封建农奴制转化。[①] 在这种转化过程中，宗教起了促进作用，僧人在社会上有较高地位，获得世俗封建主赠予的庄园、农奴及其他财物，在社会上形成了割据一方的代表地方势力的僧俗相结合的封建领主集团。初为分散的小型的割据地方，如萨迦、蔡巴、帕竹等地方政权。

元朝在此地方政权基础上实行册封。分封十三万户，万户辖区内的统治权分别掌握在各万户手中。元朝对西藏最高土地所有权的册封，是在原有地方封建势力基础上建立的。自此后，原来分散割据的地方首领，变成隶属中央王朝的命官，他们原来对辖区内的土地、农奴的统治权，变成中央赋予的实际控制权，元朝在西藏推行封建领主占有制。[②]

西藏地方三大领主土地占有制的确立。元明两朝统治西藏时，是分别以萨迦派、

---

① 多杰才旦主编《西藏封建农奴制社会形态》，中国藏学出版社，1996，第58页。
② 多杰才旦主编《西藏封建农奴制社会形态》，中国藏学出版社，1996，第61页。

噶玛教派为中心的地方政权，其首领接受元明两朝的册封，封建领主对土地占有制初步建立，但是全面系统的封建领主等级占有制是在清代格鲁派即黄教掌政才真正形成。清初格鲁派建有几个大寺院，获得一定的经济基础，但受其他教派压制。1642 年格鲁派首领借蒙古武力灭噶玛教派的藏巴汗地方政权，获得对西藏地区的统治权，时蒙古汗王委任达赖喇章的总管家强佐为地方政府长官，藏语称第巴雄，形成蒙古汗王和五世达赖喇章联合对西藏实施统治，对西藏土地实行实际控制权。

1653 年清朝分别册封固始汗统治西藏和达赖的宗教首领地位。实际上是清朝承认达赖所管辖地区内的土地、农奴为达赖所领有，即授达赖为大封建领主。清朝掌握了西藏土地最高所有权，对土地进行分封，确立了三大领主的土地占有制即僧俗领主和僧俗领主共同组成的地方行政机构噶厦为官家领主。清朝在对西藏土地册封的同时，并没有改变西藏传统的土地占有制的分配，即达赖可以将土地分给寺院和属下的贵族，而属下贵族也可以把他们的土地分给他属下的人，实行等级分配。① 实际上是在清朝授权下的僧俗首领，使他们握有所辖区土地的实际控制权。

总之，西藏三大领主土地占有制是从元代以来，封建土地制度的继承和发展，既照顾了封建僧俗领主的特权，又统一了对全区土地的高一层的实际控制权。

二　噶厦与喇章

（一）噶厦经营管理职能

清朝之政策扶持格鲁派，当时的政治格局是世俗噶伦官员掌政，独揽大权并与达赖产生矛盾。清朝有鉴于此，授七世达赖掌行政权，建立以达赖喇章和传统的地方政权组织组成政教合一的地方政权体制。传统的地方政权组织是自 1642 年蒙古汗王时期，以世俗贵族为首建立的地方政权组织，内设俗官噶伦官员。历经蒙古汗王时期、准噶尔时期、噶伦和郡王时期，至 1751 年清废郡王掌政制，授达赖掌政的同时，对原传统组织噶伦官员亦加以委任"皇帝谕旨委任四名噶伦"掌政，总其成于达赖。当时即在大昭寺内设立公所作为噶伦聚义之处，藏语称"噶厦"，意为发布命令之处，清朝直接授权噶厦为地方最高行政机构。

清朝授权达赖掌政建立政教合一体制，其政治目的正如乾隆帝谕旨："嗣后，务期达赖得以专主，钦差有所操纵，噶伦不致擅权"②，并规定"遇有重要事务，禀知达赖与驻藏大臣，遵其指示而行"。③ 谕旨中明确指出他们间的权力关系：从清朝统一集权

---

① 格勒、张江华编《李有义与藏学研究》，中国藏学出版社，2003，第 218 页。
② 《清高宗实录》卷 383，第 23 页。
③ 《清高宗实录》卷 386，第 161 页。

方面看，驻藏大臣操纵西藏政务，加强中央对西藏的直接统治；从西藏内部看，授达赖掌政得以专主，则清朝可借达赖的宗教影响力限制贵族势力膨胀，平衡僧俗权势，以化解矛盾，稳定政局；从寺院本身看，宗教组织是西藏基本的社会组织，格鲁派掌政之前的寺院组织多是不同教派与不同地区的世俗贵族结合。格鲁派掌政，政教合一，则寺院组织多是格鲁派共同的寺院组织，是格鲁派首领达赖和班禅系统与全体世俗贵族联合进行统治，使三大领主归于统一。

自达赖掌政原有的地方政权组织噶厦及下属机构多被保留，并入新的政教合一体制中了。噶厦内添设僧官噶伦，此后，地方各级机构均依此设置僧官，僧人直接参政。随着政教合一体制的发展，地方政权机构和管理制度已形成较为健全和稳定的体系。如在经济领域，噶厦之下设有仔康和译仓，分别管理登记僧俗领主所有庄园土地人口及其他与之相适应的管理租税收支的两大机构。经济上除中央对地方领主土地有封赐、调配、没收的最终处理权外，地方政府噶厦亦有以皇帝名义如颁发的封地文书的抬头有"奉天承运"字样，故对全区土地有实施实际控制权。

对于贵族寺院来说，他们取得封地后，就获得了使用这些土地的占有权，占有权的具体体现就是对土地的管理权和经营权。首先需要了解僧俗领主土地的具体经营管理方式：政府的经营管理，政府内的每个机构都有自己的庄园、仓库和管理庄园的一般官吏。具体经营政府庄园自营地的经营管理权归政府仔康机构总管，较大庄园由政府的财政机构派官员管理，中小庄园租给小贵族、差巴及政府官员经营，承包者向政府缴纳租税①；寺院庄园的经营，自五世达赖不断增建扩建寺院，同时拨给土地、属民，与寺院增建的同时转世活佛及上层僧侣官员也在增加，他们私人占有的土地相应增多。这时寺院组织由于拥有大量庄园、牧场及其他财物的收入，出现两种管理组织。一是寺院财产管理组织，该组织由寺主（堪布）领导的专职人员负责，下面设有机构和办事员。寺院直接占有的庄园由专门经营管理机构派喇嘛去经营，较大连成一片的寺属庄园，则由寺院派上层喇嘛担任该地方头人，宗本或溪堆，寺属小庄园及边远地区租给大差巴经营，定期向寺院缴纳租税。寺院对土地的经营管理是独立于政府之外的经济体系。另一管理组织是活佛寺主堪布的私人财产管理组织，该组织是由负责管理活佛日常生活的侍从组织发展而来的，后发展成上层僧侣所辖区内的政治、经济组织，即各级活佛的喇章组织；贵族庄园和政府拨给官员噶伦、代本作为薪俸的庄园，由贵族和官员他们各自派代理人去经营，其经营方式类似政府和寺院。

噶厦对上述僧俗领主土地的经营有如下具体管理权：对贵族、寺院大领主的领地有分封和没收权；有权授下属机关土地的经营权，并随时调整；对贵族、寺院的领地

---

① 多杰才旦主编《西藏封建农奴制社会形态》，中国藏学出版社，1996，第66页。

有摊派租赋权；有权管理和监督土地占有者之间的土地转移和纠纷等诸权力。①

西藏僧俗领主所占有的土地分为公田和私田。如清文献所载"琦善等奏：'掌办事务之人，各有庄园、百姓，尽可役使，不准再用商上乌拉，以苏民困。其熬茶布施，应自出资办理，不准交商上番目代办，以免商上贴补一条。'臣等查公田、私田，各专承应公项、私项，不得牵缠掌办事务之人，虽不无事，既有田庄、百姓役使，自不得再用商上乌拉。至布施熬茶，系属私事，尤不得擅交商上代办，以苦累番民"。② 文中商上系指政府，其土地属公有。

又据《柳陞祺藏学文集》内载：西藏依据人与所属特点，将三大领主所占有的土地划分为公有和私人两大类：一类是凡为寺院并包括大小活佛或堪布的喇章等所有，以及凡为一切古扎（贵族）并包括部分僧人个人所有的土地，都属于私有。凡私有财产都可以继承，这是因为活佛的喇章领地是以活佛转世来继承，贵族庄园土地是可以世袭；另一类是自达赖以下的噶厦各机关所有以及上层官吏噶伦和代本在他们任职时由政府拨给的庄园房屋等所有，都属公有土地。公有者因属政府与某种职缺，故不能转移。③

政府和上层官吏占有土地的公有情况。

西藏地方政治简单，几乎是财政一项。西藏地方政府是一种产业的主管者，凡不属于寺院和贵族的产业都归之政府诸行政机关。行政机关无所谓预算与定额的经费，它们主要靠一种指定的产业来维持，藏语称雄谿即政府所属的庄园、属民；④ 对职位高的官员噶伦、代本政府规定拨给他们至少一处庄园，由他们自己收租作为额外的俸禄。至乾隆时清朝对此有所规定："查藏内噶布伦、戴本向由达赖喇嘛拨给房屋庄园，原俾养赡身家，兼资办公，自应照内地廉奉衙署之例，俾现充之人管理，一经事故出缺，即应交代后任，方为允协"。⑤ 此后，原由政府拨给噶伦、代本的房屋庄园，在他们退职时，须归政府公家。

达赖作为最大领主和授封后成为地方政府长官，他代表的是全体僧俗领主的利益，而不仅仅是他个人和喇章的利益，故其土地财产亦有私有和公有之分，但实际上达赖的收入是公、私不分，他有权支配并运用地方政府的各项财产。达赖的私有主要指其喇章，达赖喇章财产公有和私有具体表现在原属喇章仓库的两种财务支出上：一种是供政府日常需要从喇章仓库支出的财物代表政府公有，另一种是供达赖和喇章内侍系

---

① 多杰才旦主编《西藏封建农奴制社会形态》，中国藏学出版社，1996，第 64 页。

② 张其勤：《清代藏事辑要》，西藏人民出版社，1983，第 421 页。

③ 《柳陞祺藏学研究文集（汉文卷下）》，中国藏学出版社，2002，第 436 页。

④ 《柳陞祺藏学研究文集（汉文卷下）》，中国藏学出版社，2002，第 440 页。

⑤ 张其勤：《清代藏事辑要》，西藏人民出版社，1983，第 440 页。

统职员日常需要从仓库支出的财物代表喇章私有。

总之，西藏土地经分封和噶厦统一管理，土地都集中于三大领主，尤其是达赖喇章垄断了西藏所有土地的经营管理权。

（二）达赖喇章特点

清朝授达赖为大领主，达赖沿旧习设私人府邸，称喇章，为藏语喇嘛颇章的简称。喇章除指活佛及其侍从的住地外，从经济上看一般指大寺院和大活佛的私人所属领地内的初以经济为主指仓库，后逐发展成类似政府的行政机构，故喇章泛指仓库或办事机构，视上下文而定。

自五世达赖起，格鲁派不断发展，寺院活佛拥有大量土地、属民。上层僧侣私人占有土地相应增多，需有人管理，逐形成以达赖为首的具有政治、经济实体的代表僧人集团的喇章组织。从西藏封建农奴制社会制度衡量一位大活佛喇章的地位，必有他的私人财产庄园、牧场等固定产业以及依附于他的人事组织即众多的管理活佛日常生活的内侍职员，由此喇章表现出以下特点。

1. 经济方面。喇章经济体系独立于活佛所在寺院经济体系之外，是活佛私人组织，占有土地牧场等固定产业，和收有大量布施、供品等财物。这些财物属活佛私有，不用于寺院扎仓、康村僧人消费[①]；喇章的经济是稳定的，因喇章组织的领导者是由转世活佛世代相承，其财产及喇章组织由下一代活佛继承，喇章财产得以相传，喇章内侍职员依然存在。因此在经济上喇章僧侣集团的稳定性优越于贵族；僧侣领主经济不断发展的过程亦是活佛和喇章制度不断发展的过程，活佛喇章的发展就是僧人私有经济的发展。喇章通常是较大寺院内的一部分，但它是属于寺院独立自主的私人组织，可以控制自己的资产，成为活佛宗教活动和权势存在的经济基础。

2. 喇章内侍职员（人事组织）方面

喇章内侍主要职员的配备是仿照八思巴的十三种官制。主要设有管理活佛生活起居的三位堪布和专司处理文件的仲译以及总司财务的总管强佐等众多办事职员办理宗教与行政事务，实际上活佛喇章内侍系统是一个庞大的行政机构，后发展成寺院高僧的私人财产管理机构，直至发展成达赖的喇章。

3. 喇章组织不仅解决活佛私人生活所需和财产继承，而且在其领地内具有一整套生产经营管理制度。主管人员是喇章强佐。"凡大呼图克图之下，必设强佐一人办理地方事务。"[②] 强佐（phyag mdzod）藏语本意为仓库，引申为管理仓库者即管仓库钥匙之人。其职责不仅是总理财库，掌其出纳，而且也是庄园属民在政治上的统治者，掌领

---

① 多杰才旦主编《西藏封建农奴制社会形态》，中国藏学出版社，1996，第 268 页。
② 许光世、蔡晋成《西藏辑志（中卷）》，上海自治编辑社印，宣统三年，第 37 页。

地内一切行政、司法权。

达赖受封后，政府内侍官员实际上是达赖喇章的主要内侍职员。达赖受封其内侍职员亦随之被纳入噶厦内成为政府官员，并发挥重要作用。如强佐由管理达赖领主土地上的总管家，发展成管理政府所属仓库财务的总管。时强佐在经济上具有两种职能，一为管理达赖领地和税收，另为管理政府仓库财务的出纳。喇章仓库土地的税收和政府仓库财务管理权都集中于强佐。

西藏地方的仓库是收纳来自各地的赋税，正如马克思所指"赋税是土地所有权的经济表现形式"，赋税体现土地所有权，赋税的变化涉及土地所有权的变动。如前所述，僧俗领主所占有的土地分为私有和公有两大类，凡寺院活佛喇章等所有土地属于私有；噶厦各机关和噶伦、代本所有都属于公有土地。清朝对达赖总管家强佐由管理喇章私有赋税发展到管理噶厦公有财务赋税职责变化的承认，也就是对达赖喇章土地所有权由私有变为公有变动的确认。从而促使喇章经济向政府领域转化，如政府内两个重要财政部门拉恰、孜恰的经营管理权都源于达赖喇章总管强佐。

4. 达赖喇章私有财库拉恰、孜恰变为政府公有拉恰（bla phyag）是藏语喇章强佐（bla brang phyag mdzod）的简称，全称为喇章强佐，是设在大昭寺内的仓库或专管发放高利贷和管理土地财产、百姓等世俗事务之机构名，也是机构内负责人主管者之名，亦称大昭寺喇章强佐，清文献又称外商，俗称政府仓库或办事机构。

拉恰是由五世达赖的喇章强佐发展而来的。设在大昭寺内的拉恰，其名源于由宗喀巴创立的每年一度的传昭大会。各地僧人汇集拉萨，由宗喀巴的喇章提供大会所需的一切粮、油、茶等物品。后因佛事增多，办事场所由宗喀巴的喇章迁入大昭寺内称喇章强佐，简称拉恰，拉恰这一名称和机构被五世达赖的喇章继承下来。至此，每年传昭大会所需的粮、油、茶等物，由大昭寺内的五世达赖喇章强佐负责供应。后因统治西藏的蒙古汗王固始汗任用达赖的喇章强佐为第巴官员建立地方政府，其官府亦设在大昭寺内。原来设在大昭寺内由达赖喇章强佐管理的财务部门，则改为政府的财务部门。但是由地方政府组织的传昭大会所需的粮油茶等物的供应任务仍按旧例由大昭寺内的达赖喇章负责供应。大昭寺内达赖喇章私有财务部门变成政府的财务部门。因此，大昭寺内的喇章强佐不再作为达赖的喇章强佐，变成只管理地方政府财务部门的强佐了。而达赖的喇章强佐则另由布达拉宫内的孜恰强佐代替了，负责供应达赖喇章内侍系统职员日常所需的物品。①

孜恰（rtse phyag）是藏语孜强佐（rtse phyag mdzod）的简称。孜恰是设在布达拉宫内的仓库或办事机构，主管者称孜强佐即布达拉宫强佐。清朝将大昭寺内仓库作为

---

① 廉湘民：《1751 年至 1951 年西藏地方政府行政体制研究》，中国社会科学院，1998，第 113 页。

政府的总库，故清文献中将布达拉宫仓库作为分库，又称内库、内府库、内商等。该库供应达赖生活所需用品及举办宗教活动，所有达赖的公用项皆取于孜恰。达赖授封后，其喇章职员成为政府官员，故地方政府日常支出的大部分财物由孜恰负责。因此，供达赖和喇章日常支出的孜恰仓库的部分财产成为政府公产。①

另外有南色干佐（gnam sras gan mdzod），藏语意为天子库，亦称小库，是设在布达拉宫内的达赖私库。清朝将布施、供养作为"系属于私事"，故达赖的布施等物件存贮于小库内。另外，大昭寺总库拉恰，每年出入如有剩余物件、银两归入小库存贮，如有不敷之年如战争，灾荒等紧急事件，即动用小库内物件。② 又，政府税课罚赏之财物，尤其是黄金、珠宝等物都存放小库内，作为政府储备之用，故该库亦称政府储备库。

总之，达赖喇章的仓库变成政府内两个重要的财务部门拉恰、孜恰了。达赖喇章部分私有财产变政府所有。这是因为达赖授封后，其职员成为政府官员，管理喇章和管理政府两个财务部门则合二为一，一切都在政府领导下运行。

从历史上看喇章经济向政府转化。强佐是喇章的总管，喇章仓库存贮物件原由强佐专管，开取封闭俱以达赖印信封皮为凭。③ 自清朝任命地方政府僧俗官员，同时授他们有管理达赖喇章之权，如授颇罗鼐"办理达赖喇嘛商上事务"，后任僧官，"掌办商上事务"（商上指喇章）。喇章经济原由喇章强佐专管，扩大到由当时掌地方政权的僧俗官员管理了，尤其政教合一后，政府内僧俗官员并用，使噶厦政权发生了变化，直接影响到喇章经济的变动，即源于喇章的经济部门，逐转化成政府财务部门。

这种转化究其原因：一方面是清朝实施中央集权制一体化，必然是政治、经济权力的高度统一；另一方面，在政治上，喇章与噶厦已组成政教合一体制，在这种体制内的政治与经济关系，政治是经济的集中反映，政权上已政教合一了，故喇章经济向政府转化是历史发展的必然规律。

喇章经济转化成政府经济后，其具体职能不仅是管理政府仓库财物的保管部门，同时也是政府的资产经营部门。政府仓库的保管部门，由政府直接派人管理。政府仓库的财物来自西藏各地宗谿的赋税收入，属大昭寺的粮仓分储于西藏各地，每个宗都有属于政府贮存仓库。凡藏民缴纳的各种实物租税如毪毱、大棉、盐觔、酥油、羊腔、茶叶等项，牲畜以银折缴的银两均存贮大昭寺库内。④ 政府仓库的财物保管部门，又是政府的资产经营者。如设在大昭寺内的政府拉恰机构，除负责供应三大寺在拉萨的祈

① 廉湘民：《1751 年至 1951 年西藏地方政府行政体制研究》，中国社会科学院，1998，第 88 页。
② 《卫藏通志（卷九）》，商务印书馆发行，1936，第 180 页。
③ 张其勤：《清代藏事辑要》，西藏人民出版社，1983，第 182 页。
④ 《卫藏通志（卷九）》，商务印书馆发行，1936，第 180 页。

愿大法会所需的粮、油、茶和放布施外，主要从事各种资产经营、放高利贷和经商等活动。[①] 设在布达拉宫内供达赖和内侍系统日常支出的仓库，库内存贮金、银、铜、铁、绸缎、珠宝、象牙和牛黄等珍贵药材以及颜料、米面、茶叶等所献布施庄园、牧场由主管该库官吏强佐经管。

总之，政府机构内的拉恰、孜恰以及各地宗政府，这些收纳、存储全藏租税钱粮的财务部门，凭借手中掌握的巨额钱粮放高利贷、收租、经商是他们资产经营的主要职责，西藏社会财富多集中寺院，前藏多集中达赖喇章。对仓库之归属、管理权经营权之变动，实际上是对土地所有权的变动，如喇章经济拉恰、孜恰变成政府的财务部门。

喇章经济归政府管理后，官吏及僧俗领主侵蚀政府经济。正如前文所述，清朝授掌地方最高行政权之僧俗官员，有支配喇章之权，故他们借掌握的权力扩大自己的经济实力。如颇罗鼐任意私行取用政府仓库财物，其他噶伦官员如清文献所载："皆家什富足，皆从何而来，若非侵渔积累何由各拥厚赀。"[②] 另外，贵族、寺院择优占有了政府的土地、差民，政府的差役赋税不能如数征派，致使政府差民逃散流离，政府收入减少，政府各衙署濒临困境。[③] 这种僧俗领主间的经济矛盾，反映在政治上即西藏掌权者、僧俗大贵族与以达赖喇章为代表的僧侣集团间的矛盾。

清朝要维护喇章利益其原因如下。

政治上喇章与噶厦已政教合一了，经济上喇章经济部分已转化为政府公有，政府的财政收入大部分用于宗教支出，政府财政受损失，则直接影响寺院宗教活动，故政府和达赖要保障政府收入和维护僧侣利益；清朝之宗教政策是削弱以达赖为代表的僧侣集团的世俗行政权，但又要保持达赖的宗教首领地位，因达赖是蒙、藏人民的信仰者。

在西藏封建农奴制社会条件下，宗教起到安定社会的作用。尤其是喇章与噶厦组成政教一体制后，维护稳定以达赖喇章为代表的僧侣集团的经济利益，可促使地方政府各机构正常运行，有利于清朝对西藏的施政。因此，清朝为了维护达赖的宗教地位，使其喇章经济不受损失，采取如下行政管理措施。

首先，增加管理人员，在布达拉宫、大昭寺二处各增加一名管理人员。自商卓特巴（亦藏文之强佐）以下人员，凡藏中公事动用喇章物件，如有舞弊行为，命增加二人共同检查，禀达赖严办[④]。其次，清朝一方面限制官吏侵蚀喇章经济，另一方面又大

① 多杰才旦主编《西藏封建农奴制社会形态》，中国藏学出版社，1996，第265页。
② 《卫藏通志（卷九）》，商务印书馆发行，1936，第178页。
③ 《铁虎年清册》，西藏人民出版社，1991，第8页。
④ 张其勤：《清代藏事辑要》，西藏人民出版社，1983，第233页。

力增加喇章财政收入，在经济上扶持达赖。如清朝有鉴于藏地出产较少，布达拉宫喇章给予众喇嘛养瞻及其他等项费用繁多，入不敷出，向赖蒙古番众布施以资度用。因此，清朝对西藏地方实施"加恩赏赍"，每遇清朝和西藏有重大喜庆事件及其他佛事典礼，清朝派官员入藏，持巨万数额银两和珍贵礼品作为布施赏赐以三大寺为主的各寺院。清以财政补贴方式保持达赖宗教首领地位。促使西藏政教合一制能存在二百余年，其存在的根本原因是在中央集权下，政治、经济相互作用的结果。

1. 从中央权力来看，政教合一制的建立，是由中央批准的。西藏土地是由中央授权给地方僧俗首领使其握有管辖权。领主占有制由分散管理至集中统一管理，封建领主经济进一步发展，期间是由中央政权力量的推动而发展的。

2. 从土地管理上看，噶厦所管辖的地区是达赖喇章所属领地，噶厦对土地的管辖权涉及达赖喇章对领地的控制权，两者在维护管辖区域内土地的经济利益上是一致的，故政教合一体制是较稳定的。

3. 从喇章组织来看，喇章组织内侍人员对达赖有人身依附关系。喇章的领导者是由活佛转世，其内侍人员全班人马的继承，其财产由活佛历代相承。喇章经济是稳定的，这就决定了喇章的政治地位要与经济相适应，是政教合一体制延续二百余年的经济原因。

4. 中央集权没有抛弃达赖的宗教首领地位和经济利益，而是将喇章的世俗行政权与代表中央集权的噶厦的行政权，两者权力结合也即是两者的利益相结合。在西藏特定的社会条件下，宗教稳定起到促进社会安定的作用。

在此应指出，以达赖为首的具有政治、经济实体的代表僧人系统集团的办事机构喇章组织，班禅系统之行政办事机构直接称喇章，由其内侍职员强佐为总管，而达赖系统的行政办事机构很少用喇章噶丹颇章（dga' ldan pho brang）的后来的孜颇章（rt-se pho brang）两者所指之内容相同有关，如下列诸史实。

噶丹颇章系藏语音译，古译为"兜率宫"，意为天神住处，为哲蚌寺内一宫殿名。二世达赖于 1530 年在哲蚌寺内建立噶丹颇章作为驻地宫殿，自此三世至五世达赖均驻于此。"1642 年蒙古汗王固始汗将西藏地方政权和没收第悉藏巴汗的宫殿、谿卡所得的各种财物献给五世达赖建立起噶丹颇章政权"①，即 "以达赖驻地噶丹颇章宫为名字，正式建立起噶丹颇章地方政权"②。"蒙古汗王固始汗委任达赖的强佐索南饶丹作为第巴政府官员，辅助达赖管理地方世俗事务，政务机构名噶丹颇章，藏名又称第巴政府。"③据《藏汉大辞典》载噶丹颇章原址在哲蚌寺内，1643 年五世达赖在固始汗支持下，初

① 恰白·次旦平措等：《西藏通史》，陈庆英等译，西藏古籍出版社，1996，第596页。
② 恰白·次旦平措等：《西藏通史》，陈庆英等译，西藏古籍出版社，1996，第604页。
③ 《刘立千藏学著译文集·杂集》，民族出版社，2000，第168页。

在其中建立黄教政权，后世因以此名称西藏地方政府。

五世达赖于 1652 年从哲蚌寺迁到布达拉宫。达赖迁入布达拉宫后，清朝授七世达赖掌政，时亦将地方政府称为噶丹颇章，如藏史籍所载："五世达赖曾任命五位政治大臣第悉，他未亲自掌过政务，这次七世达赖第一次亲自管理西藏政务是史无前例的"，"授七世达赖掌西藏政教，因此被称为'甘丹颇章政府'的政教权力机构至今仍旧存在"①。因此，藏族著名学者恰白·次旦平措在其所著《西藏通史》一书的目录内，将甘丹颇章之名作为代表有清一代至民国时期的西藏地方政府，即"甘丹颇章政权统治西藏地方 300 年期间"②。上述诸史实明确指出达赖驻地噶丹颇章是作为地方政府或政务机构之名。

清朝官方文献将达赖系统的行政办事机构喇章称为商上。商上一词始见于乾隆时期，时为清朝鼎盛时期，其治藏政策深入，始触动达赖的政教管事机构喇章。但西藏地方政府从来不用"商上"二字，也不知"商上"所指为何含义。与"商上"二字相对应，西藏地方无论在政务、教务方面他们都仰承藏语孜 rtse 字（意为上、顶端之意）代表最高权威。在政教合一后，凡属达赖和他的宫廷官员名字前面都冠以孜字，以示与政府内官名相同的其他官吏相区别。有时又以孜字代表教。无论是达赖或摄政掌权，其最高机关必设在布达拉宫内，它是西藏宗教与政治权威的顶峰。西藏地方每称布达拉宫为孜布达拉达赖宫③。宫内有达赖寝室、藏王（摄政）、噶厦、译仓等西藏地方政府机关的办事地址。可见布达拉宫实为达赖住地宫殿，又是地方政府办事机关，两者合为一处了。

再从藏语"噶丹颇章"（dga' ldan pho brang）和"孜颇章"（rtse pho brang）两者的译意上看，两者所指是相同的。其意都指宫殿、府邸。如孜颇章指布达拉宫宫殿，噶丹颇章指哲蚌寺内宫殿。前文史料已明确指出布达拉宫和哲蚌寺这两个宫殿都是不同时期达赖驻地或政务机构。但随达赖驻地已迁入布达拉宫，故以孜布达拉取代噶丹颇章之名，逐以孜布达拉宫之名指代达赖喇章办事机构。故布达拉宫除传播宗教之场所，又作为世俗统治机构的喇章办事机构。仅此不成熟之见，有待研究。

三 综述喇章与噶厦关系

（一）封建农奴制下喇章与噶厦关系

西藏封建农奴制政教合一体制是由达赖的喇章和噶厦联合组成的，在该体制内喇

---

① 恰白·次旦平措等：《西藏通史》，陈庆英等译，西藏古籍出版社，1996，第 715 页。
② 恰白·次旦平措等：《西藏通史》，陈庆英等译，西藏古籍出版社，1996，第 950 页。
③ 《柳陞祺藏学研究文集（汉文卷下）》，中国藏学出版社，2002，第 431 页。

章与噶厦的经济关系在土地占有制上，既有达赖喇章的私有土地，也有噶厦的公有土地，混合型经济关系。

这种混合经济的形成是由于噶厦政府所管辖的行政地区是清朝赐给达赖所属的领地。这种混合经济是政教合一制存在的基础，亦是宗教领主政治权力的支柱。

由于政教合一体制内土地占有制是公有与私有组成的混合经济，反映在政治上，这就决定该体制内喇章与噶厦两者的政治权力是不平衡的从属关系。政教合一体制由驻藏大臣和达赖共同领导，但驻藏大臣代表中央，达赖为地方首领，故达赖是在驻藏大臣领导下；喇章与噶厦的关系，噶厦是中央直接授权的西藏地方最高行政机构，受驻藏大臣直接领导，喇章是达赖的行政办事机构，是地方势力。喇章是在有最高行政权噶厦行政机构存在的条件下，是地方与中央的从属关系。

喇章是具有政治、经济实体的僧侣集团，与噶厦的关系，政治上是权力的隶属关系，经济上是公与私的混合经济。这正反映出政教合一体制是封建领主经济与政权相结合的内容。

（二）清乾隆时期处于统一西北之际，采取中央集权，限制地方势力

自清初扶植黄教政策，逐加强以达赖喇章为代表的僧侣集团在政府中的地位，尤其达赖受封后，以代表宗教势力的喇章办事机构，行使政府职能，西藏地方喇章权势的存在，影响清朝的统一。

清实施中央集权，是以噶厦为政治中心实施政治统治。在政治上将喇章主要职员纳入政府内成为政府官员，在经济上将代表喇章财务机构的拉恰、孜恰纳入政府内。清朝集权在政治上统一，经济上一体化，将喇章的政治，经济转向噶厦政府，集权于政府了，是符合西藏封建农奴制土地与官吏相连的特点。正如马克思所指："封建主义是土地所有制与政治相结合"。

清朝实施集权于噶厦，将喇章主要职员纳入噶厦后，虽然削弱了以喇章为首的宗教领主的世俗行政权，但达赖除宗教领主外，因受封又增加了官方领主，具有双重身份。达赖喇章通过政府的译仓机构发挥宗教作用，因此，清朝之政策一方面削弱以达赖喇章为首的宗教世俗行政权，另一方面又要保留达赖的宗教首领地位，满足信仰者的需要。因此，在集权过程中，需要维护喇章的经济利益，作为宗教首领地位的经济支柱，亦是政教合一体制存在的经济原因。清朝对达赖喇章的政治、经济集权于噶厦是在西藏封建农奴制具有人身依附关系和土地与官吏相连等特点的框架内进行的，其集权方式与农奴制社会形态相适应，故中央集权过程中，社会较稳定而政教合一制能存在二百余年。

（三）历史发展的规律是政教分离

西藏政教合一体制是代表中央的噶厦与代表地方势力的喇章组成的地方政权。在

清朝中央统一政权下，西藏地方政权发展趋势，应是以代表中央的单一的地方政权为主。因此在清乾隆后期，在政治上政教已开始分离，宗教不干预政务。正如清文献所载："国初达赖，本以法王兼藏王，乾隆以后，政教始划分，达赖不过是黄教上之一领袖耳；惟商上事务达赖尚得执掌，故能以财自雄，暴戾恣睢，职此之由。"[①] 文献明确指出，乾隆后期政教虽已分离，但因达赖仍然执掌喇章经济大权，因此反映在政治上出现了暴戾恣睢，肆无忌惮任意妄行。所以说，这是因为西藏封建农奴制是喇章机构存在的根基，只有废除封建农奴制，才能清除以达赖为首的僧侣集团在政治上、经济上的封建特权，才能实现在中央集权下，维护藏传佛教的佛事办事机构，正常行使其宗教活动。

原载于《西藏民族大学学报》2016 年第 4 期

---

① 《陈御史奏稿卷一》，《藏学研究论丛（吴丰培专辑）》，西藏人民出版社，1999。

加深对西藏 1950～1959 年历史的再认识

郭冠忠

摘　要　本文以确凿的事实和认真对"十八大"精神的学习领会，阐论西藏的民主改革是从 1951 年开始，到 1965 年基本结束的。1951 年"十七条协议"的签订，西藏的和平解放，封建农奴制的旧西藏，就已开始逐渐向着新民主主义—社会主义道路转变，百万农奴就已开始逐渐地走上翻身解放的道路。

关键词　西藏　历史（1950～1959）　民主改革　再认识

1989 年 3 月和 1999 年 3 月，西藏开展"纪念民主改革 30 周年""40 周年"活动时，都没有说明纪念日的具体日期是哪一天，并在当时的一些图书报刊上面出现了"西藏的民主改革是在 1959 年才开始的；在此以前西藏还是一个原封未动的、比中世纪的欧洲还要黑暗、落后的封建农奴制社会"，或者 1959 年以前"西藏只搞了反帝，没有反封建"，"没有触动西藏原有的旧制度"等说法。1999 年 10 月，香港明镜出版社出版了王力雄的《天葬：西藏的命运》一书，污蔑我们党和国家在 1951 年同西藏谈判和签订"十七条协议"时，只关心国家对西藏行使主权，根本不关心西藏的人权和民生，"容忍西藏保留被他们指称的'最黑暗的封建农奴制'，甘愿让西藏的'百万农奴'继续生活在水深火热中"，污蔑我们党和国家"对西藏实行了八年的'一国两制'以达赖喇嘛的流亡而告最终失败……终于导致中共的'平叛'成为对藏人的一次波及广泛的大迫害"。该书已印刷四次，并已在我国香港、台湾，以及新加坡和美国等国家和地区发行。

2007 年 12 月 13 日，西藏文化网发表了笔者写的《20 世纪 50 年代党和国家大力改善西藏人权与民生纪实》。2011 年 5 月，中国藏学研究中心又在其为纪念西藏和平解放 60 周年而出版的专刊《中国藏学》第 2 期上，公开发表了此文。此文以确凿的事实，驳斥王力雄在海外与国外大肆散播的上述污蔑不实之词。同时也以摆事实讲道理的方法，对有的同志在中国大陆的图书报刊上散播的"原封未动"说及 1959 年以前西藏"没有反封建"说，坦诚地提出了不同看法。早在 1998 年《西藏研究》第二、三期上，笔者就以毛泽东同志在《论联合政府》等著作中给"民主改革"一词赋予的丰富内涵为指导，发表了《西藏民主改革的回顾与研究》，从西藏废除封建农奴制社会各项旧制度，建立新民主主义各项新制度的实际历程出发，用翔实的史料证明，西藏的民主改革是从 1951 年开始，至 1965 年基本结束的。因为上述两文都已公开发表，在此便不重述了。

这里应强调指出的是，2011 年 7 月 19 日，习近平同志在庆祝西藏和平解放 60 周年大会上的讲话，已经明白指出，"西藏和平解放，不仅粉碎了外部势力妄想把西藏从中国分裂出去的图谋，而且开辟了百万农奴翻身解放的道路，开启了西藏走向繁荣进步的光明前程"。这是对西藏和平解放伟大意义的正确论断，也是对我们应该如何实事求是地研究，以及如何准确地讲述西藏解放后历史的重要提示。即他实际上已经说明：从和平解放之日起，原来处于半殖民地状态下的西藏封建农奴制社会，就已在中国共产党和中央人民政府的领导下，开始逐渐地向着新民主主义—社会主义道路转变，百万农奴就已开始逐渐地走上翻身解放的道路，踏上了繁荣进步的光明前程。然而，此后却还有人继续发表文章坚持说：1950~1959 年是西藏"执行和维护《十七条协议》时期"，那八年西藏"只搞了反帝，没有反封建"，"没有触动西藏原有的旧制度"，并且说 1961~1965 年期间的西藏历史，才是西藏解放后的"第一个黄金时代"，完全否定了 1950~1959 年期间，西藏已经开始了逐渐地向着新民主主义—社会主义道路转变的客观历史事实。

今年（2013）是贯彻落实中共"十八大"精神的开局之年，继续学习、宣传与全面贯彻落实"十八大"精神，是全党、全国各族人民当前和今后一个时期的首要政治任务。我们应该在学习、宣传和贯彻落实"十八大"精神的过程中，用"十八大"精神武装头脑，联系西藏实际，加深对西藏解放后历史的再认识，把我们对西藏解放后历史的认识，特别是对西藏 1950~1959 年间历史的认识，统一到"十八大"精神上来。

一

"十八大"之后，习近平同志曾强调要"在全党掀起学习党章，遵守党章热潮"。经过我们党"十六大""十七大""十八大"三次修改，并于 2012 年 11 月 14 日党的第十八次全国代表大会全体会议通过的新《党章》，仍然与"十六大""十七大"通过的《党章》一样，在其开宗明义的第一段话里继续写道："中国共产党是中国工人阶级的先锋队，同时是中国人民和中华民族的先锋队，是中国特色社会主义事业的领导核心，代表中国先进生产力的发展要求，代表中国先进文化的前进方向，代表中国最广大人民的根本利益。党的最高理想和最终目标是实现共产主义。"这是根据我们党九十多年的实践经验，从理论上对我们党的性质、理想、目标任务以及党在国家与社会生活中的领导核心作用，做出的精辟总结和高度概括。是每个共产党员都必须承认的党的总纲中最核心的内容，也是每个党员都应该牢记的最基本的知识和理论。

联系1950～1959年的西藏历史实际，那时候由张经武、张国华、谭冠三、范明、周仁山、王其梅等同志在西藏组成的中共西藏工委及其领导下的各级党组织，是不是中国共产党这个先锋队的重要组成部分？他们是否践行了"三个代表"？他们那时候是否坚持了党的理想信念与目标任务？他们当时在西藏的社会生活中，是不是发挥了党的领导核心作用？笔者相信大家都会对之给予肯定的回答。至少在被人们称作"老西藏"①的同志中，是不会有人公开表示异议，而做出否定性回答的。这就是说，中共西藏工委及其所属各级党组织，包括中共西藏工委领导下的进藏部队、进藏职工，在1950～1959年期间，对于解放前仍处于半殖民地状态的西藏封建农奴制社会，对于广大农牧奴和奴隶那时候遭受残酷剥削与压榨的悲惨处境，并不是熟视无睹、漠不关心、无动于衷、无能为力、无所作为的。恰恰相反，他们在以毛泽东同志为核心的党的第一代中央领导集体的领导下，同西藏各阶层的爱国同胞一起，经过那八年多的艰苦奋斗，乃至流血牺牲，不仅把帝国主义的侵略势力驱逐出去了，使西藏由原来的封建农奴制社会开始逐步地向着新民主主义—社会主义道路转变，人权和民生得到了空前改善，而且为西藏自1959年3月22日开始的"边平叛边改革"，乃至此后西藏长时期的改革建设事业，创造了有利条件，奠定了坚实基础。否则，西藏1959年以后的经济社会的发展和进步，便是不可能取得的。所以，对于张经武等老领导们，在1950～1959年期间，不畏艰难困苦，在西藏所做的开拓性、奠基性工作，以及他们为西藏人民建立的卓著功绩，必须加以肯定。这样才符合我们党的实事求是的思想路线，才符合马克思主义，才能告慰张经武等"老西藏"的老领导们已经长眠于九泉之下的英灵。

二

胡锦涛同志在十八大报告中指出："以毛泽东同志为核心的党的第一代领导集体带领全党全国各族人民完成了新民主主义革命，进行了社会主义改造，确立了社会主义基本制度，成功实现了中国历史上最深刻最伟大的社会变革，为当代中国一切发展进步奠定了根本政治前提和制度基础。"这是我们党高举中国特色社会主义伟大旗帜，以邓小平理论、"三个代表"重要思想、科学发展观为指导，对毛泽东等我们党第一代领导集体的历史地位与历史功绩，再一次加以肯定的正确论断。正如1949年9月2日新

---

①　发扬"老西藏"精神，是江泽民同志于1990年7月到西藏视察工作期间，为边防部队题词时倡导的。哪些人应被称为"老西藏"，尚无官方的界定。只是从西藏地方领导人的讲话中可看出，他们似乎把1959年以前进藏的解放军指战员、进藏职工以及1959年以前参加革命工作的本地藏、回、门巴等民族的同志，列入"老西藏"之中的。

华社在题为《绝不容许外国侵略者吞并中国的领土——西藏》的社论所说："毛泽东的新民主主义及中国共产党和中国人民解放军扶助少数民族的政策，乃是西藏人民的救星。"正是在我们党领导人民推翻了蒋介石腐败的封建独裁政权对中国大陆的统治，成立了中华人民共和国的历史背景下，西藏才获得了和平解放。

新中国成立时，具有临时宪法性质的《共同纲领》，就我们的国体规定："中华人民共和国为新民主主义即人民民主主义的国家，实行工人阶级领导的，以工农联盟为基础的，团结各民主阶级和国内各民族的人民民主专政，反对帝国主义、反对封建主义和官僚资本主义，为中国的独立、民主、和平、统一和富强而奋斗。"并就我国将实行人民代表大会制度、共产党领导的多党合作、协商民主制度以及民族区域自治制度等民主集中制的政体，做出了初步的规定。1951 年 4 月，阿沛·阿旺晋美等原西藏地方政府的代表抵达北京后，中央曾首先组织他们与中央指定的代表一起学习《共同纲领》。正是在双方代表学习了《共同纲领》，取得了维护祖国统一与民族团结的政治共识后，"十七条协议"才得以签订。该协议第 1 条规定"西藏人民回到中华人民共和国祖国大家庭中来"，指的正是回到实行了人民民主专政国体与民主集中制政体的中华人民共和国的祖国大家庭中来，明确地规定了西藏是中国领土不可分割的一部分，西藏属于中华人民共和国管辖，西藏地方政府是中国中央人民政府统一领导之下的一级地方政权这种法律地位。这是该协议各项条文得以签订的共同政治基础和大前提。该协议不仅在其第 3、第 11、第 9 和第 10 条中做出了"在中央人民政府统一领导之下，西藏人民有实行民族区域自治的权利"，"有关西藏的各项改革事宜，中央不加强迫。西藏地方政府应自动进行改革，人民提出改革要求时，得采取与西藏领导人员协商的方法解决之"，要"依据西藏的实际情况，逐步发展西藏民族的语言、文字和学校教育"，"逐步发展西藏的农牧工商业，改善人民生活"等这样原则性的规定，而且在其第 2、5、8、12、14、15 条中，还就一系列问题如：西藏地方政府得积极协助解放军进藏；爱国的班禅额尔德尼被迫逃往祖国内地前的地位、职权得予以恢复；按照封建农奴制度用派兵差的办法组建起来的藏军得改编为人民解放军；西藏的一切涉外事宜得收归中央人民政府统一处理；过去亲帝亲国民党的官员得坚决脱离与帝国主义和国民党的关系，不再进行破坏和反抗，才可继续在政府供职；中央得在西藏设立军政委员会和军区司令部，人员组成尽量吸收西藏各界爱国人士参加，由中央指定的代表与有关各方协商提出名单后报中央任命等，做出了规定。这些都是具体针对原西藏地方政府摄政达扎·阿旺松热，在外国侵略者的卵翼下对西藏进行封建专制统治时的旧规旧制，所作出的必须进行改革的明确规定。无视双方代表在学习《共同纲领》时达成的政治共识，无视双方代表签订协议时的共同政治基础和大前提，无视前述第 2、5、8、12、14、15 条中一系列必须进行改革的明文规定，仅仅根据该协议第 4、第 7 条中"对于西藏现行政治制度，中央不予变更。达赖喇嘛的固有地位及职权，中央不予变更。各级官员照常供职"，"寺庙的收入，中央不予变更"的规定，就推导出1950~1959年，是西藏"执行和维护《十七条协议》时期"，那时西藏"只搞了反帝，没有反封建"，"没有触动西藏原有的旧制度"的结论，是对"十七条协议"断章取义的曲解，是既不符合毛泽东的新民主主义理论，又不符合《共同纲领》与"十七条协议"其他有关条文规定的主观臆断。

"十七条协议"签订前，解放军新疆军区骑兵师先遣连已经进驻西藏西部的阿里地区。在西藏东部，解放军第18军等部队也已粉碎了摄政达扎与外国侵略势力相勾结，沿金沙江西岸部署的武装反抗，解放了昌都，同当地爱国进步的上层人士协商，召开人民代表会议，进行民主选举，成立了管辖有十多个宗（相当于县）的昌都地区人民解放委员会，并设警备司令部。原西藏地方政府昌都总管府（藏语"昌都噶厦"或"昌都机巧"）那样的封建旧政权遂被撤销和取代，该地区便率先开始了向着新民主主义—社会主义道路的转变，达扎·阿旺松热不得不辞去摄政职务，用"降神"的办法让尚未年满18岁的第十四世达赖亲政。

"十七条协议"签订后，如何继续推动西藏的改革建设事业向前发展呢？毛泽东等同志从西藏的实际出发，逐渐明晰地为西藏制定了和平改革的方略。例如，该协议签订后的当天傍晚，毛泽东同志对张国华说："在西藏考虑任何问题，首先要想到民族和宗教问题这两件事，一切工作必需慎重稳进"；1952年4月6日，毛泽东同志代中央起草的《关于西藏工作方针的指示》提出："我们要用一切努力和适当办法，争取达赖及其上层集团的大多数，孤立少数坏分子，达到不流血地在多年内逐步地改革西藏经济、政治的目的"；1954年9月15日，刘少奇同志所作《宪法》草案说明报告指出："现在还没有完成民主改革的少数民族地区，今后也可以用某种和缓的方式完成民主改革，然后逐步过渡到社会主义"；1954年10月中央批准的《关于过去几年内党在少数民族中进行工作的主要经验总结》说，少数民族地区的社会改革，"可以不再采取激烈阶级斗争方法，而采取比较和平的方法即经过曲折迂回的步骤和更为温和的办法去进行……"还说："慎重稳进并不意味着不准备帮助少数民族人民进行社会改革，也不意味着要勉强去推迟社会改革"，它不是急躁冒进，也不是光慎重不稳进；1956年2月，毛泽东与西藏地方政府的一些官员会见时说，西藏的土改，会仿照云南傣族地区的办法，对农奴主实行赎买政策，使他们在土改后的生活不降低；1957年5月14日，中央在《对西藏工委关于今后西藏工作的决定》的批示指出："经过战争发动群众，实现改革，在少数民族地区是不得已才采用的方法。在西藏……采用这个方法进行改革，在政治上欠主动，在军事上不值得"；1997年10月江泽民同志访问美国时也说过：我们在西藏实行的民主改革，"是用和平方法，使百万农奴翻身解放。这同美国历史上解放黑奴相类似，都属于伟大的社会变革和社会进步"。

在中央和平改革方略的指引下，中共西藏工委在 1950～1959 年，没有生搬硬套祖国内地土改的经验，迅即直接发动群众起来推翻采用政教合一的形式、实质是对农牧奴、奴隶进行封建专制统治的原西藏地方政府，而是采取了重点开展反帝爱国上层统战工作的方针。这是事实。但不应以此断定，我们改变了当时党章中最低纲领之反封建的内容及《共同纲领》中关于国体、政体规定的内容，放弃了反封建的目的及要"达到不流血地在多年内改革西藏经济、政治的目的"。实践充分证明，正是因为我们当时忠实地贯彻执行了中央的和平改革方略及重点开展反帝爱国上层统战工作的方针，我们才得以将国家派遣到西藏的大部分人力与调拨到西藏的大部分物力和财力，投入到发展西藏社会生产力，发展西藏经济、文化建设的事业上，使得和平解放前基本上没有现代交通、没有现代工业、没有现代农业、没有现代科学教育、没有现代边防、没有自由雇佣劳动者队伍的西藏，在 1959 年以前就已开始了向着现代化的转变。在现代工、交、财、贸等经济建设，现代科、教、文、卫等科学文化建设，以及现代边防建设等方面，都取得了显著的成就。虽然这时所取得的建设成就，远不及西藏如今已经在现代化建设上取得的成就那么大，但是欧洲中世纪时所不可能有的建设成就，也是在西藏解放前所未能出现过的空前巨大的发展和变化。

与此同时，"十七条协议"的第 2、5、12、14 条以及 15 条中关于成立西藏军区司令部的规定，也逐渐得到了贯彻落实。尤其是在 1954 年 10 月，毛泽东同志向出席首届一次全国人民代表大会的各位西藏代表提出，西藏可不再按照协议第 15 条中的规定成立军政委员会，而可按照协议第 2 条的规定，先把西藏自治区筹备委员会成立起来的建议后，迅即得到了他们的热烈拥护。1955 年 3 月 9 日，周恩来主持召开国务院第 7 次扩大会议，做出了关于成立西藏自治区筹委会的决定，又经过中央驻藏代表同原西藏地方政府、班禅堪布会议厅委员会及昌都地区人民解放委员会三方面的人士，就自治区筹委会的职权、组成人选、机构设置等问题，进行了一年多时间的酝酿、协商并达成一致意见后，西藏自治区筹委会在 1956 年 4 月 22 日宣告成立。这是西藏在以毛泽东为代表的第一代中央集体的正确领导下，采用民主协商的和平改革的方略推进西藏政治改革，为将西藏改造成为人民民主的新西藏，打下的良好基础，做出的制度准备。是西藏在 20 世纪 50 年代发生的一件大事、喜事，当时就引起了国内外广泛关注。为此，中央曾派出由陈毅元帅带领的中央代表团专程到拉萨祝贺。1965 年 9 月拉萨举行正式成立西藏自治区的大会时，阿沛·阿旺晋美向大会所作关于自治区筹委会工作的报告曾指出，"民族区域自治是工人阶级领导的，以工农联盟为基础的人民民主专政的一种特殊形式"，西藏自治区筹委会的成立，"是正式成立西藏自治区的第一步骤，是千百年来受压迫、受奴役的劳动人民行使当家作主权利的开始。因而它的成立标志着西藏封建僧侣贵族的专政开始走向灭亡，统一的西藏人民民主的政权开始产生和发展。这对促进西藏的革命和建设，促进西藏民族的进步和发展是十分有利的"。由上可见，前述所谓 1950～1959 年期间西藏"没有反封建""没有触动西藏旧制度"的说法，是不符合西藏当时的历史实际的。

虽然，西藏自治区筹委会成立时，因受到祖国内地已经完成社会主义改造及四川藏族地区已在进行"废除一切封建特权"的改革的影响，在西藏领导机关中，曾出现急于搞全面废除农奴主土地所有制、全面废除农牧奴、奴隶对农奴主的人身依附制度等这种内容更加广泛、更加深刻的民主改革的急躁情绪，这种急躁情绪脱离西藏当时的主客观条件，会对西藏的社会稳定及贯彻落实中央既定的和平改革方略产生不利的影响，中央遂决定西藏在 1957～1962 年这六年内将暂不进行民主改革。这是从国家第一、第二个五年计划的安排大局考虑，也是为了巩固西藏已经取得的改革成果，以便六年后西藏能够更好地实现和平改革进行抉择的。不是永远不改、根本不改，更不是要否定与推翻西藏在 1950～1959 年取得的改革成果，使西藏的经济、社会再倒退回到解放前的状态。1957 年 12 月，西藏自治区筹委会通过与公布的《关于重判头人本根却珠毒打学员旺杰平措的决定》和《关于免去西藏各族人民参加国家机关工作人员、学员人役税的决定》，更是我们在讲述西藏解放后历史时，应该予以肯定的一项民主改革成果。虽然这项民主改革的广度与深度，都无法同 1959 年 3 月 22 日以后进行的民主改革相比，但却是符合我们党的和平改革方略与协议第 11 条的规定，从而有利于培养当地藏、回、门巴等少数民族的革命干部和培养汽车、拖拉机驾驶员、车、钳、刨、铣、电等产业技术工人队伍的一项民主改革。西藏从此便有了一支摆脱了农奴制枷锁、获得了人身自由的共一万三千余人的民族干部队伍与产业技术工人队伍。这对西藏在 1959 年 3 月 22 日开始的民主改革的重要意义和作用，更是我们在研究与讲述西藏解放后历史时不应该忽视或抹杀的。

三

2013 年 1 月 5 日，习近平同志在新进中央委员会的委员、候补委员"十八大"精神学习班的开班式上讲话时指出："我们党领导人民进行社会主义建设，有改革开放前和改革开放后两个历史时期，这是两个相互联系又有重大区别的时期，但本质上都是我们党领导人民进行社会主义建设的实践探索。中国特色社会主义是在改革开放历史新时期开创的，也是在新中国已经建立起社会主义基本制度，并进行了二十多年建设的基础上开创的。虽然这两个历史时期在进行社会主义建设的思想指导、方针政策、实际工作上有很大差别，但两者决不是彼此割裂的，更不是根本对立的。不能用改革开放后的历史时期否定改革开放前的历史时期，也不能用改革开放前的历史时期否定改革开放后的历史时期。"这对我们学习和了解党史、国史，提高我们知史爱党、知史爱国的觉悟，加深对西藏解放后历史的研究和再认识，都具有十分重要的指导意义。实际在这方面，我们是有过失误、有过教训的。对沉痛的历史教训，我们应该牢记才对。我们切不可身体已经进入 21 世纪，而脑袋却还停留在 20 世纪 50 年代——在对西藏 1950~1959 年这段历史的认识与讲述上，还停留在那时候曾经出现过的错误说法上。我们切不可为了肯定和宣传西藏 1959 年 3 月以后实行"边平叛边改革"方针所取得的工作成就，而否定 1959 年 3 月以前党在西藏实行和平改革方略所取得的工作成就，乃至丑化与歪曲 1950~1959 年我们党和国家西藏工作的历史，贬损我们党和国家的伟大形象。这对以史为鉴，资政育人，促进西藏的改革、发展和稳定，促进中国特色、西藏特点的社会主义建设事业的跨越式发展，都是有害无益的。

总之，"十八大"报告强调，我们要坚定中国特色社会主义的道路自信、理论自信与制度自信。这不禁使笔者联想到了毛泽东同志关于"我们应当相信群众，我们应当相信党，这是两条根本的原理"的论断。再联系到我们党之所以能够创造出从当初的五十多名党员，发展到如今的八千多万名党员这一人类历史奇迹，并且已经执掌中国政权长达六十多年这一历史事实，不难看出，原因就是我们党是深深植根于中国各民族人民群众之中，顺应中华各民族伟大复兴的梦想，不断地坚决纠正自身"左"和右的错误，不断地坚决清除混进来的投机分子与腐败分子，能够在思想境界与理论观念上与时俱进，不断纯洁自己、净化自己、升华自己，能够全心全意为人民服务，能够为了中国最广大人民的根本利益前仆后继、英勇献身，发挥先锋模范作用，并且在领导中国各民族人民自己解放自己，争取国家独立富强，人民过上幸福安康生活的伟大事业中，做出了伟大成就的党。

我们不仅应该以自己是一名中共党员感到光荣，而且应该增强做一名合格党员的自觉和自信，坚持继续迈步在中国特色社会主义的金光大道上，既不走封闭僵化的老路，也不走改旗易帜的邪路，继续坚持老有所学、老有所为，坚持活到老学到老改造到老，以保持住我们的晚节及中共党员的本色永不褪变。

原载于《西藏民族学院学报》2013 年第 5 期

赝品契丹文字墓志的两个"死穴"

刘凤翥

契丹文字的研究成果已经可以归纳出若干不见于《辽史》的历史的和文化的诸多有规律性的文化现象。现在略举几点如下。

一 契丹人契丹语的名字文化

通过对契丹文字的解读发现，辽代契丹族男人除了有汉语的"名"和"字"之外，还有契丹语的名字。其契丹语的名字又有"孩子名"、"第二个名"和"全名"之分。"孩子名"和"第二个名"都可以单独使用。在契丹文字资料中，单独使用时多半使用"第二个名"。"全名"是把"孩子名"和"第二个名"叠加起来即可。叠加时"第二个名"置于"孩子名"之前。契丹文字墓志铭中，在介绍墓志主人时一般的格式是□□〔名〕□□〔第二个名〕□□（某某人名某某，第二个名某某）或□□〔孩子〕〔名〕□□〔第二个名〕□□（某某人孩子名某某，第二个名某某）。"名某某"即"孩子名某某"。例如：契丹小字《耶律宗教墓志铭》第三行的〔大〕〔王〕〔名〕〔驴粪〕〔第二个名〕〔慈宁〕。辽代的契丹人也和现代的汉族人一样，给孩子起名有文雅的和粗俗的两种。耶律宗教的契丹语孩子名"驴粪"见于《辽史》卷六十六《皇族表》。[①] 这仅仅是音译，《辽史》也有的地方把〔契丹字〕音译为"旅愤"者。[②] 至于〔契丹字〕的具体含义目前还不清楚。"宗教"是汉名，"希古"是汉名"字"。

契丹小字《萧高宁·富留太师墓志铭》第二行的〔太〕〔师〕〔名〕分

① （元）脱脱等撰《辽史》卷六十六《皇族表》，中华书局点校本，1974 年北京版，第 1033 页。

② （元）脱脱等撰《辽史》卷十七《圣宗本纪八》和卷十九《兴宗本纪二》，中华书局点校本，1974 年北京版，第 203、233、234 页。

（富）□□（留）□□（第二个名）□□（高宁）。

契丹小字《萧奋勿膩·图古辞墓志铭》第二行的□□（尚）□□（书）□□（名）□□（图古辞）□□（第二个名）□□（奋勿膩）。

契丹小字《耶律迪烈墓志铭》第四行的□□（相）□□（公）□□（名）□□（迪烈）□□（第二个名）□□（撒懒）。

契丹小字《耶律（韩）高十墓志铭》第十二行和第十三行的□□（令）□□（公）……□□（孩子）□□（名）□□（高）□□（十）□□（第二个名）□□（王宁）。

契丹小字《梁国王墓志铭》第二行的□□（国）□（王）□□（名）□□（尤里者）□□（第二个名）□□（石鲁隐）。全名"石鲁隐·尤里者"即《辽史》卷九十一有传的萧尤哲。"尤里者"与"尤哲"乃同名异译。

契丹小字《耶律（韩）迪烈墓志铭》第二行　的□（太）□（保）□□（孩子）□□（名）□□（迪烈）□□（第二个名）□□（孔宁）。

契丹小字《耶律奴墓志铭》第七行的□□（公）□□（孩子）□□（名）□□（奴）□□（第二个名）□□（国隐宁）。

契丹小字《耶律贵安·迪里姑墓志铭》第二行的□□（太保）□□（孩子）□□（名）□□（迪里姑）□□（第二个名）□□（贵安）。

契丹小字《耶律弘用墓志铭》第二行的□□（将）□□（军）□□（孩子）□□（名）□□（维里）□□（第二个名）□□（敖卢碗）。"弘用"是"弘"字辈的汉名。

契丹小字《耶律智先墓志铭》第四行和第五行的□（太）□（尉）□□（孩子）□□（名）□□（耶鲁）□□（第二个名）□□（讹里本）。

契丹小字《萧太山和永清公主墓志铭》第二行的□□（将）□□（军）□□（孩子）□□（名）□（太）□□（山）□□（第二个名）□□（欧懒）。

契丹小字《许王墓志》第八行的□□（孩子）□□（名）□□（斡特剌）□□（第二个名）□□（乙辛隐）。

在个别情况下，也有先介绍"第二个名"，再介绍"名"即"孩子名"的情况。例如《契丹小字耶律兀里本·慈特墓志铭》第三行的 [契丹字]（纽乌尔，音译的契丹语官名一类的身份） [契丹字]（第二个名） [契丹字]（兀里本） [契丹字]（名） [契丹字]（慈特）。

契丹语志有 d、t 不分的现象。故 [契丹字] 既可以音译汉字"大"，读 dai，又可以音译汉字"太"。 [契丹字] 是 [契丹字] 的同音字，故能通假。 [契丹字] 与 [契丹字] 是同音字，故能通假。汉字文献在处理男人的契丹语名字时，把"孩子名"处理为"名"，把"第二个名"处理为"字"。例如《许王墓志》第八行的 [契丹字]（孩子） [契丹字]（名） [契丹字]（翰特剌） [契丹字]（第二个名） [契丹字]（乙辛隐）被《辽史》卷九十七《耶律翰特剌传》处理为"耶律翰特剌，字乙辛隐"。《耶律迪烈墓志铭》中的 [契丹字]（名） [契丹字]（迪烈） [契丹字]（第二个名） [契丹字]（撒懒）被《辽史》卷九十七《耶律敌烈传》处理为"耶律敌烈，字撒懒"。《梁国王墓志铭》第二行的 [契丹字]（国） [契丹字]（王） [契丹字]（名） [契丹字]（尤里者） [契丹字]（第二个名） [契丹字]（石鲁隐）被《辽史》卷九十一处理为"萧尤哲，字石鲁隐"。等等，不一而足。

我们再举出几个契丹小字中的契丹语"全名"的例子。

契丹小字《耶律（韩）高十墓志铭》第三行的 [契丹字]（天你） [契丹字]（尧治） [契丹字]（秦） [契丹字]（王）。这是指韩匡嗣。他的契丹语全名是"天你·尧治"。"天你"是"第二个名"，"尧治"是"孩子名"。同一墓志铭第五行和第六行的 [契丹字]（第四个） [契丹字]（兴宁） [契丹字]（姚） [契丹字]（哥） [契丹字]（大） [契丹字]（丞） [契丹字]（相）。这是指韩匡嗣的第四个儿子韩德让。"兴宁·姚哥"是韩德让的契丹语全名。

[契丹字] 的本义是"第二的"，它在表达契丹男人的契丹语名字时，刘浦江和康鹏二位先生把它释为"第二名"。"第二名"与"第一名"、"第三名"等有名次的含义，为了不使表达名字文化含义与名次的含义相混，我把 [契丹字] 释为"第二个名"。由于汉字文献把契丹语的"第二个名"处理为"字"，爱新觉罗·乌拉熙春教授则把 [契丹字] 径直释为"字"。①

辽代契丹族男人中，个别长子的"孩子名"与父亲的"第二个名"有关联（不是

---

① 爱新觉罗·乌拉熙春：《契丹人的命名特征》，《爱新觉罗·乌拉熙春契丹语言文字研究》，日本京都，东亚历史文化研究会刊行，2004，第 210~225 页。

相同）。例如耶律仁先的父亲契丹语名字的全名是 ▢▢（查剌楛）▢▢（邻引）。[①] 契丹小字《耶律仁先墓志铭》第六行称耶律仁先 ▢▢（孩子）▢▢（名）▢▢（查剌）。即把他父亲的"第二个名"▢▢（查剌楛）中音"楛"的原字 ▢ 切掉即可。

据刘浦江和康鹏二位先生的研究，契丹族男人契丹语名字的"第二个名"的尾音都是拟音为 n 的 ▢、▢、▢、▢、▢ 等五个原字。刘浦江和康鹏二位先生还认为契丹人有"父子连名制"，而且是"父连子名"。父亲的"第二个名"是在儿子的"孩子名"上连接上 ▢、▢、▢、▢、▢ 等原字而成。[②] 爱新觉罗·乌拉熙春则认为"子连父名"。儿子的"孩子名"是把父亲的"第二个名"中的 ▢、▢、▢、▢、▢ 等原字切掉即可。[③] 我认为"父连子名"的意见是不对的，"子连父名"的意见是正确的。爱新觉罗·乌拉熙春举出韩德让的契丹语全名是 ▢▢（兴宁）▢▢（姚）▢▢（哥）。"兴宁"是"第二个名"。韩德让没有儿子，他却有"第二个名"即乌拉熙春所说的"字"。倘若"父连子名"，他这个"第二个名"是怎么连出来的呢？一语中的。

其实《辽史》中有"子连父名"的记载。天显十一年（九三六）九月"敬达走保晋安寨，夷离堇的鲁与战，死之。……甲辰，以的鲁子徒离骨嗣为夷离堇，仍以父字为名，以旌其忠"[④]。辽太宗命的鲁的儿子徒离骨"以父字为名"明白无误地说明了"子连父名"的本质。把"字"变为"名"只能切掉"字"中的 n 词尾，即 ▢、▢、▢、▢、▢ 之类的原字才能变成"名"。凡契丹语名字中结尾原字为 ▢、▢、▢、▢、▢ 者，不用问都是"第二个名"。▢、▢、▢、▢、▢ 等原字绝对不能用在"孩子名"即"名"的尾字上。这是硬规矩和死规矩。无规矩不能成方圆。契丹族男人的孩子名与父亲的第二个名有关联是个别现象，不是制度化的普遍现象。"连名制"的"制"字说过了头。从《辽史》的"以父字为名，以旌其忠"来推断，这是一种奖励和表彰好人好事的方法和手段。

契丹大字和契丹小字都是为记录契丹语而创制的。契丹文字是契丹语言的载体。有关契丹族男人契丹语名字的规律在契丹大字同样有所记载。例如：契丹大字《耶律祺墓志铭》第二行的 ▢▢（于越）▢▢（孩子）▢（名）▢▢（阿思里）▢▢▢（第二个名）▢▢（撒班）。"于越"是音译的契丹语官名。契丹大字中也有契丹语名字的

① 万雄飞、韩世明、刘凤翥：《契丹小字〈梁国王墓志铭〉考释》，《燕京学报》新第二十五期，北京大学出版社，2008，第 154 页。
② 刘浦江、康鹏：《契丹名、字初释——文化人类学视野下的父子连名制》，《文史》2005 年第 3 辑，第 219～256 页。
③ 爱新觉罗·乌拉熙春：《契丹故俗'妻连夫名'与'子连父名'》，《爱新觉罗·乌拉熙春女真契丹学研究》，松香堂，2009 年日本京都，第 139～160 页。
④ （元）脱脱等撰《辽史》卷三《太宗本纪下》。中华书局点校本，1974 年北京版，第 38 页。

全名，例如契丹大字《耶律习涅墓志铭》第二行的 𘬠𘭞（上辈的）𘬜（爷）𘬦𘭊（习宁）𘭉𘬆（卢不姑）。第四行的 𘬅 𘭆𘭆（奥聒只宁）𘭝𘭵𘭞（贤适）𘭀𘭠（枢密）。"习宁·卢不姑"即《辽史》卷七十六有传的耶律鲁不古。其本传说："耶律鲁不古，字信宁。""卢不姑"与"鲁不古"是同名异译，"习宁"与"信宁"是同名异译。"奥聒只宁·贤适"即《辽史》卷七十九有传的耶律贤适。

有关契丹族男人契丹语名字的知识是目前赝品契丹文字碑刻的一个"死穴"。

21 世纪以来，文物市场上出现了批量生产的形形色色的带契丹文字的赝品物件。其中尤以赝品契丹文字墓志铭引人注目。契丹文字赝品碑刻也经过了从初级到高级的几个发展阶段。根据我们所见到的一些物件可以知道有下列一些阶段。

一、按照汉字的笔画结构胡乱瞎撰的根本不是任何文字的一些东西，谎称契丹字碑刻。

二、把一些契丹大字和契丹小字胡乱地参合起来胡攒的东西。其中的所谓契丹小字都是一至三个原字胡攒的，绝对没有五个、六个、七个原字组成的字。之所以出现这种现象，是因为作伪者还没有掌握契丹小字是由一至七个不等的原字拼成的，还没有摆脱汉字的左右结构和如"森""品"之类的汉字的三个字结构的思维模式。

三、把某件契丹文字墓志铭全文进行仿制。最典型的是仿刻巴林左旗辽上京博物馆收藏的契丹小字《耶律（韩）迪烈墓志铭》。据我所知，《耶律（韩）迪烈墓志铭》起码被仿制了三份，一份卖给了河南省的千唐志斋博物馆，一份卖给了北京的中国农业展览馆，另一份不知去向。

四、作伪者认真阅读了有关契丹文字的论著，根据真品契丹文字墓志铭和《辽史》提供的线索，瞎撰的一批所谓契丹文字墓志铭。最著名的是根据《萧奋勿腻·图古辞墓志铭》和《辽史》卷八十五《萧挞凛传》提供的线索，给萧图古辞的哥哥胡睹堇·迪里钵续家谱，给他续了三个儿子和七个孙子，还往上续了十代祖宗。给这些续了的人刻墓志。假造的胡睹堇·迪里钵长孙萧敌鲁的墓志被内蒙古大学买去。假造的胡睹堇·迪里钵第三个儿子萧徽哩辇·汗德的墓志铭原计划以六万元卖给北京石刻艺术博物馆，已经讲好价钱于 2016 年春节过后运到北京石刻艺术博物馆。北京石刻艺术博物馆请我去给鉴定。我从志盖和志文第一行的"国舅的宰相的横帐的"病句一眼就断定为赝品，文物贩子自行降价为二万元把它卖给了民办的北京科举匾额博物馆。假造的胡睹堇·迪里钵第二个儿子萧德里辇·胡睹堇的墓志被内蒙古巴林左旗民间契丹博物馆买去。这些赝品通过移花接木把萧图古辞的祖父嫁接到萧挞凛身上。根据《萧太山和永清公主墓志铭》提供的线索假造的《萧旼墓志铭》，假托萧旼是萧太山和永清公主的第二个儿子。

作伪者还根据契丹小字《耶律奴墓志铭》提供的线索假造了《耶律廉宁墓志铭》

以及耶律廉宁儿子的墓志，这些均都被内蒙古大学买去。

伪造上述墓志者虽然学习了契丹文字的所有论著和《辽史》，但他不掌握上述的契丹文字中的有关契丹语名字的相关知识，遂在这些方面露出破绽。契丹语名字文化成了上述赝品的一大死穴。也成了鉴别赝品的照妖镜，只要拿这面照妖镜一照，就会露出其赝品的原形。我们举例说明如下。

内蒙古大学收藏的所谓《耶律廉宁墓志铭》，其正文一开始就是 [契丹字]（详稳）[契丹字]（第二个）[契丹字]（廉宁）[契丹字]（孩子）[契丹字]（名）[契丹字]（哈尼）。[1] 这句话有三个错误。

一、它不符合契丹小字墓志介绍墓志主人时一般常用的 □□[契丹字]（名）□□[契丹字]（第二个名）□□（某某人名某某，第二个名某某）或 □□[契丹字]（孩子）[契丹字]（名）□□[契丹字]（第二个名）□□（某某人孩子名某某，第二个名某某）的格式。先说第二个名，再说孩子名。

二、表示"第二个名"的 [契丹字] 字误用了 [契丹字] 字。虽然仅仅缺了一个所有格词尾，但差之毫厘谬以千里。[契丹字] 是"第二个名"，[契丹字] 是"第二"。[契丹字][契丹字] 是"第二廉宁"，难道还有"第一个廉宁"吗。

三、如前所述，伏、杏、出、内、与等原字，仅能用在"第二个名"的末尾。不能用在"孩子名"末尾。此处的"孩子名"用了一个尾字是出的 [契丹字]。[契丹字] 字只能用作"第二个名"，不能用作"孩子名"。

又例如巴林左旗民间契丹博物馆收藏的所谓《萧胡睹堇墓志铭》正文一开始是 [契丹字]（胡攒的某身份）[契丹字]（名）[契丹字]（胡睹堇）[契丹字]（第二个名）[契丹字]（德里辇）。这句话有两个错误。

一是孩子名用了本应该是"第二个名"的 [契丹字]。二是跟他父亲重名。他父亲就是萧奋勿腻·图古辞的哥哥胡睹堇·迪里钵。父子可以连名，但不能重名。父子同名容易造成混乱，失去了名字作为个人代号的作用。

二 契丹文字中的"横帐"

辽代"旧制，肃祖以下宗室称院，德祖宗室号三父房，称横帐"。[2] "三父房"指

---

① 吴英喆、杨虎嫩：《契丹小字新资料——〈萧敌鲁墓志铭〉和〈耶律详稳墓志铭〉》（Wu Yingzhe and Juha Janhunen New Materials no the Khitan Small Script：A Critical Edition of Xiao Dilu and Yelüxiangwen），莱顿环球东方出版社，2010 年英国英文版，第 139 页。

② （元）脱脱等撰《辽史》卷七十三《耶律颇德传》，中华书局，1974 年点校本，第 1225 页。

孟父房、仲父房和季父房。季父房与辽太祖的关系最为密切。“横帐”是孟父房、仲父房和季父房的定语。孟父房、仲父房和季父房之前往往连接“横帐”。例如：“横帐孟父房岩木楚国王。”① “耶律隆运，本姓韩，名德让。以功赐国姓，出宫籍，隶横帐季父房。”② “横帐三房不得与卑小帐族为婚。”③ “横帐三父房族。”④ 遥辇氏的后人在辽朝虽然也姓耶律，但不在横帐之内，另称遥辇帐。例如：“以遥辇帐郎君陈哥为西北路巡检。”⑤

契丹小字中的 **才古火** 的本义是“兄弟的”，但它置于“孟父房”、“仲父房”和“季父房”之前时，它就不是“兄弟的”之义了，我把它释为“横帐之”。⑥ 把 **才古火** 释为“横帐之”也得到吴英喆先生的认同。他把《萧奋勿腻·图古辞墓志铭》第七行的 **才古火 尺分 乎有** 释为“横帐之仲父房”。⑦ 即实先生早先把 **才古火** 释为“惕隐司”。⑧ 即实先生最近又说：“**才古火** 直译是兄弟之，但在辽代已赋予特定意义，变为习惯称谓，它表示皇族，因而也用为惕隐司之简称。在宗室意义上也可译为横帐或大横帐，横帐也是习惯称呼。”⑨ 爱新觉罗·乌拉熙春采纳了即实意见也把 **才古火** 释为“惕隐司”。⑩ 惕隐司是管理皇族的，也是表明其姓耶律。“横帐”也好。“惕隐司”也好，**才古火** 表示皇族即姓耶律。在学界本来是共识。

契丹小字 **力击 出水**，被即实先生最先释为“国舅”。⑪ 也被吴英哲、爱新觉罗·乌拉熙春和我等人所采纳。也可以说是契丹文字学界的共识。

辽代契丹人只有耶律和萧两个姓氏，**才古火**（横帐的）表示皇族姓耶律，**力击 出水 有**（国舅的）表示是后族姓萧。**才古火**（横帐的）和 **力击 出水 有**（国舅的）不能用在一个人身上。然而某些博物馆所收藏的所谓契丹小字墓志，几乎普遍地把 **才古火**（横帐的）和 **力击 出水 有**（国舅的）用在一个人身上。例如内蒙古大学收藏的赝品《耶律廉宁墓志铭》第十六行有

---

① （元）脱脱等撰《辽史》卷六十六《皇族表》，中华书局，1974 年点校本，第 1015 页。
② （元）脱脱等撰《辽史》卷三十一《营卫志上》和卷八十二《耶律隆运传》，中华书局，1974 年点校本，第 370 和 1290 页。
③ （元）脱脱等撰《辽史》卷十六《圣宗本纪七》，中华书局，1974 年点校本，第 186 页。
④ （元）脱脱等撰《辽史》卷三十三《营卫志下》，中华书局，1974 年点校本，第 383 页。
⑤ （元）脱脱等撰《辽史》卷十七《圣宗本纪八》，中华书局，1974 年点校本，第 202 页。
⑥ 刘凤翥、唐彩兰、高娃：《辽代萧乌鲁本等三人的墓志铭考释》，《文史》2004 年第 2 辑，第 110 页。
⑦ 吴英喆：《契丹语静词语法范畴研究》，内蒙古大学出版社，2007，第 43 页。
⑧ 即实：《谜林问径——契丹小字解读新程》，辽宁民族出版社，1996，第 505 页。
⑨ 即实：《迷田耕耘——契丹小字解读续》，辽宁民族出版社，2012，第 139 页。
⑩ 爱新觉罗·乌拉熙春：『契丹文墓志より見た辽史』，日本京都，松香堂书店，2006，第 72 页。
⑪ 即实：《谜林问径——契丹小字解读新程》，辽宁民族出版社，1996，第 465 页。

下列一段话：【契丹文字】，于义为"第二个女人兀里本娘子，国舅宰相之横帐之秀哥龙虎之女。"契丹语用"女人"表示"妻子"。此处是说《耶律廉宁墓志铭》主人第四个儿子敌里宁的第二个妻子是兀里本娘子，她是国舅宰相的横帐的龙虎卫将军秀哥之女。这就太离谱了。"国舅"表示姓萧，"横帐"表示姓耶律。兀里本娘子和她的父亲秀哥被说成既姓萧又姓耶律，令人坠入五里雾中。仅此一点就足以断定《耶律廉宁墓志铭》是无可辩驳的百分之百的赝品。

北京科举匾额博物馆收藏的赝品《萧徽哩辇·汗德墓志铭》的志盖和志文第一行有【契丹文字】，于义为"大中央契丹辽国之□国舅宰相之横帐之徽哩辇审密之墓志"。说明《萧徽哩辇·汗德墓志铭》主人既姓耶律，又姓萧。岂不荒唐。而且把【字】误写为刀，笔顺不对，这种把【字】误写为刀的错误也见于赝品《耶律玦墓志》第三十二行，说明这些赝品为同一伙人所伪造。

敖汉旗新州博物馆收藏的赝品《耶律玦墓志铭》的制造者根据《辽史·耶律玦传》中说耶律玦是"遥辇鲜质可汗之后"的记载，又根据某人释【字】为"鲜质"的成说，在赝品《耶律玦墓志铭》第二行刻了一句【字】（敞稳）【字】（坎□）【字】（孟）【字】（父房）【字】（鲜质）【字】（可汗之）【字】（□）【字】（人）。是说墓主人敞稳坎□是孟父房鲜质可汗的后人。"敞稳"是《辽史·耶律玦传》中所记载耶律玦的最后官职，墓志用"敞稳"代指墓志主人。"坎□"是作伪者给耶律玦杜撰的契丹语名字。前面我们已经说清楚，横帐三父房是"德祖宗室"。遥辇鲜质可汗只能在遥辇帐，不可能在横帐三父房。墓志在'鲜质可汗'之前画蛇添足式的给加了"孟父房"。说明作伪者还没有搞清楚"横帐三父房"的内涵。仅凭这一点就可以断定所谓《耶律玦墓志铭》是赝品。

赝品《耶律玦墓志铭》第三十一和三十二行的【字】（敞稳）【字】（夫人之）【字】（女儿）【字】（五个）【字】（大者）【字】（乌卢本）【字】（娘子）【字】（?）【字】（国舅的）【字】（宰相的）【字】（横帐的）【字】（胡睹堇）【字】（迪里钵）【字】（太）【字】（师之）【字】（第二）【字】（子）【字】（胡睹堇）【字】（郎君于）【字】（嫁）。是说墓志主人敞稳（耶律玦）夫人的女儿五个，大者是乌卢本娘子，她嫁给了某国舅的宰相的横帐的胡睹堇·迪里钵太师的第二子胡睹堇郎君。耶律玦大女儿乌卢本娘子的公公胡睹堇·迪里钵太师究竟姓耶律还是姓萧，也令人坠入五里雾中，令人茫然。何况乌卢本娘子的丈夫和公公都叫胡睹堇。赝品《耶律玦墓志铭》第十行还出现了 （ 字的误字，国舅之） （宰相之） （横帐的） （解里）。这种不止一次出现的把"国舅"与"横帐"挂在一个人身上的严重错误说明所谓《耶律玦墓志铭》是无可辩驳的赝品。耶律玦的贤婿就是巴林左旗民间契丹博物馆收藏的赝品《胡睹堇墓志铭》的主人胡覩堇。这些赝品墓志铭应是同一伙人所造。

契丹语名字的规则和横帐与国舅的含义是当今赝品契丹文字墓志中的死穴。只要一点这些死穴，就能一一露出其赝品的本质。

我们应当根据规律性的知识揭露赝品的反常现象。不能把赝品中出现的反常现象当作新史料去研究，诸如为《辽史·耶律玦传》和《辽史·萧挞凛传》作订补，为萧挞凛写世系，编制契丹小字字库，归纳什么父子同名制文化现象，等等，不一而足，实在是南辕北辙。这种将赝品当真品所进行的一系列的"研究成果"将给学术研究带来无穷无尽的恶果，后人为扫除这些垃圾将要花费很多精力和时间，这是可以预料的。

有几个对契丹字一窍不通的人说我揭露赝品是"倚老卖老，自以为是"云云。马寅初校长告别北大时，对北大师生的赠言是"做学问既要勇于坚持真理，又要勇于修正从错误。"真理不怕被冷落，更不怕时间的检验，时间越久，越能显示其真理的光辉。我坚信随着解读契丹文字的工作深入，越发证明我所揭发的当今那些来路不明所谓"墓志"是彻头彻尾的赝品。

当今是赝品猖獗的岁月，我最为担忧的是在契丹文字学界，一些人仅仅认识几个契丹字而已，缺乏鉴别赝品的起码的警觉和知识。能否鉴别赝品并大胆揭露赝品，是区别是否真正精通契丹文字的学者的分野。更加令人憎恶的是一些对契丹字一窍不通的人群起为赝品摇旗呐喊。我人微言轻，对于遏制赝品泛滥成灾无能为力。我年过八十，垂垂老矣，但我也愿为揭露赝品尽绵薄之力。我将继续勇敢地实事求是地不断地揭露赝品，不怕得罪任何人。赝品不止，奋斗不息。也希望后起之秀加入到揭批赝品的行列中来。更希望上了贼船的骑虎难下的人悬崖勒马，回到科学大道上来，不要一误再误。

原载于韩世明、孔令海主编《辽金史论集》第14辑，中国社会科学出版社，2016

"斡朵里"非今"马大屯"考

滕绍箴

近年以来，随着我国社会经济快速发展，社会上风行"经济起步，文化搭桥"模式。因此，对于文物古迹的甄别、考证成为当务之急，这就加重有关专家、学者的社会责任。2009 年 6 月底，黑龙江省依兰县政府同哈尔滨社会科学院联合召开"首届中国·五国城文化暨满族故里文化论坛"，笔者有幸亲临满洲故里"斡朵里"，即所谓"马大屯"的考察，接触一些对"斡朵里即马大屯"观点持不同意见的专家、学者，听取他们相关的辨别意见，受益匪浅。结合考察实际，笔者觉得有必要对这个问题进行深入探索。现拟就"斡朵里即马大屯"一说的形成、马大屯地区古代经济边缘化，且非古城遗址，以及"斡朵怜"遗址的确切定位等诸多问题，谈谈个人浅见，望同人赐教。

一 "斡朵里即马大屯"说的形成

"斡朵里站即今马大屯"的观点，由来已久，少说也有近 30 年的历史。它是当前清史、满族史和东北民族史研究领域专家、学者不言而喻的共识。开篇我们先就这一主流意见和它形成的缘由，进行必要的梳理，以使本题的研究更加透明。

（一）当前主流意见。斡朵里地名研究在历史上不是一个很大的课题，但随着清史、满族史和东北民族史研究的深入发展，凡是涉及对满族先人溯本求源的有关著作之章、节，都必须注上一笔。因此，这个问题在诸多清史、满族史等著作中便形成遍地开花之局，成为不可回避的重要课题。现将"斡朵里即马大屯"意见的出笼和形成缘由，放在前边略加梳理。

（1）"斡朵里即马大屯"说的出笼。马大屯说的出笼以考证斡朵怜、斡朵里站遗址之所在为前提。而研究"斡朵里"故址是由乾隆皇帝首先提出。他的意见形成最后结论写在《满洲源流考》中。这是此问题研究的第一阶段。第二阶段是自 20 世纪 30 年代以来，先后由中外史学家，诸如日本学者箭内亘、稻叶君山、和田清，中国学者孟森、王钟翰等进行了较为深入地探讨。这次探讨的结论，在稻叶君山先生的《清朝全史》中有清晰的反映。准确地说这应该属于第三阶段。"马大屯"名称的出笼，据清史、东北史专家董万崙先生在《清肇祖传》中说，是稻叶君山先生根据史料研究后"断定斡朵里在牡丹江口西侧马大屯"①。如果是这样，这应该是最早出笼的时间。但详细阅读稻叶君山先生的《清朝全史》，他并没有点出马大屯的名称。只是说："建州左卫指挥使猛哥帖木儿亦居三姓对岸之斡朵里。"② 在他标注的《明代建州卫图》的图示中，同样标出"斡朵里，斡脱怜"③ 字样。看来"马大屯"可能是董先生推演的结果，而并非是稻叶先生的见解。1988 年，由谭其骧主编的《中国历史图集释文汇编·东北卷》中，明确指出："日人和田清在《明初之满洲经略》文中指出：'斡朵里站、斡朵伦卫为今依兰县城西牡丹江与松花江汇合处之马大屯。'"④ 这当是最早将"斡朵里"定位在"马大屯"之始初见解，亦是"马大屯"名称闪亮登场的时间。在中国，并不是由汤原县文博馆在《元代托温军民万户府古城址》一文中明确写出如下的字样："斡朵里万户（今依兰江西马大屯）"⑤，才引申出来，而是由中央民族大学郭毅生教授在1979 年发表的《明代建州卫新探》一文中，首见："斡朵里豆漫……在今牡丹江下游伊兰县对岸的马大屯。"⑥

总之，斡朵怜万户府遗址是今天马大屯的意见，出笼于 1980 年之前。这个意见不管它正确与否，都是中外诸位专家、学者辛勤劳动，艰苦探索的结果，后人对此无可厚非。

（2）主流意见的形成。"斡朵里即马大屯"之说一经刊出，诸位专家、学者纷纷引用。诸如复旦大学历史地理研究所出版的《中国历史地名辞典》，东北民族史专家吴文衔、张太湘、魏国忠教授所著的《黑龙江古代简史》，清史专家孙文良教授主编的《满族大辞典》，拙作《满族发展史初编》，清史专家李燕光教授等撰写的《满族通史》，清史专家王戎笙研究员主编的《清代通史》，清前史和东北民族史专家董万崙教授的《清肇祖传》，清史、满族史专家王钟翰教授的《清史续考》等著作，分别于 1986、1987、1988、1990、1991、1992、1993 年出版，都曾经引用过"斡朵里"即马大屯的意见⑦。更多类似的著作之引用不知凡几。正因为如此，便在清史、满族史和东北民族

① 董万崙：《清肇祖传》，辽宁人民出版社，1992，第 12 页。

② 稻叶君山：《清朝全史》，上海社会科学院出版社，2013，第 3 章，第 21 页。

③ 《满洲历史地理》，丸善株式会社，昭和十五年（1942 年），第 576 页。

④ 谭其骧主编《中国历史图集》，中央民族学院出版社，1988，第 270 页。

⑤ 《合江文物》1980 年第 12 期。《五国城文化暨满洲故里论坛文集》，中国戏剧出版社，第 116 页。

⑥ 《北方论丛》1979 年第 3 期，第 75 页。

⑦ 吴文衔等：《黑龙江古代简史》，北方文物出版社，1987，第 210 页；《中国历史图集》释文汇编·东北卷，中央民族学院出版社，1988，第 270 页；《满族大辞典》，辽宁大学出版社，1990，第 825 页；《满族发展史初编》，天津古籍出版社，1990，第 34 页；《满族通史》，辽宁民族出版社，1991，第 54 页；《清代通史》，辽宁人民出版社，1993，第 15 页；《清肇祖传》，辽宁人民出版社，1992，第 12 页；《清史续考》，华世出版社，1993，第 17 页。

史研究领域形成为主流意见。但令人奇怪的是如上的专家、学者们多数没有到过"斡朵里"旧址考察，马大屯遗址呈现什么形态他们亦无人知晓。更没有人刊出有关专题论文，进行阐释。他们只是认为同行权威专家、学者既然如此断定，有明确结论，为使自己的著作增加一点透明度，顺便引来加以注释，其做法亦可以理解。但本人在引用这个见解之后 19 年的今天，有机会亲临其境考察，就不能不认真对待，潜心加以求索，以正视听。

（二）形成主流意见缘由。"斡朵里"即马大屯的见解之所以能够形成主流意见，其产生源于两个理由，即许多前辈专家、学者据史潜心探索和部分当地专家、学者辛勤考察的结果。

（1）据史探索。在史学界没有提出马大屯这一具体名称之前，许多有影响的历史名家，在探讨"斡朵里"具体位置时，已经根据文献资料进行过长期讨论。他们的主要史料根据是《龙飞御天歌》中的一段关键材料。即："东北一道，本肇基之地也，畏威怀德久矣。野人酋长远至移兰豆漫，皆来服事。常佩弓箭入卫，潜邸昵侍左右，东征西伐，靡不从焉。如女真则斡朵里豆漫夹稳猛哥帖木儿，火儿阿豆漫古伦阿哈出，托温豆漫高卜儿阁［注：斡朵里，地名，在海西江即第一松花江之东，火儿阿江（牡丹江）之西。火儿阿，亦地名，在二江合流之东，盖因江为名也。托温亦地名，在二江合流之下。二江皆自西而北流，三城相次沿江］……"① 这段关键资料中的关键材料是其中的注释："斡朵里，地名，在海西江即第一松花江之东，火儿阿江（牡丹江）之西。"根据这条有明确所指的难得资料，日本学者稻叶君山先生断定："建州左卫指挥使猛哥帖木儿亦居三姓对岸之斡朵里。"② 箭内互先生亦同样认为：海西东水路城站，斡朵里站在"依兰府之对岸，瑚尔喀江边"③。王钟翰先生在其早年著作《建州女真人的分布》一文中，考证《明史》中的一段话所涉及的地点，即："洪武十五年（1382年）二月……故元鲸海千户速哥帖木儿、木达哈千户完者帖木儿，牙兰千户皂化，自女真来归。言：'辽阳至佛出浑之地三千四百里。自佛出珲至斡朵里一千里。斡朵里至托温一百八十里。托温至佛思木隘口一百八十里。佛思木隘口至胡里改一百九十里。胡里改至乐浪古隘口一百七十里，乐浪古隘口至乞列怜一百九十里。自佛出珲至乞列怜……皆旧所部之地，愿往谕其民，使之来归'。诏许之。"其在"斡朵里"地名后面的括弧中，填入"依兰县西对岸"字样④。

在上述诸位历史专家的探讨中，我们看到一种现象，真是"英雄所见略同"。他们

---

① 权踶：《龙飞御天歌》卷 7，第 21 页下～22 页上。奎章阁丛书第四。
② 《元明时代满洲交通路图》，载《满洲历史地理》卷 2，第 450 页。丸善株式会社昭和十五年（1942）版。
③ 稻叶君山：《清朝全史》，上海社会科学院出版社，2013，第 3 章，第 21 页。
④ 王锺翰：《清史新考》，辽宁大学出版社，1990，第 4 页。

都把"斡朵里"的遗址指向松花江南岸、牡丹江西岸。这就是后来"马大屯说"出笼的前奏曲。因为根据极其单薄的文献资料，在旁证材料不足的情况下，别无选择，完全可以理解。

（2）考察论证。上述前辈专家、学者的探讨结论，自觉或不自觉地给后辈专家、学者们指明了进一步探索的方向，同时也在某种程度上增加了他们思考问题的局限性。据笔者所知，东北地方的专家们主要做过四项工作。其一，进行实地考察。2001 年 10 月 21 日，在东北民族史专家干志耿教授带领下，四位专家对马大屯进行实地考察，对于马大屯即"斡朵里"原址基本持肯定意见。其二，1979 年和 1998 年先后在马大屯东北松花江北岸 7 公里（原称 15 公里）的迎兰古城发现元代八思巴文印章，在马大屯西 5 公里发现一件明代双耳杯。这两件文物，都不在马大屯遗址之内，特别是八思巴文印章原本在迎兰古城中，但为什么都把它归之为马大屯遗物呢？我想这就是受上述诸位专家探讨的结果影响所致，即决心要在马大屯作这篇文章，这种主观先入的做法，有违作史者的原则。其三，特别应该指出的是，根据某些满语专家提供的意见，说"斡朵里"一词系满语"风口"之意。于是，在马大屯之东北复兴屯西北的台地上，确实找到一个"风口"。然而，这里却没有旧城遗址。而主张马大屯非"斡朵里"旧城遗址的学者，也用"风口"说进行反驳。指出：其实"古洞"就是克脱亨的谐音，系满语"风口"之意。"斡朵里"恰在"克脱亨"站之东①（指迎兰古城），用以证明自己的观点的正确性。其四，根据如上艰苦地考察和研究论证，1999 年夏，由黑龙江省及依兰县召开"斡朵里满族发祥地论证会"，正式锁定"斡朵里"遗址在牡丹江西马大屯。从此，"斡朵里"遗址即马大屯的意见便盖棺论定了。这段时期地方专家、学者和政府确实下了不少苦功，如果没有特殊材料和更科学地论证，所幸大家就认定它是历史事实。

二　经济边缘化区且非古城遗址

质疑马大屯为"斡朵里"之说，不能简单地说构成这一观点的主要资料"未足信"或者"错误入史"②　等一言以蔽之的做法。应该以事实为依据，从作史原则出发，加以全方位论证，再取得共识，方为稳妥。我认为元朝的"斡朵怜万户府"城址，必须具备两个特点：一是必在江边；二是必居物流枢纽地位。众所周知，古代松花江的繁华

---

① 王沛瑛等：《元设斡朵里万户府城于迎兰古城考》，《五国城文化暨满族故里论坛文集》中国戏剧出版社，2009，第 117 页。

② 王沛瑛等：《元设斡朵里万户府城于迎兰古城考》，《五国城文化暨满族故里论坛文集》中国戏剧出版社，2009，第 117 页。

城市都处在所谓"城郭枕江滨"[①] 的位置。而目前争论的马大屯与迎兰城都处在"沈江滨"位址，不必讨论。现在关键是探讨哪座城址处于物流枢纽地位。

（一）马大屯处于古代经济边缘化地区。欲弄清马大屯的位置是否处于古代物流中枢地位，主要是要对自元朝以来海西东水陆城站，进行详细考察，特别是研究海西东水陆城站在进入今依兰县境内之后的走向。因此，我们就迎兰城以西主站道，依兰城以东主站道和马大屯处于边缘化经济区问题，略加考察。

（1）迎兰城西主站道。元、明时期海西东水陆城站共计 45 站，从底失卜站至胡里改站是 15 站。分别是：底失卜站、阿木河站、尚京城、海胡站、鲁路吉站、伏答迷城站、海留站、扎布剌站、伯颜迷站、能站、哈三城哈思罕站、兀剌忽站、克脱亨站、斡朵里站、胡里改站[②]。其中第 13 站克脱亨站、第 14 站斡朵里站、第 15 站胡里改站，是我们特别应该关注的重点驿站。这条古道在以后的数百年间，几乎没有大的变化。比如，清朝晚期从吉林乌拉出发至三姓城的站道，经过 15 站到达崇古尔库站，进入依兰境内，再沿着松花江北而东进 70 里为鄂尔多穆逊站（克脱亨站）、68 里为妙嘎山站、5 里为三姓城[③]。事实证明，从元、明至清，依兰以北沿江而西的物流主站道基本没有变化。以"斡朵里站"为江边枢纽和锁钥之站，无须怀疑，而马大屯却远离这条贸易"金路"，处于松花江南岸，远远脱离古代驿站和贸易通道。

（2）依兰城东主站道。依兰县城以东的站道，尽管江北也曾设有站道，如从三姓城至乌苏里江口，沿松花江两岸有古城基 9 处，江北有 2 处，即北岸吞河固木讷城、希尔哈城下约百里北岸有大城。而南岸却多达 7 处，即三姓附郭旧城、瓦里和屯、希尔哈城、富克锦地方大城、图斯科地方大古城、额图地方古城、青得林（喜鲁林）地方古城[④]。

查奴尔干都司下的海西东水陆城站，从胡里改站沿松花江南岸至药乞站（伯力），江北只有一半山站和托温城满赤奚站、奥里米站 3 处。而江南却有 6 站，即阿陵站、柱邦站、佛思木城古佛陵站、弗提锡城弗能都鲁站、考郎兀城可木站、乞列迷城乞勒伊站、莽吉城药乞站[⑤]。事实说明，沿松花江东向的主站道，以胡里改站为江边锁钥和枢纽之站，亦无须怀疑。而马大屯同样远离这条贸易"金路"。

（3）马大屯地区经济边缘化的考量。从迎兰城西主站道和依兰县东主站道的跨江汇接，我们不难看出斡朵里站在江南的马大屯还是在江北的迎兰古城，主要取决于斡

① 马戎等：《依兰旧志五种》，内蒙古文化出版社，1991，第 170 页。
② 滕绍箴：《满族发展史初编》，天津古籍出版社，1990，第 147 页。
③ 长顺等：《吉林通志》卷 12，吉林文史出版社，1986，第 214 页。
④ 长顺等：《吉林通志》卷 24，吉林文史出版社，1986，第 439。
⑤ 滕绍箴：《满族发展史初编》，天津古籍出版社，1990，第 147 页。

朵里站的前一站克脱亨站的物流走向。经过研究，笔者得出马大屯非为物流枢纽，而处于经济边缘化之地。以下从两个方面加以论述。

其一，斡朵里站不在松花江南岸。为了更好地说明问题，我们以谭其骧先生主编的《中国历史地图集·元明时期》（下称图集）第13，14、第82，83图为例，进行分析。这两张《元辽阳行省图》和《明奴尔干都司图》，一个是从沈阳千户所出发，经过22站后继续标注为：忽帖罕站（松花江北，塔海万户府）、斡朵怜万户府（松花江南，牡丹江西）、胡里改万户府（松花江南，依兰县城）。一个从底失卜站出发，经过12站后，继续标注为：克脱亨站（松花江北）、斡朵里站（松花江南牡丹江西，斡朵伦卫）、忽尔海卫（松花江南，依兰）……①（括弧内注释为原注——笔者注）。从以上两个标注图中，我们看到元朝时期的忽帖罕站即明朝时期的克脱亨站。元朝时期的斡朵怜万户府即明朝的斡朵里站。元朝时期的胡里改万户府即是明朝时期的忽尔海卫。这里提出三个问题。一是元朝的胡里改万户府标注为忽尔海卫是个错误，因其不是本题讨论范围，故不予赘述②。二是将斡朵怜万户府、斡朵里站都标在松花江南，牡丹江之西。三是克脱亨站处在斡朵里站的前一站。这就将一个问题明显地摆在人们面前。从西方运来向东进的大批货物，经过克脱亨站后如何运到松花江南、牡丹江西的所谓"斡朵里站"（为易于分辨，下文将打引号的斡朵里站，以"马大屯"代之），如果从克脱亨站直接运货过江，再沿松花江南岸东进至"马大屯"，并沿松花江南岸东进不是海西东水陆城站的主站道；同时，再从"马大屯"渡过牡丹江运入胡里改万户府，则牡丹江宽800米，只有一个小小的渡江便道，难于承受如此重负，所以这条路行不通。如果从克脱亨站沿松花江北岸东运，走正常的海西东水陆城站，货物必至胡里改对岸的庙嘎山站（庙屯、迎兰古城），再从这里渡江运往"马大屯"，其运输法诚有辱古人智慧。因为从迎兰古城至胡里改万户府城只有5华里，直运极为方便。而弃此路直走"马大屯"，必须水路跨江，再逆江向西南走直三角形的斜边，〔即以迎兰古城至依兰县城5华里、依兰县城至"马大屯"8华里（或称13华里）为这两个相对直角边计算〕其斜边相当9.2华里，然后再走8华里（跨牡丹江）运至江东的胡里改城。笔者不相信元、明时期东北的官民会如此愚蠢地解决海西东路这段运输路线问题。所以，正确的斡朵怜万户府、斡朵里站不可能在松花江南岸、牡丹江西岸的马大屯。总而言之，斡朵里城至火儿阿城仅有5华里，恰好是跨松花江南北两城的距离。与马大屯毫无关系。同时，根据宣统辛亥年（1911）黑龙江调查局所制《黑龙江全省舆图》中的《大通县图》所反映出的吉林界依兰江北"庙街屯"与"妙嘎山站"东、西并列在松花江

---

① 谭其骧主编《中国历史图集·释文汇编东北卷》，第13～14、82～83图，中央民族学院，1988。

② 此地为和屯噶山，即和吞卫。忽尔海卫是弗提卫的前身。详载《明太宗实录》卷92，第3页上，"永乐七年五月乙酉"条。

北，距离江南依兰县城，亦恰恰是 5 华里，证明"妙嘎山站"即元、明时期的"斡朵里站"。

其二，"马大屯"非为物流枢纽。从如上的研究可知，海西东水陆城站的货物从西方来到克脱亨站或者从东方来到胡里改站，都无法经过"马大屯"。同时，从南方太平庄站、莲花泡站直至宁古塔路；从东南方胡什哈屯、乌斯浑河屯、小巴彦苏屯路；从西南方乌斯浑屯、巴彦苏苏屯路等方向来的货物都首先到达胡里改城这个经济枢纽①，亦不走牡丹江西马大屯。然后从胡里改城通过水运过江北运抵庙嘎山古城，再走克脱亨站西行。如此考量的结果证明，这个所谓的"斡朵里站"即马大屯，不但不是经济枢纽，而且是当地经济发展的边缘化地区。处于这种经济地位的地区，怎么可能成为海西东水陆城站的枢纽，元、明政府又怎么可能在这里设立斡朵怜万户府和斡朵里站呢？

（二）马大屯非古城遗址。本题通过对马大屯的质疑和马大屯非古城遗址的论证，将进一步深入探讨，以期加深对问题的了解。

（1）对马大屯遗址质疑。众所周知，近数十年来，诸多学者费尽心血在松花江南、牡丹江西寻找古城遗址。好不容易找到马大屯有遗址痕迹，便选择此地作为"斡朵怜万户府"和"斡朵里站"进行标注。但缺憾的是古代东北许多古城遗址，没有可靠的文献记载，想要考证也无处下手。据当地学者丈量，马大屯"东西长扁方形古城，北墙、南墙各约 325 米，西墙、东墙各约 255 米，周长约 1160 米，面积约 83000 平方米"②。因为城址规模偏小，同胡里改旧城"城长 850 米，宽 450 米为长方形。……占地面积为 382500 平方米"；固木纳城"呈长方形，周长 2500 米，东西长 750 米，宽 500 米，面积 375000 平方米"相比③，说它是元朝的斡朵里万户府城址，实在过于牵强。实地考察后，更令人生疑。好在这里是否是古城遗址，有文献记载。请看事实。

（2）马大屯非古城遗址。近来笔者因为受依兰县政府和哈市社会科学院之邀前往当地，发现如上的问题，感到责任不可推卸，潜心研究数月，得出马大屯不是古代城镇遗址的结论。主要根据有三点。其一，乾隆四十三年（1778），清朝政府奉旨，绘制《盛京吉林黑龙江省标注战绩图》，在勘察三姓地区时，对松花江南北及牡丹江口两岸现有的嘎山（满文"gashan"）进行较为完整的登录。其中对松花江南岸和最靠近牡丹江西岸，标绘的是"西岸旧设拉格里噶珊"④，用满汉文合璧书写。从图上看，其地紧靠牡丹江边。距离对江的三姓城约二三华里（包括江面距离在内）。与马大屯离三姓城 8（或称 13）华里，肯定不是一个地方。其二，光绪初年清朝政府对松花江以南、

---

① 长顺等：《吉林通志》，吉林文史出版社，1986，卷 57，第 916～917 页；卷 17，第 225～320 页。
② 廖怀志：《依兰志略》，《满洲故里文化研究》，中国戏剧出版社，2009，第 18 页。
③ 《黑龙江文物丛刊》1982 年第 3 期，第 95 页；1983 年第 1 期，第 67 页。
④ 《盛京吉林黑龙江省标注战绩图》006—1，乾隆四十三年（1778 年）绘制。

牡丹江以西地区再次勘查，列出 4 个村屯，并记有彼此距离，即"三姓正西（松花江即混同江南岸）距城 3 里肖奇嘴子屯（屯东有牡丹江便渡口），15 里大威子屯，35 里西甸子屯。55 里达林河屯"[1]。从这 4 个村屯看，肖奇嘴子屯的位置相当于乾隆年间的"拉格里噶珊"，距离三姓城 3 华里。继续西行为 15 华里的大威子屯。这两个村屯的距离明确地告诉我们，在它们之间，即距离三姓城 3 华里至 15 华里之间，不存在距离三姓城 8 华里或 13 华里的马大屯遗址。因为，如果马大屯作为轰动一时的斡朵怜万户府所在地，有清一代必定如胡里改万户府一样，会有后继居民进入，组成有规模的新城。而不会断绝人烟，连一个小村屯的痕迹都没有。从《吉林通志》修辑出版于光绪十七年（1891）看，马大屯遗址应出现在此后的年代中，决不会早于光绪十七年。其三，学者王沛瑛等在《元设斡朵里万户府城于迎兰古城考》中说，马大屯是"伪满时期于琛征大汉奸所建炮垒围子"[2]，也许真的是如此。总之，马大屯遗址是个近现代遗址，不能冒充斡朵怜万户府和斡朵里站遗址。否则，应承担伪造之嫌。

三 斡朵怜遗址的确切定位

元朝的斡朵怜万户府和明朝的斡朵里站，在海西东水陆城站中处于枢纽地位。经过上述研究，我们有条件确定其确切位置。同时，原来的马大屯说，得到那么多的专家学者认同，并非空穴来风，必须给出合理的交代。

（一）遗址确认。为确定古代斡朵怜万户府的确切位置，可以从古今史料对应关系；古城文化内涵和史学家明鉴三个方面，分别加以研究。

（1）史实印证。前文已经提到，海西东水陆城站东北行第 14 站是斡朵里站，第 15 站为胡里改站。为了研究方便，我们从胡里改站上行取 5 站，进行对比分析。这 5 站是：哈三城哈思罕站、兀剌忽站、克脱亨站、斡朵里站、胡里改站。这是元明时期的文献记载。进入清代中叶，即乾隆二十四年（1759）十二月，吉林将军萨喇善奏请："由拉林沿松花江迤北至三姓地方，添设八台。"[3] 这八台进入今依兰境内者有 6 台。据光绪六年（1880）朝臣上奏的文献，分别是：从佛斯亨站出发东行 73 里至富拉珲站，继行 75 里至崇古尔库站，73 里至鄂尔国木索站，68 里至妙噶山站，5 里至江南三姓城。我们再参照由吉林乌拉站至三姓的驿站最后的 6 站，即塞勒佛特库站，73 里至崇古尔库站，70 里至鄂尔多穆逊站，68 里至庙（妙）嘎山站，5 里至三姓城。[4] 为研究

---

① 长顺等：《吉林通志》，吉林文史出版社，1986，卷 17，第 225~320 页。

② 《五国城文化暨满族故里论坛文集》，中国戏剧出版社，2009，第 117 页。

③ 《清高宗实录》卷 603，乾隆二十四年十二月癸卯。

④ 长顺等：《吉林通志》，吉林文史出版社，1986，卷 57，第 916 页；卷 12，第 214 页。

更透明，根据上述资料列三站表如下：

元明时期海西东路 13、14、15 站	克脱亨站	斡朵里站	胡里改站
乾隆时期八台中的东三台	73 里至鄂尔国木索站	68 里至妙嘎山站	5 里至三姓城
光绪时期从乌拉至三姓之后三站	70 里至鄂尔多穆逊站	68 里至妙嘎山站	5 里至三姓城

从以上所选六站和表中所列三站的情况显示，可以看出三个问题。其一，在一般情况下，当时的驿站距离多在 50、60、70 华里，元明时期的克脱亨站至斡朵里站尽管没有标明里数，但乾隆时期的八台之一鄂尔国木索站，光绪时期的鄂尔多穆逊站，显然就是克脱亨站。此站至庙嘎山站 68 里，换句话说，克脱亨站下行 68 里的位置，毫无疑义的就是斡朵里站旧城遗址。其二，与斡朵里站对应的城址显然是庙嘎山古城（庙屯）遗址，就是今天的迎兰古城。其三，与各个驿站距离都不同的是江北的斡朵里站（妙嘎山城、迎兰古城）至江南的胡里改城（三姓城、依兰县城）只有 5 华里。可见，5 华里江面两端矗立两个特殊的驿站。这是海西东水陆城站物流的两个吞吐码头，货物转运枢纽。也是猛哥帖木儿和阿哈出两大家族成为当地豪族的物质基础。两城锁江并立，两大家族成为当时所谓"江夷"的"居停主人"，各据贸易金路，大享貂、参等货物流通之利。此地人来人往，熙熙攘攘，经济繁荣，景象壮观。难怪元朝政府在江北设立斡朵怜万户府，江南设立胡里改万户府。就在今天，尽管现代交通十分发达，而这两座古城仍然显出生机勃勃景象。通过确凿的史料印证，完全可以断定斡朵怜遗址就是今天的迎兰古城。

（2）文化内涵。元朝在今天的迎兰古城建立斡朵怜万户府，有其历史渊源，这里有深厚的文化内涵。因为这种锁江而就的古城自古就占据交通、物流优势，很可能在古肃慎时代这里就是满族先人的聚居点。数十年前，黑龙江省的考古学家们在城西南角发现的"接近密山新开流文化晚期"的原始社会晚期遗址，很说明问题。一般说来，凡是适合人类居住的地方，古人不会轻易放弃。地方考古学家们，曾经发现"南北朝绥滨同仁文化类型"器物，很有时代特点，诸如：手制夹砂红褐陶、灰褐陶、侈口长颈鼓腹平底罐、钵、碗等，以堆文、划文等款式为其特征；发现具有金代特色的酱色釉瓷及货币"大定通宝"；元代的"八思巴文石章"及清代的"乾隆通宝"、铜盆等器物。[1] 这些文物的发现，充分证明迎兰古城是一座具有传统古代文明的文化古城。人们多年没有弄清斡朵怜万户府的确切位置，甚至误指为松花江南岸的马大屯，而将这些

---

① 张太湘：《依兰县文物志》，载《元设斡朵里万户府城于迎兰古城考》，第 51 页。续载《五国城文化暨满族故里论坛文集》，中国戏剧出版社，2009，第 117 页。

确凿的文明古迹不适当地与马大屯挂钩，实有牵强附会之嫌。

（3）学者明鉴。关于斡朵怜万户府或斡朵里站在今松花江北岸迎兰古城的意见，前辈史学家赞同者微乎其微。或许笔者孤陋寡闻至今却举其名。但是，也并非没有人提出质疑。日本著名史学专家箭内亘先生，尽管狃于《龙飞御天歌》所记载的斡朵怜万户府"在海西江即第一松花江之东，火儿阿江（牡丹江）之西"的框框，而在给"斡朵里"地名加注释时，坚持写道："在依兰府的对岸，胡尔喀江边。"但他在绘制《元明时代满洲交通路图》时，却在松花江北迎兰古城、江南的依兰县城旧址画出两个双圈，并将"斡朵怜（斡朵里站）"字样，标注在松花江北岸的迎兰古城位置；而在牡丹江西岸马大屯位置，仅仅用个单圈，一字不写，表示存疑。①

箭内亘先生尽管最终没有给出完整的答案，但其所标注的交通图有关"斡朵怜"的位置却十分正确，不失为史学家之明鉴。今天非常值得赞赏的是退休教师王沛瑛同志，坚持认为斡朵里站就是迎兰古城。她与赵文东先生共同发表的《元设斡朵里万户府城于迎兰古城考》② 一文，反映出地方专家、学者中，亦有坚持史学研究原则和科学求实精神者，令人欣慰。

（二）马大屯属于斡朵怜部。关于"斡朵里"地名的含义是直接解决其位置的一把钥匙，受到满学工作者，特别是史学工作者的重视。目前有关"斡朵里"一词有两种解释，拟分别加以剖析。

（1）斡朵里"风口"论。为了更准确地探讨斡朵里古城到底在哪里，诸位专家学者对于"斡朵里"一词的本意，进行过认真地求索。不知哪位满语专家提供说，"斡朵里"一词是"风口"之意。于是当有的学者考证出克脱亨站"位于今通河县大古洞村附近"③ 时。另一位学者便辗转求索，认为"古洞"就是克脱亨的谐音，系满语"风口"之意。以此来证明"斡朵里恰在克脱亨站之东"④。将"斡朵里"古城位置，引向正确的研究方向。

（2）"斡朵里"之本意。通过对诸位专家、学者各种意见的了解和学习，我总觉得"斡朵里"一词，解释为"风口"有些牵强。为从根本上解决问题，笔者恭身求教一位80高龄的锡伯族老人安俊先生，因为满语是他的母语和专业，自然他的意见更加可靠。据他说："斡朵里"与"风口"根本"挂不上"，意思是它们之间毫无关联；并指

① 《满洲历史地理》，丸善株式会社，昭和十五年（1942年），卷2，第450页。
② 王沛瑛等：《元设斡朵里万户府城于迎兰古城考》，《五国城文化暨满族故里论坛文集》，中国戏剧出版社，2009，第118页。
③ 吴文衔等：《黑龙江古代简志》，北方文物出版社，1987，第30页。
④ 王沛瑛等：《元设斡朵里万户府城于迎兰古城考》，《五国城文化暨满族故里论坛文集》，中国戏剧出版社，2009，第117页。

出"斡朵里"的本意之一是"马嚼子"。同时，满语专家、中央民族大学教授季永海先生经过认真查对资料亦说，"斡朵里"的本意是："马提嚼子上的饰件。"他们的意见提供给人们深入研究本课题的一把钥匙。

（3）"斡朵里"之详释。"斡朵里"原意的明晰，为斡朵怜万户府城址是今迎兰古城提供出有力证据。现从五个方面略加剖析。其一，迎兰古城的形状呈马蹄形，与"马嚼子"或"马提嚼子"已经联系起来。它们之间肯定有某种必然的联系。其二，查《现代汉语词典》对马嚼子的解释是："为便于驾驭，横放在牲口嘴里的铁链，两端连在龙头上。"① 联系依兰县城旧址与迎兰古城并立松花江南北，江流从中间穿过。松花江似如奔腾的骏马，两城之间江口如同马口，连接两城"横放在牲口嘴里的铁链"便是通航松花江南、北的行船，似同"马嚼子"。其三，古代人常常根据自家经济状况不同，或以贵重金属或以普通麻线制成诸如十字形，或云卷形等各种图形的装饰品，装饰在从马嚼子两端开始的马笼头上。并在马脑门的笼头上也同样饰之。联想迎兰古城与依兰县城旧址正好处在马嘴左右两端笼头的位置，是美丽松花骏马笼头上贵重的两颗明珠。智慧的满族先祖，根据当时"以射猎为业"，崇尚骏马的民俗，荣马于江，誉马于城，形象地形容锁江二城为马嚼子，控驭咆哮的松花骏马，从而将自己的驻地称作"斡朵怜"或"斡朵里"。其四，因为"斡朵怜"本意包含江左、右两岸，以此推之，可能元朝政府设立的五万户府各自的辖区是按江段进行管辖的。斡朵怜万户府管辖牡丹江以西的南、北江段，胡里改万户府管辖牡丹江以东的江段。所以，松花江以南、牡丹江以西尽管不是斡朵怜古城所在地，但那里却归斡朵怜万户府管辖，是斡朵里部落的组成部分。其五，按照《龙飞御天歌》的作者权踶、郑麟趾等出书的年代推算，他们应该生活在猛哥帖木儿、凡察兄弟时代，是满族先人从斡朵怜迁移后的第三代人，他们对于斡朵怜古城都没有感性认识，但绝对有口碑相传。当权踶、郑麟趾等采访到这些女真后裔时，他们在回答火儿阿"在二江合流之东"时，顺便也遥指斡朵里"在海西江即第一松花江之东，火儿阿江（牡丹江）之西"。他们的回答只是不细致、不具体，但大体上并没有什么错误。

综上所述，不难看出三个问题，其一，"斡朵里马大屯说"，是清史、满族史和东北民族史学界诸位专家、学者多年研究，辛勤考察而得到的成果。已经取得广泛共识，在地方上也有深远影响。其二，从古代物流路线和经济贸易发展常识出发，它远离经济枢纽城镇，处在经济边缘化地区，而且不是古代城镇遗址，在清光绪十七年以前没有居民在这里定居。其三，根据确凿史料和满语地名真实内容考察，元、明时期的斡

---

① 《现代汉语词典》（修订本），商务印书馆，2000，第 634 页。

朵怜万户府、斡朵里站就是清朝的妙嘎山站、庙屯，即今天的迎兰古城。马大屯尽管在斡朵怜万户府管辖范围内，但它没有条件代替迎兰古城。认定马大屯为古代斡朵怜万户府遗址的意见，是个严重错误，应当纠正①。

原载于《清史研究》2011 年第 3 期

---

① 斡朵怜、斡朵里、斡朵伦，在满语都是同一个意思，只是最后一个字为汉文同音异写时有所不同。自元朝建立斡朵怜万户府始，由夹温猛哥帖木儿家族居住和管辖。大约元末因其管理不善，全家被杀，剩下凡察等逃离此地。但斡朵怜地名没有改变，大约半个多世纪后，此地大首领脱亦脱于 1411 年（永乐十一年），受命在此建立斡朵伦卫。42 年后即 1452 年（明景泰三年），因脱脱不花、瓦剌等蒙古势力东侵，脱亦脱后人伯思罕率部逃往辽南地区。从此斡朵怜地名在史籍中消失。308 年后即乾隆二十四年（1759），斡朵怜地名改作庙噶珊站出现在史籍中。

关于黑水城文献研究的两个问题

白　滨

　　黑水城文献的公布，对研究宋、辽、夏、金、元史起到了极大的促进作用。随着研究的深入，弄清黑水城遗址的挖掘次数以及文献数量，成为黑水城文献研究中亟待解决的两个问题。本文拟就此问题展开论述，以期有助于黑水城文献的整理出版和深入研究。

一　黑水城遗址的零星发掘

　　黑水城遗址的较大规模发掘共有三次。一次是俄国人科兹洛夫（П. К. Козлов）率领的四川—蒙古考察队，于 1908 年 3 月、1908 年 5 月，在黑水城进行的两次发掘，所获文献甚多，即目前黑水城文献的俄藏部分。一次是 1914 年 5 月，英籍匈牙利人斯坦因（M. Aurel Stein）在黑水城进行的发掘，所获文献即目前黑水城文献的英藏部分。黑水城遗址第三次重大的发掘是在 1983 年 9 ~ 10 月和 1984 年 8 ~ 11 月间，这次是由内蒙古自治区文物考古研究所会同阿拉善盟文物工作站组成的考古队，经国家文物局批准进行发掘。这次发掘所获文献主要藏于内蒙古自治区文物考古研究所和内蒙古自治区博物馆，一般称之为国内藏黑水城文献。这三次考古发掘的文献的数量，构成了黑水城文献的主体。对于这三次考古发掘的过程以及文献内容，学术界介绍性文章甚多，在此不详述。值得注意的是，除了这三次较大规模的考古发掘外，仍有几次较小规模的发掘活动，目前学术界尚未给以充分的重视。

　　1913 年春，任职于美国哈佛大学福格艺术博物馆的华尔纳（Langdon Warner），曾到圣彼得堡参观过科兹洛夫的黑水城所获。他又从斯坦因的《中国沙漠中的废墟》一书中了解了黑水城，1923 年冬季，做了充分准备并雇了挖掘工人的华尔纳在黑水城内外整整挖掘了十天，结果只看到留下的盗坑遗迹，挖掘到一些零星残片，他认为有价值的文物文献几乎找不到了。即使这样，华尔纳这次仍从黑水城遗址劫获壁画 3 幅、雕塑 1 件、铜镜 1 件、瓦当 1 件。

1926 年 9 月中旬，由瑞典探险家斯文·赫定（Sven Hedin）和中国北京大学徐炳昶教授组成并共同担任团长的"西北科学考察团"，也来到黑水城考察。他们在这里进行测量、绘图、拍照等工作。据载，有关文献图书方面"斯文·赫定在黑水城得到一部元刊本的大藏经"①。据说，中国团员黄文弼先生曾在黑水城遗址中发掘出文书残页数百件，即今中国社会科学院考古研究所的藏品②。

1949 年后，额济纳旗曾先后划归甘肃省和内蒙古自治区管辖，其间，在"黑水城曾出土过书籍、公文、纸币、古铜印、木匣、陶瓷器、铁镞、泥造像、铜马、铜镜、铜盘文物。其出土文书上有'甘肃行省□□县指挥使'等字样。纸币上有'贰贯钱'字样。1958 年秋，内蒙古博物馆收集到铜佛三躯，造型十分精致"③。1962 年和 1963 年，内蒙古文物工作队曾两次派员到黑水城进行考古调查。1963 年，内蒙古文物工作队盖山林等一行四人，在额济纳旗达赖库布镇东南沙漠红柳沙滩下，发掘出一座被掩埋的西夏古庙，清理出大小佛教造像 25 躯。同年，在测绘黑水城期间，又"在黑水城内外采得文化遗物甚多，主要有陶砚、瓦当、滴水、琉璃筒形器、擦擦、十字架、铜甲片、铁犁、铁权、竹胎漆碗、瓜果皮核、木梳、鼓皮、皮鞋、麻鞋、文书写纸等。属于文书之类的文字文献全部为元朝文书残页印本或写本，共 13 个编号和不少碎纸残片"④。1972 年至 1976 年，甘肃文物考古部门组织的居延考古队，曾几次到黑水城遗址进行踏勘，并计划进行清理发掘，在距离黑水城遗址约 20 公里处的老高苏木遗址，发现了西夏文世俗文献和佛经文献等。1978 年，中国科学院沙漠研究所联合在京和地方有关单位组成的河西沙漠考察组，也曾专程到黑水城遗址考察。中国科学院历史研究所马雍和甘肃省博物馆吴礽骧，在城中的两个垃圾堆中清理出 10 多件元代文书。1979 年甘肃省电影制片厂前往黑水城遗址拍摄电影期间，甘肃省文化局王勤台等同志也在遗址中发现了一些元代文书和西夏文佛经残片：有汉文写本与雕版印刷品文书、蒙古文写本文书、西夏文佛经写本、印本残页等共 24 件，其中有明确纪年的有 6 件。1990 年 5 月，内蒙古文物考古队盖山林陪同中央电视台拍摄大型纪录片《望长城》时，在黑水城遗址东南 20 公里处的老高苏木地区，考察了四座残破的西夏庙宇，发现了两尊泥塑菩萨像和一些西夏文刻本佛经、西夏文草书残页，还有一幅彩色帛质佛画（唐卡）。这次发现的西夏文佛经主要有刻本《金刚般若波罗蜜多经》，蝴蝶装，存 11 页、21 页。刻本《圣观自在大悲心总持功德依经录》，经折装，存 12 面。刻本《顶尊相胜总持功德依经录》，经折装，存 9 面。写本《佛说消除一切疾病陀罗尼经》，经折装，

① 盖山林、盖志毅：《文明消失的现代启悟》，内蒙古大学出版社，2002，第 83 页。
② 李逸友编著《内蒙古历史名城》，内蒙古人民出版社，1993。
③ 盖山林、盖志毅：《文明消失的现代启悟》，内蒙古大学出版社，2002，第 83 页。
④ 盖山林、盖志毅：《文明消失的现代启悟》，内蒙古大学出版社，2002，第 83 页。

计 14 面。还有以黄色纸裱背，用绢帛裱衬，贴有经名纸签的《慈悲道场忏罪法》封面两种。①

这几次小规模考古发掘的黑水城文献，有的已经公布，有的则仍藏于各研究机构，尚待字闺中，无缘出版。随着黑水城文献研究的逐步深入，这些零散的黑水城文献理应成为整理、研究的对象。

二 黑水城文献总量推测

黑水城文献的内容与数量过去已在多种文献汇编和文章中作过不同程度的介绍。本文仅就已公之于世的黑水城文献，作一概述。

俄藏黑水城文献。1984 年，由原苏联科学出版社出版的孟列夫（Л. Н. Меньшиков）著《黑城出土汉文遗书叙录》一书，收录黑水城宋、西夏、金、元文献 488 件，编入序号 375 个。1963 年，由戈尔巴切娃和克恰诺夫（Е. И. Кычанов）编定的《苏联科学院亚洲民族研究所藏西夏文写本和刊本考定书目》，由莫斯科东方文献出版社出版。该目录收入文献登录号 8090 件，已考定者近 3000 件，约占全部俄藏西夏文献的 38% 。占总藏号约 62% 尚未能考定者，其中绝大多数是佛经残卷或残片。该目录中已考定的西夏文世俗著作计 60 种，佛教经典共计 370 种。该西夏文献目录出版后，克恰诺夫对俄藏黑水城文献中数量巨大的西夏文佛经文献进行整理、记录、编辑和考订，并于 1999 年在日本京都大学出版了《俄罗斯科学院东方学研究所藏西夏文佛教文献目录》。作为前述目录"续编"和"详编"，收录西夏文佛经 374 种，共 768 个编号。该目录是对俄藏每一种西夏文佛经的简要叙录。从 1993 年起到 2000 年止，中国社会科学院民族学与人类学研究所与上海古籍出版社联合组团，分四次赴俄罗斯圣彼得堡东方学研究所同俄方合作，对俄藏黑水城文献进行相关文献的整理、编辑、拍摄，由上海古籍出版社出版《俄藏黑水城文献》。该书原计划出版 30 册以上，收录已拍摄回国的文献照片近 3 万帧，近 10 万面。至今已出版的《俄藏黑水城文献》汉文部分共 6 册，收录佛教文献（俄藏编号 TK、Ф、А、инв、Дх）共 374 个编号，道教文献 2 个编号，古籍文献 68 个编号，文书 113 个编号，有西夏文与回鹘文的文献 22 个编号，绘画和版画文献 27 个编号，元朝纸币 8 个编号，印章与杂写文献 22 个编号，以上共 636 个编号。已出版的《俄藏黑水城文献》西夏文世俗部分，第 7～11 册收录文献共 308 个编号。出版《俄藏黑水城文献》西夏文文书部分，第 12～13 册，收录文献 345 个编号。以上已出版的《俄藏黑水城文献》13 册，共收录文献 1289 个编号。

另外，中国国家图书馆馆藏的西夏文献中有俄藏黑水城西夏文佛经《大般若波罗

---

① 史金波、翁善珍：《额济纳旗绿城新见西夏文物考》，《文物》1996 年第 10 期。

蜜多经》共 21 卷，此系 1957 年由苏联政府"捐赠"给北京图书馆的。这部分佛经文献于 2005 年已分别收入宁夏大学西夏学研究中心编辑、甘肃五凉出版社出版的《中国藏西夏文献》第 1～2 册《北京编》中，以及宁夏社会科学院编辑、上海古籍出版社出版的《中国国家图书馆藏西夏文献》第 4 辑中。据有关报道，俄藏黑水城文献中发现的金刻本《刘知远诸宫调》残卷，曾于 1958 年 4 月（亦说 20 世纪 20 年代），由原苏联对外文化委员会交还中国，现藏国家图书馆，国内有影印本出版。又上引甘肃五凉出版社出版的《中国藏西夏文献》第 17 册《内蒙古编》中，收录了内蒙古自治区博物馆藏卷 18 种，内蒙古自治区文物考古研究所藏卷 38 种，内蒙古自治区额济纳旗文物管理所藏卷 4 种，以上共计 60 种，可能主要是出自黑水城的文献。

英藏黑水城文献。1914 年 5 月之后，斯坦因将其所获黑水城文献按中亚探险获得资助的比例，分别交送给印度新德里博物馆和大英博物馆。其中的艺术品包括绢画、版画、木雕等归印度新德里国家博物馆。1917～1922 年，文献材料除留 20 件作为样品留存国家博物馆外，其余由斯坦因全部转交给大英博物馆，并委托欧洲著名的东方学家进行分类整理研究。到 20 世纪 70 年代，大英博物馆和大英图书馆分立，文献材料全部移交给现在的英国国家图书馆东方部。收入英国国家图书馆的黑水城文献，西夏文文献编号 or.12380，编号为 0001—3949 号，有的编号下附有多件残片，即总共有 7300 多件。也有少量汉文文书编入西夏文序列中，汉文系列编号为 or.8212，编号系列是从 473 号到 607 号，共 134 个编号，总共有 234 件。该汉文文献于 1920 年由沙畹（E-.Chavannes）的学生马伯乐在《斯坦因在第三次中亚探险所获汉文文书》一书中，对黑水城汉文文献进行编号与介绍。1928 年，斯坦因出版了他在第三次中亚探险的考古报告《亚洲腹地考古记》四卷，在本书的第一卷第十三章中，介绍了他在黑水城及其周边地区的考察及发掘情况，详尽介绍了编号为 K.K. 系列Ⅰ、Ⅱ、Ⅲ、Ⅳ、Ⅴ、Ⅵ、Ⅶ、Ⅷ 等各个地点的出土情况，以及对数百件出土文物的描述。2005 年 10 月，国内出版了由西北第二民族学院整理、编辑，由上海古籍出版社出版的《英藏黑水城文献》1-4 册，收录文献编号共 3706 个。全部英藏黑水城文献出齐共 5 册。

内蒙古收藏的黑水城文献。内蒙古文物考古研究所、阿拉善盟文物工作站于 1983 年和 1984 年在黑水城发掘出土的文献，至 1991 年 11 月有李逸友编著的《黑城出土文书》（汉文文书卷），科学出版社出版，其中收录了黑城出土文书 760 余件，主要是元代和北元初期的世俗文书，包括大量公文、票据、契约、账册、民间书信以及少量西夏和元代的佛经。按原出版计划，全部报告分为三卷，除本卷已出版外，还有《黑城出土文书》（民族文字文书卷）、《黑城遗迹与出土遗物》等两卷，原计划于 1992 年内陆续完稿付印，但至今又过去十五六个年头了，仍未出版。

根据以上三个方面的统计，俄国、英国和中国国内收藏的黑水城文献，总数（世界其他各国及地方收藏者暂无法计入）粗略估计至少有 15 万～20 万面，数千卷之多。以俄藏为例，经过我们于 1993 年至 2000 年的四次赴俄整理拍摄回国的照片约 2700 帧，合 9 万面左右。原计划已拍摄的俄藏文献出版在 30 卷以上，加上近年新增加近 7000 帧照片，包括文献 3 万余面，又增加《俄藏黑水城文献》第 12～14 卷，出版文献达到 33 卷。但到 2007 年，正式出版的仅 13 卷，占应出版册数的三分之一。如果我们把全世界收藏的黑水城出土文献做一粗略估算，其正式公之于世的（除目录以外）从数量上讲，最高的估计也许能超过一半。家底不清，千年的祖先留下的珍贵文化遗产仍在沉睡，这就是我们在纪念黑水城文献出土百年的时候不该忽视的问题。

黑水城出土文献的全部问世，必将惠及中国中古时期各民族历史文化学术研究的多种学科。20 世纪 90 年代以来，学术界和出版界联手对俄藏、英藏以及国内藏的黑水城文献进行整理出版，极大地促进了相关领域的学术研究。但目前仍有部分文献尚未完成整理出版工作，如俄藏黑水城文献中的西夏文佛经文献、《黑城出土文书》（民族文字文书卷）和《黑城遗迹与出土遗物》卷等。总之，黑水城文献的整理出版工作仍任重道远。

原载于《中国史研究》2008 年第 4 期

从"北魏律"至"唐律疏议"看汉夷间法律文化互动

白翠琴

摘　要　魏晋南北朝时期是中华民族在法律文化上的大融合时期。北魏律和北齐律是以汉律为宗，结合鲜卑等族的某些习惯法，并糅合南朝各律而成的。而唐朝的法律，无论体系结构和基本内容都与北朝律有渊源和承袭关系。这一方面表现了少数民族对中华法系做出的重大贡献，另一方面也说明高度发展及相对完备的唐律是南北或汉夷法律文化融合的结晶。

关键词　北魏律　唐律疏议　汉夷　法律　文化互动

隋唐，尤其是唐代，是我国历史上诗歌、书法、绘画、雕塑、史学、法学、医学及科技发展的鼎盛时期，也是汉夷文化交融的黄金时代。由于隋唐的统一，是从鲜卑等族建立的北朝演进而来，无论是隋代的杨氏抑或唐代李氏家族及皇室，与北方民族又存在密切的渊源关系和千丝万缕的联系①，再加很多出身于少数民族的文臣武将参与朝政，对唐朝典章制度的修订也产生各种影响。因此，其典章制度呈现"华戎兼采"的特点，在不少方面留有北朝的各种痕迹，在法律文化方面尤为明显。

一

唐朝是我国历史上著名的强盛朝代，也是在封建法制发展过程中，影响极为巨大的一个朝代。高祖李渊在建国第二年，即武德二年（619年），就下诏制定53条新格。继之，又于武德七年（624年）颁行《武德律》12篇，500条。对此，《唐会要》有简扼的论述，其云："武德元年六月十一日诏刘文静与当朝通识之士因隋开皇律令而损益

---

① 从李唐而言，主要表现在三个方面：第一，李唐皇室长期生活在民族大融合的北方，世代在鲜卑统治者建立的政权中为官，成为西魏、北周的贵族和重臣；第二，连续数代与鲜卑贵族或和鲜卑有密切关系的匈奴独孤氏通婚，深受鲜卑化影响；第三，其兴起又与突厥等密切相关，李世民曾与东西突厥可汗分别结为兄弟。

之，遂制为五十三条，务从宽简，取便于时。其年十一月四日颁下，仍令尚书令左仆射裴寂……等更撰定律令……至七年三月二十九日成，诏颁于天下。大略以开皇为准，正五十三条，凡律五百条，格入于新律，他无所改正。"① 此外，还编纂了武德令、格、式等。唐太宗李世民命长孙无忌（拓跋鲜卑拔拔氏）、房玄龄等修改《武德律》，历经十年，即自贞观元年至十一年（627～637 年），完成了《贞观律》12 篇，500 条。此外，"定令一千五百四十六条，以为令；又删武德以来敕三千余条为七百条，以为格；又取尚书省列曹及诸寺、监、十六卫计帐以为式"②，是为贞观令、格、式。高宗李治时，以武德、贞观两律为基础，由太尉长孙无忌等人，编纂《永徽律》12 篇，502 条，于永徽二年（651 年）颁行全国。后又对《永徽律》逐条逐句进行注解，称为"律疏"，律疏附于律文之后，是官修的法律解释，与律文具有同等效力。如《旧唐书·刑法志》所云："参撰《律疏》，成三十卷，四年十月奏之，颁于天下。自是断狱者皆引疏分析之。"律文与疏议，统称《永徽律疏》，即元以后所称的《唐律疏议》。其照录《永徽律》原文，逐条进行注解。集中唐以前的法律思想，加以发挥，并大量引用《永徽律》以外的律典，剖析疑义，对律文规定不够完备之处加以补充。既是唐律的重要组成部分，又是中国古代杰出的法学著作。此外，唐玄宗李隆基时，曾三次修订法律，有开元律、令、格、式，并且制定了我国历史上最早的一部具有行政法典性质的《唐六典》30 卷。中唐以后，共有七次重大的立法活动，即德宗贞元元年（785 年），尚书省进《贞元定格后敕》；宪宗元和十年（815 年），刑部许孟容等奉敕删定的《开元格后敕》；元和十三年（818 年），郑余庆等详定《元和格后敕》；文宗太和七年（833年），刑部进《太和格后敕》；开成四年（839 年），刑部狄兼谟等删定《开成详定格》；宣宗大中五年（851 年），刘琢等奉敕编纂《大中刑法总要格后敕》；大中七年（853 年），张戣进《大中刑律统类》。这七次立法活动，并没有修订律、令、式本身，而是删修"格后敕"。敕是唐后期最具有权威的法律形式。唐朝的法律形式主要是律、令、格、式。③ 据《唐六典》解释："凡律以正刑定罪，令以设范立制，格以禁违止邪，式以轨物程式。"也即律是统治阶级定罪科刑的尺度，刑事镇压方面的法律（其中包括有关民事诉讼法律的规范），令是国家组织制度方面的规定，格是皇帝临时颁布的国家机关必须遵行之各种单行敕令、指示的汇集，式是国家机关的公文程式和活动细则，具有行政法规性质。

---

① （北宋）王溥：《唐会要》卷 39，《定格令门》。《旧唐书》卷 50，《刑法志》所记略同。
② 《新唐书》卷 56，《刑法志》。《旧唐书》卷 50，《刑法志》为："定令一千五百九十条，为三十卷。"
③ 《新唐书》卷 56，《刑法志》云："唐之刑书有四，曰：律、令、格、式。令者，尊卑贵贱之等数，国家之制度也；格者，百官有司之所常行之事也；式者，其所常守之法也。凡邦国之政，必从事于此三者。其有所违及人之为恶而入予罪戾者，一断以律。"《唐六典》卷 6，《刑部郎中员外郎》条云："凡律以正刑定罪，令以设范立制，格以禁违止邪，式以轨物程事。"

二

以《唐律疏议》为代表的唐朝法律，在中国法律发展史上占有十分重要的地位。《唐律疏议》是我国迄今为止保存下来最早、最完整的封建法典。它产生于封建经济、政治、文化高度发展的唐代，又综合了唐以前各王朝法律建设的经验。尤其是北朝鲜卑及鲜卑化汉人统治者制定的法律，对唐朝影响颇大。

公元 386 年，鲜卑拓跋氏建立北魏，是为北朝之始。源于北方游牧民族的北魏统治者为适应统治中原广大地区的需要，除了保留一些部落习惯法对本部落成员进行管辖外，大量吸收汉族较为先进的法律文化。北魏律，主要是承用汉律，并参酌魏晋南朝法律而成，从太祖拓跋珪开始，历太宗、世祖、高宗、显祖、高祖，经过九次编纂。至世宗元恪时，于正始元年十二月己卯"诏群臣议定律令"。根据"循变协时，永作通制"的原则①，制定《北魏律》（《后魏律》）20 篇，规定了八议、官当等，刑名分死、流、徒、鞭、杖五种。其律文唐时已佚，现仅存篇目可考者 15 篇：刑名、法例、官卫、违制、户、厩牧、擅兴、贼、盗、斗、系讯、诈伪、杂、捕亡、断狱。除律外，据《太平御览》所记，还有《太和职员令》21 卷。北魏律集中原、河西、江左三大法律文化因素于一炉而冶炼之，并能综合比较，取精用宏，广收博取。正如陈寅恪先生所说："元魏刑律实综汇中原士族仅传之汉学及永嘉乱后河西流寓儒者所保持或发展之汉魏晋文化，并加以江左所承西晋以来之律学，此诚可谓集当日之大成者。"②

公元 534 年北魏分裂为东魏、西魏。东魏于兴和三年（541 年）颁行《麟趾格》。③以格代科④，是汉代以来法律形式的一大变化。西魏大统十年（544 年），"魏帝以太祖（宇文泰）前后所上二十四条及十二条新制，方为中兴永式，乃命尚书苏绰更损益之，总为五卷，班于天下"⑤，也就是通常所称的"大统式"。以式为法典形式，是封建法制发展中又一变化。北周宇文氏制定《大律》25 篇，1537 条。

公元 550 年，东魏鲜卑化汉人高洋执政，自称为帝，改东魏为齐，史称北齐。武成帝河清三年（564 年），始在北魏律的基础上制定《北齐律》12 篇，949 条。⑥北齐律由擅长律学的渤海封氏及儒生崔暹、李洋、魏收等人经过长达 15 年精心研讨，并在总结历代统治者经验的基础上完成的。《北齐律》的篇目为名例、禁卫、户婚、擅兴、

---

① 《魏书》卷 8，《世宗纪》；卷 111，《刑罚志》。
② 陈寅恪：《隋唐制度渊源略论稿》，三联书店，2001，第 123 页。
③ 《魏书·孝静帝纪》曰："诏文襄王与群臣于麟趾阁议定新制，甲寅班于天下。"
④ 据《唐六典》注："后魏以格代科，于麟趾殿删定，名为《麟趾格》。"
⑤ 《周书》卷 2，《文帝纪下》。
⑥ 北齐除律外，据《唐六典》注：还有"令五十卷，取尚书二十八曹为篇名，又撰权令两卷，两令并行，大抵采魏晋故事也"。

违制、诈伪、斗讼、贼盗、捕断、毁损、厩牧、杂律。是较成熟的律典，成为隋、唐律的蓝本。原文在南宋时已失传。由于《北齐律》"校正今古，所增损十有七八"[①]，吸收了这一时期立法和司法的成功经验，故以"法令明审，科条简要"为显著特点[②]，并首创"重罪十条"，后称"十恶"，为后世封建法典最重要内容之一。

三

北朝拓跋鲜卑及鲜卑化汉人统治者所制定北魏、北齐律等对隋唐法律的制定有直接的渊源关系，北魏、北齐、隋、唐律可谓为一系相承之嫡统。"唐律因于隋开皇旧本，隋开皇定律又多因北齐，而北齐更承北魏太和正始之旧。"[③] 近人程树德在《九朝律考》中曾指出："南北朝诸律，北优于南，而北朝尤以齐律为最。""隋唐二代之律，均以此为蓝本，……盖唐律与齐律，篇目虽有分合，而沿其十二篇之旧；刑名虽有增损，而沿其五等之旧；十恶名称，虽有歧出，而沿其重罪十条之旧；故读唐律者，即可因之推见齐律。"[④] 综上所述，北朝法律对唐朝法制的影响，概其要者有以下几点。

第一，唐律"十恶"，源于北齐律"重罪十条"。始见于北齐律："一曰反逆，二曰大逆，三曰叛，四曰降，五曰恶逆，六曰不道，七曰不敬，八曰不孝，九曰不义，十曰内乱。其犯此十者，不在八议论赎之限。"[⑤] 重罪十条是把危及封建国家根本利益的十条最严重的罪名，集中置于律首，以示国家打击的重点。这是与北朝时期阶级压迫及民族压迫惨重，社会矛盾相当尖锐，鲜卑及鲜卑化汉人统治者深感必须采用严刑峻法来维护中央集权统治，镇压各族反抗分不开的。重罪十条是后世封建法典十恶的前身，从隋唐直至明清封建法典所规定的十恶，即是在此基础上稍加损益而成。隋始以"十恶"名称，定入法典，采用北齐刑制，略有增删。《唐律疏议》称："五刑之中，十恶尤切，亏损名教，毁裂冠冕，特称篇首，以为明诫。"唐朝规定不可赦免的十恶为：谋反、谋大逆、谋叛、恶逆、不道、大不敬、不孝、不睦、不义、内乱。十恶大罪之所以被列为最严重的犯罪，就在于它直接危及了封建国家的统治基础和政治制度，触犯了被推崇为统治思想的纲常名教，颠倒了贵贱尊卑的关系。唐律沿袭北齐律

---

① 《北齐书》卷 30，《崔昂传》。

② 《隋书》卷 25，《刑法志》。其中还提道："河清三年，尚书令赵郡王叡等奏上齐律十二篇，又上新令四十卷，大抵采魏晋故事"。而隋朝则"多采后齐之制，而颇有损益"。

③ 陈寅恪：《隋唐制度渊源略论稿》，第 125 页。

④ 程树德：《九朝律考》，1927 年初版，20 卷。书中曾将律系的发展沿革列表如下：

《法经》-《秦律》-《汉律》- ┏《魏律》-《晋律》-《梁律》-《陈律》
　　　　　　　　　　　　　 ┗《后魏律》- ┏《后周律》
　　　　　　　　　　　　　　　　　　　 ┗《北齐律》- ┏《开皇律》-《唐律》-《宋刑统》-《明律》-《清律》
　　　　　　　　　　　　　　　　　　　　　　　　　 ┗《大业律》

⑤ 《隋书》卷 25，《刑法志》。"八议"，源自周之"八辟"。至汉末已盛行八议说，但至三国曹魏新律，始将"八议"载入律文，即议亲、议故、议贤、议能、议功、议贵、议勤、议宾。

重罪十条的原则，做出关于十恶的规定，说明唐朝统治者更注意运用法律的手段，从各个侧面来维护封建专制国家的统治。

第二，唐朝律、令、格、式等主要法律形式，深受北朝法律的影响。魏晋南北朝时期法律形式，于律、令之外有科、比、故事、格、式等，隋唐以后，律令格式并行，即导源于此，这些法律形式互相补充，形成严密法网。例如，律令之间，"律以正罪名，令以存事制"①，凡不宜入律者，"悉以为令"，"违令有罪则入律"。②"格"源于汉代的科，东魏制定《麟趾格》，始为独立法典。北齐时重行判定，称为《北齐麟趾格》。"式"的名称，一说源于战国时期秦国的《封诊式》。③一说源于汉代的品式章程，西魏苏绰编定《大统式》，是最早以"式"为形式的法典。南北朝时期格、式与律、令并行，是秦汉以来封建法律的重要发展，并影响及于后世，唐宋法律均以律令格式为主要形式，至明清，格、式才失去了独立地位。

第三，唐律继承北魏律，皇帝直接掌握生杀大权。北朝皇帝为了加强最高审判权的控制，有时亲自审判大案。例如，北周武帝，"听治于正武殿，自旦及夜，继之以烛"④。北魏对于死刑的处决权，由皇帝亲自掌握。《魏书·刑罚志》提道："论刑者，部主具状，公车鞫辞，而三都决之。当死者，部案奏闻。以死不可复生，惧监官不能平，狱成皆呈，帝亲临问，无异辞怨言乃绝之。"并规定："诸州国之大辟，皆先谳报，乃施行。"⑤这不仅有助于加强专制主义集权制度的发展，而且对准确地进行司法镇压也有所裨益，因而为后世沿行。唐朝为了加强皇帝对于司法权的控制，法律规定：对于应该"言上"或"待报"的案件，擅自判决者，"各减故、失三等"论罪。遇有重大特殊案狱，皇帝经常以"制""敕"权断。唐朝大理寺是最高司法机关，负责审理朝廷百官犯罪及京师徒刑以上案件。对徒流刑罪的判决，须送刑部复核，死罪的判决须直接奏请皇帝批准。

第四，唐律沿袭北朝礼律并举之风，法律教育逐渐步入正轨。北朝修律除保留若干习惯法外⑥，皆以汉律为楷模，又兼取古文经《周官》与《尚书》，甚至在形式上也仿效周礼与大诰。参加主持修订法律的又是名儒和汉律学家，诸如崔浩、高允、熊安生等人，使北朝律礼法糅合，互相渗透，儒家思想法律化，刑律儒家化。例如，吸收

---

① 《太平御览》卷 638 引杜预《律序》。

② 《晋书》卷 30，《刑法志》。

③ 据 1975 年云梦出土的秦简得知，这种形式的法律早在战国时秦国就已出现，秦律有《封诊式》，其内容是关于治理狱案侦查勘验的具体规定。

④ 《太平御览》卷 339 引《后周书》。

⑤ 《魏书》卷 111，《刑罚志》。

⑥ 如据《魏书·刑罚志》所载："昭成建国二年：当死者，听其家献金马以赎；犯大逆者，亲族男女无少长皆斩；男女不以礼交皆死；民相杀者，听与死家马牛四十九头，及送葬器物以平之；无系讯连逮之坐；盗官物，一备五，私则备十。"这些规定在鲜卑统治者所制定的北朝律中，或多或少能找到其影子。

"八议"、"不孝"、"不敬"等内容；严"不道"之诛，重"诬罔之辟，疑狱依经义断决"；废除轘、腰斩等酷刑，只用枭首、斩、绞；并罢门房之诛，凡谋反大逆、干纪外奔，罪止其身（但不时也有腰斩及夷族等现象）等。北朝统治者进入中原后，重视研习法律。北魏沿袭魏晋设立律博士的做法①，列律学博士于廷尉官属，北齐转属大理寺。其职责是参与司法，解答咨询，培训司法人员和教育官吏子弟。北齐"法令明审，科条简要，又敕仕门之子弟，常讲习之。齐人之晓法律盖由此也"②。

唐太宗李世民等推行以德礼为本，刑罚为用的政策，《贞观律》中，许多原属礼的规范，被赋予法的形式。高宗李治在其执政以后制订的《永徽律疏》中便明确宣布："德礼为政教之本，刑罚为政教之用，犹昏晓阳秋相须而成者也。"

唐代法律教育逐渐步入正轨。贞观年间，朝廷在国子监管理之下，分设国子学、太学、四门学、书学、算学、律学六馆。律学馆设律学博士一人，助教一人，主掌教习。③ 学生名额是 50 名，学习内容为当时的律令和格式，学制不得超过 6 年。每年进行考试，及格的则参加尚书省礼部的考试，再合格的得以任官；不及格仍留律学馆学习，连续三年不及格的，以及不从师教、逾假不归者均免除学籍。唐代法律教育还与科举考试、官吏选拔结合起来。科举考试，由中央礼部主持，分秀才、明经、进士、明法、明书、明算六科。明法考试分 10 题，其中律 7 条，令 3 条。全答对者为甲等，答对 8 题为乙等。另外吏部取人以身（体貌丰伟）、言（言词辩正）、书（楷法遒美）、判（文理优长、逻辑严谨）四项。唐代不仅沿袭魏晋南北朝之制，设置律博士，而且将法律教育与科举考试及官吏选拔相结合，这既有利于法律的普及，也有利于提升司法人员的执法水准。

总而言之，魏晋南北朝时期是中华民族在法律文化上的大融合时期。以汉律为代表的相对先进之法律文化，对于进入中原地区的少数民族统治者有着重要影响。北魏律和北齐律就是以汉律为宗、结合本民族的某些习惯法，并糅合南朝各律而成的。而唐朝的法律，无论体系结构和基本内容都与北朝律有渊源和承袭关系。这一方面表现了少数民族对中华法系做出的重大贡献，另一方面也说明高度发展及相对完备的唐律是南北法律文化融合的结晶。

原载于《汉民族与荆楚文化研究》，中国社会科学出版社，2014，与杜荣坤研究员合著

---

① 据《三国志·魏志·卫凯传》所说，明帝即位，凯奏曰："请置律博士，转相教授。"
② 《隋书》卷 25，《刑法志》。
③ 此据《唐六典》。按《新唐书·百官志》所载："律学博士三人，助教一人。"

罗卜藏舒努生平事迹辑探

蔡家艺

在准噶尔汗国史中，罗卜藏舒努的声名虽然并不显赫，却是一个富有传奇色彩的重要人物。他不但因与噶尔丹丹衷交好并主张要同清朝政府和平共处而遭拘禁，还领兵远征过哈萨克，成为被派驻哈萨克地方的最高军事长官。而在他被迫离开准噶尔时，又神奇地成为哈萨克小玉兹汗阿布勒海尔的女婿。及其移居土尔扈特后，他又满怀信心地向当时访问土尔扈特部的清廷使臣满泰等表示要同噶尔丹策零进行殊死斗争的决心，热切地希望清朝政府帮助他重返准噶尔。但当他的美好愿望宣告破灭时，又在阿布勒海尔的支持下举兵进攻准噶尔，致使准哈之间又发生战争。但所有这一切，长期以来一直鲜为人们所了解。因此，根据历史事实，对其历史活动作一初步考察，我以为不仅对准噶尔汗国史的研究有益，其于准哈关系等的研究也有着重要帮助。

一

罗卜藏舒努是策妄阿喇布坦的次子，噶尔丹策零的异母兄弟。他的名字最早见于《清世宗实录》雍正五年（1727年）。[①] 中国历史档案资料朱批奏折民族事务类作"罗卜藏绰诺"。[②] 军机处录付奏折民族事务类又作"罗卜藏硕诺"[③]，《清代中俄关系档案史料选编》第一编则译作"罗卜藏苏努"。无论是"罗卜藏绰诺""罗卜藏硕诺"还是"罗卜藏苏努"，都是"罗卜藏舒努"的同名异译。

据说策妄阿喇布坦先后曾娶过三位妻子：长妻弓格拉布坦、次妻色特尔扎布，又次曰叶木蠢（春?）（详见下文）。弓格拉布坦是西藏达赖汗之女，拉藏汗之姊。色特尔扎布是伏尔加河土尔扈特汗阿玉奇之女。叶木蠢出身不详。弓格拉布坦生有一子二

① 参阅《清世宗实录》卷64，雍正五年十二月乙巳。
② 朱批奏折民族事务类，雍正六年七月九日驻扎哈密郎中赫格等奏折。
③ 军机处录付奏折民族事务类，雍正九年六月二十四日宁远大将军岳钟琪等奏折。

女。子曰噶尔丹策零（凌），女曰博托洛克、达什色布腾。① 色特尔扎布所生子女，诸书记载不一。一作"四子四女"，名字未详；② 一作"二子一女"：子曰罗卜藏舒努、舒努大娃，女名未载；③ 一曰"四子三女"，四子分别是舒诺达巴、舒诺卡什卡、巴拉伊格（大）、巴拉伊格（小），三女是奇赞格、诺延达什加、博隆格；④ 一称"三子四女"，均未载名字。⑤ 根据记载，当以"三子三女"较为可信。我之所以这样说，主要根据有两个方面：一是根据傅恒《西域图志·准噶尔世系》记载，策妄阿喇布坦有四子：长为噶尔丹策凌（零），次曰罗卜藏舒努、三曰达木巴巴朗、四曰巴噶巴朗。⑥ 策妄阿喇布坦的第三位妻子没有儿子。因此，除噶尔丹策零外，其余三个儿子均为色特尔扎布所生，罗卜藏舒努是她的长子。温科夫斯基说色特尔扎布的长子是舒诺达巴，其说显然有误。"舒诺达巴"应是《重修肃州新志》中所说的"舒努大娃"的异译，《西域图志·准噶尔世家》中的达木巴巴朗，当为色特尔扎布的次子。二是有关其女儿的记载，其他书均未载其名字，而温科夫斯基言之凿凿，估计可以信赖。

罗卜藏舒努生于何年？史未见明文。但从有关记载中可知，他约生于 1701 年左右。众所周知，1698 年（康熙三十七年），策妄阿喇布坦当年曾在上呈清朝理藩院奏书中说：其岳父阿玉奇令三济扎布（又称散札布）护送其妻色特尔扎布到准噶尔与伊成婚，时哈萨克头克汗非但没有积极予以协助，反而派人加以拦截，致使护送队伍没法顺利通行。⑦ 由于哈萨克人的阻截，估计三济扎布等并未在是年抵达准噶尔。那么他们又于何时进入准噶尔呢？据温科夫斯基猜测，当在"1700 年前后"。⑧ 我以为其说大体上是可信的。因此，罗卜藏舒努不生于 1700 年就是 1701 年。

罗卜藏舒努的青少年时期，是在准噶尔汗国开始进入鼎盛时期度过的。这时策妄阿喇布坦不仅在同哈萨克头克汗的斗争中屡占上风，取得了多次胜利，使其西部边境得到了巩固，而且出兵挺进天山南路，平息了叶尔羌和喀什噶尔的叛乱，赶走了一度据有当地的布鲁特人，从而使汗国重新获得统一。与此同时，又由于实行奖励农业和手工业政策，使社会呈现了一片欣欣向荣局面。但随着汗国势力的增强，其所面临的挑战与威胁也在与日俱增过程中。这种威胁主要来自三个方面：一是沙俄扩张主义势力的不断南侵，二是驻防于阿尔泰及哈密等地清军的压迫，三是哈萨克封建主的不断

---

① 参阅（清）傅恒《西域图志》卷首一《准噶尔全部记略》；松筠《新疆识略》卷首。

② 参阅《平定准噶尔方略》（前编）卷 42，乾隆元年正月壬辰。

③ 参阅（清）黄文炜《重修肃州新志·西陲全册》。

④ 参阅〔俄〕温科夫斯基《十八世纪俄国炮兵大尉新疆见闻录》，宋嗣喜译，黑龙江教育出版社，1999，第 211 页。

⑤ 参阅〔英〕霍渥斯《蒙古史》，卫拉特蒙古史译文汇集《清史译文汇编》第 3 辑，第 150 页。

⑥ 参阅傅恒《西域图志》卷 47。

⑦ 参阅《清圣祖实录》卷 188，康熙三十七年四月癸亥。

⑧ 参阅〔俄〕温科夫斯基《十八世纪俄国炮兵大尉新疆见闻录》，第 202 页。

骚扰与掠夺。罗卜藏舒努生活在这个复杂的社会环境中，由于长期经受着战争的磨炼，因而很快便成长为一个智勇双全、性格豪爽的年轻将领，深得大策凌敦多布、韦征和硕齐等重要将领的赏识。因其作战勇敢，驭下有方，善于与人相处，许多普通的准噶尔人也很喜欢他。雍正年间脱出准噶尔厄鲁特人特古斯济尔罕说："罗卜藏索诺从小人品好，对下仁慈，我准噶尔之人，大部分倾心于罗卜藏索诺。大策凌敦多布亦与罗卜藏索诺相好。"① 特古斯济尔罕的话，虽然只有寥寥数语，却把他在准噶尔人民心目中的地位刻画得淋漓尽致。

罗卜藏舒努因生性活泼，喜欢与人交往，与其姐夫噶尔丹丹衷关系一直较为密切。噶尔丹丹衷是西藏拉藏汗长子，深得拉藏的宠爱，他是应策妄阿喇布坦请求，到准噶尔与其女博托洛克成婚的。策妄阿喇布坦之所以要将己女配与噶尔丹丹衷，目的是想通过联姻，拉近与拉藏的关系，从而达到控制西藏目的。众所周知，拉藏自杀第巴桑结嘉措掌握西藏政教大权后，因不满桑结嘉措所立六世达赖喇嘛仓央嘉措，擅立意希嘉措为六世达赖喇嘛，结果引起了青海诸台吉及西藏僧俗人众的强烈不满与反对。他们纷纷派人或写信给策妄阿喇布坦，要求其出面干涉。策妄阿喇布坦早就想控制西藏，挟达赖喇嘛以号令众蒙古。拉藏此举恰好为其实现这一梦想提供了有利机会。策妄阿喇布坦原是拉藏姐夫，于是便派人送信给拉藏汗，建议加强彼此间的姻亲关系，"祈求接纳自己的女儿为其长子的妻子，借以增进亲谊。如拉藏汗同意，就请把长子送到独立上鞑靼（准噶尔）去"。② 拉藏汗对策妄阿拉布坦的意图，最初因有所顾虑，故在接到来信后立刻表示"此事万万不可，制止长子前往"，极力拖延婚事。但由于噶尔丹丹衷不听劝告，提出："如果阻止我去准噶尔迎亲，失去良缘，我就要自杀。"③ 拉藏见劝告无效，最后只好答应。

噶尔丹丹衷前往准噶尔，大约在1714年（康熙五十三年）间。据《清圣祖实录》康熙五十六年七月条记载，驻防于巴尔库尔（巴里坤）清军俘获厄鲁特哨兵阿筹拉克、推扎布两人问之，云："策妄阿喇布坦仍驻于本处"，"拉藏之子娶策妄阿喇布坦之女三年，已经生子。达赖喇嘛、班禅及拉藏之使，俱在策妄阿喇布坦处"。④ 这就是说，噶尔丹丹衷自进入准噶尔后，一直滞居在准噶尔地区。他因与罗卜藏舒努岁数相差不远，旨趣相投，故彼此相得甚欢，感情极为融洽。

1715年（康熙五十四年），策妄阿喇布坦因贸易人在哈密受阻，举兵袭击哈密北

---

① 参阅军机处满文录付奏折，雍正十二年定边大将军富鹏等奏。
② 参阅〔意〕德斯得利《准噶尔贵族侵扰西藏目击记》，见杜文凯编《清代西人闻见录》中国人民大学出版社，1985，第125～126页。
③ （清）多卡夏仲·策仁旺杰：《颇罗鼐传》，汤池安译，西藏人民出版社，1988，第135页。
④ 参阅《清圣祖实录》卷273，康熙五十六年七月壬申。

境五寨，促使准清关系逐步趋于紧张。时准噶尔汗国部分上层贵族，力主同清军进行对抗，而噶尔丹丹衷和罗卜藏舒努则积极主张同清廷"和好相处"。因罗卜藏舒努意见与策妄阿喇布坦相左，引起了策妄阿喇布坦的猜忌，说他存"有偏心"① 妄想与噶尔丹丹衷一起投奔清廷，下令将其拘禁，前后达"三年"之久。②

有关罗卜藏舒努被其父拘禁之事，温科夫斯基《十八世纪俄国炮兵大尉新疆见闻录》则说，是由罗卜藏舒努要求与沙俄结好所致。他说：策妄阿喇布坦本无意与沙俄结好，而策妄阿喇布坦的儿子噶尔丹策零则主张同俄国"媾和，交还俘虏，对这些俘虏予以多方优待。大喇嘛和珲台吉的儿子舒诺达巴（指罗卜藏舒努）也请求珲台吉，要在各方面都倾向于皇帝陛下"。舒诺达巴甚至在口头上向父亲提出："如果你跟皇帝陛下不讲和，我就离开你，到外公阿玉奇汗那里去。舒诺达巴由于说了这样的话而被监禁，有两年左右的时间不许他到跟前。"③

温科夫斯基提供的情况，虽然并非空穴来风，但所说实不可信。主要理由有两个方面：一是其消息是被俘至准噶尔的俄国战俘从一户普通牧民家里听到的，是从间接渠道获得的资料，而我们所提供的史料，则是罗卜藏舒努亲自向清副都统满泰等说的。二是温科夫斯基的说法，前后互相矛盾。他在该书的另一处说："珲台吉的儿子噶尔丹策凌和珲台吉的第一宰桑、他的堂弟大策凌敦多布不愿跟珲台吉去称臣，吹牛说要把卑职等全部打死，好象珲台吉为了这件事想用马刀把儿子砍死……"④ 如果把这一段话和前述所说的话相对照，不难看出这是自己在打自己的嘴巴。显而易见，温科夫斯基是把两件毫不相干的事搅在一起了。

二

在准哈关系史上，1723 年的战争始终为人们所关注。哈萨克人一直将此次战事，视为是他们在同准噶尔人的战争中损失最为惨重的一次战役。战争是如何引起的？是谁领导的？学术界向来存在两种不同说法。瓦里汗诺夫和兹拉特金认为：是策妄阿喇布坦。前者说：它是策妄阿喇布坦"率领无数的士卒向吉尔吉斯草原进攻，报复哈萨克人昔日的侵略和暴行"。⑤ 后者说，是"策妄阿喇布坦聚集了大量兵力，重重地打击了哈萨克斯坦的大玉兹和中玉兹的领地"，"使之变成自己的进贡者"。⑥ 而《吉尔吉

① 参阅《清代中俄关系档案史料选编》第一编（下），雍正十年三月十二日《理藩院为前遣俄使已返回及希土尔扈特出兵事致俄萨纳特衙门咨文》。
② 参阅满文《月折档》，雍正十年三月五日满泰、阿斯海等奏。
③ 〔俄〕温科夫斯基：《十八世纪俄国炮兵大尉新疆见闻录》，第 189 页。
④ 〔俄〕温科夫斯基：《十八世纪俄国炮兵大尉新疆见闻录》，第 131 页。
⑤ 参阅〔俄〕乔汉·瓦里汗诺夫《阿布赍》，圣彼得堡《俄国地理协会会刊》卷 29，1904 年。
⑥ 参阅〔苏〕兹拉特金《准噶尔汗国史》，马曼丽译，商务印书馆，1980，第 337 页。

斯－哈萨克各帐及各草原的述叙》作者列夫申则认为，它是策妄阿喇布坦的儿子噶尔丹策零发动的。他指出："噶尔丹策零既不能眼看着他的人民的宿敌的覆灭而无动于衷，又不能对自己的祖先在一百多年以前受到的侵略和伤害而不予报复。他在他们的几次可怕的打击之后，在 1723 年拿下了他们的首都土耳其斯坦，还有塔什干和赛拉木，并最后使大帐和中帐的几个分支屈服于他的权势之下。"①

以上两种说法，究竟哪一种正确？根据我们所掌握资料，其实两种说法都不很准确。依据中国历史档案资料，当时决定派兵远征哈萨克的是策妄阿喇布坦，而奉命领兵出征哈萨克的则是其次子罗卜藏舒努。雍正年间奉派出使土尔扈特部的清朝副都统满泰，在其返归时上呈的奏折中说，当他们在土尔扈特部时，罗卜藏舒努曾亲自向他们诉说了自己的不幸遭遇：由于积极主张与清廷结好而被其父禁锢"三年"，及至清军举兵进攻准噶尔时始被释放，"放之征伐哈萨克"。② 这就是说，领兵向哈萨克人发动突袭并取得巨大胜利的是罗卜藏舒努，而非策妄阿喇布坦或噶尔丹策零。

有关罗卜藏舒努领兵远征哈萨克之事，我们从俄国历史资料中也可得到充分的印证。例如温科夫斯基在《十八世纪俄国炮兵大尉新疆见闻录》中就说："去年（1722），珲台吉的儿子舒诺达巴（按：指罗卜藏舒努）已被派去攻打哈萨克玉兹，现在已传来消息，他打败了哈萨克人，攻下 3 座城池，带回 1000 户哈萨克人。这 1000 户人家不久便可来到这里。3 座城市是塔什干、塞拉姆和哈拉穆鲁特。"③

据说罗卜藏舒努由于在远征中获得胜利，从此人气大升。"他在其父兀鲁思时，兀鲁思全军都爱戴他，希望他成为他父亲的继承人。"④ 策妄阿喇布坦也因其出色表现，逐渐改变了父亲对他的看法，决定派他前往督理新取得地方的军政事务。据史料记载，他先后在哈萨克地方"行走六年"。⑤

正当他以骄人的业绩而踌躇满志之时，却由于一场突然事变的爆发，使他从事业的巅峰而迅速滑落到人生的谷底。这场突然事变的制造者是谁？不是别人，而是他的异母兄弟噶尔丹策零。

事情经过的情况大致是这样的。

1727 年（雍正五年），策妄阿喇布坦突然猝死于其妻帐中。其子噶尔丹策零认为，是其继母色特尔扎布同阿玉奇汗派到准噶尔汗国的使者一起害死的。于是便在汗国内

① 〔俄〕列夫申：《吉尔吉斯－哈萨克各帐及各草原的述叙》，新疆维吾尔自治区民族研究所译，新疆维吾尔自治区民族研究所 1975 年铅印本，第 38 页。

② 参阅满文《月折档》，雍正十年三月五日满泰、阿斯海等奏折。

③ 〔俄〕温科夫斯基：《十八世纪俄国炮兵大尉新疆见闻录》，第 208 页。

④ 俄国对外政策档案馆，卡尔梅克卷宗 1729～1730 年第 16 卷第 22 张，参阅〔苏〕兹拉特金《准噶尔汗国史》第 340 页。

⑤ 参阅满文《月折档》，雍正十年三月五日满泰、阿斯海等奏折。

部进行大清洗。有关此次事件发生经过，中外史籍虽有不同程度的披露，但都很不具体。现存于中国历史档案馆的一份报告，是目前所能见到的资料中，记述最为详尽的重要史料，现将其摘录于下。

雍正六年三月初十日杭州左翼副都统长泰奏：

> 今于雍正六年三月初八日据王自福密禀，据夷使内阿尔架、温都伯二人口称：策妄阿喇布坦病故缘由，系去年五月初九在第二个妇人塞特尔扎布帐中饮了一碗酒，随往第三妇人叶木蠢帐房里坐下，骤然心慌腹痛，即令额木齐喇嘛来看。喇嘛看了说，珲台吉在那里吃什么东西来。策妄阿喇布坦说，我在塞特尔扎布帐房里吃了一碗酒。喇嘛说，珲台吉中毒了。策妄阿喇布坦心内着急，急唤伊长子噶尔丹策零吩咐，我一世好汉，今日死在托洛贺阿由克（按：即土尔扈特阿玉奇异译）女儿手里了。我亡后，你不可在哈喇巴尔图地方居住，当搬回伊里地方住坐，即速遣人在天朝皇帝上恳恩护庇。你若不听我的话，必受托洛贺阿由克的害。吩咐毕须史身亡。

史料接着又说：噶尔丹策零在策妄阿喇布坦死后，立刻命令部下将色特尔扎布捉拿归案，问她为何要"毒坏珲台吉"？色特尔扎布说："我是托洛贺阿由克罕女儿，我生的儿子反不如噶尔旦（'旦'是原文，希望保留原貌）策令，所以用毒酒将珲台吉毒坏了。说毕，众人将塞特尔扎布用刀棍打，顷刻毙命。"①

通过以上记载，我们可以看出：

1. 策妄阿喇布坦是色特尔扎布用酒毒死的。他死于 1727 年 6 月 28 日（雍正五年五月初九日）。

2. 色特尔扎布之所以要毒死策妄阿喇布坦，是因为策妄阿喇布坦想让噶尔丹策零作为自己的继承人，而色特尔扎布则希望由自己的儿子罗卜藏舒努来继承汗位。

3. 策妄阿喇布坦死前曾告诉噶尔丹策零要搬回伊犁居住，要与清朝政府结好。噶尔丹策零在策妄阿喇布坦死后，即将色特尔扎布打死。

噶尔丹策零在处死色特尔扎布后，仍然觉得难解心中怨恨，接着又将色特尔扎布所生子女逐一加以杀害。时罗卜藏舒努领兵驻守在外，其部下纳木库得知消息，立刻驰奔往告。罗卜藏舒努得到报告，极为恐惧，便率少数侍从逃往哈萨克境内。

噶尔丹策零的粗暴行动，立刻在准噶尔贵族内部，引起了人们的强烈不满。他们有的敢怒而不敢言，有的则窃窃私语暗中密谋，企图推翻噶尔丹策零的统治。其中表

---

① 朱批奏折民族事务类，雍正六年三月十日杭州左翼副都统杨长泰奏。

现最为明显的是噶尔丹策零的姐夫（一作妹夫）罗卜藏车凌。

罗卜藏车凌谓谁？史载为长期居住于准噶尔地区的和硕特台吉。《外藩蒙古回部王公表传》云："有罗卜藏车凌者，多尔济曾孙也，策妄阿喇布坦以女妻之。"[①] 多尔济者谁？根据《西域图志》等书记载，他即是驰名于史籍中和硕特部"五虎将"之一昆都伦乌巴什的第三子。如此说来，罗卜藏车凌即是昆都乌巴什之玄孙。策妄阿喇布坦统治时，罗卜藏车凌因年少英勇、忠厚朴诚而深得其喜爱。他与罗卜藏舒努因年龄相近、兴趣相同，彼此关系也极融洽。噶尔丹策零杀死色特尔扎布等后，罗卜藏车凌因不满其所为，便暗中与前逃至准噶尔地区的青海罗卜藏丹津联络，约共同杀噶尔丹策零。噶尔丹策零知觉，派人拘罗卜藏丹津。罗卜藏车凌时领兵万余驻沙喇伯勒境，得知罗卜藏丹津被拘，知道难以继续在准噶尔汗国立足，拟率众逃奔伏尔加河土尔扈特部。及抵布鲁特界，适准噶尔台吉噶旺端多克等领兵追至，被夺回 5000 户，余众悉入布鲁特。[②] 罗卜藏车凌由于来不及逃走，被俘执。辉特台吉韦征和硕齐向也与罗卜藏舒努交好，噶尔丹策零为了对他进行笼络，便"以其妻给韦征和硕齐，二子交乌鲁特鄂拓克宰桑伍巴什安置"[③]，借以安定内部。

哈萨克人早就想对准噶尔人进行报复，只是一时未能找到合适机会。准噶尔贵族的内讧为他们实现其梦想提供了有利条件。故当罗卜藏舒努遁入哈萨克后，哈萨克小玉兹汗阿布勒海尔立刻为之提供了庇护之地，并决定将自己的女儿配给他，以使其与噶尔丹策零相对抗。与此同时，又与各部封建主联络，约共同联合，一起对付噶尔丹策零。[④]

罗卜藏舒努虽然得到了阿布勒海尔的支持而免受到其异母兄的迫害，但他深知自己前曾举兵进攻过哈萨克，给哈萨克族人民造成了巨大损失，当地人民决不会轻易饶恕他，故在他进入哈萨克后不久，又移居于伏尔加河土尔扈特部。

三

罗卜藏舒努何时移居于土尔扈特部？据中国历史档案资料记载，大约在 1728 年（雍正六年）春夏之间。有关此事，我们可以从当年脱出准噶尔之哈密回人阿舒尔的供词中得到佐证。阿舒尔说，"闻得塞布腾今年自噶尔丹策处回来说，罗卜藏绰诺自土

---

① 参阅《钦定外藩蒙古回部王公表传》卷 106，《和硕特部总传》。

② 参阅军机处录付奏折，雍正十年五月二十九日宁远大将军岳钟琪等奏。按：《王公表传》卷 106《和硕部总传》记载与此有出入。云：罗卜藏车凌"率户三千余，由噶斯走青海，将内附。噶勒丹策凌遣宰桑乌喇特、巴哈曼集等追之，为所败"。

③ 参阅（清）傅恒《西域图志》卷首一《准噶尔全部记略》；（清）松筠《新疆识略》卷首。

④ 参阅〔英〕加文·汉布里主编《中亚史纲要》，吴玉贵译，商务印书馆，1994，第 199～200 页。有关哈萨克各部约共同联合对付噶尔丹策零事，作者已在另一文章中有着较详尽论述，此不赘。

尔古特遣人寄书云：尔将我生母及弟俱已杀害，此仇难忍！我今与土尔古特如同一体，又与哈萨克、布鲁特互相结好，我必会合此三处兵丁，一年之内，将你的牲畜杀尽，二年之内，害及尔命。"① 有关该信内容，脱出准噶尔回人麻木雅尔说得更为具体。他说：罗卜藏舒努在信中表示，"我们两人系至亲兄弟，父亲所遗产业是你一个人独占了。你又将我母亲并我同胞妹子、兄弟都杀了，我与你系仇敌，你当自己斟酌。若将哈萨克、布鲁特等各处抢掠来的人俱行放回本处，再将父亲遗留的产业分与我就罢了。若不如此，你可约定地方，我们彼此发兵相战。我兵的数目即如带与你的粟米数……"②

噶尔丹策零接到来信，极为愤怒，立刻将来使"杀害"。

罗卜藏舒努得知消息后，知道噶尔丹策零决心与自己为敌，于是便决定使用武力进行抗争。1732 年（雍正十年），他利用部分哈萨克人对噶尔丹策零的不满情绪，带领他们向准噶尔大策凌敦多布等牧地发动进攻。其宰桑博多永、纳尔苏得知情况，率其属下 2000 余户降。曼济之子也率 100 余户往附。③ 罗卜藏舒努这次行动，虽然取得了一些收获，但因实力过弱，最后仍然无法摆脱失败命运。

罗卜藏舒努移居土尔扈特之事，虽然清朝政府在 1728 年就已知道，但由于当时同噶尔丹策零的关系并不很明朗，因此，对如何处理与罗卜藏舒努关系问题一直持审慎态度。后见噶尔丹策零迟迟不肯将罗卜藏丹津送还，遂一面命将出师征讨，另一面又利用托时出使俄国祝贺沙皇彼得二世继位机会，派遣副都统满泰等前往土尔扈特部，希望联络土尔扈特部及罗卜藏舒努共同对付噶尔丹策零。

有关托时、满泰使团的出使，中外历史文献已有不少披露。有的学者还就其出使时间、经过路线以及动机等，进行了深入的探索。陈复光《十八世纪初叶清廷进攻准噶尔期间第一次到俄属及俄京的中国使节》④，马汝珩、马大正《试论"雍正谕土尔扈特汗敕书"与满泰使团的出使》⑤，就是有关这一重要课题的力作。尤其是后者，由于利用了新发现的《雍正谕土尔扈特汗敕书》等资料，从而使有关托时、满泰使团出使的研究得到了进一步提升。然而需要指出的是，由于资料限制，该作对满泰等在土尔扈特部的活动并没有充分展开，例如其与罗卜藏舒努等的会谈情况，就没有给予全面展示与诠释。事实上，此事在满文《月折档》上是有明确记录的。

据载，满泰等至土尔扈特部时，在达尔玛巴拉的亲信管事鄂尔齐木哈什哈安排下，

① 朱批奏折民族事务类，雍正六年七月九日驻扎哈密郎中赫格等奏。
② 军机处录付奏折，雍正九年六月二十四日宁远大将军岳钟琪等奏。
③ 参阅《雍正满文朱批奏折全译》（下），黄山出版社，1998，第 2186 页。
④ 参阅《云南大学学报》1957 年第 2 期。
⑤ 参阅《民族研究》1998 年第 1 期。

与罗卜藏舒努曾有过亲切的会晤，喀尔喀台吉公格齐旺、副都统固鲁扎布也一起参加了会谈。双方见面时，罗卜藏舒努曾对满泰等倾诉了他被禁锢经过及带兵征讨哈萨克事。时公格齐旺和固鲁扎布在与之交谈中，曾婉转地向罗卜藏舒努进言，云你来土尔扈特，虽有尔舅父在，但居于俄罗斯，俄罗斯乃异教之国，倘加入异教，日后如何为人之长占据地盘？尔正值年青，当勤于大事。若不勤于大事，丧失良机，则悔之晚矣！

罗卜藏舒努听了使臣的话，显然有所领悟，因而恳切地表示：听说博格达汗大军来讨准噶尔，请协助我大军数千，前往我之游牧。若多与兵丁有难，给我兵丁二三百，将我送往阿尔泰、杭爱一带。到彼之后，则视我之造化耳！若不与兵丁，则我无法。①

通过满泰使团，清朝政府得知罗卜藏舒努虽然身处异域，仍然渴望要争取机会重返准噶尔，故在满泰等回归后不久，又利用内阁学士德新、侍读学士巴延泰等前往祝贺沙俄女皇安娜即位机会，遣内阁学士班第总管内务府大臣来保等前往土尔扈特部迎护罗卜藏舒努，表示"伊若诚心返回，与我大臣同来，并可与我大臣一同前往报仇"。②沙俄政府得知使团目的，是要"武装卡尔梅克人反对准噶尔人"，说服噶尔丹策零的一位兄弟罗卜藏舒努"归顺中国皇帝"，断然加以拒绝。③由于沙俄政府的极力阻挠，其与罗卜藏舒努的联系从此宣告结束。

四

罗卜藏舒努在同清朝政府失去联系后，经过多年的准备，又在哈萨克小玉兹汗阿布勒海尔等的支持下，率领部分哈萨克人进袭准噶尔。列夫申在《吉尔吉斯－哈萨克各帐及各草原的述叙》中说："1741 年，一位以噶尔丹策零为兄的准噶尔人将军。""他曾带领大量武装的吉尔吉斯人，去摧毁准噶尔人的一些居民点。噶尔丹策零获悉后，为了惩罚这些强盗们，派出一支一万五千人的军队，追击他们直到接近奥伦堡。在穿越吉尔吉斯草原的路上，抢劫了他们所遇到的所有阿乌勒，杀戮和带走了这些阿乌勒的人和牲畜。"④列氏在这里所说的"准噶尔人将军"是谁？毫无疑问，这个人即是罗卜藏舒努。因为"以噶尔丹策零为兄"的"准噶尔人将军"，除罗卜藏舒努外，别无他人。

列氏的记载，我以为是可以信赖的。因为此事在我国历史档案资料中也有相应的反映。乾隆六年（1741），脱出准噶尔的哈萨克人厄图米式在其逃往内地时曾向清军官

---

① 参阅满文《月折档》，雍正十年三月五日满泰、阿斯海等奏。
② 参阅《清代中俄关系档案史料选编》第一编（下），中华书局，1981，第56页。
③ 参阅〔俄〕班蒂什－卡缅斯基编《俄中两国外交文献汇编》，中国人民大学俄语教研室译，商务印书馆1982年版，第215~216页。
④ 〔俄〕列夫申《吉尔吉斯－哈萨克各帐及各草原的述叙》，新疆维吾尔自治区民族研究所译，第82页。

员说，罗卜藏舒努在逃往土尔扈特后，曾于"厄什太"地方娶了一个妻子，他们共同生活了六年，后又前往哈萨克，现在领兵与准噶尔人打仗。[①] 厄图米式所提供的情况，与列氏所述，大体上是相合的。

罗卜藏舒努之所以能够带领"大量武装"的哈萨克人向噶尔丹策零发动进攻，显然是在阿布勒海尔的支持下实现的。但由于实力远不如噶尔丹策零，结果仍然遭到惨败。不仅如此，还使哈萨克各玉兹再次受到了沉重打击。[②] 罗卜藏舒努由于此次失败，从此从史籍上消失。

罗卜藏舒努死于何时？史未见明文。霍渥斯《蒙古史》说他死于 1732 年（雍正十年）[③]，兹拉特金《准噶尔汗国史》则说他死于 1735 年（雍正十三年）。[④] 两说均不准确。因为从以上叙述中可以看出，他至少在 1741 年还活在世上。

原载于《西蒙古论坛》2012 年第 2 期

---

① 参阅朱批奏折民族事务类，乾隆六年脱出准噶尔哈萨克人厄图米式供词。
② 参阅蔡家艺《十八世纪前期准哈关系述论》，载《西蒙古论坛》2012 年第 4 期。
③ 参阅〔英〕霍渥斯《蒙古史》，卫拉特蒙古历史译文汇集《清史译文新编》第 3 辑，第 150 页。
④ 参阅〔苏〕兹拉特金《准噶尔汗国史》，第 342 页。

论"中国"观的扩大与发展

罗贤佑

著名民族史学家翁独健先生曾经指出:"关于历史上的中国,首先是国名问题。中国一词,从《诗经》上就可以找到,不过古代'中国'之称只是地域的、文化的概念,或者是一种褒称。从夏、商、周一直到明、清,都有自己的国号。辛亥革命后成立了中华民国,提出'五族共和','中国'才成为具有近代国家意义的正式名称。1949 年,中华人民共和国成立,国家性质发生了根本的变化。在我国历史上第一次实现了民族平等,实行了民族区域自治,各族人民真正成了国家的主人。从国名来讲,今天的中国不是专指哪一族的,而是各族人民共同的。"[①] 著名历史学家范文澜先生曾说:"中国这一名称,早在西周初年,已经用以称呼华夏族所居住的地区。从历史记载来看,秦以前,华夏族称它的祖国为中国,秦以后,中国扩大为国境内各族所共称的祖国。"[②] 两位学术前辈对"中国"名称的历史演变做了高度的概括和科学的阐释。在此基础上,本文拟根据具体史实,对传统意义上的"中国"观的发展变化过程做进一步的论述,以求加深对这一学术问题的理解和探究。

一

在我国历史上,"中国"一词和今天对中国的理解不尽相同,其内涵有一个变化发展的过程。

"中国"的名称出现于西周初期[③]。大约在西周建立之初的武王、成王时代,开始出现"中国"一词,确证见于 1963 年在陕西宝鸡贾村出土的何尊。此尊上的铭文称:"唯王初迁宅于成周,复禀武王礼,福自天。在四月丙戌,王诰宗小子京室曰:'……

① 《在中国民族关系史研究学术座谈会闭幕会上的讲话》,《中国民族关系史研究》,中国社会科学出版社,1984,第 23 页。

② 《范文澜历史论文集》,中国社会科学出版社,1979,第 71 页。

③ 参阅于省吾《释中国》,《中华书局七十周年纪念——中华学术论集》,中华书局,1981。

惟武王既克大邑商，则廷告于天曰，余其宅兹中国，自之辟民……"① 《尚书·梓材》也有成王追述"皇天既付中国民，越厥疆土，于先王肆"的记载，即指皇天将"中国"的土地和人民付与周武王治理。《尚书》记载可与上述何尊铭文互相印证。② 这里所说的"中国"，显然是指以洛阳（雒邑）为中心的那片地区，此即夏代的中心区域。

目前学者大多认为：夏、商、周不是三个民族，而是在形成中的华夏民族雏形的三支主要来源。到了西周时期，这三个部分已经过长期融合形成同一个民族共同体的雏形，并且以"夏"为族称。夏发达最早，又居于商、周两支的中间，所以其活动的中心区域就被周人称为"中国"，"夏"与"中国"二词意义也等同起来。《说文解字》称："夏，中国之人也"。这是颇得"中国"名称起源阶段族称含义真谛的。商代虽然没有出现"中国"的名称，却已出现了以"中商""大邑商"居于中，称"土中"（即"中土"之意），四方诸侯称东、西、南、北"土"的制度与地理划分。当时商王朝将全国地域（包括属国）划分为"五方"，即中商、北土、南土、东土、西土。甲骨文卜辞中就有"己巳，王卜贞。……东土受年；南土受年；西土受年；北土受年"③ 的记载，卜问全国年岁是否丰盛。中商又称商、大邑商或天邑商。甲骨文卜辞中多见"中商"和"大邑商"的记载④。《周书·多士》亦云："肆予取求于天邑商。"王国维说：殷商之人"如以地名为国号，继以有为天下之号；其后，虽不常厥居，而王都所在，仍称大邑商，迄于失天下而不考"⑤。因此，中商就是殷墟，是商王朝活动的中心地带。以此为核心，逐渐展开"五方"之疆土。《诗经·商颂》云："宅殷土茫茫"，"邦几千里，维民有止，肇域彼四海"。可见商王朝的五方之土相当辽阔，大致据有今河南、山东、河北、辽宁、山西、陕西、安徽以及湖北、浙江和四川的一部分，可能还有江西、河南和内蒙古的某些地方。这片广阔疆土的中心地域是中商或大邑商，见于文献记载的周边各族有羌、鬼方、昆夷、荤粥、东夷等。

周灭商人之前，以丰镐为中心的周人区域为"区夏"即"夏区"；克殷之后，以雒邑（今洛阳）居天下之中，称之为"中国"或"土中"，是指夏代中心地区；又以商代中心地区为"东夏"。于是，当时的中国包括以丰镐、雒邑为中心的黄河中下游一

---

① 唐兰：《何尊铭文解释》、马承源：《何尊铭文初释》、张政烺：《何尊铭文解释补遗》。均载《文物》1976年第1期。

② 在我国有关先秦时代的几部主要史书中，都有"中国"之称。这些"中国"称谓所反映的时代，有的是尧（《孟子·藤文公》）；有的是商《尚书·梓材》，《诗·大雅·荡》；有的是西周（《诗·大雅·民劳》，《周礼·大司寇》，《礼记·礼运》）；有的是春秋（《春秋左传》，《春秋公羊传》，《春秋谷梁传》，《尔雅·释地》）；有的是战国（《孟子·梁惠王》）。

③ 郭沫若：《殷契粹编》第907片，日本东京文求堂石印本，1937。

④ 见罗振玉：《殷墟书契前编》二、三、八、十三，国学丛刊石印本，1911。

⑤ 《观堂集林》卷12《说自契至汤八迁》。

带，即后世称之为"中原"的地区①。至于周的疆域观念，则不限于封域之内，还包括"王会"各族地区。《左传·昭公九年》记载周景王使詹桓析对晋国国君说的一段话颇具代表性："及武王克商，蒲姑、商、奄，吾东土也；巴、濮、楚、邓，吾南土也；肃慎、燕亳，吾北土也。"可见，周朝的疆域观念，是包括南北各族在内的。《汉书·地理志》谓："昔周公营雒邑，以为在于土中，诸侯藩屏四方，故立京师。"西周时，"京师"与"中国"二词互用，意义等同。《诗经·大雅·民劳》云："惠此中国，以绥四方"；又云："惠此京师，以绥四国"。以"中国"与"京师"对应"四方"与"四国"。郑玄《笺》云："中国，京师也。"在这里，"国"与"邑"、"都"是同义词，均指城而言，"中国"即天子所居之城，称为京师，以与四方诸侯对举。这与商代以"中商"（或"大邑商"）与"四土"（或各"方"）相对而称的含义相同。

"中国"名称的最初含义之一是指京师，直到清朝，此义一直沿用。西周时，"中国"是天子所居都城"京师"的同义词；在春秋、战国时期，各诸侯国同样以其国都称"中国"。如《国语·吴语》记载，越国在分析吴王夫差必败时说："吴之边鄙远者，罢而未至，吴王将耻不战，必不须至之会也，而以中国之师与我战。"韦昭《注》云："中国，国都。"《孟子·公孙丑下》记齐宣王说："我欲于中国而授孟子室，养弟子以万钟。"这是准备在齐国都城中为孟子提供教学场所与供养。可见，春秋、战国的诸侯国同样以其王所居都城为"中国"，以与边鄙相对称。

虽然周朝初年已出现了"中国"一词，但在当时"中国"并不是一个国家概念，它既是天子所居"京师"的同义词，也包括了在中原地带建立的若干封国；它的领域也不是我国当时的整个领域，而只是这一领域的一部分。所以，与"国家""中国"等概念同时使用的还有"天下"之称。例如："古者包牺氏之王天下也"；②"帝尧……光宅天下"；③"舜有臣五人，而天下治"；④"四罪而天下咸服"；⑤"武王……壹戎衣而有天下"。⑥对"天下"一词用的最为频繁的是孟子，例如他说："汤一征，自葛始，天下信之"；⑦"三代之得天下也，以仁；其失天下也，以不仁。国之所以废兴存亡者亦然。天子不仁不保四海，诸侯不仁不保社稷"。他又说："人有恒言，皆曰：天下国家。天下之本在国，国家之本在家，家之本在身"；⑧"不仁而得国者，有之矣；不仁而得天

① 参阅顾颉刚、王树民《"夏"和"中国"——祖国古代的称号》，《中国历史地理论丛》第一辑，陕西人民出版社，1981。
② 《周易·系词》。
③ 《尚书·尧典》。
④ 《论语·泰伯》。
⑤ 《尚书·舜典》。
⑥ 《礼记·中庸》。
⑦ 《孟子·梁惠王》。
⑧ 《孟子·离娄》。

下者，未之有也。"① 可见，"天下"与"国家"、"中国"的概念和含义是不同的。与"天下"一样，"四海"之称在先秦时代也已普遍使用了。② 当时"四海"的含义与"天下"的含义基本相同，所以孟子在谈到"失天下"和"不保四海"时，具有同样的意义。

至于"天下"和"四海"的范围，在先秦时代人们的心目中，应包括当时的"九州"之域和"中国、夷、蛮、戎、狄"之"五方之民"。换言之：华夏居中称为中国（九州），东、西、南、北四周分别是夷、戎、蛮、狄，这样的"五方之民"构成"四海"之内的统一"天下"。

史书记载，禹在治服水患后，"开九州，通九道，陂九泽，度九山"③，把全国划分为冀、兖、青、徐、扬、荆、豫、梁、雍九州④。按《尚书·禹贡》的说法，大禹治水成功以后，根据黄河、长江中下游流域的土壤类型、山川物产等制定了"九州贡法"。从《禹贡九州图》⑤ 来看，所谓"九州"主要分布在黄河中下游流域到长江中下游流域地区，与新石器时代的农耕文化圈大体吻合，反映了先秦时期华夏族已形成了共同地域和共同经济生活的观念。禹划九州，不仅是华夏民族开始形成的标志，也是华夏民族共同地域的一个重要表现，所以"九州"后来又成为"中国"的一个代名词，屡见于史乘⑥。

根据古典文献的记载判断，"四海"、"天下"的概念范围，更要大于"九州"。《尔雅·释地》称："九夷、八狄、七戎、六蛮，谓之四海"。可见"四海""天下"应包括华夏和蛮夷戎狄在内，是一个很大的民族地理概念。在华夏族形成和发展的过程中，逐步产生和形成了与自身相对应的"四夷"或"四裔"的观念⑦。最初，这种观念是指居住于华夏族四方不同于华夏的民族群体，后来又发展为东夷、南蛮、北狄、西戎的"四夷"观念。这样就构成了先秦时期的五大民族集团，即夏或华夏（有时又等同地称为"中国"）、东夷、南蛮、北狄、西戎。当时的人们已有了区分不同民族集团的标准，如《礼记·王制》云："凡居民材，必因天地寒暖燥湿、广谷大川异，民生其间者异俗……中国夷狄五方之民，皆有性也，不可推移。东方曰夷，被发文身，有

---

① 《孟子·尽心》。
② 在《尚书》《诗经》《礼记》《孝经》《春秋谷梁传》《尔雅》《孟子》等书中，都有"四海"之称。
③ 《史记》卷2《夏本纪》。
④ 此为《尚书·禹贡》记载。其他文献的记载略有出入，《周礼·职方》有幽、并，无徐、梁；《尔雅·释地》有幽、营，无青、梁。
⑤ 见《辞海》上册，第144页。
⑥ 例如司马光就说："周、秦、汉、晋、隋、唐，皆尝混一九州，传祚于后，……故全用天子之制以临之。"（《资治通鉴·魏纪》卷69，文帝黄初二年）这里所称"九州"，与"中国"同义。
⑦ 如《诗经·小雅·六月序》中"四夷交侵，中国微矣"之句，就反映出把"中国"（中原华夏族）作为与四方"蛮夷"相对的概念。

不火食者矣。南方曰蛮,雕题交趾,有不火食者矣。西方曰戎,被发衣皮,有不粒食者矣。北方曰狄,衣羽毛穴居,有不粒食者矣。中国夷蛮戎狄,皆有安居、和味、宜服、利用、备器。五方之民,言语不通,嗜欲不同,达其志,通其欲,东方曰寄,南方曰象,西方曰狄缇,北方曰译。"① 这里的"中国"是地域和民族概念,指中原地区和居住在这里的华夏族群,该族群与周边的蛮、夷、戎、狄各族群的区别主要是从地理环境、经济生活、语言、文化及习俗等方面来界定的。由以上记载情况来看,中国古代传统的地理观念是以"中国"和"蛮夷戎狄"五方之民共为"天下",同居"四海"之内,是中国"天子"所能驾驭的华夷统一的地理范围。②

春秋列国正是按照上述民族标准来区分民族特点和认识自我的。学术界普遍认为,历史发展到春秋时期,汉族的前身——华夏族业已形成稳定的民族共同体。上文已叙,夏族名称的产生是由于夏朝的建立,华夏的"华"则表现着夏族服饰文化的特点。其意义,《尔雅·释诂》云:"夏,大也。"③《尚书·武成》注云:"冕服采章曰华,大国曰夏。"《尚书·正义》:"冕服采章对被发左衽,则为有光华也;《释诂》云:'夏,大也',故大国曰夏,谓中国也。"④ 东汉时许慎在其《说文解字》中说:"华,荣也;夏,中国之人也。"⑤ 这些释文,虽出自后人之手,但对最初形成的华夏族还是符合实际的。对于春秋战国时期的华夏族来说,他们不仅自认为处于"天下之中",故称为"中国",而且人口众多,物产丰饶,经济文化发展较高,自认为是礼义之邦,是"四夷"所仰慕欣羡之地;而对于蛮、夷、戎、狄四方民族,不仅认为他们处于"中国"之外的偏远蛮荒之地,而且认为他们不知礼义,粗陋无文,性如"豺狼",明显反映出华夏族的优越感和对"四夷"的蔑视。春秋初期,以管仲为代表的"诸夏"人士提出"尊王攘夷"的口号,视华夏之外的民族为异类,所谓"戎狄豺狼,不可厌也;诸夏亲昵,不可弃也";⑥"夫戎狄……若禽兽焉"。⑦ 他们认为对戎狄只能采取武力镇压手段,即所谓"德以柔中国,刑以威四夷"。⑧ 这种带有强烈民族仇视的思想,对后世影响极为深远,成为以后流传长久的"蔑视夷狄论"的滥觞。华夏族人往往以知书达礼而自傲,贱视他族为不知"礼义"的"野人"。例如《史记·秦本纪》载:"秦穆公言于戎王使者由余曰:'中国以诗书礼乐法度为政。……戎狄无此,何以为治?'"《史记·赵世家》记载:赵武灵王欲胡服骑射以强国,其叔父公子成劝谏说:"中国者,盖聪明睿

① 《礼记正义》卷12《十三经注疏》上册。
② 参阅童书业《夷蛮戎狄与东南西北》,《中国古代地理考证论文集》,中华书局,1962。
③ 《尔雅注疏》卷1《十三经注疏》下册,中华书局,1986。
④ 《尚书正义》卷11《十三经注疏》上册。
⑤ 许慎:《说文解字》
⑥ 《左传》闵公元年。
⑦ 《国语·周语中》。
⑧ 《左传》僖公二十五年。

智之所居也，万物财用之所聚也，圣贤之所教也，仁义之所施也，诗书礼乐之所用也，异敏技艺之所试也，远方之所观赴也，蛮夷之所义行也。今王释此而服远方之服，变古之教，易古之道，逆人之心，畔学者，离中国，臣愿大王图之。"类似记载很多，兹不赘举。这些史料记载明显地反映出，在当时中原人士的头脑中，华夏尊而四夷贱的观念是何等根深蒂固！

正是基于这种认识，当时"中国"（即华夏）之称，也是反映了一种文化类型和政治地位。如《孟子·梁惠王》云"莅中国而抚四夷也"；《礼记·中庸》云"（政教）洋溢乎中国，施及蛮貊"。这类记载都是以居高临下的眼光看待"中国"与"四夷"、"蛮貊"的关系。又如，春秋以至战国初期，"中国"主要是指宗周及以"诗书礼乐法度为政"的"山东诸侯齐、魏之大国"。① 以此标准，吴、越、楚、秦等国，虽然曾经称霸于诸侯各国，但在一定时期内，仍未能称为中国，被排斥在"诸夏"之外，如司马迁在叙述这段历史时所说："秦、楚、吴、越，夷狄也，为强伯（霸）。"② 楚国熊渠时自立为王，宣称："我蛮夷也，不与中国之号谥。"③ 从楚武王开始，楚国日益强盛，逐渐向中原发展，"北接中国"④，但他仍自称："我蛮夷也。"⑤ 还是被划在"中国"之外。吴国亦如此。公元前 705 年，"寿梦立而吴始益大，称王"。⑥《吴越春秋》云；"凡从太伯至寿梦之世，与中国时通朝会，而国斯霸焉"。可见吴国一直被看作在"中国"之外。秦在西方，在早期同样被"诸夏"视为"西戎"，终春秋之世，"不与中国之诸侯会盟，夷翟（狄）遇之"。⑦

在儒家代表人物孔子的思想中，"中国"与"夷狄"尊卑贵贱的观念十分强烈，"夷夏之防"的限域极为严格。如《左传》记述：鲁定公十年（公元前 500 年），齐与鲁和，两国君会于夹谷。齐谋以东莱夷人劫持鲁侯，孔子相鲁，责备齐侯说："两君合好，而以裔夷之俘以兵乱之……裔不谋夏，夷不乱华。"使齐侯自认失"礼"而止。孔子修《春秋》，声称"微言大义"，明"华夷之辨"，故董仲舒《春秋繁露·竹林篇》说："《春秋》之常辞也，不与彝狄而与中国为礼。"《春秋公羊传》记述鲁昭公二十三年（公元前 519 年）七月，"戊辰，吴败顿、胡、沈、蔡、陈、许之师于鸡父"，并评论为何这样记载："不与夷狄之主中国也。然则曷为不使中国主之？中国亦新夷狄也。"吴王室乃吴太伯的后裔，虽是周之同姓，因其称王，且如越人断发文身，所以被称为

---

① 详见《史记·秦本纪》《史记·张仪列传》。故《容斋随笔》卷 5《周世中国地》称："其中国独晋、卫、齐、鲁、宋、郑、陈、许而已。"

② 《史记》卷 27《天官书·太史公曰》。

③ 《史记》卷 40《楚世家》。

④ 《左传》文公十六年。

⑤ 《史记》卷 40《楚世家》。

⑥ 《史记》卷 31《吴太伯世家》。

⑦ 《史记》卷 5《秦本纪》。

"夷狄";蔡、陈、许等国虽是"中国",也因其所行"非礼",故称之为"新夷狄"。
可见,"礼"是区别华、夷的最高准则。"中国"在这里,既是地域名,又是一种文化
的名称。《春秋》笔法,总是华夏与"四夷"有别,尊"中国"而轻"戎狄"。例如:
《春秋》隐公七年,"冬,天王使凡伯来聘,戎伐凡伯于楚丘,以归"。"天王"即周天
子,凡伯为周大夫,出使鲁国,途中为戎人所执。"其言伐之何?执之也。执之则言伐
之何?大之也。曷为大之?不与夷狄执中国也。"① 《春秋》庄公十年,"秋九月,荆败
蔡师于莘,以蔡侯献舞归。"荆即楚国,当时尚被诸夏视为"蛮夷"或"夷狄";蔡国
为诸夏之一,被视为"中国";"归",即为俘获。"曷为不言其获?不与夷狄之获中国
也。"② 《春秋》僖公二十一年,"秋,宋公楚子陈侯蔡侯许男曹伯会于霍,执宋公以伐
宋。""楚子"即楚王,当时被中原诸夏看作夷狄,;宋公为"中国(华夏)"之一。
"孰执之?楚子执之。曷为不言楚子执之?不与夷狄之执中国也。"③ 《春秋》成公十二
年,"秋,晋人败狄于交刚"。"中国与夷狄不言战,皆曰败之";"不使夷狄敌中国
也"。④ 《春秋》哀公十三年,"公会晋侯及吴子于黄池"。"公"指鲁哀公,"晋侯"指
晋国国君,均为"中国(华夏)";"吴子"即吴王夫差,被视为南方之蛮夷。"吴何以
称子?吴主会也。吴主会则为先曷言晋侯?不与夷狄之主中国也。"⑤ 以上所引,充分
说明所谓"《春秋》大义"即"内诸夏而外夷狄"⑥。"中国(华夏)"为尊,夷狄为卑
的观念。孔子这种"中国(华夏)"为尊,夷狄为卑的观念,不仅是当时"诸夏"统
治阶层民族观的集中体现,而且随着《春秋》一书的经典化,更加深了这种贵中国贱
夷狄观念的影响与流布,在"中国"与"夷狄"之间必然画上了一条鲜明的民族界
线,如:"非我族类,其心必异";⑦ 乃至"鬼神非其类,不歆其祀"⑧;等等。于是,
"华""夷"之间横起了一条不可逾越的鸿沟,即"华夷大防"。

　　春秋战国是一个列国纷争、局势动荡的时期,也是一个文化交汇、民族融合的时
期。自西戎攻灭西周后,迫使平王东迁,从而形成了"戎逼诸夏"的形势,四夷尤其
是"戎狄"在中原地区与"诸夏"混杂交错,"当春秋时,间在中国"。⑨ 到周懿王时,
东周已经走向衰微,"戎狄交侵,暴虐中国"⑩,"中国不振旅,蛮夷入伐"⑪,边疆各族

① 《春秋公羊传》隐公七年。
② 《春秋公羊传》庄公十年。
③ 《春秋公羊传》僖公二十一年。
④ 《春秋公梁传》成公十二年。
⑤ 《春秋公羊传》哀公十三年。
⑥ 《春秋公羊传》成公十五年。
⑦ 《左传》成公四年。
⑧ 《左传》僖公三十一年。
⑨ 《后汉书》卷87《西羌传》。
⑩ 《汉书》卷94上《匈奴传》。
⑪ 《春秋左传正义》卷26《十三经注疏》下册。

纷纷内迁，甚至在周室"王畿"周围地区，都逐渐形成了"诸夏"与"夷狄"交错分布的态势。宋人洪迈在其《容斋随笔》中，将这种情势说得十分清楚："成周之世，中国之地最狭。以今地理考之，吴、越、楚、蜀皆为蛮。淮南为群舒，秦为戎，河北真定、中山之境，乃鲜虞、肥、鼓国，河东之境，有赤狄、甲氏、留吁、驿辰、潞国，洛阳为王城，而有扬拒、泉皋、蛮、氏、陆浑、伊洛之戎，京东有莱某牟、介、吕，皆夷也。杞都、雍丘今汴之属邑，皆用夷礼。其中国者，独晋、卫、齐、鲁、宋、郑、陈、许而已，通不过数十州，盖于天下特五分之一耳。"[①] 可见，春秋之时，华夏族所据有的地盘即所谓"中国"之境仅占有当时全国的五分之一，其余五分之四均是各个民族的地方。直到战国初期的周定王八年（公元前 461 年），秦灭大荔，赵灭北戎，韩、魏灭伊、洛、阴戎后，"自是中国无戎寇，唯余义渠种焉"[②]。被诸夏强国所灭的戎狄，全部融合进了华夏民族之中。至于从前被视为"戎夷"的秦、楚两国，至战国时已然跻身于"七雄"之中，并称"诸夏"，同列"中国"。经过春秋战国时期的民族大融合，华夏民族在文化形态的共同性方面又提高到一个新的层面，"中国"一词的含义又有了新的发展。

二

公元前 221 年，秦始皇灭亡六国，建立秦朝，结束了长达五百年的列国纷争局面。在实现统一之后，决定废除分封制，将郡县制推广到全国，最初设置了三十六郡，以后随着疆域的扩大，更增至四十二郡，使郡县制确立为中国的地方行政制度，这既有利于新建立的中央集权的封建国家之巩固，也有利于华夏民族共同地域的统一和稳定。于是"东至海暨朝鲜，西至临洮、羌中，南至北向户，北据河为塞，并阴山至辽东"，[③]成了华夏民族的稳定的共同地域。以今天的地理情况来看，秦朝已拥有了东濒大海，西至陇山、川西高原和云贵高原，北至黄河河套、阴山山脉和辽东，南达今越南东北部和广东大部的辽阔疆域，基本上实现了春秋、战国时期列国关于"九州一统"的政治梦想，成了华夏民族稳定的共同地域。此时"中国"的范围比之从前，无疑扩大了许多，已初步形成为统一国家地域的概念。[④] 此时的"四夷"则指郡县以外的边疆民族地区，"四夷"仍是与"中国"相对应的名词。

秦始皇统一六国，特别是统一了长江流域的楚国及其控制下的吴、越地区，从而将中原"诸夏"从局限于黄河流域争斗的困境中解脱出来，有效地打开了向长江流域

---

① 《容斋随笔》卷第五。
② 《后汉书》卷 87《西羌传》。
③ 《史记》卷 6《秦始皇本纪》。
④ 《史记》卷 27《天官书·太史公曰》云："其后，秦遂以兵灭六王，并中国，外攘四夷"即是此意。

发展的广阔空间，为中国封建社会第一个鼎盛时期——两汉王朝的出现以及在这四百多年间华夏进一步发展成统一而强大的汉民族共同体奠定了物质基础。

两汉时期的疆域较秦时又有所扩大，汉朝是一个名副其实的民族众多、地域辽阔的封建大帝国。《汉书·韦贤传》云："及汉兴，冒顿始强，破东胡，擒月支，并其土地，地广兵强，为中国害。南越尉佗总百粤，自称帝。故中国虽平，犹有四夷之患，且无宁岁。一方有患，三面救之，是天下皆动而被其害也。孝文皇帝厚以货赂，与结和亲，犹侵暴无已。甚者，兴师十余万众，近屯京师及四边，岁发屯备虏，其为患久矣，非一世之渐也。诸侯郡守连匈奴及百粤以为逆者非一人也。匈奴所杀郡守都尉，掠取人民，不可胜数。孝武皇帝愍中国疲劳无安宁之时，乃遣大将军、骠骑、伏波、楼船之属，南灭百粤，起七郡；北攘匈奴，降昆邪十万之众，置五属国，起朔方，以夺以肥饶之地；东伐朝鲜，起玄菟、乐浪，以断匈奴之左臂；西伐大宛，并三十六国，结乌孙，起敦煌、酒泉、张掖，以隔羌，裂匈奴之右肩。单于孤特，远遁于幕北。四陲无事，斥地远境，起十余郡。功业既定，乃封丞相为富民侯，以大安天下，富实百姓，其规模可见。又召集天下贤俊，与协心同谋，兴制度，改正朔，易服色，立天地之祠，建封禅，殊官号，存周后，定诸侯之制，永无逆争之心，至今累世赖之。单于守藩，百蛮服从，万世之基也，中兴之功未有高焉者也。"以上这番言论虽然不无溢美之词，但它以凝练的语言对西汉王朝的开疆拓土的功业做了高度概括，所叙述的历史事件并不言过其实。[①] 在大力开拓的基础上，汉朝将全国分为十三部，分别设置刺史，下统一百零三个郡，一千三百四十一个县，进行管理。[②] 随着秦汉大一统封建专制国家的建立和发展，人们对中原内地（中国）与边疆、华夏（中国）与少数民族（蛮夷）的关系的看法有了较大的变化。桓宽在《盐铁论·诛秦》中说："中国与边境，犹支体与腹心也。夫肌肤寒于外，腹肠疾于内，内外之相劳，非相为助也。唇亡则齿寒，支体伤而心惨怛，故无手足则支体废，无边境则国内危。"这显然是将"中国"（指内地及华夏族）与"边境"（指边疆地区及当地民族）视为一个整体，将边疆少数民族都看作是统一治下的"臣民"，政教所及，正朔所加。又如王充《论衡·宣汉篇》说，汉代不仅郡国统一，且胡、越臣服，"古之戎狄，今为中国"。在国家制度方面，也比之前进了一步。《礼记·曲礼》云："君天下为天子。"汉代学者郑玄《注》云："天下，谓外及四海也。今汉于蛮夷称天子，于王侯称皇帝。"反映了统一多民族国家

---

① 西汉文人扬雄曾写有一首《长杨赋》，对汉武帝的开创之功做了淋漓尽致的描绘，其中有云："其后獯鬻作虐，东夷横畔，羌戎睚眦，闽越相乱，遐萌为之不安，中国蒙被其难。于是圣武勃怒，爰整其旅，乃命票、卫，汾沄沸渭，云合电发……使海内澹然，永亡边城之灾，金革之患。"（见《汉书》卷87下《扬雄传下》）。

② 《汉书》卷28上《地理志上》。

处于发端时期已确定了内地与边疆统一的国家元首称号，其内涵既有区别又相统一。

然而，受传统"蔑视夷狄论"的影响，在两汉时代，华夏（汉族）族仍将自己看作是一个有别于异民族的族体，奉黄帝为祖先，以"炎黄子孙"自诩。他们把"中国"与"夷狄"的界限划分得十分清楚，在这方面同先秦时的华夏族有过之而无不及。如扬雄《方言》中说："裔，彝狄之总名。"郭璞注云："边地为裔，亦四裔通以为号也。"① 班固说："《春秋》内诸夏而外夷狄，夷狄之人……被发左衽……饮食不同，言语不通，群居北陲寒露之地，逐草随畜，射猎为生。"② 他甚至视夷狄为"人面兽心"。③ 侯应曾向汉元帝议论："中国有礼仪之教，刑罚之诛"④，用来说明华夏与戎、夷、蛮、狄的区别。宋意在其奏疏中云："夫戎狄之隔远中国，幽处北极，界以沙漠，简贱礼义，无有上下，强者为雄，弱者屈服。……豺狼贪婪，必为边患。……"⑤ 汉武帝时的儒学大师董仲舒更是将汉尊夷贱的观念大加发挥："《春秋》慎辞，谨于名伦等物者也。是故小夷言伐而不得言战，大夷言战而不得言获，中国言获而不得言执，各有辞也。有小夷避大夷而不得言战，大夷避中国而不得言获，中国避天子而不得言执，名伦弗予，嫌与相臣之辞也。是故大小不逾等，贵贱如其伦，义之正也。"⑥ 这里的"中国"，指的即当时的主体民族——华夏族（汉族）。按照这种观点，诸侯不能与天子平等，大夷小夷不能与华夏族（中国）平等，甚至小夷与大夷之间也不可以平等。这样便将各民族分成了大小不同的各个等级，在民族关系用语中自然也表现出等级次序了。随着董仲舒"罢黜百家，独尊儒术"的正统思想定于一尊，它的这种大民族主义也便占据了主导地位。

在这种观念支配下，当时的史学家和政治家，在谈到"中国"的时候，总是指华夏（汉族）建立的中原王朝辖区，也就是只承认秦、汉国家政权的辖区为中国，而将匈奴、南越等族建立的国家排斥在中国之外。汉代人在使用词汇时，"中国"与"夷狄"往往作为对立意义，泾渭分明，如汉宣帝时，郑吉上疏所说："中国与夷狄有羁縻不绝之义。"⑦ 汉武帝时，曾召集廷臣议论与匈奴的和战问题。主战的大臣王恢同主和的大臣韩安国进行了一番辩论：韩安国说："且三代之盛，夷狄不与正朔服色，非威不能制，强弗能服也，以为远方绝地不牧之民，不足烦中国也。且匈奴，轻疾悍亟之兵也，至如飙风，去如收电，畜牧为业，弧弓射猎，逐兽随草，居处无常，难得而制。

---

① 《方言笺疏》卷12。
② 《汉书》卷94下《匈奴传下赞》。
③ 《汉书》卷94下《匈奴传下赞》。
④ 《汉书》卷94下《匈奴传下》。
⑤ 《后汉书》卷41《宋意传》。
⑥ 《春秋繁露·精华》。
⑦ 《汉书》卷70《陈汤传》。

今使边郡久废耕织,以支胡之常事,其势不相权也。"对此王恢反驳说;"昔秦缪公都雍,地方三千里,知时宜之变,攻取西戎,辟地千里,并国十四,陇西、北地是也……今以中国之盛,万倍之资,遣百分之一以攻匈奴,譬犹强弩射且溃之痈也,必不留行矣。"① 其实,辩论的双方在"中国""夷狄"乃势不两立的总观点上,是一致的,并无分歧。对于南方的"蛮夷之邦"闽越,同样如此。当汉武帝决定"遣两将军诛闽越"时,淮南王上书谏阻发兵,其理由之一是:"越,方外之地,缦发文身之民,不可以冠带之国法度理也。自三代之盛,胡越不与受正朔,非强弗能服,威弗能制也,以为不居之地,不牧之民,不足以烦中国也……自汉初以来七十二年,吴越人相攻击不可胜数,然天子未尝举兵而入其地也。"②

少数民族首领也往往自认为不属于"中国",例如两汉时,南方的东越(又称瓯越)抵挡不住闽越的攻击,只得向汉朝"请举国徙中国,乃悉举众来处江淮间"。③ 南越王尉佗也自称"蛮夷大长"。④ 他曾对汉朝使臣陆贾说:"吾不起中国,故王此。使我居中国,何渠不若汉?"⑤ 在汉王朝与周边少数民族政权的交往中,"中国"一词成为汉朝政权及辖区的代称,为华夏(汉族)与少数民族政权所共认。例如司马迁说:"自三代以来,匈奴常为中国患害。"⑥《史记》中记载,匈奴冒顿单于在致汉朝吕后书信中说:"孤偾之君,生于沮泽之中,长于平野牛马之域,数至边境,愿游中国。"⑦ "中国之虞与荆蛮句吴兄弟也。"⑧ "汉既通使大夏,而西极远蛮,引领内乡,欲观中国。"⑨ 班固记载:汉宣帝时,萧望之主张对匈奴实行羁縻之策,说:"外夷稽首称藩,中国让而不臣,此则羁縻之义,谦亨之福也。"⑩ 晁错在其所上"安边之策"中说得更为剀切:"臣又闻大小异形,强弱异势,险易异备。夫卑身以事强,小国之形也;合小以攻大,敌国之形也;以蛮夷攻蛮夷,中国之形也。今匈奴地形技艺与中国异。上下上阪,出入溪间,中国之马弗与也;险道倾仄,且驰且射,中国之骑弗与也;风雨疲劳,饥渴不困,中国之人弗与也。此匈奴之长技也。……以此观之,匈奴之长技三,中国之长技五。陛下又兴数十万之众,以诛数万之匈奴,众寡之计,以一击十之术也。"⑪ 以上汉代文献记载中的"中国",都是作为与匈奴等"夷狄"相对应的用词,

① 《汉书》卷 52《韩安国传》。
② 《汉书》卷 64 上《严助传》。
③ 《史记》卷 114《东越列传》。
④ 《汉书》卷 95《南粤传》。
⑤ 《汉书》卷 43《陆贾传》。
⑥ 《史记》卷 130《太史公自序》。
⑦ 《史记》卷 110《匈奴列传》。
⑧ 《史记》卷 31《吴太伯世家》。
⑨ 《史记》卷 123《大宛列传》。
⑩ 《汉书》卷 78《萧望之传》。
⑪ 《汉书》卷 49《晁错传》。

这反映了当时中原王朝人士的普遍认识。

直到魏、晋时期，中原人士仍把周边少数民族排斥于"中国"之外。建安十九年（214年），毌丘兴将去安定郡任太守，曹操对他说："羌、胡欲与中国通，因欲以自利；不从便为失异类意，从之则无益事。"① 曹操此言，颇具代表性。不仅如此，中原人士对周边民族仍怀有强烈的民族歧视、蔑视的情绪，例如魏国大臣邓艾就曾宣讲："戎狄兽心，不以义亲，疆则侵暴，弱则内附。"② 西晋初年，全国统一，周边各族纷纷"慕化"内徙，又形成了一个民族大迁徙的高潮。是时，奉行"内中国而外夷狄""严夷夏之大防"信条的郭钦、江统之流，接连上疏，强烈要求朝廷"徙戎"于"中国"之外。他们声称"夷狄兽心"，以为"戎狄强犷，历古为患……裔不乱华……峻四夷出入之防，明先王荒服之制，万世之长策也"③。或云："夫夷蛮戎狄，谓之四夷，九服之制，地在要荒。《春秋》之义，内诸夏而外夷狄"；"非我族类，其心必异"，因此主张强徙内迁的戎（氐、羌等）、狄（匈奴、鲜卑等）回原居地，从而"释我华夏织介之忧"；"惠此中国，以绥四方，德施永世，于计为长"。④ 傅玄也说："胡夷兽心，不与华同，鲜卑最甚。邓艾……使鲜卑数万散居人间，此必为害之势也。"⑤ 他也主张将"胡夷"迁于边外。但事与愿违，随之而来的是所谓"五胡乱华"和十六国局面的出现。由于胡汉杂居共处，"汉人"开始稳定地成为中国主体民族的专称。⑥ 汉族在少数民族政权治下沦为被统治民族，丧失了以往的地位。即使这样，由于传统观念的根深蒂固，魏晋南北朝尽管是一个分裂时期，汉人的"中国"、"夷狄"之间界限仍很分明，可说是水火不容。如《后汉书》著者范晔认为："四夷之暴，其执互强矣。……其陵跨中国，结患生人者，靡世而宁焉。"⑦《魏书》著者魏收认为："周之猃狁，汉之匈奴，其作害中国固已久矣。"⑧ 又说："夷狄不恭，作害中国。帝王之世，未曾无也。"⑨ 类似话语还有很多，兹不赘举。其实不仅汉人，某些出身于"戎狄"的帝王也有同样的观念，如前秦国主苻坚主张对夷狄应"以羁縻之道，服而赦之，示以中国之威，导以王化之法"。其口气与那些主张华夷之辨的汉人毫无二致。

但历史的发展总是不以人的主观意志而转移。尽管儒家传统的"华夷之辨"观念时时有所表现，但毕竟抵挡不住民族大融合的历史潮流。目前学者普遍认为：魏晋南

① 《三国志》卷 1《魏书·武帝纪》。
② 《三国志》卷 28《魏书·邓艾传》。
③ 《晋书》卷 97《北狄匈奴传》引郭钦语。
④ 《晋书》卷 56《江统传》。
⑤ 《晋书》卷 47《傅玄传》。
⑥ 参阅贾敬颜：《"汉人"考》，《中央民族学院学报》1987 年第 5 期。
⑦ 《后汉书》卷 90《乌桓鲜卑列传·论曰》。
⑧ 《魏书》卷 103《高车传附越勒倍泥传》。
⑨ 《魏书》卷 95《略阳氐吕光传附篡从弟隆传》。

北朝至隋唐时期是中国历史上第二次从分裂走向统一、从混乱走向秩序、从多民族的矛盾斗争和交流互动走向融合并孕育中华民族雏形的时代。中华民族的本质是汉族与进入黄河、长江流域的少数民族相融合的产物。胡、汉融合的现实不仅使隋、唐王朝顺利地完成和巩固了国家的政治统一,也使从北朝到隋、唐的统治者及广大民众逐渐改变了传统的民族观念,开始给这个由胡汉融合而成的新族体冠以"中华"之名,从此,"中国"的同义词(或近义词)又增加了"中华"这个新的词汇。

"中华"一词,最早出现于魏晋时期的天文学领域,是取"中国"和"华夏"的首字复合而成,用来指称中原地区上方的星宿①。进入人文历史领域后,则主要指中原地区。作为地域名称,"中华"与"中国"相同。

魏晋南北朝时期的史乘中,已时常出现"中华"一词。如《晋书·刘乔传》记载,刘弘给惠帝所上表文中有"今边陲无备豫之储,中华有杼轴之困"一句,以"中华"对"边陲",是指内地郡县而言。《晋书·陈郡传》记载陈郡于东晋初上书王导,说:"中华所以倾弊,四海所以土崩者,正所以取材失所。"《晋书·桓温传》记载桓温上疏称:"自强胡凌暴,中华荡覆,狼狈失据,权幸扬越。"《三国志·蜀志·诸葛亮传》后裴松之评论说:"若使(亮)游步中华,骋其龙文,……"等等。这些载文里的"中华"主要体现的是地理含义,均指中原地区。后来,"中华"一词又被引申为原居中原的汉族或汉族传统文化。如《资治通鉴》记载:晋孝武帝太元二年(382年),前秦苻坚执意讨伐东晋,苻融劝阻说:"国家本戎狄,正朔会不与人;江东虽微弱仅存,然中华正统,天意必不绝之。"② 这里的"中华"乃民族的称谓,是指南迁的晋人,即传统的汉人。《资治通鉴》又记载:晋安帝义熙五年(409年)当东晋刘裕统军北伐时,南燕桂林王慕容镇对汉人韩淖说:"……今年国灭,吾必死之。卿中华之士,复为文身矣。"③ 南燕的鲜卑贵族认定中原汉人才是"中华",东晋反而被称之为吴越"断发文身"之族,所以此处"中华"当指中原传统文化而言。随着时代的发展,越到后来,"中华"作为文化与民族称谓的意义愈重。隋、唐统治集团作为民族融合的群体,就更顺理成章地接受并认同了"中华"的民族与文化的观念。唐太宗在总结其民族政策成功经验时曾说:"自古皆贵中华,贱夷狄,朕独爱之如一,故其种落皆依朕如父母。"④ 在这里他将"中华"与"夷狄"对举,无疑是取其"民族"的概念。⑤ 南宋贯冶子作《唐律释文》一书,他在解释《唐律疏议》卷三《名例》关于

① 参阅王树民《中华名号溯源》,《中国历史地理论丛》第二辑。

② 《资治通鉴》卷104晋孝武帝太元二年。

③ 《资治通鉴》卷115晋安帝义熙五年。

④ 《资治通鉴》卷198贞观二十一年。

⑤ 以后这种用法非常普遍,如唐杜佑《通典·边防典序》说:"缅惟古之中华,多类今之夷狄,有居处巢穴焉。"此类例证,史书中俯拾皆是。

"中华"的含义时说："中华者，中国也。亲被王教，自属中国，衣冠威仪，习俗孝悌，居身礼义，故谓中华。非同夷狄之俗，被发左衽，雕体文身之俗也。"强调的也是"中华"一词的民族、文化方面的含义。

作为政治地理名称，在统一时期，"中国"包括所有由朝廷管辖的地方，对周边各民族地区总称为"边裔"或"四夷"；分裂时期，则仍沿袭"两京"（长安、洛阳）所在的中原地区称"中国"的传统，凡是建都于黄河中下游流域的王朝辖区，得称为"中国"。"五胡"十六国时期，北方少数民族入主中原，仍以据有"两京"自居"中国皇帝"，而贬斥东晋为"吴人"或"司马家儿"；北魏同样以建都于"中土"，指称南朝为"南伪"或"岛夷"。这些都是沿用自西周以来以"京师"为"中国"的含义。

应该指出的是，南北朝时期的北朝少数民族统治者，开始以"中国"或"中华"自居，甚至得到南朝士庶的首肯与景慕。如北魏鲜卑强调自身是"黄帝少子昌意之后"，又居中土，继承和发扬中国传统文化，遂以中华正统自居。北魏太武帝拓跋焘《灭佛诏》，倡言佛是"胡神"，佛法非九州所固有，所以要宣布为非法，加以禁绝。到公元六世纪中叶北魏孝文帝汉化改革之后，进入中原的鲜卑等北方少数民族的经济生活、语言、文化及习俗都发生了深刻的变化。随着胡、汉融合程度的加深，像苻融那样自认夷狄的观念已是明日黄花，此时鲜卑人思想为之一变，鲜卑统治者明确显示其居于中华正统的政治、文化地位。《魏书·韩显宗传》记载，韩显宗上书给孝文帝，称："自南伪相承，窃有淮北，欲擅中华正统。"说明此时的北魏认为自身乃传统文化的继承者，且在法统上，以其立都洛阳，居于"中国"核心地区，自然是"中华"，反斥南朝为"南伪"。值得注意的是，南朝人士对于北魏文化上的发展兴盛颇为心悦诚服。此有一事可证：萧梁名将陈庆之，于北魏末年曾护送降梁的魏北海王元颢回北方称帝，一度攻入洛阳。在其失败之后仍回梁朝，对北方"文物之盛"称道不已。史载："北海寻伏诛，其庆之还奔萧衍，衍用其为司州刺史。钦重北人，特异于常。朱异怪复问之，曰：'自晋宋以来，号洛阳为荒土，此中谓长江以北尽是夷狄。昨至洛阳，始知衣冠士族并在中原，礼仪之盛，人物殷阜，目所不识，口不能传。所谓帝京翼翼，四方之则，如登泰山者卑倍嵝，涉江海者小湘沅，北人安可不重！'庆之因此羽仪服式悉如魏法，江表士庶竞相模楷，褒衣博带，被及棱陵。"① 南朝君臣向来以汉族正统自居，鄙视北朝和鲜卑族，称之为"索虏"。陈庆之此次造访洛阳，亲睹了洛阳的繁荣景象，使他由衷地改变了成见，并为北魏经济文化的繁盛赞叹不已。这说明，内迁的鲜卑等北方少数民族的封建化速度之迅速和成就显著超出了南朝汉族高官的想象，已经毫不逊色于汉族统治下的南朝了。

---

① 《洛阳伽蓝记》卷 2。

在隋、唐时代，"中华"也常被称为"汉"。如《旧唐书·温彦博传》记载，朝臣议论安置突厥降众的办法，多主张"因其归命，分其种落，俘之河南，散属州县，各使种田，变其风俗，百万胡虏，可得化而为汉。则中国有加户之利，而塞北常空矣。云云"。但这里所说的汉，也就是唐太宗所说的"中华"，已不同于魏晋以前的"汉"，因为它又融入了魏晋以来的"五胡"等少数民族成分。隋、唐时期，汉族（中华）的人口之所以在短短的一个半世纪（589～755 年），迅速从三千多万增加到五千多万，不仅仅是原有汉族人口的自然增长，也与在隋文帝、唐太宗等隋唐统治者宽容的民族政策推动下，众多国内少数民族甚至域外族裔加入进来有着极大的关系。

在隋、唐时期，尽管"中华"的内涵更丰富了，"中国"的范围更扩大了，而"四夷"仍指内地郡县以外的民族及其地区，仍是与"中国"相对应的名词。这种用法，在隋、唐时期历史文献中比比皆是。例如：贞观三年（629 年），唐太宗对诸臣说："朕今治安中国，而四夷自服。"① 贞观十三年（639 年），唐太宗对众侍臣说："中国百姓，实天下之根干；四夷之人，乃同枝叶。扰其根干以厚枝叶，而求久安，未之有也。"② 贞观十七年（643 年），唐太宗又说："今中国强，戎狄弱，以我徒兵一千，可击胡骑数万。"③ 唐高宗时，大臣骆弘义奏言："安中国以信，驭夷狄以权，理有变通也。"④ 魏元忠奏言："出师之要，全资马力。臣请开畜马之禁，使百姓皆得畜马；若官军大举，委州县长吏以官钱增价市之，则皆为官有。彼胡虏恃马力以为强，若听人间市而畜之，乃是损彼之强为中国之利也。"⑤ 武则天时，右补阙卢辅认为"以蛮夷攻蛮夷"是"中国之长算"。⑥ 麟台正字陈子昂也提出"使夷狄相攻，中国之福"的建议，他认为"天子以四海为家"，并非真心"爱夷狄而鄙中国"，只是做出"示无外"的姿态而已。同时他又主张，朝廷应当"修文德，去刑罚，劝农桑，以息疲民"，这样蛮夷就会"知中国有圣王，必累译而至矣"。⑦ 此外，还有杜佑所说："中国遂宁，外夷亦静。"⑧ 李大亮所说："化中国以信，驭夷狄以权。"⑨ 陆贽所说："中夏有盛衰，夷狄有强弱，事机有利害，措置有安危。"⑩ 以上皆是以"中国"（或"中夏"）对应"夷狄"（或"蛮夷""戎狄"），界限非常分明。当时周边少数民族政权同样视唐朝为"中国"，

① 《资治通鉴》卷 193，贞观三年十二月。
② 《贞观政要》卷 9《议安边第三十六》。
③ 《资治通鉴》卷 197，贞观十七年六月。
④ 《新唐书》卷 215 下《突厥传下》。
⑤ 《资治通鉴》卷 202，仪凤三年九月。
⑥ 《旧唐书》卷 194 上《突厥传上》。
⑦ 《新唐书》卷 107《陈子昂传》。
⑧ 《旧唐书》卷 147《杜佑传》。
⑨ 《旧唐书》卷 62《李大亮传》。
⑩ 《旧唐书》卷 139《陆贽传》。

而自身并不在"中国"之内。例如，南诏清平官郑回曾对南诏王异牟寻说："中国有礼仪，少求责，非若吐蕃琳刻无极也。今弃之复归唐，无远戍劳，利莫大此。"① 南诏是公元七世纪至九世纪在我国西南地区以洱海和滇池为中心由彝族先民（文献中称"乌蛮别种"）为统治民族建立的政权，在其心目中"中国"即"唐朝"，颇具代表性。

不仅民族界限分明，唐朝儒家士大夫对"夷狄"的蔑视甚至仇视心理仍很强烈，如唐朝初年的史学家们，在撰述《晋书》（房玄龄等撰）、《周书》（令狐德棻等撰）及《北史》、《南史》（李延寿撰）等史书时，贵"中国"贱"夷狄"的思想体现得十分鲜明，莫不在其中贬斥夷狄为"人面兽心"，表示深恶痛绝。突厥默啜可汗于圣历元年（698 年）主动给武则天上表，表示愿意将自己女儿出嫁朝廷，建立和亲关系。但囿于自古还没有天子"求娶夷狄女以配合中国王"② 的先例，武则天予以拒绝。至唐中叶时依然如此，史载唐德宗还是雍王时，曾率领药子昂等人到陕州黄河北会见回纥登里可汗。登里可汗逼迫雍王在帐前向他"舞蹈"（即拜跪），药子昂拒绝说："元帅即唐太子也，太子即储君也，岂有中国储君向外国可汗前舞蹈？"③ 以上事例，都说明唐代君臣士人以"中国"自居、蔑视"夷狄"的思想倾向是多么明显而强烈！

尽管传统观念仍然顽固存在，但隋、唐的统一局面毕竟是在民族大融合基础上实现的，隋、唐统治集团作为民族融合的群体④，顺理成章地接受并认同了"中华一体"的观念，实行开明、务实的民族政策，使民族关系进一步得到发展。儒家虽然讲究"华夷之辨"或"华夷之别"，但其标准不在血统而在经济、文化，在经济文化进步的基础上，承认夷、夏之间的变通，主张"用夏变夷"，反对"以夷变夏"。⑤ 这反映出儒家的民族观既有其封闭、保守的一面，也有其开放、积极的一面。唐昭宗时期，程宴著《内夷檄》。⑥ 在此文中，他对夷夏之辨和以夏变夷的思想进一步深化，提出了"四夷之华"和"中国之夷"的新概念。在中国古代历史上，四夷的首领和民众因仰慕"中华之仁义忠信"而纷纷来到中原内地。在程宴看来，"夷"和"华"并不是绝

---

① 《新唐书》卷 222 上《南蛮传上·南诏传上》。

② 《旧唐书》卷 91《张柬之传》。

③ 《旧唐书》卷 195《回纥传》。

④ 隋、唐皇室不仅都出自关陇集团，也与宇文鲜卑、拓跋鲜卑有着密切的婚姻、血缘关系，深受鲜卑的影响。例如隋炀帝杨广和唐高祖李渊都是汉族与鲜卑族的混血儿；唐太宗的皇后长孙氏也是汉化了的鲜卑人。除了皇室之外，隋、唐两代的朝、野上下，汉化了的鲜卑达官显宦、文人学士以及能工巧匠更是不胜枚举，位至宰相者即二十多人，如唐初名相长孙无忌就是其中之一。故而元人胡三省在为《资治通鉴》作注时说："自隋以后，名称扬于时者，代北之子孙十居六七矣，氏族之辨，果何益哉！"即说，代北胡人的子孙已经与汉族融为一体，许多人做出了名垂千古的业绩，再去计较胡、汉之别，已没有意义。

⑤ "用夏变夷"语出《孟子·滕文公上》，在东汉何休的《春秋公羊传解诂》中有较详尽的阐述，其含义有三：一是以先进的华夏文化去影响周边少数民族；二是华夏和夷狄的划分以"礼制"文化为标准；三是华、夷在一定条件下可以互相转化。如果华夏脱离了"礼"，则会变成"新夷狄"，这是退化的表现；如果夷狄学会了"礼"，也能变为华夏，这是进步的表现。

⑥ 见《唐文粹》卷 49；《全唐文》卷 821。

对的，也不能完全按照他们出身的民族来划分。少数民族虽然"身出异域"，但因他们"能驰心于华"，所以，并不能认为他们就是"夷"。另一方面，中国的臣民如果"倔强王化"，背离和丢弃了仁义忠信，他们虽然"出身于华"，但因他们"反窜心于夷"，也并不能认为他们就是"华"。程宴进一步指出，中国臣民"窜心于夷"，并非国家之窜心，而是他们自己"窜心于恶"。程宴由此认为，我们不能只根据其具有"华"的名称而称其为"华"或者只根据其具有"夷"的名称而称其为"夷"。在程宴看来，"华其名有夷其心者，夷其名有华其心者，是知弃仁义忠信于中国者，即为中国之夷矣，不待四夷之侵我也"。从中原王朝的角度来看，有些"中国"臣民虽然其民族本来是"华"，但是，如果"悖命中国，专倨不王，弃彼仁义忠信，则不可与人伦齿"，他们就是"中国之夷"。相反，"四夷内向，乐我仁义忠信，愿为人伦齿者"，他们就是"四夷之华"。据此，程宴提醒人们："夷其名尚不为夷矣，华其名反不如夷其名者也。"总之，程宴判断"华""夷"的标准在于能否坚持"中华之仁义忠信"，并不在于血统和名称。如果中原王朝的臣民丢弃仁义忠信，就是"中国之夷"；如果少数民族坚持仁义忠信，就是"四夷之华"。由此可见，程宴不仅提出了"四夷之华"和"中国之夷"的新概念，而且进一步发展了传统的"以夏变夷"思想，彰显了唐代一种积极、开放的时代精神。

在积极、开放的时代精神作用下，隋、唐统治者能够以比较开明、平等的态度处理民族关系，制定并实施了比较成功的民族政策，从而推动了民族融合的继承，促进了中古时期中华民族历史向前发展，开创了举世瞩目的盛唐文明。

隋文帝杨坚时期，对周边少数民族尤其是新兴的突厥族采取了文德与武功并用，侧重以德抚之的政策，致使突厥、靺鞨、吐谷浑等少数民族纷纷归顺甚至内迁，有不少人成了隋朝的编户齐民。被称誉为"千古一帝"的唐太宗李世民，在这方面更有建树。在处理民族关系上，唐太宗一直实行不过分歧视各少数民族的政策。上文提及，他曾说："自古皆贵中华，贱夷狄，朕独爱之如一，故其种落皆依朕如父母。"[①] 抛开这句话妄自尊大的虚夸部分，它还是反映了当时的真实状况的，说明唐太宗具有在当时来说相当进步的民族观。

唐太宗进步的民族观还表现在：他把"抚九夷以仁"当作"君之体也"[②]，宣称："我今为天下主，无问中国及四夷，皆养活之；不安者，我必令安；不乐者，我必令乐。"这种将"中国"与"四夷"一视同仁的思想，是值得肯定的。唐太宗同时将其比较开明的民族观贯彻到处理具体事件当中。史载贞观四年（630年），东突厥灭亡后

---

① 《资治通鉴》卷198。
② 《帝范》卷1《君体》。

有十余万户降唐，唐太宗集群臣商议如何安置为宜。中书令温彦博主张徙之于河南（即黄河河套南），遭到以秘书监魏徵为首的一班大臣（如颜师古、杜楚客、李百药等）的反对。魏徵反对的理由是："彼（按指突厥）鸟兽野心，非我族类，弱则伏，疆则叛，其天性也。且秦、汉以锐师猛将取河南地为郡县者，以不欲使近中国也。陛下何以河南居之？"温彦博反驳说："圣人之道无不通，故曰'有教无类'。彼创残之余，以穷归我，我援护之，收处内地，将教以礼法，职以耕农，又选酋良入宿卫，何患之恤？且光武置南单于，卒无叛亡。"唐太宗从"化胡为汉"的政治目的出发，最终依从了温彦博的意见，迁徙十余万突厥降众于河南，① 并将很大一部分突厥人迁到都城长安，因而突厥"入居京师者近万家"②。同时，唐太宗尽力笼络突厥贵族，"酋豪首领至者皆拜将军，布列朝廷，五品以上百余人，殆与朝士相半"。③ 唐太宗在《赐薛延陀玺书》中，阐明了他同意温彦博建议的缘由："突厥颉利可汗未破已前，自恃强盛，抄掠中国，百姓被其杀者，不可胜纪。我发兵击破之，诸部落悉归化。……所有部落，爱之如子，与我百姓不异。……是以所降部落等并置河南，任其放牧。今户口羊马，日向滋多。"④ 可见，唐太宗所以从温彦博之策，迁徙突厥降众于河南，是从其对中华、夷狄"爱之如一"的前提出发，向传统的"夷不乱华"思想挑战。作为一位封建社会的帝王，这的确是难能可贵的。因而，有的学者评价说："作为封建皇帝，唐太宗不可能没有阶级局限性和历史局限性，……但他是大汉族主义色彩最淡漠的皇帝，而它的民族平等思想则为别的皇帝所望尘莫及。"⑤ 应该说这是一个比较客观、公允的评价。

正是由于唐太宗等唐朝开国皇帝的文治武功，大力开拓，先后"北服突厥颉利，西平高昌"，一个"东西九千五百十里，南北万六千九百十八里"⑥ 的统一多民族的大唐帝国才能屹立在世界的东方，中华民族发展史也掀开了新的篇章。

三

宋辽夏金时期，中国民族关系的发展进入了一个新的历史时期。随着这一时期民族融合程度的加深，特别是少数民族入主中原，同汉族政权形成鼎足而立之势，传统意义上的"中国"观念无论是在内涵还是外延上都发生了巨大的变化，各少数民族在实现汉化与封建化的同时，也逐渐实现了对中华一体思想观念的认同。

五代时期的中原政权及以汉族为主的赵宋王朝，始终以正统自居，仍然视自身为

---

① 《新唐书》卷 215 上《突厥传上》。

② 《通典》卷 197《边防十三·突厥上》。

③ 《通典》卷 197《边防十三·突厥上》。

④ 《全唐文》卷 10。

⑤ 胡如雷：《李世民传》，中华书局，1984，第 254 页。

⑥ 《通典》卷 172，《州郡典二·序目下》。

“中国”，契丹等族为“夷狄”。例如宋人魏泰说：“元昊未叛时，先以兵破回鹘、击吐蕃，修筑边阵；……世人每见夷狄自相攻讨，以为中国之和，不知其绝后顾之患，然后悉力犯我，此兵者所宜察也。”① 再如宋人张舜民说：“西域诸藩处中国，以至夏、契丹交驰，罔不在邻郭，今青唐是也。”② 这里的“中国”都是指中原内地即北宋王朝而言。在与辽国的外事交往中，他们都是自称“中国”，而称辽国为“北朝”，起初辽人对此也无异议。例如后晋少帝即位，辽太宗以其擅自即皇位而派使者谴责，后晋大臣景延广对契丹回图使乔荣说：“先帝（按指石敬瑭）为北朝所立，故称臣奉表。今上（按指少帝）乃中国所立……为邻称孙足矣，无称臣之理。”③ 宋朝建立后，在其同辽朝的外事往来中，也是如此。例如天圣五年（1027 年），宋龙图阁待制孔道辅使契丹，对辽圣宗说：“中国与北朝通好，以礼文相接。”④ 宋在国内对辽则使用颇有侮辱性的称呼，称之为“虏”“番”等。宋抟、薛映、宋绶等使辽后，所写汇报性奏章题名即“上虏中事”“上虏中境界”“上虏中风俗”等。

宋朝儒学兴盛，以汉族为中心的“严华夷之辨”“内诸夏而外夷狄”等政治观念仍牢固地盘踞在宋朝士大夫头脑之中，并在新形势下得到进一步的发挥。宋代的“中国”观也具有自身的历史特点。北宋人石介对“中国”一词的概念进行了总结性界定：“天处乎上，地处乎下。居天地之中者曰中国，居天地之偏者曰四夷。四夷外也，中国内也……夫中国者君臣所自立也，礼乐所自作也，衣冠所自出也，冠婚祭祀所自用也，缞麻丧泣所自制也，果瓜菜茹所自有也……非二十八舍、九州分野之内，非君臣、父子、夫妇、兄弟、宾客、朋友之位皆外裔也。”⑤ 石介主要是从地理、民族、文化、生产方式四个方面概括了当时的“中国”观：地理上，中国是指以“九州”为主的传统意义上的汉族聚居之地，大体上就是指长城以南的黄河流域和长江、珠江流域，即所谓“天地之中”，并不包括少数民族居住的地区；“中国之人”主要是知“礼乐”、服“衣冠”、从事农业生产的汉族，少数民族也不在其中。石介的“中国”观虽然带有明显的大汉族主义色彩，但是他的这一认识，还是基本符合当时汉族与少数民族对“中国”一词的理解的。

在早先时候，少数民族往往也是依照历史的惯性，视中原内地的汉族为“中国”，自身为“蛮夷”。例如契丹即如此。契丹建国前后，诸事草创，东征西伐，并且忙于备典章，建制度，国家形态尚处于初期阶段，自然难以“中国”自居。辽在占有幽、蓟

① 《东轩笔录》卷 15。
② 《画墁录》卷 1。
③ 《资治通鉴》卷 282。
④ 《续资治通鉴长编》卷 105。
⑤ 《徂徕石先生文集》卷 10。

地区之后，述律太后和辽太宗仍无意在那里称帝，尚无要居中国之正的观念。辽太宗于会同十年（947 年）率军入汴梁（今开封），改晋为大辽国。太宗着"中国冠服"，受百官参拜，他对左右侍臣说："汉家仪物，其威如此。我得与此殿坐，岂非真天子邪？"① 这虽然反映了辽太宗对汉族文化的景仰，但此时他及其母后并没有称帝中原的信心和意愿，此举实乃逢场作戏。述律太后曾对太宗说"使汉人为胡主，可乎？"太宗回答："不可。"太后说："然则汝何故欲为汉主？"又说："汝虽得汉地，不能居也"。② 由于生活习俗和环境差异太大，其实太宗本人也不愿在中原久居，他对旁人说；"我在上国，以打围食肉为乐，自及汉地，每每不快，我若得归本土，死亦无恨。"③ 最终还是引军北还，死于归途。从述律太后和太宗的言行，大体反映出辽朝初年契丹统治者尚无要做包括中原在内的一统天下君主的意识。

在早期交往中，辽称五代时的中原王朝及后来的宋朝一般为"中国"（或"南朝"）。《辽史·张砺传》记载：会同初，翰林承旨兼吏部尚书张砺从太宗伐晋，占据汴梁。张砺奏称："今大辽始得中国，宜以中国人治之，不可专用国人及左右近习。"此时辽人是将"大辽"（本土）与"中国"、"国人"（契丹人）与"中国人"（汉人）并列的。《资治通鉴》卷二八五关于这段话记载稍异："今大辽已得天下，中国将相宜用中国人为之，不宜用此人及左右近习。"这里的"天下"包括了原来的"大辽"及新得之"中国"。统和二十六年（1008 年），北宋将祭泰山，乃命人至境上告谕此事，契丹回报说："中国自行大礼，何烦告谕？"④ 辽圣宗还说："五百年来，中国之英主，远则唐太宗，次则后唐明宗，近则宋太祖、太宗也。"⑤ 太平二年（1022 年），辽圣宗听说宋真宗去世，集众臣举哀，对皇后萧氏说："汝可致书大宋皇帝太后，使汝名传中国。"⑥ 后晋少帝时，契丹诸部频年出征，辽国君臣"稍厌兵革"，太宗母述律太后对其臣僚说："南朝汉儿争得一向卧耶！自古及今，惟闻汉来和蕃，不闻蕃去和汉。"⑦ 以上资料足见此时辽在其内部还未以中国自居，也不避讳"夷""蕃"等称呼。

这一时期，辽在与五代中原历朝与北宋的交往中，也从未以"中国"自居。重熙十三年（1044 年），辽兴宗将伐西夏，遣使赴宋朝相告，"其书曰'元昊负中国当诛'，故遣林牙耶律祥等问罪"。⑧ 这里的"中国"，即指宋朝。《宋史·余靖传》记载："元

---

① 《新五代史》卷 72《四夷附录一》。
② 《资治通鉴》卷 284。
③ 《旧五代史》卷 137《契丹传》。
④ 《续资治通鉴长编》卷 69。
⑤ 《契丹国志》卷 7《圣宗天辅皇帝》。
⑥ 《太平治迹统类》卷 4《真宗经制契丹》。
⑦ 《旧五代史》卷 137《外国列传》。
⑧ 《续资治通鉴长编》卷 151。

昊既归款，朝廷欲加册封，而契丹以兵临西境，遣使言： '为中国讨贼，请止毋和。'"① 说的是同一件事，此处"中国"仍指宋朝。

总之，在兴宗朝之前，辽无论是在其内部还在与宋的交往中，从未以"中国"自居，他们心目中的"中国"，只有宋朝当之。然而，辽朝经过近二百年的发展，到其后期文物典章粲然大备，辽人从君主到臣下都开始对自己的正统地位确定不疑。

辽人明确以"中国"自谓，见于大安末年②太子洗马刘辉的上书，其中言："西边诸番为患，士卒远戍，中国之民疲于飞挽，非长久之计。"③ 这时辽人已经以"中国"自居，而将周边其他民族称为"诸番"。这与以前称五代中原王朝和宋朝为"中国"，自称"夷"、"蕃"已是明显不同了。"诸夏"、"区夏"与"中国"意义相同。辽人自称"诸夏""区夏"等，也大致出现在兴宗、道宗两朝以至更晚一些。例如，《萧义墓志铭》（天庆二年，1112年）云："我道宗大孝文皇帝嗣守丕图，奄有诸夏。"④ 保大二年（1122年），辽天祚帝被女真军所逼而播迁，逃亡于夹山，奚王回离保等拥立耶律淳为帝，建立北辽。耶律淳在即位诏中云："自我烈祖肇创造之功，至于太宗，恢廓清之业，故得奄有区夏。"⑤ 从以上史料记载可见，辽人自称"中国""诸夏""区夏"等，一般来说是在兴宗、道宗朝以后的事。

从以上辽人称谓的变化，可以大体反映出辽朝正统观念的形成与演变过程。至辽圣宗时，辽朝经过数十年的发展，国势臻于鼎盛。特别是澶渊之盟的缔结，实现南北和好，加强了辽宋之间各方面的联系往来，汉族文化在辽朝得到更为广泛的传播，加速了契丹汉化和封建化进程。汉族传统文化中的正统观念逐渐受到辽朝统治者的重视。到兴宗、道宗两朝，出现了明显的淡化华夷之辨的趋势。清宁三年（1057年），辽道宗以《君臣同志华夷同风诗》进呈皇太后，皇后萧观音应制和诗。⑥ 道宗尝听汉人为他讲《论语》，当读到"夷狄之有君，不如诸夏之亡也"时，侍讲者很快地往下读，不敢讲解。道宗说："上世獯鬻、猃狁荡无礼法，故谓之夷，吾修文物，彬彬不异中华，何嫌之有？"让此人无须顾虑，继续讲下去。⑦ 道宗是将"礼法""文物"亦即文明视为区分华夷的标志，认为契丹文明已同中华无异，因此不必讳言。这与"华夷同风"是一致的。耶律楚材曾赋诗云："辽家遵汉制，孔教祖宣尼。"⑧ 正反映了辽代以中原传统"礼乐"文化为正统的历史事实。

① 《宋史》卷320《余靖传》。
② "大安"是辽道宗的年号，其最后一年为1094年，已属辽朝后期了。
③ 阎凤梧编《全辽金文》山西古籍出版社，2002，第431页。
④ 《全辽文》卷9，中华书局，1982。
⑤ 《全辽文》卷9。
⑥ 王鼎：《焚椒录》。
⑦ 洪皓：《松漠纪闻》卷上。
⑧ 《湛然居士文集》卷12《怀古一百韵寄张敏之》。

然而生活在辽朝的汉族士人却对本朝被其他人称为"夷"而耿耿于怀。例如寿昌二年（1096 年），曾在大安末年在奏章中明确称辽为"中国"的刘辉，上书说："宋欧阳修编《五代史》，附我朝于四夷，妄加贬訾。且宋人赖我朝宽大，许通和好，得尽兄弟之礼。今反令臣下妄意作史，恬不经意。臣请以赵氏初起事迹详附国史。"道宗听后"嘉其言"。①正是在刘辉这样的汉族士人影响之下，辽朝皇帝正统观念渐强，以中国正统自居成为自然之事。大康七年（1081 年）辽道宗制《圣宗仁德皇后哀册》云："后德中助，帝功大成。唐媛兴妫，涂山翼夏。狄赞殷昌，蟫裨周化。秦汉已还，隋唐而下。我国迭隆，其贤相亚。"②哀册旨在赞美自上古经汉唐至辽朝的"后德"，从中可以看出，这里已全然是以中国王朝统绪合法继承者自命的口气了。

辽朝末年，契丹政权处于风雨飘摇之中，岌岌可危，辽朝统治者更加以正统自居，企图以此作为维护其统治的依据。乾统八年（1108 年），天祚帝遣萧良赐高丽国王册云："朕以王者底绥四海，利建于侯封。诸侯各守一邦，会归于王统。"③天祚帝甚至在降金表中还声称："伏念臣祖宗开先，顺天人而建业，子孙传嗣，赖功德以守成。奄有大辽，权持正统。"④

以上情形，说明辽朝末年，契丹族统治者以中国正统自居已成为当时意识形态的一个重要部分，这从一个侧面反映了中华传统文化在北部中国得到了深入而广泛的传播。辽朝正统观念在其形成与发展过程中，屏弃了那些不利于维护本朝统治的以汉族为中心的严华夷之辨、内诸夏而外夷狄的观念，自称"中国"（或"诸夏""区夏"），说明传统的"中国"观在契丹等族人中，得到进一步的扩大和发展。

金代历时近 120 年，幅员极为广袤，北起外兴安岭，南到淮河，西起今甘肃，东至大海，面积约为同时期南宋的两倍。由于占据了"天下之中"的中原地区，迫使汉族政权偏安于东南一隅，金朝统治者在处理与周边民族政权之间的关系时，更是常常以"中国"自居。如海陵王时，徒单太后就曾以"兴兵涉江、淮伐宋，疲弊中国"⑤为由劝阻海陵王南征。金哀宗在对比金、蒙古、南宋三方军事实力时说："北兵（按指蒙古军）所以盛取全胜者，恃北方之马力，就中国之技巧耳，我实难与之敌。至于宋人……朕得甲士三千，纵横江、淮间有余力矣。"⑥在外交方面，金宣宗时，有"日本国太宰府民七十二人，因籴遇风，飘至中国"⑦的记载。以上史料中的"中国"皆是

---

①　《辽史》卷 14《刘辉传》。
②　《全辽文》卷 2。
③　《高丽史》卷 12《睿宗世家一》。
④　《大金吊伐录》卷 4。
⑤　《金史》卷 63《后妃传上》。
⑥　《金史》卷 119《完颜娄室传》。
⑦　《金史》卷 15《宣宗本纪中》。

金人的自称。与辽朝相比,金朝统治者自为整个中国正统的观念更为明显和强烈。这是女真族高度汉化的反映。

金代士人刘祁说:"(女真)好变夷狄风俗,行中国礼乐如魏孝文。"① 随着金朝疆土的迅速扩展,女真与汉人杂居共处,在汉族文明的影响下,女真汉化成为一种社会时尚和思潮。大约从金熙宗完颜亶(1135~1149年在位)起,在女真上层统治集团中率先出现汉化趋势。史书记载,熙宗"尽失女真之故态"②,而那些守旧的女真大臣则讥笑他"宛然一汉家少年子也"。③ 以上事实反映出熙宗在汉族士人和汉文化熏陶下,道德观念和生活习惯在很大程度上已经汉化了。海陵王完颜亮(1149~1161年在位)对汉文化的仰慕及其汉化程度,比熙宗有过之而无不及。史载,他自幼便"嗜习经史","见江南衣冠文物朝仪位著而慕之"。④ 他有较高的汉文学修养,所作诗词颇具特色。

海陵王时,金朝统治者已不满足于同南宋、高丽、西夏共有天下的格局,而要一统天下。"居天下之正","合天下于一"的观念愈来愈强烈,而且对以往重华夏轻夷狄的传统观念予以批判和否定。例如,海陵王对儒家经典《论语》中贵诸夏轻夷狄的观点极为不满,他说:"朕每读鲁论,至于'夷狄之有君,不如诸夏之亡也。'朕窃恶之。岂非渠以南北之区分,同类之比周,而贵彼贱我也。"⑤ 海陵王主张华夷平等,反对贵华夏轻夷狄的观点,虽然与他的政治雄心相联系,是与其统一江南的战略目标张目的,但不能否认,他对儒家传统观念的否定和批判还是符合历史发展大势的。以后金朝诸帝无不如此。从世宗朝开始,金朝君臣干脆自居"中国"而将"夷狄"的帽子扣到南宋、高丽等向其称臣纳贡的政权头上。到章宗、宣宗时代,金朝继续以"华夷之辨"来解释民族关系,掀起了德运之议,自居正统,而把南宋贬于"闰"位。⑥

"合天下于一"的思想,在金朝君臣中也明显地确立起来。海陵王曾与臣下论《汉书》,臣子说:"本朝疆土虽大,而天下有四主,南有宋,东有高丽,西有夏,若能一之,乃有大耳。"海陵王说:"朕举兵灭宋,远不过二三年,然后讨平高丽、夏国。一统之后,论功迁秩,分赏将士……"⑦ 海陵王还多次说:"自古帝王混一天下,然后可以为正统。"⑧"天下一家,然后可以为正统。"⑨《正隆事迹记》亦载,海陵王迁都汴京

---

① 《归潜志》卷12《辨亡》。

② 《系年要录》卷117,绍兴七年十一月条。

③ 《三朝北盟会编》炎兴下帙66《金虏节要》。

④ 《大金国志》卷13《海陵炀王上》。

⑤ 《三朝北盟会编》炎兴下帙142《正隆事迹记》。

⑥ 参阅齐春风《论金朝华夷观的演化》,《社会科学辑刊》2002年第6期。

⑦ 《金史》卷129《张仲轲传》。

⑧ 《金史》卷84《温敦思忠传》。

⑨ 《金史》卷129《李通传》。

是为了"加兵江左，使海内一统"①。据宋人《中兴御侮录》记载，海陵王迁汴前曾说："吾为中原天子足矣"，并有"咨尔万方，当怀一统"之语。该书作者评论说，海陵王"盖耻为夷狄，欲绍中国之正统耳"。金世宗也是一位通晓汉文化的金朝皇帝，唐太宗等中国历代"贤君"对他影响很深。他提倡孝悌忠信等儒家伦理道德，认为女真旧风与儒家理论是一致的，他说："女直旧风最为纯直，虽不知书，然其祭天地，敬亲戚，尊耆老，接宾客，信朋友，礼意款曲，皆出自然，其善与古书所载无异。"② 金世宗即位后改元"大定"，与海陵王的初衷不谋而合，他还说："我国家绌辽、宋主，据天下之正。"以为金王朝平辽克宋，占据了天下中心地带，理应称正统。金廷不仅在理论上重新解释正统，而且还制定了若干相应的礼仪制度。世宗大定四年（1164 年）初定祭五岳四渎礼和章宗泰和四年（1204 年）诏令合祭前代十七帝王便是其中两例。这两项礼仪的制定，进一步说明金朝统治者是把自己看成为中原历代王朝的合法继承者。

经过金朝治下的不少汉族学者的阐释，金朝的正统观更具有了理论意义。其中最著名者是赵秉文，他顺应时势发展变化，继承了儒家思想中关于华夏、夷狄都是可变的这一进步主张，为金朝正统理论建设贡献尤多。他在《蜀汉正名论》中说："春秋诸侯用夷礼，则夷之；夷而进于中国，则中国之。"③ 认为中国与夷狄的关系并非一成不变，而是不断发展的。这一论断，在当时来说确实十分精辟。这种为北方少数民族统一中国张目的理论学说，为后世少数民族统治者建立统一多民族国家起了思想先行作用。

总之，在宋辽夏金时期，各个相互对峙的民族政权都各有其朝代国号，而又都以"中国"为其通称。少数民族自称"中国之人"，少数民族统治者以"中国之主"自居，在今天看来不足为奇，但在 12 世纪的中国则具有重大的历史意义：首先，辽金王朝的统治区域均极为辽阔，辽金王朝的统治者自称"中国"，则是将传统意义上的"中国"扩大到辽金统治下的东北和西北地区，使"中国"一词的含义不再局限于长城以南。其次，辽金王朝以"中国"自居则使"中国之民"不再仅仅代指汉族，也包括了在辽金王朝统治之下的契丹、女真、党项、蒙古等诸多民族，应视为近现代"中国人"一词的发端。最后，"中国"一词不再是区分少数民族与汉族的民族标记，而成为少数民族与汉族共有的政治符号，成为统一多民族国家的代名词。

兴起于漠北的蒙古游牧民族，经过长期的征服战争，相继灭亡了西夏、金、吐蕃、大理和南宋等分立政权，结束了中国长期分裂的局面，建立了一个新的封建王朝——

---

① 《三朝北盟会编》炎兴下帙 142。
② 《金史》卷 7《世宗纪中》。
③ 《闲闲老人滏水文集》卷 14。

元朝, 在 "北迄阴山, 西极流沙, 东尽辽左, 南越海表"① 的辽阔领域, 形成了一个空前规模的、统一的、多民族的大帝国。"元代是民族重新组合的大时代, 其深度和广度超过隋唐"。"中国历史的民族组合, 到了元代, 可以说是基本稳定下来了, 其后虽有满族的入关, 变动并不太大。"② 在民族的重新组合中, 各民族的关系更为密不可分, 从而使 "天下一家" "中外一体" 的多民族统一思想得到不断增强。

由于元朝是一个以少数民族统治者为首的政权, 如何对待元朝的统治和民族关系的变化, 元初汉族士人是经历过一番曲折的思想转变过程的, 尤其是江南那些南宋遗民更具有浓厚的故国思绪, 时时寻机表露他们的民族不满情绪。例如胡三省在其《通鉴音注》中, 便通过论说史事申斥元朝横暴统治, 表达故国情思。这种民族不满情绪, 在金履祥的《通鉴前编》中也有所流露。还有一批江南学者通过研讨朱熹的《通鉴纲目》, 倡导朱熹的 "正统" 理论和 "夷夏之辨" 思想, 意在为南宋争正统, 以此方式表露对异族统治的不满。

同江南士大夫新近亡国的 "切肤之痛" 相比, 北方汉儒因长期生活于少数民族政权统治地区, 使他们能够以比较务实的态度看待民族关系问题; 另外, 金亡四十余年, 他们目睹蒙元统一大业的进程, 又受到元世祖忽必烈等蒙古统治者好儒尊礼的影响, 思想已有了较大转变。郝经就是其中的具有代表性人物。由于他所生活的北方地区, 从辽朝算起已有近三百年不是汉族封建王朝的统治区; 从金朝算起也有一百余年时间不是汉族皇帝当家了, 长期生活的社会背景提供给郝经等一批汉儒客观认识民族关系的现实基础, 对于辽金历史的认识, 特别是对金朝历史的总结, 也使他们较容易突破 "夷夏之辨" 的观念, 从而提出如郝经所说 "今日能用士而能行中国之道, 则中国之主"③ 这样不带民族偏见的政治原则和民族关系思想。"行中国之道则中国之主" 的关键在于冲破了狭隘民族观 "严夷夏大防" 的藩篱, 解决了中国之主不一定非得是汉族的问题。郝经认为, 天意民心所向, 唯德唯善, 能够主宰中国之土的人是什么种族并不重要, 关键是要看他们是否行 "中国之道"。他的 "中国之道" 自然是指儒家之道, 在他看来, 儒家的道德纲纪和典章文物乃是天下元气和命脉只所在。辽金之亡、南宋的衰败自然是没有修完纲常礼义、光大典章文物, 那么, "中国既而亡矣, 岂必中国之人善治哉? 圣人有云, 夷而进于中国, 则中国之, 苟有善者, 与之可也, 从之可也"④。此话说得再清楚不过了, 只要能行德治善政, 则不一定非是 "中国之人", 就是所谓 "夷狄", 民亦可与之从之, 这是郝经反复强调的。至于 "圣人" 所云, 则表明了其理

① 《元史》卷 58《地理志·序》。
② 《中国通史》第一卷 "导论", 上海人民出版社, 1989, 第 15 页。
③ 《陵川集》卷 37《与宋两淮制置使书》。
④ 《陵川集》卷 32《立政议》。

论基础来自于《春秋公羊传》的"用夏变夷"思想，是早有古训而非凭空捏造的。

郝经"夷而进于中国则中国之"的思想，反映了当时北方多数汉族知识分子的意识观念。如果说，"行中国之道则为中国之主"的思想是从理论上论证了蒙元统治的合法性；那么，"行汉法"的主张，则是为蒙古统治者提出了一系列具体的政治措施。徐世隆向忽必烈进言说："陛下帝中国，当行中国事。"① 建议仿效中原传统典章制度，励行文治。其他如许衡、姚枢等汉儒都提出过非常具体的行"汉法"的建议措施。

元朝统治者接受传统的正统思想影响而形成政治上的正统观念应该说始于元世祖忽必烈。忽必烈是蒙元历史上一位"度量宏广，知人善任，信用儒术，用能以夏变夷，立经陈纪"的帝王，他确立了规模宏远的"一代之制"。② 他即位伊始，便采用中原皇朝的年号纪年，建元"中统"。建元中统，在大蒙古国历史上是一个立新的事情。在忽必烈之前的蒙古诸汗都没有采用年号纪年。忽必烈即位后使用年号纪年，其意义正如其《中统建元诏》所宣称"稽列圣之洪规，讲前代之定制"。表明此后的蒙古政权将沿着中国传统封建社会前代的"洪规""定制"而发展。建元是一个开始，这个开始含义既有"建元表岁，示人君万世之传；纪时书王，见天下一家之义"；又有"法《春秋》之正始，体大《易》之乾元"之意。由此可知，元世祖忽必烈是要继承此前历代传统的制度文化，遵循治道而行事，是要"施仁发政，期与物以更新"。③ 也就是说，忽必烈是以一个"中国之主"的姿态出现于历史舞台。

至元八年（1271 年）正式建国号"大元"，进一步表明忽必烈建立一个符合中国传统制度和理念的大一统皇朝的政治追求。其《建国号诏》中云："诞膺景命，奄四海以宅尊；必有美名，绍百王而纪统。肇从隆古，匪独我家。……我太祖圣武皇帝，握乾符而起朔土，以神武而膺帝图，四震天声，大恢土宇，舆图之广，历古所无。……可建国号曰大元，盖取《易经》乾元之义。……"④ "奄四海以宅尊"，"绍百王而纪统"，这是一个宏大的封建王朝最高统治者的政治宣言。在这个宣言里，他把所建立的政权纳入中国历代政权之列，同时，他也将所建政权视为"舆图之广，历古所无"的独特而伟大的皇朝。忽必烈取国号为"大元"，正以此示其独特而伟大。对此，《帝号》解释说："自古有国家者，未若我朝之盛大者，或以所起之地，或因所受之封，为不足法也，故谓之元也。元也者，大也，大不足以尽之，而谓之元者，大之至也。"⑤ 忽必烈君臣在国号的含义上大做文章，究其实质，不惟扬威溢美，也是向世人声明元

① 《元史·徐世隆传》。
② 《元史》卷 17《世祖本纪十四》。
③ 《元史》卷 4《世祖本纪一》。
④ 《元史》卷 7《世祖本纪四》。
⑤ 苏天爵编：《元文类》卷 9《帝号》。

朝统治的合法性,是中国皇统的当然继承者。

由于元朝的大统一已成为不争的事实,包括汉族在内的元朝治下各族臣民大多对元朝正统地位予以承认。蒙古族大臣伯颜在统军灭宋后拜表称贺中云:"国家之业大一统,海岳必明主之归;帝王之兵出万全,蛮夷敢天威之抗。始干戈之爱及,迄文轨之会同。区宇一清,普天均庆。……恭惟皇帝陛下,道光五叶,统接千龄。"① 汉族士人王理说:"皇元起朔方,绍帝运,接天统,资始于天,不因于人,遂大作明命,训咸宇内。"② 到了元朝中期,多数江南士人也都承认元的正统地位,如杨维祯说:"吁!不以天数之正,华统之大,属之我元,承乎有宋,如宋之承唐,唐之承隋承晋承汉也,而妄分闰代之承,欲以荒夷非统之统属之我元,吾又不知今之君子待今日为何时,待今圣人为何君也哉?"③ 应该说,元朝带给人们正统观念的变化,比辽、金更为深广。

元朝作为一个规模空前的大一统皇朝,有许多重要的文化建树,《大一统志》的纂修和《辽史》《金史》《宋史》之制作,都是元代文化建设中的大事,从中也可反映出元人"中国"观的扩大和历史观的进步。

由秘书监纂修的《大一统志》(后人称之为《元大一统志》或《大元大一统志》)是一部全国地理总志。从文献记载看,它的纂修显示了一个规模空前宏大的皇朝的宏伟气魄。《秘书监志》对这部书的撰述宗旨和编纂过程有以下记述:"至元乙酉,欲实著作之职,乃命大集万方图志而一之,以表皇元疆理无外之大,诏大臣近侍提其纲,聘鸿生硕士立局置属庀其事,凡九年而成书。续得云南、辽阳等书,又纂修九年而始就。今秘府所藏《大一统志》是也。"④ 可见,彰显元朝立国规模,"以表皇元疆理无外之大",是《大一统志》的编纂目的。该书完成后,元代著名文人许有壬为书作序,其中说:"臣闻《春秋》所以大一统者,六合同风,九州共贯也。然三代而下,统之一者可考焉。汉拓地虽远,而攻取有正谲,叛服有通塞,况师异道,人异论,百家殊方,指意不同,无以持一统,议者病之。唐腹心之地为异域而不能一者,动数十年。若夫宋之画于白沟,金之局于中土,又无以议为也。我元四极之远,载籍之所未闻,振古之所未属者,莫不涣其群而混于一。则是古之一统,皆名浮于实,而我则实协于名矣。"他认为,《大一统志》的意旨深远,"非以资口耳博洽也,垂之万世,知祖宗创业之艰难;播之臣庶,知生长一统之世,邦有道毂,各尽其职,于变时雍,各尽其力,上下相维,以持一统。我国家无疆之休,岂特万世而已哉!统天而与天悠久矣"⑤。这

① 《元史》卷 127《伯颜传》。
② 苏天爵辑撰:《元朝名臣事略》卷首"王序"。
③ 《清江贝先生文集》卷 2《铁崖先生传》。
④ 王士点、商企翁:《秘书监志》卷 4《纂修》。
⑤ 《至正集》卷 35《大一统志序》。

里，许有壬阐发了《大一统志序》的编纂意义，也分析了这部书的政治寓意。其中虽然有为元朝歌功颂德的成分，但他的论述多是有史实根据的。他把传统的大一统观念与历史及现实结合起来，根据元朝的功业之实，作了新的解释。可见，元朝统一多民族国家的历史发展，极大地开阔了元人的视野，在他们心目中，不仅"中国"，就连"天下""四海"都被囊括在幅员广阔的元朝疆域之内。

元朝后期史学的最大成就是修成《辽史》《金史》《宋史》三部纪传体正史。三史编修的一个重要史学思想是"各与正统"的原则，这一原则表达了平等对待各民族历史的进步史观，也反映了元代后期"中国"观念的发展与扩大，承认辽、金、宋时期各民族的历史皆是中国正史的一部分。主持三史编修的右丞相脱脱，是顺帝时一位较有作为的蒙古族政治家。他针对具体修史工作中究竟是以宋统辽金还是"以金统宋"[①]的问题，提出了三史各为正统的正确主张。史载："先是诸儒论三国正统，久不决，至是脱脱独断曰：'三国各与正统，各系其年号。'议者遂息。"[②] 脱脱关于三史"各与正统""各系年号"的决定，不仅平息了长期以来的无休止的三史正统之争，解决了三史体例的根本问题；而且确立了平等对待辽、金、宋三国历史，平等对待不同民族政权历史地位的基本原则，这不仅在中国古代史学史上具有重要的历史意义，而且也是元代民族史观不断发展进步的重要体现。

三史"各为正统"的原则既已确定，在各族史学家的共同努力下，在较为完备的史料基础上，仅用了两年多的时间，便完成了三部史学巨著。三史各具特色，"《辽史》简洁，《金史》规范，《宋史》丰满，……生动地反映出这一时期我国史学之民族内容的空前丰富"[③]，尤其是辽、金二史所体现的"天下一家""同为中国"的思想，反映了由辽金至元中华民族认同上的发展趋势意义是十分重大的，不仅在当时发挥了作用，对后世也有积极的影响。

四

公元 1368 年，朱元璋在应天（今南京市）称帝，创建大明王朝，从蒙古贵族手中夺取了全国最高统治权。朱元璋以刘基、宋濂、李善长、陶安等一批南方的汉儒做谋士，得以取代元朝，完成帝王之业。一开始，朱元璋等就以华夷之防作为号召反元的思想武器，宣扬明朝代元的合理性、正当性，将大汉族主义的民族歧视思想发挥到极致，借此争取广大汉族特别是士大夫阶层的支持。

有明一代"中国"观、"天下"观、民族观及边地观的思想皆渊源于明太祖和明

---

① 梁寅：《石门集》卷 8《宋》。
② 权衡：《庚申外史》卷上。
③ 瞿林东：《辽金宋三史略论》，《中国史学散论》湖南教育出版社，1992。

成祖,其二人的观点形成明王朝治理国家的"祖宗之法",沿袭二百余年不变,是制定民族政策和处理民族关系的根本指导思想。

明太祖朱元璋的《谕中原檄》将其民族观、中国观表达得淋漓尽致,在古代可算是典型代表了,其中云:"自古帝王临御天下,中国居内以制夷,夷狄居外以奉中国,未闻以夷狄治天下也。自宋祚倾移,元以北狄入主中国,四海内外,罔不臣服,此岂人力,实乃天授。然达志之士,尚有冠履倒置之叹。……于是人心离叛,天下起兵……当此之时,天运循环,中原气盛,亿兆之中,当降生圣人,驱逐胡虏,恢复中华,立纲陈纪,救济斯民……归我者永安于中华,背我者自窜于塞外。"① 文中以"中国"对"夷狄";以"中华"对"胡虏",界限非常分明。这里的"中国""中华",无疑指的皆是中原内地的汉族。

作为一个以汉族为主的封建王朝,明朝统治者对少数民族满怀鄙夷而贱视之,常以"禽兽""犬羊""豺狼""丑虏""小丑"等类词汇加于其身,这在明代文献中举不胜举。如朱元璋就曾公开宣称:"夷狄,禽兽也,故孔子贱之。"② 明成祖朱棣也常称少数民族为"鼠辈""丑虏"③,顽固地认为少数民族"非我族类,其心必异"。明朝统治者在心理上总认为少数民族"奸诈""人面兽心"④,对于少数民族入主中原,成为"中国"的最高统治者,他们是极力反对,极端仇视的,认为这样会给"中国"造成祸乱,他们为此而感到"可耻",在心理上无法接受这一现实。朱元璋曾说:"夷狄之祸中国,由来久矣。历观前代受其罢弊,遭受困辱,深有可耻。"⑤ 明人普遍认为:可以称为大一统的汉、唐盛世,都是汉族人的伟业,"夷狄乱华,自古未能一统"。⑥ 明中期思想家王廷相则认为少数民族入主中原,即使统一中国,形成大一统局面,也是"逆"是"变",根本不能与汉族统一中国相提并论。他说:"统一华夷者,谓之大一统,然有正有变焉。居中国而统及四夷,顺也,正也,三代、汉、唐、本朝是也。入中国而统及四夷,逆也,非变乎?元是也。"⑦ 明朝统治者根据"内中国而外夷狄"的理论,认为少数民族只能"以小事大"⑧,接受汉族的统治,而没有入主中原、统治汉族的权利。因此在北伐的檄文中,朱元璋才如此宣称:"自古帝王临御天下,中国居内以御夷狄,夷狄居外以奉中国。"将此看作千古不易的信条。以"内中国外夷狄"的观念为基点,明太祖朱元璋制定了一系列民族政策,作为"祖制"的一部分,得到了明

---

① 《皇明诏令》卷1《谕中原檄》。
② 《明太祖文集》卷15《解夷狄有君章说》。
③ 见《明太宗实录》卷128、卷264。
④ 《明太祖实录》卷41。
⑤ 《明太祖实录》卷190。
⑥ 王世懋:《窥天外乘》。
⑦ 王廷相:《慎言》卷9《保溥篇》。
⑧ 《明太祖实录》卷140。

朝后世统治者的遵循借鉴。

明太祖朱元璋根据儒家的治国理念，完全以"中国"之主自居，将少数民族统统排斥于"中国"之外①，构建了以中原王朝为"轴心"的华夷秩序。在对外关系上，则以"富有四海"天朝大国自居，将周边国家皆视为中国的"藩属之邦"。朱元璋登基伊始，就陆续派遣使臣以玺书诏告高丽、占城、安南、日本、爪哇、渤泥、琉球等国，令其奉表来朝，称臣纳贡。洪武四年（1371 年），朱元璋驾临奉天门对省、府、台诸臣说："海外蛮夷之国，有为患于中国者，不可不讨；不为中国患者，不可辄自兴兵。古人有言：地广非久安之计，民劳乃易乱之源。如隋炀帝妄兴师旅，征讨琉球，杀害夷人焚其宫室，俘虏男女数千人。得其地不足以供给，得其民不足以使令，徒慕虚名，自弊中土，载诸史册，为后世讥。朕以诸蛮夷小国，阻山越海，僻在一隅，彼不为中国患者，不可不谨备之耳。卿等当记所言，知朕此意。"② 日后，这道谕旨就成为明政府处理中外关系的准则。

明成祖朱棣对外思想更为明确，就是令万邦来朝，确立明朝"居中夏而治四方"的核心地位。如同他对礼部臣属所言："帝王居中，抚驭万国，当如天地之大，无不覆载。远人来归者，悉抚绥之，俾各遂所欲。近西洋回回哈只等在暹罗间。朝使至即随来朝。远夷知尊中国亦可嘉也。"③ 正是要使"今四方夷狄，皆归中心"，进一步确立明王朝"一统独尊"的政治地位，并"耀兵异域，示中国富强"④，明成祖才派遣郑和七下西洋，"涉沧溟十余万里"，历经 30 余国，在东南亚、南亚、西亚及东非产生了巨大的影响，并将明代中外交往推向了全盛时代。

明朝初年，无论是对"四方蛮夷"还是"海外藩国"，明廷都频繁地派出使者，持玺书昭告明朝推翻"胡元"，继承正朔，乃是真正的"中国之主"。如洪武二年二月赐占城国王阿答阿者玺书称："曩者我国中为胡人窃据百年，遂使夷狄布满四方，废我中国之彝伦，朕是以起兵讨之，垂二十年，芟夷既平，朕主中国。"赐爪哇国王玺书也说："中国正统，胡人窃据百有余年，纲常既隳，冠履倒置。朕是以起兵讨之，垂二十年，海内悉定。"赐日本国王玺书同样说："向者我中国，自赵宋失驭，北夷入而据之，播胡俗以腥膻中土，华风不竞，凡百有心，孰不兴愤！……朕本中国之旧家，耻前王之辱，兴师振旅，扫荡胡番，宵衣旰食，垂二十年。"⑤ 五月，遣使诏谕吐蕃曰："昔我

---

① 例如洪武十五年（1382 年）朱元璋遣军进攻云南时，就明确地说："云南自汉以来服属中国，惟宋不然，胡元则未有中国已下云南"（《明太祖实录》卷 143）。可见他将"云南""胡元"等少数民族皆排斥于"中国"之外。

② 《明太祖实录》卷 68。

③ 《明太宗实录》卷 24。

④ 《明史》卷 304《郑和传》。

⑤ 《明太祖实录》卷 37。

帝王之治中国，以至德要道，民用和睦，推及四夷，莫不安靖。向者胡人窃据华夏，百有余年，冠履倒置，凡百有心，孰不兴愤。比岁以来，胡君失政，四方云扰，群雄纷争，生灵涂炭。朕乃命将率师，悉平海内，臣民拥戴，为天下主。"① 由此可见，明朝在取代元朝之后，尤其强调华夷之辨，"复汉官之威仪"，对蒙元统治进行"拨乱反正"，重续百年元朝统治以前的唐宋礼仪和制度规范，以此表明大明王朝的正统性与合法性。

自"地理大发现"之后，世界各国的联系更加紧密，中国同西方世界也有了较多的交往。自晚明至清初，当时正是西方各国形成统一民族国家的时期，有一批耶稣教会士从欧洲渡洋而来，与明、清朝廷及士大夫阶层相接触，记载此类事时，中国文献往往自称"中国"，称西方各国为"泰西""西国"或称其具体国名。中外自此概念越来越分明。西方耶稣教会士来到中国以后，也对中国的历史、地理、民族、文化等各方面进行了初步的研究，撰述了不少作品向西方报道，在书中称他们所在的国度为"中国"或"中华帝国"（简称也就是"中国"）。例如晚明时著名耶稣教会士利玛窦于万历二十八年十二月二十四日（1601 年 1 月 28 日）给明神宗上书，自称"大西洋陪臣"，来到中国以后，"颇知中国古先圣之学"，又发现西方历算"并与中国古法吻合"。② 万历三十八年（1610 年）利玛窦在北京逝世，王应麟所撰《利子碑记》称："万历庚辰（按即万历八年，1580 年）有泰西儒士利玛窦，号西泰，友辈数人，航海九万里，观光中国。"又说利氏所传数学、天文学等知识"翼我中华，岂云小补"③。明朝士大夫中，徐光启同利玛窦交往最为密切，在他的著作中关于中西的概念更为鲜明，如其《简平仪说序》论及天文、历算之学，说："郭守敬推为精妙，然于革之义庶几焉。而能言其所为者，则断自西泰子之入中国始。"④ 与徐光启同时代的李之藻也说："西贤入中国三十余年，于吾中国人利名婚宦事，一尘不染。"⑤ 至清代后期，何秋涛、洪钧、曹廷杰等人关于中外关系及中国边疆史地的著作，涉及中国及俄国及其他各国的地方，更加明确地从中国与中国以外各国的主权和疆界上严格区分出来，在他们的著作中都称自己的祖国为中国，尽管当时朝廷自有国号，但与外国相对的主权与疆域实体是中国。

由此可见，从晚明到晚清，中国这个国家的朝廷发生了从明朝到清朝的变迁，但是无论中外对这个国家是"中国"的概念是非常清楚的。西方关于中国的著作，最早

① 《明太祖实录》卷 41。
② 《增订徐文定公集》附《利子奏疏》。
③ 《增订徐文定公集》附王应麟《利子碑记》。
④ 《增订徐文定公集》卷 1。
⑤ 《增订徐文定公集》卷 6，李之藻文稿附《刻圣水纪言序》。

大约是葡萄牙人门多萨的《中华帝国史》（1585 年），以后不少著名的耶稣教会士兼学者都对中国有过各种报道和撰述，如 1753 年法国人杜赫德出版了《中华帝国及中国所属鞑靼地区的地理、历史、编年纪、政治和博物》（简称《中华帝国全志》）以及俄国神甫比丘林的《中华帝国通志》都对中国的疆域及中国境内各民族状况做了轮廓式的叙述。这表明西方各国的早期历史文献对中国这个有许多民族的统一而广大的国家已经有了大致的了解。

清朝是满族（满洲）统治者建立的中国历史上最后一个封建王朝。满族（满洲）在入关之前，其社会机制已具有多元性。那时的清朝已统一了北方辽阔的边疆地区，一如清太宗皇太极复明朝崇祯皇帝书函中所说："予嗣位以来，蒙天誉佑，自东北海滨（按即鄂霍次克海），迄西北海滨（按即贝加尔湖），其间使犬、使鹿之邦，产黑狐、产黑貂之地，不事耕种、渔猎为生之俗厄鲁特部落，以至斡难河源，远迩诸国，在在臣服。"① 此后的建树，便是清世祖对摄政王多尔衮所作评价中概述的："平定中原，统一天下。"② 清圣祖康熙帝雄才大略，将完成统一大业作为终生奋斗的目标，正如他对台湾的诏谕中说："帝王抚驭寰区，仁覆无外。即海隅日出之邦，无不欲其咸登衽席，共乐升平。"③ 基于这种信念，康熙帝对地理格外留心："遣使臣至昆仑、西番诸处，凡大江、黄河、黑水、金沙、澜沧诸水发源之地，皆目击详求，载入舆图。"④ 中国历代封建帝王如清朝康熙皇帝这样留心地理的，亘古无二。清世宗雍正帝继承和发展了其父的遗规，宣布："凡臣服之邦，皆隶版籍。"⑤ 在西南地区厉行改土归流的，就是这位清世宗雍正皇帝。他还说："夫中国之一统于秦，塞外之一统于元，而极盛于我朝。"⑥ 自诩清朝统一规模更胜于秦、元等王朝。到清高宗乾隆帝在位时，全国的统一达到了封建时代的顶峰。清代前期，中国的疆域东起库页岛、台湾，西迄巴尔喀什湖、帕米尔，西南沿喜马拉雅山脉直到云南的高黎贡山和恩梅开江，都在清朝的有效管辖之下。清朝的遗老在修史时称清朝的统一"超越汉唐"⑦，这个评价并不过分。应该说，正是以满族为主的清王朝最终完成了中国疆域奠定的历史使命。

清王朝对全国的直接统治范围虽然空前扩大了，但并没有超出汉唐以来传统的内地与边疆。康熙皇帝在祭祖时赋诗歌颂清朝的国祚与疆域，说："卜世周垂历，开基汉启疆。"⑧ 表示清朝所统一的正是汉朝奠定的中国传统疆域。

---

① 《清太宗实录》卷 61。
② 蒋良骐：《东华录》卷 6。
③ 蒋良骐：《东华录》卷 12。
④ 蒋良骐：《东华录》卷 24。
⑤ 蒋良骐：《东华录》卷 29。
⑥ 蒋良骐：《东华录》卷 30。
⑦ 《清史稿》卷 518《藩部传·序》。
⑧ 《康熙御制文》一集卷 36。

自清朝初年开始，清廷就将"中国"的概念运用于同西方国家的外交事务中。在当地各少数民族的支持下，清政府赢得了雅克萨自卫反击战的胜利，沉重打击了沙俄侵略者的嚣张气焰，迫使沙俄政府同清政府签订了《中俄尼布楚条约》。这个条约到1858年和1860年签订《中俄瑷珲条约》为止，保持了160多年，维护了中国的领土完整和主权。

1689年（康熙二十八年）签订的《中俄尼布楚条约》是中国与外国确立边界的第一个条约。订约的一方是清朝，但使用的国名是中国。比如谈判的首席代表索额图的全衔是"中国大圣皇帝钦差分界大臣议政大臣领侍卫内大臣"，就是说他是中国皇帝的钦差，行使中国的主权。《尼布楚条约》的满文本和拉丁文本，都是中国钦差提供的合法文本，经中俄双方验证完全一致。其中关于划界的内容如下。第一，将由北流入黑龙江之绰尔纳，将乌鲁木河附近之格尔必齐河为界，沿此河源之石大兴安岭至海：凡岭阳流入黑龙江之河溪尽属中国；其岭阴河溪尽属俄罗斯。惟乌第河以南，兴安岭以北中间所有地方河溪暂行存放。俟各归国察明后，或遣使，或行文，再行定议。第二，将流入黑龙江之额尔古纳为界：南岸属中国，北岸属俄。其南岸墨里勒克河口现有俄罗斯庐舍，着徙于北岸。

而关于两国订约后对订约前的逃亡者免予索还的条文规定："一、除以前一切旧事不议外，中国现有之俄罗斯人及俄罗斯国现有之中国之人免其互相索还，着即留存。"[①]以上条文显然说明清朝政府是以"中国"当作国家的名称，以此同"俄罗斯"的国名对称。

清朝初年，民族矛盾激化，汉族反抗满族统治的活动此起彼伏。当时著名的思想家顾炎武、王夫之、黄宗羲等早年都参加过抗清斗争，后来专心著述，宣扬传统的"华夷之辨""华夷之防"的儒家理论，以唤起广大汉族的"故国之思"和对满族统治的仇恨。汉族的这种"亡国"情绪和"仇满"心理，一直延续到清代中后期。太平天国的《奉天讨胡檄》说："夫中国有中国之形象，拖一长尾于后，是使中国之人，变为禽兽也。中国有中国之衣冠，今满洲另置顶戴，胡衣猴冠，坏先代之服冕，是使中国之人忘其根本也。"[②] 宣称"中国"同"满洲"势不两立，形同水火，更是将"华夷之防"的思想发挥到极致。

有清一代，在汉族知识分子思想中，尽管传统的"华夷之防"观念未能完全泯灭，但在统一的多民族国家的发展过程中，"中华一体"的观念逐渐明确而牢固。例如，清代学者段玉裁撰《说文解字注》，他在注解"夏，中国之人也"一句时说："以别于北

① 此条约满文汉译本见西清《黑龙江外记》卷1。
② 杨秀清：《奉天讨胡檄》，《中国近代史资料选编》三联书店，1954，第118页。

方狄，东方貉，南方蛮闽，西方羌，西南焦侥，东方夷也。"段氏强调了民族差别，依据先秦华夷对举的古义进行解释。另一位清代学者王绍兰在其《说文段注订补》中对这一条"段注"提出批评，他说："案，京师为首，诸侯为手，四裔为足，所以为中国之人也。"王氏着重从统一的多民族中国已确立的现实出发，阐明"中国人"应包括中国各民族在内，中国各民族是一个整体。段、王两位清代学者对"中国"一词的不同解释，反映了当时的中国思想界由"华夷之辨"、"华夷之防"到"中华一体"的辩证发展过程，以及在统一的多民族中国确立后人们观念上对"中国"一词含义认识的深化与词义的规范化，不啻是从"华夷之防"到"中华一体"发展过程的一个总结。

至十九、二十世纪之交，"中国人"与"中华民族"逐渐含义相同，皆包括中华大地上所有民族在内。辛亥革命前后，著名革命家章太炎在《中华民国解》中解释说："中国云者，以中外分地域之远近也；中华云者，以华夷别文化之高下也。"① 这种解释仍未脱离古代传统观念的窠臼。1922 年，梁启超撰《历史上中国民族之研究》，他一方面说"中华民族"通常指汉族，同时又指出："中华民族"包括中国各民族认同的一体特征。他说："凡遇一他族而立刻有'我中国人'之一观念浮于其脑际者，此人即中华民族一员也。"② 所指的就是中国境内所有的民族。比之章氏之论，无疑梁启超的阐释更加科学。同时，这可能是首次将"中华"与"民族"连在一起用的先例，反映了在近现代民族国家林立的国家背景下，中华民族自我意识的觉醒，"中国"观念由此也进一步得到发展与扩大。

由于 1840 年以后中国与外国接触越来越多，而且日益加深了殖民地半殖民地的程度，中华民族与帝国主义的矛盾成为中国近代社会的主要矛盾，因而国号与主权疆域实体完全一致就成为必要之事。中国的旧民主主义革命和新民主主义革命都已取消以往封建朝廷那样一家一姓的朝代国号。孙中山领导的辛亥革命创建了中华民国；中国共产党领导中国人民推翻三座大山，创建了中华人民共和国。两次革命以后缔造的国家都冠以中国的名称，是近代中国历史发展的必然性所使，不是偶然性的历史现象。

通观中国历史，从夏、商、周、秦、汉到后来的隋、唐、宋、辽、金、元、明、清，历代王朝都有自己的国号，但没有一个王朝把"中国"作为自己的国号。"中国"一词，在古代文献中的含义不止一端。历史上的"中国"一词主要是地域或文化类型及政治地位的区分，而不是整个历史疆域和政治管辖范围的概念，也不是国家政权的正式名称。从古以来，"中国"一词有一个扩大和发展的过程。大体上说，从宋辽夏金时期开始，传统意义上的"中国"观有了新的发展，并逐步成为统一多民族国家的代

---

① 《章太炎文录初编·别录》。
② 梁启超：《中国历史上民族之研究》，《饮冰室文集》专辑，第 11 册。

称。"中国"作为我国统一国家政权的名称，作为代表我国包括边疆地区各少数民族在内的名称，乃近代之事，是孙中山先生领导的具有资产阶级民主革命性质的辛亥革命，推翻封建王朝，开创共和体制，建立中华民国之后。这里的"中华"包括了我国境内的少数民族，但那时只提汉、满、蒙、回、藏"五族共和"。后来以蒋介石为首的国民党南京政府，否认中国多民族的存在，将汉族之外的少数民族均称之为宗族。只有在中国共产党领导的新民主主义革命取得胜利之后，"中华民族"一词才发展为包括我国古代民族和现代境内五十六个兄弟民族的总称；"中国"一词才成为真正体现十几亿人民意志的中华人民共和国的简称，成为反映中国历史实际的一个科学概念。

原载于《纪念王锺翰先生百年诞辰学术文集》，中央民族大学出版社，2013

古代蒙古人历史编纂之特点

——从《元朝秘史》到《蒙古源流》的变化*

乌 兰

一 蒙古文历史文献概述

蒙古人自古就有记忆和传留自身历史的传统。自 13 世纪初正式使用文字以来，从前经口耳相传的族系起源、祖先系谱和先人史事被记载下来，并不断得以流传和续写，形成了一批蒙古文历史文献。流传至今的蒙古文历史文献种类较多，数量也相当可观。这使蒙古人成为蒙古高原历史上诸游牧民族中史学遗产最为丰富、史学成就最为辉煌的民族。

据史书记载，在成吉思汗时期，蒙古人从 13 世纪初开始正式使用一种借自畏吾儿人的文字来记写蒙古语。[①] 后人一般称为"畏吾体蒙古文"。畏吾体蒙古文很快即在蒙古人的政治、经济、文化生活等方面发挥了重要的作用。

在 1227 年成吉思汗去世后不久，蒙古汗廷就组织相关人员用畏吾体蒙古文撰写了他的历史。这应当是蒙古人的第一部史书，成为"脱卜赤颜"（国史）[②] 的最初部分。

---

* 本研究为国家社会科学基金重大项目"中国古代民族志文献整理与研究"（项目批准号：12&ZD136）阶段性研究成果。

① 《元史》卷 124《塔塔统阿传》记载成吉思汗 1204 年命塔塔统阿"教太子诸王以畏兀字书国言"，中华书局，1976，第 3048 页。

② 许有壬《元故右丞相怯烈公神道碑铭并序》（《圭塘小稿》卷 10，中国国家图书馆善本部藏清雍正二年抄本，第 7 叶背面）载："……国史曰脱卜赤颜，至秘也。"《元史》卷 181《虞集传》（第 4179 页）载："又请以国书脱卜赤颜增修太祖以来事迹。"同书卷 15《世祖本纪十二》（第 308~309 页）载："司徒撒里蛮等进读祖宗实录，帝曰：'太宗事则然，睿宗少有可易者，定宗固自不暇给，宪宗汝独不能忆之耶？犹当询诸知者。'"同书卷 36《文宗本纪五》（第 803 页）载："命朵来续为蒙古脱卜赤颜一书，置之奎章阁，从之。"同书《虞集传》（第 4180 页）又载："初，文宗在上都，将立其子阿剌忒纳苔剌为皇太子，乃以妥欢帖穆尔太子乳母夫言，明宗在日，素谓太子非其子，黜之江南，驿召翰林学士承旨阿邻帖木儿、奎章阁大学士忽都鲁笃弥实书其事于脱卜赤颜。"

蒙古汗国和元朝时期，有为每朝大汗撰写其历史脱卜赤颜的惯例，且断断续续得以维持。然而这些史书大多已经失传，现在仅能看到一部早期脱卜赤颜的明初汉译本《元朝秘史》，还有收在 17 世纪罗桑丹津《黄金史》中经传抄改编之脱卜赤颜成吉思汗史的内容，以及近年在西藏阿里地区发现的脱卜赤颜成吉思汗史辗转传抄本之十几幅残叶。

现存蒙古文历史文献中，有一批产生于 17 世纪前后的史书。从 16 世纪初答言汗统一诸部以来，蒙古地区的政治形势开始出现好转，社会相对稳定，经济逐步恢复和发展，为修史提供了必要的条件，而藏传佛教的大规模传入也从精神上刺激了史书的创作，并带来了藏族修史特点的影响。这一新时期的史书多为蒙古汗统史，也有个别高层统治者的个人传记。17 世纪蒙古文史书在内容详略、史料来源等方面有些差别，但总的来说共同点还是比较明显的。它们都采用编年史的体裁，记载远古到作者生活时代的蒙古通史，以蒙古汗统为主线，辅以佛教传播史，对早期蒙古文史书脱卜赤颜既有继承也有发展，已形成风格不同的新模式，对后世的蒙古文历史著作产生直接影响，起到了承前启后的作用。以《蒙古源流》为集大成者。

18 世纪以后，蒙古文历史文献的撰写形式呈现多样化，既有蒙古汗统史，也有个人传记、部族史等，还出现了类似史评类、纪事本末类的史书，显示出文化交流的作用。明末清初至清末，曾产生了大量与蒙古事务有关的档案，其中一些被保存下来，如今中国中央和地方的一些档案馆以及蒙古国、俄罗斯等国家相关机构都有收藏。这些档案是研究蒙古人历史的第一手资料，具有非常重要的价值。

《元朝秘史》和《蒙古源流》分别代表着古代蒙古人最初的历史创作和后期历史观发生重大变化时期的历史叙述，因此本文将主要以二者为例展开比较研究。

二 蒙古汗国和元朝时期蒙古人历史编纂的特点——以《元朝秘史》为例

作为蒙古人最早的史书，《元朝秘史》显示出更多口传历史的痕迹。在拥有文字之前，人类一般都经过了口传历史的阶段。而口传历史的内容大都包括祖源传说以及先祖系谱事迹。《元朝秘史》开篇即讲成吉思汗家族的起源，接着交代自始祖孛儿帖赤那以来 22 代先祖的系谱，并穿插一些事迹。这一部分经过代代的口传，已经形成为一种成熟的传说故事。

从《元朝秘史》的基本内容来看，该书首先还是一部史书，记载的是成吉思汗先人的世系谱、成吉思汗的生平史以及窝阔台的简史，然而从其整体风格来看，呈现出较多的文学色彩，也可以说是文史不分，主要表现为故事性强、文学描述成分较多。许多人物和事件，一般都多少经过了艺术处理，使得整个故事更为完整和合理。具体叙述也大多经过了文学加工，文学性的语言多见，还大量使用了韵文，而韵文本身也是口传历史的一种特征，在尚无文字的时代口头作品总是借助便于记忆的韵文来存在。

与叙述方式的文学性相对而言，《元朝秘史》的叙事也有其质朴的一面，写实性较强，生动逼真，不少场景的描述让人有一种身临其境的感觉。

由于当时还处在蒙古人历史编纂的早期阶段，其编纂的体例章法尚显不足，还不知设立目录、划分卷和章节[1]；尽管写有跋文，但是内容仅交代了成书的年份和地点，没有明确涉及书名、作者姓名乃至写作宗旨等。

作为一种史书，《元朝秘史》具有所谓编年史的特征。其叙事基本上按照时间顺序进行[2]，但是由于书中大部分素材来自世代口耳相传的口头作品和当事人的口述，为了保证叙事的集中和完整性，时常出现将历经几年的事集中于一年记述，导致史事年代错乱的现象。

《元朝秘史》写的是蒙古游牧民的历史，一部分素材来源于蒙古人中间流传的口头故事，另外还有参与创作者的亲历口述和少量的文字资料（圣旨、圣训等），因此其内容必定带有蒙古游牧民生产生活方式以及社会道德、思想意识的烙印。从人物的语言、形象到反映出来的社会生活，处处洋溢着草原的气息和韵味，而在思想意识方面，萨满教的作用明显可见。遵从长生天的旨意及代天行道之首领的命令，就是人们行为的最高准则。

总之，《元朝秘史》是蒙古人最初的历史作品，是蒙古人首次用自己的语言、从自己的视角和观念撰写的自身历史，直接反映了当时蒙古人对自身历史以及历史作品的认识，尚未受到过多外来因素的影响，蒙古成分含量高，代表了早期草原蒙古史家的撰史特点。

三 17 世纪蒙古人历史编纂特点及历史观的变化——以《蒙古源流》为例

14 世纪 60 年代末至 16 世纪初，即元廷退回蒙古草原后的一百多年间，蒙古地区陷入无休止的战乱之中，政治局势动荡，修史等文化活动受到了严重的影响。16 世纪初答言汗统一诸部，蒙古地区的政治形势开始出现好转，社会相对稳定，经济逐步恢复和发展，17 世纪前后产生了一批蒙古文历史文献。

17 世纪在蒙古历史上是一个特殊时期。至 17 世纪 30 年代漠南蒙古诸部已先后被满洲统治者所制服，大汗林丹汗遁死青海大草滩，传续了四百多年的蒙古汗统从此不复存在。满洲贵族建立清王朝后，继续向外扩张，蒙古外喀尔喀和卫拉特诸部亦面临

---

[1] 明初汉译本划分为 282 节，其外又有 12 卷和 15 卷之分，但是从罗桑丹津《黄金史》及西藏阿里残叶分析，最初的原文即蒙古汗国和元朝时期的"脱卜赤颜"是不分卷和章节的。

[2] 采用十二属相动物纪年法，自 1201 年（鸡儿年）开始标记明确年份。乌兰：《〈元朝秘史〉校勘本》，第141 节，中华书局，2012，第 131 页。

险境，命运凶多吉少。蒙古人一次次的反抗遭到了失败，而清朝的统治日趋巩固。无奈的心情使贵族出身的文人自然怀恋起以往的岁月，触发了他们的创作意念。他们急切地要写下自己民族的历史，让子孙后代了解并记住蒙古人高贵的血统、源远流长的历史和曾经有过的辉煌业绩。① 在这样的历史背景下，《黄史》《黄金史纲》《蒙古源流》等史书接连问世。

与《元朝秘史》相比，17 世纪蒙古文史书在编纂特点和历史观方面发生了一些明显的变化。本文将以《蒙古源流》为例试作比较、分析。

在编纂特点方面，首先《蒙古源流》的编纂规则有所完善，已经知道在跋文中交代书名、成书年代、作者姓名。由于作者在正文中比较详细地介绍了自己家族的历史及其个人的一些情况，因此便于读者更好地理解原文内容、体察作者的心境和立场。从作者的笔下我们得知《蒙古源流》的作者是蒙古贵族出身的萨冈彻辰洪台吉，为成吉思汗后裔，其家族属鄂尔多斯万户首领巴儿思字罗济农的长子衮必里克济农一系。萨冈的曾祖父库图克台彻辰洪台吉曾是鄂尔多斯万户乃至整个蒙古的知名政治活动家，促成了土默特万户俺答汗与藏传佛教格鲁派的联系，向蒙古地区引进了藏传佛教，并协助俺答汗与明朝政府建立了正常的通贡互市关系。萨冈 11 岁获"彻辰洪台吉"之称号，17 岁入选臣僚之列参与执事，17 世纪 30 年代当爱新国军队侵入鄂尔多斯地区时，他为保护万户首领和部众发挥了重要作用。1662 年（清康熙元年）他完成了《蒙古源流》一书。另外，按照部落内的传说他因不与清朝合作而被清廷派人杀死。②

史书编纂技能趋向成熟、规范化。与《元朝秘史》不同，《蒙古源流》已经有较多可以参考利用的文字资料③。对其中选用的部分，作者都做了统一处理，然后组织成文，对材料中的不同说法进行了选择，对人物和事件的年代作了推算，因此文中基本上看不到前后矛盾之处。在写作手法上已经可以看到藏传佛教史学的影响。

其次，在编纂技能有所改进的同时，实际上仍然沿袭了《元朝秘史》的基本风格，

① 如《黄史》的作者在卷首一开始就引用了五世达赖喇嘛在《西藏王臣记》中说过的一句话："凡人不知其来源，则如林中迷路的猴子；不知其宗族，则如玉石雕成的假龙；不读其家史，则如遭到遗弃的婴儿。"（П. П. Шастина，ШАРА ТУДЖИ монгольская летопись XII века，москв – ленинград，1957，p. 15）《阿萨剌黑齐史》的作者在引用五世达赖喇嘛的这句名言后接着说："为使如今尚不知晓者了解，为使来人继续修纂而概略写成此书。"（АСРАГЧ НЭРТИЙН ТҮҮХ，Улаанбаатар，2011，p. 210）罗桑丹津在《黄史》的后记中提到撰写该书的目的是"让广大的人民世代传阅"。（Erten-ü Qad-un Ündüsülegsen Törö Yosun-u Jokiyal-i Tobčilan Quriyaɣsan Altan Tobči Kemekü Orošibai，Ulaɣanbaɣatur，1990，p. 177）
② 田清波（A. Mostaert）《传说中的萨囊彻辰》（《鄂尔多斯志》，北京辅仁大学，1934），米济森格汉译文，《鄂尔多斯研究文集》第 1 辑，伊盟档案馆，1984，第 85～87 页。
③ 在跋文中明确交代了七种：《本义必用经》《妙见花蕾史》《宣示因果本原之红册》《沙儿巴忽笃土所撰诸汗源流史》《名为照亮诸贤心扉之花坛的汉书》《法门白史》《古昔蒙古诸汗源流之大黄史》；正文中另提到《金光明经》《佛法数史》《旧经》《殊胜赞广释》《善说宝藏》等五种。参见拙著《〈蒙古源流〉研究》，辽宁民族出版社，2000，导论，第 25～26 页。

即采用编年体叙述形式、文学色彩浓厚，传说故事和韵文穿插于史实记载之间。只是不同点在于：纪年方面，对成吉思汗 28 岁以后的史事都标出了年份，采用的是干支纪年法，天干用汉语音译，地支用十二属相动物。

在素材的选择方面，可以看出《蒙古源流》已经与《元朝秘史》有了很大的距离。史书素材的选择至关重要，不仅代表编纂者的修史水平，更反映着编纂者的历史观。由于萨冈所处的时代环境，他的历史观不可能不带有那个时代的烙印。综观《蒙古源流》，其思想意识方面最突出的特征除了强烈的成吉思汗—忽必烈系黄金家族正统观念之外，就是贯穿全书的浓厚的佛教氛围，彻底一改《元朝秘史》萨满教色彩浓厚的特点。可以说，在藏传佛教及其史学的冲击和影响下，17 世纪的蒙古史学在历史观方面基本上抛弃了《元朝秘史》所代表的 13 世纪蒙古人的传统历史观。本文将针对《蒙古源流》以及其他 17 世纪蒙文史书中两个比较突出的现象展开论述。

（一）对成吉思汗祖源传说的篡改

在结构上，《蒙古源流》开篇即讲佛教创世说，然后讲印度—吐蕃—蒙古一脉相承的王统史和佛教弘传史，较其他 17 世纪蒙古文史书的相关内容更为系统、充实，成为印度—吐蕃—蒙古一脉相承王统史模式的集大成之作。与《元朝秘史》开篇所讲成吉思汗先祖起源之苍狼白鹿传说故事相比较，上面依次多出了吐蕃王统史、古印度王统史、佛教创世说。在总体内容上，也时时可以感觉到佛教思想意识的存在，带有佛教色彩的传说、反映佛教思想影响的言语比比皆是。说明在佛教思想的影响下，当时的蒙古人对历史的关注点发生了偏离。在《元朝秘史》中，传说故事主要集中在成吉思汗家族起源及其先祖系谱事迹部分，而大部分笔墨用来记载了成吉思汗创建大蒙古国以及大蒙古国初期的历史。然而在《蒙古源流》中，看不到充满兴亡盛衰、波澜壮阔的大蒙古国乃至元朝的历史，所能看到的仅为用历代大汗和皇帝的谱系以及一些个佛教色彩浓厚的神话传说故事连缀而成的东西。[①] 萨冈对那一时期的众多具有历史意义的事件和人物缺乏兴趣，惜墨如金，其内容取舍实际上反映了作者个人的以及他所继承的前人的一些历史观。

《蒙古源流》中几乎看不到直接参考利用《元朝秘史》内容的痕迹，但是从字儿帖赤那至成吉思汗之父也速该把阿秃儿的系谱及个别事迹、成吉思汗 28 岁之前的事迹部分，内容尽管较《元朝秘史》量少且有些变样，不过还是可以推测其间接源自《元

[①] 《蒙古源流》最重要的史料价值在于记载了元末以来至清初的蒙古历史，并突出记载了自身所属鄂尔多斯万户的历史。由于缺少 14 至 16 世纪的蒙古文史书，17 世纪的蒙古文史书就成了继《元朝秘史》（即蒙古汗国和元朝时期国史"脱卜赤颜"最早的部分）以来可供利用的蒙古史料。如果说元末以前的历史已有《元朝秘史》《史集》《元史》等早期史书做了记载，那么 17 世纪蒙古文史书的优势就在于记载了元末至清初的蒙古历史。而《蒙古源流》可以说是 17 世纪蒙古编年史当中篇幅最长、记载元末至清初的蒙古历史最为丰富详细的一部史书。

朝秘史》，只是因后世的辗转流传而染上了新的时代色彩。萨冈或许看到了脱卜赤颜最初部分（《元朝秘史》蒙古文原文）的某种流传本，就像罗桑丹津《黄金史》所移录的那种，但是没有重视并加以利用，因为不符合自己的需求。或许他没有接触到类似的文献，现成地参考利用了已经受到一些改造的后期文献。①

16 世纪下半叶，藏传佛教的一支格鲁派从右翼部落开始传入蒙古地区。格鲁派藏传佛教的传入，迎合了蒙古右翼部落统治者和格鲁派双方的政治需求，蒙古右翼部落统治者需要寻找一个实现统治全蒙古的精神支柱和舆论口实，而格鲁派则期望借助蒙古贵族的武力建立自己的神权统治之路。为了顺利引进并传播佛教，蒙古右翼部落统治者们真是煞费苦心，甚至不惜篡改先祖起源的历史，以与吐蕃王统、古印度王统直至佛祖释迦牟尼拉上关系。

祖源乃至族源，对一个家族、一个民族来说是非常重要的问题，然而历史上常常发生更改祖源或族源的现象，而且往往是人们有意为之。17 世纪的蒙古文史书记载并见证了发生在蒙古人当中的此类现象，尤以《蒙古源流》的记述最为详尽丰富。于是，《元朝秘史》中的成吉思汗苍狼白鹿祖源传说被新编造的印藏蒙王统同源的故事所取代。这一"著作权完全属于蒙古的藏传佛教徒"，"他们懂得意识形态的重要性。他们把历史写成他们希望曾是的那样。宗教冥想代替了真实的史实。也许，对那些苦思冥想出来的编造，最后连编造者本人也信以为真"。②

关于成吉思汗家族和蒙古部的起源，早期史书的记载可以相互补充印证。

《元朝秘史》卷首在 Činggis qahan-(n)u huja'ur（成吉思汗合罕的根源）之下记载："de'ere tenggeri-eče jaya'atu töregsen Börte čino aju'u. Gergei inu Qo'ai maral aji'ai. Tenggis ketüljü irebe. Onan müren-(n)ü teri'ün-e Burqan qaldun-(n)a nuntuqlaju, ……"③ 可汉译为："应上天之命而出生的孛儿帖赤那。其妻是豁埃马阑勒。〔他们〕渡过大湖而来。在斡难河源头不儿罕山扎下营盘，……"

14 世纪初的波斯文史书《史集》记载：

> 古代称为蒙古的部落被另一些部落打败，遭到屠杀，仅剩下两男两女两家人，他们逃到群山和森林环绕、人迹罕至的额儿古涅 - 昆，在那里生息繁衍，逐渐发

---

① 自藏传佛教 16 世纪下半叶传入至 1662 年《蒙古源流》成书，佛教已经在蒙古地区传播了近一个世纪，不少蒙古原有的观念和习俗已经被摒弃或是改造，这在其间的历史文献中已经有所反映。

② 亦邻真《藏传佛教和蒙古史学》，《亦邻真蒙古学文集》，内蒙古人民出版社，2001，第 764 页。

③ 《元朝秘史》总译作："当初元朝的人祖，是天生一个苍色的狼（音译正文作：孛儿帖赤那），与一个惨白色的鹿（音译正文作：豁埃马阑勒）相配了。同渡过腾吉思名字的水来，到于斡难名字的河源头，不儿罕名字的山前住着……"乌兰：《〈元朝秘史〉校勘本》，第 1 节，第 1 页。

展出很多分支，后来那些人熔铁化山，走出山林，全体迁徙到草原上。①

所有的蒙古部落都是从逃到额儿古涅 – 昆的那两个人的氏族产生的，那两个人的后代中有一个名叫孛儿帖 – 赤那的异密，其长妻名叫豁埃 – 马阑勒。②

两书都说成吉思汗家族出自孛儿帖赤那系。

汉籍《旧唐书》之《北狄传》记载：

大室韦部落，其部落傍望建河居。其河源出突厥东北界俱轮泊，屈曲东流，经西室韦界，又东经大室韦界，又东经蒙兀室韦之北。③

蒙兀室韦即蒙古部落，望建河即今内蒙古呼伦贝尔地区中俄界河额尔古纳河，《史集》的"额儿古涅 – 昆"，意为额尔古纳河流域的山地。

综合三方的记载，可以说蒙古人的先民原来生活在大兴安岭额尔古纳河流域的山林里，后来走出这片山林，迁徙到蒙古高原，其中孛儿帖赤那一支来到鄂嫩河源头的草原上生息繁衍，而孛儿帖赤那成为成吉思汗家族的始祖。蒙古人出自草原方面的说法与汉文史籍的记载相合，说明所述内容基本真实、可信。

就成吉思汗家族以及蒙古汗统的起源问题，从以上记载所能获得的认识是：蒙古人原为室韦 – 达怛的一部分，原来居住在大兴安岭额尔古纳河流域，后来迁徙到蒙古草原，其中孛儿帖赤那的后代中发展出了蒙古汗统一系。

然而到了四个世纪后的《蒙古源流》，孛儿帖赤那却被说成是吐蕃王（具有古印度王族的血统）的后裔，因遭难而逃到蒙古地方，被拥戴为首领，于是成了蒙古部的始祖。该书卷三讲述了这样的内容：

古时吐蕃〔诸〕王，从颈座王共主下传七代时，名叫隆南的大臣弑杀海穴后侧金座王，篡夺了王位，王的三个儿子孛喇出、失宝出、孛儿帖·赤那逃往异地。其中幼子孛儿帖·赤那去了公布地方。他同那些人过不惯，于是携带妻子豁埃·马阑勒渡过腾吉思海，向东行，来到拜合勒江流域不儿罕·合勒敦山下，与巴塔人众相遇。他们向他询问来由，孛儿帖·赤那就从古时候印度的众恭王以及吐蕃的共主〔颈座王〕开始从头至尾讲述了一遍。那些巴塔人认为讲得有理，就说："这是个有根脚人家的子嗣，我们没有首领，可以奉他为那颜。"〔就这样〕奉戴

---

① 拉施特：《史集》，余大钧、周建奇汉译本，商务印书馆，1983，第 1 卷第 1 分册，第 251～252 页。
② 《史集》汉译本，第 1 卷第 2 分册，第 6 页。
③ 《旧唐书》卷 199《北狄传·室韦》，中华书局，1975，第 5358 页。

他作了那颜，一切遵照他的旨令行事。①

这里，原本出自大兴安岭额尔古纳河流域山林里的孛儿帖赤那被移花接木地安到了吐蕃王族的家中。把蒙古王统与西藏王统挂起钩来，本不是一件容易的事，必须找到一个合适的结合点，但这对于熟通蒙古文史书和藏文史籍的人来说事情似乎并不难办。因为在 16 世纪以前的藏文史籍中，在西藏王统起源的问题上已经可以看到后期史书对早期史书的篡改。

藏文史籍中关于吐蕃王统的早期说法是天神自天降世成为吐蕃之王。《敦煌吐蕃文书》所收"赞普世系表"说第一代吐蕃王代·聂墀赞普是"天神自天空降世"，"来作雅砻大地之主，降临雅砻地方"，"天神之子作人间之王"。②

而后期的说法变成了印度某代国王的一个儿子遭难后翻过雪山来到吐蕃，被误认为天神而奉为吐蕃第一代王。这一说法后来被普遍接受。1322 年成书的《布顿佛教史》说："至于说到西藏藏王的传统：有一部分人说，……西藏诸魔同十二夜叉小王共同造作灾害的时候，白萨罗王名'能现'生有一子，睫毛盖着眼睛，手指间有蹼（薄膜）联着。该王十分惊恐，将小孩装入大铜盒中，抛入恒河中，被一农夫拾得，将他养了起来，直到他年事渐长，听旁人讲他是拾来的，便心生悲苦，逃到大雪山里。渐次越过'拉日'山口，来到了'赞塘阁西'地方，被当时的本教徒们看见，说他是由天索和天梯下来的。因此，说他是一位神人，问他是谁，他回答说是'赞普'。问他从哪里来？他以手指天，彼此不通语言。于是将他安置在木座上，四人用肩抬着，向众人说，这是我们的救主。尊称为'涅赤赞普'（意为肩舆王），这即是藏地最初的王。"③

14 世纪中叶成书的《红史》说："《霞鲁教法史》中说，印度国王白沙拉恰切的儿子为聂赤赞普。"④ 成书稍晚的《青史》说："……西藏的王朝世袭：往昔虽传说有十二位零散的小王等，但毕竟是一些小王，而且彼等的传承和他们对于佛教作有何种事业的史语，也是没有的。所以显见西藏的诸智者都是从栗赤赞波（肩舆王）起而撰述西藏王朝世系。……至于栗赤赞波虽与大释迦、惹遮巴释迦、毗耶离释迦三种族姓中，任何一种都有所不同。然而在《文殊根本序》中，从松赞王至朗达玛以上，都有极明显的记载（预言），其示（藏王）阶段中《文殊根本序》中说：是'毗耶离种中所

① 《蒙古源流》卷 3，汉译文见拙著《〈蒙古源流〉研究》，第 142 页。
② 王尧、陈践译注《敦煌本吐蕃历史文书》，民族出版社，1992，"赞普世系表"，第 173 ~ 174 页。
③ 布顿大师《佛教史大宝藏论》，郭和卿汉译本，民族出版社，1986，第 167 ~ 168 页。
④ 蔡巴·贡噶多吉《红史》，陈庆英、周润年汉译本，西藏人民出版社，1986，第 30 页。

出'。以此正应说是'毗耶离'种姓。"①

以上三种书的记述尽管详略不一，但都将吐蕃王统上连到古印度王统，其中《布顿佛教史》的内容比较丰满，也最具故事性，易于被人们接受和流传。

早期藏文文献中所谓天神降世成为吐蕃之主的说法是吐蕃原始宗教本教的观点，而佛教传入吐蕃后在与本教势力的抗衡中几兴几衰，尤其是经历了 9 世纪朗达玛的灭法后，佛教势力为了更加名正言顺地在吐蕃传播其教法而不惜篡改历史，编造出吐蕃王统与印度王统同源的谎话来收买吐蕃人心。

有了这样的先例，熟通藏文史籍和典故的人是很容易仿造出类似的故事来的。只要如法先选取藏文史籍中止贡赞普被弑，诸子出逃异地的内容，再选取蒙古文史书中孛儿帖赤那携妻迁往斡难河源头的内容，然后稍加改编，就可以将上下两部分内容衔接成一个完整的故事。

《蒙古源流》还引述了藏文史籍《布顿佛教史》中有关吐蕃王统起源的故事，由此又将蒙古王统与古印度王统间接地联系了起来。

自 17 世纪蒙古文史书中出现印藏蒙王统同源的传说故事后，18 世纪、19 世纪的蒙古文史书纷纷效仿，《元朝秘史》《史集》等早期史书有关蒙古汗统起源的记载已几乎得不到重视，或者说已经干脆不为后人所知了。② 印藏蒙王统同源的传说故事为藏传佛教在蒙古地区的传播发挥了重要的舆论作用，反过来，藏传佛教的普及又为印藏蒙王统同源的传说故事迅速扎根于蒙古地区、深入蒙古人心提供了保证。

（二）对成吉思汗去世原因的篡改

关于成吉思汗去世的原因，早期史书有比较明确的记载，即在 1227 年征讨西夏的过程中死于疾病。《元史》行文简洁，谓："秋七月壬午，不豫。己丑，崩于萨里川哈老徒之行宫。"③ 而据《史集》，成吉思汗在拿下西夏的灵州城之后"曾得一梦，启示了他的死期将莅临"。④ 为此他特地召回各自行军中的儿子窝阔台和拖雷，单独与他们

---

① 廓诺·迅鲁伯：《青史》，郭和卿汉译本，西藏人民出版社，1985，第 24 页。

② 不过，清代的个别蒙古知识分子已经对 17 世纪蒙古文史书的相关说法产生了怀疑和抵触。例如，衮布扎布在《恒河之流》（1725 成书）道说："虽然有些史书将乞颜氏黄金家族的根源与印度、西藏的诸王联系在一起，但是由于字端察儿额真（主人之意）是应天命而生的，所以没有必要引述朵奔篾儿干的血统。"（Γangγa-yinUrusqal，Čoyiji tulγan qaričaγulba，Öbör Mongγol-un Arad-un keblel-ün Qoriy-a，1980，p. 40.） 罗密在《蒙古世系谱》（1735 年序）卷首的注文中说："谨案，《元史》不载受姓之始，《秘史》则以巴塔赤罕为第一世，至天竺史无世系，吐蕃则羌戎之类，各为部落，本不相袭。《秘史》乃元时金匮石室之藏，永乐中录入《大典》，诚珍重之。苍狼白鹿之说久著史册，此则援蒙古一人吐蕃，援吐蕃一人天竺。岂元初名臣大儒有所不知而后世反详之乎？"（1939 年张尔田跋本，第 1 页）衮布扎布是内蒙古乌珠穆沁右翼旗人，曾在京城任理藩院唐古忒官学司业二十多年，而罗密为蒙古八旗之正蓝旗人，他们能够看到早期的相关史书和更多的文献，见识较多，因此观点也更合理一些。

③ 《元史》卷 1《太祖本纪》，中华书局标点本，1976，第 25 页。

④ 《史集》，第一卷第二分册，第 318 页。

密谈，留下了遗嘱。然后"他来到女真、南家思和唐兀惕地面交接处的六盘山地方"，不久"病却一天天坏下去"。① 他"自知病危，大渐已近"，密嘱身边的臣僚在他去世后暂时秘不发丧以利于灭敌，遂于"猪儿年秋第二月十五日""离开了［这个］易朽的世界"。② 又在"成吉思汗史编年纪要"的"猪年"项内说："他在这年由于疾病缠身，在唐兀惕地区去世了。"可能是出于避讳的原因，《元朝秘史》对成吉思汗的去世只简单记了一句话："至猪儿年成吉思［合罕］崩。"③ 不过《元期秘史》之前提到成吉思汗在出征西夏后不久就在一次围猎行动中堕马受伤，引起发烧等病症，但是他带病继续前行，夺取了西夏大将阿沙敢不坚守的边境重地阿剌筛，并一路进军。④

然而到了 17 世纪，情况发生了变化。《黄史》中首先出现了所谓成吉思汗死于西夏皇妃之手的故事。故事梗概是说成吉思汗亲征西夏，杀夏主失都儿忽，纳其妃古儿别勒真，古儿别勒真身藏暗器，就寝时加害成吉思汗，成吉思汗遂病重去世。⑤ 《蒙古源流》也收有类似的故事，文字较《黄史》更丰富一些。

"就这样杀死了失都儿忽皇帝，［主上］纳了他的古儿别勒只·豁阿皇后，收服了人称'米纳黑'的唐兀国。［众臣］商议说：'就在那阿勒塔哈纳山山阳、哈剌木连河岸边驻夏吧。'却说，众人都惊叹古儿别勒只·豁阿皇后的美貌，古儿别勒只·豁阿皇后却说：'我的容颜从前比这更美丽，现在蒙上你们军队的征尘，［容颜］已经减色。如果在水里洗浴一下，就可以恢复从前那样的光彩。'［主上］说：'那么，你就按自己的讲究去洗浴吧。'古儿别勒只·豁阿说：'我要到河边去入浴。'［她］去到河边，［看见］父亲［喂养］使唤的一只称作'家鸟'的小鸟在空中盘旋着飞来，就［把它］捉住了。然后说：'有你们这么多人陪从，我感到害羞。你们大家待在这里，我要一个人去洗。'说完去到［河边］，写下'我将要落入这条哈剌木连河而死。不要顺流去找我的遗骨，要逆流去寻找'［的字条］，系在那只鸟的脖子上，放［它］飞回去。洗浴之后回来［一看］，她的容貌果然是更加艳丽。夜里入寝之后，［她］加害主上的御体，主上因此身上感到不适，古儿别勒只·豁阿皇后乘机起身离去，跳进哈剌木连河身亡。"她的父亲得讯后，"按照女儿的话前来寻找她的遗骨，［可是］没有找到，只找到她的一只珍珠镶边的袜子。由于每人在［那只袜子］上埋上一锹土，就形成了名叫'铁木儿·兀勒

① 《史集》，第一卷第二分册，第 320 页。
② 《史集》，第一卷第二分册，第 318～321 页。
③ 乌兰《〈元朝秘史〉校勘本》，第 268 节，第 378～379 页。
④ 乌兰《〈元朝秘史〉校勘本》，第 265 节等，第 373～376 页。
⑤ П. П. Шастина，ШАРА ТУДЖИ монгольская летопись XII века，москв – ленинград，p. 34 – 35.

忽'的小山包。却说，主上的病情加重"，"丁亥年七月十二日，［主上］在朵儿篾该城驾崩，享年六十六岁"。①

这个故事毋庸置疑不具有真实性。因为根据早期史书记载的史实，成吉思汗在西夏都城被攻破之前已经因病去世，根本谈不上什么纳西夏皇妃之事，而所谓被纳的西夏皇妃古儿别勒只更是个后人虚构的人物，其原型可能是克烈部汪罕之弟札阿绀孛的一个女儿。《史集》说札阿绀孛有三个女儿嫁到了成吉思汗家族，但是"还有一个女儿，嫁给了唐兀惕国王。这个女儿非常美丽，［容貌］净洁。成吉思汗占领唐兀惕［国］时，杀死了国王，竭力搜寻这个女人，但没有找到"。看来在蒙古汗国和元朝时期就已经出现了类似的风传。然而故事中的一些细节也是经不起推敲的，例如所谓埋有古儿别勒只袜子的小山包"铁木儿·兀勒忽"，其蒙古语意为"铁山包"，实为今内蒙古自治区呼和浩特市南郊"昭君墓"的蒙古语名称。② 不用说虚构的人物不可能有真实的墓地，就是按照故事所说本身也存在矛盾之处，因为从灵州（今宁夏灵武县）逆黄河而上，是根本无法到达位于其下游的今呼和浩特市一带的。此处借用青冢之名，无非是为了给编造的故事增添真实性而已。况且成吉思汗去世的地方也不是什么灵州。

这个故事的倾向性是比较明显的，即对西夏国怀有同情之意，对成吉思汗持有批评的态度。那么这样的故事会出自何人之手？又如何会出现在蒙古人的史书中呢？一般来说，蒙古人是不会编造出这种诬蔑自己伟大首领的故事的。清代的蒙古人罗密曾怀疑印藏蒙王统同源说"是西僧所附会"③，那么古儿别勒只皇妃的故事也很有可能出自西夏人之口④。我们现在要提的问题是，身为成吉思汗后裔的萨冈为何也会把这种故事收到自己的著作中呢？这岂不是对自己祖先的大不敬吗？按照常理，即使他不知道这个故事的真伪，也应当不自觉地从自己的政治立场出发去排斥这类有损自己祖先形象的说法的。那么是什么原因驱使他这样做的呢？应当说是他那被藏传佛教洗脑以后变化了的历史观在作怪。在对待成吉思汗去世原因的问题上，面对是维护成吉思汗黄金家族的尊严还是采信对自己祖先名声不利的说法，他的天平最终偏向了后者，因为那个故事与藏传佛教有关，维护的是藏传佛教及其弘传国度的利益。说明藏传佛教的影响在他的脑子里已经根深蒂固，维护藏传佛教的利益成为他写史特别要遵循的原则，

① 乌兰：《〈蒙古源流〉研究》，第 226～227、229 页。
② 《大清一统志》卷 124（第 3 叶背面）《归化城六厅·陵墓》记："青冢，在归化城南二十里，蒙古名特木尔乌尔虎。"
③ 《蒙古世系谱》，1939 年张尔田跋本，第 1 页。
④ 拉什朋素克在《水晶数珠》（1775 年成书）中推测这一说法是与成吉思汗家族有仇的翰亦剌、泰赤乌等部落的人编造的。（Bolor Erike, Čoyiji tulɣan qaričaɣulba, Öbör Mongɣol-un Arad-un keblel-ün Qoriy-a, 1985, p. 136.）

一切内容要为之让路，即便是危及祖先的名誉也在所不惜。

与《黄史》和《蒙古源流》相比，现存 17 世纪其他一些蒙古文史书的情况稍有不同。《黄金史纲》、罗桑丹津《黄金史》也都收有古儿别勒只皇妃的故事，但不同的是说成吉思汗纳夏主失都儿忽皇妃古儿别勒真，古儿别勒真请求去黄河边洗浴，就在那里投河而死，后来成吉思汗病重去世。[①] 可以看出两书在内容取舍上是有所保留的，删除了原有故事中皇妃古儿别勒真加害成吉思汗的内容。[②] 说明两书的作者受藏传佛教影响的程度尚不及萨冈等人那么深。

16 世纪下半叶藏传佛教的再次传入，使蒙古人的精神世界发生了巨大的变化，佛教的思想成为人们行为的依据和准则，佛教产生和弘传之地成为人们向往的地方，而佛祖释迦牟尼及其家族王统更为人们所敬仰和羡慕，以能够出身于同一血统而感到自豪。蒙古右翼部落首领为实现自己的政治目的引进藏传佛教，印藏蒙王统同源的故事应运而生，很快得到了蒙古社会的认可和接受，蒙古人的历史观也就从此发生了根本性的改变。人们带着这种变化了的历史观去反观、回顾历史时，不免往往与从前的史实发生认识上的冲突或矛盾，于是在新的历史著作中早期的史实让步了，或被避而不谈或被篡改，以适合新的历史观的需求。《元朝秘史》和《蒙古源流》站在蒙古人历史观变化的两端，见证了这一影响深远的变化。

原载于《蒙古史研究》第十二辑，科学出版社，此次略有修改

---

① Хаадийны Үндсэн Хураангуй АЛТАН ТОВЧ, Улаанбаатар, 2011, p. 260. Blo bsang bstan gjin, Erten-ü Qadun ündüsülegsen Törö Yosun-u Jokiyal-i Tobčilan Quriyaγsan Altan Tobči Kemekü Orošibai, Ulaγanbaγatur, 1990, p. 124 – 125.

② 《黄金史纲》和罗桑丹津《黄金史》与《黄史》和《蒙古源流》一样，都说失都儿忽被杀之前曾提醒成吉思汗纳古儿别勒只妃之后要仔细搜查其全身，《黄史》、《黄金史纲》和罗桑丹津《黄金史》更是说要从她的指甲到全身都要仔细搜查。这实际上是一种伏笔，暗示古儿别勒只妃会加害成吉思汗。伏笔的存在证明《黄金史纲》和罗桑丹津《黄金史》删除了古儿别勒只妃加害成吉思汗的内容。

汉赵国胡与屠各分治考

陈　勇

一　汉赵国胡与屠各的区别

《晋书》卷一〇一《刘元海载记》："元海寝疾，将为顾托之计，以……聪为大司马、大单于……置单于台于平阳西。"唐长孺先生说："这个单于台之台即台省之台，乃是与统治汉族之尚书台并列的统治六夷机构。"①《晋书》卷一〇二《刘聪载记》：以皇太弟乂"领大单于"，"置……单于左右辅，各主六夷十万落，万落置一都尉"。可以为唐说之据。

《晋书》卷一〇三《刘曜载记》："置单于台于渭城，拜大单于，置左右贤王已下，皆以胡、羯、鲜卑、氐、羌豪桀为之。"前赵国单于台"主六夷"，左右贤王以下"皆以胡、羯、鲜卑、氐、羌豪桀为之"，"胡、羯、鲜卑、氐、羌"被纳入六夷之中，是不言而喻的。前赵国六夷之中有胡，《刘曜载记》此条所言甚明。问题在于，汉赵国的屠各是否也称胡，被纳入六夷之中而归大单于管辖？

陈寅恪先生说："汉国（前赵）以单于台管领胡人，单于台下有左右单于辅，单于辅分主六夷部落。"又说："六夷部落因为要用于作战，往往被集中于京邑单于台下，特别是要充当禁军的本部人，更非集中于京邑不可。"② 就是将"胡人"、"六夷部落"乃至汉赵国的"本部人"等量齐观，我们知道，汉赵国的"本部人"正是五部屠各。

另如周师一良说：刘氏倡大单于制，石氏因之。"以弟或子领大单于，专总六夷。其下所属官亦用杂种，自成系统，与皇帝系统下之汉官不相杂厕。以五胡豪杰统领，

① 唐长孺：《晋代北境各族"变乱"的性质及五胡政权在中国的统治》，《魏晋南北朝史论丛》，生活·读书·新知三联书店，1955，第160页。
② 陈寅恪：《陈寅恪魏晋南北朝史讲演录》，黄山书社，1987，第110页。

故能慴服诸部，获其拥戴。不与汉人杂厕，故得保持其劲悍之风，以供征战。"① 也是以"六夷"、"五胡豪杰"与"汉人"、"汉官"对举，认定屠各在五胡、六夷之中，归大单于及其本族豪杰统领。

周伟洲先生说："六夷中的'胡'，具体指匈奴，主要是那些仍保持着游牧生活，汉化不深的匈奴部落。如……黑匿郁鞠部等。至于早已入居内地，汉化既深，且已从事农耕的匈奴，则不在此列。"② 是一项新颖的见解，可他接下来又说："汉赵的军队大部分出于单于台所统之六夷之中，故大单于基本掌握了汉赵的军队。"③ 却令人困惑。因为我们知道：汉赵国军队的核心正是五部屠各。周氏又说："单于台统治的人民，是'六夷'，即除汉族以外的各少数民族，而且主要是以游牧或畜牧业为生的、以部落为组织形式的少数民族。"④ "六夷中的'胡'，具体指匈奴及其相关的诸杂胡（卢水胡、铁弗、独孤、赀虏等）"。单于台的职责，就是"专门管理国内除汉族（晋人）之外其它少数民族"。⑤ 更是明确将当时的匈奴全部归入单于台所领六夷之中，与其前说有所抵牾。

事实上，至迟到西晋末年刘渊起兵前夕，匈奴五部与胡已有区别。《晋书·刘元海载记》：刘宣等"密共推元海为大单于。乃使其党呼延攸诣邺，以谋告之。元海请归会葬，颖（引者按：指成都王颖）弗许。乃令攸先归，告宣等招集五部，引会宜阳诸胡，声言应颖，实背之也。"《晋书》此条以"五部"与"宜阳诸胡"对举，不仅表现二者地域的差异，而且说明"五部"并不与"宜阳诸胡"一道称"胡"。⑥

曹魏末年五部都尉所统约三万落⑦，一般估计有二十万人以上；⑧ 晋武帝元康九年（299）江统撰《徙戎论》，又称"五部之众户至数万"⑨。可是，按照刘宣等人的说法，晋惠帝永安元年（304）刘渊策动五部起兵时仅有二万多人⑩，与曹魏末年及西晋中期的五部人口相差甚远。汉国建国之际的"屠各"，究竟是指"五部"全体，还是仅指其核心的部分？尚难断言。不过我们至少可以说，屠各刘氏与南匈奴贵族，即那批见于记载的"屠各"族人，正是五部的骨干。如五部已不称"胡"，则屠各也不会称"胡"。

① 周一良：《乞活考》，《魏晋南北朝史论集》，北京大学出版社，1997，第28页。
② 周伟洲：《汉赵国史》，山西人民出版社，1986，第188页。
③ 周伟洲：《汉赵国史》，第189页。
④ 周伟洲：《汉赵国史》，第188页。
⑤ 周伟洲：《十六国官制研究》，《文史》2002年第1辑。
⑥ 黄烈先生谓"五部"与诸"胡"不同，或许也是着眼于此的，见《中国古代民族史研究》，人民出版社，1987，第203页。
⑦ 《晋书》卷九七《北狄·匈奴传》，中华书局，1974，第2548页。
⑧ 周伟洲：《汉赵国史》，第10页。黄烈：《中国古代民族史研究》，第190页。
⑨ 《晋书》卷五六《江统传》，第1534页。
⑩ 《资治通鉴》卷八五晋惠帝永兴元年（304）刘宣等人语，中华书局，1956，第2699页。

《魏书》卷二三《卫操传》载操为桓帝所立颂功德碑文，有"屠各匈奴，刘渊奸贼"两句。《魏书》卷九五有《匈奴刘聪传》及《聪父渊、子粲、渊族子曜附传》，同卷又有《羯胡石勒传》及《勒子大雅、从子虎、虎子世、遵、鉴附传》。可知在与汉赵国邻接的鲜卑拓跋部的印象中，刘渊一族是匈奴，石勒一族则是羯胡而不是匈奴。匈奴本部的屠各与别部的羯胡及其他各种杂胡，是判然有别的。①

《晋书·刘曜载记》"置左右贤王已下，皆以胡、羯、鲜卑、氐、羌豪桀为之"两句，《魏书》卷九五《匈奴刘聪传刘曜附传》作"置左右贤王已下，皆以杂种为之"；《晋书·刘元海载记》刘渊"告宣等招集五部，引会宜阳诸胡"两句，《通鉴》卷八五晋惠帝永兴元年（刘渊元熙元年，304）又作"告宣等使招集五部及杂胡"。《魏书》中"胡"与羯、鲜卑、氐、羌并称"杂种"，是相对于匈奴本部的屠各而言的。换言之，魏收视为"杂种"的"胡"，应该就是杂胡。《通鉴》以"五部"与"杂胡"对举，断定"五部"不在"杂胡"之列。在司马温公看来，宜阳"诸胡"与"杂胡"也是一回事。

《晋书·刘曜载记》又说："石勒遣石季龙率众四万，自轵关西入伐曜，河东应之者五十余县，进攻蒲阪。……闻季龙进据石门，续知勒自率大众已济，始议增荥阳戍，杜黄马关。俄而洛水候者与勒前锋交战，擒羯，送之。曜问曰：'大胡自来邪？其众大小复如何？'羯曰：'大胡自来，军盛不可当也。'曜色变，使摄金墉之围，陈于洛西，南北十余里。"周一良师说："此大胡谓石勒，乃与石虎相对而言。"② 刘曜称石勒为"大胡"，而刘曜本人不会以"大胡"自称。刘曜一族的刘渊、刘聪乃至其屠各族人，也不会以"胡"自称。谭其骧先生指出："勒、虎诸载记辄称其种人曰胡，而前赵……诸主之载记则不然。"③ 是一项敏锐的观察。

《晋书·刘聪载记》："时……客星历紫宫入于天狱而灭。太史令康相言于聪曰：'……月为胡王，皇汉虽苞括二京，龙腾九五，然世雄燕代，肇基北朔，太阴之变其在汉域乎！汉既据中原，历命所属，紫宫之异，亦不在他，此之深重，胡可尽言。……'"康氏为证明"胡王"与"皇汉"、"太阴之变"与"汉域"之间的联系，竟然要追溯南匈奴"世雄燕代，肇基北朔"的历史，显得颇费周章。究其缘由，就在

① 笔者由此推测：汉赵国国人应该是匈奴本部的屠各，而不包括其他各种"胡"人在内。《后汉书》卷八九《南匈奴传》有一段关于南匈奴"国人"的记载（中华书局，1965，第 2964、2965 页），文中屡次出现的"国人"，指单于羌渠部众。刘豹统一五部后，羌渠旧部的南匈奴"国人"，大约转附刘豹，刘豹所率并州屠各，肯定也跻身"国人"行列。刘渊建国后，并州屠各与南匈奴"国人"继续维持"国人"资格，是可以想见的。

② 周一良：《魏晋南北朝史札记·晋书札记》"石勒载记"条，中华书局，1985，第 109、110 页。

③ 谭其骧：《羯考》，《长水集》，人民出版社，1987，第 227 页。

于汉国本部的屠各已不称胡。[1] 这类事例证明：汉赵国的屠各与包括羯人在内的诸胡，此时有着确定的分野。[2]

《晋书》卷一〇五《石勒载记下》："勒伪称赵王，……号胡为国人。"同书卷一〇六《石季龙载记上》："太武殿画古贤悉变为胡。"又云："宣诸子中最胡状目深。"谭其骧先生说："细玩文义，可知凡此之谓胡，其义至狭，既非诸夷之泛称，即匈奴亦不在内，乃专指形状特异之后赵国人即羯人而言。……石勒统号胡为国人，既未尝分别是羯非羯，故史籍或曰'胡'，或曰'羯'，或曰'胡羯'，究其含义，亦无二致。"[3] 后赵之"胡"是否专指羯人，似乎还可以讨论。但谭先生上述意见，仍给我们很大的启发。笔者进而怀疑石勒、石虎载记所言之胡，"既非诸夷之泛称，即匈奴亦不在内，乃专指形状特异之后赵国人即羯人而言"，是沿袭汉赵国的观念；其"辄称其种人曰胡"，石勒并"统号胡为国人"，正是由于后赵"国人"的身份复杂，出自不同的部族或部落。这也衬托出一个重要事实：汉赵国中称胡的杂胡，与屠各（即谭先生所谓匈奴）并不相混。据此可以认定：汉赵国重建大单于制度，就是要将屠各与杂胡乃至六夷加以区分，纳入不同的行政、军事管理系统。

魏晋时的匈奴与杂胡，一般是不难区分的。《魏书》卷一《序纪》以"匈奴"与"杂胡"对举，就表明双方的部族迥然而异。《魏书·序纪》又说猗卢国内"匈奴杂胡"万余家，"多勒（引者按：指石勒）种类"[4]，另据《晋书》卷一〇四《石勒载记上》："上党武乡羯人也，其先匈奴别部羌渠之胄。"谭其骧先生指出："羌渠"是康居的新译，羯人则是"康居之居民降附匈奴"者。[5] 石勒一族是"匈奴别部"，这些"匈奴别部"又是"匈奴杂胡"或"杂胡"。"匈奴杂胡"或"杂胡"除"勒种类"外，还应该有其他种类，羯人与各种杂胡的界限，看来已相当模糊。唐长孺先生说"晋人称羯常常泛指杂胡，并非专指羯室之胡"[6]，原因也在这里。

西晋的"胡"与"杂胡"往往已无区别，我们对此也需留意。《晋书·北狄·匈奴传》录郭钦晋武帝时上疏曰："若百年之后有风尘之警，胡骑自平阳、上党不三日而至孟津，北地、西河、太原、冯翊、安定、上郡尽为狄庭矣。宜……渐徙平阳、弘农、

---

① 《通鉴》卷九〇"晋元帝太兴元年"载，靳准政变后谓胡嵩曰："自古无胡人为天子者，今以传国玺付汝，还如晋家。"靳氏出于联络东晋共拒刘、石的目的，主动迎合晋人胡嵩的立场，相对于"晋家"而自称"胡人"，这与"宜阳诸胡"相对于"五部"而称"胡"，及屠各诸刘为争夺正统而拒绝称"胡"，都是不尽相同的。

② 《南齐书》卷五七《魏虏传》称"并州刺史刘琨为屠各胡刘聪所攻"，其中"屠各胡"之"胡"与标题"魏虏"之"虏"一样都是贬词，不可能是汉赵国认可的称谓。

③ 谭其骧：《羯考》，《长水集》，人民出版社，1987，第233页。

④ 《魏书》卷一《序纪》，中华书局，1974，第6～8页。

⑤ 谭其骧：《羯考》，《长水集》，第224～233页。

⑥ 唐长孺：《魏晋杂胡考》，《魏晋南北朝史论丛》，第414～427页。上引《魏书·序纪》，也是一例。

魏郡、京兆、上党杂胡，峻四夷出入之防，明先王荒服之制，万世之长策也。"可与前引《刘元海载记》参观。郭氏以平阳、上党"胡骑"与"杂胡"互换，说明在晋人的眼里：平阳、上党之"胡"就是"杂胡"。《通鉴》将宜阳诸"胡"称为"杂胡"，也是言而有征的。

《晋书·北狄·匈奴传》又载："武帝践阼后，塞外匈奴大水，塞泥、黑难等二万余落归化，帝复纳之，使居河西故宜阳城下。后复与晋人杂居，由是平阳、西河、太原、新兴、上党、乐平诸郡靡不有焉。"前引郭钦所言平阳、上党一带的"杂胡"，可能包含晋初归化的大水，塞泥、黑难诸部。[①] 大水、塞泥、黑难诸部入塞后，最初被安置在"河西故宜阳城下"。刘渊酝酿起兵时，告刘宣等"引会宜阳诸胡"，"宜阳诸胡"中也有大水，塞泥、黑难各部的后人。他们与扩散到平阳、西河、太原、新兴、上党、乐平等地的"杂胡"，有着密切的关系。值得一提的是，这些部族或部落降晋时统称"塞外匈奴"，具有确定的匈奴身份，而到郭钦上疏时，他们却改称"杂胡"，失去了匈奴的资格。大水、塞泥、黑难诸部称谓的变更，揭示一个规律：魏晋时代称胡的部族或部落，大都经历了由匈奴到杂胡的异化过程。而《晋书·刘元海载记》以"五部"与"宜阳诸胡"对举，也就是以"匈奴"与"杂胡"对举，又表明刘渊建国前夕，屠各与"胡"或"杂胡"，在名义上已划清了界限。

《晋书·刘曜载记》："初，靳准之乱，曜世子胤没于黑匿郁鞠部，至是，胤自言，郁鞠大惊，资给衣马，遣子送之。曜对胤悲恸，嘉郁鞠忠款，署使持节、散骑常侍、忠义大将军、左贤王。"另据同书《北狄·匈奴传》：太康八年（287），"匈奴都督大豆得一育鞠等复率种落大小万一千五百口，……来降"。"育鞠"即"郁鞠"，疑"大豆得一育鞠"与"黑匿郁鞠"本为同部。大豆得一育鞠降晋而称"匈奴都督"，此人及其部落当时是被视为匈奴的。前赵"左右贤王已下，皆以胡、羯、鲜卑、氐、羌豪桀为之"，已见上引，黑匿郁鞠任左贤王，其为"六夷"之"胡"无疑。[②] 前引周伟洲先生说，汉赵国六夷之胡主要指"那些仍保持着游牧生活，汉化不深的匈奴部落"，举黑匿郁鞠部为例，不详何据，但此事或许可以为魏晋匈奴到杂胡的异化，提供一则旁证。

《晋书·石勒载记上》："进据襄国。……上表于刘聪，分命诸将攻冀州郡县垒壁，率多降附，运粮以输勒。刘聪署勒使持节、散骑常侍、都督冀幽并营四州杂夷、征讨

---

① 黄烈先生据上引《载记》说："宜阳诸胡其主要部分系晋武帝时来自塞外的匈奴，有大水、塞泥、黑难等部。可见五部与诸胡是有区别的。"转引自《中国古代民族史研究》，第 203 页。但西晋末年刘渊起兵时动员的"宜阳诸胡"，是否仍为西晋初年入塞的大水、塞泥、黑难诸部，实际上还不能肯定。《载记》将"五部"与"宜阳诸胡"对举，表明二者存在差异，与"宜阳诸胡"的成分，乃至其是否包含大水、塞泥、黑难诸部，并无关系。

② 周伟洲先生称黑匿郁鞠部为六夷之胡，见《汉赵国史》第 188 页。

诸军事、冀州牧，进封本国上党郡公，邑五万户，开府、幽州牧、东夷校尉如故。"及石勒平幽州，刘聪又遣使"持节署勒大都督陕东诸军事、骠骑大将军、东单于，侍中、使持节、开府、校尉、二州牧、公如故，加金钲黄钺，前后鼓吹二部，增封十二郡"。刘聪所授诸官号中，"杂夷"、"东夷"及"东单于"的称谓含义微妙，值得推敲。其中"杂夷"是相对于匈奴，即汉国本部的屠各而言的；"东夷"则是指幽、营两州的"杂夷"，主要是乌丸与鲜卑，也就是所谓"东胡"。与此对举的冀、并两州"杂夷"，主要又是指该地的杂胡。"东单于"是相对于"西单于"而言的，"西单于"即汉国单于台。我们说单于所辖杂胡与汉国本部的屠各分属不同系统，这也是一项重要证据。①

二　汉赵国胡与屠各的分治

以往史家普遍认为：汉赵国恢复匈奴传统的单于制度，开十六国"胡汉分治"之先河。而在"胡汉分治"的政策之下，汉赵国的汉族人口归司隶、内史系统管理，其他少数族人口归大单于、单于辅、都尉系统管理。② 然而，本文上节已经说明：汉赵国单于台所辖六夷之胡，其实是屠各以外诸胡，也就是诸史称作"匈奴别部"或"匈奴别种"的杂胡。如此说不误，则我们对汉赵国的"胡汉分治"，就需要重新审视。笔者的想法是：汉赵国司隶、内史与大单于、单于辅、都尉两套系统的并置，不仅是将六夷与汉人分治，即史家常说的"胡汉分治"；而且是将六夷（包括杂胡）与匈奴（五部屠各）分治，比照"胡汉分治"的提法，也可以称为"胡胡分治"。③

陈仲安、王素先生提出：汉赵国内有"三个相对独立的不同族属的集团"，即刘聪"本族"、"汉族人民"及"六夷部落"。其中刘聪"本族的军队"，是其"本国的核心力量"。④ 吕一飞先生又提出：汉赵国的政治结构由三部分组成，"核心力量"是"南匈奴五部之众"，"准核心力量"是"其它胡族"，外围是"晋人（汉族）"。⑤ 以上三

---

① 内田吟风氏说："晋建兴二年（314），汉帝刘聪在任命石勒为大都督、骠骑大将军的同时，又封其为东单于，尽管为勒所辞，但仍可证明有大量游牧部族依附于石氏政权之下。"见《北亚史研究·匈奴篇》，京都：同朋舍，1975 年，第 313 页。

② 陈寅恪：《陈寅恪魏晋南北朝史讲演录》，第 110 页，就是有代表性的意见。另如王仲荦《魏晋南北朝史》上册，第 238 页；唐长孺《晋代北境各族"变乱"的性质及五胡政权在中国的统治》，《魏晋南北朝史论丛》，第 160 页；周一良《乞活考》，《魏晋南北朝史论集》，第 28 页；内田吟风《北亚史研究·匈奴篇》，第 309、337 页；万绳楠《魏晋南北朝史论稿》，安徽教育出版社，1983，第 136 页；陈仲安、王素《汉唐职官制度研究》，中华书局，1993，第 67 页。

③ 高敏先生说：汉赵国"单于左右辅及都尉所统居民以落计，显然是他们原有的以单于部落制统治除匈奴人以外的少数民族的统治形式"。见《十六国时期的军镇制度》。此说以"户""落"计民区分胡汉人口，还有一些问题。更重要的是，匈奴原有的"单于部落制"不仅统治"匈奴人以外的少数民族"，也统治匈奴人。但高先生说"单于左右辅及都尉所统居民"是"除匈奴人以外的少数民族"，也就是说匈奴本部人不属六夷、不归单于台管辖，较以往诸家之言似乎更为合理。

④ 陈仲安、王素：《汉唐职官制度研究》，第 67 页。

⑤ 吕一飞：《匈奴汉国的政治与氐羌》，《历史研究》2001 年第 2 期。

位学者的观点近似，都是颇具启发性的。依陈、王之说，"汉族人民"与"六夷部落"（即吕氏所谓"晋人"、"汉族"与"其它胡族"），分属左右司隶、内史及单于左右辅、都尉两套系统。① 但刘聪"本族"（即吕氏所谓"南匈奴五部"）的行政、军事归属，陈、王、吕诸氏却未做解释。

另据黄烈先生说："五部民不应属于单于左右辅所管的六夷范围，而应属于左右司隶所管的民户范围，与汉族人民同属编户齐民"。② 高敏先生又说：刘聪即位时"确定了两种形式的部落兵制"，其皇子所任大将军各配营兵，是"匈奴贵族、皇族"统领"匈奴本部"的部落兵形式；单于左右辅各主部落，则是"以六夷部落酋豪统治各少数民族的部落兵形式"。③ 黄、高两说都认为汉赵国匈奴或屠各不归单于台管辖，但缺乏充分的论证。

以往已有史家注意到：汉赵国的行政机构，呈现出一种军事化的面貌。如唐长孺先生说："刘聪在其直接控制区域内建立了胡汉分治的军事化的制度以控制人民。"④ 吕一飞先生又说：刘渊置单于台是"军政合一的统治机构，用部落军事制的方式来管理六夷"。⑤ 依循这样的思路：刘渊、刘聪所设大单于、单于辅、都尉系统，在行政管辖的同时，又发挥了军事管辖的职能。谷川道雄先生说：汉赵国的单于制与魏晋时期的五部制"颇有相通之处"，大概也是着眼于此的⑥。魏末五部帅更名都尉，汉国六夷万落置一都尉，似乎并非巧合，此例证明魏晋时五部的屠各与汉国的六夷，同样具有军人身份；魏晋的五部与汉国的单于台，都是"军事化的制度"或"军政合一的统治机构"。然而，汉国的屠各是不是具有军人身份？与单于台并立的司隶、内史系统是不是"军事化的制度"或"军政合一的统治机构"？却有待进一步的论证。

永嘉三年（刘渊河瑞元年，309）初，刘渊迁都平阳，其本部的屠各与陆续归汉的六夷及汉族人口，随之移居该地。汉国单于台设于平阳西郊，六夷二十万落也应在附近。另据《晋书·刘元海载记》：刘和嗣位，卫尉西昌王刘锐、宗正呼延攸进言曰："先帝不惟轻重之计，而使三王总强兵于内，大司马握十万劲卒居于近郊，陛下今便为寄坐耳。此之祸难，未可测也，愿陛下早为之所。"此处"大司马"即大司马、大单于、楚王刘聪，周一良师解释说："近郊指平阳西之单于台，十万劲卒则兼

---

① 陈仲安、王素说："左、右司隶及内史统治的是汉族人民。单于左、右辅及都尉则统率六夷部落。"见上引《汉唐职官制度研究》，第 67 页。

② 黄烈：《中国古代民族史研究》，第 204 页。

③ 高敏：《魏晋南北朝兵制研究》，大象出版社，1998，第 179 页。

④ 唐长孺：《晋代北境各族"变乱"的性质及五胡政权在中国的统治》，《魏晋南北朝史论丛》，第 160 页。

⑤ 吕一飞：《匈奴汉国的政治与氏羌》。

⑥ 谷川道雄：《隋唐帝国形成史论》，李济沧译，上海古籍出版社，2004，第 38 页。该书又说：曹操设立五部"特别行政区"以及由匈奴贵族充任部帅，表明"魏晋政权不能扼杀固有的部落组织"（第 29 页）。可知在作者看来，五部的设立，与并州屠各及南匈奴部落组织的存在有关。

苞匈奴及以外诸种姓也。"① 大单于刘聪统领 "匈奴以外诸种姓" 即六夷，是可想而知的。② 但大司马刘聪麾下的 "十万劲卒" 之中，是否也有五部屠各即匈奴，却无从查考。

《晋书·刘聪载记》："平阳大饥，流叛死亡十有五六。石勒遣石越率骑二万，屯于并州，以怀抚叛者。……河东大蝗，唯不食黍豆。靳准率部人收而埋之，……后乃钻土飞出，复食黍豆。平阳饥甚，司隶部人奔于冀州二十万户，石越招之故也。"《通鉴》卷八九系此事于晋愍帝建兴四年（刘聪麟嘉元年，316）七月。③ 平阳的饥荒，导致司隶部民二十万户出逃。这些司隶部民此前聚居在平阳一带，毋庸置疑。《刘聪载记》又说："（石勒部将）赵固、郭默攻其河东，至于绛邑，右司隶部人盗牧马负妻子奔之者三万余骑。骑兵将军刘勋追讨之，杀万余人，固、默引归。"《通鉴》卷九〇系此事于晋元帝建武元年（刘聪麟嘉二年，317）底。右司隶部民 "盗牧马" 者三万余骑，其中显然包含大量游牧人口。但我们绝不能仅据此条，就说这些游牧人口都是屠各。事实上，按照刘宣等人在刘渊起兵前夕的估算：当时五部屠各的兵力仅有二万余人，已见上引，与刘聪时司隶部民四十万户所能提供的兵力，差距颇大。

《晋书·石勒载记上》：石勒攻靳准于平阳，"准使卜泰送乘舆服御请和，勒与刘曜竞有招怀之计，乃送泰于曜，使知城内无归曜之意，以挫其军势。曜潜与泰结盟，使还平阳宣慰诸屠各。勒疑泰与曜有谋，欲斩泰以速降之，诸将皆曰：'今斩卜泰，准必不复降，就令泰宣汉要盟于城中，使相率诛靳准，准必惧而速降矣。'勒久乃从诸将议遣之。泰入平阳，与准将乔泰、马忠等起兵攻准，杀之，推靳明为盟主，遣泰及卜玄奉传国六玺送于刘曜。勒……进军攻明，……石季龙率幽、冀州兵会勒攻平阳。刘曜遣征东刘畅救明。……靳明率平阳之众奔于刘曜"。联系上下文可知，刘曜使卜泰 "还平阳" 的平阳，指的是平阳 "城中"，此处为刘氏本部 "诸屠各" 所居之地。"靳明率平阳之众奔于刘曜"，《晋书·刘曜载记》作 "明率平阳士女万五千归于曜"。"平阳之众" 或 "平阳士女" 未必都是屠各，但应是以屠各为主的。汉国的屠各居于平阳城中，六夷居于平阳郊外，这种局面的形成，又与司隶、内史与大单于、单于辅、都尉两套系统并置，有着密切的联系。

---

① 周一良：《乞活考》，《魏晋南北朝史论集》，第 28 页。

② 《晋书》卷一〇四《石勒载记上》："聪死，其子粲袭伪位，其大将军靳准杀粲于平阳，勒命张敬率骑五千为前锋以讨准，勒统精锐五万继之，据襄陵北原，羌羯降者四万余落。……勒攻准于平阳小城，平阳大尹周置等率杂户六千降于勒。巴帅及诸羌羯降者十余万落，徙之司州诸县。" 第 2728、2729 页。襄陵位于汾水东侧，与平阳隔水相望，石勒进军襄陵，"羌羯" 四万余落归降，他们此前的驻地可信距平阳不远。石勒攻平阳小城，巴、羌、羯十余万落叛汉，他们此前可信也在平阳一带，大概就是平阳西侧的 "近郊"。

③ 《晋书》卷一〇二《刘聪载记》，第 2673 页。《资治通鉴》卷八九晋愍帝建兴四年作："河东平阳大蝗，民流殍者什五六。石勒遣其将石越帅骑二万屯并州，招纳流民，民归之者二十万户。"（第 2833 页）

《晋书·刘曜载记》：石虎败前赵军于上邽，"执其伪太子熙、南阳王刘胤并将相诸王等及其诸卿校公侯已下三千余人，皆杀之。徙其台省文武、关东流人、秦雍大族九千人于襄国，又坑其王公等及五郡屠各五千余人于洛阳。"黄烈先生称文中"郡"为"部"字之讹。[1] 唐长孺先生则谓"五郡"系"沿用汉代五郡塞外之称"。[2]《通鉴》卷九四咸和四年（329）胡注曰："五郡屠各，即匈奴五部之众。"[3] 说明这批被石勒坑杀的屠各，在名义上无论是"五郡"还是"五部"，其源头都出自五部，都是"匈奴五部之众"。黄烈先生说"刘曜将相王公中最主要的是刘氏宗族，都遭到了屠杀和坑埋；五郡屠各也受到同样的待遇"是不错的。但他又说：五千屠各"只是屠各中的少数，主要应是指在刘曜朝廷中当官的"。[4] 所据却不详。唐长孺先生说这些遇害者"可能是刘曜带入关中的并州屠各"[5]，更为可信。

《晋书·刘曜载记》中的五郡或五部屠各，与其他"关东流人"并举而有所不同，反映了汉赵国的族群划分，以及当时通行的族际观念。"刘曜带入关中的并州屠各"遭石勒集体屠戮，可信他们此前是聚族而居的，但这是否为汉国遗存的制度，还无法确定。《晋书·石勒载记上》：靳准作乱，石勒发兵讨之。"据襄陵北原，羌羯降者四万余落。……攻准于平阳小城，平阳大尹周置等率杂户六千降于勒。巴帅及诸羌羯降者十余万落，徙之司州诸县。"[6] 联系屠各在前赵集中居住又被集体杀害的例子，笔者怀疑平阳居民中的"杂户"是与五部屠各相对而言的。汉国的"杂户"与巴、羌、羯不同，显然不属于六夷的范围。而在汉国的司隶部民之中，五部屠各与其他居民的身份也有差异。石勒"号胡为国人"，"制法令甚严，讳胡尤峻"[7]，已如周知。前赵亡国之际，屠各被石勒大批坑杀[8]，相信后赵国人之"胡"，是不包括屠各在内的。本文推测汉赵国六夷之胡不包括屠各在内，这也可以作为一项旁证。

前引《刘元海载记》刘锐、呼延攸所言"三王"，指大司徒、齐王裕，尚书令、

---

① 黄烈：《中国古代民族史研究》，第 205 页。

② 唐长孺：《魏晋杂胡考》，《魏晋南北朝史论丛》，第 403 页注①。

③ 《资治通鉴》卷九四晋成帝咸和四年（329），第 2971 页。

④ 黄烈：《中国古代民族史研究》，第 205 页。

⑤ 唐长孺：《魏晋杂胡考》，《魏晋南北朝史论丛》，第 389、403 页。

⑥ 《晋书》卷一〇四《石勒载记上》，第 2728 页。

⑦ 《晋书》卷一〇五《石勒载记下》，第 2735 页。

⑧ 后赵在与汉赵国的长期战争中，收编了大量各族人口。如《晋书·刘聪载记》："平阳饥甚，司隶部人奔于冀州二十万户，石越招之故也。""赵固、郭默攻其河东，至于绛邑，右司隶部人盗牧马负妻子奔之者三万余骑。骑兵将军刘勋追讨之，杀万余人，固、默引归。"《石勒载记上》："聪死，其子粲袭伪位，其大将军靳准杀粲于平阳，勒命张敬率骑五千为前锋以讨准，勒统精锐五万继之，据襄陵北原，羌羯降者四万余落。准数挑战，勒坚壁以挫之。刘曜自长安屯于蒲阪，曜复僭号，署勒大司马、大将军，加九锡，增封十郡，并前十三郡，进爵赵公。勒攻准于平阳小城，平阳大尹周置等率杂户六千降于勒。巴帅及诸羌羯降者十余万落，徙之司州诸县。"

鲁王隆，抚军大将军、领司隶校尉、北海王乂。①"三王"所总"强兵"是否为五部屠
各？尚不清楚。陈寅恪先生说："汉国的匈奴，本部人并不多，但为主力，力量很强。
胡人统治中国，全凭武力。单于台所在即本族主部所在。主部所在，即武力所在。"②
汉国的"本部人"或匈奴"本族主部所在"即五部屠各，为其"武力所在"，例证甚
多，无须怀疑。③ 陈寅恪先生又说："六夷部落因为要用于作战，往往被集中于京邑单
于台下，特别是要充当禁军的本部人，更非集中于京邑不可。"④ 已见上引，这项意见
同样值得重视。⑤ 前引高敏先生说，刘聪为诸大将军所配营兵，为"匈奴贵族、皇族所
统领的匈奴本部兵"，具有禁军的性质，也是类似的观点。但要证明汉国禁军由其"本
部人""本部兵"充当，却是相当困难的。谷川道雄先生说："两赵军队的构成如何，

---

① 《资治通鉴》卷八七永嘉四年（310）条文略同，胡注曰："三王，谓安昌王盛，安邑王钦，西阳王璇也；
或曰：三王，谓齐王裕，鲁王隆，北海王乂。"《刘元海载记》：刘和召其领军刘盛及刘钦、马景等告之，
盛曰："四王未有逆节，今忽一旦自相鱼肉，臣恐人不食陛下之余。……陛下既不信诸弟，复谁可信哉！"
为刘锐、刘攸等所拒绝，刘和遂"使锐、景攻聪，攸率刘安国攻裕，使侍中刘乘、武卫刘钦攻鲁王隆，
尚书田密、武卫刘璇攻北海王乂"。《通鉴》卷八七永嘉四年条文略同，胡注曰："聪，渊之第四子，故曰
四王。或曰：谓聪、裕、隆、乂也。"按安邑王钦、西阳王璇不在"三王"之中甚明，"三王"应指齐王
裕、鲁王隆、北海王乂，胡注所引后说是。
② 陈寅恪：《陈寅恪魏晋南北朝史讲演录》，第110页。
③ 据《晋书》卷一○一《刘元海载记》载：司马腾、王浚引鲜卑、乌丸兵攻成都王颖，刘渊请为颖"还说
五部"以拒之，称"东胡之悍不逾五部"，又称"以二部摧东嬴（引者按：指司马腾），三部枭王浚，二
竖之首可指日而悬"。第2648页。刘渊的这一段话可能有夸张的成分，但当时"二部"、"三部"乃至
"五部"是其"本族主部所在"，又是其"武力所在"，则显而易见。刘渊起兵左国城，"二旬之间，众已
五万"，由此前刘宣等人的议论可知，其中五部之众"不减二万"。《晋书·刘元海载记》："惠帝失驭，
寇盗蜂起，元海从祖故北部都尉、左贤王刘宣等窃议曰：'昔我先人与汉约为兄弟，忧泰同之。自汉亡以
来，魏晋代兴，我单于虽有虚号，无复尺土之业，自诸王侯，降同编户。今司马氏骨肉相残，四海鼎沸，
兴邦复业，此其时矣。左贤王元海姿器绝人，干宇超世，天若不恢崇单于，终不虚生此人也。'于是密共
推元海为大单于。乃使其党呼延攸诣邺，以谋告之。元海请归会葬，颖弗许。乃令攸先归，告宣等招集
五部，引会宜阳诸胡，声言应颖，实背之也。"第2647页。《资治通鉴》卷八五永兴元年（304）载刘宣
等人语，增"今吾众虽衰，犹不减二万，奈何敛手受役，奄过百年"数句。（第2699页。）周一良说：
"这几句话不见于《载记》和汤辑《十六国春秋》。我猜想是崔鸿的原文，唐修《晋书》省略，而司马温公
时还未亡佚，所以录入《通鉴》。"见《北朝的民族问题与民族政策》，《魏晋南北朝史论集》，第167页。
④ 陈寅恪：《陈寅恪魏晋南北朝史讲演录》，第110页。
⑤ 《晋书》卷一○一《刘元海载记》：永兴二年，司马腾遣司马瑜、周良、石鲜等讨刘渊，次于离石汾城。
刘渊"遣其武牙将军刘钦等六军距瑜等"。（第2650页。）《晋书》卷一○二《刘聪载记》：刘聪署其卫尉
呼延晏为使侍节、前锋大都督、前军大将军，"配禁兵二万七千"，自宜阳入洛川，命王弥、刘曜及石勒
"进师会之"。第2658页。按《宋书》卷四○《百官志下》禁军之职皆单列，自领军将军至武骑常侍，凡
十五项，前军将军也在其中，与左军、右军、后军将军并称"四军"。范晔说："晋武帝初，置前军、右
军。"第1247~1250页。《晋书》卷二四《职官志》文略同。前军将军西晋时为禁军之无疑。呼延晏由卫
尉改授前军大将军，前军大将军就是位从公的前军将军。《晋书·职官志》又载："大司马、大将军、太
尉、骠骑、车骑、卫将军、诸大将军，开府位从公者为武官公。""诸公及开府位从公者，品秩第一。"第
726页。呼延晏所任前军大将军，当在开府位从公之武官公之列。我们看刘聪所置十六大将军名号中，
前、后、左、右、上、中、下军将军，都是传统的禁军官职，镇、卫京将军不见于旧史，但由其名称推
测应该也是禁军官职。由此可见，这些由刘聪诸子担任的杂号大将军，以及他们名下常设的三万二千兵
力，同样是禁军的重要部分。

还不清楚。"① 就采取了更为审慎的态度。

汉国行政系统中司隶校尉、内史等职的选定，为解释上述问题提供了一些线索。《续汉书·百官志四》"司隶校尉"条本注："掌察百官以下，及京师近郡犯法者。"② 司隶校尉就其传统职掌而言应属文官，但《晋书·刘聪载记》又载："愍帝即位于长安，聪遣刘曜及司隶乔智明、武牙李景年等寇长安，命赵染率众赴之。"《通鉴》卷八八系此事于愍帝建兴元年（刘聪嘉平三年，313）四月。考诸史所见刘渊、刘聪两朝领兵官，除刘氏诸王外几乎都是各色将军，乔智明与车骑大将军刘曜、虎牙将军李景年一道发兵，表明其所任司隶校尉又是军职。③ 至于乔氏所发之兵，可能就是其此前管辖的司隶部民。

刘渊称帝，"宗室以亲疏为等，悉封郡县王"。④ 刘聪即位后，沿用此项制度。⑤ 谷川道雄先生说：汉国"手控军队的诸王虽带中国式将军号，却让人联想到塞外匈奴国家的军事体制。在此之前，单于子弟带左右贤王以下诸匈奴式王号，并且以单于为中心统领着各自的部落联盟。单于与子弟间的血缘纽带既是部落联盟式匈奴国家的支柱，同时也构成了后来两赵国家的军事体制。如果将这一结构的重现求之于两赵国家的话，与其说它见之于受到限定的大单于的行政体制之中，不如说它见之于以皇帝为中心，由皇太子、诸王所实行的对国家军队的管理之中。"又说："在两赵政权中。体现塞外匈奴国家骨骼的不是大单于制，而是以中国式官制为基础的帝国军事组织，这就是新建的匈奴国家所具有的特异性。"⑥ 此说对于我们认识汉赵国的军事组织，尤其是宗室诸王在该组织中的作用，不无裨益。

《晋书·武帝纪》：太康十年（289）十一月，"改诸王国相为内史"。同书卷二四《职官志》"王"条："改太守曰内史"；同《志》"郡"条："诸王国以内史掌太守之任。"⑦ 刘聪在分封宗王的同时，又选择内史即传统的王国相作为汉国主要的行政官员，我想是有其特殊考虑的，此举或许就是为了配合当时的分封制度。

---

① 谷川道雄：《隋唐帝国形成史论》，第 40、41 页。

② 《后汉书》志二七《百官志四》，第 2613 页。

③ 《资治通鉴》卷八八怀帝下建兴元年（313）：中山王曜攻长安，"恃胜而不设备"。十一月，"麹允引兵袭之，汉兵大败，杀其冠军将军乔智明；曜引归平阳"。（第 2804 页。）乔智明出兵时为司隶校尉，已见上引《晋书·刘聪载记》，《通鉴》此条称其为冠军将军，当是乔氏随刘曜发兵后所迁新职。

④ 刘渊起兵之初，封刘景为右于陆王、延年为左独鹿王。称帝后，又封子和封梁王，欢乐为陈留王，子裕为齐王，隆为鲁王，聪为楚王，乂为北海王。见《晋书》卷一〇一《刘元海载记》，第 2648 页。

⑤ 刘聪即位，封其子粲为河内王，进封晋王；又封其子易为河间王，翼为彭城王，悝为高平王。见《晋书》卷一〇二《刘聪载记》，第 2658 页。嘉平二年（永嘉六年，312）四月，刘聪封其子敷为渤海王，骥为济南王，鸾为燕王，鸿为楚王，劢为齐王，权为秦王，操为魏王，持为赵王；十月，又封其子恒为代王，逞为吴王，朗为颍川王，皋为零陵王，旭为丹阳王，京为蜀王，坦为九江王，晃为临川王。见《资治通鉴》卷八八，第 2778、2784 页。

⑥ 谷川道雄：《隋唐帝国形成史论》，第 40、41 页。

⑦ 《晋书》卷三《武帝纪》，第 79 页；卷二四《职官志》，第 743、746 页。

唐长孺先生说："左右司隶自然是沿袭汉魏司隶校尉治地称为司州之旧称，可是这里却不说统郡多少，而是统户多少，户又没有郡县统属而以一万户为一单位，设立了四十三个内史。我们知道内史也是秦汉官号，即以后之京兆尹或河南尹，这里以万户设一内史以致有四十三员之多，显然没有当作首都长官，其所以号为内史之故，只是表示四十余万户都在刘聪直接控制的土地上，亦即平阳及其周围地区。按《晋书·地理志上》司州平阳郡户四万二千，整个司州包括洛阳在内也只有四十七万五千七百，现在左右司隶的范围一定小于晋之司州，又经过大乱，而仍有四十余万户之多，显然是从各地迁徙来的。"又说："司隶所属户口是刘聪直接控制的人民，其按户计算的制度与下面单于左右辅所主六夷以'落'计算相同，可以证明其为部落制度。"① 司隶系统下按户计算的人口可能也是部落民，这样一种认识，对于本文的讨论极具启发性。

《晋书·刘聪载记》："置辅汉、都护、中军、上军、辅军、镇、卫京、前、后、左、右、上、下军、辅国、冠军、龙骧、武牙大将军，营各配兵二千，皆以诸子为之。"《通鉴》卷八九系此事于晋愍帝建兴二年（刘聪嘉平四年，314）正月。唐长孺先生解释说："从俘虏得来的六夷与汉族人民，刘聪以胡汉分治的方式管理，在其中抽取丁壮当兵，分立各营，以之分配给他的儿子。虽然记载上不明确，我想一定也分配人口。"② 陈仲安、王素先生说：刘聪时杂号大将军"都以诸子为之，显然用以统率本族的军队"。③ 高敏先生又说："这是匈奴贵族、皇族所统领的匈奴本部兵。"④ 唐长孺先生将"六夷"与"汉族"并举，表明他所采用的"六夷"概念，包括匈奴即五部屠各在内。据此又可知，唐说与陈、王、高诸说，其实是相通的。

前引刘锐、呼延攸谓"三王总强兵于内"，"内"指平阳城内。刘渊时宗王之兵在平阳城内，刘聪时诸大将军营兵估计也在平阳城内。刘曜使卜泰"还平阳宣慰诸屠各"，表明五部屠各同样是在平阳城内，尽管我们对他们与诸大将军营兵的关系，还不太了解。

汉国左右司隶各领户二十余万，"万户置一内史"；单于左右辅各领"六夷"十万落，"万落置一都尉"，已见上述。司隶、单于两套系统，分别以"万户""万落"为单位，是仿效匈奴旧时"万骑"的规模。⑤ "万骑"最初又是诸王别号，唐长孺先生关于"分配人口"的猜测如能成立，则刘聪或许就是以"万户"为单位向诸王分配人口；而内史统领"万户"，可能实际上就是为宗王管理其分配的民户。

---

① 唐长孺：《晋代北境各族"变乱"的性质及五胡政权在中国的统治》，《魏晋南北朝史论丛》，第159~160页。
② 唐长孺：《晋代北境各族"变乱"的性质及五胡政权在中国的统治》，《魏晋南北朝史论丛》，第160页。
③ 陈仲安、王素：《汉唐职官制度研究》，第67页。
④ 高敏：《魏晋南北朝兵制研究》，第179页。
⑤ 《汉书》卷九四上《匈奴传上》记匈奴所置王号：自左右贤王、左右谷蠡、左右大将、左右大都尉至左右大当户，"大者万余骑，小者数千，凡二十四长，立号曰'万骑'。"中华书局，1962，第3751页。

另如《晋书》诸刘载记所载，汉国主要的中外军职多由宗室诸王担当。[①] 何兹全先生说汉赵国兵权"在刘氏子弟手中"，信而有证。[②] 内史战时是否转为诸王的偏裨，不得而知，但"万户"为诸王提供了基本的兵力，则是可以肯定的。

内史领"万户"，一户出一兵也有万人的规模。刘聪诸子所任各色杂号大将军仅各配兵二千，在数量上与"万户"之兵存在显著差距。究其原因，在于"万户"之兵平时处于预备役状态，战前由诸王或其他领兵官临时征调。刘聪为诸王所配营兵，则是带有护卫性质的常备武装[③]，因此，其数量大大少于"万户"所能提供的总兵力。换言之，"万户"可能是诸王在名义上获得的人口，"万户"储备的丁壮是汉国的重要兵源，刘聪分配给诸王的营兵则是诸王的护卫。三者身份的异同，是我们观察汉赵国社会、政治结构的一个特殊切入点。

《刘聪载记》建元元年（晋愍帝建兴三年，315），"雨血于其东宫延明殿，彻瓦在地者深五寸。刘乂恶之，以访其太师卢志、太傅崔玮、太保许遐。志等曰：'主上……置太宰、大将军及诸王之营以为羽翼，此事势去矣，殿下不得立明也。然非止不得立而已，不测之危厄在于旦夕，宜早为之所。四卫精兵不减五千，余营诸王皆年齿尚幼，可夺而取之。相国轻佻，正可烦一刺客耳。大将军无日不出，其营可袭而得也。殿下但当有意，二万精兵立便可得，鼓行向云龙门，宿卫之士孰不倒戈奉迎，大司马不虑为异也。'乂弗从，乃止"[④]。此事发生在刘聪以诸子为大将军的次年，"诸王之营"指各色大将军营兵无疑。刘聪"置太宰、大将军……之营以为羽翼"，可知太宰、河间王易与大将军、渤海王敷也有营兵。[⑤]

然而，"余营诸王皆年齿尚幼"，表明当时担任杂号大将军的多数宗王，既无能力控制其营兵，也无能力管理分配到的人口。《刘聪载记》又载：刘聪麟嘉三年（晋元帝太兴元年，318）三月，"所居螽斯则百堂灾，焚其子会稽王衷已下二十有一人"[⑥]。刘聪子会稽王衷等二十一人，与嘉平四年任杂号大将军者是否重叠，已无从考辨。不过，

---

① 刘渊河瑞二年（晋怀帝永嘉四年，310），见《晋书》卷一〇一《刘元海载记》，第 2652 页。刘聪即皇帝位，署其子河内王粲使侍节、抚军大将军、都督中外诸军事。见《晋书》卷一〇二《刘聪载记》，第 2658 页。嘉平二年（永嘉六年，312），以河间王易为车骑将军，彭城王翼为卫将军，并典兵宿卫；高平王悝为征南将军，镇离石；济南王骥为征西将军，筑西平城以居之；魏王操为征东将军，镇蒲子。《资治通鉴》卷八八胡注又曰："西平城，当筑于平阳西。"（第 2800 页）刘聪嘉平四年（晋愍帝建兴二年，314），任诸子为辅汉等十七种杂号大将军，见《刘聪载记》，第 2665 页，其中上军大将军重出，《通鉴》卷八九作十六人，第 2808 页。

② 何兹全：《十六国时期的兵制》，《燕园论学集》，北京大学出版社，1984，第 274 页。

③ 高敏先生即谓诸大将军营兵为禁军，参见《魏晋南北朝兵制研究》，第 179 页。

④ 《晋书》卷一〇二《刘聪载记》，第 2666～2667 页。

⑤ 《资治通鉴》卷八八建兴三年（建元元年，315）胡注："粲弟勃海王敷，时为大将军。"（第 2820 页）

⑥ 《晋书》卷一〇二《刘聪载记》，第 2676 页；《资治通鉴》卷九〇晋元帝太兴元年（刘聪麟嘉三年，318），第 2856 页。又"会稽王衷"，《通鉴》作"会稽王康"。

此前刘聪署河内王粲使侍节、抚军大将军、都督中外诸军事；河间王易车骑将军，彭城王翼卫将军，并典兵宿卫；高平王悝征南将军，镇离石；济南王骥征西将军，筑西平城以居之；魏王操为征东将军，镇蒲子，粲、易、翼、悝、骥、操六王均已成年无疑。相比之下，"刘聪子会稽王衮已下二十有一人"尚与其父共居，而且并未担任各种中外军职；矗斯则百堂遭遇火灾，他们又不及逃脱而全部罹难，可信也是"年齿尚幼"，同样无力掌管营兵及其他人口。笔者怀疑汉国内史一职的选置，与封王的安排有关，多数宗王需要他人代理民事或军事职责，也是一个重要原因。

《晋书·刘曜载记》："曜遣刘岳攻石生于洛阳，配以近郡甲士五千，宿卫精卒一万，济自盟津。……季龙执刘岳及其将王腾等八十余人，并氐羌三千余人，送于襄国，坑士卒一万六千。曜至自渑池，素服郊哭，七日乃入城。"[1] 石氏坑杀的"士卒一万六千"，应该包含刘曜为刘岳所配"近郡甲士五千"与"宿卫精卒一万"，我们当然不能说这些士卒都是五部屠各，但石勒相继坑杀刘曜麾下"士卒一万六千"与"屠各五千"，两件事很可能是有联系的。

《刘曜载记》又载："刘岳与凉州刺史张茂相持于河上，曜自陇长驱至西河，戎卒二十八万五千，临河列营，百余里中，钟鼓之声沸河动地，自古军旅之盛未有斯比。茂临河诸戍皆望风奔退。扬声欲百道俱渡，直至姑臧，凉州大怖，人无固志。诸将咸欲速济，曜曰：'吾军旅虽盛，不逾魏武之东也。畏威而来者，三有二焉。中军宿卫已皆疲老，不可用也。'"[2] 刘曜所谓"三有二焉"只是大略的估量，与这批"畏威而来者"相区别的自愿追随者，主要指从汉国故都平阳一带西迁的刘氏旧部，其中可信就有"刘曜带入关中的并州屠各"。

更重要的是，汉赵国宗王所任诸大将军，属于大单于以外的军事系统，我们很难想象，汉赵国本部的五部屠各尽归大单于管辖，而与数量众多的宗室诸王、杂号大将军无关。周一良师推测，刘渊去世前夕大单于刘聪麾下有匈奴与六夷两种兵力，是不无道理的。刘聪当时的身份是大司马与大单于相兼，这样也便于统领匈奴即五部屠各之兵。

总之，汉赵国诸王与司隶校尉、内史两套系统配合，构成与单于、左右辅、都尉并立的另一种"军事化的制度"或"军政合一的统治机构"。包括五部屠各在内的司隶部民，平时隶属于司隶校尉、内史的系统，其中的丁壮，战时转换为军人的身份。这种高效的民政与军事管理机制，造就了强大的少数族武力，并为汉赵国的建立奠定了重要基础。谷川道雄先生说：北魏的"部族制度并非有着如塞外部落联盟国家那样

---

① 《晋书》卷一〇三《刘曜载记》，第2697、2698页。
② 《晋书》卷一〇三《刘曜载记》，第2695页。

纯粹的形态，而是以国家军队的形式出现在统一了中原的国家形态之下。"又说：这种"宗室的军事封建制"，体现了"对日常战斗共同体的部落联盟国家的继承"。[①] 此说用以分析汉赵国的社会、政治结构，也是恰如其分的。

结　语

汉赵国六夷之胡，是诸史称作"匈奴别部"或"匈奴别种"的杂胡，而不是匈奴本部的五部屠各。汉赵国并设司隶、内史与大单于、单于辅、都尉两套体制，就是要将五部屠各与杂胡乃至六夷加以区分，纳入不同的行政、军事管理系统。汉赵国在将六夷与汉人分治即"胡汉分治"的同时，又将包括杂胡在内的六夷与匈奴（屠各）分治，或可称之为"胡胡分治"。汉赵国选择内史作为主要的行政官员，大概是为配合当时的封王制度。内史所领"万户"，可能是诸王在名义上获得的人口；"万户"储备的丁壮，构成汉国重要的兵源；刘聪分配给诸王的营兵，则是诸王的护卫。司隶所辖五部屠各与单于台所辖六夷，都是按照部落制传统组织起来的少数族群体。在汉赵国军政合一的体制下，他们都具有兵民合一的身份。

这些意见如能成立，也许可以使我们从一个全新的角度，观察汉赵国的社会、政治结构以及入塞匈奴国家的盛衰变化：匈奴本部的五部屠各与非本部的六夷，在汉赵国内摆脱了以往的奴隶或依附民（如田客）地位，获得了自由民（后赵确定为"国人"）的身份，这是他们支持刘渊、刘聪、刘曜政权的终极动力。[②] 匈奴与六夷的分治即"胡胡分治"政策的推行，则进一步保证了五部屠各作为汉赵国核心部族的凝聚力。于是我们看到，以五部屠各为主干的中外诸军，在汉赵国与西晋及其他胡汉政权的对抗中，持续提供了强大的武力。而当五部屠各的部族势力在长期征战以及各种内乱、迁徙中消耗殆尽之后，前赵政权也就难以为继，不得不将中原的统治权让给杂胡首领石勒及其后赵政权了。

原载于《民族研究》2013 年第 1 期

---

① 谷川道雄：《隋唐帝国形成史论》，"序说"，第 1~16 页。
② 谷川道雄先生论及刘渊起兵所带来的"匈奴世界的复兴"时说："贵族的身份依靠作为自由民的民众来支撑，而民众的自由身份反过来则通过贵族的统领体制得到保证，所谓匈奴的世界，正是由这两者的相互关系构成的。"见《隋唐帝国形成史论》，第 31 页。

历代重臣得谥"文正"者考

邸永君

摘　要　谥，又称谥号，乃帝王、大臣等身后，朝廷依其生前事迹予以之称号。自宋代始，"文正"之谥最为崇隆。由宋至清，先后共有32位重臣得此美谥。而各朝代重视程度和评判标准又有所不同。本文对得谥者生平逐一排列、比对，得出"宋代重科举，金代重声望，元代重学术，明代最重气节，清代得此谥者则最重出身和地位，且皇帝个人意志之因素最为彰显"之推论，并可从中略窥专制集权之脉络也。

谥，又称谥号，乃帝王、大臣等身后，朝廷依其生前事迹予以之称号。《史记正义·谥法解》云："谥者，行之迹；号者，功之表。古者有大功，则赐之善号以为称也。"①

初，谥一般用单字，亦有二字者。如周威烈王之"威烈"，魏安釐王之"安釐"，蜀汉昭烈帝之"昭烈"，南朝梁简文帝之"简文"，北魏道武帝之"道武"等谥号，皆取二字。个别亦有三字者。如：卫武公谥"睿圣武"公；孔文子谥"贞惠文"子；曹魏曹芳谥为"劭陵厉"公；曹髦谥为"高贵乡"公；等等。谥号字数多寡，与褒或贬并无直接关系。

臣下之谥，先由礼官拟上，朝廷审定。如唐韩愈谥文，明王守仁谥文成等。而私谥之法，始于东汉。陈寔死，海内赴吊者三万余人，谥为"文范先生"；陶渊明死后，颜延年作诔，谥为"靖节征士"。道士、僧人可有谥，南朝陶弘景死，谥"贞白先生"，乃道谥之始。北魏太祖时，僧人法果死，赐号赵胡灵公。乃僧谥之始。

唐制，三品以上官死，得请谥。后世因之。定谥要考核其生平表现。如唐萧瑀死，太常谥之曰"肃"，太宗因肖瑀多忌，改谥为"贞褊"。② 可见唐代于谥相当严肃。

---

① （唐）张守节：《史记正义》第18页，《谥法解》，中华书局，1959。
② 《旧唐书》第2404页，《萧瑀传》中华书局，1975。

就文臣而言，谥号之最崇者往往历代不同。唐代时似以文贞为最，得此谥者皆为当朝名臣。如魏徵、宋璟、张说、牛僧孺、阎立本等。的确，文乃谥中美字。据《谥法解》，经纬天地曰文；道德博闻曰文；学勤好问曰文；兹惠爱民曰文；愍民惠礼曰文；赐民爵位曰文。而贞亦属美字。清白守节曰贞；不隐无屈曰贞。[①] 文贞二字，其义至美也。

宋时，为避仁宗赵祯讳，不仅将本朝最崇谥号改为文正，且将前朝本谥为文贞者亦更之为"文正"。如张说，《旧唐书》、《新唐书》之《张说传》皆记载其"谥曰文贞"[②]，但《宋史·沈伦传》却有云："按《谥法》：道德博闻曰'文'，忠信接礼曰'文'，宽不慢、廉不刿曰'文'，坚强不暴曰'文'，敏而好学、不耻下问曰'文'，德美才秀曰'文'，修治班制曰'文'。昔张说之谥文正，杨绾之谥文简，人不谓然。"[③] 若不纠原书，极可能惑乱后人也。"正"字的确亦属美字。据《谥法解》，内外宾服曰正。其义不逊于"贞"也。自此始，以谥文正最为至美。最早得此谥者乃李昉。

李昉，字明远，宋代著名学者。后汉乾祐进士。入宋，太宗时任参知政事、平章事。曾编撰巨著《太平御览》、《太平广记》和《文苑英华》。参与修纂《旧五代史》，太宗至道二年（996 年）卒，赠司徒，谥文正。[④] 李昉乃历史上最早获"文正"之谥者。

王旦，字子明，太平兴国五年，进士及第。官拜工部尚书、同中书门下平章事、集贤殿大学士，监修《两朝国史》。久居相位，薨，帝临其丧。恸，废朝三日，赠太师、尚书令、魏国公，谥文正。[⑤]

王曾，字孝先，以乡贡试礼部，廷对皆第一。官至宰相。卒，谥文正。

张知白，字用晦，进士出身。官至宰相。卒，礼官谢绛议谥文节，御史王嘉言曰："知白守道徇公，当官不挠，可谓正矣，请谥文正。"王曾曰："文节美谥矣。"遂不改。[⑥]

范仲淹，字希文，进士出身，北宋政治家、军事家、文学家，官至参知政事。久任地方，经略西北。皇佑四年（1052）卒，赠兵部尚书，谥文正。[⑦]

司马光，字君实，进士出身。北宋史学家、政治家、文学家，官至宰相，当政八月即逝，追封温国公，谥文正；绍圣初，夺赠谥，仆所立碑。靖康元年，还赠谥。[⑧]

---

① 《旧唐书》，第 19 页、第 20 页。
② 《旧唐书》，第 3057 页；《新唐书》第 4409 页，中华书局，1976。
③ 《宋史》第 9115 页，中华书局，1976。
④ 《宋史》第 9138 页，《李昉传》。
⑤ 《宋史》第 9552 页，《王旦传》。
⑥ 《宋史》第 10188 页，《张知白传》。
⑦ 《宋史》第 10275 页，《范仲淹传》。
⑧ 《宋史》第 10757～10770 页，《司马光传》。

蔡沈。沈字仲默，号九峰。宋处士，无科举功名。少从朱熹游。传熹《书》和其父元定《洪范》之学。理宗绍定三年卒，年六十四。谥文正。①

郑居中，字达夫，进士出身。官至知枢密院，卒，赠太师，谥文正。②

陈康伯，字长卿，上舍丙科出身。官至宰相。乾道元年卒，赠太师，初谥文恭，庆元初，改谥文正。③ 另有夏竦，出身贤良方正，博学多才。卒，初赐谥文正。司马光云："此谥之至美者，竦何人，可以当之？"④ 刘敞言："世谓竦奸邪，而谥为正，不可。"改谥文庄⑤，而与文正失之交臂。

从以上情况分析，宋代，"文正"之谥已不易得，除位尊功高等因素外，还有几个因素，一是多为进士出身，二是德行人品亦出类拔萃者也。夏竦以"世谓竦奸邪"而未能获此谥，便足以表明品行与口碑之重要。而蔡沈无功名而得谥文正，表明宋代重学术、操守而不拘泥于功名出身。

金朝乃女真族入主华夏所建立的中原王朝。谥法亦依汉制。有二人得之。

虞仲文，字质夫，武州宁远人也，七岁能诗，十岁能文，日记千言。进士出身，曾仕辽，为丞相。归金，授枢密使平章政事，封秦国公。卒，年五十五。谥文正。⑥

张行简，字敬甫。金世宗大正己亥科状元。礼部尚书子。官至礼部尚书、翰林学士承旨（首席翰林官）。贞祐三年薨于任。追赠银青光禄大夫，谥文正。⑦

从以上二位获谥文正者情况看，皆科举正途出身，但以行简传附于其父传之后而非单列一传，可见元代修《金史》时，对得文正之谥者尚未予以足够重视。元代为蒙古人所建立，谥法仍依成制而行。先后共有八人得谥文正，具体情况如下。

耶律楚材，字晋卿，号湛然居士，出身契丹贵族，蒙古名吾图撒合里（意为长髯人）。金时，其父为相，依例宰相子试省掾，楚才得第一。入元，事太祖、太宗三十余年，官至中书令。卒后追封广宁王，谥号文正。⑧

许衡，元怀孟河内人，字仲平，号鲁斋。少聪颖，有大志。饱学多才，善教士。官至集贤殿大学士，国子祭酒。卒，世祖加赠司徒，荣禄大夫，谥文正。⑨

耶律有尚，字伯强，辽东丹王十世孙。受业于许衡，官至昭文馆大学士，国子祭

① 《元史》第 1921 页，《祭祀志六》。
② 《宋史》第 11104 页，《郑居中传》。
③ 《宋史》第 11811 页，《陈康伯传》。
④ 《宋史》第 10758 页，《司马光传》。
⑤ 《宋史》第 9576 页，《夏竦传》。
⑥ 《金史》第 1724～1725 页，《虞仲文传》，中华书局，1976。
⑦ 《金史》第 2333 页，《张暐传附张行简传》。
⑧ 《元史》第 3464 页，《耶律楚材传》，中华书局，1976。
⑨ 《元史》第 3729 页，《许衡传》。

酒。卒，谥文正。①

窦默，字自声，元初名医、名臣、名儒，著名理学家、教育家。早年名杰，字汉卿。自幼好学。元兵伐金，一度被浮，家破母亡，于是南渡黄河，遇名医李浩，得其铜人针法，针术遂精。与许衡等游，学术淹通，名于当时。中统元年授翰林侍讲学士，至元十七年加昭文馆大学士。同年卒，追赠太师，封魏国公，谥文正。后人习称窦太师。②

刘秉忠，字仲晦，初名侃，因从释氏，又名子聪，拜官后始更今名。世仕辽，为官族。世祖在潜邸，闻其博学多才艺，邀与俱行。既入见，应对称旨，屡承顾问。秉忠于书无所不读，尤邃于《易》及邵氏《经世书》，至于天文、地理、律历、三式六壬遁甲之属，无不精通。论天下事如指诸掌。世祖大爱之，海云南还，秉忠遂留藩邸。中统元年，世祖即位，问以治天下之大经、养民之良法，秉忠采祖宗旧典，参以古制之宜于今者，条列以闻。于是下诏建元纪岁，立中书省、宣抚司。朝廷旧臣、山林遗逸之士，咸见录用，文物粲然一新。八年，奏建国号曰大元，而以中都为大都。他如颁章服，举朝仪，给俸禄，定官制，皆自秉忠发之，为一代成宪。卒，赠太傅，封赵国公，谥文贞。成宗时，赠太师，谥文正。③

何玮，上柱国何伯祥子。至大元年，迁太子詹事，兼卫率使。三年，改河南行尚书省平章政事，卒。赠太傅、开府仪同三司、上柱国，追封梁国公，谥文正。④

吴澄，字幼清，学者称草庐先生。晚字伯清，学者称草庐先生，应乡试中选，翌年春省试下第，乃归家讲学著书。大德末年除江西儒学副提举；至大年间授国子监丞，升司业；至治末年超拜翰林学士；泰定初年任经筵讲官。敕修《英宗实录》；与当世经学大师许衡齐名，并称为"北许南吴"。元统元年卒，谥文正。⑤

王寿，字仁卿，幼颖敏嗜学，长以通国字，为中书掾。既而用朝臣荐，入侍裕宗，眷遇特异。官至御史中丞，集贤大学士。卒，赠银青荣禄大夫、平章政事、上柱国、蓟国公，谥文正。⑥

从以上得谥者出身考察，且因科举考试时行时废，致使当朝大儒与科举出身无必然联系，得谥者出身参差不齐，亦在情理之中。从业绩考察，并非皆饱学之士，权贵如何玮辈置身其中，说明元代谥法并非严格，而文正之谥亦非最为郑重者也。至明代，文正之谥变得十分严格，得此谥者皆声望德行最为卓越者，而更重气节。但由于元代

① 《元史》第 4065 页，《耶律有尚传》。
② 《元史》第 3733 页，《窦默传》。
③ 《元史》第 3687~3694 页，《刘秉忠传》。
④ 《元史》第 3546 页，《何伯祥传附何玮传》。
⑤ 《元史》第 4014 页，《吴澄传》。
⑥ 《元史》第 4104 页，《王寿传》。

科举时行时废，所以明初入仕者并非清一色科举出身，而进士入翰林之制亦初创，难以严格。有明一代，共有五人得此谥，具体情况如下：

方孝孺，字希直，一字希古，自幼聪慧，读书过目不忘，六岁作诗，人奇其才。少年学问，多得之于庭训。及长，承学于宋濂。时宋濂门下，学子如云，如胡翰、苏伯衡诸生，悉为学界名流。孝孺一登门，则相形见绌，皆自愧不如。宋濂亦器重孝孺，曾以"百鸟中之孤凤"作比。洪武十五年，朝廷命举荐贤士，东阁大学士吴沉等起荐孝孺。应征至京，太祖喜其举止端庄、学问深厚，有期待日后辅佐子孙之意，厚礼而遣还乡。此后十年，孝孺居家，著有《周易考次》《宋史要言》等篇。至洪武二十五年，朝廷荐孝孺，聘为世子师。洪武三十一年太祖崩，惠帝即位，遵太祖遗诏，召孝孺入京，任翰林侍讲。次年升翰林学士，值文渊阁。惠帝尊以师礼，日侍左右以为顾问。帝读书每有疑处，即召孝孺讲解。后恩遇日重，凡国家大事，常命孝孺就扆前批答。纂修《太祖实录》及《类要》等史书，孝孺担任总裁。后又晋升为文学博士，奉命与董伦、高逊志等人主持京考，试取天下贡士。建文三年，燕王朱棣反。当时朝廷征讨檄文，均出孝孺之手。并为朝廷多方策划，欲阻燕兵南下。无奈局势苍黄，难以逆转。翌年，燕兵入京师，宫中大火，惠帝不知所踪。孝孺日夜恸哭于殿陛。镇抚将军伍云执孝孺献成祖。朱棣命之草即位诏。孝孺披麻戴孝上殿，痛骂朱棣，拒不草诏。朱棣无奈，灭其十族。死者达八百七十三人，入狱和充军流放者数千。为朱明建文帝之忠臣。以"明王道、致太平"为己任，工文章，名书室曰正学。[①] 福王时，追谥文正。

李东阳，字宾之，号西涯，少颖异，四岁能作径尺书。景帝召试之，甚喜，抱置膝上。天顺八年，年十八，成进士，官至太子少保、礼部尚书兼文渊阁大学士。立朝五十年，清节不渝。即罢政居家，请诗文书篆者填塞户限。卒。赠太师，谥文正。[②]

谢迁，字子乔，成化十一年乙未科状元。授修撰。仪观至伟，秉节直亮。明孝宗时，以少詹事入内阁，参预机务，加任太子太保、兵部尚书兼东阁大学士，天下皆称之为贤相。武宗嗣位，加少傅，后以年老而辞归。卒，谥文正。[③]

倪元璐，字玉汝，号鸿宝。天启二年进士，选庶吉士，散馆授编修。历官户、礼部尚书。李自成陷京城，自缢殉国。赠少保、吏部尚书，谥文正，清代时亦追谥文正。[④] 刘理顺，字复礼，杞县人。万历中举于乡。十赴会试，至崇祯七年始中式。及廷对，帝亲擢第一，中状元，授修撰。帝还宫喜曰："朕今日得一耆硕矣。"益勤学，非

---

① 《明史》第 4020 页，《方孝孺传》，中华书局，1974。

② 《明史》第 4824~4825 页，《李东阳传》。

③ 《明史》第 4819 页，《谢迁传》。

④ 《明史》第 6835~6841 页，《倪元璐传》。

其人不与交。官至右谕德。李自成陷京城，妻万、妾李先死。理顺大书曰："成仁取义，孔、孟所传。文信践之，吾何不然！"书毕投缳，年六十三。仆四人皆从死。后赠詹事，谥文正。清朝赐谥文烈。[①]

清代，得谥文正者共八人，声望地位皆鲜有其匹。因科举制度已完全步入正轨，如期举行，所以此八人出身整齐划一，皆具有进士、翰林背景。

汤斌，字孔伯，河南睢州人。顺治九年，成进士，选庶吉士，授国史院检讨。出为潼关道副使。康熙十七年，诏举博学鸿儒，尚书魏象枢、副都御史金鋐以斌荐，试一等，授翰林院侍讲，与修明史。二十年，充日讲起居注官、浙江乡试正考官，转侍读。二十一年，命为明史总裁官，迁左庶子。二十三年，擢内阁学士。二十五年，康熙帝为太子择辅导臣，廷臣有举斌者。诏曰："自古帝王谕教太子，必简和平谨恪之臣，统率官僚，专资辅翼。汤斌在讲筵时，素行谨慎，朕所稔知。及简任巡抚，洁己率属，实心任事。允宜拔擢，以风有位。"授礼部尚书，管詹事府事。改工部尚书。卒，年六十一。其教人，以为必先明义利之界，谨诚伪之关，为真经学、真道学；否则讲论、践履析为二事，世道何赖。斌笃守程、朱，亦不薄王守仁。身体力行，不尚讲论，所诣深粹。著有洛学编、潜庵语录。雍正中，入贤良祠。乾隆元年，谥文正。道光三年，从祀孔子庙。[②]

刘统勋，字延清，山东诸城人。雍正二年进士，选庶吉士，授编修。先后直南书房、上书房，四迁至詹事。乾隆元年，擢内阁学士。二年，授刑部侍郎，六年，擢左都御史。十一年，署漕运总督。还京。十三年，迁工部尚书，兼翰林院掌院学士，改刑部尚书。十七年，命军机处行走。十九年，加太子太傅。五月，命协办陕甘总督，赐孔雀翎。二十一年六月，授刑部尚书。二十二年，加太子太保。二十三年，调吏部尚书。二十四年，命协办大学士。二十六年，拜东阁大学士，兼管礼部、兵部。二十八年，充上书房总师傅，兼管刑部，教习庶吉士。三十八卒。是日夜漏尽，入朝，至东华门外，舆微侧，启帷则已瞑。乾隆帝闻，遣尚书福隆安赍药驰视，已无及。赠太傅，祀贤良祠，谥文正。上临其丧，见其俭素，为之恸。回跸至乾清门，流涕谓诸臣曰："朕失一股肱！"既而曰："如统勋乃不愧真宰相。"[③] 可见其所受倚重与尊宠。

朱珪，字石君，号南厓，直隶大兴人。少年登第，年十八，考中乾隆十三年戊辰科进士，选庶吉士，散馆授编修。曾授仁宗学，官至体仁阁大学士。卒，嘉庆帝亲往府上吊唁，因朱家大门低矮，御车不得入，嘉庆帝乃徒步而至灵前，哭之甚哀，诏拨帑银二千五百两治丧，赠太傅，入祀贤良祠，予谥文正；可谓极尽死后哀荣也。

---

① 《明史》第 6859～6860 页，《刘理顺传》。
② 《清史稿》第 9929～9934 页，《汤斌传》，中华书局，1976。
③ 《清史稿》第 10463～10466 页，《刘统勋传》。

曹振镛，字俪笙，安徽歙县人。乾隆四十六年进士，选庶吉士，授编修。大考三等，特擢侍讲。累迁侍读学士。嘉庆三年，大考二等，迁少詹事。历内阁学士，工部、吏部侍郎。十一年，擢工部尚书。高宗实录成，加太子少保。调户部，兼翰林院掌院学士。十八年，调吏部尚书、协办大学士。寻拜体仁阁大学士，管理工部，晋太子太保。二十五年，仁宗崩，枢臣撰遗诏，称高宗诞生于避暑山庄，编修刘凤诰知其误，告振镛，振镛召对陈之，宣宗怒，遣罢枢臣。寻命振镛为军机大臣。宣宗治尚恭俭，振镛小心谨慎，一守文法，最被倚任。

道光元年，晋太子太傅、武英殿大学士。三年，万寿节，幸万寿山玉澜堂，赐宴十五老臣，振镛年齿居末，特命与宴绘像。四年，充上书房总师傅。六年，入直南书房。七年，回疆平，晋太子太师。八年，张格尔就擒，晋太傅，赐紫缰，图形紫光阁，列功臣中。振镛具疏固辞，诏凡军机大臣别绘一图，以遂让功之心，而彰辅弼之效。御制赞曰："亲政之始，先进正人。密勿之地，心腹之臣。问学渊博，献替精醇。克勤克慎，首掌丝纶。"亲书以赐之。十一年，以万寿庆典赐双眼花翎。十五年，卒，年八十有一。自缮遗疏，附摺至十于事。上震悼，诏曰："大学士曹振镛，人品端方。自授军机大臣以来，靖恭正直，历久不渝。凡所陈奏，务得大体。前大学士刘统勋、硃珪，于乾隆、嘉庆中蒙皇祖、皇考鉴其品节，赐谥文正。曹振镛实心任事，外貌讷然，而献替不避嫌怨，朕深倚赖而人不知。揆诸谥法，足以当'正'字而无愧。其予谥文正。"入祀贤良祠。

振镛历事三朝，凡为学政者三，典乡会试者各四。衡文惟遵功令，不取淹博才华之士。殿廷御试，必预校阅，严於疵累忌讳，遂成风气。凡纂修会典、两朝实录、河工方略、明鉴、皇朝文颖、全唐文，皆为总裁。驾谒诸陵及秋狝木兰，每命留京办事。临雍视学，命充直讲。恩眷之隆，时无与比。[1]

杜受田，字芝农，山东滨州人。道光三年进士，会试第一，殿试二甲第一，选庶吉士，授编修。大考擢中允，迁洗马，督山西学政。十五年，特召还京，直上书房，授文宗读。四迁内阁学士，命专心授读，毋庸到阁批本。十八年，擢工部侍郎，调户部。二十四年，连擢左都御史、工部尚书，寻充上书房总师傅。文宗自六岁入学，受田朝夕纳诲，必以正道，历十余年。至宣宗晚年，以文宗长且贤，欲付大业，犹未决。会校猎南苑，诸皇子皆从，恭亲王奕訢获禽最多，文宗未发一矢，问之，对曰："时方春，鸟兽孳育，不忍伤生以干天和。"宣宗大悦，曰："此真帝者之言！"立储遂密定，受田辅导之力也。三十年，文宗即位，加太子太傅，兼署吏部尚书，调刑部尚书、协办大学士。受田虽未入枢廷，国家大政及进退大臣，上必谘而后行。广西军事亟，受

---

① 《清史稿》第 11405 ~ 11406 页，《曹振镛传》。

田数陈方略，荐林则徐、周天爵，先后起用。提督向荣老于军事，以同列不和被谤，力陈舆论，数保全之。咸丰元年，调管礼部。二年，因河决丰北久未塞，山东、江北被灾重，命偕福州将军怡良往治赈务。疏言："灾广民众，赈恤不可缓，尤在得人。"荐山东布政使刘源灏、江宁布政使祁宿藻，皆持正有为，责成专任；请截留江、广漕米六十万石分给两省；诏并允行。受田自侍文宗学，未尝离左右，当陛辞，不觉感恋流涕。在途触暑染疫，力疾治事，与源灏、宿藻等覈定施赈章程，疏陈而不言病，至清江浦遽卒。遗疏念贼氛未靖，河患未平，尤以敬天法祖、勤政爱民、崇节俭、慎好恶、平赏罚为言。文宗震悼，赠太师、大学士，入祀贤良祠，赐金五千两治丧，遣近臣慰视其父堮，擢其子检讨翰为庶子，孙三人并赐举人。复特诏曰："杜受田品端学粹，正色立朝，皇考深加倚重，特简为朕师傅。忆在书斋，凡所陈说，悉本唐、虞、三代圣圣相传之旨，实能发明蕴奥，体用兼赅。朕即位后，周谘时政利弊，民生疾苦，尽心献替，启沃良多！援嘉庆朝大学士砆珪故事，特谥文正。"谓其公忠正直，足当"正"字而无愧。枢至京，上亲奠，抚棺哭甚哀，晋其父堮礼部尚书衔。明年，上临雍讲学，复诏褒受田曩日讲贯之功，即家赐祭一坛。及枢归，命恭亲王奠送，遣官到籍致祭，饰终之典，一时无与比。[①]

曾国藩，初名子城，字涤生，湖南湘乡人。考中道光十八年（1838 年）三甲进士。散馆授检讨。道光二十三年（1843 年）转侍读，累迁内阁学士、礼部侍郎，署兵部。时太常寺卿唐鉴讲学京师，国藩与倭仁、吴廷栋、何桂珍严事之，治义理之学。以镇压太平军起家。授武英殿大学士，调直隶总督。曾国藩为政务持大体，规全势。其策西事，议先清陇寇而后出关；筹滇、黔，议以蜀、湘二省为根本。皆初立一议，后数年卒如其说。自西人入中国，交涉事日繁。金陵未下，俄、美、英、法皆请以兵助，国藩婉拒之。及廷议购机轮，置船械，则赞其成，复建议选学童习艺欧洲。每定约章，辄诏问可许不可许。国藩为人威重，美须髯，目三角有棱。每对客，注视移时不语，见者竦然，退则记其优劣，无或爽者。天性好文，治之终身不厌，有家法而不囿于一师。其论学兼综汉、宋，以谓先王治世之道，经纬万端，一贯之以礼。惜秦蕙田五礼通考缺食货，乃辑补盐课、海运、钱法、河堤为六卷；又慨古礼残缺无军礼，军礼要自专篇，如戚敬元所纪者。论者谓国藩所订营制、营规，其于军礼庶几近之。晚年颇以清静化民，俸入悉以养士。老儒宿学，群归依之。尤知人，善任使，所成就荐拔者，不可胜数。时举先世耕读之训，教诫其家。遇将卒僚吏若子弟然，故虽严惮之，而乐为之用。居江南久，功德最盛。晚年颇以清静化民，俸入悉以养士。老儒宿学，群归依之。尤知人，善任使，所成就荐拔者，不可胜数。一见辄品目其材，悉当

---

① 《清史稿》第 11673~11674 页，《杜受田传》。

委以重任。同治十三年卒于位，年六十二。百姓巷哭，绘像祀之。事闻，震悼，辍朝三日。赠太傅，谥文正，祀京师昭忠、贤良祠，各省建立专祠。①

李鸿藻，字兰孙，直隶高阳人。咸丰二年进士，选庶吉士，授编修。典山西乡试，督河南学政。十年，文宗择儒臣为皇子师，大学士彭蕴章以鸿藻应。召来京，明年，特诏授大阿哥读。穆宗登极，皇太后懿旨命直弘德殿。同治元年，擢侍讲。累迁内阁学士。署户部左侍郎。四年，命直军机。五年，授礼部右侍郎。遭母忧，皇太后懿旨，援雍正、乾隆年大臣孙嘉淦等故事，命鸿藻开缺守孝，百日后仍授读，兼参机务。并谕："移孝作忠，勿以守礼固辞。"鸿藻恳终制，不允。倭仁等亦代为陈请，仍命恭亲王传谕慰勉。鸿藻连疏称疾，遂得赐告，卒终制始出。十年，擢都察院左都御史，加太子少保。时有修葺圆明园之旨，朝臣同起力争。鸿藻亦言："粤、捻初平，回氛方炽，宜培养元气，以固根本。不应虚糜帑糈，为此不急之务。"乃止。十三年，文宗有疾，命代批答章奏；旋崩，自劾辅导无状，罢弘德殿行走。光绪二年，命兼总理各国事务衙门。寻以兵部尚书协办大学士，调吏部。时崇厚与俄擅定伊犁约，鸿藻坚持不可，争于廷。卒治崇厚罪，议改约。及法越启衅，言路愈奋发，劾罢枢臣。鸿藻谪迁内阁学士。后复累迁礼部尚书。二十年，日韩事棘，命鸿藻商办军务，再授军机大臣。与翁同龢皆主战，并争和约，卒不能阻。旋以礼部尚书协办大学士，调吏部。充乡试、会试、殿试等阅卷大臣。二十三年，以病乞假，疾笃，赏给药饵，命御医往视。卒，年七十有八。遗疏入，上震悼，予谥文正，赠太子太傅。鸿藻性至孝，为学守程硃，务实践，持躬俭约。傅穆宗十余年，尽心启沃。一日，穆宗学书，故为戏笔。鸿藻立前捧上手曰："皇上心不静，请少息。"穆宗改容谢之。其在枢府，独守正持大体。御史王鹏运谏止修颐和园，几获重谴，鸿藻力解之，得免。德宗间日一往颐和园侍起居，时留驻跸。言官有言其不便者，太后大怒，欲黜之，鸿藻谓如此必失天下臣民之望，乃止。所荐引多端士。朝列有清望者，率倚以为重，然亦不免被劫持云。②

孙家鼐，字燮臣，安徽寿州人。咸丰九年一甲一名进士，授修撰。历侍读，入直上书房。光绪四年，命在毓庆宫行走，与尚书翁同龢授穆宗读。累迁内阁学士，擢工部侍郎。江西学政陈宝琛疏请以先儒黄宗羲、顾炎武从祀文庙，议者多以为未可，家鼐与潘祖荫、翁同龢、孙诒经等再请，始议准。十六年，授都察院左都御史、工部尚书，兼顺天府尹。二十年，中日事起，朝议主战，家鼐力言衅不可启。二十四年，以吏部尚书协办大学士。命为管学大臣。时方议变法，废科举，兴学校，设报编书，皆特交核复，家鼐一裁以正。尝疏谓："国家广集卿士以资议政，听言固不厌求详，然执

① 《清史稿》第 11907～11918 页，《曾国藩传》。
② 《清史稿》第 11366～11368 页，《李鸿藻传》。

两用中，精择审处，尤赖圣知。"其所建议，类能持大体。及议废立，家鼐独持不可。旋以病乞罢。二十六年，乘舆西狩，召赴行在，起礼部尚书。还京，拜体仁阁大学士。历转东阁、文渊阁，晋武英殿。充学务大臣，裁度规章，折衷中外，严定宗旨，一以敦行实学为主，学风为之一靖。议改官制，命与庆亲王奕劻、军机大臣瞿鸿禨总司核定。御史赵启霖劾奕劻及其子贝子载振受贿纳优，命醇亲王载沣与家鼐往按，启霖坐污蔑亲贵褫职，而载振寻亦乞罢兼官。资政院立，命贝子溥伦及家鼐为总裁，一持正议不阿。时诏诸臣轮班进讲，家鼐撰尚书四子书讲义以进。三十四年二月，以乡举重逢，赏太子太傅。历蒙赐"寿"，颁赏御书及诸珍品，赐紫缰，紫禁城内坐二人暖轮，恩遇优渥。宣统元年，再疏乞病，温诏慰留。寻卒，年八十有二，赠太傅，谥文正。家鼐简约敛退，生平无疾言遽色。虽贵，与诸生钧礼。闭门斋居，杂宾远迹，推避权势若怯。尝督湖北学政，典山西试，再典顺天试，总裁会试，屡充阅卷大臣，独无所私。拔一卷厕二甲，同列意不可，即屏退之，其让不喜竞类此。器量尤广，庚子，外人请惩祸首戮大臣，编修刘廷琛谓失国体，责宰辅不能争，家鼐揖而引过。其后诏举御史。家鼐独保廷琛，谓曩以大义见责，知忠鲠必不负国，世皆称之。[1]

清代最重翰林。据朱克敬《翰林仪品记》，清代臣子无翰林出身者，例不谥"文"。[2] 惟左宗棠以举人出身，有收复新疆之功特恩予谥文襄。而上述膺"文正"之谥者，皆正途翰林（一甲进士和庶吉士留馆者）出身，足以说明清代翰林之清望也。另，按清制，大臣谥号乃由礼部先拟数个，由皇帝选择，只有"文正"不可拟上，而"奉特旨遵行"，即由皇帝亲自定夺[3]。其特殊性可见一斑。从清代谥文正之八人来看，一般来说必须满足两个条件，一是政治地位突兀，二是与皇帝关系密切。而其他方面诸如口碑、学问等因素作用已明显削弱。若在其他朝代，刘统勋，曾国藩得文正一号应无异议，而汤斌便有些折扣，朱珪、杜受田、李鸿藻、孙家鼐曾为帝师，而曹振镛乏善可陈，得文正之谥颇有些牵强。

综上所述，由宋至清，共有 32 位重臣得文正之谥。而各朝代重视程度和评判标准又有所不同。宋代重科举，金代重声望，元代重学术，明代最重气节，清代得此谥者则最重出身和地位，且皇帝个人意志之因素最为彰显。从中亦可窥见专制集权之脉络也。

原载于《纪念王锺翰先生百年诞辰学术文集》，中央民族大学出版社，2013 年

---

① 《清史稿》，第 11439~11440 页，《孙家鼐传》。
② （清）朱克敬：《暝庵二识》卷二。
③ （清）吴振棫：《养吉斋丛录》卷十二，第 174 页。

从《回部公牍》看民国前期回族的政治参与活动

方素梅

摘　要　《回部公牍》是民国时期李谦所保存的部分回族团体和个人关于回族政治权益要求书牍的汇编，它主要反映了民国前期回族政治参与活动的一些情况。通过对其进行研究，可以从一个方面了解民国前期中国民主政治建设的特点，以及少数民族在现代民族国家建构过程中发挥的重要作用。

关键词　《回部公牍》　回族　政治权益　政治参与

民国期间，分布广泛、人口众多的回族大众曾展开相当活跃的政治参与活动。有的学者甚至认为在民国时期的回回人群中，存在一个不折不扣的"种族民族主义运动"，明确主张回回以五千万之众的人口构成中华民族的"五大民族"之一，并从"民族平等"的原则出发，要求在1930年代的国民参政会和1940年代的国民大会代表选举中，按蒙古和藏族代表的额度选举回民代表。[①] 实际上，民国前期回族争取政治权益的活动就已经开展。1924年刊印的《回部公牍》[②]，就反映了民国前期回部全权代表李谦及其他回族人士发动的要求增加回族国会议员及与蒙藏青海一样享有专额议员的政治请愿活动。虽然这只是李谦收存的相关书牍，不能完全代表当时全国回族各阶层思想意识和政治参与的状况，但其中记录的回族参与政治的活动，依然可以帮助我们从一个侧面了解和认识民国前期中国社会政治的特点，以及各民族在现代民族国家建构过程中发挥的重要作用。

---

① 参见姚大力《北方民族史十论》，广西师范大学出版社，2007，第120～121页。

② 该书1924年由回部全权代表办公处在上海中国印刷厂刊印。由于当时只印行了1000册，且未通过书店公开发行，因此，80多年过去后，各地收藏的数目已经十分有限。笔者于2003年10月在广西民族研究所图书馆第一次看到了该书，其封面和自序等已经破损。2008年5月笔者在日本东洋文库又看到了该书，所幸保存得比较完好。此外，笔者在有关少数民族文献藏书比较丰富的中国社会科学院民族学与人类学研究所图书馆、中央民族大学图书馆、民族文化宫民族图书馆，都没有查找到该书。该书李谦自序后附有一行小字："版存上海新闸路福康路中国印刷厂，如有续印者可函知该局，价必从廉。"笔者看到的两本《回部公牍》中李谦的肖像照有所不同，疑该书后来有过增印。

一 《回部公牍》成书缘由及主要内容

"回部"是清代以来对天山南部信仰伊斯兰教的各族人民尤其是维吾尔族聚居区人民的统称。在清朝统一天山南北以前，天山北部主要是以准噶尔为首的卫拉特蒙古游牧和活动的地区，而天山南部主要是以维吾尔为首的信仰伊斯兰教各民族聚居的地区，故有所谓的"北准南回"之说。清统一天山南北之后，于乾隆二十七年（1762）在新疆设总统伊犁等处将军，统辖天山南北军政和民政事务，在全疆实行军政合一、以军统政为特点的军府制度。与此同时，乾隆帝鉴于军机处事务繁多，特将回部事务从中剥离出来，转由理藩院兼办，并下旨设立以处理回部事务为主的徕远清吏司。[①] 《清朝文献通考》卷 82 载其职责为："掌哈密、吐鲁番及回部诸城爵禄贡赋，并移驻回民耕牧之事。"

回族自称"回回"，其民族意识至迟在晚明已经形成。由于回族源流的独特性和宗教信仰的鲜明性，长期以来人们对其民族属性认识不清，往往把它和其他伊斯兰教民族混合在一起。民国成立以后提出的"五族共和"口号里，"回"就包含了维吾尔、回等信仰伊斯兰教的民族。实际上，清代在这些民族团体中，他们对相互之间的固有差异已经有着清楚的认识。如天山南部的回部自称突厥人，把内地回回称作"东干"；内地回回则把回部叫作"西回"，或袭用汉语中"缠回"的名称，称回部为"缠头回回"。纵使是在当时汉人和满人的概念里，回回和新疆及新疆之西的"回部"，已然是两个不同的人类群体。在清人看来，回回和回部都信仰伊斯兰教，所以他们都是"回人""回众"。但"回人"又是由很多种类构成的，回人中的回回与回部，对清人来说明显是有区别的。他们很少会把回部称为"回回"。同时，他们更不会如同称呼回部那样地把回回叫作"番人"。不过，在面对汉人群体的时候，回部很可能被内地回回特别是对"回疆"的情形缺少了解的回回人，看作是同属于由"回回祖国"迁徙而来的同一共同体的构成部分。正像"缠头回回"的称呼所显示的，内地回回仍然把回部视为"回回"的一部分。[②] 这种族际认知状况不同程度地延续到民国年间。换言之，清代民国的"回"是一个泛称，"回部"主要指天山南部的维吾尔族，但是有时候也包括回族等其他信仰伊斯兰教的民族。[③]

《回部公牍》中的提到的"回部"，自然也是包括上述意思的，但具体说来，《回

---

① 关于徕远司设置年代，一般认为是乾隆二十六年。王东平经过考证，认为是乾隆二十七年。参见其著《理藩院徕远清吏司设置年代考》，《乌鲁木齐职业职业大学学报》1995 年第 3、4 期合刊。
② 参见姚大力《北方民族史十论》，广西师范大学出版社，2007，第 100～102 页。
③ 如中华民国建立后，陕西巡抚允升反对共和，"仍率兵与陕西民军交战，并得回部董金鳌军队相助"。见《东方杂志》第 8 卷第 11 号《中国大事记》，1912 年 5 月。

部公牍》之得名，还与其汇编者李谦当时的身份有关。李谦，字公谨，回族，河南叶县人。中华民国建立以后，曾任大总统袁世凯卫队军官，授陆军中将衔。1914 年，以哈密亲王为首的新疆回部八部首领①任命其为驻京代表及回部全权代表，其后在洛阳成立回部全权代表办公处。回族学者庞士谦阿訇在所著《埃及九年》中说："民国二年哈密回王麦哥苏德沙进京，向袁世凯进贡，袁氏找其部下回教人，以招待回王。适其时李谦正在其卫队中，于是就被派到回王前去招待，李与回王以同教关系，慢慢亲密起来。"书中还讲述了二人之间的一段故事，说是清政府平定新疆时李谦的祖父正在清军中任统领，清军与回部交战，哈密回王失足落马，李谦祖父因同教关系从乱军中将其救出，战事就此和了。这位哈密王就是麦哥苏德沙的父亲，他不忘此救命之恩，令子孙铭记。麦哥苏德沙与李谦相识时知其姓李且为河南叶县人，便提到了此事，李谦说救回王的正是自己的祖父，由此二人的关系变得亲密起来。哈密亲王只有一子，他进京朝觐时携带同来。"不料当彼要回新时，袁世凯欲将其爱子作质。哈密王哪能舍得，百方请人斡旋。最后取得袁的同意，决定将其仁侄——李谦作为其驻京代表，李之回部代表，即由此而得"。② 该书所说的麦哥苏德沙，应该就是哈密双亲王沙木胡索特。

李谦获得回部全权代表名义后，即大力从事争取回部政治权利的活动，数年间屡次向北洋政府有关部门请愿，要求增加回族国民代表、国会议员并与蒙古、西藏和青海一样设立专额。1924 年，他将此期间回族各界的各类请愿书以及来往信件、电文和相关公函等，汇编成《回部公牍》一书，以回部全权代表办公处的名义刊印。

《回部公牍》记载的李谦所写关于回族专额议员的请愿书，都是以新疆回部八部全权代表名义递交的。但从文牍的具体内容来看，其所反映的争取政治权益的活动，主要代表回族，而与维吾尔族关涉不大。这些可以从《回部公牍》中反映出来，如这些文牍的作者主要是回族、文牍中更多提到的是"回族"或"回民"等。同时，除了哈密亲王外，其余七部的维吾尔族上层与李谦并没有过多的来往。李谦等人打着回部的旗号，主要原因可能有两点：一是李谦可以用回部全权代表的名义组织和请愿，这样对于穆斯林群众有着更大的政治号召力，可以争取更多的穆斯林人口的支持；对于民国政府也有着更强的政治威慑力，促使其更加重视回族，因为从理论上来讲，民国政府从来没有承认过内地回回是一个民族，"五族共和"口号里的"回"，只是一个泛称而已。二是回族和维吾尔族之间的民族认同关系相当紧密。正如一些学者所说，清代

---

① 即哈密双亲王沙木胡索特、吐鲁番亲王叶明蔷协、库车亲王买买的敏、阿克苏郡王哈迪尔、拜城贝子司迪克、乌什贝子衔辅国公依不拉引、和阗镇国公木沙、阿尔泰辅国公迈枚。见《回部公牍》，上海中国印刷厂，1924，第 4 页。

② 庞士谦：《埃及九年》，中国伊斯兰教协会印，1988，第 69~70 页。

民国时期内地回回的种族认同，是将新疆的"缠回"包括在"自我"的范围之内的。[①]
因此，李谦等人以回部名义从事活动，有着政治和情感两个方面的因素。

然而奇怪的是，在清末民国关于回族新文化运动的相关记载中，几乎没有提及《回部公牍》。据笔者所查到的其他有限的一些史料，这可能跟当时回族人士对李谦的评价有关。如庞士谦就说，李谦自从获得新疆回部驻京代表这个名义之后，"就大事活动，以五族共和为号召，向各方请愿，要求：'议员应按全国九千万回教人之数目，平均分给我们，蒙藏部应改为'蒙藏回部'。李对教内外皆如此呼号，但是无人响应。当时在北京的回教官员，如马龙彪、马邻翼、马福祥等，皆认为这位不学无术的人胡乱讲话，躲避之尚且不暇，如何能来帮他说话。一般回民更谈不到了。"[②] 而且据说，李谦在袁世凯恢复帝制的活动中扮演了个很不光彩的角色。1915 年 12 月，袁世凯改次年为洪宪元年，准备即皇帝位。各地封建余孽连连催促袁早日"登极"，包括哈密亲王沙木胡索特在内的 12 处蒙回王公向袁跪地称臣，吁恳袁"为速登极"。袁世凯的丑行遭到全国人民的强烈反对。12 月 25 日，蔡锷在云南发动讨伐袁世凯的护国战争。沙木胡索特顽固坚持反动立场，于 1916 年 1 月以"领回八部、新疆哈密双亲王"的名义，委派庆贺专员兼回部全体国民代表李谦向袁世凯表示，誓灭反对袁世凯称帝的"叛首"而报国家，"再次恳请早御皇极，以安人心"，并要求"仍恳我皇帝明颁诏命，付臣讨贼之权，除暴安良，恭行天讨，誓愿选全国回部中强健男儿编成军旅，即时南下"。[③] 笔者认为，李谦与沙木胡索特在袁世凯称帝活动中的助纣为虐行为，是正直的回族人士对其不齿和非议的主要原因所在。

尽管如此，《回部公牍》的史料价值仍不容忽视。《回部公牍》由康有为题写书名并作序。序后附有两张人物照片。第一张是李谦肖像。[④] 第二张是集体照，共有 29 人，照片上面题字说："回部全权代表提倡教众奔走国是，请愿国会加入回族议员，与回族争人格，与国家谋完善。各省××回族统兵大员马都统、马提督、马司令、马部长、各将军、各师旅长、文武官吏、绅商、学界，甲子三月均到回部办公处开全体大会，庆贺总代表李公谨先生有功于回教、勋劳于国家。回族数千年第一次胜会摄影纪念。"书的最后附回部全权代表办公处职员录，计有全权代表 1 人、国民代表 3 人、参议 27 人、秘书 20 人、书记 2 人、办事员 24 人、调查员 1 人、差遣 13 人，总共 91 人。[⑤]《回

---

① 参见姚大力《北方民族史十论》，广西师范大学出版社，2007，第 108～109 页。

② 庞士谦：《埃及九年》，第 70～71 页。

③ 《哈密县志》（1989 年版），转引自哈密政府网（www.hami.gov.cn）"人在哈密·哈密史话·哈密回王"。

④ 笔者在广西民族研究所和日本东洋文库见到的《回部公牍》中李谦的肖像不是同一张照片，前者所藏版本的李谦肖像为头缠白巾、双手举到胸前做接"都哇"（祈祷之意），后者所藏版本的李谦肖像为头戴小黑帽、双手合抱放在膝盖上。

⑤ 参见《回部全权代表办公处职员录》，《回部公牍》，第 363～369 页。

部公牍》正文 369 页，收录了民国前期有关书牍 340 多件，主要包括几个方面的内容。一是李谦以回部全权代表名义给总统及国务院、参议院、众议院等国家有关机构的请愿书和劝告书。二是各地回族请愿书。三是各地回族代表和个人公电及给李谦或回部办公处的来电、来函和公文。四是大总统、国务院的批函和蒙藏院及其他政府机构的公函。五是哈密亲王给李谦的来函和来电。六是与马福祥、马麒、马鸿逵、马步青等西北诸马及其他回族上层往来的信函、电文。七是与吴佩孚、冯玉祥及国务总理、参议院议长、部分督军、省长、指挥使、镇守使等有关官员往来的函电，以及吴佩孚给参众两议长写的介绍函、湖北萧督军为回部请愿致参众两院电等。八是李谦等人要求政府惩办杨增新、为马福兴父子雪冤的呈文及通电，以及杨增新对李谦的驳斥和质疑。

虽然其中所收集的文牍部分存在着无具体日期等问题，但这些文牍的内容在一定程度上反映了民国前期中国社会政治的特点，以及回族的国家观念、民族意识和政治权益要求，可以帮助我们对当时回族的政治参与活动有更为深入的了解和认识。

二　《回部公牍》所记回族政治参与活动

民国时期是中国社会革命的转型期，国内穆斯林少数民族和其他民族一样，开始走出封闭状态投入变革的浪潮。"他们的民族意识逐渐增强，并开始就穆斯林政治地位的平等、经济生活的改善、文化教育的发展与宗教信仰的自由提出各种要求。……这些现象既是民族发展的要求，也是时代运转社会进步的标志"。[①] 在马邻翼、王宽等一批进步人士的带动下，通过创办报刊、组织民间社团、发展现代教育等途径，使辛亥革命前后兴起的近代回族文化运动进入了轰轰烈烈的发展阶段。广大回族民众的近代国家观念得到进一步的培植，爱国爱教意识不断得到强化，他们也和全国各族人民一样，积极参加到国家的政治生活中去。《回部公牍》就反映了民国前期回族政治参与活动的某些侧面，主要是李谦等人发起的要求增加回族国会议员及与蒙藏青海一样享有专额议员的政治请愿活动。该活动于 1916 年和 1922 年两次公开发起，延续到 1924 年，时间跨度近 10 年。

《回部公牍》开篇即说："迳启者：现值大选奠定，宪法亦快解决，一发千钧，稍纵即逝。凡我回族热心志士，应抱天然之团体，据理力争，积极进行，为穆民世代子孙谋永远之幸福，以脱从前数千百年之黑幕，万勿稍存观望，贻误时机。况蒙当道重要各大员一致赞成并回汉两族各伟人互相协助，谅不难达到回族专额议员加入国会圆满之目的。仍望各处执事急起直追，毋稍懈弛，祈切盼切，幸勿妄听奸人鼓簧造谣，阻滞破坏，一误再误，致堕奸人之术中。务乞赶紧再电请愿或快邮代电大总统、国务

---

① 余振贵：《中国历代政权与伊斯兰教》，宁夏人民出版社，1996，第 276 页。

院及参众两院。托主默佑，大体告成我回族应享之权利基础坚定后，定行呈请中央办法勋章，分送各处，酌给优先办事人员，以志荣庆。民国之幸，亦回族之幸也。"①

从这段文字可以得知，李谦等人意图利用大选及制宪的时机，敦促各地回族团体或个人，赶紧再电请愿或快邮代电大总统、国务院及参众两院，达到回族专额议员加入国会圆满之目的。正是通过这一活动，李谦等人把一些回族团体和部分上层人士组织动员起来，掀起了民国前期回族争取政治权益活动的风潮。

关于李谦等人发起政治请愿活动的起始，《回部公牍》第一件文牍"大总统批令请愿国会增加议员由"说道："敬肃者：民国三年奉哈密部双亲王特派谦为回部全权代表，并令有回部应办事宜就近周旋。四年十月八日开五族国民大会，谦即上书请愿加入回族国民代表。十月十日奉大总统申令，蒙藏院十月二十八日照会谦，指定加入回族国民代表四名，当派谦为回部总调查委员，共调查在京回族合格人士三十一名，十一月十五日在蒙藏院开一预备会，由三十一人中选出回部国民代表，李谦、王宽、马吉符、马廷襄等四名加入五族国民大会。后虽国体变更，而回部、蒙藏、青海所选之国民代表并未改选，惟四名中王宽、马吉符、马廷襄等三名先后物故，理应按例照补加入国会，提议宪法解决五族永远之根本大计。"② 另一件文牍《湖北萧督军为回部请愿致参众两院电》也说："前经回部全权代表李谦于民国四五两年一再呈请中央，蒙大总统暨国务院内务部批令，迳向国会依法请愿加入回族议员。嗣因国会解散，请愿中止。今者国会复活，宪法修组，顾问系回民一分子，膺忝回部国民代表。"③

这两件文牍都没有具体日期。但从上述文字得知，李谦于1914年（民国三年）被哈密亲王委派为回部全权代表，1915年即利用召开国民大会④的机会，于10月8日上书请愿加入回族国民代表。袁世凯申令蒙藏院于10月28日照会李谦，指定加入回族国民代表4名，主要在北京回族中选举。其后因袁世凯称帝、护国战争爆发，国民大会停止召开。及至1916年共和再造，约法恢复，宪法起草⑤，李谦等人于是呼吁各地回族团体和个人利用大选及制宪的时机，向民国政府请愿增加回族国会专额议员。

1916年7月14日，李谦根据哈密回部双亲王会同各回部王公贝子等"以民国成

---

① 《回部公牍》第 1 页。

② 《回部公牍》第 1～2 页。

③ 《回部公牍》第 41 页。此萧督军名萧耀南。

④ 参政院本是代行立法院的机关，袁世凯要改革国体，却不愿由参政院解决此重大问题。经全国请愿联合会先后三次请愿，参政院最后建议选出国民代表大会解决国体问题。于是，袁世凯于 1915 年 10 月 8 日正式公布国民代表大会之告令。

⑤ 议员名额由国会组织法规定。1913 年 4 月第一届国会成立以后立即组成了"宪法起草委员会"，着手制定宪法，其起草的宪法草案史称"天坛宪草"。1914 年 1 月 10 日，袁世凯下令停止所有国会议员职务，国会被强行解散。1916 年 6 月 6 日，袁世凯去世，黎元洪以副总统继任总统职位。6 月 29 日，黎元洪申令恢复民国元年约法，恢复国会；8 月 1 日，第一届国会继续召开。

立，五族一家，续开国会，召集有期，仰该委员等据理呈请加入回族议员，以示大同而昭公允"的来电，呈请"加添回部议员"。大总统核准批交国务院，内务部于8月5日答复说："查议员名额之分配载在国会组织法，该代表等所请加添回部议员涉及修正组织法问题，本部无权核办。"李谦遂代表回部八部之哈密双亲王沙木胡索特、吐鲁番亲王叶明啬协、库车亲王买买的敏、阿克苏郡王哈迪尔、拜城贝子司迪克、乌什贝子衔辅国公依不拉引、和阗镇国公木沙、阿尔泰辅国公迈枚，在刘志詹、罗黼、康佩珩、李景泉、阎鸿举、穆郇、耿臻显几位议员的介绍下，于8月22日向众议院请愿。①

李谦等人的第一次请愿活动并没有取得实际的效果。此后，国家政局不稳，第一届国会再次解散，其他国会"你方唱罢我登场"，犹如闹剧一般，李谦等人也暂停请愿。1922年（民国十一年）黎元洪再次就任大总统后，第一届国会于当年8月1日在北京宣布复会。8月2日，在黄佩兰、李庶英、侯汝信、毛相印、王伊文等议员的介绍下，李谦又以回部八部代表名义上书参众两院，为回部议员名额请愿。②

这次请愿活动得到了回应，参议院和众议院将他们的请愿列入讨论。③ 但是，国会议员名额是由国会组织法规定的，增加回族议员及设立定额涉及该法的修订，所以李谦等人的请愿仍然没有达到目的。一直到两年后李谦印行《回族公牍》时，仍然有一些地区的回族向两院上书请愿。④

1916年和1922年李谦等人发起的请愿活动得到了各地回族的支持和响应，许多团体和个人都纷纷来电来函，一些地区回族还发出请愿书或请愿电。如安徽颍州七邑代表回教俱进会会长兼教长李振铎等人在请愿电中说："国会数百议员，而回族未之有闻焉。推其弊非尽由于选举之偏私，亦临时约法未规定回族议员名额有以致之也。或者谓回族专指新疆等部而言，然内地回人确系回族者亦实繁有徒……奈何回族议员名额概无规定明条，不能与汉平等固矣，然其视满蒙藏亦不及远甚。临时约法草创难周，国会重光，曷敢再误，当此制定国宪。"⑤ 河南漯河的回族公民代表也在公电中说："民国成立，五族共和，宪法取诸民意，当由五族推出议员，共议制宪，方可完善国家。奈何国会之中，蒙藏各有专额议员，独回族竟付缺如。纵然临时约法之草创有所遗漏，将来宪法自应增加，以期完善。今兹回部代表李谦君暨各省全体回民请愿国会增加回

---

① 参见《民国五年请愿增加议员书》，《回部公牍》，第2~4页。

② 参见《民国十一年继续请愿增加议员书》，《回部公牍》，第5~6页。

③ 《上海回民全体请愿书》中说道："今幸诸公未分畛域，主持公道，将鄙族请愿列入临字第三十二号，仍望诸公胞与为怀，一视同仁，祈按蒙藏成例将鄙族请愿早日表决，以副宪法国民一律平等权利、五族共享之本旨，而弥十余年之欠缺，则鄙族幸甚，民国幸甚。"《回部公牍》，第144页。

④ 参见《桐柏县穆民全体呈众议院陈请书》《豫西回民代表请愿书》《甘肃回族公民请愿书》等，《回部公牍》，第159、161~162、165~166页。

⑤ 《安徽颍州七邑请愿电》，《回部公牍》，第11~12页。

族专额议员，乃本五族共和之公推，以期符合五族共和之名实。"①

回族上层有相当一部分代表人物对李谦等人的请愿活动表示了一定的响应和支持。尽管庞士谦认为当时回族上层人士与李谦没有什么联系，但从《回部公牍》收存的相关书牍来看，情况并非如此。《回部公牍》中的集体照有西北回族诸马军阀马福祥、马步青、马鸿逵和回族高官马邻冀（教育部长）等人，这些人以及其他回族上层如马麒、马廷勷、马鸿宾、马振武、马步青等也都给李谦等人来过函件或电文。特别是马福祥的来函最多，共46件，可知李谦与其联系比较紧密，其态度比较积极。② 他在一封信中说："至我族加入议员一节，得我兄毅力坚持，热心奔走，又承冯、萧、刘各督军函件电赞助，凡我穆民无不额手。弟亦我族一份子，倘可尽力自为，应尽天职。"③ 在另一信中他又说："回部加入议事，迭承函嘱，商及绵薄。事关重公益，倘可尽力，焉敢不勉？前次公谨兄旌莅绥时，曾将此中情节详细历述，并迭寄函引申。鄙衷区区之衷，当荷察及此事关系重大，如能圆满解决，固属甚善。否则或另寻蹊径，借资补救。"④ 他曾给蒙藏院总裁写介绍函说："兹有启者李公谨先生，籍隶中州，系出回部，迭充哈密亲王代表、直鲁豫暨两湖巡阅署顾问各职，识见高超，目光远大，相交有年，极所钦佩。兹者便过绥城，盘桓数日，对于大局前途国是改进，谠论发抒颇多见到之语。而对于回族代议制度，言之尤为详切，并将前次请愿国会及分呈院部要求指定加入回族国民代表原文持以见示，查其所持理由亦极正大。现值元首正位涣汗、一新国会召集、法统重光、万年宪典将待完成，凡从前临时约法缺略之处，自必斟酌尽善，有所增益。……我公德望兼隆，骈蕶幸隶，景仰之忱已非一日，即国会执政方面亦均与公多所稔识，夙相推重，九鼎一言，必获有济。关于进行一切，尤盼指导扶持。……弟以此事系乎回族全体，自当力表赞同，惟法律解释如何，究亦未敢臆度。我公远瞩高瞻，熟谙法治，必有卓见，宏所远谟。"⑤ 他还"与王巡率两次联衔通电国会，声明利害，一致维持矣"。⑥ 除此之外，他也对请愿活动献计献策，如他在一封信中说："前次（蒙藏院）塔总裁来书所述，想系莅任伊始，未及稽考所致，是非有真，何损盛望？此次国会重开，组织宪法。百年大计，五族所关。……弟亦吾族一分子，公民权利所关，焉敢不勉。惟思议员隶立法范围，而选举又另有机关管辖。弟职司行政，责在治军，苟为出位之言，或来横议之诮，于事无补，徒招反动。此事既经吴玉帅专函绍介，似

---

① 《回部公牍》第 13 页。

② 1920 年底，北洋政府任命陆洪涛为甘肃督军，马福祥为绥远都统。马福祥在夺取甘肃统治权的斗争中暂时失败，其心情肯定比较低落，因此李谦等人又一次开展请愿活动时得到了他的一些支持和帮助。

③ 《马都统函》，《回部公牍》，第 247 页。此处所指冯督军为冯玉祥，萧督军为萧耀南，刘督军不详。

④ 《马都统函》，《回部公牍》，第 235 页。

⑤ 该函名称为《马都统致蒙藏院总裁塔亲王及马部长振武函》，函中抬头称蒙藏院总裁名云樵，即时任蒙藏院总裁的是塔亲王云樵，笔者目前还没有查清此人身份及事迹。《回部公牍》，第 111~112 页。

⑥ 《马都统函》，《回部公牍》，第 249 页。

宜就近联络议员，请愿国会，事从根本解决，乃克有济。惟查此次我兄请愿书衔名系属八部代表，新省我族人数实居最多，议院中闻新人亦占有数席，兹事关系重大，将来部院必征及新省意见，至乞特别注意。"① 他还在资金方面予以一定的赞助，说是"台端年来奔走国事，心力俱疲，所须各费全由自身筹措，不假各方援助，热心毅力，钦佩凤深。而且品格高尚，廉隅自持，使非异常拮据，亮不率尔启齿。惟本区部饷积欠已久，财政困难早达极点，兼之节关临迩，开支浩繁，大有山阴道上应接不暇之势。兹特勉寄大洋五百元，希查收以备要需"。②

当然，也有一些回族上层对李谦等人的活动不感兴趣，如甘边宁海镇守使马麒在给李谦的回信中说："回族议员一层，愚见以为吾族散处华夏，无地不有，不定名额于宪法，则可与汉族自由竞争于选举，即可全体奋勉于学业，将来教育普及，人人皆有被选之望，若限定议员名额，恐权利不能普及，教育转无进步，且投票区域事实上万难适当，况宪法已定，无术挽救。鄙见如此，未谙高明，以为然否？"③ 在《回部公牍》收录的文牍中，像这样表示不同意见的只占极少数。

李谦等人的请愿活动主要针对回族进行，新疆回部八部的维吾尔族并没有过多牵涉，但哈密亲王对李谦还是给予了名义上的支持。在《回部公牍》所收存的哈密亲王给李谦的6件来函及来电中，一来函有"至国会遗漏我们回部之议员，总望我侄着实请愿，鄙已与各部函商妥协的，以后北京各省有事常常通信为盼"之语；④ 一来电有"全体一致请愿"之语；⑤ 另一来函有"请愿一节，为全五族之美名，以补一族之偏枯，理由充足，宗旨正大，依法而行，不可过烈。……贤侄毅力而行，期达目的。虽有奸人诬毁，伪造函电，而我心早悉其伎俩，万不至堕其术中。请贤侄乃无恢心，总坚厥志，以全美吾之希望，以树立子孙代议权之基础，实完备吾中华民国之宪法。今后两世之荣，全盼于贤侄者也。凡本部应办之事，尽可就近处理，是为翘企"之语。⑥

李谦等人的请愿不仅在回族内部引起反响，也得到了民国政府相当一部分官员和议员的关照。吴佩孚、冯玉祥及国务总理、参议院议长，部分督军、省长、指挥使、镇守使等有关官员都曾给李谦或全部全权代表办公处来电、来函，吴佩孚甚至给参众两议长写了介绍函，函中说："兹有回部代表李谨君仰慕光仪，极思一亲教益，有所陈叙。用特介予片函，嘱其趋谒左右，尚祈赐以接洽。"⑦ 某些议员帮助请请愿书提交

---

① 《马都统函》，《回部公牍》，第 271 页。

② 《马都统函》，《回部公牍》，第 232~233 页。

③ 《甘边宁海镇守使来函》，《回部公牍》，第 203~204 页。

④ 《哈密双亲王来函》，《回部公牍》，第 38 页。

⑤ 《哈密双亲王来电》，《回部公牍》，第 39 页。

⑥ 《哈密双亲王来函》，《回部公牍》，第 45 页。

⑦ 《吴巡帅为回部增加议员与参众两议长介绍函》，《回部公牍》，第 40~41 页。

议长，或是提交两院讨论。如参议院的黄凤兰议员在来信中说："参院请愿书弟亲递议长，并面章委员长，详述请假。昨日又面章君，许以通过，则参院请愿会中亦无问题。惟事关修改法律，非请愿所能收效。拟在两院由议员将此案提出，付众公决。只要理由充足，有反对者何焉。"①

李谦等人的请愿也遭到了一些反对，其中主要是新疆议员的反对，并因此使李谦等人的请愿在众议院遭受否决。在 1922 年的活动中，"请愿事新疆议员多持异议，以其为该处代表，其言颇足动人。众议院请愿书又行否决，大致亦受新疆议员影响"②。马福祥在给李谦的一封信中就说道："早闻新省对此事颇不为然。……顷见新省议会缠回代表、副议长及议员等通电，对于兄建议议员事颇致不满之词。"③

新疆议员提出反对，也许是不愿与内地回族分享议员名额，但可能与新疆都督杨增新的态度关系更为密切。杨增新在新疆对各民族实行防范和隔离的政策，不准内地人在新疆从事政治和宗教活动。李谦招致杨增新的反对，是意料中事。杨增新曾给国务院等去电，对李谦的回部全权代表身份大加质疑："兹据回部各王公电称据院电所称民国三年奉哈密亲王委为全权代表呈出所奉沙亲王函件一节，查哈密亲王于民国三年进京，该李谦因与沙亲王相识，并无委托李谦为全权代表之事"，"即使沙亲王委充代表属（实?），谦亦不能以一县之代表而有全疆之代表，更不能以民国三年之代表冒为新疆回部万古千秋之代表。况该李利（?）冒充代表业经哈密亲王通电呈请取消，万不能认为有效"，"在从前李谦不遑冒充哈密回部之代表，近来并冒充新疆回部全权之代表；在从前该李谦不遑冒充新疆回都（部）王公之代表，近来并冒充新疆回队将领之代表，肆无忌惮至于此，极谓毫无阴谋，其谁信之"；认为"李谦以一无赖流民，实为内地回民中第一坏人，与新疆毫无干涉。我回部王公无有知识，安有委托李谦为回部全权代表之理"，要求"应请转电政府及各省，严行取缔"。④ 国务院查明李谦的代表身份后，杨仍将通电登报 10 余次，说明他对李谦憎恨至极，⑤ 以致支持李谦的马福祥也认为其以回部全权代表名义活动不甚妥当，希望他对新疆方面的关系多加注意："昨接新疆议员质问书多件，对于台端领衔请增回部议员名额呈印刷物内开列绥署高等顾问职衔，疑弟主动，大加诘问。明知台端呈文用意深远，极佩尽筹。唯是新疆情形迥异腹地，鼎帅政策素主集权，其于新省安全筹之甚熟，五族爱戴，官民一心，且其见解甚高，手段甚敏……今新疆官绅对于此事均皆不表同意，且以开列敝署职衔致生隔

---

① 《参议院黄议员信》，《回部公牍》，第 121 页。
② 《参议院黄议员信》，《回部公牍》，第 121 页。
③ 《马都统函》，《回部公牍》，第 247~248 页。
④ 《杨增新抗命中央假回部王公名义通电残害代表之反响》，《回部公牍》，第 23~25 页。
⑤ 《全国回族通电》，《回部公牍》，第 26~28 页。

阁，恐转无益于回部，未免有碍于边局。鄙意台端此举当日若以内地回人名义办理，有效与否当不至发生反响。而偏因新疆名义牵动许多筋络，既大负台端之初意，且恐伤甘新之感情。"[①] "惟查此次我兄请愿书衔名系属八部代表，新省我族人数实居最多，议院中闻新人亦占有数席，兹事关系重大，将来部院必征及新省意见，至乞特别注意。"[②]

《回部公牍》有一部分内容是李谦等人愿意遣人南下，函电交驰，劝告南方，期谋统一；关注甘省易督，抗议陆洪涛对回族的歧视；要求政府惩办杨增新，为马福兴[③]父子雪冤的呈文及通电。这些内容涉及此一时期有关回族及全国的政治大事，从一个侧面反映了当时回族政治参与活动的热情。

三 《回部公牍》所反映的回族政治参与活动的特点

1916 年和 1922 年李谦等人发起的回族争取政治权益活动，体现了部分回族民众在民国前期政治参与的热情和要求。从《回部公牍》中，可以看出他们的政治参与活动具有如下一些特点。

首先，强烈要求回族政治地位平等，不断表达政治参与的决心。

主张和实施民族平等是现代民主政治的重要标志。中华民国政府建立后，即声明中华民国为汉、满、蒙、回、藏五族共和的国家。在随后制定和实施的一系列的政策和措施中，亦大力宣传和鼓吹民族平等观念。同时，民国政府还颁布有关少数民族地位、参政议政、各级机构组织法（条例）及办事规（章）程和规则、边疆地区公务员及少数民族官员任用条例，吸收少数民族上层参与国家管理。例如关于参议院和众议院中边疆民族地区议员的名额分配，《中华民国临时约法》第三章第十八条规定："参议员，每行省、内蒙古、外蒙古、西藏各选派五人，青海选派一人。"[④]《中华民国国会组织法》第二条规定：参众两院议员名额"由蒙古选举会选出者，二十七名；由西藏选举会选出者，十名；由青海选举会选出者，三名"。[⑤] 依据这些条例和规定，内外蒙古、西藏、青海等蒙古族、藏族聚居地区都有专额的参议员和众议员。

然而，在维吾尔族聚居地的回部和内地回族中，却没有专额议员的规定。因此，作为五族共和中的一大组成分子，李谦等人在请愿活动中强烈要求回族政治地位平等，不断表达政治参与的决心。不仅李谦在请愿书中一再强调"共和政体无地方种族之区

---

① 《马都统函》，《回部公牍》，第 240 ~ 241 页。
② 《马都统函》，《回部公牍》，第 270 ~ 271 页。
③ 马福兴，回族，云南建水县人，民国初年任喀什噶尔提台。因其野心勃勃，妄图取代杨增新的地位，杨增新利用新疆回族内部的教派矛盾，派亲信于 1924 年 6 月 14 日逮捕并枪杀了马福兴父子。
④ 陈荷夫编《中国宪法类编》，中国社会科学出版社，1980，第 367 页。
⑤ 夏新华等：《近代中国宪政历程：史料荟萃》，中国政法大学出版社，2004，第 169 页。

别，权利义务全国一致"①，"国体既改共和，种族当然平等，所有汉满蒙回藏人均应与以参政机会，使民意宣通，遐迩一致，方足昭公允而奠邦基，此定理也"，"特谨依各部要求，于国会组织法中，比照蒙藏青海成例，为回部规定议员若干名，以弥前缺"，②各地回族也纷纷表达了同样的愿望。除了前面所引用的一些文牍外，还有如热河地区回族在请愿书中说："国会为全体国民之代表行使主权之一，然国会议员分配之额对于汉满固无论矣，而西藏、青海、蒙古亦皆有专额，即远居各国之侨民亦有特别之规定，惟对回族独付阙如。揆之共和国家之原理，五族一家之精神，恐有未合。若谓内地回族散居各省而八部回民亦在新疆省治之下，并无特设专额之必要，殊不知内蒙各族分隶于各特别行政区，而于国会选举则并不混同于省区之内。内地回族虽然散居各省，然八部回民既有特定区域，一切言语、文字、历史、习惯又无一专成一格。且划地分守，爵隆王公，实与内蒙情形相同。而于国会议员之分配，则使回族独抱向隅，殊失约法所定人民一律平等之精神。"③河南西平的回族也说："共和根本在国会，国会组织在议员，议员胚胎在民族。有如是之民族，方能选如是议员；有如是之议员，方能成如是之国会；有如是之国会，方能保如是之国家。……我中华非五族共和之民主国乎？以此命名，即以此核实，载在约法，传诸中外，咸知有汉、满、蒙、回、藏，而又制五色旗以宣扬之，合世界之潮流，顺人心之向化，铸无上之国魂，立民主之铁案。"④兰州回族则说："临时约法将蒙藏、青海及中央学会、国外华侨均有专额议员之规定，惟于回族概无明文。岂回族无土地、人民之主权，无会议员之资格欤？抑地处偏僻，民多愚鲁，无国民会议员之程度欤？畛域之见犹存，权利之享独偏。吾回民若不急起直追，共争权利，诚恐宪法一颁，我回族有五族共和之名，无五族同享之实。"⑤像这些要求民族平等、争取回族参政权益的愿望，在《回部公牍》的绝大部分文牍中都有明确的表达。

其次，强调回族的民族意识、国家观念，以及加强中华民族凝聚力的重要性。

进入民国以来，回族就表现出强烈的民族意识和明确的国家观念。他们对国家与人民、回族、回教的关系，回族对国家的责任和义务等，都有着积极的思考和认识。⑥这些也可以从《回部公牍》中得到印证。他们认为回族是一个单一的民族，在书牍中处处以"回族"称呼自己。安徽颍州回教俱进会会长兼教长等人在请愿电中就指出：

① 《民国五年请愿增加议员书》，《回部公牍》，第 3 页。
② 《民国十一年继续请愿增加议员书》，《回部公牍》，第 5 页。
③ 《特别区域热河朝阳回族公民情（请）愿书》（1923 年正月 5 日），《回部公牍》，第 99～100 页。
④ 《河南西平回民请愿书》（1923 年 2 月），《回部公牍》，第 102～104 页。
⑤ 《甘肃兰州来电》，《回部公牍》，第 33 页。
⑥ 参见王静斋《谨守回教与爱护国家》，《月华》第 2 卷第 3 期；六洲《中国回民宜具国家观念》，《月华》第 2 卷第 3 期。

"或者谓回族专指新疆等部而言，然内地回人确系回族者。"① 与此同时，他们在《回部公牍》的文牍中，一再强调回族是"中华民族的一部分"，是"重要成分"，是"主要分子"，是中国"五大民族"之一。以上这些，既反映回族的民族意识和凝聚力正在形成和巩固，也反映回族对于中华民族的认同在不断加强。

在争取政治权益的活动中，这些回族人士不断强调回族对国家的权利、责任和义务以及加强中华民族凝聚力的重要性，有的指出若不设立回族专额议员，就会予以帝国列强挑拨离间、分裂中国的借口。李谦在 1916 年请愿书中说："乃此次召集国会，又无回部议员，此为我国国会组织法之缺点，不待中外智者皆知。回部虽远处边陲，实属西北屏障，拥护中央，表里佐治，对于国会急应进行。"② 河南泌阳回族说："惟我回族恬居一方，翊赞共和不遗余力，即有风气壅塞稍持性强者，亦皆由李谦辈寒齿诰诚，口头疏通，不以兵革，全归和平。其扶持共和，服从民国之事实，似不得谓非铁中之铮铮者也。论功行赏，当不在汉、满、蒙、藏之下，所可异者南京约法事属草创，回部议员独形偏枯。苟置之不问，则五族国民尚缺一部，不惟为各友邦所垂怜，兼且为各友邦所窃笑。辄闻之则一族之耻，实按之乃全国之羞也。"③ 湖南的回族说："民国肇基，五族共建，权利义务应被同仁，乃国会代表人民，诸族（其他四族？）均膺庶选，惟我回部独有向隅之感。长此不改，内则灰回民八部之心，外则贻强邻挑间之衅，甚非国家之福。"④ 偏激者甚至说："既曰五族共和，安可少去一族，则五色国旗亦可减去一色乎？如实在争之无效，则非我回族对不起中华民国，乃府院诸公漠视我回族，则我回族八部即可宣布自治，与中华民国脱离关系，毋贻世界民族之羞。"⑤

再次，遵照法律程序进行请愿，并依照法律根据提出参政要求。

民国政府对于请愿有专门的法律规定。1914 年 12 月 27 日公布的《立法院组织法》约法会议议决案第五章"议事及提案"第 33 条规定："人民请愿书，非有议员五人以上之介绍，不得收受。"第 34 条规定："请愿事件，非经审查，不得提付议院。"第 35 条规定："抵触约法之请愿，不得受理。"第 36 条规定："干预审判之请愿，不得受理。"第 37 条规定："请愿书不合程序者，不得受理。"第 38 条规定："请愿书对于政府或议会，措词不守相当之敬礼者，不得受理。"⑥ 李谦等人在发起请愿活动时，最初也不清楚关于请愿的种种法律规定。开始他们是向国务院请愿的，得到"所请于宪法

---

① 《安徽颍州七邑请愿电》，《回部公牍》，第 12 页。
② 《民国五年请愿增加议员书》，《回部公牍》，第 4 页。
③ 《河南泌阳回族公民请愿书》，《回部公牍》，第 101~102 页。
④ 《湖南回族公民代表李荣魁等请愿稿由快邮代电》，《回部公牍》，第 14 页。
⑤ 《平桂财政处来函》，《回部公牍》，第 124~126 页。
⑥ 《东方杂志》第 11 卷第 6 号《中国大事记》，1914 年 12 月。

中增补回族专额议员条文一节，事关立法，请迳向国会请愿可也"① 的答复后，"谨依约法第七条及议院法四十七条之规定提出请愿书于贵院参众两院"。② 接到参议院议长王家襄的来函，说"贵代表交来请愿书一件，当即交付审查。惟查《议院法》第四十六条之规定，人民请愿书非有议员五人以上不得受理，又查原请愿书所列介绍，均非本院议员"，③ 他们又按照规定的人数找到介绍的议员。如此这般按照法律的程序进行请愿。

李谦等人在请愿书中提出的政治权益要求，也是依照法律根据的，即一为宪法规定的人民一律平等，二为五族共和，三为蒙藏青海成例。这些理由在前面引用的文牍中均有充分的反映。李谦等人开始是要求增加回族议员，国务院答复涉及国会法修改后，便将请求修改国会组织法、增加回族专额议员放在首位。他们指出这是由于临时约法的草创造成的，敦促对其修改完善："揆厥当日议院法之规定，谅非有意歧视，心存偏袒，不过事属创举，顾虑有所未周，以致顾此失彼。然往者不可谏，来者犹可追。"④ "纵然临时约法之草创有所遗漏，将来宪法自应增加，以期完善。"⑤

《回部公牍》印行之前，河南部分回族还在向参众两院上书请愿，这时他们已经能够很好地将数年来各地回族请愿的理由和根据综合在一起进行陈述，指出："窃以为专制时代政治不良，种族阶级律无平等，故革命时借为口实，群以除弊为目的也。……查我共和国体无分畛域，回族人民亦享自由之特权，即各负国家之责任。惟国会议员各族俱有专额，回族议员竟至缺席。以故十三年来关于回民之建议案无几，关于回民之通过案无几，关于回民之批准施行案更无几。以一万万之回民而国会中会鲜代表案诸付缺如。即此一大缺点为回族人民所不平也。然而国体为五族共和，国会成立实只四族议员。宝鉴既破，赵璧不完，又啧啧于外人之口矣。况民国只主权在国会，国会之组织在议员，各族议员代表各族之民意，而后上下相通，各无阻隔，所谓由人民而成团体，而团体而成立国家者也。而思国家其真共和也耶？其非共和也耶。其果五族共和？而其实为四族共和也耶？凡在智者皆知其名实只不符矣。现回族人民真正意旨十余年来未及宣泄，所有大利大弊诸待以除。似此加议员专额在所难缓。"⑥ 在这个请愿书里，回族代表提出的根据和理由涉及民族平等、完善宪法和国会组织等几大要点。

最后，坚持时间较长，参与人数较多，涉及层面较广。

这些内容在前面的论述中已有充分的反映。从时间上来看，由 1915 年请求增加回

① 《国务院批函》，《回部公牍》，第 13～14 页。
② 《特别区域热河朝阳回族公民请愿书》（1923 年 1 月 5 日），《回部公牍》，第 100 页。
③ 《王议长来函》，《回部公牍》，第 43 页。
④ 《特别区域热河朝阳回族公民请愿书》（1923 年 1 月 5 日），《回部公牍》，第 100 页。
⑤ 《河南漯河回族公民公电》，《回部公牍》，第 13 页。
⑥ 《豫西回民代表请愿书》，《回部公牍》，第 161～162 页。

族国民代表开始，到 1924 年印行《回部公牍》为止，李谦等人的政治请愿活动持续近
10 年。从地区上来看，参与回族政治请愿活动的团体和个人分布在北京、上海、河北、
河南、热河、甘肃（含今宁夏和青海的一部分）、江西、浙江、广东、广西、云南、湖
南、湖北、安徽、陕西、山西、四川等地，除了新疆和东北地区以外，包括了回族分
布的大多数省区。从人员构成来看，参与、响应和支持的有官员、军人、知识分子、
宗教上层、平民等各界代表，不仅有回族，还有汉族和其他民族。

四 余论

《回部公牍》收录的有关书牍产生于民国建立后的最初十余年，这一时期，正是中
国社会新旧交替的年代，各方面都在发生着翻天覆地的变化。中国的政治民主化进程
发展较快，共和政治赋予公民以选举权，特别是关于少数民族参政的立法规定，使人
们在组成乡、县临时议会和省、国议会的选举过程中，对国家政治生活表现了普遍的
关注，政治参与意识大为加强，参政议政之风兴起。上述这些变化，为民国以来各民
族人民开展政治参与活动提供了社会历史背景条件。

《回部公牍》主要反映了民国前期部分回族在争取议员专额方面的思想和活动。从
李谦个人的品格来看，他热心于组织这样的活动，肯定有着自己的打算和目的。虽然
如此，也不能否认这些政治请愿的积极影响。庞士谦阿訇谈到中国回民运动时说道：
"中国回民在清朝时不满百年当中，有五次反迫害的重大斗争。那是满清利用多数民族
来压迫少数民族的结果。在回民失败以后，都消极不问国事，于是才有'回民爱教不
爱国'的说法。辛亥革命时，喊出了汉、满、蒙、会、藏五族共和的口号，要组织民
主政府，而极力拉拢回民，于是回民才感觉到自己是中华的主人翁之一，既负有为国
民的一切义务，亦应当享其所应享的一切权利。由于这大潮流的激荡而启发了回民运
动。"[1] 尽管庞士谦对李谦个人评价不高，但是也认为他发起的政治请愿活动开创了民
国时期回民运动的先声。[2] 这个活动并没有达到预期的目的，"虽然如此，他的这个运
动，随着时代的前进而对回民影响不小"[3]。

民国前期回族的政治参与活动包含的内容是十分丰富的。例如，在马邻翼、王宽
等人带领下兴起的轰轰烈烈的回族新文化运动，在全国的思想界、文化界产生了巨大
的影响；以马麒、马福祥、马安良三大家族为中心的回族军阀势力在西北地区的军事
割据和权力角逐，也成为中国政治的一道亮丽风景。李谦等人发起的争取回族政治权

---

① 庞士谦：《埃及九年》，中国伊斯兰教协会，1988，第 69 页。庞士谦认为民国时期回民运动的第二和第三
阶段分别是定希程及回族青年会组织的。

② 参见庞士谦《埃及九年》，中国伊斯兰教协会，1988，第 69～72 页。

③ 庞士谦：《埃及九年》，中国伊斯兰教协会，1988，第 71 页。

益的请愿活动，只是民国前期回族政治参与活动的一个组成部分。这些形式多样、层面不同的回族政治参与活动，从一个方面反映了中国各民族在近代中国民族国家建构中的地位和作用。中国资产阶级革命党人发起组织和领导辛亥革命的奋斗目标，在于废除封建君主专制制度，建立资产阶级民主共和国。南京临时政府制定的《中华民国临时约法》通过立法程序，确立了资产阶级共和国国家政治制度和政权组织形式，以及资产阶级民主权利。民国前期部分回族争取政治权益的活动，就是力图通过在国会中规定回族议员的名额，获得平等参与国家政治的权利，在国家事务管理中充分表达和反映回族民众的意志。

通过对民国前期回族政治参与活动的考察，我们可以看到它一方面反映出少数民族对国家事务积极关注及其国民意识逐步增强的现象；一方面也暴露出民国政府在民族平等的口号下漠视少数民族的愿望，并在一定程度上实行民族歧视与民族压迫政策的事实。

原载于《民族研究》2010 年第 1 期

寺庙、经卷、符印：华北黄天道调查发现

梁景之

摘　要　黄天道是明代中后期兴起于华北地区的民间教派，历经社会变迁，岁月沧桑，其作为宗教活动空间的寺庙与教义载体的经卷，存世者日少，张家口市黄天道寺庙壁画以及传教世家后人所藏之经卷、符印的发现，不仅丰富和扩展了黄天道研究的资料群，而且对于深化认识黄天道在民间社会的传播、功能和作用，考察黄天道赖以存在的社会文化生态，进一步探讨黄天道的组织形态和结构均具有十分重要的学术价值。

关键词　寺庙　经卷　符印　黄天道

黄天道是明代中后期兴起于华北地区的民间教派，以所谓"三教合一""外佛内道"为其教派的典型特点。迄今，学界对于华北黄天道的调查研究已有不少研究成果问世，特别是对于寺庙与经卷的田野调查取得了一定进展，发现了个别仅存的黄天道寺庙以及诸多形式多样、内容丰富、比较珍稀的经卷文本，这无疑为黄天教的深入研究奠定了更为广泛的资料基础。现根据多年长时段的人类学田野调查，就张家口地区的一些主要发现做一介绍。

一　现存的黄天道"孤庙"与"全庙"

宣府、大同府即今天以洋河、桑干河流域为中心的张家口、大同地区，不仅是黄天道的发祥地，而且是明清以来历代黄天道传教活动的核心区域，其中又以张家口市黄天道祖庭所在的万全县与黄天道教祖的出生地怀安县以及阳原县、蔚县等地最为活跃。大致而言，虽然纯粹的黄天道寺庙即主供黄天道开祖普明、普光夫妇的所谓"孤庙"数量不多，但三教合一或杂糅三教的"全庙"却为数不少，实际上这已成为黄天道一种常态的存在方式。因此，"孤庙"与"全庙"不仅是构成黄天道寺庙体系的两种基本形态，而且"孤庙"与"全庙"的分类也成为理解并把握黄天道信仰空间、宗

教场域及其活动方式的一种方便的视角。

1947 年，李世瑜的调查曾踏及万全县与怀安县的 92 个村庄，且多有发现与收获，可谓开华北黄天道田野调查之先河，但更为重要的是，为后来的田野调查提供了必要的线索以及可资参考的研究成果。因此我们的调查，一方面是基于李世瑜的先行调查，对其曾经走过的 92 个村庄进行回访式跟踪调查。当然，两次调查，虽然相去达半个多世纪，时空转换，今非昔比，但乡村社会的某些特质当一脉相承，历史的记忆当也不会全然消失。另一方面是进一步延伸调查的范围，适当拓展研究的空间，即在实地考察李世瑜曾经踏访过的万全、怀安两地部分村庄的基础上，进一步扩大考察的范围，触及更多的村落。目的是希望以此方式，从深度与广度上达成对黄天道的再认识或再思考。这样，2004 年以来，我们先后走访了调查地的 130 多个村庄，其中重点走访、考察了其中的 30 多个村或镇，不仅发现了原以为不复存在的若干黄天道寺庙以及残存的大量壁画，而且访得不少流传已久的抄本宝卷、符图印信等各种弥足珍贵的一手资料。无疑，这对于深入认识黄天道的历史及现状颇具资料价值与学术意义。下面首先对调查过程中发现的几处黄天道寺庙情况做一介绍。

1. 赵家梁村普明庙

该庙为"孤庙"，主供黄天道开祖普明和普光夫妇，位于今张家口市万全区安家堡乡赵家梁村，现已成为一户村民的住家。据调查，该庙始建于民国 13 年（1924 年），占地一亩余，由该村黄天道信徒、当地名医赵尔理（1878~1959 年）捐地出资兴建，以其位于村南，故当地又称之为南庙，属于家庙或村庙性质。该庙直到 1959 年时仍保存完好，1960 年以后逐渐废弃。"文革"期间，除正殿外，东西配殿、天王殿以及其他附属建筑均被拆除。当时，被划为地主成分的村民赵某无家可归，遂以废弃的普明庙为家。直到今天，该庙仍由其后人赵进元一家三口居住。几年前，因庙宇东边两间淋雨渗漏，造成局部塌坏，遂拆掉重新翻盖。故普明庙正殿实际上现仅存三间，且已破败不堪，其中西头两间已无法使用，东边一间即原正殿的正中一间，漫绘壁画，因漏雨局部崩塌，现已改为杂物储藏间，堆放着粮食、煤炭、农具以及其他杂物。据房东讲，东边一间，即绘有壁画的庙堂中，原有两尊当地人俗称为"娃娃"的泥塑像，即普明和普光的塑像，但在"文革"期间被毁坏，仅存背光。根据观察及初步测量可知，普明庙正殿为平顶式建筑造型，洞室结构，坐北朝南，高约 310cm，面阔 5 间，残存 3 间，每间宽 275cm，平面长方形。在各开间之间墙壁正面，原镶嵌有砖雕楹联四幅，现残存 3 幅，自东而西，分别为"普照十方三千界，明通乾坤四部洲，千里相传归旧踪"。其内部空间均为以青砖发券，砌为拱形的洞室结构形式，宽 265cm，进深 500cm，顶高 210cm。经观察，壁画漫绘于洞室的四壁以及顶部，但画面的主体是在东西两壁，每壁画面约为横 335cm ×纵 204cm，两壁合为 13.668m^2，计 30 余幅。画面清新自然，线条简洁流畅，画风朴实，构图饱满，内容丰富，技法兼工带写，重彩写实，具有浓郁的地方特色和乡土气息，属于黄天道传画性质的壁画。每一幅画面代表一个故事，并附有榜题，榜题为四言双句，楷体墨书，套有黑色边框。画面之间以祥云纹图案分隔为界，每幅大小基本一致，纵 33cm ×横 48cm，按故事情节，单幅构图，幅幅相连，过渡自然，相对独立而又不失统一。顶部则漫绘翔龙云海图样，但大部已毁，仅为残余。南壁即庙门之左右内侧，以素描手法各绘有一大型人物画像一幅，其中右侧画像墨迹脱落，依稀可辨，左侧人物画像保存基本完好，下部略有残缺，整幅应为纵 170cm ×横 70 cm，残幅为纵 60cm ×横 50cm，该画像之右傍竖题有"中华民国十三年岁次甲子新建……次年乙丑四时丰稔国泰民安"等字样的边跋若干行。应该说该庙是目前华北地区壁画内容最为丰富且保存最为完好的一座黄天道"孤庙"，特别是该庙现存的壁画内容弥足珍贵，是研究黄天道不可多得的图像资料。

2. 狮子口村普明庙

狮子口村是普光祖的出生地。除赵家梁村普明庙以外，怀安县第三堡乡狮子口村的普明庙，同样是属于黄天道"孤庙"性质的一座庙宇。

该村的普明庙为一座小型的"孤庙"，坐北朝南，面阔三间，宽约 7 米，进深约 3 米，东、西两壁各绘有壁画 9 幅，东壁画面除个别外，多已模糊不清，西壁经清理，画面、榜题基本清晰。两壁所有画面均单幅构图，相对独立而又连贯。画面尺寸大小基本一致，在纵 66cm 或 68cm 至横 66cm 或 62cm 之间。榜题可辨认者为：舍布济贫、挂灯照路、入山修心、为民代牧、佛祖在天、财滋利人、佛前恭敬、施舍饮食、辞世去乱等。画面完好者 10 幅，残缺漫漶者 5 幅。与赵家梁村普明庙壁画一样，壁画均为传画性质，旨在记述教祖生平事迹。

据住在普明庙西邻的村民张贵务（2010 年 63 岁）介绍，当年普光祖的家就是现在普明庙所在的位置，普明庙大概建于民国十几年，80 多岁的老人也讲从记事的时候起就已建有普明庙。庙里原先供有普明爷爷、普明奶奶和米姑姑、面姑姑、康姑姑的泥胎塑像，"文革"时被毁坏，庙宇则改作他用，一度成为村小学教室。并称他的太太（当地又称太奶奶，即曾祖母、爷爷的母亲）是黄天道道徒，平时茹素吃斋，信佛好善，后来传给了祖父，以后就没有再传。一般都是家庭内部父子或母子相传。张贵务又讲，庙里的壁画是画匠苗加高所绘，苗加高是阳原县三马房人，平时以给人家漆寿木（棺材）、为寺庙绘画为生，后来娶了本村姓王的闺女，落户在了狮子口，直到一九六几年去世。他的侄子就在本村，已 60 多岁，苗加高是他的姑父。该村有王、张、李、赵等姓，其中张姓最多。以前村里并没有什么庙会，平时就是烧个香，许个愿什么的，普明庙只是村里的一个小庙，当时还有真武庙、五道庙等，但规模均不大。历经沧桑，普明庙现基本废弃，里面堆满柴草等杂物，现存壁画，虽然大多漫漶，可辨识者寥寥，但部分可补赵家梁村普明庙壁画之不足。

3. 金山寺与竹林寺

阳原县的金山寺和竹林寺，是华北地区迄今尚存的两座"全庙"性质的黄天道寺庙。

金山寺位于今阳原县揣骨疃镇双塔村。据民国阳原县志载："金山寺，在双塔村，年代不可考，现寺虽大，乃清光绪至今，屡年所建，旧址无存。忠信和尚者，创修金山寺之始祖也。俗姓宁，泥泉堡人，幼而好佛，年三十，善心感动，立意作大功德。路径双塔村，因倦坐息，见有石碑，文曰，大明正德七年重修金山寺。今已废坠，为平原荒野矣。即发善志，并以复兴为己任。四方募捐，责无旁贷。自清光绪十年二月开工创建，十余年即告成，年七旬有五，患腿疾不能行走，而善意弥坚，复建修罗状元砖塔，塔在双塔村西南一里罗状元坟旁。其募化地点，为蒙古、恰克图、库伦、多伦、山西大同，以及津保各县，四方徒走，无所不至。腿疾之原如此。"也就是说，现存之金山寺实为清光绪年间始建，包括观音殿、唐僧殿、普明殿等建筑。

普明殿面阔一间，4 米余，进深约 3 米，原有普明塑像，"文革"期间被毁，现普明塑像为 2006 年由善士李长春、李爱国捐资 1200 元重塑。其东西两壁漫绘壁画，后因改作他用，涂以白灰，虽然保存基本完好，但却模糊不清，依稀可辨。壁画题材均为仙佛神圣人物，尺寸约为 60 厘米见方，每幅均有榜题，画风、题材均近乎竹林寺壁画风格。

唐僧殿面阔一间，进深 3 米，壁画漫绘于正壁及东西两壁，题材取自《西游记》小说中唐僧、沙僧、猪八戒、孙悟空师徒四人受大唐皇帝钦差前往西天拜佛取经的故事。据介绍，该殿原有唐僧塑像一尊，"文革"期间被毁，壁画则作于清末光绪年间，现保存基本完好，构图饱满，色彩艳丽，风格独特。其中东西两壁画面，单幅构图，60 厘米见方，均有榜题，类连环画形式，描述了孙悟空大闹天宫、龙宫借宝、师徒四人历经九九八十一难，前往西天取经，终成正果的整个过程。正壁中央约三分之一空间则为原唐僧塑像的五彩背光，其左右两侧分别绘有孙悟空、沙僧和猪八戒、白龙马的巨幅画像。2010 年，由当地善信出资，请当地的民间艺匠重塑了唐僧的金身塑像，并且增加了孙悟空、沙僧、猪八戒以及白龙马的彩绘塑像，造型可谓生动逼真，场面气氛为之一变。

竹林寺则位于阳原县东城镇水峪口村。县志载："青元山。在水峪口中，西南去县治八十里，地当观山之背，千峰环向，若揖若拱，南望倒刺代园，连山隐隐，桑干壶流，细才盈带，有竹林寺，寺中铜像以千计，故老云，山旧有铜阮，常时鼓铸，得数万斤，今封矣。"又："竹林寺在青元山，明万历四年（1576）建。竹林寺位于东城镇水峪口村北贯山上，明万历中建，建筑面积 3300 多平方米，四周围有山墙，仿北京城郭，设九门就关。上至王母、玉皇，下至土地、阎王，均有殿宇，仅铜铸神像即达1400余尊。可惜"文革"期间全部被毁。可以说，竹林寺作为一个三教合一的寺庙，其殿堂兼及儒释道三教，其中道教殿堂主要有玉皇阁、西王母殿、三圣母殿、五岳帝君殿、泰山圣母殿、南极寿星殿、北极真武帝君殿、二郎神殿、关圣帝君殿、三官殿、吕祖殿、财神殿、龙王殿、火神殿、雷神殿、喜神殿、贵神殿、河神殿、山神殿、马神殿、牛神殿、太阳殿、太阴殿等。佛教殿堂主要有三世佛殿、释迦佛殿、玉书天佛殿、普明普净普贤佛殿、天王殿、文殊普贤观音菩萨殿、地藏王菩萨殿、陀罗菩萨殿、准提菩萨殿等。儒家殿堂有文昌阁、圣人阁等；另有三教殿、三皇殿。在总体分布格局上也是相互交叉，三教融通，故当地人称之为全庙。"

关于竹林寺的建造，据梁纯信主编《张家口各异的古寺庙》记载，民间相传"明嘉靖到万历年间，箴子屯堡（即今水峪口村）有个武职军人叫梁尚文，官居总兵，后来辞官回乡隐居。梁尚文为官清正，性格刚直，带回一些积攒多年的俸银，老夫妻无儿无女，别无他求，常出入佛门道观，与僧道交游。一日隆冬，闲暇无事，去宽平庄拜访其牛姓表兄。其表兄住三间破败的草棚，寒风袭来，其表兄身穿单薄褴褛的衣服，毫无寒意，自己衣着狐裘暖帽，却冷得全身打颤，便问表兄原因，表兄道出了他多年修真养性、礼佛坐禅的真相，梁尚文随之动了善念。一日，他夜梦一神仙，托他在莲台之巅，建造一所全庙，日后他可位列仙班。梦醒以后，他知道是神仙点化，决心布施俸银，建造寺院。庙基便选在缕缕烟起、朵朵祥云的五岳莲山顶峰。建造如此规模宏大的一所寺院，单有梁尚文一人的银两肯定不够。一次梁尚文在工地与乡亲们谈及建寺时，身心疲乏打了一个盹，醒后对人说：'我刚从关南来，关南麦熟，现已收割。'此时当地还未完全解冻，无人相信，梁即从衣袖中掏出一个黄熟的麦穗。众人觉其神异，随即传闻四乡，建寺的钱、料、工得到乡人源源不断的资助。梁、牛表兄二人和郑子明及一魏姓人氏共同督工监造，寺庙得以建成。据说梁尚文居官带回的俸银共三斗六升，合七万二千两，全部用于建寺。后来无病而终，为了感念梁、牛、郑、魏四人建寺功德，均称为爷，并在寺东边建庙塑像，享受人间烟火供奉。"（梁纯信，2006：137）。

竹林寺正殿为三圣母殿，面阔三间，供奉主尊无生老母及黑碧圣母和紫金圣母。据介绍，该殿四壁绘有"一幅幅介绍明万历年间，天下各大名寺的寺名、主要供奉的神佛名称及数量"的壁画，计有100多寺，神佛数千。"凡到竹林寺的香客，首先要拜圣母殿，取一揖朝百寺之意"（梁纯信，2006，138）。调查期间，水峪口村梁台和老人介绍，竹林寺内有万佛台，各种神佛菩萨都齐全，所以常言道"中国一百单八寺，都在竹林寺"，故竹林寺又名"千佛寺"。现在的大佛殿就是原来的正殿，主供无生老母，老母两侧分别是黑碧老母和紫金老母，东侧供的是弥勒、释迦和燃灯，西侧是文殊、观音和普贤，前面是两尊天王像。

竹林寺壁画满布圣母殿四壁，儒释道人物毕集，仙佛神圣俱全，俨然一热闹的大聚会，千姿百态，形形色色。壁画均单幅构图，色彩饱满，尺幅一般为纵 58cm，横 50cm，个别稍长，除少数图幅遭人为局部毁坏以外，其中绝大部分保存完好，榜题清晰。另外，在竹林寺破败的马神殿、天王殿等殿堂仍然残有部分风格独特、画工精妙的壁画。

2008 年起，来自阳原县塔儿寺的僧人"张善人"张致平住持竹林寺，并依靠广大善信，募集资金，发愿重修竹林古刹，几近毁弃的大佛殿即三圣母殿等部分建筑业已修缮完工，殿堂内的神佛塑像，如三世佛等均已重塑，庙会也已恢复，每年阴历四月初八、端午（六月初六）为庙会。届时，四方善信云集该寺烧香朝拜，道路几乎为之壅塞。可惜的是，在该殿修缮、重塑佛像的过程中，有少量壁画遭到人为的故意破坏。从碑记可知，最早一次修缮为乾隆二十年，以后屡有修缮，如光绪年间的多次维修等。初步判断，正殿壁画很可能绘于清代末期，从画风看，大抵出自民间画匠之手笔。

此外，位于万全县膳房堡的黄天道祖庭碧天寺在乾隆二十八年（1763 年）遭毁后，于光绪元年（1875 年）再度复兴，来自本地的僧人志明（智明）和尚募捐重建寺庙，名曰"普佛寺"。虽然该寺在 1958 年被彻底毁弃，原供奉于普佛寺的志明和尚的尸骨也不复存在，但当地信众感念志明和尚的善举，几年前在普佛寺遗址附近为其临时搭建了一座小庙以示纪念。

二 传教世家及其藏经

黄天道自普明祖李宾创教以来，历经明清两朝乃至民国时期的社会变迁，岁月沧桑，其家族传承的嫡传法脉虽然接续七代而绝，但其教法却流布大江南北，绵延不绝。期间出现不少传教世家，刊经、抄经、布道，从而为黄天道在民间的传播奠定了广泛基础。20 世纪 50 年代以降，就像其他民间教派一样，黄天道被全面取缔，绝大多数经卷或被焚毁或被查没，特别是随着教派人物的陆续离世，即便是艰难保存下来的部分经卷也渐次流失，所幸在最近几年的田野调查中，通过对教派人物特别是黄天道传教世家后人的访问，陆续发现了一批弥足珍贵的经卷文献。因此，很大程度上而言，这些经卷文献之所以能够保存至今，与黄天道传教世家后人以及教派人物的精心保管是分不开的。

1. 水峪口村梁台和藏经

阳原县东城镇水峪口村梁氏家族世代信仰黄天道，其远祖梁尚文即所谓的梁祖，既是竹林寺的创建者，又是虔诚的黄天道教徒。清嘉庆五年（1800 年）青元山竹林寺施地碑云："青元寺曰竹林，此寺创自梁祖，历有年所盖稀有之寺。"民国元年竹林寺碑记也云："竹林寺建于明万历年间，宽平庄梁氏出资最多，故梁氏世有一人主持寺事，谓之法主。"据梁台和（1937～2011）老人生前介绍，梁氏家族原来居住在竹林寺所处青元山脚下的宽平庄，从民国时期开始陆续搬迁到水峪口等周边村庄。家里原先有族谱，后来被毁，现只剩一张谱单，从梁祖到自己这一辈，已经是第 21 世。父亲叫梁梲，爷爷叫梁凤全，自己和哥哥梁台普是从小随父母入的道，入道后常去庙里跟师傅念经，因为在家里自己不会念经。开始是跟着师傅念经，等自己会念了，有时也在家里念。假若大家都会念了，大伙就聚在一起念经，做会。每年的旧历五月初五、三月初三、十月十一日，大伙都会到竹林寺一起做会念经，有主持，念三天三夜，吃住都在庙里。当时庙里的主持和法主就是自己的爷爷梁凤全。同时他还透露，自己藏有家传经书一套，是哥哥梁台普去世后转交自己保存的。除经书以外，还有若干灵符印信等绘图。梁台和老人告诉笔者，灵符印信等绘图是父亲生前所留，这批经卷则是当年自己的伯父梁槐读的书，故每本经书上都写有"梁槐堂记"字样，但并非他自己抄写。同时表示，这些经卷和灵符印信均属祖传遗产，不得外传。经查点，梁台和所藏经卷计有 17 册，符图 20 余幅，均为民国抄本或绘本，装帧方式除《利生宝忏》为经折装，开本略大以外，其余均为线装、楷书，开本为纵 24cm×横 18cm。其经卷书目如下。

1.《叩天宝偈》，2.《利生宝忏》，3.《寿生经》，4.《普明佛传留叩天通宝》，5.《普明如来遗留都斗宝赞》，6.《古佛遗留黑虎宝赞一卷》，7.《普明遗留勾瓅印记文篆》，8.《普明古佛遗留八牛宝赞》，9.《普明古佛遗留修养秘诀丹经壹卷》，10.《普—明光静　三佛遗留愿礼家乡》，11.《佛说玉篆金书通圆天地圣宝符咒上下》，12.《普明古佛遗留符偈真宝》，13.《普明古佛遗留聚宝真经》，14.《古佛遗留末后一着青龙宝赞》，15.《佛说遗留脚册后事》，16.《狗龙记序共二千八年》，17.《普明遗留聚宝护命灵符真经》。

符图 20 余幅，保存状况不尽一致，大多完整。尺幅大小不一，尺幅大者纵 90cm×横 58cm，小者纵 55cm×横 45cm，每幅构图各异，内容有别，虽绘法稚拙，却相当用心，通常被视为不传之秘，也是教内身份、地位的象征。

2. 新开口村张德年藏经

据介绍，万全区新开口乡新开口村张德年（1926 年～　）18 岁随父母加入一贯道，后升为坛主，自认为黄天道和一贯道的分别不很严格，互相参与，交流密切，教义上也有共同点。平时与黄天道信徒多有交往，互称道友，加之其亲友中多有黄天道信徒，因此不仅对黄天道的情况非常熟悉，且平素坚持吃素，静修打坐，对丹道颇多心得。据称，张德年家藏黄天道经书及三张符印，是他一个信仰黄天道的亲友临终前所留，嘱其代为保管。同时，张德年先生本人也亲自抄录过几本黄天道经卷。现将张德年藏黄天道经卷书目开列于下。

1. 《普明遗留灵符文花手卷》，民国抄本，线装，纵 26cm×横 18cm。

2. 《还源祖莲宗宝卷》，民国二十八年抄本，线装，纵 23cm×横 14cm。

3. 《普明古佛遗留末后定劫经》，民国抄本，毛装，纵 21cm×横 21cm。

4. 《普明如来家书宝卷 上下》，民国抄本，线装，纵 26cm×横 14cm，有破损、水渍。

5. 《圣贤遗留道书一册》，民国抄本，线装，有破损，水渍，老化，纵 26cm×横 14cm。

6. 《普明遗留勾寿印记文篆》，民国抄本，毛装，纵 21cm×横 21cm。

7. 《普明如来遗留灵符真宝》，民国抄本，线装，纵 27cm×横 14cm。边缘破损絮化。

8. 《普明古佛遗留真武宝赞》，民国抄本，线装，纵 27cm×横 14cm。有破损。

9. 《普明古佛遗留透天宝赞》，民国抄本，毛装，纵 21cm×横 21cm。

10. 《普明古佛遗留手卷真宝》，民国抄本，毛装，纵 21cm×横 21cm。

11. 《玉历宝钞》，民国抄本，线装，通行本。

12. 《觉世宥罪天尊赦罪宝忏诵本》，民国刻本，线装，纵 19cm×横 13cm。

13. 《高王观音经》，民国刻本，线装，纵 19cm×横 13cm，通行本。

14. 《白虎宝赞》，民国抄本，线装，纵 27cm×横 14cm。

15. 《十二圆觉》，清光绪六年刻本，线装，纵 22cm×横 14cm，通行本。

16. 《血盆经》，民国抄本，线装，纵 23cm×横 14cm，有破损。

17. 《文昌帝君阴骘文注解》，刻本，通行本。

18. 《普明古佛遗留末后一着灵符手卷咒语》，民国戊辰年抄本，即《古佛遗留九阳玄文、罗凭偈、二十四气牌号、二十四照、降魔杵、灵符手卷、原籍、四时六候牌号、照妖镜、斩妖剑、缚妖索》等多种经卷合抄本，线装，纵 31cm×横 17cm。

19. 《金刚经通俗集义》，刻本，线装，通行本。

20. 《伯牙抚琴册》，民国抄本，线装。

21. 《虎眼禅师传留唱经上下》，张德年自抄本，线装。

22. 《普光四维圆觉宝卷 上下》，张德年自抄本，线装。

23. 《佛说普通如来百宝诸文宝卷 上下》，张德年自抄本，线装。

24. 《推背图》，张德年自抄本，线装。通行本。

25. 《相理衡真》，刻本，通行本。

另外藏有纸符 3 张。

3. 暖店堡村李风云藏经

李风云老人，民国十八年（1929 年）生，张家口市万全区孔家庄镇暖店堡村人。

据介绍，她的老伴叫王子祥，民国六年（1917 年）出生，是个中医，75 岁那年去世，一辈子吃素。公公叫王崇善，光绪十二年（1886 年）生人，1943 年去世。婆婆王赵氏则是赵家梁村黄天道会主赵尔理的亲妹妹，均为吃素善人。她本人是在 17 岁时随父母入的道。原先家里有很多经卷，"文革"时烧了很多，现在只剩少部分。而据李世瑜基于当年调查所著《现在华北秘密宗教》可知，光绪十九年（1893 年）赵尔理的父亲赵进有与来自山西寿邑的任老师因缘相会，遂皈依黄天道，后来赵尔理接续法船，继续行医传教，并捐地建庙（李世瑜，1990：16）。因此，王崇善不仅是赵尔理的妹夫，也是同道，且一生热衷于抄经刊卷，据信其所抄经书达上百种。因此，李风云老人现在所藏部分经卷中，除少量传世本和王献云、王子祥兄弟手抄本以外，大部分抄本出自王崇善之手。值得注意的是，在这批藏经中，绢质或布质的手卷，即横幅长卷这种传统卷轴装形式的经书，不仅年代久远，尺幅巨大，且保存完好，墨色如新，图文并茂，堪称精品。现将这批藏经名目开列如下。

1.《朝阳古佛老爷遗留末后文华手卷》，清乾隆二十九年抄本，横幅长卷，布质，纵 42.2cm × 横 1204cm，引首题"朝阳老爷遗留文花手卷"，卷中彩绘朱砂符印插图。

2.《灵符手卷》，清乾隆三十二年写本，横幅长卷，绢质，纵 39.5cm × 横 635cm，卷中彩绘朱砂符印插图，泥金楷书。

3.《普明遗留灵符文花手卷》，清写本，横幅长卷，绢质，纵 37cm × 横 1289cm，卷中彩绘朱砂符印插图。（又有张德年藏民国七年抄本，纸质，线装，纵 28cm × 横 15cm，又题《弥勒飞符印图》《弥勒尊手卷文华灵符》）。

4.《七祖罗凭收元宝偈》，清乾隆五十九年抄本，横幅长卷，绢质，纵 39cm × 横 631cm，卷中彩绘朱砂符印插图。

5.《普明遗留七家手卷合同》，清写本，横幅长卷，绢质，纵 38cm × 横 808cm，卷中彩绘朱砂符印插图。

6.《普明古佛遗留末后一着灵符手卷神咒》，清抄本，横幅长卷，绢质，纵 37cm × 横 531cm，卷中彩绘十二道灵符插图。（又张德年有藏，民国十七年抄本，线装，纵 31cm × 横 17cm，与其他经卷合抄一册。）

7.《普明古佛遗留白华玉篆之图》，清写本，横幅长卷，绢质，纵 38cm × 横 651cm，卷中彩绘朱砂符印插图。

8.《古佛遗留先天文榜》，清写本，横幅长卷，绢质，纵 38cm × 横 514cm，卷中彩绘插图 2 幅，尺幅分别为纵 33cm × 横 82cm 与纵 33 × 横 220cm。

9.《普明古佛三期普渡》，卷首又题《三期普渡丹书》，民国十七年王崇善抄本，经折装，纵 31cm × 横 11cm，共 111 折，楷书，插图 3 幅。其内容与后来题为《三教应劫总观通书》、《冬（东）明历》等经书内容基本一致，应该系同书异名或一书多名。

换言之，《三期普度丹书》很可能是黄天道之后，王森所创东大乘教即明代的闻香教与清代的清茶门教《三教应劫总观通书》的基本来源或母本。

10.《蕴空明宝透玲真经》（上册），清刻本，经折装，纵 38cm×横 13cm，共 84 折，楷书，插图 2 幅。

11.《透玲圆觉华严真经》，清刻本，经折装，纵 38cm×横 13cm，共 76 折，楷书，插图 2 幅，有破损。

12.《清净无为妙道真经宝忏》，清康熙丙寅刻本，经折装，纵 38cm×横 13cm，共 152 折，楷书，插图 4 幅。

13.《普明定劫护坛真经宝卷躲劫真宝归家》，民国王崇善抄本，经折装，纵 31cm×横 11cm，共 140 折，楷书，插图 1 幅。

14.《周祖传普明指诀》，民国二十年王崇善抄本，经折装，纵 31cm×横 11cm，共 70 折，楷书，插图 3 幅。

15.《普光四维圆觉宝卷上》，民国王崇善抄本，经折装，纵 31cm×横 11cm，共 158 折，楷书，插图 2 幅。

16.《佛说西来意返唱经》，民国二十三年王崇善抄本，经折装，纵 31cm×横 11cm，共 141 折，楷书，插图 2 幅，有破损。

17.《普明老祖遗留悟道篇》，民国丙寅年王崇善抄本，经折装，纵 31cm×横 11cm，共 104 折，楷书，插图 3 幅。

18.《乘舟得路证道了心宝卷下》，民国王崇善抄本，经折装，纵 31cm×横 11cm，共 210 折，楷书，插图 4 幅。

19.《朝阳遗留九甲灵文宝卷中册》，民国王崇善抄本，经折装，纵 31cm×横 11cm，共 166 折，楷书，插图 3 幅。

20.《太阳登殿日时默诀后附　路粮米》，民国王崇善抄本，经折装，纵 31cm×横 11cm，共 15 折，楷书，插图 2 幅。

21.《混源道德金丹龟灵固丹宝卷》上下两册，民国 19 年王崇善抄本，经折装，纵 31cm×横 11cm，共 347 折，楷书，插图 7 幅。

22.《普明无为了义宝卷中册》，民国王崇善抄本，经折装，纵 31cm×横 11cm，共 121 折，楷书，插图 1 幅，有破损。

23.《朝阳古佛遗留三佛脚册末劫了言唱经卷　中》，民国王崇善抄本，经折装，纵 31cm×横 11cm，共 80 折，楷书，卷首扉画 1 幅，跨页，纵 31cm×横 88cm，有破损。

24.《古佛遗留三极九甲天盘偈》，民国王崇善抄本，经折装，纵 31cm×横 11cm，共 150 折，楷书，插图 4 幅。

25.《普明古佛遗留末后一着扣天真宝》，民国壬戌年王崇善抄本，经折装，纵 31cm×横 11cm，共 108 折，楷书。

26.《大明诚意伯刘伯温先生遗留搜天宝鑑》，民国三十年王崇善抄本，经折装，纵 31cm×横 11cm，共 89 折，楷书。

27.《朝阳遗留九甲灵文宝卷　上下册》，民国十六年王崇善抄本，经折装，纵 31cm×横 11cm，共 267 折，楷书，插图 6 幅。

28.《云外青霄显明直指宝卷　上》，民国王崇善抄本，经折装，纵 31cm×横 11cm，共 189 折，楷书，插图 3 幅。

29.《佛说玉液还丹捷径真经口诀》，民国己未年王崇善抄本，经折装，纵 31cm×横 11cm，共 72 折，楷书，有破损。

30.《普明古佛遗留开示愿簿　卷一》，民国抄本，毛装，纵 22cm×横 10cm，共 8 页，楷书。

31.《古佛遗留青龙宝赞》，民国八年王崇善抄本，经折装，纵 31cm×横 11cm，共 63 折，插图 1 幅，有破损。

32.《普明遗留八牛宝赞》，民国王崇善抄本，经折装，纵 31cm×横 11cm，共 62 折，楷书，有破损。

33.《黄天救度拔亡宝忏》，民国王崇善抄本，经折装，纵 31cm×横 11cm，共 45 折，楷书，插图 3 幅，有破损。

34.《省悟家庭　打药理》，民国十三年蒋永湛抄本，线装，纵 9.5cm×横 7cm，共 12 页，楷书。袖珍本。

35.《观世音普门品经》，20 世纪中后期王献云抄本，线装，纵 13cm×横 10cm，楷书。通行本。

36.《谷雨十点》，20 世纪中后期王献云抄本，毛装，纵 9.5cm×横 7cm，共 8 页，楷书。

37.《了义卷宝卷》，抄本，线装，纵 22cm×横 11cm，楷书，有缺损。

38.《关圣帝君觉世经直讲》，抄本线装，纵 21cm×横 13cm，楷书，通行本。

39.《五瘟文表　复初会志》，抄本线装，纵 26cm×横 13cm，楷书，有破损。

40.《普明老祖遗留悟道篇》，又题《长阳老爷遗留悟道篇》，抄本毛，纵 22cm×横 22cm，楷书，有破损。

41.《四季八节文表　上下》，民国抄本，线装，纵 25cm×横 15cm，楷书。

42.《普明古佛遗留修养秘诀一卷》，民国王崇善抄本，经折装，纵 31cm×横 11cm，共 126 折，插图 2 幅，楷书，有破损。

43. 书名不详，乾隆岁次壬子年癸卯月上旬吉日高昌书，抄本，经折装，纵 31cm×

横 11cm，楷书，有破损。

44.《佛说普光四维圆觉宝卷　中册》，民国丁卯年王崇善抄本，经折装，纵 31cm ×横 11cm，共 159 折，楷书，插图 3 幅，有破损。

45.《佛说清心戒赌文洗心论》，民国王崇善抄本，经折装，纵 31cm ×横 11cm，共 37 折，楷书，插图 1 幅。有破损。

46.《普明古佛遗留天门宝卷》，民国抄本，经折装，纵 31cm ×横 11cm，共 52 折，楷书，插图 4 幅。有破损。

47.《普明古佛遗留收元宝赞》，民国王崇善抄本，经折装，纵 31cm ×横 11cm，共 62 折，楷书，插图 1 幅。有破损。

48.《普明遗留末后定劫经》（佛说定劫经、佛说照贤经、佛说聚宝经、佛说应劫经、照仙炉经、金莲会神经等合抄一册），民国十六年王崇善抄本，经折装，纵 31cm ×横 11cm，共 135 折，楷书，插图 3 幅。有破损。

49.《普明遗留勾璃印记文篆》，民国三十年王崇善抄本，经折装，纵 31cm ×横 11cm，共 42 折，楷书，插图 1 幅。

50.《九祖遗留收元罗凭宝偈》，民国 11 年抄本，经折装，纵 31cm ×横 11cm，共 37 折，楷书，插图 3 幅，有破损。

51.《佛说普明无为了义宝卷序》，抄本，经折装，纵 31cm ×横 11cm，共 106 折，楷书，插图 1 幅。

52.《混源道德金丹龟灵固月宝卷　上下》，1966 年王子祥抄本，线装，纵 14cm ×横 10cm，楷书。袖珍本。

53.《观世音菩萨感应灵课》，抄本，经折装，纵 22cm ×横 9cm，楷书，有破损，通行本。

54.《静休斋志》，民国三十二年王子祥抄本，毛装，纵 13cm ×横 10cm，共 16 页，楷书，有破损。

55.《佛说千手千眼观世音菩萨广大圆满无碍大悲心陀罗尼经》，抄本，经折装，纵 31cm ×横 11cm，共 86 折，楷书，有破损。

56.《蕴空明宝真经》，抄本，经折装，纵 13cm ×横 4.5cm，共 5 折，楷书，袖珍本。

57.《清净无为妙道真经宝忏》，抄本，经折装，纵 15.5cm ×横 5.5cm，楷书，袖珍本。

58.《清静妙法莲华真经》，抄本，线装，纵 13cm ×横 4.5cm，楷书，袖珍本。

59.《佛说三月火候利生宝偈》，民国王崇善抄本，经折装，纵 14cm ×横 6cm，共 39 折，楷书，袖珍本。

60.《普明如来无为了义宝（卷）》，抄本，线装，纵 13cm × 横 5cm，楷书。袖珍本。

61.《普明遗留周天火候金丹密指心印妙诀一卷》，民国王崇善抄本，经折装，纵 31cm × 横 11cm，共 53 折，楷书，插图 3 幅。

62.《文昌帝君阴骘文注证》，刻本，线装，书皮有王子祥题签"文昌帝君阴骘文注证燹后幸存"字样。通行本。

63.《三佛正劫识宝九精八怪照妖镜妙偈》，民国王崇善抄本，经折装，纵 31cm × 横 11cm，共 24 折，有破损。

64.《寒山石德留呼吸静功要诀　附十二段锦》，民国王崇善抄本，经折装，纵 31cm × 横 11cm，共 39 折，楷书，插图 3 幅。

此外，尚有纸质和绢质灵符印信等绘图 20 余张，其中一部分存在不同程度的破损。

结　语

黄天道寺庙壁画和经卷，特别是灵符、咒语、法印、手卷、令牌、合同、圣号等图像资料的发现，不仅大大丰富了黄天道经卷文献资料群，而且对于重新认识黄天道在民间社会的功能和作用，进一步探讨黄天道的组织形态和结构均具有十分重要的学术价值。有理由相信，符印、手卷等所谓黄天道的真宝圣物，对于民间社会而言，较之单纯的经卷文字，往往更具有吸引力，其具象神秘，不仅是宗教权威及其来源合法性的神圣体现，而且是维持教内秩序、凝聚信众的重要手段，当然更是同教的信物，它既是现世避劫消灾的护身符，又是来世通达极乐世界的凭证。

参考文献

1. 李泰棻总纂，刘志鸿主修：民国（1935 年）《阳原县志》，河北省阳原县地方志编纂委员会办公室重印，刘志河标点，1986。

2. 阳原县编纂委员会《阳原县志》，中国大百科全书，1997。

3. 梁纯信主编《张家口各异的古寺庙》张家口历史文化丛书之八，党建读物出版社，2006。

4.《宣化府志》第 1049 页，台湾学生书局印行，边疆方志之二十五，乾隆八年修，乾隆二十二年订补本影印本，民国五十八年影印。

青铜时代世界体系中的中国

易 华

摘 要 大约五千年前，西亚和中亚部分地区已进入青铜时代，逐渐形成了世界体系。大约四千年前，东亚开始进入青铜时代世界体系。和欧洲一样，东亚也是这个体系边缘地区。从出土的石器、陶器、玉器、作物、居住方式等来看，三代文化显然是东亚新石器时代定居农业文化的继续，但是新出现的青铜器、金器、牛、羊、马等表明受到了中亚青铜游牧文化的明显影响。只有将东亚置于青铜时代世界体系才能透视中国原史或三代史。历史记载或传说表明夏朝建立之前东亚为夷蛮之地，大禹父子建立夏朝之后才有东夷西夷之分。考古学发掘和研究表明夏朝建立之前东亚尚未有游牧与农耕之分，正是夷创造了东亚新石器时代定居农业文化，夏或戎狄引进了青铜时代游牧文化。夷夏结合与转换开创了中国历史，形成独特东亚文化传统。

关键词 夷 夏 中国 青铜时代 世界体系

一 引言

人类是一种喜爱迁徙的动物，人类史就是迁徙史。每一个民族或国家都是由不同移民构成。所谓土著，相对于新来者而言，是早到的移民。美洲土著印第安人，相对于欧洲殖民者而言，是先到的亚洲移民。相对于夏而言，夷是东亚土著。

夏、商、周三代大体上属于青铜时代，是中国文化传统形成的关键时期。李济云："中国早期文化的成分中有多少是外来的，有多少是土著的？这些都是讨论中国上古史的中心问题。如果对它们不能说出一个清楚的立场，则上古史是没法写的。"[①] 三代文化起源问题争论了数个世纪，至今未有定论。

中国文化外来说包括埃及说、巴比伦说、中亚说、印度说等，考古学上的外来说

---

① 李济：《中国上古史之重建工作及其问题》，《安阳》，河北教育出版社，2000，第334~346页。

始于安特生。列·谢·瓦西里耶夫集外来说之大成，认为中国青铜游牧文化来自西方，石器时代文化亦是外来或受到了外来文化的巨大影响。[①] 蒲立本通过汉语和印欧语比较研究宣称：印欧人进入中国绝不晚于其进入印度。[②] 余太山遥相呼应，认为允姓之戎、大夏、禺氏可分别溯源于少昊氏、陶唐氏和有虞氏，与月氏或吐火罗关系密切。[③]

考古学上中国文化本土起源说始于城子崖的发掘及龙山文化的命名。梁思永论证了龙山文化与殷文化的密切关系。[④] 夏鼐明确了仰韶与齐家文化时代顺序，巩固了本土起源的信心，认为中国文明起源是新石器时代晚期各种文明要素的发展。[⑤] 何炳棣从生态环境、农业、畜牧业、陶器、青铜器、文字等方面论证了黄土地带是中国文明乃至整个东方文明的摇篮，是中国文化本土起源说代表人物。[⑥] 苏秉琦、张光直分别提出"区系类型理论"[⑦] 和"相互作用圈假说"，[⑧] 能动地看待各文化区相互作用和关系，否定中原独秀的一元论。

本土起源说和外来传播说均不能圆满解释中国民族与文化来源与形成。中国新石器文化诸要素并不一定起源于中原，青铜时代诸新文化因子亦来自他方。考古学、语言学、体质人类学和历史记述与传说表明上古存在人口迁徙和文化交流。傅斯年《夷夏东西说》指明了方向。劳费尔《中国伊朗编》和谢弗《唐代的外来文明》是研究中国外来文化的典范。李约瑟等对中国科学技术史进行了系统探索，开拓了东西文化交流比较研究领域。最近几十年考古植物学、考古动物学、冶金考古、农业考古、技术考古以及分子遗传学研究和中西文化交流研究均取得了可观的成绩，使我们有可能对三代文化要素的来龙去脉进行系统分析。

布罗代尔"长时段"（long duree）概念和沃勒斯坦的"世界体系"（world system）理论扩展了人类历史研究视野，为全球史提供了新的时空框架。西方考古学界柴尔德宣称欧洲青铜时代文化来自东方，称之为文明的曙光："在爱琴海，来自埃及和苏美尔的启迪缔造了一个真正的欧洲文明。"[⑨] 谢拉特发现以犁耕为核心的农耕文化源自西亚，

---

① 列·谢·瓦西里耶夫：《中国文明的起源问题》，郝镇华等译，文物出版社，1989，第362~367页。

② E. G. Pulleyblank, "Prehistoric East – West Contacts across Eurasia," Pacific Affairs, Vol. 47 (1975), pp. 500 – 508.

③ 余太山：《古族新考》，中华书局，2000。

④ S. Y. Liang, "The Lungshan Culture: A Prehistoric Phase of Chinese Civilization," Proceedings of the Sixth Pacific Science Congress, No. 4 (1939), pp. 69 – 79. 中文载《考古学报》第七册，1954。

⑤ 夏鼐：《中国文明的起源》，文物出版社，1985，第80页。

⑥ Ping – ti Ho, The Cradle of the East: An Inquiry into the Indigenous Origins of Techniques and Ideas of Neolithic and Early Historic China, 5000 – 1000 B. C., Hong Kong: Chinese University, 1975.

⑦ 苏秉琦等：《关于考古文化的区系类型问题》，《文物》1981年第5期。

⑧ 张光直：《中国相互作用圈与文明的形成》，《考古学论文选集》，台湾：联经出版公司，1995，第125~156页。

⑨ 柴尔德：《欧洲文明的曙光》，陈淳等译，三联书店，2008，第285页。

称之为次级产业革命。① 弗兰克等认为不仅有现代世界体系，而且有古代世界体系；世界体系的历史远不止 500 年，而是 5000 年，也就是说青铜时代即已形成世界体系。② 青铜冶炼需要跨地区合作，西亚及其附近地区五千年前就形成了以红铜、锡、铅、青铜和粮食为主要商品的长距离贸易网，构成了一个具有中心－外围关系的古代世界体系。世界体系不局限于经济和政治关系，还可包括科学技术和意识形态方面的联系。东亚很可能和古代欧洲一样是西亚为中心的青铜时代世界体系的一个更边缘的组成部分。

青铜时代世界体系研究已成全球史热点，但主要集中在西亚及其附近地区，几乎没有涉及中国。③ 夏商周断代工程默认中国文化本土起源；中华文明探源工程第一期锁定中原，第二期扩展到了边疆；但均未重视三代外来文化。本文将研究视野扩展到了整个欧亚大陆，承认中国文化要素本土起源的同时关注外来文化因素，试图阐明中国文化与世界文化的关系。

从全球史也就是多学科结合透视三代文化的根源：以田野考古和实验室研究成果为基础，纵向从新石器时代文化中寻找中国文化特征，横向从青铜时代文化探求人类或欧亚文化共性，明确中国三代文化在青铜时代世界体系中的地位。研究三代本土与外来文化的关系及其在青铜时代世界体系中的地位，向中国学术界介绍古代世界体系理论进展的同时，利用中国田野和实验考古成果充实和丰富古代世界体系理论。

二　青铜时代世界体系（Bronze Age World System）

不识欧洲真面目，只缘身是欧洲人。早期考古学研究重在田野发掘和文字解读，缺乏理论概括；在欧洲人看来欧洲四分五裂，缺乏相对完整的形象。柴尔德是澳洲长大的欧洲后裔，具有观察欧洲的独特视角，率先从考古人类学角度将欧洲当作一个整体来考察。他一生写了二十来本书，处女作是《欧洲文明的黎明》（1925），最后一部书是增订版《欧洲文明的黎明》（1957）。他非常重视欧洲与东方的关系和技术进步的意义，善于从人类发展角度思考问题，提出了理解人类进步的关键概念"新石器革命"和"城市革命"。

受柴尔德的启发，谢拉特竭力撰写了自认为最好的论文"犁与畜牧：次级产品革

① A. S. Sherratt, "Plough and Pastoralism: Aspects of the Secondary Productions Revolution," in Pattern of the Past: Studies in Honor of David Clarke, eds. Ian Hodder, Glynn Isaac, and Norman Hammond, Cambridge, UK and New York: Cambridge University Press, 1981; in Ecconomy and society in Prehistoric Europe, Edinburgh university Press, 1997, pp. 158–198.

② 安德烈·冈德·弗兰克等主编《世界体系：500 年还是 5000 年?》，郝名玮译，社会科学文献出版社，2004。

③ 刘健：《区域性"世界体系"视野下的两河流域史》，《全球史评论》第二辑，中国社会科学出版社，2009，第 116~127 页。

命诸方面”，正式提出了次级产品革命（Secondary Products Revolution）概念。[1] 他从新旧大陆比较着眼，发现家养动物决然不同，认为对不同动物的不同利用方式是造成新旧大陆社会发展和文化差异的根本原因。新石器革命中植物和动物分别被驯化，相应地产生了种植业和畜牧业。犁耕或牛耕是种植业与畜牧业互动与结合的关键。犁可能是最早的畜力机械，首先出现在西亚，不久就传播到了欧洲。用牛或驴牵引的四轮车五千前就出现在西亚，大约四千年前中亚出现了马拉的有辐双轮车和骑马术，提高了大宗物品远距离运输的能力。挤奶风俗和毛制技术逐渐普及，改善了衣食和居住条件。牵犁、拉车、挤奶、剪毛、骑乘等都是对家养动物的次级开发，不同于吃肉寝皮、敲骨吸髓的初级利用，谢拉特称之为次级产品革命。

家养动物次级开发技术不可能起源于一时一地，但四五千年前形成了复合体。次级产品革命极大地提高了农业生产力和交通运输能力，形成了以犁耕农业为核心的定居生活方式和以奶为食、以毛为衣的畜牧生活方式，导致了城市的兴起和游牧民族的诞生。犁耕取代锄耕，游牧代替畜牧，男人经济和社会地位相对提高，逐渐形成了男权社会。谢拉特提出“次级产品革命”，阐明了从新石器革命到城市革命过渡的动因。新石器时代驯化了动物和植物，只是对动物进行了初级开发利用，又称“食物生产革命”；次级开发利用动物大大提高了劳动生产力和交通运输的能力，剩余产品和远距离贸易与互动是城市产生的条件。

在“犁与畜牧”一文中谢拉特已多次顺便提到世界体系（world system）。1999 年他重申了考古学中世界体系与长时段变化的关系：从旧大陆或全球观点考察人类史上的重大变迁，如全球殖民、农业传播、冶金发展与城市化的进程，还有印欧人的起源。次级产品革命大体发生在青铜时代，牛、羊、马在欧洲的传播大体与青铜时代的展开同步。青铜时代世界体系的形成过程也就是家养动物次级产品开发的过程。车辆运输和骑乘使远距离贸易和互动成为可能，西亚无疑是青铜时代世界体系的中心（Core），中亚和欧洲地中海地区近水楼台较早进入世界体系是外围（Periphery），欧洲大部包括北欧随之加入是边缘（Margin）。次级产品革命是新旧大陆的根本区别所在：它不仅造就了青铜时代世界体系，而且孕育了现代世界体系。[2]

无独有偶，考古人类学家谢拉特和经济人类学家弗兰克所见略同。弗兰克从现代世界体系出发，透过中古世界体系，也发现了古代世界体系。布罗代尔《地中海》提出了“长时代”“经济世界”“总体史”概念，沃勒斯坦发展成“现代世界体系理论”。

① A. S. Sherratt, "Plough and Pastoralism: Aspects of the Secondary Productions Revolution," (1981), in Ecconomy and society in Prehistoric Europe, Edinburgh university Press, 1997, pp. 158 – 198.

② A. S. Sherratt, "Reviving the Grand Narrative: Archaeology and Long – term Change," Journal of European Archaeology, Vol. 3 (1995), pp. 1 – 32.

弗兰克与沃勒斯坦关系密切，又与谢拉特取得了联系，发表"青铜时代世界体系及其周期"。[1] 谢拉特横向考察青铜时代世界体系的范围，承认西亚是中心、地中海地区是外围的同时，强调欧洲大部是边缘组成部分。弗兰克纵向考察世界体系的变化，承认现代、中古世界体系之外，强调存在古代世界体系，且因时而变。弗兰克等主编出版《世界体系——五百年还是五千年?》，已被翻译成中文出版，青铜时代世界体系理论逐渐进入学术界，广为人知。

谢拉特也关心古代中国在青铜时代世界体系中的地位。克罗斯比提出哥伦布交换（the Columbian Exchange），阐述新旧大陆的接触与交流和现代世界体系的形成。[2] 谢拉特认为欧亚大陆内部东西方青铜时代就有了接触和交换，形成了古代世界体系。他没来过中国，也不懂汉语，承认史前中国是一个相对独立自主的文化体系，但并不是完全孤立的，是旧大陆世界体系中半分离的成员（semidetached membership）。从大西洋到太平洋欧亚大陆形成了青铜时代文化区，像西亚、中亚和欧洲（不像南部非洲）一样中国或东亚是组成部分。他认为互动论者（interactionist）比外来传播说者（diffusionist）或土著自主论者（autonomist）能更好地解释中国青铜时代文化的形成与发展。[3]

中国新石器时代对动物的开发主要是获取肉食即是初级利用。[4] 除了犬可能用于狩猎之外，几乎没有发现次级利用的证据。[5] 青铜时代次级产品革命才影响到中国，改变东亚的文化面貌。顺着谢拉特、弗兰克的思路，我们可以提供更多的证据说明三代中国是青铜时代世界体系的组成部分。

三　中国青铜时代

日本的绳纹文化、韩国的有纹陶器文化和中国的新石器时代文化都没有孕育青铜和游牧文化的迹象。日本学者早就明确承认日本青铜与游牧文化源于中国或中亚。[6] 韩国学者也承认其青铜或游牧文化来源于中国或中亚，只是传播的具体时间和途径还存

---

[1]　A. G. Frank, "The Bronze Age World System and its Cycles," Current Anthropology, Vol. 34, No. 4 (1993), pp. 383–413.

[2]　A. W. Crosby, The Columbian Exchange: Biological and Cultural Consequences of 1492, Santa Barbara, CA: Greenwood Press, 1972.

[3]　A. S. Sherratt, "The Tran-Eurasian Exchange: The Prehistory of Chinese Relations with the West," in Contact and Exchange in the Ancient World, ed. Victor H. Mair, Honolulu: University of Hawaii Press, 2006, pp30–61.

[4]　袁靖：《中国新石器时代获取动物肉食的方式》，《考古学报》1999 年第 1 期。

[5]　黄蕴平：《动物骨骼数量分析和家畜驯化发展初探》，《动物考古》第一辑，文物出版社，2010，第 1～31 页。

[6]　江上波夫：《骑马民族国家》，张承志译，光明日报出版社，1987。Keiji Imamura, Prehistoric Japan: New Perspectives on Insular East Asia, Honolulu: University of Hawaii Press, 1996.

有争议。① 中国学者也乐意承认中国与日本、韩国青铜文化的源流关系②。现在该是中国学者坦率承认青铜与游牧文化是东亚新文化，来源于中亚或西亚的时候了。考古发掘和研究表明大约从夏代开始出现了一系列新文化因素：青铜、黄牛、家马、山羊、绵羊、小麦、砖、金崇拜以及支石墓、火葬和天帝崇拜，游牧文化和尚武好战之风席卷东亚。

1. 青铜器与青铜技术

青铜冶炼和铸造是高度复杂的技术活动，不可能一人一时一地完成，有一个不断改进和完善的过程。冶金术的具体起源地还难以确定，巴尔干到安纳托利亚一带早在7000 年前已开始冶金实践，5000 年前已发明范铸法（model casting method）和失蜡法（lost wax method），不同比例的砷青铜、锡青铜、铅青铜或铅锡青铜也相继发明。4000年前西亚已进入青铜时代的鼎盛时期，主要的青铜冶铸技术均已发明，并对周围世界产生重大影响。阿凡纳谢沃文化（Afanasievo Culture）、辛塔什塔—彼德罗夫卡文化（Sintashta – Petrovka Culture）、安德罗诺沃文化（Andronovo Culture）标志着中亚及其附近地区 4000 年前左右进入了青铜时代。常见的青铜器是刀子、斧、剑、头盔、镞、马衔、凿、针、锥、耳环、指环、镜等。③ 这些文化有一个共同的特点是畜牧业和父权日益发达而种植业和母权萎缩，金芭坦丝称之为库尔干（Kurgan）文化，认为是原始印欧人孕育了游牧文化，并且改变了欧洲和其他地区的社会进程和文化格局。④

中国西北，特别是新疆地区青铜时代遗址的发掘和研究填补了青铜冶铸技术由西向东传播的空白。⑤ 古墓沟文化遗址⑥的发掘和研究表明大约 4000 年前新疆部分地区已进入青铜时代，且与中亚、西亚、中原均有联系。⑦ 安德罗诺沃文化对新疆青铜文化的影响是明显的。⑧ 欧亚大草原的牧羊人在青铜文化传播过程中起了关键作用。⑨ 齐家文

① Pak Yangjin, A Study of the Bronze Age Culture in the Northern Zone of China, 397 – 405, Ph. D Dissertation, Harvard University, 1995. Kim Won – yong, "The Bronze Age in Korea," in Art and Archaeology of Ancient Korea, Seoul: The Taekwang Publishing Co. , 1986, pp. 95 – 104.
② 王建新：《东北亚的青铜器文化》，东京：同成社，1999；王巍：《东亚地区古代铁器和冶铁术的传播与交流》，中国社会科学出版社，1999。
③ K. Jettmar, "The Altai before the Turks," Bulletin of the Museum of Far Eastern Antiquities, Vol. 23 (1953), pp. 135 – 223.
④ M. Gimbutas, Bronze Age Cultures in Central and Eastern Europe, London: Monton, 1965.
⑤ Victor H. Mair (ed.), The Bronze Age and Early Iron Age Peoples of Eastern Central Asia, The Institute for the Study of Man, University of Pennsylvania Museum Publications, 1998 .
⑥ 王炳华：《孔雀河古墓沟发掘及其初步研究》，《新疆社会科学》1983 年第 1 期。
⑦ 李水城：《考古发现看公元前二千年东西文化的碰撞与交流》，《新疆文物》1999 年第 1 期。
⑧ Mei Jianjun, Copper and Bronze Metallurgy in late Prehistoric Xingjiang, Bar International Series 865, 2000 .
⑨ E. E. Kuzmina, "Cultural Connections of the Tarim Basin People and Pastoralists of the Asian Steppes in the Bronze Age," in The Bronze Age and Early Iron Age Peoples of Eastern Central Asia, pp. 63 – 93.

化①、朱开沟文化②是青铜文化由西北向西南、东北、中原传播的中继站。三星堆、大甸子、二里头遗址的青铜器可能是本地制造的，但亦是文化传播的结果。中原，特别是夏商统治中心地区缺铅少锡，铜锭亦来自周边；二里头、二里岗和殷墟都只是青铜铸造中心。

总之，从技术史的角度考察，无论红铜冶炼、范铸法、失蜡法还是砷青铜、锡青铜、铅青铜、锡铅青铜都是西亚早于东亚。而且铜铁以外的其他金属如金、银等利用东亚亦不早于西亚。③ 泰列克特等主张的青铜冶炼铸造技术由西向东传播的假说仍未遇到有力的反证。但是从器物类型考察，青铜鼎、镞④、鬲、爵、戈、戟、编钟、多珠铃、大铎、巴形器等颇具东方特色，很可能是东亚的创作，并有反向传播的可能。从乌拉尔到黄河流域在考古冶金学上已没有明显的缺环。⑤ 公元前 2000 年以后，西亚、中亚、东亚之间存在一条西东文化交流的青铜之路；传播的不只是青铜技术和青铜器，而且包括众多的物资和观念，如牛、马、羊及相关技术。⑥

2. 羊与羊毛制品

山羊和绵羊骨骼经常同时出现在西亚新石器时代遗址中。位于伊拉克和伊朗之间的扎格罗斯（Zagros）山脉及其附近地区可能是山羊和绵羊的最早驯化地。最近对扎格罗斯山脉南端的甘兹·达列赫（Ganj Dareh）和阿里·库什（Ali Kosh）出土的山羊骨骼进行了重新研究，进一步确证西亚大约在一万年前已经放养山羊了。⑦

东亚养羊与西亚相比大约晚了五千年。数百处经科学发掘的新石器时代遗址中大约有五十处出土过羊骨或陶羊头。早期新石器时代遗存中都没有羊的骨骸。西安半坡的"绵羊"标本很少，不能确定是家羊。⑧ 河姆渡出土的陶羊头可能表示羚羊，苏门羚（Capricornis sumatraensis）是河姆渡遗址出土的 61 种动物中唯一的羊亚科动物。⑨ 新石器时代晚期或末期才出现羊的踪迹，青铜时代遗址中出土的山羊和绵羊骨骼才是确凿无疑的家羊。⑩ 羊在东亚新石器时代混合农业经济中所占比重不大，几乎可以忽略不

① L. G. Fitzgerald – Huber, "Qijin and Erlitou: the Question of Contacts with Distant Culture," Early China, Vol. 20 (1995), pp. 17 – 67.

② M. K. Linduff, "Zhukaigou, Steppe Culture and the Rise of Chinese Civilization," Antiquity, Vol. 69 (1995) pp. 133 – 45.

③ 黄盛璋：《论中国早期（铜铁以外）的金属工艺》，《考古学报》1996 年第 2 期。

④ 郭物：《青铜镞在欧亚大陆的初传》，《欧亚学刊》第一辑，1999。

⑤ Katheryn M. Linduff (ed.), Metallurgy in Ancient Eastern Eurasia from the Urals to the Yellow River, New York: The Edwin Mellen Press, 2004.

⑥ 易华：《青铜之路：上古西东文化交流概说》，《东亚古物》A 卷，文物出版社，2004 年，第 76～96 页。

⑦ M. A. Zeder, et al, "The Initial Domestication of Goats (Capra hircus) in the Zagros Mountains 10, 000 Years Ago," Science, Vol. 287 (2000), pp. 2254 – 2257.

⑧ 周本雄：《中国新石器时代的家畜》，《新中国的考古发现与研究》，文物出版社，1984，第 196 页。

⑨ 魏丰等：《浙江余姚河姆渡新石器时代遗址动物群》，海洋出版社，1990，第 88 页。

⑩ 袁靖：《中国新石器时代家畜起源的问题》，《文物》2001 年第 5 期。

计。进入青铜时代后，从新疆到中原羊的数量明显增多。在齐家文化和殷墟遗址中均有完整的羊骨骼出土。羊在青铜时代人类经济生活和精神生活中的地位明显增高。商代西北羌人以养羊为业；周代中原养羊亦蔚然成风。

山羊和绵羊是不同的物种，在驯化的初期就表现出明显的多样性，都是由至少两个亚种分别驯化而来。根据 mtNDA 山羊可分为四系，A 系很可能源于西亚，B 系源于巴基斯坦；A、B 两系占主流；C、D 两系罕见。[①] 通过对 13 个品种 183 只山羊完整 mtDNA D-loop 研究表明中国山羊亦可分为四系，A 系占主流，B 系次之，C、D 两系仅见于西藏。[②] 现在世界上的绵羊品种多达 1400 余个，Y 染色体研究表明至少可分为两个不同的亚种。[③] mtDNA 研究发现西亚绵羊可分为三个亚种，其具体驯化过程比以前想象的还要复杂。[④] 通过对东亚 13 个地区 19 个品种 449 只"本土"绵羊的 mtDNA 研究，没有发现独特的遗传标志，支持东亚绵羊像欧洲绵羊一样来自中亚或西亚。[⑤]

新石器时代羊主要是食用，青铜时代羊毛日显重要。进入青铜时代之后，西亚一些遗址中的纺轮逐渐增多，剥皮工具却有所减少；山羊和绵羊的比例亦发生了相应的变化。这意味着羊毛逐渐成了重要纺织或编织原料。大约公元前 1000 年西亚发明了铁制羊毛剪，加速了对羊毛的开发利用。巴比伦帝国羊毛、谷物、油并立为三大物产；古希腊亦以绵羊、油橄榄、小麦为主要产品。羊是财富的象征，羊毛被称为软黄金；金羊毛故事广为流传。东亚较早利用羊毛制品的是北方或西北游牧民。新疆出土青铜时代毛制品，与中亚毛纺织传统一脉相承，特别是其中的斜纹织物（Twill）至今在欧洲流行。[⑥] 中国以丝绸和布衣著称，羊毛衫、毛裤到二十世纪才普及。"羊""大"为"美"。羊在中国文化中不仅是财富的象征，而且逐渐有了美丽和吉祥的含义。

3. 黄牛、牛奶与牛耕

水牛可能起源于南亚[⑦]，而黄牛很可能来自西亚。[⑧] 从河姆渡到兴隆沟，东亚新石

① J. Luikart, et al, "Multiple maternal origins and weak phylogeographic structure in domestic goats," PNAS, Vol. 98 (2001), pp. 5927–5932.

② R. Y. Liu, et al, "Genetic diversity and origin of Chinese Domestic goats revealed by complete mtDNA D-loop sequence variation," Asian–Australasian Journal of Animal Sciences, Vol. 20, No. 2 (2007), pp. 178–183.

③ J. R. S. Meadows, et al, "Globally dispersed Y chromosomal haplotypes in wild and domestic sheep," Animal Genetics, Vol. 37 (2006), pp. 444–453.

④ S. Pedrosa, et al, "Evidence of three maternal lineages in near eastern sheep supporting multiple domestication events," Proceedings of the Royal Society B–Biological Sciences, Vol. 272, No. 1577 (2005), pp. 2211–2217.

⑤ Chen Shan-yuan, et al, "Origin, genetic diversity, and population structure of Chinese domestic sheep," GENE, Vol. 376 (2006), pp. 216–223.

⑥ I. Good, "Notes on a Bronze Age Textile Fragment from Hami, Xingjiang, with Comments on the Significance of Twill," The Journal of Indo–European Studies, Vol. 23, Nos. 3–4 (1995), pp. 319–345.

⑦ Gerold Kierstein, et al, "Analysis of mitochondrial D-loop region casts new light on domestic buffalo (Bubalus bubalis) phylogeny," Molecular Phylogenetics and Evolution, Vol. 30 (2004), pp. 308–324.

⑧ Ceiridwen J. Edwards, et al, "Ancient DNA analysis of 101 cattle remains: limits and prospects," Journal of Archaeological Science, Vol. 31 (2004), pp. 695–710.

器时代遗址中出土的牛骨多为水牛骨骼，不止一种，均为野生；家养水牛很可能是公元前一千年从南亚引进的，中国南方的水牛犁耕技术很可能是受北方黄牛耕作技术影响所致。[①] 新石器时代和青铜时代中国的主要耕地工具是耒和耜，一直到汉代才普及犁耕。[②] 东亚拉犁亦源于中亚或西亚。[③]

黄牛与绵羊、山羊生态习性相近，是新石器时代西亚、中亚的主要家畜。到了青铜时代，黄牛才在东亚大量出现，距今约 4000 年的甘肃大何庄遗址、秦魏家遗址齐家文化层中出土的黄牛骨骼是典型代表。[④] 黄牛亦可分为两个亚种，Bos taurus 可能起源于西亚。[⑤] Bos indicus 起源于南亚。mtDNA 研究表明东亚黄牛与欧洲、非洲黄牛非常接近，但与印度黄牛差别较大。[⑥] 更具体的研究显示日本[⑦]、韩国[⑧]黄牛均属于 Bos Taurus，可能来自西亚；而 20% 蒙古黄牛受到了印度黄牛的影响，可能发生在蒙古帝国时期。中国黄牛包括上述两个亚种，南部以印度黄牛为主，包括 T1 和 T2，西北部类似于蒙古黄牛，包括 T2、T3、T4。[⑨]

喝人奶是自然，喝畜奶却是文化。另一项与游牧生活方式有关的技术是挤奶（Milking）。西亚和中亚农民新石器时代就已开始挤奶。[⑩] 挤奶或奶业（dairying）是游牧生活方式形成和普及的关键。东亚农民至今仍不习惯挤奶，这有生物学和文化上的原因。动物乳中含有丰富的乳糖（Lastose），而乳糖的消化有赖于乳糖酶（Lastase）的参与。成人乳糖酶缺乏现象在东亚和东南亚高达 85%～100%，而北欧不到 10%。[⑪] 就中国而

---

① 刘莉等：《中国家养水牛起源初探》，《考古学报》2006 年第 2 期。

② 徐中舒：《耒耜考》，《中研院历史语言研究所集刊》第二本第一分，1930，第 11 – 59 页。

③ Carl W. Bishop, "The Origin and Diffusion of Traction Plough," Antiquity, Vol. 10 (1936), pp. 261 – 281.

④ 吕鹏：《试论中国家养黄牛的起源》，《动物考古》第一辑，文物出版社，2010，第 152 – 176 页。

⑤ C. S. Troy, et al, "Genetic Evidence for near – Eastern Origins of European Cattle," Nature, Vol. 401 (2001), pp. 1088 – 1091.

⑥ Kim Kyu – Il, et al, "Phylogenetic Relationships of Northeast Asian Cattle to Other Cattle Populations Determined Using Mitochondrial DNA D – loop Sequence Polymorphism," Biochemical Genetics, Vol. 41, Nos. 3/4 (2003), pp. 91 – 98.

⑦ H. Mannen, et al, "Mitochondrial DNA Variation and Evolution of Japanese Black Cattle (Bos taurus)," Genetics, Vol. 150 (1998), pp. 1169 – 1175.

⑧ S. Yum, et al, "Genetic Relationship of Korean Cattle (Hanwoo) Based on Nucleotide Variation of Mitochondrial D-loop Region," Korean Journal of Genetics, Vol. 26, No. 3 (2004), pp. 297 – 307.

⑨ Y. Yu, et al, "Mitochondrial DNA variation in Cattle of south China：Origin and Introgression," Animal Genetics, Vol. 30 (1999), pp. 245 – 250; Lai Song – Jia, et al, "Genetic Diversity and Origin of Chinese Cattle Revealed by mtDNA D – loop Sequence Variation," Molecular Phylogenetics and Evolution, Vol. 38 (2006), pp. 146 – 154.

⑩ H. J. Greenfield, "The Origin of Milk and Wool Production in the Old World," Current Anthropology, Vol. 29, No. 4 (1988), pp. 573 – 593.

⑪ T. Sahi, "Genetics and Epidemiology of Adult – type Hypolactasia," Scandinavian Journal of Gastroenterology, Supplement, Vol. 202 (1994), pp. 7 – 20.

言，成年人中汉族 92.3% 、蒙古族 87.9% 、哈萨克族 76.4% 缺乏乳糖酶。[1] 东亚挤奶活动出现与羊、牛、马的东传大体同步。哈萨克、蒙古、汉族中成年人体内产生乳糖酶的比例依次降低，表明其与印欧人的亲缘关系或接触与交流程度相应减少。东亚游牧民大都缺乏乳糖酶，对农业的依赖较为迫切。另外，东亚农民并不喜欢畜奶和奶制品，容易忽视或不重视畜牧业的发展。在欧洲种植业和畜牧业的结合异常紧密，在东亚却出现了明显分野。乳糖酶不仅是中国与欧洲饮食方式差异的原因之一[2]，而且影响了欧亚大陆历史的进程。

4. 马、马车与骑乘

家马（Equus caballus）的野生祖先主要分布于欧亚草原的西端。乌克兰和哈萨克草原新石器和青铜时代文化遗址中大量马骨的出土显示了从野马到家马的驯化过程。骑马和马车技术可能源于西亚骑驴和牛车制作技术。波台（Botai）位于哈萨克草原北部，是一处特殊的铜石并用时代（公元前 3000～3500 年）遗址，出土动物骨骼三十余万块，其中 99% 是马骨。安东尼等研究表明，这些马主要是用于食用、祭祀（随葬）和骑乘，至少部分是家马。[3] 列文认为乘骑必然会导致马脊椎特别是第 13～15 腰椎变形。她检测了波台遗址出土的 41 个样本，却没有发现相应的变化；由此推断波台文化的主人是狩猎采集者。[4] 最近在陶器残留物中发现马奶痕迹，证明波台人已经开始养马挤奶了。[5] 中亚游牧生活方式正在形成。

在东亚数百处经科学发掘的遗址中从未发现马的骨架，只有零星的马齿或马骨出土，不能确定为家马。[6] 确凿无疑的家马和马车见于商代。[7] 此后三千余年的历史证明中原并不适合于养马。大量车马坑的发现表明中原确系马的"葬身之地"。[8] 从马的分布来看，中原一直是"贫马"地区。

对来自 10 个不同时代和地方的 191 匹马的 mtDNA 研究展示了丰富的遗传多样性，

[1] Wang Yongfa, et al, "Prevalence of Primary Adult Lactose Malabsorption in Three Population of Northern China," Human Genetics, Vol. 67 (1984), pp. 103 – 106.

[2] H. T. Huang, "Hypolactasia and Chinese Diet," Current Anthropology, Vol. 43, No. 5 (2002), pp. 809 – 819.

[3] D. Brown, et al, "Bit Wear, Horseback Riding, and the Botai Site in Kazakstan," Journal of Archaeological Science, Vol. 25 (1998), pp. 331 – 47.

[4] M. Levine, "Botai and the Origins of Horse Domestication," Journal of Anthropological Archaeology, Vol. 18, No. 1 (1999), pp. 29 – 78.

[5] Alan K. Outram, et al, "The Earliest Horse Harnessing and Milking," Science, Vol. 323, No. 5919 (2009), pp. 1332 – 1335.

[6] K. M. Linduff, "A Walk on the Wild Side Late Shang Appropriation of Horse in China," Late Prehistoric Exploitation of the Eurasian Steppe, Vol. 2 (2000), pp. 214 – 31.

[7] 周本雄：《中国新石器时代的家畜》，《新中国的考古发现与研究》，文物出版社，1984，第 196 页。

[8] Lu Liancheng, "Chariot and Horse Burials in Ancient China," Antiquity, Vol. 67, No. 257 (1993), pp. 824 – 838。

支持家马是多地区或多次驯化的假说。① 内蒙古赤峰地区大山前和井沟子遗址青铜时代 9 匹家马 mtDNA 与东亚、中亚、近东、欧洲等地家马的 mtDNA 序列进行系统发育网络分析显示 9 匹古马并没有聚集在一个聚簇中，而是分散在具有一定地理分布倾向的现代家马聚簇中，从一个侧面反映了中国家马起源的复杂性。② 家马起源于东亚的考古学和遗传学证据还没有发现。

马车（Chariot）此处特指青铜时代流行于欧亚大陆的一种有辐两轮轻快马拉车，主要用于战争、狩猎、礼仪和比赛，也普遍用来陪葬。这类马车在西亚、中亚和东亚中均有出土，不仅基本形制相似，而且许多细节相同，表明它们有共同起源。安东尼等主张马车起源于欧亚草原西端，主要根据是辛塔什塔—彼德罗夫卡文化墓葬中出土的 14 辆车，其年代约为公元前 2100 ~ 公元前 1700 年。③ 李特尔指出无辐车和有辐车均起源于西亚，然后分别传入欧洲、非洲和亚洲的中亚、南亚和东亚。④ 另外高加索地区出土了更早的青铜马车模型，支持马车近东起源说。⑤

从目前出土的早期马车来看，东亚安阳马车可能是最先进的：轮径最大，轨距最宽，车厢最大，时代较晚。林巳奈夫⑥、夏含夷⑦等明确主张东亚的马车来源于西亚或中亚草原。最近王海城对马车进行了细致的系统考察，指出东亚不具备独立发明马车的基本条件。⑧

5. 小麦

六倍体小麦（*Triticum aestivum*）即普通小麦已成为全球不可或缺的粮食作物，在欧亚大陆早期文明或国家产生过程中起过重要作用，是史前全球化标志性作物。中外学者已基本达成共识：小麦起源于西亚，后传入欧洲和东亚，并取代小米成为旱作农业的主体作物，只是具体传播时间和途径还存在争议。最近 10 来年中国北方地区发现了一批早期小麦遗存，表明距今 4500 年左右即龙山时代小麦传入了中国古代文化的核心区域。传播途径可能包括了几条不同的路线，即欧亚草原大通道、河西走廊绿洲通道以及沿着南亚和东南亚海岸线的古代海路。⑨ 甘肃东灰山遗址堆积成因复杂，张掖黑

① Carles Vila, et al, "Widespread Origins of Domestic Horse Lineages," Science, Vol. 291 (2001), pp. 474 – 477.

② 蔡大伟等：《内蒙古赤峰地区青铜时代古马线粒体 DNA 分析》，《自然科学进展》2007 年第 3 期。

③ D. W. Anthony, et al, "The Birth of the Chariot," Archaeology, Vol. 48, No. 2 (1995), pp. 36 – 41.

④ M. A. Littauer, et al, Wheeled Vehicles and Ridden Animals in the Near East, Leiden：E. J. Brill, 1979. .

⑤ Maria Pogrebova, "The Emergence of Chariots and Riding in the South Caucasus," Oxford Journal of Archaeology, Vol. 22, No. 4 (2003), pp. 397 – 409.

⑥ 林巳奈夫：《中国先秦时代的马车》，《东方学报》（京都），1959 年第 29 卷，第 155 ~ 283 页。

⑦ E. L. Shaughnessy, "Historical Perspectives on the Introduction of the Chariot into China," Harvard Journal Asiatic Studies, Vol. 48 (1988), pp. 189 – 237.

⑧ 王海城：《中国马车的起源》，《欧亚学刊》第三辑，中华书局，2002，第 1 ~ 75 页。

⑨ 赵志军：《有关小麦传入中国的新资料和新思考》，《鄂尔多斯青铜器与早期东西文化交流国际学术研讨会论文集》（2010）。

水国南城北遗址出土马厂文化碳化小麦可佐证东灰山小麦年代和遗址堆积成因判读可信，河西走廊地区是小麦传入中国的关键地区。①

小麦在中国传播和普及经历了一个漫长的过程，大体上先是由西向东，后由北朝南展开。② 小麦传入中国，但没有传入相应的食用方法，经历了粒食到粉食的本土化过程，形成了不同于西亚啤酒面包传统的饼食馒头传统。③ 根据作物种类和饮食方法可以勾画出东西方两种不同的传统：西亚或西方的饮食特点是研磨面粉加以烘烤，而东亚或东方主要是煮和蒸。小麦、大麦和牛在中国被接受可以和这些物种在印度的传播以及如何转化为食物的方式进行对比，唯有小麦在两大传统中均为主要粮食作物。④

植物微化石（microfossils）确定植物种类，而稳定同位素可以测定人和动物的食谱，同时利用这两种方法研究可以解决欧亚草原上农业传播的问题：公元前3000年西亚驯化的大麦和小麦到达了中国，而中国驯化的黍和荞麦西传到了欧洲。⑤ 一般认为高价值和数量稀少的植物如香料和麻醉剂屡屡长距离迁移或贸易，而提供能量的主食如谷物和块茎类全球化过程较少发生。公元前3000年也是一个激动人心的时代，一个更早的类似于"哥伦布交换"的主食全球化过程在旧大陆展开。⑥

6. 砖建筑

砖是人类建筑史上首项重大发明。西亚特别是两河流域缺乏天然石头，新石器时代几乎与陶器同时发明了砖。生砖指砖坯（abode）、黏土砖（clay brick）或泥砖（mud brick），又称日晒砖（Sundried brick），可追根溯源到近万年前的西亚。⑦ 制砖是苏美尔人的重要日常工作，阳光充足的夏季第一个月称之为砖月。⑧ 苏美尔时代大量使用生砖，熟砖即烧砖（fired brick or burnt brick）或烤砖（baked brick）也开始出现。巴比伦时代流行釉砖和琉璃砖，砖雕或画像砖亦应运而生。青铜时代西亚地区用多种砖建造神庙、宫殿、围墙、道路、桥梁、水渠和居民住宅。砖砌建筑技术4000年前传

① 李水城：《小麦东传的新证据》，《鄂尔多斯青铜器与早期东西文化交流国际学术研讨会论文集》（2010）。
② 曾雄生：《论小麦在古代中国之扩张》，《中国饮食文化》第1卷第1期，2005年，第385页。
③ 王仁湘：《由汉式饼食技术传统的建立看小麦的传播》，《鄂尔多斯青铜器与早期东西文化交流国际学术研讨会论文集》（2010）。
④ 傅稻镰：《古代亚洲跨越饮食国界的作物》，《鄂尔多斯青铜器与早期东西文化交流国际学术研讨会论文集》（2010）。
⑤ 刘歆益：《中国植物考古学和稳定同位素分析视野》，《鄂尔多斯青铜器与早期东西文化交流国际学术研讨会论文集》（2010）。
⑥ 马丁·琼斯：《主食为何要迁移?》，《鄂尔多斯青铜器与早期东西文化交流国际学术研讨会论文集》（2010）。
⑦ David Oates, "Innovations in mud-brick: Decorative and Structural Techniques in Ancient Mesopotamia," World Archaeology, Vol. 21, No. 3 (1990), pp. 388-406.
⑧ 斯蒂芬·伯特曼：《探寻美索不达米亚文明》，秋叶译，商务印书馆，2009，第292页。

播到了印度河、尼罗河流域和地中海地区，希腊罗马时期传播到了整个欧洲。[①]

新石器时代中国北方流行半地穴式住房，南方流行干栏式建筑，中原发明了窑洞建筑。龙山文化末期如平粮台遗址已出现砖坯和排水管。东灰山四坝文化日晒土坯砖可能是中国最早的土砖。镇原县齐家文化房基发现了上百米陶水管，每节水管长 53 厘米，设有子母口，可互相衔接，早于二头里，已接近当时世界水平。陕西周原西周遗址出土了砖瓦等建筑材料，证明 3000 年前周人就生产和使用砖瓦以及制作难度较大的排水管道。[②] 虽然周代已有砖踪瓦迹，春秋战国时期陆续出现了长方形黏土薄砖，大型空心砖，断面成几字形的花砖，长方形凹槽砖和拦板砖等，秦汉时期黏土砖的制作技术已成熟，样式亦相对固定。"秦砖汉瓦"可追溯到四坝、齐家文化，但砖瓦建筑秦汉时代才开始普及。生砖和熟砖制作技术均可追溯到西亚，唯有空心砖可能是中国的发明。

7. 支石墓、墓道与火葬

韩半岛支石墓数以万计，是世界上支石墓最密集的地区。中国西北、西南和东北青铜时代流行过石棺墓，并不是支石墓、刻石墓或巨石墓的起源地。[③] 中亚卡拉苏克亦有密集的石棺墓或石砌墓群，韩国支石墓可能源于中亚。[④] 欧洲发现了许多更早的支石墓或巨石文化，伦福儒认为英国和丹麦的巨石文化可以早到公元前 5000 年，不晚于公元前 4000 年，比埃及金字塔更古老，并且进入了酋长社会。[⑤] 地中海沿岸的一些支石墓或立石可以追溯到五千年前的早期青铜时代（3200～3000 BC）。[⑥] 4000 年左右的支石墓常见于欧洲、中亚和西亚，有人推测与半游牧生活方式有关。[⑦]

前方后圆坟不仅与日本国家的起源和民族形成有关，而且有中国圆坟和方坟的影响，可能是祖灵祭祀的体现。[⑧] 中日坟丘墓的相似性表明这种影响是明显的。[⑨] 日本、

---

① J. F. Potter, "The Occurrence of Roman Brick and Tile in Churches of the London Basin," Britannia, Vol. 32, (2001), pp. 119 – 142.

② 邵严国:《考古新发现——三千年前我国已生产使用砖瓦》,《中国建材》1989 年第 5 期。

③ 童恩正:《试论我国从东北至西南的边地半月形文化传播带》,《文物与考古论集》,文物出版社,1986。

④ Kim Won – Yong, "The Formation of the Korean Prehistoric Cultures," in Introduction to Koreanology, ed. Korean Academy of Sciences, 1986.

⑤ Colin Renfrew, "Monuments, Mobilization and Social Organization in Neolithic Wessex," in The Explanation of Culture Change: Models in Prehistory, Pittsburgh, PA: University of Pittsburgh Press, 1973, pp. 539 – 558.

⑥ Zeidan A. Kafafi, et al, "Megalithic Structures in Jordan," Mediterranean Archaeology and Archaeometry, Vol. 5, No. 2 (2005), pp. 5 – 22.

⑦ Yosef Stepansky, "The Megalithic Culture of the Corazim Plateau, Eastern Galilee, Israel: New Evidence for a Chronological and Social Framework," Mediterranean Archaeology and Archaeometry, Vol. 5, No. 1 (2005), pp. 39 – 50.

⑧ 都出比吕志:《前方后圆坟与社会》,墙书房,2005。

⑨ 王巍:《中日古代坟丘墓的比较研究》,后藤直等编《东亚与日本的考古学（1. 墓制)》,东京:同成社,2001。

韩国、中国的周沟墓一脉相承，可以追溯到卡约文化。[1] 中国青铜时代以来墓葬制度受到了中亚、西亚的明显影响。墓道在欧亚大陆有共同的起源，由单条演变到多条墓道。[2] 东亚从未发现新石器时代的墓道，商代晚期突然出现了四条墓道大墓。[3]

《墨子》《列子》提到羌人实行火葬，而火葬源自印欧语系民族。氐、羌文化遗存如寺洼文化、辛店文化位于河西走廊，发现了装骨灰的陶罐。目前东亚最早的火葬墓见于约4000年前的宗日遗址。[4] 稍晚的火葬遗迹在中国西南、东北和中原均有发现。[5] 周人亦可能实行火葬。[6] 骨灰瓮文化（urnfield culture）是中亚或东欧青铜时代的印欧人创造的文化。[7]

8. 战争与戎

伴随青铜时代游牧文化的出现，好战之风刮到了东亚。夏、商、周三代，礼坏乐崩，尚武好战占了上风。印欧疯狂武士（Berserks）是尚武好战文化的有力传播者。[8] 凯尔特战斗激情、斯巴达精神、秦国崇尚武力到日本武士道，都是尚武好战之风的不同体现。商鞅规定斩首晋爵，秦"带甲百万"顿足擦拳、急不可待。爵是一种特殊的酒杯，杀敌晋爵显然是游牧民杀敌饮酒的演进。《史记·匈奴列传》："其攻战，斩首虏赐一卮酒，而所得卤获因以予之，得人以为奴婢。故其战，人人自为趣利，善为诱兵以冒敌。"六国军队和秦军相遇，一败再败，义不敌秦。秦始皇终于可以卑睨一切，号令天下。

青铜短剑是古代武士随身携带的武器，广泛分布于欧亚大陆；其中西亚和中亚的短剑较为古朴。[9] 东亚的剑种类繁多，且异常精致。[10] 中国佩剑之俗起于西北游牧民，青铜剑在商周之际传入中国北方草原、巴蜀地区和中原与印欧人在东方的活动有关。[11] 剑在古代汉语中又称径路或轻吕，显然是外来词。汉匈交叠地区曾有祭祀剑神的寺庙，

---

① 俞伟超、茂木雅博：《中国与日本的周沟墓》，后藤直等编《东亚与日本的考古学（1. 墓制）》，东京：同成社，2001。

② Maximilian O. Baldia, "From Dolmen to Passage – and Gallery – grave：An Interregional Construction Analysis," http://www. comp – archaeology. org/DKcaWEB. htm.

③ 韩国河：《简论坡形墓道》，《郑州大学学报》2000 年第 5 期。

④ 李锦山：《论宗日火葬墓及其相关问题》，《考古》2002 年第 11 期。

⑤ 王志友：《关中地区发现的西周火葬墓》，《西北大学学报》2005 年第 5 期。

⑥ 张平辙：《周之先人火葬说》，《西北师大学报》1994 年第 5 期。

⑦ H. Fokkens, "The genesis of urnfields：economic crisis or ideological change," *Antiquity*, Vol. 71（1997）, pp. 360 – 373.

⑧ M. P. Speidel, "Berserks：A History of Indo – European 'Mad Warriors'," *Journal of World History*, Vol. 13, No. 2（2002）, pp. 253 – 290.

⑨ C. R. Long, "The Lasithi Dagger," *American Journal of Archaeology*, Vol. 82, No. 1（1978）, pp. 35 – 46.

⑩ 靳枫毅：《论中国东北地区含曲刃青铜短剑的文化遗存》，《考古学报》1982 年第 4 期、1983 年第 1 期。

⑪ 林梅村：《商周青铜剑渊源考》，《汉唐西域与古代文明》，文物出版社，1998。

这是古代波斯和斯基泰人剑崇拜文化的延续。[1] 爱刀剑是一种拜物教，日本、韩国、中国青铜武器崇拜或祭祀之风一脉相承。[2] 梁启超认为自黄帝以来华夏民族就是靠武力征服夷蛮在这广博的土地上生息繁衍，"中国民族之武，其最初之天性也；中国民族之不武，则第二之天性也"。[3]

战争是"有组织的武力冲突"。考古学上有如下表现：防卫设施的聚落或城镇，武器刀、剑或如弓、矢以及防身装备，武备陪葬或武器祭祀风俗，伤亡者，战士或战斗场面的造型艺术品或画面。[4] 日本列岛确凿无疑的战争始于弥生时代。[5] 战争改变了原有的部族秩序和社会结构，促进了王权的形成和王国诞生。[6] 韩国新石器时代没有发生战争的迹象，到青铜时代才出现与战争有关的环壕聚落和兵器。打架、斗殴甚至杀人都不是战争。东亚最早确凿无疑的战争见于商代，真正激烈的大战出现在春秋战国时代。

战争是社会文化现象，并不是生物自然现象。自然界存在残酷的生存竞争，但不存在战争。战争在国家形成过程中具有重要作用。日本、韩国国家的形成和巩固与青铜游牧文化的传播明显相关，中国也不会例外。战争的源头亦可由青铜兵器追溯到中亚或西亚。殷墟矢镞、戈、矛、刀削、斧斤是东亚的比剑更古老的五种兵器，仅戈为中国本土之物，其他四种和剑一样来自中亚或西亚。[7] 戈可能是夏人的标志性器物。[8] 戈主要分布于中原，亦不早于青铜时代。

9. 金器

黄金是金属文化的象征。古埃及金碧辉煌的文化令人叹为观止，大夏黄金宝藏令人目不暇接，斯基泰被认为是草原黄金的主人。环黑海地区（Circumpontic Metallurgical Province）收集到 7.8 万余件史前金属制品中有 5.5 万余件是黄金制品。[9] 金羊毛、金

---

[1] Kao Chu Hsun, "The Ching Lu Shen Shrines of Han Sword Worship in Hsiung Nu Religion," *Central Asia Journal*, Vol. 5, No. 3 (1960), pp. 221－231.

[2] 下条信行：《青铜制武器的传播与展开》，大冢初重等编《考古学上的日本历史·战争》，东京：雄山阁，2000，第 117～126 页。

[3] 梁启超：《中国之武士道》，《饮冰室合集》专集之二十四，中华书局，1989。

[4] 佐原真：《日本·世界战争的起源》，福井胜义、春成秀尔编《战争的进化与国家的生成》，东京：东洋书林，1999，第 58～100 页。

[5] 桥口达也：《弥生时代之战争》，《考古学研究》1995 年第 42 卷第 1 号。

[6] 松木武彦：《战争的始原与王权的形成》，都出比吕志、田中琢编《古代史的论点——权力·国家与战争》，小学馆，1998，第 221～245 页。

[7] 李济：《殷墟铜器五种及其相关之问题》，《中研院历史语言研究所集刊外篇·庆祝蔡元培先生六十五岁论文集（上）》，1933，第 73～104 页。Max Loehr, "Weapons and Tools from Anyang, and Siberian Analogies," *American Journal of Archaeology*, Vol. 53, No. 2 (1949), pp. 126－144.

[8] 曹定云：《殷代族徽"戈"与夏人后裔氏族》，《考古与文物》1989 年第 1 期。

[9] E. V. Chernykh, et al, "Ancient Metallurgy in Northeast Asia: Form the Urals to the Saiano－Altai," in *Metallurgy in Ancient Eastern Eurasia from the Urals to the Yellow River*, ed. Katheryn M. Linduff, New York: The Edwin Mellen Press, 2004, pp. 15－36.

苹果的故事流传久远，西亚似乎有一个黄金时代，可与东亚玉器时代交相辉映。

东亚黄金制品不早于青铜器。中国早期金器见于齐家文化、夏家店下层文化和三星堆等商、周时代文化遗址，大体而言与青铜相伴而来。金沙遗址出土的太阳神鸟是绝世精品，已被指定为中国文化遗产标志。夏、商、周金器主要是装饰品和祭祀或礼仪用品①，不难在中亚、西亚找到对应的原形。

新罗黄金、鲜卑金饰、匈奴金冠、大夏黄金、斯基泰金器、巴比伦金叶、埃及金冠一脉相承，都是金崇拜的体现。"公主金冠"是古代埃及黄金工艺的代表作：造型简洁，以环状头箍为中心，上、下皆以叶片装饰。金片工艺品在乌尔王朝十分流行。② 金冠或步摇冠从斯基泰影响到了匈奴。匈奴、鲜卑、蒙古流行步摇或步摇冠，对新罗皇冠产生了明显影响③，并且波及日本。④

10. 天与帝

天是游牧与农耕民族共同崇拜的对象，可能有共同的起源。关于帝与天的关系已有不少人做过研究和猜测，但仍然未得到合理的解释。⑤ 皇天与上帝亦难分彼此，天子与帝子有共同渊源。⑥ 傅礼初在其遗作中提出"一神信仰"（a single universal god）起源于雅利安人，认为东亚的"天崇拜"与印欧游牧民特别是吐火罗人的活动有关。⑦

天崇拜内容大同而形式有异。《尚书·大诰》"天"出现了约 20 次："天降威……予造天役……予惟小子，不敢替上帝命。天休于宁王，兴我小邦周。"先秦文献中天与帝经常通用或连用，大同小异。《尚书·召诰》云："呜呼！皇天上帝，改厥元子。"匈奴时代，对天的崇拜进入了高级阶段。祭天是匈奴政治文化生活中的大事。《后汉书·南匈奴传》云："匈奴俗，岁有三龙祠，常以正月、五月、九月戊日祭天神。"单于号称"撑犁孤涂"，意为天子，这与汉朝皇帝号称天子如出一辙。《礼记·曲礼》云："君天下为天子。"郑玄注曰："天下，谓外及四海也。今汉于蛮夷称天子，于王侯称皇帝。"匈奴人有对天发誓的习俗，亦相信天谴之说。匈奴将西域某高耸入云之山作为天或天神的象征，称之为天山。"祁连"与"撑犁"为同音异译，意为天，祁连天山即天山，是匈奴人心目中的神山。⑧

---

① 白黎璠：《夏商西周金器研究》，《中原文物》2006 年 5 期。齐东方：《中国早期金银器研究》，《华夏考古》1999 年第 4 期。

② M. Tengberg, et al, "The golden leaves of Ur," *Antiquity*, Vol. 82（2008），pp. 925–936.

③ 李松兰：《皇南大冢新罗冠的技术系谱》，《韩国古代史研究》第 31 辑，2003。

④ 孙机：《步摇、步摇冠与摇叶冠饰》，《文物》1991 年第 11 期。

⑤ 刘复：《"帝"与"天"》，《古史辨》第二册，1930。

⑥ Chen Sanping, "Son of Heaven and Son of God: Interactions among Ancient Asiatic Cultures Regarding Sacral Kingship and Theophoric Names," *Journal of Royal Asiatic Studies*, Vol. 12, No.（2002），pp. 289–325.

⑦ Joseph Fletcher, "The Mongols: Ecological and Social Perspectives," *Harvard Journal Asian Study*, Vol. 46, No. 1（1986），pp. 11–50.

⑧ 刘义棠：《祁连天山考辨》，《"国立"政治大学民族学报》第 21 期，1994。

匈奴的祭天习俗被突厥、契丹、蒙古所继承。匈奴称天为"祁连"或"撑犁"，与突厥、蒙古语之"腾格里"（tangri）和汉语之"天"（tian）有语言学上的联系。[1] 祭天、天山、天子、对天发誓、天谴以及语言学上的联系表明游牧与农耕民族对天有着类似的崇拜现象。大体而言，商代多称帝，周代多称天，游牧民多称腾格里。在苏美尔语中有 din‑gir，di‑gir，dim‑mer 等读音。不无可能初次传入读帝，再次传入读天，三次传入读腾格里。

以上是从夏王朝开始东亚出现的一些新的文化因素，可概称为青铜时代游牧文化。其东传与吐火罗人、羌或戎、狄有关。[2] 可以推断是夏人或戎、狄引进了青铜时代游牧文化。东亚各国有选择地吸收了其中部分内容并加以发扬光大。中国引进青铜技术后不仅能生产与中亚同样的武器、工具和装饰品，还生产大型容器作礼器和一些特殊的工艺品。牛、马、羊及其相关技术的传播亦遇到了阻力，或者说只是被选择性地吸收了其中的部分内容。日本列岛、韩半岛和中国大部分地区从未游牧化，但从生产力经济基础到上层建筑意识形态均受到了青铜游牧文化的洗礼。尚武之风和黄金崇拜风靡东亚，玉器崇拜和礼仪之风尚存。

龙山文化是新石器时代晚期或末期文化，尚未进入青铜时代。夏文化和龙山文化等同起来是不适当的，和其他新石器时代文化相提并论就更不合适。从夏王朝开始出现的这些新文化只能归功于夏人及其关系密切的戎、狄或吐火罗人。古墓沟文化、齐家文化、朱开沟文化、夏家店下层文化、二里头文化基本上包含了上述新的文化因素，很可能是中国境内的夏文化。新石器时代以定居农业文化为特征，玉帛古国林立，有祀无戎；青铜时代以游牧文化为特征，王国独立，战争频繁。东亚从此进入了历史时期。

四　讨论与结语

考古学家关注考古学文化的特征和细节，人类学家寻求人类文化的共性和通则。考古学与人类学相结合（anthropological archaeology）全方位（holistic）研究才能透视人类文化的来龙去脉。人类同源，中国人不可能有独立的起源；文化多样，中国文化不会孤立于世界潮流之外。现代世界体系概念已深入人心，中古世界体系亦众所周知，古代世界体系也逐渐清晰。人类历史上曾经存在各种类型的"交往网络"、"共生圈"或"共同体"，只要大于一个洲就可称为世界体系。全球史就是用跨文化、跨地区、跨民族的视角重新审视历史，从而描述一个更大的历史图景，它是宏观史（Macro histo-

---

① Chen Sanping，"Sino‑Tokharico‑Altaica‑Two Linguistic Notes，" *Central Asian Journal*，Vol. 42，No. 1 (1998)，pp. 24‑43.

② 徐中舒：《北狄在前殷文化上之贡献：论殷墟青铜器与两轮大车之由来》，《古今论衡》1999 年第 3 期。

ry）或大历史（big history）。美国历史学会首任主席安德鲁·怀特早在 19 世纪就号召研究世界史："我们可以视之为树干，而把专门史和传记视为枝叶；树干从枝叶那里获取生命力，同时也给予枝叶以生命力，两者并行不悖地均衡生长。"① 中国考古人类学之父李济亦指出："中国的文化和种族史的宏大堪与整个欧洲的文化和种族史相比拟。只有从这样的角度来观察并以此为依据来研究，才能在中国古代史及其考古遗存的阐释上取得真正的进展。"② 舍本逐末或本末倒置是不合适的，我们研究枝叶时，不要忘了树干！

青铜技术和游牧文化是旧大陆古代世界体系形成的技术文化基础。青铜、牛、马、羊、小麦、大麦、蚕豆、牛耕、车马、毛制品、砖、火葬、墓道、好战风气、金崇拜、天帝信仰等是青铜时代世界体系的指示物或示踪元素，三代中国几乎照单全收，无疑已进入青铜时代世界体系。中国不是考古学上的孤岛，更不是人类文化的死角。人类走上了长途跋涉的迁徙之路，分散到全球各地，互动一直影响着人类。

全球史治史方法很多，其中常用的是通过比较求同寻异，发现世界史的契合点。具体比较研究为宏观透视提供了基础。西亚中亚既是欧洲的东方，也是中国的西方。中国和欧洲分处欧亚大陆东西两端，可以进行宏观比较或类比。青铜游牧文化可以传播到欧洲，没有理由阻止其传入东亚。如果欧洲是青铜时代世界体系的边缘地区，中国不太可能在边缘之外。事实上虽然离青铜时代世界体系核心区较远，欧洲和东亚是古代世界体系两个巨大的边缘区。

中心与外围（center and periphery）视角审视世界史来自经济学。很多国家和地区对自己地位有特殊理解，一个人的中心可能是另一个人的外缘，反之亦然。世界体系中心与外围是相对的，因时而变，且可有多个中心。青铜时代世界体系中中国既是边缘，也是中心。东亚处于古代世界体系的边缘，中国又长期是东亚文化的中心。安阳殷墟是国际性文化中心，青铜时代东方独特的世界性都市。③ 中古世界体系中，汉唐宋元中国处于中心地位。现代世界体系中中国逐渐由边缘转变为中心，中美国（Chimerica）概念意味着现代世界体系正在形成双核格局。古代世界体系中，四千年前龙山时代的中国是遥远的边缘，四千年后夏商周三代逐渐成了中心之一。所谓四大文明古国实质上是青铜时代世界体系的四个中心。

聚合与离散（convergence and divergence）是全球史另一个重要研究视角，青铜与

① Gilbert Allardyce, "Toward World History: American Historians and the Coming of the World History Course", *Journal of World History*, Vol. 1 (1990), p. 23.

② 李济：《安阳的发现对谱写中国可考历史新的首章的重要性》，《中国文明的开始》，江苏教育出版社、凤凰出版传媒集团，2005，第 53～64 页。

③ 李济：《古代中国文明》，《考古》1996 年第 8 期。

游牧文化的离散和中国民族文化的聚合是两个极好的例证。从青铜时代世界体系的中心来看，西亚青铜冶炼技术和中亚游牧文化全球扩散。青铜技术起源于西亚，首先扩散到中亚、地中海地区（南欧和北亚）、南亚，然后扩散到欧洲大部、东亚和东南亚、南部非洲，乃至整个旧大陆及其附近岛屿；与此相关的文化要素有小麦、砖和黄金崇拜。游牧文化形成于中亚，然后向四面八方扩散，与印欧文化的形成和印欧人的扩张密切相关。青铜时代世界体系是由西亚中亚向周围扩张形成的，五千年前局限于西亚及其附近地区，四千年前扩展到中亚地区，三千年前普及到几乎整个旧大陆。此外，三代文化是聚合而成。本土起源的猪、狗、鸡和外来的牛、马、羊组成了六畜，外来的麦与本土的稻、粟、黍、菽构成了五谷。牛耕姗姗来迟，耒耜或锄头一直是基本的生产工具，犁耕与锄耕互补形成了东亚农业传统。丝绸西传，毛毯东播，丝毯是东西文化交织的象征。舟船源自中国，车马来自中亚，舟船车马在中原交汇。夯筑是本土起源，秦砖或周砖源自西亚，夯土城墙外砌砖边是东西合璧。土葬是东亚文化特色，火葬源自中亚，土葬火葬并行不悖。礼乐文化源于新石器时代，好战风尚来自中亚，祀与戎均成国之大事。玉文化源于新石器时代，金崇拜始于青铜时代，玉振金声集大成。祭祖是东方特色，拜天是中亚传统，敬天法祖两不误。上述十个方面综合比较研究均可证明三代文化"双螺旋"特性：新石器时代文化是本土起源，以定居农业为特色，是中国文化的基础；青铜时代游牧文化来自西方，影响了整个中国文化，特别是中国上层文化；两者有机结合形成了独特的三代文化。离散如裂变反应，是文化传播或扩张的主要形式；聚合如聚合反应，是文化进化加速的根本动力。

演化和传播是人类文化发展的两种主要形式。演化缓慢，以量变为主；传播迅速，常常引起质变。中国的新石器时代六千多年发展缓慢，漫长而和平；进入青铜时代明显加速日趋复杂，战争或改朝换代不断重演。本土起源说可以解释东亚定居农业文化的起源与发展，外来说可以阐明青铜游牧文化的来源。传播论和进化论并不总是对立的，传播亦是文化进化的动力或方式，只有将两者结合的互动论才能阐明三代文化的起源与发展。

全球史的核心理念是互动，全球史研究就是"大范围的互动研究"。[①] 不同人群相遇之后相互影响，小地方与大世界互动，地方史也可全球化。某个地区的发明创造可以在世界范围内引起连锁反应，产生长距离或间接互动。直接互动无时不有；间接互动时断时续。中心与周围是直接互动，中心与边缘是间接互动。近距离接触互动与交流有目共睹，远距离互动与交流难以察觉。石器时代人类靠两足行走近距离接触互动

---

① 刘新成：《互动：全球史观的核心理念》，《全球史评论》第二辑，中国社会科学出版社，2009，第 3~12 页。

是主要形式,青铜时代车辆和骑乘的发明和普及使长距离互动成了人类的日常活动。苏秉琦"区系类型理论"和张光直"相互作用圈假说"已众所周知,但都局限于中国或东亚,洲际互动并未引起足够的重视。海洋和山脉不能阻止人类迁徙和交流,互为邻居,时刻互动。帕米尔高原西边或中亚与西亚之间有青金石之路,东边或中亚与东亚之间有玉石之路,沟通东西的是青铜之路。丝绸之路是双向交流,青铜之路亦然,洲际互动在青铜时代已蔚然成风。牛羊往来,骏马奔驰,麦浪滚滚,欧亚非三洲之间并无明确的分界线,旧大陆已形成连续互动体系。

世界体系是开放的动态系统,应该从系统动态角度来理解青铜时代世界体系。人类迁徙和文化特别是技术传播是青铜时代世界体系形成和变化的关键因子。见物不见人是中国考古学家的自嘲。四足动物和无足植物都可以不远万里来到中国,两足的人难道会止步不前?分子遗传学研究证明了人类同一性,中国人并不是特殊人类,与其他人一样同源于非洲。新疆等地发现的青铜时代文化遗址的主人部分属于印欧人,殷墟遗骨中亦有印欧人成分。[①] 三星堆青铜群像、西周蚌雕人头像、白浮西周墓葬中出土青铜人面像等均有明显的印欧人特征。吐火罗人开拓了丝绸之路;赤狄、白狄交侵,"中国不绝若线"。部分印欧人春秋战国时代进入了山东。[②] 现代人起源的"走出非洲"假说已经得到了遗传学和人类学证据的广泛支持。通过东亚及周边地区基因多样性的比较,发现 Y 染色体的 O – M175、C – M130、D – YAP 单倍群以及 mtDNA 的单倍群 B、R9、M 为南线成分,两者分别构成了 80% 和 85% 的东亚人群父系、母系基因库;而来自北线的谱系包含了 9% 和 1.2% 的东亚人群 Y 染色体和 mtDNA。[③] 这一结果表明来自南线的成分是构成东亚人群基因库的绝对主体,90% 以上的人来自南方即蒙古种人或夷人,不到 10% 来自西方即印欧种人或夏人,汉人多数是混血而成。

语言人类学研究亦支持青铜时代存在世界体系。蒲立本通过上古汉语和印欧语的比较研究亦得出了类似的结论:印欧人进入中国绝不晚于其进入印度[④]。他大胆猜想干支是上古汉语的声母系统,可能与闪美特语字母表中 22 个辅音符号有关,坚信汉语与印欧语不只是借用或相互影响,而且有发生学关系[⑤]。语言学研究发现了中国文化外来说的一些证据:中国文明并不是完全的土著文明,如印第安文明;而是次生或复合文

---

① 杨希枚:《河南安阳殷墟墓葬中人体骨骼的整理和研究》,《中研院历史语言研究所集刊》42 本 2 分,1970,第 231 ~ 266 页。

② Li Wang, et al, "Genetic Structure of a 2500 – Year – Old Human Population in China and Spatiotemporal Changes," *Molecular Biology and Evolution*, Vol. 17, No. 9 (2000), pp. 1396 – 1400.

③ 文波:《Y 染色体、mtDNA 多态性与东亚人群的遗传结构》,复旦大学博士论文,2004。

④ E. G. Pulleyblank, "Prehistoric East – West Contacts across Eurasia," *Pacific Affairs*, Vol. 47 (1975), pp. 500 – 508.

⑤ E. G. Pulleyblank, "The Chinese Cyclical Signs as Phonograms," *Journal of the American Oriental Society*, Vol. 99, No. 1 (1979), pp. 24 – 38.

明，如印度文明、希腊文明。[①] 欧亚超语系假说（Eurasiatic Macro - family Nostratic Hypothesis）有利于我们理解古代世界体系。[②]

赤县神州只是九州之一，九州之外还有大九州。历史传说亦表明上古可能存在世界体系。东亚的新石器时代是以定居农业为基础的"玉帛古国"时代，即传说中的尧舜时代。中国的青铜时代实际上是夏商周三代，受到了游牧文化的明显影响，炎黄故事就是这种互动的曲折反映。黄帝来自西方或北方，后来居上，反客为主，逐渐变成了五帝之首。司马迁将尧舜传说和炎黄神话混为一谈，创作了《五帝本纪》，体现了"天下一家"的民族观。尧舜传说与炎黄神话是两组来源不同的故事丛，分别反映了不同的文化传统和时代精神。尧舜是夷人的传说，耕田、制陶、捕鱼、掘井、治水、禅让，象征着新石器时代东亚定居农业文化与礼乐文明的兴起；炎黄是夏人的故事，造车、制剑、铸鼎、往来征战无常处，反映了青铜时代游牧文化与尚武好战风气的东进。[③]

青铜时代以小麦为标志的农耕文化和以马为标志的游牧文化传播欧亚大陆，形成了世界体系。大约五千年前西亚和中亚部分地区已进入青铜时代，逐渐形成了青铜时代世界体系，欧洲与东亚都是这个体系的边缘地区。大约四千年前东亚开始进入青铜时代世界体系。齐家文化、朱开沟文化、夏家店下层文化和二里头文化既是东亚早期青铜文化的代表，亦是东亚进入青铜时代世界体系的标志。青铜游牧文化不仅传播到了欧洲，彻底改变了欧洲的文化面貌；而且传播到了东亚，影响了东亚的文化发展。青铜游牧文化的广泛传播增加了东西方文化的同质性，改变了欧洲和东亚的历史进程。

历史记载或传说表明夏朝建立之前东亚为夷蛮之地，大禹父子在蛮夷之中建立了夏朝之后才有南蛮北蛮，东夷西夷之分。考古学发掘和研究表明夏朝建立之前东亚尚未有游牧与农耕之分，正是夷创造了中国新石器时代定居农业文化，夏或戎狄引进了青铜时代游牧文化。青铜时代世界体系学说将中国整合到世界，有助于透彻理解中国与世界的关系以及中国乃至东亚的民族形成与历史。夷夏不仅有东西之分，而且有先后之别。夷夏先后说以各种本土起源说和外来说为基础，从更宏观的时空阐述中国民族与文化的来源与形成，为中华文明探源研究提供新思路。

---

① J. E. Coleman, "An Archaeological Scenario for the 'Coming of the Greeks' ca 3200 BC," *Journal of Indo - European Studies*, Vol. 28, Nos. 1 - 2 (2000), pp. 101 - 153.

② Colin Renfrew, "At the Edge of Knowability: Towards a Prehistory of Languages," *Cambridge Archaeological Journal*, Vol. 10, No. 1 (2000), pp. 7 - 34.

③ 易华：《从〈史记·五帝本纪〉看尧舜与炎黄的传说》，刘正寅等主编《族际认知——文献中的他者》，社会科学文献出版社，2009，第 72～95 页。

China in Bronze Age World System

(The Institute of Ethnology and Anthropology, Chinese Academy of Social Sciences)

Abstract: About five thousand years ago, parts of West Asia and Central Asia had already nudged into the Bronze Age, giving rise to a world system by then. About one thousand years later, East Asia also made its way into the Bronze Age world system, though it was still located in the periphery of it, on a par with Europe. The stone implements, pottery ware, jade ware, agricultural crops, and dwelling places unearthed in East Asia apparently indicate a continuation of the sedentary agrarian culture initiated with the New Stone Age in this area, yet the newly emerged bronze ware, gold ware, cattle, sheep, and horses confirm an obvious influence from the Central Asian Bronze pastoralist culture. Thus, the ancient Chinese history or the histories of the Xia, Shang, and Zhou dynasties can only become transparent through the prism of the Bronze Age world system. Historical records and legends testify to the barbarian status of East Asia prior to founding of Xia, and the distinction between Western Yi and Eastern Yi came into being only after Yu the Great set up the Xia among the Yi. Archaeological findings and research also prove that East Asia made no distinction between pastoralism and agriculture before the Xia, another confirmation of the fact that it was the Yi who created the sedentary agrarian culture of the East Asian Bronze Age; and that it was the Xia or Rongdi who brought about the pastoral way of life to this part of the world. The coming together of Yi and Xia, with their later transformations, started the Chinese history and gave rise to unique East Asian cultural traditions.

Keywords: Yi Xia China Bronze Age World System

原载于《全球史评论》第五辑，中国社会科学出版社，2012

《史集·部族志》巴儿忽惕诸部研究[*]

刘正寅

摘　要　波斯文史著《史集》（Jāmiᶜ al‑Tavārīkh）之《部族志》记述了蒙元时期蒙古高原上各民族各部落的情况，是研究中古时期北方民族形成、分化、发展的最重要、最基本的史料之一。其中《巴儿忽惕、豁里、脱额列思诸部》记录了这一时期贝加尔湖地区诸部族的情况，具有极高的史料价值。本文在前人研究的基础上，根据该著苏联波斯文集校本，将《史集·部族志》有关巴儿忽惕等部的记述首次由波斯文直接译为汉文，纠正了以往翻译中的一些错误；同时勘比蒙、汉文资料，对文中涉及的民族、地理、人物、事件等有关问题做了研究。

关键词　巴儿忽惕　豁里　脱额列思　蒙元时代　《史集》　波斯语文献

成书于 14 世纪初波斯文史著《史集》（Jāmiᶜ al‑Tavārīkh），是一部由伊利汗国宰相拉施都丁（Rashīd al‑Dīn）奉命主持编纂的世界通史。其第一部为《蒙古史》，在全书中所占比重最大，史料价值也最高，"是我们研究中世纪史，尤其是研究蒙古史、元史和我国古代北方少数民族史，以及研究古代游牧民族社会制度、族源、民族学的重要资料"[①]。而《部族志》则是《蒙古史》的第一部分，记述了蒙元时期蒙古高原上各民族各部落的情况，"它们［共］有多少部落和分支，其中各分支是怎样分出来的，各部落的［生］性和习俗如何，以及各部落各在何处有其禹儿惕和营地，凡已确实知道并经仔细审核的情况，都已加以记载"[②]，是研究中古时期北方民族形成、分化、发展历程的最重要、最基本的史料之一，"弥补了汉文史料对 10 至 13 世纪这一地区记载

---

*　本研究为国家社会科学基金重大项目"中国古代民族志文献整理与研究"（项目批准号：12&ZD136）和"波斯文《五族谱》整理与研究"（项目批准号：10&ZD116）阶段性研究成果。

① 《史集·汉译者序》，见拉施特主编《史集》第 1 卷第 1 分册，余大钧、周建奇汉译，商务印书馆，1983，第 13 页。

② 《史集》汉译本，第 1 卷第 1 分册，第 323 页。

的贫乏；有关蒙古兴起和早期历史的记载，也远较汉文史料详细"①。其中《巴儿忽惕、豁里、脱额列思诸部》记录了蒙元时期今贝加尔湖地区巴儿忽惕、豁里、脱额列思等部族的活动情况。

《史集》有多个抄本传世。19 世纪以来，各国学者积极致力于该书的文本整理与译注。20 世纪前中期，苏联学者对《史集》的蒙古史部分作了迄今为止最完善的集校工作，并在此基础上译为俄文，陆续出版了包括《部族志》在内的《史集·蒙古史》的俄译本②和《部族志》波斯文原文集校本③。该集校本以最古最好的塔什干本、伊斯坦布尔本作为底本，利用现存较好的七种抄本和贝勒津波斯文校订本进行汇校，并在脚注中详细注出各种抄本的歧异，是目前最好的版本，"但错误却仍然满目皆是，暴露了译者的语言学修养不足和对汉文史料的不熟悉"④。

该著自晚清经洪钧译介以来，一直受到我国学术界特别是蒙元史界的高度重视，运用于学术研究。余大钧、周建奇先生将《史集》由俄译本转译为汉文，于 1983 ~ 1986 年分 3 卷 4 册陆续出版，其中第一卷第一分册即为《部族志》。王一丹教授 2000 年在德黑兰出版了《史集·中国史》校注本⑤，2007 年又出版了《波斯拉施特〈史集·中国史〉研究与文本翻译》。刘迎胜师则于 1993 年发表在《蒙古史研究》第 4 辑《〈史集·部族志·札剌亦儿传〉研究》一文（署名皮路思）。这些研究促进了我国对包括《史集·部族志》在内的波斯语历史文献的研究和利用

本文则拟对《史集·部族志》的《巴儿忽惕、豁里、脱额列思诸部》进行研究，根据苏联出版的《史集·部族志》波斯文集校本（简称集校本，即本文译文的原文），将《史集·部族志》中的《巴儿忽惕、豁里、脱额列思诸部》由波斯文直接译为汉文，同时结合其他文献，进行必要的注释与考订。译注时参考了伊朗若山和穆萨维的波斯文校注本⑥（简称伊朗校注本）、苏联俄译本（简称俄译本）、余大钧和周建奇汉译本（简称汉译本）、萨克斯顿英译本（简称英译本）⑦，以及其他相关研究成果。由于条件所限，本研究没有能直接利用现存各抄本，但参考了苏联集校本校勘注中所列

---

① 陈得芝：《蒙元史研究导论》，南京大学出版社，2012，第 85 ~ 86 页。

② Рашид – ад – дин, Сборник Летописей, перев. с персидского, Москва – Ленинград, т. Ⅰ, кн. 1 – 2, 1952; т. Ⅱ, 1960; т. Ⅲ, 1946.

③ Рашид – ад – дин, Джами ' ат – Таварих, Т. 1. ч. 1, Критический текст А. А. Ромаскевича, А. А. Хетагурова, А. А. Али Заде, Москва, 1965.

④ 韩儒林：《关于西北民族史中的审音与勘同》，《穹庐集——元史及西北民族史研究》，上海人民出版社，1982，第 218 页。

⑤ Tārīkh – i Chīn az Jāmic al – Tavārīkh – i Rashīd al – Dīn Fazl Allāh, Tehrān, 1379/2000.

⑥ Rashīd al – Dīn Fazl Allāh, Jāmic al – Tavārīkh, be tashīh va tahshiya – i Muhammad Rawshan va Mustafā Mūsavī, Tehrān, 1373/1994.

⑦ Rashiduddin Fazlullah, JAMIᶜUʼT – TAWARIKH: Compendium of Chronicles, A History of the Mongols, translated and Annotated by W. M. Thackston, Published at Harvard University, 1998.

各抄本的异文①。

本文波斯文转写采用《国际中东研究期刊》（*International Journal of Middle East Studies*）转写系统，但有所变通，其中字母 ‬ (ḥ) 作 h，ﺹ (ṣ) 作 s，ﺫ (ż) 作 z。由于某些抄本书写不清或不完整，个别词语的一些字母残缺。考虑到残缺的波斯文词语排版困难，本文不括注该词的波斯文形式，而仅注出它的拉丁字母转写形式，对书写残缺或不能辨认的字母以问号（？）表示，如"Tār？āy"、"？ūrī"。译文中黑体方括弧（【】）内的数字为原文即苏联波斯文集校本的页码。

巴儿忽惕（برقوت Barqūt）、豁里（قورى Qūrī）、脱额列思（تولاس Tūlās）诸部

秃马惕（تۇمات Tu'māt）部也是从他们中间分出。

俄译本将"秃马惕部也是从他们中间分出"一句作为副标题，列在标题"巴儿忽惕……诸部"。汉译本从俄译本。英译本则将此句并入标题，即为 The Barghut, Qori, and Töläs Tribes, and the Tumat Tribe that has branched off from them（巴儿忽题、豁里及脱额列思诸部，秃马惕部系从他们中分出）。伊朗校注本与集校本同。巴儿忽惕，原文作برقوت（Barqūt），据原文校勘注，P 本作ترقوت（Turqūt），T 本、S 本作بورغوت（Būrghūt），Ch 本作？rᵘūt，Kh 本作بورغوت（Barghūt）。伊朗校注本与原文同，作برغوت，并标音 Barqūt。即蒙古语 Barqut。它是 Barqun 的蒙古语复数形式，而 Barqu 则是由于 Barqun 的蒙古语字尾辅音 – n 不稳定而脱落所致②。该部在元代汉文献作八剌忽、八里灰、巴儿忽、巴儿浑。其先即隋唐时代的拔野古，突厥碑铭作 Bayïrqu③。隋唐文献将其列入铁勒之属，伯希和认为它是混入铁勒诸部中的蒙古人，而刘迎胜师则认为"似亦应考虑它是一个后来蒙古化的突厥部落的可能性"④。豁里（قورى Qūrī），据原文校勘注，H 本作？ūrī。伊朗校注本与原文同，作قورى，并标音 Qūrī。元代又汉译作火里，即唐代文献中的骨利干、鄂尔浑突厥碑铭中的 Quriqan⑤。或以为由于骨利

---

① 该集校本利用的七种抄本和贝勒津校刊本及其略语（括弧中为集校本使用的波斯文略语字母）如下：B 本（ﺝ）=塔什干抄本（藏于乌兹别克斯坦科学院东方抄本部，编号 1620）；P 本（ﺹ）=伊斯坦布尔抄本（藏于土耳其伊斯坦布尔市托普卡庇·萨莱图书馆，编号 1518）；T 本（ﺽ）=列宁格勒（今圣彼得堡）萨尔蒂科夫谢德林公共图书馆抄本；S 本（ﺏ）=伦敦抄本（大英博物馆藏，Add. 7628）；J 本（ﺏ）=德黑兰博物馆抄本；Ch 本（ﺕ）=巴黎国立图书馆藏抄本；H 本（ﺙ）=苏联科学院列宁格勒分院（今俄罗斯科学院彼圣得堡分院）亚洲诸民族研究所抄本；Kh 本（ﺝ）=贝勒津《史集·部族志》校刊本。

② P. Pelliot, Notes on Marco Polo, Paris：Imprimerie Nationale Librairie Adrien – Maisonneuve, 1959, p. 77.

③ P. Pelliot, Notes on Marco Polo, pp. 76 – 77；耿世民：《古代突厥文碑铭研究》，中央民族大学出版社，2005，第 117、130、131、168 页。

④ 参见刘迎胜《西北民族史和察合台汗国史研究》，南京大学出版社，1994，第 13～14 页。

⑤ 见耿世民《古代突厥文碑铭研究》，第 121、124、151、154 页。

干（Quriqan）的尾音"干"（‑qan）在突厥、蒙古语中常常只是名词不重要的后缀而脱落[1]，但学术界对此解释并不满意[2]。成书于 10 世纪末的波斯文地理著作《世界境域志》（Hudūd al‑'ālam）作فوری（Fūrī），即قوری（Qūrī）之误，是第一个字母ق（q）上面少写了一个音点而错成了ف（f）。该书说他们也属于乞儿吉思（Khirkhiz），但不与乞儿吉思的其他群体相混淆，且后者也不懂得他们的语言[3]。刘迎胜师因此认为"骨利干可能至少在唐代已操蒙古语，并不是后来才蒙古化的"[4]。脱额列思，原文作تولاس（Tūlās）。据原文校勘注，H 本、Ch 本作توالاش（Tūalāsh），T 本、S 本作توالاس（Tūilās）。伊朗校注本作توالاس，并标音 Tūilās。《秘史》作"脱额列思"（第 239 节）[5]。当为蒙古语 Tööläs。伯希和认为该名与鄂尔浑突厥碑铭上的 Tölös 或 Töles 有关，但韩儒林先生指出"碑文上只有 Tölis 及 Töls 两个形态"，其他形态都是研究者"按自己的主观见解译写的"，而 Tölis 或 Töls 与唐代的汉文献的对译还存有疑问，认为"只能主张元代的脱额列思是从唐代的突利施（Tölis = Töls）演变而来的"[6]。秃马惕，原文作تؤمات（T'umāt），据原文校勘注，H 本作? rmāt。《元史》作秃麻或秃满；《亲征录》作吐麻；《秘史》作秃马惕，但往往与豁里连用，作豁里秃马惕，可能是由于二者已结为一个联盟。《史集·部族志·秃马惕部》载："这个部落的居住地邻近巴儿忽真脱窟木。他们也是从巴儿忽惕的亲属和支系分出来的，居于乞儿吉思地区边境上，是非常好战的部落和军队。"[7]

> 这些部落彼此相接，他们被称为巴儿忽惕是由于他们的营地和住所在薛良格（سلینککا Salīnkkā）河的彼岸，蒙古人所居之地的尽头，该地被称为巴儿忽真·脱窟木（برقوجین توکوم Barqūjīn Tūkūm）。

薛良格，原文作سلینککا（Salīnkkā），据原文校勘注，H 本、T 本、Ch 本、S 本、Kh 本作سلینکه（Salīnka），伊朗校注本作سلینگگه（Silīnggā），即蒙古语 Selenge；《元史》

① P. Pelliot, Histoire des Campagnes de Gengis Khan Cheng‑wou Ts'in‑tcheng Lou, Leiden：E. J. Brill, 1951, p. 64.
② 刘迎胜：《西北民族史和察合台汗国史研究》，第 11 ~ 12 页。
③ Hudūd al‑'ālam, 'the Regions of the World', tr. and exp. by V. Minorsky, 2nd edition, London, 1970, p. 97.
④ 刘迎胜：《西北民族史与察合台汗国史研究》，第 11 ~ 14 页。
⑤ 《元朝秘史》，乌兰校勘本，中华书局，2012，第 314 页。
⑥ 韩儒林：《元代的吉利吉思及其邻近诸部》，《中国史研究》1979 年第 1 期；《穹庐集——元史及西北民族史研究》，上海人民出版社，1983，第 345 ~ 347 页。
⑦ 《史集》集校本，第 232、236 页；汉译本，第 1 卷第 1 分册，第 198、200 页。其中"居于乞儿吉思地区边境上"，汉译本作"住在乞儿吉思人地区内"，不确。

作薛灵哥，《圣武亲征录》作薛良格，《秘史》作薛凉格，今译色楞格。巴儿忽真·脱窟木，原文作توكومبرغوجين（Barghūjīn Tūkūm）。برغوجين（Barghūjīn），据原文校勘注，P 本作？r'ūhīn，H 本作？rghūjī，B 本作？ar'ūhbn 或？ar'ūjin。伊朗校注本作برقوجين（Barqūjīn）。توكوم（Tūkūm），据原文校勘注，P 本作？ūkūm，H 本作 Tūrūm。伊朗校注本作برقوجين توكوم，并标音为 Tūkūm。即蒙古语 tüküm，意为平野。برقوجين توكوم（Barqūjīn Tūkūm），《秘史》作"巴儿忽真·脱窟木"（第 157 节），窟或作古，并旁注为宎（第 8 节），洼地之意。《元史》（卷 1《太祖纪》）、《亲征录》作"八儿忽真隘"、"巴儿忽真之隘"。关于这一地区，很多学者认为是指从东面流入贝加尔湖的巴尔古精河谷地带[1]，但也有学者认为这一地区应包括从巴尔古精河至安加拉河的贝加尔湖东西广大地域[2]。陈得芝师根据《史集》有关记载，认为"巴尔忽真隘一名所指应不限于一条河谷或一处山隘，而是指一个很大的地区"，并考订认为马可波罗所记从和林出发，向北行四十日，可抵达巴尔忽平原，"指的就是这一个地域"，进而指出在元文献中"有一个与马可波罗的记述相对的名称——'八里灰田地'（八里灰是巴尔忽的异译），用此来指贝加尔湖东西地区，比'巴里忽真隘'更贴切些"[3]。《史集·部族志》在记述秃马惕部时也说："这个部落的居住地邻近巴儿忽真·脱窟木。他们也是从巴儿忽惕的亲属和支系分出来的，居于乞儿吉思地区边境上"[4]。乞儿吉思，元代又译为纥里乞斯、吉利吉思、怯里吉思等，《元史》说："其境长一千四百里，广半之。谦河经其中，西北流。又西南有水曰阿浦，东北有水曰玉须，皆巨浸也，会于谦，而注于昂可剌河，北入于海。"[5] 谦河即今叶尼塞河上游。在元代的地理概念中，谦河注入昂可剌河，而元代的昂可剌河指今安加拉河及其与今叶尼塞河汇合后注入北冰洋的河段。阿浦水，隋唐时期又作阿辅水，即今阿巴根河；玉须不详，"从上面记载的情况看来，它是从东北方向流入叶尼塞河的一条较大的支流，可能距离安加拉河较近"[6]。由此可见，元代乞儿吉思地区大致南包阿巴根河，北到安加拉河，叶尼塞河流域上游的东西。秃马惕部居于它的东边，与东边的巴儿忽惕诸部相邻。因此，巴尔忽真脱窟木不应仅限于贝加尔湖东岸巴尔忽精河谷一带，而是指贝加尔湖东西广大平原地区。但上引《史集》资料说巴儿忽惕一名是由于他们住在巴儿忽真 - 脱窟木，是不正确的，"Barqu jīn 系由 barqud 一词派生的女性形容词。Barqud + in = barqudin → barqu jīn。很明显，

[1] P. Pelliot, Notes on Marco Polo, Paris, 1959, p. 77.

[2] Д. Банзаров, Собрание сочинеий, Москва, 1955, стр. 320–321.

[3] 详见陈得芝《元代北方在测景所地理略述》，《蒙元史研究丛稿》第 71～72 页。

[4] 《史集》集校本，第 232、236 页；汉译本，第 1 卷第 1 分册，第 198、200 页。

[5] 《元史》卷 63《地理志》"吉利吉思、撼合纳、谦州、益兰州等处"。

[6] 乌兰：《蒙古征服乞儿吉思史实的几个问题》，《内蒙古大学学报》1979 年第 2 期。

巴儿忽惕之名并不出自巴儿忽真"①。

> 在那个地区居有许多部落【233】，诸如斡亦剌（اویرات ūīrāt）、不剌合臣（بولغاجین Būlghājīn）、客列木臣（کرمجین Karamjīn），另一个叫槐因·兀良合（هویین اوریانکقه Hūyīn ūriyānkqa）的部落也邻近该地。每个部落都各有其首领。成吉思汗把［他们］全部征服了，其详情见编年史。

斡亦剌，即蒙古语 Oyirad，《元朝秘史》作"斡亦剌惕"，《元史》作"外剌"、"斡亦剌"，《圣武亲征录》作"斡亦剌""猥剌"。《史集·部族志·斡亦剌惕部》载："这些斡亦剌部落的禹儿惕和驻地为八河（سکیز موران Sikīz mūrān）。在从前，秃马惕（تومأت Tūm'at）部住在那些河流沿岸。诸河从那些地方流出，汇成一条称为谦河（کم Kim）的河，而后又流入昂可剌河（انقره موران Anqara mūrān）。［这些河流的名字如下］：阔阔沐涟（کوک موران Kūk mūrān）、温沐涟（اون موران ūn mūrān）、合剌兀孙（قرا اوسون Qarā ūsūn）、散必敦（سنبیتون SNbī tūn）、兀黑里沐涟（اقری موران Uqrī mūrān）、阿合儿沐涟（اقر موران Aqar mūrān）、主儿扯沐涟（جور جه موران Jūrja mūrān）和察罕沐涟（جغان موران Jaghān mūrān）。这些部落自古以来就人数众多，分为许多分支，每个分支都各有确定的名称……尽管他们的语言为蒙古语，但同其他蒙古部落的语言稍有差异。"② 关于这八条河的位置，前人曾进行过勘同工作③，但似乎并未能取得满意的答案，不过"它们都在谦河（今叶尼塞河）上源，当无疑问"④。不剌合臣，据原文校勘注，H 本作بولغاحین（Būlghāhīn），S 本作برلغاجین（BRlghājīn），B 本作? āh? n，Kh 本作بلغاجین（Bulghāchīn），即蒙古语 Buluqachin，《秘史》（第 109 页）作"不鼠卢合臣"，旁译作"捕貂鼠的每"，即捕貂鼠者。客列木臣，原文作کومجین（Kūmjīn），据原文校勘注，H 本、Ch 本、T 本、S 本作کرمجین（Karamüchīn），B 本作کوموحد（KūmūHD），Kh 本作کرموچین Karamūjīn），下文另有کرموجین（Karamūjīn）部，显然کو（kū–）为کر（kara–）之误，故从 H 本、Ch 本、T 本、S 本改，即蒙古语 Ker-

① 亦邻真：《额尔古纳·巴尔虎·布特哈》，陈晓伟译，《中国边疆民族研究》第 6 辑，中央民族大学出版社，2012。

② 《史集》，波斯文集校本，第 1 卷第 1 分册，第 221～222 页；汉译本，第 1 卷第 1 分册，第 192～193 页；刘正寅：《〈史集·部族志·斡亦剌传〉译注》，达力扎布主编《中国边疆民族历史研究》第 5 辑，中央民族大学出版社，2011。

③ 参见韩儒林《元代的吉利吉思等部》，《穹庐集》，上海人民出版社，1982；周清澍：《元朝对唐努乌梁海及其周围地区的统治》，《元史论集》，人民出版社，1984；杜荣坤、白翠琴：《西蒙古史研究》，新疆人民出版社，1986，第 5 页。

④ 陈得芝：《元外剌部〈释迦院碑〉札记》，《元史论丛》第 2 辑，中华书局，1983；《蒙元史研究丛稿》，人民出版社，2005，第 92 页。

emjin，意为捕青鼠者。《秘史》（第 9 节）有 "客列门"，旁译为 "青鼠"。据《史集·部族志》"不剌合臣和客列木臣部" 载，这两个部落居于巴儿忽真·脱窟木边境上，乞儿吉思地区的极边；二部彼此相邻①。由此可见该二部应该在今贝加尔湖以西靠近乞儿吉思的地区。槐因·兀良合即森林兀良合，"槐因" 即蒙古语 hoi – yin，《秘史》旁译为 "林的"（第 202 节）。据《史集·部族志》"兀良合部"，兀良合部出自原蒙古人乞颜和捏古思氏族，他们声称在蒙古人走出额儿古涅 – 昆的过程中曾参与点燃火炉熔铁通路，但另有一群被称为 "森林兀良合" 者，居于 "巴儿忽真·脱窟木境内，那里住有火里、巴儿忽惕和秃麻惕诸部，它们彼此相邻"，这些森林兀良合人 "不是原蒙古人"，与属于原蒙古人的兀良合人不同②。同书 "森林兀良合部" 亦载："这个部落不属于其他兀良合人，他们获得这个名称是因为他们的禹儿惕在森林中。"③ 显然，在蒙元时期 "蒙古人把北边森林中的部族称为 '林木中百姓' 或兀良合人"④。编年史，原文为تاريخ（tārīkh），是相对于《部族志》而言的，是穆斯林史著的主要体裁，《史集》在《部族志》之后即开始编年史叙述。

> 在此邦，阿鲁浑汗（ارغون خان Arghūn Khān）的阿塔卑（اتابک atābak）绰札罕（جوجغان Jūjaghān）出自巴儿忽惕部，他的妻子为不剌罕（بولغان Būlughān），儿子塔兀台（ناوتای Tāūtāy）和不兰奚·古客勒塔失（بورالغی کوکلتاش Būrālghī Kūkaltāsh）。

"此邦"，原文作این ملک（īn mulk），指伊利汗国。 "阿塔卑" 原文作اتابک（atābak），即突厥语 atabeg，意为年幼王子的监护人或导师，略同于汉语中的太傅。刘郁《西使记》作 "阿塔卑"。该称号最早见于塞尔柱王朝，后起的花剌子模等政权也使用这一称号。与其意义相同的 "阿塔利克"（ataliq）一职，直到 19 世纪仍见于布哈拉汗国⑤。塔兀台，据原文校勘注，P 本作ناوتای（Nāūtāy），H 本、Ch 本作 Tārāy，T 本、S 本作تارتای（Tārtāy），Kh 本作ناوتای（Tāūtāy）⑥。伊朗校注本作ناوتای（Tāūtāy），俄译本作 Tayraй，汉译本转译为塔兀台，英译本作 Tartai。古客勒塔失，即 kökältash，由蒙古语 kökäl + 突厥语词尾 – tash，意为同乳兄弟，吃过同一个妇人的奶的人。不兰奚名

---

① 《史集》，第 1 卷第 1 分册，集校本，第 238 页；汉译本，第 201 页。
② 《史集》，第 1 卷第 1 分册，集校本，第 372 页；汉译本，第 255 页。
③ 《史集》，第 1 卷第 1 分册，集校本，第 241 页；汉译本，第 202 页。
④ 周清澍：《元朝对唐努乌梁海及其周围地区的统治》。
⑤ 参见德福《新波斯语中的突厥语和蒙古语成分》第 2 卷（G. Doerfer, Türkische und Mongolische Elemente im neupersischen, Band II, Wiesbaden）第 7 页。
⑥ 据俄译本和汉译本注释，贝列津本即集校本中的 Kh 本作 Tārtāy。惜笔者手边没有贝列津本，一时无从核查。

字中含有该词，是因为他曾与阿鲁浑汗同食一乳，两人吃过同一妇人的奶。①

【234】不兰奚之子撒塔勒迷失（ساتالميش Sātālmīsh）在伊斯兰君主时期是显赫并受人敬重的。他娶了忙哥·帖木儿（منککو تیمور Mankkū Tīmūr）的女儿古儿忒真（کوردجین Kūrdjīn），她早先是起儿漫（کرمان Kirmān）算端锁咬儿哈的迷失（سیورغتمش Suyūrghatimish）的哈敦。

此处伊斯兰君主系指合赞汗。据原文校勘注，H 本、Ch 本、Kh 本在此后插有一句阿拉伯语赞辞 خلد ملکه（khallada mulkihu，愿其王位久长）。"显赫并受人敬重"，原文为 معتبربزرگ و（buzurg va muᶜtabar），据原文校勘记，بزرگ（buzurg，意为大的、伟大的、显赫的）在 H 本、Ch 本、Kh 本中阙如；و（va，并列连词，意为和、与）Kh 本无；另，在 H 本、Ch 本、Kh 本、T 本、S 本中，在此前有 امیر（amīr）一词，故汉译本据俄译本作"受人敬重的大异密"，英译本与俄译本及汉译本同，伊朗校注本同集校本（即原文）。撒塔勒迷失曾多次随合赞汗作战，事迹散见《史集》第 3 卷《哈赞汗传》。古儿忒真，据原文校勘注，B 本、P 本作 کوردجین（Kūrdjīn），H 本作 کوررجین（Kūrrjīn），T 本、S 本和 Kh 本 کوردوجین（Kūrdūjīn）。伊朗校注本作 کوردجین，并标音为 Kūrduchīn，俄译本作 Курд - фуджин，汉译本未据俄译本转移，而是据集校本译为古儿忒真，英译本则作 Kūrdüchin。《史集》第 3 卷《旭烈兀传》说旭烈兀之子忙哥·帖木儿有很多女儿，其中"长女古儿都臣（کوردوجین Kūrdūjīn）公主，最初是起儿漫算端札兰丁·锁咬儿哈的迷失（جلال الدین سیورغاتمیش Jalāl al‑Dīn Suyūrghātmīsh）的哈敦，在他死后，不剌勒吉之子异密撒塔勒迷失娶了她"②。古儿都臣即古儿忒真，集校本这里采用了 کوردوجین（Kūrdūjīn）的写法，俄译本作 Курдучин，汉译本转译为古儿都臣。起儿漫即今伊朗南部之克儿曼，蒙元时期该地处于哈喇契丹人建立的一个小王朝的统治之下，初隶蒙古大汗，后属伊利汗国。在伊利汗阿合马时期，起儿漫政权"授予了札兰丁·锁咬儿合忒迷失"，至乞合都汗时被其姐妹、乞合都的后妃帕忒沙哈敦所杀。乞合都被杀后，"锁咬儿合忒迷失的妻子，忙哥帖木儿的女儿古儿都臣就把帕忒沙哈敦抓了起来"，"按照血仇律"将其处死。③

塔兀台诸子为忽都鲁·帖木儿（قتلغ تیمور Qutlugh Tīmūr）、也先·帖木儿

①　蒙邱轶皓博士指教，特此致谢。参见 G. Doerfer, *Türkische und Mongolische Elemente im Neupersischen*, Band I, p. 481.
②　《史集》第 3 卷，集校本，第 14 页；汉译本，第 25 页。
③　《史集》汉译本，第 2 卷，第 360～361 页。

ایسان تیمور Īsān Tīmūr）、不剌思（بولاس Būlās）和忽勒浑（هولقون Hūlqūn），他们为千户长。

"塔兀台诸子"，原文作 فرزندان تاوتای（farzandān – i Tāūtāy），然据原文校勘注，H 本、Kh 本在 فرزندان 和 تاوتای 中间还有一个表示第三人称单数的代词 او（ū，他、她或它），即 او تاوتای فرزندان（farzandān – ū Tāūtāy），意为"他的儿子们塔兀台……"这显然与前文塔兀台系绰札罕之子的记述相矛盾，故集校本、伊朗校注本、俄译本和汉译本均不取，但英译本却据此译作 His sons Tartai……即"他的儿子们 Tartai……"（Tartai 应为塔兀台，见前述）。不剌思，据原文校勘注，H 本作？ūlān，Ch 本不清楚，Kh 本作 بولان（Būlān）。伊朗校注本、俄译本及汉译本均同集校本，然英译本作 Bulan。千户长，原文作 امیر هزار（amīr – i hazār），意为千户异密，相当于蒙古语中的千户那颜，"蒙古时代的穆斯林史料表明，西半部蒙古势力范围内的人们，几乎是固定地采用突厥语借词'异密'来对译蒙古语词'那颜'（noyan，译言'官人'）"①。

忽都鲁·帖木儿之子塔海（طغای Taghāy），现娶有撒塔勒迷失的妻子古儿忒真。也先·帖木儿之子［为］马合谋（محمّد Muhammad）。

根据这条记载，古儿忒真（或古儿都臣）在锁咬儿哈的迷失死后嫁给了撒塔勒迷失；在撒塔勒迷失死后，又嫁给了他的叔伯兄弟忽都鲁·帖木儿的儿子塔海。然据《史集》汉译本第 3 卷《旭烈兀传》，忙哥·帖木儿长女古儿都臣（即古儿忒真）先嫁锁咬儿哈的迷失，在他死后，又嫁给绰札罕之子撒塔勒迷失，在他之后，"她又嫁给了她的叔父脱海的儿子"②。显然，在撒塔勒迷失死后，古儿忒真的婚嫁对象，这一描述与本传记载不同。检核《旭烈兀传》波斯文原文，相关的记载为：ازو بپسر عمش طغای داده اند（az ū bi pisar – i amm – ash Taghāy dāda – and）。此语中的关键是 پسر عمش طغای（pisar – i amm – ash Taghāy），其中 ش = عمّ=عمش（amm，叔或伯）+？（ash，他的或她的），汉译本理解为"她的"即古儿都臣的，但也可以理解为"他的"即撒塔兀勒迷失的；另外汉译本译为"她的叔父脱海的儿子），是把 عمش（amm – ash，叔或伯）和 طغای（Taghāy，塔海，汉译本此处译作脱海）理解为并列同位语关系，用来修饰 پسر（pisar，儿子），而实际上也可以理解为 پسر عمش（pisar – i amm – ash，其叔伯的儿子）和 طغای（Taghāy）是同位语，即读为"他叔伯的儿子塔海"。因

---

① 姚大力：《论蒙元王朝的皇权》，《蒙元制度与政治文化》，北京大学出版社，2011，第 163 页。
② 《史集》汉译本，第 3 卷，第 25 页。

此，这句波斯文也可以译为："在他之后，（她嫁）给了他的叔伯的儿子塔海"。此外，笔者认为，这里 پسر عمش（pisar – i amm – ash）并非表示如汉语中严格意义上的"叔父或伯父的儿子"，而应该理解为具有叔伯关系的那一支的儿子。如是，《旭烈兀传》中的这段记载则与本传中的记载一致。"也先·帖木儿之子［为］马合谋"，原文作 و پسر ایسن تیمور محمّد（va pisar – i īsan Tīmūr Muhammad），意为"也先·帖木儿的儿子［为］马合谋"。但据原文校勘注，在 B 本、S 本、Ch 本、H 本和 Kh 本中，محمّد 前作 پسرانش تیمور（pisar – ān – ash Tīmūr，其中 p 写作 b），意为"他的儿子们［为］帖木儿……"，且在 H 本、T 本、Ch 本、S 本和 Kh 本中，在 تیمور 和 محمّد 之间还有一个表示并列连接关系的 و（va，意为和、与）。俄译本取校勘注中诸本的说法，汉译本从俄译本，译作"他的儿子为帖木儿和马合谋"。

从前，者台（جدی Jaday）那颜的母亲娶自巴儿忽惕部。者台那颜的伯父们[1]因为他父亲追随成吉思汗而杀害了他。他们还想杀害者台那颜，当时他还是个吃奶的孩子。他的亲戚们和母亲将他藏在自己部落中，把他抚养大，交给了成吉思汗。巴儿忽惕部因此至今以亲友自命，享有各种既定的权利。

者台那颜是成吉思汗的重要千户那颜之一。1206 年成吉思汗于斡难河畔分封，者台那颜位列 95 千户那颜的第 23 名（《秘史》第 202 节）。成吉思汗又把他作为重臣给了拖雷[2]。《史集》说"者台那颜为忙忽惕部人。忽必烈合罕时，其孙忙忽台袭职"[3]，"他是右翼的大异密，经常随侍于成吉思汗左右。窝阔台合罕时，他还活着，是唆鲁禾帖尼别吉和拖雷汗诸子的近臣。后来，在忽必烈合罕时，他的孙子忙忽带据有他的位子"[4]。关于者台那颜幼年被追杀的故事，《部族志·忙忽惕部》作了详细的记载："当时，忙忽惕部中有兄弟三人。［其中］两人决定去归附泰亦赤兀惕部，弟弟对他们说道：'我们看到成吉思汗有什么不好？我们［为什么要］离开他去归附他的敌人?!'他们［他的哥哥们］怂然离他而去。长兄一怒之下，用一支箭射穿了他的腰。另一个哥哥也用箭射杀了他的全部那可儿。他的［全部］财产、子女、家人和牲畜都被抢劫一空。［这个被杀的弟弟］有一个吃奶的幼儿，是他从巴儿忽惕部所娶的妻子生下的；该部落就靠近那一地区。这个妻子的族人便将他带到自己那边去了。他的伯父们企图

---

① 原文作 اعمام（acmām），为 عم（camm，意为叔、伯）的复数形式，意为叔伯们，但根据下引《部族志·忙忽惕部》记载，者台那颜的父亲为三兄弟中最小的，故译为伯父们。

② 《秘史》载成吉思汗于"拖雷处委付了哲歹等二人"（第 243 节总译），哲歹即者台，参见札奇斯钦《蒙古秘史新译并注释》第 243 节注释。

③ 《史集》汉译本，第 1 卷第 2 分册，第 366 页。

④ 《史集》第 1 卷第 1 分册，集校本，第 508 ~ 509 页；汉译本第 303 页。

将他也结果掉，他的母方亲人将他藏到了羊毛里。伯父们仔细地进行搜索，甚至把铁叉子插到羊毛里进行搜索，但最高真理保护了他，他没有受到任何伤害。过了一些时候，他们疑心到这个小孩在他们［母亲的亲属］那里。他们再次出动，但那些人将他藏到了锅底下；因为他的寿命是［上天］注定的，他们没有找到他。过了几年，当最高真理赐予成吉思汗力量以削弱泰亦赤兀惕部以及屈从于他们的诸部时，曾经保护过这个小孩并给［他］取名为者台的巴儿忽惕部，［把他］带给了成吉思汗。当成吉思汗完全征服了泰亦赤兀惕部，兀鲁惕和忙忽惕部也由于衰弱无力和无路可走而屈服时，他们大半被杀，残存者全部被赐给者台那颜为奴。虽然他们是他的族人，但由于［成吉思汗的］命令成为他的奴隶，直到现今，兀鲁惕和忙忽惕军队依旧是者台那颜氏族的奴隶。"[1]据上引史料，者台一名系由他母亲的部落巴儿忽惕所取。那么，"者台"一词有什么含义呢？巴儿忽惕部为什么给他取这个名字？蒙乌兰教授赐教："者台即蒙古语 Jedei ~ Jetei，或为 jige – tei，– tei 为蒙古语形容词构词后缀，具有'有……的'之义，表示相关的属性。蒙古语 jige，'外甥'之义。书写形式为 jige，口语发音为 jē（长元音）。《元朝秘史》中的'者额'，采取的是该书惯用音译形式，保留了因辅音 g 进一步浊化而消失后的第二音节，而第一音节的元音 i 因元音逆同化变成 e，遂出现 je'e 之音。'者'的形式，不属于该书惯用音译形式，却从一方面反映了该词汇的口语发音（一个音节，长元音）。"显然，者台之名与他的身世有关，缘自他是巴儿忽惕部的外甥，由巴儿忽惕部保护并抚养成人。

　　　巴儿忽惕部过去和现在与额勒只斤（ایلجیکین īljīkīn）部也有友谊，尽管不是出自他们的种族和支系，但是他们宣称是亲戚和一体的。因此他们互相嫁娶。
　　阿里不哥（اریق بوکا Arīq Būkā）有一妾，她生下了乃剌忽·不花（نایراءوبوقا Nāyrā'u Būqā）【236】，她出自巴儿忽惕的一个分支脱额列思部。

　　额勒只斤，即蒙古语 Eljigin。《秘史》作额勒只格歹（第 229 节）、额勒只吉歹（第 275 节），《元史》作燕只吉台、燕只吉歹，即蒙古语 Eljigedei。乃剌忽·不花，集校本误作 و بوقانایراء，读作 Nāyrā'va Būqā，意为乃剌和不花，误作两人，俄译本因之，汉译本译者指出了这一错误，并做了订正。英译本作 Naira'u Buqa。《元史》卷 107《宗王世系表》"阿里不哥大王位"下有"乃剌忽不花"，即此人。《史集·拖雷汗传》载："（阿里不哥）第五个儿子乃剌忽 – 不花。"同书《忽必烈合罕传》载："他（阿里不哥）有一个妾，名叫亦剌兀 – 灰，八鲁剌思部落人，为曾经出使此邦的合丹的一个姊

---

① 《史集》第 1 卷第 1 分册，集校本，504～508 页；汉译本，302～303 页。

妹；和此妾生有一个儿子，名叫乃剌忽－不花。"又载："忽必烈合罕又把阿里－不哥的长妻亦勒赤黑迷失的帐殿给予了他的儿子乃剌忽－不花，他在阿里－不哥死时，曾企图自杀，［他］未被允许［这样做］，于是他就悲伤而死……"①

把儿坛·把阿秃儿（برتان بهادر Bartān Bahādur）的长妻，［他的］儿子们的母亲，名叫速你古勒·旭真（سونیکل فوجین Sūnīkul Fūjīn），也是出自巴儿忽惕部②。就是这些。

把儿坛·把阿秃儿为成吉思汗的祖父。《秘史》第48、50节作把儿坛把阿秃儿，《元史》卷1《太祖纪》作八哩丹、卷107《宗王世系表》作八里丹。《史集·成吉思汗列祖传》载："把儿坛把阿秃儿是成吉思汗的祖父，在蒙古语中祖父被称作额不格。他的长妻名叫速你古勒旭真，是巴儿忽惕部落人；她为他生了四个儿子。"③《五世系·蒙古世系》载："这位把儿坛－把阿秃儿（Bartān Bahādur）是成吉思汗的额不格（abūka）④ 即祖父。"⑤

原载于《元史及民族与边疆研究集刊》第26辑，上海古籍出版社，2013

---

① 《史集》汉译本，第2卷，第193、366、369页。
② 此语另见《史集》塔什干本，第1卷第2分册，第58页。
③ 《史集》伊斯坦布尔本，第57叶背面；汉译本，第1卷第2分册，第58～59页。
④ 《至元译语》"人事门"作"阿不干"，汉译"爷爷"；《华夷译语》"人物门"作"额卜格"（ebüge），汉译"公公"（与"娘娘，额篾格emege"并列）；《登坛必究》卷22所载《（蒙古）译语》"人物门"作"额补根"，汉译"祖"（第3、43、135页）。
⑤ 《五世系》，伊斯坦布尔抄本，第102叶背面。此抄本蒙王一丹教授惠允复制，特此致谢。

中国社会科学院
民族学与人类学研究所
建所60周年
纪念文集（下 卷）

（2008~2018）

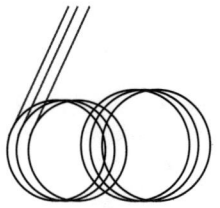

中国社会科学院民族学与人类学研究所 编

社会科学文献出版社
SOCIAL SCIENCES ACADEMIC PRESS(CHINA)

目录

上 卷

一

二

三

中 卷

四

下 卷

五

关于宁玛派经典《密集上师羯摩仪轨》的修法内容

东主才让

一　密法修行的基础——前行法

藏传佛教各教派修行密法的基础和根本是"前行法"（sngon vgro），各派修行的基本内容相同，只是传承和分类上稍有差异。此对"前行法"作一简要介绍。"前行法"分两种：一是"共同前行法"（thun mong Phyivi sngon vgro）也称"外加行"；二是"不共前行法"（thun min nang gi sngon vgro）也称"内加行"。

（一）"共同前行法"的修行内容

"共同前行法"的内容包括：

1. 人身难得（Dal vbyor rnyed dkav ba）

众生在轮回中投生为人，获得人身，就获得不同于其他众生的闲暇和圆满，即八有暇和十圆满[①]。

2. 生死无常（Tshe mi rtag pa）

思维外器宇宙世界无常，思维内情众生无常，思维世间各种喻义而修无常，思维死缘无定而修无常，寿命无常，死亡无常。思维诚意希求而修无常，就是随时随地要唯一观修死亡，观想行、住、坐、卧一切所为都是此世最后的一次，口中也如此言说，心中也这样诚挚观修。

3. 因果业力（las rgyu vbras）

因果不虚，就是一切善恶之行，必报善恶之果，有什么样的因就有什么样的果。

---

① 没有生于八无暇处而有空闲修持正法，就叫作闲暇即有暇。所谓的无暇是指八无暇处：地狱、饿鬼、旁生、长寿天、边地、持邪见者、佛不出世、喑哑。八无暇处当中所有众生，由于往昔各自积累的恶业所感，都不会有修法的机会。十圆满包括五种自圆满：所依圆满、环境圆满、根德圆满、意乐圆满、信心圆满；五种他圆满：如来出世、佛已说法、佛法住世、自人圣教、师已摄受。

有十种恶业称十恶业①，十种恶业就有它的十种恶果。"诸善奉行，诸恶莫做"就是讲舍弃十种恶业，要做十种善业。舍弃十种恶业，就是十种善业。

4. 轮回过患（vkhor bavi nyes dmigs）

总的思维轮回痛苦，人死后必然要投生，有了投生就离不开生死轮回。

所谓的轮回，就是六道众生②以善业和不善业为因，连续不断地投生流转，为此叫作轮回。人类之苦分三大根本苦和八支分苦。③

"出离心"是佛法中的一个根本问题，就是即出离世俗世界之心，因为轮回本性为苦，所以远离世俗的一切财富和功名利养，舍弃一切牵挂和世俗利益，远离贪、嗔、痴，潜心修行直至解脱。

5. 解脱利益（Thar bavi phan yon）

所谓的解脱就是指脱离轮回苦海，获得声闻、缘觉、圆满菩提其中任意一种果位。

能获解脱果位之因：从思维人身难得开始，以厌世的修法调顺自心，然后再从一切圣道的基石皈依开始，直到圣道正行完全圆满之间，每一个修法都有各自的功德。三菩提之果：无论获得声闻、缘觉、圆满菩提三者中任何一种果位，都是寂静清凉的，因为已经脱离了轮回痛苦的狭道。

6. 依止善知识（bshes gnyen bsten pa）

密宗教法是不公开的秘密的特殊修法，不论是上师或弟子，在传授和修行密法前必须认真互相观察认定是否合格，上师一定具备敬信皈依佛法、具备一切利益众生的慈悲心和菩提心、精通佛法、具有一定的见、修、行实修体验，具备讲经说法能力。修行人在学习显宗的基础上，须经上师的传法、授权、指导才能修行密宗教法。

（二）"不共前行法"的修行内容

修完共同前行之后，就要进入密乘修法的不共前行修法。不共前行中有皈依、磕长头、发心、金刚萨埵忏悔修法、供曼扎、上师相应法（上师瑜伽法）。关于不共加行，藏传佛教各教派的分法略有不同，又分为四加行、五加行、六加行等，但具体修行上除了所依本尊和教法传承布天外内容是基本相同的。

---

① 十种恶业包括：1. 三种身恶业：杀生、不与取、邪淫；2. 四种语恶业：妄语、离间语、恶语、绮语；3. 三种意恶业：贪心、害心、邪见（邪见即无有因果之见：认为行善无功、作恶无过的观念就叫作无有因果的见解。常断见：将所有的邪见归纳起来，完全可以包括在常见和断见当中。所谓的常见，就是认为神我常有。断见，也就是指认为一切诸法是自然而生、前世后世、因果不虚及了脱生死等均不存在的观念）。

② 六道轮回：（1）地狱，（2）饿鬼，（3）傍生，（4）人，（5）阿修罗，（6）天人。

③ 三大根本苦：变苦、苦苦、行苦。行苦：现在自以为安乐的人们，表面看起来好像没有亲身受苦，但实际上也绝没有摆脱痛苦之因，比如，吃饭穿衣、住房受用、装饰设宴等等这一切都可能成为造罪业的因，所作所为完全是罪恶的伪装，这一切的后果无疑就是痛苦。现在一切表面的快乐都是行苦的本性。八支分苦：生苦、老苦、病苦、死苦、怨憎会苦、爱别离苦、求不得苦、不欲临苦。

1. 皈依（skyabs vgro）——是通过自己对上师三宝的信心，然后身、口、意相应地去做。

培养内心真正对三宝的信任敬仰。皈依和信仰是修行佛法的根本。信者皈依，就是相信佛、法、僧三宝能够解救众生脱出轮回之苦，并发誓言任何情况下哪怕危及自己生命也不违背对三宝的信仰。

皈依分为下士道、中士道和上士道三种。有内、外、密之不同皈依法。①

在金刚乘密法中，法道直接显现于"三根本"中，也就是上师、本尊与空行（护法），这些可以说是金刚乘的三宝。② 将"三根本"作为真实的佛、法、僧三宝，脉、风、明点之自性即证悟大乘佛果的菩提心，体认世界万物本体为空性，自性为光明，大悲作为修法坛城，并作为皈依目的直至觉悟。

皈依三宝即皈依佛、法、僧。藏传佛教密宗中则是四皈依，首先是皈依上师，因为上师总集一切如来的身、语、意，将上师作为一切佛、法、僧的代表。③

所有的皈依方法明确之后，接下来就是明观皈依境修持真实皈依。

2. 发心（sems bskyed）——就是发菩提心，为利益一切众生解脱轮回的心。

大乘教法讲要为所有众生脱离轮回痛苦的目的而修行，此即发菩提心，皈依是一切佛法修行的基础和根本，发菩提心是一切大乘佛法修行的基础和根本，大乘行者的发心则是为了利益他人，希望解脱他人的痛苦，引领众生成佛。大乘佛法即以菩提心成就佛果。

具体修四无量心；愿菩提心、行菩提心，包括转念和般若六度修法等。④

3. 忏悔（stong bshags）——忏悔是用四力（依止力、破恶力、恢复力、对治力）忏悔的方法观修金刚萨埵，具体将金刚萨埵作为皈依境而观想，念百字明咒，来消除无始以来因无明故，身、口、意所造之诸恶业。

4. 供曼扎（mntal）——积累资粮的供养，就是通过供佛来积累福德。总的供曼扎

---

① 1. 共同乘皈依法：以诚信佛为本师、法为道、僧众为修道助伴的方式来皈依；2. 不共同密乘皈依法：通过身、语、意三门供养上师、依止本尊、空行为助伴的方式而皈依（即三根本法 rdza gsum）；3. 殊胜方便之金刚藏皈依法：依靠脉清净显现化身、风清净显现报身、明点清净显现法身的捷径来皈依。

② 上师是加持根本，因为他为我们揭示了心中的佛性。本尊乃是成就根本。为了利益不同根器的众生，法道以多种不同身形的本尊示现，因此修行者可以做一种或多种本尊的心性修行。本尊是契合自己根性的觉悟转化者。最后，空行和勇父是为事业根本。

③ 在密宗教法里上师体现一切佛、法、僧之本性，一个具备传承法脉的具德合格的上师就是"十方三世一切如来之所有身、语、意、功德、事业之本性，八万四千法蕴之源，一切圣僧之主"，皈依上师的实质就是皈依三宝。

④ 四无量心即舍无量心、慈无量心、悲无量心、喜无量心；愿菩提心的转念即自他平等心、自他相换心、自轻他重心；行菩提心六度即：布施度、持戒度、安忍度、精进度、静虑度、智慧度。

有法身、报身、化身三种供，细分有七供、三十七供等。最常用的是三十七供，① 用专门的圆形曼扎供盘，按一定仪轨供上珍宝、稻米等，观想供养宇宙和三千大千世界中最完美的东西。

5. 上师相应法（bla mavi rnal vbyor）——把上师看作与佛无二无别。此修法认为上师的觉悟就是佛的觉悟，上师的心是佛、语是法、身是僧。宁玛派的修法本尊即莲花生，把上师观作莲花生，修行方法主要依据三根本（供养上师、依止本尊、空行助伴），修行者的身、口、意三门清净而与佛的身、语、意相应，上师、本尊、空行与佛、法、僧一体，脉、风、明点与佛的化身、报身、法身观成无二无别的一体，身、语、意和脉、风、明点与佛的化身、报身、法身无二无别，三者用"嗡、啊、吽"（Aom Av Hvum）三个咒文种子字来表示。净除身、语、意的一切恶业和业障，依靠脉清净显现化身、风清净显现报身、明点清净显现法身，最终证悟究竟无欺实相的本体空性、自性光明、大悲周遍三相无二无别大智慧，证得法性。

"净观"是金刚乘（密宗）与众不同的特征，也是最基本的修行。"净观"视一切事物为清净，所以修者要把它变成清净；修行"净观"是真实的情况。获得清净见或"净观"的方法有无数种，而上师的概念或修持，也就是以上师为道的修行，是关键的方法。金刚乘的法门是以"净观"为基础，发愿以善巧方便的修持，迅速让自身与他众离一切妄念。

按密宗修法如果把上师当作普通人，那就无法领受真正的加持，就不会重视上师所传的殊胜的法要，障碍开悟的道路。密法中讲真正把上师看作与佛无二，一切的修行才会有结果，逐渐驱除心中不净污垢，才会真正开悟，明了佛理，证悟佛性。

密乘不共加行的修法，被认为是积聚资粮、净除业障的殊胜修法。修加行法的最终目的是为进入本尊修持打下坚实基础。按密乘的修法要求：不共加行的皈依（包括磕长头）、发心、金刚萨埵忏悔修法、供曼扎、上师相应法等五项都要修满十万遍，此修法各派均同。大乘佛法修行的目的和要求是为了真正从内心皈依上师三宝，从内心发起菩提心而获得证悟，通过一定数量的积累而稳固自己的修行和增加悟性，同时也可以鞭策懒惰，但如果没有内心的因素，仅仅完成数量是没有什么作用的。修行中关键的不是数量上的要求，而是心要达到加行所要达到的目的。做完了加行法，就可以进入本尊的修持。

---

① 三十七供曼扎包括：1. 中央须弥山王，2. 东胜神洲，3. 南赡部洲，4. 西牛货洲，5. 北俱卢洲，6. 身洲，7. 胜身洲，8. 拂洲，9. 妙拂洲，10. 行洲，11. 胜道行洲，12. 恶音洲，13. 恶音对洲，14. 珍宝山，15. 如意树，16. 如意牛，17. 自然稻，18. 金轮宝，19. 如意宝，20. 玉女宝，21. 大臣宝，22. 大象宝，23. 绀马宝，24. 将军宝，25. 宝藏瓶，26. 嬉女，27. 鬘女，28. 歌女，29. 舞女，30. 花女，31. 香女，32. 灯女，33. 涂香女，34. 日，35. 月，36. 珍宝伞，37. 尊胜幢。

密法修行的观想打坐一般按佛教的"毗卢遮那七支座",其坐姿如下:

1. 金刚跏趺坐(即双盘脚)。

2. 双手合并置于脐下四指宽处,手掌相叠,双手大拇指相抵。

3. 手臂并非全然放松而弯曲,肩膀尽量往上延伸,让手肘曲撑直。

4. 颈部稍向下弯曲。

5. 脊骨如箭般伸直,要把脊梁完全打直,

6. 同时目光直视前方,目光自然向前直视。

7. 嘴唇和牙齿放松,让嘴巴自然闭合,舌头抵住上腭。

按密宗修法必须注意正确的坐姿,身体要完全放松,正确的跏趺坐。身体直,身的脉也都能直。脉直气也顺畅。气和脉都能走直,便能掌控自心安住。如此智慧,也就是证观的力量自然会生起。

身体各部位正确的姿势各具有不同的功德利益。

脚作双盘可净化猜疑和嫉妒;手结定印置于脐下消除心中的嗔念;打直脊背,提起肩膀,撑直下肘,可净除愚痴迷惑;颈部稍曲,可清净贪欲;睁开眼睛,目光向前平视,舌抵上腭,可净除我慢自大。

密法讲以上得以如此作用的原因在于心的关键便是气,气的关键在于脉,脉的关键在于眼睛,所以目光的位置不能有所差错便显得尤其重要。

总而言之,加行法为主的各种修持法门,都要成为无明与烦恼的对治。自心与佛法合而为一的修持认为极为重要,否则修行只会流于形式。大乘法,无上密法的修持等,都有一个重点,就是这些修持都要和自己内心相应,要用心实际体会的修持。

二 《密集上师羯摩仪轨》的具体内容和程序

宁玛派的主要有九乘教法[①],有"大圆满法"[②],有"八大法行"等,[③]宁玛派的各

---

① 即声闻、缘觉、菩萨名共三乘,为化身佛释迦牟尼所说;事部、行部、瑜伽部为密教外三乘,为报身佛金刚萨埵所说;生起摩诃瑜伽、教敕阿鲁瑜伽、大圆满阿底瑜伽为无上内三乘,为法身佛普贤所说,共为九乘。

② 大圆满即九乘三内续部中的阿底瑜伽部,为宁玛派诸法门之巅。宁玛派教法总分为两大传承系统,直接传授经典的经典传承;发掘埋藏的经典进而传播的伏藏传承。经典传承传出了九乘中的三内续部,总括为《经》《幻》《心》三大部,《心品》的传承并入《大圆满》后称为心部,又分为三部:心部、界部、要门部。要门部分为两个传承系统:《甚深大圆满宁提》的传承和《空行宁提》的传承。这两系传持之法又多是伏藏法门。"彻却"(立断)和"妥噶"(顿超)是其中的两大要门。大圆满的三种传承方式是:如来密意传、持明表示传和补特迦罗耳传。

③ 其中分出世间五部和世间三部。出世间五部是:文殊身,莲花语,真实意,甘露功德,金刚橛事业。世间三部为:差遣非人 ma mo rbod gtong 、世间供赞 vjig rten mchod bstod 、猛历诅咒 dmod pa drag sngags,是由莲花生大师降伏西藏诸鬼神后,为他们灌顶,令其立誓护教。这是世间求福免灾的法门,属于鬼神教摄。

种神像中莲花生大师像和八大法行像是该派供奉的主要神像。宁玛派教法当中，玛母神（ma mo）、撒（gzav）、阎罗王（dam chen chos rgyal）是最重要和最常见的护法神，尚有十二丹玛、依怙护法、班丹拉姆、红赞神、墓葬女护法神等等。

在一些宁玛派经典中记载着莲花生"将在猴年猴月的初十日和藏历每月初十化身降临瞻部洲而成就众生的特殊利益"的预言。因此，每月初十被宁玛派认为是具有大功德的特殊日子，无论寺院或个人非常重视这个日子的法事活动，寺院中都要举行固定的诵经祈祷法会，称为"初十会供"，并有专门的祈祷文《初十会供功德文》等。

《密集上师羯摩仪轨——心要光明经》（gsang vdus bla mavi las byang snying po rab gsal）是宁玛派修行所依据的重要的经典，是主要以莲花生作为本尊的密宗修法，其中包括一系列沉繁复杂的念诵等法事仪轨，若条件允许一般的宁玛派寺院还要进行相应的金刚舞（vcham）表演仪轨。以此经为例对宁玛派的修行程序及仪轨作一简要阐述和说明。

此经主要内容分四大部分：一、预备修法（sbyor ba chos drug），二、正行修法（dngos gzhi chos drug），三、结行修法（rjes kyi chos drug），四、秘诀修法（man ngag chos drug）。

（一）预备修法（sbyor ba chos drug）

预备法的具体内容包括供献、断障、忏悔、上师供、祈祷、请求灌顶等。

1. 供献（mchod pa），对主尊（即修法时所依的主要金刚密宗佛，此指莲花生忿怒像，莲花颅珠佛），供献食子供品，以五种甘露涂洒坛城、曼扎供，诵咒，观想生起本尊，发菩提心，划出框架绘画本尊坛城（坛城大小根据实际能力而定），在神像前一一供献对应的供物。所有供品的中心是镶宝石的甘露瓶，其上放置盛满供米的嘎巴拉（颅骨盛器），上面插有本尊画像，上覆红绸帐幕，前方及左右摆放宝焰食子①、各种食物及甘露、药物等一切日常供品。（一般规模的仪轨用食子即可。）

2. 断障（mtshams bcad），断障既消除一切障碍，观自己为马头金刚双尊②，加持除障食子③而献供，诵断障经，祈祷断除内外一切魔障，并特观帐幕中忿怒金刚本尊护佑。

3. 忏悔（sdig bshags），诵经祈祷上师、本尊、护法，忏悔一切罪业恶障，祈求消除。

4. 上师供（bla ma mchod），供曼扎，诵供养文，观须弥山、四大洲、五蕴而供一

---

① 糌粑做成的有火焰图形的一种食子。

② 佛父佛母双尊像。

③ 专为消除罪障用的食子。

切美妙供物〔若能承办则可以修古萨里（ku sa lu）供养〕。

5. 祈祷（gsol vdebs），尽力多诵祈祷文，祈祷上师莲花颅珠佛赐成就赐加持，解救我等众生脱离轮回。

6. 请求灌顶（dbanf skur zhu），观本尊身上发光照射自身，身、语、意、本智受佛加持与本尊一体而获灌顶。

（二）正行修法（dngos gzhi chos drug）

正行修法的具体内容包括生起本尊①、诵修行心要（诵咒、酬补②等）、事业、虑念、标识、获悉地等。

1. 生起本尊（sku bskyed）：入定观想诸法无缘，大圆满离一切文字言说，法身超越思维，对一切众生发大悲心，自空性和慈悲中为了利益一切众生而修行。具体观想自己为金刚杵发出光芒，化现为本尊马头金刚，观想自己头顶上有本尊莲花颅珠（pdma Thod phreng rtsal），外相呈金刚萨埵相，四方四部颅珠尊，红、白、黄、绿呈四色，心想成就四羯摩业（las bzhi）③。

观想四周为彩虹光网，在充满虹光的虚空中莲花生八大化身从八方一一显出。八大化身即莲花生（pdma vbyung gnas）、释迦狮子（sha kya seng ge）、白玛桑巴瓦（pdma smbha）、日光（nyi ma vod zer）、莲花王（pdma rgyal po）、爱慧（blo ldan mchog sred）、忿怒金刚（rdo rje gro lod）、狮子吼（seng ge sgra sgrog）。

启请众多空行母④、天神、持明⑤、护法等赐予悉地驱除魔障，本尊宫殿四方有四莲座，金刚宝座供以四业之供养，作妙音、歌舞以及妙欲供养种种如堆积之云。如此观诵启请，可尽力多诵经。

随后进行以下仪轨，包括赞颂、启请加持、祈祷、顶礼、供养、忏悔等。

迎请：迎请莲花生显前，赞颂莲花生八大化身及其事业、功德。若进行金刚舞仪轨，此时表现莲花生八名号（gu ru mtshan brgyd）之舞随之进行。

启请诸尊云集至此，赐我加持、悉地、灌顶，消除我一切阻碍和罪障。启请本尊授灌顶、赐加持、赐悉地（成就）。

祈祷马头金刚、金刚亥母赐悉地，祈祷四面八方的四部空行母、四部骷髅使者

---

① 心中观想所修的本尊佛形象清晰明了地显前。
② 酬补之供养仪轨。
③ 即四业。息业：息灭自己一切内魔恶障违缘等。增业：增长自己寿命、福报、智慧等一切功业。怀业：统摄他心、自他众生的一切、财、食、享用、福祉等令自在。诛业：摧破一切危害佛法、众生的敌魔等一切残暴恶魔。
④ 空行代表一种证觉的女性能量，可以引导瑜伽行者回复平衡状态。护法有男女二相，他们的事业相似，主要以护卫瑜伽行者（密乘行者）的修行为主，并且守护瑜伽行者由各种佛法传承中所获聚的加持力。
⑤ 指密法修持获成就者，有四种持明：异熟、寿命自在、大手印和任运持明。

（Ging can）①、八大寒林之空行、勇士、持明、护法、八部鬼神等，一一现前云集而至，请诸尊喜悦安住于此。启请莲师本尊空行等充满喜悦而赐加持，观想自己身、语、意与本尊无二而住。

顶礼颅珠佛父母双尊乐空无二、智慧方便双运。顶礼马头金刚父母双尊与我无二，外显为父，空性为母。顶礼诸空行、骷髅使者，游戏于法界之中。顶礼诸护法。

供养：首先是加持供器和供物，然后为诸本尊、空行、护法等献供。

加持供物：清洁所有供器，尽力多诵咒而加持，加持内、外、密之所有供器和供品。

献供：供养分为外供、内供、密供、特供等种类。包括外八供，内九供及本尊密供。包括各种药物供、食子供、甘露供等。特别会供中有观想本尊，显现密咒而供。

忏悔：于身、语、意三业以诸供养忏悔一切失誓之罪。

诛业：金刚颅珠尊制伏一切危害和敌魔的仪轨。

2. 诵修行心要（sgrub pavi snying po bzla）

（1）诵咒观想：观想本尊坛城、上师如水月、彩虹显现而无自性，以恭敬虔诚之心观想头顶之上师，并诵莲花生心咒，祈祷授予灌顶。观想上师融入自身变为金刚颅珠尊，成无自性的光体，再观成莲花生。自心间之光迎请四部颅珠，化现成如已化身及光芒，光芒四射而观想成就所愿之四业。

（2）酬补（bskang）：供灯、甘露等供物围绕坛城酬补本尊之身；赞词酬补本尊之语；证悟见地酬补本尊之意，悟法界无生，光明自性普贤，清净离戏，法身无二。

（3）事业（phrin las）：观想生起五颅珠②尊，诵咒，知口耳传承，识本尊之面相。

（4）思维虑念（dgongs pa bskyang）：从世俗谛概念转入胜义谛的理解，入定处无念而祈祷

（5）标识（rtags byung）：持见道标志之暖火（rtags tshad kyi drod vdzin pa）。

（6）获悉地（dngos grub blangs pa）：观前之修物而诵经，求获成就。

（三）结行修法（rjes kyi chos drug）

结行修法内容包括净观、供赞、修损法、修业、持教义、祈愿等。

1. 净观（dag snang bskyed pa），以无限敬仰之心净观上师等一切皈依处等。

2. 供赞（stod pa），包括献供、赞颂和外仪轨三部分。

（1）供献食子、甘露、药物等供给空性母，以平等无二之心供养，希求诸神欢颜

---

① 成就大师在坟场密法禁行修持时，护持修行的侍者或侍者，呈骷髅形象。

② 即五部金刚颅珠尊：做息业的金刚颅珠者；做增业的宝物颅珠者；做怀业的莲花颅珠者做诛业的嘎尔玛颅珠者；一切具成的佛陀颅珠者。

满足。

（2）赞颂金刚持三身、莲花生八大化身及其功德、四业莲花颅珠；赞颂观音、马头金刚、勇士勇女、众护法等；启请（bskul ba）持明众、空行众、骷髅使者众、阎摩众、颅珠莲花生等现前赐加持；启请金刚亥母、金刚查门（rdo rje phr men）、益西措杰空行母、四部空行母、金刚骷髅侍者、四部骷髅侍等赐灌顶、悉地，驱除一切魔障；莲花颅珠尊及益西措杰空行母降伏四部骷髅、八部鬼神等令其妖魔护持佛法，请赐加持、悉地、除魔障。

（3）广外仪轨（mthav rgyas gzhan sbyor ba），这里进行供物的最后仪轨。烧施一切莲师咒诵之供物，其余供物集中以誓加持，供赞而将食子抛外。加持护法食子，加持供献被莲花生调伏之世间女魔、金刚亥母、五部空行母①、威猛八部护法、十二地母护法、空行母等，供献被赐悉地、委任事业护法的食子。加持供物而将食子供在净处。观想将敌魔引诱并镇伏在食子盘底下。退转一切烦恼毒魔等，若需食子灌顶则如摄要文之说明做，将食子施入会供前进行。请获大悉地，以食供神，称赞诸神，以誓言供养等溶入甘露供中。

3. 修损法（nyams chags bskong ba）：补修损毁，尽力观诵金刚萨埵百字明而作忏悔。

4. 修业（las thogs sgrub pa）：知修行八名号之秘诀仪轨。

5. 持教义（grub mthav bzung ba）：确信此道为一切悉地的根本。

6. 祈愿（smon lam gdad pa）。

（四）秘诀修法（man ngag chos drug）

此部分内容共有四经四法，细目四十八种，按此部分的内容和秘诀来对以上仪轨作补充，具体依修法进行，包括以下内容：

八仪轨（las byang le brgyad）

八秘奥（zab rgya brgyad）

八要记录（zin tig gnad brgyad）

八珍爱（gces pa brgyad）

空行八业（mkhav vgro las brgyad）

八小法（dpe chung brgyad）

进行金刚舞仪轨就是依据此经的内容和程序逐次进行的。一般莲花生八名号（guru mtshan brgyd）金刚舞（vcham）表现的内容有：

驱逐一切魔障碍的断障舞（mtshams gjod）、加持舞（byin vbebs）、奉献供品的神

---

① 即东方金刚空行，南方珍宝空行，西方莲花空行，北方羯磨空行，中央佛陀空行。

饮舞（gser skyems）、十忿怒明王手持弯刀起舞之刀舞（gri vcham）、三根本尊坛城会供的取会供舞（tshogs len）、十六骷髅侍者舞（ging can bcu drug）、迎请莲花生像出场的仪仗舞、五部空行母舞（mkha vgro sde lnga）、表现莲花生八大化身的八大名号舞（gu ru mtshan brgyd）、玛撒丹（ma mo、gzav、dam chen）三护法和地方山神舞等等。

藏传佛教各教派学经修行讲究"闻、思、修"，"见、修、行"。从显宗到密宗，每一步修行都要求按修行次第循序渐进。修行者是要依照次第通过修行找到众生原本清净的心，就是要从心中清除被贪、嗔、痴、慢、疑等五毒烦恼遮蔽的污垢，去除无明和一切烦恼即佛性，原本没有佛与众生的差别，只是清净心与烦恼心的差别，这是从空性与光明本性阐述的佛理。

佛教关于"众生皆有佛性"的概念，是指众生的心原本是清净无垢，只是被各种烦恼的污垢遮蔽住了，因而表现的是凡心，佛与众生的区别就在于是否驱除不净之心烦恼或心是否被种种烦恼污垢遮蔽。凡人由于无明而有我执①，由我执产生各种烦恼和痛苦，即流转轮回当中，轮回本质是痛苦，贪、嗔、痴是一切烦恼的根源。轮回中善恶因果是基本法则，造就因果业力永转轮回又成无明，积德行善杨善抑恶消除因果业力，超脱轮回就是消除无明获得解脱成就佛果。佛法上指由于业力之故，轮回当中的众生，心被种种烦恼遮蔽，不明善恶因果报应，不明万物本性清净实相为空性，而迷恋和执着于世俗的幻相诱惑，执外相为实有，起贪、嗔、痴等烦恼痛苦，从而不断地在轮回中流转遭受痛苦。

原本自性不起任何你我好坏的分别，即是清净心。而众生由于一念的无明却在清净的本性中显现出轮回的种种幻想。迷失本性在六道轮回的苦厄中执着外界的色相，于种种如梦如幻的业力果报，妄执为实有而起种种贪嗔烦恼。这就好比水晶原本无色透明，置它于何种蓝色中，便会呈现何色。如不明水晶的原本，就会误认为它是何种颜色的物体，就会分别执着地追求这些颜色。要观察者的能力及分辨能力，了解其究竟本色，这样才能走出导致染垢的障碍，明了世界万物的本性实相。

佛教中所有教派以及佛所开示的一切法门，目的都在于让你发现自己本具的神圣性或清净性。佛教的中观思想中把万物分为真、俗二谛。从真谛上讲，万物皆无自性，佛与众生是无二的；从俗谛上讲，众生是无明染垢，而佛却是清净的。这就好比一个置于无色中的水晶和置于各种杂色的水晶。他们的本质都是水晶（真谛），而显现为一

---

① 佛法上指由于业力之故，轮回当中的众生，心被种种烦恼遮蔽，不明善恶因果报应，不明万物本性清净实相为空性，而迷恋和执着于世俗的幻相诱惑，执外相为实有，起贪、嗔、痴等诸烦恼，从而不断地在轮回中流转遭受痛苦。我执，即我执烦恼，本无五蕴而执郑着为有之我和我所者。

个无杂染，一个有杂染（俗谛）。无论从生起次第到圆满次第①的修行，从寂止到胜观②，都要达到二位一体无二无别的双运，包括止观双运、乐空双运、空性光明双运、智悲双运等。③

原载于《藏族历史与文化论文集》，西藏人民出版社，2009

---

① 生起次第为求净治四生（湿生、化生、卵生、胎生）习气，解脱凡庸见、闻、觉知之缚，现见本尊、真言、智慧本性而修之瑜伽；圆满次第即于金刚身严守要诀，依靠有堪能风、脉、明点，以四空现证光明，以四喜县证生慧的特殊智慧。

② 寂止：梵音译作奢摩地或三摩地，一切禅定的总括或因，心不散住外境，专一安住所修静虑之中。胜观：梵音译修作毗婆舍那，一切禅定的总括或因，以智慧眼观察事物本性真实差别。寂止和胜观的简称止观。

③ 即大乐和空性无别、空性的自性为光明、以大悲成就大智、大悲体现大智。

明代的舆图世界：
"天下体系"与"华夷秩序"的承转渐变

管彦波

摘　要　明代的地图绘制，虽然依旧坚持着以"中国"为中心的绘图取向，一直在不断强化大一统的政治地理空间，但承继蒙元帝国东西扩张的世界经验，有了郑和下西洋和西方传教士所带来的新鲜域外地理知识的持续发酵，似乎明代中国人具备了更为开阔的地理视野和"世界性意识"；同时，在传统的"天下观"向"世界观"逐渐转变的过程中，前朝太多未曾考虑的海外诸国，渐被纳入"华夷"序列中，使明朝的"华夷秩序"具备了更加丰富和多元的内容。

关键词　明代　天下体系　华夷秩序　舆地图

中国古代传统的"天下观"和"华夷观"，作为一种相互联系的、对广阔地理空间内族群认知的重要观念和制度，大约在先秦时期就已建立了较为完整的结构体系，后经千余年的发展，到了明代，尤其是明清之际，"'华夷'秩序终于具备了清晰的外缘和日臻完善的内涵"[①]，传统的帝国已经逐渐向近代国家转型。[②] 对于明代，尤其是晚明时期"天下观"和"华夷观"的一些新的变化和特征，本文将以明代传世地图为考察重点，结合相关的历史地理文献，联系西方地理知识的传入和郑和下西洋等重大的历史事件，进行一个初步的分析。

一　明代对"天下"及"大一统"政治地理空间的图绘

古代中国人图绘"天下"及"大一统"的政治地理空间有着久远的传统。这个传统随着各个历史时期地理学实践及地图学的发展而不断呈现出一些新的变化。那么，

[①]　何芳川：《"华夷秩序"论》，《北京大学学报》1998 年第 6 期。
[②]　参见万明《明代外交观念的演进：明太祖诏令文书所见之天下国家观》，《古代文明》2010 年第 2 期。

伴随着地图学的发展，有明一代是如何图绘"天下"及"大一统"政治地理空间的呢？

（一）明代舆图类地理文献与地图学的发展

明代是中国地图学发展的一个重要时期，在这个时期，涌现了诸如《大明志》《大明清类天文分野》《寰宇通衢书》《寰宇通志》《大明一统志》《大明舆地名胜志》《皇舆考》《广舆考》《舆地图考》等官修或私修的全国性历史地理志书。与地理学的发展相关联，舆图学在明代也获得了快速的发展，出现了大量具有总舆图性质的或者是综合性的舆图类地理文献。

明代的舆图类地理文献，综合性的或者是具有总舆图性质的主要有罗洪先的《广舆图》、李默的《天下舆地图》（又名《皇明舆图》）、桂萼的《舆地图》①、曹学佺的《大明舆地名胜志》、张天复的《皇舆考》、汪作舟的《广舆考》、程道生的《舆地图考》、《杨子器跋舆地图》、陈组绥的《皇明职方地图》、吴学俨等人的《地图综要》、方孔炤的《大明神势图》②、卢传印的《职方考镜》、郑若曾的《万里海防图论》、佚名的《今古舆地图》③、吴国辅的《今古舆地图说》、郑晓的《禹贡图说》、潘光祖的《汇辑舆图备考》、王光鲁的《阅史约书》④、章潢的《图书编》、吴学俨等的《地图综要》、陆应阳的《广舆记》和《增订广舆记》等，其中尤以《广舆图》、《皇明职方地图》、《今古舆地图说》和《地图综要》最具代表性。

罗洪先在元代李泽民的《声教广被图》、明代《大明一统图志》、许论的《九边小图》、杨虞坡和徐斌的《水图》等图籍的基础上，汇集、增补、改编于嘉靖三十四年（1555）刊刻的《广舆图》，作为我国第一部综合性全国地图集，计有舆地总图、两直隶图、十三布政司图、九边图、诸边图、黄河图、漕运图、海运图、四夷图（属国类）等各种不同类型的地图45幅，附图68幅，总共113幅。明崇祯九年（1636），由兵部职方司主事陈组绥等人编绘《皇明职方地图》也是一部综合性的地图集。该图集共有上、中、下三卷，上卷收有《天下大一统图》、《皇明大一统图》和两直隶、十三布政司图各1幅，为全国和各省政区图；中卷为新旧九边、七镇等边防图；下卷为江河、漕运、海运、江防、海防、太仆寺牧马等专题图以及朝鲜、安南、岛夷等外域图，全书共有地图52幅。⑤ 明吴国辅纂、崇祯十六年（1643）刻的《今古舆地图说》，是仿

---

① 王庸在《中国地理图籍丛考》甲编《明代总舆图汇考》（商务印书馆，1960年版）中认为，李默的《天下舆地图》和桂萼的《皇明舆地图》，实际上同为一图。

② 为方孔炤所著《全边略记》一书附图的汇集，分上、中、下三卷，上卷为政区图，中卷为边镇图，下卷为海图及域外地图，内容较《广舆图》更加丰富，是一部以边防为主的大型综合性地图集。

③ 江苏巡抚采进、不著撰人名氏的《今古舆地图》，一共收有58幅图，其中首幅即为《明一统图》。

④ 明王光鲁编辑，崇祯年间刻朱墨套印本，由地图和文字两部分构成，地图部分包含从上古至元朝的古地图35幅，有舆地图、割据图、分界图、山川图等类别。

⑤ 参见朱炳贵《陈组绥及其〈皇明职方地图〉》，《地图》2002年第4期。

照宋代的历史地图集《历代地理指掌图》编辑的。这部地图集共有三卷，以墨色的明朝地图为底图，绘《今古华夷图》、《明肇造图》、《明统一图》、《历代职方图》（每朝一幅），共计 59 幅。在绘制上采用古朱今墨着色来表示古今地名、地理的变迁，双色对照给人清晰而直观的感觉。明末吴学俨等人编辑、南明弘光元年（1645）刻印的《地图综要》，分为总卷、内卷、外卷三卷，共有地图 66 幅。总卷主要叙述明代行政区划、沿革、边疆形势、山川关隘等，绘有《华夷古今形胜图》《天下各镇边要图》《京省合宿分界图》《天下舆地分里总图》等地图；内卷为两京十三省分图，反映的是各省的郡邑建置、山川要塞等；外卷包括"九边""四夷"，详述明代边陲要地、边疆民族及邻国概况。

上面重点介绍的几部地图集，或为综合性的地图集，或为历史舆地图籍，基本上可以代表明代地图绘制的取向。在这些地图中，如下几个方面的内容可以说是与本文论旨密切关联的。

一是"天下"与"大一统"的内容。中国古代地图尤其是极具天下大势之舆地图的绘制，往往隐藏着很深的政治内涵，具有明显的官方意识形态色彩。明代作为中国历史上一个主要的王朝，其对广阔疆域的图绘，当然也要凸显大一统的政治内容。关于这一点，《大明一统志图叙》有一段极为权威的表述：

> 自古帝王之御世者必一统天下而后为盛。羲农以上疆理之制，世远莫之详矣。其见诸载籍者谓：黄帝……元氏以夷狄入主华夏……其地西北虽过于前，而东南岛夷则未尽附。惟我皇明诞膺天命，统一华夷。幅员之广：东尽辽左，西极流沙，南越海表，北抵沙漠。四极八荒靡不来庭。而疆理之制，则以京畿府州直隶六部，天下分为十三布政司：曰山西，曰山东，曰河南，曰陕西，曰浙江，曰江西，曰湖广，曰四川，曰福建，曰广东，曰广西，曰云南，曰贵州，以统诸府州县。而都司卫所则错置其间，以为防御。总之为府一百四十九，为州二百一十八，为县一千一百五。而边陲之地，都司卫所及宣慰招讨宣抚安抚等司与夫四夷受官封执臣礼者皆以次具载于志焉。顾昔周官诏观事则有志，诏地事则有图。故今复为图分置于两畿各布政司之前，又为天下总图于首。披图而观，庶天下疆域广轮之大了然在目，如视诸掌。而我皇明一统之盛冠乎古今者垂之万世有足征云。①

这段表述明确强调了舆图的绘制既要反映明朝大一统的政治地理空间，又要为后世传诵明朝统治之盛况留下可资参考的图像文本。

---

① 《大明一统志》，三秦出版社，1990 年影印本，卷首语。

成书于天顺五年（1461）的《大明一统志》，虽然它只是一部官修的地理志书，而且在全书 2800 余页中，地图仅占 13 页，但它开篇就强调了地图在图绘大一统政治地理空间中的重要性。事实上，检阅明代各种不同类型的地图我们发现，反复刻画或强调大一统的政治地理空间，一直是地图绘制者在努力强化的内容，诸如《大明混一图》《大明神势图》《皇明一统方舆备览》《大明一统图志》《天下大一统图》《皇明大一统地理之图》《明统一图》《天下各镇边要图》《天下舆地分里总图》《天下九边分野人迹路程全图》《大明一统之图》等直接冠之以"天下""一统""混一"的地图，就可以算是最直接的一种注解。

二是对四周及域外"蛮夷"地域的关注。基于人们对周边区域及域外地理空间的地理认知，中国古代地图对"蛮夷"区域的绘制，或简绘，或仅以图记的形式标注，并没有强调实际的地理意义，甚至在图例上也有别于"华夏"部分。但是在中国古代由"华"与"夷"构成的天下体系中，对"蛮夷"部分的关注向来也是地图绘制的一个传统，而且这种传统在明代既有继承又有发展。在继承上，明王朝实际控制的地理空间范围①虽然较元代有所收缩，但它作为承继法统的一个王朝，沿袭的依旧是历代王朝的惯常做法——努力在文化和空间上塑造王朝整体地域形象②，以一种"天朝上国"的恢宏气势来强调对"蛮夷"的教化治理。在发展上，随着明朝对域外空间探索实践的展开和西方地理知识的传入，当时的人们对域外空间有了更深的认识，一些人已经意识到在大明王朝的周围有许多彼此相当的国家，而这些国家作为"蛮夷"的一部分呈现在地图上，不仅有了更加切实的地理意义，而且给传统的地图上的"天下观"也带来了一定的冲击。

（二）明代地图上的"世界图像"

中国地图上的"世界印象"，较早可以追溯到西晋的裴秀和唐朝贾耽的地图学实践。被李约瑟称之为"中国科学制图学之父"的裴秀，他创立了"制图六体"理论，开创我国古代地图绘制学，绘制了中国历史上第一部历史地图集——《禹贡地域图》；同时，他还将当时一幅用绢八十匹绘制的《天下大图》缩制成以寸为百里的《地形方丈图》，这是我们可以追溯的明确见于史载的天下大势图。唐代著名地理学家贾耽的《海内华夷图》原图已佚，据相关文献记载，它是一轴唐全境图，宽约三丈，长约三丈三尺，幅面约 10 平方丈，图上精绘九州，兼顾海外，涉及亚洲的一些国家和地区，标记有数百个国家和地区。虽然此图未能传世，但它却是宋代制作"世界地图"的一个

---

① 关于明王朝的疆域，《明史·地理志序》载称："东起朝鲜，西接吐蕃，南包安南，北据大碛，东西一万一千七百五十里，南北一万零九百四里。"

② 参见潘晟《从宋代诗文看幽思与胜览思想对宋代地图学发展的影响》，《中国历史地理论丛》2010 年第 2 期。

重要蓝本，如宋代刻于伪齐阜昌七年（1136）的《华夷图》，就是以贾耽《海内华夷图》为底图编绘的，"唐贾魏公图所载，凡数百余国，今取其著闻者载之"。在《华夷图》上，90% 的图幅空间是长城以南的中国国土，图四周的空白之处，以文字的形式注记其他"夷族"国家或地区，其中一些主要的朝贡国，与历史记载基本吻合，当然，也有不少国家和地区的名字和注解，带有太多想象的成分，并未与历史事实相符。

到了元代，蒙元帝国的陆海扩张与国际视野下所获取的域外地理知识，无疑超过了以往任何一个朝代。在元人绘制的世界地图中，李泽民的《声教广被图》是非常重要的一幅。此图虽然原图已佚，但从明代的《大明混一图》和朝鲜人绘制的《混一疆理历代国都之图》中，可窥其大概。

考察明人绘制的"世界地图"，现藏于中国第一历史档案馆的《大明混一图》是我们首先必须重点分析的一幅地图。这幅地图以大明王朝版图为中心，东起日本、朝鲜，西达非洲西海岸、西欧，南括爪哇，北至贝加尔湖以南，图幅尺寸为 386 × 475 厘米，是目前已知尺幅最大、存世最早、保存较为完整的中国人绘制的彩色"世界地图"。[①]《大明混一图》绘制于明洪武二十二年（1389），无疑吸收了蒙元帝国的陆海扩张与国际视野下所获取的新的域外地理知识。姚大力先生考证认为，"混一图"是以今天所知中国第一幅真正的"陆上全图"——元人李泽民的《声教广被图》为底图绘制的，它实际上反映的是元时期的中国人尤其是当时南方士人的地理知识，也是中国对域外地理的认知从"行纪地理学"走向真正的"绘图地理学"的重大标志。[②]《大明混一图》上各部分的绘制，国内部分是依据朱思本的中国全图《舆地图》绘制，非洲、欧洲、东南亚部分是依据元末李泽民的《声教广被图》绘成，而印度等地可能是依据元上都天文台长札鲁马丁的《地球仪》和彩色地图绘制。[③]

《混一疆理历代国都之图》本为朝鲜人于公元 1402 年绘制，原图已佚，目前日本存有"龙谷版"和"本光寺版"两个摹绘本。图上有权近题跋云：

> 天下至广也，内自中邦，外薄四海，不知其几千万里也。约而图之于数尺之幅，其致详难矣。故为图者皆率略。惟吴门李泽民《声教广被图》，颇为详备；而历代帝王国都沿革，则天台僧清浚《混一疆理图》备载焉。建文四年夏，左政丞上洛金公（即金士衡），右政丞丹阳李公（即李茂）燮理之暇，参究是图，命检

---

① 关于最早的中国人绘制的世界地图，大约在 11 世纪 70 年代，今新疆喀什人马合木德·喀什葛里在其编撰《突厥语字典》卷首，附有一张阿拉伯风格的圆形世界地图，圆图的周边描绘了大宋、印度、埃及、埃塞俄比亚、西班牙等国，但从洲际概念而言，但这还不算真正意义上的"世界地图"。
② 参见姚大力《"混一图"与元代域外地理知识》，《蒙元制度与政治文化》，北京大学出版社，2011，第 460～498 页。
③ 梁二平：《谁在世界的中央：古代中国的天下观》，广东省出版集团、花城出版社，2010，第 221～223 页。

校李荟，更加详校，合为一图。其辽水以东，及本国之图，泽民之图，亦多缺略。今特增广本国地图，而附以日本，勒成新图。井然可观，诚可不出户而知天下也……

由图上跋文可知，这幅地图是以建文元年（1399）明惠帝登基时，朝鲜贺使金士衡从中国复制带回的李泽民的《声教广被图》和清浚的《混一疆理图》为底图，同时参考朝鲜和日本的地图，于建文四年（1402）由朝鲜人金士衡和李茂初步考订、李荟详细校对完成的。该图的空间范围，东自朝鲜、日本，东南绘有麻逸（今菲律宾的吕宋岛）、三屿（今菲律宾的巴拉旺岛）等岛屿，西南包括渤泥（婆罗州）、三佛齐（今苏门答腊岛）、马八儿（今印度的马拉巴尔）等，西面描绘出非洲大陆的轮廓及欧洲部分地区，北至大泽（今贝加尔湖），较为完整地保留了中国古代绘制舆地总图的艺术风格。从地图的内容来看，元朝各行省及所属各路、府、州等行政名的汉文标注甚为详细，从西方欧洲、非洲到东方朝鲜、日本已有一个大致的轮廓，基本上反映了元代对域外地理的认识。

明万历二十一年（1593）常州府无锡县儒学训导梁辀镌刻、南京吏部四司正巳堂刊本的《乾坤万国全图古今人物人迹》，虽然明显地受到利玛窦所绘地图的影响，在"中国"与"世界"、"华"与"夷"处理中，中国是天下的中心，其他域外各国以小岛的形式散列在四周，在绘图上依然采用形象的画法刻印。明冯应京辑、戴任增释的《月令广义》所收《山海舆地全图》，本于万历二十八年（1600）利玛窦在南京所绘世界地图，图中记有洲名 6 个，国家和地区名 32 个，海洋名 22 个，江名、山名各 3 个。特别要说明的是，图记中还出现"狗国"和"食人国"等民间传说的海外地名。明王圻、王思义撰《三才图绘》所收《山海舆地全图》，和上图基本上一致。明程百二等撰《方舆胜略》所收《山海舆地全图》，见于该书"外夷"部分卷一，实际上为东、西两半球图。章潢《图书编》所附世界地图有《舆地山海全图》、《舆地图上》、《舆地图下》、《四海华夷总图》四幅，其中，《舆地山海全图》以太平洋为中心，中国位于图中心偏左，从图中的地理要素来看，依然是根据利玛窦所绘世界地图摹绘而成，只是由于图幅之原因，刻绘较为简略。《舆地图下》、《舆地图上》实际上是依据利玛窦所绘世界地图摹绘的地球南北半球图，图上标绘许多地名，刻绘较为详细。《四海华夷总图》是一幅以中国和印度为中心的具有明显的佛教色彩的世界地图。图上标绘了朝鲜、日本、琉球等，其他传说中的诸如"君子国""小人国""长脚国""穿心国""西女国""狮子国""马蹄国"等国家，则以岛屿的形式散列四周。明崇祯十七年（1644）金陵曹君义刊行的《天下九边分野人迹路程全图》，图之"中国"部分位于图之中央，以喻时《古今形胜之图》为蓝本，详细地刻绘了明两京十三省的行政区划，约占图幅总面积的二分之一强。其他所知世界各国，则在其相对位置上加以表示，不再以岛屿的形式散列在"中国"四周。同时，在图的南部和东南部海洋中，标记有"女人国""毛人国""穿心国""二身国""三首国""金齿国"等中国古代传说中的国名。

由以上这些明代绘制中文世界地图可以看出，在明朝人的地理知识体系中，虽然依旧坚持着以"中国"为中心的绘图取向，不同程度地保留有"山海经"式的对未知世界的想象，但显然已经加入了许多新鲜的海外诸国的内容，有了十分丰富而多元的"世界图像"。

二 东西对撞：触及明代"舆图世界"的两种力量

上面一个部分，我们追溯明代地图学的发展，对明代的舆图世界进行了全面的梳理。在考察中我们发现，明代对"天下"及"大一统"政治地理空间的图绘，虽然依旧沿袭前朝旧法，但在图绘"世界图像"的过程中，明显增添了一些新的内容，有了一些细微的变化。之所以会发生这样的变化，从某种意义上而言，明代对域外地理空间的探索和西方地理知识的传入应是两种最为主要的触动力量。

（一）明代对域外地理空间的探索与实践

中国古代对"华夏"周边族群及其地理空间的描述，早在《礼记·王制》关于"五方之民"的描述中，就已初步具备了民族志叙事的雏形。汉代司马迁著《史记》，在中国正史中正式开创对华夏周边民族作传的叙事传统。这个被后世奉为经典、历代相沿的叙事传统，为我们保留了有关中国边疆民族、周边国家和地区大量的资料与信息，但客观而言，在明以前的历史地理类文献中，除了法显的《三十国记》、玄奘的《大唐西域记》、赵汝适的《诸蕃志》、周达观的《真腊风土记》、汪大渊的《岛夷志略》、周致中的《异域志》等不多的几部外，以中外交通或域外世界为主要记述对象的著作并不是太多。

相较于中国古代浩如烟海的历史地理文献，明以前有关域外地理志书的稀缺，从另外一个侧面说明，人们对域外世界地理的关注与探索实践尚显得十分不足，即使是元代成吉思汗及其子嗣们有征服世界的经验，也未从根本上改变以我为中心对世界地理的认识，传统的力量依然顽强地束缚着人们的思想和观念。到了明代，一个具有官方行为的重大历史事件——郑和下西洋，似乎为我们认识域外世界开启了一个别样的窗口。

明永乐三年（1405）至宣德八年（1433）的 28 年间，云南昆阳（今昆明市晋宁县）人郑和率领庞大船队，七下西洋，拉开了人类"大航海"时代的序幕。郑和奉旨下西洋，其目的和动机，向来多有争论，但"宣德柔远"应是可讨论的一个历史使命。

因为在中国古代历代王朝治理天下的理念中，基于大一统的“天下观”和“华夷观”，大多数的王朝和君王都会强调“君临万邦”“敷德四海”的政治理念，尤其是在王朝建立之初或者新君即位之时，都会一次又一次地诏告天下，宣谕其政治理念。郑和第一次下西洋，发生在永乐三年（1405），在之前永乐皇帝即位之时，其在给礼部的诏谕中就明确强调：“帝王居中，抚驭万国，当如天地之大，无不复载”，故而要令“远夷知尊中国。”[①] 郑和受命于皇帝的大规模航海，当担负着这方面的使命。关于郑和船队“前往海外，开诏颁赏，遍谕诸番”[②]“宣布纶音往夷域”[③] 的航海使命，在马欢的《瀛涯胜览》、费信的《星槎胜览》和巩珍的《西洋番国志》等研究郑和下西洋最重要的文献资料中，已多有论及。如费信说：“太宗文皇帝德泽洋溢乎天下，施及蛮夷，舟车所至，人力所通，莫不尊亲。执圭捧帛而来朝，梯山航海而进贡。”[④] 马欢说：“圣明一统混华夏，旷古于今孰可伦。”[⑤] 这种以我为中心，对“天朝上国”恢宏气势的夸耀与自豪，所传达的无疑是古代中国的“天下观”和“华夷观”相关联的一种理念。

郑和下西洋作为中西交通史上的壮举，它留给后人太多的文化遗产，与此相关联的域外地理著作[⑥]和《郑和航海图》也给我们提供了更多探讨的课题。结合本文的论旨，我们必须看到的是，郑和率领的庞大船队和人员，七次远航至东南亚、印度洋以及红海和非洲东海岸地区，在古代航海史上，无论是参与航行的人数、规模、航程均是无与伦比的，航行中所访问过的国家和地区有占城国、爪哇国、旧港国、暹罗国、满剌加国、哑鲁国、苏门答剌国、那孤儿小邦、黎代小邦、南浮里国、锡兰国、小葛兰国、柯枝国、古里国、溜山国、祖法儿国、阿丹国、榜葛剌国、忽鲁谟厮国、天方国等30多个。郑和船队每到一地，除了正常的商贸活动外，搭建“海外诸夷”与明王朝之间的联系，宣谕大明王朝之威德，理应也是一项非常重要内容。所以，从中外交通史和明朝人对域外地理空间的认识来看，这种“通四夷”的锐意举动，无疑也应是明代世界意识的一种反映，尽管这种地理空间的扩充与延展，可能对传统的“天下观”和“华夷观”并未造成实质性的改变，但毕竟是一种不可忽视的触动力量。

---

① 《明成祖实录》卷23，台北历史语言研究所校印本。
② 巩珍：《西洋番国志》，向达校注，中华书局，2000，第5页。
③ 马欢：《瀛涯胜览》，冯承钧校注，中华书局，1955，第1页。
④ 费信：《星槎胜览》，冯承钧校注，中华书局，1954，第9页。
⑤ 马欢：《瀛涯胜览》，冯承钧校注，中华书局，1955，第2页。
⑥ 在郑和远航的过程中，随行人员撰写的有关域外地理的著作共有《瀛涯胜览》、《星槎胜览》、《西洋番国志》和《华夷胜览》四部。其中，马欢的《瀛涯胜览》成书于1416年，繁简不等地记载了20个国家的地理位置、民族、宗教、气候物产、民风民俗等方面的情况。费信的《星槎胜览》成书于1436年，记载了作者亲眼所识和得自传闻的各22个国家的自然地理、人文地理以及郑和的活动情况。巩珍的《西洋番国志》成书于1434年，所记20个国家的情况与《瀛涯胜览》大致相同。匡愚的《华夷胜览》已佚，从今仅存张洪为此书所作序文可知，内容主要为交阯、占城、三佛齐、爪哇、苏门答腊、满剌加、暹罗、锡兰、孛尼等国家和地区的地理形胜、风物土产等。

　　郑和航海后，明朝与周边国家和地区有了更广泛的接触和交往，中国人的地理视野不断扩大，相应的有关域外地理的著作也不断涌现。这当中，明代南昌人士罗曰褧编撰的《咸宾录》，作为明代一部中外交通的史籍，以北、东、西、南四个方向分别叙述了与明朝有交往的周边国家、地区和各少数民族的历史地理情况。题名"咸宾"，具体是指周边的朝贡来客，"录"字面上为"记录"，实为"志"，所以《咸宾录》实际上是关于明代朝贡之国的志书，它有别于之前的"四夷考"之类的著作。罗曰褧编撰此书的目的，四库馆臣认为，是"欲夸明代声教之远，故曰咸宾"。① 此评说，仅点中题中之一义。其实，在为此书作序的刘一焜看来，罗曰褧的《咸宾录》，"稽统者观其常；防微者观其变；怀柔者观其仁；驾驭者观其智；宾贡者观其礼；文告者观其信；兵戎者观其武。"② 此七"观"，道出了撰著者现实的政治关怀。因为罗曰褧生活的明代，国势衰弱，边患严重，民族关系紧张，如何处理好与周边各国各族的关系，已是非常迫切的事情。又如 1520 年黄省曾根据《星槎胜览》、《瀛涯胜览》和《针位》等书资料编撰而成的《西洋朝贡典录》，分上、中、下三卷，上卷记载了占城、真腊、爪哇、三佛齐、满刺加、浡泥、苏禄、彭亨、琉球等九国，中卷记载了暹罗、阿鲁、苏门答腊、南浡里、溜山、锡兰山、榜葛剌等七国，下卷记载了小葛兰、柯枝、古里、祖法儿、忽路谟斯、阿丹、天方等七国，总共与明朝有朝贡关系的海外 23 个国家的情况，是研究明代的中外关系和航海史的珍贵资料。1536 年黄衷编撰的《海语》，也是研究 16 世纪东南亚史地和中国南洋交通关系史的文献。

　　以郑和远航、"沟通四夷"为契机，明朝中后期大量有关域外地理著作的涌现，其本身就反映当时人们对域外世界的关注。这些著作对域外各国自然地理、人文地理和社会历史状况的记载，极大地丰富了人们的海外地理知识，凸显了明人的世界性意识。同时，我们还应该看到，这些著作在记载域外地理的同时，还对中外交通史、中外贸易及中外文化交流均有不同程度地涉及，较为客观地反映了中外历史文化发展的相互关联性。③

　　明人较为宏阔的世界地理视野，在《明史·外国传》也有一定的反映。《明史·外国传》虽然成书于清初，但它记述的是明代的事情，实际上反映的是明中后期及清初人们对世界地理的认识。在《明史·外国传》中，一共记载了 90 多个国家和地区，这些国家和地区，有的在历史上曾为中国地方行政区划或属国，如安南、福余、泰宁、朝鲜、暹罗、旧港等；有的是中国少数民族建立的政权，如鞑靼、瓦剌、兀良哈等；有的是与明朝保持朝贡关系或者是向明朝派遣传教士的海外国家，如吕宋、文莱、古

---

① 《四库全书总目提要》卷 78。
② 刘一盤：《咸宾录·序》。
③ 参见毛瑞方、周少川《明代西洋三书的域外史载与世界性意识》，《淮北煤炭师范学院学报》2007 年第 6 期。

麻剌朗、满剌加、榜葛剌、忽鲁谟斯、祖法儿、意大利亚等，虽然说并不完全是真正意义上的所谓外国，但较之以前正史中的《外国传》、《四裔传》和中外交通史籍，无疑给人们提供了更为多元和新鲜的世界地理知识。

（二）西学东渐：从利玛窦中文世界地图到艾儒略的《职方外记》

在明代的地理学和地图学发展中，意大利传教士利玛窦所绘制的中文世界地图对全新世界地理知识的描绘和艾儒略《职方外记》对世界地理知识的系统阐释，无疑是一种对明朝传统的"天下体系"和"华夷秩序"带来巨大冲击的力量。

公元1583年，意大利传教士利玛窦历尽漂泊来到广东肇庆，随后在肇庆建造了一座耶稣会教堂，并在教堂客厅的墙上展示了一幅西文标注的世界地图，图上中国和东亚位居"远东"。后来，利玛窦在知府王泮的请求和支持下，以西文地图为基础，使用投影技术，扩大原图图幅，在图上标注汉字重新刻印，名为《山海舆地图》。这是一幅完全按照西方地理观念制作的地图，图中传递了地圆学说、地球球形形体、五大洲观念、五带划分、经纬线、投影法等新鲜的西方地理地图学知识，使中国人首次较为系统地接触到了西方地图学知识。《山海舆地图》刻印之后，利玛窦在中国大陆传教、生活期间，又数次受各地官员、好友的请托，先后在南昌、南京分别编绘了《舆地山海全图》和《山海舆地全图》，在北京编绘了《坤舆万国全图》、《两仪玄览图》和《东西两半球图》，加上在肇庆绘制的《山海舆地图》，一共是六幅中文世界地图。其中，影响最大者当推《坤舆万国全图》。

《坤舆万国全图》绘制完成于1602年，以地球为圆球，运用西方椭圆形等积投影绘图法，采用三色将已知的世界编绘于一体。全图由六屏装裱而成，通幅纵179厘米，横414厘米，总面积为7.41平方米。图的主体部分为椭圆形的世界地图，较为清楚地绘出了亚、非、欧、美及南极洲的基本轮廓和一些山脉、河流、海洋等地理要素，同时以小插图的形式在图之边角附载了九重天图、天地仪图、赤道北地半球之图、赤道南地半球之图、日月食图等天文地理方面的知识。图的海洋部分绘有各种帆船9艘，鲨、鲸、海狮等海洋动物15头。南极大陆上绘有犀牛、象、狮子等陆上动物8头。[①]图之"中国"部分，则是广泛地参考了《大明一统志》所附各图、罗洪先的《广舆图》、喻时的《古今形胜之图》以及《中国三大干龙总览之图》、《杨子器跋舆地图》等当时明代比较有影响的舆地图。

利玛窦在中国期间基于"地圆说"所绘制的中文世界地图，上面绘有赤道、两极、南北半球、五带以及五大洲的名称，传递的是西方全新的世界地理观念，它首先触动的是中国传统的固有观念。虽然在中国古代对地球天体的认识中，早在秦汉时期就有

---

① 参见李兆良《坤舆万国全图解密——明代测绘世界》，台北联经出版社，2012。

"地动""地游""浑天"等零星的认识，甚至在蒙古至元四年（1267），还有一位名叫札马鲁丁的学者，在中国制作了刻画着经纬度的木制地球仪，而且地球仪上已采用绿色和白色分别表示水域与陆地的面积，但这些思想并未引起人们的注意。[①] 在中国传统观念中，一直是"天圆地方"的观念统治着人们的思想。基于这种观念，人们大都相信天是圆的，地是方的，中国居于大地之中，为"天下"；"天下"之外的"四海"岛屿，为夷狄所居之地。这种中心与边缘的方形或同心圆结构模式，一直是占主导地位的中国古人对世界认知的模式。正因为如此，对于长期固守"天圆地方"的地理观念，并以"中国"为中心来构建"天下"体系和"华夷秩序"的大多数明朝人而言，要完全接受利玛窦的中文世界地图，几乎是不可能的，甚至在一些明朝士大夫看来，利玛窦所传播的是"奇技邪说"，一时间，怀疑之声、抨击之词、嘲笑之言，甚嚣尘上。

事实上，从最初受王泮之请绘制《山海舆地图》到最后受李之藻之邀编绘《坤舆万国全图》的过程中，利玛窦已经深刻地意识到，两种世界观念、两种知识体系的冲突是避免不了的。为了缓解这种冲突给他带来的影响，也为了使尽可能多的明朝人接受他的学说，他采纳了明朝官员的建议，对中国在世界地图上的位置做了相应的变通处理——他把子午线从世界地图的中间向西移动 170 度，使中国的位置正好处在《坤舆万国全图》的中央，以迎合中国人传统的"中央之国"的视觉欣赏习惯。同时，在绘制中国部分时，他不仅广泛参阅了明朝比较有影响的舆地图，而且还亲自翻阅了大量的地理学资料，力求做到尽量准确。利玛窦的努力是成功的，他所绘制的《坤舆万国全图》可以说在当时的世界地图中，是较为全面的，尤其是东亚部分。利玛窦刻意凸显"中国中心"的变通处理，也帮助他避免了不少麻烦，并最终获圣旨进京定居，方便了其传教活动和文化交流的展开。

由于利玛窦的中文世界地图从根本上触及了中国数千年建立起来的历史传统和意识形态体系，挑战了"天朝上国""天朝中土"的权威，这对顽强地固守"天下"就是以"中国"为中心的大多数明朝士大夫而言，是很难接受的。但我们必须看到，利玛窦向当时的中国人传递了"五大洲"、"万国"概念及"地圆说"，让中国直观地意识到，在广阔的世界中尚有许多以前不知晓的国家存在，中国只不过是"万国"之中的一国。这种全新的地理知识，对当时中国的地理学界、思想界产生了一定的影响，使一些开明的士大夫开始重新审视中国在世界体系中的位置，重新寻找天下体系的合理性依据，从而在一定程度上改变了中国人的世界观，使中国人从天下观向世界观迈出了可喜的一步。[②] 同时，我们还必须指出的是，正因为利玛窦带来了西法绘制的中文

---

① 史见《元史·天文志·西域仪象》。
② 参见周振鹤《从天下观到世界观的第一步——读〈利玛窦世界地图研究〉》，《中国测绘》2005 年第 4 期。

世界地图，使得中西地图学知识有了交流、互动和历史性的对话，尽管由于传统的力量太过强大，这种反馈互动的机制并未建立起来，但是在同时代一些中国学者的地理学著作和知识体系中，不仅注重收录、参考利玛窦的世界地图，① 而且已经有了粗略的世界地理的观念，对西班牙、葡萄牙、荷兰、意大利、法国等西方各国的地理位置有了大致的认识，如明代佚名氏的《地舆总志》，作为当时受西方地理学思想影响而编撰的一部简明世界地理，其内分亚、欧、美、非四洲，② 有了一种世界性的意识。

如果说利玛窦的中文世界地图，只是简略地介绍了西方世界的地理知识，那么艾儒略《职方外纪》则可以说是第一部系统阐释西方地理学、地图学知识的重要著作。

1610 年，也就是在利玛窦于北京逝世的年底，他的同胞艾儒略在澳门登陆，后来一路北上，踏访了广东、福建、江苏、浙江、北京、山西、陕西等许多地方，结识了不少地方士大夫和官员。艾儒略在中国生活期间，他一边传教，一边译介西方书籍，共出版了《万国全图》③《职方外纪》《西学凡》等二十余种中文著作，其中尤以《职方外纪》影响最大。

《职方外纪》刊于明天启三年（1623），它是在西人庞迪我、熊三拔所著的西班牙底本上扩增编译而成的。全书共分五卷，有总说、有各论，从第一到第五卷分别为"亚细亚总说"（包括亚洲、南洋和地中海各岛）、"欧罗巴总说"（欧洲）、"利未亚总说"（北非洲）、"阿墨利加总说"（美洲）、"四海总说"，书中附有《万国全图》、《北舆全图》、《南舆全图》、《亚细亚图》、《欧罗巴图》、《利未亚图》和《南北阿墨利加图》七幅地图。较之利玛窦的中文世界地图，《职方外纪》有关天体原理、地圆说、五大洲观念、地球纬度、世界海洋航线、经纬度制图、投影法、太阳回归形成四季和五带的原理等西方地理学、地图学知识的介绍和阐释更为全面系统，所记载域外国家的人文地理大势更为翔实。据"亚细亚总说"所言："今欲揄扬万一，则《一统志》诸书旧已详尽，至中华朝贡属国，如鞑靼……之类具悉《一统志》中，亦不复赘，故略，撮职方之所未载者于左。"在全书中，除了明代《一统志》等方志中已列入的国家略而不述，总共简要介绍了全球鲜为中国所知的大陆国家 42 个、岛国（屿）21 个及海洋名称 27 个。④

虽然说《职方外纪》依旧带有明显的"欧洲中心观"的痕迹，然而有"西来孔

---

① 明代地理学家章潢（1527～1608）在其《图书编》中收录有《舆地山海全图》，潘光祖（生平不详）编辑的《汇辑舆图备考》录入两幅《缠度图》，冯应京（1555～1606）在其《月令广义》中收录了《山海舆地全图》；程百二、李蒙等人编撰的《方舆胜略》附录所收《山海舆地全图》，就是参照利玛窦《舆地山海全图》的绘制方法而绘制的。

② 参见萧樾《中国历代的地理学和要籍》，广西师范大学出版社，2002，第 229 页。

③ 此地图并非原创，它是艾儒略以利玛窦的《坤舆万国全图》为底本，与杨廷筠合编的一部"世界地图册"。

④ 参见霍有光《〈职方外纪〉的地理学地位与中西对比》，《自然辩证法通讯》1995 年第 1 期。

子"之称的艾儒略，他不仅深谙儒家变通之道，而且多年与明代的地方官员、士大夫相处的中国生活经验告诉他，他必须找到一条适合中国人阅读、欣赏和接受的路径，来传播西方的地理学知识。于是乎我们看到，在《职方外纪》中，艾儒略精心编织绘制了一幅全新的图像——"世界万国图像"，并抓住人们猎奇求异的阅读心理，以大量"闻所未闻"的奇事、奇人、奇物、奇器、奇兽、奇观为写作元素，把西方世界的图像淋漓尽致地展现出来。这种精心的安排和新奇的描述，开阔了中国人的地理视野，"形象化地为国人展示了世界的自然图景和海外的人文奇观，帮助了国人在猎奇意识的支援下能够初步认识和理解一种异域的文化，一定程度上打破了天朝中心主义的陈旧观念，建立起最初的世界意识"[①]。

三　结语

上面几个部分，我们以明代的域外地理文献和主要的舆地图为考察对象，结合明代对域外地理空间的探索和西方地理知识传入的分析，对明代的舆图世界尤其是地图上的"世界图像"进行了较为全面的展示，总结回溯全文，有以下两个方面的内容，这里还要进一步加以强调。

首先，古代中国人对域外地理空间的探索，尽管自张骞通西域以来，汉唐时期中国人已经远航到印度东南海岸、波斯湾，元代蒙元帝国陆海扩张、汪大渊等人的航海旅行已经获取了亚、非、澳各洲数百个国家和地区的丰富地理知识，然而中国古代的天下体系，它是以凸显中国对天下的所有为前提的，即凡天下的土地都是"王土"，"世界"若独立于"中国"之外则没有意义，天下只不过是一种想象的存在。这种缺乏世界意识的"天下""王土"观念，作为统治中国数千年的政治地理观念，它有非常顽强的历史韧性，任何来自内外的力量均不可能在短期内改变之。然而，入明以后，承继蒙元帝国东西扩张的世界经验，有了郑和下西洋和西方传教士所带来的新鲜域外地理知识的持续发酵，以"中国"为中心天下观念也在被消解、重构的过程中有了太多的变化，许多睁眼看世界的开明士大夫，他们在重新寻找解释天下体系的合理依据的同时，也有了明显的"世界性意识"，在一定程度上承认中国只是天下万国中的一个国家。正是在这种天下观向世界观逐渐转变的过程中，传统的"天朝上国"的帝国观念，实际上已悄然在发生变化。

其次，古代中国人以"天下"为最大的空间单位所构建的"华夷秩序"，实际上是以承认中国封建国君天然的君主地位为核心，通过"册封"与"朝贡"来维系的。天下认知体系中的"华"和"夷"，无论是表现在民族、政权还是在地域与文化上，

---

① 邹振环：《职方外纪：世界图像与海外猎奇》，《复旦学报》2009 年第 4 期。

并不是完全对等的,存在着内外、主从、上下乃至"文明"与"野蛮"之别,而且这种秩序本身的建立和推展是一个由紧密到松弛的不断演变的过程。在这个演变过程中,入明以后,随着东西两个世界的接触,前朝太多未曾考虑的海外诸国,均被纳入到明代的"华夷秩序"中,使明朝的华夷秩序增添了更加多元的"世界图像",具有了更加丰富的内涵。明代地图上这些看似不太明显的变化,事实上它昭示着古老的中国在向近代国家的转变中已微露端倪。

原载于《民族研究》2014 年第 6 期

从汉文文献看历史上百夷的经济生活

万　红

摘　要　百夷，是元、明时期汉文文献对今日之傣族的称谓，主要分布在云南的西南部，在西南民族发展史上具有相当重要的位置。地理与气候决定了稻作农业生产是百夷最主要的生产活动，也是其最基本的生活资料——稻米获得的主要途径。作为农耕经济的重要补充，畜牧业和家庭副业生产在百夷的经济生活中也起着重要的作用。本文将从百夷的生产方式、生产技术以及经济交往等三个方面对其经济生活进行论述。

关键词　百夷　生产方式　生产技术　经济交往

百夷一名，最初见于元代文献。元人李京在《云南志略·诸夷风俗·金齿百夷》中云："西南之蛮，白（白与百同音）夷最盛，北接吐蕃，南抵交趾，风俗大概相同。"[①]如果追根溯源，百夷一族可谓历史悠久。早在汉晋之时，汉文文献中就将百夷先民称为"滇越""僄越""裸濮""掸""擅""僚"或"鸠僚"。到了唐代，文献中又称百夷先民为"金齿蛮""银齿蛮""黑齿蛮""绣脚蛮""绣面蛮""雕题""茫蛮""白衣"等。唐、宋文献中的"白衣"，在元朝时又写作"百夷""白夷""伯夷"。到了元代初年，"白衣""百夷"两名经常并见，而元中期以后，"白衣"一名便不多见了。可以推测，"百夷"一名，应当是从唐、宋时期的"白衣"一名演化而来的，也许就是"白衣"二字的异写。到了明代中期以后，"百夷"二字常被误写作"僰夷"。而到了清代，文献中又将"百夷"写作了"摆夷"或"摆衣"。但以上这些名称均属于他称，其自称则是"傣仍""傣雅""傣那""傣绷"等。

一　百夷的生产方式

百夷所分布的地区是在低纬度低海拔的河谷坝区："春夏雨，秋冬晴，腊月亦如

---

① 　（元）李京：《云南志略·诸夷风俗·金齿百夷》，续文献通考本。

春，昼暄夜冷，晓多烟雾，无霜，春秋烟瘴甚盛。"①"四时皆热，五六月水如沸汤，石若烁金，三宣、蛮莫、迤西、木邦、茶山、里麻，皆瘴疠毒恶。"②从气候上看，百夷所聚居的地区属于准热带和亚热带河谷气候，气温高，终年不下雪。其地温湿多雨，土地肥沃，水利灌溉便利，极利于水稻、甘蔗、茶叶、香蕉等经济作物和亚热带水果的种植。在其所生活的平坝周围有着丰富的动植物资源和铜、铁、金、银等矿产资源。这些情况在唐代文献中就有所记载，例如樊绰在《蛮书》中就曾提道："荔枝、槟榔、诃黎勒、椰子、桃榔等诸树，永昌、丽水、长傍、金山并有之。""丽水城又出菠萝蜜果。"又说："生金，出金山及长傍诸山，藤充北金宝山。土人取法，春夏间先于山上掘坑，深丈余，阔数十步，夏月水潦降时，添其泥土入坑，即于添土之所沙石中披拣。有得片块，大者重一斤或至二斤，小者三两五两，价贵于麸金数倍。然以蛮法严峻，纳官十分之七八，其余许归私。如不输官，许递相告。麸金出丽水，盛沙淘汰取之。沙赎法，男女犯罪，多送丽水淘金。长傍川界三面山并出金，部落百姓悉纳金，别无税役征徭。""银，会同山银山出，锡、瑟瑟，山中出。禁戢甚严。"③

气候与地理环境使得稻作农耕成为百夷最主要的生产活动，也是其最基本的生活资料——稻米获得的主要途径。百夷的稻作农业生产历史悠久，其先民古越人是水稻种植的发明者。早在 7000 年前的河姆渡文化时期，古越人就已经将水稻从野生稻中培植了出来。百夷民族保持了其先民古越人的生产传统和技术，并在此基础上有了进一步的发展。在距今 1200 多年前的唐代，其农业生产进入了犁耕阶段，并已使用畜力耕田。11 世纪中叶，金齿部贵族曾驱使大量农奴大兴水利建设，开垦水田以种植水稻。缅甸蒲甘王朝第一世主阿奴律陀还曾派人来向金齿人学习种植水稻的经验。元、明以来，百夷人民继续种植水稻，据明代朱孟震《西南夷风土记》记载：百夷地区"五谷惟树稻，余皆少种。自蛮莫以外，一岁两获，冬种夏收，夏作秋成；孟密以上，犹用犁耕栽插，以下为耙泥撒种。其耕犹易，盖土地肥沃故也。凡田地，近人烟者十垦其二三，去村寨稍远者，则迥然皆旷土。夏秋多瘴，华人难居，冬春瘴消，尽可耕也。……缅甸所属地屯名板楞，野生嘉禾，不待播种，耕耨而自秀，实谓之天生谷，每季一收，夷人利之"④。陈文在《云南图经志书》中也记载了元江军民府一带百夷的耕种情况及其食俗："地多百夷，天气常热，其田多种秋（糯稻），一岁两收，春种则夏收，夏种则冬收。止刈其穗，以长竿悬之，逐日取其穗舂之为米，炊以自给。无仓

① （明）钱古训：《百夷传》，江应梁校注本。
② （明）朱孟震：《西南夷风土记》，云南史料丛刊本。
③ （唐）樊绰：《蛮书》卷七，向达校注本。
④ （明）朱孟震：《西南夷风土记》，云南史料丛刊本。

庾窖藏，而不食其陈。"①

作为农耕经济的重要补充，畜牧业和家庭副业生产在百夷的经济生活中也起着重要的作用。《蛮书》卷四提到当时的棠魔蛮（也属于百夷的先民）"俗养牛马，比年与汉博易"②。唐代刘恂的《岭表录异》中记载道："交趾人多养孔雀，采金翠毛为扇。"③元代王恽《秋涧先生大全文集》中则说："（百夷）其土宜稻，有牛、马、山羊、鸡、豚、鹅、鸭之属。"④畜牧业不仅提供了肉食，满足了物质生活的需要，而且还提供了犁耕和运输等所需要的畜力，所以既是物质生活资料的生产，也是生产资料的生产。百夷的家庭副业主要包括植园种菜、捕鱼捞虾、水中养殖、采集狩猎、经济果木种植等等。据《百夷传》记载："（百夷）多产牛、羊、鱼、果。"⑤此外，百夷人家还养蚕用于纺织，《云南志略》中提道："（金齿百夷）地多桑柘，四时皆蚕。"⑥由此可见，百夷民族的生产方式是多种多样的。

百夷的生产组织和方式主要是以家庭为单位的个体经营农业，家庭是村社的基本细胞，又是稻作农耕生产的基本单位，从土地的占有和分配到生产的各个环节、过程都由家庭成员来完成。由于是单一的农业经济，基础比较薄弱，商品交换又不发达，所以既在田间生产中有自然分工，在共同维持家庭经济生活中也自然形成分工协作的关系。在田间农业生产中，男子主要从事犁耕、挖沟、耙田，女人育秧、栽秧、耨草、收割等。在家庭经济的维持和手工劳动中，妇女还要从事纺织、种菜、经营小买卖等劳作，工作是十分辛劳的。元代的一些文献对此都有所记录，例如《马可波罗行记》中就记载："一切工作皆由妇女为之，辅以战争所获之俘奴而已。"⑦李京在《云南志略》中也说："妇女去眉睫，……尽力农事，勤苦不辍，及产方得稍暇。既产，即抱子浴于江，归付其父，动作如故。"⑧"男子文身，……呼痛之声曰阿也韦，绝类中国优人。不事稼穑，唯护养小儿。"⑨这种情况，到了明初还可以看到："其俗，男贵女贱，虽小民视其妻如奴仆，耕织、贸易、差徭之类皆系之，非疾病，虽老不得少息。"⑩"治生，男耕稼，女织纴，男反好闲，女顾劳力治外，负载贸易赡其夫。盖女壮健而男萎靡也。"⑪

---

① （明）陈文：景泰《云南图经志书·元江军民府风俗》，云南民族出版社本。
② （唐）樊绰：《蛮书》卷四，向达校注本。
③ （唐）刘恂：《岭表录异》卷中，鲁迅校勘本。
④ （元）王恽：《秋涧先生大全文集》卷八十一，中堂事记，商务本。
⑤ （明）钱古训：《百夷传》，江应梁校注本。
⑥ （元）李京：《云南志略·诸夷风俗·金齿百夷》，续文献通考本。
⑦ 冯承钧译：《马可波罗行纪·金齿州》，中华书局本。
⑧ （元）李京：《云南志略·诸夷风俗·金齿百夷》，续文献通考本。
⑨ （元）李京：《云南志略·诸夷风俗·金齿百夷》，续文献通考本。
⑩ （明）李思聪：《百夷传》，江应梁校注本。
⑪ （明）朱孟震：《西南夷风土记》，云南史料丛刊本。

元、明两代，由于多方面的原因，中原王朝对百夷地区有过几次用兵。战争的结果不可避免地带来了破坏，但用兵的目的却是为了安定地方，巩固统治，而不是有意破坏生产，掠夺人口。因而，在这一时期，中原王朝对百夷地区的统治进一步加强，百夷地区与内地的联系也更加紧密。汉族人民与百夷人民通过移民屯垦、商旅往来等多种形式互相学习影响，内地先进的经济文化因素转化为推动百夷社会发展的积极内因。元世祖至元年间，中原王朝在今德宏地区设立屯田；明初，朱元璋应沐英之请，又在云南大力推行军屯卫所制度；"三征麓川"之后，军屯制度在德宏地区进一步得到推广。屯守的军士十分之三专司守城、操备，其余十分之七则每人授田三十亩耕作自给。嘉靖、万历年间，又推行了民屯制度，大批汉族军民在边疆安家落户，和百夷人民共同劳动，并进而有所融合，从而使先进的生产技术得到进一步的传播。

这一时期，铁器的使用已经相当普遍，主要铁制工具有犁、镢。据《西南夷风土记》载："器用陶瓦铜铁。"① 以铁制造器皿的情况由此可以推知。农作物的品种除传统种植的水稻外，麦、豆、荞等也先后从汉族地区引入。犁耕自唐以来就已经普遍采用，此时除了牛耕之外，象耕仍然保存了下来。百夷地区生产的棉花除自用外，也还能向内地市场提供部分商品棉。纺织的原料除了棉花以外，还有亚热带地区盛产的木棉。用木棉织出的布耐用美观，有"婆罗布""莎罗布""白垒布""桐花布""竹布""井口布"等名称。据景泰《云南图经志书》记载："百叠布，坚厚缜密，颇类丝绸，土人无贵贱皆服之。"②明人谢肇淛在其《滇略》中也称："布以永昌之细布为佳，有千扣者，其次有桐花布、竹布、井口布、莎罗布、象眼布。"③

元、明两代在民族地区设置土司的用意，主要是为了羁縻边民，使之臣属于中国，并不重视经济上的收入。故而在土司治理下的百夷人民，对朝廷的经济负担是很轻微的，据《云南蛮司志》载："所设土司，皆置长食其土，岁各量出差发银，多不过二千五百两，少者四十两或十五两。"④所谓土司差发银，实际便是人民对朝廷的经济负担，因为土司是向人民摊派来转缴给朝廷的。钱古训在《百夷传》中记载了"差发"这一税银的征收方式："官无仓庾，民无税粮。每年秋季，其主遣亲信部属往各甸，计房屋征金银，谓之取差发。"⑤李思聪《百夷传》中的记载则更为详细一些："无仓廪之积，无租赋之输，每年于秋冬收成后，遣亲信往各甸，计房屋征金银，谓之取差发，每房一间输银一两或二三两。承行者象马从人动以千百计，恣其所用而后输于公家。"⑥而有

① （明）朱孟震：《西南夷风土记》，云南史料丛刊本。

② （明）陈文：景泰《云南图经志书·金齿司》，云南民族出版社本。

③ （明）谢肇淛：《滇略》，四库全书抄本。

④ （清）毛奇龄：《云南蛮司志》，云南史料丛刊本。

⑤ （明）钱古训：《百夷传》，江应梁校注本。

⑥ （明）李思聪：《百夷传》，江应梁校注本。

时明朝廷为了安抚地方，还根据当地土司的奏请免除百夷地区的差发银，如根据《明英宗实录》卷十五记载："正统元年三月丙子，……免麓川平缅军民宣慰使司所欠差发银。本司岁征差拨银五百两，自宣德元年至七年，上纳银一千三百五十两，尚欠二千一百五十两，宣慰使思任发诉：'木邦侵占地方，百姓稀少，所欠银，无从办纳。'事下行在户部，言系金牌，信符催征之数，不可免。上念远人，命从诏书例，免之。"① 《明史》中也记载道："正统元年，免麓川平缅军民宣慰司所欠差发银二千五百两。以任发奏其地为木邦所侵，百姓稀少，无从办纳。部执不可，帝特捐之。"②

百夷的土地，虽然是一种原始的公有状况，但从某一个角度看，人民对于土司又好似佃户或农奴之于地主，因为每户每年对于土司的经济负担是比较重的，根据《百夷传》中的记录，百夷土司从"昭"到"叨孟"、"昭录"、"昭纲"、"昭伯"、"昭哈斯"、"昭准"、"昭录令"等"大小各有分地，任其徭赋"③。百夷各土司，自明代受封，世袭相承，延至近代，仍保有数百年前统治集团中之部分规制。"土司之近亲族属，称为'族目'或'属官'，有等级爵位，最高者曰'猛'，次曰'准'，再次曰'印'；或于司署中管钱粮，掌兵马；或分管村寨，各辖封疆。聚若干村为寨，领一寨者曰'老幸'，合数寨为'岗'，领一岗者曰'老岗'，副职曰'岗尾'。在所领封疆内各有一定数量之分地，任其徭赋，不再向土司交纳赋税，其余广大土地，所收租赋皆交土司，由老幸等代土司收取。西双版纳有'波郎'，为宣慰近亲，其分地名'波郎田'，有'老叭''老鲊'，皆分领村寨，为土司收赋派款，亦各有少量分地，名曰'职田'。"④ 土司部酋依靠百夷人民的"徭赋"，过着奢侈的生活，"凡部酋出，其器用、仆妾、财宝之类皆随之，从者千余，昼夜随所适，必作宴笑乐"⑤。

先进生产技术的传入，社会生产力的发展，加以商业活动的冲击，使建立在农村公社基础上的"闭关自守"的百夷封建领主经济也开始遭到某些破坏。汉族地主经济势力逐步渗入，巨商大贾从商业活动进一步扩展到兼并土地。他们不仅夺去农民的土地，也大批购入屯田。封建领主——土司买卖农民土地之事也有出现。封建地主制逐渐进入萌芽状态。

云南内地百夷社会由于和汉族封建社会的联系更为紧密，因而封建制的确立时间更早。这与屯田制度和土司制度的推行都有联系。至元十五年（公元 1278 年），元朝在威楚地区设立民屯，二十七年（公元 1290 年）又设立军屯。洪武十五年（公元 1382

---

① 《明英宗实录》卷十五，正统元年三月丙子条，云南人民出版社节印本。
② （清）张廷玉等《明史》卷三一五，云南土司三，上海古籍出版社、上海书店本。
③ （明）钱古训：《百夷传》，江应梁校注本。
④ 参见江应梁《百夷传校注》，云南人民出版社，1980。
⑤ （明）钱古训：《百夷传》，江应梁校注本。

年）统一云南后，明太祖命沐英"移师逼景东，屯田固垒"①。洪武二十四年（公元1391年）又调白崖川军士屯守景东，随军入滇的汉族军民散布在内地百夷地区尤多，对这些地区社会发展的影响尤大。顺治十七年（公元1660年），元江、景东先后设立流官。雍正年间，威远、镇源等地也相继改土归流。不久，思茅、普洱一带也先后完成了由领主制向地主制的过渡，建立了流官政权，在商品经济与地主经济发展的基础上，结束了封建领主的政治统治。而封建领主制度，只是在西双版纳、孟连、耿马、德宏各边疆地区的摆夷社会中还占据着主导地位。

二 百夷的生产技术

耕作技术是稻作农业中最重要的生产环节，是稻谷生长好坏的关键，包括犁田、耙田、放水泡田、栽秧、薅草等工序，尤其以在种植前的犁田、放水浸田和耙田最为重要。积累了长期农耕经验、以种植水稻为主的百夷农业，很早便以兽力牵引，实行犁耕。早在唐、宋时期，史乘中已有关于百夷地区农业生产的记载。例如《蛮书》卷四"茫蛮"条称："茫蛮部落，并是开南杂种也。……孔雀巢人家树上，象大如牛，土俗养象以耕田，仍烧其粪。"②卷七中又说道："开南以南养象，大于水牛，一家数头，养以代牛耕也。"③《新唐书》中也记载道："茫蛮本关南种，茫其君号也，或呼茫诏，永昌之南有茫天莲、茫吐薅、大赕、茫昌、茫鲜、茫施，大抵皆其种，……象大如牛，养以耕。"④这说明当时百夷先民的耕作技术已经改变了刀耕火种的原始方式，进入了犁耕农业的初级阶段，并开始以畜力代耕。到了元代，金齿百夷地区仍普遍畜养驯象，据《异域志》记载："百夷国……养象如中国养羊、马。"⑤金齿百夷土官所进贡的"方物"中，往往包括驯象在内，《元史》中记载这方面的事例很多，可见驯象仍然是当地耕田的主要畜力。然而所谓的象耕并不是以象挽犁耕地，而是养象踏田（蹄耕），显然这和以牛挽犁耕田相比是较为落后的。

到了明朝初年，依据钱古训、李思聪所见到的情况，百夷的农业还是以锄耕为主的。钱本《百夷传》云："地多平川沃土，民一甸率有数十千户。"惟"妇人用镢锄地，事稼穑，地利不能尽"⑥。李本《百夷传》则云："地多平川，土沃人繁，村有巨者，户以千百计。然民不勤于务本，不用牛耕，惟妇人用镢锄之，故不能尽地利。"⑦故

① （清）张廷玉等《明史》卷三一五，云南土司三，上海古籍出版社、上海书店本。
② （唐）樊绰：《蛮书》卷四，向达校注本。
③ （唐）樊绰：《蛮书》卷七，向达校注本。
④ （宋）欧阳修、宋祁：《新唐书》列传第一四七，南蛮上，上海古籍出版社、上海书店本。
⑤ （元）周致中：《异域志》卷上，中华书局本。
⑥ （明）钱古训：《百夷传》，江应梁校注本。
⑦ （明）李思聪：《百夷传》，江应梁校注本。

而生产的粮食也是很有限的。但是，到了正统十四年（公元 1449 年），兵部尚书王骥第三次征麓川到达鬼窟山时，竟得积谷 40 万石。如果农业生产水平没有提高，要积累如此大量的粮食是十分困难的。景泰《云南图经志书·元江军民府风俗》记载明中期百夷稻作经济时称：“地多百夷，天气常热，其田多种秫，一岁两收，春种则夏收，夏种则冬收。止刈其穗，以长竿悬之，逐日取其穗舂之为米，炊以自给。无仓庚窖藏，而不食其陈。”①到了明末，百夷地区的耕作技术已由锄耕发展为牛耕。成书于万历年间的《西南夷风土记》称其地是：“五谷惟树稻，余皆少种。自蛮莫以外，一岁两获，冬种夏收，夏作秋成；孟密以上，犹用犁耕栽插，以下为耙泥撒种。其耕犹易，盖土地肥沃故也。凡田地，近人烟者十垦其二三，去村寨稍远者，则迥然皆旷土。”②从这段史料可以看出，接近内地的孟密以上地区，已经使用牛耕，“一岁两获”的双季稻种植技术普遍发展，这与大批内地农民进入边区的影响是分不开的。但孟密以下地区，还处于“耙泥撒种”的粗放阶段。明代统治者为了巩固其在百夷地区的统治地位，曾经实行以“卫”“所”为基本单位的屯田制度，并从四川、湖广一带运进大批耕牛，供云南各地屯田之用。

百夷地区的各种金属的蕴藏量自古不乏，自唐代以来就用以制作武器。南诏时，百夷人为南诏服兵役，南诏规定应招从军的各部，都得自备武器。南诏武器用铜铁制成，每年终了，举行一次阅兵，“试枪剑甲胄腰刀，悉须犀利，一事阙即有罪”③。《蛮书》还明确说明南诏造剑之法系“锻生铁取进汁，如是或数次烹炼之”，并指出百夷等其他各部虽也运用锻炼之法，但在技巧上却不如。元、明以来百夷人用铁、铜制成的武器有鸟铳、长镖等，所穿的甲胄则以铜铁杂革制成。《西南夷风土记》中记载道：“战斗……每以鸟铳当前，牌次之，枪又次之，象继枪后。”④又据《百夷传》：“被铜铁甲，用长镖干弩。”⑤八世纪以来，百夷已经普遍使用犁耕，又懂得用金属制作武器，由此推断他们必定制作了不少金属农具用于农业生产。金属除了用于制作武器与农具，也用以制作成器皿或捶为薄片作为齿饰，故唐代以来百夷被称为“金齿”“银齿”。

农业发展引起的手工业进步不仅表现在金属冶制方面，也表现在其他手工制品方面，例如纺木棉为布。《蛮书》在记载茫蛮部时说：“皆衣青布袴，藤篾缠腰，红缯布缠髻，出其余后为饰，妇人披五色娑罗笼。”⑥又记金齿诸部说：“皆当顶为一髻，以青

---

① （明）陈文：景泰《云南图经志书·元江军民府风俗》，云南民族出版社本。
② （明）朱孟震：《西南夷风土记》，云南史料丛刊本。
③ （唐）樊绰：《蛮书》卷九，向达校注本。
④ （明）朱孟震：《西南夷风土记》，云南史料丛刊本。
⑤ （明）钱古训：《百夷传》，江应樑校注本。
⑥ （唐）樊绰：《蛮书》卷四，向达校注本。

布为通身袴，又斜披青布条。"①明代陈文的《云南图经志书》记载百夷地区："境内甚热，四时皆蚕，以其丝染五色，织土锦充贡。"②"以绵花纺织为布，阔仅八寸，土人呼曰娑罗布，岁以输官。"③百夷人所用的器皿除陶制外，也有铜铁制品，贵族所用多为金银器皿。据《百夷传》记载："所用多陶器，惟宣慰用金银玻璃，部酋间用金银酒器。"④《西南夷风土记》则说："器用陶瓦铜铁。"⑤汉族工匠对百夷地区的金属制作和手工艺品的发展有着积极的贡献，这些工匠多来自两广，"其工匠皆广人"⑥，"尤善采漆画金……漆器贮鲜肉数日不作臭，铜器贮水竟日不冷"⑦。由此可以看出他们具有很高的技术水平。

三 百夷的经济交往

如前所述，百夷人民凭借着优越的自然条件，在发展社会经济的过程中，耕作技术、纺织技术、金属制作工艺都有了很大的进步。随着粮食产量的增长，也促进了酿酒业和家庭饲养业的发展。百夷集中分布的丘陵地带适宜种茶，为北部各民族提供了生活必需品。早在南诏时期，银生城界诸山所出产的茶叶，就已为各族人民所喜爱，南诏贵族还"以椒、姜、桂和烹而饮之"⑧。此外，百夷生活的地区特有的矿盐，槟榔、麝香、亚热带水果等土特产也受到外地人民的青睐。《蛮书》记载说："银生城……外通交易之处，多诸珍宝，以黄金、麝香为贵货。"⑨由此可见一斑。

元代，由于农业、手工业的进一步发展，也由于元朝驿传的设置，促使一部分处于驿道附近的金齿百夷地区的商业交换活动日趋活跃。据李京记载，金齿百夷的贸易是"交易五日一集，且则妇人为市，日中男子为市，以毡、布、盐、茶互相贸易"⑩。到了明代，云南的集市贸易更加繁荣，《滇略》称："市肆，岭南谓之墟，齐、赵谓之集，蜀谓之亥，滇谓之街子，以其日支名之，如辰日则曰龙街，戌日则曰狗街之类；至期，则四远之物毕至，日午则聚，日昃而罢。"⑪这种街子在百夷地区同样盛行，麓川平缅一带"地多平川沃土，民一甸率有数十千户，众置贸易所，谓之街子"⑫。明时百

① （唐）樊绰：《蛮书》卷四，向达校注本。
② （明）陈文：景泰《云南图经志书·干崖宣抚司》，云南民族出版社本。
③ （明）陈文：景泰《云南图经志书·他郎甸长官司》，云南民族出版社本。
④ （明）钱古训：《百夷传》，江应梁校注本。
⑤ （明）朱孟震：《西南夷风土记》，云南史料丛刊本。
⑥ （明）朱孟震：《西南夷风土记》，云南史料丛刊本。
⑦ （明）朱孟震：《西南夷风土记》，云南史料丛刊本。
⑧ （唐）樊绰：《蛮书》卷七，向达校注本。
⑨ （唐）樊绰：《蛮书》卷六，向达校注本。
⑩ （元）李京：《云南志略·诸夷风俗·金齿百夷》，续文献通考本。
⑪ （明）谢肇淛：《滇略》卷三，俗略，四库全书抄本。
⑫ （明）钱古训：《百夷传》，江应梁校注本。

夷地区的街日多寡不一，视赶街人数及其地理位置而定，"或五日一市，十日一市，惟孟密一日一小市，五日一大市"①。地处山区的者乐甸长官司"境内皆百夷蛮，交易用金银，或五日，或十日一市"②。

除物物交易外，在交易中都需要一种交易的等价物为媒介；即使是物物交换，在计算价值或价格上也需要一个等价物来换算。这种等价物一般首先是交易物或商品，而且是经常使用的，具有使用价值和价值的、易于分割保管的物品。它往往与人们的生产和生活习尚相关联。百夷用于交换的等价物主要有海贝、槟榔串、颗粒盐、茶叶、金、银、铜等。根据《蛮书》记载："蛮法煮盐，咸有法令，颗盐每颗一二两，有交易即以颗计之。"③《马可波罗行记》则记载道：金齿市场"其货币用金，然亦用海贝，其境周围五日程之地无银矿，故金一两值银五两，商人多携银至此易金而获大利"④。元、明之时，云南各族民间多以贝（俗称海巴）为货币，《元史·世祖本纪》记载："至元十九年（公元 1282 年），定云南岁赋，用金为则，以贝子折纳，每金一钱，值贝子二十索。"⑤李时珍《本草纲目》中说："贝子，小白贝也，古者用为交易，呼为海巴，今云南尚用之。"⑥成化年间，云南商税课以乏钞请折收海巴，户部定拟十分为率，三分本色，七分海巴。由此可见，元、明时期云南民间使用的货币以海巴为多。百夷地区使用的海巴，见于元人所著的《招捕总录》："延祐五年（1318 年），永昌南窝蒲贼阿都众、阿良等作乱，烧劫百姓，杀镇将，夺驿马，云南省遣参政汪中奉、右丞朵尔只讨之。自八月至明年五月，破其寨栅，杀人甚众，贼走入箐楼，阿良降，余不可得，以天热回军，其枯柯甸、祐甸、庆甸等皆降，愿岁纳巴千索。"⑦除了海巴、金以外，充当货币的还有银、铜等，钱古训《百夷传》中说："凡贸易必用银，杂以铜，铸若半卵状，流通商贾间。"⑧朱孟震《西南夷风土记》中也说："以铜为珠如大豆，数而用之，若中国之使钱也。"⑨同时，在进行交易时，已有公用的度量衡计算单位及独特的工具。例如，在镇沅府之南的威远州产盐，"交易无秤斗，止以小篾箩计多寡而量之"⑩。在百夷地区，"盖其地多宝藏，商贾辐辏，故物价常平。贸易多妇女。无升、斗、秤、尺，度用手，量用箩，以四十两为一载，论两不论斤，故用等而不用秤"⑪。

① （明）朱孟震：《西南夷风土记》，云南史料丛刊本。
② （明）陈文：景泰《云南图经志书》卷三，云南民族出版社本。
③ （唐）樊绰：《蛮书》卷七，向达校注本。
④ 冯承钧译：《马可波罗行纪·金齿州》，中华书局本。
⑤ （明）宋濂等：《元史·世祖本纪》，上海古籍出版社、上海书店本。
⑥ （明）李时珍：《本草纲目》，华夏出版社本。
⑦ （元）佚名：《招捕总录》大理金齿条，德宏史志资料本。
⑧ （明）钱古训：《百夷传》，江应梁校注本。
⑨ （明）朱孟震：《西南夷风土记》，云南史料丛刊本。
⑩ （明）谢肇淛：《滇略》卷三，产略，四库全书抄本。
⑪ （明）朱孟震：《西南夷风土记》，云南史料丛刊本。

随着经济的发展，百夷不仅在其内部进行买卖活动，也逐渐同外界有了频繁的贸易联系。元代，金齿地区盛产金、铜，但其"周围五日程之地无银矿，故金一两值银五两"。因此，"商人携多银至此易金而获大利"①。这些外地商人来此以银易金的同时，可能还会带来不少当地所缺货物，这样自然更会促进金齿百夷贸易的繁荣和发展，从而进一步刺激其农业和手工业的生产。故而到了明代，形成了一些较大的商业城镇，如蛮莫等处的街日，已成为江西、云南大理商人的云集之所。据《明史》记载："蛮莫等处，乃水陆会通之地，蛮方器用咸自此出，江西、云南大理逋逃之民多赴之。"②《明孝宗实录》则记载更详："弘治十三年八月……辛亥，巡抚云南监察御史谢朝宣奏：'臣闻蛮莫等处，乃水陆会通之地，夷方器用，咸自此出，货利之盛，非他方比。'"③以至于到了清代，"老官屯、新街、蛮莫贸市，边内外诸夷皆赖之"④。德宏边境的江头城则是一个很大的商业贸易中心，据《西南夷风土记》称，江头城有城门十二，城周围有走廊三千余间作为营业地点；江头城外的大明街，是内地汉族商人聚居的地方，由闽、广、蜀、江携带货物，远道来此贸易的内地商人达数万人，德宏及其临近地区的百夷民众，以及其他民族来此从事商业活动的也有数万人。而"渔盐之利，贸易之便，莫如车里"。"永昌、腾越之间，沃野千里，控制缅甸，亦一大都会也。……其人僄巧，善制作，金、银、铜、铁、象牙、宝石、料丝、仕器、布罽之属，皆精好甲他处。加以诸夷所产琥珀、水晶、碧玉、古喇锦、西洋布及阿魏、鸦片诸药物，辐辏转贩，不胫而走四方。"⑤可见，当时百夷地区的商业和以交换为目的的商品生产已经有了相当程度的发展。

在百夷的经济交往中，特别值得一提的是"普洱茶"的交易。"六大茶山"是"普洱茶"的主要源地。唐时，普洱府地属银生节度管辖，唐人樊绰所著《蛮书》中所说的："茶出银生（今景东县）城界诸山。"⑥指的就是后来的六大茶山。清代方志学家檀萃所著《滇海虞衡志》介绍说："普洱所属六茶山，一曰攸乐、二曰革登、三曰倚邦、四曰莽枝、五曰蛮崇、六曰慢撒，周八百里。"⑦光绪《普洱府志稿》则说："茶有六山，倚邦、架布、嶍崆、蛮砖、革登、易武。"⑧

宋元时期，普洱茶的栽种更为普遍。据《澜沧县志》称："班崴大茶树为北宋栽种。"又称："有景迈、勐本、芒埂、糯岗、芒景、翁居、翁洼、芒洪等茶园为元代栽

① 冯承钧译：《马可波罗行纪·金齿州》，中华书局本。
② （清）张廷玉等：《明史》卷三一五，云南土司三，上海古籍出版社、上海书店本。
③ 《明孝宗实录》卷一五三，弘治十三年八月辛亥条。
④ （清）吴楷、王昶：《征缅纪略》，德宏史志资料本。
⑤ （明）谢肇淛：《滇略》卷三，俗略，四库全书抄本。
⑥ （唐）樊绰：《蛮书》卷七，向达校注本。
⑦ （清）檀萃：《滇海虞衡志》，云南人民出版社本。
⑧ （清）光绪《普洱府志》卷之十九，食货六，物产二。

种。"明朝万历年间，"普洱"一词首用作这一带的地名，"普洱茶"这一名称也在民间茶叶交易中逐渐地通行起来。明人谢肇淛所著《滇略》一书提道："士庶所用，皆普茶也。"①说明明代"普洱茶"已普遍受到云南各族人士的喜爱。李时珍在《本草纲目》中也说："普洱茶出云南普洱。"②

普洱茶茶质优良，具有茶叶肥壮、叶质柔软、浓绿，芽头壮实、白毫显露等特点，冲泡饮用时色泽乌润、香气馥郁、汤色明亮、醇厚回甘，毛尖清香如荷、新绿可爱，内质外形兼优，不仅具有一般茶叶解渴、提神、明目、解油腻的作用，还有消食、化痰、利尿、解毒、减肥等功效。历史上，由于普洱一带交通不便，运输主要靠马帮。为了便于运输，"普洱茶"多制成团、砖、饼等形状的紧茶。紧茶千里之遥运输，途中经热湿及至寒冷各地段，茶内茶多酚促氧化自然发酵，茶叶变成黑色，味有陈香，有别于其他茶叶之味道，别具特色。此外，这一区域栽植的茶树由于是大叶种茶，嫩芽有显著的白色细毛，故所制毛尖略呈银白色的光泽，所制红茶色浓味厚，无印度、锡兰茶之辛涩味，颇合欧美人之饮茶习惯。在一些地区的茶树还因与樟树混作，故在品质上又另具特点，即与酥油极易混合，因而又特别受到藏民的欢迎。

在普洱茶已普遍受到大众欢迎的基础上，清初被朝廷列为贡茶，沿贡直至宣统年间。清张泓的《滇南新语》中记有："普茶珍品，有毛尖、芽茶和女儿之号。女儿茶亦芽茶之类，取于谷雨后，皆夷女采治货银以积妆资故名。制抚例用三者充贡。"③女儿茶在此时随贡入京。清阮福所著《普洱茶记》中记述普洱贡茶的采摘情况为："于二月采蕊极细而白者，谓之毛尖作贡，贡后方许民间贩茶。"采办情况为："每年进贡之茶，例于布政司库银息项下，动支银一千两，由思茅厅领去转发采办，并置办收茶锡瓶、缎匣、木箱等费，其茶在思茅本地收取。解茶时，须以三四斤鲜茶，方能折成一斤干茶。每年备贡者，五斤重团茶、三斤重团茶、一斤重团茶、四两重团茶、一两五钱重团茶，又瓶盛芽茶、蕊茶，匣盛茶膏，共八色。思茅同知领银承办。"④普洱贡茶从采摘、加工到包装，都极为精良，故深得皇室的喜爱，并广泛在士大夫阶层流传品尝。

明清两代，在"茶马古道"之外，还以普洱为中心，向外辐射出四条"茶马大道"。一是由普洱至昆明的"官马大道"，历史上的普洱贡茶经此道运往昆明，然后转运京城。从长江下游而来的客商，以及滇中、滇东地区的客商和本省的官员到普洱，均走此道。二是由普洱至澜沧的"旱季茶马大道"，自普洱起运茶叶，经思茅糯扎至澜

① （明）谢肇淛：《滇略》，四库全书抄本。
② （明）李时珍：《本草纲目》，华夏出版社本。
③ （清）张泓：《滇南新语》，艺海珠尘本。
④ （清）阮福：《普洱茶记》，转引自赵世林、伍琼华著《傣族文化志》第 53 页，云南民族出版社，1997。

沧县，再至勐连县而后到达缅甸。三是由普洱至越南莱州的"茶马大道"，由普洱起运茶叶，经江城县至越南莱州，然后转运至欧洲。四是普洱至打洛的"茶马大道"，此系"官马大道"的延伸，自普洱经思茅、车里、佛海至打洛，然后到达缅甸的景栋。在今天的普洱县境内，还保留有三处较为完整的"茶马大道"的遗址，见证着普洱茶贸易在历史上曾经的繁荣与辉煌。

参考文献

（元）李京：《云南志略·诸夷风俗·金齿百夷》，续文献通考本。

（明）钱古训：《百夷传》，江应梁校注本。

（明）朱孟震：《西南夷风土记》，云南史料丛刊本。

（唐）樊绰：《蛮书》卷七，向达校注本。

（明）朱孟震：《西南夷风土记》，云南史料丛刊本。

（明）陈文：景泰《云南图经志书·元江军民府风俗》，云南民族出版社本。

（唐）樊绰：《蛮书》卷四，向达校注本。

（唐）刘恂：《岭表录异》卷中，鲁迅校勘本。

（元）王恽：《秋涧先生大全文集》卷八十一，中堂事记，商务本。

（明）钱古训：《百夷传》，江应梁校注本。

（元）李京：《云南志略·诸夷风俗·金齿百夷》，续文献通考本。

冯承钧译：《马可波罗行纪·金齿州》，中华书局本。

（元）李京：《云南志略·诸夷风俗·金齿百夷》，续文献通考本。

（元）李京：《云南志略·诸夷风俗·金齿百夷》，续文献通考本。

（明）李思聪：《百夷传》，江应梁校注本。

（明）朱孟震：《西南夷风土记》，云南史料丛刊本。

（明）朱孟震：《西南夷风土记》，云南史料丛刊本。

（明）陈文：景泰《云南图经志书·金齿司》，云南民族出版社本。

（明）谢肇淛：《滇略》，四库全书抄本。

（清）毛奇龄：《云南蛮司志》，云南史料丛刊本。

（明）钱古训：《百夷传》，江应梁校注本。

（明）李思聪：《百夷传》，江应梁校注本。

《明英宗实录》卷十五，正统元年三月丙子条，云南人民出版社节印本。

（清）张廷玉等《明史》卷三一五，云南土司三，上海古籍出版社、上海书店本。

（明）钱古训：《百夷传》，江应梁校注本。

江应梁《百夷传校注》，云南人民出版社，1980。

（明）钱古训：《百夷传》，江应梁校注本。

（清）张廷玉等《明史》卷三一五，云南土司三，上海古籍出版社、上海书店本。

（唐）樊绰：《蛮书》卷四，向达校注本。

（唐）樊绰：《蛮书》卷七，向达校注本。

（宋）欧阳修、宋祁：《新唐书》列传第一四七，南蛮上，上海古籍出版社、上海书店本。

（元）周致中：《异域志》卷上，中华书局本。

（明）钱古训：《百夷传》，江应梁校注本。

（明）李思聪：《百夷传》，江应梁校注本。

（明）陈文：景泰《云南图经志书·元江军民府风俗》，云南民族出版社本。

（明）朱孟震：《西南夷风土记》，云南史料丛刊本。

（唐）樊绰：《蛮书》卷九，向达校注本。

（明）朱孟震：《西南夷风土记》，云南史料丛刊本。

（明）钱古训：《百夷传》，江应梁校注本。

（唐）樊绰：《蛮书》卷四，向达校注本。

（唐）樊绰：《蛮书》卷四，向达校注本。

（明）陈文：景泰《云南图经志书·干崖宣抚司》，云南民族出版社本。

（明）陈文：景泰《云南图经志书·他郎甸长官司》，云南民族出版社本。

（明）钱古训：《百夷传》，江应梁校注本。

（明）朱孟震：《西南夷风土记》，云南史料丛刊本。

（明）朱孟震：《西南夷风土记》，云南史料丛刊本。

（明）朱孟震：《西南夷风土记》，云南史料丛刊本。

（唐）樊绰：《蛮书》卷七，向达校注本。

（唐）樊绰：《蛮书》卷六，向达校注本。

（元）李京：《云南志略·诸夷风俗·金齿百夷》，续文献通考本。

（明）谢肇淛：《滇略》卷三，俗略，四库全书抄本。

（明）钱古训：《百夷传》，江应梁校注本。

（明）朱孟震：《西南夷风土记》，云南史料丛刊本。

（明）陈文：景泰《云南图经志书》卷三，云南民族出版社本。

（唐）樊绰：《蛮书》卷七，向达校注本。

冯承钧译：《马可波罗行纪·金齿州》，中华书局本。

（明）宋濂等：《元史·世祖本纪》，上海古籍出版社、上海书店本。

（明）李时珍：《本草纲目》，华夏出版社本。

（元）佚名：《招捕总录》大理金齿条，德宏史志资料本。

（明）钱古训：《百夷传》，江应梁校注本。

（明）朱孟震：《西南夷风土记》，云南史料丛刊本。

（明）谢肇淛：《滇略》卷三，产略，四库全书抄本。

（明）朱孟震：《西南夷风土记》，云南史料丛刊本。

冯承钧译：《马可波罗行纪·金齿州》，中华书局本。

（清）张廷玉等：《明史》卷三一五，云南土司三，上海古籍出版社、上海书店本。

《明孝宗实录》卷一五三，弘治十三年八月辛亥条。

（清）吴楷、王昶：《征缅纪略》，德宏史志资料本。

（明）谢肇淛：《滇略》卷三，俗略，四库全书抄本。

（唐）樊绰：《蛮书》卷七，向达校注本。

（清）檀萃：《滇海虞衡志》，云南人民出版社本。

（清）光绪《普洱府志》卷之十九，食货六，物产二。

（明）谢肇淛：《滇略》，四库全书抄本。

（明）李时珍：《本草纲目》，华夏出版社本。

（清）张泓：《滇南新语》，艺海珠尘本。

（清）阮福：《普洱茶记》，转引自赵世林、伍琼华《傣族文化志》，云南民族出版社，1997。

Abstract：Baiyi is the appellation on today's Dai people in Yuan and Ming Dynasties Chinese literature，mainly distributed in the southwest of Yunnan. This historic ethnic group takes a very important position in the development of the southwest ethnic history of China. Geography and climate detemined rice agriculture production was the main productive activity of Baiyi，was also the main way to gain rice which was the most basic living material. As an important supplement to the economy of farming，animal husbandry and household sideline production also played important roles in Baiyi's economic life. This article discusses Baiyi's economic life in three aspects which are its mode of production，its productive technology and its economic exchanges.

Keywords：Baiyi   people Mode of production   Productive technology   Economic exchanges

原载于《青海民族研究》2011 年第 4 期

刘文辉稳藏安康思想的形成与发展

文艳林

摘　要　刘文辉稳藏安康思想起源于早期教育，萌芽于军校时期，受蒋百里国防思想影响，形成于西康建设时期，具有唯实、求进、兼容、应变、归定的显著特征，对西康建设乃至整个西南边疆稳定产生了深远影响。

关键词　刘文辉　稳藏安康思想　西康建设

刘文辉是当代中国政治军事界的重要人物，主持四川、西康军政经年，其长期军政实践中提炼出来的经验构成了自成体系的稳藏安康思想。刘文辉运用这一思想指导川康军政斗争，统率川康建设，对西南乃至中国产生的深刻影响至今犹存，有些经验依然为处理康藏关系、国际政治所借鉴。在争霸称雄之间，刘文辉一生致力于"新西康建设"。在国民政府时代，这是他政治、军事发展的最后依托，也是他稳藏安康思想的实验区。为建设新西康这块根据地，可谓呕心沥血（他自己说是惨淡经营）。他的稳藏安康思想，集中体现在著名的《刘自乾先生建设新西康十讲》（下称《十讲》）中。他自己认为该书是"近来我本诸于二十余年中治军与从政的经验，经过反复思维的结果"[①]。通过考察，发现其在蒋百里国防思想的基础上，发展成具有自己鲜明的特点的稳藏安康思想。

一　蒋百里的国防观对刘文辉稳藏安康思想的影响

蒋百里早年留学日本，回国后担任过保定军官学校，他是公认的中国近代最杰出的军事学家和军事教育家之一。1912 年 12 月，刘文辉进入北京第一陆军中学学习，蒋百里就在百里之外的保定军校担任校长。不久，刘文辉进入了该校炮科第二期。尽管这时蒋百里已经毅然辞去校长职务，但他强烈的国家意识、民族意识，以及抱着"不

---

① 　刘自乾：《刘自乾先生建设新西康十讲》，雅安建康书局，1943，第 62 页。

成功便成仁"的决心和壮举,对刚进校的刘文辉而言,不啻为一堂生动的人生观、忠义观教育课。故与军校其他学生一样,刘文辉如饥似渴地在蒋百里的言论中吸收思想的营养。这后来竟成为影响刘文辉政治、军事、文化教育乃至整个人生的重要知识来源。蒋百里国防观对刘文辉稳藏安康思想的影响主要表现在以下几个方面。

(一) 历史国防观

蒋百里对中国国情和中国历史有准确的把握和独到的见解,从中总结的规律和精辟见解,对当时产生广泛深远的影响。这首先表现在他的历史国防观上。他认为从中国历史社会发展进程看,整个过程"是那样错综复杂,头绪纷纭,要从中寻出几个要点,由此明了一个民族的传统精神的确是不容易的",而《春秋》作为一部"哲学性"的"历史",始终"努力从客观的事实中寻出了一个主观的方向",所以"是中国历史著作一种划时代的创作"。① "如果我们细心体察《吕氏春秋》在综合百家时,如何使百家的学说经过改变而融为一体,我们将不得不佩服它的综合是很成功的,也是很不容易的。"② 蒋百里从中得出一个惊人的发现:那就是"生活条件与战斗条件一致者强,相离者弱,相反者亡",并认为这个他"于世界民族兴衰"发现的一条"根本原则"。③由此他发现"中国民族"在"农耕"与"游牧"的较量中,形成了一种"寓兵于农"的"井田制"。这种"井田制"逐步演化成为足以抵抗游牧武装的突击"最小方阵",进而扩展成为农耕文化与军事文化紧密结合的长城与运河,成为"中华民族精神的象征"。他认为中国近代的军事家曾国藩把握了这个精神实质,看出了出于"防守的"乡土武装具有进攻性的一面,把"团"与"练"有机结合起来,赋予了这种乡土武装进攻的职能,在战争中运用自如,游刃有余。尽管曾国藩打的是内战,但是"就国民性来看是成功的"④,故面对列强瓜分下的中国,蒋百里提出"似要想解决中国当前的国难问题,复古也不行,学新也不行。还从新古两者中间再辟一条路",即将"世界全体状况"进行比较概括后,得出"国力的原素(战斗的与经济的是同样的),可以大别之为三种",即"人"、"物"和"人与物的'组织'"。⑤ 为此,他将上述思想总结为"四个一致"的富国强民的国防思想:"第一求人与器之一致,第二求兵与兵之一致,第三求军与军之一致,第四求军与国之一致。"⑥

刘文辉对这个思想推崇备至。对于当时国难当头的边地西康,如何才能达到"四

---

① 蒋百里:《国防论》,上海世纪出版股份有限公司、上海书店出版社,2011,第2页。
② 刘元彦:《吕氏春秋:兼收并蓄的杂家》,生活·读书·新知三联书店,2008,第248、210页。
③ 刘自乾:《刘自乾先生建设新西康十讲》,雅安建康书局,1943,第48页。
④ 刘自乾:《刘自乾先生建设新西康十讲》,雅安建康书局,1943,第48页。
⑤ 蒋百里:《国防论》,上海世纪出版股份有限公司、上海书店出版社,2011,第7页。引号内括号及内容为原文所有。
⑥ 蒋百里:《国防论》,上海世纪出版股份有限公司、上海书店出版社,2011,第55页。

个一致"呢？刘文辉认为首先要加强"民众组训"，而""组"是一事，"训"又是一事"①。再好的组织形式或制度需要恰当的方式去实施。"纵的方面达到系统之严整，横的方面达到联系之坚强，只能说是民众组织业已健全，或说组织业已成功，决不能说训练业已成功。"② 而从实质上看，他的"组训"与"团练"是一致的。故刘文辉在阐述他的国防观中，强调"组织力的建设，在中国非常重要"。他引用蒋百里"中国之生死存亡关键，全在此组织一事"的名言，在"四力政纲"中提明确出了"加紧组训民众"的思想。他提出"要把民众训练成为矢忠矢勇，服从命令的民众"，以使"人人能够造成大勇大无畏之精神"。③ 何以通过"组训民众，必须要求民众忠"呢？

> 因为我们组训民众，是为的建设新西康，强化新西康，为的巩固边防，卫省卫国。若是我们训练出来的民众，没有养成"忠"的德性，不够"忠"的要求，那我们的训练，就等于白费气力。岂仅止于白费气力，"忠"的反面，就是"奸"，不忠即奸，"忠"能卫省卫国，"奸"则卖省卖国。④

这样，他给"组训民众"定了标准，那就是对国家和民族的"忠"。

> 如果我们训练出来的民众，不能尽忠以卫省卫国，而反作奸以卖省卖国，则不特不能建设新西康，强化新西康，反可以危害本省和国家的生存。那我们训练民众，岂不是适得其反，遗害无穷，我们还训练干什么？⑤

如何实施呢？那就是要采取因地制宜的组训方式。他认为"我国人口众多，世所罕有，这本是一件值得自豪的事。抗战逾五年之久，这不仅是空间换来的，也是人口换来的。只可惜我国民众，平时素乏组织，训练自然更谈不上，所以无形中便减少了若干的力量。况且'空间'与'人口'毕竟有限，而'时间'无穷，我们不能不注意到'以质变量'的办法，来加紧组训民众。本省因大局的转移，必谋生存，尤须致力于此"，提出了"利用爱乡保家的观念、农隙之时"等"组训民众"，⑥ 以达到"第一求人与器之一致，第二求兵与兵之一致，第三求军与军之一致，第四求军与国之一致"⑦

① 刘自乾：《刘自乾先生建设新西康十讲》，雅安建康书局，1943，第 344 页。
② 刘自乾：《刘自乾先生建设新西康十讲》，雅安建康书局，1943，第 344 页。
③ 刘自乾：《刘自乾先生建设新西康十讲》，雅安建康书局，1943，第 344 页。
④ 刘自乾：《刘自乾先生建设新西康十讲》，雅安建康书局，1943，第 344 页。
⑤ 刘自乾：《刘自乾先生建设新西康十讲》，雅安建康书局，1943，第 344 页。
⑥ 刘自乾：《刘自乾先生建设新西康十讲》，雅安建康书局，1943，第 262 页。
⑦ 蒋百里：《国防论》，上海世纪出版股份有限公司、上海书店出版社，2011，第 55 页。

之效果。

（二）立体国防观

蒋百里立体化的国防思想贯穿了刘文辉稳藏安康思想始终。蒋百里指出"未来战争，陆军强不中用，海军大不中用，空军勇也不中用"，而是高度统一的科学的指导思想。当然，众所周知这在当时是做不到的，他便要求服从指挥"海陆空军统一作战"的威力，即"唯一领袖威光创造成的新兵力"①。刘文辉将此阐述为"二十世纪的情况，确乎转变了。过去之平面战争，已经变为立体战争，莫说我国像现在这样大的领土，全体民众要随国家之胜败存亡，共其荣枯，就是我们的国家在比现在大一两倍，我们也休想再过'前方作战，后方安居'的日子了"②。为此，他认为，除了加强国防力量外，"思想才是决定一切的东西，所以领导部属，莫要于领导思想，建立干部政治，莫要于建设思想"③。借此，他发挥为在集中统帅下改变过去"重文轻武、重文轻武到文武相轻"，"由军政相轻进入军政相亲"的思想，以达到"各族一心，上下一德，攻无不克守无不固，我不犯人，谁敢犯我，然后可以保障本省之生存，巩固西南之国防，然后可以奠定本省不拔之根基，永抒中央西陲之顾虑"之效。④

（三）地方实力观

蒋百里的地方实力观对刘文辉产生很大影响。蒋百里考察了历史上国防力量消长的规律，得出"中国一个新的有生命的力量，常从地方起来"的论断，这直接体现在刘文辉的稳藏安康思想中。刘文辉认为蒋百里"肯定地指出一条原则，这不仅对中国全部历史而言，就是近百年历史而言，也是"完全吻合"。⑤ 因为"只从一隅之地发生起来的事例，凡是明眼人都者得很清楚"，刘文辉不仅从思想上深刻地印记着蒋百里的"四个一致"等国防观⑥，也从历史经验和现实条件印证了蒋百里的这个论断。

刘文辉把他治下的西康界定为"新西康"，就是要从此培养出地方上"新的力量"来，为"造成一个新中国"奠定新基础。他坚持认为"真的足以挽救国家复兴民族的力量，一定不是现成力量而是另一种新生力量"⑦。之所以这种新生力量必起于川康，理由在于，该区"环境相同，风气易于感染"，"基础坚固，力量易于树立"，"情感触洽，斗志易于发扬"。这又明显源于蒋百里"一队犹若一家然，除共同之利益外，他无

---

① 蒋百里：《国防论》，上海世纪出版股份有限公司、上海书店出版社，2011，第23页。
② 刘自乾：《刘自乾先生建设新西康十讲》，雅安建康书局，1943，第301页。
③ 刘自乾：《刘自乾先生建设新西康十讲》，雅安建康书局，1943，第438页。
④ 刘自乾：《刘自乾先生建设新西康十讲》，雅安建康书局，1943，第48页。
⑤ 刘自乾：《刘自乾先生建设新西康十讲》，雅安建康书局，1943，第597页。
⑥ 参见蒋百里《军事教育之要旨》，载《国防论》，上海世纪出版股份有限公司、上海书店出版社，2011，第54~61页。
⑦ 刘自乾：《刘自乾先生建设新西康十讲》，雅安建康书局，1943，第602页。

所思，虽危险之际，亦不为之稍动，此则达氏之所谓信任之原"的思想基础①。刘文辉认为蒋百里这个思想正好支撑了他的上述论据，于是提出民族复兴的根基在于他治下的"川康"，进而借蒋百里"战略素养的培育不在军事之内，而在军事之外"的思想②，诘问抗战开局后一败再败的缘由："大家想想，我们抗战已逾六年，试问支持这六年多的力量，又是不是'七七'以前准备好了的现成力量呢？抗战发生以后，最高统帅一再昭示'自力更生'，假定现成的力量是够的，又何必要求更生新力量呢？"③他用自相矛盾的事实否定了蒋介石指挥的抗战建国路线，而强调了自己的"地位险固而冲要、物力充足而齐全、人民众多而优秀"的川康人民具备"创造性、革命性和容受性"特质，足以担当"抗战建国"和"建设新中国"的重任的观点的正确性。④刘文辉首先从国家强弱和民族兴衰的根源上认识到"蒋百里先生从民族之兴衰，发现一个国家民族强、弱、亡的根本原则"，就是不仅要坚持"生活条件与战斗条件一致"的制度，而且要具备"实际与理论绝对一致的人才"。他赞叹道："从此也就看出理论与实际的合一与否，简直关系到一个国家的强弱存亡，这是何等的重要！"这事实上就是对当时蒋介石妄自坐大、长期蔑视打压地方实力派的一个有力反击。

综上，刘文辉对蒋百里国防思想进行了长期系统的消化吸收和发挥，融会贯通在他的新西康建设中。

二 刘文辉稳藏安康思想的特点

（一）唯"实"：重实际、重实力

自身条件和当地情况是一切事物赖以存在发展的基础。这个实际是一切问题的出发点，这是刘文辉唯"实"思想第一层面的命题。对现实和实际问题的正确认识，就是科学的自身定位问题。"定位"不仅是科学研究的重要命题，也是技术实施的必要条件，进而成为政治、军事等领域的决策前提。"自身定位"决定发展的路径和方向及其发展空间和前景。影响当代社会历史发展模式与进程的"谁是我们的朋友，谁是我们的敌人"之所以成为"革命的首要问题"⑤，其实质就是一种阶级定位或"群"的定位。首先解决好"我是什么人"和"我属于哪个群"的问题，才使其发展成为可能。这一问题，在经济条件较好、文化教育发达的成都平原，对于那些早已达到"小康"生活的豪强地主和实力派阶层，不止一次地叩问和思考。曾经强盛一时的"老大帝国"

---

① 参见蒋百里《军事教育之要旨》，载《国防论》，上海世纪出版股份有限公司、上海书店出版社，2011，第 57 页。
② 蒋百里：《民国丛书·第二编·国防论》，上海书店，1989，第 182 页。
③ 刘自乾：《刘自乾先生建设新西康十讲》，雅安建康书局，1943，第 602 页。
④ 刘自乾：《刘自乾先生建设新西康十讲》，雅安建康书局，1943，第 627、634 页。
⑤ 毛泽东：《中国社会各阶级的分析》，《毛泽东选集》（一卷本），人民出版社，1968，第 3 页。

在短短时间以"突变"的方式垮掉了，延续千年的上层建筑又进入"礼崩乐坏"的螺旋循环，"新战国"的局面异彩纷呈。"在生存竞争剧烈之新战国时代"①，通过一辈辈积攒起来的家产在乱世中风雨飘摇，谁来捍卫这来之不易的成果？这就关涉刘文辉从自身实际出发的定位以及定位后的发展选择。

刘文辉从小处在这样的环境和面对这样的变乱局面，他随时都在接受训练，被迫面对和思考。中国农民从来就是天然的"唯实派"，从实际经验出发，注重发展自身实力。这也是他自少年求学开始逐步形成的思想基础。在家庭中，他自己看到变乱的中国，如果没有军事作为支柱，一切都失去基础。他报考军事院校，并在这里立足。这既是根据当时"天时、地利、人和"的传统经验的选择，也是根据当时自身定位和发展的实际情况的选择。其当时的家庭，有了一定的基础，谈不上富甲一方，但较之一般农家而又殷实有余。川西平原有一批地方豪强较早意识到"枪杆子出政权"的重要性，其中一些善于投资和投机者已经发展成为大小不等、独霸一方的军头，将家财投入搞军事已经成为豪强地主们当时一种明智的选择。家乡仅小小的安仁镇，短短时间内就涌现了号称"三军九旅十八团"的军官群体，这种势头可见一斑。而就家族来看，当刘文辉还在陆军小学读书时，当时在家族中叔伯一房的刘湘已经在地方军政界崭露头角，这无疑是对刘文辉前途的一种鼓舞。刘湘以从一个弁卒到地方军事一霸，不过几年时间。刘文辉看到了这个势头，剧变的形势使做出了军政结合的人生选择：那就是积极投入军政界，整合地方资源和家族资源，顺势而为，借势发展，不断壮大实力，为"问鼎中原"的宏伟目标而努力②。

自身的实际状况得以确定之后，就是发展的选择问题，首先是实力的培育与壮大，这是刘文辉唯"实"思想中的第二层面的命题。在"新战国时代"，实力是一切竞争的基础。尽快壮大自身实力，成为刘文辉面临的重大任务，为此他不仅要极大地发挥自身拥有的实力，而且尽可能占有并运作已经强大的川渝军政资源，那就是对内依靠、动用家族势力，对外实施"沾""靠"依托战略。实际是，要在很短的时间内完成忠实于自己思想的特需的军政专门人才的训练，使他们成为独当一面的干将已不太现实；而已有的能够独当一面的军政专门人才又不能保证对自己的绝对忠诚。在"忠"与"专"之间选择，显然前者权重较大。为此，出于封建时代的家族信任占据了"忠"的地位，家族成员纷纷成为新的军政实体的干将。什么样的知识结构，决定什么样的行为习惯和行动方式。他们出生于以种植业为主的农业生活圈，"种"的知识结构和习惯思维摆脱不了务实的经验选择。通过"屯垦"以解决军需，通过种烟以获取高额收

① 刘自乾：《刘自乾先生建设新西康十讲》，雅安建康书局，1943，第374页。
② 参见刘文辉《走到人民阵营的历史道路》，生活·读书·新知三联出版社，1979，第2页。

入，通过建立农牧场以引进现代农业技术。在他治下康、宁、雅三个区域，基本上是依据当地实际规划了不同特色的经济区域。康区是退守依托，发展农牧业；宁属具有四川第二大平原安宁河谷，是建立西南粮仓的最佳选择；雅安属于盆地经济和成都平原的连接康区的纽带，作为进取成都的跳板和前沿口岸。可见，刘文辉在"时""地""人"的运作上，都紧紧把握做唯"实"的思路，整个西康建设时期没有半点动摇。

在针对"三属"不同的人文地理状况提出不同的治理模式之后，必须面对多个方面的劲敌或考验。一是来自蒋介石中央政权的威胁，二是来自西藏噶厦不断的侵扰以及康区内部敌对势力的挑衅，三是西南大小数十个军阀的觊觎，四是不断壮大的工农红军的考验。刘文辉应对不同的敌对派，依据实际情况，各个击破，每次都度过了灭顶之灾而化险为夷实现救亡图存。对蒋介石政权的"明依暗抗"，对西藏噶厦采取"防堵"并结合必要的军事打击，对内实行剿抚并用，对其他军阀实行"远交近攻"，对工农红军实行"躲让"和暗线联络等方式。这些从实情出发，唯以保存和壮大自身实力之举，取得了重大成效。事实上，在抗战期间，全国绝大部分国土一片狼藉萧条的情况下，西康以蓬勃的生机凸显在大后方的风景线上，成为世人眼中"神秘"的地方。[①]这个地方，彰显刘文辉的实力的蓬勃成长态势，他优先发展经济，然后壮大军力，要"在这个'步步升高'的地方"，"造成一个新血球"，"注射到中国的体内"，为"使衰老的中国变成一个新中国"而"负起一部分的责任"。[②] 不论他出于什么样的考虑，结果是，在新中国成立的时候，他所属的武装在与蒋介石部队浴血奋战中"不少官兵为人民的解放事业献出了自己的宝贵生命"之后，"将所拥有的军队、政权、经济一起交给了人民"[③]，实践了中国人传统的"言必信、行必果"的道义观。

（二）求"进"：重文明、重教育

在历史大潮面前，是倒退还是进步，这关系到逆和顺的问题，继而关涉到"衰与昌，灭与存"的问题。事实上是一个重大的政治选择。这是当时豪强们必须回答的又一个重大问题。"顺之则存，逆之则亡"的道理，已经随辛亥革命的枪炮声响彻全国。不论实力有多强大，这个选择一旦错误，就面临灭顶之灾。袁世凯为首的旧军阀的倒台，很大意义上不是他们实力不够强大，而是在这个问题的选择上犯了错误。"承天理、顺民意、得天下"的经验经过千百年检验被历代统治者尊为颠扑不破的信条，在近代急剧转型的中国已经演进赋予"民主、科学、改良、进步"的新意涵。刘文辉接受这一思想是经过了一个过程的，八年近现代化程度很高的陆军教育系统的养成训练，

---

① 叶萍：《神秘的西康》，《大公报》，1946 年 2 月 12~15 日。
② 刘自乾：《刘自乾先生建设新西康十讲》，雅安建康书局，1943，第 635、636 页。
③ 刘文辉：《走到人民阵营的历史道路》，载刘世定《寻常往事：会回忆祖父刘文辉》，新星出版社，2009，第 279 页。

给他思想中注入了科学和进步的营养，深刻影响了他的进步思想，继而有了他的"三进原则"①。这种唯"进"的思想源泉，除了中国传统的"奉天承运"外，还有辛亥革命和五四运动后思想变革的深刻影响。为了表明他的进取精神和信念，他详细阐述了《列子》中"愚公移山"的典故，认为："该有奋力向上的精神，更须效法愚公'死生以之，子孙以之'那样的奋力向上精神，这才是我们进取的真精神。"② 三年之后的1945年6月，毛泽东在中共七大上竟以《愚公移山》作为大会闭幕词号召全党振奋精神去夺取胜利，这也印证了刘文辉选择进步精神典范的正确与前瞻。

不仅如此，他的眼界始终是拓展的。他认为"在某一个空间和时间的进步方法，在另一个时间和空间难免不是落伍的方法。方法的进步和精与好，既不是绝对的，那末，精益求精的进步方法，当然是应该随时改良，随地修正，而且要修改到最精良、最正确的程度"③，唯其如此，才能"才能进而为国家谋生存"。他对统治阶层的"崇拜古代"、"信仰陈言"、"过分稳健"和市井阶层的"好逸恶劳"进行了尖刻批评，认为"他们以为世间的道理，早被古人说完了，后人用不着再求进步。假设勉强去求新求进，一定不如古人远矣。所谓'非先王之法服不敢服，非先王之言不敢言'，这是他们的信条"。又说"他们一生的生活，都是做古人的注释者，不是做现代的发明人"，"所谓'利不百，不变法；功不十，不易器'。殊不知天下事绝无有百利而无一害者，因之只好'不变''不易'"④。他考察了中国历史上治乱的得失，认为其并不仅仅在于"仁"与"暴"的问题上，根本在于进步与不进步的问题上。他充分肯定了洪秀全领导的太平天国的正义性，但他深刻指出："明白说来，曾氏利用民，洪氏利用新，中国民族缺乏进取精神，恰是厌新喜旧，曾国藩利用洪秀全的弱点，亦即是利用中国旧族性的弱点。再进一步，就洪秀全本人来说，他虽然是一位革命的领袖，其进取之精神，也并不十分彻底，观其取永安，即封王位；得金陵即以金陵为根本，定为天京，把北伐看为附带的事，正是进取精神不够的表现。"⑤

其实，刘文辉的"进取、进步、进化"阐述的是进步思想上的不同层面的问题。进取是一种手段、一种方式，进化是一种趋势、一个方向，而主题与核心就是进步。刘文辉唯"进"的思想，表现在经济、文化、政治建设等几个方面。在经济方面，他提出了"厉行经济建设"。

在文化方面提出发展边疆教育，在政治方面实行新县制。同时，对阻碍社会进步

---

① 刘自乾：《刘自乾先生建设新西康十讲》，雅安建康书局，1943，第167页。
② 刘自乾：《刘自乾先生建设新西康十讲》，雅安建康书局，1943，第167页。
③ 刘自乾：《刘自乾先生建设新西康十讲》，雅安建康书局，1943，第170页。
④ 刘自乾：《刘自乾先生建设新西康十讲》，雅安建康书局，1943，第174页。
⑤ 刘自乾：《刘自乾先生建设新西康十讲》，雅安建康书局，1943，第167页。

的封建土司、头人和喇嘛制度进行了深刻而彻底的批判。他将"进取、进步、进化"定位到稳藏安康思想"原则"的高度，并以之推动事业达到"止于至善"的境界。这个原则下，厉行经济建设、加强民众组训、大办文化教育，他要把他的民众武装成为现代化程度高、凝聚力强、奋发有为的群体，树立"坚强不摧的精神"[1]，以达到坚无不摧、攻无不克的目的。

（三）兼"容"：不以信仰画鸿沟，包容和谐百家争鸣

"容"是一种境界。"海纳百川有容乃大"是中国人对"容"的境界的一种憧憬和崇敬。中国就是一个因"容"而大的国度，中华民族就是一个因"容"而大的民族，中华文明就是因"容"而源远流长的文明。"中国"的国名与"四川"相呼应，都留下"容""融"的文化痕迹。"容"的思想和"容"的境界在中国人看来就是"容融"而"合和"，"和合"而和谐共荣、共进、永生。刘文辉生长在成都平原这个受岷江水系灌溉千年的沃野，汇集了南来北往的中原文化、藏羌文化、西秦文化、甘青文化乃至印缅文化，促进了巴蜀文明不断发展。兼收并蓄成为地方文化的一大特征。故刘文辉的思想萌芽里已蕴藏了开放的文化基因。这种由于"各方汇合影响"，"自然也就毫无扦格"地"适应各方"，[2]"唯其除革命性之外，又有容受的特性，因此更能形成圆满优秀的人格"。[3] 加之后天系统的现代养成教育和军政生涯，长期练就的"容受性"，这一思想逐步发展到"只为国家造幸福，而不为自身争权利"[4] 的境界，以至于崇尚"勇于尽责，耻于争权"。[5]

由于庞大的军政实体迅速发展需要有力的人才支撑，从现实的考虑，刘文辉把目光投向了家族成员。这些来不及脱去长袍的农民与他们外表极其一致的内在就是以"我"为中心，以"家"为天下。事实证明，这种内在不可能在以国家大局和民族利益为前提的军政运行中持续释放能效，当一定的利益"中饱私囊"或一定的压力摧垮维系这种亲缘的纽带之后，"忠"就不复存在。但当时的实际是没有比这更为廉价和适合的人力资源供新军政实体选择，所以刘文辉毫无疑义选择了"刘家军"作为骨干班底。用这个班底，统领巨大的军政实体，使他"问鼎中原"的宏伟目标受到挑战：那就是目标的"公"天下属性与手段的"私"天下属性相对撞，使他不断地在充满矛盾中寻求解脱。一方面，他大力扩充干部队伍，客服"恶币效应"；另一方面积极建构精神层面的新导向，试图通过诵经扬佛将较低层面的利益型精神导向提升为更高层面的

① 刘自乾：《刘自乾先生建设新西康十讲》，雅安建康书局，1943，第 553 页。
② 刘自乾：《刘自乾先生建设新西康十讲》，雅安建康书局，1943，第 616 页。
③ 刘自乾：《刘自乾先生建设新西康十讲》，雅安建康书局，1943，第 615 页。
④ 刘自乾：《刘自乾先生建设新西康十讲》，雅安建康书局，1943，第 617 页。
⑤ 刘自乾：《刘自乾先生建设新西康十讲》，雅安建康书局，1943，第 624 页。

价值型精神导向。应该说，他在两个层面的尝试都取得了成效。通过这两手策略，他的干部队伍得到了壮大（包括军事干部），专门人才队伍得到了壮大，支撑了他实力的稳定增长。这个效应在"退守"西康后尤其明显。这种思想指导下的西康建设，很大层面上表现为一种思想建设或精神建设。这在价值导向型的西康全民信教区，契合度自然不低。在精神层面取得契合之后，实力壮大和稳定发展就有了坚实基础。这成为稳藏安康成功的重要历史经验。

（四）应"变"：为了达到目的，不断调整策略和方针路线政策

"变"作为中国传统改革精神的动力，被置于民族进步和国家富强的重要地位。军事政治斗争没有墨守的成规，这种博弈魅力在于它的变幻莫测。孙子指出"将通于九变之利者，知用兵也"，"治兵不知九变之术，虽知五利，不能得人之用矣"。① 其由于军事上的变化过于神秘，被中国人尊崇到极致，直接挑战封建王朝的"仁义忠信"的道德规范，以兵家"将在外君命有所不受"演绎了军事领域神奇逻辑而被广为接受。这个思想由军事向政治扩散，导致了政治斗争军事化，政治变革往往与军事斗争结合孪生，充满血腥。政治家出于政治生存的必要，提出了类似军事斗争的"天变不足畏，祖宗不足法，人言不足恤"② 的思想，对一般意义上的传统法理和社会道德构成了严重挑战。这种思想，对于兼跨军事政治等多重领域的复合型人物来说，作为顺势而为的变革精神，始终伴随着刘文辉一生。由此他的多变思想和人格随之产生。刘文辉以"变祸为福"作为这种变化思想的价值取向，在整个人生历程中贯穿始终。他运用"变"数之娴熟，到了炉火纯青的地步。在应对任何一件复杂的事物的时候，他都显得从容自如，游刃有余，以至于被人把握不透而招致"反复无常"的指责。这种由"多变"而入"无常"境界，影响了三个层面：政治层面的表面"中庸之道"与私下的"明修栈道，暗度陈仓"相并行；军事层面的表面"弭兵止戈"与私下的"远交近攻"相并用；社会治理层面通常的"仁义为怀"与处置突发事件"心狠手辣"相交替。这是他在纷繁复杂的军政斗争中得以生存发展的"法宝之一"，为此而拥有"多宝道人"的称号。

（五）归"定"：围绕"三化"检验衡量一切事物

在孔孟时代，天下纷争，群雄割据，"天下恶乎定？定于一"③ 的"安天下"渴求成为时代追求。而在"一"者"人乎，法乎，道乎，德乎，仁义乎？"的争论中，"仁即一"，"仁政为一"④ 思想为众望所归。刘文辉将"仁"作为他思想的顶层设计，置

---

① 宋本十一家注，《孙子》，中华书局上海编辑所 1961 年影印。
② 《宋史·王安石列传》卷 3。
③ 焦循：《孟子正义》卷 2，梁惠王上。
④ 焦循：《孟子正义》卷 4（内府藏本）。

于最高地位，用以统帅一切思想行动，以"本正源清"。他认为只有做到了"本正源清"，才会"名正言顺"，昭示天下，一路畅行，成就事业。所以他提出"就整个言，仁的精神本是贯注到全部的；就个别言，则以宗教家之仁，贯彻德化政策；以慈善家之仁，贯彻同化政策；以志士爱国之仁，贯彻进化政策"。①

尽管独霸一方，生杀予夺，权力至高，但他意识到"子为政，焉用杀"的道理，以《论语》中"子欲善而民善矣！君子德风，小人德草，草上风之必偃"的"德治"思想为渊源，解释道："所谓杀者就是威服，所谓'德风'，就是德化"，"威服政策不如德化政策之有效"，进而得出："政治的根本要求在于一个'定'字。古人谓天下如何才能统制，则曰'天下恶乎定'？但是只要以杀为能事，就会演化为循环的仇杀，当然就没法定了。"②先有定，而后才有发展。他批评历代统治者对于"边民"进行"大肆屠杀"：

> 这一次大屠杀的结果，边民的势力大减，汉人因此强盛起来。从表面上看，好似威服政策的成功，然而民国以来，国家多故，中央无暇顾及边事，汉人又转强为弱，而夷人则转弱为强，于是汉人到处受其掳掠烧杀，弄得汉人有时只能聚居城镇，不敢散居乡间，有时更不敢与夷人杂居一地。不得已，政府又只好派大军去剿杀，总之，杀来杀去，循环往复，终无宁日。③

这样，"只要以杀为能事，就会演成循环的仇杀，当然就没法'定'了"④。他批评赵尔丰等人"过求更张，则易滋反感"的"西康文化之特殊情形"⑤："赵季和之于康属，也是这种情形，还说得上成为稳藏安康政策吗？主张用威服政策者，他们一个最高理论，就认定'蛮夷之人，畏威不怀德'，证以事实，所谓畏威，也不过一时耳，只要他们有成可扬，汉人一样的要畏其威。"⑥ 他认为赵氏不仅"过求更张"而无定，还在于滥兵："许多政事败坏于军事"，推崇蒋百里"夫以不教之民，授以不祥之器，而教之以杀人之事，吾恐今日之唯恐无者，他日唯恐其有"的观点，主张以教化和发展求定，在和谐相处的大家庭中求定，并要"拿出仁爱的心现爱之、护之、教之、养之，使各族融为一体，各人各尽其才"，"造出一个个新血球，奠定新国基，建成

---

① 刘自乾：《刘自乾先生建设新西康十讲》，雅安建康书局，1943，第 602 页。
② 刘自乾：《刘自乾先生建设新西康十讲》，雅安建康书局，1943，第 139 页。
③ 刘自乾：《刘自乾先生建设新西康十讲》，雅安建康书局，1943，第 142 页。
④ 刘自乾：《刘自乾先生建设新西康十讲》，雅安建康书局，1943，第 142 页。
⑤ 刘自乾：《刘自乾先生建设新西康十讲》，雅安建康书局，1943，第 32 页。有意思的是，赵尔丰嗜杀，结果他自己也兵变被杀，多少印证了刘文辉的上述断言。
⑥ 刘自乾：《刘自乾先生建设新西康十讲》，雅安建康书局，1943，第 142 页。

新中国"。①

"定"实质上是一统的思想。"三化"的实质就是"和谐大同"（德化）"传统精神复兴"，"始终保持世界文明进步性"。统帅三化的总纲是"仁的哲学"，德化、同化、进化是"本诸本人经过十余年来之经验所研究出来的一种稳藏安康方略，这是一反几千年治边的窠臼、别开生面的一种治边大计"②。他认为"旧中国'旧'特点之一，是分裂；新中国的'新'特点之一，是统一"，并进一步指出"国家要独立、民族要解放、人民要革命，已经成为不可遏止的澎湃洪流"③，进而得出当今中国只有"统一在马克思主义、毛泽东思想的基础上，才能得救"的结论。④

纵观刘文辉稳藏安康思想，发轫于"实"，内核是"仁"，动力是"进"，灵魂是"变"，姿态是"容"，归宿于"定"。

三 刘文辉稳藏安康思想的历史价值

（一）巩固边疆和稳藏安康

在刘文辉看来，近代西康继尹昌衡之后，大致经历了这几个阶段：

> 初为张毅，继为刘锐（恒），又次为殷承瓛，再次乃为陈遐龄（民十三年由孙代行），最后为刘成勋。或以缺乏政治经验，或以处境异常恶劣，或以处理事变无方，或以无力兼顾边地，或以无心经营事业，遂至前后十六年间，康事一蹶不振。⑤

他将西康的经营分为四个时期，即（1）康事之猛进时期，始于清光绪三十二年（1906年），迄于清宣统三年（1911年）认为这是赵尔丰时期改土流治治，积极经营时期；（2）康事之逆转时期，始于民国元年（1912年），迄于民国十六年（1927年），认为这个时期民元以还自尹昌衡至刘成勋时期之"一再贻误，骚宇日蹙"；（3）康事好转时期，始于民国十七年（1928年），迄于民国二十七年（1938年），刘文辉接防西康以后至二十八年建省委员会结束以前，"一切渐复旧观"，各项事业亦逐步开展；（4）新西康之建设时期，1939年省府成立后，"康事才算有计划的发展"。⑥这个分法应该是比较合符实际的。刘文辉对西康历史的开发和发展脉络有准确的把握，这是他在

---

① 刘自乾：《刘自乾先生建设新西康十讲》，雅安建康书局，1943，第640页。
② 刘自乾：《刘自乾先生建设新西康十讲》，雅安建康书局，1943，第640页。
③ 刘文辉：《走到人民阵营的历史道路》，生活·读书·新知三联书店，1979，第129页。
④ 刘文辉：《走到人民阵营的历史道路》，生活·读书·新知三联书店，1979，第124页。
⑤ 刘自乾：《刘自乾先生建设新西康十讲》，雅安建康书局，1943，第21页。
⑥ 刘自乾：《刘自乾先生建设新西康十讲》，雅安建康书局，1943，第519页。

经营西康的进程中取得成就的重要原因。

他把这自己经营西康的前期称为"好转时期"，抓住"中央以全国业已底定，特别注意康藏边事"的机会，面对"汉官所能管辖者实仅十一县半，疆宇残破，藩篱尽撤，窥伺者益亟，而抚治者亦难"的局面，接防以后，他着手实施中国传统为官的"三把火"：

> 首先整饬边军，革其积弊，挽其颓风，然后肃清盗匪，恢复交通，整顿民政财政，以谋现局之稳定，此为第一步工作。其次，关于治边之方略，则首谋康藏济设施，从事业上予以改进。复次，俟军稍有头绪，边民结合渐臻一致，才设法收复金沙江以东各县，并将各地叛乱余焰次第扑灭，此建委会成立以前之工作概况。①

接下来，他利用"中央设西康建省委员会，任命本人为委员长"的机会，乘势促成建省：

> 在此时期中，经本人十年之不断努力，承中央恳切之指示，赖僚属一致之惨淡经营，所有西康政治，始渐入正轨，并由静态而渐入动态；所有西康社会，始日趋安宁，日趋繁荣，一切现象，均呈逐渐好转趋势。②

刘文辉接管西康前期，的确用功经营，取得了很大成绩，为建省准备了人力、物力和社会基础条件。他一生最大的成就莫过于前后 20 年对于西康省的经营，其政治、军事、文化和教育等思想均在这一时期得以形成并发展。特色鲜明的西康文化和经济政治，成为抗战后方的典型，闪耀一时。从刘文辉最早的个人设计来看，"统一四川、称霸西南、问鼎中原"这种设计影响了他的一生。不过在第一步"统一四川"过程中遇到了前所未有的挫折，那就在各实力派的较量中，遭受失败。尽管这一失败使其统一全川的雄心遭受挫折，称霸西南和问鼎中原的壮志也未实现，但是退据西康却促成了他在解决康藏问题上的重大成就。联五省而捭阖自如，拥三属与诸强周旋，在重大历史变故中，左右逢源游刃有余，以微弱军政财力，推动贫弱荒凉之地稳步前行，文武并举，政教通摄，齐民心、强经济、固基础、重教育、镇藏独，摄康 20 余年，意义深长，世人为之瞩目。

刘文辉稳藏安康思想及其指导下的康区建设，突出了以国家大义与民族正义，围

---

① 刘自乾：《刘自乾先生建设新西康十讲》，雅安建康书局，1943，第 21 页。
② 刘自乾：《刘自乾先生建设新西康十讲》，雅安建康书局，1943，第 519 页。

绕"稳藏安康建国"总体目标推进，沿着"仁本""全局""发展""国防"的路线。他以仁本安康、发展稳康、国防固康、教育兴康，将西康建设成为当时稳固的民族复兴基地和战略大后方。刘文辉的仁义观是与国防观联系在一起的。就西康而言，由汉文化为主的雅属、彝文化为主的宁属和藏文化为主的康属组成。雅属与内地没有明显的特殊之处，惟康宁两属因文化差异和社会发育迟缓，变乱不断、干戈迭起，"各种民族，因语言、风俗、习惯均不相同，而又文化各异或文化过低之故，不特族与族之间易起争斗，即在一族之中，也结成冤家，互击不休"。他认为"本省处于英俄两大强国之间，国防责任至为重大。如果对于各族，听其隔阂，不加联系，使成为坚固之团体，绝不足以粉碎外来之压力"①，将内部稳定与国防战略结合起来考察，提出了"民族平等""尊重各民族文化""抽调各族受训""实施德化、同化和进化政策"的稳藏安康建省战略。采取"改善人民生活"、免税裁捐、推进卫生事业、改善乌拉差徭、改善质犯待遇、减征壮丁数目、重新核实地租。把人民从"土劣"、"喇嘛"和"员吏"的压迫下解救出来，这一战略的实施，对康区建设与稳定、康藏关系的调适起到了重大作用。如在"德化"教育下，"一年之中，受此感召，自动投诚者，竟超过三万家，十余万人，其数值之大，十倍于用兵纳诚之人口"②。在康区，"筹办五明学院那年冬天，从来足迹不到康定的大德高僧，按时赶到者，达到一百余人。大家都兴高采烈、喜出望外"，甚至于达到"本省的巡回放映队历次在关外各县映放，康民均称叹不止，远道来观，高兴万状"的民众效果。③

刘文辉明确指出"西藏无外交"。他的国防观体现在他的对藏战略的全局性和战术运用的灵活性上。在对藏态度上，刘文辉站在国家主权立场严正指出："……西藏是中国的领土，所谓外交，也不过是西藏的后台，我们决不能认为这是西藏本身——就整个国家立场来说，中国对西藏只有'内政'，并无'外交'。"④针对西藏问题，他说："西藏这个地方，也不完全同于行省之间情形，但是在有形、无形之间，居然把它视同为另外一国，这确又是我们自己的错误。"⑤对于被西藏所据的"江西十四县"之所以不能收复，是因为"无非是遵奉中央的旨意，维持康藏的和平"⑥。故在对藏战略中，他兼顾了中央和全局的利害。针对西藏插手的"大白事件""再复失地"等冲突，坚持"我不犯人，谁敢犯我"的原则，采取及时有效的军事手段，对挑起战端的达赖武装给予有力的回击，稳定了康区局势。

① 刘自乾：《刘自乾先生建设新西康十讲》，雅安建康书局，1943，第292页。
② 刘自乾：《刘自乾先生建设新西康十讲》，雅安建康书局，1943，第315页。
③ 刘自乾：《刘自乾先生建设新西康十讲》，雅安建康书局，1943，第309页。
④ 刘自乾：《刘自乾先生建设新西康十讲》，雅安建康书局，1943，第27页。
⑤ 刘自乾：《刘自乾先生建设新西康十讲》，雅安建康书局，1943，第27页。
⑥ 刘文辉：《西康未来之展望》，《边政公论》第一卷，1942，第13页。

此外，刘文辉认为"康人非藏人"。刘文辉对其治下的康区，从来没有承认过康区存在"藏族"这个命题，也没有"大藏区"的概念。"本省民族复杂，除汉人区域外，较著之有康族文化。"① 纵观刘文辉的整个阐述，一个显著特点就是，他对"康""藏"及其关系十分明晰，在他的稳藏安康思想中，康就是康，藏就是藏，所有康区的民众都是"康人"，不是"藏人"。

（二）调适宗教与社会建设的关系

"以政翼教，以教辅政。"政教结合的治理模式，不仅是把握了地方区情的深刻认识，更是处理康藏关系的纽带。从 1928 年他兼摄西康起，就涉猎藏传佛教，对藏区佛教界人士尊崇有加。西康省正式成立后，任命格聪呼图克图为省政府委员，后又召开僧伽大会，每年拨款 30 万元开办康定五明佛学院，从事讲经传教。1942 年，有扩大佛学传授规模，将五明佛学院升为康区佛教整理委员会，自兼主任委员，理化寺大喇嘛为副主任委员，在康区划分四大佛教宣化区，在甘孜、石渠、理化、噶白竹、德格、得荣等地设立五明佛学院，并不时对西藏三大寺布施。噶厦摄政王热振活佛的同门师弟阿旺嘉措不仅是三大寺之一色拉寺杰扎仓堪布，也是刘文辉的佛学顾问和挚友。在他周围，聚集了一批像阿旺嘉措这样的活佛，如道孚灵雀寺的麻倾翁、乾宁惠远寺桑根多吉堪布、理塘香根活佛、木里的扎巴松典等，这些人不仅具有较高的佛学地位，而且具有深厚的社会文化基础和人际网络，这使得他在全名信教区的执政地位得到了巩固和发展。主政西康期间，刘文辉接受康区活佛四世格聪呼图克图灌顶，取得佛教界合法地位。如果说他在西康时为了统治需要，施行了"以教辅政、以政翼教"的策略，那么在后来一些行为中，也就是与统治无关的行为中，他依然表现出对佛教的虔诚信奉。他在自己家中设立经堂，早晚参拜，一直延续到建国后一段时间。藏传佛教界的高僧大德在很长时间，与他保持友好往来。如果说早年在康区执政时有适应治理需要的成分，那么建国后长期在家中设置经堂和留滞宗教人员，就是多是出于自身对佛的情怀了。

刘文辉对佛教持"仁怀"态度，采取团结和认同，不仅对康区社会力量起到了凝聚作用，而且使康藏关系得到很大程度的缓解，特别是使主导整个藏区宗教的西藏达赖势力没有机会以宗教为借口煽动民族和民众与西康政府对立。达赖武装历次东犯，都以失败告终。尽管康藏地方常常兵戎相见，但宗教上层依然往来如故。事实证明这种治理模式不仅适用于康区，也适用于类似的地区，对今天处理康藏关系、西藏问题和其他民族宗教问题依然具有很好的借鉴意义。

---

① 刘自乾：《刘自乾先生建设新西康十讲》，雅安建康书局，1943，第 33 页。

Abstract：Liu Wenhui's border-governing thought originated from his early education, budded in the period of military school and established during Xikang's construction. The border-governing thought with obvious characteristics as practice-oriented, progress-pursued, compatibility and flexibility had a profound influence on the construction of Xikang and even the stability of the whole southwestern frontier.

Kyewords：Border-governing Thought　The Construction of Xikang　Liu Wenhui

原载于《青海民族研究》2017 年第 1 期

元代西夏遗民杨朵儿只父子事迹考述*

周　峰

摘　要　杨朵儿只家族是元代较有影响的西夏遗民家族，北京市石景山区文物管理所收藏的杨朵儿只墓志是北京出土的仅有的两方元代西夏遗民墓志之一。本文根据此墓志及其他史料，对杨氏家族，尤其是杨朵儿只及其子杨文书讷的生平事迹进行了考述。

关键词　元代　西夏遗民　杨朵儿只　杨文书讷

杨朵儿只《元史》有传，其家族是元代较有影响的西夏遗民家族。北京市石景山区文物管理所藏有一方元代杨朵儿只墓志（以下简称墓志），墓志题名为"□□御史中丞夏国杨襄愍公墓志铭"，为汉白玉石质，长方形，长 77 厘米，宽 53 厘米，厚约 10 厘米。[①] 出土时间不详。本文根据墓志及其他已被西夏学学界所关注和未被关注的史料[②]，对杨朵儿只家族尤其是杨朵儿只及其子杨文书讷进行一番考察。

一　杨朵儿只生平

墓志发现之前，记载杨朵儿只生平的有《元史》本传以及虞集所撰《御史中丞杨襄愍公神道碑》[③]（以下简称神道碑）。对两者进行详细对比，可以发现本传完全来源

---

* 本文系 2011 年度国家社科基金特别委托项目"西夏文献文物研究"（项目编号：11@ZH001）的阶段性研究成果。

① 门学文：《元代名臣杨朵儿只墓志》，《石景山文物》（第三辑），石景山区文化委员会编印，无刊印日期，第 129 页。墓志录文见第 142～145 页。

② 这些史料有：虞集《道园学古录》卷 16《御史中丞杨襄愍公神道碑》，虞集《道园学古录》卷 42《正议大夫江南湖北道肃政廉访使特赠宣忠效力翊戴功臣大司徒金紫光禄大夫上柱国夏国公谥襄敏杨公神道碑》、《至正三年杨文书讷孔庙题记》、《至正四年大灵岩寺碑》及《书大灵岩寺碑阴记》。前两种史料被收入韩荫晟编《党项与西夏资料汇编》上卷第二册，宁夏人民出版社，2000。后三种尚未被西夏学学者界所关注。

③ （元）虞集：《道园学古录》卷 16《御史中丞杨襄愍公神道碑》，四部丛刊本。

于神道碑，只不过其叙述杨朵儿只的生平，完全按照时间顺序，而神道碑则先记述杨朵儿只得罪铁木迭儿及其被害经过，再按照时间顺序。试以对杨朵儿只被害经过的记载为例。

《神道碑》记载：

> 其后，仁宗弃群臣，英宗皇帝犹在东宫，帖木迭儿复为丞相，乃宣太后旨，召萧拜住、朵儿只至徽政院，与徽政使失里门、御史大夫秃忒哈杂问之，责以前违太后旨之罪。对曰："中丞之职，恨不即斩汝，以谢天下。果违太后旨，汝岂有今日邪！"又引同时为御史证成其狱。顾二人唾之曰："汝等尝得备风宪，故为是犬彘事邪！"坐客皆惭俯首，即起入奏。未几，遽称旨执而载诸国门之外，俱见杀。是时，风沙晦冥，都人汹惧，道路相视以目。

《元史》本传记载：

> 仁宗崩，英宗犹在东宫，铁木迭儿复相，乃宣太后旨，召萧拜住、朵儿只至徽政院，与徽政使失里门、御史大夫秃忒哈杂问之，责以前违太后旨之罪。朵儿只曰："中丞之职，恨不即斩汝，以谢天下。果违太后旨，汝岂有今日耶！"铁木迭儿又引同时为御史者二人，证成其狱。朵儿只顾二人唾之曰："汝等尝得备风宪，乃为是犬彘事耶！"坐者皆惭俯首，即起入奏。未几，称旨执朵儿只，载诸国门之外，与萧拜住俱见杀。是日，风沙晦冥，都人汹惧，道路相视以目。

两相比较，只有个别字词有差异，因此本传来源于神道碑，并略做修改与调整。

杨朵儿只的生平本传与神道碑都有详述，墓志的记载也大多近似。其主要事迹有：其一，参与解决了元成宗死后的政局危机，使武宗、仁宗兄弟得以相继登基，有定策之功；其二，在御史中丞任上，能够勇于进谏，弹劾贪官污吏；其三，不畏权相铁木迭儿的熏天气焰与之斗争，并最终以死殉国。对于以上生平，不再赘述。以下，仅对墓志所载而未被本传与神道碑所载的事迹略作考证。

本传未记载杨朵儿只父祖的事迹，神道碑只记载了其祖父失剌、父亲失剌唐兀台被追赠的官职、谥号，没有具体事迹。墓志记载其祖父名为世剌，可能生前世剌默默无闻，对其无任何生平描述，也只有被追赠的官职、谥号。墓志记载其父亲名式腊唐兀台，善于骑射，又通晓儒家经典，可谓能文能武，这也说明杨朵儿只家族自其父亲开始就有了儒学的传统，并代代相沿。式腊唐兀台在元世祖忽必烈登基之初就已经投奔了他，并被命令担任太子真金的侍卫，在即将得到重用时病逝。虞集所撰杨朵儿只之兄杨教化神道碑对他们的父亲有更详细的记载："西夏之归在祖宗时，其国人多已见用。有若式腊唐吾台者，姓杨氏。自其国来见世祖皇帝，已被识察，待遇不同于众人。国制禁卫之严，出入有定处，无敢违越。式腊一见之顷，即受命在左右，以门者之未素识也，特敕令勿有所呵。宰臣知其贤，请命以官。式腊固辞曰：'外官有奉赐爵秩之重，圣恩厚甚，然一日去帷幄，则不得日睹天颜，非臣之愿也。'天子察其忠，止其命官，而给事裕宗于东宫，益见亲信。"① 可见，式腊唐兀台是从西夏故地前去投奔元世祖的。在元大都兴建时，式腊唐兀台在城内分到宅基地，得以在和宁里（和宁坊）建成宅院，此后，杨氏家族定居于大都城内。

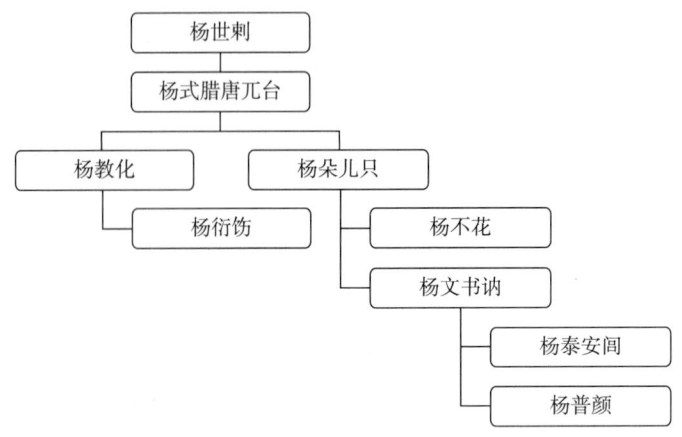

杨朵儿只家族世系图

由于家学渊源，杨朵儿只对儒学十分重视，担任御史中丞时，"公又奏先贤周元公辈十人，宜从祀夫子庙，国学教育人材，宜令御史月考其成，及其台罚布若干缙建藏书之阁，悉见之行"。所谓"藏书之阁"就是国子监内的藏书阁崇文阁。皇庆二年（1313）六月："甲子，建崇文阁于国子监。……以宋儒周敦颐、程颢、颢弟颐、张载、邵雍、司马光、朱熹、张栻、吕祖谦及故中书左丞许衡从祀孔子庙廷。"② 崇文阁的具体建立经过当时立碑予以记载："逮至仁宗皇帝文治日隆，佥谓监学椟藏经书，宜得重屋以庇。有旨复令台臣办集其事，乃于监学之北构架书阁。阁四阿，檐三重，度以工师之引。其崇四常③有一尺，南北之深六寻有奇，东西之广倍差其深。延佑四年夏经始，六年冬，绩成。材木瓦甓诸物之直，工役饮食之费，一皆出御史府。雄伟壮丽，

① （元）虞集：《道园学古录》卷 42《正议大夫江南湖北道肃政廉访使特赠宣忠效力翊戴功臣大司徒金紫光禄大夫上柱国夏国公谥襄敏杨公神道碑》，四部丛刊本。
② 《元史》卷 24《仁宗纪一》，中华书局，1976，第 557 页。
③ "常"字原文如此，应为"丈"字之误。

烨然增监学之辉，名其阁曰崇文。英宗皇帝讲行典礼，贲饰太平，文治极盛矣。"① 正如墓志记载，建立崇文阁所需经费出自御史台收缴的罚款，没有因此进行额外的科派。"今上皇帝发政施仁，仰绳祖武，右文尚德，创设儒科。政府扬休，期大猷之是阐；中台集议，惧阙典之未兴。以为教胄子既有成均，尊圣经可无杰阁。钦承上防，大发积缗。官不科，需用咸资于素画；农无妨，作役尽募于闲民。"② 建立崇文阁，奉祀周敦颐等十人于孔庙都是出于杨朵儿只的建议。这些重视儒学的举措得到了当时以及后来的儒家代表人物的高度评价。孔子后裔，曾任曲阜县尹的孔克钦在记叙杨朵儿只之子杨文书讷拜谒孔庙的题记中写道："公之先正夏国，仁圣皇帝朝请中台罚布为胄监崇文阁，谓十儒有补名教，可从祀孔庭。章疏入奏，得旨播告天下。公之先正，有功斯道。"③ 夏国也就是夏国公，指的是杨朵儿只。孔克钦认为杨朵儿只的上述两件举措是有功于儒学的。

杨朵儿只在御史中丞任上，还建议并主持、编纂了纲纪、吏治方面的法典《风宪宏纲》。这部法典，今已亡佚，《元史》中有两条记载。"仁宗之时，又以格例条画有关于风纪者，类集成书，号曰《风宪宏纲》。"④ 仁宗时也曾担任御史中丞的赵世延"尝校定律令，汇次《风宪宏纲》，行于世"⑤。仁宗时任监察御史的马祖常作《风宪宏纲序》详细记载了该法典的编纂缘起："世祖肇建官制，兴起文物，属命御史台昭布体统，振肃纲维，正仪崇化，靡不缉绥。迨及列圣继明，屡扬宝训，亦靡不显示常宪，徼尔有官。钦惟皇上，日月中天，烛见幽隐，绍述祖宗成法，申命台端。严兹纠劾，不俾瘝官，贻忧惸独，于是台臣协恭奉职，上体渊衷，下宣风纪，谓古象魏有法，道路有徇。今国家肃清宪纲，汲引言路，其见诸训辞者，光大深厚，粲然有章，宜编缀成书，载在简册，垂告内外，俾当察视司持平者，有所征焉。既奏上，制曰可。呜呼盛哉。凡我耳目之官，尚知佩服之，毋怠。"⑥ 可见，《风宪宏纲》的编纂，御史台的众多官员都参与其中，杨朵儿只、赵世延都担任了主编的工作。

杨朵儿只不只是儒家思想的践行者，对于西夏人热衷的佛教他也同样虔诚，不但给其次子起了有佛教含义的名字文殊奴，而且曾于皇庆元年（1312）任侍御史时，受命担任施印西夏文《过去庄严劫千佛名经》的主管之一。⑦

---

① （元）吴澄：《吴文正公集》卷26《崇文阁碑》，《元人文集珍本丛刊》第3册，台北新文丰出版公司，1985，第455页。

② （元）蒲道源：《闲居丛稿》卷11《崇文阁上梁文》，文渊阁四库全书本。

③ 民国二十三年《续修曲阜县志》卷8《艺文志·金石》。

④ 《元史》卷102《刑法志一》，第2603页。

⑤ 《元史》卷180《赵世延传》，第4167页。

⑥ （元）马祖常：《石田先生文集》卷9，《元人文集珍本丛刊》第6册，台北新文丰出版公司，1985，第626页。

⑦ 史金波：《西夏文〈过去庄严劫千佛名经〉发愿文译证》，《世界宗教研究》1981年第1期。

二 杨文书讷生平

《元史·杨朵儿只传》只记载了杨朵儿只的一个儿子杨不花，而墓志则记载杨朵儿有两个儿子，除了杨不花之外，"次文书讷，好学善政，持身清慎，由河东、山东二道宪佥拜监察御史，言事有父风，累迁各道宪使"。神道碑同样记载了文书讷，只是称之为文殊奴，且详细记载了他是杨朵儿只的第二个夫人刘氏所生，刘氏的父亲曾任"同知徽州路总管府事"。①

杨文书讷早年经历不详，现可考至正五年（1345）的《创建尼山书院碑》："至元二年，左丞王公懋德议设尼山书院，以彭璠为山长。三年冬十有一月，廉访佥事杨公文书讷分司至于兖州，以璠言，用前济宁总管张公仁举，使同知滕州事郝君宝宝闾董其役。十有二月，分司至于邹，杨公及郝君相役于尼山。"② 可见，他至迟于至元三年（1337）十一月已经担任山东东西道肃政司的佥事，在创建曲阜尼山书院的过程中，他派郝宝宝闾具体负责建筑的施工。

肃政廉访司是元代负责巡视监察地方行政、吏治的专职机关，原为提刑按察司，元世祖至元二十八年（1291），改名为肃政廉访司，共设置了二十二道肃政廉访司。其长官为肃政廉访使，两名，正三品；副使两名，正四品；佥事四名，正五品。③ 元代的滕州是下州④，其同知为正七品⑤，因此正五品的杨文书讷可以指派正七品的郝宝宝闾。

至迟于元顺帝至正三年（1343）六月，杨文书讷已升任山东东西道肃政廉访副使。山东东西道肃政廉访司的驻地在济南，杨文书讷曾经三次到曲阜巡视，在孔庙留下石刻题记，至今仍存于孔庙西斋宿北墙，为东起第 8 石，高 45 厘米，宽 72 厘米。⑥ 撰写题记的是孔子第五十五代孙，世袭曲阜县尹的孔克钦。题记载，杨文书讷每次到曲阜，"率皆先拜林庙，然后视事。公始焉而谨恪，再焉而恭敬，三焉而寅畏。每行拜谒，虽祁寒酷暑，瞻恋徘徊，移时不忍去。其秉心诚笃，礼节可观"⑦。可见，杨文书讷是作为一名儒生来拜谒孔林、孔庙的，因而态度异常恭敬，这与其父亲杨朵儿只对儒学的重视是一脉相承的。除了对孔子恭礼有加外，杨文书讷还"创复尼山，作新洙泗两书

---

① （元）虞集：《道园学古录》卷 16《御史中丞杨襄愍公神道碑》，四部丛刊本。
② （明）孔贞丛纂修：《阙里志》卷 10《艺文志·碑记》。
③ 《元史》卷 86《百官志二》，第 2181 页。
④ 《元史》卷 64《地理志一》，第 1372 页。
⑤ 《元史》卷 91《百官志七》，第 2318 页。
⑥ 刘蔚华主编，骆承烈汇编：《石头上的儒家文献——曲阜碑文录》（上），齐鲁书社，2001，第 313 页。
⑦ 民国二十三年《续修曲阜县志》卷 8《艺文志·金石》，该书将这件石刻题名为《讷杨公三谒林庙记碣石》，大误，因为第一句是"奉直大夫、山东东西道肃政廉访副使文书讷杨公……"所以将杨文书讷名字中的文书错误理解为职务。《石头上的儒家文献——曲阜碑文录》一书将这件石刻题名为《至正三年杨讷三谒林庙记碣石》，更误。笔者将其拟名为《至正三年杨文书讷孔庙题记》。

院"。① 尼山书院位于曲阜尼山孔庙以北,又名尼山诞育书院,前文已提及杨文书讷在尼山书院创建过程中的作用。洙泗书院位于山东曲阜城东北四公里,因南临洙水,北临泗河,故名洙泗书院。该地传说原为孔子修书讲学的地方,汉代至宋金均名讲堂,元初建筑已毁。至元三年(1337),曲阜县尹孔克钦在旧址上创建书院,杨文书讷肯定也在其中起了重要作用。

杨文书讷的兄长杨不花"善书"②,墓志更详细记载他"工楷书",杨文书讷同样如此,且有作品传世。山东省济南市长清区灵岩寺是一座历史悠久、文化积淀深厚的寺院,今其山门前有一座题有"大灵岩寺"四个楷书大字的石碑,即为杨文书讷所书。碑右下题:"奉直大夫、山东东西道肃政廉访副使文书讷双泉书,至正四年四月十有九日立。"③《山左金石志》的编者不知杨文书讷的具体生平,故称"按文书讷史志皆不详其人,笔法整严,神采秀劲,元碑之完善者。"此碑的碑阴为时任"太中大夫、山东东路都转运盐使僧家奴"所撰的《书大灵岩寺碑阴记》,碑文未被《山左金石志》及各种金石文献所著录,今人所编关于灵岩寺权威性的著作《灵岩寺》④也未著录,但长清在线网站有碑文的全部录文。⑤ 碑文记载了杨文书讷题写寺名的来历:

> 今山东宪副双泉公,至正三年夏,分道益都谳狱,路次其中,迤逦周览,徐与长老定岩言曰:"名寺之揭,犹有所遗,求时名公能书者,以书之敬请。"长老合掌而言曰:"非小弟之幸,佛教之大幸也。"于是日留于心,为事倥偬,弗暇及焉。秋复按及郡邑,实所隶,欲酬前日之语。地僻又乏能书者,试自为之。操笔一挥,深中其规,而骨力老健,虽古之善名家者,未知谁先后也。

碑文还记载:"公西夏世家,名文书讷,字国贤,双泉自号。"对于杨文书讷的名、字、号我们得以清晰了解,也因此得以纠正以往有的学者的错误见解。⑥

至迟于至正九年(1349),杨文书讷升任江西湖东道肃政廉访使,官至正三品。元代在大都和各地均建有三皇庙,奉祀伏羲、神农与黄帝,还配祀历代十位名医,举行祭祀典礼时,以太医官主持。对此,杨文书讷提出了不同意见。"至正九年,御史台以

① 民国二十三年《续修曲阜县志》卷8《艺文志·金石》。
② 《元史》卷179《杨朵儿只传附杨不花传》,第4155页。
③ (清)毕沅辑:《山左金石志》卷24《文书讷书大灵岩寺额碑》,《石刻史料新编》,第1辑第19册,台湾新文丰出版公司,1982,第14788页。
④ 王荣玉、卞允斗、王长锐、王晶主编《灵岩寺》,文物出版社,1993。
⑤ 长清在线网站,网址:http://www.jncqzx.com/bendi/info-78492.html,浏览时间:2013年11月25日。
⑥ 汤开建先生将杨文书讷和杨双泉误认为两个人,参见汤开建《增订〈元代西夏人物表〉》,《暨南史学》第二辑,暨南大学出版社,2003,第204页。后收入氏著《党项西夏史探微》,台北允晨文化股份有限公司,2005,第538页。

江西湖东道肃政廉访使文殊讷所言具呈中书。其言曰：'三皇开天立极，功被万世。京师每岁春秋祀事，命太医官主祭，揆礼未称。请如国子学、宣圣庙春秋释奠，上遣中书省臣代祀，一切仪礼仿其制。'"① 经过礼部礼官的商议，当年十月二十四日，平章政事太不花、定住上报皇帝，杨文书讷的方案得到批准。"于是命太常定仪式，工部范祭器，江浙行省制雅乐器。复命太常博士定乐曲名，翰林国史院撰乐章十有六曲。明年，祭器、乐器俱备，以医籍百四十有八户充庙户礼乐生。"② 第二年九月正式实行。"辛酉，祭三皇，如祭孔子礼。先是，岁祀以医官行事，江西廉访使文殊讷建言，礼有未备，乃敕工部具祭器，江浙行省造雅乐，太常定仪式，翰林撰乐章，至是用之。"③ 三皇是儒家历来崇奉的上古帝王，杨文书讷建议以祭祀孔子之礼来祭祀三皇，正是其本人儒家思想的反映。

杨文书讷虽然是儒家思想的践行者，但他对佛教并不排斥，正如他名字的另外一种写法"文殊奴"一样，他对佛教也同样恭敬。至正十三年（1353），杨文书讷任都水庸田使。都水庸田使司是元代负责稻田种植的机构。"至元二年正月，置都水庸田使司于平江，既而罢之。至五年，复立。"④ 其长官都水庸田使两名，同肃政廉访使一样为正三品。都水庸田使的治所在平江路（今苏州市）。平江城西六十里有光福寺，此寺今仍存，位于今苏州市吴中区光福镇龟山南麓下街。光福寺始建于梁天监二年（503），后历代香火旺盛。宋康定元年（1040），有村民取土，发现铜观音像一尊，供奉于寺内。之后，观音屡屡显灵。杨文书讷任都水庸田使也是如此。"故事，凡雨旸祈祀，必迎如郡城。去年秋苦雨，都水庸田使西夏文书讷、平江路达鲁花赤西夏六十、总管大名高履迎寓卧佛寺，设斋藏事，灵贶昭灼。是岁，号大有年。既绘像刻诸石，又蠲寺之杂役，且勒文以纪之。"⑤ 第二年，也就是至正十四年（1354）春天，向观音祈雨甚灵。但是到了七月，却连续降雨，造成水灾。杨文书讷等一众官员又再次迎请铜观音像祈晴，并拿出俸金，请僧众在承天寺做佛事。不久，杨文书讷升任淮南行省参知政事，将离开时，又给铜观音像制作了一身系有玉环的法衣。

杨文书讷在平江的居所堪称一座风景优美的园林。"都水庸田使西夏杨公双泉莅官吴门，寓茅有池焉。池上为亭，雕薨错栱，缔构伟丽，中设匡床，左右图书笔砚，参置嘉华、美竹、香草之属。冬则撤南户，斲木为疏，承以素楮。水光云影，颠倒几席。顾而乐至，因名其亭曰水云。"⑥ 有的研究者认为，就以杨文书讷"对于园林建筑和园

---

① 《元史》卷 77《祭祀志六·三皇庙祭祀礼乐》，第 1915 页。

② 《元史》卷 77《祭祀志六·三皇庙祭祀礼乐》，第 1915 页。

③ 《元史》卷 42《顺帝纪五》，第 889 页。

④ 《元史》卷 92《百官志八》，第 2335 页。

⑤ （元）陈基：《夷白斋稿》卷 27《光福观音显应记》，四部丛刊三编本，上海商务印书馆，1936。

⑥ （元）陈基：《夷白斋稿》卷 27《水云亭记》，四部丛刊三编本，上海商务印书馆，1936。

林景致的痴迷态度来说，与汉族文人的风雅情趣相比，也可谓有过之而无不及"。①

可考的杨文书讷最后任职是从二品的淮南行省参知政事，其时间在至正十四年（1354）七月前后。淮南行省又称江淮行省，全称淮南江北等处行中书省，至正十二年（1352）闰三月设治于扬州。② 淮南行省参知政事的定额是两名，元代晚期最为著名的西夏遗民余阙也曾担任此职。余阙在抗击元末红巾军时，始终踞守安庆，在至正十五年（1355）之后，"论功，拜江淮行省参知政事"③。至正十七年（1355）九月乙酉，"淮南行省参知政事余阙为淮南行省左丞"④。余阙任淮南行省参知政事应在至正十五年到至正十七年九月。很可能杨文书讷的在任时间和余阙有交叉，两人曾为同僚。

三 碑刻所见元大都的西夏遗民

元大都作为元朝的首都，居住着大量来自他乡、异族的移民，其中西夏遗民不仅有杨朵儿只家族，还有其他一些人，这些在墓志、碑刻中都有所反映。

北京市朝阳区王四营乡南豆各庄村曾发现元代西夏遗民宣政院判官耿完者秃墓，出土墓志⑤，已经为西夏学研究者所关注⑥，但还有一些其他西夏遗民未被寓目。现存北京市房山区史家营镇曹家房村瑞云寺遗址的《故大行禅师通圆懿公功德碑》立于元大都建立之前的太宗五年（1233），其碑阴为大行禅师的门人名录，其中有"宣差河西善"⑦。"宣差"应该是蒙元前期所沿用金末的宣差都提控、宣差副提控等军事将领的简称，"善"就是善人，而"河西"根据名录中还有的"宣差马善""宣差温善"等判断，应该为姓氏，但同时也说明了该人的西夏遗民的属性。

同《至正三年杨文书讷孔庙题记》一样，曲阜孔庙内还存有同样由孔克钦所立的《至正七年唐兀氏大都子敬题名碣》，碑文不长，姑录如下：

> 奉议大夫佥山东东西道肃政廉访司事，东平等处审囚分司西夏唐兀氏大都子敬，偕书吏北平李进亭明德、德州孟献士贤、奏差河间崔居正仲德，巡历郡县，至曲阜，谨斋沐，祗谒林庙，致敬而还。时至正七年六月十二日也。
>
> 济宁路曲阜县尉王泰亨，进义副尉、济宁路曲阜县主簿蔡肅，从仕郎、济宁

① 孙小力：《元明时期吴地园林兴盛的文化因素》，《上海大学学报》（社会科学版）2008 年第 1 期。
② 《元史》卷 92《百官志八》，第 2332 页。
③ 《元史》卷 143《余阙传》，第 3425 页。
④ 《元史》卷 45《顺帝纪八》，第 937 页。
⑤ 北京市文物研究所：《北京地区发现两座元代墓葬》，《北京文物与考古》第三辑，北京市文物研究所，1992，第 222 页。
⑥ 参见朱建路、刘佳《元代唐兀人李爱鲁墓志考释》，《民族研究》2012 年第 3 期。
⑦ 北京辽金城垣博物馆编《北京元代史迹图志》，燕山出版社，2009，第 121 页。原录文误录为"宣差河西□善"，经仔细核对该书第 119 页所刊碑阴拓片，"河西"与"善"之间没有文字。

路曲阜县尹兼管本县诸军奥鲁劝农事孔克钦立。①

"西夏唐兀氏大都子敬"可以理解为大都的西夏遗民唐兀子敬，他时任正五品山东东西道肃政廉访司佥事，因工作之便而参谒孔林、孔庙，同杨文书讹如出一辙。

原载于《民族研究》2014 年第 3 期

---

① 刘蔚华主编，骆承烈汇编《石头上的儒家文献——曲阜碑文录》（上），第 318 页。

西汉"大一统"政治与多民族交融认同

彭丰文

摘　要　西汉时期,"大一统"思想广泛传播,以西汉王朝为中心、汇聚周边各民族的"大一统"政治初步形成,这为各民族的交往交流创造了良好的历史条件,推动了民族间的互动交融与认同,为中国古代统一多民族国家的发展壮大和中华民族的凝聚奠定了重要基础。

关键词　西汉　大一统　民族交融　认同

中国古代统一多民族国家是历史发展演变的产物,而西汉时期是这一历程中尤为重要的阶段。在这一时期,"大一统"思想得到深入发展并广泛传播,以西汉王朝为核心并汇聚周边各民族的"大一统"政治初步形成。各民族的互动交流愈加深入,认同意识日渐强烈,共同创造了灿烂的历史文化,为中国历史上统一多民族国家的形成与发展奠定了基础,为中华民族的形成壮大、生生不息提供了精神滋养,也为现代中国统一多民族国家的形成和发展提供了坚实的历史文化基础。笔者不揣简陋,尝试从中国古代统一多民族国家形成历程的研究视角,探讨西汉时期的"大一统"政治与多民族交融认同,不当之处敬请方家教正。

一　"大一统"思想与西汉"大一统"政治

"大一统"思想是中国传统文化的重要组成部分,其形成、发展历程贯穿了中国各个历史时期,深深浸润于中华民族的历史文化血脉之中。[①]

---

① 相关代表性成果有:瞿林东主编、许殿才等《历史文化认同与中国统一多民族国家》第一卷《历史文化认同趋势与统一多民族国家的形成》,河北人民出版社,2013;《中华民族凝聚力的形成与发展》编写组《中华民族凝聚力的形成与发展》,民族出版社,2000;刘泽华主编《中国政治思想史》(秦汉魏晋南北朝的卷),浙江人民出版社,1996;李大龙《汉武帝"大一统"思想的形成及实践》,《北方民族大学学报》2013年第1期;黄朴民《"大一统"原则规范下的秦汉政治与文化》,《学海》2008年第5期;计秋枫《"大一统":概念、范围及其历史影响》,《光明日报》2008年4月27日;许殿才《"夷夏之辨"与大一统思想》,《河北学刊》2005年第3期;等等。

"大一统"思想形成于先秦时期。在《诗经》中，已经出现了对政治"大一统"图景的想象。例如《小雅·北山》曰："溥天之下，莫非王土。率土之滨，莫非王臣。"[①]《春秋公羊传》最早提出"大一统"的概念。其云："元年，春，王，正月。元年者何？君之始年也。春者何？岁之始也。王者孰谓？谓文王也。曷为先言王而后言正月？王正月也。何言乎王正月？大一统也。"[②]通过对编年史《春秋》中的时间记录格式的解读，《公羊传》表达了实现天下一统的政治主张。"大"的本意是张大、扩大、提倡、崇尚，"大一统"意即崇尚统一，尊崇王权，主张由王者统领天下秩序。可见"大一统"思想源于儒家思想。"大一统"概念正是源于儒家公羊学派对孔子思想所做的阐释。当然，在先秦时期，不仅儒家形成了"大一统"的政治主张，墨家、法家乃至杂家等学派都表达过倡导统一的政治观点。总之，"大一统"思想包含了政治统一、民族统一、文化统一等多层内涵，其核心是政治统一。"大一统"思想具有"天下大治""天下大同"的理想色彩，体现了中华民族对统一、和平、安定生活的向往和追求，是中国古代统一多民族国家形成与发展的理论基础，也是中华民族凝聚力的重要精神源泉。

战国时期，不少实力强大的诸侯国迸发实现统一的政治愿望。经过激烈的角逐，最终秦国脱颖而出，兼并六国，建立了中国历史上第一个中央集权制的统一多民族国家。西汉王朝建立后，传承了秦王朝统治时期的政治体制，巩固和发展了统一多民族国家的疆域，进一步加强了中央集权，社会经济得到恢复和发展，社会秩序日趋稳定。自文帝、景帝在位始，国家府库充实，人民安居乐业，社会一派祥和景象，至汉武帝时达到鼎盛。武帝时期的史学家司马迁在《史记》中写道："至今上即位数岁，汉兴七十余年之间，国家无事，非遇水旱之灾，民则人给家足，都鄙廪庾皆满，而府库余货财。京师之钱累巨万，贯朽而不可校。太仓之粟陈陈相因，充溢露积于外，至腐败不可食。众庶街巷有马，阡陌之间成群，而乘字牝者傧而不得聚会。守闾阎者食粱肉，为吏者长子孙，居官者以为姓号。故人人自爱而重犯法，先行义而后绌耻辱焉。"[③]西汉经"文景之治"，至汉武帝统治时期达到鼎盛，前后持续百余年，这是中国历史上第一个多民族汇聚交融的"大一统"政治。

西汉"大一统"政治，使"大一统"思想获得了空前的发展和传播机会。公羊学派学者董仲舒在先秦学术思想的基础上，对"大一统"做了进一步阐述。董仲舒曰：

---

① 周振甫译注：《诗经译注》卷五《小雅·北山》，中华书局，2002，第 312 页。
② （汉）何休注、（唐）徐彦疏、刁小龙整理：《春秋公羊传注疏·隐公卷第一》，隐公元年，上海古籍出版社，2014，第 6~12 页。
③ 《史记》卷三十《平准书》，中华书局 1959 年点校本，第 1420 页。

"《春秋》大一统者，天地之常经，古今之通谊也。"① 董仲舒还以"天道无二"为理论依据，阐述了君权至上、天下一统的政治观点，认为"天之常道，相反之物也，不得两起，故谓之一；一而不二者，天之行也。"② 通过这些论述，董仲舒把"大一统"解释为符合天意与自然规律的不二法则。由于汉武帝的支持，董仲舒所提出的"罢黜百家，独尊儒术"的思想主张得到实施，儒学逐渐获得了独尊地位，成为西汉王朝及此后历代中原王朝的政治指导思想，在历代中原统治者心目中具有神圣不可撼动的地位。伴随着儒学的广泛传播，"大一统"思想获得广泛的传播，对中国古代的政治与文化产生了深远的影响。

综上所述，"大一统"思想初步形成于先秦时期，集中体现了先秦社会的共同政治追求，为结束诸侯混战、实现统一提供了重要的精神动力，也为中国统一多民族国家的形成与发展奠定了政治理论基础。西汉统治者继承并发展了秦王朝创建的政治体制，积极扩大与周边各民族的联系与交往，推动了中国古代统一多民族国家的发展壮大，促成了西汉时期"大一统"繁荣局面，在此背景下，"大一统"思想获得空前的发展与传播机会，成为此后历代中原王朝的主流政治思想。

二 西汉"大一统"政治格局下的多民族互动、交融与认同

在西汉"大一统"政治格局的影响下，各民族交往交流出现了前所未有的盛况，形成了多民族的互动、交融与认同。这一时期，各民族交往交流的内容和方式丰富多样，既有政治上的朝贡、盟约、使者往来，又有经济、文化上的互通有无、相互学习，还有风俗、礼仪方面的相互影响，乃至婚姻、血缘方面的融合与交融。从交往交流的性质来看，既有友好和平的交往，也有冲突与战争。不管是和平相处，还是对峙与冲突，最终都推动了各民族之间的了解认知，密切了相互关系，加强了交融与认同。

西汉王朝自建立以后，与北方匈奴长期存在密切的互动与交融，双方既有激烈的冲突与战争，又有结约、和亲、互市。和亲是汉、匈之间重要的交往交流方式之一，在西汉的各个时期均有发生。最早提议和亲的大臣刘敬认为，和亲能够起到转化匈奴礼仪风俗的作用，达到"兵可无战以渐臣"的效果，最终实现汉、匈之间的长久和平。③ 从历史记载来看，刘敬的初衷的确得以部分实现。通过和亲、互市等途径，中原物资输入匈奴，促进了汉、匈之间的物资、文化交流，以至于匈奴贵族"好汉缯絮食物"，④对中原物质产生了一定的依赖。而通过结约、和亲，汉、匈奴边境保持了总体和

---

① 《汉书》卷五十六《董仲舒传》，中华书局，1962 年点校本，第 2523 页。
② （汉）苏舆撰、钟哲点校：《春秋繁露义证》卷十二《天道无二》，中华书局，1992，第 345 页。
③ 《史记》卷九十九《刘敬传》，第 2719 页。
④ 《史记》卷一百一十《匈奴列传》，第 2899 页。

平局面，为维护双方边境地区正常的社会、经济秩序和各民族的交往交流发挥了重要作用。汉武帝时期，西汉王朝向匈奴发动了数次大规模战争，双方经历了长达几十年的较量，西汉王朝取得了一系列胜利，减轻了北部边疆来自匈奴的军事压力。宣帝、元帝统治时期，汉、匈关系面貌一新，和平交往、互助友好、和亲互市成为主流。汉宣帝甘露元年（前53），呼韩邪单于率众归附西汉王朝，遣子入侍，其后又多次亲自入朝觐见。宣帝对呼韩邪礼遇有加，赏赐丰厚。汉元帝在位时期，呼韩邪单于继续受到西汉王朝的宠渥厚赏，并在危困之际得到西汉王朝的大力帮助。史书记载："呼韩邪单于复上书，言民众困乏。汉诏云中、五原郡转谷二万斛以给焉。"[1]竟宁元年（前33），呼韩邪单于迎娶王昭君，立为"宁胡阏氏"。[2]昭君和亲为汉、匈边境带来数十年的和平安宁。《汉书》称："北边自宣帝以来，数世不见烟火之警，人民炽盛，牛马布野。"[3]王昭君及其子女成为匈奴政权中维护汉、匈和平友好的重要力量，促进了北方地区各民族的交往交流与交融认同。王昭君之女须卜居次云"常欲与中国和亲"[4]，其在汉、匈之间联络和亲的努力一直持续到汉平帝时期。

随着汉、匈之间的交往交流日益密切，双方在政治、经济以及情感上的相互依赖日益明显，交融与认同逐渐加强。汉元帝时期，西汉使者韩昌、张猛与呼韩邪单于代表汉、匈双方"共饮血盟"，盟誓曰："自今以来，汉与匈奴合为一家，世世毋得相诈相攻。"[5]事后西汉王朝内部对此虽有不同意见，但是汉元帝坚持没有解盟，表明了西汉官方对这次汉、匈盟誓内容的认可。呼韩邪单于之妻、出身于匈奴贵族的颛渠阏氏表示，"匈奴乱十余年，不绝如发，赖蒙汉力，故得复安。"[6]其对西汉王朝的感激之情溢于言表。汉、匈双方统治者的言辞与态度，充分体现了汉、匈双方感情上的交融与认同日渐深入和加强的发展趋势。可见，尽管匈奴与西汉王朝之间发生过冲突与战争，但是互动、交融与认同始终是汉、匈关系的主流。汉、匈关系的发展演变，是历史上各民族交融互动的典型，生动地体现了历史上各民族通过交往交流而逐渐交融认同为一体的历史进程。

同时汉武帝也加大力度经略东北边疆民族地区。元封三年（前108），汉武帝在东北地区及朝鲜半岛设立真番、临屯、乐浪、玄菟四郡[7]，将原活动于匈奴左侧的乌桓迁徙至上谷、渔阳、右北平、辽西、辽东五郡塞外，设护乌桓校尉。[8] 伴随着郡县的建立

---

① 《汉书》卷九十四《匈奴传下》，第 3800 页。
② 《汉书》卷九十四《匈奴传下》，第 3806 页。
③ 《汉书》卷九十四《匈奴传下》，第 3826 页。
④ 《汉书》卷九十四《匈奴传下》，第 3827 页。
⑤ 《汉书》卷九十四《匈奴传下》，第 3801 页。
⑥ 《汉书》卷九十四《匈奴传下》，第 3807 页。
⑦ 参见《汉书》卷九十五《西南夷两粤朝鲜列传》。
⑧ 参见《汉书》卷九十《乌桓鲜卑列传》。

和政治联系的加强，东北边疆各族与中原的交往交流逐渐紧密。

西汉王朝与西域诸族的交往交流始于汉武帝时期。张骞两次受汉武帝之命出使西域，促进了西域与西汉的双向了解认知，开创了西域诸族与西汉使节往来的历史新时期，促进了历史上西域与中原王朝互动与交融。为了保障中原与西域的交通往来，汉武帝在河西地区设置了武威、张掖、酒泉、敦煌四郡，为丝绸之路的开通创造了有利条件。随着丝绸之路的开通，西汉与西域之间的政治交往与物质、文化交流更加密切，汗血宝马、苜蓿、蒲陶等西域特产源源不断地输入中原，中原的特产物资与先进技术也随着人员的流动被传播到西域，史曰："其地皆无丝漆，不知铸钱器。及汉使亡卒降，教铸作他兵器。得汉黄白金，辄以为器，不用为币。"①丝绸之路成为连接中原与西域、中亚各国的重要通道，为中国古代各民族的政治、经济、文化交往交流及古代中国与世界的交往联系提供了有利条件。经过几代人的经略，西汉王朝与西域建立了密切的政治、经济、文化联系。神爵二年（前60），西汉王朝设置西域都护府，标志着西域正式归属于中央政权的统辖之下。

在西汉王朝与西域的交往交流中，和亲同样是重要的方式之一。汉武帝至汉宣帝时期，先后有细君公主、解忧公主与乌孙和亲，促进了西汉与西域诸族的交往交流，加强了西域诸族对中原的政治、文化认同。特别是解忧公主及其子女、亲随在西域的活动，扩大了西汉王朝在西域诸族中的影响，推动了西域诸族对中原王朝的政治、文化认同。例如龟兹王绛宾仰慕汉文化，娶乌孙公主之女弟史为妻，因弟史有"汉外孙"的身份，绛宾深以为荣，多次与弟史一同入朝。他们返回龟兹国后，学习模仿西汉王朝的宫室、服饰、礼仪制度。②绛宾去世后，龟兹与西汉王朝仍然保持亲密的交往互动，史载："绛宾死，其子丞德自谓汉外孙，成、哀帝时往来尤数，汉遇之亦甚亲密。"③乌孙公主之子万年，同样由于拥有"汉外孙"的身份背景，引起莎车国人的重视："莎车国人计欲自托于汉，又欲得乌孙心，即上书请万年为莎车王。"④在获得西汉王朝同意和支持后，万年被推举为莎车王。弟史、万年的经历，充分体现了西域诸国对西汉王朝的政治认同和他们对中原文化的认同，彰显了在各民族互动、交融与认同中和亲所具有的独特作用。

西汉王朝与南方诸族的交往交流也获得了重大发展。在西南夷地区，汉武帝先后派遣唐蒙、司马相如和张骞等人为使者，深入西南夷诸族中，加强了双方的了解认知。

---

① 《史记》卷一百二十三《大宛列传》，第3174页。
② 《汉书》卷九十六《西域传下》："归其国，治宫室，作徼道周卫，出入传呼，撞钟鼓，如汉家仪。"（第3916页）
③ 《汉书》卷九十六《西域传下》，第3917页。
④ 《汉书》卷九十六《西域传上》，第3897页。

元鼎六年，西汉王朝设置了犍为、牂柯等七郡。随着郡县的设置，西南夷与中原的政治、经济关系日益紧密，中原文化对西南夷的影响也日益增强，这为两汉时期西南夷诸族对中原的政治、文化认同奠定了基础。汉武帝遣使初入西南夷地区之时，当地人对中原地区的情况知之甚少。史载："滇王与汉使者言曰：'汉孰与我大？'及夜郎侯亦然。以道不通故，各自以为一州主，不知汉广大。"①到东汉初年，不仅滇、夜郎等地与中原建立了紧密的联系，西南边远地区的哀牢夷、白狼部落等皆主动内附。其中白狼王以夷语作"远夷颂汉诗"三章，诗中动情地把率众归附东汉王朝之举比喻为"心归慈母""携负归仁"。② 这一事件充分体现了西南夷对中原王朝的政治认同与文化认同，虽然事件发生在东汉初年，却是自汉武帝以来西南夷与西汉王朝长期交往交流交融的结果。岭南、东南沿海地区为百越杂居之地。西汉前期，岭南有赵佗创建的南越国，东南沿海有汉惠帝分封的闽越国、东瓯国。元鼎六年（前111），汉武帝灭南越，于其故地设九郡，③结束了南越国割据岭南的局面，奠定了中国古代统一多民族国家南部疆域基础，促进了岭南地区及岭南与中原之间各民族的互动与交融。对东南沿海诸越，汉武帝采取扶弱抑强政策，派兵镇压闽越王的叛乱，下令将闽越国、东瓯国大量人口内迁至江淮之间。④ 随着南越国的灭亡和闽越国、东瓯国的解体与内迁，南方地区各民族的交往交流交融得到空前加强，特别是闽越、东瓯，在迁徙至江淮地区后，逐渐与华夏融为一体，"百越"作为一个族群逐渐从中国历史上消失。

综上所述，西汉"大一统"政治格局为中国古代各民族交往交流交融提供了有利的政治、文化环境和广阔的地理空间，推动了西汉时期的多民族互动、交融与认同。在战争、盟约、和亲、互市的交错转换中，各民族的关系呈现交融为一体的发展趋势，形成了多民族的互动、交融与认同。其中汉武帝时期的功绩尤为卓著。班固指出，汉武之世，"遭值文、景玄默，养民五世，天下殷富，财力有余，士马强盛。故能睹犀布、瑇瑁则建珠崖七郡，感枸酱、竹杖则开牂柯、越嶲，闻天马、蒲陶则通大宛、安息。自是之后，明珠、文甲、通犀、翠羽之珍盈于后宫，蒲梢、龙文、鱼目、汗血之马充于黄门，钜象、师子、猛犬、大雀之群食于外囿。殊方异物，四面而至"⑤。其后，各民族的交往交流交融继续发展，至汉宣帝、汉元帝统治时期再度达到高峰。各民族在日益增强的互动、交融中相互依赖，共同发展，逐渐加深了感情，加强了认同。

---

① 《史记》卷一百一十六《西南夷列传》，第 2996 页。
② 《后汉书》卷八十六《南蛮西南夷列传》，第 2856 页。
③ 参见《史记》卷一百一十三《南越列传》。
④ 参见《史记》卷一百一十四《东越列传》。
⑤ 《汉书》卷九十六《西域传下》，第 3928 页。

三 "大一统" 视野下的夷夏一体观

在中国古代文献语境中，"夏""夷"通常用作对华夏（汉）与非华夏（非汉族）族类的概括性、象征性表述。所谓夷夏一体观念，是指将"夷""夏"各族视为一个整体的民族观念。

西汉时期的夷夏一体观念形成于先秦学术文化的深厚根基之上。先秦时期夷夏观包含了丰富的哲学辩证思维，包含"夷夏有别"与"夷夏一体"两方面的内容。春秋战国时期，在华夏与周边各族关系十分紧张的历史背景下，以诸子百家为代表的华夏精英阶层强调夷夏有别，"尊王攘夷"成为诸侯称霸的重要条件。《公羊传》曰："南夷与北狄交，中国不绝若线。桓公救中国，而攘夷狄，卒怙荆，以此为王者之事也。"①另一方面，诸子百家又形成了夷夏一体观念，认为夷夏虽然有别，但共同组成"天下"。《公羊传》曰："春秋内其国而外诸夏，内诸夏而外夷狄。王者欲一乎天下，曷为以外内之辞言之？言自近者始也。"②五服制是春秋战国时期人们对上古时代的天下政治秩序和地理方位的想象，其中也蕴含了夷夏一体观念。《国语·周语上》曰："夫先王之制：邦内甸服，邦外侯服，侯、卫宾服，蛮、夷要服，戎、狄荒服。甸服者祭，侯服者祀，宾服者享，要服者贡，荒服者王。"③在想象的天下秩序中，四夷处于"五服"的最外一"服"——要服、荒服，政治地位最低，但是四夷仍然被包括在"天下"秩序中，与诸夏属于同一个政治整体。

西汉"大一统"政治格局为各民族的互动、交融与认同创造了有利条件，也为夷夏一体观念的发展奠定了重要基础。在"大一统"政治格局影响下，夷夏一体观念得到深入、生动、形象的表述。特别是西汉王朝的统治者及社会精英，强烈地认识到"四夷""百蛮"是"大一统"政治蓝图中不可缺少的成员，"中国"与"四夷"即夷夏各族在政治、经济与文化各方面是不可分割的整体。他们通过官方活动或个人著述，从政治、学术、民族源流等多种角度，表达夷夏一体、天下一家的民族"大一统"思想。

贾谊是较早表达夷夏一体观念的汉代士人。他在讨论西汉王朝与匈奴的关系时，把天子与蛮夷的关系形象地比喻为"首"与"足"的关系。贾谊曰："天下之势方倒县。凡天子者，天下之首，何也？上也。蛮夷者，天下之足，何也？下也。"④"首"

---

① （汉）何休注、（唐）徐彦疏、刁小龙整理：《春秋公羊传注疏》卷十，僖公四年，第391~392页，上海古籍出版社，2014。
② 《春秋公羊传注疏》卷十八，成公十五年，第758~759页。
③ 陈桐生译注：《国语·周语上·祭公谏穆王征犬戎》，中华书局，2013，第5页。
④ 《汉书》卷四十八《贾谊传》，第2240页。

"足"之喻，意为天子与"蛮夷"犹如身体的首、足两个部分，二者既有尊卑之别，又是一个整体，共同组成不可分割的"身体"。这一论述从侧面反映了贾谊的夷夏一体观念。

汉武帝时期，夷夏一体观念表现得尤为突出。在当时的官方活动中，出现了大量关于四夷臣服、万邦来朝的颂扬之词，体现了人们对于夷夏一体、天下一家的肯定和追求。例如汉武帝通过伐大宛获得汗血马后，命乐官作歌曰："天马来兮从西极，经万里兮归有德。承灵威兮降外国，涉流沙兮四夷服。"[1]汉武帝举行封禅大典时，在泰山刻石记功，碑文中也有大力颂扬"四夷"来朝的文字，其文曰："事天以礼，立身以义。事亲以孝，育民以仁。四守之内莫不为郡县，四夷八蛮咸来贡职，与天无极。人民蕃息，天禄永得。"[2]透过这些歌功颂德之词可知，在西汉王朝君臣的政治观念中，"四夷"臣服、万邦来朝是帝王功成业就、实现"大一统"理想的重要标志，"四夷"是"大一统"王朝中不可缺少的部分。

夷夏一体观念在汉武帝时期的著述中广泛存在，其中以司马迁、董仲舒、司马相如尤为典型。司马迁在《史记》中叙述说，传说中的黄帝是夷夏各族共同的始祖，四夷则是因为"有罪"而被流放到边疆地区的黄帝后裔，至尧时，"舜归而言于帝，请流共工于幽陵，以变北狄；放欢兜于崇山，以变南蛮；迁三苗于三危，以变西戎；殛鲧于羽山，以变东夷。四罪而天下咸服"。[3]《史记》认为匈奴也是黄帝后裔，与华夏民族同源共祖："匈奴，其先祖夏后氏之苗裔也，曰淳维。唐虞以上有山戎、猃狁、荤粥，居于北蛮，随畜牧而转移。"[4]司马迁认为夷夏各族同源共祖，密不可分，共同构成一个庞大的血肉相连的整体。《史记》关于夷夏共祖的血缘想象并不是凭空臆想，而是在充分整理和运用先秦至西汉时期的各种典籍文献、民间歌谣并加以全国范围内大量实地考察的基础上形成的，既有先秦学术文化的影响因素，又有广泛而深厚的社会基础，反映了夷夏一体、天下一家观念在西汉社会的主流地位。

董仲舒在经学著述《春秋繁露》中，提出了"王者爱及四夷"的政治主张。董仲舒曰："是以知明先，以仁厚远。远而愈贤、近而愈不肖者，爱也，故王者爱及四夷，霸者爱及诸侯，安者爱及封内，危者爱及旁侧，亡者爱及独身，独身者，虽立天子诸侯之位，一夫之人耳，无臣民之用矣，如此者，莫之亡而自亡也。"[5]可见，董仲舒从儒家的仁爱思想出发，强调各个层级的统治者都应实行仁政，"四夷"也是"王者"应当

---

① 《史记》卷二十四《乐书》，第 1178 页。
② 《汉书》卷六《武帝本纪》，应劭注，第 191 页。
③ 《史记》卷一《五帝本纪》，第 28 页。
④ 《史记》卷一百十《匈奴列传》，第 2879 页。
⑤ 《春秋繁露义证》卷八《仁义法》，第 252 页。

施予仁爱的对象。"王者爱及四夷"的观点，蕴含了"四夷"也是天子臣民的观念，反映了"四夷"在儒家学者心目中所占据的分量。

司马相如是汉武帝时期著名的文学家、政治家，也是汉武帝开疆拓土、追求"大一统"政治理想的坚定支持者。在司马相如的文章中，有大量歌颂或者倡导"大一统"政治局面下天下一统、"四夷"臣服的文字。例如在《告巴蜀太守书》一文中，司马相如大力颂扬远人归附、"四夷"臣服的"大一统"盛况，其文曰："康居西域，重译请朝，稽首来享。""南夷之君，西僰之长，常效贡职，不敢怠堕，延颈举踵，喁喁然皆争归义，欲为臣妾。"①在《难蜀中父老》一文中，司马相如认为应当坚持对西南夷的经略，以达到"遐迩一体，中外提福"②的美好政治愿景。"遐迩""中外"意为中原与边疆、华夏与"四夷"，这里泛指夷夏各族或曰天下万民。在司马相如致汉武帝的临终遗书中，也有歌颂汉武帝"大一统"的文字，其中包含四夷朝贡的内容，如"诸夏乐贡，百蛮执贽等"。③司马相如的文字反映了在"大一统"政治局面下夷夏一体观念的加强。特别是"遐迩一体，中外提福"的表述，既是对"大一统"思想的高度概括，也是对夷夏一体、天下一家政治图景的浪漫想象与憧憬。

综上所述，西汉时期的主流社会对四夷臣服、万邦来朝抱有极大的政治热情，人们普遍认为，"四夷"是"大一统"王朝中不可缺少的成员，夷夏各族同源共祖，血肉相连，密不可分。这种观念在西汉主流社会的广泛存在，反映了西汉时期夷夏一体观念得到发展并已成为社会主流意识。夷夏一体观念在汉武帝、汉宣帝统治时期表现得尤为突出，集中体现了"大一统"政治局面对夷夏一体观念形成、发展的影响和作用。其中尤为值得重视的是，司马迁在《史记》中所表达的夷夏各族同源共祖的观念，塑造了中华民族共同的政治信念、历史记忆和祖先认同，推动了中国古代的民族融合，为统一多民族国家的形成与发展提供了重要的精神动力。

结　语

纵观中国古代统一多民族国家的形成和发展历程，西汉时期处在一个非常重要的历史阶段，西汉"大一统"政治与多民族交融认同，具有重要的历史意义。

首先，西汉时期"大一统"思想的广泛传播，并且第一次实现了"大一统"思想从理想到现实的转换，深深影响了历代中原统治者的政治选择和政治追求。西汉时期，"大一统"思想广泛传播并逐渐成为中原社会的主流政治思想，"大一统"政治理想成为中国数千余年坚持不懈的政治原则与政治追求，成为此后历代中原王朝的不二选择，

---

① 《史记》卷一百一十七《司马相如列传》，第 3044 页。
② 《史记》卷一百一十七《司马相如列传》，第 3051 页。
③ 《史记》卷一百一十七《司马相如列传》，第 3067 页。

在历代中原统治者心目中具有不可撼动的神圣地位，凡是与"大一统"理想政治模式相违背的言行，都受到主流社会的普遍谴责。这种政治价值取向对中国古代统一多民族国家的巩固与发展起到了重要的推动作用。

其次，西汉时期形成了多民族互动、交融与认同的局面，促进了西汉王朝的繁荣和稳固，具有重要的历史启示意义。西汉时期各民族通过结约、和亲、互市、通使乃至战争等形式，建立了紧密的政治关系，实现了前所未有的经济、文化交流互动，互相增加了了解，增进了感情，增强了认同。在密切的交融与认同中，各民族共同创造了中华民族灿烂的历史文化，奏响了中国古代统一多民族国家以发展、融合、共同进步为主旋律的华彩乐章。各民族的密切互动、交融与认同是西汉"大一统"格局下衍生的产物，同时又反过来促进和巩固了西汉时期的"大一统"局面。这是西汉王朝留下的宝贵的历史经验，在今天具有重要的历史启示意义。

总之，西汉"大一统"政治与多民族交融认同，在中国历史上产生了重要影响，对中华民族的政治性格和民族精神具有重要的引导功能。"大一统"思想塑造了中华民族崇尚统一、爱好和平的民族性格。这是中国古代统一多民族国家赖以形成发展的政治心理基础和历史文化根基，也是中华民族在历史上不断战胜困难、生生不息、绵延存续数千年的社会心理基础和精神动力源泉，直到今天仍然是中华民族的宝贵精神财富。

原载于《民族研究》2016 年第 2 期

藏文文献中的西天高僧室利沙事迹辑考

廖　旸

摘　要　印度大班智达、大菩提寺寺主室利沙于永乐十二年（1414 年）抵达北京，后曾游五台山，并被封大善大国师。此前他途经加德满都河谷与西藏的拉堆绛、江孜，本文将辑录藏文文献中对这一年里他在上述地方的宗教活动的记载，以更清楚地勾勒出室利沙的生平事迹。与此同时，通过对照汉藏文材料，本文还对室利沙入华因缘、其佛教修为、他对汉藏佛教艺术的影响有所探讨。

关键词　印度班智达　室利沙（实哩沙哩卜得啰）　大菩提寺　斯瓦扬布大塔　金刚鬘坛场

明初来华的西天高僧Śrī śāriputra，逐字音译为“实哩　沙哩卜得啰”，汉文材料又略称“室利沙”。其中，śrī（藏文为意吉祥、福德，用于称谓彰显一个人的卓越殊胜；[①]śāriputra与释迦牟尼十大弟子中智慧第一的舍利弗同名。[②] 很多汉文资料并没有具体提到他的名字，使用的是“板的达”[③] 之类称谓，我只能根据事迹推断其身份。藏文材料中对他的指称有多个变体，分别相当于梵文Śāriputra、Śāriputrapāda、Śrī Śāriputra、Śri Śariputra Mahāyana、Śākya śrī Śāriputra Mahāsvāmin 等，个别地方还存在不同或错误的拼写，但通过审查上下文及与其他文献进行对比仍可做出判定。[④] 下文中除“室利沙”而外的汉译名以下划线标示，不再一一说明。

---

① 参见荻原云来编纂《汉译对照梵和大辞典》，台北：新文丰出版公司影印本，1979，第1356 页。

② 舍利弗之母眼似舍利鸟，乃名śārikā；putra 言子。藏文中舍利弗写作 sha ri'i bu“舍利之子”，是结合了音译与意译的做法，但对室利沙则均采用转写，仅《江孜法王传》用小字的形式解释室利沙名号时例外（ chos kyi rje paṇ chen [dpal sha ri'i bu] shākya shri sha ri pu tra mahā swā mi [rje chen po]），见 'Jigs med grags pa：Chos rgyal rab brtan kun bzang 'phags kyi rnam thar, lHa sa：Bod ljongs mi dmangs dpe skrun khang, 1987, p. 51.

③ 又译班智达、五明，梵文为 paṇḍita 或 mahāpaṇḍita（藏 paṇ chen 班钦）。

④ 名字前后加 mahāpaṇḍita、mahāyana“大乘”或 mahāsvāmin“大主”等字样是对室利沙的修为成就表示尊敬。pāda（藏 zhabs）也经常用作敬称。

与这位西天班智达联系在一起、至今仍岿然存世的，是两座塔——北京真觉寺塔与山西五台山圆照寺塔。过去，人们仅知前者是根据"永乐初年"某"西域梵僧曰班迪达大国师"所"贡金身诸佛之像，金刚宝座之式"① 修建起来的，而后者是室利沙墓塔。直到黄春和将二者联系起来，揭开了室利沙研究的新篇章。②

涉及室利沙事迹较多的汉文史料主要有《重修圆照寺碑记》③、《清凉山志》④ 和《补续高僧传》三种⑤，下文中分别简称《碑记》、《志》与《传》，另外，在描述帝京风物的志书、笔记中也偶见零星记载。根据以上材料我们获知的主要线索包括：

1. 室利沙于"永乐初……来此土，诏入大善殿，坐论称旨，封圆觉妙应辅国光范大善国师，赐金印"（《志》）。《传》肯定年份在十二年（1414），初谒皇帝于奉天殿，并提到"命居海印寺"。《碑记》记录的时间更细致，为是年春。其时尚都南京，然成祖北巡，故而会见地点应在北京。

2. 永乐十五年（1417），"奉命游清凉山"（《传》），"旌幢送其寓显通寺"（《志》）。

3. "还都，召见武英殿，天语温慰，宠赍隆厚，授僧录阐教，命居能仁寺"（《传》）。这条记载在《碑记》和《志》中无征，就会见地点而言，真觉寺姚夔碑文曾言及"永乐中国师五明班迪达召见于武英殿，帝与语悦之，为造寺"⑥，但未见得为一事。

4. 永乐二十二年（1424）七月，成祖驾崩，仁宗即位后多次为之请释道荐扬，其频繁与隆重程度在明代历史上特为突出。室利沙掌行大典，因此功德而获封大善大国师称号以及金印、宝冠、供具与仪仗（《传》）。与之相印证，史载九月丁亥仁宗"命西天剌麻扳的达为圆觉妙应慈慧〔普〕济辅国光范洪（弘）教灌顶大善大国师，僧录司右善世智光为圆融妙慧净觉弘济光范衍教灌顶广善大国师，谷（各）赐金印"⑦。《碑记》所载仁宗赐给"慈慧辅国弘教国师"的有"金印、银三百五十四两，宝冠銮驾，棕轿骏马，锦绣四季时服，金银各色器皿，沉香宝床，锦褥彩幔等仪"。

---

① 成化癸巳（九年，1473）《明宪宗御制真觉寺金刚宝座记略》，（清）于敏中等编纂《日下旧闻考》卷 77 "国朝苑囿·乐善园"，北京古籍出版社，1981，第 1290 页。

② 黄春和：《五塔寺金刚宝座塔始建时间新探》，《中国文物报》1993 年 6 月 6 日第 22 期。其他重要论述如竺颖：《室利沙是明代五台山著名的密宗高僧》，《五台山研究》1997 年第 1 期；包世轩：《元大护国仁王寺旧址及相关问题考察》，《北京文博》2001 年第 2 期；何孝荣：《印僧实哩沙哩卜得啰与真觉寺修建考》，《北京社会科学》2008 年第 4 期。

③ 《五台山研究》1997 年第 1 期，第 45～46 页。明隆庆三年（1569 年）重立。碑文前后语气不统一，文意较混乱，旧认为明穆宗朱载垕撰，待考。

④ （明）释镇澄（1547～1617）撰，（民国）释印光重修：《清凉山志》卷 2 "伽蓝胜概·大圆照寺"，民国二十二年排印本，第 71 页。

⑤ （明）释明河（1588～1640）：《补续高僧传》卷 25 "杂科篇·大善国师传"，《卍新纂大日本续藏经》卷 77，东京：国书刊行会，第 531 页。

⑥ 原碑清中已无存。《日下旧闻考》引《析津日记》，第 1290 页。

⑦ 《明仁宗实录》卷 2 下，中研院历史语言研究所校印本，1962，第 65 页。

5. 事毕他可能返回五台。仁宗在位时间极短，洪熙元年（1425）五月骤崩后，即位的宣宗复诏室利沙入京，一方面掌行举荐仪式（《传》），另一方面则"广宣秘密"（《志》）。前者在实录中未能找到相应记载，后者应包括"翻译诸佛坛仪，颁行于世"（《碑记》）。

6. 宣德元年（1426）正月十三日去世（《传》），"世寿九十二岁，僧腊七十二岁"（《碑记》），就此推算其大约生于 1335 年。

除上述在内地的活动外，室利沙还在西藏做短暂停留，《贤者喜宴》列过一个曾履藏地的印度班智达名单，其中就有室利沙。① 本文将搜寻藏文史料对他的记载，从而辑录出他来到明廷前在印度、尼泊尔和我国西藏的一些事迹。②

一 室利沙在印度

室利沙出生与出家的有关情况，汉文材料以《传》所记最详：

> 实哩沙哩卜得啰，东印土捹葛麻国王之第二子也。父母感奇梦而生。在童真位，聪敏不凡，而百无所欲。唯见佛法僧，则深起敬信。年十六，请命出家，遣礼孤捹啰纳麻曷萨弥为师，薙落受具，资受学业。习通五明，阖国臣庶，以师戒行精严，智慧明了，尊称为五明板的达。师足迹周遍五天，从化得度者甚众。

这里提到的室利沙业师待考。值得注意的是，麻曷萨弥（梵文为 mahāsāmi）意"大主"，是一特定称号，通常由锡兰国王授予在这里受戒、学习的外来僧人，也偶见授予卓越的本土僧人。踵继室利沙赴藏的印度班智达伐那罗怛那（梵 Vaṇaratna "林宝"，藏 Nags kyi rin chen 那吉仁钦）曾游历锡兰六年（约 1404～1410 年）并在当地受戒，因此有时也以 mahāsāmi 相称。③ 由词义推测并参考伐那罗怛那事迹，怀疑室利沙的师承亦与锡兰有某种联系。

---

① dPa' bo Gtsug lag 'phreng ba：Chos byung mkhas pa'i dga' ston pod stod cha, Pe cin：Mi rigs dpe skrun khang, 1986, p. 525.

② 哈佛大学 Arthur McKeown 于 2006 年 9 月 1 日的第十一届国际藏学研究会（International Association of Tibetan Studies, IATS）讨论会上提交 "Sariputra in Tibet：further adventures of a 15th Century Indian pilgrim"，2007 年 11 月在美国宗教学会（American Academy of Religion）年会上提交 "Devotional Practices at Gyantse and Wutai Shan：Removing the Text from Translation"。其中梳理了藏文材料，惜撰写本文时未能一睹。作者补记：时为中国人民大学国学院硕士研究生的魏建东译注藏文本《共通完整之传记》（rNam thar thun mong ba tsha thang ba）与《传记宝鬘》（rNam thar rin po che'i phreng ba），由此对室利沙生平事迹、法脉传承做了更深入、缜密的讨论，见《关于印度班智达室利沙两篇传记的研究》，载沈卫荣主编《汉藏佛学研究——文本、人物、图像和历史》，中国藏学出版社，2013，第 460～479 页。

③ 另外，他也被称为 Śrī Vanaratna - pāda，名号构成与一些材料中的室利沙相同。

《汉藏史集》（1434）在记述"江孜法王的世系"时，对室利沙出生地也有涉及：

  热丹贡桑帕巴又为了弘扬佛法，迎请了以在大海边的迦札马城出生、后来担任过金刚座的堪布的班钦室利夏日苏札玛哈衍那（shri sha ri sutra[①] mahā ya na）为首的印度的班智达。[②]

  热丹贡桑帕巴（Rab brtan kun bzang 'phags pa，1389~1442）即江孜法王，以创建白居寺及吉祥多门塔、组织缮写藏文大藏经等事迹而名垂不朽。这里的室利沙出生地"迦札马"（藏 Ka tsa ma，梵 Kacama）当即《传》中的"拶葛麻"，只是首二音节对调，疑其一误记。虽然对于具体地点仍然迷茫，但《汉藏史集》提供了一个新线索就是"大海边"（rgya mtsho'i mtha'）。有的汉文材料指室利沙为西域、西番、西竺乃至尼泊尔人[③]，但是西域、西藏和尼泊尔均位于内陆，并非毗邻大海。更重要的是，目前掌握的藏文文献均称他来自 rGya gar"印度"，几无可置疑。"西域"应系泛称，而"西番"说则可用西天僧与西番僧的紧密关系来解释，室利沙在京所居之海印寺（大慈恩寺）、能仁寺均是藏僧聚集之所。

  另外，室利沙曾任金刚座（藏 rDo rje gdan，梵 Vajrāsana）寺主。金刚座即释迦牟尼在印度菩提迦耶（Bodhgaya）毕钵罗树下成道之处，后来该地建寺，金刚座亦指此大菩提寺（Mahābodhi）。在《印度佛教史》中，多罗那他（Tāranātha. 1575~1634 年）留下这样简单很有意义的记述：

  在潘伽罗国（Bhwaṃ ga la）[④] 有一个业力强大的名叫旃伽罗罗阇（Tsaṃ ga la rā dza）的国王出世……他最初信仰婆罗门，以后因王妃信佛而心意转变，他在金刚座献大供养，并修复所有残破的寺庙。九层的净香殿（gandho la chen po）[⑤] 有一时期被突厥军毁坏了四层，他妥为修葺，让班智达舍利弗（paṇḍi ta shī ri pu

---

① 应作 putra。在藏文版《后藏志》上同样误拼为 shā ri su tra（Jo nang Tā ra na tha：Myang yul stod smad bar gsum gyi ngo mtshar gtam gyi legs bshad mkhas pa'i 'jug ngogs zhes bya ba bzhugs so, lHa sa: Bod ljongs mi dmangs dpe skrun khang, 1983, p. 53），汉译时更正为"释日普陀"（《后藏志》，余万治译，西藏人民出版社，1994，第 33 页）。另外还有拼作 bhutra 的，见下文。

② 达仓宗巴·班觉桑布：《汉藏史集——贤者喜乐赡部洲明鉴》，陈庆英译，西藏人民出版社，1986，第 239 页。参见藏文版，Khreng tu'u: Si khron mi rigs dpe skrun khang, 1985, pp. 387-388.

③ 参见《印僧实哩沙哩卜得啰与真觉寺修建考》，第 93~94 页。

④ 当即今孟加拉 Bengal 之东南部。参见 Ramesh Chandra Majumdar："Lāmā Tāranātha's Account of Bengal", in Narendra Nath Law（ed.）: Louis de La Vallée Poussin Memorial Volume, Calcutta：: J. C. Sarkhel, 1940, pp. 8-10.

⑤ 梵 gandhola，指寺院集会大殿后面的内殿。

tra) 居住，并建立法产。①

由该书记载的大致年代可推定此舍利弗就是室利沙。② 在"突厥"（Tu ruṣka）势力大增的情况下，佛教徒几无生存空间，旃伽罗王的布施与护持也只能视为回光返照，"此后没听说摩揭陀国有供奉佛法的国王，所以也没听说出现奉持教藏的比丘"③。在这个意义上，室利沙被视为大菩提寺的最后一任堪布。

确认了室利沙曾任金刚座堪布，有一条记载的眉目亦更清楚：洪武十七年（1384）春，智光（1348～1435）奉使西域，"至尼巴辣、梵天竺国，宣传圣化。已而谒麻曷菩提上师，传金刚鬘坛场四十二会。礼地涌宝塔"④。当时室利沙49岁，即便他不是这位麻曷菩提上师，也必定与后者甚有渊源。此史实也部分能够解释他以何因缘闻于明朝，与智光何以共居能仁寺、并同时升大国师。《碑记》开篇即提道"太祖高皇帝，遣侍臣往葛里麻斡⑤之乌思藏国，迎板的达国师。东归不赴"，看来应有所本。除此而外，室利沙在金刚座乃至印度的事迹已难发微钩沉。

二 室利沙在尼泊尔

我们不知道室利沙为何没有在太祖时代成行。但在1413年或稍早时候，他踏上了东游路，取道尼泊尔入藏。在讨论藏文材料之前，先来看《传》中的一小段记载：

> 〔实哩沙哩卜得啰〕凡过道场塔庙，必躬伸尽敬。至地涌塔，修敬卓锡。而禅塔以久圮，劝国王修治。脱管心木，木下纪师名号，众咸异之。

上文提到的地涌塔，看起来很像是前述智光所礼之地涌宝塔。关于其地望，研究者曾含糊其辞，因史籍上此地总是和"尼八剌"联系在一起，如宣德二年（1427）四月"辛酉，遣太监侯显赍勅往乌思藏等处谕……尼八剌国王沙的新葛、地涌塔王子舢（般）"⑥，多推断它位于北印度或东印度、与尼泊尔毗邻。有意思的是，这里的"尼八

---

① 多罗那他：《印度佛教史》，张建木译，第三十七章"斯那四王等时代"，四川民族出版社，1988，第245页。参见藏文版 rGya gar chos 'byung, Khreng tu'u: Si khron mi rigs dpe skrun khang, 1986，第309页。

② 旃伽罗王于"钵罗底多斯那（Pratītasena）去世以后约百年"出世，"享年长久，据说他去世以来才过一百六十年左右"（《印度佛教史》）。此书完成于1608年，大概可推知多罗那他认为此王于1448年前后去世。

③ 《印度佛教史》。

④ 《补续高僧传》卷一"译经篇·明 西天国师传"，《卍新纂续藏》卷77，第1524页。智光这次出使西天尼八剌国在洪武十七年二月己巳朔与二十年十二月庚午间，见《明太祖实录》卷159、第2462页与卷187、第2807页。

⑤ Karma ba（pa），又译葛里（哩）麻巴、哈立麻〔巴〕、噶玛巴，即大宝法王。

⑥ 《明宣宗实录》卷27，第702页。

剌"不能想当然地理解为尼泊尔。沙的新葛（Śaktisiṃharāma，活动于 1382～1427 年间）实际上是 Rāma 家族一员，以 Bhonta 王室的名义控制着加德满都以东 26 公里处的巴内帕（Banepa）及周边，亦即西藏与加德满都河谷之间的必经之地。《明太祖实录》里数见其父马达纳罗摩（Madanarāma，活动于 1382～1399 年）作为"西天尼八剌国王"贡献方物与获得颁赐的记载，兹不赘举。而地涌塔指的才正是加德满都河谷，亦即通常地理意义上的尼泊尔，当时在末罗（Malla）王朝控制之下。当时其王为阇耶殊底末罗提婆（Jayajyotirmalladeva，1408～1428 年在位），实录所谓"可般"一般认为是当时河谷政治中心巴德冈（今巴克塔普尔 Bhaktapur,）的纽瓦尔语名称 Khopva 的对音。两地的势力各有消长，但从沙的新葛的伯父 Jayasiṃharāma 开始，就只能尊末罗王朝之Jayasthiti 为王了。然而，"他们不断地施加政治影响，不断地努力保持实已消亡的Bhonta 王朝之正统，这些努力有助于解释为何他们成功地被中国皇帝当作尼泊尔的统治者"[1]。

至于地涌塔国的这座"禅塔"，则可比定为位于加德满都西北、举世闻名的斯瓦扬布大塔（梵 Svayaṃbhū［nāth］Mahācaitya，藏 mchod rten 'Phags pa shing kun "诸种圣树"）。盖梵文 svayaṃbhū 意为不藉功用、自然而生，藏人也称该塔为 'Phags pa rang byung[2]，其中 'phags pa 谓"圣"，rang byung 即"自生"。从 13 世纪下半叶开始就有藏人出资修葺此塔的记载；[3] 尽管自生、自显、自成的塔像在佛教世界都被目为奇迹，但是藏人对于这种事物的特殊狂热以及藏地与尼泊尔的毗邻关系都让我们揣测，"地涌塔"这个国号可能体现了藏人向汉地传输的地理和宗教认知。

汉文记载尚不足以证实我们对"禅塔"的推测，但藏文文献明记 1413 年室利沙在尼泊尔督理修缮斯瓦扬布大塔一事。事后须那室利跋陀罗（Su na shrī bha tra "善吉贤"）于同年撰成《三世一切诸佛意所依之斯瓦扬布大塔志》（Dus gsum sangs rgyas thams cad kyi thugs kyi rten 'phags pa shing kun gyi dkar chag），叶 4v－5r 上提道：

de nas shing chag pa/ pandita chen po sha ri bhu tras btsugs ste/ dbus pa gong ma chen po lho byang gi khri dpon/ sher mkhan po khams me nyag sogs dad ldan rnams kyis nor dpag tu med pa phul nas sbyin bdag mdzad ste bal po'i rgyal po shri dza ya dzo ma la

① Rishikesh Shaha："Ancient and Medieval Nepal"，*Kailash* vol. 15 no. 1/2（1989），p. 49. 同书 pp. 48－50 对该时期两个王室的世系做了详细记述。邓锐龄亦曾尝试判明，见《明西天佛子大国师智光事迹考》，《中国藏学》1994 年第 3 期，第 36～37 页。

② Franz－Karl Ehrhard："Old and New Tibetan Sources concerning Svayaṃbhūnāth"，*Zentralasiatische Studien 36*（2007），p. 117.

③ 参见 Franz－Karl Ehrhard："Further Renovations of Svayambhunath Stupa（from the 13th to the 17th centuries）"，Ancient Nepal nos. 123－125（1991），pp. 16－18.

dhe bos/ do dam gyi gtso bo mdzad nas 'khor 'ba' ro rnams gser yig la bsngags nas/ mnga'
zhabs kyi gzo rigs mkhas pa rnams bsdus te/ gdugs chos 'khor rtogs dang bcas pa sprul lo
zla ba bzhi pa'i tshes bco lnga la yang dag par grub/

后来木头（shing. 按：指刹柱 yaṣṭi）断了。大班智达室利沙将之竖起来。卫地大王①、拉堆洛与拉堆绛的第本及康区木雅的 sher 堪布等信众布施无量财富，充当功德主。尼泊尔国王室利·阇耶殊底末罗提婆在敕令中赞扬了众圣僧②，之后在他监督下，将辖下的匠师们召集起来。蛇年（1413）四月十五日，伞盖和相伴的相轮正确完成。③

对照《传》所记，"管心木"④指的无疑就是刹柱，这次修葺刹柱（含置于其上的伞盖和相轮）的工程与汉文记载非常吻合。

三　室利沙在拉堆绛

汉文材料中已经提到，明廷从乌斯藏迎来室利沙，这或许也是一些材料视他为番僧的原因之一。由于他在乌斯藏仅作短暂停留，因此相关的藏文材料并不多，但足以弥补汉文材料之阙。维修斯瓦扬布大塔既由西藏王公出资、室利沙主持，不难推知早在室利沙入藏之前他们就已经有了接触，至于这种接触能早到什么时候尚未见明文。而明廷迎接室利沙的使团，应该就是《明太宗实录》中永乐十一年（1413）二月己未的这一次：

> 遣太监侯显赍敕赐尼八剌国王沙的新葛、地涌塔王可般锦绮。○中官杨三保等使乌思藏等处，还。……授锁巴头目剌咎肖、掌巴头目劄巴八儿、土官锁南巴、仰思都巴头目公葛巴等俱为司徒，各赐银印、诰命、锦币。司徒者，其俗头目之旧号，因而授之。⑤

---

① Ehrhard 比定为有 sne'u gdong gong ma chen po 之称的札巴坚赞（Grags pa rgyal mtshan，1374～1442 年。帕木竹巴第五代第司、阐化王），见 "Old And New Tibetan Sources Concerning Svayaṃbhūnāth," p. 118.

② 对应于纽瓦尔语 banre、bare，源自梵文 bandya、vandya "礼敬"，为尼泊尔僧人之一种。Ehrhard 译为 noblemen "贵族"，见同上书。

③ 收入 Ngag dbang bstan 'dzin nor bu: *Rare Tibetan Texts from Nepal. A Collection of Guides to Holy Places*, *Lives of Religious Masters*, *and khrid yig by the Famed Rdza Roṅ – phu Bla – ma*, Dolanji: Tashi Dorji, 1976. Ehrhard 对这次维修的全面考述见 "Further Renovations of Svayambhunath Stupa," pp. 14–16；另见 "Old and New Tibetan Sources concerning Svayaṃbhūnāth," pp. 118, 126. 两处转写稍有不同。

④ 对应于藏 srog shing "心木"。这个术语不见于汉文早期佛典，疑从藏传佛教翻译而来。除《传》外还可见于《大乘要道密集》中布顿大师造《大菩提塔样尺寸法》（Byang chub chen po'i mchod rten gyi tshad bzhugs so）；《憨山老人梦游集》卷 30 "传·雪浪法师恩公中兴法道传"，《卍新纂续藏》卷 73，第 678 页。

⑤ 《明太宗实录》卷 137，第 1665～1666 页。

引文中与本文有关的掌巴（Byang pa）即拉堆绛（La stod byang），刬巴八儿（Grags pa）即当时其地首领南杰札巴桑布（rNam rgyal grags pa bzang po，1394～1475）。仰思都巴（Myang stod）又作仰思多；公葛巴（Kun dga' 'phags pa，1357～1412）即热丹贡桑帕巴之父，一作公哥怕、公哥巴思等，洪武十五年作为"前司徒"已见遣人来朝的记录①。此时公葛巴已去世、由热丹贡桑帕巴继任，疑朝廷尚未闻知，故仍有授司徒一事。实录里遣使侯显一事与封授司徒等分作两条，不过根据《江孜法王传》的详细记载，实际上这是一个使团：

> 特别是在这一年中（水蛇年 1413），皇帝燕王（ye wang rgyal po）为迎请法主班钦室利夏日普达罗（chos rje paṇ chen shri sha ri pu tra）和向乌斯藏许多首领传达旨意〔向大乘法王、噶玛巴赠送礼品，为楚布寺运来金顶，给萨迦细脱拉章首领封大国师，给（辅教）王送来封王的诏书〕，给〔法王〕其弟封国师，给纳塘寺堪钦和乃宁寺堪钦送封为国师的诏书，给霍尔·索南贝哇和拉堆洛的扎巴贝送封为司徒的诏书，为装新帕巴香袭的佛塔，为向前藏人送交命其交出萨迦大殿（给萨迦人）的诏书，派遣以侯大人（Ha ho ta bzhin）、宋（gSung）大人为首的 5 位大人及随从约 500 人于本年五月八日从京城动身来藏，于十二月中抵达此间。法王兄弟为接受诏书前去颇章孜，迎请大人从春堆前来，于初五日②宣读诏书，赐给名号为荣禄（大夫）大司徒热丹贡桑帕巴……此后，因法主班钦住在拉堆绛地方，故大人们即前往彼处。上述的宣布诏书，一些史籍说是在马年（1414）二月中宣读，实际是此处的说法准确。③

室利沙从尼泊尔入藏后，我们所知他逗留的第一个地点就是拉堆绛，即拉孜以西、雅鲁藏布江以北的地区，自元起为十三万户之一。由于拉堆绛首领是维修斯瓦扬布大塔的施主之一，室利沙来到这里是很自然的。今人在探讨《叶如第巴绛巴王统世系》④时也注意到，明廷授予南杰札桑头衔的这次外交活动同时承担着把室利沙带入汉地的任务。⑤ 南杰札桑"曾从印度金刚座寺之堪布舍利佛多（rgya gar rdo rje gdan gyi mkhan

① 《明太祖实录》卷 142，第 2237 页。

② 图齐译本为"十五日"，见 Tibetan Painted Scrolls vol. II "Sources and Documents" "from the Chronicles of Gyantse"，Kyoto 1980，p. 665.

③ 引自恰白·次旦平措等著，陈庆英等译：《西藏通史——松石宝串》，西藏藏文古籍出版社，1996，第 454 页。原文见《江孜法王传》，第 49－50 页；参见 Tibetan Painted Scrolls, p. 665.

④ dPal ldan chos kyi bzang po：Sde pa g. yas ru byang pa'i rgyal rabs rin po che bstar ba, in *Rare Tibetan Historical and Literary Texts from the Library of Tsepon W. D. Shakabpa*, series I, New Delhi, 1974, pp. 166－208.

⑤ Elliot Sperling："Miscellaneous Remarks on the Lineage of Byang La－Stod"，《中国藏学》1992 年特刊，第 276 页。

po shā ri pu tra）及及博东巧勒朗杰瓦（Phyogs las rnam rgyal，1376~1451）等座前，听受深广法要极多，于'吉祥时轮密法'特别精通"①。在其他有关拉堆绛地区政教史的藏文典籍上，对此也有所涉及。②

另外，图齐（Giuseppe Tucci）曾怀疑南杰札桑师从的两位印度班智达室利沙与伐那罗怛那实为一人。③ 但是，伐那罗怛那的生活年代是 1384~1468 年，出生在印度东部的萨德那伽尔（Sadnagar，藏 Grong khyer dam pa. 今孟加拉国吉大港），1426 年首次入藏，各种事迹均与室利沙不合，二者绝非同一人物，今已甚明。

四　室利沙在江孜

由于利益所系，拉堆绛与江孜在政教各方面联系密切，当时两地首领共同对室利沙这位印度班智达进行了布施。④ 在江孜法王 26 岁的阳木马年（1414），室利沙从拉堆绛来到江孜：

> 是年四月中……应大人之请，释迦吉祥·舍利弗·大主这位著名的法主班钦前来，法王前往杜琼（'Dus byung）⑤ 迎接。下年楚（Sa smad）周边各寺院僧众赶来迎接，列队敬礼供养这位大师。江热寺（lCang ra chos sde）邀请他，以乃宁寺为首的上年楚（Sa stod）诸寺对他的礼遇亦如前述。他在江热逗留了约两个月，其间依凭禅定与密法不可思议的力量，消弭人与非人的一切逆缘和战乱，世间大怙主叔侄们的心意由此融合为一，给这方带来喜乐、富足与圆满。……⑥
>
> 六月里，对以恰敦却吉杰波（dPyal ston chos rgyal）为首的班钦的侍从们，给以许多驮畜送行，并派人驮运班钦的行李去燕王皇帝处，又为各位大人送行赠送大量的物品，使得江孜宗堡前的草地上堆满物品。法王本人还为他们送行到喀卡（mKhar kha）地方。⑦

从上文可知，四至六月间，室利沙在江热寺住了大约两个月时间，并成为江孜法王的根本上师（rtsa ba'i bla ma）⑧ 之一。既然永乐十二年六月室利沙始动身离开江孜，

① （清）五世达赖喇嘛著，刘立千译注：《西藏王臣记》，西藏人民出版社，1992，第 74 页。

② 如贡噶卓确：《拉堆绛主南杰札桑传》（Byang bdag rnam rgyal grags bzang gi rnam thar），甘肃民族出版社，1985，第 51 页。

③ Tibetan Painted Scrolls vol. II，p. 703，n. 819.

④ Elliot sperling "Miscellaneous Remarks on the Lineage of Byang La－Stod," p. 276.

⑤ 日喀则白朗境内。图齐译本作 aDol c'uṃ.

⑥ 《江孜法王传》，第 51~52 页。图齐译本没有四月等信息，见第 665~666 页。

⑦ 《西藏通史——松石宝串》，第 454 页。原文见《江孜法王传》，第 52 页。喀卡在江孜以北。

⑧ 《江孜法王传》，第 68 页。

那么《碑记》中提到的"永乐十二年春至"恐不确。十一月时侯显陪同释迦也失尚在成都，室利沙是否与之同行待考。

至于他在江热寺期间的宗教活动，《后藏志》有一条记载：

> 印度班钦释日普陀大师（rgya gar gyi paṇḍi ta chen po shā ri pu tra'i zhabs）驻锡江热寺达两个月，在此详细地讲说普陀六法（pu tra chos drug）。①

这个"六法"所指尚不明，不过该书后文中再次谈及：

> 弥陀卓革（mi tra dzo ki）向释日普陀讲授六法。殊胜的受教者释日普陀之弟子弭雅·扎巴仁钦（mi nyag grags pa rin chen）出任嘎栋寺②堪布后，长期主持讲说院，此人的恩德确实巨大。③

对于这一传承，《青史》的记载稍详细：

> 又由弥扎（mi tra）将"六法教授"传给班抵达侠日布扎（paṇḍi ta shā ri pu tra）；班抵达又传给木雅·扎巴仁清（名称宝）；由此传承直至而今（著作当时）峨乍（lho brag 洛扎）柳察地区还见有修此法，及许多说此法的教导师。④

密答喇佐基（即上引文中的"弥陀卓革""弥扎"。梵 Mitrayogī，又名 Jaganmitrānanda）通常被认为是 13 世纪之人，从历史的角度看，比较可靠的史实是其于 1196 年或稍后绰浦译师强巴贝（Khro phu Lo tsā ba Byams pa dpal，约 1173～1225）的邀请下曾访问西藏。而室利沙约出生于 1335 年，其间显有年代差距。这一点可以用密答喇的"长寿"来解释——藏人盛传直至 14 世纪末、15 世纪初时他仍然在世，居住于印度东北端阿萨姆邦的辛格里（Singri，Assam）地方。⑤ 若然，他至少生活了逾 200 岁，高寿得难以置信，但这在信徒心目中则是大成就者的"不死"（'chi med）神通。若是，室利沙的六法实即密答喇六法。密答喇有生起次第六法（莲枝、花座、依花、影像、无垢和无字修法）

---

① 汉文版《后藏志》，第 53 页。原文见藏文版第 87 页。
② dga' sdong，又称 sga gdong，位于今日喀则白朗。
③ 汉文版《后藏志》，第 75 页。原文见藏文版第 131 页。
④ 《青史》郭和卿译本，西藏人民出版社，1985，第 680 页。参见藏文版 'Gos lo Zhon nu dpal：Deb－ther sngon－po，"grub chen mi tra las byud ba'i chos skor gyi skabs"，*Khreng tu'u*：*Si khron mi rigs dpe skrun khang*，1985，p. 1212.
⑤ 参见 Toni Huber：*The Holy Land Reborn*：*Pilgrimage & the Tibetan Reinvention of Buddhist India*，University of Chicago Press，2008，p. 132.

与圆满次第六法（三轮修法、轮结解法、智慧焰、轮焰、轮清净和金刚焰护轮）；① 而室利沙则"领会了两次第的宝冠"。②

此外，室利沙为年楚河桥上的大菩提塔开光，多种藏文文献都有所涉及。

> 木马年（1414），法王二十六岁，在江喀孜堡（rgyal mkhar rtse）前面年楚河上的六孔大桥正中为大菩提塔开光。……其时，汉地大成王（按：大人）所迎请的印度大班智达释日普陀（shā ri'i pu tra）在江热寺住了两个月，其间在大桥上举行大菩提塔开光仪式。③

室利沙还在江热寺举行了净地和埋藏宝瓶的仪式：

> 班钦室利释日普陀（shrī shā ri pu tra）考虑到建立正行禅定轮道场，入藏前来此地时，举行了净地和埋藏宝瓶（sa'dul ba dang bum gter'jug pa sogs byin rlabs）的宗教仪式。④

所谓"正行禅定轮"（sgrub pa bsam gtan 'khor lo）是夏（雨）、冬两季的修行内容，室利沙在江热寺逗留期间正值夏安居，故有此举措。

室利沙的形象穿插在大成就者之中，留在了白居寺主体建筑集会殿（gtsug lag khang）第二层的道果殿（lam 'bras lha khang）壁画上。画面底部有藏文题记一行：paṇ chen shrī shā ri putra la na mo。画中人物著袒右袈裟，跣坐束腰矮座，左手结触地印、腕部缠数珠，右手当胸结思惟印（梵 vitarkamudrā），头戴红色尖帽，面容端正。乍看这幅壁画很像是一幅中规中矩的萨迦派高僧肖像，唯没穿背心且腰间缚带；造型中并未着力表现"西天"的人种特点，这与同殿刻画的"胡貌梵相"的八十四大成就者有很大反差。按该大殿营建于 1418～1425 年⑤，室利沙时值其暮年，况而他于 1414 年离开江孜；加上其抵藏时已为耄耋老人，而壁画人物容貌颇为年轻，年龄差距相当明显，因此这幅壁画并非写生肖像。

---

① 汉文版《青史》，第 619 页。

② rim gnyis kyi nor bu'i cod paṇ 'dzin pa/（《江孜法王传》，第 51 页）。

③ 汉文版《后藏志》，第 31 页。原文见藏文版第 50 页。对桥的描述以《江孜法王传》最详，第 50～51、52 页（图齐译本则甚简略，第 665 页）。另参见《汉藏史集》，第 238 页。

④ 汉文版《后藏志》，第 145 页，注 147。原文见藏文版第 47 页。

⑤ 熊文彬：《中世纪藏传佛教艺术——白居寺壁画艺术研究》，中国藏学出版社，1996，第 23～24 页。

余 论

1. 室利沙的修为

室利沙在佛学上的修为，汉文材料没有直接涉及，仅以戒行精严、广宣秘密之类泛泛带过。藏文文献提到其六法，已见上文。此外，图齐推测他就是《金刚瑜伽女断首成就法》与《最胜度母供养仪轨》的作者舍利弗主（Śāriputra – svāmin）。① 这两种著作收入北京版藏文大藏经，但未见于德格版。比较确凿的说法是，室利沙擅长时轮系密法。如上所述，他的弟子之一南杰札桑正精于此道，从他学得不死神通轮（'chi med 'phrul 'khor）和嘎乌教授之调息（ga'u gdams pa'i rlung sbyor）。② 南杰札桑的传记作者觉囊杰尊·贡噶卓确（Jo nang rje btsun Kun dga' grol mchog, 1507～1566）将其修习的很多密法归于"最近来自印度"的班智达室利沙，尽管其间准确的传承世系尚不清晰。③ 一说某班智达舍利弗曾于 1452 年给释迦确丹（Shākya mchog ldan, 1428～1507）传授不死成就（藏 'chi med grub pa，梵 amṛtasiddhi），而且指其活到约百岁，④ 其事迹与室利沙若即若离，尚待详判。

室利沙在藏地停留的时间不过 1 年，其法尚有传承，那么，他在汉地 10 余年间的作为，究竟有无痕迹可寻？参考藏文材料，可稍窥蹊径。上文曾到提到，"麻曷菩提上师"授智光以金刚鬘坛场四十二会，《金刚鬘》（梵 Vajrāvali，藏 rDo rje phreng ba）为 12 世纪初印度僧人（Abhayākaragupta，1084～1130）所撰，他曾任大菩提寺主，加上麻曷菩提上师与室利沙存在密切关系，我们有把握认为室利沙亦应擅长金刚鬘系密法。

---

① 图齐：《江孜及其寺院》（《Indo – Tibetica》IV 第 I 部分），熊文彬等译，中国藏学研究中心历史所内部资料，2004 年，第 48 页。《金刚瑜伽女断首成就法》（梵 Chinnamuṇḍā – vajrayoginī – sādhana，藏 rdo rje rnal 'byor ma dbu bcad ma'i sgrub thabs zhes bya ba）见北京版西藏大藏经 4669 号，丹珠尔续疏部 phu 13b6 – 15a2（卷 82，第 109～110 页）。该班智达舍利弗被认为是大成就者 Birapa（又写作 Birvapa 或 Virūpa）的弟子，见 Elisabeth Anne Benard：Chinnamastā. The Aweful Buddhist and Hindu Tantric Goddess, New Delhi: Motial Banarsidass Publishers Pvt. Ltd. , 2000, p.14. 若然，则活动年代与室利沙相去甚远。然而，从传说室利沙师从密答喇佐基的例子来看，尚不能就此否定图齐的推测；再者密答喇在 Birapa 所传的基础上亦为断首金刚瑜伽女撰写有成就法，参见该书 p. 15.

② Lobsang Shastri："Activities of Indian Paṇḍitas in Tibet from the 14th to the 17th Century", *Tibet, Past and Present: Tibetan Studies* 1. *Proceedings of the Ninth Seminar of the IATS*, 2000, ed. by Henk Blezer, Brill, 2002, p. 130.

③ David Templeman："Reflexive Criticism: The Case of Kun dga' grol mchog and Tāranātha", *Tibetan Studies: Proceedings of the 6th Seminar of the IATS*, Fargenes 1992 vol. 2, Oslo, 1994, p. 879.

④ 见 Kurtis R. Schaeffer："The Attainment of Immortality: From Nāthas in India to Buddhists in Tibet", Journal of Indian Philosophy vol. 30, no. 6（Dec. 2002），pp. 520. 第 528 页注 35 引文："paṇḍita shā ri'i pu tro bya ba dgung lo brgya tsam lon nges yin zer/'phral ni dgung lo lnga bcu nga bgrang tsam'gro ba'i tshod cig 'dug/ khong kun la 'chi med grub pa bya ba'i gdams pa bzhugs zer na'ang/"。

金刚鬘分 26 品，若干品描述了多个坛城，共计 42 种。① 由于《金刚鬘》它属于成就法集，涉及面很广，或可推测室利沙在宣宗时代翻译的"诸佛坛仪"与之有关。有意思的是，有名的《密答喇百法》（Mitra brgya rtsa）将金刚鬘坛城悉数摄入，而《后藏志》与《青史》都认为室利沙师承密答喇。因此，参考流传的《金刚鬘》与《密答喇百法》，可大概推知室利沙之所译、所传与所行。

2. 室利沙带来的佛教艺术规式——大菩提寺与像

除了在宗教修习方面，室利沙还对明代汉藏佛教艺术有所影响。他曾任大菩提寺寺主，这对于任何僧人来说都是荣耀的经历，对任何信徒来说都是膜拜的理由，因此其带来并奉献给成祖的金刚宝座规式自然与普通朝圣者携归的塔式不同，具有特殊的意义，进而得到皇家的重视与珍藏。室利沙贡献的这一珍贵文物如今下落不明，但清末犹存：

> 明之南内，今已拆尽。按行遗迹，惟普胜、普度二寺似犹是旧殿之仅存者。普度寺殿宇极宏，佛像极奇，皆西天变相……明成化中，番僧板的达（按：应即室利沙）所贡七宝佛座，即仿其规式造五塔寺者。今尚供寺中，完好无恙，乃木雕加漆者。疑《涌幢小品》记所云：南内"最后一殿，供佛甚奇古"者，或即指此而言。②

布达拉宫尚藏有数件类似的模型，从中不难看出藏人对于该圣地的深切崇仰。

除寺本身而外，汉藏朝圣者还反复提到大菩提寺所供之主像，亦即玄奘记载的降魔成道像，又称金刚座真容像。唐使王玄策在命人图写圣容的同时也测量了尺寸③，7 世纪末叶义净曾将其小样请至洛阳。④ 事实上，大菩提寺与像的尺度即使在印度也被奉为圭臬，如那烂陀寺"有大精舍……庄严、度量及中佛像，同菩提树下大精舍"⑤。在西藏，这种风气并非始于室利沙。不过，他或许进一步推动了这种

① 参见 Mori Masahide（森雅秀）："The Vajrāvalī Maṇḍala Series in Tibet"，*Esoteric Buddhist Studies*：*Identity in Diversity. Proceedings of the International Conference on Esoteric Buddhist Studies*，Koyasan University，5 Sept. – 8 Sept. 2006，Wakayama：Koyasan University，2008，pp. 223 and 230.

② （清）震钧：《天咫偶闻》卷 1，北京古籍出版社，1982，第 11 页。所引文为见（明）朱国桢辑《涌幢小品》卷 4 "南内"条。

③ 《法苑珠林》卷 29 "感通篇第二十一·述意部第一"引《王玄策行传》，《大正藏》卷 53，第 503 页。其尺寸与《大唐西域记》所记（卷 8 "摩伽陀国上"，《大正藏》卷 51，第 916 页）基本吻合。

④ 参见肥田路美「唐代における仏陀伽耶金剛座真容像の流行について」，『論叢仏教美術史——町田甲一先生古稀記念』，東京：吉川弘文館，1986；罗世平：《广元千佛崖菩提瑞像考》，《故宫学术季刊》第 9 卷第 2 期（台北，1991）。

⑤ 《大唐西域记》卷 9 "摩伽陀国下"，《大正藏》卷 51，第 924 页。

风气。

> 印度称作"能变"的土猪年（1419）……九月间，饶丹衮桑帕莅临仁钦孜，暂驻寺旁僧徒洛巴家中。修禅时怀中出现一个陈旧的纸卷，一看，它详细地记载了印度金刚座摩诃菩提寺的营建情况、佛像和支出等情况。饶丹衮桑帕意识到这是神降赐授记，要我们新建寺庙（按：白居寺）的主尊建造得同摩诃菩提寺一样……后殿正中雄狮捧座，佛座之上大菩提佛与印度金刚座摩诃菩提寺的圣像身量相等。①

白居寺集会殿内这尊大菩提佛像造于 1420～1421 年，与金刚座真容像尺寸相等，其殊胜更在于装有众多的珍贵胎藏，② 其中就包括"根本上师班智达室利沙的头发和指甲"③，还有"班钦释日普陀所迎请的稀有的印度释迦佛像等"④；根据图齐的说法，装藏中还包括他带来的陀罗尼经咒。⑤ 其发爪能够和菩提萨埵（寂护）、莲花生、邬金国王因陀罗菩提（rgyal po indra bo dhi）、吐蕃三法王等圣者的遗物相提并论，当时室利沙在藏地宗教地位之崇高可见一斑。

3. 迎请室利沙的使团

藏文材料告诉我们，明廷派来迎请室利沙的是由 Ha ho 大人和 gSung 大人为首的 5 位大人率领的约 500 人规模的庞大使团。既然该使团与侯显率领出使尼泊尔的使团实则为一，那么 Ha ho 其人非侯显莫属。关于这一点史料明记："永乐甲子，遣太监侯显迎西域梵僧板的达大国师，召对武英殿称旨，贡佛像及金刚宝座之式"。⑥ 贡金刚宝座之式的梵僧板的达，除室利沙而外不作第二人想。只是永乐无甲子，而室利沙于甲午年（1414）抵达明廷，疑这里误"甲午"为"甲子"。侯显五使绝域，这应该是他成功迎来大宝法王哈立麻之后第二次出使西番，在使尼泊尔、地涌塔的沿途颁赐藏地各政教领袖，开展了大量的活动。研究者已指出，此次敕令侯显出使的次日即撰金字诏书迎请宗喀巴，这个 500 人使团可能也就是再度迎请宗喀巴的使团。⑦ 这个使团还要前

---

① 汉文版《后藏志》，第 32～33 页。原文见藏文版第 52～53 页。参见《江孜法王传》，第 65 页。

② 《汉藏史集》，第 240 页。

③ rtsa ba'i bla ma paṇḍi ta shri sha ri pu tra'i dbu lo dang phyag son（sen）/（《江孜法王传》，第 68 页。）

④ 汉文版《后藏志》，第 33 页。这在《江孜法王传》第 67～68 页上也有记载：thugs ka na jo bo shākya mu ṇi'i lugs phud las grub pa khams gsum zil gnon du grags pa'i ston pa'i sku/ rgya gar rdo rje gdan nas paṇ chen shri sha ri pu tras spyan drangs nas/

⑤ 图齐著，熊文彬等译：《江孜及其寺院》，第 129 页。

⑥ 谈迁撰，《北游录》"纪邮上"，河北教育出版社，1996，第 91 页。

⑦ 参见邓锐龄等《元以来西藏地方与中央政府关系研究》上册，中国藏学出版社，2005，第 254 页。不过，《至尊宗喀巴大师传》里提到的这一使团以四位大人为首，与《江孜法王传》所称 5 位大人不同。

去涂白帕巴香衮佛塔（即斯瓦扬布大塔。'phags pa shing kun gyi mchod rten la sku dkar gsol ba），这是它在实录记载之外的宗教使命。

永乐年间使藏者除侯显外，还有内官关僧、杨三保、乔来喜等人，但他们与 500 人使团的另一位大人姓氏均不符。宣德九年（1434）三月戊寅曾"遣中官宋成等赍敕往乌思藏等处给赐敕"①，疑即此 gSung 大人。中官宋成在永乐九年正月乙酉已见诸史载，② 两年后他以副使身份随同侯显入藏，后来因有这些经验而在宣德中主持入藏事宜的可能性是存在的。其事迹待考。

原载于《中国藏学》2011 年第 1 期

---

① 《明宣宗实录》卷 109，第 2440 页。
② 《明太宗实录》卷 112，第 1434 页。

论札忽惕与契丹小字 𘱣𘬳𘭞𘲔 *

苏　航

摘　要　本文认为契丹小字 𘱣𘬳𘭞𘲔 的契丹语形式为 ＊jauqur，其词为 ＊jaɣuq 的复数形式，本义为"邻人，邻境"和"边人，边境"。特指辽代燕云一带，故契丹人用之指称居于燕云及其以南地区的汉人，金代则以之指称北边堡塞附近的草原部族。蒙古人继承了这一用法，并随着势力的南扩，将这一称呼又用于中原等地的居民，即蒙元史籍中所记录的 jauqud 和札忽惕 ＊jaqud。契丹崛起后自视中国，反以中原为边裔，标志着中国观念深入草原政权的政治理念内核，为日后涵盖北亚草原地带与中原农耕地带的统一中国的疆域理念提供了历史基础。

关键词　𘱣𘬳𘭞𘲔　札忽惕　汉儿　糺　契丹小字

波斯文《史集》中的札兀忽惕 jāūqūt[①]，多用来指金、西夏、高丽等地区及其百姓，这和《元朝秘史》中的札忽惕 ＊jaqud 指称"金人"的情况类似；[②] 蒙元时期札忽惕又可对译"汉儿"[③]，而少林寺蒙哥汗癸丑年（1254）回鹘体蒙文圣旨碑第 3 行、忽必烈鸡儿年（1261）圣旨碑第 13 行之 jauqud（原为属格形式 jauqudun），应即《史集》札兀忽惕的回鹘体蒙文形式，也正对应其汉文版碑文中的"汉儿"，（道布、照那斯图 1993：59、60、65、67；62，脚注 10；Tumurtogoo 2006：10、12、76、677）这为札兀忽惕与札忽惕的勘同提供了确凿的证据。但二者词源何自，拼写差异因何产生，则难获的解。伯希和（Pelliot 1959：228～229）以之为汉语"赵官"之对译，但"赵官"

　＊　本文曾在北京大学历史系朗润论坛第 5 场（2016 年 5 月 22 日）及"契丹辽文化暨第三届契丹学国际学术研讨会"（内蒙古自治区赤峰市巴林左旗，2016 年 8 月 3 日）报告，得到诸多师友教示，在此特致谢忱。
　①　《史集》汉译本译 jāūqūt 为札忽惕或札兀忽惕，为显示《史集》jāūqūt 和《元朝秘史》"札忽惕"二者间的拼写差别，以下 jāūqūt/jauqud 皆译作札兀忽惕。
　②　札忽惕见《元朝秘史》续集卷二第 281 节，旁译为"金人"；又有札忽敦，旁译为"金人的"，为札忽惕的属格。（乌兰，2012：400）
　③　《至元译语》记"汉儿"之蒙古语为"扎忽歹"，（贾敬颜、朱风，1990：3）即札忽惕。（陈寅恪，2001）

在汉文史籍中仅指南宋政权，与札兀忽惕/札忽惕的涵盖范围并不一致。（蔡美彪，2009/2012：280~285）。乌拉熙春（2006：322~325；2009a：56~61）又以契丹小字**拐岑岑岑**为汉语"赵国"之对译，而蒙元的札兀惕、札忽惕则为**拐岑岑岑**之沿袭。从对音及词义上看，此说较前说为佳，但亦不无疑问。以下本文即对"赵国"说重加检视，并提出自己对于二者词源的见解，以就教方家。

一 契丹小字**拐岑岑岑**的词源及其与札兀忽惕的关系

契丹小字文献中出现的**拐岑岑岑**一词，读作〔﹡tʃɛuχur〕，（傅林，2013a：145；2013b：174；康鹏，2016）意指"汉儿"，既指契丹治下之汉人，如《耶律仁先墓志》第22、26~27行"汉儿（**拐岑岑岑**）枢密"，《萧令公墓志》第14行"汉儿（**拐岑岑岑**）丞"，《萧仲恭墓志》第7行"汉儿（**拐岑岑岑**）契丹诗撰"；亦泛指汉人，如《耶律仁先墓志》第17行"汉儿（**拐岑岑岑**）中之房杜魏"，《耶律迪烈墓志》第7行"汉（**拐岑岑岑**）名宗"，《耶律弘用墓志》第9行"汉（**岑岑余岑**）名弘用"，《梁国王墓志》第17行"汉儿之（**拐岑岑岑岑**）礼"。①

关于**拐岑岑岑**的词源，学界仍有争论。对于前述乌拉熙春的"赵国"说，傅林（2016a：135–142、146–148）指出，从汉语对译契丹语词的情况来看，原字**岑**对应汉语译字中〔xu〕、〔ku〕两种音值，但**岑**并不用来音译汉语词，故其实际音值或为汉语中没有的〔qu〕/〔χu〕。同时，汉语借词"国"在契丹小字中从未用**岑**来音译，而用来拼写"国"的**几**也从不出现在表示"汉儿"的契丹小字词中，故**岑岑**难以看作"国"的音译。

此外，乌拉熙春（2009b：168）指出，契丹人又称宋为 dʒiaugui gur"汉儿国"，此盖据契丹小字《辽兴宗皇帝哀册》第9行第11~12字**拐岑余岑几岑**而言，（刘凤翥，2014：673、1128）若此处**岑岑余岑**〔即**拐岑岑岑**的属格形式，参傅林（2013a：139、143~145）〕果为"赵国"之译，何以于**余岑**（国）后又加**几岑**（国）字，且两个"国"使用不同的原字来拼写？乌拉熙春以为此因"赵国"一词久已混入契丹语，但契丹大字《痕德堇墓志》第13、17行出现"**岑兑**国"一词，据陶金（2014：203），其意恰为"汉儿国"，且**岑兑**同于契丹小字**拐岑岑岑**。《痕德堇墓志》成于960年五月，（乌拉熙春、金适，2010：105）而赵宋同年一月才立国，则马上即以**岑兑**一

---

① 契丹小字汉儿的拼写用字不一，又有复数及属格等不同形式，但其词根之发音则相同，具体情况参乌拉熙春（2006；2009a）、傅林（2013a：132~149）、康鹏（2016）。塞尔柱王朝御医马卫集（Sharaf al‑Zamān Ṭāhir Marvazī，1046~1120）著《动物之自然属性》（Tahā'i' al‑ḥayawān）中以 Sh. rghūl 指宋朝，康鹏（2016）将之比定为**拐岑岑岑**，考虑到阿拉伯字母 r ﺭ与 w ﻭ在写本中往往不易分辨，故 Sh. rghūl 或为 Sh. wghūl 之误，而 ch、sh、j 在阿尔泰语中又常有互换现象，故这一判断很可能是正确的。这也为**拐岑岑岑**可指宋人提供了一个旁证。

词译称"赵国"，且"国"字又与常例不同的可能性显然不大。故"赵国"说，尚难称确论。

陶金（2014）进而提出 **杂夸夹安**（夹兄）可能来自突厥语中称中国的"桃花石"Tabγač一词，唐均（2016）亦表支持。但 **杂夸夹安**一词的首辅音为舌面塞擦音，从对音上看，塞音 t 腭化为舌面塞擦音的条件是其后的元音为前元音，但 Tabγač第一音节的元音 a 是后元音，尽管陶金、唐均举出了个别突厥语方言中后元音前的塞音腭化以及蒙古语与通古斯语之间词首 j 与 d 对应的例子，但这并非普遍规律，与契丹语不同时代、不同地域的某突厥、蒙古方言中的音变情况也未必适用于契丹语，要想认定契丹语中存在相应的音变规律，显然还需要更多的基于契丹语自身的证据。此外，这一比定还须进一步假定 Tabγač第一、二音节的尾辅音，第二音节的元音都发生了音变，似乎持论过繁，且缺乏证据。

傅林（2016a：146-148）提出的 **杂夸夹安**中前二字为汉语"朝"之音译，**夹**为契丹语"人"的观点，也不无疑问：第一，"朝人"不见于其他记载，缺少旁证；第二，"朝人"颇有尊称之意味，但契丹语"汉儿"丝毫没有这种色彩；第三，阿尔泰语称某族人时并不缀以"人"字；第四，傅林以 **夹**为契丹语"人"之音写，但契丹小字"人"总以ʌ字写之，从未见用 **夹**之例。

基于以上四点，我们对于"朝人"的比定，亦表怀疑。那么，于以上三说之外，是否还有其他可能的解释呢？

杂夸夹安［＊tʃɛuχur］中之 **安** – ur 是复数词尾，（傅林 2013a：145；康鹏 2016）则其词根［＊tʃuχ］可以看作是阿尔泰语词 ＊ja'uq 的词尾擦音化的形式。此外，蒙古语族语言中的 au 往往来源于 aγu 音节中 γ 的消失，契丹语中也普遍存在这种现象，如契丹小字 **弼**（百）音［＊tʃau］，应即同蒙古语 jaγu，可见在其实际的发音中，aγu 已经变成了 au。由此我们可以推断，＊ja'uq 或自 ＊jaγuq 演变而来。突厥语中有 yaγuq 一词，意为"邻人，邻境"。（Clauson 1972）突厥语中的舌面半元音 y 在蒙古语中一般对应舌面塞擦音 j，所以 ＊jaγuq 可为 yaγuq 在蒙古语族语言中的对应形式。这样，**杂夸夹安**（＊ja'uq）或有"邻人，邻境"的意思。汉人与契丹人毗邻而居，后者当然可以称前者为"邻人"，所以上面这种比定在音义两个方面都是说得通的。

若此说不误，则契丹小字 **杂夸夹安**就不是汉语借词，而是一阿尔泰语词汇。然而目前学界对该词之录文常分写为 **杂夸夹安**，似 **夹安**应为一相对独立的成分，不能被视作词缀。但鉴于此词之两部分皆为两个契丹原字组成，且契丹小字碑刻皆自上而下书写，故此二部分到底是合是分，殊难分辨。笔者遍检原刻，并无显作二字者，大部分倒更似合写为一字。① 所以我们怀疑，实际上这个词应该总是合写的。

二 札兀忽惕、札兀惕、札忽惕的历史意涵

蒙元时期的 jauqud 一词与契丹小字**杂考丈夹**一词除末尾的复数标志外发音完全相同，且皆指"汉儿"，加之前引少林寺蒙哥和忽必烈圣旨碑之 jauqud 之首音节的元音 a 与 u 之间并没有写出辅音 γ，不合乎蒙古语自有词语的书写规则，（嘎日迪 2006：131）故其很可能为契丹语**杂考丈夹**的借词（或经由金人传入）。

杂考丈夹与 jauqud 皆指汉人，对于契丹和蒙古人而言，"汉人"确实可以被看作是"邻人"，但不论是辽代还是蒙元时期，这两个词却并不用来泛指各个方向的毗邻人群，而是仅指其政权南部、以汉人为主要人口的人群，这似乎显示，这一词语具有较一般意义的"邻人"更为具体的历史内涵。

前述突厥语 yaγuq 的词根为动词 yaγu－（接近），其同义词 yaq－（jaq－、yoq－）所构成的名词 yaqa（蒙古语 jaqa 同）则为"边缘、边界"之义，指"某物接于他物之部分"，（Clauson 1972：898），那么 yaγu－所构成的名词或许也有相似的意义。

《元朝秘史》中的"札^中合温"＊jaqa'un 应为 jaqa 的派生词，意为"两间"，（栗林均 2009：223）；同时，蒙古语 jaγu či 意为"中间人"，jaγura 意为"中间"②，－či为由名词构成新名词（表示某种人）之词缀，而－ra 则为时位词缀，则其词根或为一更早期的名词＊jaγun，即＊jaγu－之名词形式，词缀－či、－ra 接于其后时尾音－n 脱落。如前所述，＊jaγu－可为 yaγu－在蒙古语族语言中的对应形式，然则其所构成之名词亦可有"中间"的意思。

其实，所谓"邻人，邻境"，即指临界之地与人，而"边界"即为两地区之中间地带，这三个意项是密切相关，一体两面的，而这一点在史籍中也得到了印证。

《史集·成吉思汗纪四》记成吉思汗遣使者对王罕说："怎么可以［谋］害从札兀忽惕（Jāūqūt）［地区］、即从乞台地区救出札阿－绀孛义兄弟，还从蔑儿乞惕人手中救了［他］的那个人呢？"（《史集》汉译本第 1 卷第 2 分册，175）这里将札兀忽惕等同于乞台也就是金朝，但《圣武亲征录》记同事则云札阿绀孛"居汉塞之间"，（王国维 2009：466）《元史》卷 1《太祖纪》又谓其在"金境"。"汉塞"即金之边堡，（邵循正 1936：81）则"金境"不是指金朝境内腹地，而是指其边境地区。由此观之，札兀忽惕在成吉思汗争雄于漠北时期，乃是指金朝之北边。

《史集·成吉思汗纪五》汉译本（第 1 卷第 2 分册，227）谓 1211 年成吉思汗征

---

① 其中字迹清晰、词与词之间区隔分明的《萧高宁·富留太师墓志》（第 14 行）、《耶律弘用墓志》（第 8 行）、《道宗哀册》（第 11 行）等材料中，皆写为一字，参刘凤翥（2016：1129、1157、1169）。

② 《元朝秘史》译为"札兀舌剌"，参栗林均（2009：227～228）。

"乞台、哈剌－契丹、女真诸地以及蒙古人称做札兀忽惕、汉人用汉语称作乞台的地区去了"，似乎也将札兀忽惕等同于乞台，但其波斯本则作 "dar pāyīz－i sāl－i mazkūr ba mubārakī ba lashkar bar nishast，ba 'azm－i istikhlā ṣ－i vilāyat－i khitāy va qarā khitāy va jūrcha，ka mughūlān ān vilāyāt rā chā'ūqūt mīgūyand；va ba iṣṭilā ḥ－i ahl－i khitāy，khitāy rā khānzī mīgūyand"（是年秋，[成吉思汗] 顺利出军征服乞台、哈剌契丹、女真地区，其地蒙古人称作 Chā'ūqūt，而用乞台人的话来说，把乞台称作"汉子"），[1] 这里是将乞台、哈剌契丹和女真地区都称作了札兀忽惕。

《史集·蒙哥汗纪》又说："蒙古军 [中] 所有这些部落都出征了。属于右翼军者与札兀忽惕军一起随着蒙哥合罕出发的军队总数 [为] 六十万。札兀忽惕包括乞台、唐兀惕、女真和肃良合，其境域被蒙古人称为札兀忽惕。"（《史集》汉译本第 2 卷，267~268）此时札兀忽惕已经包括原来的金朝、西夏（唐兀惕）和高丽（肃良合）在内了。

可见《史集》编者心目中的札兀忽惕并没有一个固定的范围，而且多半是蒙古征服中原地区前后已大大扩张的概念了，所以《史集·成吉思汗纪四》中所记之札兀忽惕，与此后的札兀忽惕的范围并不必然是一致的。当时成吉思汗尚未平定漠北，故其时所谓之札兀忽惕，恐怕仅限于漠南与金接壤的边境地区。而以上三例中对札兀忽惕的解释，或为《史集》编者以自己当时的理解所做的注释，并非其所据史料之原文。

上述札兀忽惕范围由边界地区扩展到边界彼侧广大地区的过程，与我们前述札兀忽惕的含义是一致的，而这一含义也得到了汉文文献的证实。

《元史》卷 4《世祖纪》记辛亥年（1251）六月，宪宗付"漠南汉地军国庶事"于忽必烈，后者"遂南驻爪忽都之地"；又甲寅年（1254）八月，忽必烈自大理还，"驻桓、抚间，复立抚州，冬，驻爪忽都之地"。"爪忽都"元代音应为 [* tʃauxutu]，显系 jāūqūt 对译。那么，爪忽都之地在哪里呢？

元罗天益著《卫生宝鉴》（13、39、169、188、333）记其随侍忽必烈的经历中提到宪宗壬子岁（1252）孟春"诏到六盘山，回瓜（爪）忽都地面而住冬"；癸丑岁（1253）"予随朝承应，冬屯于瓜（爪）忽都地面"，"予随王府承应至瓜（爪）忽都地面住冬"，"承应冬住于瓜（爪）忽都"，"与窦子声先生随驾在瓜（爪）忽都田地里住冬"。罗天益书中言及中原地名一般皆写明具体地点，且其为汉人，若爪忽都为中原地区，似不会仅记其音而不及具体地望。《卫生宝鉴》又每云"爪忽都地面"，显为一草原地区，与汉地城镇不同，而漠南地区正可为游牧民族驻冬之地，愈见爪忽都最初之

---

[1] 《史集》波斯文本卷 1，441；Pelliot 1959：228；《史集》英译本，213。又《史集》伊斯坦布尔本 "khānzī" خان اژى作خانزى，其中当衍 ى，ژ 正可对应 "儿"字的元代音，故此处或本作"汉儿"。

本义实指漠南某地域①，其以后指涉范围扩大至金、夏、高丽甚至四川、云南地区，（韩儒林，1980：54）皆应为其"边人、邻人"之义的延伸。

漠南金代为边堡地区，可谓金边，札兀忽惕/爪忽都既有"边界"之义，则金人和蒙古人皆得称漠南地区及其居民为札兀忽惕/爪忽都，即"边界地区"、"边界百姓"。《卫生宝鉴》中的"爪忽都"虽然可能仅指漠南某地，但我们怀疑，当时蒙古语中 jau-qud 在实际使用中可以指涉蒙金边境更为宽广的地区。而辽代与中原政权的边界在燕云一代，故对于契丹人来说，这一带的汉人才是"边界百姓"，所指虽与蒙古不尽相同，但词义和用法是相同的。

辽代的燕云延边及金代的边堡地区对于边界两边的各民族而言，皆意义重大，尤其对蒙古高原的政权而言，其东、北、西三面通常边界模糊，变动不居，而其与南面的中原政权则边界绵长，壁垒分明，故其时所谓札兀忽惕，盖特指此界而言。

札兀忽惕 jauqud 之义既明，则札兀惕、札忽惕之本义或亦可由此获解。

《圣武亲征录》记金封成吉思汗为"察兀忽鲁"，（王国维，2009：432）《元朝秘史》记为"札（作"察"——作者）兀惕中忽舌里"，（乌兰，2012：124、203）此二词应为《史集》"jāūt－qūrī"中所反映出的蒙古语形式 jaud 的汉语音译。（《史集》汉译本第 1 卷第 2 分册，122，注 3）札兀惕（jaud）在《元朝秘史》中一般意为"百"，（栗林均 2009：228）故有学者以为"札兀惕忽里"为百夫长。② 但《史集》谓其汉语意为"大异密"，《金史》卷 55《百官志一》记"忽鲁犹总帅也……统数部者曰忽鲁"，似非区区百夫长可比。特别是《元朝秘史》第 134 节记完颜襄授铁木真札兀惕忽里后又说："我回去金国皇帝行奏知，再大的名分招讨官教你做者。"（乌兰，2012：124）可见札兀惕忽里比招讨使（正三品）职位虽低，但也应该相去不远，且其时铁木真已取得十三翼之战的胜利，仅封百夫长，名实乖甚，故学者多有别解，迄未定论。③

我们认为，从语音上看，札兀惕 ＊jaud 既可视为札兀忽惕 jauqud 的音变（jauqud ＞＊jauɣud ＞＊jau'ud ＞jaud），亦可考虑为前述 ＊jaɣun 在蒙古语中的复数形式。而《史集》最古老的写本伊斯坦布尔本中札兀惕写作 jāūūt，（乌拉熙春，2009a：59）似乎支持了前一判断。又如前所述，札忽惕 ＊jaqud 既与 jauqud 同义，音亦几乎全同，惟首音节发音微异，故二者勘同，当无疑义。（Pelliot，1959：228）然则辽代 杂考文丛 及蒙元时期的札兀忽惕 ＊jauqud、札兀惕 ＊jaud、札忽惕 ＊jaqud 实皆同源而异形，其意皆指

---

① 爪忽都之地其说不一，或以为金莲川，或以为燕京地区（陈晓伟，2015：99～101），但若本文理解不误，则爪忽都不太可能位于华北农区，而应是靠近华北北部的草原地区。

② 如王国维、屠寄、柯邵忞等学者皆持此说，参孙伯君（2006：90～91）。

③ 如招讨使、女真统帅、大异密、边境军队的司令官、有威权的部落首长、乣军首领、昭武大将军、蒙古各部统帅等等，参孙伯君（2006：90～91）、乌拉熙春（2009a：58）。

"边界地区及其百姓"。

若上说不误，则所谓"札兀惕忽里"，或可释作"边部都统"。① 但蒙古人并不自称"札兀惕"，"忽里"又为金朝官号，则"札兀惕忽里"应为女真语官号。这显示，金朝仍然沿用了辽代杜号夫女一词。在金朝人特别是金代契丹人的契丹小字碑刻中我们的确发现了该词的用例，且仍意指"汉儿"②，但《元朝秘史》的记事提醒我们，这一传统用法可能仅限于契丹小字的语境中，而在当时的女真语中，它或许被赋予了新的含义。金朝入主中原，与辽代相比，政权中心南北易位，故在女真语中恐怕不会把中原及其百姓再称作"边民"，而很可能会反过来将之用于原来自居中央而现在已成为边疆的辽朝草原地区。故在女真统治者看来，沿边堡塞地区，才是"札兀忽惕"。蒙古等部虽居边外，但既已归附，便同边民，故亦可归入札兀忽惕之类。

同时，金人往往把北边部族称为乣人。如《金史》卷 94《内族襄传》记："故事，诸部族节度使及其僚属多用乣人，而颇有私纵不法者，议改用诸色人。襄曰：'北边虽无事，恒须经略之，若杜此门，其后有劳绩何以处之？请如旧。'"又《北使记》记耶律大石"鸠集群乣"反金，（《归潜志》：167）"群乣"《辽史》卷 30《天祚帝纪四》"耶律大石"条具体记为"威武、崇德、会蕃、新、大林、紫河、驼等七州及大黄室韦、敌剌、王纪剌、茶赤剌、也喜、鼻古德、尼剌、达剌乖、达密里、密儿纪、合主、乌古里、阻卜、普速完、唐古、忽母思、奚的、乣而毕十八部王众"，亦多为北方诸部。

一些学者提出辽金元时代的"乣"即"札忽惕"，（邵循正，1936：79；蔡美彪，1983/2012：238、246）金代的情况似乎验证了这一点。金代乣军职司边防③，居于边地，故被视同边民，④ 被视为札忽惕，自无不可，但辽、元之际的情况却并非如此。辽代的杜号夫女指燕云及以南地区和百姓，显与由北族构成的、"生生之资，仰给畜牧，绩毛饮湩，以为衣食"的"边防乣户"不同。（《辽史》卷 32《营卫志中》）而蒙古南扩以后，札忽惕的范围广及金、夏、高丽，也已远远超出乣的范围。元代札忽惕译为"汉儿"，陶宗仪《南村辍耕录》卷 1《氏族》谓元代汉人有八种：契丹、高丽、女直、竹因歹、尤里阔歹、竹温、竹亦歹、渤海，其中"竹因歹"当即"主因"即乣之别译⑤，亦可知元代札忽惕之范围远大于乣。实际上，辽金之乣在严格意义上，一直是指

① 忽鲁得译"都统"，参乌拉熙春（2009a：58）。
② 参契丹小字《大金皇帝都统经略郎君行记》（天会十二年，1134）第 5 行，《萧仲恭墓志铭》（天德二年，1150）第 7、27 行，录文参刘凤翥（2014：989、993、1002）。
③ 《金史》卷 44《兵志》大定十八年（1178）条："命部族、乣分番守边。"卷 57《百官志》："诸乣详稳一员，从五品，掌守戍边堡，余同谋克。"
④ 《金史》卷 94《内族襄传》："乣虽杂类，亦我之边民。"
⑤ "主因"即"乣"，参王国维（1959：768～789）。

有官署统辖、有明确任务的特定军事组织,[①] 与辽**杂号犮夾**泛称中原汉人、蒙元札忽惕泛称原金、夏、高丽百姓的用法截然不同,所以糺与札忽惕并非一事。

三 余论

综上所述,契丹小字**杂号犮夾**为突厥-蒙古语 yaγu-/＊jaγu-(接近)的名词 yaγuq/＊jaγuq 的复数形式,其后来借入蒙古语,写作 jauqud,而札兀惕 jaud 和札忽惕 jaqud 或为其音变,要之,以上诸词皆为同源同义,皆指"边界地区和百姓"。

这一边界在辽代指燕云一带,则其时所谓"札兀忽惕"即指此一地区及其以南以汉族人口为主之居民,故可对译汉语中的"汉儿"一词。金蒙以金边堡即金长城(界壕)一线为界,故金、蒙最初皆以此界所在之漠南地区为札忽惕,而金之札忽惕亦可指此界以北已归附之部族,蒙元之札忽惕亦可指此界以南被征服之地区。

如前所述,这些词亦有"中间"之义,则其在契丹、蒙古人看来,或许也有"居于中间地区之人"的意思,这与"中原人""中国人"的意思有相似之处,契丹语**杂号犮夾**不仅指燕云一带的汉人,亦有泛称汉人的情况,蒙古语中的札忽惕亦披及中原,且二词皆对译"汉儿",或许也反映了这种意涵。

然而汉语"中原""中国"的实际含义是天下之中,并非二者之间,与札兀忽惕还是有区别的。蒙古语中与汉语意思相同的"中国"一名为 Dotoradu ulus 和 Dumdadu ulus,如《华夷译语》(甲种本)来文中之"朵脱剌都(中原)兀鲁思(国)"(＊Dotoradu ulus),"朵脱剌因(中原的)兀鲁思"(＊Dotora-yin ulus),"朵脱剌都合扎的(地每［行])"(＊Dotoradu qajad-i),(栗林均,2003:71、89、81)其中 Dotora 义为"内部"。《华夷译语》"鞑靼馆下续增"(丙种本)"中国"译为"敦塔兀鲁思"(＊Dumda ulus),(贾敬颜、朱风,1990:66)Dumda 义为"中央,中心"。这些译语中的"中",皆非两者之间之意,且这种译名仅见于明朝译文,蒙古人方面的文献中并未见到。(乌兰 2016)可见蒙古人并没有视中原或中国为天下之中的习惯,故札兀忽惕即便亦取其"中间"之义,也仅指"中间地区",如蒙金之间、蒙元与南宋之间的地区,而并非"中原"、"中国"或"中原人"、"中国人"的对译。

这一点在契丹人那里大概也是同样的。契丹小字国号 **又尺夾夊北刴吳夊关九夾**意为"大中央辽契丹国"[②],其中"中央"**尺夾夊**(又写作 **今呉夯**)一词可拟为＊daurən

---

① 参《辽史》卷45《百官志一》"北面诸帐官·遥辇糺详稳司":"遥辇糺详稳、遥辇糺都监、遥辇糺将军、遥辇糺小将军。"《金史》卷57《百官志三》"诸糺":"详稳一员,从五品,掌守戍边堡,余同谋克。皇统八年(1148)六月,设本班左右详稳,定为从五品。麽忽一员,从八品,掌贰详稳。(原注:司吏三人。习尼昆,掌本糺差役等事。挞马,随从也。咩糺、唐古糺、移剌糺、木典糺、骨典糺、失鲁糺并依此置。惟失鲁糺添设译人一名。……"另参苏航(2016)。

② 此一契丹国号的各种异写、在契丹大小字文献中的出处及释义参陈晓伟(2016)所做的最新研究。

（＊daurd），（清格尔泰 2008：810 – 811；Takeuchi 2015：459）其词根 daur 应与达斡尔语的"中"duanda、前引蒙古语"中"dumda 二词中的词根 duan 和 dum 同源，（刘凤翥，1983：256）表示"中央"的"中"，可见契丹人是将自己视为"中央"，而以中原和汉人为边裔的。

这种观念大概是辽太祖时期契丹崛起，雄视中原之际形成的，故取中原王朝自尊中国，夷狄诸族之观念而反用之，遂目中原为边裔，尊草原为中国。即便如此，从此"中国"观念亦深入北族政权观念中，女真入主中原以后，亦自视为中国，在女真语文献中自称"大中央金国"①，并反过来把原来自称"中央"的北部草原地带又视为边裔，显示了这种政治传统的影响力。尽管北族政权之"中国"观念与中原王朝并不一定完全相同，但辽、金之际在北族自身理念中形成的"大中国"观念，仍然为其入主中原之后，与传统的中原王朝中国理念整合提供了政治理念基础，草原"中国"与中原"中国"的统合，也成为现代中国疆域观念的历史来源。

参考文献

（《史集》波斯文本）Rashīd al – Dīn Fa żl Allāh Hamdānī, *Jāmi ' al – Tavārīkh*, ba ta ṣḥī ḥ va ta ḥshiya – i Mu ḥammad Rawshan – Mu ṣ ṭafā Mūsavī, Jild – i Avval. Tihrān, 1373/1953 – 1954.

（《史集》汉译本）拉施特主编，余大钧、周建奇译：《史集》第 1 卷第 2 分册、第 2 卷，商务印书馆，1986 年、1997 年。

《史集》英译本 = Rashīd al – Dīn. *Jami ' ut – tawarikh*：*Compendium of Chronicles*, *A History of the Mongols*, Part One. English Translation & Annotation by W. M. Thackston. Havard University, Department of Near Eastern Languages and Civilizaiotns, 1998.

Clauson, G. 1972. *Dictionary of Pre – Thirteenth – Century Turkish*. Oxford：The Clarendon Press.

Pelliot P. 1959. *Notes on Marco Polo*, Vol. I. Paris.

Takeuchi, Yasunori 2015. Direction Terms in Khitan. *Acta linguistica Petropolitana*, Vol. XI, part 3.

Tumurtogoo D. ed. , with the Collaboration of G. Cecegdari 2006. *Mongolian Monuments in Uighur – Mongolian Script（XIII – XVI Centuries）, Introduction, Transcription and Bibliography*. Taipei：Institute of Linguistics, AcademiaSinica.

---

① 见于蒙古国肯特省巴彦呼塔苏木发现的金章宗明昌七年（1196）女真字《完颜襄纪功石刻》，参爱新觉罗·乌拉熙春（2009a：43）。

蔡美彪：《〈元朝秘史〉与〈史集〉中的赵官》，原载《中国史研究》2009 年第 4 期；此据《辽金元史考索》，中华书局，2012。

蔡美彪：《刟与刟军之演变》，原载《元史论丛》第 2 辑，1983；此据《辽金元史考索》，中华书局，2012。

陈晓伟：《辽朝国号再考释》，《文史》2016 年第 4 期。

陈晓伟：《辽金元的夏捺钵——"阿延川"、"上京"及"爪忽都"辨》，《中国边疆史地研究》2015 年第 2 期。

陈寅恪：《元代汉人译名考》，《金明馆丛稿二编》，三联书店，2001。

道布、照那斯图：《河南登封少林寺出土的回鹘式蒙古文和八思巴字圣旨碑考释（续一）》，《民族语文》1993 年第 6 期。

傅林：《论契丹语中"汉儿（汉人）"的对应词的来源》，《辽金历史与考古》第 4 辑，辽宁教育出版社，2013（a）。

傅林：《契丹语和辽代汉语及其接触研究——以双向匹配材料为基础》，北京大学博士论文，2013（b）。

嘎日迪：《中古蒙古语研究》，辽宁民族出版社，2006。

韩儒林：《元朝史》下册，人民出版社，1980。

贾敬颜、朱风编：《蒙古译语女真译语汇编》，天津古籍出版社，1990。

康鹏：《〈马卫集书〉中的契丹语词"Sh. rghūr（汉人）"》，契丹辽文化暨第三届契丹学国际学术研讨会，内蒙古自治区赤峰市巴林左旗，2016。

栗林均：《〈华夷译语〉（甲种本）モンゴル语全单语・语尾索引》，东北大学东北アジア研究センター，2003。

栗林均：《〈元朝秘史〉モンゴル语汉字音译・旁译汉语对照语汇》，东北大学东北アジア研究センター，2009。

刘凤翥：《契丹小字解读再探》，《考古学报》1983 年第 2 期。

刘凤翥：《契丹文字研究类编》，中华书局，2014。

刘祁著，崔文印点校：《归潜志》，中华书局，1983。

罗天益：《卫生宝鉴》，人民卫生出版社，1963。

清格尔泰：《契丹小字释读问题》，《达翰尔资料集》第 8 集，民族出版社，2008。

邵循正：《剌失德丁集史忽必烈汗纪译释（上）》，《清华学报》第 14 卷第 1 期，1936 年。

苏航：《刟音义新探》，《中国边疆史地》2016 年第 4 期。

孙伯君：《"札忽惕忽里"考释》，《中央民族大学学报》（哲学社会科学版）2006 年第 1 期。

陶金：《契丹大字考证三则》，《中西文化交流学报》第 6 卷第 1 期，2014。

陶宗仪：《南村辍耕录》，中华书局，1959。

唐均：《"札兀惕·忽里"的契丹文还原》，中国民族古文字研究会第十次学术研讨会，昆明，2016。

王国维：《元朝秘史之主因亦儿坚考》，《观堂集林》卷 16，中华书局，1959。

王国维校注《圣武亲征录校注》，章义和、王东编《王国维全集》第 11 卷，浙江教育出版社，2009。

乌拉熙春：《蒙古九峰石壁石刻と"札兀惕·忽里"》，《爱新觉罗乌拉熙春女真契丹学研究》，京都：松香堂，2009（a）。

乌拉熙春：《契丹文 dangur 与"东丹国"国号——兼评刘浦江〈再谈"东丹国"国号问题〉》，《爱新觉罗乌拉熙春女真契丹学研究》，京都：松香堂，2009（b）。

乌拉熙春：『契丹文墓志より見た辽史』，京都：松香堂，2006。

乌拉熙春、金适：《中央民族大学古文字陈列馆所藏时代最早的契丹大字墓志》，《首都博物馆丛刊》（2010），北京燕山出版社，2010。

乌兰：《蒙古文历史文献中涉及"国"及其相关概念的一些表述方法》，《民族研究》2016 年第 3 期。

乌兰校勘《元朝秘史》，中华书局，2012。

原载于《民族语文》2017 年第 2 期

1874 年日军侵台事件中的"番地无主"论
与中国人主权观念的变化

贾　益

摘　要　在 1874 年日本侵台事件的交涉中，日本公开提出"番地无主"论。为应对外交挑战，清廷上下对台湾"番民"、"番地"与中国主权的关系，都有了一些新的认识。而这些认识，并非出于对西方"万国公法"的认同，而是传统体系内部的适当调整。另一方面，为应对边疆危机而把"番地"逐渐纳入"腹地"的行动，在近代条件下，成为中国逐渐由"天下"走向"万国"之一的重要一环。

关键词　台湾　"番地无主"论　"生番"　"万国公法"

清代在台湾的"理番"政策自 1874 年日军侵台事件后，发生了重大变化，开始着眼于巩固海防，对"生番"之地实施"开山抚番"，采取较为积极进取的态度。[①] 清政府此次政策转变，动力主要来自外部压力，即英、美、日等国对台湾之觊觎。在 19 世纪六七十年代关于台湾的中外交涉中，"番地""番民"的权属成为争论焦点，尤其是 1874 年日本出兵台湾，更公开提出所谓"番地无主"论。[②] 为应对这些外交上的挑战，清廷君臣，甚至在野士人，都不得不调整观念，重新审视台湾"番地"与国家版图之关系，台湾"番民"与内地人民之关系，以及"番民""番地"与中国主权之关系。本文的写作，就是以对这些思考的梳理评估为出发点的。

一　"天下"体系中的"生番"与"番地无主"论之出台

"番地无主"论的出台，可以追溯到 1867 年的"罗发号"事件。1867 年 2 月，美

---

① 参见季云飞《清代台湾少数民族政策之历史考察》，《民族研究》1998 年第 6 期；王尊旺《清代台湾理番政策初探（1683～1874）》，福建师范大学硕士学位论文，2001。

② 参见叶纲《百余年来 1874 年日本侵台事件研究述评》，《军事历史研究》2008 年第 1 期；戚其章《国际法视角下的甲午战争》，人民出版社，2001，第 126～127 页。在百余年的研究中，许多学者已经指出，日本所持之论乃是对中国主权的公然挑战，于国际法毫无法理依据，但这里论述的重点不在此。

国商船"罗发号"（Rover，亦译为"罗妹号"）在台湾东海岸琅王乔洋面失事，有登岸人员为当地"生番"所杀。当时的美国驻厦门领事李礼让（李仙得，Charles William Le Gendre）至福州与闽浙总督交涉，并到台催办。清朝地方官员在与李礼让的交涉中，居然有"土番""非归王化"的说法。另外，李礼让则斥责地方官员推诿凶徒（即"生番"）"并非华民"、遇害地点"不属中国管辖"之谬误，认为："两百年来，中国人在台湾的活动地区，配合着中国政府施及台湾的行政权力，由西岸以至东岸，逐步扩张，事实上从未承认生番领有其现住土地的主权，西岸的居民，经常贩购生番地区的物产，而生番地区出产的樟脑，且成为台湾官府的专卖品，不容外人自由采购输出，违者则严行惩治，所谓生番地区不属中国管辖的说法，实毫无依据。"① 这些"恫喝"加上添兵来台征伐的威胁，终于引起清政府的重视，总理衙门严饬迅速处理此事。但地方官员对于自己所持之观点，仍然觉得非常合理，福建台湾镇总兵刘明灯认为，自己如此婉劝，李礼让等人还抓住一些细节缠不已，殊不可解。②

这里，我们看到一个奇怪的现象：本应该维护主权的，却把主权往外推，称其为"化外之地"；而觊觎台湾的一方，却非要强调中国对"生番"的主权，要清政府出来负责。而且，双方还都认为对方不可理喻。考虑到清朝官员在对外交涉中一贯的表现，可以把这种现象理解为他们是在找借口推卸责任，而美国人则是迫切要求清廷负起责任，解决问题。但站在今日主权国家立场看，"化外之民"这样的言论，怎么就成了外交上推卸责任的借口呢？清廷上下对此到底有何认识呢？

与李礼让直接交涉的福建台湾镇总兵刘明灯、福建台湾道兼学政吴大廷关于此事的奏折一开头就称："生番"之地，"鸟道羊肠，箐深林密，自来人迹所罕到，亦版图所未收。我朝设土牛之禁，严出入之防，所以戢凶残而重人命，用意固深远也"。奏折的基调，是为自己的拖延推诿找借口，其中逻辑为：因为"人迹罕到，亦版图所未收"，又有朝廷隔离"生番"的"土牛之禁"，要进兵办理是根本不可能的。而且据这份奏折所述，对于外国人，这一理由同样成立。如在接到英国领事请地方官调查究办的来函后，吴大廷回函说："生番不归地方官管辖，嗣后请饬外国商人谨遵土牛之禁，不可擅入生番境界，以免滋事。"对李礼让等人，台湾镇、道同样一厢情愿地认为："特以人非华民，地非化内，克日图功，万难应手，准理度情，洋人亦当见谅。"更有甚者，以多次申论"生番"不归"王化"而自得："夫凶番之不归王化，该地之碍难进兵，臣等反复辩论，不啻颖秃唇焦。"③ 这样一份强调"生番"不归"王化"的奏

① 黄嘉谟：《美国与台湾：一七八四至一八九五》，"中央研究院"近代史研究所专刊，1979，第 213 页。
② 参见中华书局编辑部、李叔源整理《筹办夷务始末（同治朝）》（以下简称《始末》）卷 51，中华书局，2008，第 2246 页。
③ 以上均见《始末》卷 49，第 2086～2088 页。

折，在闽浙总督吴棠、福建巡抚李福泰那里，并未受到质疑，基本上按原辞上报，并且认为："臣等伏思琅王乔傀偏山一带，地属番境，该处之不易进兵，番人之难以理喻，此固人所共知，即外国人亦未必不知。"①

总理各国事务衙门经过商议，致函密询闽省督臣，"告以生番虽非法律能绳，其地究系中国地面，与该国领事等辩论，仍不可露出非中国版图之说，以致洋人生心"。②显然，"版图"问题得到了强调，但总理衙门强调"生番"属中国地面，却未对"生番"不归"王化"的观点提出任何疑义，只是让官员"不可露出"非中国"版图"之说。言外之意，台湾是中国疆土当然是必须强调的大问题，而说"生番"未归"王化"并非大问题，甚至承认中国法律无法管辖"生番"。

既然总理衙门都未深问"生番"之"化内""化外"问题，则可知其并非口误。也就是说，"不归王化"之类，在清朝官员那里，并非大逆不道，而是有着一定的合理性。而合理性的基础，则是传统的"天下"观念及据此形成的统治体系。

在传统的"天下"体系中，尽管"普天之下无非王土"，但从文明的中心向外，对不同的区域和人民的治理形成不同层次：首先是作为核心的"编户齐民"和"腹地"；然后是"番""苗""夷"等和土司地界，令其"世居其地，为国守疆"；再往外则是四裔藩属，其责是代守门户、纳贡称臣；藩属之外，则是未知之地了。在这种层层外推的秩序中，所谓内外之分，是相对而言的。"腹地"相对"边疆"是内，"边疆"相对"四夷"是内，而"四夷"相对未知之世界，也在"天下"之内；反之，"外"亦如此。而且，对于某一具体空间和人群，根据教化所达程度，其所属边界并非固定，而是不断变化的。

1683 年将台湾纳入版图之后，清朝的"理番"政策虽多有变化，但其对"番"的基本认识，仍然建立在上述基本观念之上。在帝国的文明等级体系中，台湾全岛虽属版图，但远居海外，人民依其受教化程度，分为民、番，而"土番"又分两种："其深居内山未服教化者为生番。""其杂居平地，遵法服役者为熟番。"③"生番""熟番"之间又可以转化，尤其是在朝代鼎盛之际，中央政府采取积极的"化番"政策，则有大量"生番"输诚入籍，成为"熟番"，由台湾府县管理，并纳番饷（性质同于编民所纳丁银）。但康乾之后，清政府无意再推行积极的化番之策，"生番"向"熟番"的转化不复从前之盛，甚至由于汉民移住愈多，导致逼迫"熟番"入山成为"生番"的事例出现。另一方面，朝廷出于对海外孤悬之岛不愿"多事"的指导思想，划定"番地"、定"土牛"之界，不许汉民进入。

① 《始末》卷 50，第 2107 页。
② 《始末》卷 50，第 2111 页。
③ 蓝鼎元：《粤中风闻台湾事论》，《台湾文献史料丛刊》第一辑第 17 册，台湾大通书局印行，第 44 页。

因此，"编户－熟番－生番"的分类治理之道，以及由此引申出来的"化内"、"化外"和"界内"、"界外"之分，是无关"疆土"问题的，只关乎"德化礼义"的扩展界限和不同的治理方式。在这种观念之下，官员可以根据不同的条件，采取不同政策，或者恩威并施、使其教化；或者置之"化外""界外"，仅事羁縻。在不同条件下，两种方式都堪称合情合理。对清朝官员而言，台湾东部是否属于中国，与"土番"是否"化外"、"番地"是否入籍、"番民"是否受清朝法律管辖，并无直接关系。以"王化之外"的说法来应付外国人，再合适不过了。

"罗发号"事件，以李礼让自行与"土番"结约了结，清政府在其中只是充当了"保人"角色，却在上下欺瞒之中，当成一件"成功交涉"，却未料到，当初非要中国承认对台湾"土番"主权的李礼让，转而开始炮制侵夺台湾的"番地无主论"。

此后几年，李礼让利用一切机会进入台湾，对台湾丰富的资源和重要的战略地位了解渐深，并搜集清政府对台湾东部无管辖权的证据，构造出希望美国殖民台湾的所谓"番策"。1872 年，李礼让离职回国途中在日本停留，其"番策"与日本明治维新后的扩张政策一拍即合，遂受雇于日本政府，积极为其出谋划策。他提交给日本政府的第一个备忘录，就将自己的"番地无主论"和盘托出：

> 如果说中国政府自己发现了此岛，也可以说又由中国政府自己放弃了此岛。清国政府对一部分的岛民施以布政教化，那么按道理清国政府也应管辖另一部分，但清国政府却不能拿出事实上的有效证据。①

依李礼让等人之计，1873 年 5 月，日本派外务卿副岛种臣出使中国觐见同治并换约之际，同时欲图向清政府取得"讨伐生番"之口实。据记载：

> 副岛遣副使柳原前光以此事质问总理衙门大臣毛昶熙、董恂等，昶熙等答云："'蕃'民之杀琉民，既闻其事，害贵国人则未之闻。夫二岛俱我属土，属土之人相杀，裁决固在于我。我恤琉人，自有措置，何预贵国事，而烦为过问？"柳原大争琉球属于日本版图，并说："贵国已知恤琉人，而不惩台'蕃'者何？"答云："杀人者皆属'生蕃'，故且置之化外，未便穷治。日本之'虾夷'，美国之'红蕃'，皆不服王化，此亦万国之所时有。"柳原云："'生蕃'害人，贵国舍而不治，是以我邦将查办岛人，为盟好故，特先告之。"当觐见礼节交涉未妥时，副岛

---

① 《李仙得觉书第一号台湾番地着手云々之论并斯密附论》，公文书馆藏档，A03030097300。转引自李理、赵国辉《李仙得与日本第一次侵台》，《近代史研究》2007 年第 3 期。

曾遣柳原至总理衙门,扬言"日本即将讨伐台湾'生蕃'",以为威胁。[①]

日本此次就台湾"生番"前来论事,在朝廷之外亦有反响,1873 年 4 月 5 日上海《申报》岭南莲塘生的稿件,似可代表当时士大夫的某些看法:

> 盖台湾一带,虽系中华之地;而台湾府属界,居海岛边境。至于生番,则又深居内地;虽统称台湾,实非台湾府属可管也。且生番蛮类,未晓人性,不入王化,非我朝百姓;与中土何碍焉![②]

而《申报》针对上述来文的评论,也承认"番人……非食毛践土者比"。[③] 在该报 7 月 24 日的评论中,更是对"生番"的"化外"身份有清楚表达:

> 夫台湾之番,向分生、熟二种。熟番久已臣服,已有登仕籍、列庠序者;生番至今未服王化,自为种类。大约射猎为生,残忍杀戮,是其天性。搆厥行为,与野兽等。朝廷因其不知教化,是以置之度外,不令与熟番同处;故虽同在台湾,实则属化外。[④]

由此可见,上至朝廷重臣,下至士大夫,对台湾"生番"的认识的确存在共识;这些共识的背后,无疑有一个传统的疆界模糊的"天下"体系在支撑。相反,"番地无主"论来自另一种对世界的基本看法,在这个世界中,国家与人民必须有着法律上的关系,而国家的主权之内和之上都不应该存在其他政治实体。[⑤] 在持有这种世界观的列强看来,以中国为中心的、界限模糊的"天下"一开始令他们摸不着头脑,但很快,他们就学会了如何利用这种模糊来达到殖民主义的目的。野心勃勃寻求扩张的日本,很快就将"番地无主"转为国策,开始实施对外侵略。

二 日本侵台与"生番"由"化外"成为"子民"

取得所谓中国方面"承认"的口实之后,1874 年 2 月,日本由大隈重信和大久保

---

① 王芸生编著《六十年来中国与日本》第一卷,生活·读书·新知三联书店,1979,第 64 ~ 65 页。关于此事,并无正式文书,只见于日方记载,故各家记载有所出入,但于关键之点无大异。

② 《清季申报台湾纪事辑录》(上册),《台湾文献史料丛刊》第四辑第 79 册,台湾大通书局印行,第 26 ~ 27 页。

③ 《清季申报台湾纪事辑录》(上册),《台湾文献史料丛刊》第四辑第 79 册,第 28 页。

④ 《清季申报台湾纪事辑录》(上册),《台湾文献史料丛刊》第四辑第 79 册,第 38 页。

⑤ 参见〔美〕Violetta Ravagnoli 著《中国的世界秩序观:"天下"概念与西方的世界观》,王居新译,陈尚胜主编《儒家文明与中国传统对外关系》,山东大学出版社,2008,第 235 页。

利通提出一个《台湾蕃地征伐要略》，对侵略台湾的主要外交托词和外交策略做了详细规划，其中，"台湾土番部落"为"无主之地"的说法成为日本政府国策之组成部分。该"要略"提到："台湾土番部落，为清国政府政权所不及之地。其证据具见清国自来所刊行的书籍之中，而当前任参议副岛种臣使清之际清廷官吏所作答语，尤其显然，故视之为无主之地，具备充分理由。是以报复杀害我藩属琉球人民之罪，为日本帝国之义务，而征番之公理，亦可于此中获得主要根据。"①

虽然日本政府声称"讨番抚民"是其出兵的主要任务，但其出兵根据，显然建立于否定中国对台湾"番地"主权的基础上。同样觊觎台湾的英、美等国自然明白此中关系，因此对"番地无主"之说颇不以为然，表示不支持日本出兵"惩番"。尽管如此，日本还是冒险出兵了。

得知日人在台湾牡丹社、龟仔角等处查看山势形胜，并从税务司处得到日本出兵消息后，台湾道上书闽浙总督、将军说：

> 牡丹社系属番界，彼如自往剿办，在我势难禁止；然新与换约，有事应彼此相助，若我听其自往，置之不顾，胜则图踞番社。特相机设法筹办，目下剿办彰化廖匪一案，尚未藏事，各营弁勇俱随赴彰化，更未便稍涉张皇，一切惟以镇定处之。

直到此时，台湾的地方官仍然把此次事件当成普通的"交涉"来看待，首先想到的是如何"相机设法筹办"。在他们心目中，日本台湾出兵所造成的问题，首先不是关涉主权的问题，主要的麻烦还来自对发生在"番界"的"交涉"应如何办理。他们的矛盾之处来自主权的模糊："番界"之外一方面属于疆土，另一方面却是特殊的疆土。在传统的"天下"观念中，或征伐，或教化，或羁縻，不存在所谓"主权"问题。而当面临外国的"图踞"时，由于"外夷"或者"倭族"并不能容纳入"天下"的某一层次，其行为也超出传统的知识，地方官员不知如何应对，只能是向上报告，"惟以镇定处之"了。

但事情下一步发展却出乎日本人的预料。当日本讨"番"统领西乡从道中将的照会送到闽浙总督李鹤年处时，却遭到强硬反击。李鹤年于 5 月 11 日后连连照会西乡从道，称：

> 本部堂查台湾全地，久隶我国版图。虽其土著有生熟番之别，然同为食毛践

---

① 〔日〕东亚同文会编《对华回忆录》，胡锡年译，商务印书馆，1959，第 38~40 页。

土已二百余年，犹之粤、楚、云、贵边界猺、獞、苗、黎之属，皆古所谓我中国荒服羁縻之地也。虽土番散处深山，獉狉成性，文教或有未通，政令偶有未及，但居我疆土之内，总属管辖之人。查万国公法云：凡疆内植物、动物、居民，无论生斯土者、自外来者，按理皆当归地方律法管辖。又载发得耳云：各国之属物所在，即为其土地。又云：各国属地，或由寻觅，或由征服迁居，既经诸国立约认之，即使其间或有来历不明，人皆以此为掌管既久，他国即不应过问。又云：各国自主其事，自任其责。据此各条，则台湾为中国疆土，生番定归中国隶属，当以中国律法管辖，不得任听别国越俎代谋。兹日本国中将照会，以台湾生番戕杀遭风难民，奉命率兵深入番地，殛其凶首，以示惩戒。在生番迨逞悍暴，杀害无辜，即按以中国之法律，亦所必诛，惟是台湾全地素属中国，日本国政府并未与总理衙门商允作何办理，迳行命将统兵前赴，既与万国公法违背，又与同治十年所换和约内第一、第二两条不合。①

李鹤年的照会颇令人寻味。日本的照会，并未明确提出"番地无主"，而李鹤年照会却是以"番地"属于中国立论，来说明日本"讨番"之不义。那么，关于"番地"属于中国管辖这一段议论，又是针对什么呢？

先是，英国驻华大使威妥玛于 1874 年 4 月 18 致函总理衙门，知会日本"有事生番"，信中并"询及生番居住之地，是否隶入中国版图"。此后"英国汉文正使梅辉立、法国翻译官德微理亚、总税务司赫德、日国使臣丁美霞先后来臣衙门接见，面述前事"。② 他们对台湾东部是否属中国管辖一事，详细询问，并通告中国说，英国驻日大使巴夏礼曾电报威妥玛，"内称据东洋意见，台湾岛自某处迤南，皆不隶中国版图之内"。威妥玛还说到主权问题与英国对此事件的态度密切相关，其云："论其大概，生番居住地界，若中国视以为非版图之内，抑或虽属中国版图，而已有日本师众登岸，既经过中国地界，核准定议，本国属民或有役于日本以及借力相助等事，本国自无深论禁止之责；不然，日本国未向中国议准，且所行非中国愿从者，则本国只得明伸禁令，于兴师后无论日本、中国公务，英民均不得服事相助，方足以昭平允，缘此两国各与本国立有和好条约，彼此不得稍涉偏袒云云。"③

此后，法、美等国也纷纷通报中国，在总理衙门确认台湾属中国版图之后，皆照会中国表示对日本不予支持。英、美等国之所以采取此种态度，主观上是因为他们不希望日本独占台湾；客观上却使得清政府在未确定日本是否已经进兵的情况下，先行

---

① 王元穉：《甲戌公牍钞存》，《台湾文献丛刊》第 39 种，第 5 页。
② 《始末》卷 93，第 3735 页。
③ 王元穉：《甲戌公牍钞存》，《台湾文献丛刊》第 39 种，第 16 页。

商议对策。其主要应对之策是，第一，"应如何按约据理，相机辩阻，及如何先事筹备，该省督臣，固属责无旁贷"；第二，"请钦派闻望素著，熟悉洋情之大员，带领轮船前往台湾生番一带，察看情形，妥筹办理"；第三，"生番应否开禁，如何示以怀柔，治以简易，俾不为彼族所用，且不为他族所垂涎之处，均应由钦派大臣会同该省督抚将军等熟商请旨办理"。①

总理衙门上奏之后，清廷 5 月 14 日发上谕曰："生番地方，本系中国辖境，岂容日本窥伺。"并"派沈葆桢带领轮船兵弁，以巡阅为名，前往台湾生番一带察看，不动声色，相机筹办。"还特别提道："至生番如可开禁，即设法抚绥驾驭，俾为我用，藉卫地方，以免外国侵越。"② 基本上采纳了总理衙门的对策，同时也确定了"按约据理"、强调"生番地方系中国辖境"的交涉策略。

因为总理衙门的意见，以及上述列强的问询，已经先行由"衙门函致南、北洋大臣，闽浙总督、福州将军，嘱令该大臣等密饬确切探访，并抄录各国使臣给臣等信函节略去后"。③ 李鹤年 5 月 11 日照会，尽管发出在上谕之前，也是秉承了总理衙门"按约据理"，强调"番地"主权的主旨的。所以，李鹤年照会中对"番地"主权的强调，其来有自。

关于清政府如何在外交中"按约据理"辩阻日本，已有不少学者进行了研究④，此不赘述。本文所关注的是，中国的主权观念在此次论争中产生了何种变化。

首先，从上述清政府的决策过程中可以看出，列强对台湾是否属中国主权的询问，成为决策的重要出发点。而在此之前，清政府可能从未思考过，"番地"与"腹地"之分，怎么能成为台湾"番地"不隶中国版图的借口。所以尽管在外交上，清政府一再强调"番地"隶于版图，在实践当中，仍然受到传统的制约，深感"番地"与"腹地"之别所产生的麻烦。例如闽浙总督李鹤年就认为：

> 惟念边衅易开不易弭，番地腹地，究有区分，如果倭兵扰入台湾腹地，自当督饬镇道鼓励兵团，合力堵剿。若仅以戕杀琉球难民为名，与生番复仇，惟当按约理论，不遽声罪致讨，以免衅开自我。⑤

这种看法，差不多又要回到"番地"不属"界内"的老路上去了，在当时情形

---

① 《始末》卷 93，第 3736 页。
② 《始末》卷 93，第 3737 页。
③ 《始末》卷 93，第 3735 页。
④ 参见陈在正《牡丹社事件所引起之中日交涉及其善后》，《中研院近代史研究集刊》第 22 期下（1993 年 6 月）。
⑤ 《始末》卷 93，第 3750 页。

下，显然不合时宜。为此，1874 年 6 月 5 日的清廷上谕不得不再次强调：

> 番地虽居荒服，究隶中国版图，其戕害日本难民，当听中国持平办理，日本何得遽尔兴兵，侵轶入境。若谓该国仅与生番寻仇，未扰腹地，遂听其蛮触相争，必为外国所轻视，更生觊觎。衅端固不可开，体制更不可失。该督惟当按约理论，阻令回兵，以敦和好，不得以番地异于腹地，听其肆意妄为也。①

上谕明确告知"不得以番地异于腹地，听其肆意妄为"，而所持理由，是避免外国轻视而觊觎。上谕中说到的"体制"，当是指中国与外国交涉之原则，具体即为外国人非经准许，不得进入未通商之地。"衅端固不可开，体制更不可失"，即外国未得允许不得进入中国的原则，高于"腹地"与"番地"的区分。从现代主权观念而言，这是对中国疆域主权的清晰界定。

其次，在与日本的辩论中，清政府明确举出证据，确认中国对台湾内山的管辖权。6 月 2 日李鹤年照会西乡从道，再次重申琅王乔番社、人物、地方确归中国辖属证据有三："南路琅王乔十八社，向归凤山县管辖；每年征完番饷二十两有奇，载在《台湾府志》此证据一也。台湾设立南、北路理番同知，专管番务，每年由各该同知入内山犒赏生番盐、布等物；此证据二也。柴城又名福安街，建有我朝公中堂福公康安碑庙；此证据三也。证据确凿，历来已久。"② 这些证据，在与日本交涉中，屡被提及。另外，6 月 20 日沈葆桢给西乡的照会中还说道："至于杀人者死，律有明条，虽生番亦岂能轻纵？"③ 即明白告示"生番"由中国法律管辖。

最重要的是，清政府此时彻底抛弃视"生番"为"化外"之念，代之以"一视同仁"之论。6 月 9 日，清政府从闽浙总督上奏得知日军已经在琅王乔登岸，并建立营帐，与"生番"接战，遂发上谕敦促相关官员妥为筹办，其中特别提道："至生番有无被杀被伤之人，未据该督奏及。生番既居中国土地，即当一视同仁，不得谓为化外游民，恝置不顾，任其惨遭荼毒。"④ 7 月 8 日上谕又说："生番本隶中国版图，朝廷一视同仁，叠谕该大臣设法抚绥，不得视同化外，任其惨罹荼毒。现据各社番目吁乞归化，即著该大臣等酌度机宜，妥为收抚，联络声势，以固其心，俾不致为彼族所诱。"⑤ 可见，在日本出兵台湾事件中，清政府不仅彻底否定"生番"所谓"化外之民"的地

---

① 《始末》卷 93，第 3752 页。
② 《东洋侵台湾中东先后来往各文牍》，《申报》1894 年 6 月 8 日，《清季申报台湾纪事辑录》（上册），《台湾文献史料丛刊》第四辑第 79 册，第 114～115 页。
③ 《始末》卷 94，第 3779 页。
④ 《始末》卷 93，第 3754 页。
⑤ 《始末》卷 94，第 3778 页。

位，视其为臣民①，甚至还显露了对"生番"同为子民的"体恤"之心。

总之，此时的清政府，对台湾内山及"生番"的主权观念，发生了重大变化，由"虽属版图，不归王化"，一变而为"番地"不仅本属中国管辖，而且与"腹地"无异；"生番"归中国管辖，有经济、文化、政治和法律的依据；"生番"与"庶民"一视同仁。这三方面的转变，无疑是在近代意义上对台湾"生番"之地主权完整而明晰的确认。

三　万国公法与"番地"主权

在交涉中，清政府官员还根据当时对中日两国有重大影响的"万国公法"（即当时通行于欧美之国际法）来维护主权，如上述李鹤年给西乡从道的照会中，便大段引用丁韪良所译《万国公法》；对《万国公法》的引用也见于台湾道给李鹤年的禀文。②1874 年 7 月以后日本大使和大久保利通与总理衙门的交涉论辩，万国公法同样成为双方的重要依据。可见，中日交涉一开始，万国公法就作为重要因素被引入，并贯穿交涉始终。因此，万国公法的运用，是否对上述关于"生番"的主权观念产生重大影响，也是值得探究的问题。

清政府官员对于万国公法的运用，其例已见于上文。而 1874 年 5 至 11 月间，《申报》对日军入侵台湾一事非常关注，其所刊文章、报道，多有援引万国公法之论。依其援引内容和论证目的，可分为以下几类。③

1. 侵犯疆土可以开战。如 6 月 7 日《论东洋近日筹议情形》云："中国志在东洋不准侵我藩疆也，明矣。东洋于此事，实已违万国公法，我中国理应即发重兵以创惩之。"7 月 27 日《行师之道》云："顾此事已闻于朝，简派钦差查办；则日兵之来，为干犯公法及越俎僭办，非不经查悉矣。是宜先檄其退；不退，则以甲兵从事。"

2. 战时第三国应取态度。5 月 8 日《译东洋中华两国近事》云："盖万国例法载有明文：如两国相战，他国之船与此国供役，则彼敌国可视为敌船而并惩之也。"8 月 11 日《医士充任东职》云："按万国公法不许局外国民与他国之战事，于中国实大有关系。"

---

① 这种观念也为当时士大夫所认同，如《申报》刊登的一篇评论就说道："生番之为中国人，番社之为中国土……闽浙总督两次照会中，已确凿言之。"《清季申报台湾纪事辑录》（上册），《台湾文献史料丛刊》第四辑 79 册，第 304 页。

② 当时，在中国任教的丁韪良本人也认为日本西乡照会之谬有二："其一，台湾全岛，实隶中国版图，岂可以生番为自主之国，或竟视番地如无主之地；其二，敌人在逃，致烦友邦代捕，尤无斯理。"并指出："日本统军于万国公法，尚未深悉，故有此举乎。"丁韪良：《台湾近事》，《中西闻见录》第二十三号，1874 年 6 月。

③ 本节所引资料来源皆为《清季申报台湾纪事辑录》（上册），《台湾文献史料丛刊》第四辑第 79 册，只在正文中注明发表公历日期和篇目，页码不再单独注明。

3. 指责日本侵占疆土。8 月 11 日《日人聘请西士》云："而日本于托词伐生番而竟扰及我台疆，久居不去；此先违万国公法，久为欧洲各国所訾议。"8 月 22 日《刍言》云："吾不知日人意中究以生番为隶于中国、抑以生番为中国化外乎？如以生番为隶于中国也，则越境称戈，已违万国公法。"8 月 24 日《论日本议定撤兵》云："夫日本问罪生番，本无大谬；其所失在于未兴师以前，不先照会中国，明言其故。……迨杀戮生番之后，其愤似已可洩；又不即日退兵，仍然久恋台湾。……是以中外人士恶其显背万国公法，故中西新报皆群起而议其非也。"9 月 7 日《东洋杞忧生述征番事辩谬（言佃敬委夫稿）》云："似此掩耳盗铃、鹊巢鸠占，自以为未犯万国公法，其谁欺？欺天乎！"

4. 战争赔款。8 月 3 日《劝罢兵说》云："或又曰：日本明知其谬矣；所以迟迟不退者，盖欲中国少赔其军费，以为遮羞之计也。吁！是何言也！夫万国公法，必理屈势穷者，方赔偿理直势壮之兵费。"

5. 战争规则。8 月 4 日《东洋钦使谒见李中堂》云："然据万国规制，则东人仍不宜充公其（指在日华商）货，行害其身。所难者，万国公法虽有明文，而于战争之时或竟倒行逆施若不知礼义也者，矣可视为具文也。且东人于侵犯台湾，业已干犯万国律例；况于方战之际，而能恪守公法乎！查东人之侵生番，于银购食物、凡建营垒不勒索居民。据此数端，则已守万国战例。然其军内曾下令：不生执敌人，惟以杀戮为尚；此则又远非万国相争之大义矣。"

6. 外国公民法律处置。10 月 19 日《中东定局之事宜》云："紧按万国规例以行此，既非稍有取辱，反示人以诸事惟理为主也。夫万国规例既载有'我民若犯彼国之民，总须设法惩办'，欲用银与己民动兵，理亦然也。"

7. 一般性地认为万国公法为国与国之间交涉应遵守的规则。6 月 13 日《议林华书馆〈东洋伐台湾论〉（附来书）（维扬崇惠堂稿）》云："维今待日本之计，有三策焉；请略言之。以理相拒，不容假道；上策也。拒之不得，则系有意害我边疆；按万国公法，便可交战。……且推译万国公法之义，彼邦之君非大有横逆为害于我而不得理解者，不可加之以兵。今中外相睦，动须循理，不得不以万国公法为法也。"8 月 4 日《书〈申报〉日本侵犯台湾诸论后（识微子）》云："夫高丽与日本，世仇之国也；日本不犯高丽，而高丽亦不身为戎首以犯不韪之名；岂高丽畏惧日本哉！因高丽素尊圣训，深明礼义，不肯违背万国公法，干犯万国公议耳。"

从中可以看出当时中国人运用万国公法的特点：其一，有很强的针对性，如在日军已经登岸，并有盘踞之意，朝廷上下主战之声极强时，对万国公法的援引就集中于开战，以及开战后如何保护处置在日商民，战争赔款等内容。奇怪的是，尽管有不少人指责日本越界兴兵侵占台湾显然违背公法，但对所谓的"疆界"，除了李鹤年的照会之外，没有人依据万国公法给一个明确答案。其二，就是"拿来主义"，从以上所引各条的行文来看，颇有一些是借自他处，无论这种论点是来自中国人、外国人，还是官方文书、报章。第三个特点，"按图索骥"，根据现实的情况寻找相应对自己有利的条文，并不理会万国公法背后的逻辑。例如识微子的评论中，说朝鲜是遵守万国公法模范，其实，朝鲜当时只跟中国一个国家有外交关系，被西方称为"隐士国家"——连最基本的主权地位都没有确定，她所模范遵守的，只是与中国的宗藩关系而已。

11 月 24 日《书〈中东专条〉后》中，《申报》的评论更说道："昔者，海禁未开，中国闭关自守；故仅须行中国之法度。今则天下四洲之国，皆与中国通和好；天下四洲知人，皆与中国相往来。不能以一国之私法，强他国以遵行。正宜照万国之公法，与他国而共守。凡事之合情顺理者，不必秘而不宣，最宜公而不私也。今之中、东会议之据，正合情顺理之事也。更应照会四洲各国编入万国公法，俾四洲各国均当遵此而行。"试图把中日之间解决此次事件签订的《北京专条》（即文中所谓《中东专条》）编入"万国公法"，但《北京专条》和稀泥式的模糊条文，实在难以成为国际关系的重要准则。这种一厢情愿的想法也反映了当时中国人对国际公法认识有限。

总的来说，当时的中国人对万国公法，抱持一种实用主义的态度，不愿意，也没有进行深入研究。其中原因，从 1864 年总理衙门刊刻丁韪良所译《万国公法》的奏章中，可以看出一些端倪。总理衙门认为，《万国公法》"大约俱论会盟战法诸事。其于启衅之间，彼此控制箝束，尤各有法"。而该书内容"衡以中国制度，原不尽合"，只有"其中颇有制伏领事官之法，未始不有裨益"。[①] 因此，"制伏领事官"时"未始不有裨益"的相关内容，才是中国人利用万国公法的重点。而作为国际法重要组成部分的国家领土、主权、国家之间的均势、公民法律管辖等问题，由于与中国"体制"不同，不免成为当时中国人较为陌生的领域。

这种认识上的缺陷在 1874 年 8 月以后与日本的谈判中，表露无遗。1874 年 8 月，日本派大久保利通为全权大臣，到北京与总理衙门王大臣谈判。大久保利通此来，随员中有国际法专家巴桑纳（Gustave Boissonade），以及"番地无主"论的炮制者李礼让，做好了用国际法与中国辩论台湾"番地"主权问题的准备。自 9 月 14 日展开谈判，40 多天，中日 5 次会谈，都是讨论"番地"主权问题。大久保利通所依据的，是万国公法推演的"政化不及之地，不得以为所有"。甚至还在照会之后附送"公法汇

---

① 《始末》卷 27，第 1184 页。

钞"以为根据。① 而总理衙门诸大臣的答复,尽管在 "番地" 属中国版图的问题上一步不让,但对其作为理论依据万国公法,却采取了回避态度。恭亲王给大久保利通的照会中说:"本王大臣未能详悉泰西公法全书精义,不敢据以问难。"② 而文祥在问答中更说:"至大久保所说万国公法,并无中国在内,不能以此责备中国。"③ 总理衙门亲王大臣的反应,固然有当时形势变化的因素,即清政府认为经过之前辩论,中国对 "生番" 主权问题,已经无可置疑,日本所希望者,无非赔款而已,所以并不认真对待。但就中国人方面对万国公法与 "生番" 主权关系的认识而言,可能确如上述二人所说,因为中国不在公法之内,对此不愿多加考虑,自然也未 "深悉"。

因此,在当时中国人的观念中,虽已有用万国公法维护主权的意识,但在实际交涉中,由于不承认万国公法适用中国,所以在争论 "生番" 之地的主权问题时,并不以万国公法为立足点,换句话说,在当时历史条件下,"生番" 本属中国管辖的主权观念的确认和坚持,不可能出于万国公法的影响。

不过,对涉及中国主权的 "治外法权",中国官员倒是给予了必要的注意,中日双方议和的 "互换条约" 中有如下文字:"照得各国人民有应保护不致受害之处,应由各国自行设法保全。如在何国有事,应由何国自行查办。"④ "照得" 所 "照",自是万国公法。而 "何国有事,应由何国自行查办",不仅坐实日本出兵无理,也有在中国管辖范围内不允许有 "治外法权" 存在之意涵。

四 "生番" 与主权:有限的选择

如果说万国公法没有直接影响中国对 "番地" 的主权意识,那么如何看待上述第二节所见中国人对 "番地" "生番" 主权的认识呢?

我们似乎可以这样理解:一方面,中国中心的 "天下",在此时仍未被 "万国" 并立、疆界分明的世界所取代,至少在大部分清朝官员心目中,二者还是不相关涉的。而 "疆界" 的分明,"生番" 的内附,完全可以从传统的 "天下" 观中找到相应的资源。只不过,相对于万国公法所代表的体系,这套系统更有弹性。也就是说,或根据 "天子" 的意愿,或根据帝国实力的强弱,对 "生番" 及其地域的管辖,存在着极大的伸缩性。所以,清政府对 "生番" 之地主权的明确,并非一定要借助万国公法,这

---

① 参见《始末》卷 97,第 3919~3922 页。
② 《始末》卷 97,第 3925 页。
③ 《八月初九日问答节略》,一史馆,外务部档,2155 号。转引自陈在正《牡丹社事件所引起之中日交涉及其善后》,《中研院近代史研究集刊》第 22 期下(1993 年 6 月)。文祥此说有其道理,此处不深论。
④ 《始末》卷 98,第 3948 页。

种明确也不足以造成传统观念的断裂。①

另一方面，在这一事件中，外国人对"主权"的强调，以及少数人有意无意根据万国公法对"生番之地"主权的思考，也对中国人主权观念产生某些影响。例如，对台湾内山权利的确认，尤其是把"生番"视为一体这种观念，不仅有朝廷的明确表述，还有大量证据加以论述，如果不存在外部的压力和压力下的主动思考，是很难以这种方式体现出来的。上述主动防范"治外法权"的意识，更是 1860 年之后中国人在外交上主动吸收西方"主权"观念的一个表征。②

总之，在当时中西交涉的大背景下，中国人的主权观念，基本还是固守传统，而传统也提供了在新环境下进行调整的必要弹性；对于西方的主权观念，时人并无深入认识，而是经由对某些规制的利用逐渐吸收。在应对具体问题时，二者或有冲突，但基本相安无事，甚至互相补充。

那么，与主权相关的"番地""生番"地位问题，在当时历史条件下，又是如何解决的呢？

其实，"番地无主"是由当时万国公法代表的世界体系中推演出来的。根据这一体系，未经开化的"生番"地位问题，并非如李礼让等人所认为的那样对日本有利。相反，在当时，这是充满了争论的领域。例如，在一篇中国人以万国公法为依据，驳斥"番地无主"论的论文中，就谈道："英之于奥大利亚、西班牙之于吕宋、荷兰之于苏门答腊，各岛皆然，均有不服王化之土人。设他国藉端取其尺寸之地，其国必鸣鼓而攻，不能坐听攘割也明矣。即日本亦复如是，其四大岛，最北者名耶琐，有虾夷居之，日本惟居南沿海口数处而已。若华人与虾夷寻隙，而以兵占其地，试问日本能甘心乎？"又引"西国公师"的观点说："西国寻觅新地，创获而得主权者，他国认其主权，而土民不认之，然视蛮夷之权利不足论，而占据其地为常例。今中国于台湾得有主权，他国亦认其主权，即偶有土番未服，亦不足论。岂可以生番未服华之故，而谓其地不属华也？"③

---

① 在传统观念中，"严华夷之辨"也是维护"天下"秩序的题中应有之义，随着明清以来与西洋各国接触的增多，清政府在治理中亦逐渐有了"内夷""外夷"的区分。对于"外夷"，清前期以来就有"天朝疆界严明，从不许外蕃人等越境搀杂"［（清）梁廷枏：《粤海关志》卷 23《贡舶三》］的观念。而相对的，原来被认为是"外夷"的某些地区，如西南土司，被赋予了"内夷"的身份；相应地，至迟到道光年间，西南部的非汉民族地区就已经成为帝国构造中的"内地"（参见王柯《民族与国家：中国多民族统一国家思想的谱系》，冯谊光译，中国社会科学出版社，2001，第 159～160 页）。

② 王尔敏曾说明 1860 年以后，中国近代外交思想，自然而然逐渐吸收西方的"主权"观念，其中"治外法权"的害处是最早被注意到的。参见王尔敏《中国近代思想史论》，社会科学文献出版社，2003，第 20～21 页。

③ 阜白居士：《台湾公案辨略》，《中西闻见录》1874 年 10 月号。阜白居士不在《中西闻见录》外国撰稿人之列，当是京师同文馆的学生，是时丁韪良在京师同文馆以其所译《万国公法》教授中国学生。参见［美］丁韪良《花甲忆旧——一位美国传教士眼中的晚清帝国》，沈弘等译，广西师范大学出版社，2004，第 164 页。

可见在当时的国际法体系中，像美国的 "红苗"、南洋的 "土人" 等，都被视为化外，在主权问题上可以忽略不计，"偶有土番未服，亦不足论"。由此对 "土人" 地位可以有不同解释，或视为内政问题，或考虑在一主权国内有一定自治地位。①

若按上述观点，把台湾 "生番" 视为等同 "土人"，则 "番地" 有主无主，完全视乎各主权国是否有能力管辖，并是否得到其他主权国的承认；而主权国家对其的弃取，完全视乎其对本国有无利益。换句话说，"土人" 只是 "文明" 国家殖民争夺的对象，有利则争之，有力者得之。

但显然，台湾 "生番" 不能等同于 "土人"，所以也无法在万国公法的体系内对其有一个定位。在这个问题上，历史留给人们的选择并不多。既然清政府并无意，也不可能用当时世界上占强势地位的殖民主义理论来解决问题，那么剩下的仍然只是传统的解决方式。

正如前文所述，在传统的体系中，"番地" 既然是人为划定的，那么也可以 "开禁放垦"，设官治理，收取赋役，使之同于 "腹地"。而 "生番" 既然已不能视同 "化外"，那只能恩威并施，俾之归化，也即 "欲其渐仁摩义，默化潜移，由生番而成熟番，由熟番而成士庶"。② 1874 年以后清朝一系列的 "理番" 政策，包括台湾建省在内的行动，都是围绕这两方面进行的。这些措施实际上是传统 "理番" 政策的延续，并且秉承了同样传统的 "天下" 观念。在理想状态下，"天下" 并无疆界，"番地" 的 "生番" 只是暂时没有成为 "腹地" 的 "士庶"，随着文明政教的扩大，以及他们自身的省悟，自然会归附开化。只不过，传统的历史情境中，只是当中央朝廷力量强大时，才逐渐把周围越来越多的土地纳入 "腹地"，向周围推广教化。③ 然而，面对近代西方咄咄逼人的攻势，正走下坡路的清王朝却不得不尽量把传统的 "边地" "藩属"，纳入 "腹地"，以应付越来越严重的主权危机。这类行动在中国近代史上的不断重复，也是 "天下" 体系逐渐被侵蚀、中国越来越成为世界 "万国" 之一的过程。

原载于《民族研究》2009 年第 6 期

---

① 惠顿对美国 "红苗"（即印第安人）的观点，是视其为有弱主权，"恃美国保护而谓半主者也"。参见〔美〕惠顿《万国公法》，丁韪良译，何勤华点校，中国政法大学出版社，2003，第 43 页。
② 《始末》卷 94，第 3779 页。
③ 如《左传·昭公二十三年》载："古者天子守在四夷。天子卑，守在诸侯。诸侯守在四邻。诸侯卑，守在四境。"

绛贡工珠洛卓塔也与伏藏传统的复兴

李晨升

摘　要　本文根据 19 世纪康区宗教学者工珠的自传文献，论述他在利美运动中对伏藏传统的复兴和发展做出的贡献。作者先用一定篇幅介绍了宁玛派伏藏的基本历史背景，凸显它作为一种思想和文化创新方式的独特意义。在此基础上，作者先后探讨了工珠发掘伏藏、推广《却岭新藏》以及编辑和传承《大宝伏藏》等成就，结合利美运动的宗教和社会背景评价他们的意义，希望通过这一个案说明工珠在利美运动中极其重要的作用。

关键词　工珠　伏藏　掘藏师　利美运动　《却岭新藏》　《大宝伏藏》

绛贡工珠洛卓塔也（འཇམ་མགོན་ཀོང་སྤྲུལ་བློ་གྲོས་མཐའ་ཡས，1813～1899）是 19 世纪藏族伟大的宗教学者和活动家，在藏族思想文化史上拥有重要地位。他和绛央钦则汪波（འཇམ་དབྱངས་མཁྱེན་བརྩེའི་དབང་པོ，1820～1892）、却居岭巴（མཆོག་འགྱུར་གླིང་པ，1829～1870）等人一起开创的"利美运动"（རིས་མེད）抢救和保存了一批濒临危机的文化传统，倡导消除宗派偏见，改变了藏传佛教内部的生态样貌，其深远影响一直持续至今。工珠本人就是不分派别学修各种教法的集大成者，他编著的文集"五大藏"不仅是藏族宗教和文化的知识宝库，更体现了他从"无宗派偏见"的角度对藏族宗教历史和教义的独到阐释。他还是一位卓越的宗教活动家，孜孜不倦地传法、著述、建立宗教道场，鼓励和协助其他人积极参与到这场运动中来。本文将以工珠保护和弘扬伏藏传统为例说明他在利美运动中的角色和贡献。

一　伏藏及其思想文化史意义

伏藏传统（གཏེར་ལུགས）是藏文化中一种比较独特的宗教现象，产生于 11～12 世纪的宁玛派和本教。宁玛派认为，吐蕃时期莲花生在藏地弘扬佛法时，为了佛法的延续和将来众生的福祉，隐藏了许多当时传播时机尚未成熟的佛法、财宝和器物，委托护法神守护，留待后来具备缘分的掘藏师（གཏེར་སྟོན་）来取藏。掘藏师根据莲花生预先的指示进行修法之后，从埋藏处取出盒子，内装宗教器物和写有符号或文字的纸卷，经过他本人或其他人的破译，将符号所代表的实际内容书写成经文。有时候掘藏师无须进行实际的发掘活动，心中直接显现出符号和文字。以这种方式产生的宗教经典或器物称为伏藏（གཏེར་མ་），对伏藏经典的诠释、实践和传承，形成了各种新的宗教理论、修持方法和文化传统。[①]

工珠在《无教派偏见宗教源流》中说：

> 遍知三时莲花生大师为了众有情、特别是身处浊世的众生，将佛法隐藏在东、南、西、北、中五处为主的千万个有名称的藏所和数不清的无名之地。因大师在金刚曼陀罗中获解脱成熟的君臣二十五人等有缘之人，有的真身应世，有的现示化身，因此出现了三大殊胜化身、十一洲尊者、无垢五德、二十一具力等百名大掘藏师和千名小掘藏师。在弥勒菩萨的教法尚未降临世间之前，他们为了众生之利，凡是存放法、财物和妙要的伏藏处，随机缘发掘。因为此派是在佛法前弘时期，所以被称为"旧派密咒"。现今旧派在上部有多吉扎寺和敏珠林寺，在下部有噶陀寺和白玉寺，在中部有协钦寺和佐钦寺等等，能秉承旧派教法的道场很多。藏地没有哪个教派无伏藏法。[②]

虽然工珠认为伏藏是包括本教在内的藏地各教派共有的宗教传统，但从它的起源、数量、传承以及掘藏师的情况来看，伏藏与宁玛派的关系最为密切。宁玛派将本派教法分为"九乘"（ཐེག་པ་དགུ）："声闻乘"（ཉན་ཐོས་ཀྱི་ཐེག་པ）、"缘觉乘"（རང་རྒྱལ་གྱི་ཐེག་པ）和"菩萨乘"（བྱང་ཆུབ་སེམས་དཔའི་ཐེག་པ）是显宗 3 乘。"事续乘"（བྱ་རྒྱུད་ཀྱི་ཐེག་པ）、"行续乘"（སྤྱོད་རྒྱུད་ཀྱི་ཐེག་པ）、"瑜伽续乘"（རྣལ་འབྱོར་རྒྱུད་ཀྱི་ཐེག་པ）是密宗外 3 乘，至此宁玛派和其他教派没有太大的区别。"九乘"的后 3 乘"大瑜伽乘"（རྣལ་འབྱོར་ཆེན་པོའི་ཐེག་པ）、"无比瑜伽乘"（རྗེས་སུ་རྣལ་འབྱོར་གྱི་ཐེག་པ）和"无上瑜伽乘"（ཤིན་ཏུ་རྣལ་འབྱོར་གྱི་ཐེག་པ）是宁玛派的密宗内 3 乘，和新译派就有差别了。宁玛派的这部分经典大都是在 9～10 世纪的吐蕃时期传入藏地，反映了当时印度密教发展的状况，而新译派的密法是从 11 世纪的译师仁钦桑布

---

① 因作者学识所限以及文章篇幅的关系，本文对伏藏的讨论基本上是在宁玛派的背景中进行的。伏藏在本教历史中亦有重要作用，请参阅相关研究成果。

② 本段根据班班多杰先生提供的 རིས་མེད་ཆོས་ཀྱི་འབྱུང་གནས་མདོ་ཙམ་སྨོས་པ་ལྔ་གསལ་བ་མཇེན་པའི་མཛེས་རྒྱན 木刻版影印件翻译，同时参考了刘立千的译文。刘立千：《西藏宗教源流简史》，陶长松：《藏事论文选：宗教集》，西藏人民出版社，1985，第 187～203 页。

（རིག་ཆེན་བཟང་པོ 985－1055）之后开始传入。旧译和新译密法因传入时间和方式的不同，产生了经典内容、修持方法和传承世系的差异，这也是宁玛派长期被其他教派批评和排挤的原因之一。特别是第 9 乘"无上瑜伽乘"即"大圆满法"（རྫོགས་ཆེན），被宁玛派奉为本派独有的、最殊胜的教法，受到的攻击也最多。①

总的来看，宁玛派密法的传承方式分为远传（རིང་བརྒྱུད）和近传（ཉེ་བརྒྱུད）。传统上宁玛派有"七付教"（བཀའ་བབས་བདུན）的说法，即 7 种教法传承方式，其中的"教藏"（བཀའ་མ）即为远传。② 吐蕃时期的密法修行和传承被严格限制，主要是在上层阶级家庭中流行。朗达玛灭法时，显宗传承因寺院组织被毁而中断，而密法依靠不出家的咒师（སྔགས་པ）通过师徒口耳相授的方式被秘密保存了下来，宁玛派的"教藏"传承的就是这部分密法。经过涅氏（གནུབས）、努氏（གནུབས）和被称为"三宿"（ཟུར་གསུམ）的宿氏家族以及绒宋曲吉桑布（རོང་ཟོམ་ཆོས་ཀྱི་བཟང་པོ 1042－1136）等人的努力，传承旧译密法的寺院渐次发展，宁玛派也略具教派雏形。14 世纪的宁玛派大学者隆钦绕绛巴（ཀློང་ཆེན་རབ་འབྱམས་པ 1308－1363）通过其著述文集"七宝藏论"（མཛོད་བདུན）将旧译密法系统化，为宁玛派奠定了以"大圆满法"为核心的完整的宗教理论和实践体系。15～18 世纪，经过惹特那岭巴仁钦贝桑布（རཏྣ་གླིང་པ་རིན་ཆེན་དཔལ་བཟང་པོ，1403～1479）、德达岭巴居冕多吉（གཏེར་བདག་གླིང་པ་འགྱུར་མེད་རྡོ་རྗེ，1694～1738）和晋美岭巴（འཇིགས་མེད་གླིང་པ，1729～1798）等人先后的努力，宁玛派也形成了自己的密续经典集成《宁玛续部全集》（རྙིང་མ་རྒྱུད་འབུམ）。

尽管如此，在新译派看来，宁玛派这些辗转而得的经典并非直接译自梵文原本，可信度不高，甚至有作伪的嫌疑，布顿等人编修藏文大藏经时就把宁玛派旧译密续的文献排除在外。即使后来萨迦班智达发现了属于旧译密法普巴金刚续部（རྡོ་རྗེ་ཕུར་པའི་རྒྱུད）的梵文原本，也没能消除这些质疑和排斥。③ 宁玛派的"大圆满法"更被认为类似宣扬"顿悟"的汉僧摩诃衍的"和尚见"，完全属于外道邪说。对宁玛派密法的排斥一直持续到"利美运动"的前夜，18 世纪的土观洛桑曲吉尼玛（ཐུའུ་བཀྭན་བློ་བཟང་ཆོས་ཀྱི་ཉི་མ 1737～1802）在当时的格鲁派学者中已属相当宽厚，他虽然大体上承认宁玛派教法并非邪法，但是仍然强调："关于旧派本续经中的见、修、行三者和因、道、果三者等的立论，各

---

① 刘立千：《藏传佛教各派教义及密宗漫谈》，民族出版社，2000，第 1～45 页。

② 这 7 种传承方式是：教藏（བཀའ་མ）、地伏藏（ས་གཏེར）、再伏藏（ཡང་གཏེར）、意伏藏（དགོང་གཏེར）、随念伏藏（རྗེས་དྲན་གཏེར）、净相（དག་སྣང）和耳传（སྙན་བརྒྱུད）。

③ E. Gene Smith. Among Tibetan Texts: History and Literature of the Himalayan Plateau. Boston: Wisdom Publications, 2001: 238－239, 261.

方面均含有许多混杂。"①

面对外部的攻击，宁玛派强化了莲花生在藏族宗教史中的地位，从历史建构中获取本派的权威性资源。新译派虽然也肯定莲花生在"前弘期"传播密法的重要作用，但只是将他与来藏地弘法的其他宗教圣者并列。而宁玛派通过大量的莲花生传记文献（其中大部分是伏藏）将他奉为第二佛陀（ཨོ་རྒྱན་སངས་རྒྱས་གཉིས་པ།），不仅是吐蕃时期佛法事业中的核心人物，更因其在藏地各处的加持、埋藏和预言与后弘期的藏传佛教、特别是宁玛派建立了关联。在此基础上产生了以伏藏为代表的教法"近传"，受法者通过某种途径从莲花生、他在藏地的弟子们以及空行母益西措嘉（རྗེ་འབངས་གྲོགས་གསུམ།）等处直接获得教法，从而保证了传承内容的完整性和真实性。

如朱古顿珠仁波且在论及伏藏的功用时所说：

> 第一，许多古代教法已经消失，而今这些法门不断以伏藏的形式重现后世，对于教法的维系和传播于世人很有帮助。第二，清新的教法没有在各色人手中辗转相承，尚带有"温暖气息"，确保了窍诀教言的真实性。第三，教法的纯正性和真实性有助于他们的加持力不受损害。第四，因为掘藏师在9世纪的时候就曾作为莲花生大师的弟子从他那里得到过这些法门，所以在伏藏传承中，除了莲花生和当世的掘藏师之外，中间没有其他人。因此发掘伏藏的方法缩短了传承。②

13 世纪的掘藏师库如曲吉旺秋（གུ་རུ་ཆོས་ཀྱི་དབང་ཕྱུག）将伏藏分为 4 个大类：共同物藏（ཐུན་མོང་རྫས་ཀྱི་གཏེར）、特别功德藏（ཁྱད་པར་ཡོན་ཏན་གཏེར）、殊胜身语意藏（མཆོག་གྱུར་སྐུ་གསུང་ཐུགས་ཀྱི་གཏེར）和真实真如藏（ཀོན་ཉིད་དེ་བཞིན་པའི་གཏེར）。③ 所谓"共同物藏"指的器物类伏藏（རྫས་གཏེར 或 ནོར་གཏེར），即从地下发掘出来的佛像、珠宝和宗教法器等物品。其他 3 类都是伏藏法类（ཆོས་གཏེར），即掘藏师取藏后经过破译形成的经典文献。宁玛派的伏藏文献大致可以分成史传类和教法类两种。孙林曾对史传类文献，如记述吐蕃宗教社会历史的《拔协》、《玛尼全集》、《五部遗教》、《松赞干布遗训》和《莲花遗教》等进行过详细的研究，认为他们与敦煌吐蕃历史文书相比，反映出后期宗教主体地位的提升，对后世的藏族

① 土观罗桑却吉尼玛、刘立千：《土观宗派源流：讲述一切宗派源流和教义善说晶镜史》，民族出版社，2000，第 42～43 页。

② Tulku Thondup Rinpoche. Hidden Teachings of Tibet: An Explanation of the Terma Tradition of the Nyingma School of Buddhism. England: Wisdom Publications, 1986: 62, 92.

③ Andreas Doctor. Tibetan Treasure Literature: Revelation, Tradition And accomplishment in Visionary Buddhism. New York: Snow Lion Publications, 2005: 21 - 22.

史学写作产生了重要影响。[①] 特别是这些文献中莲花生在藏传佛教历史中的地位越来越重要，反映出上文提到的宁玛派权威性建构的历史脉络。[②]

宁玛派教法类伏藏的内容主要是"内三乘"，特别是"大圆满法"类，这也是伏藏文献的核心部分。藏传佛教密宗的修持需要显宗的观修前行作为引导，在过程中又包含了复杂的宗教仪式和象征体系，因此每一个重要的伏藏法产生后，掘藏师本人或其他人都会根据伏藏根本文（རྩ་བ）就相关的宗教理论、修持方法和宗教仪式进行详细的阐释和解说，使之成为一个可供实践的文化系统。从这个角度看，伏藏其实是藏族学者进行思想和文化创新的重要手段和载体：刘立千指出宁玛派的大圆满法伏藏与其早期经典的"心品"相比，内容有所发展和创新。[③] 而库如曲旺提到在"特别功德藏"中包含了历算藏（རྩིས་ཀྱི་གཏེར）、医方藏（སྨན་གྱི་གཏེར）、工巧藏（གཟོའི་གཏེར）和幻变藏（འཕྲུལ་གྱི་གཏེར）等文献类别，也说明诸如文学、医学、历法、艺术、巫术和工艺技术等藏族文化学科也依托伏藏而发展起来。

10 到 14 世纪是藏地继吐蕃时期之后又一次文化引进和创新的高潮期，"新译派"的宗教学者们通过求法、译经、判教、结集和注疏等活动在吸收印度佛教文化的基础上创造了具有藏族自身特色的宗教文化。在这场思想盛宴中，被称为"古旧"的宁玛派也没有缺席，它一方面继承了前代积累的知识传统（"远传"），同时又在新译派确立的基于梵文原典的经典权威性规范之外建立了一种全新的知识产生方式（"伏藏"），显示了藏人作为文化主体对社会变迁惊人的适应性和创造力。

二 作为掘藏师的工珠

伏藏出现后很快就成了新译派攻击的靶子，恰译师却杰白（ཆག་ལོ་ཙཱ་བ་ཆོས་རྗེ་དཔལ，1127～1263）、止贡噶举派的吉丹公波仁钦白（འབྲི་གུང་རྗེ་མགོན་པོ་རིན་ཆེན་དཔལ，1143～1217）、萨迦班智达乃至布顿都曾经严厉地批评伏藏并非真正的佛法，迫使宁玛派不断为自己辩护。[④] 到了 17～18 世纪，因为五世达赖喇嘛对大圆满法和伏藏的兴趣，宁玛派的境遇才有所改善，建立起规模较大的寺院，更出现了像晋美岭巴这样对伏藏传统产生重要影响的高僧。但是从总体上说，随着藏区政教合一制度的发展，各教派因为卷入政治斗争和争夺社会资源，宗派偏见不断加深，从工珠成为掘藏师的曲折经历就能一窥当时宁玛

① 孙林：《伏藏著作在藏族史学发展史上的史学价值与地位》，《西藏研究》2003 年第 3 期。

② Janet Gyatso. Apparitions of the Self: The Secret Autobiographies of a Tibetan Visionary. Princeton: Princeton University Press, 1998: 154.

③ 刘立千：《藏传佛教各派教义及密宗漫谈》，民族出版社，2000，第 34 页。

④ Andreas Doctor. Tibetan Treasure Literature: Revelation, Tradition and Accomplishment in Visionary Buddhism. New York: Snow Lion Publications, 2005: 31–38.

派和伏藏在康区社会中面临的艰难处境。

工珠说自己 15 岁时得到莲花生的加持，在协钦寺出家后开始取藏，他的上师居冕土朵朗杰（འགྱུར་མེད་མཆོག་སྤྲུལ་རྡོ་རྗེ，1787～？）看到他的伏藏法后给予高度评价，还向他请求传承。[①②] 工珠在一次梦境中见到空行母益西措嘉，她预言工珠此生将成就大事，从 20 岁开始取出伏藏，一生将发掘 25 部伏藏法。[③] 但是出身本教家庭的工珠入寺后因为投入大量精力学修佛法，没有继续取藏。他回忆这段初试掘藏的经历时说："虽然我能清楚地看到在协钦一带有伏藏之门（གཏེར་སྒོ），却放下（掘藏之事）了。"[④]

1833 年（藏历水蛇年二月）工珠离开协钦寺，作为孔萨土司的随从去噶玛噶举派的八蚌寺修建僧舍。他性情温和又善于与人相处，八蚌寺的管理者非常欣赏他，有意延揽入寺为僧襄助寺务。但是与协钦寺宽容的宗风相比，八蚌寺的宗派之见就严重很多，他们不承认工珠在协钦寺所受的戒律，要求他按照噶举派的规制重新受戒。[⑤⑥] 与八蚌寺的态度形成鲜明对比，土朗在 1832 年春为工珠授比丘戒的时候，或许已经对未来有所预见，为了不让他为难，土朗说："如果今后你要从别的地方再次受戒，可以将此戒奉上。"[⑦] 八邦寺的做法给当时的工珠造成很大心理冲击，多年之后他回忆说："此时因为先前所受戒律阻碍相续，我无法完全获得（接受新戒律的）认识。"[⑧]

因工珠之力，他身后的八蚌寺成为传承伏藏法门、弘扬利美精神的翘楚，不过在他刚入寺的时候情况并非如此。工珠的文风一如其人温文尔雅、不露锋芒，他在自传中提及此事语多隐晦自省，但从中还是能体会到当时八蚌寺排斥伏藏的紧张气氛：

（我）进入噶举大宝法门之后，重视上师和教友们的教言，越来越贪著新译密咒，以至于对意伏藏等产生抵触心理。有些我很崇敬的人看到我先前写出的那些

---

① 工珠云丹嘉措、噶玛扎西群培：《工珠·云丹嘉措传（藏文）》，四川民族出版社，1997，第 49 页。

② 土朵朗杰是协钦寺的寺主，精通声律学、修辞学和辞藻学，作为他的弟子，工珠后来也在语言和文学领域有相当的造诣。土朗不囿于教派成见的宽容态度对工珠的影响很大。除了工珠之外，他的弟子还包括同样在利美运动中发挥重要作用的巴珠仁波且吴坚晋美却吉旺布（དཔལ་སྤྲུལ་ཨོ་རྒྱན་འཇིགས་མེད་ཆོས་ཀྱི་དབང་པོ，1808～1887）等人。

③ 工珠云丹嘉措、噶玛扎西群培：《工珠·云丹嘉措传（藏文）》，四川民族出版社，1997，第 109 页。

④ 工珠云丹嘉措、噶玛扎西群培：《工珠·云丹嘉措传（藏文）》，四川民族出版社，1997，第 88 页。

⑤ 工珠云丹嘉措、噶玛扎西群培：《工珠·云丹嘉措传（藏文）》，四川民族出版社，1997，第 85 页。

⑥ 宁玛派的戒律传承是从安多和康区兴起的"下部律传"（སྨད་འདུལ），而萨迦派、噶举派和格鲁派的戒律是 11 世纪阿里法王益西沃从印地迎请达摩帕拉传授的律法系统，被称为"上部律传"。（སྟོད་འདུལ）虽然传承体系不同，但都是来自"说一切有部"戒律，内容其实没有太大的差异。

⑦ 工珠云丹嘉措、噶玛扎西群培：《工珠·云丹嘉措传（藏文）》，四川民族出版社，1997，第 89 页。

⑧ 工珠云丹嘉措、噶玛扎西群培：《工珠·云丹嘉措传（藏文）》，四川民族出版社，1997，第 49～50 页。

（伏藏法本）后，提出了批评。因此我把他们都付之一炬，同时还写了愿文发誓不再如此，该文可以在我的个人杂集中找到。①

八蚌寺对宁玛派和伏藏的偏见一度迫使工珠放弃了取藏，他因此产生了很大的心理压力，梦中出现各种混乱的征兆，30 岁的时候还罹患了无法确诊的疾病，以至于每天都觉得自己将要死去。在这个关键时刻，工珠一生的师友同时也是大掘藏师的蒋央钦则旺波给他以鼓励和支持。钦则指示工珠修持他自己发掘的供养吉祥天母仪轨文，说对恢复他的身心健康十分重要。他更确定工珠就是吐蕃的大译师白若杂那和大伏藏师白玛岭巴等人的转世，希望工珠能够坚定自己对掘藏事业的选择。② 按照伏藏传统，新掘藏师的身份要得到在世的掘藏师或地位崇高的上师的承认，举行宗教仪式，赐予取藏时使用的法名。③ 1867 年（藏历火兔年二月）钦则和却岭在伏藏圣地宗雪（ཛོང་གསར་）为工珠设立法座进行长寿祝祷，他们对工珠说："库如仁波且赐给你'邬坚奇美丹尼雍仲岭巴（ཨོ་རྒྱན་འཆི་མེད་བསྟན་གཉིས་གཡུང་དྲུང་གླིང་པ་）'之名，因此以后你要使用这个名字，修复先前失坏的发掘甚深伏藏之缘起。"④ 工珠的掘藏师地位从此正式确立，开启了他发掘、破译、搜集和传播伏藏法的事业。

三　工珠与却居岭巴

19 世纪的掘藏师却居德钦希波岭巴（མཆོག་འགྱུར་བདེ་ཆེན་ཞིག་པོ་གླིང་པ་，1829～1870）在伏藏历史上具有相当重要的地位，虽然他所处的时代涌现了像钦则、工珠、14 世噶玛巴和稍晚的列绕岭巴（ལས་རབ་གླིང་པ་，1856～1926）等众多掘藏师，但若论发掘伏藏数量之多、内容之广、影响之大，除了钦则，就属却岭了。他接受了宁玛派"七付教"的全部传承，在大圆满法的心、界和窍诀（སེམས་ཀློང་མན་ངག་）3 部都有伏藏法发掘，这在历代掘藏师中是不多见的。⑤ 他发掘的伏藏法本、注疏和仪轨等文献形成的"却岭新藏"（མཆོག་གླིང་གཏེར་གསར་）共 39 卷逾 1000 个文献题名，在宁玛派、噶举派和萨迦派寺庙中广为传承修习，有力推动了伏藏传统的延续和发展。⑥ 却岭和他的新藏之所以能够被康区各

---

① 工珠云丹嘉措、噶玛扎西群培：《工珠·云丹嘉措传（藏文）》，四川民族出版社，1997，第 50 页。
② 工珠云丹嘉措、噶玛扎西群培：《工珠·云丹嘉措传（藏文）》，四川民族出版社，1997，第 52 页。
③ E. Gene Smith. Among Tibetan Texts: History and Literature of the Himalayan Plateau. Boston: Wisdom Publications, 2001: 238 – 239, 261.
④ 工珠云丹嘉措、噶玛扎西群培：《工珠·云丹嘉措传（藏文）》，四川民族出版社，1997，第 171 页。
⑤ 索达吉堪布：《藏密佛教史》，西藏藏文古籍出版社，2013，第 228、237 页。
⑥ Andreas Doctor. Tibetan Treasure Literature: Revelation, Tradition and Accomplishment in Visionary Buddhism. New York: Snow Lion Publications, 2005: 75.

教派认可和传承，是工珠和钦则努力的结果。

珠古顿珠仁波且说，要判定伏藏的真假，如果依靠本尊或根据教理，或是很难进行，或是并不可靠，因此必须看掘藏者是不是有证悟的大圆满法修行人，因为这样的人是不会发掘假教法的。[①] 由此看来，掘藏师本人的身份能否被承认是他的伏藏法为世人接受的重要前提。却岭出生在囊谦一个普通的密咒师家庭，早年他应该没有过接受系统的宗教和文化教育，因此要取得社会的认可并不容易。

却岭从 13 岁开始发掘伏藏，但根据莲花生的预言，他在 25 岁前都将默默无闻。后来他从家乡来到德格的八蚌寺投奔工珠，当时很多人都拿他取笑，因为他来自囊谦的甲苏部落，大家就叫他"甲德"。（ཇ་གཅེར） 1853 年（藏历水牛年）却岭为罹患眼疾的工珠进行了 1 个月的闭关静修。在仪式结束的那天晚上，工珠梦见自己穿着新衣找到一个装有伏藏法纸卷的盒子，他觉得这一梦兆说明却岭确实是掘藏师。他就此征求达桑内顿丹巴饶杰（བྲ་བཝང་ངེས་དོན་བསྟན་པ་རབ་རྒྱས，1808～1864）[②] 的认可，根据自传的语气，似乎工珠已经数次想说服他，但是谨慎的达桑说："现在只能称他'甲苏上师'，给他加上掘藏师的名号并请求灌顶、传承是很危险的，切不可如此！"尽管如此，工珠还是尽力为当时陷入穷困的却岭提供物质上的支持。[③]

1855 年（藏历木兔年）工珠派却岭代表自己去内惹家族（གནས་ར་ཚང） 主持宗教活动，借此扩大他的社会影响力。此时却岭提出想拜见钦则，请工珠代为引荐。工珠写信给钦则，请求他对却岭的掘藏师身份进行考察。见到却岭后，钦则没有丝毫迟疑，为他灌顶并进行了详细的会谈。他还建议却岭向工珠请求《幻网经》（སྒྱུ་འཕྲུལ་དྲ་བ） 的灌顶和讲解。钦则在康区崇高的宗教和社会地位对却岭最终被承认起到了关键作用，工珠遵照钦则的建议向却岭传法，还从他那里接受了伏藏法灌顶，这标志着工珠正式将却岭当作自己的上师，从此他在传记中提到却岭时开始称他为"德敦"。（གཏེར་སྟོན）[④] 同年，工珠请求却岭传授他发掘的地伏藏《心滴修法除障法》（ཐུགས་སྒྲུབ་བར་ཆད་ཀུན་སེལ）。[⑤] 却岭对工珠说："彼时（您）是我的上师，因此不知道向您传授是否合适，就搁置下来，现在（向您传法）确属必要了。"他特别提到根据自己的伏藏授记（གཏེར་ལུང），工

---

① Tulku Thondup Rinpoche. Hidden Teachings of Tibet: An Explanation of the Terma Tradition of the Nyingma School of Buddhism. England: Wisdom Publications, 1986: 62, 92.

② 达桑是噶玛噶举派著名学者，被称为"堪钦"（མཁན་ཆེན），创建了德阳寺（དེ་ཡངས་དགོན），从他开始了达桑珠古世系传承，工珠编著《知识总汇》最初也是因他的促请。

③ 工珠云丹嘉措、噶玛扎西群培：《工珠·云丹嘉措传（藏文）》，四川民族出版社，1997，第 178 页。

④ 工珠云丹嘉措、噶玛扎西群培：《工珠·云丹嘉措传（藏文）》，四川民族出版社，1997，第 178 页。

⑤ 此法属于"水净"仪轨法类（ཁྲུས་ཆོག），在宁玛派和其他教派的宗教仪式中广泛使用。

珠是白若杂那的转世，因为白若曾因业力感染麻风病，一直流转下来，造成工珠的眼疾，如果修持他传授的伏藏法定能有所助益。工珠依言而行，病情果真大为好转，还出现了许多好的梦兆，从此他更坚信"掘藏师（却岭）的话和他的伏藏法与后世那些从地里或者石头里取出（假伏藏）的做法不一样"。[①]

此后却岭进入其掘藏生涯的黄金期，他一生光是重要的地伏藏发掘就有 37 次，其中包括 1857 年在白玛希布（莲花水晶洞）发掘的伏藏法《大圆满三部》（ཪྫོགས་ཆེན་སྡེ་གསུམ），这是唯一一部同时包含大圆满心、界和窍诀 3 部教法的伏藏法。工珠和钦则几乎参与了却岭所有的掘藏活动，他们根据他破译伏藏符号后口授的内容，按照佛典的行文规范将伏藏法缮写成文，有时却岭甚至会将写有伏藏符号的纸卷直接交给他们代为破译。[②]

1857 年（藏历水蛇年正月）却岭发掘《大圆满三部》后不久，他和工珠、钦则又在同地进行了掘藏活动，发现了许多伏藏器物和伏藏法《噶绕多杰心滴》（དགའ་རབ་ཪྡོ་ཪྗེ་སྙིང་ཐིག）。与此前秘密掘藏不同，从这次开始，却岭每次发掘地伏藏都是在众人的参与和见证下进行的，工珠等和钦则以此推动社会对伏藏传统的认识和接受。[③] 工珠在传记里详细记载了这次掘藏活动，从中可以看出这 3 人的合作方式：

> 却岭说在桑扎发掘伏藏需要恩珠和我两人，于是我们带着寺庙的僧人在十四日到达朗扎。十五日在山顶的白玛希布和寺僧们一起进行了金刚亥母百供、金刚萨埵千供和烟供祈请等法事。十六日却岭和钦则两位上师大宝一起抵达，我们在山顶的库如桑布（莲师秘洞）做了会供，当时天空中云彩闪耀、群鹰盘聚。掘藏师说他看到持明和空行在空中聚会。他从白色岩石中取出莲师的一段腰带，情绪激动起来，去寻找地穴，发现位于桑扎的上方，于是我们将营地搬到那里。在接下来的 3 天里做了北藏的修心法十万会供，（却岭）于二十一日下午取出伏藏，以金刚萨埵仪轨做了法主供养。第二天开启伏藏，遍知上师（钦则）进行漫谈，按照各自的缘分，分发了伏藏器物。却岭还从堪卓卓惹（空行舞场）取出了装有法药的嘎乌盒，在森扎上方取出药伏藏，在才曲河畔赐予我们库如德钦（莲师大乐）灌顶后离去。我们师徒一行人也回到自己的寺院。[④]

---

① 工珠云丹嘉措、噶玛扎西群培：《工珠·云丹嘉措传（藏文）》，四川民族出版社，1997，第 192～193 页。

② Andreas Doctor. Tibetan Treasure Literature：Revelation，Tradition and Accomplishment in Visionary Buddhism. New York：Snow Lion Publications，2005：99.

③ Andreas Doctor. Tibetan Treasure Literature：Revelation，Tradition and Accomplishment in Visionary Buddhism. New York：Snow Lion Publications，2005：89.

④ 工珠云丹嘉措、噶玛扎西群培：《工珠·云丹嘉措传（藏文）》，四川民族出版社，1997，第 194 页。

1857 年（藏历火蛇年六月）工珠启程赴卫藏迎请 9 世司徒仁波且的转世灵童，却岭特意中断闭关亲自来送行，详细指导他如何进行对藏地和噶举派有益的经忏仪轨，意即盼望工珠此行能够在卫藏传播他的伏藏法。① 工珠没有辜负却岭的希望，他在卫藏停留将近 1 年的时间，广泛进行宗教和社会活动，其中重要一项就是推广却岭的新藏，特别是说服噶举派在卫藏的宗教上层接受新藏传承。工珠抵达楚布寺后觐见 14 世噶玛巴，在噶玛巴卧室密谈时向他介绍了却岭的情况，取得了噶玛巴的信任。② 1858 年（藏历土马年五月）噶玛巴提出要接受《心滴修法除障法》传承，当时在场的主巴仁波且（འབྲུག་པ་རིན་པོ་ཆེ）说噶玛巴没有去康区亲自考察这些伏藏，因此他不愿意接受。不过按照工珠的说法，就在第二天的晚上，主巴仁波且梦中出现了一些特殊的征兆，因此消除了心中的怀疑，于是"在初十，以噶玛巴、主巴、司徒和巴沃为首的约 20 位上师和活佛接受灌顶并听闻《心滴修法》"。③④

工珠让却岭的新伏藏成为宁玛派和噶举派的共同精神遗产。接下来的一个世纪里，这两个教派的学者不断扩充《却岭新藏》的内容，在长长的作者名录中不乏如 14 世噶玛巴德却多吉（ཐེག་མཆོག་རྡོ་རྗེ，1798～1868）、15 世噶玛巴喀恰多吉（མཁའ་ཁྱབ་རྡོ་རྗེ，1870～1921）、11 世司徒白玛旺却杰布（པདྨ་དབང་མཆོག་རྒྱལ་པོ，1886～1952）等噶举派高僧。(36)却岭的《七甚深普巴金刚修法》仪轨，经由 14 世噶玛巴改编成宗教舞蹈（འཆམ），成为楚布寺新年固定的宗教仪式。

四　工珠与《大宝伏藏》

从 11 世纪藏地历史上首位掘藏师桑吉喇嘛（སངས་རྒྱས་བླ་མ）开始到工珠的时代，藏地涌现了"百名大掘藏师和千名小掘藏师"。但是在工珠之前，对这些掘藏师发掘的教法一直缺乏系统的搜集和整理，仅有的结集和传承也大都是以某一重要的掘藏师和他的伏藏法门（གཏེར་སྐོར）为中心的，这样一来规模和影响力较小的伏藏法就有濒临失传的危险，因此工珠一直想将他们汇编成书以便流传。1855 年（藏历木兔年）他的想法发生了变化：

---

① 工珠云丹嘉措、噶玛扎西群培：《工珠·云丹嘉措传（藏文）》，四川民族出版社，1997，第 195 页。
② 工珠云丹嘉措、噶玛扎西群培：《工珠·云丹嘉措传（藏文）》，四川民族出版社，1997，第 200 页。
③ 工珠云丹嘉措、噶玛扎西群培：《工珠·云丹嘉措传（藏文）》，四川民族出版社，1997，第 181 页。
④ 主巴仁波且是主巴噶举派的教主，此处为 9 世主巴敏居旺杰（མི་འགྱུར་དབང་རྒྱལ，1823～1883）。巴沃（དཔའ་བོ）是噶玛噶举派一重要活佛世系，其中比较有名的是《贤者喜宴》的作者 2 世巴沃祖拉臣娃（གཙུག་ལག་འཕྲེང་བ，1504～1566），这里指 9 世巴沃祖拉宁杰（གཙུག་ལག་ཉིན་བྱེད）。

但是这些（小伏藏法）仅仅是一些关于损益的小事业法。如果能以那些著名的掘藏师为主，将他们流传稀少的伏藏法汇集起来，加上灌顶和传承方面的内容，与那些小伏藏法编辑在一起就好了。①

钦则把自己搜集的 4 卷伏藏法本交给工珠，让他以此为基础收录同时具备上师法、大圆满法和观世音法（ྦ་ཚ傳ൈ ỻ）的大掘藏师的伏藏法，还撰写了目录说明应该收入的伏藏法和他们的编排顺序。② 当工珠请教却岭应该将哪些伏藏法收入文集时，他说莲师指示"因为（工珠）的福报和誓愿，他可以按照自己认为合适的方法来编辑"，对工珠给予鼓励。③

工珠自己出资找了书写者，从 1856 年底到 1857 年初开始编写工作，最初形成了一部大约 10 卷篇幅的文集。当时可能就有人建议工珠将此书命名为"藏"（མཛོད），但是他很谦虚，将书名定为"伏藏蔓"（གཏེར་འཕྲེང）"。④ 1861 年（藏历铁鸟年）钦则预言工珠一生将有"五藏"（མཛོད་ལྔ）著作存世，在他的建议下，工珠才将书名改为《大宝伏藏》。（རིན་ཆེན་གཏེར་མཛོད）⑤ 后来工珠不断补充和丰富该文集的内容，最终形成了约 60 卷巨册，收录了桑杰喇嘛到却吉岭巴等 150 余位掘藏师的伏藏法，其中虽然以宁玛派为主，亦包括噶举派、萨迦派、觉囊派、本教乃至格鲁派五世达赖喇嘛发掘的伏藏，体现了工珠倡导的无教派偏见精神。⑥

工珠编写《大宝伏藏》的成就远非整理汇编这么简单。在他看来，这部书还应该是能够完整传承和修持伏藏法的工具。为此他做了两方面的工作：一是把掘藏师的伏藏法门的不同法类，按照宁玛派"内三乘"的顺序重新编排，依照修法过程中依次观想的对象进行分类。⑦ 二是工珠在完成《伏藏蔓》后就开始搜集原先零散各处的传承和修持伏藏法必需的仪轨文献，或是自己亲自撰写，在自传中他详细解释了自己编著《大宝伏藏》的方法：

如此，（本书）以地伏藏、意伏藏、净相和耳传等广大法类的基本灌顶法和常用指导法为根本，新编入必需的修法、事业法、灌顶仪轨、修念文和指导文等。

---

① 工珠云丹嘉措、噶玛扎西群培：《工珠·云丹嘉措传（藏文）》，四川民族出版社，1997，第 191 页。
② 同时具备这 3 种法类的伏藏法门就是比较重要的，其发掘者也被认为是大伏藏师。
③ 工珠云丹嘉措、噶玛扎西群培：《工珠·云丹嘉措传（藏文）》，四川民族出版社，1997，第 186 页。
④ 工珠云丹嘉措、噶玛扎西群培：《工珠·云丹嘉措传（藏文）》，四川民族出版社，1997，第 212～215 页。
⑤ 工珠云丹嘉措、噶玛扎西群培：《工珠·云丹嘉措传（藏文）》，四川民族出版社，1997，第 357～359 年。
⑥ 工珠云丹嘉措、噶玛扎西群培：《工珠·云丹嘉措传（藏文）》，四川民族出版社，1997，第 359～360 页。
⑦ Janet B. Gyatso. Drawn from the Tibetan Treasury：The Terma Literature. José Ignacio Cabezón and Roger R. Jackson. Tibetan Literature：Studies in Genre. New York：Snow Lion Publications, 1996：157.

另将篇幅短小或传承稀有的法类、小伏藏法的根本文及其旧有的文献汇编在一起。对以上内容需要进行说明的，撰写了详细的补充文字。由此形成 60 个中卷。新藏《道次第智慧精要》（ལམ་རིམ་ཡེ་ཤེས་སྙིང་པོ་）的注疏等也一并收入。①②

1868 年（藏历土龙年）工珠首次传承《大宝伏藏》，从藏历四月到七月中旬，佐钦寺的 2 世岭珠（རྫོགས་ཆེན་སྤྲིན་སྲས་）等人接受了传承。③ 1872 年（藏历水猴年），从藏历七月至九月工珠为八蚌寺的恩珠（དབོན་སྤྲུལ་）、噶陀寺的 2 世格珠（ཀཿཐོག་དགེ་སྤྲུལ་）、却岭的儿子晋美次旺诺布（གཏེར་སྲས་འཇིགས་མེད་ཚེ་དབང་ནོར་བུ་）进行了传承。④ 像这样完整传承《大宝伏藏》的活动工珠一生一共进行了 5 次。⑤

2 世杜钧仁波且曾高度评价工珠一生的成就：就编著包括《大宝伏藏》在内的 90 函巨著的"五大藏"来看，"似乎尊者毕生精力都单单用在著疏造论上了"；若论弘扬包括伏藏法在内的显密、新旧教法来看，"又好像他整个一生全部用在讲经说法上了"；看他实修广大甚深法门的成就，"有好似整个人生都住在禅房中修行一样"；从他在伏藏之门兴建道场、讲修传承佛法等十大法行来看"又觉得他似乎一生都投放在行持佛事上了"。(48) 在 19 世纪的利美运动中，工珠就是以这种"不可思议的行境"推动了伏藏传统乃至整个藏族宗教文化的复兴与繁荣。

Kongtrul and the Renaissance of Terma Tradition

Abstract：This article, which is mainly based on the autobiographic literature of Kongtrul, a religious scholar of Kham in the 19th century, traces his contributions to the renaissance and development of the Terma tradition in the Nonsectarian (ris med) movement. After introducing in a moderate way this institution in the Nyingma complex with a sense of its creativity from intellectual and cultural perspectives, the author attempts to evaluate Kongtrul's achievements as Terma discoverer himself, popularizer of Chokling Tersar, as well as editor and transmitter for Rinch'en Terdzöd, respectively. The nonsectarian religious/social background the author repeatedly has recourse to in his analysis also makes this paper a case study to demonstrate Kongtrul's vital roles in this great spiritual crusade.

---

① 工珠云丹嘉措、噶玛扎西群培：《工珠·云丹嘉措传（藏文）》，四川民族出版社，1997，第 236 页。
② 却岭发掘的《道次第智慧精要》是对密宗理论基础和修持方法的精辟综述，工珠根据钦则的口传为之做注疏。该伏藏法连同工珠的注疏同时收于《大宝伏藏》和《却岭新藏》。http://www.rangjung.com/gl/Lamrim_Yeshe_Nyingpo_introduction.htm。
③ 工珠云丹嘉措、噶玛扎西群培：《工珠·云丹嘉措传（藏文）》，四川民族出版社，1997，第 254 页。
④ 工珠云丹嘉措、噶玛扎西群培：《工珠·云丹嘉措传（藏文）》，四川民族出版社，1997，第 365 页。
⑤ 工珠云丹嘉措、噶玛扎西群培：《工珠·云丹嘉措传（藏文）》，四川民族出版社，1997，第 365 页。

Keywords：Kongtrul　Terma　Terma Discoverer　Nonsectarian（ris med）Movement Chokling Tersar　Rinch'en Terdzöd

原载于《青海民族研究》（社会科学版）2014 年第 4 期

耶律大石西迁对中亚地区的影响[*]

杜 娟

摘 要 耶律大石是我国契丹族杰出的政治家，1124 年在中亚地区建立了西辽，西辽王朝统治西域和中亚 87 年。耶律大石在西辽的统治，本着兼收并蓄的思想，使契丹文化、汉文化在中亚地区得到了弘扬，促进了欧亚文化的交流，并且维护了中亚地区近百年的稳定，推动了中亚地区社会经济的向前发展。

关键词 耶律大石西迁 中亚地区

契丹贵族耶律大石在大辽王朝覆亡之时，率部西走，在亚洲内陆转战十余年，行程上万里，大败塞尔柱帝国，降高昌回鹘王国、东西两喀喇汗国、花拉子模国、乃蛮、康里、葛逻禄等部为附庸，最终建成西辽王朝。西辽的疆域，东起土拉河，西抵阿姆河，北越巴尔喀什湖和斋桑泊，南到阿姆河、昆仑山北麓、兴都库什山，面积四百多万平方公里。包括现在新疆全省、中亚的东南部和蒙古西北部地区。在蒙古兴起前，西辽王朝称雄于中亚近百年，推动了当地的经济、文化的发展。

一 耶律大石西迁原因分析

（一）历史条件

一个民族的成功大举迁徙并不是一件易与之事，作为一种社会行为，强势的推动力、充分的容纳力与一定的适应力是其必要条件。不必说安土重迁的农业社会，即使是居无定所的游牧民族，也不会轻易放弃自己水草丰美的生活地。契丹族聚族而居，自南北朝以来到辽宋时期，已有 7 个世纪，北方辽阔的草原一直是他们驰骋的天地。立国时期，"辽境东接高丽，南于梁、唐、晋、汉、周、宋六代为敌，北邻阻卜、术不

---

* 中国社科基金青年项目"西北边疆民族关系和谐模式探究"阶段性成果，项目编号：13CMZ005 。中国博士后科学基金第 53 批面上资助项目，项目编号：2013M530824。

姑，大国以十数；西制西夏、党项、回鹘等，强国以百数。居四战之区，虎踞其间，莫敢与撄，制之有术故尔"①。但统治集团经过常年政权经营，政治腐败，体制滞后，效率低下，各种社会制度的弊端都显现出来，辽出现了严重的政权危机。这正是耶律大石西迁行为的历史大背景，也是促成他西迁的客观因素。

天祚帝时期，辽朝已经处于内外交困的境地，分崩离析的边缘。腐败的吏治，繁重的赋役与剧烈的阶级分化，拮据的财政与两极对立的社会，被压迫者的起义与升温的民族矛盾，如此等等，都表明了辽政权的生存危机重重。而促成契丹族最终退出北方政治舞台的因素，是它统治之下的女真族的军事打击。据《契丹国志》记载：

> 女真服属大辽二百余年，世袭节度使，兄弟相传，周而复始，至天祚朝，赏刑偕滥，禽色俱荒。女真东北与五国为邻，五国之东邻大海，出名鹰，自海东来者，谓之"海东青"，小而俊健，能擒鹅鹜，爪白者尤以为异，辽人酷爱之，岁岁求之女真，女真至五国，战斗而后得，女真不胜其扰。及天祚嗣位，责贡尤苛。又天使至，百般需索于部落，稍不奉命，召其长加杖，甚者诛之，诸部怨叛，潜结阿骨打，至是举兵谋叛。

1115 年（辽天庆五年），女真族阿骨打称帝，国号"金"。他联宋抗辽，率领被压迫的部族进行民族独立的事业。而此时的辽朝处于天祚皇帝的统治下，他耽于畋猎，不恤国事，使朝政无序，奸佞掌权，面对金的军事进攻，辽军节节败退，天祚帝步步逃亡。在黄龙府、东京、中京等地相继失陷之后，他仓皇奔西京大同府，而后入夹山，留下他的宰相臣子为自己断后保卫江山社稷。由于统治者的混乱无序，指挥失当，政权分裂，1122 年（保大二年），北辽朝廷在政令不通的情况下擅立，《大金国志》评"辽朝自此分矣"。

（二）耶律大石西迁

耶律大石西迁的另一方面原因是他本人的政治经历以及他的雄才大略。耶律大石（1094～1143），"字重德，太祖八代孙也，通辽、汉字，善骑射"。② 他幼年时接受过很好的教育，不仅通晓契丹文，而且也通晓汉文字，还掌握了契丹族的传统骑射技术。天庆五年（1115 年），耶律大石考中进士，由于是殿试第一名，所以擢授翰林应奉，随后他又升迁为翰林承旨。由于"翰林"在契丹语中音为"林牙"，所以人们也称他为"大石林牙"或"林牙大石"。后任泰、祥州刺史，辽兴军节度使。作为契丹贵族，

---

① （元）脱脱：《辽史》卷四十六，《百官志》，中华书局，1974。
② （元）脱脱：《辽史》卷三十，《天祚本纪》，中华书局，1974。

他在辽、北辽朝廷中均率领将士，抵御外族的进攻，曾取得一定的胜利，但却不能力挽狂澜，无助于大势所趋。在北辽小朝廷崩溃后，耶律大石不顾四军大王萧干的反对，率众投奔天祚帝时，却遭到了皇帝的责难。辽朝岌岌可危的形势本来只有靠协力的合作和整齐的指挥才有得一拼，但天祚帝如此行为，不仅仅是被压迫人民反抗的对象指向，他在统治阶级上层的威信也丧失殆尽。这无疑又为耶律大石西迁思想的萌芽推波助澜。耶律大石在天祚帝的身上已看不到辽复地振兴的兆头，被俘金营时对辽金力量的对比认识又使他更清楚地明白了现实的严峻，主观和客观的力量一步一步地推动着他的西迁计划的成型。

当耶律大石逃回契丹，把西迁计划劝谏给天祚帝时，不仅得不到皇帝的认同，反而激起了幼稚的皇帝置之死地而后生的勇气，妄想与金一决死战。他于此彻底绝望，于第二天清晨率领部分将士"宵遁"，向西北地区发展，一路扬长而去，直至可敦城（即镇州）。据《辽史·天祚本纪》记载，其时为1124年（保大四年）。

此外，耶律大石之所以向西迁徙，其一，考虑到辽朝经营西北地区，未遭军事打击，势力犹存。魏特夫、冯家升在合著的《中国社会史——辽》一书中云："在辽帝国这座破碎的大厦里，仅余的尚未消耗殆尽的军力，是安置在西北边防上的一大批有经验的士兵和大群马匹。"[1] 这一地区尚有一定的容纳力，可供耶律大石带领部众休养生息，招兵买马，作一调整。他带领兵士到西北地区，既给那些长期戍边的兵士带来了希望，又为自己的政治雄心赢得了群众基础。耶律大石会集十八部七州军士，以慷慨激昂的演讲鼓舞士气，"遂得精兵万余，置官吏，立排甲，具器杖"[2]，积聚了军事力量。其二，辽与西域诸国的关系一直较好，遣使往来不断。辽圣宗时，波斯和大食均遣使节来访，圣宗"以王子班郎胡思女可老封公主"，嫁与大食王子。而西夏同辽的关系更为密切，一度为辽藩属，与其为甥舅之邦，两国一直保持着朝贡和通婚关系。辽在危难之际，"夏将李良辅，将兵三万来救辽"[3]。除此之外，辽与西域诸国商旅往来频繁，《契丹国志》卷八十二记载：

> 高昌国、龟兹国、于阗国、大食国、小食国、甘州、沙州、凉州，以上诸国三年一次遣使，约四百余人，至契丹贡献玉、珠、犀、乳香、琥珀……契丹回赐至少亦不下四十万贯。

耶律大石在西北与金、宋形成了均势，金既不能把大石斩草除根，大石也没有挥

---

① 纪宗安：《西辽史论》，新疆人民出版社，1996，第18页。
② （元）脱脱：《辽史》卷三十，《天祚本纪》，中华书局，1974。
③ （元）脱脱：《金史》卷一三四，《西夏传》，中华书局，1975。

戈东进的实力。在休养生息之后，大约在 1130 年（金天会八年，辽亡后五年）他假道回鹘，向西发展，先于叶密立称帝，最终在原喀拉汗王国驻地八拉沙衮建立政权，史称"西辽"、"黑契丹"或"哈喇契丹"。① 西辽建国之后，经过一系列东征西讨，臣服河中地区和花剌子模，在中亚建立了疆域广大的军事统治，其附属国有东喀拉汗王朝、西喀拉汗王朝、高昌回鹘汗国、花剌子模等国，葛逻禄、康里等部。

二 耶律大石的西迁对中亚地区的影响

（一）西辽在中亚地区的统治

耶律大石的西迁，对他们的迁入地区，具有重要的历史意义，同时对东西文化的交流，也起了积极作用。对于西辽迁入地，即其直属地来说，汉族文化、契丹族文化是一种异域文化，它具有与当地文化完全不同的特质，两者的交锋必定会产生冲突与不适应。针对这种情况，耶律大石做出了正确的调适，使这两种文化在一地并存磨合，实现了兼容。在这样的背景下，耶律大石根据当地不同民族的文化特点制定了一套独具特设的政策，以维护自己的统治。

1. 政治制度方面

"就领土来说，西辽不如同时代的金和南宋那么大，但这个帝国的社会经济关系却如同其民族构成一样的复杂。它是由很多个分别处在从氏族公社一直到发达的封建制的不同发展阶段的部落和民族组合而成的。这就使得这个哈喇契丹国家具有十分复杂的性质。"② 西辽统治者在总结辽朝统治经验，吸取辽朝灭亡教训的基础上，面对复杂的政治问题，既承袭辽的"因俗而治"的原则，又开创了西辽独有的统治政策，并在不太短的时期内取得了成功。

西辽驻地为虎斯翰耳朵（又称骨斯讹骨朵），翰耳朵意思是汗或可敦居住的帐幕或设在其中的宫廷。耶律大石称帝的时候，按照汉辽传统，上尊号为天祐皇帝，遵从汉制，而在进入中亚之后，称"菊儿汗"或"古儿汗"。拉施特在《史集》第一卷第一分册第二编中提到："耶律大石是一个有智慧而又有才干的人，他有条不紊的从这些地区将队伍召集在身边，占领了整个突厥斯坦地区，（从而）获得了古儿汗，即伟大的君主的称号。"有一种观点认为这是向游牧文化的倒退。实际上，中亚地区是亦农亦牧的地区，各种民族混杂，在西辽进入之前，为喀拉汗王朝统治，其传统历来是称汗、可汗，耶律大石先称帝，而后称汗，是他为适应中亚传统所做的调适，也是为得到其地人民支持的策略。在这方面，他表现了作为一个政治家应有的博大胸襟，体现了其文

---

① 纪宗安：《耶律大石西行纪略》，《新疆大学学报》1987 年第 2 期。
② 李锡厚：《论西辽的政治制度》，《人大复印报刊资料·宋辽金元史》1989 年第 6 期。

化传统中的兼容并包的气魄。

西辽的官制，以辽朝的两部制为基础，同时又采取了一些适应当地风情的变化。如在王朝官员的官职名称中，采用当地名称，更容易为当地人民接受。通过西辽王朝的官名设置，我们对其政治机构可有一些了解。见诸史籍的官名有："同知枢密院事""枢密副使"等南面官名，耶律楚材在《赠李郡王笔》注释中有"李郡王常为西辽执政"① 语。而北面官名则更多，如"护卫""兵马都元帅""六院司大王"等。这些官名均见于辽朝。《元史·曷思麦里传》中云："为谷则斡耳朵所属可散八思哈长官"，这里的"八思哈"，即为突厥语官名。西辽对于其附属国没有太多政治经济干预，有的采取属国完全自治的原则，有的派驻官员常驻其地，有的则定期派官员收取贡赋。

2. 经济制度方面

西辽帝国疆域辽阔，自然地理条件复杂，社会经济发展极不平衡。耶律大石西迁前，中亚的大部分地区已进入经济较发达的封建社会。西辽政权在中亚确立后，维持了原有的生产关系，国家收取较轻的赋税。原喀拉汗王朝实行双汗制，分封疆土，收取重赋。伊斯兰教规定，土地税需交纳其收获量的三分之一。加之其他苛捐杂税，人民不堪其苦。耶律大石没有实行圈地，变耕地为牧场，也没有没收原统治者的财产，而是分给每户可耕种的土地，并向政府交纳一个狄纳尔。狄纳尔是一种冲制的金币，每枚重七八克，形状像榆荚，和中原地区的铜钱类似。刘郁《西使记》云："民赋岁止输金钱十文，然贫富有差。"西辽王朝的税收制度是较轻的，迁入地人民得以休养生息，因而并未对这个异族的统治表现出强烈的不满情绪，原来的统治阶级的利益也未受到损害，大石的统治基础得到稳固，社会秩序安定，中亚的半耕半牧的生产方式得到发展，经济进步，人民受益匪浅。"耶律大石建都巴拉萨衮后，不久他的百姓兴旺，他们的牲畜肥壮"。② 这样，中亚地区包括喀喇汗国、高昌王国等主要附庸国已确立的封建生产关系等到了进一步的发展。在西辽为蒙古所灭后，西域人民对大石"至今思之"。

3. 民族宗教政策方面

西辽王朝统治区域内有契丹、汉、回鹘、塔吉克、样磨、葛逻禄、蒙古、吐蕃等民族。宗教有萨满教、佛教、儒教、祆教、伊斯兰教、景教、摩尼教、犹太教等。契丹人信仰萨满教的为多，在西辽政权的庇护下继续坚持着自己的信仰。由于佛教在辽朝的统治者上层流行，进入中亚后，佛教成为当时有影响的宗教，主要分布在天山北部地区以及高昌回鹘，信仰民族主要有契丹、汉、回鹘、吐蕃等。伊斯兰教尽管在西

---

① 耶律楚材：《湛然居士文集》，中华书局，1986，第 32 页。
② 《世界征服者史》，第 418 页，载魏良弢，《西辽史纲》，人民出版社，1991，第 54 页。

辽王朝失去了独尊的位置，但依旧受到王朝统治者的尊重，并得到一定的发展。正如《长春真人西游记》的作者所说："在 13 世纪初，伊斯兰教与佛教的分界线已在昌八里。"其主要分布在新疆的西部地区、中亚的大部分地区，信仰民族主要为突厥语族，以及部分伊朗语族的民族。基督教中的聂思脱里教派的简单仪式及教规使中亚游牧民族易于接受。景教在巴拉沙衮地区流传，在喀什噶尔设有教区。犹太教也开始兴起，在花剌子模首都有八千犹太人。在耶律大石的统治区，形成了民族宗教错综复杂的局面。

耶律大石面对复杂的民族宗教问题，在统治区采取宗教信仰自由的政策，允许在统治区域各种宗教并存，不歧视任何宗教，不设国教，不允许任意宗教坐大，各种宗教或教派自然不会对耶律大石的政权产生不满。更为重要的是削弱了伊斯兰教的势力，避免了宗教冲突。

（二）西辽政权对中亚地区的影响

西辽政府采取的上述政策，为中西经济文化的交流搭建了平台，致使中原地区的汉文化、契丹文化对中亚的影响意义深远。中亚地区在 12、13 世纪进入了繁荣发展时期，这与西辽政府的上述政策是分不开的。其具体表现在以下几个方面。

第一，促进了中亚地区的经济进步和城市发展。西辽直辖领地以及附属国的农业、手工业、畜牧业、商业都有很大发展。朱外尼在《世界征服者史》中说道："他的百姓兴旺，他的牲口长了膘。"这说明西辽对畜牧业的重视。后来，有一部分从事畜牧业的契丹人改为从事农业，有尹志平诗为证："辽因金破失家乡，西走番戎万里疆，十载经营无定止，却来此地务农桑。"[①] 西辽农业种植品种繁多，生产技术提高。农业的发展又促进了手工业的进步，玻璃制造业、制陶业以及其他手工业都有所发展。

西辽疆域辽阔，属国众多，他东起土拉河上游，西至咸海，北越巴尔喀什湖，南抵阿姆河流域，正位于亚欧大陆的交通枢纽，东接宋、金，西通印度、伊朗、阿富汗，地理位置极其重要。据《松漠记闻》载，回鹘人"多为商贸于燕，尤能别珍宝。蕃欲为市者，非其人为侩，则不能售价"，这说明了回鹘人在金朝商业贸易乃至国际贸易中的重要地位。同时宋金的漆器也远销中亚。有《西游录》中为证："城中多漆器（巴尔赫以西的抟城），皆长安题识。"东西交通的通畅，商业的繁荣，与西辽政府秩序安定，关卡壁垒减少是分不开的。这一时期城市生活普遍高涨，"据统计，仅伊犁河谷地区，在十二世纪已达到五十六个（城镇）"[②]。象海押立、哈剌楚克、伊基斡耳朵、阿什纳斯、巴尔钦里格干这样一些大城市都在这个时期形成。原有的城市，如巴拉沙衮、

---

① 邓锐龄：《西辽疆域浅释》，《民族研究》1980 年第 2 期。
② 魏良弢：《西辽史研究》，宁夏人民出版社，1987，第 136 页。

乌兹干、恒逻斯等城市的规模也有较大的发展。

第二，西辽的政治、经济政策和文化环境也为民族融合提供了成熟的历史条件。西辽帝国的创建者主要是契丹人、汉人。在耶律大石西迁之前，喀喇汗王朝的边界地区已有从辽朝迁入的部分契丹人，喀喇汗王朝阿尔斯兰汗通过赐份地、奖赏等手段让他们守边。但是当耶律大石的军队到来后，他们便加入了自己族人的部队。这些契丹人主要从事畜牧业和当兵。后来他们在回鹘人的影响下，从事农业，同回鹘人一起生产生活，也逐渐回鹘化。西辽亡后九年，出使该地的吾古孙仲端说"今其国人无几，衣服悉回纥化"。可见这部分契丹人后来又融入回鹘或其他突厥民族中。葛逻禄，是喀喇汗王朝的重要组成部分。他们经常与王朝发生冲突，耶律大石时期使得他们与喀拉汗王朝分离，成为单独的政治实体，首府设于海押立。但他仍然是河中的不安定因素。1164 年，西辽把葛逻禄人迁到喀什噶尔地区，不准携带武器。葛逻禄人起兵反抗这一政策，遭到西辽的镇压，此后他们在河中的势力衰落，改行从事农业或其他行业，逐渐融合到当地民族中，经过多年与乌古斯人、突厥化的伊朗人一起形成了乌孜别克族。回鹘是西辽帝国的主体民族，高昌回鹘、东喀喇汗王朝、西喀喇汗王朝都是西迁的回鹘人所建，他们生产水平较高，逐渐融合了其他民族。

第三，实行宗教宽容政策，使西辽直辖地和属国内一时宗教盛行。不仅伊斯兰教依然流行，基督教得到发展，佛教得以传播，摩尼教等早已销声匿迹的宗教也又出现了。朱兹贾尼在《宗教保卫者一览表》说耶律大石秘密的成为穆斯林，伊本·阿西尔在《全史》中说他是一位摩尼教徒。姑且不论这些说法是否确切，但无风不起浪，这些宗教一定在西辽帝国内有所影响，西辽政府的开明政策导致中亚地区的宗教勃兴局面由此可见一斑。各种宗教信仰竞相发展，思想文化也得到了很好的交流。

第四，促进了中亚地区东西文化交流的加强，并使其成为这一时期中亚文化的最大特点。汉唐时期，中原文化圈就已波及西域，中亚地区。到唐朝之后，藩镇割据，战乱纷起，中原与西域联系一度隔绝，但在耶律大石西迁后，汉化程度很高的辽朝遗老又把其文化传统带到中亚。西辽政府的官方语言为汉语，同时也使用契丹语。由于当地的通用语言是突厥语，汉族百姓和契丹百姓在和当地人民长期交往中也逐渐掌握了突厥语言和文字。《元史》中记载，西辽王朝菊儿汗聘请高昌畏兀人（维吾尔）哈剌亦哈赤北鲁到巴拉沙衮做他儿子的教师。可见，契丹贵族对学习突厥语也具有很高的热情。《北使记》载西辽附属国的文字："其书契，约束并回纥字。"另外，这一时期在中亚发现了挂在胸前用来擦拭鼻子的丝织品。而在古代希腊和伊斯兰世界中并没有手绢。西欧手绢的出现是在十五世纪。在中国，手绢自古以来就使用，可见手绢出现在中亚是中国文化的影响所致。辽文化、汉文化与希腊、伊斯兰文化交相辉映。马迦特认为："从来注意太少的文明帝国哈喇契丹在十二世纪和十三世纪暗淡无光的历史背景中是光芒四射的。"①

第五，使汉文化在中亚地区得到进一步传播。汉文化对契丹人民的影响很大，从宋人洪皓的《松漠记闻》中可见一斑：大辽道宗（1055—1101 年），有汉人讲《论语》，至"北辰居其所，而众星共之"，道宗曰："唯闻北极之下为中国，此岂其地耶？"至"夷狄之有君"，疾读不敢讲。则又曰："上世獯鬻猃狁，荡无礼法，故谓之夷。吾修文物彬彬，不异中华，何嫌之有？"卒令讲之。② 道宗皇帝认为自己已是"文物彬彬"，同汉人没有什么差别，再不是"荡无礼法"的夷人。

耶律大石原本西征的目的是扩大疆域，积累雄厚的物质基础，然后在向回东征，重建大辽帝国。所以，耶律大石建立的王朝虽在中亚立国于，他却以大辽正统自居，典章制度除了必要的变通之外，其他均和辽朝一样。他极力把中原汉文化和契丹民族的文化传统融入西辽王朝。"始终未接受伊斯兰教，顽强地保持着自己的传统，在各方面都强烈地表现出汉文化的特点。"③ 例如在建筑方面表现得最为突出："除巴拉沙衮外，在斯莱坚卡镇附近、在列别季诺夫卡镇地区、在亚历山大古城也发现了哈剌契丹居民点的遗址。它们在建筑装饰方面，总的说来广泛地表现出汉艺术和汉文化的影响。它在这里以同中亚文化融合。无论汉族匠人，还是当地建筑工匠，都首先利用了汉人的建筑技术和材料——瓦、泥塑、坑式的取暖系统。例如，在亚历山大古城发现了有代表性的远东建筑材料：方砖、灰色的半圆瓦（用织物模子做成）。在这里还发现了瓦当。在瓦当上有图案，看来中央坐着的是佛，四周是菩萨。……"④ 作为在中亚强盛一时的西辽王朝，经济繁荣、各民族交往频繁，促进了汉文化的传播，使世界很多国家认识和熟悉了中国。

三 结语

耶律大石的西迁和建国，既是辽王朝的继续，也是汉文化和契丹文化在中亚地区的突进。在众多的分封割据的势力之间，契丹族的介入是一种聚合的因素，它除了军事上的强力之外，在政策方面的单一汗制、集权思想，经济方面的轻徭薄赋，宗教方面的容纳力上，都有一种整合的力量。西辽境内各民族的经济生活方式和文化获得了继续发展的温良的土壤，以迅猛的速度膨胀繁荣起来。诸民族的习俗、生活方式和文化传统实现了一种共处型的整合。

西辽的研究者多从政治意义方面来进行挖掘，这给西辽史的研究以论证充分的资

---

① 巴托尔德：《中亚突厥史十二讲》，中国社会科学出版社，1984，第 129 页。
② 魏良弢：《西辽史纲》，人民出版社，1991，第 3 页。
③ 《吉尔吉斯史》（第一卷），第 142 页，载魏良弢《西辽史纲》，人民出版社，1991，第 3 页。
④ 《吉尔吉斯史》（第一卷），第 141～142 页，载魏良弢《西辽史纲》，人民出版社，1991，第 140 页。

料，也给了今天改换视角的分析提供了一定条件。耶律大石的西迁建国之所以成功，是在文化聚合基础上的向心力的作用效果，尤其是不同类型文化的冲突、调适和整合。耶律大石从中亚地区的民族那里吸收了一些文化元素，同时又根据自身文化的制度和性质，拒斥了另一些文化元素，在新的环境体系之下经过加工改良，实现了文化的整合。正因为这种模式的成功，使得中亚社会秩序安定，经济文化得到发展，使汉文化又一次渗透到中亚，对于中亚人民意义深远。

Yelyu DaShi move westward to central Asia produce graveness influence

Abstract：Yelyu DaShi is a great statesman. He set up Xi – Liao empire （1124 – 1211） at Central Asia which not only inherited the tradition of Liao dynasty but also absorbed local special features. His action ended the confused conflict in Central Asia. the economic developed, the race blended, and the culture progressed. His action also took the Chinese culture to Central Asia, and had an important position in the history of culture intercourse between the East and the West.

Keywords：Yelyu DaShi to move westward Central Asia

原载于《云南民族大学学报》2014 年第 4 期

中国社会科学院民族学与人类学研究所
藏中文古地图述论[*]

王　耀

摘　要　中国社会科学院民族学与人类学研究所藏有若干明、清两代及民国时期的古地图，目前该部分藏图基本上束之高阁，少人问津，缺乏专题性的整理和研究。本文以馆藏卡片登记信息为基础，利用古地图的专业知识，参照原图，对图名、著者、版本源流、绘制内容和出版年代等逐一进行了核对、考证，补充了缺项，改正了部分著录错误，并对典型图幅增补了考证文字。本文首次图文并茂地展现了中国社会科学院民族学与人类学研究所藏图面貌，为进一步利用和研究藏图提供了便利。

关键词　中国社会科学院　古地图　清代

近年来，古地图因为其形象化地表达各类历史信息，所以日益受到研究者重视。国内外诸多藏图机构的古地图目录已经做了整理和刊布，中国国家图书馆的《舆图要录》、中国科学院图书馆的《舆图指要：中国科学院图书馆藏中国古地图叙录》以及《欧洲收藏部分中文古地图叙录》、《美国国会图书馆藏中文古地图叙录》等，为研究者提供了极大便利，功莫大焉。中国社会科学院民族学与人类学研究所图书馆藏有若干明、清时期或是民国时期的中文古地图，目前该部分古地图基本束之高阁，少人问津，尚缺乏专题性的整理和研究。在此，笔者借助图书馆卡片登记信息，专题整理出馆藏古地图目录（见正文后附录），并就过目的较有价值的中文古地图的渊源、图幅信息等做一考订，希望借此展示中国社会科学院民族学与人类学研究所图书馆藏中文古地图的整体面貌，并探究部分藏图的价值等①。

---

*　该文已发表于《历史档案》2017 年第 3 期，刊出时有所删节，在此补入部分结论及古地图附录。正文中地图均有图影，因为客观原因，无法上图。

①　在此对中国社会科学院民族学与人类学研究所图书馆乌云格日勒、周新亚两位老师表达真挚的谢意，感谢她们在查阅和拍摄地图方面予以的便利和帮助。

本文所谓中文古地图，通常是指运用中国传统形象画法绘制的舆图，而不是依据测绘资料编制的现代投影地图。以下大致以时间为序，分述之。

一 《禹贡山川地理图》

（宋）程大昌撰，淳熙八年（1181）刊本，中华书局1985年影印。

本书系《古逸丛书三编》之十三，包括《禹贡论》和《后论》两册，《禹贡山川地理图》两册。《禹贡》为《尚书》中之一篇，乃中国最早的地理著述，所记内容涉及国内山河湖海、山脉土壤，事繁文简，后世阐述注解之作甚多。《禹贡山川地理图》主要就宋以前诸家注释禹贡旧说绘图，从而辩证其误，再作图缀于其后，各图以图解形式表示山川湖海的大致位置，并附叙说。原图印制虽然较粗，却是中国现存最早的木版印地图。

二 《舆图备考》与《广舆记》

元人朱思本绘制了大尺幅的《舆地图》，明朝人罗洪先在其基础上，增补分幅而制成著名的《广舆图》。《广舆图》因为精确、便携，在明代流传甚广，影响到明中后期以至清代的众多地理图籍。比如明代的《三才图会》、《图书编》、《皇明职方地图》等图籍中的部分地图，直接转抄或者间接借鉴自《广舆图》。中国社会科学院民族学与人类学研究所藏的《舆图备考》和《广舆记》在地图绘制上，基本转承自《广舆图》。

《舆图备考》为明代潘海虞汇辑，成书于明崇祯年间、初次刊行于清顺治年间。第一卷为舆图，凡三十幅，除天下总图一幅、两京十三省图十六幅、黄河源图三幅、大禹治水总图一幅、漕运图三幅、海防图三幅、九边总图一幅外，还冠以天文缠度和四大部州图（即两半球图）各一幅。第二卷为总考说，第三卷至第十七卷为南、北直隶及十三省志，末卷为四夷记。据王庸研究，该图"虽均不画方，但其形式与《广舆图》无大差异，故不敢断为与罗图毫无间接关系也"[1]。

中国社会科学院民族学与人类学研究所藏有两部《广舆记》，分别为明代陆应阳的《广舆记》和清代蔡方炳的《广舆记》，两者具有前后启承的关系。据《四库全书总目提要》记载："国朝蔡方炳撰。方炳字九霞，号息关，昆山人。明山西巡抚懋德之子也。是编因明陆应旸《广舆记》而稍删补之。"[2] 据研究，两版本中"广舆图"皆来源自明代罗洪先的《广舆图》[3]，只是其中内容略作修改，比如将沈阳标注为"盛京"

---

① 王庸：《中国地理图籍丛考》，商务印书馆，1957，第21页。
② （清）永瑢等撰《四库全书总目》志七十二·史部·地理类存目一，中华书局，2013年第9次印刷，第637页。
③ 卢良志：《清代民间编制的地图》，载于《国土资源》2008年12月号，第58页。

等。蔡方炳的《增订广舆记》，两函二十四卷，附图有广舆总图，分省图包括直隶、江南省、浙江省、江西省、福建省、湖广省、河南省、山东省、山西省、陕西省、广东省、广西省、云南省、四川省、贵州省。各幅地图均采用传统形象画法绘制，无计里画方，无比例尺。

三 《大清一统舆图》（《皇朝中外一统舆图》）

（清）胡林翼、严树森主持，邹世诒、晏启镇编绘，李廷萧、汪士铎校，同治二年（1863）木刊本。

该图卷口题名《大清一统舆图》，中国国家图书馆著录为《皇朝中外一统舆图》。清朝湖北巡抚胡林翼，因鉴于李兆洛图"仅志郡邑，无它地名"，乃延请邹世诒、晏启镇根据清康熙《皇舆全览图》、乾隆《内府舆图》精心编绘新图，图未成而胡氏身故。严树森继任后，又请李廷萧、汪士铎详加核校，于同治二年完成此图。

该图绘制范围东至日本琉球、西至里海、南达越南、北至俄罗斯北海。采用计里画方与经纬线并绘之法编绘，每方百里，以纬度1°为二百里，而以南北斜向之虚线为经线。图中除绘出府厅州县位置外，凡重要山川、城邑、关寨、镇堡等均详尽表示，并改为书本形式刻印。以纬差2°为一卷，以京师附近38°至40°为中卷。首冠以总图和两半球图。黄河口已画在山东省北部，注作"新黄河，即大清河"，并画出废黄河河道，在江苏旧河口注记"淤黄河"。

该图在清代地图史上具有重要地位，如李孝聪教授所评价："此图集采用书本形式，使清康熙、乾隆时期的测绘地图成果更便于应用，并且较道光时期李兆洛的舆图增补许多地名，成为晚清编制中国全国舆图的基础。"[1]

四 《皇清地理图》

据图中跋文："道光十二年太岁元黓，执徐孟陬之月阳湖李氏辨志书塾锓版阳湖董氏地图，流布海内廿余年，板渐模糊，且其纸幅颇大，但可装为卷册，今覆刻之，改为书板之式，庶流传弥永矣。董氏图有李氏辨志书塾附识数条，今并录于右，以识缘起。咸丰六年三月长沙胡锡燕伯蓟识于广州寓舍。"由上可见，该图刊刻于咸丰六年（1856），由胡锡燕编制。

道光十二年（1832）李兆洛辨志书塾锓版董方立《皇朝一统舆地全图》，《皇清地理图》复以李兆洛图为基础，改卷轴为书板式，书口有图名，但是不分幅。首为总图，纵十一格，横十二格，每格相当分图一页。该图采用经过北京子午线为零度经线的经

---

[1] 李孝聪：《美国国会图书馆藏中文古地图叙录》，文物出版社，2004，第26页。

纬网（虚线）和计里画方网格（实线）并用的方法编制，每方百里。图幅内容表现清中后期的疆域、山川、湖泊、行政区划和府厅州县等，用三角山形符号表示山川。

该图中地名仍以道光二年（1822）为断限，咸丰五年（1855）黄河已改道山东入海，但该图中仍标示黄河自江苏入海，说明该图完全依据道光年间的李兆洛图摹刻。中国社会科学院民族学与人类学研究所卡片注记该图为道光十二年刊本、编绘者为徐孟，著录信息有误。

五 《历代地理沿革图》

（清）马征麟编绘，日本林丑人校定训点、酒井舍彦制图，日本明治十三年（1879）奎文堂刊本。中国社会科学院民族学与人类学研究所藏图著录图名为《李氏历代地理沿革图》，六严撰、马征麟增辑，图名与绘者信息有误。

在编绘者马征麟题写的序言中，提到"江阴六氏"与"仪征厉伯符方伯"，即分别为六严与厉云官。六严在道光年间曾经编绘"《历史地志沿革图》……惜其未曾合刊，兵燹后，不可复得"，故而马征麟编绘《历代地理沿革图》，并未参阅六氏所绘地图。虽然未找到六氏地图原本，但却找到了厉云官所绘《历代沿革图》，厉图是在六严《历史地志沿革图》基础上增补编绘的，"为补禹贡、尔雅、职方及五代各图刊之"。马征麟《历代地理沿革图》又是在厉图基础上增补而成，因此，该图编绘者为马征麟，非为"六严撰、马征麟增辑"。

《历代地理沿革图》问世之初，与李兆洛的《历代地理志韵编今释》等合刊，合称《李氏五种合刊》，简称《李氏五种》。辛德勇曾指出，因该图编入《李氏五种》，所以后来多误以为该图作者为李兆洛，清人恽毓嘉、恽毓鼎撰著专书考订该图疏误，即误题作"李氏《历代舆地沿革图》校勘记"[①]。基于同样的原因，受到《李氏五种》书名的影响，中国社会科学院民族学与人类学研究所藏图著录为《李氏历代地理沿革图》。该图真正编绘者系马征麟，图名实为《历代地理沿革图》。

该图为朱墨二色套印，古墨今朱，底图绘有经纬网而不画方，以经过北京的经线为零度经线。在图幅中，自"汉地理志图"起，大都注记正史地理志中各级行政区划的数字，比如"汉地理志图"上标注："汉书地理志，郡国一百零三，侯国二百四十一，道三十二，县邑一千三百十四"，而图中仅标注郡国名一百零三处。图幅共包括：禹贡九州图、殷九有图、职方九州图、尔雅释地图、春秋列国图、战国七雄图、秦三十六郡图、汉地理志图、东汉郡国志图、三国疆域图（如图四）、晋地理志图、南宋州

---

① 辛德勇：《19 世纪后半期以来清朝学者编绘历史地图的主要成就》，载于《社会科学战线》，2008 年第 9 期。

郡志图、南齐州郡志图、北魏地形志图、隋地理志图、唐地理志图、五代职方考图、宋地理志图、辽地理志图、金地理志图、元地理志图、明地理志图、清地理志图。

六 《历代舆地沿革险要图》

清末杨守敬在编绘中国历史地图集方面成绩卓越。同治五年（1866），杨守敬与邓承修共同完成该图初稿，但未刊行。光绪四年（1878）饶敦秩出于读史需要，曾试图绘制历史沿革地图，并与杨守敬论及此事，杨氏出初稿以示之，饶氏认为图中"自正史而外，有历代割据及十六国等图，较江阴六氏沿革图为详实，而梁、陈、周、齐四代仍缺焉"，遂与杨守敬共同增补，"又推广于东晋、东西魏、五代、宋南渡及历代四裔诸图，合之前稿，共得六十七篇"，于光绪五年（1879）刊行。后来，杨守敬看到此图谬误较多，"乃嘱门人熊君会贞重校之，亦间补其缺略"①，于光绪三十二年（1906）刊行。

中国社会科学院民族学与人类学研究所藏有光绪五年与光绪三十二年两种版本的《历代舆地沿革险要图》。光绪五年刊本，显示从春秋战国至明代的历代疆域政区沿革和山川形势。据饶氏跋文，该图曾参考了江阴六氏（六严）"沿革图"及同治八年（1869）与邓承修合撰的"历代割据图"旧稿。光绪三十二年刊本图幅内容包括：历代舆地沿革总图、春秋列国图、战国疆域图、嬴秦郡县图、前汉地理图、续汉郡国图、三国疆域图、西晋地理图、东晋疆域图、二赵疆域图、四燕疆域图、三秦疆域图、五凉疆域图、后蜀夏疆域图、刘宋州郡图、南齐州郡图、萧梁疆域图、陈疆域图、北魏地形志图、北齐疆域图、西魏疆域图、北周疆域图、隋地理志图、唐地理志图、后梁并十国图、后唐并七国图、后晋并七国图、后汉并六国图、后周并七国图、宋地理志图、辽地理志图、金地理志图、元地理志图、明地理志图。该图集载图三十四组，分订三十四册。第一册为总图，以清李兆洛"皇朝一统舆地全图"六严缩摹本为底图编绘，但较光绪五年饶氏刻本《历代舆地沿革险要图》新增了"楚汉之际形势图""晋宋齐梁陈形势图""东西魏齐周形势图""方舆纪要名山大川重险图"等四幅，共计七十一幅；其余三十三册为各代分图，以胡林翼《大清一统舆图》为底本编绘。各图朱墨套印，古墨今朱，朱色表示清代地名及经纬线，墨色表示古地名。图集内容比前人编纂的历史地图翔实、准确，被认为是中国古代最完整的一部历史沿革图集。②

---

① 《历代舆地沿革险要图》，光绪丙午（1906）九月重校本，"杨守敬题记"；转引自曹婉如《论清人编绘的中国历史地图集》，载于《中国古代地图集》（清代），文物出版社，1997，第142～143页。

② 北京图书馆善本特藏部舆图组：《舆图要录》，北京图书出版社，1997，第88页。

七 《汉西域图考》

（清）李光廷撰，同治七年（1868）刻印本。

卷首为"汉西域图"，分上四图和下四图，范围东起嘉峪关附近，西至欧洲大西洋沿岸。以今地名为主，汉地名加"古"字，唐地名加"唐"字，图后附"地球全图"。卷一为图说，卷二至卷六为天山南、北诸国沿革考，葱岭及其以西诸国沿革考，新疆军台道里表。卷七为附录，节录晋法显《佛国记》、唐玄奘《大唐西域记》和元刘郁《西使记》等。该书被认为是清人研究西域历史地理的重要代表作[①]。

八 《天下全图》

清后期刊本，未注绘者，彩绘本地图册，折页装，共二十幅，无比例尺，亦无画方，无图例，各图幅均上北下南。图集包括天下总图以及直隶、江南、江西、浙江、福建、湖北、湖南、四川、河南、山东、山西、陕西、甘肃、广东、广西、云南、贵州十七省与外藩、新疆舆图。

该图是中国社会科学院民族学与人类学研究所藏图中少有的几幅彩绘地图，采用传统的形象画法绘制，针对河流、山脉等自然地物和府厅州县等行政建置，用不同颜色填充表现。就图幅整体而言，线条简单，着色随意浮艳。卷首的天下舆图用黑色带状描绘沙漠，绘有辽东边墙，但未绘制新疆。图集的最后一幅新疆图在绘制手法上异于其他各幅，各城之间绘出交通道路，且在各城下标注与邻近地区的里程，数字精确到十里等。与其他各图相比，该图可能具有不同来源。

就各幅地图的绘制内容和手法来看，图幅绘制简略，失真较大，字迹稚拙，不似该时期精美的官方绘本地图，应该是坊间为谋利出售而刻印编绘。根据该图的图幅和着色来看，该图的制作流程应该是先有墨刻本，后施以不同颜色[②]。

九 《台湾舆图》

（清）夏献纶编绘，光绪六年（1880）刊本。图凡十二幅，内有前后山总图、台湾县图、凤山县图、嘉义县图、彰化县图、新竹县图、淡水县图、宜兰县图、恒春县图、澎湖厅图、埔里社图、后山总图。图幅采用传统的形象画法绘制，每图后附说略。图幅中出现经纬度和罗盘方向这两种要素，体现出清末地图受西方影响的印迹。在使用经纬度时，同时使用传统的计里画方，每方为十里。图幅中使用统一的图例，衙署从

[①] 参阅《舆图要录》，第91页。

[②] 具体研究参见王耀《清代彩绘〈天下全图〉文本考述——兼释海内外具有渊源关系的若干地图》，《中国国家博物馆馆刊》2016年第10期。

"回"，营哨从 "◎"，隘寮从 "○" 等。

十 《越南地舆图说》

（清）盛庆绂纂辑，光绪九年（1883）刊本。卷首为"越南全图"，分六排四行，绘制出河流、山脉和主要道路，注记省、府、州、镇及要地名称，并用不同符号表示。卷一至卷四为图说，详叙国都、省、府领属、四至和沿革及山川、江河形势等。卷五至卷六分别为世系录和道里录。

十一 《江苏全省舆图》

（清）邓华熙纂、诸可宝编绘，光绪二十一年（1895）刻本。该图集根据光绪十五年（1889）会典馆颁布各省编纂《大清会典舆图》所规定的章程格式编制。江苏省总图，以子午线经过京师的经纬网和计里画方并用，每方百里；分幅图只有画方，苏州、江宁两布政司图，每方七十里，府图，每方五十里，州厅县图，每方十里。描绘江苏全省各级政区内的山川、城镇和水陆道路，增绘红线标示电话线。每图附有图说，按照统一的门类描述沿革、疆域、天度、山镇、水道、乡镇和官职。清光绪年间会典地图的编绘，一定程度上来说，反映了中国传统舆图向近代地图的转变。

十二 《广西舆地全图》

北洋机器总局图英学堂重绘，清光绪二十一年（1895）石印本。本图集系根据清会典馆规定图式，经实测编制而成，如该图集的凡例所言："省城经纬度分，康熙庚寅、辛卯间曾经台官实测，所得真确不误，今亦复测无殊，其余府厅州县治所均以省城度分推算之。"图集分上、下两卷，图凡 104 幅，内有省、府、州、厅总图及县分图。省总图前冠"广西全省经纬度图"，总图皆附图说，分图皆附表解。

十三 《广东舆地全图》

广州石经堂印，张方伯署，清光绪二十三年（1897）石印本，线装二册。该图以经过北京的经线为零度经线，采用经纬网与计里画方并用的形式绘制，省图每方百里，府、直隶州图每方五十里，厅县图每方十里。比例尺为省图 1:2400000，府图 1:1200000，县图 1:510000。

光绪十五年（1889）敕令编纂《大清会典舆图》，该图集属于各省进呈的会典舆图集系列中的一种，在测绘资料基础上按统一的技术规定和统一的图式符号编制。用符号法和传统形象画法相结合的方式，描绘广东全省各级行政建置区域内的山川形势、道路、城镇和村落。每图附说，按统一的门类记载沿革、疆域、天度、山镇、水道、乡镇和职官。

十四 《江西全省舆图》

（清）朱兆麟等编，光绪二十二年（1896）石印本。本图系根据清会典章程，采用规定的制图符号和比例尺绘制而成。内有省图一幅，府图十三幅，州图一幅，厅县图七十九幅，镇图四幅，鄱阳湖图一幅。图中绘有经纬网和方格网，总图为百里方，府图为五十里方，镇图为一里方。各图附说或图表。

十五 《大清帝国全图》

清光绪后期刊本，一幅，绘制经纬网，比例尺1：5000000。图幅中运用统一图例，标示铁路、海底电缆等，山脉采用晕滃法绘制，图中未注明绘制年代、绘制者等信息。图幅中中国各省用不同底色表现，东北地区已经设置黑龙江、吉林等，边界已经以黑龙江与俄国为界；北部外蒙古以至于唐努乌梁海地区仍旧绘入中国版图；西部边界已内缩至腾格里山一线；东南沿海的台湾岛在国界线之外，地图上标示已经为日本所吞并。从图幅内容推测，该图大致是清光绪后期的全国地图。

十六 《皇朝一统舆地全图》

上海顺成书局，清光绪戊戌年（1898）石印本。该书落款为乃轩主人，据其序曰："道光间江阴六氏德只有舆地略之刻，惜其图惟十八省而已。同治初，南海冯卓儒观察倩赵君子韶绘东三省、青海、西藏、伊犁、科布多、内外蒙古诸图，又以督抚将军镇道所驻，皆要地，条列图后，以便观。省取六氏原本而增减之，美矣备矣，蔑以加已。然时至今日，时易势殊，如福建之台湾、甘肃之新疆，分设省会，府厅州县新设良多，抚司镇道加增不一。今就缙绅所载，一一增入，补舆地略之所未备，更其名曰皇朝一统舆地全图。"从序言可知，该图系据六严《舆地略》增补而成，并更之为是名。

该图采用传统形象画法，一图一说，首冠以"皇朝一统舆地总图""五洲各国全图""皇清一统舆地全图""亚细亚图"；次为盛京、直隶等分省图。

十七 《皇朝直省全图》

清光绪二十六年（1900），一幅，纸本彩印，绘制方格网，未出现经纬度。题为"大清一统全图"。图幅内容如《皇朝直省全图》所言，全图中基本上北以长城为界，出现了盛京、直隶、陕西、山西、甘肃、四川、云南、贵州、广西、广东、海南、台湾、福建、江西、湖南、湖北、河南、山东、江苏、浙江这些内地省份，其他边疆地区，诸如东北黑龙江将军、吉林将军等、新疆地区伊犁将军以及蒙古、西藏、青海等藩部地区，均未绘入地图。

该图图说誊录如下："国朝幅员之广，迈越前古，声教所及，南北东西各二万里。自直省以外，满洲故地，为东三省，以西为内、外蒙古，中包瀚海及吐番，地曰新疆，南为青海、卫藏，回准诸部附焉，方舆辽远，图史同尚。圣祖仁皇帝遂命测绘直省舆图，高宗纯皇帝始命详测中外大一统图。然仍藏诸内府，草野难观。同治季年，湖北官局始遵内府图本校刻问世，于是好学之士得窥宏图，惟册幅数丈，未免繁重。今本局恪遵局刻，详细校对，重绘影印以饷同志，率土士民，允宜家置一编云尔。"据其图说可略探知清末全国地图的重要发展脉络，即清康熙命人绘制《皇舆全览图》，乾隆增补编绘《内府舆图》（或称为《乾隆十三排图》），该图一直深藏内廷，不为外人所知。后至同治二年，湖北巡抚胡林翼根据《皇舆全览图》和乾隆《内府舆图》，刊印《大清一统舆图》，至此，康熙、乾隆年间的测绘成果才在民间普及，该幅地图即为一例。

十八 《皇舆全图》

未注绘者，纸本，一幅，绘制有经纬网，以北京所在为中经线，绘制内容详于内地，略于东北、蒙古、新疆、西藏等地区。从图幅绘制技法和绘制内容来看，该图应该参阅自康熙《皇舆全览图》。

十九 《江浙太湖全图》

（清）徐传隆编绘，光绪三十一年（1905），一幅，纸本，绘制方格网，每方十里。

该图以太湖为中心，采用传统形象画法，绘制了太湖沿岸的苏州府、湖州府、宜兴县、吴江县及湖中岛屿等，尤其详于绘制沿岸的港、湾等水道。根据注记可知，该图由光绪年间江南提督徐传隆编绘，绘图的主要着眼点在于军事布防，如注记"太湖右营都司卫署原设近湖陆地之周铁镇，嗣以西北空虚，遂移驻于乌溪关，以扼要冲。西山为浙省辖境，北关设游击一员，并归太湖协副将节制，各营师船，遵章分段轮流巡缉，总期声势联络呼应灵通，治兵者必先讲求舆地，绘之以备参考焉"。

二十 《满洲里拟开商埠图》

（清）程德全编绘，光绪三十二年（1906）石印本，一幅。该图为黑龙江将军程德全编绘，图幅中标注京都、将军驻扎城、副都统驻扎城、府厅州县城、台站、长城、边墙、铁路等，各有图例；山脉用晕瀜法绘制，图幅左上方有大段文字。

二十一 《新测云南全省详细地图》

天津河北中国地学会事务所发行，清宣统三年（1911），一幅，题名"云南全省舆图"，绘有经纬网，有图例。右下角标注"天津中东石印局石印"，左下角标注"宣统二年秋云南防团兵备处绘印，宣统三年春中国地学会驻滇会员钟建堂持赠本会复印"。该图标注了清末云南的府厅州县、寨、险要、土司以及铁路等状况。

二十二 《唐努乌梁海图》

恩华编绘，民国八年（1919），比例尺为1：2000000，图中画方。图幅主要绘制了唐努乌梁海的山川、河流、台站、边界等状况。该图以同治八年（1869）肯木次克旗图为底图，并以民国八年孟则先等赴乌梁海调查所得资料编绘而成，所有名称均由蒙文直译。如图说所言："唐努乌梁海，向无详图，国人徒震其名，未由一究其实，况是图以肯木次克旗清同治八年之图为底本，益以孟君则先等客岁赴乌梁海调查所得，遂成是图，其一切名称均由蒙文蒙语直译，后附简单说明。"

二十三 《宜昌街市图》

民国年间，一幅，比例尺1：5000，标注方位，有图例。该图表现了位于长江东岸的宜昌城的平面格局，用城墙符号标注出老城所在的位置及其中的街巷名称、寺庙和衙署分布等，是了解宜昌城的外部形态和内部格局的重要图像资料。从该图绘制内容来看，推测为民国年间绘制。

二十四 《新疆道路里程详图》

中国铁路崇实学社编辑部制作，民国年间晒印本，一幅。该图详细绘制了新疆地区的道路状况，东起嘉峪关，往西延伸至哈密、巴里坤、奇台、乌鲁木齐、塔城等，南线自巴里坤至吐鲁番、焉耆再至南疆地区。该图详尽标注了新疆各城市、台站之间的道路状况，并逐段标注里程数据，是了解民国时期新疆道路状况的重要图像史料。

二十五 《（实测）京师四郊地图》

内务部职方司测绘室制，民国四年（1915），比例尺1：36200。本图绘出了北京东、西、南、北四郊及其辖境内的村镇、寺庙、工厂、农田、植被以及坟墓等，内容翔实，反映了民国初年北京郊区的地理概貌。

二十六 《武汉市县实测详图》

亚新地学社编制，民国年间，附湖北形势图、武汉市街图。本图范围东至鄂城县、西至沔阳县、南至咸宁县、北至孝感县。地名注记较详细，公路标注里程。山形用晕瀫法表示，加注高程。

二十七 《右营大坪汛舆图》

未注年代与绘者，纸本彩绘，一幅，有蛀眼。该图采用传统形象画法绘制，以大坪汛署为中心，绘制周围山脉，以浅蓝色、黄色或浅棕色着之，利用红点连线表示道路，所写地名多以坝、营、坪等为主，并标注各处的里程数值。该图表现的区域，根据文字注记，大坪汛署"南至湖北利川县一百六十里，西至万县城二百四十里，东至云阳县城一百八十里，北至奉节县城三百六十里"，大致应该在今湖北一带。

二十八 《内府地图》

北平民社，民国二十三年（1934）石印本，两册一函。据景耀月序称："此图顷获诸清某王府，无刊梓年月。顾其制绘之精密，位置之准确，殊在内府铜版诸图以上。"但从此图的内容及绘图风格看，实属清康熙《皇舆全览图》分省分府小叶本系列，内有中国全图（仅绘出东部各省及东北和朝鲜）一幅，直隶、盛京、热河、山东、山西、河南、陕西、四川、江南、湖广、浙江、江西、福建、广东、广西、贵州、云南等分省图和各省分府分州图 221 幅。其中各省图与康熙图中的分省图完全一致，仅省略了经纬网。

总体来看，中国社会科学院民族学与人类学研究所藏中文古地图以清朝中后期的为主，有少量明代或民国年间的地图。就制作方式而言，有少量绘本地图，大部分为刻本地图。就版本价值而言，基本上属于清中后期或民国时期印制的较为常见的版本，未发现稀见版本。但是值得注意的是，地图无疑是清代地图学发展成就的体现，通过梳理这些馆藏地图，可以勾勒出清代古地图的某些发展脉络和重要成就，有益于加深对清代地图学发展的认识。

其一，清康熙皇帝在西方传教士帮助下，在大地测量基础上绘制了《皇舆全览图》。该图在中国地图发展史上具有重要意义，其测绘范围之广、内容之精确，远超以往历代地图。乾隆皇帝在《皇舆全览图》基础上，测量增补了新疆等地信息，是为乾隆《内府舆图》，或称为《乾隆十三排图》。英国人李约瑟对该图予以了很高评价："清初采用经纬度法测绘的各种地图是当时中国和世界上比较科学的中国地图，直至1933 年申报馆《中国分省新图》出版的二百多年来，一直是中国各种地图的蓝本。在测绘技术上，也是中国第一次大规模引进西方测绘技术，同时，也是中国地图绘制走向科学化的开端。"① 康熙、乾隆图虽然为清中后期所宗奉，成为之后众多地图的蓝本，但是其影响力并非始于康乾时期。因为无论是康熙图还是乾隆图，在制成后均深藏内宫，并未公开刊布，这一地图成就并不为人所知。直至同治二年，在湖北巡抚胡林翼主持下，以康熙、乾隆图为基础而制成《大清一统舆图》，这一地图成就方才为世人所见，为世人所摹刻刊行。中国社会科学院民族学与人类学研究所藏同治年间《大清一统舆图》、光绪年间《皇朝直省全图》、清末《皇舆全图》以及民国年间的《内府地图》均是这一传承系统下的舆图成果，清末杨守敬编制的著名历史地图（《历代舆地沿革险要图》）中的各省图，亦是以胡氏《大清一统舆图》为底本编绘，可以说，上述藏图均为直接或间接地承接自康熙《皇舆全览图》或乾隆《内府舆图》）。

其二，清末光绪年间为编制《大清会典舆图》，组织进行了全国性的测绘工作，在京师设置专门机构会典馆负责其事，于光绪十五年（1889）由会典馆颁布诏令各省测绘省、府、州、县地图，报送会典馆②，最后由会典馆根据报送的地方地图，绘制出全国舆图。在绘制技法上，这次测绘采用西方的经纬度测量和传统的计里画方并用的方式，同时运用晕滃法表现山脉，这是清末中国传统舆图向近代地图转变的重要体现。中国社会科学院民族学与人类学研究所藏光绪年间《江苏全省舆图》、《广西舆地全图》、《广东舆地全图》以及《江西全省舆图》，就是各省为编制《大清会典舆图》而测绘的具有近代意义的地图。

其三，有清一代，编绘了大量历史地图（集），这与清代考据学盛行、地理考据成果丰富有一定关系。清道光年间，六严曾编绘中国历代地理沿革图；同治年间，厉云官在六严地图基础上改绘制成《历代沿革图》，同时期的马征麟在绘制历史地图时，因为六严地图毁于战乱，无从查找，所以在厉云官地图基础上绘制了《历代地理沿革图》。至清末同治、光绪年间，杨守敬以胡林翼《大清一统舆图》为底图，在参阅六严地图基础上，编绘了《历代舆地沿革地图》，该图被认为是中国古代最为准确、完整的历史地图集。中国社会科学院民族学与人类学研究所藏马征麟《历代地理沿革图》和杨守敬《历代舆地沿革地图》正是上述清代历史地图（集）传承中的最为重要的成就之一。

---

① 〔英〕李约瑟：《中国科学技术史：地学卷》，唐锡仁、杨文衡主编，科学出版社，2000，第 442 页。

② 据《札北藩司等筹议开办舆图局》（光绪十六年七月初十日）："今将图式、附图说式刊刻颁发，行文贵省，遵照奏定限期于一年内，测绘省图、府直隶州图、厅州县图各一份，附以图说，解送到馆。" 苑书义、孙华锋、李秉新编《张之洞全集》卷九十八，河北人民出版社，1998，第 2687 页。

附录：中国社会科学院民族学与人类学研究所图书馆藏中文古地图目录

序号	名称	作者	版本、装订、卷次	索取号
1	《中外地舆图说集成》	同康庐编辑	光绪二十年顺成书局石印，上下函 24 册，一百三十卷	21. 16 524
2	《图书集成边裔典图》	佚名	清抄绘本，1 函 1 册，线装	21. 19 349
3	《广西舆地全图》	北洋机器总局图英学堂　重绘	光绪二十一年，石印，二册，线装	A22.573 191：1 - 2
4	《天下全图》	佚名	清彩绘本，1 册，线装	22. 6 131
5	《内府地图》	佚名，李炳卫鉴定	民国二十三年，北平民社出版，石印，二册，线装	A22.6 145：1 - 2
6	《内府地图》		民国二十三年，北平民社，石印本，2 册 1 函，线装	667 145：1 - 2
7	《舆图摘要》	李日华纂辑	全函五册，线装，十五卷	22. 6 271
8	《广舆记》	陆应阳纂	全函八册，线装，廿四卷	22. 6 278
9	《广舆记》	陆应阳纂，蔡方炳增辑	乾隆九年刊本，16 册 2 函，线装	661 278：1 - 16
10	《历代舆地沿革险要图》	杨守敬等撰	光绪五年，木刻，全函 1 册（大书），线装	A222.6 681
11	《历代舆地沿革险要图》	杨守敬	光绪三十二年重刊本，1 册 1 函，绘图	669.1 681
12	《（重订）广舆记》	蔡方炳辑	光绪四年重镌，绿荫晋记藏版，上下函十六册，线装，廿四卷	22.6 721
13	《舆图备考》	（明）潘海虞汇辑	明崇祯六年刊本，32 册 6 函，十八卷	22.61 747：1 - 32
14	《内蒙古地形图》	（伪）内政府地政科厚知分室	张家口　蒙疆新闻社，成吉思汗纪年七三七年十二月，图片	A22.6271 145
15	《新疆全省舆地图》	东方学会编印	宣统元年，全函 1 册，线装	A22.635 164
16	《汉西域图考》	李光廷撰	同治庚午八月，全函四册，线装，七卷	22. 635 271
17	《新疆图》	赵应澄	新疆学务公所印刷局版，全函一册，线装	A22.635 377
18	《东三省舆地图说》	曹廷杰	全函一册，线装	志 500 5514
19	《全台舆图》	夏献纶	福建台湾道库存版，全函 2 册，线装	22. 672 468
20	《台湾舆图》	夏献纶	光绪五年刊本，一函二册，线装	A22.6721 468：1 - 2
21	《台湾舆图》	夏献纶	光绪六年刊本，二册一函，线装	673. 21 468：1 - 2
22	《广东舆地全图》	张方伯	光绪二十三年三月，广州石经堂印，全函二册，线装，上下卷	A22.674 548
23	《大清一统舆图》	严树森	同治二年，木刊本，1 册 32 函，线装	A22.716 258：1 - 32
24	《皇清地理图》	徐孟	道光十二年刊本，3 册 1 函，三卷	22.7166 497：1 - 3

续表

序号	名称	作者	版本、装订、卷次	索取号
25	《国界图》	钦差大臣升泰会同俄使巴布润富撇斐索富、斐里德勘	清石印本，20页，纸袋	22.7335 150
26	《滇西兵要界务图》	李根源	昆明云南陆军讲武堂，宣统三年石印本，一函一册	A22.7364 269
27	《滇缅划界图说》	薛福成	光绪壬寅年，无锡刊本，60页，纸袋	22.7364 795
28	《禹贡山川地理图》	（宋）程大昌	淳熙八年刊本，1985年中华书局影印，一函四册	22.75 643：1-4
29	《舆图备考》	（明）潘光祖辑	明崇祯六年刊本，15册1函，线装	666.8 749：1-15
30	《李氏历代地理沿革图》	六严撰，马征麟增辑	明治十三年（1870）东京奎文堂刊本，1函1册，线装	669.1 121
31	《皇帝疆域图》	黄镕编辑	民国四年，四川成都存古书局刊本，2册1函，线装	669.1 543：1-2
32	《历代疆域图》	段长基辑	嘉庆二十年刊本，6册1函，线装	669.2 413：1-6
33	《（实测）京师四郊地图》	内务部职方司测绘室制	民国四年石印本，1幅，又名"北京四郊地图"	671.11 145
34	《畿辅舆地全图》		清石印本，1册1函，线装	671.11 782
35	《安阳全县分区地图》		民国年间，石印本，1幅	671.33 189
36	《江苏全省舆图》	邓华熙	光绪二十一年刊本，三册一函，线装	672.11 141：1-3
37	《江苏省舆图》	曾国藩、丁日昌辑	石印本，23册1函，线装	672.11 597：1-23
38	《（新）上海全图》	章志云绘制	民国年间彩套本，1幅	672.19 513
39	《（最新）南京市街详图》	（日）森芳雄绘制	昭和15年2月南京华中洋行支店彩印本，1幅	672.19 619
40	《安徽舆图表说》	不著撰人	清光绪二十二年石印本，1册，线装，十卷	672.23 189
41	《江浙太湖全图》	徐传隆	石印本，1幅	672.36 499
42	《江西全省舆图》		光绪二十二年刊本，15册1函，线装，附鄱阳湖图说	672.41 186：1-15
43	《湖北舆图》		光绪二十七年刊本，4册1函，线装，四卷	672.51 579：1-4
44	《武汉市县实测详图》	亚新地学社制	民国年间，彩印本，1幅	672.59 208
45	《湖南全省舆地图表》		光绪二十二年，石印本，16册1函，线装	672.61 579：1-16
46	《广东图》		石印本，3册1函，线装	673.31 107：1-3
47	《广东图说》	廖廷相	光绪十五年重修会馆馆原本，宣统元年重刊本，1函1册，线装，十四卷	673.31 711

续表

序号	名称	作者	版本、装订、卷次	索取号
48	《九边图说》	许纶	清刻本，1 册 1 函，线装	681.5 517
49	《禹贡山川地理图》	佚名	清绘本	682.8 415
50	《皇朝中外一统舆图》	严树森	24 册 1 函，线装	716 258：1－24
51	《（钦定）皇舆全图》		清石印本，1 幅，线装	716 415
52	《越南地舆图说》	盛庆绂	光绪九年求忠堂藏板，二册一函，线装，六卷	738.36 569：1－2
53	《越南图说》	盛庆绂纂辑	光绪十九年刊本，三册一函，线装	738.36 569：1－3
54	《满洲里拟开商埠图》	程德全	光绪三十二年，晒印本，一幅	926.352 791 1
55	《大清帝国全图》	佚名	一幅	
56	《新疆道路里程详图》	中国铁路崇实学社编辑部	一幅，晒印本	926.3544 454 1
57	《新测云南全省详细地图》	天津河北中国地学会事务所	宣统三年，一幅	
58	《宜昌街市图》		一幅	
59	《皇朝直省全图》		光绪二十六年，一幅	
60	《右营大坪汛舆图》			
61	《安阳全县分地区地图》		一幅，纸本墨印	
62	《海南岛全图》			
63	《法库厅所属舆图》		一幅，纸本	
64	《江浙太湖全图》	徐传隆	光绪年间，纸本，一幅	
65	《唐努乌梁海图》	恩华	民国八年	

原载于《历史档案》2017 年第 3 期

五

关于《突厥语大词典》某些词的长元音问题

摘 要 本文根据《突厥语大词典》编著者在卷首对"多余字母"的解说、某些词条写法和读音的解释以及词典维文译本译者有关注释，认为以字母表示的为长元音，以动符表示的为短元音，总计有 8 个长元音。从词典中相关词条的元音表示法看来，长短元音的区别已经逐渐淡化，词典编著者认为某些带长元音的词写作或读作短元音也是正确的。

关键词 《突厥语大词典》 长元音 短元音

古代突厥人，包括回鹘、黠戛斯等突厥各部，7～10 世纪使用突厥文；9～15 世纪在以高昌回鹘汗国为中心的地域，使用回鹘文；10～13 世纪，在以伊斯兰教为国教的现今中亚和新疆喀什一带的喀喇汗王朝，使用以阿拉伯字母拼写突厥语的喀喇汗王朝突厥文。据国内外学者们的研究，突厥文、回鹘文和喀喇汗王朝突厥文文献语言都有长元音。

有些学者根据土库曼语、雅库特语等某些现代突厥语有长元音以及突厥文文献元音字母的使用法，认为原始突厥语有长元音。在突厥文文献语言中，字母的用法也证明有一些带长元音的词，如：aːč（饥饿的）、aːt（名字，称号）、yoːq（无）、buːqa（公牛）。还有的学者根据突厥文以及现代突厥语推测突厥文文献语言中以下一些词里也有长元音，如：ïːd –（派遣）、qïːz（姑娘）、köːl（湖）、küː（名声）等。但在突厥文文献语言中，像 aːč –（饿）与 ač –（开），aːt（名字，称号）与 at（马）这样完全以元音的长短区别词义的例子已经很少了。①

---

① Talat Tekin, *A Grammar of Orkhon Turkic*, Bloomington, 1968, p. 30, pp. 50 – 55；冯·加班：《古代突厥语语法》，耿世民译，内蒙古教育出版社，2004，第 36～37 页；耿世民：《古代突厥文碑铭研究》，中央民族大学出版社，2005，第 68 页；张铁山：《回鹘文献语言的结构与特点》，中央民族大学出版社，2005，第 45～50 页；王远新：《突厥历史语言学研究》，中央民族大学出版社，1995，第 76～82 页。

在回鹘文文献中，个别词有元音字母重叠书写的情况，例如：oot（火）、tii（定，建除满之一）、quur（腰带）等，这大约表示长元音，即oːt、tiː、quːr。此时，带短元音的 ot 则表示"草，药草"，ti 则表示"丁（天干之一）"，qur 则表示"行列，顺序"，但这种完全由元音长短区别词义的例子很少。少数汉语借词也用重叠字母拼写，例如 luu（龙）、kuu（危，建除满之一；癸）、kuun（阃）、siin（辛）、biir（笔）等，其读音也是长元音。但是，不论固有词还是借词，带长元音的词也可能写一个元音字母，如 oot ～ ot（火）、baars ～ bars（虎）、qool ～ qol（手臂）、yiil ～ yil（风）、tüü ～ tü（毛发）、yuul ～ yul（小溪）、luu ～ lu（龙）、toon ～ ton（衣服）、tooz ～ toz（灰尘，粉末）、tuuš ～ tuš（伴侣，配偶，偶然，巧合），等等。可见，长短元音对立已经有逐渐淡化的趋势。

喀喇汗王朝突厥文文献流传至今的有《突厥语大词典》《福乐智慧》两部巨著和《真理的入门》。《突厥语大词典》是 11 世纪喀喇汗王朝伟大的突厥语专家麻赫默德·喀什噶里编著的有史以来第一部以阿拉伯语解释突厥各部语言的词书。由于其中包括涉及当时突厥社会生活各方面的大约 7000 个词语以及编著者对于语言文字和文化的解释，所以被突厥学界称为关于突厥文化的"百科全书"，同时它也是我国民族文化宝库中的一朵奇葩。

一 《突厥语大词典》的许多词都有长元音

改革开放后，我国各民族的文化受到中国共产党和人民政府的高度重视，在新疆维吾尔自治区党政机关的领导下，1981～1984 年，翻译出版了《突厥语大词典》的维吾尔文译本；2002 年，民族出版社出版了《突厥语大词典》的汉文译本；2008 年，新疆人民出版社又出版了《突厥语大词典》维吾尔文译本的珍藏本。《突厥语大词典》各种版本的问世，使维吾尔语文工作者以及从事维吾尔语言、历史、文化研究的学者们受益匪浅。

《突厥语大词典》是工具书，对于词语的写法和读音特别重视，所以比较具体地阐述和表示长元音。《突厥语大词典》的维吾尔文译本使用以拉丁字母为基础的音标，并且在短元音音标之上加"－"来表示长元音，例如，"a"表示短元音，"ā"表示长元音。[①] 但在维文译本中突厥语词条和例句的标音，一般只将词首相连的两个阿拉伯字母‖用 ā 标音，但未见词首的 ō、ū、ǖ、ǒ 等，而词中或词末未见使用加"－"的 ā，或 ō、ū、ǖ、ǒ 等其他长元音音标。

---

① 麻赫默德·喀什噶里：《突厥语大词典》（维吾尔文译本 Ⅰ～Ⅲ），新疆人民出版社，1981、1983、1984，第一卷卷首《〈突厥语大词典〉维文译本注释》部分，第 53 页。

依据《突厥语大词典》（维吾尔文译本）译者的见解，喀喇汗王朝突厥文文献语言有 18 个元音，除 a、ï、ä、i、o、u、ö、ü 8 个基本元音和 aː、ïː、äː、iː、oː、uː、öː、üː 8 个长元音外，还有 e 和介于 ä 与 e 之间的一个展唇元音。① 但在我国突厥学界也有不同的见解。例如，有学者认为只有 11 个元音，即 a、ï、ä、i、e、o、u、ö、ü 和 aː、iː 两个长元音，而没有 äː、ïː 和 oː、uː、öː、üː。②

在《突厥语大词典》正文之前有词典编著者关于突厥语以及字母的说明，其中提到所谓静词的"多余字母"和动词的"多余字母"。③ 其中，静词的"多余字母"是讲述表示长元音的元音字母的写法；动词的"多余字母"是讲述词干加构成动词的构词附加成分以及动词词干加形成动词各种态的附加成分。据词典编著者的解说，关于静词的"多余字母"所讲的元音的表示法，其实也适用于动词的元音。④

《突厥语大词典》的编著者麻赫默德·喀什噶里在静词的"多余字母"这一节说："长音符 mäd 或软音符 lin 都是静词中的多余字母。"根据维文译本译者对于此书中"长音符"和"软音符"的注释，它们就是阿拉伯字母的 ا و ى 三个元音字母，表示长元音或非重读的中长元音。⑤ 既然有这类字母的词就表示它们应读长元音或中长元音，所以《突厥语大词典》中是有 äː、ïː 和 oː、uː、öː、üː 的，因为元音有时用"字母"（härp）表示，有时用"元音符号"（härikä，汉文也译作"动符"）表示。一般用元音字母表示的应该读长元音或中长元音；而用元音符号表示的应该读短元音。不过，《突厥语大词典》（维吾尔文译本）除词首长元音 ‖（ā）外，没有在拉丁音标上严格区分长短元音。

根据词典编著者关于"多余字母"的解说和维文译本译者的注释以及词典中词条、例句的喀喇汗王朝突厥文字母或动符的用法，我们可以看到许多词元音是以"多余字母"表示的，应读作长元音，同时有少数以元音长短区别词义的词。

（一）带有各种长元音的词

1. 带有长元音 aː 的词。例如：

1－110⑥ aːɣ 胯裆，手指丫　　1－234 aːɣ－ 上升，登上　　1－110 aːq 白

---

① 参见《突厥语大词典》（维吾尔文译本），第一卷卷首，第 53 页，译者说明的音标部分。本文采用突厥语音标与《突厥语大词典》（维吾尔文译本）的音标不同，但都有对应关系。

② 赵明鸣：《〈突厥语词典〉语言研究》，中央民族大学出版社，2001，第 97～101 页。

③ 参见《突厥语大词典》维吾尔文译本第一卷，第 22～30 页；《突厥语大词典》汉文译本第一卷，北京民族出版社，2002，第 18～25 页。汉文译本第 20 页将动词部分的所谓"多余字母"译作"附加字母"。

④ 参见《突厥语大词典》（维吾尔文译本）第二卷，第 48～49 页。

⑤ 关于中长元音，见《突厥语大词典》维吾尔文译本及汉文译本第一册原著者序言中的"关于名词中的多余字母"部分，维吾尔文译本第 22～23 页，汉文译本第 18～19 页，及维译者、汉译者之注释。

⑥ "1－110"表示《突厥语大词典》（维吾尔文译本）第 1 卷第 110 页，其余类推。

1 - 111 aːl 粉红色　　　　1 - 111 aːl 计谋　　　　1 - 108 aː č 饥饿的

1 - 232 aː č - 饿　　　　1 - 108 aːr 鬣狗　　　　1 - 109 aːz 少

1 - 109 aːz 白扫雪（动物）　1 - 232 aːr - 劳累，疲乏　1 - 110 aːs 白扫雪（动物）

1 - 234 aːs - 挂，吊　　　1 - 108 aː ḍ 绸缎等手工艺品　1 - 110 aːv 狩猎

1 - 110 aː š 饭食，奶糇　　1 - 234 aː š - 超越　　　1 - 112 aːy 月亮，月份

1 - 233 aːz - 迷失，迷路　1 - 107 aːt 名字，称号，别号，头衔

除词首外，词的其他位置，如辅音开头的词第一音节元音或其他音节元音，也都有长元音 aː。例如：

1 - 379 aɣnaː - 打滚，口吃　1 - 366 aɣsaː - 想攀登　　1 - 161 axsaːq 跛子

1 - 616 qadraːq 皱褶　　　1 - 614 čaqmaːq 燧石，打火石 1 - 533 laː čïn 隼

1 - 533 qaːtuːn 可敦，夫人

2. 带有长元音 äː 的词。例如：

1 - 366 ögsäː - 想称赞　　　1 - 185 igäːmäː 类似诗琴的乐器

3 - 240 köliːgäː 阴影　　　1 - 378 imläː - 指点，暗示　1 - 366 ävsäː - 想家

2 - 421 bäzgäːk 疟疾　　　1 - 561 birläː 和，用，以　1 - 185 i čäːgü 内脏

1 - 184 itäːgü 磨盘调节器　　1 - 185 üliːkä 槲寄生

词首未见长元音 äː。

3. 带有长元音 ïː 的词。例如：

3 - 240 qalïːma 柁楼　　　1 - 65 ïː š 事情，工作　　3 - 595 ïː ḍ - 派遣，

打发

1 - 361 aɣrïː - 患病，疼痛　1 - 544 qam čï 鞭子　　1 - 542 turbï 随从，助手

3 - 191 qïːn 刀鞘　　　3 - 253 qïː š - 偏，斜

《突厥语大词典》中许多动词词条都有用字母表示的过去时附加成分 - dïː／- tïː，凡词干元音为后元音的动词都加 - dïː／- tïː。例如：

1 - 227 aldï 他拿了　　　1 - 228 ïldï 他下来了　　1 - 232 ordï 他割了

1 - 228 uldï 它熟透了　　1 - 229 attï 他射箭了　　1 - 348 ïrɣattï 他摇晃了

2 - 497 qorqïttï 他吓唬了　1 - 230 uttï 他赢了

4. 带有长元音 iː 的词。例如：

1 - 69 iːn 兽穴　　　　　1 - 69 iːn ～ yiːn 肚粪　　1 - 67 iːk ～ yiːk 纺锤

1 - 67 iːg 疾病　　　　　3 - 594 iːn č 安心，安静，宁静 1 - 177 ikiː 二

1 - 110 iːz 痕迹，印子　　1 - 542 kirpi 刺猬　　　1 - 532 biː čin 猴子

3 - 240 kösiːgä 荫　　　1 - 360 ävdiː - 收集，收拾，捡起

同样，许多动词词条都有用字母表示的过去时附加成分 - diː／- tïː，凡词干元音为

前元音的动词都加 – di:／ – ti:。例如：

1 – 227 äkdi: 他播种了	1 – 222 i čdi: 他喝了	1 – 221 öpdi: 他吻了
1 – 223 üzdi: 他弄断了	3 – 581 äsürtti: 他灌醉了	1 – 231 itti: 他推了
1 – 230 ötti: 他贯穿了	2 – 457 tünätti: 他让住了	

5. 带有长元音 o: 的词。例如：

1 – 66 o:q 份，份额	1 – 56 o:qa 保证，担保	1 – 285 o:lït – 拧，绞
1 – 91 o:luq 木槽	1 – 68 o:n 十	1 – 63 o:r 枣骝
1 – 232 o:r – 割，收割	1 – 119 o:ru: 窖	1 – 61 o:t 火
1 – 69 o:y 洼地，凹地	3 – 327 o:nu: 就那个，眼前那个	

6. 带有长元音 u: 的词。例如：

1 – 62 u: ḍ 牛	1 – 66 u:γ 毡房的曲椽	1 – 67 u:l 基础，墙基
1 – 68 u:m 积食	1 – 81 u:las 迷人的，使人迷恋的	
1 – 64 u:z 手巧的，有手艺的	1 – 285 u:lat – 使连接	1 – 285 u:lït – 使嚎叫
1 – 119 oru: 窖	1 – 361 aγru: – 增重，变重	
1 – 168 ordu: 汗庭，皇宫，皇城		

7. 带有长元音 ö: 的词。例如：

1 – 62 ö:d 时间，时代	1 – 67 ö:g 智慧，理智	1 – 84 ö:kü:š 未驯服的
1 – 67 ö:l 潮湿	1 – 232 ö:p – 抿，呷	1 – 61 ö: č 仇恨
1 – 61 ö:t 胆	1 – 63 ö:r 裉	1 – 232 ö:r – 编，编织
1 – 233 ö:r – 上升，出	1 – 353 ö:tür – 使回忆，使想起	1 – 63 ö:z 自己
1 – 64 ö:z 髓，芯子		

8. 带有长元音 ü: 的词。例如：

1 – 213 sü čü:k 酒	3 – 327 ü:ki 鸱枭，猫头鹰	1 – 84 ü:kü:š 多
3 – 166 sü:t 奶	1 – 154 iktü: 家养幼畜，人工喂养幼畜	
1 – 367 äksü: – 减少	1 – 547 kändü: 自己	
3 – 305 särü: 壁龛，搁物架		

（二）以元音长短区别词义的词

在带有长元音的词中，少数词是以元音长短区别词义的。例如：

1 – 232 a: č – 饿／1 – 221 a č – 打开　　1 – 107 a:t 名字／1 – 48 at 马

1 – 61 o:t 火／1 – 48 ot 草，草药　　　　1 – 65 ï:š 事情／1 – 52 ïš 烟，烟子

1 – 52 oq 箭／1 – 66 o:q 份，份额　　　　1 – 49 uč 乌什（城市名）／1 – 62 u:č 尖端，梢

1 – 232 ö:p – ，1 – 221 ö:p – 抿，呷／1 – 221 öp – 吻

1 – 93 ö:tük 故事，申请/1 – 93 ötük 肠胃炎，上吐下泻

1 – 57 o:ŋ 顺利，方便，容易/1 – 57 oŋ 右

1 – 168 o:rdu: 汗庭，皇宫，皇城/1 – 168 ordu: 洞穴，鼠洞

还有个别词表面上是由元音长短区别词义，但词典编著者明确指出它们原本是同一个词：

1 – 91 "o:luq 木槽。用树根剜制的用以饮牲口或冷却葡萄汁的木槽。" 1 – 92 "oluq 独木舟。该词与前面那个词是同一个词。" 可见独木舟也是用较长的树干剜制的，形状与饮牲口的木槽相似而又长又大，所以是同一个词。也许人们想加以区分而元音长短不同。其实，上述 1 – 57o:ŋ（顺利，方便，容易）与 1 – 57 oŋ（右）可能原本也是同一个词。

从上述有长元音的词看来，用"多余字母"表示的就是长元音或中长元音，用动符表示的就是短元音。这样，《突厥语大词典》就有 8 个长元音，9 个短元音，共计 17 个元音。长元音为 a:、ä:、ï:、i:、o:、u:、ö:、ü:。短元音为 a、ä、ï、i、o、u、ö、ü 和 e，① 但没有与 e 相对应的长元音。

二　长短元音的区别已经逐渐淡化

在《突厥语大词典》中有些用元音字母表示带长元音的词又可以用动符表示，甚至分别列为两个词条，这就说明它也可以读作短元音而不影响词义。还有些带长元音的词所派生的同根词元音长短不同，或者在其他词条的例句中元音长短不同。这些情况都说明，11 世纪的《突厥语大词典》所反映的喀喇汗王朝突厥文文献语言元音长短的区别已经逐渐淡化。

（一）用字母表示带长元音的某些词也可以用动符表示短元音

前文已经提到《突厥语大词典》中的某些词，元音以不同的方式书写，分别表示元音的长短并以此区别词义，如"1 – 232 a:č – 饿/ 1 – 221 a č – 打开，1 – 107 a:t 名字/1 – 48 at 马"，等等。

但另一方面，有些词的元音既可以用字母表示，又可以用动符表示，并分别列为两个词条，这说明其元音可长可短。例如：

1 – 181 aq/1 – 110 a:q 白　　　　　　1 – 426 tüz/3 – 170 tü:z 平坦

1 – 535 tava:r/1 – 469 tavar 货物　　1 – 463 buqa č/1 – 535 buqa: č陶器

2 – 11 sïz – /3 – 252 sï:z – 融化，显露　1 – 54 ün/1 – 68 ü:n 声音

---

① 本文音标 e 相当于《突厥语大词典》维吾尔文译本的音标 ə。至于第一卷正文这之前第 53 页维吾尔文译本注释所列的音标 e，在所有词条及例句中都未见使用。

1－50 üz/1－63 ü:z 油，油多的　　　1－52 oq/1－66 o:q 份，份额

1－442 qïn/3－191 qï:n 刀鞘

有的虽不是列为两个词条，但词典编著者在同一词条中提及或在不同的词条中出现。例如：

1－108 a:ḍ/1－108 a ḍ绸缎等手工艺品　1－61 ü:zä/1－201 üzä 在上面

（二）某些词的元音与其同根词的元音写法不同

在《突厥语大词典》中有许多由同一词根派生的"同根词"，其中有些词与其同根词的元音写法不同，表示其元音长短不同。例如：

1－107 a:t 名字，称号，别号，头衔 / 3－343 ata－ 命名，称呼

1－110 a:v 狩猎 / 1－377 avla－ 围猎，簇拥，1－389 avlal－ 被猎获，1－86 av čï 猎人

1－234 a:s－ 挂 / 1－264 asïl－ 被挂，1－249 asïš－ 一起挂，1－342 aslïn－ 悬挂

1－110 a:š 饭食 / 3－347 aša－ 吃饭，1－281 ašat－ 使吃，喂饭

1－67 i:g 疾病 / 1－378 iglä:－ 生病，1－351 iglät－ 使生病，1－108 iglig 病人，1－361 iglik 病

1－232 o:r－ 收割 / 1－161 orɣa:q 镰刀，1－262 orul－ 被收割，1－102 orum 一刀割下的量

1－61 o:t 火 / 3－345 ota－ 烤火，点火

1－234 ö:g－ 称赞 / 1－366 ögsä:－ 想称赞

1－67 ö:g 智慧，理智 / 1－343 öglän－ 理解

1－19 ö:l－ 死，1－98 ö:lüg 尸体 / 1－398 ölügsä:－ 想死，1－367 ölsä:－ 想死，1－72 ölüt 杀害，互相残杀，1－299 öldür－ 杀，宰

1－67 ö:l 潮湿 / 3－350 öli:－ 变潮湿，1－286 ölit－ 打湿，弄潮湿

1－233 ö:r－ 编 / 1－175 örmä 编的，1－263 örül－ 被编

1－285 u:lat－ 使连接 / 3－349 ula－ 连接，1－274 ulan－ 连接，接合，1－255 ulaš－ 互相连接

1－62 u:č 尖端，梢 / 1－340 učlan－ 被削尖，1－257 učuq－ 到头，结束

1－84 ü:küš 多 / 1－378 ükli－ 增多，1－399 üküšlä－ 认为多，嫌多

1－68 ü:n 声音 / 1－360 ündä－ 呼唤，1－308 ündäš－ 一起呼唤

1－229 ün－ 发芽，登上 / 1－300 ü:ndür－ 使发芽，使登上

1－223 üz－ 弄断，掐断 / 1－365 üzsä－ 想弄断，1－342 ü:zlün－ 断

以上例词中 1－61 o:t（火）的同根词 3－345 ota－（烤火，点火）与来自 1－48 ot（草）的同根词 3－344 ota－（除草，打尖）成为同音词了。这就很典型地说明长短元音的区别已经逐渐淡化了。

（三）某些词词条与该词在其他词条例句中的元音写法不同

在《突厥语大词典》中，还有些词的元音在词条里的写法与在其他词条例句中的写法不同，说明这些词既可以读作或写作长元音，也可以读作或写作短元音。例如：

1－68 o:n 十。这个词在 1－94 ürük（停歇期）之例句中为 o:n，但在 1－293 artur－（增加）之例句中为 on。可见用字母表示 o: 或用动符表示 o，在当时已经不影响词义，o:n 或 on 都是"十"。

又如，1－441 tün 夜。1－112、2－442、3－353 有关词条的例句中也是 tün，但在1－552、2－101、2－129 有关词条的例句中都是 tü:n。同样，元音 ü 的长短不影响词义。

词条的写法与在其他词条例句中的写法不同的这类词还有不少：

1－107 a:t / 3－343 at 名字，称号，别号，头衔　　1－108 a:č/ 1－503 a č 饥饿的

1－77 aɣïz / 1－61 aɣï:z 口　　　　　　　　　　　1－111 a:l / 3－223 al 粉红色

1－111 a:l / 1－86 al 计谋　　　　　　　　　　　　1－110 a:v / 1－377 av 狩猎

1－112 a:y 月亮,月份/ 1－341 ay 月亮, 2－4 ay 月份　1－110 a:š / 1－63 aš 饭食

1－109 a:z / 1－104 az 少　　　　　　　　　　　　1－427 qïz / 1－166 qï:z 姑娘，女儿

1－53 ol / 1－81 o:l 他，那，他是，那是　　　　　　1－177 iki: / 1－68 i:ki: 二

1－180 onun č/ 3－608 o:nun č 第十　　　　　　　1－48 ot / 1－542 o:t 草

1－61 o:t 火/1－222 o:t ö čdi: 火灭了，　　　　　　1－222 ol ot ürdi: 他吹灭了火

3－169 bu:z/1－555 buz 冰　　　　　　　　　　　1－87 uluɣ/1－72 u:luɣ 大，巨大

1－105 uzun /1－584 uzu:n, 3－167 u:zu:n 长的　　1－68 u:n/1－317 un 面粉

3－326 munu: /3－327 mu:nu: 就这个，眼前这个1－67 ö:l / 1－440 öl 潮湿

1－103 ölüm / 1－66 ö:lü:m 死亡　　　　　　　　1－49 ü č / 2－413 ü: č 三

1－104 ü č ün/2－423 ü č ü:n 为了　　　　　　　1－84 ü:küš / 1－120 üküš 多

还有几个词条值得注意：

1－635 pä čä:näk 派切乃克　　　　　　　　　　　1－108 a: ḍ 丝绸等手工制品

麻赫默德·喀什噶里解释 pä čä:näk 说"派切乃克"是"乌古斯部落之一。这个词也写作 pä čänäk。"解释 a: ḍ"丝绸等手工制品"说"这个词有时可简化为 a ḍ"。这说明词典编著者不是随意用字母或动符而是有一定根据的，同时，他本人也认为某些长元音的词可以写作或读作短元音。

以上这些词，大多数词条为长元音，在其他词条的例句中为短元音，但也有与之相反的情况。例如，1－77 aɣïz（口）、1－427 qïz（姑娘，女儿）和 1－441 tün（夜）等等，短元音为词条的写法，长元音为其他词条例句中的写法。它们说明不仅长元音的词可以写作或读作短元音，短元音的词也可以写作或读作长元音。这就更足以说明

当时元音长短的区别已逐渐淡化。

三 词典编著者对于长短元音区别淡化的态度

上述这些情况说明，在喀喇汗王朝突厥文文献语言中，元音长短的区别已经逐渐淡化，某些长元音的词也可以读作或写作短元音，甚至原来以元音长短区别词义的词也都变为可以读作短元音的同音词了，例如 oq 既表示"箭"又表示"份额"，at 既表示"马"又表示"名字，称号，别号，头衔"。而且，面对长短元音的区别逐渐淡化的趋势，词典编著者麻赫默德·喀什噶里一方面强调某些词元音为长元音或者也可以写作长元音，另一方面，还流露出主张短元音更简便、更正确的倾向。现分别简述如下。

（一）在许多词条中说明该词原为长元音

首先，何以见得用字母表示的元音就应读作长元音，用动符表示的就应读作短元音呢？有一个关于汉语借词的词条就可以证明：

"1－544 šän čü（陕州。上秦道路上的一个城市。该词 š 字母长读作 šäːn čü（就更正确。"

词典编著者这一解说证明了用字母表示的元音就应读作长元音。

《突厥语大词典》中还有一些被麻赫默德·喀什噶里注明其元音原本为用元音字母表示的长元音。例如：

1－606 saɣlïɣ 有数目的（原为 saːɣlïɣ）①

1－645 taṯïɣlïɣ 甜的（该词原写作 taːṯïɣlïɣ）

3－422 yaṣla－ 吃草（原为 yaːšlaː－，为了简便与其他词一样略去了字母）

3－56 yaṣlïɣ 年迈的（该词原为 yaːšlïɣ）

2－260 čïṉɣar－ 证实，查实（原为带有 ى 字母的 čïːṉɣar－）

1－343 öglän－ 恢复，理解，省悟（原为 öːglän－）

3－369 tülä：－ 换毛，脱毛（该词原为 tüːläː－，后来略去了 و 字母）

前述 1－544 šän čü（陕州）是汉语借词，而且因为汉语"陕"是上声字，在突厥人听来韵母的元音比较长，所以词典编著者说"š 字母长读就更加正确"，因为阿拉伯文所谓"š 字母"实指"以 š 开头的音节"其可以"长读"的就是元音 ä。在维吾尔文译本中，以上这些词条的音标都没有表示长短元音的差别，如果不看阿拉伯字母就可能不明白作者的本意。所以这些词条更清楚地说明词典编著者用字母表示的元音与用

---

① 加下划线的 a 表示词条写法是动符，应读作短元音 a，但词典编著者说明其原应为长元音 aː，其他元音类推。括号中的话是词典编著者对该词的解说。

动符表示的元音长短不同。

（二）几次说明带长元音的词读作或写作短元音也是正确的

麻赫默德·喀什噶里在《突厥语大词典》的 1 - 526、527 页说用"突厥文"（实指回鹘文）写 tapan（骆驼蹄草）之类的词时，都要写元音字母。他认为，"虽然加上某个长音字母或软音字母是可以的，但更正确、更适宜的是本书所写的（指不用元音字母而用动符表示词中的元音）。"其原因是用动符表示的是用字母表示的缩写形式，"（词中元音）读作长元音不是远离于原词的读法。缩写词是简便的，简便的形式则是更正确的。"再看 1 - 108 aːḍ（绸缎等手工制品），词典编著者说："这个词有时也简约地说 aḍ。这是正确的。"这又说明，由于元音长短的对立逐渐淡化，一些带有长元音的词也可以写作或读作短元音。

最后，词典第二卷第 48～49 页，提到 bardïː（他去了）也可说成 baːrdï，turdïː（他站立了）也可说成 tuːrdï 之后，词典编著者又说："但在静词和动词中，以言辞简短精炼为正确和善于辞令。"

这些话说明，在当时的喀喇汗王朝突厥文中，词中各音节的元音如果用元音字母表示就是长元音，如果用动符表示就是短元音。在这位语言学家心目中，随着长元音逐渐退化有明显的逐渐消失的倾向，所以他认为这类词写作或读作短元音也是正确的。

但是词典编著者也指出，词中各音节元音的长短多已不区别词义，读法和写法都不是很严格地对立了，在当时词中元音的长短虽然还有区别词义的作用，但已经不很严格，长元音的词可以读或写作短元音，反之亦然。所以，应该认为喀喇汗王朝突厥文文献语言中，长短元音的区别已经逐渐淡化。而且，他认为原为长元音的词写作或读作短元音不仅是简便的而且也是正确的。作为当时的语言学家，他的见解和态度也预示着突厥语固有词长元音的终将消失。

总之，根据《突厥语大词典》编著者麻赫默德·喀什噶里在卷首关于"多余字母"的解说以及在许多词条中元音字母与动符的用法以及他对于有关词的读音的解说，证明元音的不同写法表明元音长短不同，但因元音长短对立的区别已经逐渐淡化，以致同一个词既可以写作或读作长元音，也可以写作或读作短元音；同根词元音的长短也可能不一致；同一个词在不同词条的例句中元音长短也可能不同。面对长短元音的区别逐渐淡化，作为语言学家，麻赫默德·喀什噶里的态度是：一方面根据语言的历史和现实，在词典中既反映原来的长元音，又以词条或例句反映也可以写作或读作短元音的现实。另一方面，在某些词条的释文中表明自己也赞成淡化长短元音的区别，甚至认为这类词的短元音形式更简便，更正确。

最后，还有一个问题需要注意，即与《突厥语大词典》同时期的巨著《福乐智慧》有流传至今的两个阿拉伯字母抄本，基本上没有用"动符"，所以国内外学者关于

《福乐智慧》的研究成果，包括以各种字母转写或标音的论著，大都没有分别表示元音长短。笔者认为，《突厥语大词典》是语文工具书，并且是为阿拉伯人学习突厥语而编纂的，所以，作为突厥语言学家，就需要尽可能表明元音长短的区别，尽管其区别已经逐渐淡化。而作为思想家和文学家，《福乐智慧》的作者优素甫·哈斯·哈吉甫，在长短元音区别逐渐淡化的情况下就不必过多地考虑在文字上区分元音的长短。或者还有一种可能，因为《福乐智慧》的阿拉伯字母的两个抄本中，纳曼干本是 12 ~ 13 世纪抄写的，开罗本是 14 世纪抄写的，当时的突厥语固有词已经没有元音长短的区别，所以，这两份没有使用"动符"，没有区分元音的长短。遗憾的是，喀喇汗王朝的这两部巨著原著都没有流传下来，也许笔者的这一推测只能供同行们莞尔一笑。

Abstract：It remains a debated issue among the Chinese scholars of Turkic languages on how many long vowles there were as reflected from Divanu Lughatit Turk. This paper proposes that long vowels were represented with härp（letters）while short vowels were represented with härikä（diacritics）according to the explanations on the "redundant letters" in the author's introductory remarks and his explanations about the orthographic representations and pronunciations of certain entries, as well as the commentaries by the translators of the Uyghur version of this dictionary. Along this line, numerous lexical items in the dictionary contained long vowels, and there were altogether 8 long vowels. However, as shown by the representations of vowels in certain entries, the distinction between long and short vowels was weakening. The author of the dictionary maintained that it was also acceptable when the long vowels in certain words were orthographically represented or phonetically pronounced as short vowels.

Keywords：*Divanu Lughatit Turk*　Long Vowel　Short Vowel

原载于《民族语文》2015 年第 4 期

三亚迈话方言归属问题

欧阳觉亚

海南三亚市即原来的崖县，古时称崖州，在海南岛的南部。这里不同背景的人群众多、语言复杂。世居本地的有黎族、汉族、回族、苗族，使用的语言有黎语、汉语、回族的回辉话、苗族的勉语。而在汉族当中，又各自使用着不同的汉语方言、土话。计有民间普遍使用的海南话（属闽南话）、疍家渔民使用的疍家话（近似广州话）、儋州话、军话、迈话，社会、机关学校使用的普通话。总共有 9 种各不相同的语言或方言。除了军话和普通话比较接近之外，其余各语言都不能相通。位于三亚西部的崖城，主要通行迈话和军话，三亚中东部的羊栏镇（今改为凤凰镇），当地主要通行迈话和海南话，中部以及北部通行黎语。在崖城和羊栏过去海南话还不怎么通行的时候，迈话是比较常用的语言。20 世纪 50 年代，我们在海南调查黎语的时候，发现这里的回辉话和迈话颇有特色。20 世纪 80 年代初，我们对回辉话已经做了一些调查研究，陆续发表一些介绍性和研究性的文章，并出版了研究专著（郑贻青的《回辉话研究》，1997）。八十年代中期，黄谷甘、李如龙先生发表了介绍迈话的文章。2004 年夏，我们开始对羊栏村的迈话作了比较详细的调查，以期进一步了解这种汉语方言的面貌。

一 前人对迈话的认识

海南三亚市的崖城镇和羊栏镇的几个村子有一万余居民使用着一种古老的汉语南方方言——"迈话"，说这种话的人为汉族。当地人称他们为"迈人"，他们也自称为"迈人" $mai^{13}non^{55}$。据明代正德年间（1506~1521）的《正德琼台志》记载："迈人、客人俱在崖州，乃唐宋以来仕宦商寓之裔。迈居附郭二、三里及三亚、田寮、椰根，三村在州治东一百里，其言谓之迈话，声音略与广州相似。"又《定安县志》记载："又崖州有迈语，与广州相似，要皆商贾遗裔也。"一直到后来，人们都沿袭这种说法，把迈话看作与广州话相似，或者属于粤语系统的一种汉语南方方言。

二 迈话的特点

1986 年和 1987 年黄谷甘和李如龙联名先后在《广东民族学院学报》和《中国语文》发表了题为《海南岛的迈话——一种混合型方言》的文章,对崖城的迈话做了详细的介绍。据文章介绍,迈话有如下的一些特点:1. 声母方面有 ʔb、ʔd 两个带喉塞的浊塞音;2. 中古浊塞音声母今读送气音声母;3. 韵母没有撮口呼;4. 双唇韵尾已经消失;5. 声调方面,阴去归入阴上,入声分高、中、低三个。文章认为,"迈话既有粤方言的成分,也有同客赣方言及海南闽语相同的地方,可以说是一种混合型的方言。"

2004 年 7 月,我们在三亚时曾到过羊栏村,除了向羊栏村的干部了解迈人的情况之外,还邀请该村小学王建华老师给我们介绍迈话的情况,并记录了部分迈话材料。2005 年 4 月,我们再次专程到羊栏村补充记录羊栏村迈话的语料,受访人主要有村民黎祖辉先生。根据两位发音合作人提供的材料,我们初步整理了羊栏迈话的音系。这个音系与黄、李提供的基本上相同,只在个别语音的描写上略有差别。

(一) 迈话的音系

1. 声母 迈话有 18 个声母:ʔb　ph　m　v　t　ʔd　th　n　l　θ　ts　tsh　z　k　kh　ŋ　ʔ　h(声韵母例字从略)

声母说明:

(1) ʔb、ʔd 是带喉塞的浊塞音声母,其特点与海南话(海南闽语)、儋州话、临高语、村语以及黎语相同或相近似。

(2) θ 是齿间清擦音,发音时舌尖不是在上下齿之间,只轻轻接触上下齿缝,而另外一些村民能发出明显的齿间清擦音。

(3) ts tsh z 是舌尖塞擦音和浊擦音,当出现在 –i 前时,近似舌叶音 ʧ、ʧh、ʒ。

(4) ʔ 是喉塞音,作声母时省略不标。

2. 韵母 迈话有 38 个韵母:

a	ɔ	ɛ		i	u	ia	ua
ai	ɔi		ei		ui		uai
au	ou	ɛu		iu		iau	
an	ɔn		en		un		uan
	ɔŋ	ɛŋ		iŋ	uŋ	iaŋ	uaŋ
	ɔt		et		ut		uat
aʔ	ɔʔ	ɛʔ			uk	iaʔ	uaʔ

韵母说明:

(1) 元音没有长短对立,但 a、ɛ 的读音比较长,ɔ、e、i、u 读音比较短。

（2）uaŋ 中的 a 近似 ɔ，可以记作 uɔŋ，但从系统上看，应为 uaŋ。

（3）元音 e 不单独作韵母。

3. 声调 迈话有阴平、阳平、上声、去声四个舒声调，有阴入、中入、阳入三个促声调。阴入、中入都来源于中古的阴入（部分字来源于阳入），阳入字来源于中古阳入。各个声调的调值是：阴平 13，阳平 55，上声 33，去声 21，阴入 5，中入 3，阳入 1。

（二）迈话的语音特点

1. 有舌尖齿间清擦音 θ。这个音看来应该与 ts、tsh、z 配成一套，即读 s，黄、李文章记的崖城迈话是舌叶音 ʧ、ʧh、ʃ、ʒ 相配对。但羊栏的清擦音却是齿间擦音。

2. 双唇音韵尾（-m、-p）已经脱落，变读作舌尖韵尾。

3. 中古非敷奉微字全读唇齿浊擦音 v。如飞读 vi^{13}，闻读 vɔn^{55}。

4. 有 i、u 介音。

5. 缺少元音 y。如猪读 tsi^{13}，吕读 li^{13}，云读 vɔn^{55}，雨读 vau^{33}。

6. 带韵尾的 a 和 ɔ 很像粤方言的 a 和短 ɐ 的关系（详后）。

7. -k 尾部分脱落，变为喉塞音韵尾：ak-aʔ，ok-ɔʔ，ɛk-ɛʔ，但 uk 仍保留。

8. 声调有四个舒声调 13 55 33 21，三个促声调 5 3 1。阴去并入阴上，如椅 i^{33}、意 i^{33} 同音，体 thɔi^{33}、替 thɔi^{33} 同音。阳上并入去声。阴去归阴上这个特点与海南儋州话和临高话（这两种话使用人口合计有一百多万）相同。

9. 入声调的阴入分两个调：阴入 5 和中入 3，阳入 1 的字有部分归阴入 5 或中入 3。

10. 调值比较独特：阴平是低升调，阳平是高平调。这与粤语、客家话或海南话都有较大的差别，但却接近儋州话（儋州阴平 35，阳平 55，上声 22，去声 11，阴入 22，阳入 55）。

11. 中古汉语并、定、群、从、澄等全浊塞音、塞擦音声母，迈话大部分读作送气音声母。如病 phiaŋ^{21} 电 then^{21} 旧 khu^{21} 就 tshau^{21} 丈 tshiŋ^{21} 等都读送气音声母。

（三）迈话的词汇特点 迈话的词汇可以分为四部分：迈话自己特有的，来源于汉语共同语的，与赣客方言相同的，与粤语相同的。我们从粤方言及客家话内部比较一致的常用词里选出一百多个词，看看迈话独有的词多还是跟粤方言或客家话相同的多，还是跟共同语相同的词多。

迈话特有的词：月翁（月亮），水窿（水坑），白日（白天），谷秆草（稻草），mɛʔ^1（稻子），番麦（玉米），女鸡（小母鸡），蚓（蚯蚓），黄公虫（蜈蚣），粗人（男人），ving^{55}人（女人），细支儿（小孩），阿母（母亲），脷舌（舌头）mɛ^{13}，mɛ^{13} tsi^{55}（乳房），θut^5（屁股），bɔi^{55}（女阴），闭眼（睡觉），爬躏（爬行），ŋon^{33}

（蹲），mɛʔ⁵⁵（躲），lɔ²¹（寻找），壁角（角落），我群（我们），佢群（他们），ku⁵⁵kɔ²¹（这个），nu⁵⁵kɔ²¹（那个），无是（不是）。

来源于汉语共同语的：茄子，猴狲，苍蝇，狗蚤，铁铛，儿（儿子），鼻儿，大腿，脚跟，晾，诒（骗），吵架，争吵，吃亏，哭，舀，跑，被，在。这些词，粤语和客家话都有自己的方言词。

与赣客方言和粤语都相同的：泥（土），今日（今天），担杆（扁担），谷（稻谷），番薯（甘薯），田鸡（大青蛙），屋（房子），番枧（肥皂），面（脸），衫（上衣），利市（红包），人客（客人），着（穿），屙（大小便），行运（走运），扱（khɔt¹，盖），拗（弯折，撅），督（戳），擘（掰），标（窜），昧水（潜水），黄猄（麂子），吊（交媾），塘虱（胡子鲇），佬（汉子），窿（窟窿），浪（晾晒），噍（嚼），炸（煠，煮），几多（多少），濑（失禁），喵（啃），企（站），行（走），打靶（枪毙），阔（宽），细（小），杰/结（稠），肥（胖），衰（倒霉）发姣（淫荡），啱啱（刚好），一滴（一点儿），架（辆）。

单独与赣客方言相同的：爷（父亲），阿母（母亲），平宜（便宜），喊（叫唤），分（给）、莫（别）。

单独与粤语相同的：鸡嫲（母鸡），翼（翅膀），水鸭（野鸭），手（胳膊），tshut¹（男阴），劏鸡（杀鸡），诈戆（装傻），thɔn²¹脚（跺脚），掟（扔，投掷），走（跑），闹（骂），拣（挑选），个（块，一块钱）。

从词汇异同的比例来看，迈话与粤语虽有一定的关系，但把这种关系摆到整个粤语区来看，它在粤语里又不算很突出，起码比不上两广大陆任何一个粤语点所拥有的粤方言共同词汇的数量。我们从《珠江三角洲方言词汇对照》一书（并参考了粤西、粤北十县市粤方言调查报告）选择了383个粤方言内部比较一致的方言词，利用各点的方言词与广州话进行比较，得出不同的数据。又参考谢建猷近著《广西汉语方言研究》有关粤语、平话的资料，进行词汇异同比较。参加与广州相比较的有：中山（包括珠海）、清远、台山（包括开平、恩平、新会）、南宁、百色、宁明、桂平、北海、钦州、北流唐僚、横县、博白、浦北、贵港、灵山、宾阳、武宣、蒙山、贺县铺门、融水土拐话、宜州百姓话等通行粤语的地区。另外还选出平话的几个代表点：南宁沙井、百色那毕、崇左四排、扶绥龙头4个点，最后加上迈话。具体结果如下。

参加比较的地点	用以比较的词数	相同词数	所占百分比（%）
广州：中山	383	337	87.99
广州：清远	383	311	81.20
广州：台山	383	272	71.02

续表

参加比较的地点	用以比较的词数	相同词数	所占百分比（%）
广州：南宁	383	243	63.45
广州：百色	383	217	56.66
广州：宁明	383	215	56.14
广州：桂平	383	208	54.30
广州：北海	383	200	52.22
广州：钦州	383	206	53.79
广州：北流唐僚	383	179	46.70
广州：横县	383	175	45.69
广州：博白	383	169	44.13
广州：浦北	383	168	43.86
广州：贵港	383	167	43.60
广州：灵山	383	158	41.25
广州：宾阳	383	147	38.38
广州：武宣樟村伢话	383	136	35.50
广州：蒙山	383	135	35.20
广州：贺县铺门	383	123	32.11
广州：融水土拐话	383	109	28.46
广州：宜州百姓话	383	87	22.72
广州：南宁沙井平话	383	158	41.25
广州：百色那毕平话	383	154	40.21
广州：崇左四排平话	383	154	40.21
广州：扶绥龙头平话	383	151	39.43
广州：北流塘岸客家	383	141	36.81
广州：马山片联客家	383	121	31.59
广州：三亚羊栏迈话	361	102	28.25

　　广州附近的县市（如南海、番禺、顺德）与广州话词汇相同的比率一般高达 90%至 95% 左右，离广州稍远的县市或珠江三角洲地区的区（如清远、中山、珠海等地），与广州话词汇相同的比率一般也有 80% 以上，远至广西的南宁有 63% 以上，广西粤语地区一般有 45% 左右。只有广西蒙山县和贺县的粤语，跟广州话有稍大的距离，与广州话词汇相同数只有 35.2% 和 31.85%，这是因为蒙山县是汉语北方话和粤语的接触点，而贺县处于广西、广东、湖南三省区交界，其词汇有受到北方汉语的影响的可能，但观察其语音结构却是地道的粤语系统。而迈话与广州话的词汇相同数只有 28.25%，语音也有很大的差别。

（四）迈话的语法特点　迈话独特的语法特点不多，但也有一些与众不同的说法。

1. 名词表示细小的东西，往往在后面加上一个"儿" ηi^{55}：鼻子 $ph\sigma t^{11} \eta i^{55}$，小偷 $tsh\epsilon\mathfrak{T}^1 tsh\epsilon\mathfrak{T}^1 \eta i^{55}$，抽屉 $\mathfrak{T}dau^{33} \eta i^{55}$，小孩 $\theta\sigma ic^{33} \eta i^{55}$，女孩 $vi\eta^{55} ni^{33} \eta i^{55}$，女孩 $ni^{33} \eta i^{55}$，男孩 $tshu^{33} \eta i^{55}$，耳朵 $\eta i^{33} \eta i^{55}$，小手指 $tsi^{33} thau^{55} \eta i^{55}$。

2. 表示复数的人称代词，在单数人称代词之后加 kun^{55} 表示：我们 $\eta\sigma^{33} kun^{55}$，你们 $ni^{33} kun^{55}$，他们 $ki^{33} kun^{55}$。

3. 表示否定的词有"冇"（不）$miau^{33}$：冇有（没有）$miau^{33} zau^{33}$，"无"nu^{55}。"冇"用在句末，起疑问的作用："你打得过佢冇?"（你打得过他吗?）"你惊吃药冇?"（你怕吃药吗?）"你担得一百斤冇?"（你挑得一百斤吗?）

4. 表示即将的助动词 $a\mathfrak{T}^5$，有"将要"的意思：天黑，$a\mathfrak{T}^5$ 下雨罗（天黑了，要下雨了）。

5. 双宾语的句子，指物宾语在前，指人宾语在后，一般要重复动词："你分几多钱分我?"（你给我多少钱?）指人宾语也可以在前："我分你五十银。"（我给你五十块钱。）

三　迈话与赣客方言的关系

迈话里有许多赣客方言的成分，首先在语音方面，中古汉语浊塞、浊塞擦声母，迈话一般读作送气的清声母；部分阳入字（半浊）变读阴平。这些都是和客家话相同的特点。另外，一些字的读音也与客家话很相近：撮口呼的字多读 i 韵：吕、居韵母为 i；假开三的字部分读 a 韵，如车、蛇、野、茄等韵母为读 a。但也有好些字与客家话的读法不同。如流开一、三的走、豆、狗、口、谋、厚等字客家读 ϵu 韵，迈话却读 au 韵。客家话古次浊上声字（马、母、买、美、理等）变读阴平，迈话基本上没有变读。

在词汇方面，迈话有不少与客家话相同的方言词。但大部分同时又与粤方言相同。这些方言词是来源于客家话还是来源于粤方言？还是来源于一个更早、范围更广的南方方言？如果说，迈话人最早使用的是客家话，但客家话一些方言色彩很浓厚的方言词，如"涯"（我），系（是），食（吃），禾（稻子），索（绳子），叫（哭），饥（饿），牡（雄性）、嫲（雌性），包粟（玉米）等，迈话都与客家话不同。因此，从整个词汇系统来看，迈话的词汇反映出客家话的比重不大。

四　迈话与粤语的关系

前人普遍认为迈话与广州话比较相似，应该说迈话与粤语（大范围的粤方言）有一定的关系。由于语音差别较大，两地的人不能通话。语音的差别到了什么程度，可以从以下的对比来讨论。

在声母方面，迈话与广州话声母数目相近（迈话为 18 个，广州话为 19 个）。迈话声母比广州话多了 ʔb、ʔd、v、θ、z 五个，缺少 kw、khw 两个圆唇声母。迈话的与广州话的 ʔn 相对应，ʔd、ʔb、v、z 也分别与广州话的 p、t、f、j 相对应。二者只在听感上有差别而不至于影响交流。迈话的 ph、th 分别与广州话的 p、ph 和 t、th 相对应。但在韵母方面就有较大的差别了。元音方面，迈话的元音有 a、ɔ、ɛ、i、u 五个，有 i、u 两个介音，广州话有 a、ɐ、e、i、o、u、y、oe 8 个。迈话比广州话少了 -m -p 两个韵尾。因此韵母数目有较大的出入。在声调方面，迈话只有四个舒声调（阴平、阳平、上声、去声）比广州话少了两个。但入声跟广州话都是三个，甚至调值也很接近。从整体来看，迈话与广州话在语音上异多于同，加上声调调值彼此相去甚远，给两地的人交际带来很大的困难。因此很难让两地的人有认同感。

但迈话与广州话语音上还是有对应可寻的。迈话的元音 ɔ 基本上与广州话的短 ɐ 相对应。如 ɔi-ɐi、ɔn-ɐn、ɔt-ɐt，因此可以把迈话的这几个韵母看作与广州话相同。

在词汇方面，迈话似乎有相当一部分的词来源于粤语（例见上述）。这些词看来是粤语比较古老的方言词。但同样粤语地方特色很浓的一些词，迈话另有说法，如脚（腿），大髀（大腿），饮水（喝水，迈话叫吃水），瞓觉（睡觉，迈话叫闭眼），争（欠），蚀抵（吃亏），喊（哭），郁手（动手），踎（蹲，迈话叫 ŋɔn³³），抠（搀杂，迈话叫冲），揾（找，迈话叫 lɔ²¹），靓（美，迈话叫好 ɛʔ⁵）。

从语音上看，迈话跟广州话不算很接近，迈话四个舒声调跟广州话的差别是够大的，但跟珠江三角洲某些地方很一致。高明、恩平两地都是只有阴平、阳平、上声、去声、阴入、中入、阳入七个声调。上去不分阴阳，入声分高中低三个，这与迈话相同。

综合上述，迈话与粤语有较多的共同点。

五 迈话与闽语的关系

迈话里也有不少现象与海南闽语相同或相似，迈话与海南话长期共处于一个海岛上，彼此长期来往，互相学习，在语言上自然有所反映。初步看来，迈话与海南话彼此相同或近似的地方大概有如下几点。

在语音上，海南话和迈话都有 ʔb、ʔd 两个带喉塞音的声母，有 v、z 两个浊擦音，海南话声调上声不分阴阳，去声和入声各分两个，共七个声调。二者声调不完全相同。海南话比较主要的特点是韵母有阴阳对转的现象。阳声韵失去韵尾后变成没有辅音韵尾的韵母了。如惊读 kia³³，钢 kɔ¹¹，长 ʔɔ²²，鲜 si³³，肝 kua³³，羊 io²2 等，迈话没有这个现象。近几十年来，海南话在海南的势力日渐扩大，个别字的读法，年轻人可能受海南话的影响较多。但这些只是近期的影响所致。在谈论迈话的来源或归属时可以忽略不计。

六　初步的认识

综上所述，我们得出几点初步的认识和判断。

（一）迈话里有赣客方言的成分，有粤语的成分，也有海南闽语的成分。对这些不同来源的成分如何分析会影响我们对迈话来源或归属问题的判断。研究汉语方言一般都比较重视声母与声调的关系。声母的清浊主宰着声调的分化，由此反映各地方言的差异。汉语声母与声调的关系有几种类型，古浊音声母今变读清声母，平声读送气，仄声读不送气的为一类，如普通话、广州话等；平声仄声一律读送气的为一类，如客家话；平声仄声全部都读不送气的为一类，如广西平话和粤西某些地方的土话。在这点上，迈话与客家话颇为近似。但客家话的次浊阳上字变读阴平，这一特点迈话没有跟上。这说明前一种的变化与后一种的变化不在一个时间层次上。古浊塞、浊塞擦音今读送气与否应该是最古老的现象，而次浊阳上变阴平在时间上应该是较为晚一点，应属于第二个层次。迈话只有赣客方言的最古老的特点，可以设想，迈话人在相当早的时候曾经与客家人生活在一起。迈话人离开客家人的时候只带走最古老的东西，而客家话后来产生的东西，迈话没有分享。换句话说，迈话人没有参加客家话形成的全部过程。因此我们可以说，当初的迈话还不算客家话，它只有客家话早期的特点，甚至只有"前客家话"的特点，即只有客家话形成以前的特点。所以我们不能认为迈话是由客家话发展而来的。它的前身只是一种没有发展成熟的客家话，或者说是一种中古时期的南方汉语方言。这种方言分布在粤北、闽西、赣南一带，而这里也是古越语、楚语曾经分布过的地区。

（二）迈话与广州话有点近似，但又不是广州话，也不像某种粤语的地方土话。但为什么迈话里面带有不少的粤语成分，而且在数量上比客家话的还多。在语音结构上，迈话近似广州话，如声母比较简单，韵母比广州话大大简化。但仍然可以看到它与粤语的关系。如广州话的长短 a，长的读 a，短的读倒 ɐ，加上韵尾，构成的几个韵母长短互相对立。迈话虽然没有长短 a 的对立，但广州话的短 ɐ，迈话一律读 ɔ，相当整齐。因此我们可以把迈话的 -a -ɔ 的关系看成广州话 -a -ɐ 的关系一样。在声调上，迈话跟广州话近似的特点就是入声的数目，而且调值几乎完全相同。虽然舒声调方面，彼此差别很大。迈话声调的分合很有特色，上、去不分阴阳，阴去归阴上，这个特点在内地只有珠江三角洲某些地方（恩平县、高明县）才有。在海南的儋县（今儋州）、临高也有这种情况。值得注意的是，迈话入声的三个调值（5、3、1）前两个高、中调（5、3）基本上反映阴入，低调（1）基本上反映阳入。但应该读阳入的字有一部分

（次浊入声字），却变读阴入了。这只能归因于客家话的影响在起作用了。因为客家话的中古阳入字，次浊变读阴入。这个属于客家话的影响也应该是很古老的。不然，迈话的这个特点就没有来源了。

迈话里有一定数量的粤语词汇，这应该是它来海南以前就有的。再加上迈话语音与广州话的近似，这一情况说明迈话人在来海南以前曾经在粤语地区居住过，而且时间相当长。时间太短，不可能吸收那么一套粤语方言词。但时间又不可能太长，时间太长了，自己原来的语言特点又会被同化得无影无踪。

（三）迈话与海南闽语（海南话）的关系应该是迈话人和闽语人来海南以后发生的事。从历史上看，迈话人要比操海南话的人早到海南若干年。当迈话人到达海南时，海南岛北部已经居住着临高人和儋州人。如果说，迈话受海南某种话的影响应该首先考虑受到儋州话的影响。临高语是一种非汉语，对迈话的影响估计不大。迈话在声调上与儋州话有点近似，如阴平（儋州^{35}，迈话^{13}），阳平（儋州^{55}，迈话^{55}），上声（儋州^{22}，迈话^{33}），去声（儋州^{11}，迈话^{21}），但入声差别较大，阴入（儋州^{22}，迈话^{55,33}），阳入（儋州^{55}，迈话^{11}）。关于迈话与儋州话的关系应该进一步研究，这里暂且不谈。通常认为迈话的带喉塞声母 ʔb、ʔd（有些学者称为前喉塞声母或内爆破音）是来源于海南闽语，其实不然。从时间上说，迈话人来海南的时间比闽语人早。迈话人来到海南后，要接触的首先是当地的官话或儋州话，儋州话就有 ʔb、ʔd 这两个带喉塞的浊塞音。不仅如此，海南的黎语也有这两个音，甚至古越语也有这两个音。海南闽语的这两个音是他们来海南后受到当地语言的影响才产生的。因为福建闽语和广东潮汕地区的闽语没有这两个音。所以说迈话的 ʔb、ʔd 这两个音不可能是受到海南话的影响才产生的。由此可以想象，在最初阶段海南闽语对当地语言的影响力不会很大，尤其是海南岛的西部，那里只有军话和迈话，到了后来海南话才逐渐从东部向西部蔓延。20 世纪四五十年代以后，海南闽语对整个海南岛的影响日渐增强了。闽语有一个很重要语音特点就是阴阳对转，很多阳声韵的字变读阴声韵，如惊 kia^{33} 听 hia^{33}，想 tio^{21}，真 tsia^{33}，糖 ho^{22}，鲜 si^{33}，羊 io^{22}。迈话没有这个特点。海南闽语的这个重要特点迈话却没有，这说明海南闽语对迈话的影响是比较浅的（居住在海南岛东部地区各县原来使用过的迈话后来被海南话取代了，这又当别论）。当然在具体字的读音上迈话受海南话的影响还是有的，如辉字读 hui^{33}，又如年轻人有把 tsh 声母读成 s 的趋势，这无疑是受到海南话的影响。

（四）三亚崖城和羊栏的迈话为什么能保存至今？三亚操迈话的人口只有一万多。在当地还是有一定影响力的。羊栏村在当地是比较大的村子，过去的乡叫羊栏乡，成立镇后也叫羊栏镇。在崖城，那里是旧州治和县治所在地，当地居住的多为讲军话和讲迈话的人，说海南闽语的人很少。黎族早期吸收汉语借词也多通过古官话或军话。

据说，过去羊栏附近的黎族有部分农民也学会迈话，羊栏回辉村的回族也有一些人学会迈话。甚至黎族跟回族交际也有人用迈话做中介语的。可见迈话在当时有一定的势力。到了近代，海南话向西部扩散，形成了在岛内以海南话为通用语的局面。现在三亚市主要通行海南话和普通话，羊栏和其他地区一样成了双语（双言或多言）的地区了。

（五）综上所述，迈话的性质是揉有赣客方言和粤语的一种南方方言。它有前赣客方言的特点，后来又揉有粤语的成分，但其粤语成分看来与广府话有一定的差别（如声调数目不一，声调调值也有较大的差别），这种粤语成分很可能是珠江三角洲一带的地方土话。至于迈话里面的闽语成分是后来才产生的，对决定迈话的来源和性质影响不算很大。

关于迈话的归属，就目前所掌握的情况来看，很难把它划入汉语现代方言的任何一个大方言。客家方言内部比较一致，与客家话有较大差别的迈话不可能划入客家方言或赣客方言。粤语本身所包括的次方言或土语比较多，而且各地土语也很复杂，彼此差别很大，几乎不能通话，因此，似乎也可以把迈话划入大粤语的范围里。一般地说，彼此都同属一个方言，不管方音差异有多大，人们在交际时还能互相认同，尽量克服差异。比如操各地粤方言的人，在交际时往往会带着各自的方音，自动向着标准的广州话靠拢，而且彼此都有一个认同感，认为大家都属于一个大方言。同样，在识别不同的民族时，学者们很尊重当地民族的自我意识，如果他们彼此有认同感，意识到彼此很亲近，他们很可能有同一个来源，即同一个民族。汉族的不同方言也会有彼此认同与否的问题。如四邑（台山、恩平、开平、新会）话，广州人一般是听不懂的，人们要经过比较长的时间的互相学习才有可能交际。但他们都意识到彼此同是属于粤语的，只是各自的支派不同而已。又如广西玉林话与广府话（广州话），差别也很大，人们肯定不能互相通话，但一般人都会把玉林话认为属于粤语的一个地方土话。粤西其他地区的土话，如阳江话，操广府话的人开始时也很难听得懂阳江人所讲的本地话。但他们都不会否认彼此同属于粤语。三亚的迈话，那里（三亚市区）居住着一两千使用广府话的渔民（当地称为疍家人），我们了解，疍家人听不懂迈话，迈话人也听不懂疍家话。他们彼此都没有认同感。所以，从自我意识来判断，迈话与粤语很难说是同属一个方言。

基于上述情况，我们认为迈话是混有客家话和粤语的一个小方言（或称小土语），它比较接近粤方言。可以把它放在大粤语范围的位置之内，作为一个特殊的小方言或小土语。

七 从迈话人的历史看迈话的来源

羊栏村的居民大部分是黎姓人氏，据他们称，他们是从崖城水南村迁移过来的，已有十几代了。我们从羊栏村黎姓人那里看到一本 1985 年续修的《黎氏族谱》，它记述黎姓祖公来海南开基和迁徙的经过。羊栏村黎姓人口占羊栏村的半数左右，崖城地区黎姓人氏同样也占了大多数，因此黎姓的情况很有代表性。现将他们来琼的经历及迁徙情况引述如下：

黎姓的渡琼定居始祖君用公生于宋太祖建隆元年（960），宋真宗时渡琼任文邑教谕，升任琼州教授。其后世子孙多在文昌、定安、乐会、琼海、万宁、陵水、崖县等地居住。据了解，君用公的后裔除了居住在崖县（今三亚）崖城和羊栏的仍保留使用迈话以外，居住在其他地区的都转用当地大部分人所使用的海南话（海南闽语）。即是说，当年使用迈话的人除了居住在崖城和羊栏的以外，都不再使用迈话了。

据族谱介绍，君用公的先辈黎化公世居福建兴化府莆田县二十七都，其子中乐公（后世定为一世始祖）为唐末辛未科进士，曾任广东琼州府管督副使，后移籍岭南新会。其第五世孙君用公就是渡琼定居的太祖。到了第十五世黎廉公迁至乐会，成为乐会的一世始祖。黎廉公的九世孙，其中的克让公这一支于明正德年间（1506～1521）和嘉靖年间（1522～1566）迁到崖州的水南，这是黎姓人到崖城的第一、二代，即中乐公的第二十三、二十四世孙，君用公的第十九、二十世孙。从君用公渡琼开始，到了第十九代，其中的一小支迁徙到崖城居住（时间应为 16 世纪初）。又过了若干代人，其中一支迁徙到羊栏村，在羊栏又传了十一二代。今天居住在崖城和羊栏的黎姓人氏仍然保留原来的迈话。黎廉公的第十一世（即君用公的第二十一世）孙日升公于清顺治二年（1645）从乐会迁至崖县藤桥，当时他们可能仍然使用迈话，他的孙子有魁后来也迁至崖城水南村居住，保留了迈话至今，而留居于藤桥及其他地方的大部分黎姓人氏先后放弃使用迈话，转用了海南话。

从黎姓的情况看来，迈话最先通行于海南岛的东部文昌、定安、乐会等地，那时海南闽语移民还没有到来，至少还没有大批到来，迈话当时就在黎姓人居住的地方通行。起码到了君用公的十九代或二十一代以后，乐会县（约 16 世纪初）和崖县藤桥（17 世纪初）仍然有人使用迈话。

君用公生于广东新会县，其祖辈已经在新会居住了三四代，他们原来所使用的前赣客方言很可能在这个时候逐渐地被当地的粤语新会土话的影响，开始发生某些变化，不断吸收粤语的成分。只是到了君用公时代（10 世纪末），由新会迁至海南文昌，从此操迈话的这部分人脱离了粤语的势力范围，游离于粤语的活动范围之外，不再继续吸收粤语的成分和参加近代粤语进一步形成的过程。而且随着时间的推移，跟粤语的差距继续增大。基于这个情况，迈话看来还没有发展成为粤语的一个次方言或者次土语。它的情况与玉林话、阳江话、四邑话有所不同。就语言的差异程度来看，这几种话与标准的广州话虽然也有一定的差距，但它们都一直在与广府话接触，参加大粤语的形成过程，并有一大批与广州话相同的词汇，人们很自然地认为它们也是粤语的一员。而迈话在地理上远离广州话，独自发展，在语言上与广州话的差异又远远大于台山话、阳江话或玉林话与广州话的差异。基于这点，我们只能像前面所说，暂时把它归入大粤语范围内作为一个混有客家话的特殊小土语。

＊本文所做的研究工作和对迈话的调查，曾得到香港城市大学 CTU1003／05H 及 7001720 研究项目资助。对迈话的调查始于 2004 年 7 月，调查人：欧阳觉亚和江荻；以后又补充调查了三次。参加者有欧阳觉亚、江荻、邹嘉彦、钱志安四人。本文由欧阳觉亚执笔，征求过各人的意见之后，进一步修改而成。

参考文献

三亚市地方志编纂委员会《三亚市志》，中华书局，2001。

《正德琼台志》。

《定安县志》。

黄谷甘、李如龙：《海南岛的迈话——一种混合型的方言》，《中国语文》1987 年第 4 期。

詹伯慧、张日昇等：《珠江三角洲方言词汇对照》，广东人民出版社，1988。

罗美珍、林立芳、饶长溶：《客家话通用词典》，中山大学出版社，2004。

云惟利（Woon wee-Lee）：《海南音系》。

丁邦新：《海南儋州方言》，1986。

吴英俊：《海南省儋州方言单字音表》，《方言》1988 年第 2 期。

1985 年续修《黎氏族谱》，海南。

谢建猷：《广西汉语方言研究》，广西人民出版社，2007。

原载于《少数民族语言与粤语》，暨南大学出版社，2011

藏语拉萨话元音、韵母的长短
及其与声调的关系

谭克让　孔江平

摘　要　本文通过语音实验研究藏语拉萨话元音和韵母音长的性质及其与长短声调的配合关系。实验证明：元音的长短只反映在开音节中，闭音节中的元音都属短元音，与长调相结合的闭音节中的元音，其音长甚至小于开音节中的短元音，这就打破了过去认为长元音与长调、短元音与短调相互对应的关系。但从韵母来看，长短韵母反映在所有音节中，并与长短声调有着严整的对应关系。过去感知上认识的长短元音的对立，在音位系统中实质上是长短韵母的对立，或者也可说是长短声调的对立。

关键词　藏语拉萨话　元音　韵母　声调

藏语拉萨话是藏语卫藏方言的一个代表点。一般认为这个方言在语音上一个重要的特点是：元音分长短，有 4 至 6 个声调。长短元音与声调互为补充，共有区别词义的作用，并有密切的配合关系，即长短元音各与不同的声调相结合，因此又有长调和短调之分。在不同语音结构中长短元音的音长各为多少？元音与韵母的关系如何？长短元音与长短声调的对应关系是否一致？声调与韵母或者与音节有些什么关系？对于这些问题，过去只有听觉上的感知判断，没有准确的实验数据和认识。这次我们借助中国社会科学院民族研究所语言室语音实验室的设备，对藏语拉萨话元音和韵母做了语音实验。实验的结果有助于我们更科学地认识元音、韵母及其与声调三者之间的关系。

元音、韵母与声调的源流

古藏语声母辅音分清浊，有繁复的复辅音系统，韵母有 5 个单元音，可与单辅音韵尾和二合复辅音韵尾结合成带辅音韵尾的韵母；元音不分长短，没有复元音和声调。由于语音的演变，藏语拉萨话发生了声母简化、浊音清化、韵母多样化和声调的产生等一系列语音变化。这些后起的语音现象，向我们提出了藏语拉萨话语音结构及其相互关系上值得探讨的一些问题。

古藏语的韵母有这样几种类型：单元音韵母（V*）；元音带单辅音韵尾的韵母（VC*）；元音带复辅音韵尾的韵母（VCC*）。另外还有一个对今音韵母演变发生影响的带构词后缀的双音节结构（CVCV*）。这四种结构类型在藏语拉萨话里从感知上判断演变出：（1）短元音韵母、短调①（V S）；（2）短元音带单辅音韵尾的韵母、短调（VC S）；（3）短元音带复辅音韵尾的韵母、短调（VCC S）；（4）鼻化元音带辅音韵尾的韵母、调短（V̄CS）；（5）长元音韵母、长调（V：L）；（6）长元音带辅音韵尾的韵母、长调（V：CL）；（7）鼻化长元音、长调（Ṽ：L）；（8）复元音韵母、长调（VV：L）八种结构类型，其中前三种韵母是古音已有的，后五种是演变来的今音韵母结构。

现代藏语拉萨话的韵母系统，共有 17 个单元音韵母、2 个二合复元音韵母、43 个带辅音韵尾的韵母②。为节省篇幅，下面按变化类型简要举例说明。

1. V* → V S 即演变为单元音韵母、短调。如：

（khri）③　　　　　ʈʂ'i˩ 万　　　　（ŋo）ŋo˩ 脸

2. VC*/VCC* → VC S 即古塞音韵尾演变为带单辅音韵尾的韵母、短调。韵母元音和韵尾辅音要发生有规律的变化。如：

（lab）lap˩ 说、告诉　　　　（skad）kɛʔ˥ 话

（ɦgrigs）ʈʂi ʔ˩ 行、可以　　（khebs）K'ep˥ 罩子

3. VC* → V：L/Ṽ：L/V：CL 即古 –l 韵尾和部分 –r 韵尾消失，韵母演变为长元音、长调。如：

（bskul）ky：˥ 雇用　　　　（mar）ma：˩ 向下

有的鼻音韵尾消失，韵母演变为鼻化长元音、长调。如：

（tshoŋ）ts'õ：˥ 买卖　　　　（ɦdzin）tsĩ：˩ 字据

部分鼻音韵尾和闪音韵尾保留，由于都出现在长调音节里，一般元音后标长元音符号。如：

（gsum）su：m˥ 三　　　　（miŋ）mi：ŋ˩ 名字

（zer）se：r˩ 说　　　　（car）ɕa：r˥ 东

---

① 藏语拉萨话有 4 个声调，55 调和 53 调为高调，14 调和 12 调为低调。这两类声调与古声母辅音的清浊有关，即"清高浊低"。这两类声调与今音韵母的配合关系是，55 调和 14 调都出现在长元音音节里，53 调和 12 调都出现在短元音音节里，按此分类也可称它们为长调和短调。

② 藏语拉萨话带辅音韵尾韵母的数目，各家归类不一，有的为 28 个，有的为 35 个。本文采用 28 个带辅音韵尾的韵母。为实验需要，恢复了语音系统归纳前的韵母结构，即短调音节中的鼻化元音和鼻音 m、ŋ 韵尾后的喉塞韵尾 15 个，故为 43 个带辅音韵尾的韵母。

③ 括号内为藏文转写，下同。

4. VCC* →ṼCS/VCCS 即古鼻复辅音韵尾有的演变为鼻化元音带辅音韵尾、短调。如：

(theŋs) t'e?˥ 回、次　　　　　　（lond）lõ?ʌ 全、够

有的仍保留复辅音韵尾，但韵母结构发生了变化、短调。如：

（sems）sem?˥ 心　　　　　　（brduŋs）tuŋ?ʌ 打、敲

5. CVCV* →V:L/VV:L 即部分带构词后缀的双音节词，发生了音节减缩变化。有的演变为单音节词，韵母为单长元音、长调。如：

（kaba）ka:˥ 柱子　　　　　　（rgoba）kɔ:ʌ 野羊

有的演变为单音节词，韵母为复元音、长调。如：

（dpaɦ bo）pau:˥ 英雄　　　　　（lefiu）liu:ʌ 篇章

问题与测试词的选择

藏语拉萨话的韵母结构，感知上认为：开音节和闭音节的元音都分长短，并分别与长短声调相结合。单元音韵母既可出现在长调音节里，也可出现在短调音节里；鼻化元音、复元音、带鼻音和闪音韵尾的韵母，只出现在长调音节里；塞音和复辅音韵尾，只出现在短调音节里。从来源上看：开音节的短元音、短调，来源于古开音节；开音节的长元音、长调，来源于古辅音韵尾的消失和双音节词的减缩；闭音节的短元音、短调，来源于古单辅音韵尾和复辅音韵尾的演变；鼻化长元音、长调，来源于古鼻辅音韵尾的脱落演变，但也有部分鼻辅声韵尾不脱落，仍与长调相结合；复元音、长调，都来源于双音节词的音节减缩。藏语拉萨话这种语音的演变，向我们提出了元音的音长、音节的长度①和它们与长短声调之间的关系等一些需要进一步弄清的问题。这些问题单凭听觉判断是不够的，需要借助仪器用准确的数据和图表来说明。为此，我们提取了藏语拉萨话各种不同类型的韵母进行了语音测试，测试的主要问题有：

1. 开音节词长调和短调中的元音音长各为多少？（V L/V S）

2. 闭音节词长调中带单辅音韵尾的元音音长与短调中带复辅音韵尾的元音音长有何不同？（VC L/VCC S）

3. 在长调音节里，由古鼻辅音韵尾演变来的鼻化元音的音长和现在仍保留鼻辅音韵尾的元音音长有何不同？（Ṽ/VC L）

4. 在长调音节里，由 -l、-r 韵尾脱落演变来的长元音与仍保留 -r 韵屠的元音音长有何下同？（V L/VC L）

5. 在短调音节里，带喉塞韵尾的鼻化元音与带复辅音韵尾的元音音长有何不同？

---

① 本实验排除了声母的复杂因素，做了韵母音长的实验。这里音节的长度实际上是指韵母的长度。

（ṼC S/VCC S）

6. 在短调音节里，由古塞音韵尾演变来的带喉塞韵尾的韵母元音与现在仍保留－p 韵尾的元音音长有何不同？

7. 复元音的音长与不同韵母类型的单元音的音长有何差异？

8. 元音的长短与韵母的长短关系如何？长短声调与音节的配合关系，取决于元音的长短，还是取决于韵母的长短？

测试词的选择，我们采用了以下几项原则：

1. 选用单音节词，因为单音节词不受其他音节语音的影响，而且单音节词元音的长短与声调的配合关系，不受多音节词变调的影响，便于测出它们的实际音值。

2. 按语音演变的来源进行选择，以全面地反映拉萨话语音系统的各个方面，不致有所遗漏。声调按四个调分类①，在同一声调中，选择不同来源的词。

3. 在具体音节中，不同的声母也会影响元音的长短，因此在声韵母的搭配上，不同的声调要尽可能选择相同的声韵母，以减少干扰因素。

根据以上原则，首先选出一批词进行录音，然后再从录制的词汇中精选出进行分析测量的词，测试词是按以下几种古今韵母演变类别选择的：V*→V S，VC*/VCC*→V ʔ S/VPS，VCC*→Vŋ ʔ S/Vm ʔ S/Ṽ ʔ S（以上各类又分别按高短调和低短调取词）；VC*→V:L/V:rL/V:m L/V:ŋL/Ṽ:L，CVCV*→CV:L/CVV:L（以上各类又分别按高长调和低长调取词）。这些词见文末数据表。

实验过程

这次实验所用的主要分析设备为美国 KAY 公司生产的 7800 数字语图仪，剪接和输入设备为夏普 888 收录机。实验的方法主要分三个步骤。

1. 编辑。主要是根据实验的要求和拉萨话的语音特点，对所录制的语音材料进行筛选整理。

2. 分析。主要是在 7800 语图仪上做出不同的语图。语图主要有宽带三维语图，振幅图和三维窄带语图。这三种语图虽然都能体现音长，但如果要分清一个音节中的声母、韵母元音和韵尾各自的长度以及它们与声调的关系，这三种语图都是必要的。

3. 数据的测量和整理。本文的各种数据主要是从三维宽带语图上测得。根据拉萨话的音节结构，分别测出韵母元音的音长和辅音韵母的音长。在测量韵母元音和辅音韵尾时，参考了元音共振峰和振幅图，根据它们的变化来确定韵母元音和辅音韵尾之间的分界。在测量的基础上，对原始数据进行了归类、整理，并算出各种类型的韵母

---

① 拉萨话的声调有 4 个和 6 个之分，这是调位处理上的不同。

元音、辅音韵尾男女读音的平均值，以及它们的分类平均值。数据整理的目的是为了在整理过程中发现特殊的语音现象和验证数据，因为在同一类型的语音中，如果数据差别较大，可能有两种情况，一种是语音现象比较特殊，另一种可能是测量的数据有误差或失误，通过整理可以确保数据的准确性。

在这次实验中，我们邀请了中央民族学院的两位藏族同志。民语一系语言教研室主任格桑顿珠老师，男，50 岁，大专文化程度，祖居拉萨，家庭成员都讲藏语。1977 年调来北京，从事藏语文教学与研究。另一位是干训部讲师次旦卓玛，女，41 岁，大专文化程度，祖居拉萨，家庭成员都使用藏语。1977 年来北京，从事藏文教学。由于藏语在语音上有文读和白读的差异，所以发音时我们请两位老师将所有选词一律按口语发音，他们对文读与白读分得较清。录音时是按选定的单词逐个发音的，难免会有单词脱离语言环境的不足之处。

分析

通过对测试词的声学分析和测量，取得了藏语拉萨话各种类型元音长短和韵母长短的数据。现将各种类型元音的长短与声调的关系，按数据大小列表如下（以下各类平均数值，都采用了四舍五入的原则）。

数据单位：毫秒（ms）

编号		1	2	3	4	5	6	7	8	9	10
元音类型		vp	vmʔ/vŋʔ	vr	vm/vŋ	v	Ṽʔ	vʔ	vː	Ṽː	vvː
声调		S	S	L	L	S	S	S	L	L	L
元音音长和分类	类型平均值	123	123	163	164	175	181	183	317	327	344
	类型分类	1		2		3			4		
	分类平均值	123		164		180			329		

从测试的数据来看，各种不同类型的元音长短有一定的差异（详见文末数据表），但从整体来看，属同一类型或同一来源的元音长度是基本一致的。上表编号 1 和 2 为第 1 类，元音音长平均值为 123ms，这一类是带 -p 辅音韵尾的短元音和带 -mʔ、-ŋʔ 复辅音韵尾的短元音，声调均为短调；编号 3 和 4 为第 2 类，元音音长平均值为 164ms，这一类是带 -r、-m、-ŋ 单辅音韵尾的短元音，声调均为长调；编号 5 至 7 为第 3 类，元音音长平均值为 180ms，这类是开音节的短元音和带 -ʔ 辅音韵尾的短元音和鼻化短元音，声调均为短调；编号 8 至 10 为第 4 类，元音音长平均值为 329ms，这类都是开音节的长元音、鼻化长元音、复合元音，声调均为长调。从这四类不同长度的元音中，我们可以看出，第 1 类和第 3 类都是短元音、短调，两类元音音长平均

值由于语音来源不同，数据各不相同，但差异不算很大，只差 58ms。可是第 2 类和第 4 类都是长调，两类元音音长平均值却相差 165ms，几乎相差一倍。而第 2 类长调音节中的元音，其实际音长，比第 3 类中短元音的音长还要短。如果按元音的长短来分，第 1、2、3 类均为短元音，第 4 类为长元音，但这样的分类在长短元音与长短声调的配合关系上，出现了不规则现象，即第 2 类的短元音，出现在长调音节里。这说明过去我们对元音的长短以及它们与长短声调配合关系的认识是不太准确的。那么如何来解释在长调音节里不一定都是长元音这种不规则的现象呢？为此，我们又按韵母分类做了分析和测量，得出了另外一种结论。现将各类韵母的长短按数据的大小列表如下：

数据单位：毫秒（ms）

	编号	1	2	3	4	5	6	7	8	9	10
	韵母类型	vp	v	$\tilde{V}$ʔ	vʔ	vmʔ/vŋʔ	vr	vm/vŋ	vː	$\tilde{V}$ː	vvː
	声调	S	S	S	S	S	L	L	L	L	L
韵母音长和分类	类型平均值	123	175	181	183	207	303	314	317	327	344
	类型分类	1	2				3				
	分类平均值	123	187				321				

上表中编号 1 为第 1 类，韵母音长为 123ms，这一类只有短元音带 - p 辅音韵尾的，声调为短调，分类平均值为 123ms，可以看出在拉萨话里带塞音韵尾的音节，韵母的长度是最短的。编号 2 至 5 为第 2 类，韵母音长平均值为 187ms，声调都是短调。这类韵母为开音节的短元音和带喉塞韵尾以及与喉塞音复合的复辅音韵尾的短元音，均属短韵母音节。编号 6 至 10 为第 3 类，韵母音长平均值为 321ms。这类与第 1、2 两类的韵母音长有明显的差距，声调都是长调，韵母为开音节的长元音和带鼻音、闪音韵尾的短元音。这类元音虽有长短，但从韵母来看都属长韵母音节。

上面我们按韵母的数据分了 3 类，实际上除第 1 类比较短外，韵母的音长只有 2 类，即编号第 1 至 5 为短韵母，编号 6 至 10 为长韵母。从元音、韵母、声调三者的关系来看，长短元音与长短声调之间，并没有严整的对应关系，相反，长短韵母与长短声调之间则对应严整，这说明声调与韵母的关系更近于与元音的关系。这里向我们揭示出另一个结论，即长韵母一定与长调相结合，短韵母一定与短调相结合。

另外，藏语拉萨话的四个声调，如上所述，不仅有长短之分，而且还有高低之分。通过这次语音实验，还可以看出低调的音节一般要比高调更长一些，即"低长高短"（详见文末数据表）。如高短调中开音节的元音音长平均值为 165ms，而低短调中开音节的元音音长平均值为 185ms，低调比高调长 20ms。高长调中带鼻音韵尾的元音音长平均值为 158ms，而低长调中带鼻音韵尾的元音音长平均值为 170ms，低调比高调长 12ms。

在了解了藏语拉萨话长短元音、长短韵母和长短声调三方面的总情况以后，我们再对上面提出的问题做进一步的分析。在分析过程中，对那些实际音长相同或相近的类型，我们将合并一起讨论。从实验中所得的各类数据，我们可以看出藏语拉萨话元音和韵母的长短还有以下特点。

1. 在开音节的长元音与开音节的短元音类型中，长元音音长为 317ms，短元音音长为 180ms，其比值为 1.8，两者有明显的差距。这两类的元音音长与韵母音长相同。同属这一类的还有鼻化长元音和带喉塞韵尾的短元音，它们的比值也是 1.8。

2. 鼻化长元音主要来源于部分古鼻音韵尾的脱落演变，在现代拉萨话里仍保留部分 - m、- ŋ 鼻音韵尾。在这两类中，鼻化元音音长为 327ms，带鼻音韵尾的元音音长为 164ms，二者相差一倍。如按韵母分类，二者都是长韵母，鼻化长韵母的音长为 327ms，带鼻音韵尾韵母的音长为 314ms，二者基本相等。

3. 在带喉塞韵尾的鼻化短元音与带复辅音韵尾的短元音中，鼻化短元音的音长为 181ms，带复辅音韵尾的元音音长为 123ms，其比值为 1.5，两者虽同属短元音，但元音音长差距较大，这说明不同类型的元音音长各不相同。如按韵母分类，二者都是短韵母，带喉塞韵尾的韵母音长为 181ms，带复辅音韵尾韵母的音长为 207ms，二者接近。

4. 长元音部分来源于古 - r、- l 韵尾的脱落演变，在现代拉萨话里 - l 韵尾已全部脱落，- r 韵尾仍有部分保留。在长元音与带 - r 韵尾的类型中，长元音音长为 317ms，带 - r 韵尾的元音音长为 165ms，二者相差一倍。如按韵母分类，二者都是长韵母，长元音韵母为 317ms，带 - r 韵尾的韵母为 303ms[①]，二者比较接近。

5. 在带 - ʔ 韵尾与带 - p 韵尾的类型中，带 - ʔ 韵尾的元音音长为 183ms，带 - p 韵尾的元音音长为 123ms，其比值为 1.5，二者同带辅音韵尾，同在短调音节里，但音长差距较大，这是因为在拉萨话里喉塞韵尾的声学性质比较特殊，近似紧音。鼻音韵尾后的喉塞音，也属这种性质。

6. 复元音来源于双音节词的音节减缩，其音长为 344ms。拉萨话的复元音，在声学上体现为前后两个元音的强度基本相同，属真性复元音。

结 论

藏语拉萨话元音的长短与声调的配合关系，一般认为二者是互补存在，密切配合。实验证明，长短元音与长短声调的配合关系并不严整。从共时的角度来看，元音的音长实际上分四个等级，它们与长短声调的配合，出现了相互交叉的现象。从历时的角

---

① 从语图上看，带 - r 韵尾的韵母结构比较特殊，韵尾 - r 后带有摩擦音。这里的数据不包括这部分自然延长音。

度来看，元音的长短与声调的长短也没有明显的必然联系。现代社会语言学和词汇扩散的理论认为，共时中存在着历时，一种语言的历时变化，往往体现在同一共时、不同年龄、不同性别人的口语中和词汇的扩散上。藏语拉萨话元音或韵母类型，明显地体现了这一点。藏语拉萨话元音音长的四个等级如下：

第一等级 元音：vvː（344）+ Ṽː（327）+ vː（317）÷ 3 = 329ms

第二等级 元音：v（175）+ Ṽʔ（181）+ vʔ（183）÷ 3 = 180ms

第三等级 元音：vm/vŋ（164）+ vr（163）÷ 2 = 164ms

韵母：vm/vŋ（314）+ vr（303）÷ 2 = 309ms

第四等级 元音：vmʔ/vŋʔ（123）+ vp（123）÷ 2 = 123ms

韵母：vmʔ/vŋʔ（207）+ vp（123）÷ 2 = 165ms

上述第一、二两个等级，元音的音长与韵母的音长相同，第三、四两个等级，除 vp 类型外，元音音长与韵母音长不同。第一等级中鼻化长元音（Ṽː）主要来源于古鼻辅音韵尾的脱落演变；长元音（vː）主要来源于古 – r、– l 辅音韵尾的脱落。这二者的音长平均值为 322ms，而在第三等级中，还保留在口语中的带鼻辅音韵尾的韵母（vm/vŋ）和带 – r 辅音韵尾的韵母（vr），元音平均值为 164ms，韵母平均值为 309ms。这两大类都是长调。从元音角度来分析，二者差距很大，而从韵母的角度来分析，两类韵母的音长基本相等。由此可见，带鼻音韵尾的韵母演变为鼻化元音后，韵母音长基本没有发生变化；同样，带 – r、– l 韵尾的韵母演变为开音节韵母，韵母的音长也基本没有发生变化。这就是说，韵尾脱落元音增长，韵母的音长基本保持原长度，韵尾脱落与否，两者都仍属长韵母，因此，第一等级与第三等级无论从共时的角度，还是从历时的角度，都只有在韵母这一语音单位上才能统一起来。

第二等级中带喉塞的鼻化短元音（Ṽʔ），来源于古鼻复辅音韵尾的脱落演变，带喉塞的短元音（vʔ），主要来源于古塞音韵尾的演变，二者韵母音长平均值为 182ms。此外开音节的短元音韵母也属这一等级。而第四等级中还保留在口语中的带鼻复辅音韵尾的韵母（vmʔ/vŋʔ），元音平均值为 123ms，韵母平均值为 207ms，这两类都是短调。从韵母角度来看，两类韵母音长比较接近。第四等级中还有一个保留在口语中的带塞音韵尾的韵母（vp），由于 – p 韵尾时长很短，韵母的音长只有 123ms，基本上可以说韵母的音长就是元音的音长。从这里可以看出藏语拉萨话古塞音韵尾（– b、– d、– g），演变为喉塞音后，韵尾与元音混为一体，使韵母元音变长。那么，为什么塞音韵尾演变为喉塞音后会使元音变长呢？通过声学分析，我们发现拉萨话中塞音韵尾的性质与正常喉塞韵尾的声学性质有着根本的区别。藏语拉萨话中的喉塞韵尾不体现为辅音性，而具有元音性，但不是一般的元音性，而是一种紧元音性，可以说它已不是一个独立的辅音韵尾。这点从音长上也可以看出，它与开音节短元音韵母的音长完全相同。因此，把带塞音韵尾的韵母同第二、四等级的其他韵母归为一类是合理的。

在音位处理中，一般认为"相似性"是一条重要的原则，但相似性属感知范畴，比较难以把握，但这些可以通过实验语音学的声学分析、语音合成和感知听辨实验来加以解决。感知的范畴体现的是对立关系，而对立关系如单从结构上来区别有时是拿不准的。藏语拉萨话声调有长短之分，在开音节中元音也确有长短的对立，因此在处理音系时很自然地认为拉萨话元音分长短，并与声调有密切的对应关系。但通过声学分析，我们发现长短元音和长短声调的对应没有必然的关系，在整个系统中二者无法严整地统一起来，而韵母和声调无论从共时平面，还是从历时来源上却有着严整的对应关系。从这种意义上讲，开音节中长短元音的对立，实际上应视为单元音韵母的对立，即长韵或长调与短韵或短调的对立，而不是元音长短的对立。只有这样，整个系统才能统一起来。此外，从历时的角度来看，同一类的韵母，如带鼻音、闪音韵尾的韵母和这些韵尾脱落后使元音增长的韵母，人们对这些韵母长短的感知并没有改变，这也说明长短的感知单位是韵母，而不是元音。

数据表

单位：毫秒（ms）

声调	测试词	性别	元音	第一辅音韵尾	第二辅音韵尾	元音平均值		韵母平均值	
	v*→v								
高短调	ta˥ 马	男	160						
		女	160			165		165	
	ku˥ 佛像	男	170						
		女	170				175		175
低短调	ta˩ 箭	男	180						
		女	190			185		185	
	ku˩ 九	男	180						
		女	190						
	vc*/vcc*→vʔ								
高短调	tʂʻaʔ˥ 血	男	150						
		女	150			155		155	
	luʔ˥ 倒（水）	男	150						
		女	170				183		183
低短调	tʂʻaʔ˩ 痊愈	男	210						
		女	230			210		210	
	luʔ˩ 羊	男	200						
		女	200						

续表

声调	测试词	性别	元音	第一辅音韵尾	第二辅音韵尾	元音平均值		韵母平均值	
	vc*/vcc*→vp								
高短调	K'op˩ 笨	男	110			105		105	
		女	110						
	cap˩ 拯救	男	90				123		123
		女	110						
低短调	K'op˧ 变老	男	130			140		140	
		女	150						
	cap˧ 背、后面	男	130						
		女	150						
	vc*c→vŋʔ								
高短调	puŋʔ˩ 堆积	男	110	60		120		200	
		女	130	100			120		213
低短调	tuŋʔ˧ 打、敲	男	110	90		120		225	
		女	130	120					
	vcc*→vmʔ								
高短调	tsomʔ˩ 著作	男	120	60		125		185	
		女	130	60			125		200
低短调	tsomʔ˧ 集合	男	120	80		125		215	
		女	130	100					
	vcc*→ṽʔ								
高短调	K'aʔ˩ 充满	男	140			150		150	
		女	160						
	t'ø̃ʔ˩ 出发	男	140				181		181
		女	160						
低短调	K'ã̃ʔ˧ 雪	男	200			213		213	
		女	220						
	lø̃ʔ˧ 全、够	男	200						
		女	230						
	vc*→vː								
高长调	seː˥ 金子	男	300			310		310	
		女	320				324		324
	kɛː˥ 捻、纺	男	300						
		女	320						

续表

声调	测试词	性别	元音	第一辅音韵尾	第二辅音韵尾	元音平均值		韵母平均值	
低长调	se:↗ 钉子	男	330			338	324	338	324
		女	350						
	k ɛ:↗ 违反	男	330						
		女	340						
	vc*→vr								
高长调	par⌐ 照片	男	150	130		160	163	300	303
		女	170	150					
低长调	par↗ 烧	男	150	130		165		305	
		女	180	150					
	vc*→vm/vŋ								
高长调	nam⌐ 天	男	150	140		158	164	313	314
		女	170	150					
	toŋ⌐ 千	男	150	160					
		女	160	170					
低长调	kam↗ 箱子	男	160	150		170		315	
		女	180	170					
	miŋ↗ 名字	男	160	120					
		女	180	140					
	vc*→Ṽ:								
高长调	nã:⌐ 给	男	260			310	327	310	327
		女	260						
	t ỹ:⌐ 一致	男	360						
		女	360						
低长调	nã:↗ 里面	男	330			343		343	
		女	340						
	t ỹ:↗ 前面	男	350						
		女	350						
	cvcv*→v:								
高长调	k ɔ:⌐ 牛皮	男	330			298	309	298	309
		女	320						
	tsa:⌐ 根	男	270						
		女	300						
低长调	K'ɔ:↗ 野羊	男	320			320		320	
		女	320						
	pa:↗ 颈瘤	男	320						
		女	320						

续表

声调	测试词	性别	元音	第一辅音韵尾	第二辅音韵尾	元音平均值		韵母平均值	
	cvcv* → cvv:								
高长调	piu:˥ 猴子	男	310			335	344	335	344
		女	340						
	pau:˥ 英雄	男	340						
		女	350						
低长调	p'iu:˧˩ 牛犊	男	340			353		353	
		女	380						
	K'au:˧˩ 护身符	男	330						
		女	360						

原载于《民族语文》1991 年第 3 期，后转载于《中国少数民族语言文字研究》（二），民族出版社，2012

东南亚相关民族的历史渊源和语言文字关系研究

罗美珍

引　言

作者自 20 世纪 60 年代研究傣语文以来，除了发表过《傣语简志》《傣语方言研究》《傣仂 - 汉辞典》等著作以外，还独自发表了一些探讨东南亚相关民族的族源问题和语言文字关系的文章。现在作者将这些文章的论据加以梳理并补充论证，编写成这本小册子供学界同人参考。全书内容包括：一、东南亚相关民族的族源和迁徙问题；二、侗 - 泰语族的系属问题；三、傣、泰语言结构的异同；四、傣文和东南亚几种文字的关系；五、傣、泰语地名结构分析；六、印度阿洪语文和我国傣语文的关系；七、试析越南布标语和两广标话、古骠国的关系。本文仅取第一章。

一　东南亚相关民族的族源和迁徙问题

东南亚操侗 - 泰（kam - tai）语族语言的民族，被称为广义的"泰人"（狭义专指泰国的泰族）。他们的发源地在哪里？在古代是否居住在一处？后来又怎么迁徙的？对于这些问题民族学者、历史学者众说纷纭。过去比较通行的说法是这些民族属于百越，发源于中国的东南部。国外学者有"鄂豫皖"说（Lacouperie）、"滇藏"说（Aymonier）、"华南"说（Garnie）等说法。1976 年有人以在泰国的班清发现了五千年前的历史文物为依据，认为泰国的泰族是土著居民。[①] 探讨这些民族的族源和发展脉络，尤其是无文字记载的史前文化史，除了考古发现外，就是靠语言这种"活化石"的证据了。作者试图以语言材料和考古、人文史料相印证的方法来探讨这些问题。作者的看法是：

---

① 徐松石：《泰族、僮族、粤族考》，中华书局，1947。范宏贵：《同根生的民族——壮泰各族与文化》，民族出版社，2007。索·登延：《班清族显英魂会有什么感想呢?》，《札督腊周刊》（泰文版）1976 年第 62 期。

东南亚这些广义的"泰人"属于中国大陆上的马来人种，远古时期是我国东南沿海的东夷集团，周以后属于"百越"里的西瓯、骆越、山越，主要聚居在岭南地区。论据如下。

人种

探索一个民族的起源，必然要追溯其最早所属的原始人种。根据考古发现和历史研究，中国是蒙古利亚人种的发祥地。在已发现的从旧石器到新石器时代居民的遗骸上，已呈现南北异形的现象。华北地区的"山顶洞人"属于蒙古人种的北方类型；广西"柳江人"的一些特征接近蒙古人种的南亚类型。马来人种就是在蒙古人种主干上的南支的发展。① 据古书记载，岭南地区很早就有马来人活动。炎徼纪闻："马人本林邑蛮，相传随马援南征，散处南海。"《赤雅》"马人本林邑蛮，深目猳鼻，散居峒落"。四夷考也指出"马留人为深目猳喙"。由此可见岭南一部分人杂有马来人的血统。现今操侗－泰语言的人民多数眼穴较深，鼻稍大而平，唇略厚，颊部较削，与今南岛人种相像。

迁移情况

古书上说，这支人民好冒险，喜迁移。在很古的时候就有一部分马来人从海路迁徙出中国大陆，经过台湾、海南岛（留居下来的成了黎族）直到南洋群岛（包括马来西亚、印度尼西亚等）。凌纯声教授认为："经过历史上的三件大事：楚灭越，秦始皇灭楚与开发岭南，以及汉武帝灭南越和东越，南方的百越民族遂撤离大陆上的历史舞台，退居今日的南洋群岛，即现代南洋群岛印度尼西亚系土著的来源"②。这些从海路迁徙出中国大陆的马来人保留了原始马来语的多音节黏着型语言，属于马来－波利尼西亚语系。后来又有一部分马来人陆续从广西的陆路出发，经过贵州（留居下来的成了布依族、侗族、水族、仡佬族等族），云南（留居下来的成了傣族），直到东南亚诸地，成了掸族、泰族、老挝族、布标族、侬族、拉基族等，而留在广西的成了壮族、仫佬族、毛难族等。在公元六七世纪时，进入云南的一部分广义泰人沿红河、马江进入越南；沿南乌江、湄公河进入老挝；沿萨尔温江、伊洛瓦底江进入缅甸、泰国。这些从陆路迁徙出岭南的马来人在南下华夏人的强大影响下，语言发生了质变，和汉藏语言一样变为单音节分析型语言，应归入汉－藏语系侗－泰语族（详见"侗－泰语族的系属问题"）。他们在迁徙的沿途留下了侗－泰语式的地名痕迹。有些地方现在已没有广义"泰人"居民存在，但是还保留下侗－泰式的地名。如：《赤雅》所说"峒落"的"峒"，就是个侗－泰语的词，最早是指群山环绕中的人类洞穴居时期的"洞穴"。

① 颜訚：《大汶口新石器时代人骨的研究报告》，《考古学报》1972 年第 1 期。
② 凌纯声：《南洋土著与中国古代百越》，《中国学术论集》第 4 册，台湾《学术季刊》1954 年第 2 卷第 3 期。

百越人发明种植水稻以后，壮语演变为"洞前耕种的盆地"；布依语还可以把它当作量词，可以说"一峒田"（即相当于一个盆地的田）；傣语、泰语和越南的布标语演变为"田园、乡间"的意思。在我国南方和两广现在还有许多以"峒"命名的地名。

操侗－泰语的诸民族属于种植水稻，在山间平地上依水而居的民族。他们有以"那"（水田）、"南、喃"（水）、"百"（口）、"版、曼"（村）、"央"（成片的水田）等汉字为首的地名。这种侗－泰式地名从岭南沿着贵州、云南直到东南亚地区都有。下文"傣－泰语地名结构分析"将详述。

习俗

现今南洋的马来人和中国操侗－泰语的人民还保持着某些同样的习俗，可以看出他们之间的原始关系。如：文身、饰齿、穿紧身衣和筒裙、住干栏式屋子等。1980 年5 月 4 日香港《大公报》有一篇报道《印尼达雅人的生活》。报道说："他们造屋互助合作，不用一丁寸铁，把椰树杆破开（傣族把竹子破开）压平即成地板。地面到地板高达两米，上面住人，下面养家畜和家禽。各户门前皆置架木梯以便上下。一户人家同居一间大房，仅以蚊帐为界。"这些都和傣族以及东南亚相关民族的生活习俗极为相似。

从现今分布在云南哀牢山下和红河流域一带的傣族保留下古老的信仰和习俗来看，他们是广义"泰人"南迁时停留下来没有继续往西南迁的一部分人。他们和殷商一样认为万物有灵，灵魂不灭，只重祭鬼，没有仙、佛、神的说法。他们还保存了一种十分古老的习俗——做社。傣语叫作 hit^7（做）$sə^1$（社），（被视为祭龙）。每个村寨都有一棵树被当作社树（即龙树），傣语叫作 $tɔn^3$（棵）$sə^3$（社）。每年春节以后家家户户要杀鸡宰猪来供祭这棵树。在火头（即社长）的带领下念颂祭歌，求社神保佑来年风调雨顺、五谷丰登、家畜兴旺、无灾无祸。礼节完后，全村人共在树下享用祭品。"做社"的活动是中华民族十分古老的风俗遗存。这个习俗被傣族带到了云南，也被从中原西部迁徙到闽、粤、赣交界处的客家人保存了下来。他们也叫"做社"，但祭拜的"社公"是石头做的，不是树。因为那里属于山区，石头多。祭拜完后，全村人共食社粥。据传，乾隆下江南到过此地，和村民一起喝过社粥。《春秋传》说："共公之子句龙为社神"，可见"社公"为乡土之神，是开发当地的首领。后人敬仰他的开发之功尊其为神。

傣族地区不靠海，但是西双版纳傣语留有古时曾用贝壳当交易货币的痕迹。"贝壳" $bɛ^3$ 这个词，和"银" $ŋɯn^2$ 组合成复合词表示"钱财"，如：$bɛ^3$ $ŋɯn^2$ "钱财"、kin^1 吃 $bɛ^3$ 贝 kin^1 吃 $bɛ^3$ 银是"贪污"的意思。

傣族的一些民间传说和古歌谣也证实他们并不是一直生活在亚热带地区。他们的祖先是从寒冷的北方迁移来的，那时的祖先住在山洞里。傣族的创世史诗《巴塔麻嘎捧尚罗》中的《迁徙篇》说：

> 据上代人们讲，
> 傣仇的祖先，
> 原来不住在这里——
> 我们祖先的旧居呀，
> 在遥远的北边，
> 那里呀，土地连着天。

有一首古歌谣"关门歌"描述了他们祖先住在山洞里的情形：

山洞在野外	搬来干树枝
山洞在森林	拉来绿树叶
野外有大蛇	抬来大石头
林中有虎豹	堆在洞门口
孩子们　快进去！	挡风又防寒
老人们　快进去！	野兽进不来
我要关门了	我们才安全
我要堵洞了	关门了，关门了，啾！啾！啾！[①]

民族自称的证据

世界上的民族或部落大多有自己的名称。这些命名是区别于其他民族或部落的一种标志。其他民族给予命名的叫"他称"；自己命名的叫"自称"。印尼有达雅人，我国台湾有泰雅人、云南新平县有"傣雅"人，这些称呼的汉字音都很接近。另外，马来人的称呼是 malay 或 mlay，其中的 lay 和傣、泰、布依族、黎族的自称都能构成对应。傣族的自称口语叫 tai^2，13 世纪创制的老傣文拼写作 $tjai^2$；泰族的自称口语叫 $thai^2$，泰文拼写作 $thjai^2$。其声调属于阳平调，古音应是浊音 $djai^2$。因为古浊塞音 b、d、g 在傣语都变为清的不送气塞音 p、t、k；在泰语都变为清的、送气塞音 ph、th、kh。如：

	年长的	河口（沱）	生意（贾）	自称
古音	bi^6	da^6	ga^4	$djai^2$

[①] 《傣族古歌谣》，岩温扁、岩林翻译，中国民间文艺出版社，1981。

傣	pi^6	ta^6	ka^4	tai^2
泰	phi^3	tha^3	kha^4	thai^2

djai^2 这个古音自称和布依族、黎族、马来、俚的称呼都能对应得上。

djai——tjai^2　tai^2（傣）浊塞音变不送气清塞音

————thjai^2　thai^2（泰）浊塞音变送气清塞音

————ɬai^1——tɬai^1（黎）浊塞音变擦音 ɬ

————dʑai^4——ʔjai^4（布依）j 变为 ʑ

————malay——mlay——lay（马来）丢失前音节，d 变为 l 很常见。

lai（俚）

°djai 这个自称和汉字的"夷"也能构成对应。据郑张尚芳先生研究[1]："夷"古音 li，平声，与"犁"ri、"梯"hli 等同为脂部字。"夷""弟"声符通；高元音 i 在粤、闽汉语方言和傣泰语多变为 ai。如：齐、脐，北方 t　hi，粤、闽读 tshai，tsai，又如：

	犁	梯	脐	黎（《尔雅、释诂》多也）
泰傣	thai^1	dai^1	sai^3	laai^1
黎	lai^2	raai^3		laai^1

史书上记载贵州的布依族和云南的傣族有称为"百夷""摆夷"的。缅甸掸族的 shan 是从 siam 变来的；过去我国曾把泰国称为"暹罗"，泰族称为"暹族"，西方人也称他们为 siam。

这些都不是他们的自称，而是孟人、缅人对他们的称呼，他们自称还是 tai、thai。至今我国境内的佤族、布朗族、德昂族、景颇族、阿昌族称呼傣族还叫 siam。这也从另一个角度证明在傣、泰族到达当地并成为强势之前，已有孟人、缅人在当地。这些族群不按傣、泰族的自称称呼他们，而是按自己的叫法称呼他们。至于壮族的自称 pou^4 ɕuuŋ^6，pou^4 是称呼某类人的词头。ɕuuŋ^6 据范宏贵研究[2]，是源于该民族地区的一种特殊乡里区划名，写作左边是个田字，右边是个童字的合体字。

《后汉书·南蛮传》记载岭南地区的"俚"，"僚"，笔者认为"俚"是古音 djai 音变为 lai，与 malay 的音变相同。"僚"是老挝的老族自称 lau 的译音。古书记载：在哀牢山下曾有个哀牢夷，建立过古哀牢国。老挝学者认为他们的祖先是从哀牢迁去的。"哀牢"是用汉字记的音，转写成国际音标应为 ai lau 正好是佬族的自称。ai 是侗–泰语言中称呼某类男人的词头，如：傣语 ai^3 tsaai^2 小伙子、ai^3 saam^1 老三。lau^2 才是真正的称呼，即古书上出现的"僚"。此外，毛难族自称 ai^1 naan^6、佯黄人自称 ai^1 raau^2、

① 郑张尚芳：《蛮夷戎狄字考》，《扬州大学中国文化研究所集刊》第 1 集，江苏古籍出版社，1998。

② 范宏贵：《华南与东南亚相关民族》，民族出版社，2004。

莫人自称 aai³ maak³。这些称呼的前面都有词头 ai，表示某类人的意思；老挝境内有个占该国人口 68.77% 的佬龙族，其读音应是 kau⁴ loŋ¹。kau⁴ 在许多侗、傣语言是"大"的意思；在傣语中还有"上级、领导"的意思；泰语则有"王家的"意思。佬龙族就是"大佬族"或"王族"。我们从现今分布在哀牢山下的傣族称呼其他民族的情况可以证实：广义泰人曾在哀牢山下建立过强国。前面已提到，现今分布在哀牢山下的傣族是没有继续往西南迁移的广义泰人。他们呼其他民族时都要冠一个词头，如：kha³ xa³ 汉族；kha³ miau¹ tsɿ² 苗族；kha³ kɔ⁴ 哈尼族，但是称呼傣族自己就不冠有这个词头。ha³ 在老挝语、版纳傣语、泰语中都是"奴隶"的意思。哀牢地区的傣语已失去"奴隶"的词义，只把它作为称呼其他族群的词头使用；但是其他地区的傣、泰、老挝语还保留"奴隶"的词义，他们称呼其他族群时不冠有 kha³ 这个词头。由此可知广义泰人在哀牢山下曾强盛一时，统治过其他族群，将其置于奴隶的地位。后来广义泰人变成了弱势群体，内部没有了奴隶，因此 kha3 才不具有"奴隶"意义，只用来继续称呼其他族群。

还有一种情况也可以说明这个问题。这一带地区有一个叫傣卡族的，过去被叫作"汉傣"，傣语的称呼是 tai² kha³。按这个傣语称呼，意思应该是"处于奴隶地位的傣族"。很有可能他们是广义泰人强盛时期俘虏来的汉族或其他族群，后来成了傣族的奴隶。待这些地区失去"奴隶"词义，傣族就把这部分人视为自己不同支系的人了。

另外，傣族把汉族叫作"夏"（傣雅叫 xa⁵、傣仂叫 hɔ⁵），泰语叫作"秦" tshin²，说明傣族先民（东夷）在远古的时候就和汉族先民有接触，而泰族在秦始皇统一中国以后迁入泰国。

语言证据

1. 操侗－泰语的先民原先说的是一种多音节的原始马来语。据《世本。居篇》注："吴蛮夷言多发声，数语共成一言"。杨雄《方言》记载吴越语不同于汉语，称"爱"为"怜职"，"热"为"煦煓"（卷七）；"短"为"短耀"（卷十）；"广大"荆扬之间称为"恒慨"，东瓯之间称为"参绥"或"羞绎、纷毋"（卷二）。可见当时的百越语和汉语不同。现在印度尼西亚等南岛语言还保留原始马来语多音节的粘着型语言。我们从现在傣、泰语言中还残存下的一些能和印尼语构成对应的马来语词来证明他们和马来人有原始关系。侗－泰人由于和华夏人接触深远，语言受到强大影响，发生了质变，和汉藏语言一样成了单音节的分析型语言，一些和马来语有关系的词也都变成了单音节，并且产生了长、短元音的对立。（详见下文）。如：

印尼	bəna	低洼地	maɣi	来	mata	眼睛	hulu	头	hidup	生的
傣泰	na²	（水田）	ma²		ta¹		ho¹		dip⁷	
印尼	Yaya	长大	mata§y	死	payaʔ	难	kukak	咳	mabuk	醉

| 傣泰 | jai^5 | taai^1 | jak^8 | hak^8, rak^8 | mau^2 |

2. 从数词系统来看：留在中国的百越人，很早就向汉语借用了一整套基数词。而本语族中的黎族，由于在 3000 多年前就到了海南岛。他们和汉族的交往较少且较晚，语言中保留下一套自己的数词，没有向汉语借用。迁移到贵州偏僻地区的仡佬、布央和中越边境的普标语、越南的拉基语、布标语也没有借用汉语的数词。这些语言的数词有些可以和印尼语构成对应。可见这些是原始马来语的数词：

	一	二	三	四	五
印尼	itha	°duwa	°təlu	ˇm̃pat	°lima
南黎	ku	dau	su	sauma	
北黎	u	trau	su	sopa	
通什	au	ɬau^3	tshu^3	tsho^3 pa^4	
保定	tsheɯ^3	ɬau^3	fu^3	tshau^3 pa^4	
仡佬	si^{33}	su^{33}	ta^{33}	pu^{33} mpu^{44}	
布央	pi^{53}	θθa^{24}	tu^{24}	p^{24} ama^{44}	
拉基	tɕiã^{33} ç	su^{11}	te^{11}	pu^{11} m^{11}	
普标	tɕiia^{33}	çe^{51}	tau^{51}	pe^{51} ma^{33} a	

	六	七	八	九	十
印尼	nam	°pitu	°walu	°thiwa	°puluh
南黎	nom	thu	du	pöüphuot	
北黎	tom	thau	au	föüfuot	
通什	tom^4	thou^1	gou^4	faɯ^3 fuut^7	
保定	tom^1	thou^1	gou^1	faɯ^3 fuut^7	
仡佬	nan^{33}	çi^{24}	vla^{44}	səɯ^{24} pe^{24}	
布央	nam^{24}	tu^{44}	ðmaðu^{44}	va^{55} pu^{55} t	
拉基	ŋ̠ia^{11}	te^{24}	ŋuɛ^{11}	liu^{24} pɛ^{11}	
普标	mənam^{45}	mətu^{53}	məz̠ɯ^{33}	məça^{23} pat^{22}①	

3. 有一些古书记载的古汉字和侗 - 泰语对应，这些词都是原始生活时期必用的。如果广义泰人是东南亚地区的土著，他们不可能在很古的时候就和距离很远的汉族有接触，使用和汉语对应的词，如：

毁《诗·周南·汝坟》：王室如毁，《说文》毁，火也。《释文》中注明：齐人谓火曰

---

① 印尼、南黎、北黎语引自 Pau K. Benedict, *Thai kadai and Indunesian：A new aglimeng in southeastern Asia*；通什、保定语引自欧阳觉亚的《黎语简志》；仡佬、布央、拉基语引自梁敏的《侗台语族概论》。

毁，后来通过《诗经》，毁，成了通语。可见毁，是东夷人先使用的语词。傣、泰语 fai^2。

盐《周礼·天宫·盐人》：祭祀，共其苦盐散盐，郑玄注：杜春子读苦为盐，谓出盐直用，不炼治；贾公彦疏：苦当为盐，谓出于盐池，今之颗盐也。傣泰语 $kə^1 ɯ$。

膏《山海经·海内经》：西南黑水之间，有都广之野。——爰有膏菽、膏稻、膏黍、膏稷。膏，就是侗－泰语言的壮傣泰 hau^3、xau^3 稻谷、粮食之意。

黎《尔雅·释诂》（《十三经》第 2574 页）黎，多、众也，傣泰语多。

雒（怕）《释名》解释为：雅雒也，为之难，人将为之雒雒然惮之也。看来这个词非常古老，其表示怕的意思在古代汉语就已逐渐消失。壮 $laau^1$、傣 ko^1 泰 klo^2。

语言的亲疏反映族群分化、迁徙的情况。

语言是文化的载体。语言间词汇异同的内容和数量反映了语言的亲疏关系，也表明这些相关民族在历史上共同有过不同层次的文化生活。侗－泰语族的壮－傣语支，包括国内的壮语、布依语、傣语、临高语和国外的泰语、老挝语、掸语、石家语、土语、侬语、岱语、黑傣语、白傣语、坎梯语、阿含语。其中壮语和布依语；傣语和泰语、老挝语比较接近。我们用 1000 个常用词在壮、布依、傣、泰、黎五种语言间进行比较，其中五种语言都相同或对应的词有 130 个；壮、布依、傣、泰四种语言都相同或对应的有 300 个；布依、傣、泰三种语言相同或对应的有 375 个；傣、泰两种语言相同或对应的有 600 个。这样的词汇异同程度表明黎族最早分离出去独自发展，因此和大家相同的词最少。傣、泰、布依三种语言相同而和壮语不同的词很少，仅比傣、泰、布依、壮四种语言相同的多 75 个。说明布依族和壮族分离较晚，而傣、泰族和壮、布依族分离比较早；最后才是傣、泰族分离。

傣、泰、壮、布依、黎五种语言相同的词，反映他们共同有过原始村庄的稻作文化，如：村庄，黎语是 $faan^1$，壮、布依、傣语是 $baan^3$。可是泰语的 $baan^3$ 是"家"的意思。只有在一些合成词里才是村的意思，如：$baan^3$ 村 $nɔk^8$ 外"乡下"；$tshau^2$ 居民 $baan^3$ 村"村民"。曹成章在《傣族社会研究》一书中曾提到，在 1949 年以前的傣族社会里残存着一些古老的村庄是按血缘关系组成的家庭公社，所有家庭成员住在一个大屋子里。这种住地称为 $haan^3$，既是"家"也是"村"。泰语 $baan^3$ 的含义证实了五个民族共同有过原始村庄的生活。

原载于《东南亚相关民族的历史渊源和语言文字关系研究》，中国社会科学出版社，2013

论蒙古语动词语态的特点[*]

斯钦朝克图

摘　要　蒙古语动词语态相当复杂且古今不同，需要进行多视角的综合研究。其中，详细深入描写是关键。

本文着重探讨蒙古语动词语态的特点。

一　蒙古语动词语态的特点

蒙古语动词语态有自己的特点。首先，动词语态古今不同。其次，适用范围、句法结构、组合关系和语义也不同。因此，简单套用印欧语的语法概念不能准确反映蒙古语的特点。迄今，论述蒙古语动词语态特点的论著很少，且基本本都是根据印欧语系语的模式进行简单描写。随着研究的深入，近来反思的文章逐渐多了起来，但是要写出符合蒙古语言特点的本色语法，还需要做很多深入细致的工作。

我们认为，蒙古语动词语态有以下几个特点。

1. 种类较多现代蒙古语有 6 种，中世纪蒙古语有 7 种：

（1）主动/自动态 Ø

（2）使动态-lɣa/-lge ~ -ɡul/-ɡül

（3）被动态-ɣda/-gde ~ -da/-de/-ta/-te

（4）互动交互态-ldu/-ldü

（5）同动态/众动态 -lča/-lče ~ -ča/-če

（6）齐动态/一致态 -čaɣa/-čeɡe ~ -ǰaɣa/-ǰeɡe

（7）中动态 ɣda/-gde ~ -da/-de ~ -ta/-te（中世纪蒙古语）

---

* 本文曾在北京大学罗布桑旺丹诞辰 100 周年纪念会和全国语言接触与语言关系学术研讨会上宣读。写作过程中得到道布先生、赵明鸣先生的热情支持。道布先生审阅并帮助修改了论文。特此致谢。

有人把中动态称作受动态或间接被动态。

2. 适用范围不同。印欧语一般及物动词均可以有被动态，但蒙古语只能在部分及物动词后面加被动态附加成分。

显然，印欧语的被动态比蒙古语适用范围更广。试比较：

The　bread　was　eatan　by　Tom. 面包被汤姆吃了。（英语）

（定冠词）面包（助动词）吃 –（被动态　过去分词）汤姆

＊ talqa　Tom-du　ide-gdebe.　面包被汤姆吃了。（蒙古语）

面包 汤姆（位格）吃（被动态　过去时）

Tom talqa　idebe.　汤姆吃了面包。（只能用主动太形式表示）（蒙古语）

汤姆 面包 吃（过去时）

＊ čayi　nada　uuγu-γdaba.　茶被我喝了。（蒙古语）

茶　我（位格）喝（被动态　过去时）

bi čayi　uuγu-ba.　我喝了茶。（正确句型）（主动态）（蒙古语）

我　茶　喝（主动态　过去时）

3. 使用情况不同。印欧语不及物动词一般没有被动态，而蒙古语在部分不及物动词可以加被动态语缀。如：yabu-γda-"进行"（"走"被动态）等。

这种现象在中世纪蒙古语更多。如：uyyila-［q］da-qu 哭的（被哭的）（《蒙古秘史》§55），ükü［k］de＝küi"被死"（《蒙古秘史》§80），tasura-qda-ǰu"被"断（《蒙古秘史》§158），newü-kde-ǰü"被迁"（《蒙古秘史》§74），oro-qda-ǰu"被进"（《蒙古秘史》§176），bol-da-ba"被成为"（《蒙古秘史》§75），morila-qda-ba"被出发"（《蒙古秘史》§275），qari-qda-ǰu"被回"（《蒙古秘史》§247），ot-da-qu"被去"（《蒙古秘史》§168））等。

互动态语缀 -ldu/-ldü 和众动态语缀 -lča/-lče～-ča/-če 的使用受语义制约，不是所有动词词干后都可以加这两种"态"的语缀，但许多情况下加了之后语义发生变化，具有明显的构词性质。

4. 使用层次不同。相对而言，蒙古语的使动态、齐动态、互动态、共动态使用率高，被动态使用率较低。其中，最高的是使动态、齐动态，其次是互动态、共动态，被动态最低。

5. 不同组合循序不一。有人认为语态还复合态（neyilemel keb）（郏巴桑等，1992：68）、多重态（陈宗振，2004：165）。

复合语态或多重态实际上属于语态叠加，循序组合问题。蒙古语动词语态有单纯、双重叠加和三重叠加 3 种形式。

蒙古语语态双重和三重组合的可能性有 150 种，但只有 16 种组合是实际使用的。

其中，双重叠加较多，三重叠加很少，只有 4 中。这些组合形式还可以分成多、一般、少、很少 4 个等级。这些叠加具有严格的循序，除齐动态语缀只能处于末尾外，其他都可以在前后交错叠加。具体情况看语态叠加组合表：

表 1　双重叠加组合

类型	叠加组合	语缀	多	一般	少	很少	例子
1	使动 + 使动	-ɣul/-gül + -ɣul /-gül、-lɣa/-lge + -ɣul /-gül			+		mede-gül-ü-gül- 使知道 orči-ɣul-u-ɣul-使翻译 bayi--lɣa-ɣul- 使其停止
	使动 + 被动	-ɣul/-gül ~ -lɣa /-lge + -ɣda/-gde ~ -da/-de ~ -ta/-te			+		orči-ɣul-u-ɣda 被翻译 küümüü ǰi-gül-ü-gde-被培养
	使动 + 同动	-ɣul /-gül ~ -lɣa /-lge + -lča/-lč e				+	bayi-ɣul-u-lča- 共建 sulala-ɣul-u-lča-使释放
	使动 + 齐动	-ɣul /-gül ~ -lɣa /-lge + -č aɣa/-č eɣe ~ + -ǰ aɣa/-ǰ ege	+				bayi-ɣul-č aɣa- 共建 üyime-gül-č ege- 一起捣乱
2	被动 + 使动	-ɣda/-gde ~ -da/-de ~ -ta/-te + -ɣul /-gül ~ -lɣa /-lge	+				bara-ɣda-ɣul- 使被用完 törö-gde-gül - 激发
	被动 + 被动	-da/-de ~ -ta/-te + -ɣda/-gde	+				ab-ta-ɣda-被取、被挨整 gög-te-gde-被打、被骗
	被动 + 齐动	-ɣda/-gde ~ -da/-de ~ -ta/-te + -č aɣa/-č eɣe ~ + -ǰ aɣa/-ǰ ege	+				kele - gde-ǰ ege-被别人议论 ab-ta--ǰ aɣa- 一起挨整
3	互动 + 使动	-ldu/-ldü + -ɣul /-gül ~ -lɣa /-lge		+			kögörü-ldü-gül-使兴高采烈 büri -ldü-gül-使完整 bari-ldu-ɣul-使互相连接
4	互动 + 齐动	-ldu/-ldü + -č aɣa/-č eɣe ~ -ǰ aɣa/-ǰ ege	+				bari-ldu-ǰ aɣa- 齐摔跤 qolbo-ldu-č aɣa-连接在一起 mörgü-ldü-ǰ ege-乱顶撞
5	同动 + 齐动	-lča/-lč e + -č aɣa/-č eɣe ~ -ǰ aɣa/-ǰ ege	+				maɣta-lč a - ǰ aɣa 共同称赞 ǰ öbde-lč e-ǰ ege- 共同商议 qolbo-lč a-ɣul-使连起来
	同动 + 使动	-lča/-lč e + -ɣul /-gül ~ -lɣa /-lge	+				kele-lč e-gül- 使之对话 daɣari-lč a- lɣa-使说对口好力宝
	同动 + 互动	-č a/-č e ~ + -ldu/-ldü		+			ebö/eb-č e + -ldü- 交媾、交尾 kögege-č e + -ldü-追求、追逐

上述 5 种类型的 12 种组合中，还可以分成多、一般、少、很少等 4 个等级。

表 2　三重叠加组合

类型	叠加组合	语缀	很少	例子
1	使动 + 同动 + 齐动	-γul /-gül ~ -lγa/-lge + -l č a/-l č e + -č aγa/-č eγe ~ -ǰ aγa/-ǰ ege	+	bayi-γul-u-l č a-č aγa-共建 gög-gül-l č e-ǰ ege-使都挨整
2	被动 + 被动 + 使动	-da/-de ~ -ta/-te + -γda/-gde + -γul /-gül	+	ab-ta-γda-γul-使被挨整 ol-da-γda-γul-使得被得到 gög-te‐gde-gül 使被骗
3	被动 + 被动 + 齐动	-da/-de ~ -ta/-te + -γda/-gde + -ǰ aγa/-ǰ ege	+	ab-ta-γda-ǰ aγa-共同挨整 gög-te‐gde-ǰ ege-共同被骗
4	同动 + 互动 + 使动	-č a/-č e ~ + -ldu/-ldü + -γul /-gül	+	ebö/eb-č e + -ldü-gül- 交媾、交尾 kögege-č e + -ldü-gül- 追求、追逐

以上 4 种类型的组合属第 4 个等级，及"很少"。语态组合关系中齐动态只能位于末尾，气候不能再加其他语态语缀。

6. 古今不同。有如下几种不同情况。

（1）中世纪蒙古语被动态的使用范围比现代蒙古语广泛。不仅许多及物动词词干后可以加，而且不及物动词后也可以加。例如：

u'u-qda-run（ū-qda-run）"被饮的"（《蒙古秘史》§179），emüs-ge-kde-'esü"被穿了呵"（《蒙古秘史》§104）等。

这种语态形式在现代蒙古语中不能出现。再如：

nada urida bos č u ū-qda-run nayydaba ǰ e č i.（《蒙古秘史》§179）。

我行　先　起着　被饮的　护了也　者　你

为我常早起的上头，嫉妒了。

buluqun daqa nada a［b］č irarun〈e č ige-yin č aq-un anda ke'eldüksen e č ige metü

　貂　袄子 我行　将来时　父亲　的　时　里　契合　说来的　父亲　般

büyyü ǰ e〉ke'en emüs-ge-kde-'esü

有也　者　么道　被穿了　呵

你与我将貂皮袄子来时（说的〈父亲时期结为安达，与父亲一样〉，便穿给我）。（《蒙古秘史》§104）。

ene metü č isu-ban qarqa-qda-su .（《蒙古秘史》§178）如此把血被放出。

这　般　血　自的　被出着

N2（宾）（受事）+ V（动词干 + 被附）+ N1（主）（受事）（施事）

该句动词的语态是间接被动态，主语是主题或间接客体，间接承受他人或主题的动作。

不及物动词加被动态语缀在中世纪蒙语里多见，而在现代蒙语里很少出现。其原因在于现代蒙古语中有些被动态已经失去语法意义而仅具有构词意义。

中世纪蒙古语不及物动词接加被动态语缀，以《蒙古秘史》§为列，如 ükü［k］de=küi"被死"（《蒙古秘史》§80）、uyyila［q］da=qu"被哭"（《蒙古秘史》§56）、tasuraqda=ǰu"被断"、newükde=ǰü"被迁"、oroqda=ǰu"被进"（《蒙古秘史》§176）、tusda=ǰu"被打中"、bolda=ba"被成为"、morilaqda=ba"被出发"（《蒙古秘史》§275）、qariqda=ǰu"被回"、otda=qu"被去"（《蒙古秘史》§168）、qanda=qu（被）"满的"（《蒙古秘史》§219）、šiltaqda=qu"推辞"等。再如：

basa yisün qonoq ide'en ügei aǰu ＜nere ügei ker ükü［k］de=küi.
再　 九 　宿　茶饭　 无　 住着　 名　 无 　怎生　死 　　　　的
qarsu. ＞ke'eǰü.
出　　说着

没有饮食再待了九天，他说："不明不白地被死掉啊，出去吧。"

teberigü ǰinu daba'ad olon dababa. uyyila［q］daqu ǰinu usut olon ketülbe.
搂抱的　 你的 岭每 　多 　过了　 　哭的 　　 你的 水 多 渡了
搂抱你的（丈夫）穿过很多山岭，被你哭的（丈夫）度过很多喝水。

a'ula ö'ede tuta'a-qu bolun olang-niyan tasura-qda ǰu tende bari-qdalu'a.
山　 上 　 要走 　呵 　肚带 　咱的 行被断着　 那里　 被拿了来
往山上逃跑当中因马肚带断在那里被擒。（《蒙古秘史》§158）。

表 3　中世纪蒙古语动词被动态统计

文献资料	总次数	未重复次数	及物	不及物	-da/-de -ta/-te
蒙古秘史	332	135	100	35	38
萨迦格言	169	81	69	12	22
回鹘文献	140	60	55	5	17
八思巴文献	37	11	9	2	3

表 4　《蒙古秘史》原文和现代译文动词被动态对照

文献	总次数	单次数	及物	不及物	-da/-de -ta/-te
中世纪	332	135	100	35	38
现代	173	70	56	14	7
百分比	52.11%	55.56%	56%	40%	18.42%

表 5　中世纪蒙古语与现代蒙古语被动态简单对照

中世纪	现代
otda = qu "被去"（《蒙古秘史》§168）	–
bolda = ba "被成为"（《蒙古秘史》§75）	–
ötölde = küi ya'un "被老了甚么"（《蒙古秘史》§194）	–
tusda = ǰu "著着"（《蒙古秘史》§173）	– tusuɣda ǰu
sa'ülda = ǰu "被教坐了"（《蒙古秘史》§281）	–
tasulda = ǰu "被断"（《蒙古秘史》§256）	tasulda ǰu /tasuluɣda ǰu
bayiɣuldaɣsan "为立的"（张应瑞碑）	– /bayiɣuluɣdaɣsan
šiltaqda = qu "推辞"（《蒙古秘史》§190）	-/šiltaɣla-ɣqdaqu
abda = ba "被要了"（《蒙古秘史》§76）	abtaba/abtaɣdaba
gürte = bei "教到了"（《蒙古秘史》§140）	kürtebe/kürtegdebe
qarda = ba "被胜了"（《蒙古秘史》§149）	ɣartaba/ɣartaɣdaba
ökteksen "被予了的"（《蒙古秘史》§6）	ögteksen/ögögdegsen
udurid-ta- "被引导"（（《萨迦格言》§286））	–

从统计资料来看，被动态在《蒙古秘史》中出现频率最高，其他文献较少，现代蒙古语明显减少。现代蒙古语双重语态的前一个语态已失去语态功能只有构词作用了。另外，中世纪蒙古语可以说 keleldü-müi "共说有"（《蒙古秘史》§20）而现代蒙古语不能说，只能说 yari-lǰa-。

（2）中动态（Middle Voice）又叫间接被动态或受动态（üyiledügden kürteki keb）（嘎日迪，2006）。结合蒙古语实际，被动态可分 2 类，即 "busut tu üyiledügdekü keb"（外被动态）和中动态 "uber tegen üyiledügdekü keb"（内被动态）。两种被动态语缀完全一样（da-/-gde、-da/-de）。考虑到中世纪蒙古语被动态与中动态语缀的一致性，可以描写为 "被动-中动态"。

中动态或间接被动态指主语间接承受他人（主体）或外界的动作，原主动句里的主语（施事者）还能当受事者。受事者的格变化也较多。中动态在现代蒙古语里非常鲜见。例如：

N1（主）（施事）+ N2（向）（受事）+ N3（受事）V（主动态）

（bida）Sarta'ul- irgen-e　　eye-dür-iyen　　ese oroqda-ǰu（《蒙古秘史》§265）

咱回民　　百姓－行　　商量里－自自的行不曾 被　入着

回民百姓没有服从我们的协商。

这是一个比较典型的中动态。该句是从 "我们" 的角度叙述的，所以出现了现代蒙古语无法理解的被动态句型。其中 oro-也是不及物动词，一般不能加被动态语缀。现代蒙古语无法准确表达其被动语态，我们可以转换成现代蒙古语的句型表示如下：

sartayul-irgen bidan-u ǰüblelgegen-dü ese oroǰu。（主动态）

　回民 百姓　　咱的　协商- DAT LOC 不　　入

A N1（主）（施事）＋N2（宾）（受事）＋ V（主动态）

bi či isu-ban　　　qar-qa-ba.　　　我把自己的血放出。

　我 血自的　放出（使动、过去）

B1 N1（主）（施事）＋ N2（宾）（受事—施事者自己）＋V（被动态）（中动态）

（bi- ong-qan）či isu- ban qarqaqda-su.（《蒙古秘史》§178）

（我－王罕）　血自的　被出着　我

（我—王罕）把血被放出（王罕自己把自己手甲根的血放出）。

B2 ＊ N2（主）（受事）＋N1（向）（施事）＋V（动词干＋被动态语缀）（被动态）

＊ cisu nama-dur qarqaqda-su.　血被我放出。

　血　我 行 被出着　我

上述句型中 B1 属中动态，B2 属被动态。实际上该句型中 A 的被动态形式应构拟为 B2，但《蒙古秘史》里用的是 B1，而没用一般的被动态句型。B1 里主语既是实施者也是受事者，间接承受主题的动作，且施及本人。这种形式在现代蒙古语中已经不存在。宾格＋V（被动态）的形式在《蒙古秘史》语言中比较普遍。又如 indu-de bay-imuldaysan bii tašbuyu "为忻都而立的碑"。（碑是道照指令通过别人为忻度而立的）（道布，1983：360）；beye bildar üsün mariyanbolǰu［eč ige eke de č e］türügülde-bei. "身体发肤受之父母"。（被生）（道布，1983：80）

关于中动态及其与被动态的关系，古代突厥语研究中也有所涉及。（赵明吗，2001：39）这样一来中动态不仅是希腊等语言而且阿尔泰语系语言也有。

（3）除 -lč a/-lč e 外，还有同动态形式 -č a/-č e。如 qarbu-č a-ǰu "相射着、交参着"（《蒙古秘史》§3199、§244），daru-č a-ǰǐu "紧随着"（《蒙古秘史》§110），butara'ul-č a-ǰu "共出着"（《蒙古秘史》§8193）等。现代蒙古语已经不常使用这样的语态语级，但在 qari- č a- "交流"（与 qari-lč a 同）、nökö-č e- "交友、交往"、mörgö-č e- "顶撞"、mörgö-č e-ldü- "相互顶撞"、č ingγa-č a-ldu- "相互拉扯"、nökö-č e-ldü- "相互制约"、ebö/eb-č e- "结合、交媾"、ebö/eb-č e-ldü- "交媾、交尾"、köge-č e-ldü-追随、跟随"、soli- č a- "纵横交错"、solbi-č a- "交叉、交错" 等词语中 仍然保留着痕迹。有些辞书中还解释为同动态（《蒙古语辞典》，1997：2104、1902、1524、2107）。于是笔者把它的形式纳入同动态语缀中。实际上该语缀也有互动态意义。蒙古语族的保安语也有与之相关的同动态或众动态语缀-tçe-/tçi/-tça。（陈乃雄，1987：236）另外，满一通古斯语族语言中的共动态形式-tʃa/tʃ ə/-tʃo/-tʃi 也可成为旁证。（朝克1997：267）

（4）现代蒙古语少见的双重叠加在中世纪蒙古语文献中较常见。如使动＋被动态

(-γul /-gül ＋-da/-de)：bayi-γul -da-"立"（《张应瑞碑》）、türü-gül -de-"生"（《孝经》）：ayu'ul-da 被惊怕"（《蒙古秘史》§103）（现代 ayu-lγa-γda-）。使动＋使动：asaγ-γa-γul-ǰu"教问"（《张应瑞碑》）（道布，1983：251）（现代 asaγu-lγa-）。其中的 γa-是否与现代蒙古语的 ab-qa-γul-和 ab-u-γul-"教取"是一回事，有待进一步研究。互动＋被动：berke-ldü-kde-ǰü"难攻着"（《蒙古秘史》§270）等。

有些相同元音在叠加过程中脱落。有人称这种减缩形式为－1。如 sa'ūl-"教座"（＜saγu-γul-）（《蒙古秘史》§155）（现代 saγu-lγa-），baw'ul-"下马了"（＜baγu-γul-）（《蒙古秘史》§65）（现代 baγu-lγa-），ū-ul-"教饮"（＜uuγu-γul-）（《蒙古秘史》§145）（现代 uuγu-lγa-）等。

（5）古今语缀不同。如使动态简化形式－1（＜-'ūl/-'ūl ～-γul/-gγül）。其实这是相同元音在叠加过程中脱落了，如 u'u-lba"教饮了"（《蒙古秘史》§145）（现代 uu-γu-laba）、sa'u-1-"教坐"

（《蒙古秘史》§155）（现代 saγu-lγa-）、baw'u-l-"下马"（＜baγu-γul）（《蒙古秘史》§65）（现代 baγu-lγa-）。此外，šilta-γa-"使借口"（《萨迦格言》§191）（现代蒙古语 šiltaγla-γul-）qaγal-da-ǰuqui"被打破"（《萨迦格言》§277）（现代蒙古语 qaγal-u-da-/ qaγal-u- γul-）等。与现代蒙古语不同，在长元音和复元音结尾的词干后面也可接加-γul/-gül。如 ki-'ül-ǰü"教做着"（ki-gül-ǰü）（《蒙古秘史》§245）等。这种形式在现代蒙古语变为 ki-lge-ǰü。上述情况表明，中世纪蒙古语以元音结尾的动词词干后有加-(ul-gül 和加-'ul/-'ül 两种情况，以及元音脱落出现简缩的-1-和-'ul/-'ül 的情况。而现代蒙古语里均变成- lγa- /-lge-。

（6）有些被动态语缀还具有祈使式意义。这也可能是不同来源的语缀。如 setki-gdeküi"想、思考"（《萨迦格言》§355）> setki-tügei（现代蒙古语，下同）sere-gde-küi"警惕"（《萨迦格言》§364）> seremǰile-tügei、sur-taqui"学"（《萨迦格言》§7）> suru-γtun、toγta- γdaqui"记住"（《萨迦格言》§449）> toγta-γaγtun、ǰoqi-ldu- ɤdaqui"和睦"（《萨迦格言》§338）> ǰoq-ldu-γtun、yabu-γul-daqui"执行"（《萨迦格言》§366）> yabu- γul-tuγai、yabu- γdaqui"走"（《萨迦格言》§181）> yabu-tuγai 等。现代蒙古语巴尔虎土语中有与这种形式相当的-gti。

（7）语态与句法结构的一致性。中世纪蒙古语里不仅"数""性""时"呼应，而且"态"等形式也要求一致。如 yedi tubluq neretü noyan in-u qara'ul yabu- ǰu bidan-u qara'ul-a hülde-kde-ǰü a'ula ö'ede tuta'a-qu bolun olang-niyan tasura-qda ǰu tende bari-qda-lu'a."也迪土卜鲁黑被成吉思出哨的赶上山去因马肚带断了就拿住他。"（《蒙古秘史》§158）。我们认为，其中有被动态的一致性，但现代蒙古语里这些一致性已经消失。语态与数的一致性例句如下：

olan irgen sayin üge kemen maɣta-ldu- ɣrsad a ǰ uquai.

多　百姓　好　话　叫作　夸（互动）（复数）　　有

众人夸这是好话。（张应瑞碑）

（道布，1983：248～249）

7. 语法化程度不同。具有单纯构形意义、也有构形构词双重意义、甚至失去构形意义只有构词意义三种形式。如：ǰan č iqda'a "打" 的被动态（《蒙古秘史》§244），现代蒙古语也只有被动态意义；ü ǰ ekdegü "看" 的被动态（《蒙古秘史》§81），现代蒙古语有构形构词两种意义：①"看" 的被动态。②"生孩子"；gürtekü "到" 的被动态（《蒙古秘史》§140），现代蒙古语只有构词意义，表及物的 ①"受"，②"荣获、敬领"；不及物的 ③"分到"，④"患病" 等。完全构词意义的例子，如同动态语缀-l č a：sur-u-l č a- "学习"，bi yeke surɣaɣuli-du sur č u bayina 和 bi yeke surɣaɣuli-du suru-l č a-ǰ u bayina. "我在大学念书"。这两个句子的意思完全一样，同时还可以说 bide yeke surɣaɣuli -du sur č u bayina 和 bide yeke surɣaɣuli-du suru-l č a-ǰ u bayin. "我们在大学念书。"另外，ükü-ldü- "拼命" 也属以构词意义为主。

8. 有些语态之间的区别不够明确或一种语态兼容两种或几种意义。蒙古语动词语态虽有比较明确的所指，但具体语境中可有不同的所指，即有些语态还可以表示其他语态意义。甚至蒙古语族有些语言中这种情况很多。如土族语有被动使动态（照那斯图，1981：34）、土族语、达斡尔语、东乡语、康家语、有互动同动态/同动互动态。（照那斯图，1981：34；恩和和巴图，1988：380；布和，1986：152；斯钦朝克图，1999：135）

（1）使动态表示被动态意义。这种情况在现代蒙古语比较普遍。例如：

bi　bašɣi-bar　sayin　šigüm ǰ ile-gül-ü-le.　　我被老师狠狠批评了。

我　老师（工具格）　好　批评（使动态）（过去时）

　　bi ɣuya-ban　noqai-du/-bar　qa ǰ aɣuluɣsan.　　我被狗咬了大腿。

我 大腿（宾格领属）　狗（位格）　咬（使动态）（形动形过去时）

（2）互动态表示同动态意义。试比较：

tede qoyaɣula ögede　ögede-e č e-ben　　qaraɣad

他　俩　对着 对着（从格　反身领属）看（副动形先行式）

　　iniye-ldübe.　　他俩相互看着笑了。（互动态）

笑（互动态）（过去时）

　　kümüs　　barqira-lduna.　　众人喧嚷。（同动态意义）

（直译）人（复数）喊叫（互动态）（非过去时）

　　yamar nigen bodul　　tariqin-du　　　　　ergi-ldüne.

（直译）什么一想法 脑（与位格）转（互动态）（非过去时）

某种想法在脑海里转动着。（同动态意义）

有人认为第三种句子的"ergi- ldüne"表示多动态意义而不是同动态。

　　（3）互动态有时既不表互动意义，也不表同动意义，而只表示持续动作等意义。例如：

tere üker qudduɣ degere usu uuɣuqu ged ükü-ldü ǰü

　　　那　　牛　 井　　　上　　　　水

　　　　　　　　　　　　　　　　bayina.

喝（形动形非过去时）说道（副动形先行式）死（互动态）有（非过去时）

那头牛在井边拼命挤着喝水。

tere ǰ erge　　　　　　　oloya ged　　　　　ükü-ldü ǰü　　　bayina.

 他 官职 得（祈使形志愿式）说道（副动形先行式）死（互动）有（非过去时）

他拼命想要一官半职。

　　（4）同动态表示互动态意义。试比较：

　 kümüs　　　 qadaɣanatala　　　　　iniye-l č ebe.

人（复数）哈哈（副动形界限式）笑（同动态过去日时）

人们哈哈大笑起来。（同动态）

　　　 ede qoyaɣula　　　　　　　ɣar bari-l č an　　　　　salu-l č aba.

这（复数）两（复数）手 握（同动态副动形并列式）分离（同动态过去时）

他们俩握手告别。

　　其中的两个众动态语缀都表示两个人的相互动作。在这种情况下现代蒙古语一般不能说：

　　*ede qoyaɣula ɣar bari-ldun salu-lduba.（互动态意义）

　　（5）同动态互动态表示复杂意义和复合。如 nökö-č e-"交友、交往"、nökö-č e-ldü-"相互制约"，mörgö-č e-"顶撞"、mörgö-č e-ldü-"相互顶撞"，ebö/eb-č e-"结合、交媾"、ebö/eb-č e-ldü-"交媾、交尾"，üyime-č e-"哄闹、紊乱"，köge-č e-ldü-"追随、跟随"、soli-č a-"纵横交错" soli-č a-ldu-"纵横交错"，sorbi-č a-"交叉、交错"、solbi-č a-ldu-"纵横交错"等。

　　9. 保留一些语态与数一致性的痕迹。例如：

　 üked　　 qudduɣ degere　　　 abaɣara-ldu ǰu　　　　　bayina.

牛（复数）　井　　上　 簇拥（互动态）（并列副动形）有（非过去时）

牛群在井上攒动着。（比中世纪蒙古语松散）

nayir　degere kümüs abaɣara-ldu-ǰaɣa-ǰu bayina. 在那达慕上人们拥挤着。

那达慕上　人（复数）　簇拥拥（互动－齐动）　　有

10. 受外来语和书面语影响。有些语态的用法在老百姓口语中原来没有，但受外来语影响在书面语中已经出现，甚至有些人在口语中也偶尔使用。例如：

bič igde-"被写"、orči-ɣul-u-ɣda-"被翻译"、ǰoqiya-ɣda-"被创作"、ene modun bayšing 1935 on- du bari-ɣdaɣsan "这座木屋建于 1935 年" 等。其实老百姓绝对不会说 ger bari- ɣdaɣsan "被盖房" 和 ǰ aqidal bič igdegsen "被写信"之类的话。这一现象属语法模仿，是语言接触的产物。这种情况有逐渐增多的趋势。

二　详细深入描写蒙古语动词语态的重要性

被动态、使动态、互动动态、众动态并不能加在所有词干后。其中，有的词干只能加众动态，而不能加互动态；有的只能加互动态而不能加众动态；有的可以互补，而有的不能互补，两种语态都能加，语义也基本一样。尤其是被动态，并不能加在所有及物动词和不及物动词词干后。因此，只有深入细致地调查并认真描写，才能够把蒙古语动词语态的特色找出来。

1. 要穷尽描写能够加语态的词语。描写这些词语时应区分及物和不及物动词。

（1）要详细细列出词干后能够加语态的及物动词，例如：

被动态 bari-ɣda-"被抓"、bara-ɣda-"（被）损坏"、gög-te-"被打"、delse-gde-"被打、被骗"、tuta- ɣda-"（被）缺少"……

使动态 bari-ɣul-"使抓、让盖"、emüs-ü-gül-"给他人穿戴"……

互动态 bari-ldu-"相互抓、摔跤"

同动态 bari-lč a-"共同抓、握手"，sur-u-lč a-"共学、学习"，kele-lč e-"谈话"，kögege-lč e-"跟随"……

齐动态 bari-ǰaɣa-"一起抓、齐盖"，sur-č aɣa-"一起学"

（2）要详细列出词干后能够加语态的不及物动词，例如：

被动态 yabu-ɣda "被进行"、qoor-da-ɣda-"被毒害"、baɣta-ɣda-"被容纳"、ab-ta-ɣda-"挨整、被打"、gög-te-gde-"被打"、ɣoɣu ǰi-ɣda-"被漏"、qoč uru-ɣda-"被落后"、siltaɣala-ɣda-"由于…原因引起"、tegegle-gde-"被受阻、被卡住"、togeri-gde-"迷失"、süyidu-gde-"损坏、损失"、nura-ɣda-"被坍塌"……

使动态　如 yabu-ɣul-"使进行"、bayi-ɣul-"建立"、bayi-lɣa-"使存在、保持"……

互动态　如 yabu-ldu-"交往、性交、交合"、mögere-ldü-"许多牛叫"……

同动态　如 yabu-lč a-"共同行动、交往、来往"、mögere-lč e-"许多牛叫"……

齐动态　如 yabu-ǰaɣa-"一起走、齐动"、mögere-ǰege-"牛一起叫"……

2. 要穷尽描写不能加语态的词语。这也是认真描写蒙古语特点的重要环节。

（1）完全不能够加语态语缀的词语。例如：

被动态　如 ＊ uuɣu-ɣda-"被喝"、＊ emüs-ge-kde"被穿"、＊ ungši-ɣda-"被读"、＊ mašinda-ɣda-"被打字"、＊ mögere-gde"牛（被）叫"、＊ ǰegü-gde-"被戴"……

互动态　如 ＊suru-ldu-"互学"、＊ keleldü-"谈话"（现代蒙古语一般不能这样说）、emüs-ü-ldü-"相互穿衣服"、ǰegü-ldü-"相互戴"、＊ kögege-ldü-"跟随"……

同动态　如 ＊ emüs-ü-lǰe-"共同穿衣服"、＊ ǰegü-lǰe-"共同戴"……

齐动态　如 ＊ qaburǰi-ǰaɣa-"在春营地过春"……

第五种情况很少出现。根据夏天蒙古人的主要问候语之一 sayiqan ǰusa-ǰu baina uu?"夏天过得好吗？"来推断，sayiqan ǰusa-ǰaɣa-ǰu baina uu?"（你们或大家）夏天过得好吗？"也能成立。这样上述 ＊ qaburǰi-ǰaɣa-"在春营地过春"几乎可以成立，只不过很少说而已。

（2）部分情况下不能加语态的词语。这种情况比较普遍遍，但由于要在具体语境中进行分辨，故描写难度较大。这些与语义组合有关。例如：

被动态　如 tamaqi tataɣ-ɣda-"被抽烟"、qoɣola ＊ ide-gde-"被吃饭"、aǰil ＊ ki-gde-"工作被做"、kino ＊ üǰe-gde-"电影被看"……

互动态　如 ＊ suru-ldu-"互学"、sura-ldu-"互问"、＊ ɣar bari-ldu-"握手"……

同动态　如 büke ＊ bari-lǰa-"摔跤"、ureɣ ＊ bari-lǰa-"结婚"……

3. 要穷尽描写能带语态的词语在什么语境中能够用或不能用，并描写其条件。例如：

qoni　činoa-du　　　　ide-gde-be.　　　羊被（狼）吃了。
　羊　狼（位格）吃（被动态）（过去时）

miqa　činoa-du　　　　ide-gde-be.　　　肉被狗吃了。
　肉　狼（位格）吃（被动态）（过去时）

büke　　　　bari-lduba.　　　摔跤了。
摔跤 摔跤（同动态）（过去时）

＊büke　　　　bari-lǰaba.　　　摔跤了。
摔跤 摔跤（同动态）（过去时）

ɣar　　　bari-lǰaba.　　　握手了。
手　握（同动态）（过去时）

ebesü　　　　　kögege-lǰen　　　　　qadu-ba.　跟随（一个挨着一个）打草。
　草　跟随（同动态）（并列副动形）割（过去时）

ebesü　　　　　kögege-ldün　　　　　　　qaduba.　　跟随（一个挨着一个）打草。

　草　跟随（互动态）（并列副动形）割（过去时）

modo　　　　oɣtol-o-ɣdaba.　　　　树被砍了。（中动态）

　树　　砍（被动态）（过去时）

*modo　　　　nada　　　　　　oɣtolo-ɣdaba.　　　　树被我砍了。

　树　　我（第 1 人称位格）砍（被动态）（过去时）

无须指出使动者时可以用被动态，但真正实施的人出现时这种被动态反倒不能成立。如"门被我打开"这一句型蒙古语不能成立。

两种语态，如上述 üǰe-ldükü "üǰe-的互动态、相互看、较量"和 üǰe-lǰekü "üǰe-的同动态对视、较量、拼搏"（实际上 üǰe-ldükü 很勉强，所以有的辞书没有纳入词典里），有的就不能加，如不能说 * qara-lduqu "看、瞧"和 * qara-lǰaqu "看、瞧"。但在其语态语缀基础上接加其他构词附加成分的词语还是普遍使用着，如 qara-duɣa "对视的、对称的、对面的"，qara-duɣa qaɣalɣan-du saɣudaɣ "住在对面"和 qara-duɣa qoyar aɣula "对峙的两座山"等。这说明有些动词虽然不能使用互动态，但在构词当中可以起重要作用，而且还夹杂着互动态语法意味。

4. 要穷尽描写语态意义的转换

（1）使动态所表示的被动态意义，例如：

bi　　　tegün-dü　　　segül-iyen　　　　bariɣulba.　　我被他抓辫子啦。

我　那（第 3 人称位格）辫子（返身）抓（被动）（过去时）

bi　　　tegü-ber　　　sayin　　　dongɣuduɣuluɣsan.

我　那（第 3 人称位造格）　好　斥责（使动）（形动形完成体）

我被他狠狠地数落了。

（2）互动态共动态的语义转换

互动态表示共动态意义。如 olan-iyar iyan düriqinetel iniye-ldübe. "大家哄堂大笑"。qonioboɣara-lduǰu bayina. "羊群在拥挤"；abaɣara-lduqu "蜂拥、攒聚"，üyime-ldükü "吵闹、喧哗"等。

再如 güyü-ldükü，① güyükü 的互动态，②"奔走"，③"一起跑、一同跑"；güyü-lǰekü，①güyükü 的共同态，②"争相奔跑"（《蒙汉词典》，1997：796）。其中的互动态和共同态不仅交错，而且还夹杂着齐动态的意义。

同动态表示互动态意义，如，ede qoyaɣula ɣar bari-lǰan salu-lǰaba. "他们俩握手分手"。其中两个众动态语缀都表示两个人相互的动作。在这种情况下现代蒙古语一般不能说 * ede qoyaɣula ɣar bari-ldun salu-lduba. 再如 hoyaɣula sanal-iyan soli-lǰaba. "他俩交换了意见"，同样也不能说 * hoyaɣula sanal-iyan soli-lduba。

从互动态和众动态的交错以及所表示的意义来说，这两种语态很可能同源，后来分开，或原来就表示比较独立的语法意义，后来逐渐接近。现代蒙古语可否把这两个语态作为一个语态的两个变体？实际上众动态里也蕴含着互动的意味，所以有些词典解释带-1ča的词时解释为众人相互动作。有些动词互动态和众动态的用法古今有所不同。如中世纪蒙古语可以说 kele-ldü-，现代蒙古语则不能说，而只能说 kele-lče-。像这样古今不同的现象也比较普遍。

5. 要穷尽描写语态语缀的语法化程度

（1）完全保存语法意义的 如 kele-gül-"说"（使动）、kele-gde-"说"（被动）、kele-ǰege-"说"（齐动）、taɤu-lča-"赶"（同动）等。

（2）既保存语法意义又具有构词意义的 如 qari-ɤulqu：① qari-的使动态，②"答、回答"，③"倒回、折（液体）"，④"放牧"。其中，古代"放牧"的最初意义可能是使放出去的牲畜返回到家，与现代放牧时常说的 ergigülkü"使畜群返回"相同。在这种情况下，它已经失去语法意义而变为构词意义了。üǰekü"看" > üǰe-gde-kü"看"（被动）、"分娩"，如 keükedüǰegdekü"生孩子"。üǰe-lčekü"看"（互动），不但有"对视"的意思，还有"较量"的意思，如 ere（男人）-yin（领格）sayin（好）iyan（反身）üǰelčen-e（较量）"较量力气"。üǰe-ldükü：①üǰekü的互动态，②"较量"。üǰe-lčekü：üǰekü的众动态，②"对视"，③"拼、较量、搏斗"。（《蒙汉词典》，1997：324页）morda-ɤul-：① morda-的使动态，②"送行、饯行"，③"嫁"。（《蒙汉词典》，1997：829页）bari-ldu-：① bari-的互动态，②"结、结合"，如 uruɤ bari-ldu-"结婚"，③"连接、冻结、凝结"，如 mösö bari-ldu-"结冰"，④"摔跤、角力"，如 batu sayinbari-laudaɤ."巴图善于（擅长）摔跤"，其中"摔跤"具有很强的构词意义。有些情况下具有互动态的意义但比较勉强，如 abu-lduqu：① abqu 的互动态，如 abdaɤ-iyan abulduǰu ögdeg-iyenöggüldüye."相互该要的要，该给的给吧"，②"相互打架吵吵闹"，其中第一项有互动态意义，第二项则有明显的构词意义。互动态和共同态有时还交错，甚至表示构词意义。

（3）只表示构词意义的，如 bayi-ldu-"战斗"，kere-ledü-"吵架"、oro-ldu-"鼓捣"。Kür-te①及物：（1）"受"，（2）"荣获"、"敬领"；②不及物：（3）"分到"，（4）"患病"（中世纪蒙古语具有纯粹被动态意义）等。对这些形式蒙古语语辞书都不著录其语法意义。

6. 要描写和分析语态语缀与相关构词附加成分的关系。如- ɤul/-guil，-lɤa-lge，-ɤa/-ge，qara-ɤul"让看"（使动态）、qara-ɤul"岗哨"（构词），tuɤul-ɤa-"让腹泻"（及物化），tuɤul-ɤa-"用腹泻的办法治病的中药"。qari-ɤul-ɤa：①"放牧"，②"回复、返回"，③"回锅"等。

7. 要深入描写和分析相同态语缀及相关语缀之间的关系。对使动态附加成分学者们的意见有所不同。如道布先生最近提出把表示"及物"的语缀和表示使动的语缀区别开的观点。实际上接缀这些附加成分的词语具有细微的差别，甚至有的还存在较大差异。如，-ɣa/-ge 与 ɣul/-gul、-lɣa/-lge 的关系：čuɣla-ɣa- ~ čuɣla-ɣul- "收集、搜集"，kür-ge-"送" ~ kür-ü-gül-"到达" ~ küir-ge-gül-"（让人）送"，sur-ɣa-"教育、训练" ~ sur-u-ɣul-"使学习" ~ sur-ɣa-ɣul-"（让人）学、教学"（很少使用，不顺当），kögǰi-ge-"激发" ~ kögǰi-gül-"发展"，bayi-ɣul"建立 bayi-lɣa-"使存在、保持"，ǰoba-ɣa-"折磨、烦劳"，ǰoba-ɣul-"使人发愁、受折磨"（ǰoba-ɣa- 用得多，而ǰoba-ɣul-用得少，并且有点别扭）。-ča/-če 与-1ča/-lče 的关系：soli-ča-"纵横交错"soli-lča-"相交、交流" ~ soli-lča-ldu-"（不及）相交、交流"，solbi-ča- ~ solbi-lča- ~ solbi-lča-ldu-"交叉、交错"等。

三　寻找符合蒙古语动词语态特点的研究方法和手段

1. 用传统方法穷尽描写，如语态出现的各种场合和条件等。试比较：

egude　salqin-du　　negege-gdebe.　　　　*egude　　na-da　　negege-gdebe.

门　风（位格）开（被动态过去时）　　　门　我（位格）开（被动态过去时）

门被风吹开了。　　　　　　　　　　门被我打开了。

该句与上述句在语义条件上不同，这与上述"树被我砍了"不成立一样。

ene　ǰoqiyal 1970 on-du　　ǰoqiya-ɣda-ɣsan　　　　　　　bayina.

这　小说 1970 年（位格）写作（被动态形动形过去时）有（助动词词非过去时）

这部小说创作于 1970 年。

*ene　ǰoqiyal 1970 on-du　　na sayincoytu-du　　　　ǰoqiya-ɣda-ɣsan.

这　小说 1970 年（位格）纳·赛音朝克图（位格）写作（被动态形动形过去时）

这部小说于 1970 年被·纳赛音朝克图创作。

后面一句中表示施事的名词在被动句中是不能够出现的。这是因为具有行为动作结果意义的受事在主动句转换为被动句时，某些表示施事的名词在表层结构上不能显现；表示人或其他动物的词成为施事，表示无生命的词成为受事的主动句转换为被动句时，实施在表层结构上一般不会显现出来。

2. 利用现代语言学理论和方法进行研究。用生成语法（形式语法）、语义学等理论来研究蒙古语语态形式、句式、语义的组合和聚合关系，分析语态的使用规律。其中，从句法关系上分析语态比较重要。研究语态转换也很有必要。

3. 建立比较可靠的长篇语料库。建立包括书面语和口语材料的语料库是研究蒙古语语态规律的首要工作。只有合格的话语长篇资料，才能保证研究走向正确的道路。

在某种情况下老百姓的口语要比书面语更重要。因为牧民和农民的口语很少受其他语言干扰，能够保持蒙古语的本色。

4. 正确分析和把握一些语态的非常规用法，其中包括受外来语影响所产生的情况等。媒体语言中有较多老百姓口语中见不到的语句，对此要客观分析，因为有些是知识分子受外来语影响所编的，有些是已进入媒体语言或书面语基本认可的，但有些还没有规范或被采纳，这些都要谨慎对待。

参考文献

《蒙古语辞典》编纂组：《蒙古语辞典》，民族出版社，1997。

邴巴桑等（蒙古国）：《现代蒙古语词法结构》，内蒙古教育出版社，1992。

布和：《东乡语和蒙古语》，内蒙古人民出版社，1968。

朝克：《满—通古斯诸语比较研究》，民族出版社，1997。

陈乃雄：《保安语和蒙古语》，内蒙古人民出版社，1987。

陈宗振：《西部裕固语研究》，中国民族摄影艺术出版社，2004。

道布：《回鹘式蒙古文献汇编》，民族出版社，1983。

道布：《蒙古语动词"态"语缀探析》，《民族语文》2007年第5期。

道布：《蒙古语语缀杂谈》，《蒙古语言文化学论丛》（第一卷），民族出版社，2009。

恩和巴图：《达斡尔语和蒙古语》，内蒙古人民出版社，1988。

嘎日迪：《中古蒙古语研究》，辽宁民族出版社，2006。

韩·乌吉斯古冷：《现代蒙古语语态句句义研究》，中央民族大学研究生论文，2010。

舍·罗布桑旺丹（蒙古国）：《现代蒙古语结构语法》，内蒙古教育出版社，1987。

斯钦朝克图：《中世纪蒙古语动词被动态与现代蒙古语比较》，《蒙古语文》1992年第12期。

粟林均、确精扎布：『〈元朝秘史〉モンゴル语全单语·语尾索引』，东北大学东北アジア研究センター，2001。

泰赤乌特·满昌：《转译注释〈蒙古秘史〉》，内蒙古人民出版社，1985。

赵明鸣：《〈突厥语辞典〉语言被动态及其被动结构研究》，《民族语文》2001年第4期。

照那斯图、斯钦朝克图：《萨迦格言》，内蒙古人民出版社，1989。

照那斯图：《八思巴字和蒙古语文献·Ⅱ文献汇集》，东京外国语大学亚非语言文化研究所，1991。

照那斯图：《土族语简志》，民族出版社，1981。

Rita Kullmann, D. Tserenpil,《Mongolian Grammar》, Jensco Ltd, Hong Kong, 1996

Abstract

Being quite complicated and having undergone changes in different historical stages, the voices of verbs in the Mongolian language need a comprehensive study from different perspectives.

Detailed and in-depth description is vital to such a study. This paper focuses on the characteristics of voices of Mongolian verbs.

原载于《民族语文》2011 年第 2 期

长岛话的亲属称谓

刘援朝

摘　要　本文讨论的是山东长岛话的亲属称谓。全文分两部分，第一部分分别从语言学和社会人类学角度讨论了亲属称为与亲属制度，婚姻制度的关系，第二分是一些长岛话常用的一些亲属称为词汇，就此可以看出长岛话亲属称谓的特点来。

关键词　亲属称谓　亲属制度　社会关系　社会变迁

不论在语言学意义上，还是在社会人类学意义上，对亲属称谓的研究都是很重要的。这是因为亲属称谓是对亲属关系、家庭关系和婚姻关系的描述，不同民族的亲属称谓各不相同，也反映了不同民族在家庭和婚姻制度上的差异。对这种社会关系的研究也就是对一个民族或地区的社会生活的研究（当然不是全部），这对于了解不同民族、不同地区人民的生活是很有帮助的。

一　亲属称谓研究的语言学意义

亲属称谓的研究可以从语言学和社会人类学这两个角度去研究。语言学的研究比较侧重其形式和结构，而社会学和人类学的研究则侧重分析其含义。

从语言学的角度看亲属称谓，可以从两个角度去分析。

1. 不同民族的亲属称谓的数量多寡不同，这种不同是由于各民族所实行不同类型的亲属称谓制度造成的。但语言上的亲属称谓和事实上的亲属制度并不一定完全吻合。因为亲属称谓是历史的产物，它沉淀着历史上该民族所曾经历过的亲属制度、家庭制度和婚姻制度的演变。不论是家庭制度，还是婚姻制度，都会随着社会的变化发生不同程度的变化，以适应社会发展的需要。随着这种社会关系的变化，亲属称谓当然也会发生一些变化，但是和家庭关系、婚姻关系的变化不一定完全同步。在一定的程度上可以说，亲属称谓是比较稳定的称谓系统，它里面往往还沉淀着历史上该民族或该地区的家庭、婚姻制度的残余。这也是语言词汇系统的特点。语言词汇可以随着时代的变化发生改变，但语言最基本的核心部分——基本词汇，仍然是很稳固的，改变的数量不会太多。

亲属称谓系统是语言词汇系统中的一个部分，它的基本成分属于基本词汇系统，并具有强大的构词和派生能力。像"父、母、兄、弟、爷、奶、伯、叔"等词汇都是属于基本词汇，由它们可以构造出很多派生词来。汉语的"父本、父老、父兄、父子"等词汇都是由基本词汇的"父"派生出来的。而英语的 motherland（祖国）、mothership（护航船）mother of pearl（珍珠丸）等都是由英语的 mother（母亲）派生出来的。

2. 语言亲属称谓的另一大特点是其类聚含义只有类别名，没有总名。比如人的称谓可以根据性别区分为男人和女人，但其总称为人；可是亲属称谓却没有总名，只有定名（确定的名称），因为亲属称谓是对亲属关系中的每一成员的权利和职责的定位，它不可能张冠李戴到其他成员身上。所以亲属称谓没有总名。比如，父亲就是父亲，母亲就是母亲，儿子就是儿子，女儿就是女儿，没有必要也不可能再设一个总称。然而，亲属称谓虽然不需要总称，但可以有合称，比如，"父母""儿女""父子""母女"等，但这些合成只能用于统称场合，在具体场景下就不能使用。比如，"他儿子参军"是可以的，但是如果说成"他儿女参军"则是不通，因为这是具体现实的场合，是不应该用合称来指代具体的人物关系的。

其实，研究亲属称谓最重要的作用在于通过研究亲属称谓来了解一个民族的亲属关系和家庭婚姻制度，这对了解一个民族的社会生活有着重要的意义。

二 亲属称谓研究的社会人类学意义

社会人类学主要是以民间的社会生活、社会结构和社会组织为研究对象的一门社会科学，作为一种社会组织的家庭则是社会人类学最重要的研究对象。

社会人类学研究亲属称谓和语言学的研究大不相同，它主要是以与亲属制度和亲属关系相关的内容——如家庭关系、亲族关系、婚姻关系、收养过继关系等一系列与社会生活密切相关的内容为对象，力图揭示社会生活的本质和基本规律。而所有这些关系的切入点都可以以亲属称谓为出发点，因而亲属称谓成为社会人类学研究家庭、婚姻、亲属关系的最主要的内容。

亲属称谓直接地反映的是亲属制度，而亲属制度和家庭制度、婚姻制度密不可分。美国民族学家摩尔根指出："每一种亲属制度表达了该制度建立时所存在的家庭的实际亲属关系，因此，它就反映出当时所流行的婚姻形态和家庭形态。"①

虽然如此，家庭制度和婚姻制度却随着时代和社会的发展而发生改变，这是时代

---

① 摩尔根：《古代社会》，商务印书馆，1977，第 390 页。

发展的结果。比如，中国古代的家庭制度占主导地位的是大家庭制度，一家四五代人全部生活在一起，这种家庭制度就是汉族亲属称谓产生的一个重要基础，一个家庭里，每个人的地位和权力职责都是明确的，亲属称谓就是这种地位和职权的反映。人口多，关系复杂，所以汉族的亲属称谓也是区分得十分细致的。长辈晚辈，男性女性，父系母系，姻亲血亲，直系旁系都划分的十分明确，在称呼上不能混淆。虽然现在汉族的亲属称谓没有什么大的变化，但是当代中国的家庭制度和婚姻制度却有了较大的改变。当代中国，占主导地位的则是小家庭制，大家庭基本瓦解；在婚姻形态上，旧时的指腹婚、包办婚姻、买卖婚等形态受到社会的广泛指责和批评，一夫多妻制、男尊女卑等婚姻家庭伦理也受到社会的广泛指责和批评。而最近几十年间，随着性解放思想的传播，性关系和婚姻关系也越复杂。除了传统的异性婚，同性婚等另类婚姻形态也开始发展起来。因此可以说，家庭制度和婚姻制度可以随着社会和时代的发展而发展，但是对于标志着亲属制度的亲属称谓却比较稳固。它虽然也会随着社会和时代的发展发生一定程度的变化，但基本类型不会有根本性的改变。

亲属关系不同于家属或是家庭成员关系，亲属关系是由婚姻、生育或是收养过继产生的姻亲关系、血亲关系和拟制亲属关系的总称，而家属是家长的对称。家属不一定都是亲属，如果共同生活很久，可以算为家属，但不能是亲属；同样，如果是亲属，但另立门户，结婚分户，虽然住在一起，也不能算是家属。同样，家庭成员也不完全和亲属画等号，家庭成员是指在一定范围内居住在一起的亲属，彼此有抚养或赡养的义务，而亲属不一定都是家庭成员。

汉族的亲属关系可以按照不同的类型划分为三类：血亲、姻亲和配偶，这是当代中国社会所承认的三种亲属关系，古代比这还复杂，这里不多说。在这三类以下，再按男性－女性，父系－母系的血缘关系划分其远近。除此之外，汉族的亲属关系还将血亲关系再划分为直系和旁系亲属，以及在各系之中按年龄的长幼分为尊称和卑称，不过由于当代社会的变化，尊称和卑称已经有了不少简化。

将血亲关系再区分为直系和旁系的区别是汉族亲属称谓的一大特点。直系血亲就是因出生而形成的有直接的血缘关系的亲属，比如：父母，子女，外祖父，外孙子女等，拟制直系血亲就是因过继、收养等行为将外人依据法定程序转变为血亲的亲属，其情况与直系血亲亲属相同。旁系血亲亲属是指有共同来源（即共同祖先），但是是间接的血缘关系的亲属成员。旁系血亲也区分为自然旁系血亲和拟制旁系血亲。旁系血亲如兄弟姊妹，与己同源于父母，姑表亲表示与己同源于祖父母，舅姨表亲表示与己同源于外祖父母等。拟制旁系血亲与拟制直系血亲相类似。旁系血亲比直系血亲范围大得多，在我国古代，将五等亲的旁系血亲视为亲属，出五服便不算亲属了。

除了血亲之外，姻亲也有直系与旁系之分。直系姻亲是因为婚姻关系而发生的亲属关系，配偶一方的直系血亲即为另一方的直系姻亲。如夫之父母即为妻之直系姻亲，反之亦然。旁系姻亲也是因为婚姻关系而产生的亲属。配偶方的旁系血亲即为另一方的姻亲旁系血亲。如夫之姑舅表姨兄弟姊妹即为妻之姑舅表姨兄弟姊妹。但是姻亲亲属和血亲亲属有一点重大的不同，血亲亲属是随着出生天然地被赋予而终生不变，而姻亲是随着法定手续的成立而成立，并随着人的死亡或离异，姻亲关系随即在法律上消亡。

以上诸种因素都是研究亲属制度的一些基本的概念，世界各个民族的亲属制度各不相同，所以人类学家又按照其不同特点将亲属制度区分为类别式和叙述式。

类别式亲属制度是只按群体计算而不计算个人的亲属制度。这种类型的亲属制度重视的是辈分，并参考着性别，而并不在乎直系与旁系的区分；而叙述式的亲属制度则是在直系和旁系区分的基础上，加上对姻亲、尊卑、性别等等区分而建立起来的一种亲属制度。因此，叙述式的亲属制度远远复杂于类别式的亲属制度。汉族的亲属制度就是典型的叙述式亲属制度，而马来亚的亲属制度则是典型的类别式的亲属制度。

这两种划分是对世界各种亲属制度最粗略的划分，百余年来，人类学家对此继续进行着持续而深入的讨论，提出了多种分类方法，在这里就不必细说了。

三　长岛话亲属称谓的特点

汉族亲属称谓的基本特点如上所述。作为汉族的一部分，长岛话的亲属称谓也不会有什么很大的差别。当然，汉语通行地面大，方言分歧不小，各个方言都有自己的特点，对于亲属称谓也是一样。但是这种差别多数只是在个别字句和词语上的调整。当然由于区域的不同，各地方言的亲属称谓都有所不同，不过相近的区域，亲属称谓应该是比较接近的。长岛话就和山东半岛上的方言比较近似，当然最近似的应该是胶东方言。

下面我们选择几个亲属称谓，将长岛话和全国各地的北方话的进行比较，以期看出长岛话亲属称谓的一些特点来。

1. 祖母。长岛　婆婆；山东莒县　奶奶；山东荣成　婆；甘肃敦煌　奶奶；云南永胜　奶奶（永胜片角　婆），河南郑州　奶奶，山西平遥　娘娘；山西忻州　娘娘；山西长治　奶奶；山西原平　奶奶。

2. 外祖母。长岛　姥娘；山东莒县　姥娘（ning）；山东荣成　姥儿；甘肃敦煌外奶奶；云南永胜　外婆；河南郑州　姥姥；姥娘；山西平遥　摆摆；山西忻州　姥姥；山西长治　姥姥；山西原平　姥娘。

3. 父亲。长岛　爹爸；山东莒县　大大，爹；山东荣成　大爹；甘肃敦煌　大爹；云南永胜　爹；河南郑州　爹伯；山西平遥　爹，山西忻州　大大大；山西长治爸爸；山西原平　爹。

4. 母亲。长岛　娘、妈；山东莒县　娘 妈；山东荣成　妈；甘肃敦煌　妈；云南永胜　妈；河南郑州　妈，娘；山西平遥　妈；山西忻州　摆摆；山西长治　娘 妈；山西原平　娘 妈。

5. 女儿。长岛　闺娘（ning）；山东莒县　闺女　丫头；山东荣成　闺女；甘肃敦煌　丫头；女子　女娃　姑娘；云南永胜　丫头；河南郑州　闺女　妞；山西平遥　闺女；山西忻州　闺女　妮子；山西长治　闺女；山西原平　闺女。

通过以上几个最基本的亲属称谓的例子可以看得出来，北方官话地区的亲属称谓几乎是异常接近，近似程度非常高，这也是北方官话的特点。虽然我们也可以看得出来，在这样广大的地面上，各方言多少都有一点差异，但是差别很小，大都只是个别语素的调整。比如长岛话把女儿叫闺娘，其他北方多数叫闺女，丫头，这也算是长岛话的特点了吧。但是闺娘和闺女同义，且娘和女都是女性的代表词汇，只是称呼上略有不同而已。北方话的方言词汇（其中就包括亲属称谓）多少都有这个特点。

方言词汇的第二个特点就是个别词语上的调整。比如长岛话的祖母叫婆婆。而多数北方方言叫奶奶。但是我们也可以发现，山东荣成、云南永胜片角地区也把祖母叫婆。把祖母叫"婆"应该是一种比较古老的说法。《广韵.下平声》载："婆，老母称也，薄波切"，而"奶"是今字，《中华大字典》云："奶，俗嬭字，今俗尊称妇人曰奶"。可见，今日方言中把祖母叫奶奶是近代以来的产物，在南方方言中，至今祖母仍在很多地方叫婆婆。像海南海口（闽南方言），江西南昌（赣方言）都是这种说法，可见长岛话把祖母叫"婆婆"是一种比较老式的说法，多数北方话都变为了"奶奶"。这就是方言词汇中仍不同程度上地保留古义的一个例证，当然这都是语言学上的看法。

还有一种情况值得注意情况是，北方民间，很多地方把父亲叫爹或者是大大，母亲则多数地方叫娘。长岛地方也有这种说法，但是除此之外，长岛话中也有把父亲和母亲分别叫爸和妈的。联系到长岛话这几十年来受普通话的影响，笔者觉得，这种将父母亲称为"爸""妈"的叫法是受普通话影响的结果，它与长岛话语音和词汇在普通话的影响下发生的转变的趋势是相一致的。这也可以印证前面所说，亲属称谓虽然是比较稳固的，但是在社会和时代的影响下也会发生缓慢的变化。

四　长岛话的亲属称谓列表

（本标准条目按正常情况下的背称调查并记录下来，以便各点对比，但同时注意面称、背称、忌讳等各种情况下的叫法）。被采访人：高大国，65 岁，长岛砣矶人。

（1）长辈

曾祖父：老太爷；

曾祖母：太太；

祖父：爷爷；

祖母：奶奶、婆婆；

外祖父：姥爷；

外祖母：姥嬢、姥姥、姥娘（少数现代人）；

父亲：爹、爸（约 40 岁以下的人）；

母亲：妈、娘（个别人家）；

岳父：丈人（对外）、爸；

岳母：丈母娘（对外）、妈；

公公（夫之父）：爸；

婆婆（夫之母）：妈；

继父：叔叔、爹、爸；

继母：姨、妈；

伯父：大爹、二爹；大伯、二伯……

伯母：大妈、二妈……

叔父：大叔、二叔、小叔；

叔母：婶、婶婶、大婶、二婶……

舅父：大舅、二舅……

舅母：大舅母、二舅母……，舅妈；

姑妈：大姑、二姑……、姑妈；

姨妈：大姨、二姨……、姨；

姑父：大姑父、二姑夫……

姨父：大姨夫、二姨夫……

（2）平辈

夫：官人（古时权贵之家）、男人（对外）、老头、（直呼丈夫姓氏）老高、老王；

妻：老婆、家里的、媳妇、高柳氏（古时女子无名，去世后在其坟上写…氏以名其夫妻关系）；

小老婆：二太太、三太太；（其子女）在母亲下的叫姨娘，在母亲上的叫大娘、二娘……

大伯子（夫之兄）：大哥、二哥……

小叔子（夫之弟）：叫名；

大姑子（夫之姐）：大姑姐，比自己小的叫名；

小姑子（夫之妹）：叫名；

弟媳：兄弟媳妇（对外），对内叫名；

亲家母：嫂子、（小者）大妹子；

亲家翁：老哥、（小者）叫名，老弟、（也有以其姓氏称）老王、老李；

内兄（妻之兄）：叫哥，大舅哥（对外）；

内弟（妻之弟）：叫名，小舅子（对外）；

连襟（妻姊妹之夫）：大姐夫、二姐夫、三姐夫、小姐夫；大连襟、二连襟、小连襟（对外）；

大姨子：叫姐，大姨姐（对外）；

小姨子：叫名，小姨子（对外）；

弟兄姊妹

哥哥：叫哥，大哥、二哥……老哥（最小的），有总结之意；

嫂子：叫嫂子，大嫂、二嫂……老嫂子（最小的），有总结之意；

弟弟：叫名，大弟、二弟……老弟（最小的），有总结之意；

姐姐：大姐、二姐……

姐夫：姐夫、大姐夫、二姐夫、小姐夫；

妹妹：妹妹、大妹、二妹、小妹；

妹夫：妹夫、大妹夫、二妹夫、小妹夫；

堂兄、堂弟、堂姊妹：基本和自己的兄弟姊妹同样称呼；

表兄弟姊妹：姨弟兄、姨姊妹；姑弟兄、姑家姊妹；

（3）晚辈

儿子：叫乳名（小名），40岁后叫大名（学名）；

儿媳妇：古代叫乳名，（现代）老大媳妇、老二媳妇……

女儿：叫名，闺嬟、大闺嬟、二闺嬟……

女婿：叫名，姑爷（对外）、大女婿、二女婿……

孙子、孙女、孙媳妇、孙女婿、重孙、重孙女：叫名；

外甥（姐妹之子）：叫名，对外称大外甥、二外甥、小外甥；

外甥女（姐妹之女）：叫名，对外称大外甥女、二外甥女、小外甥女；

侄子、侄女：叫名；

其他称谓

婴儿：（父母叫）宝宝，（爷奶叫）乖乖，入户口叫乳名（？）

男孩、女孩：叫名；

老头儿；

城里人：发财老客；

外地人：叫"地瓜干"，是近 30 年来对外乡人的称谓；

乡下人：老乡；

外国人：老外、外国佬、（日本人）日本鬼子、罗圈腿，（俄国人）老毛子；

客人：老兄、哥们、老哥、老弟；

同庚：朋友、爷们；

半瓶醋（比喻性说法）：大肿脸充胖子，彪呼呼的，一瓶不满半瓶咣当；

单身汉：光棍，孤老棒子；

童养媳：闺女；

婊子：养汉子；

姘头：嘎伙、包二奶，情妇；

私生子：杂种、私孩子；

乞丐：要饭花子、花子头、落套了；

走江湖的：卖艺的；

专门拐卖小孩的：拍花子的、卖三虎的；

土匪：胡子、绑匪；

海盗：摘梅豆；

贼：小偷、小摸、扒手；

雇工（长工、短工）：扛活的、伙计；

农民：种地的；

做买卖的：贩子；

老板：掌柜的；

船主（当地无地主）：老板、掌柜的；

老板娘：掌柜婆、女当家的；

教员：先生（古时男女都叫），教书的；

朋友：干弟兄、哥们；

兵（相对百姓而言）：兵痞子、兵棍子、兵油子；

医生：先生、郎中；

理发员：剃头的、耍手艺的；

铁匠：小炉匠；

补锅的：镉锅的、鼓螺匠；

白铁匠：焊洋铁壶的；

屠户：杀猪的；

脚夫（搬运夫的旧称）：赶脚的；

轿夫：抬轿的；

船工：渔民、哨工；

管家：二掌柜、二把头、当家的；

厨师：大师傅；

奶妈：干娘；

仆人：佣人；

女仆：女佣人；

丫鬟：小支使；

接生婆：守生婆、老娘婆；

和尚：老和尚、秃驴、方丈；

道士（出家的道教徒）：老道、仙人。

原载于《长山列岛的语言及民俗文化研究》，山东大学出版社，2015

语言保护论纲*

周庆生

摘　要　语言保护指的是政府、社会群体和专家对不同语言状况或环境，采取的不同保护措施，以应对语言生态受到的破坏。具体包括：抢救记录濒危语言资料；科学记录各民族语言、汉语方言及口头语言文化，加工成语言资源数据库；申报传统优秀语言文化遗产，列入"非物质文化遗产代表性项目名录"，或纳入国家级文化生态保护区的保护项目，认定其代表性传承人，传承和传播该语言文化遗产；依法保障少数民族语言的学习使用和发展；依法整治受污染的语言，维护语言健康。

关键词　语言保护　语言保障　语言保存　语言保持　论纲

在社会生活中，"保护"一词往往含有两层意义，一是照看好某人某物，二是使其免受损害或伤害。环境保护旨在改善生活环境，合理利用自然资源，使环境免受污染和公害；野生动物保护旨在拯救珍贵濒危野生动物，使野生动物免遭物种灭绝，生态失衡；文物保护旨在保护保存具有历史、文化、科学价值的历史遗留物，使文物免受破坏或流失；未成年人保护旨在优先保护未成年人的生存、发展、受保护、参与等权益，使未成年人免受侵犯。语言保护旨在抢救记录濒危语言，保存语言资源，传承优秀语言文化遗产，保持语言生态平衡，维护语言健康。

语言保护作为语言规划中颇受关注的一种新理论，大概是近二十多年来的事。20世纪80~90年代以来，受后现代主义思潮的影响，国际语言学者越来越关注语言濒危、语言消亡、语言生态、语言人权和语言资源问题[1]，为了抢救濒危语言，保持语言生态平衡，国际学者提出了语言保护的理论和实践问题，联合国教育、科学与文化组织颁发了一系列语言保护的规约和文件。

---

*　基金项目：本文系国家语言文字工作委员会语言文字应用重大项目"母语的地位和作用及和谐语言政策构建"（ZDA125-10）的阶段性成果。

[1]　周庆生：《语言规划发展及微观语言规划》，《北华大学学报》2010年第6期。

近十几年来，语言保护的理论研究和实践活动在中国蓬勃开展，特别是 2011 年，中国共产党第十七届六中全会的决定中提出了"科学保护各民族语言文字"①；《中华人民共和国非物质文化遗产法》规定了非物质文化遗产包括"传统口头文学以及作为其载体的语言。"②近些年，国家还出台了一系列相关政策和法规，语言保护研究活跃，抢救记录濒危语言和方言的一批成果相继出版。

然而，从学理上研究语言保护的论著尚不多见。语言保护的概念如何界定？语言保护分为哪些种类？语言保护的主体是什么？语言保护的对象具有什么特性？诸如此类的问题，学界或者尚未触及，或者尚未达成共识。对此，本文试图一一做出回答和论证。限于篇幅，关于语言保护的政策和实践，拟另撰文详述。

一　语言保护的概念

（一）已有的概念

迄今，国内外有关语言保护的论著很多，但对"语言保护"概念做出界定的尚不多见。曹志耘的《论语言保存》一文大概是我国界定"语言保护"和"语言保存"这两个概念的首篇论文。③ 该文指出：

> "语言保存"是指通过全面、细致、科学的调查，把语言、方言的实际面貌记录下来，并进行长期、有效的保存和展示。
>
> "语言保护"是指通过各种有效的政策、措施、手段，保持语言、方言的活力，使其得以持续生存和发展，尤其是要避免弱势和濒危的语言、方言衰亡。
>
> "语言保存"和"语言保护"是两种不同的观念，也是两种不同的措施。④

这种界定具有较高的科学成分，比较清晰准确地揭示了"语言保护"和"语言保存"这两个概念在保护措施和保护目标方面的区别，但是没有阐述二者之间的联系，也没有提到语言保护的主体。实际上，"语言保护"和"语言保存"之间是有联系的，二者之间存在一种上下位关系，或称隶属关系，"语言保存"是"语言保护"各项措

---

① 《中共中央关于深化文化体制改革推动社会主义文化大发展大繁荣若干重大问题的决定》，中央人民政府网，2011 - 10 - 25．http://www.gov.cn/jrzg/2011 - 10/25/content_1978202.htm。

② 《中华人民共和国非物质文化遗产法》第二条第一款。中央政府门户网，2011 - 02 - 25．http://www.gov.cn/flfg/2011 - 02/25/content_1857449.htm。

③ 其实，李宇明早在 1998 年《语言保护刍议》一文中，已对语言保护做出界定，认为语言保护主要包括两方面："第一是语言保存，即把现有的语言和方言的真实面貌保存下来；第二是语言卫护，即维护民族共同语和族际交际语的规范，引导它（它们）向健康方向发展。"见内部期刊《中国民族语言学会通讯》1998 年第 1 期。

④ 曹志耘：《论语言保存》，《语言教学与研究》2009 年第 1 期。

施中的一种措施。

瞿霭堂界定了作为非物质文化遗产的语言的保护，提出作为非物质文化遗产的语言保护要在"建立双语制的宏观目标"方面，做好"保障、保护和保存"这三个方面的工作。[①] 该定义把"保障、保护和保存"这三项措施，界定为语言保护的内容，因而比较准确地揭示了语言保护概念的主要内涵，但是此概念似乎也没有涉及语言保护的主体。

方小兵（2013）认为，为了降低社会生活变化对语言生态产生的冲击，人类主动采取语言资源保护、语言权利保障等行动，协调语言关系，这些行动的总称就是语言保护。[②] 该定义的优点是揭示了语言保护的目标、保护的主体和保护措施，但也存在一些疑问。譬如，该定义认为，语言保护的主体是全"人类"，这种界定似乎有点宽泛，实际上，采取或实施"语言保护行动"的主要是政府、语言群体和专家，详见下文第三节。

另外，该定义列举的语言保护措施或行动，只有"语言资源保护"和"语言权利保障"两项，似乎还不够，其他保护措施诸如濒危语言保护、语言文化遗产保护等均未提及。

戴红亮（2014）从少数民族语言保护工作的视角提出，语言保护工作"应以保存语言材料和保障少数民族语言权利为抓手，以重构语言生态环境为重点，充分利用教育、文化、技术和传媒的综合力量，共同发挥语言使用者、专家和政府的共同力量，才能延缓少数民族语言生命周期，缓和语言之间张力，构建和谐的语言生活"[③]。

该定义界定的是"语言保护工作"概念，还不是严格意义上的"语言保护"定义，但是，二者之间交叉重复的部分很大，因此，该界定蕴含了语言保护概念的许多合理内核。其特色是涉及了语言保护的三项措施：保存语言材料、保障语言权利和重建语言生态环境；提到了语言保护的三个主体：语言使用者、政府和专家学者；提出了语言保护工作（也可看成是语言保护）的三个目标：延缓少数民族语言生命周期，缓和语言之间张力，构建和谐的语言生活。

（二）本文提出的概念

为了从理论上提出一个更能适合我国国情的"语言保护"范畴，在考虑借鉴前人研究成果的基础上，本文尝试将这个概念界定为：语言保护是指为了减少和避免国家或地区因语言濒危、语言资源流失、语言文化遗产失传、语言使用空间萎缩、语言生

---

① 瞿霭堂：《民族语言文字与非物质文化遗产的保护》，《民族翻译》2010 年第 4 期。
② 方小兵：《语言保护的三大着眼点：资源、生态与权利》，《民族翻译》2013 年第 4 期。
③ 戴红亮：《走整体把握和协同合作的民族语言保护之路》《民族翻译》2014 年第 1 期。

态失衡、语言健康恶化带来的冲击，政府、语言群体和专家采取的一系列保护性措施，包括：受保护语言的认定、记录、建档、研究、保存、保护、保障、维护、建区、宣传、传承、传播、展示。

对此概念，特做以下几点说明。

1. 关于语言保护的对象。要实施语言保护，首先要明确哪些种类的语言或何种状态的语言需要保护？这就涉及语言保护的对象问题。本定义列举了语言受冲击、受危害的六种状况，这六种状况总体上可以视为语言保护工作的对象。其中，鉴于"语言使用"是语言权利的核心内容，可以换用"语言权利"来表述，这样，语言保护的对象则可概括为：濒危语言、语言资源、语言文化遗产、语言权利、语言生态和语言健康六种。

2. 关于语言保护的主体。要实行语言保护，还要明确谁来制定实施语言保护行动或语言保护规划，这就涉及语言保护的主体问题。本定义列举了语言保护的三大主体：政府、语言群体和专家。这里需要补充说明的是："政府"要分辨主管部门，如教育主管部门、文化主管部门等；还要分出主次，譬如以哪个主要管理部门为主，哪些工作部门协同等。"语言群体"是指某一地区以某种语言或方言为母语的群体，要分地区。"专家"分学科，如语言学家、教育学家、民间文学家、民族学家、法学家等。

3. 关于语言保护的措施。上述定义列举的 13 项，是各类语言保护措施的总和，有关这些语言保护措施的分类，将在下一节中论述。

二　语言保护的类别

要进一步搞清语言保护的内涵，需要从不同的视角，给语言保护分类。

（一）静态语言保护与动态语言保护

从语言形态上，语言保护分为静态语言保护和动态语言保护两种。

静态语言保护也称语言保存，主要包括"语言资源保护"和"少数民族濒危语言抢救和保护"。

"语言资源保护"已列入国家语言文字工作规划，命名为"语言资源保护工程"，由教育部和国家语言文字工作委员会主管，旨在利用现代化技术手段，记录、整理和存储各民族的语言，包括濒危语言、汉语方言和口头语言文化。记录保存下来的语言材料是一种语言资源，具有文化承载价值、文化展示价值、科学研究价值和经济开发价值。计划用 5 年时间完成。2015 年度调查 80 个少数民族语言（含濒危语言）点、50 个汉语方言（含濒危方言）点和 30 个语言文化点。①

---

① 教育部、国家语委：《关于启动中国语言资源保护工程的通知》，教育部门户网，2015 - 08 - 19，http://www.moe.gov.cn/publicfiles/business/htmlfiles/moe/s7067/201506/188584.html。

"少数民族濒危语言抢救和保护"已列入国家少数民族事业"十二五"规划，定名为"少数民族濒危语言抢救和保护工程"，由国家民族事务委员会主管，旨在调查 20 种少数民族濒危语言，出版《中国少数民族语言文字保护丛书》。①

动态语言保护，旨在保护中华民族优秀传统文化中的语言文化遗产，由各级政府文化主管部门负责管理。"语言文化遗产"是指一个民族或族群世代相传的一种非物质文化遗产，是其文化遗产的组成部分，是以人为本，以语言作为主要载体的一种传统口头文学表现形式。② 该类语言文化遗产要经国家或地方政府文化主管部门批准，在"非物质文化遗产代表性项目名录"中公布，可以认定其代表性传承人，开展各种相关的传承、宣传、教育、媒体、出版、展示等活动。该类另外一些语言文化遗产，作为保护项目，设在了国家级文化生态保护区的保护项目中，如 2007 年设立的闽南文化生态保护试验区将"闽南方言文学"定为该区十大保护项目之一。

（二）科学保护与依法保护

从语言保护的方式上，可以分出科学保护和依法保护这两种主要的类别。

1. 科学保护

科学保护有狭义和广义之分，焦点在如何解读"科学"一词。狭义科学保护多指实施两个语言保护工程，一个是由教育部和国家语言文字工作委员会主管的"语言资源保护工程"，旨在采用现代化科学技术手段，记录保存语言，建立大规模、可持续增长的多媒体语言资源库。另一个是由国家民族事务委员会主管的"濒危语言抢救与保护"工程，需要解决"濒危语言身份认定、语言濒危标准、濒危语言保护的执行标准、濒危语言调查保护操作规范、濒危语言多媒体数据库开发等科学保护语言的规范与标准问题"③。

广义科学保护是指专家学者对"科学"的解读相对宽泛，有的提出，"语言生活观""语言保护规划"和"语言保护方法"要科学④，有的则提出，要以科学发展观、辩证观⑤或多视角观⑥为指导来保护语言，旨在构建"科学保护各民族语言文字"的概念体系。

---

① 《少数民族事业"十二五"规划》（国办发〔2012〕38 号），中央政府门户网，2012 年 7 月 12 日，http://www. gov. cn/zwgk/2012 - 07/20/content_2187830. htm。
② 《中华人民共和国非物质文化遗产法》第二条。
③ 黄行：《科学保护语言与国际化标准》，《民族翻译》2014 年版第 2 期。
④ 李宇明：《科学保护各民族语言文字》，载周庆生、侯敏主编《中国语言生活状况报告（2012）》，商务印书馆，2012，第 3～5 页。
⑤ 张世平认为："对'科学保护'要辩证地理解，尊重语言文字发展规律，了解各民族语言文字和方言的实际情况，有针对性地采取符合实际的政策措施。"见张世平《中国的语言国情和语言政策》，载丁文楼主编《双语教学与研究》（第八辑上），中国编译出版社，2014，第 59 页。
⑥ 方小兵提出："科学保护语言文字需要从语言资源、语言生态与语言权利三个着眼点出发。这三大着眼点既相互独立，又紧密联系，相辅相成。"见方小兵《语言保护的三大着眼点：资源、生态与权利》，《民族翻译》2013 年第 4 期。

2. 依法保护

依法保护又称语言权利保障，旨在通过法律法规及行政措施等手段，保障各民族特别是少数民族享有语言选择上的自由，享有学习使用和发展本民族语言文字的权利。《中华人民共和国非物质文化遗产法》（2011 年）将语言文化遗产列为保护对象。截至 2013 年底，全国已有 13 个省、自治区、直辖市出台了非物质文化遗产保护条例或民族民间文化保护条例。

语言权利既包括主体民族的语言权利，也包括少数民族的语言权利，但通常情况下是就"少数民族语言权利而言的"。① 国家民族事务委员会 2010 年发布的《国家民委关于做好少数民族语言文字管理工作的意见》第 9 条规定"依法保障少数民族语言文字在相关领域的应用"，第 15 条规定"加强少数民族濒危语言的抢救－保护工作"。②

近年出台的国家相关文件，都对依法保障各民族学习使用和发展语言的权利，提出了明确要求：

> 依法保障少数民族学习使用和发展本民族语言文字的权利。推进少数民族语言文字的规范化、标准化和信息处理。建设中国少数民族濒危语言数据库。③
>
> 加强文化遗产保护宣传，深入实施国家通用语言文字法，大力推广和规范使用国家通用语言文字，依法保护各民族语言文字，推动文化遗产教育与国民教育紧密结合。④

国家在保护和发展少数民族语言文字的同时，也在全国各地（包括民族地区）的公民中推广汉语普通话。"任何个人和组织都不能以保护和发展本民族语言文字为借口，抵触或反对推广、学习和使用国家通用语言文字。"⑤

（三）语言生态保护与语言健康保护

从语言生命状态上，分语言生态保护和语言健康保护。

语言生态也称语言多样性、语言环境，是指特定语言与所在族群、社会、文化及地理环境相互依存、相互作用的生存发展状态，是语言和语言文化赖以立足的生命家

---

① 郭友旭：《语言权利的法理》，云南大学出版社，2010，第 74 页。

② 《国家民委关于做好少数民族语言文字管理工作的意见》，国家民族事务委员会网，2010 年 6 月 18 日，ht-tp：//www. seac. gov. cn/art/2010/6/18/art_142_103787. html。

③ 《国家人权行动计划（2012—2015 年）》，人民网，2012 年 6 月 12 日，http：//cpc. people. com. cn/GB/87228/18145153. html。

④ 《国家"十二五"时期文化改革发展规划纲要》，中央政府门户网，2012 年 2 月 15 日，http：//www. gov. cn/jrzg/2012－02/15/content_2067781. htm。

⑤ 《西藏的发展与进步》白皮书，国务院新闻办公室门户网，2013 年 10 月 22 日，2014 年 4 月 18 日，http：//www. scio. gov. cn/ztk/wh/2013/2013dgzgxzwhz/429352/Document/1348863/1348863. htm。

园。语言的活力、变化、健康和传承都跟其生态环境密切相关。

语言生态保护，旨在使现有生存环境中的语言，特别是有重要价值的濒危语言和衰变语言可持续生存发展，避免语言生态系统失衡。

迄今我国只建立了文化生态保护区，没有设立语言生态保护区，语言生态保护是通过对国家级文化生态保护区中语言文化遗产的保护来实现的。

语言健康保护也称语言规范使用，旨在维护语言形体的健康，使其免受语言差错、语言暴力、低俗语言、外语侵蚀等方面的污染。

三　语言保护的主体

在语言保护行动中，发挥主体作用的，主要是政府、语言群体和学者。一般而言，政府是主导，语言群体是主角儿，学者是主力。

（一）政府

我国的语言保护工作，无论是语言资源保护、少数民族濒危语言抢救和保护，还是语言文化遗产保护，均以政府为主导。政府以权力为依托，以其强势地位，自上而下，统辖全局，发挥决策、组织、统筹的作用。居于高层的中央及省部级政府，制定法规政策，主管宏观调控；但越往下，政府参与的程度会越高；到基层，甚至具体组织，直接介入。

目前"语言资源保护工程"由教育部相关部门和国家语言文字工作委员会主管，"少数民族濒危语言抢救和保护工程"由国家民族事务委员会相关部门主管，语言文化遗产保护附加在非物质文化遗产保护之中，由文化部相关部门主管。

政府的适当参与是必要的，但不宜进行不适当的干预，特别是如果在认识及措施上出现偏失，则会带来一定的负面影响甚至造成大面积损害。应高度重视。

（二）语言群体

语言群体又称语言共同体或语言社区，是指某一地区以某种语言或方言为母语的群体。

语言是一种社会现象，为社会群体共有，而非个人独有。被保护的语言是当地群体使用的语言。当地语言群体在语言保护的大舞台中唱主角儿。在许多地方，语言群体内部对母语使用的心态，存在差异。有些人对自己的母语充满依恋，感情深厚，但为了改变自己的现实生活境遇，正在放弃或很少使用母语，转而使用一种更实用更通用的语言；有些人更期盼两全其美，既能改变生活，又能传承母语；有些人则对母语使用人数的减少忧心忡忡，全身心投入母语保护的行动当中。

无论如何，在实施语言保护的过程中，要遵循"以人为本""以语言群体为主"

的精神，充分尊重语言群体的意愿和情感，发挥语言群体的主人作用，多搞民主协商，不搞强制执行。

（三）专家

专家主要指语言学家、教师和热心人，是语言保护工作中的主力。专家参与语言保护涉及两大事项，一是记录保存语言，具体任务是：培训调查员的语言记录技能、语言读写技能和语言教学技能；编写调查表和调查规范，包括语音、词汇、语法调查项目表，话语录音使用的故事文本以及指定话题，调查中使用的仪器设备、记录规范、技术标准等；拟定濒危语言和方言名录，标注、存储、分析语言数据材料。再就是为国家语言政策的制定和完善建言献策。

另外，在实施语言保护的过程中，还应该调动非政府组织、民间社会团体、个体赞助者的积极性，鼓励他们参与语言保护行动。

四　语言保护对象的特性

深入考察上述语言保护的对象，大致可以归纳出以下几种特性。

（一）活态性

语言的活态性是指语言存在的一种正常形态，活态性语言是指有活力、有生命力、有人使用的语言。跟已经消亡的"死"语言不同，人们保护的语言，即使处于衰变阶段或濒临灭亡阶段，也是由特定语言群体或特定民族使用的鲜活语言。该语言的存在，离不开该语言在家庭、社区、个人领域及公共场合中的使用，一旦无人使用，活态不再，该语言也就寿终正寝。

（二）群体性

语言是进行民族群体识别的一大标志，语言也是民族群体认同的重要载体。要使用并发展本族语，保持本族语的活力，则要依靠该民族的多数成员，发挥其主人的作用，而不能只靠少数或个别人员，也不能指望其他民族的成员。

（三）人文性

语言是文化的载体和媒介，撇开语言，各种非物质文化遗产大多难以独立存在。有的语言是非物质文化遗产的直接媒介，有的则是非物质文化遗产的间接媒介。语言可以反映各种文化内涵，诸如社会经济、思维方式、价值观念、社会组织形态、民族关系等。语言对内能够保持本族文化的稳定性和一致性，对外具有区分他族文化的差异性。一种语言消亡了，以该语言为依托的非物质文化遗产也将难以生存和延续。

（四）地域性

语言的地域性是指语言群体都有一个长期稳定的地理生存空间，该群体又称世居民族或世居族群。从历史传统来看，一个民族或族群特定的生产生活方式、特定的民族文化和社会结构，都是从该民族或族群赖以生存的自然地理环境中培育出来的，民族群体的地理生存空间也是该民族的主要社会空间，该民族或族群的语言保护只有在其地理生存空间中才能有效实现。[①]

（五）传承性

一种民族语言，不论是大语言还是小语言，是衰变语言还是濒危语言，其生命力都是通过该语言的使用群体代代相传而延续的。如果该民族青年家庭成员放弃使用母语，出现母语使用的代际断层，该语言的活力则难以为继。

余 论

面对国家发展与环境治理，西方发达国家的做法是：先发展，后治理；中国则是：边发展，边治理。在语言治理方面，一些发达国家实行"先同化，后多样化"的战略，但"语言多样化"往往流于形式，没有实际意义；中国坚持实行"主体多样"的语言战略，[②]协调处理大力推广国家通用语言文字与科学保护各民族语言文字的关系，科学保护能落在实处。

以中国语言保护的实践为依托，本文尝试从定义、类别、主体、特性等方面，揭示"语言保护"概念的丰富内涵，得出以下结论。

语言保护是指为了应对语言生态受到的破坏，政府、社会群体和专家对不同语言状况采取的各种保护措施或治理措施。具体包括：对濒危语言，实行抢救记录语言资料，汇集出版；对各民族语言、汉语方言及口头语言文化，实行科学记录并加工成语言资源数据库，进一步开发利用，永久保存；对传统优秀语言文化遗产，实行申报列入"非物质文化遗产代表性项目名录"，或纳入国家级文化生态保护区的保护项目，认定其代表性传承人，传承和传播该语言文化遗产；对少数民族语言，实行依法保障少数民族语言的学习使用和发展；对受污染的语言，实行依法整治，维护语言健康。

人类对生态保护的认识，从没有保护意识到生态保护立法，达到今日的水平，大概用了一个多世纪的时间。我国对语言保护的关注只有十几年，社会对语言保护的看法还存在一定分歧，语言保护的理论和实践还有很长的路要走。

原载于《新疆师范大学学报》2016 年第 2 期

---

① 范俊军：《少数民族语言危机与语言人权问题》，《贵州民族研究》2006 年第 2 期。
② 周庆生：《语言生活与语言政策：中国少数民族研究》，社会科学文献出版社，2015，第 15～39 页。

《仁王经》的西夏译本

聂鸿音

摘　要　俄罗斯科学院东方文献研究所收藏的西夏文《仁王护国般若波罗蜜多经》实际上分属两个不同的译本，即 11 世纪的初译本和 12 世纪的校译本，后者在 1194 年由智能法师奉罗太后敕命校订并在纪念仁宗的法会上散施。本文首次公布了校译本的一则发愿文和一则题记，加以汉译和注释，并且通过不同译本的对勘展示了校译的细节。

关键词　佛教　西夏　仁王护国般若波罗蜜多经　翻译

《仁王经》全称《仁王护国般若波罗蜜多经》，记述佛以大乘空宗理论讲解守护佛法及国土的因缘，是中国佛教史上著名的"疑经"之一。1909 年，《仁王经》的西夏文译本和大批文献一并出土于内蒙古额济纳旗的黑水城遗址，今藏俄罗斯科学院东方文献研究所，原件迄今未获刊布。本文试图对这部佛经的翻译背景和刊印原委进行初步探索，目的是为中国佛教史研究提供一份前所未见的基础素材。

西夏本《仁王经》上下二卷，著录首见西田龙雄《西夏文佛经目录》第 289 号，[①]其后有克恰诺夫给出的版本和内容描述。[②] 据克恰诺夫介绍，俄罗斯科学院东方文献研究所保存的《仁王经》凡三件，都是经折装刻本，编号分别为 инв. No. 592、683 和 7787。三个刻本形制各异，并非出自同一雕版，其中只有 HHB，683 首尾完整，但仅为下卷，另外两本均有不同程度的残缺。核查上海古籍出版社蒋维崧、严克勤二位先生上世纪末在圣彼得堡拍摄的照片，HHB，592 现存 9 个经折页，内容相当于不空译本卷下《不思议品第六》的"愿过去现在未来诸佛常说般若波罗蜜多"到《奉持品第七》的"住无分别化利众生"；HHB，No. 7787 现存 10 个经折页，内容相当于不空译

---

① 西田龙雄：《西夏文华严经》第 3 册，京都：京都大学文学部，1977，第 56 页。

② E. И. Кычанов, Каталог тангутских буддийских памятников, Киото：Университет Киото, 1999, стр. 289 - 290.

本卷上《菩萨行品第三》的"住百万亿阿僧祇微尘数佛刹作三禅梵王"到"永无分段超诸有"。

保存完整的 683 号有蓝绢护封，系夏桓宗天庆元年（1194）罗太后在纪念仁宗皇帝去世一周年法会上的印施发愿本，卷端题"𗗕𗾴𗏹𗴴𗣼𗅆𗄽𗿄𗙏𗦻𗔇𗙏𗾴𗏹𗴴𗦻𗵆𗙏𗘺"（仁王护国般若波罗蜜多经护国品第五，卷下），经题后有两行译者题名：

𗫸𗩁𗾴𗗕𗆩𗆃𗏇𗾴𗗙𗑱𗋽𗰜𗆉𗙏𗄭𗟲𗡪𗫴𗗙𗫸𗼙（特进试鸿胪卿大兴善寺三藏沙门大广智不空奉诏译）[①]

𗖓𗫡𗈜𗸃𗷖𗷖𗿟𗾴𗈪𗺉𗏇𗼑𗥜𗷆𗮔𗸘𗼙（就德主国增福正民大明皇帝依汉本御译）

后面一个皇帝尊号缺乏汉文文献的佐证，目前还不敢保证解读一定精确，不过无论如何，这个皇帝是 1067～1086 年在位的西夏惠宗秉常[②]，这一点在西夏学界没有疑义。由此我们知道，西夏文《仁王经》是 11 世纪 70 年代前后由夏惠宗具名从唐不空的汉译本转译来的。当然更加值得注意的是，这个译本的卷尾保存有一段译经题记和一篇施经发愿文，是我们此前尚不了解的西夏佛教史资料。其中的施经发愿文凡 37 行，行 15 字，下面依次给出加上标点的原文、汉译和注释：

原文：

𗥃𗉛𗦻𗒇𗅋𗸐，𗟲𗌰𗳆𗿷𗵂𗏇；𗸲𗙿𗥃𗏭，𗖅𗁬𗆉𗥩𗤶𗉛。𗉾𗪊𗏇𗬚𗅆𗆣，𗃋𗝒𗑲𗮄𗿀𗧀，𗦊𗄭𗮊𗥖𗤒𗼛𗆉，𗥛𗘤𗭾𗤶𗉬，𗒯𗺾𗌬𗥾。𗼨𗌭𗅁𗢸𗮔𗄭，𗖅𗎥𗖀𗿀𗴛𗯨；𗿟𗰖𗃢𗁬𗌭𗸯𗤶。𗭴𗹏𗝒𗵒，𗒸𗽐𗈪𗺉𗰜𗗙𗶷。

𗉛𗦻《𗗕𗾴𗏹𗴴𗣼𗅆𗄽𗿄𗙏》𗊱，𗆳𗒸𗅪𗉛𗤶𗌭，�137𗆉𗸯𗤉𗅪𗷆，𗸲𗤴𗥛𗿀𗉛𗬚，𗚜𗵆𗊱𗵑𗉬𗒯。𗄑𗾴𗅆𗤶𗏭𗒯，𗄱𗜔𗄽𗿄𗥃𗿀𗵆，𗆃𗤒𗊱𗱄，𗖅𗼨𗔇𗉛𗌭；𗪴𗉬𗇪𗈪，𗋽𗔇𗈪𗥈𗒲𗤒，𗨻𗸯𗤉𗆉。𗼨𗌭，𗿟𗴛𗷖𗀊，𗵒𗊛𗲠𗆉𗙏𗤒𗉬𗌭？𗫺�!

𗷆𗵒�]�̕𗟴𗖅𗼨𗄭，𗌭𗮊𗠝𗗕𗉼𗗕𗢸。𗄜𗅪𗪴𗌭𗵂𗭾𗄭，𗬚𗟯𗵂𗟲𗷖𗗻，𗃠𗽐𗿀𗖅𗳥𗬜。𗄱𗄭𗾴𗏹�4𗼟���󠀳，𗵒𗄽𗟲𗙏�5𗦻𗵂，𗵕𗊱� 蒙蒙𗳶�．

───────────────

① 有趣的是，这里的"特进""试鸿胪卿""大广智"都是不空生前接受的封号，而他生前没有接受的封号或者圆寂后的追赠"开府仪同三司""司空""肃国公"等虽然屡见于后世藏经，但在这里却一个也没有出现。参看《佛祖统纪》卷 29，高楠顺次郎、渡边海旭等编《大正新修大藏经》，大正一切经刊行会，1934，第 49 册，第 295 页下栏。

② Е. И. Кычанов. Каталог тангутских буддийских памятников，стр. 6－7.

汉译：

恭惟人迷至觉，不知衣系神珠[1]；佛运悲心，开示尘封大典。常藏书于龙府，先说法于鹫峰，藉阐和性之究竟，启悟黔首之执迷。是以愈诸烦恼，定依法药之功[2]；超度死生，实赖慈航之力。今此《仁王护国般若波罗蜜多经》者，诸宗之大法，众妙之玄门，穷心智而难知，尽视听而不得。开二谛则胜义明，消七难则吉庆显[3]。万法生成，看似水漂浮泡；三世善恶，说如云雾遮空。得闻二种名号，胜过布施七宝。普王一时闻偈，定证三空[4]；帝释百座宣经，拒四军众[5]。故斯经岂非愈疾之法药、渡苦之慈航耶？哀哉！因念先帝宾天，施福供奉大觉。谨以元年亡故之日[6]，请工刊刻斯经，印制番一万部、汉二万部，散施臣民。又请中国大乘玄密国师并宗律国师[7]、禅法师，做七日七夜广大法会。又请演义法师并慧照禅师，做三日三夜地水无遮清净大斋法事。以兹胜善，伏愿护城神德至懿太上皇帝[8]，宏福暗佑，净土往生。举大法幢，遨游毘卢华藏；持实相印，入主兜率内宫。又愿皇图永驻，帝祚绵延，六祖地久天长，三农风调雨顺。家邦似大海之丰，社稷如妙高之固[9]，四方富足，万法弥昌。天下众臣，同登觉岸；地上民庶，悉遇龙华[10]。

天庆元年岁次甲寅九月二十日，皇太后罗氏谨施。

注释：

[1] 衣系神珠（𗗾𗫡𗆟𘝰），譬喻自身藏宝而不知觉。典出《妙法莲华经》卷4（第9册第29页上栏）[1]：“譬如有人至亲友家，醉酒而卧。是时亲友官事当行，以无价宝珠系其衣里，与之而去。其人醉卧，都不觉知。起已游行到于他国，为衣食故，勤力求索，甚大艰难。若少有所得，便以为足。”

[2] 法药（𗫂𗒀），《仁王护国般若波罗蜜多经》的异名。《仁王经》卷下（第8册第844页下栏）：“佛告：‘大王！此经名为《仁王护国般若波罗蜜多》，亦得名为《甘露法药》。若有服行，能愈诸疾。大王！般若波罗蜜多所有功德，犹如虚空不可测量。’”

[3] 七难（𗒹𗭼），国家可能遇到的七种灾祸。《仁王经》卷下（第8册第843页上栏）：“波斯匿王言：‘云何七难？’佛言：‘一者日月失度，日色改变，白色、赤色、黄色、黑色，或二三四五日并照；月色改变，赤色、黄色，日月薄蚀，或有重轮，一二三四五重轮现。二者星辰失度，彗星、木星、火星、金星、水星、土等诸星，各各为变，或时昼出。三者龙火、鬼火、人火、树火，大火四起，焚烧万物。四者时节改

---

① 本文参照的佛经诸本为《大正新修大藏经》本，引用时对原书的标点有改动。括号里面给出的是引文在《大正藏》中的位置，下同。

变，寒暑不恒，冬雨雷电，夏霜冰雪，雨土石山，及以砂砾，非时降雹，雨赤黑水，江河泛涨，流石浮山。五者暴风数起，昏蔽日月，发屋拔树，飞沙走石。六者天地亢阳，陂池竭涸，草木枯死，百谷不成。七者四方贼来，侵国内外，兵戈竞起，百姓丧亡。'"

[4] 普王（**西夏文**），"普明王"省称。"普明王闻偈"典出《仁王经》卷下（第 8 册第 840 页中栏）："昔天罗国王有一太子，名曰斑足。登王位时，有外道师，名为善施，与王灌顶，乃令斑足取千王头，以祀冢间摩诃迦罗大黑天神。自登王位，已得九百九十九王，唯少一王。北行万里，乃得一王，名曰普明。其普明王白斑足言：'愿听一日礼敬三宝，饭食沙门。'斑足闻已，即便许之。其王乃依过去诸佛所说教法，敷百高座，请百法师，一日二时，讲说般若波罗蜜多八千亿偈。时彼众中第一法师为普明王而说偈言：'劫火洞然，大千俱坏，须弥巨海，磨灭无余。梵释天龙，诸有情等，尚皆殄灭，何况此身？生老病死，忧悲苦恼，怨亲逼迫，能与愿违，爱欲结使，自作疮疣，三界无安，国有何乐？有为不实，从因缘起，盛衰电转，暂有即无。诸界趣生，随业缘现，如影如响，一切皆空。识由业漂，乘四大起，无明爱缚，我我所生。识随业迁，身即无主，应知国土，幻化亦然。'尔时法师说此偈已，时普明王闻法，悟解证空三昧。"

[5] "帝释退顶生王军"典出《仁王经》卷下（第 8 册第 840 页中栏）："往昔过去，释提桓因为顶生王领四军众，来上天宫，欲灭帝释，时彼天主即依过去诸佛教法，敷百高座，请百法师，讲读《般若波罗蜜多经》。顶生即退，天众安乐。"

[6] 元年亡故之日（**西夏文**），即愿文结尾所署"天庆元年（1194）九月二十日"，亦即夏仁宗皇帝去世一周年纪念日。《宋史》卷 486《夏国传下》记载："绍熙四年（1193）九月二十日，仁孝殂，年七十。"[1]

[7] 大乘玄密国师（**西夏文**）、宗律国师（**西夏文**），并见夏乾祐二十年（1189）仁宗皇帝《观弥勒菩萨上生兜率天经发愿文》："谨于乾祐己酉二十年九月十五日，恭请宗律国师、净戒国师、大乘玄密国师、禅法师、僧众等，就大度民寺作求生兜率内宫弥勒广大法会。"[2]

[8] 护城神德至懿太上皇帝（**西夏文**），夏仁宗的"城号"。其中"护城"已为西夏学界熟知，而"神德至懿"于此似为首见。

[9] 妙高（**西夏文**），须弥山。西夏字面义为"妙山"，即"妙高山"省称。《大唐西域记》卷 1（第 51 册第 869 页上栏）："苏迷卢山，唐言妙高山。旧曰须弥，又曰须

---

① 《宋史》，中华书局，1977，第 14026 页。
② 俄罗斯科学院东方研究所圣彼得堡分所、中国社会科学院民族研究所、上海古籍出版社编《俄藏黑水城文献》第 2 册，上海古籍出版社，1996，第 47～48 页。

弥娄，皆讹略也。四宝合成，在大海中。"

[10] 龙华，"龙华树"省称，相传弥勒在树下成道，此处喻指弥勒佛。鸠摩罗什译《佛说弥勒下生成佛经》（第14册第424页中栏）谓弥勒"坐于龙华菩提树下，树茎枝叶高五十里，即以出家日得阿耨多罗三藐三菩提"。

另一则值得注意的资料是僧官智能的校译题记，原文用小字刻在卷尾经题之后，罗太后发愿文之前，全文凡5行，行16至18字不等。下面依次给出加上标点的原文、汉译和注释：

原文：

　　𗧓𗫂𗥃𗤒𗯰𗾰𗫡，𗥃𗼞𗤋𗫽𗫨𗮔𗷝𗫦𗎖𗮃𗫡，𗦳𗤋𗯴𗗟𗫂𗡝𗤐𗦳𗰗𗯗𗧆𗆅，𗮔𗫂𗫽𗽂𗆅𗧆𗮐

注：（原文西夏文无法准确转写，此处保留图示）

汉译：

此前传行之经，其间微有参差讹误衍脱，故天庆甲寅元年中皇太后发愿，恭请演义法师并提点智能[1]，共番汉学人等，与汉本注疏并南北经重行校正[2]，镂版散施诸人。后人得见此经，休生疑惑，当依此而行。

注释：

[1] 智能其人不见其他史料记载。从文中估计，"演义法师"是他的封号，"提点"是他的官职，亦即"偏袒提点"，西夏政府中管理佛教事务的官员。

[2] 汉本注疏，似指唐永泰二年（766）良贲著《仁王护国般若波罗蜜多经疏》七卷。① 这部注疏的产生仅在《仁王经》译出之后数年，当时不空依然在世。

[3] 南北经，指西夏当时有可能见到的《开宝藏》和《契丹藏》、《赵城藏》。②

从智能的题记可知，罗太后在印施《仁王经》之前曾请他主持了一次校译，而инв. № 683正是这次校译之后的定本。在此基础上可以进一步猜想，俄罗斯科学院东方文献研究所收藏的另外两件《仁王经》是未经校改的惠宗初译本。这个猜想可以通过与инв. № 592的现存相应部分对读来得到证实——我们看到智能在其中进行了了十处改动。

1. 现转女身，得神通三昧，无量天人，得无生法忍——二"得"字，592号均作"𗬩"，683号改作"𗴿"。按"𗬩" rjir[1]与"𗴿" rjir[2]二字仅于声调有别，在西夏字典

---

① 通行本见《大正藏》第33册，第429～523页。
② 史金波：《西夏佛教史略》，宁夏人民出版社，1988，第82～83页。

《同音》中亦表现为"互训"关系，[1] 据目前的资料尚看不明白两者的用法有什么区别，而且文中其他地方出现的"笟"字并未改"铬"。

2. 恒河沙菩萨现身成佛——现身成佛，592 号作"􀀀􀀀􀀀􀀀"（现成佛身），683 号改作"􀀀􀀀􀀀􀀀"（现身成佛），是。疑 592 号译经所据底本有误。

3. 仁王护国般若波罗蜜多经——仁，592 号作"􀀀"，683 号改作"􀀀"。按"􀀀" dẓjwu¹ 译"人"，"􀀀" dẓjwu² 译"仁"，二字读音仅在声调有别。西夏文献偶有以"􀀀"译"仁"的例子，[2] 但到了 12 世纪中叶以后，则一般只用"􀀀"来译"仁"，这或许与夏仁宗的名字"仁孝"有关。

4. 汝等大众应当如佛而供养之，百千万亿天妙香花而以奉上——592 号作"􀀀􀀀􀀀􀀀􀀀􀀀􀀀􀀀，􀀀􀀀􀀀􀀀􀀀􀀀􀀀􀀀􀀀􀀀􀀀"，683 号改"􀀀"作"􀀀"。按"􀀀" thja¹ 与"􀀀" thja² 二字均为代词，读音仅在声调有别，惟前者相当于汉语"其"而后者相当于汉语"彼"。句中既然在后面随有"􀀀"（之），则当用"􀀀"（彼）为是。[3] 同样的改译也反映在新旧两个译本的《妙法莲华经》里。[4]

5. 方便善巧调伏众生——善巧，592 号作"􀀀􀀀"，683 号改作"􀀀􀀀"，字面分别为"善做"和"巧能"。按二词均可以译"善巧"或"巧善"，[5] 这里改译的"􀀀"（能）字似来自良贲《疏》："善能调伏诸众生故。"[6]

6. 下品修习八万四千波罗蜜多——592 号作"􀀀􀀀􀀀􀀀􀀀􀀀􀀀􀀀􀀀􀀀􀀀"，683 号于"􀀀􀀀"（下品）下补"􀀀"（以）字。按 683 号下文另有"􀀀􀀀􀀀􀀀􀀀􀀀􀀀􀀀􀀀􀀀􀀀"（以上品修习八万四千诸波罗蜜多），句中亦有"􀀀"字，原因不详。

7. 若至忍位，入正定聚——聚，592 号作"􀀀"（类），683 号改作"􀀀"（聚），是。

8. 持净戒故，心谦下故——谦，592 号作"􀀀"，683 号改作"􀀀"。按"􀀀" bji¹ 与"􀀀" bji¹ 读音仅在"循环韵类"有别，于义均为"下"，然"􀀀"用如形容词而"􀀀"用如动词。[7] 上文"舍财命故、持净戒故"里面的"舍"、"持"均为动词，则此处的"下"字自然以选用动词为宜。

---

① 李范文：《同音研究》，宁夏人民出版社，1986，第 433 页。
② 李范文：《夏汉字典》，中国社会科学出版社，1997，第 107 页另外还提供了一个以"插弛"译"仁等"的例子。
③ 事实上西夏语也像汉语一样，只有"􀀀􀀀"（彼之）的说法而没有"􀀀􀀀"（其之）的说法，参看李范文《夏汉字典》第 75、385 页。
④ 西田龙雄：《西夏语研究と法华经》（I），《东洋学术研究》第 44 卷第 1 号，2004。
⑤ 李范文：《夏汉字典》第 920、969 页。
⑥ 良贲：《仁王护国般若波罗蜜多经疏》卷 3，参看《大正藏》第 33 册，页 496 中栏。
⑦ 李范文《夏汉字典》第 357 页采录了以下三个例子："􀀀􀀀""􀀀􀀀􀀀􀀀""􀀀􀀀􀀀􀀀"，显然应该分别理解为"使头低"、"以法为重以财为轻"和"以恶为重以善为轻"。龚煌城在《西夏语的音韵转换》里也举出了"􀀀""􀀀"这对例子，他视为"有构词条件的、松紧元音之间的转换"，估计是已经看到了本文谈及的这种区别。参看龚煌城《西夏语言文字研究论集》，民族出版社，2005，第 51 页。

9. 无相甚深故，达有如幻故——幻，592 号作"匾"（巫），683 号改作"𢵧"（幻），自无疑义。

10. 常学诸佛，住回向心——592 号作"𥇡𭹰𦒀𦦨𣎴𧡊𦪐"（常学诸佛之回向心），"住"字未予译出，683 号改作"𥇡𭹰𦒀𦦨，𣎴𧡊𦪐"（常学诸佛，住回向心），是。

可以理解，西夏新译本在多数情况下总是会尽最大努力贴近汉文原本，可是我们同时也看到，智能对《仁王经》卷下那首长篇陀罗尼的翻译却没能和汉文形成逐字的严格对应，令人感到似乎是在遵循着一套别样的翻译规范。下面选取陀罗尼的前八句，把梵文原文①、不空所译汉文和西夏译文做一对照：

梵文：Namo ratna trayāya. Namo ārya vairocanāya.
不空：娜谟啰怛娜_{二合}怛啰_{二合}夜野一 娜莫_引阿哩夜_{二合}吠_{无盖反}　口路者娜_引野_二②
西夏：𧥞𦐧𣎾 𧥞𣏾𦐧 𣏟𦦖 𣏟　𧥞𦦨𦘒 𣸣𦥾𦀖𦐧𧥞𣏟𣏟

梵文：Tathāgatāya arhate. Samyaksambodhāya. Namo ārya.
不空：怛他_引孽多_引夜啰诃_{二合}谛_三③三藐三没驮_引野_四娜莫阿_引哩野_{二合五}
西夏：𦦷𦐧𦥾𦤺𣏟𣏟𣸣𣎾𦥆𧟦 𣏟𦳐𣏟𦪙𧝘𣏟𣏟 𧥞𦦨𦘒𣸆

梵文：Samantabhadrāya. Bodhisattvāya. Mahāsattvāya.
不空：三满多跋捺啰_{二合引}野_六冒地萨怛嚩_{二合引}野_七摩诃萨怛嚩_{二合引}野_八
西夏：𣏟𦦖𦧲𦦷𦘚𦥆𣏟𣏟 𣸤𦅁𣏟𣼛𣏟𣏟 𧥞𦦨𦘒𣸆

上面陀罗尼中小字的用法反映出，不空译文和西夏译文只有在表示梵语长元音时才是一致的——西夏的"剩"相当于汉语的"引"，而在其他情况下，夏汉两种译文都不能彼此形成对应。我们看到，当需要表示梵语的复辅音时，不空习惯在音节后面用小字注"二合"，如用"怛啰二合"译 tra，而智能则使用一个大字和一个小字的组合，如用"笋蚓"译 tra。④ 另外，不空译文里为特殊汉字音注出的反切和每句结尾的数目字也都被智能略去未译。这一事实启发我们设想，智能在校译《仁王经》的旧译本时恐怕不仅参考了汉译本和汉文注疏，而且很可能还参考了梵文，至少是站在梵语

---

① 《仁王经》的梵文原本并没能保存下来，本文使用的梵文是根据不空译文"构拟"的。由于所涉及的词语均为佛经中所常见，所以我们对构拟的正确性可以说有绝对的把握。

② 不空译文"娜莫引"里的小"引"字当在"阿"字之后，因为梵语的 namo 不可能有长元音形式 namō。

③ 不空这里的翻译实际上是把 Tathagatāyā（如来）、arhate（罗汉）两个词连读成了 Tathāgatāyārhate。

④ 应该指出，西夏译本表示梵语复辅音的方法并不整齐划一，也就是说，有时采用"大字＋小字"的组合，有时采用"小字＋大字"的组合，其间看不出有什么规律。其他佛经译本中也多见此类情况。

读音的立场上来校订西夏译文的。可惜 592 号旧译本中的陀罗尼部分没有保存下来，否则我们就可以清楚地知道校译本中的哪些细节是顺古，哪些细节是创新。不过无论如何，智能在翻译陀罗尼时遵循的是 12 世纪下半叶西夏佛教界新确立的一套翻译规则，这一点是可以肯定的。①

毋庸讳言，目前我们还不能逐一说出智能对旧译做出每项改动的理由，但尽管如此，我们毕竟可以清楚地感到，这个经过智能校译的新译本要比惠宗的旧译本胜过一筹。

众所周知，在 12 世纪下半叶的仁宗皇帝统治期间，西夏政府曾组织人力对前代翻译的佛经进行过大规模的校译。然而遗憾的是，中国学术界迄今仅仅是从夏译佛经的题款中概略地了解到当时曾经发生过这样一个事件②，而对于具体的校译细节还几乎一无所知，原因是除了西田龙雄之外还很少有人利用同一佛经的新旧两种译本从事过细致的对勘研究。③ 事实上，译自汉文本的西夏佛经，特别是有刻本存世的著名佛经，应该大都可以区分出旧译和新译两种不同的本子。本文介绍的桓宗时期重校本《仁王经》是全部校译本中成书时代较晚的一部，只可惜旧译本残缺严重，我们无法据以做出全面的整理。可以预料，将来如果有条件取得各种佛经的各种译本进行综合对勘，那么我们必然能够从中总结出 12 世纪下半叶西夏校译佛经的具体原则和规范，从而为中国佛教史补充新的、不可或缺的一页。

On the Tangut Versions of *Renwang Jing*

The Tangut *Renwang Huguo Boruo Boluomiduo Jing* preserved in the Institute of Oriental Manuscripts, Russian Academy of Sciences, may be identified as two different versions, i. e., an original in the 11th century and a revision in the 12th, the latter proves to be a revised edition by the Mage Zhineng under the order of Empress Dowager Luo and handed out as almsgivings at the ceremony to remember the late Emperor Renzong. The present paper publishes for the first time a vowing article and a postscript attached to the revised edition with Chinese translations and commentaries, and reveals some details of revision by collating the different

---

① 关于西夏的这套翻译规则，参看孙伯君《西夏佛经翻译的用字特点与译经时代的判定》，《中华文史论丛》86，2007；《〈吉祥遍至口合本续〉中的梵文陀罗尼复原及其西夏字标音》，载杜建录主编《西夏学》3，2008。

② 史金波《西夏佛教史略》，宁夏人民出版社，1988，第 79～83 页。

③ 包含有对勘研究内容的著作迄今只有两部，均出自西田龙雄之手，见所著《西夏文华严经》（第 1、2 册，京都：京都大学文学部，1975、1976），以及『ロシア科学アカデミ 一东洋学研究所サソクト ペテルブルク支部所藏西夏文〈妙法莲华经〉写真版 』（俄罗斯科学院东方研究所圣彼得堡分所·日本创价学会，2005）。这两项研究似乎表明夏仁宗时期的校订重点放在了音译用字上面。

versions.

Keywords：Buddhism　Xixia　*Renwang Huguo Boruo Boluomiduo Jing*　translation

原载于《民族研究》2010 年第 3 期

土家语语音的接触性演变

徐世璇

摘　要　本文根据土家语两个方言之间的差异考察土家语语音演变的进程和流向，揭示汉语影响在土家语语音演变中的重要作用，解释汉语借词语音影响土家语语音系统的方式和过程，探讨语言接触性影响和语音接触性演变的普遍意义。

关键词　语言接触　语音演变　土家语

　　土家语是汉藏语系藏缅语族语言，语支归属未定。土家语发生学关系不易确定，主要是因为土家语和汉语长期密切地接触，受到汉语的深入影响，系统上发生了较大的变化。从地理上看，分布于中南地区的土家语不仅位于藏缅语言区域的最东部，而且处于西南少数民族语言同中原汉语的交界处，与西南官话、湘方言等汉语方言为邻。从文化上看，土家族地区同中原文化和中央政权的交往和联系历史悠久、关系密切。自秦汉以来，政治交往、经济交流和文化交融日益深入和发展，为语言接触提供了充分的社会条件和语言背景。土家语中存在着大量汉语借词，在 2000 多个常用词中汉语借词将近一半，并且深入到词汇系统的核心部分。从而使得语音系统也受到很大影响，不仅仅造成个体性、零散性的特征迁移，还发生系统性的特征迁移，这些影响关系到语言发展和演变的方向，同时也成为南北两大方言语音差异的重要原因。本文拟通过两个方言的语音比较，特别关注汉语借词的语音变化，探讨汉语对土家语语音演变的影响，以期对语言接触的方式、过程、原因和结果提供一个新的个案。文中所用的土家语资料均来自作者 2003 年和 2005 年分别对北部和南部方言的田野调查。

一　方言的音系差异及其产生原因

　　土家语分为南、北两大方言，方言之间互不通话，除了语法和词汇差别外，语音上也有一定的差别。

1. 南、北方言的语音系统及其差异

声母：南部方言有 27 个，北部方言有 21 个。

两个方言声母的差异主要表现在：南部方言有浊塞音、塞擦音声母，而北部方言这些声母没有浊音。

表 1

南 部 方 言							北 部 方 言					
p			t		k		p		t		k	
ph			th		kh		ph		th		kh	
b			d		g							
		ts		tç				ts		tç		
		tsh		tçh				tsh		tçh		
		dz		dʑ								
m			n		ŋ		m		n		ŋ	
			l						l			
	f	s		ç		ħ		s		ç		x
		z		ʑ		ɣ		z		ʑ		ɣ
w							w					

韵母：南部方言有 34 个，北部方言有 25 个。

两个方言韵母系统的差异主要表现在，南部方言有前、高、圆唇元音 y 和以其为介音的一套韵母，借用汉语音韵学术语就是有 5 个撮口呼韵母，而北部方言没有这一类韵母。

表 2

	a	(e)	o	i	u	ɨ	y	ʉ	ʅ
南部方言	ai	ei		ia	ua		ya		
				ie		ie	ye		
				io					
				iu		iu			
	aɨ			iaɨ	uai				
					uei				
	ã	ẽ	õ	ĩ					
				iã	uã		yã		
					uẽ		yẽ		
				iõ					
				iaŋ					

续表

	a	e	o	i	u	ɨ			
北部方言	ai	ei		ia	ua	ɨe			
				iu		u			
				iau	uai	uei			
	ã	ẽ		ĩ	ũ				
				iã	uã				
					uẽ				
				iũ					

以上声韵母的比较显示，方言之间的语音差异主要表现在两个方面：一是塞音、塞擦音浊声母的有无；二是撮口呼韵母的有无。

2. 方言语音差异的主要原因

这两种系统性的差异都是同汉语的接触造成的。

南、北土家语分别与不同的汉语方言接触，受到不同的影响。南部土家语使用于湖南省湘西土家族苗族自治州的泸溪县潭溪镇，同州府吉首市为邻。北部土家语分布在湘西州的龙山县东部地区及其同保靖县、古丈县和永顺县交界一带。这两个地区的汉语方言存在较大差异，不属于同一分区。泸溪、吉首的汉语由于地处湘方言和西南官话的接合处，因此语音系统中"既有西南方言的成分，也有湘方言的特点"，"属边界方言"。（陈章太、李行健，1996），在汉语方言分区上历来存在不同观点，或划为湘方言，或归为西南官话（鲍厚星，2006）。引起分区歧异的一个突出因素就是，声母系统中的古全浊声母今读塞音、塞擦音时，平声读不送气浊音，仄声读不送气清音。也就是说，塞音、塞擦音声母保留古浊音特征是南部方言所在地的汉语（以吉首话为代表）的一个重要特点。因此在当地汉语方言中，塞音和塞擦音声母有工整的清浊对立（李启群，2002）：

清音声母：八 pa⁵⁵　刀 tau⁵⁵　光 kuaŋ⁵⁵　知 tsɿ⁵⁵　机 tɕi⁵⁵

浊音声母：耙 ba¹¹　桃 dau¹¹　狂 guatɕ¹¹　池 dʐɿ¹¹　齐 dʑi¹¹

而北部土家语所在地的龙山、保靖、古丈和永顺属于汉语北方方言西南官话地区，当地汉语（以龙山话为代表）具有典型的西南官话特点，没有浊塞音、塞擦音声母，没有撮口呼韵母。两个方言的比较如下。

（1）古全浊来源的塞音、塞擦音声母

表 3

例词 汉语	婆赔盘	驼田谈	葵奎狂	瓷池常	其钱强
汉语吉首语	b	d	g	dz	dʑ
汉语龙山话	ph	th	kh	tsh	tɕh

从上表可见，在南部土家语所在的当地汉语中，浊塞音、塞擦音保留完好，而在北部土家语所在的当地汉语中，这些浊声母都成为清声母。

（2）撮口呼韵母

表 4

例词 汉语	剧屈雨许	缺血月靴	卷劝冤弦	均群云永	穷兄兄勇
汉语吉首话	y	yei	yã	ỹ	yŋ
汉语龙山话	i	iɛ	iã	ĩ	iõ

从上表可见，吉首话有一套撮口呼韵母，而龙山话没有这类韵母。吉首话中的撮口呼韵母在龙山话中都读齐齿呼。

汉语方言中的这种音韵差别随着借词进入了土家语，同一个借词在土家语的两个方言中分别读不同的音：在南部土家语中读浊音的声母在北部土家语中则读作清音。例如：

表 5

例词 土家语	耙	铜	城	桥	蹄子	盘子	葡萄
南部土家语	ba²¹	dõ³³	dʑẽ³³	dʑiai³³	di²¹kho²¹	bã³³tsʐ³³	bu²¹dai³³
北部土家语	pha³⁵	thũ²¹	tshẽ²¹	tɕhiau²¹	thi²¹kho³⁵	phã²¹tsʐ²¹	phu²¹thao²¹

在南部土家语中读撮口呼的韵母在北部土家语中读作齐齿呼。例如：

表 6

例词 土家语	卷	运	柞	芫荽	土豆	雨衣	裙子
南部土家语	tɕyã⁵⁵	zyẽ¹³	tɕya³⁵	ʑia²¹çy⁵⁵	ʑia²¹zy³⁵	zy⁵⁵zy³³	tɕỹ¹³
北部土家语	tɕiã⁵³	zẽ⁵³	tɕhia²¹	ʑia²¹çi²¹	ʑia²¹zi³⁵	zi⁵⁵zi⁵⁵	tɕhĩ²¹tsʐ²¹

将上述两种现象概括起来，可做如下表述：

	浊塞音/塞擦音	撮口呼	
汉语泸溪话	+	+	土家语南部方言
汉语龙山话	－	－	土家语北部方言

上述这两个由于汉借词来源不同而形成的土家语方言语音对应差异，显示出汉语和土家语的方言在音类特征上的相关关系，表明这些区域性统一特征是语言接触的结果。

3. 语言接触和语音演变

土家语两个方言清浊声母的对应不仅存在于汉语借词中，而且也存在于固有词中，下面的例词显示出两个方言的浊音和清音声母存在整齐的语音对应规律，

表 7

例词	北部方言		南部方言	例词	北部方言		南部方言
坡	pa²¹	—	bo³⁵	咬	ka⁵⁵	—	go⁵⁵
船	pu⁵⁵	—	bu¹³	上	ku²¹	—	gu³⁵
抬	pie⁵³	—	bie³³	怕	kie⁵³	—	gie³³
穿	ta³⁵	—	do²¹	饭	tʂɿ²¹	—	dʐɿ³⁵
想	te³⁵	—	die⁵⁵	出	tsu³⁵	—	dʑʉ⁵⁵
病	ti³⁵	—	diᵻ²¹	手	tɕe³⁵	—	a²¹ dʑie⁵⁵

固有词的整齐对应表明南、北方言的浊音和清音声母有共同来源，由于受不同的汉语方言的影响，发生了不同的演变。浊音声母清化是藏缅语语音演变的重要现象，现代藏缅语言中不同语言清浊声母的对应，如彝语支浊音声母和缅语支清音声母的对应，体现了浊音声母分流发展的结果。土家语两个方言中的清浊声母由浊音声母分化而来符合藏缅语演变的总体趋势，但分化的发生明显与汉语不同方言的接触和影响有关。

撮口呼韵母全部出现在汉语借词中，表明这类韵母是来自汉语的新韵类，是十分典型的由语言接触而引起的外源性演变（潘悟云，2006）。如南部土家语中的撮口呼韵母例词：

表 8

举 tɕy⁵⁵	皱 tɕya³⁵	跨 dʑya¹³	蕨 tɕye²¹	悬 ɕya³³
卷 tɕyã⁵⁵	劝 tɕhyã¹³	熏 ɕyẽ³³	熨 ʑyẽ¹³	运 ʑyẽ¹³

南部土家语随着大量借词的进入增加了撮口呼韵类，而北部方言和所在地的汉

语方言中都没有撮口呼韵类，再次显示了土家语方言与汉语方言在音类特征上的一致性。

综上所述，土家语两种方言语音的系统性差异是由于语音演变和汉语的影响所造成的，充分说明了土家语语音演变中汉语影响的重要作用。

二 语音接触性演变的过程

土家语同汉语接触而引起的语音系统变化是一个渐进的过程，在这一过程中汉借词语音和土家语固有语音之间形成多种对应关系。不同对应关系的形成及其转化，引起特征迁移、固有特征消失或保留、新特征增加等各种变化，从而推进、延缓或改变土家语语音演变的历史进程或轨迹。

1. 汉借词语音同土家语固有语音的对应

汉借词进入土家语时，借词读音同固有语音之间常常形成以下多种对应关系。

（1）等值对应

借词读音如果是固有音系中已有的音，借词读音不变，与固有音系中的同音形式形成音值完全相同的等值对应关系。如土家语固有音系有舌面擦音声母 ç，以 ç 为声母的汉借词进入土家语后，同土家语音系中的 ç 相对应：

ç = ç

固有词：$çi^{21}$ 倒（水）　　$çi^{35}$ 陡　　$çie^{55}$ 懂

汉借词：锡 $çi^{21}$　　夏 $çia^{13}$　　锈 $çiʉ^{13}$　　信 $ç\tilde{i}^{13}$　　象 $çiã^{13}$　　旋转 $çyã^{13}$

因此，汉借词"锡"与声、韵、调都相同的固有词"倒"成为同音词。

韵母也同样，土家语有二合复元音韵母 ai，汉借词中的 ai 进入土家语后，与固有的 ai 韵母形成等值对应：

ai = ai

固有词：lai^{55}（虫）爬　　lai^{13} 贴　　mai^{33} 掰

汉借词：摆动 pai^{55}　　待 tai^{13}　　改 kai^{55}　　猜 $tshai^{33}$　　裁 $dzai^{33}$　　筛 sai^{33}

（2）非等值对应

当借词语音在固有音系中没有完全相同的形式时，通常发生程度不等的变化，向有一定共同性的语音靠拢，与相近似的固有成分形成非等值对应。如汉借词中的二合元音韵母 au 进入土家语时，由于土家语没有这一韵母，因而同主要元音相同而韵尾元音相近的韵母 ai 形成非等值对应关系，au 读作 aɨ：

au ≈ aɨ

炮 phau → $phaɨ^{13}$　　到 tau → $taɨ^{13}$　　搞 kau → $kaɨ^{55}$

照 tsau → $tsaɨ^{13}$　　绕 zau → $zaɨ^{55}$　　锚 mau → $maɨ^{33}$

同样，加上介音 –i– 构成的三合元音韵母 iau 也读作相应的 iaɨ：

瓢 biau → biaɨ¹³　　钓 tiau → tiaɨ¹³　　桥 dʑiau → dʑiaɨ³³

非等值对应有时在复元音韵母与单元音韵母之间形成，土家语没有二合复韵母 ei，因此汉借词中的 ei 同土家语固有韵母中相对近似的 ɨ 形成非等值对应：

ei ≈ ɨ

背诵 pei → pɨ¹³　　堆 tei → tɨ³³　　跪 kei → kɨ¹³

煤 mei → mɨ²¹　　肺 fei → fɨ¹³¹³　　胃 wei → wɨ¹³

（3）等量对应

上述各例无论是等值对应还是非等值对应，汉借词语音和土家语固有语音之间都是一对一的关系，是等量对应：

p ≒ p；ph ≒ ph；d ≒ d

（4）非等量对应

有时汉借词语音和土家语语音之间的对应不是相等的，是多对一［≥］或者一对多［≤］的关系。如土家语没有鼻辅音韵尾，因此带前、后鼻韵尾韵母的汉借词进入土家语后，都同固有音系中相近似的鼻化元音韵母相对应，从而形成二对一的非等量关系：

an	ian	uan
≥ã	≥ iã	≥ uã
aŋ	iaŋ	uaŋ

汉语借词中的前鼻音尾韵母 an、ian、uan 和后鼻音尾韵母 aŋ、iaŋ、uaŋ 进入土家语后由于非等值和非等量对应而合流为一个系列 aã、iaã、uaã，因此汉语中不同的韵母在土家语中成为同一个韵母：

搬 pã³³——绑 pã³³　　　栓 suã³³——霜 suã³³

线 ɕiã¹³——象 ɕiã¹³　　砖 tsuã³³——装 tsuã³³

2. 对应关系的特性及其转化

上述四种对应关系显示了外来借词的语音进入固有音系的具体方式，其中形成等值对应关系的借词读音不发生变化；形成非等值对应关系的借词读音要发生或大或小的变化，依据固有音位进行程度不等的调整；形成等量对应关系的汉借词在类别上仍保持原来的音类分界；非等量关系则改变原来的分类，发生合并或分化。等值和等量关系具有稳定性，无论是借词的读音还是对固有的语音都起到固化的作用。非等值和非等量关系则具有变化性，不仅借词语音发生或大或小的改变，同时也可能在固有音系中留下潜在的促变因素。对应关系的这种特性可以通过下表显示：

语音音值对应	语音数量对应	稳定程度
等值对应 ＋	等量对应 ＋	＋ ＋
等值对应 ＋	非等量对应 －	＋ －
非等值对应 －	等量对应 ＋	－ ＋
非等值对应 －	非等量对应 －	－ －

也就是说，当外来借词语音同固有语音形成等值等量的对应关系时，借词语音和固有语音乃至音系都处于最稳定状态，当两者形成等值非等量对应或者非等值等量对应的关系时，语音处于 ＋ － 或者 － ＋ 的相对稳定状态，当两者是非等值非等量对应的关系时，语音的稳定性最差，相接触的两种语言必然在语音上发生趋同变化，或者借词语音被固有语音同化，融入固有的音系，或者固有的语音向借词语音趋同或增加新的语音形式。

例如南部土家语中有清浊严整对立的塞音、塞擦音声母，当地汉语方言中借进的请浊音声母分别归入土家语中的清声母和浊声母，形成等值等量的对应关系：

清塞音、塞擦音声母	浊塞音、塞擦音声母
p ＝ p	b ＝ b
下巴 → ħa²¹ pa³³	耙 → ba³³
扁担 → piā⁵⁵ tā³³	便宜 → biā³³ niā³³
兵 → p ĩ³³	瓶子 → b ĩ³³ tsʅ²¹
t ＝ t	d ＝ d
当 → tā³³	糖 → dā³³
东 → tō³³	铜 → dō³³
登山 → t ẽ³³ sā³³	藤 → d ẽ³³
tɕ ＝ tɕ	dʑ ＝ dʑ
机子 → tɕi³³ tsʅ³³	骑 → dʑi¹³
筋 → tɕ ĩ³³	口琴 → khɯ⁵⁵ dʑ ĩ³³
糨糊 → tɕiā³³ fu²¹	强 → ddʑiā³³
砖 → tɕyā³³	传递 → dʑyā³³

这种一一相对的等值对应，表明汉借词语音同土家语固有语音完全吻合，因此清浊声母的区别性特征十分稳定，没有触发变化的潜在因素。

汉借词在土家语音系中的非等值对应主要表现在韵母方面。当地汉语韵母系统比土家语复杂，有单元音韵母、二合和三合复元音韵母、前鼻音和后鼻音韵尾韵母等多种类型，土家语固有音系以单元音韵母为主，复合元音韵母较少，没有鼻辅音韵尾，只有鼻化元音韵母，因此汉语借词中的韵母同土家语韵母之间绝大多数都是非等值对应。如：

有的复合元音韵母同相近似的固有单元音韵母相对应：ei ≈ ɨ；ou ≈ ʉ

有的复合元音韵母同相近似的固有复合韵母相对应：au/iau ≈ aɨ /iaɨ；iou ≈ ɨu

前鼻音尾韵母同鼻化元音韵母相对应：an/ian/uan/yan ≈ ã/iã/uã/yã；en/uen/ yen ≈ ẽ/uẽ/ yẽ；in ≈ ĩ

后鼻音尾韵母也同鼻化元音韵母相对应：aŋ/iaŋ/uaŋ ≈ ã/iã/uã/yã；uŋ ≈ õ；yŋ ≈ ỹ

非等值和非等量关系不仅改变借词的语音，还可能引发固有音系的变化。在汉语影响持续增强的状况下，随着双语人群的扩大和借词数量的增加，人们的语音习惯逐渐改变，语音系统对外来的语音形式也逐步由调适、改造、融合变为原样吸收，因此土家语中一些非等值对应的汉借词出现两读现象。如同单元音韵母 ɨ 形成非等值对应的二合元音韵母 ei 随着汉语影响的逐步深入，渐渐产生两种读音，出现了固有音系中没有的二合韵母：ei ≤ ɨ/ei

背诵 pɨ¹³/pei¹³　煤 mɨ²¹/mei²¹　肺 fɨ¹³/fei¹³　胃 wɨ¹³/wei¹³

另一个类似的例子是，前述汉借词中同固有的鼻化元音韵母形成非等值对应的后鼻音尾韵母逐渐出现，在少数汉借词中有了 iã/ iaŋ 或 uã/uaŋ 两可的读音，显示出土家语音系中一个新韵类产生的萌芽：iaŋ ≤ iã/iaŋ；uaŋ ≤ uã/uaŋ

梁 liã²¹/ liaŋ²¹　强 dʑiã³³/ dʑiaŋ³³　香 ɕiã³³/ ɕiaŋ³³

木桩 tsuã³³/ tsuaŋ³³tsʅ²¹　周围 luaŋ¹³ tɕʰyã³³

上述例子显示了绝大多数固有音系中没有的外来语音逐步进入固有音系的过程：借词读音首先同一个相近似的固有语音形成非等值对应；在外来影响不断增强的情况下，具有不稳定性的非等值对应可能发生分化，从而出现两读现象，产生同借词读音等值对应的新语音；稳定的等值对应使得新的语音在音系中的地位逐渐固定，两读现象最终消失，新的语音彻底取代非等值对应关系成为汉借词的唯一读音。对应关系转化的结果从汉借词的变化来看，是经历了同土家语语音的非等值对应和同汉语原模的等值对应两个阶段，发生语音回归，而对于土家语音系来说，是在汉语影响下新的语音萌生并进入音系的过程。这一过程可以通过下表图解：

（1）

$$ei \approx ɨ \leqslant \begin{array}{l} ɨ \leftrightarrows ei \\ ei \end{array}$$

（2）

$$aŋ \leqslant \begin{array}{l} ã \leqslant \begin{array}{l} ã \leftrightarrows aŋ \\ aŋ \end{array} \\ aŋ \end{array}$$

3. 对应关系的阶段性和变化趋向

借词语音同受语固有音系之间的对应关系及其转化是语音同化的过程。受语中的新语音产生过程由两个阶段组成，汉借词读音首先同受语的固有语音形成非等值对应，然后转为汉语原模语音的等值对应。两个阶段的性质不同，同固有语音对应时是借词向受语的固有语音趋同；同借词原模语音对应时是受语的音系在借词影响下向源语趋同。一般来说，在借词进入的初始阶段都同受语的固有语音形成对应，固有音系按照自身规律吸收、改造、融合外来的形式，因此借词向受语的固有语音趋同而与原模词的语音趋异。如果借词数量不断增加、影响持续增强，借词的语音对应可能发生变化转向原模，即向源语的语音复归趋同。例如，汉语借词在进入土家语的初始阶段，大都与土家语固有语音形成非等值对应，汉借词读音向土家语趋同；在汉语长期、强烈的影响下，一些借词的读音发生逆转，同汉语形成等值对应，导致土家语语音向汉语语音趋同。借词语音同原模之间的趋异和趋同是借词音变的两个性质不同的阶段，从趋异转化为趋同的过程，就是受语的语音在语言接触的外来影响下发生演变的渐进过程。

撮口呼韵母的汉借词在土家语南北方言中的读音差异就是由借词音变的趋异和趋同这两个不同阶段决定的。撮口呼韵类是汉语中独具特色的一个系列，带有撮口呼韵母的汉语词借进土家语，先同相近似的带有 -i- 介音的韵母形成非等值对应，如在北部土家语中（例词见前表6）。随着汉语影响的逐步深入，借词同土家语固有语音的非等值对应转为同汉语原模的等值对应，汉语撮口呼韵母进入南部土家语音系，成为新的韵类（例词见前表8）。

借词同原模的趋异转化为趋同需要一定的条件，那就是外部语言的影响必须达到相当的强度。土家语南、北方言虽然都同汉语有悠久的接触历史，处于汉语深入和强烈的影响之下，但由于使用人口和通行区域等方面差别悬殊，因此受汉语影响而发生的变化有大有小。北部土家语人口众多，目前的使用人口约6万，占土家语总人口的98%以上；通行区域曾经涵盖湘鄂渝黔边界的广大地区，目前在湖南西北部的龙山、永顺、保靖、古丈四县交界的十多个乡镇使用，相对来说，受汉语的影响要小些。而南部土家语的使用人数不到北部土家语的2%，分布区域不仅范围小，而且处于当地重要城镇和主要交通干线周边，受汉语影响的强度和深度都比北部方言要大，目前仅残留在泸溪县潭溪镇中方圆十几公里的四五个村子。这种人文背景直接影响两种方言的自身活力和结构系统内部的稳固性。北部土家语的汉语借词不仅数量相对较少，而且进入的时间也相对较晚，不同时期的调查资料表明，一些南部方言早已借进的撮口呼韵母汉借词在20世纪50年代还没有进入北部方言，如（田德生、何天贞等，1986）：

	1950 年代	2000 年代
卷	khɨ³⁵li³⁵ ----------	tɕiã⁵³
柞	thi⁵⁵kha⁵⁵ ---------	tɕhia²¹

北部土家语对汉借词语音改造、融合的能力也大大强于南部土家语，具有明显汉语特征的语音很难进入固有音系，汉借词中的撮口呼韵母始终同固有的 -i- 介音韵母保持非等值对应关系，不仅没有像南部土家语那样发生向借词原模趋同的转化，而且十分稳固，即使在转用汉语和兼用双语的土家族所说的汉语中，撮口呼韵母也仍然是趋异形式，读作相应的齐齿呼韵母。土家语底层的影响和扩散，使得撮口呼韵母在广大农村地区的汉语方言中几近消失，只留存在县城内等少数地方，如土家族地区的永顺、保靖、古丈、酉阳诸县县城内（杨时逢，1974），体现了语言接触的双向性影响。

三　总结

以上根据土家语两个方言之间的差异考察土家语语音演变的触发因素、进程和流向，揭示汉语影响在土家语语音演变中的重要作用，通过对具体实例的分析，解释汉借词语音影响土家语音系的方式和过程，探讨语音接触性演变的重要意义。我们的认识是：

1. 土家语南部方言和北部方言的语音差异主要表现为浊塞音、塞擦音声母和撮口呼韵母的有无，这两种系统性差异都是受汉语影响造成的。南部和北部土家语的使用人口数量、分布地域面积差别很大，并且分别与不同的汉语方言接触。因此，虽然都受到汉语很大影响，但所触发的接触性演变并不一致。

2. 同汉语的接触引起了土家语语音的多种变化，具体表现为：固有特征消失，如促进了北部土家语中的浊音清化演变进程，塞音、塞擦音声母中的浊音特征消失；固有特征保留，原来趋于消失的特征得到巩固和保留，如南部土家语中塞音、塞擦音声母仍保持严整的清浊对立；新特征增加，如南部土家语增加了具有明显汉语特色的撮口呼韵母系列。这些变化显示了汉语对土家语语音演变如下的影响：或者触发新的变化，促进语言的历史演变；或者固化原有的特征，延缓或遏制语言的演变进程。既改变语言历史演变的进程和时间层次，又改变语言内部的空间关系，扩大或缩小方言之间的差异。

3. 汉语接触对土家语音系的影响通过汉借词语音同固有语音之间的多种对应关系及其转化而实现。借词语音进入受语必然同受语的固有语音形成对应，其中等值、等量对应关系具有稳定性，对语音特征起固化作用；非等值、非等量对应关系具有不稳定性，在改变借词语音的同时也可能在固有音系中留下促变的潜在因素。南部土家语和所在地汉语泸溪话中清浊严整对立的塞音、塞擦音声母形成等值对应，北部土家语和所在地汉语龙山话中浊音清化的塞音、塞擦音声母形成等值对应，这两种稳定的对应关系分别对清浊对立和浊音清化这两种不同方言的音系特征起到固化作用，从而使得土家语的两种方言在藏缅语言清浊对立向浊音清化的演变进程中分别处于不同的阶段，显示出语言内部相异而分别与当地汉语相同的语音现象。

4. 相互接触的两种语言必然发生趋同变化，借词语音同受语固有语音的对应关系及其转化是两种语言同化的基本途径和方向，不同阶段的对应情况和语音同化的趋向密切相关。汉借词进入土家语首先向土家语固有语音对应，在这一阶段借词向固有语音靠拢，被固有音系改造、吸收、融合；如果外部语言的影响持续增强，对应情况可能发生逆转，借词出现向汉语原模语音回归的趋势，固有音系在大量借词的影响下向外来影响的源语趋同，新的语音形式日渐形成并巩固，成为音系中的新成分。汉语撮口呼韵母进入土家语的过程就体现了这一阶段性的转化，撮口呼韵母在土家语中同相近似的 −i−介音韵母形成非等值对应，北部土家语中的这一对应关系持续至今；但是南部土家语发生了趋同对应的转化，随着借词向汉语原模语音的回归，撮口呼韵母进入南部土家语音系成为一个新的韵母系列。可见，借词的不同对应的两个阶段，决定了相互接触的两种语言同化的不同趋向，在借词语音同受语语音对应的阶段，借词向受语的固有语音趋同；在借词语音向源语回归的阶段，受语的音系向源语语音趋同。

5. 同化趋向的转变除了同对应关系的稳定性有关之外，更重要的是由语言使用人数、分布状况、政治地位、社会功能等人文社会背景所决定的两种语言的活力和外部语言的影响力度。在其他因素大致相当的情况下，使用人数少的南部土家语比北部土家语更快地向汉语趋同；而北部土家语在汉语影响下较为稳固地保持固有特征，即使是同汉借词的非等值对应关系也不轻易发生趋同变化，如汉语特色明显的撮口呼韵母不仅始终未能进入北部土家语的音系，而且稳固地保留在转用或兼用汉语的土家人口语中，反而影响当地汉语方言失去了这类韵母。

6. 从上述情况可见，语言接触所产生的影响具有双向性，即使是语言活力和功能相差悬殊的两种语言，也可能在接触过程中互相影响而引发外源性的演变，从而形成区域性的统一特征。然而，功能强弱不等的两种语言在趋同变化的过程中不仅变化程度很不相同，而且方式也不一样。劣势语言主要受借词的影响；优势语言则可能在双语状态中或语言转用发生后受底层影响而引起特征逆迁移，如汉语龙山话在影响北部土家语的同时，自身也受土家语影响而发生或大或小的变化。无论是借词影响还是底层影响都有一个竞争的过程，可能产生不同的结果。

参考文献

鲍厚星：《湘方言概要》，湖南师范大学出版社，2006。

陈章太、李行健：《普通话基础方言基本词汇集》，语文出版社，1996。

李启群：《吉首方言研究》，民族出版社，2002。

潘悟云：《竞争性音变与历史层次》，《东方语言学》（创刊号），上海教育出版社，2006。

田德生、何天贞等：《土家语简志》，民族出版社，1986。

吴福祥：《关于语言接触引发的演变》，《民族语文》2007 第 2 期。

吴安其：《语言接触对语言演变的影响》，《民族语文》2004 年第 1 期。

杨时逢：《湖南方言调查报告》，台湾中研院历史语言研究所，1974。

周振鹤、游汝杰：《湖南省方言区画及其历史背景》，《方言》1985 年第 4 期。

邹嘉彦、游汝杰：《语言接触论集》，上海教育出版社，2004。

Bakker, Peter, and Peter Muysken, "Mixed languages and language intertwining", in *Pidgins and Creoles*: *An Introduction*, (Arends, Jacques, Pieter Muysken, and Norval Smith, eds.), Amsterdam.

Cecilia Brassett, Philip Brassett, Meiyan Lu 2006, The Tujia Language, Lincom Europa.

Durie, Mark, and Malcolm Ross, eds. 1996, *The Comparative Method Reviewed*: *Regularity and Irregularity in Language Chang*, Oxford University Press. Oxford.

Sarab G. Thomason, *Language Contact*, Georgetown University Press, Washington, D. C.

Van Coetsem, Frans, 1988, *Loan Phonology and the Two Transfer Types in Language Contact*, Dordrecht: Foris.

原载于《民族语文》2010 年第 5 期

藏缅语复辅音的类别及对语言分类的影响[*]

江 荻

摘 要 文章从藏缅语复辅音结构和性质着手，提出存在 A（"强音＋弱音"）和 B（"强音＋强音"）两种类型，类型 A 是景颇－缅彝语言的特征，类型 B 是藏－羌语言的特征。类型 A 来源于成熟的抑扬格词模格式语言，仅产生受限型复辅音。类型 B 来自早期抑扬格词模音变和去前缀化音变，可产生自由组合复辅音。这项分析可能对上古汉语构拟复辅音形式具有参考价值。

关键词 景颇－缅彝语言 藏－羌语言 抑扬格词模式 复辅音

1 引言

学者们提到藏缅语或汉藏语复辅音问题总会涉及两个基本看法，一是复辅音的构成类型，二是早期语言都有复杂的复辅音。

对于第一个看法，目前有几种不同观点。马学良（1991）提出有以下几种类型：（1）鼻音＋其他辅音，（2）喉塞音＋其他辅音，（3）塞音/鼻音＋边音，（4）擦音＋其他辅音。另外还有三合复辅音。孙宏开（1985，1991）仿照藏文复辅音分析方法分为二层四类，先从结构位置分出前置音、基本音、后置音，然后对充当前置音和后置音的辅音类别加以说明。例如，甲类：前置辅音＋基本辅音，乙类：基本辅音＋后置辅音，丙类：两个发音部位不同但发音方法相同或相近的辅音组合，丁类：三合复辅音是甲类和乙类的再组合。其中前置音有：擦音、颤音、鼻音、边音、半元音、喉塞音；后置音包括：擦音、边音、颤音、半元音；丙类实际是塞音＋塞音/塞擦音，鼻音＋鼻音，擦音＋擦音，半元音＋半元音。

* 感谢白一平教授（Prof. Baxter）和端木三教授（Duanmu san）邀请参加密歇根大学举办的第 25 届北美中国语言学会议（the NACCL‑25）。本项研究获中国国家自然科学基金资助（31271337），国家社科基金重大项目资助（12&ZD174）。

　　这两种分类本质上没有多大区别，影响力却很大，奠定了藏缅语复辅音分析的基础，甚至对上古汉语复辅音探索也产生影响（张世禄、杨剑桥，1986：102～107；唐作藩，1995：135～138）。另一方面，以上分类虽然强化了复辅音的结构位置，对音素或音类的性质揭示却不够深入。单纯列出充当某位置要素的音类，例如擦音、鼻音等，只能揭示音类的个性。如果这些要素类别很多，则不易理解不同位置要素之间的关系。实际上，对复辅音要素的内在性质一直有不少零星的论述，雅洪托夫（1983：21～25）研究上古汉语二等字的时候把后置辅音跟韵母联系起来，提出 -l- 具有介音性质，潘悟云（1987）更提出一个机智的问题，他说，既然藏语存在 g·j- 和 gj- 两种声母，是不是也可能存在 g·l- 和 gl-，g·r- 和 gr-，并把后一种 -l-、-r- 定性为跟 -j- 一样的流音（近音）。藏语的 gj- 结构上可分解为基本辅音 g 加上后置音 -j-，而 g·j- 则是基本辅音 j 加上前置音 g，二者性质差别较大。潘氏之所以区分这两种结构，是为了解释上古与来母字和以母字谐声的复辅音声母后世的分化现象，提出 g·l- 和 g·r- 是一种带前置次要音节的复辅音类型，gl- 和 gr- 则是带介音的复辅音。这种观点实际是对复辅音整体性质的分析。

　　就复辅音的整体性质，刘光坤（1998）在孙宏开分类基础上提出，羌语的乙类复辅音结合较紧，甲类复辅音则相对松散。黄树先（2001：1～17）没有讨论复辅音内部结构，但借用松紧分类概念认为，"上古汉语中结合得比较紧的甲类复辅音，来自双音节的缩减；结合得比较松的乙类复辅音，多来自前缀音加基本辅音"（术语甲乙分类用法与孙相反），进一步将复辅音结构与其渊源联系起来。

　　更为宏观的看法是从音素响度跟强度方面提出的。潘悟云（2000）认为辅音序列的类型与音节结构密切相关，提出发音强度跟音的响度成反比关系，这种关系对解释辅音序列历史音变十分重要，也就是复辅音的音素性质决定了它的整体性质及其音变方式。

响度 ------------------------------------→

塞音—塞擦音—擦音—鼻音—流音—半元音—元音

←------------------------------------ 发音强度

　　藏缅语的复辅音结构类型是一种现实存在，争论不多。但对于上古汉语，目前究竟构拟哪些复辅音则争论甚烈。严学宭（1998：124～166）早期提出的上古复辅音系统数量庞大，类别繁杂，似乎不能接受。例如 pk-、pt-、pts- 等塞音 + 塞音/塞擦音，mp-、nth-、mts- 等鼻音 + 塞音/塞擦音类型。因此，这是本文关注的问题。

　　第二个看法是一种较为普遍的观念，即认为早期汉藏语有着多种多样的、共同的复辅音，把复辅音看作现代语言辅音声母的源头。例如上古汉语可能存在类似古藏语那样的复辅音。这个观念的形成与古代藏语和现代部分藏语方言的复辅音声母事实有关，也与嘉戎语等羌语支语言，乃至侗台苗瑶语言的复辅音现状有关。汉语音韵学方面，自高本汉（1923）利用谐声偏旁为上古汉语构拟复辅音声母之后，从语言内部结构引发了新的思考，尤以李方桂的《上古音研究》（1980）影响深远。但是，早期藏缅语或者汉藏语多样性复辅音是否一种普适现象呢？回答这个问题需要跟第一个看法结合起来，也就是说，需要回答以下分解的问题：（1）早期语言的复辅音是否有多种多样的结构类型？如果有，是否各语言或各语群有着共同的复辅音结构类型？（2）复辅音是原生的还是后起的？如果是后起的，则各语言或语群复辅音必有自身的特性，可以用复辅音特性对语言进行分类。

本文目的是通过阐释复辅音有不同的产生途径和来源，说明不同语言或语群具有不同的复辅音结构。

2 藏缅语复辅音声母分类

2.1 羌语支语言的复辅音

羌语支语言数量较多，主要有羌语、普米语、嘉戎语、木雅语、尔龚语、尔苏语、纳木依语、史兴语、扎坝语、贵琼语、拉坞戎语、却域语等。以下讨论其中三种语言。

（1）羌语蒲溪话（黄成龙，2006）有六类复辅音声母，其中阻塞音（塞音、塞擦音、擦音）相互的组合尤为突出，绝大部分复辅音声母都是这类组合形式。此外则是擦音与鼻音或边近音的组合，其中与边近音组合数量不多。基本类型如下：

阻音 + 阻音

（塞音 + 塞音）pʰt/

（塞音 + 擦音）pʐ /pʰʐ/bz/bʐ/bʑ/

（擦音 + 塞音/塞擦音）ʂt/ɕp/χp/ʐb/ʂk/χk/ʐd/zd/ʐ/χq/χts/ʁdz/χtʂ/ʁdʐ/ɕtɕ/χtɕ/ʐdʐ/ʁdʐ/

（擦音 + 擦音）χs/ʁz/χʂ/ʁʐ/ʐʐ/χpz/

擦音 + 鼻音：ʂm/ʐm/zm/χm/ʂn/ʂɳ/zɳ/

擦音 + 边近音：χl/ʁl

（2）普米语（陆绍尊，2009：521－606）复辅音声母类型相对较为简单，只有两种类型，例如箐花话：

阻音 + 阻音

（塞音 + 擦音）pʐ/pʒ/pʰʐ/pʰʒ/ bʐ/bʒ/

（擦音 + 塞音/塞擦音）spʰ/sp/sb/st/stʰ/sd/sk/skʰ/s/sq/sqʰ/sG/stʃ/ stʃʰ/sdʒ/

（3）道孚语/尔龚语（黄布凡，2009：95－141）是藏缅语中复辅音声母最多样性的语言。在以下分类中，出现在复辅音组合首位的近音，例如 w、l，具有擦音性质，归入擦音类。

阻音 + 阻音

（塞音 + 擦音）pʂ/pʰʂ/bʐ/khʂ/zʐ/qʂ/qhʂ/bʐ/（n）kʂ/（n）gʐ/

（擦音 + 塞音）sp/spʰ/zb/z̢b/vt/st/z̢t/ɦt/vth/sth/z̢th/vd/zd/z̢d/ɦd/sk/zk/z̢k/vkh/skh/z̢kh/z/z̢/sq/z̢q/sqh/z̢qh/ wpʰ/wb/wth/wd/ lp/lpʰ/lb/lt/lth/ld/lk/lg/

（擦音 + 塞擦音：）vts/z̢ts/vtsh/z̢tsh/vdʐ/z̢dʐ/zdʐ/vtɕ/stɕ/z̢tɕ/ɦtɕ/vtɕh/stɕh/z̢tɕh/vdʑ/zdʑ/z̢dʑ/wdʑ /wtɕh/wdʑ/ldʑ/ltɕ/ltɕh/

（擦音 + 擦音：）z̢v/zɣ/vs/vz/zv/vz̢/sz̢/zz̢/vɕ/vɕʰ/vʑ/z̢w/ɦz/vj/ɦj/sx/zɣ/zʁ/z̢ʁ/ɦv/ wv/ws/wsh/wz /wz̢/wj/lv/lɣ/lχ/lʁ/

擦音 + 鼻音：sn/ɦn/sȵ/z̢ȵ/sŋ/zŋ/z̢ŋ/wn/wŋ/lŋ/

鼻音 + 阻音：

（鼻音 + 塞音）mp/mpʰ/npʰ/mb/nb/nt/nth/nd/nk/mkh/nkh/m/n/nqh/

（鼻音 + 塞擦音）mts/ntsh/mtsh/ntsh/mdʑ/ndʑ/ndz/nt ʂh/ndz̢/ntɕ/ntɕh/ndʑ/

（鼻音 + 擦音）mv/nsh/nz/nɕ/nɕʰ/nz̢/nɣ/nχ/

鼻音 + 鼻音：mn/mȵ/mŋ/

三个辅音组合的复辅音声母具有更强的音势，大致分为两类。

擦音 + 塞音 + 擦音：

spʂ/spʰʂ/spʰɕ/z̢pʰɕ/zbʐ/vkʂ/skʂ/skhʂ/zgz̢/sqʂ/

鼻音 + 阻音 + 擦音：

mpʰʂ/mpʰɕ/mbz̢/mkhʂ/nkhʂ/nzz̢/nzɣ/

除了以上强音之间的组合，尔龚语还有少量强音与弱音的组合，包括三个辅音的组合。

强音 + 边近音：ql/qhl/nl/wl/vl/zl/z̢l/ɦl/

擦音 + 近音：sw/z̢w/lw/

擦音/鼻音 + 塞音 + 边近音：sql/sqhl/vqhl/mbl/mkhl/

根据发音强度序列，越靠近音节中心的音强度越弱。因此，我们把阻塞音定性为强音，鼻音定性为次强音，近音或边近音定为弱音。显然，羌语支语言的复辅音大多是强辅音组合或强辅音与次强辅音组合。强音或次强音与弱音的组合很少。

2.2 景颇语支语言的复辅音

景颇语支语言大多分布在中国最南部的云南和西藏东部，主要有景颇语、独龙语、格曼语、达让语、阿侬语、义都语、崩尼 – 博嘎尔语、苏龙语、崩如语、阿昌语、载瓦语、浪速语、仙岛语、波拉语、勒期语等。

（1）独龙语的复辅音类型是"阻塞音/鼻音 + 近音"类型（孙宏开，2009：607~736）pj/tj/ lj/，pl/kl/l/，pɹ/kɹ/ɹ/xɹ/，tw/kw/w/tsw/ŋw/sw/xw/lw/

（2）达让语的复辅音是"阻塞音/鼻音 + 近音"类型（江荻、李大勤、孙宏开，

2013）

pl/plʲ/ phl/ bl/ ml/ kl/ khl/khlʲ/l/，pr/ phr/ br/ mr/ kr/ khr/r/ thr/dr/hr

2.3　缅语支和彝语支语言的复辅音

缅语支和彝语支语言复辅音类型都很少，一般只有"阻音＋近音"和"鼻音＋阻音"两类。缅语支语言中国主要有：阿昌语、载瓦语、浪速语、仙岛语、波拉语、勒期语。彝语支语言主要有：彝语、傈僳语、拉祜语、哈尼语、基诺语、纳西语、堂郎语、末昂语、桑孔语、毕苏语、卡卓语、柔若语、怒苏语、土家语、白语。

（1）载瓦语是"阻塞音/鼻音＋近音"类型（戴庆厦，2009：895～1002）

pj/pʰj/kj/khj/xj/，ŋj/

（2）基诺语是"阻塞音/鼻音＋近音"类型（盖兴之，2009）

pɹ/pʰɹ/kɹ/khɹ/pj/pʰj/tj/tʰj/lj/，m̥ɹ/m̥Mj/

（3）桑孔语（李永燧，2002）

阻塞音＋近音

pj/pʰj/

鼻音＋阻塞音

mb/mbj/nd/ŋg

2.4　藏语支语言的复辅音

藏语支语言主要有门巴语、仓珞语、白马语等，其中大多数，包括藏语卫藏方言拉萨话和康方言甘孜话等都只有少量复辅音声母，例如带前置鼻音的声母。

（1）门巴语文浪话（陆绍尊，2009：737～838），还有仓珞语等的复辅音声母都接近缅彝支语言，一般是阻音、鼻音与近音或边近音组合。

阻塞音＋近音

pl/pr/pʰr/bl/br/kl/kr/kʰr/gl/gr/xr/

鼻音＋近音

ml/mr/ŋl/ŋr/

（2）玛曲藏语属于安多方言，保留大量古藏语的复辅音声母形式（周毛草，2003）。

阻音＋阻音

（塞音＋塞音）pt/pk/pkw/kw/wkw/ww/

（塞音＋塞擦音）pts/ptsw/ptʂ/ptʂw/ptɕ/

（擦音＋塞音）wt/rt/ht/wd/rd/hd/wk/rk/w/r/h/

（擦音＋塞擦音）wts/rts/hts/wdz/rdz/wtʂ/htʂ/wdʐ/hdʐ/wtɕ/rtɕ/htɕ/wdʑ/rdʑ/hdʑ/

（擦音＋擦音）ws/hs/wsw/wz/hz/wʂ/wʂw/wɕ/hɕ/wʐ/hʐ/hj/ʁw/hw/

鼻音＋阻音

（鼻音＋塞音）np^h/n̥p^h/mb/mt^h/nt^h/n̥t^h/md/nd/nk^h/n̥k^h/mk^{h}w/mk^h/n/mw/

（鼻音＋塞擦音）mts/nts^h/n̥ts^h/mdz/ndz/ndʐ/mtʂ^h/ntʂ^h/n̥tʂ^h/mdʐ/ndʐ/mtɕ^h/ntɕ^h/n̥tɕ^h/mdʐ/

（鼻音＋鼻音）mn/mŋ̥/mŋ/

擦音＋鼻音

r m/rm/hm/w n̥/r n̥/rn/hn/w ŋ̥/r ŋ̥/rŋ̥/hŋ̥/w° /r° /r/

擦音／鼻音＋近音

wl/rl/hl/wr/rw/ŋw/

透过以上语言的复辅音声母类型分析，可以基本判断藏缅语存在两大类别完全不同的复辅音。第一类以羌语支和藏语支为代表，它的复辅音特征为强音与强音组合，强音与弱音组合的类型很少，只有很少的"塞音／擦音／鼻音＋近音"类型。第二类是景颇语支和缅彝语支，只有强音＋弱音类型，其中以"塞音＋近音"最典型。唯桑孔语有少量"前置鼻音＋塞音"类型。

由此可以看出，从结构和性质上观察，藏缅语复辅音声母存在两大类型："强音＋强音"类型和"强音＋弱音"类型。这实际上将藏缅语分为两大支系：藏－羌支系和景颇－缅彝支系。这种复辅音类型分类跟以往的谱系分类具有一定的吻合性，有利于我们对汉藏语系的语言关系作进一步的判断。

图 1 绘制成弓箭示意图形，靠近弓背端表示时间层次较早，代表了藏－羌语言，靠近弓弦端复辅音类型越简单，代表景颇－缅彝语言。

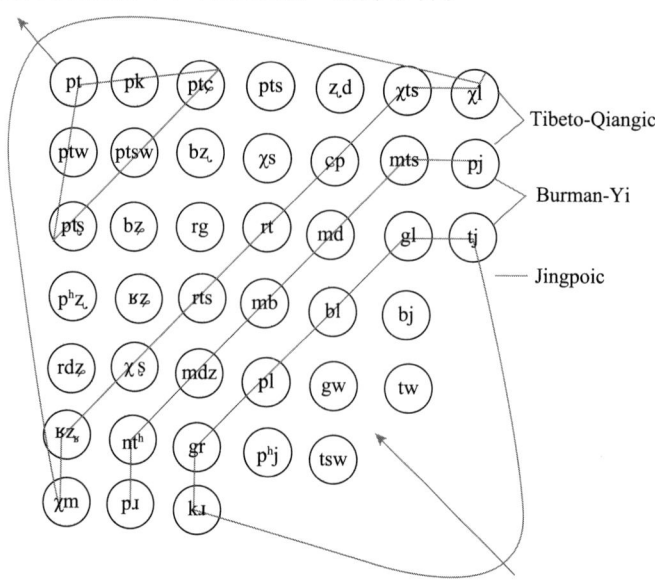

图 1　A Cluster Plot of Tibeto-Burman Grour

这个图还有一个含义是包含了强音与弱音层次，越外端音势越强，强音与强音组合，因此，藏－羌语言是阻音＋阻音类型复辅音。景颇－缅彝语言是阻音＋近音类型复辅音，呈现强音与弱音组合。

3 复辅音的类型和产生机制

藏缅语两类复辅音声母是怎么形成的，是早期共同复辅音系统逐渐演化而来，抑或是原本就有多种不同复辅音系统？在藏－羌支，很少强音＋弱音组合，特别缺少塞音＋齿龈近音/边近音组合，而景颇－缅彝中却主要是塞音＋齿龈近音/边近音组合。这意味着景颇－缅彝支系的复辅音不太可能是从共同藏缅语演化遗留的形式，换句话说，这两个支系先分化后产生复辅音。于是这个问题转化为复辅音的早期形成或来源问题。

关于复辅音的产生目前已有不少零星论述（潘悟云 1995，黄树先 2001，Jaskua 2006），简单说，就是复辅音来自元音弱化和脱落所造成的辅音连缀后果。可是，作为一种机制，复辅音的产生尚需严格论证，对其产生原理、结构、范围、类型、数量均需要详细讨论。我们先从景颇－缅彝语实例简单讨论。

达让语是景颇语支的语言，有大量多音节词与复辅音声母单音节词交替现象。其中，多音节词的首音节呈弱读音形式，发音不稳定，元音经常脱落，则首音节辅音与后面音节辅音并合，形成复辅音音节。辅音类型上，首音节大多为塞音或鼻音，第二音节（词干）辅音为边近音或齿龈近音，结果产生了 ［kl－、khl－、gl－、pl－、phl－、kr－、khr－、pr－、phr－］ 等复辅音。例如：

khɯ³¹ li⁵⁵	khli⁵⁵	地	bɯ³¹ ru	bru	腮帮子
bɯ³¹ r e⁵⁵	br e⁵⁵	朋友	pɯ³¹ rɯm	prem	糖
khɯ³¹ lɯ⁵³	khlɯ⁵⁵	蟑螂	th³¹ lo³	thro³	蜡烛
pi³¹ ja⁵⁵	pʲ⁵⁵	鸟	bɯ³¹ lɯm tsu³	blɯm m me³	瞎子
bu³¹ rʷ ⁵	brʷ ⁵	龙	khɯ li p	khla p	肩膀
kɑ³¹ ru⁵³	kru⁵³	头			

如果首音节不是塞音，或者第二音节不是齿龈近音或边近音，达让语似乎有某种排斥力阻止形成复辅音。多数情况下第一音节完全脱落，双音节直接转变为单音节。例如：

hɑ³¹ tsu³	tsu³	钉（v）	kɯ³¹ hli	kɯ³¹ ɬi	肠子
n br	br	岳父	kɯ³¹ pʲu lʲu	pʲu lʲu	蝴蝶
t¹ i⁵⁵	tsi	数（v）			

从达让语复合词的构成也可清晰看出次要音节脱落的现象。例如

bɯ³¹ lɯm	blem	眼睛	phɯ³¹ l	phl	石头
	blem br	眼睛		phlŋ³⁵ pro	鹅卵石
	blem m	睫毛			
n mɯn	mɯn	火	kɯ³¹ nɯ	nɯ	年
	mɯn khu	烟		tʲ nɯ	今年
	mɯn tshɯ	火炭		k pɯi³⁵ nɯ⁵⁵	明年

达让语词汇的这种语音交替或脱落特点跟词的音节结构性质有密切关系。从整体性质上看，达让语的双音节或多音节词的首音节通常不承担核心词义，仅仅是双音节或多音节词的构词音段和形式区别特征。正是在这个意义上，南亚语言学家 Shorto（1960）曾把普遍存在于南亚语的这类音节称为次要音节。"次要音节 + 主要音节"是一种独特的南亚语言词汇音节模式，与通常所说的"音节 + 音节"双音节模式不一样，后者不区分主次音节。次要音节被定义为"除伴生元音（anaptytic vowel）外不带元音的音节"（shorto，1963），次要音节与主音节构成抑扬格的词模式（iambic pattern）。后来，Matisoff（1973）用术语 sesquisyllabic（one and a half syllables，即"一个半"音节）表示藏缅语的相似现象，把这个概念扩展应用到汉藏语系语言，表示词根主音节前所带的元音极度弱化的音节。

藏 - 羌语言强音 + 强音模式复辅音的来源显然跟景颇 - 缅彝语言有较大差别。首先，这类语言不是次要音节词汇模式。例如藏语名词有大量带后缀的派生词，形容词则全部都是派生形式，不可能产生首音节次要音节模式。再如羌语是重音型语言，各地方言的重音一般都居于双音节的首音节，这个特点也决定了羌语不可能是首音节次要音节形式。其次，藏 - 羌语言有源于语法前缀的前缀辅音。例如藏语动词未来时前缀 g -/d -、v -，过去时前缀 b -、m -（Coblin 1986，Li Fang - Kuei1933，江荻 1991），使动前缀 s -，自动前缀 v -（Wolfenden，1929，Benedict，1972，Bodman，1973），以及一些可能的名词前缀 a -、s -、g -、d -、r -、l -、m - 等（张济川，2009）。这些前缀在古藏语时期已经呈前附辅音形式，从羌语等亲属语言来看，可能来自前音节的元音脱落。例如羌语 8 个方向前缀、许可（持续体）前缀、禁止式前缀、否定前缀等仍然是独立音节形式（黄成龙，2006）。Benedict（1972）曾有过准确的判断，他指出：藏 - 缅语前缀在原始藏缅语时期曾是可分离的，而且起过很大的作用。同时也表明它们在现代藏缅语里变成了一个与词根不可分割的整体是后来发展的。

目前很难探究藏 - 羌语言产生如此复杂复辅音的原因。但是，有少许线索可供推测。一是藏 - 羌语言可能经历过抑扬格词模式发展阶段，元音弱化脱落，但由于时间

甚早，辅音并合尚未形成符合响度规则的匹配模式，因此产生大量无制约的各种复辅音。二是这个进程有可能造成多音节词转化为单音节词，抑扬格转化为扬抑格，复合词和派生词兴盛起来，于是那些原来作为形态的前附音节也脱落元音并逐渐合于词根，加剧了复辅音的产生，并使得前缀形态逐渐消失。

4 结语

本文初步区分了藏缅语两类复辅音结构，由此推测复辅音的来源可能有不同模式。景颇－缅彝语言是复辅音受限型语言，藏－羌语言是复辅音自由型语言。此后，从藏语等语言的历史发展来看，无论哪种复辅音类型，都演化为单辅音声母音节。

目前上古汉语复辅音构拟有一定争论，我们设想这项分类研究可能有一定的参考意义。自高本汉（1923）提出上古复辅音以来，学者们的构拟绝大多数集中在"塞音＋近音（r－、l－、j－、w－）"类型，但也提出了"鼻音＋近音（mr－、ml－、ngr－、ngl－等）"类型和"擦音＋塞音（st－、sk－等）"类型。少数还提出了"塞音＋塞音（bd－、pd－、pq－等）"类型，"鼻音＋塞音（mp－、nt－等）"类型（何九盈，1998：395～408；郑张尚芳，2003）。

按照上文藏缅语复辅音两类不同结构类型，如果上古汉语复辅音涵盖了藏缅语的这两大分类，就很难推定汉语复辅音的形成之源，也很难设想在汉藏语同源背景下汉语可能的第三种演化道路。

参考文献

Baxter，W. H. 1992. *A Handbook of Old Chinese phonology*. Berlin：Mouton de Gruyter.

Benedict，Paul K. 1972. *Sino－Tibetan：a Conspectus*. Cambridge U. Press. （乐赛月、罗美珍 1984 年中译文）.

Bodman，N. C. 1973. Some Chinese reflexes of Sino－Tibetan s－clusters. *Journal of Chinese Linguistics* 1：383－96.

Coblin，W. S. 1986. *A Sinologist's Handlist of Sino－Tibetan Lexical Comparisons*. Netteal：Steyler Verlag.

Jaskua，Krzysztof. 2006. *Ancient Sound Changes and Old Irish Phonology*. Lublin：Wydawnictwo KUL.

Karlgren，B. 1923. *Analytic Dictionary of Chinese and Sino－Japanese*. Paris：Paul Geuthner. Reprinted by Dover Publications.

Li，Fang－Kuei. 1933. Certain Phonetic Influences of the Tibetan Prefixes upon the Root Initials. *Bulletin of the Institute of History and Philology* 6. 2：135－157.

Matisoff, J. A. 1973. Tonogenesis in Southeast Asia. In L. M. Hyman（Ed.）, *Consonant types & tones*, pp. 71 – 95. Los Angeles：The Linguistic Program, University of Southern California.

Shorto, H. L. 1960. Word and syllable patterns in Palaung. *Bulletin of the School of Oriental and African Studies.* 23：544 – 57.

Shorto, H. L. 1963. The Structural pattern of northern Mon – Khmer languages. In H. L. Shorto（ed.）, *Linguistic Comparison in South – East Asia and the Pacific*, pp 45 – 61.

Wolfenden, S. N. 1929. *Outlines of Tibeto – Burman Linguistic Morphology.* The Royal Asiatic Society, London.

盖兴之：《基诺语简志》，民族出版社，2009。

何九盈：《关于复辅音问题》，《古汉语复声母论文集》，语言文化大学出版社，1998。

黄布凡：《道孚语》，《川西藏区的语言》，中国藏学出版社，2009。

黄成龙：《浦溪羌语研究》，民族出版社，2006。

黄树先：《上古汉语复辅音声母探源》，《汉藏语论集》，华中科技大学出版社，2001。

江荻：《藏语动词的历史形态研究》，《中国藏学》1991 年第 1 期。

江荻、李大勤、孙宏开：《达让语研究》，民族出版社，2013。

李方桂：《上古音研究》，商务印书馆，1980。

李永燧：《桑孔语研究》，民族出版社，2002。

刘光坤：《麻窝羌语研究》，四川民族出版社，1998。

陆绍尊：《门巴语简志》，民族出版社，2009。

陆绍尊：《普米语简志》，民族出版社，2009。

马学良：《汉藏语概论》，民族出版社，2003。

潘悟云：《汉藏语历史比较中的几个声母问题》，《语言研究集刊》，复旦大学出版社，1987。

潘悟云：《对华澳语系假说的若干支持材料》，1995，In William S – Y. Wang（editor）, *The ancestry of the Chinese language*（Journal of Chinese Linguistics Monograph Series, No. 8）, Berkeley：Project on Linguistic Analysis.

潘悟云：《汉藏语中的次要音节》，《中国语言学研究的新拓展》，香港：香港城市大学出版社，1999。

潘悟云：《汉语历史音韵学》，上海教育出版社，2000。

孙宏开：《藏缅语复辅音的结构特点及其演变方式》，《中国语文》1985 年第 6 期。

孙宏开：《藏缅语语音和词汇－导论》，中国社会科学出版社，1991。

孙宏开：《关于汉藏语系分类研究中的一些问题》，《国外语言学》1995 年第 3 期。

孙宏开：《独龙语简志》，民族出版社，2009。

唐作藩：《从同源词窥测上古汉语的复辅音声母》，《中国语言学报》第 7 期，商务印书馆，1995。

徐悉艰、徐桂珍：《景颇族载瓦语简志》，《中国少数民族语言简志丛书》，民族出版社，2009。

雅洪托夫：《上古汉语中的复辅音》，《国外语言学》1983 年第 4 期。

严学宭：《原始汉语复声母类型的痕迹》，《古汉语复声母论文集》，语言文化大学出版社，1998。

张济川：《藏语词族研究》，社会科学文献出版社，2009。

张世禄、杨剑桥：《论上古带 r 复辅音声母》，《复旦学报》（社会科学版）1986 年第 5 期。

郑张尚芳：《上古音系》，上海教育出版社，2003。

周毛草：《玛曲藏语研究》，民族出版社，2003。

The Types of Tibeto－Burman Consonant Clusters and Their Influence on Language Classification

Chinese Academy of Social Sciences & Shanghai Normal University

Abstract：This paper provide，with analysis of the structures and nature of consonant clusters in Tibeto－Burman languages，that there are two types of clusters，one of which is strong C with weak C（type A），another of which is Strong C with Strong C（type B）. Type A is the feature of Jingpo－Yi languages，type B Tibeto－Burman languages. The former comes from languages with perfect iambic words，and generates limited clusters only. The latter earlier iambic words and phones losing syntactic senses，which brings about freely composed clusters. The analysis may offer some references for the reconstructuion.

Keywords：Jingpo－Yi languages　Tibeto－Burman languages　iambic words　origin

原载 *Proceedings of the 25th North American Conference on Chinese Linguistics*，University of Michigan（NACCL－25，21－23 June 2013）

清代满文辞书中同义概念的表达方式

江　桥

摘　要　清代官修"清文鉴"系列满文辞书中表达满语同义概念的表达方式有所不同。如《御制清文鉴》主要使用连词 inu、geli 等对同义概念进行释义，而《御制增订清文鉴》《御制满珠蒙古汉字三合切音清文鉴》等辞书则使用"汉名同上""汉名亦同上""汉语同上""汉语亦同上""汉语同上连用"等标记的词语，表达了同义概念之间的语义关系。

关键词　清代　满语　"清文鉴"　同义概念

在中国，汉语同义词研究历史悠久。至清代，学者多以"义同"表示词语之间的同义关系。清代满文辞书《御制满珠蒙古汉字三合切音清文鉴》①中，"汉名同上""汉名亦同上""汉语同上""汉语亦同上""汉语同上连用"等标记的词语共出现 500余例，用以表示两个或两个以上满语词语、词组对应同一汉语词语。本文以《御制满珠蒙古汉字三合切音清文鉴》中出现的标有上述标记的词语，利用清代官修辞书《御制清文鉴》和《御制增订清文鉴》的满文释义，分析它们的同义关系。

一　"汉名同上""汉名亦同上"

经统计，《御制满珠蒙古汉字三合切音清文鉴》中"汉名同上"有 28 条，"汉名亦同上"则有 2 条，共涉及 58 个词条。

满文转写	汉译的满文注音和汉文	所属部类
booi niru	nei fu dzo ling 内府佐领	设官部

---

① 《御制满珠蒙古汉字三合切音清文鉴》，乾隆四十五年（1780）武英殿刻本，详情见江桥《清代满蒙汉文词语音义对照手册》（中华书局，2009）之绪论部分。

续表

满文转写	汉译的满文注音和汉文	所属部类
delhetu niru	汉名同上	设官部
tolhon weihu	hūwa pi cuwan 桦皮船	船部
jaya	汉名同上	船部
alan weihu	汉名亦同上	船部
saibihan	deng kiyo dzi dzui 戥壳子嘴	鸟雀部
halbahan	汉名同上	鸟雀部
borjin niyehe	pu ya 蒲鸭	鸟雀部
tarmin niyehe	汉名同上	鸟雀部
ija niyehe	šui hū lu 水葫芦	鸟雀部
niojan niyehe	汉名同上	鸟雀部
humsun	dzun 朘①	鸟雀部
humsuhun	汉名同上	鸟雀部
jolo	mu lu 母鹿	兽部
eniyen buhū	汉名同上	兽部
jorho singgeri	tiyan šu 田鼠	兽部
bigan i singgeri	汉名同上	兽部
cohoro	bao hūwa 豹花	牲畜部一
tobtoko	汉名同上	牲畜部一
cangka	šao dzui šao yan 烧嘴烧眼	牲畜部一
cara	汉名同上	牲畜部一
anggatu	deo dzui 篼嘴	牲畜部二
anggūta	汉名同上	牲畜部二
eite	lung teo 笼头	牲畜部二
longto	汉名同上	牲畜部二
mujuhu	lii ioi 鲤鱼	鳞甲部
hardakū	汉名同上	鳞甲部
can nimaha	lung g'an ioi 龙干鱼	鳞甲部
šangkan nimaha	汉名同上	鳞甲部
horo	he ioi 黑鱼	鳞甲部
hūwara	汉名同上	鳞甲部
boo nimaha	fang ioi 房鱼	鳞甲部
kalimu	汉名同上	鳞甲部
edeng	šui hū 水虎	鳞甲部
muke tasha	汉名同上	鳞甲部

---

① 原文写为"月"旁，右为"真"。

续表

满文转写	汉译的满文注音和汉文	所属部类
ica	miyan tiyao ioi 鮸条鱼	鳞甲部
honokta	汉名同上	鳞甲部
umiyaha	cung 虫	虫部
imiyaha	汉名同上	虫部
hasaha umiyaha	be dzu cung 百足虫	虫部
tanggū bethe umiyaha	汉名同上	虫部
heliyen	tang lang 螳螂	虫部
heliyen sebsehe	汉名同上	虫部
heliyen umiyaha	汉名亦同上	虫部
gergen	g'o g'o el 蝈蝈儿	虫部
niowanggiya gurjen	汉名同上	虫部
cacarakū	hūi še ma ja 灰色蚂蚱	虫部
usin bošokū	汉名同上	虫部
ayan gurjen	gin jung el 金钟儿	虫部
gurelji	汉名同上	虫部
dondoba	tu feng 土蜂	虫部
sorokiya	汉名同上	虫部
hongkolo galman	da hūwang wen dzi 大黄蚊子	虫部
amba garma	汉名同上	虫部
funjima	bai ling dzi 柏蛉子	虫部
funima	汉名同上	虫部
ashangga yerhuwe	fei ma i 飞蚂蚁	虫部
yecuhe	汉名同上	虫部

标注"汉名同上""汉名亦同上"的词语之间语义关系在《御制清文鉴》[①] 中，以 inu、geli 和 be + sembi 形式表达。

1. 用 inu 表示两个语义相同或相近词语之间的语义关系。如：

例 1. 词条 booi niru 之解释为 dorgi booi niru be booi niru sembi. geli delhetu niru seme gisurembi. wang，beile sede，<u>inu</u> meni meni daci delhebuhe booi niru bi。

例 2. 词条 cohoro 之解释为 morin ulha i beye jinggini boco ci tulgiyan，gūwa haci i bocoi tongki bisire be，cohoro sembi. tobtoko seme <u>inu</u> gebulembi。

2. 用 geli 表示两个或两个以上语义相同或相近词语之间的语义关系。如：

---

① 《御制清文鉴》康熙四十七年（1708 年）武英殿刻本，详见江桥《康熙〈御制清文鉴〉研究》，北京燕山出版社，2001。

例 3. 词条 tolhon weihu 之解释为 tolhon weihu：julergi amargi butu，oforo dube hiyoto-hon ajige nimašakū be tolhon weihu sembi. geli jaya sembi. geli alan weihu sembi。

例 4. 词条 saibihan 之解释为 kūwasihiya de adali，anggai dube onco，geli halbaha seme gebulembi。

3. 用 be + sembi 表示两个语义相同或相近词语之间的语义关系，"把 xx 称作 xxx"。如：

例 5. 词条 eite 之解释为 futa i jergi jaka be murime arafi，morin ulaha i uju de etubure longto be，eite sembi。

例 6. 词条 jorho singgeri 条之解释为 bigan i singgeri be，jorho singgeri sembi。

以上前 4 词在《御制增订清文鉴》中的释义如下：

例 7. （A）booi niru 内府佐领

（B）delhetu niru 汉名同上

（B）的满文释义：uthai booi niru sere gisun。

（A）（B）之间关系为（B）即（A）。

例 8. （A）cohoro 豹花

（B）tobtoko 汉名同上

（B）的满文释义：cohoro be inu tobtoko sembi。

（A）（B）之间关系为（A）亦称（B）。

例 9. （A）tolhon weihu 桦皮船

（B）jaya 汉名同上

（C）alan weihu 汉名亦同上

（B）的满文释义：uthai tolhon weihu sere gisun。

（C）的满文释义：uthai tolhon weihu sere gisun。

（A）（B）之间关系为（B）即（A）。

（A）（C）之间关系为（C）即（A）。

例 10. （A）saibihan 戥壳子嘴

（B）halbahan 汉名同上

（B）的满文释义：uthai saibihan inu。

（A）（B）之间关系为（B）即（A）。

"汉名同上""汉名亦同上"的满文词条（B）或（C）与词条（A）之间的关系，在《御制增订清文鉴》中标记为 uthai（即）、inu（亦）或 encu gebu（别名）。

二 "汉语同上""汉语亦同上"或"汉语同上连用"

经统计，在《御制满珠蒙古汉字三合切音清文鉴》中"汉语同上"出现 435 条，

"汉语亦同上"出现 14 条，"汉语同上连用"出现 49 条，共涉及 498 词条，具体见文末附录。

在"汉语同上"中，表示（A）（B）之间同义关系除上述外，另有一种将（B）进行单独解释的方式。为便于分析，现将（A）和（B）的释义一并列出，释义取自《御制增订清文鉴》。

例 11.

（A）bodomime 自言自语，满文释义：niyalma akūbime ini cisui gisurere be bodomime gisurembi sembi。

（B）bodonggiyambi 汉语同上，满文释义：bodomime gisurere be bodonggiyambi sembi。

（B）的释义虽也使用了 be + sembi 作为标志，但其对照的并非（A）本身，而是在（A）后加了动词 gisurere 组成词组。gisurere 汉译为"说"。比较可知，（B）与（A）的关系是：（A）为副动词，当它与 gisurembi 连用时等于（B）。

例 12.

（A）ahūn 兄，满文释义：ama de banjiha juse beye ci se fulungge be ahūn sembi. geli emu jalan i niyaman hūncihin beye ci se fulungge be inu ahūn sembi。

（B）age 汉语同上，满文释义：beyei ahūn be age sembi。

（B）的释义采用 be + sembi 形式，与其对照的并非是（A）的全部义项，仅为 beyei ahūn "自己的兄"。

例 13.

（A）fafun i gamambi 正法，满文释义：weilengge niyalma be dayabure be fafun i gamambi sembi。

（B）dayabumbi 汉语同上，满文释义：wara be inu dayabumbi sembi。

（B）的释义使用 inu 为标志，但与其对照的词为 wara。

例 14.

（A）gucu 朋友，满文释义：ishunde gūnin acaha niyalma jai emgi bisire emgi yaburengge be gemu gucu sembi。

（B）gargan 汉语同上，满文释义：gucu gargan seme holbofi gisurembi duibuleci moo i gargan fasilan labdu i adali。

（B）为多义词，用词组 holbofi gisurembi 表示了（B）与（A）的关系。

例 15.

（A）ubu 分，满文释义：faksalame neigen goibuha ton be ubu sembi。

（B）ufuhi 汉语同上，满文释义：ubu sere gisun de adali tucike ufuhi dosika ufuhi joboho ufuhi jirgaha ufuhi seme gisurembi。

（B）的释义用 adali 表示（B）与（A）语义相同，之后列出带有（B）的词组，表达（B）与（A）的语用差别。

三　小结

清代官修满汉对照词典对同义词标记"同上"①，自《御制增订清文鉴》开始，被沿用至《御制五体清文鉴》。

1. 标有"汉名同上""汉名亦同上"等标记的词，在《御制清文鉴》中多出现于相互对应词条的释义中，译成汉语为"又称 xxx"。至《御制增订清文鉴》，将其独立列出，并添加满文注解。

2. "同上"（B）与主词条（A）之间的关系比较复杂。在《御制清文鉴》词条 eite 中的 longto、jorho，词条 singgeri 中的 bigan i singgeri，出现于 be 之前，构成"（B）be，（A）sembi"结构，译成汉语为"将（B）称作（A）"。在这种形式下，处于（B）位置的词是带有"汉名同上"标记的主位词，反映了满语词语的变化轨迹。至《御制增订清文鉴》，此痕迹已消失。

3. "同上"（B）词中有些为多义词，其中某一义项与（A）相同，此时"清文鉴"系列辞书将其单独分析，列出其他义项。如，gargan，与 gucu 的关系为 gucu gargan seme holbofi gisurembi，使用"xxx seme holbofi gisurembi"的形式表示与 gucu（A）与 gargan（B）之间的相同义项，同时以 duibuleci moo i gargan fasilan labdu i adali 形式释义 gargan（B）之其他义项。

4. "同上"（B）与（A）二词有些情况下语义相同，语用有别。

5. "同上"（B）与（A）二词所指语义范围不同。如，ahūn 与 age，fafun i gamambi 与 dayabumbi。

为便于读者全面了解"清文鉴"系列辞书中同义概念的表达方式，将《御制满珠蒙古汉字三合切音清文鉴》中注有"汉名同上""汉名亦同上""汉语同上""汉语亦同上""汉语同上连用"的词收集附后。

满文转写	汉译的满文注音和汉文
niyangniya tucike	mi yūn hū k'ai 密云忽开
niyangniya oho	汉语同上
nende	ši siyan 使先
nene	汉语同上

---

① 即"汉名同上""汉名亦同上""汉语同上""汉语亦同上""汉语同上连用"，简称"同上"，下同。

续表

满文转写	汉译的满文注音和汉文
niyekeseke	fu miyan wei hūwa 浮面微化
niyemperehe	汉语同上
lebenggi ba	hiyan ni di 陷泥地
niyari	汉语同上
kuru	g'ao fu 高阜
huru	汉语同上
buksa	g'an ši hūwa da cu 干湿花搭处
buksa buksa	汉语同上
jidun	šan ji 山脊
judun	汉语同上
yen	pan dao 盘道
yenju	汉语同上
julan	gi lio bo dung cu 急流不冻处
jilan	汉语同上
dergi	šang 上
dele	汉语同上
fejergi	hiya 下
fejile	汉语同上
cargi	na biyan 那边
cala	汉语同上
ebergi	je biyan 这边
ebele	汉语同上
booi niru	nei fu dzo ling 内府佐领
delhetu niru	汉名同上
giyajan	wang fu sui ši 王府随侍
gucu giyajan	汉语同上连用
simnendumbi	i ci kao ši 一齐考试
simnenumbi	汉语同上
cendendumbi	i ci ši kan 一齐试看
cendenumbi	汉语同上
sonjondumbi	i ci giyan siowan 一齐拣选
sonjonumbi	汉语同上
doro	dao 道
yoso	汉语同上
doro yoso	汉语同上连用

满文转写	汉译的满文注音和汉文
tuwakū	bang yang 榜样
durun tuwakū	汉语同上连用
baicandumbi	i ci ca k'an 一齐查看
baicanumbi	汉语同上
baita	ši 事
sita	汉语同上
baita sita	汉语同上连用
icihiyandumbi	i ci ban lii 一齐办理
icihiyanumbi	汉语同上
šulehen	fu 赋
alban šulehen	汉语同上连用
halandumbi	i ci geng hūwan 一齐更换
halanumbi	汉语同上
jaman	žang 嚷
becen jaman	汉语同上连用
jamarandumbi	ci žang nao 齐嚷闹
jamaranumbi	汉语同上
feshešembi	liyan ti 连踢
feššembi	汉语同上
encehešembi	dzuwan ing 钻营
encehedembi	汉语同上
weile	dzui 罪
weile daksa	汉语同上连用
fafun i gamambi	jeng fa 正法
dayabumbi	汉语同上
mijurabumbi	da jy bu neng dung 打至不能动
mijirebumbi	汉语同上
isandumbi	i tung ci ji 一同齐集
isanumbi	汉语同上
hengkilendumbi	i ci keo teo 一齐叩头
hengkilenumbi	汉语同上
hošo baimbi	hiya da lii 下大礼
hošo sahambi	汉语同上
jukten	sy 祀
wecen jukten	汉语同上连用

续表

满文转写	汉译的满文注音和汉文
metembi	hūwan yuwan 还愿
julesi bumbi	汉语同上
jugembi	ye ji ci sing 夜祭七星
amasi bumbi	汉语同上
forobumbi	ju dzan 祝赞
firumbi	汉语同上
debse	šen jiyan 神箭
desiku	汉语同上
bucehe	sy 死
budehe	汉语同上
endehe	汉语亦同上
sišantumbi	šang fen tsi ži ji 上坟次日祭
boohalambi	汉语同上
gilembi	dui dui diyan jio 对对奠酒
jingnembi	汉语同上
hobo	guwan 棺
tetun	汉语同上
falanggū forimbi	gu jang 鼓掌
falanggū faifan	汉语同上
carki dūmbi	da ja ban 打札板
carkidambi	汉语同上
kukji	ing ge šeng 应歌声
haijan	汉语同上
tacindumbi	i ci hiyo 一齐学
tacinumbi	汉语同上
huwekiyendumbi	i ci fen hing 一齐兴奋
huwekiyenumbi	汉语同上
giyangnandumbi	i ci giyang 一齐讲
giyangnanumbi	汉语同上
emke	i ge 一个
emken	汉语同上
tuwakiyandumbi	i ci k'an šeo 一齐看守
tuwakiyanumbi	汉语同上
akdulandumbi	i ci bao hū 一齐保护
akdulanumbi	汉语同上

续表

满文转写	汉译的满文注音和汉文
belhendumbi	i ci ioi bei 一齐预备
belhenumbi	汉语同上
si	dui u giyan cu 队伍间处
ci	汉语同上
uksilendumbi	i ci cuwan giya 一齐穿甲
uksilenumbi	汉语同上
sacalandumbi	i ci dai kui 一齐戴盔
sacalanumbi	汉语同上
faidandumbi	i ci pai k'ai 一齐排开
faidanumbi	汉语同上
buksindumbi	ge cu mai fu 各处埋伏
buksinumbi	汉语同上
kaicandumbi	i ci na han 一齐呐喊
kaicanumbi	汉语同上
afandumbi	i ci gung fa 一齐攻伐
afanumbi	汉语同上
miyoocalandumbi	i ci fang niyao ciyang 一齐放鸟枪
miyoocalanumbi	汉语同上
sacindumbi	i ci k'an 一齐砍
sacinumbi	汉语同上
burgindumbi	i ci ging luwan 一齐惊乱
burginumbi	汉语同上
burulandumbi	i ci bai dzeo 一齐败走
bu115rulanumbi	汉语同上
tabcilandumbi	i ci ciyang 一齐抢
tabcilanumbi	汉语同上
sosandumbi	i ci ciyang lo 一齐抢掳
sosanumbi	汉语同上
elbindumbi	i ci jao an 一齐招安
elbinumbi	汉语同上
dahandumbi	i ci teo hiyang 一齐投降
dahanumbi	汉语同上
gabtandumbi	i ci še 一齐射
gabtanumbi	汉语同上
kalbimbi	tiyao yuwan 挑远

续表

满文转写	汉译的满文注音和汉文
kalfimbi	汉语同上
niyamniyandumbi	ci še ma jiyan 齐射马箭
niyamniyanumbi	汉语同上
lekidembi	pu na 扑拿
lebkidembi	汉语同上
fangkambi	wang hiya dun 往下蹾
yangkambi	汉语同上
dahimbi	dzai liyao giyao 再撩跤
dahūmbi	汉语同上
aba	tiyan liyei 畋猎
saha	汉语同上连用
abalandumbi	i ci da wei 一齐打围
abalanumbi	汉语同上
otorilambi	cun seo 春蒐
sonjome abalambi	汉语同上
ulun gidambi	hiya miyao 夏苗
usin i jalin abalambi	汉语同上
sahadambi	cio siyan 秋獮
wame abalambi	汉语同上
ter seme	jeng ci mao 整齐貌
ter tar seme	汉语同上
damjalame	jiyan cuwan teo heng dan 箭穿透横担
damjatala	汉语同上
alan alambi	hūwa hūwa pi 画桦皮
tolholombi	汉语同上
tabumbi	šang gung 上弓
cambi	汉语同上
tobgiyalambi	ban šang gung 搬上弓
bukdambi	汉语同上
jumalambi	dzuwan šang ding heng ding 钻上钉横钉
jimalambi	汉语同上
yarfun	piyan giyang 偏韁
cilburi	汉语同上
jušen	man jeo cen pu 满洲臣仆
jušen halangga niyalma	汉语同上

满文转写	汉译的满文注音和汉文
eniye	mu 母
eme	汉语同上
banirke eniye	heo mu 后母
banjirke eniye	汉语同上
meme eniye	žu mu 乳母
huhun i eniye	汉语同上
ecike	šu fu 叔父
eshen	汉语同上
oke	šen mu 婶母
uhume	汉语同上
ecikese	jung šu fu 众叔父
eshete	汉语同上
okete	jung šen mu 众婶母
uhumete	汉语同上
ahūn	hiong 兄
age	汉语同上
ahūta	jung hiong 众兄
agese	汉语同上
juse	jung dzi 众子
dasu	汉语同上
mukūn	dzu 族
falga	汉语同上
niyaman	cin 亲
hūncihin	汉语同上
ungga	jang bei 长辈
dangga	汉语同上
u da	汉语亦同上
eyun	jiyei jiyei 姐姐
gege	汉语同上
eyute	jung jiyei jiyei 众姐姐
gegese	汉语同上
gucu	peng io 朋友
gargan	汉语同上
ajigan	io 幼
ajigen	汉语同上

续表

满文转写	汉译的满文注音和汉文
anakū jui	mo šeng dzi 没生子
unucun	汉语同上
halašambi	sa giyao 撒娇
fiyanggūšambi	汉语同上
niolmon beye	šang jen šen bu cuwan giya 上阵身不穿甲
niyereme beye	汉语同上
hojo faha	tung žin 瞳人
nionio faha	汉语同上
šan i abdaha	el do 耳朵
šan i afaha	汉语同上
hoho	el cui 耳垂
šan i suihe	汉语同上
ilmaha	cung še 重舌
keku	汉语同上
buge monggon	ki sang 气嗓
olhon monggon	汉语同上
hūsha monggon	汉语亦同上
moco simhun	ši jy 食指
jorire simhun	汉语同上
derge simhun	汉语亦同上
oho	ge jy we 胳肢窝
o	汉语同上
o mayan	汉语同上连用
ulenggu	ci 脐
cungguru	汉语同上
dara	yao 腰
darama	汉语同上
semejen	man du io 鞔肚油
semsu nimenggi	汉语同上
sube	kin 筋
ca	汉语同上
sifulu	sui pao 尿胞
sike fulhū	汉语同上
sitembi	cu siyao gung 出小恭
narhūn edun tuwambi	汉语同上

满文转写	汉译的满文注音和汉文
kamtambi	cu da gung 出大恭
muwa edun tuwambi	汉语同上
banin	šeng siyang 生相
banjin	汉语同上
šungkutu	wa keo yan 洼尅眼
kungguhun	汉语同上
yasa dushun	yan hūn 眼昏
yasa buruhun	汉语同上
kumcuhun	lo g'o yao 罗锅腰
mukcuhun	汉语同上
jalihangga	fu tai 富态
yalingga	汉语同上
suntanahabi	fu da hiya cui 腹大下垂
kalbin tucike	汉语同上
biyahūn	ki še ša be 气色煞白
biyabiyahūn	汉语同上
lempinehebi	tiyan lao 天老
caranahabi	汉语同上
banjimbi	guwe ži dzi 过日子
banjire were	汉语同上连用
jenderakū	bu žen 不忍
tebcirakū	汉语同上
doosidarakū	bu tan 不贪
gamjidarakū	汉语同上
kudur fatar	cin ho yang 亲和样
katar fatar	汉语同上
keb seme	cin gin yang 亲近样
keb kab seme	汉语同上
uhe hūwaliyan	ho tung 和同
uhe dakū	汉语同上
malhūšandumbi	i ci giyan šeng 一齐俭省
malhūšanumbi	汉语同上
kicendumbi	i ci yung gung 一齐用功
kicenumbi	汉语同上
faššandumbi	i ci fen miyan 一齐奋勉

续表

满文转写	汉译的满文注音和汉文
faššanumbi	汉语同上
saišandumbi	ci kuwa jiyang 齐夸奖
saišanumbi	汉语同上
ferguwendumbi	ci ging ki 齐惊奇
ferguwenumbi	汉语同上
maktandumbi	ci ceng dzan 齐称赞
maktanumbi	汉语同上
fonjindumbi	i ci wen 一齐问
fonjinumbi	汉语同上
karandumbi	i ci liyao wang 一齐瞭望
karanumbi	汉语同上
hargašandumbi	i ci yang wang 一齐仰望
hargašanumbi	汉语同上
oncohon tuwambi	yang miyan k'an 仰面看
mahala maktame tuwambi	汉语同上
takandumbi	i ci žen 一齐认
takanumbi	汉语同上
donjindumbi	i ci ting 一齐听
donjinumbi	汉语同上
mejige	sin si 信息
medege	汉语同上
hūlandumbi	i ci hū hūwan 一齐呼唤
hūlanumbi	汉语同上
si tuwa	ni ciyao 你瞧
sita	汉语同上
elkindumbi	i ci jao hū 一齐招呼
elkinumbi	汉语同上
kimcindumbi	i ci siyang ca 一齐详察
kimcinumbi	汉语同上
hacihiyandumbi	i ci šang gin 一齐上紧
hacihiyanumbi	汉语同上
šorgindumbi	i ci ts'ui 一齐催
šorginumbi	汉语同上
bošondumbi	i ci ts'ui juwei 一齐催追
bošonumbi	汉语同上

满文转写	汉译的满文注音和汉文
gaindumbi	i ci cioi yao 一齐取要
gainumbi	汉语同上
aisilandumbi	i ci bang ju 一齐帮助
aisilanumbi	汉语同上
wehiyendumbi	i ci fu ju 一齐扶助
wehiyenumbi	汉语同上
karmandumbi	i ci bao hū 一齐保护
karmanumbi	汉语同上
salandumbi	i ci san gi 一齐散给
salanumbi	汉语同上
neigelembi	giyūn yūn 均匀
neigenjembi	汉语同上
saliyan	gin dzu 仅足
saliyahan	汉语同上
ubu	fen 分
ubu sibiya	汉语同上连用
ufuhi	汉语同上
guwatalambi	ping fen 平分
acihilambi	汉语同上
gaji	ši na lai 使拿来
gaju	汉语同上
hasihimbi	hi tu giyao hing 希图侥幸
kosihimbi	汉语同上
ujinambi	kioi yang 去养
ujinumbi	汉语同上
fejile bi	io yūn 有孕
beye de oho	汉语同上
niyarhūlahabi	dzo yuwei dzi 坐月子
nikehebi	汉语同上
urgunjendumbi	gung hi yuwei 共喜悦
urgunjenumbi	汉语同上
sebjelendumbi	gung kuwai lo 共快乐
sebjelenumbi	汉语同上
sarašambi	io wan 游玩
sargašambi	汉语同上

续表

满文转写	汉译的满文注音和汉文
ergendumbi	gung an hiyei 共安歇
ergenumbi	汉语同上
buyendumbi	gung ai 共爱
buyenumbi	汉语同上
aikan i gese	k'an dzen mo yang 看怎么样
aikan faikan i adali	汉语同上连用
guwelke	siyao sin jo 小心着
guweke	汉语同上
narašambi	jy ši tan liowan 只是贪恋
narahūnjambi	汉语同上
injendumbi	i ci siyao 一齐笑
injenumbi	汉语同上
šakšarjambi	jy ši tsi jo ya siyao 只是呲着牙笑
šakšarjambi	汉语同上
kus seme injehe	žen bu ju hū siyao 忍不住忽笑
pus seme injehe	汉语同上
kaka kiki	jung žin hi siyao 众人嘻笑
kiki kaka	汉语同上
kakari fakari	jung žin da siyao 众人大笑
kaka faka	汉语同上
efiku	wan hi 玩戏
efiku injeku	汉语同上连用
tanggilambi	tan nao kiyo 掸脑壳
šenggin gaimbi	汉语同上
julen	gu tsi 古词
juben	汉语同上
tongsirambi	šo šu 说书
julen alambi	汉语同上
herdembi	ben kio 奔求
herdeme hardame	汉语同上连用
yadahūšambi	o 饿
urumbi	汉语同上
hanjaha	ao dan liyao 熬淡了
kiyatuha	汉语同上
hesihetembi	o di u lii 饿的无力

续表

满文转写	汉译的满文注音和汉文
hesitembi	汉语同上
gasandumbi	i ci yuwan 一齐怨
gasanumbi	汉语同上
korsondumbi	i ci kui hen 一齐愧恨
korsonumbi	汉语同上
seyendumbi	i ci hūwai hen 一齐怀恨
seyenumbi	汉语同上
monjimbi	hen di ts'o šeo 恨的挫手
monjirambi	汉语同上
ališacuka	ke men 可闷
ališaka	汉语同上
jabcandumbi	i ci gui gio 一齐归咎
jabcanumbi	汉语同上
sejilendumbi	i ci tan ki 一齐叹气
sejilenumbi	汉语同上
cibsindumbi	i ci jiowei tan 一齐嗟叹
cibsinumbi	汉语同上
butan halan akū	io yao u gin di 有要无紧的
alban halan akū	汉语同上
ai jojin	wei šen mo lai ni 为什么来呢
ai maktahai	汉语同上
porpon parpan	ti lei giyao lio 涕泪交流
firfin fiyarfin	汉语同上
furfun farfan	汉语亦同上
hūwar seme	lei jy lio 泪直流
hūwar hir seme	汉语同上连用
usandumbi	i ci šang dao 一齐伤悼
usanumbi	汉语同上
ushandumbi	ci nao 齐恼
ushanumbi	汉语同上
fucembi	fen nao 忿恼
fuhiyembi	汉语同上
fucendumbi	ci fen nao 齐忿恼
fucenumbi	汉语同上
šukšuhun	giowei jo dzui 撅着嘴

续表

满文转写	汉译的满文注音和汉文
šokšohon	汉语同上
gelendumbi	i ci pa 一齐怕
gelenumbi	汉语同上
golondumbi	i ci ging 一齐惊
golonumbi	汉语同上
sengguwendumbi	i ci kung gioi 一齐恐惧
sengguwenumbi	汉语同上
bekte bakta	leng jeng yang 楞怔样
pekte pakta	汉语同上
dokdolaha	he i tiyao 吓一跳
dokdorilaha	汉语同上
dokdoslaha	汉语亦同上
gisurendumbi	ci šo hūwa 齐说话
gisurenumbi	汉语同上
leolendumbi	gung luwen 共论
leolenumbi	汉语同上
cohotoi	te i 特意
cohome	汉语同上
dukjimbi	siowan žang 喧嚷
dukjime durgimbi	汉语同上连用
tabume	kiyan ce 牵扯
tabume goholome	汉语同上连用
bodomime	dzi yan dzi ioi 自言自语
bodonggiyambi	汉语同上
gojor seme	ioi gi bu cing juwang 语急不清状
gojong seme	汉语同上
badar seme	sin keo luwan dao 信口乱道
biyadar seme	汉语同上
piyatar seme	dzui kuwai juwang 嘴快状
piyatang seme	汉语同上
urkingge	giyang liyang 响亮
urkingga	汉语同上
miyar mir	jung siyao el ku šeng 众小儿哭声
miyang ming	汉语同上
korkong korkong	liyan seo šeng 连嗽声

续表

满文转写	汉译的满文注音和汉文
kohong kohong	汉语同上
ko ka	heo du šeng 喉堵声
kūr kar	汉语同上
jor	jung žin lii dzo šeng 众人力作声
jar	汉语同上
cang cang	jung šeng 钟声
tang tang	汉语同上
tung dang	jung gu ci ming šeng 钟鼓齐鸣声
tungtung tangtang	汉语同上
bing biyang	siyao guwan so na šeng 箫管唢呐声
jingjing jangjang	汉语同上
pocok	u lo šui šeng 物落水声
pocong	汉语同上
kakūng kikūng	jung ce jung dan šeng 重车重担声
kiyakūng kikūng	汉语同上
fosok	šeo meng ki šeng 兽猛起声
fasak	汉语同上
for	ma yan ca pen bi šeng 马眼岔喷鼻声
hiyor hiyar	汉语同上
tecembi	tung dzo jo 同坐着
tenumbi	汉语同上
tecendumbi	gung siyang dzo 共相坐
tecenumbi	汉语同上
moselame	pan si dzo 盘膝坐
murime	汉语同上
farang seme	wen dzo 稳坐
fang seme	汉语同上
yabundumbi	i ci hing dzeo 一齐行走
yabunumbi	汉语同上
mudari	dang ži hūi lai 当日回来
mudali	汉语同上
tafambi	šang g'ao 上高
tafumbi	汉语同上
tafandumbi	i ci šang 一齐上
tafanumbi	汉语同上

满文转写	汉译的满文注音和汉文
dokolombi	cao gin dzeo 抄近走
duteleme yabumbi	汉语同上
haihū	niyao no 孃娜
urhu haihū	汉语同上连用
miyasihidambi	sung jo gin dzeo 松着劲走
miyasitambi	汉语同上
micumbi	pa 爬
micudambi	汉语同上
ler biyar seme	jung žin hūwan hing juwang 众人缓行状
ler lar seme	汉语同上
eyeri hayari	piyao i 飘迤
eyer hayar	汉语同上
tungki tangki	i bu šen i bu ciyan 一步深一步浅
tengki tangki	汉语同上
teyendumbi	i ci hiyei si 一齐歇息
teyenumbi	汉语同上
sebken	hing dzeo hi su 行走稀疏
sebkesaka	汉语同上
šadahabi	fa liyao 乏了
šadaha yadaha	汉语同上连用
sebkire sain	fa giyei di kuwai 乏解的快
sebire sain	汉语同上
bitubumbi	meng giyan 梦见
bahabumbi	汉语同上
hahi	gin gi 紧急
hahi cahi	汉语同上连用
ekšembi	mang 忙
ebšembi	汉语同上
ekšenumbi	汉语同上
facihiyašandumbi	i ci jo gi 一齐着急
facihiyašanumbi	汉语同上
kūtu fata	hūwang hūwang jang jang 慌慌张张
kata fata	汉语同上
ebuhu sabuhū	gi gi mang mang 急急忙忙

续表

满文转写	汉译的满文注音和汉文
ekšeme saksime	汉语同上
nuktendumbi	ci io mu 齐游牧
nuktenumbi	汉语同上
tatandumbi	ci ju 齐住
tatanumbi	汉语同上
ebundumbi	ci hiya jo 齐下着
ebunumbi	汉语同上
aššalaha	wei dung 微动
acika	汉语同上
derden seme	can dung 颤动
derden dardan	汉语同上连用
sersen seme	wei can 微颤
sersen sarsan	汉语同上连用
acandumbi	i ci hūi 一齐会
acanumbi	汉语同上
ubiyambi	u 恶
ibiyambi	汉语同上
yebelerakū	bu yuwei 不悦
yebešerakū	汉语同上
fiktu baimbi	siyūn yen io 寻因由
hicumbi	汉语同上
dalhūkan	jy guwan niyan jy 只管黏滞
dalukan	汉语同上
yoyo	siyao žin u neng 笑人无能
liyoliyo	汉语同上
kasaka	šen mo hang dzi 什么行子
kasakanahabi	汉语同上
sengse	lan fu 懒妇
aha sengse	汉语同上连用
lehele	ye jung 野种
tuksaka	汉语同上
garingga	yen fu 淫妇
baikū	汉语同上
sedehengge	ša ts'ai 杀材
waha sedehe	汉语同上连用

续表

满文转写	汉译的满文注音和汉文
jailandumbi	ci do bi 齐躲避
jailanumbi	汉语同上
somindumbi	ci ts'ang do 齐藏躲
sominumbi	汉语同上
ilhi	lii ji 痢疾
ilhinembi	汉语同上
uyašanahabi	šeo dzu gin teng 手足筋疼
uyašan dekdehebi	汉语同上
hūi seme	siowan yūn 眩晕
hūi hai seme	汉语同上连用
gūwaššambi	žu tiyao 肉跳
gūwacihiyašambi	汉语同上
mujimbi	teng di cu šeng 疼的出声
fiyacumbi	汉语同上
arke	peng teng šeng 碰疼声
ake	汉语同上
murhu farhūn	hūn cen 昏沉
menerekebi	汉语同上
jungge	ya guwan gin liyao 牙关紧了
weihe jumpi	汉语同上
nikan yoo	tiyan bao cuwang 天疱疮
fiha yoo	汉语同上
erpe	giyan cūn 碱唇
jerpe	汉语同上
hukšehebi	jung jang 肿胀
hukšukebi	汉语同上
ekiyehebi	jung siyao liyao 肿消了
ekikebi	汉语同上
luhulebuhebi	fu šang 浮伤
olhon feye	汉语同上
dogo	hiya 瞎
balu	汉语同上
dutu	lung dzi 聋子
maigu	汉语同上
sentehe	ho ya 豁牙

续表

满文转写	汉译的满文注音和汉文
mentehe	汉语同上
ningdan	ing dai 瘿袋
nintuhū hari	汉语同上连用
doholon	kiowei dzi 瘸子
doidon	汉语同上
mamgiyandumbi	ci še fei 齐奢费
mamgiyanumbi	汉语同上
gasihiyandumbi	ci dzao ta 齐糟蹋
gasihiyanumbi	汉语同上
buhiyendumbi	ci dzai i 齐猜疑
buhiyenumbi	汉语同上
ainci	siyang ši 想是
hode	汉语同上
eici	ho je 或者
embici	汉语同上
aimaka	hao siyang ši 好像是
yamaka	汉语同上
dokdoršombi	king tiyao 轻佻
dokdorjambi	汉语同上
olfihiyan	u nai sing 无耐性
olbihiyan	汉语同上
tete tata	tiyao tiyao ta ta 跳跳蹋蹋
gūwacihiya tata	汉语同上连用
ejelendumbi	ci ba jan 齐霸占
ejelenumbi	汉语同上
sarki saliburakū	bu io žin ju jang 不由人主张
sarkiyan saliburakū	汉语同上
jata	u neng nai 无能耐
lata jata	汉语同上连用
guwele gala	wei so 畏缩
gunggun ganggan	汉语同上
niyeniyehunjembi	gu si 姑息
niyeniyehundembi	汉语同上
sirbašambi	kiyang ja jeng 强扎挣
sarbašambi	汉语同上

满文转写	汉译的满文注音和汉文
helen akū	yan ioi c'y dun 言语迟钝
helen hempe akū	汉语同上连用
long seme	jy guwan luwan šo 只管乱说
long long seme	汉语同上
ajirka	žen ts'o liyao 认错了
daruha	汉语同上
yokto akū	mu cioi 没趣
yolo yokto akū	汉语同上连用
gileršembi	tiyan bu jy c'y 恬不知耻
jileršembi	汉语同上
atarambi	žang nao 嚷闹
abtarambi	汉语同上
bambi	giowan 倦
bancuka	汉语同上
anagan	jiyei duwan 借端
anakū arambi	汉语同上
barkiyahakū	mu lii hūi 没理会
barkiyame gūnihakū	汉语同上
holokon	liyo hioi giya 略虚假
holokon uluken	汉语同上连用
koimali	giyao ja 狡诈
koiman	汉语同上
haršambi	piyan hiyang 偏向
harimbi	汉语同上
haršandumbi	bi tsi piyan hiyang 彼此偏向
haršanumbi	汉语同上
fangšambi	kiyang ši wei fei 强是为非
fangnambi	汉语同上
gucihiyerendumbi	ci pan ban 齐攀伴
gucihiyerenumbi	汉语同上
lehendumbi	ci jeng so 齐争索
lehenumbi	汉语同上
arambi	dzo dzo 做作
yortanggi	汉语同上
mur mar seme	jy nio 执缪

满文转写	汉译的满文注音和汉文
muk mak seme	汉语同上
marandumbi	ci tui tsi 齐推辞
maranumbi	汉语同上
sampi	i šen 已伸
sangkabi	汉语同上
gemu	gioi 俱
ganji	汉语同上
biretei	pu biyan 普遍
burtei	汉语同上
urkuji	liyan miyan 连绵
urkulji	汉语同上
meni meni	ge dzi ge dzi di 各自各自的
meimeini	汉语同上
niyalmaingge	ši žin giya di 是人家的
urseingge	汉语同上
ayoo	wei kung keo ki 惟恐口气
ayao	汉语同上
ajaja	ging ya 惊讶
adada ebebe	汉语同上
a fa seme onggolo	wei giyan dzen mo yang 未见怎么样
afanggala	汉语同上
elen de isika kai	dzu i geo liyao 足已彀了
elen oho kai	汉语同上
emekei	ke wei di keo ki 可畏的口气
ebegei	汉语同上
ojorakū	bu ke 不可
ojirakū	汉语同上
takasu	ciyei ju 且住
takūlu	汉语同上
manggici	jy hen 至狠
manggai oci	汉语同上
kesiri masiri	ts'u ts'u ts'ao ts'ao 粗粗草草
kese masa	汉语同上
subarhan	ta 塔
sumarhan	汉语同上

续表

满文转写	汉译的满文注音和汉文
weceku	šen ki 神祇
soko	汉语同上
ekcin	ceo gui 丑鬼
jolo	汉语同上
gūwašabuha	šen gui giyan guwai 神鬼见怪
aljabuha	汉语同上
hailambi	bu šeo hiyang 不受享
hailami	汉语同上
hailaha	汉语亦同上
mederi melkešembi	hai ši cūn leo 海市蜃楼
jifunure sukdun	汉语同上
fayangga hūlambi	giyao hūn 叫魂
fayangga gaimbi	汉语同上
tunggulembi	šao lio jy wei šang cu 烧柳枝熨伤处
tungnimbi	汉语同上
ušambi	juwa 抓
wašambi	汉语同上
gesuhe	sing g'o lai liyao 醒过来了
gelaha	汉语同上
fushaha	šu jing 输净
yongsoho	汉语同上
sasumbi	si pai 洗牌
sasambi	汉语同上
banji	liyan šeng ki 联生棋
banjime	汉语同上
cohoto	tung si bing dzi 铜锡饼子
šurdeku	汉语同上
alcu	jen el 针儿
šordai	汉语同上
tokai	gun el 辖儿
taba	汉语同上
jiha fesheleku	giyan el 毽儿
jiha fesku	汉语同上
hoton	ceng 城
hecen	汉语同上

满文转写	汉译的满文注音和汉文
tokso	juwang tun 庄屯
tokso tuli	汉语同上连用
doko	cao dao 抄道
dute talu	汉语同上
mudan	wan dzi 弯子
mudan yoho	汉语同上连用
ulejembi	tan ta 坍塌
ulumbi	汉语同上
usin	tiyan di 田地
usin buta	汉语同上连用
suksalandumbi	ci k'ai ken 齐开垦
suksalanumbi	汉语同上
secindumbi	ci k'ai lung 齐开龙
secinumbi	汉语同上
sujanaha	tu nei fa ya 土内发芽
cikjalahabi	汉语同上
niyelembi	niyan mi 碾米
belemimbi	汉语同上
bulumbi	do ts'ao 垛草
bulun jafambi	汉语同上
giyara moo	pi cai 劈柴
giyariha moo	汉语同上
boiholohobi	da ju io to lo 打住又脱落
biyohalaha	汉语同上
sarba	jy wang siyan ju 织网线轴
sarfu	汉语同上
huwejen	lan ioi pai dzi 拦鱼簿子
fasan iren	汉语同上
tangkambi	jy ši gi bing jen siyao ioi 掷石击冰震小鱼
cangkambi	汉语同上
fejilen	da ciyo niyao ma wei tao dzi 打雀鸟马尾套子
hūrka	汉语同上
wešen	da šeo di tao dzi 打兽的套子
ile	汉语同上
šeben	da še lii sun di tao dzi 打猞猁狲的套子

续表

满文转写	汉译的满文注音和汉文
mudun futa	汉语同上
murakū	lu šao dzi 鹿哨子
hulun murakū	汉语同上
ulin	ho ts'ai 货财
ulin adan	汉语同上连用
emu ulcin jiha	i cuwan ciyan 一串钱
emu futa jiha	汉语同上
šašun	yen ho mu piyan 引火木片
kiyooka	汉语同上
fongsonggi	diyao ta hūi 吊塌灰
fongson	汉语同上
olo	siyan ma 线麻
hūnta	汉语同上
buljin	šūn še 纯色
bulji	汉语同上
herembi	cao jy 抄纸
hergembi	汉语同上
fuserehe mahala	yan biyan šu yan siyao mao 缘边舒沿小帽
torhikū mahala	汉语同上
laku	heo miyan ku 厚棉裤
halukū	汉语同上
naimisun	pi ao hiya biyan lii dzi 皮袄下边里子
afin	汉语同上
fulakcan	ho liyan bao nei juwang di siyao da liyan 火镰包内装的小褡裢
fulacan	汉语同上
olongdo	cang yao hiowei 长靿靴
garun	汉语同上
boro dobihi	we dao 倭刀
sahaliyan dobihi	汉语同上
ulhu	hūi šu pi 灰鼠皮
yacin ulhu	汉语同上
ukulembi	fang mao yan 放帽沿
bukulembi	汉语同上
buculimbi	汉语亦同上
umiyelembi	hi dai 系带

满文转写	汉译的满文注音和汉文
imiyelembi	汉语同上
gokjimbi	da giyei dzi 打结子
tobcilambi	汉语同上
umiyahalambi	汉语亦同上
tatakū	ceo ti 抽屉
gocima	汉语同上
guwafu	guwai dzi 拐子
guwaige	汉语同上
saifi	c'y dzi 匙子
kuii	汉语同上
saya	siowan dzi 铞子
kilakci	汉语同上
tūku	mu lang teo 木榔头
mala	汉语同上
absa	hūwa pi tung 桦皮桶
uliyen	汉语同上
yondombi	žung de hiya 容得下
yombi	汉语同上
sonio	ki 奇
sonihon	汉语同上
hon	šen 甚
asuru	汉语同上
dembei	jo ši 著实
mujakū	汉语同上
arkan	jiyang jiyang di 将将的
arkan karkan	汉语同上连用
heni	siyei sioi 些须
heni tani	汉语同上连用
icihi	ban diyan 瘢点
icihi dasihi	汉语同上连用
kani acarakū	bu sui he 不随合
ici kani akū	汉语同上连用
ajige	siyao 小
ajida	汉语同上
picir seme	u sui dza 物碎杂

续表

满文转写	汉译的满文注音和汉文
picir pacar seme	汉语同上连用
sumbur seme	i po ling san 衣破零散
sumbur sambar seme	汉语同上连用
giyalu	gu giyo ts'un liyei 骨角皱裂
fiyartun giyalu	汉语同上连用
waiku	wai 歪
waiku daikū	汉语同上连用
eden	ts'an kiowei 残缺
eden dadan	汉语同上连用
weilendumbi	ci dzo gung 齐作工
weilenumbi	汉语同上
arandumbi	ci dzao dzo 齐造作
aranumbi	汉语同上
gujung seme	bu dung šen dzo 不动身做
kucung seme	汉语同上
cibumbi	ji ju 挤住
cubumbi	汉语同上
kiyalmambi	siyang kiyan 镶嵌
kiyamnambi	汉语同上
mampin	šuwan di ge da 拴的搭搭
mamfin	汉语同上
sar seme	wan di kuwai 完的快
sar sir seme	汉语同上连用
fiyar seme	lii ke dzo wan 立刻做完
fiyar fir seme	汉语同上连用
boloko	jing liyao 净了
bolhoko	汉语同上
tolhon weihu	hūwa pi cuwan 桦皮船
jaya	汉名同上
alan weihu	汉名亦同上
ten	žuwan ta 软榻
hen	汉语同上
muheren	ce luwen 车轮
tohoro	汉语同上
sija	žu mi 肉糜

续表

满文转写	汉译的满文注音和汉文
silja	汉语同上
šusu	ling gi 廩给
ula šusu	汉语同上连用
sumpa maca	ye gio ts'ai 野韭菜
sifa maca	汉语同上
sejulen	ye suwan miyao 野蒜苗
suduli	汉语同上
morin turgen	si sin ts'ai 细辛菜
morin torho	汉语同上
beihe	hai dai ts'ai 海带菜
kanin	汉语同上
joktonda	be he 百合
busumda	汉语同上
gio holhon	ciyang teo ts'ai 枪头菜
holhoci	汉语同上
niyanggūmbi	jiyao 嚼
niyaniombi	汉语同上
hican	ši liyang siyao 食量小
fiyancihiyan	汉语同上
sisin	nang se di do 攘塞的多
sisingga	汉语同上
ukiye	he 喝
usihiye	汉语同上
ukiyembi	he ju 喝粥
usihiyembi	汉语同上
ugiyebumbi	ši he ju 使喝粥
usihiyebumbi	汉语同上
fuyendumbi	ci bo pi 齐剥皮
fuyenumbi	汉语同上
tuilendumbi	ci tui mao 齐煺毛
tuilenumbi	汉语同上
secindumbi	i ci ho k'ai 一齐划开
secinumbi	汉语同上
amtan	wei 味
simten	汉语同上连用

续表

满文转写	汉译的满文注音和汉文
ulana	eo lii dzi 瓯李子
fulana	汉语同上
ayan hiyan	yūn hiyang 芸香
sengkiri hiyan	汉语同上
hakda	hūwang ioi ts'ao 荒余草
dooran	汉语同上
hūsiba orho	pa šan hū 爬山虎
hedereku orho	汉语同上
kilhana	gui jen 鬼针
gabtakū orho	汉语同上
nisikte	si ts'ao 席草
debeye orho	汉语同上
dergi orho	汉语亦同上
niolmonggi	šui jung ši tai 水中石苔
niokji	汉语同上
suku	peng hao 蓬蒿
fuhešeku orho	汉语同上
wence	u ca 乌茶
buduhu moo	汉语同上
fiyaksa	dzi šan 紫杉
takta moo	汉语同上
jorho fodoho	pu lio 蒲柳
sujinade	汉语同上
aršan burga	da ye lio 大叶柳
arca burga	汉语同上
arcilan burga	汉语亦同上
teksin	san cuwan lio 三川柳
suhai moo	汉语同上
hasuran	šan tao pi 山桃皮
karkalan	汉语同上
sira moo	šan geo nai 山枸奈
siraca	汉语同上
fiyatarakū	bao mu 爆木
hiyekden moo	汉语同上
šuwa	šan heo mi lin 山后密林

续表

满文转写	汉译的满文注音和汉文
ša	汉语同上
lukdu	ceo mi 稠密
lokdi	汉语同上
gubulehebi	ts'ao mu ts'ung dza 草木丛杂
gofoholohobi	汉语同上
tolhon	hūwa pi 桦皮
alan	汉语同上
calfa	汉语亦同上
mušuhu	šu jiyei dzi 树疖子
fushu	汉语同上
saibihan	deng kiyo dzi dzui 戥壳子嘴
halbahan	汉名同上
borjin niyehe	pu ya 蒲鸭
tarmin niyehe	汉名同上
ija niyehe	šui hū lu 水葫芦
niojan niyehe	汉名同上
humsun	dzun 腙（原文右边为"真"）
humsuhun	汉名同上
jolo	mu lu 母鹿
eniyen buhū	汉名同上
jorho singgeri	tiyan šu 田鼠
bigan i singgeri	汉名同上
ninkimbi	mu lu siyūn pin 牡鹿寻牝
nirkimbi	汉语同上
hiyancilaha	hiya lu ceng kiyūn 夏鹿成群
sesilehe	汉语同上
cohoro	bao hūwa 豹花
tobtoko	汉名同上
cangka	šao dzui šao yan 烧嘴烧眼
cara	汉名同上
yalundumbi	ci ki 齐骑
yalunumbi	汉语同上
melendumbi	ci yen šeng keo 齐饮牲口
melenumbi	汉语同上
wakjanahabi	du dzi da liyao 肚子大了

续表

满文转写	汉译的满文注音和汉文
wakjahūn oho	汉语同上
slhe	nio hiyang hiya niyan pi 牛项下蔫皮
ulhun	汉语同上
kanda	汉语亦同上
anggatu	deo dzui 篼嘴
anggūta	汉名同上
eite	lung teo 笼头
longto	汉名同上
meihe bulunambi	še žu je 蛇入蛰
eniyeniye	汉语同上
niyeniye	汉语亦同上
mujuhu	lii ioi 鲤鱼

＊应出版要求，将汉字转写为当下使用字。

Ways of Expressing Synonymy Concept in Manchu Dictionaries in Qing Dynasty

Abstract：Expressions of synonymy are different in Qing Wen Jian series dictionaries. Han i araha manju gisun i buleku bithe use inu and geli to express syonomy，whereas use "the same as the above" or "the same as the above too" in han i araha nonggime toktobuha manju gisun i buleku bithe and han i araha manju monggo nikan hergen ilan hacin i mudan acaha buleku bithe. Marked terms as "the same as the above" or "the same as the above too" express semantic relations in synonymy concept.

Keywords：Qing Dynasty　Manchu　anchu buleku bithe　synonym

原载于《满语研究》2016 年第 1 期

语音变异与音系裂变：
对西部苗语的真实时间观察和显象时间观察[*]

李云兵

摘　要　本文采用真实时间观察和现象时间观察的语言变异研究方法，考察了近三十年的观察，发现西部苗语呈现出一系列有规则的语音变异并已经导致了音系裂变。通过观照苗语其他方言土语，认为苗语的语音变异是语音变化的方向，将来很可能会形成新的方言土语。

关键词　西部苗语　语音变异　音系裂变　真实时间观察　显象时间观察

一　语言变异研究的方法

任何一种语言在使用中，都存在语段结构、句法结构、音系结构、用词、词的发音等方面的共时变异，变异的因素可能是社会阶层、性别、年龄或语言习得、语言接触。

语言的变化是一个渐进地朝着某个方向呈线性发展的过程。语言变化（language change）之前必定有语言变异（language variation）现象，而语言变异是语言变化的先决条件。语言变化是从语言变异发展而成的。联系语言变化讨论语言变异时，可以将语言变异大致分成长期稳定的变异、语言变异即将演变成语言变化、语言变异是正在发展中的变异等 3 种类型。

以布龙菲尔德（1980）和索绪尔（1980）为代表的传统语言学派认为语言变化本身是无法观察到的，可能被观察到的只是语言变化的结果，语言变异只不过是自由变

---

[*]　本文是江荻主持的国家社科基金重大招标项目"基于大型词汇语音数据库的汉藏历史比较语言学研究（12&ZD174）"的阶段性成果，同时得到潘悟云主持的国家社科基金重大招标项目"基于严格语音对应的汉语与民族语关系字研究（13&ZD132）"的资助。文章在"中国少数民族语言本体研究学术研讨会（内蒙古霍林郭勒）"上宣读，吴安其、洪波等教授提出了很好的修改意见和建议。在此一并谨表谢忱！

异或方言混杂的现象，对语言发展意义甚微。在解释语言的发展进程上，Labov（1963，1966）开创的变异社会语言学（Variationist Sociolinguistics）取得了突破性的发展，认为语言的历时变化（diachronic change）反映并扎根于共时变异（synchronic variation）。从 Labov 起，人们认为通过共时方式可以对进行中的语言变化加以研究，而研究进行中的语言变化则又被认为是当代语言学中最显著的单项成就（Chambers，1995）。

研究进行中的语言变化的最理想方法似乎是全程追踪整个变化过程，然而这是不切实际的，因为这个过程可能极其漫长，而且某个受关注的共时变异可能最终没有演变成语言变化，使得研究无果而终。因此，全程追踪方法几乎无人采用，而语言变化一般是通过真实时间（real time）观察和显象时间（apparent time）观察来加以研究的。

真实时间数据一般通过两种观察方法加以收集，一是在原有数据的基础上收集类似的数据，然后将新收集的数据与原有数据加以比较；二是对若干年以前受调查的人再次进行调查，从而比较两次调查的结果。然而，语言变化研究中，真实时间数据使用不多，原因是获得真实时间数据极其困难，而且真实时间数据的可比较性、语料取样的设计、调查对象使用特定语言的方法、调查人群的人口学变化等因素在研究中不可忽略，从而大大增加了研究的难度。

相较而言，语言变化研究中使用较多的是通过显象时间观察得到的数据。显象时间数据收集的方法是同时对不同年龄段者的语言使用情况进行调查、观察，通过比较各年龄段的语言使用状况研究语言的变化。使用"显象时间概念（apparent time construct）"对进行中的语言变化进行推断的基础，是个人语言使用具有稳定性的假定。这个假定认为，母语使用者从青少年后期起，其语言使用的主要特征基本上定型，而且在其一生中基本保持稳定。这种个人语言使用具有稳定性的假定，已经得到拉波夫（Labov，1994），库克·阿维拉（Cukor Avila，2000）等学者研究的证实。

采用显象时间概念来收集语言数据，对语言变化进行研究是一种比较切实可行的研究方法，其优点是在较短的时间内通过采集语言的共时变异来推断语言历时变化，使得研究者能够同时采集到数十年间反映语言使用状况的各个时期横断面的数据。运用显象时间概念收集到的不同年龄段语言使用的共时变异可揭示语言的历时变化，并预测语言可能的发展方向。

二 对苗语的真实时间观察和显象时间观察

1. 母语习得过程与语言变异

母语的习得过程分前期、后期两个语言发展阶段。前期主要是对母语语音、单词语义、双词语义和初步语法系统的习得。后期主要是母语语音定型后对语法结构、语义及语法的再认识、语言意识和语言交际能力的发展。

有实验研究表明，在前期母语习得过程中，一个月的母语习得者对语音的音质差别就有反应，但要发出音质的差别则需要几个月或者几年才能实现（Eimas 1971；Kuhl & Miller 1975；Trehub 1981），这其中存在母语习得区别语音的能力而不一定是他们运用语音规则的结果的可能性或者是由于人类听觉系统决定的可能性，但孩童听音的发展早于发音是可以肯定的。进一步的实验研究表明，在前期母语习得过程中，母语习得者在一岁前就显示出一些系统的音位发展（Garnica，1973），但是，音位的发展不是绝对的听音先于发音，对某些音则是发音限于听音（Edwards，1974）。

一些学者的研究认为，母语习得过程中，前期语言发展阶段的中后期，不可避免地出现一系列有规律的语音错误，这些语音错误揭示了语言的发展途径及趋向。（Bloom & Lahey，1978）将这种语音错误归为四类：省略错误、合并错误、替换错误和重复错误。省略错误是指词中某个或某几个音被删去或漏掉。合并错误是指几个由不同音节而来的语音组成一个音节。替换错误是指一个音位代替另一个音位。对于这些语音错误，有三种解释。其一，认为之所以有语音错误是因为母语习得者分辨不出语音错误的音之间的区别，但很多平常的观察又证实，母语习得者发不出某个音，但却能听出区别；这种事实说明在听力上母语习得者仍有一定的区别能力，但是为什么区别能力只是在听觉方面，而不在表达方面？这个问题尚没有进一步的实证研究。另外，如果母语习得者区分不清两个音，按道理说应该将两个音互相替换，如 k 代替 q，或 q 代替 k，但是观察研究证明这种现象很少发生，更多的是一个方向的代替，如 k 代替 q。其二，认为母语习得者所省略的音都是不能发出的音，这种观点似乎有道理，但并不能解释模仿实验中出现的一些情况，即很多语音错误在自然会话中出现，但在模仿实验中仍然正确（Eilers & Oller，1975），也不能解释母语习得者通常不能发某个音，如 puddle 发为 puzzle，而 puzzle 却发成 puggle（Smith，1973），说明除了自然的语音错误外，还有一些发音以外的因素影响母语习得者的语音的发展，这方面尚无最新的研究成果。其三，认为省略错误均属于更高层次的语言发展过程，母语习得者在习得语音系统的过程中，必须同时也习得语法、语义及语用特性；复杂的语音现象可能会使母语习得者在处理信息过程中力不从心，负担过重（Dale，1976）。因此，这一观点预测母语习得者的语音发展一定与成人系统不符，尤其是在自然会话中；但是母语习得者模仿发音时，可以正确发出，这是因为他们对其他层次的注意相对要少得多的缘故。进一步的研究认为，母语习得者有时把一些本来知道的物质名称故意说错，原因是采用的一种语言习得策略，即利用同音词，把类似语音的事物用同一个名字来称呼，目的是可以减少所需发不同音的数量。

尽管研究母语习得者发音的主要目的是为了了解他们在运用过程中对语音规则的系统掌握，但许多研究事实均已证明母语习得者的发音所能提供的证据十分有限。如母语习得者有时能够在听音时区分两个音的不同，但不能在发音时进行区分。这种现象说明了什么，为什么听音能力在发音之前出现？我们的观察认为，前期语言发展阶段的中后期出现的一系列有规律的语音错误，是母语习得者发音器官不自觉调节或一时难以调节的结果，在有意识的调节时，就不会存在语音错误，但这需要有授予调节者，如果没有调节者，有规律的语音错误结汇会一直持续到母语习得的后期语言发展阶段，这就会造成语言变异，乃至语言变化。

母语习得的早期的语言发展和母语的习得并不是孤立于语言交际之外的过程。相反，母语习得者的语言发展是在非语言交际中逐渐形成的。母语习得者甚至在不会说话以前就知道如何用手势表达要求，而且，如果母语习得者一旦掌握语言系统，就能很快地利用语言去实现其交际目的。母语习得者最初发出的音大都是联系各种音调，尚不能交际，但最终会将非语言的交际与语言交际结合为一体而发展出理解与表达语言的能力。要想测试母语习得者的语言知识并非易事，因为其语言知识往往只能用间接的方法测出，因为，第一，母语习得者的语言发展夹杂着许多错误，而且这些错误多是有规律的、系统的错误；第二，母语习得者往往能在模仿矫正时正确发出某个音，但在自然交际场合发的依然是错误的音；第三，母语习得者可以听出某个音的正确与否或区别，但不一定能正确发音。

这些情况牵涉母语习得者前期习得语音与语言习得过程之间的关系。Charles Ferguson & Carol Farwell（1975）的研究发现，同一个音 b，在前期母语习得者中，有的会念 book，但不会念 ball；有的把 baby 念成［veibi］，把 bounce 念成［fauns］。这说明前期母语习得者对语音的习得，是一个词一个词地学的，而且他们学的顺序与他们的长辈在前期语言习得的顺序不会完全相同，这就恰好构成语言变迁上的一个环节，语言在上下两代间的传递过程发生了变化，而这个变化是透过词汇的语音变化和在词汇中的不断扩散来进行的。可见，语言是一个一个词地习得的，不是一个音素一个音素地习得的，在习得过程中的不同阶段有个体发生的类似性，就是从错误读音经过变异读音到正确读音。如果没有发展为正确的读音，必然会造成语言变异，乃至语言变化。

2. 对苗语的真实时间观察与显象时间观察

苗语分布区域广，方言复杂，要用真实时间观察收集语言变异的数据有极高的难度，我们这里以西部苗语（苗语川黔滇方言川黔滇次方言第一土语，以下简称苗语）为观察对象，时间跨度为 1956～2014 年，也就是从中国科学院少数民族语言调查第二工作队记录的苗语材料到现在，苗语的一些语音发生了明显的变化，变化的原因我们认为是母语习得前期的一些有规律的、成系统的发音错误，这些发音错误成为苗语发生变异的发端，在长辈或同龄人的矫正或矫枉过正过程中，未矫正的发音错误，导致了苗语语音发生变异，并在一定程度上导致因袭裂变，造成苗语语音变化。

苗语有小舌音 q、qh、Nq、Nqh，有舌尖后闭塞音和擦音 ʈ、ʈh、ɳʈ、ɳʈh、tʂ、tʂh、ɳtʂ、ɳtʂh 和 ʂ、ʐ，有清化音与非清化音 m̥、m、n̥、n、l̥、l。这些音，从川南、黔西北到滇东南的川黔滇桂边区的不同地区，都发生了显著的变化。在这广阔的区域内，我们无法做到对每个语言点的真实时间观察，但是，我们可以以点带面，就拿笔者在 1970 年代的同伴的语音习得及笔者 1987～2014 年进入语言学界的观察来说，是具有真实时间观察的真实性的。我们的观察发现，大多数苗族儿童对苗语的 q、qh、Nq、Nqg、ʈ、ʈh、ɳʈ、ɳʈh，tʂ、tʂh、ɳtʂ、ɳtʂh、ʂ、ʐ，m̥、m、n̥、n、l̥、l 普遍存在发音错误。q、qh、Nq、Nqh 有条件地发成 ʔ、k、kh、ŋk、ŋkh；ʈ、ʈh、ɳʈ、ɳʈh 因人而异，有的错误发成 ts、tsh、nts、ntsh，有的错误发成 tʂ、tʂh、ɳtʂ、ɳtʂh，而 tʂ、tʂh、ɳtʂ、ɳtʂh、ʂ、ʐ 普遍错误发成 ts、tsh、nts、ntsh、s、z，清化音 m̥、n̥、l̥ 普遍错误发成 m、n、l。

1950 年代至 1970 年代，中国的农村是集体进行农业生产劳动的年代，这种集体活动对苗语母语习得者的语音错误的矫正是一个极佳的环境，经过多年的矫正，极大多数发音错误者的发音都得到了矫正，只有一小部分发音错误者的发音未得到矫正，这就形成了真实时间观察中苗语语音的一次变异。

舌尖后塞音变异为舌尖前塞擦音，分布地区比较广，包括滇东南文山壮族苗族自治州大部分苗族地区及红河哈尼族彝族自治州的一些苗族地区。语音变异现象如下（每组前列为 1950 年代的苗语记录，第二列为现在的读音，第三列为词义。下同）：

ʈau³¹	tsau³¹	油	ʈau¹³	tsau¹³	肥
ʈou⁵⁵	tsou⁵⁵	烧烧火	ʈou⁴⁴	tsou⁴⁴	六
ɳʈo⁵⁵	ntso⁵⁵	浑浊	ɳʈo¹³	ntso¹³	滴
ɳʈua²¹	ntsua²¹	鼓	ɳʈaŋ²¹	ntsaŋ²¹	平坝

舌尖后塞音变异为舌尖后塞擦音，主要分布在滇东南河口、屏边、弥勒的部分苗族地区，四川、贵州、广西尚未发现有这种变异。语音变异现象如下：

ʈi 21	tʂi²¹	裤子	ʈaŋ⁴³	tʂaŋ⁴³	把一把刀
ʈaŋ³¹	tʂaŋ³¹	笛子	ʈaŋ¹³	tʂaŋ¹³	跑
ʈho⁴⁴	tʂho⁴⁴	拔拔刀	ʈhai³³	tʂhai³³	插
ɳʈi¹³	ɳtʂi¹³	拳头	ɳʈo¹³	ɳtʂo¹³	跟
ɳʈha⁴⁴	ɳtʂha⁴⁴	塞肉塞牙	ɳʈhoŋ⁴³	ɳtʂhoŋ⁴³	裹腿布

清化音声母变异为浊音，普遍分布于滇东南、黔西北、川南、桂西北的川黔滇桂边区的大部分苗族地区。语音变异现象为：

m̥au⁴⁴	mau⁴⁴	夜晚	m̥aŋ⁴⁴	maŋ⁴⁴	豺狼
m̥aŋ⁴³	maŋ⁴³	藤子	m̥oŋ⁴³	moŋ⁴³	苗族

na^{44}	na^{44}	闻	noŋ^{43}	noŋ^{43}	太阳
naŋ^{55}	naŋ^{55}	苏麻	n̥a^{55}	n̥a^{55}	牙齿
n̥o^{55}	n̥o^{55}	肠	n̥aŋ^{55}	n̥aŋ^{55}	重
n̥aŋ^{44}	n̥aŋ^{44}	皱眉头	n̥a^{43}	n̥a^{43}	燋煳
li^{44}	li^{44}	月亮	lai^{33}	lai^{33}	割
lu^{43}	lu^{43}	髓	lou^{44}	lou^{44}	铁

小舌音声母变异为舌根音，主要分布在滇东南的弥勒、泸西及滇中南华宁、石林的大多数苗族地区的中青年人中 。这种变异是以 o、ua 韵母为变异条件的。例如：

qo^{43}	ko^{43}	旧	qua^{55}	kua^{55}	屎
qo^{31}	ko^{31}	研磨	qua^{31}	kua^{31}	哭
qho^{43}	kho^{43}	辣椒	qhua^{55}	khua^{55}	干
qho^{43}	kho^{43}	颤抖	qhua^{33}	khua^{33}	赞扬
Nqo^{44}	ŋko^{44}	咳嗽	Nqua^{13}	ŋkua^{13}	勤快
Nqo^{21}	ŋko^{21}	拽	Nqua^{43}	ŋkua^{43}	斑鸠

但是，我们通过真实时间观察发现，近 30 年来苗语小舌音的变异趋势出现了新的变化，即小舌音全部喉塞音化。小舌音声母变异为喉塞音声母，也主要分布在滇东南的弥勒、泸西及滇中南华宁、石林的大多数苗族地区的青少年人中。这种变异没有变异条件，属小舌音的第二次变异。例如：

qei^{31}	ʔei^{31}	蒜	qei^{21}	ʔei^{31}	矮
qai^{43}	ʔai^{43}	鸡	qai^{31}	ʔai^{31}	歪
qha^{55}	ʔha^{55}	姜	qai^{44}	ʔha^{44}	告诉
qhou^{55}	ʔhou^{55}	包	qhei^{43}	ʔhei^{43}	开 开门
Nqai^{21}	ʔai^{21}	下 下楼	Nqai^{24}	ʔai^{24}	窄
Nqai^{31}	ʔai^{31}	肉	Nqai^{55}	ʔau^{55}	叫 公黄牛叫

近 30 年来苗语小舌音全部喉塞音化且得不到矫正的原因有两方面，一是母语习得者沿袭长辈的错误发音，二是进一步的语音错误，长辈虽然也进行矫正，但不特别去矫正，有顺其自然的意味，这在很大程度上承认了语音变异的存在。例如：

qo^{43}	ko^{43}	ʔo^{43}	旧	qua^{55}	kua^{55}	ʔua^{55}	屎
qo^{31}	ko^{31}	ʔo^{31}	研磨	qua^{31}	kua^{31}	ʔua^{31}	哭
qho^{43}	kho^{43}	ʔho^{43}	辣椒	qhua^{55}	khua^{55}	ʔhua^{55}	干
qho^{43}	kho^{43}	ʔho^{43}	颤抖	qhua^{33}	khua^{33}	ʔua^{33}	赞扬
Nqo^{44}	ŋko^{44}	ʔo^{44}	咳嗽	Nqua^{13}	ŋkua^{13}	ʔua^{13}	勤快
Nqo^{31}	ŋko^{21}	ʔo^{21}	拽	Nqua^{43}	ŋkua^{43}	ʔua^{43}	斑鸠

舌尖后塞擦音、擦音变异为舌尖前塞擦音、擦音，主要分布于没有舌尖后塞擦音、擦音的西南官话区，包括川南、黔北、黔西北、黔西、黔中南、黔西南、桂西北、滇东南、滇南、滇西等地区，之所以这样认为，我们的依据是 1950 年代的语言调查材料，苗语都是有舌尖后塞擦音、擦音的，而现在这些地区的苗族普遍没有了舌尖后塞擦音、擦音，既有母语习得的因素，也有语言影响的因素。语音变异现象为：

tʂo⁵⁵	tso⁵⁵	老虎	tʂo⁴⁴	tso⁴⁴	甑子
tʂei⁵⁵	tsei⁵⁵	房子	tʂei⁴³	tsei⁴³	播撒
tʂhou⁵⁵	tshou⁵⁵	草木灰	tʂhou⁴⁴	tshou⁴⁴	筛
tʂha⁴³	tsha⁴³	新	tʂhai⁴³	tshai⁴³	饿
ȵtʂei⁴⁴	ntsei⁴⁴	锋利	ȵtʂei²¹	ntsei²¹	鱼
ȵtʂei³¹	ntsei³¹	耳朵	ȵtʂei⁵⁵	ntsei⁵⁵	盐
ȵtʂhou⁵⁵	ntshou⁵⁵	头虱	ȵtʂhaŋ⁵⁵	ntshaŋ⁵⁵	血
ʂou⁵⁵	sou⁵⁵	筋	ʂo⁵⁵	so⁵⁵	热
ʂa⁵⁵	sa⁵⁵	熟	ʂua⁵⁵	sua⁵⁵	数
ʐei⁴³	zei⁴³	石磨	ʐou⁴³	zou⁴³	菜
ʐi²¹	zi²¹	尿	ʐau²¹	zau²¹	村寨

语言习得导致的语音变异，不仅造成苗语语音发音部位的变化，而且也会导致苗语复辅音的单辅音化，其中，最典型的是塞边擦复辅音 tɬ、tɬh 的单辅音化，变异方向有塞音化、塞边化和边音化三种。塞音化、塞边化是一种清内爆音，主要分布在黔西北的大方、黔西南的兴仁，滇东南的弥勒、邱北的一些苗族地区。边音化是塞边化的进一步变异，据目前掌握的情况，只见滇中南的华宁有。塞边擦复辅音 tɬ、tɬh 变异的现象如：

tɬeu⁴³	ʔteu⁴³	ʔleu⁴³	leu⁴³	白
tɬei⁵⁵	ʔtei⁵⁵	ʔlei⁵⁵	lei⁵⁵	狗
tɬua⁵⁵	ʔtua⁵⁵	ʔlua⁵⁵	lua⁵⁵	腰
tɬua³¹	ʔtua³¹	ʔua³¹	lua³¹	桃
tɬaŋ³¹	ʔtaŋ³¹	ʔlaŋ³¹	laŋ³¹	庹
tɬha⁴⁴	ʔtha⁴⁴	ʔɬa⁴⁴	la⁴⁴	跳
tɬhou⁴⁴	ʔthou⁴⁴	ʔɬou⁴⁴	lou⁴⁴	脱落

语言习得导致的语音变异不仅表现在辅音方面，也反映到韵母系统中，就苗语川黔滇方言川黔滇次方言第一土语而言，元音变异是复元音单元音化，最为典型的变异是 ei 变异为 i，eɯ 变异为 ɛ。这两种变异主要分布在黔西北、川南、滇西及滇东南的部分苗族地区。川黔滇苗文标准音点贵州省毕节市大南山苗语就涵盖了这两种变异。

其他地方只有其中的一种变异。

ei 变异为 i，以唇、齿塞音为变异条件，舌塞音及塞擦音、擦音、鼻音、边音没有明显的变异。例如：

pei⁴³	pi⁴³	我们	pei⁴³	pi⁴³	三
pei²¹	pi²¹	山坡	pei⁴⁴	pi⁴⁴	拜
tei⁴³	ti⁴³	地	tei⁴⁴	ti⁴⁴	霜
tei²¹	ti²¹	手	tei²⁴	ti²⁴	允许

eɯ 变异为 ɛ，没有变异条件。例如：

peɯ³³	pɛ³³	团麻团	teɯ⁵⁵	tɛ⁵⁵	硬
tseɯ³¹	tsɛ³¹	会	tʂeɯ⁴⁴	tʂɛ⁴⁴	野鸡
tɕeɯ⁵⁵	tɕɛ⁵⁵	酒	keɯ²⁴	kɛ²⁴	篮
pleɯ⁵⁵	plɛ⁵⁵	心	tleɯ⁴³	tlɛ⁴³	白

通过真实时间观察和现象时间观察，我们可以看到苗语川黔滇方言川黔滇次方言第一土语的声母自 1950 年代以来的 60 年间已经发生了一些显著的变异，尽管这些变异在不前的状况下尚未形成语言交流的障碍，但是，不同地区的不同变异在业已形成地域方言，应该说苗语这种地域方言变异，一定程度上已经导致苗语方言土语的变化。

三 语音变异与苗语方言土语的观照

1. 语音变异与音系裂变

语音变化的一个特点是词汇扩散（lexical diffusion）。词汇扩散是某个内部变化的后期阶段的典型特征（Labov，1994），它指示了音系变化（phonological change）的最初阶段（Lass，1997）。词汇扩散现象也是确定某个发音的改变已从语言变异发展到语言变化的一种方法。如果某个词的发音有所改变，而这个音变又扩散到了另一个或另几个词，这就进一步证实这个音变已不是单纯的发音变异，而是语言变化了，而且造成了语言结构上的音系变化（W. S－Y. Wang，1977）。音系的变化，不是音系的整体变革，而是在原来的音系的基础上增加或减少音系的成员，形成新的音系，如果再有语音变异的发生并巩固为变化，又会形成新的音系，这种现象可以称为音系裂变。

通过真实时间观察和现象时间观察，我们认为川黔滇桂边区的苗语已经经历了和正在经历着语音系统的裂变，形成可观察到的三个语音系统，一个是 1950 年代前后某个时期内的语音系统，一个是 1960~1980 年代裂变形成的语音系统，一个是 1990 年代以来裂变形成的语音系统。这三个语音系统各有明显特征，又有承接性。以声母系统的裂变举例如下：

1950 年代前后某个时期内的语音系统（56 个）：p、ph、mp、mph、m、m̥、v、f、

w；pl、plh、mpl、mplh；ts、tsh、nts、ntsh、s；t、th、nt、nth、n、n̥、l、l̥；tl、tlh；

ʈ、ʈh、n̯ʈ、n̯ʈh；tʂ、tʂh、n̯tʂ、n̯tʂh、ʐ；tɕ、tɕh、n̯tɕ、n̯tɕh、n̯、n̯、ʑ、ɕ；k、kh、

ŋk、ŋkh、ŋ、x；q、qh、Nq、Nqh；ʔ。

1960～1980 年代裂变形成的语音系统（43 个）：p、ph、mp、mph、m、v、f、w；

pl、plh、mpl、mplh；ts、tsh、nts、ntsh、s；t、th、nt、nth、n、l；tl、tlh；tɕ、tɕh、

n̯tɕ、n̯tɕh、n̯、ʑ、ɕ；k、kh、ŋk、ŋkh、ŋ、x；q、qh、Nq、Nqh；ʔ。

1990 年代以来裂变形成的语音系统（40 个）：p、ph、mp、mph、m、v、f、w；

pl、plh、mpl、mplh；ts、tsh、nts、ntsh、s；t、th、nt、nth、n、l；ʔt/ʔl、ʔth/ʔl̥；tɕ、

tɕh、n̯tɕ、n̯tɕh、n̯、+、ɕ；k、kh、ŋk、ŋkh、ŋ、x；ʔ、ʔh。

2. 语言变异与苗语方言土语的形成

正在进行中的语言变化是可以得到观察、研究的，而语言变化可通过研究语言变异来加以揭示，因为语言变化之初必然见于语言变异，虽并非所有语言变异都将导致语言变化，但我们观察到的材料显示，语言变异导致的语言变化，往往会使一种语言出现方言分歧，而方言变异则可以导致土语差异。当然，方言分歧的出现或土语差异的产生，是业已形成的语言变化，是语言变异的结果，其变异过程已不易观察到。这种已观察不到的语言变异，通常是划分方言土语的重要依据。川黔滇桂边区苗语的变异规律，在苗语其他方言土语中业已存在。此处，以苗语其他方言土语的语言变化为观照，反观川黔滇桂边区苗语的变异规律，以说明语言的变异会导致语言的变化，语言变化的形成，完全有可能导致新的苗语方言土语的形成。

苗语湘西方言分东部、西部两个土语，所依据的也是语言变异引起的语言变化。例如：（杨再彪，2004）

西部土语	东部土语	词义	西部土语	东部土语	词义
吉首阳孟	泸溪小章		吉首阳孟	泸溪小章	
tɯ²¹	to³⁵	笑	to³⁵	to³³	六
tɯ¹¹	dei³⁵	筷	taŋ¹¹	daŋ²⁴	肥
ʈhoŋ³⁵	tho³³	握	ʈha³⁵	thu⁵⁵	找
ʈho³¹	tha³⁵	踢	ʈhei⁵⁴	thi⁻⁵³	熬
ɖoŋ³¹	thaŋ³⁵	中间	ɖa⁴⁴	da⁵⁵	裂_{裂痕}
ɳu⁵⁴	noŋ⁵³	种子	ɳoŋ⁴⁴	nɔ⁵⁵	呕

发音部位迁移导致语言变异，形成语言变化，导致了方言的形成。语言变异导致的语言变化，不仅可以导致方言的形成，还可以导致土语的形成。苗语湘西方言西部土语清化音以及发音部位迁移的变异，导致语言变化，形成方言内的土语。例如：（杨再彪，2004）

清化音的变异

花垣吉卫	吉首阳孟	词义	花垣吉卫	吉首阳孟	词义
mja^{33}	m̥hja^{21}	舌头	mɹei^{33}	m̥hɹei^{21}	辣
ŋɔ^{33}	ŋ̥hɯ^{21}	染	ŋ̥a^{3}3	ŋ̥ha^{21}	剪（剪禾穗）
ŋoŋ^{33}	ŋ̥hu^{21}	滑	ŋa^{33}	ŋ̥ha^{21}	窄

发音部位后移迁移的变异

吉首阳孟	吉首丹青	词义	吉首阳孟	吉首丹青	词义
l̥ho^{35}	l̥ho^{31}	铁	l̥hoŋ^{44}	l̥hɔ^{55}	竹
l̥ha^{35}	l̥ha^{31}	月	tu^{21}	ʈɯ^{35}	鱼腥草
ʈo^{35}	ʈɔ^{31}	六	tɯ^{21}	ʈɔ^{35}	笑
ȵu^{54}	ȵɯ^{53}	种子	ȵoŋ^{11}	ȵɔ^{11}	和
ȵoŋ^{44}	ȵɔ^{55}	呕	ɖei^{31}	ɖɔ^{31}	锤
ɖaŋ^{44}	ɖɤ^{55}	回生	ɖa^{44}	ɖa^{35}	裂（裂痕）
ʐa^{33}	ɣa^{55}	尿	ʐoŋ^{31}	ɣɯ^{31}	龙
ʐa^{11}	ɣa^{11}	锋利	ʂoŋ^{54}	çɔ^{53}	声音
ʂʐ^{54}	çe^{53}	高	ʂʐ^{54}	çi^{53}	肝

发音部位前移迁移的变异

吉首阳孟	龙山蹬上	词义	吉首阳孟	龙山蹬上	词义
ʈo^{35}	tsɔ^{22}	六	tɯ^{21}	tsɯ^{22}	笑
tɯ^{33}	dzɯ^{35}	留	taŋ^{11}	dzã^{22}	肥

苗语语言变异导致的语言变化，几乎在苗语的所有方言土语中都可以观察到。如苗语川黔滇方言贵阳次方言土语间的变异与变化：

贵阳青岩 摆托	安顺华严 汪家山	黔西铁石 跳年	紫云城关 团坡	紫云白云 红岩	词义
tu^{13}	tsu^{55}	ʔlu^{55}	tlu^{13}	zu^{5}	烧火
tu^{43}	tsu^{24}	ʔlu^{55}	tlu^{32}	zu^{22}	六
tau^{43}	tsau^{55}	ʔlo^{55}	tlau^{33}	zau^{55}	笑
ten^{54}	tsoŋ^{42}	ʔlɯ^{31}	tlei^{55}	zuŋ^{33}	门
tuŋ^{54}	tsau^{42}	ʔlau^{31}	tloŋ^{55}	zaɯ^{33}	脂肪
tuŋ^{21}	tsau^{22}	ʔlau^{13}	tloŋ^{21}	zaɯ^{23}	肥

小舌音声母是苗语最为典型的语音类型，但小舌音在苗语不同方言土语中都有明显的变异和变化，变异的发音部位方向有的向前迁移，有的先后迁移，无论是哪种迁

移，都使苗语最为典型的语音类型小舌音消失，并导致土语的产生。例如：

苗语川黔滇方言平塘次方言土语间小舌音的变异与变化，全部演变为舌根音。

威宁	平塘	独山	罗甸	望谟	词义
石门坎	甲桐	新民	平岩	油迈	
qai^{55}	ku^{24}	ka^{35}	kA^{24}	ka^{55}	鸡
qa^{55}	ko^{53}	kD^{53}	kɔ^{13}	kau^{13}	屎
qhai^{55}	khu^{24}	kha^{35}	khA^{24}	kha^{55}	捆绑
qho^{55}	khaŋ^{53}	khe^{53}	khD^{13}	khaŋ^{13}	洞
Gɧɯ^{11}	ku^{22}	ka^{22}	kə^{13}	kɔ^{21}	矮
Gau^{31}	kau^{13}	kəu^{43}	kʉ^{31}	ku^{33}	醉
Nqa^{55}	ŋkoŋ^{24}	ŋkau^{35}	ŋkɔ^{24}	ŋkau^{55}	斑鸠
Nqɯ^{33}	ŋku^{35}	ŋka^{44}	ŋkA^{53}	ŋka^{33}	价格

苗语川黔滇方言麻山次方言土语间小舌音的变异与变化，变化为舌根音擦音或喉音：

紫云	望谟	长顺	紫云	罗甸	词义
宗地	乐宽	摆梭	四大寨	模引	
xɛ^{22}	xa^{33}	xe^{23}	hɛ^{13}	qɛ^{33}	鸡
xua^{53}	xo^{15}	xo^{24}	hoŋ^{24}	qi^{21}	青蛙
xei^{53}	xei^{55}	xɛi^{55}	hei^{45}	qe^{22}	蒜
xei^{11}	xei^{13}	xɛi^{13}	hei^{33}	qei^{21}	矮

苗语有鼻冠闭塞音、塞边两类复辅音声母，就方言的变化来说，川黔滇桂边区的苗语较为完整地保持鼻冠闭塞音的类型，湘西方言西部土语的清声类仍保持鼻冠闭塞音，阳声类脱落闭塞音保留鼻冠音，东部土语没有鼻冠音，黔东方言清声类脱落鼻冠音保留闭塞音，阳声类脱落闭塞音保留鼻冠音。至于塞边复辅音，黔东方言多数土语已经完全丢失塞音部分，变音部分也已经全部清化，湘西方言的变音部分已经全部擦化或腭化，川黔滇方言大部分次方言土语仍保留塞边复辅音的语音类型，但也有塞音成分脱落且变音清化的变异和变化。例如：

贵阳	川黔滇	滇东北	惠水	麻山	罗泊河	重安江	平塘	词义
摆托	大南山	石门坎	甲定	绞坨	野鸡坡	枫香	甲桐	
ʔlau^{55}	tleu^{43}	tley^{55}	tlə^{22}	lə^{22}	qlo^{31}	tlɛ^{33}	tlou^{24}	白
ʔla^{13}	tle^{55}	tli^{55}	tlæ^{13}	læ^{42}	qlei^{55}	thi^{53}	tla^{53}	狗
ʔlo^{13}	tlua^{55}	tla^{55}	tlu^{13}	la^{42}	qla^{55}	tla^{53}	tlo^{53}	腰
ʔloŋ^{55}	tlo^{43}	tlu^{55}	tləŋ^{24}	loŋ^{32}	qlaŋ^{31}	tloŋ^{33}	tlau^{24}	黑

ʔloŋ⁵⁵	tlaŋ⁴³	tlaɯ⁵⁵	tloŋ²⁴	lau³²	qlen³¹	tloŋ³³	tlai²⁴	鬼
ʔlaŋ⁵⁵	tlaŋ⁴³	tlaɯ⁵⁵	tlaŋ²⁴	laŋ³²	qloŋ³¹	tlaŋ³³	tla²⁴	槽
ʔlo⁵⁴	tlua³¹	dlɦia³⁵	tla⁵⁵	la⁵³	ʁlei³¹	tla²⁴	tlẽ³³	桃子
ʔloŋ⁵⁴	tlaŋ⁴³	dlɦiaɯ³⁵	tloŋ⁵⁵	lua⁵³	ʁlei³¹	tloŋ²⁴	tlai³³	庹

可以看出，苗语语音的变异，不仅会导致语音系统的裂变，而且会导致语音的变化，进而造成语言的社会方言，社会方言分歧的进一步加深，最终导致一种语言的方言土语的产生。方言土语的进一步变异和变化，又可导致新的方言土语。

四 结语

通过近 30 年对川黔滇桂边区苗语川黔滇方言川黔滇次方言第一土语区的真实时间观察和显象时间观察及对所收集数据的比较，我们认为苗语川黔滇方言川黔滇次方言第一土语区可观察到的语音变异主要分布于部分声母和韵母。声母变异主要表现为舌尖后塞音、舌尖后塞擦音与擦音、小舌音塞音的发音部位迁移，清化鼻音、边音的发音方法迁移。韵母变异主要是复合元音韵母单元音化。

通过真实时间观察和显象时间观察，发现苗语川黔滇方言区的语音变异主要是由母语习得的发音错误导致的，这种发音错误在语言特征使用定型前，如果没有得到有效矫正或者矫枉过正的话，就会由语音变异发展演变为语音变化，进而构成语言变化和语言结构的音系变化，音系有裂变巩固为常态。

通过苗语语音变异的代际差异和年龄段差异的比较以及与 1950 年代苗语材料的比较结果认为，苗语的语音变异存在双重性特征：一种是语音变异导致了语音变化，这种变异已经使得苗语的音系发生裂变，形成新的语音系统，构成同一母语的第二个音系；另一种是语音变异即将演变成语音变化，这种变异使得苗语的音系发生裂变，形成新的语音系统，预计能够巩固为同一母语的第三个音系。

苗语语音变异导致的语音变化或语音裂变扩散到苗语川黔滇方言区域并形成稳态平衡的语音特征时，将形成一个具有共同原型的语音聚变。语音聚变的形成必将导致新的方言土语的形成。通过观照业已形成的苗语其他方言土语的语音演变规律，苗语川黔滇方言川黔滇次方言第一土语再分化出新的土语区是完全有可能的。

参考文献

罗纳德·布龙菲尔德：《语言论》，高华年等译，商务印书馆，1980。

费尔迪南·德·索绪尔：《普通语言学教程》，高名凯译，商务印书馆，1980。

靳洪刚：《语言获得理论研究》，中国社会科学出版社，1997。

李云兵：《苗语方言划分遗留问题研究》，中央民族大学出版社，2000。

王辅世：《苗语方言划分问题》，《民族语文》1983 年第 5 期。

杨再彪：《苗语东部方言土语比较研究》，民族出版社，2004。

Cukor Avila, P. 2000 . *The Stability of Individual Vernaculars.* University of North Texas MS.

Bloob, L. Rocissano, L. & Hood, L. 1976. *Adult – child discourse: developmental interaction between information processing and linguistic knowledge.* Cognitive Psychology, 8. 521 – 522.

Bloom, L. & Lahey, M. 1978. *Language development and language disorders.* New York: Wiley.

Chambers, J. K. 1995. *Sociolinguistic Theory: Language Variation and Its Social Significance.* Oxford: Basil Blackwell.

Dale Philip S. 1976. *Language development: structure and fuction.* Califonia Univesity Press.

Daniel Swingley. 2003. *Phonetic detail in the developing lexicon.* Language and Speech 46: 265 –294.

Edwards, M. L. 1974. *Perception and production in child phonology: The testing of four hypotheses.* Journal of Child Language 1: 205 – 219.

Eilers, R. E. & Oller, D. K. 1975. *Phonetic expectation and transcription validity.* Phonetica, 31: 288 – 304.

Eimas, P. D. , P. D. , Siqueland, P. W. , & Vigorito, J. 1971 Speech perception in infants. Science 171: 303 –306.

Ferguson, C. A. & Farwell, C. B. 1975. *Words and sounds in early language acquisition.* Language 51: 419 –439.

Garnica, O. K. 1973. *The development of phonemic speech perception.* In T. E. Moore (ed.), Cognitive development and the acquisition of language (pp. 215 –222）. New York: Academic Press.

Hsieh, H. I. , 1972. *Lexical diffusion: evidence from child language acquisition.* Glossa 6: 89 –104.

Kuhl P. K. & Miller, J. D. 1975. *Speech perception by the chinchilla: Voiced – voiceless distinction in alveoliar plosive concordant.* Science, 190: 69 –72.

Labov, W. 1963. *The social motivation of a sound change.* Word, 19: 273 –309.

Labov, W. 1966 . *The social stratification of English in New York City.* Washington: Center

Labov，W. 1994．*Principles of linguistic change：Internal Factors.* Oxford：Blackwell.

Labov，W. 2001．*Principles of linguistic change：Social Factors.* Oxford：Blackwell.

Lass，R. 1997. *Historical Linguistics and Language Change.* Cambridge：Cambridge U-niversity Press.

Oller，D. K.，& Eilers，R. E. 1948. *Similarity of babbling in Spanish and English Learning babies.* Journal of Child Language，9：565 – 577.

Smith，N. V. 1973. *The acquisition of phonology：A case study.* Cambridge：Cambridge Press.

Trehub S. E.，Bull，D. & Schneider B. A. 1981. *Infant speech and nonspeech perception：A review and reevaluation.* In R. L. Schiefebush & D. D. Bricker（eds），Early language：Acquisition and intervention（pp. 9 – 50）. Baltimore，MD：University Park Press.

Vihman，M. M. 1981. *Phonology and the development of children's errors.* Journal of Child Language，8：239 – 264.

Wang W. S – Y.（ed）. 1977. *The lexicon in phonological change.* The Hague：Mouton.

Zweller，C. 1997．*The investigation of a sound change in progress.* Journal of English Linguistics 25（2）：142 – 55.

Phonetic variations and phonology fission：

A perspective of real time and apparent time of West Hmong language

Abstract：In this paper the author used the ways of real time and apparent time to perspective phonetic variations of West Hmong language in nearly 30 years，and foud that there were series phonetic variations and which caused phonology fission. The author argued that those phonetic variations were the directions of phonetic changes and might cause a new tongue or dialect by contrasted with other dialects phonetic changes of Hmong language.

原载于《民族语文》2014 年第 6 期

羌语的空间范畴

黄成龙

摘　要　本文以 Levinson 的空间框架来分析荣红羌语所呈现有关空间的认知范畴，论证格助词反映三个范畴（以 - tɑ/ - lɑ， - ʁɑ， - wu 来标记；除了 - wu 的用法有点类似汉语的"由"以外，不等同于汉语所反映的空间范畴）；羌语空间概念中没有"东南西北"这样的绝对参照框架，只有以地理位置（山、水、平台）特征为基础的绝对参照框架；所谓"前""后"跟汉语不一样，所用的词分别反映内在参照框架和相对（指示）参照框架之分。

关键词　认知语言学　语言人类学　语意　藏缅语　羌语

1　引言

每种自然语言都有表达空间概念的认知范畴。莱文森（Levinson，2003）认为空间是人类思想的核心认知域（central cognitive domain）；同时，空间概念是人们了解内部世界的窗口。空间概念一直是西方哲学、心理学、语言学、人类学和认知科学研究的热门问题之一。莱文森（Levinson 2003：6 - 9）详细介绍了从古希腊哲学家巴曼尼狄思（Parmenides）、伊壁鸠鲁（Epicurus）、季诺（Zeno）、亚里士多德（Aristotle）到近代的牛顿（Newton）、康德（Kant）、赫尔姆霍兹（Helmholtz）等古典空间观都认为空间是先天的概念。在 20 世纪，动物行为学、认知和行为心理学、儿童发展、神经生理学和脑科学对空间认知进行了广泛的研究。当代认知心理学者皮亚杰等（Piaget & In-helder 1956［1948］）、人类学者（Needham 1973）、认知语言学者（JackendoFF 1983；Landau & JackendoFF 1993）、语言习得研究者（Johnston & Slobin 1979）和认知科学研究者（Li & Gleitman 2002）仍然认为空间概念是以自我为中心（egocentric），通过不同语言中的介词，包括前置词和后置词原生概念（primitive concepts）表征出来。而空间概念以自我为中心的观念，受到当代语言学者（Svorou 1993；Brown 1994；Brown &

Levinson 1993；Levinson 1996，2003；Levinson，Kita，Haun，& Rasch 2002；Levinson & Meira 2003；Levinson & Wilkins 2006a－b；Pederson et al. 1998）的极大挑战，他们通过跨语言，尤其是对非印欧语的空间认知范畴的研究后，发现不同语言的空间认知范畴虽然通过身体部位表达抽象空间，空间表达通常还广泛来源于景观、天体、气象和动物体（Svorou 1993；Heine 1997：Ch. 3），然而，不同语言中空间认知范畴的表征仍有相当大的差异性。若要了解人类空间概念的普遍性和差异性，需要深入描写和分析不同语言的空间概念。本文从认知语意学、语意类型学，尤其是在 Levinson（2003）对跨语言角度考察语言与认知所建立的基本分析方法的基础上，系统地描写和分析羌语的空间认知系统。在讨论羌语的空间概念之前，我们先简要介绍本文所采用的莱文森及其团队（Levinson 2003；Levinson & Wilkins 2006：1－23）的空间认知研究框架。

1.1　空间认知范畴的分类

莱文森和莱文森的团队（Levinson 2003；Levinson & Wilkins 2006：1－23）通过跨语言空间认知的研究，对人类语言的空间范畴进行了如下分类（Levinson & Wilkins2006：3）：

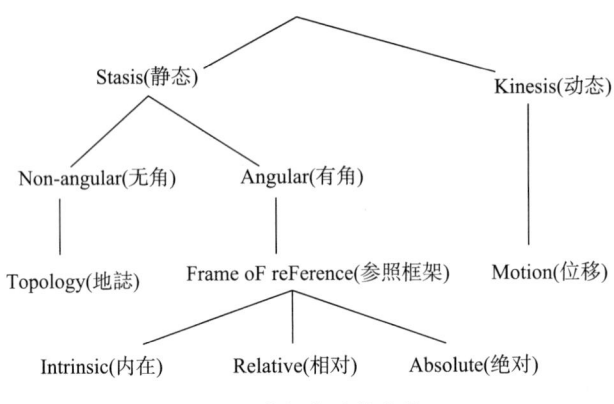

图 1　空间范畴的分类

从图 1 可以看出，空间范畴由静态和动态两类空间组成。静态空间可分为无角与有角，在空间范畴中观察者注目的形体（Figure）[1] 与背景（Ground）[2] 分离的用法并不多见，一般只有物体表面的结构，称为地志空间，是没有参照点的，所以称之为无角。多数情况下，观察者需要从某个背景的方位确定观察者注目的形体（Figure），某种坐标系在起作用，这种观察者注目的形体依赖于背景的空间关系称之为有角的。一

---

[1]　匿名审稿人指出 Figure 这个词来自格式塔心理学；心理学家常常翻成"图形"，但这种翻译不理想，因为在格式塔心理学里 Figure 不是图形的意思，是观察者注目的形体。本文把 Figure 翻译成观察者注目的形体。

[2]　根据 Talmy（1983）的术语，"所指/指称（referent）"称为 Figure"观察者注目的形体"，所指所处的位置称为 Ground"背景"。本文 Figure"观察者注目的形体"简称为 F；Ground"背景"简称为 G。

般而言，可根据背景的一个侧面，或者根据观察者自身的坐标，或者根据根据任何固定支架（Fixed bearings）（如绝对空间系统：东南西北；风向、山势等等）指明观察者注目的形体。有角的称为参照框架。

地志空间指物体表面的结构。一般指汉语和英语里的"…里"（in）、"…上"（at）、"…上"（on）、"…下"（under）、"…附近"（near）以及"…上方"（above）等等。地志空间具有 coincidence（观察者注目的形体（Figure）与背景（Ground）并存，无角）、contact［观察者注目的形体与背景接触］、containment（观察者注目的形体包含在背景里）、contiguity（观察者注目的形体与背景毗邻）和 proximity（观察者注目的形体与背景邻近）等特征（Levinson 2003：67）。

参照框架是指一个坐标系（coordinate system）用于辨别物体（F）所处的位置。在人类语言中使用不同的参照框架：内在参照框架（intrinsic Frame oF reFerence）、绝对参照框架（absolute Frame oF reFerence）和相对引用框架（relative Frame oF reFerence）。

（1）内在参照框架：内在参照框架涉及物体中心协调系统，其坐标由固有/内在特征（inherent Features）所决定。固有/内在特征是指作为背景或被关系者的物体的内在方位，它提供了内在参照框架的基础。通过确定作为背景或被关系者的物体的方位和角度，判断 F 的空间位置。

（2）相对引用框架：相对引用框架的坐标点位于观察者的视觉点上，以视觉点（View）为中心，以观察者自身为参照物，常用"前、后、左、右"作为坐标轴，或者将背景中的某一方向定为"前"，然后顺时针转动，形成"右、后、左"，从而形成四个方位。视觉点、观察者注目的形体和背景形成三维空间关系。在相对引用框架中，坐标系统所指的方向并不固定，随视觉点变化。在向他人描述物体的空间位置时，使用相对引用框架的人会使用"前、后、左、右"术语，如树在我的右边，或者树在房子的右边。

（3）绝对参照框架：指空间定位以太阳和地球磁场为参照，也就是由地球引力所提供的固定方向作为背景的空间参照系统。描述物体的空间位置时，常用"东、西、南、北"等术语。绝对参照框架的使用根本不参照讲话人的位置，仅要求人们一直保持一个固定方位，并充分利用环境因素，如山的坡度、风向、河流流向以及天体方位等。绝对参照框架的坐标系是固定不变的，无论环境中的事物或视角如何改变，背景所代表的方向都是固定的。

绝对参照框架与内在参照框架具有某些相同的特点，它们都是表达二元空间关系，但也有明显的不同之处。绝对参照框架可以确定一种非对称性的转换关系，假如观察者注目的形体（F1）是在背景（G）的北面，F2 又在 F1 的北面，我们就可以说焦 F2

在背景（G）的北面。反之，如果 F 在背景（G）的北面，那么背景（G）就在 F 的南面。

动态空间主要指观察者注目的形体（F）的空间位移，常用位移动词、词缀、连动结构等表示。除了地志空间关系、参照框架和空间位移外，还包括语言中的空间指示系统（deictic system）。空间指示系统也属于无角。

1.2 荣红羌语的分布

"荣红"（也名迎红）是羌语［joχ - tɑ］的音译名称，因有［joχotʂɿː］"荣红沟"而得名，是属于四川省茂县雅都乡（原赤不苏区）木鱼村的一个自然村寨，约 30 户，160 人。该寨子东面为曲谷乡河西村，西面为雅都乡其他村寨和维城乡，北面为赤不苏中心村以及黑水县各乡、村，南面大山作为天然屏障。其周围全是羌语分布区，是现今羌语分布最为完整的区域之一，由于离县城约 80 公里，三面环山，是相对封闭的一个村落，过去无论是媒体还是学者到该地采风或田野调查的较少。

荣红羌语与雅都乡其他村寨羌语、维城乡羌语、曲谷乡羌语划归为北部方言雅都土语（孙宏开 1981a；刘光坤 1998），与黑水县大部分羌语（除小黑水知木林乡等地羌语差别较大外）都可以相互通话。过去因较封闭，幼童一般祇会说羌语，成年人兼通汉语西南官话。进入 21 世纪后，随着卫星电视的普及和移动通信的传入，无论是孩童还是成年人，无论是识字的还是不识字的都是双语人。

2 地志空间

所谓的"地志"（Topology）一词来源于希腊文，它的原意是"形状的研究"。地志空间表示物体之间表面支撑（surFace support）、附着（attachment）、包含（containment）、近处（proximity）等空间关系，这种空间关系不随观察者的视角变化而变化。地志空间关系是回答"某个事物（观察者注目的形体 F）在哪儿（背景 G）"的问题，即"一个所指（或者指称 F）在什么地方（背景 G）"这样的问题。除了地名以及一些常用的机构名常常作"背景"外，羌语中普通名词后加方位词也可以构成背景，例如：

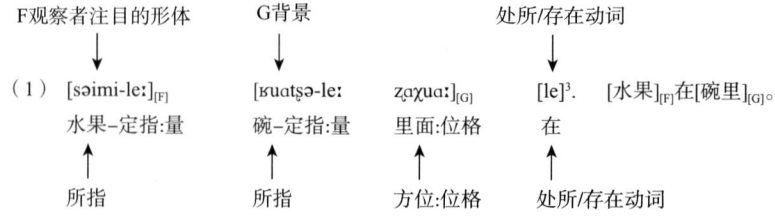

例句（1）中特指的所指 ［səimi‐leː］ "水果" 作为观察者注目的形体，它处在 ［ʁuatʂ‐leːʐ̞ɑχuaː］ "碗里" 作为背景的里面，这种结构常用处所/存在动词。有时普通名词后也可以接非自由方位语素（relator），作为 F 所处的背景，如例句（2）：

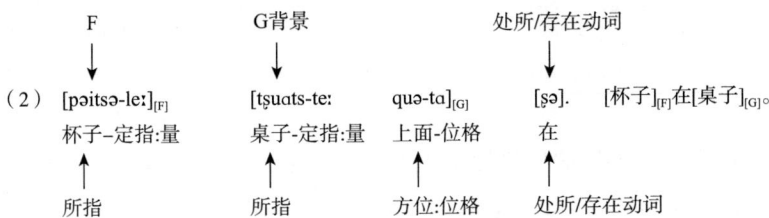

（2）[pəitsə‐leː]₍F₎   [tʂuats‐teː   quə‐tɑ]₍G₎   [ʂə].   [杯子]₍F₎在[桌子]₍G₎。
　　　杯子‐定指:量　　桌子‐定指:量　上面‐位格　　在
　　　　↑　　　　　　　↑　　　　　　　↑　　　　　↑
　　　所指　　　　　　所指　　　　　方位:位格　　处所/存在动词

地志空间关系一般包括方位词、处所词、地名、机构名以及有前置词语言的前置词（介词）和有后置词语言的后置词（位格）。在荣红羌语中无论是方位词、处所词还是地名或者机构名基本上都带位格标记。

例句（1）和（2）的差别不仅在位格上，例句（1）背景 ［ʁuatʂ‐leːʐ̞ɑχuaː］ "碗里" 的 ［ʐ̞ɑχuaː］ "里" 由方位词 ［ʐ̞ɑχua］ "里面" 和位格 ［‐la］ 缩减而成，例句（2）中背景 ［tʂuats‐teː quə‐tɑ］ "桌子上" 的 ［quə‐tɑ］ "上" 由不能单独使用的方位成分② ［quə］ 和表示 "在…上" 的位格 ［‐tɑ］ 组成。除此之外，由于羌语有比较丰富的处所/存在动词，羌语还使用不同的存在动词表示地志空间，例句（1）用处所/存在动词 ［le］ "表示 F 在空间里存在"，例句（2）用处所/存在动词 ʂə "表示 F 在平面支撑物上面存在"，仅此而言，羌语与汉语和英语在地志空间的表达上有所差异。由于荣红羌语中方位词、处所词还是地名或者机构名基本上都带位格标记，我们先介绍荣红羌语的位格标记。

2.1　位格标记

本文所指的 "位格" 包括表示事物所处空间位置的后置词，类似于英语的介词 on "在…上"、in "在…里"、under "在…之下"、from "从…"、to "到…"、over "在…上方" 等概念。羌语的位格标记见表 1：

表 1　羌语中的位格标记

羌语位格标记	空间概念	汉义	格标记名称
‐tɑ/ ‐la③	处所	在…上	Superlative（上位格）
‐tɑ/ ‐la	处所	在…下	Subessive（下位格）
‐tɑ/ ‐la	处所	在…	Adessive（近处格）

---

① 本文语料提供人王林，男，羌族，1965 年生，初中文化，兼通汉语。记录于 2009 年 5 月。

② DeLancey（1997）称之为 relator noun。

③ 位格标记 ［‐tɑ/‐la］ 互补分布，如果位格前面的名词是单音节或者非流音韵尾或者元音弱化时，用 ［‐tɑ］。如果位格前面的名词是多音节或者是流音韵尾时，用 ［‐la］。

续表

羌语位格标记	空间概念	汉义	格标记名称
–tɑ/–lɑ	处所	经过…	Translative（转变格）
–tɑ/–lɑ	目标/终点	到…	Allative（向格）
–ʁɑ	处所	在…里	Inessive（内格）
–wu	源点/起始点	从…	Ablative（由格）

从表 1 可以看出，羌语的位格标记主要有三个：〔–tɑ/–lɑ〕"在…上、在…下、到…"、〔–ʁɑ〕"在…里"和〔–wu〕"从…"。其中，〔–tɑ/–lɑ〕"在…上、在…下、到…"和〔–ʁɑ〕"在…里"表示地志空间关系，而〔–wu〕"从…"表示空间位移，如例句（3）–（5）。位格标记〔–tɑ〕还可标记路径的终点，而由格标记〔–wu〕还可标记路径的起点，如例句（6）：

（3）ʁuq–tɑ　　pe　　ʂə.
　　　山–位格　　雪　　有
　　　山上有雪。

（4）mutu–lɑ　　zdɑm　　o–qǔtu　　ʂə–tɑ.
　　　天–位格　　云　　　一–量　　有–强调
　　　天上有朵云。

（5）kuetsue–ʁɑ　　tsʰə　　me–le.
　　　酸菜–位格　　盐　　否定–有
　　　酸菜里没有盐。

（6）tsɑ–wu　　　ʂpəχs–tɑ　　　i–pək　　　guɑhɑ　　ŋuɑ?
　　　这儿–由格　赤不苏–位格　　向里–到达　远　　　疑问
　　　从这儿到赤不苏远吗?

例句（3）～（6）是位格标记最典型的用法，例句（3）中位格前面的名词〔ʁuq〕"山"是单音节，且有小舌音韵尾〔–q〕，所以用位格标记〔–tɑ〕，例句（4）位格前面的名词〔mutu〕"天"是双音节词，用位格标记〔–lɑ〕。例句（5）表示 F 在空间里，用位格标记〔–ʁɑ〕。例句（6）〔tsɑ〕"这儿"表示空间的源点，用由格标记〔–wu〕，而〔ʂpəχs〕"赤不苏"表示空间的终点，用位格标记〔–tɑ〕。

羌语中表示 F 在背景的上面（接触）时，一般用位格标记〔–tɑ〕"…上"，如例句（7），如果 F 在背景的上方（无接触），一般用方位词〔məq〕"上面"加位格标记〔–tɑ〕"…上"，如例句（8）–（9）：

（7）χɑitʰɑn–le:–tɑ　　　dʐoqu　jimig ǔə　we–wu.
　　　海滩–定指:量–位格　脚　　印　　　有–亲见

海滩上有脚印。

(8) fəŋtʂən ［səf－teː］ ［məq－tɑ］ lɑ－tɑ.

　　风筝　树－定指：量　上面－位格　飞－强调

　　风筝在树上飞。

(9) tən－leː　　　　tʰu　　［tʂuɑts－teː］　［məq－tɑ］　　　tə－ʁue－ji

　　灯－定指：量　那儿　桌子－定指：量　上面－位格　向上－吊－状态变化

　　ŋuə－tɑ.

　　是－强调

　　电灯在桌子上方吊着。

例句（7）中［dʐoqu jimig ʉə̌］"脚印"印在背景［χɑitʰan］"海滩"上，［dʐoqu jimig ʉə̌］"脚印"和背景［χɑitʰan］"海滩"有接触。例句（8）的［fəŋtʂən］"风筝"在背景［səf－teː］"树"的上方，［Fəŋtʂən］"风筝"与背景［səF－teː］"树"没有接触，例句（9）的［tən－leː］"电灯"在背景［tʂuɑts－teː］"桌子"的上方，［tən－leː］"电灯"与背景［tʂuɑts－teː］"桌子"也没有接触。从这三个例句可以看出，在羌语中，只要F与背景接触，一般只在背景后用位格标记［－tɑ］，如果F与背景没有接触，一般用方位词［məq］再加位格标记［－tɑ］。

如果F附着在背景上时，一般用表示向里的位格［－ʁɑ］，例如（10）－（11），或者F悬吊在背景上时，也用位格标记［－ʁɑ］，如例句（12）－（13）。当F串在背景上时，也用位格标记［－ʁɑ］，如例句（14）：

(10) tʰeː quaha－laː[①]－ʁɑ　sɑ　jimig ʉə̌　we－wu－jɑ.

　　3单脸－定指：量－位格　血　印　有－亲见－强调

　　他脸上有血迹。

(11) çinfəŋ－laː－ʁɑ　　jəupʰiau　ɑ－tʂɑn　we－tɑ.

　　信封－定指：量－位格　邮票　一－量　有－强调

　　信封上有一张邮票。

(12) mufu－leː　　　tʰu　tʰianχuapan－laː－ʁɑ　　　tə－ʁue－ji

　　灯－定指：量　那儿　天花板－定指：量－位格　向上－吊/挂－状态变化

---

① 荣红羌语中定指标记（definite marking）［－te/－le］与位格标记［－tɑ/－lɑ］一样，互补分布，出现条件也与［－tɑ/－lɑ］出现的条件相同。定指标记［－te/－le］与其后的量词发生元音和谐，当［－te/－le］与量词 ze "个" 结合时，一般缩减为［－teː/－leː］，如例句（1）、（2）、（7）、（8）、（9）等。当［－teː～－leː］后有位格标记［－ʁɑ］时，［－teː～－leː］的元音也与［－ʁɑ］和谐，变为［－tɑː/－lɑː］，如例句（10）、（11）、（12）、（13）、（16）等。如果定指标记［－te/－le］后面是其他量词，其元音也与量词和谐，但不能缩减为一个音节，如例句（14）、（19）等。

ŋuə－e.

是－强调

电灯在天花板那儿吊着。

（13） Fa－le：　　　　tʰa　　　ʂuntsə－la：－ʁa　　　ɦia－ʁue－ŋi　　we.

衣服－定指：量　那里　绳子－定指：量－位格　向下－吊/挂－状　有

衣服在绳子那儿挂着。

（14） tʰe：－tɕ　　jisaq－ta－lə－ʁa　　　tɕetʂ a－lə　　we.

3 单－属格　手指－定指－量－位格　戒指　一－量　有

他手指上有一个戒指。

例句（10）的［sa jimig uə］"血迹"和（11）中的［jəupʰiau a－tʂan］"一张邮票"分别附着在背景［tʰe：quaha－la：］"他的脸"和［ɕinfəŋ－la：］"信封"上，例句（12）中的［mufu－le：］"电灯"悬吊在背景［tʰianχuapan－la：］"天花板"上，例句（13）中的［fa－le：］"衣服"悬挂或者吊在背景［ʂuntsə－la：］"绳子"上，例句（14）中的［tɕetʂ a－lə］"一个戒指"穿在背景［tʰe：－tɕ jisaq－ta－lə］"他的手指"上。这 5 个例句的背景都带表示"向里"的位格标记［－ʁa］。例句（12）和例句（13）中动词［ʁue］"吊/挂"分别用不同的方向前缀，例句（12）中用表示向上的方向前缀 tə－，表明在羌族的认知中［mufu－le：］"电灯"通过天花板向上吊着的，而例句（13）中用表示向下的方向前缀 ɦia－，表明在羌族的认知中［fa－le：］"衣服"在绳子上向下吊/挂着的。

从例句（10）－（14）看，位格标记－ʁa 所反映的认知范畴不完全等同于汉语"向里"或英语的 inside 所反映的认知范畴。

如果 F 在背景（容器）里面时，既可以用方位词［z̩aχua］"里面"加位格标记［－la］，如例句（15），也可以用位格标记［－ʁa］"…里"，如例句（16）：

（15） pʰinko－le：　　　ʁuatʂ－le：　　z̩aχua－la　le.

苹果－定指：量　碗－定指：量　里面－位格　在

苹果在碗里。

（16） pʰinko－le：　　　ʁuatʂ－la：－ʁa　　le.

苹果－定指：量　碗－定指：量－位格　在

苹果在碗里。

2.2　方位词

羌语中一般表示 F 所处的位置，即询问"F 在哪儿"时，常常由方位词作为背景。荣红羌语中表方位的疑问词［tɕa－la］"哪儿"由疑问语素［tɕa］与位格标记［－la］结合而成。荣红羌语常用的方位词一般只能带位格［－ta/－la］，不能带位格标记

〔 - ʁɑ〕，如表2：

表2　荣红羌语常用的方位词

羌语	空间方位概念	意义
məq（ - tɑ）	上面	F 在 G（立体、平面）的上面
qəl（ - lɑ）	下面	F 在 G（立体、平面）的下面
qəstɑː - lɑ	顶部	F 在 G（立体、平面）的顶部
sqəl - lɑ	下	F 在 G（立体空间、覆盖物）的下面
kuə - tɑ	地上	F 在 G（地面）上
ni - lɑ/ni - ze	水源/斜上方	F 在 G 的水源/斜上方
kʰi - lɑ/kʰi - ze	流水/斜下方	F 在 G 的流水/斜下方
tɕiqua（ - lɑ）	里面	F 在 G（三维空间）的里面
kʰuaqa（ - lɑ）	外面	F 在 G（三维空间）的外面
ʐɑχua（ - lɑ）	里面	F 在 G（三维空间）的里面
ʁua - lɑ	外面	F 在 G（三维空间）的外面
ʐeːˈk ů̂ə - tɑ	中心	F 在 G 的中心
dʐuk ů̂ - tɑ	附近	F 在 G 的近处
ha - f ů̂ə tu - tsu（ - lɑ）	周围/四周	F 在 G 的四周/环绕
pienɑː / pienɑ - lɑ	旁边	F 在 G 的旁边
miantsɑː / miantsɑ - lɑ	面子	F 在 G 的表面
titsɑː / titsɑ - lɑ	底儿	F 在 G 的底部

从上表可以看出，方位词〔pienɑː〕"旁边"、〔miantsɑː〕"表面"和〔titsɑː〕"底儿"借自西南官话，这3个方位词借入羌语后，按照羌语方位词的规则，在它们后面要加位格标记〔 - lɑ〕。方位词〔pienɑː〕"旁边"由〔pien〕"边儿"加位格〔 - lɑ〕构成、〔miantsɑː〕"表面"由〔miantsə〕"面子"加位格〔 - lɑ〕构成，而〔titsɑː〕"底儿"由〔titsə〕"底子"加位格〔 - lɑ〕构成。其它方位词都带有位格标记〔 - lɑ〕或者〔 - tɑ〕。以上17个方位概念都可以单独使用，可以做话题。除了上面这些方位词外，羌语还有1个非自由方位语素〔quə ～ qə - tɑ〕"…上"和方位词缩减形式〔quɑː〕"…里"，这2个不能单独使用，一般出现在名词之后，例如（17）～（19）：

（17）pəitsə - leː　　　　tɕʐats - leː - quə - tɑ　　　ʂə - wa.

杯子 - 定指：量　桌子 - 定指：量 - 上 - 位格　在 - 强调

杯子在桌子上。

（18）watsʰi - leː　　　　səf - teː - quə - tɑ　　　da - lə - n̠i　　　da - qə - tɑ.

鸟 - 定指：量　树 - 定指：量 - 上 - 位格　离心 - 飞 - 状　离心 - 去 - 强调

鸟儿飞着过了树。

（19）ʔo! zdu – le – tɕi　　　tɕym – lou　　　tsə – quɑ:　　　ə – ʁue – ku　wo!

　　　噢 鹿 – 定指 – 量　孩子 – 定指: 量　水 – 里: 位格　向里 – 扔 – 推断 哦

　　　噢！那只鹿把那个孩子扔进河里了哦！

例句（17）的［pəitsə – le:］"杯子"接触于背景［tʂɯats – le:］"桌子"之上，方位语素［quə］加位格标记［– ta］出现在背景［tʂɯats – le:］"桌子"之后，句尾用表示"无生命物体存在于一个平面上"的处所/存在动词［ʂə］"在/有"。例句（18）中［wətsʰi – le:］"鸟"在背景［səf – te:］"树"的上方（没接触到树），方位语素［quə］加位格标记［– ta］出现在背景［səF – te:］"树"之后。从这两个例子可以看出，方位语素［quə ~ qə – ta］"…上"既可以用于接触于背景的上面，也可以用于与背景没有接触的上方。例句（19）背景［tsə – quɑ:］"水里"，［quɑ:］从方位词［tɕiqua］"里面"加位格标记［– la］语音简化为［tɕiquɑ:］，即（［tɕiqua – la < tɕiquɑ: < quɑ:］），方位语素［quɑ:］"…里"也不能单独使用。

羌语中的机构名，如学校、办公室、"四川省政府"等都借自西南官话，但在机构名之后都可以带表示空间"…里"的位格标记［– ʁa］，如例句（20）～（21）：

（20）tʰemle　　　tɕymi – le:　　　çoçau – ʁa　ləɣz　tɕo – su – wu.

　　　3 复　孩子 – 定指: 量　学校 – 位格　书　还 – 学 – 亲见

　　　他（们）的孩子还在学校读书。

（21）tʰe:　sit ʂʰuansən　tʂənfu – ʁa　　ʂɯnpan　pu.

　　　3 单　四川省　政府 – 位格　上班　做

　　　他在四川省政府上班。

有些处所或者机构名称可以把不及物或者及物动词句中的谓语动词名物化，由处所名物化标记 – s，再加位格标记［– ta］构成，如例句（22）～（23）：

（22）a. peitɕi　z̩mət ʂ̩　z̩i.

　　　北京　首长　有/在

　　　北京有首长。

b. z̩mət ʂ̩　　z̩i – s – ta　　mi　wu – wa.

　首长　在 – 名物化 – 位格　人　多 – 很

　首长在的地方（北京）人很多。

（23）a. tʰe:　mi　z̩dz̩i　t ʂʰop u.

　　　3 单 人　病　医治

　　　她给病人治病。

b. tʰe:　z̩dz̩i　　t ʂʰopu – s – ta　　dz̩ə　bəl.

　3 单　病　医治 – 名物化 – 位格　事情　做

她在治病的地方（医院）做事。

例句（22a）是不及物动词句，而例句（23a）是及物动词句。例句（22b）中不及物处所/存在动词［ẓi］"在/有"后加表处所的名物化标记［－s］，再加位格标记［－tɑ］，构成"F在的地方"，这个名物化结构就可以作为背景。例句（23b）中及物动词［tʂʰopu］"医治"后加表处所的名物化标记［－s］，再加位格标记［－tɑ］，构成"F在治病的地方"，这个名物化结构也可以作为背景。例句（22b）和（23b）作为背景的名物化结构内分别还含有一个观察者注目的形体 ẓmətʂ"大首长"和 ẓdẓi"病（名词）"。

荣红羌语还有一个以动词［ɣlə］"翻"与方向前缀①和位格一起构成八个方位词。这8个方位词通常以山梁、台地或者房间为参照点（reference point），如图2：

图2　羌语以动词［ɣlə］与方向前缀构成的方位词

（24）tə－ɣlɑ：山梁或台地的上方　　fia－ɣlɑ：山梁或台地的下方
　　　nə－ɣlɑ：山梁或台地的斜上方　sə－ɣlɑ：山梁或台地的斜下方
　　　zə－ɣlɑ：山梁或台地的这边　　dɑ－ɣlɑ：山梁或台地的那边
　　　ə－ɣlɑ：里屋或者屋里　　　　hɑ－ɣlɑ：外屋或者屋外

这8个方位词由动词［ɣlə］"翻"前加方向前缀［tə－］、［fia－］、［nə－］、［sə－］、［zə－］、［dɑ－］、［ə－］、［hɑ－］②，动词［ɣlə］"翻"与位格［－lɑ］合为一个音节，且元音变长［ɣlɑ：］。尽管这8个方位词由方向前缀和位移动词［ɣlə］"翻"构成，但没有位移的意义，已词汇化为方位概念。前6个方位词以山梁或者台地

---

① "方向前缀"概念是孙宏开先生（1981b，1983）在调查中国境内六江流域语言时首次发现并提出的。
② 当方向前缀粘附在动词词根之前时，要与动词词根发生元音和谐（vowel harmony），方向前缀元音［i ~ u ~ ə］与词根元音舌根前伸和谐（advanced tongue root，简称＋ATR harmony），而方向前缀元音［e ~ a ~ o ~ ɑ］与词根元音舌根非前伸和谐（－ATR harmony）（参见黄成龙1997；Evans and Huang 2007）。

作为参照点。而［ə-ɣlɑ：］"里屋或者屋里"和［hɑ-ɣlɑ：］"外屋或者屋外"以房间或房子作为参照点。

羌语还有一个语素［ɣdu］（不能单独使用）与八个方向前缀和位格［-lɑ］结合，构成8个极性方位概念，如（25a）。同时，羌语中还有一个语素［xʂə］（也不能单独使用），其前面加8个方向前缀，其后面加名物化后缀［-s］，再加位格标记［-tɑ］，也构成八个极性方位概念，如（25b）：

（25） a. tu-ɣdu-lɑ　　　最上面　　　ɦo-ɣdu-lɑ　　　最下面

　　　　　nu-ɣdu-lɑ　　　最斜上方　　su-ɣdu-lɑ　　　最斜下方

　　　　　u-ɣdu-lɑ　　　最里面　　　ho-ɣdu-lɑ　　　最外面

　　　　　zu-ɣdu-lɑ　　　最近处　　　do-ɣdu-lɑ　　　最远处

　　　 b. tə-xʂə-s-tɑ　　　最上面　　　ɦa-xʂə-s-tɑ　　　最下面

　　　　　nə-xʂə-s-tɑ　　　最斜上方　　sə-xʂə-s-tɑ　　　最斜下方

　　　　　ə-xʂə-s-tɑ　　　最里面　　　hɑ-xʂə-s-tɑ　　　最外面

　　　　　zə-xʂə-s-tɑ　　　最近处　　　dɑ-xʂə-s-tɑ　　　最远处

例句（25a）中［ɣdu］后不能带名物化标记，而（25b）［xʂə］后必须要带名物化标记［-s］，由此可以看出，［xʂə］应该是个动词语素，跟量词［xʂe］"边"没有关系。

2.3 地名与村寨名

荣红羌族对自己生活的周边环境非常熟悉，这些周边环境是当地人日常生活赖以生存的生态环境，因此，在寨子周边的每一座山、每一条沟，甚至每一块地都有羌语名称。羌语地名（toponym）一般都带位格标记［-tɑ～-lɑ］，如图3：

图3　荣红寨南面、西面地名

图 3 列举了一些荣红羌寨常用的一些地名，除了［x ʂ ɕ ɕpiʁu］不带位格标记外，其它所有地名都带位格标记［－ta ~ －la］。地名［zəlaː］由［zəl］＋位格标记［－la］结合而成。

村寨名称一般离自己住的地方越近的村寨名分得越详细，可以把村子分成几个不同的堡子；离自己越远的村寨，就分得越粗略，只分乡、镇、县以及成都等名称。荣红寨由四个不同的堡子组成，如［waxs－ta］、［ʁuaʁua－la］、［ʁlo－ta］、［kʰetsək ǔə－ta］。荣红寨邻村［buja－la］"木鱼寨"由［loʁu－la］和［tʂʁu－la］两个堡子组成，往西［quaʁ－la］"瓜里寨"由［quaʁ－la］和［bezəq－ta］两个堡子组成，［ʁoʁu－la］"窝窝村"由［ʁoʁu－la］"窝窝"和［qʰoʁu－la］"卡窝"两个堡子组成。

固有的乡、镇地名除了［queˀpu］"黑水县维古乡"、［loŋpaq－pə］"黑水县龙坝乡"不带位格标记外，其他乡、镇地名都带位格标记［－ta ~ －la］，例如，［ʂpəxs－ta］"茂县赤不苏镇"、［seg ǔə－ta］"黑水县色尔古乡"、［zet－ta］"松潘县"、［det ʂa－la］"黑水县瓦钵乡"、［ʁuatɕi－la］"茂县洼底乡"、［χseitɕi－la］"茂县三龙乡"、［squɲi－la］"茂县凤仪镇"、［qʰusu－la］"汶川县威州镇"、［ʂat ʂʰə－la］"理县薛城镇"等。

如果地名不是固有词，一般只能带位移的位格标记－wu 外，不带位格标记［－ta/－la/－ʁa］，如［petɕʰi］"茂县白溪乡"、［kəukʰəu］"茂县沟口乡"、［feiχon］"茂县飞虹乡"、［weimen］"茂县渭门乡"以及［tsʰontɕʰin］"重庆"、［petɕin］"北京"、［meikue］"美国"等都是汉语借词，都没有带位格标记。如果地名后加别的词缀，位格标记一般不出现，如地名后加黏着语素［－pə］，表示"某个地方的人"时（黄成龙 2009），没有出现位格标记，也没有领属标记，例如（26）：

（26）［ʂpəxs］［－pə］　　　赤不苏人　　　［quaz］［－pə］　　　大瓜子人

　　　［ɕiquaz］［－pə］　　小瓜子人　　　［jotə］［－pə］　　　雅都寨人

　　　［χseitɕə］［－pə］　　大寨子人　　　［ɕtɕulu］［－pə］　　黑水县石碉楼乡人

羌语中不仅地名、方位词、处所词带位格标记［－ta ~ －la］，普通名词和时间词也可以带位格标记。时间词一般带位格标记［－ʁa］，这些时间词祇有在当狀语的時候带位格标记［－ʁa］，如（27）：

（27）tɕiu－la　　　　家里　　　　zoʁu－ta　　　　打谷场

　　　qʰua－la　　　河坝　　　　tʂʰaq－ta　　　　街上

　　　zəq－ta　　　　高山草甸　　ʁuq－ta　　　　　高山

　　　a－s－ʁa　　　一天　　　　e－je－ʁa　　　　一夜

　　　a－ɕ－ʁa　　　一个月　　　a－p－ʁa　　　　一年

羌语的空间位格标记从典型平面到典型的空间里面之间不是孤立存在的，在他们中间有些用法把它们连结起来，如图 4：

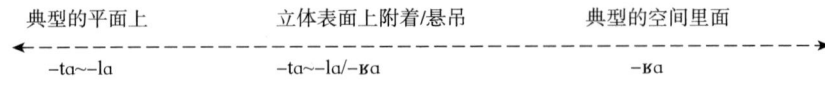

典型的平面上	立体表面上附着/悬吊	典型的空间里面
-ta～-la	-ta～-la/-ʁa	-ʁa

图 4　羌语位格标记平面—空间里连续统

图 2 所示，羌语的位格标记是二分法（dual system），即分为空间里与非空间里（包括平面上下、立体上下）等。最左边表示背景是平面时，一定用位格标记 [-ta～-la]，最右边表示背景是立体空间内时，一般用位格标记 [-ʁa]，二者之间非典型平面和非典型空间内时，有时用 [-ta～-la]，有时用 [-ʁa]，因此，这两个表示地志空间的位格标记不是相互孤立、毫不相干的，而是由中间的非典型平面、立体等（附着、悬吊、部分包含）把二者连接起来，这样就构成了一个地志空间内与地志非空间内之间的连续统。

2.4　处所/存在动词

羌语各方言土语中都有多个处所/存在动词，这些处所/存在动词根据 F 和 G 之间的关系和所指的有生命和无生命之别进行分类。荣红羌语最常用的处所/存在动词有 4 个（黄成龙 2000，LaPolla with Huang 2003：133－136，LaPolla & Huang 2007），如表 3：

表 3　荣红羌语处所/存在动词

存在动词	意　义
zi	表示有生命物之存在
ʂə	表示 [无生命物][F] 在一个 [平面参照物上][G]
we	表示 [无生命物][F] 附着在一个 [立体参照物上][G]
le	表示 [无生命物][F] 在一个 [平面参照物里面][G]

（28）puȵu - le：　　tɕiʁua - le：　　z̩aχua：　　zi.
猫 - 定指：量　　房子 - 定指：量　　里面：位格　　在
猫在屋里。

（29）kuə - ta　　pi　　a - la　　ʂə.
地 - 位格　　笔　　一 - 量　　有
地上有支笔。

（30）qʰats - te：- ta　　　ʂpeʂpe　　we.
墙 - 定指：量 - 位格　　灰尘　　有
墙上有灰尘。

（31）pʰinko - le：　　ʁuatʂə - le：　　z̩aχua - la　　le.
苹果 - 定指：量　　碗 - 定指：量　　里面 - 位格　　在

苹果在碗里。

例句（28）中［puŋu－le：］"那只猫"在背景［tɕiʁua－le：z̪aχua：］"房子里"，因［puŋu－le：］"那只猫"是有生命的所指，故用表示有生命的处所/存在动词［z̪i］"在/有"。例句（29）中［pi a－la］"一支笔"在背景［ku~kuə－ta］"地上"，用表示平面支撑的处所/存在动词［xu］"在/有"，也可以用［ʂə］"在/有"。例句（30）中［ʂpe ʂpe］"灰尘"附着在背景［qʰats－te：－ta］"墙上"，所以用表示附着在背景上的处所/存在动词［we］"在/有"。例句（31）中［pʰinko－le：］"那个苹果"在背景［ʁuatʂə－le：z̪aχua－la］"碗里面"，因此，用表示空间里面的处所存/在动词［le］"在/有"。

羌语中有生命与无生命之别还适用于形式上是有生命的，但不是有生命（死）的所指。当 F 是活的，就用有生命的处所/存在动词［z̪i］"在/有"，如果 F 是死的，且附着在立体表面上，就用立体附着处所/存在动词［we］"在/有"，如果 F 死在平面上，就用平面支撑的处所/存在动词［ʂə］"在/有"，例如（32）：

(32)a. t ʂʰ ə ʂ　　 ou　　 qʰats－te：－ta　　　　　z̪i.

　　　蜘蛛　一：量　墙－定指：量－位格　在/有

　　　有一只（活）蜘蛛在墙上。

b. t ʂʰ ə ʂ ke：　　　　 qʰats－te：－ta　　　　　we.

　　蜘蛛　不定指：量　墙－定指：量－位格　在/有

　　有一只（死）蜘蛛在墙上。

c. ku~kuə－ta　t ʂʰ ə ʂ　（die－ʂe－ji）　　　　ou　ʂə.

　　地－位格　　蜘蛛　离心－死－状态变化　一：量　在/有

　　地上有一只死蜘蛛。

例句（32a）中［t ʂʰ ə ʂ ou］"一只蜘蛛"在背景［qʰats－te：－ta］"墙上"，因［t ʂʰ ə ʂ ou］"一只蜘蛛"是有生命的所指，故用表示有生命的处所/存在动词［z̪i］"在/有"。例句（32b）中［t ʂʰ ə ʂ ke：］"一只蜘蛛"也在背景［qʰats－te：－ta］"墙上"，但是，［t ʂʰ ə ʂ ke：］"一只蜘蛛"是死的，并附着在墙上，因此，用附着在背景上的处所/存在动词［we］"在/有"。例句（32c）中［t ʂʰ ə ʂ ou］"一只蜘蛛"也是死的，但在平面背景［ku~kuə－ta］"地上"，因此，用表示平面上的处所/存在动词［ʂə］"在/有"。

3　参照框架

不同语言参照框架的表征不一样，有的语言只有绝对参照框架（如澳大利亚的 Guugu Yimithirr 语），有的语言只有内在参照框架（如 Mopan 玛雅语），有的语言只有绝对和内在参照框架（如 Tzeltal 玛雅语），有的语言只有内在和相对引用框架（如荷兰语、日语等语言），有的语言这三种框架都有［如汉语、英语、Yucatec 玛雅语、Kgalagadi（属于班图语）等］。这三种参照框架中内在参照框架是基本，绝对参照框架和内在参照框架可以单独出现，相对引用框架不能单独出现，需要内在参照框架为基础（Levinson 2003：93）。

羌语中常以日出/日落与河流流向、平台、楼层、火塘、房子作为参照框架。羌语根据参照框架的不同，有多个不同于汉语和英语的"上面""下面"空间概念。羌语的参照框架，见表 4（LaPolla with Huang 2003：58）：

表 4　羌语的参照框架

参照框架	上面/上方	下面/下方
山	məq –（tɑ）	qəl –（lɑ）
平台、台地	zuχu –（lɑ）	guaq –（tɑ）
河谷	ni：～ni –（lɑ）	kʰi：～kʰi –（lɑ）
楼层	tçy – tɑ	tʂʰə – lɑ
火塘	wətçi –（lɑ）	wəi –（lɑ）
房子	tçuχu –（lɑ）	tçike –（lɑ）

3.1　绝对参照框架

绝对参照框架是以"环境为中心"（environment - centered）的参照框架，是一个二元系统（binary system）。观察者注目的形体（物体）的位置根据任何固定支架（fixed bearings）（如河流、风向、山势等）来体现，也就是说，绝对参照框架是根据自然环境定位的绝对空间系统。从跨语言角度看，不同语言的绝对参照框架有所不同，有的语言以山谷、河流走向作为绝对参照框架，有的语言以海风作为绝对参照框架。羌语常以山势高低、河流流向、平台/台地作为绝对参照框架。羌语的绝对参照框架，见表 5（LaPolla with Huang 2003：58）。

表 5　羌语的绝对参照框架

绝对参照框架	上面/上方	下面/下方
山	məq –（tɑ）	qəl –（lɑ）
河谷	ni：～ni –（lɑ）	kʰi：～kʰi –（lɑ）
平台、台地	zuχu –（lɑ）	guaq –（tɑ）

从表 5 可以看出，任何山（垂直）的上坡称为［məq –（tɑ）］"上面"、下坡称为［qəl –（lɑ）］"下面"，任何河谷或者山谷，斜坡坡度高或者水源方，称为［ni：～ni –

（lɑ）]"斜上方/水源方"、斜坡坡度低或者流水方，称为 [kʰi： ~ kʰi-（lɑ）]"斜下方/流水方"，任何平台或者台地有角一面称为 [zuχu-（lɑ）]"上面"、无角一面称为 [guaq-（tɑ）]"下面"。这三对是以环境作为参照框架，是绝对的，不受说话人或者听话人视角的制约，因而是绝对参照框架。

3.1.1　日出/日落与山谷/河流与斜坡

荣红寨坐西朝东，即在阳山，三面环山，河谷、山谷众多。羌语没有对应于英语和汉语的"东、西、南、北"绝对坐标参照系，而是以日出/日落和河流流向来定位，如图5：

图5　日出/日路与山谷/河流作为绝对参照框架

从图5可以看出，在荣红羌语中河谷两边分别以 [tɕʰupu-lɑ] 与 [dʐupu-lɑ] 定位，这两个词并没有日出或者日落的意思，碰巧对应于汉语的绝对空间方位"東、西"方位。而河谷/山谷以"河流流向/斜坡"[ni-lɑ]"水源方/斜上方"、[kʰi-lɑ]"流水方/斜下方"定位①，碰巧对应于汉语的绝对空间方位"南、北"方位。羌语词所表达的意思不等同于汉语的"东南西北"，如 [tɕʰupu-lɑ] 这个词，因为荣红寨特有的地理位置，因而 [tɕʰupu-lɑ] 巧然与汉语"东"的方向相同。如果换一个地理位置不一样的寨子，[tɕʰupu-lɑ] 就不是"东"。荣红羌语中已经借入西南官话的绝对空间系统 [tunfaŋ]"东方"、[lanfaŋ]"南方"、[ɕifaŋ]"西方"、[pefaŋ]"北方"。

荣红寨是高山村寨，山地、田地多斜坡，即使再平的山地或者田地都有一定的斜度。羌语中 [ni-le-xʂe]"水源/斜上方"是指任何有斜度的空间的上方，而 [kʰi-le-xse]"流水/斜下方"是指任何有斜度的空间的下方，包括河谷、田地和房间等。这对空间参照不以观察者（说话人）的视角的变化而变化，因此是绝对参

---

① 我们尚不清楚其他村寨是否以日出/日落和山势、河流流向定位，有待今后进一步调查。

照框架。

3.1.2 平面上/下（房顶晒台、田地、路）

羌语还有一对绝对参照框架以水平面，如房顶晒台、田地、路的两侧作为绝对参照框架，如图6：

图 6　台地、路两侧作为绝对参照框架

图6这对空间概念一般指房顶晒台、田地和路的边角方位称为"［guaq］边角方位"，作为"下方"；而房顶晒台、田地和路的墙角方位称为"［zuχu］墙角"，作为"上方"。因荣红羌寨地势关系，边角方地势高或者悬崖峭壁，比较危险，墙角方紧贴墙或者地角，较安全。凡是有"角"和"边角"的平面，有"角"的那一方位［məq – te – x ʂe］"上面"，称为［zuχu］"墙角"，是安全之地。带有"边"的那一方位［qəl – le – x ʂe］　"下面"，称为［guaq］，是危险之地。"［zuχu］"和"［guaq］"这对空间参照不以观察者（说话人）的视角的变化而变化，因此也是绝对参照框架。

3.2　内在参照框架

内在参照框架包含物体为中心（object – centered）的坐标系，这个坐标系是由被用作背景物体的面（facet）或边（sideness）的内在特征（inherent features）决定的（Levinson 2003：41）。也就是说内在参照框架是二元空间关系（binary spatial relation），F（物体）的位置根据另一物体的一部分（其前、其后或其边）来体现。内在参照框架是背景物体的一部分或者区域，不受观察者视角的影响，而是独立于观察者，指背景所具有的属性，如羌寨的房子一般都是 2 – 3 层，有上下之分、房子有正面和背面之分，在羌语中楼层和房子都是内在参照框架，如表6：

表6　羌语内在参照框架

内在参照框架	上面/上方	下面/下方
房子	tɕuχu –（lɑ）	tɕiki –（lɑ）
楼层	tɕy – tɑ	tʂʰə – lɑ

3.2.1　房屋作为参照点

房屋作为参照框架时，因当地地势的原因，房子一般都建在一定坡度的地方，坡度高的一面一般是房子的背面，坡度较低那一面一般是房子的正面或者门的位置。如果房子作为参照框架，房子的背面/背后和正面/前面，在羌语中可用3对空间方位词表示，见表7：

表7　房子作为参照框架

房子正面	汉义	房子背面	汉义
qəl – lɑ	下面	məq – tɑ	上面
putu – lɑ	前面	wəs – tɑ	后面
tɕiki – lɑ	正面	tɕuχu – lɑ	背面

表7所示，房子的上面"［məq – tɑ］"，也就是房子的背面/后面"［wəs – tɑ］"，就称为"［tɕuχu – lɑ］"。房子的下面"［qəl – lɑ］"，也就是房子的前面或者正面"［putu – lɑ］"，就称之为"［tɕiki – lɑ］"。房的背面/后面"［tɕuχu – lɑ］"和房子的前面/正面"［tɕiki – lɑ］"由［tɕi］"房子"这个词与黏着语素［– ki］和［– χu］组合而成，因黏着语素［– χu］的元音［u］为后圆唇元音，［tɕi］"房子"的元音与［u］元音和谐，变为［tɕu］。

3.2.2　屋里/屋外与外屋/里屋

羌寨的住房不仅两三层高，而且每层都有数间房子。就房子而言，除了上面介绍的有屋前和屋后和楼上和楼下外，就房子里外而言，有屋里和屋外；就房间而言，有里屋和外屋。屋里与屋外和里屋与外屋这2对参照框架都是房子所具有的内在特征，因此，也是内在参照框架。如果住房内房间多间，里屋称为"［tɕiquɑ – lɑ ~ tɕiquɑː］"，外屋称为"［kʰuaqɑ – lɑ ~ kʰuaqɑː］"。如果以［tɕiʁuɑ］"房子"作为参照框架，就有屋内和屋外空间，屋内称为"［tɕiu – lɑ］"，而屋外称为"［ʁuɑ – lɑ］"。

3.2.3　屋内火塘

羌族村寨每户屋内火塘是羌族饮食起居、待人接物以及社交活动等重要的公共场所，因此，火塘在羌族乃至西南一些少数民族中有十分重要的文化内涵。火塘一般位于2层房间正中间，一般呈正方形，如图7所示：

图 7　火塘作为参照框架

如图 7 所示，火塘四边都有名称，每个方位都有其特定的功能。［wətsʰi－la］是添柴方位，按照顺时针方向（向左），［wətɕi－la］是长辈和男人专座，［wətɕiʂ－ta］是最年长者和贵宾专座，［wəi－la］是做饭的地方以及妇女和儿童专座。在荣红羌人的意识里，［wətɕi－la］可称之为［məq－te－xʂe］"上面那边"，［wəi－la］可称之为［qəl－le－xʂe］"下面那边"；而［wətɕiʂ－ta］可称之为［ni－le－xʂe］"斜上方/水源方那边"，［wətsʰi－la］可称之为［kʰi－le－xʂe］"斜下方/流水方那边"。荣红羌族把"［wətʰiʂ－ta］最年长者和贵宾专座"的空间视为［ni－zi］"斜上方/水源方那边"，把"［wətsʰi－la］是添柴方位"视为［kʰi－le－xʂe］"斜下方/流水方那边"。

3.2.4　前后左右

除了上表所列的内在参照框架外，还有类似汉语和英语中的空间方位概念"前"、"后"、"左"、"右"。空间方位概念"前"和"后"是矢状轴（sagittal axis），而"左"和"右"是横轴（transverse axis）（Pederson 2006：433）。而羌语有［tɕiqe（－la）～qeː¹］"前面"、［steke（－la）］"后面"、［wəs－ta］"背后"、［putu－la］"前面、正面"、［tɕik ůə（－ta）］"前面"、［ʁua－xʂe］"左边"、［na－xʂe］"右边"、［jə－xʂe］"面前、两边"。空间方位概念［tɕiqe］"前面"、［steke］"后面"和［tɕik ůə］"前面"可以不带位格标记。［ʁua－xʂe］"左边"、［na－xʂe］"右边"和［jə－xʂe］"面前"带黏着语素［－xʂe］"边"。羌语中有两对表示"前""后"概念的空间方位词，其中一对是朝说话人的"左"和"右"方向，也就是地理学上的"纬度"，人们常说的横向，羌语称为［zə－tʂə̀da－tʂə̀］"朝向心—离心"方向，如图 8。

图 8 所示，羌语中表示横向的［tɕiqe（－la）～qeː¹］"前"和［steke］"后"是人和动物都有的内在特征，人的面部是"前"，而背部是"后"，动物头部是"前"，尾部是"后"。横向的［qeː¹］"前"和［steke］"后"用于人和动物作为参照物时，是人和动物所具有的内在"前"和"后"特征，因此，图 7 所表示的横向的［qeː¹］

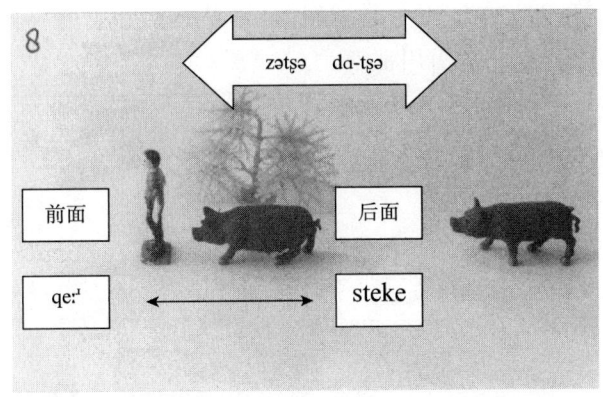

图8 横轴"前、后"作为内在参照框架

"前"和［steke］"后"是内在参照框架。

3.3 相对参照框架

相对参照框架是观察者为中心的（viewer‑centered）参照框架，是一个三元（a ternary system）参照框架。F（物体）的位置根据观察者的观点和另一个物体所处的位置来体现，从观察者自身的视角把"前""后""左""右"方位概念映像到背景物体中。无特征的所指，如"树""板凳""桌子"等做背景时，根据说话人的视角，以说话人的角度赋予背景"前""后""左""右"空间方位。羌语中的参照框架"前""后""左""右"可以用于F所处的相对参照框架（参见图9～图12）。图片7中"前"和"后"空间概念是相对参照框架用法：

图9 矢状轴"前、后"作为相对引用框架

图9中［wu‑le：］"那匹马"在背景［xʂe‑le：］"那头牛"的［putu‑lɑ］"前面"，［xʂe‑le：］"那头牛"在背景［wu‑le：］"那匹马"的［wəs‑tɑ］"后面"。既不是牛的前后，也不是在马的前后，而是根据说话人的视角，离说话人近的［wu‑le：］"那匹马"所在的位置称为［putu‑lɑ］"前面"，离说话人远的［xʂe‑le：］"那头

牛"所在的位置就称为［wəs-tɑ］"后面"，因此，图 7 中的［putu-lɑ］"前面"和［wəs-tɑ］"后面"是相对引用框架。

另一对是以说话人的正前方作为参照点，使用的"前""后"概念，也就是地理学上的"经度"，人们常说的纵向，羌语称为［ə-tʂə̂ hɑ-tʂə̂］"朝里—外"方向，如图 10：

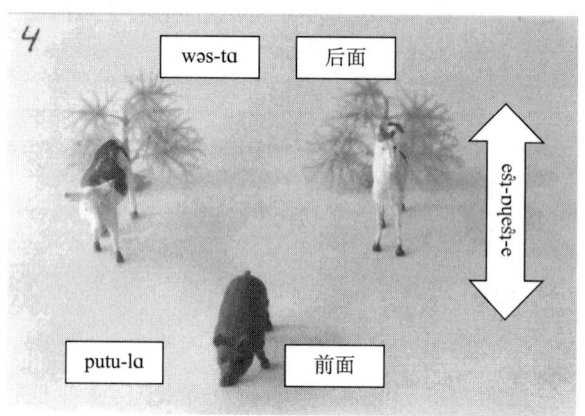

图 10　矢状轴"前、后"作为内在参照框架

图 10 所示，羌语中表示纵向的［putu-lɑ］"前"和［wəs-tɑ］"后"，用于人和动物正朝着说话人的正前方。动物头部所朝的方向是［putu-lɑ］"前"，而动物尾部所朝的方向是［wəs-tɑ］"后"。［x ʂe-leː］"那头牛"和［wu-leː］"那匹马"的［wəs-tɑ］"后面"分别有棵［səF-to-z̞gu］"树"，那头牛的［putu-lɑ］"前面"有［pie eː］"一头猪"。图 9 所表示的纵向的［putu-lɑ］"前"和［wəs-tɑ］"后"也是内在参照框架。

空间方位概念"左"与"右"的相对框架见图 11～图 12：

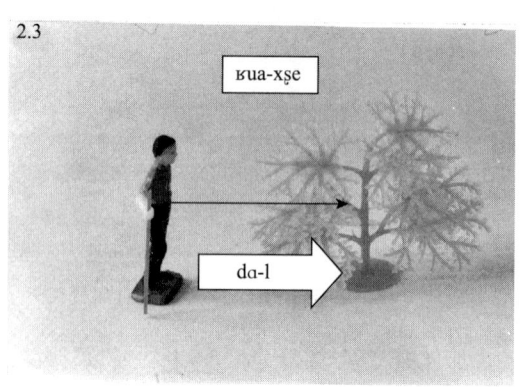

图 11　"左"与"右"的相对参照框架

图 11 中，［mi eː］"一个人"在背景［səF-to-z̞gu］"那棵树"的［ʁua-x ʂe］

图 12 "左"与"右"的相对参照框架

"左边",他〔dɑ-l〕"望着"〔səF-to-ʐɡu〕"那棵树"。背景〔səF-to-ʐɡu〕"那棵树"自身没有"前、后、左、右"方位,是无特征的背景,所以,〔ʁua-xʂe〕"左边"是根据说话人的视角而言,是相对引用框架。图 12 中〔mi-le:〕"那个人"〔jɑpɑ na-xʂe-ʁɑ〕"右手里"杵着一根棍子,他站在背景〔səF-to-ʐɡu〕"那棵树"的〔na-xʂe〕"右边",看着那棵树。图 12 中那个男子〔jɑpɑ na-xʂe-ʁɑ〕"右手里"杵着一根棍子,这里是指 F 的〔jɑpɑ na-xʂe-ʁɑ〕"右手里"杵着一根棍子,所以,〔jɑpɑ na-xʂe-ʁɑ〕"右手里"是内在参照框架的用法,而那棵树的〔na-xʂe〕"右边"是根据说话人的视角而言,因此,这里是相对引用框架的用法。

荣红羌语中还有一对动词与方向前缀构成"纵向"与"横向"相对立的词,这对词虽然不是方位词,但跟 F 的朝向有关,如图 13:

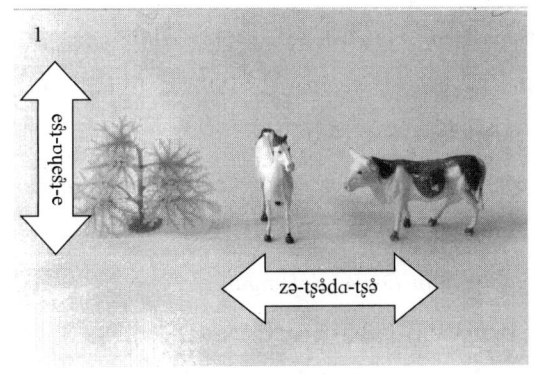

图 13 牛与马的朝向

图 13 中〔wu-le:〕"那匹马"头朝说话人〔ə-tʂə̀ hɑ-tʂə̀〕"里—外"方向竖立(纵向)站着,而〔xʂe-le:〕"那头牛"头朝说话人的左右〔zə-tʂə̀dɑ-tʂə̀〕"向心—离心"方向横着站立。〔wu-le:〕"那匹马"竖着,并不是真正朝"里—外"方向,〔xʂe-le:〕"那头牛"横着,并也不是真正朝"向心—离心"方向,这里所谓

的"里—外"方向和"向心—离心"方向也是说话人的视角而言的，因此，这里的"里—外"方向和"向心—离心"方向是相对参照框架的用法。

4.0　结语

本文简要描写和分析了羌语的静态空间概念，尽管还有许多方面需要进一步的深入研究，但从我们所介绍的空间范畴中还是能了解羌语空间范畴的一些特点。羌语地志空间范畴中没有对应于汉语和英语的"东、西、南、北"绝对空间参照系；但羌语有较丰富的方位词、处所词和地名。方位词、处所词以及绝大多数地名都强制性地带位格标记，因此，位格后置词和处所/存在动词是羌语中表达地志空间最基本的成分。不像英语表地志空间的前置词（介词）是四分法（…in；…on；…over；…under）或者汉语是三分法（…里；…上；…下），羌语表地志空间的位格后置词二分，只区分空间里和非空间里。空间里与非空间里不是孤立的，而是有一些非典型的空间里/非空间里把二者联系起来。

羌语的参照框架比英语和汉语丰富得多，常常以太阳、河流、地势、平台、房屋、火塘等作为参照框架。羌语的"左""右"方位与汉语和英语类似，可以用于内在参照框架和相对参照框架。羌语有两套"前""后"概念，一套以横向（左右方向）作为参照框架，另一套以纵向（面向说话人－前后方向）作为参照框架。

引用文献

Brown, Penelope. 1994. The INs and ONs oF Tzeltal locative expressions：The semantics oF static descriptions oF location. *Linguistics* 32：743 – 790.

Brown, Penelope and Levinson, Stephen C. 1993. 'Uphill' and 'downhill' in Tzeltal. *Journal oF Linguistic Anthropology* 3. 1：46 – 74.

DeLancey, Scott. 1997. Grammaticalization and the gradience oF categories：Relator nouns in Tibetan and Burmese. In Joan Bybee, John Haiman and Sandra A. Thompson (eds.), *Essays on Language Function and Language Type. Dedicated to T. Givón*. Amsterdam/Philadelphia：John Benjamins Publishing Company.

Evans, Jonathan P.（余文生），and Chenglong Huang（黄成龙）. 2007. A bottom – up approach to vowel systems：the case of Yadu Qiang! *Cahiers de Linguistique Asie Orientale*（CLAO）36. 2：147 – 186.

Heine, Bernd. 1997. *Cognitive Foundations of Grammar*. Oxford：Oxford University Press.

Huang, Chenglong（黄成龙）. 1997. Qiangyu dongci de qianzhui 羌语动词的前缀

［Verbal prefixes in the Qiang language］. *Minzu Yuwen* 民族语文　*Minority Languages of China* 1997. 2：68 – 77. （In Chinese）

Huang, Chenglong（黄成龙）. 2000. Qiangyu de cunzai dongci 羌语的存在动词［Existential verbs in the Qiang language］. *Minzu Yuwen* 民族语文　*Minority Languages of China* 2000. 4：13 – 22. （In Chinese）

Huang, Chenglong（黄成龙）. 2009. Shared morphology in Qiang and Tibetan, In Yasuhiko Nagano（ed.）, *Issues in Tibeto – Burman Historical Linguistics*（*Senri Ethnological Studies*）75：223 – 240. Osaka：National Museum oF Ethnology.

Jackendoff, Ray S. 1983. *Semantics and Cognition*. Massachusetts：MIT Press.

Johnston, Judith R. and Slobin, Dan I. 1979. The development of locative expressions in English, Italian, Serbo – Croatian and Turkish. *Journal of Child Language* 6：529 – 545.

Landau, Barbara and Jackendoff, Ray. 1993. "What" and "where" in spatial language and spatial cognition. *Behavioral and Brain Sciences* 16：217 – 238.

LaPolla, Randy, J.（罗仁地）, with Chenglong Huang（黄成龙）. 2003. *A Grammar of Qiang, with annotated texts and glossary*. Berlin：Mouton de Gruyter.

LaPolla, Randy, J.（罗仁地）, and Chenglong Huang（黄成龙）. 2007. The copula and existential verbs in Qiang. *Bulletin of Chinese Linguistics* 2. 1：233 – 248.

Levinson, Stephen C. 1996. Frames of reference and Molyneux's question：Cross – linguistic evidence. In P. Bloom, M. Peterson, L. Nadel, and M. Garrett（eds.）, *Language and Space*, 109 – 169. Massachusetts：MIT press.

Levinson, Stephen C. 2003. *Space in Language and Cognition：Explorations in cognitive diversity*. Cambridge：Cambridge University Press.

Levinson, Stephen C.；Kita, Sotaro；Haun, Daniel B. and Rasch, Björn H. 2002. Returning the tables：Language affects spatial reasoning. *Cognition* 84. 2：155 – 188.

Levinson, Stephen C. and Meira, Sérgio. 2003. 'Natural concepts' in the spatial topological domain—Adpositional meanings in crosslinguistic perspective：An exercise in semantic typology. *Language* 79. 3：485 – 516.

Levinson, Stephen C. and Wilkins, David P（eds.）. 2006a. *Grammars of Space：Explorations in cognitive diversity*. Cambridge：Cambridge University Press.

Levinson, Stephen C. and Wilkins, David P. 2006b. The background to the study of the language of space. In Levinson and Wilkins（eds.）2006, 1 – 23. Cambridge：Cambridge University Press.

Li, Peggy and Gleitman, Lila. 2002. Turning the tables：Language and Spatial reason-

ing. *Cognition* 83. 3：265 – 294.

Liu，Guangkun（刘光坤）. 1998. *Mawo Qiangyu Yanjiu* 麻窝羌语研究［*Studies on the Mawo dialect of the Qiang language*］. Chengdu：Sichuan Nationalities Press. （In Chinese）

Needham，Rodney（ed. ）. 1973. *Right and Left*：*Essays on Dual Symbolic Classification*. Chicago：The University of Chicago Press.

Pederson，Eric. 2006. Spatial language in Tamil. In Levinson and Wilkins（eds. ）2006，400 – 436. Cambridge：Cambridge University Press.

Pederson，Eric，Eve Danziger，David Wilkins，Stephen Levinson，Sotaro Kita，Gunter SenFt. 1998. Semantic typology and spatial conceptualization. *Language* 74. 3：557 – 589.

Piaget，Jean and Inhelder，Barbel. 1956［1948］. *The Child's Conception of Space*. London and New York：Routledge.

Sun，Hongkai（孙宏开）. 1981a. *Qiangyu Jianzhi* 羌语简志［*A Brief Description of the Qiang Language*］. Beijing：Nationalities Press. （In Chinese）

Sun，Hongkai（孙宏开）. 1981b. Qiangyu dongci de quxiang fanchou 羌语动词的趋向范畴［The category of direction in the Qiang verb］. *Minzu Yuwen* 民族语文［Minority Languages of China］1981. 1：34 – 42. （In Chinese）

Sun，Hongkai（孙宏开）. 1983. Liujiang liuyu de minzu yuyan ji qi xishu fenlei 六江流域的民族语言及其系属分类［The ethnic languages of the Six Rivers area and their genetic affiliations］. *Minzuxue bao* 民族学报［*Journal of Ethnology*］3：99 – 274. Kunming：Yunnan University of Nationalities. （In Chinese）

Svorou，Soteria. 1993. *The Grammar of Space*. Amsterdam/Philadelphia：John Benjamins Publishing Company.

Talmy，Leonard. 1983. How language structures space. In H. Pick and L. Acredolo （eds.)，*Spatial Orientation*：*Theory*，*research and application*，225 – 282. New York：Plenum Press.

Spatial Relations in the Qiang Language

This paper describes and analyzes topological space and Frames of reference in the Qiang language（Tibeto – Burman；Sichuan Province，China）within the framework of Levinson （2003）and Levinson & Wilkins（2006）. Locative postpositions form a three – way division of space，and locative – existential verbs reflect animacy and the relationship figure and ground. Unlike Chinese and English, Qiang frames of reference are not absolute, but relative to geographical features (e. g. mountain, ravine, river) and culture elements.

Keywords: Cognitive linguistics　Linguistic anthropology　Semantics　Tibeto – Burman Qiang

原载于《语言暨语言学》2015 年第 5 期

水语的句末语气词

韦学纯

摘　要　水语的语气词主要用在句末表示陈述、疑问、祈使、感叹等语气，本文简要介绍它们的主要表达功能和用法。

关键词　水语　语气词　句末语气词

水语的语气词表示陈述、疑问、祈使、感叹等语气，也叫语气助词，一般用在句子（包括分句）的末尾。水语的语气词表义功能较为复杂。一种语气可以由不同的几个语气词来表示，同时一个语气词也可以表达几种不同的语气。本文以贵州省三都水族自治县苗草村水语为例，对语气词的主要表达功能及基本用法进行描述和分析，归纳和总结水语句末语气词的基本特点。

一　陈述句的句末语气词

水语主要使用语调表示陈述语气，也可以用语气词表示陈述语气。在陈述句末的语气助词常用的有：（1）ljeu^{31}，ljeu^{53}，lja^{31} "了"；（2）ha^{11} "（不）了"；（3）ha^{11} ɣo^{11}，ha^{11}ɣo^{33} "的，的啦，的嘛"，ha^{11}ma^{31} "的嘛"；（4）ha^{11}ljeu^{53}，ha^{11}ljeu^{31} "不再了"；（5）si^{0}ljeu^{31}，suɘn^{11}ljeu^{53} "算了，罢了"；（6）za^{35}ha^{11}，ai^{35}ha^{11}，i^{55}ha^{11} "如此罢了"；（7）n̠ɘ^{55} "啊"。

1. ljeu^{31}，ljeu^{53}，lja^{31} "了"　表示已经发生、正在发生或者将要发生的事。如：

（1）taŋ^{11}fɘn^{11}ljeu^{31}. 下雨了。　　　（2）ai^{31} pu^{33} paːi^{11}ljeu^{31}. 我也去过了。

　　　下　雨　了　　　　　　　我　也　去　了

（3）faːi^{53},n̠ɘ^{31}taŋ^{11}ljeu^{31}. 哥，你来啦。

　　哥　你　来　啦

（4）miŋ⁵³lja³¹, paːi¹¹lja³¹. 晴了，走啦。（将要走）

    晴　了　走　啦

2. ha¹¹ "（不）了"　对事实的叙述或陈述，表示一定的强调语气或建议等语气，一般与副词配合使用，如：si³³ "才"，laːu³³ "仅仅"，me³¹ "不"，ai³⁵ "再"，tuən⁵³ "最"，kai¹¹ "真"，tsui¹¹to³³ "最多"，tsui¹¹sjeu³³ "至少"，以及连词taːn²⁴，han¹¹ "只要"等。ha¹¹也用于评价，表示商量或态度，ha¹¹还表示"不再"，具有否定的意味。如：

（1）man¹¹si³³ʔdai³³hi³⁵sup³¹ᵐbe¹¹ha¹¹. 他才四十岁。（表示强调）

    他　才　得　四十　岁　的

（2）man¹¹kai¹¹han³⁵qa¹¹le¹¹ha¹¹. 他真能读书啊。（表示评价）

    他　真　能　读书　啊

（3）man¹¹me³¹taŋ¹¹thaːm²⁴ai³¹ha¹¹. 他不来走访我啦。（表示否定）

    他　不　来　探　我　了

（4）me³¹tsən³¹taŋ¹¹ha¹¹. 不要起来了。

    不　起来　了

（5）ȵə³¹hun⁵³nu⁵³paːi¹¹ha¹¹. 你送弟弟去。（表示商量或态度，有其他选择）

    你　送弟弟　去　吧

（6）ʨi³³van¹¹naːi²⁴naŋ²⁴ȵit⁵⁵ha¹¹. 这几天实在太冷了。（对事实的叙述或陈述）

    几　天　这　实在　冷　了

3. ha¹¹ɣo¹¹, ha¹¹ɣo³³ "的，的啦，的嘛"，ha¹¹ma³¹ "的嘛"　表示解释和阐述，表示情况就是这样。ha¹¹ɣo¹¹表示的语气比ha¹¹ɣo³³要弱一点。如：

（1）ai³¹paːi¹¹haːm¹¹pa¹¹taŋ¹¹ha¹¹ɣo¹¹. 我去三都来着。

    我　去　三都　来　的

（2）ai³¹si³³ʔdai³³ɣa³¹lam¹¹ha¹¹ɣo³³. 我才得两个的嘛。

    我　才　得　两　个　的　嘛

（3）naːi²⁴faːi⁵³vən⁵³ha¹¹ɣo¹¹. 这就是文哥哥。

    这　兄　文　就是

4. ha¹¹ljeu⁵³, ha¹¹ljeu³¹ "不再了"　ha¹¹和ljeu⁵³、ljeu³¹的合成词，表示不再怎样。如：

（1）man¹¹me³¹paːi¹¹qa¹¹le¹¹ha¹¹ljeu⁵³. 他不去读书了。

    他　不　去　读书　不再了

（2）pu⁵³man¹¹me³¹han³⁵ha¹¹ljeu³¹. 他爸爸身体不好了。

    爸爸　他　不　健康　不再了

5. $za^{35}ha^{11}$ "罢了"　　由 za^{35} "那样" 和 ha^{11} 合并而成，意思是 "如此罢了"、"这样也可"。$ai^{35}ha^{11}$，$i^{55}ha^{11}$ 也是表示 "如此罢了"，表示事实或态度的确如此，或者表示还有其他情况。$i^{55}ha^{11}$ 是 $ai^{35}ha^{11}$ 的快读。如：

（1）$me^{31}hun^{53}le^{53}ha^{11}$, $pa{:}i^{11}\gamma o^{31}\gamma a{:}t^{31}za^{35}ha^{11}$. 不送礼了，空手去罢了。

　　　不　送礼　了　去　　空　　罢了

（2）$au^{53}\gamma o^{31}me^{31}{}^{?}na\eta^{11}$, ${}^{?}na\eta^{11}p\text{ə}n^{11}au^{53}na{:}i^{24}ai^{35}ha^{11}$. 其他米没了，只有这种米了。

　　　米 其他　没有　　有　种　米　这　了

（3）$me^{31}\text{ç}au^{33}{}^{?}na\eta^{11}ni^{53}ma\eta^{31}pan^{11}fa^{11}ai^{35}ha^{11}$. 不知道还有其他办法没有。

　　　不知道　有　什么　　办法　　还不

6. $si^{0}ljeu^{31}$, $su\text{ẹ}n^{11}ljeu^{53}$ "算了，罢了"　　表示肯定。如：

（1）$ai^{31}{}^{?}nam^{35}nu^{11}pa{:}i^{11}su\text{ẹ}n^{11}ljeu^{53}$. 我跟弟弟去算了。

　　　我　跟　弟弟　去　　算了

（2）$ai^{31}{}^{?}nam^{35}nu^{11}pa{:}i^{11}si^{0}ljeu^{31}$, $pu^{53}me^{31}pa{:}i^{11}ha^{11}$. 我跟弟弟去，爸爸不要去了。

　　　我　跟　弟弟　去　算了　爸爸 不　去　了

7. $\text{ŋ}\text{ə}^{55}$ "啊"　　表示对事态的一种描述。如：

$\text{ŋ}\text{ə}^{31}me^{31}\text{ŋ}au^{24}\gamma a{:}n^{11}$, $pu^{53}na\eta^{24}ban^{11}\text{ŋ}\text{ə}^{55}$. 你不在家，爸爸常常念叨啊。

　你　不　在　　家　爸爸　很　念叨　啊

二　疑问句的句末语气词

水语的疑问句可以分为是非问句、选择问句、正反问句、特指问句和确认问句等基本类型，各种类型的疑问句除了使用一定疑问词和句式之外，往往句末还要使用一定的语气词，表示疑问。水语疑问语气词主要有：（1）a^{55} "啊"，γwa^{35} "吗"，me^{55} "吗"，ni^{55} "呢"，${}^{n}dja^{31}$ "吧"；（2）（me^{31}）le^{31} "（不是）吗"，（mi^{53}）le^{31} "（还没有）吗"；（3）γo^{11} "呢"，（me^{31}）γo^{33} "（不是）吗"，（mi^{53}）γo^{33}，（mi^{53}）（o^{11} "（还没有）吗"；（4）$la^{0}vj\text{ə}^{55}$，$la^{31}vj$（^{55} "了吧"，$\gamma a^{31}ma^{31}$ "吗"；（5）$ai^{35}ha^{11}$，$i^{55}ha^{11}$ "（还）吗"。

1. a^{55} "啊，表示对前面叙述的一种确认；γwa^{35} "吗"，表示是对事实的一种肯定；me^{55} "吗"，表示 "是这样吗？" 的意思；ni^{55} "呢"，表示疑问；${}^{n}dja^{31}$ "吧"，表示商量或表示事情是否是这样，需要对方确认，le^{31} "呢"，表示疑问。如：

（1）$fa{:}i^{53}van^{11}{}^{?}mu^{11}qo^{11}pa{:}i^{11}a^{55}$? 哥哥明天就走啊？（是非问句，需要对方确认）

　　　哥哥 明天　就　走　啊

（2）$kwai^{35}\gamma a^{35}na{:}i^{24}ho^{53}au^{53}\underset{\text{.}}{t}h\text{ə}n^{11}\gamma wa^{35}$?

　　　块　田　这　种　糯米　　吗

　　这块田种糯米吗？（确认问句，事实是：这块田种糯米）

（3）n̠ə³¹ pu³³ me³¹ ɣo⁵³ʔ me¹¹ lam¹¹ le¹¹ naːi²⁴ ɣwa³⁵?

　　　你　也　不　认识　个　字　这　　吗

　　你也不认识这个字吗？（确认问句，表示肯定）

（4）n̠ə³¹ pu³³ paːi¹¹ me⁵⁵?

　　　你　也　去　吗

　　你也去吗？（是非问句，需要对方确认）

（5）mai¹¹ pjət⁵⁵ naːi²⁴ tok⁵⁵ paːi¹¹ djoŋ¹¹ nu¹¹ ljeu⁵³ ni⁵⁵?

　　　钢笔　　这　丢到　去　什么地方　了　呢

　　这钢笔丢到什么地方去了呢？（特指问句，句中有疑问代词"djoŋ¹¹ nu¹¹ "什么地方"）

（6）paːi¹¹ ɣaːn³¹ ⁿdja³¹ʔtok⁵⁵ fən¹¹ taŋ¹¹ ljeu⁵³.

　　　回　家　吧　　下雨　来　了

　　回家了吧？要下雨了。（确认问句，表示商量，需要对方确认）

（7）n̠ə³¹ pu³³ sin¹¹ vui⁵³ⁿdja³¹?

　　　你　也　姓　韦　是吧

　　你也姓韦，是吧？（确认问句，表示是否是，需要对方确认）

（8a）n̠ə³¹ paːi¹¹ⁿdjai³³ ni⁵³maŋ³¹ le³¹?你去买什么呢？（特指问句）

　　　你　去　买　什么　呢

（8b）n̠ə³¹ paːi¹¹ⁿdjai³³ ni⁵³maŋ³¹?你去买什么？（特指问句）

　　　你　去　买　什么

（可以不使用句末语气词，如（8b），也可以使用句末语气词，如（8a））

　　2. me³¹ "不"，mi⁵³ "没有"常出现于选择问句或正反问句的句末，表示疑问，同时句末也可以加一定的语气词，如 le³¹、ɣo¹¹等。下面例（1）的4个例子，其表达的意义基本相同。（me³¹）le³¹ "（不）"吗，需要对方给予确认；（mi⁵³）le³¹ "（已经）"了吗，表示是否已经发生，需要对方确认。如：

（1a）pu⁵³ vən¹¹ taŋ¹¹ me³¹?文的爸爸来吗？（来还是不来？需要确认）

　　　爸爸　文　来　不

（1b）pu⁵³ vən¹¹ taŋ¹¹ me³¹ taŋ¹¹?文的爸爸来不来？

　　　爸爸　文　来　不　来

（1c）pu⁵³ vən¹¹ taŋ¹¹ me³¹ le³¹?文的爸爸来吗？

　　　爸爸　文　来　不　吗

（1d）pu^{53} vən^{11} taŋ^{11} me^{31} taŋ^{11} le^{31}?文的爸爸来不来？

　　　爸爸　文　来　不　来　吗

（2a）au^{53} sok^{55} mi^{53} ʔai^{31} ka^{33} me^{31} ʔdai^{33} ha^{11} ljeu^{53}.饭熟了吗？我等不了啦。

　　　饭　熟　没有　我　等　不　了　再　啦

（2b）au^{53} sok^{55} mi^{53} le^{31} ʔai^{31} ka^{33} me^{31} ʔdai^{33} ha^{11} ljeu^{53}.饭熟了吗？我等不了啦。

　　　饭　熟　没有　吗　我　等　不　了　再　啦

3. ɣo^{11} "呢，啊"，表示疑问；（me^{31}）ɣo^{33} "（不是）吗"，表示事情是不是这样；（mi^{53}）ɣo^{33}，（mi^{53}）ɣo^{11} "（还没有）吗"，表示要问事情发生了没有。如：

（1）ma^{53} tak^{55} nu^{11} naːi^{24} ɣo^{11}?这是谁的马啊？

　　　马　个　哪　这　啊

（2）tak^{55} za^{35} ai^{31} me^{31} ɣo^{53}ʔ me^{11},ai^{33} nu^{11} za^{35} ɣo^{11}?那个人我不认识，是谁啊？

　　　个　那　我　不　认识　　谁　那　啊

（3）paːi^{11} khaːi^{35}ʔ ɣa^{35} me^{31} ɣo^{33}?去耙田，是吗？

　　　去　耙田　不　吗

（4）pu^{53} man^{11} taŋ^{11} mi^{53} ɣo^{33}?他爸爸来了吗？

　　　爸爸　他　来　没有　吗

（5）ɣa^{35} li^{31} çən^{11} mi^{53} ɣo^{11}?田犁好了吗？

　　　田　犁　好　没有　吗

4. la^{0}vjə^{55}，la^{31}vjə^{55} "了吗"，表示事情估计将要发生；ɣa^{31}ma^{31} "的是吗"，表示前面陈述的事是否如此。如：

（1）phja^{11} naːi^{24} paːi^{11} laŋ^{31} ʔdai^{11} la^{0}vjə^{55}? 这次可以走了吧？

　　　次　这　走　应该　可以　了吧

（2）ho^{53}ʔ də^{0}ha^{11} naːi^{24} laŋ^{31} paːi^{11}ʔ dai^{33} la^{31}vjə^{55}?放了这些药应该可以走了吧？

　　　放　些　药　这　应该　走　可以　了吧

（3）pu^{53} ȵə^{31} kap^{55} ni^{53} ȵə^{31} han^{35} ɣa^{31}ma^{31}?你爸爸和你妈妈身体健康吗？

　　　爸爸　你　和　妈妈　你　健康　　吗

5. ai^{35}ha^{11}ɣo^{11}，ai^{35}ha^{11}le^{31}，ai^{35}ha^{11}，i^{35}ha^{11} "（还）"吗 ai^{35}ha^{11}和 i^{55}ha^{11}，由 ai^{35} "还，再"和"ha^{11}不再"合并而成，可以用在陈述句，也可用于问句，意思是"还……吗"。如：

（1）ȵə^{31} tsjə^{11}ai^{35}ha^{11}?你还吃吗？

　　　你　吃　还不

（2）tai^{31} haːu^{53} tai^{31} au^{53} ljeu^{31},了 tai^{31} ni^{53} maŋ^{31} i^{55}ha^{11}?带米带酒，还要带什么别的？

　　　带　酒　带　米　　　　带　什么（别的）吗

三 祈使语气的句末语气词

水语的祈使句语气词，表示命令、请求、吩咐等，主要有：（1）a^{33}"啊，呀"，ha^{11} "不啦"，$^{n}dje^{31}$"吧，le^{31}"的啦"，$^{n}djai^{31}$"啊；（2）$la^{31}ma^{31}$"了嘛"，$la^{0}ma^{31}$"了嘛"，$ha^{11}ma^{31}$"不啦"，$\gamma a^{31}ma^{31}$"是的"；（3）$ha^{11}{}^{n}djai^{31}$"啊，（不）了啦"；（4）o^{33}，ve^{31}"啊"。这些语气词的基本用法如下。

1. a^{33}"啊"，表示吩咐；ha^{11}"不啦"，le^{31}"的啦：表示轻微的要求；$^{n}djai^{31}$"啊"，表示吩咐，具有商量的口气。如：

（1）$ \eta \vartheta^{31}\,tsun^{55}\,pi^{11}\,\mathord{?}dai^{33}\,mi^{53}\,\mathord{?}mi^{53}\,qo^{33}\,tsun^{55}\,pi^{11}\,a^{33}$！

　　你　准备　　得　没有没有　就　准备　　啊

　　你准备好了没有，没有就去准备啊。

（2）$me^{31}\,na{:}u^{11}\,ha^{11}\,ma^{31}$，$nu^{53}\,\mathord{?}\eta e^{33}\,ljeu^{53}$！不要闹啦，弟弟哭了！（表示命令、吩咐）

　　不要　闹　　啦　弟弟　哭　了

（3）$man^{11}\,pu^{11}\,a{:}u^{11}\,ta\eta^{11}\,le^{31}$. 他也要来的。（表示轻微要求）

　　　他　也　要　来　的

2. $ha^{11}ma^{31}$"不啦"对于 ha^{11}"不再"我们可以分析为副词，修饰前面的动词，但在句中从语感上也可以和 ma^{31} 分析为一个语气词，因为他们经常用在一起，经过语法化过程，已经具备语气词的功能，常常与前面的否定词语 me^{31}，$\mathord{?}na^{31}$ 配合使用，表示吩咐。$\gamma a^{31}ma^{31}$"是的"，$la^{31}ma^{31}$"了嘛"，常常念成 $la^{0}ma^{31}$，表示请求或命令。如：

（1）$me^{31}\,sau^{11}\,ha^{11}\,ma^{31}$，$ai^{11}\,fe^{53}\,a{:}m^{33}\,ta\eta^{11}\,{}^{n}da{:}u^{11}\,tsj\vartheta^{11}$. 不要闹了啦，我做菜来我们吃。

　　不要　闹　　不啦　我　做菜　来　我们　吃

（2）$me^{11}\,peu^{31}\,ha^{11}\,ma^{31}$！$\textureta hi^{35}\,he^{35}\,him^{33}\,tui^{53}\,za^{35}\,ha^{11}$. 不要闹了！一会儿那只碗要破了。

　　不要　闹　　不啦　一会儿　破　只　碗　那　了

（3）$me^{53}\,tan^{53}\,va{:}\eta^{33}\,ha^{11}\,la^{31}\,ma^{31}$. 不要踩稻草啊。

　　不要　踩　稻草　不　了嘛

3. $ha^{11}{}^{n}djai^{31}$"啊，（不）了啦"常常与前面的否定词"me^{31}，$\mathord{?}na^{33}$"联用，表示吩咐禁止的意思。如：

（1）$me^{31}\,hu\eta^{35}\,po^{53}\,pa{:}i^{11}\,ta{:}n^{53}\,\mathord{?}dj\vartheta^{11}\,ha^{11}\,{}^{n}djai^{31}$！不要让牛去踩秧苗啊！

　　不　放牛　去　踩　秧苗　啊

（2）$me^{31}\,phau^{53}\,nu^{53}\,ha^{11}\,{}^{n}djai^{31}$，$si^{31}\,na{:}i^{24}\,man^{11}\,si^{33}\,nun^{31}\,ha^{11}$. 不要打搅弟弟啊，他刚睡下。

　　不要　打搅　弟弟　啊　刚刚　他　才　睡　啊

（3）me^{53} tan^{53} qaːi^{35} ti^{33} ha^{11}^{n}djai^{31}！不要踩小鸡啊！

　　不要 踩 小鸡　 啊

4. o^{33}，ve^{31} "啊" 表示请求。如：

（1）taŋ^{11}hoi^{35}o^{33}！快来啊！　　（2）tai^{31} paːi^{11}ve^{31}！拿去吧！

　　来 快 啊　　　　　　　拿 去 吧

四　感叹句的句末语气词

水语中表示感叹语气的语气助词，主要有 a^{31}，ha^{11}，ha^{31} "啊"。表示感叹语气的语气助词还有 o^{31} "哟"，la^{31}ma^{31} "啊" 等等。例如：

（1）laːk^{31}ʔbjək^{55}za^{55}naŋ^{24}kiŋ^{33}a^{31}！那位姑娘真漂亮啊！

　　　姑娘　 那　 真 漂亮 啊

（2）ȵə^{31}naŋ^{24}hoi^{35}ha^{31}！你真快啊！

　　你 真 快 啊

（3）haːu^{33}naːi^{24}naŋ^{24}ljək^{55}o^{31}！这酒真带劲哟！

　　　酒 这 真 带劲 哟

（4）pən^{33}au^{53}ɬhən^{11}naːi^{24}naŋ^{24}tju^{33}la^{31}ma^{31}！这种糯米真粘啊！

　　　种 糯米 这 真 粘 啊

另外语气助词 a^{33}，i^{55} 在句中也可使用，表示列举：

（1）qoŋ^{35} man^{11}a^{33}，ja^{53} man^{11}a^{33}，pu^{53}han^{35}ai^{35}. 他爷爷啊，他奶奶啊，也还健康。

　　爷爷 他 啊 奶奶 他 啊 也 健康 啦

（2）po^{53}i^{55}，ma^{53}i^{55}，mu^{35}i^{44}，paːi^{11}ti^{11}fai^{11}to^{31}seŋ^{11}.

　　牛 啊 马 啊 猪 啊 去 很多 头 牲畜

牛啊，马啊，猪啊，去了很多牲畜。

（3）ai^{31}i^{55}，ȵə^{31}i^{55}，jə^{53} mi^{55}i^{55}，haːm^{11}ai^{33}^{n}daːu^{11}lan^{35}za^{35} paːi^{11}aːu^{11}^{n}djət^{55}.

　　我 还 你 还 叔叔 米 还 三个　 我们　 那次　 去　　　 砍柴

我，你，还有米叔叔，我们三个那次去砍柴。

参考文献

方小燕：《广州方言句末语气助词》，暨南大学出版社，2003。

刘月华、潘文娱等：《实用现代汉语语法》，外语教学与研究出版社，1983。

孙宏开、胡增益、黄行主编《中国的语言》，商务印书馆，2007。

张斌主编《现代汉语描写语法》，商务印书馆，2010。

张均如：《水语简志》，民族出版社，1980。

F. R. Palimer：《语气·情态》（*Mood and Modality*），世界图书出版公司，剑桥大学出版社，2007。

Abstract：Modal particles in Sui language largely occur at the end of sentences to express indicative，interrogative ，imperative and exclamative modality. This paper presents a brief description of the most functions and usages of sentence final particles of Sui language.

原载于《民族语文》2011 年第 4 期

孟高棉语言前缀

陈国庆

摘　要　孟高棉语言部分词类带有一些前缀，前缀是这些语言构词或构形的主要语法形式和手段。通过对克木语、德昂语、莽语、布朗语、佤语、柬埔寨语等语言前缀的语音形式进行考察，分析孟高棉语言前缀的语音结构类型；对前缀所具有的词汇意义和语法意义进行比较、分析，它们具有区分词类、区分动词的他动与自动、区分动词的使动范畴、区分动词的单向与交互、区分代词的性或数等语义语法范畴，找出这些语言之间的语言共性。

关键词　孟高棉语言　前缀　主要音节　次要音节

南亚语系（Austro-Asiatic family），最早是由德国传教士和人类学家施密特于 1907 年提出来的，主要指分布于印度、缅甸、马来西亚、泰国、老挝、柬埔寨、越南和我国云南、广西等地的 120 多种语言，使用人口 7000 万，分为孟高棉语族、越芒语族、蒙达语族和尼科巴语族等 4 个语族。就目前的研究材料看，中国境内属于南亚语系的语言有：佤语、布朗语、德昂语、克木语（格木、克慕）、克蔑语、布兴语（不辛）、莽语、户语（宽语、空格语）、布赓语（本甘语、布干语）、俫语（巴琉语）、布芒语、京语等 12 种。在语言地域分布上，除京语、俫语主要分布于广西境内外，其他语言均分布于云南省境内。学术界一般认为佤语、布朗语、德昂语、克木语、克蔑语、布兴语、莽语、户语、布芒语等语言属于南亚语系孟高棉语族；京语、俫语、布赓语等语言属于南亚语系越芒语族。

孟高棉语词的语音结构一般分为两类：一类为主要音节（major syllable）；一类为次要音节（minor syllable）[①]，其中以主要音节居多。在这些语言中，主要音节大多单

[①] 最早提出次要音节（minor syllable）这一术语的是国外南亚语专家 H. L. Shorto（1960），主要用以区别于次要音节之后的主要音节（major syllable）。（参见：H. L. Shorto. Word and Syllable Pattern in Palaung. Bulletin of the School of Oriental and African Studies，University of London，Vol. 23，No. 3（1960）：544 – 557）。

独有意思，可以独立运用；有的则要加上次要音节后，才能表达意思，成为一个可以独立运用的语言单位，相当于词根。

次要音节一般不能独立存在、独立运用，只有纯粹的构词作用，从语音结构的角度说，相当于前置音。同时，次要音节与词的形态变化有着密切关系，通常具有一定的词汇意义和语法意义，从语法结构的角度说，相当于一个前缀。在孟高棉语言中，克木语、德昂语、莽语、布朗语、佤语、柬埔寨语等语言的前缀系统较多，也更具有代表性。以下对这些孟高棉语言的前缀，从语音结构类型、语义语法范畴等方面进行分析，试图找出它们在语言类型学层面的共性。

一 孟高棉语言前缀的语音结构类型

从语音结构分析，孟高棉语言的前缀是一个非重读、弱化的音节，它通常居于词根之前。一般有两类：一类是自成音节的鼻音，它们通常出现于词根的声母为其同部位的辅音之前。另一类是辅音声母后带有弱化元音的，此弱化元音始终是以轻读、弱化的形式出现，其读音含糊不清，且不太稳定，其可以读成 ə，也可以读成 a、i、u 等等。

关于前缀在音节中的标写，对于前一种能自成音节的鼻音，文中采取与后面的词根连写，但中间用 "′" 符号隔开；第二种带有弱化元音的前缀，采取省去弱化元音，只标出辅音声母或弱化元音后面的辅音韵尾，然后与词根连写，中间用 "′" 符号隔开。（文中，柬埔寨语前缀参照其实际读音标写）

（一）克木语前缀类型

从语音结构上看，克木语的前缀分为两种，一种是自成音节的鼻音，主要有m̩、n̩、ɳ̩、ŋ̩等。例如：

m̩	m̩′put	云	m̩′braŋ	马
n̩	n̩′tăˀ	尾	n̩′tar	晒
ɳ̩	ɳ̩′dʑal	轻		
ŋ̩	ŋ̩′kur	风	ŋ̩′kar	黄鼠狼

一种是辅音声母后带有弱化元音的，主要有：pə、pəl、pər、pən、pəŋ、tə、təl、tər、təm、təŋ、tɕə、tɕəl、tɕəm、tɕən、tɕəŋ、kə、kəl、kər、kəm、kən、lə、ləm、rə、rəl、rəm、rəŋ、sə、səl、sər、səm、sən、səŋ、hə 等。例如：

pə	p′tɤˀ	火烟	p′nɤr	翅膀
pəl	pl′dɔh	炸裂	pl′dăk	腿
pər	pr′lŏŋ	门	pr′gai	使还

pən	pn'dʑɛp	风骚		
pəŋ	pŋ,gup	扑、伏		
tə	t'ŋar	骨髓	t'gɔk	一种鸟
təl	tl'gɔk	蒂、把儿	tl'tĕk	断
tər	tr'laih	街、集市	tr'lɤi	泥鳅
təm	tm'pɤr	斑鸠	tm'kah	岔
təŋ	tŋ'ner	平坡	tŋ'gaˀ	树枝
tɕə	tɕ'lɔŋ	船	tɕ'pum	放屁
tɕəl	tɕl'gai	感冒	tɕl'hel troŋ	小舌
tɕəm	tɕm'brɔˀ	男人	tɕm'dɔn	小拃
tɕən	tɕn'leh	玩耍	tɕn'draih	雷
tɕəŋ	tɕ'khrɔˀ	蛋壳	tɕŋ'lɛh k'dah	眉心
kə	k'maˀ	雨	k'tam	螃蟹
kəl	kl'meˀ	糖	kl'ˀčk	腋
kər	kr'nɔn	双胞	kr'suiŋ	蕨
kəm	km'mak	痰	km'poŋ	头
kən	kn'sah	炭	kn'dreˀ	杵
lə	l'vaŋ	天上	l'ŋaˀ	苏子
ləm	lm'daŋ	茄子		
rə	r'na	田	r'maŋ	富
rəl	rl'ral	闪电	rl'ˀil	燕子
rəm	rm'mal	三瓣果		
rəŋ	rŋ'dɔŋ	梯子	rŋ'gai	弹回
sə	s'kăm	针	s'pa	背篓
səl	sl'ŋɛk	镯子		
sər	sr'ˀeŋ	想念	sr'maˀ	病
səm	sm'ˀmai	舒服		
sən	sn'dɛh	碗	sn'drut	跌倒
səŋ	sə'vaˀ	蜘蛛	sŋ'kloi	项圈
hə	h'ˀuˀ	臭	h'ˀɤm	暖

（二）德昂语前缀类型

从语音结构上看，德昂语的前缀分为两种，一种是自成音节的鼻音，主要有：m̩、

m̥、n̥、ɳ̊、ŋ̊。通常只出现词根的声母为其同部位的辅音之前。例如：

m̥ʼ	m̥ʼpa	桥栏杆	m̥ʼphiǎˀ	签子
	m̥ʼba	马鹿虻	m̥ʼma	一窝
	m̥ʼmǎi	是热	m̥ʼfǎɯ	耙子
	m̥ʼvaiˀ	镰刀	m̥ʼplǔk	梦魇
	m̥ʼphlan	是穷	m̥ʼblǒh	凿子
	m̥ʼpran	缅族	m̥ʼphrǔh	吹火筒
	m̥ʼbruǎˀ	双足跳		
n̥ʼ	n̥ʼteŋ	路	n̥ʼthǎi	犁具
	n̥ʼdǐŋ	扣子	n̥ʼnǒˀ	是满
	n̥ʼnim	是沉静	n̥ʼsɛ	插销
	n̥ʼlǒˀ	锄头	n̥ʼleŋ	是长久
	n̥ʼrǐh	礤子	n̥ʼriaˀ	是沙哑
ɳ̊ʼ	ɳ̊ʼtɕǒˀ	织布之综	ɳ̊ʼtɕhiǎp	门闩
	ɳ̊ʼdʑa	驮架	ɳ̊ʼçap	是打哈欠
	ɳ̊ʼɳɔˀ	是吸烟	ɳ̊ʼjaŋ	碗架
	ɳ̊ʼɳǎm	还没有		
ŋ̊ʼ	ŋ̊ʼkom	板栗	ŋ̊ʼkhim	薄荷
	ŋ̊ʼgia	香椿	ŋ̊ʼŋǎuh	价钱
	ŋ̊ʼŋ̊a	是想打人	ŋ̊ʼˀua	公牛叫
	ŋ̊ʼhǒŋ	蒸笼	ŋ̊ʼklaŋ	是说
	ŋ̊ʼkhlaˀ	是摩擦	ŋ̊ʼglǎiŋ	是胖
	ŋ̊ʼkriˀ	磨子	ŋ̊ʼkhrɯ̌ŋ	筛子
	ŋ̊ʼgrǔh	楼子	ŋ̊ʼgvɛŋ	肯定绕路

一种是声母后带弱化元音的，主要有：mə、nə、tɕə、kə、ˀə、sə、hə 等。例如：

mə	m̥ʼpiŋ	漫平	m̥ʼmǎh	随便敲敲
	m̥ʼdǐ	念珠	m̥ʼna	簸箕
	m̥ʼlěh	天花	m̥ʼtɕeŋ	裹脚、绑腿
	m̥ʼjǎuh	百	m̥ʼgǐŋ	帽子
	m̥ʼblom	酸痛	m̥ʼpraiŋ	麻痛
nə	n̥ʼpai	豆子	n̥ʼmiau	红榈树
	n̥ʼveŋ	长臂猿	n̥ʼtǔ	梁上短柱

	n'nŏ̌ŋ	篾笆	n'lŏ̌ŋ	木铎
	n'rŏŋ	榕树	n'tɕom	蹲着
	n'ŋaŋ	翳子	n'jaŋ	干季
	n'ken	想念	n'gau	米
	n'ŋa	芝麻	n'ʔaŋ	岩石
	—n'kla	葛根	— n'bra	白露花
	n'griă	收藏		
tɕə	tɕ'puan	僧人	tɕ'bŏ	英雄
	tɕ'rŏ̌	小和尚	tɕ'tɕiau	丑
	tɕ'jăn	发抖	tɕ'gɛ	伙头
	tɕ'glɛ	欺负		
kə	k'pi ʔ	黏贴	k'ba	掌
	k'faŋ	灰	k'tiŋ	肚脐
	k'na	中间	k'lɔi	翻滚
	k'san	一拃	k'tɕhŏŋ	床台
	k'ɳa	官	k'jŏŋ	抬起
	k'gin	忙	k'hɛ	马嘶
	k'ʔih	嫌		
	k'bliă ʔ	倒、反转	k'phru	喷
	k'pjai ʔ	撕来撕去	k'bjŏ	相吓唬
ʔə	ʔ'vŏ̌ŋ	黑狗	ʔ'lŏk	明智者
	ʔ'săh	阉过的公猪	ʔ'phrŭh	膀胱
sə	s'pa	高粱	s'ma	种子
	s'tŏ	上衣	s'da	尾巴
	s'la	裤子	s'tɕom	一撮
	s'dʑia	天公	s'ʔŭh	臭
	s'ŋa	水清	s'glŭh	流产
	s'briă ʔ	抽打		
hə	h'ʔa	老二	h'ʔoi	老三

（三）莽语前缀类型

从语音结构上看，莽语的前缀有两种：一种是辅音后带一个弱化元音 ə 或 ɔ 的前缀；主要有：pə、mə、tə、lə、θə、tɕə、gə、ŋə、ʔə 等。例如：

| pə | p'ɖo⁴¹ | 木瓜 | p'jă²²¹ | 解劝 |

	p'jăn²¹⁴	小饭豆	p'kăn⁴²	包头
	p'l ɂ̌ø²⁴²	跳	p'lu⁵⁵	脏
	p'muan⁵⁵	高兴	p'nɛ⁵⁵	大后天
	p'p ɂ̌ø²⁴²	使起来	p'tɕon⁴¹	蹲
	p'ɂu⁵⁵	使搬	p'va²¹⁴	黄瓜
	p'văm⁴²	心	p'vɔ̌m⁴²	心
	p'vɯŋ⁵⁵	泄露	p'θăl⁴²	睾丸
mə	m'hăn²¹⁴	龈	m'văt⁴²	鞭子
tə	t'ɂɔ⁵⁵	湿	t'gɤăk⁵⁵	吓唬
	t'gɤɔ²¹⁴	怕	t'gɤe⁵⁵	剪刀
	t'g ǐt⁵⁵	蟋蟀	t'h ǐp⁵⁵	倒
	t'lăk⁵⁵	攀折	t'lɔi²¹⁴	辣子
	t'le⁴¹	薄	t'l ɛ̌ɂ²⁴²	扳、扣
	t'le⁵⁵	发抖	t'bɔ⁴¹	芋
	t'lŏŋ⁵⁵	卧倒	t'ma²¹⁴	跳蚤
	t'nam²¹	旁边	t'nɛ²¹⁴	肉
	t'paɯ⁴¹	扁	t't ɤ̌ɯ²¹⁴	木耳
	t'θăm⁵⁵	毯子		
lə	l'ɂak²¹⁴	痰	l'baŋ²¹⁴	箫、笛
	l'ɖe⁴¹	棕榈	l'dě ɂ²⁴²	蓑衣
	l'ɂ ɛ̌ɂ²¹	过去	l'ɂɛ²¹⁴	前面、先
	l'hi⁴¹	后面	l'lɔ²¹⁴	席子
	l'm ɤ̌ɂ²⁴²	软	l'tɤ̌ɂ²¹	胃、肫
	l'va⁴¹	口涎	l'vak⁵⁵	乌鸦
	l'ɂ y̌ɂ²¹	赚钱		
θə	θ'ɂaŋ⁴¹	虾	θ'ɳap²¹⁴	鳃
	θ'juɐ²¹⁴	蛔虫	θ'nɛ²¹⁴	爪
	θ'plot⁵⁵	脱	θ'văk⁵⁵	挂
tɕə	tɕ'b ǐt⁵⁵	吉蔑人	tɕ'l ǐn²¹⁴	玩
	tɕ'măn²¹⁴	媳妇		
gə	g'ɳa ɂ²¹	芝麻	g'bak⁵⁵	刺儿
	g'băt⁵⁵	疮	g'ɖă ɂ²¹	梯子
	g'ɂ ĩp⁵⁵	钳子	g'mă ɂ²¹	嫩、软

g′măn²¹⁴	桃子	g′nɛŋ⁵⁵	蒂
g′nɔk⁴²	拜	g′nuak⁵⁵	扫把
g′ʔo⁴¹	葫芦	g′p˙it⁵⁵	汗
g′tɕɔk⁵⁵	打结	g′ȵuam⁴¹	炭
g′văt⁴²	扭起	g′vɔ̌ŋ⁴²	漏
g′θi̥²¹⁴	药	g′θi⁵⁵	医

ŋə	ŋ′gɤɔŋ⁵⁵	喉咙		
ʔə	ʔ′bḛ̌²¹	你们	ʔ′ɖoŋ²¹⁴	簸箕
	ʔ′hḭ²¹	我们	ʔ′ʔḭ²¹	他俩
	ʔ′ȵin⁵⁵	我们	ʔ′ma²¹⁴	刺猬
	ʔ′nin²¹⁴	今天		

另一种，是除辅音后带一个弱化元音 ə 或 ɔ 之外，在弱化元音后面还带有一个鼻音韵尾，主要有：pəl、pəŋ、təŋ、məŋ、ləŋ、tɕəŋ、gəŋ 等。例如：

pəl	pl′mɔ⁵⁵	早晨	pl′vǐŋ²¹	搅拌
	pl′văt⁴²	缠绕		
pəŋ	pŋ′ȵat⁵⁵	歪	pŋ′băk⁵⁵	肩
	pŋ′bok⁵⁵	芽	pŋ′gɤ̌n	玩、串
	pŋ′h˙ṵ²¹	涂、抹	pŋ′ta⁵⁵	直立的
	pŋ′tǐŋ⁴²	下坡路	pŋ′tɕuaŋ²¹	花椒
	pŋ′θe²¹⁴	膝盖		
təŋ	tŋ′ȵăn⁴²	推	tŋ′bḭ²¹	霉
	tŋ′ʔɔ̌k⁵⁵	弯曲	tŋ′ɖat⁵⁵	跌到
	tŋ′ɖɤ̌²¹	低头	tŋ′ɖoŋ²¹⁴	短
	tŋ′ʔɛ⁵⁵	忘记	tŋ′hi⁵⁵	打喷嚏
	tŋ′lo⁴¹	项圈	tŋ′mǒk⁵⁵	低头
	tŋ′ŋaŋ²¹⁴	雷公	tŋ′ŋel²¹	揉、搓
	tŋ′pak⁵⁵	拍打		
məŋ	mŋ′ʔăn⁴²	蠓虫	mŋ′gɤ̌u²¹	耳环
	mŋ′go²¹⁴	茄子	mŋ′kăn⁵⁵	草烟
	mŋ′pɤ̌n⁴²	虱子	mŋ′pɤe²¹⁴	女婿
	mŋ′tăŋ²¹	芦苇	mŋ′tḛ²¹	地棚
	mŋ′tip⁵⁵	云	mŋ′θaŋ²¹⁴	蜘蛛
ləŋ	lŋ′ȵăŋ⁴²	屁股	lŋ′ɖo⁴¹	里头

	lŋˈhɛk²¹⁴	哈痒	lŋˈlot⁵⁵	啃	
	lŋˈmɛŋ⁵⁵	黄竹	lŋˈmy⁴¹	鼻子	
	lŋˈplŏŋ⁵⁵	蝙蝠	lŋˈtak²¹⁴	舌头	
	lŋˈtĕˀ²¹	耳朵	lŋˈtø²¹⁴	嘴	
	lŋˈtɕŏk⁵⁵	摇晃			
tɕəŋ	tɕŋˈȵaɯ²¹⁴	肋	tɕŋˈdĭŋ⁴²	胭	
	tɕŋˈaŋ⁴¹	下巴	tɕŋˈvuaŋ⁴¹	脊骨	
gəŋ	gŋˈhi⁴¹	小蚂蟥			

（四）布朗语前缀类型

从语音结构上看，布朗语的前缀分为两种，一种是自成音节的鼻音，主要有 m̩、ņ、ņ̊、ŋ̩ 等。例如：

m̩	m̩ˈpɤ⁴⁴	唱歌	m̩ˈphak³⁵	刀鞘
	m̩ˈmat⁴⁴	一束	m̩ˈm̥ot¹³	漂、使干净
	m̩ˈfap³⁵	馋	m̩ˈvaŋ⁴⁴¹	地块
	m̩ˈploik³⁵	挣脱	m̩ˈphlat³⁵	分散
	m̩ˈphχi⁴⁴	断奶		
ņ	ņˈtɔŋ³⁵	头	ņˈthap³⁵	以掌打
	ņˈni³⁵	一种树	ņˈn̥ɔm³⁵	搞好
	ņˈlɛk³⁵	腋	ņˈsat³⁵	梳子
	ņˈlut³⁵	滑脱		
ņ̊	ņ̊ˈtɕiŋ⁴⁴¹	线	ņ̊ˈtɕhak⁴⁴	铲一下
	ņ̊ˈȵaŋ⁴⁴¹	拎、提	ņ̊ˈȵ̥ol³⁵	跪
	ņ̊ˈçɤp³⁵	打谷扇	ņ̊ˈjɤm⁴⁴¹	杀、使死
ŋ̩	ŋ̩ˈkiŋ³⁵	打盹	ŋ̩ˈkhut³⁵	豪猪
	ŋ̩ˈŋɤm³³	低头、俯身	ŋ̩ˈŋ̥am³⁵	脏
	ŋ̩ˈχal³⁵	晒台	ŋ̩ˈhal³⁵	竹篾
	ŋ̩ˈˀim³⁵	酸笋	ŋ̩ˈklɔm³⁵	担子
	ŋ̩ˈkhχaŋ⁴⁴¹	使争夺	ŋ̩ˈkhvan³⁵	使撒
	ŋ̩ˈkvɛik³⁵	手指		

一种是声母后带弱化元音的前缀，一般有：pə、tə、tɕə、kə、phə、sə、lə 等，其中以 kə 最为常见。例如：

pə	p'sɔŋ³⁵	老
tə	t'kuŋ⁴⁴¹	高粱
tɕə	tɕ'pui³⁵	影子
kə	k'jat³⁵	鸡冠
phə	ph'jat⁴⁴	病
sə	s'tuŋ³⁵	南冬寨
lə	l'ˀal³⁵	二

（五）佤语前缀类型

从语音结构看，佤语的前缀分两种类型。第一种是其韵母只有一个简单的弱化元音，主要有 si、tɕi、ʥi、ri、la、pa、ta、ka、ˀa 等音节。其中以 si 为最常见，其他的均不多见，只有极少的几个字。例如：

si	si ŋai̠ˀ	太阳	si be̠ˀ	衣服
	si dai̠ŋ	非常	si dai̠ˀ	八
	si mau̠ˀ	石头	si khɔi	蓑衣
	si jɛ̠ˀ	老天爷	si̠ja	饥饿
	si vɤi	之前	si ku̠at	冷
	si mɛ	种子	si vɛ̠ˀ	门
tɕi	tɕi kua	天花	tɕi mau̠ˀ	梦
ʥi	ʥi lu	漏斗	ʥi rah	蛙
ri̠	ri po̠n	四	ri ho̠	光秃秃
la̠	la lhe̠k	钢铁	la puk	一种鼠
	la lai	互相		
pa	pa ˀa̠ɯ	布朗族	pa ti̠ˀ	什么
ta	ta tɤ	蚕豆		
ka	ka man	骨髓炎	ka ka̠u	裸体
ˀa̠	ˀa̠ kɛˀ	啊哟		

第二种，在弱化元音之后还有带有 -i、-ŋ、-k 等韵尾。佤语中第二种比较少，元音通常标做 a。例如：

-i	vai vit	粘糊
-ŋ	tɕaŋ klat	滑倒
-k	la̠k liaŋ	开玩笑

（六）柬埔寨语前缀类型

柬埔寨语的前缀十分丰富，从语音结构上看，主要有两种：一种是音首辅音后带一个弱化元音 ə 或 ɔ 的前缀；在柬埔寨语中，此类型前缀一般是由可以出现在音首的单辅音或是带 r 的复辅音后带弱化元音 ə 或 ɔ 组成。例如：

pə	pə di	丈夫	phə	phə daup	拥抱
prə	prə ˀɔp	盒子	bə	bə bɔk	云
bhə	bhə ŋia	爱人	brə	brə hɔn	傲慢
tə	tə baŋ	纺织	thə	thə nam	草药
trə	trə kɔŋ	支撑	də	də de	空、空的
dr	drə gau	通俗	rə	rə biaŋ	走廊
lə	lə lai 涨	kə	kə dam	蟹	
khə	khə saui	虚弱	gə	gə gruk	发霉的
ghə	ghə niap	钳子	grə	grə hia	家、屋子
mə	mə kut	王冠	nə	nə nial	倒伏、躺下
ɲə	ɲə ɲʏt	犹豫、支吾	cə	cə cɔk	豺
crə	crə muh	鼻子	chə	chə ɲaŋ	香
sə	sə rup	概括、总共	ˀə	ˀə bat	出现、发生

另一种是除了音首辅音后带一个弱化元音之外，在弱化元音后面还带有一个鼻音辅音。弱化元音一般是 ɔ、ɯə、u，其中 ɔ 音位出现比较多。出现在弱化元音后面的鼻音辅音，一般是 m、n、ŋ、ɲ 等其中一个。例如：

pɔm	pɔm ruŋ 计划、打算	pɔn	pɔn dup 房间
pɔɲ	pɔɲ cɔp 漂亮	pɔŋ	pɔŋ kɔ 开始
bɔm	bɔm nɯŋ 窝棚	bɔn	bɔn lĭc 沉、浸
bɔŋ	bɔŋ rɔət 分隔	tɔm	tɔm lai 价格
tɔn	tɔn drɔm 跺脚	tɔŋ	tɔŋ kiap 剪子
dɔm	dɔm nup 水坝	rɔm	rɔm ŋɔəp 杀
lɔm	lɔm hɔ 开、打开	sɔm	sɔm pɛt 细、小
sɔn	sɔn ch ɯŋ 平坦	sɔɲ	sɔɲ cai 征服、胜
sɔŋ	sɔŋ kat 地区	kɔm	kɔm phɛŋ 城、围墙
kɔn	kɔn sai 后、后面	kɔɲ	kɔɲ chɔl 跳
gɔm	gɔm bi 圣经	cɔm	cɔm nai 浪费
cɔn	cɔn lɔh 空间	cɔɲ	cɔɲ cac 闪光
cɔŋ	cɔŋ ka 下巴	ˀɔm	ˀɔm bu 家庭

| ʔn | ʔn dat 舌头 | ʔɲ | ʔɔɲ ceh 如此 |
| ʔɲ | ʔɔɲ kam 糖 | | |

二 孟高棉语前缀的语义语法范畴

在前述的孟高棉语中，不少词是由一个有意义的词根加前缀构成的，一般分布于名词、动词、代词、形容词、量词等词类上。这些前缀，大都具有一定的词汇意义或语法意义，即与词的形态有着密切关系，主要具有如下的语义语法范畴：

（一）区分词类

1. 克木语的名词、动词、形容词等实词都配置有一定的前缀，通过加前缀派生新词，区分词类。

动词词根加 smʹ、snʹ、sŋʹ、kmʹ、tmʹ、tɕnʹ、srʹ、rŋʹ、rmʹ等前缀后，派生出与词根词汇意义有关联的名词或量词。例如：

动词	词义		名词	词义
pɔʔ	扫	→	smʹpɔʔ	扫帚
děn	坐	→	snʹděn	椅子
kloi	挂	→	sŋʹkloi	项圈
hǔk	刷	→	sŋʹhǔk	刷子
sih	睡、睡觉	→	sŋʹsih	被子
num	撒尿	→	kmʹnum	膀胱
kah	解、分开	→	tmʹkah	岔口
tɕr ɯp	盖、套	→	tɕnʹtɕr ɯp	盖子、套子
kɛp	剪	→	srʹkɛp	钳子
kɔŋ	堆、积	→	rŋʹkɔŋ	山
buh	背	→	rmʹbuh	（一）背
dʑan	跨	→	rŋʹdʑan	（一）步
dʑrɯaih	梳	→	dʑrɯaih	梳子

形容词词根，加 prʹ、nʹ等前缀后，派生出与词根词汇意义有关联的名词。例如：

形容词	词义	→	名词	词义
tɕǎŋ	苦	→	prʹtɕǎŋ	胆
deʔ	低	→	n̩ʹdeʔ	矮子
dʑɔʔ	瘦	→	n̩ʹdʑɔʔ	瘦子

2. 德昂语中，部分动词词根加前缀 aʹ后，可以派生出与词根词汇意义有关联的名词。例如：

动词	词义		名词	词义
gip	钳、夹	→	a′gip	剪子、钳子
bɛːt	钩	→	a′bɛːt	鱼钩
tɛˀ	量	→	a′tɛˀ	尺子
ŋoi	坐	→	a′ŋoi	凳子

德昂语中，部分动词词根加与词根声母同部位的自成音节鼻音 m̩′、n̩′、ŋ̩′等前缀后，派生出与词根意义有关联的名词。例如：

动词	词义		名词	词义
măh	敲	→	m̩′măh	锤子
tɕɔ̆ŋ	站立	→	n̩′tɕɔ̆ŋ	豆纤
grop	抱	→	ŋ̩′grop	（一）抱

德昂语中，部分动词或形容词词根，前面加前缀ˀ′，可以派生出与词根词汇意义有关联的名词。例如：

动词、形容词	词义	加ˀ′		词义
săh	阉割	→	ˀ′săh	专指阉公猪
vɔ̆ŋ	黑	→	ˀ′vɔ̆ŋ	阿黑、专指黑狗
lui	白	→	ˀ′lui	阿白、专指白狗
lɔ̆k	聪明	→	ˀ′lɔ̆k	聪明人
pra	偷	→	ˀ′pra	小偷

3 莽语中，部分动词或形容词的词根前加 m′、ˀ′、g′等前缀后，可以派生出与词根词汇意义有关联的名词。例如：

动词形容词	词义		名词	词义
tɕăŋ⁵⁵	称	→	m′tɕăŋ⁵⁵	秤
tɕɔp⁵⁵	挖	→	m′tɕɔp⁵⁵	挖具、锄
tɔ̆k⁵⁵	包	→	m′tɔ̆k⁵⁵	包儿
hɔ̆t⁵⁵	鞭打	→	m′ɔ̆t⁵⁵	鞭子
văt⁴²	鞭打	→	m′văt⁴²	鞭子
θaŋ⁴¹	耙	→	m′θaŋ⁴¹	耙子
gɤu⁵⁵	锯	→	ˀ′gɤu⁵⁵	锯子
hăŋ⁵⁵	养	→	ˀ′hăŋ⁵⁵	家畜
vaŋ²¹⁴	臭	→	ˀ′vaŋ²¹⁴	小臭鼠
ˀɪ̆p⁵⁵	钳、夹	→	g′ˀɪ̆p⁵⁵	钳子
pɪ̆t⁵⁵	热	→	g′pɪ̆t⁵⁵	汗

在原有的名词之前加上 g′、tŋ′等前缀，转化为另一个在意义上与词根词汇意义相关的名词。例如：

莽语	词义	→	莽语	词义
ˀɛ⁴¹	力气	→	g′ˀɛ⁴¹	工钱
ȵɛ⁴¹	火	→	tŋ′ȵɛ⁴¹	打火具
nǎˀ²⁴¹	田	→	tŋ′nǎˀ²⁴¹	田棚

4 布朗语的部分动词性或名词性词根，加上自成音节的鼻音 m̩′、n̩′、n̪′、ŋ̍′等前缀后，可以表示以下几种附加的语法意义。

词根为动词加上前缀后，可以派生出与词根词汇意义有关的名词。例如：

动词	词义	名词	词义
phil̩³⁵	扫	→ m̩′phil̩³⁵	扫帚
sat³⁵	梳	→ n̩′sat³⁵	梳子
çɤp³⁵	扇	→ n̪′çɤp³⁵	扬谷风扇
ki⁴⁴	拄	→ ŋ̍′ki⁴⁴	拐杖

词根为动词或名词加上前缀后，可以派生出与词根词汇意义有关的量词。例如：

动词、名词	词义	量 词	词义
mɛk³⁵	抱	→ m̩′mɛk³⁵	一抱
sek³⁵	凿	→ n̩′sek³⁵	一凿、凿一下
tɕhak⁴⁴	铲	→ n̪′tɕhak⁴⁴	一铲、铲一下
kɯm⁴⁴¹	簸	→ ŋ̍′kɯm⁴⁴¹	一簸、簸一次
ȵa⁴⁴	家、屋	→ ŋ̍′ȵa⁴⁴	一屋子的（人）

5 佤语的部分动词性词根加前缀 si 后，可以派生出与词根词汇意义有关的名词。例如：

动词	词义	名词	词义
vɔk	收割	→ si vɔk	镰刀
man	放	→ si man	淌走
jᴇ̱h	间苗	→ si jᴇh	稀疏

6 柬埔寨语中，大多数的前缀与其词的形态变化有着密切关系，具有一定的语义语法功能，是词形态变化的主要形式和手段之一。具有区分词类的前缀主要有以下几种：

前缀 mə-：

柬埔寨语转写	柬埔寨语现读音	词义动词、形容词	柬埔寨语转写	柬埔寨语现读音	词义名词
jūr	cù:	酸的 →	mjūr	məcù	酸水果

| c̍t | cɔt | 收缩 | → | mct | məcɔt | 腌制的食物 |
| hūp | hoːp | 吃 | → | mhūp | məhoːp | 食物 |

前缀 sɔN -（N 代表不同的鼻音韵尾）：

柬埔寨语	柬埔寨语	词义	柬埔寨语	柬埔寨语	词义
转写	现读音		→转写	现读音	
转写	现读音	动词、形容词	→转写	现读音	名词
kāt'	kat	砍	→ snkāt	sɔŋkat	判决
kin	kɤn	碾碎	→ s ̍nkin	sɔŋkɤn	粉末
so'm	saɤm	潮湿的	→ snso'm	sɔnsaɤm	露水

前缀 cɔN -、pɔN -、rɔN -、ˀɔN -：

柬埔寨语	柬埔寨语	词义	柬埔寨语	柬埔寨语	词义
转写	现读音	动词、形容词	转写	现读音	名词或形容词
dəl	tʷəl	支撑	→ cndl	cəntʷəl	杆、柱
kōṇ	kaoŋ	弯曲的	→ cṃkōṇ	cɔmkaoŋ	弯
ṭōt	daot	截穿	→ ˀṇṭōt	ˀɔndaot	拷问
puk	bok	捣碎	→ ˀṃpuk	ˀɔmbok	碎米
vāl	vɔl	测量容积	→ r ̍nvāl	rɔ̀ŋvɔ̀əl	容积器
vaš	vɔ̀əs	测量长度	→ rnvās	rɔ̀ŋvɔ̀əs	测量仪

（二）区分动词的他动与自动范畴

1. 克木语中，部分他动词词根加 m̍'、n̍'、ŋ̍'、tr'等前缀后，派生出与词根词汇意义相关的自动词。例如：

	他动词			自动词	
pǎr	卷	→	m̍'pǎr	自行卷起	
paŋ	开	→	m̍'paŋ	自行打开	
pɔh	摘	→	m̍'pɔh	自行落下	
put	剥	→	m̍'put	自剥	
puik	脱	→	m̍'puik	自脱	
bɔˀ	包	→	m̍'bɔˀ	自包	
toh	脱	→	n̍'toh	自行脱落	
lup	盖	→	n̍'lup	自盖	
kah	解	→	ŋ̍'kah	自行解开	
pǎk	掰	→	tr'pǎk	自掰	

2. 德昂语中，部分他动词词根加 m̩'、ŋ̍'、k'、等前缀后，派生出与词根词汇意义相关的自动词。例如：

	他动词			自动词
bui^{ʔ}	脱	→	m̩'bui^{ʔ}	自行脱落
găuh	解	→	ŋ̍'găuh	自解、松开
lia^{ʔ}	剥	→	k'lia^{ʔ}	自行脱离
lah	折断	→	k'lah	自行断落
bia^{ʔ}	撕	→	k'bia^{ʔ}	自行裂开
pɤh	开	→	k'pɤh	自行开启

3. 布朗语中，部分他动词词根加 m̩'、n̩'、ŋ̍'等前缀后，派生出与词根词汇意义相关的自动词。例如：

	他动词			自动词
puik^{35}	脱	→	m̩'puik^{35}	自脱、落下
toh^{35}	开	→	n̩'toh^{35}	自开、敞开
kah^{35}	解	→	ŋ̍'kah^{35}	自解、散开

（三）区分动词的使动范畴

1. 克木语中，部分动词（一般是非自主动词）词根加 pn'、pr'、ph'等前缀后，成为使动词。例如：

	动词			使动词
kloi	挂	→	pn'kloi	使挂上
gai	还、回	→	pr'gai	使还、使回
sin	熟	→	ph'sin	使熟
bu^{ʔ}	吮吸	→	pn'bu^{ʔ}	喂（奶）
tŏk	啄	→	pn'tŏk	喂（鸡）
mah	吃	→	pn'mah	使……吃

2. 莽语中，部分动词、形容词词根加上 p'、t'等前缀后，成为使动词。例如：

莽语			莽语	使动词
ta^{55}	站立	→	p'ta^{55}	使站立
ʔu^{55}	搬	→	p'ʔu^{55}	使搬
ʔo^{55}	进入	→	p'ʔo^{55}	使进入
ʔo^{55}	裂开	→	p'ɖo^{55}	使裂开
gɤ̆m^{42}	出水	→	p'gɤ̆m^{42}	使出水

lǒŋ⁵⁵	倒下	→	t'lǒŋ⁵⁵	使倒下
vuam⁵⁵	破	→	t'vuam⁵⁵	使破
hǎt⁵⁵	熄	→	t'hǎt⁵⁵	使熄
θǎɯ⁵⁵	喜欢	→	p'θǎɯ⁵⁵	使喜欢
lɛn⁵⁵	勤快	→	p'lɛn⁵⁵	使勤快
pø̌ʔ⁴²	起来	→	p'pø̌ʔ⁴²	使起来
pǎt⁵⁵	尖	→	p'pǎt⁵⁵	使尖
θu⁴¹	黑	→	p'θu⁴¹	使黑

3. 布朗语中，部分形容词、动词（一般是非自主动词）词根加 ŋ̍'、ŋ̍'、n̩'等前缀后，成为使动词。例如：

动词、形容词			使动词	
hɤn³⁵	多	→	ŋ̍'hɤn³⁵	使多、增加
lɛiŋ⁴⁴¹	少	→	n̩'lɛiŋ⁴⁴¹	使少、减少
jɤm⁴⁴¹	死	→	n̩'jɤm⁴⁴¹	使死、杀
khχɔn³⁵	醒	→	ŋ̍khχɔn³⁵	弄醒

4. 柬埔寨语中，部分动词（一般是非自主动词）词根加 pə–、phə–等前缀后，成为使动词。例如：

柬埔寨语 转写	柬埔寨语 现读音	词类 动词	→	柬埔寨语 转写	柬埔寨语 现读音	词类 使动词
rāy	rìəy	分散	→	prāy	pəraːy	使分散
rian	rìən	学习	→	prian	pəriən	使学
n̍ūt	ŋuːt	弄潮	→	ph̍nūt	phəŋoːt	使……湿
cāɲ	cāɲ	失败	→	phcāɲ	phəcaɲ	使失败
ṭēk	deːk	睡觉	→	phtēk	phədeːk	使睡
ruam	rùəm	集中	→	bruam	pərùəm	使聚集
ɲās	ɲɔəs	孵化	→	bhɲās	phəɲɔəs	使孵化
jit	cɯt	接近	→	bhjit	phə̍cɯt	使结合

部分动词（一般是非自主动词）词根加前缀 bɔN –（N 代表不同的鼻音韵尾）后，成为使动词。例如：

柬埔寨语 转写	柬埔寨语 现读音	词类 动词	→	柬埔寨语 转写	柬埔寨语 现读音	词类 使动词
ho'r	haɤ	飞	→	pn̍ho'r	bɔŋhaɤ	使……飞

khus	khos	错、错误	→	pṅkhus	bɔŋkhos	使出错
gāp̄	kɔep̄	高兴的	→	pṅgāp̄	bɔŋkɔep̄	使高兴
cūl	coːl	进、入	→	pɲcūl	bɔŋcoːl	使……进入
tūc	toːc	小	→	pntūc	bɔntoːc	削弱
ṭuḥ	doh	成长	→	pntuḥ	bɔndɔh	使……种植
pak̄ʼ	bak	破、裂	→	pmpak̄ʼ	bɔmbak	使……破裂

（四）区分动词的单向与交互范畴

1. 德昂语中，部分动词词根加前缀 kʼ后，区分动词的单向与交互范畴。例如：

单向动词	词义		交互动词	词义
mǎh	独自敲	→	kʼmǎh	相敲、相打
sɔːn	独自想	→	kʼsɔːn	相互想念
duh	独自顶撞	→	kʼduh	相互顶撞
klaʔ	独自砍	→	kʼklaʔ	相互对着砍
pɛt	扔	→	kʼpɛt	相互分离
ʔeh	骂	→	kʼʔeh	吵架
grop	抱	→	kʼgrop	拥抱
grai	讲	→	kʼgrai	讲价

2. 布朗语中，部分动词词根加前缀 kʼ后，区分动词的单向与交互范畴。例如：

单向动词	词义		交互动词	词义
lɯh⁴⁴	打	→	kʼlɯh⁴⁴	相互打架
maiŋ³⁵	要	→	kʼmaiŋ³⁵	相爱
nɔk³³	看	→	kʼnɔk³³	相互看
mɔk³³	砍	→	kʼmɔk³³	相互砍
tɕoh³³	帮助	→	kʼtɕoh³³	相互帮助
mɤl³³	骂	→	kʼmɤl³³	相互骂

（五）区分代词的性或数范畴

克木语第二、第三人称单数的阴性词加上前缀 sʼ，可转化为第二、第三人称双数（不分阴、阳性）。例如：

第二、第三人称单数			第二、第三人称双数
ba	你（女性专用）	→	sʼba 你俩
na	她	→	sʼna 他俩

从目前的材料看，仅发现克木语具有此语法范畴。

三 小结

通过对克木语、德昂语、莽语、布朗语、佤语、柬埔寨语等语言的前缀系统，从语音结构进行分析，找出了前缀在语音结构上的不同类型。同时，在这些孟高棉语言中，其前缀与词的形态变化有着密切关系，往往具有一定的词汇意义和语法意义，是词的形态变化的主要形式和手段之一。文章在进行考察后，指出孟高棉语言前缀具有区分词类、区分动词的他动与自动、区分动词的自主与非自主、区分动词的单向与交互、区分代词的性或数等语义语法范畴，找出了这些语言之间所具有的语言共性。

参考文献

［1］ 王敬骝：《中国孟高棉语研究概况》，《民族调查研究》1985 年第 4 期。

［2］ 王敬骝：《克木语调查报告》，《布朗族社会历史调查（三）》，云南民族出版社，1986。

［3］ 王敬骝：《莽语调查报告》，《民族调查研究》1986 年第 4 期。

［4］ Karnchana Nacaskul, The syllabic and morphological structure of Cambodian words, Mon-khmer Studies VII. by Philip N. Jenner, USA：Hawaii University Press, 1978：183 – 200.

［5］ 陈国庆：《克木语研究》，民族出版社，2002。

［6］ 陈相木、王敬骝、赖永良：《德昂语简志》，民族出版社，1986。

［7］ 高永奇：《莽语研究》，民族出版社，2003。

［8］ 李道勇、聂锡珍、邱锷锋：《布朗语简志》，民族出版社，1986。

［9］ 王敬骝：《佤语研究》，云南民族出版社，1994。

［10］ 周植志、颜其香：《佤语简志》，民族出版社，1984。

［11］ 颜其香、周植志：《中国孟高棉语族语言与南亚语系》，中央民族大学出版社，1995。

［12］ Judith M. Jacob, *A concise Cambodian – English dictionary*, London：Oxford University Press, 1974.

Prefixes of Mon – Khmer Languages

Abstract：Some of the words of Mon – Khmer languages have a certain kind of prefixes which are the main grammar forms and methods of these languages wordformation or formative. This thesis finds the phonetic types of the prefixes of Mon – Khmer languages by investigating the phonetics of the prefixes of Khemu, De'ang, Mang, Bulang, Wa and Cambodian. It also finds semantic and grammatical categories of the distinguishing parts of speeches, and the distinguishing resultative and active categories of verbs, and the marking causative formation of verbs, and the distinguishing unidirectional and reciprocal categories of verbs, and the marking gender or number categories of pronouns etc. through comparing and analyzing the lexical meaning and grammatical meaning of these prefixes. And it is trying to discover the commonness among these languages.

Keywords：Mon – Khmer Languages　Prefix　Major Syllable　Minor Syllable

原载于《语言研究》2010 年第 1 期

独龙语的向格标记 – le^{31}

杨将领

摘　要　本文以独龙江方言中部土语孔目话为代表，描写、分析了独龙语 – le^{31} 的分布及其功能，指明它是一个"向格"标记。并通过方言土语以及与一些亲属语言和有格标记系统的非亲属语言的比较，讨论相关的一些问题。

关键词　独龙语　向格标记　亲属语言

独龙语组织句法的语法成分 – le^{31}，孙宏开先生在《独龙语简志》中将其列入到"在句中主要用来指明句子成分，或者用来表示句子成分之间的结构关系"的"结构助词"里面（1982 年），并对其用法或功能有比较详细的描写。独龙语的 – le^{31} 可以加在地点、处所名词，动词及动词短语，人称代词、名词以及疑问代词后，本文以独龙江方言中部土语孔目话为代表，对独龙语 – le^{31} 的分布及其功能作进一步的描写分析，指明它是一个"向格"标记。并通过方言土语以及与一些亲属语言和有格标记系统的非亲属语言的比较，讨论相关的一些问题。

一　独龙语 – le^{31} 的功能分布

独龙语的 – le^{31} 有如下几种句法作用：

（一）加在地点、处所名词或代词后，表示动作是朝着这个方向进行的。如：

（1）ŋɑ^{53}　　lə^{31}kɑ^{55}　　– le^{31}　　ŋaŋ^{55}. 我上山去。

　　　我　　　山　　　– 向格　　上

（2）əŋ^{53}　　çeŋ^{55}　　– le^{31}　　di^{55}　　– di^{31}.　他去县城了。

　　　他　　　县城　　　– 向格　　走　　– 体/离心

（3）puŋ^{55}　　ɹu^{55}　　– le^{31}　　çɔm^{53}　　– di^{31}.　阿普到下面去了。

　　　阿普　　下面　　– 向格　　下　　– 体/离心

（4）xɹɤ^{55}　　kɔ^{55}　　– le^{31}　　pə^{31} –　　sɔ：^{55}　　– bɯ^{31}. 篮子送到那儿去。

　　　篮子　　那　　– 向格　　人称 – 送 – 2 单强　　– 离心

（二）两个动词连用时，加在第一个动词短语后，表示该短语是后一谓语动词动作的目的。如：

（5）ŋɑ⁵³　ɕiŋ⁵⁵　ɹi⁵⁵　－le³¹　　di－ŋ⁵⁵．我去背柴。

　　我　　柴　　背　－向格　　走－1 单。

（6）əŋ⁵³　kəi⁵⁵xui⁵⁵　wɑ⁵⁵－le³¹　　di⁵⁵－di³¹．他去开会了。

　　他　　开会　　做－向格　　走－体/离心

（7）puŋ⁵⁵　dʐə³¹ɹe⁵⁵　dɔn⁵⁵－le³¹　　sɑ－ŋ⁵⁵niŋ³¹．（我）把阿普送去读书吧。

　　阿普　　书　　读－向格　　送－1 单　语助

（三）独龙语的 －le³¹ 还可加在人称代词、疑问代词以及名词等"间接宾语"后，表示间接受动者。如：

（9）ɟɑ⁵⁵　əŋ⁵³－le³¹　　pə³¹－dʐɔːn⁵⁵．（你）把这个交给他。

　　这个　　他－向格　　命令－交－2 单强

（10）tən⁵⁵ni⁵³　ə³¹mɹɑ⁵⁵－le³¹　　lit⁵⁵　dʐəŋ⁵⁵－sɑ³¹　e⁵⁵．今天要给地里施肥。

　　今天　　地－向格　　肥料　装－名物化　是

（11）kɔ⁷⁵³　əŋ³¹　dzɑ⁵⁵ɕɔl⁵⁵　də³¹gɔi⁵⁵－le³¹　pə³¹－biː⁵⁵．（你把）那冷饭给狗吃吧。

　　那　饭　冷　　狗－向格　　命令－给

（12）ŋul⁵⁵　ə³¹mi⁵⁵－le³¹　　nə³¹－　dʐɔːn⁵⁵－luŋ³¹．钱（你）交给谁了？

　　钱　谁－向格　　人称－　交－体/非亲见

这里带 －le³¹ 标记的"间接宾语"并不是句尾谓语动词的直接对象，而是动作的方向。如（9）句"他"是"交给"这个动作实施对象，（10）句"地"是"施肥"对象。

上述 3 种情况是独龙语 －le³¹ 的基本用法，可以将其概括为：主要加在代词、名词和动词性短语后指示某种行为动作的方向或目的。从"格"的角度可称其为"（方）向格"标记。这里的"向格"有时（如上述第三种情况）类似于一般人们所说的"与格"，但涵盖面比"与格"更广。

独龙语的向格标记 －le³¹，还有一些延伸的用法：

（a）加在人称代词或人称名词后，表示"直接宾语"，即是动作的直接受动者。如：

（13）əŋ⁵³　ŋɑ⁵³－le³¹　　tə³¹　ɔŋ⁵³．他在骂我。

　　他　　我　－向格　　骂

（13）这样的句子中，－le³¹ 也可以省略。省略与不省略的区别在于：不省略时语义上更强调施事动作的方向性，如（13）句强调"他""骂"的动作是朝着"我"的。其实，这里指示的也是动作的方向。

独龙语典型的支配性动作或及物动词的受事（或"宾语"），不带任何标记。如：

（14）ŋa^{53}　əŋ^{31}　dza^{55} – kəi^{55}.　　我在吃饭。

　　　我　　饭　　吃 – 1 单

（15）puŋ^{55}　əŋ^{31} məi^{53} – mi^{31}　saːt^{55}　　　– di^{31}.　　　阿普被他妈妈打了。

　　　阿普　他妈妈 – 施格　打 – 3 单　 – 体/亲见

例句（14）（15）中受事"饭"和"阿普"都不需带标记，是零形式。其中，（14）句通过词义搭配关系就可以明确"我"肯定是施事，"饭"是受事，而不是相反。（15）句中"阿普"和"他妈妈"则是通过施事（他妈妈）带施格标记 – mi^{31} 区分了施事和受事关系。

独龙语的施事带施格标记是一种特殊的强调句①，有了施格标记，施事和受事前后位置可以互换，不影响逻辑意义。例如，（15）句可以变换为：

（16）əŋ^{31} məi^{53} – mi^{31}　puŋ^{55}　saːt^{55}　　　– di^{31}.　　　他妈妈打了阿普。

　　　他妈妈 – 施格　阿普　打　 – 体/亲见

这种位置的调换，不影响施事和受事的逻辑关系，只是一种"焦点"的变化，即信息结构的变化。

独龙语的"进行体"动词采用零形式，施事不能被强调。此时，施事和受事关系要靠语序位置来区分，施事要在前，受事在后。如：

（17）puŋ^{55}　əŋ^{31} məi^{53}　sət^{55} – ɹa^{31}.　　阿普在打他妈妈。

　　　阿普　他妈妈　　打 – 亲见

（18）əŋ^{31} məi^{53}　puŋ^{55}　sət^{55} – ɹa^{31}.　　他妈妈在打阿普。

　　　他妈妈　阿普　　打 – 亲见

（17）句"阿普"在前，肯定是施事，"他妈妈"在后，是受事。（18）句刚好与（17）句相反。

（b）加在动词或动词性短语后，句末谓语动词表示施事对这些动作的某种感觉、态度。如：

（19）ŋa^{53}　dzɔŋ^{53} – le^{31}　ma^{31} – pə^{31}ɹek^{55}　ə^{31}kat^{55}　　– le^{31}　　pə^{31}ɹek^{55}.

　　　我　冷 – 向格　　否定 – 怕 – 1 单　　热　　 – 向格　怕 – 1 单

　　　我不怕冷，（我）怕热。

（20）ŋa^{53}　muʔ^{55}　də^{31}ɹɯŋ^{53}　　– le^{31}　ma^{31} – pə^{31}ɹek^{55}.　　我不怕打雷（声）。

　　　我　天　　响　　 – 向格　否定 – 怕 – 1 单

（21）əŋ^{53}　e^{31}wa^{55}　gɔʔ^{55} – le^{31}　ə^{31}gəm^{55}　mə^{31} – ta – ŋ^{55}.　我不喜欢听他这样说。

　　　他　这样　说 – 向格　　好的　否定 – 听 – 1 单

---

① 关于独龙语的强调句，请参阅戴庆厦先生 1986 年的文章，以及笔者 2000 年的文章。

例句（19）～（21）中 – le^{31} 的作用也是指示动作的方向。如（19）句"热"是"怕"的对象，（21）句"他这样说"是"不喜欢听"的对象。

（c）加在人称代词或名词短语后，表示这些人称代词或名词短语某种"牵涉"到的动作状态。如：

（23）ŋɑ^{53}　gɔŋʔ^{55}　kɑ^{55}　əŋ^{53} – le^{31}　ə^{31}tɑ^{55}çɯ^{31} – wɑ^{31}. 我说的话他（说）听得见。

　　　　我　说 – 1 单　话　他 – 向格　听得见 – 转述

（24）ə^{31}jɑ^{55}　ɟɑ^{53} – le^{31}　ə^{31}ɟeɟ^{55}çɔ^{31}. 那个（我）这边看得见。

　　　　那个　这 – 向格　　看得见

（25）tən^{55}　əŋ^{53} – le^{31}　mɑ^{31} –　ə^{31}dʑi^{55}çɔ^{31}. 现在（咱们）追不上他了。

　　　　现在　他 – 向格　否定 –　追得上

例句（23）～（25）中 le^{31} 还是指示某种方向。如（23）句"我说的话"是相对于"他"的"听得见"的方向关系状态。三个例句中句尾动词是由及物动词词根 tɑ^{55}"听见"、ɟeɟ^{53}"看见"和 dʑi^{55}"追上"加上前缀 ə^{31} – 和后缀 – çɔ^{31} 构成的动词，表示某种"可能"的状态，独龙语里这样的动词数量很少，前缀 ə^{31} – 和后缀 – çɔ^{31} 的来源目前还不能确定。

下面我们看方言土语的情况。

二　方言土语的情况

独龙语的向格标记各方言土语形式有所差别：北部土语如迪政当（村）话形式与孔目话一致，但南部土语巴坡话和怒江方言双拉村话形式不同。如表 1 所示：

表 1

方言土语	迪政当话	孔目话	巴坡话	双拉话
形式	– le^{31}	– le^{31}	– dʑən^{31}	– bə^{31} / – gɑ^{31}

各方言土语的功能基本是一致的，如南部的巴坡话：

（25）ə^{31}pəi^{53}　çeŋ^{55} – dʑən^{31}　di^{55}　　– di^{31}. 爸爸去县城了。

　　　　爸爸　县城 – 向格　去 – 体/离心

（26）ŋɑ^{53}　çiŋ^{55}　ɹi^{55} – dʑən^{31}　di^{55}　　– dəm^{31}wɑ – ŋ^{31}. 我要去背柴。

　　　　我　柴　背 – 向格　走　– 将行 – 1 单

（27）jɑ^{55}　nə^{31}məi^{53}　– dʑən^{31}　nə^{31} – zɔː$^{}$n^{55}.　　这个交给你妈妈。

　　　　这个　你妈妈　– 向格　命令 – 交给 – 2 单强

（28）ŋɑ^{53}　əŋ^{53} – dʑən^{31}　mɑ^{31} –　pə^{31}ɹek^{55}. 我不怕他。

　　　　我　他 – 向格　否定 – 害怕 – 1 单

怒江方言双拉话里向格标记有两种形式 – bə³¹和 – gɑ³¹, – bə³¹一般加在人称代词（例句29）和动词性短语（例句30、31）后。如：

(29) jɑ⁵⁵dɑ³¹ əŋ⁵³ – bə³¹ bə³¹ – zɔŋ⁵³ zɑ³¹. 把这个交给他。

　　　这个　　他 – 向格　　命令 – 交　语助

(30) əŋ⁵³ çɔŋ⁵⁵ wɑ⁵³ – bə³¹ dʑi⁵³ – tçɔ³¹. 他去砍柴了。

　　　他　柴　做 – 向格　　去 – 体

(31) əŋ⁵³ əŋ³¹zɑ⁵⁵ ke⁵³ – bə³¹ dʑi⁵³ – tçɔ³¹. 他去吃饭了。

　　　他　饭　吃 – 向格　　去　　 – 体

– gɑ³¹一般加在名词短语后面，表示动作的目的地。如：

(32) gɯ⁵³ kui³¹miŋ⁵³ – gɑ³¹ zə³¹ge⁵⁵ dɔn⁵³ dʑɔ – ŋ⁵⁵。我去昆明上学。

　　　我　昆明 – 向格　书　读　去 – 1单

(33) əŋ⁵³ mə³¹li⁵³ – gɑ³¹ dʑi⁵³ – tçɔ³¹. 他到野外去了。

　　　他　野外 – 向格　去　　 – 体

两种形式也可以同时出现在一个句子中。如：

(34) əŋ⁵³ çen³¹tsiŋ⁵³ – gɑ³¹ jɔʔ⁵⁵ wən⁵³ – bə³¹ dʑi⁵³ – tçɔ³¹.

　　　他　县城 – 向格　衣服　买 – 向格　去　　 – 体

她去县城买衣服去了。

双拉话向格标记 – bə³¹和 – gɑ³¹功能上的不同分布是很明显的。

独龙语方言土语之间向格标记的形式差异不是历史音变的结果，即在来源上是不同的。我们下面再看亲属语言的情况。

三　亲属语言的情况和"宾格问题"

国内藏缅语研究论著如"简志"系列丛书一般是用"助词"下的"结构助词"小类指称格标记。藏缅语不同语言之间，即便是同一语言的方言土语之间"结构助词"或格标记的关系比较复杂，有的可能有同源关系，而有的则来源不同。先挑选10多种与独龙语向格标记用法相似的亲属语言某种格标记做个比较：

表 2

语言	标记	说明（其他用法）
独龙语	– le31/ – dʐəŋ31 – / – bə31/ – gɑ31	—
嘉戎语	– s	兼表"从由""由于……缘故"等意义
景颇语	– pheʔ⁵⁵/ – eʔ⁵⁵	口语多用 – eʔ⁵⁵
蒲溪羌语	– ʐo	兼表"受益格"

续表

语言	标记	说明（其他用法）
怒苏语	$-na^{35}$	—
哈尼语	$-jɔ^{55}/-a^{33}$	$-a^{33}$ 兼表"处所"
错那门巴语	$-le^{31}$	兼表比较的意义
仓洛门巴语	$-ka^{13}$	有 ŋa、ça 等几种变体，兼表"处所"
傈僳语	$-tɛ^{55}/-kua^{44}$	$-tɛ^{55}$ 兼表领属关系，$-kua^{44}$ 兼表"处所"
载瓦语	$-le^{55}/-ʒe^{55}$	加在需要停顿的时间状语后
阿昌语	$-te^{55}$	—
阿侬语	$-ba^{31}/-kha^{31}$	$-kha^{31}$ 兼表（容器）工具格

从表 2 以及与表 1 的对比可以看出：有的亲属语言有的格标记可能和独龙语有同源关系（如错那门巴语 $-le^{31}$、载瓦语 $-le^{55}$ 和独龙语孔目话的 $-le^{31}$，载瓦语另一个 $-ʒe^{55}$ 和独龙语巴坡话的 $-dʑəŋ^{31}-$，阿侬语的 $-ba^{31}/kha^{31}$ 和独龙语双拉话的 $-bə^{31}/-ga^{31}$），而有的格标记则明显不是同源成分（如蒲溪羌语的 $-ẓo$ 和阿昌语的 $-te^{55}$）。

表 2 里亲属语言的格标记或"结构助词"有的论著里被描述为表示"宾语"或"间接宾语"的语法成分（这些成分同时兼有其他用法）。问题是：藏缅语是否有严格意义上的"宾格"？

任何语言的名词或代词都可以分析出来各种"格"这种语义/语法角色，但"格"范畴或标记一般是相对有形态语言而言的。例如，阿尔泰语系语言是（后附型）黏着型语言，普遍有完整的格标记系统。我们用阿尔泰语系语言同一些藏缅语作比较。表 3 是哈萨克语和维吾尔语①的格标记系统：

表 3

	哈萨克语	维吾尔语
主格	—	—
宾格	$-nə/-də/-tə/-n$	$-ni$
领格	$-nəŋ/-dəŋ/-təŋ$	$-niŋ$
与格	$-ʁa/-ge/-qa/-ke/-na/-ne$	$-ʁa/qa/-gɛ/-kɛ$
位格	$-da/-ta$	$-dɛ/-da/-tɛ/-ta$
助格（造格）	$-men/-ban/-pan$	$-dɛ/-da/-tɛ/-ta$
从格	$-dan/-tan/-nan$	$-din/-tin$

① 哈萨克语和维吾尔语的材料引自《哈萨克语简志》和《维吾尔语简志》耿世民、李增祥、赵相如、朱志宁等编著。

如图表 3 所示：两种语言主格都是零形式，其他的格同一种格标记有不同的形式，这是依据前面的音节情况产生的变体。哈萨克语区分位格和助格（造格/工具格）两种格，维吾尔语则不区分，位格和助格的标记完全相同。

通常人们所说的句法上的"直接宾语"和"间接宾语"在阿尔泰语里要使用不同的格标记表示。比较哈萨克语和独龙语的情况：

（35）a.　bygingɨ　kɨjno – nə　kørdəŋ　be.

　　　　　今天　　电影 – 宾格　　看　　吗

　　　b.　tən³¹ni⁵³　tjeŋ³¹ji⁵³　ma⁵⁵ – nə³¹ – ɟaː ŋ⁵³。　今天的电影你看了吗？

　　　　　今天　　　电影　　疑问 – 2 – 看 – 2单强

（35）a 句是哈萨克语，"直接宾语"即及物性动作的直接受事（电影）用宾格标记表示（哈萨克语的宾格标记在意义上与主格不混淆，或者直接宾语或受事是泛指事物等时可以省略；其他情况下不能省略。）；b 句是独龙语，直接宾语（电影）无标记。

哈萨克语的"间接宾语"用与格表示，不能用宾格。如：

（36）a.　men　o – ʁan　temekɨ　usəndəm.

　　　　　我　他 – 与格　烟　　　递

　　　b.　ŋəi⁵³　əŋ⁵³　– le³¹　nɔt⁵⁵　bi – ŋ⁵⁵.　我递给他了烟。

　　　　　我 – 施格　他　– 向格　烟　给 – 1单

（37）a.　sen　məna　χat – tə　o – ʁan　berʃi.

　　　　　你　这　信 – 宾格　他 – 与格　给

　　　b.　na⁵³ – mi³¹　ɟa²⁵⁵　le³¹ɕu⁵⁵　əŋ⁵³ – le³¹　pə³¹ – dzɔː n⁵⁵.

　　　　　你 – 施格　这　信　他 – 向格　命令 – 交给 – 2单强

　　　　　你把这封信交给他。

哈萨克语（a 句）"间接宾语"用与格标记，相当于独龙语（b 句）的"向格"。哈萨克语的与格还可以加在表示地点、处所的名词后，表示施事动作的方向。如：

（37）men　bazar – ʁa　bardəm.　我到巴扎（集市）上去了。

　　　　我　巴扎　　去

（38）bala – lar　mektep　– ke　ketti.　孩子们到学校去了。

　　　　孩子 – 复数　学校　– 与格　去

这里哈萨克语与格标记的用法，跟前面独龙语例句（1）~（4）向格的用法完全相同。

下面我们看一些藏缅语的情况。

景颇语[①]的"宾语助词"是 $-phe?^{55}$，这个助词使用有条件：凡事能发出动作行为并与人有关的名词或代词作"宾语"时一般要加。如：

（39）$\int i^{33} - phe?^{55}$ $tsun^{33} tan^{55}$. 告诉他。

　　　他 -宾助　　　告诉

（40）$s\check{a}^{31} \mathbf{z} a^{33} - phe?^{55}$ $tso?^{55} \mathbf{z} a?^{31}$. 热爱老师。

　　　老师　 -宾助　　　热爱

（41）$\int i^{33}$　$k\check{a}^{31} nu^{31} - phe?^{55}$ $mjit^{31} tum^{55}$　$u?^{31} ai^{33}$. 他想念母亲。

　　　他　 母亲 -宾助　　　想念　　　 -句尾

如果"宾语"是不能施动的事物，即是直接动作对象时一般不加。如：

（42）$\int i^{33}$　$\int at^{31}$　$\int \check{a}^{31} tu^{33}$　 $-\eta a^{31}$　　$- m\check{a}?^{31} ai^{33}$. 他在煮饭。

　　　他　饭　 煮　 -进行貌　　　 -句尾

"宾语"是动物名词，如果施受关系可能混淆时要加宾语助词，不混淆的不加。如：

（43）$wa?^{31} ji^{31}$　$wa?^{31} la^{31}$　$- phe?^{55}$　$k\check{a}^{31} wa^{55}$　$- nu?^{55} ai^{33}$. 母猪咬公猪。

　　　　母猪　　　 公猪　 -宾助　　咬　　　 -句尾

景颇语的 $-phe?^{55}$ 不是典型的宾格标记。哈萨克语里宾格标记要用在"直接宾语（受事）"后面，而景颇语"直接宾语"（如 42 句"饭"）后 $-phe?^{55}$ 不用加。

景颇语的（39）～（41）句如果翻译成独龙语，都要用向格标记 $-le31$，如（41）句要说：

（44）$\vartheta\eta^{53}$　　$\vartheta\eta^{31} m\vartheta i^{53}$　　 $- le^{31}$　　mit^{55}. 他想念母亲。

　　　他　　 妈妈　　 -向格　 想

景颇语的 $-phe?^{55}$ 主要用于人称名词或代词后，使用范围特定，类似于独龙语的向格标记 $-le^{31}$，主要指示动作的方向，而不是受事，如（39）句用 $-phe?^{55}$ 标记的 $\int i^{33}$ "他"只是"告诉"的对象。此外，景颇语的 $-phe?^{55}$ 还可以标记人称"间接宾语"，这里功能就相当于哈萨克的与格和独龙语的向格了。如：

（45）ηai^{33}　$\int i^{33} - phe?^{55}$　$pho\eta^{33} tin^{33}$　$l\check{a}^{55} \eta ai^{51}$　mi^{55}　$ja^{33} - s\check{a}^{33} \eta ai^{33}$. 我给了他一只钢笔。

　　　我　 他 -宾助　　钢笔　　　 一　　 一　 给 -句尾

（46）$^{n} u^{51}$　$\int i^{33}$　$- phe?^{55}$　$mau^{31} mji^{31}$　$khai^{31}$　$- tan^{55}$　$- nu?^{55} ai^{33}$.

　　　妈妈　 他　 -宾助　　 故事　　 讲　 -貌　　 -句尾

妈妈给他讲了故事。

景颇语的 $-phe?^{55}$ 不同于独龙语向格标记的地方在于：不能加在表示动作方向、目

---

① 景颇语材料引自戴庆厦的《景颇语参考语法》，中国社会科学出版社，2012。

的的地点、方位等名词以及动词短语后。试比较：

(47) a. ʃat³¹　ʃa⁵⁵　n³¹na⁵⁵　kat⁵⁵　teʔ³¹　sa³³　kaʔ³¹.　（我们）吃饭后上街去吧。

　　　　饭　　吃　　后　　　街　　里　　去　　– 句尾

　　b. əŋ³¹dza⁵⁵　kəi⁵³　tɔm⁵⁵　gət⁵⁵ – le³¹　di⁵⁵ – sɑ³¹.　吃饭后要去街上

　　　　　饭　　　吃　　后　　街 – 向格　　去 – 名物化

(48) a. a⁵⁵lǎ³¹wan³³　wa³¹　ʃǎ³¹na³¹　– uʔ³¹.

　　　　快快　　　回　　通知　　　– 句尾

　　b. kɹɑʔ⁵⁵　mə³¹sɯl⁵⁵ – le³¹　pə³¹ – lɔʔ⁵⁵.　（你）快回去通知。

　　　　快　　　通知　– 向格　命令 – 回

景颇语（a 句）用词汇手段（47 句 "里"）或连动结构（48 句）表示方向、目的，独龙语则用向格标记表示。

再看嘉戎语①的情况：嘉戎语的 "宾语" 不论是直接宾语还是间接宾语都无标记。有个 "趋向助词" – s，这个黏附性的成分用法很多比较复杂（请参阅林向荣，1993年）。嘉戎语的 – s 有些功能与独龙语的向格标记 – le³¹ 相同。如：

(49) ta – wat　kə – ngu　wə –　po – s　jə – tʃhe – n.　　到九座山外去。

　　　山　　　九　前缀 – 外 – s　前缀 – 去 – 后缀

(50) wəjo　kɐ – ntʃhɐk – s　na – tʃhe.　他到街上去了。

　　　他　　街 – s　　　前缀 – 去

这里嘉戎语的 – s 加在名词后指示动作方向，类似于前面独龙语的（1）～（4）句。嘉戎语双宾语结构句中 – s 不用加在 "间接宾语" 之后。如：

(49)　　mək　　ŋa　tə – ktsa　tə – mbəm　nɐu – we – ŋ.　　他给了我一双鞋。

　　　他 – 施格　我　鞋子　　一双　　前缀 – 给 – 后缀

(50) ŋa　mə　ton　thɐm　tʃɐt　to – səmtso – ŋ.　我告诉他所有的事情。

　　　我　他　事情　所有　的　前缀 – 告诉 – 后缀

(49)、(50) 两句里带双宾语的谓语动词 "给" 和 "告诉" 都是 "三价动词"，动词有两个指向：直接宾语和间接宾语。直接宾语和间接宾语都无标记，语法意义关系要靠施格助词②、语序以及词义搭配关系区分。

目前公布的国内藏缅语材料中尚未发现有典型的宾格标记③的语言，限于篇幅，其

---

① 嘉戎语材料引自林向荣的《嘉戎语研究》，四川民族出版社，1993。

② 嘉戎语（如 40 句）施事是第三人称时，必须后加施格助词；第一、第二人称施事后施格助词可加可不加，但强调施事时必须加。

③ 根据罗仁地（LaPolla, Randy, J.）教授的介绍（1992 年），境外藏缅语有的语言 "非施事者" 有强制性标记，即是有 "宾格标记"。

他藏缅语的情况就不一一列举了。

四 结语

独龙语以黏着手段为主组织语法关系，有比较完整的格标记系统，采用成音节的后缀形式，有施（事）格、工具、从格、向格、位格、领格/属格（仅限于人称名词和代词）等六种格标记[①]。向格标记 – le^{31} 主要加在人称代词、人称名词、地点、方位名词以及动词短语后指示动作的目的、方向或对象等语义角色。

向格和与格在语义、功能上的关系很接近，因此有的语言在形式上不区分这两种格（如独龙语），有的语言（如赫哲语、鄂伦春语）则在形式上区分这两种格。独龙语属于前者，即在形式上不区分向格和与格，而且是一种强制性的语法标记。从功能的涵盖面上来看，把独龙语的 – le^{31} 称之为"向格"标记比较合适。

藏缅语一般都有一些表示某种"格"的结构助词，但各种语言"格"的种类多寡不一，且兼有其他功能（如图表 2 所示）。在来源方面，藏缅语结构助词的关系也很复杂，即便是同一种语言的不同方言土语之间，也有不同来源的（如独龙语）。

典型的"宾格"是相对于传统语法学的句法概念"直接宾语"即及物性动作的支配对象标记而言的。阿尔泰语系语言是典型的有宾格语言，例如，跟"直接宾语"和"间接宾语"密切相关的有主格、宾格和与格之分，其中，主格都使用零形式，不论主格是及物性动作的施事还是非及物性的；"直接宾语"用宾格标记，"间接宾语"用与格标记。

藏缅语则与阿尔泰语有差异。例如，很多语言有施（事）格标记（往往是非强制性的），可以区别施事和受事的语义关系；除施格标记之外，施事关系还可以用其他方式如语序、词义搭配关系（如独龙语 17、18 句，嘉戎语 49、50 句）等来区分。因此，藏缅语"直接宾语"的标记就不是必需的了，这也是藏缅语里典型的宾格标记很罕见的原因。

参考文献

孙宏开：《独龙语简志》，民族出版社，1982。

孙宏开：《怒苏语简志》，民族出版社，1986。

孙宏开：《羌语简志》，民族出版社，1981。

孙宏开、刘光坤：《阿侬语研究》民族出版社，2005。

孙宏开、黄成龙、周毛草：《柔若语研究》，中央民族大学出版社，2002。

---

① 独龙语的格标记系统将另文做介绍。

孙宏开、齐卡佳、刘光坤：《白马语研究》，民族出版社，2007。

孙宏开、徐丹、刘光坤、鲁绒多丁：《史兴语研究》，民族出版社，2014。

孙宏开、陆绍尊、张济川、欧阳觉亚：《门巴、珞巴、人的语言》，中国社会科学出版社，1980 年。

戴庆厦、崔志超：《阿昌语简志》，民族出版社，1985。

戴庆厦、黄布凡等：《藏缅语十五种》，北京燕山出版社，1991。

戴庆厦、徐悉艰：《景颇语语法》，中央民族学院出版社，1992。

戴庆厦、傅爱兰：《藏缅语的述宾结构－兼与汉语比较》，载《方言》2001 年第 4 期。

戴庆厦：《缅彝语的结构助词》，载《语言研究》，1989 年第 2 期。

戴庆厦：《景颇语参考语法》，中国社会科学出版社，2012。

徐悉艰：《景颇语的结构助词》，载《民族语文研究新探》，四川民族出版社，1992。

刘光坤：《麻窝羌语研究》，四川民族出版社，1998。

马学良等：《汉藏语概论》，北京大学出版社，1991。

马学良、戴庆厦、黄布凡等：《藏缅语十五种》，北京燕山出版社，1991。

耿世民：《现代哈萨克语语法》，中央民族学院出版社，1989。

耿世民、李增祥：《哈萨克语简志》，民族出版社，1985。

赵相如、朱志宁：《维吾尔语简志》，民族出版社，1985。

李永燧、王尔松：《哈尼语简志》，民族出版社，1986。

徐琳、木玉璋、盖兴之：《傈僳语简志》，民族出版社，1986。

徐悉艰、徐桂珍：《景颇族语言（载瓦语）简志》，民族出版社，1984。

朝克：《鄂温克语研究》，民族出版社，1995。

林向荣：《嘉戎语研究》，四川民族出版社，1993。

李大勤：《格曼语研究》，民族出版社，2002。

李大勤：《苏龙语研究》，民族出版社，2004。

曹道巴特尔：《喀喇沁蒙古语研究》，民族出版社，2007。

胡素华：《彝语结构助词研究》，民族出版社，2002。

尹蔚彬：《业隆拉坞戎语研究》，民族出版社，2007。

周毛草：《玛曲藏语研究》，民族出版社，2003。

黄布凡：《拉坞戎语研究》，民族出版社，2007。

黄布凡、周发成：《羌语研究》，四川人民出版社，2006。

黄成龙：《蒲溪羌语研究》，民族出版社，2006。

黄成龙：《羌语的施事者及其相关标记》，载 LANGUAGE AND LINGUISTICS 11.2：

249－295，2010－0－011－002－000247－1。

黄成龙：《羌语的非施事者及其相关标记》，载《语言学论丛》第四十一辑。

杨将领：《独龙语的施事和工具格标记》，载《民族语文》2015 年第 1 期。

杨将领：《独龙语的长元音》，载《民族语文》2000 年第 2 期。

杨将领：《独龙语动词的体》，载《中国民族语言文学论集（2）》，民族出版社，2002。

中国少数民族语言"简志"系列丛书。

LaPolla, Randy J. 1992. Anti－ergative marking in Tibeto－Burman. *Linguistics of the Tibeto－Burman Area* 15.1：1－9.

LaPolla, Randy J. 1994. Parallel grammaticalizations in Tibeto－Burman languages：evidence of Sapir's 'drift'. *Linguistics of the Tibeto－Burman Area* 17.1：61－80.

LaPolla, Randy J. 1995a. Ergative marking in Tibeto－Burman. *New Horizons in Tibeto-Burman Morphosyntax*, ed. by Yoshio Nishi, James A. Matisoff & Yasuhiko Nagano, 189－228. Osaka：National Museum of Ethnology.

LaPolla, Randy J. 2004. On nominal relational morphology in Tibeto－Burman. *Studieson Sino－Tibetan Languages：Papers in Honor of Professor Hwang－cherng Gong on His 70th Birthday*, ed. by Ying－chin Lin, Fang－min Hsu, Chun－chih Lee, Jackson

T.－S. Sun, Hsiu－fang Yang & Dah－an Ho, 43－73. Taipei：Institute of Linguistics, Academia Sinica.

原载于《民族语文》2016 年第 5 期

蒙古语标准音辅音音姿

哈斯其木格

摘 要 实验数据显示，蒙古语 16 个辅音音位的发音目标从前往后依次为双唇、齿—龈、龈、龈脊、龈后、龈后斜坡、软腭等部位；发音方法有塞、擦、塞擦、颤、近、鼻音等几种，塞音有送气和不送气之分；擦音有清与浊之分和舌中心与舌边之分；颤音有清浊之分。蒙古语辅音的发音过程由成阻、持阻、除阻等 3 段组成，因辅音发音方法的不同而每个阶段的舌姿态也不相同。

关键词 实验语音学 蒙古语 标准音 辅音 音姿

人们使用传统语音学或实验语音学方法，从多方位描写过蒙古语辅音，其研究著作虽多，但大多数人只有概括性地提到辅音的发音部位和方法，将发音部位固定为某一个点，而忽略了其动态特征和发音机理。著名语音学家 Ladefoged 结合音姿理论和传统辅音研究，从发音目标（articulatory targets）和发音类型（types of articulation）角度对辅音特征进行了剖析。[①] 音姿即发音姿态，是辅音发音过程中的发音器官姿态。发音目标对应于发音部位，但不仅仅是一点，而更加注重收紧点以及发音器官所形成的姿态。发音类型为发音方法。

本文目的是从发音目标、发音方法和发音过程角度解析蒙古语辅音动态特征。辅音的发音过程可解读为"主动发音器官走向发音目标——形成辅音目标姿态——维持目标姿态——主动发音器官离开发音目标"的一个过程。在此过程中，辅音目标以及发音姿态决定其音质。本文语料和参数选自"蒙古语语音动态腭位数据库"[②]，发音人为 1 名男性，45 岁，内蒙古师范大学附属中学数学老师，正蓝旗人。分析语音用了美国 KAY 公司研制的 96 点帧假腭动态腭位仪和 Multi – Speech 3700 语音分析软件。

[①] Ladefoged Peter, *A Course in Phonetics*, fifth edition, 外语教学与研究出版社, 2009, 第 159 页。

[②] 哈斯其木格等：《蒙古语语音动态腭位数据库》，《第九届中国语音学学术会议论文集》，南开大学出版社，2010。

一 蒙古语辅音发音目标

Ladefoged 根据发音目标把辅音分为 11 类，即双唇音、唇齿音、齿音（dental）、齿－龈音（alveolar）、齿龈后音（post－alveolar）、卷舌音、硬腭音、软腭音、小舌音、咽音、声门音等。根据蒙古语标准音辅音发音部位的分布特点，双唇、齿龈、龈后、软腭等部位是蒙古语辅音发音中非常重要的部位。下面根据蒙古语辅音发音目标，分类介绍。

（一）双唇音

［p，β，ɸ，b，pʰ，m］等 6 个辅音的发音目标在双唇，发这些辅音时双唇肌肉紧张，贴合或靠近，舌体相对自由，舌肌松弛。因双唇的贴合或靠近的姿态不同而形成双唇塞音［p，b，pʰ］或双唇擦音［β，ɸ］，双唇鼻音的主要目标为双唇，同时也需要软腭下降，打开鼻腔。

（二）齿－龈音

［t，tʰ，tˡ，tʰˡ，tⁿ，tʰⁿ，ˡt，l，ɬ，n］等 10 个辅音的发音目标在齿龈，发这些辅音时舌尖和舌叶部位肌肉紧张，贴合齿背及前龈部位。

［t，tʰ，tˡ，tʰˡ，tⁿ，tʰⁿ，ˡt］等辅音为塞音，发音过程中舌腭接触面积更大，形成阻塞，经常能接触到后龈部位，如图 1。图 1 为根据多个实例绘制的［t］类音持阻起点、持阻最大点和持阻终点的舌腭接触典型图谱。从图 1 看，这类音的发音目标是齿背、齿龈界及小面积的前龈。

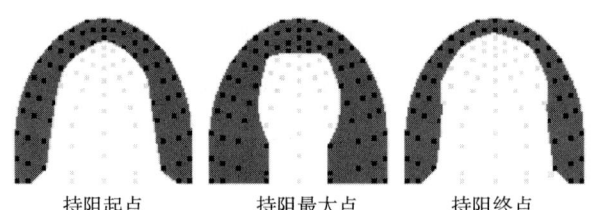

持阻起点   持阻最大点   持阻终点

图 1 ［t］辅音舌腭接触目标状态

［l，ɬ］为边音，发音过程中只有舌尖和舌叶肌肉紧张，舌面及其侧缘肌肉松弛，舌面和硬腭间留出空隙，有时空隙比较靠后。图 2 是边音的舌腭接触典型图谱。从图谱看，舌腭接触点在齿及前龈部位，硬腭边有空隙。

［n］是鼻音，与［m］相同，发音过程中软腭下降。［n］的发音目标与［t］相同，其舌腭接触模式也相同。

（三）龈－龈后音

［s，ʃ，ʧ，ʧʰ，r，r̥，ɹ，ɻ，j］等 9 个辅音的发音目标在龈和龈后部位，发音时舌

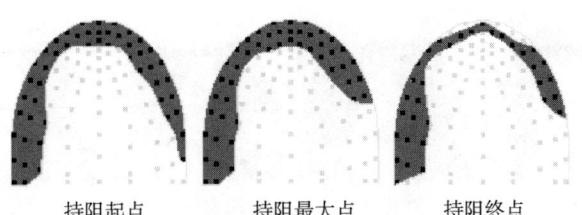

持阻起点　　　　　持阻最大点　　　　持阻终点

图 2　　[1] 辅音舌腭接触目标状态

叶和舌面前部位肌肉紧张，贴合或靠近龈、龈脊或龈后斜坡等部位。

　　[s] 的发音目标在龈区，舌尖和舌叶肌肉紧张，靠近龈区，形成阻碍（如图 3）。

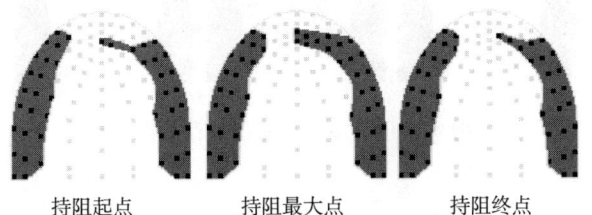

持阻起点　　　　　持阻最大点　　　　持阻终点

图 3　　[s] 辅音舌腭接触目标状态

　　[ʃ] 的发音目标比 [s] 靠后，在龈脊后或龈后斜坡前区，舌叶和舌面前肌肉紧张，靠近龈脊后，形成阻碍（如图 4）。龈脊后是 [ʃ] 的发音目标部位，同时舌面靠近硬腭也是其发音姿态的重要特征。相比图 3 和图 4 可知，发 [ʃ] 音时腭后区出现大面积舌腭接触，表明其舌面较高。与之相反，[s] 的舌面较低。

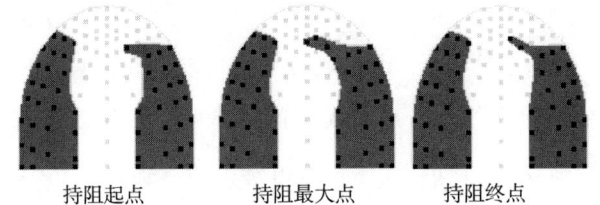

持阻起点　　　　　持阻最大点　　　　持阻终点

图 4　　[ʃ] 辅音舌腭接触目标状态

　　[ʧ, ʧʰ] 的发音目标在龈脊，舌叶和舌面前肌肉紧张，贴合龈脊，阻塞气流。龈脊面积较小，因此发 [ʧ, ʧʰ] 时舌腭接触往往延伸到龈区和龈后区，阻塞最大时延伸面积更大（如图 5）。和 [ʃ] 相同，舌面高，舌面和硬腭间的接触面积较大也是 [ʧ, ʧʰ] 发音姿态的重要特征。

　　蒙古语 [r] 类音发音目标在后龈，舌尖指向后龈，在气流动力下产生颤抖，有规律地接触后龈，在腭位上表现为线条形接触（如图 6）。

　　[j] 的发音目标在龈后斜坡，发音时舌面前肌肉紧张，靠近龈后斜坡，形成阻碍。[j] 是蒙古语腭前区辅音里最靠后的一个辅音。

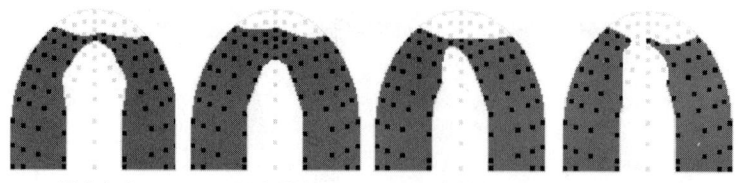

阻塞起点　　　　阻塞最大点　　　　阻塞终点　　　　摩擦终点

图 5　[ʧ] 辅音舌腭接触目标状态

图 6　[r] 辅音舌腭接触目标状态

（四）软腭音

[k, ɤ, χ, g, x, ŋ][1] 等 6 个辅音的发音目标在软腭，发这些辅音时舌面后肌肉紧张，贴合或靠近软腭部位。[2] 因假腭无法覆盖软腭区域，不能实时观察其接触情况。

二　蒙古语辅音发音方法

蒙古语辅音的发音方法有塞、擦、塞擦、颤、近等几种。

（一）塞音

[p, pʰ, b, t, tʰ, tˡ, tʰˡ, tⁿ, tʰⁿ, k, kʰ, g] 等辅音为塞音，发音时主动发音器官贴合发音目标部位，阻塞气流，形成无声间隙；后突然释放阻塞，产生爆破，气流辐射到口外。在这些辅音里，[p, t, k] 为清塞不送气辅音。[pʰ, tʰ, kʰ] 为清塞送气辅音。[b, g] 为浊塞不送气辅音，出现频率很低。[tˡ, tʰˡ] 为边爆音，[tⁿ, tʰⁿ] 为鼻爆音，这两类音和 [t, tʰ] 的区别在爆破部位上。在协同发音作用下，[tˡ, tʰˡ] 的发音过程与后续 [l] 音叠接，除阻部位在腭后区舌侧缘，时序上重合于 [l] 辅音的持阻段。[tⁿ, tʰⁿ] 的爆破除阻方式与之大致相同，除阻部位在软腭处，气流通过鼻腔辐射到外。图 7 是 [tˡ/l] 组合语图和腭位图，8 张腭位图是 3.30 秒到 3.37

---

① 宝玉柱、孟和宝音：《现代蒙古语正蓝旗土语音系研究》，民族出版社，2011。

② 宝玉柱等人用 [χ] 记录了正蓝旗土语小舌清擦音，并指出其发音部位不同于 [x]（宝玉柱、孟和宝音，《现代蒙古语正蓝旗土语音系研究》，民族出版社，2011，第 35 页）。出于简单记录语流变体的目的，本文用 [χ] 记录了标准音/k/音位的软腭清擦音变体，发音部位相近于 [x]，但因收紧程度不同而音质不同。[χ] 的收紧程度大，收紧处的发音器官更紧张，缝隙相对小；[x] 的收紧程度小，发音器官的紧张程度低，缝隙相对大。在听感上 [χ] 的摩擦程度比 [x] 大。

秒间（对应于语图 2 条竖虚线之间）的舌腭接触实图，比较这 8 张腭位图上斜框内 5 个电极的舌腭接触变化可知腭后区舌侧缘舌腭接触面积正在逐渐缩小。从语图可知，3.328 秒处为辅音［tˡ］冲直条的时间，但对应于其的腭位图表明齿龈处无除阻空隙。

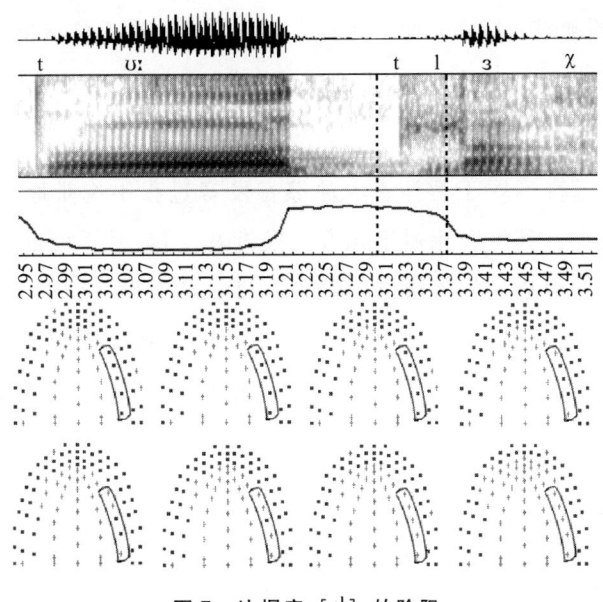

图 7　边爆音［tˡ］的除阻

（二）擦音

［β，ɸ，s，ʃ，ɹ，ɻ，l̥，ɬ，ɣ，x，χ］等辅音为擦音，发音时主动发音器官靠近或指向发音目标部位，形成阻碍，气流通过目标处狭小空隙，产生摩擦。在这些辅音里，［β，ɹ，ɣ，l］为浊擦音，发音时声带振动。［β，ɣ］的摩擦程度较低，也可认为近音。［ɸ，s，ʃ，ɻ，x，χ，ɬ］为清擦音，发音时声带不振动。［l，ɬ］同时也是边擦音，主动发音器官和目标部位之间的缝隙在舌侧缘，其他擦音的缝隙均在舌中心线上。［s，ʃ］辅音持阻段的舌腭接触典型图（图 3 和图 4）是擦音典型图谱。

（三）塞擦音

［ʧ，ʧʰ］为塞擦音，发音时主动发音器官先贴合发音目标部位，形成阻塞，堵住气流，产生无声间隙。过一段时间后舌腭间出现狭小空隙，阻塞点之后的气流摩擦通过此处，形成塞后擦的塞擦音。塞擦音是塞与擦的紧密结合，虽然塞与擦的过程有前后之序，但不可分割，图 5 表明塞擦音塞段（前 3 张图）与擦段（最后 1 张）在同一个发音目标点上。

（四）颤音

［r，r̥］为颤音，发颤音时舌面前侧缘向内收拢，中心下凹，舌尖翘起，指向后龈及龈脊处。声带振动所产生的快速气流通过此处时，颤动舌尖，使其间歇式接触后龈区，产生颤音。［r］为浊颤音，［r̥］为清颤音。蒙古语颤音气流弱，舌尖颤动次数少，舌尖只有 1~2 次抵触龈，特别在两个元音之间，只有一次舌腭接触，在语图上表现为一段 20ms 左右的空白段。

（五）近音

［j］为近音。近音不同于浊擦音。浊擦音发音过程中携带摩擦，近音的发音过程中一般不出现摩擦，其发音相似于元音。发近音［j］时舌面前肌肉紧张，靠近龈后斜坡，形成较细的通道，气流通过此处，声带振动，形成浊音。蒙古语［j］与元音［i］比较相近，尤其出现在词中音节末位置时，其频谱特征和共振峰值都比较相近。蒙古语［j］与元音［i］的差异主要表现在音长、能量、收紧部位前后等几个方面。[①]

（六）鼻音

［n，m，ŋ］为鼻音，发音时口腔内形成阻塞的同时软腭下降，打开鼻腔，声带振动，气流通过鼻腔辐射到外。

三 蒙古语辅音发音过程

辅音的发音过程可分为成阻、持阻和除阻等 3 个时段。在语图上，一般只看到辅音的持阻段，而其成阻段和除阻段则叠接在前后音段上。成阻段为从主动发音器官启动到抵达发音目标点的时段。持阻段为主动发音器官和目标点之间保持阻塞或阻碍的时段。除阻段为除去所形成的阻塞或阻碍的时段。

（一）塞音

以［t］为例（如图 8），成阻段完成在前一个音素后过渡段里，持阻段内完全封闭口腔，出现无声间隙（GAP），除阻始于爆破脉冲，完成在后音素前过渡段内。图 8 上的弧线代表辅音生理时长，均长于在语图上可见的声学时长。辅音成阻、持阻和除阻各段的起始与结束均以舌腭接触为依据。

（二）擦音

擦音的发音过程比较相似于塞音，不同的是，塞音持阻段内形成阻塞，而擦音在

---

① 哈斯其木格：《对辅音/j/的生理和声学分析》，《第 10 届中国语音学学术会议论文集》，同济大学出版社，2012。

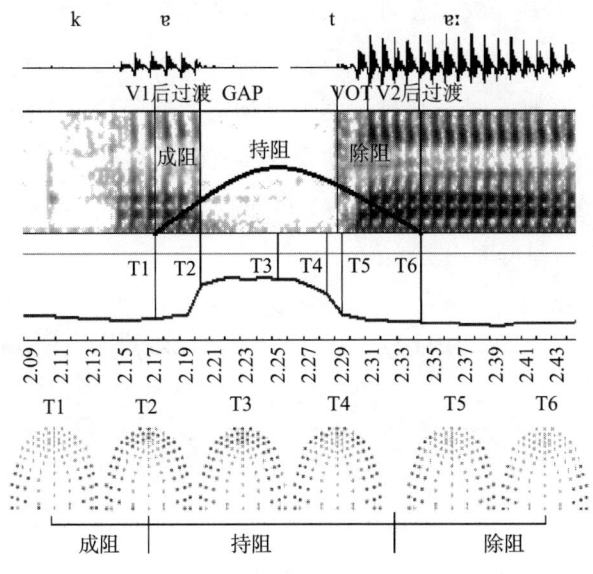

图 8　塞音发音过程

持阻段内只形成阻碍，不形成阻塞。

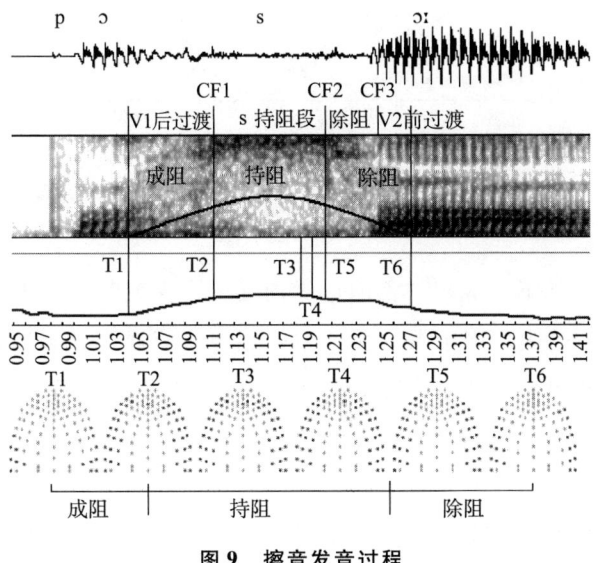

图 9　擦音发音过程

以［s］为例（如图 9），解析蒙古语擦音的发音过程。在图 9 上，语图 CF1 到 CF2 之间为 s 辅音持阻段，其后，在 CF2 到 CF3 之间出现一段宽频清擦乱纹，为蒙古语清擦音普遍的除阻特点。

（三）塞擦音

塞擦音的成阻段相同于塞音，其持阻段不同于塞音和擦音，除阻段相似于擦音。以［ʧʰ］为例，如图 10，其成阻段为形成阻塞的阶段；持阻段为阻塞 + 阻碍的阶段；

除阻段为解除阻碍的阶段。塞擦音的无声间隙段（GAP）和擦段共同组成了其持阻段。塞擦音虽有阻塞段，但其爆破力度小，爆破时舌腭间出现的缝隙小，语图上所出现的冲直条能量也较弱。除此之外，爆破后塞音立即进入除阻段，主动发音器官离开目标部位。但塞擦音爆破后进入擦音段，主动发音器官保持靠近目标部位的姿态。以图 10 为例，其爆破出现在 1.38 秒处，但到 1.41 秒处后主动发音器官才离开发音目标部位，1.38 到 1.41 秒间保持阻碍姿态。

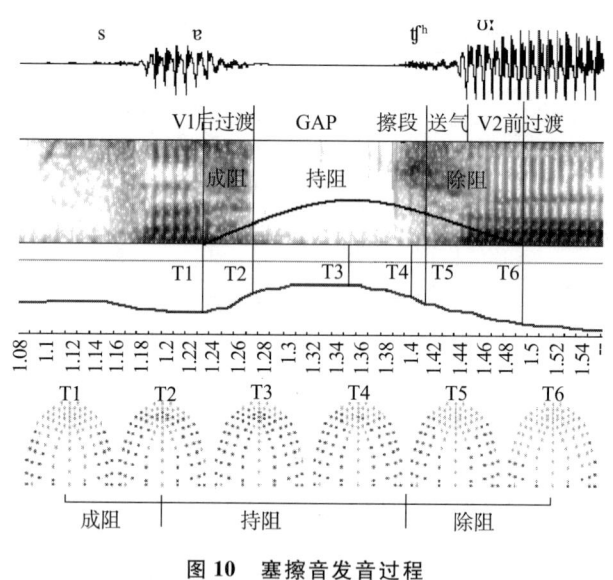

图 10　塞擦音发音过程

（四）颤音

颤音的发音过程如下。成阻：舌前边缘内缩，舌尖翘起，舌中心线下凹，形成舌尖颤音的特殊姿态。持阻：声带振动所产生的浊声气流通过翘起的舌尖，在伯努利效应的作用下，舌尖碰触后龈处，然后迅速离开。有时此类动作反复 2 次或 3 次。除阻：舌尖逐渐下降，舌边缘放松，回归到原位。舌体进入静止状态或准备下一个音素。在语图上颤音表现为 2 个发音器官碰击而阻塞气流所形成的无声间隙和碰击前后或间隙里所释放的浊声横杠的组合形式。随着颤音的发音进程，舌腭接触越来越不到位，无声间隙的时长缩短。与之相反，浊音段时长越来越变长。表明舌尖颤动动作随着气流量的减少和后接音素的启动，逐渐消弱。

（五）近音和鼻音

［j］的发音过程：在成阻段里，舌体抬起，逐步形成［j］的共鸣腔；在持阻段内，维持［j］的舌姿态和共鸣腔形状，声带振动，发出近音；在除阻段，舌体逐步离远上腭，进入下一个音素。在鼻音的发音过程中，在口腔内形成阻塞—持阻—除阻的过程基本与塞音相同，不同点在于持阻段内软腭下降，打开鼻腔，声带震动，气流通过鼻

腔辐射到外。在词首，口腔内的阻塞往往先形成，鼻音流后启动。在非词首位置，鼻音流与口腔内的阻塞基本同步，即口腔内形成阻塞的时刻也是鼻音流起始时刻，同样，口腔内阻塞的爆破时刻也是鼻音流停止时刻。

（六）边音

边音的发音过程大致与擦音相同，形成阻碍—保持阻碍—解除阻碍。值得一提的是，发边音时舌体各部位的运动规律不同于其他辅音。在大部分辅音的发音过程中舌面活动与舌叶活动基本一致，共同上升并共同下降，但在边音的发音中，特别在持阻段内，当舌叶上升时舌面会有所下降。显然，舌叶的上升是为了形成大面积接触，巩固阻碍，而舌面的下降是为了在舌面侧缘形成缝隙，以便气流通过。图 11 为蒙古语边音 ［l］发音过程中的腭前区（假腭 1－7 行，对应于齿－龈后斜坡的部位）和腭后区（假腭 8－12 行，对应于硬腭部位）舌腭接触面积变化曲线图。在腭前区，舌腭接触变化明显，舌叶快速上升，然后下降。在腭后区，舌腭接触变化虽然很小，但也能看出从 T2 时刻开始，后区接触有所减少，到 T4 时刻为止。

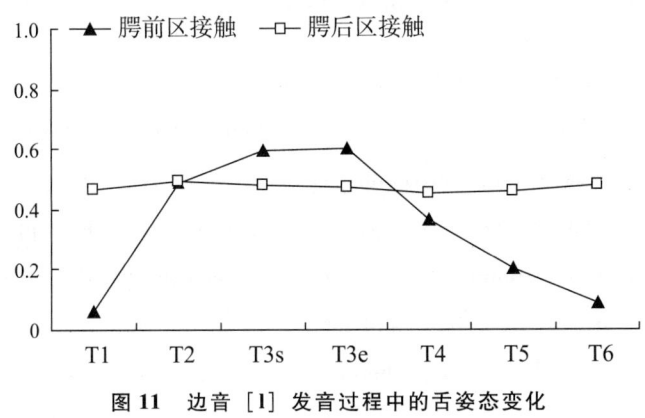

图 11　边音 ［l］ 发音过程中的舌姿态变化

四　总结

如文中所分析，蒙古语标准音中出现 31 个辅音音素：［p，β，ɸ，b，pʰ，t，tʰ，tˡ，tʰˡ，tⁿ，tʰⁿ，ʰt，l，ɫ，s，ʃ，ʧ，ʧʰ，r，r̥，ɹ，ɹ̊，j，k，ɣ，χ，g，x，n，m，ŋ］，可归纳为 16 个音位，记为 /p，pʰ，t，tʰ，l，s，ʃ，ʧ，ʧʰ，r，j，k，x，n，m，ŋ/。从这些辅音音素的出现条件以及分布模式来看，每个音位在语流中的变体出现条件为词中位置和前后音素的强弱性质。其中词中位置为首要条件，在词首一般出现塞音，而在非词首位置出现擦音。前后音素的强弱性质（清音气流的强弱程度）是第二个重要条件，出现在强辅音之前的音素会清化，在其他条件下的辅音不清化。这些音变均为发音方法上的变异，而辅音发音目标一般不会发生变化。

　　蒙古语 16 个辅音音位的发音目标从前往后依次为双唇、齿 – 龈、龈、龈脊、龈后、龈后斜坡、软腭。蒙古语辅音的发音方法有塞、擦、塞擦、颤、近等几种。塞音有送气不送气之分；擦音有清与浊之分和舌中心与舌边之分；颤音有清浊之分。从口腔内形成阻塞的角度来讲，鼻音是一种塞音，但阻塞的同时气流通过鼻腔辐射到外。

　　辅音的发音过程由成阻、持阻、除阻组成。塞音的发音过程为成阻—阻塞—除阻的过程；擦音的发音过程为成阻—阻碍—除阻的过程；而塞擦音的发音过程为成阻 – 阻塞和阻碍 – 除阻的过程。在这一点上，塞擦音不同于其他辅音。舌体相应部位奔向各自辅音发音目标，形成阻塞或阻碍，保持阻塞或阻碍，离开发音目标，进入下一个音素的发音阶段。这是辅音发音的普遍过程，发大部分辅音时舌面活动和舌叶活动基本一致，共同上升，并共同下降。具体特点是：舌面活动先启动，后结束，舌叶活动后启动，先结束；舌面活动幅度小，舌叶活动幅度大；舌面活动较缓慢，舌叶活动较快。蒙古语边音的舌体活动规律稍有不同。

Consonant Gesture of Standard Mongolian in China

Abstract：It is concluded from the EPG data that the articulatory targets of 16 consonants of Mongolian are placed successively as bilabial, dental – alveolar, alveolar, alveolar ridge, post – alveolar, palato – alveolar, and velum. And there are some articulatory manners used in pronouncing these consonants, such as stop, fricative, affricative, trill, approximant, and nasal. In addition, obvious distinctions are observed between aspirated and unaspirated stops, voiced and unvoiced fricatives, central and lateral fricatives, and voiced or unvoiced trills. Due to the different manners, there are different tongue gestures in each step, such as closing, closure, and release—of the articulatory procedure of Mongolian consonants.

Keywords：Experimental Phonetics　Mongolian　Standard Pronunciation　Consonants Articulatory Gesture

原载于《中央民族大学学报》（哲学社会科学版）2013 年第 5 期

湖南攸县赣方言的清鼻音[*]

龙国贻

摘　要　本文用语音实验的方法论证了攸县赣方言清鼻音的性质，并用来解释东亚语言中清鼻音产生的的音系重组现象。

关键词　攸县话　赣方言　东亚语言　清鼻音　音系重组

汉语方言的文献中，至今还没有清鼻音的记录。[①] 2012 年 9 月笔者在湖南攸县大同桥镇观背村石坝组的调查中发现了清鼻音ŋ̥。[②]

阴平：ŋ̥ŋ³⁵通_疏通炉火_｜空_把袋里的东西全部"空"出来；"空"的_

阳平：ŋ̥ŋ²¹³同_~你一起去_｜铜_~匠_｜红｜虹｜宏｜鸿｜弘

上声：ŋ̥ŋ⁴⁵哄｜桶_挑水的~_｜筒_~管_｜烘

去声：ŋ̥ŋ¹¹痛｜洞_山~_｜蕨_植物老了之后长出的茎_｜动

其中的清鼻音与浊鼻音对立，如：ŋ̥ŋ²¹³铜~鱼 ŋŋ²¹³；ŋ̥ŋ⁴⁵桶~ŋ ŋ⁴⁵五。方言学界通常把音节性的鼻音简单地记作m̩、n̩、ŋ̩。但是比较攸县的铜 ŋŋ²¹³与鱼 ŋŋ²¹³，其韵母显然都是ŋ̩，只是鼻音声母清浊不一样，所以为了便于比较，本文把后者记作 ŋŋ。

要证明一个声母是清鼻音，必须具有两个证据。第一，它只有鼻流，没有口流，

---

[*]　本文在写作过程中，曾向陈其光、陈忠敏、黄行、孔江平、张振兴、朱晓农等先生请教，特别是郑张尚芳、潘悟云先生在汉藏比较方面给以悉心指导。上海师大博士生张梦翰通过程序帮助绘制短时过零率图，并在该图原理上给予指导。笔者对先生们的指点、学弟的帮助、发音人的辛苦工作深深致谢！

[①]　南昌大学卢继芳最近告诉我，赣语昌都片也发现了清鼻音。我们期待汉语方言中将有更多的清鼻音的发现与研究。

[②]　2012 年 9 月发音人为罗东元，男，1962 年 11 月 23 日出生于湖南省攸县大同桥镇观背村石坝组，初中毕业，现为攸县文化局的编剧。2013 年 3 月底到攸县对清鼻音作进一步核实，发音人较多，如易秋方，男，1954 年 9 月生，新市镇新联村人，农民，小学文化；罗凤娇，女，1969 年 2 月生，新市镇桐梓村人，裁缝，小学文化；刘爱娇，新市镇新中村人，1961 年 9 月生，高中肄业，攸县广播电台职工。刘爱娇是本文新市鼻流实验人。

也就是说气流是从鼻腔流出；第二，它是清音，而不是浊音（张梦翰，2011）。

下面我们举"铜"ŋ̊ŋ̩¹²¹³、"鱼"ŋŋ̩¹²¹³为例，用美国 SCICON R&B 公司的气流气压计作气流气压实验，其中的波形图做了振幅放大处理。

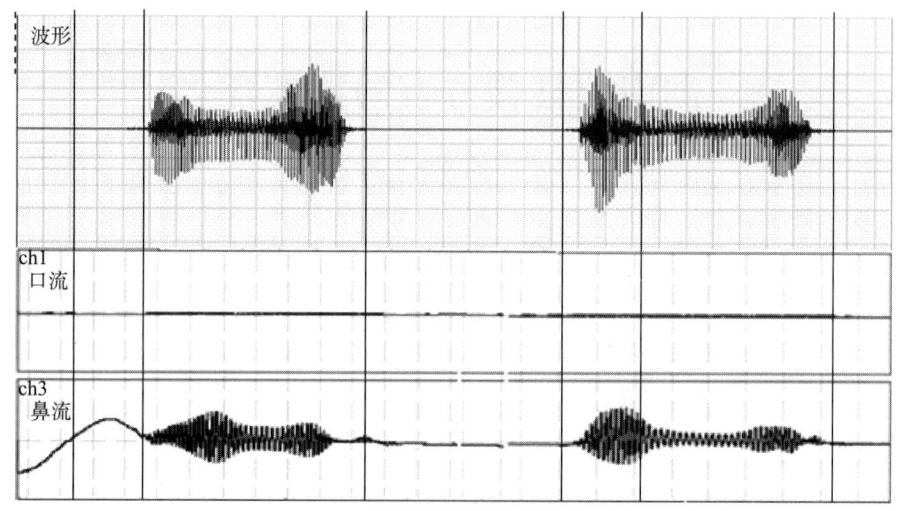

图 1　铜 ŋ̊ŋ̩¹²¹³ 鱼 ŋŋ̩¹²¹³ 鼻流实验图

图 1 中几乎没有口流，却都有很强的鼻流，说明它们都是鼻音。图左的声母部分鼻流波呈现平滑拱形，为非周期波，说明这是清鼻音。图右则不同，发音初始处就是周期波。

短时过零率经常用来判断声母的清浊。浊声母的特点是声带振动，其波形会周期性地穿过横座标。如果把时间轴分成若干个短时段，每个短时段内波形穿过横座标的次数，叫作短时过零率。浊声母的过零率会比较稳定。清声母是噪声，波形杂乱无章，其短时过零率变化无定。

图 2 中左图是"铜"ŋ̊ŋ̩¹²¹³的短时过零率，右图是"鱼"ŋŋ̩¹²¹³的短时过零率。左图的过零率波动很厉害，说明是清声母；右图的过零率比较平稳，是浊声母的特点。

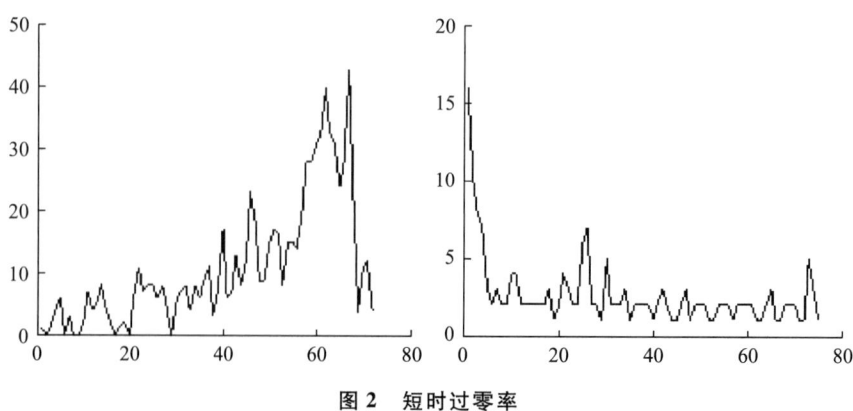

图 2　短时过零率

接下来，我们再来讨论攸县话清鼻音的来源。

这些读作ŋ̍的音，大体上都是通摄字。通摄字在攸县方言中，读 əŋ，如表1。

表1 攸县方言通报字例

读音	例
phəŋ¹³	蓬、蓬
məŋ¹³	蒙、檬、朦、濛、懵
təŋ³⁵	东、冬、中
təŋ¹¹	冻、栋
thəŋ¹³	同（文）、铜（文）、童、瞳
ləŋ¹³	笼、珑、农、脓、咙、龙、垄、隆、浓
kəŋ³⁵	工、功、攻、公、蚣、弓、躬、宫、恭、龚
fəŋ³⁵	风、枫、疯、封、蜂、丰、峰、锋、凶、匈、胸
fəŋ¹³	逢、缝、冯、熊、雄
səŋ¹¹	诵、讼、颂
kəŋ⁵³	拱、鞏

按严格记音，此处的 əŋ 应该记作ə̆ŋ̍，其中的ŋ̍占了音节的绝大部分时长，是韵腹。ə的时长很短，音色含混不稳定，是一个前滑音。

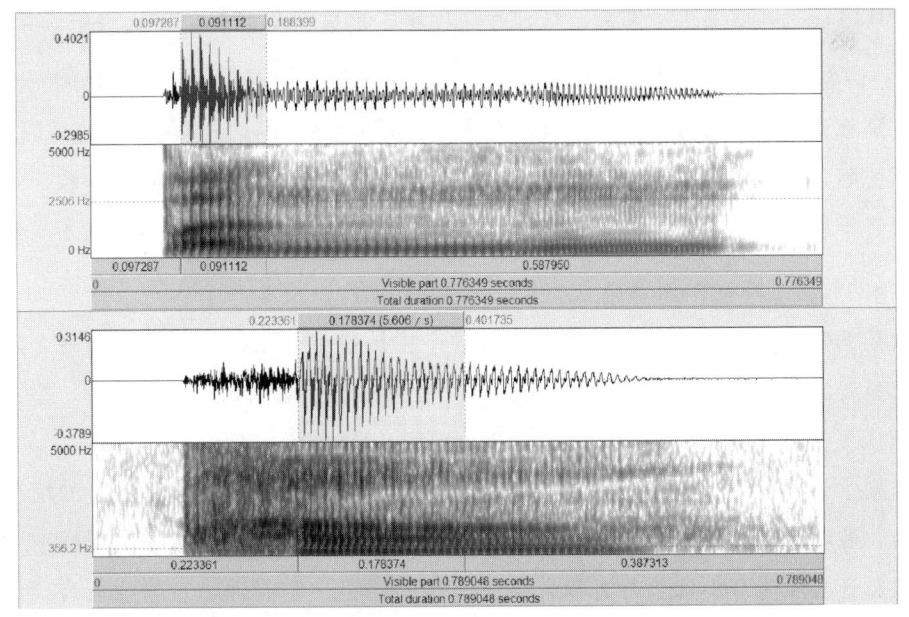

图3 碰 pə̆ŋ̍³⁵

图3是"碰"pə̆ŋ̍³⁵，其中 ə 的时长只占音节的 15.2%，ŋ̍ 则占整个音节时长的

81%。它与其他以 ə 为韵腹的方言的韵母 - əŋ 在听感上与语图上都很不一样，下图是包头的"盆"phəŋ³³，其中的 ə 占总时长 35.4%，əŋ 占总时长 40.2%。

上面两张语图的元音段与鼻音段的界线，只是通过在 Praat 上的听辨粗略划定的。虽然并不太准确，但是统计学上的区别还是明显的。我们对攸县方言一系列的 ə、ŋ̍ 做了测试，都得到类似的结果：

表 2 ə、ŋ̍ 的时长占音节的百分比

	ə 的时长占音节的百分比	ŋ̍ 的时长占音节的百分比
pə̍ŋ̍¹¹ 蹦	11.2	85.7
tə̍ŋ̍²¹³ □欺骗并怂恿	9.4	88.4
tə̍ŋ̍⁴⁵ 懂	12.3	85.3
kʰə̍ŋ̍³⁵ 工	12.6	83.9
kʰə̍ŋ̍¹¹ 拱	10.8	85.6

所以，攸县方言中的这个韵母不能简单地记作 - əŋ，更恰当的记音应该作 - ŋ̍，如"碰"应该记作 pŋ̍³⁵，ə 只是从声母 p - 到韵母 - ŋ̍ 之间共鸣腔变化所产生的一个滑音。在闽语中的这种韵母一些语言学家就记作 - ŋ̍。

攸县读 ŋŋ̍ 的字通常又读作 hŋ̍，前贤记作 xeŋ 或 həŋ（董正谊 1990，陈立中 2005，邓莉 2012），与其他通摄字同韵。这种异读现象，正反映了攸县话中进行中的音变：hŋ̍ > ŋŋ̍。两者的主元音都是 ŋ̍，hŋ̍ 与 ŋŋ̍ 的读音非常相近，这是从 hŋ̍ 变作 ŋŋ̍ 的一个重要原因。那么为什么这种变化只发生在声母 h - ，而不发生在其他声母呢？这是因为 h - 不像其他阻音有相对固定的收紧点，它的共鸣腔与后接元音的共鸣腔相一致，当它后面的滑音不断弱化最后失去的时候，h - 的舌位也就变得与后接的 - ŋ̍ 一致了。这个时候发 - ŋ̍ 的软腭下降动作如果提前发生，h - 就变成了 ŋ - 了。

攸县的例子可以为东亚语言中清鼻音的产生提供了一个语音解释：当一个阻音紧接一个鼻音的时候，只有阻音是 h - 的情况下，两个音会融合成一个清鼻音，举藏语为例（戴庆厦等，1992）。

类型学告诉我们，清阻音是无标记的，浊阻音是有标记的。但是响音的情况是倒过来的，浊响音是无标记的，清响音是有标记的。清鼻音与清流音的出现概率要远远低于浊鼻音与浊流音。凡是有清鼻音与清流音的语言一定有浊鼻音与浊流音，但是有浊鼻音与浊流音的语言，不一定有清鼻音与清流音。有标记的语音通常是不自然的，比较难发音的。一些语言中出现的这些不自然的语音，也许是原发性的，但往往是由于某种特殊的音变，通过音系重组（rephonolgization）产生。例如，古藏文没有清鼻音，但是在现代藏方言中产生了清鼻音，可比较下面的材料（戴庆厦等，1992）。

表3　现代藏语方言中的清鼻音

义项	藏文	夏河藏方言	巴塘藏方言
药	sman	hman	m̥ɛ̃⁵⁵
雾	smug	hməχ	mu⁵⁵
鼻子	sna	hna	na⁵³
闻	snom	hnəm	ŋ̊ũ⁵⁵
从前	sŋa		ŋ̊ø̃⁵⁵
蓝色	sŋaŋ	hŋo	ŋ̊ʊ⁵⁵

s－>h－是一个常见的音变，s－的收紧点失去就成了h－。如海口的心母字岁 hue⁵、塞 hak⁷、锡 hek⁷、宿 he⁸ᵃ。安徽石台方言的邪母字变h－，也当是邪母清化以后的这种音变：邪 hia²、徐 hy²、袖 hiu⁵、巡 hin²、详 hiaŋ²、象 hiaŋ⁵。所以，上表中的夏河话 hm－、hn－、hŋ－ 当从藏文 sm－、sn－、sŋ－ 变来。由于了出现 h－加鼻音的特殊复辅音，于是就产生了攸县方言的那种音变类型：hm－>m̥－、hn－>n̥－、hŋ－>ŋ̊－，导致 N－类与 sN－类对立向浊鼻音与清鼻音对立转化的音系重组。

李方桂（1971）等许多语言学家都认为上古汉语存在清鼻音，其根据就是一些特殊的谐声现象，如有些晓母字在上古与明母字谐声：墨 m－ ～黑 h－，每 m～悔、海 h－。但是雅洪托夫（1960）则提出另外的构拟，认为这种与明母谐声的晓母字应该来自上古的 sm－，他举"黑"在藏语中的同源词 smag 为例，认为"黑"的上古汉语应该为 s－mək>mək。

从谐声现象考虑，我们只能认为李方桂的构拟是正确的。但是，雅洪托夫从汉藏语的前缀形态以及汉藏同源词比较考虑，也很有道理。除了他举的汉藏比较例子"黑"以外，还有"婚"对应藏文 smjan（结亲），"许"对应藏文 sŋags（称许），都是说明部分中古 h－来自 sm－、sŋ－ 的好例子（郑张尚芳2003）。郑张尚芳更进一步指出，鼻音前的 d－也有可能变作 h－，使后面的鼻音清化，到中古演变成晓母字，如"昏"对应藏文 dmun（愚傻），"悔"对应藏文 dmus（灰心）。由此可以推测汉语存在清鼻音阶段在谐声时代。在更早的年代，鼻音前的一些前置辅音变成了 h－，与后面的鼻音组合成的复辅音，发生了藏语曾经出现的音变：hm－>m̥－，hn－>n̥－，hŋ－>ŋ̊－。

参考文献

陈立中：《湖南攸县（新市）方言同音字汇》，《株洲师范高等专科学校学报》2005年第6期。

戴庆厦、黄布凡等：《藏缅语族语言词汇》，中央民族学院出版社，1992。

邓莉：《攸县（新市）方言语音研究》，硕士学位论文，广西师范学院，2012。

董正谊，《湖南省攸县方言记略》，《方言》1990 年第 3 期。

张梦翰：《民族语中清鼻音的判断方法》，《民族语文》，2011。

李方桂：《上古音研究》，商务印书馆，1980。

雅洪托夫：《上古汉语的复辅音声母》，《汉语史论文集》，北京大学出版社，1986。

郑张尚芳：《新订音标规范应加大区别度》，《民族语文》2012 年第 5 期。

郑张尚芳：《上古音系》，上海教育出版社，2003。

原载于《中国语文》2015 年第 6 期

"做"义轻动词的功能和语法化特点[①]

——以羌语支语言为例

尹蔚彬

摘 要 本文就"做"义轻动词在羌语支各语言或方言中的表现及功能进行分析，旨在说明其语法功能和特点，认为羌语支语言中存在轻动词词类，且轻动词的语法化有其自身特点。

关键词 羌语支 轻动词 语法化

一 引言

轻动词（light verb）最早由语言学家 Jesperson（1965：117）在解释英语中的 VNP 结构时提出，当时的讨论主要基于句法和语义；Larson（1988）和 Grimshaw & Mester（1988）分别从句法和结构论元角度研究轻动词。轻动词是词汇意义虚但句法功能强的一批词，比如英语的"do、make、have"等，汉语中的"打、搞、弄"等。汉藏语学界有些学者曾把轻动词称之为"代动词"，比如吕叔湘（1999）和戴庆厦（1996）等，本文称这类词为"轻动词"。汉藏语学界先贤偏重对汉语轻动词的研究，藏缅语族语言轻动词尤其是羌语支语言轻动词的研究少有关注，本文以羌语支语言"做"义轻动词为讨论对象，探究其功能和语法化特点。

二 "做"义轻动词

就目前可查资料，中国境内的羌语支（孙宏开 1983）语言，羌、嘉戎、拉坞戎、

① 感谢匿名审稿专家的建议。本文曾在 2010 年 10 月 28 日北京大学主办的"四川境内藏缅语国际研讨会"和 2014 年 7 月 25 日内蒙古霍林郭勒市召开的"中国民族语言本体研究"学术会议上宣读，承蒙与会专家惠赐宝贵意见，特此致谢！本文为国家社科基金重点项目"四川省藏区语言生态与和谐语言生活创建研究"（课题编号为：15AYY007）的阶段性成果。撰写过程中承蒙黄布凡教授、徐世璇研究员、孙伯君研究员、黄成龙研究员惠赐宝贵建议，一并致谢，文中疏漏由作者负责。

尔龚（道孚）、木雅、却域、贵琼、尔苏（吕苏）、扎坝、史兴、纳木兹（依）、西夏等语言中都有表"做"或"执行"等意义的轻动词，这类词的语音形式相同或相近，语义上密切关联。声母基本上是双唇塞音和唇齿擦音。声母是双唇清塞音的有：羌语 pə/pu "做"、嘉戎语（ka - ）pa "做"、普米语 py^{55}/pə^{55} "做"；双唇浊塞音的有贵琼语 bi^{35} "做"和史兴语的 bɐ^{35} "做"；唇齿浊擦音的有：道孚语的 və "做"、拉坞戎语的 vi^{53} "做"、却域语的 vi^{55} "做"；双唇浊擦音的是木雅语的（thɐ^{33}）βə^{53}/（thu^{33}）wu^{55} "做"、西夏语 * wji^1 "做、为"。扎坝（巴）语、尔苏语中"做"的声母是双唇鼻音 m。辅音的对应基本上是 p：b：v：w：m。该类型的语音对应在羌语支语言内部大量存在，例如：

表 1

	做	猪	霜/雪①	虫子
书面藏语	bja	phag	ba（mo）/kha ba	ɦbu
羌语（曲谷）	pə	piɛ	piɛ	biʑi
羌语（浦溪）	pu	pie（ka）（母猪）	mpa	bolo
普米语（箐花）	py^{55}	phʒa^{13}	fpy^{55}	bu^{55}
普米语（玉姆）	pə^{55}	pɐɹ^{55}（豪猪）		
嘉戎语（卓克基）	ka - pa	par	tɐi pa	
嘉戎语（茶堡）	pa	paʁ	tɤjpa	
嘉戎语（草登）	pe			
道孚语	və	va	kha va	
拉坞戎语（观音桥）	vi^{53}	pha^{53}	lvi^{55}（业隆）	bə^{55}jo^{33}
却域语	vi^{13}	ve^{13}		kha^{55}wa^{55}pu^{55}ʧa^{31}
木雅语（康定）	（thɐ^{33}）βə^{53}	βa^{53}		mbə^{33}tʂ^{24}
木雅语（石棉）	（thu^{33}）wu^{55}			mbu^{35}ta^{55}
贵琼语	bi^{35}	pha^{55}	xa^{33}tshɛ̃^{53}	khʉ^{55}wʉ^{53}
史兴语	bɐ^{35}	bi^{35}	pe^{55}mu^{33}	dʐyɛ^{35}
扎坝语	mu^{55}	va^{55}	ve^{35}	vʑi^{35}
吕苏语②	mu^{24}	wo^{24}		bu^{22}zi^{44}
纳木兹（依）语③	mu^{53}	væ^{31}		bu^{55}dʑi^{31}
西夏语④	* wji^1 穮	wa^1 蕤	* wji^1 拔	bə^2 夔

①在个别语言中，不区别"雪"和"霜"，二者是同一词根，本表将这两个词并列。
②由于目前学界刊布的尔苏语资料很少，本文用冕宁吕苏语代替，材料为笔者亲自记录，特此说明。
③纳木兹语言材料，由笔者调查所得。
④本文西夏语例子采用的是龚煌城先生的拟音系统，由孙伯君研究员帮助筛选。

上述例证说明，"做"义轻动词的语音在羌语支内部对应整齐，语义相近，应该是同源的，向柏霖（2009）也曾谈到西夏语的 ∗wji¹"做"与羌语支语言是同源的，笔者持同样主张。

三 "做"义动词的语义与功能

通过大规模检索相关语言材料，笔者认为轻动词"做"的语义、语用特点和语法功能在羌语支内部很相似，但其发展处在不同层次上。突出特点是：（一）作为实义动词，与名词性成分组合构成词组，语义实在；（二）作为功能词类，组合的对象范围扩大，不仅与名词性成分组合还与其他成分组合，能产性强，语义主要由其前面的成分承载；（三）在有些语言中，实义动词与轻动词分化，各司其职；（四）作为构词语素，能产性强；（五）轻动词表语法范畴。现分别讨论。

（一）实义动词

"做"义动词语义比较实在，与名词性成分组合，这种情况在羌语支语言内部分布比较广。"做"义动词不仅可与固有词组合；还可与借词组合，比如羌语、嘉戎（绒）语、拉坞戎语等语言中借自汉语或藏语的名词或者动名词，能与之组合构成词组，见表2。

表 2

做	与名词性成分组合（含动名词）	
	与固有词搭配	与借词搭配
羌语（曲谷）pə	təts pə 做生意 生意 做	
羌语（浦溪）pu/pə	dʐə pu 做事情 事情 做	
普米语（箐花）py⁵⁵	ɤu¹³ ʂi¹³ py⁵⁵ 过年 新年 做 dʐi¹³ py⁵⁵ 唱歌 歌曲 做	tshõ⁵⁵ py⁵⁵ 经商、做生意 生意（藏）做 tɕhəu⁵⁵ py⁵⁵ 打球 球（汉）做
普米语（玉姆）pə⁵⁵	wu³³ ɕi³³ pə⁵⁵ 过年 新年 做	tshā³³ pə⁵⁵ 做生意 生意（藏）做
嘉戎语（卓克基）ka-pa	kɐbʐə ka-pa 唱歌 山歌 做 tɐ rwɐk ka-pa 打猎 猎物 做	lɐk rdɐ ka-pa 打手势 手势（藏）做
道孚语 və	ɽŋa və 打猎 猎物 做	le ska və 干活儿 事情（藏）做
拉坞戎语（观音桥）vi⁵³	ʁŋo⁵³ vi³³ 和泥 泥 做	

续表

做	与名词性成分组合（含动名词）	
	与固有词搭配	与借词搭配
却域语 vi¹³	rmu⁵⁵　vi⁵⁵　干活儿 事情　做	
木雅语（康定）(thɐ³³) βə⁵³	go⁵⁵ vo⁵⁵　βə⁵⁵　和面 面粉　　做	la³³ di⁵⁵　βə⁵⁵　打手势 手势（藏）做
贵琼语 bi³⁵	te⁵⁵ te⁵⁵　bi³⁵　打滚① 滚动　　做	tshū⁵⁵　bi³⁵　做生意 买卖（藏）做
史兴语 bɐ³⁵②	lɛ³³ dzɐ³³　bɐ⁵³　开会 集合　　做	lɛ³³ kiɛ⁵⁵　bɐ⁵³　做事情 事情（藏）做
扎坝语 mu⁵⁵/mui⁵⁵③	dʑe⁵⁵　mui⁵⁵　娶媳妇 儿媳　做 ʂ tɕyi⁵⁵　mui³¹　和（面） 面粉　做	tʂa⁵⁵ pa³¹　mui⁵⁵　出家 僧人（藏）做 lu³³ se⁵⁵　mu⁵⁵　过年 新年（藏）做
吕苏语 mu²⁴	ndæɹ wa⁴⁴　mu⁴⁴　当客人、客气 客人　做 bu²² læ⁴⁴　mu⁴⁴　做事情 事情　做	mo⁴⁴　mu⁴⁴　当兵 军人（藏）做 saŋ²² phio⁴⁴　mu⁴⁴　煨桑 煨桑（藏）做
纳木兹（依）语 mu⁵³	dʐʅi³³ dʑi⁵⁵　mu⁵⁵　著书 字　做 vu⁵³ læ³¹　mu⁵⁵　做生意 买卖　做	mæ³¹　mu⁵⁵　当兵 军人（藏）做
西夏语 𗥰* wji¹	𗿒 𗆧 𗥰为城主④ we³　dzju²　wji¹ 城　主　做	𗣀 𗟲 𗥰为刺史⑤ tshə¹　siə¹　wji¹ 刺　史　做

注：①宋伶俐：《贵琼语研究》，民族出版社，2011，第 278 页。

②孙宏开、徐丹、刘光坤、鲁绒多丁：《史兴语研究》，民族出版社，2014，第 170 页。

③mu⁵⁵，源自黄布凡主编《藏缅语族语言词汇》，中央民族学院出版社，1992，第 454 页。mui⁵⁵ 源自龚群虎：《扎巴语研究》，民族出版社，2007，第 229 页，第 224 页。

④史金波、黄振华、聂鸿音：《类林研究》，宁夏人民出版社，1993，第 99 页。

⑤史金波、黄振华、聂鸿音：《类林研究》，宁夏人民出版社，1993，第 89 页。

（二）功能动词

作为功能动词，"做" 义动词的语义逐渐弱化，实际语义主要由其前面成分承担，正是因为轻动词语义弱化，其组合的对象范围从一般名词性成分逐步扩展到形容词、动词、状貌词等；使用频率高、搭配范围广与语义虚化程度之间有着密切联系；语义虚化程度越高，搭配范围越广，二者相辅相成。

1. 与形容词、动词性成分组合，表致使意义。例如：

（1）与形容词组合，表致使意义。如表 3 所示。

表 3

做	与形容词性成分组合（含动名词）	
	与固有词组合	与借词组合
普米语（箐花）py^{55}	gəu^{13} gəu^{13} py^{55} （使）高兴 高兴 做	
普米语（玉姆）pə^{55}	tɕa^{55} ʁa^{55} pə^{55} （使）小心 小心 做	
道孚语 və	gɛ ʥi və 抻长 长 做 ʑəv ʑəv və 压碎 细碎 做	
却域语 vi^{13}	ɤɯ^{13} si^{55} vi^{13} 抻长 长 做	
木雅语（康定）（thɐ^{33}）βə^{53}	gæ^{33} gæ^{55} nə^{33}－βə^{55} 相爱 好看的、喜欢的 做	tɕa^{55} tɕa^{55} no^{33}－βə^{55} 压扁 扁的（汉） 做
史兴语 bɐ^{35}	ʁɐ^{31} lø^{55} bɐ^{31} （使）生气 生气 做	
吕苏语 mu^{24}	jæ^{44} nt ʂha^{55} mu^{44} （使）乖巧 乖、听话 做 jæ^{44} nt ʂhə^{44} mu^{44} （使）快 比较 快 做	ja^{44} ʐ ən^{22} t ʂən^{44} mu^{44} 认真 比较 认真（汉） 做
纳木兹（依）语 mu^{53}	ȵi^{33} mi^{55} a^{33} tsi^{55} mu^{55} 当心，使小心 心 小 做 ja 33ka^{55} mu^{55} 催，（使）快 快 做	
西夏语[illegible]* wji^{1}	[illegible][illegible]入定① djɨj^{2} wji^{1} 禅定 做	[illegible][illegible]念言② lə wji^{1} 言 做

注：①黄振华、史金波、聂鸿音整理《番汉合时掌中珠》，宁夏人民出版社，1989，第 44 页。

②孙伯君：《黑水城出土西夏文〈佛说圣大乘三归依经〉译释》，《兰州学刊》2009 年第 7 期，第 89～91 页。

（2）与动词性成分组合，表使动意义。如表 4 所示。

表 4

做	与动词性成分组合（含动名词）	
普米语（箐花）py^{55}	gu^{13} ku^{55} py^{55} （使）投降 投降 做	
普米语（玉姆）pə^{55}	ta^{55} sua^{55} ti^{33} pə^{33} （使）计算 算 做	ɦæ^{33} qu^{55} ru^{33} pə^{33} （使）弯腰 弯腰 做

续表

做	与动词性成分组合（含动名词）	
木雅语（康定）(thɐ³³) βə⁵³	me³⁵ tu³³ va⁵⁵　βə⁵⁵　（使）毁灭 毁灭　　　做	no³³ ɦiu⁵⁵　βə⁵⁵　（使）搓（玉米） 搓　　做
史兴语 bɐ³⁵	ȵ̩ ĩ³³ qhuɐ⁵⁵　bɐ³⁵　（使）劈（柴） 断开　　　做	
西夏语𗘩 wji¹	𗋽𗉔𗘩𗂶𘝾𗘩 nju¹ dʑ̑ jiwji¹ ŋwu² tshjij¹ wji¹ 耳　提　做　以　说　做 提耳而告之[1]	

注：[1] 聂鸿音：《西夏文〈禅源诸诠集都序〉译证（上）》，《西夏研究》2011 年第 1 期，第 3～22 页。

黄成龙（2014）谈到"做义动词'做'（do）＞致使标记/致使助词/致使补语标记"在一些语言中演变为致使标记，羌语支语言的"做"虽还未虚化为语法标记，但同样能表达致使意义。

2. 与状貌词组合，表状态。嘉戎语中，"做"义动词与状貌词组合，表某种状态。例如孙天心、石丹罗（2004）就认为，草登嘉戎语中动词 pe "做"，不仅能和普通名词组合，还可以与各种状貌词组合，使得状貌词动词化。不过"与状貌词合用的虚化动词 – pe 来自'做'但与其形式有别，须要带上重音，且无第三词干变化。它的用法也相当有限制，其主语只能是无生物，或是不由自主体现该状貌词典型动作或状态的有生物"。例如[1]：

（1）tshefsɐm　　ʁaʁaʁaʔ　　pe – cə　第三矮矮胖胖的。
　　　第三　状貌词：静态　做 – 示证

向柏霖（2008：311）指出茶堡嘉戎语中的 pa 还经常作为引导动词（助动词）与状貌词组合，表达某种状态。例如[2]：

（2）　ɯ – ŋga　　　　ɯ – tɯ – ço　　kɯ　lthjɣlthɣt　ʑo　ȵɯ – pa.
　　　他的 – 衣服 他的 – 名物化：程度：干净 助词 柔软：状态 助词 亲验 – 助动词
　　　他的衣服干干净净的。

吕苏语中的轻动词 mu²⁴ "做"同样可以与状貌词组合，表状态，例如：

（3）χu⁴⁴χu⁴⁴　χu⁴⁴χu⁴⁴　mu⁴⁴.　　干干净净的
　　　干净　干净　　做

（三）实义动词与轻动词的分化

笔者在检索相关素材时发现："茶堡嘉戎语的引导动词 pa 与实义动词 pa '关'有历史上的关系，在原始嘉戎语中这个词根有'做'的意思（在草登话和四土话中依然

① 孙天心、石丹罗：《草登嘉戎语的状貌词》，《民族语文》2004 年第 5 期，第 8 页。
② 向柏霖：《嘉绒语研究》，民族出版社，2008，第 311 页。

是如此），但在茶堡话里'做'的意思被 βzu 所取代（从藏语 bzo'制作'而来的借词），剩下的只有'关'的意思。"[①] 向柏霖认为，茶堡嘉戎语中的引导动词 pa 是在语义演变之前被语法化了的。笔者非常认同这一解释。由于 pa"做"在语法化的进程中，该语言中表达"做"语义就由藏语借词 bzo"制作"来承担，也就是说，在嘉戎语茶堡话中，实义动词的 bzo 和轻动词 po 已经有了明确的分工。

拉坞戎语观音桥方言（黄布凡 2007）中，表"做"意义的动词也有两个，分别是 vi^{53} 和 vzu^{55}，其中动词 vi^{53}"做"可以用于未完成时态，能产性强；vzu^{55}"做"来源于藏语的 bzo"制作"用于完成时态，可以说拉坞戎语中的固有动词 vi^{53} 和藏语借词 bzo 分工明确。

我们在木雅语中找到了同样的例证，石棉木雅语[②]中动词"做"的情况与嘉戎语、拉坞戎语相近。石棉木雅语动词"做"有两个，分别是（thu^{33}）wu^{55}"做"和 dzu^{55}"做"；（thu^{33}）wu^{55}"做"的语义比较虚，组合范围比较广，既可以与固有词组合，也可以与借词组合，从其语义和功能上看，应当是轻动词。而 dzu^{55} 的语义比较实在，是"干、制作、做"等意义，主要作一般动词使用，也就是说石棉木雅语中的"做"义动词也产生了分化。石棉木雅语中的轻动词（thu^{33}）wu^{55}"做"如表 5 所示。

表 5

（thu^{33}）wu^{55} 做	
与固有词组合	与借词组合
$pu^{55}jy^{55}$　wu^{55}　做生意 生意　做	$tɕho^{55}$　wu^{55}　拜、磕头 拜（藏）做
$mi^{55}nu^{55}$　wu^{55}　骗 骗　做	$ku^{33}ŋo^{55}$　wu^{55}　过年 过年（汉）做

吕苏语中的动词 mu^{24}"做"虚化程度很高，已无"制作"的意义，而是虚化为"充当……""作为……"，比较下面两组例子（见表 6）。

表 6

轻动词 mu^{24} 做	行为动词
$tsho^{22}$　$hū^{44}$　mu^{44}　当作人话 人　话　做	$tsho^{22}$　$hū^{44}$　$dʑi^{42}$　说人话 人　话　说
$bæɹ^{22}jo^{44}$　mu^{44}　当作绳子 绳子　做	$bæɹ^{22}jo^{44}$　$phʂu^{44}$　制作绳 绳子　编
$dza^{22}pu^{44}$　mu^{44} 当作饭菜 菜　做	$dza^{22}pu^{44}$　$mtshæ^{44}$ 炒菜、做菜 饭菜　做（炒）

---

① 向柏霖：《嘉绒语研究》，民族出版社，2008，第 311 页。
② 石棉木雅语的材料为笔者 2007 年、2009 年、2010 年田野调查所得。

上述例证说明，"做"义动词在部分羌语支语言中，已经出现轻动词与实义动词的分化。

（四）构词语素

轻动词在语法化进程中词汇化，所构成词汇语义主要由前面的成分承担，如表 7。

表 7

做	与固有词组合	与借词组合
羌语（曲谷）pə	bət pə （人）爬 匍匐 做	χuitshau pə 反刍 回草（汉） 做 χ ʂua pə 抹（灰、泥） 刷（汉） 做
羌语（浦溪）pu/pə	m z̧go pə 打雷 雷 做 z̧ama pə 客气 客人 做	jyntun pu 运动 运动（汉） 做 pɑumin pu 报名 报名（汉） 做
普米语（玉姆）pə^{55}	kua^{33} pɑ^{55} pə^{55} 吩咐 吩咐 做	
嘉戎语（卓克基）kɑ - pa	tə - tsa kɑ - pa 入赘 儿子 做	khɐ Φhəi kɑ - pa 开会 开会（汉） 做 phjɐs kɑ - pa 磕头 拜（藏） 做
道孚语[①] və	ndz̧u rav və 羡慕 眼馋 做	rɟ jav scçor və 保护 保护（藏） 做 tçi χo və 集合 集合（汉） 做
拉坞戎（观音桥）vi^{53}	zgre^{53} vi^{33} 打雷 雷 做 vdɑ^{53} vi^{33} 管理 主人 做	ntçham^{53} vi^{33} 跳神 跳神（藏） 做 khe^{33} χi^{53} vi^{33} 开会 开会（汉） 做
却域语 vi^{13}	ʁmi^{55} vi^{55} 打架 吵架 做 stɛ^{55} rɛ^{55} vi^{13} 称赞 称赞 做	ʂ kɯ^{55} vi^{55} 偷 偷（藏） 做
木雅语（康定） （thɐ^{33}）βə^{53}	ti^{55} jɐ^{53} βə^{53} 吵架、嚷 不好听的话 做	kuə^{24} khə^{55} βə^{53} 偷 偷（藏） 做
贵琼语[②] bi^{35}	hə^{31} ki^{55} bi^{35} 打嗝儿 嗝逆 做	hə^{31} hə^{55} bi^{35} 打哈欠 哈欠（汉） 做
史兴语 bɐ^{35}	dzɑ^{55} bɐ^{55} 欺负 欺负 做	tshɛ^{33} tshɛ^{55} bɐ^{33} 猜 猜（汉） 做

续表

做	与固有词组合	与借词组合
扎坝语 mu^{55}/mui^{55}	na^{55}mpa^{55} mui^{55} 念咒 咒语 做	ptsha^{55} mui^{55} 磕头 拜（藏） 做
吕苏语 mu^{24}	hpi^{44} mu^{44} 治疗、看病 药 做	phia^{44} mu^{44} 拜 拜（藏） 做 a^{44}thi^{22} mu^{44} 打喷嚏 喷嚏（汉） 做
纳木兹（依）语 mu^{53}	j y^{33}qha^{33} mu^{55} 打鼾 鼾声、雷声 做	æ^{55}mthi^{53} mu^{55} 打喷嚏 喷嚏（汉） 做 tʂu^{55}tʂu^{55} mu^{55} 亲（小孩） 吻（汉） 做
西夏语𗼎 wji^1	𗢭𗾺𘜶𗑗𗓋𗜓 mji^1 jij^1 dzji j^{2}ji^1 ki e j^{2}tja^1 人 之 师 为 欲 者 欲为人师③	𗦻𗣼𗼎𘝯 建置浮图④ bə^2 du^2 wji^1 ɣjir^1 浮 屠 做 造

注：①黄布凡主编《藏缅语族语言词汇》，中央民族学院出版社，1992，第575页，第383页。
②黄布凡主编《藏缅语族语言词汇》，中央民族学院出版社，1992，第415页。
③聂鸿音《西夏文〈禅源诸诠集都序〉译证（上）》，《西夏研究》2011年第1期，第3~22页。
④孙伯君：《黑水城出土西夏文〈佛说圣大乘三归依经〉译释》，《兰州学刊》2009年第7期，第4~9页。

（五）轻动词表语法范畴

在有些语言中，轻动词语义虚化程度很高，动词的相关语法范畴在轻动词上体现，以羌语为例：

1. 曲谷羌语的 pə"做"。曲谷羌语的 pə"做"，还与构词语素 ki 组合，表示动作行为经常进行。kipə（ki 原义为"这样，如此"，pə 原义为"做"）尽管语义上有些看不出"做"的意思，但语法上还是具有动词的功能。kipə 可用于各种时体形式和情体形式后，动词的人称和数标志在 pə 上表示，例如①：

（1）tha thuə taχʂa ʔas maqa qejʐdʑi kipə. 那些狗天天叫。
　　那里 狗（定指）一些 每天 叫 （常行）

（2）na： qa, qa nə-tɕ geəs tə-lla kipa.
　　睡（将行）时 我 睡（名化）衣服（已行）换（常行）（1人称单）
　　睡觉时，我常换上睡衣。

羌语北部方言中的常行体，由"动词+指示代词+轻动词"构成的，此时句子人称和数的变化在轻动词上体现。

2. 蒲溪羌语的 pu"做"。黄成龙（2007）把蒲溪羌语的 pu"做"看作是一个身兼

---

① 黄布凡、周发成：《羌语研究》，四川出版集团、四川人民出版社，2006，第151页。

多职的特殊动词，其基本意义是"做某事"。pu"做"，除用作实义动词之外，在很多情况下还黏附主要动词之后，表状态、体或者语气意味。pu"做"常有以下几个变体：pə、pa、pɑ、pe 和 pi，例如①：

（3）tubʐi　　qa　ʁuɑɹ，　　ŋa　　ke - sa　　pə - i.　　　哥哥叫我，我该走了。

　　哥哥 1sg：NTP　叫　1sg：TP 走 - NOM 做 - CSM：3

总体上看，羌语中的 pə/pu"做"在羌语南、北方言中的功能大致相同，既可以作为实义动词，同时因语义进一步虚化，可以作为轻动词表体、状态等范畴。

四　"做"在羌语支语言中分布特点

Heine & Kuteva（2002）在《语法化的世界词库》一书中，就曾指出，动词"做"有五种语法化路径。分别是：

（1）Causative

（2）Continuous

do（to do，to make）　⟹　（3）Emphasis

（4）Obligation

（5）Pro - verb

羌语支语言"做"义轻动词就目前掌握的材料看，其语法化路径遵循（1）使役、（2）持续体和（5）助动词（代词词）。为便于观察，本文将"做"的功能在各语言中的分布做一统计，"＋"表示该语言的动词"做"有此功能，"空白"表示不清楚。

表 8

羌语支语言	例词	实义动词	助动词：致使/充当	构词语素	表时体范畴
羌语（曲谷）	pə	＋		＋	＋
羌语（浦溪）	pu	＋		＋	＋
普米语（箐花）	py^{55}	＋	＋	＋	
普米语（玉姆）	pə^{55}	＋	＋	＋	
嘉戎语（卓克基）	kɑ - pɑ	＋	＋	＋	
嘉戎语（茶堡）	pa	＋	＋	＋	
嘉戎语（草登）	pe	＋	＋	＋	
道孚语	və^{35}	＋	＋	＋	
拉坞戎（观音桥）	vi^{53}	＋		＋	
却域语	vi^{13}	＋	＋	＋	
木雅语（康定）	(thɤ^{33}）βə^{53}	＋	＋	＋	

---

① 黄成龙：《蒲溪羌语研究》，民族出版社，2007，第 93～95 页。

羌语支语言	例词	实义动词	助动词：致使/充当	构词语素	表时体范畴
贵琼语	bi³⁵	+		+	
史兴语	bɐ³⁵	+	+	+	
扎坝语	mu⁵⁵	+		+	
吕苏语	mu²⁴	+	+	+	
纳木兹（依）语	mu⁵³	+	+	+	
西夏语	膖* wji¹	+	+	+	

综上所述，羌语支语言中动词"做"义轻动词，首先是作为一般实义动词，与名词性成分组合，表动作的实施，这类情况在羌语支内部分布很广，比如贵琼语、扎坝语，纳木兹（依）语等。其次，语义进一步虚化为功能动词，与形容词、状貌词组合表达"致使、成为"意义，比如嘉戎语、道孚语、普米语等。再次是作为动词性构词语素，具体表什么动作语义根据与之搭配成分的意义来确定，最后语义进一步虚化，表语法意义，比如羌语北部方言曲谷话中的常行体标记。

五 结语

语法化，实际就是指语义抽象化到一定程度后引起词义虚化，词汇失去原有的意义变成只表示语法关系或语法功能的单位。从历时类型学视角看，轻动词的一般发展轨迹为：

verb（heavy）→ light verb →auxiliary verb→clitic→affix→conjugation

动词（重）→ 轻动词 →助动词→附着语素（clitic）→词缀→动词词形变化（conjugation）

羌语支语言的"做"义轻动词同样经历了这样一个过程。本文为羌语支语言轻动词功能和语法化路径研究提供了一个视角，希望在此基础上深化轻动词的研究；同时笔者认为，羌语支语言存在轻动词词类。

参考文献

戴庆厦：《景颇语的实词虚化》，《中央民族大学学报》（哲学社会科学版）1996 年第 4 期。

龚群虎：《扎巴语研究》，民族出版社，2006。

黄布凡：《川西藏区的语言》，中国藏学出版社，2009。

黄布凡：《拉坞戎语研究》，民族出版社，2007。

黄布凡主编《藏缅语族语言词汇》，中央民族学院出版社，1992。

黄成龙：《类型学视野中的致使结构》，《民族语文》2014 年第 5 期。

黄成龙：《蒲溪羌语研究》，民族出版社，2007。

黄振华、史金波、聂鸿音整理《番汉合时掌中珠》，宁夏人民出版社，1989。

林向荣：《嘉戎语研究》，四川民族出版社，1993。

刘光坤：《麻窝羌语研究》，四川民族出版社，1998。

陆绍尊：《普米语方言研究》，民族出版社，2001。

吕叔湘：《现代汉语八百词》（增订本），商务印书馆，1999。

孙宏开：《六江流域的民族语言及其系属分类》，《民族学报》第 3 期，云南民族出版社，1983。

孙天心、石丹罗：《草登嘉戎语的状貌词》，《民族语文》2004 年第 5 期。

向柏霖：《嘉绒语研究》，民族出版社，2008。

张文程：《轻动词理论的起源》，《大学英语》2013 年第 1 期。

张智义：《轻动词的句法语义研究》，《外语教学》2013 年第 2 期。

Heine, Bernd & Kuteva, Tania, *World Lexicon of Grammaticalization*, Cambridge： Cambridge University Press, 2002.

Grimshaw, Jane & Mester Armin, "Light Verbs and the ta – marking," *Linguistic Inquiry* 19. 2 （1988）：205 – 232.

Jesperson, Otto, *A Modern English Grammar on Historical Principles：Part VI, Morphology*, London：George Allen and Unwin Ltd, 1965.

Jacques, Guillaume, "The Origin of Vowel Alternations in the Tangut Verb," *Language and Linguistics* 10. 1 （2009）：17 – 27.

Richard, K. Larson, "On the Double Object Construction," *Linguistic Inquiry* 19. 3 （1988）：335 – 391.

Abstract：This paper analyzes the performance and function of the light verb "do" in different languages and dialects of the Qiangic branch, hoping to discuss its grammatical functions and characteristics. It proposes that the word category of light verbs exists in the Qiangic languages, and it has its peculiar characteristics in grammaticalization.

Keywords：Qiangic Languages　Light Verb　Grammaticalization

原载于《民族语文》2017 年第 1 期

试论科学保护各民族语言文字的思想认识基础

王　锋

摘　要　科学保护各民族语言文字作为新时期的民族语言文字工作方针，有着深刻的思想认识基础。首先是对语言国情的科学认识和判断，即对全球化、信息化和城镇化背景下，各民族语言文字使用和发展总趋势的客观认识；其次是树立和深化了以资源、权利、生态为视角的新的语言观。

关键词　各民族语言文字　语言国情　语言观　资源　权利　生态

我国是一个多民族、多语种、多文种的国家，各民族共使用着 129 种语言和 33 种文字。在新的历史时期，各民族语言文字的使用和发展面临着新的形势。2011 年 10 月，中国共产党十七届六中全会通过了《中共中央关于深化文化体制改革推动社会主义文化大发展大繁荣若干重大问题的决定》，指出要"大力推广和规范使用国家通用语言文字，科学保护各民族语言文字"。这是中国共产党第一次在中央全会的决定中对语言文字事业提出明确要求，凸显了语言文字事业在文化建设中的战略地位。[①] "科学保护各民族语言文字"的指导意见，尤其引起了社会各界的普遍关注。

如何更加全面、深入地理解中央精神？本文认为，应从对语言国情和语言观两个角度，分析科学保护各民族语言文字这一指导意见的思想认识基础。语言国情就是在当前全球化、信息化和城镇化背景下，各民族语言文字功能弱化、活力衰退、传承困难的发展大趋势；语言观则表现为以资源、权利、生态为视角的新的语言观已经初现轮廓。对语言国情的科学判断和认识，以及更加符合社会发展要求的新语言观的树立，明确了新时期民族语言文字工作的出发点和落脚点，也为民族语文工作提供了动力源泉。

---

① 李宇明：《科学保护各民族语言文字》，《语言文字应用》2012 年第 2 期，第 13 页。

一　对语言国情的科学认识和判断，是科学保护各民族语言文字的思想基础

改革开放以来，特别是进入新世纪以来，全球化、信息化、城镇化进程进一步加快，民族语言的使用环境和功能也发生了重要的变化，这是一个基本的语言国情。伴随着语言国情的重大变化，民族语言文字工作也相应地进入了一个以保护为主的新时期。

（一）全球化条件下，民族语言文字功能弱化，语言结构受到侵蚀

从理论上讲，以经济为中心的全球化，客观上促进了文化的交流。这种交流是文化同质化与文化异质化两种趋势相互作用的过程。但从实际情况看，全球化对语言和文化多样性的影响总体上是消极的。首先，经济的全球化，要求市场的一体化，而一体化的市场是以统一的语言文字为基础的，复杂多样的语言文字客观上不利于经济交流；其次，占经济发展主导地位的国家、地区和民族，都会以社会和经济优势为依托，获取语言和文化优势，而社会、经济发展滞后的国家、地区和民族，其语言也相应地处于弱势，语言功能弱化，语言声望缺失，在全球化进程中不断被边缘化甚至走向濒危。正如海然热所指出的："在那些人们足迹所至，无法恪守传统身份的少数民族地区，虽然他们的语言仍在使用，但频繁的接触导致那些挟带金钱、技术和意识形态而来的语言的传播成为不可抗拒。"[①]

在全球化背景下，优势语言不仅削弱和限制了弱势语言的使用功能和使用范围，同时也深刻地影响着弱势语言的结构。以经济、文化、科技一体化为背景的语言接触，不是语言之间对等的交流，而是优势语言对弱势语言的一边倒的影响。

（二）信息化条件下，语言融合和趋同成为主流，数字鸿沟加剧弱势语言的衰亡

在长期的农业社会中，不同的语言社区相互隔离。特别是很多语言社区由于山川阻隔，其语言、方言独立发展。但在信息化条件下，语言的传播和相互影响克服了时空限制，语言信息实现了无障碍传播，不同语言之间、同一语言的不同方言之间，其相互影响的程度也是前所未有。语言发展由此进入了以融合和趋同为主的新阶段。但问题在于，在信息化进程中，不同国家、民族和地区在信息传播中的地位差距非常大，这种差距被称为"数字鸿沟"。数字鸿沟在带来社会、经济、文化等方面鸿沟的同时，也造成语言之间更大的不公平，并威胁着许多语言的生存。不能成为网络语言或是在网络应用上处于劣势的语种，其使用功能和活力将会进一步弱化，进而走向濒危甚至

---

① 海然热：《论语言学对人文科学的贡献》，张祖建译，生活·读书·新知三联书店，1999，第44页。

衰亡。

（三）城镇化条件下，少数民族语言的语言功能进一步弱化，语言结构变异加速

当前，我国正在经历一个影响深远的城镇化进程。城镇化不仅是人口的流动，而且是社会、经济、文化的全面城镇化。就语言发展和演变来说，城镇化带来的影响是十分深刻的。城镇化推动了不同语言文化背景的人们大规模流动与聚集，使原本封闭、独立的乡村语言社区走向开放的语言社区，从而带来语言使用和语言结构的巨大变化。首先，不同背景的语言使用者在城市里高度杂居，一种通用、经济、高效传递现代科技文化信息的交际共同语成为必然的要求。相对于汉语的通用语地位，各少数民族语言功能弱化，使用范围缩小，使用频率降低，少数民族流动人口语言转用现象普遍。在结构层面，民族地区的农村，民族语言在城镇汉语方言以及普通话的影响下，逐渐发生变异。表现最为突出的是汉语借词的输入，语音系统的变异，语法结构尽管相对稳固，但在少数民族青少年中，民族语的语法结构也在发生变化。这种变异因文化、经济和交通发达程度的不同而有差异，但变化趋势则是客观存在的。

应该指出，当前，全球化与城镇化进程不可逆转，这是世界发展的根本趋势。与之相应的是语言减少和消亡的趋势同样不可逆转。一些使用人口少、语言活力不足的少数民族语言的消亡是客观现象，这一客观现象在世界范围内都普遍存在。对这个问题，我们应该有清醒而客观的认识。既不能讳疾忌医，不承认民族语言文字减少和消亡的趋势，也不能大惊小怪，对民族语言文字工作持消极态度。戴庆厦先生指出："必须正确认识新时期少数民族语言功能的变化。在现代化进程加快的历史条件下，使用人口极少的少数语言或杂居程度很高的语言，会出现衰变，甚至会出现濒危。这是客观事实，是多民族国家语言关系演变的自然趋势。中国如此，世界各国也是如此。面对这一变化，要采取什么对策？应当认为，即便是在现代化进程加快的历史条件下，对待多民族的语言关系，仍然要坚持保护的原则。"①

二 语言资源观的树立和深化，是科学保护各民族语言文字的内在动力

保护各民族语言文字，还基于语言资源观的树立。随着人们对语言认识的深入，过去仅被视为单纯交际工作的语言文字，其多方面的价值日益受到瞩目。

传统的语言观认为，语言的基本功能是作为交际工具。在此基础上形成的一些认识不利于民族语言文字的保护，如："时代进步了，少数民族语言的消亡已成趋势，保护和抢救有什么价值""保护少数民族语言与经济一体化是背道而驰"等等。②

---

① 戴庆厦：《科学保护各民族语言文字》，《贵州民族报》2013 年 5 月 27 日 B03 版。
② 戴庆厦：《科学保护各民族语言文字》，《贵州民族报》2013 年 5 月 27 日 B03 版。

但随着对语言认识的深入，人们已经懂得，语言不仅是交际的工具，同时也是一种有多方面价值的重要资源。语言作为一种独特的资源，在信息沟通、文化传播、民族与国家认同等方面发挥着不可替代的重要作用。法国学者布迪厄认为，个体通过国家教育体系来实现"文化资本"和"语言资本"的增值。"语言资源观"带来的是对语言的珍视，而传统的语言问题观带来的常常是对语言（特别是弱势语言）的漠视与遗弃。要对语言进行科学有效的保护，必须先树立语言资源观。①

（一）民族语言文字是政治资源

1. 民族语言文字是体现民族平等的重要标志

语言是一个民族的重要标志。在很多民族中，民族认同往往通过语言认同才能得到体现。各民族都热爱本民族的语言，并都有维护自己母语、捍卫自己母语使用权利的天然感情。因此，在多民族国家中，语言不仅仅只是交际工具，还是民族最有代表性的符号。民族平等，自然包括语言平等；对民族的尊重，自然也包括对语言的尊重。而且，历史的经验告诉我们，语言是民族特征中的一个最为敏感的特征，语言和谐了，有助于民族和谐、社会和谐，语言不和谐，就会引起民族矛盾，甚至会引起社会不安定。②

我国是一个多民族国家，这是一个客观存在的历史事实。如何在这样一个多民族、多语种、多文种的国家实现民族平等，是值得认真讨论的问题。由于我国各民族社会、经济和文化发展的不平衡性和差异性，各民族间事实上的不平等是客观存在的，而且必将长期存在。民族平等如何得到更好的体现？除了民族区域自治制度、干部政策等，民族语言文字政策也是很好的途径和形式。党和政府通过在各种场合保障少数民族语言文字的使用，通过语言平等彰显民族平等，从而激发各民族的自豪感，促进各民族对国家的认同和向心力。这方面，我国已经进行了很好的尝试。例如，在国家货币上标注民族文字，党和国家重要文献用民族语言文字翻译出版，党和国家重要集会进行民族语言文字翻译，中央人民广播电台使用少数民族语言进行广播等。如果说，在过去人们较多地将民族语言视为一个问题，但在新时期，应将其视为一种重要的政治资源，进一步强调其在我国多民族国家政治生活中的重要价值。

2. 民族语言文字是维护国家安全的重要工具

占我国国土面积 70% 的中西部地区，长达 2.2 万公里的陆上边境线，都是少数民族分布地区，这是我国边疆稳定和国家安全的重要屏障。当前，我国面临着严峻的文化安全形势。国外势力和一些反动组织，越来越多地把少数民族语言文字作为对我国

---

① 方小兵：《语言保护的三大着眼点：资源、生态与权利》，《民族翻译》2013 年第 4 期，第 19 页。
② 戴庆厦：《科学保护各民族语言文字》，《贵州民族报》2013 年 5 月 27 日 B03 版。

进行政治宣传和文化渗透的工具，试图以民族语言文字为阵地，千方百计鼓动边疆民族地区思想混乱和社会不稳定，严重威胁边疆稳定和国家安全。在这样的条件下，我们必须站在国家安全的战略高度，把少数民族语言文字作为一种重要的政治资源，占领民族语言文字工作阵地。如果不把民族语言文字看作政治资源，而视之为累赘、麻烦、问题，消极不作为，我们将在边疆民族工作中丧失主动权，后果不堪设想。

（二）民族语言文字是文化资源

语言文字是人类的伟大创造，是文化的重要组成部分。反过来，语言文字不仅只是文化成果，它还在历史的进程中塑造了人，是人类传承文化、认知世界的载体和中介。语言作为人类最重要的文化资源，在今天已经得到了越来越多的重视。这可以从三个层面来认识。

1. 语言文字系统本身是各民族的文化创造

作为符号系统，语言本身就是各民族创造的最重要的文化成果。语言的书面形式——文字是各民族的文化创造，早已成为人们的共识；但是，如果说有声语言也是文化成果，很多人就觉得难以理解。事实上，语言是一种结构严谨、特色鲜明、不断发展的符号体系，无论是从词根语、黏着语、屈折语、多式综合语等不同的语言类型而言，还是从语音、词汇、语法的结构特征和历史发展而言，每种语言都是一种特殊的语言样品，具有其他语言无法代替的价值。语言系统的特点及发展，是各语言群体集体无意识的创造，也与各民族特定的社会、历史、文化发展特点相关，并深刻体现着各民族的认知方式、思维模式、文化交流。如维吾尔语词汇通过众多的附加成分所形成的概念的规定性和汉语词义的模糊性、维吾尔语词语搭配的严格性与汉语的灵活性形成了鲜明的反差，著名作家王蒙在下放新疆期间学会了维吾尔语，情不自禁地感叹维吾尔语为他"打开了另一个世界"[①]。这些都是语言符号系统自身价值的体现。

2. 语言是文化发展的载体

语言不仅是交际工具，更是文化的载体，一切文化活动都需要通过语言或以语言为基础的思维能力进行。而人类创造的文化成果，绝大多数都需要通过语言代代传承。有的民族还在有声语言的基础上，进一步发展了语言的书写形式（即文字）来发展和传承文化，使文化成果更加精密，更加系统，流传更为久远。根据国际共识，非物质文化遗产的90%以上是由少数民族语言及地方方言承载与传播的。我国公布的非物质文化遗产保护名录，绝大多数都以语言文字为载体。因此，作为非物质文化载体的语言文字和非物质文化遗产本身是同等重要的。文化载体一旦消失，文化也将随之消失。[②]

---

① 王蒙：《四月泥泞》，春风文艺出版社，1994，第40页。
② 黄行：《少数民族语言文字使用情况调查述要》，《民族翻译》2013年第3期，第76页。

3. 语言是文化的凝聚体，一个文化信息系统，一个知识体系

语言不仅是文化发展的载体，也是文化的凝聚体，本身就是一个文化信息系统。一个民族历史上创造的文化成果，最后作为一种经验积淀在其民族语言中，因此，语言又是人类的创造活动和文化知识的集大成的文化体系。法国著名文化评论家罗兰·巴尔特曾经说过："无论从哪方面讲，文化都是一种语言。"从这个意义上说，语言的文化价值要远远超过其他的民族文化现象。

文化没有高低贵贱之分。正如张公瑾先生指出的："文化是各个民族或群体对特定环境的适应能力及其适应成果的总和。"①一种文化的特点，与一个民族所处的环境相关，也与各民族的认知特点、思维模式有密切关系。而这些各具特色的文化知识，就沉淀在语言中，构成多样性的人类知识的宝库。例如，哈萨克语有关马的毛色的词语有 350 多个，形容骏马的词语有 100 多个，有关马的其他特征的词语 600 多个，非马背上的民族很难有这样的语言奇观。②而地处西南边疆的傣族，因生活在有动植物王国美誉的热带雨林地域，其语言中则有大量的动植物名词。类似的例子不胜枚举。这些，都是各民族对特定环境认知成果在语言中的反映，其文化价值是不言而喻的。

（三）民族语言文字是社会资源

语言是社会资源，是人们进行社会交际的工具，只有有了语言，人类社会才能形成并不断发展，这是语言的基本属性，无须赘述。但在多民族国家中，语言作为社会资源还有如下价值。

1. 语言是民族认同的重要途径

在一般所说的构成民族的四要素（即共同语言、共同地域、共同经济生活以及表现于共同文化上的心理素质）中，语言无疑是最重要的。由于社会的发展，共同地域、共同经济生活等要素现在已经不是确认民族的必要条件。特别是对于大多数缺乏统一宗教信仰力量来维系民族情感的民族来说，语言文字在民族认同过程中的重要性就更为凸显。反之，如果没有一定比例的民族语言使用人口，或者民族语言已经消亡，则民族作为一个人们共同体的前景就不容乐观。同时，还可以通过促进和谐语言关系建设，鼓励各民族相互学习语言，增进相互了解，促进民族和谐与民族团结。

2. 在多民族杂居社会中，语言资源是构建社会关系的重要条件

在封闭的单一语言社区，语言在这方面的价值不能得到充分体现。但是，随着全球化和城镇化进程的发展，不同语言和文化背景的人们大规模流动与聚集，语言的社会资源属性就凸显出来。语言资源的多样性，满足了人们日益复杂的社会交往的需要。

---

① 张公瑾、丁石庆：《文化语言学教程》，教育科学出版社，2004，第 19 页。
② 李宇明：《语言资源观及中国语言普查》，《郑州大学学报》（哲学社会科学版）2008 年第 1 期，第 5 页。

从一个相对封闭的社区向开放的社区转化的时候，人们有意识地利用和管理语言资源以便适应新的环境，这是人们社会行为中工具理性的体现。[①] 人们以语言为媒介，构建社会关系，并形成特定的语言社区。这在多民族杂居地区十分常见，在新时期多民族流动人口较多的城镇地区也有突出表现。

（四）民族语言文字是经济资源

当前，关于语言是经济资源的认识方兴未艾，这在以往是难以想象的。瑞士人普遍掌握多种语言，日内瓦大学弗拉索瓦·格林教授的研究小组指出："每年瑞士国内生产总值的 10% 受益于语言的多样性。"最近 10 年来，语言产业的蓬勃发展越来越引起全球性关注。例如，与西班牙语学习相关联的产业产值每年达 1500 亿欧元。在我国，外语培训、翻译、出版市场产值接近 1000 亿元。语音合成、语音识别、文字识别、机器翻译、语言康复等正在成为新兴的语言产业领域。中国互联网中心预测，未来 5 年，仅中文语音市场产值将达到 1300 亿元。[②]

是不是只有强势的通用语言才有经济价值？答案是否定的。中国的少数民族语言，使用人口绝对数量大，市场空间巨大。随着各民族地区文化产业、旅游业等服务产业的兴起，少数民族的语言也越来越受到关注，与之相关的民族语言学习、翻译、出版、影视等产业已有一定的发展，只是产业化程度仍处于较低水平，绝大多数语言尚未得到开发，发展前景十分广阔。随着信息时代的发展，民族语言文字作为经济资源的性质会越来越凸显，其经济价值将会得到充分体现。

三　语言生态观是科学保护各民族语言文字的思想依据

随着人们对自然生态了解的加深，社会和文化也分别被作为生态系统重新进行认识。自然生态的协调、可持续发展要求生物多样性基础，相应的，文化生态也要求文化多样性，而文化多样性的前提就是语言多样性。

20 世纪 70 年代以来，人们开始将语言视为一种生态现象。1972 年，豪根首先提出了"语言生态"的概念。他指出："语言生态是特定语言与其环境的交互作用。"[③] 所谓"环境"，并非通常所说的上下文或语境，而是使用语言的社会以及比社会更广泛的周围世界的环境，而且语言本身也是环境的一部分。后来，范莱尔（L. van Lier）进一步界定了语言生态的具体内容：（1）语言与物质环境的关系，如语言中有大量表达自然界和周围世界的性质与变化、客观世界方位与行动的方式，以及各种自然界与社

①　李荣刚：《城市化对乡村语言变化的影响》，《重庆社会科学》2011 年第 10 期，第 101 页。

②　陈鹏、贺宏志：《中国语言产业亟待加速》，《人民日报》2013 年 4 月 25 日第 19 版。

③　E. Haugen, *The Ecology of Language*, California：Stanford University Press, 1972, p. 325.

会生活中的表征，都表明语言与物质环境关系密切；（2）语言与社会及文化环境的关系；（3）语言的多样性和各种语言之间的关系；（4）语言学习者与学习环境之间的关系等。① 语言既构成了整个生态系统的一部分，因而受后者的制约，也反过来对整个生态系统的构成与发展具有一定的影响。

不论是自然、社会和文化，这些生态系统都有着类似的特征。系统中的各物种、各成分、各要素都始终处在一个动态的发展过程之中，而且相互之间存在着互相依赖、互相影响、互相制约、互相竞争的复杂关系。此外，这些生态系统的发展与人密切相关，人是影响这些生态系统的决定性因素。

当前，人们在自然生态保护的基础上，也进一步增加了对社会、文化乃至语言生态的认识，生态保护的意识进一步强化。党和国家提出的科学发展观，本质上也是对各生态系统发展认识更加全面、更加深刻的体现。在新的发展时期，人们对语言生态的认识也更加深化，为语言文字保护工作提供了思想依据。主要表现在：

第一，生态系统是相互联系、相互影响、相互依存的，语言多样性是各民族语言文化协调、可持续发展的前提。多样性的自然物种相互作用、相互依存，构成生机勃勃的生命世界。丰富多样、异质性强的生态系统才能协调、可持续发展，物种稀少的生态系统是失衡而脆弱的。语言生态系统则是多种语言共存并与社会文化环境相互作用的动态平衡体系，任何语言的发展，都是在长期吸收其他民族语言成分的基础上，才得以丰富和完善起来。弱势语言的消亡也必将影响到强势语言的发展。就像单一物种的自然界必将灭亡一样，"当所有的人都说一种语言时，世界的末日也就要来临了"。②

第二，语言之间可以和谐共处、协同发展的。自然生态环境中，各种生物之间存在着激烈的竞争关系。但物竞天择、适者生存、优胜劣汰的生存斗争并非生态发展的全部内容，协同进化的观点更能反映自然界发展的实际。"应该说，协同进化的观点比达尔文的生存竞争、优胜劣汰进化论，在反映自然进化时更全面、更准确"。③ 协同进化论承认生物多样性和大自然的自我组织功能和维持能力，认为生物之间、生物与环境之间密切关联，相互依存，协同进化，并包括相互受益和相互制约两种机制，在优胜劣汰的同时，也促进生物多样性的增加，物种的共同适应，维持生物群落的稳定性。正是这种多样性和协同进化造就了生物圈的千姿万态，维系了生物圈的持续演化发展，协调了全球生态环境的相对平衡，共同构成了人类赖以生存和发展的重要物质基础。从这样的视角来观察当前的语言关系，我们可以看到，在当前的语言生态系统中，各

---

① 徐佳：《生态语言学视域下的中国濒危语言研究》，上海外国语大学博士学位论文，2010，第 36 页。

② J. A. Fishman, *Reversing Language Shift：Theoretical and Empirical Foundation of Assistance to Threatened language*, Philadelphia Multilingual Matters, 1991, p. 67.

③ 周光召：《迈向科技大发展的新世纪》，《科学中国人》1995 年第 4 期，第 21 页。

种语言确实存在竞争和制约关系，但在另一方面，相互受益的机制也有充分体现：在语言发展上，不同语言间相互吸收，互为不可缺少的生存条件；在使用功能上，不同的语言存在互补关系。如果加以科学引导，就可以构建起功能互补、和谐共存的和谐语言社会，为语言多样性奠定良好的发展环境。

第三，积极的观念和措施，有利于语言生态保护。无论是自然生态，还是社会和文化生态，都与人密切相关，人是影响各种生态环境的决定因素。人的认识和活动既能造成生态环境和恶化，也能起到保护生态环境的作用。在科学发展观的指导下，生态保护业已引起人们的高度关注，生态建设被列为我国新时期的战略工作。如果通过有效的宣传，引导人们对语言多样性持有积极的评价，进而改善语言的生态环境，弱势语言就可以得到科学保护，语言的多样性也可以得到长期保持。

四　语言权利观的强化，是对科学保护各民族语言文字的客观要求

进入新的时期，从全世界范围看，权利意识的强化，是社会发展的总体趋势。人们不仅要求生存权，也要求发展权。不仅要求经济权利、社会权利，也要求文化权利。这个趋势是不可逆转的。权利意识的强化，对于国家和各级政府、组织的工作提出了更高的要求。在民族语言文字工作中，语言权利观念的强化，尤其值得高度关注。

语言权利是指同类人群或个人学习、使用、传播和接受本民族语言、国家通用语言和其他交际语言的权利的总和。它包括群体语言权和个体语言权。本文涉及的权利主体是民族，因此主要是指群体性语言权利。[1]

正如前文所指出的，语言的价值是多方面的，而非只是单纯的交际工具。总的来说，语言的核心价值包括交流工具、认同标记和作为文化结晶的内在价值。将语言作为交流工具时所产生的语言权利就是工具性语言权利，如使用某种语言表达思想的权利。但语言权利更多地表现为非工具性语言权利，即语言和文化认同[2]，也就是人们有权以自己的语言生活，并享有安全的语言环境，相信"他们自己所属的语言群体会繁荣，人们将有尊严地使用自己的语言"[3]。对母语和本族文化的认同属于精神利益，具有不易改变和替代的特征。学界一般认为，这种认同直接地涉及人的尊严和生活的意义。因此，联合国教科文组织《世界文化多样性宣言》指出，为了捍卫文化多样性，以尊重人的尊严，"每个人都应当能够用其选择的语言，特别是用自己的母语来表达自

---

①　杨晓畅：《浅论个体语言权及其立法保护》，《学术交流》2005 年第 10 期，第 49 页。

②　Ruth Rubio-Marin, "Language Rights: Exploring the Competing Rationales," in Will Kymlicka and Alan Patten, eds. , *Language Rights and Political Theory*, Oxford, New York: Oxford University Press, 2003, p. 57.

③　Leslie Green, "Are Language Rights Fundamental?", *Osgoode Hall Law Journal* 25 (1987): 658.

己的思想"。①

我国政府对少数民族语言权利的保障，主要是通过《中华人民共和国宪法》和《民族区域自治法》的相关条文，坚持语言平等，保障各民族公民都有自愿选择使用某种语言文字的权利和自由，把保障和促进少数民族语言文字的使用和发展作为传承民族文化、促进民族发展的重要载体，把促进各民族语言的和谐发展作为构建社会主义和谐社会的重要目标，这是中国特色社会主义道路在民族语言文字工作中的体现。

权利的行使必须有可操作性的规范依据。当前，中国少数民族的语言权利保障仍缺乏立法支持。除了《宪法》和《民族区域自治法》对少数民族的语言权利有原则性阐述外，在民族语言文字工作具体实践中发挥指导作用的是最高行政机关制定（或转发）的数份文件，而缺乏有约束力和可操作性的民族自治地方语言文字工作条例和实施细则。随着各民族语言权利意识的进一步增强，民族语言文字工作将面临更加复杂的形势，当前的民族语言文字工作立法状况难以满足新时期工作要求。民族语言文字工作的立法，将是科学保护各民族语言文字工作的核心任务。

如上所述，在新的历史时期，党和国家提出了民族语言文字工作的新方针，是非常具有针对性的。本文认为，中央的精神，是我党实事求是思想路线的深刻体现，是在马克思主义辩证唯物主义和历史唯物主义思想基础上，与时俱进，以新的语言观为视角，对民族语言文字发展新形势进行科学认识和判断之后提出的工作方针。以之为标志，我国民族语言文字工作将进入一个新的发展阶段。

参考文献

郭友旭：《语言权利和少数民族语言权利保障研究》，中央民族大学博士学位论文，2009。

范俊军、肖自辉：《语言资源论纲》，《南京社会科学》2008 年第 4 期。

徐大明：《语言资源管理规划及语言资源议题》，《郑州大学学报》（哲学社会科学版）2008 年第 1 期。

张公瑾：《语言的生态环境》，《民族语文》2001 年第 2 期。

张公瑾：《文化语言学发凡》，云南大学出版社，1998。

戴庆厦：《构建多语和谐的语言生活》，民族出版社，2009。

原载于《民族翻译》2014 年第 3 期

---

① 孙宏开：《科学保护各民族语言文字》，《中国社会科学报》2013 年 12 月 30 日 B01 版。

判断表达的类型与策略

——基于中国境内语言的类型学考察

张 军

摘 要 判断表达是对事物关系状态的认知和反映，在人类语言中具有普遍性，其基本语义类型包括等同式和归类式。中国境内的语言依据系词情况可将其判断构式分为无系词式、单系词式和多系词式几种类型。判断表达通常采取一些不同于叙事句的句法或语用策略，如话题化和标记焦点、系词的人称标记以及区分主观情态等。

关键词 判断表达 类型 语用策略

判断句作为对事物之间关系状态的表达，在人类语言中普遍存在，但可能具有不同的表现形式和采取多样的表达策略。为了便于描写和比较，我们把判断表达形式称之为判断构式。所谓构式（construction）简单说就是"形式和意义的配对"（Goldberg 2007［1995］：4）。典型的判断构式就是"A 是 B"句式，其功能是用以表达说话人对人/事物之间等同或隶属关系状态的认知和反映。构式视角便于对判断表达的组成成分进行句法语义分析，同时能显示出跨语言比较中的类型特征。

中国境内的语言丰富多样，亲疏关系不同，形态特征各异，它们在判断表达上的差异和特点具有一定的样本意义。本文拟以境内语言为对象考察判断表达的类型与策略。

一 判断表达的类型

判断表达所反映的关系情景中，一般要涉及两个或几个对象，分属关系双方，其中一方较另一方处于更主导更确定的地位，是判断的对象和表达的逻辑起点。体现在判断构式中就是两个指称性的体词性成分，其中一个成分在指称上是确定的（用 NP 表示），另一个不一定是定指性的（用 np 表示）。这样我们可以用一个简化了的形式来表示一个判断构式 C（a）：

$$C(a) = [[NP + np](+X)]$$

从语义功能上说作为判断对象 NP 是判断主语，np 是判断表语，X 则包括具有连接功能的系词、表示判断情态的小词以及其他功能标记等各类成分，判断表语（常常与 X 一起）对判断主语 NP 进行定义或归类说明，在意义上补足判断主语；NP 和 np 是构式的必要构件，至少能由语境补充出来，X 的具体样式则因语言不同而各显差异。

1.1　判断构式的语义类型

事物之间的关系主要有两类：一是外延等同关系，二是类属包含关系。相应的判断构式的语义类型也有等同式和归类式：前者表示 A 与 B 为同一指称对象，后者表示 A 属于 B 的成员或具有 B 的身份。一般语言中都有这两种判断构式。等同式中判断主语和判断表语在指称上都是确定的，具有同一性，可以前后调换着说。如汉语中"中国的首都是北京"可变换为"北京是中国的首都"，其他语言也是类似的表达①：

（1）藏语（安多）：　tʂoŋngo-ɣə　　hdʑasa　pətɕən　ʐet.

　　　　　　　　　　中国 – GEN②　　首都　　北京　　COP

（2）傈僳语：bɛ⁴²tɕi⁵⁵　　niɛ³³　　tso⁵⁵guɛ³³-dɛ⁵⁵　　sou⁴⁴du⁴⁴　　ŋa³³.

　　　　　　北京　　TOP　　中国 – GEN　　首都　　COP

归类式中一般只有 NP 是定指的，np 是类指或不定指的，如"我哥哥是老师"：

（3）白语（大理）：　ŋɯ⁵⁵　　kɔ⁴⁴　　tsɯ³³　　lɔ³²sɿ⁴⁴

　　　　　　　　　我：GEN　哥哥　COP　　老师

（4）苗语（弥勒）：o⁵⁵　　ti³¹　　ʐau¹³　　lou⁴⁴　　ntɛ⁵⁵.

　　　　　　　　　我　兄　COP　先生　书

有些语言的判断构式还可以表示属性，如"这件衣服是黑的"：

（5）维吾尔语：bu　　kijim　　qara　　（dur）.

　　　　　　这　衣服　黑色　　COP

（6）勉语（贺州）：nai⁵³　　tei²⁴　　lui³³　　（tsei²¹²）　　kiɛ⁷⁵⁵　　ŋ̩ei³³.

　　　　　　　　这　件　衣服　　COP　　黑色　　NOMIN

---

① 本文主要参考了"中国少数民族语言简志""中国新发现语言研究""中国少数民族语言方言研究"等丛书，以及《中国的语言》等。部分语料为本人调查所得，李云兵、王锋、杨将领、多杰东智、李文宇等为调查提供了帮助，因行文所限，特此一并道谢。文中对所引语料采取了统一标注。

② 本文语法标注所用缩略语：PRES：present tense（现在时）；FUT：future tense（将来时）；PST：past tense（过去时）；TOP：topic marker（话题标记）；FOC：focus marker（焦点标记）；NOM：nominative（主格）；NOMIN：nominalizer（名词化标记）；ACC：accusative（宾格）；GEN：genitive（属格）；AGT：agentive（施事者）；PAT：patient（受事者）；PART：particle（助词）；MOOD：mood word（语气词）；NEG：negative（否定词/标记）；1sg：1ˢᵗ person singular（第一人称单数）；2sg：2ⁿᵈ person singular（第二人称单数）；3sg：3ʳᵈ person singular（第三人称单数）。

表示属性的形容词往往采取名词化形式，系词也可以省略，这实际上也是一种归类。

1.2　判断表达的构式类型

判断构式 C（a）＝［［NP＋np］（＋X）］根据 X 的不同情况，可以形成不同类型。这里仅把系词作为 X 的变项。系词一般与主谓结构中的动词处于相同的句法位置，正是这个位置赋予其联系判断主语和表语的作用。另外，系词有肯定系词与否定系词之分，一些语言在否定式判断表达中有专门的否定系词，而不是采取肯定系词加否定词或词缀的方式进行否定的。

1.2.1　无系词构式：C（a）＝［NP＋np］

有些语言中根本没有系词，它们的判断表达自然不用系词。据我们统计，中国境内的 130 种语言中有 12 种无系词语言，像汉藏语系藏缅语族的苏龙语：（李大勤 2004：155）

（7）va^{r55}　ɹe^{55}　goh^{55}-da^{31}　a^{31}kar^{55}.　他是我哥哥。

　　　　他　TOP　我 – GEN　哥哥

再如南岛语系语言的阿美语（ʔamiʃ）：（何汝芬、曾思奇等 1986：133）

（8）futuɬ　ʧinira.　他是雅美人。

　　　雅美人　他：NOM

大体上，无系词语言主要是分布于台湾地区的阿美语、排湾语、布嫩语、赛夏语、巴则海语、邵语、沙阿鲁阿语等南岛语，喜马拉雅地区的部分藏缅语如苏龙语、格曼语等也属此类。这些语言同样没有否定系词，否定判断直接使用否定副词来表达。比如阿美语：

（9）ʧua　ku　futuɬ　ʧinira.　他不是雅美人。

　　　NEG　NOM　雅美人　他：NOM

词首 ʧua 是否定副词，有"不，不是，没有"等义，可对判断句、事件句、存在句进行否定。

1.2.2　单系词构式：C（a）＝［NP＋np］＋COP

中国境内大多数语言有一个系词，约占到总数的六成。其中 61 种语言只有一个肯定系词。现代汉语（以北京话为代表）只有一个系词"是"，判断句以使用系词为常，但有些情况下系词可以省略，如："这个人（是）好人""今儿（是）礼拜天"等。（赵元任 1979：54）否定判断表达要用副词"不"来否定"是"。系词省略是有条件的，这与无系词语言在任何情况下都不用系词的情形不同。许多藏缅语都是单系词语言，它们的系词大多也可以省略，如：

（10）哈尼语：a³¹jo³¹ xa³¹n̩i³¹ za³¹ （ŋɯ⁵⁵） ŋa³³.

　　　　　　他　哈尼　人　COP　MOOD

　　他是哈尼族。（孙宏开等 2007：319）

（11）拉祜语：ɔ³⁵³ lɛ³³ ŋa³¹ vi³⁵pa¹¹ （ɔ³¹）.

　　　　　　他　TOP　我　哥哥　COP

　　他是我哥哥。（孙宏开等 2007：295）

一般来说，这些藏缅语省略系词的判断构式表达的是普通语气，在强调时就需要用系词，否定判断构式中系词不能省略。如仓洛语：（孙宏开等 2007：240）

（12）ʂutɕi dʑaŋ maŋ gi, roʔ gi la.　书记不是我，是他。

　　　书记　我　NEG COP　他　COP MOOD

毕苏语情况更为极端，它有一个系词 a³¹ "是"，但从不用在肯定判断中，a³¹ "只有否定形式，专用于否定判断句和否定疑问句中，同否定副词 ba³¹ 组成 ba³¹a³¹ '不是'的否定判断式，位于判断句末尾，表示对事物性质或关系的否定判断或否定疑问"（徐世璇 1998：77）。例如：

（13）ʐoŋ³³ aŋ³³lai³¹lin³¹fu³³ ba³¹ a³¹ la³¹?　他不是学生吗？

　　　他　　学生　　　　NEG COP MOOD

单系词语言的另一种情形是只有专门用于否定判断的否定系词，类似于古代汉语的否定词 "非"。中国境内这样的语言有 11 种，如阿尔泰语系的达斡尔语：（孙宏开等 2007：1886）

（14）tər mood biʃiŋ.　那不是树。

　　　那　树　COP：NEG

biʃiŋ "不是" 在达斡尔语中被认为是 "助动词性质的否定词"，（仲素纯 1982：69）用在体词后构成判断句，不同于普通的否定副词 ul "不"。再如泰雅语：（孙宏开等 2007：2178）

（15）ʔisuʔ ʔijat ʔətajal balaj.　你不是真正的泰雅人。

　　　你　COP：NEG 泰雅人　真正

泰雅语没有肯定系词，肯定判断构式中不用系词，但否定判断要用否定系词 ʔijat "不是"。

1.2.3　多系词构式：C（a）＝［NP＋np］＋COPₓ

有些语言有不止一个系词，但它们的具体情形不尽相同，有的兼有肯定系词和否定系词，有的具有几个功能不同的肯定系词，有的除了原来的系词还借用别的语言的系词。中国境内 29 种语言有两个系词，其中 8 种语言除了肯定系词外还有一个否定系词，如蒙古语的 mon "是" 和 biʃee "不是"①，锡伯语的 bi "是" 和 vaq "不是"，鄂伦春语的 bi "是" 和 oŋto "不是"，满语的 ino "是" 和 vaqa "不是" 等。再如黎语：（孙宏开等 2007：1346）

(16) na^{53} （man^{53}） tʃhai^{11} hou^{53}, gwai^{55} foːi^{55} hou^{53} ve^{53}.

　　 他　　COP　　伯父　　我：GEN　COP：NEG　叔父　我：GEN　MOOD

　　他是我伯父，不是我叔父。

黎语的肯定系词 man^{53} "是" 在句中可以省略，但否定系词 gwai^{55} "不是" 不能省略，这两个系词还分别用于是认和否认的应答。

有些语言有多个系词，形成意义或功能不同的判断构式。中国西部地区的藏语及其周边的门巴语、拉坞语、却域语、木雅语，以及阿尔泰语系的保安语、东部裕固语、西部裕固语、撒拉语、土族语等都有两套系词，这些系词在判断情态上形成确定/非确定的对立（详见下文）。壮侗语族和苗瑶语族的部分语言也有两个或多个系词，但其中只有一个系词能用于否定判断构式，如傣语（德宏）的 pen^6 和 tsaɯ^6、侗语的 taːŋ^3 和 çi^6、布依语的 tɯk^8 和 si^1、水语的 ⁿdum^3 和 si^3、勉语的 se^1 和 tsei^4、布努语的 si^6 和 tau^6、拉珈语的 tok^7 和 tuk^8 等，这些语言的系词或者分别用于肯定与否定判断，或者有普通语气与强调语气的区别。如傣语：

(17) kau^6 pen^6 tai^2, man^2 m̩^{1} tsaɯ^6 tai^2.

　　 我　COP　傣族　他　NEG　COP　傣族

　　我是傣族，他不是傣族。

傣语的系词 pen^6 一般用于肯定判断，但只有 tsaɯ^6 能用于否定或疑问的判断构式中。

有些语言中的多个系词还可能是语言影响的结果。如傣语（德宏）的 tsaɯ^6、侗语的 çi^6、布依语的 si^1、水语的 si^3 等都是借用汉语系词 "是"（薄文泽 1995）。青海地区部分回族使用的康家语是受藏语影响的蒙古语族语言，它的判断系词多达 6 个：i 和 va 分别用于第一人称和非第一人称肯定式判断构式中（二者与保安语的 i 和 o 功能相似），与它们有同样功能的 mbi 和 mba 可能与蒙古语有关，后者还可用于应答问句；相应的否定系词是 bəʃi 和 mari（mari 可能与安多藏语中表示非确定判断系词 red 的否定形式 ma red 有关）（斯钦朝克图 1999：196）。

---

① 蒙古语判断表达中经常用到一个词 bol，但它总是出现在判断主语与判断表语之间，而不像系词 mon "是" 和 biʃee "不是" 出现在表语之后（蒙古语的基本语序是 SOV 型）。文献中一般将 bol 视为主语标记（如清格尔泰《蒙古语语法》第 522 页、曹道巴特尔《喀喇沁蒙古语研究》第 192 页），本文认为 bol 是话题标记。

二 判断表达的策略

判断构式除了系词的有无与多寡的差别外，还可能在形态句法或信息传达等方面采取不同的策略，这些表达策略既与语言类型特点相联系，也反映出判断表达的某些普遍共性。

2.1 判断表达的语用策略

判断表达不是以事件为认知语义基础，而是人们对事物之间关系场景的识解结果，是基于语用而不是语义的。因此，判断表达采取的组织策略不同于事件句，而是体现在如何通过语用手段来安排"关系"双方——NP 和 np，常见的方法有直接缀合、话题化、标记（强化）信息等。汉语在系词"是"产生以前，通常要使用这些语用策略来表达判断，如：

荀子卿，赵人。（《史记·孟子荀卿列传》）

管仲夷吾者，颍上人也。（《史记·管晏列传》）

百里奚，虞人也。（《孟子·万章上》）

这里除了 NP 和 np 的直接缀合外，助词"者"和"也"分别具有强调话题和强化焦点表达的语用效果。这些表达策略具有类型学的普遍性，在其他语言中也多有使用。

2.1.1 缀合法

有些判断表达是将相关的两个名词成分直接缀合在一起而不借助别的辅助成分。这是无系词语言中最为常见的手段，有系词语言在一定的语境中也常常省略系词，将判断主语与判断表语直接缀合，如前例（8）（10）（11）。这种策略通常用于表达身份、职业、时间、日期等情形。如"我是学生"：

（18）赫哲语：bi çoşəŋ.　　（19）乌兹别克语：men oquwtʃi.

　　　　　　我　学生　　　　　　　　　　　我　　学生

判断主语与表语缀合的顺序同该语言的基本语序相关。中国境内大多数语言是 SVO 型（汉语、壮侗语、苗瑶语、南亚语等）和 SOV 型（阿尔泰语、藏缅语等），它们的判断表达缀合的顺序是"判断主语 + 判断表语"；动词居首的南岛语（基本语序为 VOS 或 VSO）则采取"判断表语 + 判断主语"的顺序。如前例（8），再如台湾的噶玛兰语：

（20）kəbaran aiku.　　　　我是噶玛兰人。

　　　　噶玛兰　　　我

2.1.2 话题化与焦点化

判断表达在话语层面是比较原始的话题结构，即判断主语一般比较确定，是说话的起点，充任话题；判断表语是对判断主语的说明，可以视为话题结构中的述题。许多语言通过一些话题化策略将缀合式表达进一步明晰为话题结构，方法是给判断主语添加话题标记使其成为显性话题，形成"判断主语＋话题标记＋判断表语"构式。如前例（5）所示苏龙语。汉藏语系的许多语言具有话题突显特征（张军 2012），它们的判断表达往往采取话题化策略，特别是那些无系词语言。再如达让语：（江荻、李大勤、孙宏开 2013：113）

(21) tɕe⁵⁵　je⁵⁵　ta³¹raŋ⁵⁵　me³⁵　jim⁵⁵. 他不是达让人。
　　　他　TOP　达让　人　NEG

达让语没有系词，无论肯定或否定判断一般都要用专门的话题标记 je⁵⁵，以标示判断主语的话题地位。有系词语言往往也采用这种话题化策略，将判断主语标记为话题，起到突出和强调的作用。如景颇语：

(22) ŋai³³　ko³¹　tʃiŋ³¹pho²³¹　ʒe⁵⁵　ai³³. 我是景颇族。
　　　我　TOP　景颇　COP　MOOD

景颇语的判断表达除了使用系词（ʒe⁵⁵或 ʒai⁵⁵）外，还常用话题标记 ko³¹来强调判断主语。

有些南岛语的判断主语通常位于判断表语之后，它们采用另外一种话题化策略——移位，将判断主语移至表语前的句首位置。这种话题化策略常伴随一些形态变化。如泰雅语充当判断主语的人称代词或指示代词移到句首时要采取不同于主格代词的形式，比较"我是泰雅人"：

(23) ʔətajal　saku². 　　(24) kuziŋ　ʔətajal.
　　　泰雅人　我：NOM　　　　　我：TOP　泰雅人

（23）和（24）都以"我"为判断对象（主语），但（23）是常式，判断主语采取主格形式 saku²"我"（泰雅语的部分人称代词有基本格、主格、宾格、属格等不同形式），（24）是话题化构式，句首的判断主语成为话题，采用基本格（即话题）形式 kuziŋ"我"。赛德克语的情况类似，只有长形的人称代词和指示代词才可以从句尾的主语位置移到句首的话题位置（所以也可称之为话题代词），起到突出强调的作用（陈康、许进来 2001）。例如：

(25) hini　ue　elu,　gaga　ue　hako. 这是路，那是桥。
　　　这：TOP FOC　路　那：TOP FOC　桥

例（25）中如果判断主语为指示代词的短形式 ni"这"、ga"那"，就不能话题化移位。布嫩语中话题化的判断主语常带有话题标记 hai。例如：

(26) avandin　hai　abahat,　avandian　hai　abav.
　　　这边　TOP　南　　　那边　TOP　北

这边是南，那边是北。（何汝芬等 1986：60）

从信息结构看，南岛语的判断表语是传达新信息的自然焦点，可以带有专门的焦点标记。如（25）所示赛德克语，再如阿美语：

（27） u　luma?　aku　kura.　那是我的家。

　　　FOC　家　我：GEN　那

u 被认为是阿美语的判断助词，用来"表示判断确指，或者提前强调主语"（何汝芬等 1986：90；陈康 1992：150）。我们认为它实际上是一个焦点标记，除了用来标记判断句中的常规焦点，还可以用来强调对比性焦点，如：

（28） u　ʃiŋʃi　niam　u　nu-?amiʃ　a　tamɬaw　tʃinira.

　　　FOC　先生　我们：GEN　FOC　GEN－阿美　GEN　人　他：NOM

　　　我们的老师，他是阿美人。［是我们的老师（而不是别人）是阿美人］

句中为了强调判断主语 ʃiŋʃi nian "我们的老师"，将其移位至句首焦点位置并添加了焦点标记 u，在句尾位置保留了一个复指代词"他"（采取主格形式），同时判断表语 nu-?amiʃ a tamɬaw "阿美人"也带有常规焦点标记 u。[①]

2.2　判断表达的标记策略

判断表达与事件句式的区别还表现在语法关系的表现上。通常认为"语法关系代表参与者角色的句法编码，即谓词所编码的情境中参与者的语义角色"。（威廉·克罗夫特 2009：166）常见的语法关系编码手段包括格标记、标引（indexation）以及语序等。这是就事件句而言的，判断构式成分（主要是判断主语、表语以及系词）之间的句法关系如何？判断表达如何反映和标记这些语法关系？这里通过判断表达与事件表达的标记策略比较来认识二者的异同。

2.2.1　判断构式与格标记

如把谓语作为小句的中心，格形态就是将句法关系标记在语言的从属词上（Nichols 2014［1986］）。汉语、壮侗语、苗瑶语以及南亚语等都没有句法格形态，但阿尔泰语有系统的格标记，它们的宾格一般都是有标记的，而主格是无标记的（黄行 2007）。但这些语言中判断主语和表语都不带格标记（力提甫·托乎提 2012）：

（29） sɛn　oqutquʃi　dur-sɛn.　你是老师。

　　　你　老师　COP－2sg

---

① 台湾学者吴静兰在其《阿美语参考语法》中把 u 视为一种格标记——中性格，其作用是"出现在句首，用来标示等同句中表示谓语的名词"（第 65 页）。但阿美语的其他格标记（主格、受格、属格）都不出现在谓语位置，只有焦点标记附加于谓语（动词）之上，我们把 u 看作判断句中指示焦点信息的语用标记。

sɛn "你" 和 oqutquʃi "老师" 都不带格标记，可见判断主语和表语不存在主宾格关系。

许多藏缅语对句子的施事者（agentive）和受事者（patient）进行标记，但它们还不是句法格而是语义格，其功能主要是为了区别事件过程中的施事者与受事者，消除对施受双方的理解歧义（Lapolla 1995）。所以一般情况下只用其中的一个（通常是受事者）标记，在施受关系明晰的情况下，也可都不出现。这些语言中，判断构式中的主语和表语并不使用施事者或受事者标记。比较羌语麻窝话系词句（30）和动词句（31）：（刘光坤 1998：191、210）

（30）thaː   rma   ŋuə-ji.   他是羌族。

　　　他   羌族   COP – 3sg：PRES

（31）qa   thaː – ji   da-tɤi-sa.   他打了我。

　　　我   他 – AGT   PRES – 打 – 3sg：1sg

（31）中的行为的施行者 thaː "他" 带有施事标记 ji，但（30）中的判断主语和表语都没有任何标记。这说明判断句与事件句在语义结构上的区别。

南岛语一般都有格形态范畴，除了代词的格变化，名词也有主宾格标记，这些标记一般都置于充任主语或宾语的名词短语前，如阿美语的 ku 和 tu、排湾语的 a（la）和 tu、布嫩语的 a 和 mas、鲁凯语的 ka 和 sa，有的还有专用于指人名词和代词的主宾格标记。这些语言中，主格标记可以用于判断主语。例如：

（32）阿美语： u   ʧima   ku   ŋaŋan   iʃu   ʃaw?

　　　　　　　FOC   谁   NOM   名字   你：GEN   MOON

你的名字是什么呢？（何汝芬等 1986：90）

这些语言一般不用宾格标记判断表语，反而表语有时能带主格标记，如例（9）的阿美语。

2.2.2 判断构式的系词标记策略

有的语言中系词需要带人称、数等标记，表明判断主语的人称和数等。比如维吾尔语：（赵相如、朱志宁 1985：90；力提甫·托乎提 2012：189）

（33）　　mɛn   iʃʧi   dur-mɛn.   我是工人。

　　　　我：NOM   工人   COP：PRES – 1sg

（34）　　sɛn   iʃʧi   dur-sɛn.   你是工人。

　　　　你：NOM   工人   COP：PRES – 2sg

（35）　　sɛn   iʃʧi   idi-ŋ.   你曾经是工人。

　　　　你：NOM   工人   COP：PST – 2sg

维吾尔语的直陈式判断表达区分过去时与非过去时（现在 – 将来时），分别采用系词 idi "曾是" 和 dur "是"，这些系词通过不同的人称后缀来反映判断主语的人称和数，如（33）的 –mɛn 和（34）的 –sɛn 分别是非过去时系词 dur 的第一人称和第二人称后缀，（35）的 –ŋ 则是过去时系词 idi 的第二人称后缀。非过去时系词 dur 在语境中可以省略，人称后缀就直接加在判断表语上，这时充当主语的人称代词也可以省略，（33）（34）可以分别用 iʃʃi-mɛn "我是工人"、iʃʃi-nʒ-sɛn "你是工人" 来表示。许多阿尔泰语中都有用系词后缀来标记判断主语的人称和数的现象。

藏缅语族羌语支部分语言的系词标记也有丰富形态。麻窝羌语除标记判断主语的人称、数、时等，还可标记与判断表语甚至名词领有者之间的一致关系（刘光坤 1998：190）。如：

(36) qa　　　ɣɤʳ　　　ŋua,　　kuə　　ʂpa　　ŋuɛn,　　thaː　　rma　　nuəji.

　　　我　　汉族　COP：1sg　你　藏族　COP：2sg　他　羌族　COP：3sg

　　　我是汉族，你是藏族，他是羌族。

另外，景颇语的一个系词 ʒai^{55} "是" 虽然本身没有形态标记，但它通过句尾的助词来反映主语的人称、数，以及谓语的体貌、语气等句法意义。例如：（孙宏开等 2007：556）

(37) ŋai^{33}　　tʃoŋ^{31}ma^{31}　ʒai^{55}　n^{31}ŋai^{33}.　　我是学生。

　　　　我　　　学生　　　COP　　PART

句尾助词 n^{31}ŋai^{33} 体现主语是第一人称单数，同时表示动词是未完成体、句子是陈述式。但总体来看，判断表达中的系词倾向于不使用人称和数的标记，比如景颇语的另一个系词 ʒe^{55} "是" 就不带有表示人称·数的句尾词；有些语言中的系词标记也显示出脱落的趋势。

2.3　判断表达的主观化策略

判断表达常常带有说话人的"主观"态度，有时会形成一种区别确定性程度高低的认识情态范畴，我们称之为判断情态。一般来说，说话人对与自身相关的事物进行判断的"口气"比较确定，对与别人相关的事物进行判断时确定性较弱；在针对听话人进行询问时设想对方所进行的判断也是确定的。所以判断情态通常与判断主语的人称相联系。中国西部地区的一些具有示证范畴（evidentiality）的语言，通过不同系词来区别判断的确定性高低。藏语及其周边语言一般都有两套系词，分别用来表示确定/非确定的判断情态，如藏语的 yin 和 red、门巴语的 jin^{35} 和 jin^{35} te^{31}、却域语的 dʑʅ 和 tʂʅ^{35}、木雅语的 ŋɐ^{24} 和 ni^{53}，以及阿尔泰语系中西部裕固语的 er 和 dro、撒拉语的 idər 和 ira、土族语的 ii 和（v）a、保安语的 i– 和 o–、康家语的 i 和 va 等。例如：

（38）撒拉语：men　salar　idər,　u　tiud　ira.

　　　　　　我　撒拉族　COP　他　藏族　COP

　　我是撒拉族，他是藏族。

（39）唐家语：enə　məni　mɔni　i,　te　ʉrʉni　mɔri　va.

　　　　　　这　我　马　COP　那　他　马　COP

　　这是我的马，那是他的马。

（40）藏语（安多）：tɕʰo　ɬopma　jin　ne?　/　jin,　ŋa　jin.

　　　　　　你　学生　是　MOOD　是　我　是

　　你是学生吗？/是的，我是。

（38）和（39）在针对说话人（第一人称）自身进行断言时使用确定性高的系词，针对他人（第三人称）断言时使用确定性相对较低的系词。（40）询问对方时也用确定性系词 jin，但如果是针对对方的陈述判断一般要用确定性低的系词 z̻et。当然，判断情态与各种语义条件和语境因素相关联，表现出灵活多样的差异。这里仅就最基本的判断表达归纳大致情况。

通过上述分析，我们认为，判断表达是对事物之间的关系状态的认知反映，它不同于以事件结构为语义基础的事件句，在描写和分类中要充分认识二者的异同。就中国境内的语言来说，判断表达从语义上分为等同式和归类式两种基本类型；从结构上根据系词情况可分为无系词构式、单系词构式和多系词构式等类型。这些语言采取的判断表达策略既带有各自的特殊性，也在局部存在与类型学、发生学甚至地理学相关的共性。许多语言倾向于采取直接缀合、话题化或焦点标记等语用手段形成判断构式，这说明判断表达的原型是以语用为基础的话题结构。部分语言的系词具有比较丰富的形态标记，能表达判断主语的人称、数以及时态等意义，可能与这些语言保存的黏着性特征有关。一些汉藏语、阿尔泰语往往用不同的系词构式来表达主观判断情态（确定性）上的差异，可以视为中国西部语言的一个区域性特征。

参考文献

薄文泽：《侗台语的判断词和判断式》，《民族语文》1995 年第 3 期。

陈康、许进来：《台湾赛德克语》，华文出版社，2001。

陈康：《台湾高山族语言》，中央民族学院出版社，1992。

陈宗振：《关于西部裕固语系动词的"口气"》，《西北民族研究》1998 年第 2 期。

戴庆厦：《景颇语参考语法》，中国社会科学出版社，2012。

耿世民、李增祥：《哈萨克语简志》，民族出版社，1985。

何汝芬、曾思奇、李文甦、林青春：《高山族语言简志·布嫩语简志》，民族出版社，1986。

何汝芬、曾思奇、田中山、林登山：《高山族语言简志·阿眉斯语》，民族出版社，1986。

黄金美：《卑南语参考语法》，（台北）远流出版事业股份有限公司，2000。

黄行：《中国语言的类型》，载孙宏开、胡增益、黄行主编《中国的语言》，商务印书馆，2007。

江荻、李大勤、孙宏开：《达让语研究》，民族出版社，2013。

李大勤：《苏龙语研究》，民族出版社，2004。

力提甫·托乎提：《现代维吾尔语参考语法》，中国社会科学出版社，2012。

刘光坤：《麻窝羌语研究》，四川民族出版社，1998。

斯钦朝克图：《康家语》，上海远东出版社，1999。

孙宏开、胡增益、黄行：《中国的语言》，商务印书馆，2007。

吴静兰：《阿美语参考语法》，（台北）远流出版事业股份有限公司，2000。

徐世璇：《毕苏语研究》，上海远东出版社，1998。

王力：《汉语史稿》，中华书局，1980。

张军：《藏缅语话题结构的特征与类型》，《民族语文》2012 年第 6 期。

赵相如、朱志宁：《维吾尔语简志》，民族出版社，1985。

赵元任：《汉语口语语法》，吕叔湘译，商务印书馆，1979。

威廉·克罗夫特：《语言类型学与语言共性》（第 2 版），龚群虎等译，复旦大学出版社，2009。

Goldberg, Adele E. 1995. *Constructions: A Construction Grammar Approach to Argument Structure.* 中译本《构式：论元结构的构式语法研究》，吴海波译，北京大学出版社，2007。

Langacker, Ronald W. 2008. *Cognitive Grammar: A Basic Introduction*, Oxford University Press.

LaPolla, Randy J. 1995. "Ergative Marking in Tibeto-Burman." In *New Horizons in Tibeto-Burman Morphosyntax*, eds. by Yoshio Nishi, James A. Matisoff & Yasuhiko Nagano, 189 – 228. Osaka: National Museum of Ethnology.

Malcolm Ross , Stacy Fang-Ching Teng. 2005. "Formosan Languages and Linguistic Typology." *Language And Linguistics* 6.4: 739 – 781.

Nichols, J. 1986. "Head-marking and Dependent-marking Grammar. *Language* 62, 1, 56 – 119. 中译文《核心词标记与从属词标记语法》，载戴庆厦、汪锋主编《语言类型

学的基本方法和理论框架》，商务印书馆，2014，第 161～228 页。

Stanley Starosta，1988. A Grammatical Typology of Formosan Languages，中研院历史语言研究所集刊，59 本 2 分（1988），541－576。

原载于《民族语文》2015 年第 1 期

基于藏语字性标注的词性预测研究[*]

龙从军　刘汇丹　诺明花　吴　健

摘　要　本文选取了藏语文中小学教材的部分语料，构建了带有藏语字性标记、词边界标记和词性标记的语料库，通过比较不同的分词、标注方法，证明分词、词性标注一体化效果比分步进行的效果好，准确率、召回率和 F 值分别提高了 0.067、0.073 和 0.07。但词级标注模型难以解决词边界划分的一致性和未登录词的问题。基于此，笔者提出可以利用字性和字构词的规律预测合成词的词性，既可以融入语言学知识又可以减少由未登录词导致的标注错误。实验结果证明，作为词性标注的后处理模块，基于字性标注的词性预测准确率提高到了 0.916，这个结果已经比分词标注一体化结果好，说明字性标注对纠正词性错误标注有明显的效果。

关键词　藏语　语字标注　分词　词性标注

一　藏语词性标注的现状和问题

词性标注研究指为给定句子中的每个词确定一个合适的词性的过程。词性标注研究是自然语言处理基础研究内容之一，在语音识别、信息检索等很多领域发挥着重要的作用。

藏语词性标注研究已经取得了一些成果，文献［1］采用隐马尔科夫模型，实现分词和词性标注一体化，最终词性标注的 F 值达到79.494%；文献［2］采用了融合语言特征的最大熵词性标注模型，标注准确率达到90.94%；文献［3］提出了利用感知机训练模型的判别式词性标注方法，经测试，准确率达98.26%；文献［4］采用了最大

＊　本文研究得到国家自然科学基金资助（61202219，61303165，61132009），中国科学院信息化专项经费资助（XXH12504 - 1 - 10），中国社会科学院创新工程资助项目。

熵和条件随机场相结合的标注方法，最终在开放测试中，标注准确率达到 89.12% 。这些研究无疑对藏语文本词性自动标注做出了重要的贡献，但是同样也存在较多的问题，一是各家的词性标注规范不一致，二是词性标注的训练、测试语料不一致，三是都没有公开各自的标注系统，因此难以对各家的系统进行客观评价。这些研究都采用了统计模型进行词性标注，但可供统计训练的藏语标注文本数量不多，过多的未登录词也影响了标注准确率的提高。

我们提出基于藏语字性标注的合成词词性预测策略，主要思路是可通过标注藏语字性，根据字构词的规律，预测词的词性。藏字字性可以作为特征融入统计模型中，也可以加入后处理模块对未登录词或者标注错误校正。本文第二部分比较了几种标注方法，说明多特征融合可以提高标注准确率，但对未登录词作用不大；第三部分讨论藏语字性和词性的关系；第四部分描述了基于字性的词性预测实验及结果。

二 基于词的词性标注

在进行基于词的词性标注研究中，我们分别训练了几个不同的模型，独立分词模型，独立标注模型和分词标注一体化模型。训练分词、标注和分词标注一体化模型时，都采用了条件随机场工具包①，训练语料选自语素标注库（见 3.1 节介绍），按照 1:4 的比例，随机抽取 3987 句作为测试语料，其余 15952 句作为训练语料。

1. 独立分词模型

分词时首先需要处理文本中的黏写形式，如 ངས 切分为 ང，ཆོས་ 切分为 ཆོས/ར 等。藏文黏写形式切分可以采用多种方法，文献 [5] [6] [7] [8] 分别做了阐述。本文在对黏写形式切分时，采用了把疑似黏写形式的音节全部切开，然后再根据上下文对非黏写形式进行合并，如，འདི་ག་ཚོགས་པར་ལང་དུ་ལྟ་ས་ནས་གཟུགས་ཆུ་འཕྲོ་གསལ།// 中 ཧར、 ནས、 གཟུགས、 འཕྲོ 几个音节为疑似黏写形式，音节切分结果为：འདི/ག/ཚོགས/ར/ར/ལང/དུ/ལྟ/ས/ནས/ག/ཟུགས/ས/ཆུ/འཕྲོ/ར/གསལ//，然后采用四词位标注法对切分后的音节进行标注，其结果为：འདི/B ག/E ཚོགས/B ར/M ར/M ལང/E དུ/I ལྟ/B ས/E ནས/I ག/B ཟུགས/ས/M ཆུ/E འཕྲོ/B ར/E གསལ/I །/I。最后进行训练获得分词切分模型。表 1 中数据为利用独立分词模型切分测试结果。

---

① 本文中使用的 CRF 工具包是 CRF＋＋ 0.58 版，下载地址：http://taku910.github.io/crfpp/。

表 1　独立分词实验结果

计量单位	训练语料	测试语料	P	R	F
句（个）	15952	3987			
词（个）	191996	48073	94.0	94.0	94.0
音节（个）	208437	52355			
大小（KB）	2735	437			

注：本测试结果三项评测指标数据相同，纯属偶然，测试语料词有 48073 个，受测试的词有 48099 个。

2. 独立标注模型

在独立分词的基础上进行单独标注实验时，为了比较分词结果对标注的影响，我们进行了两轮实验：分词后直接标注和对分词结果校正后再进行标注。两个实验的结果如表 2 所示。

表 2　独立标注实验结果

计量单位	训练语料	测试语料	实验 1（未校对）			实验 2（校对）		
			P	R	F	P	R	F
句（个）	15952	3987						
词（个）	191996	48073						
音节（个）	208437	52355	0.832	0.830	0.831	0.876	0.875	0.876
大小（KB）	2735	437						

从表 2 可以看出，分词的准确率对标注的效果影响明显，在分词未校正的情况下，标注准确率为 0.832、召回率为 0.830、F 值为 0.831。当对分词结果进行校对之后，各项测试指标分别提高到了 0.876，0.875 和 0.876，每项指标分别提高了 0.044、0.045、0.045，这说明分词的准确率影响标注的准确率。

3. 分词标注一体化模型

分词标注一体化是在分词的同时进行词性标注。在训练模型时，把词边界标记和词性标签组合形成新的标注标签，如：ཚོས 这个词的分词标签为 B（词始）、E（词尾），词性标注标签为 ns（地名），组合后标注标签为 ཚ/B _ ns ས/E _ ns。例如：ཁུ་ས་གྲོང་ཁྱེར་གྱི་དད་དགེ་མང་ཚོགས་ལས་ཕྱོགས་ཀྱི་སྲོལ་གཏན་ལ་ཕེབ་ཤིང་ནོར་ཕྱུགས་ཅལ་སོར་ 的标注结果为：ཚ/B_ns ས/E_ns གྲོང་/B_ng ཁྱེ/M_ng ར་/E_ng གྱི་/I_kg དད་/I_ni གེ/I_kg མང་/B _ _ng ཚོགས་/E_ng ལས་/B_ng ཕྱོགས་/E_ng ཀྱི་/I_kg སྲོ/B_ng གཏན/E_ng འ/B_ng ལེན/E_ng ཕེ/B_ng བ/E_ng ཤིང་/B_ng ནོར/E_ng ཕྱུ/B_ng ཅལ/E_ng སོ/B_ng ར/E_ng。然后进行合并得到最终的分词和词性标注结果，如ཚ/ns གྲོང་ཁྱེར་/ng གྱི་/kg དད་/ni གེ/kg མང་ཚོགས་/ng ལས་ཕྱོགས་/ng ཀྱི་/kg སྲོལ་གཏན/ng ལ་ཕེབ་/ng ཤིང་/ng ནོར་ཕྱུགས་/ng ཅལ་སོར/ng སོར་/ng。

在分词标注一体化模型训练中，由于分词和标注组合标签比较多，训练的时间比较长（10 天左右），表 3 列示了本实验的测试结果。

表3　分词标注一体化测试结果

计量单位	训练语料	测试语料	分词标注一体化		
			P	R	F
句（个）	15952	3987			
词（个）	191996	48073			
音节（个）	208437	52355	0.899	0.903	0.901
大小（KB）	2735	437			

正如我们所料，分词标注一体化模型的标注结果与独立分词、独立标注的结果相比，各项测试指标分别提高了 0.067、0.073 和 0.07；与校对分词后的标注结果相比，各项测试指标分别提高了 0.023、0.028、0.025。详细情况如图1所示。

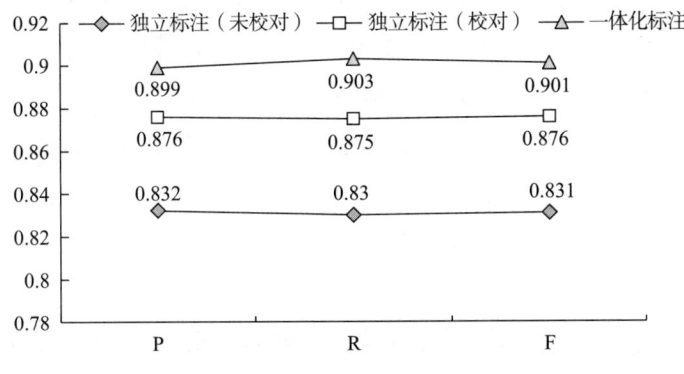

图1　标注结果比较图

这说明，在分词和标注一体化时，分词和标注之间相互影响，相辅相成，既可以避免一部分分词的错误，也可以避免部分标注错误，分词和标注实现了两者之间的优化组合。为了进一步考察分词标注一体化中分词的准确性，我们对分词标注一体化测试结果中的分词结果进行测试，发现一体化的分词结果与独立分词结果相比，准确率、召回率和F值分别提高到 0.943、0.948、0.945，与单独分词结果相比，各项测试指标分别提高 0.003、0.008、0.005。

三　字性与词性的关系

在自然语言处理研究中，大多数语言模型采用词作为处理的最小单元，词是最小的能够表达独立意义的语言单位，因此基于词的语言模型具有较好的性能。但是对于汉藏语言来说，词的界限并不十分清晰，因词边界划分不一致导致了很多研究成果之间难以比较；另一方面，未登陆词也难以彻底解决。在一些研究中，字符（Letter）、子词（Subword）概念被提出，并证明了子词层级要比字符层级的语言模型好[9]。这说明在语言处理中，最小的语法单位可能是最佳的统计单位。对照藏语来看，一个非黏写的音节可能是统计语言模型可利用的最好单位。藏语的字大部分有意义（包括词汇意义和语法意义），如果能够充分利用这些有意义的字，可能会改善词性标注的性能。

1. 字性标注

文献［10］界定了在文本信息处理中藏语字的定义。它不是指传统的前加字、上加字、基字、下加字、后加字和再后加字，也不是指文本中以分音点隔开的音节字，而是指"非黏写的音节字"，非黏写的音节字是指对黏写形式切分后的所有音节字。如 ངས "ngas"（我＋格/吗）、ཚོར "tshor"（复数标记＋格/感受），它们既可能是一个音节，也可能是两个音节。如句子 ངས་ཁོང་ཚོར་དཔེ་ཆ་གསུམ་སྟེར་པ་ཡིན། "ngas khong tshor dpe cha gsum ster pa yin"（我给他们三本书）中加黑斜体音节实际上都是两个音节黏连而成。

本文作者在前期研究中，构建了中小学藏文语文教材语料库，语料带有多种标记，藏字字性标记、分词切分标记、词性标记。语料格式为： < དེས་/n གསས་/n > ng < ཚོ/a > a < ཞིབ/c > c < ཞིང/a > a < ལ/h > h < ལ/c > c < ཚ/xp > xp，其中" < > "是词的分界标记，"/"是藏字分界标记，"/"右边的标注符号是藏字字性标记，" > "右边的标注符号是词性标记。语料库共有 19939 句（按照藏文单、双垂符作为分句标准，切分结果中有些不是完整意义的句子），总词数 240280，音节数 261412。语料库加工过程中，分词和词性标注遵循了文献［11］［12］中各项原则，字性分类和标注遵循了文献［10］中的各项原则。

在藏字字性标注过程中，对人名、地名、音译名的藏字统一标注为 k，根据不同的专有名词类别，给 k 赋予区分标记，区分标记为词性标注符号的二级符号，构成人名的藏字标注为 kh，如 <ཏྲ/，构成地名的藏字标注为 kq（由于 ks，已经作为其他标注符号，为了区分，这里采用 kq），如 < རྒྱ/kq ནག/kq ཡུལ/kq > ns，构成其他专有名词的藏字标注为 kz，如 <ཀ/kz ཐ/kz ཞིབ/kz ཙོ་ བན/kz > nz 等。

2. 合成词词性特点

藏语的合成词由藏字构成，合成词根据不同的构造形式，可以分词复合型合成词，派生型合成词和重叠型合成词，复合型合成词指构成合成词的藏字有词汇意义，如 ཐོ་བཟང（blo bzang，意识[n] ＋好[a]）"智者"，构成该合成词的两个藏字分别是名词性的和形容词性的；派生型合成词指构成合成词的部分藏字有词汇意义，部分只有语法意义，表示实在意义的为词根，表示语法意义的为词缀。词缀包括前缀和后缀，后缀在藏语构词中占重要地位。如 ཆེ་བ（che ba，大[a] ＋ba[s]）"大的"，构成该派生合成词的两个语素 ཆེ（che）为词根，（བ）ba 为后缀。重叠型合成词指以重叠词根或者词缀构成的合成词，藏语中也包括通过语音屈折变化构成的表状态的形容词，如 ཀྱག་གེ་ཀྱོག་གེ（kyag ge kyog ge）"弯弯曲曲"，ཀྱག་ཀྱོག（kyag kyog）"弯曲"，དགའ་དགའ་སྤྲོ་སྤྲོ（dgav dgav spro spro）"高高兴兴"等。

合成词的词性可以根据构成合成词的藏字的字性推断。与名词相关的构造方式有：

n + n － > n，如：ཨ་གྲངས་ "人数"、ལས་དོན་ "事务"；n + v － > n，如：རྒྱུན་མཐུད་ （持续）、ཁྱད་ཆོས་ （特色）、རྒྱུན་བརྟན་ （持久）、ཕྱུགས་ཤུགས་ （压力）、མེ་ཆོད་ （灭火）、རྒྱུན་ཚོན་ （健康）、རང་རྟོགས་ "自觉"、རང་འགུལ་ "自动"；n + a － > n，如：ཕྱུན་རིང་ "长期"、ནུས་ཆེ་ "大力"、ནུས་ཆེན་ "伟大"、ཁྱོན་ཡོངས་ "全面"；n + nf － > n，如： རྩ་བ་ "根"、ཟུར་པ་ "形象"、ལག་པ་ "手"；n + m － > n，如：ཕྱོགས་བཞི་ "四方"、མཐའ་གཅིག "一端"；v + n － > n，如：འཁྲུག་འགོད་ "故障"、ཐོན་ལས་ "产业"、འཆར་ཐུང་ "战略"、གྲུབ་ཆ་ "成分"、སྒྲིག་གཞི་ "体制" 等。

与动词性藏字相关的构造方式有：v + v － > n，如：ལྟ་རྟོག་ "监督"、འཆར་འགོད་ "规划"、འདེགས་སྐྱོར་ "支持"、འདོན་སྤེལ་ "发挥"、གཡོག་སྤྲོད་ "优惠"；v + vf － > n，如：དགོས་པ་ "需求"、རྩོམ་པ་པོ་ "作者"。

与形容词性藏字相关的构造方式有：a + v － > n，如：དམ་འཛིན་ "抓紧"、གསར་གཏོད་ "创新"、གསར་འབྱེད་ "开拓"、མཉམ་གནས་ "共处"；a + a － > n，如：ཞི་མཐུན་ "和谐"、བརྟན་ལྷིང་ "稳定"、དམ་ཟབ་ "密切"、མཛེས་སྡུག "优美"；a + af － > a，如：གསར་པ་ "新的"、བཟང་པོ་ "好的"；a + n － > n，如：མཉམ་ཕྱོགས་ "合力"、ཆུང་གྲས་ "小辈" 等。

四　词性预测实验及结果

1. 实验设计

我们原本设想，联合利用字性、分词标记和词性标记训练一个模型，以此考查标注效果，但由于训练时间过长而中断。因此采用了另一种方案，利用藏字字性标记和词边界标记两个特征，训练了一个能同时给出藏字字性标注和分词标记的模型，然后利用藏字构词的规则来对基于词的标注模型的错误例子进行校正。整个过程如图 2 所示。

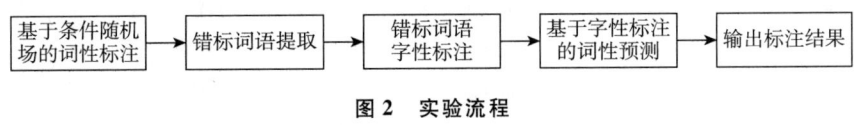

图 2　实验流程

2. 词性预测结果及分析

如果采用分词、标注一体化模型，错误标注结果中区分不开是分词还是标注导致的错误，因此我们采用了分词校正后独立标注模型进行实验，然后提取标注错误例子，对错误例子进行字性标注和利用字构词的规则对复合词或结构进行预测。

从评测结果中提取出了约 5900 个错误例子，通过分析发现标注错误包括：在语料中，存在同一个词的相同用法却标注不一致现象，一些特殊符号未给出正确标注，这种错误占比约 20%，这种问题可以通过进一步调节语料，提高训练和测试语料的一致性，对特殊符号进行统一处理等方法来解决。在其余错误标注中，两个藏字及以上的复合词或者短语标注错误和单字词标注错误各占约 40%。利用藏字字性和构词规则，有 1888 个标注错误得到修正，标注准确率提高了约 0.04，这个标注结果已经高于分词标注一体化的效果。几种标注结果如图 3 所示。

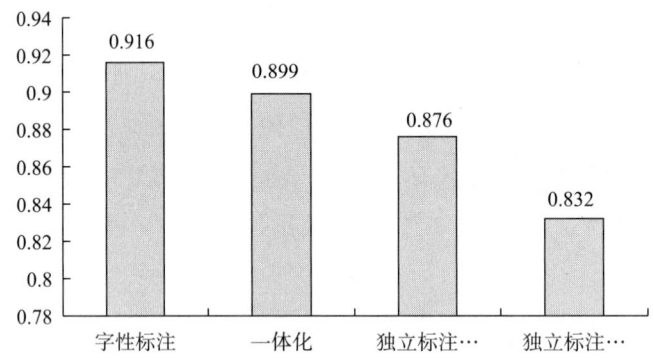

图3　几种标注实验结果对比

表 4 列出了部分标注错误能够通过规则预测得到正确的标注结果。

在表 4 中，一些标注错误利用简单的规则就可以校正，例如 〔藏文〕形容词性藏字，〔藏文〕为后缀，a + af 的形式一定不是一个动词，也不大可能为名词；同样 〔藏文〕是数词性藏字，加后缀后一般是表序数的数词，极少为名词的情况。

表4　藏字字性校正合成词标注错误示例

预测结果 （正确）	测试结果 （错误）	预测 规则	预测结果 （正确）	测试结果 （错误）	预测 规则
〔藏文〕/ng	〔藏文〕/a	v + v + vf = ng	〔藏文〕/iv	〔藏文〕/ng	n + kx + v = iv
〔藏文〕/m	〔藏文〕/ng	m + mf = m	〔藏文〕/id	〔藏文〕/ng	v + vf + uf = id
〔藏文〕/d	〔藏文〕/ng	a + uf = d	〔藏文〕/ia	〔藏文〕/ng	v + k + k = ia
〔藏文〕/a	〔藏文〕/ng	a + af = a	〔藏文〕/ng	〔藏文〕/ng	a + n = n
〔藏文〕/d	〔藏文〕/ng	dn + v + uf = d	〔藏文〕/d	〔藏文〕/ng	n + kl = id
〔藏文〕/iv	〔藏文〕/ng	v + v + v = iv	〔藏文〕/a	〔藏文〕/ng	a + af = a
〔藏文〕/a	〔藏文〕/vt	a + af = a	〔藏文〕/ia	〔藏文〕/ng	a + k + k = ia
〔藏文〕/iv	〔藏文〕/a	k + k + dn + v = iv	〔藏文〕/m	〔藏文〕/ng	m + mf = m

五　结论

字的概念在汉藏语研究中有着独特的地位，以字（基本上叫语素）为单位进行研究是语言学家长期关注的对象，但是近些年，在文本信息处理、语音识别、语音合成研究中，字的概念（Sub – Word，Sub – Syllable）也得到广泛关注。本文比较多种标注方法，尽管复合特征能够提高标注准确率，但是未登录词等问题不能根本解决。为此，我们利用藏字字性，通过字构词的规律预测合成词或短语的标注问题，经过测试标注准确率提高到 0.916。尽管语料规模有限，加工精度有待提高，但这个研究策略值得进一步探究。

参考文献

史晓东、卢亚军：《央金藏文分词系统》，《中文信息学报》2011 年第 4 期。DOI：10.3969/j. issn. 1003 – 0077. 2011. 04. 011.

于洪志、李亚超、汪昆等：《融合音节特征的最大熵藏文词性标注研究》，《中文信息学报》2013 年第 5 期。DOI：10.3969/j. issn. 1003 – 0077. 2013. 05. 023.

华却才让、刘群、赵海兴等：《判别式藏语文本词性标注研究》，《中文信息学报》2014 年第 2 期。DOI：10.3969/j. issn. 1003 – 0077. 2014. 02. 008.

康才畯：《藏语分词与词性标注研究》，上海师范大学博士学位论文，2014。

康才畯、龙从军、江荻：《基于词位的藏文黏写形式的切分》，《计算机工程与应用》2014 年第 11 期。

才智杰：《藏文自动分词系统中紧缩词的识别》，《中文信息学报》2009 年第 1 期。

巴桑杰布、羊毛卓玛、欧珠等：《藏文分词系统中紧缩格识别和藏字复原的算法研究》，《西藏科技》2012 年第 2 期。

李亚超、加羊吉、宗成庆等：《基于条件随机场的藏语自动分词方法研究与实现》，《中文信息学报》2013 年第 4 期。

Tomáš Mikolov, Ilya Sutskever, Hai – Son Leetc. Subword Language Modeling with Neural Networks, www. fit. vutbr. cz/ ~ imikolov/rnnlm/char. pdf.

龙从军、刘汇丹、吴健：《藏语字性标注研究》，第十五届中国少数民族语言文字信息处理学术研讨会，延边，2015 年 8 月 11 ~ 13 日。

赵小兵、孙媛、龙从军等：《藏文拉丁转写、分词和词性分类规范》，《信息处理用现代藏语分词规范（草案）》，商务印书馆，2015。

Research on POS prediction of Tibetan Based on Tagging of Syllable

Abstract：Authors of this paper construct the corpus with syllable markers, word boundary markers and part of speech markers; its texts have been selected from Tibetan textbooks of Primary and middle school. And then the authors compare several POS tagging methods, the results prove that train data with the multi – level annotation can enhance the effects of POS tagging. There is also a strong relation between the part of speech of words and the part of speech of Tibetan syllables. So as for, authors use the POS of Tibetan syllables to predict POS of words. The results of experiments show that POS of syllables can correct some tagging errors caused in POS tagging.

Keywords：Tibetan Language   Tagging of Tibetan Syllables   Word Segmentation   POS

原载于《中文信息学报》2015 年第 5 期

论汉藏语言塞音的类型与共性

燕海雄

摘　要　塞音是人类语言音系中最为重要的音类之一。本文检索了 150 种汉藏语言或方言中的塞音信息，统计了每一个塞音的语言数据和每一个语言的塞音数据，比较了汉藏语言的塞音系统在不同语言系属中的分布特征与共性，并在此基础上进一步指出汉藏语言中常见的塞音组合类型及其历时来源。

关键词　汉藏语言　塞音　类型　共性

汉藏语言主要有汉语、藏缅语、侗台语以及苗瑶语等。本文检索了 150 种汉藏语言或方言（其中包括 40 种汉语方言、40 种藏缅语言或方言、40 种侗台语言或方言、30 种苗瑶语言或方言）的塞音信息①，统计了每一个塞音的语言数据和每一个语言的塞音数据，并在此基础上比较了汉藏语言的塞音系统在不同语言系属中的分布特征。国际音标表中有 13 个塞音，其调音部位与发声类型（即清/浊特征）的基本情况如表 1 所示。

表 1　国际音标表中的塞音

	双唇	唇齿	齿间	齿龈	龈后	卷舌	硬腭	软腭	小舌	咽	喉	
塞音	p b			t d		ʈ ɖ	c ɟ	k g	q ɢ		ʔ	

上述塞音分布在 7 个调音部位，除喉塞音之外，其余 6 个调音部位的 12 个塞音都是清/浊对立。同一调音部位的塞音，在音标表中表现为一个单元格，其中清音在前，浊音在后。喉清塞音在世界语言中分布广泛，而喉浊塞音从语音学的角度而言，

---

① 汉语方言的音系来自《现代汉语方言大词典》（李荣主编，江苏教育出版社，2002），藏缅语言或方言、侗台语言或方言以及苗瑶语言或方言的音系来自《中国新发现语言研究丛书》（孙宏开主编）、《中国少数民族语言方言研究丛书》（孙宏开主编）以及《中国的语言》（孙宏开、胡增益、黄行主编，商务印书馆，2007）等。

不可能出现，故反黑表示。咽清塞音从语音学的角度而言，是有可能出现的，但在语言学家所了解的世界语言中，尚没有发现，故白格表示；而咽浊塞音同样是基于语音学的考虑，不可能出现，故反黑表示。在汉藏语言中，除去上述 7 个调音部位的 13 个塞音之外，还有 1 个调音部位的 2 个清/浊对立的塞音经常出现，即龈腭部位的 [ȶȡ]，在汉藏语言音系中曾经发生过重要的音系调整功能。除去清/浊对立特征之外，送气/不送气对立特征在汉藏语言音系中也是一个极为普遍的现象，尤其是在单音节词根型语言中的区别作用更为显著。综合上述汉藏语言音系的塞音特征，在选取塞音调查项目时，一方面要考虑到世界语言音系的共性，另一方面也要兼顾到汉藏语言音系的个性。为此，本文共设立了 29 个调查项目，即把上述不同调音部位的 15 个清塞音（8 个不送气清塞音以及与之相匹配的 7 个送气清塞音）以及 14 个浊塞音（7 个不送气浊塞音以及与之相匹配的 7 个送气浊塞音）作为汉藏语言的调查项目总表（表 2）。

表 2　汉藏语言塞音调查项目

	双唇	齿龈	卷舌	龈腭	硬腭	软腭	小舌	咽	喉
不送气清	p	t	ʈ	ȶ	c	k	q	—	ʔ
送气清	pʰ	tʰ	ʈʰ	ȶʰ	cʰ	kʰ	Gʰ	—	—
不送气浊	b	d	ɖ	ȡ	ɟ	g	G	—	—
送气浊	bʰ	dʰ	ɖʰ	ȡʰ	ɟʰ	gʰ	Gʰ	—	—

除去常见塞音外，汉藏语言还有很多复杂塞音。复杂塞音是相对于常见塞音而言的。顾名思义，常见塞音就是经常出现的并在音系中具有重要区别意义的塞音音段；而复杂塞音是指那些不经常出现的或者历史上经常出现的而现在却退出历史舞台的塞音音段。这些音段常常具备另外一些语音特征，即伴随有复杂的发声类型，一般情况下作为塞音的羡余特征，个别情况下也可作为区别特征而进入语音系统中来。本文之所以关注汉藏语言复杂塞音的原因就在于这些复杂塞音潜在的羡余特征将有可能制约着塞音的音变行为。而实际情况是，复杂塞音的音变方向常常是区别特征与羡余特征之间的换位、融合、转移等，从而使得音变行为得以实现。

一　基于调音部位的塞音类型

本文首先按照调音部位的不同进行检索，即双唇、齿龈、卷舌、龈腭、硬腭、软腭以及小舌等 7 个调音部位（由于喉塞音在塞音系统中的特殊地位，即属于发声与调音之间的过渡音类，后文将要专门讨论），获得如下基于调音部位的语言数据（见表 3）。

表 3　基于调音部位的语言数据

调音部位	双唇	齿龈	卷舌	龈腭	硬腭	软腭	小舌
汉　语（40）	40	40	0	0	1	40	0
藏缅语（40）	40	40	1	0	7	40	11
侗台语（40）	40	40	0	3	4	40	6
苗瑶语（30）	30	30	3	6	1	30	3
总　计（150）	150	150	4	9	13	150	20

　　综合审视上述塞音数据，汉藏语言在选取语音材料时，体现出以下倾向性：在调音部位层面，塞音系统的出现频率可以粗略地分为三类：双唇塞音、齿龈塞音以及软腭塞音最为常见，几近于100%（这里存在技术上处理，即汉语海口话音系中没有双唇和齿龈部位的塞音，而只有相应部位的内爆音，本文将相应调音部位的内爆音计算在塞音数据之内；另外临高话音系中没有双唇塞音，而有双唇内爆音，本文也将其计算在塞音数据之内，可将以上三个调音部位视为高频塞音）。小舌塞音以及硬腭塞音较为常见，可将以上这两个调音部位视为中频塞音；而龈腭塞音与卷舌塞音最为少见，可将以上这两个调音部位视为低频塞音。这样的话，根据出现频率对塞音进行分类，其结果如表4所示。

表 4　塞音系统在调音部位上的频级分类

高频：包括双唇塞音、齿龈塞音以及软腭塞音
中频：包括小舌塞音以及硬腭塞音
低频：包括龈腭塞音与卷舌塞音

　　调音部位的不同出现频率不仅体现出不同的语音材料在现代汉藏语言音系格局中的数据性倾向，更加体现出不同的语音材料在历时音系格局中的功能性倾向。审视世界历史语言学家所构拟的不同类型与系属的原始共同语音系统，高频塞音几乎是"天然"的音系材料，而中频塞音则根据不同语言群体的时间深度与语言类型，或有或缺，而低频塞音就很难进入到原始共同语音系中去了。这就说明，高频塞音具有原生性质，而中频塞音却由于语音的变化，在不同的语言中可能存在不同的情况。例如，原始印欧语大都构拟出一套小舌塞音，这就说明，小舌塞音曾在原始印欧语中曾发生过重要的区别功能，但在部分现代印欧语系语言中，由于语言结构的重新调整与音系格局的变迁，小舌塞音已经不具有音位功能了。在汉藏语言中，小舌塞音的问题还有争论，但一个不争的事实是，小舌塞音在现代汉藏语言音系中已经"褪去了昔日的光环"。低频塞音很难被构拟到原始共同语中去，大多作为音位变体或音位创新的形式存在。下

面将具体讨论不同系属语言的塞音组合类型：

（1）在 40 个汉语方言中，有且仅有 1 个方言音系（即牟平话）较之其余方言音系属于例外，拥有 4 套塞音，即［双唇＋齿龈＋软腭＋硬腭］。中古汉语的塞音系统是由 3 个高频塞音组合而成的，那么牟平话中的硬腭塞音是怎样创新的？查看其单音字表，发现牟平话中的硬腭塞音全部来自古见溪群晓匣五母字。分析其音系格局，可知其音系格局存在尖团对立的语音现象，其中尖音读龈腭塞擦音［tɕ tɕh ɕ］，团音读硬腭塞音［c ch ç］。所谓尖音是指古精组精清从心邪五母在今细音前的语音形式；所谓团音是指古见溪群晓匣五母在今细音前的语音形式。例如：精［ₒtɕiŋ］≠经［ₒciŋ］，秦［ₒtɕhyn］≠群［ₒchyn］，西［ₒçi］≠溪［ₒçi］。① 其余 39 个（占 97.5%）汉语方言的音系类型都是符合组合类型［双唇＋齿龈＋软腭］。可以说，现代汉语方言在调音部位层面还是非常完整地保留了中古汉语的塞音组合类型。另外，潘悟云通过民族语的比较材料、古代的译音材料、古代文献以及汉语的谐声系统和假借关系，论述上古汉语存在小舌塞音，它们到中古变成影、晓、匣、云四母。② 这样的话，中古汉语方言的组合类型［双唇＋齿龈＋软腭］是在上古汉语的 4 套组合类型［双唇＋齿龈＋软腭＋小舌］发展来的。

（2）在 40 个藏缅语中，由 3 套组合类型的语言有 22 个，4 套组合类型的语言有 17 个，5 套组合类型的语言有 1 个，具体组合方式数据如表 5 所示。

表 5　基于调音部位的藏缅语塞音组合数据

		双唇	齿龈	软腭	卷舌	龈腭	硬腭	小舌	数据	比例（%）
3 套	组合类型 1	+	+	+					22	55
4 套	组合类型 2	+	+	+				+	10	25
	组合类型 3	+	+	+			+		6	25
	组合类型 4	+	+	+	+				1	15
5 套	组合类型 5	+	+	+			+	+	1	2.5

通过表 5 数据，除去高频塞音之外，中频小舌塞音出现 11 语次，硬腭塞音出现 7 语次，而卷舌塞音仅出现 1 语次。孙宏开参考了古汉语③④、古苗瑶语、古侗台语、古南岛语的相关研究，认为小舌音问题有了"如此深厚与广泛的基础，这样我们似乎可以放心大胆地拟测原始汉藏语小舌音"⑤，故原始汉藏语辅音系统中共有 4 套塞音，即

---

① 李荣主编，罗福腾编纂《牟平方言词典》，江苏教育出版社，1997，第 16 页。
② 潘悟云：《喉音考》，《民族语文》1997 年第 5 期，第 10～24 页。
③ 李永燧：《汉语古有小舌音》，《中国语文》1990 年第 3 期。
④ 潘悟云：《喉音考》，《民族语文》1997 年第 5 期，第 10～24 页。
⑤ 孙宏开：《原始汉藏语辅音系统中的一些问题》，《民族语文》2001 年第 1 期，第 1～11 页。

［双唇＋齿龈＋软腭＋小舌］。^① 由于孙宏开的原始汉藏语假设实际上包括 4 个语言群体，即汉语、藏缅语、侗台语与苗瑶语，那么这个关于调音部位的构拟也是符合古代藏缅语的实际情况的。基于此，现代汉藏语言或方言中的小舌塞音应当是原始藏缅语的遗留。根据相关的语音描写材料，小舌塞音在羌语支语言中分布比较广泛，在彝语支个别语言以及方言中也有分布。小舌塞音在羌语支与彝语支内部，彼此之间具有明显的对应关系。在外部，与其余藏缅语之间也存在较为明显的对应，基本上与软腭塞音对应，少数与喉塞音或零声母相对应。结合孙宏开的构拟体系，古藏缅语中的小舌塞音大抵上向软腭塞音或喉塞音两个方向发展：一些缘着调音部位的前后维度向前移动，形成软腭塞音；一些缘着调音部位的前后维度向后移动，形成喉塞音，并最终可能脱落，形成零声母。上述途径大体上描述了小舌塞音的演化途径。硬腭塞音应该是后起的语音现象。通过亲属语言的比较，可以看出这些硬腭塞音大抵上通过软腭塞音与介音/j/或半元音/i/之间的特征融合作用而形成的。而卷舌塞音大抵上与齿龈塞音之间形成对应，个别语言中与小舌塞音之间形成对应。^②

（3）在 40 个侗台语言或方言中，组合类型［双唇＋齿龈＋软腭］最为常见，占到 70%；在非高频塞音中，小舌塞音出现频率最高，出现 6 语次，硬腭塞音出现 4 语次，龈腭塞音出现 2 语次：

表6　基于调音部位的侗台语塞音组合数据

		双唇	齿龈	软腭	卷舌	龈腭	硬腭	小舌	数据	比例（%）
3 套	组合类型 1	+	+	+					28	70
4 套	组合类型 2	+	+	+				+	5	12.5
	组合类型 3	+	+	+			+		4	10
	组合类型 4	+	+	+		+			2	5
5 套	组合类型 5	+	+	+		+		+	1	2.5

梁敏、张均如在《侗台语族概论》一书中构拟的原始共同语的声母系统中，共有 4 套塞音，即［双唇＋齿龈＋软腭＋小舌］。^③ 基于这个构拟系统，上述数据中的小舌塞音应当是语音遗留，而硬腭塞音与龈腭塞音应当是语音创新。通过比较，梁敏、张均如认为侗台语中的硬腭塞音与龈腭塞音一般是软腭塞音及其复辅音的音变结果，其音变条件大体上是受到前元音的影响。

----

① 白保罗的构拟系统中没有小舌塞音，可参见 Benedict Paul K., *Sino - Tibetan : A Conspectus*, Cambridge University Press，1972。

② 《藏缅语音与词汇》编写组：《藏缅语音与词汇》，中国社会科学出版社，1991，第 1～144 页。

③ 梁敏、张均如：《侗台语族概论》，中国社会科学出版社，1996。

（4）在 30 种苗瑶语言或方言中，［双唇 + 齿龈 + 软腭］的组合类型最为常见，占到约 66.7%；另外一种较为常见的组合类型是［双唇 + 齿龈 + 软腭 + 龈腭］，占到 20%；其余的组合类型极为少见，参看表 7。

表 7　基于调音部位的苗瑶语塞音组合数据

		双唇	齿龈	软腭	卷舌	龈腭	硬腭	小舌	数据	比例（%）
3 套	组合类型 1	+	+	+					20	66.7
4 套	组合类型 2	+	+	+	+				1	3.3
	组合类型 3	+	+	+		+			6	20
	组合类型 4	+	+	+				+	1	3.3
5 套	组合类型 5	+	+	+				+	1	3.3
6 套	组合类型 6	+	+	+	+		+	+	1	3.3

参看陈其光关于古苗瑶语的构拟系统，共有 4 套塞音，即［双唇 + 齿龈 + 软腭 + 小舌］。[①] 如果以陈其光的构拟系统为基准的话，那么现代苗瑶语中［双唇 + 齿龈 + 软腭］的组合类型是语音变化的结果，即古苗瑶语中的中频小舌塞音变化为软腭塞音。现代苗瑶语音系中的小舌塞音应该是古苗瑶语的遗留特征，这一点可以通过古今苗瑶语对应中看出，即古代苗瑶语中的小舌塞音对应于现代苗瑶语的小舌塞音或软腭塞音。

以上分别讨论不同系属语言的塞音组合类型，并大体上解释了不同塞音类型形成的可能性原因。综合上面不同系属的语言数据，获得基于调音部位的汉藏语言的塞音组合数据，参见表 8。

表 8　基于调音部位的汉藏语言塞音组合数据

		双唇	齿龈	软腭	卷舌	龈腭	硬腭	小舌	数据	比例（%）
3 套	组合类型 1	+	+	+					109	72.7
4 套	组合类型 2	+	+	+	+				2	1.3
	组合类型 3	+	+	+		+			8	5.3
	组合类型 4	+	+	+			+		11	7.3
	组合类型 5	+	+	+				+	11	7.3
5 套	组合类型 6	+	+	+				+	1	0.7
	组合类型 7	+	+	+		+		+	1	0.7
	组合类型 8	+	+	+				+	1	0.7
6 套	组合类型 9	+	+	+	+		+	+	1	0.7

---

① 王辅世、毛宗武的构拟系统中，存在 7 套塞音，即［双唇 + 齿龈 + 卷舌 + 龈腭 + 硬腭 + 软腭 + 小舌］。参见王辅世、毛宗武《苗瑶语古音构拟》，中国社会科学出版社，1995。

通过表 8，即可获得基于汉藏语言调音部位的塞音常见组合类型（见表 9）。

表 9　基于调音部位的塞音常见组合类型

	双唇	齿龈	硬腭	软腭	小舌
常见组合类型 1	+	+		+	
常见组合类型 2	+	+		+	+
常见组合类型 3	+	+	+	+	

其余组合类型在汉藏语言中的所占比例甚少。上文分别讨论了各种类型的来源与音变过程，基本上明晰了各种类型的性质与层次。对于汉语、藏缅语、侗台语以及苗瑶语而言，常见组合类型 2 是典型的存古类型，而常见组合类型 1 与类型 3 是创新类型。类型 1 中的小舌塞音大都缘着塞音调音通道向前或向后移动，从而消失殆尽；而类型 3 中的硬腭塞音则是在软腭塞音的基础上腭音化的结果。

二　基于发声类型的塞音类型

本文再按照发声类型的不同（即清/浊与送气/不送气等 4 个特征）进行检索，获得如下基于调音部位的语言数据（参见表 10）。

表 10　基于发声类型的语言数据

发声类型	［不送气 + 清］	［送气 + 清］	［不送气 + 浊］	［送气 + 浊］
汉　语（40）	40	39	8	0
藏缅语（40）	40	38	27	0
侗台语（40）	40	27	9	1
苗瑶语（30）	30	26	24	0
总　计（150）	150	130	68	1

从发声类型来看，清/浊与送气/不送气两对对立特征在汉藏语言中起到极其重要的区别功能。上述两对对立特征所构成的四种组合类型中，其中不送气清塞音最为常见，出现频率几近于 100%，可视之为高频表现形式；送气清塞音与不送气浊塞音次之，可视之为中频表现；而送气浊塞音只在个别语言中有所体现，可视之为低频表现形式。

（1）在 40 个汉语方言中，特征［不送气 + 清］的出现频率是 100%，特征［送气 + 清］的出现频率是 97.5%，特征［不送气 + 浊］的出现频率是 20%，而特征［送气 + 浊］没有出现。其组合层面的数据如表 11 所示。

表 11　基于发声类型的汉语塞音组合数据

		不送气＋清	送气＋清	不送气＋浊	送气＋浊	数据	比例（％）
1 套	组合类型 1	+				1	2.5
2 套	组合类型 2	+	+			31	77.5
3 套	组合类型 3	+	+	+		8	20

中古汉语音系存在不送气清、送气清与不送气浊 3 套塞音，可以看出，现代汉语方言音系中的组合类型 3 是中古音系的保留，组合类型 2 是中古音系的发展，即发生了浊音清化后的音变结果。

（2）在 40 个藏缅语中，特征［不送气＋清］出现频率是 100％；特征［送气＋清］出现 27 语次，其比例是 67.5％；特征［不送气＋浊］出现 9 语次，其比例是 22.5％；而特征［送气＋浊］没有出现。其组合层面的数据如表 12 所示。

表 12　基于发声类型的藏缅语塞音组合数据

		不送气＋清	送气＋清	不送气＋浊	送气＋浊	数据	比例（％）
2 套	类型 1	+	+			13	32.5
	类型 2	+				2	5
3 套	类型 3	+	+	+		25	62.5

在孙宏开关于原始汉藏语的构拟体系中，只有清/浊特征之间的对立，即不送气清塞音与不送气浊塞音之间的对立。[①] 若以此为基准的话，那么组合类型 2 是古音的遗留，而组合类型 1 与组合类型 3 则是古音的创新，即从音系格局特征来看，类型 1 发生了清化与送气化音变，而类型 3 则仅仅发生了送气化音变。

（3）在 40 个侗台语中，特征［不送气＋清］出现频率是 100％；特征［送气＋清］出现 27 语次，其比例是 67.5％，而特征［不送气＋浊］出现 30 语次，其比例是 75％（若音系中存在内爆音且不存在不送气清塞音，则把内爆音计算为不送气清塞音）；特征［送气＋浊］出现 1 语次，其比例为 2.5％。其组合层面的数据如下：

表 13　基于发声类型的侗台语塞音组合数据

		不送气＋清	送气＋清	不送气＋浊	送气＋浊	数据	比例（％）
2 套	类型 1	+		+		13	32.5
	类型 2	+	+			10	25

① 孙宏开：《原始汉藏语辅音系统中的一些问题》，《民族语文》2001 年第 1 期，第 1～11 页。

续表

		不送气＋清	送气＋清	不送气＋浊	送气＋浊	数据	比例（％）
3 套	类型 4	+	+	+		16	40
4 套	类型 5	+	+	+	+	1	2.5

梁敏、张均如在《侗台语族概论》中构拟的塞音系统是 3 套，即不送气清塞音、不送气浊塞音与送气浊塞音，唯没有送气清塞音。梁敏、张均如研究认为，现代侗台语音系中的送气清塞音是在原始侗台语分化之后发展起来的，但发展的原因和时间都不尽相同，其给出的证据就是现代侗台语各语言与方言中送气清塞音的声母对应严重参差不齐。他们同时认为，送气浊塞音等在傣、泰、老和龙州壮语中变成送气清塞音，在其他语言中都并入不送气清塞音了。① 上述构拟体系存在一个问题，就是与世界语言的塞音类型不相符合，甚至与汉藏语言的塞音类型也不相符合。任何语言，不管是现代语言音系，或者是历史上的语言音系，其音系本身是要符合世界语言的类型。在本文检索的 150 个音系中，尚未发现与梁敏、张均如的构拟体系相类似的音系。因此，上述构拟体系尚还可以讨论。孙宏开充分考虑到世界语言类型，尤其是汉藏语言（汉语、藏缅语、侗台语以及苗瑶语）的类型，为原始汉藏语系语言构拟了 2 套塞音，即不送气清塞音与不送气浊塞音。② 本文采用孙宏开的构拟体系。基于此，可以看出上述四种组合类型都是在组合类型［不送气清塞音＋不送气浊塞音］的基础上发展起来的。

（4）在 30 个苗瑶语中，特征［不送气＋清］出现 30 语次，比例为 100％；特征［送气＋清］出现 26 语次，比例为 86.7％；特征［不送气＋浊］出现 24 语次，比例为 80％；特征［送气＋浊］没有出现。下面即为苗瑶语的塞音组合类型数据：

表 14　基于发声类型的苗瑶语塞音组合数据

		不送气＋清	送气＋清	不送气＋浊	送气＋浊	数据	比例（％）
2 套	类型 1	+	+			6	20
	类型 2	+		+		4	13.3
3 套	类型 3	+	+	+		20	66.7

王辅世、毛宗武在《苗瑶语古音构拟》中为原始苗瑶语构拟出 3 套塞音，即不送气清塞音、送气清塞音与不送气浊塞音。孙宏开的构拟体系上面中已经讨论到，那么这两种构拟体系到底哪一种可取呢？上述构拟体系都符合世界语言的类型，其实质上

① 梁敏、张均如：《侗台语族概论》，中国社会科学出版社，1996。
② 孙宏开：《原始汉藏语辅音系统中的一些问题》，《民族语文》2001 年第 1 期，第 1～11 页。

并不存在矛盾，只是时间的深度不同而已。孙宏开是为原始汉藏语系语言构拟的，而王辅世、毛宗武是为原始苗瑶语构拟的，不管原始汉藏语与原始苗瑶语的关系如何，但有一点是确定的，上述两种体系的时间深度是不同的，即前者（孙）早于后者（王、毛）。如果持有这样的观点，在王辅世、毛宗武的构拟体系之前，其塞音类型如果如孙宏开的话，那么就构拟本身来说是严密的。先不讨论二者之间的系属关系，就语音类型而言，王辅世、毛宗武的构拟体系是在孙宏开的构拟体系上发展起来的，而表中组合类型体现出不同的时间层次，即组合类型 2 的时间深度最早，类型 3 的时间深度次之，而类型 1 则是一种相当晚近的音系类型了。

以上讨论是对不同系属语言的分别讨论。综合以上讨论的结果，获得如下数据总表（表 15）。

表 15　基于发声类型的汉藏语言组合数据

		不送气 + 清	送气 + 清	不送气 + 浊	送气 + 浊	数据	比例（%）
1 套	类型 1	+				1	0.7
2 套	类型 2	+	+			60	40
	类型 3	+		+		19	12.7
3 套	类型 5	+	+	+		69	46
4 套	类型 6	+	+	+	+	1	0.7

根据表 15，即可做出基于发声类型的汉藏语言塞音的常见组合类型（表 16）。

表 16　基于发声类型的常见组合类型

	不送气 + 清	送气 + 清	不送气 + 浊	送气 + 浊
常见组合类型 1	+		+	
常见组合类型 2	+	+		
常见组合类型 3	+	+	+	

结合上述讨论，考虑到历史语言学与语言类型学的研究成果，类型 1 作为一种较早时期的组合类型在汉藏语言音系中具有相对的原生性质；而类型 2、类型 3 则是一种较为后起的组合类型，具有相对的创新性质。

三　汉藏语言的喉塞音类型

喉塞音是一个较为特殊的音类，介于发声与调音之间，是一个过渡音类。在 150 个语言中，喉塞音的语言数据如表 17 所示。

表 17　汉藏语言的喉塞音数据

调音部位	汉语	藏缅语	侗台语	苗瑶语	总计
语言数量	40	40	40	30	150
喉塞音	1	12	36	2	51
比例（%）	2.5	30	90	6.7	34

　　通过上述数据可以看出，喉塞音在侗台语中最为常见，在藏缅语中较为常见，在苗瑶语与汉语方言中极为少见。喉塞音在上述不同系属语言中的分布特征是与塞音的音变规则有着密切的关系。前文已有论述，小舌塞音在演变过程中，大体上表现出三种趋向：第一种保持其调音方法，前移其调音部位，变化为软腭塞音；第二种保持其调音方法，后移其调音部位，变化为喉塞音；第三种是发生擦音化音变。根据诸家对古代汉藏语言的构拟，小舌塞音越来越受到专家们的青睐，逐渐进入到构拟系统中来，并得到越来越多的认可。小舌塞音的上述两种演化方向与其后接音段的调音空间有着直接关系。当小舌塞音的后接音段为前元音或与前元音具有相似调音空间的辅音音段的时候，其前移的可能性要大于后移的可能性；当小舌塞音的后接音段为后元音或与后元音具有相似调音空间的辅音音段的时候，其后移的可能性大于前移的可能性。这两种不同的语音环境造成小舌塞音前移与后移两种音变方向，其中后移演变是喉塞音的主要来源。

　　在其他汉藏语言中，尽管喉塞音的出现频率不同，但都有所体现，这从另一个角度说明了其早期应该存在过小舌塞音。有一点需要说明，由于研究者对不同类型语言的描写习惯的不同，在处理喉塞音的时候，其标准可能存在差异。汉藏语几乎都存在零声母，而零声母在这些语言或方言中都有喉塞的成分，但研究者在音位处理的时候，只将喉塞音处理为零声母，没有体现其喉塞的成分。如果这样的话，汉语、藏缅语以及苗瑶语的喉塞音数据应该更高一些。不同的构拟音系解释了喉塞音存在与否的可能性，而喉塞音的存在与否又反面论证了早期的塞音组合类型，即是否存在小舌塞音。这就是喉塞音数据在古音构拟中起到的作用。

四　结语

　　塞音是人类语言音系中最为重要的音类之一。从调音部位来看，塞音可以分为高频、中频和低频三类，其中双唇塞音、齿龈塞音以及软腭塞音是高频塞音，小舌塞音和硬腭塞音是中频塞音，龈腭塞音和卷舌塞音是低频塞音。高频塞音最为常见，中频塞音较为常见，低频塞音最为少见。高频塞音具有原生性质，而中频塞音却由于语音的变化，在不同的语言可能存在不同的情况，而低频塞音则大多具有创新性质。从组合方式来看，组合类型 2［双唇塞音＋齿龈塞音＋软腭塞音＋小舌塞音］是典型的存古类型，而组合类型 1［双唇塞音 + 齿龈塞音 + 软腭塞音］和组合类型 3［双唇 + 齿龈 + 软腭 + 硬腭］是在组合类型 1 的基础上发展来的。类型 1 中的小舌塞音大都缘着塞音调音通道向前或向后移动，最终合并到软腭塞音和喉塞音之中；而类型 3 中的硬腭塞音是在软腭塞音的基础上腭音化的结果。

从发声类型来看，清/浊与送气/不送气两对对立特征在汉藏语言中起到极其重要的区别功能。上述两对对立特征所构成的四种组合类型中，其中不送气清塞音最为常见，送气清塞音与不送气浊塞音次之，而送气浊塞音只在个别语言中有所体现。从组合方式来看，常见组合类型 1［不送气清塞音 + 不送气浊塞音］是一种较早时期的类型，在汉藏语言音系中具有相对的原生性质；而类型 2［不送气清塞音 + 送气清塞音］和类型 3［不送气清塞音 + 送气清塞音 + 不送气浊塞音］则是一种较为后起的类型，具有相对的创新性质。

喉塞音在汉藏语言中具有重要的音系价值，分布很不平衡。喉塞音在侗台语中最为常见，在藏缅语中较为常见，在苗瑶语与汉语方言极为少见。喉塞音在不同系属语言中的分布特征与塞音（尤其与小舌塞音）的演化有着密切的关系。

参考文献

Paul K. Benedict, *Sino - Tibetan : A Conspectus*, Cambridge University Press, 1972.

Ian Maddieson, *Patterns of Sounds*, Cambridge：Cambridge University Press, 1984.

Peter Ladefoged and Ian Maddieson, *The Sounds of the World's Languages*, Blackwell：Oxford, 1996.

Peter Ladefoged and Ian Maddieson, *Vowels and Consonants*, Blackwell：Oxford, 2001.

张琨：《原始苗语的声母》，《民族语文研究情报资料集》1976 年第 2 期。

李永燧：《汉语古有小舌音》，《中国语文》1990 年第 3 期。

《藏缅语语音与词汇》编写组：《藏缅语语音与词汇》，中国社会科学出版社，1991。

王辅世、毛宗武：《苗瑶语古音构拟》，中国社会科学出版社，1995。

梁敏、张均如：《侗台语族概论》，中国社会科学出版社，1996。

李荣主编，罗福腾编纂《牟平方言词典》，江苏教育出版社，1997。

潘悟云：《喉音考》，《民族语文》1997 年第 5 期。

孙宏开：《原始汉藏语辅音系统中的一些问题》，《民族语文》2001 年第 1 期。

北京大学中国语言文学系语言学教研室编《汉语方音字汇》，语文出版社，2003。

孙宏开、胡增益、黄行主编《中国的语言》，商务印书馆，2007。

燕海雄：《论东亚语言塞音的音变规则》，中西书局，2011。

On Typology and Universal of Plosive in Sino – Tibetan Languages

Abstract：Plosive is the important value in human languages. This paper retrieves the plosive information of 150 languages or dialects of the Sino – Tibetan, Counts every plosive data and every language data, compares the distribution characteristics and universal in different Sino – Tibetan language, and points out the combination type and source of plosives.

Keywords：Sino – Tibetan Languages   Plosive   Typology   Universal

原载于《云南师范大学学报》（哲学社会科学版）2015 年第 2 期

方块白文流传现状及其趋势分析

韦 韧

摘 要 白族先民早在南诏中后期（公元 9～10 世纪）就已使用方块白文。目前方块白文仍在宗教经书、祭文、大本曲曲本、民歌曲本等特定领域流传。这些保存于民间的方块白文文献，是承载古代白族语言、文化、社会等多方面信息的重要载体。由于方块白文自身的缺陷和汉文化的冲击，当今方块白文的生存空间被挤压得更小，使用领域和使用人群逐年递减，但方块白文已纳入云南省非物质文化遗产名录，逐渐引起各方面的关注，这种特殊的活着的民族文字还将继续流传下去。

关键词 方块白文 流传现状 发展趋势

方块白文的研究过去并没有受到关注，甚至在很长的历史时期，学术界普遍认为白族有语言无文字。代表人物有徐嘉瑞先生（1949）、杜乙简先生（1957）。早在 20 世纪 30 年代，首次在南诏大理国遗址发现有字残瓦。1938 年 11 月至 1940 年 6 月，前中央研究院吴金鼎、王介忱、曾昭燏三位先生在大理点苍山脚下的南诏国遗址中发现和搜集了古代有字残瓦 200 多片，残瓦上刻有汉字或由汉字部首组合的仿汉字型的文字符号共 54 个。1953 年，云南省博物馆的几位同志和孙太初先生在姚安和巍山发现并收集到有字瓦 100 多片。此后，在羊苴咩城、龙口城、龙尾城、大厘城、一塔寺、金梭岛、邓川德源城、弥渡白崖城遗址，也陆续发现了古代有字残瓦，一面是细布纹，另一面印有文字。大多数的学者都认为这些瓦片上的文字是当时的白文。[①] 20 世纪 50 年代，杨堏先生、孙太初先生、马曜先生等先后发表论文认为白族历史上有古白文。此后又陆续发现了一些夹杂白文的经卷（南诏大理国写本经卷《仁王护国波罗蜜多经》经文正文旁夹注的朱笔字和在良贲的经疏旁夹有一些注释、浮签，推测这些朱笔字和注释、浮签有可能是抄录者用白文书写的）、白文碑刻、白文曲本、白文对联和白文祭

---

① 杨应新：《方块白文辨析》，《民族语文》1991 年第 5 期，第 51～59 页。

文，这些资料都证明白族先民早在南诏中后期（公元 9 ~ 10 世纪）就已有使用，并且在民间使用至今。当时人们已开始通过增减汉字笔画或仿照汉字造字法重新造字书写白语。这种新造的字，白族民间称之为"白字"。由于自身的局限，加上历代统治阶级都以汉文为官方文字，对白文不予重视，未对其进行规范和推广，尤其在明代，由于政权斗争的原因，大量白文纸质文献典籍被焚毁，没有一本白文史籍流传下来，给白文的流传、发展造成了极大的负面影响。因此，白文一直没有能发展成为成熟、规范、通用的民族文字。这也使得遗留下来的经卷、碑刻、白文作品越发显得弥足珍贵。它承载着古代白族语言、文化、社会等多方面的信息。至今，方块白文这一古老的民族文字，仍然以各种形式存活于云南省内各个白族聚居区。

一　当今方块白文的流传形式

（一）宗教经书、祭文

白族除了信仰释、道、儒外，还信仰本民族特殊的本主，宗教经书主要包括白族民间佛教的佛经、道士符咒经文和本主崇拜经文等。丧葬仪式都有悼念经文这一环节。白族以白文传经的方式由来已久，如元至大三年（1310）立于昆明的《雄辩法师塔铭》上说："□僰人说法□□□□严经，维摩诘经□□□□□以僰人之言，于是，其书盛传，解者益众。"现在看到的白文经书和讽诵场景，当是古代"僰人之言"为书的一种遗留（僰人即白族人）。宗教经文有《叹亡白词》《十王白词》《三献礼白词》《行三献礼·奏乐唱词》《超宗度祖文》《祭脚力》等。[1] 宗教经书是方块白文文献的重要组成部分，也是目前民间方块白文使用最为稳固的领域。

祭文一般是由村里威望较高、具有较高文化水平的人专门撰写、颂唱，颂唱之后，随葬礼一同烧掉。内容上分为赞美神灵功德、祈求赐福的祭文和缅怀死者、寄托哀思两种。仪式上也分为堂祭和路祭两种，堂祭是家中孝子或亲友在家中灵柩前祭奠；路祭是嫁出去的女儿、女婿或上门子侄在出殡的路上临时设置祭坛祭奠。祭文的内容和结构各地基本一致，一般为一序、三段、一尾。序为汉语文言，交待祭奠日期、祭奠对象及孝子孝女的孝心；三段为白曲歌体，第一段叙述死者病情，第二段叙述死者的为人和恩德，第三段抒发孝子孝女哀情和愿望；一尾为"呜呼哀哉！尚飨！"一语。有的地方祭文不分段，但内容和诵唱的程序基本一致。[2] 宗教经书和祭文的格式都是依照本子曲的结构形式书写。

至今，在白族聚居地，举办丧葬仪式时，人们依旧使用方块白文书写祭文。

---

① 张锡禄、〔日〕甲斐胜二：《中国白族白文文献释读》，广西师范大学出版社，2011。
② 张锡禄、〔日〕甲斐胜二：《中国白族白文文献释读》，广西师范大学出版社，2011。

（二）白曲

白曲，是广泛流传于白族地区的一种白族民歌短调。白曲在白族地区的重大节日中占有重要的地位，无论是"本主"节，还是佛教节日，白族民歌歌会都是庆典活动的一项重要内容。每年，在蝴蝶泉会、三月街、火把节等节日庆祝活动上，参加对歌的人数可多至上万人。短曲的主体内容以白族男女情歌、歌唱幸福生活、抒发个人情怀为主。一首短曲一般由 8 句组成，第一句是韵头，第二三两句诗 7 字，第四句诗 5 字，第五六七句均是 7 字，第八句是 5 字，俗称为"七三五，七七七五"或"七七五，七七七五"。长曲一般是叙事性的民歌，一般由重复下段的音韵格局多句构成，称为叠段联章，也称为本子曲。本子曲主要在剑川县流行，《黄氏女对金刚》《鸿雁带书》《出门调》等本子曲，都是在白族流传较广的作品。

（三）白族大本曲

大本曲是流传于大理地区的曲艺形式，可以随地演唱，或者搭一个花台（也叫彩台），登台演唱。其唱腔相传有"九板三腔十八调"，大多是大本曲特有的乐曲，少数是地方流行的小曲。相传有"南腔""北腔""海东腔"三个流派，南腔悠扬婉转，有三腔九板十八调；北腔高亢奔放，有三腔九板十三调；海东腔流畅自如。九板是用来表现喜、怒、哀、乐、惊、恐、怨等表达人的各种情感的曲牌，如高腔、脆板、正板、平板、小哭板、大哭板、阴阳板、边板、赶板等等。十八调则是用以穿插情绪辅助各种曲牌的小调，如祭奠调、麻雀调、花谱调、道情调、放羊调、花子调、阴阳调等等。传说大本曲的传统曲目有"三十六大本，七十二小本"，而实际上不止此数。大本曲的内容有些是根据白族地区的历史故事和民间故事创作而成，但大多数是受汉文化影响，从汉族的历史故事、民间故事、佛教故事、道教故事和儒教故事中移植改编而成。[1] 虽然内容上来源于汉族故事，但绝不是简单地重复照搬，经过大本曲艺人创造性地改编后，作品便具有了鲜明的地方特点和民族特点。大本曲常见曲目有《刘介梅忘本回头》《血泪恨》《白毛女》《陈世美不认前妻》《梁山伯与祝英台之山伯访友》等，这些曲目基本上是根据汉族故事移植改编。根据白族民间故事创作的大本曲曲目有《火烧松明楼》《孔雀胆酒》《血汗衫》等。

大理地区的白族人民尤其喜爱大本曲，在传统的民族节日期间，如春节、火把节、本主节、中元节，村子里都要请民间艺人表演。一般人家在办喜事、做大寿、盖新房时也要请大本曲艺人到家中演唱。

（四）吹吹腔

吹吹腔，又名吹腔，俗称"板凳戏"，是一种具有白族艺术风格的独特传统戏剧。

---

[1] 李缵绪：《白族文化》，吉林教育出版社，1991，第 135、157 页。

吹吹腔以大理为界,有南、北派之分,大理以南各县流行的为南派,以北各县流行的为北派。其唱腔有 30 多种,基本上分两种,一种按行当分,比如鹤庆将生角唱的叫生腔,旦角唱的叫旦腔,净角唱的叫净腔,丑角唱的叫丑腔。另一种是按角色的类型和情感来分,比如云龙县将叙述性的腔调叫平腔,将风格诙谐、表现幽默含蓄感情的叫丑角腔,抒情性强的叫一字腔,强猛高亢的叫高腔,哀怨、伤感的叫二簧跨,悲愤、哀伤的叫大哭腔等。其他地区还不同。吹吹腔的脸谱,大多与汉族古典戏曲的脸谱相同或相类,许多都是有民族特点的脸谱。吹吹腔的唱腔属于联曲体的结构,大都不分板眼,演唱时没有伴奏,当艺人唱完一句或四句后,用唢呐伴奏,与之相配合的有小鼓、板凳、大鼓、大钵、小钵、芒锣、大锣、梆子等,曲牌有小开门、耍龙调、二子哭娘等 20 多种。在伴奏时,艺人会随着旋律翩翩起舞。唱词一半以上用白语演唱。吹吹腔的剧目具体有多少,没人说得清楚,数得出的剧目名称就有 300 余本。常见剧目有《血汗衫》《灵芝草》《芭蕉记》《白玉带》《金串珠》等。[①] 现在,吹吹腔仍然是云龙县白族人民喜闻乐见的剧种,在云龙所有流行吹吹腔的地区,逢年过节,迎神赛会,婚丧嫁娶,起房竖柱都常演吹吹腔。

(五)记录白语地名、人名,或者临时借用

至今白族地名、人名多以白语称谓,仍大量沿用方块白文来记录。此外,白族人需要记录白语,但又苦于找不到合适的文字时,也会很自然的借用读音相同或相近的汉字来记录,即使是不会方块白文的白族人也会用这个方法,对方块白文有所了解的人,这种临时借用的情况更多。

二 方块白文流传的趋势分析

目前,方块白文在民间的使用领域和使用人群逐年递减,呈现出逐渐衰退的趋势,主要表现在以下 4 个方面。

(一)方块白文文献质量和收藏状况不如人意

方块白文文献纸张比较粗糙。不少民间流传的手抄文献一般是使用白棉纸、废纸背面、作业本纸抄写,容易破损,不易保存。文献转抄信息常有遗漏。有的文献书名与封面书名不一致,誊写混乱,原作者名、抄写者姓名、抄写年月、抄写版本等信息总有遗漏,这些都不利于分类整理,对了解各文献之间的传承关系也造成阻碍。

目前方块白文文献主要收藏于各地博物馆、科研机构、民间艺人、民歌爱好者、科研学者手中。除各地博物馆、科研机构和科研学者对文献进行了妥善保存外,其余

---

① 李缵绪:《白族文化》,吉林教育出版社,1991,第 135、157 页。

收藏者由于年纪较大，且不具备文献收藏的专业知识，基本是散落存于家中。而当这些年长收藏者去世后，后代识别不清，加上文献外观破旧，常常丢弃毁坏，以致产生不可挽回的巨大损失。有些文献所有人则担心自己珍藏的文献被"没收"，或担心经文、祭文的公开是对神灵不尊敬，或担心失去神秘感，以至于不愿将所藏文献拿出来。这使得原本就流传范围受限的方块白文，辨识度更低。

（二）传承方式单一

方块白文的传承方式主要为师徒相传和自我学习两种。民间艺人的唱本、歌本是在向师傅学习期间，照着师傅的曲本抄写，边抄边学。还有一部分爱好民歌、大本曲艺术的白族，自觉抄写艺人的唱本，以作为自己业余学习演唱的曲本，在这些爱好者之间也经常相互传看交流。在传唱民歌、大本曲时，曲本得到传抄，方块白文也自然随之流传。宗教活动中的悼亡经文和丧葬习俗中诵唱亡者生平的祭文主要是师徒传承，绝不对外人泄露。

（三）生存空间狭小

由于方块白文不规范，书写繁杂，难读、难懂、难记，只在一小部分特定的人群（由于方块白文是仿汉字形的文字，需要掌握读写汉字的基础，因此，能够识读、书写方块白文的人群是白族民间艺人、宗教仪式活动者和具有一定汉文化水平的中老年男子）和地区（云南省内白族聚居区）使用，社会普遍性弱。便捷的交通、快速发展的信息化时代促进了白族与外部社会的交往，出于个人良好前途际遇和高经济收入的考虑，年青一代的白族更倾向于学习使用普通话和汉字，白族民间早就已是文言断裂，即白族人相互之间以白语为口头交际工具，书写的却是汉文，大部分白族人甚至都不知道白族曾使用过方块白文。由此看出，方块白文自身的缺陷和汉文化的冲击将方块白文的生存空间挤压得更加狭小。

（四）方块白文辨识度逐年降低

现今，民间艺人有些还在继续用方块白文创作民歌、大本曲等文学作品，但由于方块白文没有经过系统整理，并且受社会发展水平、汉语文化水平等因素影响，不光方块白文字形的地区差异性大，甚至连不同人之间书写的方块白文字形也有差别。再加上有些年轻的传承者，在保存原始文本时比较随意，传抄时往往凭个人喜好随意增减内容，结构内容显得较为杂乱。因而方块白文辨识度低的现象比较严重。

虽然方块白文流传的现状不容乐观，但由于它具有以下几方面的特点，仍能继续流传下去。

1. 方块白文文献数量较为可观，形式相对完整

目前，民国以来的方块白文文献数量还比较大，主要以宗教经书、祭文、大本曲曲本、民歌曲本为主，其中大本曲曲本尤其多，这也与白族喜好大本曲这一民间曲艺有关。虽然文献书写不够规范，装订比较简单，质量较差，不利于保存，但大多数文献的抄写格式比较整齐，段落之间层次分明；大多数文献仍用白族歌体形式创作和转抄，格律严谨，音韵和谐。

2. 内容形式相对丰富，特定领域仍继续流传

宗教经书、祭文、大本曲曲本、民歌曲本等仍是方块白文的主要流传载体。在民间，仍很有市场。比如每年在大理剑川县举办的石宝山歌会，白族百姓常听、常唱的大本曲等等。宗教经书、祭文的神圣传承，大本曲、民歌广泛的群众基础，文献内容形式的丰富多样，这些有利条件都使得方块白文在当下仍能得以继续流传。

3. 文献的分布地区较广

现在，在云南省内的各个白族聚居区，都能找到方块白文文献。但各地区受地理环境、经济发展水平等原因影响，方块白文的类型各有不同。比如，大理市周边的白族喜欢听、唱大本曲，比较好的继承了传统的丧葬仪式，大本曲曲本和祭文是大理一带的主要方块白文文献；剑川县周边地区白族喜好本子曲，本子曲曲本是这一地区的方块白文文献形式；云龙县周边地区白族则是歌唱民歌、民谣享誉国内外，当然，方块白文文献形式是以民歌唱本为主，云龙地理位置特殊，与外界交通不便，民俗传统保持较好，流传下来的祭文也不少。

4. 方块白文不创新字

方块白文的继承仍然是以师徒口头传承为主。如今大本曲仍然是广泛流传于白族聚居区的戏曲形式，一部分白族艺人仍习惯用方块白文传抄、编写唱本。保存的抄写年代较早的歌本，繁体字较多，自创字较多，抄写以自己能看懂为主要原则。与较早年代的唱本相比，现代新创作歌本则简体字较多，没有再造新字，完全借用汉字记录白语音，不需要师傅一字一句传授，传唱性更强，也方便学习传播。

5. 方块白文是保存和发展白族传统文化的必要条件

方块白文在民间主要运用于宗教经书、祭文、曲本、歌谣，这些经书祭文和文学作品是白族传统文化中最具民族特色的部分，是记录白族语言艺术，反映白族社会生活、风俗习惯、宗教信仰的重要工具。脱离方块白文，民间文学作品必然索然无味，白语的丰富表达形式无法呈现。因此，保存和发展白族的传统文化需要依靠方块白文。

6. 多方关注为方块白文传承提供了新机遇

近年来，随着方块白文纳入云南省非物质文化遗产名录，各方面对此的关注增多，各地区博物馆、文化站也加大了对方块白文的搜集工作力度，也有更多的科研机构和学者投入到整理研究中，他们倾注大量心血破译、注释方块白文，为方块白文的继续流传提供了有力保证。

三　结语

综上分析，尽管方块白文由于自身缺陷和汉文化的冲击，在流传状况上的衰退已成既定事实，但是方块白文至今仍是活着的民族文字，在民间文学艺术领域，它依然广泛使用于学习创作民歌、大本曲、吹吹腔，大量手抄文献也仍在民间流传。但是大部分的文献长期流传在民间，外界对其关注度不够，其内容和价值也鲜为外人所知。因此，我们对这些珍贵的文化遗产不能放任其消亡。对方块白文及其文献进行全面搜集、统计，是保护、保存方块白文刻不容缓也必不可少的一项基础工作。政府应加大对方块白文这一文化遗产的保护力度，开展广泛的抢救性搜集整理工作；学术机构也可以鼓励学者多做这方面的研究，充分运用复印、扫描、拍照等现代多媒体信息技术手段，数字化方块白文文献，使得方块白文文献有一个全面、真实、系统的描写。再逐步将文献作品注音释义后出版，向海内外广为介绍，进而吸引更多的社会学家、语言学家、民俗学家等专业学者对文献丰富内涵及其特点作深入的研究，由表及里，由宏观到微观，挖掘出它所蕴含的丰富价值。政府部门和民间团体也可以积极利用节日活动、展览、专业性研讨会等多种形式，通过大众传媒和互联网宣传，加大公众对方块白文及其文献的认知度。

原载于《民族论坛》2013 年第 11 期

再论蒙古语词重音问题[*]

呼 和

摘 要 本文认为，蒙古语词重音分绝对重音和相对重音。非词首音节中含有短元音的多音节词的重音为绝对重音；非词首音节中不含短元音的多音节词的重音为相对重音。蒙古语词重音是整个音节语音四要素变化的综合效应；词重音属自由重音，但不完全是自由的，其位置与长元音（或复合元音）有关。

关键词 蒙古语 重音 长元音

一 有关蒙古语词重音问题的诸种观点

蒙古语词重音问题作为国内外蒙古语言学家讨论的焦点，主要集中在以下几个方面。

第一，位置方面。传统语音学界大部分学者认为，蒙古语词重音是落在第一音节上的固定重音，只有 N. 鲍培（1959；中文版 2004）认为，可以在非第一音节长元音和复合元音上。在实验语音学界，除李兵教授（2010）外，其他学者都怀疑传统语音学界的固定在第一音节上的说法。宝玉柱等（2011）认为，从能量分布看，蒙古语词音强峰值的 67%、音高峰值的 85% 落在第二音节上，由此可以断定蒙古语词重音的标注位置应在词的第二音节。呼和（2003）则认为，蒙古语词重音位置与词中长、短元音的分布有密切关系。

第二，在性质方面。传统语音学界大部分学者认为，蒙古语词重音是音强重音（力重音）。鲍氏认为，有一些词，其中的无论是送气重音或乐调重音，都落在第一音节上。另一方面，也有一些词，其中的第一音节有送气重音，而另一音节，多半是末音节，则带有乐调重音；清格尔泰先生（1991）认为，蒙古语重音与音高的关系有些

———————————

* 本文系国家社科基金重大投标项目"中国少数民族语言语音声学参数统一平台建设研究"（编号：12 & ZD225）和中国社会科学院创新工程项目"阿尔泰语系语言实验研究"（编号：2016MZSCX 009）系列成果之一。

特殊，即虽然重读音节的音势强，但音调却较低。重读音节过后，音势变弱的同时，音调却有所提高；现代蒙古语中没有类似俄语一样基于音强上的、能够区别词义的力重音，也没有类似日语一样基于音高上的乐重音（现代蒙古语，1964）；李兵认为，蒙古语卫拉特方言词重音的声学相关物是音高和音质；呼和认为，是几个要素的综合效应。

第三，类型学方面。无论是传统语音学界，还是实验语音学界基本上有固定或自由等两种说法。鲍氏挑战了传统语音学界的固定说法。在实验语音学界，只有李兵承袭传统语音学界大多数学者的固定在第一音节上的说法。宝氏认为，蒙古语词重音虽固定在第二音节上，但有规律性变异，并提出了引起重音位置变异的诸多因素。呼和认为，蒙古语词重音属自由重音，但不完全是自由的，其位置与词中长、短元音的分布有密切关系。

弗拉基米尔佐夫（1929；中文版 1988）认为，喀尔喀方言中除力重音外，在某些情况下还出现落在词的结尾元音上的次重音。次重音既是（弱）力重音又是乐重音。鲍氏提出，除了送气重音，蒙古语还有一种乐调重音（音高重音），即最后有一个音节的音调微弱上升。不过，符氏提出次重音时混淆了词重音层和语句重音层。舍·罗布苍旺丹（1982）虽然没有提出次重音，但在解释词重音时提出，乐重音虽然不是与蒙古语每个词有关，但有时在感叹语句或祈使句末词的长元音上会出现乐重音。显然，这里混淆了词层和语句层。

二 绝对重音和相对重音

引起上述分歧的主要原因除蒙古语词重音本身的特殊性和复杂性外，还与学者们所采用的研究方法、手段和所依据的理论有关。其中，前者是主要原因，正如宝玉柱教授所提出，当一个成分的某一特征没有区别语义的作用时，它的分布就会相对自由一些，但会有一个大致的分布范围。语言形式是由有限的区别性成分和相对自由的非区别性成分交织而成的表达体系。蒙古语词重音是非区别性成分，因此它的位置可能受某些因素的影响而出现漂移，母语使用者仅凭语感很难正确判断这些变化，也很难直接观察到影响重音规律的各种因素和它们之间的复杂关系。这是蒙古语词重音研究之所以进展缓慢、分歧较多的一个基本原因（宝玉柱 2011：246）。本文基于在蒙古语音段和超音段方面所做的实验分析，并参考相关领域其他研究资料，特别是对汉语普通话轻重音方面的资料，试图解决蒙古语的词重音问题。

在讨论蒙古语词重音之前，首先要澄清词重音和句（语句）重音。这是既有区别又有关联的两个重音。本文只讨论单说（或者在同一个负载句中说的）的两、三音节词中的重音对立，即词层面多音节词内的轻重问题，而不涉及句层面的语句重音问题。曹建芬（2007）把汉语普通话不带轻声的词重音类型称为正常重音型（Normal Type），其中包括"中重"和"重中"两个小类；把带轻声的称为轻声型（Neutral Type），并证明了前者重/中对比的不稳定性、相对性和后者重/轻对比的稳定性、绝对性特点。那么，能否把蒙古语词重音区分为绝对重音（相当于汉语的轻声型）和相对重音（相当于汉语的正常重音型）？笔者认为，把蒙古语词重音分绝对重音和相对重音更适合蒙古语词重音特点。分类方法和定义是：把非词首音节中含有短元音的多音节词（如，S–S, L–S, L–L–S, L–S–L, L–S–S, S–S–S, S–L–S, S–S–L 等结构的词）的重音叫作绝对重音；把非词首音节中不含短元音的多音节词（L–L, S–L, L–L–L, S–L–L 等结构的词）的重音叫作相对重音。下面从语音四要素的声学结构特点，讨论这两种重音的特点。

1. 音色结构

林茂灿先生（1990）在阐述汉语普通话轻声时指出，普通话轻声音节的语音音色明显地减缩（Reduction），主要表现为韵母元音声学空间的减小和声母辅音发音的不到位。在传统语音学论著中，把蒙古语元音分为独立元音（清晰元音）和依附元音（"模糊元音""弱化元音"或非重读音节短元音）两种。前者的发音比较清晰，比较完整，而且往往也是一个词的重音所在；而后者发音不够清晰，不够完整，因而很难准确地描写出它的音质。独立元音包括词首音节短元音和长、复合元音，依附元音指所有非词首音节短元音（清格尔泰 1991）。笔者自 1993 年以来曾用声学语音学的理论和方法多次描写过蒙古语标准话非词首音节短元音的特点。图 1 为蒙古语标准话男性发音人词首音节长、短元音和非词首音节短元音的声学元音图（呼和 2009）。显然，非词首音节短元音比较明显的特征是央化（或［ə］化）。为此，有必要区分非词首音节中含有短元音的多音节词与不含短元音的多音节词。

绝对重音型，如在 S–S, L–S, S–S–S, L–S–S, S–L–S, S–S–L; L–L–S, L–S–L 等结构的词（非词首音节含有短元音）里，词首音节中的无论是元音，还是辅音都读得比较到家，而非词首音节中的元音和辅音的音色明显减缩，主要表现与普通话轻声音节一样，即元音声学空间的减小和辅音发音的不到位。如元音的央化（或［ə］化）、塞音的浊擦化、VOT 的缩短、辅音舌腭面积的减少等。其中，非词首音节短元音的减缩现象比较明显（请见比较图 1 中词首和非词首短元音的声学元音图）。如果不与书面语比较，无法断定这些非词首音节短元音［ɜ, ɞ, ɨ, ɨ, ɵ, ɵ］是由书面语/a, e, i, o, ö/等演变（央化）而来的现实。显然，蒙古语标准话非词首音节短元音明显央化了。这也是传统语音学界一直坚持认为"蒙古语词重音是固定在第一音节"上的重要依据。图 3 为蒙古语标准话男性发音人双音节词［tʰɜ/tʰɜl ɞ］"草写"的波形图（上）、三维语图（中）和舌腭接触面积变化（Linguipalatal Contact Varies, LCV）曲线图（下）。从图 3 中可以看出，［tʰɜ/tʰɜl ɞ］的第二音节明显比第一音节高而强（见中间的三维语图）。有趣的是第一音节（重读音节）［tʰ］的舌腭接触面积比第二音节（轻读音节）[tʰ] 的舌腭接触面积相对大（见最底部的图）。显然，轻读音节辅音也明显减缩。

相对重音的多音节词，如，L–L、S–L、L–L–L、S–L–L 等结构的词（非词首音节没有短元音）里，从理论上讲无论是词首还是非词首音节都读得比较到家。但是通过比较词首短元音和词首长元音的声学元音图，我们发现虽然词首音节短元音和长元音在音色方面没有质的变化，但前者的声学空间比后者的明显小。图 2 是词首音节长元音（空心圆）、短元音（实心圆）和非词首音节短元音（十字心圆）的舌位三角形图（呼和 2009）。从图 2 中，我们可以看到，随着词首音节长元音、词首音节短元音和非词首音节短元音的发音时间（音长）的相对缩短，元音舌位三角形变小，构成了大中小三个不同的三角形。其中，非词首音节短元音的舌位三角形最小。显然，词首音节长元音和短元音同样都是"独立元音"，但它们的音色不是没有变化（有量变），只是不像非词首音节短元音一样发生质变而已。词首和非词首音节长元音的音色也有差别，但它们的音声学空间减小的不明显。（呼和、确精扎布 1999）

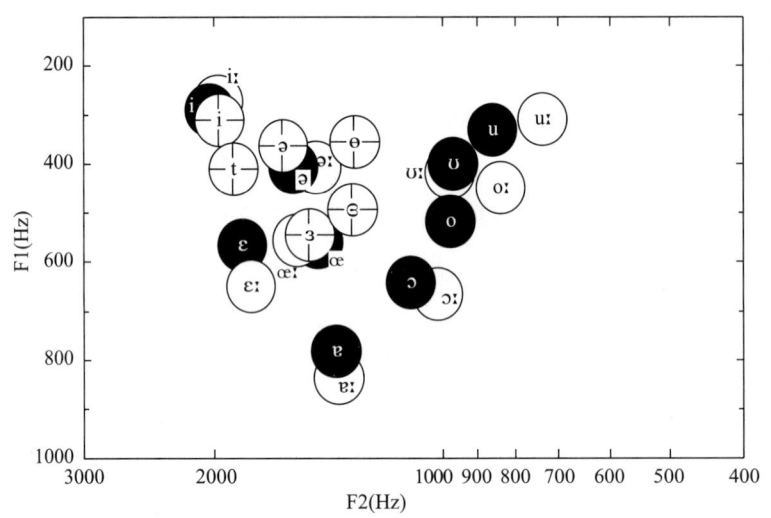

图 1　词首音节长元音（空心圆）、短元音（实心圆）和
非词首音节短元音（十字心圆）的声学元音图

2. 音长结构

表 1、2 中显示了蒙古语双音节和三音节词的音高最大差值、音强最大差值和元音长度分布模式（呼和 2007）。本表采用了数值比（Numerical ratio）表示法。

从表 1、2 中可以看出，绝对重音型多音节词元音的音长分布模式有 S–S（3∶2），S–S–S（5∶3∶2），L–S（4∶1）；L–L–S（5∶3∶2），L–S–L（5∶2∶3），L–S–S（7∶2∶1）和 S–L–S（3∶5∶2），S–S–L（3∶2∶5）等两种。相对重音型多音节词也有 L–L（3∶2），L–L–L（5∶3∶2）和 S–L（2∶3），S–L–L（3∶4∶3）等两种音长模式。两种类型中，S–S，S–S–S 和 L–L，L–L–L 等结构词

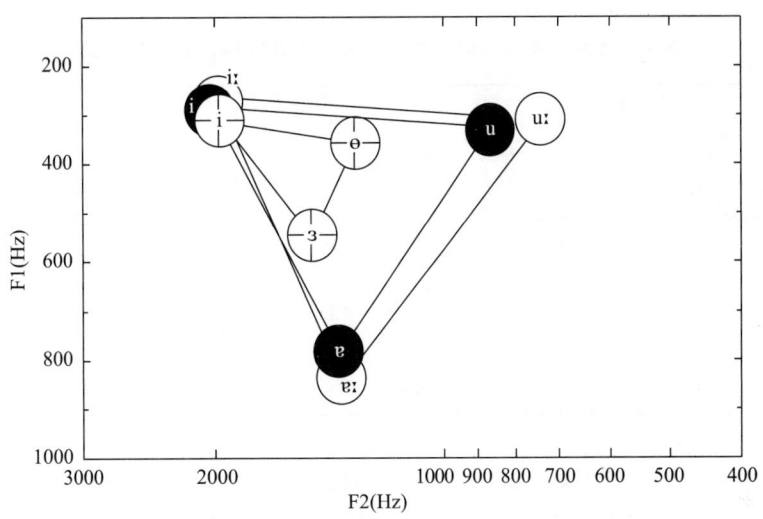

图 2 词首音节长元音（空心圆）、短元音（实心圆）和
非词首音节短元音（十字心圆）的舌位三角形图（M）

（短、长元音同时出现的词中）的元音音长分布模式完全相同，词首音节元音都比非词
首音节元音相对长。本文的短、长元音指音系学概念，而其长短模式指物理长度。同
样都是短元音或长元音，为什么词首的都比非词首的相对长呢？在以往分析中，我们
把该现象解释为位置或音节边界效应，现在看起来，这种解释不够全面。

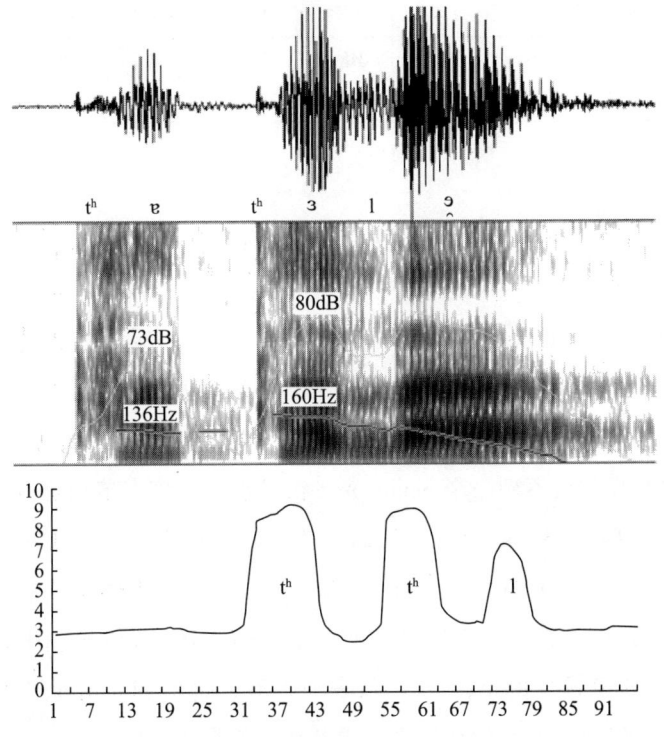

图 3 双音节词［tʰɐ/tʰɜl ɕ̬］"草写"的波形图、三维语图和舌腭接触面积变化曲线图

表 1　蒙古语双音节词音高、音强最大差值和音长分布模式

声学参数 ＼ 词型		S－S	S－L	L－L	L－S
音高最大差值（Semitone）	男	－5.22	－5.02	－0.27	－0.78
	女	－4.98	－5.21	－0.87	－0.70
音强最大差值（dB）	男	－2.28	－5.01	1.49	4.54
	女	－2.00	－2.77	1.13	3.45
音长分布模式（Numerical ratio）	男	3:2	2:3	3:2	4:1
	女	3:2	2:3	3:2	4:1

表 2　蒙古语三音节词音高、音强最大差值和音长分布模式

声学参数 ＼ 词型		S－S－S	S－S－L	S－L－S	S－L－L	L－L－L	L－L－S	L－S－L	L－S－S
音高最大差值（Semitone）	男	－4.51	－3.77	－4.28	－3.64	1.47	2.04	0.81	1.34
	女	－4.61	－4.57	－4.55	－3.93	1.05	0.86	0.93	0.78
	Syl.	1－3	1－3	1－2	1－2	2－3	2－3	2－3	2－3
音强最大差值（dB）	男	－0.58	－4.2	5.23	－3.46	2.69	6.82	4.81	8.22
	Syl.	1－2	1－3	2－3	1－2	1－3	1－3	1－2	1－3
	女	0.63	－2.47	2.88	－1.77	2.03	4.5	4.41	6.8
	Syl.	1－3	1－3	2－3	1－2	1－2	1－3	1－2	1－3
音长分布模式（Numerical ratio）	男	5:3:2	3:2:5	3:5:2	3:4:3	5:3:2	5:3:2	5:2:3	7:2:1
	女	5:3:2	3:2:5	3:5:2	3:4:3	5:3:2	5:3:2	5:2:3	7:2:1

3. 音高结构

从表 1、2 中可以看出，绝对重音型多音节词有"L－H 模式"（低－高模式），如 S－S（－5.22），S－S－S（－4.51），S－L－S（－4.28），S－S－L（－3.77）和"H－L 模式"（高－低模式），如 L－L－S（2.04），L－S－S（1.34）等音高模式。上述三音节词音节之间的音高差异，以差距最大的两个音节音高差为准，下同。另外，也有 L－S（－0.78）和 L－S－L（0.81）等"H－H 或 L 模式"（高－高或相等模式）。这类模式，音节之间的音高差值不到一个 Semitone。相对重音型多音节词也有上述三种音高模式，如 S－L（－5.02），S－L－L（－3.64）为"L－H 模式"，而 L－L－L（1.47）为"H－L 模式"，L－L（－0.27）为"H－H 或 L 模式"。从上述比较中可以总结出以下两点：（1）无论是绝对重音型还是相对重音型词的"H－L 模式"中，音节之间的音高差异远比"L－H 模式"的小；（2）从表面上看，绝对和相对重音型多音节词的音高模式有一定的相似性，但它们在词重音中的作用有所不同。

4．音强结构

从表 1、2 中可以看出，绝对重音型多音节词有 S－S（－2.28）和 S－S－L（－4.2）等"W－S"模式（弱强模式）和 L－S（4.54）；L－L－S（6.82），L－S－L（4.81），L－S－S（8.22），S－L－S（5.23）等"S－W"模式（强弱模式）。S－S－S 类三音节词的音强差别不明显，差值不到 1dB；相对重音型多音节词也有 S－L（－5.01），S－L－L（－3.46）等"W－S"模式（弱强模式）和 L－L（1.49），L－L－L（2.69）等"S－W"模式（强弱模式）。上述三音节词音节之间的音强差异，以差距最大的两个音节音强差为准。显然，绝对和相对重音型多音节词的音强模式有一定的相似性，但它们在词重音中的作用有所不同。

三　讨论

下面我们根据语音四要素的声学结构特点，判定多音节词的重音位置。图 4、图 5 是我们的判断结果。与以往判定不同，本次把音色也作为判断指标。图中的负值表示为后一音节参数值比前音节参数值大（三音节词中以差距最大的两个音节的参数差为准），"＋"表示所指参数值处于相对优势，"－"表示所指参数值处于相对弱势（对于音色来说减缩），"0"表示所指参数值相等或相近，不突出（对于音色来说不变）。如果三音节词中两个音节的某参数相等或相近，但它们都比另一个音节的参数值相对优势时，那么该两个音节上都打了"＋"。对于音色来说，"＋"表示长、复合元音，"0"表示词首音节短元音，"－"表示非词首音节短元音。图中划斜线的音节为我们断定的重读音节。

我们的判断原则是：（1）把非词首音节短元音的央化作为硬指标，即在多音节词中含有短元音（无论是央化还是脱落）的非词首音节统一断定为轻度音节；（2）判断非词首音节只含一个短元音的三音节词重音时（如 L－S－L，L－L－S），以其他两个音节的四要素作为判断指标；（3）判断非词首音节不含短元音的多音节词重音时，以四要素作为判断指标。其中，（1）（2）是判断绝对重音的指标，（3）为判断相对重音的指标。图 4、图 5 是我们的判断结果。

1．词重音位置及其类型学解释

从图 4、图 5 中可以看到，无论是绝对重音还是相对重音的位置都不是固定在词首音节上。显然，我们的实验结果不支持传统语音学界大部分学者和实验语音学界少数学者的"蒙古语词重音是落在第一音节上的固定重音"的说法。但是支持鲍氏"现今的蒙古语中，只要一个词的非第一音节没有一个是长音节或含有一个双元音（非第一音节均为短音节的词），送气重音（不确切——笔者）就总是在第一音节上。但是，如果有一个非第一音节含有一个长元音或双元音，那就是该音节被重读"中的部分论点。

显然，符氏"喀尔喀方言中的长元音则既见于重音音节，也出现与非重音音节"的说法是有道理的。蒙古语词重音的位置与长元音（或复合元音）有关。重读规则是：（1）含有长元音（或复合元音）的，第一音节为重读音节；（2）含有两个或两个以上长元音（或复合元音）的，最前面的音节为重读音节；（3）不含长元音（或复合元音）的，第一音节为重读音节。

显然，从类型学的角度看，蒙古语词重音属自由重音，而不是固定重音，但不完全是自由的，因为它的位置与词中长、短元音的分布有密切的关系。

2. 词重音的性质

（1）词重音与音色之间的关系。如上所述，在绝对重音型多音节词中存在轻读音节元音的央化（或［ə］化）、塞音的浊擦化、VOT 的缩短、辅音舌腭面积的减少等现象。其中，非词首音节短元音的减缩现象比较明显；而相对重音型多音节词中，上述现象不明显。这一问题有待进一步深入研究。

（2）词重音与音长之间的关系。表 1、表 2 和图 4、图 5 显示，在 S－S，S－S－S 和 L－L，L－L－L 等结构词中，从音系的角度看，尽管都是短元音或长元音，但它们的物理长度因其所处位置的不同而有所差异，具体差别可以达到 3:2 和 5:3:2。那么，同样都是短元音或长元音，为什么词首的都比非词首的相对长呢？

在以往分析中，我们把该现象解释为位置或音节边界效应，现在看起来，这种差别应该与词重音位置有关。我们的实验结果不支持符氏的"无论是力（音强）重音还是乐（音高）重音，都与元音的长短毫无关系"的说法，而支持罗氏"重读音节的长元音比非重读音节长元音略长"的见解。

（3）词重音与音强的关系。表 1、图 2 和图 4、图 5 显示，除 S－S 和 S－S－S 等结构词的音强模式与其重音位置不相关外，其他结构词的音强模式都与它们的重音位置（无论绝对重音还是相对重音）相关。显然，与音高相比音强与词重音之间有一定的相关性。

（4）词重音与音高之间的关系。从表 1、表 2 和从图 4、图 5 中可以看出以下两点：第一，无论是绝对重音型还是相对重音型词的"H－L 模式"中，音节之间的音高差异远比"L－H 模式"的小；第二，虽然绝对和相对重音型多音节词的音高模式有一定的相似性，但它们在词重音中的作用有所不同，如 S－S，S－S－S 和 S－L－S，S－S－L 等结构的词，虽然它们都有"L－H 模式"，但前两类词的重音（绝对重音）在第一音节上，后两类词的重音（相对重音）在第二和第三音节上，说明"L－H 模式"与 S－S 和 S－S－S 结构词的重音之间不相关。显然，清氏的"蒙古语重音与音高的关系有些特殊"的说法是有道理的。

我们不支持李兵把"音高"当作卫拉特方言词首音节重音的主要相关物之一的观点，因为蒙古语不是抬高第一音节音高，即"左扬"语言，而是"右扬"语言。我们支持宝氏通过大量语音实验后提出的"从能量分布看，蒙古语词音强峰值的67%、音高峰值的85%都落在第二音节上"的说法。

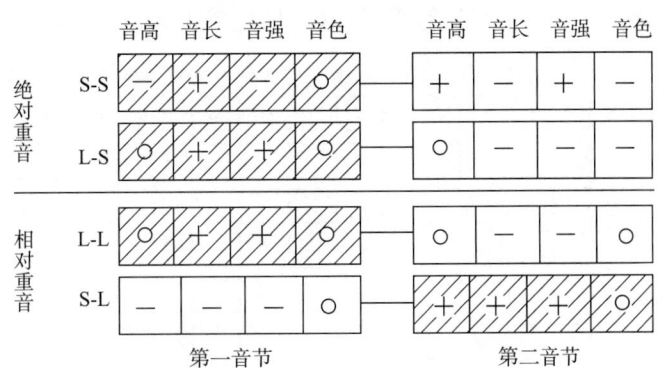

图4　双音节词自然节奏模式及重读音节示意图

同样，我们坚持蒙古语词重音不是基于某一个要素上的单一性质的重音，而是整个音节语音四要素（两个或多个要素）变化的综合效应的观点。在绝对重音型重轻模式中，比较起来或许音色（或音质）的作用更大些，理由是音色的改变（如元音的央化、塞音的浊擦化、VOT的缩短、辅音舌腭面积的减少等）是造成轻读音节的重要因素。轻读导致了元音脱落、音节缩短、甚至元音和谐律的减弱等一系列投射反映。因此，我们认为这类重轻模式是绝对的、深层次的；相对重音型重轻模式是由语音四要素变化产生的综合效应，比较起来可能音长和音强的作用更大一些。相对重音的重轻模式是约定俗成的，其中的语音三要素的差异性是相对的，是表层变化。总之，绝对重音的重/轻对立相对稳定，具有一定的绝对性，而相对重音的重/轻对立相对不稳定，具有一定的相对性。在语句中绝对重音一般不变，相对重音根据语句中的位置和作用会有所改变。

（5）词重音与元音和谐律的关系。蒙古语词重音与元音和谐律之间的关系是学者们一直关注的问题。有些学者把元音和谐律当作证明蒙古语词重音是固定在第一音节上的重要依据。从图4、图5中可以看到，在双音节和三音节词中，至少有四种结构的词的重音不在第一音节上。元音和谐律和词重音是两个不同的概念，它们之间不存在因果关系。确精扎布先生（1993）否认蒙古语词重音与元音和谐律之间的相互依赖关系是有理论和科学依据的。当然，我们不否认有些多音节词的重音（落在第一音节上）与元音和谐律相吻合的现象。

3. 词重音的功能和作用

蒙古语虽无词汇或形态学意义上的词重音，但有因音色、音长、音高和音强等诸多要素引起的"突显"（Prominence）现象。词重音，确切说绝对重音在蒙古语语族语言的历史演变中起到了非常重要的作用。

因此，正确解释蒙古语词重音的位置、性质和功能等，不仅可以为蒙古语教学、科研及言语声学工程提供科学依据，而且能够推动蒙古语族乃至阿尔泰语系语言历史比较语音学的发展。在语句层面上，我们赞同宝氏的"蒙古语的重音不区别词义，但重音是韵律词的脊梁，有标定词界的作用"（2011）的说法。

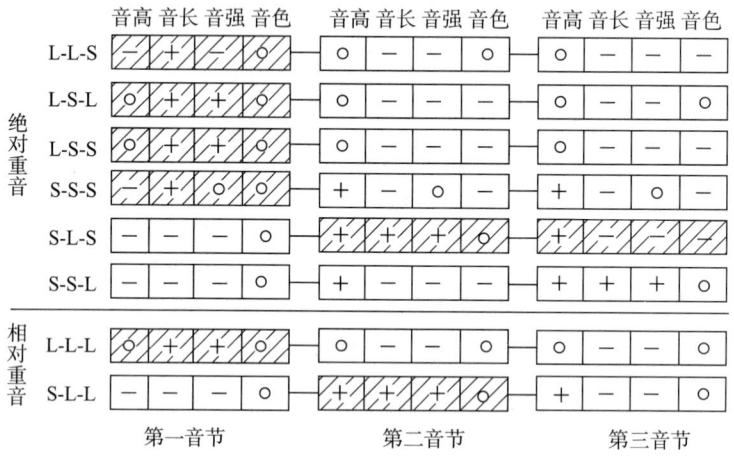

图 5　三音节词自然节奏模式及重读音节示意

四　结论

1. 重音类型

蒙古语有绝对和相对两种重音。我们把非词首音节中含有短元音的多音节词（如 S－S，L－S，L－L－S，L－S－L，L－S－S，S－S－S，S－L－S，S－S－L 等结构的词）的重音叫作绝对重音；把非词首音节中不含短元音的多音节词（L－L，S－L，L－L－L，S－L－L 等结构的词）的重音叫作相对重音。

在性质方面，前者的重/轻或轻/重对立相对稳定，具有一定的绝对性，而后者的重/轻或轻/重对立相对不稳定，具有相对性。在语句中绝对重音一般不变，相对重音根据语句中的位置和作用会有所改变。

2. 重音位置

蒙古语词重音的位置与长元音（或复合元音）有关。重读规则是：

（1）如果多音节词中只有一个长元音（或复合元音），含长、复元音的音节为重读音节；

（2）如果含有两个或两个以上长元音（或复合元音），含长、复元音音节中的最前面的音节为重读音节；

（3）如果不含长元音（或复合元音），即只含短元音，含短元音的第一音节为重读音节。

3. 重音性质

蒙古语词重音不是基于某一个要素上的单一性质的重音，而是整个音节语音四要素（两个或多个要素）变化的综合效应。其中，在绝对重音型重轻模式中，比较起来或许音色的作用可能大些（特别是在 S－S 和 S－S－S 类词中），而在相对重音中音长和音强的作用可能更大一些。

4. 类型学归类

从类型学看，蒙古语词重音属自由重音，而不是固定重音，但不完全是自由的，它的位置与词中长、短元音的分布有着密切的关系。

5. 次重音

据有关文献，有些语言不但有主重音，还有次重音。笔者认为，对蒙古语来说，不适合把词重音分主重音和次重音。

参考文献

宝玉柱、孟和宝音：《代蒙古语正蓝旗土语音系研究》，民族出版社，2011。

曹剑芬：《现代语音研究与探索》，商务印书馆，2007。

符拉基米尔佐夫：《蒙古语书面语与喀尔喀方言比较语法》，陈伟、陈鹏译，青海人民出版社，1988。

呼和、确精扎布：《蒙古语语音声学分析》，内蒙古大学出版社，1999。

呼和：《蒙古语词重音问题》，《民族语文》2007 年第 4 期。

呼和：《蒙古语语音实验研究》，辽宁民族出版社，2009。

呼和：《蒙古语元音的声学分析》，《民族语文》1999 年第 4 期。

李兵、贺俊杰：《蒙古语卫拉特方言双音节词重音的实验语音学研究》，《民族语文》2010 年第 5 期。

林茂灿：《普通话轻声与轻重音》，《语言教学与研究》1990 年第 3 期。

内蒙古大学蒙古语言研究室：《现代蒙古语》（上、下册），内蒙古人民出版社，1964。

清格尔泰：《蒙古语语法》，内蒙古人民出版社，1991。

确精扎布：《关于蒙古语词重音》，《内蒙古大学学报（蒙文版）》1993 年第 1 期。

舍·罗布苍旺丹：《现代蒙古语》，内蒙古人民出版社，1982。

D. G. 斯图亚特、M. M. 卡拉陶地：《现代蒙古语标准词语音》，《蒙古语言文学》1983 年第 4 期。

Huhe, *A Basic Study of Mongolian Prosody*, Hakapaino Oy, Helsinki, 2003.

N. 鲍培：《阿尔泰语比较语法》，周建奇译，内蒙古教育出版社，2004。

原载于《民族语文》2014 年第 4 期

鄂温克语元音和谐律研究

乌日格喜乐图

摘　要　鄂温克语有阴阳和谐和唇型和谐两种元音和谐规律。阴阳和谐是指：阳性元音之后，只出现阳性元音或中性元音，不能出现阴性元音。阴性元音之后，只出现阴性元音或中性元音，不能出现阳性元音。中性元音之后，只出现阴性元音。鄂温克语的唇型和谐是以阴阳和谐为前提的一种补充和谐，具体内容为：元音ɔ之后，能出现阳性元音ɔ或ʊ，而阳性元音ʊ之后，只能出现阳性ʊ，不会出现元音ɔ；阴性元音o后只能出现阴性元音o或u，而阴性元音u之后，不会出现阴性元音o。阴阳和谐为主要和谐规律。

关键词　实验语音学　鄂温克语　元音和谐律

一　引言

元音和谐是阿尔泰语系语言共有的，重要的音系规律。阿尔泰语系诸语言的元音和谐现象，既有共性，也有差异。不少阿尔泰语言学家对阿尔泰语系语言的元音和谐现象进行了研究，结论各有不同。著名阿尔泰语言学家 G. J. 兰司铁认为："这些语言的内部结构规定了第一音节的元音永远是最重要的，对于词的后来发展空间是决定性的。"[①] N. 鲍培则认为："元音和谐是一种形态音位特征，其实质为只有某些元音可以出现于一词。"[②] 清格尔泰指出："元音和谐律就是关于一个词的前后音节里的元音之间的求同性、限制性、制约性的规律。简言之，就是一个词里元音之间的调和及制约关系的规律。"[③] 从理论上讲，元音和谐律是一种音节搭配概念。它指词内元音在舌位高低、前后、唇状、松紧、长短等多方面所呈现的搭配规律。

[①]　G. J. 兰司铁：《阿尔泰语言学导论》，周建奇译、斯琴巴特尔审校，内蒙古教育出版社，2004。

[②]　N. 鲍培：《阿尔泰语言学导论》，周建奇译、照日格图审校，内蒙古教育出版社，2004，第 227 页。

[③]　清格尔泰：《关于元音和谐律》，《中国语言学报》1983 年第 1 期，第 227 页。

鄂温克语元音和谐律的研究，是从 20 世纪 50 年代开始的。"通古斯语有很严格的元音和谐，但很不同于突厥语的元音和谐"。[①] 在国内，胡增益、朝克等学者对满—通古斯语言的元音和谐律做过不少研究。他们认为"鄂温克语元音和谐比较简单。一般来说，元音之间要求在性属上和谐，即第一音节的元音是阴性元音，后续音节的元音也是阴性元音……元音在一定程度上要在唇状上和谐，但唇状和谐远不如性属和谐严整"[②]。在后来研究中，朝克提出"元音和谐在鄂温克语的语音结构中占有很重要的位置。元音和谐律不仅在词根或词干部分里进行，而且，在一系列的词的附加成分中也有着严格的讲究。鄂温克语的元音和谐主要是根据词首出现的某一元音为中心进行。阳性元音和阴性元音各自均可同中性元音发生和谐关系。但阳性元音和阴性元音不能共同出现在某一个具体的词里"[③]。"满—通古斯诸语言内元音和谐现象最严格的是鄂温克语和鄂伦春语，其次是满语和锡伯语，比较薄弱的是赫哲语"。[④] 孟达来却使用"松紧"区分通古斯语言的元音，认为"在通古斯语言中，元音的松紧对立成为元音和谐的基础，即松元音和松元音共处，紧元音和紧元音共处"[⑤]。赵莹在其硕士学位论文中提到"从理论上讲，元音和谐律是一个音节搭配的概念。它指（词汇的）元音舌位（高低，前后），唇状（圆唇或展唇），松紧长短等方面呈现一定的搭配规律。满—通古斯语中的元音和谐律是一个普遍的、十分重要的语音现象，但是各个语言的元音和谐律的严整的程度并不一样。传统上在论述元音和谐律的时候，通常把该语言的元音音素分为阳性元音、阴性元音和中性元音三种类型，其中的规律是阳性元音和阳性元音可以同时出现，阴性元音和阴性元音也能同时出现，中性元音可以和任何属性的元音产生和谐，或者说可以在同一个词中出现，一般情况下阳性元音和阴性元音不能在同一个词里出现，它们之间是相互排斥的关系"[⑥]。

本文基于阿尔泰语言元音和谐律理论框架，参考有关满—通古斯语言元音和谐研究结果，利用"鄂温克语元音声学参数库"，用声学语音学和统计学研究方法，进一步探讨鄂温克语元音和谐规律。

二　鄂温克语元音音质问题

确定鄂温克语元音音质及其分布格局，是分析鄂温克语元音和谐规律的重要前提。

① N. 鲍培：《阿尔泰语言学导论》，周建奇译、照日格图审校，内蒙古教育出版社，2004，第 229 页。
② 胡增义、朝克：《鄂温克语简志》（修订版），"中国少数民族语言简志丛书修订本·卷陆"，民族出版社，2009，第 722 页。
③ 朝克：《鄂温克语研究》，民族出版社，1995，第 17 页。
④ 朝克：《满—通古斯诸语比较研究》，民族出版社，1997，第 60 页。
⑤ 孟达来：《北方民族的历史接触与阿尔泰诸语言共同性的形成》，中国社会科学出版社，2001，第 145 页。
⑥ 赵莹：《论满—通古斯语族的元音和谐律》，黑龙江大学硕士学位论文，2010。

虽然，鄂温克语元音研究论著不少，但到目前为止，有关元音数量、阴阳性质、音位及变体等描述不仅出入较大，而且多数学者依据的是"口耳之学"，没有采用精确的定量分析方法。

（一）前人研究结果

《鄂温克语简志》认为，鄂温克语有 i、ɪ、ə、θ、o、u、a、ɔ、ʊ 等 9 个短音和 ii、ɪɪ、ee、EE、əə、oo、uu、aa、ɔɔ、ʊʊ 等 10 个长元音，并提出"鄂温克语有 i、ɪ、ii、ɪɪ、ee、EE 等前高元音，ee、EE 没有相对应的短元音，不出现在词首，出现在辅音后面时，辅音腭化"。例词：ɪlan（三），ɪɪlara n（厌倦），dəttulee（翅膀），bEEgǎ（月亮），buxulee（一套"衣服"）等。还有学者认为鄂温克语有 i、e、a、o、u、θ、ʉ、ɔ 等 8 个短元音和与之相对应的 ii、ee、aa、oo、uu、θθ、ʉʉ、əə 等 8 个长元音。[1] 学者们的不同观点主要集中在 ɪ、ɪɪ、e、ee 等前高元音上。朝克归纳了 i、ii、e、ee 等 4 个前高元音，并列举如下几个词：inig（日子），iirəŋ（进），aʃe（女的），xeen（草料）等。有关这一问题，我们已经另文讨论[2]，认为鄂温克语有 [i]、[iː]、[ɪ]、[ɪː]、[e]、[eː] 等 6 个前高元音，可归纳为 /i/、/iː/、/ɪ/、/ɪː/ 4 个音位；4 个音位之间具有明显的阴阳对立关系。

（二）鄂温克语元音实验分析

语料和方法：用语音分析软件 praat 对"鄂温克语语音声学参数数据库"中 43 个单音节词、470 个双音节词、552 个三音节词和 111 个多音节词的词首短元音、非词首短元音、长元音进行声学分析，采集了 F1、F2、F3、F4 等共振峰数据，并利用 F1 和 F2 数据绘制元音声学图和对应的舌位图。图 1 和图 2 是根据 F1 和 F2 绘制的词首与非词首音节短元音、短元音与长元音的声学图。这些图在高低维和前后维上与传统语言学中所用的舌位图（是一种示意图）基本相同。根据实验结果，鄂温克语有：ɐ、ə、i、ɪ、e、ɔ、ʊ、o、u 等 9 个短元音和与之对应的 ɐː、əː、iː、ɪː、eː、ɔː、ʊː、oː、uː 等 9 个长元音。非词首短元音虽然出现一定的央化趋向（见图 1），但它们与词首元音之间依然具有较好的对应关系。长元音的音质及其格局与其相对应的短元音基本一致（见图 2）。[3]

下面以词首音节短元音为例，阐明其声学参数和舌位。表 1 是词首音节短元音 F1 和 F2 的统计结果。

① 朝克：《鄂温克语研究》民族出版社，1995，第 1 页。
② 乌日格喜乐图、呼和：《论鄂温克语前高元音》，《第十届中国语音学学术会议论文集》，2012。
③ 乌日格喜乐图、哈斯其木格、呼和：《鄂温克语短元音声学分析》，《满语研究》2010 年第 2 期。

表 1　词首音节短元音第一（F1）和第二（F2）共振峰频率值统计

单位：Hz

元音		F1			F2		
前人音标	新音标	均值	标准差	范围	均值	标准差	范围
a	ɐ	774	60.34	635－899	1497	124	1212－1782
o	ɔ	662	89	558－770	1096	77.1	959－1257
u	ʊ	554	85	501－671	1014	126	816－1343
θ	o	449	27.4	428－488	963	74.6	911－1086
	u	403	24.9	346－452	941	128.7	718－1180
ə	ə	450	37	333－531	1266	185	929－1603
i	i	369	62	316－589	2020	111	1823－2388
ɪ	ɪ	474	48.2	398－586	1887	102	1693－2270
e	e	516	56	412－585	1867	117	1616－2017

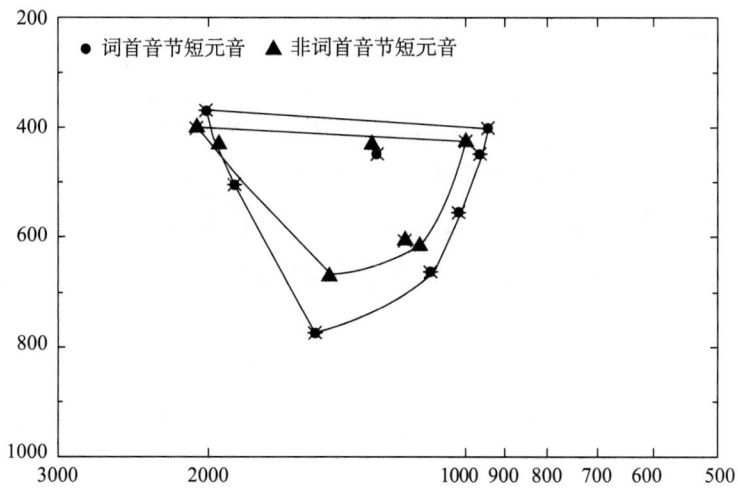

图 1　鄂温克语词首与非词首音节短元音声学图

　　［ɐ］在传统语音学论著中，把该元音描写为展唇、后低或后高元音，并用［a］来标记。从表 1 看，其 F1 为 774Hz、F2 为 1497Hz。显然，该元音为阳性、展唇[①]、次低、央元音，可以标记为［ɐ］。

　　［ə］在传统语音学论著中把该元音描写为央、中元音，一般用［ə］来标记。本次分析结果表明，该元音 F1 和 F2 的频率分别为 450Hz 和 1266Hz。虽然在央、中元音舌

---

　　①　这里所说的阴阳性属于音系学概念，并非语音实验结果；唇形圆展特性是根据观察和模仿确定的，没有实验依据。

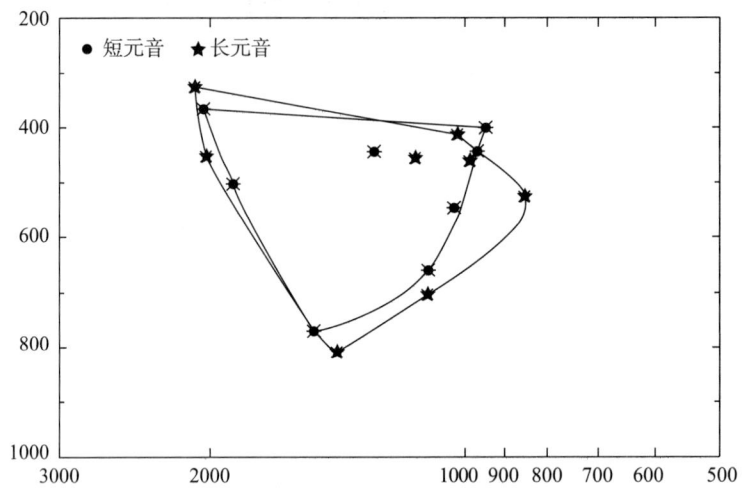

图 2　鄂温克语短元音与长元音声学图

位范围内，但偏向于次高、后位置。[ə] 是阴性、展唇、央、次高元音。

[i] 有关该元音的描写，学者们的意见比较一致。表 1 显示，其 F1 为 369Hz，F2 为 2020Hz。[i] 是阴性（偏中性）、展唇、高、前元音。

[ɪ] 有关该元音的音质和音位归属问题，分歧较大。有的学者认为，鄂温克语有 [ɪ] 元音音位，而有的学者则认为鄂温克语没有独立的 [ɪ] 元音音位，是 [i] 元音的一种变体。从表 1 看，该元音 F1 和 F2 的频率分别为 474Hz 和 1887Hz。[ɪ] 是阳性、展唇、次高、前元音。无论是其音质，还是其功能都与 [i] 不同，是独立音位。例如：irsə（熟了）和 ɪrsa（拽）等。

[e] 对该元音的音质和音位归属问题，意见分歧很大。部分学者认为，鄂温克语没有短元音 [e]，只有长元音 [eː]；而有的学者则坚持认为，鄂温克语有短元音 [e]，而没有短元音 [ɪ]，并且混淆了元音 [ɪ] 和元音 [e]。据我们了解，在实际应用当中，短元音 [e] 的使用率比长元音 [eː] 和元音 [ɪ] 相对低，只出现在满语借词或蒙古语借词当中。表 1 显示，[e] 的 F1 和 F2 的平均值为 516Hz 和 1867Hz。显然，元音 [e]（516Hz）的开口度大于元音 [ɪ]（474Hz），[e] 是阳性、展唇、次高、前元音。同时，[e] 和 [ɪ] 这两个元音的唇形也有所不同①，因此我们将其标记为两个不同的元音。根据 [e] 和 [ɪ] 不区别意义的特点，可以把 [e] 元音归入/ɪ/的变体，即鄂温克语/ɪ/元音有 [ɪ] 和 [e] 两种变体。其中，[ɪ] 是典型变体，[e] 是自由变体。

[ɔ] 在有些传统语音学论著中，把该元音描写为圆唇、后、次高元音 [o]。从本次声学分析结果看，该元音的 F1 和 F2 平均值分别为 662Hz 和 1096Hz，是中低、后元

---

① 这里所说的唇形区别不是展与圆的区别，[e] 与 [ɪ] 同为展唇元音，但其唇形具有不同特性，需要使用专门仪器设备详细分析，因此在此无法进行更详细的描述。

音，用 ［ɔ］ 标记比较合适。［ɔ］ 是阳性、圆唇、中低、后元音。

［ʊ］ 在有些传统语音学论著中，把该元音描写为圆唇、后、高元音 ［u］。从本次声学分析结果看，该元音 F1 和 F2 的平均值分别为 554Hz 和 1014Hz，是中高、后元音，用 ［ʊ］ 标记比较合适。［ʊ］ 是阳性、圆唇、中高、后元音。

［o］ 在《鄂温克语研究》中，把该元音描写为圆唇、央、次高元音 ［θ］。从本次声学分析结果看，该元音的 F1 和 F2 的平均值为 449Hz 和 963Hz，是次高、后元音，用 ［o］ 标记比较合适。［o］ 是阴性、圆唇、次高、后元音。

［u］ 在《鄂温克语研究》中，把该元音描写为圆唇、央、高元音 ［ʉ］。表 1 显示，该元音的 F1 和 F2 的平均值为 403Hz 和 941Hz，是高（偏向次高）、后元音，用 ［u］ 标记比较合适。［u］ 是阴性、圆唇、高、后元音。

通过对鄂温克语词首音节短元音共振峰 F1—F2 的数据分析，我们归纳鄂温克语声学元音系统有/ɐ/、/ə/、/i /、/ɪ/、/e/、/ɔ/、/ʊ/、/o/、/u/等 8 个短元音和/ɐː/、/əː/、/iː /、/ɪː/、/eː/、/ɔː/、/ʊː/、/oː/、/uː/等 8 个长元音，其中，［e］ 和 ［eː］ 分别为 ［ɪ］ 和 ［ɪː］ 的变体。图 3 和图 4① 分别为鄂温克语短元音声学元音图和鄂温克语元音舌位示意图。在鄂温克语中复合元音较少。在我们语料库 1133 个单词中，只出现了 ［ɐi］、［əi］、［ʊi］、［ui］、［əu］ 等复合元音共 11 次，可以把上述复合元音标记为 ［ɐj］、［əj］、［ʊj］、［uj］ 等元—辅音组合，因此，本文暂不讨论复合元音问题。

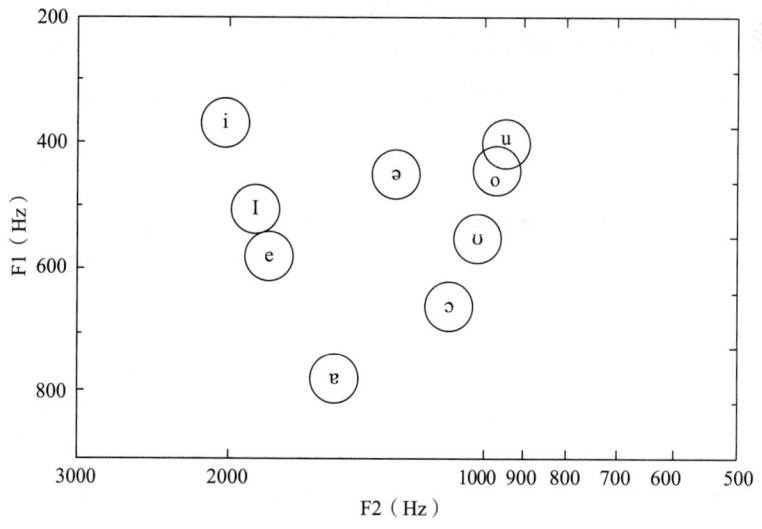

图 3　鄂温克语短元音声学元音图

---

① 乌日格喜乐图、呼和：《论鄂温克语前高元音》，《第十届中国语音学学术会议论文集》，2012。

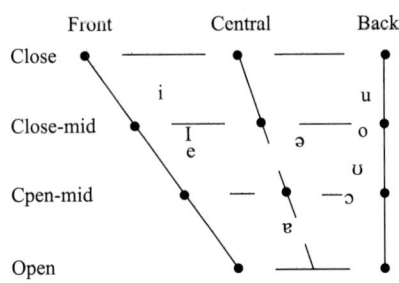

图 4　鄂温克语元音舌位示意

三　鄂温克语元音和谐模式及其特点

表 2 为鄂温克语 1133 个单词词首音节和非词首音节元音数据统计结果。该表显示，鄂温克语有较完整的元音和谐规律，从表 2 看，鄂温克语最基本、最主要的元音和谐规律为阴阳和谐，即词首音节元音决定后续音节元音的性质及该词的词性。另外，还存在唇形和谐。鄂温克语短元音可分为：阳性元音：ɐ、ɪ、e、ɔ、ʊ；阴性元音：ə、o、u；中性元音：i。基本和谐规律是：

（1）元音 ɐ 在词首音节出现时，后续音节中可以出现 ɐ、ːɐ、eː、ʊ、ːʊ、ːɪ 等阳性元音和 i、iː 等中性元音。例如：ɐja（好）、ɐːlɐː（何时）、ɐmpɐːsʊŋ、（面案）、ɐnɐ（正月）、ɐnʊxʊ（钥匙）、tʃɐlʊː（年轻小伙子）、ɐlɪːrəŋ（生气）、ɐtiɐ（几个）、ɐmiŋ（父亲）。

（2）元音 ə 在词首音节出现时，后续音节中可以出现 ə、əː、u、uː 等阴性元音和 i、iː 等中性元音。例如：əkʰkʰər_ŋke（折叠）、əkʰkʰi（裤子）、əl̥ːrəŋ（煮）、əkki:ku:（下面）、əmun（一）、ənu:nəŋ（疼痛）。

表 2　鄂温克语词首音节和非词首音节中出现的元音统计

词首音节	非词首音节
i、iː	ə、əː、i、iː、u、uː
ɪ、ɪː	ɐ、ːɐ、ɪ、ɪː、ʊ、ːʊ
e、eː	ɐ、ɐː、ːɐ、ʊ、ːʊ、
ɐ、ːɐ、ɐ	ɐ、ɐː、e、eː、i、iː、ʊ、ʊː、ɪ、ːɪ、ːɐ
ɔ、ːɔ	ɔ、ːɔ、ʊ、ʊː、ːʊ、i、ːi、e、eː、ːɪ
ʊ、ʊː、ʊi	ɐ、ɐː、e、eː、i、iː、ːɪ、ʊ、ʊː、ːʊ
o、oː	o、oː、ə、u、i、iː
ə、əː、əi、ue	ə、əː、i、iː、u、uː、ːɪ
u、uː、ui	ə、əː、i、iː、u、uː、ːʊ

（3）元音 i 在词首音节出现时，后续音节可以出现 ə、əː、u、uː 和中性元音 i、i

等中性元音，例如：ikkə（角）、il̥（哪里）、nisxuŋ（小的）、isuːrəŋ（能看见）、ikʰ-kʰixin（新的）、ʃikʰiːrəŋ（颤抖）。

（4）元音 ɪ 在词首音节出现时，后续音节可以出现 a、aː、ɪː、ʊ、ʊː 等阳性元音。例如：ɪmɐntə（雪）、ɪlk̥ːʒ（花）、ɪmɐraŋ（喝）、ɪlʊːraŋ（树立）、ɪŋlɪːraŋ（马嘶）。

（5）元音 e 在词首音节出现时，后续音节可以出现 ɐ、ɐː、ʊ、ʊː 等阳性元音和 i 等中性元音。例如：peːka（月亮）、xenʊ（电影）、keta（长矛）、keːkin（红铜）。

（6）元音 ɔ 在词首音节出现时，后续音节可以出现 ɔ、ɔː、ʊ、ʊː、e、eː、ɪː 等阳性元音和 i、iː 等中性元音。例如：lɔntʰɔ（笼头）、mɔŋkɔː（饮水槽）、sɔŋɡʊːxɪ（爱哭的）、t̥ːsʊn（咸盐）、t̥ːʃen（歌唱家）。

（7）元音 ʊ 在词首位置出现时，后续音节可以出现 a、aː、e、eː、ʊ、ʊː、ɪː 等阳性元音和 i、iː 等中性元音。例如：pʊkkeŋ（柳条）、pʊlɐːr（泉、泉水）、lʊxeraŋ（脱衣服）、mʊsʊːraŋ（返回）、xʊkkɪ（套马杆）、xʊŋkeː（水桶）、pʊkkiraŋ（尘土扬起）。

（8）元音 o 在词首音节出现时，后续音节可以出现 o、oː、ə、əː 等阴性元音和 i 等中性元音。例如：oloːxu（假的）、pokku（肥胖的）、olpəʃiraŋ（游泳）。

（9）元音 u 在词首音节出现时，后续音节可以出现 ə、əː、u、uː 等阴性元音和 i 等中性元音。例如：kutəkə（肚子）、kutʃəːmtʰəxeŋ（可爱的）、xuxin（儿媳）、kuruŋ（国家）、kuːruːrəŋ（明白）。

我们对鄂温克语词中，词首音节和非词首音节出现的元音进行分析后发现，词内元音搭配有明显规律。具有以下特点：

鄂温克语元音和谐主要是元音性属和谐，即阴阳和谐。元音性属是指元音系统内部对立的一种现象，即阳性 ɐ 对应阴性 ə，例如：ɐxɪn（哥哥）→ əxin（姐姐）；阳性 ɔ、ʊ 对应阴性 o、u，例如：mɔr-（弄弯）→ mur（鹰）；阳性 ɪ 对应阴性 i，例如 ɪrɐ（拽、拉）→ irsə（熟的）。从图 4 可以看出，阳性元音 ɐ、ɔ、ʊ、ɪ 等的舌位（开口度）比相应的阴性元音 ə、o、u、i 等的舌位相对低（相对大），相对靠后些。根据鄂温克语的元音和谐律，可以把元音分为两组、两种特性。阳性元音组（ɐ、ɔ、ʊ、ɪ、e）呈低音特性；阴性元音组（ə、o、u、i）呈高音特性。

显然，鄂温克语元音阴阳和谐是低元音与低元音（阳性元音）之间，高元音与高元音（阴性元音）之间的和谐，即舌位高低和谐。见表 3。

表 3　元音分类

	展唇		圆唇
高（阴性）	i（偏中性）	ə	o、u
低（阳性）	ɪ（e）	ɐ	ɔ、ʊ

　　鄂温克语元音和谐律的核心是：词首音节元音性属决定后续音节元音性属，即整个词的性属。在一个词内只允许阳性元音与阳性元音，阴性元音与阴性元音搭配，一个词中不允许阳性元音、阴性元音同时出现。但是，中性元音 i 例外。i 可以出现在阳性或阴性元音之后。根据本次统计，（1）元音 i 阴性词出现比例（61%）远高于阳性词出现频率（39%）。说明 i 是一个中性偏阴性元音；（2）当元音 i 在词首位置出现时，后续音节只出现阴性元音，证明 i 有偏阴性特征。i 的中性特点与蒙古语等其他阿尔泰语系语言的元音 i 相似。

　　鄂温克语还有基于阴阳和谐的唇型和谐。但与阴阳和谐相比，鄂温克语唇型和谐范围有限，影响力低，只是在圆唇元音 ɔ、ʊ、o、u 之间进行。可以认为是以阴阳和谐为前提的一种补充和谐。其具体内容为：阳性元音 ɔ 之后，能出现 ɔ 和 ʊ，而阳性元音 ʊ 之后只能出现阳性 ʊ，不会出现 ɔ；阴性元音 o 之后能出现阴性元音 o 或 u，而阴性元音 u 之后不出现阴性元音 o。

四　总结

　　鄂温克语有 8 个短元音和 8 个长元音。在词内，这些元音分为阴阳 2 种性属，具有较好的和谐律。鄂温克语元音和谐主规则是阴阳和谐，在部分条件下还出现唇型和谐。表 4 直观表达了鄂温克语词内元音搭配规则。

　　（1）阳性元音之后，只出现阳性元音或中性元音，不能出现阴性元音。

　　（2）阴性元音之后，只出现阴性元音或中性元音，不能出现阳性元音。

　　（3）中性元音之后，只出现阴性元音。

　　（4）鄂温克语的唇型和谐是以阴阳和谐为前提的一种补充和谐。

表 4　元音和谐组成矩阵

非词首 ＼ 词首	ɐ	ɔ	ʊ	i	ɪ	e	o	u	ə
ɐ	+	-	+	+	+	+	-	-	-
ɔ	-	+	+	+	+	+	-	-	-
ʊ	+	-	+	+	+	+	-	-	-
i	+	-	+	+	+	+	+	+	+
ɪ	+	+	+	+	+	+	-	-	-
e	+	-	+	+	+	+	-	-	-
o	-	-	-	+	-	-	+	-	+
u	-	-	-	+	-	-	-	+	+
ə	-	-	-	+	-	-	-	+	+

Study on the Rules of Vowel Harmony in Evenki Language

Abstract: There are two kinds of vowel harmony rules, tongue height harmony (YIN – YANG harmony) and rounding harmony, in Evenki language. The primary content of the rule of tongue height harmony is: in the inner – word condition, the open (or YANG) vowels are only followed by the open vowels while the closed (or YIN) ones are followed by the closed. The neutral vowel can not be followed by open vowels but closed one when it is at the word initial syllable, but it can combine with both of them when it appears in the non – initial syllable. The rounding harmony, presupposed by the tongue height harmony, is a supplementary rule. Such as, open vowel can be followed by open and rounded vowels or while the vowel can be followed by only. Meanwhile, closed vowel o can be followed by o or u while the vowel u can be followed by u only.

Keywords: Experimental Phonetics　Evenki Language　Rules of Vowel Harmony

原载于《中央民族大学学报》2014 年第 5 期

无序背后的有序：论蒙古语格形态

曹道巴特尔

摘　要　蒙古语中有用不同语法形态表达相同或相似语法语义现象或者用相同的语法形态表达不同的语法语义的现象。从传统语法理论看，其中有些现象往往不符合严格的语法规则，因而被解释为"例外"现象。本文从非线性视角入手，通过还原方法，恢复句子中被活力的主要词语，在完整句子的环境中检讨语法形态的用法，证明那些"例外"并非真正的例外，从而指出无序表象背后隐藏着有序的语法规则，语言规则不存在真正的"例外"现象。

关键词　蒙古语　语法规则　有序

一　问题

各个语言似乎都存在着同一个语义用不同的语法形态来表示或者不同的语义用相同的语法形态来表示的情况。也就是说，某一特定的语法形态常常被用于指定对象以外的其他语法意义的表达。如果用传统语法学的线性思维来思考，这种现象完全不符合语法的严密规则，因而常常被列入"例外"之列。但是，如果我们换个视角，用非线性思维来观察，情况就会大不一样。这个时候，那些被称为"例外"的现象，往往都能够得到合理的解释，都能够得到合乎情理的名分。经过这样的观察，我们会发现，在那些不太严密的或者无序的现象背后，都隐藏着一种极其合理的潜在规则性。实际上，我们平常所看到的或者正在使用着的那些不太严密的语法现象，其实都具有起源上的严密规则。只是人类在语言的长期发展过程中，在不同来源的几个或者更多的表达式中，只选择了其中某一个较为突出的表达式来替代了其他的表达式，并且指定所选表达式为最标准的表达式来固化，使另外的几个表达式逐渐被边缘化甚至消失掉。随着时光的流逝，被选择的表达式最终成为普遍认同的正确规则，而被边缘化但仍没有完全消失并且偶尔被使用的表达式则被认定为不符合语法规则的例外现象。那个幸运地被选择为标准语法表达式的语法形态，在长期的发展中逐渐失去具体的语义，完全脱离原有的语境暗示，最终成为无任何实际语义的、纯粹抽象的语法形态标记。语言中的语法形态标记是有限的，它们各自承担着不同的语法任务，而且被语法学家及其语法书定义为各自具有某种特定表达功能的语法范畴标记。但是，传统语法学所认定的语法形态标记并非唯一的正确表达式，而只是由若干个表达式中被选用的一个替代者而已。因此，可以确定地指出：语法书中语法范畴的定义不一定是完整无缺和唯一的，那些被指认为例外的，也不一定都是不规则的例外。同样，一种语言的所有的规则性现象，也不一定都能够被确认为语法形态标准。

蒙古语有一种被称为凭借格的格形态 {bar}，蒙古书面语有 bar、ber、iyar、iyer 四种不同形式，现代口语为 {- aar}，包括 - aar、- əər、- oor、- θθr 四种不同读音。因为用法的复杂，蒙古语言学家对其定义、功能解释和命名也各不相同，主要有凭借格（清格尔泰，1991，p. 154；曹道巴特尔，2007，p. 197）、造格（罗布桑旺丹，1961，p. 187；那森柏等，1982，p. 227；道布，1983，p. 25；孙竹，1985，p. 128）、工具格（桑席叶夫，1959，p. 194）等几种命名。关于凭借格的描述也几乎只强调其最基本的用法及其外延，而忽略了其他用法，更没有人涉及其他形态的相同语义表达。把该格形态称为"凭借格"的清格尔泰先生指出，凭借格连接名词和动词，可以表示间接宾语，也可以表示状语，表示动作所凭借的人和事物，行为的内容、方式方法、手段、原因、目标，动作进行的时间、空间等。按语法书的介绍，凭借格具有表示"用…，以…，让…"等语义的功能。把该格形态称为"工具格"的桑席叶夫先生指出，工具格（即凭借格）包括原料工具格、转变工具格、狭义工具格、间接工具格、被迫主体的工具格、移动工具格、地位工具格、时间工具格、价值工具格、共同工具格等共十种工具格。

其实，在形态学的表象上，凭借格所能表达的语义，其他格形态也同样也能够表达，比如相位格，还有从比格，就有这种功能。遇到这种情况，语言学著作或者回避不谈，或者含混其词地说类似于"相位格、从比格也有表达与凭借格相同语法意义的情况"的语句。至今没有人谈到过为什么会出现这种情况？更没有人探究过相位格、从比格有时候的一些表现在本质上是不是和凭借格完全一致？

按照严格的语法规则，下面的几个句子，都属于最为标准的，最符合语法要求的句子。例如：（1）mori bar irebe（骑着马来）；（2）aq - a bar kelegülbe（让哥哥传话）；（3）surqu bar ybuba（上学去）；（4）egüde ber önggerebe（路过门口）；（5）güyüge ber irebe（一路跑着来）等等。我们看到了这些句子都用了凭借格 {bar}，而且也都表示了"用…，以…，让…"等凭借的意义。上述五个句子都不是完整的结构，而只是句子的述题部分。其中，前两个句子是宾述结构，后三个是状述结构。在每个句子中，位于凭借格 {bar} 之前的部分是宾语或者状语，{bar} 之后的部分是谓语。在这些句子中，有的句子还可以以其他形式代替。比如，句子 mori bar irebe 所包含的"骑着马来"这个意思，还可以用另一个形式 mori tai irebe 来表达。这个 mori tai irebe 的语义完全同于句子 mori bar irebe，二者都具有"骑着马来"这个唯一的语义。但二者存在着形式上的区别，分别用上了 {bar} 和 {tai} 两个不同的格形态。其中，{bar} 是凭借格，而 {tai} 是和同格（清格尔泰，1991，p. 154；曹道巴特尔，2007，p. 199）。和同格也可称随格（道布，1983，p. 26）或者共同格（桑席叶夫，1959，p. 194）。在语法书中，语言学家对凭借格和和同格二者的功能描述和定义是不相同的。可是实际的使用中，有的句子就是使用诸如此类的不同的格形态来表示完全相同的语义，而且十分普遍。按语法书的严格定义，和同格 {tai} 表示"和…，同…，与…"等语义。如果机械地去理解，句子 mori tai irebe 可理解为"与马一同来"。因为它的形式完全同于 julan tai irebe（与卓兰一同来，和卓兰一起来）或者 degerem tai u č araba（与土匪遭遇，遭遇了土匪）等等使用和同格 {tai} 的其他众多的句子。但是，蒙古人绝不会因此而认为句子 mori tai irebe 有什么不对，也没有一个人理解为"与马一同来"，而只有一个共同的理解，那就是只有"骑着马来"这个语义。蒙古语实际言语中，有很多类似的实例，蒙古语甚至可以用三个不同的格形态来表示完全相同或者相近的语义。比如，"我是凭借（或者通过）卓兰说的话来知道的"这样的语义，可以使用（1）bi julan u kelekü ber medebe（我凭借卓兰说知道）；（2）bi julan u kelekü eče medebe（我由卓兰说知道）；（3）bi julan u kelekü dü medebe（我卓兰说时知道）三种形式来表达。该三个句子，除了分别使用了凭借格 {bar}、从比格 {ača}、相位格 {du} 三个不同的格形态，其他成分是完全一样的。在这里，本来具有完全不同语法意义功能的三个不同的格形态，表示了相同的语义。即，都具有了表示凭借意义的相同功能，这是严格的语法规则所不允许的。从"凭借"的角度看，只有使用凭借格 {bar} 的句子 bi julan u kelekü ber medebe（我凭借卓兰说知道）才是正确的表达式，而其他两个都属于不符合常规的"例外"。单从"缘由"的角度讲，只有使用从比格 {ača} 的句子 bi julan u kelekü eče medebe（我由卓兰说知道）才是正确的表达式，而其他两个也同样属于不符合常规的"例外"。第三个句子也一样，单从"时空"的角度看，只有使用相位格 {du} 的句子 bi julan u kelekü dü medebe（我卓兰说时知道）才是正确的表达式，而其他两个同样也属于不符合常规的"例外"。但是，这三种形式都不是十分吻合典型的语法规则的表达法，无论哪一本语法书，都没有包括凭借格 {bar}、从比格 {ača}、相位格 {du} 三个格形态的上述用法。

在这样的情况下，我们的思考再也不能停留在传统语法学的分析和解释范围之内。我们应该把整个的句子和意义放在更大的语境和语义环境中去思考。也就说，我们可以不断地扩充或者还原，那些在形式上被省略的所有的隐藏的成分来，使句子恢复原始的完整形式。通过这样的尝试，我们能够找到不同形式能够表达相同语义的根本原因，并且能够发现那些被认定为"例外"的、不合理的表达法，其实在根源上，具有充满合理的来源。

二　实例及分析

下面试比较上述三个句子。

（1）bi julan u kelekü ber medebe

（2）bi julan u kelekü eče medebe

（3）bi julan u kelekü dü medebe

这三个句子的深层结构都是由"卓兰说了"，"我知道了"两个部分组成。在表层结构上，因为分别用了 ber、eče、dü　三个不同的格形态而形成了相互有别的三个不同句子。不仅这样，由于回答的问题和核心词或者主题的不同，使用同一个格形态的句子还有可能具有不同的来源。这个来源可以通过还原来恢复。

1. 对句子 bi julan u kelekü ber medebe 的分析

该句子是由六个词成分组成的，它使用了凭借格 |bar|。即

bi	我［代词］
julan	卓兰［人名］
u	定格
kelekü	说［形动词］
ber	凭借格
medebe	知道［动词］

句子 bi julan u kelekü ber medebe 可直译为"我据卓兰说知道"。它包含两个内涵，即

－谁知道的？ －我知道的

－凭借什么知道的？ －凭借卓兰说的知道的

句子 bi julan u kelekü ber medebe 在凭借格 |bar| 之前省略了主要的关键词，因为蒙古语的形容动词可以代替它所形容的静词类。为了说明问题，我们有必要恢复或者还原位于凭借格 |bar| 之前的那个被省略的关键词。按蒙古语的语法规则和语义，根据所省略关键词的不同，句子 bi julan u kelekü ber medebe 可以还原恢复为以下三个不同的句子。即

（1）bi julan u kelekü （üye）ber medebe （时候/状语）

（2）bi julan u kelekü （üge）ber medebe （话语/宾语）

（3）bi julan u kelekü（*baidal*）*iyar* medebe（状态/宾语）

句子（1）bi julan u kelekü üye ber medebe（我是在卓兰说的时候知道的）强调了"我之所以能够知道的时间，即卓兰说话的时候"，回答的是"什么时候"的提问，主题是时间，由核心词（üye）和它的修饰语 kelekü 组成的短语 kelekü üye 是全句的状语，它通过凭借格与谓语 medebe 连接，构成了整个句子的状述结构部分 kelekü *üye ber* medebe。全句包含的内涵有以下两个方面：

－谁知道的？ －我知道的

－在什么时候知道的？ －在卓兰说的时候知道的

句子（2）bi julan u kelekü（*üge*）*ber* medebe 强调了"我之所以能够知道的凭借，即卓兰说的话"，回答的是"凭借什么"的提问，由核心词üge 和它的修饰语 kelekü 组成的短语 kelekü üge 是全句的间接宾语。它通过凭借格与谓语 medebe 相连接，构成了整个句子的宾述结构部分 kelekü *üge ber* medebe。全句包含的内涵有以下两个方面：

－谁知道的？ －我知道的

－凭借什么知道的？ －凭借卓兰说的话知道的

句子（3）bi julan u kelekü（*baidal*）*iyar* medebe 也强调了"我之所以能够知道的凭借，即卓兰说话的状态"，回答的也是"凭借什么"的提问，由核心词*baidal* 和它的修饰语 kelekü 组成的短语 kelekü *baidal* 是全句的间接宾语。它通过凭借格与谓语 medebe 相连接，构成了整个句子的宾述结构部分 kelekü *baidal iyar* medebe。全句包含的内涵有以下两个方面：

－谁知道的？ －我知道的

－凭借什么知道的？ －凭借卓兰说话的状态知道的

句子（1）强调的是"时间"，句子（2）和（3）强调的是"凭借"，从所用词法形态讲，三个句子都是不同的句子。从强调的主题讲，句子（1）又不同于句子（2）和句子（3）。可是本来是三个不同的句子，因为分别省略了核心词语üye（时候）、üge（话语）、*baidal*（状态），并且由它们的共同修饰成分 kelekü（说）来取代了它们，从而让形容动词 kelekü（说）充当了新句子"bi julan u kelekü ber medebe"的状语。这样，隐藏了三个不同句子本来包含的üye ber（在…时候…）、üge ber（根据…话语…）、*baidal iyar*（凭借…状态…）三个不同差异，构成了 kelekü ber（据…说的…）这样的含糊不清的模式。但是，无论怎么说，句子"bi julan u kelekü ber medebe"已经是完美合法的句子，在这种句子中，使用凭借格是天经地义的。另外，第一句 bi julan u kelekü *üye* ber medebe（我是在卓兰说的时候知道的）本身就存在格形态使用上的不确定性，从理论角度讲，该句话不用凭借格 {bar}，而用相位格 {du} 为更理想。不过，句子（2）和句子（3）都属于标准的用法。

2. 对句子 bi julan u kelekü <u>eče</u> medebe 的分析

该句子也由六个词成分组成，它使用了从比格 {ača}。即

bi   我［代词］

julan   卓兰［人名］

u   定格

kelekü   说［形动词］

<u>e č e</u>   从比格

medebe   知道［动词］

句子 bi julan u kelekü <u>e č e</u> medebe 可直译为"我由卓兰说知道"。它包含两个内涵，即

－谁知道的？ －我知道的

－由什么知道的？ －由卓兰说的知道的

句中的 e č e 是从比格 {ača}，根据语法书的定义，从比格表示"从…，比…，由…"等行为、状态发生的时间、地点、缘由（清格尔泰，1991，p. 154；曹道巴特尔，2007，p. 198）。从比格还可称离格（道布，1983，p. 26）或者出发格（桑席叶夫，1959，p. 194）。句子 bi julan u kelekü ača medebe 在凭借格 {ača} 之前省略了主要的关键词，也可以恢复为以下两个不同句子。即

（4）bi julan u kelekü（<u>ügen</u>）eče medebe（话语/宾语）

（5）bi julan u kelekü（<u>baidal</u>）ača medebe（状态/宾语）

句子（4）和句子（5）都强调了"我之所以能够知道的缘由"，一个是"卓兰说的话"、另一个是"卓兰说话的状态"，回答的都是"由什么"的提问，都是句子的间接宾语，全句的主题是缘由。句子（4）由核心词<u>üge</u>和它的修饰语 kelekü 组成的短语 kelekü <u>üge</u> 是全句的间接宾语，它和谓语 medebe 构成了整个句子的宾述结构部分 kelekü <u>ügen</u> eče medebe。句子（5）由核心词<u>baidal</u>和它的修饰语 kelekü 组成的短语 kelekü<u>baidal</u> 是全句的间接宾语，它和谓语 medebe 构成了整个句子的宾述结构部分 kelekü <u>baidal</u> ača medebe。两个我句子所包含的内涵有以下两个方面：

－谁知道的？ －我知道的

－由什么知道的？ －由卓兰说的话知道的；－由卓兰说话的状态知道的

句子（4）和句子（5）都符合蒙古语的语法规则，都能够满足从比格 {ača} 的使用要求。

3. 对句子 bi julan u kelekü <u>dü</u> medebe 的分析

该句子也由六个词成分组成，它使用了相位格 {du}。即

bi   我［代词］

julan	卓兰［人名］
u	定格
kelekü	说［形动词］
dü	相位格
medebe	知道［动词］

句子 bi julan u kelekü dü medebe 只强调一个"时间"，可翻译为"我在卓兰说时知道"。它包含两个内涵，即

－谁知道的？ －我知道的

－什么时候知道的？ －在卓兰说时知道的

句子 bi julan u kelekü dü medebe 用的是相位格 ｛du｝。相位格也可称位格（道布，1983，p.27），与格和地位格（桑席叶夫，1959，p.194）等。相位格连接名词和动词，可以表示间接宾语，也可以表示状语，相位格具有表示"于…，对…，在…"等语义的功能，表示行为动作发生和存在的原因、依据、条件、时间、地点等（清格尔泰，1991，p.152；曹道巴特尔，2007，p.195）。它只能还原为一个句子形式。句子 bi julan u kelekü dü medebe 可恢复为

（6） bi julan u kelekü（üye） dü medebe（时候/状语）

句子 bi julan u kelekü üye dü medebe（我是在卓兰说的时候知道的），强调了"我之所以能够知道的时间，即卓兰说话的时候"，回答的是"什么时候"的提问，主题是时间，由核心词（üye）和它的修饰语 kelekü 组成的短语 kelekü üye 是全句的状语，它通过相位格与谓语 medebe 连接，构成了整个句子的状述结构部分 kelekü üye dü medebe。

我们经过还原恢复的句子共六个。它们是：

（1） bi julan u kelekü（üye） ber medebe（时候/状语）

（2） bi julan u kelekü（üye） dü medebe（时候/状语）

（3） bi julan u kelekü（üge） ber medebe（话语/宾语）

（4） bi julan u kelekü（ügen） eče medebe（话语/宾语）

（5） bi julan u kelekü（baidal） iyar medebe（状态/宾语）

（6） bi julan u kelekü（baidal） ača medebe（状态/宾语）

按所表示的主题，这些句子强调了"时候、话语、状态"等三个核心内容，这些核心词在句子中的作用也有别，"时候"作状语，"话语、状态"作宾语。而且这些核心词与不同格形态的结合构成了相互有别的结构，所表示的内容也有所差别。当核心词 üye（时候）作主题时，句子（1）和句子（2）使用两个不同格形态的结构"…üye ber…"和"…üye dü…"，都表示了相同的"在…的时候"这个语义，此时的凭借格

{bar} 和相位格 {du}，都具有了相同的功能。此时的凭借格 {bar} 没有了凭借的语义，它和相位格 {du} 一样具有了"表示行为动作发生和存在的时间"的作用。所以，我们不能把此时的 {bar} 当作凭借格看待，也不能视为凭借格的相位格作用。但是，核心词 üge（话语）作主题时的情况与此不同，此时的句子中不能出现相位格 {du}，能出现凭借格 {bar} 和从比格 {ača} 两个不同的格形态，而且，各自的作用是不相同的。在句子（3）中，带有凭借格 {bar} 的结构 "…üge ber…"，表示了 "凭借…的话语…"，而在句子（4）中，带有从比格 {ača} 的结构 "…ügen eče…"，则表示了 "由…说的话…"。这两个结构所回答的问题是不同的，一个是回答了 "凭借什么" 的问题，另一个是回答了 "由什么" 的问题。核心词 *baidal*（状态）作主题时的情况，完全一致于以上。在句子（5）中，带有凭借格 {bar} 的结构 "…*baidal iyar*…"，表示了 "凭借…的状态…"，而在句子（6）中，带有从比格 {ača} 的结构 "…baidal ača…"，则表示了 "由…说的状态…"。此时，同样也不能出现相位格 {du}。

三　总结

经过分析，我们已经知道了所举三个例句是完全不同的三个句子，而且三个句子中的凭借格 {bar}、从比格 {ača}、相位格 {du} 三个不同的格形态的词法功能和句法功能也各不相同。虽然都具有 "我是凭借（或者通过）卓兰说的话来知道的" 这样的语义，但是其中只有一个 bi julan u kelekü *ber* medebe 才是真正的具有 "凭借、根据、通过" 等语义的句子，它符合凭借格能够构成 "以…" 结构格式的要求。从凭借格的角度讲，句子（2）和（3）都属于例外，而且其中的从比格和相位格也并非被当作凭借格来使用的。表面上似乎都有 "我是凭借（或者通过）卓兰说的话来知道的" 这样的语义，但是本质上各个句子的强调中心或者核心词各不相同，正因为这个原因，出现了不可交替使用的三个不同的格形态。这些是我们经过核心词的还原来证明的。同时，我们通过恢复核心词也看到了，同一个核心词之后相位格和凭借格能够同时出现的情况，此时的凭借格完全以相位格的功能身份出现。而从比格没有出现这种情况。当然，这种情况只与我们所选择的句子格式和加入句子的各个词语的词类性质有关。比如，我们句子中的谓语是及物动词。如果是不及物动词的话，情况是另一个样子。我们可以把谓语替换成不及物动词来进一步考察词和词，词和词法形态在句子中的搭配关系。这样的分析更符合我们所强调的多视角、多方位地去认识的非线性思维要求。

以上只是比较粗略的讨论。目的在于通过这样的讨论，想说明语言的词法形态和句法结构中常常出现的一些被认为是例外现象的那些言语现象在本质上属于一种潜在的有序组合。通过这样的讨论，我们可以初步假设无序表象背后潜伏着富有合理性的有序结构。那些表面上相同的和相近的东西，实际上是发自不同来源的，功能也各不相同的功能范畴。现在看起来可交替出现的语法形态，本质上是有别的。常常被看作例外现象的一些用法，并非某一种形态的另一种应用。而是表象上功能接近另一种形态的，表层结构上被省略了主要语义成分的一种相对模糊的状态。

参考文献

清格尔泰：《蒙古语语法》（汉文），内蒙古人民出版社，1991。

罗布桑旺丹：《现代蒙古语》（蒙古文），内蒙古人民出版社，1961。

那森柏等：《现代蒙古语》（蒙古文），内蒙古教育出版社，1982。

道布：《蒙古语简志》（汉文），民族出版社，1983。

孙竹：《蒙古语文集》（汉文），青海人民出版社，1985。

桑席叶夫：《蒙古语比较语法》（汉文），民族出版社，1959。

曹道巴特尔：《喀喇沁蒙古语研究》（汉文），民族出版社，2007。

原载于《满语研究》2013 年第 2 期

12 世纪河西方音中的党项式汉语成分

孙伯君

摘　要　《番汉合时掌中珠》等西夏文献所记录的 12 世纪河西方音是"党项式汉语",属于汉语西北方音的民族变体。母语为非汉语的民族说汉语时,受本族语的影响,他们口中的汉语会发生音素的替代、增加、失落等现象,这种汉语的变读形式与语音的历时演化无关,不能作为真正的方言语音变化形式纳入汉语的历时演化序列。利用番汉对音资料研究古代汉语时,只有仔细分析汉语与这些民族语声韵特点的差异,剥离其中的变读成分,才能更好地还原古代汉语的语音形式。

关键词　12 世纪河西方音　党项式汉语　唐五代西北方音　汉语的民族变体

一

众所周知,研究唐五代汉语西北方音一般依赖几种材料:《切韵》、日译汉音、不空学派的密咒对音、越南译音和敦煌藏汉对译写卷(马伯乐,2005:3 - 15),此外还有在西域发现的粟特文、于阗文、回鹘文等汉字音译资料。利用这些材料时学者们似乎感到,即使是同一时期的材料,其中表现的西北方音特点并不统一,如宕、梗、曾、通摄字在《千字文》的藏文注音与在《阿弥陀经》《金刚经》《大乘中宗见解》中颇为不同。第一,宕摄字在《千字文》跟模韵对转,而在《阿弥陀经》跟《金刚经》里读 aŋ,《大乘中宗见解》除齿音的摩擦音外均转 oŋ;第二,梗摄字在《千字文》跟齐韵对转,偶有保持 - ŋ 收声的也跟曾摄没有分别,在其他三种藏音里不单 - ŋ 收声没有消失,而且梗、曾两摄有分成 eŋ、iŋ 的趋势(罗常培,1933:30 - 31)。对于宕摄 - ŋ 韵尾在《千字文》与《大乘中宗见解》等藏汉对音中所显示的这些不同面貌,罗常培归结为方音的不同,认为" - ŋ 收声的消变始终就是方音的歧义"(罗常培,1933:40)。显然,即使是同时代、同地域的语料,在共同的语音特征之外,仍然会呈现"方音的歧义"。

与之相应，12 世纪河西方音主要依据黑水城发现的《番汉合时掌中珠》中的记音材料和西夏新译佛经陀罗尼的梵汉对音资料，此外还有藏文佛经残片中的汉字记音等。这些资料所反映的语音情况与唐五代西北方音多有不同，其中有些现象是用语音演化规律无法顺利解释的，如敦煌本藏汉对音《千字文》等显示疑母字多用藏文 'g－注音，如 "银" 的藏文注音作 'gin，"言" 的藏文注音作 'gen 等，而没出现用藏文 g－来为影母、喻三、喻四注音的例子（罗常培，1933：24－25）。西夏资料则不然，《番汉合时掌中珠》（以下简称《掌中珠》）中属于疑母的西夏字，其注音汉字里边混进了 "喎""乙""遏" 三个影母字；牙音西夏字的汉字对音既有疑母合口三等的 "鱼""愚""御"，也有影母合口三等的 "于" 和喻母合口三等的 "雨"。对于这种现象，龚煌城（2005：503）解释说：

> 从整体来观察《掌中珠》的汉语方言，影母字的喉塞音已经消失，而疑母字合口一等也丢了声母。混乱之发生，可能是由于这些丢掉其原来声母的字，在实际发音的时候，产生了一个非音位性的［ŋ－］或［ɣ－］音，因而被用于注西夏语有音位性的/ŋ/、/ɣ/，甚至/g/音（即：以 ɣ 注 g 音）。

历史语言学告诉我们，音节中某一种音素从有到无，归因于语音的自然演化是容易解释的，而如果是从无到有，即在音节中 "衍生" 某个音素，必然存在其他客观的诱因。

基于唐宋时期各种民族文字记载的西北方音所呈现的纷繁现象，高田时雄（2012）曾指出这一时期的西北方音中存在着各种 "变体"，但并未详加说明这些变体的具体成因。不难看到，上述用以研究唐宋西北方音的资料除了《切韵》和不空密咒的梵汉对音外，其他都是母语为非汉语的民族所记录的汉语，受本族语声韵特点的影响，汉语有而民族语没有的音节在他们口中会产生变化，这样，民族文字文献所记录的汉语就会或多或少地被打上民族 "印记"。利用这些材料获得的语音系统，只能称之为汉语西北方音的民族变体。这种民族变体不是像汉语方言那样起源于历史演化，而是其他民族对汉语方言共时的模仿。在模仿当中，如果遇到两种语言均有的音素则可以正确发出，如果民族语中缺乏汉语中的某些音素或者音节，则一定会借用其母语中固有的音素或音节予以表现，就如同外国人初学汉语时，总是会发生增音、减音或替代的变读。利用民族语料研究汉语方言时，应当仔细地分析汉语与这些民族语声韵特点的差异，把握汉语在这些民族口语中的声韵变读规律，剥离其变读成分，才能获知真正的汉语方音。

当然，随着民族的融合，汉语的民族变体也会以汉语方言的形式沉积下来，呈现与周围其他汉语方言不同的语音特征，如宁夏中卫话存在"文""卫"不分的现象，应该是西夏党项式汉语的遗存。在分析所涉方言的这些特征时，也应该避免把民族变体的声韵变读看作汉语的历时演变。

二

目前藏于俄罗斯科学院东方文献研究所的大量西夏文献，包括骨勒茂才于1190年编写的《番汉合时掌中珠》，都是1908、1909年于内蒙古额济纳旗的黑水城遗址获得的。随着《掌中珠》的刊布，聂历山（Nicolas Nevsky, 1926）、王静如（1930）、桥本万太郎（1961）即根据其中的标音汉字，并参考西夏字的藏文注音，对汉语河西方音中汉字的音值以及声韵规律进行了拟定和分析。此后，龚煌城（2005）、李范文（1994）更是用音韵学方法对《掌中珠》中的两类字，即为西夏字标音的汉字和为汉字译音的西夏字进行了系统分析，且取得了有价值的研究成果。此外，我们还在夏译佛经中发现了大段的陀罗尼梵汉对音资料，通过与梵文进行对比，发现其中对音汉字所反映的河西方音的语音规律与《掌中珠》惊人地一致。这些对音资料有些比《掌中珠》的成书时间略早一些，有些时代相当，均在12世纪前后。借助西夏遗存的这两项译音资料，学界已经对这一时期西夏地区流行的汉语河西方音的特征有了颇为清楚的了解。与唐五代西北方音和宋代汉语北方方言相比，12世纪河西方音的较为明显的特征可概括如下（龚煌城，2005；孙伯君，2010、2012）：

1. 中古全浊声母变为送气清音；

2. 中古明、泥、疑等鼻音声母字，阴声韵、入声韵和失落韵尾 - ŋ 的阳声韵读作 mb -、nd -、ŋg -，而保存 -n 尾的臻、山等摄的阳声韵读作 m -、n -、ŋ -；

3. 部分影母字"遏""谒""喝""乙"等读如梵文和藏文 g -；

4. 宕摄、梗摄、曾摄和部分通摄字失落鼻音韵尾 - ŋ，其中宕摄与果摄合流，梗摄与止、蟹摄合流，部分通摄字与果、遇摄合流。

5. 端组遇摄一等字不读作 tu、thu、nu，很可能读作 to、tho、no；

6. 入声韵失落塞音韵尾并入阴声韵。

其中大量宕摄、梗摄、曾摄、通摄字失落鼻音韵尾 - ŋ 是最为突出的语音现象，如：《掌中珠》中宕摄的"黄""刚""姜"与果摄的"哥""果""个"为同一个西夏字标音；梗摄的"庚""更""耕""粳"与蟹摄的"皆""芥""界"为同一个西夏字标音（李范文，1994：245 - 246）；梵汉对音中，宕摄字与梵文 o/u 对音，如 lo 对"逻"，mo/mu 对"麼"，bo 对"磨"，phu 对"婆"，co 对"左"，ko 对"光"，rō 对"口浪"，śo/śu 对"商"，tu 对"当"等；梗摄字与梵文元音 i/e 对音，如 te 对"丁"，te/ti 对"矴"，bhe/bhi 对"口命"，me 对"铭"，de/dhe/dhi 对"宁"，he 对"形"，

ve 对 "永" 等等（孙伯君，2007）。显示在党项人的口语中，汉语的宕摄与果摄，梗摄与蟹摄没有分别，为阴声韵，其中宕摄、梗摄均失落了鼻音韵尾 - ŋ。

关于通摄字，龚煌城（2005：559 - 561）曾注意到通摄阳声韵与宕、梗两摄的读音有所不同，《掌中珠》的 "通"、"同"、"铜"、"动"、"桶"、"统" 和 "葱" 等字分别用二合西夏字 "𘜶 thu¹ 𘃡 mẽ²" 和 "𘝙 tshji¹ 𘞌 swẽ¹" 注音，显示这些字有鼻化元音。而通过综合《掌中珠》和梵汉对音资料，孙伯君（2012）曾做出如下补充：通摄只有端组、精组和影组字仍然保留了鼻化的迹象，其他声类的通摄字都已经与果、遇摄混并，换句话说，12 世纪河西方音中的大部分通摄字与宕、梗两摄一样，也失落了鼻音韵尾 - ŋ，变读为 - o。

此外，《掌中珠》中使用了 "登" "崩" "能" 三个曾摄字，其中 "能" 在西夏的梵汉对音中经常与梵文 d - 或 da 对音，如智广辑《密咒圆因往生集》（1200）的 "观自在菩萨六字大明心咒" 中梵文 padme 对音汉字作 "钵嚏铭₂合"，宝源译《圣观自在大悲心总持功能依经录》（1149 年）中梵文 chedaṇa，对音汉字作 "齐嚏捺"，显示曾摄字 "能" 的韵尾 - ŋ 也失落了（孙伯君，2010：48、32）。

龚煌城（2005：567）在比较了《千字文》与西夏文献所反映的鼻音韵尾 - ŋ 的变化情况之后，曾经有以下结论：

> 本文利用《番汉合时掌中珠》（1190）的汉夏对音资料，研究十二世纪末汉语西北方音的韵尾问题，所得的结果显示中古音入声韵尾 - p，- t，- k 此时已完全消失，鼻音韵尾 - m，- n，- ŋ 也在引起其前面的元音鼻化后消失，宕、梗、江三摄的鼻化元音随后也失去其鼻化成分，成为普通元音。
>
> 十二世纪末西北方音这一演变，在汉语西北方言音韵发展的历史中，占据一个非常重要的地位，整个演变的过程可以重建如下：在中唐首先发生变化的是 - ŋ 韵尾，特别是在梗、宕二摄中先开始，这一发展随后扩及全部 - ŋ 韵尾音节及 - m，- n 韵尾，- m，- n 韵尾的消失，与 - p，- t，- k 韵尾的消失，在五代十世纪末开其端，一路发展的结果，到了十二世纪末都已达到完成的阶段，只留下鼻化元音，成为其历史来源的痕迹。

显然，上述论述是把不同时期各种民族文字资料所呈现的阳声韵与阴声韵汉字混用的现象作为一种历史演化结果来加以分析的，即由唐五代时期引起前面的元音鼻化，到 12 世纪河西方音时失去鼻化成分。坦白地说，如果 "鼻音韵尾使前面的元音变成鼻化元音" 还可以用语音演化来解释的话，那么 "鼻化元音随之失去鼻化成分" 则很难简单地用语音失落来分析，至少鼻化成分失落的原因需要进一步阐释。

三

现代汉语中部分影母字、疑母字、喻三、喻四都变成了零声母，而在《掌中珠》的对音中，用于为汉语部分疑母、影母、喻三、喻四注音的西夏字往往属于牙音和喉音。龚煌城（2005：512-517）曾对这种现象做了比较详细的归纳，其规律可以概括如下：

微（mj > w），喻三合口（jm > w），喻四合口（jiw > w），影合口一等（·w > w）及疑合口一等（ŋw > w）合成一类 *w-。

喻三开口，喻四开口，影开口三四等合成一类（*j-）。

疑合口三等，影合口三等与部分喻三、喻四之合口合成一类（*jw-）。

影开口一等——零声母。影母开口一等字，在本文中尚未论及。其情形也是喉塞音消失，代之而起的是非音位性的 ɣ-音。

此外，在归纳西夏新译佛经陀罗尼梵汉对音和夏译藏文佛典经师名字的对音时，我们注意到部分疑母字、影母字、喻三、喻四字的特别读法：

1. 疑母字与梵文或藏文 g-/k-对音

（1）疑母字"宜""唔""屹"等对应的梵文辅音往往是 g-，如梵文 yogeśvara 译作"养宜说啰"，其中"宜"对 ge；梵文 guru 译作"唔噜"，其中"唔"对 gu；梵文 namaskṛtvā 译作"捺麻厮屹哈（三合）胆"，其中"屹"对 k-（孙伯君，2010：97）。

（2）梵文 ratnaguṇa 译作"啰捺（入）蛾能"，其中"蛾"对 gu（段玉泉，2012：27）。

2. 影母开口一等、三等字与梵文或藏文 g-对音

（1）西夏新译密咒中的梵文 ga 往往用汉字"遏"对音，如梵文 bhagavate 译作"末遏斡帝"，影母字"遏"对 ga（孙伯君，2010：38）。此外，西夏译经师名字的梵文 ānandakīrti 译作"遏啊难捺吃哩底"，似乎汉字"遏"与梵文 a 对音，但在另外一份西夏文文献《圣胜慧到彼岸功德宝集偈》中，此人名字中的"遏"却被译作"𗠴𗧓𗱕𗀉𗹈𗤁𘘨"（段玉泉，2012：29），西夏字"𗠴"属于牙音，《掌中珠》中用于为疑母字"验"注音，且为之注音的汉字还有疑母字"银""彦""砚""言"等，龚煌城（2005：394）曾拟为 gên¹。显然，汉字"遏"的声母是 g-。

（2）捺乙钟，藏文作 Nag chung，其中"乙"对 -g①。

3. 喻三馀母字与藏文 g-对音

"乌延"，又作"乌儿坚二合"，藏文作 U-rgyan，"延"与藏文 gyan 对音（陈庆英，2000）。

上述例证可以归纳为表1。

表1 疑母、影母、喻母字梵－汉、藏－汉对音字例

对音汉字	梵文	藏文	例证
宜（疑母，支开三平止）	ge		yogeśvara "养宜说啰"
唔（疑母，暮合一去遇）	gu		guru "唔噜"
屹（疑母，迄开三入臻）	k－		namaskṛtvā "捺麻厮屹吟（三合）胆"
屹（疑母，迄开三入臻）		g－	bsod names grags "萨南屹啰"
蛾（疑母，歌开一平果）	gu		ratnaguṇa "啰捺（人）蛾能"
遏（影母，曷开一入山）	ga		bhagavate "末遏斡帝"
乙（影母，质开三入臻）		－g	Nag chung "捺乙钟"
延（馀母，仙开三平山）	gyan		U－rgyan "乌延"

梵汉对音资料还显示，并非所有的影母字和喻三馀母字都读如 g－，一部分字仍读为零声母（孙伯君，2010，附录一、二），如：

1）"乌"（影模合一平遇）与梵文 －u 对音，西夏新译《胜相顶尊总持功能依经录》梵文经题"乌实祢舍"音译梵文 Uṣṇīṣa。"英"（影庚开三平梗）与梵文 ye 对音，如梵文 vairocaniye 译作"喻啷捼祢"。

2）"衍"（馀獮开三上山）对 yan，如梵文 samā śvāsayantu 译作"萨麻引说引萨衍丁六"。"瑜"（馀虞合三平遇）对 yu，如梵文 ayur 译作"啊瑜哩二合"。"唔"（馀清开三平梗）对 e，如梵文 ehyehi 译作"唔形兮"。"养"（馀养开三上宕）对 yo，如梵文 yogeśvara 译作"养鸡说啰"。

3）"永"（云梗合三上梗）与梵文 ve 对音，如梵文 sambhave 译作"三末永"。

河西方音中疑母字读 g－是唐五代西北方音的延续，敦煌的藏汉对音《千字文》等显示，疑母字多用藏文 g－注音，如"银"《千字文》藏文注音作'gin，"言"作'gen 等，而部分影母、喻三、喻四字"衍生"的声母 g－，则只能归结为汉语在党项人口语中的变读。

四

西夏新译佛经陀罗尼的梵汉对音中，与梵文 tu、du、nu 对音使用了几个"切身"字，[①] 夏译佛经陀罗尼中的几组"切身"字例（孙伯君，2012，表7）见表2。

---

① 佛典密咒的对音中，经师们遇到用汉字无法准确对译的梵语音节，经常会找两个当用汉字拼合成一字，左字表声，右字表韵。由于这些汉字为生造字，且其读音是自身两个构件的反切，所以人们一般把这些字称为"切身"字。

表 2　梵文与"切身"汉字对音字例

梵文	对音汉字	对音举例
tu	丁六	bhavatu 末斡丁六
	宁各（切身）	śituru 西宁各（切身）嚕
	丁各（切身）	hetu 形丁各（切身）
	丁各（舌齿）	hetu 形（引）丁各（舌齿）
du	宁各（切身）	duni 宁各（切身）你
	丁六（舌上）	du ṣ ṭ anaṃ 丁六（舌上）室达捺（能）
	丁六	durlaṇghite 丁六（吟）辣（上腭）屹矿
nu	宁乌（切身）、宁与（切身）	manu 麻宁乌（切身）； anurakto 啊宁与（切身）啰屹（二合）多

与梵文 tu、du 对音用"切身"字"丁六""宁各""丁各"，与 nu 对音用切身字"宁乌"和"宁与"，反映了梵文的这些音节在 12 世纪汉语河西方音中是不存在的。而考察唐宋时期中原佛经的梵汉对音可知，与梵文 tu 对音常用"睹"等端组遇摄一等字，如在宋代法天译《佛说一切如来乌瑟腻沙最胜总持经》中，梵文 bhavatu 的对音是"婆嚩睹"（高楠顺次郎等，1934：408）[1]，说明唐宋时期真正的西北方音端组遇摄一等字仍读 tu 等。此前孙伯君（2012）曾通过综合《掌中珠》中经常用《文海》第一韵字"叝"、"𦥑"为端组遇摄一等字注音，《文海》第一韵西夏字的注音汉字往往混用通摄阳声韵、果摄、宕摄字，而夏译佛经中宕、果两摄字往往与梵文 – o 对音的情况，建议把端组遇摄一等字的韵母拟定为 ∗ – o。而如果端组遇摄一等字不读 ∗ – u，那么与之相应，即可以认定西夏语里只有 to、do、no，而没有 tu、du、nu 等音节。

五

黑水城出土西夏文献的梵汉、夏汉、藏汉等对音资料中反映的 12 世纪河西方音的上述特点，特别是宕、梗、曾、通摄字失落鼻音韵尾、部分影母、喻三、喻四等零声母字前面"衍生"辅音 g –、没有 tu、thu 和 nu 等现象，如果与唐五代时期的语音特点相对比，其变化是无法用历时演变规律来解释的，我们只能把它们归为党项式汉语的范畴。所谓党项式汉语，即 12 世纪党项人所说的汉语西北方言，这种方言是母语为非汉语的党项人这一特定族群所说的，与当时汉族人所说的西北方言有所不同，因此应该称之为汉语西北方言的民族变体。

---

[1]　"尊胜陀罗尼"的梵汉对音，秉承的是唐不空等长安音的对音传统，据《佛祖统纪》卷 43 记载："河中府沙门法进，请三藏法天译经于蒲津，（蒲州河中府）守臣表进，上览之大说，召入京师始兴译事。"蒲津，在现在的西安附近。

我们知道，任何人在学习和翻译外语时如果遇到母语里没有的音素或者音节，往往很难读准，常见的语音变读方式有三种，即替代、增音和失落。

替代，是用母语固有的音素或者音节替代对象语言中的音素或音节，如古代蒙古语中没有［f］［ʐ］等声母，汉语"夫人"在元代读作 wošin，汉字写作"兀真""旭真"（乌兰，2003），满语承自蒙古语，汉字记作"福晋"；蒙古语中舌尖前部位只有擦音 s－，元代《张应瑞先茔碑》《竹温台神道碑》《忻都神道碑》等在为精系汉字标音时，往往只用擦音 s，如："藏"sink，"匠"sank，"紫""资""集"si，"赠"sink，"左"soo，"总"sonk，"参"sam，"钱"san，"齐"si，"秦"sin，"青、清"sink，"全"soin，等等（亦邻真，2001）。女真语也如此，《女真译语》为精母汉字标音常用心母字，如"总兵"在《女真译语·人物门》对音为"素温必因"；女真文甭，既用于表示汉语精母字"子"（瓦子）、从母字"皂"的声母，又可用于为"都司"的"司"标音（金启孮，1984：166）。古代女真语没有 -ŋ 韵尾，就用 -n 替代，如汉语"堂"读作"塔安"、"厅"读作"替因"、"侍郎"读作"侍剌安"、"都统"读作"都塔安"、"总兵"读作"素温必因"（罗福成：1933：7、10）[①]。12 世纪河西方音中端母遇摄一等字读作 to、no，也是因为党项语中没有 tu、nu 这样的音节而发生的替代现象。

增音，是在对象语言的音节中增加元音或辅音。由于母语中有些音素很少出现在词首，或者很少零声母音节，故在记录对象语言时就在其词首辅音前增加元音，或在零声母音节前增加辅音，如阿尔泰语系中舌尖颤音 r－很少出现在词首，故遇到对象语言舌尖颤音出现在词首时，人们往往不自觉地在舌尖颤音之前增加元音，汉语中的"俄罗斯"，来自蒙古语对 Россия 的读法，"俄"为增音。12 世纪河西方音部分影母、喻三、喻四等零声母字"衍生"辅音 g－，也属于一种增音现象。

失落，是减去对象语言中某些母语中没有的音素或音节，如现代彝语、纳西语等藏缅语族语言没有鼻音韵尾，这些民族的人在学习汉语的过程中，往往很难读准 an、en、in 和 ang、eng、ing、ong 等带有鼻音韵尾的汉字，其中 an、en、in 或读作 ai、ei、i，或读作 a、e、i；ang、eng、ing、ong 则读如 a、e、i、o（u）等，造成"谈""台"不分，"长""查"不分，"平""啤"不分，"欧""翁"不分，"孔""苦"不分等现象，究其原因都是由于母语中没有鼻韵尾 -n、-ŋ 等造成的鼻音韵尾的失落。

有时，语音失落的同时还会发生音素的替代，如日语中也没有 -ŋ 韵尾，宕、通、江、梗、曾摄汉字往往读成复元音韵母，其中宕、通、江、曾摄汉字的韵尾 -ŋ 失落

---

① 据余靖《武溪集·契丹官仪》记载："其东北则有挞领相公，掌黑水等边事。"原注："胡人呼'挞'字如'吞'字，入声，'领'音近'廪'。"又据《辽史·国语解》"挞领"作"挞林"，并释曰："挞林，官名。后二室韦部改为仆射，又名司空。"可知，契丹人也是"领"、"林"和"廪"不分。

后，用元音－u来替代，唯有梗摄字变成复元音 ei，如"当"的韵母为 au、"工"的韵母为 ou、"江"的韵母为 au、"恒"的韵母为 ou，而"丁"的韵母为 ei、"永"的韵母为 ei（刘富华，1982）。粟特文文献中汉语梗摄字鼻音韵尾－ŋ 失落后也读作复元音，如"庚"读作 kêy，"丁"读作 tîy，"丙"读作 pîy。回鹘文文献中－ŋ 的读法则呈现另外一种形态，有些失落，有些没失落，如《玄奘传》中宕摄字"汤、唐"对音为 to，"藏、奘"为 tso，"光"为 qo；梗摄字"明"对音为 mi，"敬"为 ki，"丁"为 ti，"经"为 ki（聂鸿音，1998），但也有曾摄"升"读作 sing，"僧"读作 song，"乘"读作 sing，"统"读作 tung；宕摄字"仓"读作 tsang 的现象（马伯乐著，聂鸿音译，2005：62–63）。原因是回鹘语中虽有鼻音韵尾－ŋ，但－ŋ 韵尾音节并没有汉语那么丰富。12 世纪河西方音中鼻音韵尾－ŋ 的变读与日语类似，梗摄字读作蟹摄，是失落了韵尾－ŋ 后读成复元音＊ei；宕摄字失落－ŋ 后读作果摄，是用元音－u 替代了韵尾－ŋ。

需要指出的是，首先，语音替代并不是任意的，聂鸿音（1992）曾把对音中常见的辅音替代现象分成三个等级：

> 第一级的标准是发音部位，这一级最为严格，不到万不得已的时候，古人绝不轻易用发音部位不同的语音来互相替代。第二级的标准是发音方法，古人可以用发音方法不同的语音来互相替代，但前提是发音部位必须相同。第三级的标准是清浊和送气，这一级最不严格，但如上所述，在一种具体的语言中，清浊与送气这两个因素并不是并列的，究竟哪个重要些，还要参照该语言的音韵系统才能决定。

其次，判定一种语音变化是方言的历史演化还是在民族变体中的变读，其主要途径有两个：一是对比汉语和民族语的语音系统的差异，二是分析语音变化是否符合语音演化规律。

再次，我们在进行语音历史演化分析时，不能把母语为非汉语的民族所说的汉语作为真正的汉语方言形式不加分析地纳入汉语的历史演化序列。

此前，学界把西夏材料所见 12 世纪河西方音或统称作"宋代西北方音"（李范文，1994），或称作"十二世纪末汉语西北方音"（龚煌城，2005），且把其中的语音特征放在与唐五代西北方音的演化序列中加以解释，忽略了这种方音属于汉语西北方音的民族变体，有些特征实为"党项式汉语"的性质。事实上，在利用番汉对音资料研究古代汉语方言时，必须首先厘清汉语在民族变体中发生的替代、增音、失落等与历史演化无关的变读形式，只有这样，才能更好地还原古代汉语的语音特征。

参考文献

陈庆英：《西夏及元代藏传佛教经典的汉译本》，《西藏大学学报》2000 年第 2 期，第 1～9 页。

段玉泉：《〈圣胜慧到彼岸功德宝集偈〉的夏汉藏文本跨语言对勘研究》，中国社会科学院博士后出站报告，2012。

高楠顺次郎等：《大正新修大藏经》卷 19，东京：大正一切经刊行会，1934。

高田时雄（Takata Tokio）：*Phonological Variation among Ancient North - Western Dialects in Chinese*，载波波娃（Irina Popova）、刘屹主编《敦煌学：第二个百年的研究视角与问题》，圣彼得堡，2012，第 249～250 页。史淑琴译文载《敦煌研究》2013 年第 2 期，第 100～102 页。

龚煌城：《十二世纪末汉语的西北方音（韵尾问题）》，《西夏语文研究论集》，民族出版社，2005。

金启孮：《女真文辞典》，文物出版社，1984。

罗常培：《唐五代西北方音》，中央研究院历史语言研究所单刊甲种之十二，1933。

罗福成（类次）：《女真译语》，旅顺：大库旧档整理处，1933。

李范文：《宋代西北方音》，中国社会科学出版社，1994。

刘富华：《从鼻音 n、ng 与拨音ん的关系看汉语对日语的影响》，《东北师大学报》1982 年第 2 期，第 30～37 页。

马伯乐著《唐代长安方言考》，聂鸿音译，中华书局，2005。

Nevsky, Nicolas, 1926, A Brief Manual of the Si - hia Characters with Tibetan Transcriptions, *Research Review of the Osaka Asiatic Society*, No. 4 (1926). 聂大昕译《西藏文字对照西夏文字抄览》，载孙伯君编《国外早期西夏学论集》（二），民族出版社，2005，第 1～98 页。

聂鸿音：《番汉对音简论》，《固原师专学报》1992 年第 2 期，第 70～75 页。

聂鸿音：《回鹘文〈玄奘传〉中的汉字古音》，《民族语文》1998 年第 6 期，第 62～70 页。

桥本万太郎，1961，《掌中珠のタングート・汉对音研究の方法》，《中国语学》总第 109 期，第 113～116 页。

孙伯君：《西夏译经的梵汉对音与汉语西北方音》，《语言研究》2007 年第 1 期。

孙伯君：《西夏新译佛经陀罗尼的对音研究》，中国社会科学出版社，2010。

孙伯君：《12 世纪河西方音的通摄阳声韵》，《中国语文》2012 年第 2 期。

王静如：《西夏文汉藏译音释略》，《中央研究院历史语言所集刊》第 2 本第 2 分，

1930，第 171 ~ 184 页。

乌兰:《〈元朝秘史〉"兀真"考释》,《蒙古史研究》第七辑, 内蒙古大学出版社,
2003，第 198 ~ 201 页。

亦邻真:《〈元朝秘史〉及其复原》,《亦邻真蒙古学文集》, 内蒙古人民出版社,
2001，第 713 ~ 746 页。

Tanguto – Chinese Elements in the 12th Century Dialect of Hexi

Abstract: The Hexi dialect in the 12th century recorded in the Xixia literature, such as *Fanhan Heshi Zhangzhongzhu*, was a Tanguto – Chinese language, i. e. , an ethnic variant of the ancient Chinese Northwest Dialect. Under the influence of their native languages, the non-Chinese people will make phonemic substitutions, additions and reductions when they speak Chinese. These variant pronunciations have nothing to do with diachronic evolution and cannot be brought into the sequence of Chinese phonological development as real dialectical evolution forms. In researching ancient Chinese on the basis of the Chinese and non – Chinese transcriptions, only to strip out the phonetic variants by carefully analyze the phonological divergences between Chinese and non – Chinese languages can we restore the ancient forms better.

Keywords: 12th Century Hexi dialect   The Tanguto – Chinese   Northwest Dialect in Tang and Five dynasties   Ethnic variant of Chinese

原载于《中国语文》2016 年第 1 期

清代禁书运动对蒙古语文献的影响

——以《登坛必究》之《北虏译语》为例

布日古德

在体现中古蒙古语的文献资料中，用汉字拼写蒙古语语音的数据，无论是在数量方面还是在种类方面都具有至关重要的学术价值。除了著名的《元朝秘史》及《华夷译语》各类版本之外，明代兵书中也收录了几部汉语蒙古语对译词典，是研究中古蒙古语不可或缺的资料。明代编修的兵书，在清代被列入禁毁书目，相关部分被删除或修改，而这直接影响到了汉语蒙古语对译词典部分。

由于学界对明代兵书所收汉语蒙古语对译词典的版本源流及其演变考证不足，一些蒙古语词汇仍未被正确再构拟，也未得到充分解释。比较分析版本间存在的差异、追溯其缘由，是再构蒙古语的前提条件。本文将对明代兵书《登坛必究》所收汉语蒙古语对译词典《北虏译语》的版本进行比较分析，并结合清代禁书运动的历史背景，揭示《北虏译语》不同版本间存在的异同及其缘由，力图确定最为可靠且最接近原文的版本。

一 关于《登坛必究》之《北虏译语》

《登坛必究》是中国明代著名军事百科全书，成书于 1599 年。由明朝武科进士、广西总兵，骠骑将军王鸣鹤编纂。全书共 40 卷，72 类目，近 100 万字。内容包括天文、地理、选将、训练、赏罚、军制、敌情、地域攻防地等。同时也包含了一些描述周边民族的历史、地理、风俗、文化、军备等方面的内容。

《北虏译语》也称《译语》，属《登坛必究》第二十二卷，是一部汉语与蒙古语的对译词典。其中蒙古语部分是用汉字拼写而成的。这部词典包括 639 个词条，并将其分别收入 17 个门类。

1. 天文门（42 词条）

2. 地理门（70 词条）

3. 时令门（40 词条）

4. 人物门（82 词条）

5. 珍宝门（25 词条）

6. 走兽门（58 词条）

7. 声色门（28 词条）

8. 花木门（29 词条）

9. 果木菜门（31 词条）

10. 饮食门（47 词条）

11. 衣服门（53 词条）

12. 飞禽门（26 词条）

13. 身体门（38 词条）

14. 马鞍鞯器械门（36 词条）

15. 房舍车辆门（7 词条）

16. 铁器门（11 词条）

17. 军器什物门（16 词条）

同样一部对译词典也出现在《武备志》中。《武备志》，明茅元仪辑，共 240 卷，广采历代军事书籍两千余种纂辑而成。全文 200 余万字，738 幅图，有明天启元年（1621）刻本。该书第二百二十七卷"北虏考"中收录了与《登坛必究》之《北虏译语》如出一辙的汉语蒙古语对译词典。但该词典未注名称，故有些学者称该词典为《北虏考》①。该词典用字方面完全与《登坛必究》之《北虏译语》相同，在中古蒙古语研究领域中没有独立的版本价值，因此本文不作考证。

《登坛必究》版本主要有明万历刻本、清复刻本、清刻本等。各版本间存在较大差异。出现这些差异的主要原因是乾隆时期四库编修背景下的清代禁书政策。

二 清代禁书运动及《登坛必究》

在中国历史上，各个朝代均有不同程度的文字狱及禁书运动。禁书一词，最早见于宋人苏辙《栾城集》之《乞裁损待高丽事件札子》一文，谓"不许买禁物禁书及诸毒药"②。王彬对禁书的概念做了如下阐释："禁书是国家通过行政手段而禁止刊印、流布、阅读的书籍。（中略）禁书真正作为具有政治色彩的图书术语而流传天下，只是清朝以后的事。"③清朝统治阶层清楚地认识到，支配知识精英阶层就是统治中国的关键所

---

① 乌满都夫：《蒙古译语词典》，民族出版社，1995，第 601 页。

② 集部《栾城集》（卷四十六）《御史中丞论时事札子》十三首高丽条约。见郭预衡、郭英德主编《唐宋八大家散文总集》"卷 10 苏辙"，河北人民出版社，2013，第 7222 页。

③ 王彬：《清代禁书总述》，中国书店出版社，1999，第 1 页。

在。因此，为巩固其统治地位，统治者加强了对知识阶层意识形态的控制。[①]

清代文字狱始于顺治和康熙年代，乾隆年间发展成为大规模的禁书运动，可以说，禁书运动在乾隆编修四库全书过程中达到巅峰，成为一场修书与禁书合二为一的大规模政治文化运动。这次禁书运动始于乾隆三十九年（1774）。黄裳在其《书林一支——清代的禁书》一文中指出，"清代禁书政策的酝酿诞生，实际上怕是始于乾隆三十九年两广总督李侍尧查缴屈大均诗文的奏折。乾隆皇帝从这里得到启发，才下决心逐步实施、全面推广的"。[②] 乾隆三十九年八月诏书曾明言"明季末造野史甚多，其间毁誉任意，传闻异辞，必有诋触本朝之语，正当及此一番查办，尽行销毁，杜遏邪言，以正人心而厚风俗，断不宜置之不办"[③]。当时，为了编修四库全书，乾隆下令收集整理各地古籍文献，一方面，对其进行整理抄录，另一方面，严格审查所有典籍文献中的内容及字句运用特征。如果发现有违反清政府利益，污蔑满洲与蒙古等北方民族的字句，就将该书彻底销毁，或者删除相关部分，甚至进行相应修改。R. Kent Guy 在他的 *The Emperor's Four Treasures* 一书中指出，"编纂四库全书的阴暗面在于 1770 年末期至 1780 年初期，2400 部书籍被销毁，四五百本书籍被删改"。[④]

乾隆朝的禁书运动持续了近二十年。孙殿起在其《清代禁书知见录》自序中指出，"当时对旧籍之追缴毁销与四库开馆相始终，大都由军机处、四库馆分别令各省随处搜缴，先后近二十年"。这期间，各地搜缴过程中，告讦之风应运而生。由于各地汉人官员及文人的举发、势利小人挟嫌控告，导致了许多文字狱、笔祸事件。文字狱、禁毁书籍的起因大多源于告发与检举。然而，对于清代禁书运动的性质，前人过多强调满人的野蛮与无知，却忽视了事件起因还在于汉人官员间的权利争夺。

众所周知，四库全书是汉文典籍大型集成，四库编修过程中产生的禁书政策也是针对汉文典籍的政治措施，蒙古文典籍文献并不包括在乾隆禁书运动的审查范围之内。但是，这场禁书运动却给一些记录蒙古语的文献数据带来了一定程度的影响。受其影

[①] R. Kent Guy (1987: I7): When the Manchus began to rule China proper in the mid–seven–teenthcentury, they were confronted with three challenges from intellectuals. The first came from voluntary organizations of literati (wen-she) formed in increasing numbers in the late Ming, partly to influence government policy, but more importantly to influence civil service examiners and thus increase their members' chances in the competition for office. A second challenge to the new regime from the intellectuals was explicit, ethnic anti–Manchuism. Finally, Manchus were confronted with the challenge of having to learn to use effectively the abstract and literary language of Chinese government, including the proper ways of manipulating the classical canon to justify their own rule.

[②] 《读书》1987 年第 3 期，第 92～97 页。

[③] 王重民辑《办理四库全书档案》，国立北平图书馆排印本，1934 年。见乾隆三十九年八月五日谕。另见南炳文、白新良《清史纪事本末》（乾隆朝），上海大学出版社，2006，第 1759 页。

[④] R. Kent Guy (1987), p. 1. "The darker side of the effort was a campaign of censorship undertaken by the imperial court in the late 1770s and early 1780s. By some courts many as 2, 400 titles were destroyed in this campaign, and another four or five hundred 'revised' by official fiat."

响最深的是收录汉语蒙古语对译词典的明代军事类百科全书。

明代编纂的军事类书，数量多、内容丰富。如《登坛必究》《武备志》等，都是具有较高历史文化价值的资料。明代编修的兵书内容主要特点之一在于书中包含了相当一部分描述北方民族历史、地理、风俗、文化、军情等方面的重要信息。特别是对蒙古及女真等北方民族的描述篇幅较多、范围较广，其中所述的军事战略方针，主要是针对北方民族的。

乾隆四十一年开始，政府部门对明人编修的军事类图书进行审查。最详细的记载见于《大清高宗皇帝实录》自乾隆四十一年五月至乾隆四十三年闰六月，其记载如下：

> 明人所刻类书，其边塞兵防等门，所有触碍字样，固不可存，然只须删去数卷，或删去数篇，或改定字句，亦不必因一二卷帙，遂废全部。他若南宋人书之斥金，明初人书之斥元，其悖于义理者，自当从删，涉于诋詈者，自当从改，其书均不必毁。使无碍之书，原听其照旧流行，而应禁之书自不致仍前藏匿，方为尽善，着四库馆总裁等，妥协查办。粘签呈览，候朕定夺，并将此通谕中外知之。①

明代编纂的兵书中描述和阐释北方民族的部分，使用了较多歧视性、侮辱性字句。这些字句都属于"违碍字句"，因此，《登坛必究》《武备志》② 等兵书大多被列入禁毁书目。

《登坛必究》是乾隆四十年（1775）由江苏巡抚萨载奏缴，"载武备事宜"，乾隆四十年三月二十四日奏准③。另外，乾隆四十二年十一月初二日，浙江巡抚三宝奏缴"登坛必究八部刊本"④。乾隆四十三年六月二十九日，江苏巡抚杨魁重缴"登坛必究二十三部"，"咨解军机处投收销毁合并陈明"⑤。乾隆四十四年九月初六日，闽浙总督三宝再次奏缴"登坛必究三部刊本"⑥。

姚觐元（清）《清代禁毁书目·补遗一》中记载了销毁《登坛必究》的具体事由。记载如下：

---

① 《大清高宗纯（乾隆）皇帝实录》（二一），台北，华文书局，1963，第 15013～15015 页。
② 王彬：《清代禁书总述》，中国书店出版社，1999，第 454 页。"此书为安徽巡抚李质颖奏缴，乾隆四十年（1775）十一月二十日奏准禁毁。"
③ 参阅雷梦辰《清代各省禁书汇考》，北京图书馆出版社，1989，第 152 页。
④ 参阅雷梦辰《清代各省禁书汇考》，北京图书馆出版社，1989，第 215～230 页。
⑤ 参阅雷梦辰《清代各省禁书汇考》，北京图书馆出版社，1989，第 159～168 页。
⑥ 参阅雷梦辰《清代各省禁书汇考》，北京图书馆出版社，1989，第 191～203 页。

登坛必究一部三十二册

查登坛必究系明王鸣鹤撰，皆论次兵家事宜，多系杂凑成书，并无发明，书中有触碍字句，其二十一至二十四共四卷，原板挖去，均系违碍之处，应请销毁①。

从上述奏缴文中可以看出，《登坛必究》之所以被列入禁毁书目的原因在于该书中包含了"触碍字句"，禁毁范围是"第二十一卷至二十四卷"，禁毁方式为"原版挖去"，并"销毁"违碍之处。然而，由于销毁执行得不够彻底，销毁方式及手段也有不同，因此各地留存的版本中，第二十一至二十四卷的抽毁程度及范围存在较大差异。有些版本只在目录中删除了这四卷的名称，原文却未被抽掉。还有些版本只把违碍字句删除了，有些版本将触碍字句刻成墨围"□□"，有些则对相关字句进行了修改。孙殿起曾指出："四库馆臣以后并议定查办违碍书目条款，凡宋明人著作中称辽金元为敌国者，俱应酌量改正，如有议论偏谬尤甚者，仍行签出拟销，即下至于书中有挖空字面，墨涂字样，缺行空格，亦指为意存违悖，语必干犯，都在撤毁之列。即幸而得存，亦复大加点窜，尽改本来面目。"②

汉语蒙古语对译词典《北虏译语》是《登坛必究》第二十二卷的内容，显而易见，该词典属于"违碍之处"，无疑《北虏译语》是主要禁毁对象之一。

乾隆之后，禁书运动逐渐减弱，禁毁政策开始松动，触碍内容范围有所缩小，因此道光年间，《登坛必究》得以再版。由于相关"违碍之处"原版已被挖去销毁，再版时有必要对销毁部分进行重修及补缺。在这一过程中，发生了不同程度的错改及误补等现象，导致清刻本与明刻本之间出现了一些名词术语、内容形式以及用词用字方面的差异。这些差异主要体现在禁毁部分，即第二十一至二十四卷里。再版导致汉语蒙古语对译词典中的音译汉字③使用方式与明刻本之间有了较大差异，甚至由于过度修改与补充，清刻本里出现了一些拼写错误问题。

三 《北虏译语》版本比较

版本学，是研究古籍不同版本特征和差异、鉴别其真伪优劣的一门学科。研究版本的主要目的之一，是通过版本鉴定，给社会提供最可靠、最全面、质量最好的文献

---

① 参阅（清）姚觐元《清代禁毁书目补遗一》，商务印书馆，1957，第 240 页。
② 孙殿起辑《清代禁书知见录》，商务印书馆，1957，第 1 页。
③ "音译汉字"是指拼写蒙古语语音所使用的汉字。有些学者也称其为"汉字注音""汉字音标"等。本文使用"音译汉字"称呼拼写蒙古语语音的汉字符号系统。此概念在本文中，仅限于用汉字记录蒙古语语音的文献资料。

资料。《登坛必究》版本流传主要有明代万历二十七年刻本。万历之后刊印多次，有明万历刻清初印本、清初刻本、清道光活字印本以及一些民间各种抄本。

迄今为止，我们在中国、日本、美国各大图书馆进行了广泛的调查与搜集，共获得 15 部《登坛必究》文本。通过比较研究《北虏译语》用字及拼写特征发现，这 15 部文本属于 6 种不同版本。本文以拉丁字母缩略法，分别简称这 6 种版本①。具体如下：

HYL　哈佛燕京图书馆藏，明万历刻本，编号 T8917/1164。框高 21 厘米，宽 13.5 厘米。

PUM　北京大学图书馆藏明万历刻本。收《四库禁毁书丛刊》子部 34 与 35 册（北京出版社，1997）。

ZBJ　中国兵书集成，据明万历刻本影印。原书版框高 20.7 厘米，宽 14.2 厘米。

HAS　匈牙利科学院图书馆藏版本。②

PUQ　北京大学图书馆善本特藏阅览 No.9060. 清刻本。原书版框高 208 毫米，宽 308 毫米。收《续修四库全书》子部兵家类 960 与 961 册。

IMU　内蒙古大学图书馆藏清刻本。

根据刻印刊行时间，可将这 6 种版本分为两类。一类为明刻本，包括 HYL、PUM、ZBJ 版本。另一类为清刻本，包括 HAS、PUQ、IMU 版本。明刻本之 3 种版本间版式大致类同，一页 10 行，白口单黑鱼尾，四周双边，版心上镌书名，中镌类目名称及卷次，下镌页数字数等。清刻本版式为一页 9 行，白口单鱼尾，四周单边，版心上镌书名，中镌卷次及类目名称，下镌页数。

清刻本《登坛必究》之《北虏译语》，受禁书运动之影响，与明万历刻本相比，发生较大变化，尤其是词典名称及音译汉字选用方面有明显区别。

（一）关于词典名称

上述 6 种对译词典版本有两种不同名称。一种是《北虏译语》，另一种是《译语》。《北虏译语》这一名称主要出现在明刻本中，而《译语》这一名称出现在清刻本中。究其缘由，还需要分析清代禁书运动的历史背景。

---

①　《登坛必究》版本考证需要从封面、牌记、序跋、目录、版式、字体、纸张、刻工、避讳等诸多方面进行考证鉴定。本文旨在比较汉语蒙古语对译词典部分，故版本分类也限于第二十二卷之《北虏译语》。

②　Louis Ligeti 在 1928 年至 1931 年第一次在中国旅行时收集到的版本。

前述，《北虏译语》属《登坛必究》第二十二卷，即"违碍之处"，也就是说词典中包含一些"触碍字句"。在清代，什么样的字句属于"触碍字句"？陈垣在其《旧五代史辑本发覆》中，将清朝避讳字句分为 10 个等级。"即忌虏第一，忌戎第二，忌胡第三，忌夷狄第四，忌犬戎第五，忌藩及酋第六，忌伪忌贼第七，忌犯阙第八，忌汉第九，杂忌第十。"①

众所周知，"北虏"或"虏"是中国古代对北方少数民族的贬称。无论是从政治立场，还是血缘关系，清朝统治者都不会认同用"虏"字来称呼蒙古或北方少数民族。因此，"北虏"二字成为"触碍字句"，再版时需加以删改。结果，清代再版《北虏译语》时，将"北虏"二字刻意删除，只留下《译语》二字作为词典名称。清朝对于"虏"字的避讳，不仅表现在古籍文献校勘考据方面，就连地名中的"虏"字，都需删改。如，明永乐初筑的宁夏"平虏城"，雍正三年（1725）改为"平罗县"。还有宁夏"套虏"改为"陶乐"等。②

在一些研究《登坛必究》之《北虏译语》的成果中，该词典被称为《译语》，显然，这并不是明代刻本中的词典原名，而是清代刻本中被删改后的名称。

关于北方族群名称，词典中另有两处违碍字句。即第 76 词条与第 183 词条的汉语部分。在明刻本里，这两个词条分别为"北虏"与"女直"，而在清刻本里，这两个词条的汉语部分均被挖空墨围，成为"□□"的形式。吴哲夫在《清代禁毁书目研究》中指出，不仅"羌胡""夷狄""奴戎""虏蛮"等字句被禁止使用，连"建州""女真""女直"等有关满人的地名、族群名称也属于禁忌字句。③ 因此，词典里的"北虏"和"女直"二词，自然是"触碍字句"，成为被挖去墨围的对象。除对译词典之外，《登坛必究》其他内容中，也多处出现"北虏"及"女直"等违碍字句。有些清刻本，将"北虏"改为"北狄"，"女直"改为"海西"等。这说明，道光年间再版《登坛必究》时，对"狄"字的避讳已经没有陈垣先生所述那么严格，比乾隆时期松弛许多。清代违碍字句在不同时期，界定范围有所不同，对违碍字句的删改标准也有区别。"武备志"对译词典的版本差异即是较显著的例子。一些清刻本"武备志"中，唯有"女直"一词被挖空墨围，而"北虏"一词未做同样处理。从这一点来看，有可能在清代某一段时期，"女直"及"建州"④ 等关于满人的族群名称和地名，比"北虏""夷狄"等更敏感，属于犯讳更为严重的名称。

---

① 见陈垣《旧五代史辑本发覆》，辅仁大学，1937。
② 向熹：《汉语避讳研究》，商务印书馆，2016，第 239 页。
③ 吴哲夫：《清代禁毁书目研究》，台北：嘉兴水泥公司文化基金会，1969，第 28~29 页。
④ 雷梦辰：《清代各省禁书汇考》，北京图书馆出版社，1989，第 84 页，《建州考》谓"书名犯讳"。可见，清代"建州""女直"等名词属于避讳名词。

（二）关于音译汉字之使用情况

在音译汉字的使用方面，明刻本与清刻本之间最为显著的差异在于拼写蒙古语*č a*语音的汉字上。有些版本使用"叉"字拼写蒙古语*č a*音，而有些版本则用"乂"字拼写。这个拼写差异共出现在 28 个词条中。如下表所示：

词条序号	汉语	明刻本	清刻本	蒙古语转写
11	雪	叉速	乂速	*č asu*
33	亮了	叉亦把	乂亦把	*č aiba*
35	下雪	叉速我罗难	乂速我罗难	*č asuorunam*
103	白土厂	叉汪哈儿阿	乂汪哈儿阿	*č aqanqalγa*
104	白塔峪	叉汗速补儿阿	乂汗速补儿阿	*č aqansuburγa*
113	时	叉	乂	*č a* [q]
152	后日	叉只得堵儿	乂只得堵儿	*č a ǰ id* [ü] *dür*
232	柏板的	叉儿吉	乂儿吉	*č argi*
294	羝羊	忽叉	忽乂	*qu č a*
307	儿马	阿叉儿阿	阿乂儿阿	*a ǰ arγa*
318	青白马	叉哈儿莫林	乂哈儿莫林	*č aγalmorin*
320	银鬃马	叉必塔儿	乂必塔儿	*č abidar*
324	白马	叉汗莫林	乂汗莫林	*č aqanmorin*
336	粉嘴马	叉汗忽失文莫林	乂汗忽失文莫林	*č aqanqusi'unmorin*
337	豹肚马	叉哈儿莫林	乂哈儿莫林	*č aγal/ǰ aγalmorin*
339	辞眼马	叉儿吉莫林	乂儿吉莫林	*č algimorin*
349	柏	叉克剌速	乂克剌速	*č aγrasu*
383	核 柏	叉哈哈	乂哈哈	*ǰ aγaq*
385	白果	叉汗者泥四	乂汗者泥四	*č aqan ǰ emis*
397	蒜	撒儿叉	撒儿乂	*sar* [im] *č a* [q]
403	白菜	叉汗奴恶	乂汗奴恶	*č aqannoγo*
435	饱了	叉堵把	乂堵把	*č adba*
454	衣服	忽必叉速	忽必乂速	*qub <i> č asu*
473	鞋	叉鲁	乂鲁	*č aru* [q]
504	白	叉汉	乂汉	*č aqa - n*
528	燕儿	哈儿叉	哈儿乂	*qar č a -* [i]
529	麻燕	虎克儿哈儿叉	虎克儿哈儿乂	*hükerqar č a -* [i]
626	顿项	叉兄吉	乂兄吉	*č argi/calgi*

"叉"和"乂"二字，就语音条件来看，显然，"叉"字的语音成分接近蒙古语*č a*音，而"乂"字的发音与蒙古语的*č a*相距甚远，不具备拼写蒙古语*č a*音的条件。清

刻本用"义"字拼写出的带有 č a 音的词汇，完全不符合蒙古语原文的词意和语音形式。如，上表中，表示"雪"的蒙古语 č asu 一词，明刻本的"叉速"，可构拟为 č asu，符合蒙古语原文语音。而清刻本的"义速"则构拟为 yisu，不符合蒙古语原文语音及词义。以此类推，上表所示 28 个词条中，用"义"字拼写的词条都是蒙古语里不存在的词汇，显然是错误的拼写。清刻本使用"义"字错误拼写蒙古语 č a 音，是再版时过度修改以及参与编修人员不具备蒙古语相关知识所致。

我们收集到的三种明刻本，基本都用"叉"字来拼写蒙古语 č a 音。其中 PUM 与 ZBJ 两个版本，则使用"叉"字的俗体字形"义"字来拼写蒙古语的 č a 音。此"义"字不同于现代汉语的"义"字。明刻本中出现的"义"字，是"叉"字的俗体字。关于俗体字的概念，《辞源》释"俗体字是在民间流行的异体字，别于正体而言"①。唐颜元孙的《干禄字书》把汉字分为俗、通、正三体，并对其概念进行了解释。② 凡是区别于正字的异体字，都可以认为是广义上的"俗体字"。它可以是简化字，也可以是繁化字，可以是后起字，也可以是古体字。正与俗的标准是随着时代而不断变化的。

关于俗体"义"字形，张涌泉在《汉语俗字研究》中指出，"义"字一身而兼三职。③ 他还列举实例，对其三职进行了阐释。"义"在《清平山堂话本·简贴和尚》中，代表"叉"字，在同书《快嘴李翠莲记》中，作"又"字，在《京本通俗小说·冯玉梅团圆》中，作"义"字。④ 除此之外，"义"作为"叉"字的俗体字，在敦煌文献中也频繁出现。⑤

俗体字同形异字的情况有时会造成辨认或理解上的困难。由于"义"字"一身兼三职"，《北虏译语》明刻本中的"义"字，可以是"叉"字，也可以是"又"字，还可以是"义"字。显然，清人误将"义"看作是"义"字的俗体，生硬地还原其正体字，导致错误拼写蒙古语。这些错误的出现，除汉字俗体字误读之因外，也与清代的学术氛围有直接关系。

清代康雍乾时期，对中国古代典籍进行大规模的训诂、注疏、校勘、辑佚、辨伪、考订，在这些过程中，形成了以考证为特长的"乾嘉考据学派"，使考据成为清代有别于其他朝代学术思潮的一大特色。考据学派对中国历史上以儒家经典为核心的经、史、子、集等各类古籍，从文字、声韵、校勘入手，一一加以考订，通过校勘，纠正其讹误。清代对中国传统文化的传承方面呈现出由宋返汉，通经服古的势头。强调由文字

① 《辞源》修订本，商务印书馆，1979，第 221 页。
② 颜元孙：《干禄字书》，《丛书集成初编》，中华书局，1985，第 3~4 页。
③ 张涌泉：《汉语俗字研究》，商务印书馆，2016，第 125 页。
④ 张涌泉：《汉语俗字研究》，商务印书馆，2016，第 125 页。
⑤ 参照黄证《敦煌俗字典》，上海教育出版社，2005，第 38 页。

音训以明经达道是乾嘉学派的治学理念，也是当时社会文化思潮的显著特色。在这种复古尊汉的风气下，俗体字是乾嘉学派文人的禁忌，正统文人对俗体字存有各种偏见。因而，在重刻古籍时，清代文人将"粗俗不堪"的俗体字改为"脱俗儒雅"的正体字，自然合情合理。清人将《登坛必究》明刻本中"叉"字的俗体"义"字，"复原"为正体"（義）"字，不能不说是时代的产物。

除上述"叉"字外，明刻与清刻本在音译汉字的使用上，另有 6 处不同。具体如下表：

词条序号	汉语	明刻本	清刻本	蒙古语转写
109	大黑山	哈塔麻得目	塔哈麻得目	Qatamadem
130	闰月	捏墨兀儿撒剌	墨兀儿撒剌	neme'ürsara
354	梨树	阿力麻莫多	阿加麻莫多	alimamodu
361	粗	伯堵文	伯补文	büdü'ün
582	板肠	稳补速	稳速补	ünbüsü
611	铧子	安扎速	安扎连	an ǰ asu

上表所示内容可以看出，第 109 词条"大黑山 *Qatamadem*"一词，明刻本拼写为"哈塔麻得目"，符合蒙古语原文发音。而清刻本拼写为"塔哈麻得目"，由于抄录错误，导致第一音节与第二音节位置颠倒。第 130 词条"闰月 *neme'ürsara*"一词，明刻本拼写为"捏墨兀儿撒剌"。清刻本是"墨兀儿撒剌"，抄录时漏掉词首"捏"字。第 354 词条"梨树 *alimamodu*"，明刻本拼写为"阿力麻莫多"，而清刻本是"阿加麻莫多"，显然清刻本将第二音节的"力"字误写为"加"字。第 361 词条"粗 *büdü'ün*"，明刻本是"伯堵文"。清刻本是"伯补文"，把第二音阶的"堵"误写为"补"。第 611 词条"铧子 *an ǰ asu*"，明刻本是"安扎速"。而清刻本是"安扎连"，把"速"字误写为"连"字了。①

如上所考，清刻本音译汉字的拼写错误较多，有一些不符合蒙古语原文的词条。而明刻本音译汉字的拼写更接近其原文语音特征，错拼误写较少，可以说，明刻本比清刻本更可靠、更接近原文。

需要提到的是，除音译汉字以外，明刻本与清刻本之间，还存在汉语部分用字方面的差异。第 250 词条，明刻本为"洙沙"，清刻本则为"朱砂"。第 432 词条，明刻本为"蜂蜜"，清刻本则为"烽密"。第 577 词条，明刻本为"瞻"，而清刻本则为"胆"。

---

① 第 582 "板肠，稳补速 ünbüsü"一词的情况，现阶段无法确定。

明刻本与清刻本《北虏译语》的版本差异，主要表现在词典名称及蒙古语"č a"音的拼写方式上。上述分析结果充分说明，这些差异的产生与清代禁书运动有直接的关系。考证《北虏译语》版本源流，比较其异同的目的在于为再构蒙古语语音提供最可靠的版本。因此，还有必要进一步比较分析明刻本不同版本以及清刻本不同版本之间的差异。

（三）清刻本各版本间差异

根据对该词典所收词条的逐一比较，我们发现清刻本 3 种版本间也存在用字方面的不同。具体如下：

词条序号	汉语	PUQ	HAS	IMU	蒙古语转写
86	低	字我你	字我伦	字我伦	bo'oni/boɣoni
93	墩苔	墩苔	坏苔	坏苔	qara'ul
455	袄子	秃儿哈	兀哈儿	兀哈儿	tur'a/ uqar
527	鸭	奴谷速	奴塔速	奴塔速	nuɣusu
533	头	黑乞	奴堵儿	奴堵儿	heki
534	发	忽速	刺速	刺速	hüsü
552	膊子	苦出文	苦印速	苦印速	kü ǰ ü'ün
561	脚	苦儿	芳见	芳见	kül
576	心	主儿揩	王儿揩	王儿揩	ǰ ürken
589	稍绳	敢主阿	敢土阿	敢土阿	ɣan ǰ u'a/ɣan ǰ uɣa
592	皮条	速儿	哈儿	哈儿	sur
593	粘价子	粘价子	粘以子	粘以子	ke ǰ im
595	鞭子	米纳	阿纳	阿纳	mina
625	盔	土剌阿	上剌阿	上剌阿	tula'a

上表所列 14 个词条中，12 个词条是蒙古语音译汉字拼写方面的差异。第 86 词条，"低 boɣuni"，在 PUQ 中是"字我你"，而在 HAS 及 IMU 中是"字我伦"。后两者将末尾音节的"你"误写为"伦"字。第 527"鸭 nuɣusu"一词，在 PUQ 中是"奴谷速"，而在 HAS 和 IMU 中是"奴塔速"，后者将第二音节的"谷"字误写为"塔"字。第 533"头 heki"一词，在 PUQ 中是"黑乞"，而在 HAS 和 IMU 中都是"奴堵儿"，后者有可能是将其他词条误抄所造成。第 534"髪 hüsü"一词，PUQ 为"忽速"，而 HAS 和 IMU 是"刺速"，后者第一音节拼写错误。第 552"膊子 kü ǰ ü'ün"一词，PUQ 是"苦出文"，而 HAS 和 IMU 都是"苦印速"，显然后者是拼写错误。第 561"脚 kül"一词，在 PUQ 是"苦儿"，而在 HAS 和 IMU 都是"芳见"，也是后者拼写错误。第 576"心 ǰ ürken"一词，在 PUQ 中是"主儿揩"，而在 HAS 和 IMU 中是"王儿揩"，后者将

"主"字误写为"王"字。第 589 "稍绳 γanǰu'a" 一词，在 PUQ 中是"敢主阿"，而在 HAS 和 IMU 中都是"敢土阿"，后者第二音节"主"字被误写为"土"字。第 592 "皮条 sur" 一词，在 PUQ 中是"速儿"，而在 HAS 和 IMU 中都是"哈儿"，后者第一音节被误写为"哈"字。第 595 "鞭子 mina" 一词，在 PUQ 中是"米纳"，而在 HAS 和 IMU 中则是"阿纳"，显然后者是拼写错误。第 625 "盔 tula'a" 一词，在 PUQ 中是"土剌阿"，而在 HAS 和 IMU 中都是"上剌阿"，显然后者将第一音节的"土"字误写为"上"字。

另外，第 93 与 593 词条的汉语部分也有差异。"墩苔"一词的"墩"字在 PUQ 中正确，而在 HAS 和 IMU 中被误写为"壤"字。第 593 "黏价子"一词，在 HAS 和 IMU 中误写为"黏以子"①。

上述分析说明，PUQ 版本的拼写比较接近明刻本，一定程度上保留了明刻本音译汉字的使用特征。而 HAS 与 IMU 版本的拼写方式比较类同，极有可能源于类似的版本。其中，HAS 版本的错拼、误写较多，有些个别错误是其他版本中不存在的。

（四）明刻本各版本间差异

我们所收集到的 3 种《北虏译语》明刻本，在音译汉字的使用方面大致相同，只有少数几个词条的拼写方式有所不同。如，第 288 "鹿 buγu" 一词，在 ZBJ 版本中为"俌兀"，而在 HYL 版本中是"补兀"。第 427 "甜 amtatai" 一词，在 ZBJ 中是"僚塔太"，而在 HYL 里则是"俺塔太"。还有第 563 "拳头 nudurγa" 一词，在 ZBJ 中是"妖堵儿阿"，而 HYL 中是"奴堵儿阿"。第 598 词条的"矕头 qadar" 一词，在 ZBJ 里是"哈答完"，而在 HYL 里是"哈答儿"。第 75 词条"小一千 üč ükenminγan" 一词，在 HYL 中是"五出指民案"，而在 PUM 中为"五山指民案"。这些词条的拼写差异完全可以说明，HYL 版本的拼写精确度高于 PUM 及 ZBJ 版本。

四 结论

综上所述，明刻本与清刻本《北虏译语》之间，除了 6 个词条上的误写误抄之差别外，主要版本差异在于词典名称及蒙古语 "č a" 音的拼写方式上。以上所分析的结论说明，导致这些差异之根本原因，是清代禁书运动背景下产生的古籍文献删改现象以及乾嘉学派治学理念所崇尚的"复古风潮"。本文结合清代禁书运动的历史背景，通过对《北虏译语》6 种不同版本的比较分析，揭示了各版本间存在的异同之处及产生这些差异的缘由，从而得出 HYL 版本是目前最为可靠、最接近原文版本的结论。因此，我们主张在构拟《北虏译语》蒙古语语音时，应参照 HYL 版本，即哈佛燕京图书馆藏

---

① 第 455 "袄子，秃儿哈或兀哈儿 tur'a/ uqar" 一词的情况，现阶段无法确定。

版本，以此为主要依据。

参考文献

安平秋、章培恒：《中国禁书大观》，上海文化出版社，1990。

陈垣：《旧五代史辑本发覆》，辅仁大学，1937。

黄证：《敦煌俗字典》，上海教育出版社，2005。

雷梦辰：《清代各省禁书汇考》，北京图书馆出版社，1989。

乌满都夫：*Monγolyiyu toil biʝig*，民族出版社，1995。

王彬：《清代禁书总目》，中国书店，1990。

吴哲夫：《清代禁毁书目研究》，嘉新水泥公司文化基金会，1969。

姚觐元、孙殿起：《清代禁毁书目（补遗）清代禁书知见录》，商务印书馆，1957。

The Influences of the Book – Banning Movement on
Mongolian Documents in Qing Dynasty：
A Comparative Study on the Edition of a Sino – Mongol
Glossary Known as the Bei – lu Yi – yu

The Middle Mongol language is known from written documents that were recorded in many different scripts, including Uighur – Mongol script, phags – pa script, Chinese script, and Arabic script. Among these sources written in Chinese script are by far the most important for the phonological reconstruction of the Middle Mongol language. These transcriptions are comprised of the Chinese terms and their corresponding Mongolian terms, which is uses the phonetic value of the Chinese characters to denote Mongolian pronunciation. The Mongolian words denoted by the Chinese script represent the sounds of the Mongolian counterparts at the time of compilation.

This is a study of a version of the Sino – Mongol glossary known as the Bei – lu Yi – yu 北虏译语（also known as Yi – yu 译语），which is contained in the Deng – tan Bi – jiu 登坛必究. The Bei – lu Yi – yu is a list of words, as well as a Sino – Mongol glossary, which is consists of 639 vocabulary words divided into 17 men 门（subject，categories）sections. The order in each entry is Chinese words are followed by their Mongolian translations also written in Chinese script. The aim of the present paper is based on the comparative research of several editions of the Bei – lu Yi – yu and provides large number of discrepancies between the Ming and Qing editions. Through my exploration of the Chinese characters, I have arrived at the conclusion that the large number of discrepancies mainly comes from the book – banning move-ment during the Qianlong period, and I concluded that the Harvard – Yenching edition is the most accurate one, and most likely to reflect the original version.

原载于 *International Journal of Language and Literature*, June 2015, Vol. 3, No. 1

纳苏彝语形容词复合构式类型研究

普忠良

摘　要　纳苏彝语形容词形态变化非常丰富，其形态构式比较复杂。重叠、加词缀和四音格变式是纳苏彝语形容词比较常用的复合构式类型。纳苏彝语形容词的复合构式是词在语言结构中不同用法的标志，是词的功能和表征，不仅有表示比较程度上量的加强或减弱构形形态，也有表示语法意义"级"的形态范畴。

关键词　纳苏彝语　形容词　复合构式类型

在许多语言里，词起着重要的语法作用，彝语也不例外。这表现在词由较小的成分按照一定的模式构成，它们又通过相当不同的另一些模式组合起来构成句子。因此，通常把一种语言的语法系统看作由词法和句法两个次系统构成。"词法"（morphology）也译成"形态学"。这两个术语在国内的语言学界是通用的。彝语形容词有丰富的形态变化，不同的形态具有不同的语法范畴和功能。彝语动词、形容词重叠涉及句法问题，二者重叠是词法和句法的纽带。具体讲，动词重叠主要涉及句法问题，除存在个别的构形现象外，不在词法研究范畴里，如动词重叠都表疑问；从词法的类型来看，重叠形容词重在构形，重叠形容词分两种情况，一是表疑问，二是表修饰程度。

纳苏彝语是彝语东部方言滇东北次方言以 na³³su³³pho⁵⁵（纳苏颇）自称的彝族支系所使用的语言。滇东北次方言包括禄武、武定、巧家、寻甸、昆安五个土语。操纳苏彝语的彝族支系主要分布在云南省的禄劝、武定、寻甸、会泽、东川、嵩明、昭通、永善、巧家、鲁甸、彝良、弥勒、富民以及贵州省毕节市各县，土语内部的纳苏彝语基本可以相互交际。使用纳苏彝语的彝族人口约在 30 万左右。本文描写的禄劝纳苏彝语属于彝语东部方言滇东北次方言禄武土语。禄劝纳苏彝语与其他彝语方言土语一样，属于比较典型的韵母单音化的语言，有 46 个声母，12 个单韵母，3 个声调。其语序为

主 + 宾 + 谓（SOV）。[①] 笔者的母语是禄劝彝族苗族自治县云龙乡普张康村的纳苏彝语。本文拟对纳苏彝语形容词的合成及滋生进行描写和分析。禄劝纳苏彝语形容词的复合构式有重叠、词缀和四音格三种方式。

一 重叠式

重叠是一种十分常见的语言手段，在世界各地许多语言，特别是口语里都能看到。在亚太地区的一些语系中，如汉藏语系、南岛语系、南亚语系等，重叠不仅应用广泛，形式丰富，而且表义和语法功能也十分发达。可以说，重叠是把一些尚未发现亲属语言关系的不同语系联结为一个地域上相连的语言联盟的重要纽带。随着汉藏语系语族语言研究的不断深入，对语言重叠构式的分析与研究成为人们研究词法和词形变化（词的构形）的重要内容之一。

重叠与重叠式的语言概念是既有联系又有区别的。被重叠的基础形式叫基式，重叠出的新形式叫重叠式。刘丹青认为："重叠是一种抽象的语言手段，其作用是使某个语言形式重复出现。重叠式是一种具体的语言单位，是重叠手段作用于某个语言形式的产物。比如重叠作用于汉语语量词'个'，就得到'个个'这个重叠式。"[②] 在这里，汉语"个"是重叠的基式，"个个"是在基式重叠出的新的形式，即重叠式。"构词法和构形法同是词法（形态学）的研究内容，构词法研究词素构成词的方法，而构形法则研究词形的变化"。[③] 也就是说，重叠是一种构词构形现象，不形成任何的句法关系。

重叠和重叠式作为藏缅语族语言的重要构词手段和语法功能，在彝语支语言中，其形态变化形式比较复杂，其功能强大而特殊，具有很高的语言修辞学价值。在纳苏彝语中，重叠式是形容词复合构式的主要方式。它们大多由单音节或双音节为基式的形容词，通过单音或双音的重叠来表示不同的意义。它们可以区分为单音节基式单一重叠、单音节基式反复重叠、双音节基式部分单一重叠、双音节基式反复重叠、附加叠音词尾五种重叠构成方式。

1. 单音节基式单一重叠　单音节单一重叠式是由单音节形容词单一重叠构成。重叠后表达程度加深的意义。除原单音节形容词是高平调外，其他重叠后的第一个音节的声调因连续均变为高平（55）调。例如：

çe³³	早	çe⁵⁵çe³³	较早	dʐɔ⁵⁵	直	dʐɔ⁵⁵dʐɔ³³	较直
dɔ²¹	平	dɔ⁵⁵dɔ²¹	较平	tɕi²¹	紧	tɕi⁵⁵tɕi²¹	较紧
χo̠²¹	硬	χo̠⁵⁵xo̠²¹	较硬	mu²¹	高	mu⁵⁵mu²¹	较高

---

① 普忠良：《纳苏彝语的空间认知系统》，《民族语文》2014 年第 4 期。
② 刘青丹：《汉藏语系重叠形式的分析模式》，《语言研究》1988 年第 1 期。
③ 张寿康：《构词法和构形法》，湖北人民出版社，1985，第 93 页。

2. 单音节基式反复重叠　单音节反复重叠指由单音节形容词反复重叠所构成的四音节重叠式。这种形式的前三个重叠音节均变为高平调 55，第四个音节的调值一般都与第一个音节相同，只有当第一个单音节基式为高平调 55 时，第四个音节才变为中平 33 调并发重紧音。这种重叠形式表示一种最深程度的意义。例如：

nɚ²¹　矮　　nɚ⁵⁵nɚ²¹nɚ⁵⁵n̠ɚ²¹　　　　最矮　　lɔ²¹　轻　　lɔ⁵⁵lɔ²¹lɔ⁵⁵l̠ɔ²¹　最轻

dẓɔ⁵⁵　直　　dẓɔ⁵⁵dẓɔ³³dẓɔ⁵⁵dẓ̠ɔ³³　　　最直　　ne²¹　红　　ne⁵⁵ne²¹ne⁵⁵ne²¹　最红

tʂhɯ²¹　甜　　tʂhɯ⁵⁵tʂhɯ²¹tʂhɯ⁵⁵tʂ̠hɯ²¹　　最甜　　na²¹　黑　　na⁵⁵na⁵⁵na⁵⁵na²¹　最黑

3. 双音节基式部分单一重叠　双音节部分单重式指双音节形容词的第二个音节重叠一次构成的。这类重叠式的叠音词尾往往附带助词"mu³³"，表示程度加深，表达"较……的"之意。例如：

nɔ³³de³³　　　近　　　　nɔ³³de³³de³³mu³³　　　　较近的

ŋi³³mɤ²¹　　　酥软　　　ŋi³³mɤ²¹mɤ²¹mu³³　　　　较酥软的

χɔ⁵⁵ṣa²¹　　　干净　　　χɔ⁵⁵ṣa²¹ṣa²¹mu³³　　　　较干净的

pɚ⁵⁵khɚ²¹　　　困难　　　pɚ⁵⁵khɚ²¹khɚ²¹mu³³　　　较困难的

在纳苏彝语形容词重叠构成表达形式中，在原双音节部分单重构成式的基础上再重叠一次则构成更深层的加深义。加深义中的第四音节要发紧音并重读，同时不带助词"mu³³"。表示事物的性质或状态进一步加深，例如：

ŋi³³mɤ²¹mɤ²¹　　　较酥软　　　ŋi³³mɤ²¹mɤ²¹ŋi³³mɤ²¹mɤ²¹　　很酥软

χɔ⁵⁵ṣa²¹ṣa²¹　　　较干净　　　χɔ⁵⁵ṣa²¹ṣa²¹χɔ⁵⁵ṣa²¹ṣa²¹　　很干净

tshu³³bɤ²¹bɤ²¹　　胖墩墩　　　tshu³³bɤ²¹bɤ²¹tshu³³bɤ²¹bɤ²¹　　很胖

4. 双音节基式反复重叠　这种形式一般由双音节形容词完全重叠一次构成。双音节的单纯形容词和双音节的动宾式、偏正式、主谓式合成形容词都没有这种重叠式，只有双音节联合式的部分形容词才有这种重叠。例如：

phɚ²¹lɔ²¹　　　大方　　　phɚ²¹phɚ²¹lɔ²¹lɔ²¹　　　　大大方方

dzu³³gɚ³³　　　慌忙　　　dzu³³dzu³³gɚ³³gɚ³³　　　　慌慌忙忙

tɕhɚ³³dʑɚ²¹　　清醒　　　tɕhɚ³³tɕhɚ³³dʑɚ²¹dʑɚ²¹　　清清醒醒

bo³³gɚ²¹　　　稀疏　　　bo³³bo³³gɚ²¹gɚ²¹　　　　稀稀疏疏

tɕhɔ⁵⁵dʑɔ³³　　安逸　　　tɕhɔ⁵⁵tɕhɔ⁵⁵dʑɔ³³dʑɔ³³　　安安逸逸

pɚ²¹lɚ²¹　　　勤恳　　　pɚ²¹pɚ²¹lɚ²¹lɚ²¹　　　　勤勤恳恳

5. 附加叠音词尾式　附加叠音词尾式是在单音节形容词的词根后附加叠音词尾构成附加叠音词尾式。加叠音词尾后，有的表示程度加深，有的表示程度减弱。

a. 表示程度加深的。如：ŋɯ²¹"绿"/ŋɯ²¹me²¹me²¹"绿油油"，ne²¹"红"/ne²¹ʔʐɔ³³ʔʐɔ³³"红艳艳"，ɖʐɚ⁵⁵（油）亮/ɖʐ̠ɚ⁵⁵lɔ³³lɔ³³"亮汪汪"，na̠²¹"黑"/na̠²¹bɔ²¹bɔ²¹

"黑黢黢"。

b. 表示程度减弱。如：t ʂhɯ³³ "甜" /t ʂhɯ³³ mə³³ mə³³ "淡甜"，t ʂe³³ "酸" /t ʂe³³ ʈu³³ʈu³³ "淡酸"，khɔ³³ "苦" /khɔ³³ si³³ si³³ "（味）淡苦"，ne²¹ "红" /ne²¹ si³³ si³³ "微红亮"，bo̩²¹ "亮" /bo̩²¹ lo̩²¹ lo̩²¹ "微微亮"。

上述重叠形式再重叠，其程度比原来重叠式加深或减弱。例如：dʐ̩⁵⁵ lɔ³³ lɔ³³ "亮汪汪" /dʐ̩⁵⁵ lɔ³³ lɔ³³ dʐ̩⁵⁵ lɔ³³ lɔ³³ "银光闪闪"，nə̩²¹ bɔ̩²¹ bɔ̩²¹ "黑黢黢" /nə̩²¹ bɔ̩²¹ bɔ̩²¹ nə̩²¹ bɔ̩²¹ bɔ̩²¹ "油黑发亮" 等其程度比原来加深。如：khɔ³³ si³³ si³³ "（味）微苦" /khɔ³³ si³³ si³³ khɔ³³ si³³ si³³ "苦（味）很淡"，t ʂhɯ³³ mə³³ mə³³ "淡甜" /t ʂhɯ³³ mə³³ mə³³ t ʂhɯ³³ mə³³ mə³³ "甜（味）很淡" 等其程度比原来减弱。

需要说明的是：部分单音节名词或者动词的词根之后，亦可附加叠音词尾，构成附加叠音词尾式，如：mu²¹ "毛" /mu²¹ bɤ³³ bɤ³³ "毛茸茸"，ɣo̩²¹ "笑" /ɣo̩²¹ si³³ si³³ "笑嘻嘻" 等。

禄劝纳苏彝语形容词的上述五种重叠式主要表达程度加强或减弱。朱德熙认为形容词重叠"都包含了一种量的观念在内"[①]。这里所谓的"量"在纳苏彝语言形容词重叠式中同样表现出的"量"加强或减弱，即在表达情貌、性状时，在程度上的加强或减弱。

另外，纳苏彝语通过重叠亦可表示疑问，但表示疑问的重叠形式属于句法范畴，重叠后表示的句法功能与上述表示程度加深或减弱的构词手段有区别。表示疑问的重叠形式如下：

a. 单音节重叠疑问式。如：mu²¹ "高" /mu²¹ mu²¹ "高吗"，na̩²¹ "黑" /na̩²¹ na̩²¹ "黑吗"，t ʂe²¹ "酸" /t ʂe²¹ t ʂe²¹ "酸吗"。

b. 双音节重叠疑问式。如：ŋɔ⁵⁵ ndʐ̩hɔ³³ "疲惫" /ŋɔ⁵⁵ ndʐ̩hɔ³³ ndʐ̩hɔ³³ "疲惫吗"，lə²¹ mə³³ "暖和" /lə²¹ mə³³ mə³³ "暖和吗"，pə̩⁵⁵ khə̩²¹ "困难" /pə̩⁵⁵ khə̩²¹ khə̩²¹ "困难吗"。有必要说明的是双音节重叠疑问式仅限于双音节单纯形容词，双音节合成形容词均没有表示疑问的重叠形式。

二　词缀式

纳苏彝语形容词词缀是通过前加词缀的重叠构成的。它主要由单或双音节形容词加前缀"dʐ̩ɚ⁵⁵"的重叠式"dʐ̩ɚ⁵⁵ dʐ̩ɚ³³"构成。"dʐ̩ɚ⁵⁵"有"真……的"意思。重叠后的第二个音节因连续均变为中平（33）调。这种形式表示最深强调的意义。例如：dɯ²¹ "丑" /dʐ̩ɚ⁵⁵ dʐ̩ɚ³³ dɯ²¹ "最丑"，tshu³³ "胖" /dʐ̩ɚ⁵⁵ dʐ̩ɚ³³ tshu³³ "最胖"，t ʂhɯ²¹

---

① 朱德熙：《现代汉语形容词研究》，《语言研究》1956 年第 1 期。

"甜" /dʐɿ⁵⁵dʐɿ³³tʂhɯ²¹ "最甜"，ŋɔ⁵⁵ndʐhɔ³³ "疲惫" /dʐɿ⁵⁵dʐɿ³³ŋɔ⁵⁵ndʐhɔ³³ "最疲惫"，lə²¹mə³³ "暖和" /dʐɿ⁵⁵dʐɿ³³lə²¹mə³³ "最暖和"。

在纳苏彝语中，当要表达强调程度不同的疑问时，往往在表示疑问的单音节形容词重叠问式或双音节形容词疑问式前加词缀 "dʐɿ⁵⁵" 或其重叠式 "dʐɿ⁵⁵dʐɿ³³" 来表达。

在单音节或双音节形容词重叠疑问式前加 "dʐɿ⁵⁵" 则构成 "很……吗" 的强调疑问式。例如：

dʐɿ⁵⁵ʈhu²¹ʈhu²¹	很白吗	dʐɿ⁵⁵tshu³³tshu³³	很胖吗
dʐɿ⁵⁵pə⁵⁵khə̱²¹khə̱²¹	很困难吗	dʐɿ⁵⁵tʂhɯ³³tʂhɯ³³	很甜吗
dʐɿ⁵⁵ŋɔ⁵⁵ndʐhɔ³³ndʐhɔ³³	很疲惫吗	dʐɿ⁵⁵dʑo̱²¹dʑo̱²¹	很害怕吗？

dʐɿ⁵⁵ŋɔ⁵⁵ndʐhɔ³³ndʐhɔ³³ "很疲惫吗"，加重叠的 "dʐɿ⁵⁵dʐɿ³³" 则构成 "最……吗" 的强调疑问式。重叠后的前缀 dʐɿ⁵⁵ 的声调由（55）表位（33）调，例如：

dʐɿ⁵⁵dʐɿ³³ʈhu²¹ʈhu²¹	最白吗	dʐɿ⁵⁵dʐɿ³³tshu³³tshu³³	最胖吗
dʐɿ⁵⁵dʐɿ³³na̱²¹na̱²¹	最黑吗	dʐɿ⁵⁵dʐɿ³³dʑu²¹dʑu²¹	最瘦吗
dʐɿ⁵⁵dʐɿ³³lə²¹mə³³mə³³	最暖和吗	dʐɿ⁵⁵dʐɿ³³və³³və³³	最圆吗

彝语支阿细彝语形容词在表示语义程度的不同时，无论是单音节、双音节还是三音节，一般用语音的轻重（同时拖长）的不同来表达。当发音轻而短时，一般带有鄙视等义，发音重而长时，所表达的程度因重和长的差异逐步加深，并带有爱慕、尊敬等意义。如：[1]

tsɛ⁵⁵	美丽	tsɛ′⁵⁵	很美丽	tsɛ′′⁵⁵	最美丽	tsɛᵛ⁵⁵	不太美丽或不美丽
ʈho³³	白	ʈho′³³	很白	ʈho′′³³	最白	ʈhoᵛ³³	不太白或不白

另外，在凉山彝语形容词中也有这种表示语法意义的形式变化（构形形态），有表示级的范畴构形形态，具体表现在以下两组重叠形态（两组表达语法意义的形态变化语料由西南民族大学彝学院教授苏连科先生提供），如：

第一组

a³³A		a³³AA		a³³AABB	
a³³ni̥³³	红	a³³ni̥³³ni̥³³	较红	a³³ni̥³³ni̥⁴⁴tʂi³³tʂi³³	很红
a³³tsha³³	热	a³³tsha³³tsha³³	较热	a³³tsha³³tsha⁴⁴ɬɔ³³ɬɔ³³	很热
a³³ŋo³³	冷	a³³ŋo³³ŋo³³	较冷	a³³ŋo³³ŋo⁴⁴ti³³ti³³	很冷
a³³dʑi³³	生	a³³dʑi³³dʑi³³	较生	a³³dʑi³³dʑi³³tʂʅ³³tʂʅ³³	很生

第二组

---

① 武自立：《阿细彝语形容词的几个特征》，《民族语文》1981 年第 3 期。

AB		ABzɯ³³		ABdu³³	
da³³pa³³	矮	da³³pa³³zɯ³³	矮小	da³³pa³³du³³	很矮小
bo²¹lo³³	明亮	bo²¹lo³³zɯ³³	有点明亮	bo²¹lo³³du³³	很明亮
ba³³ɬa³³	薄	ba³³ɬa³³zɯ³³	有点薄	ba³³ɬa³³du³³	很薄
bi⁵⁵go²¹	空	bi⁵⁵go²¹zɯ³³	有点空	bi⁵⁵go²¹du³³	很空的
bu⁴⁴ŋgu³³	凸	bu⁴⁴ŋgu³³zɯ³³	微凸	bu⁴⁴ŋgu³³du³³	凸凸的

ABB		A mu³³ABB	
da³³pa³³pa³³	相当矮	da³³mu³³da³³pa³³pa³³	最矮
bo²¹lo³³lo³³	相当明亮	bo²¹mu³³bo²¹lo³³lo³³	最明亮
ba³³ɬa³³ɬa³³	相当薄	ba³³mu³³ba³³ɬa³³ɬa³³	最薄
bi⁵⁵go²¹go²¹	相当空	bi⁵⁵mu³³bi⁵⁵go²¹go²¹	最空
bu⁴⁴ŋgu³³ŋgu³³	相当凸	bu⁴⁴mu³³bu⁴⁴ŋgu³³ŋgu³³	最凸

而在纳苏彝语形容词中，表达比较程度的形态虽然没有像英语形容词那样严格的"级"的语法范畴，但在词义上具有"原级"、"加深级"和"最高级"的比较程度表达与区别。区别这三个等级不是靠词形变化，而是依靠词汇手段来表示。[①] 表达词义相对加深的三个等级的比较往往以词缀和重叠式两种构词形式来表示。词缀式可用于单音节或双音节形容词的等级比较，而重叠式只能用于单音节形容词的等级比较。词缀式和重叠式的原级均为原词。如：na²¹"黑"，t̪hu²¹"白"，dɔ²¹"平"等。重叠式的等级加深义比较中，单音节形容词的声调始终保持原调值，单一重叠和反复重叠的重叠音节因比较等级的强调和连读，原声调都变读为高平调（55），具如：

na²¹	黑	na⁵⁵na²¹	较黑	na⁵⁵na⁵⁵na⁵⁵na²¹	最黑
t̪hu²¹	白	t̪hu⁵⁵t̪hu²¹	较白	t̪hu⁵⁵t̪hu⁵⁵t̪hu⁵⁵t̪hu²¹	最白
dɔ²¹	平整	dɔ⁵⁵dɔ²¹	较平整	dɔ⁵⁵dɔ⁵⁵dɔ⁵⁵dɔ²¹	最平整
tɕi²¹	紧	tɕi⁵⁵tɕi²¹	较紧	tɕi⁵⁵tɕi⁵⁵tɕi⁵⁵tɕi²¹	最紧
χo²¹	硬	χo⁵⁵χo²¹	较硬	χo⁵⁵χo⁵⁵χo⁵⁵χo²¹	最硬

词缀式的加深级和最高级则分别在原级前加词缀"dʐɚ⁵⁵"和其重叠式 dʐɚ⁵⁵dʐɚ³³ 来表示。在等级比较中，前缀 dʐɚ⁵⁵ 有"很……的"或"真……的"意思。重叠式 dʐɚ⁵⁵dʐɚ³³ 有"最……的"之意。例如：

a. mbhe³³ ne²¹ ɣɯ⁵⁵ ɬə²¹ ŋo²¹ bə²¹ ȵe³³. 红的那件衣服是我的。

　　衣服　红　那　件　我　的　是

b. mbhe³³ dʐɚ⁵⁵ne²¹ ɣɯ⁵⁵ ɬə²¹ ŋo²¹ bə²¹ ȵe³³. 很红的那件衣服是我的。

　　衣服　很红　那　件　我　的　是

---

① 丁椿寿：《黔滇川彝语比较研究》，贵州民族出版社，1991，第 267 页。

c. mbhe³³　　dʐʅ⁵⁵dʐʅ³³ ne²¹　ɣ ɯ⁵⁵　ɬə²¹　ŋo²¹　bə²¹　n̥e³³.

　　衣服　　　最红　　　　那件　　我　的　　是

　　最红的那件衣服是我的。

重叠式的加深级和最高级则通过部分单音节形容词的重叠式来表达。重叠式的加深级和最高级的重叠分别与前述的单音节重叠式和单音节多重重叠式相同。例如：

a₁. a²¹ŋgho³³　çi⁵⁵　tʂhɔ³³　bo²¹　thi²¹　thu⁵⁵　su³³.　这扇新的门是他开通的。

　　　　门　　新　　这　扇　他　开通　的

b₁. a²¹ŋgho³³　çi⁵⁵çi³³　tʂhɔ³³　bo²¹　thi²¹　thu⁵⁵　su³³.

　　　　门　　很新　　这　扇　他　开通　的

　　这扇很新的门是他开通的。

c₁. a²¹ŋgho³³　çi⁵⁵çi⁵⁵çi⁵⁵çi³³　tʂhɔ³³　bo²¹　thi²¹　thu⁵⁵　su³³.

　　　　门　　最新　　　　这　扇　他　开通　的

　　这扇最新的门是他开通的。

需要说明的是，彝语言形容词中所谓"级"是指表示同类性质状态在不同程度上的差别而已。彝语形容词所表示的同类性质状态在不同程度上的差别涉及强弱的程度、宽窄的程度、大小的程度、高低的程度、明暗的程度、深浅的程度、浓淡的程度等。因此，纳苏彝语形容词在词义上所形成的强调程度加深"原级""加深级""最高级"的区分并不是概指严格意义的等级比较而言的。如最高级 çi⁵⁵çi⁵⁵çi⁵⁵çi³³"最新"是相对于 çi⁵⁵çi³³"很新"的词义加深义来区分的。

三　四音格式

四音格式是指纳苏彝语中部分单音节形容词的形式出现，通过前后附加陪衬音和垫音①及其声母间的屈折对应、元音和谐等有规律的语音变化构成四音格形容词。例如：

mɔ²¹　　mi³³　　li³³　　mɔ²¹　　lɔ²¹　　昏昏沉沉

昏　　"陪衬音"　"垫音"　昏　　"垫音"

ŋɚ²¹　　ŋi³³　　li³³　　ŋɚ²¹　　lɚ²¹　　迷迷糊糊

晕　　"陪衬音"　"垫音"　晕　　"垫音"

ɖɔ³³　　ɖɯ²¹　　lɯ²¹　　ɖɔ³³　　lɔ³³　　松松垮垮

松　　"陪衬音"　"垫音"　松　　"垫音"

---

① 陈士林、边仕明、李秀清：《彝语简志》，民族出版社，1985，第 65 页。

kɚ³³　　　ki³³　　　li³³　　　kɚ³³　　　lɚ³³　　　弯弯曲曲

弯　　"陪衬音"　　"垫音"　　松　　"垫音"

khɚ⁵⁵　　　khi²¹　　　li²¹　　　khɚ⁵⁵　　　lɚ³³　　　破钝不堪

缺（口）"陪衬音"　　"垫音"　　缺　　"垫音"

v i̠⁵⁵　　　vi²¹　　　li²¹　　　v i̠⁵⁵　　　l i̠³³　　　朦朦胧胧

（眼）花　"陪衬音"　　"垫音"　　（眼）花　"垫音"

禄劝纳苏彝语四音格形容词有以下的语音结构特点。

1. 前后附加陪衬音和垫音　这种结构均以单音节形容词作为核心音节（第三个音节），通过前后附加与核心词的声母或韵母相互等同对应的陪衬音和垫音来构成。如：ki³³li³³kɚ³³lɚ³³"弯弯曲曲"是在作为核心的单音节形容词kɚ³³（弯）前附加无意义的陪衬音"ki³³"和垫音"li³³"，其后附加"lɚ³³"构成。在这种语音变化形式中，附加的陪衬音"ki³³"的声母都跟核心词的声母等同对应，核心词前附加的垫音"li³³"声母都跟核心词后附加的垫音"lɚ³³"声母等同对应，核心词前附加的陪衬音和垫音（即第一个音节和第二个音节）的韵母均不受核心词韵母的影响，均为舌面前展唇高元音"i"，核心词后附加垫音的韵母与核心词的韵母保持一致。这种四音格形容词的第一个音节（陪衬音）的声母跟核心词的声母始终保持着等同的对应关系。例如：ɖɯ²¹lɯ²¹ɖ̥ɚ²¹lɚ²¹"破烂不堪"、zi²¹li²¹zɚ⁵⁵lɚ²¹"稀稀疏疏"、vi²¹li²¹vɚ⁵⁵lɚ²¹"游手好闲"等等，[①] 但这种声母的等同对应关系不是固定的。也就是说，当核心词的声母发音部位、舌位高低、是否送气、清浊塞擦等发生改变之时，第一个音节（陪衬音）的声母也要跟着变化。而第二个音节（垫音）的声母与第四个音节（垫音）的声母间等同对应是固定不变的，始终都是舌尖中边浊音"l"与"l"的等同对应。如：ɖɯ²¹lɯ²¹ɖ̥ɔ³³lɔ³³"松松垮垮"，khi²¹li²¹khɚ⁵⁵lɚ³³"破钝不堪"等。

2. 元音和谐　纳苏彝语四音格形容词的元音和谐分别表现在陪衬音与垫音（第一音节与第二音节）的韵母，核心词与垫音（第三音节与第四音节）韵母之间的一一对应和和谐、陪衬音与垫音韵母和谐对应均表现为固定的舌尖前高展唇元音"i"，如：mi³³li³³mɔ²¹lɔ²¹"昏昏沉沉"中的mi³³与li³³，khi²¹li²¹khɚ⁵⁵lɚ³³"破钝不堪"中的khi²¹与li²¹，ŋi³³li³³ŋɚ²¹lɚ²¹"迷迷糊糊"中的ŋi³³与li³³等。核心词与垫音韵母间的和谐表现为附加的垫音韵母（第四音节）随核心词的韵母的变化而变化，并始终保持与核心词韵母等同，构成一一对应的元音和谐。如前面所举实例：ɖɯ²¹lɯ²¹ɖ̥ɔ³³lɔ³³"松松垮垮"，ki³³li³³kɚ³³lɚ³³"弯弯曲曲"，khi²¹li²¹khɚ⁵⁵lɚ³³"破钝不堪"，ŋi³³li³³ŋɚ²¹lɚ²¹"迷迷糊糊"中后两个音节ɖ̥ɔ³³与lɔ³³、kɚ³³与lɚ³³、khɚ⁵⁵与lɚ³³、ŋɚ²¹与lɚ²¹等均属于核

---

① 禄劝彝族苗族自治县民族宗教事务局编《彝汉词典》（内部资料），1996。

心词与垫音韵母的一一对应的和谐。

3. 声调变化 纳苏彝语四音格形容词的声调的高低的变化主要取决于核心词声调的高低，核心词声调的高低，直接影响并制约着其后附加的陪衬音和垫音的声调变化。纳苏彝语四音格形容词的声调变化规律主要表现在以下两个方面。

a. 当核心词为低降（21）调或中平（33）调时，核心词前附加的陪衬音和垫音的声调为中平（33）调，核心词后附加的垫音的声调与核心词的声调相同。例如：$dʑi^{33}$ $li^{33} dʑu^{21} lu^{21}$ "消瘦不堪"、$di^{33} li^{33} de^{21} le^{21}$ "瘦瘦小小"、$pi^{33} li^{33} pɯ^{33} lɯ^{33}$ "鼓鼓囊囊"、$dʐɯ^{33} lɯ^{33} dɔ^{33} lɔ^{33}$ "松松垮垮"。

b. 当核心词为高平（55）调时，核心词前附加的陪衬音和垫音的声调均为低降（21）调时，核心词后附加的垫音的声调均为中平（33）调。例如：$vi^{21} li^{21} vi^{55} li^{33}$ "朦朦胧胧"、$ŋɖhɯ^{21} lɯ^{21} ŋɖhɔ^{21} lɔ^{21}$ "疲惫不堪"、$khi^{21} li^{21} kha^{55} lə^{33}$ "破钝不堪"。

在禄劝纳苏彝语形容词的变式类型中，虽然仅有部分单音节形容词具有这种四音格式，但在具体日常生活，用重叠式或词缀式不能够详尽地表达的要表达的对象（或事物）的情状、性质或动作、变化、发展等不同的状态或特征时，使用这种四音格式来表达，往往能使表达的内容更加详尽、生动和具体，收到很好的表达效果。

在纳苏彝语里，除上述的以单音节形容词为中心，通过前后附加陪衬音和垫音构成的四音格形容词之外，还有几类在内部结构或复合构成关系都与前述的四音格形容词完全不同的四音格形容词。这部分四音格形容词在构词形式上，作为构词基础的前两个音节和后两个音节往往前后对应，平等对立，词义上或者等同或者对立，四个音节综合的意义比较抽象、概括。如：$nə^{21} vi^{55} nə^{21} dʑi^{33}$（眼花缭乱）中的 $nə^{21} vi^{55}$ 与 $nə^{21}$ $dʑi^{33}$ 都具有"眼花"或者"视力不好"之意，它们联合起来构成四音格以后，前后对称，平等对立，构成的意义更为概括、抽象。又如 $çe^{55} be^{33} çe^{55} be^{33}$（阴雨绵绵）中后两个音节是前两个音节 $çe^{55} be^{33}$ "（雨或雪）稀面少"的重叠，联合起来构成四音格以后，前后两部分既平等对立、又互相对称，意义上也更为概括、形象，读起来朗朗上口，听起来和谐悦耳。这部分四音格形容词按结构可分四个基本类型：

1. ABCD 型 这种形式 AB、CD 的词义一般相辅相成，结合后表示两种事物性状或体貌上相近相成，表达事物情貌意义的加深或加强，AB、CD 可以单独使用。例如：

$pho^{21} be^{33} + ʂɿ^{55} dʐə^{21}$ 凌乱不堪	$mɔ^{33} pi^{21} + tɕa^{21} dʐu^{33}$ 暴跳如雷
布 散 + 搭 坏	身体放屁 + 手抓 心慌
$mi^{33} də^{55} + tshɔ^{21} gə^{21}$ 荒无人烟	$dʐɚ^{21} dʐu^{33} + phə^{55} fɔ^{21}$ 残枝败叶
地 荒 + 人 缺	杆 枯 + 叶 干

2. ABAC 型 这种形式 AB、AC 的词义一般相近或相同，结合后表示程度加深或两种性状兼而有之。AC 一般不能单用。例如：

ka̱^{21}zi̱^{55} + ka̱^{21}bɚ^{21}	花里胡哨	mu^{33}kɯ^{21} + mu^{33}ʂɚ^{21}	电闪雷鸣
花豹子 + 小花狗		雷 打 + 雷 撕	
le^{55}mu^{21} + le^{55}ma̱^{21}	欣喜若狂	ɦə^{33}lə^{21} + ɦə^{33}ʥa̱^{21}	狼吞虎咽
高兴做 + 高兴梦		馋 暖 + 馋 冷	

3. ABAB 型 这种形式是事或物 AB 情貌状描摹，表示情貌程度或性状的加强或减弱，是由 AB 情貌的重叠式形成的四音格词。例如：

tsə̱^{21}ʐu^{21} + tsə̱^{21}ʐə^{21}	蹑手蹑脚	tə^{21}lə^{21} + tə^{21}lə^{21}	重重叠叠
蹒跚拖走状 + 蹒跚拖走状		层叠状 + 层叠状	
ɖɚ^{55}go̱^{21} + ɖɚ^{55}go̱^{21}	马马虎虎	ʥi̱^{55}do̱^{21} + ʥi̱^{55}do̱^{21}	零零碎碎
狡猾玩 + 狡猾玩		零碎状 + 零碎状	

4. ABCB 型 这种形式 A、C 的词义一般相关，与 B 结合成四音格词后表示程度加深或加强意义。AB、AC 不能单用。例如：

tɕhi^{21}sə̱^{55} + no^{21}sə̱^{55}	沾沾自喜	tɕhe^{33}ɖɚ^{21} + ȵi̱^{21}ɖɚ^{21}	心满意足
脚卖弄 + 耳卖弄		满足 + 心满足	
tɕhi^{21}ŋɚ^{21} + no^{21}ŋɚ^{21}	呆头呆脑	ɣo^{33}gə^{21} + sə^{55}gə^{21}	精疲力竭
脚痴呆 + 耳痴呆		力量缺 + 力气缺	

结　语

纳苏彝语形容词非常丰富，其形态变化形式比较复杂，其功能强大而特殊。从整体上看，彝语支语言的形容词在复合构式上主要是以重叠式和词缀（或附加式）两种手段，二者常常同时并行。① 其主要作用是表示描摹事物特征、性状及状貌方面的状态、强调、主观意象、程度加深或减弱等。纳苏彝语的四音格形容词兼有重叠和词缀（附加）式相似特点的同时，也有它独特的形容词复合构式特点，故单独作为一种构词方式进行分析，这是十分必要的。因为纳苏彝语形容词的三种复合构式所表示的同类性质状态在不同程度上的差别都涉及强弱的程度、宽窄的程度、大小的程度、高低的程度、明暗的程度、深浅的程度、浓淡的程度等。本文仅是对这三种构式及其主要特点的初步分析和研究。

从纳苏彝语的重叠构式来看，基式所表达的事物的性质在重叠式里有所增减，这是重叠构式性质的程度量的变化，重叠式与基式相比，重叠式可表达出不同层次的感情色彩。从纳苏彝语体系中各种形容词基式具有的感情描绘色彩来看，它与生活中各类美的事物和美的表现有着深刻的联系。

---

① 马学良主编《汉藏语概论》，民族出版社，2003，第 99 页。

纳苏彝语的形容词复合形态类型是词在语言结构中不同用法的标志，实质上看是词的功能和表征。在纳苏彝语形容词的复合构式中，重叠、加词缀和四音格变式是比较常用（或惯用）的类型，其语法范畴不仅有表示强调意义的"情态"的范畴，同时也有表示强调程度不同语法范畴与功能；如在表达的方式上，有使用词汇手段的，即在同一词干上加不同的构词后缀（附加）来表达的，有使用语法手段构成不同的词形表达的，如文中纳苏彝语形容词的复合构式中表达比较意义的"级"的范畴，就属这类形式。

另外，从纳苏彝语形容词的复合构式类型中还可以看出，每个词都有几个形式构成聚合体，聚合体的各个形式往往涉及两个或两个以上交叉的类，形成不同的屈折范畴。

A Study of the Variant Types of Adjectives in Nasu Yi Subdialect

Abstract：There is a diversity of adjective morphology in Nasu Yi subdialect, and its construction is very complicated. The popular constructions of adjectives in Nasu Yi are reduplication, affix and four – syllable idioms. The variant types of adjective in Nasu Yi not only mark the different uses of adjective and they express different function and iconicity, but also represent intensification and comparison.

Keywords：Nasu Yi Subdialect　Adjective　Complex Construction

原载于《贵州民族研究》2016 年第 11 期

维吾尔语 bol – "是、成为"之语法化

木再帕尔

摘 要 语法化指一个词汇词（lexical word）或词组失去一部分或全部词汇意义，进而发挥语法功能的一个过程。与众多词类的语法化相比，动词的语法化最为复杂，一次性梳理其语法化过程的难度很大。对维吾尔语使用频率较高的动词 bol – "是、成为"进行分析，可以探讨其自古至今的使用情况和语法化路径。

关键词 语法化　bol –　维吾尔语

一　引言

语法化指一个词汇词（lexical word）或词组失去一部分或全部词汇意义，进而发挥语法功能的一个过程。语法化有相互关联的四个机制：去语义化、扩展、去范畴化、销蚀。[①] 从这个角度来讲，语言中几乎所有的词都会经过语法化过程，只不过不同词类的语法化形式不同罢了。不管怎么样，从语法化的时间上来讲，语法化的等值是相等的。比如维吾尔语的数词 bir 与动词体语缀 – wat（< –°p yat –，动词之进行体）相交，由于其语音形式一直没变，而 – wat 在语音和语义上有较大变化，因此使人误以为 bir 的语法化程度比较低。然而从时间上来看，二者的语法化等值是相等的。

除此之外，不同语言所使用的语法化手段可能有差异。我们在考察不同词类之间的语法化路径时发现，不同语言采取不尽相同的形形色色的语法化手段。这种情况不仅存在于现代语言中，在古代语言中也比较普遍。我们发现有动词和名词演变成动词时态的现象，这与维吾尔语的语法化有着很明显的对照。因为维吾尔语虽然存在动词演变成动词时态的语法化路径，可尚未发现维吾尔语名词变成动词时态的现象。比如

---

① Bernd Heine，Tania Kuteva，*World Lexicon of Grammaticalization*，Cambridge：Cambridge University Press，2004.

粟特语表示进行体意义的附加成分 - skun（如 ܪܐܡܣܩܘܢ（ram - skun "我在举"，ܘܝܢܣܩܘܢ wēn - skun "你在看"，ܐܙܘ ܡܝܪܐܡܣܩܘܢ əzu miram - skun "我正在死去"，ܪܘܣܬܡܝ ܢܦܝܣܬܣܩܘܢ rustəmi nəpēst - skun "Rustam 在写"）是由动词 əskəw -（< * skun 或 * skōn < skawan）"住、是"演变而来的（比较维吾尔语动词 tur - "住，站" - 的语法化，可参见力提甫·托乎提的相关文章①）；表示将来时意义的附加成分 - kam 或 - kan（ܒܪܬܐܩܐܡ βərθa - kām "你将举起"，ܫܘܝܡܩܐܢ šəwēm - kān "我们将走"）是从表达愿望的名词演变而来的。这些附加成分还有 "是、变成" 之义：ܐܘܐܡܣܩܘܢ uam - skun "我将是"，ܐܘܬܩܐܡ ōt - kām "他将是"，等等。②

现代维吾尔语也有名词通过语法化变成附加成分的情况③，但还未发现名词变成动词或动词时态的现象。那么语法化到底与什么有关系呢？某一词的语法化可能与该词出现的时间、音节长度、使用频率及其语义变项有关。如果已知词出现的时间早，音节长度比较长，而且属于容易语法化的词类，它的语法化程度就越高，反之亦然。比如维吾尔语中最长的词 qalaymiqansizlašturalmaywatidi ǧanliqiŋlardinmikintaŋäy（قالايمىقانسىزلاشتۇرالمايۋاتىدىغانلىقىڭلاردىنمىكىنتاڭەى，54 个音）"估计是很有可能由于你们正在不能搞成非扰乱化的原因吧" 假如有足够的时间长度，它不仅会在语音形式上发生变化即销蚀，而且在语义场和语义范畴等方面也会发生一系列变化。一般来说，动词类的语法化程度比较高，复合词也容易语法化。

与众多词类的语法化相比，动词的语法化最为复杂，一次性梳理其语法化过程的难度很大。本文选择维吾尔语使用频率比较高的动词 bol - "是、成为"，试图探讨其自古至今的语法化路径。

二 bol - 的词源

bol - "是、成为" 是维吾尔语自古至今使用频率比较高的一个动词。它既作主动词，又作助动词；既作体动词，又作轻动词。现代维吾尔语中其词汇意义和语法意义加起来多达 30 多种。比如 "发生、生长、丰收、行、可以、熟、出生" 等词汇意义；"是、当、成" 等系动词意义；作助动词，表示完成体；其共同态形式 boluš - 有 "偏袒、合得来" 之义，使动态形式 boldur - 表示 "发酵" 等义。④ 从中可以看出，它在保留最初的形式和意义的同时派生出许多附加功能。在土耳其语中，bol - 的对应形式 ol

---

① 力提甫·托乎提：《论维吾尔语动词 tur - 在语音和语法功能上的发展》，《民族语文》1997 年第 2 期。
② Prods Oktor Skjærvø, *An Introduction to Manichean Sogdian*, 内部资料（PDF 版），2007，第 25~26 页。
③ 木再帕尔：《维吾尔语名词与人称、格成分的语法化》，《满语研究》2017 年第 1 期。
④ 阿布力孜等编《维吾尔语详解辞典》（维吾尔文），民族出版社，1999，第 475~477 页；新疆维吾尔自治区语言文字工作委员会编著《维汉大词典》，民族出版社，2006，第 154~155 页。

也有 40 多种意义。①

Bol - 在众多阿尔泰语系语言中都是个音义相同的同源词。Sergei Starostin 等将其原形构拟为 * bōlo（ ~ - e）"是，变成"：蒙古语 * bol - ；突厥语 * bōl - ；日语 * bər - 。每个语族中的具体形式如下。②

原始突厥语 * bol - "变成"：古突厥语 bol - （Orkh. ，OUygh）；喀喇汗突厥语 bol - （MK，KB）；土耳其语 ol - ；嘎嘎乌兹语 ol - ；阿塞拜疆语 ol - ；土库曼语 bol - ；撒拉语 vol - 、vō - 、bō - （Тен. ССЯ）；哈拉吉语 o̤l - ；中古突厥语 bol - （Abush. ，Sangl. ）；乌兹别克语 bu ul - ；维吾尔语 bol - ；卡拉依木语 bol - ；塔塔尔语 bul - ；巴什基尔语 bul - ；柯尔克孜语 bol - ；哈萨克语 bol - ；卡拉恰衣—巴尔卡尔语 bol - ；卡拉卡尔帕克语 bol - ；库木科语 bol - ；诺盖语 bol - ；西部裕固语 pol - ；哈卡斯语 pol - ；绍尔语 pol - ；山地阿勒泰语 bol - ；图瓦语 bol - ；楚瓦什语 pol - ；亚库特语 puol - ；多尔干语 buol - 。

原始蒙古语 * bol - "变成"：中古蒙古语 bol - （IM，SH，HYt）、bul - （MA）；书面蒙古语 bol - （L 114）；喀尔喀语 bol - ；布里亚特语 bolo - ；卡尔梅克语 bol - ；鄂尔多斯方言 bol - ；阿富汗莫戈勒语 bolu - ；达斡尔语 bol - （Тод. Дар. 127）、bole - （MD 125）、bolo - ；东乡语 bolu - 、volu - （MGCD：olu - ）；保安语 ol - ；东部裕固语 bol - ；蒙古尔（土族语）boli - （SM19）、ōli - （SM296）、（MGCD：ulə - ）。

原始日语 * b ər - "是"（БЫТЬ）：古日语 wor - ，中古日语 wór - ，东京方言 oór - ，京都方言 oór - ，鹿儿岛方言 oór - 。

突厥语族语言和蒙古语族语言的情况充分体现了阿尔泰语系语言中词首 b > v > - 的演化过程，即 bol - > vol - > ol - 。

著名阿尔泰学家、汉学家 Jerry Norman 也认为阿尔泰语言的 bol - 是个同源词。如早期书面突厥语 bol - "成为，变为"；土库曼语 bol - ；维吾尔语 bol - ；哈萨克语 bol - ；土耳其语 ol - ，olgun "熟"；蒙古语 bol - "成为、熟"；鄂温克语 bolo - "成为秋天，入秋"，bolo "秋天"；纳奈语 bolo；满语 bolori。被构拟为 * bolo - "熟，秋天"的形式在各语族语言中也表示相近的意思。如 bolo - "熟，秋天"；蒙古语 bol - "变熟"；鄂温克语 bolo - "变秋天"，bolo "秋天"；满语 bolori。楚瓦什语 pul - "变熟"，维吾尔语 bol - "熟，准备好"。③

---

① Yaşar Çağbaylr, *Orhun Yazitlarindan Günümüze Türkiye Türkçesinin Söz Varliği*, Istanbul：Şenyıdız Matbassaı, Istanbul，2007，pp. 3608 - 3610.

② 内容引自 Sergei Starostin，Anna Dybo，Okg Mudrak，Etymological Dictionary of Altaic Languages，Brill，Leiden Boston，2003，第 164 页。

③ 这些语料引自已故教授 Jerry Norman 于 2004 ~ 2005 年度在中央民族大学教博士生《阿尔泰语言学》课程时本人所整理的上课记录。

由于共同阿尔泰语（CA）的 $^*l_2$ 演变为共同突厥语（CTk）的 š，共同蒙古语的（CM）的 l 以及共同满通古斯语（CTg）的 l，bol－还会有如下派生形式：早期书面突厥语 bïš－"熟、煮熟了"；土库曼语 biš－；维吾尔语 piš－；哈萨克语 pïš－；亚库特语 bus－；蒙古语 bolja"烂、煮烂的"，boljala－"煮熟；煮到骨肉分开"。[①] bol－和 bïš－有语音对应关系和同源关系。根据语音对应理论，可以推断后者源自前者，其最初形式也为 bol－。

关于 bol－的形式和语义，其他学者也提出了类似的观点，在此不再赘述。通过分析这些学者的观点，我们可以归纳 bol－一词在共同阿尔泰语时期就至少具备了"熟；发生"之词汇意义和"成为，是"之系动词意义。如果超出单语系范围来讨论该问题的话，我们会发现 bol－不仅仅是个阿尔泰语系语言的同源词。Allan R. Bomhard 在 *A Comprehensive Introduction to Nostratic Comparative Linguistics：With Special Reference to Indo-European* 一书中认为 bol－在原始诺斯提拉特语（Proto－Nostratic，即泛欧亚语系）中也是个同源词，被构拟的 *bul－（~ *bol－）有几种派生形式。[②] 其扩展形式为：(vb.) *bul－V－ǵ－"熟、茂盛、盛开、作物长势好、成长、发芽、成熟"；(n.) *bul－ǵ－a"增加、生长、熟、成熟、繁盛"。由以下形式派生：(vb.) *bul－"膨胀、扩展、展开、溢出、使膨胀、上涨"；(n.) *bul－a"表示数量很多、扩大、传播、膨胀、吹"。

原始亚非语（Proto－Afrasian）*bul－Vǵ－"生长、成熟"：原始闪米特语（Proto－Semitic）*bal－aǵ－"熟、成熟、青春期" > 阿拉伯语 balaǵa"到达、青春期、成熟、熟"；Ḥarsūsi 语 belōǵ"到达"，bēleǵ"到达青春期，成熟"；Mehri 语 bēləǵ"到青春期、成熟"，bōleǵ"青年、成年人"；ṣ̌ḥeri / Jibbāli 语 béləǵ"到达青春期"。

达罗彼荼语（Dravidian）：泰米尔语 poli"茂盛、繁荣、丰富、增加、长寿"，polivu"繁荣、充裕"，pular"（作物）熟"；Malayalam 语 poliyuka"积累"，polikka"测量玉米堆"，poli、policcal、polippu"增加"，polivu"积累、捐赠"，polima"增加、很棒"；Kannaḍa 语 hulisu"大量增加、繁荣、发财"，hulusu"增加、富裕"；Kannaḍa 语 poli（poliv－、poliñj－）"增加"；Tuḷu 语 poli"增加、富裕"，pollusu、polsu"得到、运气"，pollelu"富裕、增加"；Telugu 语 poli"获得"。

原始印欧语（Proto－Indo－European）*bʰulʕɦi－/*bʰolʕɦi－，*bʰolʕɦi－ > *bʰlō－（后来还有 *bʰlē－）"盛开，发芽"：希腊语 φύλλον"叶子"，拉丁语 folium"叶子"，

---

① 这些语料引自已故教授 Jerry Norman 于 2004～2005 年度在中央民族大学教博士生《阿尔泰语言学》课程时本人所整理的上课记录。

② Allan R. Bomhard，*A Comprehensive Introduction to Nostratic Comparative Linguistics：With Special Reference To Indo－European*，Charleston，2015，pp. 71－73.

flōs"花，开花"；古爱尔兰语 bláth "花"；哥特语 blōma "花"；古冰岛语 blóm "盛开、开花、花"，blae "植物叶子"；古英语 blōwan "盛开，开花"，blēd "嫩芽，水果，花"，blæd "叶子，叶片"，blōstma "花、开花"；古西弗里斯兰语（Old West Frisian）blām "花、开花"；古撒克逊语（Old Saxon）blōmo "花、开花"，blōian "开花"，blad "叶子、叶片"；荷兰语 bloeien "开花"；古高地德语（Old High German）bluoen，bluojan "开花"（新高地德语 blühen），bluomo "花、开花"（新高地德语 Blume），bluot "花、开花、盛开"（新高地德语 Blüte），blat "叶子、叶片"（新高地德语 Blatt）；吐火罗语 A（Tocharian A）pält，吐火罗语 B pilta "叶子"。Rix 1998a：72 *bʰleh₁ – "开花"；Pokorny 1959：122 *bhel –，*bhlē –，*bhlō –，*bhlə – "叶子、花"；Walde 1927—1932. II：176—177 *bhel –，*bhlē –，*bhlō –；Mann 1984—1987：85 *bhlōs – (*bhlō i̯ –) "花"，122 *bh ǔlos，– ō (n)，– i̯om "叶子、膜、薄层"；Watkins 1985：7 *bhel – 和 2000：9—10 *bhel – "繁荣，盛开"；Gamkrelidze—Ivanov 1984. II：468 *b$^{[h]}$el –/*b$^{[h]}$loH –/*b$^{[h]}$lH̥ – 和 1995. I：389 *bʰel –/*bʰloH –/*bʰlH̥ – "吹，膨胀"；Mallory—Adams 1997：207 (?) *bhlohxdhos "花"，*bhel – "开花"；Boisacq 1950：1041 *bhel (e) –，*bh (e) lē –，*bh (e) lō –；Hofmann 1966：406 *bhel –，*bhlō –；*bhlō – t –，*bhlē – t –，*bhlə – t –；Frisk 1970—1973. II：1050—1051；Chantraine 1968—1980. II：1232—1233 *bhel –；Sihler 1995：42 *bholyom；Walde—Hofmann 1965—1972. I：518—519 *bhlō – (：*bhlē –，*bhlə –) 和 I：423—5^{24} *bhel – (*bhlē –，*bhlō –)；Ernout—Meillet 1979：241 *bhlō – 和 244 *bhel –，*bhol –；De Vaan 2008：230 *dʰolH – io – "叶子"；Orël 2003：50 原始日耳曼语（Proto – Germanic）*blōmōjanan，*blōmōn；Kroonen 2013：70 *blōman – "花"；Feist 1939：100 *bhlē –；Lehmann 1986：76 *bhel –，*bhlō – "开花"；De Vries 1977：41 *bhlō – 和 45 *bhlō –；Klein 1971：84 *bhlō –，*bhlē –，*bhlā – 和 86；Onions 1966：98，101 和 102；Kluge—Mitzka 1967：82，86 和 87；Kluge—Seebold 1989：90 *bhel –，93 和 94；Adams 1999：388；Van Windekens 1976—1982. I：358。

D. 尤卡吉尔语（Yukaghir）（Southern / Kolyma）polži č ə "叶子"。Nikolaeva 2006：356—357。

E. 原始阿尔泰语（Proto – Altaic）*bōlo – "是，成为"：原始蒙古语（Proto – Mongolian）*bol – "是，成为" > 中世纪蒙古语（Classical Mongolian）bol – ："是，成为，存在，可以"；鄂尔多斯方言 bol – "是，成为"；喀尔喀语（Khalkha）bol – "是，成为"；布里亚特语 bolo – "是，成为"；东部裕固语 bol – "是，成为"；卡尔梅克语 bol – "是，成为"；土族语（Monguor）boli –，ōli – "是，成为"；达斡尔语 bol –，bole –，bolo – "是，成为"。原始突厥语（Proto – Turkic）*bōl – "是，成为" > 古突

厥语 bol –（额尔浑碑铭，回鹘语文献）"是，成为"；喀喇汗突厥语 bol –"是，成为"；土耳其语 ol –"是，成为"；嘎嘎乌兹语 ol –"是，成为"；阿塞拜疆语 ol –"是，成为"；土库曼语 bol –"是，成为"；乌兹别克语 b ụl –"是，成为"；卡拉依木语（Karaim）bol –"是，成为"；塔塔尔语 bul –"是，成为"；巴什基尔语 bul –"是，成为"；吉尔吉斯语 bol –"是，成为"；哈萨克语 bol –"是，成为"；诺盖语 bol –"是，成为"；图瓦语 bol –"是，成为"；楚瓦什语 pol –"是，成为"；亚库特语 buol –"是，成为"。Poppe 1960：99 和 1955：29，30，59，99；Street 1974：9 ˚bōl "是，成为"；Starostin—Dybo—Mudrak 2003：372—373 ˚bolo "是，成为"。

爱斯基摩—阿留申语（Eskimo – Aleut）：阿留申语（Aleut）hula –"黎明、（日月）初、变成新（月）、早上发生"，Atkan 语"开花"。Fortescue—Jacobson—Kaplan 1994：268。

苏美尔语（Sumerian）bulu g̃₃ "生长、使生长"。Buck 1949：8. 56 叶子；8. 57 花；12. 53 生长（＝变大）。Bomhard—Kerns 1994：206—207，no. 11；Illi č – Svity č 1971—1984. I：181—182，no. 16，˚bolʔi "（植物）生长"。

三 bol – 在文献中的语义表现

Bol – 在古突厥语和回鹘语文献中使用广泛，基本上带有"变成、是"之义。与带着相反含义的 er –"变成、是"相比，bol – 原先表示一种状态的变化。Bol – 很早就开始失去其独有的特征和意义边界并靠近"变成"之义，以至于当 er – 的有些特征消失时，它们通常被 bol – 的特征所替代。不知何故，bol – 很早就开始退出西部语支语言。可能通过一种 w 音中介，西部语支现在只有 ol – 的形式。①

维吾尔语中，bol – 的形式和基本语义保留未变，实际言语中还发音为 vol –。根据力提甫·托乎提②，"变成、是"之义的 bol – 是虚义动词，有系动词功能，也有体助动词的功能，还有构词轻动词功能。作为系动词的 bol – 就有"成为、当成、是"等意义。下面，根据这些理论和观点，我们分析古代文献中的一些例句。

（一）古代突厥碑铭文献中 bol – 的用法

根据力提甫·托乎提对 bol 的功能所做的定义，bol – 在古代突厥碑铭文献中主要作系动词，与 yoq 结合时作构词轻动词。bol – 在古代突厥碑铭文献中写为 **𐰉𐰆𐰞**，比如 **𐰀𐰔𐰃 𐰦𐰺 𐰲 𐰀 𐰚𐰼𐰏𐰚 𐰉𐰆𐰞𐰢𐰾** özi an č a kärgäk bolmïš "他本人去世了"③（Mehmet Ölmez 2017：

---

① Sir Gerard Clauson, *An Etymological Dictionary of Pre – Thirteenth – Century Turkish*, Oxford：Clarendon Press, 1972, p. 331.

② 力提甫·托乎提：《现代维吾尔语参考语法》，中国社会科学出版社，2012，第 190～191 页。

③ Mehmet Ölmez, *Köktürkçe ve Eski Uygurca Dersleri*, Istanbul：Kesit Yayinlari, 2017, p. 174.

174）。以下分类解释。

1. "变成"义：此义为 bol – 的基本语义。如：

Yoq boltï "被消灭了"，qubranïp yäti yüz boltï "聚合起来为七百人"①。

Türk bodun ölti, alqinti, yoq bolti

突厥人民死亡、衰微和消灭了？②

Il yämä il bolti, bodun yämä bodun bolti.

国家才成为国家，人民才成为人民。③

Özüm qari boltim，ulu ǧ boltim.

我自己已衰老年迈了。④

Tirilip yätmiš är bolmiš.

聚集起来是七十人。⑤

Inim kül tigin är at bolti.

我弟受成丁之名。⑥

2. "是"义。bol – 与表示条件的 – sar/sär 结合后表示"如果…是"之义。如：yuyqa qalïn bolsar（要是薄的东西变成厚的），yin č gä yo ǧun bolsar（要是细的变成粗的）。⑦

3. "有"义：这是 bol – 的基本意义之一。如：Türk bodun qanïn bolmayïn（由于突厥人民没有自己的汗）。⑧

4. "生、创造"义。突厥和回鹘可汗们的头衔中经常出现"天所生的"这一结构。其中"生"义由 bol – 来表示。本来表示"是、变成"义的 bol – 同样表示"有、生"义在逻辑上也是合乎情理的事。如：Täŋri täg täŋridä bolmïš bilgä qa ǧan（我，像天一样的，天所生的突厥毗伽可汗）⑨；Täŋridä bolmïš il etmiš bilgä qa ǧan（天所生的建立国家的英明的可汗）⑩。

5. 与 yoq、kärgäk 等词结合，具有构词轻动词的功能。如：Bun č ä törüg qaz ǧanïp inim kül tigin özi an č a kärkäk boltï（我弟阙特勤如此努力于建立法治之后去世了）⑪。

---

① 耿世民：《古代突厥文碑铭研究》，中央民族大学出版社，2005，第 95 页。
② 耿世民：《古代突厥文碑铭研究》，中央民族大学出版社，2005，第 95 页。
③ 耿世民：《古代突厥文碑铭研究》，中央民族大学出版社，2005，第 106 页。
④ 耿世民：《古代突厥文碑铭研究》，中央民族大学出版社，2005，第 106 页。
⑤ 耿世民：《古代突厥文碑铭研究》，中央民族大学出版社，2005，第 123 页。
⑥ 耿世民：《古代突厥文碑铭研究》，中央民族大学出版社，2005，第 129 页。
⑦ 耿世民：《古代突厥文碑铭研究》，中央民族大学出版社，2005，第 97 页。
⑧ 耿世民：《古代突厥文碑铭研究》，中央民族大学出版社，2005，第 94 页。
⑨ A. Von Gabain, *Alttürkische Grammatik*, Wiesbaden: Otto Harrassowitz, 1974, p. 247.
⑩ 耿世民：《古代突厥文碑铭研究》，中央民族大学出版社，2005，第 206 页。
⑪ 耿世民：《古代突厥文碑铭研究》，中央民族大学出版社，2005，第 129 页。

Qatun yoq bolmïš ärti.

（可敦死了）①。

6. 有疑问的"获得、得到"义。无论在古代文献或在现代语言中都未发现 bol - 有"获得、得到"义，而语音与其相近的另一个词 bul - 正好有此意义。由于不同学者采取不同的转写原则，出现了同一个词的不同处理方式，结果使 bol - 具有了"获得、得到"义。比如下例中**ﻟﻭﻭ**被转写为 bol -：Täŋridä qut bolmiš el tutmiš alp qutlu g̓ külüg bilgä bögü qa g̓an（获得了上天福分的管理国家的勇敢的有福分的有名望的英明的 bögü 可汗）。②

耿世民把同一个词转写为 bul - ③，而 Mehmet Ölmez 一概转写为 bol -：Ay täŋridä qut bolmïš alp kü č lüg bilgä qa g̓an（从月神获得福分的勇敢的强大的英明的可汗）④；Kün täŋridä ulu g̓ bolmiš alp kü č lüg bilgä qa g̓an（从太阳神获得伟绩的勇敢的强大的英明的的可汗）⑤。

这里出现差异的主要原因是古突厥语的 **ﺡ** 有 o，u 两种读法，因此**ﻟﻭﻭ**有 bol - 和 bul - 这两种可能的转写法。耿世民在 116、206 页处理为 bol -，在 22 页处理为 bul - ⑥。Mehmet ölmez 一概撰写为 bol - ⑦。其中，bul - 有"获得、得到"之义，而 bol - 从未出现这种意义。比如，《突语大词典》**ﺑﻟﺩﻯ** buldï："传、得到、找到"⑧。上例中的**ﻟﻭﻭ**就是有"得到"之意，所以以上三个例子中的 bol - 均该转写为 bul -。用其他文字写成的文献中也不分 o，u。如回鹘文**ﺏﻭﻝ**，摩尼文**ﺏﻭﻝ**，都有 bo、l - 和 bul - 这两种可能的读法。遇到类似的情况，必须根据上下文的意义来处理。如此一来，bol 的"获得、得到"义可以被否定。

从以上的例句可以看到，古突厥文献中 bol - 的主要意义是"变成、成为、是"，此外还有"生、有"等实义。它的系动词功能最为突出，而原始阿尔泰语的"熟、发生"之义未出现。

（二）回鹘语文献中 bol - 的用法

回鹘语文献的内容丰富，涉及面广，包括佛教、摩尼教、基督教、景教（即聂斯托里教，Nestorian）以及喀喇汗王朝的伊斯兰教文献。在这些文献中 bol - 的

① 耿世民：《古代突厥文碑铭研究》，中央民族大学出版社，2005，第 101 页。
② 耿世民：《古代突厥文碑铭研究》，中央民族大学出版社，2005，第 220 页。
③ 耿世民：《古代突厥文碑铭研究》，中央民族大学出版社，2005，第 22 页。
④ Mehmet Ölmez, *Köktürkçe ue Eski Uygurca Dersleri*, Istanbul：Kesit Yayinlari, 2017, p. 27.
⑤ Mehmet Ölmez, *Köktürkçe ue Eski Uygurca Dersleri*, Istanbul：Kesit Yayinlari, 2017, p. 22.
⑥ 耿世民：《古代突厥文碑铭研究》，中央民族大学出版社，2005，第 101 页。
⑦ Mehmet Ölmez, *Köktürkçe ue Eski Uygurca Dersleri*, Istanbul：Kesit Yayinlari, 2017, p. 27.
⑧ 麻赫默德·喀什噶里：《突厥语大词典（汉文版）》，民族出版社，2002，2：22。

基本意义未变,“是、变成”义还是其最基本的意义。Bol – 用回鹘文写为 ♦♦,如 ig tägip munta ġ körksüz bolup yatur(因为得了病,如此难看地躺着)①,用回鹘摩尼文写为 ♦♦,如 Biligsiz ögsüz boltuqumuz ü č ün(由于我们是无知无慧的人)②,用叙利亚文写为 ♦♦(pol –),如 yat polsun(Chwolson)“愿作纪念”。下面分类举例解释。

1.“变成、是”义

Sizlär anï üü č ün okïtmïš boltuŋuzlar

你们就因此而被请过来。③

nom nomlamakta uz boltïlar.

他们在布道佛法方面变得非常熟练④.

tonguz č ï balïq č ï käyik č i ang č ï tuzaq č ï boltumuz ärsär. tor č ï č ïw ġa č ï quš č ï itär č i u č u ġma ba ġ rïn yorï ġma tïnl ġ – larï ġ ölürgü č i boltumuz ärsä it ätin sat ġu č i boltumuz ärsär.

如果我们养猪、钓鱼、狩猎或捕鸟;如果我们布网捕鸟并杀死飞鸟走兽;如果我们卖狗肉……⑤

amtï č a ṡtanï elig közünmäz bolup bardï.

现在, č aštani 王变得完全隐形(消失)⑥。

2. bol – 与第三人称祈使语气成分结合,表示愿望。

Yma anvam yutzunguz bolzun.

愿 anvam 成为您的妻子。

Ayag kïlïn č larï al〔*…〕mun č ulayu ok ökünmiš bošunmïš kšantï kïlmïš bolz – unlar.

对自己的罪过……就这种方式进行忏悔、宽恕和原谅吧⑦。

Ol üdkä k(a)mag t(ä)ŋrilär m(ä)ŋigü ögrün č ülüg s(ä)vin č lig bolgaylar.

那时,诸神们会永远快乐幸福⑧。

(3)bol – 作轻动词,如:Adak asra bol –“被征服”,yok yodun bol –“被毁坏”。⑨

---

① A. Von Le Coq, *Ein Christliches und ein manichäisches Monuskiiptfragment in türkischer Sprache aus Turfan*, Per Berlin Akademie der Wissenschaft, Gesammtsizung, 1909, p. 1209.

② A. Ven Le Coq, *CHUASTUANIFT, Ein Sündenbekenntnis. Der Manichäischen Auditores*, Gefunden In Turfan, Aus Den Anrang Zu Den Abhandlungen Der Königl, Preuss, Akademie Der Wissenschaften, 1910, p. 10.

③ Marcel Erdal, A Grammar of Old Turkic, Leiden:Brill Academic Publishers, 2004, p. 275.

④ Marcel Erdal, *A Grammar of Old Turkic*, Leiden:Brill Academic Publishers, 2004, p. 280.

⑤ Marcel Erdal, *A Grammar of Old Turkic*, Leiden:Brill Academic Publishers, 2004, p. 277.

⑥ Marcel Erdal, *A Grammar of Old Turkic*, Leiden:Brill Academic Publishers, 2004, p. 277.

⑦ Vorislamische alttürkische Texte, VATEC-Project der DFG, p. 550.

⑧ Marcel Erdal, *A Grammar of Old Turkic*, Leiden:Brill Academic Publishers, 2004, p. 255.

⑨ Marcel Erdal, *A Grammar of Old Turkic*, Leiden:Brill Academic Publishers, 2004, p. 229.

irin č üdä boš bolalïm "让我们摆脱罪恶和错误吧"①。作系动词：Xagan bol "变成国王"，kul bol "变成奴隶"，yagï bol "变成敌人"，yok bol "消失"②。这些例子中，我们不难看出 bol－起轻动词和系动词功能。bol－作系动词使用的情况比较多，在句子中主要作谓语。

（4）bol－与－GAli 目的副动词结合，表示行为动作的可能性。

如：bilgäli bolmadï "无法认出来"，tavrak bargalï bolmadï "无法急速到达"，näŋ olartïn ozgalï…bolmaz "无法逃避他们"，antakï kišilär bir täg äšidgäli boltïlar… nomlarïg "那边的人们同样能听到佛法"。③

这一结构还表示目的。如：Yertin č üdäki kamag užïk bilir baxšïlarka baxšï bolgalï sini［bi］rlä täŋäši užak bilir kiši yok（给世界上所有能读写的人做老师的人中没有像你这般会读写的人）。④

（5）与－p 副动词结合，表示完成体。回鹘语文献中出现这一形式具有特殊意义。因为这一形式虽然在现代语言中非常普遍，在文献中却很难看到。完成体形式出现在回鹘语文献中表明 bol－的完成体功能早就存在。比如：

Töläč konu［p og］urlap boltum.

（我把它们全部抢劫和偷走了）。⑤

bol－在回鹘语中就像其他动词一样，与所有的动词性词缀结合，表达不同的语法含义。如 bol č un－，bolmasun，bolgay，bolur，bolup，bolzun，bolmada č ï，boltï，bolu ber－，bolzunï 等。吐尔逊·尼亚孜在讨论维吾尔语中 bar－ "去"的语法化时，用表格形式列出了 bar－在古突厥语碑铭文献和回鹘语文献中的词义，文献中的形式，词干形式（包括肯定－否定、语态），人称（包括式、时、人称、数），非人称形式和出现频率统计。⑥ bol－作为使用频率非常高的动词，能够具有 bar－的所有语法特征是毫无疑问的。因此本文不用表格形式列出其特征。

在《突厥语大词典》（缩写为 DLT，）中，bol－的用法跟回鹘语文献中的用法一样。如：

ئر ئر بَلدِ är ïr boldï "人害羞了"，ئل أس بَلدِ ol üs boldï "他已经识别善恶了"。（DLT 1：40）

---

① P. Zieme, Ein Uigurisches Sündenbekenntnis, *Acta Orientalia Academiae Scientiarum Hungaricae*, 1969（22），p. 109.

② Marcel Erdal, *A Grammar of Old Turkic*, Leiden：Brill Academic Publishers, 2004, p.316.

③ Marcel Erdal, *A Grammar of Old Turkic*, Leiden：Brill Academic Publishers, 2004, p.259.

④ Marcel Erdal, *A Grammar of Old Turkic*, Leiden：Brill Academic Publishers, 2004, p.411.

⑤ Vorislamische alttürkische Texte, VATEC-Project der DFG, p. 288.

⑥ 吐尔逊·尼亚孜：《试读书吾尔语中 bar－ "去"的语法化》，《民族语文》2006 年第 3 期。

其共同态形式与现代维吾尔语一样表示"祖护"。如：

الَ مَنكَ بُلْشْدِ ol maŋa bolušdï "他祖护我了"（DLT 2：106）

3. 近代维吾尔语

近代维吾尔语作为古代维吾尔语（回鹘语）和现代维吾尔语的过渡期，既保留和发展了古代维吾尔语原有的形式，又为现代维吾尔语提供了更丰富的语言资料。见如下几例。

ol qarïndaš kim nafs asīr – i tur – ur ne qarïndaš bol – ur ne yaqïn

变成肉体欲望之奴隶的兄弟既不是兄弟也不是亲戚①

Qur ġandïn daryā bir oq atïmï bol ġay

从城堡到河里的距离有一箭射程？②

Lutf dušmangä körgüzür bolsang, dostluq sartïn ol tamām qïlur

如果你让敌人看到你的怜悯之心，他会完成他的友谊之行。③

bu elni kiši man ' qïlïp bolmas

没人能够制止这些人。④

mundaq otī ki tutašïp dur manga, bolmas turup

如此这般的火点在我心中，不得止之。⑤

bol – 可以形成及物和不及物动词，如 afgār bol "受到伤害"，dāhil bol "进入"，fāri ġ bol "做完、完成"，mā'il bol "愿望"，ma ' lum bol "被知道"，mavcūd bol "出席"，paydā bol "出现"，rāzī bol "满意"。⑥

4. 现代维吾尔语

现代维吾尔语中，bol – 在继承以往文献中的意义的基础上衍生了一些新的意义和功能。比如它具有实义动词和虚义动词的功能，作虚义动词时可以有系动词功能，也可以有体助动词的功能，还可以有构词轻动词功能。

（1）bol – 作实义动词，表示"熟、准备好、有、存在、发生、可以"的意义。

"熟、长势茂盛"义：

Ürüklär obdan boldi.　　杏树长势很好。

Aš bir saättä bolidu.　　饭一个小时后熟。

"发生"义：

Bu iš bultur bol ġan.　　这件事是去年发生的。

---

① András J. E. Bodroligeti. *A Grammar of Chagatay*, Muenchen：Lincom Europa, 2001, p. 325.

② András J. E. Bodroligeti. *A Grammar of Chagatay*, Muenchen：Lincom Europa, 2001, p. 200.

③ András J. E. Bodroligeti. *A Grammar of Chagatay*, Muenchen：Lincom Europa, 2001, p. 212.

④ János Eckmann. *Chagatay Manual*, Bloomington：Indiana University Publications, 1966, p. 150.

⑤ János Eckmann. *Chagatay Manual*, Bloomington：Indiana University Publications, 1966, p. 150.

⑥ András J. E. Bodroligeti. *A Grammar of Chagatay*, Muenchen：Lincom Europa, 2001, p. 294.

"有"义：

Ularniŋ bir balisi boldi.　　他们有了一个孩子。

Bašqa pilanim bol ǧa č qa baralmaymän　　因为我有其他计划，去不了。

"可以、允许"义：

Bu yärdä tamaka č ekiškä bolmaydu　　这里不能吸烟。

"准备"义。

Boldungmu？　　准备好了吗？

Boldum.　　准备好了。

"发酵"义：

Xemir boldi　　面发酵了。

"受得了，坚持"义：

bol－的能动形式表示"受得了、坚持"，多用于否定式。

Kesäl bolalmidi.　　病人坚持不住了。

Ätigän bir obdan idim，kä č tä bolalmidim　　我早上挺有精神的，晚上坚持不住了。

共同态形式表示"偏袒、合得来、融洽"：

U äzäldin hi č kimgä bolušmaydu.　　他从来不偏袒任何人。

Bu yeŋi är－ayal obdanla bolušup qaldi.　　这对新婚夫妇相处得相当融洽。

与利己体成分－owal－（＜－op al－）结合，表示假装成某种状态：

U meni körüp ga č a boliwaldi.　　他一看到我就假装成哑巴。

Ikki par č ä hikayä oqup ziyaliy boliwal ǧanlar köp.

读了两篇小说就自诩为知识分子的人很多。

（2）"是、变成"义：这是 bol－的系动词（copula）功能。

1）"是"义：

Bu kompyuter fakulteti bolidu　　这是计算机系。

Bu dadam bolidu.　　这位是我的爸爸。

2）"当、变成、成为"义：

U student boldi.　　他成了大学生。

Män muällim boldum　　我当了老师。

Kälgüsidä u č qu č i bolimän。　　将来我要当飞行员。

（3）虚义动词的功能。

1）轻动词功能。用来构成复合动词的助动词叫做构词轻动词。bol－有不及物性，一般与静词合并，构成动词，如 azad "解放的，自由的（形）" + bol－ = azad bol－ "得解放"，xušal "高兴（形）" + bol－ = xušal bol－ "高兴（动）"，xatirjäm "放心的（形）" + bol－ = xatirjäm bol－"感到放心"，häl（不单独用）+ bol－ = häl bol－
"得到解决"，minnätdar"感谢（形）" + bol－ = minnätdar bol"表示感谢"；razi"满意
（形）" + bol－ = razi bol－"得到满意"等。

2）体助动词功能。体是伴随动词出现的一种范畴，表示所叙述的动作的类型、持续状况以及动作是否完成等。印欧语言中常见的体有完成体、未完成体、进行体等，一般都靠特定的词缀或助动词来表达。维吾尔语动词的体非常发达，除了在一般的静词化或限定形式上体现的体以外，有不少专门用来表示各种体的助动词，我们称它们为体助动词①。bol－用作体助动词时与以－ºp 结尾的副动词一起使用，表示前面的主动词所表达的动作已完成，如 qil－"做" + －ip + bol－ = qilip bol－"做完"，yä－"吃" + －p + bol－ = yäp bol－"吃完"，kör－"看" + －üp + bol－ = körüp bol－"看完"，bol－"准备，完成" + －p + bol－ = bolup bol－"准备好"等。

3）与各种静词化短语合并，表示不同的语法含义。

①因系动词 bol－表示体现变化过程的"是"，它可以与更复杂的一些静词化形式合并，表示一种虚拟的状态。如 yazidiġan bol－"成为要写的（人）"，yeziwatqan bol－"成为正在（或装作）写的（人）"，yazmaqči bol－"成为准备要写的（人）"，yazġandäk bol－"成为好像写的（人）（即有了写的感觉）"，yazġudäk bol－"成为能写的（人）"，等等。与形动词一起使用时还表示将要进行的动作。如：

Ürümčigä baridiġan boldum.　　我准备去乌鲁木齐。

形动词后缀加形似格附加成分时表示行为动作好像在进行当中。如：

Yiraqtin bir awaz kälgändäk boldi.　　好像从远处传来了一种声音。

②居于动名词后，表示"允许、可以"。在"－ºš 动名词 + 向格－GA + bolidu"这一结构里加在向格－GA 后面，表示只允许做前面的动名词所表达的事情。如：

Bu kitabni mäšädä körüškila bolidu.　　这本书只能在这里看；

Kütüpxanida yuqiri awazda paraŋ selišqa bolmaydu.　　图书馆里不能大声说话。

③连在目的副动词后，表示允许。如：

Köp čeniqqanda saġlam bolġili bolidu.　　多锻炼才能变得健康起来；

Yamġur qattiq yeġiwatidu, sirtqa čiqqili bolmaydu.　　外面在下倾盆大雨，不能出去。

④构成主观猜测语气。维吾尔语的猜测语气可分为主观猜测语气和客观猜测语气两种。主观猜测语气由系动词 bol－"成为"的愿望语气形式 bolġay，加过去时系词 idi 的语音压缩形式 bolġay idi ＞ bolġiydi，再加相应的过去时人称语缀而构成。如：

---

① 力提甫·托乎提：《现代维吾尔语参考语法》，中国社会科学出版社，2012，第 201 页。

Bügün yiğinğa kelidiğan bol ğiydiŋiz.　今天的会您应该来吧；

Xätni yezip bol ğan bol ğiyti?　他应该写完信了吧。

⑤居于条件语气后，表示允许。如：

Ämdi kirsäŋ bolidu.　现在可以进来。

⑥与条件语气成分结合，表示虚拟语气。如：

meniŋ gepimni aŋliğan bolsaŋ imtahandin ötüp ketättiŋ.

如果你当初听我的话，考试一定能通过。

⑦bol - 与否定语缀 - ma 和条件语气语缀 - sa 结合的形式表示"否则"。如：

Tez maŋ, bolmisa ül ğürälmäysän.

快走，否则来不及。

⑧其副动词形式加表示追加的语气助词 - mu 形成的形式 bolupmu "特别是" 用于强调其后出现的成分。如：

U öginištä izč il yaxši, bolupmu matematikida alahidä talantliq.

他的学习一直很好，尤其是在数学方面很有天赋。

四　不同功能的 bol - 在句中所处的位置

若 bol - 的语法功能发生变化，它在句中的位置会发生什么变化？通过观察不同性质的例句我们发现，当它具有不同的语法功能时，它的位置也会随之发生变化。最初、最基本的系动词功能"变成、是"和高度语法化的完成体助动词功能进行比较，我们会看出不同功能之间的差异。

（一）作系动词"变成、是"所处的位置

Män muällim boldum　我当了老师。

该例中的 bol - 是系动词。其系动词功能和表达"熟、准备好、有、存在、发生、可以"义的实义功能一般发生在同一个位置上，在此不再一一分析。在树状图中可以清楚地看到 bol - 与其他语类合并时所处的位置。图 1 中系动词 bol - 与前面的名词类合并，形成带一个标杆的动词短语 V' muällim bol - "当老师"；动词短语 V' 与其他语类一步一步地合并，最后形成时态短语 TP。

（二）具有完成体助动词功能时所处的位置

Män bu kitabni oqup boldim　我把这本书读完了。

该例中的 bol - 是完成体助动词，它表示前面的主动词所表达的行为动作已经完成。bol - 具有完成体助动词功能时它所处的位置即它形成的短语会大不一样。请看树状图。图 2 中可以看到，bol - 作完成体助动词时，与前面的由动词短语扩展出来的副

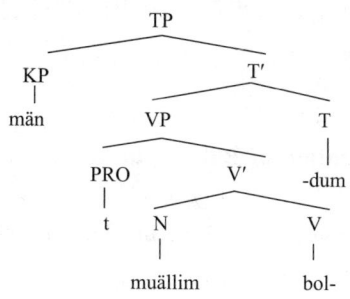

图 1

词化短语合并，形成自己的短语：一个更大的体短语 ASPP。虽然体短语在性质上也是动词短语，但它与其他语类合并而形成短语的过程是完全不同的。

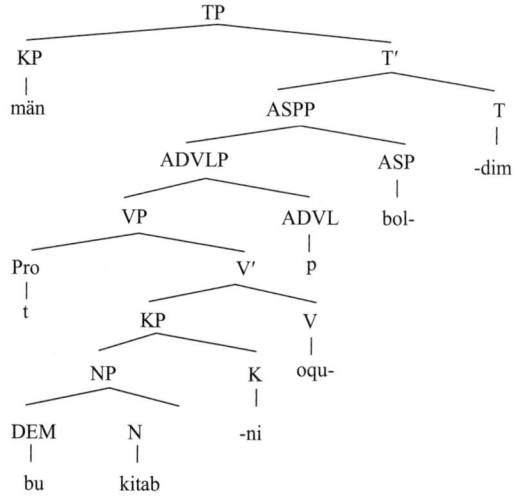

图 2

五　结语

bol – 在原始阿尔泰语时期就表示"是、变成"义。这是其最基本的语义，至今未发生变化，从不同时期的文献中可看出其相应的例证。古突厥语和回鹘语文献中它还有"有；生；创造"等意义。阿尔泰语系其他语族语言中 bol – 还表示"熟、成熟"义。其旁证体现在原始诺斯提拉特语中。这能够说明 bol – 在现代维吾尔语中为什么还有"熟，准备好，有，存在，发生，可以"等这么多的语义。看来这些语义也应该是其最基本的、原先的意义。由于我们所阅读的文献有限，无法将其全部功能搜集整理。

bol – 在古代文献中就具有构词轻动词的功能，可是几乎未发现体助动词的功能，在回鹘语文献中才找出一个例子。这表明这种用法出现的时间可能比较晚。这种用法到了近、现代才变得非常普遍。

The Gammaticalization of Bol – 'to be，to become' in Uyghur

Abstract：Grammaticalization is a process，in which a lexical unit loses a part or whole of its lexical meaning，and starts to fulfil a more grammatical function. Comparing to other word classes，the grammaticalization processes of verbs are more complicated，and it is hard to give a comprehensive overview. This paper choses the high – frequency word bol – 'to be，to become'，and discusses its usage and grammaticalization process since Old Turkic to Modern Uyghur.

Keywords：Grammaticalization　Bol – 'to be，to become'　Uyghur

原载于《北方民族大学学报》（哲学社会科学版）2018 年第 2 期

元音生理舌位的最佳表征法
——Z 值图

周学文

摘　要　本文应用 Z – Norm 归一法对彝语元音进行了归一，并通过与国外多种方法比较证明了 Z – Norm 归一法是目前归一效果最好的元音归一法，参考汉语宁波话、广东话的元音 EMA 图和普通话的元音 X 光图，证实了用 Z 值生成的 Z 图优于传统的用共振峰 F1、F2 表示的 F 图，能够更加准确表征元音的生理舌位，因为 Z 图上的元音是高度归一的，所以 Z 图在很大程度上消除了发音人个性差异，本文用 Z 图直观地比较了维吾尔语和蒙古语部分元音的生理舌位，结果显示，两种语言的元音系统在发音生理和音位记音方面的差别很大，可以说两种语言的元音系统距离较远。

关键字　元音归一化　Z – Norm 归一　共振峰比例

一　概述

元音归一化（Vowel Normalization）是指在保留元音的音位系统和区别意义的同时，最大程度消除发音人的个性生理特征、发音特征、语境影响等差异，从而得到元音固有的、本质的特征（Intrinsic Features）的求解过程。元音归一化有三个目标，第一，保留元音的社会语音学区别性意义，第二，消除或减少发音人个性生理差异尤其是性别差异，第三，消除或减少发音人的背景个性特征和语音的上下文特征。能否找到一种简单、有效、基于小样本数据的元音归一方法提取出元音的"纯特征"对语音比较和识别意义重大。

经典语音学理论指出，元音的音色主要是由元音的前三个共振峰 F1、F2、F3 决定的，F1 与舌位高低有关，F2 与舌位前后及唇的圆展有关，F3 与卷舌和唇的圆展有关。元音共振峰是由来自声门的准周期声波在口腔、鼻腔和咽腔的共振产生的，所以必然受到这些共振腔的大小和长度有关。此外，协同发音（Co – articulation）也对元音共振峰有很大的影响，同一发音人的同一元音共振峰在不同语境下的波动也很大。例如普通话男性发音人元音/a/共振峰典型值，F1 大约为 800 赫兹，F2 大约为 1300 赫兹，F1 和 F2 的波动幅度分别为 150 和 250 赫兹，与 F1 和 F2 典型值的比值（波动率）达到了 20% 左右。另外，不同性别发音人元音共振峰的绝对值差别很大，普通话女性发音人元音/a/共振峰典型值，F1 大约为 1000 赫兹，F2 大约为 1600 赫兹，与普通话男性发音人元音/a/共振峰 F1 和 F2 值有 200～300 赫兹的差别，波动率也达到了 20% 以上。所以，我们所见的元音共振峰混合了生理的、个性的、语境的因素，这些因素使得元音共振峰大范围波动，给元音音色的研究带来了很大困扰，如何分离这些因素，是语音学界的一大挑战。元音归一化在语音比较方面具有重要意义，例如不同语言用同一音标符号记音的元音/a/在发音生理上是否使用相同的发音姿态（gesture，主要指舌位）的问题，如果直接比较元音共振峰是没有意义的，反之，如果使用有效剔除了个性生理差异的归一值，就可以直观地比较两者的差异以及差异的大小，因为他们代表了元音的"纯"的发音特征，这样的比较对语言亲属关系研究和语言进化研究具有重要意义。

为了解决元音归一问题，国际语音学界提出了多种归一方法[①]，如 Labov ANAE Method（s）、Lobanov Method（s）、Nearey Method（s）、Watt & Fabricius Method 等提出的在元音内或发音人内（intrinsic）以及在元音之间或发音人之间（extrinsic）寻找最大值、最小值、平均值或计算某种样本特征值，然后作为度量值的边界尺度，按照这种尺度对共振峰原始值进行缩放（Scaling）的归一法；共振峰比例理论（Formant Ratio Theory）是另一类归一法，其原理为：元音共振峰不是绝对的，而是相对的（Potter & Steinberg，1950）。语音学家 Sussman（1986）、Syrdal & Gopal（1986）和 Miller（1989）等人提出的基于共振峰比例理论的公式的共同点是均采用共振峰的对数差作为归一值，例如 Bark（F2）– Bark（F1），Bark（F3）– Bark（F2）（Syrdal & Gopal 公式）；log（F1/F*），log（F2/F*），log（F3/F*）［Sussman 公式，F* =（F1 + F2 + F3）/3］；log（F1/SR），log（F2/F1），log（F3/F2）（Miller 公式，SR 为基频 F0 在一个时间段的平均值）等。另外，除了 Syrdal & Gopal 公式方法外，这些方法的归一值大多不固定，随着其他样本的增减以及其他样本的值的变化而变化。经过笔者测试，这些归一方法一般能把性别差异减小到 5% 至 20% 之间，个别值也会接近零，但是归一值分布不均衡，不同的元音归一结果不稳定，另外，归一值的收敛性（即下述的变异系数 CV）也不够理想。

为了进一步提高归一化效果，经过大量的数据测试，作者提出了基于共振峰比例理论的共振峰的对数商公式 Z – Norm（Z1 = log F2/log F1，Z2 = log F3/log F2，以下称 Z 值），经过多个语言的大约一万个元音样本测试，结果非常理想。

[①] The Vowel Narmalization and Plotting Suite，http://ncsloap. lib. ncsu. edu/tools/norm/index. php.

Z Chart – the Best Vowel Normalization Method

Abstract：This paper applies Z – Norm normalization approach to normalize Yi vowels. After comparing with other famous normalization approaches and referring to vowel EMA results of Chinese Ninbo dialect and Guangdong dialect and X – Ray, it is proved that Z – chart is better than F – chart (drawn with F1 and F2). Because Z – chart can minimize speakers' differences, vowels' articulation positions can be positioned in Z – chart. Using Z – chart, this paper compares vowels' positions of Uyghur and Mongolian languages. Results show that the vowels' articulation positions of two languages are different.

Keywords：Vowel Normalization　Z – Norm Normalization　Formants Ratio

原载于《实验语言学》2016 年第 5 卷第 1 号

本文提出了各种归一方法的比较基准，一是同一发音人同一元音变换后的变异系数 CV（Coefficient of Variability）（用百分比表示），即样本标准差与平均值的比值是否足够小，用以衡量不同均值的样本分布的离散程度，CV 越小越好；二是不同性别发音人同一元音归一值的比值 GD（Gender Differences），即归一值是否足够接近（性别无关性），GD 越接近 1 越好。

二　各种归一法比较

本文以彝语为例，对彝语两个发音人（一男一女）的十个元音大约 600 个共振峰数据进行归一，元音均来自 CV（辅音＋元音）型的单音节词，朗读语速，无负载句。由于词表占篇幅太大，具体内容从略。表 1 Miller 公式的定义为：N1 = ＝ log（F2／F1），N2 = log（F3／F2）。表 1 中的 Bark、Labov、Nearey2 三种方法的归一值来自将彝语元音共振峰数据上传到国际上权威的元音归一网站：http：//ncslaap. lib. ncsu. edu/tools/norm/index. php，并由该网站返回的归一结果计算的平均值、SD、CV 和 GD（由于篇幅所限，本文只列出了三个元音/a/、/i/、/u/的约 200 个数据的归一结果，本文还比较了 Watt & Fabricius 2、Nearey1 等方法，结果与下述讨论类似）。

表 1　彝语元音/a/的归一化方法比较（归一值统称 N 值）

归一法	指标	/a/ 女		/a/ 男		/i/ 女		/i/ 男		/u/ 女		/u/ 男	
		N1	N2	N1	N2	N1	N2	N1	N2	N1	N2	N1	N2
Bark	平均	6. 555	4. 062	8. 030	5. 197	12. 430	1. 961	11. 557	2. 252	11. 219	3. 761	10. 861	5. 079
	GD	N1 比 = 0.82，N2 比 = 0.78				N1 比 = 1.08，N2 比 = 0.87				N1 比 = 1.03，N2 比 = 0.74			
	SD	0. 605	0. 542	0. 460	0. 454	0. 441	0. 443	0. 471	0. 345	1. 677	1. 730	0. 871	1. 492
	CV	9. 23	13. 35	5. 73	8. 73	3. 54	22. 59	4. 08	15. 33	14. 95	46. 00	8. 02	29. 38
Labov	平均	1038	1526	934	1491	290	1836	309	1705	310	1220	340	1068
	GD	N1 比 = 1.11，N2 比 = 1.02				N1 比 = 0.94，N2 比 = 1.08				N1 比 = 0.91，N2 比 = 1.14			
	SD	58	59	27	44	18. 31	92. 12	14. 63	62. 56	116. 12	242. 47	62. 60	242. 30
	CV	5. 61	3. 83	2. 87	2. 95	6. 32	5. 02	4. 74	3. 67	37. 44	19. 88	18. 40	22. 68
Nearey2	平均	0. 631	0. 928	0. 564	0. 900	0. 280	1. 771	0. 300	1. 654	0. 299	1. 177	0. 330	1. 036
	GD	N1 比 = 1.12，N2 比 = 1.03				N1 比 = 0.93，N2 比 = 1.07				N1 比 = 0.91，N2 比 = 1.14			
	SD	0. 035	0. 036	0. 016	0. 027	0. 018	0. 089	0. 014	0. 061	0. 112	0. 234	0. 061	0. 235
	CV	5. 62	3. 83	2. 88	2. 95	6. 31	5. 02	4. 72	3. 67	37. 44	19. 88	18. 40	22. 68
Watt1	平均	1. 861	1. 063	1. 668	1. 040	0. 655	1. 592	0. 723	1. 542	0. 700	1. 058	0. 796	0. 966
	GD	N1 比 = 1.12，N2 比 = 1.02				N1 比 = 0.91，N2 比 = 1.03				N1 比 = 0.88，N2 比 = 1.09			
	SD	0. 11	0. 04	0. 05	0. 03	0. 04	0. 08	0. 03	0. 06	0. 26	0. 21	0. 15	0. 22
	CV	5. 69	3. 67	2. 89	3. 25	6. 33	5. 01	4. 72	3. 67	37. 43	19. 88	18. 41	22. 70

续表

归一法	指标	/a/ 女		/a/ 男		/i/ 女		/i/ 男		/u/ 女		/u/ 男	
		N1	N2	N1	N2	N1	N2	N1	N2	N1	N2	N1	N2
Miller	平均	0.168	0.267	0.202	0.342	0.802	0.132	0.742	0.148	0.610	0.247	0.493	0.336
	GD	N1 比 =0.83, N2 比 =0.78				N1 比 =1.08, N2 比 =0.89				N1 比 =1.24, N2 比 =0.74			
	SD	0.013	0.036	0.007	0.030	0.032	0.030	0.025	0.023	0.178	0.114	0.140	0.102
	CV	7.77	13.65	3.64	8.72	3.95	22.68	3.42	15.72	29.24	46.27	28.33	30.24
Z – Norm	平均	1.055	1.083	1.069	1.110	1.310	1.039	1.291	1.045	1.239	1.078	1.192	1.110
	GD	N1 比 =0.99, N2 比 =0.98				N1 比 =1.01, N2 比 =0.99				N1 比 =1.04, N2 比 =0.97			
	SD	0.005	0.011	0.003	0.010	0.015	0.009	0.012	0.007	0.078	0.037	0.059	0.036
	CV	0.44	1.05	0.25	0.89	1.12	0.87	0.91	0.67	6.28	3.48	4.92	3.24

表 1 显示，对变异系数 CV 而言，Z – Norm 都在 1% 附近或以下（/a/、/i/）和 3% ～ 6%（/u/），对其他方法，Bark 在 3% ～ 15%（/a/、/i/）和 8% ～ 40%（/u/），Labov 和 Nearey2 在 2% ～ 6%（/a/、/i/）和 18% ～ 30%（/u/），Watt1 在 2% ～ 6%（/a/、/i/）和 18% ～ 37%（/u/），Miller 在 3% ～ 22%（/a/、/i/）和 8% ～ 40%（/u/），即 Z – Norm 的 CV 表现最佳；就性别差异 GD 而言，Z – Norm 在 0.98 ～ 1.01（/a/、/i/）和 0.97 ～ 1.04（/u/），Bark 在 0.78 ～ 1.08（/a/、/i/）和 0.74 ～ 1.03（/u/），Labov 和 Nearey2 在 0.93 ～ 1.12（/a/、/i/）和 0.91 ～ 1.14（/u/），Watt1 在 0.91 ～ 1.12（/a/、/i/）和 0.88 ～ 1.09（/u/），Miller 在 0.78 ～ 1.08（/a/、/i/）和 0.74 ～ 1.24（/u/），即 Z – Norm 的 GD 表现最佳，综合 CV 和 GD，Z – Norm 的表现远远超过其他的方法。除了彝语外，笔者也对普通话、英语、壮语、藏语、维吾尔语、蒙古语等超过一万个元音样本做过测试[①]，证实 Z – Norm 为最佳的元音归一法。

需要指出的是，对于各种归一法，表 1 的元音/u/的 CV 和 GD 明显比其他两个元音的值要差，这是因为彝语的/u/的发音比较独特，与/b/、/d/、/f/搭配时，带有明显的唇颤动作，口腔封闭，气流受到很大阻碍，带有明显的摩擦音的特征，增大了其共振峰的变化范围，最终造成归一的效果较差。

三 Z 图的发音生理学意义

图 1 为将彝语单音节词中元音进行 Z – Norm 归一后得到 Z1 和 Z2 值，然后以 Z1 和 Z2 为两个轴画出的 Z 图，Z 值介于 1.0 ～ 1.5。

---

① 周学文：《元音归一化的对数商模型》，中国贵阳：NCMMSC 2013，2013。X. W. Zhou, Varying or Vnvarying – Logarithmic Quotient Model of Vowel Formants, Wulumuqi（China）：IALP 2013，2013，pp. 171 – 174.

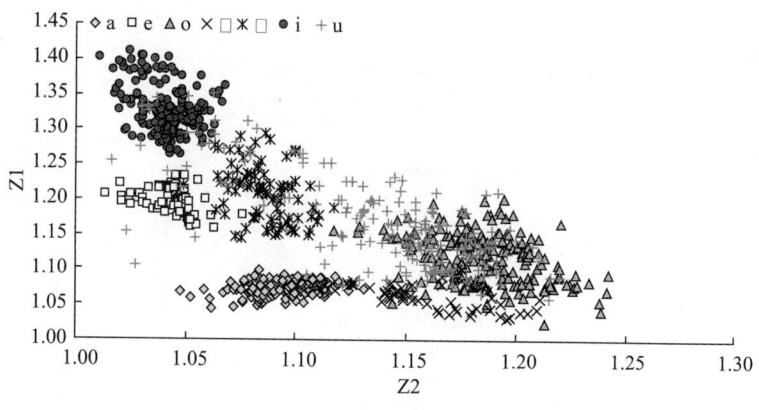

图1 彝语元音的 Z 图

图 1 显示，元音的相对分布关系与传统的用 F1、F2 表示的声学元音图（以下称 F 图）类似，Z2 代表舌位前后，Z2 增大表示舌位后缩，Z1 代表舌位高低，Z1 增大表示舌位升高，这样，/i/是前高元音，/e/为前中元音，/a/为低元音，/u/、/o/、/ɔ/为后元音，舌位渐次降低，彝语元音/u/由于发音机理的原因（一般发作唇颤音），其 Z 值分布比较分散，与其他元音的混叠（overlapping）严重，与 F 图相比，Z 图的后元音都比较低，笔者推测，传统的 F 图上后元音/u/与前元音/i/的相对高度模式可能不够准确，实际位置应该比前元音/i/低很多，这一点 Z 图和如下的 EMA 图是比较一致的，如图 2、图 3 所示。①

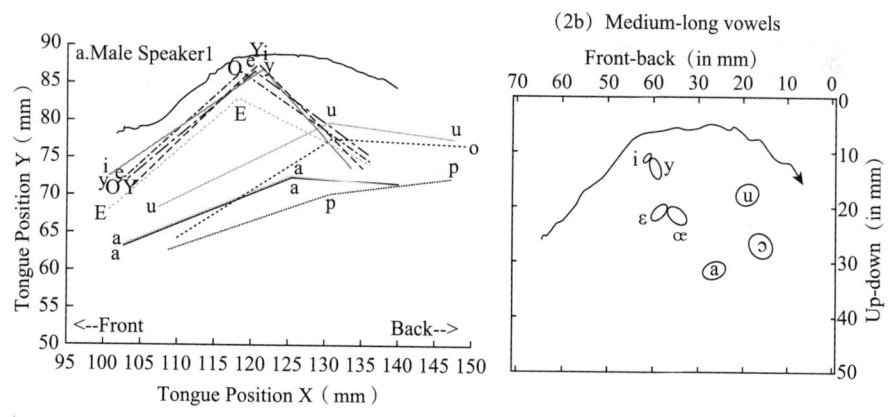

图2 宁波话（左）和广东话（右）元音的 EMA 图

注：图 2 左中 E 应为/ɛ/，P 应为/ɔ/，O 应为/ø/。

图 2 为用电磁发音仪 EMA 测量的元音舌位轨迹剖面图，图 2（左）的舌头上固定有三个传感器，从左到右为舌尖 TT、舌中 TM、舌背 TD。元音舌位的定义有舌面的最高点（Top）和舌面与上颚最接近的收紧点（Constriction）两种定义，我们采用收紧点

① 资料来源：胡方：《电磁发音仪与宁波方言的元音研究》，第七届中国语言学学术会议暨语音学前沿问题国际论坛，2006；*Wai-Sum Lee*，*Articulatory and Spectral Characteristics of Contenese Vowels*，Hong Kong：ISCSLP，2012。

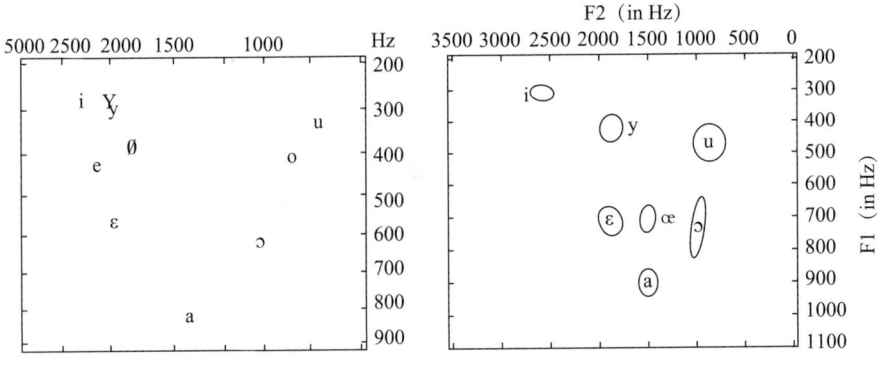

图 3 宁波话（左）和广东话（右）元音的 F 图

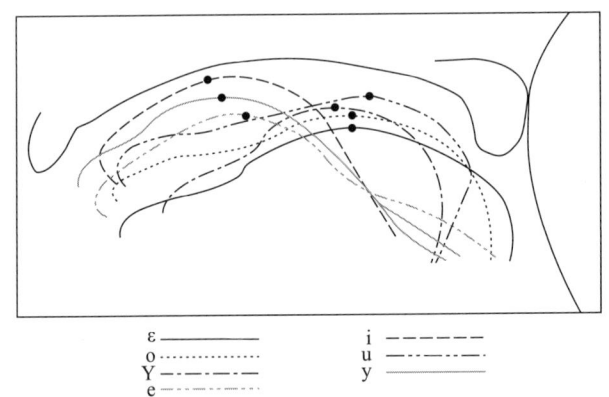

图 4 普通话元音的 X 光舌位轨迹

资料来源：吴宋济、林茂灿《实验语音学概要》，高等教育出

版社，1983，第 73～77 页。

的定义[①]，这样，对后元音/u/、/o/、/ɔ/，其收紧点是 TD，其他元音收紧点则是 TM，由此可见，图 2 左中的后元音/u/、/o/、/ɔ/的舌位生理位置确实很低，甚至低于前元音/V/。图 2（右）为一位发音人 20 次发音的 EMA 测量结果，同样，广东话的后元音/u/、/o/也很低，/u/可称作中后元音。图 3 为宁波话和广东话元音的 F 图，与图 2 相比，后元音/u/的舌位明显偏高。图 4 为普通话元音的 X 光舌位轨迹图，每个元音舌位轨迹标的点为舌位的最高点，如果按照以上舌位收紧点的定义，/u/的舌位的最高点并非与软腭最接近点（收紧点），其收紧点应该沿着轨迹线后移，其高度必然降低，这样，/u/的舌位也是比较低的。综合这三个图可以得出结论，按照元音收紧点作为舌位位置的定义，后元音的生理位置确实较低，这一结论证明了 Z 图后元音的低舌位是符合实际的发音生理的。

图 1 中/o/、/ɔ/的混叠比较严重，这是因为这两个音由于发音部位临近记音时可

---

① 吴宗济、林茂灿：《实验语音学概念》，高等教育出版社，1983，第 73～77 页。

能存在混用的可能，发音的偏差、协同发音等也会使记音符号与其实际声学表现不符，再者，Z 图只利用了 F1、F2、F3 三个值，而元音的高阶共振峰、发声类型等对元音音色也有贡献，这些都会造成 Z 图部分元音的混叠。

四　维吾尔语元音与蒙古语元音比较

如前所述，Z – Norm 归一法可把不同性别的发音人的归一值比值差异控制在 2% 以内（GD 大约为 1 ± 2%），同性别发音人的归一值比值差异更小，且同一个人的相同元音的归一值收敛性最好（CV 最低），所以每种语言存在用 Z – Norm 归一值生成的稳定的 Z 图，随着数据增大，每个元音的区域大致固定，不同元音的区域混叠较小；而用归一效果不佳的归一值则难以建立这样的元音图，因为 GD 波动大，元音区域不稳定，不同元音的区域容易混叠（例如 F 图，完全没有经过归一）。图 4 和图 5 为各有一位发音人的维吾尔族和蒙古语的部分元音的示意性的 Z 模板图（均由男发音人的数据生成，每个元音的椭圆形 Z 区域包含了该元音的大部分 Z 散点值，少量点落在椭圆外是因为数据错误或误差、发音偏离或音位记音与发音距离过大造成）。

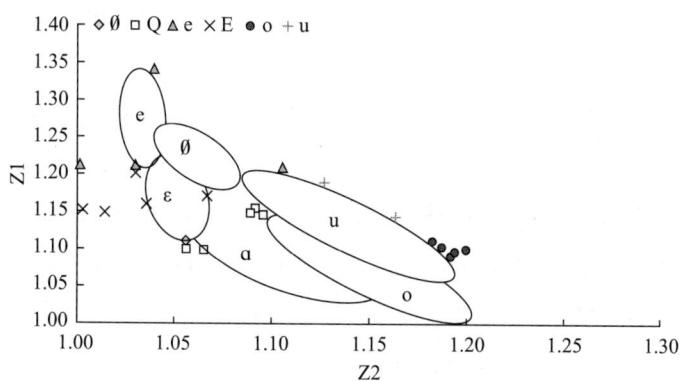

图 4　维吾尔语元音 Z 模板图

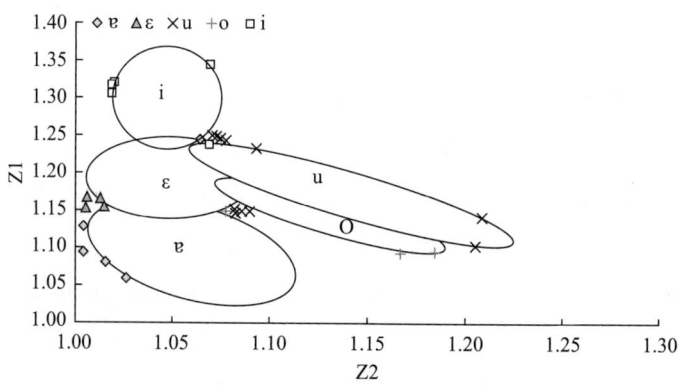

图 5　蒙古语元音 Z 模板图

图 4 和图 5 显示，突厥语族的维吾尔语和蒙古语族的蒙古语的元音的发音生理舌位存在较大差别。第一，维吾尔语后元音/u/、/o/比蒙古语的发音舌位明显降低而靠后，维吾尔语/o/的 Z1 低到接近 1，而蒙古语/o/的 Z1 低到 1.1，两种语言的/u/、/o/混叠严重。第二，蒙古语的/ɛ/舌位很靠前，是前元音，而维吾尔语/ɑ/的实际发音是央元音。第三，蒙古语的/ɛ/比维吾尔语的/ɛ/高，且舌位前后的活动范围大得多，蒙古语/ɛ/的 Z2 分布范围为 1～1.1，Z1 分布范围为 1.15～1.25，而维吾尔语/ɛ/的 Z2 分布范围为 1.030～1.070，Z1 分布范围为 1.10～1.23。第四，就 Z 值而言，蒙古语的/i/的区域与维吾尔语的/e/的大部分区域重叠，即：仅就舌位而言，蒙古语的/i/和维吾尔语的/e/很大部分是重叠的。总之，对两种语言的 Z 图来说，这两种语言的元音系统在发音生理范畴和音位记音及归类的差别很大，单从元音的发音生理和其分布空间来说，两种语言差距明显，很难说有亲属关系。

参考文献

吴宗济、林茂灿：《实验语音学概要》，高等教育出版社，1983，第 73～77 页。

胡方：《电磁发音仪与宁波方言的元音研究》，第七届中国语音学学术会议暨语音学前沿问题国际论坛，2006。

Wai - Sum Lee, Articulatory and Spectral Characteristics of Cantonese Vowels, Hong Kong：ISCSLP, 2012.

周学文：《元音归一化的对数商模型》，中国贵阳：NCMMSC 2013，2013。

X. W. Zhou, Varying or Unvarying - Logarithmic Quotient Model of Vowel Formants, Wulumuqi（China）：IALP 2013, 2013, pp. 171 - 174.

Peter Ladefoged, Ian Maddieson, *The Sounds of the World's Languages*, USA：Blackwell Publishers, 1996.

Gunnar Fant, *Speech Acoustics and Phonetics*, The Netherlands：Kluwer Academic Publishers, 2004.

G. E. Peterson, H. L. Barney, "Control methods used in a study of the vowels", *Journal of the Acoustical Society of America*, 24（1952）：175 - 184.

Terrance M. Nearey, *Phonetic Feature Systems for Vowels*, Canada：University of Alberta, 1977.

The Vowel Normalization and Plotting Suite, http：//ncslaap. lib. ncsu. edu/tools/norm/index. php.

K. Speaker Johnson, Normalization in speech perception, In Pisoni, D. B. & Remez, R.（eds）. The Handbook of Speech Perception, Oxford：Blackwell Publishers, 2005, pp. 4 - 7.

13 世纪蒙元国家名称蒙古语与汉语的对译问题

杜世伟

摘　要　根据史料记载，成吉思汗所建立的国家"Mongol Uls（蒙古勒·乌勒思）"这一名号称谓，是于 1206 年在蒙古语里第一次被正式确立使用和形成的；而"Ikh Mongol Uls（伊赫·蒙古勒·乌勒思）"这一蒙古语记载的国家名号，回鹘式蒙古文记载的称谓则最早见于贵由汗的印玺鉴上。1206 年后"Mongol Uls（蒙古勒·乌勒思）""Ikh Mongol Uls（伊赫·蒙古勒·乌勒思）"才在各种语言里被对应转译和使用，国号名称自 1206 年至 1271 年使用了长达 65 年，在汉语里也同样在自此以来的各个时期被对应转译和使用，并且各类译名都有其时代特征。

显然这一蒙古语文化语意在不同的时期、不同的地域、不同的语言文化语境下、不同的意识形态中、不同的翻译与使用者笔下形成了不同的对译名称；这也正印证了语言翻译上的音译、直译、改编、意译四原则下的翻译形式。这些译名中似乎最大的难题是在接受语或译语中找出恰当的词或结构，而现在看来翻译者或使用者遇到的问题和困难是在透彻理解所译名称的所指意义和联想意义上（即文化语境上），也就是说首先要准确地了解这一名称在原蒙古语文化语境上所具有的心理功能和社会功能。

关键词　"Ikh Mongol Uls（伊赫·蒙古勒·乌勒思）"　历史文化语境　蒙古汗国　大朝

2006 年是成吉思汗于 1206 年建立蒙古国家 800 周年的一个百年性纪念之年，在这 800 年里人类世界已发生了翻天覆地的变化。然而值得注意的是，在进入 21 世纪初始之际，成吉思汗又一次成为全球所关注的新闻人物，一些评论机构选其为"千年伟人"。自 13 世纪起，世界各地述撰成吉思汗及其所建立的国家的书籍或论述就从来没有停止过；有人统计，现在全球有 60 多个国家和地区组织专人对成吉思汗的历史进行过专题研究。在这个网络时代，有近 70000 家网站报道相关成吉思汗的信息，其中中文网页有近 40000 个①，这不能不说是影响深远而广大，中国自然而然地也就成为国际蒙古学研究的一个重心所在。

然而在这些国内外的大量书籍、文章与信息资料里，关于成吉思汗所建立的蒙古国家的名称的汉语翻译和表述，却是名词类型种类繁多，如：蒙古、大蒙古、蒙古国、大蒙古国、蒙古大国、蒙古帝国、大蒙古帝国、蒙古大帝国、蒙古汗国、大蒙古汗国、蒙古合汗国、元朝、大元朝、大元帝国、元朝大帝国、大元蒙古国、大朝蒙古国、大朝等，甚至还有草原帝国、游牧帝国、成吉思汗国等近 20 种，可谓莫衷一是。

但根据史料记载，"Chinggiskhan（成吉思汗）"这一帝王名号称谓与其所建立的国家"Mongol Uls（蒙古勒·乌勒思）"这一名号称谓，是 1206 年在蒙古语里第一次被正式确立使用和形成的②；而"Ikh Mongol Uls（伊赫·蒙古勒·乌勒思）"这一蒙古语记载的国家名号，回鹘式蒙古文记载的称谓则最早见于贵由汗的印玺鉴上。③ 1206 年后"Mongol Uls（蒙古勒·乌勒思）""Ikh Mongol Uls（伊赫·蒙古勒·乌勒思）"才在各种语言里被对应转译和使用，在汉语里也同样在自此以来的各个时期被对应转译和使用，并且各类译名都有其时代特征。

虽然"成吉思汗"这一汉译名称，在各个时期的一些汉语书籍资料中也有其他的汉字形式，如"成吉思（合）罕""腾格斯汗"等，但现在无论在何处使用的中文里，都已不成文地规范为"成吉思汗"这一汉字对应特定的对应转译名词，否则即被视为是错别字或是指代其他人物事物；但对其当时蒙古语里被确定使用的一个特定名称国号"Ikh Mongol Uls（伊赫·蒙古勒·乌勒思）"，在汉语里却出现了如此多的对应转译称谓形式，可谓极不规范，这就不能不说是一个应该引起广大学者专家以及有关部门关注和需要认真研究讨论的问题，以求今后能有一个汉语上的标准的对译名词。

针对这一问题和现象，笔者认为"Ikh Mongol Uls（伊赫·蒙古勒·乌勒思）"其在汉语对译上形成繁多称谓的原因主要有以下三个方面。

1. 对原蒙古语中"Ikh Mongol Uls"这一国家名号称谓中的三个蒙古语单词"Ikh""Mongol""Uls"，各词在蒙古语里的词源、文化语意的理解和认识上有不足或偏差。因为"任何语言的词汇都是与其文化相关的，并且是其文化的一个组成部分，词义是受到其特定文化制约的，其中的词汇也只有在语境中才有其具体而完整的意义"④。也就是说各时期的汉语翻译上忽视了"当时客观的蒙古文化语境"，也就是说这些词汇都

① 巴拉吉尼玛、额尔敦扎布、张继霞编《千年风云第一人——世界名人眼中的成吉思汗》，民族出版社，2003，第 1 页。
② 见《元朝秘史》，明代刊本，第 202 节，旁译"达达百姓""太祖皇帝"。
③ 《贵由汗汗玺印鉴》，载于道布整理、转写、注释，巴·巴根校《回鹘式蒙古文文献汇编》（蒙古文），民族出版社，1983，第 15～17 页。
④ 〔美〕尤金·A. 奈达：《语言文化与翻译》，严久生译、陈健康校译，内蒙古大学出版社，1998，第 1 页。

涉及文化人类学上的一些基本理念问题。

2. 近代的（主要是 20 世纪 30 年代左右）汉文翻译者或使用者对 13 世纪时期的蒙古语文化语境和汉语文化语境有着理解和认识上的不足或偏差，即通过中亚或西方的研究著作和资料，用 19～20 世纪初的中亚或西方文化语境来理解和定名"Ikh Mongol Uls"这个特定名称国号的汉语语意。

3. 现代的大部分使用者或读者把这个 13 世纪"Ikh Mongol Uls"特定国号名称的语意，按照近现代社会意识形态的理念和思维方式来给予定义、命名，这里面既有以地域性意识形态理解的偏差问题，也有以政治性意识形态理解的偏差问题，极易产生歧义。

就此，笔者在这里试图以自己一些浅陋的认识和理解来予以阐述和说明，恳请大家予以指正：

（一）笔者对原蒙古语中"Ikh Mongol Uls"这一国家名号称谓中的三个蒙古语单词"Ikh""Mongol""Uls"，各词在蒙古语里的词源、文化语意上的理解和认识

1. 首先这三个单词都源于古蒙古语（而不是像"Chinggiskhan［成吉思汗］"这一词一样是由古突厥语转借而来后与蒙古语结合成的），所以三个词有着蒙古语族文化语境。

2. "Mongol"一词在蒙古语中是由 mon"纯正的、纯清的"和 gol"河"（亦有学者认为是"火"）构成的复合名词，汉语中可意译为"真清的河"（也有学者认为是"纯正的火"之意）。该词在汉语上的音译名词最早出现于唐朝时期，有"蒙兀""朦骨"等多种汉字形式，写作"蒙古"，最早见于《三朝北盟会编》。所引《炀王江上录》，是专指当时室韦部族中的一支"蒙兀—室韦"族体，到 13 世纪后在汉语上被确定音译为"蒙古"这一特定名词，用以指代蒙古族体或国家的称谓，也是该族体或国家的自称。

3. "Uls"为集合名词，汉语可译作"人们（单个人的复数）""大众""群体""百姓""人民""族群""群体领地""领地""家园""家国""国家"等，即"Uls"既可以指人，又可以指地域；也就是说其蒙古语意可理解为"某一有血缘关系为主体的并有属地的族体"，或"某一有血缘关系为主体的族体所具有的所属地"。而现代蒙古语中与族称同时使用时主要是指国家。在汉语中有时音译为"乌勒思""乌鲁斯""兀勒斯"等，有时直接翻译为"家国""国""国家"等。

4. "Ikh"为形容词，汉语可译作"极多（多的最高形式）""很（多）""非常（多）""特别（多）""大量的"，也有"极多并且极大"的意思；也就是说其语意主要指的是"数量的庞大和繁多"，而不是单指体积或空间的庞大（在蒙古语中指体积或

空间的庞大有"Tom"一词，与汉语中指体积或空间庞大的形容词"大的"相对应）。

那么按照蒙古语语法规则所确定的"Ikh Mongol Uls"这个特定国号名称的蒙古语语意，在汉语里的意思应该可以理解为"极多的—蒙古族体的—地域领地"。

为什么会这样理解呢？我们知道，"蒙古"在建国以前是一个单一的有血缘关系的氏族部落"Uls"——人口不多（当时大约有几万人），地域领地不大（当时大约有几十万平方公里）；但铁木真以家族和蒙古氏族为主体，经过三十来年的征战，到 1206 年建国，已形成了一个拥有 95 个千户各色人种"Uls"、近百万人口、地域面积近千万平方公里的庞大"Uls"。也正如《史集》中所描述的那样："正如现今，由于成吉思汗及其宗族的兴隆，由于他们是蒙古人，于是各有某种名字和专称的［各种］突厥部落，如札剌亦儿、塔塔儿、斡亦剌惕、汪古惕、客列亦惕、乃蛮、唐兀惕等，为了自我吹嘘起见，都自称为蒙古人，尽管在古代他们并不承认这个名字。这样一来，他们现今的后裔以为，他们自古以来就同蒙古的名字有关系并被称为［蒙古］。""因为他们的外貌、形状、称号、语言、风俗习惯和举止彼此相近（尽管在古代，他们的语言和风俗习惯略有差别），现在，甚至连乞台、女真、南家思、畏兀儿、钦察、突厥蛮、哈剌鲁、哈剌赤等民族，一切被俘的民族，以及在蒙古人中间长大的大食族，都被称为蒙古人。所有这些民族，都认为自称蒙古人，对于自己的伟大和体面是有利的。"[1] 也就说这时蒙古高原第一次出现了"Mongol‑jin（蒙古勒·斤）"这个蒙古民族共同体；再经过成吉思汗的重新划分，又成为四个儿子的四份"Uls"和其各下属的多个小"Uls"。很显然这些都是按照所拥有的财产数量的形式，以十户、百户、千户、万户这样具体数目的形式分配的[2]，而不是以具体地域空间面积的大小来划分的；还有就是游猎、游牧民族自古就是一种流动性的生产生活方式，对具体的固定的地域面积大小尺寸是没有准确概念的，这与农耕社会里所形成的具体的、固定的土地面积尺寸概念是不同的，也就是说汉语里"大"和"国"的文化语境与蒙古语中"Ikh"和"Uls"的文化语境是有着非常大的差异的。并且当时的国家"虽然形式上权利和帝国归于一人，即归于被推举为汗的人，然而实际上所有的儿子、孙子、叔伯，都分享权利和财富"[3]。即整个国家是由多个世袭"Uls"联合构成的共同体。

关于"Mongol‑jin（蒙古勒·斤）"这一名号称谓的文化人类学语境，亦邻真先生有着这样的阐述："以合木黑蒙古［整体蒙古］方言为基础的古蒙古语居于民族共同语的地位。……形成了 Mongkholzhin uluc［Mongol‑jin（蒙古勒·斤）］'蒙古式的人众'

---

① 〔波斯〕拉施特主编《史集》第一卷第一分册，余大均、周建奇译，商务印书馆，1983，第 166～167 页。
② 萧启庆主编《蒙元的历史与文化——蒙元史学术研讨会论文集》，台北学生书局，2001，第 256 页。
③ 〔伊朗〕志费尼：《世界征服者史》，第 45 页。

的民族观念。"① 也就是说当时的蒙古国家与民族的早期形成过程中更具有民族学与人类学理论中"凝聚、构建与认同"的典型特征。②

显然这一蒙古语文化语意在不同的时期、不同的地域、不同的语言文化语境下、不同的意识形态中、不同的翻译与使用者笔下形成了不同的对译名称；这也正印证了语言翻译上的音译、直译、改编、意译四原则下的翻译形式。这些译名中最大的难题似乎是在接受语或译语中找出恰当的词或结构，而现在看来翻译者或使用者遇到的问题和困难是在透彻理解所译名称的所指意义和联想意义上（即文化语境上），也就是说首先要准确地了解这一名称在原蒙古语文化语境上所具有的心理功能和社会功能。再就是在接受语或译语中所找出的词或结构，其文化语境上所具有的心理功能和社会功能。我们知道"心理功能可以被认为是人们认识现实的手段，而社会功能则是人与人之间进行沟通的途径；心理功能主要是内在的或主观的，而社会功能则是外在的和人际间的"③。但是，"Ikh Mongol Uls"这个 13 世纪的国号，现在在汉语翻译中又应该依据什么原则确定一个固定规范的名称呢？

（二）笔者对已有的汉语翻译名称的理解和认识

1. "蒙古、大蒙古、蒙古国、大蒙古国、蒙古大国"等这一类名称显然是根据音译与直译原则翻译成汉语的。但以"Ikh Mongol Uls"这个 13 世纪特定国号名称的蒙古语语意"极多的—蒙古族体的—地域领地"的整体性含义来看，这一类译名都有语意、词性不准确的语法性问题，"蒙古""大蒙古""蒙古国"这些译名过于简单片面，含义不全；"大蒙古国"的汉文译名最早也可见于蒙哥汗时期的道教碑文④等，"蒙古大国"的译名存在汉语语法结构问题与汉语文化语意对译不准确问题；显然这些都不能客观表达原蒙古语名称的内涵。这类名称多在从蒙古语翻译成汉语的书籍资料中使用。

2. "蒙古帝国、大蒙古帝国、蒙古大帝国、草原帝国、游牧帝国、成吉思汗帝国"等这一类名称显然是根据改编与意译原则翻译成汉语的。近代的（主要是 20 世纪 30 年代左右）汉文翻译者或使用者用 19～20 世纪初的西方文化语境来理解和定名"Ikh Mongol Uls"这个特定名称国号的汉语语意。但以这个 13 世纪特定国号名称的蒙古语

---

① 亦邻真：《中国北方民族与蒙古族族源》，《内蒙古大学学报》1979 年第 3～4 期。

② Anthony D. Smith, *The Nation in History—Historiographical Debates about Ethnicity and Nationalism*, Published for Brandeis University Press By University Press of New England, Hanover, 2000.

③ 〔美〕尤金·A. 奈达：《语言文化与翻译》，严久生译、陈健康校译，内蒙古大学出版社，1998，第 8 页。"The functions of language are of two basic types: psychological and sociological. The psychological functions may be described as the means by which people negotiate with reality, and the sociological functions can be said to be those ways by which people negotiate with other persons. The psychological functions may be regarded as essentially internal or subjective, and the sociological functions as external and interpersonal", pp. 179 - 180.

④ 《大蒙古国海云禅师碑》，现存于北京法源寺。

语意"极多的—蒙古族体的—地域领地"的整体性含义来看，这里面既有以地域性意识形态理解的偏差问题，也有以政治性意识形态理解的偏差问题。这类名称多在从欧洲、美国与日本翻译成汉语的书籍资料中使用。

3. "蒙古汗国、大蒙古汗国、蒙古合汗国"等这一类名称是根据改编与意译原则翻译成汉语的。这一类译名显然是受中亚突厥文化语境影响，按照中亚突厥文化语境和苏联地域性意识形态思维方式来定义、命名的，但以"Ikh Mongol Uls"这个 13 世纪特定国号名称的蒙古语语意"极多的—蒙古族体的—地域领地"的整体性含义来看，这里面有一定的以地域性意识形态理解的偏差问题，也有一些时段性的以政治性意识形态理解的偏差问题。这类名称多在从中亚与苏联翻译成汉语的书籍资料中使用。"蒙古汗国"这一汉语译名现在在中国的学术界已被广泛使用，主要指 1206～1271 年这一段时期的蒙古汗权国家。

4. "元朝、大元朝、大元帝国、元朝大帝国、大元蒙古国"等这一类名称是根据中国历史记载，即忽必烈汗 1271 年改元后出现的，取自《易经》中"大哉乾元"的语意；而笔者认为"大"和"元"这两个译词的使用，都是以蒙古语中"Ikh Mongol Uls"的"Ikh"为翻译词根的。这一类译名显然是受中国历史文化影响，用汉语语境来理解，按照汉语文化语境和地域性意识形态思维方式来定义、命名的，但以"Ikh Mongol Uls"这个 13 世纪特定国号名称的蒙古语语意"极多的—蒙古族体的—地域领地"的整体性含义来看，这里面显然有以地域性文化语境习惯理解的偏差问题，还有一个更重要的就是有时间阶段的不准确问题。这类名称多在汉语的一些网络资料中使用。

5. "大朝蒙古国、大朝"这一类名称是根据中国历史记载，将"Ikh Mongol Uls"这个 13 世纪的名称按直译原则翻译成汉语的。这一类译名显然是按中国历史文化语境理解，按照汉语文化语境和汉语历史语言意识形态思维方式来定义、命名的，按照 13 世纪特定国号名称的蒙古语语意"极多的—蒙古族体的—地域领地"的整体性含义来看，这个译名有着明显的汉语语言习惯上的语法性问题。更重要的是，这个译名可能是在当时被行政性、法规性确定的汉语特定名称国号。根据中国国家博物馆于采芑对"大朝通宝"钱与"大朝蒙古国"碑刻拓片①、历史文献资料的考证，说明"大朝蒙古国""大朝"是忽必烈于 1271 年（至元八年）改国号为"大元"以前成吉思汗建立的蒙古贵族政权的国号。② 而且这一汉语国号名称自 1206 年至 1271 年使用了长达 65 年，这说明"大朝蒙古国""大朝"作为国号曾在其当时辖区内得到包括汉族在内的各民

---

① "大朝通宝"钱与"大朝蒙古国"碑刻拓片，国家一级文物，现藏于中国国家博物馆。
② 于采芑：《蒙古汗国国号"大朝"考》，《内蒙古社会科学》（汉文版）2005 年第 6 期。

族的普遍认同。这类名称可在 13 世纪窝阔台汗时期，用汉语制作的钱币、碑刻、书籍资料中见到；只是还缺乏蒙古文上的对证。对于为什么会把"大蒙古国"一词依汉人的观念译为"大朝"，台湾学者萧启庆先生认为："其原因在于'大蒙古国'一词显然种族意味太强，不足以羁縻汉族士民，通将其简化为'大朝'。'大朝'之称，已蕴涵中原王朝的意义，不似'大蒙古国'全为外来征服者的意味。"① 从这里可以看出翻译者或使用者在透彻理解所译名称的所指意义和联想意义上（即文化语境上），对原蒙古语词汇在汉语文化语境的翻译上所具有的心理功能和社会功能的理解和认识。这也就是说在文化语境上所具有的心理功能和社会功能在不同的语际之间是有着极大的差异的。

（三）笔者对"Ikh Mongol Uls"这个 13 世纪蒙古语特定国号名称的汉语对译的看法

根据上文所述，笔者认为于 1206 年后在蒙古语里第一次被正式确立使用和形成的"Chinggiskhan（成吉思汗）"这一帝王名号称谓，以及与其所建立的国家"Mongol Uls（蒙古勒·乌勒思）""Ikh Mongol Uls（伊赫·蒙古勒·乌勒思）"这一国家名号称谓，按照蒙古语语意"极多的—蒙古（式）族体的—地域领地"的整体性含义来看，在汉语对译上可对译为"合众蒙古国"（The Unite Mongolia States），但要按照现代汉语习惯和语法结构可调整为"蒙古合众国"（The Unite Mongolia States）或"蒙古合众汗国"（The Unite Mongolia khans States），如果能这样去理解，可能更接近于历史的原貌，并且更接近于"当时客观的蒙古文化语境"和社会现实，更符合对原蒙古语里的词源、文化语意的理解和认识渊源。

然而任何翻译的本身也都只能是一种交流沟通行为，如果离开了它所产生的整个历史与现实背景，那么就无法进行合理的阐释和理解，并且任何翻译行为也都是有着其时代背景的，现代各种语际之间交流中的现实性就是要富有创造性的沟通，以追求新颖和从交流中获得愉悦为目的；同时"语言在很大程度上是受规则制约的，但语言又是一个开放的系统，为创造性使用语言策略提供了广阔的空间，使信息得以传递"②。所以如果现在还无法对蒙古学中一些特定名词术语进行规范，还继续任意音译、直译、改编、意译则会造成对学术研究内容和讨论、交流上的理解混乱，最终造成无规范可循，引起不明不白的歧义，如若导致不必要或不可理喻的争执那就更是画蛇添足的事了。所以，中国作为国际蒙古学的一个重要的研究中心所在，应该在蒙古学重要与特

---

① 萧启庆：《说"大朝"：元朝建号前的蒙古汗国国号——兼论蒙古汗国国号的演变》，《汉学研究》第 3 卷第 1 期。

② 〔美〕尤金·A. 奈达：《语言文化与翻译》，严久生译、陈健康校译，内蒙古大学出版社，1998，第156 页。

定名词术语的汉语翻译的规范化上，继续严谨认真地落实开来，以为后继学习研究者创造更好的条件。

原载于《中国社会科学院民族学与人类学研究所青年学术论坛（2011年）》，社会科学文献出版社，2013

后　记

　　2018 年，中国社会科学院民族学与人类学研究所将迎来建所 60 周年华诞。为此，我们在所庆工作领导小组方勇（组长）、王延中（副组长）、尹虎彬（副组长）、李益志、程阿美、刘文远、陈杰、周学文、庞涛、苏文的指导下，编辑了 60 年来特别是近十年所内同仁发表的一些论文以示纪念。所收论文绝大部分均已发表，此次出版大致保持论文发表时的原貌。感谢全所百余名同仁提交了各自精选的学术论文，有些论文限于主题未能收录，对他们一并表示感谢。对参与本论文集编辑整理的马京华、包胜利、赵炜、王小霞、刘海涛、吴雅萍等同志表示感谢；同时，希望关注民族学、人类学研究事业的学界同仁和我们一起分享本所 60 年来的发展成就。

图书在版编目（CIP）数据

中国社会科学院民族学与人类学研究所建所 60 周年纪念文集：2008－2018：全 3 卷／中国社会科学院民族学与人类学研究所编. －－ 北京：社会科学文献出版社，2018.9

ISBN 978－7－5201－3216－9

Ⅰ.①中…　Ⅱ.①中…　Ⅲ.①民族学－文集②人类学－文集　Ⅳ.①C95－53②Q98－53

中国版本图书馆 CIP 数据核字（2018）第 169788 号

中国社会科学院民族学与人类学研究所建所 60 周年纪念文集（2008～2018）（全 3 卷）

编　　者／中国社会科学院民族学与人类学研究所

出 版 人／谢寿光
项目统筹／宋月华　周志静
责任编辑／周志静　袁卫华　卫　羚

出　　版／社会科学文献出版社·人文分社（010）59367215
　　　　　地址：北京市北三环中路甲 29 号院华龙大厦　邮编：100029
　　　　　网址：www. ssap. com. cn
发　　行／市场营销中心（010）59367081　59367018
印　　装／三河市龙林印务有限公司

规　　格／开本：787mm×1092mm　1/16
　　　　　印张：108　字数：2151 千字
版　　次／2018 年 9 月第 1 版　2018 年 9 月第 1 次印刷
书　　号／ISBN 978－7－5201－3216－9
定　　价／680.00 元（全 3 卷）

本书如有印装质量问题，请与读者服务中心（010－59367028）联系